Münchener Kommentar zum Aktiengesetz

Herausgegeben von

Dr. Wulf Goette
Rechtsanwalt in Stuttgart
Vorsitzender Richter am Bundesgerichtshof a.D.
Honorarprofessor der Universität Heidelberg

Dr. Mathias Habersack
Professor an der Universität München

für die Hinweise zur Rechtslage in Österreich
unter Mitwirkung von

Dr. Susanne Kalss, LL.M. (Florenz)
Professorin an der Wirtschaftsuniversität Wien

**Band 7
Europäisches Aktienrecht
SE-VO · SEBG · Europäische Niederlassungsfreiheit**

Münchener Kommentar zum Aktiengesetz

Band 7
Europäisches Aktienrecht
SE-VO · SEBG
Europäische Niederlassungsfreiheit

Herausgegeben von

Dr. Wulf Goette
Rechtsanwalt in Stuttgart
Vorsitzender Richter am Bundesgerichtshof a.D.
Honorarprofessor der Universität Heidelberg

Dr. Mathias Habersack
Professor an der Universität München

für die Hinweise zur Rechtslage in Österreich
unter Mitwirkung von

Dr. Susanne Kalss, LL.M. (Florenz)
Professorin an der Wirtschaftsuniversität Wien

5. Auflage 2021

Zitiervorschlag:
MüKoAktG/*Bearbeiter* § … Rn. …

www.beck.de

ISBN 978 3 406 72897 6

© 2021 Verlag C. H. Beck oHG
Wilhelmstraße 9, 80801 München

Druck: Beltz Grafische Betriebe GmbH
Am Fliegerhorst 8, 99947 Bad Langensalza
Satz: Meta Systems Publishing & Printservices GmbH, Wustermark
Umschlaggestaltung: Druckerei C.H. Beck Nördlingen

Gedruckt auf säurefreiem, alterungsbeständigem Papier
(hergestellt aus chlorfrei gebleichtem Zellstoff)

Die Bearbeiter des siebten Bandes

Dr. Stephan Brandes
Rechtsanwalt in Frankfurt am Main

Dr. Alexander Ego
Rechtsanwalt in München

Dr. Michael Fischer
Professor an der Universität Erlangen-Nürnberg

Dr. Matthias Jacobs
Professor an der Bucerius Law School, Hamburg

Dr. Susanne Kalss, LL.M. (Florenz)
Professorin an der Wirtschaftsuniversität Wien

Dr. Dietmar Kubis
Rechtsanwalt in Jena

Dr. Jürgen Oechsler
Professor an der Universität Mainz

Dr. Jochem Reichert
Rechtsanwalt in Mannheim, Honorarprofessor an der Universität Jena

Dr. Carsten Schäfer
Professor an der Universität Mannheim

Verzeichnis der ausgeschiedenen/
teilweise ausgeschiedenen Bearbeiter

Prof. Dr. Holger Altmeppen: 3. Aufl. 2012, 2. Aufl. 2006: SE-VO Art. 9 Anh., Europäische Niederlassungsfreiheit (gemeinsam mit Dr. Alexander Ego)
Prof. Dr. Friedrich Kübler: 2. Aufl. 2006: Einführung Europäisches Aktienrecht
Prof. Dr. Mathias Habersack: 2 Aufl. 2006: Die Richtlinien zum Gesellschaftsrecht
Dr. Elitza Mihaylova, LL.M. (Yale): 4. Aufl. 2017: SE-VO Vor Art. 1, Art. 1–8, 67–70 (gemeinsam mit Prof. Dr. Jürgen Oechsler)

Im Einzelnen haben bearbeitet:

Europäisches Aktienrecht

SE-VO Vor Art. 1, Art. 1–8	Dr. Jürgen Oechsler
SE-VO Art. 9	Dr. Carsten Schäfer
SE-VO Art. 9 Anh.	Dr. Alexander Ego
SE-VO Art. 10–37	Dr. Carsten Schäfer
SE-VO Art. 38–51	Dr. Jochem Reichert/Dr. Stephan Brandes
SE-VO Art. 52–60	Dr. Dietmar Kubis
SE-VO Art. 61, 62	Dr. Michael Fischer
SE-VO Art. 63–66	Dr. Carsten Schäfer
SE-VO Art. 67–70	Dr. Jürgen Oechsler
SEBG	Dr. Matthias Jacobs
Die Besteuerung der SE	Dr. Michael Fischer
Die SE in Österreich	Dr. Susanne Kalss, LL.M.
Europäische Niederlassungsfreiheit	Dr. Alexander Ego
Sachverzeichnis	Dr. Frank Wamser, LL.M.

Vorwort

Der Münchener Kommentar zum AktG, hervorgegangen aus dem seit 1973 von Geßler/Hefermehl/Eckardt/Kropff in Lieferungen herausgegebenen Kommentar zum AktG, hat sich mit der im Jahr 2006 abgeschlossenen 2. Auflage und der Anfang 2013 abgeschlossenen 3. Auflage – nicht zuletzt auch aufgrund seiner Verfügbarkeit über Beck-Online – in Wissenschaft und Praxis als sicherer und breitflächig zu Rate gezogener und zitierter Ratgeber fest etabliert. Er nimmt auch deswegen eine besondere Stellung unter den Großkommentaren zum Aktienrecht ein, weil er nach wie vor das einzige vollständig vorliegende Werk in dieser Größenklasse ist und binnen einer noch angemessenen Zeit hat abgeschlossen werden können, so dass es hat vermieden werden können, dass überholte Teile neben aktuellen stehen. Die 5. Auflage will hieran anknüpfen und erneut den Lesern durch die in kurzer Folge erscheinenden Bände eine in sich geschlossene Kommentierung auf aktuellem Stand in die Hand geben.

An der Konzeption des Kommentars im Allgemeinen und der Zahl und Aufteilung der Bände im Besonderen kann uneingeschränkt festgehalten werden. Auch für die Neuauflage gilt, dass sie selbstverständlich die inzwischen eingetretenen gesetzlichen Änderungen einbezieht und den Blick auf eingeleitete oder geplante Vorhaben auf der nationalen und der Ebene der EU lenkt, die Diskussion in Wissenschaft und Praxis nachzeichnet und zuverlässig über den Stand der Rechtsprechung informiert, und zwar – soweit geboten – auch über die der europäischen Gerichte.

Die engen rechtlichen, wirtschaftlichen und wissenschaftlichen Beziehungen zu Österreich werden auch in der Neuauflage in der bewährten Weise abgebildet. Der Kommentierung des deutschen Rechts folgt jeweils eine kurze Darstellung der österreichischen Rechtslage aus der Feder eines mit der Materie besonders vertrauten österreichischen Autors. Die Koordinierung der Beiträge hat auch in der 5. Auflage – im Sinne einer Mitherausgeberschaft für diese Teile – dankenswerterweise Frau Professor Dr. Susanne Kalss übernommen. Verlag und Herausgeber sind überzeugt, auf diesem Wege auch in Zukunft den österreichischen Lesern eine auf der gemeinsamen Rechtstradition beruhende eingehende Kommentierung mit Darstellung der österreichischen Besonderheiten an die Hand zu geben und dadurch einen Beitrag zur bewährten länderübergreifenden Rechtskultur und -praxis zu leisten.

Herausgeber, Autoren und Verlag wünschen sich, dass auch die 5. Auflage als treuer und zuverlässiger Begleiter bei der Lösung aktienrechtlicher Fragen aufgenommen wird, und sind für Anregungen und Hinweise sehr dankbar.

Ettlingen und München im August 2020

Prof. Dr. Wulf Goette
Prof. Dr. Mathias Habersack

Inhaltsverzeichnis

Europäisches Aktienrecht
A. Die Europäische Gesellschaft
I. Verordnung (EG) Nr. 2157/2001 des Rates über das Statut der Europäischen Gesellschaft (SE) – SE-VO
Titel I. Allgemeine Vorschriften

Vorbemerkung		1
Art. 1	[Typusprägende Merkmale]	16
Art. 2	[Gründungsformen]	20
Art. 3	[Gründungsbeteiligung der SE]	49
Art. 4	[Kapital]	55
Art. 5	[Kapitalerhaltung, Kapitalmaßnahmen, Aktien]	56
Art. 6	[Begriffsbestimmung]	78
Art. 7	[Sitz und Hauptverwaltung]	85
Art. 8	[Grenzüberschreitende Sitzverlegung]	89
Art. 9	[Anzuwendendes Recht]	138
Anh. Art. 9 Konzernrecht der Europäischen Aktiengesellschaft		151
Art. 10	[Recht des Sitzstaats]	165
Art. 11	[Benennung der Firma]	167
Art. 12	[Eintragung im Register]	168
Art. 13	[Offenlegung von Urkunden und Angaben]	177
Art. 14	[Eintragung und Löschung]	177

Titel II. Gründung
Abschnitt 1. Allgemeines

Art. 15	[Gründung nach dem Recht des Sitzstaats]	179
Art. 16	[Rechtspersönlichkeit]	184

Abschnitt 2. Gründung einer SE durch Verschmelzung

Art. 17	[Gründung einer SE durch Verschmelzung]	196
Art. 18	[Anwendung geltender Rechtsvorschriften]	201
Art. 19	[Einspruch gegen eine Verschmelzung]	203
Art. 20	[Verschmelzungsplan]	204
Art. 21	[Angaben im Amtsblatt]	221
Art. 22	[Unabhängige Sachverständige]	224
Art. 23	[Zustimmung zum Verschmelzungsplan]	230
Art. 24	[Schutz der Rechteinhaber]	235
Art. 25	[Rechtmäßigkeitsprüfung]	246
Art. 26	[Kontrolle der Rechtmäßigkeitsprüfung]	251
Art. 27	[Eintragung gemäß Art. 12]	256
Art. 28	[Offenlegung der Verschmelzung]	258
Art. 29	[Folgen der Verschmelzung]	259
Art. 30	[Nichtigerklärung bzw. Auflösung der Verschmelzung]	263
Art. 31	[Nichtparitätische Verschmelzung]	267

Inhaltsverzeichnis

Abschnitt 3. Gründung einer Holding-SE

Art. 32 [Gründung einer Holding-SE] 272
Art. 33 [Formalitäten einer Gründung] 288
Art. 34 [Interessenschutz bei Gründung] 302

Abschnitt 4. Gründung einer Tochter-SE

Art. 35 [Gründung einer Tochter-SE] 305
Art. 36 [Anwendung nationaler Vorschriften] 305

Abschnitt 5. Umwandlung einer bestehenden Aktiengesellschaft in eine SE

Art. 37 [Umwandlung einer AG in eine SE] 309

Titel III. Aufbau der SE

Art. 38 [Organe der SE] 327

Abschnitt 1. Dualistisches System

Art. 39 [Leitungsorgan] 338
Art. 40 [Aufsichtsorgan] 354
Art. 41 [Informationsrechte] 376
Art. 42 [Vorsitzender des Aufsichtsorgans] 385

Abschnitt 2. Monistisches System

Art. 43 [Verwaltungsorgan] 392
Art. 44 [Sitzungen] 446
Art. 45 [Vorsitzender des Verwaltungsorgans] 470

Abschnitt 3. Gemeinsame Vorschriften für das monistische und das dualistische System

Art. 46 [Bestellung der Organe] 479
Art. 47 [Voraussetzungen der Mitgliedschaft] 484
Art. 48 [Zustimmungsbedürftige Geschäfte] 495
Art. 49 [Vertraulichkeit] 499
Art. 50 [Beschlussfassung] 503
Art. 51 [Haftung] 516

Abschnitt 4. Hauptversammlung

Art. 52 [Zuständigkeit] 527
Art. 53 [Ablauf der Hauptversammlung] 535
Art. 54 [Einberufung der Hauptversammlung] 544
Art. 55 [Einberufung durch eine Minderheit der Aktionäre] 547
Art. 56 [Ergänzung der Tagesordnung] 547
Art. 57 [Beschlussfassung] 557
Art. 58 [Auszählung der Stimmen] 558
Art. 59 [Satzungsänderungen] 562
Art. 60 [Sonderbeschlüsse] 566

Titel IV. Jahresabschluss und konsolidierter Abschluss

Art. 61 [Vorschriften des Sitzstaates] 571
Art. 62 [Abschlüsse für Finanz- bzw. Kreditinstitute und Versicherungsunternehmen] 581

Inhaltsverzeichnis

Titel V. Auflösung, Liquidation, Zahlungsunfähigkeit und Zahlungseinstellung

Art. 63	[Recht des Sitzstaats]	585
Art. 64	[Verfahren bei Trennung von Sitz und Hauptverwaltung]	586
Art. 65	[Offenlegung bei Auflösung iwS]	591
Art. 66	[Umwandlung in nationale AG]	592

Titel VI. Ergänzungs- und Übergangsbestimmungen

Art. 67 [Kapitalziffer und Jahresabschluss in Mitgliedstaaten, in denen die dritte Stufe der Wirtschafts- und Währungsunion nicht gilt] 599

Titel VII. Schlussbestimmungen

Art. 68	[Umsetzungspflichten]	601
Art. 69	[Überprüfungsvorbehalt]	602
Art. 70	[Inkrafttreten]	604
Anh. I	Aktiengesellschaften gemäß Artikel 2 Absatz 1	604
Anh. II	Aktiengesellschaften und Gesellschaften mit beschränkter Haftung gemäß Artikel 2 Absatz 2	605

II. Gesetz über die Beteiligung der Arbeitnehmer in einer Europäischen Gesellschaft (SE-Beteiligungsgesetz – SEBG)

Vorbemerkung 609

Teil 1. Allgemeine Vorschriften

§ 1 Zielsetzung des Gesetzes 645
§ 2 Begriffsbestimmungen 647
§ 3 Geltungsbereich 659

Teil 2. Besonderes Verhandlungsgremium
Kapitel 1. Bildung und Zusammensetzung

§ 4 Information der Leitungen 666
§ 5 Zusammensetzung des besonderen Verhandlungsgremiums 676
§ 6 Persönliche Voraussetzungen der auf das Inland entfallenden Mitglieder des besonderen Verhandlungsgremiums 681
§ 7 Verteilung der auf das Inland entfallenden Sitze des besonderen Verhandlungsgremiums 685

Kapitel 2. Wahlgremium

§ 8 Zusammensetzung des Wahlgremiums; Urwahl 687
§ 9 Einberufung des Wahlgremiums 695
§ 10 Wahl der Mitglieder des besonderen Verhandlungsgremiums 696

Kapitel 3. Verhandlungsverfahren

§ 11 Information über die Mitglieder des besonderen Verhandlungsgremiums 698
§ 12 Sitzungen; Geschäftsordnung 702
§ 13 Zusammenarbeit zwischen besonderem Verhandlungsgremium und Leitungen . 704
§ 14 Sachverständige und Vertreter von geeigneten außenstehenden Organisationen 707
§ 15 Beschlussfassung im besonderen Verhandlungsgremium 709
§ 16 Nichtaufnahme oder Abbruch der Verhandlungen 717
§ 17 Niederschrift 719
§ 18 Wiederaufnahme der Verhandlungen 720
§ 19 Kosten des besonderen Verhandlungsgremiums 735
§ 20 Dauer der Verhandlungen 737

Inhaltsverzeichnis

Teil 3. Beteiligung der Arbeitnehmer in der SE
Kapitel 1. Beteiligung der Arbeitnehmer kraft Vereinbarung

§ 21 Inhalt der Vereinbarung 740

Kapitel 2. Beteiligung der Arbeitnehmer kraft Gesetzes
Abschnitt 1. SE-Betriebsrat kraft Gesetzes
Unterabschnitt 1. Bildung und Geschäftsführung

§ 22 Voraussetzung 771
Vorbemerkung 773
§ 23 Errichtung des SE-Betriebsrats 779
§ 24 Sitzungen und Beschlüsse 779
§ 25 Prüfung der Zusammensetzung des SE-Betriebsrats 780
§ 26 Beschluss zur Aufnahme von Neuverhandlungen 780

Unterabschnitt 2. Aufgaben

§ 27 Zuständigkeiten des SE-Betriebsrats 780
§ 28 Jährliche Unterrichtung und Anhörung 780
§ 29 Unterrichtung und Anhörung über außergewöhnliche Umstände 781
§ 30 Information durch den SE-Betriebsrat 781

Unterabschnitt 3. Freistellung und Kosten

§ 31 Fortbildung 781
§ 32 Sachverständige 781
§ 33 Kosten und Sachaufwand 782

Abschnitt 2. Mitbestimmung kraft Gesetzes

§ 34 Besondere Voraussetzungen 782
§ 35 Umfang der Mitbestimmung 791
§ 36 Sitzverteilung und Bestellung 802
§ 37 Abberufung und Anfechtung 808
§ 38 Rechtsstellung; Innere Ordnung 813

Abschnitt 3. Tendenzschutz

§ 39 Tendenzunternehmen 816

Teil 4. Grundsätze der Zusammenarbeit und Schutzbestimmungen

§ 40 Vertrauensvolle Zusammenarbeit 822
§ 41 Geheimhaltung; Vertraulichkeit 824
§ 42 Schutz der Arbeitnehmervertreter 828
§ 43 Missbrauchsverbot 833
§ 44 Errichtungs- und Tätigkeitsschutz 838

Teil 5. Straf- und Bußgeldvorschriften; Schlussbestimmung

§ 45 Strafvorschriften 841
§ 46 Bußgeldvorschriften 844
§ 47 Geltung nationalen Rechts 845
§ 48 Sonderregelung aus Anlass der COVID-19-Pandemie 848

Inhaltsverzeichnis

        III. Die Besteuerung der Societas Europaea (SE)
        IV. Die Societas Europaea (SE) in Österreich
     B. Europäische Niederlassungsfreiheit

1. Kapitel. Überblick über die Niederlassungsfreiheit von Kapitalgesellschaften 909
2. Kapitel. Internationales Gesellschaftsrecht im Europäischen Binnenmarkt 984
3. Kapitel. Rechtliche Rahmenbedingungen der grenzüberschreitenden Niederlassung von Kapitalgesellschaften 1032
4. Kapitel. Überblick über die Kapitalverkehrsfreiheit 1158

Sachverzeichnis 1177

Verzeichnis der Abkürzungen und der abgekürzt zitierten Literatur

aA	anderer Ansicht
aaO	am angegebenen Ort
AB	Ausschussbericht
ABGB	Allgemeines Bürgerliches Gesetzbuch
ABl.	Amtsblatt
abl.	ablehnend
ABl. EU	Amtsblatt der Europäischen Union
Abs.	Absatz (Absätze)
abw.	abweichend
AccRev.	The Accounting Review (Zeitschrift)
Achenbach/Ransiek/Rönnau	Achenbach/Ransiek/Rönnau, Handbuch Wirtschaftsstrafrecht, 5. Aufl. 2019
AcP	Archiv für die civilistische Praxis (Zeitschrift)
ADHGB	Allgemeines Deutsches Handelsgesetzbuch
ADS Rechnungslegung	Adler/Düring/Schmaltz, Rechnungslegung und Prüfung der Unternehmen, 6. Aufl. 1995 ff.
ADV	Allgemeine Datenverarbeitung
aE	am Ende
aF	alte Fassung
AfA	Absetzung für Abnutzung
AG	Aktiengesellschaft; Die Aktiengesellschaft (Zeitschrift); Amtsgericht
AGB	Allgemeine Geschäftsbedingungen
AGBG	Gesetz zur Regelung des Rechts der Allgemeinen Geschäftsbedingungen
AHGB	Allgemeines Handelsgesetzbuch
AICPA	American Institute of Certified Public Accountants, New York
AktG	Aktiengesetz
Aktionärsrechte-RL	Richtlinie 2007/36/EG des Europäischen Parlaments und des Rates vom 11.7.2007 über die Ausübung bestimmter Rechte von Aktionären in börsennotierten Gesellschaften (ABl. 2007 L 184, 17), zuletzt geändert durch RL (EU) 2017/828 (ABl. 2017 L 132, 1)
allgM	allgemeine Meinung
Alt.	Alternative
Altmeppen/Bearbeiter	Altmeppen, Gesetz betreffend die Gesellschaften mit beschränkter Haftung: GmbHG, Kommentar, 10. Aufl. 2021
Ammon/Görlitz Die kleine AG	Ammon/Görlitz, Die kleine Aktiengesellschaft, 1998
AmtsLG	Amtslöschungsgesetz
AnfO	Anfechtungsordnung
Angerer/Geibel/Süßmann/Bearbeiter	Angerer/Geibel/Süßmann, Wertpapiererwerbs- und Übernahmegesetz (WpÜG), Kommentar, 3. Aufl. 2017

Abkürzungen

AngG	Angestelltengesetz
Anh.	Anhang
Anm.	Anmerkung(en)
AnwBl	Deutsches/Österreichisches Anwaltsblatt (Zeitschriften)
AO	Abgabenordnung; Ausgleichsordnung
AR	Aufsichtsrat
ArbG	Arbeitsgericht
ArbGG	Arbeitsgerichtsgesetz
ArbVG	Arbeitsverfassungsgesetz
Armbrüster/Preuß/ Renner/Bearbeiter	Armbrüster/Preuß/Renner, Beurkundungsgesetz und Dienstordnung für Notarinnen und Notare, Kommentar, 8. Aufl. 2019
Art.	Artikel
Artmann/Karollus/ Bearbeiter	Artmann/Karollus, Aktiengesetz, Kommentar, Bd. 1, 6. Aufl. 2018
ARUG	Gesetz zur Umsetzung der Aktionärsrecherichtlinie
ARUG II	Gesetz zur Umsetzung der zweiten Aktionärsrecherichtlinie
ASC	Accounting Standards Committee des CCAB (Consultative Committee of the Accountancy Bodies der Chartered Accountants von England, Wales, Schottland und Irland)
Aschauer/Torggler/ Bauer/Bearbeiter	Aschauer/Torggler/Bauer, UGB, Kommentar, 3. Aufl. 2019
Assmann/Plötzsch/ Schneider/Bearbeiter	Assmann/Plötzsch/Schneider, Wertpapiererwerbs- und Übernahmegesetz (WpÜG), Kommentar, 3. Aufl. 2019
Assmann/Schneider/ Mülbert/Bearbeiter	Assmann/Schneider/Mülbert, Wertpapierhandelsrecht, Kommentar, 7. Aufl. 2019
Assmann/Schütze/ Buck-Heeb KapAnlR-HdB	Assmann/Schütze/Buck-Heeb, Handbuch des Kapitalanlagerechts, 5. Aufl. 2020
ASVG	Allgemeines Sozialversicherungsgesetz
Aufl.	Auflage
AuR	Arbeit und Recht, Zeitschrift für die Arbeitsrechtspraxis
ausdr.	ausdrücklich
ausf.	ausführlich
AuslBG	Ausländerbeschäftigungsgesetz
AußStrG	Außerstreitgesetz
AVG	Allgemeines Verwaltungsverfahrensgesetz
AVRAG	Arbeitsvertragsrechts-Anpassungsgesetz
AWD	Außenwirtschaftsdienst des Betriebs-Beraters (Zeitschrift) seit 1975 RIW
AWG	Außenwirtschaftsgesetz
AWV	Ausschuss für wirtschaftliche Verwaltung in Wirtschaft und öffentlicher Hand eV
Az.	Aktenzeichen
Baetge/Kirsch/ Thiele Bilanzen	Baetge/Kirsch/Thiele, Bilanzen, 13. Aufl. 2019
Baetge/Kirsch/Thiele Konzernbilanzen	Baetge/Kirsch/Thiele, Konzernbilanzen, 13. Aufl. 2019

Abkürzungen

Baetge/Kirsch/Thiele/Bearbeiter	Baetge/Kirsch/Thiele, Bilanzrecht, Loseblatt-Kommentar
BaFin	Bundesanstalt für Finanzdienstleistungsaufsicht
BAG	Bundesarbeitsgericht; Gesetz über die Errichtung eines Bundesaufsichtsamtes für das Versicherungswesen
BAGE	Entscheidungen des Bundesarbeitsgerichts
Bähre/Schneider/Bearbeiter	Bähre/Schneider, KWG-Kommentar, 3. Aufl. 1986
BAK	Bundesaufsichtsamt für das Kreditwesen
Balser/Bokelmann/Ott/Piorreck	s. Manz/Mayer/Schröder AktienGes
Bamberger/Roth/Hau/Poseck/Bearbeiter	Bamberger/Roth/Hau/Poseck, Bürgerliches Gesetzbuch (BGB), Kommentar, 4. Aufl. 2019
BankA	Bank-Archiv, Zeitschrift für Bank- und Börsenwesen
BankBiRiLiG	Bankbilanzrichtlinien-Gesetz
BAnz.	Bundesanzeiger
BAO	Bundesabgabenordnung
v. Bar/Mankowski IPR I	v. Bar/Mankowski, Internationales Privatrecht, Band I: Allgemeine Lehren, 2. Aufl. 2003
v. Bar/Mankowski IPR II	v. Bar/Mankowski, Internationales Privatrecht, Band II: Besonderer Teil, 2. Aufl. 2019
Bartl et al.	s. BBBKSS/Bearbeiter
Bassenge/Roth/Bearbeiter	Bassenge/Roth, FamFG/RPflG, 12. Aufl. 2009
BAT	Bundesangestelltentarif
Battis/Bearbeiter	Battis, BBG – Bundesbeamtengesetz, Kommentar, 5. Aufl. 2017
Baumbach/Hefermehl/Casper/Bearbeiter	Baumbach/Hefermehl/Casper, Wechselgesetz, Scheckgesetz, Recht des Zahlungsverkehrs, Kommentar, 24. Aufl. 2020
Baumbach/Hopt/Bearbeiter	Baumbach/Hopt, Handelsgesetzbuch, Kommentar, 40. Aufl. 2021
Baumbach/Hueck	Baumbach/Hueck, Aktiengesetz, 13. Aufl. 1968, ergänzt 1970
Baumbach/Hueck/Bearbeiter	Baumbach/Hueck, Gesetz betreffend die Gesellschaften mit beschränkter Haftung: GmbHG, Kommentar, 22. Aufl. 2019
Baumbach/Lauterbach/Albers/Hartmann	s. BLHAG/Bearbeiter
Baums Bericht der Regierungskommission	Baums (Hrsg.), Bericht der Regierungskommission Corporate Governance, Unternehmensführung, Unternehmenskontrolle, Modernisierung des Aktienrechts, 2001
Baums/Thoma/Bearbeiter	Baums/Thoma, Kommentar zum Wertpapiererwerbs- und Übernahmegesetz, Loseblatt
BauSparkG	Gesetz über Bausparkassen

Abkürzungen

BAV	Bundesaufsichtsamt für das Versicherungswesen
BAW	Bundesaufsichtsamt für das Wertpapierwesen
BAWe	Bundesaufsichtsamt für den Wertpapierhandel
Bayer/Habersack AktienR im Wandel	Bayer/Habersack, Aktienrecht im Wandel, Bd. I: Entwicklung des Aktienrechts, Bd. II: Grundsatzfragen des Aktienrechts, 2007
Bayer/Koch GmbHR	Bayer/Koch, Aktuelles GmbH-Recht, Tagungsband, 2013
BayObLG	Bayerisches Oberstes Landesgericht
BayObLGSt	Entscheidungen des Bayerischen Obersten Landesgerichts in Strafsachen
BayObLGZ	Entscheidungen des Bayerischen Obersten Landesgerichts in Zivilsachen
BB	Betriebs-Berater (Zeitschrift)
BBankG	Gesetz über die Deutsche Bundesbank
BBBKSS/Bearbeiter	Bartl/Bartl/Beine/Koch/Schlarb/Schmitt, GmbH-Recht, Kommentar, 8. Aufl. 2019
BBG	Bundesbeamtengesetz
Bd. (Bde.)	Band (Bände)
BdF	Bundesminister der Finanzen (auch BMF)
BdJ	Bundesminister der Justiz (auch BMJ)
BDSG	Bundesdatenschutzgesetz
BeBiKo/Bearbeiter	Beck'scher Bilanzkommentar, Jahresabschluss nach Handels- und Steuerrecht, 12. Aufl. 2020
Bechtold/Bosch/Bearbeiter	Bechtold/Bosch, Gesetz gegen Wettbewerbsbeschränkungen, Kommentar, 9. Aufl. 2018
BeckBilKomm/Bearbeiter	s. BeBiKo/Bearbeiter
BeckFormB AktG/Bearbeiter	Beck'sches Formularbuch Aktienrecht, 2. Aufl. 2020
BeckHdB IFRS/Bearbeiter	Beck'sches IFRS-Handbuch, 6. Aufl. 2020
BeckHdB PersGes/Bearbeiter	Beck'sches Handbuch der Personengesellschaften, 5. Aufl. 2020
BeckHdB Rechnungslegung/Bearbeiter	Böcking/Castan/Heymann/Pfitzer/Scheffler, Beck'sches Handbuch der Rechnungslegung, Loseblatt
BeckMandatsHdB AG-Vorstand	Beck'sches Mandatshandbuch Vorstand der AG, 2. Aufl. 2010
BeckOGK/Bearbeiter	Beck'scher Online-Großkommentar, Abschnitt AktG, hrsg. von Spindler/Stilz, Stand: 2020
BeckOK GmbHG/Bearbeiter	Ziemons/Jaeger/Pöschke, Beck'scher Online-Kommentar GmbHG, 47. Ed., Stand: 1.2.2021
Begr.	Begründung
Begr. RegE	Begründung des Regierungsentwurfs
Beil.	Beilage
Bek.	Bekanntmachung
Beschl.	Beschluss
BeteilFG	Beteiligungsfondsgesetz

Abkürzungen

Beteiligungs-RL	Richtlinie 2001/86/EG des Rates vom 8.10.2001 zur Ergänzung des Statuts der Europäischen Gesellschaft hinsichtlich der Beteiligung der Arbeitnehmer (ABl. 2001 L 294, 22)
betr.	betreffen(d)
BetrAVG	Gesetz zur Verbesserung der betrieblichen Altersversorgung
BetrVG	Betriebsverfassungsgesetz 1972
BeurkG	Beurkundungsgesetz
Beuthien/Bearbeiter	Beuthien, Genossenschaftsgesetz mit Umwandlungs- und Kartellrecht sowie Statut der Europäischen Genossenschaft, Kommentar, 16. Aufl. 2018
BewG	Bewertungsgesetz
BezG	Bezirksgericht
BFA	Bankenfachausschuss des Instituts der Wirtschaftsprüfer in Deutschland eV
BFH	Bundesfinanzhof
BFHE	Sammlung der Entscheidungen und Gutachten des Bundesfinanzhofs
BFuP	Betriebswirtschaftliche Forschung und Praxis (Zeitschrift)
BG	Bundesgesetz
BGB	Bürgerliches Gesetzbuch
BGBl.	Bundesgesetzblatt
BGH	Bundesgerichtshof
BGHR	BGH-Rechtsprechung (in Zivilsachen und in Strafsachen)
BGHSt	Entscheidungen des Bundesgerichtshofs in Strafsachen
BGHZ	Entscheidungen des Bundesgerichtshofs in Zivilsachen
BHO	Bundeshaushaltsordnung
BilanzkontrollG	Gesetz zur Kontrolle von Unternehmenszusammenschlüssen
BilanzrechtsreformG	Gesetz zur Einführung internationaler Rechnungslegungsstandards und zur Sicherung der Qualität der Abschlussprüfung
Bilanz-RL	Richtlinie 2013/34/EU des Europäischen Parlaments und des Rates vom 26.6.2013 über den Jahresabschluss, den konsolidierten Abschluss und damit verbundene Berichte von Unternehmen bestimmter Rechtsformen (ABl. 2013 L 182, 19)
BilKoG	Gesetz zur Kontrolle von Unternehmensabschlüssen
BilMoG	Bilanzrechtsmodernisierungsgesetz
BilReG	Gesetz zur Einführung internationaler Rechnungslegungsstandards und zur Sicherung der Qualität der Abschlussprüfung
Binz/Sorg GmbH & Co. KG	Binz/Sorg, Die GmbH & Co. KG im Gesellschafts- und Steuerrecht, 12. Aufl. 2018
BiRiLiG	Bilanzrichtlinien-Gesetz
BKartA	Bundeskartellamt
Blaurock Stille Ges-HdB	Blaurock (Hrsg.), Handbuch Stille Gesellschaft, 9. Aufl. 2020
BLHAG/Bearbeiter	Baumbach/Lauterbach/Hartmann/Anders/Gehle, Zivilprozessordnung, Kommentar, 79. Aufl. 2021
BlStSozArbR	Blätter für Steuerrecht, Sozialversicherung und Arbeitsrecht (Zeitschrift)
BMA	Bundesminister(ium) für Arbeit und Soziales
BMF	Bundesminister(ium) für Finanzen
BMJV	Bundesminister(ium) der Justiz und für Verbraucherschutz
BMWi	Bundesminister für Wirtschaft
BNotO	Bundesnotarordnung

Abkürzungen

BNV	Verordnung über die Nebentätigkeit der Bundesbeamten, Berufssoldaten und Soldaten auf Zeit – Bundesnebentätigkeitsverordnung
Bonner HdB	Hofbauer/Kupsch, Bonner Handbuch Rechnungslegung Textsammlung, Einführung, Kommentierung, Loseblatt (hrsg. von Kirsch)
Boos/Fischer/Schulte-Mattler/Bearbeiter	Boos/Fischer/Schulte-Mattler, Kommentar zum Kreditwesengesetz, VO (EU) Nr. 575/2013 (CRR) und Ausführungsvorschriften, 5. Aufl. 2016
Bork/Schäfer/Bearbeiter	Bork/Schäfer (Hrsg.), GmbHG, Kommentar, 4. Aufl. 2019
BörsG	Börsegesetz; Börsengesetz
BörsZulV	Börsenzulassungsverordnung
BPG	Betriebspensionsgesetz
BR	Bundesrat
Braun/Bearbeiter	Braun, Insolvenzordnung, Kommentar, 8. Aufl. 2020
BRD	Bundesrepublik Deutschland
BR-Drs.	Bundesrats-Drucksache
BReg	Bundesregierung
BrexitAbk	Abkommen über den Austritt des Vereinigten Königreichs Großbritannien und Nordirland aus der Europäischen Union und der Europäischen Atomgemeinschaft vom 24.1.2020 (ABl. 2020 L 29, 7)
BrexitÜG	Brexit-Übergangsgesetz vom 27.3.2019
Brodmann	Brodmann, Aktienrecht, Kommentar, 1928
Brodmann GmbHG	Brodmann, Kommentar zum GmbHG, 2. Aufl. 1930
Brox/Henssler HandelsR	Brox/Henssler, Handelsrecht, 23. Aufl. 2020
BR-Prot.	Protokoll des Deutschen Bundesrates
Brüssel Ia-VO	Verordnung (EU) Nr. 1215/2012 des Europäischen Parlaments und des Rates vom 12.12.2012 über die gerichtliche Zuständigkeit und die Anerkennung und Vollstreckung von Entscheidungen in Zivil- und Handelssachen
BSG	Bundessozialgericht (ABl. 2012 L 351, 1, ber. 2016 L 264, 43)
BSGE	Entscheidungen des Bundessozialgerichts
Bsp.	Beispiel(e)
BStBl.	Bundessteuerblatt
BT	Bundestag
BT-Drs.	Bundestags-Drucksache
BT-Prot.	Protokoll des Deutschen Bundestags
BuB	Bankrecht und Bankpraxis, Loseblattsammlung 1979 ff.
Buchst.	Buchstabe
Bumiller/Harders/Schwamb/Bearbeiter	Bumiller/Harders/Schwamb, FamFG, Kommentar, 12. Aufl. 2019
Bürgers/Fett KGaA-HdB	Bürgers/Fett, Die Kommanditgesellschaft auf Aktien, Handbuch, 2. Aufl. 2015
Bürgers/Körber/Bearbeiter	Bürgers/Körber, Heidelberger Kommentar zum Aktiengesetz, 4. Aufl. 2017
Busse v. Colbe/Crasselt/Pellens Lexikon	Busse von Colbe/Crasselt/Pellens, Lexikon des Rechnungswesens, 5. Aufl. 2011

Abkürzungen

Busse v. Colbe/Ordelheide Konzernabschlüsse	Busse von Colbe/Ordelheide, Konzernabschlüsse. Rechnungslegung nach betriebswirtschaftlichen Grundsätzen sowie nach den Vorschriften des HGB und der IAS/IFRS, 11. Aufl. 2010
Buth/Hermanns/Bearbeiter Restrukturierung	Buth/Hermanns, Restrukturierung, Sanierung, Insolvenz, Handbuch, 4. Aufl. 2014
Butzke HV der AG	Butzke, Die Hauptversammlung der Aktiengesellschaft, 5. Aufl. 2011
BuW	Betrieb und Wirtschaft (Zeitschrift)
BVerfG	Bundesverfassungsgericht
BVerfGE	Entscheidungen des Bundesverfassungsgerichts
BVerfGG	Gesetz über das Bundesverfassungsgericht (Bundesverfassungsgerichtsgesetz)
BVerwG	Bundesverwaltungsgericht
BVerwGE	Entscheidungen des Bundesverwaltungsgerichts
BWahlG	Bundeswahlgesetz
BWG	Bankwesengesetz
BWKOB	Baetge/Wollmert/Kirsch/Oser/Bischof (Hrsg.), Rechnungslegung nach IFRS. Kommentar auf der Grundlage des deutschen Bilanzrechts, Loseblatt
bzgl.	bezüglich
BZRG	Gesetz über das Zentralregister und das Erziehungsregister (Bundeszentralregistergesetz)
bzw.	beziehungsweise
Calliess/Ruffert/Bearbeiter	Calliess/Ruffert, EUV/AEUV – Das Verfassungsrecht der Europäischen Union mit Europäischer Grundrechtecharta, Kommentar, 5. Aufl. 2016
Canaris BankvertragsR	Canaris/Schilling/Ulmer, Bankvertragsrecht, Teil 2: 5. Aufl. 2014
Canaris HandelsR	Canaris, Handelsrecht, 24. Aufl. 2006
CCZ	Corporate Compliance Zeitschrift
CFL	Corporate Finance Law
cic	culpa in contrahendo
Claussen BankR/BörsenR	Claussen, Bank- und Börsenrecht, 5. Aufl. 2014
Coenenberg/Haller/Schultze Jahresabschluss	Coenenberg/Haller/Schultze, Jahresabschluss und Jahresabschlussanalyse, 25. Aufl. 2018
COVMG	Gesetz über Maßnahmen im Gesellschafts-, Genossenschafts-, Vereins-, Stiftungs- und Wohnungseigentumsrecht zur Bekämpfung der Auswirkungen der COVID-19-Pandemie vom 27.3.2020 (BGBl. 2020 I 569, 570)
CR	Computer und Recht (Zeitschrift)
CRD IV-Umsetzungsgesetz	Gesetz zur Umsetzung der Richtlinie 2013/36/EU über den Zugang zur Tätigkeit von Kreditinstituten und die Beaufsichtigung von Kreditinstituten und Wertpapierfirmen und zur Anpas-

Abkürzungen

	sung des Aufsichtsrechts an die Verordnung (EU) Nr. 575/2013 über Aufsichtsanforderungen an Kreditinstitute und Wertpapierfirmen (CRD IV-Umsetzungsgesetz)
Däubler/Klebe/ Wedde	Däubler/Klebe/Wedde, BetrVG, Kommentar, 17. Aufl. 2020
DB	Der Betrieb (Zeitschrift)
DBW	Die Betriebswirtschaft (Zeitschrift)
DCGK	Deutscher Corporate Governance Kodex idF vom 16.12.2019
DCGK 2017	Deutscher Corporate Governance Kodex idF vom 7.2.2017
DDR	Deutsche Demokratische Republik
Deilmann/Lorenz Die börsennotierte AG	Deilmann/Lorenz, Die börsennotierte Aktiengesellschaft, 2005
DepG	Depotgesetz
dgl.	dergleichen
DGWR	Deutsches Gemein- und Wirtschaftsrecht (Zeitschrift)
dh	das heißt
DIHT	Deutscher Industrie- und Handelstag
Diregger/Kalss/ Winner ÜbernahmeR	Diregger/Kalss/Winner, Das österreichische Übernahmerecht, 2. Aufl. 2007
Diss.	Dissertation
DJ	Deutsche Justiz (Zeitschrift)
DJT	Deutscher Juristentag
DJZ	Deutsche Juristenzeitung (Zeitschrift)
DMBilErgG	D-Markbilanzergänzungsgesetz (1952, 1955)
DMBilG	Gesetz über die Eröffnungsbilanz in Deutscher Mark und die Kapitalneufestsetzung (D-Markbilanzgesetz)
DNotZ	Deutsche Notarzeitschrift
DöD	Der öffentliche Dienst (Zeitschrift)
DÖH	Der öffentliche Haushalt (Zeitschrift)
Doralt/Nowotny EG-Anpassungsbedarf	Doralt/Nowotny, Der EG-rechtliche Anpassungsbedarf im österreichischen Gesellschaftsrecht, Loseblatt, 1993
Doralt/Nowotny/ Kalss/Bearbeiter	Doralt/Nowotny/Kalss, Kommentar zum Aktiengesetz, 2. Aufl. 2012
Doralt/Nowotny/ Kalss PSG	Doralt/Nowotny/Kalss, Privatstiftungsgesetz, Kommentar, 1995
Dörner/Menold/ Pfitzer/Oser Reform AktR	Dörner/Menold/Pfitzer/Oser, Reform des Aktienrechts, der Rechnungslegung und Prüfung, 2. Aufl. 2003
DÖV	Die öffentliche Verwaltung (Zeitschrift)
DR	Deutsches Recht (Zeitschrift)
DRdA	Das Recht der Arbeit (Zeitschrift)
DRiG	Deutsches Richtergesetz
DrittelbG	Drittelbeteiligungsgesetz
DRiZ	Deutsche Richterzeitung (Zeitschrift)
DRS	Deutscher Rechnungslegungsstandard
DRSC	Deutsches Rechnungslegungs Standards Committee eV
DS-GVO	Verordnung (EU) 2016/679 des Europäischen Parlaments und des Rates vom 27.4.2016 zum Schutz natürlicher Personen bei

Abkürzungen

	der Verarbeitung personenbezogener Daten, zum freien Datenverkehr
DSR	Deutscher Standardisierungsrat
DStBl.	Deutsches Steuerblatt (Zeitschrift)
DStR	Deutsches Steuerrecht (Zeitschrift)
DStZ	Deutsche Steuer-Zeitung (Zeitschrift)
DuD	Datenschutz und Datensicherheit (Zeitschrift)
Düringer/ Hachenburg HGB	Düringer/Hachenburg, Das Handelsgesetzbuch vom 10. Mai 1897 (unter Ausschluss des Seerechts), 3. Aufl. 1935
Düwell/Bearbeiter	Düwell, Betriebsverfassungsgesetz, Handkommentar, 5. Aufl. 2018
DV	Die Verwaltung (Zeitschrift)
DVBl	Deutsches Verwaltungsblatt (Zeitschrift)
DVO	Durchführungsverordnung
DWiR	Deutsche Zeitschrift für Wirtschaftsrecht
EAR	The European Accounting Review (Zeitschrift)
EB	Erläuternde Bemerkungen
ebd.	ebenda
EBJS/Bearbeiter	Ebenroth/Boujong/Joost/Strohn, Handelsgesetzbuch, Kommentar, 3. Aufl. 2014 f.
ecolex	Fachzeitschrift für Wirtschaftsrecht
E-DRS	Entwurf eines Deutschen Rechnungslegungsstandards
EDV	Elektronische Datenverarbeitung
EEG	Eingetragene Erwerbsgesellschaften
EFG	Entscheidungen der Finanzgerichte
EG	Einführungsgesetz; Europäische Gemeinschaft
EGAktG	Einführungsgesetz zum Aktiengesetz
EGBGB	Einführungsgesetz zum Bürgerlichen Gesetzbuch
EGG	Erwerbsgesellschaftengesetz
EGHGB	Einführungsgesetz zum Handelsgesetzbuch
EGVG	Einführungsgesetz zu den Verwaltungsverfahrensgesetzen
EGZPO	Einführungsgesetz zur Zivilprozessordnung
Ehricke/Ekkenga/ Oechsler/Bearbeiter	Ehricke/Ekkenga/Oechsler, Wertpapiererwerbs- und Übernahmegesetz, 2003
EHUG	Gesetz über elektronische Handelsregister und Genossenschaftsregister sowie Unternehmensregister
Eigenkapital- anforderungs-RL	Richtlinie 2013/36/EU des Europäischen Parlaments und des Rates vom 26.6.2013 über den Zugang zur Tätigkeit von Kreditinstituten und die Beaufsichtigung von Kreditinstituten und Wertpapierfirmen (ABl. 2013 L 176, 338, ber. ABl. 2013 L 208, 73, ber. ABl. 2017 L 20, 1, ber. ABl. 2020 L 203, 95)
Einf.	Einführung
Einl.	Einleitung
einschr.	einschränkend
EK	Eigenkapital
Ek Hauptversammlung	Ek, Praxisleitfaden für die Hauptversammlung, 3. Aufl. 2018
Ekkenga AG-Finanzierung-HdB	Ekkenga (Hrsg.), Handbuch der AG-Finanzierung, 2. Aufl. 2019

Abkürzungen

Emmerich/ Habersack/ Bearbeiter	Emmerich/Habersack, Aktien- und GmbH-Konzernrecht, Kommentar, 9. Aufl. 2019
Emmerich/ Habersack KonzernR	Emmerich/Habersack, Konzernrecht, 11. Aufl. 2020
entspr.	entsprechen(d); entspricht
EO	Exekutionsordnung
EPS	Entwurf eines Prüfungsstandards
Erbs/Kohlhaas	Erbs/Kohlhaas, Strafrechtliche Nebengesetze, Loseblatt-Kommentar
ErbStG	Erbschaftsteuer- und Schenkungsteuergesetz
ErfK/Bearbeiter	Müller-Glöge/Preis/Schmidt, Erfurter Kommentar zum Arbeitsrecht, 21. Aufl. 2021
Erg.	Ergänzung
ErgBd.	Ergänzungsband
Erl.	Erlass; Erläuterung(en)
Erman/Bearbeiter	Erman, Handkommentar zum BGB, 16. Aufl. 2020
EStDVO	Einkommensteuer-Durchführungsverordnung
EStG	Einkommensteuergesetz
EStR	Einkommensteuer-Richtlinien
EU	Europäische Union
EU-GesRÄG 1996 ...	EU-Gesellschaftsrechtsänderungsgesetz 1996
EuGVÜ 1972	Übereinkommen über die gerichtliche Zuständigkeit und die Vollstreckung gerichtlicher Entscheidungen in Zivil- und Handelssachen vom 27.9.1968 (ABl. 1972 L 299, 32)
EuInsVO	Verordnung (EU) 2015/848 des Europäischen Parlaments und des Rates vom 20.5.2015 über Insolvenzverfahren (ABl. 2015 L 141, 19, ber. 2016 L 349, 6)
EuGH	Gerichtshof der Europäischen Gemeinschaften
EUR	Euro
EuR	Europarecht (Zeitschrift)
EuroEG	Euro-Einführungsgesetz
Europäische Aktiengesellschaft-VO	s. SE-VO
eV	eingetragener Verein
EVHGB	Verordnung zur Einführung handelsrechtlicher Vorschriften im Lande Österreich
evtl.	eventuell
EWGV	Vertrag zur Gründung der Europäischen Wirtschaftsgemeinschaft vom 25.3.1957
EWiR	Entscheidungen zum Wirtschaftsrecht
EWIV	Europäische wirtschaftliche Interessenvereinigung
EWR	Europäischer Wirtschaftsraum
EWS	Europäisches Wirtschafts- und Steuerrecht (Zeitschrift)
EWWU	Europäische Wirtschafts- und Währungsunion
f., ff.	folgende; fortfolgende
FAMA	Fachausschuss für moderne Abrechnungssysteme des Instituts der Wirtschaftsprüfer in Deutschland eV
FamFG	Gesetz über das Verfahren in Familiensachen und in den Angelegenheiten der freiwilligen Gerichtsbarkeit

Abkürzungen

FA-Recht	Fachausschuss Recht des Instituts der Wirtschaftsprüfer in Deutschland eV
FASB	Financial Accounting Standards Board of the Financial Accounting Foundation (USA)
Fasching/Konecny	Fasching/Konecny, Zivilprozessgesetze, Kommentar, 3. Aufl. 2015
FAZ	Frankfurter Allgemeine Zeitung
FBG	Firmenbuchgesetz
Feddersen/Hommelhoff/Schneider CG	Feddersen/Hommelhoff/Schneider, Corporate Governance, 1996
FEE	Fédération des Experts Comptables Européens
Fezer/Büscher/Obergfell/Bearbeiter	Fezer/Büscher/Obergfell, Lauterkeitsrecht: UWG, Kommentar, 3. Aufl. 2016
FFG	Finanzmarktförderungsgesetz
FG	Festgabe; Finanzgericht
FG (Nr. Jahr)	Fachgutachten des Hauptfachausschusses des IdW
FGG	Gesetz über die Angelegenheiten der freiwilligen Gerichtsbarkeit
FGO	Finanzgerichtsordnung
FiMaAnpG	Gesetz zur Anpassung von Gesetzen auf dem Gebiet des Finanzmarktes
FinDAG	Gesetz über die Bundesanstalt für Finanzdienstleistungsaufsicht (Finanzdienstleistungsaufsichtsgesetz – FinDAG)
Fischer/Bearbeiter	Fischer, Strafgesetzbuch mit Nebengesetzen, Kommentar, 68. Aufl. 2021
Fitting/Bearbeiter	Fitting/Engels/Schmidt/Trebinger/Linsenmaier, Betriebsverfassungsgesetz: BetrVG, Kommentar, 30. Aufl. 2020
FIW	Forschungsinstitut für Wirtschaftsverfassung und Wettbewerb eV
FK-InsO/Bearbeiter	Wimmer, Frankfurter Kommentar zur Insolvenzordnung, 9. Aufl. 2018
FK-WpÜG/Bearbeiter	Haarmann/Schüppen (Hrsg.), Frankfurter Kommentar zum WpÜG, Öffentliche Übernahmeangebote (WpÜG) und Ausschluss von Minderheitsaktionären (§§ 327a–327f AktG), 4. Aufl. 2018
Fleischer VorstandsR-HdB	Fleischer, Handbuch des Vorstandsrechts, 2006
Flume BGB AT I 1	Flume, Allgemeiner Teil des Bürgerlichen Rechts, Band I 1: Die Personengesellschaft, 1998
Flume BGB AT I 2	Flume, Allgemeiner Teil des Bürgerlichen Rechts, Band I 2: Die juristische Person, 1983
Flume BGB AT II	Flume, Allgemeiner Teil des Bürgerlichen Rechts, Band II: Das Rechtsgeschäft, 4. Aufl. 1992
FM	Finanzministerium
FMStBG	Finanzmarktstabilisierungsbeschleunigungsgesetz
FN	Fachnachrichten des Instituts der Wirtschaftsprüfer in Deutschland eV (Mitteilungsblatt)
Fn.	Fußnote
FR	Finanz-Rundschau (Zeitschrift)
Fritzsche/Dreier/Verfürth/Bearbeiter	Fritzsche/Dreier/Verfürth, Spruchverfahrensgesetz, Kommentar, 2. Aufl. 2016

Abkürzungen

Frodermann/Jannott AktR-HdB	Frodermann/Jannott, Handbuch des Aktienrechts, 9. Aufl. 2017
FS	Festschrift
Fuchs/Bearbeiter	Fuchs, Wertpapierhandelsgesetz (WpHG), Kommentar, 2. Aufl. 2016
Fuchs/Köstler/Pütz Aufsichtsratswahl-HdB	Fuchs/Köstler/Pütz, Handbuch zur Aufsichtsratswahl, 6. Aufl. 2016
Fusions-RL	Richtlinie 2009/133/EG des Rates vom 19.10.2009 über das gemeinsame Steuersystem für Fusionen, Spaltungen, Abspaltungen, die Einbringung von Unternehmensteilen und den Austausch von Anteilen, die Gesellschaften verschiedener Mitgliedstaaten betreffen, sowie für die Verlegung des Sitzes einer Europäischen Gesellschaft oder einer Europäischen Genossenschaft von einem Mitgliedstaat in einen anderen Mitgliedstaat (ABl. 2009 L 310, 34)
G	Gesetz(e)
GA	Goltdammers Archiv für Strafrecht (Zeitschrift bis 1952 zitiert nach Band und Seite, ab 1953 nach Jahr und Seite)
GAAP	Generally Accepted Accounting Principles (s. auch US-GAAP)
GAAS	Generally Accepted Accounting Standards
Gadow/Heinichen	Gadow/Heinichen, Aktiengesetz, Kommentar aus der Reihe „Großkommentare der Praxis", 1939
GBG	Grundbuchsgesetz
GbR	Gesellschaft bürgerlichen Rechts
GEFIU	Gesellschaft für Finanzwirtschaft in der Unternehmensführung eV
Geibel/Süßmann/Bearbeiter	s. Angerer/Geibel/Süßmann/Bearbeiter
Geilen/Zöllner	Geilen/Zöllner, Aktienstrafrecht, Sonderausgabe aus dem Kölner Kommentar zum Aktiengesetz, 1984
gem.	gemäß
GenG	Gesetz betreffend die Erwerbs- und Wirtschaftsgenossenschaften (Genossenschaftsgesetz)
GenRevG	Genossenschaftsrevisionsgesetz
GenVG	Genossenschaftsverschmelzungsgesetz
v. Gerkan/Hommelhoff KapitalersatzR-HdB	v. Gerkan/Hommelhoff, Handbuch des Kapitalersatzrechts, 2. Aufl. 2002
ges.	gesetzlich
GesR-RL	Richtlinie (EU) 2017/1132 des Europäischen Parlaments und des Rates vom 14.6.2017 über bestimmte Aspekte des Gesellschaftsrechts (ABl. 2017 L 169, 46)
GesRÄG	Gesellschaftsrechtsänderungsgesetz
GesRZ	Der Gesellschafter. Zeitschrift für Gesellschaftsrecht (Österreich)
Geßler AktG	Geßler, Aktiengesetz, Loseblatt-Kommentar
GewA	Gewerbe-Archiv (Zeitschrift)
GewO	Gewerbeordnung
GewStG	Gewerbesteuergesetz
GG	Grundgesetz (für die Bundesrepublik Deutschland)
ggf.	gegebenenfalls
GGG	Gerichtsgebührengesetz

Abkürzungen

GHEK/Bearbeiter	Geßler/Hefermehl/Eckardt/Kropff, Aktiengesetz, Kommentar, 1973 ff. (= MüKoAktG, 1. Aufl.)
GJW/Bearbeiter	s. Graf/Jäger/Wittig/Bearbeiter
GK-BetrVG/Bearbeiter	Gemeinschaftskommentar zum Betriebsverfassungsgesetz, 11. Aufl. 2018
GK-HGB/Bearbeiter	Ensthaler (Hrsg.), Gemeinschaftskommentar zum Handelsgesetzbuch, 8. Aufl. 2015
GK-MitbestG/Bearbeiter	Gemeinschaftskommentar zum Mitbestimmungsgesetz, Loseblatt
GlTeilhG	Gesetz für die gleichberechtigte Teilhabe von Frauen und Männern an Führungspositionen in der Privatwirtschaft und im öffentlichen Dienst
Glu	Glaser/Unger, Sammlung zivilrechtlicher Entscheidungen des Kk Obersten Gerichtshofes
GmbH	Gesellschaft mit beschränkter Haftung
GmbHG	Gesetz betreffend die Gesellschaften mit beschränkter Haftung
GmbHR	GmbH-Rundschau (Zeitschrift)
GMBl.	Gemeinsames Ministerialblatt der Bundesministerien
GNotKG	Gesetz über Kosten der freiwilligen Gerichtsbarkeit für Gerichte und Notare
GO	Gemeindeordnung
GoB	Grundsätze ordnungsmäßiger Buchführung
v. Godin/Wilhelmi/Bearbeiter	v. Godin/Wilhelmi, Aktiengesetz, 4. Aufl. 1971
Goette Einführung GmbHR	Goette, Einführung in das neue GmbH-Recht, 2008
Göhler/Bearbeiter	Göhler, Gesetz über Ordnungswidrigkeiten: OWiG, Kommentar, 18. Aufl. 2021
Gottwald/Haas InsR-HdB	Gottwald/Haas, Insolvenzrechts-Handbuch, 6. Aufl. 2020
Goutier/Knopf/Tulloch/Bearbeiter	Goutier/Knopf/Tulloch, Kommentar zum Umwandlungsrecht, Umwandlungsgesetz – Umwandlungssteuergesetz, 2. Aufl. 2001
Graf/Jäger/Wittig/Bearbeiter	Graf/Jäger/Wittig, Wirtschafts- und Steuerstrafrecht, Kommentar, 2. Aufl. 2017
grdl.	grundlegend
Grigoleit/Bearbeiter	Grigoleit, Aktiengesetz: AktG, Kommentar, 2. Aufl. 2020
von der Groeben/Schwarze/Hatje/Bearbeiter	von der Groeben/Schwarze/Hatje, Europäisches Unionsrecht, Kommentar, 7. Aufl. 2015
Groß/Bearbeiter	Groß, Kapitalmarktrecht, Kommentar zum Börsengesetz, zur Börsenzulassungs-Verordnung, zum Wertpapierprospektgesetz und zur Prospektverordnung, 7. Aufl. 2020
Großfeld/Luttermann BilanzR	Großfeld/Luttermann, Bilanzrecht, 4. Aufl. 2005
Großkomm.	Großkommentar
Großkomm AktG/Bearbeiter	Großkommentar zum Aktiengesetz, 4. Aufl. 1992 ff., 5. Aufl. 2015 ff.

Abkürzungen

Großkomm GmbHG/Bearbeiter	s. UHL/Bearbeiter
Großkomm HGB/Bearbeiter	Staub, Handelsgesetzbuch. Großkommentar, 4. Aufl. 1982 ff., 5. Aufl. 2008 ff.
GrS	Großer Senat
Grundmann EurGesR	Grundmann, Europäisches Gesellschaftsrecht, 2. Aufl. 2011
Grunewald GesR	Grunewald, Gesellschaftsrecht, 11. Aufl. 2020
GS	Gedächtnisschrift; Gesammelte Schriften
GSpG	Glücksspielgesetz
GuV	Gewinn- und Verlustrechnung
GVBl.	Gesetz- und Verordnungsblatt
GVG	Gerichtsverfassungsgesetz
GWB	Gesetz gegen Wettbewerbsbeschränkungen
GWR	Gesellschafts- und Wirtschaftsrecht (Zeitschrift)
GZl	Geschäftszahl
Haarmann/Schüppen/Bearbeiter	s. FK-WpÜG/Bearbeiter
Habersack/Casper/Löbbe/Bearbeiter	Habersack/Casper/Löbbe, GmbHG – Gesetz betreffend die Gesellschaften mit beschränkter Haftung, Großkommentar, 3 Bände, Bd. 1: 3. Aufl. 2019, Bd. 2: 3. Aufl. 2020 *(zu Bd. 3 siehe UHL/Bearbeiter)*
Habersack/Drinhausen/Bearbeiter	Habersack/Drinhausen, SE-Recht, Kommentar, 2. Aufl. 2016
Habersack/Henssler/Bearbeiter	Habersack/Henssler, Mitbestimmungsrecht: MitbestR, Kommentar, 4. Aufl. 2018
Habersack/Mülbert/Schlitt KapMarktInfoHdB	Habersack/Mülbert/Schlitt, Handbuch der Kapitalmarktinformation, 3. Aufl. 2020
Habersack/Verse EurGesR	Habersack/Verse, Europäisches Gesellschaftsrecht, 5. Aufl. 2019
Hachenburg/Bearbeiter	Hachenburg, Gesetz betreffend die Gesellschaften mit beschränkter Haftung (GmbHG); Großkommentar, 8. Aufl. 1992–1997
HansRGZ	Hanseatische Rechts- und Gerichtszeitschrift (Zeitschrift)
Happ/Bearbeiter AktR	Happ (Hrsg.), Aktienrecht. Handbuch – Mustertexte – Kommentar, 5. Aufl. 2019
Haritz/Menner/Bilitewski/Bearbeiter	Haritz/Menner/Bilitewski, Umwandlungssteuergesetz: UmwStG, Kommentar, 5. Aufl. 2019
Hartmann/Toussaint/Bearbeiter	Hartmann/Toussaint, Kostenrecht: KostR, Kommentar, 50. Aufl. 2020
HdB	Handbuch
HdJ	Schulze-Osterloh/Hennrichs/Wüstemann (Hrsg.), Handbuch des Jahresabschlusses (HdJ), Bilanzrecht nach HGB, EStG, IFRS, Loseblatt

Abkürzungen

Heidel	s. NK-AktKapMarktR/Bearbeiter
Helbich/Wiesner/Bruckner HdB Umgründungen	Helbich/Wiesner/Bruckner, Handbuch der Umgründungen – Gesetzestexte und Materialien, Rechtsprechung, Verwaltungspraxis, Loseblatt
Hellmann WirtschaftsstrafR	Hellmann, Wirtschaftsstrafrecht, 5. Aufl. 2018
Henn/Frodermann/Jannott	s. Frodermann/Jannott AktR-HdB
Henssler/Strohn/Bearbeiter	Henssler/Strohn, Gesellschaftsrecht: GesR, Kommentar, 5. Aufl. 2021
Henze/Born/Drescher HRR AktienR	Henze/Born/Drescher, Aktienrecht: Höchstrichterliche Rechtsprechung, 6. Aufl. 2015
Hesselmann/Tillmann/Mueller-Thuns GmbH & Co. KG-HdB	Hesselmann/Tillmann/Mueller-Thuns, Handbuch GmbH & Co. KG, 22. Aufl. 2020
Heybrock/Bearbeiter ..	Heybrock, Praxiskommentar zum GmbH-Recht, 2. Aufl. 2010
Heymann/Bearbeiter ..	Heymann, Handelsgesetzbuch (ohne Seerecht), Kommentar, 2. Aufl. 1995 ff.
HFA	Hauptfachausschuss des Instituts der Wirtschaftsprüfer in Deutschland eV
HFA (Nr. Jahr)	Stellungnahme des Hauptfachausschusses beim IdW
HFR	Höchstrichterliche Finanzrechtsprechung (Zeitschrift)
HGB	Handelsgesetzbuch
HGrG	Gesetz über die Grundsätze des Haushaltsrechts des Bundes und der Länder (Haushaltsgrundsätzegesetz)
Hirte WpÜG	Hirte, Wertpapiererwerbs- und Übernahmegesetz, Gesetzestexte – Quellen – Materialien, 2002
HK-HGB/Bearbeiter	Glanegger/Kirnberger/Kusterer, Heidelberger Kommentar zum HGB, 7. Aufl. 2007
HK-KapMarktStrafR/Bearbeiter	Park (Hrsg.), Kapitalmarktstrafrecht, Handkommentar, 5. Aufl. 2019
hL	herrschende Lehre
hM	herrschende Meinung
Hofbauer/Kupsch	s. Bonner HdB
Hoffmann/Preu Der Aufsichtsrat	Hoffmann/Preu, Der Aufsichtsrat, 5. Aufl. 2003
Hölters/Bearbeiter	Hölters, Aktiengesetz: AktG, Kommentar, 3. Aufl. 2017
Hölters/Deilmann/Buchta Kleine AG	Hölters/Deilmann/Buchta, Die kleine Aktiengesellschaft. Mit Muster- und Formularteil, 2. Aufl. 2002
Hommelhoff/Hopt/v. Werder Corporate Governance-HdB	Hommelhoff/Hopt/v. Werder, Handbuch Corporate Governance. Leitung und Überwachung börsennotierter Unternehmen in der Rechts- und Wirtschaftspraxis, 2. Aufl. 2010

Abkürzungen

Hopt VertrFormB	Hopt, Vertrags- und Formularbuch zum Handels-, Gesellschafts- und Bankrecht, 4. Aufl. 2013
HR	Handelsregister
HRefG	Gesetz zur Neuregelung des Kaufmanns- und Firmenrechts und zur Änderung anderer Handels- und gesellschaftsrechtlicher Vorschriften (Handelsrechtsreformgesetz) vom 22.6.1998 (BGBl. 1998 I 1474)
HRG	Hochschulrahmengesetz
HRR	Höchstrichterliche Rechtsprechung (Zeitschrift)
Hrsg.	Herausgeber
hrsg.	herausgegeben
HRV	Handelsregisterverfügung
HS	Handelsrechtliche Entscheidungen (Entscheidungssammlung)
Hs.	Halbsatz
Hueck/Canaris WertpapierR	Hueck/Canaris, Recht der Wertpapiere, 12. Aufl. 1986
Hüffer/Koch/Bearbeiter	Hüffer/Koch, Aktiengesetz: AktG, Kommentar, 15. Aufl. 2021 (bis zur 10. Aufl. 2012 zitiert als Hüffer/Bearbeiter)
Van Hulle/Maul/Drinhausen SE-HdB	Van Hulle/Maul/Drinhausen, Handbuch zur Europäischen Gesellschaft (SE), 2007
HuRB	Handwörterbuch unbestimmter Rechtsbegriffe im Bilanzrecht des HGB
HV	Hauptversammlung
HWK/Bearbeiter	Henssler/Willemsen/Kalb, Arbeitsrecht, Kommentar, 9. Aufl. 2020
IAS	International Accounting Standard(s)
IASB	International Accounting Standards Board (seit 2001)
IASC	International Accounting Standards Committee
IAS C-dt.	International Accounting Standards 1998, Deutsche Fassung
ICCAP	International Coordination Committee for the Accountants Profession
idF	in der Fassung
idR	in der Regel
IdW	Institut der Wirtschaftsprüfer in Deutschland eV
IDW EPH	Entwurf eines IDW Prüfungshinweises
IDW EPS	Entwurf eines IDW Prüfungsstandards
IDW ERS	Entwurf einer IDW Stellungnahme zur Rechnungslegung
IDW ES	Entwurf eines IDW-Standards
IDW PH	IDW Prüfungshinweis
IDW PS	IDW Prüfungsstandard
IDW RH	IDW Rechnungslegungshinweis
IDW RS	IDW Rechnungslegungsstandard
IDW S	IDW Standard
IDW SR	IWD Stellungnahme zur Rechnungslegung
IdW-Fachtag	Bericht über die Fachtagung (Jahr) des Instituts der Wirtschaftsprüfer in Deutschland eV
iE	im Einzelnen
iErg	im Ergebnis
ieS	im engeren Sinne
IESG	Insolvenz-Entgeltsicherungsgesetz

Abkürzungen

IFAC	International Federation of Accountants
IFRS	International Financial Reporting Standards (seit 2001)
IFSB	International Financial Standards Board (seit 2001)
IHK	Industrie- und Handelskammer
Immenga/Mestmäcker/Bearbeiter	Immenga/Mestmäcker, Wettbewerbsrecht, Kommentar, 5. Aufl. 2012 ff.
INF	Die Information über Steuer und Wirtschaft (Zeitschrift)
insbes.	insbesondere
InsO	Insolvenzordnung
InvFG	Investmentfondsgesetz
IPR	Internationales Privatrecht
IPRax	Praxis des internationalen Privat- und Verfahrensrechts (Zeitschrift)
IPRG	Internationales Privatrechtsgesetz
IRÄG	Insolvenzrechtsänderungsgesetz
iRd	im Rahmen des (der)
ISA	International Standards on Auditing
iSd	im Sinne des (der)
iSe	im Sinne eines (einer)
IStR	Internationales Steuerrecht (Zeitschrift)
iSv	im Sinne von
iÜ	im Übrigen
iVm	in Verbindung mit
IWP	Institut österreichischer Wirtschaftstreuhänder
iwS	im weiteren Sinne
iZw	im Zweifel
JAB	Bericht des Justizausschusses
Jabornegg/Bearbeiter	Jabornegg, Kommentar zum HGB, 1997
Jabornegg/Artmann/Bearbeiter	Jabornegg/Artmann, Kommentar zum UGB, Band 1, 2. Aufl. 2010
Jabornegg/Strasser/Bearbeiter	Jabornegg/Strasser, Kommentar zum Aktiengesetz, 5. Aufl. 2011
Jannott/Frodermann SE-HdB	Jannott/Frodermann, Handbuch der Europäischen Aktiengesellschaft, 2. Aufl. 2014
Jansen	Jansen, FGG. Gesetz über die Angelegenheiten der Freiwilligen Gerichtsbarkeit, Kommentar, 3. Aufl. 2006
Jarass/Pieroth/Bearbeiter	Jarass/Pieroth, Grundgesetz für die Bundesrepublik Deutschland: GG, Kommentar, 16. Aufl. 2020
Jauernig/Hess ZivilProzR	Jauernig/Hess, Zivilprozessrecht, 30. Aufl. 2011
JbFSt	Jahrbuch der Fachanwälte für Steuerrecht (Schriftenreihe)
JBl.	Juristische Blätter (Zeitschrift)
JfB	Journal für Betriebswirtschaft
JFG	Jahrbuch für Entscheidungen in Angelegenheiten der freiwilligen Gerichtsbarkeit und des Grundbuchrechts (Schriftenreihe)
JMBl.	Justizministerialblatt
JMV	Justizministerialverordnung

Abkürzungen

JMZ	Zahl des Justizministeriums
JN	Jurisdiktionsnorm
JoA	Journal of Accountancy
JR	Juristische Rundschau (Zeitschrift)
Jura	Juristische Ausbildung (Zeitschrift)
JurA	Juristische Analysen (Zeitschrift)
JurBüro	Das juristische Büro (Zeitschrift)
JuS	Juristische Schulung (Zeitschrift)
JW	Juristische Wochenschrift (Zeitschrift)
JZ	Juristenzeitung (Zeitschrift)
KAGB	Kapitalanlagegesetzbuch
KAGG	Gesetz über Kapitalanlagegesellschaften, aufgehoben
Kallmeyer/Bearbeiter	Kallmeyer, Umwandlungsgesetz, Kommentar, 7. Aufl. 2020
Kalss Verschmelzung	Kalss, Verschmelzung – Spaltung – Umwandlung, Kommentar, 2. Aufl. 2010
Kalss/Burger/Eckert Entwicklung	Kalss/Burger/Eckert, Die Entwicklung des österreichischen Aktienrechts. Geschichte und Materialien, 2002
Kalss/Hügel/Bearbeiter	Kalss/Hügel, Europäische Aktiengesellschaft, SE-Kommentar, 2004
Kalss/Kunz AR-HdB	Kalss/Kunz, Handbuch für den Aufsichtsrat, 2. Aufl. 2016
Kalss/Nowotny/Schauer öGesR	Kalss/Nowotny/Schauer, Österreichisches Gesellschaftsrecht, 2. Aufl. 2017
Kalss/Oppitz/Zollner KapMarktR	Kalss/Oppitz/Zollner, Kapitalmarktrecht, 2. Aufl. 2015
Kalss/Probst FamUnt	Kalss/Probst, Familienunternehmen, 2013
Kalss/Schauer ÖJT	Kalss/Schauer, Die Reform des Österreichischen Kapitalgesellschaftsrechts, Gutachten zum 16. Österreichischen Juristentag, 2006
KapAEG	Kapitalaufnahmeerleichterungsgesetz
KapBG	Kapitalberichtigungsgesetz
KapCoRiLiG	Gesetz zur Durchführung der Richtlinie des Rates der Europäischen Union zur Änderung der Bilanz- und der Konzernbilanzrichtlinie hinsichtlich ihres Anwendungsbereichs (90/605/EWG), zur Verbesserung der Offenlegung von Jahresabschlüssen und zur Änderung anderer handelsrechtlicher Bestimmungen
KapErhG	Gesetz über die Kapitalerhöhung aus Gesellschaftsmitteln und über die Verschmelzung von Gesellschaften mit beschränkter Haftung
KapErhStG	Gesetz über steuerrechtliche Maßnahmen bei Erhöhung des Nennkapitals aus Gesellschaftsmitteln
Kapital-RL	Richtlinie 2012/30/EU des Europäischen Parlaments und des Rates vom 25.10.2012 zur Koordinierung der Schutzbestimmungen, die in den Mitgliedstaaten den Gesellschaften im Sinne des Artikels 54 Absatz 2 des Vertrages über die Arbeitsweise der Europäischen Union im Interesse der Gesellschafter sowie Dritter für die Gründung der Aktiengesellschaft sowie für die Erhaltung und Änderung ihres Kapitals vorgeschrieben sind, um diese Bestimmungen gleichwertig zu gestalten (ABl. 2012 L 315, 74, ber. ABl. 2016 L 161, 41), außer Kraft

Abkürzungen

Kapital-RL 1977	Zweite Richtlinie 77/91/EWG des Rates vom 13.12.1976 zur Koordinierung der Schutzbestimmungen, die in den Mitgliedstaaten den Gesellschaften im Sinne des Artikels 58 Absatz 2 des Vertrages im Interesse der Gesellschafter sowie Dritter für die Gründung der Aktiengesellschaft sowie für die Erhaltung und Änderung ihres Kapitals vorgeschrieben sind, um diese Bestimmungen gleichwertig zu gestalten (ABl. 1977 L 26, 1), außer Kraft
Kapitalverkehrs-RL	Richtlinie 88/361/EWG des Rates vom 24.6.1988 zur Durchführung von Artikel 67 des Vertrages (ABl. 1988 L 178, 5)
KartG	Kartellgesetz
Kastner/Doralt/ Nowotny Grundriß	Kastner/Doralt/Nowotny, Grundriß des österreichischen Gesellschaftsrechts, 5. Aufl. 1990
KBLW/Bearbeiter	Kremer/Bachmann/Lutter/v. Werder, Deutscher Corporate Governance Kodex, Kommentar, 8. Aufl. 2021
KEG	Kommandit-Erwerbsgesellschaft; Kraftloserklärungsgesetz
Keidel/Bearbeiter	Keidel, FamFG. Gesetz über das Verfahren in Familiensachen und in den Angelegenheiten der freiwilligen Gerichtsbarkeit, Kommentar, 20. Aufl. 2020
KfH	Kammer für Handelssachen
KG	Kammergericht; Kommanditgesellschaft
KGaA	Kommanditgesellschaft auf Aktien
KGJ	Jahrbuch für Entscheidungen des Kammergerichts in Sachen der freiwilligen Gerichtsbarkeit in Kosten-, Stempel- und Strafsachen (Schriftenreihe)
KI	Kreditinstitut
Kilger/Schmidt	Kilger/Schmidt, Insolvenzgesetze, KO/VglO/GesO, 17. Aufl. 1997
Kirchhof/Bearbeiter	Kirchhof, Einkommensteuergesetz: EStG, Kommentar, 19. Aufl. 2020
KK-OWiG/ Bearbeiter	Karlsruher Kommentar zum Gesetz über Ordnungswidrigkeiten: OWiG, 5. Aufl. 2018
KK-StPO/Bearbeiter	Karlsruher Kommentar zur Strafprozessordnung: StPO, 8. Aufl. 2019
Klausing	Klausing, Gesetz über Aktiengesellschaften und Kommanditgesellschaften auf Aktien (Aktien-Gesetz) nebst Einführungsgesetz und „Amtlicher Begründung", 1937 *(zitiert Amtl. Begr. Klausing)*
KMG	Kapitalmarktgesetz
Knobbe-Keuk BilStR	Knobbe-Keuk, Bilanz- und Unternehmenssteuerrecht, 9. Aufl. 1993
KO	Konkursordnung
Koenig/Bearbeiter	Koenig, Abgabenordnung, Kommentar, 3. Aufl. 2014
KOG	Kartellobergericht
Köhler/Bornkamm/ Feddersen/Bearbeiter	Köhler/Bornkamm/Feddersen, Gesetz gegen den unlauteren Wettbewerb: UWG mit PAngV, UKlaG, DL-InfoV, Kommentar, 39. Aufl. 2021
Kölner Komm AktG/ Bearbeiter	Zöllner/Noack (Hrsg.), Kölner Kommentar zum Aktiengesetz, 3. Aufl. 2004 ff.

Abkürzungen

Kölner Komm SpruchG/Bearbeiter ...	Riegger/Wasmann, Kölner Kommentar zum Spruchverfahrensgesetz, 3. Aufl. 2013
Komm.	Kommentar
KonBefrV	Verordnung über befreiende Konzernabschlüsse und Konzernlageberichte von Mutterunternehmen mit Sitz in einem Drittstaat (Konzernabschlussbefreiungsverordnung)
KonsularG	Konsulargesetz
KonTraG	Gesetz zur Kontrolle und Transparenz im Unternehmensbereich
Koppensteiner WirtschaftsPrivatR	Koppensteiner, Österreichisches und europäisches Wirtschaftsprivatrecht, Teil 1: Gesellschaftsrecht, 1994
Koppensteiner/Rüffler/Bearbeiter	Koppensteiner/Rüffler, GmbH-Gesetz, Kommentar, 3. Aufl. 2007
Korintenberg/Bearbeiter	Korintenberg, Gerichts- und Notarkostengesetz: GNotKG, Kommentar, 21. Aufl. 2020
Köstler/Müller/Sick AR-Praxis	Köstler/Müller/Sick, Aufsichtsratspraxis, 10. Aufl. 2013
KostRspr.	Kostenrechtsprechung (Nachschlagewerk)
Koziol/Bydlinski/Bollenberger/Bearbeiter	Koziol/Bydlinski/Bollenberger, ABGB, Kurzkommentar, 6. Aufl. 2020
Krafka RegisterR	Krafka, Registerrecht, 11. Aufl. 2019
Krejci GesR I	Krejci, Gesellschaftsrecht, Band I: Allgemeiner Teil und Personengesellschaften, 2005
KrG	Kreisgericht (DDR)
Krieger Personalentscheidungen	Krieger, Personalentscheidungen des Aufsichtsrats, 1981
Krieger/Schneider ManagerhaftungHdB	Krieger/Schneider, Handbuch Managerhaftung, 3. Aufl. 2017
krit.	kritisch
Kropff	Aktiengesetz. Textausgabe des Aktiengesetzes vom 6.9.1965 mit Begründung des Regierungsentwurfs und Bericht des Rechtsausschusses des Deutschen Bundestags, 1965 (zitiert Begr. RegE Kropff)
KSchG	Konsumentenschutzgesetz; Kündigungsschutzgesetz
KStDVO	Durchführungsverordnung zum Körperschaftsteuergesetz
KStG	Körperschaftsteuergesetz
KStR	Körperschaftsteuer-Richtlinien
KTS	Zeitschrift für Konkurs-, Treuhand- und Schiedsgerichtswesen; ab 1989 Zeitschrift für Insolvenzrecht – Konkurs, Treuhand, Sanierung
Kübler/Assmann GesR	Kübler/Assmann, Gesellschaftsrecht, 6. Aufl. 2006
Kübler/Prütting/Bork/Bearbeiter	Kübler/Prütting/Bork, Kommentar zur Insolvenzordnung, Loseblatt
Kümpel/Hammen/Ekkenga KapMarktR	Kümpel/Hammen/Ekkenga, Kapitalmarktrecht, Loseblatt
Küting/Weber Konzernabschluss	Küting/Weber, Der Konzernabschluss, 14. Aufl. 2018

Abkürzungen

Küting/Weber Rechnungslegungs-HdB ...	Küting/Weber, Handbuch der Rechnungslegung – Einzelabschluss. Kommentar zur Bilanzierung und Prüfung, Loseblatt
KVStDVO	Kapitalverkehrsteuer-Durchführungsverordnung
KVStG	Kapitalverkehrsteuergesetz
KWG	Gesetz über das Kreditwesen
Lackner/Kühl/Bearbeiter	Lackner/Kühl, Strafgesetzbuch: StGB, Kommentar, 29. Aufl. 2018
LAG	Landesarbeitsgericht
Langen/Bunte/Bearbeiter	Langen/Bunte (Hrsg.), Kartellrecht, Kommentar, 13. Aufl. 2018
Langenbucher AktKapMarktR	Langenbucher, Bank- und Kapitalmarktrecht, 4. Aufl. 2018
Langenbucher/Bliesener/Spindler/Bearbeiter	Langenbucher/Bliesener/Spindler, Bankrechts-Kommentar, 3. Aufl. 2020
Leonhardt/Smid/Zeuner/Bearbeiter	Leonhardt/Smid/Zeuner (Hrsg.), Insolvenzrechtliche Vergütungsverordnung (InsVV), Kommentar, 2014
Lfg.	Lieferung
LG	Landgericht
liSp	linke Spalte
lit.	litera
Lit.	Literatur
LK-StGB/Bearbeiter	Laufhütte/Rissing-van Saan/Tiedemann, Leipziger Kommentar Strafgesetzbuch, 12. Aufl. 2006 ff.
LM	Nachschlagewerk des Bundesgerichtshofs (Loseblatt-Ausgabe), hrsg. von Lindenmaier, Möhring ua, 1951 ff.
Losebl.	Loseblattsammlung
Löwe/Rosenberg/Bearbeiter	Löwe/Rosenberg, Die Strafprozessordnung und das Gerichtsverfassungsgesetz: StPO, Großkommentar, 26. Aufl. 2006 ff.
Löwisch/Rieble/Bearbeiter	Löwisch/Rieble, Tarifvertragsgesetz, Kommentar, 4. Aufl. 2017
Ls.	Leitsatz
LugÜ	Lugano-Übereinkommen über die gerichtliche Zuständigkeit und die Anerkennung und Vollstreckung von Entscheidungen in Zivil- und Handelssachen vom 30.10.2007 (ABl. 2009 L 147, 5, ber. 2009 L 147, 44, 2011 L 115, 31 und 2014 L 18, 70)
Lutter Information und Vertraulichkeit ...	Lutter, Information und Vertraulichkeit im Aufsichtsrat, 3. Aufl. 2006
Lutter Kapital	Lutter, Das Kapital der Aktiengesellschaft in Europa, ZGR-Sonderheft Nr. 17, 2006
Lutter/Bearbeiter	Lutter, Umwandlungsgesetz (UmwG), Kommentar, 6. Aufl. 2019
Lutter/Bayer Holding-HdB	Lutter/Bayer (Hrsg.), Holding-Handbuch, 6. Aufl. 2020
Lutter/Bayer/J. Schmidt EuropUnternehmensR	Lutter/Bayer/J. Schmidt, Europäisches Unternehmens- und Kapitalmarktrecht, ZGR-Sonderheft Nr. 1, 6. Aufl. 2017

Abkürzungen

Lutter/Hommelhoff/Bearbeiter	Lutter/Hommelhoff, GmbH-Gesetz, Kommentar, 20. Aufl. 2020
Lutter/Hommelhoff/Teichmann/Bearbeiter	Lutter/Hommelhoff/Teichmann, SE-Kommentar, 2. Aufl. 2015
Lutter/Krieger/Verse Rechte und Pflichten	Lutter/Krieger/Verse, Rechte und Pflichten des Aufsichtsrats, 7. Aufl. 2020
Lutter/Scheffler/Schneider Konzern-HdB	Lutter/Scheffler/Schneider, Handbuch der Konzernfinanzierung, 1998
LZ	Leipziger Zeitschrift für deutsches Recht
LZB	Landeszentralbank
MAH AktR/Bearbeiter	Schüppen/Schaub, Münchner Anwaltshandbuch Aktienrecht, 3. Aufl. 2018
MaklerG	Maklergesetz
v. Mangoldt/Klein/Starck/Bearbeiter	v. Mangoldt/Klein/Starck, Kommentar zum Grundgesetz: GG, 7. Aufl. 2018
mAnm	mit Anmerkung
Manz/Mayer/Schröder AktienGes ..	Manz/Mayer/Schröder, Die Aktiengesellschaft, 7. Aufl. 2014
MAR	Verordnung (EU) Nr. 596/2014 des Europäischen Parlaments und des Rates vom 16.4.2014 über Marktmissbrauch (Marktmissbrauchsverordnung) und zur Aufhebung der Richtlinie 2003/6/EG des Europäischen Parlaments und des Rates und der Richtlinien 2003/124/EG, 2003/125/EG und 2004/72/EG der Kommission
MarkenG	Gesetz über den Schutz von Marken und sonstigen Kennzeichen (Markengesetz)
Marsch-Barner/Schäfer Börsennotierte AG-HdB	Marsch-Barner/Schäfer, Handbuch börsennotierte AG, 4. Aufl. 2017
Martens Leitung HV	Martens, Leitfaden für die Leitung der Hauptversammlung einer Aktiengesellschaft, 3. Aufl. 2003
maW	mit anderen Worten
MBl.	Ministerialblatt
MDR	Monatsschrift für deutsches Recht (Zeitschrift)
mE	meines Erachtens
Meilicke/Meilicke	Meilicke/Marienhagen/Meilicke/Wienand, Kommentar zum Mitbestimmungsgesetz 1976, 2. Aufl. 1976
Meyer-Goßner/Schmitt/Bearbeiter ...	Meyer-Goßner/Schmitt, Strafprozessordnung, Kommentar, 63. Aufl. 2020
Meyer-Landrut/Miller/Niehus/Bearbeiter	Meyer-Landrut/Miller/Niehus, Gesetz betreffend die Gesellschaften mit beschränkter Haftung (GmbHG) einschließlich Rechnungslegung zum Einzel- sowie zum Konzernabschluss, Kommentar, 1987

Abkürzungen

MHdB AG/Bearbeiter	Münchener Handbuch des Gesellschaftsrechts, Band 4: Aktiengesellschaft, 5. Aufl. 2020
MHdB ArbR/Bearbeiter	Münchener Handbuch zum Arbeitsrecht, 4. Aufl. 2007, Band 4, 4. Aufl. 2019
MHdB GesR IV/Bearbeiter	s. *MHdB AG/Bearbeiter*
MHdB GesR VI/Bearbeiter	Münchener Handbuch des Gesellschaftsrechts, Band 6: Internationales Gesellschaftsrecht, Grenzüberschreitende Umwandlungen, 4. Aufl. 2013
MHdB KG/Bearbeiter	Münchener Handbuch des Gesellschaftsrechts, Band 2: Kommanditgesellschaft, GmbH & Co KG, Publikums-KG, Stille Gesellschaft, 5. Aufl. 2019
MHLS/Bearbeiter	Michalski/Heidinger/Leible/J. Schmidt, Kommentar zum Gesetz betreffend die Gesellschaften mit beschränkter Haftung (GmbH-Gesetz), 3. Aufl. 2017
MiFID	Markets in Financial Instruments Directive, deusch: Richtlinie 2004/39/EG über Märkte für Finanzinstrumente (Finanzmarkt-RL 2004), aufgehoben
MiFID II	Richtlinie 2014/65/EU des Europäischen Parlaments und des Rates vom 15.5.2014 über Märkte für Finanzinstrumente
Mio.	Million(en)
Mitbest	Die Mitbestimmung (Zeitschrift)
MitbestErgG	Mitbestimmungsergänzungsgesetz
MitbestG	Gesetz über die Mitbestimmung der Arbeitnehmer
MittBayNotK	Mitteilungen der Bayerischen Notarkammer (Mitteilungsblatt)
MittRhNotK	Mitteilungen der Rheinischen Notarkammer (Mitteilungsblatt)
mN	mit Nachweisen
MoMiG	Gesetz zur Modernisierung des GmbH-Rechts und zur Bekämpfung von Missbräuchen
MontanMitbestG	Montan-Mitbestimmungsgesetz
Mot.	Motive
MR	Medien und Recht (Zeitschrift)
Mrd.	Milliarde(n)
MüKoBGB/Bearbeiter	Münchener Kommentar zum Bürgerlichen Gesetzbuch, 7. Aufl. 2015 ff.; 8. Aufl. 2018 ff.
MüKoHGB/Bearbeiter	Münchener Kommentar zum Handelsgesetzbuch, 4. Aufl. 2016 ff.; 5. Aufl. 2021
MüKoInsO/Bearbeiter	Münchener Kommentar zur Insolvenzordnung, 3. Aufl. 2013 ff.; 4. Aufl. 2019 f.
MüKoStGB/Bearbeiter	Münchener Kommentar zum Strafgesetzbuch, 3. Aufl. 2016 ff.; 4. Aufl. 2020
MüKoZPO/Bearbeiter	Münchener Kommentar zur Zivilprozessordnung, 5. Aufl. 2016; 6. Aufl. 2020

Abkürzungen

Mülbert AG	Mülbert, Aktiengesellschaft, Unternehmensgruppe und Kapitalmarkt, 2. Aufl. 1996
Müller/Köstler/Zachert	s. Köstler/Müller/Sick AR-Praxis
Müller-Gugenberger WirtschaftsStrafR-HdB	Müller-Gugenberger, Wirtschaftsstrafrecht – Handbuch des Wirtschaftsstraf- und -ordnungswidrigkeitenrechts, 6. Aufl. 2015
Musielak/Voit/Bearbeiter	Musielak/Voit, Zivilprozessordnung, Kommentar, 17. Aufl. 2020
MustG	Musterschutzgesetz
MVHdB GesR/Bearbeiter	Münchener Vertragshandbuch, Band 1: Gesellschaftsrecht, 8. Aufl. 2018
mwN	mit weiteren Nachweisen
NA	Sonderausschuss neues Aktienrecht des Instituts der Wirtschaftsprüfer in Deutschland eV
Nagel/Freis/Kleinsorge SE	Nagel/Freis/Kleinsorge, Die Beteiligung der Arbeitnehmer in der Europäischen Gesellschaft – SE, Kommentar, 3. Aufl. 2018
NaStraG	Namensaktiengesetz vom 18.1.2001 (BGBl. 2001 I 123)
NB	Neue Betriebswirtschaft (Zeitschrift)
NdsRPfleger	Niedersächsische Rechtspflege (Zeitschrift)
Nerlich/Römermann/Bearbeiter	Nerlich/Römermann, Insolvenzordnung (InsO), Loseblatt-Kommentar
Neye SE	Neye, Die Europäische Aktiengesellschaft, 2005
nF	neue Fassung
NF	Neue Folge
Nirk/Ziemons/Binnewies	s. Ziemons/Binnewies AG-HdB
NJW	Neue Juristische Wochenschrift (Zeitschrift)
NJW-RR	NJW-Rechtsprechungs-Report Zivilrecht (Zeitschrift)
NK-AktKapMarktR/Bearbeiter	Heidel (Hrsg.), Aktienrecht und Kapitalmarktrecht, NomosKommentar, 5. Aufl. 2020
NK-SE/Bearbeiter	Manz/Mayer/Schröder (Hrsg.), Europäische Aktiengesellschaft SE, Kommentar, 3. Aufl. 2019
NK-StGB/Bearbeiter	Kindhäuser/Hilgendorf, Strafgesetzbuch, Kommentar, 8. Aufl. 2019
NO	Notariatsordnung
NordöR	Zeitschrift für öffentliches Recht in Norddeutschland
NotAktG	Notariatsaktgesetz
Nr.	Nummer(n)
NStZ	Neue Zeitschrift für Strafrecht
NStZ-RR	NStZ-Rechtsprechungs-Report Strafrecht (Zeitschrift)
NVwZ	Neue Zeitschrift für Verwaltungsrecht
NW	Nordrhein-Westfalen
Nw.	Nachweis(e)
NWB	Neue Wirtschaftsbriefe (Zeitschrift), Loseblattsammlung
NYSE	New York Stock Exchange
NZ	Österreichische Notariatszeitung (Zeitschrift)

Abkürzungen

NZA	Neue Zeitschrift für Arbeitsrecht
NZG	Neue Zeitschrift für Gesellschaftsrecht
o.	oben
ÖBA	Österreichisches Bankarchiv (Zeitschrift)
ÖBl.	Österreichische Blätter für gewerblichen Rechtsschutz und Urheberrecht (Zeitschrift)
OECD	Organisation für wirtschaftliche Zusammenarbeit und Entwicklung
OEG	Offene Erwerbsgesellschaft
OeNB	Oesterreichische Nationalbank
Oetker/Preis EAS	Oetker/Preis, Europäisches Arbeits- und Sozialrecht (EAS), Loseblatt
OFD	Oberfinanzdirektion
OGH	Oberster Gerichtshof
OGHZ	Entscheidungen des Obersten Gerichtshofs für die Britische Zone in Zivilsachen
OHG	Offene Handelsgesellschaft
ÖIAG	Österreichische Industrieverwaltungs-Aktiengesellschaft
ÖJT	Österreichischer Juristentag
ÖJZ	Österreichische Juristenzeitung (Zeitschrift)
ÖJZ-LSK	Leitsatzkartei in Österreichischer Juristenzeitung
Olfert/Körner/Langenbeck Sonderbilanzen	Olfert/Körner/Langenbeck, Sonderbilanzen, 4. Aufl. 1994
OLG	Oberlandesgericht
OLGR	Die Rechtsprechung der Oberlandesgerichte auf dem Gebiet des Zivilrechts (1900–1928) (Entscheidungssammlung)
OLGZ	Entscheidungen der Oberlandesgerichte in Zivilsachen einschließlich der freiwilligen Gerichtsbarkeit
Oser/Bischof/Baetge IFRS	s. BWKOB
ÖSpZ	Österreichische Sparkassenzeitung (Zeitschrift)
ÖStZ	Österreichische Steuerzeitung (Zeitschrift)
ÖStZB	Beilage zur ÖStZ, die finanzrechtlichen Erkenntnisse des VwGH und VfGH
OVG	Oberverwaltungsgericht
OWiG	Gesetz über Ordnungswidrigkeiten
ÖZW	Österreichische Zeitschrift für Wirtschaftsrecht
Palandt/Bearbeiter	Palandt, Bürgerliches Gesetzbuch: BGB, Kommentar, 79. Aufl. 2020
Park	s. HK-KapMarktStrafR/Bearbeiter
PatG	Patentgesetz
PBefG	Personenbeförderungsgesetz
phG	persönlich haftender Gesellschafter
Phi	Produkthaftpflicht (Zeitschrift)
PKG	Pensionskassengesetz
PostG	Gesetz über das Postwesen
PostgiroO	Postgiroordnung
PostscheckG	Postscheckgesetz
Potthoff/Trescher Aufsichtsratsmitglied	Potthoff/Trescher, Das Aufsichtsratsmitglied, 6. Aufl. 2003
ProkG	Finanzprokuraturgesetz

Abkürzungen

Prölss/Dreher/Bearbeiter	Prölss/Dreher, Versicherungsaufsichtsgesetz: VAG, Kommentar, 13. Aufl. 2018
Prütting/Helms/Bearbeiter	Prütting/Helms, FamFG, Kommentar, 5. Aufl. 2020
PS	Prüfungsstandard
PSG	Privatstiftungsgesetz
PSK	Österreichische Postsparkasse
PSK-G	Postsparkassengesetz
PublG	Gesetz über die Rechnungslegung von bestimmten Unternehmen und Konzernen (Publizitätsgesetz)
Publizitäts-RL	Richtlinie 2009/101/EG vom 16.9.2009 zur Koordinierung der Schutzbestimmungen, die in den Mitgliedstaaten den Gesellschaften im Sinne des Artikels 48 Absatz 2 des Vertrags im Interesse der Gesellschafter sowie Dritter vorgeschrieben sind, um diese Bestimmungen gleichwertig zu gestalten (ABl. 2009 L 258, 11), aufgehoben
pVV	positive Vertragsverletzung
PWW/Bearbeiter	Prütting/Wegen/Weinreich (Hrsg.), BGB, Kommentar, 15. Aufl. 2020
Raiser/Veil KapGesR	Raiser/Veil, Recht der Kapitalgesellschaften, 6. Aufl. 2015
Raiser/Veil/Jacobs/Bearbeiter	Raiser/Veil/Jacobs, Mitbestimmungsgesetz und Drittelbeteiligungsgesetz, Kommentar, 7. Aufl. 2020
RAnz.	Reichsanzeiger
RAO	Reichsabgabenordnung
RAusschuss	Rechtsausschuss
RdA	Recht der Arbeit (Zeitschrift)
Rdschr.	Rundschreiben
RdTW	Recht der Transportwirtschaft (Zeitschrift)
RdW	Recht der Wirtschaft (Zeitschrift)
Recht	Das Recht (Zeitschrift)
RefE	Referentenentwurf
RegE	Regierungsentwurf
Reich-Rohrwig Euro-Umstellung	Reich-Rohrwig, Euro-Umstellung, 1998
Reich-Rohrwig ÖsterrGmbHR	Reich-Rohrwig, Das österreichische GmbH-Recht, Band I, 2. Aufl. 1997
Reischauer/Kleinhans/Bearbeiter	Reischauer/Kleinhans, Kreditwesengesetz (KWG), Loseblatt-Kommentar
REITG	Gesetz über deutsche Immobilien-Aktiengesellschaften mit börsennotierten Anteilen (REIT-Gesetz)
Reithmann/Martiny IntVertragsR	Reithmann/Martiny, Internationales Vertragsrecht. Das Internationale Privatrecht der Schuldverträge, 8. Aufl. 2015
Rellermeyer	Rellermeyer, Aufsichtsratsausschüsse, 1986
Renner/Otto/Heinze/Bearbeiter	Renner/Otto/Heinze, Leipziger Gerichts- und Notarkosten-Kommentar (GNotKG), 3. Aufl. 2021

Abkürzungen

reSp	rechte Spalte
RFH	Reichsfinanzhof
RFHE	Sammlung der Entscheidungen und Gutachten des Reichsfinanzhofes
RG	Reichsgericht
RGBl.	Reichsgesetzblatt
RGSt	Entscheidungen des Reichsgerichts in Strafsachen
RGZ	Entscheidungen des Reichsgerichts in Zivilsachen
RHO	Reichshaushaltsordnung
Richardi/Bearbeiter	Richardi, Betriebsverfassungsgesetz: BetrVG, Kommentar, 16. Aufl. 2018
RisikoBegrG	Gesetz zur Begrenzung der mit Finanzinvestitionen verbundenen Risiken (Risikobegrenzungsgesetz)
Ritter	Ritter, Aktiengesetz. Kommentar, 2. Aufl. 1939
Rittner/Dreher WirtschaftsR	Rittner/Dreher, Europäisches und deutsches Wirtschaftsrecht, 3. Aufl. 2007
RIW	Recht der internationalen Wirtschaft (Zeitschrift)
RJA	Entscheidungen in Angelegenheiten der freiwilligen Gerichtsbarkeit und des Grundbuchrechts, zusammengestellt im Reichsjustizamt
RL	Richtlinie
RLG	Rechnungslegungsgesetz
Rn.	Randnummer(n)
ROHG	Reichsoberhandelsgericht
ROHGE	Entscheidungen des Reichsoberhandelsgerichts
Röhricht/Graf v. Westphalen/Haas/Bearbeiter	Röhricht/Graf von Westphalen/Haas (Hrsg.), HGB, Kommentar, 5. Aufl. 2019
Rosenberg/Schwab/Gottwald ZivilProzR	Rosenberg/Schwab/Gottwald, Zivilprozessrecht, 18. Aufl. 2018
Roth/Altmeppen/Bearbeiter	s. Altmeppen/Bearbeiter
Rowedder/Schmidt-Leithoff/Bearbeiter	Rowedder/Schmidt-Leithoff, Gesetz betreffend die Gesellschaften mit beschränkter Haftung: GmbHG, Kommentar, 6. Aufl. 2017
Roxin StrafR AT I	Roxin, Strafrecht Allgemeiner Teil, Band 1: Grundlagen. Der Aufbau der Verbrechenslehre, 5. Aufl. 2020
Roxin/Greco StrafR AT II	Roxin/Greco, Strafrecht Allgemeiner Teil, Band 2: Besondere Erscheinungsformen der Straftat, 2003
Rpfleger	Der deutsche Rechtspfleger; Der österreichische Rechtspfleger (Zeitschriften)
Rspr.	Rechtsprechung
RStBl.	Reichssteuerblatt
RT-Drs.	Reichstags-Drucksache
RÜG	Rechts-Überleitungsgesetz 1945
RWZ	Österreichische Zeitschrift für Rechnungswesen
RZ	Österreichische Richterzeitung (Zeitschrift)

Abkürzungen

S.	Satz; Seite
s.	siehe
SABI	Sonderausschuss Bilanzrichtlinien-Gesetz des Instituts der Wirtschaftsprüfer in Deutschland eV
SAG	Die Schweizerische Aktiengesellschaft (Zeitschrift); Gesetz zur Sanierung und Abwicklung von Instituten und Finanzgruppen (Sanierungs- und Abwicklungsgesetz)
Schaaf Praxis der HV	Schaaf (Hrsg.), Praxis der Hauptversammlung, 4. Aufl. 2018
Schäfer WpHG	Schäfer, Wertpapierhandelsgesetz, Börsengesetz mit BörsZulV, Verkaufsprospektgesetz mit VerkProspV, 1999
ScheckG	Scheckgesetz
Schiemer/Jabornegg/ Strasser/Bearbeiter	Schiemer/Jabornegg/Strasser, Kommentar zum Aktiengesetz, 3. Aufl. 1993
Schildbach/Stobbe/ Freichel Jahresabschluss	Schildbach/Stobbe/Freichel, Der handelsrechtliche Jahresabschluss, 11. Aufl. 2019
Schippel/Görk/ Bearbeiter	Schippel/Görk, Bundesnotarordnung: BNotO, Kommentar, 10. Aufl. 2021
Schlegelberger/ Bearbeiter	Schlegelberger, Handelsgesetzbuch, Kommentar, 5. Aufl. 1973 ff.
Schlegelberger/ Quassowski AktG 1937	Schlegelberger/Quassowski, Aktiengesetz vom 30.1.1937. Kommentar, 3. Aufl. 1939
SchlHA	Schleswig-Holsteinische Anzeigen (Zeitschrift)
K. Schmidt/ Bearbeiter	K. Schmidt, Insolvenzordnung: InsO, Kommentar, 19. Aufl. 2019
K. Schmidt GesR	K. Schmidt, Gesellschaftsrecht. Unternehmensrecht II, 4. Aufl. 2002
K. Schmidt HandelsR	K. Schmidt, Handelsrecht. Unternehmensrecht I, 6. Aufl. 2014
K. Schmidt/Lutter/ Bearbeiter	K. Schmidt/Lutter (Hrsg.), Aktiengesetz, Kommentar, 4. Aufl. 2020
K. Schmidt/ Uhlenbruck GmbH in Krise	K. Schmidt/Uhlenbruck, Die GmbH in Krise, Sanierung und Insolvenz, 5. Aufl. 2016
L. Schmidt/ Bearbeiter	L. Schmidt, Einkommensteuergesetz, Kommentar, 39. Aufl. 2020
R. Schmidt Wirtschaftsrecht	R. Schmidt, Öffentliches Wirtschaftsrecht, Allgemeiner Teil, 1990
Schmitt/Hörtnagl/ Bearbeiter	Schmitt/Hörtnagl, Umwandlungsgesetz, Umwandlungssteuergesetz: UmwG, UmwStG, Kommentar, 9. Aufl. 2020
Scholz/Bearbeiter	Scholz, GmbH-Gesetz, Kommentar, 12. Aufl. 2021
Schönke/Schröder/ Bearbeiter	Schönke/Schröder, Strafgesetzbuch: StGB, Kommentar, 30. Aufl. 2019

Abkürzungen

Schulte-Bunert/ Weinreich/Bearbeiter	Schulte-Bunert/Weinreich, FamFG, Kommentar, 6. Aufl. 2020
Schwark/Zimmer/ Bearbeiter	Schwark/Zimmer, Kapitalmarktrechts-Kommentar, 5. Aufl. 2020
Schwarz EuropGesR	Schwarz, Europäisches Gesellschaftsrecht – Ein Handbuch für Wissenschaft und Praxis, 2000
Schwarz	Schwarz, Verordnung (EG) Nr. 2157/2001 des Rates über das Statut der Europäischen Gesellschaft (SE): SE-VO, Kommentar, 2006
Schwimann/Kodek/ Bearbeiter	Schwimann/Kodek, ABGB Praxiskommentar, 4. Aufl. 2017; 5. Aufl. 2018 ff.
Screening-VO	Verordnung (EU) 2019/452 des Europäischen Parlaments und des Rates vom 19.3.2019 zur Schaffung eines Rahmens für die Überprüfung ausländischer Direktinvestitionen in der Union (ABl. 2019 L 79 I, 1)
SE	Societas Europaea; Europäische Aktiengesellschaft
SEAG	Gesetz zur Ausführung der Verordnung (EG) Nr. 2157/2001 des Rates vom 8.10.2001 über das Statut der Europäischen Gesellschaft (SE) (SE-Ausführungsgesetz, BGBl. 2004 I 3675)
SEBG	Gesetz über die Beteiligung der Arbeitnehmer in der Europäischen Gesellschaft (SE-Beteiligungsgesetz)
SEC	Securities and Exchange Commission (USA)
Seibert/Kiem/ Schüppen AG-HdB	Seibert/Kiem/Schüppen, Handbuch der kleinen AG, 5. Aufl. 2008
Semler Leitung und Überwachung	Semler, Leitung und Überwachung der Aktiengesellschaft, 2. Aufl. 1996
Semler/Peltzer/Kubis Vorstands-HdB	Semler/Peltzer/Kubis, Arbeitshandbuch für Vorstandsmitglieder, 2. Aufl. 2015
Semler/Stengel/ Bearbeiter	Semler/Stengel, Umwandlungsgesetz: UmwG, Kommentar, 4. Aufl. 2017
Semler/v. Schenck AR-HdB	Semler/v. Schenck, Arbeitshandbuch für Aufsichtsratsmitglieder, 4. Aufl. 2013
Semler/Volhard UÜ-HdB	Semler/Volhard, Arbeitshandbuch für Unternehmensübernahmen Bd. 1: 2001, Bd. 2: 2003
Semler/Volhard/ Reichert HV-HdB	Semler/Volhard/Reichert, Arbeitshandbuch für die Hauptversammlung, 4. Aufl. 2018
SE-RL	s. unter Beteiligungs-RL
Servatius Struktur- Maßnahmen	Servatius, Strukturmaßnahmen als Unternehmensleitung, 2004
SeuffA	Seufferts Archiv für Entscheidungen der obersten Gerichte in den deutschen Staaten (Zeitschrift)
SE-VO	Verordnung (EG) Nr. 2157/2001 des Rates vom 8.10.2001 über das Statut der Europäischen Gesellschaft (SE) (ABl. 2001 L 294, 1)
SIC	Standing Interpretations Committee
SJZ	Süddeutsche Juristenzeitung (Zeitschrift)

Abkürzungen

SK-StGB/Bearbeiter	Wolter (Hrsg.), SK-StGB. Systematischer Kommentar zum Strafgesetzbuch, 9. Aufl. 2017
Slg.	Sammlung
Soergel/Bearbeiter	Soergel, Bürgerliches Gesetzbuch mit Einführungsgesetz und Nebengesetzen: BGB, Kommentar, 13. Aufl. 1999 ff.
sog.	so genannt
Sp.	Spalte
SpaltG	Spaltungsgesetz
Spindler/Stilz/Bearbeiter	Spindler/Stilz, Kommentar zum Aktiengesetz: AktG, 4. Aufl. 2019 *(weitergeführt als BeckOGK, Abschnitt AktG)*
SpkG	Sparkassengesetz
SpTrUG	Gesetz über die Spaltung der von der Treuhandanstalt verwalteten Unternehmen
st.	ständig(e)
StAnpG	Steueranpassungsgesetz
StatJB	Statistisches Jahrbuch für die Bundesrepublik Deutschland
Staub/Bearbeiter	*s. Großkomm HGB/Bearbeiter*
Staudinger/Großfeld IntGesR	Staudinger, Kommentar zum Bürgerlichen Gesetzbuch, Internationales Gesellschaftsrecht von Großfeld, 1998
StB	Steuerberater; Der Steuerberater (Zeitschrift)
Stbg	Die Steuerberatung (Zeitschrift)
StbJB	Steuerberater-Jahrbuch
StBKongressRep	Steuerberaterkongress-Report
StBp	Die steuerliche Betriebsprüfung (Zeitschrift)
Stein/Jonas/Bearbeiter	Stein/Jonas, Kommentar zur Zivilprozessordnung: ZPO, 23. Aufl. 2014 ff.
Steinmeyer/Bearbeiter	Steinmeyer, WpÜG. Wertpapiererwerbs- und Übernahmegesetz, Kommentar, 4. Aufl. 2019
StEK	Steuererlasse in Karteiform, Loseblattsammlung
stenogr.	stenographiert
steuerl. KapBG	steuerliches Kapitalberichtigungsgesetz
StGB	Strafgesetzbuch
StGBl.	Staatsgesetzblatt für die Republik Österreich
StPO	Strafprozessordnung
str.	streitig
Straube HGB I bzw. II	Straube, Kommentar zum Handelsgesetzbuch, Band 1: 3. Aufl. 2003, Band 2: 2. Aufl. 2000
Straube/Ratka/Rauter GmbHG	Straube/Ratka/Rauter, Wiener Kommentar zum GmHG, Loseblattkommentar
Straube/Ratka/Rauter UGB I bzw. II	Straube/Ratka/Rauter, Wiener Kommentar zum Unternehmensgesetzbuch – UGB, Loseblatt
stRspr	ständige Rechtsprechung
StuB	Steuer- und Bilanzpraxis (Zeitschrift)
StückAG	Stückaktiengesetz
StuW	Steuer und Wirtschaft (Zeitschrift)

Abkürzungen

StV	Strafverteidiger (Zeitschrift)
StWStP	Staatswissenschaften und Staatspraxis (Zeitschrift)
SWK	Steuer und Wirtschaftskartei (Zeitschrift)
SZ	Sammlung der Entscheidungen des OGH in Zivilsachen
Teichmann/Koehler AktG 1937	Teichmann/Koehler, Aktiengesetz, Kommentar, 2. Aufl. 1939
teilw.	teilweise
Theisen Information	Theisen, Information und Berichterstattung des Aufsichtsrats, 4. Aufl. 2007
Theisen/Wenz SE	Theisen/Wenz, Die Europäische Aktiengesellschaft, 2. Aufl. 2005
Thomas/Putzo/Bearbeiter	Thomas/Putzo, Zivilprozessordnung: ZPO, Kommentar, 41. Aufl. 2020
Tiedemann WirtschaftsStrafR	Tiedemann, Wirtschaftsstrafrecht, 5. Aufl. 2017
TOP	Tagesordnungspunkt
Torggler GmbHG	U. Torggler, GmbHG, Kurzkommentar, 2014
Torggler UGB	Aschauer/U. Torggler/Bauer, Unternehmensgesetzbuch: UGB, Kommentar, 3. Aufl. 2019
Transparenz-RL	Richtlinie 2004/109/EG des Europäischen Parlaments und des Rates vom 15.12.2004 zur Harmonisierung der Transparenzanforderungen in Bezug auf Informationen über Emittenten, deren Wertpapiere zum Handel auf einem geregelten Markt zugelassen sind, und zur Änderung der Richtlinie 2001/34/EG (ABl. 2004 L 390, 38)
TransPuG	Gesetz zur weiteren Reform des Aktien- und Bilanzrechts, zu transparenz und Publizität (Transparenz- und Publizitätsgesetz)
TrG	Gesetz zur Privatisierung und Reorganisation des volkseigenen Vermögens (Treuhandgesetz)
TUG	Gesetz zur Umsetzung der Richtlinie 2004/109 EG des Europäischen Parlaments und des Rates vom 15.12.2002 zur Harmonisierung der Transparenzanforderungen in Bezug auf Informationen über Emittenten, der Wertpapiere zum Handel auf einem geregelten Markt zugelassen sind, und zur Änderung der Richtlinie 2001/34 EG (Transparenz-RL-Umsetzungsgesetz)
TVG	Tarifvertragsgesetz
Tz.	Textziffer
u.	unten, und, unter
ua	und andere; unter anderem
uÄ	und Ähnliche(s)
Übernahmekodex	Übernahmekodex der Börsensachverständigenkommission beim Bundesministerium der Finanzen
Übernahme-RL	Richtlinie 2004/25/EG des Europäischen Parlaments und des Rates betreffend Übernahmeangebote vom 21.4.2004 (ABl. 2004 L 142, 12)
Übernahme-RL-UG	Gesetz zur Umsetzung der Richtlinie 2004/25 EG des Europäischen Parlaments und des Rates vom 21.4.2004 betreffend Übernahmeangebote vom 14.7.2006 (BGBl. 2006 I 1426)
ÜbG	Übernahmegesetz
UBGG	Gesetz über Unternehmensbeteiligungsgesellschaften
UEC	Union Européenne des Experts Comptables Economiques et Financiers

Abkürzungen

UGB	Unternehmensgesetzbuch
UHL/Bearbeiter	Ulmer/Habersack/Löbbe, GmbHG – Gesetz betreffend die Gesellschaften mit beschränkter Haftung, Großkommentar, 3 Bände, Bd. 3: 2. Aufl. 2016 *(zu Band 1 u. 2 siehe Habersack/Casper/Löbbe/Bearbeiter)*
Uhlenbruck/Bearbeiter	Uhlenbruck, Insolvenzordnung: InsO, Kommentar, 15. Aufl. 2019 f.
Ulmer BilanzR	Ulmer, HGB-Bilanzrecht: Rechnungslegung, Abschlussprüfung, Publizität, Großkommentar, Band 2, 2002
Ulmer/Brandner/Hensen/Bearbeiter	Ulmer/Brandner/Hensen, AGB-Recht, Kommentar, 12. Aufl. 2016
UMAG	Gesetz zur Unternehmensintegrität und Modernisierung des Anfechtungsrechts
UmgrStG	Umgründungssteuergesetz
UmwG	Umwandlungsgesetz
unstr.	unstreitig
Unternehmensrechtskommission	BMJ (Hrsg.), Bericht über die Verhandlungen der Unternehmensrechtskommission, 1980
URG	Unternehmensreorganisationsgesetz
UrhG	Urheberrechtsgesetz
Urt.	Urteil
US-GAAP	United States Generally Accepted Accounting Principles
UStDVO	Umsatzsteuer-Durchführungsverordnung
UStG	Umsatzsteuergesetz
UStR	Umsatzsteuer-Rundschau (Zeitschrift)
usw	und so weiter
uU	unter Umständen
UWG	Gesetz gegen den unlauteren Wettbewerb
v.	von; vom
VAG	Gesetz über die Beaufsichtigung von Versicherungsunternehmen (Versicherungsaufsichtsgesetz)
VerBAV	Veröffentlichungen des Bundesaufsichtsamts für das Versicherungswesen
Verf.	Verfasser
VermG	Gesetz zur Regelung der offenen Vermögensfragen (Vermögensgesetz)
VermRÄndG	Vermögensrechtsänderungsgesetz
VersorgW	Versorgungswirtschaft (Zeitschrift)
VersR	Versicherungsrecht (Zeitschrift)
VersW	Versicherungswirtschaft (Zeitschrift)
VerwArch	Verwaltungsarchiv (Zeitschrift)
VFA	Versicherungsfachausschuss des IDW
VfGH	Verfassungsgerichtshof
VfSlg	Sammlung der Erkenntnisse und Beschlüsse des Verfassungsgerichtshofs
vgl.	vergleiche
VglO	Vergleichsordnung, aufgehoben
VO	Verordnung
Vogel/Lehner/Bearbeiter	Vogel/Lehner, Doppelbesteuerungsabkommen, Kommentar, 6. Aufl. 2015

Abkürzungen

Vor	Vorbemerkung(en)
VorstAG	Gesetz zur Angemessenheit der Vorstandsvergütung
VorstOG	Vorstandsvergütungs-Offenbarungsgesetz
VVaG	Versicherungsverein auf Gegenseitigkeit
VV-BHO	Allgemeine Verwaltungsvorschriften zur Bundeshaushaltsordnung (GMBl 2001, 309)
VVDStRL	Veröffentlichungen der Vereinigung der Deutschen Staatsrechtslehrer
VVG	Gesetz über den Versicherungsvertrag
VwGH	Verwaltungsgerichtshof
VwGO	Verwaltungsgerichtsordnung
VwKostG	Verwaltungskostengesetz
VwSlg	Erkenntnisse und Beschlüsse des Verwaltungsgerichtshofes
VwVfG	Verwaltungsverfahrensgesetz
VwVG	Verwaltungs-Vollstreckungsgesetz
VwZG	Verwaltungszustellungsgesetz
Wabnitz/Janovsky/Schmitt Wirtschafts-StrafR-HdB	Wabnitz/Janovsky/Schmitt, Handbuch des Wirtschafts- und Steuerstrafrechts, 5. Aufl. 2020
Wachter/Bearbeiter ..	Wachter (Hrsg.), AktG, Kommentar, 3. Aufl. 2018
WaffG	Waffengesetz
WBl.	Wirtschaftsrechtliche Blätter (Zeitschrift)
Wellkamp Vorstand ...	Wellkamp, Vorstand, Aufsichtsrat und Aktionär, 2. Aufl. 2000
Welser/Kletečka Grundriss I	Welser/Kletečka, Grundriss des Bürgerlichen Rechts, Band 1, 15. Aufl. 2018
Welser/Zöchling-Jud Grundriss II	Welser/Zöchling-Jud, Grundriss des Bürgerlichen Rechts. Band 2, 14. Aufl. 2015
Westermann/Wertenbruch PersGes-HdB	Westermann/Wertenbruch, Handbuch der Personengesellschaften, Handbuch, Loseblatt
WG	Wechselgesetz
WiB	Wirtschaftsrechtliche Beratung (Zeitschrift)
Wicke	Wicke, Gesetz betreffend die Gesellschaften mit beschränkter Haftung (GmbHG), Kommentar, 4. Aufl. 2020
Widmann/Mayer/Bearbeiter	Widmann/Mayer, Umwandlungsrecht, Schulze-Osterloh/Hennrichs/Wüstemann (Hrsg.), Handbuch des Jahresabschlusses (HdJ), Bilanzrecht nach HGB, EStG, IFRS, Loseblatt, Loseblatt
Wiedemann/Frey GesR	Wiedemann/Frey, Gesellschaftsrecht, 9. Aufl. 2016
Wiedmann/Böcking/Gros/Bearbeiter	Wiedmann/Böcking/Gros, Bilanzrecht, Kommentar, 4. Aufl. 2019
WiGBl.	Gesetzblatt der Verwaltung des Vereinigten Wirtschaftsgebietes
WiKG	Gesetz zur Bekämpfung der Wirtschaftskriminalität
Wilhelm KapGesR ...	Wilhelm, Kapitalgesellschaftsrecht, 5. Aufl. 2020
Wilsing/Bearbeiter ...	Wilsing, Deutscher Corporate Governance Kodex: DCGK, Kommentar, 2012

Abkürzungen

Windbichler GesR	Windbichler, Gesellschaftsrecht, 24. Aufl. 2017
Winnefeld Bilanz-HdB	Winnefeld, Bilanz-Handbuch, 5. Aufl. 2015
wistra	Zeitschrift für Wirtschaft, Steuer und Strafrecht
WISU	Das Wirtschaftsstudium (Zeitschrift)
Wißmann/Kleinsorge/Schubert/Bearbeiter	Wißmann/Kleinsorge/Schubert, Mitbestimmungsrecht, Kommentar, 5. Aufl. 2017
WM	Wertpapier-Mitteilungen, Teil IV (Zeitschrift)
WP	Das Wertpapier (Zeitschrift)
WPg	Die Wirtschaftsprüfung (Zeitschrift)
WP-HdB	IDW (Hrsg.), WP Handbuch. Wirtschaftsprüfung und Rechnungslegung, 17. Aufl. 2020
WpHG	Gesetz über den Wertpapierhandel
WPK	Wirtschaftsprüferkammer
WPO	Wirtschaftsprüferordnung
WpÜG	Wertpapiererwerbs- und Übernahmegesetz
WpÜG-AV	Verordnung über den Inhalt der Angebotsunterlage, der Gegenleistung bei Übernahmeangeboten und Pflichtangeboten und die Befreiung von der Verpflichtung zur Veröffentlichung und zur Abgabe eines Angebots (WpÜG-Angebotsverordnung)
WpÜG-BV	Verordnung über die Zusammensetzung, die Bestellung der Mitglieder und das Verfahren des Beirats bei der Bundesanstalt für Finanzdienstleistungsaufsicht (WpÜG-Beiratsverordnung)
WpÜG-GV	Verordnung über Gebühren nach dem Wertpapiererwerbs- und Übernahmegesetz (WpÜG-Gebührenverordnung)
WpÜG-WV	Verordnung über die Zusammensetzung und das Verfahren des Widerspruchsausschusses bei der Bundesanstalt für Finanzdienstleistungsaufsicht (WpÜG-Widerspruchsausschuss-Verordnung)
WRP	Wettbewerb in Recht und Praxis (Zeitschrift)
WTBG	Wirtschaftstreuhänderberufsgesetz
WTBO	Wirtschaftstreuhänderberufsordnung
WTKG	Wirtschaftstreuhänder-Kammergesetz
WuB	Entscheidungssammlung zum Wirtschafts- und Bankrecht
Würdinger AktR	Würdinger, Aktienrecht und das Recht der verbundenen Unternehmen, 4. Aufl. 1981
WuW	Wirtschaft und Wettbewerb (Zeitschrift)
ZAkDR	Zeitschrift der Akademie für deutsches Recht
ZAS	Zeitschrift für Arbeits- und Sozialrecht
zB	zum Beispiel
ZBB	Zeitschrift für Bankrecht und Bankwirtschaft
ZBl.	Zentralblatt für die juristische Praxis (Zeitschrift)
ZBlHR	Zentralblatt für Handelsrecht (Zeitschrift)
ZfA	Zeitschrift für Arbeitsrecht
ZfB	Zeitschrift für Betriebswirtschaft
ZfbF	Schmalenbachs Zeitschrift für betriebswirtschaftliche Forschung
ZfgG	Zeitschrift für das gesamte Genossenschaftswesen
ZfgK	Zeitschrift für das gesamte Kreditwesen
ZfhF	Zeitschrift für handelswissenschaftliche Forschung (ab 1964 ZfbF)
ZfRV	Zeitschrift für Rechtsvergleichung

Abkürzungen

ZfV	Zeitschrift für Verwaltung
ZGR	Zeitschrift für Unternehmens- und Gesellschaftsrecht
ZGV	Zeitschrift für Gebühren und Verkehrssteuern
ZhF	Zeitschrift für handelswissenschaftliche Forschung
ZHR	Zeitschrift für das gesamte Handels- und Wirtschaftsrecht
Zib/Dellinger	Zib/Dellinger, UGB Unternehmensgesetzbuch. Band 1/Teil 1: §§ 1 bis 37 UGB und FBG, Großkommentar, 2010
Ziemons/Binnewies AG-HdB	Ziemons/Binnewies, Handbuch der Aktiengesellschaft, Loseblatt
Ziff.	Ziffer(n)
ZIK	Zeitschrift für Insolvenzrecht und Kreditschutz
Zintzen/Halft	Zintzen/Halft, Kommentar zu den Gesetzen über die Kapitalerhöhung aus Gesellschaftsmitteln, 1960
ZIP	Zeitschrift für Wirtschaftsrecht und Insolvenzpraxis
ZIR	Zeitschrift für interne Revision
ZögU	Zeitschrift für öffentliche und gemeinwirtschaftliche Unternehmen
Zöller/Bearbeiter	Zöller, ZPO: Zivilprozessordnung, Kommentar, 33. Aufl. 2020
ZPO	Zivilprozessordnung
ZRP	Zeitschrift für Rechtspolitik
ZStW	Zeitschrift für die gesamte Strafrechtswissenschaft
zT	zum Teil
zust.	zustimmend
zutr.	zutreffend
ZVG	Gesetz über die Zwangsversteigerung und die Zwangsverwaltung
Zweigniederlassungs-RL	Elfte Richtlinie 89/666/EWG des Rates vom 21.12.1989 über die Offenlegung von Zweigniederlassungen, die in einem Mitgliedstaat von Gesellschaften bestimmter Rechtsformen errichtet wurden, die dem Recht eines anderen Staates unterliegen (ABl. 1989 L 395, 36), aufgehoben
Zweite Aktionärsrechte-RL	*s. unter Aktionärsrechte-RL idF der RL (EU) 2017/828*
ZZP	Zeitschrift für Zivilprozess

Europäisches Aktienrecht

A. Die Europäische Gesellschaft

I. Verordnung (EG) Nr. 2157/2001 des Rates über das Statut der Europäischen Gesellschaft (SE) – SE-VO

vom 8. Oktober 2001 (ABl. 2001 L 294, 1),
zuletzt geändert durch Verordnung (EG) Nr. 517/2013 vom 13. Mai 2013 (ABl. 2013 L 158, 1)

Titel I. Allgemeine Vorschriften

Vorbemerkung

Schrifttum: s. vor → Art. 1 Rn. 1.

Übersicht

	Rn.		Rn.
I. Entstehungsgeschichte	1–11	1. Fusion unter Gleichen	12, 13
1. Erste Phase	1	2. Weitere Vorzüge der SE	14, 15
2. Zweite Phase	2	3. Kritik am Konzept der SE	16, 17
3. Dritte Phase	3, 4	4. Eignung für den Mittelstand?	18
4. Steuerrechtliche Implikationen	5, 6	III. Berührungspunkte mit anderen Rechtsgebieten	19–28
5. Aufnahme in den Mitgliedstaaten	7, 8		
6. Fortentwicklung des Gesellschaftsrechts	9–11	IV. Vorlagepflichten nach Art. 267 Abs. 3 AEUV bei der Anwendung nationalen Rechts auf die SE	29
II. Wirtschaftliche Grundlagen und praktische Bedeutung	12–18		

I. Entstehungsgeschichte

Schrifttum: *Blanquet,* Das Statut der Europäischen Aktiengesellschaft (Societas Europaea „SE"), ZGR 2002, 20; Bonner Symposion zur Europäischen Aktiengesellschaft, AG 1990, 413; *v. Caemmerer,* Europäische Aktiengesellschaft, FS Kronstein, 1967, 171; *Lutter,* Europäische Aktiengesellschaft – Rechtsfigur mit Zukunft?, BB 2002, 1; *Lutter,* Die Europäische Aktiengesellschaft, 2. Aufl. 1978; *Mayer,* Sprache und Recht der Europäischen Aktiengesellschaft, Diss. Freiburg 2018; *Monti,* Statut der Europäischen Aktiengesellschaft, WM 1997, 607; *Sanders,* Auf dem Wege zu einer europäischen Aktiengesellschaft?, AWD (RIW) 1960, 1; *J. Schmidt,* „Going European" – Die Europäische Aktiengesellschaft (SE) als attraktive Rechtsformalternative, in Bayer, Die Aktiengesellschaft im Spiegel der Rechtstatsachenforschung, 2007, 51; *Schubert/von der Höh,* Zehn Jahre „deutsche" SE – Eine Bestandsaufnahme, AG 2014, 439.

1. Erste Phase. Bei der Entstehungsgeschichte der SE-VO lassen sich **drei Phasen** 1 unterscheiden.[1] Zu Beginn der Ersten[2] steht die Formulierung der Idee einer europäischen Aktiengesellschaft auf dem 1959 abgehaltenen 57. Kongress der Notare Frankreichs durch

---

[1] *Lutter* BB 2002, 1 f.; *Lutter/Bayer/Schmidt* EuropUnternehmensR Rn. 45.1 ff.; Lutter/Hommelhoff/Teichmann/*Lutter* Einl. Rn. 7 ff.; vgl. insbes. noch den materialreichen Beitrag von *Schwarz* Einl. Rn. 2 ff.; *Taschner/Bodenschatz* in Jannott/Frodermann SE-HdB Kap. 1 Rn. 1 ff.; *Mayer,* Sprache und Recht der Europäischen Aktiengesellschaft, 2018, 6 ff.

[2] Die zeitlich vorgelagerten Vorschläge des Europarats (Doc. AS/EC (49) 20 vom 16.12.1949, EP-Dok. 178/72, 32) betrafen Gesellschaften, die öffentliche Dienstleistungen verwalten und öffentliche Arbeiten ausführen, dazu *Sanders* AWD (RIW) 1960, 1 (2); *v. Caemmerer* FS Kronstein, 1967, 171 (176 f.) sowie *Lutter*

Thibièrge.³ Noch im gleichen Jahr ist das Thema Gegenstand der Antrittsvorlesung von *Pieter Sanders* am Hochschulinstitut für Wirtschaftswissenschaften in Rotterdam:⁴ Sein programmatisch gehaltener und nicht dogmatisch argumentierender Vortrag kehrt vor allem die bis heute anerkannten Vorzüge einer Europäischen Aktiengesellschaft heraus:⁵ den psychologischen Vorteil einer supranationalen Organisationsform, der sich im prestigeträchtigen Rechtsformzusatz „SE" manifestiert und der wegen der Möglichkeit einer Fusion unter Gleichen die Standortwahl vereinfacht, die Lösung des Problems der Sitzverlegung und die vereinfachte Binnenorganisation eines multinational orientierten Unternehmens. Vor allem die französische Rechtswissenschaft nimmt diese Anregungen auf *(Houin)*⁶ und schafft die Grundlagen für einen 1962 publizierten Entwurf des französischen Industrieverbandes.⁷ Dieser wiederum veranlasst die französische Regierung zu einer Note an die Kommission in Brüssel: Darin wird ein Staatsvertrag der Mitgliedstaaten über einen einheitlichen Gesellschaftstyp angeregt.⁸ Die Kommission reagiert darauf mit einer Denkschrift,⁹ in der bereits die Schaffung einer VO auf der Grundlage von Art. 235 EGV (nunmehr Art. 352 Abs. 1 S. 1 AEUV) vorgeschlagen wird.¹⁰ Sie beauftragt 1966 *Sanders,* mit einer Expertengruppe (deutscher Vertreter: *Ernst von Caemmerer*) einen Vorentwurf für ein Statut der Europäischen Aktiengesellschaft auszuarbeiten.¹¹ Die von der Sanders-Kommission unterbreiteten Anregungen greift die Europäische Kommission in einem Vorschlag einer **Verordnung (EWG) des Rates über das Statut für europäische Aktiengesellschaften vom 30.6.1970** auf.¹² Die ausführliche Stellungnahme des Europäischen Parlaments (Gutachter: *Pintus* und *Brugger*)¹³ und die des Wirtschafts- und Sozialausschusses¹⁴ übernimmt die Kommission in weiten Teilen in die am **30.4.1975** beschlossene geänderte Fassung des Vorschlags.¹⁵ Diese zielt auf ein voll ausgebildetes Statut, bestehend aus 240 Artikeln und vier umfangreichen Anhängen: Die Gründung, Organisation und Liquidation der SE sind neben dem Konzernrecht, der Einsetzung Europäischer Betriebsräte und einer Vertretung der Arbeitnehmer im Aufsichtsrat geregelt.¹⁶ Diese erste Konzeption der SE scheitert jedoch an nationalen Vorbehalten insbesondere gegen die darin vorgesehenen Regelungen des Konzernrechts und vor allem der Unternehmensmitbestimmung nach dem sog. **Drei-Bänke-Modell:** Der Aufsichtsrat sollte sich je zu einem Drittel aus Arbeitnehmervertretern, Anteilseignervertretern und unabhängigen Vertretern zusammensetzen.¹⁷ Auch wird das Statut der SE wohl als ungeliebte Konkurrenz zu den nationalen Aktienrechten angesehen (auch die deutsche

---

BB 2002, 1; *Blanquet* ZGR 2002, 20 (21); auf den Beitrag *Karl Geilers* zum 34. DJT 1926 in Köln machen verdienstvollerweise *Theisen/Wenz* in Theisen/Wenz, Die Europäische Aktiengesellschaft, 2. Aufl. 2005, 1 (27 f.) aufmerksam, doch auch er steht nicht in der Tradition der SE.

³ *Thibièrge,* Le Statut de l'étranger et le Marché commun, 57ᵉ Congrès des Notaires de France tenu à Tours 1959, Paris 1959, 270, 352, 360 ff.; zu den Ergebnissen des Kongresses der Pariser Anwaltskammer 1960 zum selben Thema vgl. *Bärmann,* Europäische Integration im Gesellschaftsrecht, 1970, 19 ff. und 143 ff.

⁴ *Sanders* AWD (RIW) 1960, 1.

⁵ *Sanders* AWD (RIW) 1960, 1 (3).

⁶ Dazu *v. Caemmerer* FS Kronstein, 1967, 171 (177).

⁷ *Skaupy,* Gesellschaftsrecht, 1966, 21 ff.; *Theisen/Wenz* in Theisen/Wenz, Die Europäische Aktiengesellschaft, 2. Aufl. 2005, 1 (29).

⁸ Dazu *v. Caemmerer* FS Kronstein, 1967, 177 f.; *Lutter* BB 2002, 1; *Theisen/Wenz* in Theisen/Wenz, Die Europäische Aktiengesellschaft, 2. Aufl. 2005, 1 (29).

⁹ Denkschrift über die Schaffung einer Europäischen Handelsgesellschaft vom 22.4.1966, Sonderbeilage zum Bulletin 9/10–1966 der EWG = AWD (RIW) 1966, 198 f.

¹⁰ *Lutter* BB 2002, 1.

¹¹ Commission des Communautés Européennes, Etudes sur un Projet des Sociétés anonymes européennes, par M. Le Prof. Pieter Sanders, Doyen de la Faculté de Droit de Rotterdam, Série Concurrence, 1967 = Kollektion Studien, Reihe Wettbewerb, Nr. 6, Brüssel 1967; vgl. *Sanders* AG 1967, 344 und *Sanders,* Vorentwurf eines Statuts für eine europäische Aktiengesellschaft, 1966; vgl. auch *v. Caemmerer* FS Kronstein, 1967, 171.

¹² ABl. 1970 C 124, 1.

¹³ ABl. 1974 C 93, 17; vgl. dazu auch *Lutter,* Die Europäische Aktiengesellschaft, 1976, XII–XV.

¹⁴ ABl. 1972 C 131, 32.

¹⁵ Bulletin der EG, Beil- 4/75.

¹⁶ Zur Diskussion vgl. den Sammelband *Lutter,* Die Europäische Aktiengesellschaft, 2. Aufl. 1978.

¹⁷ *Lutter* BB 2002, 1; *Blanquet* ZGR 2002, 20 (23).

Aktienreform lag erst wenige Jahre zurück).[18] Die Beratungen im Ministerrat über diesen Entwurf sind deshalb 1982 praktisch beendet, weil die Vorschläge der Kommission zur Harmonisierung des Konzernrechts abgewartet werden sollen.[19]

2. Zweite Phase. Die Bestrebungen zur Vollendung des Binnenmarktes führen in einer zweiten **Phase** zu einer Neubelebung des Projekts. Grundlegend hat dabei das **Weißbuch aus dem Jahre 1985**[20] einen zentralen Paradigmenwechsel in der Integrationspolitik der Gemeinschaft eingeleitet (vgl. Erwägungsgrund 8): Diese beruht fortan auf dem Prinzip der Gleichwertigkeit und gegenseitigen Anerkennung der nationalen Rechtsordnungen der Mitgliedstaaten. Entsprechend findet unter der Kommissionspräsidentschaft von *Jacques Delors* eine Umorientierung weg von Einheitslösungen und hin zu gemeinschaftsrechtlichen Rahmenregelungen mit Verweisungen auf das Recht der Mitgliedstaaten statt.[21] Diese grundsätzliche Weichenstellung prägt die heutige Gestalt der SE-VO maßgeblich. 1987 nimmt der Kommissionspräsident auf eine Aufforderung des Europäischen Rates hin das Projekt der SE-VO wieder auf.[22] Ein **Memorandum vom 15.7.1988** setzt dabei das äußere Signal.[23] Auf der Tagung des Binnenmarkt-Rates vom 18.11.1988 stellt sich sogleich eine breite Unterstützung für die darin unterbreiteten Vorschläge der Kommission ein.[24] Am 16.3.1989 billigt das Europäische Parlament die im Weißbuch angestoßene Initiative; bereits im November 1988 war der Wirtschafts- und Sozialausschuss vorangegangen.[25] Die Kommission legt darauf dem Rat einen zweiteiligen Vorschlag vor. Der **Vorschlag für eine Verordnung (EWG) des Rates über das Statut der Europäischen Aktiengesellschaft vom 25.8.1989**[26] beruht auf Art. 100a EGV (jetzt Art. 114 AEUV); der Entwurf für eine **Richtlinie zur Ergänzung des Statuts der Europäischen Gesellschaft hinsichtlich der Beteiligung der Arbeitnehmer vom 25.8.1989**[27] basiert hingegen auf Art. 54 Abs. 3 lit. g EGV (jetzt Art. 50 Abs. 2 lit. g AEUV). Nach den Stellungnahmen des Europäischen Parlaments[28] und des Wirtschafts- und Sozialausschusses[29] erscheint der VO-Entwurf **in der geänderten Fassung vom 16.5.1991**[30] und wird unter anderem in Deutschland auf dem Bonner Symposion zur Europäischen Aktiengesellschaft intensiv diskutiert.[31] Erhebliche Textkürzungen gegenüber dem Vorschlag von 1975 und Verweisungen auf das Recht der Mitgliedstaaten begründet die Kommission mit der bereits erfolgten Harmonisierung der nationalen Gesellschaftsrechte durch die Gesellschaftsrichtlinien.[32] Dennoch scheitert auch dieser Vorschlag vor allem an der **Frage der Unternehmensmitbestimmung.** Die Regelungen knüpften nämlich nach einer Formulierung von *Delors*[33] an die „Stellung der Arbeitnehmer" an und versuchten, die Mitbestimmungsregeln von der zwingenden Einbettung in gesellschaftsrechtliche Organisationsstrukturen zu lösen und durch ein eher betriebsverfassungsrechtliches Informations- und Konsultationsverfahren zu

---

[18] *Lutter* BB 2002, 1.
[19] Bulletin der EG, Beil. 5/1989, 28; *Theisen/Wenz* in Theisen/Wenz, Die Europäische Aktiengesellschaft, 2. Aufl. 2005, 1 (31).
[20] EG-Kommission, Vollendung des Binnenmarkts, Weißbuch der Kommission an den Europäischen Rat, 1985, Rn. 67 ff. und 77 ff.; vgl. im Überblick *Hopt* ZIP 1998, 96 (97).
[21] *Ihrig/Wagner* BB 2003, 969.
[22] *Blanquet* ZGR 2002, 20 (23).
[23] Binnenmarkt und industrielle Zusammenarbeit – Statut für die Europäische Aktiengesellschaft – Weißbuch über die Vollendung des Binnenmarkts (Memorandum der Kommission an das Parlament, den Rat und die Sozialpartner) vom 15.7.1988, KOM (1988) 320 Rn. 137.
[24] *Blanquet* ZGR 2002, 20 (23).
[25] *Blanquet* ZGR 2002, 20 (24).
[26] ABl. 1989 C 263, 41.
[27] ABl. 1989 C 263, 69.
[28] ABl. 1991 C 48, 72 (100).
[29] ABl. 1990 C 124, 34.
[30] ABl. 1991 C 176, 1.
[31] AG 1990, 413 ff.
[32] Vgl. ABl. 1989 C 263, 41, Erwägungsgründe Abs. 9 bis Erwägungsgrund 9; so auch *Blanquet* ZGR 2002, 20 (25); *Lutter* BB 2002, 1 (2).
[33] *Blanquet* ZGR 2002, 20 (26).

ersetzen.³⁴ Dabei war eine Konsultation der Arbeitnehmer zu allen strategisch bedeutenden Beschlüssen vorgesehen, während die tägliche Geschäftsführung allein der Verwaltung obliegen sollte. Drei Organisationsmodelle der Arbeitnehmervertretung wurden dabei zur Wahl gestellt: die Integration in der Verwaltung (Aufsichtsrat, Verwaltungsorgan), die Schaffung eines separaten Organs nach französischem Vorbild (Europäischer Betriebsrat, comité d'entreprise) oder die Bildung eines durch Verhandlungen zwischen Arbeitgebern und Arbeitnehmern gebildeten eigenen Repräsentationsmodells.³⁵ Die vor allem in Deutschland artikulierte Kritik bemängelte die fehlende Gleichwertigkeit der Modelle und sah die Gefahr einer **Flucht aus der Mitbestimmung** und dadurch bedingte Wettbewerbsverzerrungen.³⁶ 1993 wurden die Beratungen dieses Vorschlags eingestellt.³⁷

3 **3. Dritte Phase.** Den Anstoß zur **dritten Phase** und damit zu dem im Ergebnis erfolgreichen Anlauf gaben Anregungen aus der Wirtschaft. Die British Petrol organisierte – gefolgt von 25 anderen Großkonzernen – in den Jahren 1993 bis 1994 eine Kampagne mit Unterstützung des Runden Tisches der europäischen Wirtschaft, in deren Mittelpunkt die Integrationsvorteile einer SE stehen.³⁸ Der 1995 vorgelegte sog. **Ciampi-Bericht** – ein Abschlussbericht der Beratergruppe „Wettbewerbsfähigkeit" unter dem Vorsitz von *Carlo Ciampi* – bestätigt diese Einschätzung und beziffert das mit der SE verbundene Einsparpotential auf 30 Milliarden ECU, wobei die Aussicht auf höhere Skalenerträge und die Vereinfachung der Unternehmensstruktur den Ausschlag geben sollen.³⁹ Die Kommission macht sich diesen Standpunkt in einer Mitteilung vom 15.11.1995 zu eigen⁴⁰ und beauftragt eine Kommission unter dem Vorsitz von *Etienne Davignon*, dem Präsident der Société Générale de Belgique und ehemaligen Vizepräsidenten der Europäischen Kommission, mit der weiteren strategischen Vorgehensweise in der Mitbestimmungsproblematik. Die in den sog. **Davignon-Bericht**⁴¹ mündende Vorarbeit dieser Kommission hat den späteren Kompromiss in der Sache erst möglich gemacht.⁴² Der Kommissionsvorschlag orientiert sich an Art. 13 Europäischer Betriebsrat-RL 1994⁴³ und setzt eine **Verhandlungslösung** über die Mitbestimmung in den Vordergrund: „Die Verhandlungsverfahren sollen in ausgewogener Weise den Beteiligten ermöglichen, ihre Interessen zu vertreten, ohne dass eine der Seiten die Gründung einer Europäischen Aktiengesellschaft behindern kann".⁴⁴ Die in der Praxis erwiesene Tauglichkeit von Art. 13 Europäischer Betriebsrat-RL 1994 räumt bis zum Gipfel von Nizza Bedenken gegen die SE-RL aus dem Weg.⁴⁵ Dabei verzichtet die Kommission auf Optionsmodelle hinsichtlich der Organisation der unternehmerischen Mitbestimmung, sondern besteht darauf, dass die Arbeitnehmer in das Verwaltungsorgan der SE (Verwaltungsrat, Aufsichtsrat) als gleichberechtigte Vertreter berufen werden. Prägend wirkte der Bericht auch durch die Beschränkung auf einen **Numerus clausus der Gründungstatbestände,** und zwar auf die Fälle des heutigen Art. 2 mit Ausnahme der Umwandlung nach Abs. 4.⁴⁶

---

³⁴ *Lutter* BB 2002, 1 (2): Vorbild war die Europäischer Betriebsrat-RL 1994 (RL 94/45/EG), ABl. 1994 L 254, 64.
³⁵ Dazu auch *Heinze* ZGR 2002, 66 (68).
³⁶ Vgl. etwa *Kolvenbach* EuZW 1996, 229; *v. Maydell* AG 1990, 442 (445 f.); *Blanquet* ZGR 2002, 20 (27); *Lutter* BB 2002, 1 (2); Diskussionsbericht AG 1990, 421 reSp.
³⁷ *Blanquet* ZGR 2002, 20 (27).
³⁸ *Blanquet* ZGR 2002, 20 (28).
³⁹ Erster Bericht an den Präsidenten der Kommission und die Staats- und Regierungschefs, 1995, 9; krit. zu diesen Berechnungen allerdings *Buchheim*, Europäische Aktiengesellschaft und grenzüberschreitende Konzernverschmelzung, 2001, 111; vgl. auch *Monti* WM 1997, 607; *Blanquet* ZGR 2002, 20 (29).
⁴⁰ Memo (95) 147 vom 15.11.1995, Was ist das SE-Statut? Dienst des Sprechers – Informationsvermerk.
⁴¹ Abschlussbericht der Sachverständigenkommission „European Systems of Worker Involvements", Europäische Kommission, Generaldirektion Beschäftigung, Arbeitsbeziehungen und soziale Angelegenheiten, Mai 1997; passagenweise zitiert bei *Blanquet* ZGR 2002, 20 (30 f.).
⁴² *Heinze* ZGR 2002, 66 (70 ff.).
⁴³ RL 94/45/EG des Rates über die Einsetzung eines Europäischen Betriebsrates vom 22.9.1994 (ABl. 1994 L 254, 64).
⁴⁴ Davignon-Bericht, 1997, 12.
⁴⁵ Dazu *Heinze* ZGR 2002, 66 (70); *Lutter* BB 2002, 1 (2 f.).
⁴⁶ Davignon-Bericht, 1997, 4 (Tz. 33).

Damit sollte der Befürchtung Rechnung getragen werden, eine AG könne sich durch schlichte Umwandlung der deutschen Mitbestimmung entziehen (**"Flucht aus der Mitbestimmung"**): Bei den Fällen der Verschmelzung (Art. 2 Abs. 1), der Holding-Gründung (Art. 2 Abs. 2) und der Gründung einer gemeinsamen Tochter (Art. 2 Abs. 3) erschien den Sachverständigen hingegen ein im Hinblick auf die Mitbestimmung unverdächtiges Interesse an einer echten grenzüberschreitenden Integration zu bestehen.[47]

Letztlich stiftet das Verhandlungsmodell des Davignon-Berichts allein noch keinen Konsens in der Frage der Mitbestimmung. Vielmehr scheitern zunächst ein luxemburgischer[48] und ein britischer Kompromissvorschlag[49] vor allem auch am Widerstand Spaniens. Doch bleibt gerade der britische Kompromissvorschlag nicht folgenlos, sondern führt als sog. **Vorher-Nachher-Prinzip** das Modell einer **Auffangregelung** ein (s. Art. 7 SE-RL und die Auffangregelung in Teil 3 des Anhangs zur SE-RL), nach der im Zweifel die weitestgehende zwischen mehreren konkurrierenden Mitbestimmungsregelungen gilt.[50] Unter der österreichischen Ratspräsidentschaft (Vorsitz *Hostasch*) gelangt auch die **Umwandlung** (Art. 2 Abs. 4) wieder in den Numerus clausus der verhandelbaren Gründungstatbestände,[51] wobei offenbar die Einschätzung ausschlaggebend ist, dass die von der Davignon-Kommission entwickelte Verhandlungslösung dem Problem einer Flucht aus der Mitbestimmung ausreichend vorbeugt.[52] Der Streit mit Spanien dreht sich jetzt vor allem um den Schwellenwert für die Anwendbarkeit der Auffangregelung (s. Art. 7 Abs. 2 lit. b SE-RL) und kann über zwei Jahre hinweg nicht ausgeräumt werden.[53] Erst auf **dem Europäischen Rat von Nizza vom 7. bis 8.12.2000** gelingt der überraschende Durchbruch (**"Wunder von Nizza"**). Dieser erklärt sich einerseits aus einer Reihe äußerst pragmatischer Konzessionen an Spanien,[54] der Einführung des Art. 7 Abs. 3 SE-RL auf spanischen Wunsch[55] sowie aus einer gewissen Beruhigung des Streits durch den praktischen Erfolg des Verhandlungsmodells von Art. 13 Europäischer Betriebsrat-RL 1994.[56] Die Kommission hatte rasch noch einmal eine im Hinblick auf die Verhandlungslösung geänderte Fassung von SE-VO und SE-RL vorgelegt,[57] wobei allerdings die Rechtsgrundlage für die SE-VO geändert wird: Diese soll nun wieder in Art. 308 EG (Art. 352 AEUV; für die Richtlinie weiterhin Art. 44 Abs. 2 lit. g EGV = Art. 50 Abs. 2 lit. g AEUV) liegen. Im Dezember 2000 können auf dieser Grundlage die **SE-VO**[58] und die **SE-RL**[59] auf einer außerordentlichen Ratssitzung unter Vorsitz von *Elisabeth Guigou* beschlossen werden.[60] Dieser Kompromiss droht noch einmal zu scheitern, als das Europäische Parlament ein Mitentscheidungsrecht nach Art. 251

---

[47] *Heinze* ZGR 2002, 66 (71).
[48] Luxemburger Kompromissvorschlag für die Richtlinie zur Ergänzung des Statuts der SE hinsichtlich der Beteiligung der Arbeitnehmer, PE 224 669 mit Ratsvorschlag 10 020/97 vom 18.7.1997, Euro-AS 9/1997, 118 f.
[49] Britischer Kompromissvorschlag für die RL zur Ergänzung des Statuts der SE hinsichtlich der Beteiligung der Arbeitnehmer vom 1.4.1998, Euro-AS 4/1998, 43 = RdA 1998, 239 mAnm *Hanau* RdA 1998, 231 ff.
[50] Krit. *Heinze* ZGR 2002, 66 (73).
[51] Euro-AS 11–12/98, 130; Euro-Info Nr. 6 (Sept.)/98, 4.
[52] Angedeutet bei *Heinze* ZGR 2002, 66 (75).
[53] Vgl. nur das Scheitern des Einigungsversuchs auf dem Sozialministerrat am 25.5.1999, Euro-Info Nr. 4 (Juni)/99, 2 f. (3) und zuvor Euro-Info Nr. 8 (Dez.)/98, 1; dazu auch *Blanquet* ZGR 2002, 20 (32 f.) und *Heinze* ZGR 2002, 66 (76).
[54] Nach Auskunft von *Hopt* EuZW 2002, 1 gab Spanien seinen Widerstand auf, als der französische Staatspräsident *Chirac* eine Kooperation bei der Lösung der baskischen Terroristenfrage versprach; die Tagespresse berichtete von finanziellen Zusagen für die spanische Fischereiflotte, vgl. FAZ vom 11.12.2000, 3; *Heinze* ZGR 2002, 66 (77).
[55] *Lutter* BB 2002, 1 Fn. 29.
[56] Dazu *Heinze* ZGR 2002, 66 (70); *Lutter* BB 2002, 1 (2 f.).
[57] Vorschläge vom 20.12.2000, SE-VO: Kommissionsvorschlags-Nr. 14 717/00 SE 8 und SE-RL: Kommissionsvorschlag-Nr. 14 719/00 SE 9; abrufbar unter www.europa.eu.int.
[58] VO (EG) 2157/2001 des Rates vom 8.10.2001 über das Statut der Europäischen Gesellschaft (SE), ABl. 2001 L 294, 1.
[59] RL 2001/86/EG des Rates vom 8.10.2001 zur Ergänzung des Statuts der Europäischen Gesellschaft hinsichtlich der Beteiligung der Arbeitnehmer, ABl. 2001 L 294, 22.
[60] *Blanquet* ZGR 2002, 20 (33 f.).

EGV (Art. 294 AEUV) für sich reklamiert;[61] letztlich wird jedoch auf eine Klage verzichtet.[62]

5   **4. Steuerrechtliche Implikationen.** Der überraschende Durchbruch in Nizza hatte allerdings zur Folge, dass die für den Erfolg der SE maßgebliche **steuerrechtliche Begleitregelung** nicht vorbereitet war. Das zentrale Problem lag in der Frage, ob der Grenzübertritt zur Aufdeckung und zum steuerlichen Ansatz stiller Reserven führt.[63] Die Bundesrepublik hatte zum damaligen Zeitpunkt die **Fusions-RL 1990**[64] wegen vermeintlich fehlender praktischer Bedeutung noch nicht umgesetzt.[65] Die im Steuerrecht hM ging damals sogar davon aus, dass die steuerrechtliche Neutralität der SE-Gründung auch ohne nationales Ausführungsgesetz kraft unmittelbarer Anwendung der Richtlinie (self executing) gelte (näher → 3. Aufl. 2012, Vor Art. 1 Rn. 5). Doch auch die Kommission hatte es versäumt, die Sitzverlegung nach Art. 8 steuerrechtlich zu begleiten. Kurzfristig wurde ein Vorschlag zur Änderung der Fusions-RL[66] vorgelegt, durch den die SE im Übrigen auch in den Anhang aufgenommen wurde. Mit Blick auf den in Art. 70 gesetzten Termin (Erwägungsgrund 6) wurde in aller Eile am 17.2.2005 eine **Änderungsrichtlinie**[67] erlassen, die bis zum 1.1.2007 umzusetzen war und nun auch den Fall der Sitzverlegung (Art. 8) erfasste. Am 29.7.2008 präsentiert die Kommission schließlich einen Vorschlag für eine konsolidierte **Richtlinie über das gemeinsame Steuersystem** für Fusionen, Spaltungen, Abspaltungen, die Einbringung von Unternehmensteilen und den Austausch von Anteilen, die Gesellschaften verschiedener Mitgliedstaaten betreffen sowie für die Verlegung des Sitzes einer Europäischen Gesellschaft oder einer Europäischen Genossenschaft von einem Mitgliedstaat in einen anderen Mitgliedstaat;[68] sie trat als RL 2009/133/EG (Fusions-RL) am 19.10.2009 in Kraft.

6   Das BMJ hatte bereits am 28.2.2003 einen Diskussionsentwurf für ein **Gesetz zur Einführung der Europäischen Gesellschaft** (SEEG) veröffentlicht, dem am 5.4.2004 ein gemeinsamer Referentenentwurf mit dem Bundesministerium für Wirtschaft und Arbeit folgte, in dem erstmals die Mitbestimmung geregelt war. Dieser enthält als Art. 1 das Gesetz zur Ausführung der Verordnung (EG) Nr. 2157/2001 des Rates vom 8. Oktober 2001 über das Statut der Europäischen Gesellschaft (SE) – (SE-Ausführungsgesetz – SEAG) und als Art. 2 das Gesetz über die Beteiligung der Arbeitnehmer in einer Europäischen Gesellschaft – (SE-Beteiligungsgesetz – SEBG). Bereits am 28.5.2004 hat das Bundeskabinett einen Regierungsentwurf dem Bundesrat zugeleitet.[69] Wegen der besonderen Eilbedürftigkeit wurde der Entwurf vor der Stellungnahme des Bundesrats[70] in den Bundestag eingebracht. Dieser nahm den Gesetzentwurf am 29.10.2004 nach Ablehnung eines Änderungsantrags an.[71] Der Bundesrat rief daraufhin am 26.11.2004 den Vermittlungsausschuss an: Ausschlaggebend war die Kritik an der Rigidität der von der Bundesregierung vorgeschlagenen Auffangregelung hinsichtlich der unternehmerischen Mitbestimmung nach Art. 7 SE-RL; diese bedeutet nach

---

[61] Zur zugrunde liegenden Rechtsfrage vgl. nur *Wahlers* AG 1990, 448.
[62] *Hommelhoff* AG 2001, 279; *Schwarz* ZIP 2001, 1847 (1848); *Bungert/Beier* EWS 2002, 1; vgl. Europäisches Parlament Dok. A5–0234/2001, 17/22.
[63] *Hommelhoff* AG 2001, 279 (286); *Hopt* EuZW 2002, 1; *Bungert/Beier* EWS 2002, 1 (10).
[64] RL 90/434/EWG vom 23.7.1990 über das gemeinsame Steuersystem für Fusionen, Spaltungen und Einbringung von Unternehmensteilen und den Austausch von Anteilen, die Gesellschaften verschiedener Mitgliedstaaten betreffen, ABl. 1990 L 225, 1.
[65] BT-Drs. 12/1108, 36, 80; vgl. auch *Horn* ZIP 2002, 473 (477) mwN.
[66] Vorschlag für eine RL des Rates zur Änderung der RL 90/434/EWG des Rates vom 23.7.1990 über das gemeinsame Steuersystem für Fusionen, Spaltungen, die Einbringung von Unternehmensteilen und den Austausch von Anteilen, die Gesellschaften verschiedener Mitgliedstaaten betreffen, vorgelegt am 17.10.2003, KOM (2003) 613.
[67] RL 2005/19/EG vom 17.2.2005 zur Änderung der RL 90/434/EWG des Rates über das gemeinsame Steuersystem für Fusionen, Spaltungen, die Einbringung von Unternehmensteilen und den Austausch von Anteilen, die Gesellschaften verschiedener Mitgliedstaaten betreffen, ABl. 2005 L 58, 19.
[68] KOM (2008) 492 endg.
[69] BR-Drs. 438/04; dazu *Neye* BB 2004, 1973; *Neye* AG 2003, 169; *Nagel* NZG 2004, 833.
[70] Erfolgte am 9.7.2004, BR-Drs. 438/04; Gegenäußerung der BReg. am 24.8.2004, BT-Drs. 15/3656.
[71] BT-Drs. 15/4075.

Auffassung des Bundesrats einen Wettbewerbsnachteil für den Standort Deutschland (→ Rn. 4).[72] Das Gesetz zur Einführung der Europäischen Gesellschaft (**SEEG**) trat nach Abschluss des Vermittlungsverfahrens und Zurückweisung des Einspruchs des Bundesrats am 28.12.2004 in Kraft, beinahe drei Monate nach Verstreichen der Frist des Art. 70 (BGBl. 2004 I 3675). Die **steuerrechtliche Lücke** (→ Rn. 5) schließt allerdings erst das Gesetz über steuerliche Begleitmaßnahmen zur Einführung der Europäischen Gesellschaft und zur Änderung weiterer steuerlicher Vorschriften (**SEStEG**) vom 13.12.2006 (BGBl. 2006 I 2782). Für den Bereich der SE-Gründung wurde dabei durch Änderung des UmwStG ein Entstrickungstatbestand eingeführt (§ 11 UmwStG): Verschmilzt danach eine inländische Gründergesellschaft auf eine ausländische, werden die stillen Reserven der inländischen Gesellschaft solange nicht besteuert, wie das zugrunde liegende Vermögen der deutschen Körperschaftssteuer unterliegt. Zur Sitzverlegung → Art. 8 Rn. 10.

5. Aufnahme in den Mitgliedstaaten. Nach einer Prophezeiung *Wiedemanns* bestand wenig Aussicht, dass die **großen Publikumsgesellschaften** mit mehreren tausend Aktionären – „nationale Denkmäler" – in der SE aufgehen könnten.[73] Die zögerliche Aufnahme der neuen Gesellschaftsform in Deutschland zu Beginn des Jahres 2005 gab dieser Einschätzung zunächst Recht; sie änderte sich jedoch schlagartig mit der Ankündigung der **Allianz AG** vom 11.9.2005, eine SE als Holding gründen zu wollen, was schließlich mit Wirkung zum 13.10.2006 auch in die Tat umgesetzt wurde.[74] Zugrunde lag eine Verschmelzung der italienischen Tochtergesellschaft RAS, die im Allianz-Konzern die zweithöchsten nationalen Umsätze außerhalb Deutschlands erzielt hatte, auf die Muttergesellschaft (Art. 17 Abs. 2a). Diese Strukturmaßnahme wurde durch die Unterbreitung eines freiwilligen Barangebots an die Aktionäre der RAS vorbereitet und zielte offiziell auf eine Verschlankung der Konzernstruktur. Seitdem hat sich die SE als einer der größten **rechtspolitischen Erfolge des europäischen Gesellschaftsrechts** erwiesen. Am 30.6.2019 gab es in der EU 3.228 SE.[75] **637 SE** beschäftigen mehr als fünf Arbeitnehmer und sind im operativen Geschäft tätig; beim Rest handelt es sich um Vorrats-SE (→ Art. 2 Rn. 53). Von diesen 637 unterhalten **346 SE** ihren **Sitz in Deutschland**. Darunter fällt eine große Zahl namhafter Unternehmen (zB ADAC, Allianz, Axel Springer, BASF, B. Braun, Bilfinger, Borgers, Conrad Electronic, Deichmann, Dekra, E.ON, Fresenius, KSB, MAN, MAN Diesel, MAN Truck & Bus, SGL Carbon, BP Europa, Dekra, Delivery Hero, E.ON, Innogy, Porsche Automobil Holding, Puma, RWE Generation, SAP, Sixt, STO, Ströer, Tom Tailor, Traton, Uniper, Zalando). Im Februar 2010 wurden erstmals Aktien einer SE zum Börsenhandel an der Frankfurter Wertpapierbörse zugelassen. Es handelte sich um die Helikos SE mit Sitz in Luxemburg.[76]

Von den 346 in Deutschland angesiedelten SE haben **222** eine **dualistische** und **124** eine **monistische Struktur**. Die monistische Struktur setzt sich also in Deutschland eher zögerlich durch. Zwar ermöglicht sie wie keine zweite die Möglichkeit zur Bestellung eines mächtigen, an den amerikanischen CEO angenäherten geschäftsführenden Direktors,[77] jedoch vermittelt sie den Arbeitnehmervertretern einen direkten Zugang zum Leitungsgremium der SE.

6. Fortentwicklung des Gesellschaftsrechts. Der Erfolg der SE-VO zeigt sich auch in der **Fortentwicklung des europäischen Gesellschaftsrechts**. Bereits der Vorschlag über eine **Richtlinie** des Europäischen Parlaments und des Rates über die **Verschmelzung von Kapitalgesellschaften aus verschiedenen Mitgliedstaaten** vom 18.11.2003,[78] der

---

[72] BT-Drs. 15/4379.
[73] *Wiedemann* in Lutter, Die Europäische Aktiengesellschaft, 2. Aufl. 1978, 39 (41).
[74] Eine chronologische Aufbereitung des Vorgangs findet sich unter www.allianz.com.
[75] Dazu und zum Folgenden Institut für Mitbestimmung und Unternehmensführung (I.M.U.), Hans-Böckler-Stiftung: SE-Datenblatt – Fakten zur Europäische Aktiengesellschaft – Stand: 1.7.2019; Quelle Internet: https://www.boeckler.de/pdf/pb_mitbestimmung_se_2019_6.pdf (zuletzt abgerufen am 24.7.2020).
[76] Thiergart/Olbertz BB 2010, 1547.
[77] Lutter/Hommelhoff/Teichmann/*Lutter* Einl. Rn. 35 f.
[78] KOM (2003) 703; dazu *Pluskat* EWS 2004, 1.

zunächst zur RL 2005/56/EG aF vom 25.11.2005[79] und dann zu den Art. 118 ff. GesR-RL führte, knüpft an die Regelungen der SE-VO sowie der SE-RL an und führt durch Anhebung der Schwellen für die Anwendbarkeit der mitbestimmungsrechtlichen Auffangregelung wohl sogar über diese hinaus. Am 25.6.2008 legte die Kommission schließlich einen Vorschlag für eine Verordnung des Rates über das Statut der Europäischen Privatgesellschaft (EPG) oder **Societas Privata Europaea (SPE)** vor, der ursprünglich zum 1.7.2010 in Kraft treten sollte.[80] Diesen Vorschlag hat sie zwar mittlerweile zurückgezogen;[81] die Kommission hat sich jedoch vorbehalten, einen neuen Vorschlag zu unterbreiten.[82] Die politischen Verwirklichungsmöglichkeiten des Projekts hängen eng mit der Geschichte der SE zusammen: Dies zeigt sich vor allem daran, dass die Mitbestimmungsregeln der Art. 34 ff. SPE-VO-E dem Vorbild der SE-RL folgen und sich die Regelung wiederum nur auf einen Rahmen beschränkt (s. den Verweis von Art. 4 S. 2 SPE-VO-E auf das nationale Gesellschaftsrecht am Sitzort). In anderen Punkten spiegelt die SPE allerdings auch rechtspolitische Überlegungen wider, die über die SE-VO hinausgehen. So kann die SPE nun originär gegründet werden; die Gesellschafter brauchen dabei nicht aus verschiedenen Mitgliedstaaten zu stammen (Art. 3 SPE-VO-E).[83] Besonders bedeutsam erscheint auch die im Entwurf der Kommission erwogene Abkehr vom Prinzip des Garantiekapitals zugunsten eines am Vorbild der anglo-amerikanischen Gesellschaftsrechte orientierten Insolvenztests, der allerdings dem Widerstand des Europäischen Parlamentes begegnet.[84] Als Alternative zur SPE hat die Kommission am 6.4.2014 einen Vorschlag für eine Richtlinie „über Gesellschaften mit beschränkter Haftung mit einem einzigen Gesellschafter" vorgelegt.[85] Diese soll einen europaweiten Rechtsrahmen für die sog. SUP (Societas Unius Personae) schaffen.

10 Die letzten Jahre standen vor allem im Zeichen der Vorbereitung weiterer Gesetzgebungsakte, wobei die **Regelung über die grenzüberschreibende Umwandlung** herausragt. Auch diese führt die aus dem Recht der SE gewonnenen Erfahrungen fort (→ Art. 8 Rn. 6).

11 Dem Aktionsplan[86] zufolge plant die Kommission **kurzfristig keine Änderungen des SE-Statuts,** obwohl sich in ihrem gem. Art. 69 erstellten Evaluierungsbericht aus dem Jahr 2010[87] verschiedene problematische Punkte zeigten.[88] In einer Stellungnahme des Europäischen Parlaments äußerte sich dieses im Hinblick auf die SE ebenfalls nur vage.[89]

II. Wirtschaftliche Grundlagen und praktische Bedeutung

Schrifttum: *Buchheim,* Europäische Aktiengesellschaft und grenzüberschreitende Konzernverschmelzung, Diss. Berlin 2001; *Jochen Hoffmann,* Die Bildung der Aventis S.A. – ein Lehrstück des europäischen Gesellschaftsrechts, NZG 1999, 1077; *Maul/Wenz,* Einsatzmöglichkeiten der Europäischen Gesellschaft im Konzern, in Lutter/Hommelhoff, Die Europäische Gesellschaft, 2005, 261; *Sagasser/Swienty,* Die Gründung einer Europäischen Aktiengesellschaft im Wege der Verschmelzung – Zur Praktikabilität des SE-Statuts in der Entwurfsfassung vom 6./15.5.1991, DStR 1991, 1188 (Teil I) und DStR 1991, 1222 (Teil II); *Wenz,* Einsatzmöglichkeiten einer Europäischen Aktiengesellschaft in der Unternehmenspraxis aus betriebswirtschaftlicher Sicht, AG 2003, 185.

---

[79] RL 2005/56/EG des Europäischen Parlaments und des Rates vom 26.10.2005 über die Verschmelzung von Kapitalgesellschaften aus verschiedenen Mitgliedstaaten, ABl. 2005 L 310, 1.

[80] KOM (2008) 396 endg.; dazu statt vieler *Hadding/Kießling* WM 2009, 145 (146); zur Entstehungsgeschichte *Krejci,* Societas Privata Europaea – SPE, 2008, Rn. 1 ff.; *Siems/Rosenhäger/Herzog* Konzern 2008, 393 (394).

[81] ABl. 2014 C 153, 3.

[82] KOM (2013) 685 endg., 9.

[83] Zum damit verbundenen Kompetenzproblem der Kommission *Hadding/Kießling* WM 2009, 145 (152).

[84] Legislative Entschließung des Europäischen Parlaments zur einer alternativen Sicherstellung eines Zwischenstaatlichkeitsbezuges vom 10.3.2009, Abänderung 33 zu Art. 19 Abs. 3 und Abänderung 35 zu Art. 21 Abs. 1.

[85] COM (2014) 212 final; hierzu *Drygala* EuZW 2014, 491; *Beurskens* GmbHR 2014, 738.

[86] KOM (2012) 740 endg.

[87] KOM (2010) 676 endg.

[88] COM (2013) 685 final, 9.

[89] Die Zukunft des Europäischen Gesellschaftsrechts, ABl. 2013 C 332, E78, Punkt 1.

1. Fusion unter Gleichen. Bereits 1967 formuliert *v. Caemmerer*, die SE ermögliche **12** die „Erleichterung von Zusammenschlüssen, insbesondere von Fusionen über die Grenzen hinweg, die Ermöglichung der Sitzverlegung innerhalb der EWG, die Erleichterung der Gründung von Tochtergesellschaften in anderen Mitgliedstaaten der EWG sowie die Gründung gemeinsamer Tochtergesellschaften durch Unternehmungen aus verschiedenen Staaten".[90] Dem steht die Einsicht gegenüber, dass die gesellschaftsrechtlichen Instrumentarien der nationalen Rechte nicht ausreichen, um eine Fusion unter gleichberechtigten Partnern zu gestalten. Dies zeigt das Beispiel der Fusion der Hoechst AG und der Rhône-Poulenc S.A. zur **Aventis S.A.**:[91] Darin gab die Rhône-Poulenc S.A. ein auflösend bedingtes öffentliches Übernahmeangebot an die Aktionäre der Hoechst AG ab, nach dessen Erfolg die Rhône-Poulenc S.A. eine Kapitalerhöhung gegen Sacheinlagen durchführte, um die Aktien der Hoechst AG einbringen zu können. Die Nachteile dieser Konstruktion sind offensichtlich:[92]

– Rechtlich betrachtet entsteht ein Unterordnungskonzern, obwohl wirtschaftlich eine Fusion unter Gleichen angestrebt ist. Damit verbinden sich psychologische und unternehmenspolitische Nachteile, gerade wenn ein solcher Zusammenschluss unter nationalpolitischen Aspekten emotionalisiert wird. Eine wesentliche Ursache für die Divergenz zwischen ökonomischer Grundlage und rechtlicher Konstruktion liegt dabei in dem auf die frühere Kapital-RL zurückgehenden § 71a Abs. 2 AktG, der der Möglichkeit entgegensteht, dass die Rhône-Poulenc S.A. und die Hoechst AG einfach ihre Aktien der Aventis als Holding überlassen.

– Die Fusion erzeugt ein letztlich ungewolltes Abhängigkeitsverhältnis, im Rahmen dessen die §§ 311 ff. AktG zugunsten der Minderheitsaktionäre Anwendung finden. Diese können ihre Rechte wiederum nach § 317 Abs. 4 AktG iVm § 309 Abs. 4 S. 1 AktG im Wege der Aktionärsklage geltend machen. Auskunfts- und Anfechtungsrechte treten hinzu. Daraus resultiert ein ständiger Störfaktor.

– Die entstehende mehrgliedrige Organisationsstruktur erhöht die Verwaltungskosten, erschwert die Kommunikation und verlängert die Entscheidungsprozesse.[93]

Diese Nachteile lassen sich mit Hilfe der SE, etwa durch eine Holding-Gründung, überwinden, **13** zumal in deren Rahmen auch § 71a Abs. 2 AktG keine Anwendung findet (→ Art. 5 Rn. 21). In der Überwindung dieser Nachteile liegt **der zentrale Vorteil der SE** gegenüber den nationalen Rechtsformen (Erwägungsgrund 2 S. 1),[94] nicht zuletzt aus Sicht der Kommission.[95] Nur teilweise dürften die Regelungen **über die Verschmelzung von Kapitalgesellschaften aus verschiedenen Mitgliedstaaten** (Art. 118 ff. GesR-RL; → Rn. 9) dazu eine praktische Alternative eröffnen.[96] Heute wird der Vorteil der Gründung

---

[90] *v. Caemmerer* FS Kronstein, 1967, 171 (179).
[91] Sehr aufschlussreich *Hoffmann* NZG 1999, 1077 ff.; vgl. auch zur Gründung der DaimlerChrysler AG *Baums* JITE 155 (1999) 119 ff. sowie das Fallbeispiel bei *Sagasser/Swienty* DStR 1991, 1188 ff.; *Sagasser/Swienty* DStR 1991, 1222 ff.; *Maul/Wenz* in Lutter/Hommelhoff, Die Europäische Gesellschaft, 2005, 261, 265 ff.
[92] Wie folgt bereits *Hoffmann* NZG 1999, 1077 ff.
[93] Zu entspr. Vorteilen der SE *Hopt* ZIP 1998, 96 (100); *Schwarz* ZIP 2001, 1847 (1859); *Bungert/Beier* EWS 2002, 1 (9); *Wenz* AG 2003, 185 (191 ff.).
[94] *Teichmann* ZGR 2002, 383 (384 f.); ähnlich *Brandes* AG 2005, 177; Lutter/Hommelhoff/Teichmann/ *Lutter* Einl. Rn. 38; *Grundmann* EuropGesR Rn. 1036; *Schwarz* ZIP 2001, 1847 (1859); *Schwarz* EuropGesR Rn. 1086; ferner *Bayer/J. Schmidt* AG-Report 2008, 31 ff.
[95] Vgl. *Blanquet* ZGR 2002, 20 (47): „Ein Gesellschaftstyp auf der Grundlage einheitlicher Rechtsvorschriften, die dazu bestimmt sind, die wirtschaftliche und rechtliche Einheit des Unternehmens in der Gemeinschaft zur Deckung zu bringen, um auf diese Weise die Gründung und Leitung von Gesellschaften europäischen Zuschnitts zu ermöglichen, ohne dass die bestehenden Unterschiede zwischen den für die Handelsgesellschaften geltenden einzelstaatlichen Rechtsvorschriften und ihr räumlich begrenzter Geltungsbereich dem entgegenstünden"; vgl. auch den Bericht der Kommission an das Europäische Parlament und den Rat über die Anwendung der SE-VO, KOM (2010) 676 endg., 3: Der supranationale Charakter der SE helfe der Leitung und dem Personal des übernommenen Unternehmens dabei, nicht ein Gefühl der nationalen „Niederlage" zu entwickeln.
[96] Zutr. *Thoma/Leuering* NJW 2002, 1449 (1452): Der Entwurf sei für eine Fusion unter Gleichen eher ungeeignet; aA *Grundmann* EuropGesR Rn. 1036.

einer SE vor allem in ihrer hohen Integrationswirkung auf dem Binnenmarkt gesehen,[97] die im Ciampi-Bericht – möglicherweise etwas hoch gegriffen[98] – mit 30 Milliarden ECU beziffert wird.[99] Praktisch überzeugender lässt sich der Erfolg der SE wohl mit der **psychologischen Wirkung des Kennzeichens „SE"** erklären (→ Rn. 14).[100] In schwer auflösbarem Widerspruch dazu lässt sich aber in der SE-VO auch eine Tendenz erkennen, den auf diese Weise gerade erst eröffneten „Wettbewerb der Rechtsordnungen"[101] wieder durch Einführung neuer Schranken einzudämmen,[102] die vor allem aus der Befürchtung um eine **„Flucht aus der Mitbestimmung"** motiviert sind.[103] Es handelt sich vor allem um den Numerus clausus der Gründungsformen in Art. 2,[104] die Bestimmung des Art. 37 Abs. 3, wonach eine Umwandlung nicht gleich von einer Sitzverlegung begleitet werden darf,[105] und die umständliche Prozedur zur Einigung über die Mitbestimmungsregeln nach Art. 3 Abs. 2 SE-RL.[106]

14   **2. Weitere Vorzüge der SE.** In der Praxis nimmt ferner die **Flexibilität der Binnenorganisation der SE** eine ganz herausragende Stellung bei der Entscheidung für diese Rechtsform ein.[107] Nach Art. 40 Abs. 3 kann vor allem die **Zahl der Aufsichtsratsmitglieder** in der Satzung festgelegt werden.[108] Hier hat das Beispiel der Allianz (→ Rn. 7) in der Praxis Vorbildfunktion entfaltet. Denn es wurde ein Aufsichtsrat aus zwöf Mitgliedern (vormals 20) gebildet, dessen Besetzung zugleich den internationalen Geschäftsbereich des Unternehmens spiegelt. Die Art. 43 ff. erlauben es ferner, die Machtbefugnisse eines Unternehmensgründers[109] institutionell besser abzusichern als bei der AG. So kann durch Satzungsgestaltung insbesondere die **Stellung eines CEO** (chief executive officer) als Vorsitzender des Verwaltungsrats und Vorsitzender der geschäftsführenden Direktoren nachgebildet werden,[110] dem im Gegensatz zur Regelung des § 77 Abs. 1 S. 2 AktG ein Alleinentscheidungsrecht zusteht.[111] Von großer Bedeutung erscheint natürlich auch die Verhandelbarkeit der **Unternehmensmitbestimmung**.[112] Die SE ermöglicht schließlich eine **identitätswahrende Sitzverlegung** (Art. 8) und eröffnet einer Gesellschaft daher erstmals die Möglichkeit, von ihrer Niederlassungsfreiheit effektiven Gebrauch zu machen (Erwägungsgrund 24).[113] Dies bringt diesen Typus auch als Rechtsträger eines **SPAC** (Special Purpose Acquisition Company)[114] und bei der Verwaltung **privater Großvermögen** ins

---

[97] *Wenz* AG 2003, 185 (190): „post acquisition integration"; *Wenz* in Van Hulle/Maul/Drinhausen SE-HdB Abschn. 1 Rn. 1 ff.
[98] Krit. nämlich *Buchheim*, Europäische Aktiengesellschaft und grenzüberschreitende Konzernverschmelzung, 2001, 111.
[99] Erster Bericht an den Präsidenten der Kommission und die Staats- und Regierungschefs, 1995, 9; vgl. auch *Monti* WM 1997, 607; *Blanquet* ZGR 2002, 20 (29).
[100] Lutter/Hommelhoff/Teichmann/*Lutter* Einl. Rn. 50; vgl. auch den Bericht der Kommission an das Europäische Parlament und den Rat über die Anwendung der SE-VO, KOM (2010) 676 endg., 3: Das „europäische Image" werde als einer der wichtigsten Anreize für die Errichtung einer SE genannt.
[101] Vgl. dazu *Eidenmüller* ZIP 2002, 2233.
[102] Grdl. dazu *Kübler* ZHR 167 (2003), 222 (225 ff.).
[103] Dazu in erster Linie *Heinze* ZGR 2002, 66 (71); ferner *Herfs-Röttgen* NZA 2001, 424 (428); *Hommelhoff* AG 2001, 279 (281); *Kübler* ZHR 167 (2003), 222 (226); *Kolvenbach* EuZW 1996, 229; *v. Maydell* AG 1990, 442 (445 f.); *Blanquet* ZGR 2002, 20 (27); *Lutter* BB 2002, 1 (2) sowie den Diskussionsbericht AG 1990, 421 reSp.
[104] *Heinze* ZGR 2002, 66 (71); *Kübler* ZHR 167 (2003), 222 (226).
[105] *Kübler* ZHR 167 (2003), 222 (226).
[106] *Kübler* ZHR 167 (2003), 222 (227).
[107] Vgl. dazu die rechtstatsächlichen Daten bei *J. Schmidt* in Bayer, Die Aktiengesellschaft im Spiegel der Rechtstatsachenforschung, 2007, 51 (63); vgl. ferner *Bayer/J. Schmidt* AG-Report 2008, 31 ff.; aus praktischer Sicht *Binder/Jünemann/Merz/Sinewe*, Die Europäische Aktiengesellschaft (SE), 2007, § 1 Rn. 22; *Reichert* GS Gruson, 2009, 321 (327 ff.).
[108] *Habersack* ZHR 171 (2007), 613 (629); *Oetker* ZIP 2006, 1113 ff.
[109] *Bachmann* ZGR 2008, 779 (782): Firmenpatriarch.
[110] Lutter/Hommelhoff/Teichmann/*Lutter* Einl. Rn. 35; Habersack/Verse EuropGesR § 13 Rn. 5.
[111] *Lutter/Kollmorgen/Feldhaus* BB 2007, 509.
[112] Lutter/Hommelhoff/Teichmann/*Lutter* Einl. Rn. 37.
[113] *Schwarz* ZIP 2001, 1847 (1860); *Wenz* AG 2003, 185 (194); *Reichert* GS Gruson, 2009, 321 (335).
[114] *Thiergart/Olbertz* BB 2010, 1547.

Gespräch.[115] In neuerer Zeit gerät schließlich die **SE & Co. KG** als **Modell für Familienunternehmen** in den Fokus.[116] Nicht hoch genug kann nach der bisherigen Erfahrung aber vor allem die **Werbewirkung des Kennzeichens „SE"** eingeschätzt werden:[117] Dass deutsche Unternehmen vor Inkrafttreten der steuerrechtlichen Begleitregelungen mit der Gründung von SE begannen (→ Rn. 6 f.) bzw. dass die grenzüberschreitende Verschmelzung trotz des attraktiveren Verhandlungsrahmens über die Unternehmensmitbestimmung in der einschlägigen Richtlinie in der Praxis keine echte Alternative zur SE darstellt (→ Rn. 13), lässt sich nicht allein rational erklären. Offensichtlich wiegt das **„Signum des Global Players"** einschlägige Bedenken leicht auf und könnte vielleicht den eigentlichen Grund für den Erfolg der Rechtsform in Deutschland darstellen.[118]

Nicht aus rechtlich systematischer Sicht, wohl aber aus der ganz eigenen Betrachtungsweise der auf psychologische Verhandlungstaktik setzenden Integrationspolitik[119] versteht es sich als Vorteil, wenn künftig jeder Mitgliedstaat in Ausführung der SE-VO ein **Modell einer monistischen und dualistischen Verwaltungsstruktur entwickeln** kann (Art. 39 Abs. 5 und Art. 43 Abs. 4) und eine vom eigenen System abweichende Struktur dulden muss.[120] Denn dies kann die Kompromissbereitschaft bei künftigen Harmonisierungsfragen fördern, die gerade an die Verwaltungsstruktur der AG anknüpfen.

3. Kritik am Konzept der SE. „Im vorliegenden Vorschlag wird noch zu viel auf einzelstaatliche Vorschriften verwiesen, wodurch tatsächlich keine einheitliche SE entsteht, sondern fünfzehn verschiedene Systeme entstehen. Es wird sich nicht um eine SE europäischer Art handeln, sondern eine SE mit zB französischen, spanischen oder deutschen Ausprägungen [...]. Es geht noch weiter: Auch innerhalb eines Mitgliedstaates wird sich eine Vielzahl unterschiedlicher SE bilden, von der gesellschaftsrechtlichen Ausprägung bis zur Mitbestimmung".[121] Das Zitat macht auf ein zentrales Defizit der SE-VO aufmerksam: Zur Erreichung der mit der Rechtsform verbundenen Vorteile wurde die **Rechtseinheitlichkeit des Typus geopfert** und gerade kein Beitrag zur „juristischen Einheitlichkeit der europäischen Unternehmen" geleistet. Dies suggeriert nämlich Erwägungsgrund 6, der noch auf die Erwägungsgründe des SE-VO-Vorschlags von 1970 zurückgeht, auf den diese Einschätzung durchaus passte. Denn für die überwiegende Mehrzahl der Regelungsgegenstände **verweist die SE-VO auf das nationale Recht am Sitzstaat der SE.** Zehn Spezialverweisungen auf das nationale Recht (→ Art. 1 Rn. 3) werden in ihrer Wirkung durch zwei Generalklauseln flankiert: Art. 9 Abs. 1 lit. c Ziff. ii ordnet die subsidiäre Anwendung des nationalen Aktienrechts an und Art. 10 statuiert ein weitgehend parallellaufendes[122] Gleichbehandlungsgebot gegenüber der AG. Für die SE ist mithin kein einheitliches Statut prägend, sondern eine Kombination aus dem durch die SE-VO geschaffenen Rechtsrahmen und Einzelnormen des nationalen Rechts. Dadurch entsteht jeweils eine komplizierte Verzahnung von nationalem Recht und Europarecht, über deren Einzelheiten jeweils der EuGH entscheiden muss.[123] Dies hat der SE-VO die rückblickend

---

[115] *Waclawik* ZEV 2006, 429 ff.
[116] *Frese* BB 2018, 2612; *Grätz/Halm/Kurzböck* Konzern 2016, 429.
[117] Vgl. auch den Bericht der Kommission an das Europäische Parlament und den Rat über die Anwendung der SE-VO, KOM (2010) 676 endg., 3.
[118] Lutter/Hommelhoff/Teichmann/*Lutter* Einl. Rn. 33; *Reichert* GS Gruson, 2009, 321 (326); *J. Schmidt* in Bayer, Die Aktiengesellschaft im Spiegel der Rechtstatsachenforschung, 2007, 51 (77); *Schwarz* Einl. Rn. 17; krit. *Bachmann* ZEuP 2008, 32 (46); bereits zuvor *Teichmann* ZGR 2002, 383 (389); *Thoma/Leuering* NJW 2002, 1449 (1454); *Wenz* AG 2003, 185 (187, 190).
[119] Zu dieser *Enriques* ZGR 2004, 735.
[120] *Hommelhoff* AG 2001, 279 (283); *Hopt* EuZW 2002, 1; *Hirte* NZG 2002, 1 (5).
[121] Europäisches Parlament, Sitzungsdokument A5-0243/2001 vom 26.6.2001, 19 f.; auf dieses Zitat weist bereits *Schwarz* ZIP 2001, 1847 (1860 f.) hin; vgl. grdl. auch *Kübler* ZHR 167 (2003), 222 (223); vgl. ferner den Bericht der Kommission an das Europäische Parlament und den Rat über die Anwendung der SE-VO, KOM (2010) 676 endg., 11; *Grundmann* EuropGesR Rn. 1039; *Habersack/Verse* EuropGesR § 13 Rn. 2; *Schwarz* EuropGesR Rn. 1086.
[122] Zum Unterschied zwischen Art. 9 und Art. 10 *Teichmann* AG 2004, 67 (68).
[123] Vgl. nur *Casper* FS Ulmer, 2003, 51 (72); *Fleischer* AcP 204 (2004), 502 (508); *Hommelhoff* AG 2001, 279 (285); *Hopt* ZIP 1998, 96 (100); *Lutter* AG 1990, 413; *Rasner* ZGR 1992, 314 (318, 325); *Schulz/Geismar* DStR 2001, 1078 (1079).

unberechtigte Kritik eingebracht, sie sei für die Praxis ungeeignet.[124] Immer schon verwies die **Gegenauffassung** darauf, dass gerade die Verweisungstechnik zur Akzeptanz der SE beitrage: Denn auf diese Weise seien die gesicherten Rechtsgrundsätze anwendbar, deren Anwendungsvoraussetzungen nicht erst über längere Zeiträume hin durch den EuGH im Wege der autonomen Auslegung geklärt werden müssten.[125]

17 Allerdings ist die Entwicklung des europäischen Gesellschaftsrechts über den in der SE-VO erreichten Stand hinausgegangen. Dies zeigen gerade die **Rspr. des EuGH zur Niederlassungsfreiheit** und die Fortschritte, die im Rahmen des Entwurfs für eine Sitzverlegungs-RL erreicht wurden (→ Art. 8 Rn. 5 f.). Hier gebietet teilweise die nach Art. 49, 54 AEUV geschützte **Niederlassungsfreiheit der SE** (→ Art. 8 Rn. 2; → Art. 8 Rn. 5) eine Berücksichtigung der neuen Regelung zur grenzüberschreitenden Umwandlung bei der Auslegung von Art. 8 (→ Art. 8 Rn. 6) und eine teleologische Reduktion von Art. 7 S. 1, Art. 64 im Falle der grenzüberschreitenden Sitzverlegung nach Art. 8 (→ Art. 8 Rn. 66).

18 4. **Eignung für den Mittelstand?** Die Entstehungsgeschichte der SE wird von der Diskussion begleitet, ob sich dieser Typus für ein mittelständisches Unternehmen eignet. Die von der Kommission[126] und vom Verordnungsgeber (Erwägungsgrund 13 letzter Hs.) genährten positiven Hoffnungen erscheinen angesichts des eindeutig in die andere Richtung weisenden rechtlichen Befundes klar politisch genährt. Dennoch finden sich bis heute zahlreiche Stimmen, die die SE als Gesellschaftstypus für mittelständisch geprägte Unternehmen ansehen.[127] In der Praxis haben sich auch mittelständische Unternehmen für diese Rechtsform entschieden.[128] Dennoch bleiben Bedenken in Bezug auf die praktische Eignung: Sie resultieren zunächst aus dem Prinzip der **formalen Satzungsstrenge** (→ Art. 6 Rn. 5),[129] das die im mitunternehmerischen Bereich stets benötigte Gestaltungsflexibilität gerade unterbindet. Deshalb wurde teilweise vorgeschlagen, dass modifizierende Rechte und Pflichten in einer parallel zur SE geschalteten Innengesellschaft nach §§ 705 ff. BGB vereinbart werden könnten.[130] Gegen die Praktikabilität im mittelständischen Bereich spricht ferner die Höhe des nach Art. 4 Abs. 2 aufzubringenden Mindestkapitals.[131] Der deutsche Gesetzgeber ließ sich dennoch die Zielsetzung einer mittelständischen SE wenigstens insoweit angelegen sein, als er im SEAG nur ein Grundmodell der SE, unabhängig von Unternehmensmitbestimmung und Börsengang regelt.[132] Die zwischenzeitlich gescheiterten Bemühungen um die Einführung einer Societas Privata Europaea **(SPE)** zeigen vielleicht am deutlichsten, dass die SE für mittelständische Unternehmen tendenziell ungeeignet ist.

III. Berührungspunkte mit anderen Rechtsgebieten

Schrifttum: Kartellrecht: *Veelken,* Europäische Aktiengesellschaft (Societas Europaea, SE) und Europäische Fusionskontrolle – Gründungsformen der SE und Zusammenschlussbegriff der Fusionskontrollverordnung, FS Immenga, 2004, 433; **Umwandlungsrecht:** *Bayer,* Die Gründung einer Europäischen Gesellschaft mit Sitz in Deutschland, in Lutter/Hommelhoff, Die Europäische Gesellschaft, 2005, 25; *Hoger,* Kontinuität beim Formwechsel nach dem UmwG und der grenzüberschreitenden Verlegung des Sitzes einer SE, 2007; *Oplustil/Schneider,* Zur Stellung der Europäischen Aktiengesellschaft im Umwandlungsrecht, NZG 2003, 13.

---

[124] *Kallmeyer* AG 1990, 103 (105); *Kolvenbach* FS Heinsius, 1991, 379 (381 ff.).
[125] *Sagasser/Swienty* DStR 1991, 1222 (1226); ähnlich *Fleischer* AcP 204 (2004), 502 (508 f.); eine Zusammenfassung der bildhaftesten Metaphern liefert *Bachmann* ZEuP 2008, 32 (34).
[126] *Blanquet* ZGR 2002, 20 (52) mit der bezeichnenden Begründung, der Betrag des Mindestkapitals in Art. 4 Abs. 2 entspreche dem einer kleinen Wohnung in Brüssel.
[127] *Feldhaus/Vanscheidt* BB 2008, 2246; *Handlanger,* Die Europäische Aktiengesellschaft als Rechtsform für den Mittelstand, 2008; *Heckschen* FS Westermann, 2008, 999 ff.; *Lutter/Kollmorgen/Feldhaus* BB 2005, 2473.
[128] *J. Schmidt* in Bayer, Die Aktiengesellschaft im Spiegel der Rechtstatsachenforschung, 2007, 51 (55); vgl. ferner *Bayer/J. Schmidt* AG-Report 2008, 31 ff.
[129] *Schwarz* Einl. Rn. 20.
[130] *Wiedemann* in Lutter, Die Europäische Aktiengesellschaft, 2. Aufl. 1978, 39 (41, 48).
[131] *Hommelhoff* AG 2001, 279 (286 f.); *Hommelhoff* WM 1997, 2101 (2102 f.); *Gutsche,* Die Eignung der Europäischen Aktiengesellschaft für kleine und mittlere Unternehmen in Deutschland, 1994, passim; *Teichmann* ZGR 2002, 383 (389); *Schulz/Geismar* DStR 2001, 1078 (1082).
[132] *Neye* AG 2003, 169 (176 f.).

Das Konkurrenzverhältnis zum **Kartell- oder Wettbewerbsrecht** ergibt sich aus Erwä- 19
gungsgrund 2, S. 2 und Erwägungsgrund 20. Die SE-VO beinhaltet hier keine materiellen
Privilegierungen oder Sonderregelungen; vielmehr sind die allgemeinen Kartellrechtsinstitute – wie etwa die Fusionskontrollverordnung – anwendbar.

Uneingeschränkt anwendbar sind nach Erwägungsgrund 20 auch das **Steuerrecht, der** 20
gewerbliche Rechtsschutz und das Konkursrecht, also das **Insolvenzrecht**.[133] Dasselbe
dürfte von einigen markanten Ausnahmen abgesehen (Art. 8 Abs. 16) auch für das **Prozessrecht** im Übrigen gelten. Der deutsche Gesetzgeber verwirft dabei mit Blick auf das Gleichbehandlungsgebot des Art. 10 eigene Verfahrensregeln für die SE.[134]

Aus § 49 SEAG ergibt sich mittelbar, dass die §§ 291 ff. AktG auf das **Konzernrecht** 21
der in Deutschland ansässigen SE anwendbar sind.[135] Das im **WpÜG** geregelte Recht
öffentlicher Übernahmeangebote ist ebenfalls anwendbar. Es spielt gerade bei der Verschmelzung und Holding-Gründung der SE nach Art. 2 Abs. 1 bzw. 2 eine nicht unbeträchtliche Rolle (→ Art. 2 Rn. 22 ff.).

Strittig ist, ob und inwieweit das **Umwandlungsgesetz** auf die SE Anwendung findet 22
(vgl. zur Ab- und Aufspaltung einer SE → Art. 3 Rn. 8). Im Hinblick auf die **grenzüberschreitende Umwandlung** [grenzüberschreitender Rechtsformwechsel] gestaltet sich das
Konkurrenzverhältnis zu Art. 8 SE-VO nach eigenen, an späterer Stelle zu referierenden
Regeln → Art. 8 Rn. 6). Vorliegend geht es etwa um die Frage, ob eine SE sich in eine
GmbH umwandeln kann. Zunächst scheint **§ 1 Abs. 2 UmwG** einer Anwendung auf die
SE entgegenzustehen, weil die SE dort anders als die AG nicht benannt ist. Weil die SE
aber nach Art. 10 wie eine AG behandelt werden muss – also insbesondere nicht schlechter
gestellt werden darf –, kann die Anwendung des UmwG nicht an § 1 Abs. 2 UmwG
scheitern.[136]

Dies leitet zur Frage über, ob die Vorschriften der SE-VO das UmwG nicht als Spezialvor- 23
schriften verdrängen: So ist der **Rechtsformwechsel** in eine AG detailliert und ausführlich
in **Art. 66** geregelt. Zunächst versteht sich, dass die in dieser Norm vorgesehenen Voraussetzungen des Rechtsformwechsels nicht durch Anwendung der Normen des UmwG unterlaufen werden dürfen. Art. 66 regelt den Sachverhalt gegenüber dem UmwG spezieller; die
§§ 191 ff., 238 ff. UmwG können über Art. 9 Abs. 1 lit. c Ziff. ii nur insoweit Anwendung
finden, als Art. 66 keine abschließende Regelung enthält (→ Art. 66 Rn. 4).[137] Fraglich
ist nur, ob die Norm **sonstige Arten des Rechtsformwechsels** (etwa **in eine GmbH**)
ausschließt. Dies hängt davon ab, ob man Art. 66 als eine abschließende[138] oder mit der
hM als eine **Mindestregelung** (→ Art. 66 Rn. 14)[139] versteht. Für eine Mindestregelung
spricht, dass der Rechtsformwechsel bei der Schaffung des Art. 66 unionsrechtlich nicht
harmonisiert war und deshalb in der SE-VO ein Mindeststandard gesetzt werden musste,
der der SE die in diesem Bereich erforderliche Flexibilität verleiht.[140] Für die Möglichkeit
eines **Formwechsels in andere Typen** des nationalen Rechts lässt sich wiederum das
Diskriminierungsverbot nach Art. 10 anführen: Danach muss das UmwG auf die SE im

---

[133] Dazu *Kunz*, Die Insolvenz der Europäischen Aktiengesellschaft, 1995.
[134] *Neye* AG 2003, 169 (174).
[135] Lutter/Hommelhoff/Teichmann/*Lutter* Einl. Rn. 48; umfassend *Schwarz* Einl. Rn. 163 ff.; MHdB GesR VI/*Teichmann* § 49 Rn. 96.
[136] *Bayer* in Lutter/Hommelhoff, Die Europäische Gesellschaft, 2005, 25 (27); BeckOGK/*Casper* Art. 2 Rn. 33; *Casper* AG 2007, 97 (102 ff.); Lutter/*Drygala* UmwG § 3 Rn. 20; Lutter/Hommelhoff/Teichmann/ *Lutter* Einl. Rn. 46; *Oplustil/Schneider* NZG 2003, 13 (16).
[137] Habersack/Drinhausen/*Drinhausen* Art. 66 Rn. 9.
[138] BeckOGK/*Eberspächer* Art. 66 Rn. 1; Kalss/Hügel/*Zollner* SEG § 33 Rn. 20; *Vossius* ZIP 2005, 741 (748).
[139] Ausf. Habersack/Drinhausen/*Drinhausen* Art. 66 Rn. 7; BeckOGK/*Casper* Rn. 39; *Casper* AG 2007, 97 (103); Lutter/Hommelhoff/Teichmann/*J. Schmidt* Art. 66 Rn. 7; *Oplustil/Schneider* NZG 2003, 13 (15 ff.); *Schwarz* Art. 66 Rn. 31; Habersack/Drinhausen/*Habersack* Art. 3 Rn. 2; Kölner Komm AktG/*Kiem* Art. 66 Rn. 11; *Becker/Fleischmann* in Jannott/Frodermann SE-HdB Kap. 10 Rn. 34; wohl auch *Bayer* in Lutter/ Hommelhoff, Die Europäische Gesellschaft 2005, 25 (29).
[140] Kölner Komm AktG/*Kiem* Art. 66 Rn. 11.

selben Umfang anwendbar sein wie auf die AG.[141] Schließlich könnte die SE nach dem Formwechsel in eine nationale AG nach dem Umwandlungsrecht des jeweiligen Mitgliedstaates eine weitere Umwandlung in die von ihr eigentlich angestrebte Gesellschaftsform durchführen. Die Umwandlung in die AG wäre nicht mehr als ein Zwischenschritt, der einen hohen Zeit- und Kostenaufwand verursacht, ohne den Formwechsel in die letztlich gewünschte Gesellschaftsform verhindern zu können.[142] Art. 66 ist daher im Sinne einer Mindestregelung zu verstehen, die den Formwechsel in eine andere Rechtsform des Sitzstaates nicht hindert. Dagegen spricht auch nicht die Möglichkeit der **Umwandlung nach Art. 2 Abs. 4,** die dem Rechtsformwechsel systematisch nahe steht. Denn dieser Tatbestand betrifft gerade den umgekehrten Fall der Umwandlung einer (nationalen) AG in eine SE und trifft damit keine Aussage über die Umwandlungsfähigkeit der SE selbst. Fraglich ist allerdings, ob die **Zweijahresfrist des Art. 66 Abs. 1 analog** auf die anderen Verfahren über den Rechtsformwechsel angewendet werden muss. Auch wenn die Frist auf einem möglicherweise überholten Telos beruht (Verhinderung einer „Flucht aus der Mitbestimmung", näher → Art. 2 Rn. 7), wird man dies angesichts des klaren im Wortlaut ausgedrückten Willens des VO-Gebers wohl **bejahen** müssen (→ Art. 66 Rn. 1; → Art. 66 Rn. 14):[143] Denn andernfalls könnte sich die SE zunächst in eine GmbH und dann in eine AG verwandeln, ohne die Zweijahresfrist des Art. 66 Abs. 1 zu beachten. Dieser Möglichkeit dürfte das ausdrückliche Regelungsanliegen des VO-Gebers entgegenstehen.

24 Fraglich ist ferner, ob die Beteiligung einer SE an einer **Verschmelzung, Spaltung und Vermögensübertragung** durch Art. 2 und Art. 3 als Spezialregelung abschließend geregelt ist. Für die Beantwortung dieser Frage entscheidend ist der Zweck der abschließenden Regelung in Art. 2 und Art. 3 einerseits, andererseits aber das Gebot der Gleichbehandlung von SE und AG (Art. 10). Soweit ein Umwandlungstatbestand **ausdrücklich in der SE-VO** geregelt ist (zB Neugründung durch Verschmelzung), kommt eine Anwendung des UmwG **nicht** in Betracht (Numerus clausus der Gründungsformen; → Art. 2 Rn. 1).[144] Wenn eine **SE aber bereits entstanden** ist, müssen ihr gem. Art. 9 Abs. 1 lit. c Ziff. ii, Art. 10 dieselben Möglichkeiten offen stehen wie einer nationalen AG (→ Art. 66 Rn. 14).[145] Daraus ergibt sich Folgendes: Soweit das **Umwandlungsprodukt keine neue SE** darstellt, ist nationales Umwandlungsrecht anwendbar (→ Art. 66 Rn. 14).[146] Ein weiteres Anwendungsgebiet für nationales Umwandlungsrecht eröffnet außerdem **Art. 3 Abs. 2:** Diese Norm regelt den Fall der Ausgründung einer SE, ohne dabei eine bestimmte Ausgliederungs- oder Spaltungstechnik vorzuschreiben. Diese Lücke kann durch das nationale Umwandlungsrecht geschlossen werden (ausführlich → Art. 3 Rn. 8 f.).[147]

25 Da Art. 66 Abs. 1 im Sinne einer **Mindestregelung** zu verstehen ist (→ Rn. 23), muss der **Zielrechtsträger** in Fällen der Umwandlung einer SE keine AG sein: So kann eine SE auch **auf eine GmbH** bzw. auf einen anderen verschmelzungsfähigen Rechtsträger iSd § 3 Abs. 1 UmwG **verschmolzen** werden oder aber ihr Vermögen auf zwei GmbH aufspal-

---

[141] Ähnlich *Oplustil/Schneider* NZG 2003, 13 (15 ff.) bzw. der Vorschlag des Arbeitskreises Aktien- und Kapitalmarktrecht ZIP 2009, 698 Nr. 3; *Casper* ZHR 173 (2009), 181 (194 f.); Kölner Komm AktG/*Kiem* Art. 66 Rn. 11.

[142] *Oplustil/Schneider* NZG 2003, 13 (15); Lutter/Hommelhoff/Teichmann/*J. Schmidt* Art. 66 Rn. 7; Habersack/Drinhausen/*Drinhausen* Art. 66 Rn. 7; Widmann/Mayer/*Heckschen* UmwG Anh. 14 Rn. 521.

[143] BeckOGK/*Casper* Art. 2 Rn. 39; Habersack/Drinhausen/*Drinhausen* Art. 66 Rn. 14; *Oplustil/Schneider* NZG 2003, 13 (15 f.); grds. auch Lutter/Hommelhoff/Teichmann/*J. Schmidt* Art. 66 Rn. 9; aA Kölner Komm AktG/*Kiem* Art. 66 Rn. 12; Widmann/Mayer/*Heckschen* UmwG Anh. 14 Rn. 521.1.

[144] *Marsch-Barner* FS Happ, 2006, 165 (168 f.); *Oplustil/Schneider* NZG 2003, 13 (16); *Schwarz* Art. 3 Rn. 35; Habersack/Drinhausen/*Drinhausen* Art. 66 Rn. 35; ähnlich BeckOGK/*Casper* Art. 2 Rn. 34.

[145] *Marsch-Barner* FS Happ, 2006, 165 (173).

[146] Habersack/Drinhausen/*Drinhausen* Art. 3 Rn. 12; Habersack/Drinhausen/*Drinhausen* Art. 66 Rn. 34 ff.; BeckOGK/*Casper* Art. 2 Rn. 33 f.

[147] So iErg auch *Bayer* in Lutter/Hommelhoff, Die Europäische Gesellschaft, 2005, 25 (27 f.); Lutter/Hommelhoff/Teichmann/*Lutter* Einl. Rn. 46; Habersack/Drinhausen/*Drinhausen* Art. 66 Rn. 35; *Oplustil/Schneider* NZG 2003, 13 (17), die die Anwendbarkeit des § 123 UmwG jedoch über Art. 9 Abs. 1 lit. c Ziff. ii begründen; mit krit. Tendenz BeckOGK/*Casper* Art. 2 Rn. 40.

ten, ohne dass hierin eine Umgehung des Art. 66 Abs. 1 zu sehen wäre.[148] Soweit die SE als übertragender Rechtsträger fungiert und durch die Umwandlung untergeht, muss allerdings die **Sperrfrist des Art. 66 Abs. 1 S. 2** beachtet werden, da in diesem Fall eine Umgehung des Mitbestimmungsregimes droht (weitergehend → Art. 66 Rn. 14).[149] Für die Verschmelzung sowie die Spaltung (mit Ausnahme der Ausgliederung zur Neugründung) ergibt sich eine Zweijahresfrist ohnehin aus §§ 76, 141 UmwG; insofern bleibt kein Raum für eine analoge Anwendung des Art. 66 Abs. 1 S. 2, zumal die Fristen nach dem UmwG auch noch strenger sind.[150] Handelt es sich bei der SE um den übernehmenden Rechtsträger oder führt die SE eine Abspaltung (§ 123 Abs. 2 UmwG) oder Ausgliederung (§ 123 Abs. 3 UmwG) durch, besteht für die analoge Anwendung der Zweijahresfrist schon deswegen kein Grund, weil die SE in diesen Fällen fortbesteht und keine Umgehung der Sperrfrist droht (→ Art. 66 Rn. 14 mwN).[151] Eine andere Betrachtung kann angebracht sein, wenn die SE ihr wertvollstes Aktivvermögen auf eine nationale Gesellschaft überträgt, in der kein oder ein niedrigeres Mitbestimmungsniveau herrscht.[152]

Schließlich kann die SE auch an einer **grenzüberschreitenden Verschmelzung nach** 26 **§§ 122a ff. UmwG** teilnehmen, da sich dies als eine Ausübung der Niederlassungsfreiheit darstellt (→ Art. 66 Rn. 1).[153] Die Art. 2 und Art. 3 Abs. 2 dürfen allerdings aus denselben Gründen wie oben hierdurch nicht umgangen werden. Das gem. Art. 66 Abs. 1 S. 1 bestehende Verbot einer Sitzverlegung anlässlich der Umwandlung in eine nationale AG (vgl. den Wortlaut: „in eine dem Recht ihres *Sitz*staates unterliegende Aktiengesellschaft" [Hervorhebung durch Verfasser]) kann im Lichte der „Sevic"-Entscheidung des EuGH[154] für die grenzüberschreitende Verschmelzung unter Beteiligung einer SE keine Geltung beanspruchen (→ Art. 66 Rn. 11). Ob die zweijährige Sperrfrist des Art. 66 Abs. 1 S. 2 analoge Anwendung findet, wenn eine SE auf eine ausländische Gesellschaft verschmolzen werden soll, ist umstritten (→ Art. 66 Rn. 14).[155]

Zur Anwendung der Neuregelung **über die grenzüberschreitende Umwandlung** 27 (grenzüberschreitender Rechtsformwechsel) → Art. 8 Rn. 6.

Über die **Rechnungslegung** trifft Art. 61 eine eigene Regelung (→ Art. 61 Rn. 1 ff.). 28

IV. Vorlagepflichten nach Art. 267 Abs. 3 AEUV bei der Anwendung nationalen Rechts auf die SE

Fraglich ist schließlich, ob Vorlagemöglichkeiten bzw. -pflichten nach Art. 267 UAbs. 3 29 AEUV auch dann entstehen, wenn auf die SE gem. Art. 9 Abs. 1 lit. c Ziff. ii und Art. 10

---

[148] *Bayer* in Lutter/Hommelhoff, Die Europäische Gesellschaft, 2005, 25 (29); BeckOGK/*Casper* Art. 2 Rn. 39; *Casper* AG 2007, 97 (103); *Casper* ZHR 173 (2009), 181 (194 f.); *Oplustil/Schneider* NZG 2003, 13 (15 ff.); *Schwarz* Art. 66 Rn. 31; *Becker/Fleischmann* in Jannott/Frodermann SE-HdB Kap. 10 Rn. 38, 44; Kalss/Hügel/*Zollner* SEG § 33 Rn. 20; *Vossius* ZIP 2005, 741 (748).
[149] *Oplustil/Schneider* NZG 2003, 13 (16 f.); Habersack/Drinhausen/*Drinhausen* Art. 66 Rn. 39; BeckOGK/*Casper* Art. 2 Rn. 38; Kölner Komm AktG/*Maul* Art. 3 Rn. 17; aA Kölner Komm AktG/*Kiem* Art. 66 Rn. 12; Lutter/Hommelhoff/Teichmann/*J. Schmidt* Art. 66 Rn. 9; Widmann/Mayer/*Heckschen* UmwG Anh. 14 Rn. 526.
[150] *Oplustil/Schneider* NZG 2003, 13 (16 f.); Habersack/Drinhausen/*Drinhausen* Art. 66 Rn. 42; für eine parallele Anwendung mangels voller Überschneidung der Fristen hingegen → Art. 66 Rn. 14 (*Schäfer*); aA Kölner Komm AktG/*Maul* Art. 3 Rn. 17, die Art. 66 Abs. 1 S. 2 analog für gegenüber § 76 UmwG vorrangig hält. Dem ist jedoch entgegenzuhalten, dass § 76 UmwG einen ganz anderen Zweck – Schutz der Nachgründungsvorschriften – verfolgt als die Sperrfrist in Art. 66 Abs. 1 S. 2.
[151] Habersack/Drinhausen/*Drinhausen* Art. 66 Rn. 39, 42 mwN; Kölner Komm AktG/*Maul* Art. 3 Rn. 17; aA *Marsch-Barner* FS Happ, 2006, 165 (174): Sperrfrist sei bei allen Umwandlungen nach nationalem Recht zu beachten.
[152] *Oplustil/Schneider* NZG 2003, 13 (17).
[153] Ausf. Habersack/Drinhausen/*Drinhausen* Art. 66 Rn. 36 ff.; Habersack/Drinhausen/*Diekmann* Art. 8 Rn. 129; Kölner Komm AktG/*Kiem* Art. 66 Rn. 4; *Casper/Weller* NZG 2009, 681 (685 f.); näher *Grambow/Stadler* BB 2010, 977 (978).
[154] EuGH Slg. 2005, I-10825 = NZG 2006, 112 – Sevic.
[155] Abl. *Casper/Weller* NZG 2009, 681 (686) aufgrund der Regelung in Art. 16 Abs. 7 RL 2005/56/EG aF.

(s. auch die Liste der Spezialverweisungen; → Art. 1 Rn. 3) eine Norm des nationalen Rechts (zB des Aktiengesetzes) angewendet wird und sich bei der Anwendung eine Auslegungsfrage stellt.[156] Dagegen spricht zum einen, dass der Verweis auf das nationale Recht nicht dessen Rechtsnatur verändert; es wird allein dadurch nicht zu (unechtem) sekundärem Unionsrecht,[157] noch ist es nach unionsspezifischen Methoden auszulegen.[158] Andernfalls könnte es im deutschen Recht zu einer **Normenspaltung** kommen: Abhängig davon, ob eine Norm des AktG unmittelbar auf eine AG oder mittelbar auf eine SE angewendet wird, könnten unterschiedliche Auslegungsgrundsätze gelten.[159] Zum anderen spricht gegen die Vorlagemöglichkeit, dass der Verordnungsgeber eine weitgehende Rechtsuneinheitlichkeit im Statut der SE bewusst in Kauf genommen hat, um das Harmonisierungsziel überhaupt erreichen zu können (→ Rn. 2); dann darf dieser in Kauf genommene Nachteil aber nicht über den Weg des Art. 267 AEUV „durch die Hintertür" beseitigt werden.[160]

Art. 1 [Typusprägende Merkmale]

(1) **Handelsgesellschaften können im Gebiet der Gemeinschaft in der Form europäischer Aktiengesellschaften (Societas Europaea, nachfolgend „SE" genannt) unter den Voraussetzungen und in der Weise gegründet werden, die in dieser Verordnung vorgesehen sind.**

(2) ¹**Die SE ist eine Gesellschaft, deren Kapital in Aktien zerlegt ist.** ²**Jeder Aktionär haftet nur bis zur Höhe des von ihm gezeichneten Kapitals.**

(3) **Die SE besitzt Rechtspersönlichkeit.**

(4) **Die Beteiligung der Arbeitnehmer in der SE wird durch die Richtlinie 2001/86/EG geregelt.**

Schrifttum: *Bachmann,* Die Societas Europaea und das europäische Privatrecht, ZEuP 2008, 32; *Binder/Jünemann/Merz/Sinewe,* Die Europäische Aktiengesellschaft (SE), 2007; *Brandt,* Die Hauptversammlung der Europäischen Aktiengesellschaft (SE), 2004; *Bungert/Beier,* Die Europäische Aktiengesellschaft, EWS 2002, 1; *Fleischer,* Der Einfluss der Societas Europaea auf die Dogmatik des deutschen Gesellschaftsrechts, AcP 204 (2004), 502; *Grundmann,* Die Europa AG – eine Option für deutsche Unternehmen?, in v. Rosen, Die Europa AG, 2003, 54; *Heinze,* Die Europäische Aktiengesellschaft, ZGR 2002, 66; *Hirte,* Die Europäische Aktiengesellschaft, NZG 2002, 1; *Hirte,* Die Europäische Aktiengesellschaft – ein Überblick nach In-Kraft-Treten der deutschen Ausführungsgesetzgebung, DStR 2005, 653 und DStR 2005, 700; *Hommelhoff,* Gesellschaftsrechtliche Fragen im Entwurf eines SE-Statuts, AG 1990, 422; *Hommelhoff,* Einige Bemerkungen zur Organisationsverfassung der Europäischen Aktiengesellschaft, AG 2001, 279; *Hopt,* Europäische Aktiengesellschaft – per aspera ad astra?, EuZW 2002, 1; *Horn,* Die Europa-AG im Kontext des deutschen und europäischen Gesellschaftsrechts, DB 2005, 147; *Ihrig/Wagner,* Diskussionsentwurf für ein SE-Ausführungsgesetz, BB 2003, 969; *Jahn/Herfs-Röttgen,* Die Europäische Aktiengesellschaft – Societas Europaea, DB 2001, 2079; *Kübler,* Leitungsstrukturen der Aktiengesellschaften und die Umsetzung des SE-Statuts, ZHR 167 (2003), 222; *Leupold,* Die Europäische Aktiengesellschaft unter besonderer Berücksichtigung des deutschen Rechts, 1993; *Lutter/Hommelhoff,* Die Europäische Gesellschaft, 2005; *Schulz/Geismar,* Die Europäische Aktiengesellschaft – Eine kritische Bestandsaufnahme, DStR 2001, 1078; *Schwarz,* Zum Statut der Europäischen Aktiengesellschaft, ZIP 2001, 1847; *Teichmann,* Die Einführung der Europäischen Aktiengesellschaft – Grundlagen der Ergänzung des europäischen Statuts durch den deutschen Gesetzgeber, ZGR 2002, 383; *Thoma/Leuering,* Die Europäische Aktiengesellschaft – Societas Europaea, NJW 2002, 1449; *Thümmel,* Die Europäische Aktiengesellschaft (SE), 2005.

Rechtsvergleichung: *Oplustil/Teichmann,* The European Company – all over Europe: A State-by-State Account of the Introduction of the European Company, 2004; **Belgien:** *Wymeersch,* Reflections on the

---

[156] Tendenziell bejahend *Grote,* Das neue Statut der Europäischen Aktiengesellschaft zwischen europäischem und nationalem Recht, 1990, 52 ff.; offenlassend *Hommelhoff* AG 2001, 279 (285).
[157] Insofern zust. Habersack/Drinhausen/*Schürnbrand* Art. 9 Rn. 43.
[158] AA Habersack/Drinhausen/*Schürnbrand* Art. 9 Rn. 44 mwN.
[159] *Jaecks/Schönborn* RIW 2003, 253 (255); *Maul,* Die faktisch abhängige SE im Schnittpunkt zwischen deutschem und europäischem Recht, 1998, 21; Habersack/Drinhausen/*Schürnbrand* Art. 9 Rn. 44, der allerdings der Ansicht ist, dies sei hinzunehmen.
[160] Ebenso *Bachmann* ZEuP 2008, 32 (44); *Jaecks/Schönborn* RIW 2003, 254 (255); *Lächler/Oplustil* NZG 2005, 381 (385); *Leupold,* Die Europäische Aktiengesellschaft unter besonderer Berücksichtigung des deutschen Rechts, 1993, 21; *Schwarz* Einl. Rn. 158; *Schwarz* EuropGesR Rn. 957.

Societas Europaea in the Belgian Legal System, in Baums/Cahn, Die Europäische Aktiengesellschaft, 2004, 62; **Dänemark:** *Werlauff,* The Law of the European Company, Kopenhagen 2003; **Frankreich:** *Klein,* Die Europäische Aktiengesellschaft „à la française", RIW 2004, 435; *Rontchevsky,* Country Report France, in Baums/Cahn, Die Europäische Aktiengesellschaft, 2004, 51; *Teicke,* Kompetenzen und Binnengliederung des Leitungsorgans von Aktiengesellschaften in Deutschland, Großbritannien und Frankreich unter besonderer Berücksichtigung der Europäischen Aktiengesellschaft (SE), 2007; **Italien:** *Ferrarini,* Societas Europaea and the Limits of Harmonisation: A View from Italy, in Baums/Cahn, Die Europäische Aktiengesellschaft, 2004, 79; **Österreich:** *Barnert,* Societas Europaea (für Österreich), 2005; *Ginthör/Brodey/Schreiblehner,* Der AG-/SE-Vorstand, 2008; *Kalss,* Die geplante SE-Gesetzgebung in Österreich, in Baums/Cahn, Die Europäische Aktiengesellschaft, 2004, 106; *Lind,* Die Europäische Aktiengesellschaft – eine Analyse der Rechtsanwendungsvorschriften, 2004; *Reich-Rohrwig,* Societas Europaea, 2006; **Niederlande:** *Slagter,* Landesbericht Niederlande zum Begleitgesetz Europäische Gesellschaft, in Baums/Cahn, Die Europäische Aktiengesellschaft, 2004, 30; **Polen:** *Soltysinski,* Societas Europaea: Implementing the SE Regulation in Poland, in Baums/Cahn, Die Europäische Aktiengesellschaft, 2004, 94; **Schweden:** *Danelius,* The European Company: Report from Sweden, in Baums/Cahn, Die Europäische Aktiengesellschaft, 2004, 38; **Vereinigtes Königreich:** *Davies,* Implementation of the European company (SE) in Great Britain, in Baums/Cahn, Die Europäische Aktiengesellschaft, 2004, 10; *T. Lange,* Die Mitbestimmung bei einer deutsch-britischen Europäischen Aktiengesellschaft, 2006; *J. Schmidt,* „Deutsche" vs. „britische" Societas Europaea (SE), 2006; *Teicke,* Kompetenzen und Binnengliederung des Leitungsorgans von Aktiengesellschaften in Deutschland, Großbritannien und Frankreich unter besonderer Berücksichtigung der Europäischen Aktiengesellschaft (SE), 2007.

I. Überblick

Den Gesellschaftstypus der SE prägen **fünf Merkmale:**[1]
(1) Es handelt sich um eine in den Schutzbereich des Art. 49, 54 AEUV fallende Gesellschaft (Abs. 1; → Art. 8 Rn. 2), die in starkem Maße durch das Aktienrecht des Sitzmitgliedstaates geprägt ist (→ Rn. 3 aE).
(2) Sie ist **Formkaufmann** (Abs. 1).
(3) Die SE ist rechtsfähig (Abs. 3).
(4) Für Verbindlichkeiten haftet nur das Gesellschaftsvermögen (Abs. 2 S. 2).
(5) Das Grundkapital ist in **Aktien** zerlegt (Abs. 2 S. 1; → Art. 5 Rn. 44).

II. Gesellschaftstypus

Die SE ist ein Gesellschaftstypus, der nur zu einem geringen Teil durch die SE-VO, im Wesentlichen aber durch das Aktienrecht des Sitzmitgliedstaates (Art. 7) geprägt ist.[2] Sie fällt in den Schutzbereich der **Niederlassungsfreiheit** nach Art. 49, 54 AEUV (→ Art. 8 Rn. 2). Die SE-VO begründet **folgende wesentliche Besonderheiten gegenüber einer AG nationalen Rechts:**
(1) Die SE kann nicht frei gegründet werden, sondern nur im Rahmen eines der in Art. 2 Abs. 1–4 und Art. 3 Abs. 2 S. 1 abschließend vorgesehenen Gründungstatbestände, deren Einzelregelungen in Art. 17–37 den größten Teil der VO ausmachen.
(2) Ihr Mindestgarantiekapital beträgt 120.000 Euro (Art. 4 Abs. 2).
(3) Sie darf und muss den Rechtsformzusatz „SE" tragen (Art. 11). Der **Firmenwahrheit** (§ 19 Abs. 1 HGB) entspricht auch die **zusätzliche Bezeichnung** als Europäische Aktiengesellschaft oder Societas Europaea.[3] Ob dies auf Dauer auch für die deutsche Übersetzung **„Europäische Gesellschaft"** gilt, bleibt abzuwarten. Bisher bestand an der Zuordnung dieser Bezeichnung zur SE kaum Zweifel; da aber eine Reihe weiterer Rechtsnormtypen (Europäische Genossenschaft, Europäische Privatgesellschaft usw) nun als Gesellschaften europäischen Rechts in Betracht kommen, bestehen Bedenken im Hinblick auf die Eindeutigkeit der Bezeichnung.
(4) Ihre Eintragung im Handelsregister hängt von einer Lösung der Frage der unternehmerischen Mitbestimmung ab (Art. 12 Abs. 2–4).

---

[1] *Thoma/Leuering* NJW 2002, 1449 (1450).
[2] Lutter/Hommelhoff/Teichmann/*Lutter* Rn. 2; *Thoma/Leuering* NJW 2002, 1449 (1450).
[3] Lutter/Hommelhoff/Teichmann/*Lutter* Rn. 2; *Schwarz* Rn. 5.

(5) Ihre Verwaltung kann einer monistischen oder dualistischen Struktur folgen (Art. 38–51). Kennzeichnend für die SE sind vor allem die Gestaltungsspielräume des Satzungsgebers im Hinblick auf die Organisationsstruktur (→ Vor Art. 1 Rn. 14).
(6) Die Einberufung und die Beschlussfassung der Hauptversammlung sind besonders geregelt (Art. 52–60).
(7) Die SE tritt in das Liquidationsstadium, sobald Satzungssitz und Verwaltungssitz auseinanderfallen (Art. 64). Dies gilt jedoch infolge der Polbud-Entscheidung des EuGH bei der Sitzverlegung nach Art. 8 nach hier vertretener Auffassung nicht (→ Art. 8 Rn. 66).
(8) Die SE kann in eine nationale AG umgewandelt werden (Art. 66).

3 Das **Recht des Sitzmitgliedstaates** regelt das Statut der SE im Übrigen. Ausdrückliche Verweisungen bestehen für:
(1) die Gründung der SE (Art. 3 Abs. 1, Art. 15),
(2) das Kapital der SE, ihre Aktien, Schuldverschreibungen und sonstigen Wertpapiere (Art. 5),
(3) die Eintragung und Offenlegung der die SE betreffenden Urkunden und Angaben (Art. 12, 13),
(4) die Kontrolle der Rechtmäßigkeit der Gründung (Art. 26),
(5) den Ausschluss von Mitgliedern in einem Organ der SE (Art. 47 Abs. 2),
(6) die Haftung der Organmitglieder für den Schaden, der der SE wegen einer Verletzung ihrer gesetzlichen oder satzungsmäßigen Pflichten entstanden ist (Art. 51),
(7) das Gericht oder die Verwaltungsbehörde, die gegebenenfalls die Einberufung der Hauptversammlung anordnet sowie im Hinblick auf einschlägige Fristen und Verfahren (Art. 55),
(8) die Erstellung der Jahresabschlüsse und gegebenenfalls der konsolidierten Abschlüsse und deren Offenlegung (Art. 61),
(9) die Auflösung, Liquidation, Zahlungsunfähigkeit und Zahlungseinstellung (Art. 63) und
(10) den Zwang zur einheitlichen Gestaltung von Sitz und Hauptverwaltung (Art. 64 Abs. 1).

4 Darüber hinaus ist **das nationale Recht** in allen übrigen Fragen durch zwei **Generalklauseln** berufen: Art. 9 Abs. 1 lit. c Ziff. ii ordnet die subsidiäre Anwendung des nationalen Aktienrechts an, und weitgehend parallellaufend[4] fordert Art. 10 die Gleichbehandlung von SE und AG.

III. Formkaufmann und zulässiger Unternehmensgegenstand (Abs. 1)

5 Der Wortlaut des Abs. 1 geht auf Art. 1 Abs. 1 SE-VO-Vorschlag von 1970 zurück und ist sprachlich verunglückt.[5] Er darf nicht so verstanden werden, dass als SE nur ein Verband mit einem § 1 HGB entsprechenden Zweck in Betracht käme; vielmehr scheidet eine Beschränkung der zulässigen Zwecksetzung in der SE-VO gerade aus.[6] So kann der Unternehmensgegenstand **auch in einer nicht kaufmännischen Tätigkeit,** bspw. der Verwaltung eigenen Vermögens,[7] liegen. Eine SE mit Sitz in Deutschland gilt gem. Art. 9 Abs. 1 lit. c Ziff. ii iVm § 3 Abs. 1 AktG, § 6 Abs. 2 HGB als Handelsgesellschaft.[8]

---

[4] Nach Auffassung von *Teichmann* AG 2004, 67 (68) wendet sich Art. 10 tendenziell an andere Mitgliedstaaten als den Sitzstaat der SE.
[5] Kölner Komm AktG/*Siems* Rn. 11: Übersetzungsfehler; NK-SE/*Schröder* Rn. 18.
[6] Dazu iE *Wiedemann* in Lutter, Die Europäische Aktiengesellschaft, 2. Aufl. 1978, 39 (40); *Schwarz* Rn. 17; Kölner Komm AktG/*Siems* Rn. 11; BeckOGK/*Casper* Rn. 30; Habersack/Drinhausen/*Habersack* Rn. 3; NK-SE/*Schröder* Rn. 20.
[7] BeckOGK/*Casper* Rn. 30; *Waclawik* ZEV 2006, 429 ff.; *Lutter/Bayer/Schmidt* EuropUnternehmensR Rn. 45.11.
[8] Lutter/Hommelhoff/Teichmann/*Lutter* Rn. 5; Kölner Komm AktG/*Siems* Rn. 11; Habersack/Drinhausen/*Habersack* Rn. 3; NK-SE/*Schröder* Rn. 36.

IV. Rechtsfähigkeit

Die SE ist rechtsfähig und hat Rechtspersönlichkeit; insofern begründet Abs. 3 einen **6** europäischen Mindeststandard.[9] Die konkreten Rechtsfolgen der Rechtsfähigkeit richten sich grundsätzlich nach dem **nationalen Recht** des Satzungssitzes (Art. 9 Abs. 1 lit. c Ziff. ii, Art. 10),[10] dh sie entspringen nicht einem supranationalen Statut eigener Art.[11] Etwas anderes gilt nur, soweit die SE-VO eine Sonderregelung trifft: Die Möglichkeit der internationalen Sitzverlegung mit identitätswahrendem Charakter (Art. 8) stellte insoweit bisher die bedeutsamste Ausnahme dar. Sie steht seit der Entscheidung des EuGH in der Rechtssache „**Vale**"[12] allerdings auch nationalen Gesellschaften offen und wird Gegenstand einer Regelung im Sekundärrecht sein (→ Art. 8 Rn. 6). Die SE erwirbt die Rechtsfähigkeit nach Art. 16 Abs. 1 am Tag ihrer Eintragung in das Handelsregister (Art. 12 iVm § 4 SEAG). Im Zwischenstadium zwischen der notariell beurkundeten Errichtung der SE (Art. 15 iVm § 23 Abs. 1 AktG) und der Eintragung greift eine **Handelndenhaftung** nach Art. 16 Abs. 2; dem Träger kommt in diesem Zwischenstadium nach nationalem Recht[13] die (Teil-)Rechtsfähigkeit einer Vorgesellschaft **(Vor-SE)** zu;[14] vor Errichtung entsteht hingegen eine Vorgründungsgesellschaft nach §§ 705 ff. BGB bzw. §§ 105 ff. HGB.

Die **Auflösung** und Liquidation der SE richten sich im Wesentlichen nach nationalem **7** Recht (Art. 63).[15] Einen Sonderfall regelt Art. 64, nämlich wenn die SE ihre Verpflichtungen aus Art. 7 nicht erfüllt. Die Verpflichtung zur Verlegung der Hauptverwaltung besteht nach hier vertretener Auffassung jedoch nicht im Anschluss an eine Sitzverlegung nach Art. 8 (→ Art. 8 Rn. 66). Zu den Pflichten der SE nach Art. 7 zählt auch, dass ihr Sitz „in der Gemeinschaft" liegt (vgl. daher zum **Brexit** → Art. 7 Rn. 1). Fraglich ist allerdings, ob der **Untergang der Rechtsfähigkeit** in der SE-VO geregelt ist oder nicht. Nach einer Betrachtungsweise kommt über die Verweisung in Art. 63[16] bzw. Art. 9 Abs. 1 lit. c Ziff. ii[17] das Sitzstaatrecht zur Anwendung, in Deutschland also §§ 262 ff. AktG. Nach der Gegenauffassung besteht keine Regelungslücke, da die SE-VO den Zeitpunkt des Untergangs der Rechtsfähigkeit der SE selbst regele: So liege der SE-VO der Rechtsgedanke zugrunde, dass erst die Löschung der SE im Handelsregister zum Verlust ihrer Rechtsfähigkeit führe. Dies folge aus Art. 14 Abs. 1, wo Eintragung und Löschung als rechtlich gleichwertige Akte einander gegenüber gestellt würden.[18] Letztlich ergeben sich dieselben Rechtsfolgen für eine SE mit Sitz in Deutschland auch aus der Anwendung der § 273 AktG, § 394 FamFG.[19] Im Übrigen ist die SE wegen ihrer Gleichstellung mit der AG (Art. 10) auch **börsenfähig**.[20]

V. Haftungsbeschränkung

Nach Art. 1 Abs. 2 S. 2 haftet jeder Gesellschafter nur bis zur Höhe des von ihm gezeich- **8** neten Kapitals. Der Wortlaut lässt allerdings nicht den Schluss auf eine **Außenhaftung** des Gesellschafters (vergleichbar § 171 Abs. 1 HGB) zu, die durch Aufbringung des Haftungska-

---

[9] Ausf. *Schwarz* Rn. 33 ff.; Kölner Komm AktG/*Siems* Rn. 23; Habersack/Drinhausen/*Habersack* Rn. 7.
[10] *Schwarz* Rn. 37 f.; Habersack/Drinhausen/*Habersack* Rn. 7; ähnlich Kölner Komm AktG/*Siems* Rn. 25 f.; aA Lutter/Hommelhoff/Teichmann/*Lutter* Rn. 13 f., der offenbar insgesamt eine europäische Auslegung des Begriffs der „Rechtspersönlichkeit" befürwortet; so wohl auch NK-SE/*Schröder* Rn. 31.
[11] *Schwarz* Rn. 34; Habersack/Drinhausen/*Habersack* Rn. 7; ähnlich Kölner Komm AktG/*Siems* Rn. 23 ff., der den europäischen Mindeststandard jedoch auch mittels eines Rechtsvergleichs konkretisieren und insofern weiter fassen will.
[12] EuGH ECLI:EU:C:2012:440 Rn. 28 = NJW 2012, 2715 – Vale.
[13] AA in diesem Punkt *Kersting* DB 2001, 2079 (2081 f.).
[14] *Casper* Konzern 2007, 244 ff.; MHdB GesR VI/*Teichmann* § 49 Rn. 15; *Schäfer* NZG 2004, 785 (791).
[15] Dazu *Ludwig*, Die Beendigung der Europäischen Aktiengesellschaft (SE) nach europäischem und nationalem Recht, 2007, passim.
[16] Kölner Komm AktG/*Siems* Rn. 24.
[17] Lutter/Hommelhoff/Teichmann/*Lutter* Rn. 16.
[18] *Schwarz* Rn. 40.
[19] Vgl. Lutter/Hommelhoff/Teichmann/*Lutter* Rn. 16 aE.
[20] Lutter/Bayer/Schmidt EuropUnternehmensR Rn. 45.90; Lutter/Hommelhoff/Teichmann/*Lutter* Rn. 21; *Merkt* in Lutter/Hommelhoff, Die Europäische Gesellschaft 2005, 179 ff.

pitals unterginge. Denn die SE-VO beruft für die Regelungsbereiche der Kapitalaufbringung (Art. 15 Abs. 1) und Kapitalerhaltung (Art. 5) das Aktienrecht des Sitzmitgliedstaates. Demgegenüber beinhaltet Art. 1 Abs. 2 S. 2 kaum ein eigenständiges dogmatisches Haftungskonzept. Die Norm geht vielmehr noch auf Art. 1 Abs. 2 S. 2 SE-VO-Vorschlag von 1970 zurück, wo sogar noch von einer Haftung bis zur Höhe der Einlage die Rede ist. Sie dürfte deshalb in der Sprache des politischen Kompromisses zwei Regelungen in einer Formulierung zusammenfassen: Zum einen beschränkt sich die Haftung des einzelnen Aktionärs auf seine Einlagepflicht und zum anderen können die Gläubiger nur auf die SE selbst, nicht aber auf das Vermögen ihrer Aktionäre zugreifen.[21]

9   Die Frage des **Durchgriffs auf die Aktionäre** der SE regelt Art. 1 Abs. 2 S. 2 nicht.[22] Die Vorschrift normiert lediglich das Trennungsprinzip in einer an § 1 Abs. 1 S. 2 AktG gemahnenden Weise.[23] Mit Blick auf die Gesellschaftsrechte der Mitgliedstaaten bleibt dabei die allgemeine systematische Überlegung, dass das **Durchgriffsproblem** stets die **Kehrseite des Trennungsprinzips und der Anerkennung der juristischen Person** darstellt: Entsteht ein Rechtsträger durch einen Rechtsakt, so kann der Träger sich durch sein Verhalten in Widerspruch zu den teleologischen Regelungsanliegen setzen, die den Rechtsakt seiner Begründung tragen.[24] Ob man diesen Vorgang als Missbrauch[25] oder als Ergebnis einer teleologischen Reduktion begründet,[26] kann letztlich offen bleiben.[27] Im System der SE-VO dürfte es für die Einordnung des Durchgriffs im Übrigen auf die ihn tragenden teleologischen Gründe ankommen: Liegen diese im Bereich der Kapitalaufbringung, ist Art. 15 Abs. 1 einschlägig, liegen sie in der Kapitalerhaltung, kommt Art. 5 in Betracht, und in allen übrigen Fällen greift Art. 9 Abs. 1 lit. c Ziff. ii.[28] Da das Ergebnis dieser drei Fälle identisch ist – die Anwendung des Rechts des Sitzmitgliedstaates – und die SE-VO den diversen Durchgriffslehren keine eigenen Wertungen entgegen setzt, entfaltet die Fragestellung im Rahmen von Art. 1 Abs. 2 S. 2 keine Eigenbedeutung (dazu und zur Haftung wegen existenzvernichtenden Eingriffs → Art. 5 Rn. 31).

VI. Beteiligung der Arbeitnehmer in der SE-RL

10 Wegen der Einzelheiten wird auf den Abschnitt über die Beteiligung der Arbeitnehmer in diesem Werk verwiesen. Die Etablierung eines der SE-RL entsprechenden Mitbestimmungsmodells ist dabei **Voraussetzung der Eintragung der SE in das Handelsregister** (Art. 12 Abs. 2–3).

Art. 2 [Gründungsformen]

(1) Aktiengesellschaften im Sinne des Anhangs I, die nach dem Recht eines Mitgliedstaats gegründet worden sind und ihren Sitz sowie ihre Hauptverwaltung

---

[21] *Schwarz* Rn. 27; *Schwarz* EuropGesR Rn. 1092 iVm Fn. 375; Lutter/Hommelhoff/Teichmann/*Lutter* Rn. 11; Kölner Komm AktG/*Siems* Rn. 21; Habersack/Drinhausen/*Habersack* Rn. 5.
[22] Ähnlich *Hirte* NZG 2002, 1 (9); Kölner Komm AktG/*Siems* Rn. 22; BeckOGK/*Casper* Rn. 33.
[23] BeckOGK/*Casper* Rn. 32.
[24] Vgl. *Hübner* JZ 1978, 703; zum französischen Recht nur *Ripert/Roblot,* Traité de Droit Commercial, 17. Aufl. 1998, Tz. 1141; zum englischen Recht vgl. Salomon v. Salomon (1897) 22; vgl. auch den Beitrag von *Merkt/Spindler* in Lutter, Das Kapital der Aktiengesellschaft in Europa, 2006, 207 ff.; Lutter/Hommelhoff/Teichmann/*Lutter* Rn. 12; ähnlich Habersack/Drinhausen/*Habersack* Rn. 6.
[25] *Serick,* Rechtsform und Realität juristischer Personen, 1955/1980, 203 ff.; Lutter/Hommelhoff/Teichmann/*Lutter* Rn. 12; NK-SE/*Schröder* Rn. 29.
[26] *Müller-Freienfels* AcP 156 (1957), 522; Habersack/Drinhausen/*Habersack* Rn. 6.
[27] Für eine alternative Begründung auch BeckOGK/*Casper* Rn. 33.
[28] IErg ebenso Kölner Komm AktG/*Siems* Rn. 22; NK-SE/*Schröder* Rn. 29; zT abw. Lutter/Hommelhoff/Teichmann/*Lutter* Rn. 12, der eine Durchgriffshaftung nur als eine im Wege des Rechtsvergleichs gewonnene europäische Haftung anerkennt; ähnlich Habersack/Drinhausen/*Habersack* Rn. 6, der eine Durchgriffshaftung nur dann für zulässig hält, wenn sie sich an übereinstimmenden Grundsätzen der nationalen Aktienrechte orientiert, und der deswegen eine Anwendung des Art. 9 Abs. 1 lit. c Ziff. ii ablehnt; so auch BeckOGK/*Casper* Rn. 33; vgl. auch *Casper* FS Ulmer, 2003, 51 (59).

in der Gemeinschaft haben, können eine SE durch Verschmelzung gründen, sofern mindestens zwei von ihnen dem Recht verschiedener Mitgliedstaaten unterliegen.

(2) Aktiengesellschaften und Gesellschaften mit beschränkter Haftung im Sinne des Anhangs II, die nach dem Recht eines Mitgliedstaats gegründet worden sind und ihren Sitz sowie ihre Hauptverwaltung in der Gemeinschaft haben, können die Gründung einer Holding-SE anstreben, sofern mindestens zwei von ihnen
a) dem Recht verschiedener Mitgliedstaaten unterliegen oder
b) seit mindestens zwei Jahren eine dem Recht eines anderen Mitgliedstaats unterliegende Tochtergesellschaft oder eine Zweigniederlassung in einem anderen Mitgliedstaat haben.

(3) Gesellschaften im Sinne des Artikels 48 Absatz 2 des Vertrags sowie juristische Personen des öffentlichen oder privaten Rechts, die nach dem Recht eines Mitgliedstaats gegründet worden sind und ihren Sitz sowie ihre Hauptverwaltung in der Gemeinschaft haben, können eine Tochter-SE durch Zeichnung ihrer Aktien gründen, sofern mindestens zwei von ihnen
a) dem Recht verschiedener Mitgliedstaaten unterliegen oder
b) seit mindestens zwei Jahren eine dem Recht eines anderen Mitgliedstaats unterliegende Tochtergesellschaft oder eine Zweigniederlassung in einem anderen Mitgliedstaat haben.

(4) Eine Aktiengesellschaft, die nach dem Recht eines Mitgliedstaats gegründet worden ist und ihren Sitz sowie ihre Hauptverwaltung in der Gemeinschaft hat, kann in eine SE umgewandelt werden, wenn sie seit mindestens zwei Jahren eine dem Recht eines anderen Mitgliedstaats unterliegende Tochtergesellschaft hat.

(5) Ein Mitgliedstaat kann vorsehen, dass sich eine Gesellschaft, die ihre Hauptverwaltung nicht in der Gemeinschaft hat, an der Gründung einer SE beteiligen kann, sofern sie nach dem Recht eines Mitgliedstaats gegründet wurde, ihren Sitz in diesem Mitgliedstaat hat und mit der Wirtschaft eines Mitgliedstaats in tatsächlicher und dauerhafter Verbindung steht.

Schrifttum: s. auch vor → Art. 1 Rn. 1; *Bayer,* Die Gründung einer Europäischen Gesellschaft mit Sitz in Deutschland, in Lutter/Hommelhoff, Die Europäische Gesellschaft, 2005, 25; *Casper,* Numerus Clausus und Mehrstaatlichkeit bei der SE-Gründung, AG 2007, 97; *Forst,* Die Beteiligung der Arbeitnehmer in der Vorrats-SE, NZG 2009, 687; *Fuchs,* Die Gründung einer Europäischen Aktiengesellschaft durch Verschmelzung und das nationale Recht, 2004; *Hörtig,* Gründungs- und Umstrukturierungsmöglichkeiten bei der Europäischen Aktiengesellschaft (SE), 2011; *Kübler,* Barabfindung bei Gründung einer Europa AG?, ZHR 167 (2003), 627; *Lange,* Überlegungen zur Umwandlung einer deutschen in eine Europäische Aktiengesellschaft, EuZW 2003, 301; *Oechsler,* Der praktische Weg zur Societas Europaea (SE) – Gestaltungsspielraum und Typenzwang, NZG 2005, 697; *Schäfer,* Das Gesellschaftsrecht (weiter) auf dem Weg nach Europa – am Beispiel der SE-Gründung, NZG 2004, 785; *Scheifele,* Die Gründung der Europäischen Aktiengesellschaft, 2004; *J. Schmidt,* „Deutsche" vs. „britische" Societas Europaea (SE), 2006; *Teichmann,* Austrittsrecht und Pflichtangebot bei Gründung einer Europäischen Aktiengesellschaft, AG 2004, 67; *Teichmann,* Minderheitenschutz bei Gründung und Sitzverlegung der SE, ZGR 2003, 367; *Vossius,* Gründung und Umwandlung der deutschen Europäischen Gesellschaft (SE), ZIP 2005, 741; *Wenz,* Einsatzmöglichkeiten einer Europäischen Aktiengesellschaft in der Unternehmenspraxis aus betriebswirtschaftlicher Sicht, AG 2003, 185; *Witten,* Minderheitenschutz bei Gründung und Sitzverlegung der Europäischen Aktiengesellschaft (SE), 2011.

Übersicht

	Rn.		Rn.
I. Grundsätze	1–24	4. Typenkombination und Umgehungsproblematik	8–17
1. Numerus clausus der Gründungsformen	1–4	a) Vorschaltung der Umwandlung nach Abs. 4 mit nachfolgender Sitzverlegung	9–12
2. Obligatorische Mehrstaatlichkeit	5, 6		
a) Gegenstand	5		
b) Normzweck	6	b) Vorschaltung des Verschmelzungstatbestandes	13–15
3. Zeitliche Verzögerung kombinierter Strukturmaßnahmen	7	c) Sonstiges	16, 17

	Rn.		Rn.
5. Konzernrechtsneutralität, Tendenz zur Konzernbildungskontrolle und Anwendbarkeit des WpÜG	18–23	b) Tatbestand	30–38
		3. Tochter-SE (Abs. 3)	39–45
		4. Umwandlung in eine SE (Abs. 4)	46–50
6. Allgemeine Gründungsvoraussetzungen	24	5. Optionale Zulassung ausländischer Partner (Abs. 5)	51, 52
II. Die verschiedenen Gründungsformen	25–52	**III. Sonstiges**	53–56
1. Verschmelzung (Abs. 1)	25–28	1. Besonderheiten bei der Vorrats-SE	53–55
2. Holding-Gründung (Abs. 2)	29–38	2. Zur Anwendung des UmwG	56
a) Grundlagen	29		

I. Grundsätze

1 **1. Numerus clausus der Gründungsformen.** Art. 2 beschränkt die Freiheit zur Gründung einer SE auf einen Numerus clausus der Gründungsformen.[1] Darin ist die Neugründung der SE durch **natürliche Personen** ebenso wenig vorgesehen wie die Ausgründung einer SE aus einer bestehenden Gesellschaftsform nationalen Rechts.[2] Auch stehen die verschiedenen Gründungsformen nicht allen Gesellschaftstypen gleichermaßen offen.[3] Die Norm verweist in Abs. 1 und Abs. 2 auf die **beiden Anhänge der VO:** Nur den im ersten Anhang genannten Gesellschaftstypen (in Deutschland: der AG) stehen der vom VO-Geber als kritisch angesehenen Tatbestände in Abs. 1 offen. Auch Art. 2 Abs. 3 und Abs. 4 beinhalten entsprechende Beschränkungen. Eine **GmbH** kann sich folglich nicht an einer Verschmelzungs- oder Umwandlungs-SE beteiligen (Abs. 1 und Abs. 4), wohl aber an einer Holding- und einer Tochter-SE (Abs. 2 und Abs. 3). Dies zwingt die Gesellschafter unter Umständen zur vorgeschalteten Umwandlung ihrer Gesellschaft nach nationalem Recht. Dieser Möglichkeit steht Art. 2 übrigens nicht entgegen (→ Rn. 17). Der Erwerb einer **Vorrats-SE** (→ Rn. 53) kann wiederum die Gründung mit Blick auf die Anforderungen des Art. 2 erleichtern.

2 Nach einer ausdrücklichen **Begründung des Numerus-clausus-Prinzips** sucht man im Text der SE-VO vergebens, während zum Mehrstaatlichkeitserfordernis verschiedene Erklärungsansätze diskutiert werden (→ Rn. 6). Allenfalls deutet Erwägungsgrund 13 (S. 2) die Vorstellung an, dass einer Gesellschaft erst ab einer bestimmten Mindestgröße der Zugang zur SE eröffnet werden solle (s. auch Art. 4).[4] Wenig konsequent erscheint es allerdings, wenn an gleicher Stelle der Hoffnung Ausdruck verliehen wird, dass „kleinen und mittleren Unternehmen die Gründung von SE [nicht] erschwert wird". Aus Kreisen der Europäischen Kommission werden – vergleichsweise vage – **historische und rechtliche Gründe** genannt.[5] Immerhin begegnet das Numerus-clausus-Prinzip mit den heute bekannten scharfen Voraussetzungen[6] noch nicht in den SE-VO-Vorschlägen von 1970 bis 1975 (→ Rn. 7; allgemein → Vor Art. 1 Rn. 1). Art. 3 SE-VO-Vorschlag von 1970 kannte insbesondere das Erfordernis der Mehrstaatlichkeit (→ Rn. 5) noch nicht, dies geschah erst in den Art. 2 f. SE-VO-Vorschlag von 1989 (allgemein → Vor Art. 1 Rn. 2); der Vorschlag von 1975 kannte zwar das Mehrstaatlichkeitserfordernis, öffnete den Gründungsvorgang aber für andere Gesellschaftstypen als die AG. Ferner ist im Vorschlag von 1989 bemerkenswerter Weise auch der Fall der Umwandlung (nunmehr Abs. 4) nicht vorgesehen – eine Entscheidung, die unter dem Eindruck der Fachkritik[7] im geänderten Vorschlag von 1991

---

[1] Lutter/Hommelhoff/Teichmann/*Bayer* Rn. 1; *Hommelhoff* AG 2001, 279 (280 f.); *Hommelhoff* AG 1990, 422 (424); *Hopt* EuZW 2002, 1; *Jannott* in Jannott/Frodermann SE-HdB Rn. 3; *Kübler* ZHR 167 (2003), 222 (226); *Schulz/Geismar* DStR 2001, 1078 (1081); *Schwarz* Rn. 10; *Teichmann* ZGR 2002, 383 (412).
[2] *Schulz/Geismar* DStR 2001, 1078 (1081 f.); *Hirte* NZG 2002, 1 (4); NK-SE/*Schröder* Rn. 23; Habersack/Drinhausen/*Habersack* Rn. 1.
[3] Zur Kritik aus der Praxis an der daraus resultierenden Umständlichkeit der Gründung *Schäfer* NZG 2004, 785 (788 f.).
[4] *Hommelhoff* AG 2001, 279 (280).
[5] *Blanquet* ZGR 2002, 20 (44).
[6] Dazu *Schwarz* Rn. 4 ff.
[7] *Hommelhoff* AG 1990, 422 (423).

revidiert wird (allgemein → Vor Art. 1 Rn. 2). Dass sich ein ähnliches Zögern im Gefolge des Davignon-Berichts aus dem Jahre 1997 wiederholt (allgemein → Vor Art. 1 Rn. 3), lässt deshalb **Rückschlüsse** zu. Denn auch dieser Bericht schreibt das Numerus-clausus-Prinzip zunächst unter Auslassung der Umwandlung fort (S. 4, Textziffer 33 des Abschlussberichts). Maßgeblich für das Zögern war in beiden Fällen offensichtlich die Befürchtung, eine AG könne sich durch schlichte Umwandlung zu leicht der deutschen Mitbestimmung entziehen (**„Flucht aus der Mitbestimmung").**[8] Dies leitet zu dem Schluss über, dass das Numerus-clausus-Prinzip auf die **Verhinderung einer Umgehung der nationalen Regelungen über die Unternehmensmitbestimmung durch Gründung einer SE** zielt.[9] Der Zusammenhang zwischen dem Numerus-clausus-Prinzip und der Befürchtung einer Flucht aus der Unternehmensmitbestimmung begegnet vereinzelter **Kritik**. Historische Gründe sprechen angeblich dafür, dass der Numerus clausus die nationalen Gesellschaftstypen nur vor einer Konkurrenz durch die SE schützen solle **(Konkurrenzthese)**.[10] Angesichts der in der SE-VO geschaffenen Rahmenordnung und den darin vorgesehenen zahlreichen Verweisen auf das nationale Aktienrecht trägt dieser Gedanke allerdings nicht sonderlich weit. Möglicherweise liefert er teilweise eine historische Erklärung für den beschränkten Anwendungsbereich der frühen, auf ein Vollstatut zielenden Entwürfe. Mit dem Übergang des VO-Gebers zu einer Rahmenregelung, in der das nationale Recht etwa für die besonders kritischen Bereiche der Kapitalaufbringung und -erhaltung zuständig bleibt (Art. 5), erübrigte sich ein Schutz der gesellschaftsrechtlichen Institute der Mitgliedstaaten. Seit diesem Zeitpunkt müssen die gesetzgeberischen Motive in anderen Bereichen gesucht werden. Hier aber spricht – wie gerade ausgeführt – der enge Zusammenhang des Numerus clausus mit der Einführung des Tatbestandes von Art. 2 Abs. 4 eine deutliche Sprache: Es dürfte dem Verordnungsgeber in beiden Fällen um den Schutz der unternehmerischen Mitbestimmung gegangen sein.

Für die Auslegung des Art. 2 ist es deshalb von großem Interesse, dass die **Gründe für** **3** **die Einführung des Numerus clausus nachträglich entfallen** sind.[11] Das Prinzip ist nämlich ursprünglich Teil des von der Kommission 1989 und 1991 entwickelten Vorschlags über ein betriebsverfassungsrechtliches Informations- und Konsultationsverfahren (→ Vor Art. 1 Rn. 2). In diesem Kontext erfüllte es einen klar definierten Zweck: Zugunsten der Mitgliedstaaten sollte es eine Kompensation für den Umstand schaffen, dass die SE nicht in gleicher Weise der unternehmerischen Mitbestimmung unterlegen hätte wie beispielsweise eine deutsche AG. Der Kompensationseffekt wiederum lag darin, dass die Unternehmensmitbestimmung bei der SE zwar anders, aber für eine deutsche AG nicht so leicht zu erreichen war. Die Bundesregierung lehnte das Modell von 1991 bekanntlich wegen fehlender Gleichwertigkeit der Mitbestimmungsregeln ab (→ Vor Art. 1 Rn. 2). Nicht ohne Grund schreibt der Davignon-Bericht das Numerus-clausus-Prinzip fort, weil auch das darin zur Diskussion gestellte Verhandlungsmodell (dazu und zum Folgenden → Vor Art. 1 Rn. 3) wohl aus Sicht der Beteiligten noch nicht ausgereift schien und keine Gleichwertigkeit der Lösungen verbürgte. Wesentliche Komponenten der heute in der **SE-RL** konkretisierten Lösung traten nämlich erst zu einem späteren Zeitpunkt hinzu. Unter diesen Umständen erschien die Erschwerung der SE-Gründung nach wie vor als ein geeignetes

---

[8] *Heinze* ZGR 2002, 66 (71); ähnlich Habersack/Drinhausen/*Habersack* Rn. 4; *Hommelhoff* AG 2001, 279 (281); *Kübler* ZHR 167 (2003), 222 (226).

[9] Dazu in erster Linie *Heinze* ZGR 2002, 66 (71); ferner *Casper* FS Ulmer 2003, 51 (64); *Casper* AG 2007, 97 (98 f.); *Herfs-Röttgen* NZA 2001, 424 (428); *Hommelhoff* AG 2001, 279 (281); *Kübler* ZHR 167 (2003), 222 (226); *Teichmann* ZGR 2002, 383 (412 f.); *Trojan-Limmer* RIW 1991, 1010 (1013); *Kolvenbach* EuZW 1996, 229; *v. Maydell* AG 1990, 442 (445 f.); *Blanquet* ZGR 2002, 20 (27); *Lutter* BB 2002, 1 (2) sowie den Diskussionsbericht AG 1990, 421 reSp; grds. zust. – „jedenfalls auch" – Habersack/Drinhausen/*Habersack* Rn. 4.

[10] *Hörtig*, Gründungs- und Umstrukturierungsmöglichkeiten bei der Europäischen Aktiengesellschaft (SE), 2011, 41 ff., 85; vgl. zu dem Begriff auch schon *Scheifele*, Die Gründung der Europäischen Aktiengesellschaft, 2004, 70.

[11] *Casper* AG 2007, 97 (98 f.); *Oechsler* NZG 2005, 697 f.; zust. Habersack/Drinhausen/*Habersack* Rn. 4.

Mittel, um eine leichte Umgehung der nationalen Unternehmensmitbestimmung zu verhindern. Spätestens mit dem britischen Kompromissvorschlag zur Unternehmensmitbestimmung und dem dort enthaltenen **Vorher-Nachher-Prinzip,** das zur Grundlage von Art. 7 SE-RL und der Auffangregelung der SE-RL wurde, hat das Numerus-clausus-Modell jedoch seine ursprüngliche Funktion eingebüßt: Denn die Arbeitnehmer verhandeln nun unter dem Eindruck der Tatsache, dass beim Scheitern einer Einigung die schärfere der beiden nationalen Mitbestimmungsregeln gilt. Auch zeigt der praktische Erfolg des Verhandlungsmodells bei den bereits erfolgten SE-Gründungen, insbesondere auch im Rahmen der Verhandlungen von Art. 14 Europäischer Betriebsrat-RL 1994,[12] dass die nationalen Mitbestimmungsregeln in einem solchen Modell nicht ersatzlos aufgegeben werden. In diesem veränderten Kontext ist nicht zu erkennen, wie eine Beschränkung der Gründungstatbestände in Art. 2 die Durchsetzung bzw. den Erhalt des jeweiligen Mitbestimmungsmodells weiterhin verbürgen könnte. Neue für das Numerus-clausus-Prinzip streitende Zwecksetzungen sind aber nicht an die Stelle der alten getreten. Der **Bedeutungsverlust des Prinzips** im einschlägigen Zusammenhang zeigt sich nicht zuletzt daran, dass der ursprünglich unter Umgehungsgesichtspunkten „verdächtige" und deshalb nicht in den Davignon-Bericht aufgenommene Gründungstatbestand der Umwandlung (Art. 2 Abs. 4) unter der österreichischen Ratspräsidentschaft doch noch nachträglich in den Normtext gelangte.[13] Eine grundsätzliche Anpassung des Art. 2 an die geänderte Sachlage unterblieb dennoch; es ist zu vermuten, dass dies mit den prekären Bedingungen des Einigungsprozesses hin zum „Wunder von Nizza" zusammenhing (→ Vor Art. 1 Rn. 4): Jede Neueröffnung der Einzeldiskussion hätte wohl das politische Ende des Gesamtprojektes bedeuten können!

4 So erscheint Art. 2 als eine **Norm mit einem durch die Rechtsentwicklung überholten Gerechtigkeitsgehalt.**[14] Was die in ihr ausgesprochenen Beschränkungen verhindern wollten (die Umgehung der nationalen Unternehmensmitbestimmung), wird längst auf andere Weise (durch die Auffangregelung der SE-RL) verhindert.[15] Dass die Verordnung einerseits die Gründung eines neuen Gesellschaftstypus eröffnet, andererseits aber den Weg dorthin durch formale Hürden (vergleiche nur die zeitlichen Schranken in Art. 2 Abs. 2 lit. b und Abs. 3 lit. b) erschwert, bedeutet einen unaufgelösten Selbstwiderspruch, weil ein materielles Regelungsziel hinter den formalen Hürden nicht zu erkennen ist. Diese Einsicht muss die **Auslegung der Norm** maßgeblich beeinflussen. Zwar ist der Rechtsanwender an den klaren Wortlaut der Einzeltatbestände und an das aus ihnen nahe gelegte **Enumerationsprinzip** gebunden. Soweit sich hingegen die Frage stellt, ob durch Kombination der Einzeltatbestände andere Tatbestände umgangen werden, gewinnt die Abwesenheit eines aktuellen Schutzzwecks der vermeintlich umgangenen Tatbestände durchaus Gewicht: Dort, wo eine „Umgehungsstrategie" kein identifizierbares Normtelos verletzen kann, kann der Umstand der Umgehung allein kein Verbot begründen (→ Rn. 8 ff.).[16]

5 **2. Obligatorische Mehrstaatlichkeit. a) Gegenstand.** Mit Ausnahme des Art. 3 Abs. 2 setzt die Gründung der SE voraus, dass mindestens ein Gründer einem anderen nationalen Gesellschaftsrecht unterliegt als die anderen Beteiligten. Wie das Tatbestandsmerkmal **„unterliegen"** in den Einzeltatbeständen des Art. 2 ausdrücklich zeigt, genügt es nicht, dass die Hauptverwaltungen der Gründergesellschaften in unterschiedlichen Mitgliedstaaten belegen sind, sondern es kommt darauf an, dass wirklich unterschiedliche mate-

---

[12] Dazu *Heinze* ZGR 2002, 66 (70); *Lutter* BB 2002, 1 (2 f.).
[13] Euro-AS 11–12/98, 130; Euro-Info Nr. 6 (Sept.)/98, 4.
[14] Ähnlich Kölner Komm AktG/*Veil* Rn. 3; Habersack/Drinhausen/*Habersack* Rn. 4: „teleologische Rechtfertigung […] dürftig"; für die Abschaffung des Numerus-clausus-Prinzips de lege ferenda zu Recht *Bachmann* ZEuP 2008, 32 (53); *Casper* AG 2007, 97 (99); *Casper* ZHR 173 (2009), 181 (189); Arbeitskreis Aktien- und Kapitalmarktrecht ZIP 2009, 698 Nr. 1.
[15] Habersack/Drinhausen/*Habersack* Rn. 4; ähnlich bereits *Casper* FS Ulmer, 2003, 51 (64) und *Teichmann* ZGR 2002, 383 (412 f.) für das Kriterium der obligatorischen Mehrstaatlichkeit; *Trojan-Limmer* RIW 1991, 1010 (1013); vgl. aus Sicht der Praxis *Binder/Jünemann/Merz/Sinewe,* Die Europäische Aktiengesellschaft (SE), 2007, § 2 Rn. 41.
[16] Ähnlich Habersack/Drinhausen/*Habersack* Rn. 4, 27; Kölner Komm AktG/*Veil* Rn. 6.

Gründungsformen **6 Art. 2 SE-VO**

rielle Gesellschaftsrechte gelten.[17] Ein **nachträgliches Entfallen** des grenzüberschreitenden Bezugs führt – anders als bei der EWIV (Art. 31 Abs. 3 EWIV-VO iVm Art. 4 Abs. 2 EWIV-VO) – nicht zur Auflösung der SE.[18] Dies folgt im Umkehrschluss aus Art. 66 Abs. 2. Doch müssen das Mehrstaatlichkeitserfordernis sowie die Fristen nach Art. 2 Abs. 2 lit. b, Abs. 3 lit. b und Abs. 4 **im Zeitpunkt der Anmeldung zur Eintragung nach Art. 12** gewahrt sein. Tritt ein Mitgliedstaat vor diesem Zeitpunkt aus der EU aus (zum **Brexit** vgl. → Art. 7 Rn. 1), kommen die seinem Statut zugeordneten Träger nicht mehr als Gründungsgesellschaften in Betracht bzw. können die Fristen nicht gewahrt werden.[19]

b) Normzweck. Als Normzweck wird zunächst das **Subsidiaritätsprinzip** des Art. 5 **6** Abs. 1 S. 2 EUV angesehen,[20] nach dem eine Kompetenz der Union nur bei Zwischenstaatlichkeitsbezug der SE gegeben sei. Hinzu trete der Grundsatz der **Firmenwahrheit,** der der Möglichkeit entgegenstehe, dass eine rein national ausgerichtete Gesellschaft über den Rechtsformzusatz SE Internationalität signalisiere.[21] Schließlich wird das Mehrstaatlichkeitserfordernis auch mit der Überlegung begründet, die SE solle nicht in Konkurrenz zu den Gesellschaftstypen des nationalen Rechts treten (AG).[22] Letztlich sind alle **diese Überlegungen nicht zwingend,**[23] wie Art. 3 Abs. 1 lit. e SPE-Kommissionsvorschlag[24] zeigt, in dem auf ein Mehrstaatlichkeitserfordernis für die **Gründung einer SPE** schlicht verzichtet wurde:[25] Offensichtlich ist ein supranationaler Gesellschaftstypus nicht an eine mehrstaatliche Zuordnung der Gründer gebunden.[26] Zwar sah bereits Art. 2 Abs. 1 SE-VO-Vorschlags von 1975 (allgemein → Vor Art. 1 Rn. 1) vor, dass die beiden Verschmelzungspartner „verschiedenen Rechtsordnungen unterliegen". Nach Art. 2 Abs. 1 SE-VO-Vorschlag von 1989 genügte es jedoch, dass sie ihre Hauptverwaltungen in unterschiedlichen Mitgliedstaaten unterhielten. Dies hätte einer *public company limited by shares* mit Sitz im Vereinigten Königreich die Möglichkeit eröffnet, sich auf eine Gesellschaft gleichen Typs mit Sitz in den Niederlanden zu einer SE zu verschmelzen, was trotz Bezug zum zwischenstaatlichen Handel gegenwärtig nicht möglich ist. Gerade an dem Umstand aber, dass die SE in ihrem Bestand nicht durch einen **späteren Wegfall ihres internationalen Wirkungskreises** und damit des zwischenstaatlichen Bezugs berührt wird, zeigt sich, dass die Anforderungen des Subsidiaritätsprinzips bzw. der Firmenwahrheit und diejenigen des Art. 2 bei weitem nicht deckungsgleich sind.[27] Dies gilt wohl auch für die Überlegung, durch das Mehrstaatlichkeitserfordernis werde der SE ein **Betätigungsfeld mit unionsweiter Bedeutung vorbehalten.**[28] Diese und andere ähnliche Überlegungen können schon nicht erklären, warum die **Anforderungen an die Mehrstaatlichkeit abhängig von der Gründungsform unterschiedlich** ausgestaltet sind: Bei der Gründung einer Umwandlungs-SE genügt

---

[17] *Schwarz* ZIP 2001, 1847 (1850).
[18] *Brandt* DStR 2003, 547 (553); *Casper* FS Ulmer, 2003, 51 (64); *Hirte* NZG 2002, 1 (10); *Binder/Jünemann/Merz/Sinewe*, Die Europäische Aktiengesellschaft (SE), 2007, § 2 Rn. 22; Kalss/Hügel/*Kalss* SEG Vor § 17 Rn. 5; *Trojan-Limmer* RIW 1991, 1010 (1013); NK-SE/*Schröder* Rn. 67; Kölner Komm AktG/*Veil* Rn. 4.
[19] NK-SE/*Schröder* Rn. 109 f.
[20] BeckOGK/*Casper* Rn. 1; *Hommelhoff* AG 2001, 279 (281); *Hirte* NZG 2002, 1 (4); NK-SE/*Schröder* Rn. 44; Kölner Komm AktG/*Veil* Rn. 5.
[21] *Hommelhoff* AG 1990, 422 (423); NK-SE/*Schröder* Rn. 42.
[22] *Geßler* BB 1967, 381 (382); *v. Caemmerer* FS Kronstein, 1967, 171 (185).
[23] So auch Habersack/Drinhausen/*Habersack* Rn. 4.
[24] KOM (2008) 396 endg.; die Kommission kündigte indes in einer Mitteilung vom 2.10.2013 an, den Vorschlag für eine SPE-VO zurückzuziehen, behielt sich aber zugleich die Unterbreitung eines neuen Vorschlags vor, vgl. KOM (2013) 685 endg., 9.
[25] Vgl. KOM (2008) 396 endg., 3; vgl. auch die legislative Entschließung des Europäischen Parlaments zur alternativen Sicherstellung des Zwischenstaatlichkeitsbezuges vom 10.3.2009, Abänderung 70 (!) zur Art. 3 SPE-VO-E: Darlegung zwischenstaatlicher Geschäftsinteressen usw.; krit. dazu *Hommelhoff* FS K. Schmidt, 2009, 671 (673); iÜ statt vieler *Hadding/Kießling* WM 2009, 145 (146); zur Entstehungsgeschichte *Krejci*, Societas Privata Europaea – SPE, 2008, Rn. 1 ff.; *Siems/Rosenhäger/Herzog* Konzern 2008, 393 (394).
[26] Ebenso Habersack/Drinhausen/*Habersack* Rn. 4.
[27] *Trojan-Limmer* RIW 1991, 1010 (1013).
[28] *Schwarz* Rn. 19.

der inländischen AG nach Art. 2 Abs. 4 eine ausländische Tochter; bei der Gründung einer Holding-SE müssen nach Art. 2 Abs. 2 lit. b zwei ausländische Töchter vorhanden sein. Wie im Falle des Numerus-clausus-Prinzips dürften sich die strengen Anforderungen an die Verschiedenstaatlichkeit der Gründer aus der Befürchtung um eine **Flucht aus der Unternehmensmitbestimmung**[29] erklären (→ Rn. 3).[30] Entsprechend dürften auch die Zwecke des Mehrstaatlichkeitserfordernisses weitgehend obsolet sein (zum Numerus-clausus-Prinzip → Rn. 4).[31] Deshalb gehen Teile des Schrifttums davon aus, dass die obligatorische Mehrstaatlichkeit der Gründer ein **rein formales Kriterium** darstellt, das nicht durch materielle Schutzzwecke wie Aktionärs- oder Gläubigerinteressen gerechtfertigt werden kann.[32] Dies hat wie im Falle des Numerus-clausus-Prinzips Einfluss auf die Beurteilung von Typenkombinationen und Umgehungsstrategien (→ Rn. 4; → Rn. 8 ff.).

7 **3. Zeitliche Verzögerung kombinierter Strukturmaßnahmen.** Insbesondere das Verfahren der Umwandlung einer nach dem Recht eines Mitgliedstaats gegründeten AG in einen vergleichbaren Typus einer anderen mitgliedstaatlichen Rechtsordnung ist **auf Verzögerung hin** angelegt:[33] Zwei Jahre muss die Tochter bestehen, die den Weg der AG zur SE eröffnet (Art. 2 Abs. 4). Das Gremium der Arbeitnehmervertreter darf sechs Monate lang über die zu vereinbarenden Modalitäten der Mitbestimmung verhandeln (Art. 5 Abs. 1 SE-RL). Eine Verlegung des Sitzes anlässlich der Umwandlung ist nicht möglich (Art. 37 Abs. 3; näher → Art. 8 Rn. 36 f.) und die Umwandlung der SE in eine AG des Sitzstaatrechts (Renationalisierung) kann frühestens zwei Jahre nach ihrer Eintragung erfolgen (Art. 66 Abs. 1 S. 2). Art. 66 Abs. 1 entspricht dabei dem ehemaligen Art. 263 Gesetz über die Handelsgesellschaften von 1966.[34] Diese Entstehungsgeschichte lässt den Schluss zu, dass die zeitliche Verzögerung einen **Missbrauch der Gründungtatbestände zur Erschleichung einer identitätswahrenden Sitzverlegung unter Umgehung der Mitbestimmungsrechte der Arbeitnehmer** verhindern sollte (→ Art. 8 Rn. 36).[35] Der Zweck dieser Frist erscheint mit Blick auf die neuere Rspr. des EuGH zur identitätswahrenden Sitzverlegung (→ Art. 8 Rn. 5; → Art. 8 Rn. 66) weitgehend überholt.[36] Andererseits sprechen gute Gründe dafür, auch die identitätswahrende Sitzverlegung der Geltung des „Vorher-Nachher-Prinzips" zu unterwerfen (ausführlich → Art. 8 Rn. 36). Vor diesem Hintergrund hat sich der Schutzzweck des Art. 66 Abs. 1 S. 2 nicht erledigt, da ein vergleichbarer Mechanismus bei der Renationalisierung nicht vorhanden ist. Jedenfalls bindet Art. 66 Abs. 1 S. 2 den Rechtsanwender in seinem unmittelbaren Anwendungsbereich auf Grund des **eindeutigen Normwortlauts**.

8 **4. Typenkombination und Umgehungsproblematik.** Die in Art. 2 enumerierten Gründungsfälle sind nicht das Ergebnis einer systematisch durchdachten Konzeption, sondern eines schrittweise errungenen politischen Kompromisses (→ Rn. 4). Unvermeidbar bestehen deshalb **Wertungswidersprüche** zwischen den Einzeltatbeständen und **Lücken** im Gefüge der Gesamtnorm, die durch geschickte Gestaltung ausgenutzt werden können. Die zentralen Gestaltungsmittel liegen in der Verschmelzung (Abs. 1) und der Umwandlung (Abs. 4). Grundlegend stellt sich deshalb die Frage, ob der Einsatz dieser Tatbestände zur Erleichterung der praktischen Gründungsanforderungen als Missbrauch oder **Umgehung** des Art. 2 anzusehen ist und daher gem. des in Art. 68 Abs. 1 ausgedrückten Effektivitätsgrundsatzes durch

---

[29] *Schwarz* Rn. 18: „Flucht aus den nationalen Rechtstypen".
[30] Grds. zust. − „jedenfalls auch" − Habersack/Drinhausen/*Habersack* Rn. 4.
[31] Zust. Habersack/Drinhausen/*Habersack* Rn. 4.
[32] *Casper* FS Ulmer, 2003, 51 (64); *Casper* AG 2007, 97 (98 f.); *Teichmann* ZGR 2002, 383 (412 f.); Habersack/Drinhausen/*Habersack* Rn. 4, 27; ähnlich *Merkt* BB 1992, 655; NK-SE/*Schröder* Rn. 68 mwN; *Trojan-Limmer* RIW 1991, 1010 (1013); zum Formalcharakter des Mehrheitserfordernisses auch *Fleischer* ZHR 174 (2010), 385 (422 f.).
[33] Grdl. *Kübler* ZHR 167 (2003), 222 (229).
[34] Loi no. 66–537 du 24.7.1966 sur les sociétés commerciales, vgl. *Oplustil/Schneider* NZG 2003, 13 (14).
[35] Ausf. *Oplustil/Schneider* NZG 2003, 13 (14).
[36] So Habersack/Drinhausen/*Drinhausen* Art. 66 Rn. 5.

eine entsprechende Normauslegung unterbunden werden muss. Für diese Betrachtungsweise spricht zunächst der Wille des VO-Gebers, die Gründungstatbestände zu beschränken.[37] Gegen sie lässt sich indes anführen, dass die **teleologischen Regelungsanliegen,** die historisch für den gesetzgeberischen Willen maßgeblich waren (die Verhinderung einer Flucht aus der Unternehmensmitbestimmung), sich im Laufe der Entstehungsgeschichte **erledigt** haben: Hinter dem Enumerationsprinzip und dem Gebot der obligatorischen Mehrstaatlichkeit in Art. 2 stehen heute keine erkennbaren materiellen Gerechtigkeitsgedanken mehr, sondern sie erscheinen als Relikte des in Einzeletappen errungenen Verhandlungskompromisses, die – obwohl in ihrer Zielsetzung längst obsolet – zur Vermeidung einer Gefährdung des Kompromisses nicht mehr zur Diskussion gestellt wurden (→ Rn. 3 f.). Die Abwesenheit eines materiellen Gerechtigkeitsgedankens muss aber die Beantwortung der Umgehungsfrage beeinflussen: Denn die Begründung einer verbotenen **Normumgehung** ist auf zwei Wegen denklogisch möglich: Die Rechtswidrigkeit der Umgehung lässt sich einerseits durch Auslegung der zu umgehenden Norm, insbesondere auf der Grundlage ihres Telos, begründen.[38] Ein überholtes Telos ohne materiellen Gerechtigkeitsgehalt hat dann einer entsprechenden Gestaltung aber nichts entgegenzusetzen. Nach anderer, mittlerweile kaum noch vertretener Ansicht beruht die Rechtswidrigkeit der Umgehung auf der Konkretisierung des § 134 BGB (hier aber: Art. 68 Abs. 1) anhand eines eigenen, auf Umgehungsschutz zielenden Rechtsgedankens.[39] Der Unterschied ist im praktischen Ergebnis gering, denn auch im Rahmen einer solchen Betrachtung lässt sich Art. 2 kein materieller Gerechtigkeitsgedanke entnehmen, der Rückschlüsse auf den Verbotscharakter der Norm zuließe. Dies bedeutet, dass der Rechtsanwender zwar an die Voraussetzungen der Einzeltatbestände gebunden ist, dass hingegen Gestaltungen auf der Grundlage einer Kombination der Einzeltatbestände weitgehend frei möglich sind, weil ihnen kein materieller Schutzzweck entgegengehalten werden kann, der sich aus den zu umgehenden Einzeltatbeständen begründen ließe.

a) Vorschaltung der Umwandlung nach Abs. 4 mit nachfolgender Sitzverlegung. Entgegen teilweise vertretener Auffassung[40] eröffnet die Vorschaltung einer Umwandlung nach Art. 2 Abs. 4 keinen unmittelbaren Zugang zu den übrigen Tatbeständen in Art. 2 unter Überwindung des Mehrstaatlichkeitserfordernisses (→ Rn. 10).[41] Zwar fallen die Anforderungen an die Mehrstaatlichkeit der Gründer in Abs. 4 deutlich geringer aus als etwa in Abs. 2 lit. b und Abs. 3 lit. b, und darin mag man getrost auch einen Wertungswiderspruch erkennen.[42] Doch resultiert die Umwandlung nach Art. 2 Abs. 4 in einem Rechtsformwechsel (→ Rn. 46) der AG in eine SE mit der **Rechtsfolge des Art. 3 Abs. 1:** Die SE gilt für die Zwecke weiterer Strukturmaßnahmen iSd Art. 2 als AG nach dem Recht des alten Satzungssitzes. Beabsichtigen also zwei deutsche AG eine Verschmelzung nach Art. 2 Abs. 1, eröffnet die vorgeschaltete Umwandlung einer der beiden in eine SE noch nicht die erforderliche Mehrstaatlichkeit: Denn die neu entstandene SE gilt weiterhin nach Art. 3 Abs. 1 als deutsche AG (nicht unstr., → Art. 3 Rn. 1).[43] Der nahe liegenden Möglichkeit, die Umwandlung nach Art. 2 Abs. 4 gleich mit einer Verlegung des Satzungssitzes nach Art. 8 ins Ausland zu verbinden, werden dabei durch **Art. 37 Abs. 3** Grenzen gesetzt. Diese Norm schränkt damit denkbare Gestaltungsmöglichkeiten ein: In ihr ist die **Sitzverlegung „anlässlich" der Umwandlung untersagt** (→ Art. 8 Rn. 36 f.).

Erst mit dem **Wirksamwerden des Sitzverlegungsbeschlusses** nach Art. 8 Abs. 10 wird die SE nach Art. 3 Abs. 1 einer anderen Rechtsordnung zugeordnet und kommt nun

---

[37] So vor allem *Teichmann* ZGR 2002, 383 (412 f.).
[38] *A. Teichmann,* Gesetzesumgehung, 1962, 78 ff.
[39] MüKoBGB/*Mayer-Maly/Armbrüster,* 4. Aufl. 2001, BGB § 134 Rn. 14 ff. im Anschluss an RGZ 155, 137 (146); anders jetzt MüKoBGB/*Armbrüster* BGB § 134 Rn. 15.
[40] *Teichmann* ZGR 2002, 383 (411) erster Abs.
[41] Vgl. auch BeckOGK/*Casper* Rn. 22; *Casper* AG 2007, 97 (101); *Binder/Jünemann/Merz/Sinewe,* Die Europäische Aktiengesellschaft (SE), 2007, § 2 Rn. 26 ff.
[42] Dazu *Hommelhoff* AG 2001, 279 (281) Fn. 15.
[43] Zust. Kölner Komm AktG/*Veil* Rn. 7.

als möglicher Partner für Maßnahmen nach Art. 2 Abs. 1–3 in Betracht. In der Vorschaltung von Umwandlung und Sitzverlegung liegt indes keine rechtswidrige Umgehung der übrigen Tatbestände des Art. 2,[44] sondern eine für Systeme mit Typenzwang charakteristische **Typenkombination**.[45] Dass dabei die beiden Strukturmaßnahmen (die Umwandlung nach Abs. 4 und die Verschmelzung nach Abs. 1) in engem zeitlichen Zusammenhang zueinander stehen und zur Erreichung eines durch Art. 2 Abs. 1 unmittelbar verwehrten Zieles aufeinander abgestimmt werden, ist nicht verboten, wie das System der SE-VO im Übrigen zeigt. Die Verordnung setzt nämlich in einer Reihe von Fällen Abstandsgebote und Wartefristen zwischen verschiedenen Strukturmaßnahmen als Regelungsinstrument ein (vgl. nur die bedeutendsten Fälle: Art. 2 Abs. 2 lit. b, Abs. 3 lit. b, Abs. 4, Art. 37 Abs. 3, Art. 66 Abs. 1 S. 2).[46] Die Abwesenheit einschlägiger Bestimmungen in Art. 2 lässt daher den Umkehrschluss zu, dass eine zeitlich eng gefasste Kombination von Einzelmaßnahmen gerade nicht verboten sein soll.[47] Art. 3 Abs. 1 und Art. 37 Abs. 3 stellen mit anderen Worten bereits die zentralen Schranken für Umgehungen dar, die aus Sicht des Verordnungsgebers vermieden werden sollen. Es besteht kein Anlass, darüber hinausgehend weitere ungeschriebene Beschränkungen zu begründen.

11 Die Fragestellung verschärft sich bei der **Gründung einer SE-Holding durch zwei deutsche AG**. Denn für diesen Fall setzt Abs. 2 lit. b voraus, dass **beide deutschen AG ausländische Töchter** halten. Durch die vorgeschaltete Umwandlung einer AG in eine SE nach Abs. 4 mit anschließender Sitzverlegung nach Art. 8 wird diese jedoch – wie in → Rn. 9 – zu einer Holding-Partnerin nach Abs. 2 lit. a, sodass eine Holding-Gründung auch dann möglich ist, wenn die andere Partnerin keine ausländische Tochter hält.[48] Auf den Gründungstatbestand des Abs. 2 lit. b kommt es dann nur noch in den Fällen an, in denen beiden Holdinggründern qualifizierte Tochterunternehmen zugeordnet sind und die Zeitverzögerung bzw. der Aufwand einer zeitlich vorgelagerten Umwandlung mit nachfolgender Sitzverlegung vermieden werden soll. Gegen die Zulässigkeit dieser Vorgehensweise lässt sich möglicherweise einwenden, dass Abs. 2 lit. b dann entgegen der Intentionen des Verordnungsgebers praktisch leer liefe.[49] Doch letztlich beruht diese Umgehungsmöglichkeit auf dem bereits erwähnten Wertungswiderspruch zwischen Abs. 2 lit. b und Abs. 4 (→ Rn. 6), bei dem die SE-Gründung einmal vom Vorhandensein zweier ausländischer Tochtergesellschaften (Abs. 2 lit. b) und einmal nur einer Tochtergesellschaft (Abs. 4) abhängt.[50] Welche Vorgehensweise im Einzelnen dem historischen Willen des Verordnungsgebers entspricht, lässt sich dabei schlicht nicht feststellen. Hinzu tritt die Überlegung, dass durch die vorgeschaltete Umwandlung mit nachfolgender Sitzverlegung keine Rechte von Mitgliedern oder Dritten (Gläubigern, Arbeitnehmern) verletzt werden, weil diese im Verfahren nach Abs. 4 ebenso berücksichtigt werden wie im nachgeschalteten Verfahren nach Abs. 2 lit. a.

12 Allerdings ist die **vorgeschaltete Umwandlung mit nachfolgender Sitzverlegung** mit einer bedeutenden **wirtschaftlichen Belastung für die umzuwandelnde AG** verbunden. Denn Art. 64 erzwingt, dass im Anschluss an die Verlegung des Satzungssitzes die **Hauptverwaltung** (= effektiver Verwaltungssitz) **an den neuen Satzungssitz verlagert werden muss,** wenn die SE das Liquidationsverfahren vermeiden will. Vorliegend wird **allerdings** vertreten, dass Art. 64 im Hinblick auf die durch die „Polbud"-Entscheidung konkretisierte Niederlassungsfreiheit der SE nach Art. 49, 54 AEUV (→ Art. 8 Rn. 5) teleologisch reduziert werden muss. **Im Fall der grenzüberschreitenden Sitzverlegung** nach Art. 8 **nicht anwendbar** ist (→ Art. 8 Rn. 66). Beließe man es jedoch entgegen der hier vertretenen Auffassung bei der Rechtsfolge des Art. 64, dürfte der Umzug regelmäßig

---

[44] Zust. Kölner Komm AktG/*Veil* Rn. 7; anders wohl *Teichmann* ZGR 2002, 383 (412) mit Hinweis auf das Enumerationsprinzip des Art. 2.
[45] BeckOGK/*Casper* Rn. 21.
[46] Dazu *Kübler* ZHR 167 (2003), 222.
[47] Ähnlich iErg *Hommelhoff* AG 1990, 422 (423).
[48] So auch BeckOGK/*Casper* Rn. 23; Kölner Komm AktG/*Veil* Rn. 8.
[49] So *Teichmann* ZGR 2002, 383 (411 f.); iErg auch *Schwarz* ZIP 2001, 1847 (1850).
[50] Dazu *Hommelhoff* AG 2001, 279 (281) Fn. 15.

Gründungsformen 13 **Art. 2 SE-VO**

mit organisatorischem Aufwand und mit hohen Kosten verbunden sein und ließe sich wohl nur dadurch vermeiden, dass die neu entstandene SE unmittelbar nachfolgend wieder auf eine AG mit Sitz an der alten Hauptverwaltung verschmolzen würde, die sich dadurch gem. Art. 17 Abs. 2 S. 2 in eine SE umwandelte. In diesem Fall nämlich kann in der geringen Zwischenzeit zwischen dem Wirksamwerden der Sitzverlegung nach Art. 8 Abs. 10 und der anschließenden Verschmelzung nach Art. 2 Abs. 1 das Verfahren nach Art. 64 schon aus praktischen Gründen nicht durchgeführt werden: Denn auch in den regulären Fällen des Art. 8 kann der Verlegung des Satzungssitzes die Verlegung der Hauptverwaltung nicht unmittelbar nachfolgen, sondern bedarf einiger Zeit, die die zuständigen Behörden der SE einräumen müssen (→ Art. 8 Rn. 65). Im Sonderfall einer auf die Sitzverlegung folgenden Verschmelzung ins Ursprungsland zurück ist die prompte Durchsetzung des Verfahrens nach Art. 64 seiner Zwecksetzung nach noch weniger möglich: Denn das endgültige Verschmelzungsprodukt, die SE, wird ihre Verpflichtungen nach Art. 7 iSd Art. 64 Abs. 1 künftig erfüllen und die übertragende SE, die zuvor ihren Sitz verlegt hat, dabei gleich mit.

b) Vorschaltung des Verschmelzungstatbestandes. Interessanterweise lassen sich 13 sowohl der wirtschaftliche Aufwand wie auch das durch **Art. 37 Abs. 3** normierte **Abstandsgebot** und die in Abs. 4 vorausgesetzte Zweijahresfrist **durch den Verschmelzungstatbestand nach Abs. 1 erübrigen.**[51] Abs. 4 setzt voraus, dass die ausländische Tochter ihrer inländischen Mutter mindestens bereits seit zwei Jahren zugeordnet werden kann, bevor die Umwandlung der Mutter in eine SE eingeleitet wird. Die Verschmelzung nach Abs. 1 kennt hingegen eine solche Einschränkung nicht: Handelt es sich daher bei der Tochter um eine der in Anhang I der SE-VO angeführten Gesellschaftsformen, kommt auch eine Verschmelzung der Tochter auf die Mutter und umgekehrt in Betracht. Diese Möglichkeit wurde im ersten Rezeptionsstadium der wegen Umgehung der Zweijahresfrist in Abs. 4 als unzulässig angesehen;[52] doch lässt sich diese Betrachtungsweise angesichts von **Art. 31** (die Norm entspricht weitgehend Art. 27 RL 2011/35/EU aF; nunmehr Art. 113 GesR-RL) nicht halten: Diese Norm sieht die Möglichkeit der Verschmelzung einer inländischen AG auf ihre Tochter für den Fall einer zu mindestens 90% bestehenden Beteiligung ausdrücklich vor.[53] Dies betrifft nach Art. 31 Abs. 1 und 2 allerdings nur den Fall, dass die Mutter die Tochter aufnimmt. Fraglich und für die Gestaltungspraxis möglicherweise ebenso interessant ist jedoch der umgekehrte Fall, dass **die Mutter von der im Ausland gegründeten Tochter aufgenommen** wird. Dass der Fall der Aufnahme durch die Tochter nicht in Art. 31 geregelt ist, erklärt sich nun leicht aus dem Normzweck, das Verfahren der Verschmelzung einer hundertprozentigen Tochter (bzw. neunzigprozentigen Tochter nach Abs. 2) auf die Mutter zu vereinfachen, weil hier eine Reihe von Schutzmaßnahmen zugunsten der Gläubiger und der außenstehenden Gesellschafter entbehrlich erscheinen. **Im umgekehrten Fall der Aufnahme durch die Tochter** besteht hingegen kein Anlass für eine Verfahrensvereinfachung, weil hier beide Themenkreise ebenso berührt werden wie bei jeder anderen Verschmelzung. Für die Anwendung des Art. 2 Abs. 1 lässt sich Art. 31 Abs. 1 und 2 daher nur entnehmen, **dass ein zwischen den Verschmelzungspartnern bestehendes Beherrschungsverhältnis auf ihre Eignung als Gründer einer SE keinen Einfluss hat.** Für diese Überlegung spricht weiter, dass Mutter und Tochter ohnehin den Weg einer Verschmelzung durch Neugründung nach Art. 17 Abs. 2 lit. b wählen und dabei den Sitz wohl frei bestimmen können (arg. e Art. 20 Abs. 1 lit. a). Nimmt man den obsoleten Zweck des Numerus-clausus-Prinzips in Art. 2 hinzu (→ Rn. 6), spricht nichts gegen eine Aufnahme der Mutter durch die Tochter. Ferner erschiene es auch widersinnig, wollte man daraus schließen, dass die Verschmelzung bei einer niedrigeren Beteiligungsquote der AG an ihrer Tochter unzulässig sei. Denn Fälle niedriger

---

[51] *Binder/Jünemann/Merz/Sinewe*, Die Europäische Aktiengesellschaft (SE), 2007, § 2 Rn. 32 ff.; BeckOGK/*Casper* Rn. 22; *Oechsler* NZG 2005, 697 (700).
[52] *Hirte* NZG 2002, 1 (3).
[53] *Casper* FS Ulmer, 2003, 51 (64); BeckOGK/*Eberspächer* Art. 31 Rn. 1 und 6; *Stilz* AG 2007, 97 (101 f.); *Teichmann* ZGR 2002, 383 (411 f.); van Hulle/Maul/Drinhausen/*Teichmann* Abschn. 4 § 2 Rn. 23; *Scheifele*, Die Gründung der Europäischen Aktiengesellschaft, 2004, 137.

Beteiligungsquoten stehen im Vergleich zu den in Art. 31 ausdrücklich genannten dem Tatbestand des Art. 2 Abs. 4 eher ferner. Deshalb ist der Verschmelzungstatbestand auf sie erst recht (arg a maiore ad minus e Art. 31) anwendbar.

14 Daraus folgt weiter, dass eine inländische AG **eine hundertprozentige ausländische Tochtergesellschaft gerade zur Ermöglichung einer Verschmelzung nach Art. 2 Abs. 1 gründen kann.**[54] Der Wortlaut des Abs. 1 setzt keine **irgend geartete ökonomische Verfestigung der AG** oder einen zeitlichen Mindestabstand zur SE-Gründung voraus. Jede andere Betrachtungsweise würde dem in Art. 68 Abs. 1 konkretisierten Effektivitätsgrundsatz nicht gerecht, weil andernfalls das nationale Registergericht gezwungen wäre, die Geschichte der Verschmelzungspartner aufzuklären und auf dieser Grundlage auf mögliche Umgehungsabsichten zu schließen. Dies belastete den Gründungsvorgang durch ein kaum zu steuerndes Risiko und stünde im Widerspruch zum Willen des Verordnungsgebers, der die Tatbestände des Art. 2 zwecks Vermeidung negativer Anreize einfach und transparent ausgestaltet hat. Folglich lässt sich eine Verschmelzung zweier deutscher AG in Ergänzung des Gesagten (→ Rn. 9) auch dadurch vollziehen, dass eine der beiden AG eine ausländische Gesellschaft iSd Anhangs I gründet, auf diese nach Abs. 1 verschmilzt und damit den Weg für eine anschließende Verschmelzung nach Abs. 1 mit der anderen AG frei macht. Gleiches gilt für die Holding-Gründung (→ Rn. 11). In letzter Konsequenz lässt sich eine SE daher auch auf die Weise gründen, dass zwei nach Abs. 1 geeignete Verschmelzungspartner neu gegründet werden und die Verschmelzungsgründung in unmittelbarer zeitlicher Nähe zu deren Errichtung folgt. Ein deutscher Unternehmer kann etwa eine *public company limited by shares* mit Sitz und Hauptverwaltung im Vereinigten Königreich sowie eine deutsche AG mit Sitz und Hauptverwaltung in Deutschland zu dem einzigen Zweck gründen, eine SE auf der Grundlage von Abs. 1 entstehen zu lassen.

15 Entsprechend dem Ausgeführten kann auf der Grundlage des Abs. 1 schließlich auch **Abs. 3 lit. b** bei der **Gründung einer Tochter-SE** erübrigt werden: Besteht die Zuordnung der Tochtergesellschaften gegenüber den Müttern noch keine zwei Jahre, können die beiden Töchter – vorausgesetzt, es handelt sich um AG iSd Anhangs I zur SE-VO – nach Abs. 1 verschmolzen werden: Die Mütter erwerben dann Anteile an der neu gegründeten SE im Rahmen des Verschmelzungsverfahrens und nicht „durch Zeichnung" nach Abs. 3 (zum Begriff → Rn. 43 ff.): Im Ergebnis ändert sich für sie jedoch nichts.[55]

16 c) **Sonstiges.** Die Typenkombination eröffnet daher auch den praktischen Weg zur **Ausgründung einer Tochter aus einer deutschen AG als SE:** Dazu ist die Gründung einer ausländischen Gesellschaft iSd Anhangs I erforderlich sowie die Gründung einer deutschen Tochter-AG, die dann Verschmelzungspartnerin iSd Art. 2 Abs. 1 wird.[56]

17 Erst recht zulässig, und vom Verbot des Art. 2 in keiner Weise erfasst, ist die **Umwandlung einer deutschen GmbH in eine AG,** um die Voraussetzungen des Art. 2 Abs. 1 bzw. Abs. 4 zu erfüllen.

18 **5. Konzernrechtsneutralität, Tendenz zur Konzernbildungskontrolle und Anwendbarkeit des WpÜG.** Mit Ausnahme der Verschmelzung (Abs. 1) weisen alle Gründungstatbestände einen **Bezug zu Konzernsachverhalten** auf.[57] Dennoch lassen sich Art. 2 richtiger Auffassung nach keine Wertentscheidungen für ein europäisches Konzernrecht entnehmen (→ Europäisches Konzernrecht Rn. 1 ff.). Zwar wird das Konzernrecht nicht wie andere Materien in **Erwägungsgrund 20** ausdrücklich vom Anwendungsbereich der SE-VO ausgenommen.[58] Die Kommission[59] und das Schrifttum[60] sehen die SE-VO dennoch

---

[54] BeckOGK/*Casper* Rn. 24; MHdB GesR IV/*Austmann* § 84 Rn. 1.
[55] BeckOGK/*Casper* Rn. 25; *Oechsler* NZG 2005, 697 (702).
[56] *Schulz/Geismar* DStR 2001, 1078 (1081 f.); *Hirte* NZG 2002, 1 (4).
[57] *Hommelhoff* AG 2001, 279 (282); 2003, 179; *Thoma/Leuering* NJW 2002, 1449 (1452); *Brandi* NZG 2003, 889.
[58] *Jaecks/Schönborn* RIW 2003, 254 (255).
[59] *Blanquet* ZGR 2002, 20 (51).
[60] *Hommelhoff* AG 2001, 279 (282) und *Habersack* ZGR 2003, 724 (726) verweisen allerdings zu Recht auf die Art. 61 f.

zu Recht als konzernrechtsneutral an. Dies ergibt sich aus der Entstehungsgeschichte der SE-VO. Die umfangreiche Regelung eines Konzernrechts in den Art. 223–240d SE-VO-Vorschlag von 1975 (allgemein → Vor Art. 1 Rn. 1) fand in den Vorschlag von 1989 (allgemein → Vor Art. 1 Rn. 2) keinen Eingang; vielmehr ist dort in **Art. 114 SE-VO-Vorschlag von 1989** eine ausdrückliche negative Regelung: „Die Rechte und Pflichten zum Schutz von Minderheitsaktionären und Dritten, die sich für ein Unternehmen aus der Tatsache ergeben, daß es eine SE beherrscht, richten sich nach dem Recht, das auf Aktiengesellschaften anwendbar ist, die dem Recht des Sitzstaates der SE unterliegen". Auf diese Norm verweist im heutigen Text der SE-VO nur noch der aus sich selbst heraus nicht verständliche **Erwägungsgrund 17**, nach dem anzugeben ist, welches Recht anwendbar ist, wenn die SE von einem anderen Unternehmen beherrscht wird.[61] Umstritten, wiewohl im Ergebnis aus denselben Gründen zu verneinen, ist die Anwendung des Art. 9 auf das Konzernrecht.[62]

Bei der **Holdinggründung** (Abs. 2) ist bemerkenswert, dass der Zusammenschluss den Hauptversammlungen der beteiligten Gesellschaften zur Zustimmung vorgelegt wird, obwohl die Holding-Gründung ohnehin nur gelingen kann, wenn die Gesellschafter der Gründungsgesellschaften in hinreichendem Umfang Aktien einbringen (Art. 33 Abs. 2); ein „zwangsweiser" Aktientausch wie bei der Verschmelzung gem. Art. 29 Abs. 1 lit. b, Abs. 2 lit. b findet nicht statt. Das Erfordernis der Zustimmung der Hauptversammlung verleiht den Art. 32 ff. daher den Charakter einer **Konzernbildungskontrolle**.[63] Umstritten ist, ob der Beschluss einer sachlichen Rechtfertigung bedarf.[64] 19

Die Konzernbildungsproblematik rückt die Holding-Gründung im Übrigen in systematische Nähe zu den **§§ 29 ff. WpÜG**, die ähnliche Zwecke verfolgen.[65] Das WpÜG ist nach § 1 Abs. 1 WpÜG, § 2 Abs. 3 WpÜG zunächst uneingeschränkt nur anwendbar, wenn es um den Erwerb von börsennotierten Aktien einer deutschen AG geht (s. auch § 1 Abs. 2 WpÜG). Die Holding-Gründung selbst dürfte in aller Regel **kein öffentliches Übernahmeangebot** iSd § 2 Abs. 1 WpÜG[66] beinhalten, weil sie im Rahmen eines persönlich beschränkten Kreises von Aktionären durchgeführt wird und sich gerade nicht an die Öffentlichkeit richtet.[67] Hinzu kommt, dass die Gründungsgesellschaften nicht als „Bieter" (§ 2 Abs. 4 WpÜG) anzusehen sind, da sie keine Gegenleistung gem. § 31 WpÜG erbringen, vielmehr die partizipierenden Aktionäre gem. Art. 33 Abs. 4 kraft Gesetzes Aktien der Holding-SE erhalten.[68] Die Holding-Vor-SE selbst gibt ebenfalls kein Übernahmeangebot iSv § 29 Abs. 1 WpÜG ab, da der Gründungsplan von den Gründungsgesellschaften erstellt wird (Art. 32 Abs. 2) und auch die Einbringungsmitteilung gem. Art. 33 Abs. 1 an die jeweilige Gründungsgesellschaft zu richten ist.[69] Daraus folgt, dass das WpÜG auf das Einbringungsverfahren bei der Holding-Gründung nicht anwendbar ist.[70] Doch wird bei der Holding-Gründung wegen der in Art. 32 Abs. 2 S. 4 20

---

[61] *Habersack* ZGR 2003, 724 (739); *Teichmann* ZGR 2002, 383 (445).
[62] So *Habersack* ZGR 2003, 724 (727 f., 737 ff.); *Jaecks/Schönborn* RIW 2003, 254 (255); *Teichmann* ZGR 2002, 383 (396); vgl. ferner *Casper* FS Ulmer, 2003, 51 (67); aA *Hommelhoff* AG 2003, 179 (180); Habersack/Drinhausen/*Schürnbrand* Art. 9 Rn. 3.
[63] *Thoma/Leuering* NJW 2002, 1449 (1453); *Witten*, Minderheitenschutz bei Gründung und Sitzverlegung der Europäischen Aktiengesellschaft (SE), 2011, 88; angedeutet auch bei *Horn* DB 2005, 148 (149).
[64] Bejahend *Teichmann* AG 2004, 67 (69 f.); ausf. Kölner Komm AktG/*Paefgen* Art. 32 Rn. 122 ff.
[65] Str., vgl. Ehricke/Ekkenga/*Oechsler* WpÜG § 31 Rn. 4.
[66] Vgl. zu diesem Begriff Ehricke/Ekkenga/*Oechsler* WpÜG § 2 Rn. 1 ff.
[67] Tendenziell zust. *Witten*, Minderheitenschutz bei Gründung und Sitzverlegung der Europäischen Aktiengesellschaft (SE), 2011, 191; aA Kölner Komm AktG/*Paefgen* Art. 32 Rn. 138 mwN.
[68] Pointiert *Witten*, Minderheitenschutz bei Gründung und Sitzverlegung der Europäischen Aktiengesellschaft (SE), 2011, 192; *Schwarz* Vor Art. 32–34 Rn. 16.
[69] MHdB GesR IV/*Austmann* § 84 Rn. 55; aA Kölner Komm AktG/*Paefgen* Art. 32 Rn. 139, der allerdings nicht ausführt, worin das Übernahmeangebot der Holding-Vor-SE letztlich zu erblicken sein soll.
[70] *Schwarz* Vor Art. 32–34 Rn. 16; *Witten*, Minderheitenschutz bei Gründung und Sitzverlegung der Europäischen Aktiengesellschaft (SE), 2011, 192, jeweils mwN; *Vetter* in Lutter/Hommelhoff, Die Europäische Gesellschaft, 2005, 161 f., der das WpÜG allerdings insgesamt nicht auf die Holding-Gründung für anwendbar hält; ihm folgend Habersack/Drinhausen/*Scholz* Art. 32 Rn. 25; aA Kölner Komm AktG/*Paefgen* Art. 32 Rn. 137 ff.; *Scheifele*, Die Gründung der Europäischen Aktiengesellschaft, 2004, 366.

vorausgesetzten 50%igen Mindestbeteiligung der Holding-SE an den Gründergesellschaften die **Kontrollschwelle des § 29 Abs. 2 WpÜG überschritten**. Deshalb muss im Nachgang zur Holding-Gründung prinzipiell ein **Pflichtangebot** nach **§ 35 WpÜG** unterbreitet werden.[71] Eine teleologische Reduktion des § 35 WpÜG kommt weder mit Blick auf die gem. § 9 Abs. 1 S. 1 SEAG anzubietende Barabfindung noch aufgrund der in Art. 33 Abs. 3 UAbs. 2 normierten weiteren Einbringungsfrist in Betracht.[72] Eine Konkurrenz zwischen § 35 WpÜG und § 9 SEAG besteht von vornherein nur in den Fällen, in denen die neu zu gründende Holding-SE ihren Sitz im Ausland haben soll oder ihrerseits abhängig iSd § 17 AktG ist, da nur dann gem. § 9 SEAG eine Pflicht zur Barabfindung besteht. Soll hingegen eine im Inland ansässige, unabhängige Holding-SE gegründet werden, verbleibt den Aktionären der Gründungsgesellschaften im Falle der erfolgreichen Holding-Gründung lediglich die **weitere Einbringungsfrist des Art. 33 Abs. 3 UAbs. 2,** um zu desinvestieren.[73] Nutzen sie diese Option, erhalten sie im Gegenzug gem. Art. 33 Abs. 4 Aktien der Holding-SE. Demgegenüber kommen die Minderheitsaktionäre im Falle des Pflichtangebots nach § 35 WpÜG aufgrund der Regelung der Gegenleistung in § 31 Abs. 2 WpÜG (iVm § 39 WpÜG) in den Genuss eines weiterreichenden Schutzes:[74] Hiernach muss die Gegenleistung nämlich in Geld oder in „liquiden Aktien" bestehen. Da die Aktien der Holding-SE regelmäßig nicht „liquide" sind,[75] müsste die Holding-SE den Minderheitsaktionären **letztlich ein Barabfindungsangebot** machen,[76] dessen Höhe sich nach § 31 WpÜG richtet. Daher begründet vor allem Art. 33 Abs. 2 keinen dem Pflichtangebot nach §§ 35 ff. WpÜG gleichwertigen Schutzstandard, der eine teleologische Reduktion rechtfertigen könnte. Doch auch wenn die Voraussetzungen des § 9 Abs. 1 S. 1 SEAG vorliegen, ist das Barabfindungsangebot dem Pflichtangebot nach § 35 WpÜG nicht per se gleichwertig. So bestehen insbesondere Unterschiede zwischen der Berechnung der Barabfindung gem. § 9 Abs. 1 S. 1 SEAG und der Berechnung der Gegenleistung nach §§ 39, 31 WpÜG.[77] Vor allem aber orientiert sich die Gegenleistung nach § 31 WpÜG nicht nur am Börsenkurs, sondern auch an Vor-, Parallel- und **Nacherwerben** der Holding (§ 4 WpÜG-AV, § 31 Abs. 4 und 5 WpÜG).[78] Das Pflichtangebot wird außerdem **durch die BaFin überwacht**.[79] Zudem greift nur beim Pflichtangebot eine Haftung für die Angebotsunterlage gem. § 12 WpÜG, während es für die Richtigkeit der Unterlagen bei der Holding-Gründung keine vergleichbare Haftung gibt.[80] Zu beachten ist schließlich, dass § 35 WpÜG auch neben

---

[71] HM, vgl. nur *Schwarz* Vor Art. 32–34 Rn. 17; *Witten*, Minderheitenschutz bei Gründung und Sitzverlegung der Europäischen Aktiengesellschaft (SE), 2011, 216; Lutter/Hommelhoff/Teichmann/*Bayer* Art. 32 Rn. 19 mwN; zur Gegenansicht vgl. nur *Vetter* in Lutter/Hommelhoff, Die Europäische Gesellschaft, 2005, 161; Habersack/Drinhausen/*Scholz* Art. 25 mwN in Rn. 23.

[72] Ausf. *Witten*, Minderheitenschutz bei Gründung und Sitzverlegung der Europäischen Aktiengesellschaft (SE), 2011, 205 ff. mwN auch zur Gegenansicht.

[73] *Witten*, Minderheitenschutz bei Gründung und Sitzverlegung der Europäischen Aktiengesellschaft (SE), 2011, 208.

[74] *Witten*, Minderheitenschutz bei Gründung und Sitzverlegung der Europäischen Aktiengesellschaft (SE), 2011, 209.

[75] *Oplustil* 4 GLJ (2003), 107 (125 f.); ausf. *Witten*, Minderheitenschutz bei Gründung und Sitzverlegung der Europäischen Aktiengesellschaft (SE), 2011, 208 f.; Lutter/Hommelhoff/*Bayer* Art. 32 Rn. 19; Kölner Komm AktG/*Paefgen* Art. 32 Rn. 141.

[76] Kölner Komm AktG/*Paefgen* Art. 32 Rn. 141.

[77] Ausf. *Witten*, Minderheitenschutz bei Gründung und Sitzverlegung der Europäischen Aktiengesellschaft (SE), 2011, 209 ff.; Lutter/Hommelhoff/Teichmann/*Bayer* Art. 32 Rn. 19; MHdB GesR IV/*Austmann* § 84 Rn. 55.

[78] *Witten*, Minderheitenschutz bei Gründung und Sitzverlegung der Europäischen Aktiengesellschaft (SE), 2011, 210 f., die allerdings zutr. darauf hinweist, dass die Berücksichtigung von Vorerwerben aufgrund der Besonderheiten der Holding-Gründung ausscheidet; Kölner Komm AktG/*Paefgen* Art. 32 Rn. 143.

[79] *Teichmann* AG 2004, 67 (78 ff.); ausf. *Witten*, Minderheitenschutz bei Gründung und Sitzverlegung der Europäischen Aktiengesellschaft (SE), 2011, 213 mit dem zutr. Hinweis, dass dieses Verfahren – anders als das Spruchverfahren bei Streitigkeiten um die Abfindung nach § 9 SEAG – nicht dem Individualschutz der Aktionäre diene; Kölner Komm AktG/*Paefgen* Art. 32 Rn. 145.

[80] *Witten*, Minderheitenschutz bei Gründung und Sitzverlegung der Europäischen Aktiengesellschaft (SE), 2011, 212 mwN.

umwandlungsrechtlichen Abfindungsvorschriften Geltung beansprucht (→ WpÜG § 35 Rn. 128 ff.). Dem liegt die Überlegung zu Grunde, dass dem Bieter keine Konzentrationsanreize dadurch entstehen dürfen, dass sich für ihn der Erwerb der Aktien bei der Anwendung einer bestimmten Erwerbstechnik gegenüber anderen Erwerbstechniken verbilligt: Dies würde einen nicht durch Wettbewerbsmechanismen zu rechtfertigenden Anreiz für eine bestimmte Technik schaffen.[81] Die öffentliche Übernahme darf für den Bieter also nicht deshalb besonders „billig" werden, weil er sie in den Formen des Art. 2 Abs. 2 betreibt. § 35 WpÜG verpflichtet die Holding-SE damit zur Abgabe eines Pflichtangebots.

Eine Nichtberücksichtigung von Stimmrechten nach **§ 36 Nr. 3 WpÜG** wegen Umstrukturierung innerhalb eines Konzerns dürfte regelmäßig ausscheiden. Die Norm zielt nämlich nur auf solche Fallgestaltungen ab, in denen die materielle Kontrollsituation innerhalb des Konzerns unverändert bleibt, weil sich die Spitze nicht ändert (→ WpÜG § 36 Rn. 33 mwN). Dies ist bei der Holding-Gründung gerade nicht der Fall. Auch scheidet ein Rechtsformwechsel nach § 36 Nr. 2 WpÜG aus, weil die Holding-Gründung gerade nicht auf einem identitätswahrenden Rechtsformwechsel beruht: Die Gründergesellschaften bleiben ja weiterhin erhalten.

In Betracht kommt eine **Befreiung** daher nur auf der Grundlage von **§ 37 WpÜG**. Allerdings dürfte der Umstand, dass **aus Sicht der Aktionäre möglicherweise („nur") der Mehrheitsgesellschafter ausgetauscht wird**,[82] regelmäßig keinen Grund für eine Ausnahme nach § 37 WpÜG darstellen (ein Fall des § 9 WpÜG-AV liegt ohnehin nicht vor). Denn die mit dem Pflichtangebot nach § 35 WpÜG verbundene Desinvestitionsmöglichkeit soll die außenstehenden Aktionäre auch davor schützen, dass der neue herrschende Gesellschafter andere Verbundvorteile verfolgt als der alte und deshalb die Eigeninteressen der Aktionäre in neuartiger Weise gefährdet.[83] Allerdings wird die Anwendung des § 37 WpÜG im Hinblick auf **das parallellaufende Abfindungsverfahren nach § 9 SEAG** befürwortet: Die Aktionäre seien über das Abfindungsverfahren nach § 9 SEAG ausreichend geschützt.[84] Die Befreiung nach § 37 WpÜG solle aufgrund der Problematik der Nacherwerbe (→ Rn. 20) jedoch nur dann erteilt werden, wenn die Holding erklärt, auf solche Erwerbe zu verzichten.[85] Dies überzeugt allerdings im Ergebnis nicht: Gerade im Bereich der Nacherwerbe (§ 31 Abs. 5 WpÜG) würde die Handlungsfreiheit der Holding durch eine solche Verzichtserklärung in ökonomisch kaum vertretbarer Weise und gegen die Zielsetzung des § 31 Abs. 5 WpÜG eingeschränkt.[86] Im Übrigen sprechen gegen eine Befreiung nach § 37 WpÜG dieselben Argumente, die schon gegen eine teleologische Reduktion des § 35 WpÜG angeführt werden konnten. Daher kommt eine Befreiung nach § 37 WpÜG grundsätzlich nicht in Betracht.[87] Vielmehr dürfte umgekehrt das **Abfindungsverfahren nach § 9 SEAG** gegenüber dem nach § 31 WpÜG als weniger rechtsschutzintensiv **subsidiär** sein. Der praktische Anwendungsbereich des § 9 SEAG liegt daher außerhalb des Anwendungsbereichs des WpÜG.[88]

---

[81] Ehricke/Ekkenga/Oechsler/*Oechsler* WpÜG § 3 Rn. 6 ff.; Ehricke/Ekkenga/Oechsler/*Oechsler* WpÜG § 31 Rn. 44.

[82] Die von einem vormals herrschenden Gesellschafter gehaltene Beteiligung wird infolge der Holding-Gründung an seiner Stelle nun von der Holding ausgeübt.

[83] Ebenso *Witten,* Minderheitenschutz bei Gründung und Sitzverlegung der Europäischen Aktiengesellschaft (SE), 2011, 206; vgl. in anderem Zusammenhang zu dieser Problematik Ehricke/Ekkenga/Oechsler/ *Oechsler* WpÜG § 29 Rn. 8.

[84] *Teichmann* AG 2004, 67 (82).

[85] *Teichmann* AG 2004, 67 (82); ihm zust. *Witten,* Minderheitenschutz bei Gründung und Sitzverlegung der Europäischen Aktiengesellschaft (SE), 2011, 218.

[86] AA *Witten,* Minderheitenschutz bei Gründung und Sitzverlegung der Europäischen Aktiengesellschaft (SE), 2011, 218.

[87] AA *Teichmann* AG 2004, 67 (82 f.); *Witten,* Minderheitenschutz bei Gründung und Sitzverlegung der Europäischen Aktiengesellschaft (SE), 2011, 216 ff. mwN; Kölner Komm AktG/*Paefgen* Art. 32 Rn. 149 ff.

[88] AA *Witten,* Minderheitenschutz bei Gründung und Sitzverlegung der Europäischen Aktiengesellschaft (SE), 2011, 219, die iErg – wenn keine Befreiung nach § 37 WpÜG möglich ist – eine kumulative Anwendung von § 35 WpÜG und § 9 SEAG befürwortet.

23 Auch bei der **Verschmelzung** (Abs. 1) ist das WpÜG anwendbar, wenn eine deutsche, börsennotierte AG beteiligt ist.[89]

24 **6. Allgemeine Gründungsvoraussetzungen.** Die allgemeinen Gründungsvoraussetzungen richten sich gem. Art. 15 nach dem Recht des Mitgliedstaates, dem die SE zugeordnet ist (→ Art. 15 Rn. 10).

II. Die verschiedenen Gründungsformen

25 **1. Verschmelzung (Abs. 1).** Die Verschmelzung nach Art. 2 Abs. 1 wird als Gründungsform in der Praxis angenommen, wobei Konzernverschmelzungen (→ Rn. 13 ff.) im Vordergrund stehen.[90] S. entsprechend zu den Vorteilen der Verschmelzung gegenüber den bisherigen gesellschaftsrechtlichen Gestaltungsmitteln → Vor Art. 1 Rn. 12 f.[91] Zur Anwendbarkeit des WpÜG → Rn. 19 ff. Verschmelzungsbeteiligte sind allein **Aktiengesellschaften** iSd Anhangs I zur SE-VO. Für Deutschland wird nur der Typ der AG genannt (zum Numerus-clausus-Prinzip; → Rn. 1 ff.). Nach dem Wortlaut des Art. 2 Abs. 1 müssen die AG bereits gegründet sein; deshalb kommt eine **Vor-AG** als Gründerin nicht in Betracht.[92] Andererseits besteht nach Abs. 1 anders als nach Abs. 2 **keine Mindestzeit für das Bestehen** der AG.[93] Auch muss die AG bisher noch keine Geschäftstätigkeit entfaltet haben, sodass auch eine **Vorrats-AG** als Partner in Betracht kommt (→ Rn. 53; → Art. 16 Rn. 9 ff.).[94] Deshalb kann auch eine allein zu dem Zweck der Errichtung einer SE gegründete AG als Verschmelzungspartner in Betracht kommen. Schließlich können beide Gründer voneinander **abhängig** sein (→ Rn. 13; → Rn. 27).[95] In letzter Konsequenz führt dies dazu, dass eine inländische AG eine ausländische AG als hundertprozentige Tochter als Verschmelzungspartner gründen kann (→ Rn. 14).[96] Schließlich kommt auch eine im **Liquidationsstadium befindliche AG** als Gründerin in Betracht, soweit ihre Fortsetzung nach Art. 18 und § 3 Abs. 3 UmwG beschlossen wurde[97] – eine Möglichkeit, die allerdings durch § 274 Abs. 1 S. 1 AktG begrenzt ist.[98] Fraglich ist, ob auch eine **Kommanditgesellschaft auf Aktien** (KGaA) unter den Begriff der AG in Art. 2 Abs. 1 fällt. **Dafür** spricht neben § 278 Abs. 3 AktG vor allem ein Umkehrschluss aus der Tatsache, dass die KGaA auch nicht in Anhang II zur SE-VO erwähnt wird.[99] Denn Anhang I beschränkt den Zugang

---

[89] Ausf. zum Pflichtangebot im Falle der Verschmelzungsgründung *Witten*, Minderheitenschutz bei Gründung und Sitzverlegung der Europäischen Aktiengesellschaft (SE), 2011, 192 ff.

[90] *J. Schmidt* in Bayer, Die Aktiengesellschaft im Spiegel der Rechtstatsachenforschung, 2007, 51 (59 ff.); vgl. ferner *Bayer/J. Schmidt* AG-Report 2008, 31 ff.

[91] Aufschlussreich *Hoffmann* NZG 1999, 1077.

[92] Lutter/Hommelhoff/Teichmann/*Bayer* Rn. 9; BeckOGK/*Casper* Rn. 7; *Schwarz* Rn. 24; *Scheifele*, Die Gründung der Europäischen Aktiengesellschaft, 2004, 79 f.; aA *Fuchs*, Die Gründung einer Europäischen Aktiengesellschaft durch Verschmelzung und das nationale Recht, 2004, 106; *J. Schmidt*, „Deutsche" vs. „britische" Societas Europaea (SE), 2006, 135; NK-SE/*Schröder* Art. 17 Rn. 6; Kölner Komm AktG/*Veil* Rn. 15.

[93] BeckOGK/*Casper* Rn. 8; NK-SE/*Schröder* Rn. 25; Kölner Komm AktG/*Veil* Rn. 14.

[94] Vgl. die Beispiele LG Hamburg ZIP 2005, 2017; AG Hamburg ZIP 2005, 2017; AG Düsseldorf ZIP 2006, 1301; AG München ZIP 2006, 1300; BeckOGK/*Casper* Rn. 8; Kölner Komm AktG/*Veil* Rn. 15; *Scheifele*, Die Gründung der Europäischen Aktiengesellschaft, 2004, 90 f.; *Schwarz* Rn. 30; *Seibt* ZIP 2005, 2248 (2249).

[95] Lutter/Hommelhoff/*Bayer* Rn. 13; Habersack/Drinhausen/*Habersack* Rn. 6; *Casper* FS Ulmer, 2003, 51 (64); *Jannott* in Jannott/Frodermann SE-HdB Rn. 7; *J. Schmidt*, „Deutsche" vs. „britische" Societas Europaea (SE), 2006, 137; *Schwarz* Art. 17 Rn. 17; *Seibt/Reinhard* Konzern 2005, 407 (409); *Teichmann* ZGR 2002, 383 (412); *Vossius* ZIP 2005, 741 (743); *Oechsler* NZG 2005, 697 (700 f.); aA *Hirte* NZG 2002, 1 (3).

[96] *Oechsler* NZG 2005, 697 (700).

[97] Grdl. *Scheifele*, Die Gründung der Europäischen Aktiengesellschaft, 2004, 80 f.; Lutter/Hommelhoff/Teichmann/*Bayer* Rn. 9; BeckOGK/*Casper* Rn. 7; *J. Schmidt*, „Deutsche" vs. „britische" Societas Europaea (SE), 2006, 72; NK-SE/*Schröder* Art. 17 Rn. 7; *Schwarz* Rn. 24, 62; Kölner Komm AktG/*Veil* Rn. 15; Habersack/Drinhausen/*Habersack* Rn. 5.

[98] Lutter/Hommelhoff/Teichmann/*Bayer* Rn. 9; BeckOGK/*Casper* Rn. 7.

[99] BeckOGK/*Casper* Rn. 7; MHdB GesR VI/*Teichmann* § 49 Rn. 18; aA → Art. 17 Rn. 8 *(Schäfer)*; Lutter/Hommelhoff/Teichmann/*Bayer* Rn. 8; *Sanna* ELR 2002, 2 (6); *Scheifele*, Die Gründung der Europäischen Aktiengesellschaft, 2004, 82; *Schwarz* Rn. 26, *Seibt/Reinhard* Konzern 2005, 407 (409); Habersack/Drinhausen/*Habersack* Rn. 5; Kölner Komm AktG/*Veil* Rn. 14.

zu den rechtspolitisch als tendenziell heikel angesehenen Gründungsformen der Verschmelzung und der Umwandlung auf eine AG (→ Rn. 1), während Anhang II die verbleibenden Gründungstatbestände einem größeren Kreis von Gesellschaftsformen öffnet. Wäre die KGaA nicht bereits in Anhang I durch den Begriff mit bezeichnet, hätte sie deshalb spätestens in Anhang II als dritter deutscher Typus der Kapitalgesellschaft (§ 3 Abs. 1 Nr. 2 UmwG) Erwähnung finden müssen. Fraglich ist schließlich, ob **die anderen Gesellschaftstypen bzw. natürliche Personen**[100] **als (nicht obligatorische) Mitgründer** in Betracht kommen.[101] **Dafür** spricht folgende Überlegung: Ist die in Abs. 1 vorgesehene Mindestanzahl an berufenen Gründern erreicht, kann die Teilnahme weiterer, nach dem Normwortlaut nicht berufener Gründer eigentlich nicht gesperrt sein.[102] Denn das Prinzip des Numerus clausus bzw. das der Mehrstaatlichkeit funktioniert wie eine Erheblichkeitsschwelle, deren Zweck (Verhinderung der Flucht aus der Mitbestimmung; → Rn. 3; → Rn. 6) nach erstmaligem Überschreiten erledigt ist. Hinzu kommt, dass bei der Beteiligung natürlicher Personen oder Personengesellschaften die Gefahr einer Flucht aus der Mitbestimmung von vornherein nicht besteht. Bei der **mitbestimmten GmbH** tritt allerdings ein weiterer Aspekt hinzu: Die Mitbestimmungsrechte ihrer Arbeitnehmer sind gesetzlich zwingend und dürfen nicht einfach anlässlich der SE-Gründung zur Verhandlung gestellt werden. Einer freiwilligen Teilnahme dieser Arbeitnehmer an den Verhandlungen nach der SE-RL ist deshalb ebenso wenig möglich wie ein freiwilliger Verzicht der Arbeitnehmer auf die Unternehmensmitbestimmung im Gründerunternehmen.

Aus dem Wortlaut der Norm geht hervor, dass **mindestens zwei AG** beteiligt sein müssen; 26 nach oben ist die Zahl nicht begrenzt. Voraussetzung ist ferner, dass die beteiligten AG jeweils **nach dem Recht eines Mitgliedstaats gegründet** worden sind. Wortlaut und System der Norm, die klar zwischen Sitz bzw. Hauptverwaltung iSd Art. 7 S. 1 unterscheidet, lassen keinen Zweifel daran, dass jeweils das Recht eines Mitgliedstaates auf jeden Verschmelzungspartner Anwendung finden muss und dass es nicht genügt, dass die AG nur ihren Satzungs- *oder* Verwaltungssitz in einem anderen Mitgliedstaat unterhält. Fraglich ist allerdings, ob es nach dem Zweck der Norm wirklich darauf ankommt, dass das Recht eines Mitgliedstaates der Union gerade beim Gründungsvorgang Anwendung fand oder ob es genügt, **wenn sich die nach einer anderen (nicht-EU-)Rechtsordnung gegründete Gesellschaft nachträglich in eine AG nach dem Recht eines Mitgliedstaats umgewandelt hat.** Schon der Normwortlaut lässt sich für die Anwendung der Norm auch auf solche AG anführen, denn die grenzüberschreitende Satzungssitzverlegung kann man – außerhalb des Anwendungsbereichs des Art. 8 Abs. 1 S. 2 – durchaus als wirtschaftliche Neugründung ansehen (→ Art. 8 Rn. 62).[103] Hinzu tritt der **Normzweck:** Die Ansässigkeit der Gesellschaft in einem Mitgliedstaat stellt den aus dem Völkerrecht bekannten „**genuine link**" zum Unionsrecht her: Nur eine Gesellschaft, die der Union dauerhaft und tatsächlich verbunden ist, qualifiziert sich für die SE.[104] Dieses auch Art. 54 UAbs. 1 AEUV entsprechende Erfordernis muss aber nicht bereits im Gründungsstadium erfüllt sein, sondern kann nach dem Zweck des Art. 2 wohl auch nachträglich – spätestens bis zum Zeitpunkt der Registeranmeldung der SE-Gründung – hinzutreten.[105] Die Anhänge I und II zur SE-VO geben Aufschluss über die in Frage kommenden Rechtsordnungen und Typen. Ist „die AG" nicht nach dem Recht eines Mitgliedstaates gegründet, ist auch der Weg über Abs. 5 versperrt, da diese Norm keine Ausnahme hinsichtlich des Gesellschaftsstatuts, sondern nur hinsichtlich des effektiven Verwaltungssitzes zulässt.

---

[100] Natürliche Personen kommen allerdings von vornherein nur als Gründer einer Tochter-SE in Betracht, da sie nicht im Rahmen einer Verschmelzung erlöschen und auch nicht Tochter einer Holding-SE werden können, vgl. zutr. *Schwarz* Rn. 29; Habersack/Drinhausen/*Habersack* Rn. 7.
[101] Abl. Habersack/Drinhausen/*Habersack* Rn. 7, der aufgrund eines Vergleichs mit der SCE-VO davon ausgeht, dass die Nichterwähnung im Sinne eines Verbotes der Gründungsbeteiligung zu verstehen ist.
[102] *Hommelhoff* AG 2001, 279 (280); *Hommelhoff* FS Ulmer, 2003, 267 (273); *Schlüter* EuZW 2002, 589 (590); *Schwarz* Rn. 29.
[103] *Priester* ZGR 1999, 36 (46).
[104] *Schwarz* Rn. 33 f.
[105] Zust. Habersack/Drinhausen/*Habersack* Rn. 5.

Ferner müssen **Sitz** (= Satzungssitz) **und Hauptverwaltung** (= effektiver Verwaltungssitz) gem. Abs. 1 in der Union liegen. Die Lage innerhalb der Union richtet sich in Zweifelsfällen nach Art. 5, 349, 355 AEUV. Abs. 5 eröffnet hingegen eine Sonderregelung für den Fall, dass die Hauptverwaltung außerhalb der Union liegt. Mindestens zwei der beteiligten AG müssen dem Recht verschiedener Mitgliedstaaten **unterliegen**. Der Wortlaut der Norm (Tatbestandsmerkmal „unterliegen") stellt klar, dass es um die Anwendbarkeit des jeweiligen Gesellschaftsrechts und nicht etwa nur die Lage der Hauptverwaltung geht (→ Rn. 5). Deshalb können Sitz und Hauptverwaltung auch in unterschiedlichen Mitgliedstaaten liegen.[106] Umgekehrt schadet es nach dem klaren Wortlaut auch nicht, wenn beide AG **ihren Verwaltungssitz im selben Mitgliedstaat** unterhalten:[107] Eine in den Niederlanden ansässige britische *public company limited by shares* und eine dort ansässige *naamloze vennootschap* sind folglich geeignete Verschmelzungspartner. Maßgeblich für die Beurteilung des anwendbaren Rechts ist die Betrachtung desjenigen Registergerichts, bei dem Sitz und Hauptverwaltung der künftigen SE liegen werden (s. etwa Art. 26).[108] Dieses wendet dabei sein eigenes Internationales Gesellschaftsrecht unter Beachtung der Rspr. des EuGH zur Niederlassungs- und Kapitalverkehrsfreiheit an (zu dieser → Vor Art. 1 Rn. 28; → Art. 8 Rn. 6).[109] Wenn **mehr als zwei Gründer** beteiligt sind, genügt es indes, dass insgesamt die Rechtsordnungen **zweier verschiedener Staaten** berührt sind.[110] Denn das Mehrstaatlichkeitserfordernis fungiert als Erheblichkeitsschwelle; ist diese bei Berührung des Rechts von zwei verschiedenen Mitgliedstaaten überschritten, hat sich sein Zweck erledigt (→ Rn. 25).

27 Diese Voraussetzungen müssen im **Zeitpunkt der Anmeldung nach Art. 25** vorliegen;[111] dies ist der früheste Zeitpunkt der zweistufigen Rechtmäßigkeitskontrolle[112] nach Art. 25 und Art. 26. **Sonstige Voraussetzungen** brauchen die AG **nicht** zu erfüllen (→ Rn. 25). Insbesondere schadet es richtiger Auffassung nach nicht, wenn einer oder beide **Verschmelzungspartner nur zum Zweck der Verschmelzung gegründet** worden sind; denn aus Art. 2 Abs. 4 lässt sich nicht auf ein Verbot einer solchen Verschmelzung schließen (→ Rn. 14).

28 Der Begriff der **Verschmelzung** ist autonom auszulegen; er richtet sich nach Art. 17 Abs. 2, wo auf die beiden Verschmelzungsformen durch Verweisung auf Art. 3 Abs. 1 RL 78/855/EWG aF (Verschmelzung durch Aufnahme) und Art. 4 Abs. 1 RL 78/855/EWG aF (Verschmelzung durch Neugründung) Bezug genommen wird (nunmehr Art. 89 f. GesR-RL; s. dazu auch Art. 69 S. 2 lit. b). Auf System und Wertungen der früheren RL 2005/56/EG[113] kann mangels Verweisung in Art. 17 nicht zurückgegriffen werden.

29 **2. Holding-Gründung (Abs. 2). a) Grundlagen.** Die Holding-Gründung wird in der Praxis nicht in gleichem Maße angenommen wie die Verschmelzung;[114] dies dürfte damit zusammenhängen, dass der Gründungsvorgang ohne Vorbild im nationalen Umwandlungsrecht ist und deshalb zahlreiche praktische Gestaltungsfragen nicht richterrechtlich geklärt sind. Bei der Holding-Gründung handelt es sich im Unterschied zur Verschmelzung nach Abs. 1 nicht um einen Fall der Gesamtrechtsnachfolge,[115] sondern um eine **Sonderform des Aktientauschs mit gesetzlich angeordneter Rechtsfolge**.[116] Entsprechend verbin-

---

[106] Lutter/Hommelhoff/Teichmann/*Bayer* Rn. 11; *Schwarz* Rn. 40; *Scheifele*, Die Gründung der Europäischen Aktiengesellschaft, 2004, 98.
[107] So auch Habersack/Drinhausen/*Habersack* Rn. 8.
[108] NK-SE/*Schröder* Rn. 51.
[109] Ähnlich NK-SE/*Schröder* Rn. 47 ff.
[110] BeckOGK/*Casper* Rn. 8; Habersack/Drinhausen/*Habersack* Rn. 9.
[111] Lutter/Hommelhoff/Teichmann/*Bayer* Rn. 14; Habersack/Drinhausen/*Habersack* Rn. 10; *Scheifele*, Die Gründung der Europäischen Aktiengesellschaft, 2004, 126 f.; *J. Schmidt*, „Deutsche" vs. „britische" Societas Europaea (SE), 2006, 143; *Schwarz* Rn. 48.
[112] Dazu *Schwarz* Vor Art. 25–28 Rn. 7 ff.
[113] Zur früheren RL 2005/56/EG s. *Oechsler* NZG 2006, 161.
[114] *J. Schmidt* in Bayer, Die Aktiengesellschaft im Spiegel der Rechtstatsachenforschung, 2007, 51 (62); vgl. ferner *Bayer/J. Schmidt* AG-Report 2008, 31 ff.; *Schuberth/von der Höh* AG 2014, 439 (441 f.).
[115] *Martens* in Lutter, Die Europäische Aktiengesellschaft, 2. Aufl. 1978, 165 (172).
[116] *Brandes* AG 2005, 177 (178).

det sich mit der Entstehung der Holding die Gefahr wechselseitiger Verflechtungen.[117] Kartellrechtlich handelt es sich bei dem Gründungsprodukt um ein **Gemeinschaftsunternehmen**.[118] Außerhalb der SE-VO verhindert § 71a Abs. 2 AktG, dass eine Holding schlicht durch Einbringung der Aktien der Gründer errichtet werden könnte. Dies zeigt etwa das historische Beispiel der Gründung der DaimlerChrysler AG.[119] Denn regelmäßig ist die spätere Holding während des Gründungsvorgangs, dh im Stadium der Vor-SE, ein Treuhänder der AG, deren Aktien einzubringen sind; sie erwirbt die Aktien also für Rechnung der AG mit der Folge, dass das zu Grunde liegende Rechtsgeschäft – die Sacheinlagevereinbarung in der Satzung (§ 27 Abs. 1 S. 1 AktG) – gem. § 71a Abs. 2 AktG nichtig ist. Entsprechend entsteht die Holding außerhalb der SE-VO in einem Doppelschritt: Nach Gründung des Rechtsträgers durch einen Treuhänder[120] beschließt dessen Gesellschafterversammlung eine Kapitalerhöhung gegen Sacheinlagen, wobei die Aktien der Gründer-AG zur Erfüllung der so begründeten Einlagepflichten eingebracht werden.[121] Die SE-VO löst das Problem der **Nichtanwendung des § 71a Abs. 2 AktG** nicht ausdrücklich; doch sprechen überzeugende Gründe dafür, dass diese Norm und die ihr vorausgehende Regelungen des Kapitalschutzes durch Art. 33 Abs. 2 verdrängt sind (→ Art. 5 Rn. 21).[122] Ein zentrales Problem liegt jedoch darin, dass die Aktionäre **nicht verpflichtet** sind, im Folgenden ihre Aktien einzubringen.[123] Dem tragen die Art. 33 Abs. 1 und 2 Rechnung. Im Wortlaut des Art. 2 Abs. 2 kommt diese Schwierigkeit zum Ausdruck: „können die Gründung einer Holding-SE *anstreben*". Zur **Anwendbarkeit des WpÜG** auf die Holding-Gründung → Rn. 20 ff.

b) Tatbestand. Partner der Holding-Gründung sind Aktiengesellschaften und Gesellschaften mit beschränkter Haftung iSd Anhangs II zur SE-VO. In Betracht kommen danach die AG, die KGaA (→ Rn. 25) und die GmbH; auch die Unternehmergesellschaft gem. § 5a GmbHG ist erfasst,[124] da die UG von der Rechtsform her ebenfalls eine GmbH ist.[125] Anders als im Fall der Verschmelzung (→ Rn. 25) soll eine **im Liquidationsverfahren befindliche AG** nicht als Gründerin in Betracht kommen. Begründet wird dies mit der Überlegung, dass die Gründer bei der Holding weiter fortbestehen müssten, die in Liquidation befindliche AG hingegen erlösche.[126] Dies überzeugt aus zwei Gründen nicht: Erstens kommt auch im Rahmen der Verschmelzung eine AG i.L. nach Art. 18 iVm § 3 Abs. 3 UmwG nur dann in Betracht, soweit ihre Fortsetzung beschlossen wurde. Zweitens hängt nicht die Wirksamkeit der Holding-SE, sondern allenfalls der Bestand ihres Vermögens davon ab, dass die Gründer weiter bestehen.[127] 30

Nach dem Wortlaut der Norm müssen mindestens zwei Gründer beteiligt sein; die Zahl ist nach oben unbegrenzt. Zu den **Tatbestandsmerkmalen** „Gründung nach dem Recht eines Mitgliedstaates", „Sitz" und „Hauptverwaltung in der Union" → Rn. 26. Der Begriff der Gründung einer Holding-SE ist autonom auszulegen und bestimmt sich nach Art. 32 ff. 31

Nach **Abs. 2 lit. a** kommt die Gründung in Betracht, wenn mindestens zwei Gründer dem Recht verschiedener Mitgliedstaaten unterliegen; unterschiedliche Hauptverwaltungssitze genügen hingegen nicht (→ Rn. 5). Die in Betracht kommenden Gesellschaftsrechtsordnungen lassen sich Anhang I und II zur SE-VO entnehmen. Es bestehen **keine weiteren Sachanforderungen.** Insbesondere schadet es nicht, wenn einer der Holding-Partner **gerade zum** 32

---

[117] *Martens* in Lutter, Die Europäische Aktiengesellschaft, 2. Aufl. 1978, 165 (172).
[118] *Veelken* FS Immenga, 2004, 433 (458 f.).
[119] *Thoma/Leuering* NJW 2002, 1449 (1452 f.); *Baums* FS Zöllner, 1998, 65 ff.
[120] *Thoma/Leuering* NJW 2002, 1449 (1452 f.).
[121] *Thoma/Leuering* NJW 2002, 1449 (1452).
[122] BeckOGK/*Casper* Rn. 10.
[123] Dazu *Walden/Meyer-Landrut* DB 2005, 2119 (2120).
[124] Habersack/Drinhausen/*Habersack* Rn. 13.
[125] MüKoGmbHG/*Rieder* GmbHG § 5a Rn. 1; Roth/Altmeppen/*Roth* GmbHG § 5 Rn. 5.
[126] *Schwarz* Rn. 58 im Anschluss an *Scheifele*, Die Gründung der Europäischen Aktiengesellschaft, 2004, 105 ff.
[127] Zust. Kölner Komm AktG/*Veil* Rn. 23; Habersack/Drinhausen/*Habersack* Rn. 13.

Zweck der Holding-Gründung errichtet wurde (→ Rn. 14; → Rn. 27) bzw. vom anderen Partner abhängig ist (→ Rn. 13; → Rn. 27). Auch bedeutet es keine rechtswidrige Umgehung des Abs. 2 lit. b, wenn ein Holding-Partner zuvor nach Abs. 4 in eine SE umgewandelt wurde und seinen Sitz zur Herstellung der Mehrstaatlichkeit verlegt (→ Rn. 10 f.).[128]

33 Nach **Abs. 2 lit. b** muss jeder der gründenden Gesellschaften eine Tochtergesellschaft oder eine Zweigniederlassung zugeordnet sein.[129] Der Begriff der **Tochtergesellschaft** wird im (sekundären) Unionsrecht nicht ausdrücklich bestimmt.[130] § 2 Abs. 3 SEBG definiert für die Zwecke der Unternehmensmitbestimmung die Tochtergesellschaft als rechtlich selbstständiges Unternehmen, auf das eine andere Gesellschaft einen beherrschenden Einfluss iSv Art. 3 Abs. 2–7 Europäischer Betriebsrat-RL (RL 2009/38/EG) ausübt. Zu Grunde liegt Art. 2 lit. c SE-RL. Weil diese Definition jedoch ihrem Wortlaut nach auf die Zwecke der SE-RL beschränkt ist, soll nach einer Auffassung Art. 2 Bilanz-RL (RL 2013/34/EU),[131] nach einer anderen Art. 3 Mutter-Tochter-RL (RL 2011/96/EU) angewendet werden.[132] Dazu besteht jedoch angesichts der engen Verbindung von SE-VO und SE-RL kein Anlass, zumal die beiden Gegenansichten nicht zu Unterschieden in der Sache gelangen.[133] Auch ist mit Blick auf Art. 2 Abs. 3 (Gründung einer Tochter-SE) und Art. 31 eindeutig, was mit einem „Tochterverhältnis" gemeint ist: Es handelt sich um eine rechtlich selbstständige Gesellschaft, an der eine andere Gesellschaft unmittelbar oder mittelbar die Mehrheit der Stimmrechte besitzt oder unmittelbar oder mittelbar einen beherrschenden Einfluss ausübt.[134] Entsprechend Art. 3 Abs. 2 Europäischer Betriebsrat-RL wird ein beherrschender Einfluss **vermutet,** wenn eine Gesellschaft an der anderen entweder die Mehrheit des gezeichneten Kapitals oder der Stimmrechte hält oder mehr als die Hälfte der Mitglieder des Verwaltungs-, Leitungs- oder Aufsichtsorgans der anderen Gesellschaft bestellen kann.

34 Eine **besondere Rechtsform der Tochtergesellschaft** (etwa juristische Person) wird offensichtlich **nicht vorausgesetzt,**[135] wie der systematische Vergleich zu der ebenfalls als Gründungsvoraussetzung in Betracht kommenden Zweigniederlassung zeigt: Genügt es bereits, dass die dem Gründer zuzuordnende Einheit von diesem gar nicht rechtlich unterschieden werden kann, so kann es auch auf echte Rechtsfähigkeit nicht ankommen; Teilrechtsfähigkeit dürfte in jedem Fall genügen.[136]

35 Das Tatbestandsmerkmal der **Zweigniederlassung** bezieht sich hingegen auf den ursprünglich in der Elften RL 89/666/EWG (Zweigniederlassungs-RL; jetzt Art. 28a ff. GesR-RL) verwendeten, aber nicht definierten Begriff: Im Gegensatz zur Tochtergesellschaft handelt es sich nicht um eine juristische Person, sondern vielmehr um eine auf Dauer angelegte Organisationseinheit, die sich gegenüber der Gesellschaft, der sie zugeordnet ist, durch ihre sachliche und persönliche Ausstattung ökonomisch verselbstständigt hat.[137] In der Sache geht es um eine Kombination mehrerer Produktionsfaktoren von **eigenem wirtschaftlichen Gewicht,** weshalb eine Zweigniederlassung regelmäßig nicht aus einzelnen

---

[128] Ebenso Habersack/Drinhausen/*Habersack* Rn. 14.
[129] Lutter/Hommelhoff/Teichmann/*Bayer* Rn. 17; BeckOGK/*Casper* Rn. 12; *Schwarz* ZIP 2001, 1847 (1850); *Teichmann* ZGR 2002, 383 (411); aA *Hommelhoff* AG 2001, 279 (281) Fn. 15.
[130] Kalss/Hügel/*Kalss* SEG Vor § 17 Rn. 6.
[131] *Bayer* in Lutter/Hommelhoff, Die Europäische Gesellschaft, 2005, 25 (31); Lutter/Hommelhoff/Teichmann/*Bayer* Rn. 16; Kölner Komm AktG/*Veil* Rn. 30; *Scheifele,* Die Gründung der Europäischen Aktiengesellschaft, 2004, 121; *J. Schmidt,* „Deutsche" vs. „britische" Societas Europaea (SE), 2006, 141.
[132] *Buchheim,* Europäische Aktiengesellschaft und grenzüberschreitende Konzernverschmelzung, 2001, 135, Fn. 167; *Wenz,* Die Societas Europaea (SE), 1993, 52.
[133] Wie hier *Jannott* in Jannott/Frodermann SE-HdB Rn. 13; NK-SE/*Schröder* Rn. 62; Habersack/Drinhausen/*Habersack* Rn. 15; *Seibt/Reinhard* Konzern 2005, 407 (410).
[134] Ähnlich BeckOGK/*Casper* Rn. 12; *Drinhausen* in Van Hulle/Maul/Drinhausen SE-HdB Abschn. 4 § 5 Rn. 9; Kalss/Hügel/*Kalss* Vor SEG § 17 Rn. 7: qualifiziertes Näheverhältnis.
[135] Ebenso Habersack/Drinhausen/*Habersack* Rn. 15.
[136] Ähnlich BeckOGK/*Casper* Rn. 12 und Habersack/Drinhausen/*Habersack* Rn. 15: es muss sich um eine Gesellschaft iSd Art. 54 UAbs. 2 AEUV handeln.
[137] BeckOGK/*Casper* Rn. 13; Habersack/Drinhausen/*Habersack* Rn. 16; *Grundmann* EuropGesR Rn. 825; *Schwarz* EuropGesR Rn. 375; NK-SE/*Schröder* Rn. 63; Kölner Komm AktG/*Veil* Rn. 32.

Gründungsformen 36–38 **Art. 2 SE-VO**

Vermögensgegenständen (Grundstück) oder Einrichtungen (Briefkasten, angemietetes Büro) besteht. Maßgeblich dürfte die Vergleichbarkeit zur Tochtergesellschaft sein: Die Zweigniederlassung muss einen verselbständigten Teil des Unternehmensvermögens repräsentieren, das alternativ auch von einer Konzerntochter verwaltet werden könnte. Alternativ bzw. ergänzend zur Zweigniederlassungs-RL wird im Schrifttum auf den inhaltlich übereinstimmenden Tatbestand des inzwischen aufgehobenen Art. 5 Nr. 5 Brüssel I-VO verwiesen,[138] der sich nun in Art. 7 Nr. 5 Brüssel Ia-VO wiederfindet.

Die Zweigniederlassung muss **in einem anderen Mitgliedstaat belegen sein** als dem 36 Sitzstaat der Gründergesellschaft. Hiervon ist auszugehen, wenn sie in das nationale Handelsregister des anderen Mitgliedstaates eingetragen ist.[139]

Mindestens zwei Gründergesellschaften müssen geeignete Tochtergesellschaften oder 37 Zweigniederlassungen zuzuordnen sein.[140] Fraglich ist, ob es sich dabei rechtlich gesehen **um dieselbe Tochtergesellschaft** handeln kann;[141] Beispiel: Zwei deutsche AG haben ein Gemeinschaftsunternehmen in der Form einer spanischen *sociedad de responsibilidad limitada* in der Weise gegründet, dass jede Mutter einen Anteil von 50% hält. Eine eigene, hier nicht interessierende Frage liegt darin, ob diese Konstellation bereits die Gründung einer Tochter-SE nach Abs. 3 lit. b rechtfertigt (→ Rn. 44). Der Wortlaut des Abs. 2 lit. b steht der Gründung einer Holding-SE nicht entgegen: Der Begriff „Tochtergesellschaft" wird darin im Singular verwendet und auf die jeweilige Mutter bezogen. Die Möglichkeit, dass es sich beide Male um dieselbe Tochtergesellschaft handeln könnte, ist daher nicht ausgeschlossen. Das eigentliche Problem dieser Konstellation läuft deshalb auf die Frage hinaus, ob der Begriff der Tochtergesellschaft in Abs. 2 lit. b eine **gleichzeitige Zuordnung zu zwei Müttern** erlaubt. Schon denklogisch kommt dabei eine Mehrheitsbeteiligung auf Seiten beider Mütter nicht in Betracht. Denkbar ist allenfalls ein **mittelbar beherrschender Einfluss** (vgl. Art. 67 Abs. 1 GesR-RL). Das Merkmal des beherrschenden Einflusses ähnelt dabei dem des Art. 2 Abs. 1 UAbs. 2 lit. b VO (EG) 139/2004 (Fusionskontroll-VO). Im Rahmen dieser Norm kann aber auch einer Minderheitsbeteiligung diese Qualität zukommen, sofern nur der Minderheitsgesellschafter in der Lage ist, grundlegende strategische Weichenstellungen des anderen zu verhindern.[142] Dabei dürfen jedoch die unterschiedlichen Zwecksetzungen von Art. 2 Abs. 1 lit. b VO (EG) 139/2004 und Art. 2 Abs. 2 nicht übersehen werden: Im ersten Fall geht es um die Verhinderung einer Schwächung der Marktstruktur durch Lähmung der Autonomie eines Wettbewerbers, im zweiten Fall um den Nachweis einer dauerhaften Integration im Gemeinsamen Markt über die nationalen Grenzen hinweg. Letzteres dürfte tendenziell höhere Anforderungen voraussetzen. Zumindest in der vorgestellten Situation einer gleichmäßigen Beteiligung beider Mütter kommt jedoch ein bestimmender Einfluss in Betracht, weil jeder Gesellschafter dem anderen den Einfluss auf die Geschäftsführung verwehren kann und beide nur gemeinsam vorgehen können. Ähnliches dürfte für Minderheitsbeteiligungen an einem Gemeinschaftsunternehmen gelten, wenn die Satzung zentrale unternehmerische Entscheidungen in diesem von einem Einverständnis der Gesellschafter abhängig macht.[143]

Die Mutter muss ihr jeweiliges Tochterunternehmen seit mindestens zwei Jahren haben. 38 Das untechnisch verwendete Merkmal **„haben"** soll offensichtlich nahe liegende Umge-

---

[138] Lutter/Hommelhoff/Teichmann/*Bayer* Rn. 19; *Scheifele,* Die Gründung der Europäischen Aktiengesellschaft, 2004, 124; *Schwarz* Rn. 72 f.
[139] BeckOGK/*Casper* Rn. 13; aA Habersack/Drinhausen/*Habersack* Rn. 16.
[140] Lutter/Hommelhoff/Teichmann/*Bayer* Rn. 17; NK-SE/*Schröder* Rn. 61; *Schwarz* ZIP 2001, 1847 (1850); anders wohl *Hommelhoff* AG 2001, 281 Fn. 15.
[141] Im Ansatz bejaht von Kalss/Hügel/*Kalss* SEG Vor § 17 Rn. 9; BeckOGK/*Casper* Rn. 12; *Schwarz* Rn. 71 f.; *Oechsler* NZG 2005, 697 (700 f.); Kölner Komm AktG/*Veil* Rn. 26; Habersack/Drinhausen/*Habersack* Rn. 15.
[142] Vgl. die Konstellation EuG Slg. 1999, II-1299 = EuZW 1999, 600 – Endemol im Hinblick auf die Beteiligung von Endemol an HMG; dies entspricht der Sichtweise der Kommission auch bei der Fusionskontrolle, vgl. die Mitteilung zum Zusammenschlussbegriff ABl. 1998 C 66, 5 (Tz. 21 ff.).
[143] Dies entspricht auch der Sichtweise der Kommission bei der Fusionskontrolle, vgl. die Mitteilung zum Zusammenschlussbegriff ABl. 1998 C 66, 5 (Tz. 18 ff.).

hungsmöglichkeiten verschließen. Es kommt nicht allein darauf an, dass die Tochtergesellschaft oder die Zweigniederlassung bereits seit zwei Jahren besteht; entscheidend ist die **Zuordnung zur Gründergesellschaft**. Deshalb bedeutet „haben", dass die Tochtergesellschaft bzw. Zweigniederlassung erstens rechtlich entstanden sein muss und zweitens der Gründergesellschaft zugeordnet werden kann, weil sie von dieser kontrolliert wird.[144] Die **Zweijahresfrist** beginnt daher erst dann zu laufen, wenn beide Voraussetzungen des „haben" vorliegen. Deshalb nützt hier auch der Erwerb einer seit zwei Jahren bestehenden **Vorratsgesellschaft** nichts, wenn diese von der Gründergesellschaft im relevanten Zeitpunkt noch nicht zwei Jahre kontrolliert wird.[145] Andererseits kann es sich bei der Tochtergesellschaft aber auch um eine den Gründergesellschaften bereits seit zwei Jahren zugeordnete Vorratsgesellschaft handeln, da es nicht erforderlich ist, dass die Tochtergesellschaft eine wirtschaftliche Aktivität entfaltet hat.[146] Die zwei Jahre müssen verstrichen sein, bevor die Gründung der Holding **angestrebt** wird: Dieser sehr weit gehende Wortlaut legt es eigentlich nahe, dass mit der Vorbereitung des Holdingbeschlusses, etwa durch einen Gründungsplan (Art. 32 Abs. 2), nicht vor Fristablauf begonnen werden darf.[147] Da allerdings Interna wie der Beginn der Arbeiten der Verwaltung am Entwurf eines Gründungsbeschlusses praktisch nicht überprüfbar sind, dürfte es nach einem am Normzweck orientierten effizienten Normverständnis (Art. 68 Abs. 1) darauf ankommen, dass die Frist im **Zeitpunkt der Anmeldung der Eintragung der SE** verstrichen ist.[148] Denn erst in diesem Zeitpunkt ist eine Kontrolle durch die zuständige Stelle möglich.[149] Der Zeitpunkt der Eintragung kommt ebenfalls nicht in Betracht,[150] weil es nicht Aufgabe des Registergerichts sein kann, durch Verzögerung der Eintragung einen Antrag, der die gesetzlichen Voraussetzungen noch nicht erfüllt, eintragungsfähig zu machen.

39 3. **Tochter-SE (Abs. 3).** Die Gründung einer Tochter-SE nach Abs. 3 kommt **in der Praxis häufig** vor; ein Grund dafür liegt in dem Umstand begründet, dass die SE-VO die Einzelheiten des Gründungsverfahrens gar nicht regelt (Art. 35 f.) und deshalb das nationale Gesellschaftsrecht, dem die spätere Tochter zugeordnet ist, unverändert Anwendung finden kann.[151] Danach kann die SE als Gemeinschaftsunternehmen von mindestens zwei dem Recht verschiedener Mitgliedstaaten unterliegender Mütter gegründet werden. Auf diese Konstruktion sind grundsätzlich die Art. 2 Abs. 4, 3 Abs. 4 VO (EG) 139/2004 anwendbar (Erwägungsgrund 20).[152] Nicht geregelt ist hingegen der Fall der **Ausgründung einer Tochter als SE aus einer einzigen nationalen AG**; diese kann indes auf der Grundlage von Abs. 1 bewerkstelligt werden (→ Rn. 16).[153]

40 Als Mütter des künftigen Gemeinschaftsunternehmens kommen **Gesellschaften iSd Art. 54 UAbs. 2 AEUV** in Betracht, also „Gesellschaften bürgerlichen Rechts und des Handelsrechts einschließlich der Genossenschaften und die sonstigen juristischen Personen des öffentlichen und privaten Rechts mit Ausnahme derjenigen, die keinen Erwerbszweck verfolgen". Bei den bezeichneten Gesellschaften handelt es sich mit anderen Worten um **Rechtsträger, deren Gegenstand einen Erwerbszweck mit einschließt**, wobei die Einzelheiten ihrer Verfassung (Personengesellschaft/Verein, öffentliches/priva-

---

[144] BeckOGK/*Casper* Rn. 14; *Schwarz* Rn. 69; Kölner Komm AktG/*Veil* Rn. 28; Habersack/Drinhausen/*Habersack* Rn. 17.
[145] Möglicherweise in eine andere Richtung *Bayer* in Lutter/Hommelhoff, Die Europäische Gesellschaft, 2005, 25 (29) mit Verweis auf *Lange* EuZW 2003, 301 f.; *Kallmeyer* AG 2003, 197 f.
[146] Habersack/Drinhausen/*Habersack* Rn. 15; BeckOGK/*Casper* Rn. 24.
[147] In diesem Sinne *Neun* in Theisen/Wenz, Die Europäische Aktiengesellschaft, 2. Aufl. 2005, 57 (68).
[148] Ebenso Kölner Komm AktG/*Veil* Rn. 28; Habersack/Drinhausen/*Habersack* Rn. 17.
[149] *Bayer* in Lutter/Hommelhoff, Die Europäische Gesellschaft, 2005, 25 (32); Lutter/Hommelhoff/Teichmann/*Bayer* Rn. 20; BeckOGK/*Casper* Rn. 14, der die → 3. Aufl. 2012, Rn. 34 missversteht; *Scheifele*, Die Gründung der Europäischen Aktiengesellschaft, 2004, 125.
[150] *Seibt/Reinhard* Konzern 2005, 407 (411).
[151] So bereits *J. Schmidt* in Bayer, Die Aktiengesellschaft im Spiegel der Rechtstatsachenforschung, 2007, 51 (63); vgl. ferner *Bayer/J. Schmidt* AG-Report 2008, 31 ff.
[152] Zur Holding-Gründung *Veelken* FS Immenga, 2004, 433 (458 f.).
[153] *Hirte* NZG 2002, 1 (4); Kölner Komm AktG/*Veil* Rn. 35.

tes Recht) keine Rolle spielen.[154] Deshalb zählt auch eine **Gesellschaft bürgerlichen Rechts** dazu, wenn diese als Außengesellschaft Trägerin von Rechten und Pflichten ist.[155] Schließlich sind EWIV und **Europäische Genossenschaft** erfasst.[156] Fraglich ist, welche Bedeutung darüber hinaus der abermaligen ausdrücklichen Nennung **der juristischen Personen des öffentlichen oder privaten Rechts** im Wortlaut von Abs. 3 zukommt. Diese kann im systematischen Vergleich zu Art. 54 UAbs. 2 AEUV eigentlich nur in der **Aufgabe des Erfordernisses des Erwerbszwecks** für diese Gesellschaftstypen[157] bzw. sogar **des Erfordernisses der Rechtsfähigkeit**[158] liegen. Für diese Betrachtungsweise spricht einerseits die Unterschiedlichkeit der Zwecksetzungen von Art. 54 UAbs. 2 AEUV und Art. 2 Abs. 3 und andererseits, dass gerade die Technik der Gründung von Gemeinschaftsunternehmen ein zentrales Instrument der ökonomischen Integration über die Grenzen nationaler Märkte hinaus darstellt. Nach Erwägungsgrund 10 zählt die Gründung der Tochter-SE zu den drei wichtigsten Zielen der SE-VO – ein Umstand, der erklärt, warum der **Adressatenkreis des Abs. 3** im Rahmen des Art. 2 **beispiellos weit** gefasst ist. Dann muss diese Möglichkeit **auch** solchen juristischen Personen des öffentlichen und privaten Rechts offenstehen, die **nicht nach Gewinnerzielung** streben. Dies ergibt sich nicht zuletzt auch aus der Einbeziehung der Genossenschaften in Art. 54 UAbs. 2 AEUV.

Zu den **Tatbestandsmerkmalen** „nach dem Recht eines Mitgliedstaats gegründet" **41** → Rn. 26, zu „Sitz" und „Hauptverwaltung in der Gemeinschaft" → Rn. 26. Zu den einzelnen Merkmalen von **lit. a** → Rn. 30. Wie dort bereits ausgeführt, treten zum Wortlaut **keine weiteren Sachanforderungen** hinzu. Es ist daher zulässig, dass die zweite Mutter **gerade zum Zweck der Gründung einer Tochter-SE errichtet** wurde (→ Rn. 14; → Rn. 27; → Rn. 32); auch schadet es nicht, wenn eine der Mütter von der anderen abhängig ist (→ Rn. 13; → Rn. 27; → Rn. 32).

Zu den **Tatbestandsmerkmalen** von **lit. b** → Rn. 33 ff.; wie im Rahmen des Abs. 2 **42** lit. b kommt auch hier in Betracht, dass den Müttern **dieselbe Tochtergesellschaft** zugeordnet wird (→ Rn. 37). Es bedeutet keine rechtswidrige Umgehung des Abs. 3 lit. b, wenn beide Mütter zunächst dem Recht eines Mitgliedstaates unterworfen waren und eine von ihnen – zwecks Vorbereitung der Tochtergründung nach Abs. 3 – zuvor nach Abs. 4 in eine SE umgewandelt wurde (→ Rn. 13; → Rn. 9). Eine Alternative zur Gründung nach Abs. 3 und zugleich eine (zulässige) Umgehung der in Abs. 3 lit. b gesetzten Zweijahresfrist stellt schließlich die Verschmelzung der beiden Töchter nach Abs. 1 dar (→ Rn. 15). Fraglich ist ferner, ob auch eine **Identität einer Tochtergesellschaft nach Abs. 3 lit. b und der zu errichtenden Tochter-SE** in Betracht kommt. Dies hängt von der Auslegung des Tatbestandsmerkmals der Gründung durch Zeichnung ab (→ Rn. 44).

Die Gründung erfolgt durch **„Zeichnung"** der Aktien der Tochter-SE. Das **Grün-** **43** **dungsverfahren** gestaltet sich daher wie folgt: Die Gründergesellschaften stellen die Satzung der Tochter-SE fest, übernehmen im Anschluss die Aktien und leisten die Bar- und ggf. Sacheinlagen.[159] Das Tatbestandsmerkmal „Zeichnen" erfasst **auch die Übernahme iSd § 29 AktG**, wie sich aus dem Verweis des Art. 36 auf das nationale Grün-

---

[154] Lutter/Hommelhoff/Teichmann/*Bayer* Rn. 22; *Scheifele,* Die Gründung der Europäischen Aktiengesellschaft, 2004, 85; NK-SE/*Schröder* Rn. 76; *Schwarz* Rn. 80.
[155] *Schwarz* Rn. 83.
[156] BeckOGK/*Casper* Rn. 15.
[157] BeckOGK/*Casper* Rn. 15; Habersack/Drinhausen/*Habersack* Rn. 19; *Scheifele,* Die Gründung der Europäischen Aktiengesellschaft, 2004, 86; grds. auch *Schwarz* Rn. 88 f., der jedoch die Ausübung einer – sehr weit verstandenen – „wirtschaftlichen Tätigkeit" für erforderlich hält.
[158] *Schwarz* Rn. 87.
[159] *Bayer* in Lutter/Hommelhoff, Die Europäische Gesellschaft, 2005, 25 (28); BeckOGK/*Casper* Rn. 16; Habersack/Drinhausen/*Habersack* Rn. 18 mit dem zusätzlichen Argument, dass nach § 123 UmwG ein Erwerb der Aktien kraft Gesetzes und nicht „durch Zeichnung" stattfindet; Kölner Komm AktG/*Veil* Rn. 34; Kalss/ Hügel/*Kalss/Hügel* SEG Vor § 17 Rn. 20; *Marsch-Barner* FS Happ, 2006, 165 (170); *Maul* in Van Hulle/Maul/ Drinhausen SE-HdB Abschn. 4 § 4 Rn. 10.

dungsrecht ergibt. Zeichnung bedeutet folglich auch die **Abgabe der Übernahmeerklärung.** Anders als im Fall des **Art. 3 Abs. 2** (→ Art. 3 Rn. 8) ist keine direkte Ausgründung durch **Ausgliederung** möglich, da § 123 Abs. 3 UmwG nicht den Fall regelt, dass mehrere übertragende Rechtsträger gemeinsam ihr Vermögen im Wege eines Spaltungsvorgangs übertragen (s. den Wortlaut: „ein Rechtsträger"); die Ausgründung einer Tochtergesellschaft aus einer einzigen nationalen Gesellschaft wird von Art. 2 Abs. 3 jedoch nicht erfasst (→ Rn. 39).[160]

44   Fraglich ist, ob als **Zeichnung** iSd Abs. 3 auch der **gemeinsame Erwerb von Beteiligungen durch zwei nach Abs. 3 qualifizierte Mütter an einer bereits bestehenden Gesellschaft** in Betracht kommt.[161] Dies muss mit Blick auf die Verweisung in Art. 36 grundsätzlich verneint werden: Die Norm nimmt auf die nationalen Rechtsvorschriften zur Beteiligung an der *Gründung* einer Tochtergesellschaft Bezug. Der **Zweiterwerb** von Aktien an einer (zukünftigen) Tochter bedeutet aber regelmäßig keine Gründung der Tochter. Freilich besteht eine bedeutende **Ausnahme:** Der derivative Erwerb von Aktien an einer bereits gegründeten **Vorratsgesellschaft,** die als Mantel veräußert wird, wird nach der nicht unumstrittenen Rspr. des BGH als **„wirtschaftliche Neugründung"** der Tochter eingeordnet.[162] Zählt man diese zum Gründungsrecht, wofür die teleologischen Anliegen der Lehre von der wirtschaftlichen Neugründung gerade sprechen, liegt auch ein Fall des Art. 36 und damit eine Zeichnung vor.[163] Bejaht man diese Möglichkeit, schließt sich die Frage an, ob **ein von zwei Müttern gegründetes Gemeinschaftsunternehmen nach Ablauf der Zweijahresfrist noch nachträglich in eine SE** auf der Grundlage des Abs. 3 **umgewandelt** werden kann. Das zugrunde liegende Problem steht in engem Zusammenhang mit dem Umstand, dass die Voraussetzungen des Abs. 3 lit. b auch dadurch erfüllt werden können, dass zwei Mütter eine jeweils fünfzigprozentige Beteiligung an derselben Tochtergesellschaft halten, die dem Recht eines anderen Mitgliedstaates unterliegt (→ Rn. 37). Gerade in dieser Konstellation stellt sich die Frage, ob dieses **Gemeinschaftsunternehmen** nicht einfach **in eine Tochter-SE umgewandelt** werden kann, wenn die zwei Jahre abgelaufen sind. Die Antwort hängt davon ab, ob in diesem Fall noch von einer Gründung durch **Zeichnung** gesprochen werden kann. Dagegen spricht zunächst ein systematisches Argument aus Art. 2 Abs. 4: Von ihrer Wirkung her bedeutete nämlich der **nachträgliche Rechtsformwechsel der gemeinsamen Tochter in eine SE** eine Umwandlung, wie sie Art. 2 Abs. 4 nur unter bestimmten Voraussetzungen und – wichtiger noch – mit beschränkten Rechtsfolgen vorsieht: Die Umwandlung der Tochtergesellschaft in eine Tochter-SE ist nämlich einerseits nicht in Abs. 4 vorgesehen, und andererseits verbietet **Art. 37 Abs. 3,** dass die Umwandlung nach Art. 2 Abs. 4 mit einer Sitzverlegung kombiniert wird, was zum Ergebnis hätte, dass eine inländische AG sich in eine SE mit Sitz im Ausland verwandeln könnte. Gerade diese Beschränkung würde unterlaufen, wenn die gemeinsame inländische Tochter ihren Rechtsformwechsel mit einer Sitzverlegung nach Art. 8 kombinieren könnte. Wo allerdings die **Voraussetzungen des Art. 37 Abs. 3** (freiwillig) **gewahrt** werden, können die Vorschriften über die Tochtergründung aus einer anderen Überlegung heraus angewendet werden: Der Rechtsformwechsel gilt aus Sicht des nationalen Rechts, auf das Art. 36 verweist, mit gutem Grund als Fall der wirtschaftlichen Neugründung (§ 197 UmwG). Dann zählt auch der Rechtsformwechsel einer gemeinsamen Tochter zu den Vorschriften über „die Beteiligung an der Gründung einer Tochtergesellschaft", auf die Art. 36 verweist und muss folglich eine Zeichnung iSd Art. 2 Abs. 3 bedeuten können.[164]

---

[160] *Hirte* NZG 2002, 1 (4); Kölner Komm AktG/*Veil* Rn. 35; ähnlich *Scheifele*, Die Gründung der Europäischen Aktiengesellschaft, 2004, 390 f.; *Maul* in Van Hulle/Maul/Drinhausen SE-HdB Abschn. 4 § 4 Rn. 10; BeckOGK/*Casper* Rn. 16.
[161] Abl. wie hier BeckOGK/*Casper* Rn. 16; *Oechsler* NZG 2005, 697 (701); Kölner Komm AktG/*Veil* Rn. 34; Habersack/Drinhausen/*Habersack* Rn. 18.
[162] So die Rspr., BGHZ 153, 158 = NJW 2003, 892; BGHZ 155, 318 = NJW 2003, 3198 zum Mantelkauf.
[163] Abl. Habersack/Drinhausen/*Habersack* Rn. 18.
[164] *Oechsler* NZG 2005, 697 (701).

Gründungsformen   45–48 **Art. 2 SE-VO**

In den Fällen des Abs. 3 lit. b kommt in Betracht, dass die beiden Mütter ihre Tochterge- 45
sellschaften, wenn es sich bei diesen um AG nach Anhang I zur SE-VO handelt, auch
nach **Abs. 1 verschmelzen** (→ Rn. 15). Dann erwerben die Mütter im Rahmen des
Verschmelzungsverfahrens Anteile an der neu gegründeten SE. Dies ist kein Fall der Gründung nach Abs. 3, weil der Erwerb der Anteile an der SE keinen eigenen Zeichnungsakt
voraussetzt.[165]

4. Umwandlung in eine SE (Abs. 4). Die an den deutschen **Formwechsel** gemah- 46
nende[166] Umwandlung stellt heute einen **praktisch sehr bedeutsamen Gründungstatbestand** dar.[167] Sie war ursprünglich weder im SE-VO-Vorschlag von 1989 noch im Davignon-Bericht von 1997 vorgesehen, geriet aber beide Male im Verhandlungswege
nachträglich in den Text der SE-VO. Ausschlaggebend für die zögerliche Einführung war
die Befürchtung, eine nationale Gesellschaft könne sich zu leicht den nationalen Mitbestimmungsregeln entziehen (→ Rn. 3). Dieses Misstrauen drückt sich noch gegenwärtig in
Art. 37 Abs. 3 aus: Eine **Sitzverlegung** nach Art. 8 ist anlässlich der Umwandlung ausgeschlossen.[168] Die Folgen der späten Entstehung und das erwähnte Misstrauen sind an Erwägungsgrund 10 ablesbar, der die Umwandlung nicht zu den wichtigsten Zielen der SE-VO
zählt. Das späte Stadium der Normentstehung erklärt auch eine mit der Norm verbundene
systematische Unstimmigkeit (→ Rn. 6): Während die Gründungstatbestände nach Abs. 2
lit. b und Abs. 3 lit. b jeweils voraussetzen, dass eine internationale Integration über zwei
Tochtergesellschaften besteht, fordert Abs. 4 nur eine Tochtergesellschaft.[169] Die **Rechtsfolge** der Umwandlung besteht in einem **Rechtsformwechsel** der AG in eine SE. Dies
ergibt sich aus dem systematisch eindeutigen Sprachgebrauch des Merkmals „Umwandlung"
in der (Art. 66 Abs. 1). Insbesondere am Satzungssitz der neuen SE ändert die Umwandlung
nichts (arg. e Art. 37 Abs. 3). Auf sie findet vielmehr das bislang geltende nationale Aktienrecht, modifiziert durch die Normen der SE-VO, Anwendung (zu möglichen Gestaltungen
→ Rn. 9 f.).

Gegenstand der Umwandlung kann **nur eine AG** (→ Rn. 25) sein. Im System des Art. 2 47
bezieht sich der Wortlaut auf eine Gesellschaft iSv Abs. 1 und damit des Anhangs I zur SE-
VO.[170] Allerdings dürfte aus den erwähnten Überlegungen heraus **auch eine Kommanditgesellschaft auf Aktien** qualifiziert sein (str.; → Rn. 25). Im Übrigen lehnen sich die
Tatbestandsvoraussetzungen an die vorangehenden drei Absätze des Art. 2 an. Daher zu
den Merkmalen „nach dem Recht eines Mitgliedstaates gegründet" → Rn. 26, „Sitz und
Hauptverwaltung in der Gemeinschaft" → Rn. 26, „Tochtergesellschaft" → Rn. 33, „hat"
→ Rn. 38, „mindestens zwei Jahre" → Rn. 38 und „dem Recht eines anderen Mitgliedstaates unterliegende" → Rn. 26. Das Tatbestandsmerkmal der **Umwandlung** muss autonom ausgelegt werden; es richtet sich allein nach Art. 37.

Im Gegensatz zu Abs. 2 lit. b und Abs. 3 lit. b genügt die Zuordnung einer **Zweignie-** 48
derlassung zur SE nicht.[171] Darin mag man einen Wertungswiderspruch,[172] kaum aber
eine unbeabsichtigte Regelungslücke entdecken: Das in Erwägungsgrund 10 und Art. 37
Abs. 3 zum Ausdruck kommende Misstrauen des Verordnungsgebers gegenüber dem Gründungstatbestand der Umwandlung weist diese Beschränkung wohl als bewusste Entscheidung aus. Eine analoge Anwendung ist folglich ausgeschlossen.[173]

---

[165] BeckOGK/*Casper* Rn. 16.
[166] *Teichmann* ZGR 2002, 383 (439); *Schulz/Geismar* DStR 2001, 1078 (1081).
[167] *Habersack* AG 2018, 823.
[168] *Kübler* ZHR 167 (2003), 222 (226); *Schulz/Geismar* DStR 2001, 1078 (1081).
[169] *Hommelhoff* AG 2001, 279 (281) Fn. 15; *Teichmann* ZGR 2002, 383 (411 f.); *Schwarz* ZIP 2001, 1847 (1850).
[170] BeckOGK/*Casper* Rn. 17; *Hommelhoff* AG 2001, 279 (280 Fn. 8); *Schwarz* Rn. 99.
[171] Lutter/Hommelhoff/Teichmann/*Bayer* Rn. 25; *Hirte* NZG 2002, 1 (3); *Schwarz* Rn. 103 f.; *Schwarz* ZIP 2001, 1847 (1850); NK-SE/*Schröder* Rn. 60; Habersack/Drinhausen/*Habersack* Rn. 22.
[172] *Hommelhoff* AG 2001, 279 (281).
[173] Ebenso Kölner Komm AktG/*Veil* Rn. 45.

49 Der Zweck der in Abs. 4 gesetzten **Zweijahresfrist,** eine Umwandlung auf der Grundlage rascher Ausgründungen zu verhindern,[174] kann allerdings deswegen praktisch nicht erreicht werden, weil die Frist auf der Grundlage des Abs. 1 (Verschmelzung) umgangen werden kann – ein Ergebnis, das Art. 31 ausdrücklich vorsieht (→ Rn. 13): Tochter und Mutter kommen danach nämlich als Verschmelzungspartner in Betracht und müssen keine Frist vor der SE-Gründung verstreichen lassen.[175] Dies eröffnet auch die Möglichkeit, ein als Verschmelzungspartner nach Abs. 1 geeignetes Vehikel von vornherein als Tochtergesellschaft zu gründen (→ Rn. 14). Der **praktische Anwendungsbereich** des Abs. 4 beschränkt sich deshalb auf die Fälle, in denen das Verfahren nach Abs. 1 im Vergleich zu aufwändig ist: Es sind vor allem Konstellationen, in denen der AG eine nach Abs. 4 geeignete Tochtergesellschaft bereits zwei Jahre lang zugeordnet ist.

50 Eine **Umwandlung der Tochtergesellschaft** auf der Grundlage des Abs. 4 scheidet regelmäßig aus (es sei denn, die Tochtergesellschaft erfüllt ihrerseits die Voraussetzungen nach Abs. 4).[176] Dieses Ziel kann jedoch im Wege der Verschmelzung nach Abs. 1 verfolgt werden, die wegen Art. 31 nicht verboten ist (→ Rn. 13).[177] Die AG muss zu diesem Zweck eine AG gründen, die mit Blick auf die bestehende Tochtergesellschaft als Verschmelzungspartner iSd Art. 2 Abs. 1 geeignet ist. Die Tochter selbst muss notfalls nach nationalem Recht in eine AG umgewandelt werden. Das neu gegründete Vehikel kann dann auf die Tochter nach Art. 2 Abs. 1 verschmolzen werden. Hier besteht auch in Mehrmütterkonstellationen die Möglichkeit zu einer Gründung nach Art. 2 Abs. 3 (→ Rn. 44).[178]

51 **5. Optionale Zulassung ausländischer Partner (Abs. 5).** Die Ausübung der Option eröffnet teilweise die Möglichkeit, **die europäische Zentrale** eines auch außerhalb der Union operierenden Konzerns als SE zu verfassen.[179] Die Vorschrift entbindet von dem ansonsten stets in Art. 2 vorausgesetzten Erfordernis, dass die Hauptverwaltung (Art. 54 UAbs. 1 AEUV, Art. 7) innerhalb der Union angesiedelt sein muss. In Fällen dieser Art ist die Gründung der SE immerhin auch dadurch möglich, dass zwei nach Abs. 1 geeignete Verschmelzungspartner eigens zu diesem Zweck gegründet werden (→ Rn. 14).[180] Es zeugt wohl nicht unbedingt von rechtspolitischer Weitsicht, wenn der deutsche Gesetzgeber von dieser Gestaltungsmöglichkeit, die einen deutschen Konzernsitz ermöglicht hätte, keinen Gebrauch macht. Begründet wird die Entscheidung damit, dass es sich bei den durch Abs. 5 privilegierten Typen um Gesellschaften handelt, deren Statut der Gründungstheorie folgt, was zutrifft; den deutschen Unternehmen wollte man den zusätzlichen Effekt der Inländerdiskriminierung nicht zumuten.[181] Die Entscheidung wird auch im Hinblick auf die nun bestehende Möglichkeit einer **ausländischen Hauptverwaltung** von GmbH und AG (§ 4a GmbHG, § 5 AktG) zu überdenken sein.[182] Das Vereinigte Königreich hat ursprünglich die Option in **Sec. 55 European Public Limited Liability Company Regulations** von 2004 ausgeübt; sie lautet: „A company, formed under the law of a Member State, the head office of which is not in the Community, may participate in the formation of an SE where the company's registered office is in that Member State and it has a real and continuous link with a Member State's economy". Diese Möglichkeit wurde von außereuropäischen Unternehmen wahrgenommen.[183] **Fraglich** ist, ob Regelungen anderer Mitgliedstaaten, die Sec. 55 European

---

[174] *Hommelhoff* AG 2001, 279 (281).
[175] *Casper* FS Ulmer, 2003, 51 (64); Habersack/Drinhausen/*Habersack* Rn. 23; *Teichmann* ZGR 2002, 383 (411 f.); aA *Hirte* NZG 2002, 1 (3).
[176] BeckOGK/*Casper* Rn. 17; *Schwarz* Rn. 46; Habersack/Drinhausen/*Habersack* Rn. 23.
[177] Habersack/Drinhausen/*Habersack* Rn. 23.
[178] BeckOGK/*Casper* Rn. 17: Umwandlung nach Abs. 4; vgl. auch *Oechsler* NZG 2005, 697 (701 f.).
[179] Vgl. bereits *Sanders* AWD (RIW) 1960, 1 (2 f.); *Teichmann* ZGR 2002, 383 (413).
[180] Ähnlich im Hinblick auf Abs. 4 *Teichmann* ZGR 2002, 383 (413).
[181] Dazu maßgeblich *Neye* AG 2003, 169 (170 f.); ähnlich *Teichmann* ZGR 2002, 383 (415).
[182] Lutter/Hommelhoff/Teichmann/*Bayer* Rn. 30; Kölner Komm AktG/*Veil* Rn. 48; Habersack/Drinhausen/*Habersack* Rn. 25.
[183] Außereuropäische Gründer in Großbritannien und Schweden tätig: *J. Schmidt* in Bayer, Die Aktiengesellschaft im Spiegel der Rechtstatsachenforschung, 2007, 51 (72).

Public Limited Liability Company Regulations entsprechen, auch **Auswirkungen in Deutschland** haben. Insbesondere stellt sich die Frage, ob das deutsche Handelsregister an diese gebunden ist. In diesem Fall könnte sich eine ausländische Kapitalgesellschaft, die ihren Sitz in einem Mitgliedstaat, eine Zweigniederlassung in Deutschland, ihre Hauptverwaltung jedoch in einem Drittstaat außerhalb der EU unterhält, auf eine solche Norm berufen, um an der Gründung einer deutschen SE mitzuwirken.[184] Der für die Eintragung der SE zuständige deutsche Registerrichter (Art. 12 Abs. 1) dürfte dieser Kapitalgesellschaft dann möglicherweise nicht entgegenhalten, dass sie die Voraussetzungen des Art. 2 Abs. 1 nicht erfüllt. In diese Richtung tendiert wohl eine in der Lit. vertretene Auffassung.[185] Die besseren Gründe sprechen jedoch dafür, dass Normen dieser Art **allein die Behörden des jeweiligen Mitgliedstaates,** nicht aber auch die der anderen Mitgliedstaaten (wie zB das deutsche Registergericht) **binden.** Die **erste Ansicht** beruht auf der Annahme, dass sich die **Gründungsberechtigung** einer Gesellschaft, soweit sie nicht in Art. 2 abschließend geregelt ist, nach ihrem Gesellschaftsstatut richtet, und dass die nach Art. 2 Abs. 5 ergangenen Bestimmungen gerade diese Gründungsberechtigung zum Gegenstand haben.[186] **Dagegen** spricht jedoch ein **gewichtiger Einwand:** Schon seinem Wortlaut nach schränkt Art. 2 Abs. 5 die Regelungskompetenz der Mitgliedstaaten nicht darauf ein, Erleichterungen nur für Gesellschaftsformen „ihres" Rechts zu treffen. So ließ sich unter Sec. 55 immer auch eine deutsche AG subsumieren („a company, formed under the law of a member state"). Dieser weite Wortlaut steht auch mit Art. 2 Abs. 5 in Einklang: Die Norm ermächtigt nämlich zu einer Regelung, wonach sich „eine" Gesellschaft, die nach dem Recht „eines" Mitgliedstaates gegründet wurde, an der Gründung einer SE beteiligen kann. Die Ermächtigung schränkt die in Frage kommenden Gesellschaften also nicht auf solche ein, die nach dem Recht desjenigen Mitgliedstaates gegründet wurden, der gerade von der Ermächtigung Gebrauch macht. Die Regelung eines Mitgliedstaates, die sich auch auf ausländische Gesellschaften erstreckt, steht demnach mit Art. 2 Abs. 5 in Einklang. Deshalb kann sich eine deutsche AG mit Hauptverwaltung in einem Nicht-EU-Staat (nunmehr zulässig gem. § 5 AktG) an der Gründung einer britischen SE beteiligen, wenn für deren Eintragung das britische Registergericht gem. Art. 12 Abs. 1 zuständig ist. Dies bedeutet aber auch, dass Vorschriften, die gem. Art. 2 Abs. 5 erlassen werden, **nicht als Bestandteil des nationalen Gründungsrechts** qualifiziert werden können. Art. 2 Abs. 5 ermächtigt vielmehr zum Erlass nationaler Regelungen, die die Voraussetzungen des Art. 2 Abs. 1–4 modifizieren und sich dabei auch auf ausländische Gesellschaftsformen erstrecken. Dementsprechend ist Art. 2 Abs. 1 im Anwendungsbereich einer gem. Art. 2 Abs. 5 ergangenen Bestimmung **folgendermaßen zu lesen:** „Aktiengesellschaften im Sinne des Anhangs I, die nach dem Recht eines Mitgliedstaates gegründet worden sind, ihren Sitz in diesem Mitgliedstaat haben und mit der Wirtschaft eines Mitgliedstaates in tatsächlicher und dauerhafter Verbindung stehen, können eine SE durch Verschmelzung gründen […]". Die entsprechenden nationalen Vorschriften sind **nur in dem jeweiligen Mitgliedstaat verbindlich.** Dies ergibt sich mittelbar aus Art. 2 Abs. 5 selbst: Im Falle einer europaweiten Anwendbarkeit könnten Regelungskonflikte entstehen, für die Art. 2 Abs. 5 – anders als beispielsweise Art. 25 Abs. 3 – keine Lösung bereitstellt. Die **Gefahr eines Regelungskonflikts** ergibt gerade daraus, dass die Mitgliedstaaten auch ausländische Gesellschaftsformen in ihre Regelung miteinbeziehen können, wie zB durch die soeben vorgestellte britische Vorschrift geschehen.

Der **Tatbestand** folgt dem der übrigen in Art. 2 Abs. 1–4. Zu den Merkmalen „Hauptverwaltung" → Rn. 26, „nicht in der Gemeinschaft" → Rn. 26, „nach dem Recht eines Mitgliedstaates gegründet" → Rn. 26 und „Sitz" → Rn. 26. Die weiter vorausgesetzte **tatsächliche und dauerhafte Verbindung** mit der Wirtschaft eines Mitgliedstaates bestimmt sich laut Erwägungsgrund 23 S. 1 nach den Grundsätzen des allgemeinen Pro-

---

[184] Ähnliches Beispiel bei *Scheifele,* Die Gründung der Europäischen Aktiengesellschaft, 2004, 103.
[185] So wohl – allg., nicht nur in Bezug auf Sec. 55 – *Scheifele,* Die Gründung der Europäischen Aktiengesellschaft, 2004, 103 f.; ihm wohl folgend Kölner Komm AktG/*Veil* Rn. 47.
[186] *Scheifele,* Die Gründung der Europäischen Aktiengesellschaft, 2004, 104; Kölner Komm AktG/*Veil* Rn. 47.

gramms zur Aufhebung der Beschränkungen der Niederlassungsfreiheit von 1962; sie besteht regelmäßig, wenn die Gesellschaft in dem Mitgliedstaat eine Niederlassung hat, von der aus sie ihre Geschäfte betreibt (Erwägungsgrund 23 S. 2).[187] Die Staatsangehörigkeit der Gesellschafter oder der Organwalter ist hingegen ohne Belang.[188] Nach dem Normwortlaut muss die Verbindung nicht zwingend zum Gründungsstaat bestehen;[189] es genügt eine **Verbindung zu irgendeinem Mitgliedstaat.**[190]

III. Sonstiges

53   **1. Besonderheiten bei der Vorrats-SE.** Die in der deutschen Praxis[191] beliebte Gründung einer Vorrats-SE ist nach ganz hM **zulässig** (→ Art. 16 Rn. 9 ff.; → SEBG § 3 Rn. 3).[192] Sie muss allerdings – ebenso wie bei AG und GmbH – als **offene Vorratsgründung** erfolgen.[193] Sie kommt bei allen Gründungsvarianten in Betracht (→ Art. 16 Rn. 9). Nur gelegentlich werden Bedenken im Hinblick auf **Art. 12 Abs. 2** geäußert, weil nach dieser Vorschrift die Eintragung nur vorgenommen werden darf, wenn eine Vereinbarung über die Mitbestimmung erfolgt ist. Die in § 5 Abs. 1 SEBG (Art. 3 Abs. 2 SE-RL) geregelten 10%-Quoten implizieren zugleich eine Mindestzahl von zehn Arbeitnehmern (vgl. aber → SEBG § 3 Rn. 4), die bei Gründung einer Vorrats-SE regelmäßig nicht erreicht wird.[194] Auch bei der Gründung der Vorrats-SE muss grundsätzlich ein Verhandlungsverfahren gem. §§ 4 ff. SEBG stattfinden.[195] Dieses entfällt jedoch ausnahmsweise dann, wenn sowohl die Gründungsgesellschaften (einschließlich deren Tochtergesellschaften) als auch die zukünftige SE keine Arbeitnehmer beschäftigen bzw. im Falle der noch zu gründenden SE beschäftigen werden[196] oder die Mindestzahl nach § 5 SEBG nicht erreicht wird.[197] Nach teilweise vertretener Ansicht entfällt es ferner dann, wenn zwar die Gründungsgesellschaften mindestens zehn Arbeitnehmer beschäftigen, die zu gründende Vorrats-SE jedoch keine Arbeitnehmer beschäftigen wird.[198] Die ganz hM befürwortet zumindest im erstgenannten Fall zu Recht eine **teleologische Reduktion des Art. 12 Abs. 2.**[199] Wie die **Beteiligung der**

---

[187] Ähnlich *Schwarz* ZIP 2001, 1847 (1850) Fn. 38.
[188] *Schwarz* Rn. 115.
[189] So aber *Hommelhoff* AG 2001, 279 (281) Fn. 17; *Neun* in Theisen/Wenz, Die Europäische Aktiengesellschaft, 2. Aufl. 2005, 57 (69) Fn. 2; *Teichmann* ZGR 2002, 383 (414).
[190] Lutter/Hommelhoff/Teichmann/*Bayer* Rn. 29; *Fuchs,* Die Gründung einer Europäischen Aktiengesellschaft durch Verschmelzung und das nationale Recht, 2004, 98; *Scheifele,* Die Gründung der Europäischen Aktiengesellschaft, 2004, 103 ff.; *J. Schmidt,* „Deutsche" vs. „britische" Societas Europaea (SE), 2006, 152 f.; *Schwarz* Rn. 116; Habersack/Drinhausen/*Habersack* Rn. 26.
[191] Vorrats-SE werden vor allem in Deutschland und Schweden benötigt, weil dort die Gründung einer AG besonders aufwändig ist, vgl. *J. Schmidt* in Bayer, Die Aktiengesellschaft im Spiegel der Rechtstatsachenforschung, 2007, 51 (68); vgl. ferner Bayer/*J. Schmidt* AG-Report 2008, 31 ff.
[192] OLG Düsseldorf ZIP 2009, 918; LG Hamburg ZIP 2005, 2017; AG Hamburg ZIP 2005, 2017; AG Düsseldorf ZIP 2006, 287; AG München ZIP 2006, 1300; Lutter/Hommelhoff/Teichmann/*Bayer* Rn. 31 ff.; BeckOGK/*Casper* Rn. 8, 27 ff.; Habersack/Drinhausen/*Habersack* Rn. 29; Casper/*Schäfer* ZIP 2007, 653; *Henssler* RdA 2005, 330 (334); *Kallmeyer* AG 2003, 197 f.; *Kienast* in Jannott/Frodermann SE-HdB Rn. 487; *Lange* EuZW 2003, 301 f.; *Scheifele,* Die Gründung der Europäischen Aktiengesellschaft, 2004, 90 f.; *Schwarz* Art. 2 Rn. 30; *Seibt* ZIP 2005, 2248 (2249); *Thiergart/Olbertz* BB 2010, 1547; aA *Blanke* ZIP 2006, 789 (791 f.).
[193] Kölner Komm AktG/*Kiem* Art. 12 Rn. 24.
[194] *Blanke* ZIP 2006, 789 (791 f.).
[195] LG Hamburg ZIP 2005, 2017; AG Hamburg ZIP 2005, 2017; *Reinhard* RIW 2006, 68 (69); *Waclawik* ZEV 2006, 429 (430); zuvor *Henssler* RdA 2005, 330 (334); Kölner Komm AktG/*Kiem* Art. 12 Rn. 42 aE; krit. BeckOGK/*Casper* Rn. 30, 28.
[196] OLG Düsseldorf ZIP 2009, 918; AG Düsseldorf ZIP 2006, 287; AG München ZIP 2006, 1300; Frodermann/Jannott ZIP 2005, 2251; *Reinhard* RIW 2006, 68 (69); *Seibt* ZIP 2005, 2248 (2250); Kölner Komm AktG/*Veil* Rn. 54; aA *Blanke* ZIP 2006, 780 (790).
[197] BeckOGK/*Casper* Rn. 30; Kölner Komm AktG/*Veil* Rn. 54; Kölner Komm AktG/*Kiem* Art. 12 Rn. 42; Kölner Komm AktG/*Feuerborn* SEBG § 1 Rn. 8; *Luke* NZA 2013, 941 (942).
[198] Ausf. Kölner Komm AktG/*Feuerborn* SEBG § 1 Rn. 9; aA LG Hamburg ZIP 2005, 2017 (2018); *Seibt* ZIP 2005, 2248.
[199] BeckOGK/*Casper* Rn. 28, 30; Lutter/Hommelhoff/Teichmann/*Bayer* Rn. 34; Casper/*Schäfer* ZIP 2007, 653 f.; *Seibt* ZIP 2005, 2248 (2249); Kölner Komm AktG/*Veil* Rn. 51; Kölner Komm AktG/*Kiem* Art. 12 Rn. 42; Kölner Komm AktG/*Feuerborn* SEBG § 1 Rn. 6; Habersack/Drinhausen/*Habersack* Rn. 29;

Arbeitnehmer zu bewerkstelligen ist, **wenn die Vorrats-SE aktiviert** wird, ist hingegen äußerst umstritten.[200] Nach Ansicht der Rspr. sowie weiter Teile der Lit. entsteht eine Verhandlungspflicht **analog**[201] **§ 18 Abs. 3 SEBG**, sobald in der SE ausreichend Mitarbeiter beschäftigt sind, um die Verhandlungen aufzunehmen (→ Art. 16 Rn. 13; aA → SEBG § 3 Rn. 6 *[Jacobs]*).[202] Ergänzend bzw. alternativ wird auch an die Anwendung des Umgehungstatbestandes des § 43 SEBG (Art. 11 SE-RL) gedacht.[203] Für eine Analogie zu § 18 Abs. 3 SEBG spricht, dass die Änderung des Geschäftsgegenstandes der Vorratsgesellschaft ganz allgemein (insbesondere im Zusammenhang mit der Kapitalaufbringung) als **wirtschaftliche Neugründung** angesehen wird (für die Vorrats-SE → Art. 16 Rn. 10).[204] Diese Rechtsfigur findet über Art. 15 Abs. 1 auch auf die SE Anwendung;[205] sie passt insbesondere auch auf die Mitbestimmungsfrage, weil die Arbeitnehmermitbestimmung überhaupt erst dann zum Thema wird, wenn die SE Arbeitnehmer beschäftigt. Zwar wird entgegnet, dass der bloße Erwerb der Anteile an der Vorratsgesellschaft keine „strukturelle Änderung" iSd § 18 Abs. 3 SEBG bewirke.[206] Im Hinblick auf den Beteiligungserwerb als solchen ist dieses Argument auch durchaus zutreffend. Eine **strukturelle Änderung** liegt aber in der **erstmaligen Aufnahme einer operativen Tätigkeit** durch die Vorrats-SE.[207] Erwägungsgrund 18 S. 2 SE-RL verdeutlicht, dass unter „strukturellen Veränderungen" Vorgänge zu verstehen sind, die einer Neugründung wertungsmäßig gleichkommen (vgl. auch → Art. 8 Rn. 13). Dies trifft für die „wirtschaftliche Neugründung" gerade zu und zeigt sich insbesondere daran, dass in diesem Fall über Art. 15 Abs. 1 Vorschriften des Gründungsrechts analog angewendet werden. Somit sind bei wirtschaftlicher Neugründung Verhandlungen zwischen der Geschäftsleitung der SE und den Arbeitnehmern[208] durchzuführen. Die Durchführung des Verhandlungsverfahrens stellt allerdings richtiger Ansicht nach keine Voraussetzung für die Eintragung der Satzungsänderungen analog Art. 12 Abs. 2 dar (→ Art. 16 Rn. 14).[209]

Die Verhandlungspflicht besteht aber nur, wenn beabsichtigt ist, dass die SE infolge **54** der Umstrukturierung **mindestens zehn Arbeitnehmer** beschäftigt.[210] Die **Bildung des besonderen Verhandlungsgremiums** setzt nämlich die Existenz von mindestens zehn Arbeitnehmern voraus, die entweder bereits bei der SE beschäftigt sind oder aber infolge der Einbringung eines Unternehmens seitens des Erwerbers der Vorrats-SE

Forst NZG 2009, 687 (689); *Luke* NZA 2013, 941 (943); vgl. auch Arbeitskreis Aktien- und Kapitalmarktrecht ZIP 2009, 698 (Änderungsvorschlag Nr. 2).

[200] Überblick bei *Forst* NZG 2009, 687 (689).

[201] Es handelt sich um eine analoge Anwendung, da § 18 Abs. 3 SEBG die Wiederaufnahme der Verhandlungen und nicht die erstmalige Durchführung von Verhandlungen zum Gegenstand hat, vgl. Kölner Komm AktG/*Feuerborn* SEBG § 18 Rn. 51.

[202] OLG Düsseldorf ZIP 2009, 918 (920); Lutter/Hommelhoff/Teichmann/*Bayer* Rn. 35; BeckOGK/ *Casper* Rn. 31; Kölner Komm AktG/*Veil* Rn. 55; Habersack/Drinhausen/*Habersack* Rn. 30; *Köstler* in Theisen/Wenz, Die Europäische Aktiengesellschaft, 2. Aufl. 2005, 331 (374); *Forst* NZG 2009, 687 (690 f.); aA *Grobys* NZA 2005, 84 (91); *Kienast* in Jannott/Frodermann SE-HdB Rn. 493 ff.; *J. Schmidt* in Bayer, Die Aktiengesellschaft im Spiegel der Rechtstatsachenforschung, 2007, 51 (70); Kölner Komm AktG/*Kiem* Art. 12 Rn. 52; *Seibt* ZIP 2005, 2248 (2250); *Thiergart/Olbertz* BB 2010, 1547; *Wollburg/Banerjea* ZIP 2005, 277 (278 ff.); *Noack* EWiR 2005, 905 (906).

[203] BeckOGK/*Casper* Rn. 31.

[204] Für das nationale Recht BGHZ 153, 158 = NJW 2003, 892; BGHZ 155, 318 = NJW 2003, 3198; für die Vorrats-SE ebenso Lutter/Hommelhoff/Teichmann/*Bayer* Rn. 35; *Seibt* ZIP 2005, 2248 (2250).

[205] Kölner Komm AktG/*Veil* Rn. 53; Kölner Komm AktG/*Kiem* Art. 12 Rn. 24; Habersack/Drinhausen/ *Habersack* Rn. 31.

[206] Kölner Komm AktG/*Kiem* Art. 12 Rn. 52.

[207] Kölner Komm AktG/*Feuerborn* SEBG § 18 Rn. 53; ähnlich *Forst* NZG 2009, 687 (691): die wirtschaftliche Neugründung sei mit einer strukturellen Änderung vergleichbar, sodass § 18 Abs. 3 SEBG auch insofern analog angewendet werden könne; so auch → SEBG § 18 Rn. 17 *(Jacobs)*.

[208] Dazu zählen auch die Arbeitnehmer, die nach Einbringung des Unternehmens im Zuge der wirtschaftlichen Neugründung bei der SE beschäftigt sein werden, vgl. *Forst* NZG 2009, 687 (691) m. Fn. 60.

[209] BeckOGK/*Casper* Rn. 31; Lutter/Hommelhoff/Teichmann/*Bayer* Rn. 34; Habersack/Drinhausen/ *Habersack* Rn. 30; aA *Forst* NZG 2009, 687 (691).

[210] Kölner Komm AktG/*Feuerborn* SEBG § 18 Rn. 53; Habersack/Drinhausen/*Habersack* Rn. 30; ähnlich BeckOGK/*Casper* Rn. 31.

beschäftigt sein werden.²¹¹ Ist dies nicht der Fall, können auch bei wirtschaftlicher Neugründung keine Verhandlungen stattfinden. Fraglich ist, wie es sich auswirkt, wenn die Vorrats-SE zunächst mit **weniger als zehn Arbeitnehmern** aktiviert wird. Nach einer Ansicht sollen die seitens der SE beschlossenen Satzungsänderungen dann analog Art. 12 Abs. 2 nicht eintragungsfähig sein.²¹² Nach anderer Ansicht können die Satzungsänderungen dennoch eingetragen werden, da die Durchführung des Verhandlungsverfahrens im Falle der wirtschaftlichen Neugründung keine Eintragungsvoraussetzung analog Art. 12 Abs. 2 darstelle.²¹³ **Steige jedoch die Zahl der Arbeitnehmer binnen eines Jahres** nach der wirtschaftlichen Neugründung auf mindestens zehn Personen an, seien die Verhandlungen **in Anlehnung an § 43 S. 2 SEBG nachzuholen**.²¹⁴ Die Einhaltung dieser Pflicht könne insbesondere durch das aktienrechtliche Statutverfahren gem. §§ 97 ff. AktG kontrolliert werden.²¹⁵ Beschäftige die SE binnen Jahresfrist keine zehn Arbeitnehmer, seien die Verhandlungen endgültig nicht erforderlich und die SE bleibe mitbestimmungsfrei.²¹⁶ **Dieser Ansicht ist grundsätzlich zu folgen.** Die mit der wirtschaftlichen Neugründung verbundenen Satzungsänderungen können auch dann in das Handelsregister eingetragen werden, wenn die SE nicht über zehn Arbeitnehmer verfügt bzw. nach Aufnahme der operativen Tätigkeit im Zuge der wirtschaftlichen Neugründung verfügen wird. Es erscheint nämlich nicht überzeugend, aus der Undurchführbarkeit des Verhandlungsverfahrens bei Aktivierung der Vorrats-SE andere Schlüsse zu ziehen als bei der Gründung der Vorrats-SE. Das Verhandlungsverfahren ist allerdings **in analoger Anwendung des § 18 Abs. 3 SEBG** in dem Moment nachzuholen, in dem die SE die **Schwelle von zehn Arbeitnehmern erstmalig erreicht**.²¹⁷ Zwar stellt „organisches Wachstum" grundsätzlich keinen unmittelbaren Anwendungsfall des § 18 Abs. 3 SEBG dar (→ SEBG § 19 Rn. 18).²¹⁸ In Rede steht jedoch eine analoge Anwendung des § 18 Abs. 3, die einen Ausgleich dafür schaffen soll, dass bei Gründung der Vorrats-SE eine teleologische Reduktion des Art. 12 Abs. 2 vorgenommen wurde.²¹⁹ Materiell geht es um die **Nachholung des Bestandsschutzes** für Arbeitnehmerrechte, der aus rein praktischen Gründen weder bei der Gründung noch bei der Aktivierung der Vorrats-SE gewährt werden konnte.²²⁰ Sobald die faktische Unmöglichkeit endet, fallen auch die Gründe für die teleologische Reduktion des Art. 12 Abs. 2 nachträglich weg. Dann muss zwar nicht das Eintragungsverfahren wiederholt, aber doch zumindest das **Verhandlungsverfahren nachgeholt** werden.²²¹ Gerade zur **Vermeidung von Umgehungsstrategien** (§ 43 S. 1 SEBG) genügt das erstmalige Erreichen der Schwelle von zehn Arbeitnehmern daher, um eine Situation anzunehmen, die einer „strukturellen Änderung" wertungsmäßig gleichkommt, weil hierdurch die Voraussetzungen geschaffen werden, deren Vorhandensein Art. 12 Abs. 2 letztlich schon bei den Gründungsgesellschaften voraussetzte.²²²

55 Im **Rahmen des Art. 2** kommt die Vorrats-SE unter den allgemeinen Voraussetzungen als Gründungsbeteiligte in Betracht, weil es in keinem der vier Gründungstatbestände darauf ankommt, dass ein Gründer bislang einer Erwerbstätigkeit nachgeht (→ Rn. 25; → Rn. 40).²²³

56 **2. Zur Anwendung des UmwG.** Dazu → Vor Art. 1 Rn. 22 ff.; → Art. 3 Rn. 8 f.; → Art. 8 Rn. 6.

---

²¹¹ *Forst* NZG 2009, 687 (691); Kölner Komm AktG/*Feuerborn* SEBG § 18 Rn. 53.
²¹² *Forst* NZG 2009, 687 (692).
²¹³ BeckOGK/*Casper* Rn. 31.
²¹⁴ BeckOGK/*Casper* Rn. 31.
²¹⁵ BeckOGK/*Casper* Rn. 31.
²¹⁶ BeckOGK/*Casper* Rn. 31.
²¹⁷ Kölner Komm AktG/*Feuerborn* SEBG § 18 Rn. 54.
²¹⁸ OLG Düsseldorf ZIP 2009, 918 (920); Kölner Komm AktG/*Feuerborn* SEBG § 18 Rn. 23.
²¹⁹ Kölner Komm AktG/*Feuerborn* SEBG § 18 Rn. 49 ff.
²²⁰ Treffend Kölner Komm AktG/*Feuerborn* SEBG § 18 Rn. 50.
²²¹ Kölner Komm AktG/*Feuerborn* SEBG § 18 Rn. 49 ff.
²²² Ähnlich Kölner Komm AktG/*Feuerborn* SEBG § 18 Rn. 49.
²²³ BeckOGK/*Casper* Rn. 27; *Casper* AG 2007, 97 (99 f.).

Art. 3 [Gründungsbeteiligung der SE]

(1) Die SE gilt als Aktiengesellschaft, die zum Zwecke der Anwendung des Artikels 2 Absätze 1, 2 und 3 dem Recht des Sitzmitgliedstaats unterliegt.

(2) ¹Eine SE kann selbst eine oder mehrere Tochtergesellschaften in Form einer SE gründen. ²Bestimmungen des Sitzmitgliedstaats der Tochter-SE, gemäß denen eine Aktiengesellschaft mehr als einen Aktionär haben muss, gelten nicht für die Tochter-SE. ³Die einzelstaatlichen Bestimmungen, die aufgrund der Zwölften Richtlinie 89/667/EWG des Rates vom 21. Dezember 1989 auf dem Gebiet des Gesellschaftsrechts betreffend Gesellschaften mit beschränkter Haftung mit einem einzigen Gesellschafter[1] angenommen wurden, gelten sinngemäß für die SE.

Schrifttum: s. vor → Art. 1 Rn. 1 sowie vor → Art. 2 Rn. 1.

Übersicht

	Rn.		Rn.
I. Rechtsformfiktion (Abs. 1)	1–4	II. Ausgründung (Abs. 2 S. 1–2)	5–11

I. Rechtsformfiktion (Abs. 1)

Die Norm regelt die Beteiligung einer SE an der SE-Gründung im Wege der **Fiktion:**[2] 1
Die SE gilt danach als AG des Sitzortes. Der **Normzweck** beschränkt sich richtiger Auffassung nach auf die Absicherung des Numerus clausus der Gründungstatbestände und des Prinzips der obligatorischen Mehrstaatlichkeit in Art. 2 (→ Art. 2 Rn. 5).[3] Danach stellt Art. 3 Abs. 1 vor allem klar, dass der internationale Zuschnitt der SE allein nicht die in Art. 2 geforderte obligatorische Mehrstaatlichkeit ersetzen kann; vielmehr steht die SE einer AG des Sitzortes gleich. So soll verhindert werden, dass eine nach Art. 2 erfolgreiche Gründung das Tor für alle möglichen Folgegründungen mit inländischen Partnern eröffnet und damit die vermeintliche Flucht aus der Unternehmensmitbestimmung umso leichter gelingt (→ Art. 2 Rn. 3). Diesen Zusammenhang bestreitet allerdings die **Gegenauffassung:** Nach ihr eröffnet Art. 3 Abs. 1 der SE vor allem den Zugang zur SE. Beteilige diese sich an einem der in Art. 2 enumerierten Gründungsvorgänge, solle deshalb auf das dort vorausgesetzte Erfordernis der **Mehrstaatlichkeit** im Wege der **teleologischen Reduktion** verzichtet werden können.[4] Wenngleich auch hier die Auffassung vertreten wird, dass das Mehrstaatlichkeitserfordernis teleologisch überholt ist (→ Art. 2 Rn. 6), geht diese Auslegung so deutlich über den Wortlaut des Art. 3 Abs. 1 und die systematischen Vorgaben der hinaus, dass die Gefahr einer Auslegung contra legem besteht. Der **Zweck** des Art. 3 Abs. 1 erschließt sich nämlich gerade mit Blick auf Art. 10: Bereits aus dem allgemeinen **Gleichbehandlungsgebot (Art. 10)** resultiert das Recht der SE, wie eine AG im Rahmen der Tatbestände des Art. 2 mitzuwirken. Art. 3 Abs. 1 beschränkt sich deshalb kaum auf eine Wiederholung dieses Rechtsgedankens, sondern betont seinem Wortlaut nach, dass eine SE **nur** wie eine nationale AG behandelt wird („dem Recht eines Sitzmitgliedstaats unterliegt"). So darf die im Inland ansässige SE gerade wegen Art. 3 Abs. 1 bei der Gründung einer weiteren SE **keinen Sonderstatus** beanspruchen, sondern wird behandelt wie eine

---

[1] [Amtl. Anm.:] ABl. L 395 vom 30.12.1989, S. 40. Zuletzt geändert durch die Beitrittsakte von 1994.
[2] BeckOGK/*Casper* Rn. 2; *Schwarz* Rn. 1; Habersack/Drinhausen/*Habersack* Rn. 1.
[3] Ähnlich *Hommelhoff* AG 2001, 279 (281); vgl. auch BeckOGK/*Casper* Rn. 1, Fn. 15: Doppelfunktion.
[4] Ursprünglich *Scheifele*, Die Gründung der Europäischen Aktiengesellschaft, 2004, 435 f.; ihm folgend *Schwarz* Rn. 10 f.; Lutter/Hommelhoff/Teichmann/*Bayer* Rn. 4, widersprüchlich dort allerdings zu Rn. 10, wo die fehlende Mehrstaatlichkeit des Gründungsvorgangs in Art. 3 Abs. 2 als Privileg angesehen wird; sie würde ja nach dieser Meinung etwa auch beim Gründungsvorgang nach Art. 2 Abs. 3 nicht vorausgesetzt; Habersack/Drinhausen/*Habersack* Rn. 4; Kölner Komm AktG/*Maul* Rn. 11; krit. wie hier BeckOGK/*Casper* Rn. 1 und Art. 2 Rn. 34: teleologische Reduktion des Mehrstaatlichkeitserfordernisses, wenn sich an einer Verschmelzungsgründung nur SE beteiligen.

inländische AG.[5] Die Gegenmeinung beruft sich jedoch auf einen vermeintlichen Systemwiderspruch: Dieser bestehe darin, dass einerseits der (Fort-)Bestand einer SE nicht voraussetze, dass die SE auch nach ihrer Gründung einen konkreten Bezug zu mehreren Mitgliedstaaten aufweise, andererseits aber gerade dieser Bezug zur Voraussetzung der Gründungsberechtigung einer SE nach Art. 2 erhoben werde.[6] Ein solcher Widerspruch besteht jedoch nicht; denn Art. 2 und 3 Abs. 1 zielen auf eine **Seriositätsschwelle,** mit deren Zwecksetzung diese beiden Rechtsfolgen vereinbar sind: Beide Normen wollen eine **Flucht aus der Unternehmensmitbestimmung** verhindern (→ Art. 2 Rn. 2). Deshalb wird die Gründung durch das Erfordernis der Mehrstaatlichkeit erschwert. Dem Charakter einer Schwellennorm entspricht es jedoch, dass wenn die Hürde einmal genommen ist, auch der zugrunde liegende Zweck erreicht ist, sodass es auf die Mehrstaatlichkeit der SE in der Zeit nach der Gründung nicht mehr ankommt. Daraus lässt sich indes **keine Erleichterung** für die Zeit **vor der Gründung** ableiten. Hier muss die SE wie jeder Rechtsformtypus des nationalen Rechts die Schwellen des Art. 2 Abs. 1–3 nehmen.[7] Eine dem deutschem Recht unterliegende SE und eine deutsche AG sind folglich keine geeigneten Gründerinnen iSd Art. 2 Abs. 1.

2 Der **Sitzmitgliedstaat** ist in Anwendung der in Art. 54 UAbs. 2 AEUV und Art. 7 S. 1 verwendeten Terminologie der Staat, der in der Satzung als Satzungssitz berufen ist. Fällt dieser mit der Hauptverwaltung auseinander, besteht ein Liquidationsgrund nach Art. 64.

3 Die Fiktion beschränkt sich auf die **Gründungstatbestände in Art. 2 Abs. 1–3** (Verschmelzung, Holding-Gründung und Tochtergründung). Dies hängt damit zusammen, dass die SE schon denklogisch nicht als Gegenstand der **Umwandlung nach Art. 2 Abs. 4** in Betracht kommen kann.[8] Jedoch dürfte sie sich ohne Weiteres als Tochtergesellschaft iSd Abs. 4 qualifizieren;[9] der Rechtsformfiktion bedarf es in diesem Zusammenhang nicht, weil praktisch jede Gesellschaftsform für eine Tochtergesellschaft in Betracht kommt. Das Gründungsverfahren richtet sich wie bei Art. 2 Abs. 1–3 nach den Art. 15, 17 ff.[10] Dabei ist zwischen dem auf die Gründungsgesellschaften zur Anwendung kommenden Recht einerseits und dem auf die in Gründung befindliche SE anwendbaren Recht andererseits zu differenzieren.[11] Das auf die SE in Gründung anwendbare Recht bestimmt sich nach Art. 15 Abs. 1.[12] Maßgeblich für die Gründungsgesellschaften sind die Vorschriften der Art. 17 ff., 32 ff., 35 f.,[13] wobei für die SE als Gründerin jedoch eine Besonderheit gilt: Die Verweisungsnormen in Art. 18 und 36 finden auf sie keine Anwendung; an ihre Stelle tritt Art. 9 Abs. 1.[14] **Umstritten ist, ob sich eine SE auch an einer Verschmelzung durch Aufnahme gem. Art. 2 Abs. 1, Art. 17 Abs. 2 lit. a beteiligen kann,** beispielsweise wenn zwei SE oder aber eine SE und eine nationale AG zu einer SE verschmolzen werden sollen. Bezweifelt wird dies vor dem Hintergrund, dass die SE-Neugründung bei der Verschmelzung durch Aufnahme im Wege eines **Formwechsels** der aufnehmenden Gesellschaft erfolgt (Art. 17 Abs. 2 S. 2), diese Rechtsfolge aber nicht in Betracht kommt, wenn die aufnehmende Gesellschaft bereits als SE verfasst ist.[15] Zum Teil wird die Beteiligung

---

[5] Widmann/Mayer/*Heckschen* UmwG Anh. 14 Rn. 522; NK-SE/*Schröder* Art. 3 Rn. 3 ff.

[6] So *Schwarz* Rn. 11.

[7] Widmann/Mayer/*Heckschen* UmwG Anh. 14 Rn. 522; *Jannott* in Jannott/Frodermann SE-HdB § 3 Rn. 7; NK-SE/*Schröder* Rn. 3.

[8] BeckOGK/*Casper* Rn. 2; Habersack/Drinhausen/*Habersack* Rn. 3.

[9] Zust. Habersack/Drinhausen/*Habersack* Rn. 3.

[10] *Scheifele,* Die Gründung der Europäischen Aktiengesellschaft, 2004, 436; *Schwarz* Rn. 12; Lutter/Hommelhoff/Teichmann/*Bayer* Rn. 5; Habersack/Drinhausen/*Habersack* Rn. 5.

[11] *Scheifele,* Die Gründung der Europäischen Aktiengesellschaft, 2004, 436; *Schwarz* Rn. 13; Kölner Komm AktG/*Maul* Rn. 7.

[12] *Scheifele,* Die Gründung der Europäischen Aktiengesellschaft, 2004, 436; *Schwarz* Rn. 13; Kölner Komm AktG/*Maul* Rn. 7.

[13] *Schwarz* Rn. 12; Habersack/Drinhausen/*Habersack* Rn. 5 f.

[14] Ausf. *Scheifele,* Die Gründung der Europäischen Aktiengesellschaft, 2004, 436; *Schwarz* Rn. 14; aA Kölner Komm AktG/*Maul* Rn. 7.

[15] *Jannott* in Jannott/Frodermann SE-HdB § 3 Rn. 6 mit Fn. 17.

einer SE an der Verschmelzung durch Aufnahme daher insgesamt abgelehnt,[16] zum Teil wird angenommen, die SE könne nur als übertragende, nicht aber als aufnehmende Gesellschaft fungieren;[17] einer dritten Ansicht zufolge kann nur die SE aufnehmende Gesellschaft sein.[18] Richtigerweise kann die SE sich auch an einer Verschmelzung durch Aufnahme beteiligen, und zwar unabhängig davon, ob sie als aufnehmende oder als übertragende Gesellschaft eingesetzt wird.[19] Hierfür spricht, dass Art. 3 Abs. 1 vollumfänglich auf Art. 2 Abs. 1 verweist, nicht etwa nur auf die Verschmelzung durch Neugründung.[20] Soweit bei der Verschmelzung durch Aufnahme eine nationale AG die Funktion der aufnehmenden Gesellschaft übernimmt, wandelt sie sich gem. Art. 17 Abs. 2 S. 2, Art. 29 Abs. 1 lit. d in eine SE um; insoweit kommt es also zur Gründung einer neuen SE.[21] Soweit die bereits bestehende SE aufnehmende Gesellschaft ist, erfolgt hingegen kein Formwechsel, da die SE sich nicht erneut in eine SE umwandeln kann.[22] Die Art. 17 Abs. 2 S. 2, Art. 29 Abs. 1 lit. d bleiben insofern schlicht ohne Wirkung.[23] Zwar kann die Verschmelzung auch nach nationalem Umwandlungsrecht erfolgen,[24] doch ist nicht ausgeschlossen, dass das Vorgehen nach Art. 2 Abs. 1, Art. 17 ff. gegenüber einer grenzüberschreitenden Verschmelzung verfahrensmäßige Vorteile mit sich bringt.

Art. 2 Abs. 5 ist hingegen nicht anwendbar, weil eine SE nicht ihre Hauptverwaltung 4 außerhalb der Gemeinschaft, ihren Sitz aber innerhalb dieser haben kann (Art. 7): Dies würde nach Art. 64 zur Einleitung ihrer Liquidation führen (vgl. aber auch → Art. 8 Rn. 66). Die SE gilt als **Aktiengesellschaft;** damit ist mit systematischem Blick auf Art. 2 Abs. 1 ein Gesellschaftstyp nach Anhang I der SE-VO gemeint.

II. Ausgründung (Abs. 2 S. 1–2)

Der Zweck des Art. 3 Abs. 2 erschließt sich mit Blick auf S. 2 und 3: Diese Normen 5 sichern der SE nämlich die alleinige Verfügungsgewalt über die gerade ausgegründete Tochter (zum Begriff der **Tochtergesellschaft** → Art. 2 Rn. 33; vgl. aber auch → Rn. 8). Dadurch wird deutlich, dass der Verordnungsgeber die Ausgründung in Form einer SE als ein bedeutsames Mittel zur ökonomischen Integration eines Unternehmensverbundes ansieht, das die SE gegenüber den Gesellschaftstypen des nationalen Rechts privilegiert.[25] Dies zeigt sich auch daran, dass **kein Mehrstaatlichkeitserfordernis** besteht, vielmehr die Wahrung des Mehrstaatlichkeitserfordernisses bei Gründung der Mutter-SE für ausreichend erachtet wird.[26] Der Weg über Art. 3 Abs. 2 läuft dabei **zwingend** auf eine **Einpersonen-**

---

[16] Habersack/Drinhausen/*Habersack* Rn. 5.
[17] *Jannott* in Jannott/Frodermann SE-HdB § 3 Rn. 6; wohl auch *Oplustil/Schneider* NZG 2003, 13 (16).
[18] *Schwarz* Rn. 17.
[19] Lutter/Hommelhoff/Teichmann/*Bayer* Rn. 3; *Scheifele,* Die Gründung der Europäischen Aktiengesellschaft, 2004, 437; Kölner Komm AktG/*Maul* Rn. 12; unklar Kalss/Hügel/*Kalss* SEG Vor § 17 Rn. 13.
[20] Ähnlich *Scheifele,* Die Gründung der Europäischen Aktiengesellschaft, 2004, 437; *Schwarz* Rn. 16; Kölner Komm AktG/*Maul* Rn. 12.
[21] AA *Schwarz* Rn. 17 mit dem Argument, es werde keine neue SE gegründet. Allerdings wandelt sich die aufnehmende nationale AG in eine SE um und stellt danach eine „neue" SE dar. Insofern besteht auch keine Konkurrenz zu den nationalen Umwandlungsrechten, die einen derartigen Formwechsel aufgrund des Numerus clausus des Art. 2 nicht vorsehen können.
[22] *Scheifele,* Die Gründung der Europäischen Aktiengesellschaft, 2004, 437; wohl auch *Schwarz* Rn. 16, anders Rn. 15.
[23] *Scheifele,* Die Gründung der Europäischen Aktiengesellschaft, 2004, 437; Kölner Komm AktG/*Maul* Rn. 13; aA *Schwarz* Rn. 15, wobei allerdings unklar bleibt, welche Wirkungen die „erneute Umwandlung" haben soll.
[24] Vgl. Habersack/Drinhausen/*Habersack* Rn. 5 aE und wohl auch *Oplustil/Schneider* NZG 2003, 13 (16), die die Verschmelzung zur Aufnahme ausschließlich dem nationalen Umwandlungsrecht zuordnen; ebenso *Schwarz* Rn. 17 für die Verschmelzung zur Aufnahme, bei der eine nationale AG der aufnehmende Rechtsträger ist.
[25] *Scheifele,* Die Gründung der Europäischen Aktiengesellschaft, 2004, 438; Lutter/Hommelhoff/Teichmann/*Bayer* Rn. 6 f.; Habersack/Drinhausen/*Habersack* Rn. 7.
[26] Ausf. *Scheifele,* Die Gründung der Europäischen Aktiengesellschaft, 2004, 438 f.; Lutter/Hommelhoff/Teichmann/*Bayer* Rn. 10; Habersack/Drinhausen/*Habersack* Rn. 9; *Hirte* NZG 2002, 1 (4); Widmann/Mayer/*Heckschen* UmwG Anh. 14 Rn. 405.

gründung hinaus.[27] Denn das Gesetz regelt den Fall der Gründung einer SE als Gemeinschaftsunternehmen mehrerer Mütter in Art. 2 Abs. 3 abschließend. Beteiligt sich eine SE an der Gründung eines Gemeinschaftsunternehmens neben einem anderen Gründer, gelten für sie – wie Art. 3 Abs. 1 zeigt (str., → Rn. 1) – die allgemeinen Regeln.[28] Allerdings kann die Mutter-SE nach Gründung der Tochter-SE Aktien an Dritte übertragen oder auch eine Kapitalerhöhung unter Beteiligung Dritter durchführen.[29] Die Tochter-SE kann ihrerseits ebenfalls eine Tochter-SE gem. Art. 3 Abs. 2 gründen.[30] Praktisch kommen **mehrere Techniken der SE-Gründung** nach Art. 3 Abs. 2 in Betracht.

6 So ist zunächst die **Neugründung einer SE** möglich.[31] Dieses Verfahren ist in der SE-VO nicht ausdrücklich geregelt und vollzieht sich daher für eine in Deutschland ansässige Tochter-SE gem. Art. 15 Abs. 1 nach den **§§ 23 ff. AktG** mit folgenden Modifikationen.[32] Innerhalb der Mutter-SE stellt die Gründung nach Art. 3 Abs. 2 richtiger Auffassung nach eine **Geschäftsführungsmaßnahme** nach Art. 39 Abs. 1 S. 1, 43 Abs. 1 S. 1 dar, sofern nicht ausnahmsweise eine Konstellation vorliegt, in der nach „Holzmüller"/„Gelatine"-Grundsätzen ein Hauptversammlungsbeschluss erforderlich ist:[33]
– Das gezeichnete Kapital muss mindestens 120.000 Euro betragen (Art. 4 Abs. 2);
– in der Firma muss der Zusatz „SE" voran- oder nachgestellt werden (Art. 11 Abs. 1);
– die Eintragung der SE in das Handelsregister (Art. 12 Abs. 1 iVm § 4 SEAG) darf nur erfolgen, wenn eine Vereinbarung über die Beteiligung der Arbeitnehmer gem. Art. 4 SE-RL (§ 21 SEBG) zustande gekommen bzw. die Verhandlungsfrist abgelaufen ist oder die Verhandlungen seitens des besonderen Verhandlungsgremiums[34] abgebrochen wurden (Art. 12 Abs. 2);[35]
– die Entscheidung über das Mitbestimmungsmodell richtet sich dabei nach der SE-RL (Art. 1 Abs. 4);[36]
– die Satzung der SE darf nicht in Widerspruch zu einer etwaigen Vereinbarung nach Art. 4 SE-RL stehen (Art. 12 Abs. 4).

7 Im Anschluss an die Eintragung muss eine Offenlegung (Publikation) nach Art. 15 Abs. 2, 13 und eine Bekanntmachung nach Art. 14 Abs. 1 S. 1 erfolgen. Soweit Mutter- und Tochter-SE **unterschiedlichen Sitzstaaten** zuzuordnen sind, dürfte sich die Neugründung ausschließlich nach dem auf die Tochter-SE anwendbaren Recht vollziehen. Die teilweise vorgeschlagene Trennung des Gründungsvorgangs nach dem Recht der Mutter- und der Tochter-SE macht hier keinen Sinn, da dieses Gründungsverfahren als Geschäftsführungsmaßnahme der Mutter ausschließlich am Sitz der Tochter-SE stattfindet.[37] Mangels Vorgabe können bei der Neugründung **Satzungssitz und die Hauptverwaltung** im Rahmen des

---

[27] *Scheifele*, Die Gründung der Europäischen Aktiengesellschaft, 2004, 439; Lutter/Hommelhoff/Teichmann/*Bayer* Rn. 8; *Schwarz* Rn. 22; *Maul* in Van Hulle/Maul/Drinhausen SE-HdB Abschn. 4 § 6 Rn. 5; Habersack/Drinhausen/*Habersack* Rn. 8.

[28] *Scheifele*, Die Gründung der Europäischen Aktiengesellschaft, 2004, 439; Habersack/Drinhausen/*Habersack* Rn. 8.

[29] *Scheifele*, Die Gründung der Europäischen Aktiengesellschaft, 2004, 439; Habersack/Drinhausen/*Habersack* Rn. 8.

[30] *Scheifele*, Die Gründung der Europäischen Aktiengesellschaft, 2004, 339 f.

[31] BeckOGK/*Casper* Rn. 3; *Kreuzer* EuZW 1994, 73 (75); *Hirte* NZG 2002, 1 (4); dazu auch *Schwarz* Rn. 29.

[32] *Scheifele*, Die Gründung der Europäischen Aktiengesellschaft, 2004, 442; Habersack/Drinhausen/*Habersack* Rn. 11.

[33] *Schwarz* Art. 6 Rn. 9; ausf. NK-SE/*Schröder* Rn. 29 ff.; Habersack/Drinhausen/*Habersack* Rn. 6 aE; Lutter/Hommelhoff/Teichmann/*Bayer* Rn. 14; keinen Raum für ungeschriebene Hauptversammlungskompetenzen bei der SE sieht hingegen *Marsch-Barner* FS Happ, 2006, 165 (171) mwN.

[34] Zu dessen zwingender Bildung auch bei der Ausgründung vgl. *Oetker* FS Kreutz, 2010, 797 (811 f.).

[35] Str., wie hier ausf. *Oetker* FS Kreutz, 2010, 797 (807 ff.) mwN; Kölner Komm AktG/*Maul* Rn. 24 f.; aA → SEBG Vor § 1 Rn. 11 ff. mwN *(Jacobs)*: Tochter-SE bleibe beteiligungsfrei, Art. 12 Abs. 2 finde keine Anwendung.

[36] Ausf. hierzu *Oetker* FS Kreutz, 2010, 797 (811 ff.).

[37] So wohl auch *Heckschen* DNotZ 2003, 251 (264); *Jannott* in Jannott/Frodermann SE-HdB Rn. 275; aA Lutter/Hommelhoff/Teichmann/*Bayer* Rn. 11 ff.

Art. 7 frei in der Satzung bestimmt werden.[38] Da kein Mehrstaatlichkeitserfordernis besteht (→ Rn. 5), kann der Sitz der Tochter-SE in dem Mitgliedstaat liegen, in dem auch die Mutter-SE ihren Sitz hat.[39]

Besonderes Interesse dürfte der **Ausgliederung zur Neugründung** (Art. 15 iVm § 123 **8** Abs. 3 Nr. 2 UmwG) zukommen. Ein solcher Gründungsfall wurde etwa aus Ungarn bekannt.[40] Die Ausgliederung zur Neugründung stellt nach ganz überwiegender Ansicht einen zulässigen Weg zur Gründung einer Tochter-SE nach Art. 3 Abs. 2 dar.[41] Vereinzelt wird dem entgegnet, die Gründung nach Art. 3 Abs. 2 könne – ebenso wie die Gründung nach Art. 2 Abs. 3 – nur durch „Zeichnung" der Aktien erfolgen, nicht aber „uno actu" im Wege der Ausgliederung (Gesamtrechtsnachfolge).[42] Art. 3 Abs. 2 spricht im Gegensatz zu Art. 2 Abs. 3 allerdings nicht von der Gründung einer Tochtergesellschaft „durch Zeichnung" ihrer Aktien, sondern vielmehr allgemein davon, dass eine SE eine Tochtergesellschaft „gründen" kann. Näher liegt daher der Umkehrschluss, dass Art. 3 Abs. 2 anders als Art. 2 Abs. 3 auch die Ausgliederung zur Neugründung als Gründungsmethode zulässt.[43] Eine zweijährige Sperrfrist **analog Art. 66 Abs. 1 S. 2** ist bei der Ausgründung **nicht** zu beachten.[44] Die analoge Anwendung der Sperrfrist kommt nur bei der Umwandlung einer SE in eine nationale Gesellschaft in Betracht, nicht aber im Falle der Gründung einer Tochter-SE, bei der die Mutter-SE schließlich weiterhin als SE existiert (ausführlich → Vor Art. 1 Rn. 18 ff.). Die Einzelheiten der Ausgliederung richten sich nach dem nationalen Umwandlungsrecht (zur **Anwendbarkeit des UmwG auf die SE** → Vor Art. 1 Rn. 22 ff.).[45] Die SE mit Sitz in Deutschland gilt gem. Art. 10 als nationale AG und stellt damit einen spaltungsfähigen Rechtsträger gem. § 124 Abs. 1 UmwG, § 3 Abs. 1 UmwG dar. Seit der „Sevic"-Entscheidung des EuGH[46] sind zudem auch SE mit Sitz in anderen Mitgliedstaaten als spaltungsfähige Rechtsträger anzuerkennen, ohne dass der Numerus clausus des § 1 UmwG dem entgegengehalten werden könnte.[47] Fraglich ist die **Bestimmung des anwendbaren Rechts** in **grenzüberschreitenden Fällen.** Hierbei dürfte das **Normenpaar der Art. 25 und 26** – wiewohl nicht unmittelbar anwendbar – **Leitbildcharakter** entfalten: Die Rechtmäßigkeit der von der Mutter-SE eingeleiteten Strukturmaßnahmen ist deshalb nach deren Sitzstaatrecht zu beurteilen, die Wirksamkeit der Gründung der

---

[38] BeckOGK/*Casper* Rn. 4.
[39] Habersack/Drinhausen/*Habersack* Rn. 11.
[40] *J. Schmidt* in Bayer, Die Aktiengesellschaft im Spiegel der Rechtstatsachenforschung, 2007, 51 (68); vgl. ferner *Bayer/J. Schmidt* AG-Report 2008, 31 ff.
[41] *Scheifele,* Die Gründung der Europäischen Aktiengesellschaft, 2004, 442; *Marsch-Barner* FS Happ, 2006, 165 (170); *Schwarz* Rn. 29; Habersack/Drinhausen/*Habersack* Rn. 12; Lutter/Hommelhoff/Teichmann/*Bayer* Rn. 16; NK-SE/*Schröder* Art. 36 Rn. 17; Kölner Komm AktG/*Maul* Rn. 34; Habersack/*Verse* EuropGesR § 13 Rn. 25; ausf. und mit Darlegung des zeitlichen Ablaufs Widmann/Mayer/*Heckschen* UmwG Anh. 14 Rn. 404.
[42] *Hirte* NZG 2002, 1 (4); *Hirte* DStR 2005, 700 (704).
[43] *Scheifele,* Die Gründung der Europäischen Aktiengesellschaft, 2004, 442; *Schwarz* Rn. 29; Lutter/Hommelhoff/Teichmann/*Bayer* Rn. 16; Kölner Komm AktG/*Maul* Rn. 34; anders hingegen NK-SE/*Schröder* Art. 36 Rn. 17, der den Begriff der „Zeichnung" weit versteht und hierunter auch den gesetzlichen Aktienerwerb im Falle der Ausgliederung fasst, sodass Art. 2 Abs. 3 der Gründung einer Tochter-SE durch Ausgliederung schon deswegen nicht entgegenstehe.
[44] AA *Bayer* in Lutter/Hommelhoff, Die Europäische Gesellschaft, 2005, 25 (28); Lutter/Hommelhoff/Teichmann/*Lutter* Einl. Rn. 46; *Marsch-Barner* FS Happ, 2006, 165 (171); Kölner Komm AktG/*Maul* Rn. 35 für den Fall, dass die Mutter-SE einen wichtigsten Vermögenswerte in die Tochter-SE auslagert; hiergegen spricht jedoch, dass nur bei der Auslagerung wichtiger Vermögensteile in eine nationale Gesellschaft eine Flucht aus der Mitbestimmung droht, sodass nur dann eine Beachtung der Sperrfrist geboten sein kann, vgl. *Oplustil/Schneider* NZG 2003, 13 (17).
[45] Dazu und zum Folgenden *Arlt/Grechening/Kalss* in Oplustil/Teichmann, The European Company – all over Europe: A State-by-State Account of the Introduction of the European Company, 2004, 1, 22; *Bayer* in Lutter/Hommelhoff, Die Europäische Gesellschaft, 2005, 25 (27 f.); *Casper* AG 2007, 97 (104); Kalss/Hügel/*Kalss* SEG Vor § 17 Rn. 42, 44; *Kalss/Zollner* RdW 2004, 587 (589); *Oplustil/Schneider* NZG 2003, 13 (17); NK-SE/*Schröder* Art. 36 Rn. 16; *Schwarz* Rn. 29 f.; *Maul* in Van Hulle/Maul/Drinhausen SE-HdB Abschn. 4 § 6 Rn. 8.
[46] EuGH Slg. 2005, I-10825 Rn. 21 = NZG 2006, 112 – Sevic.
[47] *Schwarz* Rn. 29; NK-SE/*Schröder* Art. 36 Rn. 17.

Tochter-SE nach dem ihren.[48] Daher richten sich die Gründungsschritte, die allein auf Ebene der Mutter-SE durchzuführen sind, gem. Art. 9 Abs. 1 lit. c Ziff. ii nach dem Aktienrecht ihres Sitzstaates, soweit die SE-VO keine gem. Art. 9 Abs. 1 lit. a vorrangigen Regelungen trifft.[49] Insbesondere bestimmt sich der interne Willensbildungsprozess auf Ebene der Mutter-SE nach ihrem Sitzstaatrecht.[50] Diese Rechtsfolge wird zum Teil aus **Art. 36** hergeleitet.[51] Jedoch bezieht sich Art. 36 seiner systematischen Stellung nach erkennbar nur auf den Fall des Art. 2 Abs. 3.[52] Der Streit hat keine große praktische Bedeutung, doch kann nur derjenige auf die Anwendung des Art. 36 auf Art. 3 Abs. 2 verfallen, der die Gründung eines Gemeinschaftsunternehmens (Art. 2 Abs. 3) als primäre Gründung, die Ausgründung (Art. 3 Abs. 2) aber als sekundäre Gründung bezeichnet und damit beide Gründungsvorgänge von Tochterunternehmen unter einer Norm subsumiert. Gesetzesbegriffe sind „primäre" und „sekundäre Gründung" hingegen nicht. Die Verfahrensschritte, die bereits die „Sphäre" der Tochter-SE berühren, richten sich gem. Art. 15 Abs. 1 nach dem Recht des künftigen Sitzstaates der Tochter-SE.[53]

9   Eine **Aufspaltung** der SE nach § 123 Abs. 1 UmwG sowie eine Abspaltung nach § 123 Abs. 2 UmwG auf der Grundlage des Art. 3 Abs. 2 sollen nach überwiegend vertretener Auffassung nicht in Betracht kommen, weil durch sie eine **Schwester-SE** und nicht, wie in Art. 3 Abs. 2 vorausgesetzt, eine Tochter-SE entstünde.[54] Diese Differenzierung erscheint mit Blick auf das herrschende Verständnis des Begriffs der Tochtergesellschaft (→ Art. 2 Rn. 33) durchaus von Gewicht, da danach die Mehrheit der Stimmrechte von der Muttergesellschaft gehalten werden muss. Dennoch sprechen die überzeugenderen Gründe für eine **analoge Anwendung des Art. 3 Abs. 2 auf die Auf- und Abspaltung:** Ihrem Zweck nach zielt die Norm nämlich auf ein **besonderes Gründungsprivileg** der SE (→ Rn. 5): Die SE soll einen Unternehmensverbund durch Ausgründungen von SE flexibler gestalten können als eine nationale Gesellschaft. Die Verwirklichung dieses Zwecks ist aber weder an ein bestimmtes Beteiligungsverhältnis bzw. an die Verwirklichung von Beherrschungstatbeständen im Verhältnis zwischen gründender und gegründeter SE gebunden, sondern kann sich auch bei einer echten Aufspaltung einstellen. Dies spricht dafür, dass der Begriff der „**Tochtergesellschaft**" im Rahmen des Art. 3 Abs. 2 S. 1 untechnisch gebraucht wird und auch Auf- und Abspaltungen ermöglicht werden müssen.[55]

10 Neben der durch Art. 3 Abs. 2 S. 1 eröffneten Gründungsmöglichkeit steht der SE auch die **Umwandlung in eine nationale AG ihres Sitzstaates** offen (Art. 66 Abs. 1 S. 1, näher → Vor Art. 1 Rn. 23). Außerdem kann die SE im Grundsatz wie eine nationale AG an Umwandlungen nach dem UmwG partizipieren (ausführlich → Vor Art. 1 Rn. 22 ff., dort auch zu den aus Art. 2, 3 und Art. 66 resultierenden Einschränkungen).

11 Die nach Art. 3 Abs. 2 S. 1 gegründete Tochter-SE steht von Anfang an **im alleinigen Besitz der Mutter-SE.** Deshalb muss das nationale Recht für diesen Fall die Möglichkeit

---

[48] *Scheifele,* Die Gründung der Europäischen Aktiengesellschaft, 2004, 440; *Schwarz* Rn. 25 ff.
[49] *Scheifele,* Die Gründung der Europäischen Aktiengesellschaft, 2004, 440; *Schwarz* Rn. 25; Kölner Komm AktG/*Maul* Rn. 20.
[50] *Scheifele,* Die Gründung der Europäischen Aktiengesellschaft, 2004, 440; *Schwarz* Rn. 25.
[51] Lutter/Hommelhoff/Teichmann/*Bayer* Rn. 12; aA BeckOGK/*Casper* Rn. 4 Fn. 12; Widmann/Mayer/ Heckschen UmwG Anh. 14 Rn. 399; *Hoffmann/Teichmann* SZW 2002, 1 (10) Fn. 53; *Kloster* EuZW 2003, 293 (296 f.); *J. Schmidt,* „Deutsche" vs. „britische" Societas Europaea (SE), 2006, 380.
[52] *Scheifele,* Die Gründung der Europäischen Aktiengesellschaft, 2004, 385, 440; *Schwarz* Rn. 27 und Art. 35 Rn. 1; *Oetker* FS Kreutz, 2010, 797 (807); Kölner Komm AktG/*Maul* Rn. 20.
[53] *Scheifele,* Die Gründung der Europäischen Aktiengesellschaft, 2004, 441; *Schwarz* Rn. 26; Lutter/Hommelhoff/Teichmann/*Bayer* Rn. 13; Habersack/Drinhausen/*Habersack* Rn. 10; *Oetker* FS Kreutz, 2010, 797 (808); BeckOGK/Caspar Art. 2 Rn. 40.
[54] *Casper* ZHR 173 (2009), 181 (192 f.); *Marsch-Barner* FS Happ, 2006, 164 (172); Lutter/*Lieder* UmwG § 124 Rn. 8 f.; Habersack/Drinhausen/*Habersack* Rn. 12; Widmann/Mayer/*Heckschen* UmwG Anh. 14 Rn. 403.
[55] De lege ferenda *Casper* ZHR 173 (2009), 181 (192 f.); die Gründung einer SE durch eine bereits bestehende SE im Wege der Auf- oder Abspaltung für möglich halten auch *Bayer* in Lutter/Hommelhoff, Die Europäische Gesellschaft, 2005, 25 (27 f.); Lutter/Hommelhoff/Teichmann/*Lutter* Einl. Rn. 46; Oplustil/ *Schneider* NZG 2003, 13 (17), die die Anwendbarkeit des § 123 UmwG jedoch über Art. 9 Abs. 1 lit. c Ziff. ii begründen.

zu einer Einmann-SE eröffnen **(S. 2)**. Die Norm soll der Mutter-SE die Integrationsvorteile der Ausgründung nach Abs. 2 S. 1 ungeschmälert erhalten. Der deutsche Gesetzgeber ist den Vorgaben der Einpersonen-Gesellschaft-RL 1989 (RL 89/667/EWG aF) – nunmehr kodifiziert in der Einpersonen-Gesellschafts-RL (RL 2009/102/EG) – bereits für die AG im Gesetz für kleine Aktiengesellschaften und zur Deregulierung des Aktienrechts vom 2.8.1994 (BGBl. 1994 I 1961) nachgekommen.[56] S. 3 ist deshalb auf eine in Deutschland ansässige SE nicht anwendbar.

Art. 4 [Kapital]

(1) **Das Kapital der SE lautet auf Euro.**

(2) **Das gezeichnete Kapital muss mindestens 120 000 EUR betragen.**

(3) **Die Rechtsvorschriften eines Mitgliedstaats, die ein höheres gezeichnetes Kapital für Gesellschaften vorsehen, die bestimmte Arten von Tätigkeiten ausüben, gelten auch für SE mit Sitz in dem betreffenden Mitgliedstaat.**

Schrifttum: s. vor → Art. 1 Rn. 1.

Nach **Abs. 1** muss das Kapital der SE auf Euro lauten. Liegen Sitz und Hauptverwaltung 1
nach Art. 7 in einem Mitgliedstaat, der der dritten Stufe der Wirtschafts- und Währungsunion noch nicht beigetreten ist, findet Art. 67 Anwendung: Danach kann der Sitzstaat eine in der Landeswährung ausgedrückte Kapitalziffer verlangen; der SE steht es aber frei, die Ziffer auch in Euro auszudrücken. Art. 67 Abs. 2 trifft eine spiegelbildliche Regelung für den Jahresabschluss.[1]

Nach **Abs. 2** beträgt das gezeichnete Kapital mindestens 120.000 Euro oder – im Falle des 2
Art. 67 – den nach Abs. 1 S. 3 umzurechnenden Betrag in der Landeswährung. Die Begründung für den im systematischen Vergleich zu anderen Gesellschaftstypen hohen Betrag liefert **Erwägungsgrund 13:** „Um eine sinnvolle Unternehmensgröße […] zu gewährleisten, empfiehlt es sich, ein Mindestkapital festzusetzen, das die Gewähr dafür bietet, dass diese Gesellschaften über eine ausreichende Vermögensgrundlage verfügen […]".[2] Nach den Plänen der Sanders-Kommission war ursprünglich sogar ein Kapital von 1 Mio. Rechnungseinheiten (ECU) vorgesehen.[3] Auch dort wurde die finanzielle Solidität als Grund genannt, aber auch die Vermeidung einer zu intensiven Konkurrenz mit den nationalen Aktienrechten.[4] Die Norm spiegelt die **Schwerfälligkeit des Entstehungsprozesses der SE-VO:** In einem gesellschaftsrechtlichen Kontext, in dem über die Effizienz der Lehre vom Garantiekapital sogar in Deutschland ernsthaft nachgedacht wird,[5] bewegt sich die VO noch auf dem Stand der siebziger Jahre.[6] Dies zeigt der **Vergleich zum Entwurf über eine Europäische Privatgesellschaft.** Art. 19 Abs. 4 des mittlerweile zurückgezogenen Kommissionsentwurfs zur SPE-VO sah die Gründung einer SPE mit einem Gesellschaftskapital von einem Euro vor; das Europäische Parlament bestand allerdings in seiner Stellungnahme auf einem Mindestkapital von 8.000 Euro.[7] In der Konsequenz dieser Norm stellte das Garantiekapital – auch wenn

---

[56] Vgl. statt vieler *Habersack/Verse* EuropGesR § 10 Rn. 5.

[1] *Schwarz* Rn. 8; *Jahn/Herfs-Röttgen* DB 2001, 631 Fn. 5 zitieren angeblich eine informelle Erklärung der Kommission zum Thema, die aber an Art. 67 Abs. 2 nichts ändern kann.

[2] Zur traditionellen Begründung der Zwecke der Kapitalaufbringung im einschlägigen Zusammenhang vgl. vor allem *Schwarz* Rn. 1 ff.

[3] Dazu *Martens* in Lutter, Die Europäische Aktiengesellschaft, 2. Aufl. 1978, 165 (168); zur weiteren geschichtlichen Entwicklung vgl. Kölner Komm AktG/*Wenz* Rn. 3.

[4] Vgl. *Sanders*, Vorentwurf eines Statuts für eine europäische Aktiengesellschaft, 1966, Tz. 12; *Martens* in Lutter, Die Europäische Aktiengesellschaft, 2. Aufl. 1978, 165 (168).

[5] Vgl. *Lutter*, Das Kapital der Aktiengesellschaft in Europa, 2006, 1; *Mülbert* Konzern 2004, 151; *Schön* Konzern 2004, 162.

[6] Zur Entstehungsgeschichte *Schwarz* Rn. 6.

[7] Legislative Entschließung des Europäischen Parlaments zu einer alternativen Sicherstellung eines Zwischenstaatlichkeitsbezuges vom 10.3.2009, Abänderung 33.

es freiwillig gebildet wird – kein Institut des Gläubigerschutzes mehr dar.[8] An die Stelle trat ein am Modell des anglo-amerikanischen Gesellschaftsrechts angelehnter Bilanztest bei der Ausschüttung: Eine Ausschüttung war nach Art. 21 Abs. 1 S. 1 SPE-VO-E nur erlaubt, wenn „die Vermögenswerte der SPE nach dieser Ausschüttung ihre Schulden in voller Höhe abdecken". Die **Kommission** begründete die dortige Abkehr vom Prinzip des Garantiekapitals aus mehreren Überlegungen heraus: Sie diene dazu, „Neugründungen zu erleichtern", und trage dem Umstand Rechnung, „dass die Gläubiger heutzutage auf andere Gesichtspunkte als das Kapital schauen, wie z. B. den Cashflow, die für die Solvenz relevanter sind".[9] Die Gläubiger von Kapitalgesellschaften sicherten sich ohnehin durch Garantien ab, und die Höhe des Garantiebetrages könne nicht für alle Branchen gleich bestimmt werden. Von den Gegenargumenten ließ sich das Europäische Parlament in seiner legislativen Entschließung des Entwurfs leiten:[10] Diese liegen im Verlust einer **Seriositätsschwelle** und dem Abschmelzen des Puffers, ab dem eine Insolvenzantragspflicht relevant wird.[11] Es bleibt abzuwarten, ob diese Überlegungen in eine Reform der SE-VO eingehen; sie gehören allerdings nicht zum Katalog des Art. 69 S. 2 lit. a–d.

3   Es versteht sich, dass Art. 4 nur eine **Mindestkapitalziffer** regelt; eine höhere Ausstattung der SE liegt im unternehmerischen Ermessen der Gründer.[12] Die Satzung ist bei jeder Änderung der Kapitalziffer (Kapitalerhöhung, -herabsetzung) zu ändern.[13] § 228 AktG ist auf die SE anwendbar (→ Art. 5 Rn. 42).[14] Die **Aufbringung** des Kapitals richtet sich nach Art. 15 Abs. 1 nach nationalem Recht (§§ 27 ff. AktG).

4   Abs. 3 stellt klar, dass Abs. 2 nicht an den höheren Kapitalaufbringungspflichten rühren will, die das nationale Recht an bestimmte Geschäftsgegenstände knüpft. So bestehen besondere Anforderungen an Kapitalverwaltungsgesellschaften nach dem Kapitalanlagegesetzbuch (§ 25 KAGB). Bei einer Unternehmensbeteiligungsgesellschaft beträgt das Garantiekapital nach § 2 Abs. 4 S. 1 UBGG 1 Mio. Euro und bei einer REIT-AG nach § 4 REITG 15 Mio. Euro. Eine Nichteinhaltung dieser Pflichten hat allerdings keinen Einfluss auf die gesellschaftsrechtliche Wirksamkeit,[15] sondern führt zu Rechtsfolgen auf der Grundlage des Finanzaufsichtsrechts.

5   Entspricht die Kapitalziffer nicht Art. 4, muss das Registergericht die Eintragung nach Art. 15 Abs. 1 iVm § 38 Abs. 1 S. 2 AktG ablehnen.[16] Eine dennoch eingetragene SE ist wirksam entstanden;[17] allerdings muss das Registergericht die SE aus Art. 9 Abs. 1 lit. c Ziff. ii iVm § 399 Abs. 1 S. 1 FamFG zur Satzungsänderung auffordern.[18] Versäumt es die SE, diesem Mangel nachzukommen, droht gem. § 399 Abs. 2 FamFG iVm § 262 Abs. 1 Nr. 5 AktG die Auflösung.[19]

Art. 5 [Kapitalerhaltung, Kapitalmaßnahmen, Aktien]

Vorbehaltlich des Artikels 4 Absätze 1 und 2 gelten für das Kapital der SE, dessen Erhaltung und dessen Änderungen sowie die Aktien, die Schuldverschreibungen

---

[8] *Maul/Röhricht* BB 2008, 1574 (1676); *Hadding/Kießling* WM 2009, 145 (147); aA Arbeitskreis Europäisches Unternehmensrecht NZG 2008, 897 (900); *Krejci*, Societas Privata Europaea – SPE, 2008, Rn. 445, 522 ff.

[9] KOM (2008) 396 endg., 8; die folgenden Zitate beziehen sich ebenfalls auf die Erläuterung des Vorschlags.

[10] Legislative Entschließung des Europäischen Parlaments zur einer alternativen Sicherstellung eines Zwischenstaatlichkeitsbezuges vom 10.3.2009, Abänderung 33 zu Art. 19 Abs. 3 und Abänderung 35 zu Art. 21 Abs. 1.

[11] *Hadding/Kießling* WM 2009, 145 (156 ff.).

[12] Lutter/Hommelhoff/Teichmann/*Fleischer* Rn. 8; *Koke*, Die Finanzverfassung der Europäischen Aktiengesellschaft (SE) mit Sitz in Deutschland, 2005, 29.

[13] Lutter/Hommelhoff/Teichmann/*Fleischer* Rn. 8; *Schwarz* Rn. 10.

[14] Kölner Komm AktG/*Wenz* Rn. 15; Habersack/Drinhausen/*Diekmann* Rn. 13.

[15] Kölner Komm AktG/*Wenz* Rn. 23; Habersack/Drinhausen/*Diekmann* Rn. 18.

[16] Lutter/Hommelhoff/Teichmann/*Fleischer* Rn. 5; NK-SE/*Mayer* Rn. 9; *Schwarz* Rn. 9; Kölner Komm AktG/*Wenz* Rn. 19.

[17] Lutter/Hommelhoff/Teichmann/*Fleischer* Rn. 5; *Schwarz* Rn. 9; Kölner Komm AktG/*Wenz* Rn. 19.

[18] Kölner Komm AktG/*Wenz* Rn. 19.

[19] Kölner Komm AktG/*Wenz* Rn. 19.

und sonstige vergleichbare Wertpapiere der SE die Vorschriften, die für eine Aktiengesellschaft mit Sitz in dem Mitgliedstaat, in dem die SE eingetragen ist, gelten würden.

Schrifttum: s. auch vor → Art. 1 Rn. 1 sowie vor → Art. 2 Rn. 1; *Brandes,* Cross Border Merger mittels der SE, AG 2005, 177; *Fleischer,* Die Finanzverfassung der Europäischen Gesellschaft, in Lutter/Hommelhoff, Die Europäische Gesellschaft, 2005, 169; *Frantsuzova,* Die grenzüberschreitende Verschmelzung bei der Gründung einer Europäischen Gesellschaft (SE). Eine rechtsvergleichende Untersuchung unter Berücksichtigung des deutschen und des britischen Rechts, 2010; *Fischer,* Der Sonderbeschluss der Vorzugsaktionäre in der Societas Europaea (SE), ZGR 2013, 832; *Koke,* Die Finanzverfassung der Europäischen Aktiengesellschaft (SE) mit Sitz in Deutschland, 2005; *Lutter,* Die Aktien der S.E., in Lutter, Die Europäische Aktiengesellschaft, 2. Aufl. 1978, 145; *Martens,* Kapital und Kapitalschutz in der S.E., in *Lutter,* Die Europäische Aktiengesellschaft, 2. Aufl. 1978, 167; *Oechsler,* Kapitalerhaltung in der Europäischen Gesellschaft (SE), NZG 2005, 449; *Oplustil,* Selected problems concerning formation of a holding SE (societas europaea), German Law Journal Vol. 04 No. 02, 107; *Schall,* Kapitalgesellschaftsrechtlicher Gläubigerschutz, 2009; *Schall,* Deutscher Gläubigerschutz und Europarecht – Lehren aus dem PIN-Fall des BGH, NJW 2011, 3745; *Scheifele,* Die Gründung der Europäischen Aktiengesellschaft, 2004; *J. Schmidt,* Insolvenzantragspflicht, Insolvenzverschleppungshaftung und Zahlungsverbot bei der „deutschen" SE, NZI 2006, 627; *H.P. Westermann,* Die Finanzierung der S.E. (Kapitalerhöhung, Anleihen, Wandelschuldverschreibungen), in Lutter, Die Europäische Aktiengesellschaft, 2. Aufl. 1978, 195; *Wiedemann,* Satzung und Satzungsänderung, in Lutter, Die Europäische Aktiengesellschaft, 2. Aufl. 1978, 39.

Übersicht

	Rn.		Rn.
I. Normzweck und Entstehungsgeschichte	1–5	f) Verantwortlichkeit der Gesellschafter für die Erhaltung des Kapitals	30–33
1. Entstehungsgeschichte	1	4. Änderungen des Kapitals	34–42
2. Normzweck, Auslegung und Rechtsfolge	2–5	a) Mehrheitserfordernisse bei Beschlüssen	35, 36
II. Das Kapital, seine Erhaltung und Änderung	6–42	b) Beschlussanmeldung bei der monistischen SE	37
1. Tatbestand	6	c) Durchführung der Beschlüsse der Hauptversammlung durch die Verwaltung im monistischen System	38, 39
2. Kapitalaufbringung	7, 8		
3. Das Kapital und seine Erhaltung	9–33	d) Gewährung von Bezugsrechten an Verwaltungsratsmitglieder bei der SE mit monistischer Struktur (§ 192 Abs. 2 Nr. 3 AktG, § 193 Abs. 2 Nr. 4 AktG)	40
a) Das Verbot der Einlagenrückgewähr und die Ausschüttungsbeschränkungen	9, 10		
b) Der Rückerwerb eigener Aktien	11–23	e) Genehmigtes Kapital	41
c) Reservebildung nach § 150 AktG	24	f) Möglichkeit des Kapitalschnitts nach § 228 AktG	42
d) Konzernrecht (§ 291 Abs. 3 AktG, § 311 AktG)	25	III. Aktien, Schuldverschreibungen und sonstige vergleichbare Wertpapiere	43–47
e) Verantwortlichkeit der Verwaltung für die Kapitalerhaltung und Besonderheiten in der monistischen SE	26–29		

I. Normzweck und Entstehungsgeschichte

1. Entstehungsgeschichte. Der erste Entwurf zur SE-VO in der geänderten Fassung 1 von 1975 (→ Vor Art. 1 Rn. 1) enthielt unter Titel III in den Abschnitten 1–4 Regelungen über das Kapital (Art. 40–47 SE-VO-E 1975), die Aktien (Art. 48–53 SE-VO-E 1975), die Schuldverschreibungen (Art. 54–60a SE-VO-E 1975) und die sonstigen Wertpapiere (Art. 61 SE-VO-E 1975) der SE.[1] Der Abschnitt über das Kapital nahm thematisch die Regelungen der **Kapital-RL 1977**[2] vorweg, war aber weit weniger differenziert. Beispielsweise präsentierte sich das Verbot der Einlagenrückgewähr gem. Art. 40 Abs. 2 S. 2 SE-VO-E 1975 in folgender Fassung: „Die Rückerstattung von Einlagen ist außer im Falle einer Kapitalherabsetzung unzulässig". Trotz der im **Weißbuch der Kommission** aus dem

---

[1] Dazu ausf. *Martens* in Lutter, Die Europäische Aktiengesellschaft, 2. Aufl. 1978, 165; *H.P. Westermann* in Lutter, Die Europäische Aktiengesellschaft, 2. Aufl. 1978, 195 ff.
[2] RL 77/91/EWG vom 13.12.1976 (ABl. 1977 L 26, 1).

Jahre 1985 zu Tage tretenden Tendenz, künftige Harmonisierungen auf das unbedingt erforderliche Mindestmaß zu beschränken (→ Vor Art. 1 Rn. 2), fanden sich noch im Entwurf der SE-VO aus dem Jahre 1991 (allgemein → Vor Art. 1 Rn. 2) 23 Artikel (Art. 38 ff. SE-VO-E 1991) zur Regelung der vier erwähnten Gegenstände. Die Normen liefen nicht nur mit den Regelungen der Kapital-RL 1977 weitgehend parallel, sondern verwiesen zum Teil auf diese (s. etwa Art. 38 Abs. 2b UAbs. 2 oder Art. 49 Abs. 1 SE-VO-E 1991 für den Erwerb eigener Aktien). Sämtliche Artikel waren in einem dritten Titel des Vorschlags vereint; die Untergliederung in Abschnitte wurde aufgegeben, die durch den ersten Entwurf vorgegebene Reihenfolge der Regelungsthemen aber blieb erhalten. Skurrilerweise verschwand das Verbot der Einlagenrückgewährung – wohl infolge eines Redaktionsversehens – aus dem Normtext (Art. 38 Abs. 2 SE-VO-E 1991). Art. 5 spiegelt den **Übergang von der Einheits- zur Rahmenregelung,** wie er für die Kommissionspolitik unter *Delors* in den achtziger Jahren charakteristisch war (→ Art. 1 Rn. 2), wider. Im Text des **Art. 5** erinnert nur noch die Erwähnung der vier Regelungsgegenstände in der hergebrachten Reihenfolge an die komplexe Entstehungsgeschichte. Begründet wird diese Entwicklung – allerdings in sehr allgemeiner Form – in **Erwägungsgrund 3 S. 2 SE-VO:** „Einige davon[3] konnten mit der Angleichung des Gesellschaftsrechts der Mitgliedstaaten durch auf Grund von Art. 44 des Vertrags erlassene Richtlinien ausgeräumt werden". Durch die weitgehende Harmonisierung der vier Regelungsgegenstände schien dem Verordnungsgeber also eine detaillierte Regelung in der SE-VO weitgehend entbehrlich.

2 **2. Normzweck, Auslegung und Rechtsfolge.** Im Schrifttum wird mit einiger Berechtigung die eigenständige Bedeutung der Norm im **systematischen Verhältnis zu Art. 10** in Frage gestellt.[4] Man wird diese jedoch in einer Konkretisierung des Tatbestands von Art. 10 erkennen können: Heißt es dort, dass das nationale Aktienrecht am Sitzort „vorbehaltlich der Bestimmungen dieser Verordnung" Anwendung findet, so erklärt Art. 5 ausdrücklich, dass die SE-VO solche Vorbehalte im Hinblick auf „das Kapital der SE, dessen Erhaltung und dessen Änderungen sowie die Aktien, Schuldverschreibungen und sonstige vergleichbare Wertpapiere der SE" nicht kennt.

3 Der **Tatbestand des Art. 5** ist wie alle Normen der SE-VO **autonom,** anhand von System und Zweck der VO auszulegen (s. Art. 68 Abs. 1).[5] Ausschlaggebend ist zunächst die **historische Auslegung:** Die vier angesprochenen Regelungsbereiche (Kapital, Aktien, Schuldverschreibungen und sonstige vergleichbare Wertpapiere) beziehen sich auf teilweise umfangreiche Regelungskomplexe in den vorangegangenen Vorschlägen. Der Blick in diese verrät, was gegenwärtig durch die Tatbestandsmerkmale des Art. 5 bezeichnet ist. **Erwägungsgrund 3 S. 2** rechtfertigt die in der VO vorgesehenen Rahmenregelungen mit der weit vorangetriebenen Harmonisierung des europäischen Gesellschaftsrechts in diesem Bereich. Dies erlaubt systematische Argumente aus Art. 44 ff. GesR-RL, den vormaligen Regelungen der früheren Kapital-RL (RL 2012/30/EU aF; zuvor RL 77/91/EWG).

4 Art. 5 verweist auf die **Vorschriften, die für eine AG mit Sitz in dem Mitgliedstaat, in dem die SE eingetragen ist, gelten würden.** Maßgeblich sind also allein die Normen des Mitgliedstaates und nicht etwa die Richtlinien, die teilweise in diesen Normen umgesetzt wurden.[6] Letztere können allenfalls mittelbar bei der Auslegung des nationalen Rechts Anwendung finden.[7] Dies rechtfertigt sich auch mit systematischem Blick auf Art. 9 Abs. 1 lit. c Ziff. i und Abs. 2, die beide ebenfalls nur mittelbar auf die Gesellschaftsrichtlinien

---

[3] Gemeint sind die in Erwägungsgrund 3 S. 1 erwähnten „rechtliche[n], steuerliche[n] und psychologische[n] Schwierigkeiten" für die „Verwirklichung der Umstrukturierungs- und Kooperationsmaßnahmen, an denen Unternehmen verschiedener Mitgliedstaaten beteiligt sind".
[4] *Habersack* ZGR 2003, 724 (731); dazu auch Lutter/Hommelhoff/Teichmann/*Fleischer* Rn. 4.
[5] *Teichmann* ZGR 2002, 383 (402 f.); vgl. auch *Brandt* DStR 2003, 547 (552); *Casper* FS Ulmer, 2003, 51 (55); BeckOGK/*Casper* Rn. 1; *Schwarz* Rn. 7 ff.
[6] Nicht konsequent daher *Kersting* DB 2001, 2079 (2080 ff.); wie hier *Bungert/Beier* EWS 2002, 1.
[7] Ähnlich *Habersack* ZGR 2003, 724 (731), stärker noch 740 unter eee; *Teichmann* ZGR 2002, 383 (404 f.); Lutter/Hommelhoff/Teichmann/*Fleischer* Rn. 2.

verweisen.[8] Diese Unterscheidung ist für den Fall bedeutend, dass das **Recht eines Mitgliedstaates** im Anwendungsbereich des Art. 5 **den Vorgaben der Gesellschaftsrichtlinie nicht genügt.** Hier bleibt das nationale Recht unmittelbar anwendbar und muss unter Umständen im Vertragsverletzungsverfahren durch die Kommission gerügt werden. Dem Rechtsanwender steht hingegen keine Verwerfungskompetenz durch unmittelbare Anwendung der Gesellschaftsrichtlinien zu.[9] Die Verweisung in Art. 5 erfasst nicht nur das positive Recht des Mitgliedstaates, sondern auch **ungeschriebene von der Rspr. ausgebildete Rechtssätze.**[10] Dagegen lässt sich nur vordergründig mit dem Wortlaut der Norm „Vorschriften" argumentieren, wenn man bedenkt, dass die Norm vorübergehend auch auf Rechtsordnungen verwies, für die eine ausgeprägte Tradition des Fallrechts kennzeichnend war (Vereinigtes Königreich).

Die Verweisung auf die Vorschriften des Mitgliedstaats ist richtiger Auffassung nach eine 5 reine **Sachnormverweisung** auf das nationale Recht und **keine Gesamtrechtsverweisung** (Verweisung auch auf das Internationale Gesellschaftsrecht).[11] Bereits der Wortlaut des Art. 5 deutet in die Richtung einer Sachnormverweisung.[12] Vor allem aber folgt dies aus Erwägungsgrund 9, wonach in den Bereichen, in denen es für das Funktionieren der SE keiner einheitlichen Regelung bedarf, auf das „Aktienrecht des Sitzmitgliedstaats" verwiesen werden kann.[13] Dem entspricht auch der dynamische Charakter der Verweisung.[14] Wegen der nach Art. 7 S. 1 erzwungenen gleichen Lage von Sitz und Hauptverwaltung ist die praktische Bedeutung dieser Erkenntnis allerdings gering, weil die Norm gerade zu einem Gleichlauf von Gründungs- und Sitztheorie führt (→ Art. 7 Rn. 1; s. jedoch Art. 69 S. 2 lit. a).[15]

II. Das Kapital, seine Erhaltung und Änderung

1. Tatbestand. Die in Art. 5 verwendeten Tatbestandsmerkmale „das Kapital der SE, 6 dessen Erhaltung und dessen Änderungen" beziehen sich auf die Begrifflichkeiten der GesR-RL (→ Rn. 3). Das Tatbestandsmerkmal **Kapital** wird dort im Sinne einer „Sicherheit für die Gläubiger" (= Garantiekapital; Erwägungsgrund 40 GesR-RL) gebraucht und seine **Erhaltung** in dem Sinne verstanden, dass es „insbesondere untersagt wird, dass das Kapital durch nicht geschuldete Ausschüttungen an die Aktionäre verringert wird, und indem die Möglichkeit von Aktiengesellschaften, eigene Aktien zu erwerben, begrenzt wird" (Erwägungsgrund 40 GesR-RL). Die **Änderung** des Kapitals einer Gesellschaft bezeichnet „die Erhöhung und die Herabsetzung ihres Kapitals" (Erwägungsgrund 3 GesR-RL) und bezieht sich auf die in Art. 68 ff. GesR-RL geregelten Kapitalmaßnahmen. Die **Kernaussage des Art. 5** besteht darin, dass diese Regelungsbereiche sich ausschließlich nach dem nationalen Gesellschaftsrecht des Sitzstaates der SE (Art. 7) richten: Für eine in Deutschland ansässige SE gelten deshalb die Vorschriften des AktG. Erörterungswürdig ist deren Anwendung hier nur insoweit, als die Besonderheiten der SE neue Fragen aufwerfen. In Betracht kommen insoweit der in Art. 2 angelegte internationale Zuschnitt der SE, die

---

[8] *Schwarz* ZIP 2001, 1847 (1849); BeckOGK/*Casper* Rn. 2; Lutter/Hommelhoff/Teichmann/*Fleischer* Rn. 2.
[9] BeckOGK/*Casper* Rn. 2.
[10] *Teichmann* ZGR 2002, 383 (398 f.); BeckOGK/*Casper* Rn. 2; Lutter/Hommelhoff/Teichmann/*Fleischer* Rn. 2.
[11] *Schwarz* EuropGesR Rn. 960; BeckOGK/*Casper* Rn. 2; Lutter/Hommelhoff/Teichmann/*Fleischer* Rn. 2; *Koke*, Die Finanzverfassung der Europäischen Aktiengesellschaft (SE) mit Sitz in Deutschland, 2005, 12; NK-SE/*Mayer* Art. 5 Rn. 6; Lutter/Hommelhoff/Teichmann/*Merkt* Anh. II Art. 5 Rn. 2; Lutter/Hommelhoff/Teichmann/*Ziemons* Anh. I Art. 5 Rn. 14; Habersack/Drinhausen/*Diekmann* Rn. 1.
[12] Kölner Komm AktG/*Wenz* Rn. 4; allg. im Hinblick auf die in der SE-VO enthaltenen Spezialverweisungen Habersack/Drinhausen/*Schürnbrand* Art. 9 Rn. 8.
[13] So zu Recht Habersack/Drinhausen/*Schürnbrand* Art. 9 Rn. 8.
[14] *Hommelhoff* in Lutter/Hommelhoff, Die Europäische Gesellschaft, 2005, 5 (12); Lutter/Hommelhoff/Teichmann/*Ziemons* Anh. I Art. 5 Rn. 6.
[15] *Teichmann* ZGR 2002, 383 (397).

Eigenarten der dort definierten Gründungstatbestände und schließlich die unter Umständen monistische Verwaltungsstruktur der SE.

7   **2. Kapitalaufbringung.** Die Grundsätze über die Kapitalaufbringung bilden den zentralen rechtlichen Rahmen der in **Art. 15 Abs. 1** geregelten Gründung der SE, auf deren Erläuterung an dieser Stelle verwiesen wird. Art. 5 bezieht sich demgegenüber auf das „Kapital der SE". Weil die SE nach Art. 16 Abs. 1 aber erst mit der Eintragung in das Handelsregister entsteht, **erfasst Art. 5 die Grundsätze der Kapitalaufbringung nicht.**[16] Damit ist eine systematisch bedeutende Sachentscheidung verbunden: Während nach Art. 5 ohne Weiteres die Normen des AktG berufen sind, findet eine Verweisung nach Art. 15 Abs. 1 nur unter dem Vorbehalt statt, dass die SE-VO in den Art. 17 ff. keine Sonderregelung beinhaltet. Beispielhaft manifestiert sich dieser Unterschied in der Frage, ob über Art. 15 Abs. 1 auch die nationalen Regeln über die **Vorgesellschaft** zur Anwendung kommen, oder ob **Art. 16 Abs. 2 (Handelndenhaftung)** eine abschließende unionsrechtliche Regelung darstellt, die den Rückgriff auf die Rechtsfigur der Vorgesellschaft versperrt. Nach der zutreffenden hM durchläuft auch die SE das Stadium der Vorgesellschaft als notwendiges Durchgangsstadium,[17] es sei denn, sie wird im Wege der Verschmelzung zur Aufnahme oder im Wege der Umwandlung gegründet.[18] Art. 16 Abs. 2 stellt insofern keine abschließende Regelung dar.[19] Als Begründung wird angeführt, Art. 16 Abs. 2 beruhe mittelbar auf dem Vorbild der Handelndenhaftung gem. § 41 Abs. 1 S. 2 AktG, sodass Art. 16 Abs. 2 der Anerkennung einer Vor-SE genauso wenig entgegenstehe wie § 41 Abs. 1 S. 2 AktG der Anerkennung einer Vor-AG.[20] Entscheidend dürfte indes sein, dass die Gründerhaftung (Unterbilanz- und Verlustdeckungshaftung) ganz andere Zwecke verfolgt als die Handelndenhaftung, sodass der Regelungsbereich des Art. 16 Abs. 2 durch die Rechtsfigur der Vor-SE nicht tangiert wird.[21]

8   **Nicht anwendbar** ist Art. 5 auf die **§§ 63–66 AktG,** also insbesondere auf das **Kaduzierungsverfahren,** denn diese Normen zielen systematisch auf die in Art. 5 nicht geregelte Kapitalaufbringung; hier ist die Verweisung nach Art. 15 Abs. 1 maßgeblich. Dasselbe gilt für das Aufrechnungsverbot nach § 66 Abs. 1 S. 2 AktG.[22]

9   **3. Das Kapital und seine Erhaltung. a) Das Verbot der Einlagenrückgewähr und die Ausschüttungsbeschränkungen.** Ohne Einschränkungen auf die SE anwendbar sind das Verbot der **Einlagenrückgewähr nach § 57 Abs. 1 S. 1 AktG**[23] und das Verzinsungsverbot nach § 57 Abs. 2 AktG. Dasselbe gilt für die in § 57 Abs. 3 AktG vorgesehene Beschränkung der zulässigen Ausschüttungen auf den **Bilanzgewinn.** In Konkretisierung dieser Norm finden auch die §§ 58–61 AktG auf die SE Anwendung,[24] und der einzelne **Aktionär haftet für unrechtmäßige Ausschüttungen nach § 62 AktG.**

10   Bei der SE stellt sich dabei in besonderer Weise die Frage, welche Wertgrenzen im Rahmen sog. **Drittgeschäfte iSd § 57 Abs. 1 S. 1 AktG** bei der Vergütung von in der

---

[16] *Teichmann* ZGR 2002, 383 (414 f.) mit Hinweis auf die zur EWIV anders lautende hM; nunmehr auch BeckOGK/*Casper* Rn. 1; Lutter/Hommelhoff/Teichmann/*Fleischer* Rn. 3; Kölner Komm AktG/*Wenz* Rn. 11; *Koke,* Die Finanzverfassung der Europäischen Aktiengesellschaft (SE) mit Sitz in Deutschland, 2005, 23 ff.; *Schwarz* Rn. 5; dazu auch *Kersting* DB 2001, 2079 f.; Habersack/Drinhausen/*Diekmann* Rn. 4; anders Bungert/Beier EWS 2002, 1 (2); NK-SE/*Mayer* Rn. 10.

[17] Lutter/Hommelhoff/Teichmann/*Bayer* Art. 16 Rn. 6; *Schwarz* Art. 16 Rn. 8; Habersack/Drinhausen/*Diekmann* Art. 16 Rn. 25; Kölner Komm AktG/*Maul* Art. 16 Rn. 5; *Kersting* DB 2001, 2079 (2081); aA *Hirte* NZG 2002, 1 (4).

[18] Vgl. zu dieser Einschränkung Habersack/Drinhausen/*Diekmann* Art. 16 Rn. 2; *Schwarz* Art. 16 Rn. 8; *Schäfer* NZG 2004, 785 (790).

[19] *Schwarz* Art. 16 Rn. 8; Habersack/Drinhausen/*Diekmann* Art. 16 Rn. 21; Lutter/Hommelhoff/Teichmann/*Bayer* Art. 16 Rn. 6; aA *Hirte* NZG 2002, 1 (4).

[20] So vor allem *Schwarz* Art. 16 Rn. 8; Habersack/Drinhausen/*Diekmann* Art. 16 Rn. 2; *Schäfer* NZG 2004, 785 (790).

[21] Ausf. *Schäfer* NZG 2004, 785 (791).

[22] Dazu *Martens* in Lutter, Die Europäische Aktiengesellschaft, 2. Aufl. 1978, 165 (176).

[23] *Martens* in Lutter, Die Europäische Aktiengesellschaft, 2. Aufl. 1978, 165 (183) spricht vom „Evidenzcharakter" dieses Verbots; vgl. auch *Kersting* DB 2001, 2079 (2086).

[24] *Martens* in Lutter, Die Europäische Aktiengesellschaft, 2. Aufl. 1978, 165 (184).

Satzung festgesetzten Nebenleistungen des Aktionärs nach § 61 AktG zugrunde zu legen sind. Verdeckte (Gewinn-)Ausschüttungen entgegen § 57 Abs. 1 S. 1 und Abs. 3 AktG lassen sich bekanntlich nur vermeiden, wenn die AG den Aktionär zu verkehrsüblichen Sätzen vergütet; dies gilt für § 57 Abs. 1 S. 1 AktG[25] ebenso wie für § 61 AktG.[26] Der in Art. 2 vorausgesetzte **internationale Charakter der SE** hat aber zur Folge, dass **Aktionäre auf ganz unterschiedlichen nationalen Märkten** anbieten. Wenn wie im Fall des § 61 AktG die Erbringung persönlicher Dienstleistungen im Vordergrund steht, wirkt sich die auf die Nettolöhne erhobene unterschiedliche, innerhalb der Union nicht harmonisierte Abgabenlast (Steuern, Sozialabgaben usw) aus. Fraglich ist daher, ob für die Preisfindung der Markt am Wohn- bzw. Geschäftssitz des Aktionärs maßgeblich ist oder der Markt, an dem die SE ihren Sitz nach Art. 7 unterhält. Für den Marktort **am Sitz der Aktionäre** spricht zunächst der Gleichbehandlungsgrundsatz nach § 53a AktG, der gem. Art. 9 Abs. 1 lit. c Ziff. ii auch für die SE gilt (s. auch Art. 85 GesR-RL). Wäre nämlich der Marktpreis am Sitz der SE maßgeblich, bestünde die Gefahr, dass ausländische Aktionäre für ihre Leistungen nicht zu kostendeckenden Entgelten entlohnt werden, wenn das Entgeltniveau auf ihrem nationalen Beschäftigungsmarkt über dem des Marktes am Sitz nach Art. 7 liegt. Diese Aktionäre wären gerade im Anwendungsbereich des § 61 AktG entweder zur dauerhaften Verlusttragung oder zum Verkauf der Aktie gezwungen. Ausschlaggebend dürfte die Überlegung sein, dass die § 57 Abs. 1 AktG, § 61 AktG ihrem Zweck nach die Verwaltung der AG nicht zu einer sparsamen Mittelverwendung unter Ausschöpfung von Standortvorteilen verpflichten, sondern dazu, den Aktionär so zu entlohnen, dass an ihn nicht verdeckt eine § 57 AktG zuwiderlaufende Ausschüttung erfolgen kann. Die Erreichung des Zwecks ist auch dann gewährleistet, wenn der Aktionär auf dem Niveau des Marktes entlohnt wird, auf dem er anbietet, auch wenn das Marktniveau an dem nach Art. 7 berufenen Ort darunter liegt.

b) Der Rückerwerb eigener Aktien. aa) Grundsatz. Erwägungsgrund 40 Ges-RL, **11** die für die Interpretation des Tatbestandes von Art. 5 maßgeblich ist (→ Rn. 3), lässt sich entnehmen, dass das Prinzip der Kapitalerhaltung vor allem auch in der Begrenzung der Möglichkeit einer Gesellschaft besteht, eigene Aktien zu erwerben". Art. 5 verweist daher für eine in Deutschland ansässige SE auf die §§ 71–71e AktG.[27]

bb) Verhältnis zu § 7 Abs. 1 S. 1 SEAG, § 12 Abs. 1 S. 1 SEAG. Im Hinblick auf **12** die Gründung und Sitzverlegung der SE steht es den Mitgliedstaaten frei, Regelungen über die **Abfindung der Minderheitsaktionäre** im Falle der Verschmelzung (Art. 24 Abs. 2) und der Sitzverlegung (Art. 8 Abs. 5) zu treffen.[28] Der deutsche Gesetzgeber hat diese Optionen jeweils zugunsten der Minderheitsgesellschafter ausgeübt, und zwar für die Verschmelzung in § 7 Abs. 1 S. 1 SEAG und für die Sitzverlegung in § 12 Abs. 1 S. 1 SEAG. Vor dem Hintergrund dieser Abfindungspflichten bestehen zusätzliche Verweisungen auf die §§ 71–71e AktG in § 7 Abs. 1 S. 2 SEAG, § 12 Abs. 1 S. 2 SEAG. Soweit hier die Vorschriften des Aktiengesetzes über den Erwerb eigener Aktien für entsprechend anwendbar erklärt werden, stellt sich die Verweisung als rein deklaratorisch dar, da sich die Geltung der §§ 71 ff. AktG für eine SE mit Sitz in Deutschland bereits aus Art. 5 ergibt (→ Rn. 11). Einen eigenständigen Gehalt haben allerdings § 7 Abs. 1 S. 2 Hs. 2 SEAG, § 12 Abs. 1 S. 2 Hs. 2 SEAG, die anordnen, dass **§ 71 Abs. 4 S. 2 AktG nicht zur Anwendung** kommen soll.[29] Diese Einschränkung steht mit Art. 5 in Einklang, da die §§ 7, 12 SEAG auf den

---

[25] Hüffer/Koch/*Koch* AktG § 57 Rn. 8; Kölner Komm AktG/*Drygala* AktG § 57 Rn. 47, 55; Großkomm AktG/*Henze* AktG § 57 Rn. 35.
[26] Kölner Komm AktG/*Drygala* AktG § 61 Rn. 6; Hüffer/Koch/*Koch* AktG § 61 Rn. 2; Großkomm AktG/*Henze* AktG § 61 Rn. 12.
[27] *Hirte* NZG 2002, 1 (9).
[28] Auch § 9 Abs. 1 S. 1 SEAG statuiert auf Grundlage der Ermächtigung in Art. 34 eine Abfindungspflicht für den Fall der Holding-Gründung. Die Abfindungspflicht trifft jedoch nicht die Holding-SE, sondern die deutsche Gründungsgesellschaft (→ Rn. 13). Die Abfindungsproblematik ist insofern nicht SE-spezifisch.
[29] Einen eigenständigen Gehalt hat § 7 Abs. 1 S. 2 SEAG außerdem insoweit, als sein Geltungsbereich zu Recht auf eine SE mit Sitz im Ausland erstreckt wird (→ Rn. 13).

Ermächtigungen in Art. 8 Abs. 5, Art. 24 Abs. 2 beruhen, welche eine partielle Abweichung von Art. 5 erlauben.

13 cc) **Bedienung von Abfindungs- und Erfüllung von Erwerbsansprüchen durch die SE nach § 71 Abs. 1 Nr. 3 und 8 S. 1 AktG.** Die Pflicht, ein **Abfindungsangebot in den Verschmelzungsplan** aufzunehmen, entsteht für eine übertragende deutsche AG gem. **§ 7 Abs. 1 S. 1 SEAG** nur dann, wenn die neu zu gründende SE ihren Sitz **im Ausland** haben soll. Da das Angebot jedoch erst nach Eintragung der neu gegründeten SE im Handelsregister des Sitzstaates angenommen werden kann (§ 7 Abs. 4 S. 1 SEAG), ist Schuldnerin der Abfindung allein die SE, die als Gesamtrechtsnachfolgerin der übertragenden AG gem. Art. 29 Abs. 1 lit. a, Abs. 2 lit. a auch in das Abfindungsangebot nachfolgt.[30] Soll die SE hingegen ihren Sitz in Deutschland begründen – in welchem Falle **§ 71 Abs. 1 Nr. 3 AktG** aufgrund Art. 5 und § 7 Abs. 1 S. 2 SEAG unproblematisch anwendbar wäre[31] – entsteht indes schon gar keine Abfindungspflicht. Insofern stellt sich die Frage, in welchen Konstellationen der Verweis auf §§ 71–71e AktG überhaupt maßgeblich werden kann. Hier ist zu **differenzieren:** Wenn eine ausländische AG übertragender Rechtsträger ist und die einschlägigen nationalen Ausführungsbestimmungen für diese übertragende Gesellschaft eine Abfindungspflicht auf Grundlage von **Art. 24 Abs. 2** statuieren, geht diese Abfindungspflicht im Wege der Gesamtrechtsnachfolge nach Art. 29 Abs. 1 lit. a, Abs. 2 lit. b auf die SE mit Sitz in Deutschland über. Auf diese deutsche SE finden dann gem. § 7 Abs. 1 S. 2 SEAG die Vorschriften des Aktiengesetzes über den Erwerb eigener Aktien entsprechende Anwendung.[32] Darüber hinaus ist umstritten, ob § 7 Abs. 1 S. 2 SEAG auch auf eine **SE mit Sitz im Ausland** Anwendung findet, wenn an der Verschmelzungsgründung eine deutsche AG als übertragende Gesellschaft beteiligt ist. Diesbezüglich besteht ein **Konflikt mit Art. 5,** der auf die Kapitalerhaltungsvorschriften des ausländischen Sitzstaates verweist.[33] Die Befürworter einer Anwendbarkeit des § 7 Abs. 1 S. 2 SEAG, die sich auf die Begründung des RegE zum SEEG[34] stützen können, argumentieren zu Recht, nur auf diese Weise sei sichergestellt, dass die widersprechenden Minderheitsaktionäre auch tatsächlich abgefunden werden können:[35] Angesichts der **Spielräume bei der Umsetzung der Kapital-RL** aF (→ Rn. 3) enthält das Recht des Sitzstaates der SE nämlich nicht notwendigerweise ebenfalls eine dem § 71 Abs. 1 Nr. 3 AktG vergleichbare, auf die Ermächtigung in Art. 22 Abs. 1 lit. d Kapital-RL aF (Art. 61 Abs. 1 lit. d GesR-RL) zurückgehende Erlaubnisnorm zum Erwerb eigener Aktien.[36] Die Vertreter der Gegenansicht halten dem entgegen, dass sich der Geltungsanspruch des § 7 Abs. 1 S. 2 SEAG nur auf SE mit Sitz in Deutschland erstrecke.[37] Indes

---

[30] Vgl. für den Fall einer Abfindungspflicht nach § 7 Abs. 1 S. 1 SEAG die Begründung zum RegE des SEEG, BT-Drs. 15/3405, 33; Habersack/Drinhausen/*Marsch-Barner* Art. 24 Rn. 45; Kölner Komm AktG/ *Maul* Art. 24 Rn. 30; *Brandes* AG 2005, 177 (180); *Witten,* Minderheitenschutz bei Gründung und Sitzverlegung der Europäischen Aktiengesellschaft (SE), 2011, 175.
[31] Kölner Komm AktG/*Maul* Art. 24 Rn. 33.
[32] Sollten die ausländischen Ausführungsvorschriften indes in weiterem Umfang als das deutsche Recht den Rückerwerb eigener Aktien zwecks Barabfindung zulassen, so wäre es entsprechend den folgenden Ausführungen konsistent, das ausländische Recht insofern auch in Deutschland zu beachten.
[33] *Witten,* Minderheitenschutz bei Gründung und Sitzverlegung der Europäischen Aktiengesellschaft (SE), 2011, 175.
[34] RegE, BT-Drs. 15/3405, 33.
[35] *Schwarz* Art. 24 Rn. 34; Lutter/Hommelhoff/Teichmann/*Bayer* Art. 24 Rn. 56; *Teichmann* ZGR 2003, 367 (378); *Scheifele,* Die Gründung der Europäischen Aktiengesellschaft, 2004, 250; vgl. auch *Witten,* Minderheitenschutz bei Gründung und Sitzverlegung der Europäischen Aktiengesellschaft (SE), 2011, 141 zur Parallelproblematik eines möglichen Verstoßes der baren Zuzahlung gegen Kapitalerhaltungsvorschriften des ausländischen Sitzstaates bei der Verschmelzungsgründung einer SE.
[36] *Witten,* Minderheitenschutz bei Gründung und Sitzverlegung der Europäischen Aktiengesellschaft (SE), 2011, 177.
[37] *Brandes* AG 2005, 177 (180); *Frantsuzova,* Die grenzüberschreitende Verschmelzung bei der Gründung einer Europäischen Gesellschaft (SE). Eine rechtsvergleichende Untersuchung unter Berücksichtigung des deutschen und des britischen Rechts, 2010, 275; vom Grundsatz her auch Kölner Komm AktG/*Maul* Art. 24 Rn. 33, die allerdings eine Lösung auf Ebene des IPR vorschlägt.

lässt sich die **Erstreckung des Geltungsanspruchs auf eine SE mit Sitz im Ausland auf Art. 24 Abs. 2, 25 Abs. 3 S. 4** stützen.[38]

Im Falle einer **Sitzverlegung** ist **Adressatin der Abfindungspflicht** nach § 12 Abs. 1 SEAG von vornherein nur die SE, die ihren Sitz verlegt. Insofern stellt sich die Frage, ob die Erfüllung dieser Pflicht durch eine deutsche SE gegen §§ 71 ff. AktG verstoßen kann. Auch hier ist problematisch, dass das Angebot auf Barabfindung gem. § 12 Abs. 2 SEAG iVm § 7 Abs. 4 S. 1 SEAG erst nach Eintragung und Bekanntmachung der Sitzverlegung im Zuzugsstaat angenommen werden kann. Die Sitzverlegung wird gem. Art. 8 Abs. 10 mit der Eintragung im Zuzugsstaat wirksam (→ Art. 8 Rn. 67); auf die vormals deutsche SE ist das SEAG dann nicht mehr anwendbar (vgl. § 1 SEAG). Wiederum besteht also die **Gefahr, dass der Verweis in § 12 Abs. 1 S. 2 SEAG keine Wirkung entfaltet** und die Minderheitsaktionäre nur dann abgefunden werden können, wenn der neue Sitzstaat den Erwerb eigener Aktien zulässt.[39] Aus den soeben geschilderten Erwägungen heraus (→ Rn. 13) muss § 12 Abs. 1 S. 2 SEAG iVm §§ 71 ff. AktG auch auf die nunmehr ausländische SE Anwendung finden, um sicherzustellen, dass die Minderheitsaktionäre abgefunden werden können.[40] Richtiger Ansicht nach folgt die Anwendbarkeit des deutschen Rechts insofern aus der Ermächtigungsnorm des **Art. 8 Abs. 5**.[41]

14

Die Abfindungspflicht im Falle einer **Holding-Gründung** gem. § 9 Abs. 1 SEAG trifft **allein** die deutsche Gründungsgesellschaft,[42] wobei allerdings nur Aktiengesellschaften abfindungspflichtig sind, nicht auch eine gem. Art. 2 Abs. 2 gründungsberechtigte GmbH.[43] Eine Rechtsnachfolge der SE kommt nicht in Betracht, da die nationalen Gründungsgesellschaften nach Gründung der Holding-SE fortbestehen. Die §§ 71 ff. AktG sind (mit Ausnahme des § 71 Abs. 4 S. 2 AktG) gem. § 9 Abs. 1 S. 2 SEAG auch in diesem Fall auf die an der Gründung beteiligten Aktiengesellschaften entsprechend anwendbar; allerdings handelt es sich hierbei letztlich nicht um eine SE-spezifische Problematik (ergänzend → Rn. 18).[44]

15

Vor dem Hintergrund der entsprechenden Anwendbarkeit ist fraglich, ob die Geschäftsführung der SE in den Fällen der § 7 Abs. 1 S. 1 SEAG, § 12 Abs. 1 S. 1 SEAG auf der Grundlage von **§ 71 Abs. 1 Nr. 3 AktG** autorisiert ist, Aktien der SE in Erfüllung einschlägiger Pflichten von den betroffenen Aktionären zurück zu erwerben. Die praktische Bedeutung des Problems liegt in der Entbehrlichkeit des anderenfalls erforderlichen **Ermächtigungsbeschlusses nach § 71 Abs. 1 Nr. 8 S. 1 AktG**. Denn auf der Grundlage eines Ermächtigungsbeschlusses ist ein Rückerwerb eigener Aktien zu Zwecken der Abfindung wohl stets und unproblematisch möglich (→ AktG § 71 Rn. 244 ff.); dies gilt auch für die Abfindung nach der SE-VO.[45]

16

Für die Anwendbarkeit des § 71 Abs. 1 Nr. 3 AktG im Falle der Gründung einer SE durch **Verschmelzung** spricht zunächst, dass **§ 7 Abs. 1 S. 2 SEAG** die entsprechende

17

---

[38] Lutter/Hommelhoff/Teichmann/*Bayer* Art. 24 Rn. 56; *Teichmann* ZGR 2003, 367 (378); ausf. *Witten*, Minderheitenschutz bei Gründung und Sitzverlegung der Europäischen Aktiengesellschaft (SE), 2011, 175, die allein Art. 24 Abs. 2 für maßgeblich hält; aA mit beachtlichen Argumenten *Vetter* in Lutter/Hommelhoff, Die Europäische Gesellschaft, 2005, 147.

[39] *Witten*, Minderheitenschutz bei Gründung und Sitzverlegung der Europäischen Aktiengesellschaft (SE), 2011, 178.

[40] *Witten*, Minderheitenschutz bei Gründung und Sitzverlegung der Europäischen Aktiengesellschaft (SE), 2011, 178; *Esposito*, Sitzverlegung und Minderheitenschutz bei der Societas Europaea, 2013, 208 ff.

[41] Ausf. *Witten*, Minderheitenschutz bei Gründung und Sitzverlegung der Europäischen Aktiengesellschaft (SE), 2011, 177 ff., die außerdem die Anwendung des Art. 8 Abs. 16 in Betracht zieht, dies jedoch letztlich ablehnt, da diese Vorschrift rein prozessrechtlicher Natur sei; für eine Lösung über Art. 8 Abs. 16 hingegen *Esposito*, Sitzverlegung und Minderheitenschutz bei der Societas Europaea, 2013, 208 ff.

[42] Kölner Komm AktG/*Paefgen* Art. 34 Rn. 24; Lutter/Hommelhoff/Teichmann/*Bayer* Art. 34 Rn. 20; *Witten*, Minderheitenschutz bei Gründung und Sitzverlegung der Europäischen Aktiengesellschaft (SE), 2011, 174.

[43] Kölner Komm AktG/*Paefgen* Art. 34 Rn. 14; Lutter/Hommelhoff/Teichmann/*Bayer* Art. 34 Rn. 15.

[44] *Witten*, Minderheitenschutz bei Gründung und Sitzverlegung der Europäischen Aktiengesellschaft (SE), 2011, 174.

[45] Ebenso *Teichmann* ZGR 2003, 367 (377 f.).

Geltung der Vorschriften über den Erwerb eigener Aktien anordnet. Dies gilt für eine SE, die ihren Sitz **in Deutschland** begründet, auch dann, wenn sich die maßgebliche Abfindungspflicht aus den zu der SE-VO ergangenen Ausführungsbestimmungen eines anderen Mitgliedstaates, die auf eine ausländische Gründungsgesellschaft Anwendung finden, ergibt (→ Rn. 13).[46] Fraglich ist jedoch, ob aufgrund des Verweises die Liste der erlaubten Ausnahmefälle in § 71 Abs. 1 Nr. 3 AktG erweitert werden soll, oder aber ob das vermeintlich abschließende Verbot dieser Norm entsprechende Anwendung findet. Im Übrigen ist umstritten, ob der Tatbestand des § 71 Abs. 1 Nr. 3 AktG eine abschließende Regelung trifft. Dies wird an anderer Stelle verneint (→ AktG § 71 Rn. 156 ff.). Denn Art. 61 Abs. 1 lit. d GesR-RL lässt eine über den Wortlaut von § 71 Abs. 1 Nr. 3 AktG hinausgehende großzügigere Interpretation zu, weshalb die dort enumerierten Fälle eher als Regelbeispiele fungieren, kaum aber einen Numerus clausus bilden. Vor diesem Hintergrund wäre es insbesondere im Hinblick auf Art. 10 schwer begründbar, den Fall der Verschmelzung auf die SE im Rahmen des § 71 Abs. 1 Nr. 3 AktG anders zu behandeln als den der nationalen Verschmelzung (s. die Erwähnung des § 29 UmwG). Entsprechend ist die Verweisung in § 7 Abs. 1 S. 2 SEAG im Sinne einer **Erweiterung des Tatbestands von § 71 Abs. 1 Nr. 3 AktG** auszulegen.[47] Im Übrigen ordnet § 7 Abs. 1 S. 2 SEAG an, dass **§ 71 Abs. 4 S. 2 AktG** keine Anwendung findet; dies entspricht § 29 Abs. 1 S. 1 Hs. 2 UmwG (→ AktG § 71 Rn. 139).

18 Das Gleichbehandlungsgebot des Art. 10 greift allerdings nicht für die Abfindung bei der **Sitzverlegung** (§ 12 SEAG), weil dieses Institut im nationalen Recht ohne Vorbild ist. Auch im Falle der **Holding-Gründung** greift Art. 10 nicht ein, da sein Anwendungsbereich nicht eröffnet ist: Die Abfindungspflicht gem. § 9 Abs. 1 SEAG trifft allein die deutsche Gründungsgesellschaft (→ Rn. 13); Art. 10 begründet einen Gleichbehandlungsanspruch nur für die SE. Da auch hier § 9 Abs. 1 S. 2 SEAG bzw. § 12 Abs. 1 S. 2 SEAG die Vorschriften des Aktiengesetzes über den Erwerb eigener Aktien für entsprechend anwendbar erklären, stellt sich wiederum die Frage, ob die Abfindungspflicht unter **§ 71 Abs. 1 Nr. 3 AktG** subsumiert werden kann. Dies ist zu **bejahen,** da diese Verweise dem Tatbestand des § 7 Abs. 1 S. 2 SEAG so unmittelbar nachgebildet sind, dass nur der **Schluss auf eine einheitliche Behandlung** aller drei Fälle dem gesetzgeberischem Willen nach möglich erscheint. Auch in diesen Fällen findet also § 71 Abs. 1 Nr. 3 AktG Anwendung.[48]

19 dd) Adressat der Ermächtigung nach § 71 Abs. 1 Nr. 8 S. 1 AktG im monistischen System. § 71 Abs. 1 Nr. 8 S. 1 AktG legt nicht fest, wer genau durch die Hauptversammlung ermächtigt werden kann, da die Rechtslage für eine deutsche AG (§ 76 Abs. 1 AktG, § 111 Abs. 4 S. 1 AktG, § 119 Abs. 2 AktG) eindeutig ist: Nur der Vorstand kommt hier als Adressat in Betracht. Bei einer SE mit monistischer Struktur stellt sich indes die Frage, ob eine **Ermächtigung immer nur dem Verwaltungsrat als solchem,** oder auch den geschäftsführenden Direktoren in ihrer Gesamtheit bzw. sogar einzelnen geschäftsführenden Direktoren erteilt werden darf. Ausgangspunkt der Überlegungen muss Art. 43 Abs. 1 S. 1 sein, nach dem das Verwaltungsorgan die Geschäfte der SE führt. Dies impliziert, dass die Organisation der Geschäftsführung allein dem Verwaltungsrat überlassen bleibt und die Kompetenz der Hauptversammlung nicht in diesen inneren Organisationsbereich hineinreichen kann: Im Umkehrschluss aus § 20 SEAG folgt im Übrigen, dass die Schranke des § 119 Abs. 2 AktG sehr wohl auch im monistischen System Anwendung findet. Eine Ermächtigung der geschäftsführenden Direktoren in ihrer Gesamtheit oder auch einzelner

---

[46] Kölner Komm AktG/*Maul* Art. 24 Rn. 33.
[47] BeckOGK/*Casper* Rn. 3; Lutter/Hommelhoff/Teichmann/*Fleischer* Rn. 7; *Koke,* Die Finanzverfassung der Europäischen Aktiengesellschaft (SE) mit Sitz in Deutschland, 2005, 106; *Schwarz* Rn. 59 ff.; *Oechsler* NZG 2005, 449 (451); Habersack/Drinhausen/*Diekmann* Rn. 6; *Witten,* Minderheitenschutz bei Gründung und Sitzverlegung der Europäischen Aktiengesellschaft (SE), 2011, 174.
[48] *Koke,* Die Finanzverfassung der Europäischen Aktiengesellschaft (SE) mit Sitz in Deutschland, 2005, 110 f.; *Schwarz* Rn. 64; zust. *Witten,* Minderheitenschutz bei Gründung und Sitzverlegung der Europäischen Aktiengesellschaft (SE), 2011, 174.

Organwalter würde den Verwaltungsrat in seiner Tätigkeit lähmen: Er wäre beispielsweise nicht völlig frei darin, einen geschäftsführenden Direktor nach § 40 Abs. 5 S. 1 SEAG abzuberufen, weil die Abberufung für die SE mit nachteiligen Folgen (Verlust der mühsam wieder einzuholenden Ermächtigung) verbunden wäre. Aus diesem Grund kann die Hauptversammlung nur den Verwaltungsrat als solchen ermächtigen.[49]

ee) Aktienoptionsprogramme für Verwaltungsratsmitglieder im monistischen System (§ 71 Abs. 1 Nr. 8 S. 5 AktG). In der monistisch strukturierten SE stellt sich die Frage, ob die Mitglieder des Verwaltungsrats als Bezugsberechtigte in Betracht kommen oder ob ihre Rolle eher derjenigen von Aufsichtsratsmitgliedern in der AG entspricht, für die nach der Rspr. des BGH eine solche Berechtigung nicht in Betracht kommt. Das Problem wird unten im Zusammenhang mit § 193 Abs. 2 Nr. 4 AktG erörtert (→ Rn. 40); einer Differenzierung zwischen dieser Norm und § 71 Abs. 1 Nr. 8 S. 5 AktG, wie sie teilweise im Schrifttum vertreten wird,[50] kann hier nicht gefolgt werden, weil der Gesetzgeber in § 71 Abs. 1 Nr. 8 S. 5 AktG das Sicherheitsniveau an § 192 Abs. 2 Nr. 3 AktG angleichen wollte (ausführlich → AktG § 71 Rn. 264). Dies ist nicht möglich, wenn beide Normen unterschiedlich ausgelegt werden.[51]

ff) Unanwendbarkeit des § 71a Abs. 2 AktG bei der Holding-Gründung. Die Gründung einer Holding-SE erfolgt gem. **Art. 33 Abs. 2,** wenn der Mindestprozentsatz an Aktien der gründenden Gesellschaften in die SE eingebracht wird. Bis diese Rechtsbedingung eingetreten ist, werden die Aktien der gründenden Gesellschaften von einer **Vor-SE** gehalten.[52] Es stellt sich die Frage, ob auf das **Verhältnis zwischen dieser Vor-SE und den Gründungsgesellschaften** nicht § 71a Abs. 2 AktG Anwendung finden muss. Danach ist nämlich ein Rechtsgeschäft der Gesellschaft mit einem Dritten nichtig, durch das der Dritte berechtigt oder verpflichtet wird, Aktien der Gesellschaft für Rechnung der Gesellschaft zu erwerben. Als ein solches „Rechtsgeschäft" kommen die Hauptversammlungsbeschlüsse der Gründungsgesellschaften in Betracht, zumal der Begriff **des „Rechtsgeschäfts" iSd § 71a Abs. 2 AktG** weit auszulegen ist. Für die Anwendbarkeit spricht zunächst, dass die Vor-SE beim Aktienerwerb beinahe zwangsläufig die Interessen der Gründungsgesellschaften wahrnehmen muss.[53] Auch bei den bisherigen Holding-Gründungen – auf der Grundlage nationaler Aktien- und Umwandlungsrechte – spielte deshalb das Verbot des § 71a Abs. 2 AktG eine entscheidende Rolle. Bei der historischen Fusion der Daimler-Benz AG und der Chrysler Corporation[54] stand § 71a Abs. 2 AktG der Möglichkeit entgegen, die Anteile an den beiden gründenden Gesellschaften im Wege der Sachgründung auf die Obergesellschaft **DaimlerChrysler AG** zu übertragen.[55] Fraglich ist, ob dies auch für die Holding-Gründung der SE gilt. Dafür scheint zunächst **§ 9 Abs. 1 S. 2 SEAG** zu sprechen, der die Vorschriften über den Rückerwerb eigener Aktien mit Ausnahme des § 71 Abs. 4 S. 2 AktG für anwendbar erklärt (zur Bedeutung dieser Norm → AktG § 71 Rn. 139). Jedoch trifft § 9 Abs. 1 S. 2 SEAG nur eine Regelung im Hinblick auf die durch § 9 Abs. 1 S. 1 SEAG statuierte Abfindungspflicht.[56] Dies ergibt sich

---

[49] BeckOGK/*Casper* Rn. 4; Lutter/Hommelhoff/Teichmann/*Fleischer* Rn. 7; Oechsler NZG 2005, 449 (450); Habersack/Drinhausen/*Diekmann* Rn. 7; wohl auch Kölner Komm AktG/*Wenz* Rn. 15.
[50] *Fischer* ZIP 2003, 282 f.: teleologische Reduktion; *Hoff* WM 2003, 910 (912): Rechtsfolgenverweisung; Luttermann EWiR 2002, 1031 f.
[51] Ebenso BGH ZIP 2004, 613 (615).
[52] Habersack/Drinhausen/*Scholz* Art. 33 Rn. 13; nach hM entsteht im Falle der Holding-Gründung eine Vor-SE bereits dann, wenn in allen Gründungsgesellschaften der erforderliche Zustimmungsbeschluss durch die Hauptversammlung gefasst wurde, vgl. Habersack/Drinhausen/*Scholz* Art. 32 Rn. 11.
[53] Ähnlich NK-SE/*Schröder* Art. 33 Rn. 37: Je nach Vertragsgestaltung könne die Vor-SE Treuhänderfunktionen für die Gründungsgesellschaften übernehmen.
[54] Thoma/*Leuering* NJW 2002, 1449 (1452 f.); *Baums* FS Zöllner, 1998, 65 ff.
[55] Thoma/*Leuering* NJW 2002, 1449 (1452). Die Praxis löste dieses Problem, indem die neu zu gründende Holding durch einen Treuhänder aufgesetzt und die Aktien der Daimler-Benz AG sowie der Chrysler Corp. nach der Gründung im Wege einer Sachkapitalerhöhung eingebracht wurden. Die Gründung durch einen Treuhänder war erforderlich, um die Rechtsfolge des § 71d S. 2 AktG zu vermeiden.
[56] BeckOGK/*Eberspächer* Art. 33 Rn. 10.

aus dem systematischen Zusammenhang zu § 9 Abs. 1 S. 1 SEAG und auch aus der amtlichen Überschrift von § 9 SEAG („Abfindungsangebot im Gründungsplan"). Im Hinblick auf die Frage, ob § 71a Abs. 2 AktG der Übertragung von Aktien der Gründungsgesellschaften auf die Vor-SE entgegensteht, trifft § 9 Abs. 1 S. 2 SEAG hingegen keine Regelung. Für die Lösung dieses Problems ist vielmehr entscheidend, dass die Art. 2 Abs. 2, Art. 32 ff. eine Holding-Gründung vorsehen und aus Art. 33 Abs. 2 iVm Art. 15 Abs. 1 folgt, dass die Aktien in eine Vor-SE eingebracht werden. Das am Effektivitätsgrundsatz ausgerichtete Auslegungsgebot des Art. 68 Abs. 1 erzwingt konsequenter Weise, Art. 33 Abs. 2 so zu interpretieren, dass die Übertragung von Anteilen auf die Vor-SE rechtlich möglich ist. Dann darf **im Verhältnis der Gründungsgesellschaften zur Vor-SE bei der Holdinggründung § 71a Abs. 2 AktG keine Anwendung** finden.[57] Methodisch lässt sich dies auf zweierlei Art und Weise begründen: So kann schon das Vorliegen eines „Rechtsgeschäfts" (→ Art. 33 Rn. 13)[58] bzw. eines Erwerb „für Rechnung der Gesellschaft"[59] verneint werden, da die Einbringung der Aktien an den Gründungsgesellschaften nicht durch die Gründungsgesellschaften erfolgt, sondern vielmehr durch deren Gesellschafter.[60] Diese sind zur Einbringung jedoch nicht verpflichtet; die Gründungsgesellschaften haben auch keinerlei rechtlich gesicherten Einfluss auf die Entscheidung ihrer Aktionäre (→ Art. 33 Rn. 13).[61] Überzeugender erscheint es indes, das Ergebnis auf die **Lex-Posterior-Regel** zu stützen: § 71a Abs. 2 AktG geht historisch auf die Kapital-RL 1977 (RL 77/91/EWG) zurück. Art. 33 Abs. 2 nimmt deshalb als späteres, auf einer ranggleichen Rechtsgrundlage beruhendes Gesetz einen Vorrang ein. Das Ergebnis lässt sich schließlich auch im Hinblick auf ein Spezialitätsverhältnis zwischen beiden Normen begründen: Art. 33 Abs. 2 muss als spezieller, auf die Holdinggründung bezogener Anwendungsfall Art. 60 Abs. 1 GesR-RL und damit § 71a Abs. 2 AktG verdrängen.[62]

22 **gg) Anwendbarkeit des § 71d S. 2 AktG auf die Holding.** Auf die **nach Eintragung** gem. Art. 16 Abs. 1 bereits entstandene Holding-SE findet aufgrund der Verweisung in Art. 5 Abs. 1 auch § 71d AktG Anwendung.[63] Anders als § 71a Abs. 2 AktG (→ Rn. 21) adressiert § 71d AktG über Art. 5 dabei die Holding-SE und nicht die an ihrer Gründung beteiligte deutsche Aktiengesellschaft. Im Verhältnis der Holding-SE zu ihren Gründungsgesellschaften gilt dabei Folgendes: Da bei der Holdinggründung der **Mindestprozentsatz der Anteile,** der von den Aktionären jeder Gründungsgesellschaft eingebracht werden muss, gem. Art. 32 Abs. 2 S. 4 „mehr als 50% der durch Aktien verliehenen ständigen Stimmrechte" beträgt, ist nach vollzogener Holding-Gründung die **Schwelle des § 17 Abs. 2 AktG überschritten** und damit der Anwendungsbereich des § 71d S. 2 AktG eröffnet. Die Norm stellt den Erwerb von Aktien der Mutter (hier also der Holding-SE) durch ein abhängiges Unternehmen (hier also den an der Gründung beteiligten Aktiengesellschaften) dem Erwerb durch die Mutter gleich. Dies hat zur Konsequenz, dass die **Gründungsgesellschaften Aktien der SE nur unter den dort genannten engen gesetzlichen Voraussetzungen erwerben dürfen.** Sie dürfen also nach Errichtung der SE nicht bei der Distribution oder beim Rückerwerb von Aktien der SE ohne Weiteres eingesetzt werden. Dem steht auch keine vorrangige Regelung

---

[57] BeckOGK/*Casper* Rn. 3; BeckOGK/*Eberspächer* Art. 33 Rn. 10.
[58] Lutter/Hommelhoff/Teichmann/*Bayer* Art. 33 Rn. 22.
[59] Kölner Komm AktG/*Paefgen* Art. 33 Rn. 65.
[60] Die tatbestandliche Erfüllung des § 71a Abs. 2 AktG verneinen auch Habersack/Drinhausen/*Scholz* Art. 32 Rn. 97; BeckOGK/*Eberspächer* Art. 33 Rn. 10.
[61] Lutter/Hommelhoff/Teichmann/*Bayer* Art. 33 Rn. 22.
[62] NK-SE/*Schröder* Art. 33 Rn. 37; Lutter/Hommelhoff/Teichmann/*Bayer* Art. 33 Rn. 22; zu dem Ergebnis, dass § 71a Abs. 2 AktG keine Anwendung findet, gelangt auch Habersack/Drinhausen/*Diekmann* Rn. 9, der die Norm aufgrund des Vorbehaltes in Art. 15 für unanwendbar hält. Jedoch ist § 71a Abs. 2 AktG nicht aufgrund der Verweisung in Art. 15 Abs. 1 berufen, da es nicht darum geht, die Norm auf die Vor-SE anzuwenden: Letztere hält im Rahmen des Gründungsverfahrens schließlich keine eigenen Aktien. Die Problematik liegt vielmehr darin, dass die Vor-SE Aktien der Gründungsgesellschaft hält und deswegen ein unter § 71a Abs. 2 AktG fallendes Umgehungsgeschäft der Gründungsgesellschaft in Betracht zu ziehen ist.
[63] Habersack/Drinhausen/*Diekmann* Rn. 10.

nach Art. 9 Abs. 1 lit. a entgegen. Denn **§ 71d S. 2 AktG passt nach dem Konzept der SE-VO auf die Holding-SE:** Bei dieser handelt es sich um ein gesellschaftsrechtliches Institut, das gemessen an der Intensität seiner Integrationswirkung zwischen der echten Umwandlung und dem normalen Konzernverhältnis angesiedelt ist. Anders als bei der Verschmelzung kommt es bei der Holding-Gründung nicht zu einer Gesamtrechtsnachfolge.[64] Andererseits unterscheidet sich die Holding-Gründung von einem gewöhnlichen Konzernverhältnis durch den Begründungsakt: Dieser liegt nicht einfach im Anteilserwerb, sondern in der gesellschaftsrechtlichen Institutionalisierung des Abhängigkeitsverhältnisses durch die Errichtung der Holding-Gesellschaft selbst. Auf das als Resultat entstehende Konzernrechtsverhältnis passt § 71d S. 2 AktG seiner Zwecksetzung nach (→ AktG § 71d Rn. 21) ohne Weiteres.

Hiervon zu unterscheiden ist die Frage, ob eine Aktiengesellschaft, die an der Gründung 23 einer Holding-SE beteiligt ist und die eigene Aktien hält, **diese eigenen Aktien in die neu zu gründende Holding-SE**[65] **einbringen** und im Gegenzug gem. Art. 33 Abs. 4 Aktien der Holding-SE erwerben kann. In diesem Fall entsteht eine **wechselseitige Beteiligung.**[66] Häufig wird davon ausgegangen, dass der Erwerb von Aktien einer Holding-SE durch eine Gründungsgesellschaft dann mit § 71d S. 2 AktG in Einklang steht, wenn die Gründungsgesellschaft die von ihr eingebrachten eigenen Aktien in Übereinstimmung mit § 71 AktG gehalten hat (→ Art. 33 Rn. 15).[67] Ob die Gründungsgesellschaft ihre eigenen Aktien zulässigerweise gehalten hat oder nicht, spielt **aus Sicht der Holding-SE** indes keine Rolle.[68] Vielmehr ist wie folgt zu differenzieren: **(1) Sicht der AG:** Der Erwerb von Aktien der Gründungsgesellschaft durch die Holding-Vor-SE bzw. nach Eintragung (Art. 16 Abs. 1) der Besitz dieser Anteile durch die Holding-SE kann **aus Sicht der AG** ein gem. § 71d S. 1 AktG unzulässiges **Umgehungsgeschäft** darstellen. Dies ist jedoch **nicht der Fall,** wenn die AG die eigenen Aktien zuvor zulässigerweise gehalten hat.[69] Denn für einen „Dritten" ist der Erwerb insoweit zulässig, als er auch der AG gem. § 71 Abs. 1 Nr. 1–5, 7 und 8 sowie Abs. 2 AktG gestattet wäre. Nur insofern spielt es also eine Rolle, ob die AG ihre eigenen Aktien zulässigerweise gehalten hat oder nicht. War der Erwerb bzw. der Besitz der eigenen Aktien durch die AG nicht durch § 71 Abs. 1 Nr. 1–5, 7 und 8 sowie Abs. 2 AktG legitimiert, kommt eine Unzulässigkeit des **Erwerbs der Aktien durch die Holding-SE** gem. § 71d S. 1 AktG in Betracht. Dies setzt allerdings voraus, dass die Holding-Vor-SE auch tatsächlich ein „Dritter" iSd § 71d S. 1 AktG ist, der die Aktien „für Rechnung der Gesellschaft" erwirbt, die Holding-Vor-SE also als mittelbare Stellvertreterin der AG fungiert (vgl. zu den Voraussetzungen allgemein → AktG § 71 Rn. 52 ff.). Eine Unzulässigkeit des Aktienerwerbs durch die Holding-Vor-SE gem. § 71d S. 2 AktG kommt **aus Sicht der AG** nicht in Betracht, da die Holding-Vor-SE kein von der AG abhängiges oder im Mehrheitsbesitz der AG stehendes Unternehmen ist (→ Art. 33 Rn. 15).[70] **(2) Sicht der Holding-SE:** Der **Erwerb von Aktien einer deutschen Holding-SE durch die Gründungsgesellschaft** kann schließlich **aus Sicht der deutschen Holding-SE** ein gem. § 71d S. 2 AktG (iVm Art. 5) **unzulässiges Umgehungsgeschäft** darstellen. § 71d AktG findet auf eine deutsche Holding-SE Anwendung und der Anwendungsbereich

---

[64] *Martens* in Lutter, Die Europäische Aktiengesellschaft, 2. Aufl. 1978, 165 (172).
[65] Die Einbringung erfolgt bei Gründung einer deutschen Holding-SE durch dingliche Übertragung der Anteile an der Gründungsgesellschaft auf die Holding-Vor-SE, vgl. *Schwarz* Art. 33 Rn. 17; Lutter/Hommelhoff/Teichmann/*Bayer* Art. 33 Rn. 19.
[66] *Schwarz* Art. 33 Rn. 32; *Scheifele,* Die Gründung der Europäischen Aktiengesellschaft, 2004, 382. Diese Frage stellt sich allerdings nur, wenn man die Einbeziehung eigener Aktien der Gründungsgesellschaften in das Umtauschangebot nach Art. 33 Abs. 1 und 4 für zulässig erachtet; dagegen mit beachtlichen Argumenten Kölner Komm AktG/*Paefgen* Art. 33 Rn. 17.
[67] *Schwarz* Art. 33 Rn. 32; *Scheifele,* Die Gründung der Europäischen Aktiengesellschaft, 2004, 383.
[68] Zutr. Kölner Komm AktG/*Paefgen* Art. 33 Rn. 66.
[69] IErg ebenso Lutter/Hommelhoff/Teichmann/*Bayer* Art. 33 Rn. 23; auch *Schwarz* Art. 33 Rn. 32 und → Art. 33 Rn. 15, die das Problem jedoch ohne weitere Erörterung in § 71d S. 2 AktG verorten; berechtigte Kritik hieran bei Kölner Komm AktG/*Paefgen* Art. 33 Rn. 66.
[70] AA *Schwarz* Art. 33 Rn. 32; *Scheifele,* Die Gründung der Europäischen Aktiengesellschaft, 2004, 383.

des § 71d S. 2 AktG ist im Verhältnis der Holding-SE zu ihren Gründungsgesellschaften eröffnet (→ Rn. 22).[71] Daher liegt ein gem. § 71d **S. 2** AktG unzulässiger Erwerb von Aktien der SE-Holding durch die Gründungsgesellschaften dann vor, wenn der Erwerb der Aktien durch die Holding-SE selbst gem. § 71 Abs. 1 Nr. 1–5, 7 und 8 AktG sowie § 71 Abs. 2 AktG (iVm Art. 5) unzulässig wäre (→ Rn. 22).

24 c) **Reservebildung nach § 150 AktG.** Die gesetzliche Pflicht zur Rücklagenbildung nach § 150 AktG fungiert als „elastische Verteidigungslinie des Grundkapitals" (→ AktG § 150 Rn. 5) und dient damit der Erhaltung des Grundkapitals (zum Begriff → Rn. 6) gegenüber Verlusten. Auf sie muss Art. 5 Anwendung finden.

25 d) **Konzernrecht (§ 291 Abs. 3 AktG, § 311 AktG).** Dazu → Anh. Art. 9: Konzernrecht der Europäischen Aktiengesellschaft; ferner → AktG § 291 Rn. 1 ff.; → AktG § 311 Rn. 1 ff.

26 e) **Verantwortlichkeit der Verwaltung für die Kapitalerhaltung und Besonderheiten in der monistischen SE.** Nach wie vor gesellschaftsrechtlich zu qualifizieren und daher vom Verweis des Art. 5 erfasst ist § 92 Abs. 1 und 2 AktG.[72] Wird ein Verlust in Höhe der Hälfte des Grundkapitals festgestellt, hat in der dualistisch verfassten SE daher das Leitungsorgan die **Pflicht zur unverzüglichen Einberufung der Hauptversammlung und zur Verlustanzeige gem. § 92 Abs. 1 AktG;** außerdem trifft es das **Zahlungsverbot gem. § 92 Abs. 2 S. 1 AktG.**[73] Schließlich ist das Leitungsorgan auch Adressat des Insolvenzverursachungsverbots gem. **§ 92 Abs. 2 S. 3 AktG.**

27 In der monistischen SE trifft die **Pflicht zur unverzüglichen Einberufung der Hauptversammlung** und zur Verlustanzeige den **Verwaltungsrat** nach § 22 Abs. 5 S. 1 SEAG und nicht die geschäftsführenden Direktoren. Diese müssen vielmehr den Vorsitzenden des Verwaltungsrats nach § 40 Abs. 3 S. 1 SEAG darüber informieren, dass ein entsprechender Verlust besteht. Gem. § 22 Abs. 5 S. 2 Hs. 2 SEAG trifft den Verwaltungsrat ab Eintritt der Zahlungsunfähigkeit oder Überschuldung[74] außerdem das **Zahlungsverbot** des **§ 92 Abs. 2 S. 1 AktG.** Ob über den Wortlaut hinaus auch die geschäftsführenden Direktoren dem Zahlungsverbot unterliegen, ist umstritten; die besseren Gründe sprechen dafür.[75] Der Verwaltungsrat muss schließlich gem. § 22 Abs. 5 S. 2 Hs. 2 SEAG iVm § 92 Abs. 2 S. 3 AktG auch das Insolvenzverursachungsverbot beachten.

28 Bei einer in Deutschland ansässigen dualistisch verfassten SE wird der Kapitalschutz durch die **persönliche Haftungsverantwortlichkeit der Organwalter** nach §§ 93 Abs. 3, 116 AktG flankiert. Hier konkurriert Art. 5 mit Art. 51, der für die Haftung der Mitglieder des Leitungs-, Aufsichts- oder Verwaltungsorgans wegen Pflichtverletzungen auf das Recht des Sitzstaates verweist. Richtiger Auffassung nach erzwingt dabei Art. 51 keine über § 93 Abs. 5 S. 1 AktG hinausgehende Außenhaftung.[76] So findet – entsprechend dem Rechtsgedanken des Art. 10 – § 93 AktG uneingeschränkte Anwendung. Besonderheiten gegenüber der AG bestehen hingegen bei einer **SE mit monistischer Verwaltungsstruktur.** Auf die geschäftsführenden Direktoren findet § 93 Abs. 3 AktG gem. § 40 Abs. 8 SEAG Anwendung; für die (übrigen) Mitglieder des Verwaltungsrates wird die Haftung aus § 93 AktG nach § 39 SEAG begründet.

---

[71] *Oplustil* 4 GLJ 107 (2003), 112; Kölner Komm AktG/*Paefgen* Art. 33 Rn. 66.
[72] AA im Hinblick auf § 92 Abs. 2 S. 3 AktG Kölner Komm AktG/*Wenz* Rn. 8; Kölner Komm AktG/ *Veil* Art. 9 Rn. 40.
[73] Kölner Komm AktG/*Wenz* Rn. 14.
[74] Maßgeblich sind dabei die jeweiligen nationalen Begriffe der Zahlungsunfähigkeit und der Überschuldung, vgl. Habersack/Drinhausen/*Bachmann* Art. 63 Rn. 73; *J. Schmidt* NZI 2006, 627 (628).
[75] Ausf. Habersack/Drinhausen/*Verse* SEAG § 40 Rn. 78; *J. Schmidt* NZI 2006, 627 (630); Habersack/ Drinhausen/*Bachmann* Art. 63 Rn. 72; BeckOGK/*Eberspächer* Art. 63 Rn. 7; weitergehend Kölner Komm AktG/*Kiem* Art. 63 Rn. 53, der in den geschäftsführenden Direktoren sogar die ausschließlichen Adressaten des Zahlungsverbots sieht; aA Lutter/Hommelhoff/Teichmann/*Ehricke* Art. 63 Rn. 51; *Schwarz* Art. 63 Rn. 70.
[76] *Merkt* ZGR 2003, 650 (673).

Nicht mehr gesellschaftsrechtlich, sondern vielmehr insolvenzrechtlich zu qualifizieren 29
ist die **Insolvenzantragspflicht**. Dafür spricht bereits äußerlich, dass sie seit dem MoMiG
nicht mehr in § 92 Abs. 2 AktG, sondern in **§ 15a Abs. 1 S. 1 InsO** geregelt ist. § 15a
Abs. 1 S. 1 InsO ist vom Verweis des Art. 5 (und auch von § 9 Abs. 1 lit. c Ziff. ii) daher
nicht umfasst.[77] Die Geltung des § 15a Abs. 1 S. 1 InsO richtet sich vielmehr nach dem
umstrittenen **Insolvenzstatut** der SE.[78] Ist hiernach die deutsche InsO anwendbar, trifft
die Insolvenzantragspflicht nach § 15a Abs. 1 S. 1 InsO in der monistischen SE allein den
Verwaltungsrat nach § 22 Abs. 5 S. 2 SEAG. Die geschäftsführenden Direktoren müssen
den Vorsitzenden des Verwaltungsrats nach § 40 Abs. 3 S. 2 SEAG „unverzüglich" über
den Eintritt eines Insolvenzgrundes informieren.[79] Jedes Mitglied des Verwaltungsrates ist
antragsbefugt[80] und kommt damit auch als Adressat der (ebenfalls insolvenzrechtlich zu
qualifizierenden)[81] **Insolvenzverschleppungshaftung** nach § 823 Abs. 2 BGB iVm § 22
Abs. 5 S. 2 SEAG iVm § 15a Abs. 1 S. 1 InsO in Betracht. Der gläubigerschützende Zweck
der in § 15a Abs. 1 S. 1 InsO gesetzten Dreiwochenfrist steht dabei der Möglichkeit entgegen, dass sich jeder Beteiligte – der geschäftsführende Direktor für seine Anzeige und der
Verwaltungsrat für seinen Insolvenzantrag – jeweils auf den vollen Zeitraum berufen
dürfte.[82] § 40 Abs. 3 S. 2 SEAG führt nicht zu einer Verlängerung der Insolvenzantragsfrist.[83] Die Differenzierung der üblicherweise vom Vorstand wahrgenommenen Aufgaben
auf zwei Träger würde sich sonst zu Lasten unbeteiligter Dritter auswirken und Wettbewerbsnachteile zwischen den verschiedenen Verwaltungsstrukturen verursachen. Verletzen
die geschäftsführenden Direktoren ihre Berichtspflicht nach § 40 Abs. 3 S. 2 SEAG, haften
sie gegebenenfalls gem. § 40 Abs. 8 SEAG iVm § 93 Abs. 2 AktG gegenüber der SE sowie
gem. § 823 Abs. 2 BGB iVm § 40 Abs. 3 S. 2 SEAG gegenüber den Gläubigern (anders
noch → 3. Aufl. 2012, Rn. 23).[84] Fraglich ist allerdings, **wie sich die Verletzung ihrer
Berichtspflicht auf die Verantwortlichkeit der Verwaltungsratsmitglieder auswirkt;** Beispiel: Der geschäftsführende Direktor teilt den Insolvenzgrund erst vier Wochen
nach persönlicher Kenntnisnahme dem Verwaltungsrat mit. Zunächst dürfte die Dreiwochenfrist des § 15a Abs. 1 InsO nicht bereits mit dem objektiven Entstehen des Insolvenzgrundes auch zu Lasten der Verwaltungsratsmitglieder zu laufen beginnen. Denn im systematischen Zusammenhang mit dem Tatbestandsmerkmal **„ohne schuldhaftes Zögern"**
in § 15a Abs. 1 S. 1 InsO, das durch die Dreiwochenfrist konkretisiert wird, kommt es auf
persönliche Zurechenbarkeit gegenüber den Organwaltern und deshalb Vertretenmüssen iSd § 276 Abs. 1 BGB an. Vieles spricht deshalb dafür, dass die Frist in dem Zeitpunkt
zu laufen beginnt, in dem der Insolvenzgrund für die Verwaltungsratsmitglieder **erkennbar**
ist.[85] Fraglich ist daher, ob aus Sicht der Verwaltungsratsmitglieder Erkennbarkeit bereits
in dem Zeitpunkt besteht, in dem der Insolvenzgrund für einen geschäftsführenden Direktor, nicht aber für sie selbst erkennbar ist. Dagegen spricht, dass **§ 166 Abs. 1 BGB** im
Verhältnis beider unanwendbar ist, da die geschäftsführenden Direktoren nach § 41 Abs. 1
SEAG die SE, nicht aber den Verwaltungsrat und seine Mitglieder vertreten. Eine **Zurechnung** des haftungsbegründenden Verhaltens der Direktoren gegenüber der SE ist sicherlich
über § 31 BGB möglich, **nicht** jedoch **gegenüber den Verwaltungsratsmitgliedern**.
Auch eine Zurechnung nach § 831 Abs. 1 BGB kommt nicht in Betracht, da die geschäfts-

---

[77] Kölner Komm AktG/*Veil* Art. 9 Rn. 36; Kölner Komm AktG/*Wenz* Rn. 8.
[78] Vgl. hierzu Habersack/Drinhausen/*Bachmann* Art. 63 Rn. 62 ff.; Kölner Komm AktG/*Veil* Art. 9 Rn. 34 ff.
[79] Habersack/Drinhausen/*Verse* SEAG § 40 Rn. 44; Drinhausen in Van Hulle/Maul/Drinhausen SE-HdB Abschn. 5 § 3 Rn. 19.
[80] Habersack/Drinhausen/*Verse* SEAG § 22 Rn. 39; *Schwarz* Art. 63 Rn. 64; *Maul* in Van Hulle/Maul/Drinhausen SE-HdB Abschn. 22. Rn. 14.
[81] Kölner Komm AktG/*Veil* Art. 9 Rn. 37; MüKoBGB/*Kindler* EuInsVO Art. 7 Rn. 69 ff.
[82] Lutter/Hommelhoff/Teichmann/*Ehricke* Art. 63 Rn. 50; Kölner Komm AktG/*Kiem* Art. 63 Rn. 52.
[83] Habersack/Drinhausen/*Bachmann* Art. 63 Rn. 72.
[84] *J. Schmidt* NZI 2006, 627 (630); Habersack/Drinhausen/*Verse* SEAG § 40 Rn. 44.
[85] Str., wie hier Lutter/Hommelhoff/Teichmann/*Ehricke* Art. 63 Rn. 50; ähnlich BGHZ 75, 96 (110 f.) = NJW 1979, 1823 (1826).

führenden Direktoren als Organe der SE keine Verrichtungsgehilfen sind.[86] An diesem Ergebnis stört, dass die Aufspaltung der Tätigkeit zwischen Verwaltungsrat und geschäftsführenden Direktoren im Gegensatz zum System der dualistischen Verwaltungsstruktur zu einer eingeschränkten Verantwortung der Verwaltungsratsmitglieder führt. Dem lässt sich wohl nur dadurch vorbeugen, dass die Verwaltungsratsmitglieder **Kernbestandteile ihrer Verantwortlichkeit** für die Überprüfung der finanziellen Grundlagen der SE **nicht mit haftungsbefreiender Wirkung auf die geschäftsführenden Direktoren delegieren können**.[87] Dann dürften nur in wenigen Ausnahmefällen Insolvenzgründe existieren, die nur für die geschäftsführenden Direktoren, nicht aber für die Verwaltungsratsmitglieder erkennbar sind.

30   **f) Verantwortlichkeit der Gesellschafter für die Erhaltung des Kapitals.** Das Tatbestandsmerkmal der Erhaltung des Kapitals in Art. 5 wird in Erwägungsgrund 40 GesR-RL in dem Sinne verstanden, dass es „insbesondere untersagt wird, dass das Kapital durch nicht geschuldete Ausschüttungen an die Aktionäre verringert wird" (früher Erwägungsgrund 5 Kapital-RL aF, Erwägungsgrund 40 GesR-RL). Dieses Verständnis ist auch im Rahmen des Art. 5 maßgeblich (→ Rn. 3). Allerdings regelt die GesR-RL im Ausschüttungsverbot des Art. 56 GesR-RL nur einen Mindestschutz und steht einer schärferen Haftung nach dem Recht des berührten Mitgliedstaates nicht entgegen.[88] So ist der sachliche Anwendungsbereich des Art. 5 auch für solche Haftungstatbestände des nationalen Rechts eröffnet, die über Art. 56 GesR-RL hinausgehend eine persönliche Haftung der Aktionäre begründen und dabei an einen **Verstoß gegen das Ausschüttungsverbot** anknüpfen.

31   **aa) Haftung für existenzvernichtende Eingriffe.** Die Rspr. begründet die Haftung wegen existenzvernichtenden Eingriffs aus **§ 826 BGB**.[89] Entwickelt wurde die Existenzvernichtungshaftung als „Instrument der Schließung einer durch das Kapitalerhaltungsrecht des GmbH-Gesetzes offengelassenen Schutzlücke".[90] Ihre Übertragbarkeit auf die AG ist folglich umstritten.[91] Wird sie bejaht, ist richtiger Auffassung nach die Existenzvernichtungshaftung auch vom Verweis des Art. 5 erfasst: Denn in der Sache ergänzt § 826 BGB hier das Gesellschaftsrecht im Bereich der Ausschüttungssperren um eine typische Binnenhaftung, die insgesamt als **gesellschaftsrechtlich qualifiziert** werden muss (→ Europäische Niederlassungsfreiheit Rn. 474).[92] Die Neuerung schließt die zugrunde liegende Haftung daher nicht von der Anwendung des Art. 5 aus.[93]

32   **bb) Materielle Unterkapitalisierung.** Eine Haftung wegen materieller Unterkapitalisierung (→ AktG § 1 Rn. 74), also wegen einer – gemessen am Gesellschaftszweck – unzureichenden Kapitalausstattung der Gesellschaft, hat sich in der Praxis nicht durchsetzen können.[94] Folgt man der zugrunde liegenden Lehre dennoch, ist Art. 5 einschlägig, weil es genügt, dass dieses Haftungsmodell einen Bezug zum Kapital der SE als solchem aufweist. Der Wortlaut des Art. 5 („das Kapital der SE, dessen Erhaltung...") signalisiert, dass sich der Regelungsgehalt der Norm nicht in der Kapitalerhaltung als solcher erschöpft, sondern alle Normen mit Bezug zum Haftungskapital erfasst. Von Bedeutung erscheint, dass das

---

[86] Vgl. MüKoBGB/*Wagner* BGB § 831 Rn. 19; *J. Schmidt* NZI 2006, 627 (629).
[87] Ähnlich Habersack/Drinhausen/*Verse* SEAG § 22 Rn. 37.
[88] BGHZ 90, 381 = NJW 1984, 1893; *Habersack* ZHR 162 (1998), 201 (215 ff.).
[89] BGHZ 173, 246 = NJW 2007, 2689 – Trihotel.
[90] BGHZ 173, 246 Rn. 33 = NJW 2007, 2689 – Trihotel.
[91] Bejahend Hüffer/Koch/*Koch* AktG § 1 Rn. 29 mwN.
[92] Ausf. Staudinger/*Oechsler*, 2018, BGB § 826 Rn. 324b, 326; ebenso Kölner Komm AktG/*Veil* Art. 9 Rn. 39; für eine Doppelqualifikation auch als Gesellschaftsrecht *Schall*, Kapitalgesellschaftsrechtlicher Gläubigerschutz, 2009, 240 f.; aA Lutter/Hommelhoff/Teichmann/*Fleischer* Rn. 7; BeckOGK/*Casper* Rn. 5; NK-SE/*Mayer* Rn. 59; Habersack/Drinhausen/*Diekmann* Rn. 12.
[93] So aber Lutter/Hommelhoff/Teichmann/*Fleischer* Rn. 7; von der Anwendbarkeit der Existenzvernichtungshaftung auf die SE geht auch Kölner Komm AktG/*Paefgen* Schlussanh. II Rn. 98 aus, der dieses Ergebnis allerdings wohl aus Art. 9 Abs. 1 lit. c Ziff. ii herleitet.
[94] BGHZ 68, 312 (316 ff.) = NJW 1977, 1449 mAnm *K. Schmidt*; ZIP 2008, 1232 (1234) – Aschenputtel-BQG/Gamma; Staudinger/*Oechsler*, 2018, BGB § 826 Rn. 316.

unter den Topos „materielle Unterkapitalisierung" gefasste und unter § 826 BGB subsumierte Fallmaterial überaus vielgestaltig ist und über die ursprüngliche Haftungsbegründung der Lehre weit hinausgeht.[95] In der Praxis werden darunter häufig Fälle verstanden, in denen Risiken und Chancen eines Geschäfts durch Betriebsaufspaltungen, Geschäftsverlagerungen und Kettengründungen unterschiedlichen Rechtsträgern zugeordnet werden.[96] Diese Haftungstatbestände schwanken zwischen **Deliktsrecht** (schlichte Betrugskonstellationen) und **Gesellschaftsrecht** (Ergänzungen der Ausschüttungssperre). Soweit Letzteres im Vordergrund steht (gesellschaftsrechtsnaher Anwendungsbereich), findet das nationale Recht über Art. 5 Anwendung. Im Übrigen hängt die Anwendbarkeit des § 826 BGB vom Deliktsstatut ab.

cc) Kapitalersatz. Das Eigenkapitalersatzrecht des GmbHG und des AktG ist seit dem **MoMiG** entfallen und durch das **Anfechtungsrecht nach § 135 Abs. 1 Nr. 2 InsO und § 6 Abs. 1 Nr. 2 AnfG** sowie die **Subordination von Gesellschafterdarlehen gem. § 39 Abs. 1 Nr. 5, Abs. 4 InsO** ersetzt worden. Maßgeblich für die Beurteilung, ob auch die neuen Regelungen in den Anwendungsbereich des Art. 5 fallen, ist dessen Zwecksetzung: Art. 5 erfasst alle mitgliedstaatlichen Regelungen, die an einen Verstoß gegen das Ausschüttungsverbot anknüpfen. Für das alte Eigenkapitalersatzrecht, das in Analogie zu § 57 Abs. 1 S. 1 AktG entwickelt wurde und das „eigenkapitalersetzende" Gesellschafterdarlehen unter bestimmten Voraussetzungen wie Eigenkapital behandelte, war dies zu bejahen. Die neuen insolvenzrechtlichen Regelungen setzen jedoch nicht mehr voraus, dass das Gesellschafterdarlehen eigenkapitalersetzenden Charakter hat. Vielmehr sind nun **sämtliche Gesellschafterdarlehen** in der Insolvenz der Gesellschaft subordiniert (§ 39 Abs. 1 Nr. 5 InsO),[97] sofern nicht das Kleinbeteiligtenprivileg gem. § 39 Abs. 4 InsO eingreift. Auch die Anfechtungsregelung des § 135 Abs. 1 InsO erfasst sämtliche Gesellschafterdarlehen, wobei auch hier das Kleinbeteiligtenprivileg zu beachten ist (§ 135 Abs. 4 InsO iVm § 39 Abs. 4 InsO). Zwar herrscht über die **Teleologie** der neuen insolvenzrechtlichen Vorschriften keine Klarheit.[98] Teilweise wird weiterhin vertreten, die neuen Regelungen gründeten auf der unwiderleglichen Vermutung, das Darlehen sei in der „Krise" gewährt worden, sodass sie sich nur – wie auch das alte Eigenkapitalersatzrecht – aus der Finanzierungsfolgenverantwortung der den Kredit gewährenden Gesellschafter rechtfertigen ließen.[99] Daraus wird wiederum geschlossen, dass auch die neuen Regelungen gesellschaftsrechtlich zu qualifizieren seien (→ Europäische Niederlassungsfreiheit Rn. 426). Für die Beurteilung, ob das neue Recht der Gesellschafterdarlehen als Bestandteil eines Systems von Ausschüttungssperren iSd Art. 5 anzusehen ist, kann diesem Streit indes keine maßgebliche Bedeutung zukommen. Zu berücksichtigen ist vielmehr der systematische Zusammenhang des Art. 5 insbesondere zu **Erwägungsgrund 20.** Dieser ist nicht nur im Rahmen des Art. 63 zu beachten – wo er zu erheblichen Auslegungsschwierigkeiten führt[100] –, sondern auch bei der Auslegung von Art. 5. Gem. Erwägungsgrund 20 fällt das „Konkursrecht" nicht in den Anwendungsbereich der SE-VO, sondern es gelten „die Rechtsvorschriften der Mitgliedstaaten und das Gemeinschaftsrecht". Zu den hiermit in Bezug genommenen unionsrechtlichen Vorschriften zählt insbesondere die EuInsVO.[101] Die neuen Regelungen zum Gesellschafterdarlehen sind gem. **Art. 7 Abs. 2 S. 2 EuInsVO** (früher Art. 4 Abs. 2 S. 2 EuInsVO 2000) Bestandteil des „Insolvenzverfahrens", für das Art. 7 EuInsVO (früher Art. 4 EuInsVO 2000) eine unionsrechtliche Kollisionsregel aufstellt. Art. 7 Abs. 2 S. 2 lit. i EuInsVO (früher Art. 4 Abs. 2 S. 2 lit. i EuInsVO 2000) qualifiziert nationale Regelungen betreffend den „Rang

---

[95] Zum praktischen Anwendungsbereich Staudinger/*Oechsler*, 2018, BGB § 826 Rn. 316 ff.
[96] Vgl. nur BGH NJW 1979, 2104 (2105); DStR 1996, 839 (840).
[97] MüKoInsO/*Behme* InsO § 39 Rn. 39.
[98] Vgl. den Überblick über den Streitstand bei MüKoInsO/*Behme* InsO § 39 Rn. 42 ff.
[99] *Altmeppen* NJW 2008, 3601 (3602 f.); *Gehrlein* BB 2011, 3 (5); *Mock* DStR 2008, 1645 (1647); Uhlenbruck/*Hirte* InsO § 39 Rn. 33 ff.
[100] Vgl. den Überblick bei Habersack/Drinhausen/*Bachmann* Art. 63 Rn. 62 ff.
[101] Kölner Komm AktG/*Kiem* Art. 63 Rn. 11 aE.

der Forderungen" ausdrücklich als Insolvenzrecht. Eine solche den „Rang der Forderungen" regelnde Norm stellt die Subordination gem. § 39 Abs. 1 Nr. 5, Abs. 4 InsO gerade dar.[102] Gem. Art. 7 Abs. 2 lit. m EuInsVO (früher Art. 4 Abs. 2 S. 2 lit. m EuInsVO 2000) zählen außerdem Regelungen darüber, welche Rechtshandlungen „anfechtbar" sind, zum Insolvenzrecht; hierunter fällt wiederum § 135 Abs. 1 InsO.[103] Dies gilt letztlich unabhängig davon, welche Teleologie der Subordination sowie der Anfechtbarkeit nach nationalem Verständnis zu Grunde liegt, da es allein auf die europarechtliche Qualifikation gem. Art. 7 EuInsVO (früher Art. 4 EuInsVO 2000) ankommt und diese Regelung europarechtlich autonom auszulegen ist.[104] Der Anwendbarkeit von Art. 7 Abs. 2 S. 2 lit. i und m EuInsVO (früher Art. 4 Abs. 2 S. 2 lit. i und m EuInsVO 2000) lässt sich – anders als vor dem MoMiG – auch nicht mehr entgegenhalten, dass die in der Insolvenzordnung verorteten Regelungen (§ 39 Abs. 1 Nr. 5 InsO aF, § 135 InsO aF) an gesellschaftsrechtliche Vorfragen anknüpfen, da es auf den eigenkapitalersetzenden Charakter des Gesellschafterdarlehens im Rahmen der § 39 Abs. 1 Nr. 5 InsO, § 135 Abs. 1 InsO nicht mehr ankommt.[105] Im Hinblick auf Erwägungsgrund 20 ist das neue Recht der Gesellschafterdarlehen daher nicht über Art. 5 zur Anwendung berufen (ggf. aber über das Insolvenzstatut).[106]

34   **4. Änderungen des Kapitals.** Das Tatbestandsmerkmal **Änderung des Kapitals** bezieht sich auf die in Erwägungsgrund 3 GesR-RL genannte „Erhöhung und [...] Herabsetzung ihres Kapitals", deren Regelung erforderlich wird, „um beim Schutz der Aktionäre einerseits und der Gläubiger der Gesellschaft andererseits ein Mindestmaß an Gleichwertigkeit sicherzustellen". Regelungsvorgaben beinhalten die Art. 68 ff. GesR-RL. Art. 5 verweist aber nicht auf diese, sondern auf die Regelungen über die Kapitalerhöhung und -herabsetzung in den §§ 182–240 AktG (→ Rn. 4).[107]

35   **a) Mehrheitserfordernisse bei Beschlüssen.** Nach **Art. 59 Abs. 1** bedarf eine **Satzungsänderung** einer Mehrheit von zwei Dritteln der abgegebenen Stimmen, sofern die Rechtsvorschriften des Sitzstaates keine „größere Mehrheit" vorsehen. Gem. Art. 57 bedürfen nicht satzungsändernde Hauptversammlungsbeschlüsse einer Mehrheit der abgegebenen Stimmen (einfache Stimmenmehrheit), sofern das Aktienrecht des Sitzstaates keine „größere Mehrheit" vorschreibt. In beiden Fällen ist unter dem Begriff der „größeren Mehrheit" nur eine größere *Stimmen*mehrheit zu verstehen, nicht aber auch eine größere Kapitalmehrheit (→ Art. 59 Rn. 6).[108] Die § 182 Abs. 1 S. 1 AktG, § 186 Abs. 3 S. 2 AktG, § 193 Abs. 1 S. 1 AktG, § 202 Abs. 2 S. 2 AktG, § 207 Abs. 2 S. 1AktG, § 222 Abs. 1 S. 1 AktG, § 229 Abs. 3 AktG, § 237 Abs. 2 S. 1 AktG schreiben jedoch ein Quorum von **drei Vierteln** des vertretenen **Grundkapitals** vor. Damit stellt sich die Frage, ob diese Normen von Art. 5 in Bezug genommen werden oder ob die Mehrheitserfordernisse in Art. 59 (für satzungsändernde Kapitalmaßnahmen) bzw. in Art. 57 (für den Ausschluss des Bezugsrechts) eine abschließende Regelung erfahren haben. Nach zutreffender Ansicht entfalten **Art. 57, 59 keine Sperrwirkung gegenüber aktienrechtlichen Kapitalmehrheitserfordernissen**.[109] Daher erfor-

---

[102] So BGH NJW 2011, 3784 Rn. 18 ff. zu § 39 Abs. 1 Nr. 5 InsO aF (die Übertragbarkeit auf § 39 Abs. 1 Nr. 5 InsO nF ergibt sich aus Rn. 30 der Entscheidung); ähnlich *Schall* NJW 2011, 3745 (3747).

[103] *Schall* NJW 2011, 3745 (3747).

[104] BGH NJW 2011, 3784 insbes. Rn. 16, 18; *Mankowksi* NZI 2010, 1004; ähnlich *Schall* NJW 2011, 3745 (3746); aA → Europäische Niederlassungsfreiheit Rn. 426 f. (*Ego*).

[105] *Mankowksi* NZI 2010, 1004.

[106] Kölner Komm AktG/*Veil* Art. 9 Rn. 38; Habersack/Drinhausen/*Diekmann* Rn. 12; Lutter/Hommelhoff/Teichmann/*Fleischer* Rn. 7; BeckOGK/*Casper* Rn. 5.

[107] Lutter/Hommelhoff/Teichmann/*Fleischer* Rn. 8; *Koke*, Die Finanzverfassung der Europäischen Aktiengesellschaft (SE) mit Sitz in Deutschland, 2005, 117 ff.; NK-SE/*Mayer* Rn. 17; *Schwarz* Rn. 7.

[108] Kölner Komm AktG/*Kiem* Art. 59 Rn. 16.

[109] Ausf. Kölner Komm AktG/*Kiem* Art. 57 Rn. 37; Kölner Komm AktG/*Kiem* Art. 59 Rn. 16; Habersack/Drinhausen/*Bücker* Art. 57 Rn. 28; Habersack/Drinhausen/*Bücker* Art. 59 Rn. 16; aA Lutter/Hommelhoff/Teichmann/*Spindler* Art. 57 Rn. 13; *Schwarz* Art. 57 Rn. 9. Von dem Verweis des Art. 5 nicht erfasst wird allerdings § 237 Abs. 4 S. 2 AktG, der unter bestimmten Voraussetzungen eine einfache Stimmenmehrheit für den Kapitalherabsetzungsbeschluss ausreichen lässt. Art. 59 Abs. 1 erlaubt nur eine höhere, keine niedrigere Stimmenmehrheit, vgl. Kölner Komm AktG/*Kiem* Art. 59 Rn. 14.

dern **satzungsändernde Kapitalmaßnahmen** sowohl eine **Mehrheit von zwei Dritteln der abgegebenen Stimmen** (Art. 59 Abs. 1; wenn die Satzung der SE gem. Art. 59 Abs. 2 iVm § 51 S. 1 SEAG die einfache Stimmenmehrheit ausreichen lässt, genügt diese) als auch eine **Mehrheit von drei Vierteln des vertretenen Grundkapitals** (Art. 5 iVm zB § 182 Abs. 1 S. 1 AktG). **Nicht satzungsändernde Beschlüsse,** also insbesondere der Ausschluss des Bezugsrechts, bedürfen sowohl einer einfache Stimmenmehrheit (Art. 57)[110] als auch ggf. einer Mehrheit von drei Vierteln des vertretenen Grundkapitals (Art. 5 iVm zB § 186 Abs. 3 S. 2 AktG). Zu demselben Ergebnis gelangt eine Ansicht, die zwar Art. 5 durch die Art. 57, 59 verdrängt sieht,[111] gleichwohl aber die aktienrechtlichen Kapitalmehrheitserfordernisse – wohl über Art. 9 Abs. 1 lit. c Ziff. ii – zur Anwendung gelangen lassen will.[112] Dieser „Umweg" erscheint jedoch nicht zwingend, wenngleich historische Gründe dafür sprechen mögen.[113] **Abzulehnen** ist hingegen die Auffassung, die die aktienrechtlichen Kapitalmehrheitserfordernisse in Stimmenmehrheitserfordernisse umdeuten will, und zwar dergestalt, dass an die Stelle einer notwendigen Kapitalmehrheit in Höhe von drei Vierteln des vertretenen Grundkapitals eine Mehrheit von **drei Vierteln der abgegebenen Stimmen** treten soll (→ Art. 59 Rn. 6).[114] Auch dieser Ansicht liegt nämlich die Annahme einer Sperrwirkung der Art. 57, 59 gegenüber nationalen Kapitalmehrheitserfordernissen zu Grunde. Nicht zu folgen ist schließlich der Meinung, die nach deutschem Recht erforderliche Kapitalmehrheiten unter den Begriff der „größeren Mehrheit" subsumieren möchte,[115] da aus systematischen Gründen hierunter nur eine größere *Stimmen*mehrheit verstanden werden kann.[116]

Der deutsche Gesetzgeber hat von der Lockerungsmöglichkeit des Art. 59 Abs. 2 **36** Gebrauch gemacht (§ 51 SEAG). Die Festsetzung **weiterer Erfordernisse** in der Satzung wie etwa gem. **§ 182 Abs. 1 S. 3 AktG** ist in Art. 59 Abs. 1 nicht vorgesehen. Die Möglichkeit wird deshalb von einigen Autoren bestritten.[117] **Richtigerweise entfaltet Art. 59 Abs. 1 jedoch auch bezüglich dieser Möglichkeit keine Sperrwirkung,** sodass die Verweisung aus Art. 5 Anwendung findet. Für die **Sonderbeschlüsse** der Aktionäre jeder Gattung trifft **Art. 60** eine **Sonderregelung**.[118] Art. 5 verweist daher nicht auf Normen wie § 182 Abs. 2 AktG, § 222 Abs. 2 AktG.[119]

b) Beschlussanmeldung bei der monistischen SE. Bei der AG melden der Vorstand **37** und der Vorsitzende des Aufsichtsrats die das Grundkapital betreffenden Änderungsbeschlüsse und ihre Durchführung an (§ 184 Abs. 1 S. 1 AktG, § 188 Abs. 1 AktG, § 195 Abs. 1 AktG, § 203 Abs. 1 S. 1 AktG, § 207 Abs. 2 S. 1 AktG, § 223 AktG, § 237 Abs. 4 S. 5 AktG). Bei der monistischen SE sind nach **§ 40 Abs. 2 S. 4 SEAG** die geschäftsführenden Direktoren – in vertretungsberechtigter Mindestzahl[120] – berufen. An die Stelle des Vorsit-

---

[110] AA offenbar Kölner Komm AktG/*Wenz* Rn. 19, der hier unzutreffenderweise Art. 59 anwenden will.
[111] Kölner Komm AktG/*Kiem* Art. 57 Rn. 27; Kölner Komm AktG/*Kiem* Art. 59 Rn. 5; *Schwarz* Rn. 9; *Schwarz* Art. 57 Rn. 10.
[112] So wohl Kölner Komm AktG/*Kiem* Art. 57 Rn. 36; Kölner Komm AktG/*Kiem* Art. 59 Rn. 17.
[113] Vgl. hierzu Kölner Komm AktG/*Kiem* Art. 59 Rn. 5.
[114] So aber *Schwarz* Rn. 9; *Brandt*, Die Hauptversammlung der Europäischen Aktiengesellschaft (SE), 2004, 250; *Witten*, Minderheitenschutz bei Gründung und Sitzverlegung der Europäischen Aktiengesellschaft (SE), 2011, 96; Lutter/Hommelhoff/Teichmann/*Spindler* Art. 57 Rn. 13; BeckOGK/*Eberspächer* Art. 59 Rn. 4; wohl auch Habersack/Drinhausen/*Diekmann* Rn. 14, unklar allerdings Habersack/Drinhausen/*Diekmann* Rn. 15.
[115] NK-SE/*Mayer* Art. 57 Rn. 10; NK-SE/*Mayer* Art. 59 Rn. 13.
[116] Kölner Komm AktG/*Kiem* Art. 57 Rn. 38; Kölner Komm AktG/*Kiem* Art. 59 Rn. 16.
[117] *Koke*, Die Finanzverfassung der Europäischen Aktiengesellschaft (SE) mit Sitz in Deutschland, 2005, 131; *Brandt*, Die Hauptversammlung der Europäischen Aktiengesellschaft (SE), 2004, 248 f.; *Schwarz* Rn. 11.
[118] *Koke*, Die Finanzverfassung der Europäischen Aktiengesellschaft (SE) mit Sitz in Deutschland, 2005, 135; *Schwarz* Rn. 13; Habersack/Drinhausen/*Bücker* Art. 60 Rn. 3; ausf. zu Sonderbeschlüssen bei Kapitalerhöhung und Kapitalherabsetzung in der SE am Beispiel stimmrechtsloser Vorzugsaktien *Fischer* ZGR 2013, 832 (842 ff.).
[119] Habersack/Drinhausen/*Bücker* Art. 60 Rn. 3.
[120] *Koke*, Die Finanzverfassung der Europäischen Aktiengesellschaft (SE) mit Sitz in Deutschland, 2005, 148; *Schwarz* Rn. 17.

zenden des Aufsichtsrats muss nach der Auslegungsregel des § 22 Abs. 6 SEAG dann der Vorsitzende des Verwaltungsrats (§ 34 Abs. 1 S. 1 SEAG) treten.[121] Für die Anmeldung der Ausgabe von Bezugsrechten (§ 201 AktG) und die Durchführung der Kapitalherabsetzung (§ 227 AktG) ist hingegen allein der Vorstand berufen, bei der monistischen SE nach § 40 Abs. 2 S. 4 SEAG also die geschäftsführenden Direktoren.[122]

38 **c) Durchführung der Beschlüsse der Hauptversammlung durch die Verwaltung im monistischen System.** Bei der Durchführung der Beschlüsse weist das Gesetz entweder dem Vorstand allein Entscheidungsbefugnisse (Beispiel: § 203 Abs. 2 S. 1 AktG) bzw. Handlungspflichten zu (Beispiel: § 214 Abs. 1 S. 1 AktG) oder es ermächtigt den Vorstand zu Entscheidungen, die der Zustimmung des Aufsichtsrats bedürfen (§ 204 Abs. 1 AktG). Das SEAG schweigt zu diesen Kompetenzen, sodass eigentlich die Auslegungsregel des § 22 Abs. 6 SEAG berufen und der Verwaltungsrat zuständig ist.[123] Diese pauschale Verweisung passt allerdings dort nicht, wo das AktG die Initiativ- und Zustimmungsbefugnis auf Vorstand und Aufsichtsrat verteilt. Folgende Überlegungen dürften daher maßgeblich sein: Eine Delegation der einschlägigen Befugnisse des Verwaltungsrats an die geschäftsführenden Direktoren kommt wegen des Verbots gem. § 40 Abs. 2 S. 3 SEAG nicht in Betracht; dafür spricht im Übrigen, dass es sich überall dort, wo der Vorstand in den §§ 182–240 AktG ermächtigt wird, nach der Systematik des AktG nicht um Tätigkeiten handelt, die unter die Kompetenz für die laufende Geschäftsführung nach § 40 Abs. 2 S. 1 SEAG fallen, sondern um Handlungsbefugnisse im Rahmen außergewöhnlicher Grundlagengeschäfte. Eine **Annexkompetenz zu § 40 Abs. 2 S. 4 SEAG** (Zuständigkeit für die Registeranmeldungen) lässt sich angesichts des klaren Wortlauts dieser Norm, der Andersartigkeit der Aufgabenstellung und der eindeutigen Regelung des § 22 Abs. 6 SEAG **nicht** begründen.[124] Deshalb ist regelmäßig der Verwaltungsrat berufen. Darüber hinaus bleibt die Regelung des SEAG jedoch lückenhaft: Dort, wo das Aktiengesetz dem Vorstand ein Initiativrecht und dem Aufsichtsrat eine Zustimmungsbefugnis einräumt, spricht vieles dafür, dass **der Vorsitzende des Verwaltungsrates nach § 34 Abs. 1 S. 1 SEAG initiativ tätig werden muss und der Zustimmung des Verwaltungsrates** bedarf.[125] Denn die Aufteilung der Befugnisse soll die technische Durchführung dadurch erleichtern, dass die Initiative aus der Verantwortlichkeit eines Gremiums (wie des Aufsichtsrates) herausgelöst und lediglich im Wege der Zustimmung kontrolliert wird. Nach den Regelungszwecken der Einzelnormen des Aktiengesetzes spricht vieles dafür, eine solche Aufgabenteilung auch innerhalb der SE beizubehalten und es nicht zu einer Konfusion von Initiativ- und Zustimmungsbefugnissen im Verwaltungsrat kommen zu lassen. Deshalb dürften dem Vorsitzenden des Verwaltungsrates die Initiativbefugnisse zugewiesen sein, während die Zustimmungsbefugnisse beim Verwaltungsrat liegen. Konsequenterweise wäre dann überall dort, wo nach dem Aktiengesetz **allein der Vorstand befugt** ist, **der Vorsitzende des Verwaltungsrates allein ermächtigt.** Diese Aufgabenverteilung ist allerdings nicht ausdrücklich im SEAG niedergelegt. Es empfiehlt sich daher, die Geschäftsverteilung in der der Geschäftsordnung bzw. Satzung

---

[121] Gutachten des DNotI DNotI-Report 2009, 42; *Koke,* Die Finanzverfassung der Europäischen Aktiengesellschaft (SE) mit Sitz in Deutschland, 2005, 148; *Neye/Teichmann* AG 2003, 169 (178) Fn. 55; *Schwarz* Rn. 17; aA Lutter/Hommelhoff/Teichmann/*Fleischer* Rn. 7, der offenbar allein die geschäftsführenden Direktoren für zuständig hält, dabei aber übersieht, dass die geschäftsführenden Direktoren gem. § 40 Abs. 2 S. 4 SEAG nur an die Stelle des Vorstands treten. Sehen die aktienrechtlichen Vorschriften die gemeinsame Anmeldung durch den Vorstand und den Vorsitzenden des Aufsichtsrats vor, muss an dessen Stelle der Vorsitzende des Verwaltungsrates treten (§ 22 Abs. 6 SEAG).
[122] Vgl. auch BeckOGK/*Casper* Rn. 4; Lutter/Hommelhoff/Teichmann/*Fleischer* Rn. 7.
[123] So auch *Schwintowski* in Jannott/Frodermann SE-HdB Rn. 8.93.
[124] AA allerdings BeckOGK/*Casper* Rn. 4; *Koke,* Die Finanzverfassung der Europäischen Aktiengesellschaft (SE) mit Sitz in Deutschland, 2005, 151; *Schwarz* Rn. 17.
[125] AA BeckOGK/*Casper* Rn. 4; Habersack/Drinhausen/*Diekmann* Rn. 20 und Lutter/Hommelhoff/Teichmann/*Fleischer* Rn. 8, die das Initiativrecht bei den geschäftsführenden Direktoren verorten wollen; ähnlich *Schwintowski* in Jannott/Frodermann SE-HdB Rn. 101: Der Verwaltungsrat kann die geschäftsführenden Direktoren gem. § 22 Abs. 2 S. 2 SEAG ermächtigen.

nach § 34 Abs. 2 SEAG so zu regeln, dass der Vorsitzende des Verwaltungsrats zu folgenden Handlungen bzw. Entscheidungen befugt ist:
- die Bekanntgabe hinsichtlich der Ausübung des Bezugsrechts nach § 186 Abs. 2 AktG;
- die Bekanntgabe des Bezugsangebots nach § 186 Abs. 5 S. 2 AktG;
- die Ausgabe der Bezugsaktien bei der bedingten Kapitalerhöhung nach § 199 Abs. 1 AktG;
- der Ausschluss des Bezugsrechts nach § 203 Abs. 2 S. 1 AktG;
- die Entscheidung über den Inhalt der Aktienrechte und die Bedingungen der Aktienausgabe gem. § 204 Abs. 1 S. 1 AktG;[126]
- die Festsetzung der Sachlage im Zeichnungsschein nach § 205 Abs. 2 S. 1 AktG, bei der die Zustimmung eingeholt werden *soll;*
- die Aufforderung an die Aktionäre, die aus Gesellschaftsmitteln finanzierten neuen Aktien abzuholen (§ 214 Abs. 1 S. 1 AktG);
- die Durchführung des Kapitalherabsetzungsbeschlusses nach §§ 226, 83 Abs. 2 AktG;
- die Auflösung der Gewinnrücklagen als Voraussetzung der vereinfachten Kapitalherabsetzung gem. § 229 Abs. 2 AktG;
- die Entscheidung über die Einziehung nach § 237 Abs. 6 S. 2 AktG.

In **Fällen wie dem des § 205 Abs. 2 S. 2 AktG,** bei denen der Aufsichtsrat nur eingeschaltet werden soll, **muss** der Vorsitzende des Verwaltungsrats allerdings die übrigen Mitglieder einschalten. 39

d) Gewährung von Bezugsrechten an Verwaltungsratsmitglieder bei der SE mit monistischer Struktur (§ 192 Abs. 2 Nr. 3 AktG, § 193 Abs. 2 Nr. 4 AktG). Fraglich ist, ob Verwaltungsratsmitglieder einer monistisch strukturierten SE als Bezugsberechtigte iSd § 192 Abs. 2 Nr. 3 AktG und damit als Nutznießer von **Aktienoptionsprogrammen** in Betracht kommen. Der BGH hat diese Möglichkeit den Aufsichtsratsmitgliedern verwehrt,[127] was auch im vorliegenden Werk vertreten wird (→ AktG § 71 Rn. 264). Fraglich ist, ob die Gründe für diese Entscheidung auch im Hinblick auf die Mitglieder des Verwaltungsrates tragen. Ausschlaggebend ist für das Gericht zunächst, dass § 192 Abs. 2 Nr. 3 AktG die Möglichkeit nur zugunsten von Mitgliedern der Geschäftsführung eröffne; dies schließe Aufsichtsratsmitglieder gerade aus. Für dieses Ergebnis spreche, dass § 192 Abs. 2 Nr. 3 AktG nur den groben Rahmen für die Entgeltstruktur festlege. Folglich sei der Aufsichtsrat für die weitere Gestaltung der Bezüge zuständig (§ 87 Abs. 1 S. 1 AktG); zählten Aufsichtsratsmitglieder aber zu den Bezugsberechtigten, bliebe in der AG keine Instanz, die die weitere Ausgestaltung ihrer Entlohnung durch Bezugsrechte kontrollieren könne.[128] Hinzu tritt die Überlegung, dass die Aufsichtsratsmitglieder in ihrer Kontrolltätigkeit nicht dadurch beeinflusst werden dürften, dass sie an Wertsteigerungen partizipierten, die der Vorstand in die Wege leitet.[129] Die **Stellung der Verwaltungsratsmitglieder** unterscheidet sich davon durch die Besonderheit, dass der Verwaltungsrat sowohl die Geschäfte der Gesellschaft leitet, als auch deren Umsetzung überwacht (§ 22 Abs. 1 SEAG): Die Mitglieder sind daher sowohl Geschäftsführer als auch Kontrolleure. Dies rückt sie eigentlich in die Nähe von Mitgliedern der Geschäftsführung iSd § 192 Abs. 2 Nr. 3 AktG. Die Zuweisung von Kernkompetenzen des Vorstands an den Verwaltungsrat bestätigt diesen Eindruck (§ 22 Abs. 2–5 SEAG). Gerade bei der Gestaltung der zu zahlenden Entgelte hat der Gesetzgeber indes die **Kontrollfunktion** der Verwaltungsratsmitglieder stärken wollen. So findet § 87 Abs. 1 S. 1 AktG im Verhältnis zwischen geschäftsführenden Direktoren und Verwaltungsratsmitgliedern entsprechende Anwendung (§ 40 Abs. 7 SEAG). Die Befugnis zur Kontrolle der an die geschäftsführenden Direktoren zu zahlenden Entgelte wiegt im einschlägigen Zusammenhang schwer, denn wie im Falle der Aufsichtsratsmitglieder darf der Kontrolleur 40

---
[126] AA Habersack/Drinhausen/*Diekmann* Rn. 20.
[127] BGH NZG 2004, 376 (377) – Mobilcom.
[128] BGH NZG 2004, 376 (377) – Mobilcom; ebenso zuvor *Hoff* WM 2003, 910 (912); *Hüffer* ZHR 161 (1997), 214 (244); *Lutter* AG-Sonderheft 1997, 52 (56).
[129] *Meyer/Ludwig* ZIP 2004, 940 (944).

nicht gemeinsam mit dem Kontrollierten an dessen Erfolgen partizipieren. Aktienoptionsprogramme zielen aber darauf, im Verhältnis zwischen der Gesellschaft und ihren nach außen agierenden Vertretern einen Anreiz für gesellschaftsförderliches Verhalten zu schaffen. Ihrer Zielsetzung nach passen sie daher auf erfolgsbezogene Tätigkeiten (gute Abschlüsse, Geschäftsergebnisse), nicht aber auf eine Kontrolltätigkeit, die stets nur in einer dauernden Überwachung, nicht aber in der Erzielung punktueller Erfolge bestehen kann. Für diese Einschätzung spricht, dass der Gesetzgeber die Entlohnung der Verwaltungsratsmitglieder in analoger Anwendung der Regelung für die Aufsichtsratsmitglieder (§ 113 AktG) gestaltet (§ 38 Abs. 1 SEAG). Dies alles spricht **gegen die Anwendbarkeit des § 192 Abs. 2 Nr. 3 AktG**.[130] Die Gegenauffassung möchte hingegen auch Verwaltungsratsmitglieder in die Aktienoptionsprogramme einbeziehen (→ AktG § 71 Rn. 264).[131]

41 **e) Genehmigtes Kapital.** Wie im Fall des § 71 Abs. 1 Nr. 8 S. 1 AktG (→ Rn. 20) ist möglicher **Adressat der Ermächtigung nach § 202 Abs. 1 S. 1 AktG** der Verwaltungsrat als solcher und nicht die geschäftsführenden Direktoren in ihrer Gesamtheit oder einzelne geschäftsführende Direktoren. Dies folgt bereits aus der Regel des § 22 Abs. 6 SEAG. Schwerer wiegt indes ein anderes Argument, das schon im Zusammenhang mit § 71 Abs. 1 Nr. 8 S. 1 AktG ausgeführt wurde: Durch die Ermächtigung aller oder einzelner geschäftsführender Direktoren könnte die Hauptversammlung zu stark in die Binnenorganisation der Geschäftsleitung eingreifen (→ Rn. 19).[132]

42 **f) Möglichkeit des Kapitalschnitts nach § 228 AktG.** Art. 4 Abs. 2 steht nicht der Möglichkeit einer Herabsetzung des Grundkapitals unter die Grenze von 120.000 Euro entgegen, wenn mit dem Herabsetzungsbeschluss ein Kapitalerhöhungsbeschluss kombiniert ist, der den Erfordernissen des § 228 AktG genügt.[133] Dies ergibt sich unmittelbar aus der Verweisung des Art. 5 und rechtfertigt sich im weiteren Sinne aus dem Umstand, dass die Norm auf Art. 77 GesR-RL gründet.[134] Auf **§ 225a InsO** verweist Art. 5 **nicht**. Denn bei § 225a InsO handelt es sich um eine insolvenzrechtliche Regelung, die die Gesellschaftsanteile entsprechend § 217 S. 2 InsO dem Planverfahren unterwirft.[135] Sie kann keinem der vier in Art. 5 aufgeführten Regelungsbereiche zugeordnet werden, sondern wird nach den Regeln des Internationalen Insolvenzrechts angeknüpft.

III. Aktien, Schuldverschreibungen und sonstige vergleichbare Wertpapiere

43 Der erste Entwurf zur SE-VO in seiner überarbeiteten Fassung aus dem Jahre 1975 (→ Vor Art. 1 Rn. 1) enthielt unter Titel III in den Abschnitten 2–4 Regelungen über Aktien (Art. 48–53 SE-VO-E 1975), Schuldverschreibungen (Art. 54–60a SE-VO-E 1975) und sonstige Wertpapiere (Art. 61 SE-VO-E 1975).[136] Die Verweisung auf diese Regelungsbereiche ist im Rahmen des Art. 5 an die Stelle getreten (→ Rn. 1; → Rn. 3). Dieser historische Zusammenhang lässt Rückschlüsse auf den Umfang der Verweisung in Art. 5 zu. Die Entstehungsgeschichte weist insbesondere darauf hin, dass die Verweisung wegen der **Aktien der SE allein die wertpapierrechtliche Seite der Aktie** betrifft und nicht etwa die Mitgliedsrechte der Aktionäre (→ Rn. 44).[137] Die praktische Bedeutung dieser

---

[130] Wie hier BeckOGK/*Casper* Rn. 4; Lutter/Hommelhoff/Teichmann/*Fleischer* Rn. 8; *Koke,* Die Finanzverfassung der Europäischen Aktiengesellschaft (SE) mit Sitz in Deutschland, 2005, 165 ff.; *Schönborn,* Die monistische Societas Europaea in Deutschland im Vergleich zum englischen Recht, 2007, 277; *Oechsler* NZG 2005, 449 (453).
[131] *Bachmann* ZGR 2008, 779 (705 ff.); *Schwintowski* in Jannott/Frodermann SE-HdB Rn. 82; Lutter/Kollmorgen/Feldhaus BB 2005, 2473 (2480); *Schwarz* Rn. 29.
[132] AA BeckOGK/*Casper* Rn. 4; Lutter/Hommelhoff/Teichmann/*Fleischer* Rn. 8.
[133] Lutter/Hommelhoff/Teichmann/*Fleischer* Rn. 9; Habersack/Drinhausen/*Diekmann* Art. 4 Rn. 13; Kölner Komm AktG/*Wenz* Art. 4 Rn. 15.
[134] Lutter/Hommelhoff/Teichmann/*Fleischer* Rn. 9; Kölner Komm AktG/*Wenz* Art. 4 Rn. 15.
[135] MüKoInsO/*Eidenmüller* InsO § 225a Rn. 1.
[136] *Lutter* in Lutter, Die Europäische Aktiengesellschaft, 2. Aufl. 1978, 145.
[137] Lutter/Hommelhoff/Teichmann/*Fleischer* Rn. 10; Lutter/Hommelhoff/Teichmann/*Ziemons* Anh. I Art. 5 Rn. 9; Habersack/Drinhausen/*Diekmann* Rn. 23 f.; aA NK-SE/*Mayer* Rn. 64 ff.

Einsicht liegt darin, dass wegen der Mitgliedsrechte des Aktionärs nach Art. 5 nicht schrankenlos auf das nationale Recht verwiesen wird, sondern nach Art. 9 Abs. 1 lit. c Ziff. ii nur insoweit, als ein bestimmter Bereich oder Teilaspekte desselben in der SE-VO nicht geregelt sind.[138]

Nach Art. 5 gelten für die **Aktien der SE** die Vorschriften, die für eine AG mit Sitz in **44** dem Mitgliedstaat, in dem die SE eingetragen ist, gelten würden.[139] Bei **historischer Auslegung** bezieht sich diese Verweisung insbesondere auf folgende Regelungsgegenstände: die Ausgestaltung als **Nennbetrags- oder Stückaktie** (Art. 48 Abs. 1 SE-VO-E 1975; dazu § 8 Abs. 1 AktG), die Frage, ob **verschiedene Nennbeträge** zulässig sind (Art. 48 Abs. 2 SE-VO-E 1975; dazu § 23 Abs. 3 Nr. 4 AktG), die **Teilbarkeit** der Aktien (Art. 48 Abs. 3 S. 2 SE-VO-E 1975; dazu § 8 Abs. 5 AktG) und die **Ausübung der Rechte mehrerer Berechtigter** an einer Aktie (Art. 48 Abs. 3 S. 2 SE-VO-E 1975; dazu § 69 AktG), die Möglichkeit **unterschiedlich ausgestalteter Beteiligungsrechte** (Art. 49 Abs. 1 SE-VO-E 1975), die Bedingung der **Ausgabe stimmrechtsloser Aktien** (Art. 49 Abs. 2 SE-VO-E 1975), die Ausgestaltung als **Inhaber- und Namensaktie** (Art. 50 SE-VO-E 1975; dazu § 10 Abs. 1 AktG), die **Verkörperung der Aktie in einer Urkunde** und den Anspruch des Aktionärs auf **Verbriefung** (Art. 51 SE-VO-E 1975; dazu § 10 Abs. 5 AktG), das Wirksamwerden der **Übertragung** der Aktien gegenüber der SE (Art. 52 f. SE-VO-E 1975; dazu §§ 67 f. AktG). In der historischen Debatte wurde noch die Lücke des Entwurfs von 1975 im Hinblick auf die **Vinkulierung** (§ 68 Abs. 2 AktG) kritisiert.[140] Auch auf dieses Institut dürfte Art. 5 verweisen:[141] Von der Sache her umfasst die Verweisung also den Wertpapiercharakter der Aktien[142] sowie die technische Seite der Verbriefung der Mitgliedsrechte. Dasselbe gilt für die **§§ 72–75 AktG**.[143] Die **Übertragbarkeit der Aktie sowie die Voraussetzungen ihrer Übertragung** richten sich ebenfalls gem. Art. 5 nach dem Aktienrecht des Sitzstaates der SE;[144] von der Verweisung erfasst ist daher auch **§ 68 AktG**.[145] Nach **Art. 1 Abs. 2 S. 1** ist das Kapital der SE in Aktien „zerlegt": Mit diesem Begriff ist allein die wertpapierrechtliche Verbriefung als solche bezeichnet; der Wortlaut der Norm steht nicht der Möglichkeit entgegen, dass nur eine einzige Aktie ausgegeben wird.[146]

Die Verweisung auf die Regelungen für **Schuldverschreibungen** bezieht sich bei histo- **45** rischer Auslegung des Art. 5 auf die Frage der grundsätzlichen Zulässigkeit von Schuldverschreibungen (Art. 54 SE-VO-E 1975; dazu § 192 Abs. 2 Nr. 1 AktG, § 221 Abs. 1 AktG), die Bedingungen über die Ausgabe der Schuldverschreibungen (Art. 55 SE-VO-E 1975; dazu §§ 193, 221 AktG), die Organisation und Beschlussfassung der Berechtigten in einer sog. Masse (Art. 55–58 SE-VO-E 1975; keine Entsprechung im AktG), die Zulässigkeit von Wandelschuldverschreibungen und die Bedingungen ihrer Ausgabe (Art. 60 SE-VO-E 1975; dazu § 221 AktG) sowie die Zulässigkeit von Gewinnschuldverschreibungen (Art. 60a SE-VO-E 1975; dazu § 221 AktG).[147] Von Bedeutung ist jedoch, dass die **SE-VO selbst noch eine Sonderverweisung über Schuldverschreibungen im Rahmen der Ver-**

---

[138] Habersack/Drinhausen/*Diekmann* Rn. 24.
[139] Vgl. auch zum Folgenden *Schwarz* Rn. 45 ff.; Lutter/Bayer/Schmidt EuropUnternehmensR Rn. 45.84; Lutter/Hommelhoff/Teichmann/*Ziemons* Anh. I Art. 5 Rn. 10 f., 15 ff.
[140] *Wiedemann* in Lutter, Die Europäische Aktiengesellschaft, 2. Aufl. 1978, 39 (41); Lutter/Hommelhoff/Teichmann/*Ziemons* Anh. I Art. 5 Rn. 16.
[141] Lutter/Hommelhoff/Teichmann/*Fleischer* Rn. 10; *Schwarz* Rn. 56; Habersack/Drinhausen/*Diekmann* Rn. 23.
[142] *Lutter* in Lutter, Die Europäische Aktiengesellschaft, 2. Aufl. 1978, 145 (149 ff.); Lutter/Hommelhoff/Teichmann/*Ziemons* Anh. I Art. 5 Rn. 18; Habersack/Drinhausen/*Diekmann* Rn. 23; ähnlich *Hirte* NZG 2002, 1 (9).
[143] Zu § 73 AktG OLG Frankfurt NZG 2016, 1340 (1341).
[144] *Schwarz* Rn. 56.
[145] Habersack/Drinhausen/*Diekmann* Rn. 23.
[146] Lutter/Hommelhoff/Teichmann/*Lutter* Art. 1 Rn. 8.
[147] Lutter/Bayer/Schmidt EuropUnternehmensR Rn. 45.86; Lutter/Hommelhoff/Teichmann/*Merkt* Anh. II Art. 5 Rn. 3; *Schwarz* Rn. 68.

schmelzung beinhaltet (Art. 24 Abs. 1 lit. b), die der allgemeinen in Art. 5 nach der Lex-Specialis-Regelung vorgehen dürfte.[148] Die **Emissionsverträge** selbst dürften allerdings von der Verweisung nicht mehr erfasst werden, da es sich grundsätzlich um Drittgeschäfte mit Gesellschaftsfremden handelt.[149] Für die Schaffung der unter Art. 5 Abs. 1 fallenden Finanztitel ist eine satzungsändernde Mehrheit nach Art. 59 erforderlich.[150] Dafür sprechen die Schutzzwecke, die auch der deutschen Parallelregelung zugrunde liegen (§ 221 Abs. 1 AktG). Art. 59 Abs. 1 sperrt nach nationalem Gesellschaftsrecht bestehende Kapitalmehrheitserfordernisse nicht, sodass § 221 Abs. 1 S. 3 AktG neben Art. 59 Abs. 1 Anwendung findet und auch nicht im Wege „SE-spezifischer Auslegung" in ein Stimmenmehrheitserfordernis umgedeutet werden muss[151] (ausführlich → Rn. 35).

46 Beim Tatbestandsmerkmal „**sonstige vergleichbare Wertpapiere**" handelt es sich bei historischer Auslegung wohl zunächst um sonstige verbriefte Beteiligungen von Nichtaktionären an Gesellschaftsvermögen und Gewinn der Gesellschaft; genau diese waren nämlich nach Art. 53 SE-VO-E 1975 strikt verboten. Darunter fallen vor allem **Genussscheine** (§ 221 Abs. 3 AktG) und – auf Grund ihrer Vergleichbarkeit – auch all diejenigen **Derivate** auf Aktien, Schuldverschreibungen usw, die dem Berechtigten einen Anspruch gewähren, ebenso gestellt zu werden wie ein Inhaber dieser Papiere (zB **Phantom Stocks,** virtuelle Aktien, Stock Appreciation Rights usw).[152] Hinzu kommen wegen ihrer Vergleichbarkeit mit Aktien die **Zwischenscheine** (§ 8 Abs. 6 AktG, § 10 Abs. 3 und 4 AktG). Auf die **Aktien vertretenden Zertifikate** wie die sog. ADR (American Depositary Receipts), mit Hilfe derer Inhaberaktien in den Vereinigten Staaten handelbar sind, ist Art. 5 **nicht** anwendbar;[153] denn diese Papiere werden nicht von der Gesellschaft selbst, sondern von einem Dritten (Depotbank) ohne Beteiligung der Gesellschaft ausgegeben.

47 Schließlich wird im Schrifttum noch die Frage gestellt, ob Art. 5 auf das nationale **Kapitalmarktrecht** verweist.[154] Soweit es sich hierbei um allgemeines Verkehrsrecht handelt, wird das Kapitalmarktrecht nicht von der Verweisung des Art. 5 erfasst (vgl. auch Erwägungsgrund 20).[155] Anders verhält es sich in Bezug auf gesellschaftsrechtlich zu qualifizierende Regelungen in kapitalmarktrechtlichen Regelungswerken, die gerade die wertpapierrechtliche Dimension der Aktie betreffen.[156]

Art. 6 [Begriffsbestimmung]

Für die Zwecke dieser Verordnung bezeichnet der Ausdruck „Satzung der SE" zugleich die Gründungsurkunde und, falls sie Gegenstand einer getrennten Urkunde ist, die Satzung der SE im eigentlichen Sinne.

Schrifttum: s. auch vor → Art. 1 Rn. 1; *Casper,* Der Lückenschluss im Statut der Europäischen Aktiengesellschaft, FS Ulmer, 2003, 51; *Gößl,* Die Satzung der Europäischen Aktiengesellschaft (SE) mit Sitz in

---

[148] Zust. Habersack/Drinhausen/*Diekmann* Rn. 27.
[149] *Koke,* Die Finanzverfassung der Europäischen Aktiengesellschaft (SE) mit Sitz in Deutschland, 2005, 209; Lutter/Hommelhoff/Teichmann/*Merkt* Anh. II Art. 5 Rn. 4; Kölner Komm AktG/*Wenz* Rn. 30; iErg auch Habersack/Drinhausen/*Diekmann* Rn. 27.
[150] *Koke,* Die Finanzverfassung der Europäischen Aktiengesellschaft (SE) mit Sitz in Deutschland, 2005, 211 f.; Lutter/Hommelhoff/Teichmann/*Merkt* Anh. II Art. 5 Rn. 6; *Schwarz* Rn. 71.
[151] So aber *Koke,* Die Finanzverfassung der Europäischen Aktiengesellschaft (SE) mit Sitz in Deutschland, 2005, 211 f.; Lutter/Hommelhoff/Teichmann/*Merkt* Anh. II Art. 5 Rn. 7; *Schwarz* Rn. 73; Habersack/Drinhausen/*Diekmann* Rn. 28, die allesamt anstelle der Kapitalmehrheit eine Dreiviertel-Stimmenmehrheit für erforderlich halten.
[152] Zust. Habersack/Drinhausen/*Diekmann* Rn. 29; vgl. auch *Baums* FS Claussen, 1997, 1 (6); *Mäger* BB 1999, 1389 (1393); *Feddersen* ZHR 161 (1997), 269 (273 f.); *Hoffmann-Becking* NZG 1999, 797 (800); *Meyer/Ludwig* ZIP 2004, 941 (944).
[153] Zust. Habersack/Drinhausen/*Diekmann* Rn. 29.
[154] BeckOGK/*Casper* Rn. 6.
[155] BeckOGK/*Casper* Rn. 6; Habersack/Drinhausen/*Diekmann* Rn. 1; ähnlich Kölner Komm AktG/*Wenz* Rn. 26.
[156] BeckOGK/*Casper* Rn. 6; näher Lutter/Hommelhoff/Teichmann/*Hommelhoff/Teichmann* Art. 9 Rn. 24.

Deutschland, 2010; *Hommelhoff,* Satzungsstrenge und Gestaltungsfreiheit in der Europäischen Aktiengesellschaft, FS Ulmer, 2003, 267; *Kallmeyer,* Europa-AG – Strategische Optionen für deutsche Unternehmen, AG 2003, 197; *Lutter/Kollmoren/Feldhaus,* Die Europäische Aktiengesellschaft – Satzungsgestaltung der „mittelständischen SE", BB 2005, 2473; *Wagner,* Die Bestimmung des auf die SE anwendbaren Rechts, NZG 2002, 985.

Übersicht

	Rn.		Rn.
I. Normzweck	1, 2	2. Gestaltungsspielräume des Satzungsgebers und des nationalen Gesetzgebers	5–9
II. Überblick über die Satzung der SE	3–12	3. Kein Gleichbehandlungsgebot bei der Nutzung von Gestaltungsspielräumen	10, 11
1. Mindestinhalt und Auslegung	3, 4	4. Mängel der Satzung	12

I. Normzweck

Die Vorschrift knüpft an die für manche Rechtsordnungen typische Unterscheidung **1** zwischen einer das Außenverhältnis der Gesellschaft regelnden Gründungsurkunde, die einen gesetzlich vorgeschriebenen Mindestinhalt haben muss, und einer das Innenverhältnis regelnden Satzung an. So unterscheidet das englische Gesellschaftsrecht zwischen dem **memorandum of association** (Section 8 Companies Act 2006), in dem die Namen der Gründer, der Gesellschaftsgegenstand, die Haftungsstruktur und der Gesellschaftstyp festgelegt waren, und den **articles of association,** die im Wesentlichen das Innenverhältnis regelten (Section 18 Companies Act 2006).

Art. 6 ist folglich **zweierlei** zu entnehmen: **erstens** die sich aus dem Wortlaut ergebende **2** sprachliche Klarstellung, **zweitens** die Möglichkeit, auch bei der SE zwischen Gründungsurkunde und Binnensatzung zu unterscheiden, sofern diese Unterscheidung für Aktiengesellschaften im Sitzstaat der SE vorgesehen ist.[1] Aus Art. 6 – einer **reinen Definitionsnorm**[2] – folgt hingegen nicht, dass bei der SE zwischen beiden Urkunden auch dann differenziert werden könnte, wenn dies im Sitzstaat nicht üblich ist.[3] Für die SE mit Sitz in Deutschland hat Art. 6 daher keine Bedeutung, da die Satzung gem. Art. 15 iVm §§ 2, 23 AktG in der Gründungsurkunde enthalten sein muss.[4]

II. Überblick über die Satzung der SE

1. Mindestinhalt und Auslegung. Art. 6 regelt weder den Erlass der Satzung noch **3** deren Inhalt.[5] Ob die Satzung gem. Art. 15 Abs. 1 iVm § 23 Abs. 1 AktG gesondert festgestellt werden muss oder aber ihre zwingende Aufnahme in den Verschmelzungs-, Gründungs- oder Umwandlungsplan an die Stelle der Feststellung tritt, ist umstritten.[6] Die SE-VO trifft an keiner Stelle **eine allgemeine Regelung über den Mindestinhalt der Satzung.**[7] Dies geht auf den Umstand zurück, dass eine originäre Gründung der SE nicht vorgesehen ist. So kommt die Satzung im Text der SE-VO jeweils nur als eine Tatbestandsvoraussetzung unter vielen im Rahmen der einzelnen Gründungstatbestände vor (Beispiel: Verschmelzungsplan nach Art. 20 Abs. 1 lit. h).[8] Der Mindestinhalt der Satzung ergibt sich folglich über die Verweisung in **Art. 15** aus **§ 23 Abs. 3 und 4 AktG,** wobei auch **§ 26 Abs. 1 AktG (Sondervorteile), § 26 Abs. 2 AktG (Gründungsaufwand)** und **§ 27 AktG**

---

[1] *Schwarz* Rn. 3; Habersack/Drinhausen/*Diekmann* Rn. 2; Kölner Komm AktG/*Maul* Rn. 4.
[2] Zutr. BeckOGK/*Casper* Rn. 1; Habersack/Drinhausen/*Diekmann* Rn. 2.
[3] BeckOGK/*Casper* Rn. 1; Habersack/Drinhausen/*Diekmann* Rn. 2; Kölner Komm AktG/*Maul* Rn. 4.
[4] BeckOGK/*Casper* Rn. 1; Habersack/Drinhausen/*Diekmann* Rn. 1; Kölner Komm AktG/*Maul* Rn. 4.
[5] BeckOGK/*Casper* Rn. 2; Habersack/Drinhausen/*Diekmann* Rn. 3.
[6] Ausf. zu dem Streitstand Kölner Komm AktG/*Maul* Rn. 8 ff., die das Erfordernis einer gesonderten Feststellung bejaht.
[7] Zur Regelungshistorie vgl. *Gößl,* Die Satzung der Europäischen Aktiengesellschaft (SE) mit Sitz in Deutschland, 2010, 155 f.
[8] *Schwarz* Rn. 7 ff.

(Sacheinlagen und Sachübernahmen) anwendbar sind.[9] Besondere Probleme sind mit der Festsetzung der **Sacheinlagen bei der Holding-Gründung nach § 27 AktG**[10] verbunden, weil die Gesellschafter nicht zur Einbringung der Aktien in die Holding-SE verpflichtet sind und daher die Höhe der eingebrachten Anteile bei Beschlussfassung über die Satzung noch nicht feststeht.[11] Als Lösung bietet sich an, in die Satzung bestimmte allgemeine Angaben aufzunehmen,[12] während die individuelle Festsetzung der Sacheinlage erst in den Zeichnungsscheinen erfolgt, die analog § 185 AktG von den am Aktientausch teilnehmenden Aktionären zu unterzeichnen sind.[13]

Zudem erzwingen bestimmte Normen der SE-VO **Pflichtfestsetzungen**.[14] Sie betreffen:
– die Wahl zwischen dem dualistischen oder monistischen Verwaltungssystem (Art. 38 lit. b);
– die **Zahl der Organwalter** im Leitungsorgan der dualistischen SE oder die Regeln für ihre Festlegung (Art. 39 Abs. 4 S. 1). Gem. § 16 S. 1 SEAG muss das Leitungsorgan einer Gesellschaft mit einem Grundkapital von mehr als drei Millionen Euro aus mindestens zwei Personen bestehen, wenn die Satzung nichts anderes bestimmt. Besonderheiten bestehen außerdem bei der mitbestimmten SE (§ 16 S. 2 SEAG iVm § 38 Abs. 2 SEBG).[15]
– die Zahl der Organwalter im Aufsichtsorgan der dualistischen SE oder die Regeln für ihre Festlegung (Art. 40 Abs. 3 S. 1) bzw. die Zahl der Mitglieder des Verwaltungsrats der monistischen SE oder die Regeln für ihre Festlegung (Art. 43 Abs. 2 UAbs. 1 S. 1).[16] Hier besteht die Besonderheit, dass § 17 Abs. 1 S. 1 SEAG, § 23 Abs. 1 S. 1 SEAG – basierend auf den Ermächtigungen gem. Art. 40 Abs. 3 S. 2, Art. 43 Abs. 2 UAbs. 1 S. 2 – bereits genaue Mitgliederzahlen festlegen.[17] Diese sind jedoch gem. § 17 Abs. 1 S. 2 SEAG, § 23 Abs. 1 S. 2 SEAG dispositiv. Bei der Festlegung der Mitgliederzahl in der Satzung sind allerdings die in § 17 Abs. 1 SEAG, § 23 Abs. 1 SEAG vorgesehenen Mindest- und Höchstzahlen zu beachten.[18]
– die Länge der Amtszeit der Organwalter (Art. 46 Abs. 1);[19]
– die Geschäfte des Leitungsorgans, die der Zustimmung des Aufsichtsorgans bedürfen (dualistische Aktiengesellschaft) bzw. die Geschäfte, für die ein ausdrücklicher Beschluss des Verwaltungsorgans erforderlich ist (Art. 48 Abs. 1 UAbs. 1);[20]
– die Sitzungsfrequenz des Verwaltungsorgans bei der monistischen SE (Art. 44 Abs. 1).[21]

---

[9] Lutter/Hommelhoff/Teichmann/*J. Schmidt* Rn. 21; Habersack/Drinhausen/*Diekmann* Rn. 13, 17; ausf. Kölner Komm AktG/*Maul* Rn. 24; *Gößl*, Die Satzung der Europäischen Aktiengesellschaft (SE) mit Sitz in Deutschland, 2010, 158 f., 174 ff.; vgl. auch *Gößl*, Die Satzung der Europäischen Aktiengesellschaft (SE) mit Sitz in Deutschland, 2010, 168 ff. zu spezifischen Problemen des Satzungsinhalts bei der Holding-SE.
[10] Vgl. zu ähnlichen Fragestellungen bei der Verschmelzungs- und Holding-Gründung Lutter/Hommelhoff/*Seibt*, 1. Aufl. 2008, Rn. 8; Habersack/Drinhausen/*Diekmann* Rn. 18 f.
[11] Ausf. *Gößl*, Die Satzung der Europäischen Aktiengesellschaft (SE) mit Sitz in Deutschland, 2010, 175 f.
[12] Kölner Komm AktG/*Paefgen* Art. 32 Rn. 60; Habersack/Drinhausen/*Scholz* Art. 32 Rn. 55; *Gößl*, Die Satzung der Europäischen Aktiengesellschaft (SE) mit Sitz in Deutschland, 2010, 176, jeweils mwN auch zur Gegenansicht.
[13] *Jannott* in Jannott/Frodermann SE-HdB Rn. 172; Habersack/Drinhausen/*Diekmann* Rn. 18.
[14] Ausf. Kölner Komm AktG/*Maul* Rn. 22; teilweise wie hier *Schwarz* Rn. 102; *Gößl*, Die Satzung der Europäischen Aktiengesellschaft (SE) mit Sitz in Deutschland, 2010, 157; Habersack/Drinhausen/*Diekmann* Rn. 10.
[15] An der Vereinbarkeit des § 38 Abs. 2 SEBG mit der SE-RL zweifelt *Gößl*, Die Satzung der Europäischen Aktiengesellschaft (SE) mit Sitz in Deutschland, 2010, 204.
[16] AA *Gößl*, Die Satzung der Europäischen Aktiengesellschaft (SE) mit Sitz in Deutschland, 2010, 115 f.: Eine satzungsmäßige Festlegung erübrige sich, da bei Fehlen einer Satzungsregelung die im SEAG vorgesehene Mitgliederzahl greife.
[17] Zur Zulässigkeit vgl. *Gößl*, Die Satzung der Europäischen Aktiengesellschaft (SE) mit Sitz in Deutschland, 2010, 115 ff.
[18] Vgl. jedoch LG Nürnberg-Fürth NZG 2010, 547, wonach die Anzahl der Aufsichtsratsmitglieder nicht durch drei teilbar sein muss, wenn die Beteiligungsvereinbarung eine andere zahlenmäßige Besetzung vorsieht; zust. *Kiefner/Friebel* NZG 2010, 537; abl. *Kiem* Konzern 2010, 275 (279).
[19] *Gößl*, Die Satzung der Europäischen Aktiengesellschaft (SE) mit Sitz in Deutschland, 2010, 118 f.
[20] *Gößl*, Die Satzung der Europäischen Aktiengesellschaft (SE) mit Sitz in Deutschland, 2010, 119 ff.
[21] Ob es sich hierbei um eine Pflichtangabe handelt, ist umstritten; wie hier Kölner Komm AktG/*Maul* Rn. 22; ausf. Habersack/Drinhausen/*Verse* Art. 44 Rn. 2; aA – bloße Regelungsermächtigung – Habersack/

Die **Auslegung der Satzung** folgt – mangels Regelung in der SE-VO[22] – den Grundsät- 4
zen, die im Recht des Sitzstaats gelten (in Deutschland: **objektive Auslegung**).[23] Keinen
Widerspruch dazu bedeutet es, dass die Auslegungsergebnisse mit der übergeordneten SE-
VO vereinbar sein müssen, was eine **verordnungskonforme Auslegung** nahe legt (s.
nämlich Art. 9 Abs. 1 lit. c Ziff. iii).[24] Die Satzung muss nach Art. 15 Abs. 1 iVm § 23
Abs. 1 AktG **notariell beurkundet** werden, soweit sie nicht bereits Bestandteil des Verschmelzungs-, Gründungs- oder Umwandlungsplans ist, dh letztlich nur bei Gründung
einer Tochter-SE.[25]

2. Gestaltungsspielräume des Satzungsgebers und des nationalen Gesetzgebers. 5
Die SE unterliegt in zweifacher Hinsicht dem **Grundsatz der Satzungsstrenge**: einerseits
auf Ebene der SE-VO **(Art. 9 Abs. 1 lit. b),** andererseits auf Ebene des nationalen Aktienrechts **(Art. 9 Abs. 1 lit. c Ziff. ii iVm § 23 Abs. 5 AktG).**[26] Das Zusammenspiel dieser
beiden Ebenen entspricht der aus Art. 9 resultierenden SE-rechtlichen Normenhierarchie:
Gem. Art. 9 Abs. 1 lit. b unterliegt die SE den Bestimmungen ihrer Satzung, soweit die
SE-VO solche Regelungen „ausdrücklich zulässt". Diesen ausdrücklich zugelassenen Satzungsregelungen kommt gegenüber den Bestimmungen des nationalen Aktienrechts **Vorrang** zu.[27] „Ausdrücklich zugelassen" bedeutet zugleich, dass **keine die Verordnung
ergänzenden Satzungsregelungen zulässig** sind.[28] Soweit die Bestimmungen der SE-
VO keine abschließenden Regelungen treffen, kommt nämlich gem. Art. 9 Abs. 1
lit. c Ziff. ii vielmehr das nationale Aktienrecht des Sitzmitgliedstaates zur Anwendung.[29]
Sind Satzungsregelungen in der SE-VO nicht ausdrücklich zugelassen, bedeutet dies nicht
zwangsläufig, dass solche Regelungen unzulässig sind. Vielmehr richtet sich ihre Zulässigkeit
dann nach Art. 9 Abs. 1 lit. c Ziff. iii:[30] Hiernach kann eine SE gleichermaßen wie eine
nationale AG Regelungen in ihrer Satzung treffen, die das nationale Aktienrecht zulässt.
Diesen Satzungsbestimmungen kommt dann allerdings nicht der Rang einer Satzungsregelung nach Art. 9 Abs. 1 lit. b zu. **Satzungsregelungen einer SE** können also **sowohl
auf der SE-VO als auch auf nationalem Aktienrecht beruhen.**[31] Nur soweit sie auf
nationalem Aktienrecht beruhen, ist für eine SE mit Sitz in Deutschland der Grundsatz der
Satzungsstrenge gem. § 23 Abs. 5 AktG zu beachten.[32]

Die bedeutendste Gestaltungsmöglichkeit, der aber auch eine Entscheidungspflicht ent- 6
spricht,[33] stellt die **Wahl zwischen dualistischem und monistischem System nach**

Drinhausen/*Diekmann* Rn. 11; *Gößl*, Die Satzung der Europäischen Aktiengesellschaft (SE) mit Sitz in
Deutschland, 2010, 117 f.

[22] Ausf. hierzu Kölner Komm AktG/*Maul* Rn. 17; aA *Gößl*, Die Satzung der Europäischen Aktiengesellschaft (SE) mit Sitz in Deutschland, 2010, 62.

[23] Lutter/Hommelhoff/Teichmann/*J. Schmidt* Rn. 25; Kölner Komm AktG/*Maul* Rn. 17; Habersack/
Drinhausen/*Schürnbrand* Art. 9 Rn. 49; aA – Auslegung nach europäischen Grundsätzen – *Schwarz* Rn. 110;
Gößl, Die Satzung der Europäischen Aktiengesellschaft (SE) mit Sitz in Deutschland, 2010, 61 ff., die jedoch
beide iErg eine objektive Auslegung befürworten; ähnlich Habersack/Drinhausen/*Diekmann* Rn. 5, 29.

[24] *Schwarz* Rn. 111; Lutter/Hommelhoff/Teichmann/*J. Schmidt* Rn. 25; Habersack/Drinhausen/*Diekmann* Rn. 29.

[25] Ausf. Kölner Komm AktG/*Maul* Rn. 10, 12.

[26] *Hommelhoff* FS Ulmer, 2003, 267 (276 f.); *Schwarz* Rn. 96; Lutter/Hommelhoff/Teichmann/*J. Schmidt*
Rn. 15; Kölner Komm AktG/*Maul* Rn. 16.

[27] Ausf. *Schwarz* Rn. 36 f.; *Gößl*, Die Satzung der Europäischen Aktiengesellschaft (SE) mit Sitz in Deutschland, 2010, 56 ff.; Kölner Komm AktG/*Veil* Art. 9 Rn. 79; Habersack/Drinhausen/*Schürnbrand* Art. 9 Rn. 47.

[28] *Schwarz* Rn. 56; *Gößl*, Die Satzung der Europäischen Aktiengesellschaft (SE) mit Sitz in Deutschland,
2010, 96, jeweils auch zu möglichen Ausnahmen; Lutter/Hommelhoff/Teichmann/*J. Schmidt* Rn. 14; Kölner
Komm AktG/*Maul* Rn. 16; Habersack/Drinhausen/*Diekmann* Rn. 21.

[29] *Schwarz* Rn. 56; *Gößl*, Die Satzung der Europäischen Aktiengesellschaft (SE) mit Sitz in Deutschland,
2010, 96; Kölner Komm AktG/*Maul* Rn. 16.

[30] Lutter/Hommelhoff/Teichmann/*J. Schmidt* Rn. 15.

[31] *Schwarz* Rn. 34.

[32] Ausf. Kölner Komm AktG/*Maul* Rn. 16; vgl. auch *Schwarz* Rn. 38 f.

[33] Zur systematischen Unterscheidung nach Gestaltungspflichten und -freiheiten des Satzungsgebers *Hommelhoff* FS Ulmer, 2003, 267 (272); ähnlich *Brandt/Scheifele* DStR 2002, 537 (555); *Schwarz* Rn. 62 ff.; Lutter/
Hommelhoff/Teichmann/*J. Schmidt* Rn. 17; *Wagner* NZG 2002, 985 (989).

Art. 38 dar (vgl. → Rn. 3). Neben den Pflichtfestsetzungen (→ Rn. 3) kann die Satzung folgende **fakultative Festsetzungen** beinhalten:[34]
- Einschränkungen der **Wiederbestellung der Organwalter** (Art. 46 Abs. 2);
- die **Bestellung der Mitglieder des ersten Aufsichtsorgans** (Art. 40 Abs. 2 S. 2) bzw. **des ersten Verwaltungsorgans** bei der monistischen SE (Art. 43 Abs. 3 S. 2);
- **besondere Voraussetzungen für Organmitglieder,** die die Aktionäre vertreten (Art. 47 Abs. 3);[35]
- Bestimmungen über die **Beschlussfähigkeit** und **Beschlussfassung** der Organe (Art. 50 Abs. 1);
- den **Stichentscheid des Vorsitzenden** bei Abstimmungen innerhalb eines Organs (Art. 50 Abs. 2);
- **weitere Entscheidungsbefugnisse der Hauptversammlung,** soweit sie mit nationalem Aktienrecht (§ 23 Abs. 5 AktG) in Einklang stehen (Art. 52 UAbs. 2 Alt. 2);[36]
- die **Herabsetzung des Prozentsatzes für die Einberufung der Hauptversammlung unter** den in § 50 Abs. 1 SEAG vorgesehenen Schwellenwert (Art. 55 Abs. 1 Hs. 2 iVm § 50 Abs. 1 SEAG);[37]
- die **Herabsetzung des Prozentsatzes für einen Antrag auf Ergänzung der Tagesordnung unter** die in § 50 Abs. 2 SEAG vorgesehenen Schwellenwerte (Art. 56 S. 3 iVm § 50 Abs. 2 SEAG).[38]

7 **In Deutschland ohne Bedeutung** sind hingegen die folgenden Regelungsermächtigungen der SE-VO, da sie nur dann zum Tragen kommen, wenn das nationale Aktienrecht entsprechende Regelungen vorsieht:[39]
- die Möglichkeit der Bestellung einer Gesellschaft oder einer anderen juristischen Person zum Mitglied eines Organes (Art. 47 Abs. 1), vgl. § 27 Abs. 3 SEAG, § 76 Abs. 3 S. 1 AktG, § 100 Abs. 1 S. 1 AktG;
- die Ermächtigung, die Kompetenz zur Bestellung von Mitgliedern des Leitungsorgans auf die Hauptversammlung zu verlagern (Art. 39 Abs. 2 UAbs. 2);[40]

8 Ebenfalls ohne Bedeutung ist schließlich die Ermächtigung zur Regelung des Verfahrens und der Fristen für einen Antrag auf **Ergänzung der Tagesordnung** durch eine Aktionärsminderheit (Art. 56 S. 2), da eine entsprechende Regelung bereits durch § 122 Abs. 2 AktG (bzgl. der Fristen) getroffen wird.[41]

9 Eine weitere Rechtmäßigkeitsschranke folgt schließlich aus **Art. 12 Abs. 4:** Die Satzung darf nicht in Widerspruch zur Vereinbarung über die Arbeitnehmerbeteiligung nach Art. 4 SE-RL (§ 21 SEBG) stehen.[42]

10 **3. Kein Gleichbehandlungsgebot bei der Nutzung von Gestaltungsspielräumen.** Einige Normen erlauben dem nationalen Gesetzgeber, der SE bestimmte Freiräume für Satzungsgestaltungen einzuräumen, so beispielsweise Art. 59 Abs. 2 (→ Art. 59 Rn. 7).[43] In

---

[34] ZT wie hier Habersack/Drinhausen/*Diekmann* Rn. 11; *Gößl*, Die Satzung der Europäischen Aktiengesellschaft (SE) mit Sitz in Deutschland, 2010, 177 f.; im Wesentlichen wie hier Kölner Komm AktG/*Maul* Rn. 26; zu weiteren aus dem SEAG und dem Aktiengesetz resultierenden Satzungsautonomien vgl. die Kataloge bei Kölner Komm AktG/*Maul* Rn. 27 f. sowie bei *Gößl*, Die Satzung der Europäischen Aktiengesellschaft (SE) mit Sitz in Deutschland, 2010, 148.
[35] Habersack/Drinhausen/*Drinhausen* Art. 47 Rn. 26; die Regelungsbefugnis des Satzungsgebers abl. Habersack/Drinhausen/*Diekmann* Rn. 12.
[36] Habersack/Drinhausen/*Bücker* Art. 52 Rn. 43; aA Habersack/Drinhausen/*Diekmann* Rn. 12.
[37] Str., zT wird auch eine Erhöhung des Quorums auf 10% durch Satzungsregelung für zulässig gehalten; wie hier Habersack/Drinhausen/*Bücker* Art. 55 Rn. 8 mwN; aA Habersack/Drinhausen/*Diekmann* Rn. 12.
[38] Habersack/Drinhausen/*Bücker* Art. 56 Rn. 10.
[39] Kölner Komm AktG/*Maul* Rn. 26.
[40] Habersack/Drinhausen/*Drygala* Art. 39 Rn. 40 f.; Habersack/Drinhausen/*Diekmann* Rn. 12.
[41] Habersack/Drinhausen/*Bücker* Art. 56 Rn. 3.
[42] Ausf. Kölner Komm AktG/*Maul* Rn. 22.
[43] Der nationale Gesetzgeber kann die Entscheidung über die Herabsetzung des Quorums auch auf den Satzungsgeber delegieren, vgl. Kölner Komm AktG/*Kiem* Art. 59 Rn. 20; Habersack/Drinhausen/*Bücker* Art. 59 Rn. 20; BeckOGK/*Eberspächer* Art. 59 Rn. 5; ob der nationale Gesetzgeber grundsätzlich befugt ist, von den Ermächtigungen in der SE-VO dadurch Gebrauch zu machen, dass er die eigentliche Sachentschei-

diesem Zusammenhang wird zum einen die Frage aufgeworfen, **ob Art. 10 die Gestaltungsfreiheit des nationalen Gesetzgebers einschränke;**[44] diese Frage steht im Kontext der allgemeineren Problematik, inwiefern der nationale Gesetzgeber von **Gestaltungsermächtigungen** der SE-VO in einer Weise Gebrauch machen darf, die zu einer Ungleichbehandlung von SE und nationaler AG führt. Besonders häufig wurde dieses Problem am Beispiel des Art. 7 S. 2 iVm § 2 SEAG aF (→ Art. 7 Rn. 6) diskutiert.[45] Auf den Fall des Art. 59 Abs. 2 gewendet stellt sich die Frage, ob der nationale Gesetzgeber einer SE die satzungsmäßige Herabsetzung des Stimmquorums auch dann erlauben darf, wenn das nationale Aktienrecht dies einer nationalen AG nicht ermöglicht.[46] Richtigerweise lässt sich Art. 10 **keine Restriktion des Gestaltungsspielraums** des nationalen Gesetzgebers entnehmen (anders noch → 3. Aufl. 2012, Rn. 7). Hierfür wird zum einen angeführt, dass das Gleichbehandlungsgebot des Art. 10 lediglich Diskriminierungen, nicht aber Privilegierungen der SE verbieten will.[47] Gegen dieses Argument spricht jedoch, dass im Bereich der Ungleichbehandlungen selten eine eindeutige Beurteilung möglich ist, ob eine bestimmte Maßnahme – im vorliegenden Fall die Einräumung größerer Gestaltungsfreiheit – eine Schlechter- oder aber eine Besserstellung begründet. Nicht selten sind die Folgen inkommensurabel,[48] sodass eine schlichte Andersbehandlung gegeben ist. Maßgeblich ist vielmehr die Erwägung, dass das **Gleichbehandlungsgebot nur „vorbehaltlich der Bestimmungen"** der SE-VO gilt. Zwar ließe sich daran zweifeln, ob auch die an den nationalen Gesetzgeber adressierten Gestaltungsermächtigungen „Bestimmungen" iSd Art. 10 darstellen. Zu erwägen wäre, unter „Bestimmungen" iSd Art. 10 nur solche Vorschriften der SE-VO zu fassen, die eine Ungleichbehandlung unmittelbar selbst anordnen.[49] Für eine derart restriktive Interpretation des Begriffs der „Bestimmungen" besteht indes kein Anlass.[50] Dies ergibt sich anhand einer Auslegung der einschlägigen Ermächtigungsnormen: Wo die SE-VO einen Gleichlauf zwischen SE und AG zwingend herbeiführen will, ermächtigt sie die Mitgliedstaaten nur zum Erlass von Regelungen „unter denselben Voraussetzungen, wie sie für Aktiengesellschaften gelten" (vgl. Art. 55 Abs. 1 Hs. 2, Art. 56 S. 3) bzw. „unter den Bedingungen, die für Aktiengesellschaften mit Sitz in ihrem Hoheitsgebiet gelten" (Art. 39 Abs. 2 UAbs. 2). Daraus, dass die SE-VO bei bestimmten Ermächtigungen auf derartige Vorgaben verzichtet, folgt daher der **Umkehrschluss**, dass bei diesen Ermächtigungen gerade kein Gleichlauf zwischen SE und AG erforderlich ist.[51] Aufgrund dieser impliziten Ermächtigung zur Ungleichbehandlung stellen die entsprechenden, nicht an einen Gleichlauf gebundenen Ermächtigungsnormen „Bestimmungen" iSd Art. 10 dar, hinter denen das Gleichbehandlungsgebot zurücktritt.[52] Im Ergebnis hindert Art. 10 den nationalen Gesetzgeber daher nicht, der SE bei der Ausübung von Gestaltungsermächtigungen Satzungs-

---

dung auf den SE-Satzungsgeber delegiert, ist umstritten: bejahend *Schwarz* Rn. 80 f.; *Gößl*, Die Satzung der Europäischen Aktiengesellschaft (SE) mit Sitz in Deutschland, 2010, 135 ff.; verneinend *Brandt*, Die Hauptversammlung der Europäischen Aktiengesellschaft (SE), 2004, 46 f.

[44] Vgl. *Gößl*, Die Satzung der Europäischen Aktiengesellschaft (SE) mit Sitz in Deutschland, 2010, 140, der dies letztlich verneint.

[45] Vgl. BeckOGK/*Casper* Art. 10 Rn. 3; Habersack/Drinhausen/*Schürnbrand* Art. 10 Rn. 4; Kölner Komm AktG/*Veil* Art. 10 Rn. 8.

[46] In Deutschland stellt sich diese Frage allerdings nicht, da gem. § 133 Abs. 1 AktG ohnehin nur eine einfache Stimmmehrheit erforderlich ist und zudem eine größere Mehrheit sowie weitere Erfordernisse in der Satzung statuiert werden können; iErg ebenso *Gößl*, Die Satzung der Europäischen Aktiengesellschaft (SE) mit Sitz in Deutschland, 2010, 145 f.

[47] Lutter/Hommelhoff/*Seibt*, 1. Aufl. 2008, Rn. 15; Habersack/Drinhausen/*Diekmann* Rn. 14; BeckOGK/ *Casper* Art. 10 Rn. 3; wohl auch Kölner Komm AktG/*Veil* Art. 10 Rn. 4, 9; aA *Schwarz* Art. 10 Rn. 3, 15; *Gößl*, Die Satzung der Europäischen Aktiengesellschaft (SE) mit Sitz in Deutschland, 2010, 140; Habersack/Drinhausen/ *Schürnbrand* Art. 10 Rn. 7; iErg wohl auch *Hommelhoff* FS Ulmer, 2003, 267 (277).

[48] Vgl. Kölner Komm AktG/*Veil* Art. 10 Rn. 9.

[49] In diese Richtung wohl Kölner Komm AktG/*Kiem* Art. 59 Rn. 21; vgl. auch den Gedankengang bei *Schwarz* Art. 10 Rn. 21, der eine derartige Einschränkung jedoch letztlich ablehnt.

[50] *Schwarz* Art. 10 Rn. 21.

[51] Habersack/Drinhausen/*Schürnbrand* Art. 10 Rn. 4, 8; *Schwarz* Art. 10 Rn. 16, 21; *Gößl*, Die Satzung der Europäischen Aktiengesellschaft (SE) mit Sitz in Deutschland, 2010, 141.

[52] Habersack/Drinhausen/*Schürnbrand* Art. 10 Rn. 8; *Schwarz* Art. 10 Rn. 21.

freiheit auch in Bereichen einzuräumen, in denen sie für nationale Aktiengesellschaften nicht vorgesehen ist.

11 Auf einem anderen Blatt steht jedoch, **ob sich eine entsprechende Einschränkung aus Art. 9 Abs. 1 lit. c Ziff. iii ableiten lässt.** Im Schrifttum wird Art. 9 Abs. 1 lit. c Ziff. iii teilweise im Sinne einer die „Parallelität der Satzungsautonomien" gewährleistenden Vorschrift verstanden:[53] Der nationale Gesetzgeber könne die Gestaltungsermächtigungen der SE-VO nur dann zur Gewährung von Satzungsautonomie nutzen, wenn diese Satzungsautonomie auch für nationale Aktiengesellschaften bestehe.[54] Art. 9 Abs. 1 lit. c Ziff. iii dürfte sich jedoch allein auf Satzungsautonomien beziehen, die sich aus dem gem. Art. 9 Abs. 1 lit. c Ziff. ii anwendbaren mitgliedstaatlichen Recht ergeben.[55] **Adressatin** des Art. 9 Abs. 1 lit. c Ziff. iii **ist die SE selbst**; sie kann von den aktienrechtlichen Vorschriften ihres Sitzstaates nur in dem Umfang abweichen, in dem dies einer nationalen AG gestattet ist.[56] In Deutschland verweist Art. 9 Abs. 1 lit. c Ziff. iii damit auf § 23 Abs. 5 AktG (→ Art. 9 Rn. 26).[57] **Ein an die Mitgliedstaaten adressiertes Gebot,** die „Parallelität der Satzungsautonomien" zu gewährleisten, lässt sich dieser Vorschrift wohl **nicht** entnehmen. Dafür spricht insbesondere, dass die Mitgliedstaaten bei der Ausübung von Gestaltungsermächtigungen Normen setzen, denen gem. Art. 9 Abs. 1 lit. c Ziff. i ein höherer Rang zukommt als den von Art. 9 Abs. 1 lit. c Ziff. iii in Bezug genommenen Regelungen.

12 4. **Mängel der Satzung.** Nur im Sonderfall des **Art. 12 Abs. 4 UAbs. 2** geht die SE-VO auf **Satzungsmängel** ein. Entspricht die Satzung nicht einer **neuen Vereinbarung** über die Beteiligung der Arbeitnehmer nach Art. 4 SE-RL (§ 21 SEBG), kann ein Mitgliedstaat vorsehen, dass das Leitungs- oder Verwaltungsorgan der SE zur Satzungsänderung befugt ist. Ansonsten verweist **Art. 15 Abs. 1** zunächst auf die Prüfung durch das Registergericht nach **§ 38 Abs. 1 AktG**.[58] Das Gericht darf die Eintragung der SE aber nur verweigern, wenn ein Grund nach **§ 38 Abs. 4 AktG** vorliegt.[59] Steht die Satzung im Widerspruch zur Beteiligungsvereinbarung, stellt dies gem. Art. 12 Abs. 4 S. 1 ein Eintragungshindernis dar, ohne dass es auf die Voraussetzungen des § 38 Abs. 4 AktG ankommt.[60] Steht die Satzung im Widerspruch zur Auffangregelung, muss die Eintragung hingegen gem. § 38 Abs. 4 Nr. 2 AktG abgelehnt werden.[61] Ist die SE eingetragen und liegt **ein in § 399 Abs. 1 S. 1 FamFG aufgeführter Satzungsmangel** vor, muss das Registergericht die SE gem. Art. 9 Abs. 1 lit. c Ziff. ii iVm § 399 Abs. 1 S. 1 FamFG zur Änderung ihrer Satzung auffordern.[62] Versäumt es die SE, Abhilfe zu schaffen, droht ihr gem. § 399 Abs. 2 FamFG iVm § 262 Abs. 1 Nr. 5 AktG die **Auflösung**.[63] Die Klage auf **Nichtigerklärung nach § 275 Abs. 1**

---

[53] *Schwarz* Rn. 83; *Schwarz* Art. 9 Rn. 48 ff.; ähnlich *Gößl*, Die Satzung der Europäischen Aktiengesellschaft (SE) mit Sitz in Deutschland, 2010, 144.

[54] *Schwarz* Rn. 88; *Schwarz* Art. 9 Rn. 48 ff.; *Gößl*, Die Satzung der Europäischen Aktiengesellschaft (SE) mit Sitz in Deutschland, 2010, 145.

[55] So wohl Habersack/Drinhausen/*Schürnbrand* Art. 9 Rn. 54; Kölner Komm AktG/*Veil* Art. 9 Rn. 78; aA *Schwarz* Rn. 81; *Gößl*, Die Satzung der Europäischen Aktiengesellschaft (SE) mit Sitz in Deutschland, 2010, 137 f.

[56] Habersack/Drinhausen/*Schürnbrand* Art. 9 Rn. 54.

[57] Lutter/Hommelhoff/Teichmann/*Hommelhoff/Teichmann* Art. 9 Rn. 56; Habersack/Drinhausen/*Schürnbrand* Art. 9 Rn. 54.

[58] Habersack/Drinhausen/*Diekmann* Rn. 23; *Gößl*, Die Satzung der Europäischen Aktiengesellschaft (SE) mit Sitz in Deutschland, 2010, 179.

[59] *Kleindiek* in Lutter/Hommelhoff, Die Europäische Gesellschaft, 2005, 95 (102); NK-SE/*Mayer* Art. 33 Rn. 36; *Schwarz* Rn. 114; Lutter/Hommelhoff/*Seibt*, 1. Aufl. 2008, Rn. 21; *Neun* in Theisen/Wenz, Die Europäische Aktiengesellschaft, 2. Aufl. 2005, 171 (184); Habersack/Drinhausen/*Diekmann* Rn. 23; ausf. *Gößl*, Die Satzung der Europäischen Aktiengesellschaft (SE) mit Sitz in Deutschland, 2010, 179 f.

[60] Kölner Komm AktG/*Kiem* Art. 12 Rn. 72; iErg ebenso *Schwarz* Rn. 116, der allerdings § 38 Abs. 4 Nr. 2 AktG für anwendbar hält.

[61] Kölner Komm AktG/*Kiem* Art. 12 Rn. 73.

[62] Kölner Komm AktG/*Maul* Rn. 34 f., die außerdem die analoge Anwendung des § 399 FamFG auf bestimmte weitere Satzungsmängel befürwortet; ausf. *Gößl*, Die Satzung der Europäischen Aktiengesellschaft (SE) mit Sitz in Deutschland, 2010, 182.

[63] *Schwarz* Rn. 121; Kölner Komm AktG/*Maul* Rn. 34.

AktG wird für den Fall der Verschmelzung **durch Art. 30 verdrängt;**[64] auf die übrigen Gründungsformen kann § 275 AktG hingegen angewendet werden.[65] Dies gilt auch für die Umwandlungsgründung gem. Art. 2 Abs. 4, Art. 37 ff., da die über Art. 15 Abs. 1 anwendbare Heilungsvorschrift des § 202 Abs. 3 UmwG die Nichtigkeitsklage nach § 275 AktG nicht ausschließt.[66]

Art. 7 [Sitz und Hauptverwaltung]

¹**Der Sitz der SE muss in der Gemeinschaft liegen, und zwar in dem Mitgliedstaat, in dem sich die Hauptverwaltung der SE befindet.** ²**Jeder Mitgliedstaat kann darüber hinaus den in seinem Hoheitsgebiet eingetragenen SE vorschreiben, dass sie ihren Sitz und ihre Hauptverwaltung am selben Ort haben müssen.**

Schrifttum: s. auch vor → Art. 1 Rn. 1 sowie vor → Art. 8 Rn. 1; *Casper/Weller*, Mobilität und grenzüberschreitende Umstrukturierung der SE, NZG 2009, 681; *Drinhausen/Nohlen*, Die EG-Niederlassungsfreiheit und das Verbot des Auseinanderfallens von Satzungs- und Verwaltungssitz der SE nach Art. 7 SE-VO, FS Spiegelberger, 2009, 645; *Esposito*, Sitzverlegung und Minderheitenschutz bei der Societas Europaea, 2013; *Mayer*, Sprache und Recht bei der Europäischen Aktiengesellschaft, Diss. Freiburg 2018; *Oechsler*, Die Polbud-Entscheidung und die Sitzverlegung der SE, ZIP 2018, 1269; *Ringe*, Die Sitzverlegung der Europäischen Aktiengesellschaft, 2006; *Stiegler*, Grenzüberschreitende Sitzverlegungen nach deutschem und europäischem Recht, Diss. Siegen 2017; *Zang*, Sitz und Verlegung des Sitzes einer europäischen Aktiengesellschaft mit Sitz in Deutschland, 2005.

I. Normzweck

S. 1 der Norm erzwingt, dass der **Sitz der SE innerhalb der „Gemeinschaft"** liegt. 1 Der letzte Halbsatz erlaubt einen Gegenschluss darauf, dass es auf die Belegenheit des Satzungssitzes ankommt. Scheidet daher ein Mitgliedstaat aus der EU aus (vgl. den sog. **Brexit**),[1] erfüllen die seinem Recht folgenden SE die Voraussetzungen des Art. 7 S. 1 nicht mehr. Die Regelung des **Art. 64** passt auf diesen Fall allerdings nicht unmittelbar. Denn der durch die Norm in die Pflicht genommene Staat ist in diesem Fall kein Mitgliedstaat mehr. Dem Zusammenspiel von Art. 64 Abs. 1 und 2 lässt sich dennoch Folgendes entnehmen: Die SE verliert ihre Rechtsfähigkeit nicht mit dem Stichtag des Ausscheidens des Mitgliedstaates, sondern tritt in das **Liquidationsverfahren** ein (arg. e Art. 64 Abs. 2). Auf Dauer kann sie allerdings nicht als SE fortbestehen. Das Gesellschaftsrecht des ausscheidenden Mitgliedstaates dürfte in diesem Fall darüber befinden, ob der Träger in eine andere Rechtsform wechselt und welche Rechtsfolgen damit verbunden sind.[2] Aus Sicht des deutschen Rechts **(Sitztheorie)** ist auf den Träger das Recht des ehemaligen Mitgliedstaates anwendbar, wenn dieser seinen effektiven Verwaltungssitz in diesem unterhält. Sollte der effektive Verwaltungssitz hingegen im deutschen Inland oder einem anderen Mitgliedstaat liegen, tritt der Träger analog Art. 64 Abs. 2 in das Liquidationsstadium. Die Wertungen, die hinter Art. 12 GesR-RL bzw. der Lehre von der fehlerhaften Gesellschaft stehen, verhindern dabei, dass der Träger ex nunc als nicht existent behandelt werden könnte.

Ferner müssen nach Art. 7 S. 1 **Satzung und Hauptverwaltung im selben Mitglied-** 2 **staat** liegen. Die Norm führt den Streit zwischen Sitz- und Gründungstheorie als Kollisionsregeln des Internationalen Gesellschaftsrechts für die SE einer pragmatischen Lösung zu: Indem

---

[64] *Schwarz* Rn. 119; *Gößl*, Die Satzung der Europäischen Aktiengesellschaft (SE) mit Sitz in Deutschland, 2010, 181; Habersack/Drinhausen/*Diekmann* Rn. 25; weitergehend Lutter/Hommelhoff/Teichmann/*J. Schmidt* Rn. 27; Kölner Komm AktG/*Maul* Rn. 32.
[65] *Schwarz* Rn. 120; *Gößl*, Die Satzung der Europäischen Aktiengesellschaft (SE) mit Sitz in Deutschland, 2010, 180 f.; Kölner Komm AktG/*Maul* Rn. 33.
[66] Ausf. *Schwarz* Rn. 120; unklar Kölner Komm AktG/*Maul* Rn. 33; aA Habersack/Drinhausen/*Diekmann* Rn. 25.
[1] Zu diesem Problemkreis *Freitag/Korch* ZIP 2016, 1361 (1366); *Mayer/Manz* BB 2016, 1731 (1735).
[2] Vgl. die Withdrawal Bill: House of Commons, Bill 5, 2017-19, die die europäischen Regelungen einstweilen fortsetzt; dazu auch NK-SE/*Schröder* Art. 2 Rn. 104.

nämlich Satzungssitz (Sitz) und effektiver Verwaltungssitz (Hauptverwaltung) in demselben Mitgliedstaat liegen müssen, wird ein **Gleichlauf der Anknüpfungstatsachen von Gründungs- und Sitztheorie erzwungen**.[3] Da immer **auch** die Belegenheit der Hauptverwaltung maßgeblich ist, kommen praktisch die Regelungsanliegen der Sitztheorie zum Tragen.[4] Diese liegen vor allem in der Verhinderung von Briefkastenfirmen und der Flucht aus der Unternehmensmitbestimmung. Die Norm hat also einen **verdeckten kollisionsrechtlichen Regelungsgegenstand** (vgl. auch Erwägungsgrund 27).[5] Zugleich bewirkt Art. 7 S. 1 einen **Gleichlauf von Gesellschafts- und Insolvenzstatut**.[6] Dennoch ist die Norm im System der SE-VO **nicht widerspruchsfrei**: Denn die **identitätswahrende Sitzverlegung** der SE wird nach **Art. 8 Abs. 10** bereits mit der Verlegung des Satzungssitzes und nicht erst mit dem Nachzug der Hauptverwaltung an diesen wirksam.[7] Dieser Unterschied geht auf die **Entstehungsgeschichte von Art. 7 und 8** zurück: Beide Normen, Art. 7 und 8, gelangten zeitgleich in den Entwurf aus dem Jahre 1991 (→ Vor Art. 1 Rn. 2). Dort knüpften Art. 5 SE-VO-E 1991, die Vorläufernorm des Art. 7 S. 1, und Art. 5a SE-VO-E 1991, der Vorläufer des heutigen Art. 8, allein an den Satzungssitz an, während die Belegenheit der Hauptverwaltung keine Tatbestandsvoraussetzung war.[8] Art. 5 SE-VO-E 1991, nicht aber Art. 5a SE-VO-E 1991, geriet in die anschließend geführte rechtspolitische Debatte um die Möglichkeit einer „Flucht aus der Unternehmensmitbestimmung" (→ Art. 1 Rn. 3). Dies erklärt, warum Art. 7 S. 1 mit Mitteln des materiellen Rechts die Rechtsfolgen der Sitztheorie erzwingt, während Art. 8 Abs. 10 die Sitzverlegung mit der Verlegung des Satzungssitzes in den Zuzugsstaat für wirksam erklärt. Auch bleibt gem. Art. 9 Abs. 1 lit. c Ziff. ii letztlich der Satzungssitz für das anwendbare mitgliedstaatliche Recht ausschlaggebend, und zwar auch in den Fällen, in denen die SE ihren Verwaltungssitz entgegen Art. 7 – und mit den Rechtsfolgen des Art. 64 – in einen anderen Mitgliedstaat verlegt.[9]

3 Überlegungen zu einem möglichen **Verstoß des Art. 7 S. 1** gegen die in Art. 49, 54 AEUV geregelte Niederlassungsfreiheit[10] haben bislang zu Recht keine Gefolgschaft gefunden.[11] Art. 7 S. 1 folgt nämlich dem Verständnis der Niederlassungsfreiheit als **Produktionsfaktorfreiheit**.[12] In diesem Sinne erkennt Erwägungsgrund 1 in der unionsweiten Reorganisation der Produktionsfaktoren die zentrale Voraussetzung für die Verwirklichung des Binnenmarkts (S. 1). Nach diesem Verständnis kann die Niederlassungsfreiheit nur in Anspruch nehmen, wer am Ort der Niederlassung auch tatsächlich wirtschaftlich tätig werden und dort ökonomische Werte schöpfen will.[13] Von diesem Verständnis hat sich der EuGH jedoch in Sachen „Polbud" für den Fall des grenzüberschreitenden Rechtsformwechsels entfernt (näher → Art. 8 Rn. 5; → Art. 8 Rn. 66). Seiner Auffassung nach zählt es auch zum Schutzbereich der Niederlassungsfreiheit, wenn sich eine Gesellschaft nur die Vorteile der Rechtsordnung des Zuzugsstaates zu Eigen machen will, ohne tatsächlich in diesem tätig zu werden (→ Art. 8 Rn. 5).[14] Geht

---

[3] BeckOGK/*Casper* Rn. 1; *Schulz/Geismar* DStR 2001, 1078 (1079); *Stiegler*, Grenzüberschreitende Sitzverlegungen nach deutschem und europäischem Recht, 2017, 187 f.; *Teichmann* ZGR 2002, 383 (397, 456); *Wenz* in Theisen/Wenz, Die Europäische Aktiengesellschaft, 2. Aufl. 2005, 189 (224); Lutter/Hommelhoff/Teichmann/*Ringe* Rn. 25.

[4] Lutter/Hommelhoff/Teichmann/*Ringe* Rn. 24; Kölner Komm AktG/*Veil* Rn. 5; BeckOGK/*Casper* Rn. 1; *Schulz/Geismar* DStR 2001, 1078 (1079); anders *Hirte* NZG 2002, 1 (4).

[5] Zum politischen Kompromisscharakter vgl. zunächst Erwägungsgrund 27; zum verdeckten kollisionsrechtlichen Regelungsgegenstand BeckOGK/*Casper* Rn. 1; Lutter/Hommelhoff/Teichmann/*Ringe* Art. 7 Rn. 23 ff.

[6] Zu diesem Vorteil ausf. *Casper/Weller* NZG 2009, 681 (682).

[7] *Oechsler* ZIP 2018, 1269 (1270 f.).

[8] *Schwarz* ZIP 2001, 1847 (1849).

[9] Lutter/Hommelhoff/Teichmann/*Ringe* Rn. 24.

[10] *Ringe*, Die Sitzverlegung der Europäischen Aktiengesellschaft, 2006, 47 ff., vgl. allerdings auch 99 ff.; *Wymeersch* 40 Common Market Law Review 2003, 661 (692 f.); *Ziemons* ZIP 2003, 1913 (1918).

[11] BeckOGK/*Casper* Rn. 2; Habersack/Drinhausen/*Diekmann* Rn. 22 ff.; Lutter/Bayer/Schmidt EuropUnternehmensR § 45 Rn. 14; *Schindler* RdW 2003, 122 (124 f.); *Schwarz* Rn. 13 ff., 16; Kölner Komm AktG/*Veil* Rn. 7.

[12] Dazu und zum Folgenden *Oechsler* ZIP 2018, 1269 (1271).

[13] So noch Schlussanträge GAin *Kokott* ECLI:EU:C:2017:351 = BeckRS 2017, 108853 Rn. 35 – Poldbud.

[14] EuGH ECLI:EU:C:2017:804 Rn. 40, 62 = NZG 2017, 1308 – Polbud.

man davon aus, findet der in Art. 7 S. 1 angeordnete Gleichlauf von Sitz und Hauptverwaltung vor allem auf die **(Erst-)Gründung der SE** Anwendung. Dafür spricht die in der Daily-Mail-Entscheidung entwickelte **Geschöpftheorie**,[15] wonach Gesellschaften „[j]enseits der jeweiligen nationalen Rechtsordnung, die ihre Gründung und ihre Existenz regelt, [...] keine Realität haben".[16] Die Entsprechung zu einer nationalen Rechtsordnung stellt aber für die SE der Art. 7 S. 1 dar. Für **die Sitzverlegung nach Art. 8 liegen die Dinge jedoch anders:** Für diese folgt aus der SE-VO selbst, nämlich aus Art. 8 Abs. 10, dass die Sitzverlegung bereits mit der Registrierung im Zuzugsstaat wirksam wird. Eine erfolgreiche isolierte Satzungssitzverlegung bzw. ein ebenso vollzogener grenzüberschreitender Rechtsformwechsel dürfen nicht deshalb Sanktionen unterworfen werden, weil zu einem späteren Zeitpunkt die Hauptverwaltung nicht an den neuen Satzungssitz nachzieht. Denn die **Art. 7 S. 1 und Art. 64 Abs. 2 stellen nur sekundäres Europarecht dar, das sich an Art. 49, 54 Abs. 1 AEUV messen lassen muss.** Die in beiden Normen garantierte Niederlassungsfreiheit verbietet nach der Rspr. des EuGH jedoch, dass eine erfolgreicher grenzüberschreitender Rechtsformwechsel wegen fehlenden Nachzugs der Hauptverwaltung des Trägers sanktioniert wird (ausführlich → Art. 8 Rn. 66).

II. Tatbestand

Die Terminologie folgt Art. 54 AEUV. Das Tatbestandsmerkmal „**Sitz**" bezeichnet **4** den in der Satzung festgesetzten Sitz (Satzungssitz),[17] das Tatbestandsmerkmal „**Hauptverwaltung**" hingegen den effektiven Verwaltungssitz.[18] Hier ist eine autonome Auslegung auf der Grundlage des europäischen Gesellschaftsrechts geboten.[19] Nach dem alten Entwurf der Sitzverlegungs-RL handelt es sich um den Ort, „an dem sich die tatsächliche Geschäftsleitung der Gesellschaft befindet".[20] Dies entspricht im Wesentlichen der sog. ***Sandrock'schen* Formel,** wonach der effektive Verwaltungssitz dort liegt, wo „die grundlegenden Entscheidungen der Unternehmensleitung effektiv in laufende Geschäftsführungsakte umgesetzt werden".[21] Moderne Kommunikationstechnologien, die der Unternehmensleitung ein Zusammenwirken von verschiedenen Orten aus ermöglichen, können sicherlich die Bestimmung dieses Ortes für eine Behörde oder ein Gericht ebenso erschweren wie der Geschäftsgegenstand der Holding selbst, der keine nach außen sichtbaren Aktivitäten der Geschäftsleitung zur Folge hat.[22] Es wird vorgeschlagen, in solchen Fällen zu ermitteln, an welchem Ort die geschäftspolitischen Entscheidungen „im Schwerpunkt" getroffen werden;[23] letztlich verlagert sich das Problem damit jedoch nur. In Zweifelsfällen ist als handhabbares Kriterium auf den **Tätigkeitsort des ranghöchsten Organwalters** abzustellen.[24] Im Einzelfall können darüber hinaus auch dem Gründungsort und dem Ort der Hauptversammlung **Indizcharakter** zukommen.[25] Maßgeblich dürfte auch der Sitz des **Verhandlungsgremiums für die Arbeitnehmermitbestim-**

---

[15] So aber *Bayer/J. Schmidt* ZIP 2017, 2225 (2233) Fn. 116.
[16] EuGH Slg. 1988, 5483 Rn. 19 = BeckRS 2004, 73768 – Daily Mail.
[17] Ausf. *Schwarz* Rn. 4.
[18] So etwa auch *Schwarz* ZIP 2001, 1847 (1849); *Teichmann* ZGR 2002, 383 (456); wohl auch *Hagemann/Tobies* in Jannott/Frodermann SE-HdB Rn. 39; krit. im Hinblick auf die Sprachenvielfalt innerhalb der EU *Mayer*, Sprache und Recht der Europäischen Aktiengesellschaft, 2018, 206 ff.
[19] Habersack/Drinhausen/*Diekmann* Rn. 14.
[20] Vgl. vor allem Begr. III 1 b sowie hier weniger passend Art. 2 lit. b RL-E zur Verlegung des Gesellschaftssitzes innerhalb der EU, abgedruckt in ZIP 1997, 1721; ebenso BeckOGK/*Casper* Rn. 3; *Schwarz* ZIP 2001, 1847 (1849); allg. zum RL-Entwurf *Priester* ZGR 1999, 36; *Meilicke* GmbHR 1998, 1053.
[21] *Sandrock* FS Beitzke, 1979, 669 (683 ff.); *Ringe*, Die Sitzverlegung der Europäischen Aktiengesellschaft, 2006, 204.
[22] *Schollmeyer* ZGR 2018, 186 (200); *Ringe*, Die Sitzverlegung der Europäischen Aktiengesellschaft, 2006, 205 f.; Lutter/Hommelhoff/Teichmann/*Ringe* Rn. 15.
[23] Kölner Komm AktG/*Veil* Rn. 14.
[24] *Schwarz* Rn. 11; aA Kölner Komm AktG/*Veil* Rn. 14.
[25] *Leupold*, Die Europäische Aktiengesellschaft unter besonderer Berücksichtigung des deutschen Rechts, 1993, 32; vorsichtig zust. Lutter/Hommelhoff/Teichmann/*Ringe* Rn. 16; *Hagemann/Tobies* in Jannott/Frodermann SE-HdB Rn. 40; krit. Habersack/Drinhausen/*Diekmann* Rn. 16 f.

mung nach § 12 SEBG sein bzw. der Ort, zu dem die SE ihrem Geschäftsgegenstand nach die engsten Beziehungen hat.[26] Dagegen dürfte **kein Beweis des ersten Anscheins** bestehen, dass sich die Hauptverwaltung im Zweifel am Ort des Satzungssitzes befindet, auch wenn sich eine vergleichbare Regelung in Art. 3 Abs. 1 UAbs. 2 S. 1 EuInsVO (früher Art. 3 Abs. 1 S. 2 EuInsVO 2000) findet.[27] Denn regelmäßig dürfte es an dem einen Anscheinsbeweis tragenden Erfahrungssatz fehlen: Zu Problemen bei der Bestimmung der Hauptverwaltung kommt es ja gerade dann, wenn die Mobilität der Unternehmensleitung besonders groß ist; dann lässt sich der allgemeinen Lebenserfahrung kein Gleichlauf zwischen Sitz und Hauptverwaltung entnehmen. Im Übrigen widerspräche es dem Zweck des Art. 7, den Gleichlauf gerade zu **erzwingen,** wenn dieser im Zweifel ohnehin **vorausgesetzt** würde.[28] Davon zu trennen ist jedoch die Frage der **Beweislast:** Eine Behörde, die aus Art. 64 die Befugnis ableitet, ein Liquidationsverfahren einzuleiten, muss die Voraussetzungen der Ermächtigungsgrundlage (nämlich das Auseinanderfallen von Sitz und Hauptverwaltung) beweisen. Dies ist lediglich Rechtsfolge der Normentheorie *Rosenbergs*, nach der die Beweislast für die tatsächlichen Voraussetzungen einer Norm stets derjenige zu tragen hat, der sich auf ihre Rechtsfolge beruft.[29]

5   Eine auf mehrere Orte verteilte Hauptverwaltung sieht die SE-VO nicht vor.[30] Ob der Sitz **innerhalb der Gemeinschaft (Union)** liegt, beurteilt sich im Zweifel nach Art. 52 EUV iVm Art. 349, 355 AEUV. Allerdings gilt die mittlerweile auch im erweiterten **EWR** (einstweilen noch Island, Liechtenstein und Norwegen), sodass dieses Merkmal korrigierend auszulegen ist; ein Sitz innerhalb des EWR ist deshalb in jedem Fall zulässig.[31] Bei einem **Auseinanderfallen** von Sitz und Hauptverwaltung droht – wie gerade ausgeführt – die **Zwangsliquidation** nach Art. 64. Diese Rechtsfolge ist dem nationalen Gesetzgeber dabei zwingend vorgegeben. Eine darüber hinausgehende **sofortige Aberkennung der Rechtsfähigkeit,** wie sie für die klassische Sitztheorie charakteristisch ist, wird durch die Norm implizit **untersagt.**[32] In Betracht gezogen wird außerdem ein Anspruch der Aktionäre der SE gegen die SE auf Unterlassung bzw. Beseitigung nach „Holzmüller"-Grundsätzen, da sie durch die „faktische Sitzverlegung" in ihren Mitgliedrechten beeinträchtigt würden.[33] Dies kann jedoch nicht überzeugen, da eine Hauptversammlungskompetenz nur für die *Satzungssitz*verlegung besteht (Art. 8 Abs. 6 S. 1), die Hauptversammlung aber gerade keine isolierte Verlegung des Verwaltungssitzes beschließen kann (vgl. Art. 64).

6   Nach der Rspr. des EuGH[34] stellt es keinen Missbrauch der Niederlassungsfreiheit nach Art. 49, 54 AEUV dar, wenn eine Gesellschaft sich dem Gründungsrecht eines Staates unterwirft, im anderen Staat aber **unter einer Zweigniederlassung** ihre sämtlichen Geschäfte betreibt. Auch die SE darf Zweigniederlassungen gründen.[35] Bislang durften hierdurch die materiellen Schutzanliegen des Art. 7 S. 1 nicht unterlaufen werden, was aber spätestens dann der Fall ist, wenn die Hauptverwaltung faktisch in den Zielstaat abwandert.[36] Vgl. jedoch jetzt → Art. 8 Rn. 66.

7   Durch § 2 SEAG aF, wonach Satzungssitz und Hauptverwaltung der SE in derselben politischen Gemeinde liegen mussten, hatte der deutsche Gesetzgeber ursprünglich von der

---

[26] Ähnlich *Schwarz* Rn. 11.
[27] Anders allerdings und sogar für eine widerlegliche Vermutung *Ringe,* Die Sitzverlegung der Europäischen Aktiengesellschaft, 2006, 210 f.; *Zang,* Sitz und Verlegung des Sitzes einer europäischen Aktiengesellschaft mit Sitz in Deutschland, 2005, 79 ff.; Lutter/Hommelhoff/Teichmann/*Ringe* Rn. 17 ff.
[28] *Leupold,* Die Europäische Aktiengesellschaft unter besonderer Berücksichtigung des deutschen Rechts, 1993, 32.
[29] Anders *Ringe,* Die Sitzverlegung der Europäischen Aktiengesellschaft, 2006, 210 f.
[30] *Schwarz* Rn. 10; Lutter/Hommelhoff/Teichmann/*Ringe* Rn. 15.
[31] *Schwarz* Rn. 8.
[32] *Ringe,* Die Sitzverlegung der Europäischen Aktiengesellschaft, 2006, 195 ff.
[33] Kölner Komm AktG/*Veil* Art. 8 Rn. 13.
[34] Vgl. EuGH Slg. 2002, I-9919 Rn. 52 ff. = NJW 2002, 3614 – Überseering; Slg. 1999, I-1459 = NJW 1999, 2027 – Centros.
[35] Kölner Komm AktG/*Veil* Rn. 8.
[36] BeckOGK/*Casper* Rn. 2; Kölner Komm AktG/*Veil* Rn. 8; aA *Esposito,* Sitzverlegung und Minderheitenschutz bei der Societas Europaea, 2013, 48 ff., 53.

Ermächtigung des **Art. 7 S. 2** Gebrauch gemacht, um einen Gleichklang mit § 5 Abs. 2 AktG aF herzustellen.[37] § 2 SEAG aF wurde ebenso wie § 5 Abs. 2 AktG aF durch das MoMiG vom 23.10.2008 (BGBl. 2008 I 2026) mit Wirkung zum 1.11.2008 aufgehoben. Satzungs- und Verwaltungssitz können bei der deutschen SE also **innerhalb Deutschlands auseinanderfallen**. Dass die SE anders als die AG **keinen Doppelsitz in zwei Mitgliedstaaten** haben kann, ist unmittelbare Rechtsfolge des Art. 7.[38]

Art. 8 [Grenzüberschreitende Sitzverlegung]

(1) [1]Der Sitz der SE kann gemäß den Absätzen 2 bis 13 in einen anderen Mitgliedstaat verlegt werden. [2]Diese Verlegung führt weder zur Auflösung der SE noch zur Gründung einer neuen juristischen Person.

(2) [1]Ein Verlegungsplan ist von dem Leitungs- oder dem Verwaltungsorgan zu erstellen und unbeschadet etwaiger vom Sitzmitgliedstaat vorgesehener zusätzlicher Offenlegungsformen gemäß Artikel 13 offen zu legen. [2]Dieser Plan enthält die bisherige Firma, den bisherigen Sitz und die bisherige Registriernummer der SE sowie folgende Angaben:
a) den vorgesehenen neuen Sitz der SE,
b) die für die SE vorgesehene Satzung sowie gegebenenfalls die neue Firma,
c) die etwaigen Folgen der Verlegung für die Beteiligung der Arbeitnehmer,
d) den vorgesehenen Zeitplan für die Verlegung,
e) etwaige zum Schutz der Aktionäre und/oder Gläubiger vorgesehene Rechte.

(3) Das Leitungs- oder das Verwaltungsorgan erstellt einen Bericht, in dem die rechtlichen und wirtschaftlichen Aspekte der Verlegung erläutert und begründet und die Auswirkungen der Verlegung für die Aktionäre, die Gläubiger sowie die Arbeitnehmer im Einzelnen dargelegt werden.

(4) Die Aktionäre und die Gläubiger der SE haben vor der Hauptversammlung, die über die Verlegung befinden soll, mindestens einen Monat lang das Recht, am Sitz der SE den Verlegungsplan und den Bericht nach Absatz 3 einzusehen und die unentgeltliche Aushändigung von Abschriften dieser Unterlagen zu verlangen.

(5) Die Mitgliedstaaten können in Bezug auf die in ihrem Hoheitsgebiet eingetragenen SE Vorschriften erlassen, um einen angemessenen Schutz der Minderheitsaktionäre, die sich gegen die Verlegung ausgesprochen haben, zu gewährleisten.

(6) [1]Der Verlegungsbeschluss kann erst zwei Monate nach der Offenlegung des Verlegungsplans gefasst werden. [2]Er muss unter den in Artikel 59 vorgesehenen Bedingungen gefasst werden.

(7) *[1]* Bevor die zuständige Behörde die Bescheinigung gemäß Absatz 8 ausstellt, hat die SE gegenüber der Behörde den Nachweis zu erbringen, dass die Interessen ihrer Gläubiger und sonstigen Forderungsberechtigten (einschließlich der öffentlich-rechtlichen Körperschaften) in Bezug auf alle vor der Offenlegung des Verlegungsplans entstandenen Verbindlichkeiten im Einklang mit den Anforderungen des Mitgliedstaats, in dem die SE vor der Verlegung ihren Sitz hat, angemessen geschützt sind.
[2] Die einzelnen Mitgliedstaaten können die Anwendung von Unterabsatz 1 auf Verbindlichkeiten ausdehnen, die bis zum Zeitpunkt der Verlegung entstehen (oder entstehen können).

---

[37] Vgl. BeckOGK/*Casper* Rn. 4.
[38] *Leupold*, Die Europäische Aktiengesellschaft unter besonderer Berücksichtigung des deutschen Rechts, 1993, 32; *Schwarz* Rn. 6; *Zang*, Sitz und Verlegung des Sitzes einer europäischen Aktiengesellschaft mit Sitz in Deutschland, 2005, 50.

[3] Die Anwendung der einzelstaatlichen Rechtsvorschriften über das Leisten oder Absichern von Zahlungen an öffentlich-rechtliche Körperschaften auf die SE wird von den Unterabsätzen 1 und 2 nicht berührt.

(8) Im Sitzstaat der SE stellt das zuständige Gericht, der Notar oder eine andere zuständige Behörde eine Bescheinigung aus, aus der zweifelsfrei hervorgeht, dass die der Verlegung vorangehenden Rechtshandlungen und Formalitäten durchgeführt wurden.

(9) Die neue Eintragung kann erst vorgenommen werden, wenn die Bescheinigung nach Absatz 8 vorgelegt und die Erfüllung der für die Eintragung in dem neuen Sitzstaat erforderlichen Formalitäten nachgewiesen wurde.

(10) Die Sitzverlegung der SE sowie die sich daraus ergebenden Satzungsänderungen werden zu dem Zeitpunkt wirksam, zu dem die SE gemäß Artikel 12 im Register des neuen Sitzes eingetragen wird.

(11) [1]Das Register des neuen Sitzes meldet dem Register des früheren Sitzes die neue Eintragung der SE, sobald diese vorgenommen worden ist. [2]Die Löschung der früheren Eintragung der SE erfolgt erst nach Eingang dieser Meldung.

(12) Die neue Eintragung und die Löschung der früheren Eintragung werden gemäß Artikel 13 in den betreffenden Mitgliedstaaten offen gelegt.

(13) [1]Mit der Offenlegung der neuen Eintragung der SE ist der neue Sitz Dritten gegenüber wirksam. [2]Jedoch können sich Dritte, solange die Löschung der Eintragung im Register des früheren Sitzes nicht offen gelegt worden ist, weiterhin auf den alten Sitz berufen, es sei denn, die SE beweist, dass den Dritten der neue Sitz bekannt war.

(14) *[1]* [1]Die Rechtsvorschriften eines Mitgliedstaats können bestimmen, dass eine Sitzverlegung, die einen Wechsel des maßgeblichen Rechts zur Folge hätte, im Falle der in dem betreffenden Mitgliedstaat eingetragenen SE nicht wirksam wird, wenn eine zuständige Behörde dieses Staates innerhalb der in Absatz 6 genannten Frist von zwei Monaten dagegen Einspruch erhebt. [2]Dieser Einspruch ist nur aus Gründen des öffentlichen Interesses zulässig.

[2] Untersteht eine SE nach Maßgabe von Gemeinschaftsrichtlinien der Aufsicht einer einzelstaatlichen Finanzaufsichtsbehörde, so gilt das Recht auf Erhebung von Einspruch gegen die Sitzverlegung auch für die genannte Behörde.

[3] Gegen den Einspruch muss ein Rechtsmittel vor einem Gericht eingelegt werden können.

(15) Eine SE kann ihren Sitz nicht verlegen, wenn gegen sie ein Verfahren wegen Auflösung, Liquidation, Zahlungsunfähigkeit oder vorläufiger Zahlungseinstellung oder ein ähnliches Verfahren eröffnet worden ist.

(16) Eine SE, die ihren Sitz in einen anderen Mitgliedstaat verlegt hat, gilt in Bezug auf alle Forderungen, die vor dem Zeitpunkt der Verlegung gemäß Absatz 10 entstanden sind, als SE mit Sitz in dem Mitgliedstaat, in dem sie vor der Verlegung eingetragen war, auch wenn sie erst nach der Verlegung verklagt wird.

§ 12 SEAG Abfindungsangebot im Verlegungsplan

(1) [1]Verlegt eine SE nach Maßgabe von Artikel 8 der Verordnung ihren Sitz, hat sie jedem Aktionär, der gegen den Verlegungsbeschluss Widerspruch zur Niederschrift erklärt, den Erwerb seiner Aktien gegen eine angemessene Barabfindung anzubieten. [2]Die Vorschriften des Aktiengesetzes über den Erwerb eigener Aktien gelten entsprechend, jedoch ist § 71 Abs. 4 Satz 2 des Aktiengesetzes insoweit nicht anzuwenden. [3]Die Bekanntmachung des Verlegungsplans als Gegenstand der Beschlussfassung muss den Wortlaut dieses Angebots enthalten. [4]Die Gesellschaft hat die Kosten für eine Übertragung zu tragen. [5]§ 29 Abs. 2 des Umwandlungsgesetzes findet entsprechende Anwendung.

(2) § 7 Abs. 2 bis 7 findet entsprechende Anwendung, wobei an die Stelle der Eintragung und Bekanntmachung der Verschmelzung die Eintragung und Bekanntmachung der SE im neuen Sitzstaat tritt.

§ 13 SEAG [Gläubigerschutz]

(1) ¹Verlegt eine SE nach Maßgabe von Artikel 8 der Verordnung ihren Sitz, ist den Gläubigern der Gesellschaft, wenn sie binnen zwei Monaten nach dem Tag, an dem der Verlegungsplan offen gelegt worden ist, ihren Anspruch nach Grund und Höhe schriftlich anmelden, Sicherheit zu leisten, soweit sie nicht Befriedigung verlangen können. ²Dieses Recht steht den Gläubigern jedoch nur zu, wenn sie glaubhaft machen, dass durch die Sitzverlegung die Erfüllung ihrer Forderungen gefährdet wird. ³Die Gläubiger sind im Verlegungsplan auf dieses Recht hinzuweisen.

(2) Das Recht auf Sicherheitsleistung nach Absatz 1 steht Gläubigern nur im Hinblick auf solche Forderungen zu, die vor oder bis zu 15 Tage nach Offenlegung des Verlegungsplans entstanden sind.

(3) Das zuständige Gericht stellt die Bescheinigung nach Artikel 8 Abs. 8 der Verordnung nur aus, wenn bei einer SE mit dualistischem System die Mitglieder des Leitungsorgans und bei einer SE mit monistischem System die geschäftsführenden Direktoren die Versicherung abgeben, dass allen Gläubigern, die nach den Absätzen 1 und 2 einen Anspruch auf Sicherheitsleistung haben, eine angemessene Sicherheit geleistet wurde.

§ 14 SEAG [Negativerklärung]

Das zuständige Gericht stellt die Bescheinigung nach Artikel 8 Abs. 8 der Verordnung nur aus, wenn die Vertretungsorgane einer SE, die nach Maßgabe des Artikels 8 der Verordnung ihren Sitz verlegt, erklären, dass eine Klage gegen die Wirksamkeit des Verlegungsbeschlusses nicht oder nicht fristgemäß erhoben oder eine solche Klage rechtskräftig abgewiesen oder zurückgenommen worden ist.

Schrifttum: s. auch vor → Art. 1 Rn. 1; *de Lousanoff,* Erste Erfahrungen mit der grenzüberschreitenden Sitzverlegung einer europäischen Aktiengesellschaft („SE") nach Deutschland, FS Spiegelberger, 2009, 604; *Esposito,* Sitzverlegung und Minderheitenschutz bei der Societas Europaea, 2013; *Eggers,* Gründung und Sitzverlegung einer SE aus ertragssteuerlicher Sicht, 2005; *Grundmann,* Grenzüberschreitende Sitzverlegung und grenzüberschreitende Fusion, in v. Rosen, Die Europa AG, Studien des deutschen Aktieninstituts, 2003, Heft 21, 47; *Hoger,* Kontinuität beim Formwechsel nach dem UmwG und der grenzüberschreitenden Verlegung des Sitzes einer SE, 2008; *Hushahn,* Grenzüberschreitende Formwechsel im EU/EWR-Raum – die identitätswahrende statutenwechselnde Verlegung des Satzungssitzes in der notariellen Praxis, RNotZ 2014, 137; *Kruse,* Sitzverlegung von Kapitalgesellschaften innerhalb der EG, 1997; *Lange,* Grenzüberschreitende Umstrukturierung von Europäischen Aktiengesellschaften, 2005; *Oechsler,* Die Sitzverlegung der Europäischen Aktiengesellschaft nach Art. 8 SE-VO, AG 2005, 373; *Oechsler,* Die Polbud-Entscheidung und die Sitzverlegung der SE, ZIP 2018, 1269; *Priester,* EU-Sitzverlegung – Verfahrensablauf, ZGR 1999, 36; *Ringe,* Die Sitzverlegung der Europäischen Aktiengesellschaften, 2006; *Teichmann,* Minderheitenschutz bei Gründung und Sitzverlegung der SE, ZGR 2003, 367; *Stiegler,* Grenzüberschreitende Sitzverlegungen aus deutschem und europäischem Recht, Diss. Siegen 2017; *Witten,* Minderheitenschutz bei Gründung und Sitzverlegung der Europäischen Aktiengesellschaft (SE), 2011; *Zang,* Sitz und Verlegung des Sitzes einer europäischen Aktiengesellschaft mit Sitz in Deutschland, 2005.

Übersicht

	Rn.		Rn.
I. Grundlagen	1–10	**II. Verlegungsverfahren**	11–85
1. Entstehungsgeschichte und Normzweck	1–4	1. Vorbereitung des Verlegungsbeschlusses	11–28
		a) Verlegungsplan (Abs. 2)	11–21
2. Die Berufung der SE auf die Rspr. des EuGH zur Niederlassungsfreiheit	5	b) Verlegungsbericht (Abs. 3)	22–26
		c) Offenlegung des Verlegungsplans (Abs. 2 S. 1) und Gewährung der Einsichtsrechte (Abs. 4)	27, 28
3. Das Verhältnis zur grenzüberschreitenden Umwandlung nach der Gesellschaftsrechtrichtlinie	6	2. Der Verlegungsbeschluss	29–40
4. Analoge Anwendung des Art. 8 auf den ungeregelten grenzüberschreitenden Rechtsformwechsel bei Altfällen	7	a) Formelle Wirksamkeitsvoraussetzungen (Abs. 6)	29–33
		b) Materielle Voraussetzungen (insbesondere Abs. 15)	34–37
5. Überblick über die Rechtsfolgen und das Verfahren	8, 9	c) Einspruchsrecht der Behörden des Wegzugsstaates (Abs. 14)	38
6. Steuerrechtliche Behandlung	10	d) Anfechtung bzw. Nichtigkeit des Verlegungsbeschlusses	39, 40

	Rn.		Rn.
3. Die Erfüllung der Sicherungsansprüche der Gläubiger	41–53	7. Offenlegung der Eintragung im Zuzugsstaat und der Löschung im Wegzugsstaat (Abs. 12)	64
a) Überblick	41–43	8. Verlegung der Hauptverwaltung	65, 66
b) Anspruchsberechtigte Gläubiger	44–47	9. Wirksamwerden im Innenverhältnis (Abs. 10)	67
c) Sicherungsinteresse	48–51	10. Wirksamwerden im Außenverhältnis (Abs. 13)	68–71
d) Inhalt des Anspruchs	52	11. Abfindung der Minderheitsaktionäre (Abs. 5, § 12 SEAG)	72–76
e) Missbrauchsgefahr durch erpresserische Sicherungsforderungen	53	12. Sitzfiktion für Altforderungen (Abs. 16)	77–85
4. Die Erteilung der Bescheinigung (Abs. 8)	54–60	a) Normzweck	77–81
5. Die Eintragung im Zuzugsstaat (Abs. 9)	61, 62	b) Tatbestand und Rechtsfolge	82–85
a) Voraussetzungen	61	III. Die Sitzverlegung außerhalb des Geltungsbereichs des EWR	86
b) Zulässigkeit einer Gründungsprüfung im Zuzugsstaat?	62		
6. Mitteilungspflicht und Löschung im Wegzugsstaat (Abs. 11)	63		

I. Grundlagen

1. Entstehungsgeschichte und Normzweck. In den **ersten Vorschlägen zur SE-VO** erschien die Möglichkeit einer identitätswahrenden Sitzverlegung der SE als **rechtspolitisch unerwünscht.** Eine einschlägige Regelung war erst gar nicht vorhanden. Vielmehr sollte sogar die faktische Möglichkeit der Sitzverlegung durch die unterschiedlichen Entwürfe zum **Art. 66** verhindert werden. Diese Norm gebietet eine zweijährige Abstandsfrist für einen Rechtsformwechsel der SE nach ihrer Gründung in eine AG des nationalen Rechts; in Art. 264 Abs. 2 SE-VO-Vorschlag von 1970 betrug die Frist noch drei Jahre seit der Gründung. Die am Modell des (ehemaligen) Art. 263 des französischen Gesetzes über die Handelsgesellschaften von 1966 orientierte Sperrfrist[1] sollte ursprünglich einen Missbrauch der SE-Gründung zwecks Erschleichung einer identitätswahrenden Sitzverlegung einer Kapitalgesellschaft und damit wohl auch eine Flucht aus der Unternehmensmitbestimmung verhindern.[2] Eine Neubesinnung trat erst auf **Vorschlag des Europäischen Parlaments** im Jahre 1991[3] ein und führte zur Aufnahme von **Art. 5a im Geänderten Verordnungsvorschlag vom 16.5.1991** (→ Vor Art. 1 Rn. 2). Dort konkretisieren fünf Absätze die Grobstruktur des nunmehr geltenden Verfahrens; wichtige Teilbereiche wie der Gläubigerschutz sind in dieser Fassung allerdings noch nicht bedacht. Auch wird die Norm in den Erwägungsgründen des geänderten Vorschlags nicht erläutert. Die Ausdifferenzierung zu einer insgesamt 16 Absätze umfassenden Vorschrift vollzieht sich erst während der langwierigen und lückenhaft dokumentierten Verhandlungen über den geänderten Vorschlag von 1991 (→ Vor Art. 1 Rn. 2f.). Erkennbar ist die heute gültige Fassung zeitgleich mit dem Vorschlag für eine Vierzehnte Richtlinie des Europäischen Parlaments und des Rates über die Verlegung des Sitzes einer Gesellschaft in einen anderen Mitgliedstaat mit Wechsel des für die Gesellschaft maßgeblichen Rechts **(Sitzverlegungs-RL)** konzipiert worden.[4] Dieser zweite Teil der Gesamtkonzeption wurde ursprünglich nicht verwirklicht. Doch wird die Möglichkeit einer grenzüberschreitenden Umwandlung bzw. eines grenzüberschreitenden Rechtsformwechsels wohl bald in Ergänzung der GesR-RL umgesetzt werden (→ Rn. 6).

Über den **Normzweck** des Art. 8 gibt Erwägungsgrund 24 eher lapidar Auskunft: „Die SE sollte ihren Sitz in einen anderen Mitgliedstaat verlegen können", wobei den Interessen der Minderheitsgesellschafter und der Gläubiger ausreichend Rechnung zu tragen sei. Dem dürfte das Verständnis der Niederlassungsfreiheit als einer Produktionsfaktorfreiheit zugrunde liegen. In **Erwägungsgrund 1** heißt es dazu, dass eine Voraussetzung

---

[1] Loi no. 66–537 du 24.7.1966 sur les sociétés commerciales.
[2] Oplustil/Schneider NZG 2003, 13 (14); vgl. noch grundlegender zu dieser Fragestellung Kübler ZHR 167 (2003), 222 (229).
[3] ABl. 1991 C 48, 73, 76, Änderungen Nr. 13 und 14.
[4] Abgedruckt in ZIP 1997, 1721 ff.; dazu Priester ZGR 1999, 36; Meilicke GmbHR 1998, 1053.

für die Verwirklichung des Binnenmarkts und für die damit angestrebte Verbesserung der wirtschaftlichen und sozialen Lage in der Union die unionsweite Reorganisation der Produktionsfaktoren sei: „Dazu ist es unerlässlich, dass die Unternehmen, deren Tätigkeit sich nicht auf die Befriedigung rein örtlicher Bedürfnisse beschränkt, die Neuordnung ihrer Tätigkeiten auf Gemeinschaftsebene planen und betreiben können". Dahinter verbirgt sich das ältere Verständnis der Niederlassungsfreiheit als einer **Produktionsfaktorfreiheit (**→ Art. 7 Rn. 3), das der EuGH heute nicht mehr bei der Konkretisierung der Art. 49, 54 AEUV anwendet (→ Rn. 66). Im Ergebnis erscheint die SE jedoch als **Trägerin der Niederlassungsfreiheit** gem. Art. 49, 54 AEUV. Nach Art. 54 UAbs. 1 AEUV können sich eigentlich nur die Träger, die nach den Rechtsvorschriften *eines Mitgliedstaats* gegründet wurden, auf diese Freiheit berufen. Die Anwendbarkeit der Norm auf die SE wird teilweise jedoch mit dem Umstand begründet, dass das nationale Recht beim Gründungsvorgang der SE nach §§ 5 ff. SEAG in weitem Umfang Anwendung finde.[5] Überzeugender noch erscheint der Verweis auf das **Diskriminierungsverbot des Art. 18 Abs. 1 AEUV:**[6] Denn die Gründung einer Gesellschaft erscheint als funktionales Äquivalent der Verleihung der Staatsangehörigkeit an eine natürliche Person durch den Mitgliedstaat.[7] Im Hinblick auf die „Staatsangehörigkeit" darf daher nicht zwischen nationalen Gesellschaften und der SE differenziert werden. Vor allem aber passen die Art. 49, 54 AEUV ihrem Zweck nach auch auf die SE.

Durch die in großem Umfang praktizierten Verweisungen der SE-VO auf das Recht des Sitzmitgliedstaates wirkt sich ihre Sitzverlegung praktisch **wie ein Rechtsformwechsel** aus.[8] Dem entspricht das **Prinzip der Identitätswahrung** (Art. 8 Abs. 1 S. 2; vgl. nämlich § 202 Abs. 1 Nr. 1 UmwG), das in seinen Rechtsfolgen über die aus dem Verschmelzungsrecht bekannte Gesamtrechtsnachfolge (§ 20 Abs. 1 Nr. 1 UmwG) hinausreicht.[9] Der betroffene Träger bleibt als Zuordnungsobjekt von Rechtsfolgen erhalten; es findet also gerade kein Rechtsübergang statt. Im dogmatischen System des Rechtsformwechsels wird die Identitätswahrung heute eher als rechtstechnischer Begriff angesehen, der keine eigenständigen Rechtsfolgen erzeugt, die die gesetzliche Regelung des Formwechsels im Übrigen nicht infrage stellen könnte.[10] Ähnliches wird auch für Art. 8 Abs. 1 S. 2 vertreten.[11] Die besseren Gründe sprechen jedoch dafür, die Identitätswahrung **als materielles Prinzip und zentrale Wertungsgrundlage** bei der Konkretisierung der einzelnen Rechtsfolgen der Sitzverlegung anzusehen. Dafür spricht bereits die systematisch herausgehobene Stellung des Art. 8 Abs. 1 S. 2. Auch für den einfachen Rechtsformwechsel wurde immer schon eine andere Betrachtungsweise vertreten,[12] nach der das Prinzip der Identitätswahrung gerade in

---

[5] Aus diesem Grund für die Anwendbarkeit der Art. 49, 54 AEUV auf die SE *Drinhausen/Nohlen* FS Spiegelberger, 2009, 645 (646 f.); Habersack/Drinhausen/*Diekmann* Art. 7 Rn. 24 f.; Schwarze/Becker/Hatje/Schoo/*Jung* AEUV Art. 54 Rn. 13; *Stiegler,* Grenzüberschreitende Sitzverlegungen nach deutschem und europäischem Recht, 2017, 194.
[6] *Oechsler* ZIP 2018, 1269 f.
[7] *Oechsler* ZIP 2018, 1269; allgemeiner *Teichmann/Knaier* GmbHR 2017, 1314 (1317).
[8] Erstmals für die Sitzverlegungs-RL *Priester* ZGR 1999, 36 f.; BeckOGK/*Casper* Rn. 1; einschr. *Hoger*, Kontinuität beim Formwechsel nach dem UmwG und der grenzüberschreitenden Verlegung des Sitzes einer SE, 2007, 83, vgl. auch 313; Horn DB 2005, 147; *Thoma/Leuering* NJW 2002, 1449 (1453); *Ringe,* Die Sitzverlegung der Europäischen Aktiengesellschaft, 2006, 107, zurückhaltender 109; *Teichmann* ZIP 2002, 1109, 1111; *Teichmann* in Van Hulle/Maul/Drinhausen SE-HdB Abschn. 7 Rn. 14; *Wenz* in Theisen/Wenz, Die Europäische Aktiengesellschaft, 2. Aufl. 2005, 189 (230 f.); zurückhaltender Kölner Komm AktG/*Veil* Rn. 17.
[9] *Hoger*, Kontinuität beim Formwechsel nach dem UmwG und der grenzüberschreitenden Verlegung des Sitzes einer SE, 2007, 74; *Teichmann* in Van Hulle/Maul/Drinhausen SE-HdB Abschn. 7 Rn. 11.
[10] *Beuthien/Helios* NZG 2006, 369 (372); *Hennrichs,* Formwechsel und Gesamtrechtsnachfolge bei Umwandlungen, 1995, 33 f.; *Horn* NJW 1984, 86; *Mertens,* Umwandlung und Universalsukzession, 1993, 230 ff.; *Reinhardt* FS Bartholomeyczik, 1972, 307 ff.; *Wiedemann* ZGR 1996, 286 (290); *Zöllner* ZGR 1993, 334 (336); *Zöllner* FS Gernhuber, 1993, 563 ff.
[11] *Hoger*, Kontinuität beim Formwechsel nach dem UmwG und der grenzüberschreitenden Verlegung des Sitzes einer SE, 2007, 87 ff., 92; *Schwarz* Rn. 54.
[12] Grdl. K. Schmidt AG 1985, 150; K. Schmidt ZGR 1990, 580 (594).

Konflikt mit den Rechtsfolgen des Statutswechsels geraten könne.[13] Genau dieser **Konflikt zwischen Statutswechsel und Identitätswahrung** ist in Art. 8 an vielen Stellen systematisch angelegt. Besonders bildlich zeigt dies Abs. 16: Auch nach vollendetem Wegzug *gilt* die SE für ihre Altgläubiger als inländische Gesellschaft. Über diesen Sonderfall hinaus schützt das Prinzip der Identitätswahrung den Träger regelmäßig vor den Widerständen, die der Zuzugsstaat ihm als einer unter einem ausländischen Statut geprägten Einheit entgegensetzen könnte: Die ins deutsche Inland ziehende SE muss sich etwa **keiner Gründungsprüfung** durch das deutsche Handelsregister mit der Begründung unterziehen, es finde eine „wirtschaftliche Neugründung" statt (→ Rn. 62).[14] Die Organwalter müssen nicht wie bei einem Rechtsformwechsel neu bestimmt werden, sondern es besteht **Amtskontinuität** (→ Rn. 67). Auch hat das mit den Arbeitnehmern ausverhandelte Beteiligungsmodell nun am Zuzugsort Bestand (→ Rn. 13). So besteht der **zentrale Schutzzweck des Art. 8** darin, einen **Ausgleich** zwischen den Rechtsfolgen des **Statutswechsels** (Anpassung des Statuts an das Recht des Zuzugsstaates) und den **Interessen an einer partiellen Statutswahrung** (Prinzip der Identitätswahrung) zu schaffen.

4 Schließlich beruht auch die **Besicherung der Gläubiger** und die **Abfindung der außenstehenden Aktionäre** auf einer Durchbrechung der Rechtsfolgen des Statutswechsels im Sinne der Identitätswahrung. Denn die Destinatäre werden zumindest wirtschaftlich so gestellt, als bleibe ihnen die SE als Schuldner bzw. als Verband am alten Satzungssitz erhalten. Die Aktionäre brauchen sich nicht auf das Recht des Zuzugsstaates bzw. eine neue Sprachgemeinschaft[15] einzulassen, sondern können zum gegenwärtigen Wert ihrer Anteile desinvestieren (→ Rn. 72 ff.). Die **Gläubiger** werden durch Besicherung ihrer Altforderungen so gestellt, als gefährde der Wegzug ihre Realisierungs- bzw. Vollstreckungsinteressen nicht (→ Rn. 41 ff.).

5 **2. Die Berufung der SE auf die Rspr. des EuGH zur Niederlassungsfreiheit.** Die SE ist Trägerin der Niederlassungsfreiheit (→ Rn. 2). Interpretationen des Art. 8 im Lichte der Rspr. des EuGH zur Niederlassungsfreiheit nach Art. 49, 54 Abs. 1 AEUV gehen bis auf die thematisch noch vergleichsweise fernliegenden Entscheidungen in Sachen „**Überseering BV**"[16] und „**Inspire Art**" zurück.[17] Den **grenzüberschreitenden Rechtsformwechsel**, um den es in der Sache auch bei Art. 8 geht (→ Rn. 3), begründete das Gericht dann in Sachen **Vale** zunächst aus einem **allgemeinen Diskriminierungsgedanken** heraus: Sobald das Gesellschaftsrecht eines Mitgliedstaates den innerstaatlichen Rechtsformwechsel ermöglicht, muss es auch den grenzüberschreitenden Rechtsformwechsel einer aus einem Mitgliedstaat zuziehenden Gesellschaft unter gleichen Voraussetzungen erlauben.[18] Diese Entscheidung berührte die Einzelregelungen des Art. 8 jedoch nicht. Dies änderte sich – jedenfalls nach hier vertretener Auffassung – erst mit der nachfolgenden **Polbud-Entscheidung**.[19] Denn in dieser leitet der EuGH das Recht zum grenzüberschreitenden Rechtsformwechsel aus der in Art. 49 Abs. 2 AEUV genannten **Gründung der Gesellschaft** her.[20] Die isolierte Sitzverlegung (der grenzüberschreitende Rechtsformwechsel) erscheint ihm darin als funktionales Äquivalent zur Neugründung eines Rechtsträgers im Zuzugsstaat. Der grenzüberschreitende Rechtsformwechsel erleichtere nur das zugrunde liegende Verfahren. Auf diesen Vereinfachungseffekt habe die zuziehende

---

[13] *Hoger*, Kontinuität beim Formwechsel nach dem UmwG und der grenzüberschreitenden Verlegung des Sitzes einer SE, 2007, 89.
[14] Kölner Komm AktG/*Veil* Rn. 4.
[15] *Priester* ZGR 1999, 36 (38); *Kruse*, Sitzverlegung von Kapitalgesellschaften innerhalb der EG, 1997, 159.
[16] EuGH Slg. 2002, I-9919 = NJW 2002, 3614 – Überseering.
[17] EuGH Slg. 2003, I-10155 Rn. 137 ff., 143 = NZG 2003, 1064 – Inspire Art.
[18] EuGH ECLI:EU:C:2012:440 Rn. 33 = NJW 2012, 2715 – Vale; *Winter/Marx/De Decker* DStR 2017, 1664 (1665).
[19] AA BeckOGK/*Casper* Art. 7 Rn. 2.
[20] EuGH ECLI:EU:C:2017:804 = NZG 2017, 1308 Rn. 33 – Polbud; dazu *Bayer/J. Schmidt* ZIP 2017, 2225 (2230); *Oechsler* ZIP 2018, 1269 (1271 f.).

Gesellschaft aber einen durch die Niederlassungsfreiheit geschützten Anspruch.[21] Deshalb sieht es das Gericht auch **nicht als Missbrauch der Niederlassungsfreiheit** an, wenn eine Gesellschaft ihren satzungsmäßigen Sitz allein deshalb dem Recht eines anderen Mitgliedstaates unterwirft, **weil sie in den Genuss der auf seinem Territorium geltenden, für sie günstigeren Rechtsvorschriften kommen will.**[22] Darauf, ob sie im Zuzugsstaat nachhaltig wirtschaftlich tätig werden wird, kommt es nicht mehr an. Deshalb darf der Wegzugsstaat die Gesellschaft auch nicht mehr mit einem Liquidationsverfahren überziehen, wenn diese sich diese Vorteile zu eigen macht, ihre Hauptverwaltung (Art. 7 S. 1), aber im Wegzugsstaat belässt.[23] Dies führt jedoch zu der Frage, ob die Art. 7 S. 1, Art. 64 Abs. 2 noch wirksam die Liquidation der SE anordnen dürfen, nachdem diese ihren Sitz gem. Art. 8 Abs. 10 wirksam in den Zuzugsstaat verlegt hat, die Hauptverwaltung aber an diesen nicht nachziehen lässt (→ Rn. 66).[24] Jedenfalls hat **die SE ein Interesse an einer isolierten Verlegung des Satzungssitzes,** weil sich große Teile ihres Statuts aus dem Recht des Sitzortes ergeben und sich der Wechsel des Satzungssitzes folglich wie ein Rechtsformwechsel auswirkt.

3. Das Verhältnis zur grenzüberschreitenden Umwandlung nach der Gesellschaftsrechtrichtlinie. Durch die Änderung der GesR-RL trat mit Wirkung zum 1.1.2020[25] eine europarechtliche **Regelung der grenzüberschreitenden Umwandlung** (des grenzüberschreitenden Rechtsformwechsels bzw. der grenzüberschreitenden Sitzverlegung) für AG, KGaA und GmbH in Kraft. Fraglich ist, in welchem systematischen Verhältnis die **Art. 86a ff. GesR-RL** zu Art. 8 SE-VO stehen und **ob sich eine SE auf diese Normen berufen kann.** Die Richtliniennormen werden jedenfalls Eingang in das UmwG finden. Dieses wiederum ist grundsätzlich auf die SE anwendbar (→ Vor Art. 1 Rn. 23 ff.). Wie sich allerdings innerhalb des Systems des Art. 9 Abs. 1 aus dem Verhältnis zwischen Art. 9 Abs. 1 lit. a und c Ziff. ii ergibt, geht das Recht der SE-VO den nationalen Regelungen über die AG vor. Entsprechend unterwirft Art. 8 SE-VO die identitätswahrende Sitzverlegung und damit den grenzüberschreitenden Rechtsformwechsel einer abschließenden **Spezialregelung.** Dafür spricht auch, dass Art. 86a Abs. 1 GesR-RL nur für die Gesellschaften iSd Art. 86b Nr. 1 GesR-RL iVm Anh. II GesR-RL gilt. Dies sind aber die AG, die KGaA und die GmbH. Anderseits spiegeln die Neuregelungen ein gegenüber Art. 8 SE-VO **gewandeltes, moderneres Verständnis der Regelungsmaterie.** Dies zeigt sich vor allem beim Verfahren der Gläubigerbesicherung (→ Rn. 50) und bei der fehlenden Koppelung des grenzüberschreitenden Rechtsformwechsels mit einem Nachzug der Hauptverwaltung (→ Rn. 66). Die SE ist jedoch Trägerin der Niederlassungsfreiheit (→ Rn. 2), weshalb die Rspr. des EuGH zu Art. 49, 54 AEUV auf sie anwendbar ist (→ Rn. 5). Deshalb darf der SE der Zugang zu den Vorteilen des grenzüberschreitenden Rechtsformwechsels nicht ohne zwingenden Grund erschwert werden. **Auch die SE-VO kann als sekundäres Europarecht gegen Art. 49, 54 AEUV verstoßen** (→ Art. 7 Rn. 3), was hier etwa für die Anwendung des Art. 64 im Falle der nach Art. 8 Abs. 10 wirksam gewordenen Sitzverlegung vertreten wird (→ Rn. 66). Ferner verbietet es Art. 10, die SE gegenüber den Gesellschaftstypen des nationalen Rechts zu diskriminieren. Dies wiederum spricht dafür, die **in der GesR-RL getroffenen Regelungen über den grenzüberschreitenden Rechtsformwechsel bei der Auslegung unbestimmter Rechtsbegriffe im Rahmen des Art. 8 ergänzend heranzuziehen.** Dies gebietet auch eine **übergreifende Überlegung:** Die Investorenentscheidung für eine bestimmte gesellschaftsrechtliche Verfassung sollte nicht von den Zufälligkeiten der Entwicklungsgeschichte der SE-VO geleitet sein.

---

[21] *Teichmann/Knaier* GmbHR 2017, 1314 (1319) im Anschluss an EuGH Slg. 2005, I-10825 Rn. 21= NZG 2006, 112 – Sevic; *Oechsler* ZIP 2018, 1269 (1271 f.).
[22] EuGH ECLI:EU:C:2017:804 Rn. 40, 62 = NZG 2017, 1308 – Polbud.
[23] EuGH ECLI:EU:C:2017:804 Rn. 52 ff., 65 = NZG 2017, 1308 – Polbud.
[24] Dazu *Oechsler* ZIP 2018, 1269.
[25] RL (EU) 2019/2121 vom 27.11.2019 zur Änderung der RL (EU) 2017/1132 in Bezug auf grenzüberschreitende Umwandlungen, Verschmelzungen und Spaltungen, ABl. 2019 L 321, 1.

Dass die Rechtsentwicklung teilweise über das hinausgegangen ist, was beim „Wunder von Nizza" rechtspolitisch durchsetzbar war (→ Vor Art. 1 Rn. 4), darf kein Grund dafür sein, die Verfassung der unternehmerischen Tätigkeit in den Formen der SE mit Transaktionskosten zu belasten, die durch Auslegung des Art. 8 in systematischer Zusammenschau mit den Neuregelungen der grenzüberschreitenden Umwandlung zu vermeiden sind.

7 **4. Analoge Anwendung des Art. 8 auf den ungeregelten grenzüberschreitenden Rechtsformwechsel bei Altfällen.** Ob Art. 8 analog auf den grenzüberschreitenden Rechtsformwechsel **nach nationalem Recht in Altfällen** vor dessen Regelung durch Reform der GesR-RL (→ Rn. 6) angewendet werden kann, wird unterschiedlich beurteilt. **Teilweise** hat die Praxis die Analogie mit der Begründung **abgelehnt,** der in der SE-VO betriebene Regelungsaufwand sei zu hoch, da die SE-VO sich vor allem auf Großunternehmen beziehe.[26] Diese Auffassung wendet die **§§ 190 ff.** UmwG analog an und erspart der umziehenden Gesellschaft so den Aufwand von Verlegungsplan und Verlegungsbericht, die in den §§ 190 ff. UmwG nicht vorgesehen sind.[27] Dadurch soll eine Diskriminierung zwischen in- und ausländischen Gesellschaftstypen beim Rechtsformwechsel verhindert werden – ein Umstand, auf den gerade der **EuGH** in der „Vale"-Entscheidung großen Wert gelegt hatte (→ Rn. 5).[28] Die **Gegenauffassung** betont hingegen die Eignung des wesentlich differenzierteren Art. 8 als Analogiegrundlage, vor allem, da die Norm die Zusammenarbeit der Behörden des Wegzugs- und des Zuzugsstaates detailliert regele (vgl. Art. 8 Abs. 8).[29] Für diesen Gesichtspunkt spricht die Entscheidung des OLG Frankfurt, das es – in der Sache wenig überzeugend – unter analoger Anwendung des § 202 Abs. 3 UmwG für einen Rechtsformwechsel genügen ließ, dass das italienische Registergericht die wegziehende GmbH ohne Konsultation des deutschen Handelsregisters eingetragen hatte.[30] Auch scheint der mit dem Verlegungsplan und -bericht verbundene Mehraufwand durch die vom grenzüberschreitenden Formwechsel berührten Schutzinteressen gerechtfertigt.[31] Dafür spricht nicht zuletzt, dass auch die **Art. 86d–86f GesR-RL** (→ Rn. 6). Planungs- und Berichtspflichten für den grenzüberschreitenden Rechtsformwechsel vorsehen.

8 **5. Überblick über die Rechtsfolgen und das Verfahren.** Nach der **Vale-Entscheidung** setzt der grenzüberschreitende Rechtsformwechsel „die sukzessive Anwendung von zwei nationalen Rechtsordnungen voraus".[32] Die daraus abgeleitete **Vereinigungstheorie**[33] ist nun in **Art. 86c GesR-RL** (→ Rn. 6) ausdrücklich geregelt: Danach ist das nationale **Recht des Wegzugsmitgliedstaats** für den Teil der Verfahren und der Formalitäten maßgebend, die im Zusammenhang mit der grenzüberschreitenden Umwandlung im Hinblick auf die Erlangung der **Vorabbescheinigung** (Art. 86m GesR-RL; → Rn. 6) zu erledigen sind. Das nationale **Recht des Zuzugsmitgliedstaats** ist hingegen für den Teil der Verfahren und der Formalitäten heranzuziehen, die nach Erhalt der Vorabbescheinigung zu erledigen sind.[34] Im Zuzugsmitgliedstaat darf daher vor allem die Vorabbescheinigung nicht infrage gestellt werden (Erwägungsgrund 33 S. 2, Art. 86o Abs. 5 GesR-RL; → Rn. 6). Dem tragen auch Art. 8 Abs. 8–12 Rechnung. Denn der nach Art. 8 Abs. 6

---

[26] KG NZG 2016, 834; ähnlich OLG Nürnberg NZG 2014, 349 (350 f.).
[27] OLG Saarbrücken NZG 2020, 390 (392); dazu *Luy* BWNotZ 2020, 11 ff.; vgl. auch *Heckschen/Stelmaszczyk* BB 2020, 1734 ff.; *Schaper/Vollertsen* EWiR 2017, 109 (110); das OLG Saarbrücken NZG 2020, 390 wendet allerdings die §§ 122a ff. UmwG an; zustimmend *Rawert/Hülse* ZIP 2021, 272.
[28] EuGH ECLI:EU:C:2012:440 Rn. 33 = NJW 2012, 2715 – Vale; *Winter/Marx/De Decker* DStR 2017, 1664 (1665).
[29] AG Charlottenburg GmbHR 2014, R311: Checkliste; dazu *Melchior* GmbHR 2014, R 305; ebenso *Hermanns* MittBayNot 2016, 297 (298 ff.); *Hushahn* RNotZ 2014, 137 (140); *Seibold* ZIP 2017, 456 (459); weiterführend *Heckschen* ZIP 2017, 2049 (2053, 2057 ff.).
[30] OLG Frankfurt NZG 2017, 423 (427); zur Kritik *Knaier* DNotZ 2017, 390 (392); ferner *Enders* BB 2017, 1234 (1235); *Hushahn* RNotZ 2017, 263 (264 f.); *Winter/Marx/De Decker* DStR 2017, 1664 (1667).
[31] *Heckschen/Strnad* Notar 2018, 83 (87).
[32] EuGH ECLI:EU:C:2012:440 Rn. 37 = NJW 2012, 2715 – Vale.
[33] Dazu *Hushahn* RNotZ 2014, 137 (140).
[34] Anders und daher nicht unproblematisch OLG Frankfurt NZG 2017, 423 (426).

gefasste Verlegungsbeschluss bewirkt nur eine **Änderung des Satzungssitzes**.[35] Um der Liquidation auf der Grundlage von Art. 64 Abs. 1 und 2 zu entgehen, muss die Gesellschaft nach hM allerdings zugleich ihren effektiven Verwaltungssitz (ihre Hauptverwaltung iSd Art. 7 S. 1) an den neuen Satzungssitz verlegen (→ Rn. 65). Dies ist nach hier vertretener Auffassung infolge der Polbud-Entscheidung des EuGH nicht mehr erforderlich (→ Rn. 66). Dabei sieht Art. 8 Abs. 1 S. 2 vor, dass die Sitzverlegung weder zur Auflösung der SE noch zur Gründung einer neuen juristischen Person führt (**Prinzip der Identitätswahrung** → Rn. 3).

Das **Verfahren der Sitzverlegung** erscheint „aufwändig, aber nicht prohibitiv":[36] 9
(1) Die Verwaltung muss einen **Verlegungsplan** (= Vorlage für einen Verlegungsbeschluss) mit einem gesetzlich vorgesehenen **Mindestinhalt** erstellen (Abs. 2 S. 2; → Rn. 11 ff.). Darin ist insbesondere ein Abfindungsangebot für diejenigen Aktionäre aufzunehmen, die Widerspruch zur Niederschrift erklären (Abs. 5 und 7 S. 2 iVm § 12 SEAG; → Rn. 19), sowie die Gläubigerbesicherung anzukündigen (→ Rn. 21).
(2) Ergänzend muss von der Verwaltung ein **Bericht** über die rechtlichen und wirtschaftlichen Aspekte sowie über die Auswirkungen des Beschlusses gefertigt werden (Abs. 3; → Rn. 22 ff.).
(3) Der Verlegungsplan muss **nach § 10 HGB veröffentlicht** werden (Offenlegung nach Abs. 2 S. 1; → Rn. 27). Ferner ist den Aktionären und den Gläubigern mindestens einen Monat vor der über die Verlegung beschließenden Hauptversammlung **Einsicht** in Verlegungsplan und Verlegungsbericht zu gewähren; auf Verlangen sind ihnen kostenlose Abschriften zu gewähren (Abs. 4; → Rn. 28).
(4) Der **Verlegungsbeschluss** kann erst zwei Monate nach der Veröffentlichung gefasst werden (Abs. 6 S. 1; → Rn. 29). Er bedarf einer Mehrheit von drei Vierteln der abgegebenen Stimmen sowie einer Mehrheit von drei Vierteln des bei der Beschlussfassung vertretenen Grundkapitals (Abs. 6 S. 2; → Rn. 29) und ist nur wirksam, wenn keine Hindernisse entgegenstehen (Abs. 15, Art. 37 Abs. 3; → Rn. 35 f.).
(5) Zwei Monate nach der Veröffentlichung des Verlegungsplans im Bundesanzeiger endet auch die Frist für die **Geltendmachung der Sicherungsansprüche der Gläubiger** (§ 13 Abs. 1 SEAG). Deren Erfüllung muss die SE betreiben, damit ihr das Handelsregister die Bescheinigung nach Abs. 8 ausstellen kann (Abs. 7 UAbs. 1 iVm § 13 Abs. 3 SEAG; → Rn. 41 ff.).
(6) Grundlage für die Eintragung im Zuzugsstaat ist eine **Bescheinigung des Handelsregisters im Wegzugsstaat** nach Abs. 8 (→ Rn. 54 ff.). Diese wird nur erteilt, wenn der Verlegungsbeschluss fehlerfrei gefasst, die Gläubigersicherung nach Abs. 8 iVm § 13 Abs. 3 SEAG durchgeführt und wenn gegen die Wirksamkeit des Verlegungsbeschlusses nicht oder nicht fristgemäß Klage erhoben worden ist oder eine solche Klage rechtskräftig abgewiesen oder zurückgenommen ist (§ 14 SEAG).
(7) Mit der erteilten Bescheinigung beantragt die SE die **Eintragung bei dem zuständigen Gericht des neuen Sitzstaats** (Abs. 9; → Rn. 61 ff.). Fraglich ist, ob im Zuzugsstaat die Eintragung von einer positiven Gründungsprüfung abhängig gemacht werden darf. Dies wird hier verneint (→ Rn. 62).
(8) Mit der **Eintragung** der SE im Zuzugsstaat werden die Sitzverlegung und die Satzungsänderung **wirksam** (Abs. 10; → Rn. 67), wobei das Wirksamwerden gegenüber außenstehenden Gläubigern besonders geregelt ist (Abs. 13; → Rn. 68 ff.). Das Register des Zuzugsstaates meldet die Eintragung der SE dem Register des Wegzugsstaates (Abs. 11 S. 1; → Rn. 63). Letzteres **löscht** darauf die frühere Eintragung der SE (Abs. 11 S. 2; → Rn. 63). Die Eintragungen im Zuzugs- und im Wegzugstaat werden in beiden Staaten **veröffentlicht** (Abs. 12; → Rn. 64).

---

[35] BeckOGK/*Casper* Rn. 1; *Teichmann* ZGR 2002, 383 (457); Lutter/Hommelhoff/Teichmann/*Ringe* Rn. 4.
[36] *Kübler* ZHR 167 (2003), 222 (228).

(9) Danach findet die **Abfindung der Gesellschafter** statt, die Widerspruch zur Niederschrift erklärt haben (§ 12 SEAG; → Rn. 72 ff.).

(10) Die SE muss nach hM ferner ihre **Hauptverwaltung (Verwaltungssitz) an den Zuzugsort verlegen,** um die Liquidation auf der Grundlage von Art. 64 zu vermeiden (→ Rn. 65). **Nach hier vertretener Auffassung** ist dies im Anschluss an die Polbud-Entscheidung des EuGH **nicht mehr erforderlich** (→ Rn. 66).

(11) **Dritten gegenüber** wird die Sitzverlegung erst mit der Veröffentlichung der im Zuzugsstaat erfolgten Eintragung wirksam (Abs. 13 S. 1; → Rn. 68); solange allerdings die Löschung der Eintragung der SE im Wegzugsstaat nicht veröffentlicht ist, werden Dritte Kraft öffentlichen Glaubens geschützt (Abs. 13 S. 2; → Rn. 69 f.).

(12) In Bezug auf **Altforderungen** (= Begründung vor der Eintragung der Sitzverlegung im Zuzugsstaat) gilt der alte Sitz der SE im Wegzugsstaat weiterhin kraft **Fiktion** (Abs. 16; → Rn. 80 ff.).

10 6. **Steuerrechtliche Behandlung.** Die **steuerrechtliche Behandlung** der **Sitzverlegung** nach Art. 8 bereitete in der ersten Zeit nach Inkrafttreten der SE-VO Probleme. Diese wurden mittels Änderung der Fusions-RL 1990 (RL 90/434/EWG) durch die RL 2005/19/EG, die Regelungen für den Fall der Sitzverlegung der SE enthielt, beseitigt. Diese Änderungen wurden durch das Gesetz über steuerliche Begleitmaßnahmen zur Einführung der Europäischen Gesellschaft und zur Änderung weiterer steuerlicher Vorschriften **(SEStEG)** vom 7.12.2006 (BGBl. 2006 I 2782) in nationales Recht umgesetzt (→ Vor Art. 1 Rn. 5 f.). Die Regelungen über die Sitzverlegung finden sich nunmehr in Art. 12 ff. Fusions-RL (RL 2009/133/EG) vom 19.10.2009, die an die Stelle der ursprünglichen Fusions-RL 1990 getreten ist. Gem. Art. 12 Abs. 1 S. 1 Fusions-RL darf die Verlegung des Sitzes einer SE von einem Mitgliedstaat in einen anderen **keine Besteuerung des Veräußerungsgewinnes** auslösen, der sich nach Art. 4 Abs. 1 Fusions-RL aus dem Unterschied zwischen dem tatsächlichen Wert eines Unternehmensvermögens und seinem steuerlichen Wert ergibt, wenn das Vermögen weiterhin einer Betriebsstätte der SE in dem Wegzugsstaat zugerechnet bleibt. Dem trägt **§ 12 Abs. 3 KStG** zunächst einmal insoweit Rechnung, als nur eine Sitzverlegung in einen Zuzugsstaat außerhalb der EU bzw. des EWR wie eine Liquidation nach § 11 KStG besteuert wird, im Umkehrschluss aber nicht die Sitzverlegung nach Art. 8.[37] Gem. der **Entstrickungsregelung des § 12 Abs. 1 KStG** kommt es, solange das deutsche Besteuerungsrecht gewahrt bleibt, nicht zur Abschlussbesteuerung. Dies ist gem. § 12 Abs. 1 S. 2 KStG insbesondere dann der Fall, wenn die einzelnen Wirtschaftsgüter der SE weiterhin einer inländischen Betriebsstätte zuzuordnen sind.[38] Erst wenn das deutsche Besteuerungsrecht hinsichtlich eines einzelnen Vermögensgegenstandes ausgeschlossen oder beschränkt wird, gilt dies als steuerpflichtige Veräußerung (oder Überlassung) zum gemeinen Wert, auf die gem. § 12 Abs. 1 S. 1 KStG die § 4 Abs. 1 S. 5 EStG, § 15 Abs. 1a EStG entsprechende Anwendung finden.[39] Nach Art. 14 Abs. 1 Fusions-RL darf die Verlegung des Sitzes einer SE außerdem keine Besteuerung des Veräußerungsgewinns der Gesellschafter auslösen. Im Einklang hiermit werden gem. **§ 4 Abs. 1 S. 5 EStG** (für Kapitalgesellschaften iVm § 12 Abs. 1 S. 1 KStG) **bzw. § 17 Abs. 5 S. 2 EStG** die in den Beteiligungen verhafteten **stillen Reserven** der SE anlässlich der Sitzverle-

---

[37] Kölner Komm AktG/*Wenz/Daisenberger* Schlussanh. III Rn. 250.
[38] Damit geht § 12 Abs. 1 KStG über die Vorgaben des Art. 12 Fusions-RL hinaus, vgl. Kölner Komm AktG/*Wenz/Daisenberger* Schlussanh. III Rn. 250; vgl. iÜ anschaulich mit Beispielen *Hruschka* StuB 2006, 631 ff.; ansonsten *Blumenberg/Schäfer*, Das SEStEG, 2007; *Blumenberg* FS Schaumburg, 2009, 559; *Kratz*, Das Gesetz über steuerliche Begleitmaßnahmen zur Einführung der Europäischen Gesellschaft und zur Änderung weiterer steuerrechtlicher Vorschriften (SEStEG), 2007; *Schindler/Schön*, Die SE im Steuerrecht, 2008; zuvor *Eggers*, Gründung und Sitzverlegung einer SE aus ertragsteuerlicher Sicht, 2005; *Herzig*, Besteuerung der Europäischen Aktiengesellschaft, 2004; *Lange*, Grenzüberschreitende Umstrukturierung von Aktiengesellschaften, 2005; *Ringe*, Die Sitzverlegung der Europäischen Aktiengesellschaft, 2006, 166 ff.; *Schäfer-Elmayer*, Besteuerung einer in Deutschland ansässigen Holding in der Rechtsform der SE, 2006.
[39] Kölner Komm AktG/*Wenz/Daisenberger* Schlussanh. III Rn. 249.

gung nicht besteuert.[40] Führt eine spätere Veräußerung der Anteile der SE zu einem Gewinn, wird dieser allerdings nach **§ 15 Abs. 1a EStG** (für Kapitalgesellschaften iVm § 12 Abs. 1 S. 1 KStG) **bzw. § 17 Abs. 5 S. 3 EStG** so besteuert, als seien die zugrunde liegenden Einkünfte im Inland erzielt worden (vgl. Art. 14 Abs. 2 Fusions-RL).[41]

II. Verlegungsverfahren

1. Vorbereitung des Verlegungsbeschlusses. a) Verlegungsplan (Abs. 2). aa) Grundlagen. Beim Verlegungsplan handelt es sich – dies legt der Vergleich zur Terminologie des Unionsrechts im Übrigen nahe (Art. 91 GesR-RL) – um den Entwurf eines Hauptversammlungsbeschlusses[42] und mangels rechtsgeschäftlicher Bindungswirkung nicht etwa um eine Willenserklärung.[43] In den §§ 190 ff. UmwG kennt er kein Vorbild,[44] ist aber jetzt in **Art. 86d GesR-RL** (→ Rn. 6) vorgesehen. Der Plan **schützt** nicht nur die **Gesellschafter,** sondern auch die **Gläubiger** der Gesellschaft (arg. e Art. 86d Abs. 1 lit. f GesR-RL (→ Rn. 6) sowie die **Arbeitnehmer** (arg. e Art. 86d Abs. 1 lit. j GesR-RL, → Rn. 6; vgl. → Rn. 13 ff.).[45] Im Rahmen der dualistisch strukturierten SE ist für die Erstellung des Entwurfs das Leitungsorgan (Art. 39 Abs. 1) zuständig, bei der monistisch strukturierten SE hingegen handelt das Verwaltungsorgan (Art. 43 Abs. 1), mithin der Verwaltungsrat (vgl. § 22 Abs. 6 SEAG). Der Entwurf muss in der **Sprache des Wegzugsstaates** erstellt werden.[46] Zum Mindestinhalt zählen **Firma, bisheriger Sitz** und **bisherige Registernummer** der SE.[47] Soll eine deutsche SE über die Sitzverlegung entscheiden, beziehen sich diese Angaben auf die Firma nach § 18 HGB und den Sitz iSd Art. 7. Der Verlegungsplan muss **nicht durch einen Sachverständigen** geprüft werden. Als Grund wird im Schrifttum die geringere Schutzwürdigkeit der von einer Sitzverlegung Betroffenen genannt.[48] Es ist **fraglich,** ob diese Auffassung **unter dem Eindruck des Art. 86f GesR-RL** (→ Rn. 6) **aufrechterhalten werden kann:** Diese Norm setzt für den grenzüberschreitenden Rechtsformwechsel eine Prüfung durch einen unabhängigen Sachverständigen voraus. Dessen Bericht muss mindestens eine **substantiierte Stellungnahme zur Angemessenheit der Barabfindung der ausscheidenden Gesellschafter** beinhalten (Art. 86f Abs. 2 GesR-RL; → Rn. 6). Diese Pflicht besteht nur dann nicht, wenn sämtliche Gesellschafter einer gegenteiligen Lösung zugestimmt haben (Art. 86f Abs. 3 UAbs. 1 GesR-RL). Dies legt es im Umkehrschluss nahe, dass auch der Verlegungsplan der SE zumindest in diesem Punkt durch einen unabhängigen Sachverständigen geprüft werden muss. Dafür spricht auch die Eigentumsgarantie des Art. 17 Abs. 1 GRCh. Hinzu kommt schließlich, dass durch die unterschiedliche Kostenlast von SE und nationaler AG wettbewerbsfremde Lenkungseffekte erzeugt (→ Rn. 6). Diese Prüfpflicht ist für die SE allerdings nicht wie im Falle des Art. 86g Abs. 1 UAbs. 2 GesR-RL (→ Rn. 6) in das Verfahren eingebettet: Der nationale Gesetzgeber kann nach dieser Norm nämlich vorsehen, dass der Bericht ebenfalls offengelegt wird. Die Mitwirkung eines **Notars** ist bei der Aufstellung jedoch nicht erforderlich.[49] Allerdings setzt der Katalog der Pflichtangaben die **Schriftform** voraus.[50] Keine ernsthaften Bedenken beste-

---

[40] Kölner Komm AktG/*Wenz/Daisenberger* Schlussanh. III Rn. 264.
[41] Vgl. zu den weiteren Implikationen Kölner Komm AktG/*Wenz/Daisenberger* Schlussanh. III Rn. 264 f.
[42] BeckOGK/*Casper* Rn. 7; *Priester* ZGR 1999, 36 (40); Lutter/Hommelhoff/Teichmann/*Ringe* Rn. 17; Kölner Komm AktG/*Veil* Rn. 19.
[43] AA Kalss/Hügel/*Kalss* SEG § 6 Rn. 5.
[44] *Kiem* ZHR 180 (2016), 289 (305 f.).
[45] So auch *Kiem* ZHR 180 (2016), 289 (306 ff.).
[46] Lutter/Hommelhoff/Teichmann/*Ringe* Rn. 20; Kölner Komm AktG/*Veil* Rn. 38.
[47] BeckOGK/*Casper* Rn. 7.
[48] *Grundmann* in v. Rosen, Die Europa AG, 2003, 54; *Ringe,* Die Sitzverlegung der Europäischen Aktiengesellschaft, 2006, 116; Lutter/Hommelhoff/Teichmann/*Ringe* Rn. 19.
[49] Lutter/Hommelhoff/Teichmann/*Ringe* Rn. 18 f.; aA *Heckschen* DNotZ 2003, 251 (265); Widmann/Mayer/*Heckschen* UmwG Anh. 14 Rn. 417.
[50] Kölner Komm AktG/*Veil* Rn. 38.

hen gegen die Festsetzung **weiterer, über Abs. 2 hinausgehender Beschlussinhalte**,[51] solange die Regelungsanliegen des Abs. 2 dadurch nicht vereitelt werden (Intransparenz, Widerspruch zu Pflichtangaben usw).

12 **bb) Neuer Sitz, Satzung und neue Firma (S. 2 lit. a und b).** Festzusetzen ist ferner der **vorgesehene neue Sitz.** Aus der Systematik des Art. 7 geht hervor, dass dafür nicht die Angabe des Zuzugsstaates genügt, sondern eine genaue Bezeichnung der politischen Gemeinde erforderlich ist. Gestattet der Zuzugsstaat, dass Satzungssitz und Hauptverwaltung innerhalb des Mitgliedstaats in unterschiedlichen politischen Gemeinden liegen (Art. 7 S. 2), müssen beide benannt werden, damit die SE insbesondere für außenstehende Gläubiger einwandfrei zu identifizieren ist. Verpflichtend ist auch die **Angabe der für die SE vorgesehenen Satzung** (zum Pflichtinhalt → Art. 6 Rn. 3 ff.). Der Beschluss über eine Sitzverlegung bedeutet bereits eine **Satzungsänderung.**[52] Weitere Änderungen werden in aller Regel aber auch deshalb erforderlich, weil auf die SE künftig in weitem Umfang das Recht des Zuzugsstaats anwendbar ist (→ Rn. 3) und die geltende Fassung angepasst werden muss. Nach dem Wortlaut des Art. 8 Abs. 2 S. 2 lit. b ist **der vollständige Satzungstext** der SE im Beschluss festzusetzen, unabhängig vom Umfang der darin vorzunehmenden Änderungen. Dies erscheint im Hinblick auf den Normzweck geboten, um den Aktionären und außenstehenden Gläubigern eine vollständige Einschätzung der rechtlichen Wirksamkeit und der Erfolgsaussichten des Beschlusses zu ermöglichen.[53] Zu **Firmenänderungen** kann es vor allem infolge des Wettbewerbs- und Kennzeichenschutzrechts am Zuzugsort kommen (Beispiel: Ein ortsansässiger Konkurrent führt bereits eine gleichlautende Firma). Art. 8 Abs. 2 S. 2 lit. b fordert eine Festsetzung nur für den Fall, dass tatsächlich eine Änderung erfolgt. Zur Vermeidung von Beanstandungen im Verfahren nach Art. 8 Abs. 8 empfiehlt sich indes ein kurzer Hinweis, wenn eine Änderung der Firma unterbleiben wird.

13 **cc) Folgen für die Beteiligung der Arbeitnehmer (S. 2 lit. c).** Ferner muss nach Art. 8 Abs. 2 S. 2 lit. c im Verlegungsplan **über die etwaigen Folgen der Verlegung für die Beteiligung der Arbeitnehmer** informiert werden. Unter „Beteiligung" ist dabei im Einklang mit Art. 2 lit. h SE-RL jedes Verfahren einschließlich der Unterrichtung, der Anhörung und der Mitbestimmung zu verstehen, durch das die Vertreter der Arbeitnehmer auf die Beschlussfassung innerhalb der Gesellschaft Einfluss nehmen können.[54] Erfasst sind also nicht nur die Folgen für die Mitbestimmung.

14 Unmittelbar berührt die Sitzverlegung das nach der SE-RL **vereinbarte Modell** der **Beteiligung der Arbeitnehmer** nicht. Denn nach Art. 8 Abs. 1 S. 2 wahrt die SE anlässlich der Sitzverlegung ihre Identität und führt das bisherige Beteiligungsmodell fort **(Vorher-Nachher-Prinzip;** → Vor Art. 1 Rn. 4). Möglich ist jedoch, dass die Sitzverlegung eine **Pflicht zur Neuverhandlung** auslöst, über welche im Plan zu informieren ist. Eine derartige Pflicht kann sich aus einer entsprechenden Festlegung in der Beteiligungsvereinbarung ergeben: Gem. § 21 Abs. 1 Nr. 6, Abs. 4 SEBG „soll" in der Vereinbarung festgelegt werden, dass auch vor „strukturellen Änderungen" der SE Neuverhandlungen aufgenommen werden. Diese Regelung lässt sich nicht auf eine Vorgabe der SE-RL zurückführen;[55] allerdings räumt Art. 4 Abs. 2 lit. h SE-RL eine Neuverhandlungsmöglichkeit für den Fall ein, dass die bei der Gründung der SE abgeschlossene Vereinbarung über die Beteiligung der Arbeitnehmer Fälle regelt, „in denen die Vereinbarung neu ausgehandelt werden sollte".

---

[51] *Schwarz* Rn. 14; *Teichmann* in Van Hulle/Maul/Drinhausen SE-HdB Abschn. 7 Rn. 24; *Zang,* Sitz und Verlegung des Sitzes einer europäischen Aktiengesellschaft mit Sitz in Deutschland, 2005, 125 ff.; Kölner Komm AktG Rn. 21; *Witten,* Minderheitenschutz bei Gründung und Sitzverlegung der Europäischen Aktiengesellschaft (SE), 2011, 52.
[52] BeckOGK/*Casper* Rn. 7; *Wenz* in Theisen/Wenz, Die Europäische Aktiengesellschaft, 2. Aufl. 2005, 189 (239); Lutter/Hommelhoff/Teichmann/*Ringe* Rn. 39; Widmann/Mayer/*Heckschen* UmwG Anh. 14 Rn. 434.
[53] So auch Kölner Komm AktG/*Veil* Rn. 24; Widmann/Mayer/*Heckschen* UmwG Anh. 14 Rn. 417.1.
[54] Kölner Komm AktG/*Veil* Rn. 28.
[55] Habersack/Drinhausen/*Hohenstatt/Müller-Bonanni* SEBG § 21 Rn. 28.

Wie auch bei § 18 Abs. 3 SEBG (der ebenfalls keine direkte Entsprechung in der Richtlinie findet)[56] dürfte es sich bei den **„strukturellen Änderungen"** um solche handeln, die im Hinblick auf die Reichweite ihrer Rechtsfolgen **der Gründung einer SE gleichkommen.** Dafür spricht vor allem Erwägungsgrund 18 zur SE-RL, wonach das **Vorher-Nachher-Prinzip** nicht nur für die Neugründung einer SE, sondern auch für strukturelle Veränderungen einer bereits gegründeten SE gilt.[57] Der Begriff der **„strukturellen Änderungen"** ist in der SE-RL nicht definiert und in der Folge umstritten. Die Kontroverse, ob nur echte Satzungsänderungen unter diesen Tatbestand fallen[58] oder auch Änderungen in den tatsächlichen Strukturen,[59] kann wegen des stets satzungsändernden Charakters der Sitzverlegung (→ Rn. 12) dahinstehen. Die **Rechtsprechung** tendiert jetzt **gegen die Möglichkeit einer strukturellen Änderung.**[60] Für die Anwendbarkeit der Norm sprechen im Übrigen auch die an den Rechtsformwechsel gemahnenden Rechtsfolgen (→ Rn. 3).[61] Nunmehr macht **Art. 86l Abs. 2 GesR-RL** (→ Rn. 6) Vorgaben, die auch für die SE Leitbildcharakter entfalten dürften (grundsätzlich zu dieser Möglichkeit → Rn. 6). Denn die Norm nennt konkrete quantitative und qualitative Parameter, unter denen von einer substantiellen Veränderung der Arbeitnehmerbeteiligung durch die Sitzverlagerung auszugehen ist. Eine allzu große Bedeutung kam dem bisher geführten Streit im Rahmen des § 21 Abs. 4 SEBG indes nicht zu, da es seit jeher für zulässig erachtet wird, in der Vereinbarung klarzustellen, welche Vorgänge als „strukturelle Änderungen" eine Neuverhandlungspflicht auslösen.[62] Anders verhält es sich im Rahmen von § 18 Abs. 3 SEBG, der für den Fall struktureller Änderungen, die geeignet sind, die Beteiligungsrechte der Arbeitnehmer zu mindern, eine *gesetzliche* **Pflicht zur Wiederaufnahme der Verhandlungen** begründet. Wegen der Rechtsfolge des Art. 8 Abs. 1 S. 2 lässt sich die Sitzverlegung allerdings nicht unter § 18 Abs. 3 SEBG subsumieren (→ SEBG § 18 Rn. 17).[63]

Daher findet, sofern keine abweichende Vereinbarung besteht (→ Rn. 13), **anlässlich 15 der Sitzverlegung keine zwingende Neuverhandlung der Arbeitnehmerbeteiligung** statt.[64] Diese Rechtsfolge beruht auch nicht auf einer planwidrigen Regelungslücke: Das zugrunde liegende Problem wurde im Europäischen Parlament diskutiert, doch wurden die dort entwickelten Änderungsvorschläge vom Rat nicht übernommen, um den politischen Kompromiss von Nizza nicht zu gefährden.[65] Die Sitzverlegung stellt in mitbestimmungsrechtlicher Hinsicht auch **keine missbräuchliche Gestaltung iSv § 43 S. 1 SEBG** dar. Dies zeigt das folgende **Beispiel:** Soll im Inland ein Unternehmen errichtet werden, das über 500 Mitarbeiter beschäftigt, nicht der Unternehmensmitbestimmung unterliegt und zugleich börsenfähige Mitgliedsrechte emittieren kann, bietet sich die Gründung einer SE

---

[56] Habersack/Drinhausen/*Hohenstatt/Müller-Bonanni* SEBG § 18 Rn. 5; Lutter/Hommelhoff/Teichmann/*Oetker* SE SEBG § 18 Rn. 2.
[57] So die hM, vgl. Habersack/Drinhausen/*Hohenstatt/Müller-Bonanni* SEBG § 18 Rn. 9; weitergehend Lutter/Hommelhoff/Teichmann/*Oetker* SE SEBG § 18 Rn. 20 ff.
[58] *Wollburg/Banerjea* ZIP 2005, 277 (278).
[59] *Feldhaus/Vanscheidt* BB 2008, 2246 (2247); Lutter/Hommelhoff/Teichmann/*Oetker* SEBG § 18 Rn. 24.
[60] LAG Hamburg Beschl. v. 29.10.2020 – 3 TaBV 1/20, juris Rn. 46 ff.; ArbG Hamburg Beschl. v. 28.2.2020 – 17 BV 20/19.
[61] So auch *Grundmann* in v. Rosen, Die Europa AG, 2003, 47 (60); vgl. auch *Oechsler* AG 2005, 373.
[62] Habersack/Drinhausen/*Hohenstatt/Müller-Bonanni* SEBG § 21 Rn. 28; Lutter/Hommelhoff/Teichmann/*Oetker* SEBG § 21 Rn. 44.
[63] Sie wird wohl auch deshalb nicht in den Materialien erwähnt: RegE, BT-Drs. 15/3405, 50 f. = BR-Drs. 438/04 zu § 18 Abs. 3 SEBG; Kölner Komm AktG/*Feuerborn* SEBG § 18 Rn. 22; ähnlich Lutter/Hommelhoff/Teichmann/*Ringe* Rn. 13; *Ringe*, Die Sitzverlegung der Europäischen Aktiengesellschaft, 2006, 153; *Oechsler* AG 2005, 373 (376); aA Lutter/Hommelhoff/Teichmann/*Oetker* SEBG § 18 Rn. 21 für Fälle, in denen wegen der Sitzverlegung die Bildung eines Konzern- oder Gesamtbetriebsrates nicht mehr möglich sei; Widmann/Mayer/*Heckschen* UmwG Anh. 14 Rn. 436.
[64] *Buchheim*, Europäische Aktiengesellschaft und grenzüberschreitende Konzernverschmelzung, 2001, 279; *Kleinsorge* RdA 2002, 343 (351); *Ringe*, Die Sitzverlegung der Europäischen Aktiengesellschaft, 2006, 153 f.; *Krause* BB 2005, 1221 (1223); *Schindler*, Die Europäische Aktiengesellschaft, 2002, 15; *Teichmann* in Van Hulle/Maul/Drinhausen SE-HdB Abschn. 7 Rn. 18; *Waclawik* ZEV 2006, 429.
[65] Darstellung bei *Ringe*, Die Sitzverlegung der Europäischen Aktiengesellschaft, 2006, 162.

durch nicht mitbestimmte ausländische Gründungsgesellschaften an. Wird bei der Gründung dieser SE über das Mitbestimmungsmodell verhandelt, haben die Arbeitnehmervertreter nur eine schwache Verhandlungsposition, weil das Mitbestimmungsregime der Auffanglösung nur dann eingreift, wenn zumindest eine Gründungsgesellschaft mitbestimmt war (vgl. Art. 7 Abs. 2 SE-RL; → Rn. 16). Dabei spielt es allerdings keine Rolle, ob die SE zunächst im Ausland gegründet wird und sodann ihren Sitz nach Deutschland verlegt, oder ob sie von vornherein in Deutschland registriert wird: Im letzteren Fall wäre die SE bei Eingreifen der Auffangregelung ebenfalls nicht mitbestimmt, da sich das Mitbestimmungsniveau in der SE danach richtet, welche Mitbestimmungsregelungen auf die Gründungsgesellschaften anwendbar waren, nicht aber nach den für Aktiengesellschaften im Sitzstaat geltenden Bestimmungen (näher → Rn. 16).[66] Auch in diesem Fall hätten die Arbeitnehmer also bei den Verhandlungen dieselbe schwache Position.

16 Im Hinblick auf die Darlegung der Folgen der Sitzverlegung für die Beteiligung der Arbeitnehmer im Verlegungsplan gilt daher Folgendes: Fand die Auffangregelung des vormaligen Sitzstaates Anwendung, gilt nach der Sitzverlegung die **Auffangregelung des neuen Sitzstaates** (in Deutschland also §§ 22 ff. SEBG); dies ist im Plan darzulegen. Aus dem bloßen Wechsel der Auffangregelung folgen **grundsätzlich keine materiellen Änderungen des Beteiligungsregimes,** da die Auffangregelungen der Mitgliedstaaten auf den Vorgaben der SE-RL beruhen.[67] Diese knüpfen gem. Art. 7 SE-RL iVm Anh. Teil 3 SE-RL nicht an das Mitbestimmungsniveau des Sitzstaates, sondern vielmehr an die mitbestimmungsrechtliche Ausgangslage in den an der Gründung der SE beteiligten Unternehmen an.[68] So gelten zB gem. § 35 Abs. 1 SEBG im Falle der Gründung einer SE durch Umwandlung die Mitbestimmungsregelungen fort, die vor der Umwandlung anwendbar waren. Materielle Änderungen des Beteiligungsregimes sind allerdings denkbar, soweit die Mitgliedstaaten die SE-RL auf unterschiedliche Art und Weise umgesetzt haben.[69] Insbesondere Art. 7 Abs. 3 SE-RL begründet einen bedeutenden Umsetzungsspielraum.[70] Etwaige aus dem Wechsel der Auffangregelung resultierende materielle Änderungen sind im Plan ebenfalls darzulegen.

17 Im Übrigen muss der spätere **Verlegungsbeschluss nicht unter besonderer Berücksichtigung der Arbeitnehmerinteressen** ergehen, wie der Umkehrschluss aus Art. 8 Abs. 2 S. 2 lit. c zeigt und wofür auch die Wahrnehmung der Arbeitnehmernehmerinteressen über die Unternehmensmitbestimmung spricht.[71]

18 dd) **Zeitplan (S. 2 lit. d).** Im Entwurf für den Verlegungsbeschluss ist der vorgesehene **Zeitplan** für die Verlegung anzugeben. Die SE-VO bezweckt damit eine Orientierung der Aktionäre und Gläubiger. Ein nicht eingehaltener Zeitplan begründet und zerstört allerdings keinen Vertrauensschutz der Gläubiger,[72] wie sich im Umkehrschluss aus Art. 8 Abs. 13 S. 2 ergibt. In der Art. 86 lit. d GesR-RL (→ Rn. 6) wird der Plan entsprechend als „**indikativ**" bezeichnet. Der Zeitplan bedeutet eine **Prognose** über den zeitlichen Verlauf der Verfahrensschritte des Sitzverlegungsverfahrens[73] (→ Rn. 9) und ist deshalb wie andere Prognosen stets dann rechtmäßig, wenn er sich auf Tatsachen stützt und kaufmännisch vertretbar ist (§ 93 Abs. 1 S. 2 AktG).[74] Im Zeitplan sollte kurz auch auf die Möglichkeit

---

[66] Vgl. auch das Beispiel bei *Ringe,* Die Sitzverlegung der Europäischen Aktiengesellschaft, 2006, 151 f.
[67] *Schwarz* Rn. 10; Lutter/Hommelhoff/Teichmann/*Ringe* Rn. 14; *Ringe,* Die Sitzverlegung der Europäischen Aktiengesellschaft, 2006, 157; aA Kölner Komm AktG/*Veil* Rn. 29.
[68] *Schwarz* Rn. 10; *Ringe,* Die Sitzverlegung der Europäischen Aktiengesellschaft, 2006, 151.
[69] *Ringe,* Die Sitzverlegung der Europäischen Aktiengesellschaft, 2006, 157 ff., der im Falle hierdurch bedingter wesentlicher Änderungen eine Pflicht zur Neuverhandlung in Betracht zieht; Lutter/Hommelhoff/Teichmann/*Ringe* Rn. 15.
[70] Vgl. hierzu *Ringe,* Die Sitzverlegung der Europäischen Aktiengesellschaft, 2006, 158.
[71] *Wenz* in Theisen/Wenz, Die Europäische Aktiengesellschaft, 2. Aufl. 2005, 189 (234).
[72] So auch BeckOGK/*Casper* Rn. 9.
[73] Ausf. *de Lousanoff* FS Spiegelberger, 2009, 604 (605 f.).
[74] Vgl. hier nur BGH WM 1982, 865; OLG Frankfurt WM 1984, 595 f.; zust. *Esposito,* Sitzverlegung und Minderheitenschutz bei der Societas Europaea, 2013, 162.

der Verzögerung im Bescheinigungsverfahren nach Art. 8 Abs. 8 durch Anfechtungsklagen eingegangen werden (vgl. auch § 14 SEAG). In Betracht kommt eine **Anfechtung** des später gefassten Verlegungsbeschlusses, wenn die im Zeitplan enthaltene Prognose unrichtig und nicht ernst gemeint war, weil die Hauptversammlung dann auf einer falschen Grundlage entschieden hat.[75] Wegen der Frist des § 246 Abs. 1 AktG dürfte es sich dabei indes um ein theoretisches Problem handeln.

ee) Angaben über die Abfindung der Minderheitsaktionäre (S. 2 lit. e). Nach 19 Art. 8 Abs. 2 S. 2 lit. e sind „etwaige zum Schutz der Aktionäre...vorgesehene Rechte" anzugeben. § 12 Abs. 1 SEAG erzwingt für die in Deutschland ansässige SE in Ausübung der Option des Art. 8 Abs. 5 eine Abfindung der Minderheitsaktionäre (→ Rn. 72 ff.). Anzugeben sind: **(1)** der Umstand, dass eine Abfindung gewährt wird, **(2)** die Höhe des gezahlten Preises und **(3)** ein Hinweis, wie der Interessent seine eigene Abfindungsberechtigung in Erfahrung bringen und den Abfindungsvorgang technisch bewerkstelligen kann (möglicher Verweis auf den Verlegungsbericht). Probleme bereiten allerdings die Rechtsfolgen eines Verstoßes gegen die Pflicht, dieses Angebot in den Verlegungsplan aufzunehmen: Denn nach **§ 12 Abs. 2 SEAG iVm § 7 Abs. 5 SEAG** kann der Verlegungsbeschluss nicht mit der Begründung angefochten werden, das Angebot sei zu niedrig bemessen oder die Barabfindung sei im Verlegungsplan nicht oder nicht ordnungsgemäß angegeben. Demgemäß stellt auch das **völlige Fehlen einer Erwähnung des Abfindungsangebots keinen Anfechtungsgrund** dar.[76] Der Anfechtungsausschluss gem. **§ 12 Abs. 2 SEAG iVm § 7 Abs. 5 SEAG** steht auch mit Art. 8 Abs. 2 S. 2 lit. e in Einklang, der Angaben zu etwaigen Abfindungspflichten schließlich zwingend vorschreibt. Europarechtlich besteht nämlich nicht die Vorgabe, einen Verstoß gegen Art. 8 Abs. 2 S. 2 lit. e gerade durch die Anfechtbarkeit des Verlegungsbeschlusses zu sanktionieren.[77] Dies entspricht nun auch **Art. 86h Abs. 5 lit. b GesR-RL** (→ Rn. 6). Eine **Kontrolle** erfolgt nach der Konzeption der SE-VO vielmehr **durch die zuständige Behörde des Wegzugsstaates nach Art. 8 Abs. 8;** Gegenstand der Prüfung nach Abs. 8 ist auch die rechtmäßige Erstellung des Verlegungsplans und damit die Beachtung der Mindestangaben (→ Rn. 55).[78] Demgegenüber richtet sich das **Beschlussmängelrecht** gem. Art. 9 Abs. 1 lit. c Ziff. ii nach **nationalem Aktienrecht.**[79] Insofern bewerkstelligt der Ausschluss der Anfechtungsmöglichkeit durch § 12 Abs. 2 SEAG iVm § 7 Abs. 5 SEAG eine aufgrund von Art. 10 gebotene Gleichbehandlung der Sitzverlegung mit dem strukturell vergleichbaren Formwechsel nach dem UmwG: Gem. § 210 UmwG ist eine Anfechtungsklage gegen den Umwandlungsbeschluss auch dann ausgeschlossen, wenn in diesem entgegen § 194 Abs. 1 Nr. 6 UmwG überhaupt keine Barabfindung angeboten worden ist. Das Fehlen des Abfindungsangebots im Verlegungsplan hat schließlich keinerlei Auswirkungen darauf, dass den Aktionären eine angemessene Abfindung nach § 12 Abs. 1 S. 1 SEAG materiell zusteht.[80] Da in diesem Fall der Gegenstand der Beschlussfassung nicht ordnungsgemäß bekanntgemacht worden ist (vgl. § 12 Abs. 1 S. 3 SEAG), müssen die Aktionäre gegen den Verlegungsbeschluss auch nicht gem. § 12 Abs. 1 S. 1 SEAG Widerspruch zur Niederschrift erklären, § 12 Abs. 1 S. 5 SEAG iVm § 29 Abs. 2 UmwG.[81] Der Abfindungsanspruch ist gem. § 12 Abs. 2 SEAG iVm § 7 Abs. 7 S. 2 SEAG im **Spruchverfahren** geltend zu machen (→ Rn. 75).

---

[75] Zust. Habersack/Drinhausen/*Diekmann* Rn. 24; *Esposito,* Sitzverlegung und Minderheitenschutz bei der Societas Europaea, 2013, 168 f.

[76] BeckOGK/*Casper* Rn. 9; Kölner Komm AktG/*Veil* Rn. 110; Lutter/Hommelhoff/Teichmann/*Ringe* Rn. 38; *Hoger,* Kontinuität beim Formwechsel nach dem UmwG und der grenzüberschreitenden Verlegung des Sitzes einer SE, 2007, 330; *Esposito,* Sitzverlegung und Minderheitenschutz bei der Societas Europaea, 2013, 169 ff.; MHdB GesR IV/*Austmann* § 85 Rn. 14; aA *Teichmann* in Van Hulle/Maul/Drinhausen SE-HdB Abschn. 7 Rn. 46; Habersack/Drinhausen/*Diekmann* Rn. 43.

[77] Ähnlich *Esposito,* Sitzverlegung und Minderheitenschutz bei der Societas Europaea, 2013, 170.

[78] NK-SE/*Schröder* Rn. 85.

[79] Kölner Komm AktG/*Kiem* Art. 57 Rn. 43; Lutter/Hommelhoff/Teichmann/*Ringe* Rn. 44.

[80] BeckOGK/*Casper* Rn. 9.

[81] Widerspruch einlegen muss aber der Aktionär, der trotz des Bekanntmachungsmangels in der Hauptversammlung erschienen ist, da sich der Fehler in seinem Fall nicht ausgewirkt hat, vgl. Lutter/*Grunewald* UmwG § 29 Rn. 15.

20 Der österreichische Gesetzgeber hat – offenbar in Anlehnung an den Rechtsgedanken des Art. 31 – ein vereinfachtes Verfahren der Sitzverlegung für den Fall vorgesehen, dass sich **die Aktien der SE in einer Hand** befinden bzw. alle Gesellschafter **schriftlich auf ihr Austrittsrecht verzichtet haben** (§ 11 öSEG). Im Rahmen dieses Verfahrens erübrigt sich vermeintlich die Angabe nach Abs. 2 S. 2 lit. e. Doch erscheint aus folgendem Grund **Vorsicht geboten:** Die GesR-RL (→ Rn. 6) kennt im Rahmen der Regelung der grenzüberschreitenden Umwandlung einschlägige Ausnahmen nur für den Verlegungsbericht des Vorstands (Art. 86e Abs. 4 GesR-RL) und den Bericht des unabhängigen Sachverständigen (Art. 86f Abs. 3 GesR-RL), nicht aber für den Verlegungsplan (Art. 86d GesR-RL). Die dürfte damit zusammenhängen, dass der Plan **nach Willen des europäischen Gesetzgebers** den Interessen sämtlicher Betroffenen (auch der Arbeitnehmer und Gläubiger) dient (Erwägungsgrund 12 RL (EU) 2019/2121; → Rn. 6). Dennoch lässt sich auch für das deutsche Recht aus teleologischen, an Art. 31 ausgerichteten Erwägungen für den Fall des hundertprozentigen Aktienbesitzes auf eine teleologische Reduktion von Art. 8 Abs. 2 S. 2 lit. e iVm § 12 Abs. 1 S. 1 SEAG schließen,[82] zumal gerade bei einem Alleinaktionär eine Abfindungspflicht nach § 12 SEAG nicht in Betracht kommt.[83] Im Verlegungsplan sind schließlich **keine Angaben über die künftige Rechtsstellung der Aktionäre** erforderlich. Diese Angaben entfallen allerdings nicht vollständig,[84] sondern werden durch den Verlegungsbericht wahrgenommen, weil dort die Rechtslage des Zuzugsortes und damit die Ausgestaltung der Mitgliedsrechte nach dem neuen Recht darzulegen ist (→ Rn. 25).

21 ff) **Angaben über die Besicherung der Gläubiger (S. 2 lit. e).** Im Verlegungsplan müssen ferner etwaige zum Schutz der Gläubiger vorgesehene Rechte angegeben werden (Art. 8 Abs. 7). Das Verfahren ist in § 13 SEAG geregelt (→ Rn. 41 ff.). Nach § 13 Abs. 1 S. 3 SEAG sind die Gläubiger auf die in § 13 Abs. 1 S. 1 und 2 SEAG gewährten Rechte hinzuweisen. Bei der Redaktion der Angaben im Text des Verlegungsplans empfiehlt sich eine **enge Ausrichtung am Wortlaut** dieser Normen, aber auch an dem des § 13 Abs. 2 SEAG. Denn die Angaben müssen so gefasst sein, dass auch ein Gläubiger (mit Hilfe eines Übersetzers) den bestehenden Sicherungsanspruch in seinen Voraussetzungen erkennen und anmelden kann; sonst könnte der Ablauf der Frist nach § 13 Abs. 1 S. 1 SEAG gefährdet sein. Aus Sicht der Gläubiger ist ferner die Beantwortung der Frage wichtig, ob die Sitzverlegung **ein besonderes Sicherungsinteresse iSd § 13 Abs. 1 S. 2 SEAG** berührt; dies erfolgt insbesondere durch die Verlegung der Hauptverwaltung, worauf im Verlegungsbericht näher eingegangen werden kann (→ Rn. 48). Bei den Festsetzungen im Verlegungsplan empfiehlt sich ein Hinweis auf die Passage des Berichts nach Art. 8 Abs. 3 (→ Rn. 22).

22 b) **Verlegungsbericht (Abs. 3).** Die Verantwortung für den Verlegungsbericht trägt in der dualistisch strukturierten SE das Leitungsorgan (Art. 39 Abs. 1), bei der monistisch strukturierten SE das Verwaltungsorgan (Art. 43 Abs. 1), mithin der Verwaltungsrat (§ 22 SEAG). Eine **Vertretung** sieht die SE-VO nicht vor (§ 40 Abs. 2 S. 3 SEAG). Der Bericht liegt in der Gesamtverantwortung der Geschäftsleitung, weshalb **Minderheitsvoten** nicht darzulegen sind.[85] Die Vorbilder des Instituts liegen im Verschmelzungsbericht (Art. 95 GesR-RL) und im Spaltungsbericht (Art. 141 GesR-RL). Wie diese zielt auch der Verlegungsbericht auf einen vorgelagerten Schutz der Betroffenen durch Information (**A-Priori-Schutz**).[86] Daher können die von der Anwendung des Art. 9 RL 2011/35/EU aF (nun-

---

[82] So auch Kölner Komm AktG/ *Veil* Rn. 35; *Witten,* Minderheitenschutz bei Gründung und Sitzverlegung der Europäischen Aktiengesellschaft (SE), 2011, 51; *Esposito,* Sitzverlegung und Minderheitenschutz bei der Societas Europaea, 2013, 164.

[83] *Witten,* Minderheitenschutz bei Gründung und Sitzverlegung der Europäischen Aktiengesellschaft (SE), 2011, 51; *Esposito,* Sitzverlegung und Minderheitenschutz bei der Societas Europaea, 2013, 164.

[84] Lutter/Hommelhoff/Teichmann/*Ringe* Rn. 24.

[85] BeckOGK/*Casper* Rn. 11; Kalss/Hügel/*Kalss* SEG § 6 Rn. 20.

[86] *Priester* ZGR 1999, 36 (41); BeckOGK/*Casper* Rn. 11; *Wenz* in Theisen/Wenz, Die Europäische Aktiengesellschaft, 2. Aufl. 2005, 189 (238); Lutter/Hommelhoff/Teichmann/*Ringe* Rn. 26; *Hunger* in Jannott/Frodermann SE-HdB Kap. 9 Rn. 62: Plausibilitätskontrolle.

mehr Art. 95, 124, 141 GesR-RL) bzw. **§ 8 UmwG** bekannten Maßstäbe zur Konkretisierung der Anforderungen an den Bericht herangezogen werden.[87] Dementsprechend soll der Bericht eine Entscheidung der **Aktionäre** über den Verlegungsbeschluss ermöglichen und **Gläubiger** sowie **Arbeitnehmer** vor möglichen negativen Auswirkungen warnen. Im **Verfahren der grenzüberschreitenden Umwandlung** (zur Ges-RL → Rn. 6) ist ebenfalls ein einheitlicher Bericht mit einem Abschnitt für Gesellschafter und einem Abschnitt für Arbeitnehmer vorgesehen (Art. 86e Abs. 2 GesR-RL → Rn. 6). Gegenstand der Informationspflicht sind zunächst **die rechtlichen und materiellen Aspekte der Verlegung.** Einschlägige Informationen dürften in erster Linie das Interesse der Aktionäre berühren. Sie betreffen die rechtlichen Voraussetzungen der Sitzverlegung, insbesondere die notwendigen Anpassungen der Satzung an das Aktienrecht des Zuzugsortes.[88] Aus dem Systemzusammenhang des Abs. 3 geht ferner hervor, dass der Bericht **schriftlich** abgefasst werden muss.[89] Die **Entbehrlichkeit des Berichts** bei **Verzicht aller Beteiligten** wie in den Fällen der § 8 Abs. 3 UmwG, § 293a Abs. 3 AktG sieht die SE-VO nicht ausdrücklich vor. Deshalb wird diese Möglichkeit auch von der **hM** verneint.[90] Doch hat sie der europäische Gesetzgeber für die grenzüberschreitende Umwandlung nach **Art. 86e Abs. 4 GesR-RL** (→ Rn. 6) in Bezug auf den Bericht gegenüber den Gesellschaftern vorgesehen. Überzeugend erscheint die hM daher nicht. Zieht man in Betracht, dass ein Verzicht ohnehin nur bei homogen strukturierten SE (wenige Gesellschafter, wenige bis keine Arbeitnehmer usw) in Betracht kommt, stellt sich die Frage, warum dieser Informationsaufwand betrieben werden soll, wenn die Beteiligten längst über andere Kommunikationskanäle verfügen und diesen Schutz nicht wollen. Ein **Verzicht scheint daher möglich.** Die Berichtspflicht gegenüber den Arbeitnehmern bleibt davon unberührt. Doch bietet sich in Bezug auf **die objektive Entbehrlichkeit des Berichts** eine **Orientierung an Art. 86e Abs. 8 GesR-RL** (→ Rn. 6) an: Haben die SE und ihre Tochtergesellschaften keine anderen Arbeitnehmer als diejenigen, die dem Leitungs- oder Verwaltungsorgan angehören, erscheint der **Berichtsteil für Arbeitnehmer auch bei der SE entbehrlich.**

In diesem Zusammenhang sind die Änderungen der nach Abs. 2 S. 2 lit. b offenzulegenden Satzung zu erörtern. Ferner müssen **in Ergänzung zu Abs. 2 S. 2 lit. e** Informationen über die **Abfindung der Aktionäre** nach Art. 8 Abs. 5 und § 12 SEAG gegeben werden. Insbesondere sind – wie auch bei § 192 UmwG – die **Höhe und die Angemessenheit der angebotenen Abfindung zu erläutern.**[91] Ähnlich wie bei § 192 UmwG gehört die Angemessenheit der Barabfindung zu den „Auswirkungen der Verlegung für die Aktionäre" iSd Art. 8 Abs. 3, die „im Einzelnen dargelegt" werden müssen. Zunächst ist die Abfindung – anders als nach § 194 Abs. 1 Nr. 6 UmwG für den Formwechsel – **europarechtlich kein zwingender Bestandteil des Verlegungsplans** („*etwaige* [...] Rechte"), sondern nur bei entsprechender Regelung durch die Mitgliedstaaten erforderlich. Dies **ändert sich nun** für das Verfahren der **grenzüberschreitenden Umwandlung:** Nach **Art. 86d Abs. 1 lit. i GesR-RL** ist die Barabfindung zwingender Bestandteil des Verlegungsplans, und nach Art. 86e Abs. 2 lit. a GesR-RL iVm Art. 86i GesR-RL auch zwingender Bestandteil des Berichts für die Gesellschafter. Dies spricht eher für die Übernahme der aus dem Umwandlungsrecht bekannten **Rechtfertigungsanforderungen** für die nach § 12 Abs. 1 S. 1 SEAG zu offerierende Barabfindung: Ist nämlich nach dem mitgliedstaatlichen Ausführungsgesetz

---

[87] Habersack/Drinhausen/*Diekmann* Rn. 33; vgl. auch Widmann/Mayer/*Heckschen* UmwG Anh. 14 Rn. 421 zu der Frage, wer den Bericht unterzeichnen muss.
[88] Kölner Komm AktG/*Veil* Rn. 51.
[89] BeckOGK/*Casper* Rn. 11; aA *Teichmann* in Van Hulle/Maul/Drinhausen SE-HdB Abschn. 7 Rn. 34.
[90] *Hunger* in Jannott/Frodermann SE-HdB Kap. 9 Rn. 77 f.; NK-SE/*Schröder* Art. 8 Rn. 42; *Teichmann* in Van Hulle/Maul/Drinhausen SE-HdB Abschn. 7 Rn. 27; *Wenz* in Theisen/Wenz, Die Europäische Aktiengesellschaft, 2. Aufl. 2005, 189 (239); Lutter/Hommelhoff/Teichmann/*Ringe* Rn. 31; *Ringe*, Die Sitzverlegung der Europäischen Aktiengesellschaft, 2006, 117; Kölner Komm AktG/*Veil* Rn. 45; Habersack/Drinhausen/ *Diekmann* Rn. 32; iErg auch *Witten*, Minderheitenschutz bei Gründung und Sitzverlegung der Europäischen Aktiengesellschaft (SE), 2011, 64.
[91] Kölner Komm AktG/*Veil* Rn. 51.

ein Abfindungsangebot in den Verlegungsplan aufzunehmen, so zählt es auch zu den „Auswirkungen [...] für die Aktionäre", die detailliert zu erläutern sind. Erforderlich ist daher die **Darlegung der Bewertung der SE** anhand konkreter Zahlen und Planungsrechnungen;[92] auch insofern ist eine **Orientierung an der Praxis zu § 192 UmwG** geboten.[93] Zu beachten ist allerdings, dass aufgrund von § 12 Abs. 2 SEAG iVm § 7 Abs. 5 SEAG Informationsfehler nicht zur Anfechtungsklage berechtigen (→ Rn. 19). Dies gilt – wie bei § 210 UmwG[94] – auch für **unternehmenswertbezogene Berichtsmängel:**[95] In diesem Fall ist die Barabfindung iSv § 12 Abs. 2 SEAG iVm § 7 Abs. 5 SEAG „nicht ordnungsgemäß angeboten" worden.[96] Dieser Anfechtungsausschluss steht auch in Einklang mit Art. 8 Abs. 3, da Verstöße gegen die Berichtspflicht nicht zwingend zu einer Sanktion in Form der Anfechtbarkeit des Verlegungsbeschlusses führen müssen (→ Rn. 19). Zu erläutern sind außerdem die Voraussetzungen der Abfindungsberechtigung. Hier empfiehlt es sich, an den Wortlaut von § 12 Abs. 1 S. 1 und 3 SEAG anzuknüpfen. Schließlich muss im Detail erläutert werden, wie der Berechtigte praktisch seine Abfindung in Anspruch nehmen kann.

24 Zu den rechtlichen Aspekten der Sitzverlegung zählt nach hM auch die **Notwendigkeit, die Hauptverwaltung der SE vom Wegzug- in den Zuzugsstaat zu verlegen.** Dies folgt aus Art. 64 Abs. 2, der für das dauerhafte Auseinanderfallen von Satzungssitz und Hauptverwaltung die Liquidation androht (→ Rn. 65); vorliegend wird allerdings eine andere Auffassung vertreten (→ Rn. 66). Folgt man der hM, interessiert die Gläubiger, in welchem Umfang die Verlegung der Hauptverwaltung inländisches Betriebsvermögen mit sich ziehen wird; denn daraus kann sich ein besonderes Sicherungsinteresse nach § 13 Abs. 1 S. 2 SEAG ergeben. Die Aktionäre hingegen dürften vor allem an den **Kosten der Sitzverlegung und der Verlegung der Hauptverwaltung** interessiert sein; diese zählen ebenfalls zu den im Wortlaut aufgeführten materiellen Aspekten der Verlegung. Die Gläubiger müssen ferner in Ergänzung zu Abs. 2 S. 2 lit. e über die Voraussetzungen und die Durchführung des im Verlegungsplan festgesetzten Gläubigersicherungsverfahren (Art. 8 Abs. 7, § 13 SEAG; → Rn. 41 ff.) informiert werden.

25 Der Bericht muss ferner auf die **Auswirkungen** der Sitzverlegung für die Aktionäre, die Gläubiger sowie die Arbeitnehmer im Einzelnen eingehen. Aus Sicht der Gläubiger und Aktionäre steht dabei die mit der Sitzverlegung praktisch verbundene **Rechtsformänderung** (→ Rn. 3) im Vordergrund. Zutreffender Auffassung nach verlangt Art. 8 Abs. 3 diesbezüglich **keine vollumfängliche rechtsvergleichende Darstellung** des neuen Gesellschaftsrechts. Vielmehr genügen Zusammenfassungen, die einen Schwerpunkt bei den Veränderungen setzen, die die in Abs. 3 genannten Personenkreise in besonderer Weise berühren.[97] Die Aktionäre interessieren alle nicht nur unwesentlichen **Veränderungen ihrer Mitgliedsrechte** (Wirksamkeit von Stimmbindungsverträgen, Beschränkung des Anfechtungsrechts, Beschränkung der Beschlussgegenstände der Hauptversammlung, Schicksal von Vorzügen usw), aber auch der Außenhaftung in Sonderfällen. Aus Sicht der **Gläubiger** steht einerseits die inhaltliche Veränderung bzw. der Verlust schuldrechtlicher Beteiligungen am Gesellschaftsvermögen oder dem Gewinn der SE (Art. 5 iVm § 221 AktG) im Vordergrund. Andererseits interessieren die Veränderungen im Hinblick auf die Durchsetzung von Forderungen nach dem Stichtag des Art. 8 Abs. 7 UAbs. 2 iVm § 13 Abs. 2

---

[92] Kölner Komm AktG/*Veil* Rn. 51.
[93] Vgl. zu den hiernach bestehenden Anforderungen Lutter/*Hoger* UmwG § 192 Rn. 31 ff.
[94] Zu § 210 UmwG vgl. BGH NZG 2001, 574 – MEZ; Lutter/*Hoger* UmwG § 210 Rn. 3 f.
[95] AA *Esposito*, Sitzverlegung und Minderheitenschutz bei der Societas Europaea, 2013, 178, die auf diese Weise jedoch den Anfechtungsausschluss gem. § 12 Abs. 2 SEAG iVm § 7 Abs. 5 SEAG letztlich leerlaufen lässt.
[96] Dies gilt auch nach der Neufassung des § 243 Abs. 4 S. 2 AktG, der sich allein auf fehlerhafte Informationen in der Hauptversammlung bezieht, vgl. Lutter/*Hoger* UmwG § 210 Rn. 4.
[97] *Brandt* NZG 2002, 991 (994); *Brandt* BB-Beil. Nr. 13/2005, 2; BeckOGK/*Casper* Rn. 11; Habersack/Drinhausen/*Diekmann* Rn. 33; *Schwarz* Rn. 20; aA wohl Lutter/Hommelhoff/Teichmann/*Ringe* Rn. 27; *Ringe*, Die Sitzverlegung der Europäischen Aktiengesellschaft, 2006, 117.

SEAG. Über die Auswirkungen der Verlegung auf die Beteiligung der **Arbeitnehmer** verhält sich bereits der Beschlussentwurf (Verlegungsplan) gem. Art. 8 Abs. 2 S. 2 lit. c. Der Verlegungsbericht begründet darüber hinaus die Pflicht, die Auswirkungen auf Arbeitsplätze und die Mitbestimmung in der SE im Detail zu erörtern (→ Rn. 13). Auf diese Weise soll vor allem die Textfassung des Beschlussentwurfs entlastet werden. Die Interessen der Arbeitnehmer werden insbesondere durch den **Wegzug der Hauptverwaltung** in den Zuzugsstaat betroffen. Zwar liegt die unmittelbare Rechtsfolge des Art. 8 in der Verlegung des Satzungssitzes. Die SE muss jedoch nach hM auch ihre Hauptverwaltung verlegen, wenn sie der Liquidation nach Art. 64 Abs. 2 entgehen will (→ Rn. 65; vgl. jedoch auch die hier vertretene Auffassung → Rn. 66). Dadurch sind alle Arbeitsplätze in der Hauptverwaltung automatisch betroffen. Auch alle übrigen **Folgen für die Arbeitnehmer sind** bekannt zu geben: Dazu zählen alle rechtlichen und tatsächlichen Konsequenzen (Verlagerung von Betriebsstätten usw). Insbesondere ist auch über mittelbare Folgen der Sitzverlegung, etwa durch geplante Umstrukturierungen und Rationalisierungen, zu berichten.[98] Hinzuweisen ist ferner auf die **Unterrichtungs- und Anhörungsrechte des SE-Betriebsrats** nach § 28 Abs. 1 und 2 Nr. 7 SEBG.[99]

Für die **Art der Darstellung** gelten die Grundsätze für Berichte, die auf Strukturveränderungen vorbereiten: Ob ein Umstand mitgeteilt werden muss, hängt von seiner **Wesentlichkeit** für die Entscheidung der Aktionäre über den Verlegungsbeschluss und die mögliche Erklärung eines Widerspruchs zur Niederschrift ab;[100] ähnliches gilt aus Sicht der Gläubiger und Arbeitnehmer im Hinblick auf die von ihnen zu treffenden Entscheidungen (Bestehen auf Sicherheit, Bewerbung bei anderem Arbeitgeber usw). Art. 8 Abs. 3 verlangt schließlich die **Erläuterung** und **Begründung** der Verlegung. Dies bedeutet, dass in erster Linie die Festsetzungen im Verlegungsplan vor dem Horizont eines Durchschnittsaktionärs, -gläubigers bzw. -arbeitnehmers in ihrer Zielsetzung und Wirkungsweise erklärt werden müssen und dass zusätzlich über rechtliche und ökonomische Motive und Beweggründe für diese Festsetzung Auskunft gegeben werden muss. Grundsätzlich empfiehlt sich eine **Orientierung** an der Berichtspflicht des Leitungs- oder Verwaltungsorgans für die Gesellschafter und Arbeitnehmer nach **Art. 86e GesR-RL** (→ Rn. 6).

c) Offenlegung des Verlegungsplans (Abs. 2 S. 1) und Gewährung der Einsichtsrechte (Abs. 4). Der Verlegungsplan ist nach Art. 8 Abs. 2 S. 1 offenzulegen. Dies geschieht in der durch Art. 13 bestimmten Form. Die Norm verweist auf die inzwischen aufgehobene RL 68/151/EWG. Aus heutiger Sicht finden damit die Art. 14 ff. GesR-RL Anwendung. Für den Zeitraum vor Umsetzung dieser Norm bietet sich eine **analoge Anwendung des § 61 UmwG** an:[101] Denn diese Vorschrift geht ursprünglich auf den mittlerweile aufgehobenen Art. 6 RL 2011/35/EG (nunmehr Art. 92 GesR-RL) zurück. Die in Art. 6 RL 2011/35/EG aF vorgesehene Verweisung entspricht derjenigen des Art. 13. Dabei ist das Handelsregister unmittelbar aus Art. 13 zur Mitwirkung am Publikationsakt verpflichtet. Die Geschäftsleitung muss eine Abschrift des Verlegungsplans beim Handelsregister einreichen; das Registergericht muss analog § 61 S. 2 UmwG einen Hinweis auf die Einreichung – nicht den Inhalt des Verlegungsplans selbst (dies ist auch mit der Art. 16 GesR-RL vereinbar, vgl. früher Art. 3 Abs. 5 S. 1 Publizitäts-RL aF) – nach § 10 HGB in dem von der Landesjustizverwaltung bestimmten elektronischen Informations- und Kommunikationssystem (www.handelsregisterbekanntmachungen.de) bekanntmachen.[102] Die Bekanntmachung des Verlegungsplans erfolgt also durch das Registergericht und nicht durch die Aktienge-

---

[98] *Schwarz* Rn. 22; ihm folgend Kölner Komm AktG/*Veil* Rn. 53.
[99] *Hunger* in Jannott/Frodermann SE-HdB Kap. 9 Rn. 42.
[100] Ähnlich Kölner Komm AktG/*Veil* Rn. 49; *Schwarz* Rn. 20: Plausibilitätskontrolle.
[101] *Oechsler* AG 2005, 373 (378 f.); Lutter/Hommelhoff/Teichmann/*Ringe* Rn. 21; *Esposito*, Sitzverlegung und Minderheitenschutz bei der Societas Europaea, 2013, 166; *Witten*, Minderheitenschutz bei Gründung und Sitzverlegung der Europäischen Aktiengesellschaft (SE), 2011, 66.
[102] Lutter/Hommelhoff/Teichmann/*Ringe* Rn. 21; *Witten*, Minderheitenschutz bei Gründung und Sitzverlegung der Europäischen Aktiengesellschaft (SE), 2011, 67, allerdings noch zu § 11 HGB aF.

schaft, weswegen der Verlegungsplan nicht gem. § 25 AktG im Bundesanzeiger zu veröffentlichen ist.[103] Mit der Bekanntmachung nach § 10 HGB ist die Offenlegung vollzogen und der Lauf der Fristen nach Art. 8 Abs. 6 und § 13 Abs. 1 und 2 SEAG in Gang gesetzt.[104]

28 Davon zu unterscheiden ist das **Einsichtsrecht der Aktionäre und Gläubiger** nach Art. 8 Abs. 4. Insbesondere das Einsichtsrecht der Gläubiger findet keine Parallele in Art. 97 Ges-RL und 143 GesR-RL.[105] Darin lässt sich ein mögliches systematisches Argument gegen eine umfangreiche Gläubigersicherung auf der Grundlage von Abs. 7 ableiten, weil diese zu einer Schutzverdoppelung führen würde (→ Rn. 41). Das Einsichtsrecht steht **auch den Arbeitnehmern** als „Gläubigern" der SE[106] bzw., soweit sie Mitarbeiteraktien halten, als „Aktionären"[107] zu. Das Einsichtsrecht bezieht sich auf Verlegungsplan und Verlegungsbericht. Das Recht wird am Sitz der SE ausgeübt: Praktisch sind die Unterlagen in den Geschäftsräumen der Hauptverwaltung der SE auszulegen.[108] Fallen Hauptverwaltung und Satzungssitz innerhalb der Sitzstaates auseinander, ist jedoch der Satzungssitz maßgeblich, da mit „Sitz" – wie in der SE-VO im Übrigen auch – **der Satzungssitz gemeint** ist.[109] Die Auslegungsfrist muss mindestens einen Monat vor dem Tag der Hauptverhandlung währen. Für eine in Deutschland ansässige SE gilt § 188 BGB. Die Einsicht muss in allgemein zugänglichen Räumen und wohl während der üblichen Geschäftszeiten vorgenommen werden können.[110] Die Einsichtnahme kann nach bisherigem Verständnis nicht durch die **Publikation der Dokumente auf der Homepage der SE** ersetzt werden.[111] Hier trifft **nun Art. 86g Abs. 2 UAbs. 1 GesR-RL** (→ Rn. 6) eine andere Regelung, die auch die Auslegung des Art. 8 Abs. 4 beeinflussen dürfte. Denn durch Aberkennung dieser Möglichkeit würde die SE benachteiligt (→ Rn. 6). Auf Verlangen ist den Einsichtsberechtigten eine **Abschrift** auszuhändigen, ohne dass dafür ein Entgelt berechnet wird. Die elektronische Übersendung der Dokumente ist nicht ausreichend, da unter „Abschriften" (engl. „copies", franz. „copies") nur körperliche Dokumente verstanden werden können.[112] Die Abschriften müssen unverzüglich übersandt werden. Eine Abschrift dürfte jedoch im Falle der öffentlichen Bereitstellung auf der Website der SE nach dem Rechtsgedanken aus Art. 97 Abs. 4 UAbs. 2 GesR-RL und Art. 143 Abs. 4 UAbs. 2 GesR-RL entbehrlich sein. Die **Verletzung des Einsichtsrechts** führt nicht zur Nichtigkeit des Hauptversammlungsbeschlusses gem. § 241 Nr. 3 AktG, da Abs. 4 nicht „überwiegend" dem Gläubigerschutz dient.[113] Verstöße gegen Abs. 4 begründen jedoch die Anfechtbarkeit des Verlegungsbeschlusses nach § 243 AktG[114] und haben zur Folge, dass das Registergericht die Bescheinigung nach Art. 8 Abs. 8 nicht ausstellen darf.[115] Der Verstoß gegen die Pflicht zur Aushändigung einer Abschrift bedingt allerdings nur dann einen Fehler des nachfolgenden Beschlusses, wenn es dem Betroffenen nicht zumutbar war, vor Ort Einsicht in die Unterlagen zu nehmen.[116]

---

[103] Vgl. Habersack/Drinhausen/*Schürnbrand* Art. 13 Rn. 5; aA Habersack/Drinhausen/*Diekmann* Rn. 30; Kölner Komm AktG/*Veil* Rn. 40.
[104] *Witten*, Minderheitenschutz bei Gründung und Sitzverlegung der Europäischen Aktiengesellschaft (SE), 2011, 67; ähnlich *Wenz* in Theisen/Wenz, Die Europäische Aktiengesellschaft, 2. Aufl. 2005, 189 (238).
[105] *Ringe*, Die Sitzverlegung der Europäischen Aktiengesellschaft, 2006, 123; Lutter/Hommelhoff/Teichmann/*Ringe* Rn. 29.
[106] NK-SE/*Schröder* Rn. 51; Habersack/Drinhausen/*Diekmann* Rn. 38; aA *Schwarz* Rn. 28.
[107] *Esposito*, Sitzverlegung und Minderheitenschutz bei der Societas Europaea, 2013, 167.
[108] Vgl. zum Verschmelzungsbericht Lutter/*Drygala* UmwG § 8 Rn. 9.
[109] Habersack/Drinhausen/*Diekmann* Rn. 37; *Esposito*, Sitzverlegung und Minderheitenschutz bei der Societas Europaea, 2013, 166 in Fn. 1128.
[110] Habersack/Drinhausen/*Diekmann* Rn. 37.
[111] BeckOGK/*Casper* Rn. 10; Habersack/Drinhausen/*Diekmann* Rn. 37; Kölner Komm AktG/*Veil* Rn. 47; *Esposito*, Sitzverlegung und Minderheitenschutz bei der Societas Europaea, 2013, 168.
[112] AA *Esposito*, Sitzverlegung und Minderheitenschutz bei der Societas Europaea, 2013, 169 in Fn. 1135.
[113] Ausf. Habersack/Drinhausen/*Diekmann* Rn. 51; BeckOGK/*Casper* Rn. 12; iErg auch NK-SE/*Schröder* Rn. 656 iVm NK-SE/*Schröder* Rn. 39.
[114] BeckOGK/*Casper* Rn. 10; Habersack/Drinhausen/*Diekmann* Rn. 38, 51; Kölner Komm AktG/*Veil* Rn. 56; ausf. *Esposito*, Sitzverlegung und Minderheitenschutz bei der Societas Europaea, 2013, 179.
[115] Habersack/Drinhausen/*Diekmann* Rn. 38.
[116] Lutter/*Grunewald* UmwG § 63 Rn. 16.

2. Der Verlegungsbeschluss. a) Formelle Wirksamkeitsvoraussetzungen (Abs. 6). 29
Der Beschluss darf erst nach **Ablauf von zwei Monaten** seit der Offenlegung des Verlegungsplans erfolgen (Abs. 6 S. 1). Die Frist ist, wie der Vergleich mit der Monatsfrist des Art. 86h Abs. 1 GesR-RL (→ Rn. 6) zeigt, großzügig bemessen und dient dem Schutz der Aktionäre, Gläubiger und Arbeitnehmer der SE. Die Aktionäre können daher nicht über sie disponieren.[117] Ein **aufschiebend befristeter Beschluss** ist **nicht möglich**,[118] weil andernfalls die Mitwirkungsrechte der Aktionäre zu stark eingeschränkt würden; diese könnten die neu gewonnenen Informationen nicht durch ihr Abstimmungsverhalten in der Hauptversammlung, sondern nur noch im Wege der Anfechtung des Beschlusses (beachte dabei insbesondere die Frist des § 246 Abs. 1 AktG!) umsetzen. Die Frist beginnt am Tag nach der Veröffentlichung gem. § 10 HGB (→ Rn. 27). Fraglich ist, ob ein Verstoß gegen die Zweimonatsfrist zur Nichtigkeit nach § 241 Nr. 3 AktG führt. Dies dürfte zu verneinen sein, weil die Frist den Gläubigerschutz nur am Rande betrifft (s. den Gleichlauf nach § 13 Abs. 1 SEAG).[119] Der Verstoß begründet allerdings die **Anfechtbarkeit** des Verlegungsbeschlusses (→ Rn. 40).[120] Der Beschluss darf außerdem erst nach Wahrung des Einsichtsrechts der Aktionäre und Gläubiger gem. Abs. 4 gefasst werden. Auch ein Verstoß gegen Abs. 4 begründet die Anfechtbarkeit des Verlegungsbeschlusses (→ Rn. 28).

Dem satzungsändernden Charakter des Beschlussgegenstandes (→ Rn. 12) entspre- 30
chend ist gem. Art. 8 Abs. 6 S. 2 zunächst eine **Mehrheit nach Art. 59 Abs. 1** erforderlich, das heißt eine **Mehrheit von zwei Dritteln der abgegebenen Stimmen.** Ein niedrigeres Stimmenquorum kommt nicht in Betracht. Zwar kann die Satzung der SE gem. Art. 59 Abs. 2 iVm § 51 S. 1 SEAG bestimmen, dass die einfache Stimmenmehrheit ausreicht, wenn mindestens die Hälfte des Grundkapitals vertreten ist. Dies gilt jedoch gem. **§ 51 S. 2 SEAG** nicht für einen Sitzverlegungsbeschluss nach Art. 8 Abs. 6. Zusätzlich zu der Zwei-Drittel-Stimmenmehrheit muss gem. Art. 9 Abs. 1 lit. c Ziff. ii iVm § 179 Abs. 2 S. 1 AktG **auch eine Mehrheit von drei Vierteln des bei der Beschlussfassung vertretenen Grundkapitals** erreicht werden, da die Sitzverlegung eine Satzungsänderung darstellt (→ Rn. 12). Richtigerweise entfaltet **Art. 59** nämlich **keine Sperrwirkung** gegenüber den nach nationalem Recht bestehenden Kapitalmehrheitserfordernissen (zum Streitstand → Art. 5 Rn. 35).[121] Allerdings darf die Satzung der SE gem. § 179 Abs. 2 S. 2 AktG auch eine „andere Kapitalmehrheit" bestimmen. Zulässig ist die Herabsetzung des Quorums bis hin zu einer einfachen Kapitalmehrheit.[122] Dem steht auch Art. 59 Abs. 1 nicht entgegen, da diese Norm nur die Stimmenmehrheit regelt.[123] Zusammenfassend muss der Beschluss also – vorbehaltlich einer abweichenden Satzungsregelung – sowohl eine Mehrheit von drei Vierteln des vertretenen Grundkapitals (Art. 9 Abs. 1 S. 1 lit. c Ziff. ii iVm § 179 Abs. 2 S. 1 AktG) als auch von zwei Dritteln der abgegebenen Stimmen (Art. 59 Abs. 1) erreichen. Wird die Kapitalmehrheit von drei Vierteln erreicht, hat das zusätzliche Erfordernis der Stimmenmehrheit von zwei Dritteln nur marginale Bedeutung, und zwar bei Bestehen von Höchststimmrechten (§ 12 Abs. 2

---

[117] NK-SE/*Schröder* Rn. 66.
[118] Lutter/Hommelhoff/Teichmann/*Ringe* Rn. 42; Habersack/Drinhausen/*Diekmann* Rn. 49.
[119] BeckOGK/*Casper* Rn. 12; Habersack/Drinhausen/*Diekmann* Rn. 51; ähnlich MHdB GesR IV/Austmann § 85 Rn. 6; *Esposito,* Sitzverlegung und Minderheitenschutz bei der Societas Europaea, 2013, 183; aA NK-SE/*Schröder* Rn. 67.
[120] BeckOGK/*Casper* Rn. 12; Kölner Komm AktG/*Veil* Rn. 56; Habersack/Drinhausen/*Diekmann* Rn. 51; *Esposito,* Sitzverlegung und Minderheitenschutz bei der Societas Europaea, 2013, 182.
[121] Kölner Komm AktG/*Kiem* Rn. 16f.
[122] Kölner Komm AktG/*Kiem* Art. 59 Rn. 15 mwN; aA *Witten,* Minderheitenschutz bei Gründung und Sitzverlegung der Europäischen Aktiengesellschaft (SE), 2011, 97, allerdings auf Basis ihrer Annahme, dass § 179 Abs. 2 AktG in ein Dreiviertel-Stimmenmehrheitserfordernis umzudeuten sei. Eine Herabsetzung des erforderlichen Stimmenquorums unter die durch Art. 59 Abs. 1 Schwelle ist in der Tat nicht möglich (vgl. § 51 S. 2 SEAG); ähnlich MHdB GesR IV/*Austmann* § 85 Rn. 6.
[123] Str., wie hier Kölner Komm AktG/*Kiem* Art. 59 Rn. 15; Habersack/Drinhausen/*Bücker* Art. 59 Rn. 18; aA Kölner Komm AktG/*Veil* Rn. 57.

AktG, § 134 Abs. 1 S. 2 AktG iVm § 3 Abs. 2 AktG).[124] Fraglich ist, ob für den Sitzverlegungsbeschluss in der **Satzung** auch ein **Einstimmigkeitserfordernis** nach § 133 Abs. 1 Hs. 2 AktG festgesetzt werden kann. Das Stimmenmehrheitserfordernis des Art. 59 Abs. 1 steht nämlich unter dem Vorbehalt, dass „die Rechtsvorschriften für Aktiengesellschaften im Sitzstaat der SE keine größere Mehrheit vorsehen oder zulassen". Mit dem Begriff „zulassen" werden aktienrechtliche Vorschriften in Bezug genommen, die – wie § 133 Abs. 1 Hs. 2 AktG – eine satzungsmäßige Erhöhung der Stimmenmehrheit ermöglichen.[125] Der Festsetzung eines Einstimmigkeitserfordernisses steht jedoch möglicherweise der Wortlaut des Art. 59 Abs. 1 entgegen, weil dort nur von einer größeren „Mehrheit" die Rede ist.[126] Zwingend erscheint dieses Wortlautargument nicht, wenn man „Mehrheit" als Synonym für „Quorum" versteht.[127] Ein Verstoß gegen die Art. 49, 54 AEUV liegt in der Einführung eines Einstimmigkeitserfordernisses nicht, wenn die Gründer die Mobilität der SE von vornherein stark einschränken und jeder Aktionär, der Anteile an der Gesellschaft erwirbt, diesen Umstand unzweifelhaft der Satzung entnehmen kann. **Bisher** konnte daher in der Satzung für den Sitzverlegungsbeschluss **auch ein Einstimmigkeitserfordernis** festgesetzt werden.[128] **Allerdings** trifft Art. 86h Abs. 3 S. 1 GesR-RL (→ Rn. 6) nun für die grenzüberschreitende Umwandlung eine andere Regelung: Danach darf nur eine Mehrheit vorgesehen werden, die nicht weniger als zwei Drittel, aber auch **nicht mehr als 90 % der Stimmen der vertretenen Anteile oder des vertretenen gezeichneten Kapitals** beträgt. Mit dieser Regelung konkretisiert der europäische Gesetzgeber die Art. 49, 54 AEUV für die hier einschlägige Materie, was auch für im Rahmen des Art. 8 Abs. 6 S. 2 als zentrale Wertung angesehen werden sollte.

31 Fraglich ist, ob auch ein **Sonderbeschluss nach Art. 60 erforderlich** ist. Dagegen spricht vermeintlich, dass Art. 8 Abs. 6 S. 2 nicht auf diese Norm verweist und dass die Sitzverlegung das Verhältnis der verschiedenen Aktiengattungen zueinander grundsätzlich nicht berührt.[129] Allerdings hat die Sitzverlegung eine Satzungsänderung zur Folge (→ Rn. 12), was dafür spricht, dass den Aktionären die Möglichkeit eingeräumt werden muss, sich im Falle einer Beeinträchtigung ihrer Rechte durch die Satzungsänderung im Wege eines Sonderbeschlusses zu schützen.[130] Auf diese Weise werden vor allem auch Vorzugsaktionäre geschützt.[131]

32 Art. 86h Abs. 2 GesR-RL (→ Rn. 6) sieht schließlich die Möglichkeit einer **aufschiebenden Bedingung des Beschlusses** vor: Die Gesellschafterversammlung kann sich danach das Recht vorbehalten, die Umsetzung der grenzüberschreitenden Umwandlung davon abhängig zu machen, dass die Regelungen über die **Mitbestimmung der Arbeitnehmer** (Art. 86l GesR-RL; → Rn. 6) von ihr bestätigt werden. Diese Gestal-

---

[124] In diesem Sinne *Zang*, Sitz und Verlegung des Sitzes einer europäischen Aktiengesellschaft mit Sitz in Deutschland, 2005, 184.
[125] Kölner Komm AktG/*Kiem* Art. 59 Rn. 13.
[126] So wohl *Blanquet* ZGR 2002, 20 (43) m. Fn. 39.
[127] Ähnlich Kölner Komm AktG/*Kiem* Art. 59 Rn. 12.
[128] *Ringe*, Die Sitzverlegung der Europäischen Aktiengesellschaft, 2006, 111 f.; aA wohl *Blanquet* ZGR 2002, 20 (43 Fn. 39 und 47); *Schwarz* Art. 59 Rn. 21; zweifelnd *Brandt*, Die Hauptversammlung der Europäischen Aktiengesellschaft (SE), 2004, 245; krit. gegenüber einem Einstimmigkeitserfordernis bei Publikumsgesellschaften NK-SE/*Mayer* Art. 59 Rn. 14; Lutter/Hommelhoff/Teichmann/*Bayer* Art. 59 Rn. 15; Habersack/Drinhausen/*Bücker* Art. 59 Rn. 18; *Witten*, Minderheitenschutz bei Gründung und Sitzverlegung der Europäischen Aktiengesellschaft (SE), 2011, 98.
[129] Kalss/Hügel/*Kalss* SEG § 10 Rn. 7; wohl auch Widmann/Mayer/*Heckschen* UmwG Anh. 14 Rn. 432.
[130] *Hoger*, Kontinuität beim Formwechsel nach dem UmwG und der grenzüberschreitenden Verlegung des Sitzes einer SE, 2007, 322; *Ringe*, Die Sitzverlegung der Europäischen Aktiengesellschaft, 2006, 108; *Brandt*, Die Hauptversammlung der Europäischen Aktiengesellschaft (SE), 2004, 254; *Schwarz* Art. 59 Rn. 55; *Wenz* in Theisen/Wenz, Die Europäische Aktiengesellschaft, 2. Aufl. 2005, 189 (239); Lutter/Hommelhoff/Teichmann/*Ringe* Rn. 40; Kölner Komm AktG/*Veil* Rn. 57; Habersack/Drinhausen/*Diekmann* Rn. 47; iErg auch *Esposito*, Sitzverlegung und Minderheitenschutz bei der Societas Europaea, 2013, 201 f.
[131] *Hoger*, Kontinuität beim Formwechsel nach dem UmwG und der grenzüberschreitenden Verlegung des Sitzes einer SE, 2007, 107; Kölner Komm AktG/*Veil* Rn. 57; *Witten*, Minderheitenschutz bei Gründung und Sitzverlegung der Europäischen Aktiengesellschaft (SE), 2011, 99.

tungsmöglichkeit sollte **auch für die Hauptversammlung der SE** bei der Sitzverlegung bestehen.

Der Beschluss bedarf ferner der **notariellen Beurkundung** nach Art. 53 iVm **§ 130 Abs. 1 S. 1 AktG.**[132] Wird die Hauptversammlung im Ausland abgehalten,[133] stellt sich die Frage, ob die Form des § 130 Abs. 1 S. 1 BGB eingehalten werden muss, oder ob gem. Art. 11 Abs. 1 Alt. 2 EGBGB auch die Wahrung der Ortsform ausreicht.[134] Richtigerweise müssen die **Formanforderungen des deutschen Gesellschaftsrechts** gewahrt werden (→ AktG § 121 Rn. 93),[135] zumal der Beurkundung gerade satzungsändernder Beschlüsse eine besondere Bedeutung zukommt. Eine Anknüpfung an die Ortsform nach Art. 11 Abs. 1 Alt. 2 EGBGB ist für den Sitzverlegungsbeschluss damit ausgeschlossen. Bei Gleichwertigkeit des Beurkundungsverfahrens kann die Beurkundung allerdings auch von einem ausländischen Notar vorgenommen werden (→ AktG § 121 Rn. 93; → AktG § 130 Rn. 12).[136]

33

b) Materielle Voraussetzungen (insbesondere Abs. 15). Der Beschluss bedarf **keiner sachlichen Rechtfertigung,** da die Ausübung der in Art. 49, 54 AEUV verbürgten Niederlassungsfreiheit (→ Rn. 2; → Rn. 5) Sachgrund genug ist.[137] Insbesondere eine rechtfertigende Abwägung im Hinblick auf die Arbeitnehmerinteressen scheidet aus.[138] Diesen wird durch die Angaben nach Art. 8 Abs. 2 S. 2 lit. c und den Verlegungsbericht nach Abs. 3 abschließend Rechnung getragen (→ Rn. 13).

34

Nach **Art. 8 Abs. 15** darf der Beschluss nicht gefasst werden, wenn gegen die SE ein Verfahren wegen Auflösung, **Liquidation, Zahlungsunfähigkeit** oder vorläufiger Zahlungseinstellung oder ein ähnliches Verfahren eröffnet worden ist. Als **Auslegungshilfe** kann dabei die differenziertere Regelung für die grenzüberschreitende Umwandlung in **Art. 86a Abs. 3 und 4 GesR-RL** (→ Rn. 6) dienen. Denn danach kommt eine Sitzverlegung nicht in Betracht, wenn sich die Gesellschaft im **Liquidationsverfahren** befindet und **mit der Verteilung ihres Vermögens an ihre Gesellschafter begonnen worden ist** (Art. 86a Abs. 3 lit. a GesR-RL). Großzügiger werden der Fall der Eröffnung eines Liquidationsverfahrens in sonstigen Fällen behandelt (Art. 86a Abs. 4 lit. b GesR-RL) sowie die Eröffnung des Insolvenzverfahrens (Art. 86a Abs. 4 lit. a GesR-RL). In diesen Fällen haben die Mitgliedstaaten lediglich eine Option, die Möglichkeit der grenzüberschreitenden Umwandlung auszuschließen. Praktisch scheitert die Sitzverlegung nach Art. 8 Abs. 15 SE-VO daher bei einer **Auflösung** gem. §§ 262 ff. AktG.[139] Die Norm soll die Gläubiger vor dem Wegzug der in Zahlungsschwierigkeiten befindlichen Gesellschaft und damit der Erschwerung der Durchsetzung eigener Ansprüche schützen.[140] Anders als Art. 86a Abs. 3

35

---

[132] *Priester* ZGR 1999, 36 (43); vgl. zur SE auch *Heckschen* DNotZ 2003, 251; Widmann/Mayer/*Heckschen* UmwG Anh. 14 Rn. 433; *Witten,* Minderheitenschutz bei Gründung und Sitzverlegung der Europäischen Aktiengesellschaft (SE), 2011, 56.

[133] Eine entspr. Satzungsgestaltung ist zulässig, vgl. BGH NJW 2015, 336 (337); dazu *Bungert/Leyendecker-Langner* BB 2015, 268; krit. *Herrler* ZGR 2015, 918 (925 ff.).

[134] Offengelassen von BGH NJW 2015, 336 (337).

[135] HM, vgl. mit jeweils unterschiedlicher Begr. BeckOGK/*Wicke* AktG § 130 Rn. 18; Hüffer/Koch/*Koch* AktG § 121 Rn. 16 mwN; aA Staudinger/*Winkler v. Mohrenfels,* 2019, EGBGB Art. 11 Rn. 281 ff., jedoch unter dem Ordre-public-Vorbehalt, dass die Ortsform die Zwecke der deutschen Beurkundungsvorschrift nicht hinreichend wahrt.

[136] BGH NJW 2015, 336 (337); Hüffer/Koch/*Koch* AktG § 121 Rn. 16; aA BeckOGK/*Wicke* AktG § 130 Rn. 18.

[137] *Hoger,* Kontinuität beim Formwechsel nach dem UmwG und der grenzüberschreitenden Verlegung des Sitzes einer SE, 2007, 329; Habersack/Drinhausen/*Diekmann* Rn. 52; ebenso, wenn auch mit anderer Begründung Kölner Komm AktG/*Veil* Rn. 27; *Esposito,* Sitzverlegung und Minderheitenschutz in der Societas Europaea, 2013, 188.

[138] *Wenz* in Theisen/Wenz, Die Europäische Aktiengesellschaft, 2. Aufl. 2005, 189 (234).

[139] Habersack/Drinhausen/*Diekmann* Rn. 117.

[140] *Hoger,* Kontinuität beim Formwechsel nach dem UmwG und der grenzüberschreitenden Verlegung des Sitzes einer SE, 2007, 278 f.; *Hunger* in Jannott/Frodermann SE-HdB Kap. 9 Rn. 12; NK-SE/*Schröder* Rn. 125; *Zang,* Sitz und Verlegung des Sitzes einer europäischen Aktiengesellschaft mit Sitz in Deutschland, 2005, 244 ff.; Habersack/Drinhausen/*Diekmann* Rn. 115.

lit. a GesR-RL differenziert Art. 8 Abs. 15 SE-VO für die Liquidation außerhalb einer Insolvenz jedoch nicht danach, ob bereits mit der Verteilung des Gesellschaftsvermögens an die Gesellschafter begonnen worden ist oder nicht. Ist dies nicht der Fall, erscheint eine Gleichbehandlung der SE mit den Gesellschaftstypen der Mitgliedstaaten geboten (grundsätzlich → Rn. 6). Deshalb ist in diesem Fall eine teleologisch Reduktion geboten: Denn wurde mit der Verteilung des Vermögens nicht begonnen, braucht im Zuzugsmitgliedstaats die Ausschüttungssperre (§ 57 Abs. 1 AktG) nicht auf dem Gebiet und nach dem Recht des Wegzugmitgliedstaates durchgesetzt zu werden. Ansonsten bezieht sich Art. 8 Abs. 15 SE-VO auf den Fall, dass eine **Zahlungseinstellung** bereits erfolgt ist usw. Eine **allgemeine Solvenzprüfung** im Vorfeld der Sitzverlegung ist hingegen **nicht** vorgesehen, sodass der Schutz bisweilen als lückenhaft angesehen wird:[141] Durch rechtswidrige Verschleppung des Insolvenzantrags könnte danach Abs. 15 vermeintlich leicht umgangen werden. Allerdings sorgt das auf der Grundlage des Art. 8 Abs. 7 durchgeführte Gläubigersicherungsverfahren dafür (→ Rn. 41), dass Liquiditätsengpässe praktisch aufgedeckt werden. Dieses Verfahren beinhaltet deshalb eine **bedeutsame Seriositätsschwelle für die Sitzverlegung.** Bei der **grenzüberschreitenden Umwandlung** sieht Art. 86j Abs. 2 GesR-RL nun die **zusätzliche Möglichkeit** vor, dass die Mitgliedstaaten zum Schutz der Gläubiger auch eine **haftungsbewehrte Erklärung** der Geschäftsführung verlangen können, wonach „kein Grund zu der Annahme besteht, dass die Gesellschaft nach Wirksamwerden der Umwandlung nicht in der Lage sein könnte, ihre Verbindlichkeiten bei Fälligkeit zu erfüllen" (Art. 86j Abs. 2 S. 2 GesR-RL). Auch wenn die Auslegung der SE-VO im systematischen Vergleich zur GesR-RL transaktionskostenneutral erfolgen muss (→ Rn. 6), kommt diese Möglichkeit für die SE mangels gesetzlicher Grundlage nicht in Betracht. Der Begriff des **ähnlichen Verfahrens** in Art. 8 Abs. 15 SE-VO erschließt sich durch die Regelbeispiele der Norm: Es muss sich entweder um ein Verfahren handeln, das auf eine Liquidation der SE zielt oder das wegen Gefährdung der finanziellen Grundlagen der SE eröffnet worden ist.[142] Darunter fällt **nicht nur die zwangsweise Auflösung.** Denn mit Eröffnung des Abwicklungsverfahrens, gleichgültig aus welchem Grund, schützt Abs. 15 die in § 271 Abs. 1 AktG vorgesehene Rangfolge der Gläubiger (s. auch §§ 733 f. BGB): Erst müssen danach die gesellschaftsfremden Gläubiger aus dem Gesellschaftsvermögen bedient werden und nur ein danach verbleibender Überschuss kann unter die Gesellschafter verteilt werden. Art. 86a Abs. 3 und 4 GesR-RL benennen die sonstigen in Betracht kommenden Verfahren. Umstritten ist allerdings, ob im Fall der **Insolvenz** nicht eine **teleologische Reduktion des Abs. 15** vorzunehmen ist, weil Art. 3 Abs. 2 EuInsVO die Eröffnung von Sekundärverfahren am Ort der Niederlassung der SE ermöglicht.[143] Dagegen spricht indes, dass der Gesetzgeber bereits vor Einführung dieser VO den Schutz der Gläubiger insoweit verdoppelte, als er neben Abs. 15 zugleich durch Abs. 16 einen inländischen Gerichtsstand für Altschulden schuf. Die EuInsVO leistet durch die mit ihr einhergehenden inländischen Zuständigkeiten nichts anderes und liefert daher keinen systematischen Grund zu einer Einschränkung des Abs. 15 über seinen Wortlaut hinaus. Gegen eine teleologische Reduktion spricht schließlich auch die Regelung in **Art. 86a Abs. 4 lit. a GesR-RL** (→ Rn. 6), die in Kenntnis der Regelung des Art. 3 Abs. 2 EuInsVO getroffen wurde. Wurde gegen die SE ein Verfahren iSv Abs. 15 eröffnet, darf das Registergericht die Bescheinigung nach Abs. 8 nicht erteilen.[144] Wird das **Verfahren erst nach Erteilung der Bescheinigung durch den Wegzugsstaat eröffnet,** kann der Zuzugstaat die Eintragung nach Abs. 9 verweigern.[145] Zu den **Folgen eines Verstoßes gegen Abs. 15 für den Verlegungsbeschluss** → Rn. 40.

---

[141] *Hoger,* Kontinuität beim Formwechsel nach dem UmwG und der grenzüberschreitenden Verlegung des Sitzes einer SE, 2007, 279.
[142] So auch BeckOGK/*Casper* Rn. 13; Habersack/Drinhausen/*Diekmann* Rn. 53.
[143] *Ringe,* Die Sitzverlegung der Europäischen Aktiengesellschaft, 2006, 124.
[144] Habersack/Drinhausen/*Diekmann* Rn. 116; *de Lousanoff* FS Spiegelberger, 2009, 604 (613).
[145] Habersack/Drinhausen/*Diekmann* Rn. 116; *de Lousanoff* FS Spiegelberger, 2009, 604 (613), der bei einem Zuzug nach Deutschland eine Versicherung der Organe in der Handelsregisteranmeldung empfiehlt, dass gegen die Gesellschaft kein Verfahren nach Abs. 15 eröffnet wurde.

Ferner darf ein Sitzverlegungsbeschluss **nicht anlässlich einer Umwandlung** nach 36
Art. 2 Abs. 4 gefasst werden **(Art. 37 Abs. 3).** Ausschlaggebend für die Schaffung dieser
Norm war die Befürchtung, ein nationales Unternehmen könnte sich den **Regeln über
die Unternehmensmitbestimmung** durch kurzfristige Umwandlung in eine SE mit
gleichzeitiger Sitzverlegung und anschließender Rückverwandlung in eine Gesellschaft
nationalen Rechts entziehen (→ Art. 37 Rn. 3).[146] Art. 37 Abs. 3 erfasst allerdings seinem
eindeutigen Wortlaut nach nur die Sitzverlegung nach Art. 8. Der Gründungsgesellschaft
steht es daher offen, die **Reihenfolge zu verkehren:** Sie kann in einem ersten Schritt
ihren Satzungssitz nach den Grundsätzen der **„Vale"- und „Polbud"-Rspr. des EuGH**
(→ Rn. 5) in den gewünschten Zuzugsstaat verlegen und in einem zweiten Schritt dort
ihre Umwandlung in eine SE gem. Art. 37 beschließen. Zulässig dürfte es auch sein,
beide Beschlüsse (über die Satzungssitzverlegung nach „Vale" einerseits und über die
Umwandlung in eine SE andererseits) **in derselben Hauptversammlung** zu fassen,
wobei der Umwandlungsbeschluss unter der aufschiebenden Bedingung der Eintragung
der Sitzverlegung erfolgt. **Art. 37 Abs. 3 dürfte dadurch obsolet geworden sein.** Dies
gilt insbesondere deshalb, weil eine **„Flucht aus der Mitbestimmung" nicht möglich**
ist. Wie nämlich nun aus Art. 86l GesR-RL (→ Rn. 6) hervorgeht, **findet das „Vorher-
Nachher-Prinzip"** (→ Vor Art. 1 Rn. 4) **auch auf den grenzüberschreitenden
Formwechsel Anwendung.**[147] Damit endet ein Teil der historischen Debatte[148] und
zeigt sich ein allgemeines Prinzip des europäischen Gesellschaftsrechts. Das „Vorher-
Nachher-Prinzip" dient nämlich der Sicherung erworbener Rechte der Arbeitnehmer.
Es gilt für die Gründung einer **SE** (Erwägungsgrund 18 SE-RL), für **internationale
Verschmelzungen** (Erwägungsgrund 66 und Art. 133 GesR-RL) und wurde auch für
die Gründung und Sitzverlegung der **SCE** erwogen (Erwägungsgrund 21 SCE-Ergänzungs-RL 2003/72/EG). Vorrangig ist daher ein **Verhandlungsverfahren** nach dem
Muster der SE-RL durchzuführen. Führt dieses zu keinem Ergebnis, greift die **gesetzliche
Auffanglösung** ein. Fraglich ist dabei allerdings, ob die gesetzliche Auffanglösung in
Analogie zu Art. 7 Abs. 2 lit. a SE-RL iVm Anhang Teil 3 lit. a SE-RL (Umwandlungsgründung) oder zu Art. 133 GesR-RL (internationale Verschmelzung) Anwendung finden sollte. Für eine Analogie zur Umwandlungsgründung (Art. 7 Abs. 2 lit. a SE-RL iVm
Anhang Teil 3 lit. a SE-RL) spricht wohl, dass nur bei dieser Gründungsart eine **Identität**
zwischen der Gründungsgesellschaft und der SE besteht[149] und insofern eine strukturelle
Vergleichbarkeit mit der internationalen Sitzverlegung nach „Vale" besteht. Analog
Anhang Teil 3 lit. a SE-RL bleibt also auch nach der Sitzverlegung die Mitbestimmungsregelung erhalten, die vor der Sitzverlegung für die Gesellschaft galt. Nach anderer Ansicht
ist § 18 Abs. 3 SEBG in „Vale"-Fällen analog anzuwenden;[150] diskutiert wird schließlich
auch die analoge Anwendung des MgVG.[151]

Die Bedeutung des Tatbestandsmerkmals **„anlässlich"** erschließt sich mit Blick auf 37
das System der SE-VO im Übrigen: Dort werden länger andauernde Wartefristen regelmä
ßig genau beziffert (vgl. Art. 2 Abs. 2 lit. b, Abs. 3 lit. b, Abs. 4, Art. 66 Abs. 1 S. 2). Dies
lässt den Umkehrschluss zu, dass Umwandlung und Sitzverlegung **nicht Gegenstand
desselben Beschlusses sein dürfen** und auch nicht in derselben Hauptversammlung
gefasst werden können.[152] Gegen diese Möglichkeit spricht bereits, dass eine Sitzverlegung

---
[146] BeckOGK/*Eberspächer* Art. 37 Rn. 6; Habersack/Drinhausen/*Bücker* Art. 37 Rn. 5; Lutter/Bayer/
Schmidt EuropUnternehmensR Rn. 45.70; leicht modifiziert Kalss/Hügel/*Kalss* SEG Vor § 6 Rn. 17: Die
Norm soll eine Sitzverlegung durch Gesellschaftstypen des nationalen Rechts der Mitgliedstaaten verhindern,
weil der noch nicht verabschiedeten 14. RL über die Sitzverlegung nicht vorgegriffen werden solle.
[147] AA Habersack/Drinhausen/*Bücker* Art. 66 Rn. 5.
[148] Dagegen *Verse* ZEuP 2013, 458 (485).
[149] Vgl. Habersack/Drinhausen/*Bücker* Art. 37 Rn. 3.
[150] *Hushahn* RNotZ 2014, 137 (143 f.); zust. *Heckschen* ZIP 2015, 2049 (2060); aA *Verse* ZEuP 2013, 458
(485); *Ege/Klett* DStR 2012, 2442 (2446).
[151] Abl. *Verse* ZEuP 2013, 458 (485); wohl auch *Morgenroth/Salzmann* NZA-RR 2013, 449 (456).
[152] Kölner Komm AktG/*Paefgen* Art. 37 Rn. 10; Habersack/Drinhausen/*Bücker* Art. 37 Rn. 5.

nach Art. 8 die Existenz einer SE voraussetzt, diese aber erst nach Eintragung der Umwandlung gem. Art. 12, 16 Abs. 1 zur Entstehung gelangt.[153] Der Sitzverlegungsbeschluss darf gefasst werden, sobald die SE durch Eintragung gem. Art. 12 entstanden ist.[154] Sobald dies der Fall ist, hat die Sitzverlegung nämlich keine bzw. kaum Auswirkungen auf die in der SE geltende Mitbestimmung (→ Rn. 13 ff.).[155] Längere Wartefristen lassen sich teleologisch nicht begründen, sodass auch eine zeitlich dichte Folge von Umwandlungs- und Sitzverlegungsbeschluss in Betracht kommt. Zulässig ist es außerdem, mit **Vorbereitungshandlungen** für die Sitzverlegung bereits vor Eintragung der Umwandlung zu beginnen (→ Art. 37 Rn. 3);[156] diese gefährden nämlich nicht das Mitbestimmungsniveau, solange sie erst nach Eintragung der Umwandlung rechtliche Wirkungen im Außenverhältnis entfalten. Sowohl teleologische Gründe als auch die Erforderlichkeit einer rechtssicheren Handhabung des Art. 37 Abs. 3 sprechen schließlich dagegen, das Merkmal „anlässlich" im Sinne eines „unmittelbaren zeitlichen Zusammenhangs"[157] bzw. eines „einheitlichen Lebenssachverhalts"[158] auszulegen. Zu den Rechtsfolgen eines Verstoßes → Rn. 40.[159]

38 **c) Einspruchsrecht der Behörden des Wegzugsstaates (Abs. 14).** Während der Frist des Abs. 6 S. 1 kann eine Behörde des Wegzugsstaates Einspruch gegen die Verlegung aus Gründen des öffentlichen Interesses erheben. Die Regelung geht auf einen Wunsch der britischen Verhandlungsdelegation zurück und zielt vor allem auf ein Einspruchsrecht der **Finanzbehörden** (UAbs. 2).[160] Entsprechend hatte das Vereinigte Königreich in seinem Ausführungsgesetz von dieser Möglichkeit Gebrauch gemacht. Der Wortlaut der Regelung (Sec. 58 The European Public Limited Liability Company Regulations, 2004: „If a transfer of a registered office of an SE would result in a change in the law applicable to the SE, the competent authorities may, within the two month period referred to within Article 8(6), oppose the transfer, on public interest grounds") zeigt das Grundproblem: Der Tatbestand der Vorbehaltsnormen ist im Hinblick auf die Vorgabe in Art. 8 Abs. 14 so weit gefasst, dass eine **Vielzahl nicht vorausehbarer Interessen** – steuerrechtliche, verwaltungs- oder wettbewerbsrechtliche Gründe, medienpluralistische und verbraucherschützende – als mögliche Rechtfertigung des Einspruchsrechts in Betracht kommen; nur die Gesellschaftsinsolvenz ist in Abs. 15 spezieller geregelt.[161] Einen **ersten Anhaltspunkt** für die Auslegung liefert immer noch Art. 86c Abs. 3 **Richtlinienentwurf** zur Regelung der **grenzüberschreitenden Umwandlung**.[162] Dieser typisierte den Gegenstand der Vorbehaltsnorm als „eine **künstliche Gestaltung** mit dem Ziel [...], unrechtmäßige Steuervorteile zu erlangen oder die gesetzlichen oder vertraglichen Rechte der Arbeitnehmer, Gläubiger oder Minderheitsgesellschafter unrechtmäßig zu beschneiden [Hervorhebung durch den Verfasser]". Dieser Wortlaut verweist unmittelbar auf die Rspr. des **EuGH** in Sachen **„Cadbury Schweppes"** und **„Marks & Spencer"**, wo es um Steuerverkürzungsmodelle ging.[163] In der geltenden Fassung der GesR-RL wurde die Regelung auf

---

[153] So überzeugend Kölner Komm AktG/*Paefgen* Art. 37 Rn. 10.
[154] Kölner Komm AktG/*Paefgen* Art. 37 Rn. 10; BeckOGK/*Eberspächer* Art. 37 Rn. 6; *Schwarz* Art. 37 Rn. 9; Habersack/Drinhausen/*Bücker* Art. 37 Rn. 5; *Esposito*, Sitzverlegung und Minderheitenschutz bei der Societas Europaea, 2013, 159.
[155] BeckOGK/*Eberspächer* Art. 37 Rn. 6.
[156] Ausf. Habersack/Drinhausen/*Bücker* Art. 37 Rn. 5; nun auch BeckOGK/*Casper* Art. 37 Rn. 6; *Schwarz* Art. 37 Rn. 9; wohl auch Kölner Komm AktG/*Paefgen* Art. 37 Rn. 10.
[157] Kölner Komm AktG/*Veil* Rn. 60; ähnlich Habersack/Drinhausen/*Diekmann* Rn. 54.
[158] BeckOGK/*Casper* Rn. 13.
[159] *Oechsler* NZG 2005, 697 (700).
[160] So *Teichmann* ZIP 2002, 1109 (1111); vgl. iÜ die Konstellation EuGH Slg. 1988, 5505 = NJW 1989, 2186 – Daily Mail.
[161] *Ringe*, Die Sitzverlegung der Europäischen Aktiengesellschaft, 2006, 140 im Anschluss an die Regelungen der Mitgliedstaaten; Lutter/Hommelhoff/Teichmann/*Ringe* Rn. 63.
[162] COM (2018) 241 final.
[163] EuGH ECLI:EU:C:2006:544 Rn. 55 = NZG 2006, 835 – Cadbury Schweppes; ECLI:EU:C:2005:763 Rn. 57 = NZG 2006, 109 – Marks & Spencer.

zwei Normen aufgespalten und erweitert: Danach darf die Vorabbescheinigung nach **Art. 86m Abs. 1 UAbs. 1 GesR-RL** nicht erteilt werden, wenn die „Befriedigung oder Sicherung von monetären oder nicht monetären Pflichten gegenüber der öffentlichen Hand oder die Erfüllung besonderer sektoraler Verpflichtungen" gefährdet ist. **Art. 86t Abs. 1 UAbs. 1 GesR-RL** stellt klar, dass die Gültigkeit der grenzüberschreitenden Umwandlung nicht die Befugnisse der Mitgliedstaaten, „unter anderem im Hinblick auf das **Strafrecht, die Verhinderung und Bekämpfung der Terrorismusfinanzierung, das Sozialrecht, die Besteuerung und die Strafverfolgung**" berührt. Diese Interessen dürften auch nach Art. 8 Abs. 14 SE-VO durchsetzungsfähig sein. Erwägungsgrund 35 RL (EU) 2019/2121 (→ Rn. 6) nennt darüber hinaus auch die **Bekämpfung von Scheingesellschaften**. Regelungen iSd Norm haben Belgien, Frankreich (mit vier einspruchsberechtigten Stellen), die Niederlande, Österreich und Spanien getroffen.[164] Der **deutsche Gesetzgeber** hat von dieser Option **keinen Gebrauch** gemacht. Die Rechtsfolge der Norm besteht darin, dass die Sitzverlegung nicht wirksam werden kann. Der Verlegungsbeschluss kommt daher als Rechtsgeschäft nicht wirksam zustande. Eine Abstimmung der Hauptversammlung kann daher nur in den Fällen sinnvoll angesetzt werden, in denen ein Rechtsmittel nach Abs. 14 UAbs. 3 fristgerecht eingelegt worden ist. Der Einspruch kann insgesamt nur durch das **öffentliche Interesse** gerechtfertigt sein. Dabei fallen die Niederlassungsfreiheit nach Art. 49, 54 AEUV und die Maßstäbe der Art. 50 ff. AEUV ins Gewicht.[165]

d) Anfechtung bzw. Nichtigkeit des Verlegungsbeschlusses. Der Verlegungsbeschluss und der Beschluss zur Änderung der Satzung können gem. Art. 9 Abs. 1 lit. c Ziff. ii auf der Grundlage der **§§ 241 ff. AktG** angefochten bzw. für nichtig erklärt werden.[166] Nach § 12 Abs. 2 SEAG iVm § 7 Abs. 5 SEAG kann eine Klage gegen die Wirksamkeit des Verlegungsbeschlusses jedoch nicht darauf gestützt werden, dass das Angebot nach § 12 Abs. 1 SEAG zu niedrig bemessen oder dass die Barabfindung im Verlegungsplan nicht oder nicht ordnungsgemäß angeboten worden ist (näher → Rn. 19).

Ein Verstoß gegen **Art. 8 Abs. 15** führt wegen der gläubigerschützenden Zwecksetzung der Norm zur **Nichtigkeit** des Beschlusses nach § 241 Nr. 3 AktG.[167] Die Nichtbeachtung der **Zweimonatsfrist nach Abs. 6** begründet hingegen lediglich die Anfechtbarkeit des Verlegungsbeschlusses, da die Frist den Gläubigerschutz nur am Rande betrifft (→ Rn. 29). Ein Verstoß gegen **Art. 37 Abs. 3** begründet ebenfalls allein die Anfechtung, da die Abstandsregelung dem Schutz der Unternehmensmitbestimmung dient.[168] Richtiger Auffassung nach tritt eine **Heilung analog Art. 30 Abs. 1** (s. auch § 20 Abs. 2 UmwG, § 202 Abs. 3 UmwG) mit der Eintragung der Sitzverlegung gem. Abs. 10 ein. Dafür spricht, dass die Rechtsfolgen einer Sitzverlegung ebenso wenig rückgängig gemacht werden können wie diejenigen einer Verschmelzung.[169] Deshalb passt der Zweck des Art. 30 Abs. 1 über seinen unmittelbaren Anwendungsbereich hinaus.

3. Die Erfüllung der Sicherungsansprüche der Gläubiger. a) Überblick. Die **Besicherung der Gläubiger** der SE ist in § 13 SEAG geregelt. Nach **hM eröffnet** dabei **Art. 8 Abs. 7 SE die erforderliche Regelungsbefugnis des nationalen Gesetzge-

---

[164] Kurzer Überblick bei *Ringe*, Die Sitzverlegung der Europäischen Aktiengesellschaft, 2006, 138 f.; *Esposito*, Sitzverlegung und Minderheitenschutz bei der Societas Europaea, 2013, 207; vgl. ansonsten *Oplustil/Teichmann*, The European Company – all over Europe: A State-by-State Account of the Introduction of the European Company, 2004.
[165] *Kübler* ZHR 167 (2003), 222 (228).
[166] *Bungert/Beier* EWS 2002, 1 (6).
[167] BeckOGK/*Casper* Rn. 13; Kölner Komm AktG/*Veil* Rn. 59; Habersack/Drinhausen/*Diekmann* Rn. 56, 116.
[168] BeckOGK/*Casper* Rn. 13; Kölner Komm AktG/*Veil* Rn. 60; aA *Esposito*, Sitzverlegung und Minderheitenschutz bei der Societas Europaea, 2013, 161: Nichtigkeit.
[169] *Hunger* in Jannott/Frodermann SE-HdB Kap. 9 Rn. 152; Habersack/Drinhausen/*Diekmann* Rn. 58; aA *Esposito*, Sitzverlegung und Minderheitenschutz bei der Societas Europaea, 2013, 158 f., die jedoch § 202 Abs. 3 UmwG analog anwenden möchte.

bers.¹⁷⁰ Dies wird allerdings gelegentlich infrage gestellt: Der Wortlaut des Art. 8 Abs. 7 könnte auch als starre Verweisung auf das Aktienrecht im Zeitpunkt des Inkrafttretens der SE-VO verstanden werden, mit dem Ziel, eine Gleichbehandlung zwischen AG und SE herzustellen. Für dieses Verständnis soll ferner der Erwägungsgrund 5 sprechen, nach dem keine unverhältnismäßig strengen Anforderungen an den Beschluss gestellt werden dürfen.¹⁷¹ Für diese Betrachtungsweise lässt sich auch das Argument anführen, dass Art. 8 den Gläubigerschutz zum Teil über das bekannte Maß hinausführt, etwa wenn den Gläubigern nach Abs. 4 eigene Einsichtsrechte eröffnet werden und nach Abs. 16 ein inländischer Sitz der SE für Altschulden fingiert wird. Auf diese Weise kommt es zu einer **Kumulation der Gläubigerschutzinstitute.** Dennoch überzeugt die Mindermeinung nicht. Der Wortlaut des Art. 8 Abs. 7 lässt auch im Vergleich mit Abs. 5 keine ernstlichen Zweifel an der Regelungsbefugnis des nationalen Gesetzgebers zu. Angesichts der Möglichkeit einer erheblichen Gläubigergefährdung (→ Rn. 42) wird man folglich den Unterschied im Wortlaut zwischen Abs. 5 (Abfindung der Aktionäre) und Abs. 7 eher so verstehen müssen, dass die im Unionsrecht als allgemeiner Rechtsgrundsatz anerkannte Eigentumsgarantie einen **Gläubigerschutz durch den nationalen Gesetzgeber** geradezu erzwingt.¹⁷²

42   Die **rechtspolitische Kritik** an den von der Norm ausgehenden Belastungen¹⁷³ fand beim deutschen Gesetzgeber kein Gehör; dieser weist stattdessen auf die **Gefahren einer Sitzverlegung für Gläubiger** hin.¹⁷⁴ Diese liegen nicht allein in der erschwerten Rechtsdurchsetzung im Ausland,¹⁷⁵ sondern beruhen auch darauf, dass der **Kapitalschutz** in der Union nicht vollständig harmonisiert ist.¹⁷⁶ So regeln die Art. 44 ff. GesR-RL zB nicht die Art und Weise der Einbringung der Einlagen, sondern schreiben nur eine Mindesteinlage vor; der Vergleich der nationalen Gesellschaftsrechte zeigt deshalb ein sehr unterschiedliches Schutzniveau.¹⁷⁷ Ähnliches gilt im Hinblick auf die Schranken für die Gesellschafterfremdfinanzierung (§ 135 Abs. 1 Nr. 2 InsO).¹⁷⁸ Mit einer Sitzverlegung kann bspw. auch die Pflicht zur Bildung der gesetzlichen Rücklage nach § 150 AktG entfallen¹⁷⁹ und der Rückerwerb eigener Aktien ist unter Umständen nicht auf die 10 %-Hürde des § 71 Abs. 2 S. 1 AktG beschränkt.¹⁸⁰ Nicht alle nationalen Gesellschafts- oder Insolvenzrechte kennen schließlich eine **Insolvenzantragspflicht** der Geschäftsführung der AG.¹⁸¹ Gründungs-

---

¹⁷⁰ *Bungert/Beier* EWS 2002, 1 (5); *Lind,* Die Europäische Aktiengesellschaft – eine Analyse der Rechtsanwendungsvorschriften, 2004, 131; *Schwarz* Rn. 34; *Teichmann* ZGR 2002, 383 (460); *Wenz* in Theisen/Wenz, Die Europäische Aktiengesellschaft, 2. Aufl. 2005, 189 (242).

¹⁷¹ So *Ringe,* Die Sitzverlegung der Europäischen Aktiengesellschaft, 2006, 126 ff.; vgl. ferner *Brandt* DStR 2003, 1208 (1214); DAV NZG 2004, 75 (80); *Schmittmann/Ahrens* StuB 2003, 764 (767).

¹⁷² BeckOGK/*Casper* Rn. 14; *Hoger,* Kontinuität beim Formwechsel nach dem UmwG und der grenzüberschreitenden Verlegung des Sitzes einer SE, 2007, 294 ff.; Kalss/Hügel/*Kalss* SEG § 14 Rn. 1; *Zang,* Sitz und Verlegung des Sitzes einer europäischen Aktiengesellschaft mit Sitz in Deutschland, 2005, 197 ff.; aA *Schwarz* Rn. 35.

¹⁷³ *Brandt* DStR 2003, 1208 (1214); DAV NZG 2004, 75 (80); *Hunger* in Jannott/Frodermann SE-HdB Kap. 9 Rn. 124; *Schindler* wbl 2004, 253 (255); *Schwarz* Rn. 36; *Thümmel,* Die Europäische Aktiengesellschaft (SE), 2005, Rn. 348; *Waclawik* DB 2004, 1191 (1194); *Zang,* Sitz und Verlegung des Sitzes einer europäischen Aktiengesellschaft mit Sitz in Deutschland, 2005, 2001.

¹⁷⁴ BT-Drs. 15/3405, 35; vgl. auch *Neye/Teichmann* AG 2003, 169 (175); NK-SE/*Schröder* Rn. 148.

¹⁷⁵ RegE, BT-Drs. 15/3405, 35 liSp, vorletzter Absatz = BR-Drs. 438/04 zu § 13; so bereits zuvor *Teichmann* ZGR 2002, 383 (461 f.); *Teichmann* ZIP 2002, 1109 (1111); ähnlich *Hunger* in Jannott/Frodermann SE-HdB Kap. 9 Rn. 122 f.; *Ringe,* Die Sitzverlegung der Europäischen Aktiengesellschaft, 2006, 122; NK-SE/*Schröder* Art. 8 Rn. 77.

¹⁷⁶ *Hoger,* Kontinuität beim Formwechsel nach dem UmwG und der grenzüberschreitenden Verlegung des Sitzes einer SE, 2007, 25 ff.; *Ihrig/Wagner* BB 2003, 969 (974).

¹⁷⁷ *Hoger,* Kontinuität beim Formwechsel nach dem UmwG und der grenzüberschreitenden Verlegung des Sitzes einer SE, 2007, 25 ff. zum englischen, spanischen und österreichischen Gesellschaftsrecht.

¹⁷⁸ *Hoger,* Kontinuität beim Formwechsel nach dem UmwG und der grenzüberschreitenden Verlegung des Sitzes einer SE, 2007, 34 ff., noch für das alte Kapitalersatzrecht.

¹⁷⁹ *Hoger,* Kontinuität beim Formwechsel nach dem UmwG und der grenzüberschreitenden Verlegung des Sitzes einer SE, 2007, 39 f.

¹⁸⁰ *Hoger,* Kontinuität beim Formwechsel nach dem UmwG und der grenzüberschreitenden Verlegung des Sitzes einer SE, 2007, 43 f.

¹⁸¹ *Hoger,* Kontinuität beim Formwechsel nach dem UmwG und der grenzüberschreitenden Verlegung des Sitzes einer SE, 2007, 47 ff.

mängel können sich ferner im Ausland anders auswirken als im Inland.[182] Daneben erfüllt die Gläubigerbesicherung eine weitere **zentrale Funktion:** Art. 8 Abs. 15 schützt die inländischen Gläubiger vor einem Wegzug der finanziell angeschlagenen SE ins Ausland. Dieser Schutz beschränkt sich jedoch auf den Fall, dass ein Liquidations- oder Insolvenzverfahren eröffnet wird; eine allgemeine **Solvenzprüfung** findet nicht statt. Das Gläubigerbesicherungsverfahren schließt die dadurch entstehende Schutzlücke, weil es unweigerlich zur Aufdeckung einer verschleppten Insolvenz führt (→ Rn. 35). Insgesamt führt das Verfahren eine **wirtschaftliche Seriositätsschwelle** für die Sitzverlegung ein: **Vergleichbar dem Fall des § 13 WpÜG folgt aus der Fähigkeit der SE zur Finanzierung der Sitzverlegung der Schluss auf die Ernsthaftigkeit ihres Vorhabens.**

Art. 8 Abs. 7 UAbs. 1 verpflichtet deshalb den nationalen Gesetzgeber grundsätzlich zu einem angemessenen Schutz der Interessen der Gläubiger der SE und sonstiger Forderungsberechtigter (einschließlich der öffentlich-rechtlichen Körperschaften) in Bezug auf alle vor der Offenlegung des Verlegungsplans entstandenen Verbindlichkeiten.[183] Dabei erlaubt UAbs. 2 eine **Vorverlagerung des Stichtages** bis zum Zeitpunkt der Verlegung. Die Norm ist offensichtlich den Art. 13, 14 RL 2011/35/EG aF (nunmehr Art. 99 f. GesR-RL; → Rn. 27) nachgebildet, weshalb die deutsche Ausführungsnorm (§ 13 SEAG) mit gutem Grund auf § 22 UmwG Bezug nimmt.[184] In Ergänzung der nachfolgenden Erläuterungen, die nur auf die Besonderheiten der SE gegenüber der AG eingehen können, wird auch auf die Kommentierung des § 225 AktG in diesem Werk verwiesen. Für die SE bietet sich in jedem Fall an, im Rahmen des Besicherungsverfahrens ein Angebot auf Abschluss einer **Gerichtsstandsvereinbarung über die Abbedingung der Sitzfiktion nach Abs. 16 mit den jeweiligen Gläubigern** abzugeben (→ Rn. 86). Zum **Nachweis der Gläubigerbesicherung** vor dem Handelsregister → Rn. 58. 43

b) Anspruchsberechtigte Gläubiger. Anspruchsberechtigt sind **alle Gläubiger der Gesellschaft** (§ 13 Abs. 1 S. 1 SEAG). Dies entspricht § 22 UmwG, § 225 AktG.[185] Eine Differenzierung zwischen Forderungen aus einem **gesetzlichen oder vertraglichen Schuldverhältnis** kommt nicht in Betracht;[186] auch Forderungen der öffentlichen Hand finden Berücksichtigung.[187] Es versteht sich, dass Ansprüche aus einem Sachenrecht nicht genügen, weil dieses bereits selbst eine Kreditsicherheit beinhaltet.[188] Die Gläubiger müssen ihre Forderungen **binnen zwei Monaten** nach dem Tag, an dem der Verlegungsplan offen gelegt worden ist, schriftlich anmelden. Die Offenlegung bestimmt sich nach Art. 8 Abs. 2 S. 1 (→ Rn. 27). Die Setzung einer echten **Ausschlussfrist** gegenüber den Gläubigern in § 13 Abs. 1 S. 1 SEAG ist mit dem weit gefassten Wortlaut des Art. 8 Abs. 7 UAbs. 1 vereinbar und auch vom Normzweck her gerechtfertigt: Denn von der Erfüllung der Sicherungsansprüche hängt die Erteilung der Bescheinigung nach Art. 8 Abs. 8 ab (Art. 8 Abs. 7 UAbs. 1 sowie § 13 Abs. 3 SEAG). Hier muss sich die SE folglich gegen dilatorische Manöver schützen können. Der Umfang von zwei Monaten in § 13 Abs. 1 S. 1 SEAG ist an Art. 8 Abs. 6 S. 1 angelehnt[189] und dürfte gerade deshalb keinen Bedenken auf der Grundlage des Unionsrechts begegnen: Wenn sich die häufig nicht gerade professionell agierenden Anleger einer Publikumsgesellschaft innerhalb dieses Zeitraums orientieren müssen, ist dies den meist kaufmännisch organisierten Gläubigern erst recht zuzumuten. 44

---
[182] *Hoger,* Kontinuität beim Formwechsel nach dem UmwG und der grenzüberschreitenden Verlegung des Sitzes einer SE, 2007, 12 f.
[183] Kölner Komm AktG/*Veil* Rn. 65.
[184] RegE, BT-Drs. 15/3405, 35 liSp, vorletzter Absatz = BR-Drs. 438/04 zu § 13; vgl. auch den Entwurf der Sitzverlegungs-RL ZIP 1997, 1721 ff.
[185] Vgl. auch Kölner Komm AktG/*Veil* Rn. 67.
[186] *Ringe,* Die Sitzverlegung der Europäischen Aktiengesellschaft, 2006, 134 f.
[187] *Ringe,* Die Sitzverlegung der Europäischen Aktiengesellschaft, 2006, 135 f.; Habersack/Drinhausen/*Diekmann* Rn. 63; Kölner Komm AktG/*Veil* Rn. 71.
[188] Lutter/Hommelhoff/Teichmann/*Ringe* Rn. 47; Kölner Komm AktG/*Veil* Rn. 71.
[189] RegE, BT-Drs. 15/3405, 35 liSp unten und reSp oben = BR-Drs. 438/04 zu § 13; Teichmann ZGR 2002, 383 (461).

45 Es handelt sich um eine **materiell-rechtliche Ausschlussfrist,** deren Ablauf zum Untergang der Gläubigerrechte führt (→ AktG § 225 Rn. 15).[190] Eine **Wiedereinsetzung** wegen unverschuldeten Versäumnisses seitens des Gläubigers findet nicht statt. **Voraussetzung für die Ausschlusswirkung** dürfte indes sein, dass die **Frist sachlich richtig** nach Art. 8 Abs. 2 S. 2 lit. e im Verlegungsplan festgesetzt ist.[191] Denn andernfalls steht der Berufung auf den Fristablauf der Einwand widersprüchlichen Verhaltens (§ 242 BGB) entgegen: Die SE kann nicht einerseits die zeitliche Orientierung der Gläubiger erschweren und andererseits auf Fristeinhaltung bestehen. Da die Frist ausschließlich dem Schutz der SE vor einer Verschleppung des Verfahrens nach Art. 8 Abs. 8 dient, kann die SE **auch eine längere Frist** zugunsten der Gläubiger setzen, während ihr eine **Verkürzung** aus Gläubigerschutzgründen verwehrt sein dürfte (s. auch § 225 AktG; → Rn. 18 f.).[192]

46 Besichert werden kann nach **§ 13 Abs. 2 SEAG** nur eine Forderung, die spätestens **15 Tage** nach der Offenlegung (→ Rn. 27) entstanden ist.[193] Die Frist berechnet sich nach §§ 186 ff. BGB.[194] Diese – im Hinblick auf Art. 8 Abs. 7 UAbs. 2 unbedenkliche – Regelung orientiert sich am Vorbild des § 15 Abs. 2 S. 2 HGB,[195] was deshalb überzeugt, weil sowohl die Eintragung in das Handelsregister als auch die Offenlegung nach Art. 8 Abs. 2 S. 1 gem. § 10 HGB publiziert werden (→ Rn. 27). Nach der **Gegenmeinung** besteht ein zentraler Unterschied zu § 15 Abs. 2 S. 2 HGB: Dort beziehe sich die Unkenntnis auf Tatsachen, die bereits eingetreten seien, im Falle des § 13 Abs. 2 SEAG treffe dies hingegen nicht zu.[196] Darin liegt jedoch eher ein Argument für einen Erst-Recht-Schluss: Wenn die Rechtsordnung die Unkenntnis der Verkehrsbeteiligten hinsichtlich einer eingetretenen Tatsache hinnehmen kann, gilt dies umso mehr für die Fehlorientierung hinsichtlich einer noch nicht eingetretenen. Eine Erweiterung der Frist bis zur Eintragung der SE im Zuzugsstaat wäre wohl ebenfalls nach Art. 8 Abs. 7 UAbs. 2 möglich; § 13 Abs. 2 SEAG macht davon allerdings keinen Gebrauch. Eine **über § 13 Abs. 2 SEAG hinausgehende Praxis** der SE bzw. eine entsprechende **Vereinbarung** mit den Gläubigern ist möglich. Denn die Einschränkung des relevanten Zeitraums wird in den Materialien mit dem Schutzinteresse der SE an einer Verzögerung der Sitzverlegung begründet;[197] dies eröffnet Gestaltungsspielraum aus Sicht der SE. Eine Verkürzung des relevanten Zeitraums kommt hingegen (auch kraft Vereinbarung) nicht in Betracht. Denkbar sind aber Vereinbarungen von Verzichtsverträgen mit einzelnen Gläubigern nach § 397 BGB.

47 Die Forderung darf nach § 13 Abs. 1 S. 1 SEAG noch nicht **fällig** sein (zu den dabei auftretenden Problemen wie aufschiebende Bedingung, Dauerschuldverhältnis, streitige Forderung → AktG § 225 Rn. 8 ff.). Der Grund für diese Einschränkung liegt darin, dass der Gläubiger andernfalls bereits Befriedigung verlangen kann.[198] Berücksichtigt man allerdings, dass die Sitzverlegung den Gläubiger auch dadurch gefährden kann, dass die Kapitalbindung am Zuzugsort gelockert sein kann (→ Rn. 42), ist der Inhaber einer fälligen, von der SE aber nicht erfüllten Forderung in einem solchen Fall eigentlich nicht minder schutzwürdig.[199] Allerdings ist die gesetzliche Regelung bindend.

48 **c) Sicherungsinteresse.** Der Anspruch auf eine Sicherheit steht den Gläubigern der SE nach § 13 Abs. 1 S. 2 SEAG nur zu, wenn sie glaubhaft machen, dass durch die Sitzverle-

---

[190] BeckOGK/*Casper* Rn. 15; Habersack/Drinhausen/*Diekmann* Rn. 66.
[191] Zust. Habersack/Drinhausen/*Diekmann* Rn. 66.
[192] Ähnlich BeckOGK/*Casper* Rn. 15; *Hunger* in Jannott/Frodermann SE-HdB Kap. 9 Rn. 119; Habersack/Drinhausen/*Diekmann* Rn. 66.
[193] Zu den Voraussetzungen der „Entstehung" vgl. Kölner Komm AktG/*Veil* Rn. 72 ff.
[194] Habersack/Drinhausen/*Diekmann* Rn. 64.
[195] BeckOGK/*Casper* Rn. 14; *Neye* AG 2003, 169 (175).
[196] *Hoger*, Kontinuität beim Formwechsel nach dem UmwG und der grenzüberschreitenden Verlegung des Sitzes einer SE, 2007, 286 ff.
[197] RegE, BT-Drs. 15/3405, 35 reSp, erster Absatz = BR-Drs. 438/04 zu § 13; *Neye* AG 2003, 169 (175).
[198] *Hunger* in Jannott/Frodermann SE-HdB Kap. 9 Rn. 111.
[199] *Hoger*, Kontinuität beim Formwechsel nach dem UmwG und der grenzüberschreitenden Verlegung des Sitzes einer SE, 2007, 285.

gung die Erfüllung ihrer Forderung gefährdet wird. Nach bislang **hM** genügt die Sitzverlegung allein zur Begründung eines Sicherungsinteresses nicht, sofern nicht **besondere Umstände** hinzutreten.[200] Der Bundesrat hatte vorgeschlagen, Regelbeispiele für das Sicherungsinteresse in den Text des SEAG aufzunehmen.[201] Die Bundesregierung hielt dies wegen der Verschiedenartigkeit der Fallkonstellationen für nicht realisierbar.[202] Einigkeit bestand jedoch darüber – und dies macht der Text der Regelung auch deutlich –, dass die **Sitzverlegung als solche noch kein Sicherungsinteresse** begründen soll. In den Materialien[203] wird diese Entscheidung mit der Überlegung begründet, anders als die Verschmelzung bedeute die Sitzverlegung keine Änderung der Vermögenslage und auch keine Gefährdung der Gläubiger, weil insbesondere die Altgläubiger wegen Art. 8 Abs. 16 noch am alten Sitz Klage erheben können. Nach Auffassung des Gesetzgebers konkretisiert sich daher auch **das besondere Sicherheitsinteresse** wie folgt: „Gefahren drohen den Gläubigern [...] allein aus einer Vermögensverlagerung, die eine spätere Durchsetzung der Forderungen faktisch erschweren könnte".[204] Diese Auffassung findet jetzt auch teilweise Bestätigung in **Art. 86j Abs. 1 UAbs. 2 GesR-RL** (→ Rn. 6). Danach hängt der Besicherungsanspruch davon ab, dass „die Gläubiger glaubhaft darlegen können, dass die Befriedigung ihrer Forderungen durch die grenzüberschreitende Umwandlung gefährdet ist und sie von der Gesellschaft keine angemessene Sicherheit erhalten haben". Allerdings ist diese Norm unter **besonderer Berücksichtigung des Art. 86j Abs. 2 GesR-RL** systematisch auszulegen. Nach dieser zweiten Norm können die Mitgliedstaaten zusätzlich eine haftungsbewehrte Erklärung der Geschäftsführung zur Solvenz der Gesellschaft nach der grenzüberschreitenden Umwandlung verlangen. Diese zusätzliche Möglichkeit mindert entsprechend die Schutzwürdigkeit der Gläubiger durch Stellung von Sicherheiten. Vergleichbares ist in der SE-VO jedoch nicht vorgesehen. Nach einer **Gegenmeinung,** die tendenziell die Anforderungen an die besonderen Umstände besonders hoch ansetzt, besteht die Gefahr der Verlagerung von Vermögensgegenständen ins Ausland auch außerhalb einer Sitzverlegung stets und allgemein. Es handele sich also **nicht um eine spezifische Gefahr der grenzüberschreitenden Verlegung des Satzungssitzes,** vor der im Sitzverlegungsverfahren geschützt werden müsste.[205] Dem wird man indes mit Blick auf die Rechtsfolge des Art. 64 Abs. 1 widersprechen müssen: Zwar besteht die Rechtsfolge nach Art. 8 Abs. 10 lediglich in der Verlegung des Satzungssitzes. Art. 64 Abs. 1 erzwingt aber zumindest nach hM (vgl. → Rn. 65 f.), dass der Verwaltungssitz ebenfalls an den Zuzugsort verlegt werden muss, will die SE einer Liquidation nach Art. 64 Abs. 2 entgehen. Durch die Verlegung der Hauptverwaltung aber werden möglicherweise – je nach Struktur des Unternehmens – auch Unternehmensteile, die notwendig eine enge Verbindung zur Hauptverwaltung unterhalten müssen, in den Zuzugsstaat verlegt. Nimmt man hinzu, dass die Hauptverwaltung im Regelfall kaum weit entfernt von den zentralen Betriebsstätten liegen dürfte, entsteht auch diesbezüglich ein Abwanderungsdruck.[206] Das Verfahren nach Art. 8 erhöht also die allgemeine Gefahr einer Vermögensverlagerung ins Ausland in spezifischer Weise.[207]

---

[200] BeckOGK/*Casper* Rn. 15; *Hunger* in Jannott/Frodermann SE-HdB Kap. 9 Rn. 122 ff.; *Neye/Teichmann* AG 2003, 169 (174 f.); NK-SE/*Schröder* Art. 8 Rn. 77; *Teichmann* ZGR 2002, 383 (461 f.); *Teichmann* ZIP 2002, 1109 (1111); *Teichmann* in Van Hulle/Maul/Drinhausen SE-HdB Abschn. 7 Rn. 50, 53; Lutter/Hommelhoff/Teichmann/*Ringe* Rn. 49; Habersack/Drinhausen/*Diekmann* Rn. 72; Kölner Komm AktG/*Veil* Rn. 80.
[201] BT-Drs. 15/3656, 4 reSp, zweiter Absatz.
[202] BT-Drs. 15/3656, 9 reSp, zweiter Absatz.
[203] RegE, BT-Drs. 15/3405, 35 liSp, vorletzter Absatz = BR-Drs. 438/04 zu § 13; vgl. auch den RefE zu § 13 sowie den DiskE zu § 12; Bundesrat BT-Drs. 15/3656, 4 reSp, erster Absatz und bereits zuvor *Teichmann* ZGR 2002, 383 (461 f.); *Teichmann* ZIP 2002, 1109.
[204] RegE, BT-Drs. 15/3405, 35 liSp, vorletzter Absatz = BR-Drs. 438/04 zu § 13.
[205] *Ihrig/Wagner* BB 2003, 969 (974).
[206] *Oechsler* AG 2005, 373 (377); krit. *Hoger*, Kontinuität beim Formwechsel nach dem UmwG und der grenzüberschreitenden Verlegung des Sitzes einer SE, 2007, 285.
[207] AA Habersack/Drinhausen/*Diekmann* Rn. 71; Kölner Komm AktG/*Veil* Rn. 80 (ohne Begründung).

49 Nach einer **weiteren und grundsätzlich zutreffenden Auffassung begründet die Sitzverlegung als solche im Regelfall** ein Sicherungsinteresse **(sog. abstraktes Sicherungsinteresse).** Begründet wird dies mit dem Umstand, dass die Gefahrenanalyse des Gesetzgebers deutlich zu kurz greift: Mit der Sitzverlegung verbindet sich nicht **nur die erschwerte Durchsetzung von Ansprüchen im Ausland,** vielmehr kann mit ihr eine erhebliche **Lockerung der Kapitalaufbringung und -bindung** einhergehen (→ Rn. 42), die dann – abhängig vom Recht des jeweiligen Zuzugsorts – bereits ein Sicherungsinteresse begründet.[208] Bedenken bereitet auch die Tendenz des deutschen Gesetzgebers, durch die Anforderungen an das Sicherungsinteresse einen **Doppelschutz der Gläubiger** zu verhindern: einmal durch die Sitzfiktion des Abs. 16 und ein anderes Mal durch das Besicherungsverfahren nach Abs. 7. Nach Art. 69 S. 2 lit. c muss dieser Konflikt aber im System der SE-VO durch die Abschaffung der Sitzfiktion, nicht durch die Beschränkung des Gläubigerschutzes gelöst werden. Die den Anwendungsbereich des Abs. 7 einschränkende Regelung des § 13 Abs. 1 S. 2 SEAG fügt sich daher nicht in das System des Art. 8 und widerspricht nicht zuletzt dem **Normwortlaut:** In Abs. 7 heißt es nämlich, dass die Interessen der Gläubiger „in Bezug auf *alle* vor der Offenlegung des Verlegungsplans entstandenen Verbindlichkeiten im Einklang mit den Anforderungen des Mitgliedstaats, in dem die SE vor der Verlegung ihren Sitz hat, angemessen geschützt sind" [Hervorhebung durch Verfasser]. Aus diesem Wortlaut lässt sich durchaus auf einen abstrakten Begriff des Sicherungsinteresses schließen, der grundsätzlich durch die Sitzverlegung begründet ist. Zu Recht wird auch darauf aufmerksam gemacht, dass der Schutz des Abs. 16 allein die durch die Sitzverlegung bedingte Gläubigergefährdung nicht kompensieren kann.[209] Diese Norm erleichtert allein die inländische Klageerhebung, nicht aber den **Vollstreckungszugriff** auf das ausländische Vermögen.

50 Dies spricht im **Ergebnis** dafür, dass das Sicherungsinteresse nach § 13 Abs. 1 S. 2 SEAG **im Zweifel** bereits mit der durch Art. 64 bedingten **Verlagerung von Unternehmensvermögen ins Ausland** begründet ist (str.).[210] Einen interessanten Ansatz zur **Entkräftung eines auf Gläubigerseite bestehenden Sicherungsinteresses** beinhaltet **Art. 86k Abs. 3 Richtlinienentwurf** zur Änderungsrichtlinie betreffend die **grenzüberschreitende Umwandlung;**[211] er wurde allerdings später nicht in den Text der Richtlinie aufgenommen. Nach lit. a der Norm wird nämlich das **Fehlen eines Besicherungsinteresses vermutet,** wenn der Bericht eines unabhängigen Sachverständigen[212] zu dem Ergebnis gelangt, dass nach vernünftigem Ermessen eine übermäßige Beeinträchtigung der Rechte der Gläubiger nicht zu erwarten ist. Der Sachverständige muss von der zuständigen Behörde des Wegzugsmitgliedstaats bestellt werden und unabhängig sein.

51 Eine **zweite, in dieselbe Richtung gehende Vermutung** beinhaltet **lit. b** des Entwurfs (→ Rn. 6) für den Fall, dass den Gläubigern ein **Zahlungsanspruch gegen einen Dritten oder die aus der grenzüberschreitenden Umwandlung hervorgegangene Gesellschaft** eingeräumt wird: Voraussetzung ist, dass die Forderung **vor demselben Gericht** wie die ursprüngliche Forderung geltend gemacht werden kann und dass die **Bonität der Forderung mindestens der Bonität der ursprünglichen Forderung des Gläubigers** unmittelbar nach Abschluss der Umwandlung **entspricht.** Die zugrunde liegenden Erfahrungssätze leuchten nach wie vor ein. In Betracht kommt danach die Entkräf-

---

[208] *Hoger,* Kontinuität beim Formwechsel nach dem UmwG und der grenzüberschreitenden Verlegung des Sitzes einer SE, 2007, 284; aA Habersack/Drinhausen/*Diekmann* Rn. 73.
[209] *Priester* ZGR 1999, 36 (43 f.).
[210] Ähnlich *Hoger,* Kontinuität beim Formwechsel nach dem UmwG und der grenzüberschreitenden Verlegung des Sitzes einer SE, 2007, 284 f.; aA *Hunger* in Jannott/Frodermann SE-HdB Kap. 9 Rn. 123; Lutter/Hommelhoff/Teichmann/*Ringe* Rn. 46; BeckOGK/*Casper* Rn. 15: Nur eine vollständige oder weitgehende Verlagerung des Vermögens in den Zuzugsstaat begründe wegen der Erschwerung des Vollstreckungszugriffs ein Sicherungsinteresse.
[211] COM (2018) 241 final.
[212] Es handelte sich dabei nicht um den nach Art. 86g RL-Entwurf COM (2018) 241 final bestellten Sachverständigen.

tung eines weitergehenden Sicherungsinteresses auf Gläubigerseite durch die Stellung einer **Bankbürgschaft** am Wegzugsort verbunden mit einer auf die Bürgschaft bezogenen **Prorogationsvereinbarung** auf den Wegzugsort! Dadurch dürfte die SE in jedem Fall das strenge **Prinzip der Realsicherheit nach § 232 Abs. 1 BGB** (→ AktG § 225 Rn. 21) abwenden können. In einem Folgerechtsstreit um den Besicherungsanspruch müssen die Gläubiger vor der Kostenlast durch entsprechende Anwendung des Rechtsgedankens des **§ 93 ZPO** geschützt werden: Liefert die SE erst im Rechtsstreit die Informationen darüber, dass es nicht zu einer Abwanderung von Vermögen im nennenswerten Umfang kommen wird, hat sie als Beklagte, und nicht der klagende Gläubiger, Anlass zum Rechtsstreit gegeben und muss deshalb die Kostenlast tragen.[213]

d) Inhalt des Anspruchs. Zum Inhalt des Anspruchs → AktG § 225 Rn. 26 ff. sowie die Kommentierungen zu § 22 UmwG. **52**

e) Missbrauchsgefahr durch erpresserische Sicherungsforderungen. Das Interesse der SE, die Gläubigerbesicherung rasch zu betreiben, um die Bescheinigung nach Abs. 8 zu erhalten und auf dieser Grundlage die Eintragung im Zuzugsstaat zu erreichen, kann von Dritten ausgenutzt werden, indem sie sich eines tatsächlich nicht bestehenden Sicherungsinteresses berühmen (→ Rn. 59).[214] In solchen Konstellationen liegt es aus Sicht der Verwaltung der SE nahe, den Forderungen unter einem nach **§ 814 BGB** wirksamen Vorbehalt nachzugeben, die Sicherheitsleistung nachträglich zu kondizieren und den dadurch entstandenen Schaden über **§ 826 BGB** zu liquidieren.[215] Die strenge Auslegung des Tatbestandsmerkmals des Sicherungsinteresses[216] dürfte hingegen praktisch kaum weiter helfen. Allerdings zur Anwendung des **§ 16 Abs. 3 UmwG** → Rn. 59. **53**

4. Die Erteilung der Bescheinigung (Abs. 8). Nach § 4 S. 1 SEAG muss die Bescheinigung (**Vorabbescheinigung** nach Art. 86m GesR-RL, auch Rechtmäßigkeitsbescheinigung genannt)[217] durch das nach §§ 376 f. FamFG bestimmte Gericht erstellt werden. Gem. § 377 Abs. 1 FamFG ist das Amtsgericht, in dessen Bezirk die SE ihren Satzungssitz hat, örtlich ausschließlich zuständig. Die Besonderheit dieser Prüfung besteht darin, dass sie nicht nur die Rechtmäßigkeit des Verlegungsbeschlusses gewährleisten soll, sondern diesen auch für die Behörden bzw. Gerichte des Zuzugsstaates **dokumentiert**.[218] Zuständig ist das Amtsgericht, das das Handelsregister am gegenwärtigen Sitz der SE führt. Folgerichtig sieht der Gesetzgeber die Erstellung der Bescheinigung als Handelsregistersache an.[219] Daher muss die Bescheinigung als Eintragung gem. § 382 Abs. 1 FamFG erfolgen. In Anlehnung an § 198 Abs. 2 S. 4 UmwG liegt es dabei nahe, dass die Bescheinigung in Form einer **Handelsregistereintragung mit Vorläufigkeitsvermerk** vorgenommen wird: Der Verlegungsbeschluss wäre danach mit dem Vermerk zu versehen, dass die Verlegung erst mit der Eintragung im Register des Zuzugsstaates eintritt.[220] Diese Eintragung erfolgt **in deutscher Sprache** (arg. e § 184 GVG). Gegenüber dem Register des Zuzugsstaates muss die SE sich im Verfahren nach Abs. 9 eines Registerauszuges bedienen, den sie ggf. auf eigene Kosten von einem im Zuzugsstaat gerichtlich anerkannten Dolmetscher in die Landessprache übersetzen lassen muss (→ Rn. 61).[221] **54**

---

[213] Zur Umkehrung des § 93 ZPO allg. *Rixecker* MDR 1985, 633 (635).
[214] *Brandt* DStR 2003, 1208 (1214).
[215] BeckOGK/*Casper* Rn. 18.1; Kölner Komm AktG/*Veil* Rn. 90; ähnlich Habersack/Drinhausen/*Diekmann* Rn. 82.
[216] So *Brandt* DStR 2003, 1208 (1214).
[217] Bezeichnung nach *de Lousanoff* FS Spiegelberger, 2009, 604 (607); zT auch als „Unbedenklichkeitsbescheinigung" bezeichnet, vgl. Kölner Komm AktG/*Veil* Rn. 84.
[218] *Ringe*, Die Sitzverlegung der Europäischen Aktiengesellschaft, 2006, 143; Lutter/Hommelhoff/Teichmann/*Ringe* Rn. 55; Habersack/Drinhausen/*Diekmann* Rn. 76; *de Lousanoff* FS Spiegelberger, 2009, 604 (607).
[219] RegE, BT-Drs. 15/3405, 31 reSp zu § 4, dort zweiter Absatz = BR-Drs. 438/04 zu § 4.
[220] BeckOGK/*Casper* Rn. 17; Lutter/Hommelhoff/Teichmann/*Ringe* Rn. 56; *Priester* ZGR 1999, 36 (44).
[221] So auch Habersack/Drinhausen/*Diekmann* Rn. 78.

55 **Prüfungsgegenstand** ist nach Art. 8 Abs. 8, ob „die der Verlegung vorangegangenen Rechtshandlungen und Formalitäten durchgeführt wurden". Dem Registergericht kommt sowohl eine **formelle,** als auch eine **materielle Prüfungskompetenz** zu.²²² Folglich ist zu prüfen:²²³
(1) die rechtmäßige Erstellung und Offenlegung des Verlegungsplans (Abs. 2);
(2) die rechtmäßige Erstellung des Verlegungsberichts (Abs. 3);
(3) die Gewährung der Einsichtsrechte an Aktionäre und Gläubiger (Abs. 4);
(4) die formelle und materielle Wirksamkeit des Verlegungsbeschlusses (→ Rn. 29 ff.).

56 Nicht nur die Aufstellung, sondern **auch der Inhalt des Verlegungsberichts** ist vom Registergericht zu prüfen. Denn Art. 8 Abs. 8 stellt seinem Wortlaut nach **hohe Anforderungen an die Prüfung** durch das Registergericht, indem auch eine Kontrolle der Durchführung der für die Sitzverlegung notwendigen Schritte verlangt wird.²²⁴ Vor allem teleologische Argumente sprechen gegen eine Restriktion der Prüfungskompetenz in diesem Punkt: Art. 8 Abs. 8 kommt als einzigem (die Prüfung durch den Zuzugsstaat nach Art. 8 Abs. 9 erstreckt sich nur auf die speziell in diesem Staat zu wahrenden Formalitäten) in Art. 8 unmittelbar vorgesehenen Kontrollmechanismus eine zentrale Bedeutung für die Wahrung der Voraussetzungen der Sitzverlegung zu. Hierin liegt auch der Grund für die materielle Prüfungskompetenz des Registergerichts (→ Rn. 55). Etwaige aktienrechtliche Anfechtungsmöglichkeiten, die daran anknüpfen, dass der Bericht nicht ordnungsgemäß erstellt wurde, unterliegen keiner europaweit einheitlichen Regelung, sodass sie den richterlichen Kontrollumfang nicht einschränken können. Aus diesem Grund ist es auch nicht möglich, den Prüfungsumfang wie im nationalen Umwandlungsrecht aus § 398 FamFG abzuleiten. Die Prüfung erstreckt sich deswegen **auch auf die inhaltlichen Anforderungen an den Bericht,** wie sie sich aus Art. 8 Abs. 3 (→ Rn. 22 ff.) ergeben. Angesichts der Spielräume, die der Geschäftsleitung bei der Erstellung des Berichts verbleiben und die sich vor allem aus dem Wesentlichkeitskriterium ergeben (→ Rn. 26), bezieht sich die Prüfung allerdings nur darauf, dass Ausführungen zu den in Art. 8 Abs. 3 genannten Punkten in dem Bericht enthalten sind und sich nicht in bloßen Leerformeln erschöpfen.²²⁵ Auch die **materielle Rechtmäßigkeit des Hauptversammlungsbeschlusses** unterliegt der Kontrolle des Registergerichts. Die Prüfung ist **nicht allein auf das Vorliegen einer Negativerklärung** nach § 14 SEAG beschränkt.²²⁶ Auch im nationalen Umwandlungsrecht führt die nach § 198 Abs. 2 UmwG iVm § 16 Abs. 2 S. 1 UmwG erforderliche Negativerklärung nicht zu einer Einschränkung der materiellen Prüfungspflicht des Registergerichts;²²⁷ vor allem aber kann aus den soeben vorgestellten Erwägungen heraus § 14 SEAG, dh nationales Recht, nicht zu einer Einschränkung der in Abs. 8 vorgesehenen Kontrolldichte führen. Die Negativerklärung hat allenfalls indizielle Bedeutung dafür, dass der Hauptversammlungsbeschluss ordnungsgemäß gefasst wurde. Stellt das Gericht aber eine Gesetzesverletzung fest, kann es die Ausstellung der Bescheinigung auch dann verweigern, wenn eine Negativerklärung vorliegt.

57 Eine **Prüfung der Festsetzung einer Abfindung für außenstehende Aktionäre** im Verlegungsplan (Art. 8 Abs. 2 S. 2 lit. e) dürfte sich nach hier vertretener Auffassung (→ Rn. 20) in den Fällen erübrigen, in denen die Aktien sich in einer Hand befinden oder sämtliche Aktionäre schriftlich auf eine Abfindung verzichtet haben. Der **Prüfungsbericht**

---

²²² Habersack/Drinhausen/*Diekmann* Rn. 87; Lutter/Hommelhoff/Teichmann/*Ringe* Rn. 59; grundsätzlich auch BeckOGK/*Casper* Rn. 19, der aber eine Ausnahme hinsichtlich der materiellen Rechtmäßigkeit des Sitzverlegungsbeschlusses befürwortet.
²²³ Ähnlich *Wenz* in Theisen/Wenz, Die Europäische Aktiengesellschaft, 2. Aufl. 2005, 189 (250); Lutter/ Hommelhoff/Teichmann/*Ringe* Rn. 59.
²²⁴ Den Wortlaut gerade entgegengesetzt interpretierend jedoch Kölner Komm AktG/*Veil* Rn. 91.
²²⁵ IErg wohl ähnlich Kölner Komm AktG/*Veil* Rn. 91 aE.
²²⁶ So aber Kölner Komm AktG/*Veil* Rn. 91; BeckOGK/*Casper* Rn. 19: nur die formelle Wirksamkeit des Beschlusses sei zu prüfen; wie hier wohl Habersack/Drinhausen/*Diekmann* Rn. 81: Rechtmäßigkeit des Verlegungsbeschlusses sei zu prüfen.
²²⁷ Vgl. Lutter/*Hoger* UmwG § 198 Rn. 25.

über die Angemessenheit der Barabfindung, der gem. § 12 Abs. 2 SEAG iVm § 7 Abs. 3 SEAG zu erstellen ist, **unterliegt nicht der Kontrolle des Registergerichts.**[228] Die zum Schutz der Aktionäre vorgesehenen Rechte bestimmen sich gem. Art. 8 Abs. 5 nach den mitgliedstaatlichen Vorschriften, in Deutschland also nach §§ 12, 7 SEAG. Gem. § 12 Abs. 2 SEAG iVm § 7 Abs. 7 SEAG sind Streitigkeiten über die Höhe der Barabfindung im Spruchverfahren auszutragen; eine Prüfung der Angemessenheit der Barabfindung durch das Registergericht – und sei es auch nur mittelbar im Wege der Prüfung des Prüfungsberichts – findet nicht statt.[229]

Ferner darf die Eintragung gem. Art. 8 Abs. 7 UAbs. 1 nicht erfolgen, bevor nicht der **58** Nachweis erbracht ist, dass die **Gläubigerinteressen** in Bezug auf alle vor der Offenlegung des Verlegungsplans entstandenen Verbindlichkeiten im Einklang mit den Anforderungen des Mitgliedstaats, in dem die SE vor der Verlegung ihren Sitz hat, **angemessen geschützt** sind. Nach **§ 13 Abs. 3 SEAG** darf die Bescheinigung nur ausgestellt werden, wenn allen Gläubigern, die nach § 13 Abs. 1 und 2 SEAG einen Anspruch auf Sicherheitsleistung haben, eine angemessene Sicherheit geleistet wurde. Damit beendet der deutsche Gesetzgeber eine im Schrifttum zuvor umstrittene Frage, ob die Gläubigersicherung Eintragungsvoraussetzung ist.[230] Dieser **Nachweis,** der weder im Rahmen des § 22 UmwG noch des § 225 AktG üblich ist, ist nach § 13 Abs. 3 SEAG mittels einer Versicherung durch die Verwaltung der SE zu erbringen. Der Bundesrat hat in seiner Erwiderung zum Regierungsentwurf zunächst eine „strafbewehrte Versicherung" erwogen,[231] war damit aber bei der Bundesregierung nicht durchgedrungen.[232] Andernfalls wäre es auch im systematischen Verhältnis zu § 14 SEAG zu Unstimmigkeiten gekommen. Erforderlich ist daher eine **Erklärung der geschäftsführenden Direktoren** (monistische SE) **bzw. des Vorstands** der SE, **dass alle ordnungsgemäß geltend gemachten Sicherungsansprüche angemessen befriedigt wurden.** Solange ein **Rechtsstreit** zwischen der SE und den Gläubigern über Grund und Umfang des Anspruchs aus Art. 8 Abs. 7 UAbs. 1, § 13 Abs. 1 S. 1 SEAG schwebt, kann das Registergericht die Eintragung nicht vornehmen.[233] Nach rechtskräftigem Abschluss des Rechtsstreits ist mit Hilfe einer Abschrift des Titels gegenüber dem Handelsregister der Nachweis zu führen. Die **Regelung der grenzüberschreitenden Umwandlung vermeidet ein Junktim** zwischen der Durchführung des Gläubigersicherungsverfahrens und der Erteilung der Vorabbescheinigung nach Art. 86m GesR-RL (→ Rn. 6). Stattdessen kann der nationale Gesetzgeber zur Absicherung der Gläubiger eine **haftungsbewehrte Erklärung der Geschäftsführung** vorsehen (Art. 86j Abs. 2 GesR-RL). Daneben tritt die **Haftung des unabhängigen Sachverständigen** nach Art. 86s Abs. 1 GesR-RL.

Nach **§ 14 SEAG** müssen die Vertretungsorgane der SE – also die Mitglieder des **59** Verwaltungsrats bei der monistischen (§ 22 Abs. 6 SEAG) bzw. die Vorstandsmitglieder bei der dualistischen SE – erklären, dass gegen die Wirksamkeit des Verlegungsbeschlusses nicht fristgerecht **(Anfechtungs-)Klage** erhoben ist bzw. dass eine solche Klage rechtskräftig abgewiesen oder zurückgenommen worden ist.[234] Die Erklärung bezieht sich im

---

[228] So aber *Esposito,* Sitzverlegung und Minderheitenschutz bei der Societas Europaea, 2013, 204; vgl. zu § 7 Abs. 3 SEAG näher *Witten,* Minderheitenschutz bei Gründung und Sitzverlegung der Europäischen Aktiengesellschaft (SE), 2011, 77 ff.

[229] Eine Prüfung des Barabfindungsangebots selbst lehnt auch *Esposito,* Sitzverlegung und Minderheitenschutz bei der Societas Europaea, 2013, 205 ab.

[230] ISd § 13 Abs. 3 SEAG bereits *Teichmann* ZGR 2002, 383 (461) im Anschluss an *Priester* ZGR 1999, 36 (44).

[231] BT-Drs. 15/3656, 4 liSp, letzter Absatz.

[232] BT-Drs. 15/3656, 9 reSp, erster Absatz.

[233] BeckOGK/*Casper* Rn. 18.1; grds. auch Habersack/Drinhausen/*Diekmann* Rn. 82, der dem Registergericht aber eine begrenzte Prüfungskompetenz einräumen will: Die Eintragung sei nur bei „offensichtlicher Verweigerung der Sicherheitsleistung" abzulehnen; ein materielles Prüfungsrecht des Registergerichts hinsichtlich des Sicherungsanspruchs abl. BeckOGK/*Casper* Rn. 18.1; Kölner Komm AktG/*Veil* Rn. 90.

[234] Die Norm ist § 16 Abs. 2 UmwG nachgebildet, vgl. RegE, BT-Drs. 15/3405, 35 reSp = BR-Drs. 438/04 zu § 14; zur Notwendigkeit bereits *Priester* ZGR 1999, 36 (43); vgl. zum Problem auch *Bungert/Beier* EWS 2002, 1 (6).

Wege eines Erst-Recht-Schlusses entsprechend auch auf eine Feststellungsklage wegen Nichtigkeit des Verlegungsbeschlusses nach § 241 AktG.[235] Sie bezieht sich hingegen **nicht** auf Klagen über Grund und Höhe der **Abfindung der Aktionäre** nach Art. 8 Abs. 5 iVm § 12 SEAG. Denn die Wirksamkeit des Verlegungsbeschlusses kann nicht auf Grund eines Streits über die Abfindung angegriffen werden (§ 12 Abs. 2 SEAG iVm § 7 Abs. 5 SEAG). Im Umkehrschluss aus § 13 Abs. 3 SEAG und in Anlehnung an Art. 25 Abs. 3 folgt ferner, dass Grund und Höhe der Abfindung **vom Registergericht** im Verfahren nach Abs. 8 **nicht überprüft werden dürfen.** Art. 25 Abs. 3 S. 3, wonach die Bescheinigung einen Hinweis auf anhängige Spruchverfahren enthalten muss, ist jedoch nicht analog anzuwenden: Die Frist für das Spruchverfahren beginnt gem. § 4 Abs. 1 Nr. 6 SpruchG erst nach Eintragung der SE in das Handelsregister des Zuzugsstaates, die aber ihrerseits die Bescheinigung nach Art. 8 Abs. 8 voraussetzt.[236] Richtiger Auffassung nach sind **§ 16 Abs. 2 S. 2, Abs. 3 UmwG entsprechend anzuwenden.**[237] Ein allgemeiner Rechtsgedanke spricht bereits dafür, dass die Eintragung der Sitzverlegung unverzüglich und ohne Abwarten der Frist des § 246 Abs. 1 AktG betrieben werden muss, wenn alle Berechtigten auf ihre Anfechtungsrechte verzichten (§ 16 Abs. 2 S. 2 UmwG). Denn der mit dem Anfechtungsrecht verbundene Schutz ist disponibel und erledigt sich folglich durch einen Verzicht (→ Rn. 20; → Rn. 22; → Rn. 57). Problematischer erscheint, ob die SE auch **vor offensichtlich unbegründeten Anfechtungsklagen entsprechend § 16 Abs. 3 UmwG** geschützt werden kann. Im neu geschaffenen Freigabeverfahren nach § 246a AktG hat der Gesetzgeber die Sitzverlegung jedenfalls nicht berücksichtigt. Der Umkehrschluss aus § 246a S. 1 AktG, § 319 Abs. 6 AktG, § 16 Abs. 3 UmwG verweist auf einen vermeintlichen Numerus clausus der Freigabe- bzw. Unbedenklichkeitsverfahren. Dies steht jedoch der **analogen Anwendung des § 16 Abs. 3 UmwG** nicht entgegen:[238] Denn von der Sache macht es keinen Unterschied, ob die SE ihre Rechtsform unmittelbar wechselt (§§ 190 ff. UmwG) oder ob sie eine identische Wirkung **mittelbar** durch Verlagerung ihres Satzungssitzes herbeiführt (→ Rn. 3).[239] In der **Vermeidung einer sachlich nicht gerechtfertigten Diskriminierung des nationalen gegenüber dem grenzüberschreitenden Rechtsformwechsel** liegt gerade der Kern der Vale-Entscheidung des EuGH (→ Rn. 5).[240] In beiden Fällen reichen die Rechtsfolgen des intendierten Statutswechsels praktisch gleich weit; dass bei der SE – anders als bei einem echten Rechtsformwechsel – ein Teil des alten Statuts – die Normen der SE-VO nämlich – erhalten bleibt, fällt angesichts des bloßen Rahmencharakters der Normen der SE-VO materiell nicht ins Gewicht.[241] Zugleich verbindet sich mit dem Angriff auf den Verlegungsbeschluss ein erhöhtes **Erpressungspotential,** das Spielraum für missbräuchliche Anfechtungsklagen eröffnet. Das Art. 68 Abs. 1 zu Grunde liegende Prinzip des effet utile zwingt den Gesetzgeber aber zu einer Umsetzung der SE-VO, die deren Institute auch in der Praxis handhabbar werden lässt. Dieses Prinzip und die sachliche Nähe der Sitzverlegung zum Rechtsformwechsel sprechen für eine analoge Anwendung des § 16 Abs. 3 UmwG.

---

[235] Habersack/Drinhausen/*Diekmann* Rn. 84.
[236] Zutr. *Esposito,* Sitzverlegung und Minderheitenschutz bei der Societas Europaea, 2013, 203.
[237] Zust. Habersack/Drinhausen/*Diekmann* Rn. 59, 84; *Witten,* Minderheitenschutz bei Gründung und Sitzverlegung der Europäischen Aktiengesellschaft (SE), 2011, 119; *Esposito,* Sitzverlegung und Minderheitenschutz bei der Societas Europaea, 2013, 204; ähnlich, wenngleich zögerlich *Hunger* in Jannott/Frodermann SE-HdB Kap. 9 Rn. 137; abl. Kölner Komm AktG/*Veil* Rn. 63; BeckOGK/*Casper* Rn. 18.1; wohl auch Widmann/Mayer/*Heckschen* UmwG Anh. 14 Rn. 440.
[238] Ebenso *Hoger,* Kontinuität beim Formwechsel nach dem UmwG und der grenzüberschreitenden Verlegung des Sitzes einer SE, 2007, 331; *Ringe,* Die Sitzverlegung der Europäischen Aktiengesellschaft, 2006, 121 f.; *Witten,* Minderheitenschutz bei Gründung und Sitzverlegung der Europäischen Aktiengesellschaft (SE), 2011, 119; aA *Teichmann* in Van Hulle/Maul/Drinhausen SE-HdB Abschn. 7 Rn. 38.
[239] Ähnlich *Witten,* Minderheitenschutz bei Gründung und Sitzverlegung der Europäischen Aktiengesellschaft (SE), 2011, 119.
[240] EuGH ECLI:EU:C:2012:440 Rn. 33 = NJW 2012, 2715 – Vale; *Winter/Marx/De Decker* DStR 2017, 1664 (1665).
[241] Anders *Ringe,* Die Sitzverlegung der Europäischen Aktiengesellschaft, 2006, 121.

Die **Eintragungssperre des Art. 12 Abs. 2** findet ihrem klaren Wortlaut nach **keine** 60 **Anwendung.**[242] Weil die Sitzverlegung unter Wahrung der Identität der Gesellschaft erfolgt (Art. 8 Abs. 1 S. 2), bleibt das vereinbarte beziehungsweise das bislang geltende Unternehmensmitbestimmungsmodell auch am Zuzugsort in Kraft, sodass die Norm vorliegend nicht passt (s. allerdings auch → Rn. 15). Gegen die Ablehnung der Eintragung (Bescheinigung) ist die **Beschwerde nach §§ 58 f. FamFG** statthaft.[243]

5. Die Eintragung im Zuzugsstaat (Abs. 9). a) Voraussetzungen. Die Eintragung 61 im Zuzugsstaat setzt voraus, dass die Bescheinigung nach Abs. 8 vorgelegt und die Erfüllung der für die Eintragung in dem neuen Sitzstaat erforderlichen Formalitäten nachgewiesen wurde.[244] Dies gebietet die vom EuGH entwickelte sog. **Vereinigungstheorie** (→ Rn. 8). Die Anmeldung erfolgt bei einer dualistisch strukturierten SE durch die Mitglieder des Leitungsorgans, bei einer monistisch verfassten SE durch die Mitglieder des Verwaltungsorgans bzw., sofern vorhanden, durch die geschäftsführenden Direktoren (§ 41 Abs. 1 S. 1 SEAG; vgl. auch § 40 Abs. 2 S. 4 SEAG, der unmittelbar allerdings nur für Anmeldungen nach dem Aktiengesetz gilt), und zwar jeweils in vertretungsberechtigter Zahl.[245] Eine Vorlage der Bescheinigung (zum Registerauszug → Rn. 54) dürfte – wenn die Anmeldung in Deutschland als Zuzugsstaat nach § 12 HGB betrieben wird[246] – erfordern, dass dem Handelsregister (ggf.) eine **deutsche Übersetzung** vorgelegt wird, die durch einen amtlich bestellten Übersetzer auf Kosten der SE erstellt wird.[247] Dies ergibt sich aus § 184 GVG iVm Art. 21 GesR-RL (früher Art. 4 Abs. 1 Publizitäts-RL aF) und dürfte in jedem Fall auch zur **Erfüllung der Formalitäten** iSd Abs. 9 zählen. Der weitere Inhalt dieses Begriffs erschließt sich aus dem System des Art. 8.[248] Danach obliegt die Prüfung der Rechtmäßigkeit des Verlegungsbeschlusses und des ihn vorbereitenden Verfahrens dem Gericht im Wegzugsstaat im Verfahren nach Abs. 8.[249] Dieses Verfahren wäre obsolet und Abs. 8 überflüssig, zählte die Überprüfung der Rechtmäßigkeit des Zustandekommens des Verlegungsbeschlusses gleichfalls zu den „Formalitäten" in Abs. 9. **Das deutsche Handelsregister ist also beim Zuzug einer SE an die Entscheidung der ausländischen Behörde bzw. des ausländischen Gerichts nach Abs. 8 gebunden.**[250] Die Prüfung durch das Registergerichts beschränkt sich daher auf die Frage, ob die zuständige Behörde des Wegzugsstaates die Ordnungsmäßigkeit *sämtlicher* im Wegzugsstaat vorzunehmender Maßnahmen bescheinigt hat.[251] Der Begriff der **„erforderlichen Formalitäten"** dürfte sich daher einerseits auf **die formellen Voraussetzungen der Anmeldung nach § 12 HGB und §§ 39 ff. AktG** beziehen. Andererseits darf der Zuzugsstaat die **Vereinbarkeit** der Sitzverlegung – insbesondere der geänderten **Satzung**, die daher stets beizufügen ist[252] – mit seinem eigenen **Ausführungsrecht zur SE-VO sowie mit dem nationalen Aktienrecht** kontrollieren.[253] Eine Gründungsprüfung nach den §§ 33 ff. AktG findet allerdings nicht statt (→ Rn. 62). In Deutschland ist außerdem die Einschränkung der Prüfungskompetenz des Registergerichts gem. **§ 38 Abs. 4 AktG** zu beachten.[254] Das Registergericht prüft außer-

---

[242] BeckOGK/*Casper* Rn. 18.1.
[243] Habersack/Drinhausen/*Diekmann* Rn. 79; Kölner Komm AktG/*Veil* Rn. 85.
[244] Ausf. zum Inhalt der Anmeldung, auch zu zweckmäßigen zusätzlichen Angaben, de *Lousanoff* FS Spiegelberger, 2009, 604 (607 ff.).
[245] *De Lousanoff* FS Spiegelberger, 2009, 604 (613 f.).
[246] *Priester* ZGR 1999, 36 (45).
[247] Habersack/Drinhausen/*Diekmann* Rn. 89; de *Lousanoff* FS Spiegelberger, 2009, 604 (608).
[248] BeckOGK/*Casper* Rn. 20.
[249] *De Lousanoff* FS Spiegelberger, 2009, 604 (608).
[250] Habersack/Drinhausen/*Diekmann* Rn. 92, der allerdings eine Ausnahme für evidente Rechtsverletzungen befürwortet; de *Lousanoff* FS Spiegelberger, 2009, 604 (608).
[251] *De Lousanoff* FS Spiegelberger, 2009, 604 (608).
[252] Ausf. de *Lousanoff* FS Spiegelberger, 2009, 604 (610, 614).
[253] *Ringe,* Die Sitzverlegung der Europäischen Aktiengesellschaft, 2006, 144 f.; NK-SE/*Schröder* Rn. 98; *Wenz* in Theisen/Wenz, Die Europäische Aktiengesellschaft, 2. Aufl. 2005, 189 (254); Lutter/Hommelhoff/Teichmann/*Ringe* Rn. 69 ff.; Habersack/Drinhausen/*Diekmann* Rn. 94.
[254] Habersack/Drinhausen/*Diekmann* Rn. 94.

dem, ob die Firma der SE mit deutschem **Firmenrecht** vereinbar ist.[255] Nur in Ausnahmefällen erstreckt sich die Prüfung auch auf eine im Zuge der Sitzverlegung vorgenommene Neubestellung von Mitgliedern des Leitungs- bzw. des Verwaltungsorgans der SE.[256] Entgegen teilweise vertretener Auffassung darf im Zuzugsstaat **nicht** überprüft werden, ob die **Hauptverwaltung der SE** (Art. 7 S. 1) bereits **verlegt** wurde.[257] Denn davon kann die zuständige Stelle im Zuzugsstaat noch nicht ausgehen. Die von ihr bewirkte Eintragung des Zuzugs der SE hat ja überhaupt erst zur Folge, dass die Sitzverlegung wirksam wird (Abs. 10) und **nun** aus Art. 7 S. 1 die Pflicht zur Verlegung der Hauptverwaltung entsteht (vgl. aber auch → Rn. 66).[258] Teilweise wird eine Prüfungsbefugnis für den Fall erwogen, dass die SE von vornherein erkennbar ihre Hauptverwaltung nicht verlegen will.[259] Mit dem System des Art. 8, wonach die Verlegung der Hauptverwaltung nur eine Rechtsfolge, nicht aber Tatbestandsvoraussetzung der Sitzverlegung ist, erscheint dies unvereinbar. Dritten gegenüber tritt die Wirkung sogar noch später, nämlich mit der Offenlegung nach Abs. 13 S. 1, ein. Vor dem Zeitpunkt der Offenlegung müssen daher alle Geschäfte der SE mit Dritten zwangsläufig am alten Sitzort abgeschlossen und abgewickelt werden. Entsprechend kann die Hauptverwaltung nicht vor Änderung dieser Sachlage verlagert werden (→ Rn. 65).

62 **b) Zulässigkeit einer Gründungsprüfung im Zuzugsstaat?** Im Schrifttum wurde gelegentlich das Tatbestandsmerkmal der Erfüllung der für die Eintragung in dem neuen Sitzstaat erforderlichen Formalitäten weit ausgelegt. Der Schutz der Gläubiger gebiete es, die Unversehrtheit des Grundkapitals beim Zuzug der SE zu überprüfen; dafür spreche der Rechtsgedanke des § 197 UmwG, der deshalb anwendbar sei, weil die Sitzverlegung ins Ausland von der Sache her auf einen Rechtsformwechsel hinauslaufe (s. deshalb auch § 245 UmwG).[260] Entsprechend habe bei der Sitzverlegung nach Deutschland eine **Gründungsprüfung nach §§ 33 ff. AktG stattzufinden**.[261] Für diese Sichtweise lässt sich immerhin die Rspr. des BGH zum Mantelkauf bzw. zum Erwerb einer auf Vorrat gegründeten Kapitalgesellschaft anführen,[262] die die Gründungsvorschriften überall dort zur Anwendung bringen will, wo eine **wirtschaftliche Neugründung** stattfindet. Dieser Auffassung steht jedoch der Wortlaut des Abs. 9 – „Formalitäten" – ebenso wie das systematische Verhältnis zwischen Abs. 8 und 9, das im Zuzugsstaat keinen Raum für eine materielle Prüfung lässt (→ Rn. 61).[263] Von entscheidender Bedeutung dürfte außerdem das in Art. 8 Abs. 1 S. 2 verankerte **Prinzip der Identitätswahrung** (→ Rn. 3) sein, wonach die Sitzverlegung der SE weder zu ihrer Auflösung noch zur Gründung einer neuen juristischen Person führt.[264] Dies verwehrt auch im Wege der Analogie die Möglichkeit, die ins Inland ziehende SE so zu behandeln, als werde sie hier neu gegründet und müsse ihr Kapital (noch einmal) aufbringen. Eine Gründungsprüfung der SE im Zuzugsstaat kommt daher nicht in Betracht.[265] Zu beachten ist dabei insbesondere die vom EuGH vertretene **Vereinigungs-**

---

[255] Ausf. *de Lousanoff* FS Spiegelberger, 2009, 604 (611).
[256] Zu einem solchen Fall *de Lousanoff* FS Spiegelberger, 2009, 604 (611 f.).
[257] Habersack/Drinhausen/Diekmann Rn. 99; Kölner Komm AktG/*Veil* Rn. 104; *de Lousanoff* FS Spiegelberger, 2009, 604 (612); iErg auch BeckOGK/*Casper* Rn. 23; aA NK-SE/*Schröder* Art. 8 Rn. 100; *Ringe*, Die Sitzverlegung der Europäischen Aktiengesellschaft, 2006, 146; Lutter/Hommelhoff/Teichmann/*Ringe* Rn. 75; Kölner Komm AktG/*Kiem* Art. 64 Rn. 6.
[258] So auch Kölner Komm AktG/*Veil* Rn. 104.
[259] Habersack/Drinhausen/Diekmann Rn. 99.
[260] Zur Sitzverlegungs-RL *Priester* ZGR 1999, 36 (46); ihm für die SE folgend *Wenz* in Theisen/Wenz, Die Europäische Aktiengesellschaft, 2. Aufl. 2005, 189 (254 f.); ähnlich *Grundmann* in v. Rosen, Die Europa AG, 2003, 47 (55).
[261] *Priester* ZGR 1999, 36 (48).
[262] BGHZ 153, 158 = NJW 2003, 892; BGHZ 155, 318 = NJW 2003, 3198.
[263] So auch *de Lousanoff* FS Spiegelberger, 2009, 604 (609).
[264] So auch *Schwarz* Rn. 56; *de Lousanoff* FS Spiegelberger, 2009, 604 (609).
[265] BeckOGK/*Casper* Rn. 20; *Ringe*, Die Sitzverlegung der Europäischen Aktiengesellschaft, 2006, 145; *Schwarz* Rn. 51; NK-SE/*Schröder* Rn. 98; Lutter/Hommelhoff/Teichmann/*Ringe* Rn. 70, anders allerdings Rn. 77; *Teichmann* in Van Hulle/Maul/Drinhausen SE-HdB Abschn. 7 Rn. 42; *Oechsler* AG 2005, 373 (374 f.); Habersack/Drinhausen/Diekmann Rn. 96; *de Lousanoff* FS Spiegelberger, 2009, 604 (609).

theorie (→ Rn. 6), die nun ausdrücklich in **Art. 86c GesR-RL** (→ Rn. 6) geregelt ist. Danach ist ausschließlich das Recht des Wegzugsmitgliedstaats für das Verfahren bis zur Erlangung der Vorabbescheinigung zuständig, der Zuzugsmitgliedstaat hat hingegen nur Kompetenz für das zeitlich nachgelagerte Verfahren. Diese Verteilung der Befugnisse, die auch Art. 8 SE-VO zugrunde liegt, darf ebenfalls nicht durch eine ausgedehnte Prüfung im Zuzugsstaat verletzt werden (vgl. auch Art. 86o Abs. 5 GesR-RL).

6. Mitteilungspflicht und Löschung im Wegzugsstaat (Abs. 11). Nach Abs. 11 S. 1 63 meldet das Register des Zuzugsstaates dem Register des Wegzugsstaates von Amts wegen die vorgenommene Eintragung. Praktisch handelt es sich um eine Eintragungsbenachrichtigung an den Wegzugsstaat.[266] Problematisch ist, **in welcher Sprache** diese abgefasst werden muss. Der Wortlaut „meldet" impliziert, dass die Nachricht vom Empfänger verstanden werden kann; dies würde voraussetzen, dass sie in seiner Sprache abgefasst ist. Allerdings verdient hier auch **§ 184 GVG** neben den entsprechenden Parallelnormen des ausländischen Rechts Beachtung, die nicht einfach im Hinblick auf die Niederlassungsfreiheit nach Art. 49, 54 AEUV beiseitegeschoben werden können; dies wird auch durch Art. 21 GesR-RL (früher Art. 4 Abs. 1 Publizitäts-RL aF) bestätigt. So dürfte es zu den **eigenen Aufgaben der SE** zählen, zum Zwecke der Vorlage im Wegzugsstaat durch einen amtlich bestellten Sachverständigen eine **Übersetzung in die Sprache des Wegzugsstaates** anfertigen zu lassen.[267] Beim deutschen Handelsregister werden auf der Grundlage einer solchen Mitteilung die Eintragungen nach § 39 AktG (iVm Art. 9 Abs. 1 lit. c Ziff. ii) ohne Weiteres gelöscht (Abs. 11 S. 2). Eine **weitere Prüfung** darf jetzt **nicht** mehr erfolgen; zu dieser bestand im Wegzugsstaat im Verfahren nach Abs. 8 Gelegenheit.[268] Verzögerungen bei der Meldung bzw. der Löschung können nämlich eine Haftung aus **Amtshaftung** begründen (→ Rn. 70).

7. Offenlegung der Eintragung im Zuzugsstaat und der Löschung im Wegzugsstaat (Abs. 12). Die Eintragungen im Zuzugsstaat nach Abs. 9 und die Eintragung der 64 Löschung im Wegzugsstaat nach Abs. 11 S. 2 müssen nach Abs. 12 gem. Art. 13 offengelegt werden; in Bezug genommen wird damit die Bekanntmachung gem. § 10 HGB (→ Rn. 27).[269] Außerdem wird die Sitzverlegung nach Art. 14 Abs. 2 im **Amtsblatt der Europäischen Union** veröffentlicht. Die erforderlichen Angaben sind von den Registerbehörden bzw. -gerichten nach Art. 14 Abs. 3 zu übermitteln.

8. Verlegung der Hauptverwaltung. Mit der Eintragung der SE im Register des 65 Zuzugsstaates wird die Verlegung des Satzungssitzes wirksam (Abs. 10). Damit fallen Satzungssitz und Hauptverwaltung iSd **Art. 7 S. 1** auseinander – ein Umstand, der in letzter Konsequenz (Art. 64 Abs. 2) die Zwangsliquidation zur Folge haben kann. Die SE muss danach eigentlich ihre Hauptverwaltung an den Zuzugsort verlegen, um dem Liquidationsverfahren zu entgehen.[270] Nach **hier vertretener Auffassung** ist Art. 64 jedoch im Falle der Sitzverlegung nach Art. 8 nicht mehr anwendbar (→ Rn. 66). Im Folgenden werden jedoch zunächst die Rechtsfolgen aus Sicht der hM dargestellt: Wenn die Verlegung des Verwaltungssitzes erst nach Eintragung der Sitzverlegung im Register des Zuzugsstaates erfolgen kann (→ Rn. 61), kommt es zwischenzeitlich **zwangsläufig zu einem Auseinanderfallen** von Satzungs- und Verwaltungssitz. Für die Verlegung der Hauptverwaltung werden **Zeiträume von 12 Wochen**[271] bzw. **6 Monaten**[272] für praktisch erforderlich

---

[266] *Priester* ZGR 1999, 36 (45); *Wenz* in Theisen/Wenz, Die Europäische Aktiengesellschaft, 2. Aufl. 2005, 189 (261).
[267] So auch Habersack/Drinhausen/*Diekmann* Rn. 105.
[268] BeckOGK/*Casper* Rn. 21; Habersack/Drinhausen/*Diekmann* Rn. 106.
[269] *Wenz* in Theisen/Wenz, Die Europäische Aktiengesellschaft, 2. Aufl. 2005, 189 (261).
[270] Vgl. *Stiegler*, Grenzüberschreitende Sitzverlegungen nach deutschem und europäischem Recht, 2017, 192 f. mit umfangreichem Nachweis.
[271] Kölner Komm AktG/*Veil* Rn. 106.
[272] BeckOGK/*Casper* Rn. 23.

gehalten; letztlich dürften hier die Umstände des Einzelfalls maßgeblich sein.[273] Die Entscheidung über die Angemessenheit des Zeitraums unterliegt einem Beurteilungsspielraum der für das Verfahren nach Art. 64 Abs. 1 zuständigen Behörde des Mitgliedstaates, in Deutschland also gem. § 52 Abs. 1 S. 2 SEAG des örtlich zuständigen Registergerichts. In dieser Zwischenzeit ist Adressat der Pflichten nach Art. 64 nicht der Wegzugsstaat, sondern vielmehr der **Zuzugsstaat**, da Art. 64 Abs. 1 den Mitgliedstaat, „in dem die SE ihren Sitz hat", zur Einleitung von Maßnahmen verpflichtet; unter „Sitz" ist der satzungsmäßige Sitz zu verstehen.[274] Der Zuzugsstaat hat die SE gem. Art. 64 Abs. 1 (in Deutschland iVm § 52 Abs. 1 S. 2 SEAG) aufzufordern, *entweder* ihren Verwaltungssitz in den Zuzugsstaat zu transferieren *oder* aber ihren Satzungssitz wieder in den Wegzugsstaat zu verlegen. Die SE kann der Aufforderung durch die Behörde des Zuzugsstaates also mittels Verlegung ihrer Hauptverwaltung in den Zuzugsstaat nachkommen. Bei der Bestimmung der Frist nach § 52 Abs. 1 S. 2 SEAG ist zu bedenken, dass die Verlegung der Hauptverwaltung geraume Zeit in Anspruch nehmen kann.[275]

66 Im Anschluss an die **Polbud-Entscheidung** kann **Art. 64** jedoch richtiger Ansicht nach **nicht mehr auf eine nach Art. 8 Abs. 10 wirksam gewordene Verlegung des Satzungssitzes angewendet werden.**[276] Bis zu diesem Urteil lieferte die Rspr. des EuGH zur Niederlassungsfreiheit nach Art. 49, 54 AEUV, einschließlich der Entscheidung in Sachen Vale (→ Rn. 5), wenig Anlass, an der Rechtmäßigkeit von Art. 7 S. 1, Art. 64 im Falle der Sitzverlegung zu zweifeln.[277] Der „Polbud"-Entscheidung lag jedoch der Fall einer polnischen Gesellschaft zugrunde, die ihren Satzungssitz, nicht aber ihre Hauptverwaltung, von Polen nach Luxemburg verlegte. Dies nahm das polnische Registergericht zum Anlass, von einer Auflösung der Gesellschaft auszugehen.[278] Darin erkannte der EuGH eine Verletzung der Niederlassungsfreiheit nach Art. 49, 54 AEUV. Denn die Verlegung des Satzungssitzes müsse nicht zwangsläufig durch einen Umzug der Hauptverwaltung begleitet sein.[279] Zum Schutzbereich der Niederlassungsfreiheit zähle es vielmehr, wenn sich eine Gesellschaft allein die Vorteile der Rechtsordnung des Zuzugsstaates zu Eigen mache.[280] Diese Konstellation wiederholt sich bei der Sitzverlegung der SE: Wird diese durch Änderung des Satzungssitzes nach Art. 8 Abs. 10 wirksam, droht ein Liquidationsverfahren nach Art. 7 S. 1, Art. 64 Abs. 2, wenn die Hauptverwaltung nicht an den neuen Satzungssitz verlegt wird. Dabei ist **auch die SE** zunächst **Trägerin der Niederlassungsfreiheit** (→ Rn. 2).[281] Die Art. 7 S. 1, Art. 64 Abs. 2, die in letzter Konsequenz eine Liquidierung im Falle der Nichtverlegung der Hauptverwaltung erzwingen, sind sonst nicht durch die sog. **Geschöpftheorie** (→ Art. 7 Rn. 3) gerechtfertigt.[282] Zunächst richtet sich auch die Rechtsfähigkeit der SE wie bei jeder anderen Gesellschaftsform nach dem vom zuständigen Gesetzgeber geschaffenen Statut. Da es sich bei der SE um eine internationale Gesellschaftsform handelt, regelt der Gesetzgeber – anders als es die Vereinigungstheorie für die Typen des nationalen Rechts vorsieht (→ Rn. 8) – sowohl die Voraussetzungen des Wegzugs aus einem Mitgliedstaat als auch die des Zuzugs in einen anderen. Eine Besonderheit der SE-VO besteht jedoch darin, dass der Gesetzgeber für den Zuzug der SE in einen anderen Mitgliedstaat allein die Verlegung des Satzungssitzes vorsieht (Art. 8 Abs. 10). Der auf der Grundlage der Art. 7 S. 1, Art. 64 erzwungene **Nachzug der Hauptverwaltung stellt daher keine Tatbestandsvoraussetzung der Sitzverlegung dar,** sondern eine an sie anknüpfende **Sanktion**. Die

---

[273] Ausdrücklich BeckOGK/*Casper* Rn. 23.
[274] Kölner Komm AktG/*Kiem* Art. 64 Rn. 3.
[275] *Meilicke* GmbHR 1998, 1053 (1056); Widmann/Mayer/*Heckschen* UmwG Anh. 14 Rn. 410.
[276] Zum Folgenden bereits *Oechsler* ZIP 2018, 1269.
[277] Überblick über den Diskussionsstand bis zur Polbud-Entscheidung bei *Stiegler*, Grenzüberschreitende Sitzverlegungen nach deutschem und europäischem Recht, 2017, 197 ff.
[278] EuGH ECLI:EU:C:2017:804 Rn. 8–12 = NZG 2017, 1308 – Polbud.
[279] EuGH ECLI:EU:C:2017:804 Rn. 45 ff. = NZG 2017, 1308 – Polbud.
[280] EuGH ECLI:EU:C:2017:804 Rn. 40, 62 = NZG 2017, 1308 – Polbud.
[281] *Stiegler*, Grenzüberschreitende Sitzverlegungen nach deutschem und europäischem Recht, 2017, 196 f.
[282] So aber *Bayer/J. Schmidt* ZIP 2017, 2225 (2233) Fn. 116.

Regelung der Art. 7 S. 1, Art. 64 ist daher systematisch nicht auf der Ebene des Tatbestands (Schutzbereichs) der Niederlassungsfreiheit angesiedelt, sondern auf der Ebene einer möglichen Rechtfertigung des Eingriffs in diese.[283] Als Schrankenregelungen genügen Art. 7 S. 1, Art. 64 jedoch nicht den Anforderungen der sog. „Gebhard-Formel"[284] für die Beschränkung von Grundfreiheiten: In Sachen „Polbud" räumte zwar zunächst auch der EuGH ein, dass der grenzüberschreitende Rechtsformwechsel den Schutz der Gläubiger, der Minderheitsgesellschafter und der Arbeitnehmer berühren kann und dass daraus zwingende Erfordernisse für eine Beschränkung der Niederlassungsfreiheit resultieren können.[285] Die dazu erforderliche Regelung muss sich jedoch an einer konkreten Gefährdung dieser Interessen im Einzelfall orientieren und eine Verhältnismäßigkeitsprüfung vorsehen. Art. 7 S. 1, Art. 64 Abs. 2 genügen in ihrer Abstraktheit und Pauschalität diesen Erfordernissen nicht, sondern erinnern vielmehr an die Regelung des polnischen Rechts, das die isolierte Satzungssitzverlegung kategorisch mit einer Liquidierung des Trägers sanktionierte.[286] In der **systematischen Verschiebung der Art. 7 S. 1, Art. 64 Abs. 2 von der Ebene des Schutzbereichs der Niederlassungsfreiheit auf die Ebene ihrer Beschränkbarkeit** spiegelt sich ein grundlegender Wandel im **Verständnis des Schutzbereichs der Niederlassungsfreiheit** wider: Diese war ursprünglich als **Produktionsfaktorfreiheit** (→ Art. 7 Rn. 3) konzipiert, wovon noch Erwägungsgrund 1 zeugt. Nach diesem – durch die Polbud-Entscheidung überholten – Verständnis[287] – war der Schutzbereich der Niederlassungsfreiheit nur berührt, wenn die wegziehende Gesellschaft ihre geschäftlichen Aktivitäten auch tatsächlich schwerpunktmäßig in den Zuzugsstaat verlagern wollte. Denn die Art. 49, 54 AEUV sollten eine freie Allokation von Produktionsfaktoren ermöglichen. Diese fand bei einer isolierten Satzungssitzverlegung (einem grenzüberschreitenden Rechtsformwechsel) gerade nicht statt. **Seit dem Polbud-Urteil** zählt zur Niederlassungsfreiheit jedoch auch das Interesse der Gesellschaft, allein die rechtlichen Vorteile des Statuts des Zuzugsstaats für sich ausnutzen zu können, ohne auf dessen Territorium tatsächlich tätig werden zu wollen.[288] Seit diesem Verständniswandel berührt die Frage nach dem Sitz der Hauptverwaltung einer Gesellschaft – und damit dem Schwerpunkt ihrer tatsächlichen wirtschaftlichen Aktivitäten – nicht mehr den Schutzbereich der Niederlassungsfreiheit, sondern nur noch die Frage, ob diese Freiheit im Einzelfall wegen Gefährdung der Gesellschafter, Gläubiger und Arbeitnehmer der SE beschränkt werden kann. Dieser gewandelten Funktion genügen die Art. 7 S. 1, Art. 64 aber nicht mehr. Wird daher die Sitzverlegung nach Art. 8 Abs. 10 wirksam, **darf die Verlegung der Hauptverwaltung nach Art. 49, 54 AEUV nicht erzwungen werden.**[289] Für diese Betrachtungsweise spricht nicht zuletzt, dass auch die **grenzüberschreitende Umwandlung nach Art. 86a ff. GesR-RL** (→ Rn. 6) einen Nachzug der Hauptverwaltung nicht erfordert und im Verhältnis zwischen der SE und den Typen des nationalen Gesellschaftsrechts wettbewerbsfremde Lenkungseffekte verhindert werden müssen (→ Rn. 8).

9. Wirksamwerden im Innenverhältnis (Abs. 10). Mit der Eintragung im Register 67 des Zielstaates wird die Sitzverlegung wirksam. Die Wirksamkeit beschränkt sich aber zunächst nur auf das **Innenverhältnis** (arg. e Abs. 13 S. 1).[290] Eine **Interpretationshilfe**

---

[283] EuGH ECLI:EU:C:2017:804 Rn. 39 f. = NZG 2017, 1308 – Polbud; *Bayer/J. Schmidt* ZIP 2012, 1481 (1486); ZIP 2017, 2225 (2229); ihnen folgend *Drygala* EuZW 2013, 569 (570); *Teichmann* ZGR 2013, 639 (672); *Oechsler* ZIP 2018, 1269 (1272 f.); aA MüKoBGB/*Kindler* Internationales Handels- und Gesellschaftsrecht Rn. 128; *Roth* ZIP 2012, 1744; *Stiegler* GmbHR 2017, 650 (651).
[284] EuGH Slg. 1995, I-4165 Rn. 37 = NJW 1996, 579 – Gebhard.
[285] EuGH ECLI:EU:C:2017:804 Rn. 54 = NZG 2017, 1308 – Polbud.
[286] EuGH ECLI:EU:C:2017:804 Rn. 58 = NZG 2017, 1308 – Polbud; dazu auch *Bayer/J. Schmidt* ZIP 2017, 2225 (2232).
[287] *Oechsler* ZIP 2018, 1269 (1271 f.).
[288] EuGH ECLI:EU:C:2017:804 Rn. 40, 62 = NZG 2017, 1308 – Polbud.
[289] *Oechsler* ZIP 2018, 1269 (1272 f.).
[290] Habersack/Drinhausen/*Diekmann* Rn. 102; NK-SE/*Schröder* Rn. 103; Kölner Komm AktG/*Veil* Rn. 101.

bietet dabei **Art. 86s Abs. 2 ÄndRL-Entwurf** (RL (EU) 2019/2121; → Rn. 6):[291] Handlungen, die die Gesellschaft nach dem Tag der Eintragung im Zuzugsmitgliedstaat aber vor der Löschung im Register des Wegzugsstaates vornimmt, erscheinen als Handlungen der SE am neuen Sitzort. Soweit es für **öffentlich-rechtliche Genehmigungen** oder für den Anwendungsbereich von Gesetzen auf den Satzungssitz der SE ankommt, ist daher bereits dieser Zeitpunkt maßgeblich. Denn Abs. 13 S. 1 verfolgt typischerweise nur den Vertrauensschutz gesellschaftsfremder Dritter, hat aber keinen Einfluss auf die objektiven Anknüpfungspunkte des Ordnungsrechts. Hier muss es bei Abs. 10 bleiben. In jedem Fall treten nun im Innenverhältnis die nach Abs. 2 S. 2 lit. b vorgesehenen Satzungsänderungen – etwa hinsichtlich des Garantiekapitals in den Fällen des Art. 67 (→ Art. 67 Rn. 3) – in Kraft. Eine Neubestellung der Organe der SE ist indes nicht erforderlich; es besteht **Amtskontinuität**.[292] Die Gegenmeinung, die auf die fehlende Amtskontinuität beim deutschen Formwechsel abstellt,[293] wird den Unterschieden im Hinblick auf das Prinzip der Identitätswahrung in Art. 8 Abs. 1 S. 2 nicht gerecht: Da die SE identisch erhalten bleibt (→ Rn. 3), ist eine Vornahme neuer Bestellungsakte entbehrlich. Bei einer nach Deutschland ziehenden SE findet eine Umdeutung der ausländischen Organtypen in das inländische Recht entsprechend dem monistischen oder dualistischen System statt.[294] Darf ein Organmitglied sein Amt nach dem Aktienrecht des neuen Sitzstaates nicht ausüben, bestimmen sich die Rechtsfolgen nach dem nationalen Recht.[295] Im Falle eines Bestellungshindernisses nach § 76 Abs. 3 AktG endet die Bestellung ex lege (→ AktG § 76 Rn. 120).

68   **10. Wirksamwerden im Außenverhältnis (Abs. 13).** Im Außenverhältnis zu Dritten wird die Sitzverlegung gem. **Abs. 13 S. 1** erst mit der **Bekanntmachung (Offenlegung)** durch das Register des Zuzugsstaates wirksam. Dies entspricht teilweise dem Rechtsgedanken von § 15 Abs. 1 und 3 HGB, nach dem die Bekanntmachung maßgeblich für den öffentlichen Glauben ist (und nicht die Eintragung ins Handelsregister). Teilweise geht die Wirkung aber darüber hinaus. Wie der Umkehrschluss aus S. 2 zeigt, statuiert Abs. 13 S. 1 nicht allein einen Schutz des öffentlichen Glaubens, auf den sich etwa derjenige nicht berufen darf, der von der Eintragung der SE nach Abs. 10 positive Kenntnis hat. S. 1 sieht eine solche Einschränkung gerade im Gegensatz zu S. 2 nicht vor. Daher wirkt die Bekanntmachung durch das Register des Zuzugsstaates **aus Sicht der Dritten konstitutiv.**[296]

69   **Abs. 13 S. 2** hingegen schützt den öffentlichen Glauben des Handelsregisters und entspricht in seiner Wirkung § 15 Abs. 1 HGB.[297] Die Löschung der Eintragung der SE im Handelsregister des Wegzugsstaates ist zwar rein **deklaratorischer Natur.**[298] Solange die Löschung aber noch nicht gem. Art. 13 offengelegt wurde, besteht der **öffentliche Glaube** im Hinblick auf die fehlende Endgültigkeit der Sitzverlegung. Dadurch ist das Vertrauen **Dritter** geschützt. Dieser Schutz ist auch nicht deswegen entbehrlich, weil die Wegzugsbescheinigung gem. Abs. 8 bereits in das Handelsregister eingetragen worden ist, da diese Eintragung nur mit Vorläufigkeitsvermerk erfolgt (→ Rn. 54).[299] Wie das systematische Verhältnis von Abs. 13 S. 2 zu Abs. 2 S. 2 lit. d zeigt, zerstört auch der nach Abs. 2 S. 2

---

[291] COM (2018) 241 final; gem. Art. 86q S. 1 GesR-RL richtet sich die Wirksamkeit nun nach dem Recht des Zuzugsmitgliedstaats.
[292] BeckOGK/*Casper* Rn. 23; Kalss/Hügel/*Kalss* SEG Vor § 6 Rn. 10; Habersack/Drinhausen/*Diekmann* Rn. 96; Kölner Komm AktG/*Veil* Rn. 103; *de Lousanoff* FS Spiegelberger, 2009, 604 (611).
[293] Allerdings für die Sitzverlegungs-RL *Priester* ZGR 1999, 36 (49); unklar *Wenz* in Theisen/Wenz, Die Europäische Aktiengesellschaft, 2. Aufl. 2005, 189 (264).
[294] So bereits Kalss/Hügel/*Kalss* SEG Vor § 6 Rn. 10.
[295] Ähnlich Kölner Komm AktG/*Veil* Rn. 103.
[296] BeckOGK/*Casper* Rn. 22.
[297] BeckOGK/*Casper* Rn. 22; Habersack/Drinhausen/*Diekmann* Rn. 110; Kölner Komm AktG/*Veil* Rn. 102.
[298] BeckOGK/*Casper* Rn. 22; Lutter/Hommelhoff/Teichmann/*Ringe* Rn. 60; Habersack/Drinhausen/*Diekmann* Rn. 106.
[299] BeckOGK/*Casper* Rn. 22; Habersack/Drinhausen/*Diekmann* Rn. 111.

lit. d aufgestellte **Zeitplan** das Vertrauen der Dritten in die Beibehaltung des Sitzes nach Abs. 13 S. 2 nicht.[300] Bei diesen Dritten dürfte es sich um alle der SE im Zeitpunkt des Abs. 13 S. 1 nicht mitgliedschaftlich verbundenen Personen handeln.[301] Der Grund für diese Einschränkung besteht darin, dass nur Gesellschaftsfremde des besonderen Schutzes nach Abs. 13 S. 2 bedürfen. Das **Gesellschafterdarlehen** wird daher von den Wirkungen des Abs. 13 S. 2 nicht erfasst. Eine vorangegangene, zu dem nach Abs. 13 S. 2 maßgeblichen Zeitpunkt bereits beendete mitgliedschaftliche Beziehung kann hingegen eine das **Vertrauen** zerstörende Kenntnis vom neuen Sitz der SE nicht begründen. Wie stets im Bereich der negativen Publizität steht dem Dritten dabei ein **Wahlrecht** zu; dies legt auch der Wortlaut des Abs. 13 S. 2 nahe:[302] Danach ist der Dritte an den vom Register ausgehenden falschen Schein nicht gebunden, sondern kann seinen Ansprüchen auch die wahre Rechtslage zu Grunde legen. Denn der öffentliche Glaube dient allein seinem Schutz, soll aber keine Bindung an die falsche Rechtslage erzeugen.

Gegenstand des geschützten Vertrauens ist der **Sitzort** der SE. Dieser beeinflusst die **internationale Zuständigkeit** nach **Art. 4 Abs. 1 Brüssel Ia-VO iVm Art. 63 Abs. 1 lit. a Brüssel Ia-VO.** Damit tritt Abs. 13 S. 2 in systematische **Konkurrenz zu der Sitzfiktion nach Abs. 16:** Für die Wirkung des Abs. 16 kommt es nicht auf den öffentlichen Glauben des Registers und damit die Redlichkeit des Dritten an, da Abs. 16 keine Gutglaubensvorschrift darstellt, sondern eine Fiktion begründet. Zudem können sich nach Abs. 16 nicht nur Dritte, sondern auch Gesellschafter auf die Sitzfiktion berufen. Allerdings ist deren Wirkung dadurch eingeschränkt, dass Abs. 16 nur Forderungen erfasst, die **vor der Eintragung der Sitzverlegung** gem. Abs. 10 entstanden sind; dies schränkt ihren Anwendungsbereich stark ein. Über diesen Zeitpunkt hinaus kommt nur noch der Schutz des öffentlichen Glaubens nach Abs. 13 S. 2 in Betracht.[303] Hat also ein Gläubiger eine Forderung **nach der Eintragung der SE** in das Handelsregister des Zuzugsstaates begründet, kommt es darauf an, dass dies vor Offenlegung der Löschung der Eintragung im Register des Wegzugsstaates erfolgt ist und dass beim Gläubiger positive Kenntnis vom neuen Sitz fehlt. Es leuchtet in diesem Zusammenhang ein, dass die Register des Zuzug- und des Wegzugsstaates **amtshaftungspflichtig** werden können, wenn bei der Meldung nach Abs. 11 S. 1 bzw. der Löschung nach Abs. 11 S. 2 und der Offenlegung der Löschung gem. Abs. 12 eine schuldhafte Verzögerung auftritt. Dann muss der SE gerade der Schaden ersetzt werden, der dadurch entsteht, dass sie über Abs. 16 hinaus weiterhin im Wegzugsstaat verklagt werden kann.

Keine Bedeutung kommt Abs. 13 S. 2 für die Bestimmung des **Vertragsstatuts** zu: Nach der **Rom I-Verordnung** kommt es, soweit das Vertragsstatut an den „gewöhnlichen Aufenthalt" einer Vertragspartei anknüpft, bei einer Gesellschaft auf den Ort ihrer Hauptverwaltung an (Art. 19 Abs. 1 Rom I-VO), nicht jedoch auf ihren Satzungssitz. Aus diesem Grund stellt sich die Frage, ob analog Abs. 13 S. 2 auch die Belegenheit des Verwaltungssitzes im Wegzugsstaat fingiert werden kann. Zwar dürfte einer derartigen Fiktion kein weiter Anwendungsbereich zukommen, da der Umzug der Hauptverwaltung in der Regel wohl erst geraume Zeit nach der Eintragung der Sitzverlegung im Zuzugsstaat gem. Abs. 10 erfolgt (→ Rn. 65), wenn man ihn überhaupt für erforderlich hält (→ Rn. 66). Daher liegt es nahe, dass auch die Offenlegung der Löschung im Handelsregister des Wegzugsstaates in der Regel noch vor dem tatsächlichen Umzug der Hauptverwaltung erfolgt. Für den Gutglaubensschutz verbliebe in diesem Fall kein Anwendungsbereich: Solange die Hauptverwaltung jedenfalls im Wegzugsstaat liegt, ist dieser Ort auch für die Anknüpfung nach der Rom I-VO maßgeblich. Zieht die Hauptverwaltung jedoch noch vor der Offenlegung der Löschung gem. Abs. 13 S. 2 in den neuen Sitzstaat um, kann eine **Analogie zu Abs. 13**

---

[300] BeckOGK/*Casper* Rn. 22; weitergehend Kölner Komm AktG/*Veil* Rn. 102: auch die Kenntnis von der Erteilung der Bescheinigung gem. Abs. 8 schadet nicht.
[301] BeckOGK/*Casper* Rn. 22; Kölner Komm AktG/*Veil* Rn. 102.
[302] *Hunger* in Jannott/Frodermann SE-HdB Kap. 9 Rn. 148.
[303] Ebenso Kölner Komm AktG/*Veil* Rn. 115.

S. 2 in Erwägung gezogen werden: Mit Blick auf Art. 7 S. 1 lässt sich begründen, dass ein Rechtsschein für die Belegenheit der Hauptverwaltung im Wegzugsstaat spricht, solange die Löschung der Eintragung noch nicht offengelegt wurde.

72   **11. Abfindung der Minderheitsaktionäre (Abs. 5, § 12 SEAG).** Das Abfindungsrecht der Aktionäre wird **teilweise als Systembruch** empfunden: Wegen des identitätswahrenden Charakters der Sitzverlegung (Abs. 1 S. 2) würden die Gesellschafter nicht benachteiligt, und es bestehe rechtspolitisch kein Anlass für eine Abfindungsregelung.[304] Auch der Bundesrat begegnete dieser Regelung in seiner Stellungnahme zum Regierungsentwurf äußerst kritisch:[305] Dem Standort Deutschland drohten Nachteile durch kostspielige Bewertungs- und Prüfungsverfahren; ferner sei das Abfindungsrecht mit der Idee des gemeinsamen Binnenmarktes nicht vereinbar. In dieser Frage setzte sich jedoch die **Analogie zum Rechtsformwechsel** (→ Rn. 3), und dort zu § 207 UmwG, praktisch durch:[306] In der Erwiderung auf die Stellungnahme des Bundesrats begründet die Bundesregierung die Beibehaltung ihrer Sichtweise damit, dass die zahlreichen Verweise der SE-VO auf das nationale Recht der Sitzverlegung den Charakter eines Rechtsformwechsels verliehen, was Abfindungsansprüche notwendig mache.[307] Die **Gegenauffassung** sieht allerdings einen zentralen Systemunterschied: Anders als beim Rechtsformwechsel bleibe bei der Sitzverlegung nach Art. 8 **ein Teil des alten Statuts erhalten,** nämlich die Regelungen der SE-VO. Dies minimiere die Schutzwürdigkeit der Gesellschafter.[308] Angesichts des ausgesprochenen Rahmencharakters der Regelungen der SE-VO erscheint diese Betrachtungsweise allerdings weniger überzeugend.[309] Aus anderen Gründen jedoch lässt sich über das Abfindungserfordernis streiten. Im britischen Ausführungsgesetz zur SE-VO fehlt bspw. eine entsprechende Regelung, weil man sich dort von der Überlegung leiten lässt, dass **sich die Minderheitsgesellschafter durch Verkauf ihrer Aktien selbst schützen können.**[310] Zu Recht wird jedoch darauf hingewiesen, dass die deutschen Aktienmärkte regelmäßig nicht so liquide und vollständig ausgebildet sind wie die britischen, sodass die **Desinvestition der Gesellschafter** hier auch nicht so leicht möglich ist.[311] Hinzu kommt, dass die vom Verlegungsbeschluss ausgehenden **Gefahren für die Minderheitsgesellschafter** die Verkäuflichkeit der Anteile erschweren: Zu diesen Gefahren gehörten ein möglicherweise erleichterter Squeeze Out am Zuzugsort,[312] eingeschränkte Mitwirkungsrechte der Hauptversammlung[313] und sogar eine solidarische Ausfallhaftung der Aktionäre für die nicht erbrachten Einlageleistungen anderer Gesellschafter.[314] Überzeugend erscheint vor allem folgendes **Argument:** Durch die Schaffung von Abfindungsansprüchen kann die Unzufriedenheit der übergangenen Aktionäre vom Sitzverlegungsbeschluss abgelenkt und in das **Spruchverfahren** hinein kanalisiert werden.[315]

---

[304] *Kübler* ZHR 167 (2003), 627 (629).
[305] BT-Drs. 15/3656, 3 reSp, letzter Absatz.
[306] RegE, BT-Drs. 15/3405, 35 zu § 12 zweiter Absatz; *Neye/Teichmann* AG 2003, 169 (174); vgl. weiter *Ihrig/Wagner* BB 2003, 969 (973); *Teichmann* ZGR 2002, 383 (480); *Teichmann* ZIP 2002, 1109 (1111); vgl. auch *Priester* ZGR 1999, 36 (43) zur Sitzverlegungs-RL.
[307] BT-Drs. 15/3656, 9 zu Nr. 13 erster Absatz; dies entspricht auch der Sichtweise des österreichischen Gesetzgebers, vgl. Kalss/Hügel/*Kalss* SEG § 12 Rn. 3.
[308] *Ringe,* Die Sitzverlegung der Europäischen Aktiengesellschaft, 2006, 109.
[309] Vgl. zu möglichen nachteiligen Auswirkungen der Änderung des anwendbaren Gesellschaftsstatuts auf die Stellung der Aktionäre *Esposito,* Sitzverlegung und Minderheitenschutz bei der Societas Europaea, 2013, 59 ff.
[310] *Ringe,* Die Sitzverlegung der Europäischen Aktiengesellschaft, 2006, 117 mwN; vgl. auch die Übersicht über die Schutzvorschriften in den übrigen Mitgliedstaaten bei *Esposito,* Sitzverlegung und Minderheitenschutz bei der Societas Europaea, 2013, 75 ff.
[311] *Ringe,* Die Sitzverlegung der Europäischen Aktiengesellschaft, 2006, 119.
[312] *Hoger,* Kontinuität beim Formwechsel nach dem UmwG und der grenzüberschreitenden Verlegung des Sitzes einer SE, 2007, 53.
[313] *Hoger,* Kontinuität beim Formwechsel nach dem UmwG und der grenzüberschreitenden Verlegung des Sitzes einer SE, 2007, 58 ff.
[314] *Hoger,* Kontinuität beim Formwechsel nach dem UmwG und der grenzüberschreitenden Verlegung des Sitzes einer SE, 2007, 65.
[315] BT-Drs. 15/3656, 9 zu Nr. 13 zweiter Absatz.

Das Abfindungsangebot wird folglich nach § 12 Abs. 1 S. 3 SEAG iVm Art. 8 Abs. 2 **73**
S. 2 lit. e, Abs. 5 zum Gegenstand des Verlegungsbeschlusses. **Anspruchsberechtigt** sind
Aktionäre, die **Widerspruch zur Niederschrift** erklärt haben (→ AktG § 245 Rn. 32 ff.).
Nach § 12 Abs. 1 S. 5 SEAG kann dieses Erfordernis unter den Voraussetzungen des § 29
Abs. 2 UmwG ersetzt werden (vgl. → Rn. 19).[316] Der widersprechende Aktionär muss
dabei – zur Vermeidung eines Selbstwiderspruchs – auch **gegen den Beschluss gestimmt**
haben.[317] Der Anspruch ist auf eine angemessene Barabfindung (§ 12 Abs. 1 S. 1 SEAG)
gerichtet. Der deutsche Gesetzgeber hat hier nach Art. 8 Abs. 5 freien Gestaltungsspielraum,
da der Abfindungsschutz für die Mitgliedstaaten nur optional besteht. Für die Einzelheiten
des Abfindungsverfahrens → Art. 24 Rn. 12 ff.

Die Barabfindung ist nach § 12 Abs. 2 SEAG iVm § 7 Abs. 2 S. 1 SEAG **angemessen**, **74**
wenn sie die Verhältnisse der SE im Zeitpunkt der Beschlussfassung über die Sitzverlegung
berücksichtigt. Bei der börsennotierten SE stellt der **Börsenkurs** grundsätzlich die **Unter-**
grenze für die Berechnung der Abfindung dar.[318] Die Angemessenheit ist durch Prüfer
analog §§ 10–12 UmwG festzustellen, wenn die Parteien nicht formwirksam darauf verzichten (§ 12 Abs. 2 SEAG iVm § 7 Abs. 3 SEAG).[319] Ein Anspruch auf **bare Zuzahlung**
kommt mangels Aktientauschs nicht in Betracht.[320] Der Anspruch wird im Zeitpunkt der
Eintragung der Sitzverlegung im Zuzugsstaat nach Abs. 10 **fällig** und ist mit fünf Prozentpunkten über dem Basissatz zu verzinsen (§ 12 Abs. 2 SEAG iVm § 7 Abs. 2 S. 2 SEAG).
Das Abfindungsangebot der SE kann nur binnen zwei Monaten nach der Eintragung der
Sitzverlegung im Zuzugsstaat nach Abs. 10 und der Offenlegung nach Abs. 13 S. 1 angenommen werden. Die Anwendung des **Abs. 13 S. 2** (Zeitpunkt der Bekanntmachung im
Wegzugsstaat) kommt nach § 12 Abs. 2 SEAG nicht in Betracht. Dies ist aus zwei Gründen
angemessen: Zum einen handelt es sich bei den abzufindenden Aktionären nicht um Dritte
iSd Abs. 13 S. 2; zum anderen hat der nationale Gesetzgeber nach Art. 8 Abs. 5 bei der
Ausgestaltung der Abfindung freie Hand.

Probleme bereitet der **Rechtsschutz**. Wie bereits ausgeführt (→ Rn. 19), kann der **75**
Verlegungsbeschluss nach Abs. 6 nicht mit der Begründung angefochten werden, die Abfindung sei zu niedrig bemessen bzw. die Barabfindung nicht oder nicht ordnungsgemäß
angeboten worden (§ 12 Abs. 2 SEAG iVm § 7 Abs. 5 SEAG). Stattdessen eröffnen dem
übergangenen Aktionär die §§ 12 Abs. 2, 7 Abs. 7 SEAG bzw. § 1 Nr. 5 SpruchG den Weg
zum **Spruchverfahren**. Problematisch ist daran allerdings, dass die SE im Zeitpunkt der
Fälligkeit des Anspruchs **bereits ihren Sitz ins Ausland** verlegt hat. Eine Zuständigkeit
nach § 2 Abs. 1 S. 1 SpruchG kommt in diesem Zeitpunkt eigentlich nicht mehr in Betracht,
weil der Sitz der SE nicht mehr in einen deutschen LG-Bezirk fällt. Im Übrigen richtet
sich die internationale Zuständigkeit nun nach Art. 4 Abs. 1 Brüssel Ia-VO iVm Art. 63
Abs. 1 Brüssel Ia-VO, von der der nationale Gesetzgeber als höherrangigem Recht nicht
einfach abweichen kann. Eine Zuständigkeit der deutschen Gerichte lässt sich daher nur
auf zwei Weisen begründen: Art. 8 Abs. 5, der dem nationalen Gesetzgeber die Ausgestaltung des Minderheitenschutzes freistellt, könnte auch eine Ermächtigung zur prozessualen
Ausgestaltung dieses Schutzes beinhalten. Dies scheint indes gerade im Hinblick auf **Art. 8**
Abs. 16 zweifelhaft, weil dort die prozessualen Sonderrechtsfolgen der Sitzverlegung
abschließend geregelt sind. Überzeugender erscheint es deshalb, dass die **Zuständigkeit**

---

[316] Lutter/Hommelhoff/Teichmann/*Ringe* Rn. 35.
[317] *Hunger* in Jannott/Frodermann SE-HdB Kap. 9 Rn. 94; *Ringe*, Die Sitzverlegung der Europäischen Aktiengesellschaft, 2006, 121; ausf. *Esposito*, Sitzverlegung und Minderheitenschutz bei der Societas Europaea, 2013, 196; aA *Teichmann* ZGR 2003, 367 (384); allerdings setzt die Widerspruchsmöglichkeit selbst kein bestimmtes Stimmverhalten voraus, vgl. Hüffer/Koch/*Koch* AktG § 245 Rn. 13; Kölner Komm AktG/*Veil* Rn. 109.
[318] Im Anschluss an BVerfGE 100, 289 = NJW 1999, 3769; zu den Ausnahmen Lutter/*Hoger* UmwG § 208 Rn. 7.
[319] Hierzu näher *Witten*, Minderheitenschutz bei Gründung und Sitzverlegung der Europäischen Aktiengesellschaft (SE), 2011, 77 ff.
[320] *Brandt* DStR 2003, 1209 (1211); BeckOGK/*Casper* Rn. 24.

der deutschen Gerichte nach Abs. 16 begründet ist:³²¹ Die dort begründete Sitzfiktion setzt nämlich voraus, dass eine Forderung vor der Eintragung im Register des Zuzugsstaates nach Abs. 10 **„entstanden"** ist (zu den Voraussetzungen der Entstehung → Rn. 84). Der **Rechtsboden** des Abfindungsanspruchs dürfte aber bereits mit dem Verlegungsbeschluss nach Abs. 6 gelegt sein, wenn der Aktionär Widerspruch zu Protokoll erklärt hat;³²² sollte der Verlegungsplan entgegen Art. 8 Abs. 2 S. 2 lit. e iVm § 12 Abs. 1 S. 3 SEAG keine Angaben zum Abfindungsangebot enthalten, genügt allein der Verlegungsbeschlusses, da der Abfindungsanspruch in diesem Fall nicht voraussetzt, dass der Aktionär Widerspruch zur Niederschrift eingelegt hat (§ 12 Abs. 1 S. 5 SEAG iVm § 29 Abs. 2 UmwG; → Rn. 19). Dass die Abfindungsansprüche erst im Zeitpunkt der Eintragung in das Handelsregister des Zuzugsstaates fällig werden (§ 12 Abs. 2 SEAG iVm § 7 Abs. 2 S. 2 SEAG), ändert daran nichts. Dies zeigt der Wortlaut des Abs. 16, der nicht auf den Zeitpunkt der Klageerhebung, deren Erfolg ja die Fälligkeit voraussetzt, abstellt. Deshalb sind nach § 12 Abs. 2 SEAG iVm § 7 Abs. 7 SEAG iVm Art. 8 Abs. 16 deutsche Gerichte für die Bestimmung der angemessenen Abfindung zuständig. Von dieser Warte aus erscheint es nicht unproblematisch, dass die Sitzfiktion des Abs. 16 nach Art. 69 S. 2 lit. c auf den Prüfstand gestellt werden soll; dies würde, soweit Abfindungsansprüche betroffen sind, die Zuständigkeit der deutschen Gerichte gefährden. Allerdings sieht die Kommission, wie sie in ihrem gem. Art. 69 S. 1 erstatteten Bericht über die Anwendung der SE-VO deutlich macht,³²³ auch gar keinen Änderungsbedarf.

76 Zum **Rückerwerb eigener Aktien** zwecks Abfindung → Art. 5 Rn. 11 ff.

77 **12. Sitzfiktion für Altforderungen (Abs. 16). a) Normzweck.** In Bezug auf alle Forderungen, die vor dem Zeitpunkt der Verlegung gem. Abs. 10 **entstanden** sind, gilt die Gesellschaft nach wie vor als SE mit Sitz im Wegzugsstaat. Die Norm begründet also eine **Sitzfiktion für Altforderungen**³²⁴ und zielt auf die **Begründung eines inländischen Gerichtsstands** (s. nämlich die Bezeichnung als **Gerichtsstandsklausel** in Art. 69 S. 2 lit. c).³²⁵ Ihre Rechtsfolgen dürften jedoch darüber hinausgehen, weil der Normwortlaut keine Einschränkung auf prozessuale Rechtsfolgen kennt. Auch soweit es nach den Regeln über das **Internationale Privatrecht** auf den Sitz der SE ankommt, dürfte die Fiktion anwendbar sein.³²⁶ Allerdings stellen sowohl die Rom I- als auch die Rom II-Verordnung an vielen Stellen auf den „gewöhnlichen Aufenthalt" ab, der für Gesellschaften als der **Ort der Hauptverwaltung** definiert wird (Art. 19 Abs. 1 UAbs. 1 Rom I-VO, Art. 23 Abs. 1 UAbs. 1 Rom II-VO). Gemeint ist damit der faktische Sitz, an dem die zentralen Leitungsentscheidungen getroffen werden, nicht der Satzungssitz.³²⁷ Die Sitzfiktion, die sich **nur auf den Satzungssitz bezieht,** hilft insoweit nicht weiter. Es besteht jedoch kein Anlass, im Hinblick auf Forderungen, die vor der Verlegung des Verwaltungssitzes der SE begründet wurden, eine Analogie zu Abs. 16 in Betracht zu ziehen: Soweit es nach der Rom I- bzw. der Rom II-VO auf den „gewöhnlichen Aufenthalt" ankommt, ist der Ort der Hauptverwaltung „im Zeitpunkt des Vertragsschlusses" (Art. 19 Abs. 3 Rom I-VO)³²⁸ bzw. „zum Zeitpunkt des Schadenseintritts" (so zB Art. 4 Abs. 2 Rom II-VO) maßgeblich. Der Umzug der Hauptverwaltung als Folge der Sitzverlegung führt daher gar nicht zu einer Änderung des maßgeblichen Statuts.

---

³²¹ BeckOGK/*Casper* Rn. 25; Lutter/Hommelhoff/Teichmann/*Ringe* Rn. 38; Kölner Komm AktG/*Veil* Rn. 110; Habersack/Drinhausen/*Diekmann* Rn. 45; *Witten,* Minderheitenschutz bei Gründung und Sitzverlegung der Europäischen Aktiengesellschaft (SE), 2011, 182; iErg auch *Esposito,* Sitzverlegung und Minderheitenschutz bei der Societas Europaea, 2013, 227.
³²² Zust. Kölner Komm AktG/*Veil* Rn. 110; Habersack/Drinhausen/*Diekmann* Rn. 45; *Witten,* Minderheitenschutz bei Gründung und Sitzverlegung der Europäischen Aktiengesellschaft (SE), 2011, 182.
³²³ KOM (2010) 676 endg., 10.
³²⁴ BeckOGK/*Casper* Rn. 25; *Schwarz* ZIP 2001, 1847 (1850).
³²⁵ Lutter/Hommelhoff/Teichmann/*Ringe* Rn. 97.
³²⁶ Vgl. weitergehend noch *Ringe,* Die Sitzverlegung der Europäischen Aktiengesellschaft, 2006, 187 ff.; Lutter/Hommelhoff/Teichmann/*Ringe* Rn. 98.
³²⁷ MüKoBGB/*Martin* Rom I-VO Art. 19 Rn. 4; BeckOK BGB/*Spickhoff* VO (EG) 593/2008 Art. 19 Rn. 2.
³²⁸ Kölner Komm AktG/*Veil* Rn. 111.

Ein **Schutz Dritter durch den öffentlichen Glauben** nach Abs. 13 S. 2 kommt ergänzend in Betracht (→ Rn. 69). 78

Abs. 16 trägt eindeutig **politischen Kompromisscharakter**. Dies zeigt sich bereits 79 daran, dass er nach Art. 69 S. 2 lit. c auf den Prüfstand gestellt werden soll: Der VO-Geber deutet in Art. 69 S. 2 lit. c die Möglichkeit an, dass die Regelungen über die internationale Zuständigkeit in der Brüssel Ia-VO die Norm tendenziell entbehrlich machen. Der Kompromisscharakter wird auch daran erkennbar, dass die Sitzfiktion **auf den frühen Zeitpunkt der Eintragung im Zuzugsstaat** (Abs. 10) abstellt. Denn außenstehenden Dritten gegenüber – und dazu zählen die Altgläubiger gewöhnlich – wird die Sitzverlegung ansonsten erst im Zeitpunkt der Bekanntmachung nach Abs. 13 S. 1 wirksam. Dies führt zu einer Konkurrenz mit Abs. 13 S. 2 (→ Rn. 70). Die Vorverlegung des Zeitpunkts auf die Eintragung nach Abs. 10 bedeutet also einen systematischen Bruch, an dessen Folgen der Rechtsanwender allerdings gebunden ist.[329]

Die Norm **soll die Altgläubiger vor den Folgen der Sitzverlegung** schützen. Die 80 Eignung der Fiktion zu diesem Zweck ist bereits mit der Überlegung bezweifelt worden, dass diese den Altgläubiger nicht vor der Verlegenheit schütze, nach der Sitzverlegung im Ausland vollstrecken zu müssen.[330] Denn Art. 64 zwingt die SE jedenfalls nach hM (→ Rn. 65 f.) dazu, im Anschluss an die Verlegung des Sitzes auch mit der Hauptverwaltung in den Zuzugsstaat umzuziehen. **Vor einem dabei drohenden Vermögensabzug aus dem Inland aber schützt Abs. 16 nicht.** Kritikwürdig erscheint ferner, dass die **Altgläubiger wegen Abs. 7 doppelt geschützt** werden: Der deutsche Gesetzgeber legt – wie ausgeführt (→ Rn. 48) – das im Besicherungsverfahren nach Abs. 7 vorausgesetzte Sicherungsinteresse deshalb mit Blick auf den Schutz des Abs. 16 eng aus. In der Tat erscheint es wenig sinnvoll, dass den Gläubigern einerseits ein Anspruch auf Besicherung ihrer Forderungen gegenüber der SE eingeräumt wird und gleichzeitig noch die prozessuale Durchsetzung ihrer Forderung nach Abs. 16 erleichtert wird. Nur gedenkt der VO-Geber den Konflikt beider Normen ausweislich Art. 69 S. 2 lit. c anders aufzulösen als der deutsche: Er soll nicht zur Beschränkung des Anspruchs nach Abs. 7 führen, sondern ggf. zum Wegfall der Sitzfiktion nach Abs. 16; momentan sieht die Kommission im Hinblick auf Abs. 16 allerdings keinen Änderungsbedarf (→ Rn. 75).

Die Norm entfaltet besondere Bedeutung im Abfindungsverfahren nach Abs. 5 für die 81 Begründung der **Zuständigkeit der Gerichte im Spruchverfahren** (→ Rn. 75). Letztlich dürfte die Norm auch nicht in Konflikt mit den Zuständigkeitsregeln der Brüssel Ia-VO und des Abkommens von Lugano geraten,[331] weil sie auf den mit der SE-VO geschaffenen Gesellschaftstypus beschränkt ist und näher besehen **nur ein Wahlrecht der Gläubiger** eröffnet (→ Rn. 85).

b) Tatbestand und Rechtsfolge. Der **Sitz,** um dessen Verlegung es geht, ist nach dem 82 in Art. 7 S. 1 angelegten systematischen Sprachgebrauch der Satzungssitz.

Seine **Verlegung** wird im Zeitpunkt des Abs. 10 (Eintragung im Handelsregister des 83 Zuzugsstaats) wirksam (s. aber auch Abs. 13). Die Sitzfiktion gilt im Hinblick auf **alle Forderungen.** Dazu zählt wohl jeder persönliche („schuldrechtliche") Anspruch, von einem anderen ein Tun oder Unterlassen zu verlangen, nicht nur eine Geldforderung. Der Wortlaut gibt nicht vor, dass es sich um die Forderung eines Dritten **gegen die SE** handeln muss. Doch spricht dafür der Schutzzweck der Norm. Eine SE, die ihre Sitzverlegung aus eigenen Stücken betreibt, hat keinen Anspruch auf einen Gerichtsstand bzw. einen Anknüpfungspunkt im Wegzugsstaat. Entsprechend hat das OLG Frankfurt die Norm zu Recht auch **nicht auf § 73 Abs. 1 AktG** angewendet: Beim Wegzug einer SE wurden im Zuzugsstaat die Inhaberaktien automatisch auf Namensurkunden umgestellt, was zur Ungültigkeit der Aktienurkunden führte. Dennoch erkannte das Gericht nicht auf eine

---

[329] So auch Habersack/Drinhausen/*Diekmann* Rn. 122.
[330] *Priester* ZGR 1999, 36 (43 f.); Habersack/Drinhausen/*Diekmann* Rn. 125.
[331] Hiervon geht auch die Kommission aus, KOM (2010) 676 endg., 10.

Zuständigkeit des deutschen Amtsgerichts für die Genehmigung nach § 73 Abs. 1 AktG. Dagegen sprächen der Wortlaut und der Schutzzweck der Norm: Diese solle allein die Gläubiger mit ihren Forderungen schützen.[332] Der Schutzzweck gebietet es jedoch, den Wortlaut „Forderungen" dem **Begriff des subjektiven Rechts** gleichzustellen. **Auch wenn der Gläubiger die Ausübung eines Gestaltungsrechts** geltend macht, ist Art. 8 Abs. 16 daher anwendbar. Die Forderung muss vor dem **Zeitpunkt des Abs. 10 entstanden** sein. Maßgeblich ist der Zeitpunkt der Vornahme der Registerverfügung im Zuzugsstaat. **Entstanden** ist die Forderung wohl nach allgemeinem Verständnis, wenn ihr **Rechtsgrund** gelegt ist; der Zeitpunkt der Fälligkeit kann durchaus später liegen.[333] Dies ergibt sich auch unmittelbar aus dem Wortlaut des Abs. 16, der eine spätere Klageerhebung (deren Erfolg ja die Fälligkeit regelmäßig voraussetzt) nicht als maßgeblich ansieht und zulässt. Für dieses Ergebnis spricht schließlich der Zweck der Norm: Sie soll diejenigen Gläubiger schützen, die durch Forderungsbegründung bereits eine **Vertrauensdisposition** vorgenommen haben und nun auf die Durchsetzung ihrer Forderung gegenüber der SE angewiesen sind, um keinen Rechtsverlust zu erleiden. Nicht schutzwürdig erscheint dagegen derjenige, der sich im maßgeblichen Zeitpunkt aus eigener Kraft vor einer Festlegung gegenüber der SE schützen kann. Dieser Zusammenhang legt es nahe, auf das Entstehen dem Grunde nach abzustellen. Der **Personenkreis der Gläubiger** ist nicht eingeschränkt; im systematischen Vergleich mit Abs. 13 S. 2 zeigt sich, dass es sich nicht um außenstehende Dritte handeln muss. Deshalb kommen auch die **Abfindungsansprüche der Minderheitsaktionäre** nach Abs. 5 als Forderungen in Betracht (→ Rn. 75).[334]

84   Nach dem Wortlaut der Norm **gilt** die SE als Gesellschaft mit Sitz in dem Mitgliedstaat, in dem sie vor der Verlegung eingetragen war. Die Bedeutung der Norm liegt in erster Linie in der Begründung eines **Gerichtsstandes im Wegzugsstaat** (→ Rn. 80).[335] Allerdings tritt der Gerichtsstand nach Abs. 16 in **Konkurrenz mit Art. 4 Abs. 1 Brüssel Ia-VO iVm Art. 63 Brüssel Ia-VO**. Für die Beurteilung des Konkurrenzverhältnisses ist dabei einerseits maßgeblich, dass der Wortlaut des Abs. 16 jeden Hinweis auf eine ausschließliche Zuständigkeit vermeidet, und die Norm andererseits allein den Schutz der Altgläubiger der SE beabsichtigt.[336] Deshalb muss die Norm aus Sicht dieser Gläubiger zumindest **ex post disponibel** sein: Ist daher die Sitzverlegung wirksam, dürfte den Altgläubigern ein **Wahlrecht** zwischen dem Gerichtsstand des Abs. 16 und dem nach Art. 4 Abs. 1 Brüssel Ia-VO iVm Art. 63 Brüssel Ia-VO zustehen.[337]

85   Der Gerichtsstand nach Abs. 16 dürfte ferner – wohl in entsprechender Anwendung der Art. 25 Brüssel Ia-VO – **im Wege der Gerichtsstandsvereinbarung abdingbar** sein.[338] Dafür spricht die allein den Gläubiger begünstigende Zwecksetzung der Norm. Diese Vereinbarung kann wohl insbesondere im Rahmen des Besicherungsverfahrens nach Art. 8 Abs. 7 getroffen werden.

III. Die Sitzverlegung außerhalb des Geltungsbereichs des EWR

86   Die **Satzungssitzverlegung (Rechtsformwechsel)** außerhalb des Geltungsbereichs des EWR, wie sie im Fall der Tetra Laval Capital SE vorgekommen ist (Wegzug von Luxemburg auf die Cayman Islands), ist **nach Art. 8 nicht möglich**.[339] Sie wird auch nicht durch die „Vale"-Rspr. des EuGH (→ Rn. 6) zugelassen, da der Wegzug in einen Nicht-EWR-Staat nicht vom Schutzbereich der Niederlassungsfreiheit gem. Art. 49, 54 AEUV erfasst wird.

---

[332] OLG Frankfurt NZG 2016, 1340 (1341).
[333] BeckOGK/*Casper* Rn. 25; Habersack/Drinhausen/*Diekmann* Rn. 122.
[334] BeckOGK/*Casper* Rn. 25; Habersack/Drinhausen/*Diekmann* Rn. 123.
[335] *Schwarz* ZIP 2001, 1847 (1850).
[336] So auch Kölner Komm AktG/*Veil* Rn. 115; MHdB GesR IV/*Austmann* § 85 Rn. 15.
[337] BeckOGK/*Casper* Rn. 25; Habersack/Drinhausen/*Diekmann* Rn. 126; Kölner Komm AktG/*Veil* Rn. 115.
[338] Zust. Habersack/Drinhausen/*Diekmann* Rn. 126.
[339] *Heuschmid*/*C. Schmidt* NZG 2007, 54 (55).

Allerdings entfaltet Art. 8 auch **keine Sperrwirkung** gegenüber der Sitzverlegung außerhalb des Geltungsbereichs des EWR.[340] Auch führt dieser „Wegzug" nicht zu einer Liquidation der SE gem. Art. 64, da dieser voraussetzt, dass die SE ihren „Sitz" – gemeint ist der Satzungssitz – weiterhin in einem Mitgliedstaat hat (vgl. den Wortlaut von Art. 64 Abs. 1: „so trifft der *Mitgliedstaat, in dem die SE ihren Sitz hat*" [Hervorhebung durch Verfasser]); Art. 64 trifft damit nur eine Regelung für das Auseinanderfallen von Satzungs- und Verwaltungssitz, nicht aber für die Verlegung des Satzungssitzes außerhalb des Geltungsbereichs der SE-VO.[341] Zu weit ginge es außerdem, aus Art. 7 S. 1 ein Verbot der Sitzverlegung (im Sinne eines identitätswahrenden Rechtsformwechsels) außerhalb des Geltungsbereichs des EWR abzuleiten.[342] Gem. Art. 7 S. 1 muss zwar der Sitz „der SE" in der Gemeinschaft (Union) liegen, doch sagt dies nichts über die Zulässigkeit eines Rechtsformwechsels aus, nach dessen Durchführung gerade keine SE mehr besteht.[343] Die Folgen des Wegzugs sind **in der SE-VO mithin nicht geregelt.**[344] Sie richten sich vielmehr gem. Art. 9 Abs. 1 lit. c Ziff. ii nach dem Gesellschaftsrecht des Sitzstaates.[345] Die SE treffen damit dieselben Rechtsfolgen, die sich auch für eine deutsche AG ergeben, die ihren *Satzungs*sitz außerhalb des EWR verlegen will.[346] Der Rspr. zufolge stellt ein entsprechender Sitzverlegungsbeschluss einen **Auflösungsbeschluss** gem. § 262 Abs. 1 Nr. 2 AktG dar;[347] nach der überwiegenden Ansicht in der Lit. ist der Beschluss hingegen wegen **Perplexität** nach § 241 Nr. 3 AktG nichtig (→ AktG § 45 Rn. 24).[348] Das Ergebnis ist identisch: Das Registergericht wird die Eintragung des Verlegungsbeschlusses einer deutschen SE verweigern.[349] Wird die Sitzverlegung gleichwohl im Zuzugsstaat eingetragen, führt dies zur Auflösung der SE gem. Art. 63 iVm § 399 FamFG, § 262 Abs. 1 Nr. 5 AktG (→ AktG § 45 Rn. 24).[350] Die SE tritt damit in ein **Liquidationsstadium** gem. §§ 264 ff. AktG ein. Welche Rechtsform die vormalige SE **aus Sicht des Zuzugsstaates** nach ihrem „Wegzug" (dh nach Eintragung der Satzungssitzverlegung bzw. des Formwechsels) hat, richtet sich nach dem dortigen Gesellschaftsrecht.[351] Es besteht allerdings **keine Kontinuität** zwischen dem neuen Rechtsgebilde und der vormaligen SE. Dies steht jedoch nicht der Möglichkeit entgegen, dass – wie im Fall der Tetra Laval Capital SE – das nationale Gesellschaftsrecht von Wegzug- (Luxemburg) und Zuzugsstaat (Cayman Islands) eine **identitätswahrende Sitzverlegung** erlauben.[352] Diese Sitzverlegung, die durch die kumulative Anwendung zweier nationaler Rechtsordnungen ermöglicht wird (vgl. → Rn. 8),[353] führt jedoch zwingend dazu, dass die Gesellschaft **nach ihrem „Wegzug" nicht mehr als SE verfasst** ist.[354]

---

[340] Ausf. *J. Schmidt* DB 2006, 2221 (2222); im Ausgangspunkt auch *Heuschmid/C. Schmidt* NZG 2007, 54 (55 f.), die die Möglichkeit einer identitätswahrenden Sitzverlegung jedoch letztlich verneinen.
[341] Ausf. *Ringe*, Die Sitzverlegung der Europäischen Aktiengesellschaft, 2006, 225; Habersack/Drinhausen/ *Diekmann* Rn. 128; auch Lutter/Hommelhoff/Teichmann/*Ringe* Rn. 102, der Art. 64 nur dann anwenden will, wenn die SE unter Wahrung ihrer Rechtsform wegziehen will; Kölner Komm AktG/*Kiem* Art. 64 Rn. 11; aA Kölner Komm AktG/*Veil* Rn. 117; *Heuschmid/C. Schmidt* NZG 2007, 54 (56), die wohl eine analoge Anwendung des Art. 64 befürworten.
[342] So wohl aber Habersack/Drinhausen/*Diekmann* Rn. 128; Kölner Komm AktG/*Veil* Rn. 117; wie hier wohl *Ringe*, Die Sitzverlegung der Europäischen Aktiengesellschaft, 2006, 227, der Art. 7 wohl ebenfalls nur auf einen Satzungssitzwechsel unter Beibehaltung der Rechtsform der SE anwenden will.
[343] *J. Schmidt* DB 2006, 2221 (2222).
[344] *Ringe*, Die Sitzverlegung der Europäischen Aktiengesellschaft, 2006, 224; *J. Schmidt* DB 2006, 2221 (2222).
[345] *J. Schmidt* DB 2006, 2221 (2222); aA *Heuschmid/C. Schmidt* NZG 2007, 54 (55 f.), die insofern nicht von einer Regelungsoffenheit der SE-VO ausgehen.
[346] *Ringe*, Die Sitzverlegung der Europäischen Aktiengesellschaft, 2006, 227.
[347] OLG Hamm NJW 2001, 2183 für die GmbH.
[348] Hüffer/Koch/*Koch* AktG § 5 Rn. 13; BeckOGK/*Drescher* AktG § 5 Rn. 10.
[349] *Ringe*, Die Sitzverlegung der Europäischen Aktiengesellschaft, 2006, 227 mN der Rspr.
[350] Hüffer/Koch/*Koch* AktG § 5 Rn. 13.
[351] Habersack/Drinhausen/*Diekmann* Rn. 128.
[352] *Ringe*, Die Sitzverlegung der Europäischen Aktiengesellschaft, 2006, 227 f.; *J. Schmidt* DB 2006, 2221 (2222).
[353] *Stiegler*, Grenzüberschreitende Sitzverlegungen nach deutschem und europäischem Recht, 2017, 190.
[354] *J. Schmidt* DB 2006, 2221 (2222): Die Tetra Laval Capital SE wurde zur Tetra Laval Capital Ltd.; ebenso *Stiegler*, Grenzüberschreitende Sitzverlegungen nach deutschem und europäischem Recht, 2017, 189.

Art. 9 [Anzuwendendes Recht]

(1) Die SE unterliegt
a) den Bestimmungen dieser Verordnung,
b) sofern die vorliegende Verordnung dies ausdrücklich zulässt, den Bestimmungen der Satzung der SE,
c) in Bezug auf die nicht durch diese Verordnung geregelten Bereiche oder, sofern ein Bereich nur teilweise geregelt ist, in Bezug auf die nicht von dieser Verordnung erfassten Aspekte
   i) den Rechtsvorschriften, die die Mitgliedstaaten in Anwendung der speziell die SE betreffenden Gemeinschaftsmaßnahmen erlassen,
   ii) den Rechtsvorschriften der Mitgliedstaaten, die auf eine nach dem Recht des Sitzstaats der SE gegründete Aktiengesellschaft Anwendung finden würden,
   iii) den Bestimmungen ihrer Satzung unter den gleichen Voraussetzungen wie im Falle einer nach dem Recht des Sitzstaats der SE gegründeten Aktiengesellschaft.

(2) Von den Mitgliedstaaten eigens für die SE erlassene Rechtsvorschriften müssen mit den für Aktiengesellschaften im Sinne des Anhangs I maßgeblichen Richtlinien im Einklang stehen.

(3) Gelten für die von der SE ausgeübte Geschäftstätigkeit besondere Vorschriften des einzelstaatlichen Rechts, so finden diese Vorschriften auf die SE uneingeschränkt Anwendung.

§ 1 SEAG Anzuwendende Vorschriften

Soweit nicht die Verordnung (EG) Nr. 2157/2001 des Rates vom 8. Oktober 2001 über das Statut der Europäischen Gesellschaft (SE) (ABl. EG Nr. L 294 S. 1) (Verordnung) gilt, sind auf eine Europäische Gesellschaft (SE) mit Sitz im Inland und auf die an der Gründung einer Europäischen Gesellschaft beteiligten Gesellschaften mit Sitz im Inland die folgenden Vorschriften anzuwenden.

Schrifttum: *Anweiler*, Die Auslegungsmethoden des Gerichtshofs der Europäischen Gemeinschaften, 1997; *Bachmann*, Die Societas Europaea und das europäische Privatrecht, ZEuP 2008, 32; *Blanquet*, Das Statut der Europäischen Aktiengesellschaft, ZGR 2002, 20; *Bleckmann*, Europarecht, 6. Aufl. 1997; *Brandi*, Die Europäische Aktiengesellschaft im deutschen und internationalen Konzernrecht, NZG 2003, 889; *Brandt/Scheifele*, Die Europäische Aktiengesellschaft und das anwendbare Recht, DStR 2002, 547; *Bungert/Beier*, Die Europäische Aktiengesellschaft, EWS 2002, 1; *v. Caemmerer*, Europäische Aktiengesellschaft, FS Kronstein, 1967, 171; *Casper*, Der Lückenschluß im Statut der Europäischen Aktiengesellschaft, FS Ulmer, 2003, 51; *Casper*, Die Vor-SE – nationale oder europäische Vorgesellschaft?, Konzern 2007, 244; *Casper*, Erfahrungen und Reformbedarf bei der SE – Gesellschaftsrechtliche Reformvorschläge, ZHR 173 (2009), 181; *Ebert*, Das anwendbare Konzernrecht der Europäischen Aktiengesellschaft, BB 2003, 1854; *Everling*, Das Europäische Gesellschaftsrecht vor dem Gerichtshof der Europäischen Gemeinschaften, FS Lutter, 2000, 31; *Fleischer*, Der Einfluss der Societas Europaea auf die Dogmatik des deutschen Gesellschaftsrechts, AcP 204 (2004), 502; *Fleischer*, Supranationale Gesellschaftsformen in der Europäischen Union, ZHR 174 (2010), 385; *Forst*, Die Beteiligungsvereinbarung nach § 21 SEBG, 2010; *Gössl*, Die Satzung der Europäischen Aktiengesellschaft (SE) mit Sitz in Deutschland, 2010; *Göz*, Beschlussmängelklagen bei der Societas Europaea (SE), ZGR 2008, 593; *Grosche*, Rechtsfortbildung im Unionsrecht, 2011; *Grundmann/Riesenhuber*, Die Auslegung des Europäischen Privat- und Schuldvertragsrechts, JuS 2001, 529; *Habersack*, Das Konzernrecht der deutschen SE, ZGR 2003, 724; *Habersack*, Konzernrechtliche Aspekte der Mitbestimmung in der Societas Europaea, Konzern 2006, 105; *Harter/Voß*, Transaktionsmeldungen nach Art. 26 MiFIR – Was gilt für emittierende Wertpapierfirmen ab 2018?, BB 2017, 1667; *Heinze*, ECLR, Die Europäische Aktiengesellschaft, ZGR 2002, 66; *Henninger*, Europäisches Privatrecht und Methode, 2009; *Hirte*, Die Europäische Aktiengesellschaft, NZG 2002, 1; *Hommelhoff*, Satzungsstrenge und Gestaltungsfreiheit in der Europäischen Aktiengesellschaft, FS Ulmer, 2003, 267; *Hommelhoff*, Einige Bemerkungen zur Organisationsverfassung der Europäischen Aktiengesellschaft, AG 2001, 279; *Hommelhoff*, Zum Konzernrecht der Europäischen Aktiengesellschaft, AG 2003, 179; *Höpfner/Rüthers*, Grundlagen einer europäischen Methodenlehre, AcP 209 (2009), 1; *Hoops*, Die Mitbestimmungsvereinbarung in der Europäischen Aktiengesellschaft (SE), 2009; *Ihrig/Wagner*, Das Gesetz zur Einführung der Europäischen Gesellschaft (SEEG) auf der Zielgeraden, BB 2004, 1749; *Jaecks/Schönborn*, Die Europäische Aktiengesellschaft, das internationale und das deutsche Konzernrecht, RIW 2003, 254; *Jaeger*, Die Europäische Aktiengesellschaft, 1994; *Klöhn*, Eine neue Insiderfalle für Finanzanalysten? – Zweck, Bedeutung und Auslegung von Erwägungsgrund Nr. 28 MAR, WM 2016, 1665; *Kübler*, Leitungsstrukturen der Aktiengesellschaft und die Umsetzung des SE-Statuts, ZHR 167 (2003), 222; *Kiefner/Friebel*, Zulässigkeit eines Aufsichtsrats mit einer nicht durch drei teilbaren Mitgliederzahl bei einer SE mit Sitz in Deutschland, NZG 2010, 537; *Langenbucher,* Vorüberlegungen zu einer europarechtlichen Methodenlehre, JbJZivWiss 1999, 65; *Lächler,* Das Konzernrecht der Europäischen Gesellschaft (SE), 2007; *Lächler/Oplustil,* Funktion und Umfang des Regelungsbereichs der SE-Verordnung, NZG 2005, 381; *Lutter,* Europäische Aktiengesellschaft – Rechtsfigur mit Zukunft?, BB 2002, 1; *Lutter/Wiedemann,* Gestaltungsfreiheit im Gesellschaftsrecht, ZGR-Sonderheft Nr. 13, 2012; *Maul,* Die faktisch abhängige SE, 1998; *Raiser,* Die Europäische Aktiengesellschaft und die nationalen Aktiengesetze, FS Semler, 1993, 277; *Schäfer,* Beschlussanfechtbarkeit bei Beschlussvorschlägen durch einen unterbesetzten Vorstand, ZGR 2003, 147; *Schäfer,* Das Gesellschaftsrecht (weiter) auf dem Weg nach Europa – am Beispiel der SE-Gründung, NZG 2004, 785; *Schlösser,* Europäische Aktiengesellschaft und deutsches Strafrecht, NZG 2008, 126; *J. Schmidt,* „Deutsche" vs. „Britische" Societas Europaea, 2006; *Schneider,* Zulässigkeit und wirtschaftliche Neugründung einer Vorrats-SE, 2009; *Schön,* Das Bild des Gesellschafters im Europäischen Gesellschaftsrecht, RabelsZ 64 (2000), 1; *Schön,* Die Niederlassungsfreiheit von Kapitalgesellschaften im System der Grundfreiheiten, FS Lutter, 2000, 685; *Schön,* Allgemeine Rechtsgrundsätze im Europäischen Gesellschaftsrecht, FS Hopt, Bd. I, 2010, 1343; *Schulze,* Auslegung europäischen Privatrechts und angeglichenen Rechts, 1999; *Schultze,* Die Europäische Genossenschaft (SCE), NZG 2004, 792; *Schwarz,* Europäisches Gesellschaftsrecht, 2000; *Teichmann,* Die Einführung der Europäischen Aktiengesellschaft, ZGR 2002, 383; *Teichmann,* Binnenmarktkonformes Gesellschaftsrecht, 2006; *Veil,* Das Konzernrecht der Europäischen Aktiengesellschaft, WM 2003, 2169; *Vinçon,* Die grenzüberschreitende Sitzverlegung der Europäischen Aktiengesellschaft – Im Spannungsverhältnis zwischen der Kontinuität des Rechtsträgers und der Diskontinuität des ergänzend anwendbaren Rechts, 2008; *Völter,* Der Lückenschluß im Statut der Europäischen Privatgesellschaft, 2000; *Wagner,* Der Europäische Verein, 2000; *Wagner,* Die Bestimmung des auf die SE anwendbaren Rechts, NZG 2002, 985; *Wirtz,* Die Lückenfüllung im Recht der SE und SPE, 2012; *Wulfers,* Allgemeine Rechtsgrundsätze als ungeschriebenes Recht der supranationalen Gesellschaftsrechtsformen, GPR 2006, 106.

Übersicht

	Rn.		Rn.
I. Regelungsgehalt und Normzweck ..	1–3	2. Inhalt der Verweisung	17
II. Anwendbarkeit des Art. 9 als Verweisungsnorm	4–14	3. Zur Auslegung des verwiesenen Rechts	18, 19
1. Anwendungsbereich der SE-VO	4, 5	**IV. Hierarchie der Rechtsquellen (noch Abs. 1)**	20–26
2. Keine vorrangige Einzelverweisung	6–8	1. Vierstufigkeit der Rechtsquellen	20, 21
3. Keine ausgefüllte Ermächtigung bzw. Verpflichtung	9	2. Deklaratorische Bedeutung des § 1 SEAG	22–24
4. Regelungslücke in der SE-VO	10, 11	3. Satzungsstrenge gem. Abs. 1 lit. b	25, 26
5. Keine Lückenfüllung durch Analogieschluss	12–14	**V. Anforderungen der SE-VO an die Ausführungsgesetze (Abs. 2)**	27
III. Generalverweisung auf das nationale Aktienrecht	15–19	**VI. Besondere Vorschriften für die ausgeübte Geschäftstätigkeit (Abs. 3)**	28
1. Rechtsnatur	15, 16		

I. Regelungsgehalt und Normzweck

Art. 9 bestimmt allgemein das auf die SE anwendbare Recht sowie das Verhältnis zwischen Gemeinschaftsrecht und nationalem Recht; eine Parallelregelung findet sich in Art. 8 des Statuts über die europäische Genossenschaft (SCE).[1] In der Vorschrift manifestiert sich in besonderer Weise die Eigenart der SE als supranationale Rechtsform mit ebenso vielen Varianten wie Mitgliedstaaten der Union.[2] Ganz im Gegensatz zu den Kommissionsentwürfen von 1970 und 1975, die noch ein nahezu vollständiges SE-Gesetzbuch und das ausdrückliche Verbot enthielten, einzelstaatliches Aktienrecht zur Anwendung zu bringen,[3] beschränkt sich die Verordnung in ihrer aktuellen Fassung auf wenige zentrale Fragen, namentlich im Bereich der Gründung (Art. 15–37) und Organisation (Art. 38–62), und verweist im Übrigen sowie zur näheren Ausgestaltung auf die einzelstaatlichen Gesetze. Erwägungsgrund 9 rechtfertigt den Verzicht auf eine in sich geschlossene Regelung des SE- 1

---

[1] Dazu allg. *Schulze* NZG 2004, 792; im Besonderen Beuthien/*Schöpflin* GenG, 16. Aufl. 2018, SCE Art. 8 Rn. 1 ff.
[2] Zur rechtspolitischen Diskussion des „Torso"-Prinzips vgl. nur die zusammenfassende Darstellung bei *Fleischer* AcP 204 (2004), 502 (504 ff.), der selbst die Möglichkeit, „Gesellschaftsrechtsarbitrage" zu betreiben, als einen wesentlichen Vorteil einstuft; vgl. auch *Fleischer* ZHR 174 (2010), 385 (414 f., 424 f.).
[3] Dazu nur *Teichmann* ZGR 2002, 383 (390 f.).

Statuts mit den seit den Kommissionsvorschlägen von 1970 und 1975 erzielten Fortschritten bei der Angleichung der nationalen Aktienrechte. In solchen angeglichenen Bereichen bedürfe es keiner einheitlichen Gemeinschaftsregelung mehr. Harmonisiert sind bislang allerdings vor allem das Recht der handelsrechtlichen **Publizität** der Gesellschaften (im Ausgangspunkt Erste RL 68/151/EWG, aufgehoben und ersetzt durch RL 2009/101/EG, ihrerseits aufgehoben und ersetzt durch die GesR-RL; auch die RL 89/666/EWG wurde durch die GesR-RL aufgehoben und ersetzt), das Recht der **Kapitalaufbringung und -erhaltung** (früher RL 77/91/EWG, jetzt GesR-RL) sowie der **Verschmelzung** und **Spaltung**[4] (nunmehr allesamt Teil der GesR-RL) ferner das **Bilanzrecht;**[5] harmonisiertes Recht ist naturgemäß aber kein Einheitsrecht. Dass eine ausdrückliche Verweisung auf dieses gesellschaftsrechtliche **Sekundärrecht** der EU nur ausnahmsweise erfolgt, insbesondere in Art. 17 Abs. 2, Art. 22,[6] ist für das bereits umgesetzte Recht im Übrigen belanglos; denn hier ist das einschlägige Sekundärrecht ohnehin mittelbar über die nationalen Aktienrechte zu berücksichtigen, im Falle von Konflikten ggf. auch im Wege richtlinienkonformer Auslegung. Eine unmittelbare Bezugnahme auf das Sekundärrecht hätte daher lediglich für die Zeit vor dessen Umsetzung eigenständige Bedeutung.[7] **Abs. 2** unterwirft auch die Ausführungsgesetze noch einmal ausdrücklich dem für Aktiengesellschaften geltenden Sekundärrecht (→ Rn. 27); dies entspricht der Regelung des Art. 3 Abs. 1, wonach die SE in Bezug auf die Gründung als Aktiengesellschaft gilt, sowie Abs. 1 lit. c Ziff. ii und Art. 10 (→ Art. 10 Rn. 1), welche die SE allgemein einer Aktiengesellschaft im Sitzstaat gleichstellen, sodass diese generell ebenso behandelt werden müssen wie Aktiengesellschaften des Sitzstaates (Gleichbehandlungsgebot).

2   Art. 9 ist zum einen die **zentrale (dynamische)**[8] **Verweisungsnorm** auf das mitgliedstaatliche Recht (Abs. 1 lit. c); zum anderen **bezweckt** sie, die verschiedenen Rechtsschichten in ein eindeutiges **Rangverhältnis** zu setzen:[9] Abgesehen von der Satzung (→ Rn. 20), gilt danach in erster Linie die in vielen Details lückenhafte **SE-VO** (Abs. 1 lit. a). Wo sie lückenhaft ist, wird sie zunächst ergänzt durch die nationalen **Ausführungsgesetze** (Abs. 1 lit. c Ziff. i), in Deutschland also durch das SEAG. Die noch verbleibenden Lücken werden sodann durch das **allgemeine Aktienrecht** am Sitzstaat ausgefüllt (Abs. 1 lit. c Ziff. ii).[10] Anders gewendet gilt also für die SE das allgemeine nationale Aktienrecht des Sitzstaates, soweit es nicht durch die spezielleren Regelungen der Satzung (Abs. 1 lit. c Ziff. iii; → Rn. 21) bzw. die vorrangigen Bestimmungen des Ausführungsgesetzes und der SE-VO verdrängt wird. Zwischen Verordnung und nationalem Ausführungsgesetz kann dagegen ein Rangproblem nur auftreten, soweit der jeweilige Mitgliedstaat die Befugnis zur Lückenschließung überschritten hat, das Ausführungsgesetz also fehlerhafterweise kollidierende Normen enthält; in diesem Fall gilt ebenfalls die Vorrangregel des Art. 9 Abs. 1 lit. a, c. Als weitere „Rechtsschicht" ist schließlich das allgemeine „Verkehrsrecht" des jeweiligen Sitzstaates zu nennen, wie Erwägungsgrund 20 der VO insbesondere für das nationale Insolvenz- und Steuerrecht ausdrücklich feststellt; es ist selbstverständlich auch für die SE beachtlich. Abs. 3 betont dies in Bezug auf „besondere

---

[4] Dritte RL 78/855/EWG, aufgehoben und ersetzt durch RL 2011/35/EU, ihrerseits aufgehoben und ersetzt durch die GesR-RL; auch die Sechste RL 82/891/EWG wurde durch die GesR-RL aufgehoben und ersetzt.
[5] Vierte RL 78/660/EWG, aufgehoben und ersetzt durch RL 2013/34/EU.
[6] Krit. dazu *Raiser* FS Semler, 1993, 277 (282 f.).
[7] Vgl. *Casper* FS Ulmer, 2003, 51 (54).
[8] *Lutter/Bayer/J. Schmidt* EuropUnternehmensR § 45 Rn. 26; Lutter/Hommelhoff/Teichmann/*Hommelhoff/Teichmann* Rn. 55; BeckOGK/*Casper* Rn. 15; Kölner Komm AktG/*Veil* Rn. 53 f., 75; *Forst,* Die Beteiligungsvereinbarung nach § 21 SEBG, 2010, 35 f.
[9] Zur Vielgestaltigkeit der Normebenen vgl. etwa *Hommelhoff* AG 2001, 279 (285): „Pyramide"; *Wagner,* Der Europäische Verein, 2000, 46 ff.; *Wagner* NZG 2002, 985: „mixtum compositum" aus – angeblich – sechs Normebenen; *Brandt/Scheifele* DStR 2002, 547 (554 f.); *Bungert/Beier* EWS 2002, 1 (2); Kalss/Hügel/ *Kalss/Greda* AT Rn. 15.
[10] Vgl. *Teichmann* ZGR 2002, 383 (395); *Wagner* NZG 2002, 985 (989); *Vinçon,* Die grenzüberschreitende Sitzverlegung der SE, 2008, 77.

Vorschriften", die für die „Geschäftstätigkeit" der SE gelten, noch einmal ausdrücklich. Demgegenüber ist der in früheren Entwürfen noch enthaltene Verweis auf **gemeineuropäische Grundsätze** des Aktienrechts entfallen.[11] Solche allgemeinen Grundsätze widersprächen dem Charakter des Statuts als bewusst fragmentarische Rechtsgrundlage, die bestimmungsgemäß der Ergänzung durch das nationale Recht bedarf (zur Lückenfüllung im Einzelnen → Rn. 15 ff.). – Zum Verhältnis zwischen allgemeiner und besonderer Verweisung → Rn. 21.

Keine Regelung trifft Art. 9 zu der Frage, welches Recht auf die an der Gründung 3 einer SE, etwa durch Verschmelzung, beteiligten **Rechtsträger** anwendbar ist; sie ist in Zusammenhang mit Art. 15 zu erläutern (→ Art. 15 Rn. 6 ff.).

II. Anwendbarkeit des Art. 9 als Verweisungsnorm

1. Anwendungsbereich der SE-VO. Naturgemäß erfasst die Generalverweisung des 4 Art. 9 nur solche Bereiche, die überhaupt Gegenstand der SE-VO sind.[12] Hingegen richtet sich die Anwendbarkeit solcher Sachnormen, die außerhalb des sachlichen Anwendungsbereichs der SE-VO liegen, nach dem jeweiligen Kollisionsrecht. Demgemäß erwähnt Abs. 3 auch lediglich solche (sonstigen) Normen des einzelstaatlichen Rechts, die sich speziell auf die von der SE ausgeübte Geschäftstätigkeit beziehen (näher → Rn. 28). Im Übrigen gehören zumindest **Steuerrecht, Konkursrecht, Wettbewerbsrecht** sowie das Recht des **gewerblichen Rechtsschutzes nicht** zum sachlichen Anwendungsbereich der VO, wie Erwägungsgrund 20 ausdrücklich betont.[13] Den Anwendungsbereich **positiv** zu beschreiben, ist wegen der Lückenhaftigkeit des Statuts nicht ganz einfach; denn anders als seine Vorläuferbestimmungen in Vor-Entwürfen unterscheidet Art. 9 in keiner Weise zwischen den in der VO geregelten und den nicht geregelten Bereichen.[14] Fest steht jedenfalls, dass der Anwendungsbereich unionsrechtlich zu bestimmen, also ggf. im Wege einer Vorlage zum EuGH gem. Art. 267 AEUV zu klären ist.[15] Überdies gehört im Grundsatz jedenfalls eindeutig das **gesamte Gesellschafts(organisations)recht** der SE zum Anwendungsbereich, mithin all' diejenigen Bereiche, die Gegenstand eines „Vollstatuts" hätten werden können.[16] Das trifft etwa auf die Rechtsnatur der SE und ihre Rechtspersönlichkeit zu, auf ihre Gründung und die Haftungsfragen bei ihrer Entstehung, ferner auf die Kapitalaufbringung und -erhaltung sowie die Organisationsstruktur der SE (Leitung und Organe).[17] Denn der Torso-Charakter des Statuts beruht nicht darauf, dass für die nicht geregelten Bereiche kein Regelungsbedarf gesehen wurde; vielmehr gelang es schlicht für viele Fragen nicht, eine gemeinsame aktienrechtliche Lösung zu finden,[18] was aber selbstverständlich nicht bedeutet, dass diese außerhalb des Regelungsbereichs der VO und ihrer Verweisungen lägen. – **Nicht** zum Anwendungsbereich der VO gehören demnach insbesondere das allge-

---

[11] So noch Art. 7 Abs. 1 SE-VO-Entwürfe 1970/75 und 1989, vgl. *Völter,* Der Lückenschluß im Statut der Europäischen Privatgesellschaft, 2000, 82 ff.; *Casper* FS Ulmer, 2003, 51 (53).
[12] MüKoBGB/*Kindler* IntGesR Rn. 82; BeckOGK/*Casper* Rn. 11; Habersack/Drinhausen/*Schürnbrand* Rn. 22; *Lächler/Oplustil* NZG 2005, 381 ff.; *Forst,* Die Beteiligungsvereinbarung nach § 21 SEBG, 2010, 18 ff.
[13] Zur Anwendbarkeit nationaler Strafgesetze auf die SE *Schlösser* NZG 2008, 126 ff.; zur Bedeutung des Art. 63 für die Anwendbarkeit der (nationalen) InsO vgl. die Kommentierung dort; dazu auch Kölner Komm/ *Veil* Rn. 34 ff.
[14] S. etwa *Brandt/Scheifele* DStR 2002, 547 (548).
[15] Für die Auslegung der SE-VO gelten zweifellos die allgemeinen Grundsätze zur autonomen Auslegung des europäischen Rechts, s. nur *Anweiler,* Die Auslegungsmethoden des Gerichtshofs der Europäischen Gemeinschaften, 1997, 1 ff.; *Bleckmann* EuropaR Rn. 369 ff.; *Everling* FS Lutter, 2000, 31 ff.; *Grundmann/ Riesenhuber* JuS 2001, 529 ff.; *Teichmann* ZGR 2002, 383 (402 ff.); vgl. auch *Hommelhoff* in Schulze, Auslegung europäischen Privatrechts und angegliederten Rechts, 1999, 29 ff.
[16] Ebenso Habersack/Drinhausen/*Schürnbrand* Rn. 27; für einen weiten Regelungsbereich der SE-VO auch *Wirtz,* Die Lückenfüllung im Recht der SE und SPE, 2012, 84 ff.; anders *Forst,* Die Beteiligungsvereinbarung nach § 21 SEBG, 2010, 28 ff.: Art. 9 Abs. 2 sei die maßgebliche Orientierungsnorm.
[17] *Casper* FS Ulmer, 2003, 51 (65 f.); *Wagner* NZG 2002, 985 (988); *v. Caemmerer* FS Kronstein, 1967, 171 (195); wenig griffig Brandt/Scheifele DStR 2002, 547 (551): „großzügige Auslegung"; ausdrückliche Ausnahme des Aufsichtsrechts.
[18] *Blanquet* ZGR 2002, 20 (23 f.); *Teichmann* ZGR 2002, 383 (391).

meine **Handelsrecht** sowie das **Kapitalmarktrecht**.[19] Zur Sonderstellung des **Konzernrechts** → Rn. 16.

5 Das **Mitbestimmungsrecht** unterfällt vorrangig der speziellen Beteiligungs-RL und dem SEBG als deren Umsetzungsgesetz, aber auch dem Regelungsbereich der SE-VO selbst. Zwar beschränkt die Beteiligungs-RL sich im Wesentlichen auf Regelungen über die Art und Weise der Mitbestimmung im Kontroll- bzw. Leitungsgremium (Verhandlungslösung mit Auffangregelung) und über die Besetzung des Verhandlungsgremiums, und übernimmt es die SE-VO, Verhandlungen über die Mitbestimmung und Gründungsverfahren miteinander zu verzahnen, namentlich in den Art. 12 Abs. 2, 3. Die besseren Gründe sprechen aber dafür, das durch das SEBG ergänzte SE-Mitbestimmungsregime insgesamt als abschließend anzusehen, zumal die SE keine originär mitbestimmte Rechtsform ist.[20] Dem würde die ergänzende Anwendung der nationalen Mitbestimmungsrechte widersprechen, sodass § 47 Abs. 1 Nr. 1 SEBG keine von VO bzw. RL nicht gedeckte Eigenmächtigkeit begeht.[21] Für eine subsidiäre Anwendung des MitbestG oder des DrittelbG verbleibt dann wegen des Nachrangs der Verweisung in Art. 9 Abs. 1 lit. c Ziff. ii kein Raum. Deshalb ist namentlich auch die Anwendbarkeit von § 27 Abs. 2 MitbestG bei der gescheiterten Wahl des Aufsichtsratsvorsitzenden gem. Art. 42 S. 2 abzulehnen (→ Art. 42 Rn. 3).[22]

6 **2. Keine vorrangige Einzelverweisung.** Zweite Voraussetzung für das Eingreifen des Art. 9 ist nach dem Grundsatz der Spezialität das Fehlen einer Einzelverweisung in der SE-VO. Solche Verweisungen begegnen zahlreich und sind in nicht unerheblichem Maße redundant, was die gleichwohl erforderliche Entscheidung der Konkurrenzfrage nicht erleichtert; sie ist nach dem Spezialitätsgrundsatz zu entscheiden (→ Rn. 20 aE).[23] Ebenso wie die Generalverweisung des Art. 9 verweisen auch die speziellen Normen grundsätzlich unmittelbar auf das jeweilige **Sachrecht des Sitzstaates** der SE, und zwar selbst dann, wenn dies nicht ausdrücklich bestimmt wird.[24] Besonders wichtig ist die Verweisung in **Art. 15 Abs. 1** auf das **Gründungsrecht** des Sitzstaates. Eine Spezialverweisung findet sich ferner in **Art. 3 Abs. 2 S. 3** auf die Umsetzungsbestimmungen der Zwölften RL 89/667/EWG (aufgehoben und ersetzt durch RL 2009/102/EG), die nach Art. 6 RL 89/667/EWG auch für die AG gilt, sofern für diese die Einpersonengründung zugelassen ist (so gem. § 2 AktG). Weil das deutsche Aktienrecht insoweit keine Umsetzungsdefizite aufweist, kommt der mittelbare Verweis auf die Zwölfte RL 89/667/EWG nicht zum Tragen (vgl. §§ 42, 118 ff., 241 Nr. 2 AktG iVm § 130 Abs. 1, 2, 4 AktG).[25]

7 Weitere Spezialverweisungen finden sich in **Art. 4 Abs. 3** auf die aktienrechtlichen Vorschriften zum **Mindestkapital,** sofern dieses nach nationalem Recht über 120.000 Euro liegt (für die deutsche AG wegen § 7 AktG belanglos); in **Art. 5** auf die aktienrechtlichen Vorschriften zum **Grundkapital** (Erhaltung, Erhöhung, Aktien); in **Art. 12 Abs. 1** auf die handelsrechtlichen Vorschriften zur Umsetzung der früheren Publizitäts-RL (ursprünglich RL 68/151/EWG, danach RL 2009/101/EG, jetzt **GesR-RL**) in Bezug auf die Eintragung in das Handelsregister, also insbesondere auf § 15 HGB (über § 3 SEAG iVm den aktienrechtlichen Vorschriften zur Eintragung der AG); in **Art. 23 Abs. 2 S. 1** auf die Beteili-

---

[19] *Casper* FS Ulmer, 2003, 51 (65); BeckOGK/*Casper* Rn. 11, 14; Kölner Komm AktG/*Veil* Rn. 41 und 44 f. (WpÜG); diff. *Lächler/Oplustil* NZG 2005, 381 (386 f.); *Lächler,* Das Konzernrecht der SE, 2007, 92; wohl auch Lutter/Hommelhoff/Teichmann/*Hommelhoff/Teichmann* Rn. 24. – Zur Anwendbarkeit von Strafrecht auf die SE s. *Schlösser* NZG 2008, 126.
[20] Ebenso Kölner Komm AktG/*Veil* Rn. 28; Habersack/Drinhausen/*Schürnbrand* Rn. 29.
[21] In diesem Sinne *Habersack*/Henssler SEBG § 38 Rn. 6.
[22] Zutr. *Habersack* Konzern 2006, 105 (107); aA *Teichmann* ZGR 2002, 383 (443 f.); BeckOGK/*Casper* Rn. 13.
[23] BeckOGK/*Casper* Rn. 6.
[24] Vgl. *Blanquet* ZGR 2002, 20 (50); *Casper* Konzern 2007, 244 (246); BeckOGK/*Casper* Rn. 6; *Wagner* NZG 2002, 985 (987); Kalss/Hügel/*Kalss/Greda* AT Rn. 13, 17; *Schwarz* Rn. 25; so auch noch *Teichmann* ZGR 2002, 383 (398 f.); anders jetzt *Teichmann,* Binnenmarktkonformes Gesellschaftsrecht, 2006, 295 ff.; sowie Lutter/Hommelhoff/Teichmann/*Hommelhoff/Teichmann* Rn. 28 ff.
[25] Zum Ganzen näher *Habersack/Verse* EuropGesR § 10 Rn. 6, 16.

gungs-RL (→ Rn. 5); in **Art. 17 Abs. 2 UAbs. 1, Art. 18, Art. 24 Abs. 1, Art. 25 Abs. 1, Art. 28, Art. 31 Abs. 1 S. 2, Abs. 2** und **Art. 32 Abs. 4** sowie **Art. 37 Abs. 5, 6, 7** auf das für Aktiengesellschaften geltende **Verschmelzungsrecht** des jeweiligen Mitgliedstaates bzw. auf die Verschmelzungs- sowie in diesem Zusammenhang vereinzelt auf die Publizitäts-RL (jetzt: jeweils GesR-RL), gem. **Art. 24 Abs. 2** ergänzt durch Sondervorschriften im Ausführungsgesetz (§§ 5–8 SEAG); in **Art. 32 Abs. 3, Art. 33 Abs. 3, Art. 37 Abs. 5** und **Art. 66 Abs. 4** auf bestimmte **Publizitätsvorschriften** des Handels- und Aktienrechts; in **Art. 36** pauschal auf das für die an einer Tochtergründung beteiligten Gesellschaften geltende jeweilige nationale Aktienrecht.

Weitere Spezialverweisungen finden sich in **Art. 47 Abs. 1 S. 1** auf die Bestimmungen 8 über die **Organfähigkeit** (§ 76 Abs. 1 AktG, § 100 AktG: nur natürliche Personen); in **Art. 49** auf Vorschriften über die Verschwiegenheitspflichten von Organmitgliedern; in **Art. 51** auf die Vorschriften zur **Haftung der Organmitglieder** wegen Verletzung ihrer Organpflichten (§§ 93, 116 AktG); in **Art. 52** auf aktienrechtliche **Kompetenzzuweisungen** an die Hauptversammlung (§§ 119 f. AktG et al.); in **Art. 53, Art. 54 Abs. 1, 2, Art. 56 S. 2, Art. 57, Art. 59 Abs. 1** auf die aktienrechtlichen Vorschriften über die Einberufung und Durchführung der **Hauptversammlung** sowie über die Beschlussfassung (§§ 121 ff., 133 ff., 179 AktG); in **Art. 61** und **Art. 63** auf die Vorschriften zur Aufstellung und Offenlegung des **Jahresabschlusses;** in **Art. 63** auf die für **Auflösung** und Liquidation geltenden aktienrechtlichen Vorschriften; schließlich in **Art. 66 Abs. 5, 6** auf bestimmte Normen des Verschmelzungsrechts.

3. Keine ausgefüllte Ermächtigung bzw. Verpflichtung. An vielen Stellen der SE- 9 VO werden die Mitgliedstaaten ermächtigt oder sogar verpflichtet, von Bestimmungen der VO abzuweichen oder diese auszufüllen. Regelmäßig bezieht sich dies auf die Ausführungsgesetze zur SE-VO. Soweit Ermächtigungs- oder Verpflichtungsnormen ausgefüllt sind, wirken sie wie eine Spezialverweisung auf die konkrete Bestimmung des Ausführungsgesetzes und gehen daher wie diese der Generalverweisung des Art. 9 vor.[26] **Ermächtigungsnormen** sind beispielsweise **Art. 7 S. 2,** wonach ein Mitgliedstaat für eine SE mit Sitz in seinem Hoheitsgebiet vorschreiben kann, dass Satzungssitz und Hauptverwaltung am selben Ort, also in derselben politischen Gemeinde liegen müssen, **Art. 8 Abs. 7 UAbs. 2,** der den Mitgliedstaaten erlaubt, den Gläubigerschutz bei der Sitzverlegung (Abs. 7 S. 1) auf Forderungen zu erstrecken, die bis zum Zeitpunkt der Verlegung entstehen, **Art. 19,** der den Mitgliedstaat dazu ermächtigt, die Beteiligung einer Gesellschaft an der Gründung einer SE durch Verschmelzung davon abhängig zu machen, dass hiergegen (von einer zu bestimmenden Behörde) kein Einspruch erhoben wird, oder **Art. 59 Abs. 2,** der den Mitgliedstaaten gestattet, von dem für Satzungsänderungen geltenden Zwei-Drittel-Quorum des Art. 59 Abs. 1 abzuweichen.[27] Besonders wichtig sind **Art. 39 Abs. 5** und **Art. 43 Abs. 4,** die Mitgliedstaaten ohne dualistisches bzw. monistisches Leitungssystem ermächtigen, ein solches System speziell für die SE einzuführen. §§ 20 ff. SEAG, die das monistische System für die deutsche SE einführen, machen von dieser Ermächtigung Gebrauch. **Verpflichtungsnormen** zielen auf die obligatorische Umsetzung von Regelungsaufträgen, und zwar vorzugsweise wiederum im SE-Ausführungsgesetz. So verpflichtet **Art. 12 Abs. 1** die Mitgliedstaaten, ein Register zu bestimmen, in das die SE eingetragen wird (s. § 3 SEAG), **Art. 64 Abs. 1, 2** erlegt den Mitgliedstaaten auf, dafür Sorge zu tragen, dass Sat-

---

[26] Vgl. BeckOGK/*Casper* Rn. 8; Kalss/Hügel/*Kalss*/*Greda* AT Rn. 18; *Brandt*/*Scheifele* DStR 2002, 547 (553); *Schwarz* Rn. 9; *Teichmann* ZGR 2002, 383 (399); *Wagner* NZG 2002, 985 (986), 988; aus systematischen Gründen abw. MüKoBGB/*Kindler* IntGesR Rn. 71 f.; Habersack/Drinhausen/*Schürnbrand* Rn. 9: Verweisung wegen Abs. 1 lit. c Ziff. i entbehrlich.

[27] Weitere Ermächtigungen: Art. 2 Abs. 5; Art. 7 S. 2; Art. 8 Abs. 5, 7; Art. 14 S. 1; Art. 12 Abs. 4 S. 3; Art. 19 S. 1; Art. 24 Abs. 2; Art. 31 Abs. 2; 34; Art. 37 Abs. 8; Art. 39 Abs. 1 S. 2, Abs. 2 S. 2, Abs. 3 S. 4, Abs. 4 S. 2, Abs. 5; Art. 40 Abs. 3 S. 2; Art. 43 Abs. 1 S. 2, Abs. 2 S. 2, Abs. 4; Art. 48 Abs. 1 S. 2, Abs. 2; Art. 50 Abs. 3; Art. 54 Abs. 1 S. 2; Art. 55 Abs. 1; Art. 56 S. 3; Art. 59 Abs. 2; Art. 67 Abs. 1 S. 1, Abs. 2 S. 2.

zungssitz und Hauptverwaltung der SE entsprechend Art. 7 innerhalb ihres Hoheitsgebietes liegen bzw. die SE widrigenfalls liquidiert wird (s. § 52 SEAG iVm § 262 Abs. 1 Nr. 5 AktG; zur Unionsrechtskonformität dieser Regelung → Art. 64 Rn. 3).

4. Regelungslücke in der SE-VO. Ferner kann die Generalverweisung nur eingreifen, sofern die SE-VO eine Frage nicht abschließend regelt, also lückenhaft ist. Das Vorliegen einer Lücke ist **durch Auslegung** zu ermitteln, und zwar nach den für die autonome Auslegung (sekundären) EU-Rechts geltenden Regeln, auf die an dieser Stelle nicht näher einzugehen ist.[28] Im Prinzip gilt aber auch hier der bekannte vierstufige Kanon aus Wortlaut, systematischer Stellung, historischem Hintergrund und Normzweck. Der **Wortlaut** einer Norm bildet in jedem Falle den Ausgangspunkt, ohne freilich eine zwingende Grenze für ein – zweckgeleitetes – Auslegungsergebnis darzustellen.[29] Ein Sonderproblem stellt bei Normtexten europäischer Provenienz die Wortlautauslegung bei **divergierenden Textfassungen** des Sekundärrechts dar. Hier stellt sich die Frage, wie Abweichungen zwischen den einzelnen, prinzipiell gleichrangigen (amts-)sprachlichen Varianten zu bereinigen sind und welches Gericht hierfür zuständig ist.[30] – Was die **systematische** Auslegungsmethode betrifft, so ist zu berücksichtigen, dass sich die insofern gebotenen Erwägungen, abgesehen vom Primärrecht,[31] auf die SE-VO als solche zu beschränken haben, sich insbesondere also nicht auf (anderes) gesellschaftsrechtliches Sekundärrecht stützen können; denn die SE-VO zielt, ihrer Anlage gemäß, nicht auf die Harmonisierung der mitgliedstaatlichen (SE-Aktien-)Rechte, soweit sie nicht ausdrücklich durch Verpflichtungsnormen (→ Rn. 9) oder mittelbare Verweisungen auf Richtlinienrecht rekurriert.[32] – Die Bedeutung der **historischen** Auslegungsmethode tritt im Vergleich zum nationalen Recht zurück, da Materialien zur Entstehungsgeschichte des Sekundärrechts bekanntlich nicht veröffentlicht werden und deshalb die „Motive" des Normgebers in der Regel lediglich in Gestalt der Erwägungsgründe zugänglich sind.[33] Zwar existieren wegen der Jahrzehnte währenden Entwicklungszeit der SE-VO einige – gut dokumentierte – Vorentwürfe,[34] gegen deren Heranziehung keine prinzipiellen Einwände bestehen.[35] Doch weichen sie inhaltlich stark voneinander bzw. von der Endfassung ab, sodass die Überlegungen zu früheren Texten häufig nicht verwertbar sind.[36] – Auch für die Auslegung europäischen Sekundärrechts kommt schließlich dem **Normzweck** besonderes Gewicht zu; die Erwägungsgründe stellen insofern eine wichtige Hilfe bei seiner Ermittlung dar.[37] Auch der EuGH hat in vielen Entscheidungen die Bedeutung der teleologi-

---

[28] Vgl. aus der Rspr. nur EuGH Slg. 1960, 1163 (1194); Slg. 1976, 153 (160); Slg. 1976, 1639 (1665); Slg. 1978, 611 (619); Slg. 1979, 2693 (2701); aus dem Schrifttum Kalss/Hügel/*Kalss/Greda* AT Rn. 32; *Bleckmann* EuropaR Rn. 537 ff.; *Schwarz* Rn. 86 ff.; *Habersack/Verse* EuropGesR § 1 Rn. 3 ff.; *Everling* FS Lutter, 2000, 31 ff.; *Henninger*, Europäisches Privatrecht und Methode, 2009, 278; *Hommelhoff* in Schulze, Auslegung europäischen Privatrechts und angeglichenen Rechts, 1999, 29 ff.; *Anweiler*, Die Auslegungsmethoden des Gerichtshofs der Europäischen Gemeinschaften, 1997, 25 ff.; *Höpfner/Rüthers* AcP 209 (2009), 1 (18); Kölner Komm AktG/*Veil* Rn. 80 ff.; krit. Habersack/Drinhausen/*Schürnbrand* Rn. 11.

[29] Vgl. EuGH Slg. 1960, 1163 (1194); Slg. 1978, 611 (619); speziell in Bezug auf die SE-VO auch *Casper* FS Ulmer, 2003, 54 f.; *Teichmann* ZGR 2002, 383 (404 f.).

[30] Dazu EuGH Slg. 1982, 3415 (3430); *Anweiler*, Die Auslegungsmethoden des Gerichtshofs der Europäischen Gemeinschaften, 1997, 146 ff.; *Schäfer* ZGR 2003, 147 (158 ff.) in Bezug auf Art. 2 Kapital-RL 1977.

[31] Vgl. zum Verhältnis zwischen Sekundär- und Primärrecht nur die Hinweise bei *Schäfer* NZG 2004, 785 (787 f.) in Bezug auf Niederlassungsfreiheit und SE-VO. Zu pauschal wäre die These, das primäre Recht (in seiner Ausformung durch den EuGH) setze sich stets gegen kollidierendes Richtlinienrecht durch, so aber tendenziell *Grundmann/Riesenhuber* JuS 2001, 529 (532); dem folgend auch *Teichmann* ZGR 2002, 383 (404). Eingehend zum Ganzen *Schön* RabelsZ 64 (2000), 1 ff.; *Schön* FS Lutter, 2000, 685 ff.

[32] Zutr. *Casper* FS Ulmer, 2003, 51 (55).

[33] S. nur EuGH Slg. 1976, 153 (160); Slg. 1979, 2693 (2701); *Anweiler*, Die Auslegungsmethoden des Gerichtshofs der Europäischen Gemeinschaften, 1997, 252 ff.; *Grundmann/Riesenhuber* JuS 2001, 529 (530 f.).

[34] Vgl. insbes. den Kommissionsvorschlag, ABl. 1989 C 263; eingehend zur Entwicklungsgeschichte *Heinze* ZGR 2002, 66 ff.; *Blanquet* ZGR 2002, 20 ff.

[35] *Teichmann* ZGR 2002, 383 (404); *Casper* FS Ulmer, 2003, 51 (56).

[36] So mit Recht *Teichmann* ZGR 2002, 383 (404).

[37] Vgl. *Riesenhuber* Europäische Methodenlehre § 11 Rn. 40 mwN; s. ferner BeckOGK/*Casper* Rn. 17: „Grenzbereich zwischen historischer und teleologischer Auslegung"; ebenso in Bezug auf das Verhältnis zwischen Art. 7 Abs. 1 lit. a MAR sowie Erwägungsgrund 28 MAR *Klöhn* WM 2016, 1665

schen Methode betont,[38] wenngleich er häufig nicht hinreichend exakt trennt zwischen dem Telos einer konkreten (Richtlinien-)Bestimmung und den allgemeinen unionsrechtlichen Zielen (etwa der Schaffung eines Binnenmarktes etc) und deren effektiver Verwirklichung (sog. effet utile).[39] Bei einigen neueren Entscheidungen, insbesondere zur Niederlassungsfreiheit von Briefkastengesellschaften,[40] mag zudem bezweifelt werden, ob sie noch als Ausdruck einer teleologischen Interpretation gelten können, weil der Zweck der Niederlassungsfreiheit nach Art. 49, 54 AEUV nicht (erkennbar) reflektiert wurde.

In der Lit. wird aus der Generalverweisung des Abs. 1 lit. c auf das nationale Recht der Schluss gezogen, dass eine **Lückenhaftigkeit der SE-VO nur ausnahmsweise** angenommen werden kann,[41] da im Zweifel das nationale Recht zur Ausfüllung einer unvollständigen Regelung aufgerufen ist. Das ist zwar, für sich gesehen, zutreffend, besagt aber letztlich doch nur, dass die SE-VO lediglich in einem Bereich lückenhaft sein kann, den sie überhaupt regelt, sodass der Aussage nicht etwa die Qualität einer materiellen Beweisregel[42] zukommt; vielmehr gelten auch insofern die allgemeinen Auslegungsgrundsätze (→ Rn. 10). Eine Lückenfüllung auf der Ebene der SE-VO ist also nicht per se ausgeschlossen (näher → Rn. 12). 11

5. Keine Lückenfüllung durch Analogieschluss. Nicht klar aus der SE-VO ersichtlich ist, ob der Generalverweisung des Art. 9 auf das nationale Recht durch einen Analogieschluss innerhalb des europäischen Sekundärrechts, sei es in Gestalt einer vergleichbaren Rechtsnorm, sei es in Gestalt allgemeiner Rechtsprinzipien,[43] der Boden entzogen werden kann. Dies könnte in Hinblick auf Art. 9 Abs. 1 lit. c zu verneinen sein, sofern diese Bestimmung als **Analogieverbot** mit der Folge zu verstehen wäre, dass allein das jeweilige nationale Recht für die Lückenfüllung zuständig wäre.[44] In der Tat steht die Vorschrift richtigerweise der Gewinnung allgemeiner (europäischer) Rechtsprinzipien in Bezug auf die SE entgegen, und zwar sowohl aus einem Vergleich der einzelnen nationalen Rechtsordnungen wie auch aus dem europäischen Sekundärrecht selbst; denn die Angleichung der nationalen (Aktien-)Rechte gehört gerade nicht zu den Zielen der SE-VO.[45] Auch die verschiedenen ausdrücklichen Verweise auf das Sekundärrecht, etwa in Art. 17 f. auf die frühere RL 2005/56/EG (heute Teil der GesR-RL), sprechen gegen eine **allgemeine** Zulässigkeit von Analogieschlüssen zu sekundärrechtlichen Normen. Soweit hingegen die VO aber einen Bereich insgesamt oder hinsichtlich bestimmter Aspekte abschließend regelt, hierbei jedoch eine planwidrige Lücke zutage tritt, lässt sich diese durch **analoge Anwendung einer (konkreten) anderen Norm der SE-VO** schließen, sofern diese einen vergleichbaren Sachverhalt regelt.[46] Gegen die Planwidrigkeit einer Lücke spricht allerdings insbesondere das Vorliegen einer Verweisung mit Auffangcharakter, wie in den Fällen der Art. 5, 15 Abs. 1. 12

(1667 f.) mwN zur Rspr des EuGH; eingehend zur Funktion der Erwägungsgründe auch *Harter/Voß* BB 2017, 1667 (1670) Fn. 32.

[38] Vgl. die Darstellung bei *Anweiler*, Die Auslegungsmethoden des Gerichtshofs der Europäischen Gemeinschaften, 1997, 219 ff.

[39] Dazu nur *Teichmann* ZGR 2002, 383 (405 f.); *Casper* FS Ulmer, 2003, 51 (55).

[40] Vor allem EuGH NJW 2003, 3331 – Inspire Art.

[41] So etwa *Wagner* NZG 2002, 985 (989); *Brandt/Scheifele* DStR 2002, 547 (552); *Jaeger*, Die Europäische Aktiengesellschaft, 1994, 24.

[42] Dazu *Larenz/Wolf* BGB AT, 9. Aufl. 2004, 538 f.

[43] Zu dieser Unterscheidung s. nur *Langenbucher* JbJZivWiss 1999, 65 (77); als Bsp. für die analoge Anwendung einer Rechtsnorm s. nur EuGH Slg. 1985, 3997. Allg. zu Rechtsgrundsätzen der supranationalen Gesellschaftsrechtsformen *Wulfers* GPR 2006, 106 ff., 108 f. Zu Grenzen der Rechtsfortbildung im Unionsrecht *Grosche*, Rechtsfortbildung im Unionsrecht, 2011, 1 ff.

[44] Vgl. *Casper* FS Ulmer, 2003, 51 (57); ferner Lutter/Hommelhoff/Teichmann/*Hommelhoff/Teichmann* Rn. 51.

[45] Zutr. *Casper* FS Ulmer, 2003, 51 (57 f.); BeckOGK/*Casper* Rn. 3, 18; *Bachmann* ZEuP 2008, 32 (54); ebenso auch Habersack/Drinhausen/*Schürnbrand* Rn. 22; aA Lutter/Hommelhoff/Teichmann/*Hommelhoff/Teichmann* Rn. 51; *Wirtz*, Die Lückenfüllung im Recht der SE und SPE, 2012, 95 ff.; *Wulfers* GPR 2006, 106 (108).

[46] So auch BeckOGK/*Casper* Rn. 10; Kölner Komm AktG/*Veil* Rn. 68; Habersack/Drinhausen/*Schürnbrand* Rn. 20; Lutter/Hommelhoff/Teichmann/*Hommelhoff/Teichmann* Rn. 51; *Schneider* S. 103, 106; *Schön* FS Hopt Bd. I, 2010, 1343 (1360).

13 Anerkennt man, wie hier, die Zulässigkeit einer Lückenfüllung im Wege des Analogieschlusses in den bezeichneten Grenzen auch für die SE-VO, besteht daneben für ein **Umgehungsverbot** weder Bedarf noch Rechtfertigung. Denn bei Umgehungssachverhalten stellt sich stets die Frage einer analogen Anwendung von (Schutz-)Vorschriften des in der VO geregelten Sachverhaltes. So führt etwa die Sachgründung einer Tochter-SE mit Übertragung des gesamten Vermögens der Mutter auf die Tochter wirtschaftlich zum gleichen Ergebnis wie eine Verschmelzung, sodass demgemäß die entsprechende Anwendung von Verschmelzungsrecht in Betracht kommt.[47]

14 **Beispiele für planwidrige Lücken** sind bislang vor allem bei der **Holdinggründung** aufgefallen:[48] Insbesondere wird die analoge Anwendung des Art. 25 Abs. 3 befürwortet, weil auch hier aus Gerechtigkeitsgründen die nachträgliche Veränderung des Umtauschverhältnisses ausgeschlossen werden können muss, sofern diese Möglichkeit nicht den Gesellschaftern sämtlicher an der Gründung beteiligten Gesellschaften offen steht (→ Art. 34 Rn. 4).[49] Diskutiert wird auch eine Analogie zu Art. 18 (näher → Art. 32 Rn. 3, → Art. 32 Rn. 12 f.),[50] etwa in Bezug auf das Mehrheitserfordernis für die Zustimmung der Hauptversammlung (→ Art. 32 Rn. 34).[51] Auch bei der **Tochtergründung** im Wege der Einzelrechtsübertragung kann man darüber nachdenken, ob die Generalverweisung in Art. 36 auf das nationale Recht einer entsprechenden Anwendung der für die Verschmelzungsgründung vorgesehenen Schutzvorschriften der SE-VO (Art. 17 ff.) zwingend entgegensteht (näher → Art. 36 Rn. 4).[52] Zur Analogie zu Art. 20 Abs. 1 beim **Formwechsel** → Art. 37 Rn. 4, → Art. 37 Rn. 10.

III. Generalverweisung auf das nationale Aktienrecht

15 **1. Rechtsnatur.** Art. 9 ist insgesamt **eine Sachnormverweisung;** insofern er nicht auf das IPR des Sitzstaates verweist, sondern unmittelbar auf das einschlägige **Sachrecht** des Mitgliedstaates (→ Rn. 2).[53] Das gilt auch, soweit – in Abs. 3 – auf „besondere Vorschriften einzelstaatlichen Rechts" verwiesen wird (→ Rn. 28). Dass auch insofern keine Gesamtnormverweisung beabsichtigt ist, welche sich auch auf die IPR-Normen erstreckte, zeigt sich nicht zuletzt darin, dass Abs. 3 unter den ergänzend anwendbaren allgemeinen Vorschriften des Mitgliedstaates diejenigen hervorhebt, die besonders für die Geschäftstätigkeit einer SE gelten. Demgegenüber liegen die **allgemeinen Vorschriften** des Mitgliedstaates von vornherein **außerhalb des sachlichen Anwendungsbereichs** der SE-VO, sodass auch der Generalverweis des Art. 9 insofern nicht eingreift (→ Rn. 4). Soweit dagegen der sachliche Anwendungsbereich der SE-VO betroffen ist, wäre eine vom Sitzstaatprinzip abweichende Bestimmung des anwendbaren allgemeinen Rechts schwerlich sinnvoll. – Die Frage nach der Rechtsqualität der Verweisung wird allerdings nicht unwesentlich dadurch entschärft, dass gem. Art. 7 S. 1 Registersitz und Hauptverwaltung der SE in demselben Mitgliedstaat liegen müssen. Folglich würden die beiden konkurrierenden Normen des Internationalen Gesellschaftsrechts – Sitz- bzw. Gründungstheorie – ebenfalls jeweils auf

---

[47] Näher *Casper* FS Ulmer, 2003, 51 (62 ff.).
[48] Kalss/Hügel/*Kalss/Greda* AT Rn. 21; näher dazu *Casper* FS Ulmer, 2003, 51 (60 ff.).
[49] *Teichmann* ZGR 2002, 383 (437); zust. *Casper* FS Ulmer, 2003, 51 (60).
[50] Dafür *Teichmann* ZGR 2002, 383 (437); dagegen *Casper* FS Ulmer, 2003, 51 (61).
[51] Dazu hier nur *Teichmann* ZGR 2002, 383 (434 f.).
[52] Für analoge Anwendung *Casper* FS Ulmer, 2003, 51 (63).
[53] Vgl. *Casper* FS Ulmer, 2003, 51 (65); BeckOGK/*Casper* Rn. 6; Habersack/Drinhausen/*Schürnbrand* Rn. 34; Kölner Komm AktG/*Veil* Rn. 71; Kalss/Hügel/*Kalss/Greda* AT Rn. 22; *Lächler/Oplustil* NZG 2005, 381 (383 f.); *J. Schmidt,* „Deutsche" vs. „Britische" SE, 2006, 71 f.; iErg auch *Schwarz* Europäisches Gesellschaftsrecht Rn. 960; *Schwarz* Art. 9 Rn. 25 zu Art. 9 Abs. 1 lit. c; *Wagner* NZG 2002, 985 (987): keine Gesamtnormverweisung; *Neun* in Theisen/Wenz SE 70 f.; MüKoBGB/*Kindler* IntGesR Rn. 70, 73; ebenso *Brandt/Scheifele* DStR 2002, 547 (548 ff.), die deshalb für eine restriktive Auslegung des Art. 9 sprechen; so auch noch *Teichmann* ZGR 2002, 383 (396), anders jetzt *Teichmann,* Binnenmarktkonformes Gesellschaftsrecht, 2006, 295 ff. Ob man Art. 9 gleichwohl auch eine „international-privatrechtliche Funktion" zuerkennen will (so etwa *Wagner* NZG 2002, 985 (987) und *Schwarz* Europäisches Gesellschaftsrecht Rn. 960), ist letztlich Geschmackssache.

dasselbe, nämlich am Sitz der Gesellschaft geltende nationale Gesellschaftsrecht verweisen (→ Art. 7 Rn. 1).

Mit Rücksicht auf Erwägungsgrund 15, der die Vorschriften des IPR erwähnt, wird **16** zwar gelegentlich für das **Konzernrecht,** genauer für das auf die abhängige SE anwendbare Recht, eine Sonderstellung insofern behauptet, als Art. 9 hier die Funktion einer Gesamtnormverweisung wahrnehmen soll.[54] Indes ist schon aus systematischen Gründen an der **einheitlichen** Funktion des Art. 9 als **Sachnormverweisung** festzuhalten.[55] Die einheitliche Funktion bliebe freilich auch dann gewahrt, wenn man das Konzernrecht von vornherein außerhalb des sachlichen Anwendungsbereichs der SE-VO positioniert (→ Rn. 4) und deshalb einem „kollisionsrechtlichen Ansatz" den Vorzug gibt.[56] Das könnte insbesondere mit Blick auf die SE als herrschendes Unternehmen geboten sein, weil sich die Anwendbarkeit der Schutzregeln zugunsten von Gläubigern und Minderheit bei Anwendung der Sachnormverweisung Art. 9 Abs. 1 lit. c Ziff. ii nach dem Konzernrecht am Sitz der (herrschenden) SE zu richten scheint, was zu unangemessenen Ergebnissen führte.[57] Erwägungsgrund 15 ist andererseits ambivalent; er lässt sich auch im Sinne einer Feststellung verstehen, dass die von Art. 9 Abs. 1 lit. c Ziff. ii vorgenommene Verweisung auf das Aktienrecht des Sitzstaates im Ergebnis mit dem internationalen Privatrecht übereinstimmt. Und für diese einheitliche Interpretation des Art. 9 mag auch der – freilich schwer verständliche – Erwägungsgrund 17 sprechen, der unmittelbar auf das Aktienrecht des Sitzstaates verweist.[58] Bedeutung hat die Problematik allerdings nur in Bezug auf die Befugnis der Mitgliedstaaten, ihr internationales Konzernrecht in einer von Erwägungsgrund 17 abweichenden Weise zu kodifizieren.[59] Sie wäre nämlich ausgeschlossen, wenn die sachrechtliche Verweisung des Art. 9 auch das Konzernrecht umfasste. Für die deutsche SE verweist das (deutsche) internationale Gesellschaftsrecht derzeit jedoch ohnehin auf das für die abhängige AG geltende Recht, mithin auf das AktG,[60] sodass die Frage hier dahinstehen mag. – Näher zum Konzernrecht der SE unter → Art. 9 Anh.

2. Inhalt der Verweisung. Soweit die Generalverweisung des Art. 9 Abs. 1 lit. c Ziff. ii **17** auf das nationale (Aktien-)Recht nach dem Vorstehenden (→ Rn. 4 ff.) greift, insbesondere also weder die SE-VO noch das nationale Ausführungsgesetz eine Regelung treffen (zur Normhierarchie näher → Rn. 20 ff.), fragt sich, ob für die *Anwendung* des nationalen Aktienrechts Besonderheiten gelten, sei es in Hinblick auf dessen nicht kodifizierte Teile, sei es in Bezug auf die für seine Auslegung geltenden Grundsätze. Festzuhalten ist zunächst, dass die Verweisung auch die **Einbeziehung ungeschriebener Rechtsgrundsätze und des Richterrechts** erfasst. Zwar spricht lit. c Ziff. ii lediglich von „Rechtsvorschriften", doch folgt hieraus schon deshalb keine Beschränkung auf das geschriebene Recht, weil allein die nationalen Gerichte für die Auslegung und also auch für die Fortbildung des nationalen Aktienrechts zuständig sind, zumal sich zwischen beidem weder eine klare Grenze ziehen lässt noch solche Staaten benachteiligt werden sollen, in denen das geschriebene Recht

---

[54] Kölner Komm AktG/*Veil* Rn. 22; *Brandi* NZG 2003, 889 (890); Lutter/Hommelhoff/Teichmann/ *Hommelhoff/Teichmann* Rn. 23; 28 ff.; *Teichmann,* Binnenmarktkonformes Gesellschaftsrecht, 2006, 293 ff.; *Lächler/Oplustil* NZG 2005, 381 (386); *Maul* in Theisen/Wenz SE 466 f. (anders wohl für den Vertragskonzern, 493 f.); *Maul* in Lutter/Hommelhoff EU-Gesellschaft 249 ff.; demgegenüber geht *Maul,* Die faktisch abhängige SE, 1998, 21 f. anscheinend von einer unmittelbaren Verweisung durch Art. 9 Abs. 1 lit. c Ziff. ii auf das Aktienrecht des Sitzstaates aus; unentschieden *Ebert* BB 2003, 1854 (1858 f.).
[55] Zust. *Schwarz* Rn. 26; BeckOGK/*Casper* Rn. 7; ebenso auch Habersack/Drinhausen/*Schürnbrand* Rn. 35 f.; *Engert* ZVglRWiss 104 (2005), 448 f.; unentschieden LG München I ZIP 2011, 1511 (1512).
[56] Dafür *Jaecks/Schönborn* RIW 2003, 254 (256 f.); *Casper* FS Ulmer, 2003, 51 (67); BeckOGK/*Casper* Rn. 7, 12; *Habersack* ZGR 2003, 724 f.; allg. auch *Brandt/Scheifele* DStR 2002, 547 (548 ff.); offenlassend *Veil* WM 2003, 2169 (2172) m. Rn. 39; aA *Hommelhoff* AG 2003, 179 (180).
[57] So *Jaecks/Schönborn* RIW 2003, 254 (256); zust. *Habersack* ZGR 2003, 727 f.; s. auch Kölner Komm AktG/*Veil* Rn. 23 ff.
[58] Allerdings handelt es sich hierbei vermutlich um ein Redaktionsversehen, s. *Teichmann* ZGR 2002, 383 (445).
[59] Vgl. *Ebert* BB 2003, 1854 (1858).
[60] Vgl. nur MüKoBGB/*Kindler* IntGesR Rn. 549; *Veil* WM 2003, 2169 (2172).

traditionell hinter das gesprochene zurücktritt. Art. 15 Abs. 1 verdeutlicht diesen umfassenden Inhalt der Verweisung auf „das für Aktiengesellschaften geltende Recht" im Übrigen besser als die parallele Formulierung in lit. c Ziff. ii, ohne dass insofern eine – nicht nachvollziehbare – Abweichung beabsichtigt wäre.[61] – Zur Abgrenzung der Regelung des Abs. 1 lit. c Ziff. ii von Art. 10 vgl. → Rn. 1 aE; → Art. 10 Rn. 1 ff.; dazu, dass der Verweis **nur das Sachrecht** des Sitzstaates betrifft, nicht auch dessen IPR, vgl. → Rn. 2 f.

18   **3. Zur Auslegung des verwiesenen Rechts.** Auch für die **Auslegung des nationalen Rechts,** soweit es durch die Generalverweisung – bzw. eine Spezialverweisung – in Bezug genommen wird, gelten allein die allgemeinen Regeln des jeweiligen nationalen Rechts. Ein Gebot „europafreundlicher Auslegung" des nationalen Aktienrechts, das auf ein möglichst einheitliches Erscheinungsbild der SE in Europa zielt, ist nicht anzuerkennen.[62] Ein solches Gebot führte zu einer nicht tolerablen gespaltenen Auslegung des nationalen Aktienrechts, je nachdem, ob eine SE oder eine AG beteiligt ist, und widerspräche zudem der Grundkonzeption der SE-VO, die bewusst auf eine nur begrenzte Einheitlichkeit des auf die SE anwendbaren Rechts gerichtet ist.

19   Entsprechendes gilt aber auch für die **Auslegung der Satzung.** Man könnte zwar geneigt sein, aus der etwas irreführenden zweifachen Erwähnung der Satzung sowohl in Abs. 1 lit. b als auch in Abs. 1 lit. c Ziff. iii den (Fehl-)Schluss zu ziehen, dass die Satzung, soweit sie von der SE selbst geregelte Themen behandelt, nach einem besonderen europäischen Auslegungskanon zu behandeln sei und die mitgliedstaatlichen Auslegungsgrundsätze nur insofern anzuwenden seien, als die Satzung Themen behandelt, die im Bereich des nationalen Rechts liegen. Doch steht dem schon Art. 3 Abs. 1 entgegen, demzufolge die SE als AG des Sitzmitgliedstaates gilt. Schon daraus ergibt sich hinreichend deutlich, dass die Satzung nach dem Recht des jeweiligen Sitzstaates auszulegen ist. Die Generalverweisung des lit. c Ziff. iii bestätigt dies, zumal die SE-VO zu diesem Thema schweigt.[63] Hinzu kommt, dass auf europäischer Ebene ohnehin keine Grundsätze zur Auslegung von Satzungen supranationaler Rechtsformen erkennbar sind. Nimmt man wiederum die Unzweckmäßigkeit einer gespaltenen Auslegung der Satzung hinzu (→ Rn. 18), so ergibt sich eindeutig, dass sich die Auslegung der SE-Satzung ausschließlich nach den auch sonst für die Auslegung einer AG-Satzung geltenden Grundsätzen richtet (näher → AktG § 23 Rn. 48 ff.). – Zur Einordnung der Satzung in die Normhierarchie des Abs. 1 → Rn. 20 f.

IV. Hierarchie der Rechtsquellen (noch Abs. 1)

20   **1. Vierstufigkeit der Rechtsquellen.** Art. 9 Abs. 1 ordnet das auf die SE anwendbare Recht wie folgt: **Ranghöchste** Rechtsquelle ist die **SE-VO** selbst. Das ist konsequent; denn die VO konstituiert die Rechtsform der SE und unterwirft sie dadurch vorrangig ihrem Rechtsregime; Entsprechendes folgt auch aus dem Anwendungsvorrang des Unionrechts.[64] Wie Abs. 1 lit. b betont, gilt dieser nicht nur im Verhältnis zum mitgliedstaatlichen Ausführungsgesetz bzw. Aktienrecht. Vielmehr setzt sich die VO auch gegen kollidierende

---

[61] Ebenso Kölner Komm AktG/*Veil* Rn. 72; Lutter/Hommelhoff/Teichmann/*Hommelhoff*/*Teichmann* Rn. 55; *Brandt*/*Scheifele* DStR 2002, 547 (553); *Hirte* NZG 2002, 1 (2); *Casper* FS Ulmer, 2003, 51 (68); Kalss/Hügel/*Kalss*/*Greda* AT Rn. 27, 30; *Schwarz* Rn. 38; *Teichmann* ZGR 2002, 383 (397); iErg auch *J. Schmidt,* „Deutsche" vs. „Britische" SE, 2006, 72; *Hoops,* Die Mitbestimmungsvereinbarung in der Europäischen Aktiengesellschaft (SE), 2009, 120.
[62] So mit Recht *Casper* FS Ulmer, 2003, 51 (69 f.); BeckOGK/*Casper* Rn. 15 mit dem zutr. Hinweis, dass hierdurch eine verordnungsfreundliche Auslegung des SEAG nicht ausgeschlossen wird; dazu auch *Bachmann* ZEuP 2008, 32 (43). – Kölner Komm AktG/*Veil* Rn. 74; *Wulfers* GPR 2006, 106 (110); aA etwa *Bachmann* ZEuP 2008, 32 (44); *Lächler*/*Oplustil* NZG 2005, 381 (385); *J. Schmidt,* „Deutsche" vs. „Britische" SE, 2006, 82; *Schwarz* Einl. Rn. 155 ff.; Habersack/Drinhausen/*Schürnbrand* Rn. 44; *Gössl,* Die Satzung der SE mit Sitz in Deutschland, 2010, 63.
[63] So auch *Casper* FS Ulmer, 2003, 51 (69 f.); aA *Gössl,* Die Satzung der SE mit Sitz in Deutschland, 2010, 63.
[64] Habersack/Drinhausen/*Schürnbrand* Rn. 10; zum Anwendungsvorrang des Unionsrechts grdl. EuGH Slg. 1964, 1251 = NJW 1964, 2371 – Costa/ENEL; seither stRspr.

Bestimmungen der Satzung durch. Art. 9 schließt sich damit dem auch in § 23 Abs. 5 AktG verankerten Prinzip der Satzungsstrenge an (→ Rn. 25) und verschärft es sogar noch im Verhältnis zum deutschen Aktienrecht (→ Rn. 2). Da Abs. 1 lit. c Ziff. iii es im Übrigen für das Verhältnis zwischen Satzung und nationalem Aktienrecht konsequentermaßen in Bezug auf die SE bei dem auch sonst geltenden Rangverhältnis belässt, nimmt die Satzung bei der deutschen SE die unterste Stufe ein: Sie gilt nur insoweit, als sie weder der VO noch dem nationalen Aktienrecht widerspricht, noch eine nicht zugelassene Ergänzung enthält (→ Rn. 19). Zwischen der SE-VO auf der einen, der Satzung auf der anderen Seite findet sich zunächst das gem. lit. c Ziff. i ranghöhere nationale Ausführungsgesetz, also das SEAG, gefolgt vom Aktienrecht in seiner geschriebenen (AktG) und ungeschriebenen Gestalt (→ Rn. 17). Damit ergeben sich also **vier Ebenen:** VO – SEAG – AktG – Satzung.[65] Diese Reihung gilt im Übrigen **auch** dann, wenn sich die Verweisung auf das nationale Aktienrecht nicht aus Art. 9 lit. c Ziff. ii, sondern aus einer **Spezialverweisung** (→ Rn. 6 ff.) ergibt. – Zur Bedeutung des § 1 SEAG vgl. → Rn. 22 ff.

Abweichend von der hier vorgestellten vierstufigen Normhierarchie wird zwar gelegentlich gesagt, dass auch der **Satzung Vorrang** vor dem nationalen Recht zukomme, soweit sie zulässigerweise von der VO abweiche.[66] Auf diese Weise würden die Normebenen vermehrt und die Satzung zugleich verschiedenen Stufen zugeordnet. Indes ist eine solche – eher zur Verwirrung als zur Systematisierung beitragende – Stufenbildung weder nützlich noch erforderlich. Denn bei Lichte besehen beruht der behauptete Vorrang der Satzung gegenüber dem nationalen Recht allein auf dem Primat der VO.[67] Sofern diese nämlich ein Thema behandelt, geht die Regelung dem nationalen Recht vor (lit. a), und soweit sie hierbei (ausdrücklich) Satzungsautonomie gewährt, vermag das nationale Recht diese folglich nicht zu beseitigen. Aus ähnlichem Grunde erscheint überdies die Erweiterung der Stufenfolge um die **Unterscheidung zwischen dispositivem und zwingendem Recht**[68] für die hierarchische Ordnung der Rechtsquellen wenig hilfreich; denn ein und dieselbe Frage kann nicht gleichzeitig Gegenstand sowohl einer dispositiven als auch einer zwingenden Norm sein, sodass sich die Vorrangproblematik innerhalb derselben Stufe (SE-VO; SEAG; AktG usw) nicht stellt.[69] Zugleich ist nach dem zuvor Gesagten eindeutig, dass die SE-VO, solange sie nur eine Frage überhaupt regelt, auch dann Vorrang vor dem zwingenden nationalen Recht hat, wenn sie dem Satzungsgeber die Möglichkeit zur Abweichung einräumt, also eine nur dispositive Regelung trifft. Zur Auflösung von Normkollisionen ist daher eine vierstufige Hierarchie der Rechtsquellen ausreichend.[70] Auch insoweit besteht mithin ein Gebot der **einheitlichen Behandlung der Satzung,** nicht allein in Bezug auf die Auslegung (→ Rn. 19).

2. Deklaratorische Bedeutung des § 1 SEAG. Die dem Vorbild des § 1 EWIVAG folgende Vorschrift über das auf die deutsche SE anwendbare Recht regelt nur einen Teilbereich der in → Rn. 20 f. behandelten Kollisionsproblematik, nämlich das **Verhältnis zwischen SEAG und VO,** und beschränkt sich insofern darauf, den Primat der VO zu bestätigen. Da sich dieser indes schon zwingend aus Art. 9 Abs. 1 lit. a ergibt, kommt der Vorschrift lediglich deklaratorische Bedeutung zu. Der DAV-Handelsrechtsausschuss hatte sie deshalb nicht zu Unrecht einerseits als überflüssig, andererseits als unvollständig kritisiert, weil das

---

[65] Ähnlich schon *Casper* FS Ulmer, 2003, 51 (53), der von der Satzung als von der „primären" Rechtsquelle spricht, damit aber nicht etwa deren oberste Geltungsstufe andeuten möchte; deutlicher (wie hier) jetzt BeckOGK/*Casper* Rn. 5; Kölner Komm AktG/*Veil* Rn. 2.
[66] So etwa *Forst,* Die Beteiligungsvereinbarung nach § 21 SEBG, 2010, 39 f.; *Göz* ZGR 2008, 593 (594 f.); *Kübler* ZHR 167 (2003), 222 (224 f.); *Wagner* NZG 2002, 985 (986); s. auch *Raiser* FS Semler, 1993, 277 (283) zum SE-VO-Vorschlag 1991.
[67] Zust. Habersack/Drinhausen/*Schürnbrand* Rn. 48 f.; BeckOGK/*Casper* Rn. 5; Kölner Komm AktG/ *Veil* Rn. 51.
[68] *Wagner* NZG 2002, 985 (985) gelangt so zu insgesamt sechs Stufen, die Satzung nicht mitgerechnet; für fünf Stufen Lutter/Hommelhoff/Teichmann/*Lutter* Einl. Rn. 30; ihm folgend *Göz* ZGR 2008, 593 (594).
[69] Zust. Kölner Komm AktG/*Veil* Rn. 47.
[70] Zust. BeckOGK/*Casper* Rn. 5 Fn. 31.

SE-VO Art. 9 23–26   Verordnung (EG) Nr. 2157/2001

Verhältnis zum AktG nicht thematisiert werde.[71] Diese Kritik hat den Gesetzgeber offenbar nicht beeindruckt.

23 Einer anderen Empfehlung folgend, hat der Gesetzgeber aber klargestellt, dass auch an der **SE-Gründung beteiligte Gesellschaften mit Sitz im Inland** dem SAEG unterfallen. Auslandsgesellschaften werden also selbst dann nicht erfasst, wenn sie sich an der Gründung einer deutschen SE beteiligen. Offen ist allerdings, welche Gründungsgesellschaft als Inlandsgesellschaft iSv § 1 SEAG anzusehen ist. Auch die VO behandelt diese Frage nicht (vgl. Art. 15), sondern überlässt es grundsätzlich den Mitgliedstaaten (etwa in Art. 21, 24 Abs. 1, 2, Art. 25) zu bestimmen, auf welche Gründungsgesellschaften sie ihr SE-Recht zur Anwendung bringen wollen.[72] Zwar wird unter Berufung auf § 5 Abs. 1 AktG behauptet, dass bei der Gründung einer deutschen SE allein deren **Satzungssitz** entscheide, sodass im Ausland gegründete Gesellschaften auch dann nicht dem SEAG unterfielen, wenn sie den Verwaltungssitz im Inland unterhielten.[73]

24 Doch ist dem nicht zu folgen. Wortlaut und Gesetzesbegründung verhalten sich nicht zu dieser Frage, und § 5 Abs. 1 AktG vermag naturgemäß keine Auskunft über die Anwendbarkeit des deutschen SE-Rechts zu geben. Richtigerweise bleibt es daher den allgemeinen Regeln des **(deutschen) internationalen Gesellschaftsrechts** überlassen, die Anwendbarkeit des SEAG auf Gründungsgesellschaften mit Inlandsbezug zu bestimmen. § 1 SEAG verweist mit dem Begriff des Sitzes somit auf die einschlägige Kollisionsnorm, sodass es auch für die Anwendbarkeit des SEAG auf den bekannten Streit um die Sitz- oder Gründungstheorie bzw. eine neue, mit Blick auf die „Überseering"-Entscheidung des EuGH zu formulierende Kollisionsnorm ankommt.[74] Sie befindet bei einer Divergenz zwischen Satzungs- und Verwaltungssitz einer Gründungsgesellschaft darüber, welcher der Sitze den Ausschlag gibt (→ Art. 7 Rn. 1 ff.). Für die SE selbst ist diese Frage wegen Art. 7 S. 1 im Übrigen obsolet.

25 **3. Satzungsstrenge gem. Abs. 1 lit. b.** Was die **Satzungsautonomie** betrifft, so übernimmt **Art. 9 Abs. 1 lit. b** zunächst das Modell der **Satzungsstrenge,** wie es in Deutschland in § 23 Abs. 5 AktG seinen Ausdruck gefunden hat, das aber keineswegs in allen Mitgliedstaaten zum Rechtsbestand gehört.[75] Damit kommt den Normen der SE-VO grundsätzlich **zwingende Geltung** zu:[76] Die Satzung kann nichts anderes bestimmen, es sei denn die VO gestattet dies ausdrücklich, also im Sinne einer klaren positiven Aussage (→ AktG § 23 Rn. 161). Möglicherweise geht diese Regelung sogar noch über die Satzungsstrenge deutscher Prägung hinaus, weil lit. b im Gegensatz zu § 23 Abs. 5 S. 2 AktG keinen ausdrücklichen Vorbehalt zugunsten der Satzung **ergänzender** Bestimmungen enthält (→ Rn. 20).[77] Nach **Abs. 1 lit. c Ziff. iii** iVm § 23 Abs. 5 AktG gilt für die deutsche SE Satzungsstrenge aber auch im Verhältnis zum Ausführungsgesetz (→ Rn. 26),[78] sowie unmittelbar auf Grund von § 23 Abs. 5 AktG im Verhältnis zum nationalen AktG, jeweils soweit diese gem. lit. c Ziff. i und lit. c Ziff. ii ergänzend anwendbar sind. Die Satzung ist damit zum einen die naturgemäß speziellste und in diesem Sinne primäre Rechtsquelle der SE, zum anderen steht sie in der Normhierarchie an letzter Stelle, da im Falle einer Kollision sämtliche gesetzlichen Rechtsquellen Vorrang beanspruchen, was zur Unwirksamkeit widersprechenden Satzungsrechts führt.

26 Nach dem vorstehend Ausgeführten (→ Rn. 20 ff.) steht bereits fest, dass die Satzung einer deutschen SE nur insoweit Geltung beanspruchen kann, als sie weder der SE-VO (Abs. 1 lit. b) noch § 23 Abs. 5 AktG widerspricht, dessen Anwendbarkeit sich aus Abs. 1

---

[71] DAV-Handelsrechtsausschuss zu § 1 DiskE SEAG, NZG 2004, 75 f.
[72] Insoweit übereinstimmend auch *Ihrig/Wagner* BB 2004, 1749 (1751) m. Fn. 17.
[73] So *Ihrig/Wagner* BB 2004, 1749 (1751).
[74] Dafür *Schäfer* NZG 2004, 785 (787 f.) mzN.
[75] Vgl. Lutter/Wiedemann/*Wymeersch* ZGR-Sonderheft Nr. 13, 152 ff.
[76] Krit. insofern *Lutter* BB 2002, 1 (4); *Hommelhoff* FS Ulmer, 2003, 267 (272 ff.).
[77] In diesem Sinne *Hommelhoff* FS Ulmer, 2003, 267 (272).
[78] Der Verweis auf das AktG in lit. c Ziff. ii sichert als solcher noch nicht die Geltung der Satzungsstrenge im Verhältnis zum SEAG.

lit. c Ziff. iii ergibt. An dieser Stelle ist daher nurmehr der Umfang der Satzungsstrenge zu bestimmen. Für diejenigen Regelungsgegenstände der SE-Satzung, die sich nach deutschem Aktien- bzw. SE-Ausführungsrecht bestimmen, gilt gem. § 23 Abs. 5 S. 2 AktG, dass die Satzung **ergänzende Bestimmungen** enthalten darf, soweit das AktG keine abschließende Regelung trifft (→ AktG § 23 Rn. 165 ff.). Demgegenüber verlangt Abs. 1 lit. b einheitlich, dass jedwede Abweichung von Bestimmungen der VO „ausdrücklich" zugelassen wird.[79] Man mag daher fragen, ob diese Bestimmung speziell für Ergänzungen praeter legem nach dem Vorbild des § 23 Abs. 5 S. 2 AktG zu vervollständigen ist.[80] Dies ist mit *Casper* de lege lata zu verneinen.[81] Soweit nämlich die VO eine Frage – bewusst – nicht abschließend regelt, greift die Generalverweisung. Satzungsfreiheit wird insofern also nur zu den Bedingungen des nationalen Rechts gewährt und somit nur, wenn auch dieses keine abschließende Regelung trifft. Nur in diesem Falle kann die Satzung gem. § 23 Abs. 5 S. 2 AktG somit eine ergänzende Regelung treffen. – Zwar greift die Generalverweisung nicht bei unbewussten Regelungslücken, sofern diese auf unionsrechtlicher Ebene auszufüllen sind (→ Rn. 12). Doch bedeutet dies noch keine Ausfüllungsbefugnis auf Satzungsebene. Auch § 23 Abs. 5 S. 2 AktG setzt bekanntlich eine bewusste Regelungslücke voraus, sodass auch hier die Lücke vorrangig im Wege des Analogieschlusses auszufüllen ist.

V. Anforderungen der SE-VO an die Ausführungsgesetze (Abs. 2)

Abs. 2 ordnet noch einmal ausdrücklich an, dass für die SE-Ausführungsgesetze dieselben **27 Richtlinienbestimmungen** zu beachten sind, wie sie auch für Aktiengesellschaften gelten (→ Einl. Rn. 128 ff.),[82] die Mitgliedstaaten sich also bei Erlass dieser Bestimmungen insbesondere nicht in Widerspruch zur Kapital-RL (ursprünglich RL 77/91/EWG, danach RL 2012/30/EU, jetzt GesR-RL), zur Fusions-RL (RL 2009/133/EG) und zur Spaltungs-RL (ursprünglich RL 78/855/EWG, danach RL 2011/35/EG, jetzt GesR-RL; auch die RL 82/891/EWG wurde durch die GesR-RL aufgehoben und ersetzt) setzen dürfen. Im Grunde ergibt sich dies bereits aus dem Verweis auf das nationale Aktienrecht in Abs. 1 lit. c Ziff. ii und ferner aus Art. 3 Abs. 1 sowie Art. 10, woraus jeweils folgt, dass die SE wie eine nationale Aktiengesellschaft zu behandeln ist (sog. Gleichbehandlungsgebot), vgl. → Rn. 2; → Art. 3 Rn. 1; → Art. 10 Rn. 1. In Richtlinien eingeräumte Regelungsbefugnisse dürfen ohne sachlichen Grund bei der SE nicht anders ausgeübt werden als bei der AG.[83]

VI. Besondere Vorschriften für die ausgeübte Geschäftstätigkeit (Abs. 3)

Abs. 3 stellt ausdrücklich klar, dass zum allgemeinen **Verkehrsrecht** des jeweiligen Mit- **28** gliedstaates (insbesondere Steuer-, Vertrags-, Delikts-, Kapitalmarktrecht, → Rn. 4) auch solche Bestimmungen gehören, die sich auf die Geschäftstätigkeit der SE beziehen. Das ist indes eine Selbstverständlichkeit, weil solche tätigkeitsbezogenen Vorschriften sich neutral zur Rechtsform verhalten und damit die Niederlassungsfreiheit der SE von vornherein nicht berühren.

Anhang

Konzernrecht der Europäischen Aktiengesellschaft

Schrifttum: *Altmeppen*, Der Prüfungsausschuss – Arbeitsteilung im Aufsichtsrat, ZGR 2004, 390; *Altmeppen*, Zur Vermögensbindung in der faktisch abhängigen AG, ZIP 1996, 693; *Brandi*, Die Europäische Aktiengesellschaft im deutschen und internationalen Konzernrecht, NZG 2003, 889; *Cahn*, Kapitalerhaltung im Konzern, 1998; *Casper*, Der Lückenschluss im Statut der Europäischen Aktiengesellschaft, FS Ulmer, 2003, 51; *Ebert*, Das anwendbare Konzernrecht der Europäischen Aktiengesellschaft, BB 2003,

---

[79] Mit gutem Grund krit. zu dieser Strenge *Casper* ZHR 173 (2009), 181 (188 f.).
[80] Vgl. *Hommelhoff* AG 2001, 279 (287); *Casper* FS Ulmer, 2003, 51 (71).
[81] *Casper* FS Ulmer, 2003, 51 (71); BeckOGK/*Casper* Rn. 5; zust. *Göz* ZGR 2008, 593 (612).
[82] Überblick bei *Habersack/Verse* EuropGesR § 6 Rn. 1 ff.
[83] BeckOGK/*Casper* Rn. 20.

1854; *Engert,* Der international-privatrechtliche und sachrechtliche Anwendungsbereich des Rechts der Europäischen Aktiengesellschaft, ZVglRWiss 104 (2005), 444; Forum Europaeum Konzernrecht, Konzernrecht für Europa, ZGR 1998, 672; *Habersack,* Das Konzernrecht der deutschen SE, ZGR 2003, 724; *Hommelhoff,* Zum Konzernrecht in der Europäischen Aktiengesellschaft, AG 2003, 179; *Hommelhoff,* Zum revidierten Vorschlag für eine EG-Konzernrichtlinie, FS Fleck, 1988, 125; *Hommelhoff/Lächler,* Förder- und Schutzrecht für den SE-Konzern, AG 2014, 257; *Hopt,* Europäisches Konzernrecht, FS Volhard, 1996, 74; *Hopt,* Konzernrecht: Die Europäische Perspektive, ZGR 2003, 199; *Immenga,* Abhängige Unternehmen und Konzerne im europäischen Gemeinschaftsrecht, RabelsZ 48 (1984), 48; *Immenga,* Konzernverfassung ipso facto oder durch Vertrag?, EuR 1978, 242; *Jaecks/Schönborn,* Die Europäische Aktiengesellschaft, das Internationale und das deutsche Konzernrecht, RIW 2003, 254; *Kindler,* Hauptfragen des Konzernrechts in der internationalen Diskussion, ZGR 1997, 449; *Lächler,* Das Konzernrecht der Europäischen Gesellschaft (SE), 2007; *Langenbucher/Oplustil,* Funktion und Umfang des Regelungsbereichs der SE-Verordnung, NZG 2005, 381; *Lind,* Die Europäische Aktiengesellschaft, 2004; *Lutter,* Stand und Entwicklung des Konzernrechts in Europa, ZGR 1987, 324; *Lutter/Overrath,* Das portugiesische Konzernrecht von 1986, ZGR 1991, 394; *Maul,* Konzernrecht der deutschen SE, ZGR 2003, 743; *Maul,* Das Konzernrecht der Europäischen Gesellschaft, in Lutter/Hommelhoff, Die Europäische Gesellschaft, 2005, 249; *Merkt,* Die monistische Unternehmensverfassung für die Europäische Gesellschaft aus deutscher Sicht, ZGR 2003, 650; *Mülbert,* Kapitalschutz und Gesellschaftszweck bei der Aktiengesellschaft, FS Lutter, 2000, 535; *Neye/Teichmann,* Der Entwurf für das Ausführungsgesetz zur Europäischen Aktiengesellschaft, AG 2003, 169; *Schön,* Organisationsfreiheit und Gruppeninteresse im Europäischen Konzernrecht, ZGR 2019, 343; *Schön,* Deutsches Konzernprivileg und europäischer Kapitalschutz – ein Widerspruch?, FS Kropff, 1997, 285; *Spahlinger/Wegen,* Internationales Gesellschaftsrecht in der Praxis, 2005; *Teichmann,* Binnenmarktkonformes Gesellschaftsrecht, 2006; *Teichmann,* Die Einführung der Europäischen Aktiengesellschaft, ZGR 2002, 383; *Thümmel,* Die Europäische Aktiengesellschaft, 2005; *Veil,* Das Konzernrecht der Europäischen Aktiengesellschaft, WM 2003, 2169; *Velte,* Corporate Governance in der monistischen Societas Europaea, WM 2010, 1635; *Waclawik,* Die Europäische Aktiengesellschaft (SE) als Konzerntochter- und Joint Venture-Gesellschaft, DB 2006, 1827; *Wagner,* Die Bestimmung des auf die SE anwendbaren Rechts, NZG 2002, 985.

Übersicht

	Rn.		Rn.
I. Historie	1–8	1. Das anwendbare Konzernrecht	23–26
1. Entwicklung bis zur SE-VO	1–7	2. Anwendung deutschen Konzernrechts im Verhältnis zum Unionsrecht	27–45
2. Übernahme der Erwägungsgründe des Vorschlags von 1989 in die SE-VO	8	a) Die Regelungen über den Beherrschungs- und Gewinnabführungsvertrag und die Eingliederung aus Sicht der SE als Untergesellschaft (§§ 291 ff., 319 ff. AktG)	27–34
II. Maßgebende Regelungen in SE-VO und SEAG	9–13		
III. Meinungsstand im Schrifttum	14–22		
1. Bedenken gegen die Anwendung deutschen Konzernrechts auf die abhängige SE	14–18	b) Regelungen über die faktisch beherrschte Gesellschaft (§§ 311 ff. AktG)	35–39
2. Die hM	19–22	c) Beherrschende SE	40–43
IV. Stellungnahme	23–45	d) Andere Unternehmensverträge	44
		e) Gleichordnungskonzern	45

I. Historie

1 1. Entwicklung bis zur SE-VO. Von den Mitgliedstaaten der Europäischen Union verfügt Deutschland seit 1965 über eine **Konzernrechtskodifikation.** Im Hinblick auf Regelungsziel und Regelungsdichte vergleichbar sind die Konzernrechtsbestimmungen des Mitgliedstaats Portugal aus dem Jahre 1986.[1] Darüber hinaus gibt es ein Konzernrecht in Kroatien, Italien, Ungarn, der Tschechischen Republik und Slowenien sowie – teilweise – in Belgien.[2] In den weitaus meisten Mitgliedstaaten existiert demgegenüber kein spezielles

---

[1] Dazu Kölner Komm AktG/*Koppensteiner* AktG Vor § 291 Rn. 116; *Lutter/Overrath* ZGR 1991, 394.

[2] Zu Portugal, Kroatien und Slowenien Forum Europaeum Konzernrecht ZGR 1998, 672 (678 f.); zu Italien *Stein* FS Hommelhoff, 2012, 1149; *Strnad* RiW 2004, 255 ff.; *Lorenzetti/Strnad* GmbHR 2004, 731 (733); *Steinhauer* EuZW 2004, 364 (367); zur Tschechischen Republik und Ungarn den „Report of the Reflection Group on the Future of EU Company Law" vom 5.4.2011, 59 f.; zu Belgien *de Cordt/Colard* FS Hopt, 2010, 3043 ff.; zu Portugal, Slowenien, Ungarn und Italien ferner im Überblick *Teichmann* ZGR 2014, 45 (49 ff.); s. ferner die Beiträge in Hommelhoff/Lutter/Teichmann, Corporate Governance im grenzüberschreitenden Konzern, ZGR-Sonderheft Nr. 20, 2017, Teil II; weitere rechtsvergleichende Hinweise bei Großkomm AktG/*Windbichler* AktG Vor § 15 Rn. 76 ff.

Konzernrecht (zur nicht fortschreitenden Entwicklung eines europäischen Konzernrechts → Europäische Niederlassungsfreiheit Rn. 483).[3]

Das Vorhaben eines europäischen Konzernrechts geht zurück auf den Vorentwurf einer **2** Neunte Richtlinie zum Gesellschaftsrecht (**Konzernrechtsrichtlinie**) aus dem Jahre 1974, letzter Stand 1984.[4] Der Vorentwurf sah einen Beherrschungsvertrag und eine Art Abhängigkeitsbericht ähnlich dem deutschen Muster vor, stieß aber in den anderen Mitgliedstaaten überwiegend auf Widerstand.[5] Der Vorentwurf auf dem Stand von 1984 blieb in der Folgezeit lediglich Diskussionsgrundlage. Auf Basis des Aktionsplans Gesellschaftsrecht, den die EU-Kommission im Jahre 2012 vorlegte hat, wurden zwar Anstrengungen unternommen, um zu bestimmten Fragestellungen, namentlich der Anerkennung eines Gruppeninteresses, der Verbesserung der Struktur- und Transaktionstransparenz in der Unternehmensgruppe und Related Party Transactions, Einzelmaßnahmen zu ergreifen. Sie brachten indes bislang lediglich die RL (EU) 2017/828 über *related party transactions*[6] aus dem Jahr 2017 und Art. 9c Aktionärsrechte-RL hervor, die verhindern sollen, dass zwischen nahestehenden Personen Vermögensverschiebungen ohne wertmäßigen Ausgleich erfolgen. Auch der im Jahr 2014 vorgelegte Vorschlag einer Richtlinie zu Kapitalgesellschaften mit einem einzigen Gesellschafter *(Societas Unius Personae – SUP)* scheiterte und wurde im Jahr 2018 zurückgenommen (→ Europäische Niederlassungsfreiheit Rn. 10).[7]

Auch die Verordnungsvorschläge über die Satzung einer Europäischen Aktiengesellschaft **3** aus den Jahren 1970 und 1975[8] enthielten in Art. 223 ff. SE-VO-Vorschlag **detaillierte Vorschriften** über das Konzernrecht der SE. Insbes. sollten die Schutzvorschriften zugunsten der außenstehenden Aktionäre und Gläubiger bereits an den Tatbestand der einheitlichen Leitung anknüpfen.[9]

Nachdem der Vorentwurf der Konzernrechtsrichtlinie im Jahre 1984 gescheitert war, **4** enthielt auch der im Jahre 1989 vorgelegte Verordnungsvorschlag über das Statut der Europäischen Aktiengesellschaft[10] **keine konzernrechtlichen Regelungen** mehr. Die SE, die in aller Regel schon aufgrund ihrer Gründung Teil eines Konzerns ist (vgl. Art. 2 und 3 Abs. 2), sollte ausweislich der Materialien zu diesem Verordnungsvorschlag so wie die übrigen Gesellschaften nach demjenigen Recht beurteilt werden, in welchem die SE ihren Sitz hat.[11]

Die in den **Erwägungsgründen 14–16 SE-VO-Vorschlag** von 1989 dargelegte kollisi- **5** onsrechtliche Lösung des Konzernproblems wurde seinerzeit insbes. damit gerechtfertigt, die Koordinierung des Konzernrechts müsse im Interesse der raschen Verabschiedung des Verordnungsvorschlags für ein Statut der SE zurückgestellt und einem eigenständigen Vorschlag der Kommission vorbehalten werden.[12]

---

[3] S. Nachweise bei *Forum Europaeum Konzernrecht* ZGR 1998, 672 f.; Kölner Komm AktG/*Koppensteiner* AktG Vor § 291 Rn. 115 ff.; *Kindler* ZGR 1997, 449; *Hopt* FS Volhard, 1996, 74; BeckOGK/*Veil/Walla* AktG § 291 Rn. 57 ff.

[4] Abgedruckt in ZGR 1985, 446; näher zur Entwicklung *Habersack/Verse* EuropGesR § 4 Rn. 15 f.; *Hommelhoff* FS Fleck, 1988, 125; *Hopt* ZGR 2003, 199 ff.; *Immenga* RabelsZ 48 (1984), 48; *Immenga* EuR 1978, 242; Kölner Komm AktG/*Koppensteiner* AktG Vor § 291 Rn. 132; *Lächler*, Das Konzernrecht der Europäischen Gesellschaft (SE), 2007, 48 ff.; *Lutter* ZGR 1987, 324; *Lutter* EuropUnternehmensR, 4. Aufl. 1996, 239 f.; *Teichmann*, Binnenmarktkonformes Gesellschaftsrecht, 2006, 246 ff., 281 ff.; BeckOGK/*Veil/Walla* AktG § 291 Rn. 57 ff.; *Wendt* in Spahlinger/Wegen, Internationales Gesellschaftsrecht in der Praxis, 2005, Rn. 994, 1067 ff., jeweils mwN.

[5] Näher *Lutter* ZGR 1987, 324 (340): „Blockade".

[6] Dazu *Schön* ZGR 2019, 343 (356 f.).

[7] Zusammenfassend ferner Lutter/Hommelhoff/Teichmann/*Hommelhoff/Lächler* SE-Konzernrecht Rn. 39 ff.

[8] Vorschlag einer Verordnung über die Satzung einer Europäischen Aktiengesellschaft vom 30.6.1970, ABl. 1970 C 124, 1 = BT-Drs. 6/1109; geänderter Vorschlag vom 30.4.1975, BT-Drs. 7/3713.

[9] Vgl. BT-Drs. 7/3713, 7, 236.

[10] ABl. 1989 C 263, 41 = BT-Drs. 11/5427.

[11] BT-Drs. 11/5427, 2 f., 16 f.

[12] BT-Drs. 11/5427, 16 f.

6 Erwägungsgrund 16 SE-VO-Vorschlag von 1989 lautete:

„Wird die SE von einem anderen Unternehmen beherrscht, so ist anzugeben, welches Recht anwendbar ist; hierzu ist auf die Rechtsvorschriften zu verweisen, die für Aktiengesellschaften gelten, die dem Recht des Sitzstaates der SE unterliegen".

Diese Anweisung an den Verordnungsgeber wurde in Art. 114 Abs. 1 SE-VO-Vorschlag von 1989 durch die Kollisionsregel umgesetzt, dass die Rechte und Pflichten eines Unternehmens, welches eine SE beherrscht, sich hinsichtlich des Schutzes von Minderheitsaktionären und Dritten **nach dem Recht des Sitzstaates der beherrschten SE richten.**

7 Der geänderte Verordnungsvorschlag aus dem Jahre 1991[13] enthielt die kollisionsrechtliche Vorschrift des Art. 114 SE-VO-Vorschlag von 1991 zwar nicht mehr, wohl aber den Erwägungsgrund 16 SE-VO-Vorschlag von 1989, welcher dem Erwägungsgrund 17 entspricht. Zum Teil wird dies auf ein **Redaktionsversehen** zurückgeführt (→ 3. Aufl. 2012, Rn. 7),[14] doch erscheint dies zweifelhaft. Bei näherer Betrachtung ist die Angabe in jenem Erwägungsgrund, dass auf das Sitzrecht der beherrschten SE zu verweisen sei, keineswegs unausgeführt geblieben, sondern namentlich durch den allgemeinen Verweis in Art. 9 Abs. 1 lit. c Ziff. ii umgesetzt worden.[15] Einer zusätzlichen, besonderen Regelung bedurfte es insoweit nicht.

8 **2. Übernahme der Erwägungsgründe des Vorschlags von 1989 in die SE-VO.**
Die **Erwägungsgründe 15–17 SE-VO** entsprechen nahezu wörtlich den Erwägungsgründen 14–16 SE-VO-Vorschlag von 1989. Erwägungsgrund 15 verweist auf die IPR-Regel, nach der für die beherrschte SE das Recht ihres Sitzes zur Anwendung kommen soll. Erwägungsgrund 16 wiederholt, dass eine Sonderregelung des Konzernrechts für die SE schon mit Rücksicht auf eine spätere Koordinierung gegenwärtig nicht erforderlich sei, weshalb sowohl für die herrschende als auch für die abhängige SE auf die allgemeinen Vorschriften und Grundsätze zurückzugreifen sei. Erwägungsgrund 17 entspricht dem Erwägungsgrund 16 SE-VO-Vorschlag von 1989 (→ Rn. 6).

II. Maßgebende Regelungen in SE-VO und SEAG

9 Das auf die SE anzuwendende Recht bestimmt sich im Ausgangspunkt nach den allgemeinen Regeln der Art. 9 und Art. 10. Die nach ihrem Art. 9 Abs. 1 lit. a vorrangige **SE-VO** selbst enthält, sieht man von den Bestimmungen über den Konzernabschluss (Art. 61, 62) sowie den Regelungen in Art. 32 Abs. 6, Art. 34 (Holding-Gründung) und Art. 31 Abs. 1 und 2 (Konzernverschmelzung) einmal ab, **keine Regelungen über das Konzernrecht.** Dies beruht darauf, dass sämtliche Bemühungen um eine Angleichung der nationalen Konzernrechte in den vergangenen dreißig Jahren gescheitert und zum Erliegen gekommen sind (→ Rn. 2 ff.). Eine spezielle Satzungsermächtigung iSd Art. 9 Abs. 1 lit. b kennt die SE-VO für das Konzernrecht nicht.

10 Auch das gem. Art. 9 Abs. 1 lit. c Ziff. i sodann nächstrangige **SE-Ausführungsgesetz (SEAG)** enthält **keine besonderen konzernrechtlichen Regelungen** für die nach deutschem Recht gegründete SE. Es findet sich allein die folgende Regelung des § 49 SEAG zur Leitungsmacht und Verantwortlichkeit bei Abhängigkeit von Unternehmen:

§ 49 SEAG Leitungsmacht und Verantwortlichkeit bei Abhängigkeit von Unternehmen
(1) Für die Anwendung der Vorschriften der §§ 308 bis 318 des Aktiengesetzes treten an die Stelle des Vorstands der Gesellschaft die geschäftsführenden Direktoren.
(2) Für die Anwendung der Vorschriften der §§ 319 bis 327 des Aktiengesetzes treten an die Stelle des Vorstands der eingegliederten Gesellschaft die geschäftsführenden Direktoren.

In der Regierungsbegründung heißt es dazu lediglich, für die besonderen konzernrechtlichen Pflichten des Vorstands in einer abhängigen oder eingegliederten Gesellschaft mit

---
[13] ABl. 1991 C 176, 1, abgedruckt bei *Lutter* EuropUnternehmensR, 4. Aufl. 1996, 724 ff.
[14] *Teichmann* ZGR 2002, 383 (445); *Habersack* ZGR 2003, 724 (740) Fn. 53.
[15] Begr. zum SE-VO-Vorschlag 1991, BT-Drs. 12/1004, 11; zutr. Kölner Komm AktG/*Paefgen* Schlussanh. II Rn. 5.

monistischem Leitungssystem solle geregelt werden, dass diese „von den geschäftsführenden Direktoren wahrzunehmen sind".[16]

Aus § 49 SEAG ergibt sich somit, dass der **deutsche Gesetzgeber** hinsichtlich der abhängigen oder eingegliederten SE mit Sitz in Deutschland das deutsche Konzernrecht (§§ 15 ff., 291 ff., 311 ff., 319 ff. AktG) **ohne weiteres für anwendbar hält.**[17] 11

Dies entspricht der Verweisungsregel des **Art. 9 Abs. 1 lit. c Ziff. ii,** die wie folgt lautet: 12

„Die SE unterliegt [...] in Bezug auf die nicht durch diese Verordnung geregelten Bereiche oder, sofern ein Bereich nur teilweise geregelt ist, in Bezug auf die nicht von dieser Verordnung erfassten Aspekte [...] den Rechtsvorschriften der Mitgliedstaaten, die auf eine nach dem Recht des Sitzstaats der SE gegründete Aktiengesellschaft Anwendung finden würden [...]".

Des Weiteren trägt der Verweis auf das für die deutsche AG geltende Konzernrecht dem **Diskriminierungsverbot**[18] in **Art. 10** Rechnung, wonach eine SE in jedem Mitgliedstaat „wie eine Aktiengesellschaft" zu behandeln ist, „die nach dem Recht des Sitzstaats der SE gegründet wurde". Die Mitgliedstaaten dürfen daher kein Konzernrecht schaffen, das speziell für die SE, trotz Vergleichbarkeit aber nicht für die inländische AG gelten würde. 13

III. Meinungsstand im Schrifttum

1. Bedenken gegen die Anwendung deutschen Konzernrechts auf die abhängige SE. Im Schrifttum ist argumentiert worden, das deutsche Konzernrecht sei auf die abhängige SE mit Sitz in Deutschland nicht anwendbar, soweit es zulasse, dass eine vertraglich oder faktisch konzernierte SE vom herrschenden Unternehmen geleitet und sogar geschädigt werde.[19] Das Weisungsrecht des herrschenden Unternehmens im Beherrschungsvertrag verstoße gegen das **Prinzip der eigenverantwortlichen Leitung;** diese könne nach der Konzeption der SE-VO niemals einem außerhalb der Gesellschaft stehenden Dritten überantwortet werden.[20] Die im Vertragskonzern und im faktischen Konzern vorgesehenen Möglichkeiten, das gebundene Kapital einer AG anzugreifen (§ 291 Abs. 3 AktG, § 311 AktG), verstießen zudem gegen Art. 5, der für die Kapitalerhaltung auf das nationale Recht – und das sei in Deutschland das Recht der **Ausschüttungssperre** (§§ 57, 62 AktG) – verweise (→ Rn. 35 mwN).[21] 14

Danach sei § 49 SEAG **unschlüssig,** soweit es um die konzernierte SE gehe: Konzernherrschaft lasse sich nach dem Unionsrecht nur in der Weise rechtmäßig ausüben, wie dies für alle europäischen Aktiengesellschaften gelte.[22] 15

Andererseits seien die deutschen Regelungen anwendbar, soweit die SE mit Sitz in Deutschland **herrschendes Unternehmen** sei oder als abhängiges Unternehmen nur **zusätzlichen Schutz** erfahre, wie etwa nach Maßgabe der Regeln über den Abhängigkeitsbericht (§§ 312 ff. AktG): Diese Regelungen seien mit Rücksicht auf Art. 10 (Diskriminierungsverbot) für die deutsche AG und die SE mit Sitz in Deutschland gleichermaßen anzuwenden.[23] 16

Soweit iÜ in der Vergangenheit **grundsätzliche unionsrechtliche Bedenken gegen das deutsche Konzernrecht** geäußert worden sind, müssten auch diese erst recht für die SE mit Sitz in Deutschland gelten. Im Hinblick auf die **§ 291 Abs. 3 AktG, § 311 AktG** ist insoweit etwa geltend gemacht worden, dass die dort vorgesehenen Lockerungen des Kapitalschutzes mit den strengen Vorgaben in **Art. 56, 57 GesR-RL**[24] nicht vereinbar seien.[25] 17

---

[16] Begr. RegE zum SEEG vom 26.5.2004, BT-Drs. 15/3405, 40.
[17] *Habersack* ZGR 2003, 724 (729); Emmerich/Habersack/*Habersack* Einl. Rn. 45; *Lächler,* Das Konzernrecht der Europäischen Gesellschaft (SE), 2007, 199 ff., 203 f. meint, der Verweis in § 49 SEAG könne sich nach europarechtskonformer Auslegung nur auf die faktisch beherrschte SE beziehen; vgl. zu ihr → Rn. 35 f.
[18] *Hommelhoff* AG 2003, 179 (180, 184); *Habersack* ZGR 2003, 724 (728).
[19] *Hommelhoff* AG 2003, 179 (182 f.); s. aber nunmehr *Hommelhoff/Lächler* AG 2014, 257 (263 f.); Lutter/Hommelhoff/Teichmann/*Hommelhoff/Lächler* SE-Konzernrecht Rn. 5.
[20] *Hommelhoff* AG 2003, 179 (182).
[21] *Hommelhoff* AG 2003, 179 (182 ff.); anders aber *Hommelhoff/Lächler* AG 2014, 257 [263 f.].
[22] *Hommelhoff* AG 2003, 179 (184); den Verweis in § 49 SEAG auf die faktisch abhängige SE beschränkend *Lächler,* Das Konzernrecht der Europäischen Gesellschaft (SE), 2007, 199 ff., 203 f.
[23] *Hommelhoff* AG 2003, 179 (183 f.).
[24] Dazu eingehend *Habersack/Verse* EuropGesR § 6 Rn. 42 ff., 47 ff., 50 f.
[25] Zur Diskussion *Schön* FS Kropff, 1997, 285 (294 ff.); zusammenfassend Kölner Komm AktG/*Paefgen* Schlussanh. II Rn. 10 f.

18 Von anderer Seite ist ferner argumentiert worden, dass die **Verlustausgleichspflicht** im Vertragskonzern (§ 302 AktG) gegen die Vorgaben der Kapitalrichtlinie (seit 2017: Art. 56, 57 GesR-RL) verstoße. Dies soll daraus resultieren, dass die Richtlinie einen „**Höchststandard**" vorgebe, über den eine pauschale „Verlustausgleichspflicht" in unzulässiger Weise hinausgehe.[26] Daraus müsste für Beherrschungs- und Gewinnabführungsverträge mit der SE gefolgert werden, dass die pauschale Verlustausgleichspflicht iSd § 302 AktG nicht anwendbar wäre.

19 **2. Die hM.** Die hM im Schrifttum geht demgegenüber davon aus, dass auf die SE mit Sitz in Deutschland das deutsche Aktienkonzernrecht der §§ 15 ff., 291 ff., 311 ff., 319 ff. AktG **anwendbar** ist.[27] **Umstritten** ist indes, ob dieses Ergebnis aus **Art. 9 Abs. 1 lit. c Ziff. ii** (→ Rn. 12) abzuleiten ist.[28]

20 **Eine Ansicht** nimmt an, dass diese Verweisungsnorm einschlägig sei, da sich aus Art. 9 Abs. 1 lit. a–c Ziff. i nichts anderes ergebe und insbes. die SE-VO selbst das Konzernrecht nicht regle (→ Rn. 9 ff.).[29]

21 Die **Gegenansicht** argumentiert mit Hinweis auf den Erwägungsgrund 15 (→ Rn. 8), dass das gesamte Konzernrecht zum Schutz von Außenseitern (außenstehenden Gesellschaftern und Gläubigern) gar nicht mehr zum Anwendungsbereich des SE-Statuts zähle. Auch der Anwendungsbereich der Verweisungsnorm des Art. 9 Abs. 1 lit. c Ziff. ii sei daher nicht eröffnet,[30] sondern es gelte die im Erwägungsgrund 15 erwähnte Kollisionsregel des (mitgliedstaatlichen) Internationalen Privatrechts. Die Situation sei im Hinblick auf das Konzernrecht ebenso wie bei anderen Rechtsbereichen (zB Steuerrecht, Wettbewerbsrecht oder Insolvenzrecht), die eindeutig nicht von der SE-VO erfasst seien (vgl. Erwägungsgrund 20).[31]

22 Allerdings ist gegen die uneingeschränkte Anwendung der §§ 311 ff. AktG auch im Falle der **monistisch strukturierten SE** geltend gemacht worden, der Gesamtverwaltungsrat könne den Abhängigkeitsbericht nicht mit der gleichen Effektivität prüfen wie der Auf-

---

[26] So *Mülbert* FS Lutter, 2000, 535 (553 f.).
[27] *Hommelhoff/Lächler* AG 2014, 257 (263 f.); Lutter/Hommelhoff/Teichmann/*Hommelhoff/Lächler* SE-Konzernrecht Rn. 1 f., 5; *Maul* in Theisen/Wenz, Die Europäische Aktiengesellschaft, 2. Aufl. 2005, 399, 419 ff.; *Maul* ZGR 2003, 743; *Maul* in Van Hulle/Maul/Drinhausen SE-HdB Abschn. 8; *Maul* in Lutter/Hommelhoff, Die Europäische Gesellschaft, 2005, 249 ff.; Kölner Komm AktG/*Paefgen* Schlussanh. II Rn. 7 ff.; *Teichmann* ZGR 2002, 383 (444 ff.); *Thümmel*, Die Europäische Aktiengesellschaft, 2005, Rn. 3; NK-SE/*Schröder* Art. 9 Rn. 38, 61 ff.; *Hopt* ZGR 2003, 199 (205); *Engert* ZVglRWiss 104 (2005), 444 (446 ff., 450 ff.); *Wendt* in Spahlinger/Wegen, Internationales Gesellschaftsrecht in der Praxis, 2005, Rn. 994; *Schwarz* EuropGesR Rn. 1182; *Schwarz* Einl. Rn. 165 ff.; *Habersack/Verse* EuropGesR § 13 Rn. 49; *Habersack* ZGR 2003, 724 (729 ff.); Emmerich/Habersack/*Habersack* Einl. Rn. 45 ff.; *Veil* WM 2003, 2169 (2172 ff.); *Veil* in Jannott/Frodermann SE-HdB Kap. 11 Rn. 3; *Brandi* NZG 2003, 889 (889 f.); *Neye/Teichmann* AG 2003, 169 f. (178); *Ebert* BB 2003, 1854, jeweils mwN.
[28] Eingehend zur Einordnung des Konzernrechts im fraglichen Kontext und zur Regelungstechnik *Lächler*, Das Konzernrecht der Europäischen Gesellschaft (SE), 2007, 76 ff.; *Teichmann*, Binnenmarktkonformes Gesellschaftsrecht, 2006, 281 ff., 303 ff.; *Engert* ZVglRWiss 104 (2005), 444 (446 ff., 450 ff.).
[29] So insbes. *Engert* ZVglRWiss 104 (2005), 444 (448 ff.); *Hommelhoff/Lächler* AG 2014, 257 (263 ff.); Lutter/Hommelhoff/Teichmann/*Hommelhoff/Lächler* SE-Konzernrecht Rn. 1 f., 5; *Lächler*, Das Konzernrecht der Europäischen Gesellschaft (SE), 2007, 99 ff.; *Lächler/Oplustil* NZG 2005, 381 (386); *Maul* in Theisen/Wenz, Die Europäische Aktiengesellschaft, 2. Aufl. 2005, 399, 408, 434; Kölner Komm AktG/*Paefgen* Schlussanh. II Rn. 15 ff.; NK-SE/*Schröder* Art. 9 Rn. 23 ff., 39 ff.; Habersack/Drinhausen/*Schürnbrand* Art. 9 Rn. 31; Lutter/Hommelhoff/Teichmann/*Teichmann* Anh. Art. 43 Rn. 1; *Schwarz* Einl. Rn. 173 ff.; wohl auch *Wagner* NZG 2002, 985 (988); im Ansatz ebenso *Hommelhoff* AG 2003, 179 (180).
[30] So könnte im hier interessierenden Zusammenhang dahingestellt bleiben, ob es sich um eine Sachnorm- oder Gesamtverweisung handelt, vgl. → Art. 9 Rn. 15 f.; Kölner Komm AktG/*Paefgen* Schlussanh. II Rn. 20 ff.; Habersack/Drinhausen/*Schürnbrand* Art. 9 Rn. 34 f.
[31] So *Casper* FS Ulmer, 2003, 51 (67); BeckOGK/*Casper* Art. 9 Rn. 7, 12; *Brandi* NZG 2003, 889 (893); *Habersack* ZGR 2003, 724 (726 ff., 737 ff.); Emmerich/Habersack/*Habersack* Einl. Rn. 46; *Habersack/Verse* EuropGesR § 13 Rn. 11, 49; Lutter/Hommelhoff/Teichmann/*Hommelhoff/Teichmann* Art. 9 Rn. 23, 28 ff., 31; *Veil* in Jannott/Frodermann SE-HdB Kap. 11 Rn. 3; Kölner Komm AktG/*Veil* Art. 9 Rn. 21 f.; *Wendt* in Spahlinger/Wegen, Internationales Gesellschaftsrecht in der Praxis, 2005, Rn. 994; *Lind*, Die Europäische Aktiengesellschaft, 2004, 130 m. Hinweis auf einen möglichen Übersetzungsfehler in Fn. 476; *Jaecks/Schönborn* RIW 2003, 254 (256 f.); iE ebenso *Hopt* ZGR 2003, 199 (206); wohl auch *Ebert* BB 2003, 1854 (1857 ff.); noch offengelassen von *Veil* WM 2003, 2169 (2172), jeweils mwN.

sichtsrat im dualistischen System. De lege ferenda müsse die Prüfung durch einen Ausschuss erfolgen, dem mehrheitlich unabhängige Mitglieder angehörten.[32]

IV. Stellungnahme

1. Das anwendbare Konzernrecht. Kennt man die Entstehungsgeschichte der SE-VO 23 und die erfolglosen Anstrengungen, das Konzernrecht in Europa zu vereinheitlichen (→ Rn. 2 ff.), unterliegt es angesichts der nur höchst fragmentarischen Ansätze konzernspezifischer Regelungen in der **SE-VO** (→ Rn. 9) keinem Zweifel, dass diese die **konzernverbundene SE nicht abschließend regeln** will.[33] Ebenso wenig lässt sich in Abrede stellen, dass die dem Konzernrecht zuzurechnenden Rechtsfragen Teil des Statuts der SE sind und daher innerhalb des Anwendungsbereichs der SE-VO liegen. Dies gilt ganz unabhängig davon, ob im Aktienrecht des jeweiligen Gründungsstaates der SE besondere konzernrechtliche Regelungen ähnlich der deutschen Kodifikation bekannt sind oder nicht. Die Anwendung des deutschen Konzernrechts auf die nach deutschem Recht gegründete SE folgt daher nach richtiger Ansicht aus dem Sachnormverweis[34] in Art. 9 Abs. 1 lit. c Ziff. ii bzw. den einschlägigen Spezialverweisungen der SE-VO (→ Rn. 20). Insbes. aus der Entstehungsgeschichte der Verordnung und ihrem Erwägungsgrund 15 ist zu schließen, dass der Gesetzgeber der SE-VO die Regelung konzernrechtlicher Fragen den Mitgliedstaaten überlassen hat. Soweit sich aus dem deutschen Konzernrecht Abweichungen vom Regelstatut der unverbundenen SE ergeben, steht dies mit der Verordnung daher keineswegs im Widerspruch. Zugleich muss eine herrschende SE es hinnehmen, wenn zum Schutz ihrer ausländischen Tochtergesellschaften das für diese jeweils kollisionsrechtlich anwendbare Konzernrecht zur Anwendung gelangt.

Die Annahme, das Konzernrecht zum Schutz der SE komme erst über das **Kollisions-** 24 **recht** der Mitgliedstaaten (zum Konzernkollisionsrecht → Europäische Niederlassungsfreiheit Rn. 483 ff., → Europäische Niederlassungsfreiheit Rn. 485 ff.) zur Anwendung, findet in Erwägungsgrund 15 allenfalls eine schwache Stütze und erscheint letztlich mit Blick auf Art. 9 Abs. 1 lit. c Ziff. ii, der sich auch als Umsetzung des Erwägungsgrunds Nr. 17 erweist (→ Rn. 7), nicht überzeugend. Nicht zu verkennen ist freilich, dass auch die Gegenauffassung **in aller Regel zu identischen Ergebnissen,**[35] namentlich zur Anwendbarkeit des deutschen Konzernrechts im Falle einer SE deutschen Rechts, führt:[36] Da diese Registersitz und Hauptverwaltung in Deutschland haben muss (Art. 7 S. 1; zur Vereinbarkeit dieser Regelung mit der Niederlassungsfreiheit → Europäische Niederlassungsfreiheit Rn. 42, → Europäische Niederlassungsfreiheit Rn. 72, → Europäische Niederlassungsfreiheit Rn. 154), hält der deutsche Gesetzgeber das deutsche Konzernrecht für sie zu Recht ohne weiteres für einschlägig (→ Rn. 10 f.).

Es steht mithin außer Frage, dass eine SE deutschen Rechts dem deutschen Konzernrecht 25 unterliegt. Damit steht zugleich fest, dass das deutsche Konzernrecht **in gleicher Weise** anzuwenden ist **wie im Fall einer deutschen AG.**[37] Dies ergibt sich schon aus dem Diskriminierungsverbot des Art. 10.

Freilich versteht es sich, dass das Konzernstatut nicht für sämtliche Konzernunternehmen 26 einheitlich nach Art. 9 Abs. 1 lit. c Ziff. ii bestimmt werden kann. Vielmehr bedarf es –

---

[32] *Maul* ZGR 2003, 743 (751 ff.).
[33] Ebenso *Maul* in Van Hulle/Maul/Drinhausen SE-HdB Abschn. 8 Rn. 2; *Maul* in Lutter/Hommelhoff, Die Europäische Gesellschaft, 2005, 251 f.; *Schwarz* Einl. Rn. 175.
[34] Zur Frage, ob es sich bei Art. 9 Abs. 1 lit. c Ziff. ii um einen Gesamt- oder (richtigerweise) um einen bloßen Sachnormverweis unter Ausschluss des deutschen IPR handelt, → Art. 9 Rn. 15 f.; Kölner Komm AktG/*Paefgen* Schlussanh. II Rn. 20 ff.; Habersack/Drinhausen/*Schürnbrand* Art. 9 Rn. 34 f.
[35] S. aber zu verbleibenden, weitgehend theoretischen Diskrepanzen im Falle einer (unzulässigen) Sitzverlegung der SE, die je nach zugrunde gelegter Kollisionsnorm auftreten könnten, Kölner Komm AktG/*Paefgen* Schlussanh. II Rn. 18.
[36] Ebenso Lutter/Hommelhoff/Teichmann/*Teichmann* Anh. Art. 43 Rn. 2; BeckOGK/*Casper* Art. 9 Rn. 12; Habersack/Drinhausen/*Verse* SEAG § 49 Rn. 4.
[37] Nach *Veil* WM 2003, 2169 (2173) ist deutsches Konzernrecht „nicht an den Strukturprinzipien der SE-VO zu messen".

wie stets im grenzüberschreitenden Konzern (zum Konzernkollisionsrecht → Europäische Niederlassungsfreiheit Rn. 483 ff., → Europäische Niederlassungsfreiheit Rn. 485 ff.) – einer **Abgrenzung der „Konzernstatute"** des herrschenden und des abhängigen Unternehmens. Nichts anderes ergibt sich namentlich aus den Erwägungsgründen Nr. 15–17. Ihnen kommt lediglich die Bedeutung zu, für den Fall einer konzernverbundenen SE Hinweise für die Auslegung der Verweisung in Art. 9 Abs. 1 lit. c Ziff. ii und der Spezialverweisungen der SE-VO zu geben – wenngleich dies wegen ihrer unklaren Fassung wenig geglückt erscheint. Im SE-Konzern ist somit danach zu differenzieren, ob die SE als Obergesellschaft oder als Konzerntochter beteiligt ist.[38] Ist – wie häufig – ersteres der Fall, finden auf sie über Art. 9 Abs. 1 lit. c Ziff. ii bzw. die einschlägige Spezialverweisung diejenigen Vorschriften des deutschen Aktienkonzernrechts Anwendung, die im Kern die Belange des herrschenden Unternehmens zum Gegenstand haben. Dies gilt insbes. für § 293 Abs. 2 AktG, der im Falle einer herrschenden SE gem. Art. 52 UAbs. 2 zur Anwendung kommt (zur kollisionsrechtlichen Einordnung → Europäische Niederlassungsfreiheit Rn. 487, → Europäische Niederlassungsfreiheit Rn. 499).[39] Ist die SE hingegen das abhängige Unternehmen, sind über Art. 9 Abs. 1 lit. c Ziff. ii die konzernrechtlichen Regelungen ihres Sitzstaates anzuwenden, die den in Erwägungsgrund 15 angesprochenen Schutz von Minderheitsaktionären und Dritter verwirklichen. Ist das jeweils andere Konzernunternehmen keine SE, sondern namentlich eine nach mitgliedstaatlichem Recht gegründete Kapitalgesellschaft, ist das auf sie in ihrer konkreten Rolle anzuwendende Konzernrecht nach den allgemeinen Regeln des Konzernkollisionsrechts zu bestimmen.

27 **2. Anwendung deutschen Konzernrechts im Verhältnis zum Unionsrecht. a) Die Regelungen über den Beherrschungs- und Gewinnabführungsvertrag und die Eingliederung aus Sicht der SE als Untergesellschaft (§§ 291 ff., 319 ff. AktG).** Soweit argumentiert wird, der Beherrschungsvertrag deutschen Musters verstoße gegen Unionsrecht, weil die SE nach den in der SE-VO zum Ausdruck gekommenen Wertungen nicht von Dritten geleitet werden dürfe (→ Rn. 14),[40] ist festzustellen, dass der Normgeber der SE-VO insofern nur die unverbundene SE geregelt hat. Auch § 76 AktG geht von der **eigenverantwortlichen Leitung** der Gesellschaft durch den Vorstand der AG aus, wird jedoch durch das Konzernrecht der §§ 291 ff. AktG **überlagert.** Wenn und weil die SE-VO hinsichtlich des Konzernrechts auf das Sitzrecht der Mitgliedstaaten verweist, wird auch die SE-VO durch dieses Recht überlagert, soweit der Sitzstaat sein Konzernrecht für anwendbar hält.[41] Die autonome Leitung der SE durch ein eigenes Verwaltungsorgan, die in der SE-VO in der Tat vorausgesetzt ist,[42] kann deshalb durch den Beherrschungsvertrag nach Maßgabe des § 308 AktG verdrängt werden.[43] Angelegenheiten in der Zuständigkeit

---

[38] Zur SE etwa Kölner Komm AktG/*Paefgen* Schlussanh. II Rn. 24 ff.
[39] S. ua Lutter/Hommelhoff/Teichmann/*Hommelhoff/Lächler* SE-Konzernrecht Rn. 10; iErg auch – auf Basis eines kollisionsrechtlichen Begründungsansatzes – Kölner Komm AktG/*Veil* Art. 9 Rn. 24; offenlassend Emmerich/Habersack/*Habersack* Einl. Rn. 47.
[40] So *Hommelhoff* AG 2003, 179 (182 f.); *Lächler*, Das Konzernrecht der Europäischen Gesellschaft (SE), 2007, 199 ff.; demgegenüber meint *Waclawik* DB 2006, 1827 (1830), auf der Ebene der Tochter-SE bestehe gar kein Bedarf nach einem gem. § 76 Abs. 1 AktG eigenverantwortlich handelnden Vorstand. Er sieht den Vorteil vielmehr in einer „konzernadäquaten Leitungsstruktur" durch das zur Verfügung gestellte monistische Modell.
[41] IErg zust. *Hommelhoff/Lächler* AG 2014, 257 (263 f.): „Verdrängungsermächtigung"; Lutter/Hommelhoff/Teichmann/*Hommelhoff/Lächler* SE-Konzernrecht Rn. 5.
[42] Insofern zutr. *Hommelhoff* AG 2003, 179 (182 f.); dazu näher *Habersack/Verse* EuropGesR § 13 Rn. 49; *Neye/Teichmann* AG 2003, 169 (175 ff.); *Thümmel*, Die Europäische Aktiengesellschaft, 2005, Rn. 146 ff., 245; MHdB AG/*Austmann* § 86 Rn. 1 ff.
[43] Ebenso Lutter/Hommelhoff/Teichmann/*Teichmann* Anh. Art. 43 Rn. 2, 5; NK-SE/*Schröder* Art. 9 Rn. 72; *Veil* in Jannott/Frodermann SE-HdB Kap. 11 Rn. 26 ff.; *Schwarz* Einl. Rn. 207 ff.; *Schwarz* Art. 43 Rn. 387 f.; iE ebenso *Wendt* in Spahlinger/Wegen, Internationales Gesellschaftsrecht in der Praxis, 2005, Rn. 999; tendenziell eher aA wohl *Teichmann*, Binnenmarktkonformes Gesellschaftsrecht, 2006, 306 ff., der nationales Konzernrecht als „blockiert" ansieht, wenn und weil es in den Regelungsbereich der SE-VO falle und Regelungen zur Eigenverantwortlichkeit des Vorstands – in der nicht konzernierten Gesellschaft! – vorhanden seien (Art. 39 Abs. 1), die eine „Durchbrechung" mittels eines Beherrschungsvertrages nicht vorsehen würden.

der Hauptversammlung bleiben hingegen wie in der AG weisungsfrei, soweit sie nicht die Geschäftsleitung der SE betreffen.[44]

Nicht durchschlagend sind ferner die unionsrechtlichen Bedenken im Hinblick auf die **Kapitalbindung** in der SE (→ Rn. 14; → Rn. 17 f.). § 291 Abs. 3 AktG mag mit Vorgaben der SE-VO über die Kapitalbindung in Konflikt stehen.[45] Doch wird die SE-VO insoweit gerade durch das deutsche Konzernrecht **überlagert.**[46] Die Situation entspricht derjenigen, die sich nach deutschem Recht für die unverbundene AG auf der einen Seite (§§ 57 ff. AktG) und die konzernierte AG auf der anderen Seite (§§ 291 ff., 311 ff. AktG) ergibt: Das deutsche Konzernrecht regelt den Kapital- und Vermögensschutz der konzernierten AG abweichend vom Recht der nicht konzernierten, unverbundenen AG. Dieses Konzept billigt der Normgeber der SE-VO ausdrücklich auch für die SE mit Sitz in Deutschland, wenn und soweit das deutsche Konzernrecht Abweichungen hinsichtlich der Organisations- und Finanzverfassung für die konzernierte SE mit Sitz in Deutschland vorsieht.[47] 28

Fehl geht insbes. auch die These, § 302 AktG sei unanwendbar, weil der Höchststandard, den die **Art. 56, 57 GesR-RL** hinsichtlich des Kapitalschutzes vorgäben, überschritten werde (→ Rn. 18).[48] Ebenso unbegründet sind auf die Richtlinie gestützte Bedenken gegen § 291 Abs. 3 AktG.[49] Dazu kann es mit dem Hinweis sein Bewenden haben, dass der Normgeber der früheren Kapital-RL im Jahre 1976 gewiss nicht vorschreiben wollte, wie das nationale Konzernrecht der AG beschaffen sein muss, um europäischem Unionsrecht zu entsprechen. Aus der Historie des „europäischen Konzernrechts" (→ Rn. 2 ff.) ergibt sich eindeutig, dass der Normgeber der Kapitalrichtlinie ebenso wie der Normgeber der SE-VO die Regelung des Konzernrechts **den einzelnen Mitgliedstaaten überlassen wollte,** solange ein europaweit einheitliches Konzernrecht nicht geschaffen ist.[50] Nichts anderes gilt auch für die GesR-RL aus dem Jahr 2017. 29

Nach alledem sind die §§ 291 ff., 319 ff. AktG über den Vertragskonzern und die Eingliederung im Grundsatz **unbedenklich anzuwenden,** wenn es um eine abhängige SE mit Sitz in Deutschland geht. Für den Vertragskonzern gilt dies auch dann, wenn die Obergesellschaft nach einem anderen Recht gegründet wurde, während die Errichtung eines grenzüberschreitenden Eingliederungskonzerns derzeit noch am Fehlen einer vergleichbaren Regelung in anderen, insbes. europäischen Rechtsordnungen scheitert (zum Kollisionsrecht des grenzüberschreitenden Eingliederungskonzerns und zu den Implikationen der Niederlassungsfreiheit → Europäische Niederlassungsfreiheit Rn. 507 ff.).[51] Aus deutscher Sicht hat der Gesetzgeber demgegenüber in § 49 Abs. 2 SEAG die Eingliederung einer SE deutschen Rechts ausdrücklich anerkannt. Die Zulässigkeit einer Eingliederung in eine SE als Hauptgesellschaft folgt bereits aus Art. 10.[52] 30

---

[44] Statt aller *Veil* in Jannott/Frodermann SE-HdB Kap. 11 Rn. 30; Habersack/Drinhausen/*Verse* SEAG § 49 Rn. 25.
[45] So *Hommelhoff* AG 2003, 179 (182) und *Lächler,* Das Konzernrecht der Europäischen Gesellschaft (SE), 2007, 161 f., 166; eingehend *Habersack/Verse* EuropGesR § 6 Rn. 51 mwN.
[46] Ebenso Lutter/Hommelhoff/Teichmann/*Teichmann* Anh. Art. 43 Rn. 2 und Lutter/Hommelhoff/ Teichmann/*Hommelhoff/Lächler* SE-Konzernrecht Rn. 5, 20; *Teichmann,* Binnenmarktkonformes Gesellschaftsrecht, 2006, 307 mit dem Hinweis, dass Art. 5 bezüglich des Kapitals „pauschal auf das Recht am Sitzstaat der SE" verweise und so eine Überlagerung – „Durchbrechung" – erlaube; *Veil* in Jannott/Frodermann SE-HdB Kap. 11 Rn. 6; iE ebenso *Wendt* in Spahlinger/Wegen, Internationales Gesellschaftsrecht in der Praxis, 2005, Rn. 999 f.
[47] AA *Hommelhoff* AG 2003, 179 (182 f.) und *Lächler,* Das Konzernrecht der Europäischen Gesellschaft (SE), 2007, 161 f., 166.
[48] So *Mülbert* FS Lutter, 2000, 535 (553 f.); wie hier hingegen Kölner Komm AktG/*Paefgen* Schlussanh. II Rn. 60.
[49] Ebenso Kölner Komm AktG/*Paefgen* Schlussanh. II Rn. 10 f.; *Veil* in Jannott/Frodermann SE-HdB Kap. 11 Rn. 6.
[50] S. *Habersack* ZGR 2003, 724 (731 ff.); Kölner Komm AktG/*Paefgen* Schlussanh. II Rn. 7 ff.; Kölner Komm AktG/*Veil* Art. 9 Rn. 25; *Veil* in Jannott/Frodermann SE-HdB Kap. 11 Rn. 6.
[51] S. zum grenzüberschreitenden Vertrags- oder Eingliederungskonzern unter Beteiligung der SE statt aller Lutter/Hommelhoff/Teichmann/*Hommelhoff/Lächler* SE-Konzernrecht Rn. 36, 38.
[52] Statt aller Kölner Komm AktG/*Paefgen* Schlussanh. II Rn. 83.

31 In einer **monistisch strukturierten abhängigen SE**[53] treten die **geschäftsführenden Direktoren** für die Anwendung der §§ 308–318 AktG an die Stelle des Vorstands (§ 49 Abs. 1 SEAG; gleiches gilt nach Wirksamwerden der Eingliederung für die Anwendung der §§ 319–327 AktG, vgl. § 49 Abs. 2 SEAG). Sie trifft daher die **Folgepflicht** im Hinblick auf verbindliche Weisungen des herrschenden Unternehmens. Dies gilt auch dann, wenn und soweit für die Geschäftsführung an sich der Verwaltungsrat zuständig ist, dh hinsichtlich der Bestimmung der Grundlinien der Tätigkeit der abhängigen SE (§ 22 Abs. 1 SEAG).[54] Das herrschende Unternehmen hat daher aufgrund des Beherrschungsvertrags die Möglichkeit, diese Kompetenz des Verwaltungsrats durch Weisungen zu überlagern; Adressaten solcher Weisungen bleiben jedoch auch insoweit stets die geschäftsführenden Direktoren. Die Situation entspricht insofern derjenigen in der AG, als sich das Weisungsrecht auf die gesamte Geschäftsleitung bezieht, die in der AG dem Vorstand nach Maßgabe des § 76 AktG zugewiesen ist.[55] Freilich ist der Verwaltungsrat auch ohne eine an ihn gerichtete Weisung im Innenverhältnis verpflichtet, keine Grundlinien festzulegen, die zulässigen Weisungen des herrschenden Unternehmens zuwider laufen. Diese Pflicht resultiert jedoch aus der internen Pflichtbindung des Verwaltungsrats im Verhältnis zur SE, die gegenüber dem herrschenden Unternehmen zur Vertragstreue verpflichtet ist. Mit einer eigenen Folgepflicht des Verwaltungsrats hat dies nichts zu tun. Umgekehrt vermag die Zustimmung des Verwaltungsrats der beherrschten SE zu einer Weisung des herrschenden Unternehmens oder eine durch ihn erteilte Anweisung an die geschäftsführenden Direktoren, eine solche Konzernweisung zu befolgen (§ 44 Abs. 2 SEAG), die Direktoren nicht von ihrer eigenen Prüfungspflicht und Verantwortung zu entlasten.[56]

32 Soweit es um Geschäfte geht, die der **Zustimmung des Aufsichtsrats** bedürfen (§ 308 Abs. 3 AktG), tritt an die Stelle des Aufsichtsrats in der monistischen SE der **gesamte Verwaltungsrat** (§ 22 Abs. 6 SEAG). In der Satzung einer monistischen SE können weitreichende Zustimmungsvorbehalte bestimmt werden, um die geschäftsführenden Direktoren eng an die Vorgaben des Verwaltungsrats zu binden. Nach dem Vorstehenden (→ Rn. 31) besteht auch kein Grund zu der Annahme, das Entscheidungsverfahren gem. § 308 Abs. 3 AktG sei in der abhängigen monistischen SE auf Zustimmungsvorbehalte mit präventiver Zielrichtung beschränkt.[57] Nicht selbstverständlich ist es, dass der bereits angewiesene geschäftsführende Direktor in seiner Eigenschaft als Mitglied des Verwaltungsrats an der Entscheidung iSd § 308 Abs. 3 AktG zu beteiligen ist. Immerhin könnte man argumentieren, der geschäftsführende Direktor sei durch die Weisung bereits gebunden, könne seine Doppelstellung im Verwaltungsrat also nicht mehr wahrnehmen und sich nicht selbst überwachen.[58] Mit Recht ist aber darauf hingewiesen worden, dass eine Bindung von Mitgliedern des Organs „Verwaltungsrat" durch eine Weisung des herrschenden Unternehmens gar nicht in Betracht kommt.[59] Zudem ist die Wirksamkeit der Weisung schon von der Mitwirkung des Verwaltungsrats oder von der Wiederholung der Weisung durch das herrschende Unternehmen abhängig (§ 308 Abs. 3 AktG), und vor Eintreten ihrer Wirksamkeit kann die Weisung niemanden binden.[60] Die geschäftsführenden Direktoren nehmen somit

---

[53] Vgl. zur monistischen SE *Velte* WM 2010, 1635.
[54] Dazu *Brandi* NZG 2003, 889 (891 f.); *Maul* in Lutter/Hommelhoff, Die Europäische Gesellschaft, 2005, 253 f.; Kölner Komm AktG/*Paefgen* Schlussanh. II Rn. 67; *Schwarz* Anh. Art. 43 Rn. 388; Habersack/Drinhausen/*Verse* SEAG § 49 Rn. 25 f.; aA Lutter/Hommelhoff/Teichmann/*Hommelhoff/Lächler* SE-Konzernrecht Rn. 18.
[55] Zutr. *Maul* ZGR 2003, 743 (747 f.).
[56] Kölner Komm AktG/*Paefgen* Schlussanh. II Rn. 72; Habersack/Drinhausen/*Verse* SEAG § 49 Rn. 27.
[57] Wie hier ohne diese Differenzierung Kölner Komm AktG/*Paefgen* Schlussanh. II Rn. 69; *Schwarz* Einl. Rn. 208; *Veil* in Jannott/Frodermann SE-HdB Kap. 11 Rn. 29; Habersack/Drinhausen/*Verse* SEAG § 49 Rn. 26; aA auch insoweit Lutter/Hommelhoff/Teichmann/*Hommelhoff/Lächler* SE-Konzernrecht Rn. 19.
[58] Lutter/Hommelhoff/Teichmann/*Hommelhoff/Lächler* SE-Konzernrecht Rn. 19, die daher die geschäftsführenden Direktoren von der Teilnahme an der Entscheidung ausschließen wollen.
[59] *Maul* ZGR 2003, 743 (749); *Maul* in Van Hulle/Maul/Drinhausen SE-HdB Abschn. 8 Rn. 17; *Maul* in Lutter/Hommelhoff, Die Europäische Gesellschaft, 2005, 255 ff.
[60] Wie hier Kölner Komm AktG/*Paefgen* Schlussanh. II Rn. 70; *Schwarz* Einl. Rn. 208; Habersack/Drinhausen/*Verse* SEAG § 49 Rn. 26.

an der Beschlussfassung im Verfahren gem. § 308 Abs. 3 AktG teil, ohne an die Weisung des herrschenden Unternehmens gebunden zu sein.

Da der Verwaltungsrat für die Oberleitung der Gesellschaft zuständig ist,[61] kann er **33** wesentlich intensiver vom Zustimmungsvorbehalt Gebrauch machen als der Aufsichtsrat der AG.[62] Aus diesem Grund wird häufiger als bei der AG das Verfahren nach **§ 308 Abs. 3 AktG** durchzuführen sein, wenn eine monistisch strukturierte SE als abhängige Gesellschaft Partnerin eines Beherrschungsvertrages ist.[63] An der vorstehend (→ Rn. 31) angesprochenen internen Pflichtenbindung des Verwaltungsrats und daran, dass sich das herrschende Unternehmen am Ende stets durchzusetzen vermag, ändert dies freilich nichts. Die Sorge, der Verwaltungsrat der beherrschten SE werde sich in die Konzernleitung des herrschenden Unternehmens „hineindrängen",[64] ist daher auch ohne Anerkennung eines Weisungsrechts gegenüber dem Verwaltungsrat (→ Rn. 31) und ohne Beschränkung des Entscheidungsverfahrens nach § 308 Abs. 3 AktG (→ Rn. 32) unbegründet. Verletzt der Verwaltungsrat seine Pflichten, die geschäftsführenden Direktoren hinsichtlich der Prüfung von Weisungen zu überwachen (§ 22 Abs. 1 SEAG), seine Zustimmungsvorbehalte auszuüben (§ 22 Abs. 6 SEAG, § 310 Abs. 1 AktG) oder bei der Erteilung eigener Weisungen an die geschäftsführenden Direktoren (§ 44 Abs. 2 SEAG), können auch seine Mitglieder in die konzernrechtliche Haftung nach § 310 Abs. 1 AktG geraten.

Soweit die Anwendung der §§ 291–307 AktG in Rede steht, verbleibt es für Akte im **34** Innenverhältnis der SE bei der Zuständigkeit des Verwaltungsrats gem. § 22 Abs. 6 SEAG. Ihm obliegt daher insbes. die Erfüllung der Berichts- und Erläuterungspflicht gem. §§ 293a, 293g Abs. 2 AktG.[65] Im Außenverhältnis begründet hingegen § 41 Abs. 1 S. 1 SEAG die Zuständigkeit der geschäftsführenden Direktoren,[66] so etwa für den Antrag auf Bestellung des Vertragsprüfers nach § 293c AktG oder Registeranmeldungen. IÜ bereitet die Anwendung der §§ 291 ff., 319 ff. AktG im Falle der vertraglich konzernierten SE **keinerlei Probleme** (zur Durchsetzung von Ansprüchen in grenzüberschreitenden Fällen → Europäische Niederlassungsfreiheit Rn. 677 ff., → Europäische Niederlassungsfreiheit Rn. 692, → Europäische Niederlassungsfreiheit Rn. 702 ff., → Europäische Niederlassungsfreiheit Rn. 718 ff.).[67] Es ist auf die entsprechenden Kommentierungen zu verweisen (näher → AktG § 291 Rn. 1 ff.).

b) Regelungen über die faktisch beherrschte Gesellschaft (§§ 311 ff. AktG). 35 § 311 AktG ist ohne weiteres mit unionsrechtlichen Vorgaben zur SE vereinbar.[68] Die Annahme, die Vorschrift verstoße gegen Art. 56, 57 GesR-RL oder gegen Art. 5 (→ Rn. 14; → Rn. 17),[69] geht fehl. Weder der Normgeber der Kapitalrichtlinie bzw. der GesR-RL noch derjenige der SE-VO hatte die Absicht, den Mitgliedstaaten Vorgaben hinsichtlich ihres Konzernrechts zu machen.[70] Bei genauer Betrachtung kann zudem keine Rede davon sein, dass § 311 AktG ein „Schädigungsprivileg" zugunsten des eine AG beherrschenden Unter-

---

[61] Dazu näher *Neye/Teichmann* AG 2003, 169 (175 ff.).
[62] Dazu auch *Brandi* NZG 2003, 889 (893); *Maul* in Theisen/Wenz, Die Europäische Aktiengesellschaft, 2. Aufl. 2005, 399, 447; *Maul* in Van Hulle/Maul/Drinhausen SE-HdB Abschn. 8 Rn. 16.
[63] Kölner Komm AktG/*Paefgen* Schlussanh. II Rn. 69.
[64] So aber Lutter/Hommelhoff/Teichmann/*Hommelhoff/Lächler* SE-Konzernrecht Rn. 19; wie hier demgegenüber Kölner Komm AktG/*Paefgen* Schlussanh. II Rn. 69.
[65] Zutr. Habersack/Drinhausen/*Verse* SEAG § 49 Rn. 21; *Brandi* AG 2003, 889 (893); *Neye/Teichmann* AG 2003, 169 (178); *Schwarz* Einl. Rn. 206; Kölner Komm AktG/*Siems/Müller-Leibenger* Anh. Art. 51 § 49 SEAG Rn. 6; aA Kölner Komm AktG/*Paefgen* Schlussanh. II Rn. 66, die für eine analoge Anwendung von § 49 Abs. 1 SEAG plädiert; für sie fehlt es freilich an einer planwidrigen Regelungslücke, vgl. Habersack/Drinhausen/*Verse* SEAG § 49 Rn. 21 und *Neye/Teichmann* AG 2003, 169 (178).
[66] Habersack/Drinhausen/*Verse* SEAG § 49 Rn. 21; iErg auch Kölner Komm AktG/*Paefgen* Schlussanh. II Rn. 66: § 49 Abs. 1 SEAG analog; aA *Brandi* AG 2003, 889 (893); *Schwarz* Einl. Rn. 207; Kölner Komm AktG/*Siems/Müller-Leibenger* Anh. Art. 51 § 49 SEAG Rn. 6.
[67] S. auch *Maul* ZGR 2003, 743 (743) f.; *Veil* in Jannott/Frodermann SE-HdB Kap. 11 Rn. 38 mwN.
[68] So auch *Lächler,* Das Konzernrecht der Europäischen Gesellschaft (SE), 2007, 195 ff.; *Schwarz* Einl. Rn. 211 ff.; *Schwarz* Anh. Art. 43 Rn. 387 f.; *Veil* WM 2003, 2169 (2171).
[69] Dazu *Schön* FS Kropff 1997, 285 (294 ff.); *Hommelhoff* AG 2003, 179 (182 ff.).
[70] Ebenso ua *Habersack* ZGR 2003, 724 (731 ff., 733); Kölner Komm AktG/*Paefgen* Schlussanh. II Rn. 7 ff., Art. 9 Rn. 25 *(Veil).*

nehmens enthalte. In Wirklichkeit liegt in dem vom Gesetzgeber in § 311 AktG vorgesehenen System des Nachteilsausgleichs noch nicht einmal eine Lockerung, geschweige denn eine Aufhebung der Ausschüttungssperre iSd §§ 57, 62 AktG (eingehend → AktG § 311 Rn. 42; → AktG § 311 Rn. 304 ff.; → AktG § 311 Rn. 311 ff. mwN).[71]

36 Die §§ 311 ff. AktG sind danach **uneingeschränkt** auch auf die abhängige SE **anzuwenden**.[72] Dies gilt namentlich ebenfalls für die SE mit monistischer Leitungsstruktur, wobei über die Einzelheiten freilich Streit besteht.

37 Die Aufgabe, **Veranlassungen** des herrschenden Unternehmens auf ihre Nachteiligkeit und Ausgleichsfähigkeit **zu prüfen,** trifft die Organe der abhängigen SE im Rahmen ihrer jeweiligen Zuständigkeiten. Im **dualistischen System** ist daher das Aufsichtsorgan gehalten, die Hinnahme der Nachteilszufügung durch das Leitungsorgan zu überwachen (Art. 40 Abs. 1 S. 1) und bei der Ausübung von Zustimmungsvorbehalten gem. Art. 48 Abs. 1, § 39 SEAG eine pflichtgemäße Prüfung der nachteiligen Veranlassung und ihrer Kompensation vorzunehmen.[73] Im **monistischen System** obliegen die entsprechenden Pflichten den geschäftsführenden Direktoren und dem Verwaltungsrat (§ 22 Abs. 1 SEAG, § 40 Abs. 2 SEAG).[74] Aus § 49 Abs. 1 SEAG ist nicht etwa zu schließen, dass der Verwaltungsrat einer faktisch abhängigen SE seiner Rechte und Pflichten im Hinblick auf die Geschäftsleitung beraubt sei. Insbesondere das Weisungsrecht des Verwaltungsrats (§ 44 Abs. 2 SEAG) bleibt vielmehr unberührt, sodass er die geschäftsführenden Direktoren auch insoweit durch zulässige Weisungen zu binden vermag.[75] Die pflichtgemäße Wahrnehmung der Prüfungsaufgaben, namentlich auch durch die (weisungsabhängigen) geschäftsführenden Direktoren, und das effiziente Zusammenwirken der Organe der faktisch beherrschten SE hierbei bringt in der Praxis einen nicht unerheblichen Organisations- und Abstimmungsaufwand sowie beträchtliches Konflikt- und Haftungspotential mit sich.[76]

38 Der **Abhängigkeitsbericht** (§ 312 AktG) ist bei der monistisch strukturierten SE einheitlich von den geschäftsführenden Direktoren aufzustellen (§ 49 Abs. 1 SEAG).[77] Über die Aufgabenerfüllung durch den Verwaltungsrat (→ Rn. 37) ist ebenfalls in diesem Bericht und nicht etwa gesondert zu berichten. Die Prüfung dieses Berichts (§ 314 AktG) erfolgt an Stelle des Aufsichtsrats durch den *gesamten* Verwaltungsrat (§ 22 Abs. 6 SEAG).[78] Auch die geschäftsführenden Direktoren sind als Mitglieder des Verwaltungsrats nicht etwa von

---

[71] *Flume* JurPerson 127; *Altmeppen* ZIP 1996, 693 (695 f.); *Cahn,* Kapitalerhaltung im Konzern, 1998, 64 ff.; tendenziell ebenso *Habersack* ZGR 2003, 724 (733 f.): Wenn die abhängige AG infolge der Bemessung des Nachteilsausgleichs trotz dessen zeitlicher Streckung „Vermögensnachteile nicht erleidet", kann von einem Verstoß gegen die Ausschüttungssperre iSd §§ 57, 62 AktG nicht ausgegangen werden.

[72] So iE auch Lutter/Hommelhoff/Teichmann/*Hommelhoff*/*Lächler* SE-Konzernrecht Rn. 37; *Lächler,* Das Konzernrecht der Europäischen Gesellschaft (SE), 2007, 142; NK-SE/*Schröder* Art. 9 Rn. 83 f.; *Wendt* in Spahlinger/Wegen, Internationales Gesellschaftsrecht in der Praxis, 2005, Rn. 1001; eingehend *Veil* in Jannott/Frodermann SE-HdB Kap. 11 Rn. 8 ff.

[73] Kölner Komm AktG/*Paefgen* Schlussanh. II Rn. 38; Habersack/Drinhausen/*Verse* SEAG § 49 Rn. 10.

[74] Näher zu den einzelnen aktienrechtlichen Regelungen und den diesbezüglichen Gemeinsamkeiten zwischen beiden Leitungsstrukturen bei der SE Kölner Komm AktG/*Paefgen* Schlussanh. II Rn. 42 ff.; *Veil* in Jannott/Frodermann SE-HdB Kap. 11 Rn. 19.

[75] Zutr. Lutter/Hommelhoff/Teichmann/*Hommelhoff*/*Lächler* SE-Konzernrecht Rn. 23 f.; Kölner Komm AktG/*Paefgen* Schlussanh. II Rn. 44 ff., auch zu Grenzen der Weisungsbindung und der korrespondierenden Enthaftungswirkung; *Veil* in Jannott/Frodermann SE-HdB Kap. 11 Rn. 14, 16 f., 19 f.; Habersack/Drinhausen/*Verse* SEAG § 49 Rn. 10.

[76] Zur Frage, ob die Mitglieder des Verwaltungsrats der beherrschten SE bei pflichtwidriger Durchsetzung von Veranlassungen des herrschenden Unternehmens analog § 317 Abs. 3 AktG oder analog § 93 AktG in die Haftung genommen werden können, *Veil* in Jannott/Frodermann SE-HdB Kap. 11 Rn. 21.

[77] Lutter/Hommelhoff/Teichmann/*Hommelhoff*/*Lächler* SE-Konzernrecht Rn. 25; Kölner Komm AktG/ *Paefgen* Schlussanh. II Rn. 47.

[78] Ebenso Lutter/Hommelhoff/Teichmann/*Teichmann* Anh. Art. 43 Rn. 4; vgl. zur Diskussion, ob das deutsche Konzernrecht für das monistische Modell kompatibel gemacht werden kann, *Teichmann,* Binnenmarktkonformes Gesellschaftsrecht, 2006, 600 f. mN in Fn. 318; ausdrücklich gegen die Prüfung durch den gesamten Verwaltungsrat, sofern geschäftsführende Direktoren „ihren eigenen Bericht prüfen müssten", NK-SE/*Schröder* Art. 9 Rn. 90.

der Prüfung und Beschlussfassung ausgeschlossen.[79] Soweit im Schrifttum geltend gemacht wurde, der Verwaltungsrat sei auf Grund seiner Zuständigkeit für die Oberleitung der Gesellschaft nicht selten befangen und eigne sich daher nicht für die Prüfung des Abhängigkeitsberichts,[80] ändert dies **de lege lata** nichts an der Zuständigkeit des gesamten Verwaltungsrats für die Prüfung (§ 314 AktG iVm § 22 Abs. 6 SEAG).[81] Darüber hinaus ist das Gewicht dieser Bedenken nicht allzu groß, denn auch bei der deutschen AG wirkt der Aufsichtsrat oftmals an Entscheidungen von konzerninterner Relevanz mit, ohne deshalb hinsichtlich der Prüfung des Abhängigkeitsberichts disqualifiziert zu sein. Vor allem aber dominiert das herrschende Unternehmen den Aufsichtsrat der abhängigen AG in der Praxis. Auch der Aufsichtsrat der AG müsste danach in aller Regel als „befangen" gelten, und dennoch ist er nach § 314 AktG mit der wichtigen Funktion betraut, den Abhängigkeitsbericht zu prüfen und eigenverantwortlich zu erklären, ob Einwendungen gegen ihn bestehen (§ 314 Abs. 3 AktG). **De lege ferenda** ist aber generell zu erwägen, ob der Gesetzgeber Regelungen über einen Prüfungsausschuss treffen sollte, der mit qualifizierten und teilweise unabhängigen Mitgliedern zu besetzen wäre.[82] Sonderregelungen für die SE wären indes mit Rücksicht auf Art. 10 (Diskriminierungsverbot) stets daraufhin zu prüfen, ob sie tatsächlich durch Unterschiede zwischen dem Statut der AG und demjenigen der SE sachlich zu rechtfertigen sind. Hieran bestehen auch für das Konzernrecht der monistischen SE durchaus Zweifel.[83]

Die Beschlussfassung über den Bericht kann nicht auf einen Ausschuss delegiert werden **39** (§ 34 Abs. 4 S. 2 SEAG). Der Verwaltungsrat muss in seinem Bericht an die Hauptversammlung (§ 47 Abs. 3 SEAG iVm § 171 Abs. 2 AktG) über das Ergebnis seiner Prüfung berichten (§ 314 Abs. 2–3 AktG, § 22 Abs. 6 SEAG). IÜ ist die Anwendung der §§ 311 ff. AktG auf eine SE mit Sitz in Deutschland weitgehend **unproblematisch** (zur faktisch herrschenden SE → Rn. 43).[84] Es ist auf die entsprechende Kommentierung zu verweisen (näher → AktG § 311 Rn. 1 ff.).

c) Beherrschende SE. Bisher wird offenbar nicht behauptet, dass die Anwendung des **40** deutschen Konzernrechts auf eine beherrschende SE mit Sitz in Deutschland gegen die Niederlassungsfreiheit verstoßen könne. Eine derartige Behauptung liegt auch fern. Nach der Kollisionsregel des Internationalen Konzernrechts ist für die Beziehungen eines herrschenden Unternehmens zu einer abhängigen Gesellschaft das **Gesellschaftsstatut der Tochtergesellschaft** maßgeblich (→ Europäische Niederlassungsfreiheit Rn. 485 ff.). Dabei handelt es sich um eine **allseitige Kollisionsnorm:** Sie verweist nicht nur auf die Anwendung inländischen Rechts, wenn eine deutsche Gesellschaft abhängiges Unternehmen ist, sondern sie bestimmt auch die Geltung der ausländischen Rechtsordnung, wenn ein deutsches Unternehmen die ausländische Gesellschaft beherrscht. Demzufolge richtet sich der Schutz einer von der SE beherrschten Kapitalgesellschaft ausländischen Rechts nach deren Gesellschaftsstatut. Unproblematisch ist die Anwendung des deutschen Konzernrechts demgegenüber, wenn auch die beherrschte Gesellschaft dem deutschen Gesellschaftsrecht untersteht.

---

[79] Ebenso Habersack/Drinhausen/*Verse* SEAG § 49 Rn. 12; Kölner Komm AktG/*Siems/Müller-Leibenger* Anh. Art. 51 § 49 SEAG Rn. 13; s. auch *Bachmann* ZGR 2008, 779 (794, 807); Kölner Komm AktG/*Paefgen* Schlussanh. II Rn. 48; insoweit aA Lutter/Hommelhoff/Teichmann/*Hommelhoff/Lächler* SE-Konzernrecht Rn. 27; NK-SE/*Schröder* Art. 9 Rn. 90.

[80] *Maul* ZGR 2003, 743 (755 f.); *Maul* in Van Hulle/Maul/Drinhausen SE-HdB Abschn. 8 Rn. 25; *Maul* in Lutter/Hommelhoff, Die Europäische Gesellschaft, 2005, 258 f.; ebenfalls krit. *Veil* in Jannott/Frodermann SE-HdB Kap. 11 Rn. 23; *Veil* WM 2003, 2169 (2173 f.); *Schwarz* Einl. Rn. 216 mit Fn. 605; *Merkt* ZGR 2003, 650 (675 f.).

[81] Ebenso Lutter/Hommelhoff/Teichmann/*Hommelhoff/Lächler* SE-Konzernrecht Rn. 26; Kölner Komm AktG/*Paefgen* Schlussanh. II Rn. 48; Habersack/Drinhausen/*Verse* SEAG § 49 Rn. 12; aA NK-SE/*Schröder* Art. 9 Rn. 90.

[82] Dazu *Altmeppen* ZGR 2004, 390 (390 f.); ferner *Maul* ZGR 2003, 743 (758 f.); *Maul* in Van Hulle/Maul/Drinhausen SE-HdB Abschn. 8 Rn. 25, jeweils mwN.

[83] Zust. Habersack/Drinhausen/*Verse* SEAG § 49 Rn. 13; aA wohl *Maul* ZGR 2003, 743 (761 f.); *Maul* in Van Hulle/Maul/Drinhausen SE-HdB Abschn. 8 Rn. 25.

[84] Zur Haftung *Veil* in Jannott/Frodermann SE-HdB Kap. 11 Rn. 18 ff.

41 Andererseits sind nach ganz hM zum Konzernkollisionsrecht konzernrechtliche Rechtsfragen, die ausschließlich die **Belange des herrschenden Unternehmens** betreffen, nach dessen Gesellschaftsstatut zu beurteilen.[85] Paradigma ist das Erfordernis einer Zustimmung der Hauptversammlung der herrschenden Gesellschaft zu einem Unternehmensvertrag gem. oder analog § 293 Abs. 2 AktG oder zu einer Eingliederung gem. § 319 Abs. 2 AktG. Gleiches gilt für Zustimmungserfordernisse und ungeschriebene Hauptversammlungszuständigkeiten nach dem Muster der sog. „Holzmüller"- und „Gelatine"-Grundsätze.[86] Für die SE folgt die Anwendbarkeit dieser gesetzlichen Regelungen und Rechtsprechungsgrundsätze aus Art. 52 UAbs. 2, der insoweit Art. 9 Abs. 1 lit. c Ziff. ii vorgeht (→ Rn. 26). Dies gilt auch dann, wenn der Fall Auslandsbezug hat, dh die SE deutschen Rechts eine ausländische Tochtergesellschaft vertraglich beherrscht (allg. zum Internationalen Konzernrecht → Europäische Niederlassungsfreiheit Rn. 487, → Europäische Niederlassungsfreiheit Rn. 499).[87] Voraussetzung ist jedoch stets eine mit der deutschen Regelung vergleichbare Sach- und Interessenlage. Namentlich eine Zustimmungspflicht gem. § 293 Abs. 2 AktG besteht daher nur, wenn nach dem maßgeblichen Konzernstatut der Auslandstochter hinreichend ähnliche Schutzmechanismen wie im deutschen Recht gelten, dh insbes. die Obergesellschaft für die Risiken der abhängigen Gesellschaft aufgrund einer zwingenden Verlustausgleichspflicht, im Wege der Ausfall- oder gesamtschuldnerischen Haftung oder in vergleichbarer Weise einzustehen hat und außenstehende Gesellschafter der Auslandstochter durch zwingende Abfindungs- und Ausgleichsregeln geschützt werden, die denen des deutschen Aktienkonzernrechts vergleichbar sind.[88] Ferner findet auch § 308 Abs. 3 AktG im Falle einer herrschenden SE deutscher Provenienz Anwendung.

42 Im **Vertragskonzern** haften im Falle einer **dualistischen Leitungsstruktur** der herrschenden SE die Mitglieder ihres Leitungsorgans, nicht jedoch die Mitglieder des Aufsichtsorgans nach § 309 Abs. 1 AktG. Insoweit gilt auch dann nichts anderes, wenn diese der rechtswidrigen Weisung – ggf. im Verfahren nach § 308 Abs. 3 S. 2 Hs. 2 AktG – zugestimmt haben sollten. Ist die herrschende SE **monistisch** strukturiert, so sind für die Erteilung von Weisungen deren geschäftsführende Direktoren zuständig (§ 41 Abs. 1 S. 1 SEAG).[89] Wurden diese wiederum vom Verwaltungsrat zur Erteilung einer Weisung angewiesen (§ 44 Abs. 2 SEAG), sollen nach wohl hM auch dessen Mitglieder entsprechend § 309 Abs. 2 AktG haften.[90] Diese Ansicht ist fragwürdig. Gegenüber der abhängigen Gesellschaft sind nur die geschäftsführenden Direktoren zur Ausübung von Konzernleitungsmacht legitimiert. Nur sie stehen dementsprechend für die Rechtmäßigkeit erteilter Weisungen in der Außenverantwortung (§ 41 Abs. 1 S. 1 SEAG).[91] Weisungen des Verwaltungsrats des herrschenden Unternehmens kommt demgegenüber ausschließlich im Innenverhältnis Bedeutung zu. Eine planwidrige Regelungslücke, die einen Analogieschluss rechtfertigen könnte, ist nicht erkennbar. Die geschäftsführenden Direktoren sind ihrerseits

---

[85] OLG Stuttgart AG 2013, 724 (725); *Brandi* NZG 2003, 889 (891); Emmerich/Habersack/*Emmerich* AktG § 291 Rn. 34, 36; MüKoBGB/*Kindler* IntGesR Rn. 685, 714; Staudinger/Großfeld IntGesR Rn. 503; MHLS/*Leible* GmbHG Syst. Darst. 2 Rn. 239; BeckOK GmbHG/*Servatius* Konzernrecht Rn. 564.

[86] BGHZ 83, 122 = NJW 1982, 1703; BGHZ 159, 30 = NZG 2004, 571.

[87] Zur SE Lutter/Hommelhoff/Teichmann/*Hommelhoff*/*Lächler* SE-Konzernrecht Rn. 31 ff.; Habersack/ Drinhausen/*Verse* SEAG § 49 Rn. 8; iErg auch – mit kollisionsrechtlicher Begr. – Kölner Komm AktG/*Veil* Art. 9 Rn. 24.

[88] S. auch Lutter/Hommelhoff/Teichmann/*Hommelhoff*/*Lächler* SE-Konzernrecht Rn. 31; Kölner Komm AktG/*Veil* Art. 9 Rn. 24.

[89] Lutter/Hommelhoff/Teichmann/*Hommelhoff*/*Lächler* SE-Konzernrecht Rn. 11; Habersack/Drinhausen/*Verse* SEAG § 49 Rn. 29; Kölner Komm AktG/*Paefgen* Schlussanh. II Rn. 74.

[90] So Kölner Komm AktG/*Paefgen* Schlussanh. II Rn. 81; Habersack/Drinhausen/*Verse* SEAG § 49 Rn. 30; ebenso – anders als zur Haftung nach § 317 Abs. 3 AktG (Habersack/Drinhausen/*Verse* SEAG § 49 Rn. 13) – Lutter/Hommelhoff/Teichmann/*Hommelhoff*/*Lächler* SE-Konzernrecht Rn. 11; aA unter Hinweis auf die Nichthaftung einflussnehmender Gesellschafter einer herrschenden GmbH hingegen *Schwarz* Einl. Rn. 225; *Brandi* NZG 2003, 889 (892).

[91] Dies folgt allerdings, was bisweilen verkannt wird, nicht bereits aus § 49 Abs. 1 SEAG, da dieser – ebenso wie § 49 Abs. 2 SEAG – entgegen der missverständlichen Überschrift nur die abhängige SE im Blick hat, s. BT-Drs. 15/3405, 40.

schon zur Meidung ihrer eigenen Haftung verpflichtet, Weisungen des Verwaltungsrats zur Konzernleitung gegenüber dem beherrschten Unternehmen auf ihre Zulässigkeit zu prüfen. Zudem müssen die geschäftsführenden Direktoren den Verwaltungsrat mit hinreichenden Informationen ausstatten, um eine pflichtgemäße Weisungserteilung zu ermöglichen. Für das Zustimmungsverfahren iSd § 308 Abs. 3 S. 2 Hs. 2 AktG ist der Verwaltungsrat der herrschenden SE zuständig (§ 22 Abs. 6 SEAG).[92]

Im **faktischen Konzern** mit einer SE als Konzernspitze gelten im Grundsatz die allg. 43 Regeln, die in Abhängigkeit von der Rechtsform des abhängigen Unternehmens anzuwenden sind.[93] Im Falle einer **monistisch** strukturierten herrschenden SE haften nach zutr., aber umstrittener Ansicht deren geschäftsführende Direktoren, nicht aber die nicht geschäftsführenden Mitglieder des Verwaltungsrats gem. § 317 Abs. 3 AktG.[94]

d) Andere Unternehmensverträge. Die Unternehmensverträge iSd § 292 AktG 44 **gehören** im Grundsatz **nicht zum reinen Konzernrecht,** da eine einheitliche Leitung typischerweise gerade nicht Bestandteil des Vertrages ist. Handelt es sich bei der SE um die abhängige Gesellschaft (§§ 16, 17 AktG), ist gleichwohl – ebenso wie im Falle der abhängigen AG – das deutsche Recht der Unternehmensverträge iSd § 292 AktG anwendbar. Die Rechtslage entspricht iErg derjenigen bei Beteiligung einer deutschen AG (→ Europäische Niederlassungsfreiheit Rn. 501; → AktG Vor § 291 Rn. 68 ff.).

e) Gleichordnungskonzern. Unter dem Gesichtspunkt des Niederlassungsrechts und 45 der Vereinbarkeit mit dem Statut der SE unproblematisch ist auch die Verweisung auf das deutsche Recht des Gleichordnungskonzerns, wenn eine hierzulande gegründete SE eine derartige Unternehmensverbindung eingeht. Allerdings gelten insoweit andere Anknüpfungsregeln als im Unterordnungskonzern. Es kann auch insoweit auf die **allgemeinen Grundsätze des Kollisionsrechts im Gleichordnungskonzern** verwiesen werden (→ Europäische Niederlassungsfreiheit Rn. 510 ff.; → AktG Vor § 291 Rn. 58 f.).[95]

Art. 10 [Recht des Sitzstaats]

Vorbehaltlich der Bestimmungen dieser Verordnung wird eine SE in jedem Mitgliedstaat wie eine Aktiengesellschaft behandelt, die nach dem Recht des Sitzstaats der SE gegründet wurde.

I. Verhältnis zu Art. 9

Die Bedeutung der Vorschrift ist **unklar.** Dass die SE bei der Gründung einer (anderen) 1 SE gem. Art. 2 als Aktiengesellschaft des Sitzstaates gilt, ergibt sich bereits aus Art. 3 Abs. 1 (→ Art. 3 Rn. 3). Darüber hinaus folgt schon aus dem Verweis auf das nationale Aktienrecht in Art. 9 Abs. 1 lit. c Ziff. ii, dass die SE im Sitzstaat wie eine Aktiengesellschaft zu behandeln ist (Gleichbehandlungsgebot). Denn die Vorschrift erklärt sämtliche auf eine Aktiengesellschaft im Sitzstaat geltenden (spezifischen) Rechtsvorschriften für ergänzend anwendbar (→ Art. 9 Rn. 1, → Art. 9 Rn. 17). Dies bezieht sich nicht nur auf die gesetzlichen Vorschriften, sondern auch auf Richterrecht sowie die einschlägigen Auslegungsregeln (→ Art. 9 Rn. 17 f.). Zu beachten ist allerdings, dass diese Verweisung in ihrer Reichweite durch den generellen Anwendungsbereich der SE-VO beschränkt wird (→ Art. 9 Rn. 6) und sich deshalb im Wesentlichen auf das nationale Aktienrecht, also spezifisches Gesell-

---

[92] Kölner Komm AktG/*Paefgen* Schlussanh. II Rn. 75.
[93] S. Habersack/Drinhausen/*Verse* SEAG § 49 Rn. 15.
[94] Lutter/Hommelhoff/Teichmann/*Hommelhoff/Lächler* SE-Konzernrecht Rn. 13; aA – für Haftung auch der nicht geschäftsführenden Verwaltungsratsmitglieder (jedoch wohl nur bei Zustimmung zum Weisungsbeschluss) – Kölner Komm AktG/*Paefgen* Schlussanh. II Rn. 58; Kölner Komm AktG/*Siems/Müller-Leibenger* Anh. Art. 51 § 49 SEAG Rn. 15; Habersack/Drinhausen/*Verse* SEAG § 49 Rn. 16.
[95] Ausf. MüKoBGB/*Kindler* IntGesR Rn. 720 ff.

schaftsrecht beschränkt. Damit ergibt sich in Hinblick auf die von Art. 9 Abs. 1 lit. c Ziff. ii in Bezug genommenen Vorschriften **kein eigenständiger Regelungsbereich** für Art. 10.

II. Eigenständiger Regelungsgehalt des Art. 10

2   Versucht man, der Vorschrift einen eigenen Regelungsgehalt zuzuordnen, so könnte sich zum einen anbieten, Art. 10 als einen Gesamtverweis auf das Recht des Sitzstaates zu verstehen, der – im Gegensatz zu Art. 9 Abs. 1 – auch das nationale Kollisionsrecht umfasst, für dessen Anwendung Art. 10 die Gleichbehandlung mit einer nach dem Recht des Sitzstaates gegründeten Aktiengesellschaft anordnet.[1] Oder man bezieht das **Gleichbehandlungsgebot** von vornherein nicht auf den Sitzstaat, sondern **auf die übrigen Mitgliedstaaten**, worauf auch der Wortlaut hindeutet, der zwischen „jedem Mitgliedstaat" und „dem Sitzstaat" unterscheidet. Demnach würde Art. 10 also sämtliche Mitgliedstaaten verpflichten, eine nach dem Recht eines anderen Mitgliedstaates gegründete SE in ihrem Hoheitsgebiet ebenso zu behandeln wie eine nach dem Recht des Sitzstaates gegründete Aktiengesellschaft, sofern nicht schon die VO selbst eine Regelung trifft.[2] Für diese Interpretation spricht, dass sie Art. 10 einen eigenen Regelungsbereich erschließt.

3   Diese denkbaren Interpretationsansätze lassen sich wie folgt zusammenführen und modifizieren:[3] Zunächst spricht aus dem systematischen Zusammenhang mit Art. 9 einiges dafür, dass es auch in Art. 10 um die Anwendung des jeweiligen **Sachrechts** geht, zumindest was das Recht des Sitzstaates betrifft. Seine Aussage ist demnach dahin zu verstehen, dass der Tatbestand einer (beliebigen) sachrechtlichen Norm die SE stets mit umfasst, wann immer er sich auf eine (nationale) Aktiengesellschaft bezieht. Durch diese Gleichstellung verbietet die Vorschrift den Mitgliedstaaten zugleich, inhaltlich abweichendes Sonderrecht für die SE zu schaffen. Das betrifft deshalb auch den **Gründungs-/Sitzstaat** selbst, weil das Gleichbehandlungsgebot des Art. 10 für all diejenigen Rechtsbereiche relevant wird, die von der Verweisung des Art. 9 Abs. 1 lit. c Ziff. ii nicht erfasst werden; denn die unmittelbare Inbezugnahme des nationalen (Aktien-)Rechts bewegt sich naturgemäß im Rahmen des Regelungs- und Geltungsbereichs der SE-VO, sodass etwa das nationale Steuerrecht oder Insolvenzrecht nicht erfasst werden (→ Art. 9 Rn. 2). Deshalb vermag die SE-VO zwar nicht unmittelbar auf dieses, ihrem Anwendungsbereich entzogene Recht zu verweisen. Wohl aber kann sie das Gleichbehandlungsgebot auch auf die allgemeinen Vorschriften erstrecken. Wann immer also der Sitzstaat eine Regelung für (seine) Aktiengesellschaften erlässt, gleich in welchem Kontext, gilt diese ohne weiteres auch für die SE.

4   Für alle **anderen Mitgliedstaaten** bedeutet Art. 10 sodann, dass unabhängig von ihrem Kollisionsrecht jede SE stets als solche anzuerkennen, namentlich also auch in ihrem Hoheitsgebiet als eine nach dem Sitzstaatrecht gegründete Gesellschaft zu tolerieren ist. Die ausländischen Staaten dürfen folglich weder ihre Existenz bestreiten noch sie als Gesellschaft anderer Rechtsform behandeln. Auch insoweit zielt also Art. 10 nicht auf das Kollisionsrecht der Mitgliedstaaten. Denn das Kollisionsrecht könnte durchaus gestatten, dass der jeweilige Mitgliedstaat seine eigenen Ausführungsbestimmungen bzw. sein eigenes Aktienrecht auf die in seinem Mitgliedstaat tätige SE zur Anwendung bringt. Die Niederlassungsfreiheit der SE stünde dem nur insoweit entgegen, als hierdurch eine Marktzutrittsschranke aufgerichtet und nicht lediglich eine Ausübungsregelung getroffen würde.[4] Um dem Ziel des Gleichbehandlungsgebots gerecht zu werden, wird man Art. 10 außerdem, insofern über den Wortlaut hinaus, dahin gehend auszulegen haben, dass die übrigen Mitgliedstaaten jede nach einem fremden Sitzstaat gegründete SE ebenso zu behandeln haben **wie eine eigene Aktiengesellschaft**. Anders gewendet, muss demnach jeder Mitgliedstaat auf jede in seinem Hoheitsgebiet tätige SE, gleich welcher Provenienz, all diejenigen sachrechtlichen Vorschrif-

---

[1] So *Wagner* NZG 2002, 985 (990).
[2] In diesem Sinne *Teichmann*, Binnenmarktkonformes Gesellschaftsrecht, 2006, 297; Lutter/Hommelhoff/ Teichmann/*Hommelhoff/Teichmann* Rn. 6; vgl. auch Habersack/Drinhausen/*Schürnbrand* Rn. 2.
[3] Dem folgend BeckOGK/*Casper* Rn. 2; ebenso Habersack/Drinhausen/*Schürnbrand* Rn. 4 f.
[4] S. *Schäfer* NZG 2004, 785 (786 ff.); eingehend *Bitter* WM 2004, 2190 ff.

ten zur Anwendung bringen, deren Tatbestand an die Rechtsform der nationalen Aktiengesellschaft gem. Anh. I SE-VO anknüpft. Dafür spricht auch das systematische Argument der einheitlichen Interpretation des Art. 10 sowohl in Hinblick auf den Gründungsstaat (→ Rn. 3) als auch auf die übrigen Staaten.

III. Ausgestaltung und Reichweite

Die Pflicht zur umfassenden Gleichbehandlung (→ Rn. 2 f.) besteht dabei zunächst „vorbehaltlich der Bestimmungen dieser Verordnung". Art. 10 bindet (naturgemäß) **nicht den Unionsgesetzgeber** selbst, sodass eine Ungleichbehandlung der SE durch die SE-VO oder die Beteiligungs-RL im Rahmen der dem Unionsrecht immanenten Grenzen zulässig ist.[5] Im Übrigen gilt der unionsrechtliche **Diskriminierungsbegriff**, sodass neben formellen, unmittelbaren, also offenen Diskriminierungen auch materielle, mittelbare bzw. versteckte Diskriminierungen erfasst werden.[6] Dem Gleichbehandlungsgebot Entgegenstehendes darf nicht angewendet werden (sog. Anwendungsvorrang).[7] Ausgeschlossen ist jedoch nur die willkürliche, ohne Sachgrund erfolgende Ungleichbehandlung.[8] Ein solcher Sachgrund muss sich aus den objektiven rechtlichen Besonderheiten der SE ergeben. Insbesondere der supranationale Charakter der SE oder ihre variable Organisationsverfassung (dualistisch oder monistisch) können Abweichungen gegenüber sonstigen Rechtsformen durchaus rechtfertigen.[9] Die Rechtsform als solche bildet hingegen keinen ausreichenden Differenzierungsgrund. Aus der Formulierung „behandelt" kann im Übrigen gefolgert werden, dass Art. 10 auch ein **Privilegierungsverbot** statuiert.[10] Der ebenfalls auf eine „Andersbehandlung" bezogene und daher offen formulierte Erwägungsgrund 5 steht einer solchen Deutung mit Rücksicht auf das umfassende Gleichbehandlungsgebot jedenfalls nicht entgegen.

Art. 11 [Benennung der Firma]

(1) **Die SE muss ihrer Firma den Zusatz „SE" voran- oder nachstellen.**

(2) **Nur eine SE darf ihrer Firma den Zusatz „SE" hinzufügen.**

(3) **Die in einem Mitgliedstaat vor dem Zeitpunkt des Inkrafttretens dieser Verordnung eingetragenen Gesellschaften oder sonstigen juristischen Personen, deren Firma den Zusatz „SE" enthält, brauchen ihre Namen jedoch nicht zu ändern.**

I. Regelungsgehalt und Normzweck

Art. 11 regelt in seinen drei Absätzen nur einen Teilbereich des Firmenrechts der SE, nämlich den **Rechtsformzusatz.** Abs. 1 zwingt die SE, den Rechtsformzusatz „SE" in ihre Firma aufzunehmen; er kann den übrigen Bestandteilen sowohl vor- als auch nachgestellt werden. Anders als § 4 AktG gestattet Art. 11 nicht die (ausschließliche) Verwendung der Langform („Societas Europaea"), sondern erfordert **zwingend** die Verwendung des **Kürzels,** der dem Firmenkern sowohl voran- als auch nachgestellt werden kann. Abs. 2 sperrt diesen Zusatz als Firmenbestandteil für Gesellschaften jedweder anderer Rechtsform,

---

[5] Habersack/Drinhausen/*Schürnbrand* Rn. 3, 8; *Schwarz* Rn. 15, 18. Lutter/Hommelhoff/Teichmann/ Hommelhoff/*Teichmann* Rn. 4; *Reiner* Konzern 2011, 135 (141 f.).
[6] Zum unionsrechtlichen Diskriminierungsbegriff Calliess/Ruffert/*Epiney* AEUV Art. 18 Rn. 12; Streinz/ *Müller-Graff* AEUV Art. 49 Rn. 43 ff.
[7] Vgl. Habersack/Drinhausen/*Schürnbrand* Rn. 10; BeckOGK/*Casper* Rn. 4; ebenso *Bayer/Scholz* ZIP 2016, 193 (198).
[8] BeckOGK/*Casper* Rn. 3; Kölner Komm AktG/*Veil* Rn. 7; *Schwarz* Rn. 22; Habersack/Drinhausen/ *Schürnbrand* Rn. 9.
[9] Habersack/Drinhausen/*Schürnbrand* Rn. 9.
[10] NK-SE/*Schröder* Rn. 1; *Schwarz* Rn. 3; Habersack/Drinhausen/*Schürnbrand* Rn. 7; *Habersack/Verse* EuropGesR § 13 Rn. 12; *Wirtz,* Lückenfüllung im Recht der SE und der SPE, 2012, 149; aA BeckOGK/ *Casper* Rn. 3; Kölner Komm AktG/*Veil* Rn. 4; Kallmeyer AG 2003, 197 (198); *Kübler* ZHR 167 (2003), 222 (232).

reserviert ihn also für die Rechtsform der SE. Abweichend hiervon gestattet allerdings Abs. 3 allen Gesellschaften, die vor dem 8.10.2004 das Kürzel „SE" in ihrer Firma geführt haben, deren weiteren Gebrauch, und zwar ohne zeitliche Begrenzung.[1] Die Vorschrift gewährt also **unbeschränkten Bestandsschutz.** – Alle übrigen Fragen des Firmenrechts bleiben in der VO ungeregelt. Weil auch das SEAG schweigt, greift die **Verweisung** des Art. 9 Abs. 1 lit. c Ziff. ii **auf das HGB** ein, sodass §§ 17 ff. HGB zur Anwendung kommen[2] (→ Rn. 2).

II. Verhältnis zum aktienrechtlichen Firmenrecht (§ 4 AktG)

2 Wie die Aktiengesellschaft ist auch die SE gem. Art. 9 Abs. 1 lit. c Ziff. ii iVm § 3 AktG Handelsgesellschaft und damit Formkaufmann iSv § 6 Abs. 2 HGB. Sie unterliegt folglich wie diese dem Zwang zur Firmenführung gem. §§ 17 ff. HGB. Gegenüber den Regelungen des Art. 11 (→ Rn. 1) enthält § 4 AktG eine § 19 Abs. 1 HGB entsprechende **Ergänzung nur für die abgeleitete Firma,** die ungeachtet ihres Rechts zur Firmenfortführung nach § 22 HGB bei Erwerb einer Handelsgesellschaft in jedem Falle einen Rechtsformzusatz in ihre Firma aufnehmen muss. Entsprechendes gilt auch für die SE, und zwar gleichviel, ob man Art. 11 insofern zwar für eine abschließende Regelung des Rechtsformzusatzes hält, ihm aber unmittelbar die Pflicht zur Verwendung des Rechtsformzusatzes auch in diesem Fall entnimmt,[3] oder ob man mittels Art. 9 Abs. 1 lit. c Ziff. ii den § 4 AktG zur Anwendung bringt. Richtig ist in jedem Falle: Entscheidet sich die SE beim Erwerb eines bestehenden Handelsgeschäfts mit Zustimmung des Veräußerers für die Fortführung der bisherigen Firma, so hat sie dieser den Zusatz „SE" hinzuzufügen. Der Rechtsformzusatz ist demgemäß in allen Varianten der Firmenbildung zu führen und insbesondere auch auf **Geschäftsbriefen** gem. § 43 SEAG, § 80 AktG stets anzugeben. Zu Einzelheiten → AktG § 4 Rn. 18 ff.

III. Verhältnis zum Firmenrecht des HGB

3 Weil die SE Formkaufmann iSv § 6 Abs. 2 HGB ist (→ Rn. 2), gelten für sie ergänzend die allgemeinen **handelsrechtlichen Vorschriften** zur Firmenbildung (§§ 17 ff. HGB), auf welche auch die §§ 3, 4 AktG Bezug nehmen. Nur hinsichtlich des Rechtsformzusatzes (SE) als solchen ist der Rückgriff auf nationales Recht (insbesondere § 4 AktG) unzulässig.[4] Im Übrigen bestimmt § 18 HGB für SE (und Aktiengesellschaft) die wesentlichen Grundlagen der Firmenbildung, indem er sie dem Prinzip der Firmenwahrheit (§ 18 Abs. 2 HGB) sowie den Erfordernissen der **Unterscheidungskraft** und der **Kennzeichnungswirkung** (§ 18 Abs. 1 HGB) unterwirft. Auch insofern kann wegen der Einzelheiten auf → AktG § 4 Rn. 15 ff. verwiesen werden. Unbeschadet des **Irreführungsverbots** braucht auch die SE ihre Sachfirma nicht dem Unternehmensgegenstand zu entlehnen, sondern darf eine Phantasiefirma bilden (→ AktG § 4 Rn. 29). Für eine Personalfirma darf sie indes wegen § 18 Abs. 2 HGB nur in engen Grenzen die Namen von Personen verwenden, die nicht zum Gesellschafterkreis gehören (→ AktG § 4 Rn. 30).

Art. 12 [Eintragung im Register]

(1) Jede SE wird gemäß Artikel 3 der Ersten Richtlinie 68/151/EWG des Rates vom 9. März 1968 zur Koordinierung der Schutzbestimmungen, die in den Mitgliedstaaten den Gesellschaften im Sinne des Artikels 58 Absatz 2 des Vertrages[1]

---

[1] Anders verhält sich etwa § 11 Abs. 1 S. 2, 3 PartGG in Bezug auf die Zusätze „Partnerschaft" sowie „& Partner", die nach Einführung dieser Rechtsform ohne klarstellenden Zusatz nur noch für eine Übergangszeit verwendet werden durften, dazu MüKoBGB/*Schäfer* PartGG § 11 Rn. 4 f.; Kölner Komm AktG/*Kiem* Rn. 16.
[2] Vgl. etwa *Neun* in Theisen/Wenz SE 87; BeckOGK/*Casper* Rn. 1; *Schwarz* Rn. 4.
[3] So etwa BeckOGK/*Casper* Rn. 5; Kölner Komm AktG/*Kiem* Rn. 3.
[4] Habersack/Drinhausen/*Schürnbrand* Rn. 5.
[1] Seit dem Amsterdamer Vertrag müsste es richtig „Gesellschaften iSd Art. 48 Absatz 2" lauten, vgl. *Schwarz* ZIP 2001, 1847 (1854) m. Fn. 49 – dieser entspricht dem heutigen Art. 54 UAbs. 2 AEUV.

im Interesse der Gesellschafter sowie Dritter vorgeschrieben sind, um diese Bestimmungen gleichwertig zu gestalten,[2] im Sitzstaat in ein nach dem Recht dieses Staates bestimmtes Register eingetragen.

(2) Eine SE kann erst eingetragen werden, wenn eine Vereinbarung über die Beteiligung der Arbeitnehmer gemäß Artikel 4 der Richtlinie 2001/86/EG geschlossen worden ist, ein Beschluss nach Artikel 3 Absatz 6 der genannten Richtlinie gefasst worden ist oder die Verhandlungsfrist nach Artikel 5 der genannten Richtlinie abgelaufen ist, ohne dass eine Vereinbarung zustande gekommen ist.

(3) Voraussetzung dafür, dass eine SE in einem Mitgliedstaat, der von der in Artikel 7 Absatz 3 der Richtlinie 2001/86/EG vorgesehenen Möglichkeit Gebrauch gemacht hat, registriert werden kann, ist, dass eine Vereinbarung im Sinne von Artikel 4 der genannten Richtlinie über die Modalitäten der Beteiligung der Arbeitnehmer – einschließlich der Mitbestimmung – geschlossen wurde oder dass für keine der teilnehmenden Gesellschaften vor der Registrierung der SE Mitbestimmungsvorschriften galten.

(4) [1] [1]Die Satzung der SE darf zu keinem Zeitpunkt im Widerspruch zu der ausgehandelten Vereinbarung stehen. [2]Steht eine neue gemäß der Richtlinie 2001/86/EG geschlossene Vereinbarung im Widerspruch zur geltenden Satzung, ist diese – soweit erforderlich – zu ändern.

[2] In diesem Fall kann ein Mitgliedstaat vorsehen, dass das Leitungs- oder das Verwaltungsorgan der SE befugt ist, die Satzungsänderung ohne weiteren Beschluss der Hauptversammlung vorzunehmen.

§ 3 SEAG Eintragung
Die SE wird gemäß den für Aktiengesellschaften geltenden Vorschriften im Handelsregister eingetragen.

§ 4 SEAG Zuständigkeiten
[1]Für die Eintragung der SE und für die in Artikel 8 Abs. 8, Artikel 25 Abs. 2 sowie den Artikeln 26 und 64 Abs. 4 der Verordnung bezeichneten Aufgaben ist das nach den §§ 376 und 377 des Gesetzes über das Verfahren in Familiensachen und in den Angelegenheiten der freiwilligen Gerichtsbarkeit bestimmte Gericht zuständig. [2]Das zuständige Gericht im Sinne des Artikels 55 Abs. 3 Satz 1 der Verordnung bestimmt sich nach § 375 Nr. 4, §§ 376 und 377 des Gesetzes über das Verfahren in Familiensachen und in den Angelegenheiten der freiwilligen Gerichtsbarkeit.

§ 20 SEAG Anzuwendende Vorschriften
Wählt eine SE gemäß Artikel 38 Buchstabe b der Verordnung in ihrer Satzung das monistische System mit einem Verwaltungsorgan (Verwaltungsrat), so gelten anstelle der §§ 76 bis 116 des Aktiengesetzes die nachfolgenden Vorschriften.

§ 21 SEAG Anmeldung und Eintragung
(1) Die SE ist bei Gericht von allen Gründern, Mitgliedern des Verwaltungsrats und geschäftsführenden Direktoren zur Eintragung in das Handelsregister anzumelden.

(2) [1]In der Anmeldung haben die geschäftsführenden Direktoren zu versichern, dass keine Umstände vorliegen, die ihrer Bestellung nach § 40 Abs. 1 Satz 4 entgegenstehen und dass sie über ihre unbeschränkte Auskunftspflicht gegenüber dem Gericht belehrt worden sind. [2]In der Anmeldung sind Art und Umfang der Vertretungsbefugnis der geschäftsführenden Direktoren anzugeben. [3]Der Anmeldung sind die Urkunden über die Bestellung des Verwaltungsrats und der geschäftsführenden Direktoren sowie die Prüfungsberichte der Mitglieder des Verwaltungsrats beizufügen.

(3) Das Gericht kann die Anmeldung ablehnen, wenn für den Prüfungsbericht der Mitglieder des Verwaltungsrats die Voraussetzungen des § 38 Abs. 2 des Aktiengesetzes gegeben sind.

---

[2] [Amtl. Anm.:] ABl. L 65 vom 14.3.1968, S. 8. Zuletzt geändert durch die Beitrittsakte von 1994. [red. Anm.:] aufgehoben und ersetzt durch Art. 16 RL 2009/101/EG, ihrerseits aufgehoben und ersetzt durch RL 2017/1132/EU.

SE-VO Art. 12 1   Verordnung (EG) Nr. 2157/2001

(4) Bei der Eintragung sind die geschäftsführenden Direktoren sowie deren Vertretungsbefugnis anzugeben.

Schrifttum: *Austmann*, Größe und Zusammensetzung des Aufsichtsrats einer deutschen SE, FS Hellwig, 2011, 105; *Blanke*, Europäische Aktiengesellschaft ohne Arbeitnehmerbeteiligung?, ZIP 2006, 789; *Casper*, Erfahrungen und Reformbedarf bei der SE – Gesellschaftsrechtliche Reformvorschläge, ZHR 173 (2009), 181; *Casper/Schäfer*, Die Vorrats-SE – Zulässigkeit und wirtschaftliche Neugründung, ZIP 2007, 653; *Forst*, Die Beteiligung der Arbeitnehmer in der Vorrats-SE, NZG 2009, 687; *Forst*, Die Beteiligungsvereinbarung nach § 21 SEBG, 2010; *Forst*, Beteiligung der Arbeitnehmer in der Vorrats-SE, RdA 2010, 55; *Forst*, Zur Größe des mitbestimmten Organs einer kraft Beteiligungsvereinbarung mitbestimmten SE, AG 2010, 350; *Frese*, Arbeitnehmerbeteiligung beim Rechtsformwechsel von der GmbH & Co. KG in die SE & Co. KG, BB 2018, 2612; *Frodermann/Jannott*, Zur Amtszeit des Verwaltungs- bzw. Aufsichtsrats der SE, ZIP 2005, 2251; *Giedinghagen/Rubner*, Zur Eintragung einer arbeitnehmerlosen Societas Europaea EWiR 2009, 489; *Gössl*, Die Satzung der Europäischen Aktiengesellschaft (SE) mit Sitz in Deutschland, 2010; *Habersack*, Schranken der Mitbestimmungsautonomie in der AG 2006, 345; *Habersack* Grundsatzfragen der Mitbestimmung in SE und SCE sowie bei grenzüberschreitender Verschmelzung, ZHR 171 (2007), 613; *Henssler*, Erfahrungen und Reformbedarf bei der SE – Mitbestimmungsrechtliche Reformvorschläge, ZHR 173 (2009), 222; *Henssler/Sittard*, Die Gesellschaftsform der SE als Gestaltungsinstrument zur Verkleinerung des Aufsichtsrats KSzW 2011, 359; *Hoops*, Die Mitbestimmungsvereinbarung in der Europäischen Aktiengesellschaft (SE), 2009; *Ihrig/Wagner*, Das Gesetz zur Einführung der Europäischen Gesellschaft (SEEG) auf der Zielgeraden, BB 2004, 1749; *Jacobs*, Privatautonome Unternehmensmitbestimmung in der SE, FS K. Schmidt, 2009, 795; *Kiefner/Friebel*, Zulässigkeit eines Aufsichtsrats mit einer nicht durch drei teilbaren Mitgliederzahl bei einer SE mit Sitz in Deutschland, NZG 2010, 537; *Kiem*, Erfahrungen und Reformbedarf bei der SE – Entwicklungsstand, ZHR 173 (2009), 156; *Kiem*, SE-Aufsichtsrat und Dreiteilbarkeitsgrundsatz, Konzern 2010, 275; *Löw/Stolzenberg*, Arbeitnehmerbeteiligungsverfahren bei der SE-Gründung – Potentielle Fehler und praktische Folgen, NZA 2016, 1489; *Luke*, Vorrats-SE ohne Arbeitnehmerbeteiligung, NZA 2013, 941; *Noack*, Zur Auslegung von EGV 2157/2001 Art. 12 Abs. 2, EWiR 2005, 905; *Oetker*, Unternehmerische Mitbestimmung kraft Vereinbarung in der Europäischen Gesellschaft (SE), FS Konzen, 2006, 635; *Oetker*, Sekundäre Gründung einer Tochter-SE nach Art. 3 Abs. 2 SE-VO und Beteiligung der Arbeitnehmer, FS Kreutz, 2010, 797; *Reichert*, Die SE als Gestaltungsinstrument für grenzüberschreitende Umstrukturierungen, Konzern 2006, 821; *Reinhard*, Zur Frage, ob die Handelsregistereintragung einer arbeitnehmerlosen Europäischen (Tochter-)Aktiengesellschaft zwingend eine Vereinbarung über die Arbeitnehmerbeteiligung voraussetzt, RIW 2006, 68; *Rieble/Junker*, Vereinbarte Mitbestimmung in der SE, ZAAR-Schriftenreihe Bd. 12, 2008; *Scheifele*, Die Gründung der Europäischen Aktiengesellschaft (SE), 2004; *Schubert*, Die Arbeitnehmerbeteiligung bei der Gründung einer SE durch Verschmelzung unter Beteiligung arbeitnehmerloser Aktiengesellschaften, RdA 2012, 146; *Schwarz*, Zum Statut der Europäischen Aktiengesellschaft, ZIP 2001, 1847; *Seibt*, Arbeitnehmerlose Societas Europaea, ZIP 2005, 2248; *Teichmann* Mitbestimmung und grenzüberschreitende Verschmelzung, Konzern 2007, 89; *Teichmann*, Gestaltungsfreiheit in Mitbestimmungsvereinbarungen, AG 2008, 797; *Teichmann*, Mitbestimmungserstrecken auf Auslandsgesellschaften, ZIP 2016, 899; *von der Höh*, Die Vorrats-SE als Problem der Gesetzesumgehung und des Rechtsmissbrauchs, 2017; *Vossius*, Gründung und Umwandlung der deutschen SE, ZIP 2005, 741; *Wagner*, Die Bestimmung der auf die SE anwendbaren Rechts, NZG 2002, 985; *Windbichler*, Methodenfragen in einer gestuften Rechtsordnung – Mitbestimmung und körperschaftliche Organisationsautonomie in der Europäischen Gesellschaft, FS Canaris, 2007, 1423; *Winter/Marx/De Decker*, Mitbestimmungsrechtliche Aspekte der SE & Co. KG, NZA 2016, 334.

Übersicht

	Rn.		Rn.
I. Regelungsgehalt und Normzweck ..	1	1. Inhalt und Zweck	6
II. Eintragung (Abs. 1)	2–5	2. Prüfungsumfang des Registergerichts ..	7
		3. Besonderheiten bei Gründung einer Vorrats-SE; SE-Tochter oder Inlands-SE ...	8–11
III. Beteiligung der Arbeitnehmer (Abs. 2 und 3)	6–11	IV. Gleichlaufgebot (Abs. 4)	12, 13

I. Regelungsgehalt und Normzweck

1   Art. 12 **Abs. 1** erstreckt die nach der GesR-RL (früher Publizitäts-RL) bestehende **Eintragungspflicht** auf die SE. Weil die Mitgliedstaaten das zuständige Register zu bestimmen haben, wird die SE also in **kein einheitliches europäisches Register** eingetragen, sondern in ein nationales Register des Sitzstaates (Art. 12 Abs. 1, Art. 7). Erwägungsgrund 9 rechtfertigt diesen Verzicht damit, dass durch die GesR-RL (früher Publizitäts-RL) die Rechtsvereinheitlichung in diesem Bereich bereits fortgeschritten sei. Dennoch lässt Art. 14 ein gewisses Bestreben erkennen, für eine zusätzliche Publizität auf europäischer Ebene zu sorgen, wenngleich mit rein informatorischem Charakter (→ Art. 14 Rn. 3).

II. Eintragung (Abs. 1)

In Übereinstimmung mit den allgemein für Körperschaften geltenden Regeln erlangt 2 auch die SE gem. Art. 16 Abs. 1 erst mit der Eintragung ihre Rechtspersönlichkeit (→ Art. 16 Rn. 3). § 3 SEAG füllt die durch Art. 12 Abs. 1 den Mitgliedstaaten zugewiesene Kompetenz aus,[3] das für die Eintragung zuständige Register zu bestimmen. Entsprechend allgemeiner Systematik erklärt die Vorschrift das **Handelsregister** für maßgeblich,[4] welches gem. § 4 SEAG durch das nach §§ 376 f. FamFG zuständige Gericht geführt wird, also durch das **Amtsgericht,** in dessen Bezirk die Gesellschaft ihren **Sitz** hat (§ 377 Abs. 1 FamFG). Überdies nimmt § 3 SEAG ausdrücklich Bezug auch auf das für Aktiengesellschaften geltende **Eintragungsverfahren** (→ AktG § 36 Rn. 30), was gleichfalls schon durch die Verweisung in Art. 12 Abs. 1, nicht erst von Art. 15 Abs. 1 gedeckt wird.[5] Der Wortlaut des Art. 12 lässt diese Interpretation ohne weiteres zu, sie liegt offensichtlich auch § 3 SEAG zugrunde (→ Rn. 3). Demnach kann der Sitzstaat nicht nur das zuständige Register bestimmen, sondern auch das Eintragungsverfahren für die SE besonders regeln.[6] Dies könnte deshalb bedeutsam werden, weil Art. 15 Abs. 1 unmittelbar auf das Sachrecht verweist, es also ausschließt, Fragen des Eintragungsverfahrens für die SE anders zu regeln als nach dem dort unmittelbar in Bezug genommenen allgemeinen Aktien- bzw. Umwandlungsrecht (→ Art. 15 Rn. 1). Im Ergebnis ist die Frage nach geltendem Recht aber belanglos, weil § 3 SEAG seinerseits auf die Eintragungsvorschriften für Aktiengesellschaften verweist. Die Eintragung der SE ist somit Handelsregistersache. Demgemäß ist die **Handelsregisterverordnung** (HRV) durch Art. 7 SEEG entsprechend angepasst worden. Es gelten also im Grundsatz die allgemeinen Bestimmungen des HGB, ergänzt durch das AktG. Seit dem 1.1.2007 ist die Anmeldung infolge des Gesetzes über elektronische Handelsregister und Genossenschaftsregister sowie das Unternehmensregister (EHUG) gem. § 12 Abs. 1 HGB elektronisch in öffentlich beglaubigter Form vorzunehmen. Auch die Dokumente sind gem. § 37 Abs. 5 AktG, § 12 Abs. 2 HGB grundsätzlich elektronisch einzureichen.[7] Zur Offenlegung der Eintragung → Art. 13, 14 Rn. 2.

Eine Besonderheit gilt für die **Anmeldung** der SE nur bei monistischer Führungsstruktur: 3 Während für die dualistisch organisierte SE gem. § 3 SEAG im Grundsatz die §§ 36 ff. AktG maßgeblich sind (→ AktG § 36 Rn. 6 ff.), bedarf es für die **monistisch verfasste** SE naturgemäß einer Sonderregelung, die in **§ 21 Abs. 1 SEAG** enthalten ist. Danach sind hier anstelle der Vorstands- und Aufsichtsratsmitglieder sämtliche Mitglieder des Verwaltungsrats sowie die geschäftsführenden Direktoren anmeldepflichtig; wie bei dualistisch verfassten AG kommen sämtliche Gründer hinzu. Die in § 36 AktG geregelten Anforderungen werden also konsequent an die Verhältnisse der monistisch verfassten SE angepasst. Entsprechendes gilt auch für die in **§ 21 Abs. 2–4 SEAG** enthaltenen Sonderbestimmungen betr. den **Inhalt** der Anmeldung; sie modifizieren die Angabepflichten des § 37 AktG, ohne sachlich von ihnen abzuweichen (→ Art. 43 Rn. 147). Die Pflicht von Vorstandsmitgliedern und geschäftsführenden Direktoren, ihre Namensunterschrift zur Aufbewahrung beim Gericht zu zeichnen (§ 37 Abs. 5 AktG aF; § 21 Abs. 2 S. 4 SEAG aF) ist mit dem EHUG (→ Rn. 2) entfallen.

Es stellt sich allerdings die Frage, ob diese Regelung der Anmeldepflicht für **alle Grün-** 4 **dungsvarianten** oder nur für die Gründung einer Holding- bzw. Tochter-SE gilt, zumal es § 16 UmwG für die **Verschmelzung** und § 246 UmwG für den **Formwechsel** in eine andere Kapitalgesellschaft ausreichen lassen, dass die **Vertretungsorgane** der beteiligten

---

[3] Der Mitgliedstaat wäre indes nicht gehindert, ein eigenes SE-Register zu schaffen; auch deshalb ist die Klarstellung in § 3 SEAG zu begrüßen.
[4] Vgl. *Kleindiek* in Lutter/Hommelhoff EU-Gesellschaft 95, 97; *Wagner* NZG 2002, 985 (987); DAV-Handelsrechtsausschuss NZG 2004, 76.
[5] In diesem Sinne auch *Scheifele*, Die Gründung der SE, 2004, 260; Habersack/Drinhausen/*Schürnbrand* Rn. 2; *Schwarz* Art. 24 Rn. 13; abw. Kalss/Hügel/*Greda* SEG § 2 Rn. 24: Art. 9 Abs. 1 lit. c Ziff. ii.
[6] Zust. Kölner Komm AktG/*Kiem* Rn. 2, 4.
[7] Ausführlicher Überblick zu Inhalt der Anmeldung und den beizufügenden Unterlagen in Bezug auf die einzelnen Gründungsarten Kölner Komm AktG/*Kiem* Rn. 11 ff.

Rechtsträger die Anmeldung vornehmen (bei der Verschmelzung zur Neugründung obliegt die Anmeldung den Vertretungsorganen der übertragenden Gesellschaften, § 38 Abs. 2 UmwG). Demgegenüber legt § 21 SEAG durchaus die Gleichbehandlung aller Gründungsvarianten nahe; denn er differenziert insofern nicht einmal ansatzweise. Der Gesetzgeber ist ausweislich der Begründung, die in Bezug auf § 21 SEAG allein die §§ 36 ff. AktG erwähnt,[8] offensichtlich ebenfalls von einer solchen einheitlichen Regelung ausgegangen; doch gilt dies nur vorbehaltlich einer Sonderregelung. So sprechen insbesondere bei der Verschmelzung die besseren Gründe für eine Interpretation des Art. 26 Abs. 2 als eine – vorrangige – Regelung der Anmeldepflicht, sodass diese sämtliche Gründungsgesellschaften trifft (→ Art. 26 Rn. 5 ff.); insofern greift der Verweis des Art. 27 Abs. 1 auf Art. 12 also nicht (vgl. auch § 38 Abs. 2 für die Verschmelzung durch Neugründung und § 246 UmwG in Bezug auf den Formwechsel).[9] Allgemein kann es allerdings bei der **einheitlichen Anmeldepflicht** gem. § 36 AktG (über § 3 SEAG) bzw. § 21 SEAG bleiben, sodass grundsätzlich die Mitglieder sämtlicher Organe wie auch die Gründer zur Eintragung verpflichtet sind, zumal Art. 12 Abs. 1 dem Art. 15 Abs. 1 mit seinem unmittelbaren Verweis auf das Aktien- bzw. Umwandlungsrecht vorgeht (→ Rn. 2).

5   Zur **Gründungsprüfung** vgl. Art. 26 (näher → Art. 26 Rn. 1 ff.).[10] Die **Gründung** der SE selbst richtet sich gem. Art. 15 Abs. 1 grundsätzlich nach nationalem Recht, wobei gem. Art. 18 auf die an der Gründung beteiligten Gesellschaften jeweils deren nationales Recht zur Anwendung kommt (näher → Art. 18 Rn. 1 ff.). Insofern ist gem. § 4 SEAG iVm Art. 68 Abs. 2 das Handelsregister auch zuständig für die nach Art. 25 Abs. 2 erforderliche **Bescheinigung,** dass die in deutschen Gründungsgesellschaften durchzuführenden Verfahrensabschnitte der Verschmelzungsgründung ordnungsgemäß durchgeführt wurden.

III. Beteiligung der Arbeitnehmer (Abs. 2 und 3)

6   **1. Inhalt und Zweck. Abs. 2** sichert die Durchführung des nach Art. 3 Beteiligungs-RL obligatorischen Verhandlungsverfahrens um die **Mitbestimmung der Arbeitnehmer** im Leitungs- bzw. Kontrollgremium: Die Eintragung darf erst erfolgen, wenn dieses **Verfahren abgeschlossen** ist, sei es durch eine Vereinbarung gem. Art. 4 Beteiligungs-RL, durch Beschluss gem. Art. 3 Abs. 6 Beteiligungs-RL oder durch fruchtlosen Ablauf der Verhandlungsfrist gem. Art. 5 Beteiligungs-RL. Diese beträgt im Regelfall sechs Monate (Abs. 1), kann jedoch gem. Abs. 2 auf bis zu einem Jahr ausgedehnt werden, jeweils gerechnet ab Einsetzung des Verhandlungsgremiums. Auf diese einfache, aber effektive Weise wird Druck auf die Verhandlungsparteien ausgeübt: Ohne Mitbestimmungsregime kann die SE nicht zur Entstehung gelangen. Allerdings wird die Entstehungsphase auf Grund dieses Mechanismus stark in die Länge gedehnt. Wird die SE fehlerhafterweise eingetragen, **ohne** dass überhaupt ein **Verhandlungsgremium** eingesetzt worden ist, sodass die Frist des Art. 5 Beteiligungs-RL nicht zu laufen beginnen kann, stellt (nur) dies einen zur **Amtsauflösung** analog § 399 FamFG berechtigenden Mangel dar.[11] Allgemein zu den Wirkungen der Eintragung auf Gründungsmängel → AktG § 39 Rn. 25 ff. Zur Bedeutungslosigkeit von **Abs. 3** → Rn. 11.

7   **2. Prüfungsumfang des Registergerichts.** Umstritten ist in diesem Kontext der registergerichtliche Prüfungsumfang: Der allgemeine registerrechtliche Prüfungsmaßstab (formelle und materielle Prüfung der Eintragungsvoraussetzungen) stößt wegen der Fehleranfälligkeit des Beteiligungsverfahrens und wegen der Zuständigkeit der Arbeitsgerichte auf Probleme. Zuzustimmen ist daher im Ausgangspunkt der inzwischen hM, wonach die

---

[8] Begr. RegE, BT-Drs. 15/3405, 36 zu § 21.
[9] Zust. Kölner Komm AktG/*Kiem* Rn. 10; BeckOGK/*Casper* Rn. 3; iErg auch *Kleindiek* in Lutter/Hommelhoff EU-Gesellschaft 95, 98; aA Habersack/Drinhausen/*Schürnbrand* Rn. 7; Kölner Komm AktG/*Maul* Art. 26 Rn. 7 f.
[10] Ausführlicher Überblick bei Kölner Komm AktG/*Kiem* Rn. 19 ff.
[11] Überzeugend *Kleindiek* in Lutter/Hommelhoff EU-Gesellschaft 95, 104 ff.; abw. *Oetker* in Lutter/Hommelhoff EU-Gesellschaft 277, 287 ff.: § 395 FamFG.

materielle Wirksamkeit der Beteiligungsvereinbarung **nicht** Sache des Register-, sondern allein des Arbeitsgerichts ist,[12] sodass sich das Registergericht insofern grundsätzlich auf die Vorlage **förmlicher Nachweise** zu beschränken hat.[13] Zweifelhaft ist aber, ob den Registergerichten auch die **Kontrolle des Verhandlungsverfahrens** entzogen ist.[14] *Kiem* hat hierzu folgende These aufgestellt: Soweit nach dem SEBG die *Arbeitsgerichte* zur Kontrolle der Rechtmäßigkeit des Beteiligungsverfahrens zuständig sind, handele es sich um eine abschließende Zuständigkeit, sodass insoweit keine (doppelte) Kontrolle durch das Registergericht mehr stattfinde.[15] Stelle aber das Arbeitsgericht im Beschlussverfahren nach § 2a Abs. 1 Nr. 3e ArbGG die Fehlerhaftigkeit des Beteiligungsverfahrens fest, so erfolge gleichwohl keine automatische Berücksichtigung dieser Entscheidung durch das Registergericht; vielmehr könne (und müsse) den Leitungen der Gründungsgesellschaften im Wege des einstweiligen Rechtsschutzes vor dem Arbeitsgericht aufgegeben werden, die Gründung anzuhalten, bis die Fehler behoben seien.[16] Diesem Modell kann *nicht zugestimmt* werden. Es mag erhebliche praktische Vorzüge aufweisen, doch überzeugt es nicht, einerseits von einer ausschließlichen arbeitsgerichtlichen Kontrolle auszugehen, andererseits eine Bindungswirkung abzulehnen. Verneint man – abweichend von allgemeinen Grundsätzen – eine Doppelkontrolle, so ließe sich dies nur um den Preis einer Bindungswirkung des Registergerichts an die Entscheidung des Arbeitsgerichts bewerkstelligen, die aber vom Gesetzgeber angeordnet werden müsste.[17] Richtig ist zwar, dass das Registergericht allgemein nicht an Entscheidungen eines Prozessgerichts gebunden ist.[18] Aber die Ablehnung einer Bindungswirkung setzt zwingend voraus, dass das Registergericht die Frage ebenfalls prüft. Auch für Art. 12 Abs. 2 bleibt es daher bei dem allgemeinen Grundsatz der **Doppelkontrolle,** die hier freilich auf **verfahrensrechtliche Aspekte beschränkt** ist:[19] Die Arbeitsgerichte sind in FamFG-Sachen nicht zuständig; außerdem sind Betriebsrat und besonderes Verhandlungsgremium vor dem Registergericht nicht beteiligtenfähig.[20] Wie auch sonst im Umwandlungsrecht gilt daher: Sind im Eintragungsverfahren arbeitsrechtliche Aspekte erheblich, so muss auch in diesem Verfahren für ihre Berücksichtigung gesorgt werden; das lässt sich de lege lata allein dadurch erreichen, dass das Registergericht diese Fragen von Amts wegen prüfen kann.[21] Freilich zeigt sich hieran einmal mehr, dass die Entkoppelung des Beteiligungsverfahrens von der Gründung[22] (hilfsweise die Statuierung einer Bindungswirkung) de lege ferenda dringend geboten ist.

3. Besonderheiten bei Gründung einer Vorrats-SE; SE-Tochter oder Inlands-SE. Besondere Probleme bereitet das Erfordernis, Verhandlungen mit Arbeitnehmern nachzuweisen, sofern es um die **Gründung einer Vorrats-SE** geht, die (noch) keine Arbeitnehmer hat. Selbstverständlich ist zwar, dass das Verhandlungserfordernis entfällt, soweit – etwa

---

[12] ArbG Stuttgart BeckRS 2007, 48644; Kölner Komm AktG/*Kiem* Rn. 38 f.; BeckOGK/*Casper* Rn. 11; *Rieble* in Rieble/Junker, ZAAR-Schriftenreihe, Bd. 12, 2008, 73, 95; diff. *Forst*, Die Beteiligungsvereinbarung nach § 21 SEBG, 2010, 323 f.
[13] Zu den erforderlichen förmlichen Nachweisen (Vorlage der schriftlichen Beteiligungsvereinbarung bzw. Nachweis des Ablaufs der Verhandlungsfrist durch Erklärung der Vorstandsmitglieder etc) näher Krafka RegisterR-HdB Rn. 1756; Kölner Komm AktG/*Kiem* Rn. 43; *Löw/Stolzenberg* NZA 2016, 1489 (1492).
[14] Hierfür namentlich Kölner Komm AktG/*Kiem* Rn. 34; *Henssler* ZHR 173 (2009), 156 (222, 237); s. auch *Löw/Stolzenberg* NZA 2016, 1489 (1491 f.).
[15] Kölner Komm AktG/*Kiem* Rn. 34 ff. mit Auflistung der Einzelfälle in Fn. 106, Rn. 38; vgl. auch *Kiem* ZHR 173 (2009), 156 (172 ff.); im Ansatz zust. *Henssler* ZHR 173 (2009), 222 (236 f.), der als Eintragungshindernis nur die Nichtigkeit der Vereinbarung ansehen möchte – zweifelhaft, denn gerade in diesem Falle könnte ohne weiteres die Auffanglösung zum Tragen kommen.
[16] Kölner Komm AktG/*Kiem* Rn. 41, 50.
[17] Offenbar kein Problem mit der Anerkennung einer Bindungswirkung sehen hingegen BeckOGK/*Casper* Rn. 12; Habersack/Drinhausen/*Schürnbrand* Rn. 24.
[18] Darauf stützt sich Kölner Komm AktG/*Kiem* Rn. 40.
[19] Für Bindungswirkung hingegen BeckOGK/*Casper* Rn. 12; Habersack/Drinhausen/*Schürnbrand* Rn. 24.
[20] OLG Naumburg AP UmwG § 5 Nr. 2 = NZG 2004, 734 = GmbHR 2003, 1433.
[21] Zutr. idS *Rieble* in Rieble/Junker, ZAAR-Schriftenreihe, Bd. 12, 2008, 73, 94 f.; vgl. auch *Forst*, Die Beteiligungsvereinbarung nach § 21 SEBG, 2010, 397 f.
[22] S. den Aufhebungsvorschlag AAK ZIP 2009, 698.

bei der Holding-SE – die Beschäftigung von Arbeitnehmern nicht geplant ist,[23] und Entsprechendes gilt, wenn die SE, ihre Gründungsgesellschaften inklusive der Tochtergesellschaften weniger als zehn Arbeitnehmer (vgl. § 5 Abs. 1 S. 2 SEBG) beschäftigen (→ SEBG § 3 Rn. 4 mwN).[24] Wo ein besonderes Verhandlungsgremium nicht sinnvoll gebildet werden kann (zur Inlands-SE → Rn. 10) oder niemand zu schützen ist (zur SE-Tochter → Rn. 9), verliert das Verhandlungsverfahren seinen Zweck.[25] Die Entbehrlichkeit des Verhandlungsverfahrens ist durch eine schriftliche **Negativerklärung** gegenüber dem Registergericht nachzuweisen.[26] Eine andere Frage ist, wann mit den Verhandlungen bei **wirtschaftlicher Neugründung** der Vorratsgesellschaft zu beginnen ist (wobei Verhandlungen selbstverständlich *nur* im Falle einer Neugründung, nicht aber bei organischem Wachstum der Arbeitnehmerschaft erforderlich sind → SEBG § 3 Rn. 6). Bestünde man insofern auf dem Konnex zwischen Verhandlung und Eintragung (der die wirtschaftliche Neugründung konstituierenden Rechtsakte),[27] erwiese sich Art. 12 Abs. 2 als veritables Hindernis für die Vorratsgründung. Deshalb ist es nicht nur sachgerecht, mit den Verhandlungen erst zu beginnen, sobald Arbeitnehmer vorhanden sind, sobald also die Vorrats-SE wirtschaftlich neu gegründet wird; vielmehr sollte die Neugründung registerrechtlich von den Beteiligungsverhandlungen ganz entkoppelt werden (→ Art. 16 Rn. 9 ff.).

9 Abgesehen von den vier Gründungsformen nach Art. 2 (sog. **Primärgründung**, → Art. 2 Rn. 25 ff.) besteht für eine bereits existierende SE unter den Voraussetzungen des Art. 3 Abs. 2 (→ Art. 3 Rn. 5 ff.) auch die Möglichkeit zur **Sekundärgründung** einer dann notwendig 100%igen **SE-Tochter** im Wege der Ausgründung. Entzöge man diese generell dem Anwendungsbereich der Beteiligungs-RL bzw. des SEBG und nähme folglich Mitbestimmungsfreiheit an, liefe Abs. 2 mangels insofern bestehender Beteiligungspflicht letztlich leer, sodass er konsequentermaßen teleologisch zu reduzieren wäre (→ SEBG Vor § 1 Rn. 10 ff. mwN).[28] In der Tat passt in solchen Fällen das sog. Vorher-Nachher-Prinzip nicht uneingeschränkt; auch gehen die maßgeblichen Verfahrensregeln in Beteiligungs-RL wie SEBG durchweg vom Vorliegen mehrerer Gründungsgesellschaften aus.[29] Verbreitet wird aber den Art. 1 Abs. 1, 2 Beteiligungs-RL und Art. 2 lit. a Beteiligungs-RL[30] iVm Erwägungsgründe 3, 6 Beteiligungs-RL eine richtlinienkonforme Auslegung dahin entnommen, dass die Mutter-SE an die Stelle der Gründungsgesellschaften tritt und im Übrigen

---

[23] Wie hier auch OLG Düsseldorf ZIP 2009, 918 (919 f.): arbeitnehmerlose Vorrats-Tochter-SE; AG Düsseldorf ZIP 2006, 287; AG München ZIP 2006, 1300; vgl. ferner *Forst* NZG 2009, 687 (691 f.); *Forst* RdA 2010, 55 (58); *Frodermann/Jannott* ZIP 2005, 2251; *Noack* EWiR 2005, 905 (906); *Seibt* ZIP 2005, 2248 ff.; *Reinhard* RIW 2006, 68 (69); *Reichert* Konzern 2006, 821 (829 f.); Kölner Komm AktG/*Kiem* Rn. 42. Abw. noch AG und LG Hamburg ZIP 2005, 2017 (2018); für den abschließenden Charakter des Art. 12 Abs. 2 auch *Blanke* ZIP 2005, 789 (791 f.). – Näher zur Vorrats-SE → Art. 16 Rn. 9 ff.; *Casper/Schäfer* ZIP 2007, 653 f. Zur teleologischen Reduktion des Art. 12 Abs. 2 bei der Verschmelzungsgründung unter Beteiligung nur einer arbeitnehmerlosen Gründungsgesellschaft *Schubert* RdA 2012, 146 ff.

[24] Vgl. *Casper/Schäfer* ZIP 2007, 653 (659 f.); *Henssler* RdA 2005, 330 (335); *Seibt* ZIP 2005, 2248 (2249); *Winter/Marx/De Decker* NZA 2016, 334 (336); aA *Lutter/Bayer/J. Schmidt* EuropUnternehmensR § 45 Rn. 194: bei weniger als zehn Arbeitnehmern sei die Größe des Verhandlungsgremiums anzupassen.

[25] *Casper/Schäfer* ZIP 2007, 653; *Casper* ZHR 173 (2009), 181 (192); *Forst* NZG 2009, 687 (689); Habersack/Drinhausen/*Schürnbrand* Rn. 25; aA *Blanke* ZIP 2005, 789 (791 f.).

[26] OLG Düsseldorf ZIP 2009, 918 (919); AG Düsseldorf ZIP 2006, 287; AG München ZIP 2006, 1300 (1301); Kölner Komm AktG/*Kiem* Rn. 44; Habersack/Drinhausen/*Schürnbrand* Rn. 25; *von der Höh*, Die Vorrats-SE als Problem der Gesetzesumgehung und des Rechtsmissbrauchs, 2017, 208 ff.; *Frese* BB 2018, 2612 (1613) – Eine Absichtserklärung, auch künftig keine Arbeitnehmer beschäftigen zu wollen, kann nicht verlangt werden, zutr. BeckOGK/*Casper* Rn. 7.

[27] So zB *Forst* NZG 2009, 687 (691); *Forst*, Die Beteiligungsvereinbarung nach § 21 SEBG, 2010, 181; im Ansatz wie hier (→ Art. 16 Rn. 9 ff.; *Casper/Schäfer* ZIP 2007, 653 [660 f.]) hingegen Habersack/Drinhausen/*Schürnbrand* Rn. 26; Kölner Komm AktG/*Kiem* Rn. 52; *Luke* NZA 2013, 941 (942 f.).

[28] Zum Verhältnis der teleologisch zu reduzierenden Vorschriften aus Beteiligungs-RL, SEBG und SE-VO *von der Höh*, Die Vorrats-SE als Problem der Gesetzesumgehung und des Rechtsmissbrauchs, 2017, 167 ff.

[29] Dazu Habersack/Drinhausen/*Hohenstatt/Müller-Bonanni* SEBG § 3 Rn. 8 f.; Kölner Komm AktG/*Feuerborn* SEBG Vor § 1 Rn. 5; Habersack/Henssler SEBG § 34 Rn. 21; *Forst*, Die Beteiligungsvereinbarung nach § 21 SEBG, 2010, 183 ff.; wohl auch BeckOGK/*Casper* Rn. 7 aE.

[30] Vgl. iÜ auch Begr. RegE, BT-Drs. 15/3405, 40 aE, der von der „Bildung einer Tochter (Tochter-SE) [...] durch eine SE selbst" spricht.

das Verfahren zur Gründung einer Tochter-SE (Art. 35) Anwendung findet (→ Art. 3 Rn. 6).[31] Der Zweck des Verhandlungsverfahrens gem. Abs. 2, vorhandene Arbeitnehmerbeteiligungsrechte auf Ebene der zu gründenden SE-Tochter zu schützen, bleibe deshalb auch insofern erhalten (→ Rn. 8).[32] Das ist nachvollziehbar, doch kommen solche Beteiligungsrechte nur dort in Betracht, wo bereits mitbestimmte Unternehmensteile auf die SE-Tochter ausgegliedert werden sollen (zu den einzelnen Formen der Ausgliederung → Art. 3 Rn. 5 ff.). Nur insofern behält dann auch das Verfahren nach Abs. 2 seinen Sinn.

Endlich bleibt die Frage, wie mit **rein nationalen Belegschaften** bei der Gründung umzugehen ist. Wenngleich Art. 2 in seinen Abs. 1–4 die Mehrstaatlichkeit der Gründungsgesellschaften (→ Art. 2 Rn. 5 f.) zur Voraussetzung der Primärgründung erhebt, geht diese nicht zwangsläufig mit der Beschäftigung verschiedenstaatlicher Arbeitnehmer einher. Vielmehr können sämtliche Arbeitnehmer in nur einem Mitgliedstaat beschäftigt sein, zB bei Arbeitnehmerlosigkeit einer der Gesellschaften (sog. **Inlands-SE**). Dennoch scheidet eine teleologische Reduktion des Abs. 2 (bzw. von Beteiligungs-RL und SEBG)[33] hier aus.[34] Ein besonderes Verhandlungsgremium bleibt auch insofern sinnvoll (→ Rn. 8), **Abs. 2** mithin **anwendbar**.[35] Zwar gehen namentlich die § 6 Abs. 1 SEBG, § 7 Abs. 1, 4 SEBG, § 16 Abs. 1 SEBG[36] von einer mehrstaatlichen Besetzung des Verhandlungsgremiums aus, doch handelt es sich nicht um eine konstitutive Voraussetzung des Gremiums, wie insbesondere Art. 3 Abs. 2 lit. b Beteiligungs-RL[37] erkennen lässt, der nicht an eine Mehrstaatlichkeit anknüpft. Auch hier gilt freilich der Vorbehalt, dass die Mindestgröße aus § 5 Abs. 1 S. 2 SEBG für die Besetzung des Gremiums erreicht wird (→ Rn. 8). 10

Abs. 3 betrifft ebenfalls die Verbindung zum Verfahren über die **Arbeitnehmerbeteiligung,** und zwar in dem Sonderfall, dass ein Mitgliedstaat gem. Art. 7 Abs. 3 Beteiligungs-RL von der Option Gebrauch gemacht hat, die **Auffangregelung** für die Mitbestimmung nach Art. 7 Abs. 1 Beteiligungs-RL iVm Teil 3 des Anhangs nicht automatisch nach dem Scheitern der Verhandlungen in Kraft zu setzen. In diesem Falle kann die SE erst eingetragen werden, wenn entweder keine der Gründungsgesellschaften der Mitbestimmung unterliegt oder eine Vereinbarung nach Art. 4 Beteiligungs-RL geschlossen wird. Für die deutsche SE hat diese Bestimmung (derzeit) keine Bedeutung. 11

IV. Gleichlaufgebot (Abs. 4)

Schließlich dient auch **Abs. 4** dem **Schutz der Arbeitnehmerbeteiligung.** Nach **Abs. 4 S. 1** darf die Satzung von einer bereits geschlossenen Vereinbarung nicht abweichen. 12

---

[31] In diesem Sinne Habersack/*Henssler* SEBG Einl. Rn. 106 mwN; vgl. weiter Kölner Komm AktG/*Maul* Art. 3 Rn. 24 f.; Lutter/Hommelhoff/Teichmann/*Oetker* SEBG § 1 Rn. 11; Lutter/Bayer/*J. Schmidt* EuropUnternehmensR § 45 Rn. 193; Kölner Komm AktG/*Kiem* Rn. 54d; *Kienast* in Jannott/Frodermann SE-HdB Kap. 13 Rn. 245 ff.; überzeugend auch *von der Höh,* Die Vorrats-SE als Problem der Gesetzesumgehung und des Rechtsmissbrauchs, 2017, 199 ff.; *Oetker* FS Kreutz, 2010, 797 (806 ff.); *Kiem* ZHR 173 (2009), 156 (163).
[32] Lutter/Bayer/*J. Schmidt* EuropUnternehmensR § 45 Rn. 193; Lutter/Hommelhoff/Teichmann/*Oetker* SEBG § 1 Rn. 11; Kölner Komm AktG/*Kiem* Rn. 54d; *von der Höh,* Die Vorrats-SE als Problem der Gesetzesumgehung und des Rechtsmissbrauchs, 2017, 199 ff.; *Oetker* FS Kreutz, 2010, 797 (806 ff.).
[33] Zum Verhältnis der teleologisch zu reduzierenden Vorschriften aus Beteiligungs-RL, SEBG und SE-VO *von der Höh,* Die Vorrats-SE als Problem der Gesetzesumgehung und des Rechtsmissbrauchs, 2017, 167 ff.
[34] Für umfassende teleologische Reduktion hingegen → SEBG § 3 Rn. 9; wohl ebenso BeckFormB M&A/*Seibt* 2004; vgl. auch Habersack/Drinhausen/*Hohenstatt/Müller-Bonanni* SEBG § 3 Rn. 14 ff.; *Schubert* RdA 2012, 146 (147 ff.).
[35] BeckOGK/*Casper* Rn. 8; Kölner Komm AktG/*Kiem* Rn. 54h; Lutter/Hommelhoff/Teichmann/*Oetker* SEBG § 1 Rn. 24 f.; *von der Höh,* Die Vorrats-SE als Problem der Gesetzesumgehung und des Rechtsmissbrauchs, 2017, 196 Fn. 623; in Bezug auf mitbestimmte Inlandsgesellschaften auch Habersack/Drinhausen/*Hohenstatt/Müller-Bonanni* SEBG § 3 Rn. 14 ff.; *Schubert* RdA 2012, 146 (148 ff.).
[36] S. auch Habersack/Drinhausen/*Hohenstatt/Müller-Bonanni* SEBG § 3 Rn. 14 ff., die maßgeblich auf §§ 22 ff., 34 ff. SEBG abstellen; diese (subsidiär) einbeziehend auch → SEBG § 3 Rn. 9.
[37] Deutlicher noch die englische Sprachfassung: „which has employees in the Member State concerned"; s. hierzu Kölner Komm AktG/*Kiem* Rn. 54h – das gilt auch für die französische Sprachfassung: „qui emploie des travailleurs dans l'État membre concerné".

Abs. 4 S. 2 gewährleistet den Vorrang gegenüber der Satzung auch für eine später geschlossene (neue) Vereinbarung, indem er eine Anpassungspflicht festschreibt (näher sogleich im Text). Aus diesem systematischen Kontext folgt zunächst, dass die Gestaltungsfreiheit bei der **Mitbestimmungsvereinbarung** hinsichtlich ihres die Mitbestimmung im Aufsichtsgremium betreffenden Teils durch die Satzungsautonomie begrenzt wird (→ SEBG § 21 Rn. 19 ff.);[38] die Vereinbarung darf also nur enthalten, was auch Gegenstand der Satzung sein könnte. Sofern die Satzungsautonomie gewahrt wird, kommt einer nach Art. 4 Beteiligungs-RL geschlossenen Vereinbarung der **Vorrang gegenüber der Satzung** zu.[39] Aus dem Zusammenspiel von Abs. 4 S. 1 und 2 ergibt sich aber eindeutig, dass sich der Vorrang keineswegs ipso jure vollzieht, sondern eine Anpassung der Satzung erfordert.[40] Die SE darf also zwar nicht eingetragen werden, wenn ihre Satzung bei ihrer Gründung von der Mitbestimmungsvereinbarung abweicht,[41] es besteht aber keine Änderungspflicht.[42] Vielmehr scheitert die Gründung, wenn die Hauptversammlung ihre Zustimmung zu einer erforderlichen Anpassung versagt. Immerhin wird man die Leitungsorgane als verpflichtet ansehen müssen, der Hauptversammlung Vorschläge zu den notwendigen Satzungsänderungen zu unterbreiten, um das Eintragungshindernis zu überwinden,[43] ohne dass die Aktionäre hierdurch aber zur Zustimmung verpflichtet würden.[44]

13 Auch im Falle einer neuen Beteiligungsvereinbarung bedarf es nach **Abs. 4 S. 2** zwar der Anpassung der Satzung; konsequentermaßen besteht aber auch in diesem Falle keine Änderungspflicht der Hauptversammlung;[45] vielmehr ist die neue Vereinbarung unwirksam, sofern sie mit der Satzung in Widerspruch steht; sie kann noch entsprechend geändert werden. Eine Gesamtunwirksamkeit der Vereinbarung tritt hierdurch aber nur ein, falls der Rest keine handhabbare Regelung mehr darstellt; in diesem Falle lässt sich das Eingreifen der Auffangregelung nicht vermeiden; anderenfalls bleibt der Vereinbarungsrest allein bestehen.[46] Entsprechendes wird man auch für den Fall anzunehmen haben, dass das Registergericht im Falle anfänglicher Divergenz trotz des Eintragungshindernisses einträgt. Auf der

---

[38] HM, vgl. nur *Henssler/Sittard* KSzW 2011, 359 (362); *Jacobs* FS K. Schmidt, 2009, 795 (802); *Habersack* ZHR 171 (2007), 613 (629 f.); *Habersack* AG 2006, 345 (348); *Schäfer* in Rieble/Junker, ZAAR-Schriftenreihe, Bd. 12, 2008, 13, 27 ff.; *Windbichler* FS Canaris, 2007, 1423 (1429 f.); *Oetker* FS Konzen, 2006, 635 (649); *Kiem* ZHR 173 (2009), 156 (175 ff.); *Kiem* Konzern 2010, 275 (278 ff.) (zu LG Nürnberg-Fürth); Kölner Komm AktG/*Kiem* Rn. 61 ff. auch hinsichtlich der Auswirkungen im Rahmen einer Sitzverlegung nach Art. 8; Habersack/Drinhausen/*Schürnbrand* Rn. 32 – alle mwN; aA LG Nürnberg-Fürth NZG 2010, 547 (538) – ohne Problembewusstsein; *Teichmann* AG 2008, 797 (800 ff.); *Teichmann* BB 2010, 1114; *Teichmann* ZIP 2016, 899 (906); *Gössl*, Die Satzung der SE mit Sitz in Deutschland, 2010, 188 ff.; Kölner Komm AktG/ *Veil* Art. 9 Rn. 32; *Kiefner/Friebel* NZG 2010, 537 (538); *Austmann* ZHS Hellwig, 2011, 105 (110 ff.); diff. *Forst*, Die Beteiligungsvereinbarung nach § 21 SEBG, 2010, 93 ff.; *Forst* AG 2010, 350 (351): Art. 12 Abs. 4 sei Konfliktlösungsmechanismus, der im Wege praktischer Konkordanz bald zugunsten der Satzung, bald der Beteiligungsvereinbarung ausschlage; ähnlich, aber mit teilweise entgegengesetzten Ergebnissen *Seibt* ZIP 2010, 1057 (1060 f.).

[39] Vgl. nur *Hommelhoff* in Lutter/Hommelhoff EU-Gesellschaft 5, 16; BeckOGK/*Casper* Rn. 16 ff.; Habersack/Drinhausen/*Schürnbrand* Rn. 32; *Schwarz* Rn. 36; näher zum Vorbehalt der Satzungsautonomie *Habersack* ZHR 171 (2007), 613 (629 f.); *Schäfer* in Rieble/Junker, ZAAR-Schriftenreihe, Bd. 12, 2008, 13, 28 ff.; *Jacobs* FS K. Schmidt, 2009, 795 (802); zum möglichen Regelungsinhalt eingehend auch Kölner Komm AktG/ *Kiem* Rn. 64 ff.

[40] *Habersack* AG 2006, 345 (348); *Habersack* ZHR 171 (2007), 613 (628); Kölner Komm AktG/*Kiem* Rn. 81; Habersack/Drinhausen/*Schürnbrand* Rn. 28.

[41] Kölner Komm AktG/*Kiem* Rn. 74; Lutter/Hommelhoff/Teichmann/*Kleindiek* Rn. 32; *Schwarz* Rn. 42; Habersack/Drinhausen/*Schürnbrand* Rn. 34.

[42] Kölner Komm AktG/*Kiem* Rn. 78, 81; BeckOGK/*Casper* Rn. 27; Habersack/Drinhausen/*Schürnbrand* Rn. 30; Lutter/Hommelhoff/Teichmann/*Kleindiek* Rn. 31 ff.; aA *Kiefner/Friebel* NZG 2010, 537 (539).

[43] Kölner Komm AktG/*Kiem* Rn. 76; Habersack/Drinhausen/*Schürnbrand* Rn. 34; iE auch Lutter/Hommelhoff/Teichmann/*Kleindiek* Rn. 34. – Entsprechendes gilt auch für einen Widerspruch zwischen Satzung und Auffangregelung; näher Kölner Komm AktG/*Kiem* Rn. 83.

[44] Kölner Komm AktG/*Kiem* Rn. 78, 81; BeckOGK/*Casper* Rn. 25; Habersack/Drinhausen/*Schürnbrand* Rn. 30; Lutter/Hommelhoff/Teichmann/*Kleindiek* Rn. 31 ff.

[45] Kölner Komm AktG/*Kiem* Rn. 81; Habersack/Drinhausen/*Schürnbrand* Rn. 36; Lutter/Hommelhoff/Teichmann/*Kleindiek* Rn. 34; abw. *Gössl*, Die Satzung der SE mit Sitz in Deutschland, 2010, 197 f.

[46] Habersack/Drinhausen/*Schürnbrand* Rn. 36, 38.

anderen Seite ist eine **Satzungsänderung,** die sich in Widerspruch zu einer bestehenden Mitbestimmungsvereinbarung setzt, nichtig gem. § 241 Nr. 3 AktG (mit Möglichkeit der Heilung nach drei Jahren gem. § 242 Abs. 2 S. 1 AktG).[47] – **Satz 3** gestattet schließlich den Mitgliedstaaten im Falle des Satzes 2, das Leitungs- bzw. Verwaltungsorgan mit der Kompetenz zur erforderlichen Anpassung der Satzung auszustatten, mithin einen Beschluss der Hauptversammlung für entbehrlich zu erklären. Das SEAG hat hiervon indes **keinen Gebrauch** gemacht.

Art. 13 [Offenlegung von Urkunden und Angaben]

Die die SE betreffenden Urkunden und Angaben, die nach dieser Verordnung der Offenlegungspflicht unterliegen, werden gemäß der Richtlinie 68/151/EWG nach Maßgabe der Rechtsvorschriften des Sitzstaats der SE offen gelegt.

Art. 14 [Eintragung und Löschung]

(1) ¹Die Eintragung und die Löschung der Eintragung einer SE werden mittels einer Bekanntmachung zu Informationszwecken im *Amtsblatt der Europäischen Gemeinschaften* veröffentlicht, nachdem die Offenlegung gemäß Artikel 13 erfolgt ist. ²Diese Bekanntmachung enthält die Firma der SE, Nummer, Datum und Ort der Eintragung der SE, Datum, Ort und Titel der Veröffentlichung sowie den Sitz und den Geschäftszweig der SE.

(2) Bei der Verlegung des Sitzes der SE gemäß Artikel 8 erfolgt eine Bekanntmachung mit den Angaben gemäß Absatz 1 sowie mit denjenigen im Falle einer Neueintragung.

(3) Die Angaben gemäß Absatz 1 werden dem Amt für amtliche Veröffentlichungen der Europäischen Gemeinschaften innerhalb eines Monats nach der Offenlegung gemäß Artikel 13 übermittelt.

Regelungsgehalt und Normzweck

Art. 13 verweist für die Gewährleistung der von der SE-VO in Bezug auf die SE als 1 solche geforderten Publizität auf die Regelungen des Sitzstaates, betont allerdings, dass diese den Anforderungen der GesR-RL (Art. 14–28 GesR-RL; früher RL 2009/101/EG, zuvor RL 68/151/EWG) genügen müssen (→ Einl. Rn. 115 ff.). Im deutschen Aktienrecht sind insofern keine Umsetzungsdefizite hervorgetreten (→ Einl. Rn. 117). **Gegenstände der Offenlegung mit Bezug auf die SE** werden insbesondere bestimmt durch Art. 8 Abs. 2 (Sitzverlegungsplan), Art. 8 Abs. 12 (Sitzverlegung), Art. 15 Abs. 2 (Gründung), Art. 59 Abs. 3 (Satzungsänderung) sowie Art. 65 (Auflösung, Liquidation). Art. 66 Abs. 4 (Umwandlungsplan bei Formwechsel in AG) fällt trotz eines solchen Bezugs nicht unter Art. 13, er verweist vielmehr autonom auf das mitgliedstaatliche Recht. Daneben regelt die SE-VO eine Reihe von Offenlegungspflichten, die die **Gründungsgesellschaften** betreffen. Sie werden aber **nicht** von Art. 13 erfasst,[1] der sich nur auf SE-spezifische Angaben bezieht, sondern sind Gegenstand von Spezialverweisungen, insbesondere in Art. 21 (Angaben im Rahmen der Verschmelzungsgründung, dazu § 5 SEAG), Art. 28 (Abschluss des Verschmelzungsverfahrens), Art. 32 Abs. 3 (Gründungsplan), Art. 33 Abs. 3 (Erfüllung der Voraussetzungen einer Holdinggründung gem. Art. 33 Abs. 2), Art. 37 Abs. 5 (Umwandlungsplan bei Gründung durch Formwechsel).

Für die **Art der Offenlegung** kommen nach Art. 16 GesR-RL als primäre Publizitäts- 2 mittel die Registereintragung und die beim Handelsregister ergänzend geführte Registerakte

---

[47] Kölner Komm AktG/*Kiem* Rn. 82; BeckOGK/*Casper* Rn. 27; Habersack/Drinhausen/*Schürnbrand* Rn. 37; Lutter/Hommelhoff/Teichmann/*Kleindiek* Rn. 38.
[1] Ebenso Lutter/Hommelhoff/Teichmann/*Kleindiek* Art. 13 Rn. 3; *Schwarz* Art. 13 Rn. 10 f.

in Betracht (Art. 16 Abs. 1, 3 GesR-RL). Art. 16 Abs. 5 GesR-RL betrifft sodann die Bekanntmachung der Eintragung als sekundäres Publizitätsmittel; sie hat in einem vom Mitgliedstaat zu bestimmenden Amtsblatt zu erfolgen (→ Einl. Rn. 118). Für die deutsche AG bestimmt § 25 AktG den elektronischen Bundesanzeiger zum Pflichtmedium, allerdings nur, sofern das Gesetz eine Bekanntmachung in Gesellschaftsblättern vorsieht. Weil dies aber weder in Art. 13 noch in den §§ 8 ff. HGB vorgesehen ist, dürften die besseren Gründe gegen eine Anwendung der Vorschrift im Rahmen von Gründung und Sitzverlegung sprechen.[2] Demgemäß hat es mit der **Bekanntmachung des Registergerichts** nach den allgemeinen Vorschriften der §§ 10 f. HGB iVm § 8b Abs. 2 S. 1 Nr. 1, 9 Abs. 1 HGB – und der darauf gestützten Anwendung des § 15 HGB – sein Bewenden; seit dem EHUG erfolgt sie im elektronischen Handelsregister (www.handelsregisterbekanntmachungen.de) sowie Unternehmensregister (www.unternehmensregister.de). **Art. 14** sieht im Übrigen für Gründung und Sitzverlegung eine zusätzliche Bekanntmachung im **Amtsblatt der EU** vor (überholt: Amtsblatt der Europäischen Gemeinschaften) (→ Rn. 3 f.).

3   **Art. 14** betrifft **ergänzende Anforderungen für die Bekanntmachung** der (erstmaligen) Eintragung einer SE, deren Löschung im Register (Abs. 1) sowie der Sitzverlegung gem. Art. 8 (Abs. 2) auf **europäischer Ebene**. Bei der Sitzverlegung ist gleichzeitig sowohl die Löschung im Register des früheren Sitzes (Art. 8 Abs. 11) als auch die Eintragung im Register des neuen Sitzes (Art. 8 Abs. 10) bekanntzumachen (und zwar jeweils mit den nach Art. 14 Abs. 1 S. 2 geforderten Angaben).[3] In diesem Falle ist über die allgemeinen Regeln des jeweiligen Mitgliedstaates hinaus gem. Abs. 3 das europäische Amt für amtliche Veröffentlichungen in Kenntnis zu setzen, und zwar binnen Monatsfrist nach Bekanntmachung der Eintragung im Mitgliedstaat gem. Art. 13. Wer hierfür **zuständig** ist, lässt die SE-VO offen. Leider regeln aber weder das SEAG noch die HRV diese Frage; man darf indes davon ausgehen, dass die Meldung von Amts wegen durch das Registergericht erfolgt,[4] was bei Gelegenheit klargestellt werden sollte. Die Anmeldung bei der EU-Behörde hat die in Abs. 1 genannten Angaben zu enthalten, also Firma der SE, Nummer, Datum und Ort der Eintragung der SE, Datum, Ort und Titel der Veröffentlichung sowie den Sitz und den Geschäftszweig der SE (Abs. 1 S. 2). Das Amt bewirkt sodann die Veröffentlichung im Amtsblatt der Europäischen Gemeinschaften (Abs. 1 S. 1). Ein **formelles oder materielles Prüfungsrecht** steht ihm nicht zu; die Prüfung fällt allein in den Kompetenzbereich der mitgliedstaatlichen Registerbehörden (→ Art. 12 Rn. 5). Dies folgt schon daraus, dass die Bekanntmachung **ausschließlich Informationszwecken** dient, wie der Wortlaut unmissverständlich erkennen lässt.[5]

4   Die **Wirkungen der Veröffentlichung** sind begrenzt. Da sie lediglich informatorischen Charakter aufweist (→ Rn. 3), kommt ihr keinerlei Konstituierungs- oder Publizitätsfunktion zu. Auch Versäumung und Verspätung haben somit keine unmittelbaren Konsequenzen für die an der Gründung etc Beteiligten. Dies hat offenbar dazu geführt, dass die Verlässlichkeit der Veröffentlichungen im Amtsblatt nicht durchweg gegeben ist.[6] Künftig wird die Vorschrift (weiter) an Stellenwert einbüßen, denn es besteht – wegen der auf Art. 13 ff. GesR-RL zurückgehende Verknüpfung der europäischen Handelsregister – fortan die Möglichkeit, wesentliche Informationen aus den Handelsregistern der Mitgliedstaaten abzufragen.[7]

---

[2] Kölner Komm AktG/*Kiem* Art. 13 Rn. 13; Habersack/Drinhausen/*Schürnbrand* Art. 13 Rn. 5; aA BeckOGK/*Casper* Art. 13 Rn. 3.
[3] Kölner Komm AktG/*Kiem* Art. 14 Rn. 8 f.; Habersack/Drinhausen/*Schürnbrand* Art. 14 Rn. 3.
[4] Ebenso Lutter/Hommelhoff/Teichmann/*Kleindiek* Art. 14 Rn. 9, der die Pflicht des Registergerichts als Annex-Pflicht zur Bekanntmachung von Registereintragungen nach § 10 HGB herleitet; Habersack/Drinhausen/*Schürnbrand* Art. 14 Rn. 5; *Schwarz* Rn. 18; *Vossius* ZIP 2005, 741 (742), der dies aus § 27 S. 2 HRV, § 28 HRV ableitet, ab 1.1.2007 § 27 Abs. 2 S. 2, 3 HRV; so denn auch die Rechtslage in Österreich, Kalss/Hügel/*Greda* SEG § 3 Rn. 6.
[5] Vgl. *Vossius* ZIP 2005, 741 (742); Kalss/Hügel/*Greda* SEG § 3 Rn. 6 f.; Kölner Komm AktG/*Kiem* Art. 14 Rn. 16.
[6] Kölner Komm AktG/*Kiem* Art. 14 Rn. 18 mwN.
[7] Sog. Business Registers Interconnection System, vgl. BeckOGK/*Casper* Art. 14 Rn. 2; Kölner Komm AktG/*Kiem* Art. 14 Rn. 1a; *Bock* GmbHR 2018, 281 (282 ff.); zu dessen Ausbau durch die RL (EU) 2019/1151 s. *Bayer/J. Schmidt* BB 2019, 1922 (1925); ferner auch *Knaier* GmbHR 2018, 560 (568 f.).

Titel II. Gründung

Abschnitt 1. Allgemeines

Art. 15 [Gründung nach dem Recht des Sitzstaats]

(1) Vorbehaltlich der Bestimmungen dieser Verordnung findet auf die Gründung einer SE das für Aktiengesellschaften geltende Recht des Staates Anwendung, in dem die SE ihren Sitz begründet.
(2) Die Eintragung einer SE wird gemäß Artikel 13 offen gelegt.

Schrifttum: *Bungert/Baier,* Die Europäische Aktiengesellschaft, EWS 2002, 1; *Göz,* Beschlussmängelklagen bei der Societas Europaea (SE), ZGR 2008, 593; *Kallmeyer,* Europa-AG: Strategische Optionen für deutsche Unternehmen, AG 2003, 197; *Kersting,* Societas Europaea: Gründung und Vorgesellschaft, DB 2001, 2079; *Scheifele,* Die Gründung einer Europäischen Aktiengesellschaft, 2004; *J. Schmidt,* „Deutsche" vs. „britische" SE, 2006; *Schwarz,* Europäisches Gesellschaftsrecht, 2000; *Teichmann,* ECLR, Die Einführung der Europäischen Aktiengesellschaft, ZGR 2002, 383; *Vossius,* Gründung und Umwandlung der deutschen SE, ZIP 2005, 741; *Wagner,* Die Bestimmung des auf die SE anwendbaren Rechts, NZG 2002, 985.

Übersicht

	Rn.		Rn.
I. Regelungsgehalt und Normzweck	1–5	2. Verhältnis zu Art. 18	7–9
II. Verhältnis zu anderen Verweisungsnormen	6–9	III. Inhalt der Verweisung auf das Recht des Sitzstaates	10
1. Verhältnis zu Art. 9	6	IV. Offenlegung (Abs. 2)	11

I. Regelungsgehalt und Normzweck

Art. 15 **Abs. 1** verweist für die **(primäre) Gründung der SE** zur Ergänzung der lückenhaften Gründungsvorschriften der SE-VO auf das auf Aktiengesellschaften anwendbare **(Sach-) Recht des Sitzstaates.** Die sekundäre Gründung einer Tochter-SE durch eine Mutter-SE gem. Art. 3 Abs. 2, die naturgemäß von Art. 2 Abs. 3, Art. 35 f. nicht erfasst wird,[1] richtet sich demgegenüber unmittelbar nach Art. 9.[2] Näher zur sekundären Tochtergründung → Art. 3 Rn. 5 f. Da sich die Gründung einer SE zumeist als Umwandlungsvorgang darstellt (→ Art. 2 Rn. 25 ff.), bringt diese Verweisung bei einer Gründung in Deutschland außer dem AktG (dort insbesondere die Gründungsvorschriften der §§ 1–53 AktG) vor allem das UmwG zur Anwendung, zumal das **Umwandlungsrecht** schon wegen dieser Eigenart der SE-Gründung mit Selbstverständlichkeit zum Anwendungsbereich der SE-VO gehört (allgemein → Art. 9 Rn. 7). Aus der Abgrenzung zu Art. 9, der sich ausdrücklich auf die „gegründete", also schon entstandene SE bezieht, ergibt sich überdies zweifelsfrei, dass Art. 15 den **Gründungsvorgang** als solchen betrifft und damit insbesondere die Phase bis zur Eintragung im Register, welche die SE gem. Art. 16 als Körperschaft zur Entstehung bringt (→ Art. 16 Rn. 3).[3] Die Vorschrift hätte nämlich anderenfalls keinerlei Anwendungsbereich, weil vom Zeitpunkt der Eintragung

1

---

[1] Die Mehrpersonengründung einer Tochter-SE ist allerdings selbst dann ein Fall von Art. 2 Abs. 3, wenn eine der Gründungsgesellschaften eine SE ist, vgl. Kalss/Hügel/*Hügel* Vor § 17 SEG Art. 15 SE-VO Rn. 4; näher → Art. 2 Rn. 42.
[2] Kalss/Hügel/*Hügel* Vor § 17 SEG Art. 15 SE-VO Rn. 2; Habersack/Drinhausen/*Diekmann* Rn. 10; Lutter/Hommelhoff/Teichmann/*Bayer* Rn. 1 f.; aA Kölner Komm AktG/*Maul* Rn. 2 f.; vgl. *Schwarz* Art. 3 Rn. 26; BeckOGK/*Casper* Art. 3 Rn. 4; NK-SE/*Schröder* Rn. 1.
[3] Ebenso Lutter/Hommelhoff/Teichmann/*Bayer* Rn. 4; *Schwarz* Rn. 16; BeckOGK/*Casper* Rn. 4; *Kersting* DB 2001, 2079 (2080); *J. Schmidt,* „Deutsche" vs. „Britische" SE, 2006, 159; *Teichmann* ZGR 2002, 383 (414 f.); krit. *Kallmeyer* AG 2003, 197 unter Berufung auf Art. 2 Abs. 1 EWIV-VO; abw. auch Kalss/Hügel/*Hügel* Vor § 17 SEG Art. 15 SE-VO Rn. 8: bloß klarstellende „Doppelregelung".

an zweifellos Art. 9 eingreift. Art. 15 ist damit anders zu verstehen als die Parallelnorm des Art. 2 Abs. 1 EWIV-VO, die nach hM erst ab Eintragung der Gesellschaft anwendbar sein soll,[4] sodass sich das zuvor anwendbare Recht nach den Regeln des IPR bestimmt. Da sich die Anwendbarkeit der nationalen Ausführungsgesetze jeweils schon aus den einzelnen Spezialverweisungs- bzw. Ermächtigungsnormen ergibt,[5] ist zudem die ergänzende Inbezugnahme des Art. 9 Abs. 1 lit. c Ziff. i entbehrlich.[6] – **Abs. 2** stellt klar, dass die Eintragung der SE nach Art. 13 bekannt zu machen ist.

2   Art. 15 Abs. 1 ist die **Generalverweisungsnorm für den Gründungsvorgang**.[7] Wie Art. 9 ist sie Sachnormverweisung (→ Rn. 4) und greift nur ein, soweit die SE-VO in ihrem II. Titel (Art. 17–37) **lückenhaft** ist (eingehend → Art. 9 Rn. 10f.) bzw. eine vorhandene Lücke nicht durch Analogie geschlossen wird (→ Art. 9 Rn. 12ff.). Zur Analogiefähigkeit von Art. 25 Abs. 3 → Art. 9 Rn. 14. Einzelne Gründungsfragen sind allerdings auch im III. Titel geregelt, namentlich die dort vorgesehenen Satzungswahlrechte in Bezug auf die Organisationsstruktur der SE, soweit diese schon in der Gründungssatzung ausgeübt werden. Sollten sich hierbei, trotz ausgefüllter Ermächtigungen, ausnahmsweise Lücken zeigen, sind diese mit Hilfe des Art. 15 Abs. 1 zu schließen.[8] Die Verweisung des Art. 15 gilt überdies nur, soweit **keine Spezialverweisung** vorliegt, wie sie gerade im Gründungsrecht der SE häufig vorkommt, das zahlreiche Verweisungen unmittelbar auf das Umwandlungsrecht des Sitzstaates enthält (→ Art. 9 Rn. 7). **Art. 18** enthält zudem für die Verschmelzungsgründung eine weitere beschränkte Generalverweisung auf das **Verschmelzungsrecht** des Sitzstaates (zur Abgrenzung näher → Rn. 8).

3   Weil Art. 15 Abs. 1 das Recht des Sitzstaates nur „vorbehaltlich der Bestimmungen dieser Verordnung" zur Anwendung beruft, begründet er unmittelbar als solcher den **Vorrang der SE-VO**. Einer analogen Anwendung der Vorrangregelung des Art. 9 Abs. 1 (→ Art. 9 Rn. 2, 20ff.) bedarf es insoweit ebenso wenig wie eines Rückgriffs auf allgemeine Grundsätze.[9] – Im Übrigen fehlt zwar bei Art. 15 eine Vorrangregelung nach Art des Art. 9 Abs. 1 lit. c Ziff. i, die ausdrücklich den **Vorrang des Ausführungsgesetzes** gegenüber dem allgemeinen Aktien- und Umwandlungsrecht anordnet. Sachlich folgt hieraus indes kein Unterschied, weil die nationalen Ausführungsgesetze unmittelbar durch eine Reihe von **Spezialverweisungen** in Bezug genommen werden, aus denen sich sodann der Vorrang gegenüber sonstigen nationalen Bestimmungen ergibt. Ein Beispiel hierfür ist Art. 21, der den Mitgliedstaaten gestattet, weitere Vorschriften zur Offenlegung zu erlassen; er ist Grundlage für § 5 SEAG. Weitere Beispiele sind Art. 24 Abs. 2 (Grundlage für §§ 6, 7 SEAG), Art. 34 (Grundlage für § 9 SEAG).

4   Ebenso wie Art. 9 handelt es sich auch bei Art. 15 systematisch nicht um eine Gesamtnormverweisung, also keine Verweisungsvorschrift im international-privatrechtlichen Sinne. Vielmehr nimmt die Vorschrift unmittelbar (nur) das **Sachrecht** des Sitzstaates in Bezug (→ Art. 9 Rn. 15), mithin für die deutsche SE namentlich das Aktien- und Umwandlungsgesetz (→ Rn. 1), aber auch das allgemeine Zivilrecht, soweit es im Rahmen der Gründung von Bedeutung ist (→ Rn. 10). Die Regeln des **internationalen Gesellschaftsrechts** werden also **nicht** von der Verweisung erfasst (→ Art. 9 Rn. 15 mwN).[10]

5   Nicht eindeutig ist, ob Art. 15 auch für die Bestimmung des Rechts zuständig ist, das auf die **an der Gründung beteiligten Rechtsträger** anwendbar ist, etwa für die Frage, welches

---

[4] Vgl. *Schwarz* EuropGesR 606 f. mwN; *Habersack/Verse* EuropGesR § 12 Rn. 17 f.
[5] ZB Art. 18, 21 (dazu § 5 SEAG); Art. 24 Abs. 1 lit. a (§ 8 SEAG); Art. 24 Abs. 2 (§§ 6, 7 SEAG); Art. 34 (§§ 9, 11 SEAG). § 10 SEAG versteht sich demgegenüber als Ergänzung zu Art. 32 Abs. 6, näher → Art. 32 Rn. 32ff.
[6] Auf die (angebliche) Erforderlichkeit einer Inbezugnahme des Art. 9 Abs. 1 lit. c Ziff. i stützt Kalss/Hügel/*Hügel* Vor § 17 SEG Art. 15 SE-VO Rn. 2 seine abw. Auffassung.
[7] Vgl. *Schwarz* Rn. 1; der Sache nach auch BeckOGK/*Casper* Rn. 1.
[8] Vgl. *Scheifele*, Die Gründung der SE, 2004, 52 f.; *Schwarz* Rn. 17.
[9] So aber *Wagner* NZG 2002, 985 (990).
[10] Vgl. außerdem Lutter/Hommelhoff/Teichmann/*Bayer* Rn. 5; Kalss/Hügel/*Hügel* Vor § 17 SEG Art. 15 SE-VO Rn. 25; *Schwarz* Rn. 18; BeckOGK/*Casper* Rn. 5.

Organ für die Entscheidung über die Beteiligung an der Gründung zuständig ist, welche Anforderungen an Organisation und Ablauf der Entscheidung zu stellen sind, welche Mehrheitserfordernisse gelten oder wie Minderheitsgesellschafter zu schützen sind. Dies wird – mit Rücksicht auf den auf die SE selbst bezogenen Wortlaut („auf die Gründung einer SE") – gelegentlich verneint und die Bestimmung des anwendbaren Rechts dem IPR zugewiesen.[11] Dem ist nicht zu folgen. Da es sich bei den primären Gründungsformen des Art. 2 mit Ausnahme der Tochtergründung um Umwandlungsvorgänge handelt, betreffen die angesprochenen Regelungsbereiche typische Rechtsfragen der SE-Gründung, die folglich schon aus systematischen Gründen dem Art. 15 Abs. 1 ohne Not zuzuordnen sind, zumal auch die SE-VO selbst in diesem Bereich (vorrangige) Regelungen trifft (etwa Art. 20 Abs. 1; Art. 21; Art. 23; Art. 32 f.). Richtig ist allerdings, dass die SE-VO viele Einzelfragen entweder selbst oder im Wege der **Spezialverweisung** löst, sodass der Frage keine große praktische Bedeutung zukommt. Zu nennen sind: Art. 18; Art. 24 Abs. 1; Art. 25 Abs. 1; Art. 31 Abs. 1 S. 2, Abs. 2; Art. 33 Abs. 3. So bezieht sich insbesondere **Art. 18** bei der Verschmelzungsgründung generell auf das Verschmelzungsrecht des Sitzstaates, soweit die SE-VO keine eigene Regelung trifft. Und dies betrifft gerade das auf die Gründungsgesellschaften anwendbare Recht (→ Rn. 7 f.).[12] Sollten indes – insbesondere bei den übrigen Gründungsvarianten – ausnahmsweise noch Lücken verbleiben, steht nichts entgegen, sie unter Rekurs auf Art. 15 Abs. 1 zu schließen, sofern sie nicht auf der Ebene der VO durch Analogieschluss bewältigt werden können (allgemein → Art. 9 Rn. 12).[13] Hinzu kommt, dass es sich bei den Einzelverweisungen gleichfalls um Sachnormverweisungen handelt, und somit wenig dafür spricht, für die Lösung der gleichen Sachfrage auf qualitativ unterschiedliche Verweisungstechniken zu rekurrieren.[14] Folglich richtet sich die Anwendbarkeit des Art. 15 auch insofern allein nach den Regeln der Spezialität: Mangels spezieller Regelung in der SE-VO (zu deren Vorrang → Rn. 3) bzw. mangels Spezialverweisung kommt somit auf die Gründungsgesellschaften gem. Art. 15 Abs. 1 das einschlägige **Sachrecht des jeweiligen Sitzstaates** zur Anwendung; in Bezug auf die Gründungsgesellschaften ist damit Art. 15 Abs. 1 allgemein in einer dem Art. 18 entsprechenden Weise ergänzend auszulegen (vgl. auch Art. 33 Abs. 3).

II. Verhältnis zu anderen Verweisungsnormen

1. Verhältnis zu Art. 9. Das Verhältnis zur Generalverweisung des Art. 9 Abs. 1 lit. c **6** ergibt sich unmittelbar aus dem Regelungsbereich des Art. 1, wie es dort in → Art. 9 Rn. 15 dargestellt ist: Weil Art. 9 erst auf die eingetragene SE zur Anwendung kommt, stellt Art. 15 die Generalverweisungsnorm für den gesamten Gründungsvorgang **bis zur Eintragung der SE** dar.[15] Dies gilt nicht nur hinsichtlich der in Gründung begriffenen SE als solcher, sondern grundsätzlich auch in Bezug auf die an der Gründung beteiligten Gesellschaften (→ Rn. 5, 7 f.), soweit keine vorrangige Regelung vorhanden ist. Art. 15 verweist damit für alle nicht in der SE-VO selbst geregelten Fragen des Gründungsrechts auf das Sachrecht des Sitzstaates, sofern keine vorrangige Spezial- bzw. partielle Generalverweisung nach Art des Art. 18 eingreift (→ Rn. 7). Dass Art. 15 den Vorrang der SE-VO anders formuliert („vorbehaltlich") als Art. 9 Abs. 1 mit seiner Stufenfolge, bedeutet keine inhaltliche Abweichung (→ Rn. 3).[16]

2. Verhältnis zu Art. 18. Als partielle Generalverweisung für den Gründungsvorgang **7** (→ Rn. 1) kommt zwar Art. 15 grundsätzlich **bei allen** im Zweiten Titel geregelten primä-

---

[11] S. etwa BeckOGK/*Casper* Rn. 3; *Wagner* NZG 2002, 985 (990) m. Fn. 62 mit zweifelhafter Berufung auf Art. 2 Abs. 5.
[12] Vgl. Kalss/Hügel/*Hügel* Vor § 17 SEG Art. 15 SE-VO Rn. 6; *Schwarz* Rn. 10 ff.; insoweit auch *Wagner* NZG 2002, 985 (990).
[13] Vgl. *Neun* in Theisen/Wenz SE 71 f.
[14] So iErg auch *Teichmann* ZGR 2002, 383 (415): Recht des Sitzstaates anwendbar.
[15] In diesem Sinne auch Lutter/Hommelhoff/Teichmann/*Bayer* Rn. 6; Habersack/Drinhausen/*Diekmann* Rn. 3; *Schwarz* Art. 9 Rn. 6; *Schwarz* Art. 15 Rn. 16; BeckOGK/*Casper* Rn. 4; *J. Schmidt*, „Deutsche" vs. „Britische" SE, 2006, 156 f.; aA *Schindler*, Die Europäische Aktiengesellschaft, 2002, 22.
[16] Anders *Wagner* NZG 2002, 985 (990).

ren **Gründungsarten** (→ Rn. 1) zur Anwendung, jedoch nur soweit keine speziellere und damit vorrangige Verweisungs- bzw. Ermächtigungsnorm der SE-VO vorhanden ist; insofern gilt das zu Art. 9 Ausgeführte entsprechend (→ Art. 9 Rn. 6–9). Ein solches **Vorrangverhältnis** besteht auch zugunsten des Art. 18, der eine **partielle Generalverweisung** auf das (richtlinienkonforme) Verschmelzungsrecht des Sitzstaates nur **für die Verschmelzungsgründung** gem. Art. 2 Abs. 1, Art. 17 ff. darstellt und durch die Spezialverweisungsnormen der Art. 25, 26, 28 ergänzt wird.[17] Dieser speziellere Verweis auf das im Wesentlichen im UmwG geregelte Verschmelzungsrecht geht also der allgemeineren Bestimmung des Art. 15 Abs. 1 vor; für die übrigen primären Gründungsformen hat Art. 18 demgegenüber keine Bedeutung. Der Verweis auf das nationale Verschmelzungsrecht auch für die SE-Gründung lässt sich mit der Harmonisierung dieses Rechtsbereichs durch die RL 78/855/EWG (jetzt: GesR-RL) rechtfertigen. Wenn die SE-VO gleichwohl eine Reihe eigenständiger Regelungen trifft (zB Art. 20 f., 23, 25), so beruht dies darauf, dass das harmonisierte Verschmelzungsrecht seinerzeit keine besonderen Regelungen für die grenzüberschreitende Verschmelzung vorsah (vgl. heute §§ 122a ff. UmwG).[18] Diesem Zusammenspiel zwischen nationalem Verschmelzungsrecht der Gründungsgesellschaften und eigenem Gründungsrecht der SE entspricht auch das zweistufige Verfahren zur Rechtmäßigkeitskontrolle der jeweiligen Verfahrensabschnitte in Art. 25 und 26 (näher → Art. 25 Rn. 1).

8 Aufgrund der in → Rn. 7 beschriebenen Systematik betrifft **Art. 18** den **bei den Gründungsgesellschaften** zu vollziehenden **Abschnitt** der Verschmelzungsgründung und damit namentlich Themen wie die Unterrichtung der Aktionäre, die Einberufung der Hauptversammlung, die Beschlussfassung einschließlich der Mehrheitserfordernisse sowie der Informationsrechte. Demgegenüber betrifft **Art. 15** das auf die im Entstehen begriffene SE, mithin das **auf die Vor-SE anwendbare Recht,** also die schon der Vor-SE zuzuordnenden Gründungsschritte, die auch Vollzugsphase genannt wird.[19] Sie betreffen insbesondere die Satzungsfeststellung, die Kapitalaufbringung sowie Fragen der Anmeldung oder der Gründerhaftung (näher → Art. 16 Rn. 17; zum Zeitpunkt der Entstehung der Vor-SE → Art. 16 Rn. 4), aber auch der für die Satzung erforderlichen Form, die in der SE-VO in Art. 6 lediglich insoweit geregelt wird, als die Satzung in Hinblick auf ihre Veröffentlichung in einer Urkunde niederzulegen ist (→ Art. 6 Rn. 1).[20] Alle diese Fragen richten sich folglich gem. Art. 15 nach dem Recht des Sitzstaates der SE.[21] Dem entspricht es, dass Art. 6 Beteiligungs-RL für ungeregelte Bereiche des Verhandlungsverfahrens zur Arbeitnehmermitbestimmung gleichfalls auf das nationale Recht des Sitzstaates der SE verweist. Zu den Einzelheiten des Verfahrens vgl. §§ 11 ff. SEBG (näher → SEBG § 11 Rn. 1 ff.). Das gilt auch für die **Verschmelzung durch Neugründung,** bei der die Vor-SE als Beteiligte zu den Gründungsgesellschaften hinzutritt; das auf sie anwendbare Recht wird durch Art. 15 bestimmt.[22]

9 Die Verweisung des Art. 15 Abs. 1 erstreckt sich zwar ihrem Ansatz gemäß auch auf die **Wirkungen der Verschmelzung;** doch werden diese durch Art. 29 weitgehend vorgezeich-

---

[17] Vgl. nur BeckOGK/*Casper* Rn. 3; Kalss/Hügel/*Hügel* Vor § 17 SEG Art. 15 Rn. 11; *Neun* in Theisen/Wenz SE 72 f.; ebenso iE Habersack/Drinhausen/*Diekmann* Rn. 7, der aber offenbar davon ausgeht, dass die SE-VO ohne Art. 18 lückenhaft wäre.
[18] *Teichmann* ZGR 2002, 383 (416 f.).
[19] Im Unterschied zur Vorbereitungs- und Beschlussphase, die Art. 18 und damit dem Recht am Sitz der jeweiligen Gründungsgesellschaft unterliegen, vgl. nur Habersack/Drinhausen/*Diekmann* Rn. 9. Eine solche Einteilung hat naturgemäß nur deskriptive Bedeutung.
[20] Zutr. *Bungert/Baier* EWS 2002, 2 f. mwN in Fn. 18; aA *Kersting* DB 2001, 2079 (2080): unmittelbare Anwendung von Art. 16 Abs. 2 SE-VO (Parallelnorm Art. 7 Abs. 2 GesR-RL, früher Art. 8 Publizitäts-RL) – zu diesem Konzept näher → Art. 16 Rn. 20.
[21] Für Geltung des Art. 15 Abs. 1 SE-VO nur in der „Vollzugsphase" auch Lutter/Hommelhoff/Teichmann/*Bayer* Rn. 7; *Bayer* in Lutter/Hommelhoff EU-Gesellschaft 25, 32 f.; *Göz* ZGR 2008, 593 (600); Kalss/Hügel/*Hügel* Vor § 17 SEG Art. 15 Rn. 5 ff.; *Scheifele,* Die Gründung der SE, 2004, 50 ff.; *J. Schmidt,* „Deutsche" vs. „Britische" SE, 2006, 159; *Schwarz* Rn. 10, 15; iErg wohl auch BeckOGK/*Casper* Rn. 3; Habersack/Drinhausen/*Diekmann* Rn. 9.
[22] IE wie hier Kalss/Hügel/*Hügel* Vor § 17 SEG Art. 15 SE-VO Rn. 6 f., der allerdings die SE insofern auch zu den Gründungsgesellschaften iSv Art. 18 rechnet.

net. Nicht geregelt sind aber etwa bestimmte Aspekte der Eintragung der SE, was vor allem bei der Verschmelzung durch Neugründung gem. Art. 17 Abs. 2 lit. b relevant wird; denn bei der Verschmelzung durch Aufnahme ist die werdende SE mit dem aufnehmenden Rechtsträger identisch, sodass auch keine Vor-SE entsteht (→ Art. 16 Rn. 6). Demnach kommt bei der Gründung einer deutschen SE ergänzend das Verschmelzungsrecht des UmwG sowohl gem. Art. 18 auf die deutsche Gründungsgesellschaft wie auch gem. Art. 15 Abs. 1 auf die Vor-SE zur Anwendung. Durch diese Systematik wird indes nicht ausgeschlossen, dass Art. 15 ausnahmsweise auch im ersten Verfahrensabschnitt, also in Bezug auf die Gründungsgesellschaften, zur Anwendung kommt (→ Rn. 5).[23] In Bezug auf nicht klar der „Vollzugsphase" (Satzungsfeststellung, Kapitalaufbringung und Eintragungsverfahren zur SE, s. Fn. 22) zuzuordnenden Fragen, kann dies zu dem Erfordernis führen, insofern beide nationale Rechtsordnungen (am Sitz der SE und der entsprechenden Gründungsgesellschaft) kumuliert zu berücksichtigen.[24] – Näher zum Anwendungsbereich des Art. 18 vgl. die Erläuterungen ebd.

III. Inhalt der Verweisung auf das Recht des Sitzstaates

Art. 15 Abs. 1 verweist insbesondere auf das einschlägige **Aktien- und Umwandlungs-** 10 **recht** des Sitzstaates der SE (→ Rn. 1). Wie im Falle des Art. 9 Abs. 1 lit. c ist damit der **statutarische Sitz** der SE gemeint (Art. 7), der zwar im selben Staat wie die Hauptverwaltung liegen muss (→ Art. 7 Rn. 2), bei rechtswidriger Divergenz aber den Ausschlag gibt (vgl. Art. 64 Abs. 1). Der Verweis erfasst sowohl das **geschriebene als auch das ungeschriebene Recht,** einschließlich des Richterrechts und der Auslegungsregeln, einerlei, ob es um die Auslegung des Gesetzes oder der Satzung bzw. sonstiger Gründungsakte wie etwa des Verschmelzungsplans geht (→ Art. 9 Rn. 17 ff.). Dies lässt der Wortlaut des Art. 15 („geltendes Recht") noch deutlicher erkennen als derjenige von Art. 9, 18 („Rechtsvorschriften"), ohne dass deshalb aber eine unterschiedliche Interpretation veranlasst wäre (→ Art. 9 Rn. 17 mwN).[25] Soweit sich bestimmte Gründungsfragen nach **allgemeinem Zivilrecht** richten, wie etwa Begriff und Wirksamkeit von Willenserklärungen oder Voraussetzungen der Stellvertretung, sind auch diese am Sitzstaat geltenden Regeln in Bezug genommen, soweit der Verweis nicht schon aus Art. 18 folgt. – Es handelt sich jeweils um **dynamische Verweise;**[26] die Mitgliedstaaten sind also nicht etwa gehindert, ihre Rechtsvorschriften auch mit Wirkung für die bei ihnen ansässigen SE zu ändern. – Dazu, dass die Verweisung allein das **Sachrecht,** nicht jedoch die Normen des internationalen Privatrechts in Bezug nimmt, → Rn. 4.

IV. Offenlegung (Abs. 2)

Nach Abs. 2 wird die Eintragung der SE offen gelegt, wobei die Offenlegung rein **dekla-** 11 **ratorisch** wirkt; die SE erwirbt gem. Art. 16 Abs. 1 (→ Art. 16 Rn. 3) mit dem Tag ihrer Eintragung Rechtspersönlichkeit. Die Offenlegung richtet sich nach Art. 13 (→ Art. 13, 14 Rn. 1 f.) wonach die jeweiligen Rechtsvorschriften des Mitgliedstaats gelten. Abzugrenzen ist die Offenlegung nach Abs. 2 von der Offenlegung nach Art. 28 und Art. 14; nach Abs. 2 hat die Offenlegung nur in dem Mitgliedstaat zu erfolgen, in welchem die SE eingetragen wird, nach Art. 14 wird die Gründung der SE über das *Amtsblatt der Europäischen Gemeinschaft* (jetzt: EU) in sämtlichen EWR-Staaten bekannt gemacht (→ Art. 13, 14 Rn. 3), wohingegen Art. 28 bei der Gründung der SE durch Verschmelzung deren Offenlegung für jede an der Verschmelzung beteiligte Gesellschaft in ihrem jeweiligen Mitgliedstaat vorsieht (→ Art. 28 Rn. 2).[27]

---

[23] Vgl. Habersack/Drinhausen/*Diekmann* Rn. 9; *Teichmann* ZGR 2002, 383 (416 f.); *Neun* in Theisen/Wenz SE 72 f.; s. auch Kalss/Hügel/*Hügel* Vor § 17 SEG Art. 15 SE-VO Rn. 5 f.
[24] Habersack/Drinhausen/*Diekmann* Rn. 9.
[25] Vgl. Nachweise bei *Scheifele,* Die Gründung der SE, 2004, 37 ff.
[26] Habersack/Drinhausen/*Diekmann* Rn. 12.
[27] Vgl. Habersack/Drinhausen/*Diekmann* Rn. 26; Lutter/Hommelhoff/Teichmann/*Bayer* Rn. 11; *Schwarz* Rn. 27.

SE-VO Art. 16

Verordnung (EG) Nr. 2157/2001

Art. 16 [Rechtspersönlichkeit]

(1) Die SE erwirbt die Rechtspersönlichkeit am Tag ihrer Eintragung in das in Artikel 12 genannte Register.

(2) Wurden im Namen der SE vor ihrer Eintragung gemäß Artikel 12 Rechtshandlungen vorgenommen und übernimmt die SE nach der Eintragung die sich aus diesen Rechtshandlungen ergebenden Verpflichtungen nicht, so haften die natürlichen Personen, die Gesellschaften oder anderen juristischen Personen, die diese Rechtshandlungen vorgenommen haben, vorbehaltlich anders lautender Vereinbarungen unbegrenzt und gesamtschuldnerisch.

Schrifttum: *Abu Taleb,* Die Haftungsverhältnisse bei der Gründung einer Europäischen Aktiengesellschaft (SE) in Deutschland und England, 2008; *Blanke,* Europäische Aktiengesellschaft ohne Arbeitnehmerbeteiligung?, ZIP 2006, 789; *Brandes,* Europäische Aktiengesellschaft: Juristische Person als Organ?, NZG 2004, 642; *Brandes,* Cross Border Merger mittels der SE, AG 2005, 177; *Casper,* Die Vor-SE – nationale oder europäische Vorgesellschaft?, Konzern 2007, 244; *Casper,* Numerus Clausus und Mehrstaatlichkeit bei der SE-Gründung, AG 2007, 97; *Casper,* Erfahrungen und Reformbedarf bei der SE – Gesellschaftliche Reformvorschläge, ZHR 173 (2009), 181; *Casper/Schäfer,* Die Vorrats-SE – Zulässigkeit und wirtschaftliche Neugründung, ZIP 2007, 653; *Eidenmüller/Engert/Hornuf,* Die Societas Europaea – Empirische Bestandsaufnahme und Entwicklungslinien einer neuen Rechtsform, AG 2008, 721; *Feldhaus/Vanscheidt,* Strukturelle Änderungen der Europäischen Aktiengesellschaft im Lichte von Unternehmenstransaktionen, BB 2008, 2246; *Forst,* Die Arbeitnehmer in der Vorrats-SE, NZG 2009, 687; *Frese,* Arbeitnehmerbeteiligung beim Rechtsformwechsel von der GmbH & Co. KG in die SE & Co. KG, BB 2018, 2612; *Grambow,* Arbeits- und gesellschaftsrechtliche Fragen bei grenzüberschreitenden Verschmelzungen unter Beteiligung einer Europäischen Gesellschaft (Societas Europaea – SE), Konzern 2009, 97; *Heckschen,* Die Europäische AG aus notarieller Sicht, DNotZ 2003, 251; *Henssler,* Bewegung in der deutschen Unternehmensmitbestimmung, RdA 2005, 330; *Hirte,* Die Europäische Aktiengesellschaft, NZG 2002, 1; *Ihrig,* Gläubigerschutz durch Kapitalaufbringung bei Verschmelzung und Spaltung nach neuem Umwandlungsrecht, GmbHR 1995, 622; *Kersting,* Die Vorgesellschaft im europäischen Gesellschaftsrecht, 2000; *Kersting,* Societas Europaea: Gründung und Vorgesellschaft, DB 2001, 2079; *Kiem,* Erfahrungen und Reformbedarf bei der SE – Entwicklungsstand, ZHR 173 (2009), 165; *Lange,* Überlegungen zur Umwandlung einer deutschen in eine Europäische Aktiengesellschaft, EuZW 2003, 301; *Thoma/Leuering,* Die Europäische Aktiengesellschaft – Societas Europaea, NJW 2002, 1449; *Mülbert/Nienhaus,* Europäisches Gesellschaftsrecht und die Neubildung nationaler Gesellschaftsformen, RabelsZ 65 (2001), 513; *Noack,* Zur Auslegung von EGV 2157/2001 Art. 12 Abs. 2, EWiR 2005, 905; *Reichert,* Die SE als Gestaltungsinstrument für grenzüberschreitende Umstrukturierungen, Konzern 2006, 821; *Reinhard,* Zur Frage, ob die Handelsregistereintragung einer arbeitnehmerlosen Europäischen (Tochter-) Aktiengesellschaft zwingend eine Vereinbarung über die Arbeitnehmerbeteiligung voraussetzt, RIW 2006, 68; *Schäfer,* Das Gesellschaftsrecht (weiter) auf dem Weg nach Europa – am Beispiel der SE-Gründung, NZG 2004, 785; *J. Schmidt,* „Deutsche" vs. „britische" SE, 2006; *Schmaus/Bangen,* Die Vorrats-SE – eine Gestaltungsvariante im Bereich der unternehmerischen Mitbestimmung, ZIP 2019, 1360; *Schön,* Das Bild des Gesellschafters im Europäischen Gesellschaftsrecht, RabelsZ 64 (2000), 1; *Schreiner,* Zulässigkeit und wirtschaftliche Neugründung einer Vorrats-SE, 2009; *Schubert,* Die Arbeitnehmerbeteiligung bei der Europäischen Gesellschaft ohne Arbeitnehmer, ZESAR 2006, 340; *Schwarz,* Europäisches Gesellschaftsrecht, 2000; *Seibt,* Privatautonome Mitbestimmungsvereinbarungen: Rechtliche Grundlagen und Praxishinweise, AG 2005, 413; *Seibt,* Arbeitnehmerlose Societas Europaea, ZIP 2005, 2248; *Startz,* Zur Zulässigkeit der Gründung einer SE durch arbeitnehmerlose Gesellschaften und deren Eintragung in das Handelsregister, ZIP 2006, 1301; *von der Höh,* Der „Kettenformwechsel" in die SE, AG 2018, 185; *Vossius,* Gründung und Umwandlung der deutschen Europäischen Gesellschaft, ZIP 2005, 741; *Wollburg/Banerjea,* Die Reichweite der Mitbestimmung in der Europäischen Gesellschaft, ZIP 2005, 282.

Übersicht

	Rn.		Rn.
I. Regelungsgegenstand und -zweck	1, 2	a) Problematik und Lösungsansatz des Aktienrechts	9–11
II. Die Entstehung der SE durch Eintragung (Abs. 1)	3–14	b) SE-spezifische Gegengründe?	12–14
1. Erwerb der Rechtspersönlichkeit	3	III. Haftung der Handelnden (Abs. 2)	15–22
2. Rechtslage vor Eintragung	4–8	1. Allgemeines	15, 16
a) Allgemeines	4, 5	2. Handeln im Namen der SE	17, 18
b) Besonderheiten der SE-Gründung	6, 7	3. Subjektiver Anwendungsbereich	19, 20
c) Besonderheiten für die Gründerhaftung?	8	4. Keine „Übernahme" der Verbindlichkeit durch die SE	21
3. Exkurs: Zulässigkeit der Vorratsgründung	9–14	5. Haftungsinhalt	22

I. Regelungsgegenstand und -zweck

Art. 16 betrifft die Rechtslage im **Gründungsstadium der SE**. Die Regelung entspricht im Ansatz § 41 Abs. 1 AktG, ist also ebenso rudimentär wie dessen Bestimmungen und enthält namentlich keine Aussagen über den Rechtszustand der SE vor ihrer Eintragung. Der Normhintergrund ist allerdings insofern ein anderer, als eine SE zumeist im Umwandlungswege gegründet wird (näher → Rn. 6). **Abs. 1** stellt klar, dass die SE erst mit Eintragung in das nach Art. 12 bestimmte Register als juristische Person entsteht und somit Rechtspersönlichkeit erwirbt, in Deutschland geschieht dies durch Eintragung im Handelsregister (→ Art. 12 Rn. 2). **Abs. 2** regelt die Handelndenhaftung vor der Eintragung. Vorbild ist unverkennbar **Art. 7 Abs. 2 GesR-RL** (früher Art. 8 RL 2009/101/EG, zuvor Art. 7 RL 68/151/EWG). Wie dieser bestimmt Abs. 2, dass die handelnden Personen für Verbindlichkeiten aus Handlungen gesamtschuldnerisch einzustehen haben, die sie namens der noch nicht eingetragenen SE vorgenommen haben, sofern die Verbindlichkeit nicht von der SE nach ihrer Eintragung übernommen wird. 1

Der **Normzweck** von **Abs. 1** beschränkt sich, wie derjenige des § 41 Abs. 1 S. 1 AktG 2 hinsichtlich der AG (→ AktG § 41 Rn. 4), auf die Feststellung, dass die SE ihre Rechtspersönlichkeit als juristische Person (Art. 1 Abs. 3) erst mit der Eintragung erwirbt. Ein weitergehender Inhalt ist nicht impliziert; insbesondere ist der Vorschrift keine negative Aussage dahin gehend zu entnehmen, dass vor der Eintragung noch keine rechtsfähige Gesellschaft existiert. Ob dies der Fall ist, richtet sich vielmehr gem. Art. 15 Abs. 1 nach dem Recht des Sitzstaates (näher → Rn. 4). Dies gilt umso mehr, als auch **Abs. 2** keine allgemeine Regelung zur **Vor-SE** beinhaltet, sondern sich auf die Anordnung der Handelndenhaftung beschränkt (→ Rn. 15).[1] Da diese erlischt, wenn die SE durch Eintragung entstanden ist (→ Rn. 21), kommt ihr einerseits die **Funktion** einer Sicherung der Gesellschaftsgläubiger in Bezug auf die im Gründungsstadium entstandenen Gesellschaftsverbindlichkeiten zu.[2] Zum anderen bewirkt die drohende Haftungssanktion einen nicht unerheblichen **Druck** auf die eintragungspflichtigen Organmitglieder, auf eine baldige Eintragung der Gesellschaft hinzuwirken.[3] Wie im Falle des **Art. 7 Abs. 2 GesR-RL** (früher Art. 8 Publizitäts-RL), dem die Vorschrift nachgebildet ist,[4] lässt sich der übergeordnete Zweck der Vorschrift dahin umschreiben, dass sie primär den Übergang der Verbindlichkeiten auf die entstandene Gesellschaft bezweckt, indem sie (nur) für den Fall, dass dieser misslingt, für die Sicherung der Gesellschaftsgläubiger durch eine zwingende Handelndenhaftung sorgt. Im Ergebnis verfolgt sie damit keine anderen Zwecke, als sie heute für § 41 Abs. 1 S. 2 AktG anerkannt sind (→ AktG § 41 Rn. 4).

II. Die Entstehung der SE durch Eintragung (Abs. 1)

1. Erwerb der Rechtspersönlichkeit. Die SE erlangt Rechtspersönlichkeit im Zeit- 3 punkt der Eintragung in das nach Art. 12 bestimmte Register, also in das **Handelsregister** (§ 3 SEAG); dies gilt unabhängig von der konkreten Gründungsform.[5] Die von Art. 13 geforderte Bekanntmachung erfolgt gem. § 25 AktG im elektronischen Bundesanzeiger (→ Art. 13, 14 Rn. 2). Die zusätzlich gem. Art. 14 erforderliche Veröffentlichung im Amtsblatt der Europäischen Gemeinschaften dient lediglich Informationszwecken (→ Art. 13, 14

---
[1] Vgl. dazu *Jannott* in Jannott/Frodermann SE-HdB Kap. 3 Rn. 319 ff.
[2] So auch Lutter/Hommelhoff/Teichmann/*Bayer* Rn. 3; *J. Schmidt*, „Deutsche" vs. „Britische" SE, 2006, 384 f.; *Schwarz* Rn. 1; anders BeckOGK/*Casper* Rn. 2. – Bei § 41 AktG will BGH NJW 2004, 2519 in einem obiter dictum die Handelndenhaftung – zu Unrecht – auf die Sicherungsfunktion im Falle fehlender Ermächtigung, also auf eine falsus-procurator-Haftung, beschränken (zurückhaltender aber BGH ZIP 2011, 1761 Rn. 12 zur wirtschaftlichen Neugründung einer GmbH); dagegen etwa → AktG § 41 Rn. 126 f.; Henssler/Strohn/*Schäfer* GmbHG § 11 Rn. 49; dem kann schon wegen Art. 7 Abs. 2 GesR-RL (früher Art. 8 Publizitäts-RL) nicht gefolgt werden, wie hier auch HCL/*Ulmer/Habersack* § 11 Rn. 125.
[3] Zust. Lutter/Hommelhoff/Teichmann/*Bayer* Rn. 3; allein auf die Druckfunktion abstellend BeckOGK/*Casper* Rn. 2.
[4] Dazu *Habersack/Verse* EuropGesR § 5 Rn. 29.
[5] Zust. BeckOGK/*Casper* Rn. 3; vgl. auch *Heckschen* DNotZ 2003, 251 (252).

Rn. 3).⁶ Unterbleibt die zunächst angestrebte Eintragung, etwa weil die Gründungsabsicht aufgegeben wird, hat die zu gründende SE zu keinem Zeitpunkt Rechtspersönlichkeit erlangt. Zugleich verliert sie hierdurch ihre privilegierte Stellung als Vor-SE, namentlich in Bezug auf die Gründerhaftung (→ Rn. 15), und wird rückwirkend wie eine Personengesellschaft mit gesamtschuldnerischer Außenhaftung der Gesellschafter behandelt (→ AktG § 41 Rn. 83 ff.).

4 **2. Rechtslage vor Eintragung. a) Allgemeines.** Art. 16 Abs. 1 schließt es nicht aus, dass schon vor der Eintragung eine rechtsfähige (Personen-)Gesellschaft in Gestalt einer **Vor-SE** existiert. Ob dies der Fall ist, richtet sich gem. Art. 15 Abs. 1 nach dem **Recht des Sitzstaates**.⁷ Aus der Handelndenhaftung gem. Art. 16 Abs. 2 lässt sich ebenso wenig ein Argument gegen die mögliche Existenz einer Vorgesellschaft herleiten wie aus § 41 Abs. 1 S. 2 AktG in Bezug auf die Vor-AG (→ AktG § 41 Rn. 22 f.).⁸ Art. 16 Abs. 1 stellt ausdrücklich auf den Erwerb der Rechtspersönlichkeit der SE ab, lässt es also ohne weiteres zu, dass schon vor der Eintragung ein rechtsfähiges Subjekt existiert. Ferner treffen weder Art. 16 noch Art. 7 Abs. 2 GesR-RL (früher Art. 8 Publizitäts-RL) eine Regelung der Vor-Gesellschaft bzw. der Gründerhaftung, sodass das Recht der Vor-SE nicht europarechtlich geprägt ist.⁹ Der insbesondere von *Kersting*¹⁰ vertretenen Gegenauffassung, wonach Art. 16 ebenso wie (seinerzeit) Art. 8 Publizitäts-RL die Außenhaftung der Gründer in der Vor-SE europaeinheitlich regele, ist nicht zu folgen. Art. 16 Abs. 2 regelt aus systematischen und teleologischen Gründen ausschließlich die Organhaftung zwischen Gründung und Eintragung, **nicht dagegen Vorgesellschaft und Gründerhaftung** (näher → Rn. 15).¹¹ Auf diese Weise kann zudem auf den unterschiedlichen Bedarf nach einer (rechtsfähigen) Vor-Gesellschaft angemessen Rücksicht genommen werden; besonders hoch ist er naturgemäß in Rechtsordnungen (wie der deutschen), in denen die Kapitalaufbringung vor Eintragung zu erfolgen hat.¹²

5 Für die deutsche SE gelten somit die **Regeln der Vor-AG;** wegen der Einzelheiten kann daher im Grundsatz auf die Erläuterungen zu § 41 AktG verwiesen werden (insbesondere → AktG § 41 Rn. 22 ff.).¹³ Demnach ist auch die Vor-SE eine **rechtsfähige Gesamthandsgesellschaft,** deren Gründer für alle vor Eintragung angefallenen Verluste nach den Grundsätzen der **Verlustdeckungs- bzw. Unterbilanzhaftung** einzustehen haben; sie besteht grundsätzlich nur der Gesellschaft gegenüber, ist also keine gesamtschuldnerische Außenhaftung nach dem Vorbild des § 128 HGB, sondern eine anteilige, der Höhe nach aber unbegrenzte Binnenhaftung (näher → AktG § 41 Rn. 55 ff.). Voraussetzung für eine Haftung der Gründer ist nach hM allerdings ihre Zustimmung zur (vorzeitigen) Geschäftsaufnahme (näher → AktG § 41 Rn. 35; → AktG § 41 Rn. 34 auch zur str. Frage, ob die Vertretungsmacht in der Vorgesellschaft durch deren Zweck begrenzt wird).¹⁴ Vgl. zu möglichen Besonderheiten der

---

⁶ Vgl. hierzu auch *Thoma/Leuering* NJW 2002, 1449 (1452).
⁷ Wie hier auch Lutter/Hommelhoff/Teichmann/*Bayer* Rn. 6; *Casper* Konzern 2007, 244 (249); Habersack/Drinhausen/*Diekmann* Rn. 26; Kalss/Hügel/*Hügel* zu § 17 SEG Art. 16 SE-VO Rn. 2; *Jannott* in Jannott/Frodermann SE-HdB Kap. 3 Rn. 311; *J. Schmidt,* „Deutsche" vs. „Britische" SE, 2006, 385; NK-SE/ *Schröder* Rn. 10; abw. wohl *Schwarz* Rn. 13. Zu Gegenstimmen sogleich in den folgenden Fn.
⁸ AA *Hirte* NZG 2002, 1 (4); *Vossius* ZIP 2005, 742: abschließende Wirkung des Art. 16; dagegen schon *Schäfer* NZG 2004, 785 (790).
⁹ Ebenso BeckOGK/*Casper* Rn. 6 ff.; Habersack/Drinhausen/*Diekmann* Rn. 24.
¹⁰ *Kersting* DB 2001, 2079 (2084); so iE auch *Abu Taleb,* Die Haftungsverhältnisse bei der Gründung einer SE in Deutschland und England, 2008, 132 ff.; dagegen schon *Schäfer* NZG 2004, 785 (791); zust. *Jannott* in Jannott/Frodermann SE-HdB Kap. 3 Rn. 311; BeckOGK/*Casper* Rn. 6 in Bezug auf Art. 7 Abs. 2 GesR-RL (früher Art. 8 Publizitäts-RL); iErg wie hier auch *Mülbert/Nienhaus* RabelsZ 65 (2001), 513 (522 f., 527 ff.) gegen *Schön* RabelsZ 64 (2000), 1 (18 f.); *Habersack/Verse* EuropGesR § 5 Rn. 29.
¹¹ Hiergegen spricht etwa, dass sich die in Art. 16 Abs. 2 angeordnete Handelndenhaftung ebenfalls auf die Zeit zwischen Gründung und Eintragung bezieht (so aber *Kersting* DB 2001, 2079 [2080 f.]); denn entscheidend sind nicht die gesetzgeberischen Mittel (TB-Merkmale), mit denen die Haftung erreicht wird, sondern ihr Zweck.
¹² Zutr. Habersack/Drinhausen/*Diekmann* Rn. 22.
¹³ Aus der Rspr. vgl. insbes. BGH NJW 2004, 2519.
¹⁴ BGHZ 80, 129 (141) = NJW 1981, 1373.

Gründerhaftung in der SE → Rn. 8. – Auch für **Auflösung und Liquidation der Vor-SE** gelten gem. Art. 15 Abs. 1 allein die aktienrechtlichen Regeln, zumal Art. 63 lediglich die Auflösung der SE betrifft (näher → AktG § 41 Rn. 45 ff.).

b) Besonderheiten der SE-Gründung. Zu berücksichtigen ist allerdings, dass die SE-Gründung in der Regel im Wege einer Umwandlung erfolgt. Hieraus ergeben sich deshalb Besonderheiten, weil nicht für alle Umwandlungsvarianten das **Bedürfnis** nach einem eigenständigen Rechtssubjekt für die Gründungsphase erkennbar ist. Zwar ordnet der Verordnungsgeber die Handelndenhaftung in Art. 16 generell an, gleichwohl besteht aber jedenfalls beim Formwechsel bzw. bei der Verschmelzung durch Aufnahme kein erkennbarer Bedarf für eine Vor-SE; denn die durch Eintragung entstehende SE ist in diesen Fällen identisch mit der jeweiligen Ausgangsgesellschaft (der formwechselnden bzw. aufnehmenden), also einem von vornherein vorhandenen Rechtssubjekt.[15] Selbst wenn somit für die künftige SE gehandelt werden sollte, trifft die Verpflichtung nach den Grundsätzen des unternehmensbezogenen Geschäfts sofort und ohne Weiteres die schon existierende Ausgangs-Gesellschaft. Überdies wäre das Schicksal einer zusätzlichen Gesellschaft nach der Eintragung ungewiss; das den Formwechsel prägende Identitätsprinzip vermag jedenfalls das Erlöschen der Gesellschaft bei Eintragung der SE nicht zu legitimieren.[16] 6

Anders verhält es sich demgegenüber bei der Gründung einer **Holding- oder Tochter-SE** sowie bei **Verschmelzung durch Neugründung;** denn in all diesen Fällen entsteht mit der Umwandlung eine neue Gesellschaft.[17] Wird hier namens der noch nicht entstandenen SE gehandelt, trifft die Verpflichtung auf keinen Reserve-Rechtsträger, sodass es der Anerkennung der SE im Prinzip ebenso bedarf wie bei der gewöhnlichen Gründung einer Aktiengesellschaft. Dies gilt umso mehr, als Art. 16 das Recht des Gründungsstadiums gerade nicht abschließend regelt (→ Rn. 1). Wegen der Einzelheiten ist auf die jeweiligen Gründungsformen zu verweisen; hieraus ergeben sich auch Besonderheiten hinsichtlich der **Entstehung der Vor-SE.** Der nach Aktienrecht geltende und für die Gründung einer Tochter-SE uneingeschränkt gültige Grundsatz, dass die Vorgesellschaft mit Errichtung der Gesellschaft durch Feststellung der Satzung entsteht (→ AktG § 23 Rn. 10, → AktG § 23 Rn. 12),[18] erfährt bei den einzelnen Varianten Modifikationen: Vgl. zur Verschmelzung durch Neugründung Art. 23 (letzter Beschluss, der zur Wirksamkeit des Verschmelzungsvertrags führt); zur Holding-Gründung → Art. 33 Rn. 13 ff.; → Art. 35, 36 Rn. 1 ff. (letzter Beschluss über den Gründungsplan; nicht auch die Einbringung der Anteile);[19] zur Gründung einer Tochter-SE → Art. 35, 36 Rn. 3 f. (Feststellung der Satzung).[20] Die **Vor-SE endet** regulär nach Art. 16 Abs. 1 mit der Eintragung der SE in das Handelsregister nach Art. 12; kommt es dazu nicht, 7

---

[15] Wie hier auch Lutter/Hommelhoff/Teichmann/*Bayer* Rn. 12; BeckOGK/*Casper* Rn. 10; *Casper* Konzern 2007, 244 (249); Habersack/Drinhausen/*Diekmann* Rn. 27; Kalss/Hügel/*Hügel* Vor § 17 SEG Art. 16 SE-VO Rn. 5; *Jannott* in Jannott/Frodermann SE-HdB Kap. 3 Rn. 313 ff., 321; *J. Schmidt,* „Deutsche" vs. „Britische" SE, 2006, 387; NK-SE/*Schröder* Rn. 53; *Schwarz* Rn. 9; *von der Höh* AG 2018, 185 (189); aA – unter Berufung auf Art. 16 Abs. 2 als (angebliche) Grundlage für die Vor-SE – *Kersting* DB 2001, 2079 (2084), vgl. → Rn. 4.

[16] Eine mögliche Handelndenhaftung nach Art. 16 Abs. 2 ist damit nicht ausgeschlossen, auch wenn sie für das deutsche Recht nicht relevant wird; zu denkbaren Fällen nach englischem bzw. französischem Recht *Kersting* DB 2001, 2079 (2081).

[17] So auch Lutter/Hommelhoff/Teichmann/*Bayer* Rn. 13 f.; BeckOGK/*Casper* Rn. 11; Kalss/Hügel/*Hügel* Vor § 17 SEG Art. 16 SE-VO Rn. 2; *Jannott* in Jannott/Frodermann SE-HdB Kap. 3 Rn. 313 f.; *J. Schmidt,* „Deutsche" vs. „Britische" SE, 2006, 387 f.; *Schwarz* Rn. 10; vgl. ferner Kölner Komm AktG/*Kiem* Art. 12 Rn. 31, der hieraus zu Recht die Beschwerdeberechtigung im Eintragungsverfahren nach § 59 FamFG herleitet.

[18] Im Grundsatz übereinstimmend Lutter/Hommelhoff/Teichmann/*Bayer* Rn. 15; *Casper* Konzern 2007, 244 (249); BeckOGK/*Casper* Rn. 11; *Jannott* in Jannott/Frodermann SE-HdB Kap. 3 Rn. 313 f.; *Kersting* DB 2001, 2081 (2085); *J. Schmidt,* „Deutsche" vs. „Britische" SE, 2006, 388 f.; *Schwarz* Rn. 10; weitergehend, auch das Vorgründungsstadium einbeziehend Kalss/Hügel/*Hügel* Vor § 17 SEG Art. 16 SE-VO Rn. 4.

[19] In diesem Sinne auch Lutter/Hommelhoff/Teichmann/*Bayer* Rn. 15; *J. Schmidt,* „Deutsche" vs. „Britische" SE, 2006, 388 f.; aA *Brandes* AG 2005, 177 (186).

[20] So auch NK-SE/*Schröder* Rn. 54; Lutter/Hommelhoff/Teichmann/*Bayer* Rn. 15; BeckOGK/*Casper* Rn. 11.

mit dem Scheitern der Gründung (→ Rn. 3).[21] Eine Besonderheit stellt insofern die Holding-Gründung dar, hier ist vom Scheitern auszugehen, sobald absehbar wird, dass mit einem Erreichen der Mindestanteilsquote nach Art. 33 Abs. 2 nicht mehr zu rechnen ist.[22]

8 c) **Besonderheiten für die Gründerhaftung?** Für die Gründerhaftung (→ Rn. 5) sind keine Sonderregeln anzuerkennen. In allen Gründungsvarianten wird die Gründung allein von den Gesellschaften betrieben, sodass allein diese, nicht auch ihre Gesellschafter der Gründerhaftung unterworfen sind. Dies gilt selbst für die **Verschmelzung,** obwohl die Haftung hier besonderen Gefahren dadurch ausgesetzt ist, dass die Gründungsgesellschaften mit Wirksamwerden der Verschmelzung erlöschen und folglich nicht mehr als Haftungssubjekt zur Verfügung stehen. Dies ist indes kein ausreichender Grund, die Haftung auf die Gesellschafter der Gründungsgesellschaften zu erstrecken.[23] Denn die bloße Mitwirkung am Verschmelzungsbeschluss legitimiert eine solche Haftung nicht hinreichend, die wesentlich auf dem Umstand beruht, dass die Gründer das Geschehen bis zur Eintragung (mit-)bestimmend in Händen halten. Entsprechendes gilt auch für die **Holding-Gründung,**[24] wenngleich die Gründungsgesellschaften in dieser Variante nicht zu Gesellschaftern der SE werden. Der Anteilstausch macht die Gesellschafter der Gründungsgesellschaften indes gleichfalls noch nicht zu den Herren des Verfahrens. Zudem bleiben die Gründungsgesellschaften in dieser Variante als Haftungsschuldner erhalten; denn ihre Haftung als Gründer ist mit Rücksicht auf ihre dominante Rolle im Gründungsprozess im Ergebnis nicht zu bezweifeln.[25]

9 3. **Exkurs: Zulässigkeit der Vorratsgründung. a) Problematik und Lösungsansatz des Aktienrechts.** Die früher sehr umstrittene Frage, ob auch eine Vorratsgründung der SE zulässig ist, wird inzwischen von der ganz hM bejaht.[26] Die Vorrats-SE erfreut sich – wegen des aufwändigen Gründungsverfahrens – in der Praxis großer Beliebtheit.[27] Theoretisch denkbar wäre sie bei **allen Gründungsformen.**[28] So kommt bei der Verschmelzungsgründung (Art. 2 Abs. 1; Art. 17 ff.) die Verschmelzung zweier Vorratsgesellschaften zur Vorrats-SE in Betracht. Auch bei der Holding-Gründung (Art. 2 Abs. 2; 32 ff.) könnte durch die Beteiligung zweier verschieden-nationaler Vorratsgesellschaften eine Vorrats-SE entstehen. Entsprechendes gilt für die Gründung einer Tochter-SE (Art. 2 Abs. 3; 35 f.), bei der die Vorrats-SE zusätzlich aber auch auf „konventionellem" Wege, nämlich durch werbende Gesellschaften ins Leben gerufen werden könnte. In der **Praxis** dürfte diese Variante klar dominieren.[29] Schließlich ist denkbar, dass sich eine Vorrats-Aktiengesellschaft, die seit mindestens zwei Jahren über eine Vorrats-Tochter verfügt, gem. Art. 2 Abs. 4;

---

[21] Lutter/Hommelhoff/Teichmann/*Bayer* Rn. 7, 16; BeckOGK/*Casper* Rn. 11; Habersack/Drinhausen/*Diekmann* Rn. 33; NK-SE/*Schröder* Rn. 13.

[22] BeckOGK/*Casper* Rn. 11; Habersack/Drinhausen/*Diekmann* Rn. 33.

[23] So iErg auch *Kersting* DB 2001, 2079 (2083); s. auch schon *Schäfer* NZG 2004, 785 (791); zust. *Jannott* in Jannott/Frodermann SE-HdB Kap. 3 Rn. 328; für die Verschmelzung nach UmwG auch Lutter/*Grunewald* UmwG § 74 Rn. 5; abw. *Ihrig* GmbHR 1995, 622 (634 f.).

[24] *Schäfer* NZG 2004, 785 (791); *Jannott* in Jannott/Frodermann SE-HdB Kap. 3 Rn. 329; aA *Kersting* DB 2001, 2079 (2084).

[25] Für eine Gründerhaftung der Gründungsgesellschaften iE auch *Kersting* DB 2001, 2079 (2084), der diese aber auf Grund abw. Prämisse (→ Rn. 4) bei Art. 16 Abs. 2 einordnet; aA *Jannott* in Jannott/Frodermann SE-HdB Kap. 3 Rn. 329: wegen Eigenschaft als Tochtergesellschaft.

[26] OLG Düsseldorf ZIP 2009, 918 (919 f.); AG München ZIP 2006, 1300; *Casper/Schäfer* ZIP 2007, 653 ff. und *Casper* AG 2007, 97 (99 f.); Lutter/Hommelhoff/Teichmann/*Bayer* Art. 2 Rn. 31 ff.; Kölner Komm AktG/*Kiem* Art. 12 Rn. 24; Habersack/Drinhausen/*Diekmann* Rn. 39; *Feldhaus/Vanscheidt* BB 2008, 2246 (2249); *Forst* NZG 2009, 687 (688); *Forst* RdA 2010, 55 (56); *Grambow* Konzern 2009, 97 (102); *Henssler* RdA 2005, 330 (334); *Noack* EWiR 2005, 905 f.; *Reinhard* RIW 2006, 68 (69); *Reichert* Konzern 2006, 821 (829 f.); *Schreiner,* Zulässigkeit und wirtschaftliche Neugründung einer Vorrats-SE, 2009, 80 f.; *Seibt* ZIP 2005, 2248 (2249 f.); *Startz* ZIP 2006, 1300 f.; aA *Köstler* in Theisen/Wenz SE 372 f.; *Blanke* ZIP 2006, 789 (792).

[27] *Eidenmüller/Engert/Hornuf* AG 2008, 721 (729); zur Mitbestimmungsgestaltung im Wege der (Vorrats-) SE & Co. KG *Schmaus/Bangen* ZIP 2019, 1360 (1362 ff.); ferner *Frese* BB 2018, 2612 (1613 ff.).

[28] Vgl. *Schreiner,* Zulässigkeit und wirtschaftliche Neugründung einer Vorrats-SE, 2009, 27.

[29] Vgl. schon die frühen Fälle AG und LG Hamburg ZIP 2005, 2017 (2018); ferner OLG Düsseldorf ZIP 2009, 918; AG Düsseldorf ZIP 2006, 287; AG München ZIP 2006, 1300, alle betr. die von werbenden Gesellschaften gegründete Vorrats-Tochter-SE.

37 in eine Vorrats-SE umwandelt. Die Frage ist hier naturgemäß nicht in Hinblick auf die beteiligten (Vorrats-)Gründungsgesellschaften, sondern allein aus Sicht der SE zu behandeln. Für ihre Beantwortung ist **gem. Art. 15** prinzipiell auf das **Sitzstaatrecht** zurückzugreifen, freilich nur, sofern die SE-VO selbst keine (abschließende) Regelung trifft → Art. 15 Rn. 10. Im Übrigen wird für das Folgende unterstellt, dass die an der Gründung beteiligten Vorratsgesellschaften von den beteiligten Rechtsordnungen anerkannt werden.

Soweit das **deutsche Aktienrecht** (oder GmbH-Recht) gem. Art. 15 auf die SE zur Anwendung kommt, ist die Vorrats-SE prinzipiell möglich. Denn bekanntlich wird die **offene Vorratsgründung** einerseits als wirksam behandelt, andererseits aber die „wirtschaftliche Neugründung" der Gesellschaft weitgehend dem formellen und materiellen Gründungsrecht unterworfen, soweit es der Aufbringung des Grundkapitals, also den Gläubigerinteressen dient. Unter den Tatbestand der **wirtschaftlichen Neugründung** wird namentlich die spätere Aktivierung der Gesellschaft durch Ausstattung mit einem Unternehmen und Aufnahme der Geschäftstätigkeit subsumiert (eingehend → AktG § 23 Rn. 89 ff., → AktG § 23 Rn. 101 ff.).[30] Bei der SE-Gründung kommt eine solche Unterwerfung unter das Gründungsrecht des AktG jedenfalls dann in Betracht, wenn und soweit es bei der einzelnen Gründungsform die VO-Bestimmungen ohnehin ergänzt.[31] Bei der Gründung einer Tochter-SE ist dies sogar uneingeschränkt der Fall (Art. 36).[32] 10

Überdies könnten auch bestimmte Normen des **Gründungsrechts der SE-VO** auf die wirtschaftliche Neugründung zur Anwendung kommen, sofern sie eine vergleichbare **gläubigerschützende Funktion** aufweisen. Insbesondere stehen der entsprechenden Anwendung des Art. 16 Abs. 2 zur Begründung einer **Haftung der Handelnden** keine prinzipiellen Bedenken entgegen.[33] Dies gilt umso mehr, als die Handelndenhaftung nicht das Bestehen einer Vor-SE voraussetzt und daher bei allen Gründungsformen gleichermaßen gilt (→ Rn. 8, → Rn. 16). Hierin erschöpft sich die Anwendbarkeit gründungsspezifischer Vorschriften der SE-VO zum Schutze der Gläubiger allerdings auch. Denn unabhängig von der ursprünglich gewählten Gründungsform vollzieht sich die wirtschaftliche Neugründung einer SE wie bei der Vorrats-AG stets und **einheitlich** im Wege der Bar- oder Sachgründung.[34] Demgemäß greift auch die **Gründerhaftung** bis zur Offenlegung der wirtschaftlichen Neugründung unabhängig davon ein, ob bei der ursprünglichen Gründungsform eine Vor-SE entstanden ist (→ Rn. 6 f.).[35] **Besonderheiten** für die wirtschaftliche Neugründung einer SE sind nur in Form einer analogen Anwendung des **Art. 37 Abs. 3** (partielles Sitzverlegungsverbot) für alle Gründungsvarianten sowie der zweijährigen Sperrfrist des **Art. 66 Abs. 1 S. 2** für die (Rück-)Umwandlung in eine AG anzuerkennen.[36] Im Übrigen kann für die vom BGH mit Recht geforderte **Anmeldung** (Offenlegung) der wirtschaftlichen Neugründung der SE mutatis mutandis auf **Art. 12** zurückgegriffen werden (zur Anwendbarkeit von Art. 12 Abs. 2 aber → Rn. 14). Letztverbindlich müsste allerdings die Anwendbarkeit des SE-Gründungsrechts auf die wirtschaftliche Neugründung und somit die Übertragung des deutschen Konzepts der Vorratsgründung auf die SE vom EuGH bestätigt werden.[37] 11

b) SE-spezifische Gegengründe? Steht somit das über Art. 15 anwendbare Gründungsrecht des Sitzstaates der offenen Vorratsgründung nicht prinzipiell entgegen, solange 12

---

[30] Seither besonders BGH NJW 2003, 892.
[31] Tendenziell auch Lutter/Hommelhoff/Teichmann/*Bayer* Art. 2 Rn. 32; *Seibt* ZIP 2005, 2248 (2250 f.).
[32] Für analoge Anwendung der Gründungsvorschriften auf die wirtschaftliche Neugründung der Vorrats-SE im Ansatz etwa auch *Lange* EuZW 2003, 301 (302); eingehend *Casper/Schäfer* ZIP 2007, 653 (656 f.); *Schreiner*, Zulässigkeit und wirtschaftliche Neugründung einer Vorrats-SE, 2009, 92 ff.
[33] Dazu eingehend *Casper/Schäfer* ZIP 2007, 653 (657 f.); so auch Lutter/Hommelhoff/Teichmann/*Bayer* Rn. 29. Zur aktienrechtlichen Handelndenhaftung bei Verwendung einer Vorratsgründung näher → AktG § 23 Rn. 105.
[34] Eingehend *Casper/Schäfer* ZIP 2007, 653 (656 f.); dem folgend *Schreiner*, Zulässigkeit und wirtschaftliche Neugründung einer Vorrats-SE, 2009, 92 ff.
[35] *Casper/Schäfer* ZIP 2007, 653 (657 f.); abw. noch → 3. Aufl. 2012, Rn. 11.
[36] *Casper/Schäfer* ZIP 2007, 653 (657); s. auch *Schreiner*, Zulässigkeit und wirtschaftliche Neugründung einer Vorrats-SE, 2009, 106 ff.
[37] So auch *Schreiner*, Zulässigkeit und wirtschaftliche Neugründung einer Vorrats-SE, 2009, 22.

die nachfolgende wirtschaftliche Neugründung der Gesellschaft nach dem (gläubigerschützenden) Gründungsrecht behandelt wird, so beurteilt sich die Zulässigkeit der SE-Vorratsgründung letztlich danach, ob aus der SE-VO spezifische Gegengründe abzuleiten sind. Zunächst könnte die Vorratsgründung gegen den **numerus clausus der Gründungsformen** bzw. das darin enthaltene grundsätzliche Verbot der Bargründung verstoßen. Denn die VO geht ersichtlich davon aus, dass es sich sowohl bei den Gründungsgesellschaften als auch bei der SE selbst jeweils um werbende Gesellschaften handelt. Nun ist dies allerdings bei der Gründung einer nationalen AG in Bezug auf das AktG nicht prinzipiell anders, und überdies mag man generell bezweifeln, ob dem numerus clausus nach geltender VO-Fassung überhaupt ein materieller Gehalt zu Grunde liegt (→ Art. 2 Rn. 3 f.). Solche berechtigten Zweifel gestatten es jedenfalls, das Verbot eher „formal" zu handhaben, sodass der numerus clausus einer Vorratsgründung nicht zwingend entgegensteht.[38] Ähnlich wird man hinsichtlich des zwingenden Gebots der **Mehrstaatlichkeit** zu urteilen haben[39] (allgemein → Art. 2 Rn. 5 f.). Denn die Beteiligung von Gründungsgesellschaften aus verschiedenen Mitgliedstaaten wird im Schrifttum gleichfalls ganz überwiegend als „rein formales" Kriterium aufgefasst. Folglich bietet auch seine bloß formale Wahrung durch verschieden-staatliche Vorratsgesellschaften letztlich keinen Grund zur Beanstandung.[40] Schließlich kommt der **Zweijahresfrist,** die für Tochtergesellschaften in Hinblick auf das Mehrstaatlichkeitserfordernis gilt (Art. 2 Abs. 2 lit. b, Abs. 3 lit. b und Abs. 4), keine entscheidende Bedeutung zu; denn die Frist zielt jeweils auf die (vorübergehende) Verhinderung der identitätswahrenden Sitzverlegung und der damit verbundenen Flucht aus der Mitbestimmung (→ Art. 2 Rn. 7). Aus diesem Grund tritt sie indes hinter die letztlich entscheidende Frage zurück, ob die Wahrung von Mitbestimmungsrechten der Arbeitnehmer der Vorratsgründung prinzipiell entgegensteht (→ Rn. 13).[41]

13 Wie **Art. 12 Abs. 2** zeigt, geht die SE-VO als selbstverständlich davon aus, dass die Gründungsgesellschaften und damit auch die SE über Arbeitnehmer verfügen, mit denen über eine **Mitbestimmungsregelung** verhandelt werden kann (→ Art. 12 Rn. 8). Solche Verhandlungen sind grundsätzlich **bei jeder SE-Gründung** erforderlich, und zwar unabhängig davon, wie viele Arbeitnehmer die Gründungsgesellschaften beschäftigen (vgl. Art. 1 Abs. 2 Beteiligungs-RL; Art. 3 Abs. 1 Beteiligungs-RL, § 4 Abs. 4 SEBG; → SEBG § 4 Rn. 4 ff.). Gelangt nun eine Vorrats-SE zur Entstehung, sind die Beteiligungsrechte der Arbeitnehmer gefährdet: Die Eintragung einer Vorrats-SE kommt in diesem Falle naturgemäß nur unter Verzicht auf ein vorangegangenes Beteiligungsverfahren in Betracht,[42] und nach dem Konzept der RL bzw. VO führt der spätere Anstieg der Arbeitnehmerzahlen als solcher grundsätzlich nicht zur erneuten (hier also erstmaligen) Aufnahme von Verhandlungen gem. § 18 SEBG (→ SEBG § 18 Rn. 19).[43] Als Lösungsalternativen kommen nur in Betracht, entweder die SE-Vorratsgründung an dem fehlenden Beteiligungsverfahren überhaupt scheitern zu lassen[44] oder das Beteiligungsverfahren nachzuholen, sobald die Vorrats-SE wirtschaftlich neugegründet, namentlich mit einem Unternehmen ausgestattet wird und infolgedessen über Arbeitnehmer verfügt.[45] Als Grundlage für eine solche Ver-

---

[38] Dazu eingehend *Casper/Schäfer* ZIP 2007, 653 (654 f.); s. auch BeckOGK/*Casper* Art. 2 Rn. 27; *Schreiner,* Zulässigkeit und wirtschaftliche Neugründung einer Vorrats-SE, 2009, 38 ff.; *Forst* RdA 2010, 55 (57).

[39] Vgl. *Casper/Schäfer* ZIP 2007, 653 (655).

[40] Zust. *Schreiner,* Zulässigkeit und wirtschaftliche Neugründung einer Vorrats-SE, 2009, 46 ff.

[41] So auch *Schreiner,* Zulässigkeit und wirtschaftliche Neugründung einer Vorrats-SE, 2009, 50 ff.; *Forst* RdA 2010, 55 (57).

[42] So auch OLG Düsseldorf DNotZ 2009, 699 ff.; insoweit zutr. auch *Kienast* in Jannott/Frodermann SE-HdB Kap. 13 Rn. 253 ff.; Kölner Komm AktG/*Kiem* Art. 12 Rn. 42.

[43] Dazu auch *Wollburg/Banerjea* ZIP 2005, 282; *Seibt* AG 2005, 413 (427); *Kiem* ZHR 173 (2009), 156 (164 f.).

[44] So AG und LG Hamburg ZIP 2005, 2017 (2018) für den Fall, dass die Gründungsgesellschaften über Arbeitnehmer verfügen (Gründung gem. Art. 35).

[45] Inzwischen hM, vgl. OLG Düsseldorf ZIP 2009, 918 (920) und eingehend *Casper/Schäfer* ZIP 2007, 653 (657 f.); *Schreiner,* Zulässigkeit und wirtschaftliche Neugründung einer Vorrats-SE, 2009, 123 ff.; ferner *Forst* NZG 2009, 687 (690 f.); *Forst* RdA 2010, 55 (57 f.); Habersack/Drinhausen/*Diekmann* Rn. 41; *Reinhard* RIW 2006, 68 (70); iE auch *Schubert* ZESAR 2006, 340 (345 ff.); abw. *Seibt* ZIP 2005, 2248 (2250); *Kiem*

handlungspflicht bietet sich die **Analogie zu § 1 Abs. 4 SEAG, § 18 Abs. 3 SEBG** an; denn diese Vorschriften übertragen – in Erfüllung von Erwägungsgrund 18 Beteiligungs-RL – die für die Gründung geltenden Grundsätze mutatis mutandis auf Strukturänderungen (allgemein → SEBG § 18 Rn. 6 ff.).[46] Einen gewissen Anhaltspunkt für diese teleologische Extension bietet auch die Gesetzesbegründung selbst, die als Beispielsfall für eine strukturelle Änderung iSv § 18 SEBG die Aufnahme eines mitbestimmten Unternehmens durch eine nicht mitbestimmte SE benennt.[47]

Eine so begründete Verhandlungspflicht muss allerdings ohne das Druckmittel des **Art. 12 Abs. 2** auskommen. Zwar ist zu erwägen, die Eintragung der mit der wirtschaftlichen Neugründung verbundenen Änderungen (Kapitalerhöhung, innerstaatliche Sitzverlegung etc) analog Art. 12 Abs. 2 vom Nachweis des Beteiligungsverfahrens abhängig zu machen.[48] Gegen diese in der → 2. Aufl. 2006, Rn. 13 noch befürwortete Lösung sprechen allerdings nicht nur erhebliche praktische Gründe, sondern vor allem das nach dem Konzept der wirtschaftlichen Neugründung bis zur Anmeldung, also während der gesamten, bis zu einjährigen Verhandlungsphase, bestehende erhebliche Haftungsrisiko für Gründer und Handelnde (→ Rn. 11). Deshalb ist eine Lösung vorzugswürdig, die Arbeitnehmerbeteiligung und (wirtschaftliches) Gründungsverfahren entkoppelt, was im Wege des **aktienrechtlichen Statusverfahrens** analog § 98 AktG, §§ 25 f. SEAG zu bewerkstelligen ist.[49] Richtig ist zwar, dass dieses Verfahren nach seiner Konzeption nur auf die unternehmerische, nicht auch die betriebliche Mitbestimmung zugeschnitten ist.[50] Es ist aber kaum überzeugend, allein wegen der betrieblichen Mitbestimmung über eine Analogie zu Art. 12 Abs. 2 eine Verknüpfung mit dem (wirtschaftlichen) Gründungsverfahren herzustellen, zumal diese Verknüpfung schon für den Normalfall durchaus zweifelhaft ist.[51] Es fehlt daher an einer wesentlichen Analogievoraussetzung. Allemal überzeugender wäre es, bei Bedarf die verfahrensrechtlichen Hindernisse beim Beschlussverfahren nach §§ 2a, 89 ff. ArbGG zu überwinden. Im Ergebnis kann daher festgehalten werden, dass die **Vorrats-Gründung zulässig**, das Arbeitnehmerbeteiligungsverfahren aber gem. § 18 Abs. 3 SEBG **nachzuholen** ist, nachdem die Vorrats-SE wirtschaftlich neugegründet würde, ohne dass aber die Arbeitnehmerbeteiligung mit dem Eintragungsverfahren durch Art. 12 Abs. 2 verknüpft wäre (→ Art. 12 Rn. 8).

III. Haftung der Handelnden (Abs. 2)

1. Allgemeines. Ebenso wie das Vorbild des (nunmehr) Art. 7 Abs. 2 GesR-RL (→ Rn. 1), regelt Art. 16 Abs. 2 die sog. Handelndenhaftung. Entsprechend der Rechtslage gem. § 41 Abs. 1 S. 2 AktG, der wiederum zu den Regelungsvorbildern des Art. 7 Abs. 2 GesR-RL (früher Art. 8 Publizitäts-RL) gehörte,[52] gilt demnach: Wer vor der Eintragung

---

ZHR 173 (2009), 164 f. sowie Kölner Komm AktG/*Kiem* Art. 12 Rn. 52, die nicht hinreichend zwischen dem Wortlaut des § 18 Abs. 3 SEBG und seiner analogen Anwendung auf die wirtschaftliche Neugründung unterscheiden und so den unzutr. Eindruck erwecken, als könnten Vorrats-SE auch bei Ausstattung mit einem Unternehmen dauerhaft mitbestimmungsfrei bleiben; dagegen zu Recht etwa auch *Forst* NZG 2009, 687 (690 f.); *Forst* RdA 2010, 55 (58); unzutr. ferner *Feldhaus/Vanscheid* BB 2008, 2246 (2249).

[46] Zust. OLG Düsseldorf ZIP 2009, 918 (920); ferner *Casper/Schäfer* ZIP 2007, 653 (657 f.); *Schreiner*, Zulässigkeit und wirtschaftliche Neugründung einer Vorrats-SE, 2009, 139 ff.; Habersack/Drinhausen/*Diekmann* Rn. 41; *Forst* NZG 2009, 687 (690 f.); *Forst* RdA 2010, 55 (58); *Teichmann* FS Hellwig, 2011, 347 (368); *Reinhard* RIW 2006, 68 (70); *Luke* NZA 2013, 941 (943); s. auch *Bungert/Gotsche* ZIP 2013, 649 (654); abw. – für Analogie zu §§ 4 ff., 22 ff. SEBG – *Schubert* ZESAR 2006, 340 (345 ff.); dagegen *Casper/Schäfer* ZIP 2007, 653 (658 f.); *Forst* NZG 2009, 687 (690). – Zur Frage, ob der Beitritt einer (Vorrats-)SE als Komplementärin einer KG als Strukturänderung iSv § 18 Abs. 3 SEBG anzusehen ist, vgl. *Sigle* FS Hommelhoff, 2012, 1123 (1126 f.).

[47] BT-Drs. 15/3405, 50 zu § 18 Abs. 3 SEBG = *Neye* S. 202.

[48] *Casper/Schäfer* ZIP 2007, 653 (657 f.); zust. *Schreiner*, Zulässigkeit und wirtschaftliche Neugründung einer Vorrats-SE, 2009, 163 ff.; abw. noch → 2. Aufl. 2006, Rn. 13; *Forst* NZG 2009, 687 (691); *Forst* RdA 2010, 55 (58); Habersack/Drinhausen/*Diekmann* Rn. 42.

[49] Eingehend *Casper/Schäfer* ZIP 2007, 653 (660 ff.).

[50] So der Einwand von *Forst* NZG 2009, 687 (691).

[51] Für Streichung des Art. 12 Abs. 2 de lege ferenda AAK ZIP 2009, 698.

[52] S. nur *Habersack/Verse* EuropGesR § 5 Rn. 29.

namens der Gesellschaft gehandelt hat, haftet persönlich, solange die Forderung nicht auf die SE übergegangen ist (→ Rn. 21). Handeln mehrere, haften diese als Gesamtschuldner. Die Vorschrift hat **Sicherungs- und Druckfunktion** (→ Rn. 2); sie stellt gewissermaßen den europäischen Mindeststandard für das Gründungsstadium dar und gilt unabhängig davon, ob eine Vor-Gesellschaft mit einer darauf bezogenen Haftung durch das Sitzstaatrecht anerkannt wird. Andererseits schließt die Bestimmung aber die Anwendbarkeit des Sitzstaatrechts, soweit dieses über ein entsprechendes Gründungsrecht verfügt, keineswegs aus (→ Rn. 4). Soweit in neueren obiter dicta des BGH der Zweck der Handelndenhaftung aus § 41 Abs. 1 S. 2 AktG auf die Sicherung der Gläubiger durch eine reine falsus procurator-Haftung beschränkt worden ist, kann dem schon aus europarechtlichen Gründen nicht gefolgt werden.[53] Erst recht gilt dies für die Auslegung des Art. 16 Abs. 2.

16   Art. 16 Abs. 2 ordnet die Handelndenhaftung generell, dh für **alle Umwandlungsvarianten** an;[54] sie gilt zudem unabhängig davon, ob das Sitzstaatrecht überhaupt Regeln für die Vorgesellschaft kennt. Gleichwohl stellt sich für die deutsche SE die Frage einer teleologischen Reduktion für die Fälle, in denen mangels schutzwürdigen Gläubigerinteresses kein Bedarf nach einer zusätzlichen Sicherung besteht (→ Rn. 6).[55] Sie sind dadurch gekennzeichnet, dass die Gesellschaftsgläubiger durch unmittelbare Verpflichtung einer der Gründungsgesellschaften ausreichend geschützt sind. Andererseits bleibt die Druckfunktion in Bezug auf die Anmeldung der SE auch in solchen Fällen wirksam, sodass die Handelndenhaftung immerhin noch teilweise ihre Berechtigung behält. Im Übrigen dürfte sie in diesen Fällen ohnehin kaum praktisch relevant werden, sodass es an einem echten Bedürfnis für die Entscheidung dieser – notfalls im Vorlageverfahren nach Art. 267 AEUV zu klärenden – Frage fehlt.

17   **2. Handeln im Namen der SE.** Als Handelnde kommen dem Wortlaut gem. all diejenigen in Betracht, die **namens „der SE"** vor deren Eintragung **gehandelt** haben. Der Wortlaut ist ungenau, weil die Handelndenhaftung ihrem Sinn und Zweck gemäß gerade auch Handlungen erfasst, die **namens der Vor-SE** vorgenommen wurden;[56] denn auch auf solche erstreckt sich das Sicherungsbedürfnis der Gläubiger.[57] Andererseits kann die Vertragsauslegung bei einem Handeln namens der SE ergeben, dass das Geschäft überhaupt erst mit Eintragung der Gesellschaft wirksam werden soll, sodass der von Art. 16 Abs. 2 für die Haftung vorausgesetzte Fall einer Nichtübernahme der Verbindlichkeit durch die SE von vornherein nicht eintreten kann (→ AktG § 41 Rn. 136 aE). Der Wortlaut erklärt sich daher, dass nicht sämtliche EU-Staaten das Stadium einer Vorgesellschaft kennen (→ Rn. 4), sodass an eine andere Gesellschaft als die künftige SE nicht allgemein angeknüpft werden konnte. Von einem Handeln „namens der SE" ist daher immer dann auszugehen, wenn das Geschäft entweder namens der Vor-SE geschlossen wurde oder zwar namens der SE, hierbei aber die noch fehlende Eintragung der Gesellschaft nicht offengelegt bzw. die Entstehung der Gesellschaft nicht zur Bedingung gemacht wurde.[58] Zu einer Verpflichtung der Vor-Gesellschaft kommt es nach den Regeln des unternehmensbezogenen Geschäfts im Übrigen auch dann, wenn der Unternehmensträger nicht näher bezeichnet, das Geschäft aber in Hinblick auf das von der Vor-Gesellschaft betriebene Unternehmen abgeschlossen wurde.

18   Die Handlung muss **rechtsgeschäftliche Qualität** aufweisen; zu gesetzlicher Haftung führende Realakte werden also nicht erfasst. Das ergibt sich schon aus dem Wortlaut, der

---

[53] BGH NJW 2004, 2519; ZIP 2011, 1761, Rn. 12; dagegen → Rn. 2 mwN in Fn. 3.
[54] Vgl. *Kersting* DB 2001, 2079 (2084); *Jannott* in Jannott/Frodermann SE-HdB Kap. 3 Rn. 319 ff.
[55] Verneinend auch Lutter/Hommelhoff/Teichmann/*Bayer* Rn. 18; Kölner Komm AktG/*Kiem* Art. 37 Rn. 4; Habersack/Drinhausen/*Diekmann* Rn. 8.
[56] So auch Lutter/Hommelhoff/Teichmann/*Bayer* Rn. 25; BeckOGK/*Casper* Rn. 14; Habersack/Drinhausen/*Diekmann* Rn. 12; *J. Schmidt*, „Deutsche" vs. „Britische" SE, 2006, 399 f.; *Schwarz* Rn. 29.
[57] Zur entspr. – überholten – Diskussion sub specie § 41 Abs. 1 S. 2 AktG vgl. → AktG § 41 Rn. 136.
[58] Zur entspr. Interpretation von Art. 7 Abs. 2 GesR-RL vgl. nur Habersack/*Verse* EuropGesR § 5 Rn. 30 mwN.

ausdrücklich auf das auch § 164 Abs. 1 BGB zu Grunde liegende Offenkundigkeitsprinzip Bezug nimmt. Auch der auf Gläubigersicherung und Anmeldedruck zielende Normzweck (→ Rn. 2) wirkt nicht bei gesetzlichen Verbindlichkeiten. Wie bei § 41 AktG anerkannt, verlangt dieser Normzweck allerdings nach **Ausnahmen** für solche gesetzlichen Verbindlichkeiten, die an ein rechtsgeschäftliches Handeln anknüpfen, wie Ansprüche aus vorvertraglicher Pflichtverletzung (§ 311 Abs. 2 BGB, § 241 Abs. 2 BGB, § 280 BGB) oder Leistungskondiktion (§ 812 Abs. 1 S. 1 Fall 1 BGB; näher → AktG § 41 Rn. 138). Eine rechtsgeschäftliche Handlung kann auch darin liegen, dass der Handelnde das Geschäft nicht selbst abgeschlossen, sondern eine **(Unter-)Vollmacht** erteilt oder im Falle von Gesamtvertretungsmacht ein anderes Organmitglied ermächtigt hat. Ohne eine solche wenigstens mittelbare Beteiligung am fraglichen Geschäft kommt eine Handelndenhaftung nicht in Betracht (→ AktG § 41 Rn. 138). Die rechtsgeschäftliche Handlung muss **gegenüber** gesellschaftsfremden **Dritten** erfolgt sein. Denn die Gründer können die Gründungsrisiken nicht auf die Handelnden abwälzen (→ AktG § 41 Rn. 141).

3. Subjektiver Anwendungsbereich. Für die Person des Handelnden ergibt sich aus der vorstehend beschriebenen Systematik ebenso wie aus dem Wortlaut, dass es sich um ein **Organmitglied** handeln muss, denn nur diese schließen Rechtsgeschäfte „namens der SE" ab (→ Rn. 17 f.); eine Haftung der Gründer, die nicht zugleich (faktisches) Organmitglied sind, lässt sich daher nicht auf Art. 16 Abs. 2 stützen.[59] Sofern Art. 16 Abs. 2 **juristische Personen oder Gesellschaften** erwähnt, hat dies also nur Bedeutung, sofern das Recht des jeweiligen Sitzstaates deren Organstellung zulässt, was Art. 47 Abs. 1 ausdrücklich gestattet. Der deutsche Gesetzgeber hat indes von dieser Möglichkeit auch für die monistisch verfasste SE keinen Gebrauch gemacht. Wie § 76 Abs. 3 S. 1 AktG für die AG – und damit mittelbar auch für die dualistisch verfasste SE (Art. 39 Abs. 5) –, so schließt § 27 Abs. 3 SEAG auch für die monistisch verfasste SE juristische Personen als Organmitglieder aus.[60] Als potentieller Haftungsadressat kommen in einer dualistisch organisierten SE somit grundsätzlich nur die Mitglieder des **Vorstands** in Betracht (→ AktG § 41 Rn. 132), in einer monistisch verfassten SE allein die **geschäftsführenden Direktoren,** die gem. § 41 SEAG die Gesellschaft vertreten.[61]

Wie bereits betont (→ Rn. 4), beinhaltet Art. 16 Abs. 2 **keine** Regelung der **Gründerhaftung.** Dies ergibt sich im Grunde schon aus den in → Rn. 15 f. dargestellten Tatbestandsmerkmalen der Haftung, überdies aber auch aus dem **Normzweck.** Die Handelndenhaftung zielt auf rasche Eintragung der juristischen Person und sichert die Gläubiger für den Fall, dass die namens der Vor-SE begründeten Verbindlichkeiten nicht auf die SE übergehen (→ Rn. 2).[62] Da die Haftung gem. Art. 16 Abs. 2 voraussetzt, dass die Verbindlichkeit, für die gehaftet werden soll, nicht auf die SE übergeht, erlischt sie in aller Regel, sobald die SE eingetragen ist (→ Rn. 21). Eine solche auf die Gründungsphase begrenzte Haftung vermag aber die reale Kapitalaufbringung nicht zu sichern, sodass Art. 16 nicht als

---

[59] Ebenso BeckOGK/*Casper* Rn. 15; Lutter/Hommelhoff/Teichmann/*Bayer* Rn. 23; Habersack/Drinhausen/*Diekmann* Rn. 15. Der bei Habersack/Drinhausen/*Diekmann* Rn. 16 und bei Lutter/Hommelhoff/Teichmann/*Bayer* Rn. 21 aufgezeigte Gegensatz zu der hier vertretenen Ansicht besteht in Wahrheit nicht, denn die Haftung bezieht sog. faktische Organe ohnehin ein, s. nur HCL/*Ulmer/Habersack* § 11 Rn. 133; aA *Kersting* DB 2001, 2079 (2084); *Abu Taleb,* Die Haftungsverhältnisse bei der Gründung einer SE in Deutschland und England, 2008, 132 ff.

[60] Krit. dazu *Brandes* NZG 2004, 642.

[61] In diesem Sinne auch BeckOGK/*Casper* Rn. 15, der jedoch ggf. auch die sich als vertretungsberechtigtes Organ gerierenden Gründungsgesellschaften haften lassen will; wohl auch *Schwarz* Rn. 27; grds. übereinstimmend *Jannott* in Jannott/Frodermann SE-HdB Kap. 3 Rn. 320, der aber auch Mitglieder des Verwaltungsrats einbezieht; wegen § 43 öSEG, wonach die Gesellschaft durch Verwaltungsrats- und geschäftsführende Direktoren vertreten wird, konsequenterweise abw. Kalss/Hügel/*Hügel* Vor § 17 SEG Art. 16 SE-VO Rn. 5: auch sämtliche Verwaltungsratsmitglieder; aA Lutter/Hommelhoff/Teichmann/*Bayer* Rn. 21; *J. Schmidt,* „Deutsche" vs. „Britische" SE, 2006, 396 f.

[62] Wegen dieses Zwecks greift die Handelndenhaftung auch nicht etwa erst ein, nachdem die Gesellschaft eingetragen ist, wie die Worte „nach der Eintragung" in Art. 16 Abs. 2 andeuten könnten; insofern übereinstimmend *Kersting* DB 2001, 2079 (2084).

Grundlage für eine Gründerhaftung taugt, die eben diesem Ziel verpflichtet ist. Auch die Parallelnorm des Art. 7 Abs. 2 GesR-RL[63] will im Übrigen schon deshalb nicht die Kapitalaufbringung sichern, weil diese – ursprünglich auf die Kapital-RL zurückgehend (mittlerweile Teil der GesR-RL) – insoweit eigenständige Regelungen erfahren hat (vgl. Art. 2–6, 43–86, 165–168 GesR-RL).[64]

21 **4. Keine „Übernahme" der Verbindlichkeit durch die SE.** Die Handelndenhaftung setzt voraus, dass die mit der Eintragung entstehende SE die Verpflichtung nicht übernimmt. Dies entspricht dem Wortlaut des Art. 7 Abs. 2 GesR-RL[65] und stellt die mit dem Entstehen der Verbindlichkeit und folglich **vor Entstehung der SE**[66] eingreifende Haftung unter die auflösende Bedingung, dass die SE die Verbindlichkeit übernimmt,[67] nachdem sie durch Eintragung entstanden ist. Die „Übernahme" der Verbindlichkeit erfolgt in der Regel allein durch die Eintragung, die zu einem gesetzlichen Formwechsel der Vor-SE in die SE führt. Denn weil dieser Formwechsel nach dem **Identitätsprinzip** funktioniert (→ AktG § 41 Rn. 105 ff., → AktG § 41 Rn. 108), bedarf es keines Rechtsübergangs. Wie im Falle des gewillkürten Formwechsels (§ 202 Abs. 1 Nr. 1 UmwG) handelt es sich bei Vor-SE und SE um den identischen Rechtsträger, der lediglich seine Rechtsform wechselt, nämlich von der Gesamthandsgesellschaft zur juristischen Person. Folglich werden sämtliche Verbindlichkeiten der Vor-SE mit der Eintragung ohne weiteres solche der SE.[68] Daher **erlischt** die Haftung grundsätzlich **mit Eintragung** der Gesellschaft (→ AktG § 41 Rn. 109, → AktG § 41 Rn. 129), nämlich soweit durch das Handeln der Organe die Vor-SE wirksam verpflichtet wurde, die Organe insbesondere mit Vertretungsmacht gehandelt haben, was nach hM die Zustimmung der Gründer mit der Geschäftsaufnahme voraussetzt (→ Rn. 5). Mit der Eintragung haben sich also regelmäßig sowohl die Sicherungs- wie auch die Druckfunktion der Handelndenhaftung (→ Rn. 2) erledigt. Auch wenn die Vor-SE nicht wirksam verpflichtet wurde und die Verbindlichkeit somit im Zeitpunkt der Eintragung nicht kraft Gesetzes zu einer solchen der SE wird, kann sie noch im Wege der rechtsgeschäftlichen **Schuldübernahme** von dieser übernommen werden.[69] Zwar bedürfte es hierfür nach §§ 414, 415 Abs. 1 BGB der Zustimmung des Gläubigers; doch macht § 41 Abs. 2 AktG hiervon eine Ausnahme. Stattdessen kann die Gesellschaft das Handeln eines machtlosen Vorstands gem. § 177 BGB genehmigen und auf einfacherem Wege, der zudem nicht von den Voraussetzungen des § 41 Abs. 2 AktG abhängt, zur Wirksamkeit des Vertrages und damit zu einer Enthaftung des Vorstands gelangen (näher → AktG § 41 Rn. 155 f.).

22 **5. Haftungsinhalt.** Ihrem Inhalt nach ist die Haftung der Handelnden gem. Art. 16 Abs. 2 „unbegrenzt und gesamtschuldnerisch". Wie bei § 41 Abs. 1 S. 2 AktG begründet sie ein gesetzliches Schuldverhältnis, aus dem eine akzessorische Verbindlichkeit mit demselben Inhalt hervorgeht wie die Verbindlichkeit der Gesellschaft (→ AktG § 41 Rn. 142 f.).[70] Sie ist verschuldensunabhängig, der Höhe nach unbeschränkt, erlischt aber mit Eintragung der

---

[63] HM, vgl. *Habersack/Verse* EuropGesR § 5 Rn. 29 f. mwN; aA *Schön* RabelsZ 64 (2000), 1 (18 f.); *Kersting*, Die Vorgesellschaft im europäischen Gesellschaftsrecht, 2000, 220 ff.
[64] Vgl. schon *Schäfer* NZG 2004, 785 (790); ebenso auch Kalss/Hügel/*Hügel* Vor § 17 SEG Art. 16 SE-VO Rn. 5; *Jannott* in Jannott/Frodermann SE-HdB Kap. 3 Rn. 321.
[65] „Ist im Namen einer in Gründung befindlichen Gesellschaft gehandelt worden, ehe diese die Rechtsfähigkeit erlangt hat, und übernimmt die Gesellschaft die sich aus diesen Handlungen ergebenden Verpflichtungen nicht, so haften die Personen, die gehandelt haben, aus diesen Handlungen unbeschränkt als Gesamtschuldner, sofern nichts anderes vereinbart worden ist.".
[66] *Habersack/Verse* EuropGesR § 5 Rn. 30 m. Fn. 97; *Schwarz* EuropGesR Rn. 337 m. Fn. 101.
[67] Übereinstimmend *Kersting* DB 2001, 2079 (2084); *Kersting*, Die Vorgesellschaft im europäischen Gesellschaftsrecht, 2000, 278 ff.; *Jannott* in Jannott/Frodermann SE-HdB Kap. 3 Rn. 323 f.; BeckOGK/*Casper* Rn. 16; *Schwarz* Rn. 33.
[68] Ebenso Lutter/Hommelhoff/Teichmann/*Bayer* Rn. 27; *Jannott* in Jannott/Frodermann SE-HdB Kap. 3 Rn. 324; *J. Schmidt*, „Deutsche" vs. „Britische" SE, 2006, 403 f.; *Schwarz* Rn. 31.
[69] So auch Habersack/Drinhausen/*Diekmann* Rn. 18; Lutter/Hommelhoff/Teichmann/*Bayer* Rn. 28; BeckOGK/*Casper* Rn. 16; *Schwarz* Rn. 32, 35.
[70] Vgl. Lutter/Hommelhoff/Teichmann/*Bayer* Rn. 29; *Kersting* DB 2001, 2079 (2084); *Abu Taleb*, Die Haftungsverhältnisse bei der Gründung einer SE in Deutschland und England, 2008, 148 f.

Gesellschaft (→ Rn. 21). Da die SE-VO über Einwendungen und Einreden sowie über die Verjährung keine Aussagen trifft, richten sich diese Fragen von vornherein nach Aktienrecht (näher → AktG § 41 Rn. 143 ff.) bzw. (hinsichtlich des Gesamtschuldverhältnisses) nach §§ 421 ff. BGB.[71]

---

[71] Lutter/Hommelhoff/Teichmann/*Bayer* Rn. 30; Habersack/Drinhausen/*Diekmann* Rn. 20; NK-SE/ *Schröder* Rn. 46, 50.

Abschnitt 2. Gründung einer SE durch Verschmelzung

Art. 17 [Gründung einer SE durch Verschmelzung]
(1) Eine SE kann gemäß Artikel 2 Absatz 1 durch Verschmelzung gegründet werden.
(2) *[1]* Die Verschmelzung erfolgt
a) entweder nach dem Verfahren der Verschmelzung durch Aufnahme gemäß Artikel 3 Absatz 1 der Richtlinie 78/855/EWG[1]
b) oder nach dem Verfahren der Verschmelzung durch Gründung einer neuen Gesellschaft gemäß Artikel 4 Absatz 1 der genannten Richtlinie.
[2] [1]Im Falle einer Verschmelzung durch Aufnahme nimmt die aufnehmende Gesellschaft bei der Verschmelzung die Form einer SE an. [2]Im Falle einer Verschmelzung durch Gründung einer neuen Gesellschaft ist die neue Gesellschaft eine SE.

Schrifttum: Arbeitskreis Aktien- und Kapitalmarktrecht (AAK), ZIP 2009, 698; *Baums,* Verschmelzung mit Hilfe von Tochtergesellschaften, FS Zöllner, 1998, 65; *Bitter,* Flurschäden im Gläubigerschutzrecht durch „Centros & Co."? WM 2004, 2190; *Buchheim,* Europäische Aktiengesellschaft und grenzüberschreitende Konzernverschmelzung. Der aktuelle Entwurf der Rechtsform aus betriebswirtschaftlicher Sicht, 2001; *Casper,* Der Lückenschluss im Statut der Europäischen Aktiengesellschaft, FS Ulmer, 2003, 51; *Dötsch/Pung,* SEStEG: Die Änderungen des UmwStG (Teil I), DB 2006, 2704; *Dötsch/Pung,* Die Änderungen des UmwStG (Teil II), DB 2006, 2763; *Förster/Lange,* Steuerliche Aspekte der Gründung einer Europäischen Aktiengesellschaft (SE), DB 2002, 288; *Hoffmann,* Die Bildung der Aventis S. A. – ein Lehrstück des europäischen Gesellschaftsrechts, NJW 1999, 1077; *Ihrig/Wagner,* Das Gesetz zur Einführung der Europäischen Gesellschaft (SEEG) auf der Zielgeraden, BB 2004, 1749; *Kessler/Huck,* Steuerliche Aspekte der Gründung und Sitzverlegung der Europäischen Aktiengesellschaft – Geltende und zukünftige Rechtslage, Konzern 2006, 352; *Kiem,* Der Evaluierungsbericht der EU-Kommission zur SE-VO, CFL 2011, 134; *Kloster,* Societas Europaea und europäische Unternehmenszusammenschlüsse, EuZW 2003, 293; *Kraft/Bron,* Defizite bei der grenzüberschreitenden Verschmelzung – eine sekundärrechtliche Bestandsaufnahme, RIW 2005, 641; *Kulenkamp,* Die grenzüberschreitende Verschmelzung von Kapitalgesellschaften in der EU, 2008; *Lange,* Überlegungen zur Umwandlung einer deutschen in eine Europäische Aktiengesellschaft, EuZW 2003, 301; *Lutter,* Europäische Aktiengesellschaft – Rechtsfigur mit Zukunft?, BB 2002, 1; *Maul/Teichmann/Wenz,* Der Richtlinienvorschlag zur grenzüberschreitenden Verschmelzung von Kapitalgesellschaften, BB 2003, 2633; *Riesenhuber,* Die Verschmelzungsrichtlinie: „Basisrechtsakt für ein europäisches Recht der Strukturmaßnahmen", NZG 2004, 15; *Rödder/Schuhmacher,* Das kommende SEStEG – Teil I: Die geplanten Änderungen des EStG, KStG und AStG, DStR 2006, 1481; *Rödder/Schuhmacher,* Das kommende SEStEG – Teil II: Das geplante neue Umwandlungssteuergesetz, DStR 2006, 1525; *Schäfer,* Das Gesellschaftsrecht (weiter) auf dem Weg nach Europa – am Beispiel der SE-Gründung, NZG 2004, 785; *Scheifele,* Die Gründung einer Europäischen AG, 2004; *J. Schmidt,* „Deutsche" vs. „britische" Societas Europaea (SE), 2006; *Schulz/Geismar,* Die Europäische Aktiengesellschaft – Eine kritische Bestandsaufnahme, DStR 2001, 1078; *Schulz/Petersen,* Die Europa-AG: Steuerlicher Handlungsbedarf bei Gründung und Sitzverlegung, DStR 2002, 1508; *Spitzbart,* Die Europäische Aktiengesellschaft (Societas Europaea – SE) – Aufbau der SE und Gründung, RNotZ 2006, 369; *Teichmann,* Die Einführung der Europäischen Aktiengesellschaft, ZGR 2002, 383; *Teichmann,* Minderheitenschutz bei Gründung und Sitzverlegung der SE, ZGR 2003, 367; *Teichmann,* Austrittsrecht und Pflichtangebot bei Gründung einer Europäischen Aktiengesellschaft, AG 2004, 67; *Thoma/Leuering,* Die Europäische Aktiengesellschaft – Societas Europaea, NJW 2002, 1449; *Vossius,* Gründung und Umwandlung der deutschen SE, ZIP 2005, 741; *Waclawik,* Der Referentenentwurf des Gesetzes zur Einführung der Europäischen (Aktien-)Gesellschaft, DB 2004, 1191.

Übersicht

	Rn.		Rn.
I. Regelungsgehalt und Normzweck	1, 2	1. Verschmelzungsfähige Rechtsträger	8, 9
II. Ablauf der Verschmelzungsgründung	3–7	2. Verschmelzung durch Aufnahme (Abs. 2 lit. a)	10
III. Voraussetzungen im Einzelnen (Abs. 2)	8–11	3. Verschmelzung durch Neugründung (Abs. 2 lit. b)	11

---

[1] [Amtl. Anm.:] Dritte Richtlinie 78/855/EWG des Rates vom 9. Oktober 1978 gemäß Artikel 54 Absatz 3 Buchstabe g des Vertrages [Red. Anm.: nunmehr Art. 50 AEUV] betreffend die Verschmelzung von Aktiengesellschaften (ABl. L 295 vom 20.10.1978, S. 36). Zuletzt geändert durch die Beitrittsakte von 1994. [Red. Anm.:] aufgehoben und ersetzt durch Art. 32 RL 2011/35/EU, ihrerseits aufgehoben und ersetzt durch RL 2017/1132/EU.

I. Regelungsgehalt und Normzweck

Art. 17 nimmt in **Abs. 1** zunächst Bezug auf die in Art. 2 Abs. 1 vorgesehene Verschmelzungsgründung. Danach kann eine SE von mindestens zwei Aktiengesellschaften verschiedener Nationalität durch Verschmelzung gegründet werden;[2] für Gesellschaften mbH kommt diese Gründungsform also nicht in Betracht. Es handelt sich um eine **transnationale Verschmelzung,** die sich mit einer identitätswahrenden Sitzverlegung verbindet und deren Zulässigkeit nach UmwG bekanntlich lange Zeit umstritten war.[3] Mit der Entscheidung des EuGH in der Rechtssache „Sevic"[4] und der Umsetzung der Zehnten RL 2005/56/EG (jetzt: GesR-RL) in den §§ 122a ff. UmwG stehen grenzüberschreitenden Verschmelzungen von Kapitalgesellschaften in der EU inzwischen aber keine rechtlichen Hindernisse mehr entgegen.[5] Die transnationale Verschmelzung stellt gewissermaßen die Grundform einer vollständigen Zusammenführung zweier Unternehmen dar und wurde für die SE-Gründung in der geltenden Fassung der VO erstmals[6] ausdrücklich und damit rechtssicher zugelassen. Die einzelnen Verfahrensschritte entsprechen hierbei möglichst weitgehend denjenigen des nationalen Verschmelzungsrechts – und damit zugleich dem Verschmelzungsteil der GesR-RL (früher RL 2011/35/EG, zuvor RL 78/855/EWG). Die Verschmelzungsgründung einer SE stellt deshalb eine Alternative zu den früher umständlichen Lösungen nach Art der Aventis-Gründung dar.[7] So wird sie denn auch als die für die Praxis interessanteste Gründungsvariante bezeichnet.[8] Als Vorzüge werden insbesondere rechtsformspezifische Aspekte angesehen (freie Sitzwahl, konzernweit einheitliche Corporate Governance, einheitliche Firma, Wegfall von Einzelabschlüssen), ergänzt um transaktionsbezogene Vorteile (Rechtssicherheit, Verzicht auf eine funktionslose Zwischenholding). Die Regeln zur Verschmelzungsgründung sind demgemäß als „Herzstück" der SE-VO bezeichnet worden.[9] Es handelt sich überdies um die detaillierteste Regelung einer Gründungsform in der SE-VO (Art. 17–31). Dass die SE-VO die Verschmelzung gleichwohl nicht abschließend regelt, beruht auf der bereits damaligen Vereinheitlichung der nationalen Verschmelzungsrechte durch die Dritte RL 78/855/EWG (jetzt: GesR-RL),[10] die es gestattet, auf weithin vereinheitlichtes Verschmelzungsrecht zu verweisen, soweit nicht Besonderheiten der grenzüberschreitenden Verschmelzung entgegenstehen. – Da sich die Verschmelzung, abgesehen von ihren üblichen Merkmalen,[11] mit einer **Sitzverlegung** verbindet,[12] besteht eine deutliche Verwandtschaft zu

---

[2] Zum Erfordernis der Mehrstaatlichkeit und zur Kritik daran → Art. 2 Rn. 5 f.; ferner AAK ZIP 2009, 698; *Kiem* CFL 2011, 134 (141).
[3] MüKoBGB/*Kindler* IntGesR Rn. 779 ff.; *Teichmann* ZGR 2003, 367 (372); *Neun* in Theisen/Wenz SE 69; Lutter/*Drygala* UmwG § 1 Rn. 1 ff.; vgl. auch den Überblick bei *Vossius* ZIP 2005, 741 (743 f.).
[4] EuGH Slg. 2005, I-10805 = NJW 2006, 425 – Sevic; vgl. auch EuGH ZIP 2012, 1394 – Vale mAnm *Mörsdorf/Jopen*, zur Zulässigkeit des grenzüberschreitenden Formwechsels; dazu etwa *Bayer/J. Schmidt* ZIP 2012, 1481; *Jaensch* EWS 2012, 353.
[5] Näher dazu *Kulenkamp*, Die grenzüberschreitende Verschmelzung von Kapitalgesellschaften in der EU, 2008, passim; s. auch Sagasser/Bula/Brünger/*Gutkès*, Umwandlungen, 5. Aufl. 2017, §§ 12, 13 (grenzüberschreitende Verschmelzung); ferner nur die Kommentierung der §§ 122a ff. UmwG durch Lutter/*Bayer* UmwG.
[6] Die Verschmelzung durch Aufnahme war in den bisherigen VO-Entwürfen noch nicht enthalten, vgl. Art. 17 Abs. 1, Art. 27 Abs. 1 lit. c 1991, 1989, sowie Art. 21 SE-VOE 1975, 1970, die allein von einer gesellschaftsrechtlichen Neugründung ausgehen.
[7] Vgl. die Hinweise bei *Schäfer* NZG 2004, 785 (789); *Neun* in Theisen/Wenz SE 75; eingehend zu früheren Hilfskonstruktionen *Hoffmann* NZG 1999, 1077; *Baums* FS Zöllner, 1998, 65; *Schulz/Petersen* DStR 2002, 1508 f.: Einzelrechtsnachfolge durch Betriebs- oder Anteilseinbringung unter anschließender Liquidation der eingebrachten Gesellschaft.
[8] Vgl. etwa *Ulmer* FAZ vom 21.3.2001, 30; *Lutter* BB 2002, 1 (4); *Kloster* EuZW 2003, 293.
[9] Vgl. etwa *Thoma/Leuering* NJW 2002, 1449 (1452) mwN in Fn. 40.
[10] *Teichmann* AG 2004, 67 (68); *Teichmann* ZGR 2003, 367 (370).
[11] Zu denen zB die Gesamtrechtsnachfolge gehört (→ Rn. 4 f.); missverstanden bei Habersack/Drinhausen/*Marsch-Barner* Rn. 6.
[12] Genauer kann man vielleicht, freilich ohne Erkenntnisgewinn, von einer „Auflösung über die Grenze" sprechen, s. Lutter/Hommelhoff/Teichmann/*Bayer* Rn. 1 aE m. Fn. 4.

Art. 8, der sich seinerseits weitgehend auf das Modell der Dritten RL 78/855/EWG (jetzt GesR-RL) stützt (näher → Art. 8 Rn. 1 ff.).[13]

2   **Abs. 2** lässt die Verschmelzung in **zwei Varianten** zu, die unter Bezugnahme auf Art. 3, 4 RL 78/855/EWG (jetzt: Art. 89 Abs. 1 GesR-RL, Art. 90 Abs. 1 GesR-RL; früher Art. 32 RL 2011/35/EU) definiert werden als Verschmelzung durch Aufnahme (lit. a) und Verschmelzung durch Neugründung (lit. b); sie werden durch die SE-VO weitgehend gleichbehandelt. In der ersten Variante nimmt die aufnehmende Gesellschaft die Rechtsform der SE an (UAbs. 2 S. 1), in der zweiten Variante ist die SE die neugegründete Gesellschaft (UAbs. 2 S. 2). Diese Zweigliedrigkeit entspricht dem Konzept des UmwG (§ 2), das seinerseits auf der ursprünglichen Dritten RL 78/855/EWG beruht. Dem deutschen Umwandlungsrecht unbekannt ist lediglich der simultane Formwechsel der aufnehmenden Gesellschaft. Er bereitet jedoch keine konstruktiven Schwierigkeiten. Abs. 2 ist **keine Verweisungsnorm,** wie sich schon daraus ergibt, dass lediglich die definitorischen Bestimmungen der RL 78/855/EWG (Art. 3 Abs. 1 RL 78/855/EWG und Art. 4 Abs. 1 RL 78/855/EWG) in Bezug genommen werden. Die Anwendbarkeit der einzelnen Sachnormen ergibt sich demgegenüber aus Art. 15 RL 78/855/EWG und 18 RL 78/855/EWG, die übereinstimmend nicht auf die Richtlinie, sondern auf das nationale Verschmelzungsrecht verweisen (→ Art. 15 Rn. 1). Abs. 2 stellt also lediglich eine **Definitionsnorm** ohne unmittelbaren Verweis auf die seinerzeitige RL 78/855/EWG (heute: GesR-RL) dar.[14]

II. Ablauf der Verschmelzungsgründung

3   An einer Verschmelzungsgründung müssen sich gem. Art. 2 Abs. 1 mindestens zwei **Aktiengesellschaften** (→ Rn. 8) beteiligen, die dem Recht **verschiedener Mitgliedstaaten** (→ Rn. 9) unterliegen. Sie müssen also nicht notwendigerweise auch ihren Verwaltungssitz in verschiedenen Staaten haben (näher → Art. 2 Rn. 26). Einer AG steht gem. Art. 3 Abs. 1 die **SE** gleich (→ Art. 3 Rn. 1).

4   Bei der **Verschmelzung durch Aufnahme** (Art. 17 Abs. 2 lit. a) geht mit der Eintragung das Vermögen der übertragenden Gesellschaft(en) im Wege der Universalsukzession auf die aufnehmende Gesellschaft über, welche zugleich die Rechtsform der SE annimmt; die übertragende Gesellschaft erlischt, und ihre Aktionäre werden Anteilseigner der neuen SE (Art. 29 Abs. 1). Die Wirkungen entsprechen also denen einer Verschmelzung nach UmwG, sieht man vom Formwechsel des aufnehmenden Rechtsträgers ab (vgl. § 20 UmwG; zu diesem Aspekt näher → Art. 20 Rn. 39). Hierfür bedarf es eines Verschmelzungsplans (Art. 20), der sachverständig zu prüfen ist und dem die Hauptversammlungen aller beteiligten Gesellschaften zustimmen müssen (Art. 23). Wirksamkeit erlangt die Verschmelzung mit Eintragung (Art. 27). Wegen der Einzelheiten ist auf die Kommentierung der zitierten Vorschriften zu verweisen. Zu den Voraussetzungen → Rn. 8 ff. – Die Konzernverschmelzungsregelung des Art. 31 zeigt, dass auch Töchter auf ihre Mutter verschmolzen werden können.[15] Ist allerdings die Muttergesellschaft Alleinaktionär der Tochtergesellschaft(en), erhalten die Aktionäre der Mutter keine weiteren Anteile (Art. 31 Abs. 1 iVm Art. 29 Abs. 1 lit. b; näher → Art. 31 Rn. 2).[16]

5   Bei der **Verschmelzung durch Neugründung** (Art. 17 Abs. 2 lit. b) verschmelzen alle beteiligten Gesellschaften unter gleichzeitigem liquidationslosem Erlöschen zu einer hierdurch neu entstehenden SE, auf die sämtliche Vermögensmassen im Wege der Universalsukzession übergehen (Art. 29 Abs. 2). Die Aktionäre der übertragenden Gesellschaften erhalten Anteile der neu gegründeten SE (Art. 29 Abs. 2 lit. b). Auch diese Variante setzt einen Verschmelzungsplan, dessen Prüfung, die Zustimmung aller Hauptversammlungen

---

[13] Zum Modellcharakter der Dritten RL 78/855/EWG auch *Riesenhuber* NZG 2004, 15.
[14] Lutter/Hommelhoff/Teichmann/*Bayer* Rn. 1; *Schwarz* Rn. 4; BeckOGK/*Eberspächer* Rn. 3; *Teichmann* ZGR 2002, 385 (415 f.) Fn. 153; Kalss/Hügel/*Hügel* SEG Vor § 17 SE-VO Art. 17 Rn. 2.
[15] Vgl. Habersack/Drinhausen/*Marsch-Barner* Rn. 6; Kalss/Hügel/*Hügel* SEG Vor § 17 SE-VO Art. 17 Rn. 3; *Vossius* ZIP 2005, 741 (743).
[16] Dazu *Förster/Lange* DB 2002, 288 (289).

sowie seine Eintragung im Handelsregister voraus; es gelten insoweit keine Unterschiede gegenüber der Verschmelzung durch Aufnahme (→ Rn. 4).

Die Instrumente zum **Schutz der Minderheitsaktionäre** im Rahmen einer Verschmelzungsgründung sind vielfältig; sie zielen vor allem auf Information durch Verschmelzungsplan, -bericht und -prüfung (Art. 20), auf Mitentscheidung in der Gesellschafterversammlung (Art. 23) sowie auf Vermögensschutz, soweit das Sitzstaatrecht ihn gewährt, nämlich durch Kontrolle des Umtauschverhältnisses (Art. 25 Abs. 3) oder durch Barabfindungsangebot (Art. 24 Abs. 2) ab. Wegen der Einzelheiten ist auf die jeweilige Kommentierung zu verweisen. Allerdings können diese Anforderungen nach dem Verordnungstext einfach **umgangen** werden durch die Gründung einer Tochter-SE mit nachfolgender Übertragung des Muttervermögens auf die Tochter im Wege der Einzelrechtsnachfolge. Denn Art. 36 beschränkt sich für die Tochter-Gründung auf die bloße Inbezugnahme des nationalen Rechts. Hier stellt sich allerdings klar die Frage einer **analogen Anwendung** der Schutzvorschriften des Verschmelzungsrechts (näher → Art. 35, 36 Rn. 4).[17]

Für die **steuerrechtliche Beurteilung** wird die Verschmelzung in **drei Fallgruppen** unterteilt. Bei der sog. „Herausverschmelzung" ist die übertragende Gesellschaft im Inland ansässig, während die SE – als aufnehmende oder neu entstehende Gesellschaft – ihren Sitz in einem anderen Mitgliedstaat hat. Bei der sog. „Hineinverschmelzung" verhält es sich umgekehrt: Im Gegensatz zur übertragenden Gesellschaft hat die übernehmende SE ihren Sitz im Inland. Bei beiden Fallgruppen kann das übergehende Vermögen entweder im Inland oder im Ausland belegen sein. Die dritte Variante stellt die ausländische Verschmelzung mit Inlandsbezug dar. Hier werden ausländische Aktiengesellschaften miteinander verschmolzen, die über ein im Inland belegenes Vermögen verfügen.[18] Die Problematik lag allerdings lange Zeit darin, dass das deutsche Steuerrecht die grenzüberschreitende Verschmelzung als Auflösung behandelte, die zu einer sofortigen Besteuerung der stillen Reserven führt. Mittlerweile ist die damalige – in ihrem Anwendungsbereich explizit um die SE erweiterte (RL 2005/19/EG) – steuerliche Fusions-RL (RL 90/434/EWG) in das deutsche Steuerrecht (UmwStG) transformiert worden. Sie ermöglicht die Steuerneutralität der Verschmelzungsgründung unter bestimmten Voraussetzungen in allen Konstellationen.[19] So können etwa Verschmelzungen mit Inlandsbezug gem. § 12 Abs. 2 KStG ohne Aufdeckung der stillen Reserven einer inländischen Betriebsstätte erfolgen, wenn das Vermögen der einen auf eine andere Körperschaft desselben ausländischen Staates im Wege der Gesamtrechtsnachfolge übertragen wird.[20] Für den Fall einer Hinausverschmelzung findet gem. § 11 Abs. 2 S. 1 Nr. 2 UmwStG eine Steuerentstrickung statt, wenn das Besteuerungsrecht der Bundesrepublik nicht beschränkt wird, weil die im Bundesgebiet verbleibende Betriebsstätte dem ausländischen Unternehmen zuzuordnen ist und die übergehenden Wirtschaftsgüter bei der aufnehmenden SE der Körperschaftsteuer unterliegen.[21]

III. Voraussetzungen im Einzelnen (Abs. 2)

1. Verschmelzungsfähige Rechtsträger. Gem. Art. 2 Abs. 1 können sich lediglich Aktiengesellschaften iSd Anhangs I der VO an einer Verschmelzungsgründung beteiligen, sofern sie nach dem Recht eines Mitgliedstaats gegründet sind und sowohl ihren (Satzungs-) Sitz als auch ihre Hauptverwaltung in der Gemeinschaft haben (→ Art. 2 Rn. 25 f.). In

---

[17] Vgl. einstweilen nur *Casper* FS Ulmer, 2003, 51 (63).
[18] Näher dazu *Förster/Lange* DB 2002, 288 (294); *Thömmes* in Theisen/Wenz SE 505 ff.; *Schulz/Geismar* DStR 2001, 1078 (1082 f.).
[19] Näher dazu *Dötsch/Pung* DB 2006, 2704 ff.; 2763 ff.; *Kessler/Huck* Konzern 2006, 352 ff.; *Rödder/Schuhmacher* DStR 2006, 1481 ff.; *Rödder/Schuhmacher* DStR 2006, 1525 ff.; ferner etwa *Rödder/Herlinghaus/van Lishaut/Birkemeier*, 3. Aufl. 2019, UmwStG § 3 Rn. 184 ff., 192 ff.; zum sog. Umwandlungssteuererlass (BMF-Schreiben vom 11.11.2011, BStBl. I 2011, 1314) *Ehret/Lausterer* DB-Beilage 1/2012, 5 (9 f.); zur Anwendbarkeit von § 6a GrEStG *Haag* BB 2011, 1047 (1049 ff.).
[20] *Dötsch/Pung* DB 2006, 2704 (2705); *Dötsch/Pung* DB 2006, 2763 (2764); *Kessler/Huck* Konzern 2006, 352 (357); *Rödder/Schumacher* DStR 2006, 1481 (1489).
[21] *Haritz/Menner/Bärwaldt*, 5. Aufl. 2019, UmwStG § 11 Rn. 50.

Deutschland ist demnach nur die **AG** verschmelzungsfähig, nicht dagegen eine KGaA oder GmbH. Ihr gleichgestellt ist gem. Art. 3 Abs. 1 allerdings die **SE**. Art. 2 Abs. 1 (iVm Anhang I) verdrängt die Regelung zur Verschmelzungsfähigkeit in § 3 UmwG. Wie Art. 31 zeigt, schadet ein **Konzernverhältnis** zwischen den an der Verschmelzung beteiligten Rechtsträgern nicht, insbesondere kann die Muttergesellschaft auch ihre ausländische Tochter aufnehmen. Näher → Art. 31 Rn. 2.

9 Mindestens zwei der verschmelzenden Gesellschaften müssen dem Recht unterschiedlicher Mitgliedstaaten unterliegen (sog. **Mehrstaatlichkeit**). Diese Mehrstaatlichkeit setzt ihrem Wortlaut nach nicht unbedingt voraus, dass auch die Verwaltungssitze der Gründungsgesellschaften in verschiedenen Mitgliedstaaten belegen sind. Denn nach der Gründungstheorie bleibt das Gründungsrecht im Ausgangspunkt auch dann anwendbar, wenn der tatsächliche Sitz in einen anderen Staat verlegt wird. Anderes gilt demgegenüber, wenn der Verwaltungssitzstaat der Sitztheorie folgt, und zwar richtigerweise unbeschadet des Umstands, dass er mit Rücksicht auf die Niederlassungsfreiheit gehalten ist, die ausländische Gesellschaft als solche anzuerkennen (→ Art. 9 Rn. 15). Denn hieraus folgt nicht, dass die Auslandsgesellschaft insgesamt dem Gesellschaftsrecht des Gründungsstaats unterliegt; vielmehr kommen hier teilweise auch gesellschaftsrechtliche Bestimmungen des Aufnahmestaates zur Anwendung (→ Art. 9 Rn. 24 f.).[22] Ein solches gemischtstaatliches Gesellschaftsrecht ist indes für das Mehrstaatlichkeitserfordernis nach Art. 2 Abs. 1 nicht ausreichend.[23] Bei Beteiligung deutscher Gesellschaften ist das Erfordernis vielmehr nur dann erfüllt, wenn wenigstens eine der beteiligten Gesellschaften ihren Satzungssitz und ihre Hauptverwaltung in einem anderen Mitgliedstaat hat. Allerdings gilt das Mehrstaatlichkeitserfordernis **nur im Gründungsstadium**. Es lässt sich daher relativ einfach umgehen (näher → Art. 2 Rn. 26).[24]

10 **2. Verschmelzung durch Aufnahme (Abs. 2 lit. a).** Art. 17 Abs. 2 lit. a ermöglicht die Aufnahme einer ausländischen Gesellschaft in eine deutsche AG, die sich hierbei in eine SE umwandelt (→ Rn. 4). Daraus, dass weder Art. 17 Abs. 2 lit. b noch Art. 29 Abs. 1 lit. d Einschränkungen hinsichtlich des Sitzes der SE erkennen lassen, wird gefolgert, dass sich der Formwechsel der aufnehmenden Gesellschaft auch mit einer **Sitzverlegung verbinden** kann;[25] dem ist jedoch **nicht** zuzustimmen.[26] Vielmehr lässt Art. 37 Abs. 3 klar erkennen, dass sich der Formwechsel (hier der aufnehmenden Gesellschaft) nicht mit einer Sitzverlegung kombinieren lässt (näher → Art. 20 Rn. 13). Eine deutsche Gründungsgesellschaft kann also wie folgt an einer Verschmelzung durch Aufnahme beteiligt sein: (1) Die deutsche AG nimmt eine ausländische Aktiengesellschaft auf und wechselt hierbei ihre Rechtsform unter Beibehaltung ihres Sitzes in die SE-Form („Hineinverschmelzung"). (2) Die deutsche AG wird umgekehrt auf eine ausländische Aktiengesellschaft verschmolzen, die sich dabei in eine SE wandelt („Hinausverschmelzung").

11 **3. Verschmelzung durch Neugründung (Abs. 2 lit. b).** Wegen der Charakteristik der Verschmelzung durch Neugründung vgl. → Rn. 5. Für sie bestehen keine besonderen Voraussetzungen. Wie bei der Verschmelzung durch Aufnahme kann die neu entstehende SE ihren Sitz in einem der Gründungsstaaten haben, ohne dass es hier allerdings einer Sitzverlegung bedarf (→ Rn. 10). Dass die SE im Übrigen ihren Sitz nicht notwendigerweise in einem der Sitzstaaten der Gründungsgesellschaften nehmen muss, lässt Art. 20 Abs. 1 lit. a deutlich erkennen. Auch auf diesem Wege lässt sich also sowohl eine „Herein-" als auch eine „Herausverschmelzung", bezogen auf die deutsche AG, bewerkstelligen.

---

[22] Str., näher *Schäfer* NZG 2004, 785 (786 f.); ähnlich auch *Bitter* WM 2004, 2190 (2191 ff.), jeweils mwN.
[23] Anders wohl Kalss/Hügel/*Hügel* SEG Vor § 17 SE-VO Art. 17 Rn. 4; → Art. 2 Rn. 26.
[24] Vgl. hier nur *Lange* EuZW 2003, 301 (302).
[25] So Lutter/Hommelhoff/Teichmann/*Bayer* Rn. 4; Habersack/Drinhausen/*Marsch-Barner* Rn. 4 mwN; *Scheifele*, Die Gründung der SE, 2004, 153 f.
[26] Ebenso *Kraft/Bron* RIW 2005, 641 (642); *Buchheim*, Europäische Aktiengesellschaft und grenzüberschreitende Konzernverschmelzung, 2001, 138, 193; *Ihrig/Wagner* BB 2004, 1749 (1752); NK-SE/*Schröder* Art. 8 Rn. 15; BeckOGK/*Eberspächer* Rn. 7; *Spitzbart* RNotZ 2006, 369 (376).

Art. 18 [Anwendung geltender Rechtsvorschriften]

In den von diesem Abschnitt nicht erfassten Bereichen sowie in den nicht erfassten Teilbereichen eines von diesem Abschnitt nur teilweise abgedeckten Bereichs sind bei der Gründung einer SE durch Verschmelzung auf jede Gründungsgesellschaft die mit der Richtlinie 78/855/EWG in Einklang stehenden, für die Verschmelzung von Aktiengesellschaften geltenden Rechtsvorschriften des Mitgliedstaats anzuwenden, dessen Recht sie unterliegt.

Schrifttum: *Göz,* Beschlussmängelklagen bei der Societas Europaea (SE), ZGR 2008, 593; *Scheifele,* Die Gründung der Europäischen Aktiengesellschaft, 2004; *J. Schmidt,* „Deutsche" vs. „britische" Societas Europaea (SE), 2006; *Stiegler,* Verzichtsmöglichkeiten bei der Verschmelzung von Aktiengesellschaften, AG 2019, 708; *Teichmann,* Die Einführung der Europäischen Aktiengesellschaft, ZGR 2002, 383; *Teichmann,* Minderheitenschutz bei Gründung und Sitzverlegung der SE, ZGR 2003, 367; *Wagner,* Die Bestimmung des auf die SE anwendbaren Rechts, NZG 2002, 985.

I. Regelungsgehalt und Normzweck

Art. 18 ist eine **Spezialverweisung** auf das mitgliedstaatliche **Verschmelzungsrecht** 1 für Aktiengesellschaften. Er geht insoweit der partiellen Generalverweisung des Art. 15 im Rahmen seines Anwendungsbereichs, der Verschmelzungsgründung, vor (→ Art. 15 Rn. 7), bezieht sich aber nach seinem Wortlaut nicht auf die entstehende SE, sondern **auf die an der Gründung beteiligten Aktiengesellschaften.** Dem liegt die Vorstellung eines zweistufigen Verschmelzungsverfahrens zugrunde,[1] auf dessen ersten, bei den Gründungsgesellschaften zu vollziehenden Abschnitt sich Art. 18 bezieht, namentlich also auf diejenigen Verfahrensteile, die der Vorbereitung des Beschlusses über den Verschmelzungsplan dienen, einschließlich dessen Prüfung sowie der entsprechenden Information der Anteilseigner (Art. 20), ferner diejenigen, die die Beschlussfassung selbst, einschließlich der zu erreichenden Quoten, aber auch die Verschmelzungswirkungen (Art. 29) regeln (→ Art. 15 Rn. 8). Demgegenüber betrifft **Art. 15 Abs. 1** die auf die Vor-SE bezogenen Verfahrensabschnitte, und zwar auch bei der Verschmelzung durch Neugründung (→ Art. 15 Rn. 8). In **zeitlicher Hinsicht** greift die Verweisung des Art. 18 längstens bis zur Rechtmäßigkeitskontrolle nach Art. 25 Abs. 2 ein; denn durch sie wird verbindlich festgestellt, dass alle Anforderungen des nationalen Rechts erfüllt worden sind. – Die Generalverweisungsnorm des **Art. 9** ist demgegenüber im Gründungsstadium insgesamt noch nicht anwendbar (→ Art. 15 Rn. 6).

Art. 18 verweist auf das Recht desjenigen Mitgliedstaates, dem die Gründungsgesellschaft 2 unterliegt und das nach den Grundsätzen des Internationalen Gesellschaftsrechts zu bestimmen ist. Das ist häufig das **Recht des Verwaltungssitzstaates,**[2] also des Staates, in dem sich die Hauptverwaltung befindet. Folgt der Verwaltungssitzstaat der Gründungstheorie und lässt der Gründungsstaat die Abwanderung seiner Gesellschaften zu, ist hingegen das **Recht des Gründungsstaates** anwendbar. Schließlich kann infolge der Rspr. des EuGH auch ein „Mischrecht" anwendbar sein, soweit nämlich der Verwaltungssitzstaat der Sitztheorie folgt, zugleich aber gehalten ist, mit Rücksicht auf die Niederlassungsfreiheit die eingewanderte Gesellschaft als solche anzuerkennen (näher → Art. 9 Rn. 15). – Auf eine **deutsche Aktiengesellschaft** findet damit jedenfalls das Verschmelzungsrecht des UmwG Anwendung. Auf eine **ausländische Aktiengesellschaft** mit Verwaltungssitz in Deutschland bleibt demgegenüber zwar deren Gründungsrecht anwendbar, soweit dieses nicht auf das Recht am Verwaltungssitz der Gesellschaft zurückverweist.[3] Daneben kann aber auch

---

[1] Näher *Teichmann* ZGR 2003, 367 (372 f.).
[2] In diesem Sinne auch Lutter/Hommelhoff/Teichmann/*Bayer* Rn. 4; *J. Schmidt,* „Deutsche" vs. „Britische" SE, 2006, 157 f.; *Schwarz* Rn. 7, 21; BeckOGK/*Eberspächer* Rn. 1; *Teichmann* ZGR 2003, 367 (371) m. Fn. 22 – Klarstellung zu *Teichmann* ZGR 2002, 383 (415); ferner Kalss/Hügel/*Hügel* SEG Vor § 17 SE-VO Art. 17 Rn. 3; *Wagner* NZG 2002, 985 (990).
[3] Dazu MüKoBGB/*Kindler* IntGesR Rn. 428.

deutsches Gesellschaftsrecht zur Anwendung kommen.[4] Dass nämlich das – seinerseits auf der RL 78/855/EWG (jetzt: GesR-RL; früher RL 2011/35/EG) beruhende – deutsche Verschmelzungsrecht im UmwG einen Verstoß gegen die Niederlassungsfreiheit einer ausländischen Aktiengesellschaft bewirken könnte, erscheint im Grundsatz nicht ernsthaft diskutabel. Der Verweis auf das mitgliedstaatliche Verschmelzungsrecht für die SE-Gründung rechtfertigt sich gerade durch die Harmonisierung des Verschmelzungsrechts durch die RL 78/855/EWG (jetzt: GesR-RL; → Art. 17 Rn. 1), auf der auch das UmwG beruht.[5]

II. Inhalt der Verweisung; Normhierarchie

3   **Inhaltlich** erfasst Art. 18 das gesamte auf die Gründungsgesellschaft anwendbare mitgliedstaatliche Verschmelzungsrecht (→ Rn. 2), soweit es mit der Dritten RL 78/855/ EWG (jetzt: GesR-RL) in Einklang steht (→ Rn. 2 aE). Wesentliche inhaltliche Abweichungen zwischen den verschiedenen Verschmelzungsrechtsregimen sind demnach nicht zu erwarten. Erfasst wird für die „deutsche" AG also vor allem das UmwG einschließlich ergänzender allgemeiner Rechtsgrundsätze und Richterrecht sowie der geltenden Auslegungsregeln (näher → Art. 9 Rn. 17 ff.; → Art. 15 Rn. 1). Die Verweisung betrifft also das **gesamte Verschmelzungsrecht**,[6] keineswegs allein die zur Umsetzung der Fusionsrichtlinie erlassenen Vorschriften.[7] Das ergibt sich schon aus dem Wortlaut des Art. 18, aber auch aus Systematik und Normzweck. Die Bezugnahme auf die RL 78/855/EWG (jetzt: GesR-RL) will lediglich sicherstellen, dass bei der SE-Gründung kein richtlinienwidriges Verschmelzungsrecht zur Anwendung gelangt.[8] Dies bestätigt auch Art. 25 Abs. 3, der offenkundig davon ausgeht, dass etwa bei Verschmelzung einer französischen S.A. auf eine deutsche AG das – nicht auf der Richtlinie beruhende – Spruchverfahren zur Verbesserung des Umtauschverhältnisses nach UmwG eröffnet ist.[9]

4   Wie für Art. 15 gilt auch für die Verweisung nach Art. 18, dass sie erst eingreift, soweit **keine vorrangige Regelung der SE-VO** eingreift, wozu auch die **Spezialverweisungen** in Art. 19 ff. gehören, insbesondere also Art. 24 Abs. 1 (Schutz von Gläubigern und Inhabern von Vorzugsrechten), Art. 25 Abs. 1 (Rechtskontrolle der Verschmelzung), Art. 31 Abs. 1 S. 2 (Erleichterungen für Konzernverschmelzung), Art. 31 Abs. 2 S. 1 (Berichtspflicht bei Konzernverschmelzung durch Aufnahme). Die **Vorrangstellung** der **VO** ergibt sich unmittelbar aus Art. 18, diejenige des **Ausführungsgesetzes** (SEAG) unmittelbar aus der einschlägigen **Ermächtigungsnorm** (Art. 21 Bekanntmachung des Verschmelzungsplans, dazu § 5 SEAG), Art. 24 Abs. 1 lit. a (Gläubigerschutz, in der Interpretation durch § 8 SEAG), Art. 24 Abs. 2 (Schutz von Minderheitsaktionären, dazu §§ 6, 7 SEAG), sodass es in beiden Fällen keines Rückgriffs auf Art. 9 bedarf (näher → Art. 15 Rn. 3).[10] Damit ist für das Eingreifen der Verweisung in der Regel eine **bewusste Regelungslücke** erforderlich.

---

[4] Teilweise abw. Habersack/Drinhausen/*Marsch-Barner* Rn. 5; Lutter/Hommelhoff/Teichmann/*Bayer* Rn. 4.

[5] Zur Richtlinienkonformität des deutschen Verschmelzungsrechts vgl. *Habersack/Verse* EuropGesR § 8 Rn. 22 ff.

[6] Insbes. anwendbar: § 5 Abs. 3 UmwG, § 6 UmwG, § 8 UmwG, § 9–12 UmwG, § 13 Abs. 3 UmwG, § 60 UmwG, § 61 UmwG, § 63 UmwG, § 64 UmwG, § 66–71 UmwG, § 73 UmwG; s. auch Habersack/ Drinhausen/*Marsch-Barner* Rn. 7; vgl. zu den Möglichkeiten eines notariell beurkundeten Verzichts auf die Anforderungen aus § 60 UmwG (iVm § 9 Abs. 3 UmwG, § 8 Abs. 3 S. 1 Alt. 1 UmwG), § 63 Abs. 1 UmwG (iVm § 8 Abs. 3 S. 1 Alt. 1 UmwG), § 63 Abs. 2 S. 5 UmwG (iVm § 8 Abs. 3 S. 1 Alt. 1 UmwG), § 64 Abs. 1 S. 1, 2 UmwG (iVm § 64 Abs. 1 S. 4 UmwG, § 8 Abs. 3 S. 1 Alt. 1 UmwG) sowie § 68 Abs. 1 S. 1, 3 UmwG (nur bei Satzungssitz der gegründeten SE in Deutschland) eingehend *Stiegler* AG 2019, 708 (713 f.), 715 iVm 712 f.

[7] So auch Habersack/Drinhausen/*Marsch-Barner* Rn. 6; Lutter/Hommelhoff/Teichmann/*Bayer* Rn. 6; *J. Schmidt*, „Deutsche" vs. „Britische" SE, 2006, 158; *Schwarz* Rn. 26 ff.; *Stiegler* AG 2019, 708 (713); anders aber (wohl) *Wagner* NZG 2002, 985 (990) m. Fn. 63.

[8] Wie hier auch Lutter/Hommelhoff/Teichmann/*Bayer* Rn. 5; Kalss/Hügel/*Hügel* SEG Vor § 17 SE-VO Art. 18 Rn. 7; *J. Schmidt*, „Deutsche" vs. „Britische" SE, 2006, 158 f.; *Schwarz* Rn. 29; BeckOGK/*Eberspächer* Rn. 2.

[9] *Scheifele*, Die Gründung der SE, 2004, 218 ff.

[10] Abw. wiederum Kalss/Hügel/*Hügel* SEG Vor § 17 SE-VO Art. 18 Rn. 10.

Handelt es sich dagegen um eine **planwidrige** Regelungslücke, ist zunächst zu prüfen, ob diese im **Analogiewege** auf Ebene der SE-VO geschlossen werden kann (näher → Art. 9 Rn. 12 ff.; → Art. 15 Rn. 2). Nur soweit dies zu verneinen ist, greift die Verweisung des Art. 18 hinsichtlich des bei den Gründungsgesellschaften durchzuführenden Verfahrensabschnitts ein, also immer dann, wenn (überzeugende) sachliche Lösungsansätze auf VO-Ebene nicht auffindbar sind. – Zur Frage, inwiefern Verschmelzungsvorschriften – namentlich Art. 25 Abs. 3 – auf die Gründung einer Holding-SE anzuwenden sind, → Art. 32 Rn. 2 f., → Art. 32 Rn. 32 ff.

Art. 19 [Einspruch gegen eine Verschmelzung]

[1] **Die Rechtsvorschriften eines Mitgliedstaates können vorsehen, dass die Beteiligung einer Gesellschaft, die dem Recht dieses Mitgliedstaates unterliegt, an der Gründung einer SE durch Verschmelzung nur möglich ist, wenn keine zuständige Behörde dieses Mitgliedstaats vor der Erteilung der Bescheinigung gemäß Artikel 25 Absatz 2 dagegen Einspruch erhebt.**
[2] **¹Dieser Einspruch ist nur aus Gründen des öffentlichen Interesses zulässig. ²Gegen ihn muss ein Rechtsmittel eingelegt werden können.**

Schrifttum: *Förster/Lange,* Grenzüberschreitende Sitzverlegung der Europäischen Aktiengesellschaft aus ertragsteuerlicher Sicht, RIW 2002, 585; *Schulze,* Die Europäische Genossenschaft (SCE), NZG 2004, 792; *Schulz/Petersen,* Die Europa-AG: Steuerlicher Handlungsbedarf bei Gründung und Sitzverlegung, DStR 2002, 1508; *Teichmann,* ECLR, Die Einführung der Europäischen Aktiengesellschaft, ZGR 2002, 383.

Art. 19 ist eine **Ermächtigungsnorm**[1] (allgemein → Art. 9 Rn. 9). UAbs. 1 gestattet **1** jedem Mitgliedstaat, ein Recht zum Einspruch gegen die Verschmelzung einer seinem Recht unterliegenden Aktiengesellschaft zugunsten bestimmter nationaler Behörden zu schaffen. Hierfür kommt insbesondere eine Steuer-, Verwaltungs- oder Wettbewerbsbehörde in Betracht. In diesem Falle ist die Zustimmung **Wirksamkeitsvoraussetzung** der Verschmelzung.[2] Es gilt also Entsprechendes wie bei der **Sitzverlegung** gem. Art. 8 Abs. 14 (→ Art. 8 Rn. 38). Dies ist konsequent, weil mit einer Verschmelzung die gleichen Wirkungen verbunden sein können wie mit einer transnationalen Sitzverlegung, soweit nämlich der Sitz der aufnehmenden oder neugegründeten Gesellschaft (SE) in einem anderen Mitgliedstaat errichtet werden soll (→ Art. 17 Rn. 1). UAbs. 2 S. 1 entspricht Art. 8 Abs. 14 S. 2 und enthält Bedingungen für den Fall, dass ein Mitgliedstaat von der Ermächtigung Gebrauch machen möchte: Der Einspruch darf ausschließlich „aus Gründen des öffentlichen Interesses" erfolgen. Dies ist zwar nicht näher bezeichnet, vor dem Hintergrund der Niederlassungsfreiheit kommen indes nur sehr gewichtige Gemeininteressen in Betracht (→ Art. 8 Rn. 38).[3] Art. 19 entspricht weitgehend den Regelungen des Art. 14 Abs. 4 EWIV-VO. Auch Art. 7 Abs. 14 SCE-VO enthält eine entsprechende Vorschrift.

Ebenso wie Art. 8 Abs. 14 ist auch Art. 19 **auf Drängen des Vereinigten Königreichs 2** in die SE-VO aufgenommen worden, dessen Recht beim Fortzug einer Gesellschaft bis 1988 ein Einspruchsrecht der Steuerbehörde vorgesehen hatte,[4] damit der für die Besteuerung entscheidende Verwaltungssitz nicht ohne weiteres ins Ausland verlegt werden konnte.[5] Der EuGH hatte diese Wegzugsbeschränkung in seiner „Daily Mail"-Entscheidung ausdrücklich

---

[1] So auch Lutter/Hommelhoff/Teichmann/*Bayer* Rn. 1; Habersack/Drinhausen/*Marsch-Barner* Rn. 1; BeckOGK/*Eberspächer* Rn. 1.
[2] So auch BeckOGK/*Eberspächer* Rn. 1; der Sache nach auch Lutter/Hommelhoff/Teichmann/*Bayer* Rn. 6; *Schwarz* Rn. 7.
[3] S. auch Lutter/Hommelhoff/Teichmann/*Bayer* Rn. 4; Habersack/Drinhausen/*Marsch-Barner* Rn. 4.
[4] Es ist mittlerweile durch eine Schlussbesteuerung nach Art des § 12 KStG ersetzt worden, sodass steuerliche Gründe auch in England keinen Einspruch mehr rechtfertigen; *Förster/Lange* RIW 2002, 585 (586); *Schulz/Petersen* DStR 2002, 1508 (1512).
[5] *Teichmann* ZGR 2002, 383 (432); *Wenz* in Theisen/Wenz SE 246 mwN.

als vereinbar mit der Niederlassungsfreiheit angesehen,[6] was er zur Überraschung mancher in seiner „Cartesio"-Entscheidung nochmals bestätigt hat.[7] Schon deshalb kann auch Art. 19, der Wegzugsperren ausdrücklich sanktioniert, keinen Verstoß gegen die **Niederlassungsfreiheit** darstellen.

3 Das **SEAG** hat von der Ermächtigung **keinen Gebrauch** gemacht. Dies entspricht nicht nur der Situation bei der grenzüberschreitenden Sitzverlegung der SE (→ Art. 8 Rn. 38), sondern auch der bei der parallelen Konstellation einer Sitzverlegung der EWIV. Deutschen Behörden steht daher kein spezifisches Einspruchsrecht gegen die Verschmelzungsgründung einer SE zu, auch wenn dies zur Abwanderung einer deutschen (übertragenden) Aktiengesellschaft führt.[8]

Art. 20 [Verschmelzungsplan]

(1) ¹Die Leitungs- oder die Verwaltungsorgane der sich verschmelzenden Gesellschaften stellen einen Verschmelzungsplan auf. ²Dieser Verschmelzungsplan enthält

a) die Firma und den Sitz der sich verschmelzenden Gesellschaften sowie die für die SE vorgesehene Firma und ihren geplanten Sitz,
b) das Umtauschverhältnis der Aktien und gegebenenfalls die Höhe der Ausgleichsleistung,
c) die Einzelheiten hinsichtlich der Übertragung der Aktien der SE,
d) den Zeitpunkt, von dem an diese Aktien das Recht auf Beteiligung am Gewinn gewähren, sowie alle Besonderheiten in Bezug auf dieses Recht,
e) den Zeitpunkt, von dem an die Handlungen der sich verschmelzenden Gesellschaften unter dem Gesichtspunkt der Rechnungslegung als für Rechnung der SE vorgenommen gelten,
f) die Rechte, welche die SE den mit Sonderrechten ausgestatteten Aktionären der Gründungsgesellschaften und den Inhabern anderer Wertpapiere als Aktien gewährt, oder die für diese Personen vorgeschlagenen Maßnahmen,
g) jeder besondere Vorteil, der den Sachverständigen, die den Verschmelzungsplan prüfen, oder den Mitgliedern der Verwaltungs-, Leitungs-, Aufsichts- oder Kontrollorgane der sich verschmelzenden Gesellschaften gewährt wird,
h) die Satzung der SE,
i) Angaben zu dem Verfahren, nach dem die Vereinbarung über die Beteiligung der Arbeitnehmer gemäß der Richtlinie 2001/86/EG geschlossen wird.

(2) Die sich verschmelzenden Gesellschaften können dem Verschmelzungsplan weitere Punkte hinzufügen.

§ 7 SEAG Abfindungsangebot im Verschmelzungsplan

(1) ¹Bei der Gründung einer SE, die ihren Sitz im Ausland haben soll, durch Verschmelzung nach dem Verfahren der Verordnung hat eine übertragende Gesellschaft im Verschmelzungsplan oder in seinem Entwurf jedem Aktionär, der gegen den Verschmelzungsbeschluss der Gesellschaft Widerspruch zur Niederschrift erklärt, den Erwerb seiner Aktien gegen eine angemessene Barabfindung anzubieten. ²Die Vorschriften des Aktiengesetzes über den Erwerb eigener Aktien gelten entsprechend, jedoch ist § 71 Abs. 4 Satz 2 des Aktiengesetzes insoweit nicht anzuwenden. ³Die Bekanntmachung des Verschmelzungsplans als Gegenstand der Beschlussfassung muss den Wortlaut dieses Angebots enthalten. ⁴Die Gesellschaft hat die Kosten für eine Übertragung zu tragen. ⁵§ 29 Abs. 2 des Umwandlungsgesetzes findet entsprechende Anwendung.

(2) ¹Die Barabfindung muss die Verhältnisse der Gesellschaft im Zeitpunkt der Beschlussfassung über die Verschmelzung berücksichtigen. ²Die Barabfindung ist nach Ablauf des Tages, an dem die Verschmelzung im Sitzstaat der SE nach den dort geltenden Vorschriften eingetragen

---

[6] EuGH Slg. 1988, 5505.
[7] EuGH BB 2009, 11 f.
[8] *Teichmann* ZGR 2002, 383 (432); vgl. auch *Wenz* in Theisen/Wenz SE 246 f.; zur entspr. Rechtslage in Österreich Kalss/Hügel/*Hügel* SEG Vor § 17 SE-VO Art. 19 SE-VO.

und bekannt gemacht worden ist, mit jährlich 5 Prozentpunkten über dem jeweiligen Basiszinssatz nach § 247 des Bürgerlichen Gesetzbuchs zu verzinsen. ³Die Geltendmachung eines weiteren Schadens ist nicht ausgeschlossen.

(3) ¹Die Angemessenheit einer anzubietenden Barabfindung ist stets durch Verschmelzungsprüfer zu prüfen. ²Die §§ 10 bis 12 des Umwandlungsgesetzes sind entsprechend anzuwenden. ³Die Berechtigten können auf die Prüfung oder den Prüfungsbericht verzichten; die Verzichtserklärungen sind notariell zu beurkunden.

(4) ¹Das Angebot nach Absatz 1 kann nur binnen zwei Monaten nach dem Tage angenommen werden, an dem die Verschmelzung im Sitzstaat der SE nach den dort geltenden Vorschriften eingetragen und bekannt gemacht worden ist. ²Ist nach Absatz 7 dieser Vorschrift ein Antrag auf Bestimmung der Barabfindung durch das Gericht gestellt worden, so kann das Angebot binnen zwei Monaten nach dem Tage angenommen werden, an dem die Entscheidung im Bundesanzeiger bekannt gemacht worden ist.

(5) Unter den Voraussetzungen des Artikels 25 Abs. 3 Satz 1 der Verordnung kann eine Klage gegen die Wirksamkeit des Verschmelzungsbeschlusses einer übertragenden Gesellschaft nicht darauf gestützt werden, dass das Angebot nach Absatz 1 zu niedrig bemessen sei oder dass die Barabfindung im Verschmelzungsplan nicht oder nicht ordnungsgemäß angeboten worden ist.

(6) Einer anderweitigen Veräußerung des Anteils durch den Aktionär stehen nach Fassung des Verschmelzungsbeschlusses bis zum Ablauf der in Absatz 4 bestimmten Frist Verfügungsbeschränkungen bei den beteiligten Rechtsträgern nicht entgegen.

(7) ¹Macht ein Aktionär einer übertragenden Gesellschaft unter den Voraussetzungen des Artikels 25 Abs. 3 Satz 1 der Verordnung geltend, dass eine im Verschmelzungsplan bestimmte Barabfindung, die ihm nach Absatz 1 anzubieten war, zu niedrig bemessen sei, so hat auf seinen Antrag das Gericht nach dem Spruchverfahrensgesetz vom 12. Juni 2003 (BGBl. I S. 838) die angemessene Barabfindung zu bestimmen. ²Das Gleiche gilt, wenn die Barabfindung nicht oder nicht ordnungsgemäß angeboten worden ist. ³Die Sätze 1 und 2 finden auch auf Aktionäre einer übertragenden Gesellschaft mit Sitz in einem anderen Mitgliedstaat der Europäischen Union oder in einem anderen Vertragsstaat des Abkommens über den Europäischen Wirtschaftsraum Anwendung, sofern nach dem Recht dieses Staates ein Verfahren zur Abfindung von Minderheitsaktionären vorgesehen ist und deutsche Gerichte für die Durchführung eines solchen Verfahrens international zuständig sind.

Schrifttum: *Adolff,* Konkurrierende Bewertungssysteme bei der grenzüberschreitenden Verschmelzung von Aktiengesellschaften, ZHR 173 (2009), 67; *Aha,* Vorbereitung des Zusammenschlusses im Wege der Kapitalerhöhung gegen Sacheinlage durch ein „Business Combination Agreement", BB 2001, 2225; *Brandes,* Cross Border Merger mittels der SE, AG 2005, 177; *Brandt/Scheifele,* Die Europäische Aktiengesellschaft und das anwendbare Recht, DStR 2002, 547; *Brück,* Rechtsprobleme der Auslandsbeurkundung im Gesellschaftsrecht, DB 2004, 2409; *Casper,* Erfahrungen und Reformbedarf bei der SE – Gesellschaftsrechtliche Reformvorschläge, ZHR 173 (2009), 181; *El Mahi,* Die Europäische Aktiengesellschaft, 2004; *Großfeld,* Europäische Unternehmensbewertung, NZG 2002, 353; *Heckschen,* Die Europäische AG aus notarieller Sicht, DNotZ 2003, 251; *Hirte,* Die Europäische Aktiengesellschaft, NZG 2002, 1; *Ihrig/Wagner,* Das Gesetz zur Einführung der Europäischen Gesellschaft (SEEG) auf der Zielgeraden, BB 2004, 1749; *Ihrig/Wagner,* Diskussionsentwurf für ein SE-Ausführungsgesetz, BB 2003, 969; *Kallmeyer,* Europa-AG: Strategische Optionen für deutsche Unternehmen, AG 2003, 197; *Kalss,* Der Minderheitenschutz bei Gründung und Sitzverlegung der SE nach dem Diskussionsentwurf, ZGR 2003, 593; *Kersting,* Societas Europaea: Gründung und Vorgesellschaft, DB 2001, 2079; *Kiem,* Die schwebende Umwandlung, ZIP 1999, 173; *Kiem,* Die Ermittlung der Verschmelzungswertrelation bei der grenzüberschreitenden Verschmelzung, ZGR 2007, 542; *Kiem,* Erfahrungen und Reformbedarf bei der SE – Entwicklungsstand, ZHR 173 (2009), 156; *Kübler,* Barabfindung bei Gründung einer Europa AG, ZHR 167 (2003), 627; *Kulenkamp,* Die grenzüberschreitende Verschmelzung von Kapitalgesellschaften in der EU; *Lutter,* Die Europäische Aktiengesellschaft, 2. Aufl. 1978; *Lutter/Kollmorgen/Feldhaus,* Die Europäische Aktiengesellschaft – Satzungsgestaltung bei der „mittelständischen SE", BB 2005, 2473; *Meilicke,* Erste Probleme mit § 16 SpruchG, NZG 2004, 547; *Neye,* Die Europäische Aktiengesellschaft (Materialsammlung), 2005; *Scheifele,* Die Gründung der Europäischen Aktiengesellschaft, 2004; *J. Schmidt,* „Deutsche" vs. „britische" Societas Europaea (SE), 2006; *Schulz/Geismar,* Die Europäische Aktiengesellschaft – Eine kritische Bestandsaufnahme, DStR 2001, 1078; *Schwarz,* Europäisches Gesellschaftsrecht, 2000; *Spitzbart,* Die Europäische Aktiengesellschaft (Societas Europaea – SE) – Aufbau der SE und Gründung, RNotZ 2006, 369; *Stiegler,* Verzichtsmöglichkeiten bei der Verschmelzung von Aktiengesellschaften, AG 2019, 708; *Teichmann,* Die Einführung der Europäischen Aktiengesellschaft, ZGR 2002, 383; *Teichmann,* Vorschläge für das deutsche Ausführungsgesetz zur Europäischen Aktiengesellschaft, ZIP 2002, 1109; *Teichmann,* Minderheitenschutz bei Gründung und Sitzverlegung der SE, ZGR 2003, 367; *Teichmann,* Austrittsrecht und Pflichtangebot bei Gründung einer Europäischen Aktiengesellschaft, AG 2004, 67; *Vossius,* Gründung und Umwandlung der deutschen Europäischen Gesellschaft, ZIP 2005, 741; *Waclawik,* Der Referentenentwurf des Gesetzes zur

SE-VO Art. 20   1, 2

Einführung der Europäischen (Aktien-)Gesellschaft, DB 2004, 1191; *Walden/Meyer-Landrut,* Die grenzüberschreitende Verschmelzung zu einer Europäischen Gesellschaft: Planung und Vorbereitung, DB 2005, 2119.

Übersicht

	Rn.		Rn.
I. Regelungsgehalt und Normzweck ..	1–3	8. Satzung der SE (lit. h)	20
II. Aufstellung des Verschmelzungsplans (Abs. 1 S. 1)	4–11	9. Verfahren der Arbeitnehmerbeteiligung (lit. i)	21
1. Aufstellungs- und Abschlusskompetenz	4	IV. Das Barabfindungsangebot nach § 7 SEAG	22–38
2. Sprache	5	1. Allgemeines	22
3. Form	6, 7	2. Die Voraussetzungen des Barabfindungsangebots (§ 7 Abs. 1 SEAG)	23–25
4. Erfordernis eines Verschmelzungsvertrags?	8, 9	3. Inhalt des Barabfindungsangebots (§ 7 Abs. 2 SEAG)	26
5. Zuleitung an den Betriebsrat	10, 11	4. Prüfung des Angebots (§ 7 Abs. 3 SEAG)	27
III. Der Inhalt des Verschmelzungsplans im Einzelnen (Abs. 1 S. 2)	12–21	5. Annahme des Angebots (§ 7 Abs. 4 SEAG)	28
1. Allgemeines	12	6. Ausschluss der Anfechtungsmöglichkeit (§ 7 Abs. 5 SEAG)	29–31
2. Firma und Sitz (lit. a)	13	7. Anderweitige Veräußerung der Aktie (§ 7 Abs. 6 SEAG)	32
3. Umtauschverhältnis der Aktien und Höhe einer Ausgleichsleistung (lit. b) ..	14, 15	8. Spruchverfahren (§ 7 Abs. 7 SEAG)	33–38
4. Einzelheiten hinsichtlich der Übertragung der Aktien der SE (lit. c)	16	a) Internationale Zuständigkeit	33, 34
5. Beginn der Gewinnberechtigung und Verschmelzungsstichtag (lit. d, e)	17	b) Durchführung des Spruchverfahrens	35–38
6. Sonderrechte (lit. f)	18	V. Weitere Gründungsakte	39, 40
7. Vorteile für bestimmte Personengruppen (lit. g)	19		

I. Regelungsgehalt und Normzweck

1   Der bei jeder der sich verschmelzenden Gesellschaften zu erstellende Verschmelzungsplan ist **Kernbestandteil** der Verschmelzungsgründung; denn ohne die in Art. 20 Abs. 1 formulierten Mindestbestandteile, also den **Pflichtinhalt,** könnten zentrale Verschmelzungswirkungen gem. Art. 29 nicht eintreten. Abgesehen von den Details der Arbeitnehmerbeteiligung regelt er nahezu sämtliche Aspekte der Verschmelzungsgründung, zumal die Mindestangaben nach Abs. 1 (und § 7 SEAG; → Rn. 22 ff.) durch zusätzliche Punkte **ergänzt** werden können (Abs. 2). Zugleich markiert der Plan das Ende der vorausgegangenen Verhandlungen und Entscheidungen über die wichtigsten Modalitäten der Verschmelzung. Dass die Verschmelzungspläne sämtlicher beteiligter Gesellschaften **inhaltlich gleich lauten** müssen, soweit sie keine vom jeweiligen nationalen Ausführungsgesetz geforderten Zusatzangaben enthalten, versteht sich im Grunde von selbst,[1] obwohl dies eigenartigerweise in Art. 20 weniger deutlich formuliert wird als in Art. 32 Abs. 2 S. 1 für die Holdinggründung. Art. 26 Abs. 3 lässt aber erkennen, dass der Verordnungsgeber die gleiche Vorstellung hatte, wenn er im Rahmen der Registerkontrolle die Zustimmung sämtlicher Gesellschaften zum „gleich lautenden Verschmelzungsplan" anordnet. „Inhaltlich gleich lautend" bedeutet aber nicht, dass es sich zwingend um *einen* einheitlichen Plan handeln müsste (→ Rn. 3).[2]

2   Die zentrale Bedeutung des Plans entspricht der **GesR-RL** (Art. 91, 109, 122; früher RL 2011/35/EG, RL 78/855/EWG). In abgestufter Form findet sich der Gedanke eines zuvor aufzustellenden Plans auch in Art. 8 Abs. 2 für die Sitzverlegung (→ Art. 8 Rn. 11 ff.) sowie ansatzweise in Art. 37 Abs. 4 für den Formwechsel. Im Gegensatz dazu ist die Planer-

---

[1] So auch *Teichmann* ZGR 2002, 383 (417); vgl. ferner Lutter/Hommelhoff/Teichmann/*Bayer* Rn. 2.
[2] HM, vgl. Lutter/Hommelhoff/Teichmann/*Bayer* Rn. 2; Habersack/Drinhausen/*Marsch-Barner* Rn. 4; *Brandes* AG 2005, 177 (180); aA Kölner Komm AktG/*Maul* Rn. 13; *Scheifele,* Die Gründung der SE, 2004, 141 f., alle mwN.

stellung bei der Gründung einer Tochter-SE entbehrlich, da sich diese gem. Art. 36 allein nach nationalem Recht richtet.

Anders als die §§ 4 ff. UmwG verlangt Art. 20 **keinen Verschmelzungsvertrag,** sondern inhaltlich gleich lautende Verschmelzungspläne (→ Rn. 1). Das wirft die Frage nach dem Verhältnis zwischen Plan und Vertrag auf, zumal die beteiligten Gesellschaften angesichts des erheblichen Aufwands und zur Gewährleistung von Vertraulichkeit in aller Regel einen Vertrag schließen, um wechselseitige („schuldrechtliche") Pflichten zu begründen.[3] In diesem pflichtenbegründenden Teil geht der Verschmelzungsvertrag über das Erfordernis inhaltlich übereinstimmender Pläne hinaus, die lediglich das Organisationsrecht der Verschmelzung enthalten. Dem liegt eine bewusste Entscheidung des europäischen Gesetzgebers zugrunde, sich an der Dritten RL 78/855/EWG (jetzt: GesR-RL) zu orientieren, welche die Form, in der die beteiligten Gesellschaften sich über die Verschmelzung verständigen, dem nationalen Recht überlässt.[4] Ein solcher Verweis stößt aber bei der SE auf immanente Grenzen, da die Frage, ob ein Verschmelzungsvertrag erforderlich ist, nur einheitlich entschieden werden kann. Näher zu den sich hieraus ergebenden Konsequenzen → Rn. 8.

II. Aufstellung des Verschmelzungsplans (Abs. 1 S. 1)

1. Aufstellungs- und Abschlusskompetenz. Zuständig für die Aufstellung des Verschmelzungsplanes sind gem. Abs. 1 S. 1 die jeweiligen „Leitungs- oder Verwaltungsorgane" der sich verschmelzenden Gesellschaften. Zuständig ist danach das **Vertretungsorgan** der Gesellschaft, für gewöhnlich also der Vorstand, bei Beteiligung einer monistischen SE die geschäftsführenden Direktoren (§ 41 SEAG; vgl. → Art. 16 Rn. 13).[5] Für die Wirksamkeit des Plans bedarf es darüber hinaus aber auch der **Zustimmung der Hauptversammlung** gem. Art. 23 (→ Art. 23 Rn. 1).

2. Sprache. Die SE-VO trifft keine Entscheidung über die Sprache des Verschmelzungsplans. Sie richtet sich daher gem. Art. 18 nach dem Verschmelzungsrecht des Staates, dem die jeweilige Gründungsgesellschaft unterliegt, regelmäßig also demjenigen des Verwaltungssitzstaates (→ Art. 18 Rn. 2).[6] Dies beinhaltet für die deutsche Gründungsgesellschaft einen Verweis auf die notarielle Form des § 6 UmwG (→ Rn. 6) und folglich mittelbar auf § 5 Abs. 1 BeurkG. Demnach muss eine deutsche Gründungsgesellschaft grundsätzlich einen auf Deutsch abgefassten Text vorlegen, während ausländische Gründungsgesellschaften typischerweise einen **inhaltlich gleichlautenden** (→ Rn. 1) Text in ihrer Landessprache verfassen müssen.[7] Selbst wenn ausnahmsweise gem. § 5 Abs. 2 BeurkG ein fremdsprachiges Dokument beurkundet würde, bedürfte es doch für das Prüfungsverfahren gem. Art. 26 wenigstens einer beglaubigten Übersetzung (§ 184 GVG).[8] Zu empfehlen ist daher, die (inhaltlich übereinstimmenden) Verschmelzungspläne von vornherein zwei- bzw. mehrsprachig abzufassen, sofern die Gründungsgesellschaften aus verschiedensprachigen Staaten kommen bzw. Deutsch nicht die Sprache des Sitzstaates ist.[9]

3. Form. Wie erwähnt (→ Rn. 5), enthält die SE-VO selbst keine Formvorschriften. Eine noch im SE-VO-Vorschlag von 1991 als Art. 18 Abs. 2 vorgesehene Regelung, die notarielle Beurkundung zu verlangen, falls das nationale Recht sie vorsieht, wurde schließlich als überflüssig wieder gestrichen.[10] In der Tat ergibt sich diese Folge bereits aus dem

---

[3] Teichmann ZGR 2002, 383 (418 f.); Kalss/Hügel/*Hügel* SEG § 17 Rn. 1 f.; vgl. zu dem in der Praxis häufigen „business combination agreement", das neben den Verschmelzungsplan tritt, *Aha* BB 2001, 2225; allg. zur Doppelnatur des Verschmelzungsvertrags Lutter/*Drygala* UmwG § 4 Rn. 3 ff.
[4] *Schwarz* EuropGesR 411; Teichmann ZGR 2002, 383 (419).
[5] Zur abw. Rechtslage in Österreich (auch Verwaltungsrat) Kalss/Hügel/*Hügel* § 17 SEG Nr. 8.
[6] So auch Lutter/Hommelhoff/Teichmann/*Bayer* Rn. 10; BeckOGK/*Eberspächer* Rn. 2.
[7] Lutter/Hommelhoff/Teichmann/*Bayer* Rn. 2; Habersack/Drinhausen/*Marsch-Barner* Rn. 4; *Brandes* AG 2005, 177 (180); Heckschen DNotZ 2003, 251 (253).
[8] *Winkler* BeurkG § 5 Rn. 1.
[9] Ebenso Lutter/Hommelhoff/Teichmann/*Bayer* Rn. 10.
[10] Teichmann ZGR 2002, 383 (420).

allgemeinen Verweis auf das nationale Verschmelzungsrecht in Art. 18. Zugleich steht damit aber fest, dass die VO nicht etwa zwingend von der Formfreiheit des Verschmelzungsplans ausgeht.[11] Für die deutsche Gründungsgesellschaft stellt sich folglich die (Auslegungs-)Frage, ob die auf den Verschmelzungsvertrag gemünzte Vorschrift des **§ 6 UmwG** auch auf den Verschmelzungsplan anwendbar ist. Richtigerweise ist dies zu bejahen, sodass der Plan **notarieller Beurkundung** bedarf.[12] Denn der Zweck des § 6 UmwG geht dahin, den Inhalt des Vertrages beweiskräftig festzulegen und die Verschmelzungswirkungen für alle Beteiligten erkennbar zu dokumentieren.[13] Dieser Zweck ist ersichtlich auch dann relevant, wenn die konkreten Wirkungen der Verschmelzung durch einen Verschmelzungsplan festgeschrieben werden. Dem – formfreien – Vertragsentwurf ist der Plan nicht vergleichbar; denn er fixiert die angestrebten Verschmelzungswirkungen endgültig. Für die deutsche Gründungsgesellschaft bleibt es damit bei der bewährten zweistufigen Rechtmäßigkeitsprüfung durch Notar und Registergericht.[14] – Auch für den **Zeitpunkt der Beurkundung** ergeben sich keine Besonderheiten gegenüber der Verschmelzung nationaler Gesellschaften. Unter den Voraussetzungen des § 4 Abs. 2 UmwG (iVm Art. 18) kann die Beurkundung auch noch nach dem Hauptversammlungsbeschluss über den Verschmelzungsplan(entwurf) vorgenommen werden.[15] – Eine **Auslandsbeurkundung** ist zulässig, sofern diese gleichwertig ist (näher → AktG § 23 Rn. 30 ff., → AktG § 23 Rn. 35).[16]

7   Eine hiervon im Ansatz zu unterscheidende Frage ist, ob die Beurkundung eines übereinstimmenden Verschmelzungsplans bei einer (ausländischen) Gründungsgesellschaft ausreicht oder ob es in diesem Falle einer **doppelten Beurkundung** bedarf, also auch der bei der deutschen Gründungsgesellschaft aufgestellte Plan notariell beurkundet werden muss. Sie stellt sich immer dann, wenn auch nach dem ausländischen Verschmelzungsrecht eine notarielle Beurkundung des Gründungsplans erforderlich ist. In diesem Falle wird gelegentlich mit Rücksicht auf den supranationalen Charakter der SE die Beurkundung des Verschmelzungsplans bei der ausländischen Partnergesellschaft stets für ausreichend gehalten.[17] Dem ist nicht zu folgen. Denn die VO verzichtet hinsichtlich der Form des Plans gerade auf Supranationalität (→ Rn. 6). Demgemäß ist die Frage, unter welchen Bedingungen eine Beurkundung im Ausland den Anforderungen des § 6 UmwG entspricht, allein nach den allgemein hierfür anerkannten Grundsätzen zu entscheiden. Das Gebot einer „europarechtsfreundlichen" Auslegung des nationalen Rechts ist nicht anzuerkennen (→ Art. 9 Rn. 18). Deshalb bleibt es bei dem allgemeinen Grundsatz, dass nur die **gleichwertige Auslandsbeurkundung** dem Formerfordernis des § 6 UmwG gerecht wird. Dies wird namentlich für Beurkundungen österreichischer, niederländischer, englischer sowie für Notare des lateinischen Notariats bejaht (→ AktG § 23 Rn. 35).[18] Die Gleichwertigkeit bezieht sich nicht

---

[11] So aber *Schulz/Geismar* DStR 2001, 1078 (1080).
[12] Ebenso RegE zum SEAG, BT-Drs. 15/3405, 33 zu § 7 SEAG = *Neye* S. 88; BeckOGK/*Eberspächer* Rn. 6; *Bayer* in Lutter/Hommelhoff EU-Gesellschaft 25, 34; Habersack/Drinhausen/*Marsch-Barner* Rn. 6; *Hirte* NZG 2002, 1 (3); *Heckschen* DNotZ 2003, 251 (258); *Scheifele*, Die Gründung der SE, 2004, 172 ff.; *J. Schmidt*, „Deutsche" vs. „Britische" SE, 2006, 168; *Schwarz* Rn. 50 f.; *Teichmann* in Van Hulle/Maul/Drinhausen SE-HdB Abschnitt 4 § 2 Rn. 47; *Teichmann* ZGR 2002, 383 (402 f.); *Vossius* ZIP 2005, 741 (743) Fn. 21; so für das österreichische Recht auch Kalss/Hügel/*Hügel* SEG § 17 Rn. 6.
[13] BGHZ 82, 188 (192) = NJW 1982, 933; Lutter/*Drygala* UmwG § 6 Rn. 1; *Heckschen* DNotZ 2003, 251 (258); *Teichmann* ZGR 2002, 383 (421).
[14] *Heckschen* DNotZ 2003, 251 (259); *Teichmann* ZGR 2002, 383 (421).
[15] So auch Lutter/Hommelhoff/Teichmann/*Bayer* Rn. 9; Habersack/Drinhausen/*Marsch-Barner* Rn. 6; BeckOGK/*Eberspächer* Rn. 6; *Walden/Meyer-Landrut* DB 2005, 2119 (2125).
[16] So auch Widmann/Mayer/*Heckschen* UmwG Anh. 14 Rn. 203 ff.; Kalss/Hügel SEG § 17 Rn. 6; *El Mahi*, Die Europäische Aktiengesellschaft, 2004, 38 f.; offenbar auch BeckOGK/*Eberspächer* Rn. 6; eingehend zur Auslandsbeurkundung zB *Brück* DB 2004, 2409 ff.; abw. zur Gleichwertigkeit Lutter/Hommelhoff/Teichmann/*Bayer* Rn. 8; *Bayer* in Lutter/Hommelhoff EU-Gesellschaft 25, 35; *Neun* in Theisen/Wenz SE 97 f.; *J. Schmidt*, „Deutsche" vs. „Britische" SE, 2006, 169 mwN.
[17] So *Brandt/Scheifele* DStR 2002, 547 (554); Habersack/Drinhausen/*Marsch-Barner* Rn. 7; tendenziell auch *Jannott* in Jannott/Frodermann SE-HdB Kap. 3 Rn. 37; wohl auch *Teichmann* in Van Hulle/Maul/Drinhausen SE-HdB Abschnitt 4 § 2 Rn. 47.
[18] Vgl. dazu auch Lutter/*Drygala* UmwG § 6 Rn. 8 ff.

notwendigerweise auf die – verzichtbare – rechtliche Belehrung, wohl aber auf bestimmte persönliche und verfahrensrechtliche Mindestanforderungen (→ AktG § 23 Rn. 33 f.).

4. Erfordernis eines Verschmelzungsvertrags? Wie in → Rn. 1, → Rn. 3 dargestellt, verlangt die SE-VO lediglich inhaltlich übereinstimmende Pläne, nicht jedoch einen Verschmelzungsvertrag. Es stellt sich daher die Frage, ob ein solcher erforderlich ist, wenn das nationale Verschmelzungsrecht, wie in Deutschland § 4 UmwG, darüber hinaus einen Verschmelzungsvertrag fordert. Indes greift die Verweisung des Art. 18 nur, soweit die VO keine **abschließende Regelung** enthält. Eben dies ist jedoch der Fall. Anders als die GesR-RL für die Verschmelzung nationaler Gesellschaften (→ Rn. 3), kann es nämlich die SE-VO für die Verschmelzung verschiedennationaler Gesellschaften nicht dem jeweiligen nationalen Verschmelzungsrecht überlassen, in welcher Form sich die Gesellschaften auf die Verschmelzung verständigen; anderenfalls könnte Ländern ohne Vertragserfordernis ein solches aufgedrängt werden.[19] Für ein solches Übergewicht des einen zugunsten des anderen Verschmelzungsrechts lässt sich indes aus der SE-VO nichts herleiten, zumal inhaltlich übereinstimmende Pläne für die intendierte Festschreibung der organisationsrechtlichen Elemente der Verschmelzung allemal ausreichen.[20] Über das Erfordernis eines Verschmelzungsvertrages ist daher notwendig einheitlich zu entscheiden, und zwar auf der Ebene der SE-VO selbst. Folglich gehört ein Verschmelzungsvertrag niemals zu den zwingenden, gem. Art. 26 zu prüfenden Bedingungen der Verschmelzungsgründung. 8

Selbstverständlich bleibt es den beteiligten Gesellschaften unbenommen, **freiwillig** einen Verschmelzungsvertrag bzw. ein zusätzliches „business combination agreement"[21] zu schließen, um wechselseitige Bindung zu erzeugen. Ein solches Vorgehen ist nicht nur empfehlenswert, sondern auch weithin üblich. Im Falle eines einheitlichen Verschmelzungsvertrages erfüllt dieser ohne weiteres die Voraussetzung gleich lautender Verschmelzungspläne gem. Art. 20 Abs. 1 S. 1; das zusätzliche Element wechselseitiger vertraglicher Bindung ist unschädlich (Art. 20 Abs. 2).[22] 9

5. Zuleitung an den Betriebsrat. Der Verschmelzungsplan[23] ist gem. § 5 Abs. 3 UmwG iVm Art. 18 spätestens einen Monat vor dem Hauptversammlungsbeschluss (→ Art. 23 Rn. 4 ff.) an alle Betriebsräte der (deutschen) Aktiengesellschaft zuzuleiten. Das betrifft namentlich den Gesamtbetriebsrat (§ 50 Abs. 1 BetrVG) und den Konzernbetriebsrat (§ 58 BetrVG).[24] Daneben bestehen nach Art. 3 Abs. 2 Beteiligungs-RL bzw. § 4 Abs. 2, 3 SEBG (→ SEBG § 4 Rn. 12 ff.) Anhörungs- und Informationsmöglichkeiten im Rahmen des besonderen Verhandlungsgremiums (→ Rn. 21). Ob dieses Nebeneinander sinnvoll ist, steht dahin. Indes hat der deutsche Gesetzgeber davon abgesehen, die Regelung des § 5 Abs. 3 UmwG zu modifizieren. Ob man deshalb § 5 Abs. 3 UmwG schlicht ignorieren kann, erscheint derzeit nicht ausgemacht.[25] 10

Zum Erfordernis eines **Verschmelzungsberichts** vgl. → Art. 22 Rn. 13; zu den Besonderheiten der **Konzernverschmelzung** vgl. → Art. 31 Rn. 1 ff. 11

---

[19] So auch Lutter/Hommelhoff/Teichmann/*Bayer* Rn. 3; *J. Schmidt*, „Deutsche" vs. „Britische" SE, 2006, 166; BeckOGK/*Eberspächer* Rn. 3.
[20] *Teichmann* ZGR 2002, 383 (418 f.); zust. *Heckschen* DNotZ 2003, 251 (257 f.); *Scheifele*, Die Gründung der SE, 2004, 144 ff.; *Schwarz* Rn. 12 f.; ebenso Kalss/Hügel/*Hügel* SEG § 17 Rn. 5, der § 17 öSEG iS eines freiwilligen Verschmelzungsvertrages interpretiert bzw. – zutr. – vom Vorrang des Art. 20 ausgeht.
[21] Vgl. *Teichmann* ZGR 2002, 383 (419); *Aha* BB 2001, 2225; Habersack/Drinhausen/*Marsch-Barner* Rn. 3; *Walden*/Meyer-Landrut DB 2005, 2119 (2121).
[22] Ebenso Lutter/Hommelhoff/Teichmann/*Bayer* Rn. 4; Kalss/Hügel/*Hügel* SEG § 17 Rn. 5; Kallmeyer/ *Marsch-Barner* UmwG Anh. I Rn. 17; *J. Schmidt*, „Deutsche" vs. „Britische" SE, 2006, 166.
[23] Bei der grenzüberschreitenden Verschmelzung bezieht sich die Offenlegungspflicht nach § 122e S. 2 UmwG demgegenüber auf den Verschmelzungsbericht, der dort die Information der Arbeitnehmer gewährleisten soll, vgl. *Kulenkamp*, Die grenzüberschreitende Verschmelzung von Kapitalgesellschaften in der EU, 2008, 229.
[24] Ebenso *Teichmann* ZGR 2002, 383 (421); *Jannott* in Jannott/Frodermann SE-HdB Kap. 3 Rn. 51 ff.; iE auch *Neun* in Theisen/Wenz SE 120, allerdings unter unzutr. Bezugnahme auf Art. 15.
[25] So *J. Schmidt*, „Deutsche" vs. „Britische" SE, 2006, 194 f.; dem folgend Lutter/Hommelhoff/Teichmann/*Bayer* Art. 21 Rn. 11; zweifelnd *Brandes* AG 2005, 177 (182); *Vossius* ZIP 2005, 741 (743) Fn. 24.

III. Der Inhalt des Verschmelzungsplans im Einzelnen (Abs. 1 S. 2)

12   **1. Allgemeines.** Abs. 1 S. 2 bestimmt den **notwendigen Inhalt** des Verschmelzungsplans, und zwar im Wesentlichen übereinstimmend mit Art. Art. 91 Abs. 2 GesR-RL (früher Art. 5 Abs. 2 RL 2005/56/EG), der wiederum Grundlage für § 5 UmwG ist. Die Mindestbestandteile sind in Abs. 1 S. 2 nach ganz hM **abschließend** aufgezählt,[26] sodass § 5 UmwG auch insofern nicht (über Art. 18) zur Anwendung kommt, als er weitere Pflichtbestandteile enthält. Dies gilt namentlich für § 5 Abs. 1 Nr. 9 UmwG, wonach die Folgen für die Arbeitnehmer aufzulisten sind.[27] Dass die SE-VO in lit. h und lit. i über Art. 91 Abs. 2 GesR-RL hinausgeht, erklärt sich ohne weiteres aus den Besonderheiten der Verschmelzungsgründung der SE. Weil diese sich bei der Verschmelzung durch Aufnahme mit einem Formwechsel der aufnehmenden Gesellschaft verbindet, bedarf es auch in diesem Falle einer neuen SE-Satzung (lit. h), welche die Richtlinie in Art. 109 Abs. 2 GesR-RL nur für die Verschmelzung durch Neugründung vorzusehen braucht. Und auch das Arbeitnehmerbeteiligungsverfahren (lit. i) ist ein Spezifikum der SE-Gründung. Außer den in Abs. 1 S. 2 erwähnten gehört zu den notwendigen Bestandteilen aber auch das **Barabfindungsangebot** gem. § 7 SEAG, zu dessen Regelung Art. 24 Abs. 2 ermächtigt (→ Rn. 22). Die Aufnahme weiterer **fakultativer Bestandteile** wird durch Abs. 1 S. 2 im Übrigen nicht ausgeschlossen, wie **Abs. 2** unmissverständlich klarstellt. Selbstverständlich müssen die Verschmelzungspläne aber auch insofern inhaltlich übereinstimmen.

13   **2. Firma und Sitz (lit. a).** Der Verschmelzungsplan muss nicht nur Firma und Sitz der Gründungsgesellschaften enthalten, sondern auch Firma und Sitz der künftigen SE, womit der **Satzungssitz** gemeint ist, der gem. Art. 7 mit der Hauptverwaltung übereinstimmen muss.[28] Das entspricht inhaltlich den Regeln der GesR-RL für die Verschmelzung durch Neugründung (Art. 91 Abs. 2 lit. a GesR-RL iVm Art. 109 Abs. 1 UAbs. 2 GesR-RL) und der Sache nach auch § 5 Abs. 1 Nr. 1 UmwG, § 37 UmwG.[29] Die Angaben dienen der rechtssicheren Identifizierung der beteiligten Rechtsträger, um den Eintritt der Verschmelzungswirkungen nach Art. 29 exakt bestimmen zu können. Auch wenn der Wortlaut insofern nicht ganz eindeutig ist, muss bei der Verschmelzung durch Aufnahme der **Sitz der SE mit dem Sitz der aufnehmenden Gesellschaft übereinstimmen** (näher → Art. 17 Rn. 10).[30] Denn die Sitzverlegung der aufnehmenden Gesellschaft hätte – neben Art. 8 – einer besonderen Regelung in der SE-VO bedurft, und auch der deutsche Gesetzgeber geht in § 7 SEAG (→ Rn. 22 ff.) davon aus, dass nur bei der übertragenden Gesellschaft ein Wegzug ins Ausland in Betracht kommt; denn er begrenzt das entsprechend begründete Austrittsrecht auf die Aktionäre der übertragenden Gesellschaft. Der von der Gegenauffassung[31] vorgebrachte Umkehrschluss aus Art. 37 Abs. 3 verfängt nicht. Er lässt im Gegenteil den Grundsatz erkennen, dass die formwechselnde Gesellschaft im Rahmen der Gründung ihren Sitz gerade nicht verlegen darf; dies trifft im Falle der Verschmelzung durch Aufnahme

---

[26] Lutter/Hommelhoff/Teichmann/*Bayer* Rn. 12; *Bayer* in Lutter/Hommelhoff EU-Gesellschaft 25, 38 f.; Habersack/Drinhausen/*Marsch-Barner* Rn. 9; Kallmeyer/*Marsch-Barner* UmwG Anh. I Rn. 41; *Neun* in Theisen/Wenz SE 84 f.; *J. Schmidt*, „Deutsche" vs. „Britische" SE, 2006, 171; *El Mahi*, Die Europäische Aktiengesellschaft, 2004, 37; NK-SE/*Schröder* Rn. 12; *Teichmann* ZGR 2002, 383 (418 f.) – Demgegenüber verlangen Art. 5 lit. d, k, l RL 2005/56/EG (jetzt Art. 122 lit. d, k, l GesR-RL) bzw. (hierauf beruhend) § 122c Abs. 2 Nr. 4, 11, 12 UmwG zusätzliche Angaben, was ua auf die Beteiligung bisher nicht involvierter Staaten zurückzuführen sein dürfte, vgl. *Kulenkamp*, Die grenzüberschreitende Verschmelzung von Kapitalgesellschaften in der EU, 2008, 211 mwN.
[27] So auch Lutter/Hommelhoff/Teichmann/*Bayer* Rn. 12; Kallmeyer/*Marsch-Barner* UmwG Anh. I Rn. 41; *J. Schmidt*, „Deutsche" vs. „Britische" SE, 2006, 171; NK-SE/*Schröder* Rn. 64.
[28] Die VO unterscheidet allg. zwischen Sitz (= Satzungssitz) und Hauptverwaltung, vgl. → Art. 7 Rn. 4; zu Überlegungen der Kommission, den zwingenden Gleichlauf in Art. 7 aufzuweichen, s. den Bericht vom 17.11.2010, KOM (2010) 676, 8; dazu *Kiem* CFL 2011, 134 (138).
[29] Vgl. Lutter/*Drygala* UmwG § 5 Rn. 1.
[30] So auch *Ihrig/Wagner* BB 2004, 1749 (1752); *Spitzbart* RNotZ 2006, 369 (376); aA Lutter/Hommelhoff/Teichmann/*Bayer* Rn. 17; Kallmeyer AG 2003, 197 (198); Habersack/Drinhausen/*Marsch-Barner* Rn. 12; *Scheifele*, Die Gründung der SE, 2004, 153; *Schwarz* Rn. 2.
[31] Kallmeyer AG 2003, 197 (198); *Scheifele*, Die Gründung der SE, 2004, 153; *Schwarz* Rn. 2.

auf die übernehmende Gesellschaft zu. Eine allgemeine Regelung nach Art. 37 Abs. 3 ist im Übrigen bei Art. 17 nicht veranlasst; denn bei der nicht mit einem Formwechsel verbundenen Verschmelzung durch **Neugründung** (→ Art. 17 Rn. 11) kann der Sitz der SE in der Tat auch in einem dritten Staat liegen. Entsprechendes gilt für das Argument aus dem Wortlaut des Art. 22 UAbs. 1 („oder die künftige SE").[32] – Zur **Firmenbildung** bei der SE → Art. 11 Rn. 1 ff.

3. Umtauschverhältnis der Aktien und Höhe einer Ausgleichsleistung (lit. b). Es 14 versteht sich von selbst, dass der Verschmelzungsplan das Umtauschverhältnis der Aktien regeln, also bestimmen muss, wie viele Aktien der SE auf eine Aktie am übertragenden Rechtsträger entfallen. Insofern gilt nichts anderes als nach Art. 91 Abs. 2 lit. b GesR-RL bzw. § 5 Abs. 1 Nr. 3 UmwG.[33] Anders als diese Vorschriften – und anders auch als frühere VO-Entwürfe[34] – spricht lit. b aber nicht von baren Zuzahlungen, sondern allgemeiner von einer **„Ausgleichsleistung",** deren Höhe, wenn sie gewährt werden soll, anzugeben ist. Offenbar soll auf diese Weise berücksichtigt werden, dass manche Rechtsordnungen nicht in Geld bestehende Zusatzleistungen kennen, beispielsweise Schuldverschreibungen oder auch Leistungen Dritter.[35] Lit. b besagt aber nach Sinn und Zweck sowie systematischer Stellung selbst nichts über die Zulässigkeit solcher unbaren Zusatzleistungen; denn er bestimmt allein die Pflicht zur Aufnahme einer entsprechenden Regelung in den Verschmelzungsplan. Unbare Zusatzleistungen kommen daher nur in Betracht, wenn das nationale Recht sie für die Verschmelzung zulässt. Dies folgt für beide Gründungsvarianten aus dem Verweis des Art. 18.[36] Da die SE-VO selbst keine Aussage über Zulässigkeit und Umfang von Zusatzleistungen trifft, kommt es auch nicht in Betracht, sie als abschließende Regelung zu interpretieren.[37] Richtig ist zwar, dass Schuldner der Zuzahlung die SE sein wird, sodass die Anwendbarkeit des Art. 18 systematisch nicht völlig eindeutig sein mag. Dies ist aber kein Grund, die Schutzmechanismen zugunsten der Aktionäre des übertragenden Rechtsträgers außer Kraft zu setzen, zumal Art und Weise der Zusatzleistung nicht notwendigerweise für alle Gründungsgesellschaften einheitlich geregelt sein müssen. Damit kommt für die Aktionäre einer deutschen Gründungsgesellschaft **nur eine bare Zuzahlung** in Betracht, wovon offensichtlich auch § 6 SEAG ausgeht, der die Verbesserung des Umtauschverhältnisses nur im Wege der baren Zuzahlung gestattet (dazu näher Art. 24). Für deren Bemessung sind zudem die Grenzen des **§ 68 Abs. 3 UmwG** zu beachten, wonach die Zuzahlungen insgesamt 10% des Anteils der (deutschen) Gründungsgesellschaft am Grundkapital der SE nicht übersteigen dürfen, damit die Gesellschafter nicht „herausgekauft" werden können.[38] – Zum Sonderfall der **Konzernverschmelzung,** bei der gem. Art. 31 der Anteilstausch entfällt, vgl. → Art. 31 Rn. 1 ff.; hier kann gem. Art. 31 Abs. 1 S. 1 von einer Aufnahme des Umtauschverhältnisses und der Ausgleichsleistung in den Verschmelzungsplan ausnahmsweise abgesehen werden. – Zur **Erläuterung** des Umtauschverhältnisses im Verschmelzungsbericht vgl. Art. 21.

Die **Bestimmung des Umtauschverhältnisses** durch Bewertung der beteiligten Unter- 15 nehmen ist in der SE-VO ebenso wenig geregelt wie in der GesR-RL, die sich nicht auf

---

[32] Nicht überzeugend daher *Scheifele*, Die Gründung der SE, 2004, 154, der zudem nicht auf § 7 SEAG eingeht.
[33] Näher dazu Lutter/*Drygala* UmwG § 5 Rn. 17 ff.
[34] Art. 18 Abs. 1 lit. b SE-VO-E 1991, vgl. auch Kalss/Hügel/*Hügel* SEG § 17 Fn. 18.
[35] Vgl. Kalss/Hügel/*Hügel* SEG § 17 Rn. 13.
[36] Ebenso Habersack/Drinhausen/*Marsch-Barner* Rn. 16; iErg auch Lutter/Hommelhoff/Teichmann/*Bayer* Rn. 19 und *Neun* in Theisen/Wenz SE 88, die aber beide von Art. 15 ausgehen; *Scheifele*, Die Gründung der SE, 2004, 157 und *Schwarz* Rn. 29, die dies unmittelbar der Dritten RL 78/855/EWG (jetzt: GesR-RL) entnehmen wollen; indes handelt es sich bei Art. 17 nicht um eine Verweisnorm (→ Art. 17 Rn. 2 aE); aA Kölner Komm AktG/*Paefgen* Art. 32 Rn. 46.
[37] So aber Kalss/Hügel/*Hügel* SEG § 17 Rn. 13.
[38] Abw. Kalss/Hügel/*Hügel* SEG § 17 Rn. 13: abschließende Regelung der SE-VO; gleichwohl aber Zwang, „überwiegend" Aktien zu gewähren; allg. zum Schutzzweck des § 68 Abs. 3 UmwG s. Lutter/ *Grunewald* UmwG § 68 Rn. 1 mit Verweis auf Lutter/*Winter/Vetter* UmwG § 54 Rn. 30 ff.; wie hier iE auch *Jannott* in Jannott/Frodermann SE-HdB Kap. 3 Rn. 40.

eine bestimmte Methode zur Unternehmensbewertung festlegen mochte (Art. 96 Abs. 2 lit. a GesR-RL). Im Prinzip gilt daher Art. 18 mit seinem Verweis auf das Recht der Gründungsgesellschaften, sodass die in Deutschland anerkannten Bewertungsmethoden, namentlich Ertragswert- und Discounted-cash-flow-Methode, herangezogen werden können.[39] Bei internationalen Verschmelzungen stellen sich allerdings besondere Probleme, namentlich bei der Festlegung des (landesüblichen) Kapitalisierungszinssatzes sowie des Risikozuschlags.[40] Mit Rücksicht hierauf ist die Verständigung auf einen **einheitlichen Bewertungsmodus,** der die gemeinsamen Vorgaben aller beteiligter Rechtsordnungen berücksichtigt, auch dann dringend anzuraten, wenn keine gemeinsame Prüfung durchgeführt wird, wo dies ohnehin unerlässlich ist (→ Art. 22 Rn. 9). Ohne eine solche Festlegung wird man allerdings für die Ermittlung des angemessenen Umtauschverhältnisses von einem – europarechtlich beeinflussten – Gebot der eingeschränkten Kumulation auszugehen haben, freilich nur außerhalb des „Sonderschutzbereichs" des Art. 24 Abs. 2.[41] – Zum **Rechtsschutz bei zu niedrigem Umtauschverhältnis** s. Art. 25 Abs. 3, § 6 SEAG (näher → Art. 25 Rn. 11).

16 **4. Einzelheiten hinsichtlich der Übertragung der Aktien der SE (lit. c).** Die Vorschrift entspricht § 5 Abs. 1 Nr. 4 UmwG bzw. Art. 91 Abs. 2 lit. c GesR-RL, sodass die hierzu anerkannten Grundsätze übertragbar sind. Anzugeben sind insbesondere die durch den Anteilstausch entstehenden Kosten und die Herkunft der ausgegebenen Anteile, insbesondere ob sie aus einer Kapitalerhöhung stammen oder es sich um eigene Anteile der übernehmenden Gesellschaft handelt.[42] Aus dem gem. Art. 18 anwendbaren § 71 UmwG ergibt sich zudem, dass jede übertragende Gesellschaft einen **Treuhänder** für den Empfang der zu gewährenden Aktien und Zuzahlungen zu bestellen hat.[43] Die Aktionäre sollen so davor bewahrt werden, dass ihre Gesellschaft mitsamt allen Mitgliedschaften erlischt, bevor sie die Anteile an der übernehmenden Gesellschaft, also die Aktien der SE, erhalten haben. Zugleich wird die übernehmende Gesellschaft davor geschützt, dass ihre Aktien schon ausgehändigt werden, bevor die Verschmelzungsgründung wirksam wird.[44] Da die Regelung indes bei der übertragenden Gesellschaft ansetzt, kommt ihre Anwendbarkeit ungeachtet dieses Schutzreflexes zugunsten der übernehmenden Gesellschaft gem. Art. 18 nicht in Betracht, wenn es sich um eine ausländische Gründungsgesellschaft handelt.[45] Freilich mag sich die Bestellung eines Treuhänders auch in diesem Fall empfehlen, sofern das ausländische Verschmelzungsrecht dies nicht ohnehin vorsieht.

17 **5. Beginn der Gewinnberechtigung und Verschmelzungsstichtag (lit. d, e).** Die Vorschriften entsprechen Art. 91 Abs. 2 lit. d, e GesR-RL und auch § 5 Abs. 1 Nr. 5 und 6 UmwG, wobei lit. e im Wortlaut allerdings insofern abweicht, als er beide Verschmelzungsarten einbezieht. Was die **Gewinnberechtigung** betrifft, so ist neben ihrem Beginn, der frei festgelegt werden und somit auch vom Verschmelzungsstichtag abweichen kann,[46] auch auf sonstige Besonderheiten hinzuweisen, soweit sie etwa für das Verschmelzungs-Geschäftsjahr gelten.[47] **Verschmelzungsstichtag** ist nach lit. e der Tag, an

---

[39] Näher dazu Lutter/*Drygala* UmwG § 5 Rn. 52; Semler/Stengel/*Gehling* UmwG § 8 Rn. 24, 27 ff.
[40] Zu den Problemen des Umtauschverhältnisses bei internationalen Verschmelzungen näher *Adolff* ZHR 173 (2009), 67 ff.; *Großfeld* NZG 2002, 353 (356 ff.); *Kiem* ZGR 2007, 542 ff.; *Neun* in Theisen/Wenz SE 81 ff.
[41] Überzeugend und näher dazu *Adolff* ZHR 173 (2009), 67 (84 ff.).
[42] Lutter/*Drygala* UmwG § 5 Rn. 64.
[43] So iErg auch Lutter/Hommelhoff/Teichmann/*Bayer* Rn. 20; *Bayer* in Lutter/Hommelhoff EU-Gesellschaft 25, 38; *El Mahi,* Die Europäische Aktiengesellschaft, 2004, 40; Habersack/Drinhausen/*Marsch-Barner* Rn. 18; *J. Schmidt,* „Deutsche" vs. „Britische" SE, 2006, 175; *Schwarz* Rn. 30; *Teichmann* in Van Hulle/Maul/Drinhausen SE-HdB Abschnitt 4 § 2 Rn. 36; aA *Lind,* Die Europäische Aktiengesellschaft, 2004, 112.
[44] Zum Schutzzweck des § 71 UmwG vgl. näher Lutter/*Grunewald* UmwG § 71 Rn. 2.
[45] Vgl. *Neun* in Theisen/Wenz SE 88 f.; so auch *Bayer* in Lutter/Hommelhoff EU-Gesellschaft 25, 38; *Scheifele,* Die Gründung der SE, 2004, 158; *Schwarz* Rn. 30.
[46] Lutter/*Drygala* UmwG § 5 Rn. 68; üblicherweise wird die Vereinbarung eines variablen Stichtags empfohlen; *Kiem* ZIP 1999, 173.
[47] Semler/Stengel/*Schröer* UmwG § 5 Rn. 50.

dem die Rechnungslegung auf die SE übergeht.[48] Er darf nicht vor dem Übergang der Gewinnberechtigung liegen und muss außerdem mit dem Stichtag der Schlussbilanz der übertragenden AG übereinstimmen. Sowohl für den Beginn der Gewinnberechtigung als auch den Übergang der Rechnungslegung sind gerade für die SE **variable Stichtage** dringend anzuraten.[49]

6. Sonderrechte (lit. f). Die Vorschrift entspricht Art. 91 Abs. 2 lit. f GesR-RL sowie 18 § 5 Abs. 1 Nr. 7 UmwG. Wie dort sind sowohl bestehende als auch anlässlich der Verschmelzung neu begründete „Sonderrechte" offen zu legen. Sie brauchen **nicht notwendigerweise mitgliedschaftlicher Natur** zu sein; erfasst sind vielmehr auch Inhaber „anderer Wertpapiere" (als [Stamm-]Aktien), namentlich von Schuldverschreibungen und Genussrechten.[50] Die Aktionäre sollen auf diese Weise Gelegenheit erhalten, sich über bestehende Sonderrechte zu informieren, damit sie die Wahrung des Gleichbehandlungsgrundsatzes überprüfen können.[51] Aufgrund dieses Schutzzwecks wie auch des Wortlauts ist eine Angabe – wie bei § 5 Abs. 1 Nr. 7 UmwG – nicht erforderlich, soweit die Vorteile allen Anteilsinhabern gewährt werden.[52]

7. Vorteile für bestimmte Personengruppen (lit. g). Die Vorschrift entspricht 19 Art. 91 Abs. 2 lit. g GesR-RL und § 122c Abs. 2 Nr. 8 UmwG sowie partiell § 5 Abs. 1 Nr. 8 UmwG; anders als von der zuletzt genannten Norm werden jedoch Abschlussprüfer von lit. g bzw. § 122c Abs. 2 Nr. 8 UmwG nicht erfasst.[53] Die Vorschrift betrifft **jede Art von Vergünstigungen**,[54] die den an der Verschmelzung beteiligten Organen und Sachverständigen, insbesondere dem Verschmelzungsprüfer, gewährt werden. Die Aktionäre sollen beurteilen können, ob die verantwortlichen Organmitglieder und Prüfer auf Grund von Sonderzuwendungen in ihrer Objektivität beeinträchtigt sind. „Abfindungen", die den Verlust der Organstellung oder Prüferfunktion bei der übertragenden Gesellschaft kompensieren, begegnen nicht selten in der Praxis.[55]

8. Satzung der SE (lit. h). Während nach der GesR-RL (Art. 109 Abs. 2 GesR-RL) 20 und §§ 37, 74 UmwG die Aufnahme einer Satzung in den Verschmelzungsplan bzw. deren gesonderte Feststellung naturgemäß nur bei der Verschmelzung durch Neugründung erforderlich ist, bedarf es ihrer bei der Verschmelzungsgründung der SE gem. lit. h in jedem Falle. Das ist konsequent, weil die aufnehmende Gesellschaft bei der Verschmelzung durch Aufnahme zugleich ihre Rechtsform wechselt und als SE fortbesteht. Für den Formwechsel in eine Aktiengesellschaft ist gem. §§ 218, 243, 263, 276 UmwG gleichfalls jeweils die Aufnahme einer Satzung in den Umwandlungsbeschluss oder deren gesonderte Feststellung erforderlich. Anders als nach diesen Vorschriften ist die Satzung bei der Verschmelzungsgründung **notwendiger Planbestandteil**. Ihre besondere Feststellung (vgl. § 23 Abs. 1

---

[48] Dazu Lutter/*Drygala* UmwG § 5 Rn. 74; Semler/Stengel/*Schröer* UmwG § 5 Rn. 51 ff.
[49] Lutter/Hommelhoff/Teichmann/*Bayer* Rn. 21 f.; *Neun* in Theisen/Wenz SE 88 f.; *Jannott* in Jannott/Frodermann SE-HdB Kap. 3 Rn. 43; *J. Schmidt*, „Deutsche" vs. „Britische" SE, 2006, 175; *Schwarz* Rn. 32 aE; *Walden/Meyer-Landrut* DB 2005, 2119 (2123); ferner Lutter/*Drygala* UmwG § 5 Rn. 75.
[50] So auch Lutter/Hommelhoff/Teichmann/*Bayer* Rn. 23; Habersack/Drinhausen/*Marsch-Barner* Rn. 22; *J. Schmidt*, „Deutsche" vs. „Britische" SE, 2006, 177; *Schwarz* Rn. 37; *Walden/Meyer-Landrut* DB 2005, 2119 (2123).
[51] Näher zum Normzweck sowie zum Begriff des Sondervorteils Lutter/*Drygala* UmwG § 5 Rn. 79 f.
[52] So auch *Neun* in Theisen/Wenz SE 92; abw. unter Verweis auf den insoweit „eindeutigen Wortlaut" Lutter/Hommelhoff/Teichmann/*Bayer* Rn. 23; Habersack/Drinhausen/*Marsch-Barner* Rn. 23; *Scheifele*, Die Gründung der SE, 2004, 161 f.; *J. Schmidt*, „Deutsche" vs. „Britische" SE, 2006, 176; *Schwarz* Rn. 35, nach denen sich die Anwendungsbereiche von § 5 Abs. 1 Nr. 7 UmwG und Art. 20 Abs. 1 lit. f unterscheiden.
[53] Vgl. *Kulenkamp*, Die grenzüberschreitende Verschmelzung von Kapitalgesellschaften in der EU, 2008, 191 ff.; Lutter/Hommelhoff/Teichmann/*Bayer* Rn. 24 mwN.
[54] Nicht erfasst ist die marktübliche Vergütung, weil dieser eine konkrete Gegenleistung gegenübersteht, s. Lutter/Hommelhoff/Teichmann/*Bayer* Rn. 25; Habersack/Drinhausen/*Marsch-Barner* Rn. 24.
[55] Näher Lutter/*Drygala* UmwG § 5 Rn. 80 ff.; Semler/Stengel/*Schröer* UmwG § 5 Rn. 70 ff., s. auch *Neun* in Theisen/Wenz SE 92; *Jannott* in Jannott/Frodermann SE-HdB Kap. 3 Rn. 45.

AktG) ist daher weder möglich noch erforderlich.[56] Selbstverständlich ist es aber zulässig, die Satzung dem Verschmelzungsplan als Anlage, also als eigenes Dokument, beizufügen. Als Planbestandteil teilt die Satzung naturgemäß dessen **Formbedürftigkeit** (→ Rn. 6); sie ist gemeinsam mit diesem notariell zu beurkunden.[57] Wegen des **Inhalts** der Satzung → Art. 6 Rn. 1 ff. Abgesehen von den speziellen Vorgaben der SE-VO[58] müssen gem. Art. 9 Abs. 1 lit. c Ziff. iii auch die nationalen Anforderungen des § 23 AktG beachtet werden.[59] Ob § 23 AktG unmittelbar durch Art. 9 lit. c Ziff. iii zur Anwendung berufen ist, oder durch Art. 15, weil die Satzungsaufstellung Teil des Gründungsvorgangs ist, mag dahinstehen. Bei der Verschmelzung durch Neugründung sind gem. § 74 UmwG iVm Art. 15 in die Satzung der (deutschen) SE auch **Sondervorteile, Gründungsaufwand, Sacheinlagen** und Sachübernahmen zu übernehmen, die bei den übertragenden Rechtsträgern stattgefunden haben.[60] § 243 Abs. 1 S. 2 UmwG (analog) gilt aber nicht zusätzlich für die Verschmelzung durch Aufnahme (→ Art. 17 Rn. 4). Zwar verbindet diese sich mit einem Formwechsel der aufnehmenden Gesellschaft.[61] Nachdem der Gesetzgeber bei der grenzüberschreitenden Verschmelzung durch Aufnahme aber mittlerweile auf die kumulative Anwendung des Formwechselrechts verzichtet hat (s. § 122a UmwG), spricht Art. 10 gegen eine analoge Anwendung auf die SE-Verschmelzungsgründung (näher → Rn. 39). Schließlich darf die Satzung nicht im Widerspruch zum ausgehandelten bzw. auffangweise eingreifenden **Mitbestimmungsmodell** stehen (Art. 12 Abs. 2; → Rn. 21); ggf. ist die Satzung entsprechend zu ändern (vgl. Art. 3 Abs. 1 Beteiligungs-RL).

21   **9. Verfahren der Arbeitnehmerbeteiligung (lit. i).** Eine weitere Spezialität der SE-Gründung stellen die von lit. i geforderten Angaben zum Verfahren zur Arbeitnehmerbeteiligung nach der Beteiligungs-RL dar. Dieses Verfahren beginnt gem. Art. 3 Abs. 1 Beteiligungs-RL erst nach Offenlegung des Verschmelzungsplans, sodass lit. i nur eine Schilderung der Rechtslage verlangt, damit die Aktionäre informiert sind.[62] Anzugeben sind demgemäß die Grundsätze des Verhandlungsverfahrens gem. Art. 3 Abs. 1 Beteiligungs-RL, insbesondere die Konstituierung des besonderen Verhandlungsgremiums (§§ 4 ff. SEBG), der Ablauf des Verfahrens (§§ 11 ff. SEBG), das Zustandekommen einer Mitbestimmungsvereinbarung (Art. 4 Beteiligungs-RL; § 21 SEBG), aber auch das mögliche Eingreifen der Auffangregelung gem. Art. 7 Beteiligungs-RL, §§ 22 ff. SEBG.[63] Schließlich ist auf die Möglichkeit hinzuweisen, gem. Art. 3 Abs. 6 Beteiligungs-RL, § 16 SEBG auf Verhandlungen ganz zu verzichten. – Wegen der Einzelheiten des Verhandlungsverfahrens → Art. 23 Rn. 2. – Zum gesonderten Erfordernis gem. § 5 Abs. 3 UmwG, den Verschmelzungsplan dem Betriebsrat zuzuleiten, → Rn. 10.

---

[56] Wie hier *Kersting* DB 2001, 2079 (2081); aA *Scheifele,* Die Gründung der SE, 2004, 163 f.; *Schwarz* Rn. 40: zusätzlich Feststellung durch die Gründungsgesellschaften erforderlich.

[57] Im Ergebnis wie hier *Scheifele,* Die Gründung der SE, 2004, 168 f.; *Schwarz* Rn. 43; aA *Kersting* DB 2001, 2079 (2080), der eine gesonderte Feststellung für zulässig hält.

[58] Notwendige Satzungsbestandteile sieht die SE-VO vor in: Art. 38 lit. b; Art. 39 Abs. 4; Art. 40 Abs. 3; Art. 43; Art. 44 Abs. 1; Art. 46 Abs. 1; Art. 48 Abs. 1; Art. 56 S. 2. Hinzu kommen die Mindestbestandteile gem. § 23 Abs. 3 AktG, §§ 26 f. AktG (iVm Art. 18). Fakultative Bestandteile finden sich in Art. 40 Abs. 2 S. 2; Art. 43 Abs. 3 S. 2; Art. 43 Abs. 3 S. 5; Art. 46 Abs. 2; Art. 47 Abs. 2; Art. 50 Abs. 1 und 2; Art. 55 Abs. 1 Hs. 2; Art. 56 S. 3.

[59] Eingehend zum notwendigen (s. vorherige Fn.) und zulässigen Inhalt der Satzung → AktG § 23 Rn. 64 ff.; iE zu Satzung und Satzungsgestaltung in der SE vgl. *Seibt* in Lutter/Hommelhoff EU-Gesellschaft 67 ff.; Auflistung auch bei Habersack/Drinhausen/*Marsch-Barner* Rn. 29 ff.; zur Satzungsgestaltung bei der mittelständischen SE s. *Lutter/Kollmorgen/Feldhaus* BB 2005, 2473 ff.

[60] Vgl. Lutter/*Grunewald* UmwG § 74 Rn. 6; Semler/Stengel/*Diekmann* UmwG § 74 Rn. 1. – Zur umstr. Frage, ob die sich als Sachgründung darstellende Verschmelzung durch Neugründung ihrerseits Festsetzungspflichten nach § 27 AktG auslöst, → Rn. 39.

[61] Im Ergebnis wie hier *Neun* in Theisen/Wenz SE 93; *Scheifele,* Die Gründung der SE, 2004, 167 f.; *Schwarz* Rn. 40 aE.

[62] Lutter/Hommelhoff/Teichmann/*Bayer* SE Rn. 26; Kalss/Hügel/*Hügel* SEG § 17 Rn. 12; *Neun* in Theisen/Wenz SE 94 f.; *J. Schmidt,* „Deutsche" vs. „Britische" SE, 2006, 181; abw. Habersack/Drinhausen/*Marsch-Barner* Rn. 35.

[63] Lutter/Hommelhoff/Teichmann/*Bayer* Rn. 26; *Neun* in Theisen/Wenz SE 94 f.; *Scheifele,* Die Gründung der SE, 2004, 170; *J. Schmidt,* „Deutsche" vs. „Britische" SE, 2006, 181; *Schwarz* Rn. 44.

IV. Das Barabfindungsangebot nach § 7 SEAG

1. Allgemeines. Art. 24 Abs. 2 ermächtigt zum Erlass von Vorschriften zum Schutz von "Minderheitsaktionären, die sich gegen die Verschmelzung ausgesprochen haben". Auf dieser Grundlage sieht § 6 SEAG zum einen die Möglichkeit vor, das Umtauschverhältnis im Klagewege zu verbessern (→ Art. 24 Rn. 14 ff.). Zum anderen ist der Verschmelzungsplan gem. § 7 Abs. 1 SEAG zwingend um ein Barabfindungsangebot an widersprechende Aktionäre der übertragenden (deutschen) Gründungsgesellschaft zu ergänzen, wenn die SE ihren **Sitz im Ausland** haben soll und es sich aus Sicht der deutschen Gründungsgesellschaft um einen Wegzugsfall handelt. Die Aktionäre erhalten in diesem Falle somit ein **außerordentliches Austrittsrecht**. Der Gesetzgeber hat sich insofern über grundsätzliche Kritik am Barabfindungsangebot hinweggesetzt,[64] hat aber auf entsprechende Detailkritik hin[65] darauf verzichtet, die Barabfindungspflicht auf sämtliche Verschmelzungsgründungen zu erstrecken, das Angebot also auch dann zu verlangen, wenn die SE ihren Sitz im Inland nehmen soll. Der ursprüngliche Entwurf war in der Tat überschießend, weil sich der Wechsel von der AG zur deutschen SE nicht mit einem so grundlegenden Wandel des anwendbaren Rechts verbindet, dass ein außerordentliches Austrittsrecht gerechtfertigt wäre.[66] Auch § 29 UmwG schreibt ein Barabfindungsangebot nur vor, wenn die übertragende Gesellschaft auf eine Gesellschaft anderer Rechtsform verschmolzen wird. Mit der Beschränkung der Barabfindungspflicht sollen nun auch die Kostenrisiken, die das Austrittsrecht zu Lasten der übertragenden Gesellschaft erzeugt, "sachgerecht" begrenzt werden.[67] Aus dieser Beschränkung auf die „Hinausverschmelzung" ergibt sich als Konsequenz – und im Unterschied zum DiskE –, dass das Austrittsrecht auf die Aktionäre der **übertragenden Gesellschaft** begrenzt bleibt, zumal der Gesetzgeber – zutreffend – davon ausgeht, dass der aufnehmenden Gesellschaft die Sitzverlegung im Rahmen einer Verschmelzungsgründung versperrt ist, diese vielmehr in einem zeitlich nachfolgenden Akt gem. Art. 8 erfolgen muss (→ Rn. 13).[68] Ein Verstoß gegen die **Niederlassungsfreiheit** einer deutschen Gründungsgesellschaft ist mit der Barabfindungspflicht nicht verbunden, zumal Art. 24 Abs. 2, Art. 25 Abs. 3 sowie auch Art. 8 Abs. 5 (für die Sitzverlegung) sie ausdrücklich zulassen und nach dem Gesagten gerade die unterschiedliche Behandlung von Wegzug und Verbleib den Gleichbehandlungsgrundsatz wahrt.[69] Insbesondere aus Art. 25 Abs. 3 wird ersichtlich, dass die SE-VO es ausdrücklich toleriert, wenn das Recht einer Gründungsgesellschaft auf die künftige SE ausgreift, und zwar unabhängig von deren Sitz (→ Art. 25 Rn. 11). Hierauf gestützte Einwände[70] vermögen daher im Ergebnis nicht zu überzeugen.

2. Die Voraussetzungen des Barabfindungsangebots (§ 7 Abs. 1 SEAG). Das Angebot einer angemessenen Barabfindung gegen Übertragung der Aktien ist gem. § 7 Abs. 1 S. 1 SEAG nur zu unterbreiten, wenn die SE ihren Sitz im Ausland haben wird, sowie nur zugunsten solcher Aktionäre einer **deutschen übertragenden** Gesellschaft, die gegen den Verschmelzungsbeschluss nach Art. 23 **Widerspruch** zur Niederschrift erklärt

---

[64] S. insbes. *Kübler* ZHR 167 (2003), 627 (630): die iE schwer abschätzbare Abfindungsbelastung behindere die Gründung einer SE; ferner *Ihrig/Wagner* BB 2003, 969 (972); *Waclawik* DB 2004, 1191 (1193); sowie *Brandes* AG 2005, 177 (180), der erhebliche Konstruktionsfehler rügt.
[65] S. *Teichmann* ZGR 2003, 367 (383); *Teichmann* AG 2004, 67 (68 f.); ferner die Kritik des DAV-Handelsrechtsausschuss an § 7 DiskE, NZG 2004, 77 f.; dem zust. auch *Ihrig/Wagner* BB 2004, 1749 (1751).
[66] So jetzt auch Begr. RegE, BT-Drs. 15/3405, 33 = *Neye* S. 87.
[67] Begr. RegE, BT-Drs. 15/3405, 33 = *Neye* S. 87.
[68] Zutr. *Ihrig/Wagner* BB 2004, 1749 (1752); abw. Habersack/Drinhausen/*Marsch-Barner* Art. 24 Rn. 48, der die gleichzeitige Sitzverlegung für zulässig hält.
[69] Im Ergebnis auch Stellungnahme DAV-Handelsrechtsausschuss NZG 2004, 75 (78); vgl. ferner *Kalss* ZGR 2003, 593 (625 f.); Habersack/Drinhausen/*Marsch-Barner* Art. 24 Rn. 53; *Teichmann* in Van Hulle/Maul/Drinhausen SE-HdB Abschnitt 4 § 2 Rn. 84; *Teichmann* ZGR 2003, 367 (383); aA demgegenüber Kalss/Hügel/*Hügel* SEG § 17 Rn. 26: Niederlassungs- und Kapitalverkehrsfreiheit verdrängten die österreichische Pflicht zur Barabfindung.
[70] *Brandes* AG 2005, 177 (180); demgemäß ist auch nicht Art. 9 Abs. 1, sondern Art. 18 die einschlägige Verweisungsnorm (vorbehaltlich der Ermächtigung des Art. 24 Abs. 2).

haben.⁷¹ Letzteres entspricht Art. 24 Abs. 2, der den Schutz auf Aktionäre beschränkt, „die sich gegen die Verschmelzung ausgesprochen haben", sowie § 29 Abs. 1 S. 1 UmwG. Dass die Barabfindung, anders als eine bare Zuzahlung gem. § 6 SEAG, vom Widerspruch der Aktionäre abhängt, ist konsequent, da die Abfindung den Austritt voraussetzt und dieser für Aktionäre, die dem Verschmelzungsbeschluss zustimmen, nicht eröffnet zu werden braucht.⁷² Die in § 29 Abs. 1 S. 2, 3 UmwG enthaltenen Regelungen sind bei einer SE-Gründung gegenstandslos und waren daher nicht nach § 7 SEAG zu übernehmen. Dass die Pflicht, ein Barabfindungsangebot mit Wirksamwerden der Verschmelzung zu machen, auf die SE übergeht, ergibt sich unmittelbar aus Art. 29 Abs. 1 lit. a und brauchte daher nicht eigens angeordnet zu werden.⁷³ Richtigerweise ist diese Pflicht **aufschiebend** auf die Wirksamkeit der Verschmelzung durch Eintragung der SE **bedingt** (Art. 27) und trifft daher streng genommen überhaupt erst die SE (→ Rn. 26, 28). Weil allerdings der Verschmelzungsplan schon mit der Zustimmung der Aktionäre verbindlich wird, besteht von diesem Zeitpunkt an ein Anwartschaftsrecht der Aktionäre, das auf die SE übertragen wird.⁷⁴ Konstruktiv verbleiben aber erhebliche Probleme, weil der Anspruch erst gegen die – im Ausland sitzende – SE geltend gemacht werden kann. Sie wirken sich insbesondere auf die Zuständigkeit deutscher Gerichte für das Spruchverfahren aus (→ Rn. 33).

24 Aus diesem Grund handelt es sich aus Sicht der SE beim Erwerb der Anteile gegen Abfindung um den entgeltlichen **Erwerb eigener Aktien,** zumal die Aktionäre der übertragenden Gesellschaft gem. Art. 29 Abs. 1 lit. b zu Aktionären der SE werden, sobald die Verschmelzung gem. Art. 27 wirksam geworden ist. Folglich sieht § 7 Abs. 1 S. 2 SEAG die Anwendbarkeit der Regeln des AktG über den Erwerb eigener Aktien vor, namentlich also des § 71 AktG, wie im Falle des § 29 Abs. 1 S. 1 Hs. 2 UmwG aber ohne die Bestimmung des § 71 Abs. 4 S. 2 AktG, die mit der Abfindungspflicht im Verschmelzungsplan konfligierte. Auch eine **ausländische SE** wird insoweit zwar deutschem Aktienrecht unterworfen. Die Ermächtigung des Art. 24 Abs. 2 rechtfertigt dies aber.⁷⁵ Die Gesetzesbegründung⁷⁶ beruft sich zudem mit Recht auf Art. 25 Abs. 3, der von der Möglichkeit einer Barabfindung (mit anschließender Kontrolle) ausdrücklich ausgeht (→ Rn. 22). Allerdings wird auf diese Weise der Erwerb eigener Aktien auch dann in einer SE mit Sitz im Ausland ermöglicht, wenn das Sitzstaatrecht einen solchen Erwerb zur Abfindung von Aktionären (s. § 71 Abs. 1 Nr. 3 AktG) nicht zulässt.⁷⁷

25 Das Abfindungsangebot ist gem. § 7 Abs. 1 S. 3 SEAG mit dem Verschmelzungsplan, der es enthält, bekannt zu machen. Dieses **Bekanntmachungsgebot** zielt auf die Vorbereitung der Beschlussfassung gem. Art. 23 und ergänzt somit die gem. § 124 Abs. 2 S. 2 AktG erforderlichen Angaben zur **Tagesordnung.**⁷⁸ Hiervon zu unterscheiden ist die nicht primär auf die Hauptversammlung zielende Bekanntmachung nach Art. 21, dessen lit. d lediglich einen Hinweis auf die Ausübungsmodalitäten verlangt, nicht aber den vollständigen Abdruck im Wortlaut. Dafür muss zusätzlich eine Anlaufstelle benannt werden, die

---

⁷¹ Zur Möglichkeit des Verzichts auf das Barabfindungsgebot durch notariell beurkundete Verzichtserklärung *Stiegler* AG 2019, 708 (714).
⁷² Vgl. Begr. RegE, BT-Drs. 15/3405, 33 = *Neye* S. 88.
⁷³ So Begr. RegE, BT-Drs. 15/3405, 33 = *Neye* S. 88; ferner Lutter/Hommelhoff/Teichmann/*Bayer* Art. 24 Rn. 53; *J. Schmidt,* „Deutsche" vs. „Britische" SE, 2006, 230; BeckOGK/*Eberspächer* Rn. 11.
⁷⁴ Vgl. Lutter/*Grunewald* UmwG § 31 Rn. 5 ff.
⁷⁵ So auch Lutter/Hommelhoff/Teichmann/*Bayer* Art. 24 Rn. 56; *J. Schmidt,* „Deutsche" vs. „Britische" SE, 2006, 231; BeckOGK/*Eberspächer* Art. 24 Rn. 12; *Casper* ZHR 173 (2009), 181 (207). Demgegenüber hält *Brandes* AG 2005, 177 (180) dies für einen Verstoß gegen Art. 9 Abs. 1; aA auch Habersack/Drinhausen/*Marsch-Barner* Art. 24 Rn. 49; krit. in Hinblick auf die Praxis *Schwarz* Art. 24 Rn. 34.
⁷⁶ Begr. RegE, BT-Drs. 15/3405, 33 = *Neye* S. 88.
⁷⁷ Vgl. *Teichmann* ZGR 2003, 367 (378); BeckOGK/*Eberspächer* Rn. 11; *J. Schmidt,* „Deutsche" vs. „Britische" SE, 2006, 231; *Scheifele,* Die Gründung der SE, 2004, 250, die Akzeptanzprobleme bei ausländischen Gerichten befürchten; ähnlich auch *Schwarz* Art. 24 Rn. 34.
⁷⁸ Vgl. Begr. RegE, BT-Drs. 15/3405, 33 = *Neye* S. 88; vgl. auch Lutter/Hommelhoff/Teichmann/*Bayer* Art. 24 Rn. 50; Habersack/Drinhausen/*Marsch-Barner* Art. 24 Rn. 46; *J. Schmidt,* „Deutsche" vs. „Britische" SE, 2006, 230; *Schwarz* Art. 24 Rn. 34.

„erschöpfende Auskünfte" erteilt (→ Art. 21 Rn. 6). Es handelt sich somit um Pflichten verschiedener Grundlage und unterschiedlichen Inhalts, die bei der Erfüllung – durch Veröffentlichung im elektronischen Bundesanzeiger (vgl. §§ 25, 124 Abs. 1 AktG) – jedoch miteinander verbunden werden können.

3. Inhalt des Barabfindungsangebots (§ 7 Abs. 2 SEAG). Für die **Bemessung** der 26 Barabfindung müssen gem. Abs. 2 S. 1 die Verhältnisse der Gesellschaft im Zeitpunkt der Beschlussfassung angemessen berücksichtigt werden. Das entspricht exakt der Vorgabe des § 30 Abs. 1 S. 1 UmwG.[79] Die **Verzinsung** des Anspruchs lehnt sich an § 15 Abs. 2 UmwG und § 288 BGB an; dies entspricht dem Verweis durch § 30 Abs. 1 S. 2 UmwG auf § 15 Abs. 2 UmwG. – Das Angebot ist aufschiebend bedingt und wird erst mit Eintragung der SE **wirksam,** wie sich mittelbar aus Abs. 4 ergibt. Frühestens in diesem Zeitpunkt kann auch der **Abfindungsanspruch** entstehen, der sich damit also stets gegen die SE richtet (→ Rn. 28).

4. Prüfung des Angebots (§ 7 Abs. 3 SEAG). Die Angemessenheit des Angebots 27 ist durch einen Verschmelzungsprüfer zu prüfen, doch können die Berechtigten, dh die widersprechenden Aktionäre (Abs. 1), mittels notarieller Erklärung hierauf bzw. auf einen Prüfbericht verzichten. Die Regelung entspricht § 30 Abs. 2 UmwG, der ebenfalls ergänzend auf die §§ 10–12 UmwG verweist.[80]

5. Annahme des Angebots (§ 7 Abs. 4 SEAG). Das Angebot kann nur binnen **zwei** 28 **Monaten** nach Eintragung der SE in ihrem Sitzstaat angenommen werden. Die Annahmeerklärung ist formlos möglich und kann auch vorab, gemeinsam mit dem Widerspruch, zur Niederschrift in der Hauptversammlung erklärt werden. Mit der Annahme des Angebots entsteht der **Barabfindungsanspruch** (→ Rn. 26), er richtet sich also stets erst **gegen die SE.**[81] Nach überwiegender Ansicht zu § 31 UmwG wird der **Austritt** aber erst mit Zahlung der Abfindung wirksam (weil Zug um Zug erklärt).[82] § 31 UmwG entspricht es auch, dass sich die Annahmefrist verlängert, falls ein Antrag gem. Abs. 7 auf gerichtliche Bestimmung der Barabfindung gestellt wurde (→ Rn. 33 ff.).

6. Ausschluss der Anfechtungsmöglichkeit (§ 7 Abs. 5 SEAG). Wie gem. § 32 29 UmwG kann eine Anfechtungsklage gegen den Verschmelzungsbeschluss nicht auf ein fehlendes, fehlerhaftes oder zu geringes Barabfindungsangebot gestützt werden. Entsprechend § 34 UmwG sind diese Fragen vielmehr in einem Spruchverfahren gem. Abs. 7 zu klären (→ Rn. 35). Dies gilt nach Abs. 5 allerdings nur, falls die Aktionäre der ausländischen Gründungsgesellschaft, denen das dortige Gründungsrecht kein Spruchverfahren eröffnet, ausdrücklich damit einverstanden sind, dass ein solches Verfahren zugunsten der Aktionäre der deutschen Gründungsgesellschaft durchgeführt werden kann. Hintergrund dieses **Unterwerfungserfordernisses** ist Art. 25 Abs. 3 S. 1, der diese Aktionäre davor bewahren will, dass das SE-Vermögen ohne ihre Zustimmung zugunsten der Aktionäre einer Gründungsgesellschaft mit Spruchverfahren nachträglich geschmälert wird; denn Schuldner des Abfindungsanspruchs ist die SE (→ Rn. 28). Das SEAG hat mit Recht davon abgesehen, dem österreichischen Beispiel zu folgen und auf das Unterwerfungserfordernis bei Überprüfung der Barabfindung unter teleologischer Reduktion des Art. 25 Abs. 3 zu verzichten.[83] Denn die Leistung einer höheren Abfindung mindert das Vermögen der SE in gleicher Weise wie bei einer Korrektur des Umtauschverhältnisses durch Erhöhung der baren Zuzahlung (→ Art. 25 Rn. 11).

---

[79] Näher zur Bemessung Lutter/*Grunewald* UmwG § 30 Rn. 2; Semler/Stengel/*Zeidler* UmwG § 30 Rn. 18 f.
[80] Näher dazu Lutter/*Grunewald* UmwG § 30 Rn. 5 ff.; Semler/Stengel/*Zeidler* UmwG § 30 Rn. 26 f.
[81] Zur entspr. Rechtslage nach Umwandlungsrecht s. § 15 Abs. 1 UmwG, § 29 Abs. 1 UmwG bzw. § 36 Abs. 1 UmwG; dazu im vorliegenden Kontext auch *Teichmann* in Theisen/Wenz SE 705 ff.
[82] Lutter/*Grunewald* UmwG § 31 Rn. 5; Semler/Stengel/*Kalss* UmwG § 31 Rn. 6; abw. Goutier/Knopf/Tulloch/*Bermel* UmwG § 29 Rn. 32; noch → 3. Aufl. 2012, Rn. 28 (mit Annahme des Angebots).
[83] Dazu Kalss/Hügel/*Hügel* SEG §§ 21, 22 Rn. 8.

30 Zusätzlich können die – selbst nicht beteiligungsfähigen[84] – Aktionäre der ausländischen Gesellschaft die gerichtliche Bestellung eines **besonderen Vertreters** gem. § 6a SpruchG beantragen, der im Spruchverfahren ihre Interessen wahrnimmt, insbesondere die ursprüngliche Abfindungshöhe verteidigt. Entsprechendes gilt auch für die Verbesserung des Umtauschverhältnisses (→ Art. 25 Rn. 12). Auf diese Weise soll der Befürchtung einer einseitigen Bevorzugung der Aktionäre der deutschen Gründungsgesellschaft abgeholfen und zugleich verhindert werden, dass die Aktionäre der ausländischen Gründungsgesellschaft(en) die erforderliche Zustimmung gem. Art. 25 Abs. 3 S. 1 verweigern.[85] Ob diese Rechnung aufgeht, bleibt abzuwarten.[86]

31 **Ohne Unterwerfung** dieser Aktionäre bleibt es bei der Anfechtungsmöglichkeit nach § 14 UmwG. Anderenfalls könnte die Rechtmäßigkeit des Abfindungsangebotes nämlich überhaupt nicht kontrolliert werden – ein mit dem Eigentumsschutz nach Art. 14 GG unvereinbarer Zustand.[87] Soweit das auf die **ausländische** Gründungsgesellschaft anwendbare Recht – wie etwa in Österreich – **ebenfalls ein Spruchverfahren** zur Verbesserung der Abfindung vorsieht, bedarf es keiner Unterwerfung gem. Art. 25 Abs. 3 S. 1. Stattdessen sind die Aktionäre der ausländischen Gesellschaft ihrerseits in einem vor deutschen Gerichten stattfindenden Spruchverfahren beteiligungsfähig (§ 7 Abs. 7 SEAG iVm § 3 S. 1 Nr. 4 SpruchG → Rn. 34, 36).

32 **7. Anderweitige Veräußerung der Aktie (§ 7 Abs. 6 SEAG).** Die Vorschrift entspricht § 33 UmwG, der gleichfalls klarstellt, dass die Veräußerung von Aktien auch noch nach Fassung des Verschmelzungsbeschlusses bis zum Ablauf der Annahmefristen nach Abs. 4 (bzw. § 31 UmwG) möglich ist.[88]

33 **8. Spruchverfahren (§ 7 Abs. 7 SEAG). a) Internationale Zuständigkeit.** Sofern die Aktionäre ausländischer Gründungsgesellschaften dem gem. Art. 25 Abs. 3 zugestimmt haben (→ Rn. 29), steht den Aktionären der deutschen Gründungsgesellschaft für die Überprüfung der Barabfindung das Spruchverfahren nach dem **SpruchG** vom 12.6.2003 (BGBl. 2003 I 838; geändert durch Art. 4 SEEG) offen, das hierfür eigens an das SEAG angepasst wurde (→ Rn. 28 f.). Es setzt allerdings die internationale **Zuständigkeit deutscher Gerichte,** namentlich des Landgerichts voraus, zumal sich der Abfindungsanspruch gegen die SE richtet (→ Rn. 28), die ihren Sitz notwendig im Ausland hat, da anderenfalls kein Abfindungsanspruch entsteht (→ Rn. 22). Insofern ergibt sich ein gewisses Spannungsverhältnis zwischen § 2 Abs. 1 SpruchG, der von der (ausschließlichen) Zuständigkeit der Gerichte am Sitz der (deutschen) übertragenden Gesellschaft ausgeht, aber nur bei internationaler Zuständigkeit deutscher Gerichte anwendbar ist, und Art. 24 Nr. 2 Brüssel Ia-VO (früher Art. 22 Nr. 2 Brüssel I-VO),[89] der für eine Klage gegen die Gesellschaft, hier also die SE, die Gerichte des Sitzstaates für zuständig erklärt (zur parallelen Frage bei der Sitzverlegung → Art. 8 Rn. 75). Die erforderliche internationale Zuständigkeit deutscher Gerichte lässt sich deshalb nur unter unmittelbarem Rekurs auf die SE-VO begründen, und insofern bietet **Art. 25 Abs. 3 S. 4** einen Anknüpfungspunkt, sofern man diese Vorschrift

---

[84] Die eigene Beteiligungsfähigkeit setzt gem. § 7 Abs. 7 S. 3 SEAG voraus, dass den ausländischen Aktionären nach dem Recht ihrer Gründungsgesellschaft gleichfalls ein Spruchverfahren offen steht und kommt also nicht in Betracht, wenn die Voraussetzungen des Art. 25 Abs. 3 erfüllt sind.

[85] Begr. RegE, BT-Drs. 15/3405, 58; vgl. auch *Teichmann* ZGR 2003, 367 (385 f.), dessen weitergehenden Erwägungen (generelle Beteiligtenfähigkeit der Aktionäre der ausländischen Gesellschaft und Zulässigkeit einer Herabsetzung des Angebots bzw. kontradiktorische Ausgestaltung des Spruchverfahrens) der Gesetzgeber nicht gefolgt ist.

[86] Skepsis etwa bei *Scheifele*, Die Gründung der SE, 2004, 251 f., der im Anschluss an den DAV-Handelsrechtsausschuss NZG 2000, 802 (803) (allg.) und NZG 2004, 75 (77) für die Vereinfachung des Freigabeverfahrens nach § 16 Abs. 3 UmwG plädiert.

[87] Begr. RegE, BT-Drs. 15/3405, 33; *Teichmann* ZGR 2003, 367 (383) (Fn. 25), 385 f.

[88] Wegen der Einzelheiten vgl. etwa Lutter/*Grunewald* UmwG § 33 Rn. 2 ff.; Semler/Stengel/*Kalss* UmwG § 33 Rn. 5 ff.

[89] Vgl. dazu, dass Art. 24 Nr. 2 Brüssel Ia-VO (früher Art. 22 Nr. 2 Brüssel I-VO) auch Streitigkeiten zur Verbesserung des Umtauschverhältnisses erfasst, *Meilicke* NZG 2004, 547 (551).

erweiternd als **international-zivilprozessuale Zuständigkeitsnorm** interpretiert.[90] Systematisch und konstruktiv ist dies jedenfalls dann ohne weiteres möglich, wenn Art. 25 Abs. 3 S. 4 anwendbar ist, also das Unterwerfungserfordernis gem. Art. 25 Abs. 3 S. 1 besteht, weil das Recht der **ausländischen Gründungsgesellschaft kein Spruchverfahren** o. Ä. kennt. Voraussetzung für die Zuständigkeitsbegründung ist dann aber, dass die Zustimmung der ausländischen Aktionäre, wie dies § 22 Abs. 1 Nr. 2 öSEG vorsieht, ausdrücklich auch die internationale Zuständigkeit deutscher Gerichte einbezieht. Schwieriger ist die Herleitung einer Zuständigkeitsnorm allerdings in den Fällen des § 6 Abs. 4 S. 2 SEAG (→ Art. 24 Rn. 14 ff.) bzw. § 7 Abs. 7 S. 3 SEAG (→ Rn. 36), wenn also auch das ausländische Recht ein Spruchverfahren oÄ vorsieht; denn hier ist Art. 25 Abs. 3 unanwendbar (→ Rn. 34).

Für den Fall, dass auch das **ausländische Recht ein Kontrollverfahren** kennt und es **34** deshalb keiner Zustimmung der Aktionäre der ausländischen Gesellschaft bedarf, ist die Zuständigkeitsbegründung mit Hilfe des Art. 25 Abs. 3 S. 4 wegen dessen Unanwendbarkeit dagegen problematisch (→ Rn. 33). Aus teleologischen Gründen wird man jedoch die **entsprechende Anwendung** auch hier befürworten können (näher → Art. 24 Rn. 17), freilich müssen die **ausländischen Aktionäre** der internationalen Zuständigkeit deutscher Gerichte dann ausdrücklich **zustimmen** (→ Rn. 33).[91] Anderenfalls können die deutschen Aktionäre grundsätzlich nur im Sitzstaat der SE das – dort eröffnete – Spruchverfahren betreiben, um ihren Anspruch auf angemessene Barabfindung durchzusetzen.

b) Durchführung des Spruchverfahrens. § 7 Abs. 7 SEAG ist eng an **§ 34 UmwG** **35** angelehnt. Das Angebot muss, damit das Verfahren Erfolg hat, **mangelhaft** sein, also entweder überhaupt fehlen oder zu niedrig bemessen bzw. nicht ordnungsgemäß zustande gekommen sein. Letzteres bezieht sich nicht nur auf Angebote, die in sich widersprüchlich oder unverständlich formuliert sind, sondern auch auf sämtliche Verstöße gegen **abfindungsbezogene Informations- und Mitteilungspflichten,** zumal diese nach höchstrichterlicher Rspr. nicht zur Anfechtung des Verschmelzungsbeschlusses berechtigen.[92] Allgemein gilt: Soweit Mängel im Spruchverfahren geltend gemacht werden können, kommt eine Anfechtung des Verschmelzungsbeschlusses gem. Art. 23 nicht in Betracht (Abs. 5; → Rn. 29). Die Verschmelzungsgründung kann also, das ist **Zweck** der Vorschrift, wegen solcher Mängel nicht durch die **Registersperre** nach § 16 Abs. 2 S. 2 UmwG blockiert werden.

Nach § 7 Abs. 7 SEAG endet das Verfahren mit der gerichtlichen Festsetzung einer **36** **angemessenen Abfindung** (→ AktG § 305 Rn. 32).[93] Nach deutschem Verständnis kann das Spruchverfahren **nicht zur Verschlechterung** der vermögensrechtlichen Stellung der klagenden Aktionäre führen; diese brauchen also nicht zu befürchten, dass die Abfindung niedriger als im Verschmelzungsplan festgesetzt wird.[94] Dem Vorschlag, von dieser Regel abzuweichen und zur „Waffengleichheit" zwischen Aktionären der (inländischen) übertragenden und der (ausländischen) übernehmenden Gesellschaft zu gelangen,[95] ist der Gesetzgeber jedenfalls nicht allgemein gefolgt. Er hat sich vielmehr darauf beschränkt, das Spruchverfahren auch für die **Aktionäre der ausländischen übertragenden Gesellschaft** zu öffnen (**Abs. 7 S. 3;** → Rn. 30), um auf diese Weise „Doppelarbeit und sich widersprechende Entscheidungen deutscher und ausländischer Gerichte" zu vermeiden.[96] Über Bedenken, ob eine unmittelbare Beteiligung von Aktionären einer Gesellschaft, die nicht deutschem Recht unterliegt, überhaupt von der Ermächtigung des Art. 24 Abs. 2 gedeckt

---

[90] In diesem Sinne auch Lutter/Hommelhoff/Teichmann/*Bayer* Art. 24 Rn. 61; Kalss/Hügel/*Hügel* SEG §§ 21, 22 Rn. 25; Habersack/Drinhausen/*Marsch-Barner* Art. 24 Rn. 38.
[91] Zust. Lutter/Hommelhoff/Teichmann/*Bayer* Art. 24 Rn. 62.
[92] Vgl. nur BGH WM 2001, 467 betr. Formwechsel; Lutter/*Grunewald* UmwG § 34 Rn. 1 mit Verweis auf § 32 UmwG; Semler/Stengel/*Kalss* UmwG § 34 Rn. 8 f.
[93] Dazu nur Lutter/*Grunewald* UmwG § 30 Rn. 2.
[94] Lutter/*Mennicke* UmwG Anh. I SpruchG § 11 Rn. 2; *Teichmann* ZGR 2003, 368 (386).
[95] So *Teichmann* in Theisen/Wenz SE 705 ff.
[96] Begr. RegE, BT-Drs. 15/3405, 32 = *Neye* S. 82 f. zu § 6 Abs. 4 SEAG.

ist,[97] hat sich der Gesetzgeber durch Abs. 7 S. 3 in beschränktem Maße und im Ansatz zu Recht hinweggesetzt.[98] Die Beteiligung der Auslandsaktionäre setzt allerdings die **internationale Zuständigkeit** deutscher Gerichte voraus, die sich nicht so unproblematisch begründen lässt, wie es der Gesetzgeber offenbar annimmt[99] (→ Rn. 33 f.). Ist freilich das Landgericht gem. § 2 SpruchG zuständig, so erhält das Verfahren durch die Beteiligung der ausländischen Gesellschafter in gewissem Sinne **kontradiktorischen Charakter,** sofern nämlich nun auch diese einen Anspruch auf angemessene Abfindung durchsetzen, also rügen können, dass ihre Abfindung unangemessen niedrig bemessen sei. Zwar muss die Entscheidung über die geltend gemachten Abfindungsansprüche nicht notwendigerweise einheitlich in dem Sinne ausfallen, dass nur die Erhöhung der Abfindung zugunsten der Aktionäre einer der beteiligten übertragenden Gesellschaften in Betracht kommt; insofern gilt also anderes als bei der Verbesserung des Umtauschverhältnisses gem. § 6 Abs. 4 SEAG (→ Art. 24 Rn. 20). Denn Bezugspunkt für die Angemessenheit der Abfindung sind allein die Verhältnisse des übertragenden Rechtsträgers im Zeitpunkt der Beschlussfassung,[100] weshalb auch die verhältniswahrende Höherbewertung beider Gründungsgesellschaften in Betracht kommt. In der Regel wird die Neubewertung aber zur Veränderung des Umtauschverhältnisses führen, sodass insoweit eine mittelbare Schlechterstellung der Aktionäre der deutschen Gründungsgesellschaft ebenso eintreten kann wie bei der Verbesserung des Umtauschverhältnisses gem. § 6 Abs. 4 SEAG (→ Art. 24 Rn. 20).

37 Gesellschafter der **aufnehmenden Gesellschaft** mit Sitz im Ausland sind gem. § 6 Abs. 4 SEAG konsequentermaßen ebenso wenig beteiligungsfähig wie im Falle eines Sitzes in Deutschland (§ 7 Abs. 1 SEAG). Anders als im Schrifttum vorgeschlagen wurde,[101] hat der Gesetzgeber vielmehr an dem im deutschen Umwandlungsrecht geltenden Grundsatz (§ 29 UmwG) festgehalten, wonach nur die Gesellschafter der übertragenden Gesellschaft anspruchsberechtigt sind. Eine isolierte Lösung nur für die SE kommt in der Tat nicht in Betracht. Mit der SE-VO ist dieser Verzicht deshalb vereinbar, weil Art. 37 auch für den Formwechsel einer Aktiengesellschaft in die SE keinen Minderheitenschutz vorsieht.[102]

38 Sofern die Voraussetzungen des Abs. 7 S. 3 nicht vorliegen, ein **Spruchverfahren** in der ausländischen Gesellschaft also **nicht eröffnet** ist oder die ausländische Gründungsgesellschaft aufnehmende Gesellschaft ist, ermöglicht das Gesetz deren Aktionären nur, sich indirekt durch einen **besonderen Vertreter** zu beteiligen (→ Rn. 30). Ob diese Befugnis ausreicht, die Aktionäre der ausländischen Gesellschaft ggf. zu motivieren, ihre Zustimmung nach Art. 25 Abs. 3 zu erteilen, die für den Ausschluss des Anfechtungsrechts gem. Abs. 5 erforderlich ist (→ Rn. 29), bleibt abzuwarten (→ Rn. 30 aE).

V. Weitere Gründungsakte

39 Da die **Satzung** Bestandteil des Gründungsplans ist, erübrigt sich eine besondere **Feststellung** (→ Rn. 20); sie erfolgt der Sache nach durch die Verschmelzungsbeschlüsse gem. Art. 23. Fraglich ist aber, ob das Vermögen der Gründungsgesellschaften gem. § 27 AktG als Sacheinlage in der (deutschen) SE-Satzung festzusetzen ist. Für die **Verschmelzung durch Aufnahme** ist indessen die entsprechende Anwendung der §§ 197, 245 UmwG abzulehnen. Zwar stellt diese aus Sicht der aufnehmenden SE zugleich einen Formwechsel dar; nachdem der Gesetzgeber bei der internationalen Verschmelzung durch Aufnahme mittlerweile aber auf die kumulative Anwendung von Formwechselrecht verzichtet hat (s.

---

[97] Verneint von *Ihrig/Wagner* BB 2003, 969 (971); *Scheifele,* Die Gründung der SE, 2004, 245 f.; *Schwarz* Art. 24 Rn. 19.
[98] Vgl. *Teichmann* ZGR 2002, 383 (429).
[99] Dazu Begr. RegE, BT-Drs. 15/3405, 32, die auf eine Gerichtsstandsvereinbarung bzw. die Brüssel I-VO (jetzt: Brüssel Ia-VO) verweist; dazu etwa die Kommentierung von Musielak/Voit/*Stadler* ZPO, 16. Aufl. 2019, Brüssel Ia-VO.
[100] Vgl. nur Lutter/*Grunewald* UmwG § 30 Rn. 2.
[101] *Teichmann* ZGR 2002, 383 (426); *Teichmann* ZIP 2002, 1109 (1112).
[102] *Kübler* ZHR 167 (2003), 627 (628).

§ 122a UmwG), steht Art. 10 einer entsprechenden Anwendung (nur) auf die SE-Verschmelzungsgründung entgegen.[103] Daher bedarf es auch nicht der Aufnahme der ursprünglichen Festsetzungen von Gründungsaufwand etc analog § 243 Abs. 1 S. 2 UmwG (→ Rn. 20) sowie einer Anwendung des Art. 37 Abs. 6 (bzw. des § 220 Abs. 3 UmwG) hinsichtlich der **Sacheinlageprüfung**;[104] Gründungsbericht und -prüfung sind folglich – wie bei der Verschmelzung durch Neugründung (→ Rn. 40) – entbehrlich. Schließlich scheidet konsequentermaßen dann auch eine Analogie zu § 245 Abs. 2 S. 2 UmwG, § 220 UmwG hinsichtlich des **Kapitalschutzes** aus.[105] Wegen der Bestellung des **ersten Aufsichtsrats** vgl. → Art. 40 Rn. 43; → Art. 43 Rn. 45; die – mögliche – Aufnahme in die Satzung empfiehlt sich nicht.[106] Entsprechendes gilt für die Bestellung des **ersten Abschlussprüfers** gem. § 30 AktG; beide – gleichfalls formbedürftigen – Akte können jedoch gem. Art. 20 Abs. 2 in den Verschmelzungsplan aufgenommen werden.

Bei der **Verschmelzung durch Neugründung** gelten im Prinzip keine Besonderheiten, zumal sich die Verschmelzung durch Aufnahme, wie gesehen mit einem Formwechsel verbindet und hierdurch Besonderheiten auftreten (→ Rn. 39). Auch bei der Verschmelzung durch Neugründung ist das Vermögen der Gründungsgesellschaften in der **Satzung** der (deutschen) SE als Sacheinlage gem. § 36 Abs. 2 UmwG, § 27 AktG festzusetzen. Die Sacheinlagepflicht ist gem. § 36a Abs. 2 AktG vollständig zu erfüllen. **Gründungsbericht** und -prüfung sind gem. § 75 Abs. 2 UmwG entbehrlich. Für die Bestellung von erstem Aufsichtsrat und Abschlussprüfer gilt Entsprechendes wie für die Verschmelzung durch Aufnahme (→ Rn. 39). 40

Art. 21 [Angaben im Amtsblatt]

Für jede der sich verschmelzenden Gesellschaften und vorbehaltlich weiterer Auflagen seitens des Mitgliedstaates, dessen Recht die betreffende Gesellschaft unterliegt, sind im Amtsblatt dieses Mitgliedstaats nachstehende Angaben bekannt zu machen:
a) **Rechtsform, Firma und Sitz der sich verschmelzenden Gesellschaften,**
b) **das Register, bei dem die in Artikel 3 Absatz 2 der Richtlinie 68/151/EWG genannten Urkunden für jede der sich verschmelzenden Gesellschaften hinterlegt worden sind, sowie die Nummer der Eintragung in das Register,**
c) **einen Hinweis auf die Modalitäten für die Ausübung der Rechte der Gläubiger der betreffenden Gesellschaft gemäß Artikel 24 sowie die Anschrift, unter der erschöpfende Auskünfte über diese Modalitäten kostenlos eingeholt werden können,**
d) **einen Hinweis auf die Modalitäten für die Ausübung der Rechte der Minderheitsaktionäre der betreffenden Gesellschaft gemäß Artikel 24 sowie die Anschrift, unter der erschöpfende Auskünfte über diese Modalitäten kostenlos eingeholt werden können,**
e) **die für die SE vorgesehene Firma und ihr künftiger Sitz.**

---

[103] So iE auch *Kiem* ZHR 173 (2009), 156 (162); Kallmeyer/*Marsch-Barner* UmwG Anh. I Rn. 58 f.; vgl. auch *Kulenkamp*, Die grenzüberschreitende Verschmelzung von Kapitalgesellschaften in der EU, 2008, 194; anders noch → 2. Aufl. 2006, Rn. 39; Kalss/Hügel/*Hügel* SEG § 17 Rn. 28; NK-SE/*Schröder* Art. 15 Rn. 48, 54.

[104] *Kiem* ZHR 173 (2009), 156 (162); Kölner Komm AktG/*Kiem* Art. 12 Rn. 15; Habersack/Drinhausen/*Marsch-Barner* Art. 26 Rn. 22, 24; Kallmeyer/*Marsch-Barner* UmwG Anh. I Rn. 58 f.; aA noch Kalss/Hügel/*Hügel* SEG § 17 Rn. 28; NK-SE/*Schröder* Art. 15 Rn. 48, 54.

[105] Anders noch *Scheifele*, Die Gründung der SE, 2004, 255 f.; wie hier *Kiem* ZHR 173 (2009), 156 (162); Lutter/Hommelhoff/Teichmann/*Bayer* Rn. 23 ff.; Habersack/Drinhausen/*Marsch-Barner* Art. 26 Rn. 22, 24; Kallmeyer/*Marsch-Barner* UmwG Anh. I Rn. 58 f.

[106] Vgl. *Barz/Lutter* in Lutter, Die Europäische Aktiengesellschaft, 1976, 27; *Scheifele*, Die Gründung der SE, 2004, 253.

§ 5 SEAG Bekanntmachung
¹Die nach Artikel 21 der Verordnung bekannt zu machenden Angaben sind dem Register bei Einreichung des Verschmelzungsplans mitzuteilen. ²Das Gericht hat diese Angaben zusammen mit dem nach § 61 Satz 2 des Umwandlungsgesetzes vorgeschriebenen Hinweis bekannt zu machen.

Schrifttum: *Buchheim*, Europäische Aktiengesellschaft und grenzüberschreitende Konzernverschmelzung. Der aktuelle Entwurf der Rechtsform aus betriebswirtschaftlicher Sicht, 2001; *Kalss*, Der Minderheitenschutz bei Gründung und Sitzverlegung der SE nach dem Diskussionsentwurf, ZGR 2003, 593; *Neye/Teichmann*, Der Entwurf für das Ausführungsgesetz zur Europäischen Aktiengesellschaft, AG 2003, 169; *Scheifele*, Die Gründung einer Europäischen Aktiengesellschaft, 2004; *Stiegler*, Verzichtsmöglichkeiten bei der Verschmelzung von Aktiengesellschaften, AG 2019, 708; *Teichmann*, Die Einführung der Europäischen Aktiengesellschaft, ZGR 2002, 383.

I. Inhalt und Normzweck

1   Die Pflicht zur Offenlegung des Verschmelzungsplans folgt aus **§ 61 UmwG** (iVm Art. 18), der ursprünglich auf Art. 6 RL 78/855/EWG (früher Art. 32 RL 2011/35/EG; jetzt GesR-RL) beruht. Demnach ist der Plan zum Handelsregister einzureichen, woraufhin das Registergericht einen entsprechenden Hinweis bekannt macht (§ 61 S. 2 UmwG).[1] Art. 21 **ergänzt** diese Bekanntmachungspflicht um **weitere Angaben.** Ebenso wie § 61 UmwG bezweckt er daher insbesondere die **Information der Aktionäre und Gläubiger** der Gründungsgesellschaften sowie ggf. sonst von der Verschmelzung Betroffener.[2] Der SE-VO-Vorschlag von 1989 hatte die Erweiterung der Bekanntmachungspflicht noch ausdrücklich mit dem grenzüberschreitenden Charakter begründet,[3] der es erfordert, bestimmte Angaben unmittelbar über das Register zugänglich zu machen. Überdies ist das Informationsbedürfnis von Aktionären und Gläubigern größer, sofern im Rahmen der Verschmelzung die Verlagerung der Gesellschaft ins Ausland geplant ist.[4]

2   Art. 21 regelt nicht die **Art und Weise** der Bekanntmachung, sondern ordnet nur an, dass sie „für jede der sich verschmelzenden Gesellschaften" nach den Vorgaben des Mitgliedstaates zu erfolgen hat.[5] § 5 SEAG ergänzt diese Lücke dahin, dass die Gründungsgesellschaft die Angaben nach Art. 21 dem zuständigen Handelsregister neben dem Verschmelzungsplan, also gesondert, mitzuteilen hat; das Registergericht veranlasst sodann außer dem Hinweis gem. § 61 S. 2 UmwG auch die Bekanntmachung dieser Daten, und zwar in den **Blättern gem. § 10 HGB** (Bundesanzeiger und weiteres Blatt); das entspricht der Vorgabe des Art. 21 („Amtsblatt"). Das SEAG ist damit entsprechenden Ergänzungsvorschlägen gefolgt.[6]

3   Art. 21 enthält zugleich die **Ermächtigung** der Mitgliedstaaten, im Ausführungsgesetz weitergehende Offenlegungspflichten zu begründen.[7] Indessen hat der deutsche Gesetzgeber hiervon **keinen** Gebrauch gemacht, sondern sich auf die Regelung der verfahrensrechtlichen Aspekte beschränkt (→ Rn. 2).

II. Die Angaben im Einzelnen

4   **1. Rechtsform, Firma und Sitz (lit. a).** Die deutsche Gründungsgesellschaft hat gem. lit. a (iVm § 5 SEAG) Rechtsform, Firma und Sitz sämtlicher beteiligter Gründungsgesellschaften zum Handelsregister anzumelden. Nur auf diese Weise lässt sich nämlich der **Zweck**

---
[1] Ebenso Lutter/Hommelhoff/Teichmann/*Bayer* Rn. 2; *Bayer* in Lutter/Hommelhoff EU-Gesellschaft 25, 40 f.; BeckOGK/*Eberspächer* Rn. 1; so auch Widmann/Mayer/*Heckschen* UmwG Anh. 14 Rn. 229; Habersack/Drinhausen/*Marsch-Barner* Rn. 2, 9; für Verzichtsmöglichkeit durch (vorsorglich) notarielle Beurkundung insoweit *Stiegler* AG 2019, 708 (714 f. iVm 711) mwN: kein Verzicht indes auf Bekanntmachung der Informationen nach Art. 21; abw. *Buchheim*, Europäische Aktiengesellschaft und grenzüberschreitende Konzernverschmelzung, 2001, 197 ff. und *Kalss* ZGR 2003, 593 (618), die die Bekanntmachung des gesamten Verschmelzungsplans verlangen.
[2] Zum Normzweck des § 61 UmwG s. Lutter/*Grunewald* UmwG § 61 Rn. 1.
[3] SE-VO-Vorschlag 1989, Begr. zu Art. 18, 19, S. 7; dazu *Scheifele*, Die Gründung der SE, 2004, 186 f.
[4] *Teichmann* ZGR 2002, 383 (422); *Scheifele*, Die Gründung der SE, 2004, 187; *Schwarz* Rn. 6.
[5] So auch Lutter/Hommelhoff/Teichmann/*Bayer* Rn. 2; BeckOGK/*Eberspächer* Rn. 1.
[6] *Teichmann* ZGR 2002, 383 (422); *Neun* in Theisen/Wenz SE 121; *Kalss* ZGR 2003, 593 (618).
[7] So auch Lutter/Hommelhoff/Teichmann/*Bayer* Rn. 3; BeckOGK/*Eberspächer* Rn. 1.

erreichen, Aktionäre und Gläubiger über den grenzüberschreitenden Charakter der Verschmelzung zu informieren (→ Rn. 1).[8] Dass sich diese Angaben bereits aus dem Verschmelzungsplan ergeben (Art. 20 Abs. 1 lit. a), dispensiert schon deshalb nicht von der Angabepflicht, weil der Verschmelzungsplan als solcher nicht offengelegt wird (→ Rn. 1).

2. Register der Gründungsgesellschaften (lit. b). Die deutsche Gründungsgesellschaft hat die (Handels-)Register anzugeben, in denen sie selbst und sämtliche übrigen Gründungsgesellschaften eingetragen sind; die Registernummern sind ebenfalls zu nennen. Auf diese Weise soll die Zugänglichkeit ergänzender Informationen über die beteiligten Aktiengesellschaften gewährleistet werden.[9]

3. Modalitäten für die Ausübung der Gläubigerrechte (lit. c). Anders als Art. 19 Abs. 3 SE-VO-Vorschlag 1991 verlangt lit. c nur Angaben zu den Modalitäten bei der eigenen Gesellschaft („der betreffenden Gesellschaft"), die deutsche Gründungsgesellschaft braucht also nur Hinweise für ihre Gläubiger zu geben.[10] Für den Gläubigerschutz ist dies vollauf genügend. Der **Gläubigerbegriff** ergibt sich durch den Verweis auf Art. 24 Abs. 1, sodass – systemwidrig – auch Sonderrechtsinhaber (Art. 24 Abs. 1 lit. c) erfasst werden, obwohl sie Aktionäre sind.[11] Was die anzugebenden **Modalitäten** der Rechtsausübung betrifft, so erscheint die bloße Wiedergabe der Gläubigerschutzvorschriften nicht ausreichend. Vielmehr müssen die Gläubiger darüber ins Bild gesetzt werden, wie sie ihre Rechte geltend machen können.[12] Wegen der Details genügt gem. lit. c allerdings der Hinweis auf eine Stelle, bei der die Gläubiger kostenlos „erschöpfende" Auskünfte erhalten können. Hieraus ergibt sich zugleich ein entsprechenden **Auskunftsanspruch** gegen die Gesellschaft.[13] – Näher zu den Gläubigerrechten vgl. → Art. 24 Rn. 8 ff.

4. Modalitäten für die Ausübung der Minderheitsrechte (lit. d). Für diese Angabepflicht gilt das in → Rn. 6 Gesagte entsprechend. Die Vorschrift bezieht sich auf Art. 24 Abs. 1, sodass vor allem die sich aus §§ 6 und 7 SEAG ergebenden Rechte und die Art und Weise, wie sie geltend gemacht werden können, Gegenstand der Offenlegung sind (zu § 7 SEAG vgl. → Art. 20 Rn. 23 ff., → Art. 24 Rn. 13; zu § 6 SEAG → Art. 24 Rn. 13 ff.).

5. Firma und Sitz der SE. Auch diese Daten ergeben sich zwar bereits aus dem Verschmelzungsplan (Art. 20 Abs. 1 lit. a). Weil dieser indes nicht bekannt zu machen ist (§ 61 S. 2 UmwG), bedarf es einer entsprechenden Erweiterung der Bekanntmachungspflicht, um den grenzüberschreitenden Charakter der Verschmelzungsgründung zu verdeutlichen (→ Rn. 1). Die Angaben sind daher wiederum gesondert gem. § 5 SEAG zum Handelsregister einzureichen.

III. Verfahren der Bekanntmachung; Zeitpunkt

Das von der VO offengelassene Bekanntmachungsverfahren regelt **§ 5 SEAG** in Anlehnung an § 61 UmwG (→ Rn. 2). Demnach hat die deutsche Gründungsgesellschaft die Angaben zusammen mit dem Verschmelzungsplan in einem **besonderen Schriftstück** zum **Handelsregister** einzureichen, und zwar auch soweit sie sich bereits aus dem Verschmelzungsplan ergeben.[14] Dies erleichtert die sodann vom Gericht zu veranlassende Bekanntmachung in den Blättern gem. § 10 HGB, welche gem. § 61 S. 2 UmwG zunächst den Hinweis auf den Plan und ferner die Angaben gem. Art. 21 (§ 5 SEAG) beinhaltet.

---

[8] Ebenfalls Lutter/Hommelhoff/Teichmann/*Bayer* Rn. 4; *Schwarz* Rn. 9.
[9] So auch Lutter/Hommelhoff/Teichmann/*Bayer* Rn. 5; Habersack/Drinhausen/*Marsch-Barner* Rn. 3; *Schwarz* Rn. 10.
[10] So auch Lutter/Hommelhoff/Teichmann/*Bayer* Rn. 6; *Schwarz* Rn. 11.
[11] S. auch Lutter/Hommelhoff/Teichmann/*Bayer* Rn. 6; *Schwarz* Rn. 12.
[12] So auch Habersack/Drinhausen/*Marsch-Barner* Rn. 4; vgl. auch *Scheifele,* Die Gründung der SE, 2004, 189.
[13] *Scheifele,* Die Gründung der SE, 2004, 189.
[14] So auch Lutter/Hommelhoff/Teichmann/*Bayer* Rn. 9; im Sinne einer Empfehlung auch Habersack/Drinhausen/*Marsch-Barner* Rn. 13.

10 Ebenso wenig wie die VO das Verfahren der Offenlegung regelt, trifft sie eine Aussage über den **Zeitpunkt**. Durch Bezugnahme auf § 61 UmwG hat § 5 SEAG aber klargestellt („bei Einreichung ..."), dass die Angaben **vor Einberufung der Hauptversammlung** dem Register zu melden sind, in der über die Verschmelzungsgründung Beschluss gefasst werden soll. Da die Einberufung zur Hauptversammlung gem. § 123 Abs. 1 AktG mindestens 30 Tage vor dem Versammlungstag erfolgen muss, sind die Angaben also wenigstens **einen Tag vor dem Erscheinen der Einladung** in den Gesellschaftsblättern einzureichen.[15] Seit dem UMAG, das die alte Monatsfrist durch die jetzt geltende Frist von 30 Tagen ersetzt hat, ergibt sich allerdings ein gewisses Spannungsverhältnis zu (nunmehr) Art. 92 UAbs. 1 GesR-RL (früher Art. 6 UAbs. 1 RL 2011/35/EG), der an der Monatsfrist für die Offenlegung des Verschmelzungsplans festhält. Es sollten daher sicherheitshalber die jeweils längere Frist eingehalten werden.

Art. 22 [Unabhängige Sachverständige]

[1] Als Alternative zur Heranziehung von Sachverständigen, die für Rechnung jeder der sich verschmelzenden Gesellschaften tätig sind, können ein oder mehrere unabhängige Sachverständige im Sinne des Artikels 10 der Richtlinie 78/855/EWG, die auf gemeinsamen Antrag dieser Gesellschaften von einem Gericht oder einer Verwaltungsbehörde des Mitgliedstaats, dessen Recht eine der sich verschmelzenden Gesellschaften oder die künftige SE unterliegt, dazu bestellt wurden, den Verschmelzungsplan prüfen und einen für alle Aktionäre bestimmten einheitlichen Bericht erstellen.

[2] Die Sachverständigen haben das Recht, von jeder der sich verschmelzenden Gesellschaften alle Auskünfte zu verlangen, die sie zur Erfüllung ihrer Aufgabe für erforderlich halten.

Schrifttum: *Adolff,* Konkurrierende Bewertungssysteme bei der grenzüberschreitenden Verschmelzung von Aktiengesellschaften, ZHR 173 (2009), 67; *El Mahi,* Die Europäische Aktiengesellschaft, 2004; *Großfeld,* Europäische Unternehmensbewertung, NZG 2002, 353; *Henckel,* Rechnungslegung und Prüfung anlässlich einer grenzüberschreitenden Verschmelzung zu einer Societas Europaea (SE), DStR 2005, 1785; *Kalss,* Der Minderheitenschutz bei Gründung und Sitzverlegung der SE nach dem Diskussionsentwurf, ZGR 2003, 593; *Kiem,* Die Ermittlung der Verschmelzungswertrelation bei der grenzüberschreitenden Verschmelzung, ZGR 2007, 542; *Kulenkamp,* Die grenzüberschreitende Verschmelzung von Kapitalgesellschaften in der EU, 2009; *Scheifele,* Die Gründung der Europäischen Aktiengesellschaft, 2004; *J. Schmidt,* „Deutsche" vs. „britische" Societas Europaea (SE), 2006; *Stiegler,* Verzichtsmöglichkeiten bei der Verschmelzung von Aktiengesellschaften, AG 2019, 708; *Teichmann,* ECLR. Die Einführung der Europäischen Aktiengesellschaft, ZGR 2002, 383; *Teichmann,* ECLR, Minderheitenschutz bei Gründung und Sitzverlegung der SE, ZGR 2003, 367.

Übersicht

	Rn.		Rn.
I. Inhalt und Normzweck	1–3	1. Allgemeines; Inhalt	9
II. Bestellung der Prüfer (UAbs. 1)	4–8	2. Prüfungsbericht	10
1. Unabhängigkeit; Zulassung	4, 5	**IV. Auskunftsrecht der Verschmelzungsprüfer (UAbs. 2)**	11
2. Getrennte Prüfungsverfahren	6		
3. Gemeinsame Prüfung	7, 8	**V. Verantwortlichkeit der Verschmelzungsprüfer**	12
III. Inhalt der Prüfung; Prüfungsbericht	9, 10	**VI. Verschmelzungsbericht**	13–15

I. Inhalt und Normzweck

1 Der Verschmelzungsplan ist zweifelsohne sachverständig zu prüfen, worüber Bericht zu erstatten ist. Ob sich diese **Prüfungs- und Berichtspflicht** unmittelbar aus Art. 22 ergibt,[1]

---

[15] Vgl. nur Semler/Stengel/*Diekmann* UmwG § 61 Rn. 13 f.; Habersack/Drinhausen/*Marsch-Barner* Rn. 12; s. auch Neye/Teichmann AG 2003, 169 (173).
[1] So *Kalss* ZGR 2003, 593 (637); *Scheifele,* Die Gründung der SE, 2004, 191 f.; *Schwarz* Rn. 7.

oder ob sie aus § 9 UmwG iVm Art. 18 und damit mittelbar aus (nunmehr) Art. 96, 109 GesR-RL (früher RL 2011/35/EG, zuvor RL 78/855/EWG) folgt,[2] kann zwar letztlich dahinstehen.[3] Wortlaut und systematische Stellung der Vorschrift sprechen aber eher dafür, dass Art. 22 sich auf das Angebot **alternativer Prüfungsarten** beschränkt, insbesondere die gemeinsame Prüfung zulässt („Als Alternative ...").[4] Die Prüfungs- und Berichtspflicht als solche ergab sich nämlich schon aus Art. 10 RL 78/855/EWG (jetzt: Art. 96, 109 GesR-RL), sodass der Verordnungsgeber insofern von einer gemeinschaftsweiten Geltung ausgehen konnte. Und Entsprechendes gilt für die getrennte Prüfung bei jeder einzelnen Gründungsgesellschaft, einschließlich Unabhängigkeitsgebot und Auskunftsrechte der Prüfer (Art. 10 Abs. 1 S. 1, Abs. 3 RL 78/855/EWG). Demgegenüber war gerade die **gemeinsame Prüfung,** wie sie auch von § 10 Abs. 1 S. 2 UmwG zugelassen wird, auf Gemeinschaftsebene umstritten, sah doch der ursprüngliche SE-VO-Vorschlag noch ihr ausdrückliches Verbot vor.[5] Eine Klarstellung war auch deshalb erforderlich, weil die Richtlinie den Mitgliedstaaten in Art. 10 Abs. 1 S. 2 RL 78/855/EWG (jetzt: Art. 96 Abs. 1 S. 2 GesR-RL) lediglich ein Wahlrecht eröffnete, die gemeinsame Prüfung zuzulassen, sodass die gemeinschaftsweite Verbreitung dieser auch von deutschen Wirtschaftsverbänden geforderten Variante nicht gewährleistet war.

In Übereinstimmung mit Art. 96 Abs. 1 GesR-RL und Art. 31 Abs. 2 ist mit Selbstverständlichkeit davon auszugehen, dass die **Unabhängigkeit der Prüfer** in beiden Fällen gewährleistet sein muss, auch wenn Art. 22 sie nur für den gemeinsamen Antrag verlangt.[6] Diese – vermeintlich irreführende[7] – Beschränkung ist freilich nur konsequent, wenn man den Regelungsgehalt der Vorschrift so versteht wie hier beschrieben (→ Rn. 1) und ergibt folglich ein weiteres Argument für diese Interpretation. Auch der Normzweck (→ Rn. 3) verlangt im Übrigen nach Unabhängigkeit der Prüfer. Weil der Verschmelzungsbericht (→ Rn. 13) lückenhaft sein darf (vgl. § 8 Abs. 2 S. 1 UmwG), und die Aktionäre daher die Angemessenheit des Umtauschverhältnisses, das im Zentrum des Berichts steht, anhand des Plans nicht abschließend beurteilen können, ist es für ihren Schutz essentiell, dass die Prüfung durch unabhängige Sachverständige durchgeführt wird, die mit umfassenden Auskunfts- und Einsichtsrechten ausgestattet sind (UAbs. 2; → Rn. 11). 2

Die Prüfung dient somit vor allem dem **Schutz der Aktionäre.** Der Prüfungsbericht ist zentraler Baustein eines verschmelzungsspezifischen Minderheitenschutzes **durch Information,**[8] der im Übrigen durch *Verschmelzungsplan* (Art. 20) und *Verschmelzungsbericht* (→ Rn. 13) sowie durch die *Offenlegung* gem. Art. 21 gewährleistet wird. Die so erlangten Informationen sollen zum einen die sachgerechte Wahrnehmung des Stimmrechts in der Verschmelzungshauptversammlung gewährleisten, haben darüber hinaus aber auch selbstständigen Wert, insoweit ein fehlerhafter Bericht zur Anfechtbarkeit des Beschlusses bzw. zur Korrektur des Umtauschverhältnisses gem. § 6 SEAG führen kann (zu den Folgen fehlerhafter Verschmelzungsbeschlüsse → Art. 24 Rn. 1 ff., → Art. 25 Rn. 1 ff.). Soweit das Umtauschverhältnis berührt ist, wird der präventive Schutz durch Information mithin 3

---

[2] So Widmann/Mayer/*Heckschen* UmwG Anh. 14 Rn. 216; NK-SE/*Schröder* Rn. 1; BeckOGK/*Eberspächer* Rn. 1; *Teichmann* in Van Hulle/Maul/Drinhausen SE-HdB Abschnitt 4 § 2 Rn. 54; *Vetter* in Lutter/Hommelhoff EU-Gesellschaft 111, 119.

[3] So auch Lutter/Hommelhoff/Teichmann/*Bayer* Rn. 4; Habersack/Drinhausen/*Marsch-Barner* Rn. 2.

[4] In diesem Sinne *Neun* in Theisen/Wenz SE 108; *Teichmann* ZGR 2003, 367 (374); *Stiegler* AG 2019, 708 (713 f.).

[5] S. *Scheifele,* Die Gründung der SE, 2004, 194; zur Kritik am „Parteigutachter" s. auch *Ganske* DB 1981, 1551 (1553).

[6] So auch Lutter/Hommelhoff/Teichmann/*Bayer* Rn. 9; *Bayer* in Lutter/Hommelhoff EU-Gesellschaft 25, 40; Habersack/Drinhausen/*Marsch-Barner* Rn. 4; *Scheifele,* Die Gründung der SE, 2004, 194; *J. Schmidt,* „Deutsche" vs. „Britische" SE, 2006, 197 f.; BeckOGK/*Eberspächer* Rn. 1; *Teichmann* ZGR 2002, 383 (423 f.); nunmehr auch *Schwarz* Rn. 11 f.; aA noch *Schwarz* ZIP 2001, 1847 (1851).

[7] Vgl. etwa *Scheifele,* Die Gründung der SE, 2004, 194; *Schwarz* Art. 22 Rn. 11.

[8] *Teichmann* ZGR 2003, 367 (373 f.); *Kalss* ZGR 2003, 593 (618); BeckOGK/*Eberspächer* Rn. 2; *Scheifele,* Die Gründung der SE, 2004, 192; *Schwarz* Rn. 1; zu Art. 10 RL 78/855/EWG (jetzt: Art. 96 GesR-RL) auch *Ganske* DB 1981, 1551 (1553); *Habersack/Verse* EuropGesR § 8 Rn. 16 ff.

durch die Möglichkeit gem. § 6 SEAG ergänzt, das Umtauschverhältnis im Wege des **Spruchverfahrens** ex post kontrollieren bzw. korrigieren zu lassen (näher → Art. 24 Rn. 12 ff.). Die Verfahren führen in der Praxis sehr häufig zum Erfolg.[9] – Zum ausnahmsweisen **Verzicht** auf die Verschmelzungsprüfung gem. Art. 31 vgl. → Art. 31 Rn. 1 ff.

II. Bestellung der Prüfer (UAbs. 1)

4 **1. Unabhängigkeit; Zulassung.** Nach dem Normzweck (→ Rn. 3) ist eindeutig, dass nur **unabhängige** Prüfer bestellt werden dürfen (→ Rn. 2). Es gelten daher gem. Art. 18 für die Auswahl der Prüfer **§§ 11 UmwG, 319 f. HGB.**[10] Die Unabhängigkeit der Prüfer wird demnach zum einen durch die Beschränkung des in Betracht kommenden Personenkreises (§ 319 Abs. 1 HGB), insbesondere auf Wirtschaftsprüfer, zum anderen durch die Ausschlussgründe nach § 319 Abs. 2, 3 HGB und im Übrigen durch gerichtliche Bestellung gewährleistet, die nunmehr einheitlich für beide Varianten erforderlich ist.[11]

5 Was die **Herkunft** der Prüfer betrifft, so gelten für die getrennte Prüfung bei einer deutschen Gründungsgesellschaft die allgemeinen Regeln des Umwandlungsrechts, sodass die Prüfer in Deutschland zum Beruf zugelassen sein müssen. Demgegenüber ist die Frage bei der gemeinsamen Prüfung nicht so eindeutig zu entscheiden. Frühere Entwürfe der SE-VO hatten noch ausdrücklich regeln wollen, dass die berufliche Zulassung in einem der Mitglied- bzw. Sitzstaaten ausreiche.[12] Art. 22 lässt hiervon zwar nichts mehr erkennen; weil aber in materieller Hinsicht die Anforderungen sämtlicher Rechtsordnungen zu beachten sind, denen die Gründungsgesellschaften unterliegen (→ Rn. 8), können konsequentermaßen Prüfer mit beruflicher **Zulassung in jedem der Staaten** bestellt werden, in denen die Gründungsgesellschaften ihren Sitz haben (bzw. dessen Recht sie unterliegen).[13]

6 **2. Getrennte Prüfungsverfahren.** Zur Prüferbestellung bei getrennten Prüfungen in jeder einzelnen Gründungsgesellschaft äußert sich Art. 22 entsprechend seinem Regelungsgehalt nicht (→ Rn. 1). Art. 22 erwähnt diese Variante („Heranziehung von Sachverständigen, die …") nur, um die gemeinsame Prüfung hiervon deutlich abzugrenzen. Es gilt gem. Art. 18 daher für die deutsche Gründungsgesellschaft (bei allen Verschmelzungen) § 10 Abs. 1 UmwG, sodass nach der Neufassung des UmwG die Bestellung nur noch auf Antrag des Vorstands (§ 10 Abs. 1 S. 1 UmwG) durch das gem. § 10 Abs. 2 UmwG zuständige Landgericht erfolgen kann.[14]

7 **3. Gemeinsame Prüfung.** Für die gemeinsame Prüfung bestimmt Art. 22 UAbs. 1 in Übereinstimmung mit Art. 96 Abs. 1 S. 2 GesR-RL, dass der oder die Sachverständige(n) auf gemeinsamen Antrag „dieser", also sämtlicher Gründungsgesellschaften „von einem Gericht oder einer Verwaltungsbehörde" bestellt wird (werden). Ebenso wie die GesR-RL lässt Art. 22 also die Bestellung „zugelassener"[15] Prüfer unmittelbar durch die Vorstände nicht ausreichen. Weil Deutschland vom Wahlrecht nach Art. 10 Abs. 1 S. 2 RL 78/855/EWG seinerzeit Gebrauch gemacht und die gemeinsame Prüfung der Verschmelzung allgemein zugelassen hat (§ 10 Abs. 1 S. 2 UmwG), findet sich die nähere Ausgestaltung des

---

[9] *Dörfler/Gahler/Unterstrasser/Winrichs* BB 1994, 156 (160): durchschnittliche Erhöhung der Abfindungsangebote um 34%; vgl. auch *Teichmann* ZGR 2003, 367 (382), 385.
[10] So auch Lutter/Hommelhoff/Teichmann/*Bayer* Rn. 10; *J. Schmidt*, „Deutsche" vs. „Britische" SE, 2006, 198; BeckOGK/*Eberspächer* Rn. 3. Dazu iE Lutter/*Drygala* UmwG § 11 Rn. 3 f.; Semler/Stengel/*Zeidler* UmwG § 11 Rn. 2 ff.
[11] Vgl. zu Bemühungen, die Unabhängigkeit der Prüfer weiter zu stärken, etwa Arbeitskreis Bilanzrecht der Hochschullehrer Rechtswissenschaft DB 2002, 2663 (2664).
[12] Art. 15 Abs. 2 S. 1 SE-VO-Vorschlag 1970 und 1975 bzw. Art. 21 Abs. 4 SE-VO-Vorschlag 1991; näher *Scheifele,* Die Gründung der SE, 2004, 200.
[13] In diesem Sinne auch *Scheifele,* Die Gründung der SE, 2004, 200 f.; *Schwarz* Art. 22 Rn. 25.
[14] Zur Geltung des § 10 Abs. 1 S. 1 UmwG s. nur Lutter/*Grunewald* UmwG § 60 Rn. 1; Lutter/*Grunewald* UmwG § 73 Rn. 8.
[15] Unter „Zulassung" versteht Art. 10 Abs. 1 S. 1 RL 78/855/EWG (jetzt: Art. 96 Abs. 1 S. 1 GesR-RL) die allgemeine Erlaubnis zur Prüfung, vgl. *Ganske* DB 1981, 1551 (1553).

Verfahrens nicht im SEAG; vielmehr ist gem. Art. 18 die Vorschrift des § 10 Abs. 1 S. 1 UmwG anwendbar, sodass der **Antrag** durch **die Vorstände sämtlicher Gründungsgesellschaften** bei dem nach § 10 Abs. 2 UmwG zuständigen **Landgericht** zu stellen ist.[16]

Ob der Antrag in Deutschland gestellt wird, hängt jedoch von der freien Entscheidung 8 der Beteiligten ab; denn nach Art. 22 Abs. 1 kann der Antrag **in jedem Staat** gestellt werden, dessen Recht einer der Gründungsgesellschaften unterliegt. Ob es sich um eine übertragende oder die aufnehmende Gesellschaft handelt, ist daher belanglos. Insofern haben die Vorstände der Gründungsgesellschaften also die (begrenzte) Möglichkeit zur **Rechtswahl**. Sie betrifft sowohl das Antrags- und ggf. das Rechtsmittelverfahren (vgl. § 10 Abs. 2 S. 1 UmwG) als auch die – durch den damaligen Art. 10 RL 78/855/EWG vereinheitlichten – materiellen Regeln zur Prüferauswahl (→ Rn. 4). Demgegenüber besteht **keine Wahlmöglichkeit** hinsichtlich der materiellen Anforderungen an **Gegenstand und Inhalt der Prüfung**,[17] wie es noch Art. 21 Abs. 4 S. 2 SE-VO-Vorschlag 1989 vorgesehen hatte. Da insbesondere die Grundsätze zur Unternehmensbewertung in den einzelnen Mitgliedstaaten wesentlich voneinander abweichen können,[18] kann insofern nicht allein das Recht des Verfahrensstaates gelten, weil das Wahlrecht anderenfalls mit erheblichen Missbrauchsrisiken zu Lasten der Aktionäre belastet wäre. Vielmehr ist den Vorgaben sämtlicher **Gesellschaftsstatuten** gerecht zu werden; diese gelten also **kumulativ;**[19] speziell für die Prüfung (und Ermittlung) des angemessenen Umtauschverhältnisses gilt auch wiederum das – europarechtlich beeinflusste – Gebot der **eingeschränkten Kumulation,** freilich nur außerhalb des „Sonderschutzbereichs" des Art. 24 Abs. 2.[20] Für die Prüfung des Umtauschverhältnisses, einer Zuzahlung oder der Abfindung können jedenfalls keine anderen Regeln gelten als für die Festlegung durch den jeweiligen Vorstand (→ Art. 20 Rn. 15). Und auch die notwendig getrennten Verfahren zur Rechtmäßigkeitskontrolle gem. Art. 25 Abs. 1 ließen sich kaum sinnvoll durchführen, wenn nicht die jeweils geltenden nationalen Anforderungen berücksichtigt werden, zumal dem Prüfungsbericht insofern eine wesentliche Bedeutung zukommt (vgl. § 17 Abs. 1 UmwG). Allemal bleibt es den Beteiligten unbenommen, sich auf **einheitliche Standards** für Bemessung und Prüfung insbesondere des Umtauschverhältnisses zu verständigen, die den Anforderungen aller beteiligten Rechtsordnungen genügen.

III. Inhalt der Prüfung; Prüfungsbericht

1. Allgemeines; Inhalt. Die SE-VO enthält **keine Vorschriften** zum Inhalt der Prü- 9 fung. Es gelten daher gem. Art. 18 für die deutsche Gründungsgesellschaft insbesondere die §§ 60, 73 UmwG iVm **§ 12 UmwG** und die hierzu anerkannten Grundsätze.[21] Allgemein dient die Verschmelzungsprüfung demnach der umfassenden Kontrolle des Verschmelzungsplans auf inhaltliche Richtigkeit und Vollständigkeit. Der Verschmelzungsbericht ist nach hM zu § 9 UmwG nicht Gegenstand der Prüfung.[22] Aus Sicht der Aktionäre steht dabei die Prüfung des geplanten Umtauschverhältnisses und eventueller barer Zuzahlungen im

---

[16] So etwa auch Lutter/Hommelhoff/Teichmann/*Bayer* Rn. 8; *Henckel* DStR 2005, 1785 (1791); BeckOGK/*Eberspächer* Rn. 3; *J. Schmidt*, „Deutsche" vs. „Britische" SE, 2006, 197; *Kiem* ZGR 2007, 542 (565). Wegen der Form vgl. § 25 Abs. 1 FamFG: Schriftform oder Erklärung zur Niederschrift der Geschäftsstelle.
[17] Ebenso BeckOGK/*Eberspächer* Rn. 3 f.; *Schwarz* Rn. 19; aA Lutter/Hommelhoff/Teichmann/*Bayer* Rn. 6; *Kiem* ZGR 2007, 542 (566).
[18] Vgl. *Großfeld* NZG 2002, 353; *Kiem* ZGR 2007, 542 (561 f.).
[19] Überzeugend *Scheifele*, Die Gründung der SE, 2004, 198; *Schwarz* Rn. 19; BeckOGK/*Eberspächer* Rn. 3; MüKoBGB/*Kindler* IntGesR Rn. 809; aA Lutter/Hommelhoff/Teichmann/*Bayer* Rn. 6, der die Missbrauchsbedenken für unbegründet hält; ebenso Habersack/Drinhausen/*Marsch-Barner* Rn. 9; *J. Schmidt*, „Deutsche" vs. „Britische" SE, 2006, 196 f.
[20] Überzeugend und näher dazu *Adolff* ZHR 173 (2009), 67 (84 ff.).
[21] Dazu iE Lutter/*Drygala* UmwG § 12 Rn. 3 ff.; vgl. zum Anwendungsbereich auch Lutter/*Drygala* UmwG § 9 Rn. 5 ff.; Semler/Stengel/*Zeidler* UmwG § 12 Rn. 8 ff.
[22] S. nur Lutter/*Drygala* UmwG § 9 Rn. 13 mwN; Habersack/Drinhausen/*Marsch-Barner* Rn. 17; Widmann/Mayer/*Mayer* UmwG § 9 Rn. 18, 33; Semler/Stengel/*Zeidler* UmwG § 9 Rn. 18; aA *Bayer* ZIP 1997, 1613 (1621) und für die SE Lutter/Hommelhoff/Teichmann/*Bayer* Rn. 14.

Vordergrund. Demgegenüber erstreckt sich die Prüfung nicht auf die wirtschaftliche Zweckmäßigkeit der Verschmelzung. Die Regeln des deutschen Umwandlungsrechts sind auch für die gemeinsame Prüfung (mit) zu beachten, zumal insofern die Rechtsordnungen aller beteiligten Gründungsgesellschaften kumulativ zu berücksichtigen sind (→ Rn. 8) und Art. 22 Abs. 1 ausdrücklich einen einheitlichen Prüfungsbericht verlangt.

10 2. **Prüfungsbericht.** Auch zum Prüfungsbericht und seinem Aufbau macht die SE-VO, abgesehen vom Erfordernis des **einheitlichen Berichts** für den Fall der gemeinsamen Prüfung (UAbs. 1), **keine Vorgaben,** sodass über Art. 18 wiederum §§ 60, 73 UmwG iVm **§ 12 UmwG** zur Anwendung kommt, und zwar auch bei der gemeinsamen Prüfung (→ Rn. 9 aE). Der Bericht hat insbesondere die Angemessenheit des Umtauschverhältnisses und einer eventuellen Zuzahlung zu bestätigen und orientiert sich im Übrigen inhaltlich am Verschmelzungsbericht nach § 8 UmwG (→ Rn. 13).[23]

IV. Auskunftsrecht der Verschmelzungsprüfer (UAbs. 2)

11 Nach Art. 22 UAbs. 2 können die zur Prüfung berufenen Sachverständigen von jeder der sich verschmelzenden Gesellschaften sämtliche Auskünfte verlangen, die sie zur Erfüllung ihrer Aufgaben für erforderlich halten.[24] Mit dieser gegenüber den Art. 21 Abs. 3 SE-VO 1989 und 1991, Art. 23 Abs. 4 SE-VO 1975 und dem ehemaligen Art. 10 Abs. 3 RL 78/855/EWG sprachlich abgeänderten Fassung ist jedoch inhaltlich keine Einschränkung des Auskunftsrechts der Verschmelzungsprüfer verbunden. Insbesondere spricht nicht gegen ein **umfassendes Informationsrecht,** dass nach dem Wortlaut des Art. 22 UAbs. 2 lediglich „erforderliche" und keine „zweckdienlichen" Auskünfte verlangt werden können.[25] Das ergibt sich schon aus dem Tatbestandsmerkmal der „Auskünfte", welches als Oberbegriff nicht nur verbale Informationen umfasst, sondern sich auch auf die Anforderung von Unterlagen und die Vornahme eigener Nachprüfungen erstreckt.[26] Anderenfalls wäre die Prüfungsaufgabe nicht sachgerecht zu bewältigen.[27] Im Ergebnis unterliegt daher das umfassende Auskunftsrecht lediglich den allgemeinen Schranken durch Treu und Glauben (§ 242 BGB) und dem Schikaneverbot.[28]

V. Verantwortlichkeit der Verschmelzungsprüfer

12 Die Haftung der Verschmelzungsprüfer für Mängel des Verschmelzungsprüfungsberichtes richtet sich über den Verweis des Art. 18 nach **§ 11 Abs. 2 UmwG iVm § 323 HGB,** sofern auf den zu verschmelzenden Rechtsträger deutsches Recht Anwendung findet oder ein gemeinsamer Prüfungsbericht durch einen von einem deutschen Gericht bestellten Prüfer gefertigt wird. Dem transnationalen Gedanken der SE wird man in diesem Fall zusätzlich durch eine entsprechende Anwendung des § 11 Abs. 2 S. 2 UmwG Rechnung tragen müssen und eine einheitliche Verantwortlichkeit gegenüber allen an der Verschmelzung beteiligten Rechtsträgern und deren Anteilsinhabern befürworten.[29] In diesem Fall beurteilt sich auch die strafrechtliche Verantwortlichkeit über Art. 18 einheitlich nach §§ 314, 315 UmwG.

---

[23] Vgl. zum Aufbau des Prüfungsberichts näher Lutter/*Drygala* UmwG § 12 Rn. 3 ff.; Semler/Stengel/*Zeidler* UmwG § 12 Rn. 6, 15.

[24] Ebenso Kalss/Hügel/*Hügel* SEG § 18 Rn. 10; Habersack/Drinhausen/*Marsch-Barner* Rn. 14.

[25] So auch Lutter/Hommelhoff/Teichmann/*Bayer* Rn. 11; Widmann/Mayer/*Heckschen* UmwG Anh. 14 Rn. 218; *Henckel* DStR 2005, 1785 (1791); *J. Schmidt,* „Deutsche" vs. „Britische" SE, 2006, 199; BeckOGK/*Eberspächer* Rn. 5; nunmehr auch *Schwarz* Rn. 32; anders noch *Schwarz* ZIP 2001, 1851.

[26] So auch *Neun* in Theisen/Wenz SE 115.

[27] Vgl. hierzu *Scheifele,* Die Gründung der SE, 2004, 203, 204; *Jannott* in Jannott/Frodermann SE-HdB Kap. 3 Rn. 61; *Teichmann* ZGR 2002, 383 (424); vgl. aber auch Habersack/Drinhausen/*Marsch-Barner* Rn. 14 mit dem (zutr.) Hinweis, dass der Prüfer die Information für die Durchführung der Prüfung objektiv für erforderlich halten muss.

[28] So auch *Henckel* DStR 2005, 1785 (1791); etwas weiter Lutter/Hommelhoff/Teichmann/*Bayer* Rn. 12; *J. Schmidt,* „Deutsche" vs. „Britische" SE, 2006, 199 f. Vgl. auch Widmann/*Mayer* UmwG § 11 Rn. 25 ff.; vgl. Semler/Stengel/*Zeidler* UmwG § 11 Rn. 8 ff.

[29] Vgl. *Neun* in Theisen/Wenz SE 115 f.; Lutter/*Drygala* UmwG § 11 Rn. 7 f.

VI. Verschmelzungsbericht

Auch wenn die SE-VO in ihrer aktuellen Fassung, anders als die RL 2005/56/EG (heute: **13** GesR-RL) bzw. § 122e UmwG, nicht ausdrücklich die Pflicht der Gründungsgesellschaft zur Erstellung eines Verschmelzungsberichts vorsieht,[30] ergibt sich eine solche Pflicht nach ganz hM für deutsche SE-Gründungsgesellschaften über **Art. 18 aus § 8 UmwG**.[31] Art. 31 Abs. 2 S. 1, der einen Bericht des Leitungsorgans als selbstverständlich voraussetzt, lässt deutlich erkennen, dass die VO die Berichtspflichten nicht abschließend bestimmt.[32] Auch für die Holding-Gründung ist ein erläuternder Bericht nach Art. 32 Abs. 2 S. 2 erforderlich. Der Bericht ist durch den **Vorstand** als Gemeinschaftsaufgabe zu verfassen und von allen Mitgliedern zu unterzeichnen.[33] Der **Inhalt** des Berichts ergibt sich aus § 8 UmwG.[34] Sein Ziel ist es, den Aktionären ausreichende Informationen zu verschaffen, damit diese im Wege einer Plausibilitätskontrolle beurteilen können, ob die Verschmelzung wirtschaftlich sinnvoll und rechtmäßig ist.[35] Insbesondere muss hierfür der Verschmelzungsplan in seinen Einzelheiten, vor allem aber das Umtauschverhältnis erläutert werden. Auch das Verfahren der Arbeitnehmerbeteiligung ist zu erläutern.[36] Der Bericht ist gem. § 63 Abs. 1 Nr. 4 UmwG einen Monat vor der Einberufung der Hauptversammlung, die über die Zustimmung gem. Art. 23 beschließen soll, in den Geschäftsräumen der Gesellschaft zur Einsicht **auszulegen**.

§ 8 Abs. 1 S. 1 Hs. 2 UmwG lässt zwar auch einen **gemeinsamen Bericht** der zu **14** verschmelzenden Gesellschaften zu. Doch kommt er bei der SE-Verschmelzungsgründung naturgemäß nur in Betracht, wenn ihn auch das auf die ausländische Gründungsgesellschaft anwendbare Recht vorsieht.[37] Dies ist keineswegs selbstverständlich, zumal Art. 95 Abs. 1 GesR-RL diese Berichtsvariante nicht enthält. Selbst wenn der gemeinsame Bericht danach zulässig ist, mag man seinen praktischen Nutzen durchaus bezweifeln. Denn die Pflicht zur kumulativen Berücksichtigung der Anforderungen sämtlicher beteiligter Rechtsordnungen erhöht nicht eben die Übersichtlichkeit, ganz abgesehen von dem erheblichen zusätzlichen Abstimmungsaufwand bei der Erstellung.[38]

Der Bericht ist **ausnahmsweise entbehrlich**, wenn entweder eine 100%ige Tochter **15** auf die Muttergesellschaft verschmolzen wird (→ Art. 31 Rn. 2 ff.) oder sämtliche Aktionäre der deutschen Gründungsgesellschaft auf ihn gem. § 8 Abs. 3 S. 1 UmwG verzichten.[39] Auf den Verzicht der Aktionäre der ausländischen Gründungsgesellschaft kommt es insofern nicht an,[40] weil sich § 8 Abs. 3 S. 1 UmwG naturgemäß nur auf deutsche Gesellschaften bezieht und das für die übrigen Gründungsgesellschaften aus ausländischen Parallelnormen folgende Berichtserfordernis selbstverständlich unberührt lässt. Der wirk-

---

[30] Anders noch SE-VO-Vorschlag 1991.
[31] Lutter/Hommelhoff/Teichmann/*Bayer* Art. 20 Rn. 29; *Bayer* in Lutter/Hommelhoff EU-Gesellschaft 25, 39; *Jannott* in Jannott/Frodermann SE-HdB Kap. 3 Rn. 55; *Neun* in Theisen/Wenz SE 98; *J. Schmidt*, „Deutsche" vs. „Britische" SE, 2006, 183; *Schwarz* Art. 20 Rn. 57; BeckOGK/*Eberspächer* Rn. 6; *Teichmann* ZGR 2002, 383 (423); *Vetter* in Lutter/Hommelhoff EU-Gesellschaft 111, 119; *Walden/Meyer-Landrut* DB 2005, 2119 (2125).
[32] Ebenso Kalss/Hügel/*Hügel* SEG § 18 Rn. 14.
[33] Vgl. *Jannott* in Jannott/Frodermann SE-HdB Kap. 3 Rn. 55; abw. Lutter/*Drygala* UmwG § 8 Rn. 6 f.
[34] Dazu näher Lutter/*Drygala* UmwG § 8 Rn. 11 f.; Semler/Stengel/*Gehling* UmwG § 8 Rn. 11 f.
[35] Bei der internationalen Verschmelzung hat der dort durch Art. 7 RL 2005/56/EG (jetzt: Art. 124 GesR-RL) bzw. § 122e UmwG vorgegebene Bericht demgegenüber auch die Funktion, die Arbeitnehmer zu informieren, vgl. *Kulenkamp*, Die grenzüberschreitende Verschmelzung von Kapitalgesellschaften in der EU, 2008, 219 f.
[36] Vgl. *Jannott* in Jannott/Frodermann SE-HdB Kap. 3 Rn. 56.
[37] So auch Lutter/Hommelhoff/Teichmann/*Bayer* Art. 20 Rn. 30; *J. Schmidt*, „Deutsche" vs. „Britische" SE, 2006, 183 f.; *Schwarz* Rn. 59; iErg auch BeckOGK/*Eberspächer* Rn. 6, der die Zulässigkeit jedoch mit einer Analogie zu Art. 22 Abs. 1 begründet; aA *El Mahi*, Die Europäische Aktiengesellschaft, 2004, 42.
[38] *Jannott* in Jannott/Frodermann SE-HdB Kap. 3 Rn. 55.
[39] Ebenso *Neun* in Theisen/Wenz SE 99 s. ferner *Stiegler* AG 2019, 708 (713); aA *Jannott* in Jannott/Frodermann SE-HdB Kap. 3 Rn. 55.
[40] So auch Lutter/Hommelhoff/Teichmann/*Bayer* Art. 20 Rn. 31; Widmann/Mayer/*Heckschen* UmwG Anh. 14 Rn. 217; *J. Schmidt*, „Deutsche" vs. „Britische" SE, 2006, 202; *Schwarz* Art. 20 Rn. 61; abw. aber *Jannott* in Jannott/Frodermann SE-HdB Kap. 3 Rn. 55.

same Verzicht bei einer Gesellschaft lässt die Berichtspflicht für die übrigen selbst dann nicht entfallen, wenn ein gemeinsamer Bericht ausnahmsweise zulässig wäre (→ Rn. 14). Der **Verzicht** bedarf gem. § 8 Abs. 3 S. 2 UmwG **notarieller Beurkundung.**[41] Er ist zusätzlich nach Art. 21 bekannt zu machen, wodurch allerdings der Hinweis nach Art. 21 lit. d entbehrlich wird.

Art. 23 [Zustimmung zum Verschmelzungsplan]

(1) Die Hauptversammlung jeder der sich verschmelzenden Gesellschaften stimmt dem Verschmelzungsplan zu.

(2) ¹Die Beteiligung der Arbeitnehmer in der SE wird gemäß der Richtlinie 2001/86/EG festgelegt. ²Die Hauptversammlung jeder der sich verschmelzenden Gesellschaften kann sich das Recht vorbehalten, die Eintragung der SE davon abhängig zu machen, dass die geschlossene Vereinbarung von ihr ausdrücklich genehmigt wird.

Schrifttum: *Brandes,* Cross Border Merger mittels der SE, AG 2005, 177; *El Mahi,* Die Europäische Aktiengesellschaft, 2004; *Heckschen,* Die Europäische AG aus notarieller Sicht, DNotZ 2003, 251; *Hoops,* Die Mitbestimmungsvereinbarung in der Europäischen Aktiengesellschaft, 2009; *Kalss,* Der Minderheitenschutz bei Gründung und Sitzverlegung der SE nach dem Diskussionsentwurf, ZGR 2003, 593; *Kiem,* Vereinbarte Mitbestimmung und Verhandlungsmandat der Unternehmensleitung, ZHR 171 (2007), 713; *Oplustil,* Selected problems concerning formation of a holding SE (societas europaea), German Law Journal, Vol. 4/2 (Febr. 2003) Nr. 18, 107; *Scheifele,* Die Gründung einer Europäischen Aktiengesellschaft, 2004; *Rieble/Junker,* Vereinbarte Mitbestimmung in der SE, ZAAR-Schriftenreihe Bd. 12, 2008; *J. Schmidt,* „Deutsche" vs. „britische" Societas Europaea (SE), 2006; *Spitzbart,* Die Europäische Aktiengesellschaft (Societas Europaea – SE) – Aufbau der SE und Gründung, RNotZ 2006, 369; *Teichmann,* Die Einführung der Europäischen Aktiengesellschaft, ZGR 2002, 383; *Vossius,* Gründung und Umwandlung der deutschen SE, ZIP 2005, 741; *Walden/Meyer-Landrut,* Die grenzüberschreitende Verschmelzung zu einer Europäischen Gesellschaft: Beschlussfassung und Eintragung, DB 2005, 2619.

Übersicht

	Rn.		Rn.
I. Inhalt und Normzweck	1–3	4. Nachgründungsbericht des Aufsichtsrats (§ 52 Abs. 3 AktG)	8
II. Die Zustimmung zum Verschmelzungsplan (Abs. 1)	4–8	III. Zustimmungsvorbehalt hinsichtlich der Arbeitnehmerbeteiligung (Abs. 2 S. 2)	9–13
1. Allgemeines; Beschlusserfordernis	4		
2. Vorbereitung; Beschlussfassung	5, 6	1. Inhalt und Zweck des Vorbehalts	9, 10
3. Formelle Beschlussvoraussetzung (§ 76 Abs. 1 UmwG)	7	2. Verfahren; Mehrheitserfordernis	11, 12
		3. Wirkung des Vorbehaltsbeschlusses	13

I. Inhalt und Normzweck

1 Der einheitliche Verschmelzungsplan wird erst wirksam, wenn die Hauptversammlungen sämtlicher Gründungsgesellschaften zugestimmt haben. Dieses Zustimmungserfordernis als den zentralen Aspekt eines **Minderheitenschutzes durch Mitentscheidung** auch für die SE-Gründung festzuschreiben, ist Aufgabe des Art. 23 **Abs. 1;** das Zustimmungserfordernis ist seinem Zweck entsprechend **zwingend,** anders als dasjenige nach Abs. 2 also nicht verzichtbar.[1] Das entspricht vollauf der Regelung in Art. 93 Abs. 1 UAbs. 1 S. 1 GesR-RL (früher RL 2011/35/EG; zuvor RL 78/855/EWG), dessen Zustimmungserfordernis auf dem Grundlagencharakter schon der gewöhnlichen Verschmelzung beruht.[2] Er trifft erst recht auf die Verschmelzungsgründung einer SE zu, die mit einer Sitzverlegung der übertragenden Gesellschaft ins Ausland verbunden ist.

---

[41] Kalss/Hügel/*Hügel* SEG § 20 Rn. 16 ff.
[1] Unstr., vgl. nur *Scheifele,* Die Gründung der SE, 2004, 206; Habersack/Drinhausen/*Marsch-Barner* Rn. 3.
[2] Dazu nur Lutter/*Drygala* UmwG § 13 Rn. 4; Lutter/*Grunewald* UmwG § 65 Rn. 4.

Die Regelung des **Abs. 2** will gleichfalls die **Mitentscheidung der Aktionäre** 2 gewährleisten und zwar in Bezug auf die für die SE geltende Mitbestimmungsregelung. Sie stellt den Aktionären anheim, das konkrete Mitbestimmungsmodell im Verschmelzungsbeschluss von einer – weiteren – Zustimmung der Hauptversammlung(en) abhängig zu machen (Abs. 2 S. 2). Demgegenüber enthält **S. 1** lediglich einen überflüssigen Hinweis auf die Beteiligungs-RL.[3] Eine frühere Zustimmung der Hauptversammlungen, namentlich im Rahmen des Zustimmungsbeschlusses gem. Abs. 1, begegnet zumindest praktischen Schwierigkeiten, weil das Verhandlungsverfahren zur Arbeitnehmermitbestimmung plangemäß erst nach Offenlegung des Verschmelzungsplans in Gang gesetzt wird (Art. 3 Beteiligungs-RL) und daher bei der Beschlussfassung über den Plan häufig noch nicht beendet sein wird.[4] Die Mitentscheidung wird deshalb im Wege eines **Zustimmungsvorbehalts** gewährleistet, also nur insoweit, als die Aktionäre eine erneute Mitentscheidung – mehrheitlich – wünschen (→ Rn. 9). Es handelt sich mithin um einen Kompromiss zwischen dem Aktionärsschutz durch Mitsprache auf der einen Seite und andererseits dem Interesse der Gesellschaft, eine vielleicht überflüssige Verlängerung des Gründungsverfahrens zu vermeiden. Insbesondere bei Publikumsgesellschaften in Streubesitz ist eine zusätzliche Versammlung problematisch: Die Einberufung einer außerordentlichen Versammlung ist umständlich und teuer; das Abwarten bis zur nächsten ordentlichen Versammlung verzögert das Verfahren erheblich. Diesem Problem kann mit einem in der Satzung verankerten **Zustimmungsvorbehalt** zu Gunsten **des Aufsichtsrats** gem. § 111 Abs. 4 S. 2 AktG abgeholfen werden.[5] Bedenken, eine solche Kompetenzzuweisung könnte unvereinbar sein mit Art. 23 Abs. 2 S. 2,[6] sind unbegründet. Weil auf die Zustimmung, anders als bei Abs. 1, insgesamt verzichtet werden kann, ist erst recht auch die sachgerechte Verlagerung der Genehmigungszuständigkeit auf den Aufsichtsrat mit dem Aktionärsschutz vereinbar, sofern er nur auf dem mehrheitlichen Willen der Aktionäre beruht. Dies gilt umso mehr, als die Verankerung der Zustimmung in der Satzung gem. § 111 Abs. 4 S. 2 AktG gleichfalls einer Dreiviertelmehrheit bedarf (§ 179 Abs. 2 S. 1 AktG). Ideal ist eine solche Lösung aber dann nicht, wenn der Aufsichtsrat mitbestimmt ist, weil dann handfeste Interessenkonflikte drohen.[7] Falls also das Mitbestimmungsverfahren nicht schon vor Zustimmung der Hauptversammlung durchgeführt werden kann,[8] erscheint ein **bedingter Gründungsbeschluss** vorzugswürdig, der die Zustimmung zum Gründungsplan davon abhängig macht, ob die Verwaltung in der Mitbestimmung bestimmte, klar definierte Ziele erreicht *oder* der Auffangregelung zum Durchbruch verhilft.[9]

---

[3] In diesem Sinne auch Lutter/Hommelhoff/Teichmann/*Bayer* Rn. 3; *Schwarz* Rn. 23; BeckOGK/*Eberspächer* Rn. 2.

[4] Vgl. Kalss/Hügel/*Hügel* SEG § 19 Rn. 8; Habersack/Drinhausen/*Marsch-Barner* Rn. 2 – das schließt einen früheren Beginn des Verfahrens nicht aus, vgl. Lutter/Hommelhoff/Teichmann/*Bayer* Rn. 3 Fn. 8; Oetker in Lutter/Hommelhoff EU-Gesellschaft 277, 292; *Vossius* ZIP 2005, 741 (743) m. Fn. 20; aA *Brandes* AG 2005, 177 (178 ff.).

[5] So mit Recht *Teichmann* ZGR 2002, 383 (430); zust. *Scheifele*, Die Gründung der SE, 2004, 218; Habersack/Drinhausen/*Marsch-Barner* Rn. 24; BeckOGK/*Eberspächer* Rn. 8; aA, weil nicht ausdrücklich von der VO gedeckt, Lutter/Hommelhoff/Teichmann/*Bayer* Rn. 21; Widmann/Mayer/*Heckschen* UmwG Anh. 14 Rn. 242; *Jannott* in Jannott/Frodermann SE-HdB Kap. 3 Rn. 86; *El Mahi*, Die Europäische Aktiengesellschaft, 2004, 45 Fn. 259; *Neun* in Theisen/Wenz SE 132 f.; diff. *Kiem* ZHR 171 (2007), 713 (724 f.), der die Delegation nur für den mitbestimmten Aufsichtsrat ablehnt.

[6] *Neun* in Theisen/Wenz SE 133; dem folgend Lutter/Hommelhoff/Teichmann/*Bayer* Rn. 21; Widmann/Mayer/*Heckschen* UmwG Anh. 14 Rn. 242; *Jannott* in Jannott/Frodermann SE-HdB Kap. 3 Rn. 85; *El Mahi*, Die Europäische Aktiengesellschaft, 2004, 45 Fn. 259.

[7] Insoweit zutr. *Kiem* ZHR 171 (2007), 713 (717 f., 724).

[8] Zur Möglichkeit eines frühen Beginns des Verhandlungsverfahrens vgl. Lutter/Hommelhoff/Teichmann/*Bayer* Rn. 3 Fn. 8; *Jannott* in Jannott/Frodermann SE-HdB Kap. 3 Rn. 86; *Oetker* in Lutter/Hommelhoff EU-Gesellschaft 277, 292; Habersack/Drinhausen/*Scholz* Art. 32 Rn. 109; *Vossius* ZIP 2005, 741 (743) m. Fn. 20; aA *Brandes* AG 2005, 177 (184); dazu auch → SEBG § 4 Rn. 6.

[9] Näher *Schäfer* in Rieble/Junker, ZAAR-Schriftenreihe, Bd. 12, 2008, 13, 33 f.; s. auch den Hinweis bei Habersack/Drinhausen/*Marsch-Barner* Rn. 2: legitimes Bedürfnis, die Gründung bei Abweichungen noch ganz zu stoppen.

3 Sowohl Zustimmungsrecht nach Abs. 1 als auch Zustimmungsvorbehalt nach Abs. 2 S. 2 werden nur **lückenhaft** geregelt; es **fehlt** jede Äußerung zum Beschlussverfahren und insbesondere auch zur **Beschlussmehrheit.** Insofern weicht Art. 23 auch von Art. 93 GesR-RL ab, der für den Verschmelzungsbeschluss regelmäßig die Zweidrittelmehrheit der vertretenen Stimmen bzw. des vertretenen Kapitals verlangt (Art. 93 Abs. 1 UAbs. 1 S. 2 GesR-RL), es den Mitgliedstaaten allerdings gestattet, die einfache Stimmenmehrheit ausreichen zu lassen, sofern die Mehrheit des Kapitals vertreten ist (Art. 93 Abs. 1 UAbs. 2 S. 1 GesR-RL). Demgemäß wird Art. 23 über **Art. 18** durch das Verschmelzungsrecht ergänzt, das auf die jeweilige Gründungsgesellschaft anwendbar ist.[10] Für die deutsche Gründungsgesellschaft gelten folglich die §§ 13–15, 63 ff., 73 UmwG. – Zu den Folgen eines **fehlerhaften Verschmelzungsbeschlusses** vgl. → Art. 24 Rn. 1 ff., → Art. 25 Rn. 1 ff.

II. Die Zustimmung zum Verschmelzungsplan (Abs. 1)

4 **1. Allgemeines; Beschlusserfordernis.** Aufgrund der Lückenhaftigkeit der SE-VO (→ Rn. 3) richtet sich das gesamte Beschlussverfahren, von der Einberufung der Hauptversammlung bis zur Beschlussfassung (vgl. § 65 Abs. 1 UmwG) nach dem Recht der Gründungsgesellschaft. Das Erfordernis eines Hauptversammlungsbeschlusses ist in jedem Falle **zwingend** und zwar – wie Art. 31 erkennen lässt – auch bei der Konzernverschmelzung, sodass § 62 Abs. 1 UmwG verdrängt wird (→ Art. 31 Rn. 7).[11] Andererseits sind gem. § 65 Abs. 2 UmwG, der Art. 7 Abs. 2 RL 78/855/EWG umsetzt, stets **Sonderbeschlüsse** erforderlich, sofern mehrere Aktiengattungen vorhanden sind, obwohl sie von der VO nicht eigens erwähnt werden.[12] Auf die Voraussetzungen des § 179 Abs. 3 S. 1 AktG (Änderung des Verhältnisses der Aktiengattungen zueinander) kommt es also nicht an.

5 **2. Vorbereitung; Beschlussfassung.** Was die Vorbereitung und Einberufung der Verschmelzungshauptversammlung betrifft, so verzichtet nicht nur die aktuelle Fassung der SE-VO auf eine Regelung.[13] Insbesondere bezweckt die Bekanntmachungspflicht nach Art. 21 nicht etwa nur die Unterrichtung der Aktionäre, zumal die vorgeschriebene Veröffentlichung in allgemein zugänglichen Medien zu erfolgen hat (→ Art. 21 Rn. 9). Vielmehr regelt auch das UmwG diesen Bereich nur sehr rudimentär; im Wesentlichen beschränkt es sich in Umsetzung des Art. 11 Abs. 1 RL 78/855/EWG auf Vorschriften darüber, wie **Verschmelzungs- und Prüfungsbericht** den Aktionären zugänglich zu machen sind (§ 63 UmwG → Art. 22 Rn. 13). Für die Frage, ob gem. § 63 Abs. 1 Nr. 3 UmwG eine **Zwischenbilanz** erforderlich ist, ist bei der SE-Gründung auf den Tag der Aufstellung des Verschmelzungsplans – anstelle des Abschlusses des Vertrages – abzustellen,[14] zumal ein Vertragsschluss nicht zwingend erforderlich ist (→ Art. 20 Rn. 8). Ein Verstoß gegen die Informationspflichten des § 63 UmwG macht den Verschmelzungsbeschluss anfechtbar.[15] Im Übrigen gelten für **Einberufung und Ladung** gem. Art. 18 die Vorschriften des **AktG,** einschließlich derer, die auf die Vorbereitung einer **satzungsändernden Versammlung** anwendbar sind (insbesondere § 124 Abs. 2 S. 2 AktG → AktG § 124 Rn. 17).[16]

6 Was die **Beschlussfassung** betrifft, so gilt hinsichtlich des **Mehrheitserfordernisses** § 65 Abs. 1 S. 1 UmwG, sodass – vorbehaltlich einer strengeren Satzungsregelung – **75%** des bei der Beschlussfassung vertretenen Grundkapitals zustimmen müssen; der Beschluss

---

[10] So auch Lutter/Hommelhoff/Teichmann/*Bayer* Rn. 2; Habersack/Drinhausen/*Marsch-Barner* Rn. 1, 4; *J. Schmidt,* „Deutsche" vs. „Britische" SE, 2006, 204; NK-SE/*Schröder* Rn. 3; *Schwarz* Rn. 8, 15; BeckOGK/*Eberspächer* Rn. 3; *Teichmann* ZGR 2002, 383 (425).
[11] So auch Lutter/Hommelhoff/Teichmann/*Bayer* Rn. 1, Art. 31 Rn. 13; *J. Schmidt,* „Deutsche" vs. „Britische" SE, 2006, 204; *Schwarz* Rn. 5; *Walden/Meyer-Landrut* DB 2005, 2619 (2623).
[12] *Kalss* ZGR 2003, 593 (619); *Scheifele,* Die Gründung der SE, 2004, 207; *Schwarz* Rn. 6.
[13] Vgl. demgegenüber die Regelung des Rechts auf Abschrift und Einsicht in Art. 24 Abs. 2 SE-VO-Vorschlag 1970 sowie die Spezialverweise in Art. 22 Abs. 2 SE-VO-Vorschläge 1989 und 1991.
[14] Zutr. *Neun* in Theisen/Wenz SE 118; *Scheifele,* Die Gründung der SE, 2004, 210; dem folgend auch Lutter/Hommelhoff/Teichmann/*Bayer* Rn. 7 Fn. 18; *Schwarz* Rn. 11 Fn. 20.
[15] Lutter/*Grunewald* UmwG § 63 Rn. 14 f.; Habersack/Drinhausen/*Marsch-Barner* Rn. 6.
[16] Vgl. nur Lutter/*Drygala* UmwG § 13 Rn. 5.

ist gem. § 13 Abs. 3 S. 1 UmwG notariell zu **beurkunden**.[17] Im Übrigen gelten für die Durchführung der Hauptversammlung die allgemeinen Vorschriften (§§ 129 ff. AktG); lediglich § 64 UmwG enthält eine verschmelzungsspezifische Ergänzung insoweit, als danach die Unterlagen nach § 63 UmwG (Verschmelzungsplan; Jahresabschlüsse und Lageberichte der Gründungsgesellschaften; Verschmelzungsberichte; Prüfungsberichte) zugänglich zu machen, der Verschmelzungsplan auch mündlich zu erläutern und gem. § 64 Abs. 1 S. 2 UmwG über jede wesentliche Veränderung des Vermögens des Rechtsträgers zwischen Aufstellung des Verschmelzungsplans und dem Tag der Hauptversammlung zu unterrichten ist. Schließlich besteht ein über § 131 AktG hinausgehendes, umfassendes **Auskunftsrecht** gem. § 64 Abs. 2 UmwG.

3. Formelle Beschlussvoraussetzung (§ 76 Abs. 1 UmwG). Eine besondere formelle Voraussetzung für die Beschlussfassung enthält § 76 Abs. 1 UmwG für die **Verschmelzung zur Neugründung;** die Vorschrift kommt mit Rücksicht auf ihren Schutzzweck auch auf die deutsche Gründungsgesellschaft zur Anwendung.[18] Sie darf erst beschlossen werden, wenn die übertragende(n) Aktiengesellschaft(en) mindestens **zwei Jahre** im Handelsregister eingetragen ist (sind), anderenfalls ist der Beschluss fehlerhaft und anfechtbar.[19] Die Vorschrift sichert die **Nachgründungsvorschriften** in Bezug auf die übertragenden Gesellschaften (§ 67 UmwG) gegen Umgehung.[20] Bei der SE-Gründung stellt sich insofern die Frage, wie die auf jede übertragende Gesellschaft bezogene Sperrfrist von zwei Jahren auf **ausländische Aktiengesellschaften** anzuwenden ist. Dass § 67 UmwG auf diese nicht zugeschnitten ist, zumal sie nicht ihrerseits einem Beschlussverbot unterworfen sein müssen, kann im Rahmen der entsprechenden Anwendung gem. Art. 18 berücksichtigt werden (→ Art. 22 Rn. 14). Insofern steht zunächst fest, dass die ausländische übertragende AG nicht ihrerseits einem (deutschen) Beschlussverbot unterworfen werden kann. Dem steht aber nicht entgegen, dass die deutsche Aktiengesellschaft die Verschmelzung nicht beschließen darf, wenn die ausländische Gründungsgesellschaft weniger als zwei Jahre eingetragen ist, und zwar unabhängig davon, ob sie selbst einer Sperrfrist unterliegt.[21] 7

4. Nachgründungsbericht des Aufsichtsrats (§ 52 Abs. 3 AktG). Unterfällt die Verschmelzung § 67 UmwG, ist also die (deutsche) **aufnehmende Gesellschaft** noch keine zwei Jahre im Handelsregister eingetragen, muss der Aufsichtsrat der aufnehmenden Gesellschaft gem. §§ 67 UmwG, 52 Abs. 3 AktG vor der Beschlussfassung in der Hauptversammlung einen Nachgründungsbericht erstatten. Für die Frist ist entsprechend § 76 Abs. 2 UmwG auf den Zeitpunkt des Verschmelzungsbeschlusses abzustellen.[22] Zudem ist eine besondere **Nachgründungsprüfung** gem. § 52 Abs. 4 AktG erforderlich. Insofern gelten also keine Besonderheiten für die SE-Gründung. 8

III. Zustimmungsvorbehalt hinsichtlich der Arbeitnehmerbeteiligung (Abs. 2 S. 2)

1. Inhalt und Zweck des Vorbehalts. Gem. Abs. 2 S. 2 können sich die Aktionäre vorbehalten, die gem. Art. 4 Beteiligungs-RL getroffene Mitbestimmungsvereinbarung in 9

---

[17] Dazu auch *Heckschen* DNotZ 2003, 251 (259).
[18] Dessen Anwendbarkeit wird teilweise – zu Unrecht – bestritten, so von Widmann/Mayer/*Heckschen* UmwG Anh. 14 Rn. 238.3; Kölner Komm AktG/*Maul* Rn. 11. Wie hier die hM, vgl. Lutter/Hommelhoff/Teichmann/*Bayer* Rn. 12; BeckOGK/*Eberspächer* Rn. 4; Habersack/Drinhausen/*Marsch-Barner* Rn. 15, alle mwN.
[19] Lutter/*Grunewald* UmwG § 76 Rn. 5.
[20] Zum Zweck des § 76 UmwG s. nur Lutter/*Grunewald* UmwG § 76 Rn. 1.
[21] Dafür auch *Scheifele*, Die Gründung der SE, 2004, 212; *Schwarz* Rn. 20; BeckOGK/*Eberspächer* Rn. 4; iErg auch Habersack/Drinhausen/*Marsch-Barner* Rn. 15; wohl auch *Jannott* in Jannott/Frodermann SE-HdB Kap. 3 Rn. 84; aA *Spitzbart* RNotZ 2006, 369 (388) Fn. 172.
[22] Zutr. Lutter/Hommelhoff/Teichmann/*Bayer* Rn. 8; aA – Zeitpunkt der notariellen Beurkundung des Plans – Habersack/Drinhausen/*Marsch-Barner* Rn. 7; Schwarz Art. 20 Rn. 55 mwN.

einer gesonderten Versammlung zu genehmigen (→ Rn. 2). Die Aktionäre sollen also die Entscheidung über das konkrete Mitbestimmungsmodell – bestehe es nun aus einer mit den Arbeitnehmern geschlossenen Vereinbarung oder der Auffanglösung gem. Art. 5 Beteiligungs-RL – nicht allein den Leitungsorganen überlassen müssen.[23] Dass ein zusätzlicher Hauptversammlungsbeschluss praktische Schwierigkeiten erzeugen kann, wurde bereits betont (→ Rn. 2, dort auch zur Abhilfe).

10   Sofern die Mitbestimmungsvereinbarung eine **Änderung der Satzung** der (künftigen) SE erfordert, haben die Aktionäre auch ohne Zustimmungsvorbehalt gem. Abs. 2 S. 2 die Möglichkeit zur Einflussnahme. Denn die Mitbestimmungsvereinbarung darf gem. Art. 12 Abs. 4 UAbs. 1 S. 1 zu keinem Zeitpunkt im Widerspruch zur Satzung stehen.[24] Die Übereinstimmung muss schon **vor der Eintragung** hergestellt werden; auch würde Art. 12 Abs. 4 UAbs. 1 S. 2 schon seinem Wortlaut nach nicht für die erstmalige Vereinbarung eingreifen. Ergibt sich also vor der Eintragung eine Divergenz zwischen einer nach der Zustimmung zum Verschmelzungsplan geschlossenen Vereinbarung mit den Arbeitnehmern und der Satzung der SE, ist zuerst der Verschmelzungsplan zu ändern, dessen Bestandteil die Satzung ist (→ Art. 20 Rn. 20). Dieser Änderung müssen sodann gem. Art. 23 erneut die Hauptversammlungen sämtlicher Gründungsgesellschaften zustimmen.

11   **2. Verfahren; Mehrheitserfordernis.** Für das **Verfahren** gelten wiederum die allgemeinen Vorschriften (→ Rn. 5 f.). Weil das UmwG einen vergleichbaren Zustimmungsvorbehalt nicht kennt, stellt sich allerdings die Frage, inwieweit die Bestimmungen zum Verschmelzungsbeschluss auch auf den Zustimmungsbeschluss nach Abs. 2 anwendbar sind. Namentlich für das **Mehrheitserfordernis** ist unklar, ob hier ebenfalls das qualifizierte Mehrheitserfordernis des § 65 Abs. 1 UmwG gilt. Problematisch ist dies zunächst für die **Erklärung des Vorbehalts** anlässlich des Verschmelzungsbeschlusses. Insofern sprechen die besseren Gründe dafür, es bei der einfachen Stimmenmehrheit des § 133 AktG zu belassen.[25] Die entsprechende Anwendung des § 65 Abs. 1 UmwG scheidet schon deswegen aus, weil es sich bei dem Vorbehalt gewiss um keine Grundlagenentscheidung handelt. Im Übrigen würde sich der von § 65 Abs. 1 UmwG bezweckte Aktionärsschutz geradezu in sein Gegenteil verkehren, wollte man für die Aufnahme des Vorbehalts, also für die Frage, *ob* im Interesse der Aktionäre eine weitere Zustimmung erforderlich ist, eine besonders strenge Mehrheit verlangen.

12   Sodann stellt sich die Frage nach dem **Quorum** auch für den **Genehmigungsbeschluss** als solchen, jedenfalls sofern die Umsetzung der Mitbestimmungsvereinbarung nicht ohnehin eine Satzungsänderung verlangt. Begreift man die Genehmigung gem. Abs. 2 S. 2 als ausgekoppelten Bestandteil des Verschmelzungsbeschlusses, so spricht dies für die Anwendbarkeit des § 65 Abs. 1 UmwG.[26] Betont man hingegen den Geschäftsführungscharakter der Mitbestimmungsvereinbarung und die hieraus folgende originäre Zuständigkeit der Leitungsorgane, so weist dies, wie im Falle des § 111 Abs. 3 S. 2 AktG, auf die einfache Stimmenmehrheit.[27] Aus dem UmwG lässt sich für die Einordnung nichts gewinnen; denn nach deutschem Rechtsverständnis ist die Mitbestimmung bekanntlich (noch) nicht verhandelbar, sodass nicht einmal eine fakultative Entscheidungskompetenz der Hauptversammlung in Betracht kommt. Somit ist die Antwort aus der SE-VO selbst zu gewinnen. Insofern ist festzustellen, dass Art. 20 Abs. 1 lit. i im Verschmelzungsplan zwar Angaben zum Verfahren verlangt, nach dem die Mitbestimmungsvereinbarung geschlossen wird. Dies dient indes lediglich der Information

---

[23] Vgl. auch Lutter/Hommelhoff/Teichmann/*Bayer* Rn. 14 f. mwN.
[24] Vgl. *Neun* in Theisen/Wenz SE 137; idS auch Lutter/Hommelhoff/Teichmann/*Bayer* Rn. 16; vgl. auch *Kleindiek* in Lutter/Hommelhoff EU-Gesellschaft 95, 103.
[25] So auch Lutter/Hommelhoff/Teichmann/*Bayer* Rn. 17; Habersack/Drinhausen/*Marsch-Barner* Rn. 20; *Scheifele*, Die Gründung der SE, 2004, 215; *Schwarz* Rn. 27; BeckOGK/*Eberspächer* Rn. 6.
[26] In diesem Sinne *Oplustil* GLJ, Vol. 4 No. 2 (2003), 107 (118); *Teichmann* in Van Hulle/Maul/Drinhausen SE-HdB Abschnitt 4 § 2 Rn. 64.
[27] So Lutter/Hommelhoff/Teichmann/*Bayer* Rn. 20; Kallmeyer/*Marsch-Barner* UmwG Anh. I Rn. 56; *Scheifele*, Die Gründung der SE, 2004, 217; *Schwarz* Rn. 32; BeckOGK/*Eberspächer* Rn. 7; *Hoops*, Die Mitbestimmungsvereinbarung in der Europäischen Aktiengesellschaft (SE), 2009, 96.

der Aktionäre (→ Art. 20 Rn. 21) und bereitet nicht etwa ihre Entscheidung über die Mitbestimmungsfrage vor. Dies lässt sich auch daraus erkennen, dass das Genehmigungserfordernis gem. Abs. 2 S. 2 nicht nur verzichtbar ist, sondern erst nach einer entsprechenden Entscheidung der Aktionäre überhaupt aktiviert wird. Das passt nicht zu einem präsumtiven Grundlagencharakter der Mitbestimmungsentscheidung. Anderenfalls hätte ein zwingendes Zustimmungserfordernis wie bei Abs. 1 deutlich näher gelegen. Die besseren Gründe sprechen daher dafür, es bei der **einfachen Mehrheit** des § 133 Abs. 1 AktG zu belassen.[28]

3. Wirkung des Vorbehaltsbeschlusses. Soweit die Hauptversammlung einer zu verschmelzenden Gesellschaft einen Vorbehalt gem. Abs. 2 S. 2 beschlossen hat, ist die Genehmigung rechtsgeschäftliche **Wirksamkeitsbedingung** der Verschmelzungsgründung. Die Eintragung der SE ist daher erst nach der Genehmigungsentscheidung der Hauptversammlung möglich; bleibt sie aus, ist die SE-Gründung gescheitert.[29] 13

Art. 24 [Schutz der Rechteinhaber]

(1) Das Recht des Mitgliedstaats, das jeweils für die sich verschmelzenden Gesellschaften gilt, findet wie bei einer Verschmelzung von Aktiengesellschaften unter Berücksichtigung des grenzüberschreitenden Charakters der Verschmelzung Anwendung zum Schutz der Interessen
a) der Gläubiger der sich verschmelzenden Gesellschaften,
b) der Anleihegläubiger der sich verschmelzenden Gesellschaften,
c) der Inhaber von mit Sonderrechten gegenüber den sich verschmelzenden Gesellschaften ausgestatteten Wertpapieren mit Ausnahme von Aktien.

(2) Jeder Mitgliedstaat kann in Bezug auf die sich verschmelzenden Gesellschaften, die seinem Recht unterliegen, Vorschriften erlassen, um einen angemessenen Schutz der Minderheitsaktionäre, die sich gegen die Verschmelzung ausgesprochen haben, zu gewährleisten.

§ 6 SEAG Verbesserung des Umtauschverhältnisses

(1) Unter den Voraussetzungen des Artikels 25 Abs. 3 Satz 1 der Verordnung kann eine Klage gegen den Verschmelzungsbeschluss einer übertragenden Gesellschaft nicht darauf gestützt werden, dass das Umtauschverhältnis der Anteile nicht angemessen ist.

(2) Ist bei der Gründung einer SE durch Verschmelzung nach dem Verfahren der Verordnung das Umtauschverhältnis der Anteile nicht angemessen, so kann jeder Aktionär einer übertragenden Gesellschaft, dessen Recht, gegen die Wirksamkeit des Verschmelzungsbeschlusses Klage zu erheben, nach Absatz 1 ausgeschlossen ist, von der SE einen Ausgleich durch bare Zuzahlung verlangen.

(3) [1]Die bare Zuzahlung ist nach Ablauf des Tages, an dem die Verschmelzung im Sitzstaat der SE nach den dort geltenden Vorschriften eingetragen und bekannt gemacht worden ist, mit jährlich 5 Prozentpunkten über dem jeweiligen Basiszinssatz nach § 247 des Bürgerlichen Gesetzbuchs zu verzinsen. [2]Die Geltendmachung eines weiteren Schadens ist nicht ausgeschlossen.

(4) [1]Macht ein Aktionär einer übertragenden Gesellschaft unter den Voraussetzungen des Artikels 25 Abs. 3 Satz 1 der Verordnung geltend, dass das Umtauschverhältnis der Anteile nicht angemessen sei, so hat auf seinen Antrag das Gericht nach dem Spruchverfahrensgesetz vom 12. Juni 2003 (BGBl. I S. 838) eine angemessene bare Zuzahlung zu bestimmen. [2]Satz 1 findet auch auf Aktionäre einer übertragenden Gesellschaft mit Sitz in einem anderen Mitgliedstaat der Europäischen Union oder in einem anderen Vertragsstaat des Abkommens über den Europäischen Wirtschaftsraum Anwendung, sofern nach dem Recht dieses Staates ein Verfahren zur Kontrolle und Änderung des Umtauschverhältnisses der Aktien vorgesehen ist und deutsche Gerichte für die Durchführung eines solchen Verfahrens international zuständig sind.

---

[28] Jetzt hM, vgl. Lutter/Hommelhoff/Teichmann/*Bayer* Rn. 17; Habersack/Drinhausen/*Marsch-Barner* Rn. 20; *Scheifele*, Die Gründung der SE, 2004, 215; *Schwarz* Rn. 27; BeckOGK/*Eberspächer* Rn. 6.
[29] Ebenso Lutter/Hommelhoff/Teichmann/*Bayer* Rn. 18; Widmann/Mayer/*Heckschen* UmwG Anh. 14 Rn. 241 aE; NK-SE/*Schröder* Rn. 23; vgl. Habersack/Drinhausen/*Marsch-Barner* Rn. 25; *Neun* in Theisen/Wenz SE 132; *Schwarz* Rn. 33; BeckOGK/*Eberspächer* Rn. 8.

§ 7 SEAG Abfindungsangebot im Verschmelzungsplan

(1)–(6) Abdruck bei Art. 20

(7) ¹Macht ein Aktionär einer übertragenden Gesellschaft unter den Voraussetzungen des Artikels 25 Abs. 3 Satz 1 der Verordnung geltend, dass eine im Verschmelzungsplan bestimmte Barabfindung, die ihm nach Absatz 1 anzubieten war, zu niedrig bemessen sei, so hat auf seinen Antrag das Gericht nach dem Spruchverfahrensgesetz vom 12. Juni 2003 (BGBl. I S. 838) die angemessene Barabfindung zu bestimmen. ²Das Gleiche gilt, wenn die Barabfindung nicht oder nicht ordnungsgemäß angeboten worden ist. ³Die Sätze 1 und 2 finden auch auf Aktionäre einer übertragenden Gesellschaft mit Sitz in einem anderen Mitgliedstaat der Europäischen Union oder in einem anderen Vertragsstaat des Abkommens über den Europäischen Wirtschaftsraum Anwendung, sofern nach dem Recht dieses Staates ein Verfahren zur Abfindung von Minderheitsaktionären vorgesehen ist und deutsche Gerichte für die Durchführung eines solchen Verfahrens international zuständig sind.

§ 8 SEAG Gläubigerschutz

¹Liegt der künftige Sitz der SE im Ausland, ist § 13 Abs. 1 und 2 entsprechend anzuwenden. ²Das zuständige Gericht stellt die Bescheinigung nach Artikel 25 Abs. 2 der Verordnung nur aus, wenn die Vorstandsmitglieder einer übertragenden Gesellschaft die Versicherung abgeben, dass allen Gläubigern, die nach Satz 1 einen Anspruch auf Sicherheitsleistung haben, eine angemessene Sicherheit geleistet wurde.

Schrifttum: *Adolff,* Konkurrierende Bewertungssysteme bei der grenzüberschreitenden Verschmelzung von Aktiengesellschaften, ZHR 173 (2009), 67; *Arnold/Zollner,* Das Schicksal „besonderer Rechte" bei Umstrukturierungen in gesellschaftsrechtlicher und vertragsrechtlicher Perspektive, RIW 2016, 565; *Bayer/ J. Schmidt,* Die neue Richtlinie über die grenzüberschreitende Verschmelzung von Kapitalgesellschaften – Inhalt und Anregungen für die Umsetzung in Deutschland, NJW 2006, 401; *Bayer/J. Schmidt,* Gläubigerschutz bei (grenzüberschreitenden) Verschmelzungen, ZIP 2016, 841; *Casper,* Erfahrungen und Reformbedarf bei der SE – Gesellschaftsrechtliche Reformvorschläge, ZHR 173 (2009), 181; *Drygala/v. Bressendorf,* Gegenwart und Zukunft grenzüberschreitender Verschmelzungen und Spaltungen, NZG 2016, 1161; *Ihrig/Wagner,* Diskussionsentwurf für ein SE-Ausführungsgesetz, BB 2003, 969; *Kalss,* Der Minderheitenschutz bei Gründung und Sitzverlegung der SE nach dem Diskussionsentwurf, ZGR 2003, 593; *Lutter,* Die Europäische Aktiengesellschaft, 2. Aufl. 1978; *Neye,* Die Europäische Aktiengesellschaft, 2005; *Neye/Teichmann,* Der Entwurf für das Ausführungsgesetz zur Europäischen Aktiengesellschaft, AG 2003, 169; *Schäfer,* Der stimmrechtslose GmbH-Geschäftsanteil, 1997; *Scheifele,* Die Gründung einer Europäischen Aktiengesellschaft, 2004; *J. Schmidt,* „Deutsche" vs. „britische" Societas Europaea (SE), 2006; *J. Schmidt,* Europäische Einflüsse auf das deutsche Unternehmensrecht – Ausgewählte Konfliktpunkte, AG 2016, 713; *Schollmeyer,* Von der Niederlassungsfreiheit zur Rechtswahlfreiheit? ZGR 2018, 186; *Seibt/Heiser,* Regelungskonkurrenz zwischen neuem Übernahmerecht und Umwandlungsrecht, ZHR 165 (2001), 466; *Spitzbart,* Die Europäische Aktiengesellschaft (Societas Europaea – SE) – Aufbau der SE und Gründung, RNotZ 2006, 369; *Teichmann,* ECLR, Die Einführung der Europäischen Aktiengesellschaft, ZGR 2002, 383; *Teichmann,* ECLR, Minderheitenschutz bei Gründung und Sitzverlegung der SE, ZGR 2003, 367; *Teichmann,* Austrittsrecht und Pflichtangebot bei Gründung einer Europäischen Aktiengesellschaft, AG 2016, 67; *Walden/ Meyer-Landrut,* Die grenzüberschreitende Verschmelzung zu einer Europäischen Gesellschaft: Planung und Vorbereitung, DB 2005, 2119; *Weppner,* Internationale Zuständigkeit für die spruchverfahrensrechtliche Durchsetzung von Zuzahlungs- und Barabfindungsansprüchen bei grenzüberschreitender Verschmelzung von Kapitalgesellschaften, RIW 2011, 144.

Übersicht

	Rn.
I. Inhalt und Normzweck	1–7
1. Rechtfertigung des Gläubigerschutzes nach Abs. 1	1–5
2. Ermächtigung zum Minderheitsschutz nach Abs. 2	6, 7
II. Gläubigerschutz und Schutz von Sonderrechtsinhabern (Abs. 1)	8–11
1. Allgemeines	8
2. Die Gläubigertypen gem. lit. a–c	9
3. SE mit Sitz im Inland (§§ 22 f. UmwG)	10
4. SE mit Sitz im Ausland (§ 8 SEAG)	11
III. Schutz der Aktionäre (Abs. 2)	12–24
1. Allgemeines	12, 13
2. Verbesserung des Umtauschverhältnisses (§ 6 SEAG)	14–23
a) Bare Zuzahlung; Anfechtungsausschluss und Spruchverfahren	14–18
b) Schutz der Aktionäre der ausländischen Gesellschaft	19–23
3. Erhöhung des Barabfindungsangebots (§ 7 Abs. 7 SEAG)	24
IV. Verhältnis zum WpÜG	25

I. Inhalt und Normzweck

1. Rechtfertigung des Gläubigerschutzes nach Abs. 1. Art. 24 ist eine heterogene 1 Norm mit unterschiedlichem Gehalt und verschiedenen Schutzzwecken. Abs. 1 betrifft den Gläubigerschutz und zwar sowohl in der übertragenden wie in der aufnehmenden Gesellschaft. Als **Gläubiger** rubriziert die VO auch Inhaber von „Sonderrechten" (lit. c), freilich nur solche nichtmitgliedschaftlicher Art, wie aus dem Zusatz „mit Ausnahme von Aktien" deutlich zu ersehen ist (näher → Rn. 9). Hintergrund dieser Vorschrift sind Art. 13–15 RL 78/855/ EWG (nun Art. 99–101 GesR-RL; früher RL 2011/35/EG), die wiederum Vorbild für die §§ 22, 23 UmwG[1] waren. Anders als bestimmte Vorentwürfe[2] verzichtet die aktuelle Fassung der VO somit auf eine eigenständige Regelung und begnügt sich im Wesentlichen mit der **Verweisung** auf das auf die einzelne Gründungsgesellschaft („jeweils") anwendbare **Verschmelzungsrecht**,[3] freilich unter ausdrücklicher Betonung des grenzüberschreitenden Charakters. Die VO beurteilt die Gläubigerinteressen also – zutreffend – aus der Perspektive der einzelnen Gründungsgesellschaft und des auf sie anwendbaren Rechts. Damit richtet sich der Schutz der Gläubiger einer deutschen Gründungsgesellschaft im Prinzip nach den §§ 22 f. UmwG, die aber durch § 8 SEAG ergänzt werden (→ Rn. 3).

Der von Abs. 1 **bezweckte Gläubigerschutz** entspricht somit zunächst demjenigen 2 der Art. 99 ff. GesR-RL. Die Schutzbedürftigkeit der **Gläubiger der übertragenden Gesellschaft** beruht bei jeder Verschmelzung darauf, dass sich der Rechtsübergang des gesamten Haftungsfonds in Gestalt des Schuldnervermögens infolge der umwandlungsrechtlichen Universalsukzession (Art. 29 Abs. 1 lit. a) völlig ohne ihre Mitwirkung vollzieht. Dies bedingt eine substantielle Verschlechterung ihrer Position gegenüber der Einzelrechtsnachfolge, bei welcher Verbindlichkeiten bzw. ganze Vertragsverhältnisse keinesfalls ohne Zustimmung der Gläubiger übertragen werden können (vgl. §§ 415 f. BGB). Auch das Schutzbedürfnis der **Gläubiger der aufnehmenden Gesellschaft** beruht auf der Universalsukzession, die sich mit der zwingenden Haftung der aufnehmenden Gesellschaft für die Verbindlichkeiten der übertragenden verbindet und demgemäß die Konkurrenz um liquide Haftungsmasse erhöht.

Zu diesen allgemeinen Risiken einer Verschmelzung kann bei der SE-Gründung aller- 3 dings noch die von Abs. 1 ausdrücklich hervorgehobene **Besonderheit** hinzukommen, dass der Schuldner als **übertragende Gesellschaft** ins Ausland abwandert, sofern nämlich die SE dort ihren Sitz haben soll. Aus Sicht der **aufnehmenden** Gesellschaft kann diese Besonderheit nicht auftreten; denn diese Gesellschaft kann ihren Sitz nach zutr. Ansicht im Rahmen der Verschmelzung (durch Aufnahme) nicht verlegen (→ Art. 20 Rn. 13). Hiervon geht offenbar auch § 8 SEAG aus, der sich, wie S. 2 erkennen lässt, auf die Gläubiger der übertragenden Gesellschaft beschränkt (s. sogleich).

Mit Rücksicht auf diese Besonderheit hat der deutsche Gesetzgeber das Schutzgebot des 4 Abs. 1 durch **§ 8 SEAG** präzisiert, obwohl weder Abs. 1 noch Art. 25 hierzu ausdrücklich ermächtigen. Die Begründung rechtfertigt dies mit der unzureichenden Berücksichtigung des grenzüberschreitenden Charakters der Verschmelzung durch § 22 UmwG, der nur einen nachgelagerten und daher ungenügenden Gläubigerschutz gewähre. Entsprechendes gilt für die besonderen Gläubiger iSv § 23 UmwG; denn auch sie erhalten lediglich einen Anspruch gegen die aufnehmende bzw. neue Gesellschaft. Die Begründung betont deshalb zu Recht die Parallele zur Sitzverlegung gem. Art. 8 (→ Art. 8 Rn. 41 ff.) für den Fall, dass die SE ihren Sitz im Ausland haben soll. Konsequentermaßen verweist daher § 8 SEAG auf § 13

---

[1] Dazu, dass diese Umsetzung den Richtlinienvorgaben gerecht wird, s. nur *Habersack/Verse* EuropGesR § 8 Rn. 125.

[2] Vgl. Art. 27 SE-VO-Vorschlag 1970 und 1975, dazu *Barz/Lutter* in Lutter, Die Europäische Aktiengesellschaft, 1976, 32.

[3] Vgl. *Scheifele*, Die Gründung der SE, 2004, 223 f., dort auch mit Nachweisen ausländischer Rechtsordnungen, deren Gläubigerschutz generell präventiv ausgestaltet ist, sodass eine Blockade der Verschmelzungsgründung in Betracht kommt; s. auch Lutter/Hommelhoff/Teichmann/*Bayer* Rn. 1; BeckOGK/*Eberspächer* Rn. 1.

SEAG, der einen **vorgelagerten Gläubigerschutz** bewirkt.[4] Entsprechendes regelt § 122j UmwG – dessen Fortgeltung freilich nicht unumstritten ist (→ Rn. 5) – auch für die internationale Verschmelzung. § 8 SEAG ist also als eine Art amtlicher Interpretation des Merkmals „unter Berücksichtigung des grenzüberschreitenden Charakters" zu verstehen.[5] Sie ist aus Gründen der Rechtssicherheit allemal zu begrüßen, zumal ein Widerspruch zur SE-VO, über den ggf. der EuGH im Vorlageverfahren zu befinden hätte, nicht ersichtlich ist. § 8 SEAG bezieht sich nur auf die Gläubiger einer (deutschen) übertragenden Gesellschaft, wie sich sowohl aus S. 2 wie auch aus der Begründung ergibt (→ Rn. 11).[6]

5   Allerdings hat eine neuere Entscheidung des **EuGH** die Dinge kompliziert. In der österreichischen Rechtssache **KA Finanz**[7] hat das Gericht in Bezug auf Art. 4 Abs. 1 lit. b S. 1 RL 2005/56/EG iVm Art. 4 Abs. 2 S. 1 RL 2005/56/EG (jetzt: Art. 121 Abs. 1 lit. b S. 1 GesR-RL iVm Art. 121 Abs. 2 S. 1 GesR-RL)[8] entschieden, dass „für den Schutz der Gläubiger einer übertragenden Gesellschaft [...] weiterhin die Vorschriften des innerstaatlichen Rechts, dem diese Gesellschaft unterlag" gelten.[9] Das Gericht bezieht sich insofern also (mittelbar) auf Art. 13–15 RL 78/855/EWG (jetzt: Art. 99–101 GesR-RL), die Vorschriften hinsichtlich des Gläubigerschutzes bei der innerstaatlichen Verschmelzung enthalten (hierauf beruht § 22 UmwG). Es sieht also in Art. 4 Abs. 1 lit. b S. 1 iVm Abs. 2 S. 1 RL 2005/56/EG (jetzt: Art. 121 Abs. 1 lit. b S. 1 GesR-RL iVm Art. 121 Abs. 2 S. 1 GesR-RL) keine Ermächtigung zum Erlass spezifischer, auf die grenzüberschreitende Verschmelzung zugeschnittener Gläubigerschutzvorschriften, sondern lediglich einen (überflüssigen) Hinweis auf das durch Art. 13–15 RL 78/855/EWG (jetzt: Art. 99–101 GesR-RL) harmonisierte innerstaatliche Recht und stützt sich hierfür auf Erwägungsgrund 3, der auf die Fortgeltung der Vorschriften und Formalitäten des innerstaatlichen Rechts Bezug nimmt.[10] In der Konsequenz dürften auch die deutschen Umsetzungsnormen (§§ 122j, 122k Abs. 1 S. 3 UmwG) mangels Rechtsgrundlage unanwendbar sein[11] und stattdessen der nachgelagerte Gläubigerschutz des § 22 UmwG eingreifen[12] – ein in der Sache freilich wenig überzeugendes Ergebnis. In der Lit. wird diese Ansicht gleichwohl auf die SE-VO übertragen, sodass eine Ermächtigung zum Erlass von § 8 SEAG bestritten wird.[13] Indessen erscheint es voreilig, eine in der Sache überzeugendere Norm durch eine untauglichere (§ 22 UmwG) zu ersetzen, solange hierzu keine explizite Entscheidung des EuGH[14] zwingt, zumal durchaus gute Gründe gegen eine Unionsrechts-

---

[4] Begr. RegE, BT-Drs. 15/3405, 33 f. = *Neye* S. 92; s. auch *Neye/Teichmann* AG 2003, 169 (175) (verklausulierte Ermächtigung zur rechtstechnischen Bewältigung des grenzüberschreitenden Charakters).

[5] In diesem Sinne auch BT-Drs. 15/3405, 34 = *Neye* S. 92: „durch Art. 24 Abs. 1 Buchstabe a gedeckt"; krit. aber *Neye/Teichmann* AG 2003, 169 (175); *Bayer* in Lutter/Hommelhoff EU-Gesellschaft 25, 43; *Ihrig/Wagner* BB 2003, 969 (973); *Scheifele*, Die Gründung der SE, 2004, 227; *J. Schmidt*, „Deutsche" vs. „Britische" SE, 2006, 213 f.; *Schwarz* Rn. 11; Stellungnahme DAV-Handelsrechtsausschuss NZG 2004, 75 (78); vgl. demgegenüber → Rn. 10.

[6] Diese spricht vom Erlöschen der deutschen Gründungsgesellschaft, was nur auf die übertragende Gesellschaft passt, BT-Drs. 15/3405, 33 = *Neye* S. 92.

[7] EuGH NZG 2016, 513.

[8] Hierauf beruhen die §§ 122j, 122k Abs. 1 S. 3 UmwG.

[9] EuGH NZG 2016, 513 Rn. 61 f.

[10] EuGH NZG 2016, 513 Rn. 60.

[11] *Lutter/Bayer/J. Schmidt* EuropUnternehmensR § 45 Rn. 46; Lutter/Hommelhoff/Teichmann/*Bayer* Rn. 16; *Habersack/Verse* EuropGesR § 8 Rn. 65a; *Bayer/J. Schmidt* ZIP 2016, 841 (846 f.); *J. Schmidt* AG 2016, 713 (714); *Drygala/von Bressensdorf* NZG 2016, 1161 (1163); *Arnold/Zollner* RIW 2016, 565 (566) m. Fn. 14; deutlich zurückhaltender aber *Stiegler* EuZW 2016, 339 (343).

[12] Habersack/Drinhausen/*Marsch-Barner* Rn. 10; BeckOGK/*Eberspächer* Rn. 8; *Lutter/Bayer/J. Schmidt* EuropUnternehmensR § 45 Rn. 46.

[13] Habersack/Drinhausen/*Marsch-Barner* Rn. 10; BeckOGK/*Eberspächer* Rn. 8; NK-SE/*Schröder* Rn. 35; Lutter/Hommelhoff/Teichmann/*Bayer* Rn. 16; *Lutter/Bayer/J. Schmidt* EuropUnternehmensR § 45 Rn. 46; *J. Schmidt* AG 2016, 713 (714); *Bayer/J. Schmidt* ZIP 2016, 841 (846 f.); *Habersack/Verse* EuropGesR § 13 Rn. 20; für Unionsrechtskonformität unter Berücksichtigung der EuGH-Rspr. in Sachen Polbud hingegen *Schollmeyer* ZGR 2018, 186 (194).

[14] Wenn auch in Hinblick auf § 122j UmwG, so zweifelt *Stiegler* EuZW 2016, 342 (343) das Bewusstsein des EuGH ob der Reichweite seiner Entscheidung und ruft diesen zur expliziten Klärung durch Entscheidung nach Vorlage (Art. 267 AEUV) auf – nicht anders ist betreffend § 8 SEAG zu befinden.

widrigkeit sprechen. So bleiben namentlich Natur und Reichweite des Einschubs „angesichts des grenzüberschreitenden Charakters der Verschmelzung" in Art. 4 Abs. 2 S. 1 RL 2005/56/EG (jetzt: Art. 121 Abs. 2 S. 1 GesR-RL)[15] vom Gericht weithin unberücksichtigt; positiv festgestellt hat es vielmehr lediglich, dass Art. 4 Abs. 1 lit. b S. 1 RL 2005/56/EG iVm Abs. 2 S. 1 RL 2005/56/EG (jetzt: Art. 121 Abs. 1 lit. b S. 1 GesR-RL iVm Abs. 2 S. 1 GesR-RL) im Grundsatz auf nationales harmonisiertes Recht verweisen, womit aber die Möglichkeit speziellerer Vorschriften durch den nationalen Gesetzgeber nicht ausgeschlossen wird.[16] Zu nationaler Gestaltungsmöglichkeit und Inhalt gläubigerschützender Normen hat der EuGH also gar keine Stellung bezogen.[17]

2. Ermächtigung zum Minderheitsschutz nach Abs. 2. Anliegen des Abs. 2 ist der Schutz solcher Minderheitsaktionäre, die sich „gegen die Verschmelzung ausgesprochen haben". Das ist allerdings deshalb ungenau, als das von Art. 25 Abs. 3 als zulässig vorausgesetzte „Verfahren zur Kontrolle und **Änderung des Umtauschverhältnisses**" naturgemäß nicht nur denjenigen offensteht, die gegen den Verschmelzungsbeschluss gestimmt haben. Denn die Zustimmung zur Verschmelzung im Ganzen bezieht sich nicht notwendigerweise auch auf das Umtauschverhältnis, soweit nämlich der Verschmelzungsbeschluss trotz fehlerhafter Bemessung als mangelfrei behandelt wird und für die Überprüfung des Umtauschverhältnisses eben nur das erwähnte besondere Kontrollverfahren zur Verfügung steht (so gem. § 6 Abs. 1 SEAG, → Rn. 14 ff.). In diesem Falle kann aber kein Widerspruch zwischen der Zustimmung (zur Verschmelzung) und dem Verlangen nach einem höheren Ausgleich bestehen.[18] Die Begründung zu § 6 SEAG hebt deshalb mit Recht hervor, dass es für Art. 24 Abs. 2 insofern ausreichend sei, wenn der Gesellschafter lediglich mit dem Umtauschverhältnis nicht einverstanden ist.[19] Wollte man auch hier verlangen, dass der Aktionär gegen den Verschmelzungsbeschluss gestimmt hätte, drohten eigentlich erwünschte SE-Gründungen ohne Not verhindert zu werden. Demnach ist auch die Bezeichnung **„Minderheitsaktionäre"** in Art. 24 Abs. 2 ungenau. Denn auf eine Minderheitsposition iSd Beschlussquorums könnte es allenfalls ankommen, wenn die Ablehnung des Verschmelzungsbeschlusses Voraussetzung für den Schutz wäre.[20] Zu Recht gewährt § 6 SEAG daher **Individualschutz** (→ Rn. 13).[21] – **Anders** verhält es sich demgegenüber mit der **Barabfindung,** die § 7 Abs. 1 SEAG konsequentermaßen nur denjenigen Aktionären einräumt, die dem Verschmelzungsbeschluss widersprochen haben (→ Art. 20 Rn. 23). Denn wer der Verschmelzung zustimmte, sie aber dennoch zum Anlass für sein Ausscheiden gegen Abfindung nähme, handelte durchaus widersprüchlich. Die Begründung zu § 7 SEAG kleidet dies in die schlichten Worte, dass eine Barabfindung für den Gesellschafter, der zugestimmt habe, nicht in Betracht komme.[22]

Die VO verzichtet in Bezug auf den Minderheitsschutz also nicht nur – wie bei Abs. 1 – auf eine eigenständige Regelung, sondern auch auf die unmittelbare Inbezugnahme des nationalen Verschmelzungsrechts. Im Wege der **Ermächtigung** überlässt sie es vielmehr

---

[15] In Art. 24 Abs. 1 heißt es: „unter Berücksichtigung des grenzüberschreitenden Charakters der Verschmelzung"; zur Maßgeblichkeit dieses Wortlauts *J. Schmidt* AG 2016, 713 m. Fn. 9.
[16] Zutr. *Klampfl* GesRZ 2016, 231 (232), der ferner darauf hinweist, dass die in Bezug genommenen Art. 13–15 RL 78/855/EWG (jetzt: Art. 99–101 GesR-RL) gemäß Art. 1 Abs. 1 RL 78/855/EWG (jetzt: Art. 87 Abs. 1 GesR-RL) nur für innerstaatliche Verschmelzungen unter ausschließlicher Beteiligung von Aktiengesellschaften gelten.
[17] Vgl. *Teichmann* LMK 2016, 380518; Schmitt/Hörtnagl/Stratz/*Hörtnagl* Rn. 9a; entschieden auch Habersack/Drinhausen/*Kiem* UmwG § 122r Rn. 5 in Bezug auf § 122j UmwG, dem zufolge „[d]en Aussagen [...] für die Frage der Richtlinienkonformität nichts entnommen werden" kann.
[18] So iErg auch *Teichmann* ZGR 2003, 367 (384 f.); *Scheifele,* Die Gründung der SE, 2004, 231; *Schwarz* Rn. 17.
[19] Begr. RegE, BT-Drs. 15/3405, 32 = *Neye* S. 82.
[20] Zutr. *Scheifele,* Die Gründung der SE, 2004, 230; aA *Schwarz* Rn. 18.
[21] So auch Lutter/Hommelhoff/Teichmann/*Bayer* Rn. 26; Widmann/Mayer/*Heckschen* UmwG Anh. 14 Rn. 181; *Schwarz* Rn. 17; BeckOGK/*Eberspächer* Rn. 3; Habersack/Drinhausen/*Marsch-Barner* Rn. 16 ff.; krit. *Vetter* in Lutter/Hommelhoff EU-Gesellschaft 111, 126 mwN.
[22] Begr. RegE, BT-Drs. 15/3405, 33 = *Neye* S. 88 zu § 7.

den Mitgliedstaaten, ob und wie diese für einen entsprechenden Schutz in den Ausführungsgesetzen sorgen wollen. Eine solche Sonderregelung ist wiederum mit Rücksicht auf den grenzüberschreitenden Charakter der Verschmelzung erforderlich. Die Ermächtigung ist inhaltlich freilich begrenzt und in diesem Sinne **abschließend;** wie sich indirekt aus Art. 25 Abs. 3 ergibt (→ Rn. 12), sind allein Mechanismen zur Änderung des Umtauschverhältnisses und zur Gewährung eines Abfindungsrechts (Austrittsrechts) gestattet.[23] Der deutsche Gesetzgeber hat von dieser Ermächtigung mit den **§§ 6, 7 Abs. 7 SEAG** Gebrauch gemacht und den Aktionären unter den Voraussetzungen des Art. 25 Abs. 3 S. 1 das Spruchverfahren eröffnet, um eine Verbesserung des Umtauschverhältnisses (§ 6 SEAG) oder eine höhere Barabfindung im Austrittsfall (§ 7 SEAG) durchzusetzen. Das **Austrittsrecht** als solches ist unter den Voraussetzungen des § 7 SEAG im Verschmelzungsplan einzuräumen (insofern → Art. 20 Rn. 22).

II. Gläubigerschutz und Schutz von Sonderrechtsinhabern (Abs. 1)

8   **1. Allgemeines.** Wegen des spezifischen Schutzbedürfnisses der **Gläubiger einer deutschen Gründungsgesellschaft** bei der Verschmelzungsgründung → Rn. 1 f. Zu unterscheiden ist demnach zwischen einer Verschmelzung, die aus Sicht der deutschen Gründungsgesellschaft nicht mit einem **Wegzug ins Ausland** verbunden ist und einer solchen, bei der die SE ihren Sitz im Ausland haben soll. Unerheblich ist aus Sicht der Gläubiger dagegen, ob die SE neu gegründet wird (Verschmelzung durch Neugründung, Art. 17 Abs. 2 lit. b) oder durch Formwechsel entsteht (Verschmelzung durch Aufnahme, Art. 17 Abs. 2 lit. a). Hat die SE ihren **Sitz im Inland,** gelten im Prinzip **keine Besonderheiten** gegenüber der reinen Inlandsverschmelzung, sodass gem. Art. 24 Abs. 1 ohne weiteres die §§ 22 f. UmwG zur Anwendung kommen, die dem Prinzip des **nachgelagerten** Gläubigerschutzes folgen (→ Rn. 10). Verschmelzen sich demgegenüber eine deutsche und eine ausländische Gesellschaft zur **ausländischen SE,** so bedarf es eines **präventiven** Schutzes zur genügenden Wahrung der Gläubigerinteressen (→ Rn. 11), weil die Gläubiger ihren Anspruch auf Sicherheitsleistung anderenfalls gegen eine ausländische Gesellschaft durchsetzen müssten.[24] Diesen gewährt § 8 SEAG in gleicher Weise wie § 13 SEAG im Falle der inhaltlich verwandten Sitzverlegung (zur umstrittenen Frage seiner Fortgeltung → Rn. 5). § 8 S. 2 SEAG stellt insofern klar, dass die Sicherheitsleistung schon in der Rechtmäßigkeitsbescheinigung nach Art. 25 Abs. 2 berücksichtigt werden muss (→ Rn. 11).

9   **2. Die Gläubigertypen gem. lit. a–c.** Der Gläubigerbegriff des Abs. 1 entspricht exakt demjenigen der GesR-RL. Neben den allgemeinen Forderungsinhabern (Art. 99 GesR-RL) sind dies auch Anleihegläubiger (Art. 100 GesR-RL) sowie „Inhaber von Wertpapieren, die mit Sonderrechten verbunden, jedoch keine Aktien sind" (Art. 101 GesR-RL).[25] Die Klassen der allgemeinen Forderungsinhaber wie auch der Anleihegläubiger sind Gegenstand des **§ 22 UmwG,** wobei dessen zeitliche Beschränkungen nur bei der Inlandsverschmelzung zum Tragen kommen (→ Rn. 10). Demgegenüber geht **§ 23 UmwG** inhaltlich über den Gläubigerbegriff des Art. 101 GesR-RL hinaus, indem er außer den mitgliedschaftsähnlichen Rechtspositionen (Wandelschuldverschreibungen, Gewinnschuldverschreibungen, Genussrechte)[26] auch stimmrechtslose Anteile, in der Aktiengesellschaft also Vorzugsaktien iSv §§ 139 ff. AktG, einbezieht. Das ist insofern systematisch unzutref-

---

[23] BeckOGK/*Eberspächer* Rn. 9; Lutter/Hommelhoff/Teichmann/*Bayer* Rn. 28 f.; s. auch *Adolff* ZHR 173 (2009), 67 (78).
[24] In diesem Sinne auch *Schwarz* Rn. 4; s. auch Lutter/Hommelhoff/Teichmann/*Bayer* Rn. 4; BeckOGK/ *Eberspächer* Rn. 4.
[25] Nach EuGH NZG 2016, 513 Rn. 65 ff. bedarf es solcher Wertpapiere, deren Inhaber mehr Rechte haben als das auf bloße Tilgung der Verbindlichkeiten und Zahlung der vereinbarten Zinsen, namentlich Wandel- oder Optionsanleihen, Optionsrechte auf Aktien und Gewinnschuldverschreibungen, s. auch *Habersack/Verse* EuropGesR § 8 Rn. 25a.
[26] Näher zu den einzelnen „Sonderrechten" Lutter/*Grunewald* UmwG § 23 Rn. 10, 14, 19; Widmann/ Mayer/*Vossius* UmwG § 20 Rn. 425.

fend, als § 23 UmwG lediglich einen Anspruch gegen die aufnehmende bzw. neue Gesellschaft gewährt, während Aktionäre schon kraft Gesetzes Mitglieder der aufnehmenden bzw. neuen Gesellschaft werden (§ 20 Abs. 1 Nr. 3 UmwG). Dies muss selbstverständlich auch für die Inhaber von Vorzugsaktien gelten,[27] sodass § 23 UmwG insofern richtlinienkonform im Sinne eines Appells auszulegen ist, die stimmrechtslosen Vorzugsaktien im Verschmelzungsplan besonders zu berücksichtigen, wobei sowohl die Gewährung von stimmrechtslosen wie auch stimmberechtigten Aktien in der SE in Betracht kommt.[28]

3. SE mit Sitz im Inland (§§ 22 f. UmwG). Erhält die SE einen Sitz im Inland, gelten gem. Art. 24 Abs. 1 die §§ 22 f. UmwG ohne Einschränkung,[29] sieht man von der in → Rn. 9 beschriebenen Korrektur des § 23 UmwG in Bezug auf Vorzugsaktionäre ab. Vorbehaltlich des § 22 Abs. 2 UmwG steht allen Gläubigern einer deutschen übertragenden oder aufnehmenden Gründungsgesellschaft folglich ein Anspruch auf **Sicherheitsleistung gegen die (deutsche) SE** zu, sofern sie ihre Forderung binnen sechs Monaten nach Bekanntmachung des Verschmelzungsplans gem. Art. 21 anmelden, innerhalb dieser Frist keine Befriedigung verlangen können und die Gefährdung ihres Rechts glaubhaft machen (§ 22 Abs. 1 S. 1, 2 UmwG).[30] Ebenso regelt es auch § 122j UmwG für die internationale Verschmelzung, dessen Fortgeltung allerdings ungewiss ist (→ Rn. 5). – „**Sonderrechtsinhaber**" iSv § 23 UmwG haben dagegen einen Anspruch gegen die (deutsche) SE auf Gewährung gleichwertiger Rechte. 10

4. SE mit Sitz im Ausland (§ 8 SEAG). Aus Sicht des Gläubigerschutzes bedingt die Verschmelzungsgründung, wie in → Rn. 2 f. und → Rn. 9 betont, nur dann eine Besonderheit, wenn die SE ihren Sitz im Ausland hat, weil die Gläubiger in diesem Falle bei Anwendbarkeit des § 22 UmwG ggf. gezwungen wären, Sicherheit von einer ausländischen Gesellschaft zu verlangen. Diese Gefahr sieht auch die SE-VO, explizit allerdings nur für den Fall der Sitzverlegung. Gem. Art. 8 Abs. 7 muss nämlich die SE, bevor sie ihren Sitz verlegen kann, den Nachweis erbringen, dass ihre Gläubiger angemessen geschützt sind. Die **Rechtsverfolgung im Ausland** wird also insofern als ein Umstand angesehen, der besonderen Gläubigerschutz rechtfertigt bzw. erfordert (→ Art. 8 Rn. 50). Insofern ist es konsequent, dass **§ 8 S. 1 SEAG** sinngemäß auf § 13 SEAG verweist, der auf der Ermächtigung des Art. 8 Abs. 7 beruht.[31] Dass seine Fortgeltung infolge eines (zweifelhaften) EuGH-Urteils teilweise bestritten wird, ist zu bedauern (→ Rn. 5). Demnach haben die Gläubiger Anspruch auf Sicherheitsleistung schon *vor* dem Wirksamwerden der Verschmelzung und somit bereits **gegen die deutsche Gründungsgesellschaft**. Voraussetzung ist allerdings, dass die Forderung rechtzeitig angemeldet und die Gefährdung der Erfüllung durch die Abwanderung ins Ausland glaubhaft gemacht wird. Zu Einzelheiten → Art. 8 Rn. 44 ff. – **§ 8 S. 2 SEAG** stellt konsequentermaßen klar, dass die Sicherheitsleistung von dem gem. Art. 25 Abs. 2 iVm § 4 SEAG zuständigen Registergericht zu bescheinigen ist, bevor die Verschmelzung vollzogen werden kann (→ Art. 25 Rn. 9). 11

III. Schutz der Aktionäre (Abs. 2)

1. Allgemeines. Während Abs. 1 unter dem Aspekt des Gläubigerschutzes die Außenrechtsbeziehungen der Gründungsgesellschaft in den Blick nimmt, dient Abs. 2 dem **Schutz** 12

---

[27] Vgl. *Schäfer*, Der stimmrechtslose GmbH-Geschäftsanteil, 1997, 222; zust. Lutter/*Grunewald* UmwG § 23 Rn. 10 aE; s. auch Kallmeyer/*Marsch-Barner* UmwG § 23 Rn. 4.
[28] Im Einzelnen Lutter/*Grunewald* UmwG § 23 Rn. 10 f.; gegen die Einbeziehung von stimmrechtslosen Vorzugsaktien Lutter/Hommelhoff/Teichmann/*Bayer* Rn. 18; *Scheifele*, Die Gründung der SE, 2004, 228 f.; *Schwarz* Rn. 14.
[29] Vgl. Lutter/Hommelhoff/Teichmann/*Bayer* Rn. 7; BeckOGK/*Eberspächer* Rn. 6; Habersack/Drinhausen/*Marsch-Barner* Rn. 5.
[30] Wie hier BeckOGK/*Eberspächer* Rn. 6; abw. *Scheifele*, Die Gründung der SE, 2004, 226 und *Schwarz* Rn. 10, die an die Bekanntmachung der Eintragung der künftigen SE nach Art. 15 Abs. 2 anknüpfen; Lutter/Hommelhoff/Teichmann/*Bayer* Rn. 9; Habersack/Drinhausen/*Marsch-Barner* Rn. 5 mwN, die auf die Bekanntmachung nach Art. 28 abstellen möchten.
[31] Zur – unberechtigten – Kritik hieran vgl. BeckOGK/*Eberspächer* Rn. 8.

der Aktionäre; die Mitgliedstaaten werden **ermächtigt,** insofern für einen „angemessenen Schutz" in den ihrem Recht unterliegenden Gründungsgesellschaften zu sorgen, was aufnehmende Gesellschaften ebenso erfasst wie übertragende. Diese Regelungsermächtigung nimmt insbesondere auf deutsche und österreichische Minderheitenschutzregeln im Verschmelzungsrecht Bezug und ermöglicht den Mitgliedstaaten, diese Regeln an den grenzüberschreitenden Charakter anzupassen, ist hinsichtlich der Mittel aber abschließender Natur (→ Rn. 7).[32] Der Inhalt des Minderheitsschutzes kann daher (nur) im Detail von den für nationale Verschmelzungen geltenden Regeln abweichen. Insbesondere dürfte daher das **Mehrheitsprinzip** nicht völlig zugunsten eines Einstimmigkeitserfordernisses abgeschafft werden.[33] Auch die VO selbst nimmt auf die besonderen Erfordernisse des grenzüberschreitenden Minderheitsschutzes in **Art. 25 Abs. 3** Rücksicht. Danach bedarf ein Verfahren, das zur nachträglichen Veränderung des Umtauschverhältnisses oder der Barabfindung führen kann, der Zustimmung der Aktionäre der ausländischen Gründungsgesellschaft. Nur wenn eine solche Unterwerfung vorliegt, ist nach Art. 25 Abs. 3 S. 4 die getroffene Entscheidung für die ausländische Gesellschaft und ihre Aktionäre bindend (→ Rn. 15 ff.).[34] Das ist konsequent, weil nicht alle Mitgliedstaaten ein Verfahren nach Art des deutschen Spruchverfahrens kennen (→ Art. 20 Rn. 29),[35] zugleich aber die gemeinsam gegründete SE Anspruchsgegnerin für eine erhöhte Barabfindung bzw. bare Zuzahlung ist, die damit mittelbar auch zu Lasten der Aktionäre der ausländischen Gesellschaft geht.[36] Allerdings liegt in diesem Erfordernis eine **erhebliche Hürde** für eine SE-Gründung. Einerseits haben die Aktionäre der ausländischen Gesellschaft kaum Veranlassung ihre Zustimmung zu erteilen, andererseits kann mangels ihrer Unterwerfung das Spruchverfahren nicht zum Zuge kommen und die Verschmelzung durch Anfechtungsklagen von Aktionären der deutschen Gesellschaft, die das Umtauschverhältnis angreifen, blockiert werden (vgl. § 16 Abs. 2 UmwG), weil der Anfechtungsausschluss gem. § 6 Abs. 1 SEAG in diesem Falle nicht wirksam wird.[37] Hinzu kommt, dass sich auch nach deutschem Recht das Spruchverfahren auf die Aktionäre der übertragenden Gesellschaft beschränkt (→ Rn. 18). Es ist daher zu befürchten, dass es zu Spruchverfahren nur noch kommt, wenn das Recht sämtlicher Gründungsgesellschaften für den konkreten Verschmelzungsfall eine entsprechende Kontrolle des Umtauschverhältnisses vorsieht.

13 Der deutsche Gesetzgeber hat von der Ermächtigung durch die **§§ 6, 7 SEAG** Gebrauch gemacht. Zwar spricht Art. 24 Abs. 2 durchgängig von „Minderheitsaktionären, die sich gegen die Verschmelzung ausgesprochen haben". Dieses einschränkende Merkmal gilt aber **nur** für den Schutz durch Austritt gegen **Barabfindung** (→ Rn. 24). Soweit dagegen Schutz durch **Verbesserung des Umtauschverhältnisses,** namentlich durch Erhöhung der baren Zuzahlung, gewährleistet wird, was Art. 25 Abs. 3 explizit gestattet, kann es aus systematischen wie teleologischen Gründen auf einen solchen Widerspruch der Aktionäre nicht ankommen; folgerichtig handelt es sich daher auch um keinen „Minderheitsschutz" im engeren Sinne, sondern um **Individualschutz** (→ Rn. 6).[38] Dies ist bei der Auslegung des Abs. 2 zu berücksichtigen. Es ist daher konsequent, wenn nur § 7 Abs. 1 SEAG, nicht hingegen § 6 SEAG, den Anspruch auf Barabfindung davon abhängig macht, dass der Aktionär Widerspruch gegen den Verschmelzungsbeschluss erklärt hat (→ Art. 20 Rn. 23) und folglich nur solchen Aktionären das Spruchverfahren nach § 7 Abs. 7 SEAG eröffnet.

---

[32] Vgl. Lutter/Hommelhoff/Teichmann/*Bayer* Rn. 3; Kalss/Hügel/*Hügel* SEG §§ 21, 22 Rn. 5; *J. Schmidt,* „Deutsche" vs. „Britische" SE, 2006, 220; *Schwarz* Rn. 15; *Teichmann* ZGR 2003, 367 (379); *Walden/Meyer-Landrut* DB 2005, 1619 (1620).

[33] Überzeugend *Kalss* ZGR 2003, 593 (596 f.); zust. auch *Scheifele,* Die Gründung der SE, 2004, 233; *Schwarz* Rn. 22.

[34] *Neun* in Theisen/Wenz SE 133; zum Pflichtangebot nach § 35 WpÜG bei Gründung einer SE vgl. *Teichmann* AG 2004, 77 ff.

[35] Eingehend zur Problematik *Teichmann* ZGR 2003, 367 (385 ff.).

[36] *Teichmann* ZGR 2002, 383 (427 f.); *Teichmann* ZGR 2003, 367 (385).

[37] Eingehend *Teichmann* ZGR 2002, 383 (428 f.): „großer Pferdefuß"; *Teichmann* ZGR 2003, 367 (385 f.); ferner *Kalss* ZGR 2003, 593 (624); *Scheifele,* Die Gründung der SE, 2004, 243 f.

[38] Zust. BeckOGK/*Eberspächer* Rn. 10; abw. Lutter/Hommelhoff/Teichmann/*Bayer* Rn. 23.

2. Verbesserung des Umtauschverhältnisses (§ 6 SEAG). a) Bare Zuzahlung; 14
Anfechtungsausschluss und Spruchverfahren. § 6 Abs. 2 SEAG (§ 6 Abs. 3 SEAG)[39] gewährt den Aktionären einer übertragenden Gründungsgesellschaft einen **Anspruch gegen die SE** auf bare Zuzahlung, sofern das Umtauschverhältnis der Anteile unangemessen ist;[40] seine Erfüllung ist nur unter Beachtung des Kapitalerhaltungsrechts (also aus ungebundenem Vermögen) möglich.[41] Die Regelung entspricht § 15 Abs. 1 UmwG und setzt wie dort voraus, dass die Anfechtungsklage gegen den Verschmelzungsbeschluss ausgeschlossen ist (§ 6 **Abs. 1** SEAG). Der Anfechtungsausschluss setzt wiederum voraus, dass die Aktionäre der ausländischen Gründungsgesellschaften gem. Art. 25 Abs. 3 S. 1 zustimmen. Der Anspruch ist gem. § 6 **Abs. 4** SEAG im Spruchverfahren geltend zu machen (vgl. § 1 Nr. 5 SpruchG). Diese Vorschrift ist § 34 UmwG nachgebildet und stellt die Verbindung zwischen dem Zuzahlungsanspruch nach Abs. 2 und der gerichtlichen Nachprüfung im Spruchverfahren her.[42]

Der gegen die SE gerichtete Anspruch auf bare Zuzahlung und die Eröffnung des Spruch- 15 verfahrens zu seiner Durchsetzung werfen nur dann keine spezifischen Probleme auf, wenn die SE ihren Sitz in Deutschland haben soll. Zudem besteht der Anspruch gem. § 6 Abs. 2 SEAG hier nur, wenn die deutsche Gründungsgesellschaft nicht aufnehmende Gesellschaft ist, namentlich also bei der Verschmelzung durch Neugründung. Soll die **SE** demgegenüber ihren **Sitz im Ausland** nehmen, richtet sich der **materielle Anspruch** aus § 6 Abs. 2 SEAG gegen eine ausländische Gesellschaft. Gleichwohl ist davon auszugehen, dass die deutsche Regelung von der Ermächtigung nach Art. 24 Abs. 2 gedeckt ist;[43] denn Anspruchsvoraussetzung ist nach § 6 Abs. 2 SEAG die Mitgliedschaft in der (deutschen) übertragenden Gesellschaft (→ Art. 20 Rn. 22). Demgegenüber fällt nicht entscheidend ins Gewicht, weil lediglich Frage der rechtstechnischen Ausgestaltung, ob der Anspruch auf bare Zuzahlung vor dem Wirksamwerden der Verschmelzung entsteht und sodann (noch vor Fälligkeit) auf die SE übergeht (Art. 29 Abs. 1 lit. a) oder ob er sich originär gegen die SE richtet (vgl. auch → Art. 8 Rn. 75 zur Entstehung des Abfindungsanspruchs bei der Sitzverlegung). Denn Art. 25 Abs. 3 stellt allein auf die Gründungsgesellschaft, nicht aber auf die SE bzw. deren Sitz ab, enthält somit hinsichtlich der Zulässigkeit des Kontrollverfahrens keinerlei Anhaltspunkte für eine entsprechende Differenzierung. Das ist aus teleologischer Sicht auch nicht überraschend; denn der Schutz der Aktionäre der ausländischen Gesellschaft wird materiell entweder durch das auch ihnen offenstehende Kontrollverfahren oder durch ihre Zustimmung gem. Art. 25 Abs. 3 S. 1 gewährleistet (→ Rn. 19).[44] Beides rechtfertigt nach der Wertung der VO also hinreichend die Bindung auch dieser Aktionäre an ein gerichtlich geändertes Umtauschverhältnis.

Damit konzentriert sich die Problematik auf die **Zuständigkeit des deutschen Land-** 16 **gerichts.** Hat die SE ihren Sitz im Ausland ist § 2 Abs. 1 S. 1 SpruchG nicht ohne weiteres anwendbar; für die internationale Zuständigkeit gelten vielmehr die Art. 4, 63 Abs. 1 Brüssel Ia-VO bzw. Art. 24 Brüssel Ia-VO (zur Parallelfrage bei der Sitzverlegung → Art. 8 Rn. 75; bei Verbesserung der Barabfindung → Art. 20 Rn. 33). Nach § 22 Abs. 1 Nr. 2 öSEG bedarf es in diesem Falle der (zusätzlichen) Unterwerfung der Aktionäre der ausländischen Gesellschaft unter die Zuständigkeit des österreichischen Firmenbuchgerichts am Sitz der übertragenden Gesellschaft.[45] Eine Zustimmung der ausländischen Aktionäre ist danach

---

[39] § 6 Abs. 3 SEAG entspricht § 15 Abs. 2 UmwG – mit Ausnahme der dort in Bezug genommenen, hier aber unpassenden Bekanntmachungsfiktion des § 19 Abs. 3 S. 3 UmwG, vgl. Begr. RegE, BT-Drs. 15/3405, 32 = *Neye* S. 82.
[40] Vgl. dazu etwa Lutter/*Decher* UmwG § 15 Rn. 2 ff.; zur Unangemessenheit des Umtauschverhältnisses näher Lutter/*Mennicke* UmwG Anh. II SpruchG § 11 Rn. 2.
[41] Lutter/Hommelhoff/Teichmann/*Bayer* Rn. 44; Habersack/Drinhausen/*Marsch-Barner* Rn. 29, jeweils mwN.
[42] Begr. RegE, BT-Drs. 15/3405, 32 = *Neye* S. 82; krit. Lutter/Hommelhoff/Teichmann/*Bayer* Rn. 38.
[43] Zust. Habersack/Drinhausen/*Marsch-Barner* Rn. 27.
[44] Rechtspolitische Kritik daran etwa bei *Casper* ZHR 173 (2009), 181 (198 f.).
[45] Dazu Kalss/Hügel/*Hügel* SEG §§ 21, 22 Rn. 25.

allerdings nur erforderlich, soweit Art. 25 Abs. 3 S. 1 eingreift, also ein Spruchverfahren im Ausland nicht eröffnet ist. Offenbar versteht der österreichische Gesetzgeber also **Art. 25 Abs. 3 S. 4 als eine international-zivilprozessuale Zuständigkeitsnorm** zu Gunsten des Sitzstaates der Gründungsgesellschaft. Dem ist grundsätzlich zuzustimmen (→ Art. 20 Rn. 33).[46] Sie kann indes nur dann unproblematisch funktionieren, wenn eine Unterwerfung gem. Art. 25 Abs. 3 überhaupt erforderlich ist und sich die erforderliche Zustimmung auch auf die Zuständigkeitsfrage bezieht, was im Zweifel anzunehmen ist (→ Art. 20 Rn. 33).[47]

17 Für den Fall, dass auch das **ausländische Recht ein Kontrollverfahren** kennt und es deshalb keiner Zustimmung der Aktionäre der ausländischen Gesellschaft bedarf, ist die Zuständigkeitsbegründung mit Hilfe des Art. 25 Abs. 3 S. 4 dagegen problematisch. Aus teleologischen Gründen wird man jedoch dessen **entsprechende Anwendung** auch hier befürworten können.[48] Denn die ausländischen Aktionäre sind in diesem Falle durch das eigene Spruchverfahren und die Beteiligungsfähigkeit (→ Rn. 20) im deutschen Spruchverfahren insgesamt besser geschützt als durch das reine Zustimmungserfordernis, sodass es widersprüchlich wäre, wenn sie nur im Falle ihres ohnehin geringeren Schutzes zusätzlich die Zuständigkeit eines ausländischen Gerichts hinzunehmen hätten. Wie bei unmittelbarer Anwendung des Art. 25 Abs. 3 ist aber auch in diesem Falle zu verlangen, dass die **ausländischen Aktionäre** der internationalen Zuständigkeit deutscher Gerichte **zustimmen** (→ Art. 20 Rn. 33).[49] Anderenfalls können die deutschen Aktionäre grundsätzlich nur im Sitzstaat der SE das – dort eröffnete – Spruchverfahren pp. betreiben, um den Anspruch nach § 6 Abs. 2 SEAG durchzusetzen.

18 **Anspruchsberechtigt** ist nach § 6 Abs. 2 SEAG **jeder** Aktionär einer (deutschen) **übertragenden** Gründungsgesellschaft, und zwar unabhängig davon, ob er für oder gegen die Verschmelzung gestimmt hat (→ Rn. 13). § 6 SEAG orientiert sich somit auch für Antragsberechtigung und Anfechtungsausschluss an den § 14 Abs. 2 UmwG, § 15 UmwG. Die noch im Diskussionsentwurf enthaltene Öffnung des Verbesserungsverfahrens auch für Aktionäre einer aufnehmenden Gesellschaft ist nicht Gesetz geworden.[50] Eine solche punktuelle Lösung hätte in der Tat auch keinen rechten Sinn ergeben; denn die verbreitete Forderung,[51] Spruchverfahren und bare Zuzahlung auf die Aktionäre der aufnehmenden Gesellschaft auszudehnen, stellt sich in gleicher Weise bei der inländischen Verschmelzung nach § 14 UmwG sowie bei Unternehmensverträgen (§§ 304, 305 AktG) und Kapitalerhöhungen (§ 255 Abs. 2 AktG).[52]

19 b) **Schutz der Aktionäre der ausländischen Gesellschaft.** Zum Erfordernis eines Schutzes → Rn. 12. Nach der VO wird er gewährleistet durch das Zustimmungserfordernis **(Unterwerfungserfordernis)** nach Art. 25 Abs. 3 S. 1 (→ Art. 25 Rn. 11; → Art. 20 Rn. 29); ohne diese Unterwerfung, die einen entsprechenden Beschluss der Hauptversammlung erfordert, kommt eine Verbesserung des Umtauschverhältnisses, wie § 6 Abs. 4 SEAG ausdrücklich klarstellt, nicht in Betracht. Es bleibt dann allerdings bei der Anfechtungsmöglichkeit;[53] denn auch deren Ausschluss bedarf gem. § 6 Abs. 1 SEAG der Zustimmung.

---

[46] In diesem Sinne denn auch Kalss/Hügel/*Hügel* SEG §§ 21, 22 Rn. 25; wie hier ferner Lutter/Hommelhoff/Teichmann/*Bayer* Rn. 39; BeckOGK/*Eberspächer* Rn. 12; Habersack/Drinhausen/*Marsch-Barner* Rn. 38.

[47] So ausdrücklich § 22 Abs. 1 Nr. 2 öSEG; s. auch BeckOGK/*Eberspächer* Rn. 12; s. auch Habersack/Drinhausen/*Marsch-Barner* Rn. 38, der eine „gesonderte" Unterwerfung für entbehrlich hält.

[48] Ebenso iE, aber für Begründung der Zuständigkeit deutscher Gerichte mittels Art. 24 Nr. 2 Brüssel Ia-VO, Habersack/Drinhausen/*Marsch-Barner* Rn. 39 f. mwN.

[49] Zust. Lutter/Hommelhoff/Teichmann/*Bayer* Rn. 39.

[50] Der Gesetzgeber ist damit ua der Empfehlung des DAV-Handelsrechtsausschusses gefolgt, vgl. NZG 2004, 75 (76); krit. dazu *Casper* ZHR 173 (2009), 181 (197 f.) mwN.

[51] Vgl. nur DAV-Handelsrechtsausschuss NZG 2000, 802 (803); BB-Beil. 4/2003, 9; *Casper* ZHR 173 (2009), 181 (197); *Bayer/J. Schmidt* NJW 2006, 401 (406).

[52] Zutr. DAV-Handelsrechtsausschuss NZG 2004, 75 (76); aA – für Einbeziehung der aufnehmenden Gesellschaft – *Scheifele*, Die Gründung der SE, 2004, 235 f.; s. auch *Teichmann* ZGR 2003, 367 (380 f.).

[53] Allg. zur Anfechtung des Verschmelzungsbeschlusses s. nur Lutter/*Decher* UmwG § 14 Rn. 2 ff.

Darüber hinaus dient auch § 6 Abs. 4 S. 2 SEAG dem Schutz der Aktionäre ausländischer (übertragender) Gründungsgesellschaften. Er betrifft also vor allem die Verschmelzung durch Neugründung, bei der sämtliche Gründungsgesellschaften übertragende Gesellschaften sind. Solche Aktionäre können danach ein **Spruchverfahren** nach dem SpruchG (mit-)betreiben, sofern ihr Heimatrecht ein vergleichbares nachgelagertes Verfahren mit Anfechtungsausschluss kennt[54] und das deutsche Gericht international zuständig ist (→ Rn. 17). Auf diese Weise erhalten sie die Möglichkeit, ihre parallelen, an die Mitgliedschaft der eigenen Gründungsgesellschaft geknüpften Ansprüche in Deutschland zu verfolgen. Durch ihre Beteiligung erhält das Spruchverfahren somit in gewissem Sinne **kontradiktorischen Charakter;**[55] denn das richtige Umtauschverhältnis kann nur einheitlich festgestellt werden. Das bedeutet aber zwangsläufig, dass das Verfahren nach § 6 Abs. 4 SEAG entgegen der amtlichen Überschrift („Verbesserung des Umtauschverhältnisses") auch mit einer Zuzahlung nur zu Gunsten der Aktionäre der ausländischen Gesellschaft – und in diesem Sinne also mit einer Verschlechterung für die deutschen Anspruchsteller – enden kann (→ Art. 20 Rn. 36).[56]

Die **Beteiligungsfähigkeit** der Aktionäre der ausländischen Gesellschaft gilt nach dem Wortlaut unabhängig davon, ob auch die Aktionäre der deutschen Gründungsgesellschaft in dem entsprechenden ausländischen Verfahren beteiligungsfähig sind. Doch dürfte sich die Beteiligungsfähigkeit ausländischer Aktionäre schon generell und unmittelbar aus einem Umkehrschluss zu Art. 25 Abs. 3 S. 1 bzw. der Niederlassungs- und Kapitalverkehrsfreiheit ergeben, sodass das ausländische Recht ggf. zu ergänzen wäre.[57]

Anders als die prozessuale Figur des besonderen Vertreters (→ Rn. 23) verfolgt die Regelung des § 6 Abs. 4 S. 2 SEAG nicht den **Zweck,** den ausländischen Aktionären die Zustimmung gem. Art. 25 Abs. 3 zu erleichtern; denn das Unterwerfungserfordernis besteht nur für ausländische Gründungsgesellschaften, deren Recht kein nachgelagertes Verfahren zur Kontrolle des Umtauschverhältnisses kennt. Die Aktionäre solcher Gesellschaften sind nach § 6 Abs. 4 S. 2 SEAG aber nicht beteiligungsfähig. Es ist überdies umstritten, ob Art. 24 Abs. 2 überhaupt eine ausreichende Ermächtigung dafür böte, den Aktionären einer ausländischen Gesellschaft Rechte einzuräumen, die ihnen gegen die eigene Gründungsgesellschaft nicht zustehen.[58] Folglich kann der Zweck nur darin liegen, die in beiden Staaten zulässigen Verfahren zu koordinieren, um unnötige Doppelungen bzw. widersprüchliche Entscheidungen zu vermeiden.[59] – Zum entsprechenden Schutz der ausländischen Aktionäre bei Barabfindung → Art. 20 Rn. 29 ff.

Sofern die Aktionäre der ausländischen Gesellschaft **nicht beteiligungsfähig** sind (→ Rn. 21), können sie die gerichtliche Bestellung eines **gemeinsamen Vertreters** gem. § 6a SpruchG beantragen, der im Spruchverfahren ihre Interessen wahrnimmt, insbesondere das ursprüngliche Umtauschverhältnis verteidigt.[60] Es gilt insofern das Gleiche wie beim Spruchverfahren zur Kontrolle der Barabfindung (→ Art. 20 Rn. 29). Wie dort soll so der Befürchtung einer einseitigen Bevorzugung der Aktionäre der deutschen Gründungsgesellschaft entgegengewirkt und dadurch verhindert werden, dass die Aktionäre der ausländischen Gründungsgesellschaft(en) die erforderliche Zustimmung gem. Art. 25

---

[54] Das gilt etwa für eine österreichische Gründungsgesellschaft gem. § 22 Abs. 3 öSEG, vgl. Kalss/Hügel/*Hügel* SEG §§ 21, 22 Rn. 26, 28; krit. zum geringen Anwendungsbereich der Norm *Vetter* in Lutter/Hommelhoff EU-Gesellschaft 111, 132.
[55] So auch BeckOGK/*Eberspächer* Rn. 13; rechtspolitische Kritik bei *Vetter* in Lutter/Hommelhoff EU-Gesellschaft 111, 130 ff.; *Casper* ZHR 173 (2009), 181 (200).
[56] Zu entspr. rechtspolitischen Forderungen *Teichmann* ZGR 2003, 367 (385 f.); *Teichmann* ZGR 2002, 383 (386); *Neye/Teichmann* AG 2003, 171 ff.; *Scheifele*, Die Gründung der SE, 2004, 244 ff.
[57] So überzeugend für die österreichische Regelung Kalss/Hügel/*Hügel* SEG §§ 21, 22 Rn. 26, 29.
[58] Bejahend *Teichmann* ZGR 2002, 383 (429) – relativierend dann aber *Teichmann* ZGR 2003, 367 (386); verneinend *Ihrig/Wagner* BB 2003, 969 (971); *Scheifele*, Die Gründung der SE, 2004, 232; *Schwarz* Rn. 19.
[59] So denn auch Begr. RegE, BT-Drs. 15/3405, 32 = *Neye* S. 83.
[60] Zum besonderen Vertreter bei der SE-Gründung näher *Vetter* in Lutter/Hommelhoff EU-Gesellschaft 111, 130 ff.; wie hier auch BeckOGK/*Eberspächer* Rn. 12; *Casper* ZHR 173 (2009), 181 (200); Habersack/Drinhausen/*Marsch-Barner* Rn. 41.

Abs. 3 S. 1 verweigern,[61] zumal im Spruchverfahren das Verbot der reformatio in peius gilt (→ SpruchG § 11 Rn. 6).[62]

24   **3. Erhöhung des Barabfindungsangebots (§ 7 Abs. 7 SEAG).** Art. 24 Abs. 2 ermächtigt auch dazu, die Gründungsgesellschaft zu verpflichten, widersprechenden Aktionären ein Barabfindungsangebot zu unterbreiten, ihnen also ein außerordentliches **Austrittsrecht** zu gewähren. Der deutsche Gesetzgeber hat hiervon in § 7 Abs. 1–4 SEAG Gebrauch gemacht. Danach besteht ein Abfindungsanspruch gegen Erwerb der Aktien, wenn die Aktionäre **Widerspruch** gegen den Verschmelzungsbeschluss zur Niederschrift erklärt haben und die SE ihren **Sitz im Ausland** nehmen soll. Zu Einzelheiten → Art. 20 Rn. 22 ff. Wie Art. 25 Abs. 3 S. 1 auch für das Austrittsrecht erkennen lässt, kann wiederum ein besonderes, nachgelagertes Kontrollverfahren zur Überprüfung der Abfindungshöhe vorgesehen werden. Auch diese Möglichkeit hat der deutsche Gesetzgeber in § 7 Abs. 7 SEAG genutzt. Demnach können die anspruchsberechtigten Aktionäre, soweit sie gem. § 7 Abs. 5 SEAG mit einer Anfechtung gegen den Verschmelzungsbeschluss ausgeschlossen sind, wiederum das Spruchverfahren mit dem Ziel betreiben, anstelle einer zu niedrig festgesetzten die angemessene Barabfindung zu erhalten. Zu Einzelheiten → Art. 20 Rn. 33 ff.

IV. Verhältnis zum WpÜG

25   Bei der Verschmelzungsgründung ist, wie bei der Verschmelzung nach dem UmwG, **umstritten,** ob die Vorschriften des WpÜG anwendbar sind.[63] Namentlich bei der Verschmelzung durch Aufnahme ist ein **Pflichtangebot** gem. § 35 Abs. 1 S. 1 WpÜG nach dem Wortlaut der Vorschrift denkbar. Indes geht der Gesetzgeber des WpÜG[64] davon aus, dass bei Verschmelzungen nach dem UmwG generell kein Pflichtangebot erforderlich wird; das Schrifttum ist gespalten, nimmt aber überwiegend das Gegenteil an (→ WpÜG § 35 Rn. 75).[65] Eine höchstrichterliche Klärung der Frage steht aus. An dieser Stelle reicht die Feststellung, dass für die SE-Verschmelzungsgründung nichts Besonderes gilt, zumal sie gem. Art. 18 der nationalen Verschmelzung vorbehaltlich einer hier nicht ersichtlichen Spezialregelung gleichgestellt ist. Jedenfalls könnte die Angebotspflicht wegen § 35 Abs. 1 S. 2 WpÜG („erlangt hat") erst nach Eintragung der SE entstehen.[66] Was überdies die Informationspflichten gem. § 3 Abs. 2 WpÜG betrifft, so wird deren Ziel in besserer, nämlich speziellerer Weise durch die gründungsrechtlichen Offenlegungspflichten erreicht (Art. 21).

Art. 25 [Rechtmäßigkeitsprüfung]

(1) Die Rechtmäßigkeit der Verschmelzung wird, was die die einzelnen sich verschmelzenden Gesellschaften betreffenden Verfahrensabschnitte anbelangt, nach den für die Verschmelzung von Aktiengesellschaften geltenden Rechtsvor-

---

[61] Begr. RegE, BT-Drs. 15/3405, 58 = *Neye* S. 250; vgl. auch *Teichmann* ZGR 2003, 367 (385 f.), dessen weitergehenden Erwägungen (generelle Beteiligtenfähigkeit der Aktionäre der ausländischen Gesellschaft und Zulässigkeit einer Herabsetzung des Angebots bzw. kontradiktorische Ausgestaltung des Spruchverfahrens) der Gesetzgeber nicht gefolgt ist.
[62] Dazu allg. *Leuering* SpruchG, 2007, §§ 6a–c Rn. 4; speziell im Kontext auch *Casper* ZHR 173 (2009), 181 (200) mit rechtspolitischer Kritik und Verbesserungsvorschlägen; Habersack/Drinhausen/*Marsch-Barner* Rn. 41.
[63] Verneinend *Vetter* in Lutter/Hommelhoff EU-Gesellschaft III, 149 ff.; bejahend BeckOGK/*Eberspächer* Art. 25 Rn. 9; *Teichmann* AG 2004, 76 (77 ff.); diff. *Spitzbart* RNotZ 2006, 369 (401 f.).
[64] Begr. RegE, BT-Drs. 14/7034, 34; BR-Drs. 574/01, 79 f.
[65] Für Anwendbarkeit des WpÜG Kölner Komm WpÜG/*v. Hasselbach* § 35 Rn. 11 ff.; Ehricke/Ekkenga/Oechsler/*Ekkenga*/Schulz WpÜG § 35 Rn. 28; Widmann/Mayer/*Heckschen* UmwG § 1 Rn. 417; NK-AktKapMarktR/*Sohbi* WpÜG § 35 Rn. 10; Assmann/Pötzsch/Schneider/*Krause*/Pötzsch WpÜG § 35 Rn. 84; Lenz/Linke AG 2002, 361 (367 f.); *Seibt*/Heiser ZHR 165 (2001), 466 (470 ff.); Steinmeyer/*Santelmann* WpÜG § 35 Rn. 45 ff.; *Teichmann* AG 2004, 67 (77 ff.); je nach Art der Verschmelzungsvariante diff. Semler/Stengel/*Stengel* UmwG Einl. A Rn. 57; aA – gegen Anwendbarkeit – Schwark/Zimmer/*Noack* WpÜG §§ 1, 2 Rn. 12; Geibel/Süßmann/*Angerer* WpÜG § 1 Rn. 103 ff.
[66] *Seibt*/Heiser ZHR 165 (2001), 466 (474).

schriften des Mitgliedstaats kontrolliert, dessen Recht die jeweilige verschmelzende Gesellschaft unterliegt.

(2) In jedem der betreffenden Mitgliedstaaten stellt das zuständige Gericht, der Notar oder eine andere zuständige Behörde eine Bescheinigung aus, aus der zweifelsfrei hervorgeht, dass die der Verschmelzung vorangehenden Rechtshandlungen und Formalitäten durchgeführt wurden.

(3) [1]Ist nach dem Recht eines Mitgliedstaats, dem eine sich verschmelzende Gesellschaft unterliegt, ein Verfahren zur Kontrolle und Änderung des Umtauschverhältnisses der Aktien oder zur Abfindung von Minderheitsaktionären vorgesehen, das jedoch der Eintragung der Verschmelzung nicht entgegensteht, so findet ein solches Verfahren nur dann Anwendung, wenn die anderen sich verschmelzenden Gesellschaften in Mitgliedstaaten, in denen ein derartiges Verfahren nicht besteht, bei der Zustimmung zu dem Verschmelzungsplan gemäß Artikel 23 Absatz 1 ausdrücklich akzeptieren, dass die Aktionäre der betreffenden sich verschmelzenden Gesellschaft auf ein solches Verfahren zurückgreifen können. [2]In diesem Fall kann das zuständige Gericht, der Notar oder eine andere zuständige Behörde die Bescheinigung gemäß Absatz 2 ausstellen, auch wenn ein derartiges Verfahren eingeleitet wurde. [3]Die Bescheinigung muss allerdings einen Hinweis auf das anhängige Verfahren enthalten. [4]Die Entscheidung in dem Verfahren ist für die übernehmende Gesellschaft und ihre Aktionäre bindend.

§ 4 SEAG Zuständigkeiten
[1]Für die Eintragung der SE und für die in Artikel 8 Abs. 8, Artikel 25 Abs. 2 sowie den Artikeln 26 und 64 Abs. 4 der Verordnung bezeichneten Aufgaben ist das nach den §§ 376 und 377 des Gesetzes über das Verfahren in Familiensachen und in den Angelegenheiten der freiwilligen Gerichtsbarkeit bestimmte Gericht zuständig. [2]Das zuständige Gericht im Sinne des Artikels 55 Abs. 3 Satz 1 der Verordnung bestimmt sich nach § 375 Nr. 4, §§ 376 und 377 des Gesetzes über das Verfahren in Familiensachen und in den Angelegenheiten der freiwilligen Gerichtsbarkeit.

§ 6 SEAG Verbesserung des Umtauschverhältnisses
(Abdruck bei Art. 24)

§ 8 SEAG Gläubigerschutz
[1]Liegt der künftige Sitz der SE im Ausland, ist § 13 Abs. 1 und 2 entsprechend anzuwenden. [2]Das zuständige Gericht stellt die Bescheinigung nach Artikel 25 Abs. 2 der Verordnung nur aus, wenn die Vorstandsmitglieder einer übertragenden Gesellschaft die Versicherung abgeben, dass allen Gläubigern, die nach Satz 1 einen Anspruch auf Sicherheitsleistung haben, eine angemessene Sicherheit geleistet wurde.

Schrifttum: *Blanquet,* Das Statut der Europäischen Aktiengesellschaft, ZGR 2002, 20; *Bungert/Beier,* Die Europäische Aktiengesellschaft, EWS 2002, 1; *Casper,* Erfahrungen und Reformbedarf bei der SE – Gesellschaftsrechtliche Reformvorschläge, ZHR 173 (2009), 181; *Heckschen,* Die Europäische AG aus notarieller Sicht, DNotZ 2003, 251; *Henckel,* Rechnungslegung und Prüfung anlässlich einer grenzüberschreitenden Verschmelzung zu einer Societas Europaea (SE), DStR 2005, 1785; *Scheifele,* Die Gründung einer Europäischen Aktiengesellschaft, 2004; *J. Schmidt,* „Deutsche" vs. „britische" Societas Europaea (SE), 2006; *Seibt/Saame,* Die Societas Europaea (SE) deutschen Rechts: Anwendungsfehler und Beratungshinweise, AnwBl. 2005, 225; *Stiegler,* Verzichtsmöglichkeiten bei der Verschmelzung von Aktiengesellschaften, AG 2019, 708; *Teichmann,* Die Einführung der Europäischen Aktiengesellschaft, ZGR 2002, 383; *Trojan-Limmer,* Die geänderten Vorschläge für ein Statut der Europäischen Aktiengesellschaft (SE), RIW 1991, 1010; *Walden/Meyer-Landrut,* Die grenzüberschreitende Verschmelzung zu einer Europäischen Gesellschaft: Beschlussfassung und Eintragung, DB 2005, 2619.

Übersicht

	Rn.		Rn.
I. Einführung	1–3	II. Prüfungspflicht und -umfang (Abs. 1)	4
1. Überblick über das Eintragungsverfahren	1	III. Zuständigkeit; Rechtmäßigkeitsattest (Abs. 2)	5–10
2. Inhalt des Art. 25 im Überblick	2	1. Zuständigkeit	5
3. Normzweck	3		

	Rn.		Rn.
2. Bescheinigung	6–8	4. Vorläufige Eintragung?	10
3. Verbindung zum Gläubigerschutz (§ 8 S. 2 SEAG)	9	IV. Verbindung zum Aktionärsschutz (Abs. 3)	11, 12

I. Einführung

1 **1. Überblick über das Eintragungsverfahren.** Art. 25–28 regeln das Registerverfahren bei der Verschmelzungsgründung, an dessen Ende die Eintragung der SE steht, durch die gem. Art. 27 sowohl die SE-Gründung als auch die Verschmelzung wirksam werden. Die Eintragung erfolgt in das vom Mitgliedstaat bestimmte Register (Art. 12 Abs. 1), bei der Gründung einer deutschen SE also in das Handelsregister. Zuvor muss jedoch die Arbeitnehmerbeteiligung feststehen (Art. 12 Abs. 2); sie ist zusätzlich auch in den Registern der Gründungsgesellschaften bekannt zu machen (Art. 28). Die von Art. 27 angeordnete Wirksamkeit bedeutet insbesondere die Entstehung der SE als juristische Person (Art. 16; zur Vor-SE → Art. 16 Rn. 4 f.), aber auch den Eintritt der einzelnen Verschmelzungswirkungen gem. Art. 29, insbesondere also das Erlöschen der übertragenden Gründungsgesellschaften unter gleichzeitiger Gesamtrechtsnachfolge durch die SE (näher → Art. 29 Rn. 1 ff.). Art. 27 sichert diese Wirkungen gegen mögliche Fehler, indem er die Eintragung davon abhängig macht, dass die formalen Voraussetzungen gem. Art. 25 und 26 eingehalten werden. Hierbei handelt es sich um eine **zweistufige Rechtmäßigkeitskontrolle,** nämlich sowohl auf der Ebene der einzelnen Gründungsgesellschaft (Art. 25) als auch auf der Ebene der in Gründung befindlichen SE (Art. 26). Sie entspricht der zweistufigen Anlage des materiellen Gründungsrechts: Während Art. 18 ergänzend auf das jeweilige mitgliedstaatliche Verschmelzungsrecht verweist, betrifft die Verweisung des Art. 15 Abs. 1 auf das am Sitz der SE geltende Aktienrecht die Durchführung der Verschmelzung und die Gründung der SE ieS (→ Art. 15 Rn. 7; → Art. 18 Rn. 1 f.); dessen Voraussetzungen werden durch die Registerbehörde am Sitz der SE kontrolliert (Art. 26 Abs. 4). Frühere Überlegungen, ein einstufiges, beim EuGH angesiedeltes Prüfungsverfahren zu schaffen,[1] haben in der aktuellen Fassung der VO also keinen Niederschlag gefunden. Man wird annehmen können, dass die Zweistufigkeit der Prüfung, durch die notwendig Registerbehörden etc verschiedener Mitgliedstaaten einbezogen sind, Befürchtungen entgegenwirken sollte, dass in manchen Ländern unsorgfältig geprüft werde.[2] Andererseits ist das Eintragungsverfahren auf diese Weise erheblich komplizierter worden.[3]

2 **2. Inhalt des Art. 25 im Überblick.** Art. 25 betrifft die erste, bei den einzelnen Gründungsgesellschaften durchzuführende Prüfungsphase. Die Verknüpfung mit der zweiten Phase auf Ebene der SE gewährleistet Art. 26 Abs. 2, der für den Fortgang der Gründungsprüfung die Vorlage der Rechtmäßigkeitsbescheinigung nach **Art. 25 Abs. 2** verlangt. Diese Bescheinigung wird durch die für die jeweilige Gründungsgesellschaft zuständige Registerbehörde, in Deutschland das Registergericht (Art. 68 Abs. 2 iVm § 4 SEAG), ausgestellt, nachdem diese die Rechtmäßigkeit der bei den Gründungsgesellschaften zu vollziehenden Verfahrensabschnitte geprüft hat (**Art. 25 Abs. 1**; → Rn. 4 ff.). Das Attest kann gem. **Art. 25 Abs. 3 S. 2** unabhängig davon erteilt werden, ob ein Spruchverfahren zur Verbesserung des Umtauschverhältnisses (→ Art. 24 Rn. 6) oder zur Festsetzung einer angemessenen Abfindung (→ Art. 20 Rn. 36) anhängig ist; doch muss dies ggf. in der Bescheinigung vermerkt werden, **Art. 25 Abs. 3 S. 3.**

3 **3. Normzweck.** Art. 25 begründet zunächst die **Zuständigkeit** der beteiligten nationalen Registerbehörden für den ersten Verfahrensabschnitt; um welche Behörde es sich hierbei

---

[1] So noch Art II-1-1 und II-1-6 Sanders-Entwurf sowie Art. 11, 17, 18 SE-VO-Vorschläge 1970 und 1975.
[2] Vgl. eingehend *Blanquet* ZGR 2002, 20 (44); so nunmehr auch Lutter/Hommelhoff/Teichmann/*Bayer* Rn. 2.
[3] S. etwa die Kritik von *Bungert/Beier* EWS 2002, 1 (7).

konkret handelt, kann der jeweilige Mitgliedstaat gem. **Art. 68 Abs. 2** bestimmen (s. dazu § **4 SEAG;** → Rn. 5). Am Ende dieses Verfahrens steht aber nicht die Eintragung, wodurch sich die Vorschrift von dem sonst in Normzweck und Regelungsgehalt vergleichbaren § **38 AktG** unterscheidet (→ AktG § 38 Rn. 4 ff.). Vielmehr endet der Abschnitt mit dem Rechtmäßigkeitsattest nach Abs. 2 (→ Rn. 2). Er ist Grundlage für den ggf. mit einem Zuständigkeitswechsel verbundenen zweiten Verfahrensabschnitt nach Art. 26 (→ Art. 26 Rn. 2). **Abs. 1** ordnet die **Prüfungspflicht** der zuständigen Registerbehörde an und übernimmt daher die gleiche Funktion wie § 38 AktG bei der AG-Gründung. **Abs. 2** regelt die Pflicht der Behörde, ein Attest darüber auszustellen, dass „die der Verschmelzung vorangehenden Rechtshandlungen und Formalitäten durchgeführt worden" sind. Ebenso wie § 38 Abs. 1 AktG (→ AktG § 38 Rn. 8) in Bezug auf die Eintragung gewährt die Vorschrift daher im Umkehrschluss einen **Anspruch auf Ausstellung des Rechtmäßigkeitsattests,** sofern die Gründungsschritte ordnungsgemäß durchgeführt wurden (→ Rn. 6). **Abs. 3** stellt die Verbindung zum (fakultativen) Minderheitsschutz durch Spruchverfahren her, den zu gewähren Art. 24 Abs. 2 die Ermächtigung gibt. **Insgesamt** verfolgt Art. 25 – ebenso wie Art. 26 und § 38 AktG (→ AktG § 38 Rn. 6) – den **Zweck,** unseriöse Verschmelzungsgründungen zu verhindern.

II. Prüfungspflicht und -umfang (Abs. 1)

Wie Art. 18 für das materielle Verschmelzungsrecht, so verweist konsequentermaßen 4 auch Art. 25 Abs. 1 für die Rechtmäßigkeitskontrolle auf das für die einzelne Gründungsgesellschaft einschlägige **Verschmelzungsrecht.** Dabei richten sich die inhaltlichen Anforderungen nach den §§ 16 und 17 UmwG, ohne dass sich jedoch entscheidende Modifikationen gegenüber rein nationalen Verschmelzungsvorgängen ergeben.[4] Der Prüfungspflicht korrespondiert ein **subjektives** öffentliches **Recht** auf Erteilung der Bescheinigung (→ Rn. 3).

III. Zuständigkeit; Rechtmäßigkeitsattest (Abs. 2)

1. Zuständigkeit. Art. 25 Abs. 2 spricht von der zuständigen Behörde, ohne sie näher 5 zu bestimmen; dies überlässt **Art. 68 Abs. 2** vielmehr dem jeweiligen Mitgliedstaat. Deutschland hat von dieser Ermächtigung in § **4 SEAG** Gebrauch gemacht. Für Prüfung und Erteilung des Attests ist daher das vom Amtsgericht geführte **Handelsregister** am Sitz der Gründungsgesellschaft zuständig (→ Art. 12 Rn. 5).

2. Bescheinigung. Das Registergericht stellt nach Abschluss des Verfahrens ein Recht- 6 mäßigkeitsattest aus, sofern sämtliche die Gründungsgesellschaften betreffenden Voraussetzungen erfüllt sind (→ Rn. 4); hierauf besteht ein Anspruch der beteiligten Gründungsgesellschaft (→ Rn. 4). Eine bestimmte **Form** schreibt Art. 25 nicht vor; die Bescheinigung darf sich daher grundsätzlich auf die bloße Feststellung beschränken, dass die Verschmelzung nach dem Recht des Gründungsstaats rechtmäßig ist.[5] Die Bescheinigung hat naturgemäß **Bindungswirkung** für die für den zweiten Abschnitt zuständige Kontrollbehörde (→ Art. 26 Rn. 1); denn dieser fehlt die Prüfungskompetenz für den ersten Verfahrensabschnitt.[6] Streitigkeiten über die Versagung der Bescheinigung können daher nur im jeweili-

---

[4] Ebenso *Teichmann* ZGR 2002, 383 (432); deshalb zutr. für die Möglichkeit eines Verzichts auf Klage gegen die Wirksamkeit des Verschmelzungsbeschlusses entsprechend der Lage bei innerstaatlichen Verschmelzungen *Stiegler* AG 2019, 708 (714); s. ferner Habersack/Drinhausen/*Marsch-Barner* Rn. 5 mit Liste der einzelnen Prüfungspunkte in Habersack/Drinhausen/*Marsch-Barner* Rn. 6 f.; vgl. auch NK-SE/*Schröder* Rn. 14 f., 34 ff.
[5] So auch *Scheifele,* Die Gründung der SE, 2004, 266; *Schwarz* Rn. 20; BeckOGK/*Eberspächer* Rn. 5; Habersack/Drinhausen/*Marsch-Barner* Rn. 25; aA Lutter/Hommelhoff/*Teichmann/Bayer* Rn. 15; *J. Schmidt,* „Deutsche" vs. „Britische" SE, 2006, 251 f.
[6] Vgl. *Trojan-Limmer* RIW 1991, 1010 (1014); *Scheifele,* Die Gründung der SE, 2004, 272; *Schwarz* Art. 26 Rn. 6; BeckOGK/*Eberspächer* Rn. 7; Habersack/Drinhausen/*Marsch-Barner* Rn. 24.

gen Gründungsstaat geführt werden, in Deutschland also im Wege der Beschwerde gem. § 58 FamFG bzw. Rechtsbeschwerde nach § 70 FamFG.[7]

7 Die Ausstellung des Attests wird durch ein anhängiges **Spruchverfahren** zur Verbesserung des Umtauschverhältnisses gem. Art. 24 Abs. 2 iVm § 6 SEAG (→ Art. 20 Rn. 33) oder zur Kontrolle des Abfindungsangebots gem. Art. 24 Abs. 2 iVm § 7 SEAG (→ Art. 24 Rn. 6) nicht gehindert, wie Art. 25 Abs. 3 S. 2 ausdrücklich klarstellt. Allerdings ist gem. Abs. 3 S. 3 auf ein laufendes Verfahren ausdrücklich **hinzuweisen**.

8 Anders ist die Rechtslage im Falle einer **Anfechtungsklage** gegen den Verschmelzungsbeschluss gem. Art. 23. Sie kann allerdings gem. § 6 Abs. 1 SEAG, § 7 Abs. 5 SEAG nicht darauf gestützt werden, dass Umtauschverhältnis oder Abfindungsangebot unangemessen seien. Soweit die Klage aber möglich ist, steht sie in entsprechender Anwendung des § 16 Abs. 2 S. 2 UmwG der Erteilung des Attests entgegen. Die Klage löst damit indirekt eine **Registersperre** aus, die nur unter den Voraussetzungen des § 16 Abs. 3 UmwG überwunden werden kann. Umgekehrt kommt diese Sperrwirkung nicht mehr in Betracht, sobald die Bescheinigung ausgestellt ist; insoweit ist § 16 Abs. 2 S. 2 UmwG auf eine SE (mit Sitz in Deutschland) also nicht mehr anwendbar. Das mit Eintragung der SE endende Verfahren ist also nach Erteilung der Bescheinigung nicht mehr aufzuhalten, und es kommt nunmehr darauf an, wie sich Verschmelzungsfehler auf die eingetragene Verschmelzung auswirken (→ Art. 30 Rn. 3 ff.).

9 **3. Verbindung zum Gläubigerschutz (§ 8 S. 2 SEAG).** Die Bescheinigung darf nicht ausgestellt werden, solange noch nicht allen anspruchsberechtigten Gläubigern gem. § 8 S. 2 SEAG, § 13 Abs. 1, 2 SEAG iVm Art. 24 Abs. 1 angemessene Sicherheit geleistet wurde (→ Art. 24 Rn. 8). Dass der Gläubigerschutz zu den „Formalitäten" iSd Art. 25 Abs. 2 gehört,[8] ist damit positiv und in angemessener Weise entschieden.

10 **4. Vorläufige Eintragung?** Das für die Bescheinigung nach Abs. 2 zuständige Registergericht bewirkt nicht auch eine vorläufige Eintragung der Verschmelzung im Register der Gründungsgesellschaft. Dies wird zwar zuweilen befürwortet,[9] richtigerweise regeln aber die Art. 27, 28 die Eintragung der SE-Gründung abschließend dahin, dass zunächst die Eintragung der SE zu erfolgen hat und sodann die Offenlegung der Eintragung für die Gründungsgesellschaften erfolgt (→ Art. 28 Rn. 2). § 19 UmwG mit seiner abweichenden Eintragungsreihenfolge wird durch diese Sonderregelung ausgeschlossen, sodass eine vorläufige Eintragung nach Abschluss des bei den Gründungsgesellschaften durchzuführenden Verfahrens **unzulässig** ist.[10] Das Verfahren endet allein mit Erteilung der Bescheinigung nach Abs. 2, nicht auch mit einer – vorläufigen – Eintragung der Verschmelzung. Das SEAG sieht im Übrigen auch nicht vor, dass anstelle eines (unzulässigen) Vorläufigkeitsvermerks die Erteilung der Rechtmäßigkeitsbescheinigung eingetragen wird.

IV. Verbindung zum Aktionärsschutz (Abs. 3)

11 Art. 25 Abs. 3 verzahnt die Rechtmäßigkeitskontrolle nach Art. 25 mit dem Aktionärsschutz durch Verbesserung der Barabfindung (§ 7 Abs. 7 SEAG) oder des Umtauschverhältnisses (§ 6 SEAG), zu dem Art. 24 Abs. 2 ermächtigt.[11] Entscheidend ist insofern, dass ein

---

[7] Seit § 4 SEAG für die Zuständigkeit unmittelbar auf die §§ 376 f. FamFG verweist, ist wohl auch die unmittelbare Anwendung der §§ 58, 70 FamFG überzeugender, s. Habersack/Drinhausen/*Marsch-Barner* Rn. 4; idS auch schon Lutter/Hommelhoff/Teichmann/*Bayer* Rn. 19; abw. noch → 3. Aufl. 2012, Rn. 8 unter Hinweis auf § 38 AktG.

[8] Vgl. Stellungnahme DAV-Handelsrechtsausschuss NZG 2004, 78.

[9] *Seibt/Saame* AnwBl. 2005, 225 (231); *Walden/Meyer-Landrut* DB 2005, 2619 (2622); vgl. auch *Heckschen* DNotZ 2003, 251 (253): Bescheinigung iSv Art. 25 Abs. 2 ist Eintragungsnachricht.

[10] Ebenso jetzt auch Lutter/Hommelhoff/Teichmann/*Bayer* Rn. 18; Habersack/Drinhausen/*Marsch-Barner* Art. 26 Rn. 7; *Neun* in Theisen/Wenz SE 138; *Scheifele*, Die Gründung der SE, 2004, 267 ff.; *J. Schmidt*, „Deutsche" vs. „Britische" SE, 2006, 258 f.; *Schwarz* Rn. 25; BeckOGK/*Eberspächer* Rn. 7; aA NK-SE/ *Schröder* Rn. 45.

[11] Zur Kritik an dieser Regelung: *Casper* ZHR 173 (2009), 181 (198 ff.).

solches Spruchverfahren gem. **S. 2, 3** weder die Erteilung der Bescheinigung nach Abs. 2 noch damit auch die Eintragung der SE verhindert (→ Rn. 1). Abs. 3 S. 1 lässt zugleich erkennen, dass das vom SEAG in beiden Fällen vorgesehene Spruchverfahren durch diese Ermächtigung gedeckt wird, obwohl sich der Anspruch jeweils gegen die mit Eintragung entstehende SE richtet und sich deshalb mittelbar zu Lasten der Aktionäre der anderen Gründungsgesellschaft(en) auswirkt (→ Art. 20 Rn. 22; → Art. 24 Rn. 13 f.).

Eben deshalb ist aber gem. **S. 1** die ausdrückliche **Zustimmung** der Aktionäre der 12 übrigen Gründungsgesellschaften **Zulässigkeitsvoraussetzung** für das Spruchverfahren (→ Art. 24 Rn. 19), sofern nicht auch deren Gesellschaftsstatut ein entsprechendes Verfahren kennt (→ Art. 24 Rn. 12; → Art. 24 Rn. 15). Durch den Verweis auf Art. 23 ist hinreichend klargestellt, dass für die Zustimmung das gleiche qualifizierte **Mehrheitserfordernis** und die übrigen formellen Voraussetzungen gelten wie für den Verschmelzungsbeschluss als solchen. Bei einer deutschen Gründungsgesellschaft wäre also das Dreiviertelquorum des § 65 Abs. 1 S. 1 UmwG (→ Art. 23 Rn. 6) zu beachten.[12] Der Zustimmungsbeschluss kann mit dem (eigenen) Verschmelzungsbeschluss verbunden werden.[13] Dass die ausländischen Aktionäre allerdings nur wenig Anreiz zur Zustimmung haben, steht auf einem anderen Blatt (→ Art. 20 Rn. 29; → Art. 24 Rn. 23).[14] Falls den Aktionären der ausländischen Gesellschaft ein eigenes Verfahren eröffnet ist, wird ihr Schutz nicht durch das Zustimmungserfordernis, sondern eben dadurch gewährleistet, dass sie ihrerseits ein Spruchverfahren anstrengen können;[15] außerdem haben sie dann gem. § 6 Abs. 4 S. 2 SEAG, § 7 Abs. 7 S. 3 SEAG das Recht, sich unmittelbar am deutschen Spruchverfahren zu beteiligen (→ Art. 20 Rn. 30; → Art. 24 Rn. 15). An das Ergebnis dieses Verfahrens sind sie in diesem Falle ebenso gebunden, wie gem. **S. 4** im Falle ihrer Zustimmung. Diese Vorschrift hat auch die Funktion, für die erforderliche international-zivilprozessuale **Zuständigkeit** zu sorgen (näher → Art. 24 Rn. 16).

Art. 26 [Kontrolle der Rechtmäßigkeitsprüfung]

(1) Die Rechtmäßigkeit der Verschmelzung wird, was den Verfahrensabschnitt der Durchführung der Verschmelzung und der Gründung der SE anbelangt, von dem/der im künftigen Sitzstaat der SE für die Kontrolle dieses Aspekts der Rechtmäßigkeit der Verschmelzung von Aktiengesellschaften zuständigen Gericht, Notar oder sonstigen Behörde kontrolliert.

(2) Hierzu legt jede der sich verschmelzenden Gesellschaften dieser zuständigen Behörde die in Artikel 25 Absatz 2 genannte Bescheinigung binnen sechs Monaten nach ihrer Ausstellung sowie eine Ausfertigung des Verschmelzungsplans, dem sie zugestimmt hat, vor.

(3) Die gemäß Absatz 1 zuständige Behörde kontrolliert insbesondere, ob die sich verschmelzenden Gesellschaften einem gleich lautenden Verschmelzungsplan zugestimmt haben und ob eine Vereinbarung über die Beteiligung der Arbeitnehmer gemäß der Richtlinie 2001/86/EG geschlossen wurde.

(4) Diese Behörde kontrolliert ferner, ob gemäß Artikel 15 die Gründung der SE den gesetzlichen Anforderungen des Sitzstaates genügt.

§ 4 SEAG Zuständigkeiten

¹Für die Eintragung der SE und für die in Artikel 8 Abs. 8, Artikel 25 Abs. 2 sowie den Artikeln 26 und 64 Abs. 4 der Verordnung bezeichneten Aufgaben ist das nach den §§ 376 und 377 des

---

[12] So auch Lutter/Hommelhoff/Teichmann/*Bayer* Rn. 22; BeckOGK/*Eberspächer* Rn. 8; aA *Scheifele*, Die Gründung der SE, 2004, 220; *Schwarz* Rn. 29. Wegen §§ 6, 7 SEAG sind die Voraussetzungen des Zustimmungserfordernisses bei einer deutschen Gründungsgesellschaft allerdings niemals erfüllt.
[13] Lutter/Hommelhoff/Teichmann/*Bayer* Rn. 22; Widmann/Mayer/*Heckschen* UmwG Anh. 14 Rn. 240; aA – isolierte Beschlussfassung – *Scheifele*, Die Gründung der SE, 2004, 220; *Schwarz* Rn. 29.
[14] Vgl. *Teichmann* ZGR 2002, 383 (428).
[15] So auch Lutter/Hommelhoff/Teichmann/*Bayer* Rn. 20.

SE-VO Art. 26 1, 2   Verordnung (EG) Nr. 2157/2001

Gesetzes über das Verfahren in Familiensachen und in den Angelegenheiten der freiwilligen Gerichtsbarkeit bestimmte Gericht zuständig. ²Das zuständige Gericht im Sinne des Artikels 55 Abs. 3 Satz 1 der Verordnung bestimmt sich nach § 375 Nr. 4, §§ 376 und 377 des Gesetzes über das Verfahren in Familiensachen und in den Angelegenheiten der freiwilligen Gerichtsbarkeit.

Schrifttum: *Bungert/Beier,* Die Europäische Aktiengesellschaft, EWS 2002, 1; *Scheifele,* Die Gründung der Europäischen Aktiengesellschaft, 2004; *J. Schmidt,* „Deutsche" vs. „britische" Societas Europaea (SE), 2006; *Spitzbart,* Die Europäische Aktiengesellschaft (Societas Europaea – SE) – Aufbau der SE und Gründung –, RNotZ 2006, 369; *Teichmann,* Die Einführung der Europäischen Aktiengesellschaft, ZGR 2002, 383; *Trojan-Limmer,* Die Geänderten Vorschläge für ein Statut der Europäischen Aktiengesellschaft (SE), RIW 1991, 1010; *Vossius,* Gründung und Umwandlung der deutschen Europäischen Gesellschaft (SE), ZIP 2005, 741; *Walden/Meyer-Landrut,* Die grenzüberschreitende Verschmelzung zu einer Europäischen Gesellschaft: Beschlussfassung und Eintragung, DB 2005, 2619.

Übersicht

	Rn.		Rn.
I. Einführung	1, 2	**III. Anmelde- und Vorlagepflichten** (Abs. 2)	5–9
1. Inhalt des Art. 26 im Überblick	1	1. Allgemeines	5
2. Normzweck	2	2. Adressaten der Anmeldepflicht	6, 7
II. Prüfungspflicht und Zuständigkeit (Abs. 1)	3, 4	3. Vorzulegende Unterlagen gem. Abs. 2	8
1. Prüfungspflicht	3	4. Weitere Unterlagen nach mitgliedstaatlichem Recht	9
2. Zuständigkeit	4	**IV. Prüfungsumfang im Einzelnen** (Abs. 3, 4)	10–12

I. Einführung

1 **1. Inhalt des Art. 26 im Überblick.** Wegen eines Überblicks über das gesamte Eintragungsverfahren → Art. 25 Rn. 1. In diesem Rahmen behandelt Art. 26 die **zweite Stufe** der **Rechtmäßigkeitskontrolle.** Sie betrifft die in Gründung befindliche SE und korrespondiert, wie Abs. 4 ausdrücklich hervorhebt, mit dem unmittelbar durch die VO bzw. die zentrale Verweisungsnorm des Art. 15 bestimmten materiellen Gründungsrecht (→ Art. 15 Rn. 7). Zuständig für die Prüfung einer deutschen SE nach **Abs. 1** ist gem. Art. 68 Abs. 2 iVm § 4 SEAG das Registergericht am Sitz der Gesellschaft. Die Prüfung erstreckt sich auf die Durchführung der Verschmelzung und die eigentliche SE-Gründung und demgemäß sowohl auf die Anforderungen der SE-VO, von denen **Abs. 3** die Zustimmung zum Verschmelzungsplan und die Vereinbarung zur Beteiligung der Arbeitnehmer besonders hervorhebt, als auch auf die Voraussetzungen des durch Art. 15 ergänzend in Bezug genommenen sitzstaatlichen Gründungsrechts, **Abs. 4.** Schließlich prüft die nach Abs. 1 zuständige Behörde gem. **Abs. 2** das Vorhandensein der Bescheinigungen nach Art. 25 Abs. 2, nicht jedoch deren Rechtmäßigkeit, für deren Überprüfung allein die Behörden im Sitzstaat der einzelnen Gründungsgesellschaft zuständig sind; die **Rechtmäßigkeitsbescheinigung** ist daher für die nach Abs. 1 zuständige Behörde **bindend** (→ Art. 25 Rn. 6). Eine Prüfung der ausländischen Gründungsrechte wäre durch die nach Abs. 1 zuständige Behörde nicht ordnungsgemäß zu bewältigen.[1]

2 **2. Normzweck.** Wie Art. 25 begründet auch Art. 26 zunächst die **Zuständigkeit** der nationalen Registerbehörden und zwar für die Prüfung der Durchführung der Verschmelzung und der eigentlichen SE-Gründung. Wiederum überlässt es die VO in **Art. 68 Abs. 2** dem einzelnen Mitgliedstaat, die konkrete Behörde zu bestimmen (s. dazu **§ 4 SEAG**; → Rn. 1). Am Ende dieses Verfahrensabschnitts steht die Eintragung der SE gem. Art. 27 iVm Art. 12; insoweit entspricht das Verfahren demjenigen nach § 38 AktG. **Abs. 1** ordnet wiederum die **Prüfungspflicht** der zuständigen Behörde an (→ Art. 25 Rn. 4). Die in **Abs. 2** geregelten **Vorlagepflichten** sollen gewährleisten, dass die Eintragung nicht erfolgt, bevor die erste Prüfungsphase nach Art. 25 mit der Erteilung des Rechtmäßigkeitsattests

---

[1] Vgl. auch Lutter/Hommelhoff/Teichmann/*Bayer* Rn. 16; BeckOGK/*Eberspächer* Rn. 1.

abgeschlossen ist. Auch hier entspricht der in **Abs. 3 und 4** konkretisierten Prüfungspflicht ein **Anspruch auf Eintragung,** sofern die Bescheinigung nach Art. 25 Abs. 2 und eine Ausfertigung des Verschmelzungsplans vorgelegt wurden und die von der Behörde zu kontrollierenden Gründungsvoraussetzungen erfüllt sind (→ Art. 25 Rn. 3). Wie Art. 25 und § 38 AktG (→ AktG § 38 Rn. 6) verfolgt daher auch Art. 26 den **Zweck,** unseriöse Verschmelzungsgründungen zu verhindern.

II. Prüfungspflicht und Zuständigkeit (Abs. 1)

1. Prüfungspflicht. Die Prüfungspflicht (→ Rn. 2) der nach Abs. 1 zuständigen 3 Behörde bezieht sich auf „den Verfahrensabschnitt der Durchführung der Verschmelzung und der Gründung der SE". Sie erstreckt sich auf sämtliche Voraussetzungen der Verschmelzungsgründung, die nicht schon Gegenstand der Prüfung nach Art. 25 sind (→ Art. 25 Rn. 2) und wird **durch die Abs. 3 und 4 konkretisiert** (→ Rn. 10). Soweit die VO keine Sonderregelung trifft, bestimmt also Art. 15 den Inhalt der Prüfungspflicht; er verweist für die deutsche SE auf das Verschmelzungsrecht des UmwG, zumal Art. 17 selbst keine Verweisungsvorschrift darstellt (→ Art. 17 Rn. 2). Der Prüfungsumfang wird daher im Prinzip durch die §§ 16 ff. UmwG bestimmt,[2] ergänzt durch §§ 60 ff. UmwG für die Verschmelzung durch Aufnahme und §§ 73 ff. UmwG für die Verschmelzung durch Neugründung. Die wesentlichen Schritte bis zur Beschlussfassung über den Verschmelzungsplan (Art. 23) sind allerdings schon Gegenstand der ersten Stufe des Prüfungsverfahrens. Daher bleibt für diesen Teil der Prüfung im Wesentlichen das auf die aufnehmende bzw. neugegründete SE anwendbare Gründungsrecht des AktG zu prüfen, soweit das UmwG hierauf verweist (→ Rn. 12). – Der Prüfungspflicht korrespondiert ein **subjektives** öffentliches **Recht** auf Eintragung (→ Rn. 2).

2. Zuständigkeit. Die durch Abs. 1 bestimmte Zuständigkeit einer mitgliedstaatlichen 4 Behörde wird auf Grund der Ermächtigung des **Art. 68 Abs. 2** für die deutsche SE durch § 4 SEAG konkretisiert, sodass für Prüfung und Eintragung das vom Amtsgericht geführte **Handelsregister** am Sitz der SE zuständig ist (→ Art. 12 Rn. 2). Diese Zuständigkeitsregelung führt im Falle einer deutschen aufnehmenden SE dazu, dass das Handelsregister am Sitzstaat sowohl für die Prüfung der Gründungsgesellschaft nach Art. 25 als auch für die Prüfung der SE nach Art. 26 zuständig ist, sofern der Sitz unverändert bleibt. Dazu, dass der Sitz nur innerhalb des Staates der aufnehmenden Gesellschaft verlegt werden kann, vgl. → Art. 20 Rn. 13. Aus dieser Zuständigkeitskonzentration folgt aber **keine Einheitsprüfung.** Allerdings kann man erwägen, auf die Erteilung einer separaten Bescheinigung nach Art. 25 Abs. 2 zu verzichten.[3]

III. Anmelde- und Vorlagepflichten (Abs. 2)

1. Allgemeines. Die VO enthält nur rudimentäre Regelungen zur Anmeldepflicht, 5 namentlich in Gestalt der Vorlagepflicht nach Abs. 2. Nach deren Sinn und Zweck bezieht sie sich jedoch nicht allein auf die konkret geregelte **Vorlagepflicht.** Vielmehr beinhaltet sie auch die **Anmeldepflicht** als solche, denn ohne Anmeldung ergibt die Vorlagepflicht keinen Sinn.[4] Anmeldung und Vorlage haben daher gem. Abs. 2 **binnen sechs Monaten** nach Ausstellung des Rechtmäßigkeitsattests gem. Art. 25 Abs. 2 zu erfolgen. Die Folgen eines Fristablaufs sind offen, insbesondere ist unklar, ob es sich um eine Ausschlussfrist handelt.[5] Jedenfalls wird man die beteiligten Gesellschaften als berechtigt anzusehen haben, das Prüfungsverfahren nach Art. 25 erneut einzuleiten, falls die Behörde die Bescheinigung

---

[2] So auch *Vossius* ZIP 2005, 741 (744).
[3] So etwa Schmitt/Hörtnagl/Stratz/*Hörtnagl* Art. 25 Rn. 8; *Spitzbart* RNotZ 2006, 369 (396); *Walden/Meyer-Landrut* DB 2005, 2619 (2622); s. auch Habersack/Drinhausen/*Marsch-Barner* Art. 25 Rn. 27.
[4] Abw. *Scheifele,* Die Gründung der SE, 2004, 272; *Schwarz* Rn. 5, nach deren Ansicht sich die Anmeldepflicht allein aus § 36 AktG ergeben soll.
[5] In diesem Sinne etwa BeckOGK/*Eberspächer* Rn. 4.

nach Art. 25 Abs. 2 wegen **Fristablaufs** zurückweist.[6] Hierbei ist eine neue Bescheinigung auszustellen.[7]

6 **2. Adressaten der Anmeldepflicht.** Nicht eindeutig ist, wer zur Anmeldung der Verschmelzungsgründung verpflichtet ist. Geht man, wie hier, davon aus, dass Art. 26 Abs. 2 zugleich die Anmeldepflicht regelt, so hat auch die Anmeldung durch sämtliche Gründungsgesellschaften zu erfolgen.[8] Denn zur Vorlage sind demnach alle Gründungsgesellschaften verpflichtet. Hält man die VO dagegen insofern für lückenhaft,[9] so wäre auf Grund des durch Art. 15 in Bezug genommenen Verschmelzungsrechts zu differenzieren: Die Verschmelzung durch Aufnahme ist gem. § 16 Abs. 1 S. 2 UmwG durch die aufnehmende Gesellschaft zum Register anzumelden,[10] die Verschmelzung durch Neugründung gem. § 38 Abs. 2 UmwG dagegen durch sämtliche Gründungsgesellschaften. Nur für die Verschmelzung durch Neugründung entsprechen sich also nationales Verschmelzungsrecht und Art. 26 Abs. 2. Die besseren Gründe dürften indes für eine **einheitliche,** unmittelbar aus Art. 26 Abs. 2 abgeleitete **Anmeldepflicht sämtlicher Gründungsgesellschaften** sprechen, zumal diese für die Erfüllung der Vorlagepflicht ohnehin zuständig sind.

7 Damit bleibt die Frage, **welches Organ** die Anmeldung vorzunehmen hat. Hierzu trifft § 21 SEAG nur für das monistische System eine Regelung, der zufolge sämtliche Gründer, Mitglieder des Verwaltungsrats und geschäftsführende Direktoren der SE zur Anmeldung verpflichtet sind. Die Begründung lässt erkennen, dass der Gesetzgeber offenbar von der Fehlvorstellung geleitet war, die §§ 36 ff. AktG seien bei sämtlichen Gründungsformen anwendbar, obwohl für die Verschmelzung die in → Rn. 6 dargestellten Sonderregeln vorhanden sind.[11] Zudem passt § 21 SEAG weder zu Art. 26 Abs. 2 noch zu § 38 Abs. 2 UmwG, die von einer Anmeldepflicht der Gründungsgesellschaften, nicht aber der SE ausgehen. Doch fällt die Bereinigung dieses Versehens nicht schwer: Da § 21 SEAG lediglich § 36 Abs. 1 AktG an das monistische System anpassen will, ist er nur anwendbar, sofern im dualistischen System § 36 Abs. 1 AktG gilt. Weil dies bei der Verschmelzungsgründung nicht der Fall ist (→ Rn. 6), ist auch § 21 SEAG insoweit **unanwendbar.** Da andererseits Art. 26 Abs. 2 keine Regelung der Organzuständigkeit trifft, ist die Lücke mit Hilfe des **§ 38 Abs. 2 UmwG** (iVm Art. 15) zu schließen. Zuständig sind daher die **Vorstände der Gründungsgesellschaften,** und zwar entsprechend ihrer jeweiligen Vertretungsberechtigung.[12]

8 **3. Vorzulegende Unterlagen gem. Abs. 2.** Nach Abs. 2 sind von den Vorständen der beteiligten Gründungsgesellschaften (→ Rn. 7) jeweils das Rechtmäßigkeitsattest gem. Art. 25 Abs. 2 sowie eine Ausfertigung der „gleich lautenden" Verschmelzungspläne vorzulegen (Abs. 3 → Art. 20 Rn. 1), wobei ggf. die Vorlage einer beglaubigten Übersetzung ins Deutsche verlangt werden kann.[13] Nicht eindeutig ist, ob auch eine Niederschrift des Verschmelzungsbeschlusses der jeweiligen Gründungsgesellschaft vorzulegen ist (vgl. § 17 Abs. 1 UmwG);[14] denn dieser ist bereits Prüfungsgegenstand nach Art. 25. Mit Rücksicht

---

[6] Wohl unstr., etwa BeckOGK/*Eberspächer* Rn. 4; Kölner Komm AktG/*Maul* Rn. 11; Habersack/Drinhausen/*Marsch-Barner* Rn. 9; Kalss/Hügel/*Hügel* SEG § 24 Rn. 13.
[7] BeckOGK/*Eberspächer* Rn. 4; Kölner Komm AktG/*Maul* Rn. 11; Habersack/Drinhausen/*Marsch-Barner* Rn. 9; abw. Kalss/Hügel/*Hügel* SEG § 24 Rn. 13: Behörde könne auch alte Bescheinigung akzeptieren.
[8] Zust. Lutter/Hommelhoff/Teichmann/*Bayer* Rn. 7; vgl. auch BeckOGK/*Eberspächer* Rn. 3; Habersack/Drinhausen/*Marsch-Barner* Rn. 6; vgl. zu § 38 UmwG nur Lutter/*Grunewald* UmwG § 38 Rn. 1; Semler/Stengel/*Bärwaldt* UmwG § 36 Rn. 53.
[9] So im Ansatz *Scheifele,* Die Gründung der SE, 2004, 272; *Schwarz* Rn. 5; wohl auch *Spitzbart* RNotZ 2006, 369 (396).
[10] Dass die Verschmelzung durch Aufnahme zugleich Elemente des Formwechsels beinhaltet, wirkt sich nicht aus, weil § 246 UmwG eine entspr. Regelung enthält.
[11] Begr. RegE, BT-Drs. 15/3405, 36 = *Neye* S. 112.
[12] So auch Lutter/Hommelhoff/Teichmann/*Bayer* Rn. 8; *J. Schmidt,* „Deutsche" vs. „Britische" SE, 2006, 253; BeckOGK/*Eberspächer* Rn. 3.
[13] S. Lutter/Hommelhoff/Teichmann/*Bayer* Rn. 9; Habersack/Drinhausen/*Marsch-Barner* Rn. 15.
[14] In diesem Sinne noch → 3. Aufl. 2012, Rn. 8; BeckOGK/*Eberspächer* Rn. 5 im Hinblick auf die Prüfung nach Abs. 3.

auf die Bindungswirkung der Bescheinigung nach Art. 25 Abs. 2 dürften daher die besseren Gründe für eine generelle Entbehrlichkeit der erneuten Vorlage sprechen.[15] Allemal wäre eine erneute Vorlage entbehrlich, wenn sich diese Unterlagen bei der Verschmelzung durch Aufnahme schon bei demselben Registergericht in Hinblick auf die Prüfung nach Art. 25 befinden.[16] Weil sich die Prüfungspflicht nach Abs. 3 auf das Vorliegen einer **Vereinbarung über die Arbeitnehmerbeteiligung** erstreckt, ist auch diese vorzulegen. Falls das Verfahren auf andere Weise geendet hat, kann statt der Vereinbarung eine Niederschrift des Beschlusses nach Art. 3 Abs. 6 Beteiligungs-RL vorgelegt und der Fristablauf gem. Art. 5 Beteiligungs-RL durch geeignete Unterlagen nachgewiesen werden,[17] wobei auch eine Glaubhaftmachung der Tatsache des Fristablaufs ausreichen dürfte.[18]

4. Weitere Unterlagen nach mitgliedstaatlichem Recht. Da Abs. 4 die Prüfung auf 9 das nationale Verschmelzungsrecht erstreckt (→ Rn. 3), scheinen auf den ersten Blick, je nach Verschmelzungstyp, auch die in §§ 17, 36 Abs. 2 UmwG iVm § 37 Abs. 4 AktG genannten Unterlagen erforderlich zu sein. In Abgrenzung zur Prüfung nach Art. 25 beschränkt sich die Vorlagepflicht in Wahrheit aber im Wesentlichen auf die Vorlage der **Satzung der SE** (als Bestandteil des Verschmelzungsplans, näher → Art. 20 Rn. 39 f.), die sich nach dem durch Art. 15 in Bezug genommenen Recht des Sitzstaates der SE richtet und daher gem. Abs. 4 zu kontrollieren ist.[19] Sofern die Mitglieder des **Aufsichts- bzw. Verwaltungsrats** nicht schon in der Satzung bestellt bzw. gem. Art. 20 Abs. 2 in den Verschmelzungsplan aufgenommen worden sind (→ Art. 20 Rn. 39), ist ggf. die Wahl durch die Hauptversammlung mittels einer Niederschrift des Beschlusses nachzuweisen. Weiter nachzuweisen sind:[20] die Bestellung des **Abschlussprüfers**, falls nicht im Verschmelzungsplan enthalten; der Beschluss des Aufsichtsrats über die Bestellung des **Vorstands** bzw. des Verwaltungsrats über die Bestellung der **geschäftsführenden Direktoren,** jeweils nebst einer Erklärung, dass keine Bestellungshindernisse vorliegen. **Entbehrlich** sind bei der Verschmelzung durch Neugründung schon gem. § 75 Abs. 2 UmwG Gründungs- und Prüfungsbericht. Anderes gilt aber bei der Verschmelzung durch Aufnahme, weil hier analog Art. 37 Abs. 6 eine **Sacheinlageprüfung** erforderlich ist (→ Art. 20 Rn. 39), sodass auch die Vorlage eines **Gründungs- und Prüfungsberichts** (vgl. §§ 220, 245 UmwG) erforderlich ist, sofern man hierauf nicht analog § 75 Abs. 2 UmwG verzichten möchte,[21] wofür immerhin die Wertungsähnlichkeit beider Verschmelzungsvarianten spricht. Wegen § 246 Abs. 3 UmwG bedarf es jedenfalls keiner Versicherung nach § 37 Abs. 1 AktG. Überdies sind die **Schlussbilanzen** der übertragenden Gesellschaften zur Werthaltigkeitskontrolle sowie zur Überprüfung der Nachgründungsbestimmungen vorzulegen (§ 17 Abs. 2 UmwG).

IV. Prüfungsumfang im Einzelnen (Abs. 3, 4)

Allgemein ist die Prüfung auf die Durchführungsphase der Verschmelzung sowie die eigent- 10 liche SE-Gründung beschränkt, die bei der Verschmelzung durch Aufnahme im Wege des Formwechsels (idR gem. §§ 66 ff. UmwG verbunden mit einer Kapitalerhöhung), bei der

---

[15] Habersack/Drinhausen/*Marsch-Barner* Rn. 14; Kölner Komm AktG/*Maul* Rn. 10.
[16] So auch Lutter/Hommelhoff/Teichmann/*Bayer* Rn. 9.
[17] Vgl. *Scheifele,* Die Gründung der SE, 2004, 274 f.; *Jannott* in Jannott/Frodermann SE-HdB Kap. 3 Rn. 103.
[18] Habersack/Drinhausen/*Marsch-Barner* Rn. 12.
[19] Zutr. *Scheifele,* Die Gründung der SE, 2004, 276 f.; *Schwarz* Rn. 13; BeckOGK/*Eberspächer* Rn. 7; s. auch *Teichmann* ZGR 2002, 383 (431 f.).
[20] Vgl. auch die Liste bei *Vossius* ZIP 2005, 741 (744); vgl. auch die Checkliste zur Verschmelzung durch Neugründung bei Semler/Stengel/*Schwanna* UmwG § 17 Rn. 6 f.; zu SE-spezifischen Modifikationen s. im Text → Rn. 8 f.
[21] Erwogen auch von *Neun* in Theisen/Wenz SE 183 f.; *Vossius* ZIP 2005, 741 (748) (Fn. 84); eine Analogie ablehnend aber Lutter/Hommelhoff/Teichmann/*Bayer* Rn. 23 f.; Kallmeyer/*Marsch-Barner* Anh. I Rn. 58; *J. Schmidt,* „Deutsche" vs. „Britische" SE, 2006, 245 f.; aA wohl Habersack/Drinhausen/*Marsch-Barner* Rn. 14, der die Sacheinlageprüfung offenbar Art. 25 zuordnen will.

Verschmelzung durch Neugründung im Wege einer modifizierten AG-Gründung erfolgt (vgl. § 36 Abs. 2 UmwG).[22] Hiervon betrifft **Abs. 3 die Durchführung der Verschmelzung.** Insofern kontrolliert das Registergericht (→ Rn. 4) insbesondere, ob die eingereichten **Verschmelzungspläne** tatsächlich **übereinstimmen,** wie es Art. 20 Abs. 1 verlangt. Demgegenüber sind Rechtmäßigkeit und Vollständigkeit der Verschmelzungspläne Gegenstand der Kontrollverfahren nach Art. 25 (→ Art. 25 Rn. 4); insoweit ist die Behörde an die Bescheinigung nach Art. 25 Abs. 2 gebunden (→ Art. 25 Rn. 6). Weiterer Prüfungsgegenstand ist der Abschluss einer **Vereinbarung über die Beteiligung der Arbeitnehmer** (Art. 3 Abs. 3, 4 Beteiligungs-RL); denn sie ist gem. Art. 12 Abs. 2 Eintragungsvoraussetzung (→ Art. 12 Rn. 6 ff.). Selbstverständlich umfasst die Prüfungspflicht auch einen eventuellen anderen Abschluss des Arbeitnehmerbeteiligungsverfahrens, mithin das geltende Mitbestimmungsmodell in der SE (→ Art. 23 Rn. 9 zur entsprechenden Frage beim Genehmigungsvorbehalt).[23] Zu überprüfen ist also, ob das Arbeitnehmerbeteiligungsverfahren durch Vereinbarung gem. Art. 4 Beteiligungs-RL, Beschluss gem. Art. 3 Abs. 6 Beteiligungs-RL oder durch Fristablauf gem. Art. 5 Beteiligungs-RL zum Abschluss gekommen ist (→ Rn. 8 aE).[24]

11 Die Prüfung erstreckt sich auch auf die **Vereinbarkeit der Mitbestimmungsregelung mit der Satzung.** Weil die Satzung der SE zu den Prüfungsgegenständen des Verfahrens nach Art. 26 gehört (→ Rn. 1, 12), schadet es nicht, wenn die Vereinbarung mit den Arbeitnehmern nach Ausstellung der Rechtmäßigkeitsbescheinigung gem. Art. 25 Abs. 2 geschlossen wird. Denn auch wenn die Vereinbarung unvereinbar mit der Satzung der SE sein sollte und diese daher zu ändern ist (vgl. Art. 12 Abs. 4), braucht das Verfahren nach Art. 25 nicht erneut eingeleitet zu werden. Vielmehr ist auch die geänderte Satzung Gegenstand der Prüfung nach Art. 26.[25]

12 **Abs. 4** betrifft das durch Art. 15 berufene Verschmelzungsrecht, soweit es sich auf die SE als aufnehmende und formwechselnde (§§ 16 f., 245 ff. UmwG) bzw. neugegründete Gesellschaft (§ 36 Abs. 2 UmwG) bezieht (→ Rn. 3; → Rn. 10). Die Prüfung erfolgt dabei ausschließlich nach dem Recht am Sitzstaat der SE, nicht also nach dem Recht, das für die bei den Gründungsgesellschaften vollzogenen Abschnitte der Verschmelzungsgründung gilt. Namentlich ist die Rechtmäßigkeit und Vollständigkeit der **Satzung der SE** zu prüfen, insbesondere auf ihre Vereinbarkeit mit der SE-VO und ergänzend anwendbaren Bestimmungen des Rechts am Sitzstaat.[26] Für die deutsche SE sind daher die in → Rn. 9 erwähnten Punkte durch das Registergericht zu prüfen. Zu den Satzungsbestandteilen → Art. 20 Rn. 39 f. Auch die Einhaltung der **Mehrstaatlichkeit** nach Art. 2 ist zu prüfen (→ Art. 2 Rn. 5 f.).[27]

Art. 27 [Eintragung gemäß Art. 12]

(1) Die Verschmelzung und die gleichzeitige Gründung der SE werden mit der Eintragung der SE gemäß Artikel 12 wirksam.

(2) Die SE kann erst nach Erfüllung sämtlicher in den Artikeln 25 und 26 vorgesehener Formalitäten eingetragen werden.

---

[22] So auch *Scheifele,* Die Gründung der SE, 2004, 275 f.; *Teichmann* ZGR 2002, 383 (431 f.); teilweise abw. *Neun* in Theisen/Wenz SE 140 f.; *Bungert/Beier* EWS 2002, 1 (3); s. auch *Trojan-Limmer* RIW 1991, 1010 (1014): nicht abgrenzbar.
[23] Art. 24a Abs. 3 Fall 3 SE-VO-Vorschlag 1991 hat ausdrücklich gefordert, dass das „in der SE anzuwendende Mitbestimmungsmodell ... überprüft" werden soll. Die erfolgte Streichung ändert jedoch nichts an der fortbestehenden Prüfungskompetenz der Registergerichts, vgl. *Neun* in Theisen/Wenz SE 141.
[24] Ebenso Lutter/Hommelhoff/Teichmann/*Bayer* Rn. 12; *J. Schmidt,* „Deutsche" vs. „Britische" SE, 2006, 255 f.; Habersack/Drinhausen/*Marsch-Barner* Rn. 17 f.
[25] In diesem Sinne auch BeckOGK/*Eberspächer* Rn. 6; vgl. auch *Kleindiek* in Lutter/Hommelhoff EU-Gesellschaft 95, 102 f.
[26] So noch ausdrücklich Art. 24a Abs. 3 SE-Vorschlag 1991, vgl. *Scheifele,* Die Gründung der SE, 2004, 276.
[27] So auch Lutter/Hommelhoff/Teichmann/*Bayer* Rn. 14; BeckOGK/*Eberspächer* Rn. 8; Habersack/Drinhausen/*Marsch-Barner* Rn. 19.

I. Inhalt und Zweck der Vorschrift

Art. 27 macht die **Wirksamkeit** der Verschmelzung von ihrer Eintragung im Register[1] **1** gem. Art. 12 abhängig **(Abs. 1)**; für die deutsche SE ist die Eintragung im Handelsregister an ihrem Sitz erforderlich (→ Art. 12 Rn. 2). Die Wirkungen werden nicht im Einzelnen beschrieben; dies ist vielmehr einerseits Gegenstand von Art. 16, der die Entstehung der SE als juristische Person betrifft, andererseits des Art. 29, der die Verschmelzungswirkungen beschreibt. Insofern entspricht also Art. 27 in seiner Funktion § 20 Abs. 1 S. 1 UmwG, soweit dieser gleichfalls den Eintritt der Verschmelzungswirkungen auf den **Zeitpunkt der Eintragung** legt, **nicht** auf denjenigen der nachfolgenden **Bekanntmachung**. Letztere wird für die SE in Art. 28 angeordnet und richtet sich im Übrigen nach Art. 13, 14 (→ Art. 28 Rn. 1). Wie nach deutschem Verschmelzungsrecht bedeutet die Bestimmung des Eintragungszeitpunkts zweierlei: Die Verschmelzungswirkungen treten auch dann ein, falls die Bekanntmachung unterbleiben sollte. Ferner bestimmt die Eintragung auch dann den maßgeblichen Zeitpunkt, wenn die Parteien im **Verschmelzungsplan** einen abweichenden **Stichtag** festgelegt haben; dieser hat lediglich schuldrechtliche Wirkungen (→ Art. 20 Rn. 17).[2] Die **einheitliche** Bestimmung des maßgeblichen Zeitpunkts war für die SE schon deshalb erforderlich, weil die Rechte der Mitgliedstaaten in diesem Punkt auch durch die RL 78/855/EWG nicht vereinheitlicht wurden (Art. 103 GesR-RL, früher RL 2011/35/EG, zuvor Art. 17 RL 78/855/EWG) und deshalb stark variieren.[3] – Zur Frage einer möglichen **Vorwirkung** der Verschmelzung → Rn. 4.

Abs. 2 ist lediglich **Verfahrensvorschrift**, die sicherstellen will, dass die Eintragung **2** nicht vor Abschluss der zweistufigen Rechtmäßigkeitskontrolle nach Art. 25 und 26 erfolgt und teilt daher deren **Zweck**, unseriöse bzw. fehlerhafte Gründungen zu verhindern (→ Art. 25 Rn. 3; → Art. 26 Rn. 2). Auch wenn die Eintragung unter Verstoß gegen Abs. 2 erfolgen sollte, bleiben ihre Wirkungen hiervon unberührt.[4] Eventuell kommt eine Auflösung gem. Art. 30 S. 2 in Betracht.[5]

II. Die Eintragung

Art. 27 Abs. 1 ordnet die **konstitutive Wirkung** der Eintragung der SE für die Ver- **3** schmelzungswirkungen gem. Art. 29 an und entspricht damit § 20 Abs. 1 S. 1 UmwG (→ Rn. 1). Mit der Eintragung in das Handelsregister am Sitz der SE (Art. 12 iVm § 3 SEAG) ist somit der Gründungsprozess der SE abgeschlossen. Art. 27, 28 haben **Vorrang gegenüber § 19 Abs. 1 S. 1 UmwG**, sodass in keinem Falle der Nachweis der Eintragung der Verschmelzung im Register der Gründungsgesellschaft zu führen ist. Anderenfalls käme der Bescheinigung nach Art. 25 Abs. 2 eine der Voreintragung vergleichbare Funktion zu (→ Art. 25 Rn. 10). Der Inhalt der Eintragung ergibt sich aus § 39 AktG, § 43 HRV.[6]

III. Vorwirkung?

Die Frage, ob die Verschmelzung gewisse Wirkungen bereits **vor der Eintragung** zeitigt, **4** hat zwei Facetten, die sich gem. Art. 15 Abs. 1 nach dem Recht des Sitzstaates, im Falle der deutschen SE also nach dem UmwG, bestimmen. Insofern ist für die Frage, ob die Verschmelzung *als* Strukturänderung Vorwirkungen entfaltet, zu unterscheiden, ob im Rahmen der Verschmelzung eine Vor-SE entsteht. Letzteres ist (nur) im Falle der Verschmelzung durch

---

[1] Eingehend zur Eintragung *Kleindiek* in Lutter/Hommelhoff EU-Gesellschaft 95 ff.
[2] Vgl. nur Lutter/*Grunewald* UmwG § 20 Rn. 4 f.
[3] Näher *Scheifele*, Die Gründung der SE, 2004, 277 f.; vgl. auch *Schwarz* Rn. 4; nach franz. Recht wird die Verschmelzung durch Aufnahme zB bereits mit dem letzten Zustimmungsbeschluss wirksam (Art. L 236-4 C. Com.).
[4] So auch Lutter/Hommelhoff/Teichmann/*Bayer* Rn. 5; Habersack/Drinhausen/*Marsch-Barner* Rn. 5.
[5] Vgl. Lutter/Hommelhoff/Teichmann/*Bayer* Rn. 5; Habersack/Drinhausen/*Marsch-Barner* Rn. 5; aA Kölner Komm AktG/*Maul* Rn. 5.
[6] Vgl. Habersack/Drinhausen/*Marsch-Barner* Rn. 4.

Neugründung anzunehmen (→ Art. 16 Rn. 7). Demgegenüber treten die eigentlichen Verschmelzungswirkungen gem. Art. 29 erst mit der Eintragung ein, nicht schon durch (tatsächlichen) Vollzug. Auch die Lehre vom fehlerhaften Verband vermag hieran nichts zu ändern; denn sie setzt ihrem Tatbestand nach generell voraus, dass die nichtrechtsgeschäftlichen Wirksamkeitsbedingungen von Gründung oder Strukturänderung erfüllt sind.[7]

Art. 28 [Offenlegung der Verschmelzung]

Für jede sich verschmelzende Gesellschaft wird die Durchführung der Verschmelzung nach den in den Rechtsvorschriften des jeweiligen Mitgliedstaats vorgesehenen Verfahren in Übereinstimmung mit Artikel 3 der Richtlinie 68/151/EWG offen gelegt.

I. Inhalt und Normzweck

1 Die Vorschrift regelt nur einen **Teilbereich der Offenlegung** der Verschmelzung. Sie betrifft insbesondere **nicht** die **Eintragung der SE** gem. Art. 12 bzw. der **Verschmelzung** gem. Art. 27. Die Offenlegung der Eintragung ist vielmehr Gegenstand des **Art. 13** (vgl. → Art. 13 Rn. 1 ff.), wie Art. 15 Abs. 2 (überflüssigerweise) für die Entstehung der SE noch einmal besonders klarstellt. Hinzu tritt deren (europäische) **Bekanntmachung** gem. **Art. 14** im Amtsblatt der EG (vgl. Art. 14 Rn. 1 ff.).

2 Art. 28 betrifft vielmehr allein die bei den Gründungsgesellschaften offenzulegende **Durchführung** der Verschmelzung. Gegenüber § 19 UmwG ist die Vorschrift vorrangig (→ Art. 27 Rn. 3). Da die Offenlegung weder für den Eintritt der Verschmelzungswirkungen gem. Art. 29 noch für die Entstehung der SE gem. Art. 15 erforderlich ist, trägt sie lediglich **deklaratorischen Charakter**.[1] Sie verfolgt daher lediglich **Informationszwecke,** damit der Rechtsverkehr im Sitzstaat der jeweiligen Gründungsgesellschaft von der (nur) im Sitzstaat der SE erfolgten Eintragung Kenntnis erlangt.[2] Demgegenüber werden Minderheit und Gläubiger bereits durch die Bekanntmachung des Verschmelzungsplans etc nach **§ 61 UmwG** und **Art. 21** iVm § 5 SEAG geschützt (→ Art. 21 Rn. 1 ff.). Demgemäß stellen auch § 7 Abs. 4 SEAG für die Frist zur Annahme eines Abfindungsangebots und § 6 Abs. 3 SEAG für die Verzinsung der Zuzahlung nicht auf die Offenlegung nach Art. 28, sondern auf diejenige nach Art. 13 f. ab.[3]

II. Verfahren

3 Das Offenlegungsverfahren betrifft zwar die einzelne Gründungsgesellschaft, ist aber naturgemäß **von der SE zu betreiben,** da es sich an die Eintragung der SE und damit an das Erlöschen der Gründungsgesellschaften gem. Art. 27, 29 Abs. 1 lit. c bzw. Abs. 2 lit. c anschließt. Denn einzutragen ist die „Durchführung der Verschmelzung", die zugleich das Erlöschen der Gründungsgesellschaften bedingt.[4] Das Verfahren richtet sich für die deutsche SE nach den **§§ 8 ff. HGB,** sodass insbesondere ein Registerauszug über die Eintragung der SE beizufügen ist. Für die von Amts wegen erfolgende Bekanntmachung im Bundesanzeiger gilt § 10 HGB. Mit der Offenlegung beginnen die **Fristen** für den nachgelagerten **Gläubigerschutz** (Art. 24 Abs. 1 iVm § 22 UmwG) und für die Verjährung von **Scha-**

---

[7] So für die Verschmelzung auch BGH NJW 1996, 959; anders dann derselbe Senat für die AG & Still BGH ZIP 2005, 753 (755): Gewinnabführungsvertrag bedarf für die Anwendbarkeit der Lehre vom fehlerhaften Verband nicht des Vollzuges; näher *K. Schmidt* AG 1991, 131 (136); *K. Schmidt* DB 1996, 1859 f.; *Schäfer*, Die Lehre vom fehlerhaften Verband, 2002, 343 f.

[1] Lutter/Hommelhoff/Teichmann/*Bayer* Rn. 2; Habersack/Drinhausen/*Marsch-Barner* Rn. 2; *Neun* in Theisen/Wenz SE 138; *Scheifele*, Die Gründung der SE, 2004, 279; *Schwarz* Rn. 1; BeckOGK/*Eberspächer* Rn. 2.

[2] Vgl. Lutter/Hommelhoff/Teichmann/*Bayer* Rn. 1; *Schwarz* Rn. 8; BeckOGK/*Eberspächer* Rn. 2.

[3] Unklar *Scheifele*, Die Gründung der SE, 2004, 279.

[4] *Scheifele*, Die Gründung der SE, 2004, 278.

densersatzansprüchen gegen die Verwaltungsmitglieder der Gründungsgesellschaften (Art. 18, 25 Abs. 3) zu laufen.[5]

Art. 29 [Folgen der Verschmelzung]

(1) Die nach Artikel 17 Absatz 2 Buchstabe a vollzogene Verschmelzung bewirkt ipso jure gleichzeitig Folgendes:
a) Das gesamte Aktiv- und Passivvermögen jeder übertragenden Gesellschaft geht auf die übernehmende Gesellschaft über;
b) die Aktionäre der übertragenden Gesellschaft werden Aktionäre der übernehmenden Gesellschaft;
c) die übertragende Gesellschaft erlischt;
d) die übernehmende Gesellschaft nimmt die Rechtsform einer SE an.

(2) Die nach Artikel 17 Absatz 2 Buchstabe b vollzogene Verschmelzung bewirkt ipso jure gleichzeitig Folgendes:
a) Das gesamte Aktiv- und Passivvermögen der sich verschmelzenden Gesellschaften geht auf die SE über;
b) die Aktionäre der sich verschmelzenden Gesellschaften werden Aktionäre der SE;
c) die sich verschmelzenden Gesellschaften erlöschen.

(3) Schreibt ein Mitgliedstaat im Falle einer Verschmelzung von Aktiengesellschaften besondere Formalitäten für die Rechtswirksamkeit der Übertragung bestimmter von den sich verschmelzenden Gesellschaften eingebrachter Vermögensgegenstände, Rechte und Verbindlichkeiten gegenüber Dritten vor, so gelten diese fort und sind entweder von den sich verschmelzenden Gesellschaften oder von der SE nach deren Eintragung zu erfüllen.

(4) Die zum Zeitpunkt der Eintragung aufgrund der einzelstaatlichen Rechtsvorschriften und Gepflogenheiten sowie aufgrund individueller Arbeitsverträge oder Arbeitsverhältnisse bestehenden Rechte und Pflichten der beteiligten Gesellschaften hinsichtlich der Beschäftigungsbedingungen gehen mit der Eintragung der SE auf diese über.

Schrifttum: *Bayer/Schmidt,* Die neue Richtlinie über die grenzüberschreitende Verschmelzung von Kapitalgesellschaften – Inhalt und Anregungen zur Umsetzung in Deutschland, NJW 2006, 401; *Clement/Fortdran/Müller/Wanske,* Probleme der Europäischen Aktiengesellschaft – Ergebnisse eines Seminars an der Universität Hamburg, AG 1972, 343; *Ganske,* Änderung des Verschmelzungsrechts, DB 1981, 1551; *Goldman,* Bericht zum Int. Verschmelzungsübereinkommen, 1972; *Hüffer,* Der Schutz besonderer Rechte in der Verschmelzung, FS Lutter, 2000, 1227; *Kiem,* Die Stellung der Vorzugsaktionäre bei Umwandlungsmaßnahmen, ZIP 1997, 1627; *Kulenkamp,* Die grenzüberschreitende Verschmelzung von Kapitalgesellschaften in der EU, 2008; *Lutter,* Die europäische Aktiengesellschaft, 2. Aufl. 1978; *Schäfer,* Der stimmrechtslose GmbH-Geschäftsanteil, 1997; *Schäfer* in Habersack/Koch/Winter, Die Spaltung im neuen Umwandlungsrecht und ihre Rechtsfolgen, ZHR-Beiheft Nr. 68, 1999, 114; *Scheifele,* Die Gründung einer Europäischen Aktiengesellschaft, 2004; *J. Schmidt,* „Deutsche" vs. „britische" Societas Europaea (SE), 2006.

Übersicht

	Rn.		Rn.
I. Inhalt und Normzweck	1	c) Erlöschen der übertragenden und Formwechsel der übernehmenden Gesellschaft (lit. c, d)	6, 7
II. Verschmelzungswirkungen im Einzelnen (Abs. 1, 2)	2–8	2. Verschmelzung durch Neugründung (Abs. 2)	8
1. Verschmelzung durch Aufnahme (Abs. 1)	2–7	III. Drittwirkung der Übertragung (Abs. 3)	9
a) Gesamtrechtsnachfolge (lit. a)	2	IV. Betriebsübergang (Abs. 4)	10, 11
b) Aktienerwerb (lit. b)	3–5		

---

[5] Lutter/Hommelhoff/Teichmann/*Bayer* Rn. 4; Habersack/Drinhausen/*Marsch-Barner* Rn. 6.

I. Inhalt und Normzweck

1 Art. 29 regelt die **Wirkungen** der Verschmelzung und zwar getrennt nach ihren beiden Varianten, der Verschmelzung durch Aufnahme (Abs. 1) und der Verschmelzung durch Neugründung (Abs. 2), bei denen übereinstimmend die Gesamtrechtsnachfolge der SE (Abs. 1 lit. a, Abs. 2 lit. a) und der Erwerb der Mitgliedschaft in der SE durch die Aktionäre der Gründungsgesellschaften (Abs. 1 lit. b; Abs. 2 lit. b) eintreten. Hinzu kommt das Erlöschen der Gründungsgesellschaften (Abs. 2 lit. c) bzw. der übertragenden Gesellschaft(en) (Abs. 1 lit. c) sowie im Falle des Abs. 1 der Formwechsel der übernehmenden Gesellschaft (lit. d). Die Vorschrift **ergänzt Art. 27,** der als Zeitpunkt für das Wirksamwerden der Verschmelzung die **Eintragung der SE** bestimmt (s. Erl. ebd.). Als dritte Vorschrift beschäftigt sich **Art. 30** mit den Verschmelzungswirkungen, und zwar bei der **fehlerhaften Verschmelzung.** Die Art. 27–30 entsprechen damit im Wesentlichen **§ 20 UmwG,** der wiederum auf Art. 17, 18 RL 78/855/EWG (jetzt: Art. 103, 104 GesR-RL; früher RL 2011/35/EG) beruht. – **Abs. 3** wahrt, wie Art. 105 Abs. 3 S. 1 GesR-RL, mitgliedschaftliche Sondervorschriften für die Verschmelzung, denen zufolge die Drittwirkung bei der Universalsukzession von „besonderen Formalitäten" abhängt; das Erlöschen der übertragenden bzw. sich verschmelzenden Gesellschaft(en) bleibt hiervon aber unberührt. Die Vorschriften können daher allenfalls das Erlöschen von Rechten oder Pflichten zur Folge haben (→ Rn. 6).[1] – **Abs. 4** betrifft den Übergang von Arbeitsrechtsverhältnissen im Rahmen der Gesamtrechtsnachfolge. Was das Arbeitsverhältnis als solches betrifft, bewirkt er das Gleiche wie § 324 UmwG iVm § 613a BGB, der allerdings unmittelbar an den Betriebsübergang anknüpft[2] (→ Rn. 10).

II. Verschmelzungswirkungen im Einzelnen (Abs. 1, 2)

2 **1. Verschmelzung durch Aufnahme (Abs. 1). a) Gesamtrechtsnachfolge (lit. a).** Die Gesamtrechtsnachfolge (Universalsukzession) auf die übernehmende Gesellschaft, die sich zeitgleich in eine SE umwandelt, tritt kraft Gesetzes im Zeitpunkt der Eintragung der SE ein (→ Rn. 1). Sie stimmt inhaltlich mit derjenigen bei Verschmelzung durch Neugründung (Abs. 2 lit. a) überein. Grundsätzlich gehen sämtliche Vermögensgegenstände, Rechte wie Pflichten sowie ganze Vertragsverhältnisse auf die übernehmende Gesellschaft und somit auf die SE über, ohne dass einzelne Gegenstände hiervon ausgenommen werden könnten. Dies entspricht wiederum § 20 Abs. 1 Nr. 1 UmwG, der auf Art. 19 Abs. 1 RL 78/855/EWG (jetzt: Art. 105 Abs. 1 lit. a GesR-RL) beruht. Ein Vorbehalt gilt nur für höchstpersönliche Gegenstände, die in Abs. 3 besonders angesprochen werden (→ Rn. 9). Wegen der Einzelheiten kann auf die Kommentierungen zu **§ 20 UmwG** verwiesen werden.[3] – Treffen infolge der Gesamtrechtsnachfolge miteinander **unvereinbare Verpflichtungen** zusammen, so gilt **nicht § 21 UmwG,** sondern das auf das jeweilige Schuldrechtsverhältnis nach IPR anwendbare Schuldrechtsstatut, bei Anwendbarkeit deutschen Rechts insbesondere § 313 BGB.[4]

3 **b) Aktienerwerb (lit. b).** Mit der Eintragung (Art. 27) findet nicht nur die Gesamtrechtsnachfolge auf die SE statt; vielmehr erwerben die Aktionäre der übertragenden Gesellschaften Aktien an der übernehmenden Gesellschaft, die im Moment der Eintragung zugleich die Rechtsform der SE annimmt (lit. d → Rn. 6), sodass die Aktionäre, wie im Falle der Verschmelzung durch Neugründung (Abs. 2 lit. b), **unmittelbar an der SE** beteiligt werden. Maßgeblich für die Zahl der zu erwerbenden Aktien ist das im Verschmelzungs-

---

[1] S. *Habersack/Verse* EuropGesR § 8 Rn. 13; vgl. *Lutter/Grunewald* UmwG § 20 Rn. 13 ff. zum Erlöschen höchstpersönlicher Rechte auf Grund allgemeiner Regeln.
[2] Zur Geltung im Rahmen der Universalsukzession s. nur *Lutter/Joost* UmwG § 324 Rn. 3.
[3] S. nur *Lutter/Grunewald* UmwG § 20 Rn. 7 ff.; *Semler/Stengel/Kübler* UmwG § 20 Rn. 8 ff.
[4] *Widmann/Mayer/Vossius* UmwG § 20 Rn. 421 ff.; ihm folgend auch *Scheifele,* Die Gründung der SE, 2004, 295; BeckOGK/*Eberspächer* Rn. 2; iErg auch *Schwarz* Rn. 17, der jedoch den Anwendungsbereich des § 21 UmwG über Art. 9 Abs. 1 lit. c Ziff. ii grds. für eröffnet ansieht.

plan festgelegte Umtauschverhältnis (Art. 20 Abs. 1 lit. b). Der Erwerb tritt **kraft Gesetzes** ein und gilt für sämtliche Anteile, auch für stimmrechtslose, wie Art. 101 GesR-RL besser kennzeichnet als die verunglückte Fassung des § 23 UmwG, die den Anschein vermittelt, als müssten die **stimmrechtslosen Anteile** eigens eingeräumt werden.[5] Der Anteilserwerb entspricht im Grundsatz demjenigen nach § 20 Abs. 1 Nr. 3 S. 1 UmwG, auf dessen Kommentierungen ergänzend verwiesen wird.[6] Zeitgleich mit dem Erwerb der neuen Aktien erlöschen diejenigen an der übertragenden Gesellschaft, die ihrerseits gem. lit. c liquidationslos untergeht (→ Rn. 6). – Wegen der im Verschmelzungsplan anzugebenden **Einzelheiten** der Übertragung der Aktien und der Bestellung eines **Treuhänders** nach § 71 UmwG → Art. 20 Rn. 16.

Nicht eindeutig ist, inwiefern die von Art. 105 Abs. 2 GesR-RL bzw. § 20 Abs. 1 Nr. 3 **4** S. 1 Hs. 2 UmwG vorgesehenen **Ausnahmen** vom Beteiligungserwerb auch für die SE gelten. Demnach soll das Entstehen eigener Anteile dadurch verhindert werden, dass kein Anteilserwerb in Bezug auf **eigene Anteile** der übertragenden Gesellschaft bzw. Aktien der übernehmenden Gesellschaft an der übertragenden stattfindet. Der zweite Fall betrifft die Mutter-Tochter-Verschmelzung; sie ist in Art. 31 Abs. 1 S. 1 nur teilweise dahin geregelt, dass eine Ausnahme vom Beteiligungserwerb eingreift, wenn eine 100%ige Tochter auf ihre Mutter („upstream") verschmolzen wird (→ Art. 31 Rn. 2 f.).[7] Es fragt sich also, ob hierin eine abschließende Spezialregelung zu sehen ist, die einen Rückgriff auf die allgemeinere Regelung des **§ 20 Abs. 1 Nr. 3 S. 1 Hs. 2 UmwG** iVm Art. 15 ausschließt. Richtigerweise ist dies zu verneinen, wie aus der Entstehungsgeschichte der VO deutlich wird. Sie zeigt, dass der Verordnungsgeber die Problematik des Entstehens eigener Aktien infolge der Verschmelzung einerseits erkannt,[8] andererseits aber auf die zunächst vorgesehene allgemeine Regelung[9] offenbar nur deshalb verzichtet hat, weil er die Frage wegen Art. 19 Abs. 2 RL 78/855/EWG (jetzt: Art. 105 GesR-RL) für ausreichend harmonisiert hielt und daher keinen Bedarf mehr für eine einheitliche Regelung sah.[10] Hierfür spricht auch, dass die Frage des Anteilserwerbs bei Art. 31 Abs. 1 keineswegs den zentralen Regelungsgegenstand bildet; vielmehr geht es allgemein um Erleichterungen des Gründungsverfahrens bei der Verschmelzung einer 100%igen Tochter. Ein Umkehrschluss ist daher nicht gerechtfertigt, sodass bei der deutschen SE von der Anwendbarkeit des § 20 Abs. 1 Nr. 3 S. 1 Hs. 2 UmwG auszugehen ist. Eigene Aktien der übertragenden Gesellschaft erlöschen daher ebenso wie Aktien der übernehmenden Gesellschaft an der übertragenden.[11]

Entsprechendes gilt auch für **§ 20 Abs. 1 Nr. 3 S. 2 UmwG,** der sich mit der in Art. 29 **5** nicht eigens angesprochenen Frage nach dem Schicksal von **dinglichen Rechten Dritter** an erlöschenden Mitgliedschaften in der übertragenden Gesellschaft beschäftigt. Die dort angeordnete Fortsetzung dieser Rechte, insbesondere von Nießbrauch und Pfandrechten, an den SE-Aktien gilt auch für die deutsche SE; auch hier tritt also eine dingliche Surrogation ein.[12]

---

[5] Dazu Lutter/*Grunewald* UmwG § 23 Rn. 5 f., 10 f.; näher *Schäfer,* Der stimmrechtslose GmbH-Geschäftsanteil, 1997, 221 f.; für teleologische Reduktion des § 23 UmwG daher mit guten Gründen *Hüffer* FS Lutter, 2000, 1227 (1231); Semler/Stengel/*Kalss* UmwG § 23 Rn. 11; anders aber *Kiem* ZIP 1997, 1629 (1633), speziell zu stimmrechtslosen Vorzugsaktien; für die SE wie hier Lutter/Hommelhoff/Teichmann/*Bayer* Rn. 5; BeckOGK/*Eberspächer* Rn. 3.

[6] S. insbes. Lutter/*Grunewald* UmwG § 20 Rn. 60.

[7] Dazu, dass die Vorschrift nicht auch für die Verschmelzung der Mutter auf die Tochter („downstream") gilt, → Art. 31 Rn. 2; vgl. auch Habersack/Drinhausen/*Marsch-Barner* Rn. 5.

[8] Vgl. Clement/Fortdran/Müller/*Wanske* AG 1972, 343 (346); *Barz* in Lutter, Europäische Aktiengesellschaft, 1976, 32.

[9] Vgl. Art. 28 Abs. 1 S. 2 SE-VO-Vorschlag 1975; Art. 30 S. 2 SE-VO-Vorschlag 1989.

[10] Ebenso Widmann/Mayer/*Vossius* UmwG § 20 Rn. 414 f.; *Scheifele,* Die Gründung der SE, 2004, 297 f.; iErg auch *Schwarz* Rn. 22.

[11] So auch Lutter/Hommelhoff/Teichmann/*Bayer* Rn. 8; BeckOGK/*Eberspächer* Rn. 4; *Schwarz* Rn. 22; näher zu § 20 Abs. Nr. 3 S. 1 Hs. 2 UmwG Lutter/*Grunewald* UmwG § 20 Rn. 60 ff.

[12] So auch Lutter/Hommelhoff/Teichmann/*Bayer* Rn. 9; BeckOGK/*Eberspächer* Rn. 4; Habersack/Drinhausen/*Marsch-Barner* Rn. 6; *Scheifele,* Die Gründung der SE, 2004, 298; *Schwarz* Rn. 24 f.; im Grundsatz auch Widmann/Mayer/*Vossius* UmwG § 20 Rn. 417 ff.; dazu allg. etwa Semler/Stengel/*Kübler* UmwG § 20 Rn. 80 f. – Zur (grds. zu bejahenden) Fortsetzung von Drittrechten nach ausländischem Recht vgl. Lutter/Hommelhoff/*Bayer* SE Rn. 9; Habersack/Drinhausen/*Marsch-Barner* Rn. 6.

6 c) **Erlöschen der übertragenden und Formwechsel der übernehmenden Gesellschaft (lit. c, d).** Das Erlöschen der übertragenden Gesellschaft (einschl. ihrer Organe) ist weder eine Besonderheit der Verschmelzung durch Aufnahme (s. Abs. 2 lit. c) noch der SE-Verschmelzungsgründung. Vielmehr sieht Art. 105 Abs. 1 lit. c GesR-RL das ohne weiteres durch die Eintragung bewirkte **liquidationslose Erlöschen** der übertragenden Rechtsträger auch bei der nationalen Verschmelzung vor und demgemäß entspricht lit. c der Vorschrift des § 20 Abs. 1 Nr. 2 UmwG.[13] Dies gilt nach der geltenden Fassung des SEAG unabhängig davon, ob auch das ausländische Recht im umgekehrten Falle (SE mit Sitz im Ausland) die Surrogation zulässt.[14] § 25 Abs. 2 UmwG, der den Fortbestand der übertragenden Gesellschaft in Hinblick auf wegen der Verschmelzung geltend gemachte Schadensersatzansprüche fingiert, ist unanwendbar.[15]

7 Eine Besonderheit der SE-Verschmelzungsgründung stellt demgegenüber der von lit. d angeordnete **Formwechsel** der übernehmenden Gesellschaft dar; er erklärt sich indes ohne weiteres daraus, dass auch die Verschmelzung durch Aufnahme als Gründungsvariante gestaltet ist. Was die rechtsdogmatische Einordnung des Vorgangs betrifft, so gilt allerdings das Gleiche wie gem. § 202 Abs. 1 Nr. 1 UmwG für den reinen Formwechsel: Der Formwechsel lässt die rechtliche **Identität** der übernehmenden Gesellschaft unberührt, sodass auch theoretisch kein (erneuter) Rechtsübergang von der übernehmenden Gesellschaft auf die SE erfolgt.[16] Bereitet somit die Kombination aus Verschmelzung und Formwechsel keine besonderen konstruktiven Schwierigkeiten, so resultieren hieraus doch eine Reihe von Abstimmungsschwierigkeiten, soweit das Recht des Formwechsels abweichende Anforderungen enthält, die tendenziell kumulativ zu beachten sind (→ Art. 20 Rn. 39); wie weit die kumulative Berücksichtigung von Verschmelzungsrecht auf der einen sowie des Rechts des Formwechsels auf der anderen Seite im Einzelnen reicht, bleibt abzuwarten.

8 **2. Verschmelzung durch Neugründung (Abs. 2).** Für die Verschmelzung durch Neugründung gelten mutatis mutandis die gleichen Regeln wie in → Rn. 2 ff. dargestellt, jedoch mit Ausnahme des Formwechsels (→ Rn. 7), an dessen Stelle die als neuer Rechtsträger entstehende SE tritt (→ lit. a). Folglich sind hier sämtliche Gründungsgesellschaften übertragende Rechtsträger und erlöschen konsequentermaßen liquidationslos (→ lit. c). Die Verschmelzung durch Neugründung weist damit **keine SE-spezifischen Besonderheiten** auf, sodass die gleichen Grundsätze wie gem. § 36 UmwG gelten,[17] die aber ihrerseits hinsichtlich der Verschmelzungswirkungen keine wesentlichen Abweichungen von der Verschmelzung durch Aufnahme beinhalten.

III. Drittwirkung der Übertragung (Abs. 3)

9 Die Vorschrift betrifft die Auswirkungen der Gesamtrechtsnachfolge auf bestimmte, in eine der Gründungsgesellschaften „eingebrachte Vermögensgegenstände, Rechte und Verbindlichkeiten". Sofern das Gesellschaftsstatut einer übertragenden Gesellschaft den Übergang dieser Gegenstände von „besonderen Förmlichkeiten" abhängig macht, sollen diese auch in der Gesamtrechtsnachfolge beachtlich sein. Regelungsvorbild ist **Art. 19 Abs. 3 RL 78/855/EWG** (jetzt: Art. 105 Abs. 3 GesR-RL). Was die – missverständliche – deutsche Fassung der SE-VO[18] im Einzelnen bedeutet, ist streitig. Zum einen könnte sie, wie einst § 132 UmwG aF, als bloßer Vorbehalt des allgemeinen Zivilrechts aufzufassen sein.[19] Überwiegend und

---

[13] Dazu nur Lutter/*Grunewald* UmwG § 20 Rn. 58 f.; Semler/Stengel/*Kübler* UmwG § 20 Rn. 73.
[14] Vgl. die entspr. Forderung von Widmann/Mayer/*Vossius* UmwG § 20 Rn. 420.
[15] Habersack/Drinhausen/*Marsch-Barner* Rn. 7.
[16] Vgl. allg. nur Semler/Stengel/*Kübler* UmwG § 202 Rn. 7 ff.
[17] Dazu etwa Semler/Stengel/*Bärwaldt* UmwG § 36 Rn. 44 ff.
[18] Vgl. Widmann/Mayer/*Vossius* UmwG § 20 Rn. 407 Fn. 2 mit Hinweisen zur französischen Variante.
[19] So – zu Art. 19 Abs. RL 78/855/EWG (jetzt: Art. 105 Abs. 3 GesR-RL) – etwa *Habersack/Verse* EuropGesR Kap. 8 Rn. 13; dazu allg. Lutter/*Grunewald* UmwG § 20 Rn. 12 ff. – Gegen diese Auslegung spricht allerdings der Vergleich mit Art. 14 Abs. 3 RL 2005/56/EG („Wirksamkeit gegenüber Dritten", nunmehr in Art. 131 GesR-RL), der eine dem Art. 29 Abs. 3 inhaltsgleiche Regelung schaffen wollte, vgl.

zutr. wird sie aber im Sinne einer Wahrung bestimmter Formvorschriften bzw. besonderer Genehmigungserfordernisse für Grundstücksübertragungen in der Gesamtrechtsnachfolge (nach französischem Beispiel) verstanden.[20] Demnach ist in Deutschland lediglich das Erfordernis der Grundbuchberichtigung gem. § 894 BGB und § 22 GBO, ggf. auch einer steuerlichen Unbedenklichkeitsbescheinigung gem. § 20 GrEStG von Abs. 3 erfasst.[21] Im Ergebnis kommt dieser Frage allerdings kaum Bedeutung zu, weil die Geltung der allgemeinen zivilrechtlichen Beschränkungen der Übertragbarkeit – insbesondere infolge der **Höchstpersönlichkeit** eines Gegenstands[22] – ohnehin nicht zweifelhaft sein kann. Denn für allgemeine zivilrechtliche Fragen fehlt dem SE-Verordnungsgeber allemal die Regelungskompetenz (→ Art. 9 Rn. 7 f.).[23] **Lediglich klarstellende Funktion** kommt auch der Regelung zu, dass die besonderen Wirksamkeitsbedingungen **notfalls von der SE** – als Rechtsnachfolgerin der zunächst verpflichteten Gründungsgesellschaft – zu erfüllen sind.

IV. Betriebsübergang (Abs. 4)

Die Vorschrift regelt die **arbeitsrechtlichen Folgen der Universalsukzession** und entspricht § 324 UmwG, § 613a Abs. 1, 4–6 BGB. Sie hat insoweit eigenständige Bedeutung, als sie nicht nur die Arbeitsverhältnisse, sondern **auch kollektivrechtliche** Vereinbarungen, insbesondere Tarifverträge, der Universalsukzession unterwirft; Letztere werden von Abs. 1, 2 lit. a wegen der erforderlichen Tarifgebundenheit des Arbeitgebers nicht ohne weiteres erfasst.[24] 10

Der Übergang betrifft sämtliche Rechte und Pflichten „hinsichtlich der **Beschäftigungsbedingungen**", die im **Zeitpunkt der Eintragung** gelten, und zwar unabhängig von ihrer Rechtsgrundlage. Erfasst werden demnach auch solche Arbeitsbedingungen, die unmittelbar aus dem **Gesetz** folgen (etwa BGB, KSchG, LFZG); ihnen stehen die normativen Teile von Tarifverträgen und Betriebsvereinbarungen gleich (§ 4 Abs. 1 TVG, § 77 Abs. 4 BetrVG). Auch wenn das Arbeitsverhältnis zu einer deutschen Gesellschaft somit auf eine im Ausland ansässige SE übergeht, bleibt es bei der Anwendbarkeit deutschen Arbeitsrechts. Damit stellt Abs. 4 eine **international-privatrechtliche Norm** dar: Unabhängig vom allgemeinen IPR bleibt in jedem Falle das für das übergegangene Arbeitsverhältnis bis zur Eintragung geltende Arbeitsrecht anwendbar.[25] Entsprechend gilt auch für arbeitsrechtliches „Gewohnheitsrecht", namentlich auf Grund **betrieblicher Übung,** sowie selbstverständlich für die **individuellen Arbeitsverträge.** 11

Art. 30 [Nichtigerklärung bzw. Auflösung der Verschmelzung]

[1] Eine Verschmelzung im Sinne des Artikels 2 Absatz 1 kann nach der Eintragung der SE nicht mehr für nichtig erklärt werden.

---

dazu unter Hinweis auf die engl. und franz. Sprachfassung beider Bestimmungen, die jeweils einen identischen Wortlaut haben, *Kulenkamp,* Die grenzüberschreitende Verschmelzung von Kapitalgesellschaften in der EU, 2008, 289 ff.

[20] Lutter/Hommelhoff/Teichmann/*Bayer* Rn. 12; *Scheifele,* Die Gründung der SE, 2004, 292; *J. Schmidt,* „Deutsche" vs. „Britische" SE, 2006, 263; *Schwarz* Rn. 8; BeckOGK/*Eberspächer* Rn. 7; Widmann/Mayer/*Vossius* UmwG § 20 Rn. 407 f.

[21] Widmann/Mayer/*Vossius* UmwG § 20 Rn. 408; *Scheifele,* Die Gründung der SE, 2004, 297 f.; *Schwarz* Rn. 22; vgl. auch *Ganske* DB 1981, 1551 (1556).

[22] Dazu auch *Schäfer* ZHR-Beiheft 68 (1999), 114 ff.

[23] Vgl. auch *Scheifele,* Die Gründung der SE, 2004, 295 unter Bezugnahme auf *Goldman,* Bericht zum Int. Verschmelzungsübereinkommen, 1972, 78.

[24] Näher Semler/Stengel/*Simon* UmwG § 20 Rn. 38 ff.; s. auch Lutter/Hommelhoff/Teichmann/*Bayer* Rn. 13; Habersack/Drinhausen/*Marsch-Barner* Rn. 12; *Scheifele,* Die Gründung der SE, 2004, 293 f.; *J. Schmidt,* „Deutsche" vs. „Britische" SE, 2006, 263; *Schwarz* Rn. 12 aE; BeckOGK/*Eberspächer* Rn. 8; NK-SE/*Schröder* Rn. 32; zur abweichenden Rechtslage (Tarifverträge sind nicht erfasst) hinsichtlich der grenzüberschreitenden Verschmelzung vgl. *Kulenkamp,* Die grenzüberschreitende Verschmelzung von Kapitalgesellschaften in der EU, 2008, 293 f. gegen *Bayer/Schmidt* NJW 2006, 401 (404).

[25] Vgl. *Scheifele,* Die Gründung der SE, 2004, 294.

[2] **Das Fehlen einer Kontrolle der Rechtmäßigkeit der Verschmelzung gemäß Artikel 25 und 26 kann einen Grund für die Auflösung der SE darstellen.**

Schrifttum: *Casper*, Die Heilung nichtiger Beschlüsse im Kapitalgesellschaftsrecht, 1998; *Goldman*, Bericht zum Int. Verschmelzungsübereinkommen, 1972; *Kiem*, Die Eintragung der angefochtenen Verschmelzung, 1991; *Krieger*, Fehlerhafte Satzungsänderungen: Fallgruppen und Bestandskraft, ZHR 158 (1994), 35; *Kulenkamp*, Die grenzüberschreitende Verschmelzung von Kapitalgesellschaften in der EU, 2009; *Schäfer*, Die Lehre vom fehlerhaften Verband – Grundlagen, Verhältnis zum allgemeinen Vertragsrecht und Anwendung auf Strukturänderungen, 2002; *Schäfer*, Die „Bestandskraft" fehlerhafter Strukturänderungen im Aktien- und Umwandlungsrecht, FS K. Schmidt, 2009, 1389; *Scheifele*, Die Gründung der Europäischen Aktiengesellschaft, 2004; *K. Schmidt*, Die fehlerhafte Verschmelzung nach dem Aktiengesetz, AG 1991, 131.

I. Inhalt und Normzweck

1   Art. 30 betrifft die mangelhafte Verschmelzung; er entspricht funktional **Art. 108 GesR-RL** (früher RL 2011/35/EG, zuvor RL 78/855/EWG), schränkt aber die danach beachtlichen Nichtigkeitsgründe mit Rücksicht auf die besonderen Rückabwicklungsschwierigkeiten internationaler Verschmelzungen noch einmal drastisch ein.[1] Während es den Mitgliedstaaten nach Art. 108 Abs. 2 GesR-RL nämlich freisteht, ob sie die Nichtigerklärung der Verschmelzung bei erfolgreicher Anfechtung eines Verschmelzungsbeschlusses gestatten,[2] lässt Art. 30 UAbs. 2 als überhaupt **relevanten Fehler** lediglich das Fehlen der Rechtmäßigkeitskontrolle nach Art. 25 und/oder Art. 26 zu, sobald die Eintragung erfolgt ist.[3] Auf diese Weise gewährleistet Art. 30 in hohem Maße **Bestandsschutz für die fehlerhafte Verschmelzung.** Denn er schließt nicht nur aus, dass Fehler eines Verschmelzungsbeschlusses die Wirksamkeit der Verschmelzungsgründung hindern; vielmehr führt auch der nach **UAbs. 2** einzig relevante Fehler[4] lediglich zur **Auflösung der SE**, nicht also zur rückwirkenden Beseitigung der Verschmelzungsfolgen gem. Art. 29.[5]

2   Durch diese Regelung bestimmt Art. 30 die fehlerhafte Verschmelzungsgründung als **Anwendungsfall**[6] **der Lehre vom fehlerhaften Verband:** Zwar werden die in Betracht kommenden Fehler erheblich stärker reduziert als bei Gründung einer deutschen AG durch § 275 AktG. Der relevante Fehler bleibt aber insofern beachtlich, als er zwar nicht zur rückwirkenden Nichtigkeit führt, wohl aber **ex nunc** wirkt, er insofern die Nichtigerklärung bzw. Auflösung der SE – und damit eine „Entschmelzung" – ermöglicht. Die nach deutschem Verschmelzungsrecht umstrittene Frage, ob § 20 Abs. 2 UmwG, wie die zu Unrecht hM annimmt, auch Bestandskraft für die Zukunft wirkt,[7] ist damit für die SE im verneinenden Sinne entschieden – allerdings um den Preis einer Ausschaltung sämtlicher

---

[1] Zur möglicherweise noch weitergehenden Parallelregelung s. Art. 17 RL 2005/56/EG (jetzt: Art. 134 GesR-RL), vgl. *Kulenkamp*, Die grenzüberschreitende Verschmelzung von Kapitalgesellschaften in der EU, 2008, 296 f.

[2] Vgl. *Habersack/Verse* EuropGesR § 8 Rn. 26; inwieweit § 20 Abs. 2 UmwG hiervon Gebrauch gemacht hat, ist stark umstritten (vgl. Lutter/Hommelhoff/Teichmann/*Bayer* Rn. 2; *Scheifele*, Die Gründung der SE, 2004, 299 f.; *Schwarz* Rn. 1). – Art. 29 SE-VO-Vorschlag 1991 hatte sich demgegenüber noch eng an Art. 22 RL 78/855/EWG (jetzt: Art. 108 GesR-RL) angelehnt.

[3] Lutter/Hommelhoff/Teichmann/*Bayer* Rn. 2; *Scheifele*, Die Gründung der SE, 2004, 299 f.; *Schwarz* Rn. 1; aA – unter Berufung auf die englische Fassung – Kalss/Hügel/*Hügel* SEG § 24 Rn. 34: keine abschließende Regelung; das ist indes mit der VO-Historie (vgl. Fn. 2) und dem Verhältnis zu Art. 108 Abs. 2 GesR-RL ebenso wenig zu vereinbaren wie mit dem Regelungszweck des Art. 30.

[4] Weitere, aus dem nationalen Recht herzuleitende Auflösungsgründe sind nicht anzuerkennen, so auch Lutter/Hommelhoff/Teichmann/*Bayer* Rn. 2; BeckOGK/*Eberspächer* Rn. 4; Habersack/Drinhausen/*Marsch-Barner* Rn. 8; aA Kalss/Hügel/*Hügel* SEG § 24 Rn. 34.

[5] Vgl. Habersack/Drinhausen/*Diekmann* Rn. 1.

[6] Weitergehenden Bestandsschutz bewirkt Art. 17 RL 2005/56/EG (jetzt: Art. 134 GesR-RL) bei grenzüberschreitenden Verschmelzungen, vgl. *Kulenkamp*, Die grenzüberschreitende Verschmelzung von Kapitalgesellschaften in der EU, 2008, 296 f.

[7] BayObLG BB 2000, 477; Lutter/*Grunewald* UmwG § 20 Rn. 77 ff.; Semler/Stengel/*Kübler* UmwG § 20 Rn. 85 f., jeweils mwN (dort allerdings irreführend als „Heilung" bezeichnet); *Krieger* ZHR 158 (1994), 34 (46); aA *Kiem*, Die Eintragung der angefochtenen Verschmelzung, 1991, 155 ff.; *K. Schmidt* AG 1991, 131 (133); *Schäfer*, Die Lehre vom fehlerhaften Verband, 2002, 182 ff.; eingehend *Schäfer* FS K. Schmidt, 2009, 1389 (1391 ff.).

Beschlussmängel. Im praktischen Ergebnis ist deshalb in aller Regel auch eine Bestandskraft für die Zukunft gewährleistet, was rechtspolitisch zwar fragwürdig,[8] wegen der besonderen Schwierigkeiten der transnationalen Verschmelzung[9] und mit Rücksicht auf die eingehende, zweistufige Gründungskontrolle (wohl) auch gerechtfertigt ist. Vor diesem Hintergrund wird das Bestehen einer **Registersperre,** wie sie von § 16 Abs. 2 S. 2 UmwG auch bei der SE-Gründung bewirkt wird (→ Art. 25 Rn. 8), umso dringlicher;[10] denn nach der Eintragung kommen lediglich **Schadensersatzansprüche** gegen die verantwortlichen Organe in Betracht (→ Rn. 4).

II. Ausschluss der Nichtigkeit (UAbs. 1)

UAbs. 1 schließt es aus, dass die Verschmelzungsgründung **nach der Eintragung** noch 3
für nichtig erklärt wird. Wie der Umkehrschluss aus UAbs. 2 ergibt, wahrt die Vorschrift aber nicht nur die vorläufige **Wirksamkeit** der Verschmelzung; vielmehr verhindert sie in der Regel auch, dass die fehlerhaft gegründete SE aufgelöst wird, der Mangel also wenigstens Wirkung für die Zukunft entfaltet (→ Rn. 1). Diese Wirkung soll vielmehr nur einem einzigen Fehler zukommen, nämlich dem Ausfall der Rechtmäßigkeitsprüfung. Die bei § 20 Abs. 2 UmwG umstrittene Frage, ob diese Bestimmung als Anwendungsfall der Lehre vom fehlerhaften Verband einzuordnen ist, ist damit für Art. 30 definitiv entschieden: Sie ist – mit Blick auf UAbs. 2 – klar zu bejahen (→ Rn. 2), doch ist die Zahl der in Betracht kommenden Fehler auf einen einzigen reduziert, sodass im praktischen Ergebnis auch die **Auflösung regelmäßig ausgeschlossen** ist. Man mag einwenden, dass der Ausfall des Prüfungsverfahrens nicht notwendigerweise, wie vom Tatbestand der Lehre vom fehlerhaften Verband vorausgesetzt, mit einem Beschlussmangel korrespondiert.[11] Die Formulierung des UAbs. 2 („kann") zeigt indes, dass die VO das fehlende Kontrollverfahren nicht als absoluten Auflösungsgrund versteht (→ Rn. 7). Dies lässt sich dahin interpretieren, dass die Auflösung nur dort, wo die Verschmelzung tatsächlich mangelhaft ist, in Betracht kommt (→ Rn. 6).

Hinsichtlich der weiteren **Rechtsfolgen** stellt sich die Frage, ob Art. 30 über die 4
Bestandskraft hinaus auch die Verschmelzungsmängel als solche beseitigt. Richtigerweise ist dies – wie im Falle des § 20 Abs. 2 UmwG – zu verneinen; die Vorschrift entfaltet also **keine Heilungswirkung.**[12] Denn die Heilung entfaltet nicht nur Bestandskraft, sondern verändert darüber hinaus die materielle Rechtslage als solche, und zwar endgültig.[13] Eine solche weitreichende Wirkung kann weder aus dem Wortlaut des UAbs. 1 abgeleitet werden, der sich nur auf die Nichtigerklärung bezieht, noch aus dem Normzweck, der lediglich darauf gerichtet ist, die Rückabwicklung sowie in der Regel auch die Auflösung der fehlerhaft gegründeten SE zu verhindern (→ Rn. 1 f.). Möglich bleiben deshalb aber – auf Geldausgleich gerichtete – **Schadensersatzansprüche** gegen die beteiligten Organmitglieder wegen Durchführung einer fehlerhaften Verschmelzung gem. §§ 25 ff. UmwG iVm Art. 18.[14]

---

[8] Namentlich wegen erheblichen Zurückschneidens des durch die Anfechtungsklage gewährten Individual- und Institutionenschutzes vor rechtswidrigen Beschlüssen; vgl. in Bezug auf § 20 Abs. 2 UmwG näher *Schäfer,* Die Lehre vom fehlerhaften Verband, 2002, 191 ff.
[9] Vgl. *Goldman,* Bericht zum Int. Verschmelzungsübereinkommen, 1972, 84; *Scheifele,* Die Gründung der SE, 2004, 299; s. auch Lutter/Hommelhoff/Teichmann/*Bayer* Rn. 1; *Schwarz* Rn. 1; BeckOGK/*Eberspächer* Rn. 1.
[10] Zust. Lutter/Hommelhoff/Teichmann/*Bayer* Rn. 3.
[11] Zum Erfordernis einer fehlerhaften rechtsgeschäftlichen Grundlage für das Eingreifen der Lehre vom fehlerhaften Verband (auch) bei der fehlerhaften Strukturänderung vgl. eingehend *Schäfer,* Die Lehre vom fehlerhaften Verband, 2002, 363 ff.
[12] So auch Widmann/Mayer/*Vossius* UmwG § 20 Rn. 428; Lutter/Hommelhoff/Teichmann/*Bayer* Rn. 5; Habersack/Drinhausen/*Marsch-Barner* Rn. 3; *Scheifele,* Die Gründung der SE, 2004, 300; *Schwarz* Rn. 4; BeckOGK/*Eberspächer* Rn. 2; NK-SE/*Schröder* Rn. 6.
[13] Vgl. nur *Casper,* Die Heilung nichtiger Beschlüsse im Kapitalgesellschaftsrecht, 1998, 57.
[14] Dazu etwa Lutter/*Grunewald* UmwG § 25 Rn. 3 ff.; s. auch Habersack/Drinhausen/*Marsch-Barner* Rn. 3; NK-SE/*Schröder* Rn. 6.

5   Wenngleich somit Art. 30 keine heilende Wirkung entfaltet (→ Rn. 4), bleibt die Frage, ob bei der deutschen SE aus § 20 Abs. 1 Nr. 4 UmwG für die dort genannten Formmängel eine Heilungswirkung herzuleiten ist, und zwar iVm Art. 15. Dies ist im Ergebnis zu bejahen;[15] denn die Anwendbarkeit des § 20 Abs. 1 Nr. 4 UmwG wäre nur dann ausgeschlossen, wenn Art. 30 als abschließende Sonderregelung aufzufassen wäre. Das ist indes nicht der Fall; denn zum einen handelt es sich gerade nicht um eine Heilungsvorschrift (→ Rn. 4), zum anderen passte es nicht zu der gegenüber Art. 108 Abs. 2 GesR-RL weitergehenden Wirkung des Art. 30, wollte man ihm verdrängende Wirkung auch gegenüber – noch weiterreichenden – nationalen Heilungsvorschriften zusprechen. **Formmängel** des Verschmelzungsplans und evtl. erforderlicher Zustimmungsbeschlüsse werden also durch die Eintragung geheilt. – **Anderes** gilt hingegen für **§ 20 Abs. 2 UmwG.** Denn er stellt das umwandlungsrechtliche Pendant zu Art. 30 dar, bewirkt namentlich wie dieser Bestandskraft, sodass seine Anwendbarkeit nach den Grundsätzen der Spezialität ausscheidet.[16]

III. Fehlen der Rechtmäßigkeitskontrolle (UAbs. 2)

6   UAbs. 2 bestimmt, dass der Ausfall der Rechtmäßigkeitskontrolle gem. Art. 25, 26 ein **Auflösungsgrund** sein kann. Anders als die Vorentwürfe[17] stellt die geltende Fassung klar, dass auch der einzige überhaupt relevante Fehler nicht zur rückwirkenden Vernichtung der Verschmelzungsgründung, sondern eben nur zur Auflösung der SE führen kann. Dass dies beim Fehlen des Kontrollverfahrens angemessen ist, liegt auf der Hand. Denn nur die strenge Rechtmäßigkeitskontrolle nach Art. 25, 26, die auf (präventive) Vermeidung von Verschmelzungsmängeln gerichtet ist, vermag eine derart weit reichende Reduktion relevanter Mängel zu rechtfertigen, die über § 275 AktG noch deutlich hinausgeht. Auf Grund dieser enormen Bedeutung der Rechtmäßigkeitskontrolle ist es für UAbs. 2 belanglos, ob **eine oder gar beide Stufen** des Kontrollverfahrens **fehlen.** Allerdings ist zu bedenken, dass die Mangelhaftigkeit der Verschmelzungsbeschlüsse Gegenstand nur allein der nach dem jeweiligen Recht der Gründungsgesellschaft erfolgenden Prüfung gem. Art. 25 ist (vgl. → Art. 25 Rn. 1 ff.).

7   Fraglich ist, wie die Formulierung „kann" in Bezug auf den Auflösungsgrund zu verstehen ist. Sie wird als Ermächtigung interpretiert,[18] was zur völligen Bedeutungslosigkeit des Fehlers führt, wenn der nationale Gesetzgeber – wie in Deutschland und Österreich – im Ausführungsgesetz hierzu keine Regelung getroffen hat. Indes ist diese Interpretation problematisch, weil die starke Reduktion beachtlicher Gründungs-(Verschmelzungs-)mängel, wie sie Art. 30 beinhaltet, allein durch die präventiv wirkende Registerkontrolle gerechtfertigt werden kann. Daher kann es nicht im Belieben des einzelnen Mitgliedstaates stehen, ob er diesen Fehler für beachtlich hält. Andererseits bedeutet der Ausfall des Kontrollverfahrens aber noch nicht notwendigerweise, dass die Verschmelzungsgründung auch wirklich fehlerhaft ist; eben dies ist aber für die Anwendbarkeit der Lehre vom fehlerhaften Verband erforderlich, als deren Manifestation Satz 2 zu verstehen ist (→ Rn. 2). Deshalb wird hier eine andere Interpretation des einschränkenden „kann" vorgeschlagen: Danach kommt die Auflösung in Betracht, wenn einerseits wenigstens ein Abschnitt der Gründungsprüfung fehlt und **mindestens ein Verschmelzungsbeschluss mangelhaft** ist.[19] Mit Rücksicht auf Art. 108 GesR-RL, wonach die Nichtigkeit nur auf Grund gerichtlicher

---

[15] Ebenso *Scheifele,* Die Gründung der SE, 2004, 301; *Schwarz* Rn. 6; s. auch Widmann/Mayer/*Vossius* UmwG § 20 Rn. 428.

[16] Zust. Lutter/Hommelhoff/Teichmann/*Bayer* Rn. 5; aA *Scheifele,* Die Gründung der SE, 2004, 301; *Schwarz* Rn. 6, beide ohne Begr.

[17] Vgl. Art. 29 S. 1 SE-VO-Vorschlag 1989 und Art. 29 Abs. 1 SE-VO-Vorschlag 1991, die diesen Fehler als Nichtigkeitsgrund behandelt haben.

[18] In diesem Sinne Kalss/Hügel/*Hügel* SEG § 24 Rn. 34; für Einordnung als Verweisungsnorm demgegenüber *Scheifele,* Die Gründung der SE, 2004, 303; ebenso Lutter/Hommelhoff/Teichmann/*Bayer* Rn. 7; *J. Schmidt,* „Deutsche" vs. „Britische" SE, 2006, 265; *Schwarz* Rn. 9.

[19] Zust. BeckOGK/*Eberspächer* Rn. 3; abl. Lutter/Hommelhoff/Teichmann/*Bayer* Rn. 7; Kölner Komm AktG/*Kiem* Art. 63 Rn. 23.

bzw. behördlicher Feststellung eintreten kann, erscheint es allerdings geboten, entweder, wie im Falle des Art. 64, § 262 Abs. 1 Nr. 5 AktG, § 52 Abs. 2 SEAG anzuwenden, also die registergerichtliche Feststellung des Mangels zu verlangen, und/oder die „Nichtigkeitsklage" analog § 275 AktG vorauszusetzen.

IV. Mängel des Verschmelzungsbeschlusses vor Eintragung

Nach dem Vorstehenden beeinträchtigen somit Beschlussmängel in der Regel nicht mehr die Wirksamkeit der Verschmelzung, sofern diese eingetragen bzw. die Bescheinigung nach Art. 25 Abs. 2 ausgestellt ist. Deshalb ist es umso dringlicher, Mängel des Verschmelzungsbeschlusses im Wege der Anfechtungs- bzw. Nichtigkeitsklage gem. §§ 241 ff. AktG geltend zu machen, bevor die Rechtmäßigkeitsbescheinigung nach Art. 25 Abs. 2 erteilt wird (→ Art. 25 Rn. 6 f.).[20] Dies wird allerdings erleichtert durch die auch hier eingreifende **Registersperre** gem. § 16 Abs. 2 S. 2 UmwG (→ Art. 25 Rn. 8), die nur im Wege des Freigabeverfahrens nach § 16 Abs. 3 UmwG überwunden werden kann. Ist eine Anfechtungsklage gegen den Verschmelzungsbeschluss gem. Art. 23 erhoben, darf das Registergericht die Rechtmäßigkeitsbescheinigung nicht ausstellen. 8

Auch hinsichtlich der **relevanten Beschlussmängel** gilt gem. Art. 18 im Prinzip nationales Verschmelzungsrecht, allerdings mit der Besonderheit, dass Streitigkeiten über die Höhe der Abfindung bzw. der baren Zuzahlung unter den Voraussetzungen des § 6 Abs. 1 SEAG, § 7 Abs. 5 SEAG (bzw. Art. 25 Abs. 3; → Art. 20 Rn. 33 ff.; → Art. 24 Rn. 24) nicht zum Gegenstand einer Anfechtungsklage gemacht werden können. Soweit das Spruchverfahren eröffnet ist, kann eine Anfechtungsklage auch nicht auf unrichtige oder unvollständige bzw. unzureichende **Informationen** in der Hauptversammlung über Ermittlung, Höhe oder Angemessenheit von Ausgleich, Abfindung oder barer Zuzahlung gestützt werden.[21] Im Übrigen kann wegen der relevanten Fehler auf die Kommentierungen zu § 20 UmwG verwiesen werden.[22] 9

Art. 31 [Nichtparitätische Verschmelzung]

(1) ¹Wird eine Verschmelzung nach Artikel 17 Absatz 2 Buchstabe a durch eine Gesellschaft vollzogen, die Inhaberin sämtlicher Aktien und sonstiger Wertpapiere ist, die Stimmrechte in der Hauptversammlung einer anderen Gesellschaft gewähren, so finden Artikel 20 Absatz 1 Buchstaben b, c und d, Artikel 22 und Artikel 29 Absatz 1 Buchstabe b keine Anwendung. ²Die jeweiligen einzelstaatlichen Vorschriften, denen die einzelnen sich verschmelzenden Gesellschaften unterliegen und die für die Verschmelzungen von Aktiengesellschaften nach Artikel 24 der Richtlinie 78/855/EWG maßgeblich sind, sind jedoch anzuwenden.

(2) *[1]* Vollzieht eine Gesellschaft, die Inhaberin von mindestens 90%, nicht aber aller der in der Hauptversammlung einer anderen Gesellschaft Stimmrecht verleihenden Aktien und sonstigen Wertpapiere ist, eine Verschmelzung durch Aufnahme, so sind die Berichte des Leitungs- oder des Verwaltungsorgans, die Berichte eines oder mehrerer unabhängiger Sachverständiger sowie die zur Kontrolle notwendigen Unterlagen nur insoweit erforderlich, als dies entweder in den einzelstaatlichen Rechtsvorschriften, denen die übernehmende Gesellschaft unterliegt, oder in den für die übertragende Gesellschaft maßgeblichen einzelstaatlichen Rechtsvorschriften vorgesehen ist.

---

[20] Vgl. Habersack/Drinhausen/*Marsch-Barner* Rn. 2.
[21] So § 243 Abs. 4 S. 2 AktG-E idF des UMAG; hiermit verallgemeinert der Gesetzgeber die Rspr. des BGH zu § 14 Abs. 2 UmwG, s. schon BGHZ 146, 179 (181 ff.) = NJW 2001, 1425; sowie insbes. BGH NJW 2005, 828 – Thyssen/Krupp; wie hier iE auch *J. Schmidt*, „Deutsche" vs. „Britische" SE, 2006, 222; *Neun* in Theisen/Wenz SE 140; zurückhaltender *Scheifele*, Die Gründung der SE, 2004, 184.
[22] Vgl. nur Lutter/*Grunewald* UmwG § 20 Rn. 82 ff.; Semler/Stengel/*Kübler* UmwG § 20 Rn. 90 ff.

[2] **Die Mitgliedstaaten können jedoch vorsehen, dass dieser Absatz Anwendung auf eine Gesellschaft findet, die Inhaberin von Aktien ist, welche mindestens 90% der Stimmrechte, nicht aber alle verleihen.**

Schrifttum: *Henckel,* Rechnungslegung und Prüfung anlässlich einer grenzüberschreitenden Verschmelzung zu einer Societas Europaea (SE), DStR 2005, 785; *Henze,* Die „zweistufige" Konzernverschmelzung, AG 1993, 341; *Kallmeyer,* Europa-AG: Strategische Optionen für deutsche Unternehmen, AG 2003, 197; *Kalss,* Der Minderheitenschutz bei Gründung und Sitzverlegung der SE nach dem Diskussionsentwurf, ZGR 2003, 593; *Oechsler,* Der praktische Weg zur Societas Europaea (SE) – Gestaltungsspielraum und Typenzwang, NZG 2005, 697; *Schäfer,* Die Lehre vom fehlerhaften Verband – Grundlagen, Verhältnis zum allgemeinen Vertragsrecht und Anwendung auf Strukturänderungen, 2002; *Scheifele,* Die Gründung einer Europäischen Aktiengesellschaft, 2004; *Schindler,* Die Europäische Aktiengesellschaft, Gesellschafts- und steuerrechtliche Aspekte, 2002; *J. Schmidt,* „Deutsche" vs. „britische" Societas Europaea (SE), 2006; *Schwarz,* Europäisches Gesellschaftsrecht, 2000; *Spitzbart,* Die Europäische Aktiengesellschaft (Societas Europaea – SE) – Aufbau der SE und Gründung, RNotZ 2006, 369; *Teichmann,* Die Einführung der Europäischen Aktiengesellschaft, ZGR 2002, 383; *Teichmann,* Vorschläge für das deutsche Ausführungsgesetz zur Europäischen Aktiengesellschaft, ZIP 2002, 1109.

I. Inhalt und Normzweck

1   Art. 31 **erleichtert das Gründungsverfahren** für die Verschmelzung durch Aufnahme von Gesellschaften, die **zu 100% verbunden** sind, und zwar bezogen auf das stimmberechtigte Kapital **(Abs. 1).** In Betracht kommt allein die Verschmelzung der Tochter auf die Mutter (→ Rn. 2). Die Vorschrift orientiert sich an der seinerzeitigen Vorschrift des Art. 24 f. RL 78/855/EWG (jetzt: Art. 110 f. GesR-RL) und beruht auf dem Gedanken, dass eine Reihe von Gründungsvorschriften primär dem Schutz außenstehender Aktionäre dienen und sich somit bei deren Fehlen erübrigen soll.[1] Nach **Abs. 2** gelten bestimmte, weniger weitreichende Erleichterungen schon dann, wenn die Mutter mindestens **90%,** aber weniger als 100% der stimmberechtigten Anteile an der Tochter hält und die Mitgliedstaaten diese Erleichterungen allgemein vorsehen. Abs. 2 UAbs. 2 gestattet ihnen zudem, die in UAbs. 1 gewährten Erleichterungen auf eine 90%ige Stimmrechtsquote zu beziehen. Weil diesem Fall eine eigenständige Bedeutung nur bei Zulässigkeit von Mehrstimmrechten zukommt, ist die Regelung in Deutschland irrelevant (§ 12 Abs. 2 AktG).[2] Auch die Art. 113 f. GesR-RL sehen entsprechende Erleichterungen vor.

II. Verschmelzung mit 100%iger Tochter (Abs. 1)

2   **1. Voraussetzungen.** Abs. 1 betrifft nur die **Verschmelzung durch Aufnahme.** Nach dem Wortlaut ist zwar nicht ganz eindeutig, ob die Tochtergesellschaft nicht nur übertragende, sondern auch aufnehmende Gesellschaft sein, die Verschmelzung somit auch „downstream" verlaufen kann. Einige Stimmen sind der Auffassung, dass bereits der Wortlaut Eindeutigkeit schafft, weil nur die aufnehmende Gesellschaft die Verschmelzung „vollzieht" und Abs. 1 nur die Mutter als vollziehende Gesellschaft anspricht,[3] andere bestreiten dies aber.[4] Im Ergebnis besteht indes Einigkeit, dass letztlich **nur die Mutter als aufnehmende Gesellschaft** (sog. „upstream"-Verschmelzung) in Betracht kommt. Denn im umgekehrten Fall könnten die meisten Erleichterungen des Art. 31 Abs. 1 wegen des dann erforderlichen Aktientausches auf Seiten der Aktionäre der Muttergesellschaft ohnehin nicht in Anspruch genommen werden.[5]

---

[1] Vgl. *Habersack/Verse* EuropGesR § 8 Rn. 10; *Schwarz* EuropGesR Rn. 662 ff.; vgl. auch *Schwarz* Rn. 1; s. ebenso Lutter/Hommelhoff/Teichmann/*Bayer* Rn. 1; Habersack/Drinhausen/*Marsch-Barner* Rn. 1.

[2] Vgl. *Teichmann* ZIP 2002, 1109 (1113).

[3] So *Schindler,* Die Europäische Aktiengesellschaft, 2002, 281; vgl. ferner Lutter/Hommelhoff/Teichmann/ *Bayer* Art. 17 Rn. 7 Fn. 14; Lutter/Hommelhoff/Teichmann/*Bayer* Art. 31 Rn. 3; *Bayer* in Lutter/Hommelhoff EU-Gesellschaft 25, 45; *Oechsler* NZG 2005, 697 (700); *Schwarz* Rn. 22; iE ebenso auch BeckOGK/ *Eberspächer* Rn. 2.

[4] Kalss/Hügel/*Hügel* SEG § 20 Rn. 1, 13.

[5] Kalss/Hügel/*Hügel* SEG § 20 Rn. 13.

Nach Abs. 1 muss die Mutter zu **100% am stimmberechtigten Grundkapital** der 3
Tochter unmittelbar beteiligt, also Inhaberin sämtlicher stimmberechtigter Aktien sein.
Während Vorentwürfe der SE-VO die Quote noch auf sämtliche Aktien bezogen,[6] bleiben
nach der geltenden Fassung stimmrechtslose Aktien (§ 12 Abs. 1 S. 2 AktG, § 139 AktG)
außer Betracht, sodass die Kapitalbeteiligung der Mutter im Einzelfall durchaus unter 100%
liegen kann. Im Übrigen ist aber das mit einer Aktie verknüpfte **Stimmgewicht bedeutungslos;** der Mutter müssen also auch sämtliche mit Höchststimmrecht ausgestatteten
Aktien zustehen (vgl. § 134 Abs. 1 S. 2 AktG).[7] Soweit Abs. 1 auch auf „sonstige Wertpapiere" abstellt, die Stimmrecht gewähren, kommt dem für das deutsche Aktienrecht keine
Bedeutung zu, das bekanntlich kein Stimmrecht ohne Aktie kennt (§ 12 Abs. 1 S. 1 AktG).[8]

Über den **Zeitpunkt,** zu dem die Beteiligungsquote erreicht sein muss, schweigt die 4
VO. Auch im deutschen Umwandlungsrecht ist die zu § 5 Abs. 2 UmwG diskutierte Frage
umstritten. Viele stellen auf den Zeitpunkt der Eintragung,[9] andere auf die Registeranmeldung[10] oder auf die Beschlussfassung ab.[11] Für die SE erscheint richtig, auf den Zeitpunkt
der **Entscheidung über die Rechtmäßigkeit gem. Art. 25** abzustellen, also die Ausstellung der Bescheinigung nach Art. 25 Abs. 2.[12] Ein späterer Zeitpunkt scheidet jedenfalls aus,
weil die Rechtmäßigkeit der Verschmelzungsbeschlüsse bei den Gründungsgesellschaften
im Verfahren nach Art. 26 nicht mehr überprüft wird (→ Art. 26 Rn. 1), die Beschlüsse
aber unwirksam sind, sollten sie sich auf einen unvollständigen Plan beziehen. Denn die in
Abs. 1 genannten Pflichtangaben sind eben nur dann entbehrlich, wenn die Beteiligungsquote erreicht wird; ihr Vorliegen ist also Wirksamkeitsvoraussetzung für den Beschluss.[13]
Andererseits schadet es nicht, wenn die Beschlüsse im Zeitpunkt ihrer Abfassung wegen
Fehlens einer Rechtsbedingung noch unwirksam sind, zumal mit einer erneuten Beschlussfassung nach Erreichen der Quote keinerlei substanzielle Schutzbedürfnisse befriedigt würden. Die Gesellschaft mag also entscheiden, ob sie das Risiko eines endgültig unwirksamen
Verschmelzungsbeschlusses eingeht, der im Verfahren nach Art. 25 überprüft wird.

2. Rechtsfolgen. a) Erleichterungen nach der VO (Abs. 1 S. 1). Die SE-VO ordnet 5
unmittelbar drei wesentliche Erleichterungen an: Der **Pflichtinhalt des Verschmelzungsplans wird reduziert** und zwar um diejenigen Angaben, die sich auf den **Aktientausch**
iSv Art. 29 Abs. 1 lit. b beziehen (Art. 20 Abs. 1 lit. b, c, d), der seinerseits ausgeschlossen
wird. Ferner wird **Art. 22** suspendiert, der die (gemeinsame) **Verschmelzungsprüfung**
betrifft. Die Konsequenzen dieser Ausnahme werden zwar verschieden gedeutet. Indes
sprechen die besseren Gründe dafür, dass Abs. 1 S. 1 die Prüfung **insgesamt** für **entbehrlich** erklärt[14] und zwar unabhängig davon, dass sich Art. 22 darauf beschränkt, die gemeinsame Prüfung zu ermöglichen, ohne selbst die Prüfungspflicht anzuordnen (→ Art. 22
Rn. 1). Wollte man demgegenüber die Ausnahme lediglich im Sinne eines Verbots der
gemeinsamen Prüfung verstehen, hätte Art. 31 entgegen seinem Normzweck keine privile-

---

[6] S. Art. 30 SE-VO-Vorschlag 1989 und Art. 30a SE-VO-Vorschlag 1991.
[7] Entspr. würde auch für Mehrfachstimmrechte gelten, die jedoch von § 12 Abs. 2 AktG inzwischen untersagt werden. Alte Mehrstimmrechte sind gem. § 5 Abs. 1 S. 1 EGAktG spätestens am 1.6.2003 erloschen; vgl. Hüffer/Koch/*Koch* AktG § 12 Rn. 11.
[8] Dazu nur Hüffer/Koch/*Koch* AktG § 12 Rn. 3.
[9] So BayObLG ZIP 2000, 230 (231) zum Formwechsel; *Henze* AG 1993, 341 (344); Kallmeyer/*Marsch-Barner* UmwG § 5 Rn. 70; Semler/Stengel/*Schroer* UmwG § 5 Rn. 129; *Schwarz* Rn. 8; Widmann/Mayer/ *Mayer* UmwG § 5 Rn. 213.
[10] So für Art. 31 SE-VO *Scheifele,* Die Gründung der SE, 2004, 282.
[11] LG Mannheim ZIP 1990, 992; Lutter/*Drygala* UmwG § 5 Rn. 103.
[12] So auch BeckOGK/*Eberspächer* Rn. 1; Habersack/Drinhausen/*Marsch-Barner* Rn. 5.
[13] Vgl. zur entspr. Einordnung des Kapitalquorums bei der Mehrheitseingliederung *Schäfer,* Die Lehre vom fehlerhaften Verband, 2002, 470 f.
[14] So jetzt auch Lutter/Hommelhoff/Teichmann/*Bayer* Art. 22 Rn. 2, Art. 31 Rn. 10; *Schwarz* Rn. 13, 27; BeckOGK/*Eberspächer* Rn. 4; Habersack/Drinhausen/*Marsch-Barner* Rn. 9; Widmann/Mayer/*Heckschen* UmwG Anh. 14 Rn. 216; *Henckel* DStR 2005, 1785 (1790 f.); ebenso bereits Kalss/Hügel/*Hügel* SEG § 20 Rn. 9; *Scheifele,* Die Gründung der SE, 2004, 283 f.; aA *Teichmann* ZGR 2002, 383 (431): es werde lediglich die gemeinsame Prüfung ausgeschlossen.

gierende Wirkung, sondern würde umgekehrt die Prüfungsanforderungen gegenüber dem Normalfall noch verschärfen. Überdies entbindet auch Art. 110 S. 3 GesR-RL zweifelsfrei von der sich aus Art. 96 GesR-RL ergebenden Pflicht zur Verschmelzungsprüfung und zwar ebenfalls für eine Konzernverschmelzung, bei welcher der Mutter 100% des stimmberechtigten Kapitals zustehen.

6   **b) Erleichterungen nach UmwG (Abs. 1 S. 2).** Abs. 1 S. 2 verweist auf die nationalen Umsetzungsvorschriften zu Art. 24 RL 78/855/EWG (jetzt Art. 110 GesR-RL), die „jedoch" anwendbar sein sollen. Richtigerweise erklärt Abs. 1 S. 2 hierdurch aber solche Vorschriften nicht auch insofern für anwendbar, als sie in Widerspruch zu Abs. 1 S. 1 stehen. Vielmehr ist das „jedoch", entsprechend dem allgemeinen Verhältnis zwischen VO und nationalem Recht (→ Art. 9 Rn. 2 ff.), iSv „im Übrigen" zu verstehen. Umwandlungsrechtliche Erleichterungen der Konzernverschmelzung gelten daher **nur insoweit,** als Satz 1 **keine abschließende Regelung** trifft.

7   Aus Sicht des deutschen UmwG stellt sich diese Frage in Bezug auf § 8 Abs. 3 S. 1 UmwG sowie auf § 62 UmwG. **§ 8 Abs. 3 S. 1 UmwG** macht die Entbehrlichkeit der Verschmelzungsprüfung davon abhängig, dass die Mutter sämtliche, also nicht nur die stimmberechtigten Anteile an der Tochter hält, ist also strenger als die Regelung in Satz 1 (→ Rn. 5). Diese strengere Regelung wird nach dem Grundsatz der Spezialität jedoch durch Satz 1 ausgeschlossen, weil dieselbe Frage der erforderlichen Beteiligungsquote dort abschließend entschieden ist. § 8 Abs. 3 S. 1 UmwG ist daher hinsichtlich der Voraussetzungen für die Entbehrlichkeit der Prüfung gem. § 9 Abs. 3 UmwG **unanwendbar**[15] (zur Entbehrlichkeit des Berichts → Art. 22 Rn. 15). Entsprechendes gilt im umgekehrten Falle aber auch für **§ 62 Abs. 1 S. 1 UmwG,** der vom Erfordernis eines Verschmelzungsbeschlusses absieht, wenn sich 90% aller Anteile in der Hand der Muttergesellschaft befinden.[16] Weil Satz 1 das Beschlusserfordernis nicht anspricht, mag man zwar bezweifeln, ob Satz 2 auch in dieser Hinsicht, nämlich durch „beredtes Schweigen", eine abschließende Regelung trifft. Im Ergebnis ist dies aber deshalb zu bejahen, weil sich die Verschmelzung durch Aufnahme notwendig mit einem Rechtsformwechsel der Mutter verbindet, und für den Formwechsel (wie im Übrigen auch für die Verschmelzung durch Neugründung) sehen weder die VO (vgl. vielmehr Art. 37 Abs. 5) noch das UmwG eine Erleichterung hinsichtlich des Beschlusserfordernisses vor.

III. Verschmelzung mit 90%iger Tochter (Abs. 2)

8   Abs. 2 **UAbs. 1** gewährt Erleichterungen bei Verschmelzungs- und Prüfungsbericht schon dann, wenn die Mutter lediglich 90% (aber weniger als 100%) der stimmberechtigten Anteile der Tochter hält, jedoch nur dann, wenn das nationale Verschmelzungsrecht dies auch allgemein vorsieht. Durch diesen Vorbehalt wird der Vorrang des Gemeinschaftsrechts aufgehoben.[17] Demnach war die Regelung in **Deutschland jedenfalls bis 2011 irrelevant;** denn das UmwG sah bis dahin keine solche Erleichterungen vor, zumal § 62 Abs. 1 S. 1 UmwG zwar den Verzicht auf die Beschlussfassung schon bei 90%iger Anteilsquote erlaubt, Abs. 2 UAbs. 1 eine derartige Erleichterung aber nicht zulässt; sie gilt nicht einmal im Falle des Abs. 1 (→ Rn. 7).

9   Verschiedentlich wird allerdings vertreten, dass § 62 Abs. 5 UmwG nF, der seit 26.5.2011 den bei einer Beteiligung ab 90% möglichen sog. **verschmelzungsrechtlichen Squeezeout** regelt, als Umsetzung von Art. 28 RL 2005/56/EG (jetzt: Art. 114 GesR-RL; früher

---

[15] Ebenso BeckOGK/*Eberspächer* Rn. 5; für verordnungskonforme Auslegung Habersack/Drinhausen/ Marsch-Barner Rn. 12; aA Lutter/Hommelhoff/Teichmann/*Bayer* Art. 20 Rn. 31, Art. 31 Rn. 13; *Scheifele,* Die Gründung der SE, 2004, 284 f.; *J. Schmidt,* „Deutsche" vs. „Britische" SE, 2006, 187; *Schwarz* Rn. 16.

[16] Wie hier iErg auch *Kalss* ZGR 2003, 593 (619); *Kallmeyer* AG 2003, 197 (203); *Scheifele,* Die Gründung der SE, 2004, 285; *Schwarz* Rn. 17 ff.; *Spitzbart* RNotZ 2006, 369 (394); *Teichmann* ZGR 2002, 383 (431).

[17] Vgl. *Scheifele,* Die Gründung der SE, 2004, 287; *Schwarz* Rn. 21, 23; vgl. ferner Lutter/Hommelhoff/ Teichmann/*Bayer* Rn. 8; der Sache nach auch BeckOGK/*Eberspächer* Rn. 6; Habersack/Drinhausen/*Marsch-Barner* Rn. 17.

RL 2011/35/EG, zuvor RL 78/855/EWG) durch Art. 31 Abs. 2 UAbs. 1 in Bezug genommen werde.[18] Demnach sei § 62 Abs. 5 UmwG auf die Verschmelzungsgründung einer SE jedenfalls dann anwendbar, wenn ein entsprechendes Verfahren auch für die übrigen an der Gründung beteiligten Gesellschaften gelte. Hiermit verbinden sich genau genommen zwei Fragen, nämlich (1.), ob eine deutsche übertragende AG schon bei der Gründung einer (aufnehmenden) SE einen Squeeze-out gem. § 62 Abs. 5 UmwG durchführen kann und (2.) ob bejahendenfalls Erleichterungen in Hinblick auf den Verschmelzungs-(prüfungs-)bericht gelten, die von Art. 31 Abs. 2 UAbs. 1 adressiert werden. Für die Beantwortung der ersten Frage ist zunächst klarzustellen, dass § 62 Abs. 5 UmwG (gem. Art. 10) zweifellos anzuwenden ist, wenn die übernehmende Gesellschaft eine schon bestehende SE ist.[19] Ob Entsprechendes – gem. Art. 18 SE-VO – bereits für die Gründung der SE gilt, ist damit zwar noch nicht gesagt. Die besseren Gründe sprechen aber dafür, diese Frage zu bejahen, zumal Art. 114 UAbs. 2 GesR-RL (früher Art. 28 UAbs. 2 RL 2005/56/EG) einen Squeeze-out bei der übertragenden Gesellschaft im Rahmen einer Verschmelzung von Kapitalgesellschaften allgemein zulässt und man daher nicht von einem Verstoß gegen den Numerus Clausus der Gründungsformen gem. Art. 2 ausgehen kann. Nach der zweistufigen Anlage des verschmelzungsrechtlichen Squeeze-out in § 62 Abs. 5 UmwG ist der Squeeze-out selbst der Ebene der übertragenden Gesellschaft zuzuordnen, sodass eine Geltung über Art. 18 zwanglos befürwortet werden kann. Darauf, ob ein entsprechendes Verfahren auch für die übrigen Gründungsgesellschaften gilt, kommt es demgemäß nicht an. – Hinsichtlich der zweiten Frage ist festzustellen, dass Art. 114 UAbs. 2 GesR-RL (früher Art. 28 UAbs. 2 RL 2005/56/EG) den Mitgliedstaaten freistellt, ob sie bei einem umwandlungsrechtlichen Squeeze-out auf die **Berichtspflichten** nach Art. 95–97 GesR-RL (früher Art. 9–11 RL 2005/56/EG) verzichten wollen. Insofern ist zu berücksichtigen, dass an die Stelle der richtigerweise gem. § 62 Abs. 4 S. 3 UmwG entbehrlichen Berichte (Verschmelzungsbericht, Verschmelzungsprüfungsbericht [inklusive die Prüfung selbst])[20] gem. § 62 Abs. 5 S. 8 UmwG iVm § 327c Abs. 3 AktG, § 327d S. 1 AktG der **Bericht des Hauptaktionärs** und der **Prüfungsbericht zur Angemessenheit** der **Barabfindung** tritt. Insofern beinhaltet der verschmelzungsrechtliche Squeeze-out in § 62 Abs. 5 UmwG also durchaus eine Erleichterung iSv Art. 31 Abs. 2 UAbs. 1.[21]

Nach Abs. 2 **UAbs. 2** ist es möglich, die Erleichterungen gem. UAbs. 1 schon an die bloße Stimmrechtsquote zu knüpfen, was für Deutschland allerdings von vornherein irrelevant ist (→ Rn. 1); die Vorschrift wurde auf schwedischen Wunsch hin aufgenommen.[22]

---

[18] So *Heckschen* NZG 2010, 1041 (1045); zurückhaltend Habersack/Drinhausen/*Marsch-Barner* Rn. 17.
[19] S. nur Kallmeyer/*Marsch-Barner* UmwG § 62 Rn. 36; s. auch *Wagner* DStR 2010, 1629 (1635).
[20] Dazu, dass diese Vorschrift auch für die Verschmelzung im Anschluss an einen Squeeze-out gilt (die aufnehmende Gesellschaft erlangt für eine juristische Sekunde eine 100%-Beteiligung) vgl. *Bungert/Wettich* DB 2011, 1500 (1503); *Göthel* ZIP 2011, 1541 (1546 ff.); Kallmeyer/*Marsch-Barner* UmwG § 62 Rn. 30; aA allerdings *Neye/Kraft* NZG 2011, 681 (683).
[21] Kallmeyer/*Marsch-Barner* UmwG § 62 Rn. 41.
[22] *Teichmann* ZIP 2002, 1109 (1113): Rücksicht auf die Wallenberg-Familie.

Abschnitt 3. Gründung einer Holding-SE

Art. 32 [Gründung einer Holding-SE]

(1) *[1]* Eine SE kann gemäß Artikel 2 Absatz 2 gegründet werden.
[2] Die die Gründung einer SE im Sinne des Artikels 2 Absatz 2 anstrebenden Gesellschaften bestehen fort.

(2) [1]Die Leitungs- oder die Verwaltungsorgane der die Gründung anstrebenden Gesellschaften erstellen einen gleich lautenden Gründungsplan für die SE. [2]Dieser Plan enthält einen Bericht, der die Gründung aus rechtlicher und wirtschaftlicher Sicht erläutert und begründet sowie darlegt, welche Auswirkungen der Übergang zur Rechtsform einer SE für die Aktionäre und für die Arbeitnehmer hat. [3]Er enthält ferner die in Artikel 20 Absatz 1 Buchstaben a, b, c, f, g, h und i vorgesehenen Angaben und setzt von jeder die Gründung anstrebenden Gesellschaft den Mindestprozentsatz der Aktien oder sonstigen Anteile fest, der von den Aktionären eingebracht werden muss, damit die SE gegründet werden kann. [4]Dieser Prozentsatz muss mehr als 50% der durch Aktien verliehenen ständigen Stimmrechte betragen.

(3) Der Gründungsplan ist mindestens einen Monat vor der Hauptversammlung, die über die Gründung zu beschließen hat, für jede der die Gründung anstrebenden Gesellschaften nach den in den Rechtsvorschriften der einzelnen Mitgliedstaaten gemäß Artikel 3 der Richtlinie 68/151/EWG vorgesehenen Verfahren offen zu legen.

(4) [1]Ein oder mehrere von den die Gründung anstrebenden Gesellschaften unabhängige Sachverständige, die von einem Gericht oder einer Verwaltungsbehörde des Mitgliedstaats, dessen Recht die einzelnen Gesellschaften gemäß den nach Maßgabe der Richtlinie 78/855/EWG erlassenen einzelstaatlichen Vorschriften unterliegen, bestellt oder zugelassen sind, prüfen den gemäß Absatz 2 erstellten Gründungsplan und erstellen einen schriftlichen Bericht für die Aktionäre der einzelnen Gesellschaften. [2]Im Einvernehmen zwischen den die Gründung anstrebenden Gesellschaften kann durch einen oder mehrere unabhängige Sachverständige, der/die von einem Gericht oder einer Verwaltungsbehörde des Mitgliedstaats, dessen Recht eine der die Gründung anstrebenden Gesellschaften oder die künftige SE gemäß den nach Maßgabe der Richtlinie 78/855/EWG erlassenen einzelstaatlichen Rechtsvorschriften unterliegt, bestellt oder zugelassen ist/sind, ein schriftlicher Bericht für die Aktionäre aller Gesellschaften erstellt werden.

(5) Der Bericht muss auf besondere Bewertungsschwierigkeiten hinweisen und erklären, ob das Umtauschverhältnis der Aktien oder Anteile angemessen ist, sowie angeben, nach welchen Methoden es bestimmt worden ist und ob diese Methoden im vorliegenden Fall angemessen sind.

(6) *[1]* Die Hauptversammlung jeder der die Gründung anstrebenden Gesellschaften stimmt dem Gründungsplan für die SE zu.
[2] [1]Die Beteiligung der Arbeitnehmer in der SE wird gemäß der Richtlinie 2001/86/EG festgelegt. [2]Die Hauptversammlung jeder der die Gründung anstrebenden Gesellschaften kann sich das Recht vorbehalten, die Eintragung der SE davon abhängig zu machen, dass die geschlossene Vereinbarung von ihr ausdrücklich genehmigt wird.

(7) Dieser Artikel gilt sinngemäß auch für Gesellschaften mit beschränkter Haftung.

§ 9 SEAG Abfindungsangebot im Gründungsplan

(1) [1]Bei der Gründung einer Holding-SE nach dem Verfahren der Verordnung, die ihren Sitz im Ausland haben soll oder die ihrerseits abhängig im Sinne des § 17 des Aktiengesetzes ist, hat eine die Gründung anstrebende Aktiengesellschaft im Gründungsplan jedem Anteilsinhaber, der gegen den Zustimmungsbeschluss dieser Gesellschaft zum Gründungsplan Widerspruch zur Niederschrift erklärt, den Erwerb seiner Anteile gegen eine angemessene Barabfindung anzubieten. [2]Die Vorschriften des Aktiengesetzes über den Erwerb eigener Aktien gelten entsprechend, jedoch ist § 71 Abs. 4 Satz 2 des Aktiengesetzes insoweit nicht anzuwenden. [3]Die Bekanntmachung des Gründungsplans als Gegenstand der Beschlussfassung muss den Wortlaut dieses Angebots enthalten. [4]Die Gesellschaft hat die Kosten für eine Übertragung zu tragen. [5]§ 29 Abs. 2 des Umwandlungsgesetzes findet entsprechende Anwendung.

(2) § 7 Abs. 2 bis 7 findet entsprechende Anwendung, wobei an die Stelle der Eintragung und Bekanntmachung der Verschmelzung die Eintragung und Bekanntmachung der neu gegründeten Holding-SE tritt.

§ 10 SEAG Zustimmungsbeschluss; Negativerklärung

(1) Der Zustimmungsbeschluss gemäß Artikel 32 Abs. 6 der Verordnung bedarf einer Mehrheit, die bei einer Aktiengesellschaft mindestens drei Viertel des bei der Beschlussfassung vertretenen Grundkapitals und bei einer Gesellschaft mit beschränkter Haftung mindestens drei Viertel der abgegebenen Stimmen umfasst.

(2) Bei der Anmeldung der Holding-SE haben ihre Vertretungsorgane zu erklären, dass eine Klage gegen die Wirksamkeit der Zustimmungsbeschlüsse gemäß Artikel 32 Abs. 6 der Verordnung nicht oder nicht fristgemäß erhoben oder eine solche Klage rechtskräftig abgewiesen oder zurückgenommen worden ist.

Schrifttum: *Brandes,* Cross Border Merger mittels der SE, AG 2005, 177; *Brandt,* Der Diskussionsentwurf zu einem SE-Ausführungsgesetz, DStR 2003, 1208; *Brandt,* Überlegungen zu einem SE-Ausführungsgesetz, NZG 2002, 991; *Casper,* Der Lückenschluss im Statut der Europäischen Aktiengesellschaft, FS Ulmer, 2003, 51; *Eidenmüller/Engert/Hornuf,* Die Societas Europaea: Empirische Bestandsaufnahme und Entwicklungslinien einer neuen Rechtsform, AG 2008, 721; *Förster/Lange,* Steuerliche Aspekte der Gründung einer Europäischen Aktiengesellschaft (SE), DB 2002, 288; *Heckschen,* Die Europäische AG aus notarieller Sicht, DNotZ 2003, 251; *Hommelhoff,* Gesellschaftsrechtliche Fragen im Entwurf eines SE-Statuts, AG 1990, 422; *Hommelhoff,* Einige Bemerkungen zur Organisationsverfassung der Europäischen Aktiengesellschaft, AG 2001, 279; *Ihrig/Wagner,* Diskussionsentwurf für ein SE-Ausführungsgesetz, AG 2002, 969; *Ihrig/Wagner,* Das Gesetz zur Einführung der Europäischen Gesellschaft (SEEG) auf der Zielgeraden, BB 2004, 1749; *Kallmeyer,* Europa-AG: Strategische Optionen für deutsche Unternehmen, AG 2003, 197; *Kalss,* Der Minderheitenschutz bei Gründung und Sitzverlegung der SE nach dem Diskussionsentwurf, ZGR 2003, 593; *Kersting,* Societas Europaea: Gründung und Vorgesellschaft, DB 2001, 2079; *Kiem,* Erfahrungen und Reformbedarf bei der SE – Entwicklungsstand, ZHR 173 (2009), 156; *Kloster,* Societas Europaea und europäische Unternehmenszusammenschlüsse, EuZW 2003, 293; *Kübler,* Barabfindung bei Gründung einer Europa-AG, ZHR 167 (2003), 627; *Lächler,* Das Konzernrecht der Europäischen Gesellschaft (SE), 2007; *Neye/Teichmann,* Der Entwurf für das Ausführungsgesetz zur Europäischen Aktiengesellschaft, AG 2003, 169; *Oplustil,* Selected problems concerning formation of a holding SE (societas europaea), German Law Journal, Vol. 4/2 (Febr. 2003) Nr. 18, 107; *Raiser,* Die Europäische Aktiengesellschaft und die nationalen Aktiengesetze, FS Semler, 1993, 277; *Schäfer,* Das Gesellschaftsrecht (weiter) auf dem Weg nach Europa – am Beispiel der SE-Gründung, NZG 2004, 785; *Scheifele,* Die Gründung der Europäischen Aktiengesellschaft, 2004; *Schindler,* Die Europäische Aktiengesellschaft, Gesellschafts- und steuerrechtliche Aspekte, 2002; *J. Schmidt,* „Deutsche" vs. „britische" SE, 2006; *Schulz/Petersen,* Die Europa-AG: Steuerlicher Handlungsbedarf bei Gründung und Sitzverlegung, DStR 2002, 1508; *Schwarz,* Zum Statut der Europäischen Aktiengesellschaft – Die wichtigsten Neuerungen und Änderungen der Verordnung, ZIP 2001, 1847; *Stöber,* Die Gründung einer Holding-SE, AG 2013, 110; *Teichmann,* ECLR, Die Einführung der Europäischen Aktiengesellschaft, ZGR 2002, 383; *Teichmann,* ECLR, Minderheitenschutz bei Gründung und Sitzverlegung der SE, ZGR 2003, 367; *Teichmann,* Austrittsrecht und Pflichtangebot bei Gründung einer Europäischen Aktiengesellschaft, AG 2004, 67; *Thoma/Leuering,* Die Europäische Aktiengesellschaft – Societas Europaea, NJW 2002, 1449; *Trojan-Limmer,* Die Geänderten Vorschläge für ein Statut der Europäischen Aktiengesellschaft (SE), RIW 1991, 1010; *Vossius,* Gründung und Umwandlung der deutschen Europäischen Gesellschaft (SE), ZIP 2005, 741; *Waclawik,* Der Referentenentwurf des Gesetzes zur Einführung der Europäischen (Aktien-)Gesellschaft, DB 2004, 1191.

Übersicht

	Rn.		Rn.
I. Einleitung	1–7	3. Inhalt und Normzweck des Art. 32	5
1. Begriff der Holding-Gründung; anwendbares Recht	1–3	4. Anwendbarkeit des WpÜG	6
		5. Besteuerung der Holding-Gründung	7
2. Ablauf des Gründungsverfahrens im Überblick	4	**II. Gründungsvoraussetzungen (Abs. 1)**	8

	Rn.		Rn.
III. Gründungsverfahren im Einzelnen (Abs. 2–6)	9–35	a) Bestellung des Prüfers	27
		b) Inhalt der Prüfung	28
1. Gründungsplan (Abs. 2)	9–23	c) Prüfungsbericht	29
a) Allgemeines; Rechtsnatur	9, 10	d) Zeitpunkt der Bereitstellung des Berichts	30
b) Mindestangaben (Abs. 2 S. 3)	11–15		
c) Einbringungsquote	16	e) Rechtsfolgen eines fehlenden Testats	31
d) Gründungsbericht	17, 18	4. Zustimmung der Hauptversammlung (Abs. 6)	32–35
e) Abfindungsangebot (§ 9 SEAG)	19–21		
f) Fakultativer Inhalt	22	a) Der Gründungsbeschluss (UAbs. 1)	32–34
g) Form des Gründungsplans	23	b) Der Zustimmungsvorbehalt (UAbs. 2 S. 2)	35
2. Offenlegung des Plans (Abs. 3)	24–26		
3. Prüfung durch Sachverständige (Abs. 4, 5)	27–31	IV. Weitere aktienrechtliche Gründungsvoraussetzungen	36–38

I. Einleitung

1. Begriff der Holding-Gründung; anwendbares Recht. Die Holding-Gründung ist die zweite der von Art. 2 unter der Voraussetzung der Mehrstaatlichkeit zugelassenen Gründungsformen; außer Aktiengesellschaften können sich an ihr **auch Gesellschaften mbH** beteiligen (Abs. 7). Die Holding-Gründung hat bislang keinerlei praktische Bedeutung erlangt, weil sie für den Zusammenschluss börsennotierter Unternehmen konzipiert war, sich aber kaum mit den Gesetzmäßigkeiten der Kapitalmärkte verträgt.[1] Die Holding-Gründung vollzieht sich nicht, wie die Verschmelzung, im Wege der Universalsukzession, sondern als **Sachgründung gegen Anteilstausch.** Nicht etwa die „die Gründung anstrebenden Gesellschaften" (Abs. 1 UAbs. 2), sondern ausschließlich deren Gesellschafter werden nämlich Aktionäre der SE, sofern sie ihre Anteile tauschen (Art. 33 Abs. 1). Gleichwohl sind allein die Gesellschaften selbst, nicht etwa ihre Gesellschafter **als Gründer** anzusehen.[2] Die Gründungsgesellschaften erlöschen nicht, wenn die SE entsteht, sondern bleiben als deren Töchter, ggf. also als Einpersonengesellschaften, erhalten (Art. 32 **Abs. 1 UAbs. 2**).[3] Wegen der Grundlagen und des allgemeinen Tatbestands der Holding-Gründung → Art. 2 Rn. 29 ff. **Art. 32–34** regeln das Gründungsverfahren und füllen auf diese Weise den in Art. 2 Abs. 2 verwendeten Begriff der „Gründung einer Holding-SE" aus.

Ergänzend gilt gem. **Art. 15 Abs. 1** das auf Aktiengesellschaften anwendbare Gesellschaftsrecht am Sitzstaat der Holding-SE, namentlich also das **Recht der Sachgründung**.[4] Demgegenüber ist **Art. 9** auf das Gründungsverfahren noch **nicht** anwendbar (→ Art. 9 Rn. 16). Die aus Art. 15 Abs. 1 folgende Verweisung ist für die Holding-Gründung zum einen besonders bedeutsam, weil sich die VO in ihrer aktuellen Fassung[5] auf wesentliche Kernpunkte beschränkt, wie der Vergleich mit der viel ausführlicher geregelten Verschmelzungsgründung klar erkennen lässt. Diese Zurückhaltung ist freilich nicht unproblematisch, zumal viele Rechtsordnungen, namentlich auch die deutsche, keine spezifischen Regeln

---

[1] *Kiem* ZHR 173 (2009), 156 (160 f.); bestätigt wird die mangelnde Attraktivität durch die von *Eidenmüller/Engert/Hornuf* AG 2008, 721 (729) erhobenen Daten.

[2] Vgl. Lutter/Hommelhoff/Teichmann/*Bayer* Rn. 11; *Bayer* in Lutter/Hommelhoff EU-Gesellschaft 25, 54; *Kleindiek* in Lutter/Hommelhoff EU-Gesellschaft 95, 98; *Neun* in Theisen/Wenz SE 166 f.; *Neye/Teichmann* AG 2003, 169 (174 f.); Kalss/Hügel/*Hügel* SEG §§ 25, 26 Rn. 37; *Schäfer* NZG 2004, 785 (791) in Bezug auf die Gründerhaftung in der Vor-SE; *Scheifele*, Die Gründung der SE, 2004, 307 f.; *J. Schmidt*, „Deutsche" vs. „Britische" SE, 2006, 312; *Schwarz* Vor Art. 32–34 Rn. 19; aA (wohl) *Thoma/Leuering* NJW 2002, 1449 (1453); *Kersting* DB 2001, 2079 (2083 f.) in Bezug auf die Gründerhaftung in der Vor-SE. Der Forderung des DAV-Handelsrechtsausschusses NZG 2004, 75 (78) nach einer klarstellenden Regelung im SEAG ist der Gesetzgeber nicht nachgekommen.

[3] Eine konstitutive Bedeutung hätte diese Vorschrift allenfalls für den Fall, dass das auf die Gründungsgesellschaft anwendbare Recht *keine* Einpersonengesellschaften kennt. Bei deutschen Gründungsgesellschaften ist dies wegen § 2 AktG bzw. § 1 GmbHG indes unproblematisch.

[4] Hierbei zeichnet sich als besonderes Problem die Anwendbarkeit des § 71a Abs. 2 AktG für die Phase des Anteilstausches gem. Art. 33 Abs. 2 ab; → Art. 33 Rn. 13.

[5] Die SE-VO-Vorschläge 1989 und 1991 arbeiteten noch mit zahlreichen Verweisen auf das Verschmelzungsrecht, vgl. zur Entstehungsgeschichte etwa *Teichmann* ZGR 2003, 367 (388 f.) mwN.

für die Gründung einer Holdinggesellschaft bereithalten,[6] sodass die Lückenfüllung mit Hilfe des Art. 15 auf gewisse Grenzen stößt.

Zum anderen ist die Vorschrift von vornherein ungeeignet, das auf die bei **den Grün- 3 dungsgesellschaften** zu vollziehende Phase der Gründung anwendbare Recht zu bestimmen, namentlich also für die Phase bis zur Beschlussfassung gem. Art. 32 Abs. 6 (→ Rn. 4). Denn bei Anwendung des Art. 15 Abs. 1 müsste eine deutsche Gründungsgesellschaft die Anteilseignerversammlung unter Umständen nach dem Recht des ausländischen Sitzstaats der SE einberufen, was offenbar unsinnig wäre.[7] Für die Verschmelzungsgründung ist denn auch eindeutig, dass sich Art. 15 Abs. 1 nur auf den sich unmittelbar auf die SE beziehenden Verfahrensabschnitt bezieht (→ Art. 15 Rn. 7), weil Art. 18 für das Verfahren bei den Gründungsgesellschaften auf deren jeweiliges Gesellschaftsstatut verweist. Eine Verweisungsnorm nach Art des Art. 18 fehlt indes für die Holding-Gründung,[8] sodass unklar ist, nach welchen Regeln die beschließende Hauptversammlung vorzubereiten ist und die Gesellschafter zu informieren sind.[9] Der hieraus abgeleiteten Forderung[10] nach umfassender Regelung im Ausführungsgesetz hat der deutsche Gesetzgeber allerdings nicht entsprochen; sie wäre mangels expliziter Ermächtigung auch nicht ohne weiteres zu erfüllen gewesen.[11] Vielmehr hat er sich darauf beschränkt, die Ermächtigungsgrundlage des Art. 34 durch die **§§ 9, 11 SEAG** auszufüllen, das von Abs. 6 offengelassene Mehrheitserfordernis durch **§ 10 SEAG** zu konkretisieren sowie die Pflicht zur Abgabe einer Negativerklärung entsprechend § 16 Abs. 2 UmwG vorzusehen (→ Rn. 19 ff. zu § 9 SEAG). Folglich stellt die Ausfüllung der **Lücken** den Rechtsanwender bei der Holding-Gründung vor besondere Probleme (→ Rn. 12 f.). Im Ausgangspunkt hat sie indes auf der Ebene des europäischen Rechts zu erfolgen (→ Art. 9 Rn. 12): Insofern spricht vieles für eine **analoge Anwendung des Art. 18**,[12] der auf das Gesellschaftsstatut der einzelnen Gründungsgesellschaften verweist. Das Problem einer fehlenden Referenzregelung für die Holding-Gründung in den Mitgliedstaaten ist damit freilich noch nicht gelöst. – Wegen der Anwendbarkeit deutschen Kapitalmarkt- und Steuerrechts → Rn. 6 f.

2. Ablauf des Gründungsverfahrens im Überblick. Das unverkennbar an der Ver- 4 schmelzung orientierte Gründungsverfahren ist dreigliedrig aufgebaut:[13] Die Leitungs- oder Verwaltungsorgane haben zuerst einen **Gründungsplan** mit Gründungsbericht zu erstellen (Abs. 2), der offen zu legen (Abs. 3) und zu prüfen (Abs. 4, 5) ist und dem die Hauptversammlungen der Gründungsgesellschaften sodann zustimmen müssen (Abs. 6). Zur Vermeidung eines besonderen Zustimmungsbeschlusses über das nach der Beteiligungs-RL ausgehandelte Modell der Arbeitnehmerbeteiligung (Abs. 7 → Rn. 35) erscheint ein Abschluss dieses Verfahrens vor dem Zustimmungsbeschluss gem. Abs. 6 empfehlenswert. Mit der Zustimmung zum Gründungsplan, der die Satzung der SE beinhaltet (→ Rn. 14), ist diese gegründet, entsteht also als **Vor-SE** (allgemein → Art. 16 Rn. 4, → Rn. 9, → Rn. 32). An die Annahme des Gründungsplans schließt sich als zweiter Abschnitt eine dreimonatige

---

[6] Vgl. etwa *Heckschen* DNotZ 2003, 251 (260), der die Holding-Gründung als „verschmelzende Ausgliederung" beschreibt.
[7] Zutr. *Teichmann* ZGR 2003, 367 (388).
[8] S. *Teichmann* ZGR 2003, 367 (389): Redaktionsversehen.
[9] S. nur *Teichmann* ZGR 2002, 383 (435 ff.).
[10] *Brandt* NZG 2002, 991 (995); DAV-Handelsrechtsausschuss NZG 2004, 75 ff.
[11] Zutr. *Scheifele*, Die Gründung der SE, 2004, 46; ebenso auch *Schwarz* Vor Art. 32–34 Rn. 9; zust. Lutter/Hommelhoff/Teichmann/*Bayer* Rn. 9.
[12] Dafür auch Lutter/Hommelhoff/Teichmann/*Bayer* Art. 18 Rn. 2, Art. 32 Rn. 7; Kölner Komm AktG/ *Paefgen* Rn. 10; *J. Schmidt*, „Deutsche" vs. „Britische" SE, 2006, 272 f.; *Scheifele*, Die Gründung der SE, 2004, 311; BeckOGK/*Eberspächer* Rn. 4; Habersack/Drinhausen/*Scholz* Rn. 10; ähnlich *Schwarz* Vor Art. 32–34 Rn. 11, der allerdings von einer „doppelten Analogie" ausgeht; demgegenüber will *Teichmann* ZGR 2002, 383 (434) auf allgemeine, für Strukturänderungen geltende und aus der Dritten RL 78/855/EWG (jetzt: GesR-RL) bzw. Sechsten RL 82/891/EWG (jetzt: GesR-RL) abgeleiteten Grundsätze zurückgreifen. Vgl. → Rn. 12 f.
[13] Vgl. auch den „Fahrplan" bei *Vossius* ZIP 2005, 741 (745 f.); ferner nur Habersack/Drinhausen/*Scholz* Rn. 5.

Umtauschphase, innerhalb derer die Gesellschafter ihre Anteile an den gründenden Gesellschaften in die Holding-SE, genauer Vor-SE, einbringen können (Art. 33 Abs. 1). Das Gründungsverfahren kann erst fortgesetzt werden, wenn die im Gründungsplan festgelegte Mindestquote umzutauschender Anteile von wenigstens 50% der Stimmrechte erreicht ist (Art. 33 Abs. 2). Das Erreichen des Quorums ist gem. Art. 33 Abs. 3 anzumelden und vom Registergericht bekannt zu machen. Hieran schließt sich als dritter Abschnitt die **Gründungsphase der SE ieS an,** bestehend aus der Konstituierung ihrer Organe entsprechend den für Aktiengesellschaften geltenden Regeln, ferner aus Gründungsprüfung, Registeranmeldung, Eintragung und Bekanntmachung sowie schließlich aus dem Vollzug des Anteilstausches gem. Art. 33 Abs. 4, ggf. auch noch aus besonderen Kapitalmaßnahmen zur Bedienung von „Nachzüglern" (→ Art. 33 Rn. 22).

5 **3. Inhalt und Normzweck des Art. 32.** Art. 32 enthält Regelungen für die erste, den **Gründungsplan** betreffende Phase der Holding-Gründung, namentlich dessen Inhalt, Offenlegung und Prüfung sowie für den Zustimmungsbeschluss. Es handelt sich also um den bei den einzelnen Gründungsgesellschaften zu vollziehenden Verfahrensabschnitt (→ Rn. 4). Die Regelung **orientiert** sich ganz auffällig an der **Verschmelzungsgründung:** Das zeigt schon das – für die Holding-Gründung als Sachgründung (→ Rn. 1) prima vista überraschende – Erfordernis eines zustimmungsbedürftigen Gründungsplans, zumal auf der Ebene der Gründungsgesellschaften keine unmittelbar strukturändernden Wirkungen eintreten (Abs. 1 UAbs. 2). Wegen des Inhalts des Plans verweist **Abs. 2** zudem explizit auf Art. 20. Die Vorschriften zu Offenlegung **(Abs. 3)** und Prüfung **(Abs. 4, 5)** sind an Art. 21, 22 angelehnt. Das Zustimmungserfordernis in **Abs. 6** ist schließlich Art. 23 nachgebildet. Art. 32 verfolgt daher grosso modo die gleichen Zwecke wie die jeweilige Referenznorm (→ Art. 20 Rn. 1; → Art. 21 Rn. 1; → Art. 22 Rn. 1; → Art. 23 Rn. 1–3). Nachdem allerdings der zunächst geplante Zwangsumtausch der Anteile[14] keinen Eingang in die geltende Fassung der SE-VO gefunden hat, mag man an der zu Grunde liegenden Bewertung der Interessenlage zweifeln.[15] Als auch rechtspolitisch gut begründbarer Zweck lässt sich indes derjenige eines besonderen **Konzerneingangsschutzes** durch weitreichende Informations- und Mitwirkungsrechte konstatieren, zumal durch die Holding-Gründung eine Konzernstruktur mit der SE als Muttergesellschaft geschaffen wird (→ Rn. 1). Ergänzt wird dieser Schutz durch die Ausführungsbestimmungen zu **Art. 34,** auf dessen Grundlage der Verschmelzungsplan einer deutschen Gründungsgesellschaft gem. **§ 9 SEAG** ein **Abfindungsangebot** enthalten muss, wenn die SE ihren Sitz im Ausland haben soll (näher → Rn. 19 ff.), sowie durch **§ 11 SEAG,** der die Möglichkeit einer **Verbesserung des Umtauschverhältnisses** vorsieht (→ Art. 34 Rn. 6). Die Vorschriften gehen dem durch das **nationale Konzernrecht** den Gründungsgesellschaften gewährten Eingangsschutz vor.[16] – Näher zum Inhalt der einzelnen Bestimmungen → Art. 34 Rn. 5 f.

6 **4. Anwendbarkeit des WpÜG.** Weil die Holding-Gründung zur Konzernbildung führt (→ Rn. 5), weist sie einen besonderen Bezug zum Übernahmerecht auf, sofern eine deutsche börsennotierte AG als Gründungsgesellschaft beteiligt ist. Zwar beinhaltet nicht schon die Gründung als solche ein öffentliches Übernahmeangebot, doch erreicht die SE wegen Art. 32 Abs. 2 S. 4 die Kontrollschwelle des § 29 Abs. 2 S. 1 WpÜG, sodass im Prinzip ein **Pflichtangebot** nach § 35 WpÜG zu unterbreiten ist.[17] Näher zum Ganzen → Art. 2 Rn. 20 ff.

---

[14] S. Art. 30 ff. SE-VO-Vorschlag 1975 nebst Begr., 201.
[15] Krit. namentlich zum Erfordernis eines HV-Beschlusses *Thoma/Leuering* NJW 2002, 1449 (1453).
[16] Vgl. allg. zur Anwendbarkeit nationalen Konzernrechts auf die SE → Art. 9 Rn. 4; näher → Anh. Konzernrecht Rn. 9 f.; ferner *Lächler,* Das Konzernrecht der SE, 2007, 78 ff.
[17] So auch Lutter/Hommelhoff/Teichmann/*Bayer* Rn. 19; *Bayer* in Lutter/Hommelhoff EU-Gesellschaft 25, 55 ff.; *J. Schmidt,* „Deutsche" vs. „Britische" SE, 2006, 328 f.; *Schwarz* Rn. 17; *Stöber* AG 2013, 110 (119 f.); BeckOGK/*Eberspächer* Rn. 6; *Teichmann* AG 2004, 67 (78 ff.); aA *Ihrig/Wagner* BB 2003, 969 (973); vgl. auch *Ihrig/Wagner* BB 2004, 2004 (1749), 1753; *Vetter* in Lutter/Hommelhoff EU-Gesellschaft 111, 162; Habersack/Drinhausen/*Scholz* Rn. 25.

5. Besteuerung der Holding-Gründung. Die Frage, ob eine steuerneutrale Einbringung der Anteile in die Holding-SE möglich ist, richtet sich nach dem auf die Gründungsgesellschaft anwendbaren nationalen Steuerrecht, zumal die SE-VO keinerlei Regelungen enthält. Es kommt wegen des tauschähnlichen Vorgangs daher darauf an, ob die Voraussetzungen von §§ 21, 22 UmwStG erfüllt werden.[18]

II. Gründungsvoraussetzungen (Abs. 1)

Die Gründung einer Holding-SE unterliegt, wie die anderen primären Gründungsformen, den einschränkenden Voraussetzungen des Art. 2, namentlich in Bezug auf Gründer und Mehrstaatlichkeit. Die Gründungsgesellschaften müssen nach dem Recht eines Mitgliedstaats gegründet sein sowie Sitz und Hauptverwaltung in der Gemeinschaft haben (Art. 2 Abs. 2). Anders als bei der Verschmelzungsgründung kann sich auf deutscher Seite neben der **AG** bzw. **KGaA** auch eine **GmbH** an der Holding-Gründung beteiligen, Art. 2 Abs. 2 iVm Anh. I, Art. 32 Abs. 7. Das Erfordernis der **Mehrstaatlichkeit** ist gem. Art. 2 Abs. 2 entweder erfüllt, wenn mindestens zwei der beteiligten Gesellschaften dem Recht verschiedener Mitgliedstaaten unterliegen **(lit. a;** → Art. 2 Rn. 32), oder wenn zwei der Gesellschaften seit mindestens **zwei Jahren** eine ausländische Tochter (zum Begriff → Art. 2 Rn. 33) oder Zweigniederlassung (→ Art. 2 Rn. 35) haben **(lit. b;** → Art. 2 Rn. 33 ff.). Grundsätzlich muss *jede* der beiden Gründungsgesellschaften derselben Nationalität eine ausländische Tochter bzw. Zweigniederlassung haben.[19] Ausnahmsweise, nämlich bei gemeinsamer Beherrschung, kann es sich aber auch um eine **gemeinsame Tochter** handeln (→ Art. 2 Rn. 37). – Zur Problematik der Umgehung von Mehrstaatlichkeit bzw. Zweijahresfrist → Art. 2 Rn. 11; → Art. 2 Rn. 13; → Art. 2 Rn. 38.

III. Gründungsverfahren im Einzelnen (Abs. 2–6)

1. Gründungsplan (Abs. 2). a) Allgemeines; Rechtsnatur. Der von den Leitungs- bzw. Verwaltungsorganen der beteiligten Gründungsgesellschaften zu erstellende „gleich lautende" Gründungsplan enthält drei Komponenten: die dem Verschmelzungsplan entlehnten Mindestangaben gem. Art. 20 Abs. 1 lit. a–c, f–i, die Mindestquote in die Holding einzubringender Anteile sowie den integrierten Gründungsbericht. Er bildet damit die Grundlage für das gesamte Gründungsverfahren, dient der Information der Gesellschafter und ist auch Gegenstand des Hauptversammlungsbeschlusses nach Abs. 6 (→ Rn. 32 ff.). Der Gründungsplan ist gem. Abs. 3 mindestens einen Monat vor der Beschlussfassung durch die Hauptversammlung offen zu legen (→ Rn. 24).

Auch wenn der Gründungsplan nicht unmittelbar auf strukturändernde Wirkungen der Gründungsgesellschaften gerichtet ist (→ Rn. 5), ist an seinem **organisationsrechtlichen Charakter** nicht zu zweifeln.[20] Denn er zielt nicht nur auf Konzernbildung, vielmehr enthält er auch die Gründungsdokumente der SE, namentlich deren Satzung (Abs. 2 S. 3 iVm Art. 20 Abs. 1 lit. h). **Schuldrechtliche** Wirkungen kommen dem Gründungsplan ebenso wenig zu wie dem Verschmelzungsplan (→ Art. 20 Rn. 8 f.), insbesondere begründet er als solcher weder wechselseitige Pflichten unter den Gründungsgesellschaften, noch bindet er die Gesellschafter, und zwar auch nicht nach deren Zustimmung gem. Abs. 6 (→ Rn. 32 ff.). Andererseits steht nichts entgegen, dass sich die Gründungsgesellschaften in einer **zusätzlichen Vereinbarung** verpflichten, das ihnen Mögliche zur Durchführung der Gründung zu tun und sich in diesem Sinne gegenseitig

---

[18] Näher dazu *Förster/Lange* DB 2002, 288 (292); *Schulz/Petersen* DStR 2002, 1508 (1512 ff.).
[19] So auch *Teichmann* ZGR 2002, 383 (411); *Schwarz* ZIP 2001, 1847 (1850); *Schindler*, Die Europäische Aktiengesellschaft, 2002, 33; *Neun* in Theisen/Wenz SE 67; Kalss/Hügel/*Hügel* SEAG Vor § 17 Rn. 14 ff.; aA *Hommelhoff* AG 2001, 279 (281), Fn. 15; wohl auch *Kallmeyer* AG 2003, 197 (199) und 223.
[20] So auch Lutter/Hommelhoff/Teichmann/*Bayer* Rn. 21; Habersack/Drinhausen/*Scholz* Rn. 35; *Schwarz* Rn. 8; BeckOGK/*Eberspächer* Rn. 8; Kölner Komm AktG/*Paefgen* Rn. 33.

zu binden (→ Art. 20 Rn. 9).[21] Abweichend von der Situation bei der Verschmelzungsgründung steht diese Bindung allerdings unter dem Vorbehalt eines ausreichenden Anteilstausches (Art. 33 Abs. 2). Für die Erfüllung dieser zusätzlichen Bedingung übernehmen die Gründungsgesellschaften im Zweifel ebenso wenig eine Haftung wie für das Erreichen eines ausreichenden Beschlussquorums.

11 b) **Mindestangaben (Abs. 2 S. 3).** Wegen des Mindestinhalts verweist Abs. 2 S. 3 auf Art. 20 Abs. 1. **Ausgenommen** sind lediglich die Angaben gem. lit. d (Zeitpunkt der Gewinnberechtigung) und lit. e (Verschmelzungsstichtag). Beides erübrigt sich bei der Holding-Gründung mit Selbstverständlichkeit; denn die Gründungsgesellschaften erlöschen hier nicht liquidationslos unter gleichzeitigem Übergang ihres Vermögens auf die SE; vielmehr bleiben sie samt ihrem Vermögen erhalten (Abs. 1 S. 2; → Rn. 1).[22] Auf Grund der Verweisung muss der Gründungsplan zunächst Angaben zu **Firma und Sitz** der Gründungsgesellschaften und der SE enthalten (Art. 20 Abs. 1 **lit. a**); abweichend von der Rechtslage bei der Verschmelzung durch Aufnahme (→ Art. 20 Rn. 13) braucht der **Sitz der SE** bei der Holding-Gründung nicht notwendigerweise in einem der Mitgliedstaaten zu liegen, in dem die Gründungsgesellschaften ihren Sitz haben; denn mit der Holding-Gründung verbindet sich, weil die SE neu entsteht, keine Sitzverlegung. Auch der Wortlaut von Abs. 4 S. 2 („… oder die künftige SE …") spricht für diese Möglichkeit.[23] Im Übrigen kann auf → Art. 20 Rn. 13 ff. verwiesen werden. Hierbei sind aber für die Holding-Gründung folgende **Besonderheiten** zu beachten:

12 Nach Art. 20 Abs. 1 **lit. b** ist außer dem Umtauschverhältnis auch die **Höhe der Ausgleichsleistung** anzugeben (→ Art. 20 Rn. 14). Über Art und Umfang dieser Ausgleichsleistung sagt die VO nichts; aus der Verweisung des Art. 18 auf § 68 Abs. 3 UmwG ergibt sich für die Verschmelzung aber, dass bei einer deutschen Gründungsgesellschaft nur eine **bare Zuzahlung** in Betracht kommt, die insgesamt 10% des Anteils der deutschen Gründungsgesellschaft am Kapital der SE nicht übersteigen darf (→ Art. 20 Rn. 14). Zwar fehlt für die Holding-Gründung eine äquivalente Verweisungsnorm, doch ist die Lücke durch eine **Analogie zu Art. 18** zu schließen (→ Rn. 3).[24] Steht damit fest, dass das Gesellschaftsstatut der Gründungsgesellschaft über die Frage entscheidet, so bleibt zu klären, wie auf den Normmangel des deutschen Umwandlungsrechts in Bezug auf die Holding-Gründung zu reagieren ist. Unabhängig davon, wie diese Problematik im Allgemeinen zu bewältigen ist, sprechen jedenfalls für die Ausgleichszahlung die besseren Gründe für eine **analoge Anwendung des § 68 Abs. 3 UmwG**; denn die VO selbst gibt durch ihren Verweis auf Art. 20 Abs. 1 lit. b zu erkennen, dass sie die Lage von Verschmelzungs- und Holding-Gründung als vergleichbar einstuft.[25] Und in der Tat passt der auf Verhinderung eines „Herauskaufens" gerichtete Normzweck des § 68 Abs. 3 UmwG auch auf die Holding-Gründung, die gleichfalls mit einem Anteilstausch verbunden ist. Überdies kommt nach § 11 SEAG für die Verbesserung des Umtauschverhältnisses – wie gem. § 6 Abs. 4 SEAG bei der Verschmelzung – ausschließlich eine bare Zuzahlung in Betracht.

13 Art. 20 Abs. 1 **lit. c** verlangt die Angabe der **Einzelheiten hinsichtlich der Übertragung der Aktien** (→ Art. 20 Rn. 16). Der Gründungsplan hat demnach zu bestimmen, auf welche Weise die Gesellschafter zu Aktionären der Holding-SE werden sollen, zumal sich der Anteilstausch, anders als bei der Verschmelzung (Art. 29 lit. b), nicht kraft Gesetzes

---

[21] S. auch Habersack/Drinhausen/*Scholz* Rn. 36 mit dem zutr. Hinweis, dass Verpflichtungen, die auf Zustimmung der Anteilseigner oder auf die Erreichung einer Mindestschwelle gerichtet sind, nicht wirksam begründet werden können, da anderenfalls in die Kompetenz der Anteilseigner eingegriffen würde.

[22] Vgl. auch Lutter/Hommelhoff/Teichmann/*Bayer* Rn. 24; *J. Schmidt*, „Deutsche" vs. „Britische" SE, 2006, 276; *Neun* in Theisen/Wenz SE 144, Fn. 1; Kalss/Hügel/*Hügel* SEG §§ 25, 26 Rn. 10.

[23] So auch Lutter/Hommelhoff/Teichmann/*Bayer* Rn. 25; *Scheifele*, Die Gründung der SE, 2004, 313 Fn. 50; *Schwarz* Rn. 12 Fn. 12.

[24] So auch *Scheifele*, Die Gründung der SE, 2004, 314; *Schwarz* Rn. 14; abw. Lutter/Hommelhoff/Teichmann/*Bayer* Rn. 26; *J. Schmidt*, „Deutsche" vs. „Britische" SE, 2006, 276.

[25] Wie hier *Scheifele*, Die Gründung der SE, 2004, 314; *Schwarz* Rn. 14; Habersack/Drinhausen/*Scholz* Rn. 52; anders *Neun* in Theisen/Wenz SE 145.

vollzieht.²⁶ Vielmehr bestimmt Art. 33 Abs. 4 lediglich, dass die Gesellschafter, sofern sie ihre Anteile in die Holding-SE einbringen, Aktien der SE erhalten, und zwar gem. dem im Gründungsplan genannten Umtauschverhältnis (→ Art. 20 Rn. 15). Immerhin steht fest, dass das **Einbringungsverfahren** in zwei Stufen abläuft, deren erste in der Mitteilung gem. Art. 33 Abs. 1 besteht und an die sich der eigentliche Einbringungsvorgang (Art. 33 Abs. 2) anschließt. Über dieses Verfahren (→ Art. 33 Rn. 8 ff.) ist allemal im Gründungsplan zu berichten. Bei der Verschmelzung gehört zu den Einzelheiten des Aktienerwerbs gem. § 71 UmwG iVm Art. 18 auch die Bestellung eines **Treuhänders,** der die zu gewährenden Aktien und Zuzahlungen in Empfang nimmt. Wiederum stellt sich im Rahmen des Verweises auf das Recht der Gründungsgesellschaft (Art. 18 analog; → Rn. 3) die Frage, ob diese verschmelzungsrechtliche Vorschrift auf die Holding-Gründung entsprechend anwendbar ist.²⁷ Indes dient § 71 AktG vor allem dem Schutz der Aktionäre vor der Gefahr, ihre Aktien am übertragenden Rechtsträger zu verlieren, ohne neuen Aktien erhalten zu haben.²⁸ Diese Gefahr ist aber bei der Holding-Gründung signifikant geringer als bei der Verschmelzung. Denn die Anteile an den Gründungsgesellschaften werden durch die Holding-Gründung nicht berührt; vielmehr steht es den Aktionären der Gründungsgesellschaften frei, ob sie ihre Anteile Zug um Zug gegen Gewährung von Aktien der SE im Wege der Sachgründung in die SE einbringen (Art. 33 Abs. 4; → Art. 33 Rn. 2). Eine andere Frage ist, ob wegen tatsächlicher Schwierigkeiten und rechtlicher Risiken der Anteilseinbringung **freiwillig** ein (mehrseitiger) **Treuhänder** eingeschaltet wird, der die Aktien der umtauschwilligen Aktionäre treuhänderisch übernimmt und sie sodann in die Vor-SE einbringt; dies dürfte sich grundsätzlich **empfehlen**.²⁹

Nach Art. 20 Abs. 1 **lit. h** ist die **Satzung der SE** in den Plan aufzunehmen. Insofern **14** gilt zunächst das zu Art. 20 (→ Art. 20 Rn. 20) Ausgeführte sinngemäß; der Satzungsinhalt bestimmt sich bei der deutschen SE also nach § 23 AktG. Besondere Schwierigkeiten weist bei der Holding-Gründung die Festlegung des **Grundkapitals** auf (§ 23 Abs. 3 Nr. 3 AktG); denn sie bestimmt sich letztlich nach der Zahl der eingetauschten Aktien (Art. 33 Abs. 2; → Rn. 4), durch die das Grundkapital im Wege der Sacheinlage aufgebracht wird (→ Rn. 1). Folglich steht endgültig erst nach Ablauf der Nachfrist iSv Art. 33 Abs. 3 UAbs. 2 fest, in welcher Höhe das Grundkapital festzusetzen ist. Weil dem deutschen Aktienrecht ein variables Grundkapital unbekannt ist, lässt sich nicht ohne weiteres ein Mindestprozentsatz der umzutauschenden Anteile (→ Rn. 16) als Bezugsgröße wählen. Auch kann ein bedingtes Kapital nach geltendem Aktienrecht nur im Wege der Satzungsänderung geschaffen werden (§ 192 Abs. 3 AktG).³⁰ Andererseits steht nach der SE-VO fest, dass die Holding-Gründung als **Stufengründung** zulässig sein muss, obwohl das deutsche Aktienrecht die Erklärung der Aktienübernahme als zwingenden materiellen Satzungsbestandteil behandelt (§ 23 Abs. 2 AktG).³¹ Die Situation gleicht daher derjenigen einer Kapitalerhöhung (näher → Art. 33 Rn. 6, 22 f.). Die überzeugendste Lösung besteht deshalb darin, eine Kombination aus **festem Grundkapital** entsprechend der Mindesteinbringungsquote *und* einem **bedingten Kapital** zuzulassen (→ Art. 33 Rn. 22 f.).

Aus den gleichen Gründen bedarf auch die der Festlegung einer **Sacheinlage** dienende **15** Vorschrift des **§ 27 Abs. 1 AktG** der modifizierenden, verordnungskonformen Anwendung auf die Holding-Gründung. Während im Allgemeinen erforderlich ist, dass der Gegenstand

---

²⁶ Vgl. DAV-Handelsrechtsausschuss NZG 2004, 75 (79). S. auch *Lutter/Hommelhoff/Teichmann/Bayer* Rn. 27; *Schwarz* Art. 33 Rn. 31.
²⁷ Bejaht von *Scheifele*, Die Gründung der SE, 2004, 315 (Art. 18 analog), 380 f. (Art. 15 Abs. 1 analog); *Schwarz* Art. 32 Rn. 16 (iVm *Schwarz* Art. 15 Abs. 1).
²⁸ Vgl. zum Normzweck des § 71 *Lutter/Grunewald* UmwG § 71 Rn. 2; *Semler/Stengel/Diekmann* UmwG § 71 Rn. 1.
²⁹ Vgl. *Vossius* ZIP 2005, 741 (746); *Lutter/Hommelhoff/Teichmann/Bayer* Rn. 28; *Brandes* AG 2005, 177 (186); *Thoma/Leuering* NJW 2002, 383 (436).
³⁰ Vgl. DAV-Handelsrechtsausschuss NZG 2004, 75 (79), der – vergeblich – empfohlen hatte, für die SE ein bedingtes Kapital bei der Holding-Gründung schon in der Gründungssatzung zuzulassen.
³¹ Vgl. *Hüffer/Koch/Koch* AktG § 23 Rn. 16.

der Sacheinlage und die Person des Einlegers benannt werden müssen, sollte es bei der Holding-Gründung ausreichen, wenn die Satzung unter Verzicht auf die konkrete Benennung der Einleger verdeutlicht, dass die Einlage durch Anteile an den Gründungsgesellschaften gegen Gewährung von entsprechenden Aktien der SE im festgelegten Umtauschverhältnis erbracht wird.[32]

16 **c) Einbringungsquote.** Gem. Abs. 2 S. 4 muss der Gründungsplan einen über 50% der stimmberechtigten Anteile liegenden Mindestprozentsatz der Anteile an den Gründungsgesellschaften angeben. Nach Art. 33 Abs. 2 kann die SE nur eingetragen werden, wenn diese Mindesteinbringungsquote erreicht wird. Während Art. 32 Abs. 2 SE-VO-Vorschlag 1991 noch verlangte, dass 51% nicht unterschritten werden, reicht es nach der geltenden Fassung, dass **50% plus eine** der **stimmberechtigten** Aktien umgetauscht werden.[33] Auf diese Weise soll die Konzernleitungsfunktion der Holding-Gesellschaft gewährleistet werden (vgl. § 17 Abs. 2 AktG). **Stimmrechtslose Aktien** (§ 12 Abs. 1 S. 2 AktG, §§ 139 ff. AktG) können deshalb nicht zum Erreichen der Quote beitragen; Höchststimmrechte werden entsprechend ihrem Stimmgewicht berücksichtigt. Anders als Art. 31 (→ Art. 31 Rn. 3) verlangt Abs. 2 S. 4 „ständige" Stimmrechte, weshalb bei stimmrechtslosen Aktien das vorübergehende Wiederaufleben des Stimmrechts gem. § 140 Abs. 2 AktG unbeachtlich ist. Auch zählen gegenständlich beschränkte Mehrfachstimmrechte nur mit ihrem einfachen, gegenständlich unbeschränkte dagegen mit ihrem vollen Gewicht.[34] Problematisch ist ferner, ob **eigene Anteile** der Gründungsgesellschaften berücksichtigt werden können; denn das Stimmrecht ist hier gem. § 71b AktG so lange suspendiert, wie die Gesellschaft die Aktien hält, und in diesem Sinne kein ständiges. Andererseits ist es aber auch nicht ständig ausgeschlossen, sondern lebt wieder auf, sobald die Aktien auf die SE-Holding übertragen worden sind. Dieses Wiederaufleben gibt den Ausschlag; denn es gewährleistet die von Abs. 2 S. 4 bezweckte Beherrschbarkeit der Gründungsgesellschaft durch die SE. Trotz § 71b AktG können also eigene Anteile zum Erreichen der Quote beitragen.[35] – Die Festlegung einer **Höchstgrenze,** jenseits derer ein Umtausch von Anteilen nicht mehr in Betracht kommt, verträgt sich nicht mit dem zwingenden Einbringungswahlrecht der Gesellschafter gem. Art. 33 Abs. 1 und 4 und ist deshalb **unzulässig.**[36]

17 **d) Gründungsbericht.** Nach Abs. 2 S. 2 ist der Gründungsbericht **Bestandteil des Plans.** Anders als bei der Verschmelzung (→ Art. 22 Rn. 13 ff.) folgt die Berichtspflicht also nicht unmittelbar aus der VO, vielmehr ist der Bericht integrativer Bestandteil des **„gleich lautenden"** Gründungsplans. Wie beim Verschmelzungsplan bedeutet dies allerdings nicht, dass die Berichte wortidentisch oder in derselben Urkunde enthalten sein müssten (→ Art. 20 Rn. 1; → Art. 20 Rn. 3). An vielen Stellen scheidet eine wortgleiche Abfassung ohnehin aus. Sofern etwa die Auswirkungen der Holding-Gründung auf Gesellschafter und Arbeitnehmer zu erläutern sind (→ Rn. 18), müssen selbstverständlich sowohl nationale wie auch rechtsformspezifische Besonderheiten berücksichtigt werden, zumal sich nicht nur Aktiengesellschaften an der Gründung beteiligen können.[37] Wohl aber müssen die Berichte, wo dies

---

[32] Lutter/Hommelhoff/Teichmann/*Bayer* Rn. 35; *Scheifele,* Die Gründung der SE, 2004, 318; *Schwarz* Rn. 24; BeckOGK/*Eberspächer* Rn. 10 aE; *Stöber* AG 2013, 110 (117); wohl auch Habersack/Drinhausen/*Scholz* Rn. 55: „bestimmbare" Darstellung der Sacheinleger; vgl. auch DAV-Handelsrechtsausschuss NZG 2004, 75 (78).
[33] Vgl. *Schwarz* Rn. 23; *Schwarz* ZIP 2001, 1847 (1852); ferner Lutter/Hommelhoff/Teichmann/*Bayer* Rn. 38; BeckOGK/*Eberspächer* Rn. 11; Kölner Komm AktG/*Paefgen* Rn. 64; Habersack/Drinhausen/*Scholz* Rn. 58.
[34] BeckOGK/*Eberspächer* Rn. 11; *Schwarz* Rn. 22.
[35] So auch Lutter/Hommelhoff/Teichmann/*Bayer* Rn. 38; BeckOGK/*Eberspächer* Rn. 11; Habersack/Drinhausen/*Scholz* Rn. 59; *Schwarz* Rn. 22; *Oplustil* GLJ, Vol. 4 No. 2 (2003), 107 (112); *Scheifele,* Die Gründung der SE, 2004, 320.
[36] Lutter/Hommelhoff/Teichmann/*Bayer* Rn. 40; BeckOGK/*Eberspächer* Rn. 11; *Scheifele,* Die Gründung der SE, 2004, 320; *Schwarz* Rn. 25; *J. Schmidt,* „Deutsche" vs. „Britische" SE, 2006, 282.
[37] Für Identität der Pläne und Berichte hingegen Habersack/Drinhausen/*Scholz* Rn. 40; sie ist indessen ebenso wenig notwendig wie im Falle der Verschmelzung, → Art. 20 Rn. 1; → Art. 20 Rn. 3; wie hier auch Habersack/Drinhausen/*Marsch-Barner* Art. 20 Rn. 4.

möglich ist, inhaltlich übereinstimmen (→ Art. 20 Rn. 1).[38] Auch die Gründungsberichte können deshalb in getrennten Schriftstücken enthalten sein, und zwar – naturgemäß – sowohl voneinander getrennt wie auch vom Gründungsplan.[39] Für einen solchen separaten Bericht ist **Schriftform ausreichend** (zur notariellen Beurkundung des Plans → Rn. 23).[40] Allerdings unterliegt der Bericht auch als gesondertes Dokument der **Offenlegungs- und Prüfungspflicht gem. Abs. 3–5** (→ Rn. 24 f., → Rn. 27 ff.); insoweit besteht ein Unterschied zum Verschmelzungsbericht gem. § 8 UmwG, der lediglich vor der Beschlussfassung auszulegen ist (§ 63 Abs. 1 Nr. 4 UmwG), nicht aber der Eintragung und Veröffentlichung im Bundesanzeiger bedarf, wie es nach Abs. 3 der Fall ist (→ Rn. 24). Für die Praxis wird sich daher die Aufnahme in ein eigenes Dokument regelmäßig nicht anbieten. – Zum Verhältnis zum Gründungsbericht nach § 32 AktG → Rn. 37. Der Gründungsbericht ist ausnahmsweise **entbehrlich,** wenn sämtliche Anteilseigner darauf in notariell beurkundeter Form (§ 8 Abs. 3 UmwG) verzichten.[41]

Was den **Inhalt** des Gründungsberichts betrifft, so beschränkt sich die SE-VO darauf, **18** das Ziel anzugeben: Der Bericht soll die Gründung aus rechtlicher und wirtschaftlicher Sicht erläutern und begründen, und er soll darlegen, welche Auswirkungen der Übergang zur Rechtsform einer SE für die Aktionäre und für die Arbeitnehmer hat (Abs. 2 S. 2). Er dient also dazu, den Aktionären die zur Vorbereitung des Zustimmungsbeschlusses notwendigen Informationen zu verschaffen.[42] Deshalb sind auch die Gründe anzugeben, die aus Sicht der beteiligten Gesellschaften für die Holding-Gründung sprechen und gegen ihre Nachteile abzuwägen.[43] Ferner ist das Einbringungswahlrecht ebenso zu erläutern wie das Einbringungsverfahren und die Bedeutung der Mindestquote. Auch der *Plan* als solcher bedarf selbstverständlich der Erläuterung.[44] Mag deshalb Abs. 2 S. 2 im Unterschied zu § 8 Abs. 1 UmwG das **Umtauschverhältnis** nicht eigens erwähnen, so erstreckt sich die Pflicht, den Plan zu erläutern und zu begründen, selbstverständlich auch hierauf. Auch muss der Bericht gem. Abs. 2 S. 2 die **Auswirkungen** der Holdinggründung für **Aktionäre und Arbeitnehmer** beschreiben. Die Darstellung der Auswirkungen auf die Arbeitnehmer der Gründungsgesellschaften ist insofern eine Besonderheit der Holding-Gründung, weil weder die SE-VO noch die GesR-RL Entsprechendes für den Verschmelzungsbericht vorsehen. Nach deutschem Umwandlungsrecht folgt dies aber für die Verschmelzung aus § 5 Abs. 1 Nr. 9 UmwG. Anzugeben sind sämtliche im Rahmen der Holding-Gründung geplanten (Rationalisierungs-)Maßnahmen, die Auswirkungen auf die Arbeitnehmerschaft zeitigen können (Umstrukturierung von Abteilungen etc; Personalabbau).[45] Für die Holding-Gründung ist durch die Berichtspflicht klar entschieden, dass auch solche **mittelbare Folgen** der Gründung darzustellen sind; denn für die Arbeitnehmer hat die Holding-Gründung, weil ihr Arbeitgeber erhalten bleibt (Abs. 1 UAbs. 2), keine unmittelbaren Konsequenzen.[46] Wohl aber sind Personalmaßnahmen die typische Folge einer Konzernierung. Wegen der Pflicht zur Offenlegung nach Abs. 3 ist im Übrigen die Zugänglichkeit der Informationen auch für die Arbeitnehmer gewährleistet. Einer **Zuleitung an den Betriebsrat** bedarf es demgegenüber **nicht;** wegen der bloß mittelbaren Auswirkungen

---

[38] So auch Lutter/Hommelhoff/Teichmann/*Bayer* Rn. 41; BeckOGK/*Eberspächer* Rn. 14.
[39] Lutter/Hommelhoff/Teichmann/*Bayer* Rn. 41; BeckOGK/*Eberspächer* Rn. 14; *Teichmann* ZGR 2002, 383 (417); *Kalss* ZGR 2003, 593 (630); aA *Scheifele,* Die Gründung der SE, 2004, 311 f.; *Schwarz* Rn. 26.
[40] Zutr. Habersack/Drinhausen/*Scholz* Rn. 39; aA wohl Lutter/Hommelhoff/Teichmann/*Bayer* Rn. 41; BeckOGK/*Eberspächer* Rn. 14.
[41] *Vossius* ZIP 2005, 741 (745); Kölner Komm AktG/*Paefgen* Rn. 75; Habersack/Drinhausen/*Scholz* Rn. 45.
[42] Lutter/Hommelhoff/Teichmann/*Bayer* Rn. 42; *Neun* in Theisen/Wenz SE 145 f.; *Schwarz* Rn. 34.
[43] *Teichmann* AG 2004, 67 (72); *Scheifele,* Die Gründung der SE, 2004, 322; *Schwarz* Rn. 29; s. auch Habersack/Drinhausen/*Scholz* Rn. 47, der Vergleich mit anderen Gestaltungsvarianten für unnötig hält; anders aber zB Kölner Komm AktG/*Paefgen* Rn. 70; *Scheifele,* Die Gründung der SE, 2004, 322.
[44] Zutr. *Scheifele,* Die Gründung der SE, 2004, 323; ebenso auch Lutter/Hommelhoff/Teichmann/*Bayer* Rn. 43; *Schwarz* Rn. 30; BeckOGK/*Eberspächer* Rn. 15.
[45] Vgl. SE-VO-Vorschlag 1975, Begr. zu Art. 30–34, 201; Kölner Komm AktG/*Paefgen* Rn. 72.
[46] So auch *Scheifele,* Die Gründung der SE, 2004, 325; *Schwarz* Rn. 33.

erscheint eine Analogie zu § 5 Abs. 3 UmwG nicht gerechtfertigt.[47] – Dass der Gründungsbericht seine Gegenstände **ausführlich** darstellen muss, ergibt sich zwar – anders als gem. Art. 95 GesR-RL – nicht ausdrücklich aus dem Wortlaut. Für inhaltliche Einschränkungen im Vergleich zur Verschmelzung, die zu einer Reduzierung führen könnten, kann der VO aber nichts entnommen werden.[48] Damit gelten die gleichen Anforderungen wie für den Verschmelzungsbericht.[49]

19 e) **Abfindungsangebot (§ 9 SEAG).** Auf der Ermächtigungsgrundlage des Art. 34 verlangt § 9 SEAG als zusätzlichen Bestandteil des Gründungsplans ein Abfindungsangebot, sofern die **SE ihren Sitz im Ausland** haben soll (→ Art. 20 Rn. 22) *oder* ihrerseits **abhängige Gesellschaft** iSv § 17 AktG ist. Im letzteren Falle, welcher der Regelung des § 305 Abs. 2 Nr. 2 AktG entspricht,[50] bewirkt der Tausch gegen Aktien der SE nach Auffassung des Gesetzgebers keinen ausreichenden Minderheitenschutz.[51] Zwar ist gegen die geltende Fassung nicht ganz zu Unrecht eingewandt worden, dass ein Austrittsrecht nicht gerechtfertigt sei, wenn bereits die Gründungsgesellschaft abhängig sei, weil sich an ihrer Situation dann nichts Wesentliches ändere;[52] indes hat den Gesetzgeber diese Kritik nicht beeindruckt. Durchaus gerechtfertigt wäre ein Abfindungsangebot gem. § 9 SEAG zwar, wenn die Gründungsgesellschaft erst **durch die Holding-Gründung** abhängig iSv § 17 AktG wird. Den Kritikern dieser Sichtweise kann nicht darin beigepflichtet werden, dass bei Erstellung des Gründungsplans noch gar nicht feststehe, ob eine zunächst unabhängige Gesellschaft durch die Holding-Gründung in Abhängigkeit gerate.[53] Denn die Abhängigkeit wird durch den Mindestprozentsatz gem. Abs. 2 S. 4 garantiert (→ Rn. 16); und ohne entsprechende Umtauschquote scheitert die Holding-Gründung insgesamt, sodass auch kein Abfindungsangebot in Betracht kommt (Art. 33 Abs. 2; → Rn. 7). Indes bezieht sich der Wortlaut eindeutig nur auf die Abhängigkeit der SE. Außerdem lassen die Motive klar erkennen, dass ein Abfindungsangebot die Ausnahme bleiben soll. Eine erweiternde Auslegung kommt daher nicht in Betracht, zumal die zweite Alternative (Sitz im Ausland) dann keine eigenständige Bedeutung mehr hätte.

20 Das Abfindungsangebot entspricht hinsichtlich seiner **Voraussetzungen** wie auch der Ausgestaltung in vielen Punkten demjenigen nach § 7 SEAG, sodass im Wesentlichen auf → Art. 20 Rn. 22 ff. verwiesen werden kann. Anders als im Falle der Verschmelzung ist bei der Holding-Gründung nicht die SE, sondern **die Gründungsgesellschaft Schuldnerin** der Abfindung, sofern ihre Aktionäre das Angebot annehmen; denn sie bleibt bei der Holding-Gründung als solche bestehen (Abs. 1 UAbs. 2). Auf diese Weise entfallen einige Schwierigkeiten, die mit der Durchführung des Austrittsrechts im Verschmelzungsfall verbunden sind und darauf beruhen, dass auch eine ausländische SE dem SEAG unterworfen wird. Das Austrittsrecht gegen Abfindung steht **nur Aktionären** zu. Nach Auffassung des Gesetzgebers können sich GmbH-Gesellschafter durch entsprechende Satzungsgestaltung, namentlich also Vinkulierungsklauseln,[54] ausreichend gegen eine Konzernierung ihrer Gesellschaft schützen, was allerdings eine Satzungsvorsorge voraussetzt.[55] Zu Gunsten der Gesellschafter einer Gründungs-GmbH kommt folglich nur im Einzelfall das allgemeine

---

[47] Zutr. *Scheifele*, Die Gründung der SE, 2004, 328; dem folgend auch BeckOGK/*Eberspächer* Rn. 15; iErg auch *Schwarz* Rn. 42; Habersack/Drinhausen/*Scholz* Rn. 75.
[48] Abw. *Hommelhoff* AG 1990, 422 (426), der die Anforderungen für reduziert hält; wie hier dagegen Lutter/Hommelhoff/Teichmann/*Bayer* Rn. 42; *J. Schmidt*, „Deutsche" vs. „Britische" SE, 2006, 283; *Schwarz* Art. 32 Rn. 34.
[49] Dazu etwa Lutter/*Drygala* UmwG § 8 Rn. 11 ff.
[50] Eingehend *Teichmann* AG 2004, 67 (73).
[51] Begr. RegE, BT-Drs. 15/3405, 34 = *Neye* S. 49 ff.
[52] *Ihrig/Wagner* BB 2004, 1749 (1752); s. auch *Teichmann* AG 2004, 67 (73 f.): „Lage nicht verändert".
[53] So *Ihrig/Wagner* BB 2004, 1749 (1752).
[54] Vgl. *Teichmann* AG 2004, 67 (76); *Ihrig/Wagner* BB 2004, 1749 (1752); s. auch *Waclawik* DB 2004, 1191 (1193 f.).
[55] Begr. RegE, BT-Drs. 15/3405, 34 = *Neye* S. 49 ff.

Austrittsrecht aus wichtigem Grund in Betracht.[56] – Zur gerichtlichen **Kontrolle des Abfindungsangebots** gem. § 9 Abs. 2 SEAG iVm § 7 Abs. 7 SEAG → Art. 34 Rn. 5.

Alles in allem hat sich der Gesetzgeber mit § 9 SEAG über eine **verbreitete Kritik** 21 an einem außerordentlichen Austrittsrecht hinweggesetzt, wenn auch nur für einen klar umgrenzten Teilbereich der Gründungen (→ Rn. 19).[57] Kritisiert wurde vor allem, dass die Gesellschafter systemwidrig schon bei Begründung der Abhängigkeit einen Konzerneingangsschutz erhielten, den § 305 AktG erst bei Abschluss eines Beherrschungs- oder Gewinnabführungsvertrages gewähre. So werde die SE entgegen Art. 10 und Erwägungsgrund 5 gegenüber der deutschen Aktiengesellschaft diskriminiert.[58] Teils wird auch als problematisch empfunden, dass Art. 34 lediglich zu Schutzmaßnahmen zu Gunsten *ablehnender* Gesellschafter ermächtigt, während § 9 SEAG den Schutz auf sämtliche Gesellschafter ausdehnt.[59] **Zugunsten** eines Austrittsrechts war demgegenüber seine präventive Wirkung gegenüber Anfechtungsklagen ebenso hervorgehoben worden wie seine ergänzende Funktion gegenüber den als ungenügend empfundenen Regeln des faktischen Konzerns (§§ 311 ff. AktG) sowie schließlich die unklare Anwendbarkeit kapitalmarktrechtlicher Austrittsrechte, insbesondere nach § 35 WpÜG (→ Rn. 6), die zudem a limine nicht zu Gunsten von GmbH-Gesellschaftern zu wirken vermögen.[60]

f) Fakultativer Inhalt. Auch wenn die **Pflichtangaben abschließend** durch die VO 22 bestimmt werden,[61] steht es den **Parteien** frei, zusätzliche Regelungen in den Gründungsplan aufzunehmen. Zwar fehlt in Art. 32 Abs. 2 eine Verweisung auf Art. 20 Abs. 2. Indes ist für eine abweichende Beurteilung der Frage für die Holding-Gründung kein Sachgrund erkennbar. Wie im Falle der Verschmelzung bezeichnet Abs. 2 S. 3 also lediglich den *Mindest*inhalt.[62]

g) Form des Gründungsplans. Die aktuelle Fassung der SE-VO sieht keine besondere 23 Form für den Gründungsplan vor;[63] wohl aber bedarf die **Satzung der** (deutschen) **SE** gem. Art. 15 Abs. 1 iVm § 23 Abs. 1, 2 AktG der **notariellen Beurkundung**.[64] Daher kommt der Frage, ob darüber hinaus auch der Gründungsplan als solcher einer notariellen Form bedarf, von vornherein nur eine abgeschwächte Bedeutung zu. Befürwortet man, wie hier, die analoge Anwendung von Art. 18 (→ Rn. 3), so hängt ihre Beantwortung letztlich davon ab, ob eine **Analogie zu § 6 UmwG** gerechtfertigt ist. Die wohl hM bejaht die Formbedürftigkeit im Ergebnis schon mit Rücksicht auf die Erstreckungswirkung des § 23 Abs. 1, 2 AktG auf den gesamten Gründungsplan.[65] Doch wird man auf Grund der von der SE-VO mit Art. 32 vorgegebenen Wertung einer grundsätzlichen Vergleichbarkeit von Verschmelzung und Holding-Gründung trotz fehlender Vermögensübertragung auch die (offene) Analogie zu § 6 UmwG bejahen können, zumal die übrigen Zwecke notarieller Form – Sicherung der Beweisbarkeit und der materiellen Richtigkeitsgewähr – auch auf

---

[56] Vgl. *Teichmann* AG 2004, 67 (76), der bei Fehlen vertraglicher Regelungen zumindest bei Vorliegen eines wichtigen Grundes ein Austrittsrecht erwägt.
[57] DAV-Handelsrechtsausschuss NZG 2004, 75 (79 f.) zu § 10 DiskE; *Kalss* ZGR 2003, 593 (634 f.); *Kübler* ZHR 167 (2003), 627 ff.; DNotV-Stellungnahme zum DiskE eines SEEG vom 24.6.2003, Gliederungspunkt 4.2 ff.; Gemeinsame Stellungnahme der Spitzenverbände zum RefE des SEEG, 3 f.
[58] *Kübler* ZHR 167 (2003), 627 (630).
[59] *Ihrig/Wagner* BB 2003, 969 (973).
[60] S. *Teichmann* ZGR 367, 394; *Teichmann* AG 2004, 67 (74 ff.); *Neye/Teichmann* AG 2003, 169 (173); weitergehende Forderungen bei *Kloster* EuZW 2003, 293 (296).
[61] Vgl. *Neun* in Theisen/Wenz SE 144; *Scheifele*, Die Gründung der SE, 2004, 325; *Schwarz* Rn. 35.
[62] Vgl. *Jannott* in Jannott/Frodermann SE-HdB Kap. 3 Rn. 134; Lutter/Hommelhoff/Teichmann/*Bayer* Rn. 23; *Schwarz* Rn. 36; BeckOGK/*Eberspächer* Rn. 13.
[63] Art. 30 Abs. 1 S. 2 SE-VO-Vorschläge 1970 und 1975 verlangten noch notarielle Form.
[64] Weil die Übernahmeerklärung materieller Satzungsbestandteil ist, bedarf auch sie selbstverständlich der Beurkundung, vgl. nur Hüffer/Koch/*Koch* AktG § 23 Rn. 16.
[65] BeckOGK/*Eberspächer* Rn. 16; *Drinhausen* in Van Hulle/Maul/Drinhausen SE-HdB Abschnitt 4 § 3 Rn. 11; *Heckschen* DNotZ 2003, 251 (261); Widmann/Mayer/*Heckschen* UmwG Anh. 14 Rn. 294 ff.; *Jannott* in Jannott/Frodermann SE-HdB Kap. 3 Rn. 134; *Oplustil* GLJ, Vol. 4 No. 2 (2003), 107, 113; Habersack/Drinhausen/*Scholz* Rn. 38; *Vossius* ZIP 2005, 741 (745) Fn. 51.

den Gründungsplan passen.⁶⁶ Eine besondere Belastung für die deutsche Gründungsgesellschaft stellt dies auch deshalb nicht dar, weil die Offenlegung wegen § 12 HGB ohnehin jedenfalls eine notarielle Beglaubigung erfordert.

24 **2. Offenlegung des Plans (Abs. 3).** Abs. 3 verlangt die Offenlegung des Gründungsplans „nach den in den Rechtsvorschriften der einzelnen Mitgliedstaaten gem. Art. 3 Publizitäts-RL vorgesehenen Verfahren". Das deutsche Recht wählt von den dort eingeräumten Offenlegungsvarianten „Hinterlegung beim Register" oder „Eintragung in das Register" für den Regelfall die Eintragung (§§ 10, 12 HGB). Demgegenüber lässt **§ 61 UmwG** (und § 5 SEAG) für die Offenlegung des Verschmelzungsvertrags(-plans) dessen **Einreichung beim Register** nebst der Eintragung eines entsprechenden **Hinweises** ausreichen. Der Plan als solcher ist also nicht bekannt zu machen.⁶⁷ Zwar beruht § 61 UmwG nicht unmittelbar auf der Publizitäts-RL, sondern auf Art. 18 RL 78/855/EWG (jetzt: Art. 104 GesR-RL; früher RL 2011/35/EG, RL 78/855/EWG). Dieser nimmt aber seinerseits Bezug auf Art. 3 RL Publizitäts-RL (jetzt: Art. 16 GesR-RL), und § 61 UmwG wählt denn auch eine von Art. 3 Publizitäts-RL zugelassene Offenlegungsform. Zwar bezieht sich § 61 UmwG naturgemäß nicht auf die Holding-Gründung. Die analoge Anwendung ist aber gerechtfertigt, weil die Holding-Gründung jedenfalls kein größeres Publizitätsbedürfnis evoziert als die für Gläubiger und Anteilsinhaber deutlich belastendere Verschmelzung.⁶⁸ Aus den gleichen Gründen ist es auch nicht erforderlich, den (integrierten) **Gründungsbericht** (→ Rn. 17) offenzulegen;⁶⁹ denn nicht einmal bei der Verschmelzung wird der Bericht publiziert (Art. 18 iVm § 63 UmwG).

25 Sofern ein **Abfindungsangebot** gem. § 9 SEAG erforderlich ist (→ Rn. 19), muss die *Bekanntmachung* des Gründungsplans gem. **§ 9 Abs. 1 S. 3 SEAG** den Wortlaut des Angebots enthalten. Diese etwas rätselhafte, in den Motiven nicht erläuterte Regelung ergibt nur einen Sinn, wenn man sie dahin interpretiert, dass die **Bekanntmachung** des Hinweises auf die Einreichung des Gründungsplans im Bundesanzeiger gem. § 61 S. 2 UmwG iVm § 10 HGB (→ Rn. 24) den **Wortlaut** des Angebots enthalten muss, *obwohl* der Gründungsplan als solcher keiner Bekanntmachungspflicht unterliegt. Anderenfalls wäre die Regelung überflüssig, weil das Angebot als Bestandteil des Gründungsplans ohnehin der Offenlegung gem. Abs. 3 bedarf.⁷⁰ − Zur **Überprüfung der Abfindung im Spruchverfahren** gem. § 9 Abs. 2 SEAG → Art. 34 Rn. 5; zum Schutz der Aktionäre der **ausländischen** Gründungsgesellschaften in diesem Falle → Art. 34 Rn. 4.

26 Der Gründungsplan ist nach Abs. 3 für jede Gründungsgesellschaft mindestens **einen Monat** vor der Hauptversammlung, die über die Gründung zu beschließen hat, offenzulegen. − Publizitätspflichten nach **Art. 17 Abs. 1 MAR** (früher §§ 15, 21 WpHG aF) bleiben unberührt.⁷¹

27 **3. Prüfung durch Sachverständige (Abs. 4, 5). a) Bestellung des Prüfers.** Nach Abs. 4 ist der Gründungsplan durch unabhängige Sachverständige zu prüfen. Wie im Falle der Verschmelzung gem. Art. 22 ist sowohl die getrennte Prüfung für jede einzelne Grün-

---

⁶⁶ IdS auch Lutter/Hommelhoff/Teichmann/*Bayer* Rn. 22; *Scheifele,* Die Gründung der SE, 2004, 326; *J. Schmidt,* „Deutsche" vs. „Britische" SE, 2006, 284 f.; *Schwarz* Rn. 37; allg. zu den Formzwecken Lutter/Drygala UmwG § 6 Rn. 1.

⁶⁷ Auch der Gesetzgeber des SEAG geht in § 9 Abs. 1 S. 3 SEAG offenbar von dieser Interpretation aus. Wie hier auch Lutter/Hommelhoff/Teichmann/*Bayer* Rn. 47; *J. Schmidt,* „Deutsche" vs. „Britische" SE, 2006, 286; *Schwarz* Rn. 24; BeckOGK/*Eberspächer* Rn. 17.

⁶⁸ So iErg auch Lutter/Hommelhoff/Teichmann/*Bayer* Rn. 47; BeckOGK/*Eberspächer* Rn. 17; *Schwarz* Rn. 40; *Teichmann* ZGR 2002, 383 (433); *Scheifele,* Die Gründung der SE, 2004, 327 f.

⁶⁹ Zutr. *Kalss* ZGR 2003, 593 (637); ihr folgend *Scheifele,* Die Gründung der SE, 2004, 328; *Schwarz* Rn. 41; BeckOGK/*Eberspächer* Rn. 17; zweifelnd Lutter/Hommelhoff/Teichmann/*Bayer* Rn. 48; Habersack/Drinhausen/*Scholz* Rn. 73; aA Kalss/Hügel/*Hügel* SEG §§ 25, 26 Rn. 18; *J. Schmidt,* „Deutsche" vs. „Britische" SE, 2006, 286 f.

⁷⁰ So auch Lutter/Hommelhoff/Teichmann/*Bayer* Rn. 50; iErg BeckOGK/*Eberspächer* Rn. 17; aA Habersack/Drinhausen/*Scholz* Rn. 74: selbständige Bedeutung.

⁷¹ *Kalss* ZGR 2003, 593 (637); Kölner Komm AktG/*Paefgen* Rn. 85.

dungsgesellschaft (S. 1) wie auch eine gemeinsame Prüfung (Satz 2) möglich. Hinsichtlich der Bestellung der Prüfer ist bei der **getrennten Prüfung** eindeutig, dass eine gerichtliche Bestellung nicht erforderlich ist, vielmehr die **Zulassung** als Prüfer ausreicht, mithin die allgemeine Erlaubnis zur Durchführung derartiger Prüfungen. Diese bestimmt sich, wie bei der Verschmelzung, in Übereinstimmung mit Art. 96 Abs. 1 S. 1 GesR-RL nach § 11 UmwG iVm § 319 HGB (analog). Bei großen und mittleren Aktiengesellschaften kommen also nur Wirtschaftsprüfer, sonst auch vereidigte Buchprüfer in Betracht (Art. 22 Abs. 1 SE-VO). Weniger eindeutig ist hingegen, ob Entsprechendes auch für die Bestellung bei einer **gemeinsamen Prüfung** gilt, ob es also ausreicht, wenn sich die Gründungsgesellschaften auf einen gemeinsamen zugelassenen Prüfer verständigen. Dies wird teilweise unter Berufung auf den Wortlaut des S. 2 („bestellt oder zugelassen ist/sind") angenommen.[72] Mit Rücksicht auf die unmittelbare Bezugnahme auf die RL 78/855/EWG (jetzt: GesR-RL) in S. 2 wird aber auch für eine Gleichbehandlung mit der Verschmelzung plädiert, weil Art. 96 Abs. 1 S. 2 GesR-RL wie auch Art. 22 für die gemeinsame Prüfung die **Bestellung durch Gericht** bzw. Verwaltungsbehörde verlangt.[73] Die letztgenannte Auffassung erscheint vorzugswürdig, zumal sie einem allgemeinen Prinzip des europäischen Umwandlungsrechts entspricht, wie es namentlich auch in Art. 8 Abs. 1 RL 82/891/EWG (jetzt: Art. 142 Abs. 1 GesR-RL) zum Ausdruck kommt, und dem § 60 Abs. 3 UmwG korrespondiert. Ein Sachgrund, hiervon gerade bei der Holding-Gründung abzuweichen, ist nicht erkennbar. Der zu weit geratene und zudem missverständliche[74] Wortlaut des Satzes 2 ist also korrigierend auszulegen. – Zum Verhältnis zur Gründungsprüfung nach § 33 AktG → Rn. 37.

b) Inhalt der Prüfung. Die Prüfung des **Gründungsplans** bezieht sich auf dessen sämtliche Bestandteile mit einem gewissen Schwerpunkt beim Umtauschverhältnis (→ Art. 22 Rn. 10; → Art. 20 Rn. 14 f.), umfasst aber, anders als bei der Verschmelzung (Art. 18 iVm § 9 UmwG), auch den **Gründungsbericht**. Hieraus lässt sich freilich nicht ableiten, dass der Prüfer auch die im Bericht erläuterte *Zweckmäßigkeit* der Holding-Gründung zu beurteilen hätte.[75] Diese Aufgabe fällt vielmehr den Gesellschaftern auf der Grundlage des Berichts und der hierzu von den Organen gegebenen Erläuterungen zu. Die Prüfung beschränkt sich vielmehr im Wesentlichen auf das Vorhandensein des Berichts, die Richtigkeit der darin gemachten Angaben sowie eine ausreichende Berichtstiefe[76] (→ Rn. 18). – Bei der **gemeinsamen Prüfung** richtet sich zwar die Bestellung des Prüfers (→ Rn. 27) nach dem Recht des Mitgliedstaates, in dem die Prüferbestellung beantragt wird. Inhaltlich sind aber die Anforderungen sämtlicher beteiligter Rechtsordnungen **kumulativ** zu berücksichtigen (→ Art. 22 Rn. 9 f.).[77] – Wie im Falle der Verschmelzungsprüfung (Art. 96 Abs. 3 GesR-RL) steht dem Prüfer analog § 11 Abs. 1 AktG iVm § 320 AktG ein **Auskunftsrecht** zu, obwohl die SE-VO eine entsprechende Regelung vergessen hat; insofern greift der Verweis in Abs. 4 auf die Umsetzungsvorschriften zur Dritten RL 78/855/EWG (jetzt: GesR-RL).[78]

---

[72] *Neun* in Theisen/Wenz SE 151; NK-SE/*Schröder* Rn. 68; tendenziell auch Habersack/Drinhausen/*Scholz* Rn. 80.
[73] Lutter/Hommelhoff/Teichmann/*Bayer* Rn. 53; BeckOGK/*Eberspächer* Rn. 18; *Schwarz* Rn. 47 f.; Kölner Komm AktG/*Paefgen* Rn. 92.
[74] Nach dem Wortlaut scheint sich das auf die Gründungsgesellschaften anwendbare Recht nach den Umsetzungsbestimmungen zur Dritten RL 78/855/EWG (jetzt: GesR-RL) zu bestimmen; das ergibt aber keinen Sinn; zutr. *Scheifele*, Die Gründung der SE, 2004, 329; *Schwarz* Rn. 48 noch zur Dritten RL 78/855/EWG.
[75] Ebenso Lutter/Hommelhoff/Teichmann/*Bayer* Rn. 54; BeckOGK/*Eberspächer* Rn. 18; *Neun* in Theisen/Wenz SE 151 f.; *Scheifele*, Die Gründung der SE, 2004, 333; Habersack/Drinhausen/*Scholz* Rn. 77.
[76] Ebenso iE wohl Habersack/Drinhausen/*Scholz* Rn. 77, der die Prüfung auf „offenkundige Unzulänglichkeiten" beschränken möchte. In der Tat ist zu prüfen, ob der Bericht eine Plausibilitätskontrolle ermöglicht.
[77] So auch *Schwarz* Rn. 50; BeckOGK/*Eberspächer* Rn. 18; Habersack/Drinhausen/*Scholz* Rn. 79; für Recht zur Wahl zwischen dem Recht einer der beteiligten Gründungsgesellschaften und dem Recht der künftigen SE dagegen Lutter/Hommelhoff/Teichmann/*Bayer* Rn. 52; *J. Schmidt*, „Deutsche" vs. „Britische" SE, 2006, 288.
[78] *Scheifele*, Die Gründung der SE, 2004, 334; *Schwarz* Rn. 57; im Ansatz auch Kölner Komm AktG/*Paefgen* Rn. 95, der aber für eine Beschränkung des Prüfungsumfanges auf evidente Verstöße gegen das Erfordernis ausführlicher Berichterstattung plädiert.

29 **c) Prüfungsbericht.** Der Bericht ist **schriftlich** (Abs. 4 S. 1 und S. 2) abzufassen, und zwar sinnvollerweise in sämtlichen beteiligten Sprachen. Nicht ganz eindeutig ist, ob die **inhaltlichen Vorgaben des Abs. 5** (auch) für den Prüfungsbericht oder nur für den Gründungsbericht gelten, weil in Abs. 5 nur von „dem Bericht" die Rede ist. Auf Grund der systematischen Stellung des Abs. 5 liegt indes nahe, dass die Vorschrift vor allem auf den Prüfungsbericht zielt.[79] Hierfür spricht auch, dass Abs. 5 mit Art. 96 Abs. 2 GesR-RL übereinstimmt und nicht zuletzt die zentrale Bedeutung des Umtauschverhältnisses (→ Rn. 28) für die Adressaten des Berichts. Der Prüfungsbericht muss demnach auf besondere Bewertungsschwierigkeiten hinweisen und erklären, ob das Umtauschverhältnis der Aktien oder Anteile angemessen ist und nach welchen Methoden es bestimmt wurde. Ferner muss er die Angemessenheit dieser Methoden für die konkrete Gründung beurteilen. Damit gelten im Wesentlichen die gleichen Vorgaben wie nach **§ 12 UmwG**, der über Art. 18 auf die Verschmelzungsgründung anwendbar ist.[80] Es fehlt allerdings eine einschränkende Regelung nach Art des **§ 8 Abs. 2 und 3 UmwG**, sofern die Gesellschaft über ein besonderes Geheimhaltungsinteresse verfügt bzw. sämtliche Anteilsinhaber aller beteiligter Rechtsträger auf den Bericht verzichten. Doch folgen diese Beschränkungen schon aus dem Sinn und Zweck der Berichtspflicht bzw. ihren immanenten Schranken, sodass **Entsprechendes** auch für den Bericht nach Abs. 5 gilt.

30 **d) Zeitpunkt der Bereitstellung des Berichts.** Die VO lässt offen, wann genau der Prüfungsbericht den Gesellschaftern zur Verfügung stehen muss. Klar ist nur, dass dies vor der Beschlussfassung nach Abs. 6 der Fall sein muss. Wiederum ist die Lücke über die Verweisung in Abs. 4 auf die Umsetzungsvorschriften zur Dritten RL 78/855/EWG (jetzt: GesR-RL) zu schließen, in diesem Falle mithin durch die § 62 Abs. 3 UmwG, § 63 Abs. 1 Nr. 5 UmwG. Demnach ist der Prüfungsbericht einen Monat vor dem Tag der Anteilseignerversammlung in den Geschäftsräumen zur Einsicht auszulegen.[81]

31 **e) Rechtsfolgen eines fehlenden Testats.** Ebenso wenig wie das nationale Verschmelzungsrecht regelt die SE-VO die Folgen eines fehlenden (bestätigenden) Testats. Mittelbare Folgen ergeben sich deshalb auch bei der Holding-Gründung nur im Hinblick auf den anschließenden Hauptversammlungsbeschluss.[82]

32 **4. Zustimmung der Hauptversammlung (Abs. 6). a) Der Gründungsbeschluss (UAbs. 1). aa) Allgemeines.** Der Gründungsplan bedarf nach Abs. 6 der Zustimmung der Hauptversammlung bzw. GmbH-Gesellschafterversammlung; der Zustimmungsbeschluss ist daher, wie im Falle der Verschmelzungsgründung (→ Art. 23 Rn. 1), als Wirksamkeitsvoraussetzung für den Gründungsplan anzusehen. Das Zustimmungserfordernis ist **nicht unumstritten;** namentlich von deutscher Seite ist der weitreichende Konzerneingangsschutz und die mangelnde Vergleichbarkeit mit der Verschmelzungsgründung eingewandt worden.[83] Andere haben die Kompetenzzuweisung an die Hauptversammlung begrüßt und das Fehlen eines eindeutigen und qualifizierten Quorums kritisiert.[84] Die Rechtfertigung der Hauptversammlungskompetenz ist mit Rücksicht auf das Einbringungswahlrecht der Anteilseigner in der Tat nicht ganz unproblematisch. Andererseits stößt bekanntlich auch der von §§ 311 ff. AktG gewährte lückenhafte Schutz nicht auf ungeteilte Zustimmung. Insgesamt hat der Verordnungsgeber mit dem Zustimmungsrecht deshalb eine rechtspolitisch zwar nicht ganz zweifelsfreie, aber doch keinesfalls willkürliche Regelung getroffen.[85]

---

[79] So auch *Neun* in Theisen/Wenz SE 153; BeckOGK/*Eberspächer* Rn. 19 Fn. 66; *Kalss* ZGR 2003, 593 (631).
[80] Zu den Einzelheiten *Neun* in Theisen/Wenz SE 108 ff.
[81] *Kalss* ZGR 2003, 593 (631); *Casper* FS Ulmer, 2003, 51 (61 f.); BeckOGK/*Eberspächer* Rn. 19; *Teichmann* ZGR 2002, 383 (434).
[82] Dazu – in Bezug auf den Prüfungsbericht nach § 60 UmwG – Lutter/*Drygala* UmwG § 12 Rn. 14 f.
[83] Vgl. *Thoma/Leuering* NJW 2002, 1449 (1453); *Scheifele*, Die Gründung der SE, 2004, 335 f.
[84] *Trojan-Limmer* RIW 1991, 1010 (1015); *Raiser* FS Semler, 1993, 277 (286); vgl. auch *Hommelhoff* AG 1990, 422 (424 f.).
[85] So iErg auch Lutter/Hommelhoff/Teichmann/*Bayer* Rn. 59; *J. Schmidt*, „Deutsche" vs. „Britische" SE, 2006, 292, alle mwN.

bb) Einberufung und Durchführung der Hauptversammlung. Nach welchem 33
Verfahren der Beschluss zustande kommt, lässt die SE-VO wiederum offen. Zur Ausfüllung
dieser Lücke bedarf es zunächst erneut der analogen Anwendung des **Art.
18** und sodann einer weiteren Analogie (→ Rn. 3). Insofern bietet sich die entsprechende Anwendung
der **§§ 63, 64 UmwG** (für die GmbH: **§§ 47, 49 UmwG**) an; § 63 UmwG dient der
Umsetzung von Art. 11 RL 78/855/EWG (jetzt: Art. 97 GesR-RL). Der Zweck dieser
Vorschriften, den Aktionären rechtzeitig vor dem Zustimmungsbeschluss die Zugänglichkeit
ausreichender Informationen (Gründungsplan, -bericht, Prüfungsbericht etc) zu sichern,[86]
trifft auch auf die Holding-Gründung zu, zumal auch hier der Information der Gesellschafter
dienende Unterlagen erforderlich sind.[87] Weil Art. 18 auf das Recht der Gründungsgesellschaft
verweist, steht einer Analogie konsequentermaßen nicht entgegen, dass nur § 63,
nicht jedoch § 64 UmwG einen Richtlinienhintergrund aufweist.[88] Abgesehen von seiner
Offenlegung gem. Abs. 3 (→ Rn. 24) ist der **Gründungsplan** daher einen Monat vor dem
Tag der Hauptversammlung am Sitz der Gesellschaft **auszulegen.** Außerdem ist er gem.
§ 64 Abs. 1 UmwG (analog) zu erläutern und ggf. Auskunft gem. § 49 Abs. 3 UmwG, § 64
Abs. 2 UmwG zu erteilen. Ergänzend gelten die allgemeinen Vorschriften zur Vorbereitung
der Haupt- (§§ 121 ff. AktG; → Art. 23 Rn. 3) bzw. Gesellschafterversammlung (§§ 48 ff.
GmbHG).

cc) Inhalt, Form und Mehrheitserfordernis. Nach dem Wortlaut des Abs. 6 bezieht 34
sich der Beschluss zwar auf den gesamten Gründungsplan und damit auch auf den Gründungsbericht
(→ Rn. 17). Berücksichtigt man indes den Zweck des Berichts, den Gesellschaftern
Informationen in Hinblick auf den Beschluss zu verschaffen, so wird deutlich,
dass sich die Zustimmung ihrem **Inhalt** nach auf die Angaben gem. Abs. 2 S. 3, 4 beschränkt,
den Bericht also nicht umfasst.[89] Eine besondere **Form** verlangt weder die SE-VO in ihrer
geltenden Fassung[90] noch das SEAG. Doch ist wiederum über Art. 18 (analog) **§ 13 Abs. 3
UmwG** entsprechend anwendbar, zumal der Zustimmung gem. Abs. 6 nach Wertung des
Verordnungsgebers keine irgend geringere Bedeutung zukommt als im Falle des Art. 23.[91]
Das Gleiche würde sich bei der AG im Übrigen aus § 130 Abs. 1 AktG ergeben, zumal
§ 10 Abs. 1 SEAG für den Beschluss eine **Mehrheit** von drei Vierteln des vertretenen
Kapitals (AG) bzw. der abgegebenen Stimmen verlangt. Die Frage nach dem erforderlichen
Quorum war während des Gesetzgebungsverfahrens stark umstritten,[92] ist jetzt aber durch
den Eingriff des Gesetzgebers geklärt. Da jedes über die einfache Mehrheit hinausgehende
Quorum minderheitsschützend wirkt, lässt sich die Regelung auf die Ermächtigungsgrundlage
des Art. 34 stützen (→ Art. 34 Rn. 1, → Art. 34 Rn. 3),[93] auch wenn die Motive
diese Norm nicht ausdrücklich erwähnen.[94]

---

[86] S. nur Lutter/*Grunewald* UmwG § 63 Rn. 1 f.; Lutter/*Grunewald* UmwG § 64 Rn. 2 f.
[87] *Drinhausen* in Van Hulle/Maul/*Drinhausen* SE-HdB Abschnitt 4 § 3 Rn. 15; *Neun* in Theisen/Wenz
SE 156 f.; *Scheifele*, Die Gründung der SE, 2004, 339 ff.; Habersack/Drinhausen/*Scholz* Rn. 87; *Schwarz*
Rn. 61; ähnlich iErg auch *Teichmann* ZGR 2002, 383 (434), der für eine Analogie zu Art. 11 RL 78/855/
EWG (jetzt: Art. 97 GesR-RL) plädiert.
[88] Im Ergebnis ebenso Lutter/Hommelhoff/Teichmann/*Bayer* Rn. 62; *J. Schmidt*, „Deutsche" vs. „Britische"
SE, 2006, 293; *Schwarz* Rn. 63; BeckOGK/*Eberspächer* Rn. 20.
[89] *Neun* in Theisen/Wenz SE 157 f.; Habersack/Drinhausen/*Scholz* Rn. 93; *Schwarz* Rn. 66; zweifelnd
Lutter/Hommelhoff/Teichmann/*Bayer* Rn. 53.
[90] Anders noch Art. 32 Abs. 5 SE-VO-Vorschlag 1970 und Art. 32 Abs. 2 SE-VO-Vorschlag 1975: notarielle
Beurkundung.
[91] So auch *Teichmann* ZGR 2002, 383 (435); Lutter/Hommelhoff/Teichmann/*Bayer* Rn. 70; BeckOGK/
Eberspächer Rn. 20; *Schwarz* Rn. 67; *Heckschen* DNotZ 2003, 251 (262); *Scheifele*, Die Gründung der SE,
2004, 343; *J. Schmidt*, „Deutsche" vs. „Britische" SE, 2006, 298; Kölner Komm AktG/*Paefgen* Rn. 113; iE
auch Habersack/Drinhausen/*Scholz* Rn. 95; aA *Neun* in Theisen/Wenz SE 158.
[92] Vgl. hierzu DAV-Handelsrechtsausschuss NZG 2004, 75 (79) zum DiskE; *Kalss* ZGR 2003, 602 (632);
Teichmann ZGR 2002, 383 (435); *Teichmann* ZGR 2003, 367 (392); *Kübler* ZHR 167 (2003), 627 (627);
Casper FS Ulmer, 2003, 51 (60); *Brandt* DStR 2003, 1208 (1213).
[93] Für Art. 68 Abs. 1 als Grundlage Lutter/Hommelhoff/Teichmann/*Bayer* Rn. 65.
[94] Begr. RegE, BT-Drs. 15/3405, 34 = *Neye* S. 96 f.; krit. deshalb *Scheifele*, Die Gründung der SE, 2004,
343; wie hier auch BeckOGK/*Eberspächer* Rn. 21.

35 **b) Der Zustimmungsvorbehalt (UAbs. 2 S. 2).** Wie im Falle der Verschmelzung kann sich die Hauptversammlung jeder der die Gründung anstrebenden Gesellschaften das Recht vorbehalten, die Eintragung der SE von der ausdrücklichen Genehmigung der geschlossenen Vereinbarung über die Arbeitnehmerbeteiligung abhängig zu machen. Insofern kann auf die Kommentierung der Parallelregelung in Art. 23 Abs. 2 verwiesen werden (→ Art. 23 Rn. 9 ff.).

IV. Weitere aktienrechtliche Gründungsvoraussetzungen

36 Art. 15 Abs. 1 verweist ergänzend auf die Gründungsvorschriften des Sitzstaates der entstehenden SE; für die deutsche SE gelten daher ergänzend die **(Sach-)Gründungsvorschriften des AktG** (→ Rn. 2). Die besonderen Anforderungen an die **Satzung** der SE sind in → Rn. 14 dargestellt. Das erste **Aufsichtsgremium** kann entweder gem. Art. 40 Abs. 2, Art. 43 Abs. 3 S. 2 in der Satzung (→ Art. 40 Rn. 43; → Art. 43 Rn. 45) oder gem. § 30 AktG in notariell beurkundeter Form bestellt werden; die Voraussetzungen des § 31 AktG sind bei der Holding-Gründung nicht erfüllt. § 30 AktG regelt auch die Bestellung des ersten Abschlussprüfers.

37 Gem. §§ 32, 33 AktG sind **Gründungsbericht und -prüfung** erforderlich. Diese Pflicht wird von Art. 32 Abs. 2 S. 2, Abs. 4 und 5 **nicht berührt,** weil die Berichts- und Gründungspflichten jeweils unterschiedlichen Zwecken dienen. Während Bericht und Prüfung nach §§ 32 f. AktG der Kapitalaufbringung und damit primär dem Gläubigerschutz dienen, zielen Bericht und Prüfung nach Art. 32 auf Information der Aktionäre der Gründungsgesellschaften (→ Rn. 9) und dienen daher vor allem der Beschlussvorbereitung.[95] **§ 75 Abs. 2 UmwG** lässt sich auf die Holding-Gründung **nicht** entsprechend anwenden.[96] Denn die Vorschrift beruht auf dem Gedanken, dass das Kapital der übertragenden Gesellschaften ausreichend garantiert wird, weil diese bereits ein aktienrechtliches Gründungsverfahren durchlaufen haben. Für die Holding-Gründung passt dieser Gedanke nicht, weil das Kapital der SE nicht durch die Gründungsgesellschaften, sondern durch deren Aktionäre aufgebracht wird. Folglich bedarf es eines zusätzlichen Gründungsberichts nebst entsprechender Prüfung nach den zu §§ 32 f. AktG anerkannten Grundsätzen (→ AktG § 32 Rn. 6 ff.; → AktG § 33 Rn. 68 ff.). Soweit gem. § 32 Abs. 2 S. 1 AktG die für die Beurteilung der Angemessenheit der Sacheinlage erforderlichen Umstände benannt werden müssen, sind der Ausgabebetrag der SE-Aktien und der durch Unternehmensbewertung festgestellte Wert der einzutragenden Anteile zu den Gründungsgesellschaften anzugeben. Hinsichtlich des Gesamtwerts kann vom Mindestprozentsatz ausgegangen werden. Im Übrigen sind die von § 32 Abs. 2 S. 2 AktG verlangten Angabepflichten mangels Erfüllbarkeit bei der Holding-Gründung **gegenstandslos.**[97]

38 Was die **Kapitalaufbringung** betrifft, so müssen die Sacheinlagen, also die einzubringenden Anteile an den Gründungsgesellschaften entgegen § 36a Abs. 1 S. 2 AktG **vor der Anmeldung** der SE geleistet sein (näher zum Einbringungsverfahren → Art. 33 Rn. 8 ff.).

Art. 33 [Formalitäten einer Gründung]

(1) ¹Die Gesellschafter der die Gründung anstrebenden Gesellschaften verfügen über eine Frist von drei Monaten, um diesen Gesellschaften mitzuteilen, ob sie beabsichtigen, ihre Gesellschaftsanteile bei der Gründung der SE einzubringen.

---

[95] *Neun* in Theisen/Wenz SE 166; *Kalss* ZGR 2003, 593 (631); *Scheifele,* Die Gründung der SE, 2004, 368 f.
[96] Ebenso Lutter/Hommelhoff/Teichmann/*Bayer* Art. 33 Rn. 39; Kölner Komm AktG/*Paefgen* Art. 33 Rn. 83; *Schwarz* Vor Art. 32–34 Rn. 29; iErg auch *Neun* in Theisen/Wenz SE 166; Habersack/Drinhausen/*Scholz* Art. 33 Rn. 41.
[97] *Neun* in Theisen/Wenz SE 167 f.; *Scheifele,* Die Gründung der SE, 2004, 370; Habersack/Drinhausen/*Scholz* Art. 33 Rn. 46; für punktuelle Nichtanwendung *Schwarz* Vor Art. 32–34 Rn. 32; noch anders – für SE-spezifische Auslegung der Norm – Lutter/Hommelhoff/Teichmann/*Bayer* Art. 33 Rn. 40.

²Diese Frist beginnt mit dem Zeitpunkt, zu dem der Gründungsplan für die SE gemäß Artikel 32 endgültig festgelegt worden ist.

(2) Die SE ist nur dann gegründet, wenn die Gesellschafter der die Gründung anstrebenden Gesellschaften innerhalb der in Absatz 1 genannten Frist den nach dem Gründungsplan für jede Gesellschaft festgelegten Mindestprozentsatz der Gesellschaftsanteile eingebracht haben und alle übrigen Bedingungen erfüllt sind.

(3) *[1]* Sind alle Bedingungen für die Gründung der SE gemäß Absatz 2 erfüllt, so hat jede der die Gründung anstrebenden Gesellschaften diese Tatsache gemäß den nach Artikel 3 der Richtlinie 68/151/EWG erlassenen Vorschriften des einzelstaatlichen Rechts, dem sie unterliegt, offen zu legen.

[2] Die Gesellschafter der die Gründung anstrebenden Gesellschaften, die nicht innerhalb der Frist nach Absatz 1 mitgeteilt haben, ob sie die Absicht haben, ihre Gesellschaftsanteile diesen Gesellschaften im Hinblick auf die Gründung der künftigen SE zur Verfügung zu stellen, verfügen über eine weitere Frist von einem Monat, um dies zu tun.

(4) Die Gesellschafter, die ihre Wertpapiere im Hinblick auf die Gründung der SE einbringen, erhalten Aktien der SE.

(5) Die SE kann erst dann eingetragen werden, wenn die Formalitäten gemäß Artikel 32 und die in Absatz 2 genannten Voraussetzungen nachweislich erfüllt sind.

Schrifttum: *Brandes*, Cross Border Merger mittels der SE, AG 2004, 177; *Brandt*, Überlegungen zu einem SE-Ausführungsgesetz, NZG 2002, 991; *El Mahi*, Die Europäische Aktiengesellschaft, 2004; *Göz*, Beschlussmängelklagen bei der Societas Europaea (SE), ZGR 2008, 593; *Heckschen*, Die Europäische AG aus notarieller Sicht, DNotZ 2003, 251; *Hommelhoff*, Gesellschaftsrechtliche Fragen im Entwurf eines SE-Statuts, AG 1990, 422; *Ihrig/Wagner*, Das Gesetz zur Einführung der Europäischen Gesellschaft (SEEG) auf der Zielgeraden, BB 2004, 1749; *Kallmeyer*, Zugang zur Europäischen Aktiengesellschaft nach dem Entwurf eines SE-Statuts, AG 1990, 527; *Kersting*, Societas Europaea: Gründung und Vorgesellschaft, DB 2001, 2079; *Lutter*, Die Europäische Aktiengesellschaft, 2. Aufl. 1978; *Neye/Teichmann*, Der Entwurf für das Ausführungsgesetz zur Europäischen Aktiengesellschaft, AG 2003, 169; *Oechsler*, Kapitalerhaltung in der Europäischen Gesellschaft (SE), NZG 2005, 449; *Oplustil*, Selected problems concerning formation of a holding SE (societas europaea) German Law Journal, Vol. 4/2 (Febr. 2003) Nr. 18, 107; *Sanna*, Societas Europaea (SE) – Die Europäische Aktiengesellschaft, ELR 2002, 2; *Schäfer*, Die Lehre vom fehlerhaften Verband – Grundlagen, Verhältnis zum allgemeinen Vertragsrecht und Anwendung auf Strukturänderungen, 2002; *Scheifele*, Die Gründung der Europäischen Aktiengesellschaft, 2004; *Schindler*, Die Europäische Aktiengesellschaft, Gesellschafts- und steuerrechtliche Aspekte, 2002; *J. Schmidt*, „Deutsche" vs. „britische" Societas Europaea (SE), 2006; *Stöber*, Die Gründung einer Holding-SE, AG 2013, 110; *Teichmann*, Die Einführung der Europäischen Aktiengesellschaft, ZGR 2002, 383; *Teichmann*, Minderheitenschutz bei Gründung und Sitzverlegung der SE, ZGR 2003, 367; *Teichmann*, Austrittsrecht und Pflichtangebot bei Gründung einer Europäischen Aktiengesellschaft, AG 2004, 67; *Theißen*, Die Gründung einer Holdinggesellschaft de lege ferenda, Vorschlag einer zukünftigen Regelung im Umwandlungsgesetz, 2000; *Trojan-Limmer*, Die Geänderten Vorschläge für ein Statut der Europäischen Aktiengesellschaft (SE), RIW 1991, 1010; *Vossius*, Gründung und Umwandlung der deutschen Europäischen Gesellschaft (SE), ZIP 2005, 741; *Walther*, Das Statut für Europäische Aktiengesellschaften aus der Sicht der Wirtschaft, AG 1972, 99.

Übersicht

	Rn.		Rn.
I. Inhalt und Normzweck	1, 2	3. Erwerb der Aktien der SE (Abs. 4)	12
II. Einbringungswahlrecht (Abs. 1)	3–6	4. Holding-Gründung und Verbot eigener Aktien	13–15
1. Wahlrecht und Abstimmungsverhalten	3		
2. Umtauschfrist (Abs. 1 S. 2)	4, 5	**IV. Offenlegung und Nachfrist (Abs. 3)**	16–24
3. Inhalt und Rechtsnatur der Mitteilung	6		
III. Einbringung der Anteile (Abs. 2)	7–15	1. Offenlegung (UAbs. 1)	16–18
1. Gründung und Einbringung	7–10	2. Die Nachfrist (UAbs. 2)	19–21
a) Zum Begriff der Gründung	7	3. Einbringung während der Nachfrist und Grundkapital der SE	22–24
b) Rechtsnatur der Einbringung	8–10		
2. Einbringungsgegenstand	11		

	Rn.		Rn.
V. Die Eintragung der Holding-SE (Abs. 5)	25–33	b) Insbesondere Negativattest gem. § 10 Abs. 2 SEAG	27–30
1. Eintragung und Gründungskontrolle; anwendbares Recht	25	3. Das Eintragungsverfahren	31
2. Voraussetzungen der Eintragung	26–30	4. Folgen der Eintragung	32, 33
a) Allgemeines	26	a) Eintragungswirkungen	32
		b) Fehlerhafte Holding-Gründung	33

I. Inhalt und Normzweck

1   Die Eigenart der Holding-Gründung besteht darin, dass die Gesellschafter der Gründungsgesellschaften ihre Anteile im Wege der Sacheinlage der SE zur Verfügung stellen und im Gegenzug Aktien der SE erhalten (Abs. 4; → Art. 32 Rn. 1; → Art. 32 Rn. 37). Art. 33 regelt diese **Einbringungsphase** der SE-Gründung. Der Umtausch vollzieht sich in **zwei Stufen:** Zunächst haben die Gesellschafter der beteiligten Gründungsgesellschaften drei Monate Zeit, ihrer Gesellschaft mitzuteilen, ob sie ihre Anteile einbringen wollen (Abs. 1), richtigerweise ist damit die Einbringungserklärung gemeint (→ Rn. 6, → Rn. 8). Wird innerhalb dieser Stufe die Mindesteinbringungsquote erreicht (Abs. 2), ist dies offen zu legen (Abs. 3 UAbs. 1), woran sich als zweite Stufe eine weitere Umtauschfrist von einem Monat anschließt (Abs. 3 UAbs. 2), binnen derer die verbliebenen Aktionäre eine zweite Chance erhalten, ihre Anteile zu den Bedingungen des Gründungsplans einzubringen. Das Grundkapital der SE wird demgemäß von den Gesellschaftern der Gründungsgesellschaften, nicht von diesen selbst aufgebracht (→ Art. 32 Rn. 1; → Art. 32 Rn. 37). Bedenkt man, dass die Einbringung einer ausreichenden Anzahl von Aktien in die SE zu den Gründungsvoraussetzungen gehört (Abs. 2), so wird man den **Zweck** des Art. 33 vor allem darin sehen, die **Funktionsfähigkeit der Holding-SE** zu sichern.[1] Denn sie erfordert, dass mehr als 50% der stimmberechtigten Anteile der Gründungsgesellschaften eingebracht werden (→ Art. 32 Rn. 16). Zugleich dient er aber auch dem **Individualschutz**, nämlich durch Begründung des Umtauschwahlrechts (→ Rn. 2).

2   Art. 33 gewährt den Gesellschaftern der Gründungsgesellschaften ein **Einbringungswahlrecht,** und zwar auch dann noch, wenn sie der Gründung einer Holding-SE zugestimmt haben. Das ist zu begrüßen; denn anderenfalls wären die Gesellschafter, die sich ihre Wahlfreiheit bewahren wollen, gezwungen, gegen die Gründung zu stimmen, was die Gefahr eines Scheiterns aus „formalen" Gründen erhöht hätte.[2] Das Wahlrecht war während der Entstehungsphase der SE-VO umstritten; frühere SE-VO-Vorschläge hatten noch einen Zwangsumtausch sämtlicher Aktien vorgesehen, weil dies der Holding-Struktur am besten entspreche und klare Verhältnisse schaffe.[3] Mit dem SE-VO-Vorschlag 1991 ist das Konzept des Zwangsumtauschs indes aufgegeben worden. Nunmehr wird betont, dass der Zwangsumtausch mit dem Prinzip der Vertragsfreiheit unvereinbar sei, in vielen Mitgliedstaaten unbekannt sei und den Schutzbedürfnissen der Minderheit widerspreche.[4] Das Wahlrecht wird in Abs. 3 UAbs. 2 noch dadurch verstärkt, dass die Gesellschafter eine (weitere) einmonatige **Nachfrist** zum Umtausch haben, wenn sich innerhalb der dreimonatigen Umtauschfrist des Abs. 1 herausgestellt hat, dass eine ausreichende Zahl von Gesellschaftern ihre Anteile umtauschen und die Gründung daher zustande kommt.

II. Einbringungswahlrecht (Abs. 1)

3   **1. Wahlrecht und Abstimmungsverhalten.** Die Gesellschafter haben nach Abs. 1 S. 1 drei Monate Zeit, um ihrer Gründungsgesellschaft mitzuteilen, ob sie ihre Gesellschaftsan-

---

[1] Zust. Kölner Komm AktG/*Paefgen* Rn. 3.
[2] Vgl. *Hommelhoff* AG 1990, 422 (424).
[3] So Begr., 209 zu Art. 29 SE-VO-Vorschlag 1975 und Begr., 7 zu Art. 31 SE-VO-Vorschlag 1989; dafür auch *Barz/Lutter* in Lutter, Europäische Aktiengesellschaft, 1976, 17, 33; *Kallmeyer* AG 1990, 527 (529); dagegen aber *Trojan-Limmer* RIW 1991, 1010 (1014); *Walther* AG 1972, 99 (101).
[4] Begr., 5 zu Art. 31a SE-Vorschlag 1991.

teile in die SE einbringen wollen oder Mitglied der Gründungsgesellschaft bleiben wollen. Nach der SE-VO besteht dieses Wahlrecht **unabhängig vom Abstimmungsverhalten** beim Zustimmungsbeschluss nach Art. 32 Abs. 6. Denn Abs. 1 enthält keinerlei Anhaltspunkte dafür, dass nur denjenigen Gesellschaftern das Wahlrecht zustehen soll, die der Holding-Gründung widersprochen haben. Das ist als bewusste Entscheidung der VO ernst zu nehmen; denn auf diese Weise wird der Zustimmungsbeschluss nach Art. 32 Abs. 6 vom Risiko bloß „formaler" Ablehnung entlastet (→ Rn. 2). Es ist daher ausgeschlossen, zwischen früherer Zustimmung und anschließender Nichteinbringung der eigenen Anteile ein widersprüchliches und damit treuwidriges Verhalten des Gründungsgesellschafters zu sehen.[5]

2. Umtauschfrist (Abs. 1 S. 2). Die zwingend[6] dreimonatige Einbringungszeit **beginnt** nach Abs. 1 S. 2 zu laufen, sobald der **Gründungplan** nach Art. 32 „**endgültig festgelegt**" worden ist. Wann dies der Fall ist, definiert die geltende Fassung der SE-VO allerdings nicht, während Art. 31a Abs. 1 SE-VO-Vorschlag 1991 noch ausdrücklich auf den Beschluss nach Art. 32 Abs. 6 abstellte.[7] Soll diese Abweichung einen Sinn ergeben, so wird man ihn darin zu sehen haben, dass zwischen der „Zustimmung" nach Art. 32 Abs. 6 und der „endgültigen Festlegung" nach Art. 33 Abs. 1 S. 2 zu differenzieren ist. Bedenkt man, dass der Zustimmungsvorbehalt nach Art. 32 Abs. 6 UAbs. 2 S. 2 im SE-VO-Vorschlag noch nicht enthalten war, so spricht einiges dafür, dass für den Fristbeginn grundsätzlich auf den **Zustimmungsbeschluss** nach Art. 32 Abs. 6 abzustellen ist, im Falle einer gem. Art. 32 Abs. 6 UAbs. 2 S. 2 vorbehaltenen Genehmigung zur Arbeitnehmerbeteiligungsvereinbarung aber erst auf diesen Genehmigungsbeschluss, bei Genehmigungsbeschlüssen in mehreren Gründungsgesellschaften auf den zuletzt gefassten (→ Art. 32 Rn. 35).[8] Erst mit dieser zweiten Äußerung der Gesellschafterversammlung ist die zentrale rechtsgeschäftliche Grundlage der Holding-Gründung komplettiert. Dass die Verhandlungen über die Arbeitnehmerbeteiligung das Verfahren in die Länge ziehen können, ergibt kein Gegenargument. Zum einen dürfte es an der Praxis vorbeigehen, weil diese zu einem so frühzeitigen Beteiligungsverfahren rät, dass es bis zur Beschlussfassung nach Art. 32 Abs. 6 abgeschlossen ist.[9] Zum anderen beruht die Verzögerung auf dem Genehmigungsvorbehalt, nicht auf dem Beteiligungsverfahren und ist daher einerseits steuerbar, andererseits zur Wahrung der Mitspracherechte nach dem Willen der VO hinzunehmen. Eine hiervon zu unterscheidende Frage ist, ob **für alle Gründungsgesellschaften eine einheitliche Frist** läuft, mithin auf den letzten erforderlichen Gesellschafterbeschluss abzustellen ist, oder ob die Frist für jede Gründungsgesellschaft separat läuft. Die besseren Gründe sprechen für eine einheitliche Frist, weil erst mit dem letzten Beschluss feststeht, dass die Gründung überhaupt zustande kommt und ein früherer Fristlauf keinen rechten Sinn ergibt.[10]

Die Frist **endet** stets mit Ablauf von drei Monaten seit dem (letzten) Beschluss gem. Art. 32 Abs. 6 (→ Rn. 4), also nicht schon mit Erreichen der im Gründungsplan gem. Art. 32 Abs. 2 S. 3, 4 festgesetzten Mindestbeteiligungsquote (Abs. 2). Vielmehr kann die Dreimonatsfrist allemal ausgeschöpft werden. Unabhängig von der Nachfrist gem. Abs. 3

---

[5] So auch Lutter/Hommelhoff/Teichmann/*Bayer* Rn. 4; BeckOGK/*Eberspächer* Rn. 3; *Schwarz* Rn. 7; *Hommelhoff* AG 1990, 422 (424); *Scheifele*, Die Gründung der SE, 2004, 358; *Schindler*, Die Europäische Aktiengesellschaft, 2002, 35; *Theißen* Rn. 73 ff.

[6] So auch Lutter/Hommelhoff/Teichmann/*Bayer* Rn. 14; BeckOGK/*Eberspächer* Rn. 3; Habersack/Drinhausen/*Scholz* Rn. 21; aA – für die Möglichkeit einer Verlängerung – Kalss/Hügel/*Hügel* SEG §§ 25, 26 Rn. 30.

[7] Vgl. *Teichmann* ZGR 2002, 383 (436) m. Fn. 200.

[8] So auch *Teichmann* ZGR 2002, 383 (436); Lutter/Hommelhoff/Teichmann/*Bayer* Rn. 13; *Neun* in Theisen/Wenz SE 162 f.; BeckOGK/*Eberspächer* Rn. 3; *Scheifele*, Die Gründung der SE, 2004, 362 auch unter Berufung auf die englische und französische Fassung der SE-VO.

[9] S. *Vossius* ZIP 2005, 741 (745) m. Fn. 46.

[10] Überzeugend *Brandes* AG 2005, 177 (186); dem folgend auch Kölner Komm AktG/*Paefgen* Rn. 38; Habersack/Drinhausen/*Scholz* Rn. 20; aA *J. Schmidt*, „Deutsche" vs. „Britische" SE, 2006, 308 sowie Lutter/Hommelhoff/Teichmann/*Bayer* Rn. 20, die verschieden laufende Fristen in Kauf nehmen.

UAbs. 2 können die Anteile daher ggf. auch noch nach Eintragung der Holding-SE eingebracht werden, zumal das Eintragungsverfahren schon betrieben werden kann, sobald die Mindestquote erreicht ist (Abs. 5; → Rn. 25 ff.).

6 **3. Inhalt und Rechtsnatur der Mitteilung.** Nach Abs. 1 S. 1 haben die Gesellschafter „mitzuteilen, ob sie beabsichtigen, ihre Gesellschaftsanteile bei der Gründung der SE einzubringen." Entgegen dem missverständlichen Wortlaut kann es sich bei der Mitteilung nicht um eine unverbindliche Absichtserklärung handeln; denn sie ist Grundlage für das Erreichen der Mindestumtauschquote nach Abs. 2. Eine bloße Absichtserklärung wäre hierfür ungeeignet;[11] vielmehr muss es sich allemal um eine rechtsverbindliche Erklärung über die Einbringung der Anteile handeln.[12] Weil die Gesellschafter der Gründungsgesellschaften nicht als Gründer der SE anzusehen sind (→ Art. 32 Rn. 1), insbesondere die Aktien nicht schon in der Gründungsurkunde übernehmen, entspricht die Situation derjenigen bei einer **Kapitalerhöhung**.[13] Demgemäß lässt sich die Mitteilung als **Zeichnung der SE-Aktien** in Höhe des sich aus dem Gründungsplan ergebenden Umtauschverhältnisses qualifizieren (vgl. § 185 AktG), also als die auf den Aktienerwerb gerichtete Offerte des Gesellschafters verstehen.[14] Unbegründet ist die im Schrifttum geäußerte Befürchtung, dass eine solche Offerte abgelehnt werden könnte, weshalb die Mitteilung als Annahme eines schon durch den Zustimmungsbeschluss nach Art. 32 Abs. 6 formulierten Angebots zu werten sei.[15] Denn sowohl auf Grund des Zustimmungsbeschlusses als auch mit Rücksicht auf den Gleichbehandlungsgrundsatz haben sämtliche Gesellschafter einen **Anspruch auf Durchführung** des Anteilstauschs;[16] die (Vor-)SE ist daher verpflichtet, das Angebot zum Aktienerwerb gegen Sacheinlage anzunehmen. Mit der Annahmeerklärung der SE, deren Zugang gem. § 151 S. 1 BGB entbehrlich ist,[17] kommt ein **Zeichnungsvertrag** zustande, mit dem sich die (Vor-)SE verpflichtet, dem Zeichner entsprechend dem plangemäßen Umtauschverhältnis Aktien gegen Sacheinlage, namentlich gegen Einbringung seiner Anteile an der Gründungsgesellschaft, zuzuteilen, sofern die Holding-Gründung zustande kommt.[18] – Handelt es sich bei der Gründungsgesellschaft um eine (deutsche) **GmbH** wird man folgerichtig von einer **Formbedürftigkeit** der Mitteilung nach § 15 Abs. 4 GmbHG ausgehen müssen, da sie die Pflicht des Gesellschafters zur Übertragung der Anteile begründet.[19] – Der **Erwerb der SE-Aktien** erfolgt mit Eintragung der SE nach Abs. 5 (→ Rn. 25 ff.). Voraussetzung für den Erwerb ist zwar nach Abs. 4, dass die Aktionäre ihre Anteile einbringen; hiermit ist aber nicht die dingliche Anteilsübertragung gemeint (→ Rn. 12).[20]

III. Einbringung der Anteile (Abs. 2)

7 **1. Gründung und Einbringung. a) Zum Begriff der Gründung.** Nach Abs. 2 ist die SE nur gegründet, wenn die Gesellschafter der Gründungsgesellschaften mindestens

---

[11] *Teichmann* ZGR 2002, 383 (436).
[12] *Teichmann* ZGR 2002, 383 (436); Lutter/Hommelhoff/Teichmann/*Bayer* Rn. 9; BeckOGK/*Eberspächer* Rn. 4; *Oplustil* GLJ, Vol. 4 No. 2 (2003), 107, 118; Widmann/Mayer/*Heckschen* UmwG Anh. 14 Rn. 323; *Heckschen* DNotZ 2003, 251 (262); *Neun* in Theisen/Wenz SE 162, Fn. 3; Habersack/Drinhausen/*Scholz* Rn. 14.
[13] So auch *Jannott* in Jannott/Frodermann SE-HdB Kap. 3 Rn. 172.
[14] Ähnlich *Bayer* in Lutter/Hommelhoff EU-Gesellschaft 25, 52 f.
[15] Vgl. etwa die Konstruktion bei *Scheifele*, Die Gründung der SE, 2004, 344, 361 f.; *Schwarz* Rn. 18.
[16] Vgl. Kalss/Hügel/*Hügel* SEG §§ 25, 26 Rn. 29; so auch BeckOGK/*Eberspächer* Rn. 4.
[17] Vgl. allg. nur Hüffer/Koch/*Koch* AktG § 185 Rn. 23.
[18] Ähnlich Kalss/Hügel/*Hügel* SEG §§ 25, 26 Rn. 29. In diesem Sinne auch *Bayer* in Lutter/Hommelhoff EU-Gesellschaft 25, 52 f.; BeckOGK/*Eberspächer* Rn. 4; *J. Schmidt*, „Deutsche" vs. „Britische" SE, 2006, 307; iErg ebenso, aber mit abw. Konstruktion Kölner Komm AktG/*Paefgen* Rn. 28, 30; *Stöber* AG 2013, 110 (118): im Gründungsplan liegendes Angebot werde durch die Einbringungsmitteilung der einzelnen Gesellschafter angenommen.
[19] Lutter/Hommelhoff/Teichmann/*Bayer* Rn. 12; BeckOGK/*Eberspächer* Rn. 4 aE; *Heckschen* DNotZ 2003, 251 (262); iErg auch *Schwarz* Rn. 18, der die Formbedürftigkeit allerdings aus § 15 Abs. 3 GmbHG herleitet.
[20] So auch Lutter/Hommelhoff/Teichmann/*Bayer* Rn. 16; *J. Schmidt*, „Deutsche" vs. „Britische" SE, 2006, 308; *Schwarz* Rn. 15 ff., 19.

in Höhe des **Mindestprozentsatzes** ihre Anteile eingebracht haben (zur Mindestquote → Art. 32 Rn. 16). Diese Bestimmung ist in verschiedener Hinsicht missverständlich. Das betrifft zunächst den Begriff der **Gründung.** Dieser bezieht sich jedenfalls nicht auf die Entstehung der SE, für die es der Eintragung bedarf (Abs. 5, Art. 16 Abs. 1). Man wird aber auch nicht annehmen können, dass die ausreichende Einbringung von Anteilen an den Gründungsgesellschaften zu den Entstehungsvoraussetzungen der **Vor-SE** (allgemein → Art. 16 Rn. 4 ff.) gehört; denn anderenfalls wären die bis dahin geschlossenen Zeichnungsverträge (→ Rn. 6) subjektlos.[21] Vielmehr reicht es für die Entstehung der Vor-SE, wie allgemein, aus, dass der rechtsgeschäftliche Gründungstatbestand abgeschlossen ist, also Gründungspläne und Zustimmungsbeschlüsse nebst evtl. Genehmigungen iSv Art. 32 Abs. 6 UAbs. 2 S. 2 vorliegen, und die Gründungspläne damit iSv Abs. 1 „endgültig festgelegt" sind (→ Rn. 4). Richtigerweise verfügt Abs. 2 daher keine Gründungs-, sondern eine **Eintragungsvoraussetzung,**[22] also eine besondere Wirksamkeitsvoraussetzung der Holding-SE. Dies wird durch Abs. 5 bestätigt, wonach die SE erst eingetragen werden kann, wenn die „in Abs. 2 genannten Voraussetzungen nachweislich erfüllt sind." Hierfür spricht auch der auf die Funktionsfähigkeit der Holding-SE gerichtete Normzweck (→ Rn. 1), der keinerlei Vorwirkung erfordert (vgl. → Rn. 9 aE).

b) Rechtsnatur der Einbringung. Nicht eindeutig ist der Begriff der Einbringung **8** und sein Verhältnis zur Mitteilung iSv Abs. 1 (→ Rn. 6). Das Verständnis wird zusätzlich dadurch erschwert, dass Abs. 3 UAbs. 2 von der Absicht spricht, die Gesellschaftsanteile in Hinblick auf die SE-Gründung „zur Verfügung zu stellen". Nun können allerdings die Mitteilungen nach Abs. 3 UAbs. 2 und Abs. 1 nur im selben Sinne zu verstehen sein, nämlich als Offerte zum Abschluss eines Zeichnungsvertrages (→ Rn. 6). Die Einbringung nach Abs. 2 ist dann folgerichtig einzuordnen als der **(abgeschlossene) Zeichnungsvertrag,** der die bindende Verpflichtung des Gesellschafters enthält, seine Anteile auf die SE zu übertragen.[23]

Demgegenüber ist die **dingliche Übertragung der Anteile** im Zuge der Sachgründung **9 nicht Gegenstand** von Abs. 2.[24] Anderseits wäre es problematisch, für diese Einbringung eine Frist von bis zu fünf Jahren zu gewähren, wie es nach Art. 15 Abs. 1 iVm § 36a Abs. 2 S. 2 AktG zulässig wäre (→ AktG § 36a Rn. 12) und auch Art. 9 Abs. 2 Kapital-RL (jetzt: Art. 48 UAbs. 2 GesR-RL) entspräche. Denn hierdurch könnte die Funktionsfähigkeit der Holding, die Art. 33 garantieren will (→ Rn. 1), über Jahre nicht erreicht werden. Im Schrifttum wird deshalb mit Recht für eine teleologische Auslegung des Art. 33 plädiert, der zufolge die Übertragung der Aktien zwar **nicht innerhalb der Einbringungsfrist** nach Abs. 2, wohl **aber vor der Eintragung** zu erfolgen hat.[25] Es bleibt daher dabei, dass die SE auch im Falle der Holding-Gründung mit der Eintragung entsteht, nicht etwa durch die Anteilsübertragungen als Vollzug der fristgerecht abgeschlossenen Einbringungsverträge.[26] Damit ist nicht nur das Erreichen der Mindesteinbringungsquote iSv Abs. 2, sondern auch die Übertragung der Anteile **Eintragungsvoraussetzung** (→ Rn. 7); allerdings nicht in gleicher Weise fristgebunden. Demgegenüber ist der **Fristablauf keine Eintragungsvoraussetzung;** vielmehr kann die SE gem. Abs. 5 angemeldet werden, sobald die Mindesteinbringungsquote erreicht und die Anteile übertragen wurden (→ Rn. 5).[27] – Zu den Konsequenzen für die Beurteilung nach § 71a AktG vgl. → Rn. 13.

---

[21] So iErg auch Kalss/Hügel/*Hügel* SEG §§ 25, 26 Rn. 29; wie hier auch Lutter/Hommelhoff/Teichmann/ *Bayer* Rn. 8; *Schwarz* Rn. 43; Habersack/Drinhausen/*Scholz* Rn. 6; *Stöber* AG 2013, 110 (115 f.).
[22] Lutter/Hommelhoff/Teichmann/*Bayer* Rn. 8; BeckOGK/*Eberspächer* Rn. 5; wohl auch *Schwarz* Rn. 43; Habersack/Drinhausen/*Scholz* Rn. 6.
[23] So auch *Stöber* AG 2013, 110 (115).
[24] Ebenso *Scheifele,* Die Gründung der SE, 2004, 360; *Schwarz* Rn. 17.
[25] Lutter/Hommelhoff/Teichmann/*Bayer* Rn. 19; *J. Schmidt,* „Deutsche" vs. „Britische" SE, 2006, 304; *Scheifele,* Die Gründung der SE, 2004, 361; *Schwarz* Rn. 17; *Theißen* S. 76 f.; BeckOGK/*Eberspächer* Rn. 7; vgl. Habersack/Drinhausen/*Scholz* Rn. 25; aA *Kersting* DB 2001, 2079 (2081) Fn. 44; auch noch *Bayer* in Lutter/Hommelhoff EU-Gesellschaft 25, 53.
[26] Anders wohl *Oechsler* NZG 2005, 449: Entstehung der SE mit Vollzug der Einbringung.
[27] Zutr. *Scheifele,* Die Gründung der SE, 2004, 378; *Schwarz* Rn. 49.

10 Möglich ist auch die **teilweise Einbringung** der Aktien.[28] Die Aktionäre werden dann mit einem Teil ihrer Aktien Mitglied der SE und bleiben im Übrigen Mitglied der Gründungsgesellschaft; das Hinausdrängen der Aktionäre aus der Gründungsgesellschaft ist nur unter den Voraussetzungen der §§ 327a ff. AktG möglich, insbesondere wenn die SE eine Beteiligungsquote von 95% erreicht hat. Ein **Austrittsrecht** besteht nach der SE-VO nicht; wohl aber hat der deutsche Gesetzgeber durch § 9 SEAG von der Ermächtigung des Art. 34 Gebrauch gemacht (→ Art. 32 Rn. 5; → Art. 34 Rn. 5).

11 **2. Einbringungsgegenstand.** Auch hinsichtlich der einlagefähigen Gegenstände schwankt die Terminologie der SE-VO. Art. 32 Abs. 2 S. 3 spricht von Aktien und sonstigen Anteilen, die von den Aktionären (!) einzubringen sind, Art. 33 spricht in Abs. 1–3 durchgängig von Gesellschaftsanteilen, in Abs. 4 dann aber von „**Wertpapieren**". Man wird den Begriff des Wertpapiers freilich nur im Sinne eines Synonyms für Gesellschaftsanteile verstehen können; denn es kommt von vornherein nicht in Betracht, dass die Inhaber von Genussrechten, Gewinn-, Wandelschuldverschreibungen o. Ä. Aktien der SE erhalten. Richtigerweise sind daher **nur Aktien bzw. GmbH-Anteile** einbringungsfähig,[29] allerdings jeweils unabhängig davon, ob sie ein Stimmrecht gewähren. Dass für das Erreichen der Mindesteinbringungsquote gem. Art. 32 Abs. 2 S. 4 nur Anteile mit Stimmrecht berücksichtigt werden können, steht nicht entgegen. Denn insofern geht es nicht um die Einlagefähigkeit, sondern um die Sicherung der Funktionsfähigkeit der Holding (→ Rn. 1). Sofern dieser Zweck, also die Quote, erreicht wird, ist aber kein Grund ersichtlich, der noch gegen die Einlagefähigkeit **stimmrechtsloser Anteile** sprechen könnte.[30] – Anderes gilt, wie erwähnt, für das Erreichen der **Mindesteinbringungsquote** (→ Art. 32 Rn. 16), das zu den Eintragungsvoraussetzungen gehört (→ Rn. 7).

12 **3. Erwerb der Aktien der SE (Abs. 4).** Nach Abs. 4 erhalten die Gesellschafter, die ihre Anteile einbringen, Aktien der SE. Wie der Anteilserwerb erfolgt, regelt die SE-VO zwar nicht. Berücksichtigt man aber wiederum die Parallele zur Kapitalerhöhung (→ Rn. 6), so vollzieht sich der Anteilserwerb auf der Grundlage der abgeschlossenen Zeichnungsverträge **durch die Eintragung der SE,** welche der Eintragung der Durchführung einer Kapitalerhöhung nach § 189 AktG entspricht.[31] Die Gesellschafter der Gründungsgesellschaften werden hiermit Aktionäre der SE mit allen Rechten und Pflichten.[32] Mit diesem Zeitpunkt haben die Aktionäre – vorbehaltlich § 10 Abs. 5 AktG – Anspruch auf Verbriefung ihrer Aktien. Auf die Nichtigkeit der Zeichnung können sie sich nicht mehr berufen (vgl. § 185 Abs. 3 AktG; → Rn. 33). – Zum Anteilserwerb der Aktionäre, die ihre Anteile innerhalb der Nachfrist einbringen, → Rn. 22.

13 **4. Holding-Gründung und Verbot eigener Aktien.** Problematisch könnte aus der Perspektive einer (deutschen) Gründungs(aktien)gesellschaft sein, dass sie sich die durch ihre Gesellschafter auf die SE übertragenen Aktien gem. **§ 71a Abs. 2 AktG** zurechnen lassen muss, was zur Nichtigkeit des Gründungsplans resp. des Zustimmungsbeschlusses führen müsste.[33] Auf den ersten Blick ist diese Fragestellung allerdings überraschend; denn die Verpflichtung zur Übertragung folgt bei der Holding-Gründung nicht aus einem Rechtsgeschäft zwischen der Gesellschaft und der (Vor-)SE, wie von § 71a AktG verlangt wird, sondern aus dem zwischen Vor-SE und Gesellschafter geschlossenen Zeichnungsvertrag (→ Rn. 8). Immerhin sind aber nicht die Gesellschafter der Gründungsgesellschaften, son-

---

[28] So auch Lutter/Hommelhoff/Teichmann/*Bayer* Rn. 5; BeckOGK/*Eberspächer* Rn. 4; *Schwarz* Rn. 8; Kölner Komm AktG/*Paefgen* Rn. 10.
[29] Lutter/Hommelhoff/Teichmann/*Bayer* Rn. 6; BeckOGK/*Eberspächer* Rn. 9; *Sanna* ELR 2002, 2 (5 f.); *Scheifele,* Die Gründung der SE, 2004, 359; der Sache nach auch *Jannott* in Jannott/Frodermann SE-HdB Kap. 3 Rn. 169 ff.
[30] Ebenso Lutter/Hommelhoff/Teichmann/*Bayer* Rn. 6; *Schwarz* Rn. 11; *Scheifele,* Die Gründung der SE, 2004, 359.
[31] Dazu nur Hüffer/Koch/*Koch* AktG § 189 Rn. 3.
[32] Vgl. DAV-Handelsrechtsausschuss NZG 2004, 75 (79).
[33] IdS *Oechsler* NZG 2005, 449.

dern diese selbst als Gründer der SE anzusehen (→ Art. 32 Rn. 1). Und deshalb mag man erwägen, ob die SE nicht mittelbar für die Gründungsgesellschaften deren Aktien erwirbt.[34] Bedenkt man indes, dass die geltende Fassung der SE-VO gerade keinen Umtauschzwang vorsieht oder auch nur gestattet, vielmehr den Gesellschaftern bei der Holding-Gründung ein freies Einbringungswahlrecht zubilligt (→ Rn. 2), so fehlt es an jeder rechtlich gesicherten Einflussnahme der Gründungsgesellschaft auf ihre Gesellschafter im Hinblick auf eine Übertragung der Anteile auf die SE. Gründungsplan bzw. Zustimmungsbeschluss, an denen die SE naturgemäß nicht beteiligt ist, sind mithin einem **Rechtsgeschäft iSv § 71a Abs. 2 AktG nicht gleichgestellt.**[35] Denn dafür müsste die SE die Aktien der Gründungsgesellschaften für deren Rechnung halten, wofür indes, wie eben gesehen, ein ausreichender Zurechnungsgrund nicht ersichtlich ist. Die Rechtslage bei der Holding-Gründung weicht folglich im Ansatz nicht von derjenigen einer gewöhnlichen Sachgründung gegen Anteilseinbringung ab (→ Rn. 1; → Art. 32 Rn. 2).

Auch der Gesetzgeber des SEAG ist im Übrigen nicht davon ausgegangen, dass der Anteiltausch im Rahmen des Art. 33 aus Sicht der §§ 71 f. AktG problematisch sei. Zwar erklärt **§ 9 Abs. 1 S. 2 SEAG** die Vorschriften über den Erwerb eigener Aktien für entsprechend anwendbar. Die Vorschrift beschäftigt sich aber allein mit dem Sonderfall des Abfindungsangebots im Falle einer im Ausland belegenen Holding. § 9 Abs. 1 S. 1 SEAG verpflichtet nämlich die Gründungsgesellschaft zu einem Angebot an widersprechende Gesellschafter, deren Anteile gegen Abfindung zu erwerben (→ Art. 32 Rn. 19 ff.; → Art. 34 Rn. 5). Dass hierin ein Erwerb eigener Aktien liegt, lässt sich kaum bestreiten, besagt aber nichts für die anders gelagerte Frage, ob die durch die SE gehaltenen Aktien der Gründungsgesellschaft gem. § 71a Abs. 2 AktG zuzurechnen sind. Sie ist aus den in → Rn. 13 genannten Gründen zu verneinen. **14**

Eine hiervon zu unterscheidende Frage ist, ob die **Gründungsgesellschaft eigene Aktien** in die SE mit der Folge einbringen kann, dass eine wechselseitige Beteiligung entsteht. Insofern könnte freilich der Fall eines zulässigen Erwerbs gem. **§ 71d S. 2 AktG** vorliegen.[36] Doch dürften ohnehin die besseren Gründe dafür sprechen, die Anwendbarkeit des § 71d AktG von vornherein abzulehnen, weil es der von § 71d AktG bezweckten Absicherung des Erwerbsverbots nach § 71 Abs. 1 AktG gegen Umgehung nicht bedarf, sofern die Gründungsgesellschaft ihre eigenen Aktien berechtigterweise gehalten hat.[37] Aus den gleichen Gründen ist auch der Schutzzweck des **§ 56 Abs. 2 AktG,** der im Interesse der Kapitalaufbringung die indirekte Zeichnung eigener Aktien über eine Tochtergesellschaft verbietet,[38] bei der Holdinggründung nicht einschlägig, sodass auch diese Vorschrift richtigerweise nicht anwendbar ist.[39] **15**

IV. Offenlegung und Nachfrist (Abs. 3)

1. Offenlegung (UAbs. 1). Nach UAbs. 1 müssen die Gründungsgesellschaften offen legen, dass die Gründungsvoraussetzungen nach Abs. 2 erfüllt sind, also die **Mindesteinbringungsquote** erreicht ist und **alle übrigen Bedingungen** eingehalten werden. Die Vorschrift ist ohne Entsprechung in früheren SE-VO-Vorschlägen. Sie will keine vorgeschaltete Gründungskontrolle auf Ebene der einzelnen Gründungsgesellschaft ermöglichen und hat auch keine Publizitätswirkung iSv § 15 HGB bzw. Art. 2 Publizitäts-RL (jetzt: Art. 14 **16**

---

[34] So *Oechsler* NZG 2005, 449 f., der die Anwendung des § 71a AktG dann aber am Vorrang des Art. 33 Abs. 2 SE-VO scheitern lässt.
[35] Zust. Lutter/Hommelhoff/Teichmann/*Bayer* Rn. 22; BeckOGK/*Eberspächer* Rn. 10; Habersack/Drinhausen/*Scholz* Art. 32 Rn. 97.
[36] Vgl. *Oplustil* GLJ, Vol. 4 No. 2 (2003), 107 (112).
[37] So mit Recht *Scheifele*, Die Gründung der SE, 2004, 383; ebenso *Schwarz* Rn. 32; BeckOGK/*Eberspächer* Rn. 10; iErg auch Lutter/Hommelhoff/Teichmann/*Bayer* Rn. 23.
[38] Zum Normzweck s. nur Hüffer/Koch/*Koch* AktG § 56 Rn. 1.
[39] So iE auch Lutter/Hommelhoff/Teichmann/*Bayer* Rn. 22; vgl. auch Kölner Komm AktG/*Paefgen* Rn. 17, der auf § 68 Abs. 1 S. 1 Nr. 2 UmwG abstellen will, was aber schon deswegen nicht passt, weil die Gründungsgesellschaften anders als bei der Verschmelzung erhalten bleiben.

GesR-RL); denn sie beinhaltet keine danach publizitätspflichtigen Angaben.[40] Der **Zweck** der Offenlegung besteht vielmehr darin, die einmonatige **Nachfrist** des UAbs. 2 in Gang zu setzen.[41] Hierfür spricht nicht nur ihre systematische Stellung vor UAbs. 2 und die Abgrenzung zur Eintragung gem. Abs. 5 (→ Rn. 25 ff.); vielmehr bedarf es der Offenlegung gerade deshalb, weil eine weitere Umtauschmöglichkeit innerhalb der Nachfrist nur besteht, wenn eine ausreichende Zahl von Gesellschaftern ihre Anteile innerhalb der Frist nach Abs. 2 eingebracht haben (→ Rn. 19). Aus diesem Grund haben die Gesellschafter ein dringendes Interesse zu erfahren, ob die Holding-Gründung zustande kommt. Wenn dies der Fall ist, sollen die verbliebenen Gesellschafter ihre ablehnende Haltung noch einmal **überdenken** können, weil nun feststeht, dass es zur Konzernierung ihrer Gesellschaft kommen wird. Ebenso wie § 16 Abs. 2 WpÜG stellt die SE-VO den Aktionären also ein Mittel bereit, um dem sog. „Prisoner's Dilemma" abzuhelfen:[42] Die Gesellschafter sollen sich nicht nur deshalb für die Einbringung ihrer Anteile entscheiden müssen, weil sie befürchten müssen, anderenfalls allein in einer künftig konzernierten Gründungsgesellschaft zurückzubleiben.[43] Interessen der Gründungsgesellschaft bzw. der SE stehen nicht entgegen, weil sie typischerweise an einer möglichst geringen Zahl verbleibender Minderheitsgesellschafter interessiert sind.

17 Die Offenlegung muss die „Tatsache" **beinhalten,** dass „alle Bedingungen für die Gründung der SE gem. Abs. 2" erfüllt sind, mithin zunächst den Umstand, dass die im Gründungsplan gem. Art. 32 Abs. 2 S. 3, 4 festgelegte **Mindesteinbringungsquote** erreicht wurde, und zwar bei **sämtlichen Gründungsgesellschaften.** Unklar ist, wie genau dieser Umstand zu beschreiben ist, insbesondere ob nicht nur das Erreichen der Mindestquote, sondern darüber hinaus **die tatsächlich erreichte Quote** als solche offen zu legen ist. Letzteres ist richtig; denn im Hinblick auf das Risiko, durch einen anschließenden Squeeze-Out aus der Gesellschaft gedrängt zu werden (→ Rn. 10), besteht ein legitimes Interesse der Gesellschafter zu erfahren, wie viele Aktien der Gründungsgesellschaft innerhalb der Frist des Abs. 2 eingebracht worden sind.[44] Dies gilt nur dann nicht, wenn die Anmeldung schon vor Fristablauf betrieben wird, sobald die Mindesteinbringungsquote erreicht wurde (→ Rn. 5, → Rn. 23). – Unklar ist, was unter „alle übrigen Bedingungen" für die Gründung nach Abs. 2 zu verstehen ist. Erfasst werden jedenfalls die Voraussetzungen der Gründung bzw. Eintragung iSv Art. 32, also die Verfahrensabschnitte gem. Art. 32 Abs. 2–6 (naturgemäß aber nicht die Eintragung selbst). Insofern steht auch der Wortlaut von Abs. 5 nicht entgegen, der zwischen den Voraussetzungen nach Art. 32 und den „Formalitäten nach Abs. 2" unterscheidet; denn es handelt sich um ein überholtes Relikt aus dem SE-VO-Vorschlag 1991, welcher noch keine zusätzliche Offenlegungsvorschrift nach Art des Abs. 3 UAbs. 1 kannte. Nicht eindeutig ist hingegen, ob auch die Gründungsvoraussetzungen nach dem Aktienrecht des Sitzstaats (→ Art. 32 Rn. 36 ff.) von der Offenlegungspflicht nach Abs. 3 erfasst werden.[45] Die besseren Gründe dürften dagegen sprechen, weil die nationalen Sachgründungsvorschriften nach allgemeinen Regeln noch bis zur Anmeldung der SE erfüllt werden können.[46] Auch der Abschluss des Mitbestimmungsverfahrens ist keine „übrige Bedingung" iSv Abs. 2.

---

[40] *Scheifele,* Die Gründung der SE, 2004, 371 f.
[41] BeckOGK/*Eberspächer* Rn. 11; *Jannott* in Jannott/Frodermann SE-HdB Kap. 3 Rn. 177; *Neun* in Theisen/Wenz SE 163; *Schwarz* Rn. 27; *Scheifele,* Die Gründung der SE, 2004, 363, 371; *Teichmann* ZGR 2002, 383 (437); abw. (aber nicht überzeugend) *Kersting* DB 2001, 2079 (2084) (mit Verweis auf Art. 12 Abs. 1), wonach die Frist erst mit der Eintragung der SE beginnt; die Offenlegung nach S. 1 bliebe dann aber ohne erkennbaren Sinn.
[42] Zu § 16 WpÜG vgl. nur Kölner Komm WpÜG/*Hasselbach* WpÜG § 16 Rn. 42; Kölner Komm WpÜG/*Möllers* WpÜG § 23 Rn. 2 ff.; Angerer/Geibel/Süßmann/*Geibel/Süßmann* WpÜG § 16 Rn. 27.
[43] Lutter/Hommelhoff/Teichmann/*Bayer* Rn. 2; *Scheifele,* Die Gründung der SE, 2004, 364 f.; *Schwarz* Rn. 24.
[44] Zust. BeckOGK/*Eberspächer* Rn. 11; Kölner Komm AktG/*Paefgen* Rn. 44; Habersack/Drinhausen/*Scholz* Rn. 31.
[45] *Neun* in Theisen/Wenz SE 163 f.; *Scheifele,* Die Gründung der SE, 2004, 372 f.; *Schwarz* Rn. 29; *Jannott* in Jannott/Frodermann SE-HdB Kap. 3 Rn. 176; so auch noch → 3. Aufl. 2012, Rn. 17.
[46] Kölner Komm AktG/*Paefgen* Rn. 50; Habersack/Drinhausen/*Scholz* Rn. 28.

Die deutsche Gründungsgesellschaft muss die erforderlichen Angaben gem. Art. 3 Publizitäts-RL (jetzt: Art. 16 GesR-RL) iVm §§ 8 ff. HGB dem zuständigen **Handelsregister** in der Form des § 12 HGB mitteilen, welches sodann im Bundesanzeiger und einem weiteren Blatt veröffentlichen lässt, dass die Mitteilung eingereicht wurde.[47] **18**

2. Die Nachfrist (UAbs. 2). UAbs. 2 gewährt denjenigen Aktionären der Gründungsgesellschaften, die ihre Anteile nicht innerhalb der Frist des Abs. 2 eingebracht haben, eine Frist von **einem** (weiteren) **Monat,** innerhalb derer sie ihre Anteile nun noch einbringen können. Die Frist **beginnt** mit der Offenlegung gem. UAbs. 1 zu laufen (→ Rn. 16), also mit der Bekanntmachung nach § 12 HGB und mithin regelmäßig erst, nachdem sämtliche Gründungsvoraussetzungen erfüllt sind. Das ist auch sachgerecht, zumal die Nachfrist schon nach Wortlaut und systematischer Stellung keine Verlängerung der Einbringungsfrist nach Abs. 2 bezweckt; sie beginnt folglich **nicht** zu laufen, wenn die Mindesteinbringungsquote nicht innerhalb der Dreimonatsfrist erreicht worden ist. Unklar ist, ob auch eine zu Unrecht erfolgte Offenlegung (die maßgeblichen Gründungsvoraussetzungen sind in Wahrheit nicht erfüllt), die Frist in Gang setzt, was inzwischen überwiegend verneint wird.[48] Demgegenüber setzt jedenfalls eine **unvollständige** oder sonst fehlerhafte Bekanntmachung aus Gründen der Rechtssicherheit die Frist in Lauf.[49] Das Verstreichen der Nachfrist ist **keine Eintragungsvoraussetzung,** wie sich aus ihrer Nichterwähnung in Abs. 5 klar ergibt, sodass die Eintragung der SE theoretisch auch schon vor Ablauf der Frist erfolgen kann.[50] – Zu den sich aus der Nachfrist ergebenden Problemen in Bezug auf die Kapitalaufbringung → Rn. 22 f. **19**

Die **Mitteilung** der Absicht, „ihre Gesellschaftsanteile diesen Gesellschaften im Hinblick auf die Gründung der künftigen SE zur Verfügung zu stellen" kann, falls man irgendeinen Sinn in der Vorschrift finden will, nur im gleichen Sinne wie die Mitteilung nach Abs. 1 S. 1 zu verstehen sein, also als eine **an die Vor-SE** gerichtete **Offerte zum Abschluss eines Zeichnungsvertrages** (→ Rn. 6, → Rn. 8 f.).[51] Dies gilt ungeachtet des Umstands, dass auf diese Weise den Gründungsgesellschaften selbstverständlich nichts zur Verfügung gestellt wird, wie der sehr missverständliche Wortlaut allerdings nahelegt. Weil auf die Annahmeerklärung der Vor-SE regelmäßig gem. § 151 S. 1 BGB verzichtet wird (→ Rn. 6), ist praktisch immer gewährleistet, dass bei einem fristgerechten Antrag auch der Zeichnungsvertrag als solcher innerhalb der Monatsfrist abgeschlossen wird. **20**

Fraglich ist aber, ob darüber hinaus auch die **Anteilsübertragung innerhalb der Frist** des Abs. 3 UAbs. 2 erfolgen muss, zumal bei einer Einbringung nach Abs. 2 die Anteilsübertragung zu den Eintragungsvoraussetzungen gehört (→ Rn. 9, 26). Im Falle der Einbringung innerhalb der Nachfrist scheidet dies allerdings schon deshalb aus, weil nicht einmal die Nachfrist als solche zu den Eintragungsvoraussetzungen gehört und ihr Ablauf daher auch auf einen Zeitpunkt *nach* der Eintragung fallen kann (→ Rn. 19). Die Frage ist im Übrigen nicht ganz einfach zu entscheiden. Einerseits genügt nach § 36a Abs. 2 S. 2 AktG ein dinglicher Vollzug binnen fünf Jahren, andererseits müssen die Gesellschafter, die sich innerhalb der Frist nach Abs. 2 zur Einbringung bereit erklären, ihre Anteile bis zur Eintragung der SE auf diese übertragen haben (→ Rn. 9). Diese substanzielle Verkürzung der Übertragungsfrist ergibt sich aus dem Ziel des Art. 33 Abs. 2, die Funktionsfähigkeit der Holding-SE zu gewährleisten, und ist daher für die Einbringung innerhalb der Nachfrist nicht in gleicher Weise wirksam, weil die Funktionsfähigkeit der Holding zu diesem Zeit- **21**

---

[47] Vgl. *Jannott* in Jannott/Frodermann SE-HdB Kap. 3 Rn. 176; Habersack/Drinhausen/*Scholz* Rn. 32.
[48] Kölner Komm AktG/*Paefgen* Rn. 57; BeckOGK/*Eberspächer* Rn. 14; Habersack/Drinhausen/*Scholz* Rn. 36; abw. noch → 3. Aufl. 2012, Rn. 19.
[49] Übereinstimmend Habersack/Drinhausen/*Scholz* Rn. 37.
[50] Zutr. *Teichmann* ZGR 2002, 383 (437); ebenso auch BeckOGK/*Eberspächer* Rn. 15; Widmann/Mayer/ Heckschen UmwG Anh. 14 Rn. 290; *El Mahi,* Die Europäische Aktiengesellschaft, 2004, 65; noch weiter *Scheifele,* Die Gründung der SE, 2004, 378; *Schwarz* Rn. 49 f., die eine Eintragungsmöglichkeit schon während der Dreimonatsfrist des Art. 33 Abs. 1 befürworten, sobald die Mindestquote erreicht ist; aA aber Lutter/ Hommelhoff/Teichmann/*Bayer* Rn. 37; *J. Schmidt,* „Deutsche" vs. „Britische" SE, 2006, 340 ff.
[51] Zust. BeckOGK/*Eberspächer* Rn. 15.

punkt bereits feststeht (→ Rn. 19). Andererseits wäre es aber aus Gründen der **Gleichbehandlung** aller Aktionäre der SE nicht vertretbar, wollte man den Aktionären, die innerhalb der Nachfrist ihre Anteile einbringen, die volle Einbringungszeit des § 36a Abs. 2 S. 2 AktG offenhalten und damit eine wesentlich längere Frist gewähren. Die SE ist daher verpflichtet, sogleich nach Wirksamwerden des Zeichnungsvertrages die Übertragung der Anteile zu verlangen, ohne dass diese aber notwendigerweise innerhalb der Monatsfrist schon tatsächlich vollzogen sein müsste.

22   **3. Einbringung während der Nachfrist und Grundkapital der SE.** Das Grundkapital der SE muss nach deutschem Aktienrecht im Zeitpunkt der Eintragung in der Gründungssatzung fixiert werden, weil § 192 AktG einem bedingten Grundkapital in der Gründungssatzung entgegensteht (→ Art. 32 Rn. 14). In Hinblick auf die Möglichkeit zur nachträglichen Einbringung nach Abs. 3 UAbs. 2 ist für die Holding-Gründung von diesem Grundsatz aber abzuweichen. Hierbei liegt die überzeugendste Lösung in einer **Kombination aus festem und bedingtem Grundkapital.** Die ausnahmsweise Zulässigkeit eines bedingten Kapitals schon in der Gründungssatzung ergibt sich als notwendige Konsequenz daraus, dass die SE-VO bei der Holding-SE eine nach deutschem Aktienrecht per se unzulässige **Stufengründung** explizit zulässt, bei der systembedingt Satzungsfeststellung und Übernahme der Aktien in gleicher Weise auseinanderfallen, wie dies im Falle einer Kapitalerhöhung für Erhöhungsbeschluss und Zeichnungsvertrag gilt (→ Rn. 6, → Rn. 8 f.).

23   Macht man mit diesem Gedanken Ernst, sprechen die besseren Gründe dafür, zwar nicht für die notwendigerweise vor Anmeldung erfolgende Einbringung in Höhe der Mindestquote gem. Abs. 2, wohl aber für „Nachzügler" nach Abs. 3 *und* Abs. 2 ein **bedingtes Kapital analog §§ 192, 193 AktG** zuzulassen, sich also über die der Vermeidung einer Stufengründung bzw. der Wahrung des Bezugsrechts dienenden und daher unpassenden Beschränkungen des § 192 AktG in verordnungskonformer Auslegung hinwegzusetzen.[52] Das betrifft sowohl die Aktionäre, die ihre Anteile innerhalb der Nachfrist nach Abs. 3 einbringen, als auch diejenigen, die *nach* Erreichen der Mindesteinbringungsquote, aber noch innerhalb der Frist des Abs. 2 ihre Anteile umtauschen. Denn nur das Erreichen der Quote, nicht aber das Verstreichen der Dreimonatsfrist gehört zu den Eintragungsvoraussetzungen (→ Rn. 9, → Rn. 26), weshalb es die SE-VO zulässt, dass die Anmeldung schon vor Ablauf der Dreimonatsfrist vorgenommen werden kann (→ Rn. 5). Ist aber die Einbringung nach Anmeldung systembedingt zulässig oder gar unvermeidlich, so kommt eine Korrektur des in der Satzung festgelegten Grundkapitals vor der Anmeldung bzw. Eintragung nicht mehr in Betracht. Dies ist derart in Rechnung zu stellen, dass eine sofortige Satzungsänderung zur Anpassung des Grundkapitals entbehrlich bleibt. Die Gründe, die aus Sicht des deutschen AktG für die Unzulässigkeit einer Stufengründung und damit auch gegen ein schon in der Gründungssatzung enthaltenes bedingtes Kapital sprechen, sind bei der Holding-Gründung wegen Art. 33 Abs. 2 irrelevant. Das Kapital der SE besteht deshalb aus einem **festen Grundkapital,** das die Summe der auf die Mindesteinlagequoten entfallenden Anteile abbildet (→ Art. 4 Rn. 1 ff.; → Art. 32 Rn. 14), *und* einem **bedingten Kapital,** das die Differenz zum vollen Grundkapital der beteiligten Gründungsgesellschaften abdeckt.[53]

---

[52] Zust. BeckOGK/*Eberspächer* Rn. 16, Widmann/Mayer/*Heckschen* UmwG Anh. 14 Rn. 288; *El Mahi,* Die Europäische Aktiengesellschaft, 2004, 65; (unbegründete) Bedenken dagegen sieht *Schwarz* Rn. 54; Habersack/Drinhausen/*Scholz* Art. 32 Rn. 68.

[53] Ebenso Lutter/Hommelhoff/Teichmann/*Bayer* Art. 32 Rn. 34; BeckOGK/*Eberspächer* Art. 32 Rn. 10; BeckOGK/*Eberspächer* Art. 33 Rn. 16; *Jannott* in Jannott/Frodermann SE-HdB Kap. 3 Rn. 142; *J. Schmidt,* „Deutsche" vs. „Britische" SE, 2006, 278 ff.; vgl. auch den vom Gesetzgeber im SEAG nicht aufgegriffenen Klarstellungsvorschlag des DAV-Handelsrechtsausschusses NZG 2004, 75 (79); aA *Scheifele,* Die Gründung der SE, 2004, 317, 378 ff., der statt dessen für eine erleichterte Berichtigung der Satzung sowie eine (wohl impraktikable) Treuhandlösung plädiert; ebenso *Schwarz* Rn. 51 ff. – Wieder anders Kölner Komm AktG/*Paefgen* Art. 32 Rn. 59 sowie Habersack/Drinhausen/*Scholz* Art. 32 Rn. 70, die eine Kombination aus satzungsmäßigem Grundkapital mit „bis-zu"-Kapitalerhöhung vorschlagen; auch diese Lösung kommt freilich nicht ohne erhebliche Friktionen mit dem geltenden Aktienrecht aus, s. nur Lutter/Hommelhoff/Teichmann/*Bayer* Art. 32 Rn. 32.

Für die **Aktienausgabe** gelten für die nach der Anmeldung, insbesondere während der 24
Nachfrist beigetretenen Aktionäre folglich die Grundsätze der bedingten Kapitalerhöhung
entsprechend (insbesondere §§ 199, 200 AktG).[54] An die Stelle der Eintragung des Erhöhungsbeschlusses gem. § 195 AktG tritt die Eintragung der SE, weil schon die Gründungssatzung das bedingte Kapital enthält (→ Rn. 22 f.).

V. Die Eintragung der Holding-SE (Abs. 5)

1. Eintragung und Gründungskontrolle; anwendbares Recht. Die SE entsteht als 25
solche gem. Art. 16 Abs. 1 erst mit der Eintragung ins Handelsregister nach Art. 12 iVm § 3
SEAG (→ Rn. 9; → Art. 12 Rn. 2), und erst durch die Eintragung werden die Gesellschafter
der Gründungsgesellschaften zu Aktionären der SE (→ Rn. 6). Der Eintragung folgt die
Offenlegung (→ Art. 13, 14 Rn. 1 f.), der sich als weiterer Publizitätsakt die Bekanntgabe
im Amtsblatt der Europäischen Gemeinschaften anschließt (→ Art. 13, 14 Rn. 3 f.). Abs. 5
enthält eine Sonderregelung für die Eintragung der Holding-SE hinsichtlich der **Rechtmäßigkeitskontrolle** im Eintragungsverfahren. Das zuständige Registergericht hat demnach zu
prüfen, ob die Voraussetzungen der Eintragung gem. Art. 32 und Art. 33 Abs. 2 erfüllt sind.
Im Übrigen gilt über Art. 15 Abs. 1 das Recht der aktienrechtlichen Gründungsprüfung,
namentlich also **§ 38 AktG**.[55] Anders als die Verschmelzungsgründung kennt die Holding-
Gründung keine zweistufige Gründungskontrolle nach Art der Art. 25, 26; vielmehr erfolgt
die **einheitliche Gründungskontrolle** ausschließlich auf Ebene der SE, also durch das Registergericht an deren Sitz. Demgemäß müsste dieses auch die bei den ausländischen Gründungsgesellschaften nach deren Recht zu vollziehenden Gründungsschritte kontrollieren, was aber
das Kontrollverfahren überfrachten würde. Aus diesem Grund hat der Gesetzgeber des SEAG
die Pflicht zur Vorlage eines Negativattests eingeführt (→ Rn. 27).

2. Voraussetzungen der Eintragung. a) Allgemeines. Das zuständige Registerge- 26
richt (→ Rn. 31) hat zu prüfen, ob die „Formalitäten gem. Art. 32 und die in Abs. 2
genannten Voraussetzungen nachweislich erfüllt sind." Das ist zwar redundant, weil auf
diese Weise die Voraussetzungen des Art. 32 zweimal in Bezug genommen werden
(→ Rn. 17). Im Ergebnis ist aber eindeutig, dass sowohl die Gründungsvoraussetzungen
nach Abs. 2 zu kontrollieren sind (insbesondere Gründungsplan und dessen Offenlegung;
Zustimmungsbeschlüsse; Prüfungen und Prüfungsberichte; Vereinbarung über die Arbeitnehmerbeteiligung gem. Art. 12 Abs. 2 sowie ggf. die Genehmigungsentscheidungen gem.
Art. 32 Abs. 6 UAbs. 2 S. 2; → Art. 32 Rn. 8 ff.), einschließlich der ergänzenden Voraussetzungen nach dem Aktienrecht des Sitzstaats (→ Art. 32 Rn. 36 ff.), als auch das Erreichen
der Mindesteinbringungsquote nach Abs. 2 nebst der dinglichen Übertragung *dieser* Anteile
auf die Vor-SE (→ Rn. 9, → Rn. 21), und zwar in sämtlichen Gründungsgesellschaften.
Die Kontrollbehörde braucht dabei **nicht** die **Rechtmäßigkeit** der Gründungsbeschlüsse
zu überprüfen, die sich nach dem Recht der jeweiligen Gründungsgesellschaft bemisst,[56]
sofern die Gesellschaft ein **Negativattest** abgibt, wie es § 10 Abs. 2 SEAG ausdrücklich
vorsieht (→ Rn. 27). – **Keine** Eintragungsvoraussetzung ist demgegenüber der Ablauf der
Einbringungsfristen nach Abs. 2 bzw. 3 (→ Rn. 5, → Rn. 19).

b) Insbesondere Negativattest gem. § 10 Abs. 2 SEAG. aa) Normzweck und 27
Ermächtigungsgrundlage. Gem. § 10 Abs. 2 SEAG müssen die Vertretungsorgane der
(Vor-)SE erklären, dass eine Anfechtungsklage gegen den Gründungsbeschluss nicht (rechtzeitig) erhoben bzw. rechtskräftig abgewiesen oder zurückgenommen wurde. Durch diese
Registersperre nach dem Vorbild des § 16 Abs. 2 UmwG soll die Gründungsprüfung

---

[54] Dazu allg. nur Hüffer/Koch/*Koch* AktG § 192 Rn. 4; Hüffer/Koch/*Koch* AktG § 199 Rn. 2 ff.
[55] S. nur *Neun* in Theisen/Wenz SE 171; *Jannott* in Jannott/Frodermann SE-HdB Kap. 3 Rn. 189 f.;
Scheifele, Die Gründung der SE, 2004, 374; Habersack/Drinhausen/*Scholz* Rn. 55.
[56] Vgl. *Neye/Teichmann* AG 2003, 169 (173); *Scheifele*, Die Gründung der SE, 2004, 376 f.; *Schwarz*
Rn. 46 f.; für eine Evidenzkontrolle hingegen Lutter/Hommelhoff/Teichmann/*Bayer* Rn. 48; *J. Schmidt*,
„Deutsche" vs. „Britische" SE, 2006, 334 f.

entlastet werden (→ Rn. 25). Richtigerweise konkretisiert die Vorschrift lediglich **Abs. 5** im Hinblick auf den tauglichen **Nachweis** der Eintragungsvoraussetzungen.[57] Das (deutsche) Registergericht kann demgemäß **auch von ausländischen Gründungsgesellschaften** eine entsprechende Erklärung verlangen,[58] und zwar unabhängig davon, dass § 10 Abs. 2 SEAG nur auf die deutsche Gründungsgesellschaft anwendbar ist. Aus diesem Grund steht es ausländischen Gründungsgesellschaften allerdings frei, auf andere Weise darzulegen und ggf. nachzuweisen, dass und warum ihre Zustimmungsbeschlüsse rechtmäßig sind, wenn sie kein Negativattest abgeben möchten.

28   **bb) Anfechtung des Gründungsbeschlusses.** Für die deutsche Gründungsgesellschaft steht auf Grund von § 10 Abs. 2 SEAG wie bei § 16 Abs. 2 UmwG[59] fest, dass die Holding-SE nicht eingetragen werden kann, wenn der Hauptversammlungsbeschluss gem. Art. 32 Abs. 6 angefochten wurde.[60] Zugleich ist aber zu berücksichtigen, dass die Unangemessenheit des **Umtauschverhältnisses** gem. § 11 Abs. 2 SEAG iVm § 6 Abs. 4 SEAG oder der **Barabfindung** gem. § 9 Abs. 2 SEAG iVm § 7 Abs. 5 SEAG keine Anfechtungsgründe darstellen, und statt dessen im Spruchverfahren zu überprüfen sind. Zur Frage, ob die Verbesserung des Umtauschverhältnisses oder der Abfindung gem. § 11 Abs. 2 SEAG iVm § 6 Abs. 1 SEAG bzw. § 9 Abs. 2 SEAG iVm § 7 Abs. 7 SEAG die Zustimmung der Anteilsinhaber der ausländischen Gründungsgesellschaft entsprechend **Art. 25 Abs. 3 S. 1** erfordert, → Art. 34 Rn. 4.[61]

29   **Abweichend von § 16 Abs. 2 S. 1 Hs. 2 UmwG** müssen die Vertretungsorgane nach der Anmeldung keine Erklärung mehr über etwaige Klagen abgeben. Die Eintragung kann somit schon **vor Ablauf der Anfechtungsfrist** erfolgen, was aber das Verfahren fehleranfälliger macht.[62] Nicht übertragen wurde auch die Möglichkeit einer **Verzichtserklärung** aller klageberechtigten Anteilsinhaber iSd § 16 Abs. 2 S. 2 Hs. 2 UmwG. Weil allerdings ein sachlicher Unterschied zur Verschmelzung in diesem Punkt nicht erkennbar ist, spricht alles für eine **Analogie** zu § 16 Abs. 2 S. 2 Hs. 2 UmwG.[63] Ob eine Koordinierung der Verzichtserklärungen bei einer großen Zahl von Anteilsinhabern praktisch durchführbar ist, steht auf einem anderen Blatt (aber einer Analogie naturgemäß nicht entgegen).

30   **cc) Freigabeverfahren gem. § 16 Abs. 3 UmwG?** Das SEAG sieht kein Freigabeverfahren nach Art des § 16 Abs. 3 UmwG vor. Indes ist ein Sachgrund für eine unterschiedliche Behandlung im Vergleich zur Verschmelzungsgründung, bei der § 16 Abs. 3 UmwG gem. Art. 18 zweifelsfrei anwendbar ist (→ Art. 25 Rn. 8; → Art. 30 Rn. 8), nicht erkennbar und wird auch vom Gesetzgeber nicht behauptet.[64] Selbstverständlich birgt auch die Registersperre nach § 10 Abs. 2 SEAG ein nicht unerhebliches Erpressungspotential (für die AG → AktG § 246a Rn. 2 f.).[65] Die besseren Gründe sprechen deshalb dafür, die Vorschrift **analog** auf die Holding-Gründung **anzuwenden**,[66] zumal sie mittlerweile in § 246a AktG auf weitere Strukturänderungen übertragen wurde. Die planwidrige Lücke dürfte mit der

---

[57] Zutr. *Teichmann* AG 2004, 67 (69 f.); *Scheifele*, Die Gründung der SE, 2004, 377.
[58] So auch Lutter/Hommelhoff/Teichmann/*Bayer* Rn. 53; aA Habersack/Drinhausen/*Scholz* Art. 32 Rn. 100.
[59] Dazu Lutter/*Decher* UmwG § 16 Rn. 20 ff.
[60] Vgl. zu dieser im DiskE noch offengebliebenen Frage etwa *Brandt* NZG 2002, 991 (995); *Neye/Teichmann* AG 2003, 169 (173); *Teichmann* AG 2004, 67 (70); *Teichmann* ZGR 2003, 367 (387 ff.).
[61] Die Frage wird von der Begr. RegE, BT-Drs. 15/3405, 34, bejaht.
[62] Lutter/*Decher* UmwG § 16 Rn. 18 f.
[63] Zust. Habersack/Drinhausen/*Scholz* Art. 32 Rn. 100.
[64] Vgl. Begr. RegE, BT-Drs. 15/3405, 34; s. auch *Ihrig/Wagner* BB 2004, 1749 (1753); Habersack/Drinhausen/*Scholz* Art. 32 Rn. 101 mwN; *Teichmann* AG 2004, 67 (70).
[65] Vgl. zum Regelungszweck des Freigabeverfahrens nur Lutter/*Decher* UmwG § 16 Rn. 26; Widmann/Mayer/*Fronhöfer* UmwG § 16 Rn. 99 f.
[66] Im Ergebnis ebenso *Brandt* BB-Special 3/2005, 1 (2); *Göz* ZGR 2008, 593 (606); BeckOGK/*Eberspächer* Rn. 18; Kölner Komm AktG/*Paefgen* Rn. 109 f.; Habersack/Drinhausen/*Scholz* Art. 32 Rn. 101; aA Lutter/Hommelhoff/Teichmann/*Bayer* Rn. 54; *Brandes* AG 2005, 177 (187); Widmann/Mayer/*Heckschen* UmwG Anh. 14 Rn. 328 ff.; *Schwarz* Rn. 47; *Vetter* in Lutter/Hommelhoff EU-Gesellschaft 111, 154.

Annahme des Gesetzgebers zusammenhängen, eine Regelung sei ebenso entbehrlich wie im Falle der Verschmelzung, was in Hinblick auf Art. 18 und § 16 UmwG aber unzutreffend ist. Methodischer Ansatz für die Anerkennung des Freigabeverfahrens bei der Holding-Gründung ist demgemäß neben der Analogie zu § 16 Abs. 3 UmwG (auf nationaler Ebene) auch die Analogie zu Art. 18 (→ Art. 32 Rn. 3).

3. Das Eintragungsverfahren. Auf das Eintragungsverfahren sind gem. Art. 12 Abs. 1 iVm § 3 SEAG die für die Eintragung von Aktiengesellschaften geltenden Verfahrensvorschriften anwendbar. Demgemäß ist das **Handelsregister** am Sitz der SE gem. § 4 SEAG, § 376 FamFG zuständig; für Anmeldung und Prüfung gelten die §§ 36 ff. AktG in Ergänzung des Art. 33 Abs. 5. Außer den in § 37 AktG genannten Dokumenten sind der **Anmeldung** daher beizufügen: Der Gründungsplan (in allen [Sprach-]Fassungen); der oder die Prüfungsberichte; die Niederschriften der Gründungsbeschlüsse; die Vereinbarung über das Arbeitnehmerbeteiligungsverfahren (bzw. ein Nachweis über Nichtaufnahme oder Abbruch der Verhandlungen) sowie ggf. eine Niederschrift über die Zustimmungsentscheidung nach Art. 32 Abs. 6 UAbs. 2 S. 2; geeignete Nachweise über die fristgemäße Einbringung der Anteile an den Gründungsgesellschaften in Höhe der Mindesteinbringungsquote (Zeichnungsscheine); das Negativattest gem. § 10 Abs. 2 SEAG. – Zum Nachweis der Mehrstaatlichkeit → Art. 2 Rn. 5 f. **31**

4. Folgen der Eintragung. a) Eintragungswirkungen. Die Wirkungen der Eintragung sind an dieser Stelle lediglich zu rekapitulieren: Mit der Eintragung **entsteht die SE** gem. Art. 16 (→ Art. 16 Rn. 3) und die Gesellschafter der Gründungsgesellschaften werden auf Grund der von ihnen geschlossenen Zeichnungsverträge **Aktionäre** der SE (Abs. 4; → Rn. 12). Die Gründungsgesellschaften bestehen fort, einschließlich ihres unveränderten Vermögens (→ Art. 32 Rn. 1). Zwischen der (deutschen) Gründungsgesellschaft und der SE entsteht ein **faktisches Konzernverhältnis** (§§ 311 ff. AktG). **32**

b) Fehlerhafte Holding-Gründung. Eine **Bestandsschutzregelung** nach dem Vorbild des Art. 30 fehlt bei der Holding-Gründung, was darauf beruhen dürfte, dass die Holding-Gründung die Existenz der Gründungsgesellschaften unberührt lässt und es nicht zu einer Universalsukzession auf die SE kommt. In der Tat erscheint eine besondere Regelung zur fehlerhaften Strukturänderung aus diesen Gründen entbehrlich. Denn mit Rücksicht auf den früheren Art. 11 Publizitäts-RL (jetzt: **Art. 11 GesR-RL**) konnte der Verordnungsgeber davon ausgehen, dass die einmal entstandene SE allenfalls mit Wirkung für die Zukunft wieder aufgelöst werden kann. Die Auflösung einer fehlerhaft gegründeten SE kommt daher grundsätzlich nur unter den Voraussetzungen der **§§ 275 ff. AktG** (iVm Art. 15 Abs. 1) in Betracht.[67] Fraglich ist allenfalls, ob es in Hinblick auf Art. 33 Abs. 2 als **zusätzlicher Auflösungsgrund** anzusehen ist, wenn Anteilsübertragungen in so großer Zahl unwirksam sind, dass die **Mindesteinbringungsquote** nicht erreicht wird. Denn auf die Anteilsübertragung als solche ist die Lehre vom fehlerhaften Verband nicht anwendbar.[68] Bei näherem Zusehen bedarf es dieses Auflösungsgrundes indes nicht. Denn Grundlage für die Anteilsübertragung ist allemal der Zeichnungsvertrag zwischen Vor-SE und Gesellschafter der Gründungsgesellschaft (→ Rn. 6). Und auf den Beitritt ist die Lehre vom fehlerhaften Verband zweifelsfrei anwendbar, sodass dessen (vorläufige) Wirksamkeit gesichert ist.[69] Zwar verfügen die betroffenen Gesellschafter über ein außerordentliches Recht zum Austritt;[70] dieses führt aber auch im Falle einer Sacheinlage stets zu einer **Barabfindung**.[71] Daher bleiben die Gesellschafter aus dem Zeichnungsvertrag allemal verpflichtet, die zugesagten Anteile an der Gründungsgesellschaft auf die SE zu übertragen. **33**

---

[67] Ebenso BeckOGK/*Eberspächer* Rn. 19; vgl. ferner Lutter/Hommelhoff/Teichmann/*Bayer* Rn. 58; *J. Schmidt*, „Deutsche" vs. „Britische" SE, 2006, 342, beide iVm Art. 9 Abs. 1 lit. c Ziff. ii.
[68] *Schäfer*, Die Lehre vom fehlerhaften Verband, 2002, 312 ff.
[69] *Schäfer*, Die Lehre vom fehlerhaften Verband, 2002, 306 ff.; vgl. Hüffer/Koch/*Koch* AktG § 185 Rn. 28.
[70] *Schäfer*, Die Lehre vom fehlerhaften Verband, 2002, 309; Kölner Komm AktG/*Lutter* AktG § 185 Rn. 18; Hüffer/Koch/*Koch* AktG § 185 Rn. 28.
[71] Näher *Schäfer*, Die Lehre vom fehlerhaften Verband, 2002, 427 ff. mwN.

Art. 34 [Interessenschutz bei Gründung]

Ein Mitgliedstaat kann für die eine Gründung anstrebenden Gesellschaften Vorschriften zum Schutz der die Gründung ablehnenden Minderheitsgesellschafter, der Gläubiger und der Arbeitnehmer erlassen.

§ 9 SEAG Abfindungsangebot im Gründungsplan

(1) ¹Bei der Gründung einer Holding-SE nach dem Verfahren der Verordnung, die ihren Sitz im Ausland haben soll oder die ihrerseits abhängig im Sinne des § 17 des Aktiengesetzes ist, hat eine die Gründung anstrebende Aktiengesellschaft im Gründungsplan jedem Anteilsinhaber, der gegen den Zustimmungsbeschluss dieser Gesellschaft zum Gründungsplan Widerspruch zur Niederschrift erklärt, den Erwerb seiner Anteile gegen eine angemessene Barabfindung anzubieten. ²Die Vorschriften des Aktiengesetzes über den Erwerb eigener Aktien gelten entsprechend, jedoch ist § 71 Abs. 4 Satz 2 des Aktiengesetzes insoweit nicht anzuwenden. ³Die Bekanntmachung des Gründungsplans als Gegenstand der Beschlussfassung muss den Wortlaut dieses Angebots enthalten. ⁴Die Gesellschaft hat die Kosten für eine Übertragung zu tragen. ⁵§ 29 Abs. 2 des Umwandlungsgesetzes findet entsprechende Anwendung.

(2) § 7 Abs. 2 bis 7 findet entsprechende Anwendung, wobei an die Stelle der Eintragung und Bekanntmachung der Verschmelzung die Eintragung und Bekanntmachung der neu gegründeten Holding-SE tritt.

§ 11 SEAG Verbesserung des Umtauschverhältnisses

(1) Ist bei der Gründung einer Holding-SE nach dem Verfahren der Verordnung das Umtauschverhältnis der Anteile nicht angemessen, so kann jeder Anteilsinhaber der die Gründung anstrebenden Gesellschaft von der Holding-SE einen Ausgleich durch bare Zuzahlung verlangen.

(2) § 6 Abs. 1, 3 und 4 findet entsprechende Anwendung, wobei an die Stelle der Eintragung und Bekanntmachung der Verschmelzung die Eintragung und Bekanntmachung der Gründung der Holding-SE tritt.

Schrifttum: *Casper,* Erfahrungen und Reformbedarf bei der SE – Gesellschaftsrechtliche Reformvorschläge, ZHR 173 (2009), 181; *Hommelhoff,* Satzungsstrenge und Gestaltungsfreiheit in der Europäischen Aktiengesellschaft, FS Ulmer, 2003, 267; *Ihrig/Wagner,* Diskussionsentwurf für ein SE-Ausführungsgesetz, BB 2003, 969; *Kalss,* Der Minderheitenschutz bei Gründung und Sitzverlegung der SE nach dem Diskussionsentwurf, ZGR 2003, 593; *Scheifele,* Die Gründung der Europäischen Aktiengesellschaft, 2004; *J. Schmidt,* „Deutsche" vs. „britische" Societas Europaea (SE), 2006; *Teichmann,* ECLR, Die Einführung der Europäischen Aktiengesellschaft, ZGR 2002, 383.

I. Inhalt und Normzweck

1   Art. 34 **ermächtigt** den nationalen Gesetzgeber, Vorschriften zum Schutz der die Gründung ablehnenden Minderheitsgesellschafter, der Gläubiger und der Arbeitnehmer zu erlassen.¹ Hinsichtlich des Minderheitenschutzes entspricht die Vorschrift Art. 24 Abs. 2, ohne freilich die Angemessenheit des Schutzes zu betonen; hierin liegt aber keine Abweichung in der Sache. Ob die Holding-Gründung einen besonderen Minderheitenschutz herausfordert, zumal diese schon durch Hauptversammlungskompetenz und Einbringungswahlrecht geschützt werden, mag man bezweifeln und war deshalb im Vorfeld des SEAG **rechtspolitisch umstritten.**² Auf der anderen Seite verhält sich die SE-VO in Art. 34 explizit aufgeschlossen gegenüber einer weiteren Verstärkung des Minderheiten- bzw. Individualschutzes, und der Gesetzgeber des **SEAG** hat hiervon auf zweierlei Weise Gebrauch gemacht: Zum einen verpflichtet er die Gründungsgesellschaft, ein Abfindungsangebot in den Gründungsplan aufzunehmen, wenn die Holding-SE ihren Sitz im Ausland hat (§ 9 SEAG; → Art. 20 Rn. 22). Zum anderen schafft er die Möglichkeit, ein unangemessenes Umtauschverhältnis nachträglich im Spruchverfahren zu verbessern. Damit ist die Holding-Gründung der Verschmelzungsgründung hinsichtlich des Individualschutzes (s. §§ 6, 7 SEAG) gleichgestellt, was aber auch bedeutet, dass *weitere* Instrumente des Minderheitenschutzes wie dort ausge-

---

¹ Grds. dazu *Kalss* ZGR 2003, 593 (594); *Hommelhoff* FS Ulmer, 2003, 267 (275).
² Vgl. nur *Kalss* ZGR 2003, 593 (634); *Scheifele,* Die Gründung der SE, 2004, 347 f.

schlossen sind (→ Art. 24 Rn. 7). Man mag das rechtspolitisch angreifen; de lege lata ist § 9 SEAG aber gewiss durch Art. 34 gedeckt.[3]

Soweit Art. 34 darüber hinaus auch zu ergänzendem **Gläubiger- und Arbeitnehmer-** 2 **schutz** ermächtigt, hat der deutsche Gesetzgeber hiervon keinen Gebrauch gemacht. Das schien auch entbehrlich, da der Bestand des Vermögens durch die Holding-Gründung ebenso wenig berührt wird wie deren Arbeitsrechtsverhältnisse. Auch für die entsprechende Anwendung des § 323 UmwG fehlt es deshalb an einer vergleichbaren Interessenlage. Über mögliche mittelbare Auswirkungen der Holding-Gründung werden die Arbeitnehmer bereits in dem Bericht gem. Art. 32 Abs. 2 S. 2 informiert (→ Art. 32 Rn. 18). Im Übrigen sorgt das **Konzernrecht** für ergänzenden Gläubigerschutz; es reagiert namentlich auf die Beeinflussung der Geschäftstätigkeit durch die Holding-Gesellschaft.[4]

II. Individualschutz

1. Tatbestand des Art. 34. Schutzvorschriften können gem. Art. 34 zu Gunsten von 3 „die Gründung ablehnenden Gesellschaftern" erlassen werden. Dies ist jedoch nicht im Sinne einer Verweigerung der Zustimmung zum Gründungsplan zu verstehen.[5] Denn Art. 34 will die Holding-Gründung nicht dadurch erschweren, dass ihr einzelne Gesellschafter die Zustimmung nur deshalb verweigern, damit sie ihre Individualrechte, etwa auf Verbesserung des Abfindungsverhältnisses, wahrnehmen können.[6] Die Schutzinstrumente dürfen daher auch solchen Gesellschaftern zugestanden werden, die **mit einzelnen Teilen des Gründungsplans nicht einverstanden** sind, und dies eben durch die Wahrnehmung ihrer Schutzrechte zum Ausdruck bringen. Auch der Gesetzgeber des SEAG ist offenbar von dieser Interpretation des Art. 34 ausgegangen. Denn er beschränkt – aus einsehbaren Gründen – zwar das Abfindungsangebot nach § 9 SEAG auf diejenigen Gesellschafter, die gegen den Zustimmungsbeschluss Widerspruch erklärt haben, nicht jedoch auch die Möglichkeit zur Verbesserung des Umtauschverhältnisses (§ 11 SEAG).

2. Analogie zu Art. 25 Abs. 3? Bei der Verschmelzung kommt nach Art. 25 Abs. 3 4 ein Verfahren zur Verbesserung des Umtauschverhältnisses und/oder der Abfindung, wie es die § 11 Abs. 1 SEAG, § 9 Abs. 2 SEAG iVm § 7 Abs. 7 SEAG vorsehen, nur in Betracht, wenn die ausländischen Gründungsgesellschaften dies „ausdrücklich akzeptieren", es sei denn, ihren Gesellschaftern steht ein äquivalentes Verfahren offen (→ Art. 25 Rn. 11 ff.). Eine entsprechende Regelung für die Holding-Gründung fehlt, obwohl der Zweck des Art. 25 Abs. 3 auch in diesem Fall wirksam ist. Die Vorschrift will nämlich ausschließen, dass das Vermögen der SE durch die im Spruchverfahren durchgesetzten Ansprüche zu mittelbaren Lasten der Gesellschafter der übrigen Gründungsgesellschaften geschmälert wird, ohne dass diese entweder die gleiche Chance zur Durchsetzung eines angemessenen Umtauschverhältnisses bzw. einer angemessenen Abfindung hatten oder sie das Kontrollverfahren wenigstens durch ihr Veto verhindern konnten (→ Art. 25 Rn. 11 mwN). Aus diesem Grund ist die **Analogie zu Art. 25 Abs. 3 zu befürworten.**[7] Der Gesetzgeber

---

[3] S. nur *Casper* ZHR 173 (2009), 181 (207 f.).
[4] Lutter/Hommelhoff/Teichmann/*Bayer* Rn. 4; BeckOGK/*Eberspächer* Rn. 6; Habersack/Drinhausen/*Scholz* Rn. 2; *Schwarz* Rn. 15; *Teichmann* in Theisen/Wenz SE 715.
[5] So tendenziell aber DAV-Handelsrechtsausschuss NZG 2004, 75 (79); *Ihrig/Wagner* BB 2003, 969 (973); *Vetter* in Lutter/Hommelhoff EU-Gesellschaft 111, 155; wie hier Lutter/Hommelhoff/Teichmann/*Bayer* Rn. 9; BeckOGK/*Eberspächer* Rn. 1 f.; *J. Schmidt*, „Deutsche" vs. „Britische" SE, 2006, 324; s. auch *Schwarz* Rn. 4, 14, der jedoch verlangt, dass sich der zustimmende Aktionär das Recht nach Art. 11 Abs. 1 vorbehalten hat.
[6] Vgl. *Scheifele,* Die Gründung der SE, 2004, 347; Habersack/Drinhausen/*Scholz* Rn. 7; *Schwarz* Rn. 4.
[7] So auch Lutter/Hommelhoff/Teichmann/*Bayer* Rn. 12; BeckOGK/*Eberspächer* Rn. 2; *Casper* ZHR 173 (2009), 181 (205); Habersack/Drinhausen/*Scholz* Rn. 3; Habersack/Drinhausen/*Scholz* Art. 32 Rn. 102; *Schwarz* Rn. 6; Widmann/Mayer/*Heckschen* UmwG Anh. 14 Rn. 315 f.; Kölner Komm AktG/*Paefgen* Rn. 9; *Jannott* in Jannott/Frodermann SE-HdB Kap. 3 Rn. 192; *Kalss* ZGR 2003, 593 (633); *J. Schmidt*, „Deutsche" vs. „Britische" SE, 2006, 322; *Teichmann* ZGR 2002, 383 (437); krit. aber *Vetter* in Lutter/Hommelhoff EU-Gesellschaft 111, 158 ff.

des **SEAG** hat sich dieser Auffassung angeschlossen,[8] indem er in § 11 Abs. 2 SEAG und § 9 Abs. 2 SEAG ausdrücklich § 6 Abs. 1 SEAG und § 7 Abs. 7 SEAG in Bezug nimmt, die das Spruchverfahren nur jeweils „unter den Voraussetzungen des Art. 25 Abs. 3" eröffnen. Für die Praxis bedeutet dies, dass Spruchverfahren und Ausschluss der Anfechtungsklage wie bei der Verschmelzung regelmäßig nur dann relevant werden, wenn auch den Gesellschaftern der ausländischen Gesellschaften – wie in Österreich – ein Kontrollverfahren zur Durchsetzung einer angemessenen Abfindung oder eines angemessenen Umtauschverhältnisses zur Verfügung steht, zumal im Übrigen **nur geringer Anreiz** besteht, das Einverständnis gem. Art. 25 Abs. 3 zu erteilen (→ Art. 25 Rn. 12).

5 **3. Barabfindungsangebot mit Verbesserungsmöglichkeit (§ 9 SEAG).** Zu den Tatbestandsvoraussetzungen des gem. § 9 Abs. 1 SEAG in den Gründungsplan aufzunehmenden Barabfindungsangebots vgl. näher → Art. 32 Rn. 19 ff. Was die Möglichkeit betrifft, die **Angemessenheit** der Barabfindung gem. § 9 Abs. 2 SEAG, § 7 Abs. 7 SEAG im **Spruchverfahren** durchzusetzen, ist mutatis mutandis auf → Art. 20 Rn. 33 ff. zu verweisen.

6 **4. Verbesserung des Umtauschverhältnisses (§ 11 SEAG).** Wiederum analog zur Verschmelzung sieht § 11 SEAG unter den Voraussetzungen des Art. 25 Abs. 3 (→ Rn. 4) die Möglichkeit vor, im Spruchverfahren zu einer Verbesserung des Umtauschverhältnisses durch bare Zuzahlung zu gelangen (näher → Art. 24 Rn. 14 ff.). Die Motive heben hervor, dass der Anspruch auf bare Zuzahlung „auch" denjenigen Anteilsinhabern zustehen soll, die ihre Anteile tauschen.[9] Diese Aussage ist verwirrend, weil diejenigen Gesellschafter, die ausscheiden, einen Anspruch auf Barabfindung haben (der seinerseits überprüfbar ist; → Rn. 5) und diejenigen Gesellschafter, die in der Gründungsgesellschaft verbleiben, durch ein unangemessenes Umtauschverhältnis nicht unmittelbar berührt werden, namentlich keinen Vermögensnachteil erleiden.[10] Richtigerweise steht der Anspruch auf bare Zuzahlung daher **nur denjenigen Gesellschaftern zu, die ihre Anteile umtauschen**.[11] Eine möglicherweise abweichende (Fehl-)Vorstellung des Gesetzgebers ist im Wege restriktiver Auslegung zu bereinigen: „Jeder Anteilsinhaber" bedeutet demnach nur, dass der Anspruch – wie bei der Verschmelzung – nicht daran gebunden ist, dass die Gesellschafter Widerspruch gegen den Gründungsbeschluss erklärt haben (→ Art. 24 Rn. 13). Auch die Motive heben hervor, dass die Formulierung der Aktivlegitimation im Hinblick darauf erfolgte, „Anfechtungsklagen von Anteilsinhabern zu vermeiden, die mit der Holding-Gründung im Grundsatz einverstanden sind und lediglich das Umtauschverhältnis angreifen wollen." Wenngleich missverständlich formuliert, ist darin der richtige Ansatz doch deutlich erkennbar (→ Rn. 3): Wer nur das Umtauschverhältnis für unangemessen hält, soll nicht zur Ablehnung der Holding-Gründung insgesamt gezwungen werden. Dass der Anspruch derjenigen, die ihre Anteile tauschen, im Übrigen berechtigterweise auf die **Ermächtigungsgrundlage** des Art. 34 gestützt werden kann, obwohl darin von den „die Gründung ablehnenden Minderheitsgesellschaftern" die Rede ist, wurde bereits betont (→ Rn. 3). – Der Anspruch ist gem. § 6 Abs. 3 SEAG, § 11 Abs. 2 SEAG vom Zeitpunkt der Bekanntmachung gem. Art. 13 an zu **verzinsen.**

7 **5. Kapitalmarktrechtlicher Aktionärsschutz.** Zum Erfordernis eines Pflichtangebots nach **§ 35 WpÜG** vgl. den Hinweis in → Art. 32 Rn. 6; → Art. 2 Rn. 20 ff.

---

[8] So ausdrücklich Begr. RegE, BT-Drs. 15/3405, 34 = *Neye* S. 97 f.
[9] Begr. RegE, BT-Drs. 15/3405, 34 = *Neye* S. 97 f.
[10] Vgl. auch DAV-Handelsrechtsausschuss NZG 2004, 75 (79).
[11] So auch Lutter/Hommelhoff/Teichmann/*Bayer* Rn. 36; BeckOGK/*Eberspächer* Rn. 4; *Casper* ZHR 173 (2009), 181 (205): Klarstellung durch Gesetzgeber erforderlich; *Scheifele*, Die Gründung der SE, 2004, 351; *J. Schmidt*, „Deutsche" vs. „Britische" SE, 2006, 323; Habersack/Drinhausen/*Scholz* Rn. 8; Kölner Komm AktG/*Paefgen* Rn. 39; aA *Jannott* in Jannott/Frodermann SE-HdB Kap. 3 Rn. 193; *Schwarz* Rn. 13.

Abschnitt 4. Gründung einer Tochter-SE

Art. 35 [Gründung einer Tochter-SE]
Eine SE kann gemäß Artikel 2 Absatz 3 gegründet werden.

Art. 36 [Anwendung nationaler Vorschriften]
Auf die an der Gründung beteiligten Gesellschaften oder sonstigen juristischen Personen finden die Vorschriften über deren Beteiligung an der Gründung einer Tochtergesellschaft in Form einer Aktiengesellschaft nationalen Rechts Anwendung.

Art. 54 AEUV [Gleichstellung der Gesellschaften]
(...)
Als Gesellschaften gelten die Gesellschaften des bürgerlichen Rechts und des Handelsrechts einschließlich der Genossenschaften und die sonstigen juristischen Personen des öffentlichen und privaten Rechts mit Ausnahme derjenigen, die keinen Erwerbszweck verfolgen.

Schrifttum: *Hommelhoff/Teichmann*, Die Europäische Aktiengesellschaft – Das Flaggschiff läuft vom Stapel, SZW 2002, 1; *Kalss*, Der Minderheitenschutz bei Gründung und Sitzverlegung der SE nach dem Diskussionsentwurf, ZGR 2003, 593; *Raiser*, Die Europäische Aktiengesellschaft und die nationalen Aktiengesetze, FS Semler, 1993, 277; *Scheifele*, Die Gründung der Europäischen Aktiengesellschaft, 2004; *Schindler*, Die Europäische Aktiengesellschaft, Gesellschafts- und steuerrechtliche Aspekte, 2002; *J. Schmidt*, „Deutsche" vs. „britische" Societas Europaea (SE), 2006; *Teichmann*, ECLR, Die Einführung der Europäischen Aktiengesellschaft, ZGR 2002, 383; *Teichmann*, ECLR, Minderheitenschutz bei Gründung und Sitzverlegung der SE, ZGR 2003, 367; *Vossius*, Gründung und Umwandlung der deutschen Europäischen Gesellschaft (SE), ZIP 2005, 741.

I. Die Gründung einer gemeinsamen Tochter-SE im Überblick

Eine Tochter-SE kann sowohl sekundär nach Art. 3 Abs. 2 als auch originär erfolgen; **1** nur von dieser **originären Gründung** einer gemeinsamen Tochter handeln die Art. 2 Abs. 3; 35 f., wobei sich die sekundäre Gründung gem. Art. 3 Abs. 2 für eine deutsche Tochtergesellschaft gem. Art. 15 ebenfalls im Grundsatz nach den §§ 23 ff. AktG richtet (→ Art. 3 Rn. 5 ff.).[1] Während die sekundäre Tochter nur durch *eine* bereits bestehende SE nach Art. 3 Abs. 2 gegründet werden kann (→ Art. 3 Rn. 5 f.), handelt es sich bei der originären Tochtergründung iSv Art. 35 f. um eine der Holding-Gründung komplementäre Gründungsform: Mindestens zwei aus verschiedenen Ländern stammende Gesellschaften gründen als **Gemeinschaftsunternehmen** eine Tochter-SE.[2] Zum Merkmal der **Mehrstaatlichkeit** und den weiteren Tatbestandsmerkmalen des Art. 2 → Art. 2 Rn. 41 ff. Als **taugliche Gründer** kommen dabei nicht nur Aktiengesellschaft oder GmbH in Betracht, sondern auch sämtliche Gesellschaften iSv Art. 54 UAbs. 2 AEUV (näher → Art. 2 Rn. 40), und zwar auch solche mit gemeinnützigem Gesellschaftszweck.[3]

Die einzige wirkliche Besonderheit der Tochter-Gründung ist die **Beteiligung der 2 Arbeitnehmer** nach Beteiligungs-RL und SEBG. Auch hier empfiehlt sich ein möglichst frühzeitiger Abschluss der Verhandlungen *vor* Aufstellung der Satzung.[4] Die Arbeitnehmervertretungen in Tochtergesellschaften und Betrieben sind gem. § 2 Abs. 2–4 SEBG unverzüglich nach dem Gründungsentschluss des Vorstands bzw. Verwaltungsrats der SE zu infor-

---

[1] So auch *Scheifele*, Die Gründung der SE, 2004, 385; BeckOGK/*Eberspächer* Rn. 1; *Schwarz* Art. 35 Rn. 1; abw., aber ohne Auswirkung iErg Lutter/Hommelhoff/Teichmann/*Bayer* Rn. 1; Widmann/Mayer/*Heckschen* UmwG Anh. 14 Rn. 399, 404; Habersack/Drinhausen/*Scholz* Art. 35 Rn. 2.
[2] Zu den sich hieraus ergebenden konzernrechtlichen Folgeproblemen vgl. etwa *Maul* in Theisen/Wenz SE 502 ff.
[3] AA Kalss/Hügel/*Hügel* SEG Vor § 17 Rn. 25.
[4] Vgl. *Vossius* ZIP 2005, 741 (747) m. Fn. 67.

mieren, soweit diese in die SE-Tochter eingebracht werden sollen.[5] Zugleich sind sie, wie üblich, aufzufordern, das besondere Verhandlungsgremium nach §§ 5 ff. SEBG zu bilden (näher Erläuterungen zu §§ 5 ff. SEBG; → SEGB § 5 Rn. 1 ff.).[6]

II. Gründungsverfahren

3 **1. Regelungsgegenstand der Art. 35, 36; anwendbares Recht.** Die Art. 35 f. regeln nur das **Gründungsverfahren;** allerdings beschränkt sich **Art. 35** im Gegensatz zu früheren VO-Entwürfen[7] darauf, den Bezug zwischen der Verfahrensnorm des Art. 36 und Art. 2 Abs. 3 herzustellen, der die Zulässigkeit der Gründungsform abschließend bestimmt. **Art. 36** enthält sodann die eigentliche Regelung des Gründungsverfahrens, jedoch nicht in Form eigenständiger Vorgaben; namentlich verzichtet die SE-VO auf die für die übrigen Gründungsformen geltenden Voraussetzungen (Plan, Bericht, Prüfung, Zustimmungsbeschlüsse). Stattdessen wird die Gründung lediglich in Form einer **Verweisung** auf das Gesellschaftsstatut der Gründungsgesellschaften geregelt, namentlich in Bezug auf Vorschriften über „deren Beteiligung an der Gründung einer Tochtergesellschaft in Form einer Aktiengesellschaft".[8] Die Verweisung des Art. 36 betrifft also nur das **auf die Gründungsgesellschaften anwendbare Recht;** da sie funktional Art. 18 entspricht (→ Art. 18 Rn. 2), handelt es sich ebenfalls um eine **Gesamtnormverweisung,** sodass das anwendbare Recht mithilfe des am Verwaltungssitz geltenden IPR zu bestimmen ist.[9] Demgegenüber ergibt sich das **auf die (Vor-)SE** selbst anwendbare Recht aus **Art. 15 Abs. 1;** hierbei handelt es sich (selbstverständlich) um das Aktienrecht am Sitzstaat der SE. Was allerdings die **Gründerfähigkeit** der Gesellschaft betrifft, so wird diese bereits durch Art. 2 Abs. 3 abschließend bestimmt (→ Rn. 1 aE). Damit bleibt für Art. 36 im Wesentlichen die Frage, ob die Gründungsgesellschaften ihre Gesellschafter an der Gründung beteiligen müssen (→ Rn. 5).[10]

4 **2. Rechtsnatur der Gründung.** Die Gründung der (deutschen) Tochter-SE erfolgt somit, wie auch sonst, als Einheitsgründung gem. § 29 AktG durch **Zeichnung der Aktien** der SE durch die Gründungsgesellschaften (→ Art. 2 Rn. 43). Anders als bei den übrigen (primären) Gründungsformen kann die gemeinsame Tochter daher auch im Wege der **Bargründung** ins Leben gerufen werden.[11] **Nicht möglich** auf der Grundlage der Art. 35 f. ist der nachträgliche **Formwechsel** eines Gemeinschaftsunternehmens in eine SE; hierfür kommt nur das Verfahren nach Art. 37 in Betracht (→ Art. 2 Rn. 44). Nicht möglich ist auch die Gründung im Wege der **Spaltung** gem. §§ 123 f. UmwG; denn bei ihr handelt es sich eben nicht um eine Gründung durch Zeichnung der SE-Aktien iSv Art. 2 Abs. 3.[12] Anderes gilt demgegenüber für die „klassische" **Ausgliederung** im Wege der Einzelrechtsübertragung (abw. → Art. 2 Rn. 43), die aus Sicht der Tochter-Gesellschaft eine Sachgründung darstellt. Der im Übrigen in Hinblick auf das Fehlen spezifischer Schutzinstrumente (→ Rn. 3) latent bestehenden Gefahr einer **Umgehung** von Ver-

---

[5] Vgl. *Jannott* in Jannott/Frodermann SE-HdB Kap. 3 Rn. 276 f.
[6] Dieses Verfahren gilt prinzipiell auch für die Bargründung, vgl. dazu den Hinweis bei *Jannott* in Jannott/Frodermann SE-HdB Kap. 3 Rn. 278 Fn. 556.
[7] So sahen die SE-VO-Vorschläge 1975 und 1989 (Art. 34 f.) noch die Aufstellung eines Gründungsakts und dessen Genehmigung durch die Gründungsgesellschaften vor; erst der Vorschlag von 1991 nahm von diesem, jetzt als zu schwerfällig empfundenen Verfahren wieder Abstand (Begr., 6); dazu näher *Raiser* FS Semler, 1993, 277 (286 f.).
[8] Vgl. Lutter/Hommelhoff/Teichmann/*Bayer* Rn. 1; Kalss/Hügel/*Hügel* SEG Vor § 17 Rn. 27.
[9] Kölner Komm AktG/*Paefgen* Rn. 3; BeckOGK/*Eberspächer* Rn. 2; Habersack/Drinhausen/*Scholz* Rn. 3; aA Lutter/Hommelhoff/Teichmann/*Bayer* Rn. 5.
[10] Vgl. *Teichmann* ZGR 2003, 367 (396); Kalss/Hügel/*Hügel* SEG Vor § 17 Rn. 27.
[11] *Teichmann* ZGR 2003, 367 (395 f.); *Kalss* ZGR 2003, 593 (615); *Scheifele,* Die Gründung der SE, 2004, 391; *Bayer* in Lutter/Hommelhoff EU-Gesellschaft 25, 58; Habersack/Drinhausen/*Scholz* Art. 35 Rn. 11; BeckOGK/*Eberspächer* Rn. 3; *Schwarz* Rn. 21; Widmann/Mayer/*Heckschen* UmwG Anh. 14 Rn. 401.
[12] Lutter/Hommelhoff/Teichmann/*Bayer* Rn. 17; *Schwarz* Art. 36 Rn. 23; *Scheifele,* Die Gründung der SE, 2004, 391; Kölner Komm AktG/*Paefgen* Rn. 17.

schmelzungs- oder Holding-Vorschriften, ist im Einzelfall durch analoge Anwendung dieser Regeln zu begegnen.[13]

3. Beteiligung der Gesellschafter der Gründungsgesellschaft? a) Aktiengesell- 5
schaft. Die Frage, ob die Hauptversammlung an der Errichtung einer Tochter-SE zu beteiligen ist, richtet sich im Falle einer deutschen Gründungsgesellschaft gem. Art. 36 nach deutschem Aktienrecht, weshalb es im Übrigen für die Tochtergründung auch einer **Konzernöffnungsklausel** bedarf.[14] Grundsätzlich fällt demgemäß die Gründung von Tochtergesellschaften in die Geschäftsführungskompetenz des Vorstands, sofern die Satzung eine Konzernöffnungsklausel enthält.[15] Der Vorstand kann jedoch gem. § 119 Abs. 2 AktG die Frage der Hauptversammlung zur Entscheidung vorlegen. Seit der sog. **Holzmüller-Doktrin** des BGH von 1982[16] ist jedoch anerkannt, dass der Vorstand auch unterhalb der Grenze der Vermögensübertragung gem. **§ 179a AktG** (→ AktG § 179a Rn. 16 ff.) ausnahmsweise **verpflichtet** ist, die Zustimmung der Hauptversammlung einzuholen, wenn er einen wertvollen Teil des Unternehmens auf eine Tochtergesellschaft ausgliedert, sodass der Einfluss der Aktionäre der Obergesellschaft mediatisiert wird.[17] In den sog. **Gelatine-Entscheidungen**[18] hat der Senat seine Rspr. dahin präzisiert, dass eine ungeschriebene Mitwirkungsbefugnis der Hauptversammlung zwar auch bei Maßnahmen, die das Gesetz dem Vorstand als Leitungsaufgabe zuweist, im Wege einer offenen Rechtsfortbildung in Betracht komme,[19] dies aber nur ausnahmsweise und in engen Grenzen anzuerkennen sei; namentlich müssten die übertragenen Vermögenswerte wenigstens 80% des Gesellschaftsvermögens ausmachen. In diesem Falle bedürfe der erforderliche Beschluss einer Dreiviertel-Mehrheit des bei der Beschlussfassung vertretenen Grundkapitals.[20] Diese ungeschriebene Hauptversammlungskompetenz kann auch bei der Gründung einer Tochter-SE **im Wege der „klassischen" Ausgliederung** durch Einzelrechtsübertragung relevant werden,[21] sofern nämlich das Unternehmen der Gründungsgesellschaft ganz überwiegend auf die Tochtergesellschaft im Wege der **Sacheinlage** überführt wird. Denn dies bedingt die Gefahr einer Mediatisierung der Aktionärsrechte der Gründungsgesellschaft. Demgegenüber kommt eine **Herabsenkung der Eingriffsschwelle** gegenüber den Vorgaben der Gelatine-Entscheidungen **nicht** allein deshalb in Betracht, weil die Tochter-SE ihren Sitz im Ausland nimmt.[22] Denn die Mediatisierung der Verwaltungs- und Vermögensrechte in der Gründungsgesellschaft gewinnt hierdurch keine andere Qualität. Sofern danach die Hauptversammlung zu beteiligen ist, müssen die Aktionäre über die Gründung der Tochter-SE im Vorfeld angemessen informiert werden.[23]

b) Andere Gesellschaftsformen. Bei der **GmbH** müssen die Geschäftsführer den 6
Gesellschaftern außergewöhnliche Geschäftsführungsmaßnahmen zur Billigung vorlegen;

---

[13] So auch *Hommelhoff/Teichmann* SZW 2002, 1 (9); *Teichmann* ZGR 2002, 383 (438); BeckOGK/*Eberspächer* Rn. 5; aA Lutter/Hommelhoff/Teichmann/*Bayer* Art. 36 Rn. 7; Habersack/Drinhausen/*Scholz* Rn. 38; *Schwarz* Rn. 15; *Scheifele*, Die Gründung der SE, 2004, 389 f., 394 f.; *J. Schmidt*, „Deutsche" vs. „Britische" SE, 2006, 346, die offenbar die allgemeinen Grundsätze des (objektiven) Umgehungsschutzes für unanwendbar halten.
[14] Habersack/Drinhausen/*Scholz* Rn. 5; Widmann/Mayer/*Heckschen* UmwG Anh. 14 Rn. 343 ff.; *Scheifele*, Die Gründung der SE, 2004, 392; aA *Paefgen* ZHR 172 (2008), 42 (71).
[15] *Emmerich/Habersack* KonzernR § 9 I 1 (S. 118 f.).
[16] BGHZ 83, 122 (131) = NJW 1982, 1703.
[17] Dazu nur der Überblick bei Hüffer/Koch/*Koch* AktG § 119 Rn. 16 ff.
[18] BGH NZG 2004, 575; NJW 2004, 1860 mAnm *Altmeppen* ZIP 2004, 993 und mAnm *Goette* DStR 2004, 922; dazu ferner *Arnold* ZIP 2005, 1573; *Bungert* BB 2004, 1345; *Fleischer* NJW 2004, 2335; *Habersack* AG 2005, 137; *Koppensteiner* Konzern 2004, 381; *Liebscher* ZGR 2005, 1; *Pentz* BB 2005, 1397 (1401 ff.); *Reichert* AG 2005, 150. Zum Ganzen näher → AktG § 119 Rn. 32 ff.
[19] Die dogmatische Grundlage für die Mitwirkung der Hauptversammlung ist somit nach dem BGH weder § 119 Abs. 2 AktG noch eine Gesetzesanalogie.
[20] BGH NJW 2004, 1860 (1864).
[21] So auch Lutter/Hommelhoff/Teichmann/*Bayer* Art. 36 Rn. 12; BeckOGK/*Eberspächer* Rn. 4; *Schwarz* Rn. 13; *Teichmann* ZGR 2003, 367 (396 ff.).
[22] Überzeugend *Scheifele*, Die Gründung der SE, 2004, 394.
[23] *Hommelhoff/Teichmann* SZW 2002, 1 (9) schlagen eine Orientierung am Verschmelzungsplan iSv Art. 20 vor.

dies dürfte bei der Gründung einer Tochter-SE regelmäßig der Fall sein, und zwar unabhängig davon, ob die „Holzmüller/Gelatine"-Grundsätze (→ Rn. 5) eingreifen.[24] Im Übrigen besteht die Möglichkeit, eine Gesellschafterversammlung nach § 50 GmbHG einzuberufen.[25] Auch bei **Personengesellschaften** bedürfen konzernbildende Maßnahmen als Grundlagengeschäft grundsätzlich der Zustimmung sämtlicher Gesellschafter, soweit hierfür ein Gesellschafterbeschluss erforderlich ist.[26]

---

[24] Ebenso Lutter/Hommelhoff/Teichmann/*Bayer* Rn. 12; Habersack/Drinhausen/*Scholz* Rn. 14.
[25] Vgl. nur *Teichmann* ZGR 2003, 367 (398).
[26] *Emmerich/Habersack* KonzernR § 9 II 1 (S. 121 f.); Habersack/*Schäfer* Recht der OHG HGB Anh. § 105 Rn. 42 f.

Abschnitt 5. Umwandlung einer bestehenden Aktiengesellschaft in eine SE

Art. 37 [Umwandlung einer AG in eine SE]

(1) Eine SE kann gemäß Artikel 2 Absatz 4 gegründet werden.

(2) Unbeschadet des Artikels 12 hat die Umwandlung einer Aktiengesellschaft in eine SE weder die Auflösung der Gesellschaft noch die Gründung einer neuen juristischen Person zur Folge.

(3) Der Sitz der Gesellschaft darf anlässlich der Umwandlung nicht gemäß Artikel 8 in einen anderen Mitgliedstaat verlegt werden.

(4) Das Leitungs- oder das Verwaltungsorgan der betreffenden Gesellschaft erstellt einen Umwandlungsplan und einen Bericht, in dem die rechtlichen und wirtschaftlichen Aspekte der Umwandlung erläutert und begründet sowie die Auswirkungen, die der Übergang zur Rechtsform einer SE für die Aktionäre und für die Arbeitnehmer hat, dargelegt werden.

(5) Der Umwandlungsplan ist mindestens einen Monat vor dem Tag der Hauptversammlung, die über die Umwandlung zu beschließen hat, nach den in den Rechtsvorschriften der einzelnen Mitgliedstaaten gemäß Artikel 3 der Richtlinie 68/151/EWG vorgesehenen Verfahren offen zu legen.

(6) Vor der Hauptversammlung nach Absatz 7 ist von einem oder mehreren unabhängigen Sachverständigen, die nach den einzelstaatlichen Durchführungsbestimmungen zu Artikel 10 der Richtlinie 78/855/EWG durch ein Gericht oder eine Verwaltungsbehörde des Mitgliedstaates, dessen Recht die sich in eine SE umwandelnde Aktiengesellschaft unterliegt, bestellt oder zugelassen sind, gemäß der Richtlinie 77/91/EWG[1] sinngemäß zu bescheinigen, dass die Gesellschaft über Nettovermögenswerte mindestens in Höhe ihres Kapitals zuzüglich der kraft Gesetzes oder Statut nicht ausschüttungsfähigen Rücklagen verfügt.

(7) [1]Die Hauptversammlung der betreffenden Gesellschaft stimmt dem Umwandlungsplan zu und genehmigt die Satzung der SE. [2]Die Beschlussfassung der Hauptversammlung erfolgt nach Maßgabe der einzelstaatlichen Durchführungsbestimmungen zu Artikel 7 der Richtlinie 78/855/EWG.

(8) Ein Mitgliedstaat kann die Umwandlung davon abhängig machen, dass das Organ der umzuwandelnden Gesellschaft, in dem die Mitbestimmung der Arbeitnehmer vorgesehen ist, der Umwandlung mit qualifizierter Mehrheit oder einstimmig zustimmt.

(9) Die zum Zeitpunkt der Eintragung aufgrund der einzelstaatlichen Rechtsvorschriften und Gepflogenheiten sowie aufgrund individueller Arbeitsverträge oder Arbeitsverhältnisse bestehenden Rechte und Pflichten der umzuwandelnden Gesellschaft hinsichtlich der Beschäftigungsbedingungen gehen mit der Eintragung der SE auf diese über.

Schrifttum: *Blanquet*, Das Statut der Europäischen Aktiengesellschaft, ZGR 2002, 20; *Brandt*, Überlegungen zu einem SE-Ausführungsgesetz, NZG 2002, 991; *Bungert/Beier*, Die Europäische Aktiengesellschaft, EWS 2002, 1; *Casper*, Numerus Clausus und Mehrstaatlichkeit bei der SE-Gründung, AG 2007, 97; *Drinhausen*,

---

[1] [Amtl. Anm.:] Zweite Richtlinie 77/91/EWG des Rates vom 13. Dezember 1976 zur Koordinierung der Schutzbestimmungen, die in den Mitgliedstaaten den Gesellschaften im Sinne des Artikels 58 Absatz 2 des Vertrages [Red. Anm.: nunmehr Art. 54 AEUV] im Interesse der Gesellschafter sowie Dritter für die Gründung der Aktiengesellschaft sowie für die Erhaltung und Änderung ihres Kapitals vorgeschrieben sind, um diese Bestimmungen gleichwertig zu gestalten (ABl. L 26 vom 31.1.1977, S. 1). Zuletzt geändert durch die Beitrittsakte von 1994.

SE-VO Art. 37 Verordnung (EG) Nr. 2157/2001

Ausgewählte Rechtsfragen der SE-Gründung durch Formwechsel und Verschmelzung, 10 Jahre SE, 2015, 30; *Eidenmüller/Engert/Hornuf,* Die Societas Europaea: Empirische Bestandsaufnahme und Entwicklungslinien einer neuen Rechtsform, AG 2008, 721; *Göz,* Beschlussmängelklagen bei der Societas Europaea (SE), ZGR 2008, 593; *Habersack,* Konstituierung des ersten Aufsichts- oder Verwaltungsorgans der durch Formwechsel entstandenen SE und Amtszeit seiner Mitglieder, Konzern 2008, 67; *Heckschen,* Die Europäische AG aus notarieller Sicht, DNotZ 2003, 251; *Heinze,* Ein neuer Lösungsweg für die Europäische Aktiengesellschaft, AG 1997, 289; *Hoffmann,* Die Bildung der Aventis S. A. – ein Lehrstück des europäischen Gesellschaftsrechts, NZG 1999, 1077; *Hoffmann,* Gesellschaftsrechtliche Fragen im Entwurf eines SE-Statuts, AG 1990, 422; *Hoffmann,* Einige Bemerkungen zur Organisationsverfassung der Europäischen Aktiengesellschaft, AG 2001, 279; *Hommelhoff,* Gesellschaftsrechtliche Fragen im Entwurf eines SE-Statuts, AG 1990, 422; *Hommelhoff/ Teichmann,* Die Europäische Aktiengesellschaft – Das Flaggschiff läuft vom Stapel, SZW 2002, 1; *Kalss,* Der Minderheitenschutz bei Gründung und Sitzverlegung der SE nach dem Diskussionsentwurf, ZGR 2003, 593; *Kiem,* Erfahrungen und Reformbedarf bei der SE – Entwicklungsstand, ZHR 173 (2009), 156; *Kleinhenz/ Leyendecker-Langner,* Ämterkontinuität bei der Umwandlung in eine dualistisch verfasste SE, AG 2013, 507; *Kowalski,* Praxisfragen bei der Umwandlung einer Aktiengesellschaft in eine Europäische Gesellschaft (SE), DB 2007, 2243; *Kübler,* Leitungsstrukturen der Aktiengesellschaft und die Umsetzung des SE-Statuts, ZHR 167 (2003), 222; *Lange,* Überlegungen zur Umwandlung einer deutschen in eine Europäische Aktiengesellschaft, EuZW 2003, 301; *Louven/Ernst,* Praxisrelevante Rechtsfragen im Zusammenhang mit der Umwandlung einer Aktiengesellschaft in eine Europäische Aktiengesellschaft (SE), BB 2014, 323; *Pluskat,* Die Arbeitnehmerbeteiligung in der geplanten Europäischen AG, DStR 2001, 1483; *Raiser,* Die Europäische Aktiengesellschaft und die nationalen Aktiengesetze, FS Semler, 1993, 277; *Reiserer/Biesinger/Christ/Bollacher,* Die Umwandlung der deutschen AG in die europäische SE mit monistischem Leitungssystem am Beispiel einer betriebsratlosen Gesellschaft, DStR 2018, 1185 und DStR 2018, 1236; *Rieble/Junker,* Vereinbarte Mitbestimmung in der SE, ZAAR-Schriftenreihe Bd. 12, 2008; *Sanna,* Societas Europaea (SE) – Die Europäische Aktiengesellschaft, ELR 2002, 2; *Schäfer,* Das Gesellschaftsrecht (weiter) auf dem Weg nach Europa – am Beispiel der SE-Gründung, NZG 2004, 785; *Schaper,* Reinvermögensdeckung beim Formwechsel einer GmbH in die AG, AG 2019, 69; *Scheifele,* Die Gründung der Europäischen Aktiengesellschaft, 2004; *Schindler,* Die Europäische Aktiengesellschaft, Gesellschafts- und steuerrechtliche Aspekte, 2002; *J. Schmidt,* „Deutsche" vs. „britische" Societas Europaea (SE), 2006; *Schulz/Geismar,* Die Europäische Aktiengesellschaft – Eine kritische Bestandsaufnahme, DStR 2001, 1078; *Seibt/Reinhard,* Umwandlung der Aktiengesellschaft in die Europäische Gesellschaft, Konzern 2005, 407; *Schwartzkopff/Hoppe,* Ermächtigung an den Vorstand beim Formwechsel einer AG in eine SE, NZG 2013, 733; *Spitzbart,* Die Europäische Aktiengesellschaft (Societas Europaea – SE) – Aufbau der SE und Gründung, RNotZ 2006, 369; *Teichmann,* ECLR, Die Einführung der Europäischen Aktiengesellschaft, ZGR 2002, 383; *Teichmann,* ECLR, Minderheitenschutz bei Gründung und Sitzverlegung der SE, ZGR 2003, 367; *Thoma/Leuering,* Die Europäische Aktiengesellschaft – Societas Europaea, NJW 2002, 1449; *Trojan-Limmer,* Die geänderten Vorschläge für ein Statut der Europäischen Aktiengesellschaft (SE), RIW 1991, 1010; *von der Höh,* Der „Kettenformwechsel" in die SE, AG 2018, 185; *Vossius,* Gründung und Umwandlung der deutschen Europäischen Gesellschaft (SE), ZIP 2005, 741.

Übersicht

	Rn.
I. Grundlagen	1–5
1. Umwandlung als Gründungsvariante (Überblick)	1
2. Rechtsnatur der Umwandlung (Abs. 2)	2
3. Sitzverlegungsverbot (Abs. 3)	3
4. Anwendbares Recht	4, 5
II. Gründungsverfahren	6–29
1. Verfahrensablauf im Überblick	6–8
2. Umwandlungsplan (Abs. 4)	9–14
a) Bestimmung des Inhalts (Ansatz)	9, 10
b) Die Vorgaben im Einzelnen	11–14
3. Umwandlungsbericht (noch Abs. 4)	15–18
4. Offenlegung (Abs. 5)	19, 20
5. Eingeschränkte Sachverständigenprüfung (Abs. 6)	21–26
a) Grundsatz	21
b) Zweck der Werthaltigkeitsprüfung	22
c) Inhalt der Prüfung	23
d) Bestellung des Prüfers	24
e) Inhalt der Bescheinigung	25
f) Verhältnis zur Gründungsprüfung nach §§ 32 ff. AktG	26
6. Zustimmung der Hauptversammlung (Abs. 7)	27–29
a) Vorbereitung und Durchführung der Versammlung	27
b) Beschlussfassung und Inhalt	28
c) Beschlussmängel	29
III. Ergänzende Gründungsvoraussetzungen nach AktG	30, 31
IV. Eintragung	32–34
1. Grundsatz	32
2. Anmeldung; Prüfung	33
3. Wirkungen der Eintragung	34
V. Schutz der Arbeitnehmer (Abs. 8, 9)	35, 36
VI. Ergänzender Minderheiten- und Gläubigerschutz?	37–39

I. Grundlagen

1. Umwandlung als Gründungsvariante (Überblick). Art. 37 gestattet die Grün- 1
dung einer SE auch durch „Umwandlung" einer **Aktiengesellschaft** (nicht auch einer
KGaA oder GmbH)[2] mit Sitz und Hauptverwaltung in einem Mitgliedstaat,[3] sofern sie
seit mindestens zwei Jahren eine dem Recht eines anderen Mitgliedstaates unterliegende
Tochtergesellschaft, nicht aber bloß eine Zweigniederlassung hat (→ Art. 2 Rn. 48).[4]
Es reicht aus, dass die Zweijahresfrist im **Zeitpunkt der Eintragung der SE** erreicht
wird, sodass das Umwandlungsverfahren entsprechend früher begonnen werden kann.[5]
Diese Gründungsform enthält erstmals der SE-VO-Vorschlag von 1991; die Kommission
hatte zunächst auf sie verzichten wollen, weil sie eine Flucht aus der Mitbestimmung
befürchtete (→ Art. 2 Rn. 46).[6] Dieses – nachvollziehbare – Misstrauen zeigt sich heute
vor allem noch im **Sitzverlegungsverbot** des Abs. 3 (→ Rn. 3) sowie in der an die
Mitgliedstaaten gerichteten **Ermächtigung** des Abs. 8, dem mitbestimmten Aufsichtsrat
ein Vetorecht einzuräumen. Sie ist einst angeblich auf Drängen der deutschen Delegation
in den Text der SE-VO gelangt,[7] vom deutschen Gesetzgeber dann aber nicht ausgefüllt
worden (→ Rn. 35). Ferner gehört Abs. 9 in diesen Kontext; er ordnet ausdrücklich –
und überflüssigerweise – den Übergang arbeitsrechtlicher Verhältnisse an (→ Rn. 36).
Schließlich gewährt Art. 4 Abs. 4 Beteiligungs-RL Bestandsschutz für das vor der
Umwandlung geltende Mitbestimmungsmodell (näher → Rn. 31). Ungeachtet dieser einschränkenden Kautelen rechnete die Praxis von Anfang an mit einem **starken Aufkommen** gerade dieser Gründungsform[8] – zu Recht, wie sich inzwischen bestätigt hat: Neben
der Verschmelzungsgründung ist der Formwechsel die bisher einzige Gründungsvariante,
die praktische Bedeutung erlangt hat.[9] Seit Inkrafttreten der §§ 122a ff. UmwG zur grenzüberschreitenden Verschmelzung wird sie als die wichtigste Gründungsform bezeichnet.[10] – Art. 37 betrifft nur die Umwandlung einer nationalen Aktiengesellschaft in eine
SE; wegen des umgekehrten Falles eines **Formwechsels in eine Aktiengesellschaft**
nationalen Rechts vgl. Art. 66 (näher → Art. 66 Rn. 1 ff.). Zur Zulässigkeit der Umwandlung einer **Vorratsgesellschaft** vgl. → Art. 16 Rn. 9 ff.

2. Rechtsnatur der Umwandlung (Abs. 2). Die Umwandlung hat nach Abs. 2 weder 2
die Auflösung der bestehenden noch die Gründung einer neuen Gesellschaft zur Folge; die
Gesellschaft wechselt lediglich ihre Rechtsform von derjenigen einer Aktiengesellschaft in

---

[2] Zu unterscheiden von der Konzeption eines „Kettenformwechsels" – zunächst Formwechsel in eine Aktiengesellschaft, anschließend (durch ersteren aufschiebend bedingt) in eine SE; eingehend hierzu *von der Höh* AG 2018, 185.
[3] Man wird es allerdings als ausreichend akzeptieren müssen, wenn eine Sitzspaltung der AG erst während des Gründungsverfahrens beseitigt wird; Art. 7 steht dem nicht entgegen, vgl. Habersack/Drinhausen/*Bücker* Rn. 12; Kölner Komm AktG/*Paefgen* Rn. 4; BeckOGK/*Eberspächer* Rn. 4.
[4] Zum Hintergrund *Blanquet* ZGR 2002, 20 (46); *Hommelhoff* AG 2001, 279 (281).
[5] Habersack/Drinhausen/*Bücker* Rn. 16.
[6] Vgl. Davignon-Bericht Nr. 33 ff.; dazu *Heinze* AG 1997, 289 (292); vgl. auch Begr. zu Art. 37a SE-VO-Vorschlag 1991, 6.
[7] So *Scheifele,* Die Gründung der SE, 2004, 421; *Schwarz* Rn. 63; vgl. auch *Teichmann* in Theisen/Wenz SE 691, 715.
[8] Vgl. *Trojan-Limmer* RIW 1991, 1010 (1015); *Hommelhoff* AG 2001, 279 (280); Habersack/Drinhausen/*Bücker* Rn. 1; *Hommelhoff/Teichmann* SZW 2002, 1 (2); *Hoffmann* NZG 1999, 1077 (1083); *Seibt/Reinhard* Konzern 2005, 407 (408); das wohl bekannteste Beispiel war der Formwechsel der Porsche AG, dazu etwa *Kiem* ZHR 173 (2009), 156, 158; *Schäfer* in Rieble/Junker, ZAAR-Schriftenreihe, Bd. 12, 2008, 13, 16 f.
[9] S. nur die Feststellung bei *Kiem* ZHR 173 (2009), 156 (160); allg. zur Statistik der SE *Eidenmüller/Engert/Hornuf* AG 2008, 721. – Speziell zur Gründung einer SE mit monistischem Leitungssystem (am Beispiel einer betriebsratslosen Gesellschaft) *Reiserer/Biesinger/Christ/Bollacher* DStR 2018, 1185; *Reiserer/Biesinger/Christ/Bollacher* DStR 2018, 1236.
[10] *Kiem* ZHR 173 (2009), 156 (160 f.). – Wenn nach der Feststellung von *Eidenmüller/Engert/Hornuf* AG 2008, 721 (729), auch Tochtergründungen ähnlich häufig vorkommen, so ist bei der Interpretation der Daten zu berücksichtigen, dass es sich hierbei zum einen vor allem um Vorratsgründungen handelt, zum anderen überhaupt nur 50% der Fälle einer Gründungsform klar zugeordnet werden konnten.

diejenige einer SE selber Nationalität.[11] Bei der Umwandlung handelt es sich somit um einen **Formwechsel** entsprechend §§ 190 ff. UmwG, der weder die Identität des formwechselnden Rechtsträgers berührt noch zu einem Vermögensübergang (Universalsukzession) führt (vgl. § 202 Abs. 1 Nr. 1 UmwG) und sich deshalb **steuerlich neutral** verhält.[12] Demgegenüber ordnet **Abs. 9** zwar ausdrücklich den Übergang arbeitsrechtlicher Verhältnisse an; indes ist der Vorschrift keine konstitutive Wirkung zuzuschreiben. Aufgrund der eindeutigen und systemgerechten Vorgabe des Abs. 2 kommt ihr vielmehr lediglich deklaratorische Bedeutung zu, namentlich die besondere Hervorhebung des Arbeitnehmerschutzes vor dem Hintergrund einer möglichen Flucht aus der Mitbestimmung (→ Rn. 1).[13]

3   **3. Sitzverlegungsverbot (Abs. 3).** Der Sitz der Gesellschaft darf anlässlich der Umwandlung nicht in einen anderen Mitgliedstaat verlegt werden. Eine **deutsche Aktiengesellschaft** kann also (unmittelbar) **nur in eine deutsche SE** verwandelt werden, die hierbei aber selbstverständlich ihren Sitz innerhalb Deutschlands verlegen kann. Das Verbot will einer Flucht aus Mitbestimmung und Steuerrecht vorbeugen (→ Rn. 1).[14] Unberührt bleibt freilich die Sitzverlegung in einem gesonderten Verfahren nach Art. 8, welches aber die Entstehung der SE voraussetzt.[15] Damit ist zugleich klar, wie der zeitliche Anwendungsbereich des Verbots zu bestimmen ist, den Abs. 3 lediglich durch die Formulierung „anlässlich der Umwandlung" umschreibt: Eine **Sitzverlegung der SE** kommt frühestens in Betracht, **nachdem** die durch Formwechsel gegründete SE **eingetragen** und damit wirksam geworden ist (→ Rn. 32),[16] was aber rein interne Vorbereitungsmaßnahmen zur Sitzverlegung nicht ausschließt.[17] Bei jedem früheren Zeitpunkt handelt es sich demgegenüber noch um eine Sitzverlegung der Gründungsgesellschaft, die nach dem Zweck des Abs. 3 gerade verhindert werden soll.[18]

4   **4. Anwendbares Recht.** Die Zulässigkeitsvoraussetzungen der Gründung legt **Art. 2 Abs. 4** fest (→ Rn. 1; → Art. 2 Rn. 46 ff.). **Art. 37** betrifft sodann das Gründungsverfahren, regelt dieses aber insgesamt recht lückenhaft, was nicht zuletzt auf den rein nationalen Charakter des Vorgangs zurückzuführen ist.[19] Diese Lücken sind zunächst auf der Ebene der SE-VO, sodann durch das Aktien- bzw. Umwandlungsrecht am Sitzstaat der Gründungsgesellschaft bzw. SE auszufüllen (vgl. → Art. 9 Rn. 10 ff.). Das Fehlen einer Verweisung auf das Recht der Gründungsgesellschaft nach Art des **Art. 18** wirkt sich bei der Gründung durch Formwechsel gem. Art. 37 nicht aus, weil auf Gründungsgesellschaft und SE wegen Abs. 3 zwingend dasselbe Recht anwendbar ist, auf das auch **Art. 15 Abs. 1** verweist.[20] Für eine analoge Anwendung des Art. 18 mangelt es daher an der erforderlichen Lücke.[21]

---

[11] Vgl. Habersack/Drinhausen/*Bücker* Rn. 3; Kalss/Hügel/*Zollner* SEG Vor § 29 Rn. 1; *Jannott* in Jannott/Frodermann SE-HdB Kap. 3 Rn. 235; *Schulz/Geismar* DStR 2001, 1078 (1081); *Schindler,* Die Europäische Aktiengesellschaft, 2002, 38; *Schwarz* Rn. 5; Lutter/Hommelhoff/Teichmann/*J. Schmidt* Rn. 5; *Thoma/Leuering* NJW 2002, 1449 (1452). – Speziell zum Fortbestand von Vorstandsermächtigungen (betr. Rückerwerb oder Veräußerung eigener Aktien bzw. Ausgabe von Finanzierungsinstrumenten) s. *Schwartzkopff/Hoppe* NZG 2013, 733 (735).
[12] Näher *Schulz/Geismar* DStR 2001, 1078 (1084).
[13] Ebenso *Scheifele,* Die Gründung der SE, 2004, 397 m. Fn. 55; *Schwarz* Rn. 88.
[14] Vgl. Habersack/Drinhausen/*Bücker* Rn. 5; Kalss/Hügel/*Zollner* SEG Vor § 29 Rn. 10; BeckOGK/*Eberspächer* Rn. 6; *Schwarz* Rn. 5; Lutter/Hommelhoff/Teichmann/*J. Schmidt* Rn. 9 f.; *Blanquet* ZGR 2002, 20 (46); *Kübler* ZHR 167 (2003), 222 (226); ferner auch *Lange* EuZW 2003, 301 (303).
[15] *Schindler,* Die Europäische Aktiengesellschaft, 2002, 38.
[16] So auch *Casper* AG 2007 97, 101; BeckOGK/*Eberspächer* Rn. 6; *Schwarz* Rn. 9; *Lange* EuZW 2003, 301 (303); Kölner Komm AktG/*Paefgen* Rn. 10.
[17] Darauf hinweisend Habersack/Drinhausen/*Bücker* Rn. 5.
[18] Eindeutig zu großzügig daher Lutter/Hommelhoff/Teichmann/*J. Schmidt* Rn. 9 f.: Sitzverlegung könne unter die aufschiebende Bedingung der Eintragung gestellt werden.
[19] Vgl. Habersack/Drinhausen/*Bücker* Rn. 4; *Teichmann* ZGR 2002, 383 (440).
[20] So iErg auch *Seibt/Reinhard* Konzern 2005, 407 (409) m. Fn. 13; *Kiem* ZHR 173 (2009), 156 (161).
[21] Abw. offenbar *Bayer* in Lutter/Hommelhoff EU-Gesellschaft 25, 60; *Scheifele,* Die Gründung der SE, 2004, 403, der eine Analogie zu Art. 18 prinzipiell für erforderlich hält; *Schwarz* Rn. 10, der sich für eine doppelt analoge Anwendung des Art. 18 ausspricht.

Es bedarf lediglich eines Verständnisses des Art. 15 Abs. 1 dahingehend, dass sie auch die „Gründung durch Formwechsel" erfasst und so die Anwendbarkeit der §§ 190 ff. UmwG prinzipiell eröffnet.[22] Dies erscheint aus zwei Gründen unproblematisch: Zum einen überwiegt im Recht der SE unverkennbar die Umwandlungsgründung (Verschmelzung, Holding, Formwechsel). Zum anderen erklärt auch § 197 UmwG – in Umsetzung der Vorgaben des Art. 13 Kapital-RL (jetzt: Art. 54 GesR-RL) – bei der Umwandlung in eine AG die Gründungsvorschriften des AktG für entsprechend anwendbar,[23] sodass nicht einmal auf nationaler Ebene trotz des Identitätsprinzips ein zwingender Gegensatz zwischen Gründung und Formwechsel besteht. Die Verweisung des Art. 15 Abs. 1 erfasst mithin sowohl das Recht des Formwechsels als auch das **Gründungsrecht des AktG,** Letzteres allerdings nur, soweit keine vorrangige umwandlungsrechtliche Regelung vorhanden ist (vgl. → Rn. 30 ff.). Wie üblich, geht der Lückenfüllung im Verweisungswege aber die analoge Anwendung der Vorschriften der SE-VO vor (s. oben); und hier kommt insbesondere eine **Analogie zu Art. 20 Abs. 1 (bzw. Art. 32 Abs. 2)** hinsichtlich des Inhalts des Umwandlungsplans in Betracht (→ Rn. 10).

Von der **Ermächtigung in Abs. 8** hat der deutsche Gesetzgeber keinen Gebrauch gemacht. Das **SEAG** enthält demgemäß hinsichtlich des Formwechsels **keine Vorschriften.** 5

II. Gründungsverfahren

1. Verfahrensablauf im Überblick. Im Wesentlichen gleicht das Umwandlungsverfahren gem. Art. 37 der Verschmelzungs- bzw. Holding-Gründung: Grundlage des Formwechsels sind wie dort ein Umwandlungsplan und ein Umwandlungsbericht, den der Vorstand zu erstellen hat und der die rechtlichen und wirtschaftlichen Aspekte der Umwandlung erläutert und begründet (Abs. 4; → Rn. 15). Hiernach ist der Umwandlungsplan offen zu legen (Abs. 5; → Rn. 19) und sodann in Hinblick auf die Kapitalaufbringung sachverständig zu kontrollieren (Abs. 6; → Rn. 21 ff.). Analog § 194 Abs. 2 UmwG bedarf es anschließend der rechtzeitigen Zuleitung des Plans an den Betriebsrat (→ Rn. 20). Danach ist der Plan nebst darin enthaltener SE-Satzung der Hauptversammlung der Gründungsgesellschaft zur Zustimmung vorzulegen (Abs. 7; → Rn. 27 ff.). Sodann meldet der Vorstand der Gründungsgesellschaft den Formwechsel gem. Art. 37 Abs. 2, Art. 12 Abs. 1 iVm § 3 SEAG zur Eintragung an (→ Rn. 33). Der Anmeldung folgt zunächst die Prüfung durch das Registergericht (→ Rn. 33) und dann die Eintragung im Handelsregister, wodurch die SE entsteht (Art. 16 Abs. 1); sie ist schließlich gem. Art. 15 Abs. 2, Art. 13 offen zu legen. 6

Außerdem ist die **Beteiligung der Arbeitnehmer** nach Beteiligungs-RL und SEBG sicherzustellen; empfehlenswert ist wiederum ein Abschluss der Verhandlungen *vor* Aufstellung des Umwandlungsplans.[24] Die Vereinbarung nach Art. 4 Beteiligungs-RL muss zwingend den Bestand der Mitbestimmung im Aufsichtsgremium wahren (Art. 4 Abs. 4 Beteiligungs-RL; näher → SEBG § 21 Rn. 60 ff.), weshalb sich die Zusammensetzung des Aufsichtsorgans nicht notwendigerweise verändert (näher → Rn. 31). 7

Unterschiede zur Verschmelzungs- bzw. Holding-Gründung bestehen zunächst im Fehlen einer vollwertigen Umwandlungsprüfung, zumal die Prüfung nach Abs. 6 nur eine ausreichende Kapitalaufbringung sicherstellen will (→ Rn. 22 f.). Ferner enthält die SE-VO keine Vorschriften zum Minderheiten- und Gläubigerschutz (→ Rn. 37 ff.).[25] Bedenkt man indes, dass der Formwechsel weder zum Aktientausch noch zu irgendwelchen Veränderungen des Vermögens der Gesellschaft führt und dass diese ferner ihren Sitz anlässlich des 8

---

[22] Wie hier auch BeckOGK/*Eberspächer* Rn. 4; *Drinhausen* in Van Hulle/Maul/Drinhausen SE-HdB Abschnitt 4 § 5 Rn. 4; iErg auch *Schwarz* Rn. 10; vgl. ferner *Habersack* Konzern 2008, 67 (74); *Kiem* ZHR 173 (2009), 156 (161). – Zu Gegenansichten *Bayer* in Lutter/Hommelhoff EU-Gesellschaft 25, 60; *Scheifele,* Die Gründung der SE, 2004, 403, *Schwarz* Rn. 10.
[23] Näher Lutter/*Decher/Hoger* UmwG § 197 Rn. 12.
[24] Vgl. *Vossius* ZIP 2005, 741 (747 f.); *Seibt/Reinhard* Konzern 2005, 407 (417) mit instruktivem Überblick über das gesamte Verfahren; vgl. ferner Lutter/Hommelhoff/Teichmann/*J. Schmidt* Rn. 34.
[25] Krit. insoweit *Raiser* FS Semler, 1993, 277 (287); *Trojan-Limmer* RIW 1991, 1010 (1015).

Formwechsels nicht ins Ausland verlegen darf (Abs. 3), so erscheint der Verzicht der VO auf einen weitergehenden Schutz gut vertretbar.[26]

9 **2. Umwandlungsplan (Abs. 4). a) Bestimmung des Inhalts (Ansatz).** Nach Abs. 4 hat der **Vorstand** der gründenden Aktiengesellschaft[27] einen Umwandlungsplan zu erstellen, und zwar entsprechend § 4 UmwG durch Mitglieder in vertretungsberechtigter Zahl.[28] Über den Inhalt des Plans **schweigt** sich die SE-VO – anders als bei den anderen Gründungsarten – aus.[29] Das österreichische SEG interpretiert dieses Schweigen, nicht unproblematisch, als Ermächtigung an den nationalen Gesetzgeber;[30] demgegenüber legt das SEAG keinen Mindestinhalt fest (vgl. → Rn. 5). Nach **Zweck und Funktion,** den die VO dem Umwandlungsplan zuschreibt, steht allerdings im Ausgangspunkt fest, dass dieser zum einen sämtliche für das Funktionieren eines Formwechsels erforderlichen Angaben, einschließlich der Satzung für die SE, enthalten muss. Zum anderen hat er die Aktionäre derart umfassend mit Informationen zu versorgen, dass diese wohlinformiert über den Formwechsel abstimmen können (Abs. 7).[31]

10 Zur **Konkretisierung** dieser inhaltlichen Vorgaben ist eine **Analogie zu Art. 20 Abs. 1 bzw. Art. 32 Abs. 2 S. 3** zu befürworten, zumal diese wegen des Verweises in Art. 32 Abs. 2 S. 3 auf Art. 20 Abs. 1 im Wesentlichen übereinstimmen und die dort beschriebenen Gründungspläne den gleichen Zwecken dienen wie der Umwandlungsplan.[32] Dass dies im Ergebnis nicht zu unpassenden Regeln führt,[33] werden die nachfolgenden Erläuterungen zeigen. Angesichts des ausdrücklichen Sitzverlegungsverbots in Abs. 3 erscheint demgegenüber eine Analogie zu Art. 8 Abs. 2 im Ansatz weniger überzeugend.[34] Nicht zu überzeugen vermag es jedenfalls, auf unionsrechtliche Mindestvorgaben hinsichtlich des Inhalts vollkommen zu verzichten bzw. die Konkretisierung dem mitgliedstaatlichen Recht zu überlassen.[35] Denn dies könnte nur funktionieren, soweit das nationale Umwandlungsrecht überhaupt einen Formwechsel kennt und demgemäß inhaltliche Vorgaben für Umwandlungsplan oder -beschluss macht, an die sich anknüpfen lässt (vgl. § 194 Abs. 1 UmwG).[36] Das ist indes keineswegs in sämtlichen Mitgliedstaaten der Fall; zumal der Formwechsel keinen Richtlinienhintergrund aufweist. Sofern also ein gewisser Mindestinhalt überhaupt zu befürworten ist, muss dieser auf unionsrechtlicher Ebene, und zwar im Analogiewege, festgelegt werden.[37] Bedenkt man, dass die VO mit dem Planerfordernis eindeutig auch auf die **Vorabinformation der Aktionäre** und mithin auf Gesellschafterschutz zielt (vgl. Abs. 5; → Rn. 19), sollte das Erfordernis eines definierten Mindestinhalts eigentlich unzweifelhaft sein.[38] Ein Gegenschluss zu Art. 32 Abs. 2 S. 3 scheidet demgemäß aus.

---

[26] Ebenso *Scheifele,* Die Gründung der SE, 2004, 399 f.
[27] Der Vorstand der Ausgangsgesellschaft ist auch im Falle eines „Kettenformwechsels" (zunächst Formwechsel in eine Aktiengesellschaft, anschließend [durch ersteren aufschiebend bedingt] in eine SE) zuständig, s. Habersack/Drinhausen/*Bücker* Rn. 13; *Drinhausen* in: 10 Jahre SE, 2015, 30, 39; *von der Höh* AG 2018, 185 (191).
[28] Näher *Seibt/Reinhard* Konzern 2005, 407 (414).
[29] Art. 37a S. 3 SE-VO-Vorschlag 1991 verlangte demgegenüber noch, dass der Umwandlungsplan „die rechtlichen und wirtschaftlichen Aspekte der Umwandlung enthält", dazu *Trojan-Limmer* RIW 1991, 1010 (1015).
[30] Dazu Kalss/Hügel/*Zollner* SEG § 29 Rn. 1 ff.; krit. auch Lutter/Hommelhoff/Teichmann/*J. Schmidt* Rn. 14.
[31] Vgl. *Teichmann* ZGR 2002, 383 (439).
[32] In diesem Sinne auch *Schwarz* Rn. 17 f.; *Seibt/Reinhard* Konzern 2005, 407 (413); *Schindler,* Die Europäische Aktiengesellschaft, 2002, 39; *Scheifele,* Die Gründung der SE, 2004, 405 f.; Kölner Komm AktG/*Paefgen* Rn. 28; Habersack/Drinhausen/*Bücker* Rn. 23; vgl. auch Kallmeyer/*Marsch-Barner* UmwG Anh. I Rn. 99; aA Lutter/Hommelhoff/Teichmann/*J. Schmidt* Rn. 14: Anwendung nationalen Rechts.
[33] Das befürchtet etwa BeckOGK/*Eberspächer* Rn. 9.
[34] So aber *Kalss* ZGR 2003, 593 (613).
[35] So jetzt auch *Seibt/Reinhard* Konzern 2005, 407 (414); aA Lutter/Hommelhoff/Teichmann/*J. Schmidt* Rn. 14.
[36] So aber *Bayer* in Lutter/Hommelhoff EU-Gesellschaft 25, 61; BeckOGK/*Eberspächer* Rn. 9; *Neun* in Theisen/Wenz SE 174 f.; *Jannott* in Jannott/Frodermann SE-HdB Kap. 3 Rn. 237.
[37] AA *Neun* in Theisen/Wenz SE 174 f.; *Bayer* in Lutter/Hommelhoff EU-Gesellschaft 25, 61.
[38] Zutr. *Hommelhoff* AG 1990, 422 (426); *Scheifele,* Die Gründung der SE, 2004, 404 f.

b) Die Vorgaben im Einzelnen. aa) Abstimmung des Mindestinhalts. Steht nach 11
den bisherigen Ausführungen fest, dass Mindestanforderungen zu befürworten und diese im
Wege eines Analogieschlusses zu Art. 20 Abs. 1, Art. 32 Abs. 2 zu entwickeln sind, so bedarf
es nurmehr der Feinabstimmung der demnach erforderlichen Angaben in Hinblick auf ihre
Funktionsfähigkeit im Falle des Formwechsels. Ohne weiteres relevant auch für den Formwechsel sind die Angaben gem. **Art. 20 Abs. 1 S. 2 lit. a** (Firma und Sitz der SE), **lit. g**
(Sachverständigen [iSv Art. 37 Abs. 6] und Organmitgliedern gewährte Vergünstigungen),
lit. h (Satzung der SE → Rn. 13) sowie **lit. i** (Verfahren zur Bestimmung des Mitbestimmungsmodells).[39] – Zu **modifizieren** sind die Angabeerfordernisse nach **lit. b** (künftige
Beteiligung der Aktionäre an der SE), **lit. f** (Schicksal von Sonderrechten etc) und **lit. c**
(Einzelheiten der Übertragung der SE-Aktien). Zwar kommt eine Angabe des Umtauschverhältnisses (lit. b) beim Formwechsel naturgemäß nicht in Betracht; doch hat der Umwandlungsplan – wie auch gem. § 194 Abs. 1 Nr. 4 UmwG erforderlich – die künftige Beteiligung
an der SE nach Zahl, Art und Umfang der Anteile klarzustellen.[40] Entsprechendes gilt auch
für das Schicksal von Sonderrechten in der SE (lit. f), die prinzipiell unverändert bleiben,
sowie für die Angaben nach lit. c; insofern ist klarzustellen, dass die Aktionäre in identischer
Weise an der SE beteiligt sein werden (vgl. § 194 Abs. 1 Nr. 3 UmwG). – **Nicht erforderlich**
sind die Angaben nach **lit. d, e** (Zeitpunkt der Gewinnberechtigung und Verschmelzungsstichtag); sie sind mit Rücksicht auf das Identitätsprinzip (→ Rn. 2) beim Formwechsel
ebenso unpassend wie im Falle der Holding-Gründung, vgl. Art. 32 Abs. 2 S. 3; → Art. 32
Rn. 11. – Vgl. zu den einzelnen Mindestangaben nach Art. 20 → Art. 20 Rn. 1 ff.

Analog **Art. 20 Abs. 2** kann der Umwandlungsplan **weitere fakultative Angaben** ent- 12
halten, etwa ein Abfindungsangebot an widersprechende Aktionäre (vgl. § 194 Abs. 1 Nr. 6
UmwG) oder die Bestellung eines Abschlussprüfers.[41]

bb) Insbesondere die Satzung der SE. Analog **Art. 20 Abs. 1 S. 2 lit. h** muss der 13
Gründungsplan auch die Satzung der künftigen SE enthalten.[42] Ein Gegenschluss aus Abs. 7
S. 1, der die Satzung in Bezug auf die Zustimmung der Hauptversammlung erwähnt, ist
schon deshalb nicht überzeugend, weil die Satzung anderenfalls nicht nach Abs. 5 offen
gelegt werden müsste, was in Hinblick auf den Informationszweck zur Vorbereitung der
Beschlussfassung ein unhaltbares Ergebnis wäre. Der besonderen Erwähnung der Satzung
in Abs. 7 S. 1 kommt daher lediglich klarstellende Funktion zu. – Wegen des **notwendigen
Inhalts** der Satzung ist gem. Art. 15 Abs. 1 auf das nationale Aktienrecht abzustellen. Sie
muss daher nicht nur die Mindestangaben gem. § 23 AktG enthalten, sondern insbesondere
auch die gem. § 243 Abs. 1 S. 2 UmwG erforderlichen Festsetzungen über Sondervorteile,
Gründungsaufwand, Sacheinlagen und Sachübernahmen. Auch muss aus der Satzung nach
wohl hM gem. § 27 AktG wenigstens ersichtlich werden, dass die Sacheinlage durch Formwechsel der AG erbracht wird, ohne dass eine Auflistung der einzelnen Vermögensgegenstände erforderlich wäre.[43]

cc) Form. Die SE-VO sieht keine bestimmte Form für den Umwandlungsplan vor. 14
Dieses Schweigen ist indes nicht als „beredt" einzustufen, sodass die Anwendung nationaler

---

[39] Dazu nur *Pluskat* DStR 2001, 1483 (1488); aA *Seibt/Reinhard* Konzern 2005, 407 (414).
[40] Vgl. *Scheifele*, Die Gründung der SE, 2004, 406 *Schwarz* Rn. 20; so iErg auch *Seibt/Reinhard* Konzern 2005, 39; *Schindler*, Die Europäische Aktiengesellschaft, Gesellschafts- und steuerrechtliche Aspekte, 2002, 39; Kölner Komm AktG/*Paefgen* Rn. 28; Habersack/Drinhausen/*Bücker* Rn. 2; aA Lutter/Hommelhoff/Teichmann/*J. Schmidt* Rn. 14: Anwendung nationalen Rechts.
[41] Vgl. *Scheifele*, Die Gründung der SE, 2004, 408; *Schwarz* Rn. 28; Kölner Komm AktG/*Paefgen* Rn. 41; wohl auch Lutter/Hommelhoff/Teichmann/*J. Schmidt* Rn. 14 ff.
[42] Ebenso Kallmeyer/*Marsch-Barner* UmwG Anh. I Rn. 99; *Scheifele*, Die Gründung der SE, 2004, 407; *Schwarz* Rn. 25; *Jannott* in Jannott/Frodermann SE-HdB Kap. 3 Rn. 238; aA *Drinhausen* in Van Hulle/Maul/Drinhausen SE-HdB Abschnitt 4 § 5 Rn. 15; Kölner Komm AktG/*Kiem* Art. 12 Rn. 76.
[43] Zust. *Kowalski* DB 2007, 2243 (2246); *Spitzbart* RNotZ 2006, 369 (417); wohl auch Habersack/Drinhausen/*Bücker* Rn. 27; aus Vorsichtsgründen (trotz Ablehnung der Anwendbarkeit des § 27 AktG) auch Lutter/Hommelhoff/Teichmann/*J. Schmidt* Rn. 14 f.; Kölner Komm AktG/*Paefgen* Rn. 40. Vgl. zur Kontroverse um die Anwendbarkeit des § 27 AktG im Rahmen des Formwechsels einerseits Widmann/Mayer/*Mayer* UmwG § 197 Rn. 145 ff.; andererseits Lutter/*Göthel* UmwG § 245 Rn. 31, jeweils mwN.

Formvorschriften im Verweisungswege möglich ist (vgl. → Art. 20 Rn. 6 f.; → Art. 32 Rn. 23). Zwar kennt das über Art. 15 anwendbare Umwandlungsrecht (→ Rn. 4) keinen Umwandlungsplan und mithin auch kein hierauf bezogenes Formerfordernis; wohl aber für den – funktional vergleichbaren – Formwechselbeschluss, der bei der SE-Gründung den Umwandlungsplan enthält. Das **Erfordernis notarieller Beurkundung** besteht daher allein für den Zustimmungsbeschluss gem. Abs. 7, und zwar auf Grund von **§ 13 Abs. 3 S. 1 UmwG,** auf den Art. 37 Abs. 7 S. 2 ausdrücklich als Durchführungsbestimmung zu Art. 7 RL 78/855/EWG (jetzt: Art. 93 GesR-RL; früher RL 2011/35/EG, RL 78/855/EWG) verweist.[44] Der aus § 23 Abs. 1 AktG folgenden Beurkundungspflicht bezüglich der Satzung kommt deshalb keine eigenständige Bedeutung zu, weil die Satzung ohnehin Bestandteil des Gründungsplans und damit des Umwandlungsbeschlusses ist (→ Rn. 13).

15   **3. Umwandlungsbericht (noch Abs. 4).** Der Vorstand muss einen Umwandlungsbericht erstellen, in dem die rechtlichen und wirtschaftlichen Aspekte der Umwandlung erläutert und begründet und die Auswirkungen des Formwechsels auf Aktionäre und Arbeitnehmer dargelegt werden. Nachdem auch das UmwG inzwischen vom Erfordernis einer dem Umwandlungsbericht beizufügenden Vermögensaufstellung absieht (§ 192 Abs. 2 UmwG aF wurde gestrichen),[45] gilt dies erst recht auch im Rahmen des Art. 37, zumal Abs. 4 nichts von einer solchen Aufstellung weiß. Der Bericht dient der Vorabinformation der Aktionäre in Hinblick auf die Zustimmung der Hauptversammlung nach Abs. 7 (vgl. → Rn. 10; → Art. 32 Rn. 17 f.). Anders als bei der Gründung einer Holding-SE erwähnt Abs. 4 den Bericht nicht ausdrücklich als **Bestandteil des Umwandlungsplans.**[46] Weil aber einerseits Abs. 5 den Bericht für die Offenlegung nicht mehr eigens erwähnt, andererseits kein Sachgrund dafür erkennbar ist, den Bericht abweichend von der Rechtslage bei der Holding-Gründung (→ Art. 32 Rn. 17) von der Offenlegung auszunehmen, ist davon auszugehen, dass der Bericht wie bei der Holding-Gründung Bestandteil des nach Abs. 5 offenzulegenden Umwandlungsplans ist.[47] – Wegen des Verhältnisses zum Gründungsbericht iSd §§ 32 ff. AktG vgl. → Rn. 26.

16   **Inhaltlich** orientiert sich der Bericht am Holding-Gründungsbericht; das gilt namentlich auch für die Darstellung der mittelbaren Auswirkungen des Formwechsels auf die **Arbeitnehmer** (→ Art. 32 Rn. 18). Anders als bei der Holding-Gründung steht naturgemäß nicht das Umtauschverhältnis im Mittelpunkt des Berichts; vielmehr ist vor allem die zukünftige **Beteiligung der Aktionäre an der SE** zu erläutern, insbesondere auch die qualitative Veränderung ihrer Mitgliedschaftsrechte.[48] Der Bericht braucht **keine Vermögensaufstellung** zu enthalten, wie sie noch § 192 Abs. 2 UmwG aF vorsah;[49] auch dort ist das Erfordernis mittlerweile gestrichen (→ Rn. 15).

17   Der Bericht ist unter den Voraussetzungen des **§ 192 Abs. 2 UmwG** ausnahmsweise **entbehrlich,** wenn also die AG entweder nur einen Aktionär hat oder sämtliche Aktionäre formgerecht verzichtet haben. Die Anwendbarkeit dieser Vorschrift ergibt sich aus Art. 15

---

[44] Wie hier BeckOGK/*Eberspächer* Rn. 10; Kölner Komm AktG/*Paefgen* Rn. 45; Habersack/Drinhausen/ *Bücker* Rn. 30; *Drinhausen* in Van Hulle/Maul/Drinhausen SE-HdB Abschnitt 4 § 5 Rn. 18 f.; *Jannott* in Jannott/Frodermann SE-HdB Kap. 3 Rn. 236, 252; *Reiserer/Biesinger/Christ/Bollacher* DStR 2018, 1236 (1236 f.) – gleichwohl mit Empfehlung der Beurkundung aus Praxissicht; *Seibt/Reinhard* Konzern 2005, 407 (413); *Vossius* ZIP 2005, 741 (741) m. Fn. 74; abw. Lutter/Hommelhoff/Teichmann/*J.* Schmidt Rn. 20 f., 55; *Bayer* in Lutter/Hommelhoff EU-Gesellschaft 25, 61; *Heckschen* DNotZ 2003, 251 (264); *Scheifele,* Die Gründung der SE, 2004, 408; *Schwarz* Rn. 29: auch der Plan als solcher formbedürftig – doppelte Analogie zu Art. 18.

[45] Dazu Lutter/*Decher*, 3. Aufl. 2006, UmwG § 192 Rn. 53 (Reaktion auf verbreitete rechtspolitische Kritik).

[46] So auch *Schwarz* Rn. 31; aA *Neun* in Theisen/Wenz SE 178 f.; *Scheifele,* Die Gründung der SE, 2004, 409.

[47] So auch BeckOGK/*Eberspächer* Rn. 12; Kölner Komm AktG/*Paefgen* Rn. 67; aA Habersack/Drinhausen/*Bücker* Rn. 37; *Kowalski* DB 2007, 2243 (2246); *Kallmeyer/Marsch-Barner/Wilk* UmwG Anh. I Rn. 109; Lutter/Hommelhoff/Teichmann/*J.* Schmidt Rn. 30; *von der Höh* AG 2018, 185 (192).

[48] Vgl. *Neun* in Theisen/Wenz SE 175 f.; *Jannott* in Jannott/Frodermann SE-HdB Kap. 3 Rn. 241; *Scheifele,* Die Gründung der SE, 2004, 409; *Schwarz* Rn. 33.

[49] *Jannott* in Jannott/Frodermann SE-HdB Kap. 3 Rn. 241; *Seibt/Reinhard* Konzern 2005, 707 (714); *Vossius* ZIP 2005, 741 (747) m. Fn. 77; wohl auch Lutter/Hommelhoff/Teichmann/*J.* Schmidt Rn. 27.

Abs. 1 und daraus, dass die Differenzierung zwischen den der Gründungsgesellschaft und den der SE zuzuordnenden Verfahrensabschnitten beim Formwechsel hinfällig ist (→ Rn. 4).[50]

Nach überwiegender (aber nicht zweifelsfreier) Ansicht kann die **kapitalmarktrechtliche Publizitätspflicht** gem. Art. 17 Abs. 1 MAR (früher § 15 WpHG) auch durch den Formwechsel ausgelöst werden.[51] 18

4. Offenlegung (Abs. 5). Umwandlungsplan **nebst Umwandlungsbericht** 19 (→ Rn. 15) sind gem. Abs. 5 in einem Art. 3 Publizitäts-RL (jetzt: Art. 16 GesR-RL) entsprechenden Verfahren offen zu legen, und zwar mindestens einen Monat vor dem Tag der Hauptversammlung. Die Offenlegungspflicht dient der ausreichenden Information der Aktionäre in Hinblick auf ihre Zustimmungsentscheidung nach Abs. 7.[52] Mit Rücksicht auf dieses Informationsbedürfnis ist sie erstmals in die geltende Fassung der VO eingefügt worden.[53] Wegen dieses Normzwecks wäre es nur schwer nachvollziehbar, wenn man den Bericht von der Offenlegung ausnehmen wollte (vgl. → Rn. 15). Der Vorstand einer deutschen Gründungs-AG hat daher den Plan nebst Bericht zum Handelsregister anzumelden (§ 12 HGB). Hinsichtlich der Bekanntmachung ist eine **Analogie zu § 5 SEAG** zu befürworten, der auf § 61 S. 2 UmwG verweist, sodass nur die Tatsache der Einreichung des Plans bekannt zu machen ist (vgl. → Art. 32 Rn. 24).[54] Das Umwandlungsgesetz ist insofern lückenhaft, weil es keinen Formwechsel-Plan kennt; zugleich ist eine strengere Publizität als bei der Verschmelzung nicht zu rechtfertigen.

Zweifelhaft ist, ob der Gründungsplan (nebst Bericht) ergänzend zur Offenlegung nach 20 Abs. 5 gem. **§ 194 Abs. 2 UmwG** spätestens einen Monat vor der Hauptversammlung dem **Betriebsrat** zuzuleiten ist. Die besseren Gründe sprechen gegen eine Anwendung dieser Vorschrift; der Bericht dient ausschließlich dem Informationsinteresse der Aktionäre, zumal die Arbeitnehmerinteressen durch die Information nach § 4 Abs. 2, 3 SEBG ausreichend gewahrt sind.[55]

5. Eingeschränkte Sachverständigenprüfung (Abs. 6). a) Grundsatz. Anders als 21 bei den übrigen Gründungsvarianten (vgl. Art. 22, 32 Abs. 4; näher → Art. 22 Rn. 1 ff.; → Art. 34 Rn. 1 ff.) sieht die VO keine (vollwertige) sachverständige Prüfung des Gründungs-(Umwandlungs-)plans vor. Dies rechtfertigt sich aus dem fehlenden Anteilstausch und der hieraus folgenden Entbehrlichkeit einer Angemessenheitsprüfung in Bezug auf das Umtauschverhältnis, worauf die Sachverständigenprüfung in erster Linie zielt.[56] Auch das

---

[50] Im Ergebnis ebenso *Lutter/Hommelhoff/Teichmann/J. Schmidt* Rn. 28; *Bayer* in Lutter/Hommelhoff EU-Gesellschaft 25, 61; *Drinhausen* in Van Hulle/Maul/Drinhausen SE-HdB Abschnitt 4 § 5 Rn. 27; *Schwarz* Rn. 35 (über eine doppelte Analogie des Art. 18); nunmehr *Neun* in Theisen/Wenz SE 177 f.; aA *Scheifele*, Die Gründung der SE, 2004, 409; *Jannott* in Jannott/Frodermann SE-HdB Kap. 3 Rn. 242, der aber zu Recht vom Fehlen eines Schutzbedürfnisses ausgeht; BeckOGK/*Eberspächer* Rn. 11.
[51] Vgl. für die SE-Gründung unter Geltung der Vorgängervorschrift des § 15 WpHG aF *Scheifele*, Die Gründung der SE, 2004, 411; *Schwarz* Rn. 38; *Kalss* ZGR 2003, 593 (637); Assmann/Schneider/Mülbert/*Assmann* MAR Art. 17 Rn. 36; allg. zur bis Juli 2016 geltenden Rechtslage Assmann/Schneider/*Assmann* WpHG § 13 Rn. 68: Formwechsel ist „kurserheblicher Umstand" iSv § 13 WpHG.
[52] Diesem Zweck wird im Rahmen eines „Kettenformwechsels" (zunächst Formwechsel in eine Aktiengesellschaft, anschließend [durch ersteren aufschiebend bedingt] in eine SE) durch eine Veröffentlichung nur bei der Ausgangsrechtsform hinreichend Genüge getan, vgl. *von der Höh* AG 2018, 185 (192).
[53] Vgl. *Hommelhoff* AG 1990, 422 (425).
[54] Ebenfalls für Analogielösung *Scheifele*, Die Gründung der SE, 2004, 410 zu § 61 UmwG; Lutter/ Hommelhoff/Teichmann/*J. Schmidt* Rn. 32; *Seibt/Reinhard* Konzern 2005, 407 (415) zu § 5 SEAG; BeckOGK/*Eberspächer* Rn. 12; Habersack/Drinhausen/*Bücker* Rn. 33; ähnlich *Kowalski* DB 2007, 2243 (2246), der zusätzlich auch eine Analogie zu Art. 21 in Betracht zieht; iErg aber auch *Teichmann* ZGR 2002, 383 (389); *Jannott* in Jannott/Frodermann SE-HdB Kap. 3 Rn. 246; *J. Schmidt*, „Deutsche" vs. „Britische" SE, 2006, 367.
[55] Kölner Komm AktG/*Paefgen* Rn. 48; Habersack/Drinhausen/*Bücker* Rn. 34, 44; Habersack/*Henssler* SEBG Einl. Rn. 74, 98, 101; *Schwarz* Rn. 37; *Seibt/Reinhard* Konzern 2005, 407 (415); aA noch → 3. Aufl. 2012, Rn. 20; BeckOGK/*Eberspächer* Rn. 12; *Jannott* in Jannott/Frodermann SE-HdB Kap. 3 Rn. 239; *Scheifele*, Die Gründung der SE, 2004, 411.
[56] Vgl. *Hommelhoff* AG 1990, 422 (425); *Schindler*, Die Europäische Aktiengesellschaft, 2002, 39; Lutter/ Hommelhoff/Teichmann/*J. Schmidt* Rn. 35; BeckOGK/*Eberspächer* Rn. 13; Habersack/Drinhausen/*Bücker* Rn. 47.

deutsche Umwandlungsrecht kennt aus diesem Grund beim Formwechsel keine Sachverständigenprüfung. Stattdessen ist nach Abs. 6 von unabhängigen Sachverständigen zu **bestätigen**, dass die Gesellschaft über eine **ausreichende tatsächliche Kapitalausstattung** verfügt, namentlich über Nettovermögenswerte mindestens in Höhe ihres Kapitals zuzüglich der kraft Gesetzes oder Statuts nicht ausschüttungsfähigen Rücklagen. Die zwingende (→ Rn. 23) Bestätigung ausreichender Nettovermögenswerte ist **Eintragungsvoraussetzung**.

22 **b) Zweck der Werthaltigkeitsprüfung.** Die der Bestätigung vorausgehende Sachverständigenprüfung soll sicherstellen, dass die durch Formwechsel gegründete SE zum Zeitpunkt ihrer Eintragung über (Rein-)Vermögen in Höhe ihres Grundkapitals verfügt, cum grano salis also keine Unterbilanz aufweist.[57] Denn beim Formwechsel wird das erforderliche Grundkapital gem. Art. 4 Abs. 2 (→ Art. 4 Rn. 2) nicht erneut aufgebracht, weshalb grundsätzlich auch keine Sacheinlageprüfung stattfindet.[58] Gleichwohl muss **in Hinblick auf das Garantiekapital der SE** gewährleistet sein, dass das Vermögen der formwechselnden AG wenigstens ausreicht, um das in der Satzung festgelegte Garantiekapital *der SE* abzudecken. Der Wortlaut („ihres Kapitals") ist zwar etwas ungenau und könnte auch noch auf das Kapital der Gründungsgesellschaft hindeuten; er ist indes normzweckgemäß im hier vorgeschlagenen Sinne auszulegen, was auf der Grundlage des Identitätsprinzips ohne weiteres möglich ist.[59] Denn das Ziel einer Sicherung der Kapitalaufbringung *der SE* ergibt sich aus Art. 13 Kapital-RL (jetzt: Art. 54 GesR-RL), auf den Abs. 6 indirekt verweist, und der die Beachtung der Grundsätze der realen Kapitalaufbringung auch bei der Gründung einer AG (hier SE) „durch Formwechsel" verlangt. Art. 37 Abs. 6 verfolgt mithin den gleichen Zweck der **Reinvermögensdeckung** wie § 220 Abs. 1 UmwG.[60] Wegen der evtl. erforderlichen **Herabsetzung des Grundkapitals der SE** im Vergleich zur formwechselnden AG gelten gem. § 243 Abs. 2 UmwG die allgemeinen Regeln des Aktienrechts; **Kapitalmaßnahmen** sind generell kein notwendiger Bestandteil des Formwechsels, können aber mit diesem verbunden werden. Im Falle einer Unterbilanz ist freilich eine Kapitalherabsetzung geboten.[61] Falls die formwechselnde AG über ein niedrigeres Grundkapital als die für die SE erforderlichen 120.000 Euro verfügt, muss dieses entsprechend erhöht werden.[62]

23 **c) Inhalt der Prüfung.** Die Prüfung hat das Ziel festzustellen, ob die Gründungsgesellschaft über Nettovermögenswerte wenigstens in Höhe des Garantiekapitals der SE, zuzüglich nicht ausschüttungsfähiger statutarischer oder gesetzlicher Rücklagen, verfügt (→ Rn. 22). Zu den **Vermögenswerten** sind sämtliche Sachen und Rechte mit feststellbarem Wert, aber ohne Rücksicht auf die Bilanzierungsfähigkeit zu zählen; Dienstleistungen scheiden damit aus. Demgemäß sind die Vermögensgegenstände nicht mit ihrem Buchwert, sondern mit dem **Verkehrswert** anzusetzen,[63] worauf auch der Begriff des „Nettovermögenswerts"

---

[57] Vgl. *Neun* in Theisen/Wenz SE 178; Kalss/Hügel/*Zollner* SEG § 30 Rn. 2; allg. auch Lutter/*Joost* UmwG § 220 Rn. 5 f.; iErg auch Kölner Komm AktG/*Paefgen* Rn. 75, der im Ansatz zwar zutr. darauf hinweist, dass für die Reinvermögensdeckung bilanzielle Ansätze nicht entscheidend seien, zugleich aber betont, dass eine Unterbilanz vor Eintragung ggf. durch Kapitalherabsetzung zu beseitigen ist.

[58] Vgl. Lutter/*Decher*/*Hoger* UmwG § 197 Rn. 6 ff.; *K. Schmidt* ZIP 1995, 1385 (1386 f.).

[59] Zust. Kölner Komm AktG/*Paefgen* Rn. 72; ebenso auch schon *Vossius* ZIP 2005, 741 (748), ohne Diskussion; demgegenüber will *Scheifele*, Die Gründung der SE, 2004, 412 unter Berufung auf den Wortlaut bestätigt sehen, dass das Grundkapital *der* Gründungsgesellschaft durch ihr Vermögen gedeckt sei; die hierdurch entstehende Lücke will er durch analoge Anwendung des § 245 UmwG schließen, *Scheifele*, Die Gründung der SE, 2004, 428 – ein unnötiger Umweg. In diesem Sinne (aber ohne Diskussion) wohl auch *Jannott* in Jannott/Frodermann SE-HdB Kap. 3 Rn. 243; *Teichmann* ZGR 2002, 383 (439); *Bungert/Beier* EWS 2002, 1 (8).

[60] So auch *Bayer* in Lutter/Hommelhoff EU-Gesellschaft 25, 62; *Neun* in Theisen/Wenz SE 178; *Scheifele*, Die Gründung der SE, 2004, 412; *J. Schmidt*, „Deutsche" vs. „Britische" SE, 2006, 368; *Schaper* AG 2019, 69 (73).

[61] Vgl. *Jannott* in Jannott/Frodermann SE-HdB Kap. 3 Rn. 254 f. und näher Lutter/*Göthel* UmwG § 247 Rn. 7 und § 243 Rn. 40 ff.

[62] *Jannott* in Jannott/Frodermann SE-HdB Kap. 3 Rn. 255; *Seibt/Reinhard* Konzern 2005, 407 (412).

[63] Wie hier auch BeckOGK/*Eberspächer* Rn. 13; Habersack/Drinhausen/*Bücker* Rn. 50; Kallmeyer/*Marsch-Barner* UmwG Anh. I Rn. 96; *Scheifele*, Die Gründung der SE, 2004, 414; *Schwarz* Rn. 44; Lutter/Hommelhoff/Teichmann/*J. Schmidt* Rn. 40; *Seibt/Reinhard* Konzern 2005, 407 (413); vgl. zu §§ 192, 220

in Abs. 6 hindeutet. Unter dem **Kapital** der Gesellschaft ist bei normzweckgemäßer Auslegung das statutarische Garantiekapital der SE zu verstehen (→ Rn. 22). Zu den **nicht ausschüttungsfähigen Rücklagen** rechnen vor allem die gesetzlichen Rücklagen gem. § 150 AktG;[64] sie sind durch die SE – ggf. in angepasster Höhe – von der Gründungsaktiengesellschaft zu übernehmen. Auf die Prüfung kann **nicht verzichtet** werden (vgl. § 9 Abs. 3 iVm § 8 Abs. 3 UmwG); denn anders als die Verschmelzungsprüfung gem. Art. 10 RL 78/855/EWG (jetzt: Art. 96 GesR-RL) bzw. § 9 UmwG dient die Prüfung nach Abs. 6 nicht dem Aktionärs-, sondern allein dem **Gläubigerschutz** (→ Rn. 22).[65]

d) Bestellung des Prüfers. Die Bestellung des Prüfers richtet sich nach den einzelstaatlichen Durchführungsbestimmungen zu Art. 96 GesR-RL (früher Art. 10 RL 78/855/EWG). Es kommen daher nur unabhängige Prüfer iSv § 319 Abs. 1–3 HGB in Betracht,[66] wobei eine Tätigkeit als Abschlussprüfer der formwechselnden Gesellschaft kein Bestellungshindernis darstellt.[67] Aus dem Verweis auf die Verschmelzungsprüfung ergibt sich weiter, dass diese Prüfer auf Antrag des Vorstands[68] durch das zuständige Gericht bestellt werden (vgl. § 10 UmwG).[69] Den Prüfern ist ein **Auskunftsrecht** analog Art. 22 UAbs. 2 zuzubilligen, um ihren Auftrag sachgerecht durchführen zu können (→ Art. 22 Rn. 11).[70] In der Praxis dürfte die Versorgung mit ausreichenden Informationen indes schon deshalb kein Problem darstellen, weil die Eintragung der SE ohne die Bescheinigung nach Abs. 6 nicht erfolgen kann (→ Rn. 21).

e) Inhalt der Bescheinigung. Für die Bescheinigung gelten die Regeln über die Verschmelzungsprüfung nach Art. 49 GesR-RL (früher Art. 10 Kapital-RL) sinngemäß, sodass die angewandten Bewertungsverfahren zu benennen sind und anzugeben ist, ob auf Grund der für die einzelnen Vermögensgegenstände bestimmten Werte das Nettovermögen ausreicht, um das Grundkapital der SE abzudecken; eine Einzelbeschreibung der bewerteten Gegenstände ist weder sinnvoll noch erforderlich.[71] Die Bescheinigung darf selbstverständlich nur erteilt werden, wenn die Gesellschaft tatsächlich über ausreichendes Nettovermögen verfügt; anderenfalls liegt ein Eintragungshindernis vor (→ Rn. 21). – Eine **Offenlegung** der Bescheinigung sieht die Verordnung **nicht** vor; die entsprechende Anwendung des Abs. 5 kommt schon deshalb nicht in Betracht, weil die Prüfung allein der realen Kapitalaufbringung und damit dem Gläubigerschutz dient, während die Offenlegung nach Abs. 5 allein auf den Aktionärsschutz gerichtet ist (→ Rn. 19).[72]

f) Verhältnis zur Gründungsprüfung nach §§ 32 ff. AktG. Zwar unterscheidet sich der Umwandlungsbericht nach Abs. 4 (→ Rn. 15) vom Gründungsbericht iSd §§ 32 ff. AktG nach Inhalt und Informationsziel; während der Umwandlungsbericht der Vorbereitung der Hauptversammlung dient, will der Gründungsbericht im Rahmen eines Form-

---

UmwG ferner Lutter/*Joost* UmwG § 220 Rn. 10; Widmann/Mayer/*Vossius* UmwG § 220 Rn. 16; Semler/Stengel/*Schlitt* UmwG § 220 Rn. 13; *Busch* AG 1995, 555 (556 f.).

[64] Vgl. Habersack/Drinhausen/*Bücker* Rn. 49; *Scheifele*, Die Gründung der SE, 2004, 415; *Schwarz* Rn. 45.
[65] Ebenso Habersack/Drinhausen/*Bücker* Rn. 52; *Seibt*/*Reinhard* Konzern 2005, 407 (419); *Jannott* in Jannott/Frodermann SE-HdB Kap. 3 Rn. 243; aA *Teichmann* ZGR 2002, 383 (440); *Vossius* ZIP 2005, 741 (748) m. Fn. 80.
[66] *Neun* in Theisen/Wenz SE 178.
[67] Lutter/Hommelhoff/*Teichmann*/*J. Schmidt* Rn. 36; *Seibt*/*Reinhard* Konzern 2005, 407 (419).
[68] Im Falle eines „Kettenformwechsels" (zunächst Formwechsel in eine Aktiengesellschaft, anschließend [durch ersteren aufschiebend bedingt] in eine SE) auf Antrag des Leitungsorgans der Ausgangsrechtsform, dazu Habersack/Drinhausen/*Bücker* Rn. 13; *Drinhausen* in: 10 Jahre SE, 2015, 30, 39; ebenso *von der Höh* AG 2018, 185 (191).
[69] *Scheifele*, Die Gründung der SE, 2004, 413 f.; Lutter/Hommelhoff/*Teichmann*/*J. Schmidt* Rn. 36.
[70] So auch *Schwarz* Rn. 47; Lutter/Hommelhoff/*Teichmann*/*J. Schmidt* Rn. 43: ergibt sich bereits aus nationalen Umsetzungsvorschriften zu Art. 10 Abs. 3 RL 78/855/EWG (jetzt: Art. 96 Abs. 3 GesR-RL), also aus §§ 60, 11 Abs. 1 S. 1 UmwG iVm § 320 Abs. 1 S. 2, Abs. 2 S. 1, 2 HGB.
[71] Zutr. *Seibt*/*Reinhard* Konzern 2005, 407 (419); ferner BeckOGK/*Eberspächer* Rn. 13; aA *Scheifele*, Die Gründung der SE, 2004, 415; *Schwarz* Rn. 46.
[72] AA – für Analogie zu Abs. 5 – Kölner Komm AktG/*Paefgen* Rn. 80 im Hinblick auf die von ihm befürwortete Gläubigerschutzfunktion der Reinvermögensbescheinigung.

wechsels den Gesamtvorgang darstellen.⁷³ Gleichwohl geht das Schrifttum ganz überwiegend unter Berufung auf den Gedanken des § 75 Abs. 2 UmwG und mit Rücksicht auf die Werthaltigkeitsprüfung nach Abs. 6 von der **Unanwendbarkeit der §§ 32 ff. AktG** aus.⁷⁴ Dem ist zuzustimmen; denn wenn § 75 Abs. 2 UmwG sogar bei der Verschmelzung zur Neugründung auf Gründungsbericht und -prüfung verzichtet, sofern nur eine der übertragenden Rechtsträger eine Kapitalgesellschaft ist, ist beim Formwechsel zwischen AG und SE erst recht kein Bedürfnis hierfür zu erkennen; dies umso mehr, als das Vermögen der formwechselnden AG schon Gegenstand der Prüfung nach Abs. 6 ist. Hinzu kommt, dass Entsprechendes auch für die Verschmelzungsgründung gilt, seit das Gesetz in §§ 122a ff. UmwG für die grenzüberschreitende Verschmelzung auf die ergänzende Anwendung von Formwechselrecht verzichtet (→ Art. 20 Rn. 39).

27 **6. Zustimmung der Hauptversammlung (Abs. 7). a) Vorbereitung und Durchführung der Versammlung.** Abs. 7 ordnet lediglich das **zwingende** Erfordernis eines Hauptversammlungsbeschlusses an und beschränkt sich im Übrigen auf einen die Beschlussfassung betreffenden Verweis auf die mitgliedstaatlichen Umsetzungsvorschriften zu Art. 7 RL 78/855/EWG (jetzt: Art. 93 GesR-RL; → Rn. 28). Vorbereitung und Einberufung der Hauptversammlung bleiben demgegenüber völlig ausgespart; namentlich fehlt es an einem Verweis auf den heutigen Art. 97 GesR-RL. Im Ergebnis dürfte indes unstreitig sein, dass diese Lücke durch das mitgliedstaatliche Recht, namentlich die **§§ 121 ff. AktG** auszufüllen ist,⁷⁵ die aber hinsichtlich der **Information der Aktionäre** durch die Spezialregelung der **§ 230 Abs. 2 UmwG, § 238 UmwG** zu ergänzen sind;⁷⁶ diese Vorschriften gelangen über die Verweisung des Art. 15 Abs. 1 zur Anwendung (→ Rn. 4). Demgemäß sind, wie bei der Verschmelzungs- und Holdinggründung, Umwandlungsplan und -bericht ab Einberufung der Versammlung in den Geschäftsräumen der Gesellschaft **auszulegen** und ist auf Wunsch Abschrift zu erteilen. Entsprechendes gilt für **§ 239 UmwG**.⁷⁷

28 **b) Beschlussfassung und Inhalt.** Seinem **Gegenstand** nach beschränkt sich der Zustimmungsbeschluss nach Abs. 7 auf den Umwandlungsplan, einschließlich der SE-Satzung (→ Rn. 13). Ein Genehmigungsvorbehalt über das **Mitbestimmungsmodell** wie in den Fällen der Verschmelzungs- (Art. 23 Abs. 2) und Holding-Gründung (Art. 32 Abs. 6) ist demgegenüber nicht vorgesehen. Der Zustimmungsbeschluss kann allerdings unter den Vorbehalt gestellt werden, dass ein bestimmtes Mitbestimmungsmodell *oder* die Auffangregelung eingreift (näher → Art. 23 Rn. 2).⁷⁸ Auf diese Weise erhält der Vorstand ein einge-

---

⁷³ Vgl. Lutter/*Hoger* UmwG § 197 Rn. 24 ff.; Widmann/Mayer/*Rieger* UmwG § 245 Rn. 66 ff.
⁷⁴ Ebenso Lutter/Hommelhoff/Teichmann/*J. Schmidt* Rn. 46; Drinhausen in Van Hulle/Maul/Drinhausen SE-HdB Abschnitt 4 § 5 Rn. 44 ff.; *Scheifele*, Die Gründung der SE, 2004, 427; *Schwarz* Rn. 74; *Jannott* in Jannott/Frodermann SE-HdB Kap. 3 Rn. 263; *Reiserer/Biesinger/Christ/Bollacher* DStR 2018, 1185 (1187); *Kiem* ZHR 173 (2009), 156 (162), der die hier vertretene Position offenbar missverstanden hat; iErg auch *Seibt/Reinhard* Konzern 2005, 407 (422); BeckOGK/*Eberspächer* Rn. 13; *Kowalski* DB 2007, 2243 (2248 f.); speziell in Bezug auf den „Kettenformwechsel" (zunächst Formwechsel in eine Aktiengesellschaft, anschließend [durch ersteren aufschiebend bedingt] in eine SE) *von der Höh* AG 2018, 185 (191 f.); zwischen interner und externer Prüfung diff. aber *Neun* in Theisen/Wenz SE 182 ff.; ebenso auch *Schwarz* Rn. 75; *Spitzbart* RNotZ 2006, 369 (418); nur in Bezug auf die externe Gründungsprüfung nach § 33 Abs. 2 Nr. 4 AktG, § 34 AktG zust. ferner Kölner Komm AktG/*Paefgen* Rn. 102, der in Kölner Komm AktG/*Paefgen* Rn. 100 die interne Prüfung gem. § 33 Abs. 1 AktG, § 34 AktG für erforderlich hält; aA – für interne und externe Prüfung – *Bayer* in Lutter/Hommelhoff EU-Gesellschaft 25, 64.
⁷⁵ Vgl. *Bayer* in Lutter/Hommelhoff EU-Gesellschaft 25, 62; Lutter/Hommelhoff/Teichmann/*J. Schmidt* Rn. 49; BeckOGK/*Eberspächer* Rn. 14; *Schwarz* Rn. 50; *Jannott* in Jannott/Frodermann SE-HdB Kap. 3 Rn. 251; *Neun* in Theisen/Wenz SE 179 f.; *J. Schmidt*, „Deutsche" vs. „Britische" SE, 2006, 369; *Teichmann* ZGR 2002, 383 (440); *Vossius* ZIP 2005, 741 (748); *Reiserer/Biesinger/Christ/Bollacher* DStR 2018, 1236 (1240).
⁷⁶ So iErg auch *Bayer* in Lutter/Hommelhoff EU-Gesellschaft 25, 63; Lutter/Hommelhoff/Teichmann/*J. Schmidt* Rn. 49; BeckOGK/*Eberspächer* Rn. 14; *Neun* in Theisen/Wenz SE 179 f.; *Jannott* in Jannott/Frodermann SE-HdB Kap. 3 Rn. 252; *Seibt/Reinhard* Konzern 2005, 407 (419); *Teichmann* ZGR 2002, 383 (440) m. Fn. 210.
⁷⁷ Ebenso iErg *Scheifele*, Die Gründung der SE, 2004, 418; *Seibt/Reinhard* Konzern 2005, 407 (420).
⁷⁸ S. auch *Seibt/Reinhard* Konzern 2005, 407 (420): als „Minus" unproblematisch möglich; ferner Habersack/Drinhausen/*Bücker* Rn. 61; Lutter/Hommelhoff/Teichmann/*J. Schmidt* Rn. 53; für eine Analogie zu

schränktes Verhandlungsmandat (Ermächtigungslösung). Das erforderliche **Quorum** für den Zustimmungsbeschluss ergibt sich aus dem ausdrücklichen Verweis in Satz 2 auf **§ 65 UmwG**, der Art. 7 RL 78/855/EWG (jetzt: Art. 93 GesR-RL) umsetzt.[79] Dieser aus Sicht des deutschen Umwandlungsrechts überraschende Verweis auf Verschmelzungsrecht – nicht auf § 193 UmwG – erklärt sich wiederum daraus, dass der Formwechsel nicht in sämtlichen Mitgliedstaaten als Umwandlungsvariante bereitgehalten wird (→ Rn. 10), der Verordnungsgeber die wichtige Frage des Quorums indes einheitlich geregelt sehen wollte. Demgemäß bedarf der Beschluss einer Mehrheit von drei Vierteln des vertretenen Grundkapitals (§ 65 Abs. 1 S. 1 UmwG).[80] – Zum Erfordernis der **notariellen Beurkundung** des Beschlusses vgl. → Rn. 14. – Keine Anwendung findet **§ 244 Abs. 1 UmwG**, demzufolge die den Gründern gem. § 245 UmwG gleichstehenden Personen zu benennen sind; denn **Gründerin ist allein die AG.**[81]

c) **Beschlussmängel.** Wegen der Beschlussmängel gelten mangels besonderer Regelung in der VO bzw. im SEAG, wie auch sonst, die §§ 241 ff. AktG.[82] Fraglich ist, ob die spezifischen Beschränkungen des Klagerechts, die gem. **§§ 195, 210 UmwG** für den Formwechselbeschluss gelten, auch auf den Beschluss nach Abs. 7 anwendbar sind. Sie betreffen zum einen die Rüge, der Umwandlungsplan gewähre quantitativ zu wenige oder qualitativ inadäquate Anteile am neuen Rechtsträger (§ 195 Abs. 2 UmwG), zum anderen den Vorwurf eines zu geringen Barabfindungsangebots (§ 210 UmwG). In beiden Fällen tritt an die Stelle der ausgeschlossenen Beschlussanfechtbarkeit die gerichtliche Durchsetzung eines Nachbesserungsanspruchs bzw. einer angemessenen Abfindung im Spruchverfahren. Indes kommt ein Austrittsrecht nach § 207 UmwG beim Formwechsel in die SE nicht in Betracht (→ Rn. 37), sodass auch **kein Anfechtungsausschluss nach § 210 UmwG** bestehen kann. Anders verhält es sich hingegen mit dem Nachbesserungsrecht gem. § 196 UmwG: Weil dieses auch beim Formwechsel zwischen AG und SE besteht, ist folgerichtig insoweit die Anfechtungsklage gem. **§ 195 Abs. 2 UmwG** ausgeschlossen und der Streit im Spruchverfahren auszutragen (vgl. → Rn. 38).[83] – Gem. § 198 Abs. 3 UmwG, § 16 Abs. 2 S. 1 UmwG iVm Art. 15 Abs. 1 (→ Rn. 4) gilt auch für den Formwechsel in die SE die **Registersperre** im Falle einer rechtzeitig erhobenen Beschlussmängelklage, die nur durch das Verfahren nach § 16 Abs. 3 UmwG überwindbar ist.[84]

III. Ergänzende Gründungsvoraussetzungen nach AktG

Die Verweisung des Art. 15 Abs. 1 nimmt auch das **Gründungsrecht der AG** in Bezug, soweit es gem. **§ 197 UmwG** neben den §§ 190 ff. UmwG zur Anwendung kommt

---

Art. 23 Abs. 2 und Art. 32 Abs. 7 BeckOGK/*Eberspächer* Rn. 15; für eine Gesamtanalogie der Art. 23 Abs. 2 S. 2, Art. 32 Abs. 6 UAbs. 2 S. 2 *Schwarz* Rn. 58; aA *Jannott* in Jannott/Frodermann SE-HdB Kap. 3 Rn. 257. Allemal möglich wären Ablehnung und erneute Beschlussfassung nach Vorlage des Ergebnisses.

[79] Dem Verweis in S. 2 auf § 65 UmwG kann nicht die Unzulässigkeit eines „Kettenformwechsels" (zunächst Formwechsel in eine Aktiengesellschaft, anschließend [durch ersteren aufschiebend bedingt] in eine SE) entnommen werden; denn das mit dem Verweis intendierte Erfordernis einer hinreichend qualifizierten Mehrheit wird vielmehr auch nach § 240 Abs. 1 S. 1 UmwG sowie § 217 Abs. 1 S. 1 UmwG gewahrt, dazu *von der Höh* AG 2018, 185 (192); aA *Drinhausen* in: 10 Jahre SE, 2015, 30, 39.

[80] Vgl. *Bayer* in Lutter/Hommelhoff EU-Gesellschaft 25, 63; Lutter/Hommelhoff/Teichmann/*J. Schmidt* Rn. 54; *Schwarz* Rn. 55; *Neun* in Theisen/Wenz SE 180; *J. Schmidt*, „Deutsche" vs. „Britische" SE, 2006, 370; *Teichmann* ZGR 2003, 367 (395); *Reiserer/Biesinger/Christ/Bollacher* DStR 2018, 1236 (1243).

[81] Zutr. *Scheifele*, Die Gründung der SE, 2004, 399; so auch *Schwarz* Rn. 69; Lutter/Hommelhoff/Teichmann/*J. Schmidt* Rn. 54; *Seibt/Reinhard* Konzern 2005, 407 (421); Kölner Komm AktG/*Paefgen* Rn. 99; aA *Vossius* ZIP 2005, 741 (749) m. Fn. 84: unklar.

[82] Vgl. *Göz* ZGR 2008, 593 (608); *Neun* in Theisen/Wenz SE 184; Lutter/Hommelhoff/Teichmann/*J. Schmidt* Rn. 56.

[83] Zust. Kölner Komm AktG/*Paefgen* Rn. 95; aA Lutter/Hommelhoff/Teichmann/*J. Schmidt* Rn. 56; *Schwarz* Rn. 58, 65 und wohl auch Habersack/Drinhausen/*Bücker* Rn. 69.

[84] Vgl. Habersack/Drinhausen/*Bücker* Rn. 69; *Schwarz* Rn. 65; *Jannott* in Jannott/Frodermann SE-HdB Kap. 3 Rn. 270; *Neun* in Theisen/Wenz SE 184; *Scheifele*, Die Gründung der SE, 2004, 430; *Reiserer/Biesinger/Christ/Bollacher* DStR 2018, 1236 (1243); näher zur Registersperre und ihrer Überwindung nach § 16 Abs. 3 UmwG Lutter/*Hoger* UmwG § 198 Rn. 36 ff.

(→ Rn. 4). Das betrifft namentlich die Sachgründungsvorschriften, die gem. Art. 13 Kapital-RL (jetzt: Art. 54 GesR-RL) auch in Bezug auf Umwandlungen gegen Umgehung zu schützen sind; andererseits bleibt zu beachten, dass es sich beim Formwechsel gerade nicht um eine Neugründung handelt. Sachgründungsvorschriften finden daher nur eingeschränkt, nämlich insoweit Anwendung, als es ihrer zum Schutz gegen Umgehung eben bedarf.[85] Daher ist auch der Formwechsel zwischen AG und SE grundsätzlich **als Sachgründung** zu betrachten.[86]

31 Die praktische **Bedeutung** ist indes **gering**. Insbesondere muss die **Satzung** kenntlich machen, dass die Sacheinlage durch Formwechsel erbracht wird (→ Rn. 13). Ferner hat sie gem. § 243 Abs. 1 S. 2 UmwG die in der AG-Satzung enthaltenen Festsetzungen über Sondervorteile, Gründungsaufwand, Sacheinlagen und -übernahmen fortzuführen. Demgegenüber werden **Gründungsbericht und -prüfung** nach §§ 32 ff. AktG durch die Werthaltigkeitsprüfung nach Abs. 6 **verdrängt** (→ Rn. 26).[87] Entsprechendes gilt für das Gebot der Reinvermögensdeckung gem. **§§ 245, 220 UmwG,** das nach der hier vertretenen Interpretation gleichfalls durch die vorrangige Regelung nach Abs. 6 verdrängt wird (→ Rn. 21 f.).[88] Verdrängt werden gem. § 197 S. 2 UmwG schließlich auch die §§ 30 f. AktG in Bezug auf die **Bestellung der Organe** der SE. Für deren Besetzung ist überdies die mitbestimmungsrechtliche Bestandsgarantie gem. Art. 4 Abs. 4 Beteiligungs-RL zu beachten. Doch bleiben die Mitglieder des **Aufsichtsrats** ohnehin gem. § 203 S. 1 UmwG für den Rest ihrer Wahlzeit im Amt, wenn der Aufsichtsrat in der SE in der gleichen Weise zu bilden ist wie in der formwechselnden AG, für die SE also das dualistische System gilt und die Verhandlungen nach SEBG zu keinem Plus an Mitbestimmung führen.[89] Demgegenüber wird man bei Verkleinerung des Aufsichtsrats anlässlich der SE-Gründung von einer Diskontinuität ausgehen müssen, weil die Personen derjenigen Mitglieder nicht feststehen, die ihr Amt verlieren. Nach verbreiteter Ansicht soll hingegen die *allgemeine* Vorschrift des Art. 40 abschließende Wirkung auch gegenüber der Gründung durch Formwechsel entfalten, sodass es in keinem Falle zur Kontinuität kommen könnte.[90] Das erscheint aber weder methodisch zwingend noch sachlich geboten und ist daher im Sinne der hier vertretenen differenzierenden Lösung abzulehnen. Auch für mitbestimmte Gesellschaften folgt allein aus dem Umstand, dass sich die Regeln zur Bestellung der Arbeitnehmer abstrakt ändern können (vgl. → Art. 40 Rn. 47), noch nicht die generelle Unanwendbarkeit des § 203 UmwG, zumal dessen Tatbestand voraussetzt, dass der Aufsichtsrat in der SE nach gleichen Regeln wie bisher gebildet wird. Allgemein gilt daher: Sofern relative *und* absolute Zahl der Sitze (und damit die Zusammensetzung des Aufsichtsrats) identisch bleibt, kommt es nicht zur Neubestellung.[91] Anderenfalls sollte die Bestellung gemeinsam mit dem Umwandlungsbeschluss nach Abs. 7 erfolgen.[92] Für die Bestellung des **Abschlussprüfers** für das Erste (Rumpf-)Geschäftsjahr gilt demgegenüber unmittelbar § 30 Abs. 1 AktG. Die Bestellung sollte wiederum mit dem Beschluss nach Abs. 7 verbunden werden, zumal gem. § 245 Abs. 1 S. 1 UmwG die zustimmenden Aktionäre (anstelle der Gründer) hierfür zuständig sind.[93] – Wegen eventuell erforderlicher **ergänzender Kapitalmaßnahmen** vgl. die Hinweise in → Rn. 22 aE.

---

[85] Vgl. zu Zweck und Interpretation des § 197 UmwG nur Lutter/*Hoger* UmwG § 197 Rn. 5 f.
[86] S. *Scheifele,* Die Gründung der SE, 2004, 425.
[87] HM, vgl. Lutter/Hommelhoff/Teichmann/*J. Schmidt* Rn. 46; Habersack/Drinhausen/*Bücker* Rn. 73; aA Kölner Komm AktG/*Paefgen* Rn. 100, jeweils mwN.
[88] Die Entbehrlichkeit des Sachgründungsberichts (vgl. § 245 Abs. 4 UmwG) bleibt hiervon unberührt.
[89] Zutr. *Jannott* in Jannott/Frodermann SE-HdB Kap. 3 Rn. 259 f.; zu Gegenauffassungen *Habersack* Konzern 2008, 67 (70); *Neun* in Theisen/Wenz SE 182; *Schwarz* Rn. 72; *Seibt* Konzern 2005, 407 (421); BeckOGK/*Eberspächer* Art. 40 Rn. 8.
[90] *Habersack* Konzern 2008, 67 (70); *Neun* in Theisen/Wenz SE 182; *Schwarz* Rn. 72; *Seibt*/*Reinhard* Konzern 2005, 407 (421): SEBG gehe nicht vom Fortbestand alter Mandate aus; BeckOGK/*Eberspächer* Art. 40 Rn. 8; aA Lutter/Hommelhoff/Teichmann/*J. Schmidt* Rn. 57 ff.
[91] So iErg jetzt eingehend auch *Kleinhenz/Leyendecker-Langner* AG 2013, 507 (511).
[92] Näher *Jannott* in Jannott/Frodermann SE-HdB Kap. 3 Rn. 260.
[93] Ebenso *Jannott* in Jannott/Frodermann SE-HdB Kap. 3 Rn. 262; anders anscheinend *Scheifele,* Die Gründung der SE, 2004, 399, der die Gründungsgesellschaft selbst für zuständig hält.

IV. Eintragung

1. Grundsatz. Die SE **entsteht** als solche nach Art. 16 Abs. 1 auch bei der Gründung 32 durch Formwechsel, wie Abs. 2 klarstellt, erst mit der Eintragung gem. Art. 12, mag die SE auch identisch sein mit der formwechselnden AG (→ Rn. 2; → Rn. 34). Die VO sieht **keine besondere Rechtmäßigkeitskontrolle** vor wie im Falle der Verschmelzungs- und Holdinggründung. Dies erscheint deshalb gut nachvollziehbar, weil es sich beim Formwechsel wegen Abs. 3 um einen rein nationalen und zudem einheitlichen Vorgang handelt, der eine zweistufige Rechtmäßigkeitskontrolle schon im Ansatz entbehrlich macht (vgl. → Rn. 4); vielmehr ist typischerweise bloß eine Registerbehörde beteiligt. Sie darf die SE selbstverständlich nur dann eintragen, wenn die Voraussetzungen des Art. 2 Abs. 4 erfüllt sind und das Verfahren nach Art. 37 ordnungsgemäß durchgeführt wurde (→ Rn. 34).

2. Anmeldung; Prüfung. Das in der VO nicht eigens geregelte Anmeldeverfahren 33 richtet sich gem. Art. 15 Abs. 1 (→ Rn. 4) im Einzelnen nach den **§§ 198 ff. UmwG.** Demnach hat der **Vorstand** der formwechselnden AG die SE gem. § 246 Abs. 1 UmwG, § 198 Abs. 1 UmwG zum **Handelsregister** (vgl. → Art. 12 Rn. 4) anzumelden. Zu den gem. § 199 UmwG beizufügenden **Anlagen** gehören beim Formwechsel in die SE auch ein Nachweis der Gründungsberechtigung gem. Art. 2 Abs. 4 (Registerauszug über mindestens zweijährige Auslandstochter), der Umwandlungsplan einschließlich SE-Satzung, die Bescheinigung nach Abs. 6, die notariell beurkundete Niederschrift des Zustimmungsbeschlusses nach Abs. 7; die nach § 27 AktG erforderlichen Unterlagen (außer einem Gründungs-[prüfungs-]bericht → Rn. 26),[94] ein Nachweis über die rechtzeitige Zuleitung des Umwandlungsplans an den Betriebsrat (→ Rn. 20) sowie das **Negativattest** nach § 16 Abs. 2 S. 1 UmwG bzw. formgerechte Verzichtserklärungen gem. § 16 Abs. 2 S. 2 UmwG (→ Rn. 14). Schließlich ist gem. Art. 12 Abs. 2 ein Nachweis über das (vereinbarte) Mitbestimmungsmodell vorzulegen. Auf alle diese Punkte erstreckt sich auch die **registergerichtliche Prüfung** (zum umstr. Prüfungsumfang in Bezug auf das Mitbestimmungsverfahren → Art. 12 Rn. 7).

3. Wirkungen der Eintragung. Die Eintragung führt zur **Entstehung der SE** gem. 34 Art. 16 Abs. 1 (→ Rn. 32), die an die Stelle der formwechselnden AG tritt und mit dieser identisch ist (→ Rn. 2); folglich finden weder Universalsukzession noch Anteilstausch statt. Aufgrund dieses den Formwechsel beherrschenden Identitätsprinzips entsteht **durch die Aufstellung** des Umwandlungsplans oder dessen Billigung durch die Hauptversammlung auch **keine Vor-SE** (→ Art. 16 Rn. 6).[95] An ihre Stelle tritt gewissermaßen die formwechselnde AG selbst; für einen zusätzlichen Rechtsträger besteht weder ein Bedarf noch ließe sich dessen liquidationsloses Erlöschen bei Entstehen der SE konstruktiv begründen. Demgemäß existiert beim Formwechsel auch keine **Gründerhaftung.**[96] Unberührt bleibt hingegen die **Handelndenhaftung** des Vorstands der AG gem. Art. 16 Abs. 2 (→ Art. 16 Rn. 16). – Wegen der Wirkung von Beschlussmängeln vgl. → Rn. 29. Gem. Art. 15 Abs. 1 iVm § 202 Abs. 1 Nr. 3, Abs. 3 UmwG bewirkt die Eintragung auch bei fehlerhaftem Beschluss Bestandsschutz. Das Fehlen einer Regelung nach Art des Art. 30 (vgl. → Art. 30 Rn. 1 ff.) wirkt sich für die deutsche SE folglich nicht aus. – Auch eine **Börsenzulassung** bleibt im Prinzip erhalten, doch werden die (globalen) Aktienurkunden in Hinblick auf die Firma unrichtig und müssen ausgetauscht werden. Im Übrigen ist der Formwechsel der Börsenzulassungsstelle mitzuteilen.[97]

---

[94] Vollständige Liste bei *Jannott* in Jannott/Frodermann SE-HdB Kap. 3 Rn. 270; Kölner Komm AktG/*Paefgen* Rn. 109 f.
[95] Näher *Schäfer* NZG 2004, 785 (789 f.); dem folgend *Jannott* in Jannott/Frodermann SE-HdB Kap. 3 Rn. 315; ebenso *von der Höh* AG 2018, 185 (189); so wohl auch *Scheifele*, Die Gründung der SE, 2004, 399.
[96] So iErg auch *Scheifele*, Die Gründung der SE, 2004, 399; *Schwarz* Rn. 70; Lutter/Hommelhoff/Teichmann/*J. Schmidt* Rn. 85; BeckOGK/*Eberspächer* Rn. 17; Habersack/Drinhausen/*Bücker* Rn. 93.
[97] S. nur die Hinweise bei Habersack/Drinhausen/*Bücker* Rn. 91.

V. Schutz der Arbeitnehmer (Abs. 8, 9)

35 **Abs. 8** ermöglicht den Mitgliedstaaten, die Umwandlung davon abhängig zu machen, dass der (mitbestimmte) Aufsichtsrat[98] der formwechselnden AG mit mindestens qualifizierter Mehrheit zustimmt. Indes hat der deutsche Gesetzgeber, obwohl die Regelung (angeblich) auf Drängen der deutschen Delegation aufgenommen wurde (→ Rn. 1), von dieser Ermächtigung keinen Gebrauch gemacht,[99] wohl nicht zuletzt auf Grund eindeutig ablehnender Stellungnahmen im Schrifttum.[100] Der Formwechsel einer deutschen AG in die SE bedarf daher **keiner Zustimmung des Aufsichtsrats.**

36 Nach **Abs. 9** gehen die Rechte und Pflichten aus den Arbeitsverhältnissen mit der Eintragung der SE auf diese über. Die Vorschrift ist irreführend, weil der Formwechsel ohne Rechtsübergang auskommt (→ Rn. 2). Sie ist lediglich als – unschädliche – Klarstellung dergestalt zu verstehen, dass die Arbeitsverhältnisse von der SE unverändert fortgeführt werden. Demgemäß können im Umwandlungsbericht nach Abs. 4 auch lediglich die mittelbaren Auswirkungen des Formwechsels für die Arbeitnehmer geschildert werden (→ Rn. 16).

VI. Ergänzender Minderheiten- und Gläubigerschutz?

37 Abweichend von den übrigen Gründungsvarianten enthält die SE-VO beim Formwechsel **keine Ermächtigung** des nationalen Gesetzgebers zum Erlass **minderheitenschützender** Normen; sie kennt Minderheitenschutz nur in Form der Vorabinformation und einer Mitwirkung bei der Beschlussfassung nach Abs. 7. Dieses Schweigen wird im Schrifttum als „beredt", also im Sinne einer abschließenden Regelung gedeutet, sodass die Anwendung der §§ 207, 210, 212 UmwG (über Art. 15 Abs. 1) schon mangels ausreichender Ermächtigung ausscheidet.[101] Richtigerweise ist indes zu **differenzieren:** Hinsichtlich des **Austrittsrechts gem. § 207 UmwG** ist der hL im Ergebnis zuzustimmen. Maßgeblicher Grund hierfür ist allerdings nicht die abschließende Regelung des Aktionärsschutzes in der SE-VO;[102] denn das Fehlen einer besonderen Ermächtigungsgrundlage nach Art der Art. 24 Abs. 2, Art. 34 lässt sich plausibel darauf zurückführen, dass es sich beim Formwechsel wegen Abs. 3 um einen rein nationalen Vorgang handelt, sodass die besondere Problematik einer fehlenden Reziprozität von Minderheitsrechten von vornherein entfällt. Weil nur Aktionäre eines Mitgliedstaats betroffen sind, konnte der Verordnungsgeber die Frage eines ergänzenden Minderheitsschutzes – über Art. 15 Abs. 1 – getrost dem Recht des einzelnen Mitgliedstaats überlassen. Als entscheidender Grund gegen das Austrittsrecht ist vielmehr dessen fehlende Sachgerechtigkeit im Falle des Wechsels einer AG in die Rechtsform einer deutschen SE anzusehen. Denn nach dem SEAG kommt ein solches Recht generell nur dann in Betracht, wenn die SE ihren Sitz im Ausland nimmt (so § 7 Abs. 1 SEAG für die Verschmelzung, § 9 Abs. 1 SEAG für die Holding-Gründung). Überdies kennt das deutsche Umwandlungsrecht auch beim Formwechsel zwischen AG und KGaA kein Austrittsrecht (§ 250 UmwG). Zwischen AG und deutscher SE bestehen keine ausreichend erheblichen Unterschiede in Bezug auf die Struktur der Mitgliedschaft und die Finanzverfassung, welche die Anwendung des § 207 UmwG rechtfertigen können; es besteht demgemäß **kein Austrittsrecht** anlässlich des Formwechsels.

38 Hiervon zu unterscheiden ist indes die Frage, ob den Aktionären ein durch bare Zuzahlung zu erfüllender **Anspruch auf Verbesserung des Beteiligungsverhältnisses nach § 196**

---

[98] Neben der Sache liegt die Annahme, bei dem „Organ, in dem die Mitbestimmung der Arbeitnehmer vorgesehen ist", könne es sich auch um den Betriebsrat handeln, so aber *Schulz/Geismar* DStR 2001, 1078 (1081); *Sanna* ELR 2002, 2 (7); dagegen zu Recht *Scheifele*, Die Gründung der SE, 2004, 420 f.; ebenso auch *Bungert/Beier* EWS 2002, 1 (8).
[99] Ebenso wenig der österreichische Gesetzgeber, vgl. Kalss/Hügel/*Zollner* SEG Vor § 29 Rn. 3.
[100] Vgl. *Teichmann* ZGR 2002, 383 (441) und ZIP 2002, 1109 (1113); *Brandt* NZG 2002, 991 (995); *Neun* in Theisen/Wenz, 1. Aufl. 2002, SE 161 f.
[101] *Jannott* in Jannott/Frodermann SE-HdB Kap. 3 Rn. 274; *Neun* in Theisen/Wenz SE 185.
[102] Sympathisierend BeckOGK/*Eberspächer* Rn. 20.

UmwG[103] zuzubilligen ist.[104] Geht man, wie hier, davon aus, dass die Anwendung dieser Vorschrift nicht etwa an einer fehlenden expliziten Ermächtigung scheitert (→ Rn. 37), kann es allein darauf ankommen, ob sich ein solcher Schutz trotz der Ähnlichkeit zwischen AG und deutscher SE rechtfertigen lässt. Dies ist deshalb zu bejahen, weil der korrespondierende Anspruch bei Verschmelzung (§ 6 Abs. 4 SEAG) und Holding-Gründung (§ 11 Abs. 2 SEAG, § 6 Abs. 4 SEAG) nicht davon abhängt, ob die SE ins Ausland „abwandert", zumal ein Zustimmungsvorbehalt zu Gunsten ausländischer Aktionäre beim Formwechsel gegenstandslos ist (→ Rn. 37). Überdies sieht das UmwG nicht einmal beim Formwechsel zwischen AG und KGaA eine Befreiung von der Verbesserungsmöglichkeit des § 196 UmwG vor.[105] Wollte man die Anwendbarkeit des § 196 UmwG verneinen, hätte dies im Übrigen zur wenig überzeugenden Konsequenz, dass die Rüge einer fehlerhaften Abbildung der Mitgliedschaft im neuen Rechtsträger, einschließlich hierauf bezogener Informationsmängel, unmittelbar gegen den Umwandlungsbeschluss im Wege der Beschlussmängelklage vorgebracht werden müsste; denn hierfür wäre dann weder das Spruchverfahren eröffnet, noch griffe die Registersperre des § 195 Abs. 2 UmwG ein (vgl. → Rn. 29).[106]

Entsprechendes wie für das Austrittsrecht (→ Rn. 37) gilt auch für den **Gläubigerschutz**; denn schutzwürdige Gläubigerinteressen werden durch den Formwechsel einer AG in eine (deutsche) SE nicht berührt: Weder darf die SE ihren Sitz verlegen (Abs. 3; → Rn. 3) noch findet eine Universalsukzession statt (→ Rn. 2). Aufgrund des Identitätsprinzips haftet die SE selbstverständlich für sämtliche Verbindlichkeiten der AG. Überdies wird die ausreichende Kapitalisierung der SE durch die Werthaltigkeitsprüfung nach Abs. 6 gewährleistet (→ Rn. 21 ff.). Die Anwendung der **§§ 204, 22 UmwG** kommt daher mangels vergleichbarer Interessenlage **nicht in Betracht**.[107] Auch die Regeln zur **Nachgründung** in § 52 AktG sind unanwendbar.[108]

---

[103] Dazu allg. näher etwa Lutter/*Hoger* UmwG § 196 Rn. 5 f.
[104] Dagegen Lutter/Hommelhoff/Teichmann/*J. Schmidt* Rn. 84; BeckOGK/*Eberspächer* Rn. 21; Habersack/Drinhausen/*Bücker* Rn. 68; wohl auch *Spitzbart* RNotZ 2006, 369 (421); aA – wie hier – Kölner Komm AktG/*Paefgen* Rn. 95.
[105] Zur Anspruchsberechtigung näher Lutter/*Hoger* UmwG § 196 Rn. 5; nicht überzeugend insoweit BeckOGK/*Eberspächer* Rn. 21, der die Vergleichbarkeit mit § 250 UmwG bestreitet.
[106] Zust. Kölner Komm AktG/*Paefgen* Rn. 95.
[107] Lutter/Hommelhoff/Teichmann/*J. Schmidt* Rn. 86; Habersack/Drinhausen/*Bücker* Rn. 96; *Jannott* in Jannott/Frodermann SE-HdB Kap. 3 Rn. 274; *Scheifele,* Die Gründung der SE, 2004, 423; iErg ebenso *Schwarz* Rn. 66; BeckOGK/*Eberspächer* Rn. 20.
[108] Näher dazu Habersack/Drinhausen/*Bücker* Rn. 100 f.

Titel III. Aufbau der SE

Art. 38 [Organe der SE]

Die SE verfügt nach Maßgabe dieser Verordnung über
a) eine Hauptversammlung der Aktionäre und
b) entweder ein Aufsichtsorgan und ein Leitungsorgan (dualistisches System) oder ein Verwaltungsorgan (monistisches System), entsprechend der in der Satzung gewählten Form.

Schrifttum: *Beier,* Der Regelungsauftrag als Gesetzgebungsinstrument im Gesellschaftsrecht, Diss. Heidelberg 2000; *Berrar,* Die Entwicklung der Corporate Governance in Deutschland im internationalen Vergleich, Diss. München 2001; *Bleicher/Paul,* Das US-amerikanische Board-Modell im Vergleich zur bundesdeutschen Vorstands-/Aufsichtsratsverfassung – Stand und Entwicklungstendenzen, DBW 1986, 263; *Böckli,* Schweizer Aktienrecht, 2009; *Bungert/Beier,* Die Europäische Aktiengesellschaft – Das Statut und seine Umsetzung in die Praxis, EWS 2002, 1; *Brandt,* Die Hauptversammlung der Europäischen Aktiengesellschaft (SE), Diss. Würzburg 2004; *Casper,* Erfahrungen und Reformbedarf bei der SE – Gesellschaftsrechtliche Reformvorschläge, ZHR 173 (2009), 181; *Davies,* Struktur der Unternehmensführung in Großbritannien und Deutschland: Konvergenz oder fortbestehende Divergenz?, ZGR 2001, 268; *Drygala,* Harte Quote, weiche Quote und die Organpflichten von Vorstand und Aufsichtsrat, NZG 2015, 1129; *Eder,* Die monistisch verfasste Societas Europaea – Überlegungen zur Umsetzung eines CEO-Modells, NZG 2004, 544; *Eidenmüller/Engert/Hornuf,* Die Societas Europaea: empirische Bestandsaufnahme und Entwicklungslinien einer neuen Rechtsform, AG 2008, 721; *Feddersen/Hommelhoff/Schneider,* Corporate Governance, Optimierung der Unternehmensführung und der Unternehmenskontrolle im deutschen und amerikanischen Aktienrecht, 1996; *Grobe,* Die Geschlechterquote für Aufsichtsrat und Vorstand, AG 2015, 289; *Grobys,* Das geplante Umsetzungsgesetz zur Beteiligung von Arbeitnehmern in der Europäischen Aktiengesellschaft, NZA 2004, 779; *Gruber/Weller,* Societas Europaea: Mitbestimmung ohne Aufsichtsrat?, NZG 2003, 297; *Heinze,* Die Europäische Aktiengesellschaft, ZGR 2002, 66; *Henssler,* Unternehmerische Mitbestimmung in der Societas Europaea, FS Ulmer, 2003, 193; *Herfs-Röttgen,* Arbeitnehmerbeteiligung in der Europäischen Aktiengesellschaft, NZA 2002, 358; *Herfs-Röttgen,* Arbeitnehmerbeteiligung in der Europäischen Aktiengesellschaft, NZA 2001, 424; *Hoffmann-Becking,* Organe: Strukturen und Verantwortlichkeiten, insbesondere im monistischen System, ZGR 2004, 355; *Hommelhoff,* Satzungsstrenge und Gestaltungsfreiheit in der Europäischen Aktiengesellschaft, FS Ulmer, 2003, 267; *Hommelhoff,* Einige Bemerkungen zur Organisationsverfassung der Europäischen Aktiengesellschaft, AG 2001, 279; *Hopt,* Gemeinsame Grundsätze der Corporate Governance in Europa?, ZGR 2000, 779; *Hopt/Kanda/Roe/Wymeersch/Prigge,* Comparative Corporate Governance – The State of the Art and Emerging Research, 1998; *Ihrig/Wagner,* Das Gesetz zur Einführung der Europäischen Gesellschaft (SEEG) auf der Zielgeraden, BB 2004, 1749; *Immenga,* Zuständigkeiten des mitbestimmten Aufsichtsrats, ZGR 1977, 249; *Kallmeyer,* Die Beteiligung der Arbeitnehmer in einer Europäischen Gesellschaft, ZIP 2004, 1442; *Kallmeyer,* Das monistische System in der SE mit Sitz in Deutschland, ZIP 2003, 1531; *Kessler,* Leitungskompetenz und Leitungsverantwortung im deutschen, US-amerikanischen und japanischen Aktienrecht, RIW 1998, 602; *Kiem,* Erfahrungen und Reformbedarf bei der SE – Entwicklungsstand, ZHR 173 (2009), 156; *Köstler,* Die Mitbestimmung in der SE, ZGR 2003, 800; *Kraushaar,* Europäische Aktiengesellschaft (SE) und Unternehmensmitbestimmung, BB 2003, 1614; *Lutter,* Europäische Aktiengesellschaft – Rechtsfigur mit Zukunft, BB 2002, 1; *Lutter,* Vergleichende Corporate Governance – Die deutsche Sicht, ZGR 2001, 224; *Lutter,* Die entschlussschwache Hauptversammlung, FS Quack, 1991, 301; *Lutter,* § 23 Abs. 5 AktG im Spannungsfeld von Gesetz, Satzung und Einzelentscheidungen der Organe der Aktiengesellschaft, FS Hengeler, 1972, 167; *Lutter,* Bankenvertreter im Aufsichtsrat, ZHR 145 (1981), 224; *Mauch,* Das monistische Leitungssystem in der Europäischen Aktiengesellschaft, Diss. 2008; *W. Müller,* Die Entscheidungsspielräume der Verwaltung einer Aktiengesellschaft im Verhältnis zu ihren Aktionären, FS Semler, 1993, 195; *Müller-Bonanni/Melot de Beauregard,* Mitbestimmung in der Societas Europaea, GmbHR 2005, 195; *Neye/Teichmann,* Der Entwurf für das Ausführungsgesetz zur Europäischen Aktiengesellschaft, AG 2003, 169; *Owen,* The Future of Britain's Board of Directors: Two-Tiers or One?, 1995; *Potthoff,* Dreigliedrige Überwachung der Geschäftsführung, DB 1976, 1777; *Reichert/Brandes,* Mitbestimmung der Arbeitnehmer in der SE: Gestaltungsfreiheit und Bestandsschutz, ZGR 2003, 767; *Säcker,* BB-Forum: Corporate Governance und europäisches Gesellschaftsrecht – neue Wege in der Mitbestimmung, BB 2004, 1462; *Scheffler,* Der Aufsichtsrat – nützlich oder überflüssig?, ZGR 1993, 63; *Schneider,* Kapitalmarktorientierte Corporate Governance – Grundsätze, DB 2000, 2413; *Schönborn,* Die monistische Societas Europae in Deutschland im Vergleich zum englischen Recht, Diss. 2006; *Teichmann,* Corporate Governance in Europa, ZGR 2001, 645; *Teichmann,* Gestaltungsfreiheit im monistischen Leitungssystem der Europäischen Aktiengesellschaft, BB 2004, 53; *v. Rosen,* Corporate Governance: Eine Bilanz, Die Bank 2001, 283; *Voormann,* Der Beirat im Gesellschaftsrecht, 2. Aufl. 1990; *Waclawik,* Der Referentenentwurf des Gesetzes zur Einführung der Europäischen (Aktien-)Gesellschaft, BB 2004, 1191; *Windbichler,* Zur Trennung von Geschäftsführung und Kontrolle bei amerikanischen Großgesellschaften: Eine „neue"

Entwicklung und europäische Regelungen im Vergleich, ZGR 1985, 50; *Windbichler,* Arbeitnehmerinteressen im Unternehmen und gegenüber dem Unternehmen – eine Zwischenbilanz, AG 2004, 190.

Übersicht

	Rn.		Rn.
I. Grundlagen der Organisationsverfassung	1–15	**III. Diskussion über die optimale Verbandsverfassung**	18–26
1. Zwingender Charakter der Verbandsverfassung	1, 2	1. Überblick zu den unterschiedlichen Schrifttumsmeinungen	18–23
2. Verwaltungsorgane	3–12	2. Schlussfolgerungen für die SE	24–26
a) Wahlrecht zwischen Aufsichtsrats-Modell und Board-Modell	3	**IV. Etablierung weiterer Gremien**	27–34
b) Board-Modell	4–8	1. Beiräte, Verwaltungsräte etc	28–30
c) Aufsichtsratsmodell	9–12	2. Sondergremien zur Vertretung von Arbeitnehmerinteressen	31–34
3. Hauptversammlung	13–15	**V. Wechsel des Corporate Governance Systems**	35–39
II. Mitbestimmung	16, 17		

I. Grundlagen der Organisationsverfassung

1 **1. Zwingender Charakter der Verbandsverfassung.** Die **Organisationsverfassung** der SE ist im dritten Titel der SE-VO (Art. 38–60) weitgehend zwingend geregelt.[1] Der aktienrechtliche Grundsatz der Satzungsstrenge nach § 23 Abs. 5 AktG[2] (→ AktG § 23 Rn. 156 ff.) wird ergänzt durch einen SE-rechtlichen Grundsatz der Satzungsstrenge.[3] Dieser hat seine Wurzeln in Art. 9 Abs. 1 lit. b: Die SE unterliegt den Bestimmungen ihrer Satzung allein insoweit wie dies die SE-VO ausdrücklich zulässt.[4] Ausgeschlossen sind nach dem Wortlaut zum einen von der Verordnung abweichende Satzungsbestimmungen, zum anderen aber auch (anders als im deutschen Recht) ergänzende Bestimmungen in von der Verordnung abschließend geregelten Bereichen – unabhängig davon, ob sie den Prinzipien der Verordnung widerstreiten oder nicht.[5]

2 Zu den **Satzungsregeln,** zu denen die SE-VO iSd Art. 9 Abs. 1 lit. b ausdrücklich ermächtigt, zählt ganz vorrangig das Recht und die Aufgabe des Satzungsgebers, für die Verfassung seiner Gesellschaft zwischen dem dualistischen System (mit Leitungs- und Aufsichtsorgan) und dem monistischen System (mit einheitlichem Verwaltungsrat) gem. Art. 38 lit. b wählen zu können.[6] Rechtsdogmatisch handelt es sich um eine Gestaltungsermächtigung mit Regelungsauftrag.[7] Nach Art. 38 lit. b obliegt es den Gründern, die Verbandsverfassung in der Satzung zu regeln; sie haben sich für das monistische oder für das dualistische System zu entscheiden, wobei ein nachträglicher Wechsel durch Satzungsänderung möglich bleibt.[8] Durch diesen Regelungsauftrag ist die Wahl dem Einfluss anderer Interessenträger entzogen. Insbesondere kann die Wahl oder die Beibehaltung des Leistungssystems nicht Gegenstand der Mitbestimmungsvereinbarung sein.[9] Aus dem Grundsatz der Satzungsstrenge folgt ferner, dass die Gestaltungsfreiheit auf die Wahl des Systems beschränkt bleibt, sich also nicht auf die Möglichkeit der Abweichung von den unionsrechtlichen Vorgaben erstreckt.[10]

---

[1] *Hommelhoff* FS Ulmer, 2003, 267 (272 ff.); *Schwarz* Art. 28 Rn. 4.
[2] Ausf. Großkomm AktG/*Röhricht* AktG § 23 Rn. 173 ff.
[3] *Hommelhoff* FS Ulmer, 2003, 267 (272).
[4] *Lutter* BB 2002, 1 (4).
[5] *Hommelhoff* FS Ulmer, 2003, 267 (272).
[6] Der Verordnungsentwurf für das SE-Statut aus dem Jahre 1998, dazu *Schwarz* EuropGesR Rn. 1189 ff., wollte es noch den Mitgliedstaaten überlassen, ob ein monistisches oder ein dualistisches System der Verwaltung für die SE eingerichtet werden soll.
[7] BeckOGK/*Eberspächer* Rn. 7; Lutter/Hommelhoff/Teichmann/*Teichmann* Rn. 35; Kölner Komm AktG/*Paefgen* Rn. 10; *Hommelhoff* FS Ulmer, 2003, 267 (274); *Beier,* Der Regelungsauftrag als Gesetzgebungsinstrument im Gesellschaftsrecht, 2000, 71 ff., 91 ff., speziell zu den Regelungsaufträgen im SE-Statut 254 f.
[8] BeckOGK/*Eberspächer* Rn. 7; *Hommelhoff* AG 2001, 279 (283); Kölner Komm AktG/*Paefgen* Rn. 15; NK-SE/*Manz* Rn. 9.
[9] BeckOGK/*Eberspächer* Rn. 7; Kölner Komm AktG/*Paefgen* Rn. 36.
[10] Kölner Komm AktG/*Paefgen* Rn. 12.

Organe der SE 3–6 **Art. 38 SE-VO**

2. Verwaltungsorgane. a) Wahlrecht zwischen Aufsichtsrats-Modell und Board- 3
Modell. Die SE ist körperschaftlich organisiert. Als Organe der SE nennt Art. 38 neben der Hauptversammlung der Aktionäre entweder eine dualistische Verwaltung mit einem Leitungs- und Vertretungsorgan einerseits und einem Aufsichtsorgan als Überwachungsorgan andererseits oder eine monistische Verwaltung, die aus einem einheitlichen Verwaltungsrat als oberstem Leitungs- und Überwachungsorgan besteht.

b) Board-Modell. Das dem deutschen Aktienrecht bislang fremde **One-Tier-System** 4
ist vor allem für Aktiengesellschaften in den USA und Großbritannien, aber auch der Schweiz und Frankreich charakteristisch.[11] Eine vollständige personelle und funktionale Trennung zwischen Vorstand und Aufsichtsrat wie im deutschen Recht findet sich im One-Tier- oder „Board"-System nicht. Oft findet allerdings im Board nach angloamerikanischem Modell – ähnlich wie auch im Verwaltungsrat nach Schweizer Recht – nur noch die Leitung des Unternehmens statt, nicht aber die laufende Geschäftsführung, die nach deutschem Recht dem Vorstand zugewiesen ist (§ 77 AktG). Die laufende Geschäftsführung ist im angloamerikanischen Recht vielmehr regelmäßig Aufgabe angestellter Executives bzw. Officers.[12] Außerdem verstärken sich in jüngerer Zeit Tendenzen im englischen und US-amerikanischen Recht, eine Art Zwei-Gruppen-Prinzip im Board mit einer Gruppe leitender und ausführender Boardmitglieder (Executives) und einer anderen Gruppe eher Kontrollfunktionen wahrnehmender Boardmitglieder (Non-Executives) zu verfolgen.[13] Insofern findet eine gewisse Annäherung an das deutsche System der Unterteilung in zwei Verwaltungsorgane statt (→ Rn. 9).[14] Ähnliche Tendenzen sind auch im Schweizer Aktienrecht zu beobachten. Schweizer Verwaltungsräte neigen dazu, die Befugnisse zur täglichen Führung der Geschäfte an Einzelpersonen zu delegieren. Träger dieser übertragenen Befugnisse und Verpflichtungen ist entweder ein bestimmtes Mitglied des Verwaltungsrates selbst, in diesem Fall spricht man von einem „Delegierten", oder eine außenstehende Person, die in der herkömmlichen Sprachregelung als „Direktor" bezeichnet wird.[15] Es kann auch ein eigenständig konzipiertes Gremium kraft Delegation („Geschäftsleitung" oder „Konzernleitung") eingerichtet werden.[16] Die Geschäftsleitung wird im schweizerischen Schrifttum als „fakultatives Organ" bezeichnet.[17] Das monistische System des französischen Aktienrechts differenziert zwischen Geschäftsführung durch den Verwaltungsrat einerseits und rechtsgeschäftlicher Vertretung entweder durch den Präsidenten des Verwaltungsrates oder einen „Directeur General", der dem Verwaltungsrat nicht angehört, andererseits (vgl. → Art. 43 Rn. 19 ff.).

Diese Strömungen hat der deutsche Gesetzgeber bei der Redaktion des SEAG aufgegrif- 5
fen. Gestützt auf die Ermächtigungsgrundlage in Art. 43 Abs. 4 hat er dem Verwaltungsrat der SE einen oder mehrere **geschäftsführende Direktoren** an die Seite gestellt. Deren Aufgabe ist die Führung des Tagesgeschäfts sowie die Vertretung der Gesellschaft im Außenverhältnis. Die geschäftsführenden Direktoren werden vom Verwaltungsrat bestellt und können diesem angehören (müssen dies aber nicht). Durch Bestellung von Mitgliedern des Verwaltungsrates zu geschäftsführenden Direktoren lässt sich die Trennung zwischen Executives und Non-Executives auch im Verwaltungsratsmodell der deutschen SE verwirklichen. Gem. § 40 Abs. 1 S. 2 SEAG hat der Verwaltungsrat zwingend mehrheitlich aus Non-Executives zu bestehen.

Auf das monistische System finden die Art. 43–51 sowie die §§ 20–49 SEAG Anwendung. 6
Ermächtigungsgrundlage für die §§ 20–49 SEAG, durch die die §§ 76–116 AktG verdrängt

---
[11] Rechtsvergleichend *Kessler* RIW 1998, 602 (603).
[12] MHdB AG/*Wiesner* § 19 Rn. 4.
[13] Lutter/Hommelhoff/Teichmann/*Teichmann* Rn. 17.
[14] Rechtsvergleichend *Buxbaum* in Feddersen/Hommelhoff/Schneider, Corporate Governance, 1996, 65 ff.; ferner *Hopt* ZGR 2000, 779 (783 ff.); *Lutter* ZGR 2001, 224 (226); *Davies* ZGR 2001, 268 ff.
[15] *Böckli*, Schweizer Aktienrecht, 2009, Rn. 1583.
[16] *Böckli*, Schweizer Aktienrecht, 2009, Rn. 1584, 1595 ff.
[17] *Forstmoser/Meier-Hayoz/Nobel*, Schweizerisches Aktienrecht, 1996, § 20 Rn. 31.

werden, ist Art. 43 Abs. 4. Der **Verwaltungsrat** leitet gem. § 22 Abs. 1 S. 1 SEAG die Gesellschaft, bestimmt die Grundlinien ihrer Tätigkeit und überwacht deren Umsetzung.[18] Er trägt die Letztverantwortung für die **Unternehmenspolitik**[19] und die **strategischen Entscheidungen**.[20] Das beinhaltet die Verantwortung für die Planung und Steuerung, die Organisation des Unternehmens, die Finanzen sowie die Wahrnehmung der Informations- und Berichtspflichten. Soweit es um Fragen des Tagesgeschäfts geht, **überwacht** der Verwaltungsrat die geschäftsführenden Direktoren und zieht deren Geschäftsführungsbefugnis durch Ausübung des Weisungsrechts an sich, wenn er das für angemessen hält. Die Aufgaben des Verwaltungsrates, seine Zusammensetzung, die Rechtsverhältnisse, die Wahl und die Sorgfaltspflichten seiner Mitglieder und seine innere Ordnung sind im Einzelnen in den §§ 22–39 SEAG geregelt. Zu Einzelheiten vgl. → Art. 43 Rn. 58 ff.

7 Gem. § 40 Abs. 1 S. 1 SEAG muss der Verwaltungsrat einen oder mehrere geschäftsführende Direktoren bestellen, die die laufenden Geschäfte der SE in eigener Verantwortung führen.[21] Die Aufgaben und Verantwortlichkeiten der geschäftsführenden Direktoren regelt das SEAG in den §§ 40–49 SEAG. Zu Einzelheiten vgl. ausführlich → Art. 43 Rn. 109 ff.

8 Die Bestellung der geschäftsführenden Direktoren zielt auf die Schaffung eines **Handlungsorgans** (vgl. → Art. 43 Rn. 17 ff.),[22] durch das die SE als juristische Person handlungsfähig wird. Das Handeln der geschäftsführenden Direktoren wird rechtlich als Handeln der SE, also als organschaftliches Handeln gewertet. Neben der **Vertretung im Außenverhältnis** weist der Gesetzgeber den geschäftsführenden Direktoren die **Geschäftsführung in Fragen des Tagesgeschäfts** zu. Es handelt sich um einen Fall gesetzlicher Aufgabendelegation. Das darf freilich nicht zu dem Missverständnis verleiten, den geschäftsführenden Direktoren stünde in Fragen der Geschäftsführungsbefugnis ein eigener, abgegrenzter und von Einflussnahmen des Verwaltungsrates geschützter Kompetenzbereich zu. Die den geschäftsführenden Direktoren zugewiesene Geschäftsführungsaufgabe schränkt die durch Art. 43 Abs. 1 begründete, umfassende Geschäftsführungsbefugnis des Verwaltungsrates nicht ein. Das kommt in § 44 Abs. 2 SEAG zum Ausdruck, der die geschäftsführenden Direktoren an **Weisungen** des Verwaltungsrates bindet. Die geschäftsführenden Direktoren sind ausführendes Organ der Entscheidungen des Verwaltungsrates.[23] Die Letztverantwortung für die Unternehmenspolitik liegt allein beim Verwaltungsrat.[24] Dem Charakter der geschäftsführenden Direktoren als einem dem Verwaltungsrat untergeordnetes Organ entspricht, dass der Verwaltungsrat für die Bestellung der geschäftsführenden Direktoren zuständig ist und diese jederzeit abberufen kann.

9 **c) Aufsichtsratsmodell.** Das **dualistische System** mit einem Leitungsorgan und einem Aufsichtsorgan entspricht in einer SE mit Sitz in Deutschland im Wesentlichen dem dualistischen System der AG mit Vorstand und Aufsichtsrat. Der Vorstand trägt in der SE die Bezeichnung „Leitungsorgan", der Aufsichtsrat die Bezeichnung „Aufsichtsorgan". Unternehmensleitung und Aufsicht werden im zweistufigen System prinzipiell scharf voneinander getrennt. Das aktive Management wird im Leitungsorgan zusammengefasst. Das gilt sowohl für die laufende Geschäftsführung als auch für die Festlegung der Grundlinien der Unternehmenspolitik. Die Kontrollfunktion wird im Aufsichtsorgan gebündelt. Dieses zweistufige System ist neben Deutschland auch in Österreich, Schweden, Finnland, Dänemark und für große Aktiengesellschaften in den Niederlanden zwingend.[25] Frankreich, Italien, Portugal und Spanien sehen eine Wahlmöglichkeit zwischen dem ein- und zweistufigen Modell vor.

---

[18] Die Formulierung ist franz. Art. L 225-35 Code de Commerce entlehnt; vgl. Begr. RegE zu § 22 SEAG, BT-Drs. 15/3405, 36; *Neye/Teichmann* AG 2003, 169 (177).
[19] Begr. RegE zu § 22 SEAG, BT-Drs. 15/3405, 36.
[20] *Neye/Teichmann* AG 2003, 169 (177) f.
[21] Dazu *Neye/Teichmann* AG 2003, 169 (176); *Teichmann* BB 2004, 53 (59); *Hoffmann-Becking* ZGR 2004, 355 (372); *Ihrig/Wagner* BB 2004, 1749 (1757).
[22] Kritik hieran durch *Hoffmann-Becking* ZGR 2004, 355 (370 ff.); *Kallmeyer* ZIP 2003, 1531 ff.
[23] *Teichmann* BB 2004, 53 (54).
[24] Begr. RegE zu § 22 SEAG, BT-Drs. 15/3405, 36.
[25] Die skandinavischen Staaten sehen zwar – ähnlich dem monistischen System – ein oberstes Verwaltungsorgan vor, die Ernennung von geschäftsführenden Direktoren ist jedoch zwingend. Vgl. hierzu Lutter/Hom-

Auf das Leitungsorgan und das Aufsichtsorgan der SE finden, soweit die Art. 39–42, Art. 46– **10** 51 keine Sonderregelungen enthalten, über die Generalverweisung in Art. 9 Abs. 1 lit. c Ziff. ii das für den Vorstand bzw. den Aufsichtsrat der AG geltende Recht (§§ 76–116 AktG) Anwendung. Soweit sich in §§ 15–19 SEAG spezielle Bestimmungen befinden, verfolgen diese ersichtlich das Ziel, einen weitgehenden Gleichlauf zwischen SE und AG herzustellen.[26]

Allerdings führt die Überlagerung der aktienrechtlichen Vorschriften durch die Bestim- **11** mungen der Verordnung auch zu Veränderungen der rechtlichen Rahmenbedingungen. Im **Leitungsorgan** ist das Prinzip der Gesamtgeschäftsführung (§ 77 AktG) durch Art. 50 Abs. 1 modifiziert (vgl. → Art. 39 Rn. 4). Es gilt das Mehrheitsprinzip. Gem. Art. 50 Abs. 2 S. 1 steht dem Vorsitzenden des Leitungsorgans im Unterschied zum Vorstandsvorsitzenden,[27] für den es insoweit einer entsprechenden Regelung in der Satzung oder Geschäftsordnung bedarf, ein Doppelstimmrecht zu. Die Berichtspflichten des Leitungsorgans gegenüber dem Aufsichtsorgan sind in Art. 41 geregelt. Die Berichtspflichten des Vorstands gem. § 90 AktG werden dadurch überlagert und teilweise erweitert. Nach Art. 46 Abs. 1 werden die Mitglieder des Leitungsorgans für einen in der Satzung festgelegten Zeitraum, der sechs Jahre nicht überschreiten darf, bestellt. Daraus ergeben sich zwei Unterschiede zur AG: Die Satzung der deutschen SE muss anders als die Satzung der AG zwingend die Amtszeit für Organmitglieder festlegen; die höchstmögliche Amtszeit beträgt abweichend von § 84 AktG nicht fünf, sondern sechs Jahre.

Beim **Aufsichtsorgan** bestehen die wesentlichen Abweichungen gegenüber dem Akti- **12** enrecht neben der längeren Amtszeit (Art. 46) vor allem in dem unterschiedlichen Mitbestimmungsregime. Die mitbestimmungsrechtlichen Vorschriften des MitbestG und des DrittelbG finden auf die SE keine Anwendung (§ 47 SEBG). Die Mitbestimmung richtet sich in erster Linie nach einer zwischen den Unternehmensorganen der Gründungsgesellschaften und dem besonderen Verhandlungsgremium der Arbeitnehmer ausgehandelten Verhandlungslösung (§ 21 SEBG). Kommt eine solche nicht zustande, findet die Mitbestimmung kraft Gesetzes (§§ 34 ff. SEBG) Anwendung.

3. Hauptversammlung. Die Rolle der **Hauptversammlung** der SE entspricht im **13** Wesentlichen derjenigen der Aktiengesellschaft der AG. Die Vorschriften im 4. Abschnitt der SE-VO über die Hauptversammlung verweisen in Art. 52 Abs. 2, Art. 53, Art. 54 Abs. 1 und 2, Art. 55 Abs. 1, Art. 56, Art. 57 und Art. 59 Abs. 1 auf die jeweiligen Vorschriften des nationalen Rechts. Diese bestimmen über die Zuständigkeiten (Art. 52 Abs. 2), über die Einberufung (Art. 54 Abs. 2), über die Organisation und den Ablauf (Art. 53) sowie über das Abstimmungsverfahren (Art. 55). Die Funktion der Hauptversammlung ist im dualistischen wie im monistischen Corporate Governance System identisch. Im dualistischen System bestellt die Hauptversammlung das Aufsichtsorgan, das wiederum den Vorstand bestellt. Im monistischen System obliegt der Hauptversammlung die Bestellung des Verwaltungsrats. Dieser wiederum ist für die Ernennung der geschäftsführenden Direktoren verantwortlich.

Abweichend von § 175 Abs. 1 S. 2 AktG findet die ordentliche Hauptversammlung der **14** SE nicht innerhalb der ersten acht, sondern innerhalb der ersten sechs Monate nach Abschluss des vorangegangenen Geschäftsjahres statt (Art. 54 Abs. 1).

Die Hauptversammlung steht als gleichberechtigtes Organ neben Leitungs- und Auf- **15** sichtsorgan (im dualistischen System) bzw. neben dem Verwaltungsrat (im monistischen System). Die SE-Verordnung trifft zum hierarchischen Verhältnis der Organe zueinander keine Aussage.[28] Die gleichberechtigte Stellung der Hauptversammlung erfolgt mithin aus

---

melhoff/*Teichmann*/*Teichmann* Rn. 22 und Kölner Komm AktG/*Paefgen* Rn. 29, die die skandinavischen Länder mit Blick hierauf als Mischformen anführen.

[26] *Neye*/*Teichmann* AG 2003, 169 (176); *Hoffmann-Becking* ZGR 2004, 355 (363); *Ihrig*/*Wagner* BB 2004, 1749 (1753).

[27] BGHZ 89, 48 (59) = NJW 1984, 733 (736); *Hoffmann-Becking* ZGR 1998, 497 (518); Großkomm AktG/*Kort* AktG § 77 Rn. 26; Kölner Komm AktG/*Mertens*/*Cahn* AktG § 77 Rn. 10; Hüffer/Koch/*Koch* AktG § 77 Rn. 11.

[28] Kölner Komm AktG/*Paefgen* Rn. 7; *Schwarz* Vor Art. 38 Rn. 5; *Hirte* NZG 2002, 1 (8); aA *Brandt,* Die Hauptversammlung der SE, 2004, 90 f., 108 ff.

dem nationalen Aktienrecht (vgl. → AktG § 118 Rn. 10).²⁹ Ein Weisungsrecht steht der Hauptversammlung einer deutschen SE daher weder gegenüber dem Aufsichtsorgan noch gegenüber dem Leitungsorgan noch gegenüber dem Verwaltungsrat zu.³⁰ Leitungsorgan und Verwaltungsrat können der Hauptversammlung aber gem. § 119 Abs. 2 AktG bestimmte, die Geschäftsführung betreffende Fragen zur Entscheidung vorlegen (zu Einzelheiten vgl. → Art. 39 Rn. 9; → Art. 43 Rn. 10). Ungeschriebene Hauptversammlungskompetenzen, die sich im Recht der Aktiengesellschaft unter den Stichwörtern „Holzmüller/Gelatine" zusammenfassen lassen (zu Einzelheiten vgl. → Art. 39 Rn. 10; → Art. 43 Rn. 11), beanspruchen auch für die Hauptversammlung der SE Gültigkeit.

II. Mitbestimmung

16 Ein wesentlicher Unterschied zwischen SE und AG betrifft die anwendbaren gesetzlichen Regeln über die betriebliche und unternehmerische **Mitbestimmung.** Das MitbestG und das DrittelbG (vormals BetrVG 1952) finden auf eine SE mit Sitz in Deutschland keine Anwendung. An ihre Stelle tritt das SEBG, durch das der deutsche Gesetzgeber die Beteiligungs-RL³¹ in deutsches Recht umgesetzt hat.

17 Nach den Bestimmungen des SEBG und der Beteiligungs-RL ist die Mitbestimmung in der SE primär Gegenstand von **Verhandlungen** zwischen den Vertretungsorganen der am Gründungsvorgang beteiligten Gesellschaften einerseits und einem von der Arbeitnehmerseite zu wählenden besonderen Verhandlungsgremium andererseits. Hierbei kann es nur dann zu Mitbestimmungsverlusten der Arbeitnehmer eines der beteiligten Unternehmen kommen, wenn eine qualifizierte Mehrheit von zwei Dritteln der Mitglieder des besonderen Verhandlungsgremiums der Arbeitnehmer eine solche Vereinbarung trägt (Prinzip des „Schutzes erworbener Rechte" der Arbeitnehmer).³² Führen die Verhandlungen innerhalb der gesetzlichen Frist zu keinem Ergebnis, greift eine in den §§ 35 ff. SEBG näher geregelte gesetzliche Mitbestimmung als „Auffanglösung" ein (vgl. → Art. 40 Rn. 27). Kommt die Mitbestimmung kraft Gesetzes zur Anwendung, so bedeutet dies im Falle des Formwechsels einer AG in eine SE, dass das bisherige Mitbestimmungsmodell beibehalten wird (→ Art. 40 Rn. 27; → Art. 43 Rn. 27; → SEBG § 35 Rn. 8). In den übrigen Fällen der SE-Gründung setzt sich der höchste Mitbestimmungsstandard in den am Gründungsvorgang beteiligten Gesellschaften durch.

III. Diskussion über die optimale Verbandsverfassung

18 **1. Überblick zu den unterschiedlichen Schrifttumsmeinungen.** Die unterschiedlichen Verwaltungssysteme in Europa, Nordamerika und Japan haben im Schrifttum eine Diskussion über die Vorteile des einen Systems gegenüber dem anderen ausgelöst.³³ Die internationale Diskussion wurde namentlich im Rahmen der OECD geführt. In der Präambel zu den im Mai 1999 verabschiedeten **OECD-Principles of Corporate Governance**³⁴ findet sich ein ausdrücklicher Hinweis auf beide Systeme, ohne dass einem

---

²⁹ Kölner Komm AktG/*Paefgen* Rn. 7; zum Aktienrecht vgl. Großkomm AktG/*Mülbert* AktG Vor § 118 Rn. 43; Hüffer/Koch/*Koch* AktG § 118 Rn. 4; Hüffer/Koch/*Koch* AktG § 119 Rn. 1; *Lutter* FS Quack, 1991, 301 (312 f.); *W. Müller* FS Semler, 1993, 195 (198).

³⁰ Kölner Komm AktG/*Paefgen* Rn. 9 weist zu Recht darauf hin, dass andere Rechtsordnungen es durchaus zulassen, dass der Hauptversammlung ein Weisungsrecht gegenüber dem Verwaltungsrat zusteht.

³¹ Dazu *Heinze* ZGR 2002, 66 (80 ff.); *Herfs-Röttgen* NZA 2002, 358; *Herfs-Röttgen* NZA 2001, 424 (426 ff.); *Hensler* FS Ulmer, 2003, 193 ff.; *Reichert/Brandes* ZGR 2003, 767 ff.; *Köstler* ZGR 2003, 800 ff.; *Grobys* NZA 2004, 779 ff.; *Kallmeyer* ZIP 2004, 1442 ff.; *Kraushaar* BB 2003, 1614 ff.; *Säcker* BB 2004, 1462 ff.

³² Dazu *Reichert/Brandes* ZGR 2003, 767 (772 ff.), 775 ff. mwN.

³³ Überblick über das deutsche Schrifttum bei *Dreher* in Feddersen/Hommelhoff/Schneider, Corporate Governance, 1996, 33 ff., 58 ff. m. Fn. 87–89; *Teichmann* ZGR 2001, 645 ff.; *Schneider* DB 2000, 2413 (2415); *v. Rosen* Die Bank 2001, 283; zum amerikanischen Schrifttum *Roe*, A Political Theory of American Corporate Finance, in 91 Columbia Law Review (1991), 10, 13 in Fn. 6.

³⁴ Abgedruckt in AG 1999, 340; eine überarbeitete Fassung des OECD-Principles aus dem Jahr 2004 findet sich unter http://www.oecd.org/dataoecd/32/18/31557724.pdf (zuletzt abgerufen am 5.8.2020).

von ihnen der Vorrang eingeräumt wird. Auch der DCGK spricht in seiner Präambel davon, dass sich das duale und das monistische Führungssystem in der Praxis aufeinander zubewegen und gleichermaßen erfolgreich sind.

Als Vorteil des dualistischen Systems wird vor allem die klare Trennung zwischen Leitung und Überwachung genannt.[35] Demgegenüber wird zugunsten des One-Tier-Systems auf den besseren Informationsfluss innerhalb des Organs sowie die größere Sachnähe der Verwaltungsratsmitglieder hinsichtlich der Entscheidungen ihrer Kollegen verwiesen.[36] Empirische Untersuchungen, die die Überlegenheit des einen oder anderen Systems überzeugend belegen, existieren nicht.[37] Darüber hinaus ist – angestoßen durch die Diskussion über die optimale Verbandsverfassung – eine Konvergenz beider Systeme festzustellen.[38] 19

In den **angelsächsischen Ländern** besteht eine klare Bewegung zu Independent Outside Directors, die zwar Teil des eingliedrigen Boards sind, aber spezielle Funktionen erfüllen.[39] In kritischen Fällen werden Geschäftsführung und Kontrolle getrennt.[40] Außerdem geht auf Grund einer Empfehlung des Cadbury-Berichts aus dem Jahr 1992[41] die Tendenz dahin, die Position des CEO und des Chairmann of the Board nicht personenidentisch zu besetzen.[42] 20

Ähnliche Entwicklungen sind auch in **Frankreich** und der **Schweiz** zu beobachten. In Frankreich kann seit der Reform des Aktienrechts im Mai 2001 die Funktion des Leitungsorgans, die nach früherer Rechtslage (Art. 113 Abs. 1 Code des Sociétés) stets mit dem Präsidenten des Verwaltungsrats in Personalunion zusammenfiel, auch einer Person übertragen werden, die nicht dem Verwaltungsrat angehört (vgl. → Art. 43 Rn. 19). In der schweizerischen Unternehmenspraxis wird insbesondere seit der Reform von 1991 stärker zwischen „Oberleitung" durch den Verwaltungsrat und „Geschäftsführung" differenziert. Die Geschäftsführer können dem Verwaltungsrat angehören, müssen dies aber nicht (vgl. → Art. 43 Rn. 117). 21

Umgekehrt zielt die Reform des **deutschen Aufsichtsratsmodell**s durch das Gesetz zur Kontrolle und Transparenz im Unternehmensbereich (KonTraG) vom 27.4.1998 (BGBl. 1998 I 786) und das Transparenz- und Publizitätsgesetz (TransPuG) vom 19.7.2002 (BGBl. 2002 I 2681) vor allem darauf ab, die Transparenz und Berichterstattung zwischen Geschäftsführung und Aufsichtsrat sowie die unternehmensinternen Kontrollsysteme zu verbessern, die Ausschussarbeit zu intensivieren, die Beratung von außen zu stärken und durch die Begrenzung der Anzahl von Aufsichtsratsmandaten einer Person bei anderen Gesellschaften die Konzentration auf die Überwachungsaufgabe zu verbessern.[43] 22

Verhaltens- und Sorgfaltspflichten der Leitungs- und Aufsichtsorgane sind im dualistischen wie im monistischen System weitgehend ähnlich. In beiden Systemen wird die Sorgfaltspflicht durch eine sich fortentwickelnde Business Judgement Rule bestimmt.[44] 23

---

[35] Großkomm AktG/*Kort* AktG Vor § 76 Rn. 3; MHdB AG/*Wiesner* § 19 Rn. 2; *Scheffler* ZGR 1993, 63 (65); *Lutter* ZHR 145 (1981), 224 (225); *Bleicher/Paul* DBW 1986, 263 ff.; *Potthoff* DB 1976, 1777 (1778).

[36] *Davies* ZGR 2001, 268 (284); ähnlich das Diskussionspapier zur britischen Gesellschaftsrechtsreform 2000, Company Law Review, Developing the Framework (Department of Trade and Industry), 2000, para 3140; ferner *Owen,* The Future of Britain's Board of Directors, 1995; MHdB AG/*Wiesner* § 19 Rn. 3; *Hopt* in Hopt/Kanda/Roe/Wymeersch/Prigge, Comparative Corporate Governance, 1998, 241 ff.

[37] *Berrar,* Die Entwicklung der Corporate Governance in Deutschland im internationalen Vergleich, 2001, 41 ff.

[38] Vgl. eingehend Lutter/Hommelhoff/Teichmann/*Teichmann* Rn. 24 f.; Kölner Komm AktG/*Paefgen* Rn. 30.

[39] *Hopt* ZGR 2000, 779 (784 ff.); *Davies* ZGR 2001, 268 (270 ff.); vgl. auch Principle A.3 des UK Corporate Governance Code 2012, https://www.frc.org.uk/Our-Work/Publications/Corporate-Governance/UK-Corporate-Governance-Code-September-2012.pdf (zuletzt abgerufen am 5.8.2020).

[40] *Windbichler* ZGR 1985, 50 (57).

[41] Report of the Committee on the Financial Aspects of Corporate Governance (Cadbury-Report), London, 1992, Nr. 4.9; vgl. auch Principle A.2 UK Corporate Governance Code 2012.

[42] *Hopt* ZGR 2000, 779 (784).

[43] *Hopt* ZGR 2000, 779 (785).

[44] *Hopt* ZGR 2000, 779 (785).

24 **2. Schlussfolgerungen für die SE.** Vor diesem Hintergrund dürften sich verallgemeinernde Aussagen, welches der beiden Corporate Governance-Systeme dem jeweils anderen überlegen ist, verbieten. Vielmehr ist die Frage, welches der beiden Systeme gewählt wird, von einer Vielzahl voneinander unabhängiger Faktoren abhängig und kann nur von Einzelfall zu Einzelfall entschieden werden.[45] Zu berücksichtigen sind dabei die organisatorischen Strukturen des jeweiligen Unternehmens, die Persönlichkeiten der mit der Verwaltung betrauten Führungskräfte, Erwartungen der Anleger, insbesondere bei börsennotierten Gesellschaften und nicht zuletzt auch kulturelle Fragen. Die Unterschiede dürfen dabei auf Grund der Konvergenz nicht überbewertet werden.

25 In der SE wird vor allem die Mitbestimmung im Verwaltungsrat in der Regel problematisch sein. Das gilt insbesondere bei **paritätischer Mitbestimmung.** Während die Arbeitnehmervertreter im Aufsichtsorgan des dualistischen Systems lediglich Überwachungsfunktionen wahrnehmen, sind die Arbeitnehmervertreter im Verwaltungsrat einer monistisch verfassten SE auch an der Geschäftsführung beteiligt. Der Einfluss der Arbeitnehmer auf die Leitung ist daher im monistischen System höher als im dualistischen System.[46] Es spricht einiges dafür, dass das monistische System für eine SE mit Sitz in Deutschland, die der Mitbestimmung unterliegt, kaum attraktiv sein wird,[47] mag sich auch in der Praxis herausgestellt haben, dass die Gesellschaften EU-weit vielfach das vom nationalen Recht abweichende System wählen.[48] Gleichwohl ist es denkbar, der durch die paritätische Mitbestimmung im monistischen System drohenden Majorisierung der Anteilseigner- durch die Arbeitnehmervertreter mit gestalterischen Mitteln entgegenzutreten. Zu denken ist vor allem an eine wohlüberlegte Aufteilung der Kompetenzen innerhalb des Verwaltungsrates auf beschließende oder überwachende Ausschüsse, in denen eine Mehrheit der Anteilseignervertreter stets gesichert ist (ausführlich → Art. 44 Rn. 47 ff.).[49]

26 Freilich mag die SE aus Sicht einzelner Unternehmen von Fall zu Fall auch Vorteile bieten. Auf Grund der engen Verzahnung von geschäftsführenden Direktoren und Verwaltungsrat können Entscheidungswege abgekürzt werden.[50] Außereuropäischen Unternehmen, die selber eine monistische Verwaltungsstruktur besitzen, kann es attraktiv erscheinen, auch ihre europäischen Konzerntöchter entsprechend zu strukturieren.[51] Die monistische SE könnte sich auch als Organisationsform für Unternehmen anbieten, deren Gesellschafter einen (weitgehend) unabhängigen und eigenverantwortlichen Vorstand nicht wünschen. Eine solche Interessenlage kann zB bei kleineren bzw. familiengeprägten Gesellschaften anzutreffen sein.[52] Ein weiterer Vorteil des monistischen Systems kann darin liegen, dass dieses – anders als das dualistische System – die Einführung eines CEO-Modells gestattet.[53] Vgl. dazu im Einzelnen → Art. 45 Rn. 18 ff.

IV. Etablierung weiterer Gremien

27 Leitungsorgan, Aufsichtsorgan, Verwaltungsrat und Hauptversammlung sind als Organe der SE zwingend vorgeschrieben. Eine Etablierung weiterer Gremien widerspricht als solche nicht dem Grundsatz der Satzungsstrenge.[54]

---

[45] Vgl. hierzu die empirische Untersuchung von *Eidenmüller/Engert/Hornuf* AG 2008, 721 ff.
[46] Zur Kritik *Henssler* FS Ulmer, 2003, 193 ff.; *Gruber/Weller* NZG 2003, 297 (299); *Hoffmann-Becking* ZGR 2004, 355 (380); *Lutter* BB 2002, 1 (6 ff.); *Teichmann* BB 2004, 53 (56); *Reichert/Brandes* ZGR 2003, 767 (790); *Müller-Bonanni/Melot de Beauregard* GmbHR 2005, 195 (199).
[47] Kölner Komm AktG/*Paefgen* Rn. 34; Großkomm AktG/*Kort,* 4. Aufl. 2008, AktG Vor § 76 Rn. 81; *Lutter* BB 2002, 1 (4 ff.); *Kiem* ZHR 173 (2009), 156.
[48] Großkomm AktG/*Kort* AktG Vor § 76 Rn. 102.
[49] Vgl. hierzu *Reichert/Brandes* ZGR 2003, 767 (790 ff.); *Gruber/Weller* NZG 2003, 297 (299).
[50] *Bungert/Beier* EWS 2002, 1 (9).
[51] *Bungert/Beier* EWS 2002, 1 (9); ebenso *Kallmeyer* ZIP 2003, 1531 (1535).
[52] *Waclawik* BB 2004, 1191 (1196); skeptisch – mit Blick auf die hohen Beratungskosten – dagegen *Hommelhoff* AG 2001, 286 f.
[53] *Eder* NZG 2004, 544 ff.
[54] *Schwarz* Rn. 5; Großkomm AktG/*Röhricht/Schall* AktG § 23 Rn. 246; Kölner Komm AktG/*Arnold* AktG § 23 Rn. 151; Kölner Komm AktG/*Mertens/Cahn* AktG Vor § 76 Rn. 18; Großkomm AktG/*Kort* AktG Vor § 76 Rn. 18; Hüffer/Koch/*Koch* AktG § 23 Rn. 38; *Lutter* FS Hengeler, 1972, 167 (179).

1. Beiräte, Verwaltungsräte etc. Bei der Bildung von **Beiräten, Verwaltungsräten** 28 etc ist aber zu beachten, dass die Etablierung dieser Gremien nicht die gesetzliche Zuständigkeitsverteilung der zwingend vorgeschriebenen Organe verändern darf.[55] Aus dieser Einschränkung folgt im Ergebnis, dass derartigen fakultativen Zusatzorganen nur die Funktion zukommen kann, die obligatorischen Organe zu beraten und zu unterstützen sowie die Kommunikation zwischen den Organen zu fördern.[56]

Die Zuweisung von Rechten, insbesondere von **Auskunfts- und Anhörungsrechten,** 29 darf nicht zur Folge haben, dass das zusätzliche Organ zu einer Art Neben- oder Obergeschäftsführungs- oder Überwachungsorgan wird.[57]

Zur **Einrichtung entsprechender Beratungsgremien** befugt sind das Leitungsorgan 30 im dualistischen System sowie der Verwaltungsrat im monistischen System. Das Aufsichtsorgan ist nicht berechtigt, zu seiner Unterstützung einen Beirat einzurichten. Dies würde mit der Verpflichtung der Mitglieder des Aufsichtsorgans aus § 111 Abs. 5 AktG kollidieren, ihre Aufgaben persönlich wahrzunehmen.[58] Durch die Einrichtung der Beratungsgremien werden, unabhängig davon, ob sie auf einer Regelung oder Ermächtigung in der Satzung beruhen, rein schuldrechtliche Rechtsbeziehungen zwischen den Beiratsmitgliedern und der Gesellschaft begründet.[59] In der dualistischen SE wird die Gesellschaft dabei durch das Leitungsorgan vertreten. In der monistischen SE handeln die geschäftsführenden Direktoren in Ausführung entsprechender Weisungen des Verwaltungsrats. Zur Vertretungsbefugnis der geschäftsführenden Direktoren → Art. 43 Rn. 200, zur Weisungsbefugnis des Verwaltungsrates gegenüber den geschäftsführenden Direktoren → Art. 43 Rn. 14.

2. Sondergremien zur Vertretung von Arbeitnehmerinteressen. Die Frage nach 31 der Zulässigkeit besonderer Gremien stellt sich in der SE besonders mit Blick auf die Schaffung von **Sondergremien,** die der Artikulierung von Arbeitnehmerinteressen dienen. Die Mitbestimmung innerhalb der SE ist nach dem Leitbild des europäischen Normgebers das Ergebnis freier Verhandlungen zwischen den Leitungsorganen der an der Gründung beteiligten Gesellschaften einerseits und einem von der Arbeitnehmerseite zu bildenden besonderen Verhandlungsgremiums andererseits. Der Inhalt der Verhandlungslösung ist vorbehaltlich der zwingenden Angaben nach § 21 SEBG der Parteiautonomie überlassen (§ 21 Abs. 1 SEBG). Zu Einzelheiten vgl. → SEBG § 21 Rn. 9 ff. Gem. Art. 12 Abs. 4 darf die Satzung der SE zu keinem Zeitpunkt in Widerspruch zu der ausgehandelten Vereinbarung stehen. Abweichende Satzungsbestimmungen sind soweit erforderlich zu ändern.

Mit Blick auf die Bedenken, die in Praxis und Schrifttum unter anderem mit Blick auf 32 die Mitbestimmung im Board-Modell diskutiert werden (vgl. → Rn. 4 ff.), steht zu erwarten, dass die Praxis bei monistisch verfassten SE verstärkt nach Verhandlungslösungen mit der Arbeitnehmerseite suchen wird.[60] Ein möglicher Ansatzpunkt liegt darin, dass die Arbeitnehmerseite auf eine Teilnahme am unternehmerischen Leitungsprozess und damit auf eine Repräsentation im Verwaltungsrat verzichtet und im Gegenzug zusätzliche Gremien in der SE eingerichtet werden, die der Repräsentation von Arbeitnehmerinteressen dienen.[61]

---

[55] Großkomm AktG/*Kort* AktG Vor § 76 Rn. 18; MHdB AG/*Wiesner* § 19 Rn. 10; MHdB AG/*Hoffmann-Becking* § 29 Rn. 23; Großkomm AktG/*Röhricht/Schall* AktG § 23 Rn. 246; Hüffer/Koch/*Koch* AktG § 23 Rn. 36.
[56] Habersack/Drinhausen/*Scholz* Rn. 12; Kölner Komm AktG/*Paefgen* Rn. 38; MHdB AG/*Hoffmann-Becking* § 29 Rn. 21; MHdB AG/*Wiesner* § 19 Rn. 11; Großkomm AktG/*Kort* Vor § 76 Rn. 18; *Voormann,* Der Beirat im Gesellschaftsrecht, 2. Aufl. 1990, 24 f., 61 f.
[57] MHdB AG/*Wiesner* § 19 Rn. 11; *Hommelhoff/Timm* AG 1976, 330 f.; *Immenga* ZGR 1977, 249 (266 f.); *Lippert* JuS 1978, 90 (92); *Voormann,* Der Beirat im Gesellschaftsrecht, 2. Aufl. 1990, 24 f., 61 ff.; restriktiver Kölner Komm AktG/*Mertens/Cahn* AktG Vor § 76 Rn. 18, der die Einräumung derartiger Einhörungs- und Auskunftsrechte an einen Beirat ganz ablehnt.
[58] Kölner Komm AktG/*Mertens/Cahn* AktG Vor § 76 Rn. 18; MHdB AG/*Hoffmann-Becking* § 29 Rn. 24.
[59] MHdB AG/*Hoffmann-Becking* § 29 Rn. 24.
[60] Allg. zur Verhandlungslösung als Zeichen guter Corporate Governance *Windbichler* AG 2004, 190 (195 ff.).
[61] Ebenso Kölner Komm AktG/*Paefgen* Rn. 39; *Müller-Bonanni/Melot de Beauregard* GmbHR 2005, 195 (199); *Schiessl* ZHR 167 (2003), 235 (254 f.); Habersack/Drinhausen/*Scholz* Rn. 15 f.; *Seibt* AG 2005, 413

33   Auch bei der Einrichtung von Gremien, die der Interessenwahrnehmung der Arbeitnehmer dienen, ist freilich die durch Art. 38 vorgegebene organschaftliche Verfassung der SE zu respektieren. Die Einführung neuer Organe oder die Übertragung von Organkompetenzen, die die SE-VO zwingend den in Art. 38 genannten Organen zuschreibt, ist unzulässig. Es ist daher namentlich unzulässig, einem fakultativen Organ Zustimmungsvorbehalte iSv Art. 48, § 111 Abs. 4 S. 2 AktG einzuräumen.[62]

34   Zulässig ist die Begründung von **Informations- und Konsultationsrechten.** Solche Rechte können bezüglich aller Fragestellungen begründet werden, zu denen Arbeitnehmervertreter im Verwaltungsrat oder im Aufsichtsorgan der SE Zugang hätten. Die Begründung derartiger Konsultationsrechte darf aber nicht dazu führen, dass die Durchführung von Geschäftsführungsmaßnahmen von der Zustimmung derartiger Gremien abhängig gemacht wird. Das wäre mit der durch Art. 38 zwingend vorgegebenen Verbandsverfassung nicht zu vereinbaren.

V. Wechsel des Corporate Governance Systems

35   Das einmal gewählte Leitungssystem kann später im Wege einer Satzungsänderung geändert werden.[63]

36   Umstritten ist, ob ein solcher Systemwechsel als Strukturänderung im Sinne von § 18 Abs. 3 SEBG anzusehen ist, mit der Konsequenz, dass ein erneutes Verhandlungsverfahren über die Mitbestimmung durchzuführen ist. Die weit überwiegende Ansicht im Schrifttum spricht sich für die Aufnahme von Neuverhandlungen aus (→ SEBG § 18 Rn. 11).[64]

37   Dem ist zuzustimmen, da es sich bei dem Wechsel des Leitungssystems um den klassischen Fall einer Strukturänderung handelt. Die Aufnahme von Neuverhandlungen ist allerdings nur insoweit erforderlich, als es zu einer Minderung von Beteiligungsrechten kommt. Das ist im Regelfall nur von einem Wechsel vom Monistischen in das Dualistische, nicht aber umgekehrt der Fall.[65]

38   Wird das Leitungssystem geändert, so führt dies zur Beendigung der Organstellung der bisherigen Mitglieder der Gesellschaftsorgane.[66] Gleichzeitig mit der Satzungsänderung ist also eine Neubestellung der Organe erforderlich. Die Vorschriften über die Bestellung des ersten Leitungs-, Aufsichts-, oder Verwaltungsorgans finden in diesem Falle keine Anwendung. Die Neubestellung wird erst im Zeitpunkt der Eintragung der Satzungsänderung in das Handelsregister wirksam. Die bisherigen Organmitglieder bleiben bis zu diesem Zeitpunkt im Amt. Sie haben daher auch die Eintragung in das Handelsregister zu bewirken.[67]

39   Sieht die Satzung Entsendungsrechte vor und sollen diese nach der Satzungsänderung nicht fortbestehen, so bedarf die Satzungsänderung der Zustimmung des Entsendungsberechtigten, da es sich beim Entsendungsrecht um ein Sonderrecht iSd § 35 BGB handelt, das dem Entsendungsberechtigten ohne seine Zustimmung nicht entzogen werden kann (→ AktG § 101 Rn. 126). Besteht das Entsendungsrecht nach der Satzungsänderung im geänderten System fort, dürfte eine Zustimmung des Entsendungsberechtigten im Regelfall nicht erforderlich sein. Das gilt namentlich im Falle eines Wechsels vom dualistischen in das monistische System, da das Entsendungsrecht hier aufgrund der höheren Einflussmöglichkeiten des Verwaltungsrates auf die operative Geschäftstätigkeit in der Tendenz eher

---

(424), 426; Teichmann BB 2004, 53 (57); über ein interessantes Beispiel berichtet Teichmann ZGR 2001, 645 (669) Fn. 83; sog. „Mondragón-Modell"; aA Lutter/Hommelhoff/Teichmann/Oetker SEBG § 21 Rn. 82; Schwarz Einl. Rn. 286; Köstler in Theisen/Wenz, Die Europäische Aktiengesellschaft, 2. Aufl. 2005, 331.

[62] BeckOGK/Eberspächer Rn. 8.
[63] BeckOGK/Eberspächer Rn. 7; Kölner Komm AktG/Paefgen Rn. 15; Habersack/Drinhausen/Scholz Rn. 29; Hirte NZG 2002, 1 (5).
[64] BeckOGK/Eberspächer Rn. 7; Lutter/Hommelhoff/Teichmann/Oetker SEBG § 18 Rn. 20; Habersack/Drinhausen/Hohenstatt/Müller-Bonanni SEBG § 18 Rn. 10; aA Kölner Komm AktG/Feuerborn SEBG § 18 Rn. 22; Habersack/Drinhausen/Scholz Rn. 30.
[65] Kölner Komm AktG/Paefgen Rn. 15.
[66] Habersack/Drinhausen/Scholz Rn. 31; Schwarz Rn. 10; Lange EuZW 2003, 301 (302 ff.).
[67] Habersack/Drinhausen/Scholz Rn. 31.

aufgewertet wird. Obgleich es umgekehrt auch bei einem Wechsel vom monistischen in das dualistische System gilt, ist dagegen eine Frage der Auslegung. Ist dazu nichts geregelt, dürften die besseren Gründe aufgrund der Verminderung der mit dem Entsendungsrecht verbundenen Einflussmöglichkeiten für eine Zustimmungsbedürftigkeit sprechen.

Abschnitt 1. Dualistisches System

Art. 39 [Leitungsorgan]

(1) ¹Das Leitungsorgan führt die Geschäfte der SE in eigener Verantwortung. ²Ein Mitgliedstaat kann vorsehen, dass ein oder mehrere Geschäftsführer die laufenden Geschäfte in eigener Verantwortung unter denselben Voraussetzungen, wie sie für Aktiengesellschaften mit Sitz im Hoheitsgebiet des betreffenden Mitgliedstaates gelten, führt bzw. führen.

(2) *[1]* Das Mitglied/die Mitglieder des Leitungsorgans wird/werden vom Aufsichtsorgan bestellt und abberufen.

[2] Die Mitgliedstaaten können jedoch vorschreiben oder vorsehen, dass in der Satzung festgelegt werden kann, dass das Mitglied/die Mitglieder des Leitungsorgans von der Hauptversammlung unter den Bedingungen, die für Aktiengesellschaften mit Sitz in ihrem Hoheitsgebiet gelten, bestellt und abberufen wird/werden.

(3) ¹Niemand darf zugleich Mitglied des Leitungsorgans und Mitglied des Aufsichtsorgans der SE sein. ²Das Aufsichtsorgan kann jedoch eines seiner Mitglieder zur Wahrnehmung der Aufgaben eines Mitglieds des Leitungsorgans abstellen, wenn der betreffende Posten nicht besetzt ist. ³Während dieser Zeit ruht das Amt der betreffenden Person als Mitglied des Aufsichtsorgans. ⁴Die Mitgliedstaaten können eine zeitliche Begrenzung hierfür vorsehen.

(4) ¹Die Zahl der Mitglieder des Leitungsorgans oder die Regeln für ihre Festlegung werden durch die Satzung der SE bestimmt. ²Die Mitgliedstaaten können jedoch eine Mindest- und/oder Höchstzahl festsetzen.

(5) Enthält das Recht eines Mitgliedstaates in Bezug auf Aktiengesellschaften mit Sitz in seinem Hoheitsgebiet keine Vorschriften über ein dualistisches System, kann dieser Mitgliedstaat entsprechende Vorschriften in Bezug auf SE erlassen.

§ 15 SEAG Wahrnehmung der Geschäftsleitung durch Mitglieder des Aufsichtsorgans

¹Die Abstellung eines Mitglieds des Aufsichtsorgans zur Wahrnehmung der Aufgaben eines Mitglieds des Leitungsorgans nach Artikel 39 Abs. 3 Satz 2 der Verordnung ist nur für einen im Voraus begrenzten Zeitraum, höchstens für ein Jahr, zulässig. ²Eine wiederholte Bestellung oder Verlängerung der Amtszeit ist zulässig, wenn dadurch die Amtszeit insgesamt ein Jahr nicht übersteigt.

§ 16 SEAG Zahl der Mitglieder des Leitungsorgans

¹Bei Gesellschaften mit einem Grundkapital von mehr als 3 Millionen Euro hat das Leitungsorgan aus mindestens zwei Personen zu bestehen, es sei denn, die Satzung bestimmt, dass es aus einer Person bestehen soll. ²§ 38 Abs. 2 des SE-Beteiligungsgesetzes bleibt unberührt.

Schrifttum: *Beier,* Der Regelungsauftrag als Gesetzgebungsinstrument im Gesellschaftsrecht, Diss. Heidelberg 2000; *Brandi,* Die Europäische Aktiengesellschaft im deutschen und internationalen Konzernrecht, NZG 2003, 889; *Brandt,* Die Hauptversammlung der Europäischen Aktiengesellschaft (SE), Diss. Würzburg 2004; *Casper,* Der Lückenschluss im Statut der Europäischen Aktiengesellschaft, FS Ulmer, 2003, 51; *Fleischer,* Zur Leitungsaufgabe des Vorstands im Aktienrecht, ZIP 2003, 1; *Gutsche,* Die Eignung der Europäischen Aktiengesellschaft für kleine und mittlere Unternehmen in Deutschland, Diss. Heidelberg 1994; *Habersack,* Das Konzernrecht der „deutschen" SE-Grundlagen, ZGR 2003, 724; *Habersack,* Mitwirkungsrechte und Rechtsschutz der Aktionäre nach Macrotron und Gelatine, AG 2005, 137; *Hein,* Vom Vorstandsvorsitzenden zum CEO, ZHR 166 (2002), 464; *Hoffmann-Becking,* Organe: Strukturen und Verantwortlichkeiten, insbesondere im monistischen System, ZGR 2004, 355; *Hoffmann-Becking,* Zur rechtlichen Organisation der Zusammenarbeit im Vorstand der AG, ZGR 1998, 497; *Hoffmann-Becking,* Vorstandsvorsitzender oder CEO, NZG 2003, 745; *Hommelhoff,* Zum Konzernrecht der Europäischen Aktiengesellschaft, AG 2003, 179; *Hommelhoff,* Gesellschaftsrechtliche Fragen im Entwurf eines SE-Status, AG 1990, 422; *Hommelhoff,* Satzungsstrenge und Gestaltungsfreiheit in der Europäischen Aktiengesellschaft, FS Ulmer, 2003, 267; *Hopt,* Gemeinsame Grundsätze der Corporate Governance in Europa?, ZGR 2000, 779; *Jäcks/Schönborn,* Die Europäische Aktiengesellschaft, das internationale und das deutsche Konzernrecht, RIW 2003, 254; *Kleinhenz/Leyendecker-Langner,*

Ämterkontinuität bei der Umwandlung in eine dualistisch verfasste SE, AG 2013, 507; *Liebscher,* Ungeschriebene Hauptversammlungszuständigkeiten im Lichte von Holzmüller, Macrotron und Gelatine, ZGR 2005, 1; *Leupold,* Die Europäische Aktiengesellschaft unter besonderer Berücksichtigung des deutschen Rechts, Diss. Konstanz 1990; *Löbbe,* Unternehmenskontrolle im Konzern, Diss. Heidelberg 2003; *Messou,* Die Anwendbarkeit des Deutschen Corporate Governance Kodex auf die Societas Europaea (SE), Diss. 2007; *Neye/Teichmann,* Der Entwurf für das Ausführungsgesetz zur Europäischen Aktiengesellschaft, AG 2003, 169; *Priester,* Aufstellung und Feststellung des Jahresabschlusses bei unterbesetztem Vorstand, FS Kropff, 1997, 591; *Reichert,* Mitwirkungsrechte und Rechtsschutz der Aktionäre nach Macrotron und Gelatine, AG 2005, 150; *Schäfer,* Beschlussanfechtbarkeit bei Beschlussvorschlägen durch einen unterbesetzten Vorstand, ZGR 2003, 147; *Schwark,* Spartenorganisation in Großunternehmen und Unternehmensrecht, ZHR 142 (1978), 203; *Teichmann,* Die Einführung der Europäischen Aktiengesellschaft – Grundlagen der Ergänzung des europäischen Status durch den deutschen Gesetzgeber, ZGR 2002, 383; *Veil,* Das Konzernrecht der Europäischen Aktiengesellschaft, WM 2003, 2169.

Übersicht

	Rn.		Rn.
I. Grundlagen	1–7	d) Erstes Leitungsorgan	27–29
1. Inhalt und Zweck der Norm	1, 2	e) Vorsitzender des Leitungsorgans	30–32
2. Anwendbare Vorschriften	3–7	f) Stellvertretende Mitglieder des Leitungsorgans	33
II. Stellung des Leitungsorgans innerhalb der Unternehmensverfassung	8–13	g) Beendigung der Organstellung	34–38
		h) Anmeldung zum Handelsregister	39, 40
1. Beziehung zur Hauptversammlung	9, 10	3. Anstellung	41, 42
2. Stellung des Leitungsorgans im Konzern	11	4. Kreditgewährungen an Mitglieder des Leitungsorgans	43
3. Stellung gegenüber dem Aufsichtsorgan	12, 13	5. Wettbewerbsverbot	44
III. Bestellung, Anstellung, Abberufung	14–44	**IV. Funktionstrennung zwischen Aufsichts- und Leitungsorgan**	45–55
1. Zuständigkeit	15–18	1. Unvereinbarkeit des Aufsichtsamtes mit Leitungsfunktionen	46–48
2. Bestellung	19–40	2. Mitglieder des Aufsichtsorgans als Stellvertreter von Mitgliedern des Leitungsorgans	49–55
a) Erforderliche Anzahl der Mitglieder des Leitungsorgans	20, 21	a) Zulässigkeitsvoraussetzungen	50–52
b) Rechtsfolgen verbotswidriger Zusammensetzung	22, 23	b) Bestellung	53
c) Verfahren der Bestellung	24–26	c) Rechtsstellung	54, 55

I. Grundlagen

1. Inhalt und Zweck der Norm. Die Norm betrifft die Leitungsaufgabe des Leitungs- 1 organs (Abs. 1), seine Bestellung und Abberufung (Abs. 2), die Inkompatibilität zwischen einer Mitgliedschaft im Aufsichtsrat mit einer Mitgliedschaft im Leitungsorgan (Abs. 3) sowie die Größe des Leitungsorgans (Abs. 4). Der wesentliche Regelungszweck liegt – ebenso wie bei der Aktiengesellschaft – in der Zuweisung der Leitungsaufgabe an das Leitungsorgan als Kollegialorgan. Diese Zuweisung hat zum einen Bedeutung für das Verhältnis des Leitungsorgans zum Aufsichtsorgan und zur Hauptversammlung als den weiteren Gesellschaftsorganen der SE; aber auch für das interne Verhältnis unter den einzelnen Mitgliedern des Leitungsorgans ist die Zuweisung von Belang.

Für die Beziehungen der Gesellschaftsorgane der SE untereinander enthält Art. 39 Abs. 1 2 S. 1 eine Kompetenzzuweisung, indem das Leitungsorgan mit der **eigenverantwortlichen Leitung** der Gesellschaft betraut und entsprechend Hauptversammlung und Aufsichtsorgan von dieser Funktion ausgeschlossen werden.[1] Was die Ausgestaltung des Leitungsorgans als Kollegium und die Beziehungen unter seinen einzelnen Mitgliedern anbelangt, ergeben sich keine Unterschiede gegenüber dem Vorstand der Aktiengesellschaft. Von der durch Art. 39 Abs. 2 S. 2 eingeräumten Ermächtigung, es zu gestatten, die dem Aufsichtsorgan

---

[1] So auch *Schwark* Rn. 23; BeckOGK/*Eberspächer* Rn. 4; *Drinhausen* in Van Hulle/Maul/Drinhausen SE-HdB Abschnitt 5 § 2 Rn. 2 (S. 123); aA Kölner Komm AktG/*Paefgen* Rn. 22; Lutter/Hommelhoff/Teichmann/*Drygala* Rn. 3.

eingeräumte Befugnis, die Mitglieder des Leitungsorgans zu bestellen oder abzuberufen, durch die Satzung auf die Hauptversammlung zu delegieren, hat der Gesetzgeber keinen Gebrauch gemacht. Ebenso wie bei der Aktiengesellschaft ist auch bei der SE zwischen Leitung einerseits (Art. 39 Abs. 1 S. 1) und Geschäftsführung andererseits (§ 77 Abs. 1 AktG) zu differenzieren (für die AG → AktG § 76 Rn. 17).[2] Der deutsche Gesetzgeber hat die auf Wunsch von Schweden in Art. 39 Abs. 1 S. 2 eingeräumte Befugnis, auch eine personelle Trennung dieser Funktionen zu gestatten,[3] zu Recht nicht umgesetzt.

3   **2. Anwendbare Vorschriften.** Auf die SE mit **dualistischer Führungsstruktur** finden im Wesentlichen die Vorschriften des Aktiengesetzes, die für den Vorstand der AG gelten, Anwendung. Von der Regelungsermächtigung in Abs. 5[4] durfte der deutsche Gesetzgeber dagegen keinen Gebrauch machen; die Vorschrift richtet sich lediglich an Mitgliedstaaten, die ein dualistisches Leitungsmodell nicht kennen. Die Anwendung des nationalen Aktienrechts ergibt sich aus den in der Verordnung enthaltenen Spezialverweisungen (zB Art. 51, 52 UAbs. 2), partiellen Generalverweisungen (zB Art. 15, 18) und der Generalverweisung in Art. 9 Abs. 1 lit. c Ziff. ii.[5] Die Regelungen der SE-VO für das dualistische System sind lückenhaft.[6] Der Gesetzgeber hat sich im Hinblick auf die SE mit dualistischer Führungsstruktur für einen weitgehenden Gleichlauf mit den entsprechenden Vorschriften des Aktiengesetzes für Vorstand und Aufsichtsrat entschieden.[7]

4   Anstelle von § 76 Abs. 1 AktG findet Art. 39 Abs. 1 S. 1 Anwendung. Da die SE-VO bezüglich der Kompetenzabgrenzung zwischen den Organen nur den Rahmen vorgibt und bezüglich nicht geregelter Einzelfragen auf das jeweilige Recht des Sitzstaates verweist,[8] dürften sich die Konsequenzen dieser Spezialität in Grenzen halten.[9] § 16 SEAG, der die Größe des Leitungsorgans regelt, tritt an die Stelle des inhaltsgleichen § 76 Abs. 2 AktG. Das in § 77 Abs. 1 S. 1 AktG kodifizierte **Prinzip der Gesamtgeschäftsführung** wird durch die Regelung in Art. 50 Abs. 1 modifiziert.[10] Während der Vorstand der AG seine Entscheidung mangels anderweitiger Satzungsregelung nur einstimmig treffen kann, gilt im Leitungsorgan der SE von Gesetzes wegen grundsätzlich das **Mehrheitsprinzip** (vgl. → Art. 50 Rn. 9 f.). Die Regelung ist freilich dispositiv. Der Satzungsgeber kann die Willensbildung im Leitungsorgan abweichend regeln und auch das Prinzip der Einstimmigkeit durch Satzungsregelung einführen.

5   Der **Vorsitzende** des Leitungsorgans hat gem. Art. 50 Abs. 2 gegenüber dem Vorstandsvorsitzenden der AG eine herausgehobene Stellung. Art. 50 Abs. 2 S. 1 weist ihm von Gesetzes wegen ein – dispositives – **Recht zum Stichentscheid** bei Stimmengleichheit

---

[2] Lutter/Hommelhoff/Teichmann/*Drygala* Rn. 3; *Schwarz* Rn. 13; für die AG Hüffer/Koch/*Koch* AktG § 76 Rn. 8; Kölner Komm AktG/*Mertens/Cahn* AktG § 76 Rn. 4; *Fleischer* ZIP 2003, 1 (3); *Löbbe*, Unternehmenskontrolle im Konzern, 2003, 41 f.; *Schwark* ZHR 142 (1978), 203 (215 f.).
[3] Vgl. hierzu Lutter/Hommelhoff/Teichmann/*Drygala* Rn. 24; Kölner Komm AktG/*Paefgen* Rn. 89 ff.
[4] Vgl. hierzu Lutter/Hommelhoff/Teichmann/*Drygala* Rn. 57; Kölner Komm AktG/*Paefgen* Rn. 94 ff.
[5] Lutter/Hommelhoff/Teichmann/*Seibt* Rn. 2; Kölner Komm AktG/*Paefgen* Rn. 10 ff.; zu den Verweisungstechniken des SE-Statuts *Schwarz* EuropGesR Rn. 1097 ff.; *Brandt*, Die Hauptversammlung der SE, 2004, 42 ff.
[6] Zum Lückenschluss *Casper* FS Ulmer, 2003, 51 f.
[7] *Neye/Teichmann* AG 2003, 169 (176); *Hoffmann-Becking* ZGR 2004, 355 (363); *Drinhausen* in Van Hulle/Maul/Drinhausen SE-HdB Abschnitt 5 § 2 Rn. 1 (S. 123); Habersack/Drinhausen/*Seibt* Rn. 3; s. auch die tabellarische Übersicht über die anwendbaren Vorschriften bei Lutter/Hommelhoff/Teichmann/*Drygala* Rn. 6.
[8] AA *Brandt*, Die Hauptversammlung der SE, 2004, 86 ff., 105, demzufolge die Frage der Organzuständigkeiten einheitlich durch Auslegung der SE-VO im Wege der Rechtsfortbildung zu schließen sei, weshalb Art. 9 Abs. 1 lit. c nicht zur Anwendung komme; vgl. → Art. 38 Rn. 9 ff.
[9] AA *Hommelhoff* AG 2003, 179, der – ua – aus Art. 39 Abs. 1 S. 1 ein Verbot der Konzernierung der SE als abhängiges Unternehmen ableitet; → Rn. 11; aA auch *Brandt*, Die Hauptversammlung der SE, 2004, 122 (127 ff.), der aus den Art. 38, 39, 40, 43, 48, 52 die Schlussfolgerung zieht, die Organisationsstruktur der SE sei einheitlich und könne daher nicht durch ungeschriebene Hauptversammlungskompetenzen des nationalen Rechts („Holzmüller") überlagert werden; → Rn. 10; → Art. 52 Rn. 22.
[10] Kölner Komm AktG/*Paefgen* Rn. 26 und BeckOGK/*Eberspächer* Rn. 5 sprechen von „Gesamtgeschäftsführung mit mehrheitlicher Willensbildung".

zu (vgl. → Art. 50 Rn. 3, 34). § 105 AktG, der eine gleichzeitige Mitgliedschaft in Vorstand und Aufsichtsrat untersagt, wird durch die Regelung in Art. 39 Abs. 3 modifiziert (vgl. → Rn. 45). Die **Berichtspflichten** des Leitungsorgans gegenüber dem Aufsichtsorgan sind in Art. 41 geregelt. Die Berichtspflichten des Vorstands gem. § 90 AktG werden durch Art. 41 nicht vollständig verdrängt, sondern nur teilweise überlagert, sodass § 90 AktG auf das Leitungsorgan der SE und seine Berichtspflichten gegenüber dem Aufsichtsorgan zumindest ergänzende Anwendung findet (vgl. → Art. 41 Rn. 4).

Nach Art. 46 Abs. 1 werden die Mitglieder des Leitungsorgans für einen in der Satzung fest- 6 gelegten Zeitraum, der sechs Jahre nicht überschreiten darf, bestellt. Daraus ergeben sich zwei Unterschiede zur Aktiengesellschaft: Die Satzung der deutschen SE muss anders als die Satzung der AG zwingend die Amtszeit für Organmitglieder festlegen (vgl. → Art. 46 Rn. 3);[11] die höchstmögliche Amtszeit beträgt abweichend von § 84 nicht fünf, sondern sechs Jahre.

Die Verpflichtung zur Abgabe einer Entsprechungserklärung gem. § 161 AktG ist über 7 die Generalverweisung in Art. 9 Abs. 1 lit. c Ziff. ii anwendbar. Der Anwendungsbereich des DCGK wird also auch auf die börsennotierte deutsche SE sowie im Freiverkehr notierte SE, die andere Wertpapiere als Aktien (zB Schuldverschreibungen oder Genußscheine) an einem organisierten Markt emittiert haben,[12] erstreckt.[13] Durch die Neufassung im Jahr 2007 wurde in der Präambel des DCGK ausdrücklich auf das System der Führung durch ein einheitliches Leitungsorgan (Verwaltungsrat) Bezug genommen.[14] Damit ist die Frage nach der Anwendbarkeit des DCGK auf die monistische SE, die schon vor dieser Änderung von der Lit. mehrheitlich bejaht wurde,[15] beantwortet.

II. Stellung des Leitungsorgans innerhalb der Unternehmensverfassung

Die Stellung des Leitungsorgans innerhalb der Unternehmensverfassung der SE entspricht 8 derjenigen des Vorstands der Aktiengesellschaft. Von den Ermächtigungsgrundlagen, durch die die SE-VO auch Abweichungen vom deutschen Modell für zulässig erklärt hat, hat der deutsche Gesetzgeber keinen Gebrauch gemacht. Funktionelle Unterschiede zwischen dem Leitungsorgan der SE und dem Vorstand der AG bestehen daher nicht. Das Leitungsorgan ist **Vertretungs- und Geschäftsführungsorgan** in einem. Im Außenverhältnis besteht unbeschränkte und unbeschränkbare Vertretungsmacht des Leitungsorgans (§§ 78, 82 AktG).[16] Bestimmte Verträge werden nur mit Zustimmung anderer SE-Organe wirksam: Beratungsverträge mit Mitgliedern des Aufsichtsratsorgans bedürfen dessen Zustimmung (§ 114 Abs. 1 AktG); Gleiches gilt für Kreditgewährungen an Mitglieder des Leitungsorgans (§ 89 AktG). Verträge zur Übertragung des gesamten Gesellschaftsvermögens (Art. 52 UAbs. 2, § 179a AktG), Nachgründungsverträge (Art. 15, § 52 AktG), Verträge über den Verzicht auf Ersatzansprüche gegen Organmitglieder (Art. 51, § 93 Abs. 4 S. 3 AktG), Unternehmensverträge (§§ 293, 295 AktG) und Verträge nach dem Umwandlungsgesetz werden nur mit Zustimmung der Hauptversammlung wirksam. Zudem muss ggf. das Aufsichtsorgan nach § 33 Abs. 1 S. 2 WpÜG Abwehrmaßnahmen des Leitungsorgans gegen Übernahmeangebote zustimmen. Im aktienrechtlichen Kassationsstreit wird die Gesellschaft gem. § 246 Abs. 2 AktG, § 249 Abs. 1 AktG von Leitungsorgan und Aufsichtsorgan gemeinsam, bei Geschäften zwischen der Gesellschaft und dem Leitungsorgan durch das Aufsichtsorgan allein vertreten (§ 112 AktG).

---

[11] Zu derartigen Regelungsaufträgen in der SE-VO *Hommelhoff* FS Ulmer, 2003, 267 (274 ff.); *Beier,* Der Regelungsauftrag als Gesetzgebungsinstrument im Gesellschaftsrecht, 2000, 254 ff.
[12] Vgl. zum erweiterten Anwendungsbereich nach dem BilMoG Begr. RegE, BT-Drs. 16/10067, 104; Hüffer/Koch/*Koch* AktG § 161 Rn. 6b; *Kuthe/Geiser* NZG 2008, 172 f.
[13] *Hoffmann-Becking* ZGR 2004, 355 (364); Kölner Komm AktG/*Paefgen* Rn. 14.
[14] Vgl. Kremer/Bachmann/Lutter/v. Werder/*v. Werder* DCGK Rn. 109.
[15] Vgl. nur *Messow,* Die Anwendbarkeit des DCGK auf die SE, 2007, 207 ff. mwN.
[16] Die Anwendbarkeit der §§ 78, 82 AktG folgt daraus, dass Art. 39 Abs. 1 S. 1 die Vertretung der SE bewusst nicht regelt, weswegen gemäß Art. 9 Abs. 1 lit. c mitgliedschaftlichen Regelungen Platz greifen. Vgl. *Schwarz* Rn. 14; NK-SE/*Manz* Rn. 17; Kölner Komm AktG/*Paefgen* Rn. 36; aA *Theisen/Hölzl* in Theisen/Wenz, Die Europäische Aktiengesellschaft, 2. Aufl. 2005, 247, 267.

9   1. Beziehung zur Hauptversammlung. Art. 39 Abs. 1 stellt klar, dass das Leitungsorgan keinen Weisungen der Hauptversammlung unterworfen ist; er weist dem Leitungsorgan die **eigenverantwortliche Leitung** der Gesellschaft zu.[17] Gleichwohl kann auch das Leitungsorgan der SE von Gesetzes wegen Bindungen an Entscheidungen anderer Organe unterliegen. § 119 Abs. 2 AktG findet über die Verweisung in Art. 52 UAbs. 2 auf solche Fragen der Geschäftsführung Anwendung, die der Hauptversammlung vom Leitungsorgan der SE zur Beschlussfassung vorgelegt werden.[18] § 119 Abs. 2 AktG ist eine Rechtsvorschrift, die der Hauptversammlung eine – wenn auch nur subsidiäre – Zuständigkeit in Geschäftsführungsangelegenheiten „überträgt" (→ AktG § 119 Rn. 18; → Art. 52 Rn. 20).[19] Diese Zuständigkeit wird durch ein entsprechendes Verlangen des ansonsten zuständigen Leitungsorgans (Art. 39 Abs. 1 S. 1) aktiviert (für die AG → AktG § 119 Rn. 20).[20]

10   Klärungsbedürftig ist die Frage, inwieweit das Leitungsorgan der SE über die gesetzlich geregelten Fälle der Zuständigkeit der Hauptversammlung hinaus durch weitere, gesetzlich nicht ausdrücklich geregelte **„ungeschriebene" Hauptversammlungskompetenzen** eingeschränkt wird. Fraglich ist insoweit insbesondere, ob die **„Holzmüller/Gelatine"-Doktrin des BGH**[21] auch auf die SE mit Sitz in Deutschland Anwendung findet. Art. 52 UAbs. 2 kann zur Begründung der Anwendbarkeit der „Holzmüller/Gelatine"-Grundsätze auf die SE nicht herangezogen werden. Die Norm verweist ausschließlich auf geschriebenes Recht.[22] Die „Holzmüller/Gelatine"-Grundsätze dienen vor allem dem Schutz der Minderheitsaktionäre des herrschenden Unternehmens und sind daher konzernrechtlich einzuordnen. Die SE-VO übt sich in konzernrechtlicher Enthaltsamkeit. Das ergibt sich insbesondere aus Erwägungsgrund 15. Konsequenz ist, dass das Aktienkonzernrecht nicht über eine in der SE-VO enthaltene Verweisung, sondern über allgemeines Kollisionsrecht zur Anwendung kommt.[23] Das gilt auch für die „Holzmüller/Gelatine"-Doktrin.[24] Die vom BGH angestellten Erwägungen, dass eine Mitwirkung der Hauptversammlung an Entscheidungen, die das Gesetz dem Leitungsorgan als Leitungsaufgabe zuweist, zumindest dann erforderlich sei, wenn eine vom Leitungsorgan in Aussicht genommene Umstrukturierung an die Kernkom-

---

[17] Ebenso BeckOGK/*Eberspächer* Rn. 4; *Drinhausen* in Van Hulle/Maul/Drinhausen SE-HdB Abschnitt 5 § 2 Rn. 2 (S. 123); iE auch *Schwarz* Rn. 25, 28, die in der Eigenverantwortlichkeit jedoch primär einen Verweis auf die haftungsrechtliche Verantwortung des Leitungsorgans für die Geschäftsführung sehen und die Weisungsunabhängigkeit aus dem Zuständigkeitskatalog der Hauptversammlung (Art. 52) ableiten. Kölner Komm AktG/*Paefgen* Rn. 22 f. versteht unter der Eigenverantwortlichkeit schließlich die „Innehabung einer eigenständigen [abgrenzbaren] Organstellung" und leitet die Weisungsunabhängigkeit des Leitungsorgans für die deutsche SE über Art. 9 Abs. 1 lit. c Ziff. iii aus dem deutschen Aktienrecht (§ 23 Abs. 5 AktG, § 76 Abs. 1 AktG, § 119 Abs. 2 AktG) ab; vorgeschrieben sei diese europarechtlich allerdings nicht.

[18] Lutter/Hommelhoff/Teichmann/*Drygala* Rn. 15; aA *Brandt,* Die Hauptversammlung der SE, 2004, 114 mit der Begründung, dass eine ausdrückliche Ermächtigung an das Leitungsorgan, einzelne Fragen der Hauptversammlung zur Beschlussfassung vorzulegen, in Art. 39 explizit hätte geregelt werden müssen. Diese Argumentation beruht auf dem Missverständnis, dass es für die Begründung der Anwendbarkeit des § 119 Abs. 2 AktG eines Rückgriffs auf die Generalverweisung in Art. 9 Abs. 1 lit. c bedürfe, die im Unterschied zur Spezialverweisung des Art. 52 Abs. 2 das Vorliegen einer Regelungslücke voraussetzt; die Literaturmeinungen von *Hommelhoff* AG 1990, 422 (429) und von *Gutsche,* Die Eignung der Europäischen Aktiengesellschaft für kleine und mittlere Unternehmen in Deutschland, 1994, 101, die die Anwendbarkeit von § 119 Abs. 2 AktG ebenfalls ablehnen, bezogen sich noch auf die Verordnungsentwürfe von 1989 bzw. 1991 und sind daher auf Art. 52 in seiner aktuellen Form nicht übertragbar.

[19] So der Wortlaut von Art. 52 UAbs. 2; vgl. auch BGH WM 1960, 803 (804) zu § 103 Abs. 2 AktG aF; Lutter/Hommelhoff/Teichmann/*Seibt* Rn. 4; Großkomm AktG/*Mülbert* AktG § 119 Rn. 6, 9.

[20] Für die AG Hüffer/Koch/*Koch* AktG § 119 Rn. 13; Kölner Komm AktG/*Zöllner* AktG § 119 Rn. 34; Großkomm AktG/*Mülbert* AktG § 119 Rn. 9.

[21] BGHZ 83, 122 = NJW 1982, 1703 – Gelatine I; BGH ZIP 2004, 1001 = NZG 2004, 575 – Gelatine II; vgl. hierzu *Reichert* AG 2005, 150 ff.; *Liebscher* ZGR 2005, 1 ff.; *Habersack* AG 2005, 137 ff., jeweils mit umfangreichen Nachweisen.

[22] Insoweit zutr. *Brandt,* Die Hauptversammlung der SE, 2004, 131; aA *Habersack* ZGR 2003, 724 (741).

[23] *Jäcks/Schönborn* RIW 2003, 254 (256 f.); *Habersack* ZGR 2003, 724 (727 ff.); aA *Hommelhoff* AG 2003, 179 (180), der dem Konzernrecht über die Generalverweisung in Art. 9 Abs. 1 lit. c Ziff. ii Geltung verschafft; vermittelnd *Teichmann* ZGR 2002, 383 (397), der in Art. 9 Abs. 1 lit. c Ziff. ii eine Gesamtnormverweisung unter Einschluss des IPR sieht; dagegen *Casper* FS Ulmer, 2003, 51 (67); offen *Veil* WM 2003, 2169 (2172).

[24] *Habersack* ZGR 2003, 724 (742).

petenz der Hauptversammlung, über die Verfassung der Gesellschaft zu bestimmen, rührt, weil sie Veränderungen nach sich zieht, die denjenigen zumindest nahe kommen, welche allein durch eine Satzungsänderung herbeigeführt werden können,[25] lassen sich auch auf die SE übertragen.[26] Ebenso wie in der AG bedarf die Änderung der Satzung in der SE gem. Art. 59 Abs. 1 einer qualifizierten Mehrheit. Entsprechend gelten die vom BGH angestellten Schutzerwägungen, wonach eine Ausgliederung wesentlicher Teile des Unternehmens der Gesellschaft auf nachgelagerte Beteiligungsgesellschaften infolge der damit notwendigerweise verbundenen Mediatisierung des Einflusses der Aktionäre eine Mitwirkung der Hauptversammlung erforderlich macht, auch für die SE.

2. Stellung des Leitungsorgans im Konzern. Die **eigenverantwortliche Leitung** 11 der Gesellschaft durch das Leitungsorgan und damit dessen originäre Organkompetenz wird nicht nur durch geschriebene und ungeschriebene Zuständigkeiten des Organs Hauptversammlung begrenzt, sondern auch durch konzernrechtliche Vorgaben. Für den **aktienrechtlichen Vertragskonzern** sieht § 308 AktG eine Einschränkung der Leitungsmacht des Vorstands der abhängigen Aktiengesellschaft vor, indem er sie den Weisungen des Leitungsorgans des herrschenden Unternehmens unterwirft. § 49 SEAG lässt sich entnehmen, dass der Gesetzgeber als selbstverständlich davon ausgeht, dass sowohl im dualistischen als auch im monistischen System die Konzernierung der SE und die Begründung eines Vertragskonzerns mit der SE als abhängigem Unternehmen möglich sein soll. *Hommelhoff*[27] hat hieran Kritik geübt. Sein Ansatz ist ein doppelter: Die mit der Einbindung in den Konzern verbundene Aufweichung des Grundsatzes der Kapitalerhaltung verstoße gegen Art. 5[28] und das Weisungsrecht sei mit dem in Art. 39 Abs. 1 geregelten Grundsatz der eigenverantwortlichen Leitung nicht zu vereinbaren.[29] Entsprechendes gelte auch für die abhängige SE im faktischen Konzern. Die Wahrung des Gesellschaftsinteresses verbiete es, eine für die SE nachteilige Maßnahme vorzunehmen, selbst wenn hierfür ein entsprechender Nachteilsausgleich erfolgt.[30] Eine Ermächtigung an den nationalen Gesetzgeber, die in den entsprechenden Bestimmungen der Verordnung enthaltenen Grundsätze durch Bestimmungen des nationalen Rechts einzuschränken, sei nicht vorgesehen. Dem ist das übrige Schrifttum[31] mit Hinweis auf die Entstehungsgeschichte und die daraus folgende konzernrechtliche Enthaltsamkeit der SE-VO entgegengetreten (Einzelheiten zum Meinungsstreit → Anh. Art. 9 Rn. 14 ff.).

3. Stellung gegenüber dem Aufsichtsorgan. Auch für das Verhältnis zwischen Lei- 12 tungs- und Aufsichtsorganen ergeben sich in der SE keine wesentlichen Besonderheiten gegenüber der Aktiengesellschaft.[32] Ebenso wie § 111 Abs. 1 AktG im Aktienrecht weist

---

[25] BGHZ 83, 122 = NJW 1982, 1703 – Gelatine I; BGH ZIP 2004, 1001 = NZG 2004, 575 – Gelatine II.
[26] Ebenso Habersack/Drinhausen/*Seibt* Art. 39 Rn. 5; *Habersack* ZGR 2003, 724 (741); *Casper* FS Ulmer, 2003, 51 (69); *Maul*, Die faktisch abhängige SE (Societas Europaea) im Schnittpunkt zwischen deutschem und europäischem Recht, 1997, 40 ff.; *Gutsche*, Die Eignung der Europäischen Aktiengesellschaft für kleine und mittlere Unternehmen in Deutschland, 1994, 105; s. auch *Buchheim*, Europäische Aktiengesellschaften und grenzüberschreitende Konzernverschmelzung, 2001, 249; *Hommelhoff* AG 1990, 422 (428); aA *Brandt*, Die Hauptversammlung der SE, 2004, 129 mit dem Argument, ungeschriebene Hauptversammlungskompetenzen begründeten eine mit der Verbandsverfassung der SE nicht vereinbare hierarchische Einordnung der Hauptversammlung als „Basisorgan". Leitet man indessen die ungeschriebenen Hauptversammlungskompetenzen – wie der BGH in den beiden *Gelatine*-Entscheidungen – aus der Kernkompetenz der Hauptversammlung ab, über die Verfassung der Gesellschaft zu bestimmen, dann ist bereits die von *Brandt*, Die Hauptversammlung der SE, 2004, 72 (unter Berufung auf *Spindler* AG 1998, 53 [56]) zu Grunde gelegte Prämisse, die Kompetenzverteilung zwischen den Organen der SE (und der AG) werde durch Holzmüller „durcheinander gewirbelt", nicht haltbar; aA auch → Art. 52 Rn. 22 *(Kubis)*.
[27] *Hommelhoff* AG 2003, 179 ff.
[28] *Hommelhoff* AG 2003, 179 (182).
[29] *Hommelhoff* AG 2003, 179 (183).
[30] *Hommelhoff* AG 2003, 179 (183).
[31] *Habersack* ZGR 2003, 724 (739); *Brandi* NZG 2003, 889 (893 f.); *Maul* in Theisen/Wenz, Die Europäische Aktiengesellschaft, 2. Aufl. 2005, 416, 446; *Veil* WM 2003, 2169 (2177); *Jäcks/Schönborn* RIW 2003, 254 (256).
[32] *Kort* NZG 2018, 641 (642).

Art. 40 Abs. 1 S. 1 dem Aufsichtsorgan die **Überwachung der Geschäftsführung** durch das Leitungsorgan als Kernkompetenz zu und fügt in S. 2 – klarstellend – hinzu, dass das Aufsichtsorgan nicht berechtigt ist, die Geschäfte der SE selbst zu führen. Die Feststellung, dass die Wahrnehmung der Überwachungsaufgabe des Aufsichtsrates im Extremfall auch an ein „Mitregieren" im Sinne einer teilweisen Übernahme von Leitungsaufgaben des Vorstandes durch den Aufsichtsrat heranreichen kann, trifft auch auf die SE zu, insbesondere wenn der Aufsichtsrat Entscheidungen der Geschäftsführung von seiner Zustimmung abhängig macht. Sie steht zu der Regelung in Art. 40 Abs. 1 S. 2 nicht in Widerspruch. Denn von der durch Art. 48 Abs. 1 S. 2 eingeräumten Ermächtigung, dem Aufsichtsorgan entsprechender Zustimmungsbefugnisse im Hinblick auf die Geschäftsführung einzuräumen, hat der Gesetzgeber mit der Regelung in § 19 SEAG Gebrauch gemacht und damit einen (weitgehenden)[33] Gleichlauf mit § 111 Abs. 4 AktG hergestellt.

13 Das Leitungsorgan unterliegt der **Personalhoheit** des Aufsichtsorgans. Dieses ist durch Art. 39 Abs. 2 zur Bestellung und Abberufung der Mitglieder des Leitungsorgans berufen. Nach § 84 Abs. 1 S. 5 AktG obliegt ihm darüber hinaus die Zuständigkeit für den Abschluss des Anstellungsvertrages. Kreditgewährungen an Mitglieder des Leitungsorgans bedürfen gem. § 89 AktG seiner Zustimmung. Das Gleiche gilt für Befreiungen vom Wettbewerbsverbot (§ 88 AktG).

III. Bestellung, Anstellung, Abberufung

14 Vom korporationsrechtlichen Akt der **Berufung** zum Unternehmensorgan (Bestellung) ist der schuldrechtliche **Anstellungsvertrag** des Mitglieds des Leitungsorgans mit der SE zu unterscheiden (→ AktG § 84 Rn. 10).[34]

15 **1. Zuständigkeit.** Zuständig für die Bestellung der Mitglieder des Leitungsorgans und gleichzeitig für den Abschluss von deren Anstellungsverträgen ist das Aufsichtsorgan. Für die Bestellung ergibt sich dies unmittelbar aus Art. 39 Abs. 2, für den Abschluss des Anstellungsvertrages aus § 84 Abs. 1 S. 5 AktG. Das Aufsichtsorgan handelt bei Abschluss des Anstellungsvertrages gem. § 112 AktG als Vertreter der SE. Das gilt auch bei Änderung des Anstellungsvertrages einschließlich der Vergütungsvereinbarung und ist auch bei Gewährung von Stock Options zu beachten (→ AktG § 84 Rn. 76).[35] Von der Ermächtigung, die Zuständigkeit zur Bestellung und Abberufung der Mitglieder des Leitungsorgans (und zum Abschluss von deren Anstellungsverträgen) auf die Hauptversammlung zu verlagern (Art. 39 Abs. 2 S. 2) wurde in Deutschland kein Gebrauch gemacht; dies wäre auch nicht möglich gewesen, da das Wahlrecht unter dem Vorbehalt steht, dass nach dem national für Aktiengesellschaften geltenden Recht ebenfalls die Möglichkeit einer Übertragung der Bestellung bzw. Abberufung auf die Hauptversammlung besteht und die Bedingungen hierfür entsprechend sind.[36]

16 Die Entscheidung über die Bestellung muss das Gesamtaufsichtsorgan treffen (→ AktG § 84 Rn. 19).[37] Aber auch die Entscheidung über die Anstellung wird in der Praxis regelmäßig der Gesamtaufsichtsrat treffen. Gegenstand des Anstellungsvertrages wird regelmäßig auch eine Vereinbarung über die Vergütung sein, die nach der Änderung des § 107 Abs. 3 S. 3 AktG durch das VorstAG nicht mehr auf einen Ausschuss delegiert werden kann.[38]

---

[33] Zu den Unterschieden vgl. → Art. 48 Rn. 1; *Hoffmann-Becking* ZGR 2004, 355 (365).
[34] Lutter/Hommelhoff/Teichmann/*Drygala* Rn. 35; für die AG BeckHdB AG/*Liebscher* § 6 Rn. 21; Lutter/Krieger/Verse Aufsichtsrat § 7 Rn. 331; Hüffer/Koch/*Koch* AktG § 84 Rn. 2; Kölner Komm AktG/*Mertens*/*Cahn* AktG § 84 Rn. 4.
[35] *Baums* FS Claussen, 1997, 3 (15); *Hüffer* ZHR 161 (1997), 214 (232 ff.); Hüffer/Koch/*Koch* AktG § 84 Rn. 15.
[36] Vgl. *Schwarz* Rn. 61; Lutter/Hommelhoff/Teichmann/*Drygala* Rn. 41; Kölner Komm AktG/*Paefgen* Rn. 40.
[37] *Drinhausen* in Van Hulle/Maul/Drinhausen SE-HdB Abschnitt 5 § 2 Rn. 8 (S. 124); Lutter/Hommelhoff/Teichmann/*Seibt* Rn. 13; Kölner Komm AktG/*Paefgen* Rn. 39. Für die AG BeckHdB AG/*Liebscher* § 6 Rn. 25; MHdB AG/*Wiesner* § 20 Rn. 17; Kölner Komm AktG/*Mertens*/*Cahn* AktG § 84 Rn. 7.
[38] Vgl. dazu *Hoffmann-Becking*/*Krieger* NZG-Beil 26/2009, Rn. 23 f.

Eine Beschlussfassung nach § 84 Abs. 1 S. 5 AktG gehört nicht zu den in § 107 Abs. 3 S. 3 AktG genannten Beschlussgegenständen, die zwingend in die Gesamtkompetenz des Aufsichtsorgans fallen (→ AktG § 84 Rn. 72).[39]

In dringenden Fällen besteht für die Bestellung von Mitgliedern des Leitungsorgans eine Notzuständigkeit der freiwilligen Gerichtsbarkeit nach § 85 AktG. Art. 39 Abs. 2 S. 1 enthält insoweit keine abschließende Regelung. Das ergibt sich aus Art. 47 Abs. 4 (vgl. → Art. 47 Rn. 2).[40] **17**

Die Zuständigkeiten für die Bestellung der Mitglieder des Leitungsorgans und den Abschluss des Anstellungsvertrages gelten spiegelbildlich auch für den **Widerruf** der Bestellung und die **Kündigung** des Anstellungsvertrages. Für die Abberufung folgt dies unmittelbar aus Art. 39 Abs. 2, für die Kündigung des Anstellungsvertrages aus § 84 Abs. 3 S. 5 AktG iVm § 112 AktG. Für den Widerruf der Bestellung ist gem. § 107 Abs. 3 S. 2 AktG ein Beschluss des Gesamtaufsichtsorgans erforderlich. Dagegen kann die Beschlussfassung über die Kündigung des Anstellungsvertrages einem Ausschuss übertragen werden, weil § 84 Abs. 3 S. 5 AktG in § 107 Abs. 3 S. 3 AktG nicht genannt ist (→ AktG § 84 Rn. 166).[41] **18**

2. Bestellung. Die Bestellung erfolgt durch **Beschluss** des Aufsichtsorgans gem. Art. 50 Abs. 1, dessen Kundgabe an das künftige Mitglied des Leitungsorgans und die Erklärung von dessen Einverständnis bzw. ihre Entgegennahme durch das Aufsichtsorgan (→ AktG § 84 Rn. 8).[42] **19**

a) Erforderliche Anzahl der Mitglieder des Leitungsorgans. Gem. Art. 39 Abs. 4, § 16 SEAG kann das Leitungsorgan aus einer oder mehreren Personen bestehen. Nach § 23 Abs. 3 Nr. 6 AktG muss die Satzung das Nähere bestimmen. Ebenso wie bei der AG kann die Bestimmung derart erfolgen, dass nur **Mindest- und/oder Höchstzahlen** festgelegt werden (→ AktG § 23 Rn. 144; → AktG § 76 Rn. 116).[43] In diesem Fall ist die Regel anzugeben, nach der die Zahl festgelegt wird. Hat die SE ein Grundkapital von mehr als 3 Mio. Euro, so sieht § 16 SEAG eine Mindestzahl von zwei Mitgliedern des Leitungsorgans vor, stellt diese Zahl aber zur Disposition des Satzungsgebers. Die übliche Klausel, nach der das Leitungsorgan aus einer oder mehreren Personen besteht, ist dafür genügend.[44] **20**

Gem. § 16 S. 2 SEAG bleibt § 38 Abs. 2 SEBG, der die Bestellung eines Arbeitsdirektors regelt, unberührt. Soweit ein **Arbeitsdirektor** zu bestellen ist, muss das Leitungsorgan aus mindestens zwei Mitgliedern bestehen.[45] Auch die Satzung kann daran nichts ändern.[46] **21**

b) Rechtsfolgen verbotswidriger Zusammensetzung. Hat das Leitungsorgan weniger Mitglieder als nach Gesetz oder Satzung erforderlich, ist das Aufsichtsorgan verpflichtet, die fehlenden Mitglieder unverzüglich neu zu bestellen (→ AktG § 76 Rn. 118).[47] Kann das Aufsichtsorgan nicht oder nicht schnell genug tätig werden, und liegt ein dringender Fall vor, kommt eine **Notbestellung** nach § 85 AktG in Betracht (→ Rn. 17). **22**

---

[39] *Lutter/Krieger/Verse* Aufsichtsrat § 7 Rn. 388; Kölner Komm AktG/*Mertens/Cahn* AktG § 84 Rn. 48; Hüffer/Koch/*Koch* AktG § 84 Rn. 15.
[40] Anwendbarkeit wegen Art. 9 Abs. 1 lit. c Ziff. ii: BeckOGK/*Eberspächer* Rn. 7; Lutter/Hommelhoff/ Teichmann/*Drygala* Rn. 28; Kölner Komm AktG/*Paefgen* Rn. 83.
[41] BGHZ 65, 190 (193) = NJW 1976, 145 (146); unstr., zu den Einzelheiten vgl. Hüffer/Koch/*Koch* AktG § 84 Rn. 48; *Lutter/Krieger/Verse* Aufsichtsrat § 7 Rn. 410 f.; MHdB AG/*Wiesner* § 21 Rn. 105.
[42] Kölner Komm AktG/*Paefgen* Rn. 41; für die AG BeckHdB AG/*Liebscher* § 6 Rn. 22; Hüffer/Koch/ *Koch* AktG § 84 Rn. 3; Kölner Komm AktG/*Mertens/Cahn* AktG § 84 Rn. 2 f.; näher *Lutter/Krieger/Verse* Aufsichtsrat § 7 Rn. 348 ff.
[43] Kölner Komm AktG/*Paefgen* Rn. 75; für die AG LG Köln AG 1999, 137 f.; Begr. RegE, BT-Drs. 8/ 1678, 12; Großkomm AktG/*Röhricht/Schall* AktG § 23 Rn. 164; Hüffer/Koch/*Koch* AktG § 76 Rn. 55.
[44] Lutter/Hommelhoff/Teichmann/*Drygala* Rn. 50; vgl. für die AG LG Köln AG 1999, 137 f.; Hüffer/ Koch/*Koch* AktG § 76 Rn. 55.
[45] Ebenso BeckOGK/*Eberspächer* Rn. 10; aA Kölner Komm AktG/*Paefgen* Rn. 77 mwN.
[46] *Grobys* NZA 2004, 797 (780) meldet Zweifel an, ob die Pflicht zur Bestellung eines Arbeitsdirektors mit der Beteiligungs-RL vereinbar ist.
[47] Habersack/Drinhausen/*Seibt* Art. 39 Rn. 42. Für die AG BGHZ 149, 158 (161 f.) = NJW 2002, 1128; Kölner Komm AktG/*Mertens/Cahn* AktG § 76 Rn. 110; Großkomm AktG/*Kort* AktG § 76 Rn. 241.

23 Eine Unterbesetzung des Leitungsorgans steht einer wirksamen Beschlussfassung – anders als bei der Aktiengesellschaft[48] (→ AktG § 76 Rn. 118 f.) – nur dann entgegen, wenn die Voraussetzungen des Art. 50 Abs. 1 lit. a und b nicht erfüllt sind.[49] Für die Berechnung der dort genannten Grenzen kommt es auf die Sollstärke des Leitungsorgans an. Zu den Rechtsfolgen einer Überbesetzung des Leitungsorgans vgl. allgemein → AktG § 76 Rn. 99.

24 **c) Verfahren der Bestellung.** Das **Bestellungsverfahren** selbst ist gesetzlich nicht geregelt. Die Wahl der Mitglieder des Leitungsorgans erfolgt durch Beschluss des Aufsichtsorgans mit einfacher Mehrheit (Art. 50 Abs. 1 lit. b; für die AG → AktG § 108 Rn. 20).[50] Die Satzung kann abweichende Mehrheitserfordernisse enthalten. Art. 50 Abs. 1 lässt das – in Grenzen – im Unterschied zum deutschen Aktienrecht[51] (→ AktG § 108 Rn. 24) auch bei solchen Beschlussgegenständen zu, die das Aufsichtsorgan kraft Gesetzes zu treffen hat.[52] Zu Einzelheiten vgl. → Art. 50 Rn. 20 ff. Das mit einem abweichenden Mehrheitserfordernis verbundene vierstufige Wahlverfahren nach § 31 MitbestG findet in der SE, auch bei Mitbestimmung, keine Anwendung.[53] Das SEBG enthält keine entsprechenden Normen. Da § 31 MitbestG zu den wesentlichen Teilhaberrechten der Arbeitnehmer in der paritätisch mitbestimmten deutschen AG gehört, wird sich in den Verhandlungen zwischen den Leitungsorganen der Gründergesellschaften und dem besonderen Verhandlungsgremium häufig die Frage stellen, ob das darin vorgesehene Bestellungsverfahren nicht in der Satzung der SE oder gar in der Mitbestimmungsvereinbarung nach § 21 SEBG festgelegt werden kann.

25 Gem. Art. 50 Abs. 1 haben die Gründer die Möglichkeit, im Wege einer Satzungsregelung abweichend von Art. 50 Abs. 1 lit. b und vorbehaltlich des Art. 50 Abs. 2 S. 2 vom Prinzip der einfachen Mehrheit abzurücken und generell für einzelne Beschlussgegenstände eine qualifizierte Mehrheit vorzusehen (zu Einzelheiten → vgl. Art. 50 Rn. 20 ff.). Das darf nur nicht dazu führen, dass sich die Anteilseignerseite in der mitbestimmten SE des Letztentscheidungsrechts in Personalangelegenheiten begibt (→ Art. 50 Rn. 24 f.). Eine Satzungsregelung, die sich an § 31 MitbestG orientiert, bewegt sich aber noch im Rahmen des Zulässigen.[54] Zwar schreibt sie für den ersten Wahlgang eine Mehrheit von zwei Dritteln vor, für den dritten Wahlgang genügt indes die einfache Mehrheit und auch das Zweitstimmrecht des Aufsichtsratsvorsitzenden ist insoweit anerkannt. Uneingeschränkt lässt sich der Regelungsgehalt von § 31 MitbestG in der Satzung nicht spiegeln, denn dem Vorsitzenden des Aufsichtsorgans steht aufgrund der zwingenden Regelung in Art. 50 Abs. 2 S. 2 das Zweitstimmrecht – anders als in § 31 MitbestG vorgesehen – nicht erst im dritten, sondern bereits im zweiten Wahlgang zu.[55] Schwieriger zu beantworten ist die Frage, ob das Bestellungsverfahren nach § 31 MitbestG auch zum Gegenstand einer Mitbestimmungsvereinbarung nach § 21 SEBG gemacht werden kann. Deren Beantwortung hängt davon ab, ob eine entsprechende Vereinbarung noch von der durch § 21 SEBG eingeräumten Vertragsautonomie umfasst ist. Solange dies der Fall ist, hätte eine Mitbestimmungsvereinbarung gem. Art. 12 Abs. 4 sogar Vorrang vor einer abweichenden Satzungsbestimmung. Die Reichweite der den Parteien der Mitbestimmungsvereinbarung eingeräumten Vertragsfreiheit ergibt sich aus Art. 4 Abs. 2 lit. g Beteiligungs-RL (vgl. auch § 21 Abs. 3 SEBG). Nach Art. 4 Abs. 2 lit. g Beteiligungs-RL (§ 21 Abs. 3 S. 1 Nr. 3 SEBG) sollen in der Mitbestimmungsvereinbarung auch die Rechte der Arbeitnehmerver-

---

[48] Für die AG BGHZ 49, 158 (161) = NJW 2002, 1128; Hüffer/Koch/*Koch* AktG § 76 Rn. 56; *Schäfer* ZGR 2003, 147 (153 f.); aA Großkomm AktG/*Kort* AktG § 76 Rn. 241; Kölner Komm AktG/*Mertens/Cahn* AktG § 76 Rn. 111 f.; *Priester* FS Kropff, 1997, 591 (597 f.).
[49] Ebenso BeckOGK/*Eberspächer* Rn. 10; aA Kölner Komm AktG/*Paefgen* Rn. 80 f.
[50] Kölner Komm AktG/*Paefgen* Rn. 42; Habersack/Drinhausen/*Seibt* Rn. 14; für die AG Lutter/Krieger/*Verse* Aufsichtsrat § 11 Rn. 733; Kölner Komm AktG/*Mertens/Cahn* AktG § 84 Rn. 12; Kölner Komm AktG/*Mertens/Cahn* AktG § 108 Rn. 57; MHdB AG/*Wiesner* § 20 Rn. 19; BeckHdB AG/*Liebscher* § 6 Rn. 26.
[51] Zur AG Kölner Komm AktG/*Mertens/Cahn* AktG § 108 Rn. 62.
[52] Lutter/Hommelhoff/Teichmann/*Drygala* Rn. 26.
[53] Lutter/Hommelhoff/Teichmann/*Drygala* Rn. 27; Kölner Komm AktG/*Paefgen* Rn. 46.
[54] Ebenso Lutter/Hommelhoff/Teichmann/*Drygala* Rn. 27; aA Kölner Komm AktG/*Paefgen* Rn. 47.
[55] Ebenso Lutter/Hommelhoff/Teichmann/*Drygala* Rn. 27.

treter geregelt werden. Ob zu den Rechten der Arbeitnehmervertreter auch qualifizierte Mehrheitserfordernisse bei der Abstimmung im Aufsichtsorgan gezählt werden können, ist indessen zweifelhaft.[56] Beschlussanforderungen betreffen nicht nur die Arbeitnehmervertreter, sondern alle Mitglieder des Aufsichtsorgans. Sie unterliegen gem. Art. 50 Abs. 1 der Dispositionsbefugnis des Satzungsgebers. Einen Vorbehalt hinsichtlich der Mitbestimmung enthält Art. 50 Abs. 1 – anders als zB Art. 40 Abs. 2 S. 3 hinsichtlich der Bestellung der Mitglieder des ersten Aufsichtsorgans – nicht. Die überwiegenden Gründe sprechen dafür, dass es sich bei den in Art. 4 Abs. 2 lit. g Beteiligungs-RL bezeichneten Rechten der Arbeitnehmer ausschließlich um solche organinternen spezifischen Teilhaberechte der Arbeitnehmervertreter handelt, die üblicherweise in die Geschäftsordnungskompetenz des Aufsichtsrates fallen, wie etwa Mitgliedschaften in Ausschüssen, Verteilung von Informationen etc.

Bei **fehlerhafter Bestellung** kommt, wenn das Mitglied des Leitungsorgans in der Zwischenzeit Amtshandlungen vorgenommen hat, die „Lehre von der fehlerhaften Organbestellung" zur Anwendung.[57] Die Verweisung in Art. 9 Abs. 1 lit. c Ziff. ii bezieht auch ungeschriebene Rechtsgrundsätze mit ein (vgl. im Einzelnen → Art. 9 Rn. 18).[58] Danach ist die fehlerhafte Bestellung für die Zeit bis zur Geltendmachung des Mangels als wirksam zu behandeln. Die Unwirksamkeit kann nur mit Wirkung ex nunc geltend gemacht werden. Voraussetzung für die Anwendung dieser Lehre ist, dass das mit einem Mangel behaftete Amt durch einen (fehlerhaften) Bestellungstatbestand begründet wurde.[59] Davon zu unterscheiden sind Fälle faktischer Geschäftsführung. Vgl. dazu für die AG → AktG § 84 Rn. 242 ff. 26

d) Erstes Leitungsorgan. Für die **Bestellung des ersten Leitungsorgans** bei Gründung der SE gilt Art. 39 Abs. 2 grundsätzlich nicht.[60] Er findet erst ab Eintragung der SE in das Handelsregister (Art. 16 Abs. 1) Anwendung. In Fällen der Verschmelzung zur Neugründung (Art. 2 Abs. 1, Art. 17 Abs. 2 S. 1 lit. b), der Holdinggründung (Art. 2 Abs. 2) sowie der Gründung einer Tochter-SE (Art. 3 Abs. 2) ist die Bestellung eines eigenen Leitungsorgans jedoch schon während der Gründung erforderlich (Vor-SE).[61] Gem. der Verweisung in Art. 15 Abs. 1 sind die aktienrechtlichen Gründungsvorschriften anzuwenden. Das erste Leitungsorgan wird daher gem. § 30 Abs. 4 AktG durch das erste Aufsichtsorgan bestellt, das sich ausschließlich aus Anteilseignervertretern zusammensetzt.[62] Zur Bestellung des ersten Aufsichtsorgans vgl. → Art. 40 Rn. 43 ff. 27

Ein **Arbeitsdirektor** (§ 38 Abs. 2 SEBG) ist als Mitglied des ersten Leitungsorgans nicht zu bestellen.[63] Zu Einzelheiten der Bestellung des ersten Leitungsorgans vgl. → AktG § 30 Rn. 37 ff. 28

Ein erstes Leitungsorgan ist in allen Fällen der SE-Gründung zu bestellen.[64] Das gilt insbesondere auch in den Fällen der Verschmelzung zur Aufnahme (Art. 2 Abs. 1, Art. 17 Abs. 2 S. 1 lit. a) und des Formwechsels (Art. 2 Abs. 4, Art. 37). Die Vorstandsmitglieder der formwechselnden Aktiengesellschaft oder des aufnehmenden deutschen Rechtsträgers bleiben auch in diesen Fällen nicht im Amt; das gilt selbst dann wenn sich im Übrigen an 29

---

[56] So auch Kölner Komm AktG/*Paefgen* Rn. 48; aA Lutter/Hommelhoff/Teichmann/*Drygala* Rn. 27.
[57] Ebenso Lutter/Hommelhoff/Teichmann/*Drygala* Rn. 27; Kölner Komm AktG/*Paefgen* Rn. 74.
[58] Ganz hM, Kölner Komm AktG/*Paefgen* Rn. 74; *Casper* FS Ulmer, 2003, 49 (68); *Hirte* NZG 2002, 1 (2); *Teichmann* ZGR 2002, 383 (397); *Brandt/Scheifele* DStR 2002, 547 (553); *Leupold*, Die Europäische Aktiengesellschaft unter besonderer Berücksichtigung des deutschen Rechts, 1993, 21; *Grothe*, Das neue Statut der Europäischen Aktiengesellschaft zwischen nationalem und europäischem Recht, 1990, 43; offengelassen bei *Schulz/Geismar* DStR 2001, 1078 (1079).
[59] Für die AG BeckHdB AG/*Liebscher* § 6 Rn. 30; Hüffer/Koch/*Koch* AktG § 84 Rn. 13; Kölner Komm AktG/*Mertens* AktG § 84 Rn. 84; MHdB AG/*Wiesner* § 20 Rn. 38.
[60] Ebenso Habersack/Drinhausen/*Seibt* Rn. 21.
[61] Vgl. zu den einzelnen Pflichten Kölner Komm AktG/*Paefgen* Rn. 66.
[62] BeckOGK/*Eberspächer* Rn. 7; Kölner Komm AktG/*Paefgen* Rn. 66.
[63] Lutter/Hommelhoff/Teichmann/*Drygala* Rn. 33; Habersack/Drinhausen/*Seibt* Rn. 21; vgl. für die AG Begr. RegE *Kropff* S. 51; Hüffer/Koch/*Koch* AktG § 30 Rn. 12.
[64] Lutter/Hommelhoff/Teichmann/*Drygala* Rn. 33.

der Zusammensetzung und der Größe des Vorstands nichts ändert. Der **Grundsatz der Amtskontinuität** gilt nicht, auch nicht bei der Verschmelzung zur Aufnahme.[65] Diese unterscheidet sich insofern von einer Verschmelzung zur Aufnahme nach den Vorschriften des Umwandlungsgesetzes ohne grenzüberschreitenden Bezug. Dort spielen die aktienrechtlichen Gründungsvorschriften keine Rolle. Es gilt der Grundsatz der Identität des Rechtsträgers. Das auf den aufnehmenden Rechtsträger anwendbare rechtliche Regime bleibt unverändert. Bei Gründung einer SE durch grenzüberschreitende Verschmelzung ist das anders. Der aufnehmende Rechtsträger nimmt gem. Art. 17 Abs. 2 S. 2, Art. 29 Abs. 1 lit. d im Zuge der Verschmelzung ipso acto die Rechtsform einer SE an. Die Gründung einer SE im Wege der Verschmelzung zur Aufnahme ist also gewissermaßen Verschmelzung und Rechtsformwechsel in einem. Zwar kann man insoweit nicht von einem Rechtsformwechsel im engeren Sinne sprechen; dem steht die Wertung des Verordnungsgebers entgegen, die SE einer AG nach dem Recht ihres Sitzstaates gleichzustellen (Erwägungsgrund 5, Art. 3 Abs. 1, Art. 10). Dennoch führt der Übergang von der AG zur SE in gewissem Maße zu einem Wechsel des rechtlichen Regimes. Das gilt auch für die rechtlichen Rahmenbedingungen, die auf das Leitungsorgan der SE Anwendung finden. Diese unterscheiden sich trotz funktionaler Ähnlichkeiten von denen, die für den Vorstand der AG gelten. Zu Einzelheiten → Rn. 8 ff. Die Ämter der Vorstandsmitglieder des formwechselnden bzw. aufnehmenden Rechtsträgers enden automatisch mit Eintragung der SE in das Handelsregister.[66] Beim Formwechsel ergibt sich das auch aus den § 197 S. 1 UmwG, § 30 Abs. 4 AktG. Im Gegensatz zur Verschmelzung zur Neugründung, der Holdinggründung und der Gründung einer Tochter-SE entsteht bei der Verschmelzung durch Aufnahme und beim Formwechsel keine Vor-SE; die bis zur Eintragung der SE in das Handelsregister anfallenden Aufgaben werden durch den Vorstand der übernehmenden bzw. formwechselnden Gesellschaft wahrgenommen.[67] Das neue Leitungsorgan ist durch das erste Aufsichtsorgan daher lediglich aufschiebend bedingt durch die Eintragung der SE und ihres Aufsichtsorgans in das Handelsregister zu bestellen (gem. Art. 39 Abs. 2).[68]

30 **e) Vorsitzender des Leitungsorgans.** Gem. § 84 Abs. 2 AktG kann das Aufsichtsorgan einen Vorsitzenden des Leitungsorgans ernennen, wenn das Leitungsorgan aus mehreren Personen besteht.[69] Erforderlich ist ein Beschluss des Gesamtaufsichtsorgans. Eine Delegation auf einen Ausschuss ist gem. § 107 Abs. 3 S. 2 AktG ausgeschlossen.[70] Das Aufsichtsorgan fällt seinen Beschluss gem. Art. 50 Abs. 1b grundsätzlich mit einfacher Mehrheit.

31 Der **Vorsitzende des Leitungsorgans** ist auf den Geschäftsbriefen (§ 80 Abs. 1 S. 2 AktG) und im Konzernanhang (§ 285 Nr. 10 S. 2 HGB) zu bezeichnen. Er repräsentiert das Leitungsorgan als Kollegialorgan, ist Sitzungsleiter und Koordinator der Arbeit des Leitungsorgans (→ AktG § 84 Rn. 117).[71] Gem. Art. 50 Abs. 2 hat der Vorsitzende bei Stimmengleichheit ein Recht zum Stichentscheid, es sei denn, die Satzung enthält eine abweichende Bestimmung. Anders als das Aktiengesetz betrachtet die SE-VO den Vorsitzenden also nicht lediglich als einen „primus inter pares", sondern gibt ihm eine hervorgehobene Stellung. Das darf indessen nicht zu der Schlussfolgerung verleiten, der Vorsitzende des Leitungsorgans sei einem CEO amerikanischen Vorbilds vergleichbar.[72]

---

[65] Kölner Komm AktG/*Paefgen* Rn. 65; Lutter/Hommelhoff/Teichmann/*Drygala* Rn. 34; aA *Kleinhenz/Leyendecker-Langner* AG 2013, 507 ff.
[66] So auch Kölner Komm AktG/*Paefgen* Rn. 65.
[67] Ebenso Kölner Komm AktG/*Paefgen* Rn. 65.
[68] Ebenso Kölner Komm AktG/*Paefgen* Rn. 65.
[69] Kölner Komm AktG/*Paefgen* Rn. 30.
[70] Kölner Komm AktG/*Paefgen* Rn. 30.
[71] Kölner Komm AktG/*Paefgen* Rn. 32; *Krieger*, Personalentscheidungen des Aufsichtsrats, 1981, 244 ff.; *Bezzenberger* ZGR 1996, 661 (662 ff.); BeckHdB AG/*Liebscher* § 6 Rn. 18 f.; Hüffer/Koch/*Koch* AktG § 84 Rn. 29.
[72] Zur Umsetzung eines CEO-Modells im monistischen System vgl. → Art. 45 Rn. 21 ff.; *Eder* NZG 2004, 544 ff.

Insbesondere eine Weisungsbefugnis des Vorsitzenden gegenüber anderen Mitgliedern des Leitungsorgans ist mit dem dort geltenden Kollegialprinzip nicht vereinbar.[73] Zu möglichen Vetorechten vgl. → Art. 50 Rn. 31.

Zwingend ist die Bestellung eines Vorsitzenden des Leitungsorgans nicht. Unterlässt das Aufsichtsorgan eine entsprechende Berufung, so kann sich das Leitungsorgan auf Grund seiner Geschäftsordnungskompetenz (§ 77 Abs. 2 S. 1 AktG) einen **Sprecher** geben (→ AktG § 84 Rn. 118).[74] Die Einzelbefugnisse des Sprechers werden in der Geschäftsordnung für das Leitungsorgan festgelegt. Der Sprecher darf aber nicht zum tatsächlichen Vorsitzenden werden. Ein Recht zum Stichentscheid kann daher nicht vorgesehen werden. Unbedenklich sind dagegen Sitzungsleitung, Korrespondenz mit dem Aufsichtsorgan, Repräsentation und Verkehr mit Aufsichtsämtern; nicht zulässig ist dagegen sachliche Führung der Vorstandsarbeit.[75] 32

f) Stellvertretende Mitglieder des Leitungsorgans. Nach § 94 AktG können auch „stellvertretende Mitglieder des Leitungsorgans" bestellt werden. § 94 AktG ist mit den Bestimmungen der SE-VO vereinbar.[76] Da § 94 AktG den „Stellvertreter" in seiner Rechtsstellung einem „ordentlichen Mitglied" des Leitungsorgans vollständig gleichstellt (→ AktG § 94 Rn. 5 ff.),[77] besteht kein Konflikt mit dem Prinzip der eigenverantwortlichen Leitung (Art. 39 Abs. 1) und der spiegelbildlich damit verbundenen Haftung (Art. 51).[78] Die „stellvertretenden Mitglieder des Leitungsorgans" sind bei der Bestimmung der Anzahl der Mitglieder des Leitungsorgans (→ Rn. 20; Art. 39 Abs. 3, § 16 SEAG) mit zu zählen. Sie sind – ebenso wie die ordentlichen Mitglieder des Leitungsorgans – nach § 81 AktG zum Handelsregister anzumelden. Auf die Stellvertretereigenschaft ist dabei nicht gesondert hinzuweisen (→ AktG § 94 Rn. 10).[79] In der **mitbestimmten SE** kann das Ressort „Arbeit und Soziales" (§ 38 Abs. 2 S. 2 SEBG) auch einem stellvertretenden Mitglied des Leitungsorgans zugewiesen werden, wenn sachliche Gründe, wie Unternehmenszugehörigkeit, Dienstalter, Lebensalter oder Erfahrung für die hierarchische Abstufung sprechen.[80] Eine Diskriminierung des Arbeitsdirektors in Form einer „institutionellen Degradierung" zum Stellvertreter ist aber unzulässig.[81] Der Arbeitsdirektor ist grundsätzlich gleichberechtigtes Mitglied des Leitungsorgans, obwohl das SEBG im Gegensatz zu § 33 Abs. 1 S. 1 MitbestG auf eine klarstellende Regelung verzichtet hat. 33

g) Beendigung der Organstellung. Der **Widerruf** der Bestellung zum Mitglied des Leistungsorgans ist in § 84 Abs. 3 S. 1–4 AktG, der über Art. 9 Abs. 1 lit. c Ziff. ii zur Anwendung gelangt, geregelt. Danach kann das Aufsichtsorgan die Bestellung zum Mitglied des Leitungsorganes bzw. zum Vorsitzenden des Leitungsorgans widerrufen, wenn ein **wichtiger** 34

---

[73] Für die AG *Hein* ZHR 166 (2002), 464 (501); *Hoffmann-Becking* NZG 2003, 745 (750); *Fleischer* ZIP 2003, 1 (8).
[74] Für die AG MHdB AG/*Wiesner* § 24 Rn. 5; *Krieger*, Personalentscheidungen des Aufsichtsrats, 1981, 255 ff.; *Lutter/Krieger/Verse* AktG § 7 Rn. 468; Hüffer/Koch/*Koch* AktG § 84 Rn. 30.
[75] Kölner Komm AktG/*Paefgen* Rn. 33; für die AG *Hoffmann-Becking* ZGR 1998, 497 (517); *Fonk* in Semler/v. Schenck AR HdB § 10 Rn. 62; MHdB AG/*Wiesner* § 24 Rn. 5 f.; Hüffer/Koch/*Koch* AktG § 84 Rn. 30.
[76] So auch *Schwarz* Rn. 64; Kölner Komm AktG/*Paefgen* Rn. 34.
[77] Zu den Einzelheiten Kölner Komm AktG/*Mertens/Cahn* AktG § 94 Rn. 2; MHdB AG/*Wiesner* § 24 Rn. 23 ff.; BeckHdB AG/*Liebscher* § 6 Rn. 20.
[78] Vgl. auch Kölner Komm AktG/*Paefgen* Rn. 34.
[79] Hüffer/Koch/*Koch* AktG § 94 Rn. 3; darüber hinaus ist dies nach hM auch nicht eintragungsfähig, vgl. BGH NJW 1998, 1071 (1072); Großkomm AktG/*Habersack/Foerster* AktG § 94 Rn. 15; MHdB AG/*Wiesner* § 24 Rn. 26; Kölner Komm AktG/*Mertens/Cahn* AktG § 94 Rn. 6; aA OLG Düsseldorf NJW 1969, 1259; OLG Stuttgart NJW 1960, 2150.
[80] Vgl. auch Kölner Komm AktG/*Paefgen* Rn. 35; Habersack/Drinhausen/*Seibt* Rn. 11; *Schwarz* Rn. 62; teilweise abw. Lutter/Hommelhoff/Teichmann/*Drygala* Rn. 23; für den Arbeitsdirektor der AG *Krieger*, Personalentscheidungen des Aufsichtsrats, 1981, 227 f.; *Meyer-Landrut* DB 1976, 387 (388); Raiser/Veil/Jacobs/*Raiser* MitbestG § 33 Rn. 10 ff.; MHdB AG/*Wiesner* § 24 Rn. 28; Hüffer/Koch/*Koch* AktG § 94 Rn. 4; Großkomm AktG/*Habersack* AktG § 94 Rn. 14; Kölner Komm AktG/*Mertens* AktG § 94 Rn. 9 mwN.
[81] Ebenso Kölner Komm AktG/*Paefgen* Rn. 35.

Grund vorliegt.[82] Ob ein solcher gegeben ist, ist in jedem Einzelfall zu prüfen. Besonderheiten gegenüber der Aktiengesellschaft bestehen nicht (→ AktG § 84 Rn. 120 ff.).[83] Gem. § 84 Abs. 3 S. 2 Fall 3 AktG ist ein wichtiger Grund für den Widerruf der Bestellung auch gegeben, wenn die Hauptversammlung dem Mitglied des Leitungsorgans das Vertrauen entzieht. Darin liegt kein Verstoß gegen die in Art. 39 Abs. 2 enthaltene Kompetenzzuweisung an das Aufsichtsorgan.[84] Denn das Aufsichtsorgan ist im Falle eines Vertrauensentzuges durch die Hauptversammlung nicht verpflichtet, eine Abberufung auszusprechen (→ AktG § 84 Rn. 142),[85] sodass von einer wirklichen Kompetenzverlagerung nicht gesprochen werden kann.

35 Für die **Beschlussmehrheiten** beim Widerruf der Bestellung gilt Art. 50 Abs. 1 lit. b. Ein dem Verfahren des § 31 MitbestG entsprechendes Prozedere ist im SEBG nicht vorgesehen.

36 Zu den **Widerrufswirkungen** und dem Rechtsschutz des Mitglieds des Leitungsorgans vgl. → AktG § 84 Rn. 105 ff.

37 **Weitere Beendigungsgründe** für die Organstellung als Mitglied des Leitungsorgans sind die Befristung der Organbestellung (vgl. → Art. 46 Rn. 5), der Tod des Vorstandsmitglieds, der Verlust der unbeschränkten Geschäftsfähigkeit (Art. 47 Abs. 2 lit. a iVm § 76 Abs. 3 S. 1 AktG; vgl. → Art. 47 Rn. 5) und das Erlöschen bzw. die Umwandlung (Formwechsel, Spaltung, Verschmelzung) der Gesellschaft (→ AktG § 84 Rn. 195 f.).[86]

38 Hinzu tritt die **Amtsniederlegung** durch ein Mitglied des Leitungsorgans. Dabei handelt es sich um die einseitige Erklärung eines Mitglieds des Leitungsorgans gegenüber dem Aufsichtsorgan, aus dem Organverhältnis ausscheiden zu wollen (→ AktG § 84 Rn. 208).[87] Das Vorliegen eines wichtigen Grundes ist nach heute hM keine Wirksamkeitsvoraussetzung (→ AktG § 84 Rn. 208),[88] sein Fehlen kann aber Anlass zu einer fristlosen Kündigung des Anstellungsvertrages durch die Gesellschaft geben. Keines wichtigen Grundes bedarf es für die jederzeit zulässige einvernehmliche Aufhebung der Bestellung. Dazu bedarf es einer Einigung des Gesamtaufsichtsorgans mit dem ausscheidenden Mitglied des Leitungsorgans über die vorzeitige Lösung des Organschaftsverhältnisses (→ AktG § 84 Rn. 209).[89] Vgl. zu den Einzelheiten → AktG § 84 Rn. 147.

39 h) **Anmeldung zum Handelsregister.** Alle Änderungen der Person der Mitglieder des Leitungsorgans und ihrer Befugnisse sind gem. Art. 39 Abs. 1 S. 1, § 81 AktG im Handelsregister einzutragen. Anzumelden ist jede **Neubestellung** einschließlich der stellvertretenden (§ 94 AktG) und der gerichtlich bestellten (§ 85 AktG) Mitglieder des Leitungsorgans. Anmeldepflichtig ist das Leitungsorgan in vertretungsberechtigter Zahl. Neue Mitglieder des Leitungsorgan sind bereits zur Anmeldung berechtigt und verpflichtet, ausgeschiedene nicht mehr. Die Handelsregisteranmeldung wirkt nicht konstitutiv, sondern deklaratorisch.

---

[82] HM, vgl. nur Kölner Komm AktG/*Paefgen* Rn. 69; *Schwarz* Rn. 63; BeckOGK/*Eberspächer* Rn. 9; aA etwa *Theisen/Hölzl* in Theisen/Wenz, Die Europäische Aktiengesellschaft, 2. Aufl. 2005, 269, 288.

[83] Kölner Komm AktG/*Paefgen* Rn. 70; zu den Einzelheiten Kölner Komm AktG/*Mertens/Cahn* AktG § 84 Rn. 120 ff.; MHdB AG/*Wiesner* § 20 Rn. 43; BeckHdB AG/*Liebscher* § 6 Rn. 48 ff.

[84] Lutter/Hommelhoff/Teichmann/*Drygala* Rn. 37; Habersack/Drinhausen/*Seibt* Rn. 25; Kölner Komm AktG/*Paefgen* Rn. 70.

[85] Für die AG BGHZ 13, 188 (193) = NJW 1954, 1155 (1156); *Hommelhoff* ZHR 151 (1987), 493 (497); Großkomm AktG/*Kort* AktG § 84 Rn. 148; Kölner Komm AktG/*Mertens/Cahn* AktG § 84 Rn. 127.

[86] Lutter/Hommelhoff/Teichmann/*Drygala* Rn. 38; Kölner Komm AktG/*Paefgen* Rn. 71 f.; für die AG zusammenfassend BeckHdB AG/*Liebscher* § 6 Rn. 31; MHdB AG/*Wiesner* § 20 Rn. 69 ff.

[87] BGHZ 78, 82 (84) = NJW 1980, 2415; BGHZ 121, 257 (260) = NJW 1993, 1198 (1199), beide zur GmbH; BGH AG 1984, 266 (Genossenschaft); Zugang bei einem Mitglied des Aufsichtsorgans genügt; BGH NZG 2002, 43 (44) (GmbH); Kölner Komm AktG/*Mertens/Cahn* AktG § 84 Rn. 199; Hüffer/Koch/*Koch* AktG § 84 Rn. 44.

[88] Kölner Komm AktG/*Paefgen* Rn. 72; für die AG BGHZ 121, 257 (261 f.) = NJW 1993, 1198 (1199); BGH NJW 1995, 2850; Kölner Komm AktG/*Mertens/Cahn* AktG § 84 Rn. 199; Hüffer/Koch/*Koch* AktG § 84 Rn. 45; *Henze* HRR AktienR Rn. 348; aA Großkomm AktG/*Kort* AktG § 84 Rn. 224.

[89] Für die AG BGH DB 1981, 308 (309); OLG Karlsruhe AG 1996, 224 (227); *Bauer* DB 1992, 1413 (1415 ff.); BeckHdB AG/*Liebscher* § 6 Rn. 31; *Krieger*, Personalentscheidungen des Aufsichtsrats, 1981, 147; Lutter/*Krieger*/*Verse* Aufsichtsrat § 7 Rn. 376; MHdB AG/*Wiesner* § 20 Rn. 68; Hüffer/Koch/*Koch* AktG § 84 Rn. 47.

Ein ausgeschiedenes Mitglied des Leitungsorgans kann beim Handelsregister anregen, 40
dass das aktuelle Leitungsorgan nach § 14 HGB angehalten wird, seiner gesetzlichen Anmeldepflicht nachzukommen.[90] Die Anmeldung der Mitglieder des Leitungsorgans bedarf gem.
§ 12 Abs. 1 HGB öffentlich beglaubigter Form; ihr sind die Urkunden über die Änderung oder öffentlich beglaubigte Abschriften derselben beizufügen (§ 81 Abs. 2 AktG).

3. Anstellung. Bezüglich des **Anstellungsvertrages,** bei dessen Abschluss die dualistische SE ausschließlich und zwingend durch das Aufsichtsratsorgan vertreten wird (§ 112 41
AktG),[91] ergeben sich im Wesentlichen keine Besonderheiten gegenüber der Aktiengesellschaft (Überblick → AktG § 84 Rn. 59 ff.).[92] Die in Art. 46 Abs. 1 genannte Höchstdauer für die Bestellung von sechs Jahren gilt auch für die Anstellung.[93] Im Einzelfall richtet sich die zulässige Höchstdauer des Anstellungsvertrages nach der in der Satzung der SE geregelten Amtszeit der Mitglieder des Leitungsorgans.[94] Ebenso wie bei der AG ist es auch in der SE zulässig, eine Weitergeltung für den Fall zu vereinbaren, dass die Amtszeit verlängert wird (für die AG → AktG § 84 Rn. 82).[95] Der Abschluss des Anstellungsvertrages statt mit der Gesellschaft mit einem anderen Unternehmen der Gruppe wird heute überwiegend für zulässig gehalten **(sog. Konzernanstellungsvertrag).**[96] Das gilt auch bei der SE. Im Hinblick auf Abstimmungsprobleme zwischen der Eigenverantwortlichkeit des Leitungsorgans (Abs. 1) und einer anstellungsvertraglichen Gebundenheit gegenüber einem herrschenden Unternehmen ist der Konzernanstellungsvertrag indessen nicht unproblematisch und daher auch nicht empfehlenswert (im Einzelnen → AktG § 84 Rn. 79).[97] Bei Vorliegen eines Beherrschungsvertrages oder bei einer Eingliederung greifen solche Bedenken nicht.[98]

Zur **Kündigung** des Anstellungsvertrages, insbesondere solcher aus wichtigem Grund, 42
vgl. → AktG § 84 Rn. 154 ff.; zur Zuständigkeit bei Kündigung vgl. → Rn. 18.

4. Kreditgewährungen an Mitglieder des Leitungsorgans. Bei der Kreditgewäh- 43
rung an Mitglieder des Leitungsorgans wird die Gesellschaft wie bei allen anderen Rechtsgeschäften zwischen Gesellschaft und Mitgliedern des Leitungsorgans gem. § 112 AktG durch das Aufsichtsorgan vertreten.[99] Die Willensbildung im Aufsichtsorgan erfolgt gem. § 89 Abs. 1 S. 1 AktG durch Beschluss. Da § 89 Abs. 1 AktG in § 107 Abs. 3 S. 3 AktG nicht genannt ist, kann die Beschlussfassung auch auf einen beschließenden Ausschuss, in der Regel den Personalausschuss delegiert werden. Bezüglich des Kreditbegriffes ergeben sich keine Besonderheiten gegenüber dem Aktienrecht (→ AktG § 89 Rn. 8 ff.).[100] Ist die SE **herrschendes Unternehmen,** so gilt der Zustimmungsvorbehalt des Aufsichtsorgans auch für Kreditvergaben an Führungskräfte eines abhängigen Unternehmens (§ 89 Abs. 2 S. 2 Alt. 1 AktG). Bei Kreditvergaben einer abhängigen SE an Führungskräfte des herrschenden Unternehmens ist umgekehrt die Einwilligung des Aufsichtsrates des herrschenden Unternehmens einzuholen (§ 89 Abs. 2 S. 2 Alt. 2 AktG). Das gilt auch dann, wenn das herr-

---

[90] Für die AG BeckHdB AG/*Liebscher* § 6 Rn. 32; MHdB AG/*Wiesner* § 20 Rn. 80.
[91] Lutter/Hommelhoff/Teichmann/*Drygala* Rn. 35.
[92] *Lutter/Krieger/Verse* Aufsichtsrat § 7 Rn. 384 ff.; BeckHdB AG/*Liebscher* § 6 Rn. 33 ff.; MHdB AG/ *Wiesner* § 21 Rn. 1 ff.; Hüffer/Koch/*Koch* AktG § 84 Rn. 14 ff.
[93] Habersack/Drinhausen/*Seibt* Rn. 30; NK-SE/*Manz* Rn. 86.
[94] Für diesen Gleichlauf auch Kölner Komm AktG/*Paefgen* Rn. 86.
[95] Für die AG *Baums,* Bericht der Regierungskommission Corporate Governance, 2001, 439 f.; Kölner Komm AktG/*Mertens/Cahn* AktG § 84 Rn. 53; Hüffer/Koch/*Koch* AktG § 84 Rn. 20.
[96] *Krieger,* Personalentscheidungen des Aufsichtsrats, 1981, 186 ff.; *Lutter/Krieger/Verse* Aufsichtsrat § 7 Rn. 437 f.; *Martens* FS Hilger/Stumpf, 1983, 437 (442); diff. MHdB AG/*Wiesner* § 21 Rn. 3 ff.; aA Kölner Komm AktG/*Mertens/Cahn* AktG § 84 Rn. 56; *Baums,* Bericht der Regierungskommission Corporate Governance, 2001, 73 f.; *Fonk* in Semler/v. Schenck AR HdB § 10 Rn. 218 ff.; zweifelnd Hüffer/Koch/*Koch* AktG § 84 Rn. 17 ff.; BeckHdB AG/*Liebscher* § 6 Rn. 35.
[97] Für die AG *Lutter/Krieger/Verse* Aufsichtsrat § 7 Rn. 437 f.; MHdB AG/*Wiesner* § 21 Rn. 3 ff.; Hüffer/ Koch/*Koch* AktG § 84 Rn. 18.
[98] Für die AG Hüffer/Koch/*Koch* AktG § 84 Rn. 18.
[99] Kölner Komm AktG/*Paefgen* Rn. 88; Lutter/Hommelhoff/Teichmann/*Drygala* Rn. 42.
[100] Zu den Einzelheiten MHdB AG/*Wiesner* § 21 Rn. 130; Hüffer/Koch/*Koch* AktG § 89 Rn. 2 ff.; Kölner Komm AktG/*Mertens/Cahn* AktG § 89 Rn. 13.

schende Unternehmen seinen Sitz im Ausland hat. Schutzzweck des § 89 AktG ist die Kapitalerhaltung in der darlehensgebenden Gesellschaft. Die Regel des internationalen Konzernrechts, derzufolge das Recht des herrschenden Unternehmens anzuwenden ist, soweit Entscheidungsprozesse in diesem selbst betroffen sind,[101] gilt insoweit nicht. Dass durch § 89 Abs. 2 S. 2 Alt. 2 AktG auch ein (mittelbarer) Schutz des herrschenden Unternehmens erzielt wird, indem deren Organe einer Kontrolle durch deren Aufsichtsorgan unterworfen werden, ist insoweit Rechtsreflex und spielt für die Bestimmung des anwendbaren Rechts keine Rolle.

44 **5. Wettbewerbsverbot.** Ebenso wie die Vorstände der Aktiengesellschaft unterliegen die Mitglieder des Leitungsorgans dem in § 88 AktG geregelten Wettbewerbsverbot. Besonderheiten bei der SE gegenüber der AG bestehen nicht. Die Zustimmung zu einer Befreiung vom Wettbewerbsverbot erteilt das Aufsichtsorgan, das hierüber entweder im Plenum oder durch einen zuständigen Ausschuss einen Beschluss herbeiführt. Eine konkludente Einwilligung durch bloße Duldung ist ausgeschlossen (→ AktG § 88 Rn. 25).[102] Bei einem Verstoß gegen das Wettbewerbsverbot kann die SE wahlweise Schadensersatz verlangen (Art. 51, § 88 Abs. 2 S. 1 AktG) oder von dem in § 88 Abs. 2 S. 2 AktG geregelten Eintrittsrecht Gebrauch machen (→ AktG § 88 Rn. 29 ff.).[103] Ihr steht darüber hinaus ein Unterlassungsanspruch zu (→ AktG § 88 Rn. 29).

IV. Funktionstrennung zwischen Aufsichts- und Leitungsorgan

45 Art. 39 Abs. 3 ordnet die **Inkompatibilität** einer Mitgliedschaft im Aufsichtsorgan mit einer Mitgliedschaft im Leitungsorgan an. Die Regelung überlagert § 105 AktG. § 105 Abs. 1 AktG ist neben Art. 39 Abs. 3 anwendbar, soweit er die Inkompatibilität auch auf Prokuristen und Handlungsbevollmächtigte ausdehnt.[104] Art. 39 Abs. 3 S. 2 verdrängt inhaltlich die Regelung des § 105 Abs. 2 S. 1–3 AktG. Die in § 105 Abs. 2 AktG vorgesehene zeitliche Begrenzung einer Abstellung von Mitgliedern des Aufsichtsorgans in das Leitungsorgan ist in Art. 39 Abs. 3 nicht enthalten; der Gesetzgeber hat sie aber mit der Regelung in § 15 SEAG, die auf der Ermächtigungsgrundlage in Art. 39 Abs. 3 S. 4 beruht, auch in der SE eingeführt und damit einen Gleichlauf mit den Vorschriften des Aktiengesetzes hergestellt.

46 **1. Unvereinbarkeit des Aufsichtsamtes mit Leitungsfunktionen.** Gem. Art. 39 Abs. 3 S. 1 darf niemand zugleich Mitglied des Leitungsorgans und Mitglied des Aufsichtsorgans der SE sein. Zweck der Regelung ist die **Funktionstrennung** zwischen Leitungsorgan und Aufsichtsorgan. Danach können die Geschäftsführung und deren Überwachung grundsätzlich nicht in denselben Händen liegen. Darin liegt der entscheidende Unterschied zwischen dem dualistischen System, dem der erste Abschnitt des dritten Titels der SE-VO gewidmet ist, und dem monistischen System, das im zweiten Abschnitt enthalten ist. Art. 39 Abs. 1 S. 1 ist zwingend. Er erstreckt sich auch auf stellvertretende Mitglieder des Leitungsorgans. Diese sind zwar (anders als in § 105 Abs. 1 AktG) in Art. 39 Abs. 1 S. 1 nicht namentlich erwähnt; § 94 AktG stellt indessen klar, dass stellvertretende Mitglieder des Leitungsorgans echte Mitglieder des Leitungsorgans sind (→ AktG § 94 Rn. 1).[105] Über den Wortlaut hinaus gilt die Inkompatibilität auch für die Abwickler der SE.[106] Diese haben

---

[101] *Raiser/Veil* KapGesR § 58 Rn. 36; Staudinger/*Großfeld* IntGesR Rn. 557 f.
[102] Dazu MHdB AG/*Wiesner* § 21 Rn. 93; Hüffer/Koch/*Koch* AktG § 88 Rn. 5; Kölner Komm AktG/*Mertens/Cahn* AktG § 88 Rn. 16; Großkomm AktG/*Kort* AktG § 88 Rn. 56.
[103] Zu den Einzelheiten BeckHdB AG/*Liebscher* § 6 Rn. 126; MHdB AG/*Wiesner* § 21 Rn. 96; Hüffer/Koch/*Koch* AktG § 88 Rn. 6 ff.; Kölner Komm AktG/*Mertens/Cahn* AktG § 88 Rn. 19 ff.
[104] Ebenso Lutter/Hommelhoff/Teichmann/*Drygala* Rn. 45; Habersack/Drinhausen/*Seibt* Rn. 33.
[105] Für die SE *Schwarz* Rn. 64; Kölner Komm AktG/*Paefgen* Rn. 54; Lutter/Hommelhoff/*Drygala* Rn. 45; vgl. für die AG BayObLGZ 1997, 107 (111 ff.); *Schlaus* DB 1971, 1653; *Meyer-Landrut* DB 1976, 387 (388); MHdB AG/*Wiesner* § 24 Rn. 22; Großkomm AktG/*Habersack* AktG § 94 Rn. 4; Hüffer/Koch/*Koch* AktG § 94 Rn. 2.
[106] Kölner Komm AktG/*Paefgen* Rn. 54; Lutter/Hommelhoff/Teichmann/*Drygala* Rn. 45.

gem. Art. 63 iVm § 268 Abs. 2 AktG dieselben Rechte und Pflichten wie Mitglieder des Leitungsorgans und unterliegen wie diese der Überwachung durch das Aufsichtsorgan.

Die SE-VO enthält keine Aussagen zu Verstößen gegen die Inkompatibilitätsregel. **47** Anwendbar ist dementsprechend nationales Recht, Art. 9 Abs. 1 lit. c Ziff. ii. Nach deutschem Recht ist bezüglich der Rechtsfolgen eines Verstoßes zu differenzieren. Ist die Verknüpfung entgegen Art. 39 Abs. 1 S. 1 gewollt, ist der Bestellungsakt gem. § 134 BGB nichtig.[107] Dies kann bei Antritt der neuen Funktion ohne Niederlegung des alten Amtes der Fall sein. In der Regel wird aber nicht eine Verknüpfung beider Ämter, sondern eine Aufgabe des Aufsichtsmandates gewollt sein. Dann ist die Bestellung zum Leitungsorgan bis zur Niederlegung des Aufsichtsmandates schwebend unwirksam. Erfolgt die Niederlegung rechtzeitig vor Antritt der neuen Funktion, so wird die Bestellung wirksam. In umgekehrter Richtung, bei Bestellung eines amtierenden Mitglieds des Leitungsorgans zum Aufsichtsorgan, gilt dasselbe (→ AktG § 105 Rn. 9).[108]

Zu einer Inkompatibilität mit dem Amt eines Prokuristen oder Handlungsbevollmächtig- **48** ten sowie auf weitere Rechtsverhältnisse vgl. → AktG § 105 Rn. 11 ff.

2. Mitglieder des Aufsichtsorgans als Stellvertreter von Mitgliedern des Lei- 49 tungsorgans. Ebenso wie in der Aktiengesellschaft können auch in der SE Mitglieder des Aufsichtsorgans zu Stellvertretern von Mitgliedern des Leitungsorgans bestellt werden.

a) Zulässigkeitsvoraussetzungen. Gem. Art. 39 Abs. 3 S. 2 kann der Grundsatz der **50** Funktionstrennung ausnahmsweise durchbrochen werden, wenn das Leitungsorgan unterbesetzt ist. In diesem Fall kann das Aufsichtsorgan eines seiner Mitglieder zur Wahrnehmung der Aufgaben eines Mitglieds des Leitungsorgans abstellen. Eine **Unterbesetzung** liegt vor, wenn die gesetzlich (§ 16 SEAG, § 38 Abs. 2 SEBG), durch Satzung oder Geschäftsordnung vorgeschriebene Fest- oder Mindestzahl unterschritten ist. Eine Abstellung ist auch dann zulässig, wenn eine in der Satzung festgelegte Höchstzahl von Mitgliedern des Leitungsorgans nicht ausgeschöpft ist (für die AG → AktG § 105 Rn. 24).[109] Stellvertretende Mitglieder des Leitungsorgans (§ 94 AktG) sind mitzuzählen.

Fraglich ist, ob eine Unterbesetzung iSd Art. 39 Abs. 3 S. 2 schon dann vorliegt, wenn ein **51** Mitglied des Leitungsorgans nur vorübergehend an der Ausübung seines Amtes gehindert ist, wie zB im Falle von Krankheit. Nach § 105 Abs. 2 AktG wäre in einem solchen Falle in der Aktiengesellschaft die Abstellung eines Stellvertreters durch den Aufsichtsrat zulässig. Allerdings wird § 105 Abs. 2 AktG durch Art. 39 Abs. 3 S. 2 verdrängt. Danach ist die Entsendung eines Stellvertreters aus dem Aufsichtsorgan nur zulässig, wenn ein Posten im Leitungsorgan „nicht besetzt ist". Eine nur **vorübergehende Verhinderung** in der Amtsausübung kann mit einer solchen Unterbesetzung des Leitungsorgans nicht gleichgesetzt werden. Abweichend von der Aktiengesellschaft ist daher die Abstellung eines Mitglieds des Aufsichtsorgans in das Leitungsorgan bei nur vorübergehender Verhinderung von einem Mitglied des Leitungsorgans nicht zulässig.[110]

Weitere Voraussetzung für die Bestellung zum Stellvertreter eines Mitglieds des Leitungs- **52** organs ist die Beachtung der in § 16 SEAG enthaltenen **zeitlichen Begrenzung.** Ebenso wie nach § 105 Abs. 2 S. 2 AktG muss die Bestellung in jedem Fall für einen im Voraus begrenzten Zeitraum erfolgen. Die Höchstfrist beträgt ein Jahr, und zwar auch bei wiederholter Bestellung oder Verlängerung.

b) Bestellung. Zwar verdrängt Art. 39 Abs. 3 S. 2 und S. 3, was die Voraussetzungen **53** der Bestellung anbelangt, die Vorschrift des § 105 Abs. 2 AktG. Dagegen enthält er jedoch

---

[107] Ebenso Lutter/Hommelhoff/Teichmann/*Drygala* Rn. 44; Kölner Komm AktG/*Paefgen* Art. 89 Rn. 55.
[108] Vgl. Kölner Komm AktG/*Paefgen* Rn. 55; zu den Einzelheiten vgl. Hüffer/Koch/*Koch* AktG § 105 Rn. 6; Kölner Komm AktG/*Mertens* AktG § 105 Rn. 8; MHdB AG/*Hoffmann-Becking* § 30 Rn. 10.
[109] Lutter/Hommelhoff/Teichmann/*Drygala* Rn. 47; Kölner Komm AktG/*Paefgen* Rn. 58. Für die AG MHdB AG/*Wiesner* § 24 Rn. 29; Hüffer/Koch/*Koch* AktG § 105 Rn. 7; Kölner Komm AktG/*Mertens/Cahn* AktG § 105 Rn. 20.
[110] Lutter/Hommelhoff/Teichmann/*Drygala* Rn. 47; BeckOGK/*Eberspächer* Rn. 8; Kölner Komm AktG/ *Paefgen* Rn. 58; *Schwarz* Rn. 67.

keine Regelungen bezüglich des einzuhaltenden Verfahrens, sodass insoweit auf die für § 105 Abs. 2 AktG entwickelnden Grundsätze zurückzugreifen ist.[111] Die Bestellung erfolgt durch **Beschluss** des Aufsichtsorgans, dessen Bekanntgabe und Annahme durch den Bestellten. Die Bestellung kann einem Ausschuss überantwortet werden. Das ergibt sich daraus, dass § 105 Abs. 2 AktG in § 107 Abs. 3 S. 2 AktG nicht genannt ist.[112]

54 c) **Rechtsstellung.** Das Mitglied des Aufsichtsorgans wird mit der Bestellung Mitglied des Leitungsorgans, ohne das erste Mandat zu verlieren (für die AG → AktG § 105 Rn. 35).[113] Die Tätigkeit als Mitglied des Aufsichtsorgans kann jedoch gem. Art. 39 Abs. 3 S. 3 für die Dauer der Bestellung zum Stellvertreter eines Mitglieds des Leitungsorgans nicht ausgeübt werden. Das Wettbewerbsverbot des § 88 AktG gilt für das abgestellte Mitglied des Aufsichtsorgans nicht. Das ergibt sich aus § 105 Abs. 2 S. 4 AktG, der – mangels anderweitiger Regelung in der SE-VO und im SEAG – durch Art. 39 nicht verdrängt wird.

55 Die Bestellung ist nach § 81 AktG zur Eintragung in das Handelsregister anzumelden. Zur Frage, ob auch die Bestellungsdauer einzutragen ist, vgl. → AktG § 105 Rn. 33 ff.

Art. 40 [Aufsichtsorgan]

(1) ¹Das Aufsichtsorgan überwacht die Führung der Geschäfte durch das Leitungsorgan. ²Es ist nicht berechtigt, die Geschäfte der SE selbst zu führen.

(2) ¹Die Mitglieder des Aufsichtsorgans werden von der Hauptversammlung bestellt. ²Die Mitglieder des ersten Aufsichtsorgans können jedoch durch die Satzung bestellt werden. ³Artikel 47 Absatz 4 oder eine etwaige nach Maßgabe der Richtlinie 2001/86/EG geschlossene Vereinbarung über die Mitbestimmung der Arbeitnehmer bleibt hiervon unberührt.

(3) ¹Die Zahl der Mitglieder des Aufsichtsorgans oder die Regeln für ihre Festlegung werden durch die Satzung bestimmt. ²Die Mitgliedstaaten können jedoch für die in ihrem Hoheitsgebiet eingetragenen SE die Zahl der Mitglieder des Aufsichtsorgans oder deren Höchst- und/oder Mindestzahl festlegen.

§ 17 SEAG Zahl der Mitglieder und Zusammensetzung des Aufsichtsorgans

(1) ¹Das Aufsichtsorgan besteht aus drei Mitgliedern. ²Die Satzung kann eine bestimmte höhere Zahl festsetzen. ³Die Zahl muss durch drei teilbar sein, wenn dies für die Beteiligung der Arbeitnehmer auf Grund des SE-Beteiligungsgesetzes erforderlich ist. ⁴Die Höchstzahl beträgt bei Gesellschaften mit einem Grundkapital

bis zu	1 500 000 Euro	neun,
von mehr als	1 500 000 Euro	fünfzehn,
von mehr als	10 000 000 Euro	einundzwanzig.

(2) ¹Besteht bei einer börsennotierten SE das Aufsichtsorgan aus derselben Zahl von Anteilseigner- und Arbeitnehmervertretern, müssen in dem Aufsichtsorgan Frauen und Männer jeweils mit einem Anteil von mindestens 30 Prozent vertreten sein. ²Der Mindestanteil von jeweils 30 Prozent an Frauen und Männern im Aufsichtsorgan ist bei erforderlich werdenden Neubesetzungen einzelner oder mehrerer Sitze im Aufsichtsorgan zu beachten. ³Reicht die Zahl der neu zu besetzenden Sitze nicht aus, um den Mindestanteil zu erreichen, sind die Sitze mit Personen des unterrepräsentierten Geschlechts zu besetzen, um dessen Anteil sukzessive zu steigern. ⁴Bestehende Mandate können bis zu ihrem regulären Ende wahrgenommen werden.

(3) Die Beteiligung der Arbeitnehmer nach dem SE-Beteiligungsgesetz bleibt unberührt.

---

[111] Kölner Komm AktG/*Paefgen* Rn. 57.
[112] Kölner Komm AktG/*Paefgen* Rn. 57; Lutter/Hommelhoff/Teichmann/*Drygala* Rn. 49; Kölner Komm AktG/*Mertens/Cahn* AktG § 105 Rn. 18; Hüffer/Koch/*Koch* AktG § 105 Rn. 9; MHdB AG/*Wiesner* § 24 Rn. 31; aA → AktG § 105 Rn. 28 *(Habersack)*; *Krieger*, Personalentscheidungen des Aufsichtsrats, 1981, 231.
[113] Lutter/Hommelhoff/Teichmann/*Drygala* Rn. 49; *Schwarz* Rn. 70; NK-SE/*Manz* Rn. 47. Für die AG Hüffer/Koch/*Koch* AktG § 105 Rn. 10; Lutter/Krieger/*Verse* Aufsichtsrat § 7 Rn. 459; Kölner Komm AktG/*Mertens* AktG § 105 Rn. 30; MHdB AG/*Wiesner* § 24 Rn. 33.

Aufsichtsorgan   Art. 40 SE-VO

(4) ¹Für Verfahren entsprechend den §§ 98, 99 oder 104 des Aktiengesetzes ist auch der SE-Betriebsrat antragsberechtigt. ²Für Klagen entsprechend § 250 des Aktiengesetzes ist auch der SE-Betriebsrat parteifähig; § 252 des Aktiengesetzes gilt entsprechend.

(5) ¹§ 251 des Aktiengesetzes findet mit der Maßgabe Anwendung, dass das gesetzeswidrige Zustandekommen von Wahlvorschlägen für die Arbeitnehmervertreter im Aufsichtsorgan nur nach den Vorschriften der Mitgliedstaaten über die Besetzung der ihnen zugewiesenen Sitze geltend gemacht werden kann. ²Für die Arbeitnehmervertreter aus dem Inland gilt § 37 Abs. 2 des SE-Beteiligungsgesetzes.

Schrifttum: *Baums/Ulmer,* Unternehmens-Mitbestimmung der Arbeitnehmer im Recht der EU-Mitgliedstaaten, ZHR-Beiheft 72, 2004; *Brandt,* Die Hauptversammlung der Europäischen Aktiengesellschaft (SE), Diss. Würzburg 2004; *Bayer/Scholz,* Der Verzicht auf die Dreiteilbarkeit der Mitgliederzahl des Aufsichtsrats nach der Neufassung des § 95 Satz 3 AktG, (§ 95 Satz 3 AktG), ZIP 2016, 193; *Casper,* Der Lückenschluss im Statut der Europäischen Aktiengesellschaft, FS Ulmer, 2003, 51; *Deilmann/Häferer,* Kein Schutz des Status Quo bei der Gründung der dualistischen SE durch Umwandlung, NZA 2017, 607; *Habersack,* Grundsatzfragen der Mitbestimmung in SE und SCE sowie bei grenzüberschreitender Verschmelzung, ZHR 171 (2007), 613; *Habersack,* Schranken der Mitbestimmungsautonomie in der SE – Dargestellt am Beispiel der Größe und inneren Ordnung des Aufsichtsorgans, AG 2006, 345; *Harbarth/v. Plettenberg,* Aktienrechtsnovelle 2016: Punktuelle Fortentwicklung des Aktienrechts, AG 2016, 145; *Hirte,* Die Europäische Aktiengesellschaft, NZG 2002, 1; *Hoffmann-Becking,* Organe: Strukturen und Verantwortlichkeiten, insbesondere im monistischen System, ZGR 2004, 355; *Hommelhoff,* Einige Bemerkungen zur Organisationsverfassung der Europäischen Aktiengesellschaft, AG 2001, 279; *Hommelhoff/Teichmann,* Die Europäische Aktiengesellschaft – das Flaggschiff läuft vom Stapel, SZW 2002, 1; *Ihrig/Wagner,* Das Gesetz zur Einführung der Europäischen Gesellschaft (SEEG) auf der Zielgeraden, BB 2004, 1749; *Kiefner/Friebel,* Zulässigkeit eines Aufsichtsrates mit einer nicht durch drei teilbaren Mitgliederanzahl bei einer SE mit Sitz in Deutschland, NZG 2010, 537; *Kiem,* Erfahrungen und Reformbedarf bei der SE – Entwicklungsstand, ZHR 173 (2009), 156; *Kort,* Corporate-Governance Fragen der Größe und Zusammensetzung des Afsichtsrats bei AG, GmbH und SE, AG 2008, 137; *Kraushaar,* Europäische Aktiengesellschaft (SE) und Unternehmensmitbestimmung, BB 2003, 1614; *Leupold,* Die Europäische Aktiengesellschaft unter besonderer Berücksichtigung des deutschen Rechts, Diss. Konstanz 1990; *Lieder/Wernert,* Related Party Transaction: Ein Update zum Regierungsentwurf des ARUG II, ZIP 2019, 989; *Lutter,* Europäische Aktiengesellschaft – Rechtsfigur mit Zukunft?, BB 2002, 1; *Lutter,* Die entschlusswache Hauptversammlung, FS Quack, 1991, 301; *Neye/Teichmann,* Der Entwurf für das Ausführungsgesetz zur Europäischen Aktiengesellschaft, AG 2003, 169; *Oetker,* Unternehmensmitbestimmung in der SE kraft Vereinbarung, ZIP 2006, 1113; *Oetker,* Die zwingende Geschlechterquote für den Aufsichtsrat – vom historischen Schritt zur Kultivierung einer juristischen terra incognita, ZHR 179 (2015), 707; *Reichert/Brandes,* Mitbestimmung der Arbeitnehmer in der SE: Gestaltungsfreiheit und Bestandsschutz, ZGR 2003, 767; *Sagan,* Eine deutsche Geschlechterquote für die europäische Aktiengesellschaft, RdA 2015, 255; *Schwark,* Globalisierung, Europarechte und Unternehmensmitbestimmung im Konflikt, AG 2004, 173; *Seibt,* Größe und Zusammensetzung des Aufsichtsrats in der SE, ZIP 2010, 1057; *Teichmann,* Die Einführung der Europäischen Aktiengesellschaft – Grundlagen der Ergänzung des europäischen Status durch den deutschen Gesetzgeber, ZGR 2002, 383; *Teichmann,* Vorschläge für das deutsche Ausführungsgesetz zur Europäischen Aktiengesellschaft, ZIP 2002, 1109; *Teichmann,* Gestaltungsfreiheit in Mitbestimmungsvereinbarungen, AG 2008, 797; *Teichmann,* Mitbestimmung und grenzüberschreitende Verschmelzung, Konzern 2007, 89; *Teichmann/Rüb,* Die Geschlechterquote in der Privatwirtschaft, BB 2015, 898; *Weller/Harms/Rentsch/Thomale,* Der internationale Anwendungsbereich der Geschlechterquote für Großunternehmen, ZGR 2015, 361.

Übersicht

	Rn.		Rn.
I. Grundlagen	1–7	4. Jahresabschlüsse und Ergebnisverwendung	22, 23
1. Inhalt und Zweck der Norm	2	5. Mitwirkung an der Hauptversammlung	24
2. Anwendbare Normen	3–7	6. Änderungen der Satzungsfassung	25
II. Einbindung des Aufsichtsorgans in die dualistische Verbandsstruktur	8–10	**IV. Begründung und Beendigung der Mitgliedschaft im Aufsichtsorgan**	26–65
1. Verhältnis zur Hauptversammlung	9	1. Bestellung	26–42
2. Verhältnis zum Leitungsorgan	10	a) Wahl durch die Hauptversammlung	29–34
III. Aufgaben des Aufsichtsorgans	11–25	b) Entsendung	35
1. Überwachung der Geschäftsführung	12–19	c) Ersatzmitglieder	36–38
a) Gegenstand und Maßstab der Überwachung	13–16	d) Gerichtliche Bestellung	39–42
b) Mittel der Überwachung	17–19	2. Bestellung der Mitglieder des ersten Aufsichtsorgans	43–55
2. Personalkompetenz des Aufsichtsorgans	20	a) Erfordernis einer Neubestellung des Aufsichtsorgans bei der SE-Gründung	
3. Organisation des Leitungsorgans	21		

	Rn.		Rn.
im Wege des Formwechsels und der Verschmelzung zur Aufnahme	44–47	4. Bekanntmachung der Änderungen im Aufsichtsorgan	65
b) Anwendbare Normen	48–55	**V. Zusammensetzung und Größe des Aufsichtsorgans**	66–82
3. Beendigung der Mitgliedschaft im Aufsichtsorgan	56–64	1. Größe des Aufsichtsratsorgans	66–70
a) Abberufung	57–61	2. Zusammensetzung des Aufsichtsorgans	71–75
b) Wegfall persönlicher Voraussetzungen	62, 63	3. Geschlechterquote	76–82
		a) „Starre Quote"	77–81
c) Amtsniederlegung	64	b) „Weiche" Quote	82

I. Grundlagen

1 Jede SE muss ein Aufsichtsorgan haben, wenn sie nach dem dualistischen System organisiert ist. Das ergibt sich aus Art. 38 lit. b. Durch Satzungsänderung kann das Aufsichtsorgan nur im Rahmen eines Systemwechsels zum monistischen System abgeschafft werden.

2 **1. Inhalt und Zweck der Norm.** Art. 40 betrifft die Abgrenzung der Funktion des Aufsichtsorgans im Verhältnis zum Leitungsorgan (Abs. 1), seine Bestellung und Abberufung (Abs. 2) sowie seine Größe (Abs. 3). Wesentlicher Regelungszweck ist die Zuweisung der Überwachungsaufgabe an das Aufsichtsorgan und sein gleichzeitiger Ausschluss von der Leitung. Wesentliche Unterschiede zur Aufgabenverteilung zwischen Vorstand und Aufsichtsrat der Aktiengesellschaft bestehen nicht. Eine SE-spezifische Ausgestaltung des dualistischen Systems wäre dem deutschen Gesetzgeber auch nicht möglich gewesen.[1] Denn die Ermächtigungsnorm des Art. 39 Abs. 5 richtet sich ausschließlich an diejenigen Mitgliedstaaten, deren Rechtsordnung das dualistische System nicht bereits kennt.[2]

3 **2. Anwendbare Normen.** Auf das Aufsichtsorgan finden über die **Generalverweisung in Art. 9 Abs. 1 lit. c Ziff. ii**[3] die Vorschriften des Aktiengesetzes, die für den Aufsichtsrat der AG gelten, Anwendung, soweit **SE-VO** und **Einführungsgesetz** keine abschließenden Regelungen enthalten.

4 Art. 40 Abs. 1 S. 1 tritt an die Stelle des inhaltlich identischen § 111 Abs. 1 AktG. Von der Geschäftsführung ist das Aufsichtsorgan gem. Art. 40 Abs. 1 S. 2 ebenso wie der Aufsichtsrat der AG gem. § 111 Abs. 4 S. 1 AktG ausgeschlossen. Der Regelung in § 111 Abs. 4 S. 2 AktG gehen Art. 48 Abs. 1 und § 19 SEAG vor. Im Unterschied zur AG besteht der durch das Transparenz- und Publizitätsgesetz eingeführte Zwang zur Bestimmung von Zustimmungsvorbehalten in der Satzung bei der SE mithin nicht (vgl. → Art. 48 Rn. 1).[4] Das in § 111 Abs. 2 S. 1 und 2 AktG geregelte Prüfungs- und Einsichtsrecht wird durch Art. 41 Abs. 3 und 4 verdrängt (vgl. → Art. 41 Rn. 20 ff.). § 17 SEAG, der die Größe des Aufsichtsorgans regelt, geht dem – weitgehend – inhaltsgleichen § 95 AktG vor. Die persönlichen Voraussetzungen für die Bestellung in den Aufsichtsrat gem. § 100 AktG gelten auch für die SE und werden durch Art. 47 Abs. 2 und 3 ergänzt. Die Höchstdauer für die Bestellung von Mitgliedern des Aufsichtsorgans wird durch Art. 46 Abs. 1 – abweichend von § 102 Abs. 1 AktG – auf sechs Jahre festgelegt. Die personelle Unvereinbarkeit einer gleichzeitigen Mitgliedschaft in Aufsichts- und Leitungsorgan ist in Art. 39 Abs. 3 geregelt, der insoweit § 105 AktG überlagert (vgl. → Art. 39 Rn. 46). Die innere Ordnung des Aufsichtsorgans regelt § 107 AktG, teilweise überlagert durch Art. 42. Für die Beschlussfassung gilt Art. 50, ergänzt durch §§ 108–110 AktG. Für die Sorgfaltspflicht und Verantwortlichkeit der Mitglieder des Aufsichtsorgans verweist Art. 51 auf §§ 116, 117, 93 AktG.

---

[1] So sehr anschaulich *Neye/Teichmann* AG 2003, 169 (175); s. auch *Hoffmann-Becking* ZGR 2004, 355 (363); *Lutter* BB 2002, 1 (5).
[2] So auch *Neye/Teichmann* AG 2003, 169 (175); *Teichmann* NZG 2002, 383 (443).
[3] Zur Reichweite der Verweisung vgl. *Casper* FS Ulmer, 2003, 51 (68); *Hirte* NZG 2002, 1 (2); *Teichmann* ZGR 2002, 383 (397); *Brandt/Scheifele* DStR 2002, 547 (553); *Leupold*, Die Europäische Aktiengesellschaft unter besonderer Berücksichtigung des deutschen Rechts, 1993, 21.
[4] *Hoffmann-Becking* ZGR 2004, 355 (356).

In der **mitbestimmten SE** richtet sich die Bestellung der von den Arbeitnehmervertre- 5
tern zu bestellenden Mitglieder des Aufsichtsorgans in erster Linie nach der zwischen den
Organen der Gründungsgesellschaften und dem besonderen Verhandlungsgremium der
Arbeitnehmer ausgehandelten Verhandlungslösung über die Mitbestimmung (§ 21 SEBG).
Kommt eine solche nicht zustande, so gelten an ihrer statt die Bestimmungen der sog.
„Auffanglösung" (§§ 35 ff. SEBG) über die Bestellung der Arbeitnehmervertreter im Aufsichtsorgan.

Das **Statusverfahren gem. §§ 97 ff. AktG** findet auch in der SE Anwendung. § 17 6
Abs. 3 S. 1 SEAG stellt klar, dass auch der Betriebsrat der SE antragsberechtigt ist. Es gelten
ferner die aktienrechtlichen Bestimmungen über die Vergütung der Aufsichtsratsmitglieder
(§ 113 AktG), über Verträge mit Aufsichtsratsmitgliedern (§ 114 AktG) und über Kreditgewährung an Aufsichtsratsmitglieder (§ 115 AktG).[5]

Anwendbar ist auch die Verpflichtung zur Abgabe einer Entsprechungserklärung nach 7
§ 161 AktG, sodass sich der Anwendungsbereich des **DCGK** auch auf die börsennotierte
deutsche SE sowie – seit Inkrafttreten des BilMoG – auf im Freiverkehr notierte SE erstreckt,
soweit sie an einem organisierten Markt andere Wertpapiere als Aktien (zB Schuldverschreibungen oder Genussscheine) emittiert haben.[6]

II. Einbindung des Aufsichtsorgans in die dualistische Verbandsstruktur

Das Aufsichtsorgan ist Bindeglied zwischen Hauptversammlung und Leitungsorgan. Die 8
Hauptversammlung wählt die Vertreter der Anteilseigner im Aufsichtsorgan; das Aufsichtsorgan seinerseits bestellt die Mitglieder des Leitungsorgans. Ein hierarchisches Gefälle zwischen den Organen der SE ist damit ebenso wenig verbunden wie in der Aktiengesellschaft.
Vielmehr stehen die Organe der SE in einem sorgfältig austarierten System von Checks-and-Balances auf einer Stufe (→ AktG § 118 Rn. 10).[7]

1. Verhältnis zur Hauptversammlung. Im Verhältnis zwischen Aufsichtsorgan und 9
Hauptversammlung bestehen keine Unterschiede zur Aktiengesellschaft.[8] Entsprechend der
Regelungskonzeption der SE-VO leitet das Aufsichtsorgan sein Mandat von der Hauptversammlung ab. Diese bestellt gem. Art. 40 Abs. 2 S. 1 die Mitglieder des Aufsichtsorgans.
An Weisungen sind die Mitglieder des Aufsichtsorgans der dualistisch verfassten SE nicht
gebunden.[9] Die Aktionäre können aber die Zusammensetzung des Gremiums durch Abberufung einzelner Mitglieder beeinflussen (vgl. → Rn. 57 ff.).

2. Verhältnis zum Leitungsorgan. Neben der Bestellung und Abberufung der Mit- 10
glieder des Leitungsorgans (Art. 39 Abs. 2) ist primäre Aufgabe des Aufsichtsorgans die
Überwachung der Geschäftsführung durch das Leitungsorgan (Art. 40 Abs. 1 S. 1). Zusammen mit diesem bildet das Aufsichtsorgan die **dualistische Verbandsstruktur** der SE.
Deren Wesensmerkmal ist die strikte Aufgabentrennung zwischen den Organen. Dementsprechend darf niemand zugleich Mitglied des Leitungs- und Mitglied des Aufsichtsorgans
einer SE sein **(personale Trennung).** Nur ausnahmsweise kann das Aufsichtsorgan eines
seiner Mitglieder zur Wahrnehmung der Aufgaben eines Mitglieds des Leitungsorgans gem.
Art. 39 Abs. 3 S. 2 abstellen, wenn der betreffende Posten nicht besetzt ist (vgl. → Art. 39
Rn. 49 ff.). Während dieser Zeit ruht das Amt der betreffenden Person als Mitglied des

---

[5] Kölner Komm AktG/*Paefgen* Rn. 17.
[6] Zum erweiterten Anwendungsbereich nach dem BilMoG vgl. Begr. RegE, BT-Drs. 16/10067, 104; Hüffer/Koch/*Koch* AktG § 161 Rn. 6b; *Kuthe/Geiser* NZG 2008, 172 f.
[7] Für die AG MHdB AG/*Hoffmann-Becking* § 29 Rn. 17; Hüffer/Koch/*Koch* AktG § 76 Rn. 5; Hüffer/Koch/*Koch* AktG § 118 Rn. 4; Kölner Komm AktG/*Zöllner* AktG § 119 Rn. 2 f.; *Lutter* FS Quack, 1991, 301 (312 ff.); *Brandt*, Die Hauptversammlung der SE, 2004, 72 f.; *Rechenberg*, Die Hauptversammlung als oberstes Organ der Aktiengesellschaft, 1986, 135 f.
[8] Für die AG vgl. MHdB AG/*Hoffmann-Becking* § 29 Rn. 17.
[9] Ebenso Kölner Komm AktG/*Paefgen* Rn. 19, demzufolge ein Weisungsrecht gemeinschaftsrechtlich allerdings nicht kategorisch verboten sein soll, die Weisungsfreiheit also ausschließlich aus dem nationalen Recht folgt. Vgl. für die AG MHdB AG/*Hoffmann-Becking* § 33 Rn. 7.

Aufsichtsorgans. Ferner ist das Aufsichtsorgan nach Art. 40 Abs. 1 S. 2 nicht berechtigt, die Geschäfte der SE selbst zu führen **(funktionale Trennung)**. Weisungsrechte stehen dem Aufsichtsorgan gegenüber dem Leitungsorgan aus diesem Grund nicht zu.[10]

III. Aufgaben des Aufsichtsorgans

11 Die Aufgaben des Aufsichtsorgans in der Unternehmensverfassung der dualistischen SE sind mit denjenigen des Aufsichtsrates in der Aktiengesellschaft identisch.

12 **1. Überwachung der Geschäftsführung.** Im Mittelpunkt steht gem. Art. 40 Abs. 1 S. 1 die Überwachung der Geschäftsführung.

13 **a) Gegenstand und Maßstab der Überwachung. Überwachungsgegenstand** ist „die Führung der Geschäfte durch das Leitungsorgan". Die Geschäftsführung als solche obliegt gem. Art. 39 Abs. 1 S. 1 allein dem Leitungsorgan[11] (vgl. → Art. 39 Rn. 8); das Aufsichtsorgan ist nach Art. 40 Abs. 1 S. 2 nicht berechtigt, die Geschäfte der SE selbst zu führen. Während das deutsche Aktienrecht in den § 76 Abs. 1 AktG und § 77 Abs. 1 AktG zwischen der Leitung der Aktiengesellschaft[12] und der Geschäftsführung[13] unterscheidet, trifft die SE-VO eine solche Differenzierung nicht ausdrücklich.[14] Indes indiziert bereits die Bezeichnung als „Leitungsorgan" dessen Führungsfunktion. Auch bei der AG ist anerkannt, dass sich die Leitung des Vorstands und die Geschäftsführung als Gegenstand der Überwachung grundsätzlich decken (→ AktG § 111 Rn. 18).[15] Die überwachende Tätigkeit des Aufsichtsorgans beschränkt sich auf die Leitungs- und Führungsentscheidungen des Leitungsorgans. Das Aufsichtsorgan ist nicht verpflichtet, auch die Durchführung dieser Entscheidungen im Einzelnen zu verfolgen und die gesamte Geschäftsführung in allen Einzelheiten zu prüfen und zu überwachen (→ AktG § 111 Rn. 19 ff.).[16] Eine Konkretisierung erfahren die Überwachungsaufgaben durch die Berichterstattungspflichten des Leitungsorgans gem. Art. 41 und § 90 AktG. Danach gilt: Was dem Aufsichtsorgan zu berichten ist, ist zugleich Gegenstand seiner Prüfung.

14 Die bei der Aktiengesellschaft diskutierte Streitfrage, ob sich die Überwachungspflichten des Aufsichtsrates auch auf Mitglieder der **zweiten Führungsebene** erstrecken (differenzierend → AktG § 111 Rn. 21),[17] stellt sich in der SE nicht. Denn im Gegensatz zu § 111 Abs. 1 AktG beschränkt Art. 40 Abs. 1 S. 1 die Überwachungsaufgabe ausdrücklich auf die Ebene des Leitungsorgans.[18] Soweit eine Führungsentscheidung auf einer Ebene unterhalb des Leitungsorgans getroffen wird, beschränken sich die Überwachungspflichten des Aufsichtsorgans darauf, zu überprüfen, ob das Leitungsorgan seinerseits die nachgelagerten Führungsebenen angemessen kontrolliert und überwacht hat. Erweist sich eine auf einer unteren Führungsebene getroffene Entscheidung dementsprechend als falsch, so hat das Aufsichtsorgan darauf

---

[10] Kölner Komm AktG/*Paefgen* Rn. 18; Lutter/Hommelhoff/Teichmann/*Drygala* SE Rn. 5; NK-SE/*Manz* Rn. 1.
[11] Vgl. zu den Einzelheiten *Teichmann* ZGR 2002, 441 ff.; *Teichmann* ZIP 2002, 1109 (1113 ff.); *Lange* EuZW 2003, 301 (304 ff.).
[12] Vgl. zum Begriff Hüffer/Koch/*Koch* AktG § 76 Rn. 8; Kölner Komm AktG/*Mertens*/*Cahn* AktG § 76 Rn. 4.
[13] Vgl. zum Begriff Hüffer/Koch/*Koch* AktG § 77 Rn. 3; Kölner Komm AktG/*Mertens*/*Cahn* AktG § 77 Rn. 2.
[14] Vgl. insoweit Art. 39 Abs. 1 S. 1.
[15] MHdB AG/*Hoffmann-Becking* § 29 Rn. 26; *Scheffler* DB 1994, 793; *Semler* Leitung und Überwachung Rn. 6.
[16] Für die AG Lutter/Krieger/Verse Aufsichtsrat § 3 Rn. 65 ff.; MHdB AG/*Hoffmann-Becking* § 29 Rn. 27; s. auch *Schilling* AG 1981, 341 (342); Kölner Komm AktG/*Mertens*/*Cahn* AktG § 111 Rn. 16.
[17] Vgl. (offenlassend) Hüffer/Koch/*Koch* AktG § 111 Rn. 4; befürwortend Kölner Komm AktG/*Mertens*/*Cahn* AktG § 111 Rn. 26; Scholz/*Schneider* GmbHG § 52 Rn. 9; UHL/*Heermann* GmbHG § 52 Rn. 86; abl. *Semler* Leitung und Überwachung Rn. 115 ff.; s. auch Lutter/Krieger/Verse Aufsichtsrat § 3 Rn. 70; MHdB AG/*Hoffmann-Becking* § 29 Rn. 29; ebenso auch *Henze* NJW 1998, 3309.
[18] NK-SE/*Manz* Rn. 2; Kölner Komm AktG/*Paefgen* Rn. 14; iE auch BeckOGK/*Eberspächer* Rn. 4; aA Lutter/Hommelhoff/Teichmann/*Drygala* Rn. 3 f.

zu drängen, dass das Leitungsorgan eine richtige Entscheidung trifft und die Folgen der fehlerhaften Entscheidung der nachgeordneten Führungskraft unverzüglich beseitigt.

Ist die SE **herrschendes Unternehmen** im Konzern, dann erstreckt sich die Überwachungsaufgabe des Aufsichtsorgans auch auf die konzernleitende Tätigkeit des Leitungsorgans.[19] Auch bei der Konzernleitung handelt es sich um Geschäftsführung iSv Art. 40 Abs. 1 S. 1.

Maßstab der Überwachung ist die Beurteilung der Geschäftsführung auf **Rechtmäßigkeit, Ordnungsmäßigkeit, Zweckmäßigkeit** und **Wirtschaftlichkeit** (→ AktG § 111 Rn. 53).[20] Diese Beurteilung erfolgt – ebenso wie in der AG – nicht rein retrospektiv. Vielmehr soll das Aufsichtsorgan die Geschäftsführung des Leitungsorgans begleiten[21] und ihm beratend zur Seite stehen.[22] Ebenso wie das Leitungsorgan hat auch das Aufsichtsorgan bei der Überwachung des Leitungsorgans die „Sorgfalt eines ordentlichen und gewissenhaften Geschäftsleiters" anzuwenden. Das ergibt sich aus der Verweisungskette von Art. 51 über § 116 AktG auf § 93 AktG. Leitlinie ist das Unternehmensinteresse.[23]

b) Mittel der Überwachung. Wichtigste Mittel der Überwachungspflicht des Aufsichtsorgans sind die dem Leitungsorgan gem. Art. 41, § 90 AktG obliegenden **Berichtspflichten** und – als Kehrseite der Medaille – das Recht des Aufsichtsorgans, vom Leitungsorgan jegliche für die Ausübung der Kontrolle erforderliche Information zu verlangen und alle zur Erfüllung seiner Aufgaben erforderlichen Überprüfungen vorzunehmen oder vornehmen zu lassen (Art. 41 Abs. 3, Abs. 4). Den vom Leitungsorgan mitgeteilten Tatsachen darf das Aufsichtsorgan grundsätzlich Glauben schenken. Zur Anforderung ergänzender Berichte und zur Vornahme von Überprüfungen ist es nur verpflichtet, wenn die Berichte des Leitungsorgans unklar, unvollständig oder erkennbar unrichtig sind.[24] Durch Fragen und Nachfragen sowie Bitten um Erläuterungen der Berichte des Leitungsorgans setzt das Aufsichtsorgan das Leitungsorgan unter einen für die Unternehmensführung förderlichen Begründungszwang.[25] Soweit Art. 41 Abs. 3 und Abs. 4 die Informations- und Überprüfungsrechte des Aufsichtsorgans auf die „erforderlichen" Kontrollen und Überprüfungen beschränken, ist damit lediglich gesagt, dass das Aufsichtsorgan seine Kontrollinstrumente im Rahmen pflichtgemäßen Ermessens auszuüben hat. Eine weitergehende Einschränkung ist damit nicht verbunden (vgl. → Art. 41 Rn. 22).

Ein weiteres wichtiges Kontrollmittel des Aufsichtsorgans sind **Zustimmungsvorbehalte** bezüglich bestimmter Geschäftsführungsmaßnahmen. Solche ergeben sich teilweise bereits aus dem Gesetz. Beispielsweise ist das Aufsichtsorgan bei der Entscheidung über die Ausnutzung eines genehmigten Kapitals nach § 202 Abs. 3 S. 2 AktG, § 204 Abs. 1 S. 2 AktG zur Mitwirkung aufgerufen. Dienst-, Werk- und Kreditverträge zwischen einzelnen Mitgliedern des Aufsichtsorgans und der SE unterfallen gem. §§ 114, 115 AktG einem gesetzlichen Zustimmungsvorbehalt, um einer unsachgemäßen Beeinflussung der betroffenen Mitglieder des Aufsichtsorgans durch das vertragsschließende Leitungsorgan entgegenzuwirken. Seit Inkrafttreten des Gesetzes zur Umsetzung der zweiten Aktionärsrechte-RL (ARUG II) am 1.1.2020 ist ein Zustimmungsvorbehalt zu Gunsten des Aufsichtsrats

---

[19] Ebenso Lutter/Hommelhoff/Teichmann/*Drygala* Rn. 4; Kölner Komm AktG/*Paefgen* Rn. 15; zu eng *Schwarz* Rn. 13: keine Kompetenz zur Überwachung der Konzerngesellschaften.

[20] Kölner Komm AktG/*Paefgen* Rn. 11; Habersack/Drinhausen/*Seibt* Rn. 9; für die AG BGHZ 114, 127 (129) = NJW 1991, 183; BGHZ 75, 120 (133) = NJW 1979, 1879; Kölner Komm AktG/*Mertens/Cahn* AktG § 111 Rn. 14; *Lutter/Krieger/Verse* Aufsichtsrat § 3 Rn. 73 ff.; MHdB AG/*Hoffmann-Becking* § 29 Rn. 31; Hüffer/Koch/*Koch* AktG § 111 Rn. 14.

[21] Lutter/Hommelhoff/Teichmann/*Drygala* Rn. 2; *Schwarz* Rn. 10; *Theisen/Völzel* in Theisen/Wenz, Die Europäische Aktiengesellschaft, 2. Aufl. 2005, 269, 291; aA *Lange* EuZW 2003, 301 (304).

[22] Kölner Komm AktG/*Paefgen* Rn. 16; *Schwarz* Rn. 10; Lutter/Hommelhoff/Teichmann/*Drygala* Rn. 2.

[23] Kölner Komm AktG/*Paefgen* Rn. 13. Zum Unternehmensinteresse als Handlungsmaxime für Vorstand und Aufsichtsrat in der AG vgl. BGHZ 36, 296 (306, 310) = NJW 1962, 864 (866); *Reichert* ZHR 177 (2013), 756 (763 f.); Kölner Komm AktG/*Mertens/Cahn* AktG Vor § 95 Rn. 12 ff.; *Lutter/Krieger/Verse* Aufsichtsrat § 12 Rn. 893; *Semler* Leitung und Überwachung Rn. 49 ff.

[24] Für die AG MHdB AG/*Hoffmann-Becking* § 29 Rn. 40.

[25] Für die AG MHdB AG/*Hoffmann-Becking* § 29 Rn. 42.

börsennotierter Gesellschaften bei Geschäften mit nahestehenden Personen eingeführt (§ 111b AktG). Die Definition der „Geschäfte mit nahestehenden Personen" („Related Party Transactions") findet sich in § 111a AktG. Für die Praxis besonders relevant sind die in Abs. 3 geregelten Ausnahmen. Es bestehen gem. § 111c AktG Veröffentlichungspflichten. Für die dualistisch organisierte SE ergibt sich die Anwendbarkeit dieser Vorschriften bereits über die Verweisung in Art. 9 Abs. 1 lit. c, ii. Zu den Einzelheiten vgl. die Kommentierung zu §§ 111a ff. AktG.[26] Der Zustimmung des Aufsichtsorgans bedürfen ferner Maßnahmen des Leitungsorgans, durch die der Erfolg eines Übernahmeangebotes verhindert werden könnte (§ 33 Abs. 1 S. 2 WpÜG). Der gesetzliche Zustimmungsvorbehalt des § 32 MitbestG und des § 15 MitbestErgG, die dem Aufsichtsrat der mitbestimmten AG Mitwirkungskompetenzen bei der Entscheidung über die Ausübung von Beteiligungsrechten in ebenfalls mitbestimmten Gesellschaften einräumen, sind dagegen in der SE nicht anwendbar (§ 47 Abs. 1 lit. a SEBG). Weitere Zustimmungsvorbehalte können gem. Art. 48 Abs. 1 in der Satzung der SE verankert werden. Das Aufsichtsorgan kann darüber hinaus gem. Art. 48 Abs. 1 S. 2, § 19 SEAG bestimmte Arten von Geschäften von seiner Zustimmung abhängig machen (vgl. → Art. 48 Rn. 44 ff.). Ein Zwang zur Einführung eines Zustimmungskataloges besteht aber in der SE im Unterschied zu der durch das Transparenz- und Publizitätsgesetz eingeführten Regelung des § 111 Abs. 4 S. 2 AktG nicht.[27] Kann das Aufsichtsorgan durch die Begründung eines Zustimmungsvorbehalts ein rechtswidriges Verhalten des Leitungsorgans verhindern, reduziert sich sein insoweit bestehendes Ermessen jedoch auf Null (zum Aktienrecht vgl. nur → AktG § 111 Rn. 130).[28]

19 Bei **Ausübung der Zustimmungsvorbehalte** wirkt das Aufsichtsorgan materiell an der Geschäftsführung mit. Es übernimmt durch seine Zustimmung die Mitverantwortung für das betreffende Geschäft. Das darf aber nicht zu dem Fehlschluss verleiten, dass das Aufsichtsorgan insoweit selbst als Leitungsorgan handelt. Es kann die betreffenden Geschäfte weder selbst vornehmen, noch kann es das Leitungsorgan zu ihrer Vornahme anweisen. Vielmehr verbleibt die Initiative beim Leitungsorgan. Dieses kann auch nach Zustimmung des Aufsichtsorgans noch von der Durchführung des Geschäfts absehen, wenn es dieses nicht mehr für sinnvoll hält.[29] Das Leitungsorgan trägt trotz Zustimmung des Aufsichtsorgans die volle Verantwortung für die Geschäftsführungsmaßnahme. Das ergibt sich aus Art. 51, § 93 Abs. 4 S. 2 AktG.

20 **2. Personalkompetenz des Aufsichtsorgans.** Zu den weiteren Aufgaben des Aufsichtsorgans zählt insbesondere die Personalkompetenz, namentlich die Befugnis zur **Bestellung** und **Anstellung** der Mitglieder des Leitungsorgans und – als Kehrseite der Medaille – zu deren **Abberufung** (vgl. → Art. 39 Rn. 34 ff.). Zum Kreis der Personalentscheidungen des Aufsichtsorgans gehört auch die Entscheidung über Kreditgewährungen an Mitglieder des Leitungsorgans, Angehörige von Mitgliedern des Leitungsorgans, Prokuristen und Generalbevollmächtigte nach § 89 AktG (zu Kreditgewährungen an Mitglieder des Leitungsorgans vgl. → Art. 39 Rn. 43).

21 **3. Organisation des Leitungsorgans.** § 77 Abs. 2 S. 1 AktG, der über die Verweisung in Art. 9 Abs. 1 lit. c Ziff. ii auch auf die SE Anwendung findet, räumt dem Aufsichtsorgan die Kompetenz zur Regelung der Geschäftsordnung und Geschäftsverteilung des Leitungsorgans ein. Zu den Einzelheiten vgl. → AktG § 77 Rn. 34 ff.

22 **4. Jahresabschlüsse und Ergebnisverwendung.** Gem. Art. 61 unterliegt die SE hinsichtlich der Aufstellung ihres Jahresabschlusses einschließlich des Lageberichts sowie der

---

[26] Eingehend auch *Lieder/Wernert* ZIP 2019, 989 ff.
[27] *Hoffmann-Becking* ZGR 2004, 355 (365); *Spitzbart* RNotZ 2006, 369 (378); *Seibt* in Lutter/Hommelhoff Die Europäische Gesellschaft S. 67, 79; aA – für den Satzungsgeber – Kölner Komm AktG/*Paefgen* Rn. 20; *Habersack* AG 2006, 345 (354); *Hirte* NZG 2002, 1 (5); *Hommelhoff* AG 2001, 279 (284); *Schwarz* Art. 48 Rn. 9.
[28] Kölner Komm AktG/*Paefgen* Rn. 22.
[29] Für die AG MHdB AG/*Hoffmann-Becking* § 29 Rn. 51; Kölner Komm AktG/*Mertens/Cahn* AktG § 111 Rn. 114; *Henze* HRR AktienR Rn. 776.

Prüfung und der Offenlegung dieser Abschlüsse den Vorschriften, die für die dem Recht des Sitzstaates der SE unterliegende Aktiengesellschaften gelten. Gem. § 111 Abs. 2 S. 3 AktG erteilt das Aufsichtsorgan dem Abschlussprüfer der SE den Prüfungsauftrag für den Jahres- und Konzernabschluss gem. § 290 HGB. Das Aufsichtsorgan vertritt insoweit – abweichend von § 78 AktG – die SE im Außenverhältnis. Die Bestellung des Abschlussprüfers erfolgt durch Beschluss der Hauptversammlung (Art. 52 UAbs. 2, § 119 Abs. 1 Nr. 4 AktG). Die Erteilung des Prüfungsauftrages setzt einen Beschluss des Aufsichtsorgans voraus. Da § 111 Abs. 2 S. 3 AktG in § 107 Abs. 3 S. 2 AktG nicht genannt ist, kann der Beschluss auch durch einen Ausschuss gefasst werden (zu Einzelheiten → AktG § 111 Rn. 98).

Gem. § 171 Abs. 1 AktG hat das Aufsichtsorgan den Jahresabschluss, den Lagebericht und 23 den Vorschlag für die Verwendung des Bilanzgewinns zu prüfen. Ist die SE **herrschendes Unternehmen,** so gilt dies auch für den Konzernabschluss und den Konzernlagebericht. Über das Ergebnis der Prüfung hat das Aufsichtsorgan gem. § 171 Abs. 2 AktG schriftlich an die Hauptversammlung zu berichten (vgl. → AktG § 171 Rn. 144 ff.). Gem. § 172 AktG wirkt das Aufsichtsorgan durch Billigung des vom Leitungsorgan aufgestellten Jahresabschlusses an dessen Feststellung mit (vgl. → AktG § 172 Rn. 2; → Art. 61 Rn. 24).

5. Mitwirkung an der Hauptversammlung. Gem. Art. 54 Abs. 2, § 111 Abs. 3 AktG 24 ist das Aufsichtsorgan selbstständig zur **Einberufung** von Hauptversammlungen berechtigt. Anders als für das Leitungsorgan (Art. 54 Abs. 2, § 121 Abs. 2 AktG) gilt dies nur dann, wenn das Wohl der Gesellschaft die Einberufung erfordert (zu Einzelheiten → AktG § 111 Rn. 103 ff.). Das Aufsichtsorgan entscheidet über die Einberufung einer Hauptversammlung durch Beschluss, für den die einfache Mehrheit ausreicht (§ 111 Abs. 3 AktG). Die Delegierung der Entscheidung auf einen Ausschuss ist unzulässig. Das ergibt sich aus § 107 Abs. 3 S. 2 AktG (zum Einberufungsverfahren → AktG § 111 Rn. 106 ff.).

6. Änderungen der Satzungsfassung. § 179 Abs. 1 S. 2 AktG ermächtigt die Haupt- 25 versammlung, dem Aufsichtsorgan die Befugnis zu Änderungen der Satzung zu übertragen, die nur die Fassung betreffen.[30] § 179 Abs. 1 S. 2 AktG findet über die Generalverweisung in Art. 9 Abs. 1 lit. c Ziff. ii auch auf die SE Anwendung. Die Regelung in Art. 59 Abs. 1, derzufolge eine Änderung der Satzung eines Beschlusses der Hauptversammlung bedarf, ist nicht abschließend. Das zeigt die Entstehungsgeschichte.[31]

IV. Begründung und Beendigung der Mitgliedschaft im Aufsichtsorgan

1. Bestellung. Bei der Bestellung der Mitglieder des Aufsichtsorgans ist zwischen den 26 Anteilseignervertretern und den Arbeitnehmervertretern zu differenzieren. Die Bestellung der **Anteilseignervertreter** erfolgt im Regelfall durch die Hauptversammlung (Art. 39 Abs. 2 S. 1). Für die Bestellung der Mitglieder des ersten Aufsichtsorgans gelten Sonderregeln. Die Bestellung der **Arbeitnehmervertreter** im Aufsichtsorgan der mitbestimmten SE richtet sich in erster Linie nach der zwischen der Arbeitnehmerseite und den Organen der Gründungsgesellschaften ausgehandelten Vereinbarung über die Mitbestimmung (§ 21 SEBG).[32] Diese kann die Zuständigkeit für die Bestellung der Arbeitnehmervertreter im Aufsichtsorgan abweichend von Art. 40 Abs. 2 S. 1 regeln. Das folgt aus Art. 40 Abs. 2 S. 3. Die Vereinbarung kann – wie sich aus Art. 42 S. 2, Art. 45 S. 2 ergibt – auch eine unmittelbare Bestellung der Arbeitnehmervertreter durch die Arbeitnehmerschaft vorsehen.[33]

Für den Fall, dass die in den §§ 35 ff. SEBG geregelte Mitbestimmung kraft Gesetzes als 27 „Auffanglösung" zur Anwendung kommt, erfolgt die Bestellung der Arbeitnehmervertreter

---

[30] Zu den Einzelheiten Großkomm AktG/*Wiedemann* AktG § 179 Rn. 106 ff.; Hüffer/Koch/*Koch* AktG § 179 Rn. 11 ff.; Kölner Komm AktG/*Zöllner* AktG § 179 Rn. 146 ff.
[31] Ausf. hierzu *Brandt,* Die Hauptversammlung der SE, 2004, 136 ff.
[32] Zur Rechtsnatur der Vereinbarung *Kraushaar* BB 2003, 1614 (1619).
[33] AA Kölner Komm AktG/*Paefgen* Rn. 45, demzufolge die Vorschriften keine Aussage über eine Ausnahme über die organschaftliche Bestellkompetenz der Hauptversammlung enthält. Es bleibe daher bei der zwingenden Kompetenzregelung des Art. 40 Abs. 2 S. 1.

gem. § 36 Abs. 4 SEBG durch die Hauptversammlung. Diese ist dabei an die von der Arbeitnehmerseite unterbreiteten Wahlvorschläge gebunden (→ Rn. 30). Die inländischen Arbeitnehmervertreter werden nach einem durch die § 36 Abs. 3 SEBG, §§ 6 ff. SEBG geregelten Wahlverfahren vorgeschlagen. Die Benennung der ausländischen Arbeitnehmervertreter richtet sich nach dem Recht des Entsendungsstaates, soweit dort eine entsprechende Regelung vorgesehen ist (§ 36 Abs. 2 SEBG). Ist dies nicht der Fall, so obliegt die Bestimmung dem Betriebsrat der SE (zu Einzelheiten → SEBG § 36 Rn. 2 ff.).

28   Zu persönlichen Voraussetzungen und Bestellungshindernissen einer Mitgliedschaft im Aufsichtsorgan vgl. → Art. 47 Rn. 11 ff.; zur Amtsdauer der Mitglieder des Aufsichtsorgans → Art. 46 Rn. 9 ff.; zur Geschlechterquote → Rn. 76 ff.

29   **a) Wahl durch die Hauptversammlung.** Nach Art. 40 Abs. 2 S. 1 werden die Mitglieder des Aufsichtsorgans von der Hauptversammlung bestellt. Lediglich soweit in der Satzung oder der Vereinbarung über die Mitbestimmung (§ 21 SEBG) Entsendungsrechte oder eine sonstige Form der Bestellung begründet sind, ist die Bestellung der Mitglieder des Aufsichtsorgans dem Votum der Hauptversammlung entzogen (→ Rn. 35). Im Hinblick auf die Organisation und die Durchführung der Hauptversammlung sowie des Abstimmungsverfahrens gelten gem. der Verweisung in Art. 53 die aktienrechtlichen Regelungen (→ AktG § 101 Rn. 15).[34] Gleichzeitig mit der Bekanntmachung der Tagesordnung ist gem. § 124 Abs. 3 S. 1 AktG ein **Wahlvorschlag** des Aufsichtsorgans für die Besetzung des oder der vakanten Sitze im Aufsichtsorgan bekannt zu machen. Ohne einen solchen Vorschlag darf gem. § 124 Abs. 4 S. 1 AktG in der Hauptversammlung keine Wahl erfolgen. Wählt die Hauptversammlung trotzdem, ist die Wahl anfechtbar, es sei denn, der Mangel war für die Beschlussfassung nicht ursächlich (→ AktG § 124 Rn. 52 ff.).[35] Die Hauptversammlung entscheidet über den Wahlvorschlag durch Beschluss mit einfacher Mehrheit, wenn die Satzung keine andere Bestimmung trifft (Art. 57, § 133 Abs. 1 und 2 AktG; → AktG § 101 Rn. 27).[36]

30   **Bindend** ist der Wahlvorschlag nur bezüglich der Arbeitnehmervertreter, soweit deren Bestellung durch die Hauptversammlung erfolgt,[37] nicht dagegen bezüglich der Anteilseignervertreter. Das ergibt sich aus § 36 Abs. 4 SEBG, § 101 Abs. 1 S. 2 AktG (vgl. → SEBG § 36 Rn. 9 f.). Vorbild zu § 36 Abs. 4 SEBG ist § 6 Abs. 6 MontanMitbestG. Bindung an den Wahlvorschlag bedeutet, dass kein Bewerber durch die Hauptversammlung gewählt werden darf, der nicht von der Arbeitnehmerschaft vorgeschlagen wurde. Im Schrifttum zu § 6 MontanMitbestG ist darüber diskutiert worden, ob die Hauptversammlung einen Vorgeschlagenen mit der Begründung ablehnen dürfe, er erscheine ihr als Aufsichtsratsmitglied nicht geeignet.[38] Dagegen spricht, dass anders als § 8 Abs. 2 MontanMitbestG für die Wahl des „neutralen" Mitglieds weder § 36 Abs. 4 SEBG noch § 6 Abs. 6 MontanMitbestG

---

[34] Vgl. dazu Lutter BB 2002, 1 (4); Hirte NZG 2002, 1 (8); Hölzl in Theisen/Wenz, Die Europäische Aktiengesellschaft, 2. Aufl. 2005, 260, 262; vgl. zur Hauptversammlung der AG Noack NZG 2003, 243 ff.; zu den Wahlmodalitäten MHdB AG/Hoffmann-Becking § 30 Rn. 41 ff.; Hüffer/Koch/Koch AktG § 101 Rn. 5 ff.
[35] Großkomm AktG/Butzke AktG § 124 Rn. 100; MHdB AG/Hoffmann-Becking § 30 Rn. 36.
[36] Für die Möglichkeit einer abweichenden Regelung durch die Satzung auch Lutter/Hommelhoff/Teichmann/Drygala Rn. 6; aA Kölner Komm AktG/Paefgen Rn. 38, wonach die einfache Mehrheit gemeinschaftsrechtlich vorgeschrieben sein soll. Dies ergebe sich aus Art. 57, wonach eine größere Mehrheit nur zulässig ist, wenn das Recht des Mitgliedsstaates dies vorschreibe (und gerade nicht erlaube; ebenso NK-SE/Manz Rn. 7; vgl. zu den Einzelheiten MHdB AG/Hoffmann-Becking § 30 Rn. 41; Hüffer/Koch/Koch AktG § 101 Rn. 5.
[37] Schwark Rn. 44 geht insoweit von einem (eigenen) Bestellungsrecht der Arbeitnehmer iSv Art. 47 Abs. 4 aus. § 36 Abs. 4 SEBG sei daher verordnungskonform dahingehend auszulegen, dass „der Bestellungsakt selbst durch die Wahl durch das Wahlgremium oder die Bestimmung durch den SE-Betriebsrat erfolgt [...] und die Bestellung durch die Hauptversammlung bestätigt werden kann". Die Bestätigung durch die Hauptversammlung entfalte dabei keine Rechtswirkungen, sondern sei rein deklaratorisch. Die Arbeitnehmer unter „andere[n] Personen oder Stellen" iSv Art. 47 Abs. 4 zu fassen, erscheint jedoch zweifelhaft; ebenso Kölner Komm AktG/Paefgen Rn. 43; skeptisch auch Lutter/Hommelhoff/Teichmann/Drygala Rn. 21; Ihrig/Wagner BB 2004, 1749 (1755).
[38] Boldt, Mitbestimmungsgesetz Eisen und Kohle, 1952, § 6 MontanMitbestG Anm. 5; Kötter, Mitbestimmungsrecht, 1952, MontanMitbestG § 6 Rn. 29; Müller/Lehmann, Kommentar zum Mitbestimmungsgesetz Bergbau und Eisen, 1952, MontanMitbestG § 6 Rn. 57; aA ErfK/Oetker MontanMitbestG § 6 Rn. 14.

Aufsichtsorgan 31–35 Art. 40 SE-VO

ein Ablehnungsrecht der Hauptversammlung vorsehen.[39] Die Diskussion ist allerdings ohne große praktische Relevanz. Prozessual kann die Hauptversammlung als Wahlorgan zur Wahl des Vorgeschlagenen nicht gezwungen werden, auch nicht über eine gegen die SE zu richtende Klage. Auch eine Begründungspflicht für eine Nichtwahl kann es nicht geben.[40]

Bei einem ablehnenden Hauptversammlungsbeschluss kommt eine **gerichtliche Notbe-** 31 **stellung** einer von der Arbeitnehmerseite vorgeschlagenen Ersatzperson für den nicht gewählten Arbeitnehmervertreter gem. § 104 AktG in Betracht.[41] In entsprechender Anwendung von § 104 Abs. 3 Nr. 2 AktG folgt die die gerichtliche Zuständigkeit begründende Dringlichkeit beim paritätisch mitbestimmten Aufsichtsorgan bereits aus der Tatsache, dass ein der Arbeitnehmerseite zustehender Posten im Aufsichtsorgan nicht besetzt ist. Zu Einzelheiten → AktG § 104 Rn. 29; zur gerichtlichen Bestellung von Mitgliedern des Aufsichtsorgans → Rn. 39 ff.

Bestellt die Hauptversammlung unter Verstoß gegen § 36 Abs. 4 SEBG eine nicht vorge- 32 schlagene Person zum Mitglied des Aufsichtsorgans, so ist die Wahl nichtig. Im SEBG ist das zwar nicht ausdrücklich angeordnet, doch ergibt sich aus § 17 Abs. 3 S. 2 SEAG, dass § 250 Abs. 1 Nr. 2 AktG, der über die Generalverweisung in Art. 9 Abs. 1 lit. c Ziff. ii auch für die SE gilt,[42] entsprechend anwendbar ist.[43]

Zu den Mängeln, die lediglich zu einer **Anfechtbarkeit des Wahlbeschlusses** der 33 Hauptversammlung führen, gehören Gesetzesverstöße beim Zustandekommen des Wahlvorschlages. Gem. § 17 Abs. 4 SEBG findet § 251 AktG Anwendung. Neben den in § 245 Nr. 1, 2 und 4 AktG (§ 251 Abs. 2 S. 1 AktG) aufgeführten Personen werden bezüglich der Wahl von Arbeitnehmervertretern aus dem Inland gem. §§ 17 Abs. 4 S. 1 SEAG, 37 Abs. 2 SEBG der Betriebsrat, das Leitungsorgan und die in § 37 Abs. 1 S. 2 SEBG Genannten für anfechtungsbefugt erklärt. Bezüglich der Anfechtung von Wahlvorschlägen für Arbeitnehmervertreter, die von Arbeitnehmern ausländischer Gesellschaften vorgeschlagen werden, verweist § 17 Abs. 4 S. 1 SEAG auf deren jeweiliges nationales Recht.

§ 17 Abs. 3 S. 2 Hs. 1 SEAG begründet eine Parteifähigkeit des Betriebsrates der SE für 34 **Nichtigkeitsklagen** und deckt sich insoweit mit § 250 Abs. 2 Nr. 1 AktG. Bezüglich der Wirkungen eines Nichtigkeits- oder Anfechtungsurteils erklärt § 17 Abs. 3 S. 2 Hs. 2 SEAG § 252 AktG für entsprechend anwendbar und erweitert damit die Gestaltungs- und Rechtskraftwirkung auch auf den Betriebsrat der SE.[44]

b) Entsendung. Abweichend von Art. 40 Abs. 2 können Mitglieder des Aufsichtsorgans 35 in den in § 101 Abs. 2 AktG genannten Grenzen auch durch Entsendung bestellt werden.[45] Die aktienrechtliche Ermächtigung, derartige Entsendungsrechte in der Satzung zu begründen, bleibt durch die SE-VO unberührt. Das ergibt sich aus Art. 40 Abs. 2 S. 3 und Art. 47 Abs. 4 (vgl. → Art. 47 Rn. 4). Zu den Einzelheiten der Entsendung vgl. → AktG § 101 Rn. 30 ff. Die **Amtszeit** des entsandten Mitglieds des Aufsichtsorgans kann der entsendungsberechtigte Aktionär bei der Entsendung im Rahmen der Höchstdauer des Art. 46 frei bestimmen. Das gilt auch dann, wenn in der Satzung eine bestimmte Amtszeit für die Mitglieder des Aufsichtsorgans festgelegt ist. Das ergibt sich daraus, dass der Entsendungsberechtigte das Mitglied des Aufsichtsorgans gem. § 103 Abs. 3 S. 1 AktG jederzeit abberufen

---

[39] ErfK/*Oetker* MontanMitbestG § 6 Rn. 10.
[40] So für die AG zutr. Kölner Komm AktG/*Mertens/Cahn* Anh. § 117 C MontanMitbestG Rn. 21 zu § 6 Abs. 6 MontanMitbestG.
[41] Großkomm AktG/*Oetker* MontanMitbestG § 6 Rn. 5.
[42] Die materielle Beschlusskontrolle und Beschlussanfechtung richtet sich nach dem jeweiligen nationalen Recht der Mitgliedstaaten; vgl. *Hommelhoff/Teichmann* SZW 2002, 1 (10); *Hirte* NZG 2002, 1 (8); *Hölzl* in Theisen/Wenz, Die Europäische Aktiengesellschaft, 2. Aufl. 2005, 247, 263; *Brandt*, Die Hauptversammlung der SE, 2004, 265 f. mit Hinweis auf die Entstehungsgeschichte; zur EWIV vgl. *Lentner*, Das Gesellschaftsrecht der Europäischen Wirtschaftlichen Interessenvereinigung (EWIV), 1993, 103.
[43] Vgl. Kölner Komm AktG/*Paefgen* Rn. 47.
[44] Vgl. Begr. RegE zu § 17 SEAG, BT-Drs. 15/3405, 36.
[45] Ebenso Lutter/Hommelhoff/Teichmann/*Drygala* Rn. 6; *Schwarz* Rn. 43; Kölner Komm AktG/*Paefgen* Rn. 40; NK-SE/*Manz* Rn. 11.

kann. Dann ist er folgerichtig auch befugt, die Amtszeit bereits bei der Entsendung abweichend von der regelmäßigen Amtszeit zu bestimmen (→ AktG § 102 Rn. 14; vgl. auch → Art. 46 Rn. 14).[46]

36 **c) Ersatzmitglieder.** Die Regelung in **§ 101 Abs. 3 AktG** über die Bestellung von Ersatzmitgliedern gilt über die Verweisung des Art. 9 Abs. 1 lit. c Ziff. ii auch für die SE.[47] Die Bestellung von Ersatzmitgliedern von Arbeitnehmervertretern im Aufsichtsrat richtet sich nach § 36 Abs. 3 S. 2 SEBG, § 6 Abs. 2 S. 3 SEBG. Art. 40 steht der Bestellung von Ersatzmitgliedern nicht entgegen. Für das monistische System enthält § 28 Abs. 3 SEAG eine dem § 101 Abs. 3 AktG entsprechende Regelung. Auch § 37 SEBG geht von der Zulässigkeit der Bestellung von Ersatzmitgliedern aus. Auf die Bestellung sowie die Nichtigkeit und Anfechtung der Bestellung sind die für das Aufsichtsratsmitglied geltenden Vorschriften anzuwenden (§ 101 Abs. 3 S. 4 AktG). Eine gruppenspezifische Trennung, wie sie § 17 MitbestG für die mitbestimmte AG vorschreibt, ist in der SE nicht zwingend. In der SE kann also ein Ersatzmitglied theoretisch gleichzeitig für einen Anteilseignervertreter und einen Arbeitnehmervertreter bestellt werden, soweit die Arbeitnehmerschaft einen entsprechenden Wahlvorschlag unterbreitet.[48] Das wäre in der AG nicht möglich (→ AktG § 101 Rn. 82).[49]

37 Das Ersatzmitglied kann das Mitglied des Aufsichtsorgans nicht im Falle einer Verhinderung vertreten; es kann nur im Falle des vorzeitigen Ausscheidens des Mitgliedes des Aufsichtsorgans an seine Stelle treten. Die Bestellung von Stellvertretern für Mitglieder des Aufsichtsorgans schließt das Gesetz ausdrücklich aus (§ 101 Abs. 3 S. 1 AktG).

38 Zur **Amtszeit** der Ersatzmitglieder vgl. → Art. 46 Rn. 15 ff. Zu den Einzelheiten der Bestellung, zum Nachrücken und zur Rechtsstellung der Ersatzmitglieder vgl. im Übrigen → AktG § 101 Rn. 74 ff.

39 **d) Gerichtliche Bestellung.** Falls das Aufsichtsorgan auf Grund einer **Unterbesetzung** nicht beschlussfähig ist, kann auf Antrag des Leitungsorgans, eines Mitglieds des Aufsichtsorgans oder eines Aktionärs gem. den Art. 40 Abs. 2 S. 3, Art. 47 Abs. 4 iVm § 104 Abs. 1 AktG eine gerichtliche Bestellung eines fehlenden Aufsichtsorganmitglieds stattfinden (→ AktG § 104 Rn. 9 ff.).[50]

40 Ist in einer SE, die der **paritätischen Mitbestimmung** unterliegt, ein der Arbeitnehmerseite zustehender Posten im Aufsichtsorgan nicht besetzt, so kann diese Vakanz bereits vor Ablauf der in § 104 Abs. 2 S. 1 AktG genannten Dreimonatsfrist geschlossen werden; die Nichtbesetzung gilt in einem paritätisch mitbestimmten Aufsichtsorgan stets als ein „dringender Fall" iSv § 104 Abs. 2 S. 2 AktG. Eine entsprechende Anwendung des § 104 Abs. 3 Nr. 2 AktG auf die SE kommt aber nur dann in Betracht, wenn sich das Aufsichtsorgan zur Hälfte aus Arbeitnehmervertretern zusammensetzt. Denn die Regelung wurde zur Sicherung der paritätischen Besetzung des Aufsichtsrates in das Aktiengesetz aufgenommen. Bei nicht paritätischer Mitbestimmung, insbesondere der nach dem DrittelbG, gilt § 104 Abs. 3 Nr. 2 AktG nicht. Dementsprechend ist er auch in der SE nicht anwendbar, wenn sich die Mitbestimmung der Arbeitnehmer auf weniger als die Hälfte der Sitze des Aufsichtsorgans bezieht.

41 **Antragsberechtigt** sind die in § 104 Abs. 1 S. 3 AktG genannten Personen. § 17 Abs. 3 SEAG stellt klar, dass auch der SE-Betriebsrat antragsberechtigt ist. § 104 Abs. 1 S. 4 AktG ist nicht anwendbar.

---

[46] Für die AG Kölner Komm AktG/*Mertens/Cahn* AktG § 102 Rn. 12; MHdB AG/*Hoffmann-Becking* § 30 Rn. 75.
[47] Ebenso Kölner Komm AktG/*Paefgen* Rn. 62.
[48] Zur Bestellung von Ersatzmitgliedern für mehrere Aufsichtsratsmitglieder vgl. BGHZ 99, 211 = NJW 1987, 902 – Heidelberger Zement.
[49] MHdB AG/*Hoffmann-Becking* § 30 Rn. 54; Hüffer/Koch/*Koch* AktG § 101 Rn. 17; Kölner Komm AktG/*Mertens/Cahn* AktG § 101 Rn. 86.
[50] Lutter/Hommelhoff/Teichmann/*Drygala* Rn. 22; Kölner Komm AktG/*Paefgen* Rn. 49; zu den Einzelheiten vgl. MHdB AG/*Hoffmann-Becking* § 30 Rn. 60 ff.; *Potthoff/Trescher* Rn. 878; für das monistische System vgl. § 30 SEAG.

An Vorschläge der Antragsberechtigten ist das Gericht nicht gebunden. Gem. § 104 **42** Abs. 4 S. 3 AktG darf das Gericht einem Vorschlag nicht folgen, wenn die vorgeschlagene Person nicht die persönlichen Voraussetzungen erfüllt, die ggf. nach Gesetz oder Satzung für den vakanten Sitz erforderlich sind. Insbesondere muss das Gericht darauf achten, dass bei der Bestellung von Arbeitnehmervertretern das in der Vereinbarung über die Mitbestimmung oder in § 35 SEBG bestimmte Verhältnis der Arbeitnehmergruppen gewahrt bzw. wiederhergestellt wird. Zu den Einzelheiten vgl. im Übrigen → AktG § 104 Rn. 37 ff.

2. Bestellung der Mitglieder des ersten Aufsichtsorgans. Die Bestellung der Mit- **43** glieder des ersten Aufsichtsorgans ist in der SE-VO nur punktuell geregelt. Art. 40 Abs. 2 S. 2 ermöglicht die Bestellung der Mitglieder des ersten Aufsichtsorgans durch die Satzung. Weitere Regelungen enthält die Verordnung nicht. Art. 40 Abs. 2 S. 1 gilt erst mit Eintragung der SE in das Handelsregister (Art. 16 Abs. 1; vgl. → Art. 16 Rn. 1 ff.).

a) Erfordernis einer Neubestellung des Aufsichtsorgans bei der SE-Gründung **44** **im Wege des Formwechsels und der Verschmelzung zur Aufnahme.** Da bei der Verschmelzung zur Aufnahme und beim Formwechsel der Grundsatz der Identität des Rechtsträgers gilt, ist zu klären, ob bei der Gründung einer SE im Wege des Formwechsels oder der Verschmelzung durch Aufnahme überhaupt eine Neubestellung des Aufsichtsorgans erforderlich ist oder ob die Aufsichtsratsmitglieder des aufnehmenden Rechtsträgers im Amt bleiben.

Beim **Formwechsel** gilt § 203 UmwG. Dieser bewirkt regelmäßig eine Beendigung des **45** Amtes der Aufsichtsratsmitglieder des formwechselnden Rechtsträgers. Eine Ausnahme gilt gem. § 203 S. 1 UmwG nur in den Fällen, in denen der Formwechsel nicht zu einer Änderung des rechtlichen Rahmens für den Aufsichtsrat führt. Voraussetzung hierfür ist, dass der Aufsichtsrat bei dem Rechtsträger neuer Rechtsform in gleicher Weise wie beim formwechselnden Rechtsträger gebildet wird und sich die zahlenmäßige Zusammensetzung des Aufsichtsrates nicht ändert. Liegen diese beiden Voraussetzungen vor, soll es keiner Neuwahl der Aufsichtsratsmitglieder anlässlich des Formwechsels bedürfen.[51]

Bei einer **Verschmelzung** zur Aufnahme ohne grenzüberschreitenden Bezug bleibt der **46** Aufsichtsrat des aufnehmenden Rechtsträgers im Amt. Das auf ihn anwendbare rechtliche Regime bleibt unverändert. Bei Gründung einer SE durch Verschmelzung ist das anders. Der aufnehmende Rechtsträger nimmt gem. Art. 17 Abs. 2 S. 2, Art. 29 Abs. 1 lit. d im Zuge der Verschmelzung ipso acto die Rechtsform einer SE an. Die Gründung einer SE im Wege der Verschmelzung zur Aufnahme ist also gewissermaßen Verschmelzung und Rechtsformwechsel in einem. Zwar kann man insoweit nicht von einem Rechtsformwechsel im engeren Sinne sprechen; dem steht die Wertung des Verordnungsgebers entgegen, die SE einer AG nach dem Recht ihres Sitzstaates gleichzustellen (Erwägungsgrund 5, Art. 3 Abs. 1, Art. 10). Dennoch führt der Übergang von der AG zu der SE in gewissem Maße zu einem Wechsel des rechtlichen Regimes. Das rechtfertigt eine analoge Anwendung von § 203 UmwG.[52]

Bei der Gründung einer SE im Wege des Formwechsels oder der Verschmelzung zur **47** Aufnahme durch Gesellschaften, die der **Mitbestimmung** unterliegen, wird es infolge des Wechsels des mitbestimmungsrechtlichen Regimes regelmäßig zu einer Neubestellung des Aufsichtsorgans kommen. Die SE-Gründung führt im Falle einer mitbestimmten SE selbst dann zu einer Änderung in der Zusammensetzung des Aufsichtsorgans, wenn die Größe des Aufsichtsorgans und die Verteilung der Sitze auf die Anteilseigner und Arbeitnehmervertreter konstant bleibt.[53] Denn während die Arbeitnehmervertreter im Aufsichtsrat einer

---

[51] Kölner Komm AktG/*Paefgen* Rn. 68; Lutter/Hommelhoff/Teichmann/*Drygala* Rn. 26; Habersack/Drinhausen/*Seibt* Rn. 49; aA NK-SE/*Manz* Rn. 10. Vgl. zum nationalen Recht Begr. RegE zu § 203 UmwG, BR-Drs. 75/94, abgedruckt bei *Neye*, UmwG/UmwStG, 2. Aufl. 1995, 344.

[52] So auch Kölner Komm AktG/*Paefgen* Rn. 70; aA Lutter/Hommelhoff/Teichmann/*Drygala* Rn. 26; Habersack/Drinhausen/*Seibt* Rn. 50.

[53] Ebenso Lutter/Hommelhoff/Teichmann/*Drygala* Rn. 26; Kölner Komm AktG/*Paefgen* Rn. 69; *Seibt*/*Reinhard* Konzern 2005, 407 (421); aA → Art. 37 Rn. 31 *(Schäfer)*; *Jannott* in Jannott/Frodermann SE-HdB Kap. 3 Rn. 254.

deutschen AG sowohl nach dem MitbestG als auch nach dem DrittelbG ausschließlich inländische Arbeitnehmer vertreten, sind die auf die Arbeitnehmer entfallenden Sitze im Aufsichtsorgan der SE gem. § 36 SEBG auf die Mitgliedstaaten der EU zu verteilen, in denen die zukünftige SE oder ihre Konzerngesellschaften Arbeitnehmer beschäftigen.

48 **b) Anwendbare Normen.** Die Bestellung des ersten Aufsichtsorgans gehört zum Gründungsrecht, auf das vorbehaltlich des zweiten Abschnittes des zweiten Titels der Verordnung die Bestimmungen des nationalen Rechts Anwendung finden, in dem die SE ihren Sitz begründet (Art. 15 Abs. 1). Das sind in Deutschland die **§§ 30, 31 AktG**. Beim Formwechsel gilt gem. § 197 UmwG nur § 31 AktG.[54]

49 Die Bestellung der Mitglieder des **ersten Aufsichtsorgans** erfolgt gem. § 30 Abs. 1 AktG, § 31 Abs. 1 AktG durch die „Gründer" der SE. Gründer sind im Falle der Verschmelzung sowie im Falle der Gründung einer Tochter-SE die am Zusammenschluss beteiligten Rechtsträger (Art. 2 Abs. 1, Abs. 3).[55] Bei der Gründung einer Holding-SE sagt der Verordnungstext nicht, wer als Gründer anzusehen ist. Die Verweisung in Art. 15 Abs. 1 auf § 28 AktG, der als Gründer die Aktionäre nennt, die die Satzung festgestellt haben, passt auf die Gründung einer Holding-SE nicht. Die Satzung der Holding-SE ist gem. Art. 32 Abs. 2, Art. 20 Abs. 1 lit. h Bestandteil des Gründungsplans. Dieser wird von den Vertretungsorganen der die Gründung der Holding-SE betreibenden Rechtsträger aufgestellt. Bei der Holdinggründung sprechen daher gute Gründe dafür, § 36 Abs. 2 S. 2 UmwG analog anzuwenden und als Gründer die die Gründung der Holding-SE betreibenden Gesellschaften anzusehen.[56]

50 Die Bestellung kann entweder in der Satzung (Art. 40 Abs. 2 S. 2) oder im Verschmelzungs-, Gründungs- oder Umwandlungsplan erfolgen. Das führt zwar dazu, dass die Mitglieder des Aufsichtsorgans durch die Vertretungsorgane der Gründungsgesellschaften bestellt werden. Das ist aber hinzunehmen, da der Bestellungsakt der Zustimmung der Anteilseignerversammlungen der an der Gründung beteiligten Rechtsträger unterliegt, und entspricht auch dem in §§ 59, 76 Abs. 2 S. 2 UmwG vorgesehenen Prozedere.

51 Beim Formwechsel kann die Bestellung der Mitglieder des ersten Aufsichtsorgans statt in der Satzung oder im Umwandlungsplan auch als gesonderter Tagesordnungspunkt der Hauptversammlung, die über den Formwechsel beschließt, abgehandelt werden. Bei der Gründung einer Tochter-SE kann die Bestellung außer in der Satzung auch in der Gründungsurkunde vorgenommen werden.

52 Die in § 30 Abs. 3 S. 1 AktG vorgesehene Beschränkung der Amtszeit auf ein Jahr gilt für die Mitglieder des ersten Aufsichtsorgans der SE nicht. Die Verweisung in Art. 15 Abs. 1 auf die Gründungsvorschriften steht insoweit unter dem Vorbehalt der Regelung in Art. 46, der eine Bestellung für den in der Satzung festgelegten Zeitraum zulässt, ohne zwischen den Mitgliedern des ersten Aufsichtsorgans und den nachfolgenden zu differenzieren.[57]

53 Anders als bei der AG besteht bei der SE für eine verkürzte Bestellung auch kein Bedürfnis. Der Normzweck von § 30 Abs. 3 S. 1 AktG besteht darin, als Ausgleich für die in § 30 Abs. 2 AktG vorgesehene Mitbestimmungsfreiheit des ersten Aufsichtsrates der AG eine möglichst frühzeitige Beteiligung der Arbeitnehmer zu gewährleisten.[58] Bei der SE ist der erste Aufsichtsrat anders als bei der AG nicht zwingend mitbestimmungsfrei. Vielmehr sind Arbeitnehmervertreter zu bestellen, sobald das Verhandlungsverfahren abgeschlossen ist und feststeht, nach welchen Regelungen die Arbeitnehmervertreter zu bestellen sind.[59] Zudem

---

[54] Kölner Komm AktG/*Paefgen* Rn. 74.
[55] Bei der Verschmelzung zur Neugründung kann ergänzend auf § 36 Abs. 2 S. 2 UmwG verwiesen werden.
[56] Ebenso Kölner Komm AktG/*Paefgen* Rn. 72.
[57] So *Frodermann* in Jannott/Frodermann SE-HdB § 5 Rn. 98; *Jannott* in Jannott/Frodermann SE-HdB § 3 Rn. 86 und 255; *Schwarz* Rn. 53; *Habersack* Konzern 2008, 67 (74); aA Habersack/Drinhausen/*Seibt* Rn. 51; Kölner Komm AktG/*Paefgen* Rn. 72.
[58] Vgl. Hüffer/Koch/*Koch* AktG § 30 Rn. 1.
[59] *Habersack* Konzern 2008, 67 (74).

kommt die Bestellung der Arbeitnehmervertreter durch das Gericht gem. § 104 AktG in Betracht.

Auch die Durchführung eines Statusverfahrens ist in der Gründungsphase der SE entbehrlich.[60] Bei Gründung einer SE richtet sich die Zusammensetzung des Aufsichtsorgans mit Eintragung der SE in das Handelsregister (Art. 16 Abs. 1) nach den entsprechenden Bestimmungen der SE-Satzung (Art. 40 Abs. 3 S. 1) und der Mitbestimmungsvereinbarung (Art. 12 Abs. 4). Eine Norm des nationalen Rechts, die abweichend davon die Fortgeltung der vor Durchführung eines Formwechsels bzw. einer Verschmelzung anwendbaren gesetzlichen Bestimmungen vorschreibt, so lange nicht ein Statusverfahren durchgeführt wurde, ist mit den genannten Bestimmungen der SE-Verordnung nicht vereinbar. § 96 Abs. 2 AktG findet auf Gründung einer SE daher keine Anwendung.

Für ein Statusverfahren besteht auch kein Bedürfnis. Denn die rechtlichen Unsicherheiten, die sich im nationalen Mitbestimmungsrecht aus dem Über- oder Unterschreiten von Schwellenwerten sowie aus Veränderungen des mitbestimmungsrechtlichen Status der AG ergeben können, bestehen bei Gründung einer SE nicht. Die Größe des Aufsichtsorgans wird durch die Satzung verbindlich vorgegeben (vgl. → Rn. 66). Der Anteil der Arbeitnehmervertreter im Aufsichtsorgan lässt sich entweder der abgeschlossenen Mitbestimmungsvereinbarung entnehmen oder – im Falle des Scheiterns der Verhandlungen – anhand des bisher geltenden Mitbestimmungsniveaus zweifelsfrei ermitteln.[61]

3. Beendigung der Mitgliedschaft im Aufsichtsorgan.
Die Mitgliedschaft im Aufsichtsorgan endet außer durch Ablauf der Amtszeit (vgl. → Art. 46 Rn. 10) und durch Tod, durch Abberufung, durch Amtsniederlegung und durch Wegfall persönlicher Voraussetzungen.

a) Abberufung. Die früheren Verordnungsvorschläge enthielten jeweils eine explizite Regelung zur Abberufung von Mitgliedern des Aufsichtsorgans (bzw. des Verwaltungsorgans).[62] Die Bestellung der Verwaltungsorgane „für einen in der Satzung festgelegten Zeitraum" (Art. 46 Abs. 1) und das Fehlen einer ausdrücklichen Regelung zur Abberufung der Verwaltungsorgane im aktuellen Verordnungstext ist im Schrifttum dahingehend gedeutet worden, dass eine freie vorzeitige Abberufung unzulässig sei.[63] Dieses Ergebnis ist mit dem Regelungsgehalt der SE-VO nicht vereinbar.[64] Denn die aktienrechtlichen und mitbestimmungsrechtlichen Vorschriften über die vorzeitige Abberufung von Mitgliedern des Aufsichtsorgans (§ 103 AktG, § 37 Abs. 1 SEBG) sind über Spezialverweisungen der SE-VO unmittelbar anwendbar, ohne dass es dazu des Nachweises einer Regelungslücke bedürfte.[65]

Art. 52 S. 2 verweist bezüglich einer vorzeitigen Abberufung von Mitgliedern des Aufsichtsorgans, die von der Hauptversammlung ohne Bindung an einen Wahlvorschlag gewählt worden sind, und von solchen, die auf Grund der Satzung in das Aufsichtsorgan entsandt worden sind, bei denen die satzungsmäßigen Voraussetzungen des Entsendungsrechts aber später weggefallen sind, auf **§ 103 Abs. 1, Abs. 2 S. 2 AktG**.[66] Zur Abberufung bedarf es eines Beschlusses der Hauptversammlung, der einer Mehrheit von mindestens drei Viertel der abgegebenen Stimmen bedarf (Art. 57, § 103 Abs. 1 S. 2 AktG).[67] Gem. § 103 Abs. 1 S. 3 AktG kann die Satzung eine andere Mehrheit oder weitere Erfordernisse bestimmen

---

[60] *Habersack* Konzern 2008, 67 (72); aA auch Kölner Komm AktG/*Paefgen* Rn. 73.
[61] *Habersack* Konzern 2008, 67 (72).
[62] Zur Entstehungsgeschichte vgl. insoweit *Brandt*, Die Hauptversammlung der SE, 2004, 146.
[63] *Hommelhoff* AG 2001, 279 (283); *Hirte* NZG 2002, 1 (5); *Schwarz* ZIP 2001, 1847 (1855).
[64] Kölner Komm AktG/*Paefgen* Rn. 80; Habersack/Drinhausen/*Seibt* Rn. 55; Lutter/Hommelhoff/Teichmann/*Drygala* Rn. 23; *Schwarz* Rn. 63; NK-SE/*Manz* Rn. 27.
[65] Zu diesem Aspekt der Spezialverweisung *Brödermann/Iversen*, Europäisches Gemeinschaftsrecht und internationales Privatrecht, 1992/1993 und 1993/1994, Rn. 348.
[66] So auch *Drinhausen* in Van Hulle/Maul/Drinhausen SE-HdB Abschnitt 5 § 2 Rn. 25 (S. 128).
[67] Ebenso Lutter/Hommelhoff/Teichmann/*Drygala* Rn. 23; NK-SE/*Manz* Rn. 27; aA Kölner Komm AktG/*Paefgen* Rn. 81; *Schwarz* Rn. 65, die im Anschluss an *Brandt*, Die Hauptversammlung der SE, 2004, 243 die einfache Mehrheit genügen lassen wollen; ebenso Habersack/Drinhausen/*Seibt* Rn. 55.

(für die AG → AktG § 103 Rn. 13 ff.). Gem. Art. 52 UAbs. 2, § 103 Abs. 2 S. 2 AktG gilt Entsprechendes für Mitglieder des Aufsichtsorgans, die auf Grund eines satzungsmäßigen Entsendungsrechts bestellt wurden, soweit die satzungsmäßigen Voraussetzungen zwischenzeitlich weggefallen sind.

59 Für **Arbeitnehmervertreter,** die auf Grund der Anwendbarkeit der in den §§ 35 ff. SEBG geregelten „Auffanglösung" in das Aufsichtsorgan gewählt wurden, ergibt sich die entsprechende Befugnis der Hauptversammlung aus § 37 Abs. 1 S. 4 SEBG.

60 Aber auch bezüglich der Abberufung solcher Mitglieder des Aufsichtsorgans, die auf Grund eines in der Satzung geregelten **Entsendungsrechtes** oder auf Grund der **Vereinbarung über die Mitbestimmung** der Arbeitnehmer (§ 21 SEBG) bestellt worden sind, enthält die SE-VO keine abschließende Regelung. Vielmehr ergibt sich aus Art. 40 Abs. 2 S. 3, 47 Abs. 4, dass Regelungen bezüglich der Bestellung von nach der Satzung entsandten und auf Grund einer Vereinbarung über die Mitbestimmung bestellten Mitglieder des Aufsichtsorgans von den Bestimmungen der SE-VO unberührt bleiben sollten. Das gilt über den engen Wortlaut der Art. 40 Abs. 2 S. 3, 47 Abs. 4, der sich ausschließlich auf die „Bestellung" bezieht, hinaus auch für die Abberufung.[68] Denn die jederzeitige Abberufbarkeit entsandter Mitglieder des Aufsichtsorgans ist den in § 101 Abs. 2 AktG geregelten Entsendungsrechten quasi immanent und bezüglich der Verhandlungslösung über die Mitbestimmung räumt durch Art. 4 Abs. 2 Beteiligungs-RL hinsichtlich der Beteiligung der Arbeitnehmer den Vertragsparteien weitestgehende Gestaltungsautonomie ein (vgl. auch § 21 Abs. 1 SEBG).

61 Auch die Gesetzesmaterialien, insbesondere die Begründungen zu den früheren Verordnungsentwürfen, tragen die These einer abschließenden Regelung, die eine vorzeitige Abberufung der Verwaltungsorgane ausschließt, nicht. Aus der Entstehungsgeschichte ergibt sich vielmehr, dass die Streichung der ausdrücklichen Regelung in den früheren Entwürfen keine Aussage über das „Ob" der Abberufung, sondern lediglich in Bezug auf das „Wie" zulässt.[69] Fraglich könnte allenfalls sein, ob auch die Bestimmung des § 103 AktG, der die Möglichkeit einer **gerichtlichen Abberufung** von Mitgliedern des Aufsichtsorgans zum Gegenstand hat, auf die SE Anwendung findet. Die Anwendbarkeit des § 103 Abs. 3 AktG kann im Gegensatz zu den in den vorstehenden Randnummern genannten Abberufungskompetenzen nicht unter Hinweis auf eine in der SE-VO enthaltene Spezialverweisung begründet werden. Auf der anderen Seite deutet aber auch nichts darauf hin, dass die Spezialverweisungen eine abschließende Regelung bezüglich der Zuständigkeiten für die Abberufung von Mitgliedern des Aufsichtsorgans beinhalten. Vielmehr liegt eine Regelungslücke vor, die über die Generalverweisung des Art. 9 Abs. 1 lit. c Ziff. ii zu schließen ist.[70] Im Ergebnis erfolgt daher die Abberufung von Mitgliedern des Aufsichtsorgans – vorbehaltlich der Regelung über die Arbeitnehmermitbestimmung – nach den aktienrechtlichen Vorschriften.[71]

62 **b) Wegfall persönlicher Voraussetzungen.** Das Amt eines Mitglieds im Aufsichtsorgan erlischt ohne weiteres, wenn eine persönliche Voraussetzung für die Mitgliedschaft, die das Gesetz zwingend vorschreibt, entfällt. Tritt nachträglich ein **persönliches Bestellungshindernis** gem. Art. 47 Abs. 2 lit. a iVm §§ 100, 105 AktG in der Person eines Mitglieds des Aufsichtsorgans ein, so scheidet dieses automatisch aus dem Amt aus, egal ob es sich um einen Arbeitnehmer- oder einen Anteilseignervertreter handelt (→ AktG § 100 Rn. 64 ff.; zu den Rechtsfolgen nachträglich eintretender Inkompatibilitäten iSv § 105 AktG vgl. auch → Art. 39 Rn. 47).[72] Das Gleiche gilt für ein Mitglied des Aufsichtsorgans,

---

[68] Lutter/Hommelhoff/Teichmann/*Drygala* Rn. 24; für Entsenderechte ebenso Kölner Komm AktG/*Paefgen* Rn. 82.
[69] Zu den Einzelheiten *Brandt*, Die Hauptversammlung der SE, 2004, 147 f.
[70] Ebenso Lutter/Hommelhoff/Teichmann/*Drygala* Rn. 25; Kölner Komm AktG/*Paefgen* Rn. 85, 90.
[71] Der gleichen Auffassung folgt augenscheinlich auch der Gesetzgeber, indem er in Form von § 29 SEAG für das Verwaltungsorgan eine dem § 103 AktG entspr. Regelung eingeführt hat.
[72] Kölner Komm AktG/*Paefgen* Rn. 91 f.; Habersack/Drinhausen/*Seibt* Rn. 59; für die AG MHdB AG/*Hoffmann-Becking* § 30 Rn. 77; Kölner Komm AktG/*Mertens/Cahn* AktG § 100 Rn. 52.

dem die Amtsausübung durch eine Gerichts- oder Verwaltungsentscheidung (nachträglich) untersagt wird (Art. 47 Abs. 2 lit. b). Eine automatische Beendigung der Amtsstellung von **Arbeitnehmervertretern** tritt ein, wenn die in § 36 Abs. 3 SEBG, § 6 Abs. 2 S. 1 SEBG genannten persönlichen Voraussetzungen entfallen.[73] Zwar hat der Gesetzgeber insoweit – anders als in § 7 Abs. 2 MitbestG, § 24 Abs. 1 MitbestG – auf eine ausdrückliche gesetzliche Regelung verzichtet; das steht jedoch einer automatischen Beendigung der Amtsstellung nicht entgegen. Zur Begründung kann auf die Rspr. zu § 76 Abs. 2 BetrVG 1952 verwiesen werden,[74] die ebenfalls von einer automatischen Amtsbeendigung ausgeht, obwohl das Gesetz diese nicht ausdrücklich vorschreibt.

Verliert ein Mitglied des Aufsichtsorgans, das von den Aktionären bestellt wurde, **nachträglich** eine in der Satzung bestimmte persönliche Eigenschaft (vgl. Art. 47 Abs. 3 iVm § 100 Abs. 4 AktG), so führt dies nicht automatisch zum Erlöschen des Mandats (→ AktG § 100 Rn. 63).[75] In diesem Fall kommt aber eine Abberufung aus wichtigem Grund gem. § 103 Abs. 3 AktG in Betracht.[76] 63

c) **Amtsniederlegung.** Mangels abweichender Regelung in der Satzung kann jedes Mitglied des Aufsichtsorgans sein Amt jederzeit niederlegen. Ein wichtiger Grund ist – ebenso wie nach heute hM für die AG – nicht erforderlich (→ AktG § 103 Rn. 59 ff.).[77] Die **Erklärung der Niederlegung** bedarf, soweit nicht die Satzung die Schriftform vorschreibt, keiner besonderen Form. Empfänger der Erklärung ist das Leitungsorgan. Ob die Erklärung gegenüber dem Vorsitzenden des Aufsichtsorgans ausreicht, ist im Schrifttum für die AG umstritten[78] (→ AktG § 103 Rn. 61) und steht daher auch für die SE nicht zweifelsfrei fest. Die Amtsniederlegung darf nicht zur Unzeit erfolgen. Wird dagegen verstoßen, ist sie gleichwohl wirksam (→ AktG § 103 Rn. 60).[79] Das ausscheidende Mitglied des Aufsichtsorgans ist in diesem Fall unter Umständen zur Leistung von Schadensersatz verpflichtet (für die AG → AktG § 103 Rn. 60).[80] Zu den Einzelheiten der Amtsniederlegung vgl. im Übrigen → AktG § 103 Rn. 59 ff. 64

4. Bekanntmachung der Änderungen im Aufsichtsorgan. Kraft Verweisung des Art. 9 Abs. 1 lit. c Ziff. ii muss ein Wechsel der Mitglieder des Aufsichtsorgans unverzüglich in den Geschäftsblättern der SE entsprechend § 106 AktG bekannt gemacht werden und die Bekanntmachung zum Handelsregister eingereicht werden.[81] 65

V. Zusammensetzung und Größe des Aufsichtsorgans

1. Größe des Aufsichtsratsorgans. Gem. Art. 40 Abs. 3 S. 1 wird die Zahl der Mitglieder des Aufsichtsorgans durch die Satzung bestimmt. Deutschland hat von der Ermächtigungsgrundlage in Art. 40 Abs. 3 S. 2 Gebrauch gemacht und mit § 17 Abs. 1 und 2 SEAG eine dem § 95 AktG inhaltlich entsprechende Regelung geschaffen. Der Satzungsgeber muss in den durch § 17 Abs. 1 SEAG vorgegebenen Grenzen die Zahl der Mitglieder 66

---

[73] Ebenso Kölner Komm AktG/*Paefgen* Rn. 92.
[74] BGHZ 39, 116 (120) = NJW 1963, 905 (906); vgl. *Richardi* BetrVG, 15. Aufl. 2016, BetrVG § 76 Rn. 137.
[75] Kölner Komm AktG/*Paefgen* Rn. 84; für die AG MHdB AG/*Hoffmann-Becking* § 30 Rn. 79; Kölner Komm AktG/*Mertens/Cahn* AktG § 100 Rn. 54.
[76] Für die AG Kölner Komm AktG/*Mertens/Cahn* AktG § 100 Rn. 54; diff. MHdB AG/*Hoffmann-Becking* § 30 Rn. 79.
[77] Kölner Komm AktG/*Mertens/Cahn* AktG § 103 Rn. 57; Hüffer/Koch/*Koch* AktG § 103 Rn. 17; MHdB AG/*Hoffmann-Becking* § 30 Rn. 80; *Wardenbach* AG 1999, 74 (75).
[78] Bejahend Kölner Komm AktG/*Mertens/Cahn* AktG § 103 Rn. 59; *Lutter/Krieger/Verse* Aufsichtsrat § 1 Rn. 37 f.; *Hoffmann/Preu* Rn. 719; aA Hüffer/Koch/*Koch* AktG § 103 Rn. 17; MHdB AG/*Hoffmann-Becking* § 30 Rn. 81.
[79] *Lutter/Krieger/Verse* Aufsichtsrat § 1 Rn. 35; *Natzel* RdA 1960, 256; *Singhof* AG 1998, 318 (321 f.); *Wardenbach* AG 1999, 74 (75 f.); nunmehr auch Hüffer/Koch/*Koch* AktG § 103 Rn. 17; MHdB AG/*Hoffmann-Becking* § 30 Rn. 80.
[80] Für die AG *Lutter/Krieger/Verse* Aufsichtsrat § 1 Rn. 35; *Singhof* AG 1998, 318 (323), 327 f.
[81] Vgl. zum Normzweck Hüffer/Koch/*Koch* AktG § 106 Rn. 1.

des Aufsichtsorgans **zwingend** festlegen; variable Angaben sind unzulässig (→ AktG § 95 Rn. 9).[82] Anderenfalls stünde es im Belieben der Hauptversammlung, nicht genehmen Mitgliedern (der Arbeitnehmer) durch Verkleinerung des Aufsichtsorgans das Mandat zu entziehen.[83]

67 Nach § 17 Abs. 1 SEAG hat das Aufsichtsorgan aus **mindestens drei Mitgliedern** zu bestehen. Die Satzung kann eine durch drei teilbare höhere Zahl festlegen. Die zulässige satzungsmäßige Höchstzahl ist in Abhängigkeit von der Höhe des Grundkapitals gestaffelt.

68 Hinsichtlich der **Dreiteilbarkeit** ist jedoch nunmehr das Folgende zu beachten: Mit der Aktienrechtsnovelle 2016 wurde der Anwendungsbereich des Grundsatzes der Dreiteilbarkeit der Aufsichtsratsmitglieder deutscher Aktiengesellschaften nach § 95 S. 3 AktG aF auf solche Gesellschaften reduziert, welche die Dreiteilbarkeit der Aufsichtsratsmitglieder wegen mitbestimmungsrechtlicher Vorgaben zu beachten haben. Da die SE nicht ohne sachliche Rechtfertigung anders als die nationalen Aktiengesellschaften behandelt werden darf, war ein Gleichklang mit § 95 S. 3 AktG geboten.[84] Die Anpassung erfolgte mit etwas Verzögerung durch das Abschlussprüfungsreformgesetz vom 16.5.2016.[85] Die Frage nach der Unanwendbarkeit von § 17 Abs. 1 S. 3 SAG bzw. nach einer unionsrechtskonformen Auslegung[86] stellt sich folglich nicht (mehr).[87] Durch die Neuregelung bleiben all diejenigen Fälle vom Grundsatz der Dreiteilbarkeit erfasst, in denen aufgrund einer Vereinbarung nach § 21 SEBG oder aufgrund der Anwendung der Auffangregelung nach den §§ 34 ff. SEBG eine Dreiteilbarkeit des Aufsichtsrats erforderlich ist.

69 Nach § 17 Abs. 2 SEAG bleibt die **Beteiligung der Arbeitnehmer** auf Grund einer Vereinbarung nach § 21 SEBG oder nach der gesetzlichen Mitbestimmung, die in den §§ 35–38 SEBG geregelt ist, unberührt. Das wirft die Frage auf, inwieweit Verhandlungslösung und mitbestimmungsrechtliche Auffangregelung von den gesetzlichen (§ 17 Abs. 1 SEAG) und satzungsmäßigen Vorgaben abweichen können. Die Meinungen im Schrifttum dazu sind gespalten. Soviel steht fest: erfordert die Mitbestimmung einen bestimmten Anteil an Arbeitnehmervertretern im Aufsichtsorgan, so ist die Satzung der SE gem. Art. 12 Abs. 4 anzupassen, soweit sie dazu im Widerspruch steht. Gilt etwa paritätische Mitbestimmung, erfordert diese – abweichend von § 17 Abs. 1 S. 3 SEAG – eine gerade Zahl von Mitgliedern im Aufsichtsorgan.[88] Aber können die Leitungen der Gründergesellschaften und das besondere Verhandlungsgremium in der Vereinbarung nach § 21 SEBG über den bloßen Anteil der Arbeitnehmervertreter hinaus auch die absolute Größe des Organs regeln? Und können sie dabei ggf. sogar die gesetzlichen Vorgaben des § 17 Abs. 1 SEAG ignorieren? Gegen die mitbestimmungsrechtliche Vertragsautonomie spricht Art. 40 Abs. 3 S. 1.[89] Dieser bestimmt klar und deutlich: „Die Zahl der Mitglieder des Aufsichtsorgans oder die Regeln für ihre Festlegung werden durch die Satzung bestimmt". Einen Vorbehalt zugunsten der Mitbestimmung – wie ihn etwa Art. 40 Abs. 2 S. 3 hinsichtlich der Bestellung der Mitglieder des ersten Aufsichtsorgans enthält – sieht Art. 40 Abs. 3 nicht vor.[90] Die

---

[82] Kölner Komm AktG/*Paefgen* Rn. 95 f.; für die AG: Begr. RegE zu § 95 AktG *Kropff* S. 125; s. auch Hüffer/Koch/*Koch* AktG § 95 Rn. 3.
[83] Vgl. auch BAG AG 1990, 361.
[84] BT-Drs. 18/7219, 58.
[85] Zu den Hintergründen *Harbarth/v. Plettenberg* AG 2016, 145 (150).
[86] Dazu *Bayer/Scholz* ZIP 2016, 193 (197 f.).
[87] *Harbarth/v. Plettenberg* AG 2016, 145 (150).
[88] Begr. RegE, BT-Drs. 15/3405, 36 zu § 17 SEAG; *Ihrig/Wagner* BB 2004, 1748 (1749), 1755; *Seibt* in Lutter/Hommelhoff EU-Gesellschaft 67, 78; NK-SE/*Manz* Rn. 32.
[89] Wie hier Kölner Komm AktG/*Paefgen* Rn. 102; Kölner Komm AktG/*Feuerborn* SEBG § 21 Rn. 52; Kölner Komm AktG/*Kiem* Art. 12 Rn. 64; *Kiem* ZHR 171 (2007), 713 (717); *Kiem* ZHR 173 (2009), 156 (175); Habersack/Henssler/*Habersack* SEBG § 21 Rn. 38; *Habersack* AG 2006, 345 (350 ff.); *Habersack* ZHR 171 (2007), 613 (632); *Habersack* Konzern 2006, 105 (107); *Jacobs* FS K. Schmidt, 2009, 795 (803 ff.); *Windbichler* FS Canaris, Bd. II, 2007, 1423 (1428 ff.); *Rieble* DB 2006, 2018 (2021); *Müller-Bonanni/Metot de Beauregard* GmbHR 2005, 195 (197); *Feldhaus/Vanscheidt* BB 2008, 2246 (2247).
[90] Das sieht auch *Krause* BB 2005, 1221 (1226); Lutter/Hommelhoff/Teichmann/*Oetker* SEBG § 21 Rn. 64; *Oetker* ZIP 2006, 1113 (1114 ff.); *Oetker* FS Konzen, 2006, 635 (650); Lutter/Hommelhoff/Teich-

Gegenauffassung,[91] der sich mittlerweile auch ein Instanzgericht angeschlossen hat,[92] verweist dagegen darauf, dass die Möglichkeit der Festlegung der Größe des Aufsichtsrates in der Mitbestimmungsvereinbarung dem Willen des Europäischen Gesetzgebers Rechnung trage, der die Vereinbarung maßgeschneiderter Mitbestimmungsmodelle ermöglichen wollte.[93] So hätten die Beteiligungsvereinbarungen ihre Grundlage in den Rechtsvorschriften, die die Mitgliedstaaten in Anwendung der speziell die SE betreffenden Gemeinschaftsmaßnahmen erlassen haben. Damit stehe sie in der Hierarchie der Rechtsquellen oberhalb des nationalen Aktienrechts und der Satzungsautonomie. Hingewiesen wird weiter auf Art. 12 Abs. 4.[94] Die meisten Autoren schränken dies lediglich dahingehend ein, dass die zwingenden gesetzlichen Vorgaben des Art. 17 Abs. 1 SEAG hinsichtlich der Höchst- und Mindestzahlen sowie der Teilbarkeit der Anzahl der Aufsichtsratsmitglieder durch drei zu beachten sei.[95] Es ist indessen zweifelhaft, ob Art. 12 Abs. 4 wirklich eine taugliche Grundlage für die Begründung mitbestimmungsrechtlicher Vereinbarungsautonomie hinsichtlich der absoluten Größe des Aufsichtsorgans ist. Denn Aufgabe von Art. 12 Abs. 4 ist es nicht, die Schranken der Vertragsfreiheit bei Aushandlung der Vereinbarung nach § 21 SEBG festzulegen. Soweit die Norm der Verhandlungslösung Vorrang vor der Satzung einräumt, setzt sie vielmehr stillschweigend voraus, dass der Inhalt der Vereinbarung die Grenzen der Vertragsautonomie nicht sprengt. Anderenfalls könnte ihm kein Vorrang vor der Satzung gebühren. Auch aus dem Wortlaut der Beteiligungs-RL kann für die gegenteilige Auffassung nichts gewonnen werden. Zwar besagt Art. 4 Abs. 2 lit. g Beteiligungs-RL, dass der Inhalt der Vereinbarung auch die „Zahl der Mitglieder des Verwaltungs- oder des Aufsichtsorgans der SE, welche die Arbeitnehmer wählen oder bestellen können" umfasse; diese Regelung bezieht sich aber eben nicht auf die absolute Größe des Organs, sondern nur auf den Anteil der von den Arbeitnehmern zu bestellenden Mitglieder. Denn soweit die Beteiligungs-RL die Verhandlungsparteien in Art. 4 Abs. 2 lit. g Beteiligungs-RL zu einer Vereinbarung über die „Mitbestimmung" ermächtigt, meint sie damit ausschließlich eine Vereinbarung über das Recht, „einen Teil der Mitglieder des Aufsichts- oder Verwaltungsorgans der Gesellschaft zu wählen oder zu bestellen" oder „die Bestellung eines Teils der oder aller Mitglieder des Aufsichts- oder Verwaltungsorgans der Gesellschaft zu empfehlen und/oder abzulehnen" (Art. 2 lit. k Beteiligungs-RL). Anhaltspunkte dafür, dass der europäische Normgeber den Leitungsorganen der Gründungsgesellschaften und dem besonderen Verhandlungsgremium über diese enge Definition hinaus die Befugnis einräumen wollte, in die Satzungsautonomie der Hauptversammlung einzugreifen, lassen sich weder der Verordnung noch der Richtlinie entnehmen. Die absolute Größe des Aufsichtsorgans festzulegen, ist also Sache des Satzungsgebers.[96] Vorbehaltlich des in der Mitbestimmungsvereinbarung oder des in der gesetzlichen Auffangregelung festgelegten prozentualen Anteils der Arbeitnehmervertreter und in den Grenzen des § 17 Abs. 1 SEAG ist der Satzungsgeber in der Bestimmung der Größe des Aufsichtsorgans frei. Insbesondere ist er nicht an die Vorgaben des § 7 MitbestG gebunden. Dieser findet auf die SE keine Anwendung. Dadurch lässt sich – insbesondere in großen Gesellschaften – eine im Interesse besserer Corporate Governance wünschenswerte Verkleinerung des Aufsichtsorgans verwirklichen.[97]

---

mann/*Drygala* Rn. 32 f.; *Schwarz* Rn. 82; *Kort* AG 2008, 137 (139); *Kienast* in Jannott/Frodermann SE-HdB Kap. 13 Rn. 386.
[91] Insbes. *Teichmann* Konzern 2007, 89 (94 ff.); *Teichmann* AG 2008, 797 (800 ff.); ihm folgend Lutter/Hommelhoff/Teichmann/*Drygala* Rn. 30 ff.
[92] LG Nürnberg-Fürth ZIP 2010, 372 mit zustimmenden Besprechungen von *Teichmann* BB 2010, 1113; *Seibt* ZIP 2010, 1057 ff.; *Kiefner/Friebel* NZG 2010, 537 ff.
[93] *Teichmann* AG 2008, 797 (800 ff.).
[94] *Kienast* in Jannott/Frodermann SE-HdB Kap. 13 Rn. 386; *Krause* BB 2005, 1221 (1226); *Seibt* AG 2005, 413 (422 f.).
[95] *Seibt* AG 2005, 413 (422); aA offenbar *Krause* BB 2005, 1221 (1226); offengelassen bei *Kienast* in Jannott/Frodermann SE-HdB Kap. 13 Rn. 386.
[96] Wie hier *Kallmeyer* AG 2003, 197 (199); Kölner Komm AktG/*Paefgen* Rn. 102; *Feldhaus/Vanscheidt* BB 2008, 2246 (2247); *Kiem* ZHR 173 (2009), 156 (175 ff.); *Deilmann/Häferer* NZA 2017, 607 (609 f.).
[97] Lutter/Hommelhoff/Teichmann/*Drygala* Rn. 31; *Seibt* AG 2005, 413 (423).

70 § 35 Abs. 1 SEBG, der für den Fall der Gründung der SE durch **Umwandlung** den Umfang der gesetzlichen Mitbestimmung regelt, enthält keine von § 17 Abs. 1 SEAG abweichende Regelung über die Größe des Aufsichtsorgans. § 35 Abs. 1 SEBG bezieht sich nicht auf die Organgröße, sondern nur auf die mitbestimmungsgemäße Zusammensetzung des Organs. Das ergibt sich aus Anh. Teil 3 lit. a Beteiligungs-RL, der die Umwandlung betrifft und seinerseits auf die für die übrigen Gründungsarten geltende Regelung in Anh. Teil 3 lit. b Beteiligungs-RL verweist. Danach ist nur der Anteil der Arbeitnehmervertreter, nicht aber auch deren absolute Zahl für die SE zu übernehmen.[98]

71 **2. Zusammensetzung des Aufsichtsorgans.** Im gesetzlichen Normalfall setzt sich das Aufsichtsorgan ausschließlich aus Mitgliedern zusammen, die von der Hauptversammlung der SE ohne Bindung an Wahlvorschläge (Art. 52 UAbs. 2, § 101 Abs. 1 S. 2 AktG) gewählt oder auf Grund eines Entsendungsrechtes (Art. 40 Abs. 2 S. 3, Art. 47 Abs. 4, § 101 Abs. 2 AktG) von einem oder mehreren Aktionären entsandt wurden. Zu einer abweichenden Zusammensetzung kommt es bei einer mitbestimmten SE.

72 In der **mitbestimmten SE** richtet sich die Zusammensetzung des Aufsichtsorgans primär nach der zwischen dem besonderen Verhandlungsgremium der Arbeitnehmer und den Organen der Gründungsgesellschaften ausgehandelten Verhandlungslösung über die Mitbestimmung (§ 21 SEBG).[99] Inhaltlich wird dem Vertretungsorgan und dem Verhandlungsgremium durch § 21 Abs. 1 SEBG Gestaltungsfreiheit eingeräumt. Die Verhandlungspartner können grundsätzlich auch eine Regelung vereinbaren, die in einem der beteiligten Rechtsträger – oder sogar in beiden – zu einer Minderung der bestehenden Mitbestimmungsrechte führt (vgl. zu der dann erforderlichen Mehrheit § 15 Abs. 3 SEBG). Sie können auf unternehmerische Mitbestimmung sogar ganz verzichten. Sie können auch völlig neue Wege beschreiten, zB indem sie die Mitbestimmung auf ganz bestimmte typisierte Entscheidungen beschränken.[100] Sie können die Mitbestimmung auch in Gremien verankern, die in der aktienrechtlichen Verbandsverfassung eigentlich nicht vorgesehen sind. Dabei sind allerdings gewisse Grenzen zu beachten (zu Einzelheiten → Art. 38 Rn. 31 ff.). Zweifelhaft ist mit Blick auf die Eigentumsgarantie namentlich, ob in der Mitbestimmungsvereinbarung eine Überparität vereinbart werden kann.[101]

73 Hat das besondere Verhandlungsgremium mit **qualifizierter Mehrheit** beschlossen, keine Verhandlungen aufzunehmen oder bereits aufgenommene Verhandlungen endgültig abzubrechen, bleibt die SE **mitbestimmungsfrei** (§ 16 Abs. 1, Abs. 2 S. 2 SEBG). Kommt trotz Verhandlungen innerhalb des nach § 20 SEBG zu bemessenden Verhandlungszeitraums keine Vereinbarung zustande, so findet als Auffangregelung die Mitbestimmung kraft Gesetzes nach den §§ 35–38 SEBG Anwendung, wenn die in § 34 Abs. 1 SEBG aufgestellten Voraussetzungen vorliegen (zu Einzelheiten → SEBG § 34 Rn. 3 ff.). Die Anwendbarkeit der §§ 35 ff. SEBG kann auch Gegenstand einer Vereinbarung mit dem besonderen Verhandlungsgremium sein (§ 21 Abs. 5 SEBG).

74 Auf eine SE mit Sitz in Deutschland findet im Regelfall das **Repräsentations-Mitbestimmungsmodell** Anwendung,[102] bei dem ein Teil der Mitglieder des Aufsichtsorgans

---

[98] Lutter/Hommelhoff/Teichmann/*Drygala* Rn. 35; *Ihrig/Wagner* BB 2004, 1749 (1755); zur Wahrung der quotalen Beteiligungsrechte der Arbeitnehmer vgl. *Köstler* in Theisen/Wenz, Die Europäische Aktiengesellschaft, 2. Aufl. 2005, 301, 321 f.; *Reichert/Brandes* ZGR 2003, 767 (775).

[99] *Kämmerer/Veil* ZIP 2005, 369 ff.; *Blanquet* ZGR 2002, 20 (58); *Herfs-Röttgen* NZA 2002, 358 (361 ff.); *Herfs-Röttgen* NZA 2001, 424 (426 ff.); s. auch *Bungert/Beier* EWS 2002, 1 (4); *Reichert/Brandes* ZGR 2003, 767 (772); *Ihrig/Wagner* BB 2004, 1749 (1754).

[100] Zu den Einzelheiten *Henssler* FS Ulmer, 2003, 193 (197); *Herfs-Röttgen* NZA 2002, 358 (363); *Kallmeyer* AG 2003, 197 (200); *Reichert/Brandes* ZGR 2003, 767 (774).

[101] So *Seibt* AG 2005, 413 (416), 422; *Kämmerer/Veil* ZIP 2005, 369 (370); *Gruber/Weller* NZG 2003, 297 (299); Kölner Komm AktG/*Paefgen* Rn. 109 mwN; aA *Jacobs* FS K. Schmidt, 2009, 795 (801); für Zulässigkeit bei Zustimmung aller Anteilseigner *Henssler* ZfA 2000, 241 (261 f.).

[102] Überblick über die unterschiedlichen Formen und der Umfang der Mitbestimmung in einigen Mitgliedstaaten bei *Schwark* AG 2004, 173 f.; *Köstler/Büggel*, Gesellschafts- und Mitbestimmungsrecht in den Ländern der europäischen Gemeinschaft, 2003; vgl. ferner die Länderberichte in *Baums/Ulmer* ZHR-Beiheft 72, 2004.

von der Arbeitnehmerseite gewählt oder bestellt wird (§ 2 Abs. 12 Nr. 1 SEBG). Das vor allem in den Niederlanden herrschende **Kooptationsmodell** (§ 2 Abs. 12 Nr. 2 SEBG), bei der die Arbeitnehmerseite einen Teil oder alle Mitglieder des Aufsichtsorgans empfiehlt oder ablehnen darf, findet Anwendung, wenn das besondere Verhandlungsgremium dies entscheidet (§ 34 Abs. 2 SEBG) oder wenn keine mitbestimmte inländische Gesellschaft beteiligt ist, sich das Kooptationsmodell auf die höchste Zahl der in den beteiligten Gesellschaften beschäftigten Arbeitnehmer erstreckt und das besondere Verhandlungsgremium nicht abweichend das Repräsentationsmodell für anwendbar erklärt (§ 34 Abs. 2 SEBG; zu Einzelheiten → SEBG § 34 Rn. 17).

Bestimmt sich die Mitbestimmung in der SE nach den **§§ 35 ff. SEBG,** so gilt Folgendes: 75 Bei der Gründung einer SE durch „Umwandlung" (gemeint ist der Rechtsformwechsel einer AG in eine SE; vgl. → Art. 2 Rn. 46) bleibt der Anteil (nicht die absolute Zahl; vgl. → Rn. 72) der mit Arbeitnehmervertretern zu besetzenden Sitze im Aufsichtsorgan, der in der Gesellschaft vor der Umwandlung bestanden hat, erhalten. Bei den übrigen Gründungsarten (Verschmelzung, Holding-Gründung und Tochter-Gründung) bemisst sich die Zahl der Arbeitnehmervertreter im Aufsichtsorgan nach dem höchsten Anteil an Arbeitnehmervertretern, der in den Organen der beteiligten Gesellschaften vor Eintragung der SE bestanden hat. Die danach für die Arbeitnehmervertreter zur Verfügung stehenden Sitze werden gem. § 36 Abs. 1 SEBG durch den SE-Betriebsrat auf die Mitgliedstaaten verteilt, wobei die Anzahl der Arbeitnehmer in den einzelnen Mitgliedstaaten zu berücksichtigen ist.[103] Nochmals zu den Einzelheiten vgl. → SEBG § 36 Rn. 2 ff.

3. Geschlechterquote. Ab dem 1.1.2016 gilt für alle Aufsichtsräte von Aktiengesell- 76 schaften, die börsennotiert *und* paritätisch mitbestimmt sind, gem. § 96 Abs. 2 AktG eine „starre" Geschlechterquote in Höhe von 30 %. Ferner müssen alle Gesellschaften, die entweder mitbestimmt oder börsennotiert sind, autonom Zielgrößen für den Frauenanteil im Aufsichtsrat, Vorstand und den beiden darunter liegenden Führungsebenen festlegen (§ 76 Abs. 4 AktG, § 111 Abs. 5 AktG).

a) „Starre Quote". Insbesondere gegenüber der „starren" Quote bestehen neben 77 rechtspolitischen auch erhebliche verfassungs- und europarechtliche Bedenken, da Sanktionen auch für den Fall vorgesehen sind, dass ein Unternehmen trotz größter Bemühungen keine geeignete Person finden konnte, die dem unterrepräsentierten – gegenwärtig nach Lage der Dinge meist weiblichen – Geschlecht angehört.[104] Diese Bedenken richten sich auch gegen § 17 Abs. 2 SEAG, der die „starre" Geschlechterquote im Recht der SE implementiert, sofern die SE börsennotiert ist und ihr Aufsichtsorgan aus derselben Zahl von Anteilseigner- und Arbeitnehmervertretern besteht.[105]

Zweifel, ob dem deutschen Gesetzgeber überhaupt eine Regelungskompetenz zukommt, 78 für die SE als einer Rechtsform europäischen Rechts eine Geschlechterquote vorzusehen,[106] sucht das Schrifttum inzwischen überwiegend zu zerstreuen.[107] Zu Unrecht: § 36 Abs. 2 SEBG verweist entsprechend den Vorgaben der Beteiligungs-RL hinsichtlich der Nominierung ausländischer Arbeitnehmervertreter bei Anwendbarkeit der gesetzlichen Auffangregelung auf die Wahlvorschriften der jeweiligen ausländischen Rechtsordnungen, aus denen Arbeitnehmervertreter in den Aufsichtsrat gewählt werden müssen. Soweit die ausländische Rechtsordnung keine Geschlechterquote kennt, kann der deutsche Gesetzgeber diese nicht

---

[103] *Ihrig/Wagner* BB 2004, 1749 (1754).
[104] Vgl. K. Schmidt/Lutter/*Drygala* AktG § 96 Rn. 36 ff.; *Drygala* NZG 2015, 1129 ff.; DAV-Ausschüsse NZG 2014, 1214 ff.; *Habersack/Kersten* BB 2014, 2819 ff.; *Hohenstatt/Willemsen/Naber* ZIP 2014, 2220 (2222 ff.); *Teichmann/Rüb* BB 2015, 259 (261 ff.); *Teichmann/Rüb* BB 2005, 898 (900); Hüffer/Koch/*Koch* AktG § 96 Rn. 13; aA *Grobe* AG 2015, 289 (300 ff).
[105] Lutter/Hommelhoff/Teichmann/*Drygala* Rn. 10; *Teichmann/Rüb* BB 2015, 259 ff.
[106] *Kraft/Redenius-Hövermann* AG 2012, 28 ff.; *Ohmann-Sauer/Langmann* NZA 2014, 1120 (1123 f.); *Sagan* RdA 2015, 255 (259).
[107] Lutter/Hommelhoff/Teichmann/*Drygala* Rn. 11; *Teichmann/Rüb* BB 2015, 259 (264); *Weller/Harms/Rentsch/Thomale* ZGR 2015, 361 (366 f.).

vorschreiben oder gar die Nichtigkeit der Wahl eines aus dem Ausland nominierten Kandidaten anordnen, wenn dies zu einer Verletzung der Quote führt.[108] Müssten nun ausschließlich die deutschen Mitglieder des Aufsichtsrates – im Extremfall ausschließlich die Anteilseignervertreter – allein die Quote für den Gesamtaufsichtsrat erfüllen, so würde dies wiederum zu einer Diskriminierung der SE gegenüber der AG führen, die gegen Art. 10 SE-VO verstieße. Denn wenn die Nominierung bzw. Wahl der ausländischen Arbeitnehmervertreter eine Unterrepräsentanz eines Geschlechts zur Folge hätte, würde dies im praktischen Ergebnis dazu führen, dass dann die inländischen Vertreter – hauptsächlich betroffen davon wären die Anteilseignervertreter – die Quote innerhalb ihrer eigenen Reihen übererfüllen müssten und damit schlechter gestellt wären als in einer AG nach nationalem Recht. Dagegen kann auch nicht eingewandt werden, dass die Mitbestimmung im Regelfall ausgehandelt wird und die Auffangregelung nur in Ausnahmefällen eingreift, auch wenn dies in der Praxis den tatsächlichen Gegebenheiten entspricht. Allein schon die Möglichkeit, dass Verhandlungen über die Mitbestimmung scheitern oder in der Frage der Quote keine Einigung erreicht werden kann, und die damit verbundenen Unwägbarkeiten erscheinen geeignet, die Praxis davon abzuhalten, überhaupt noch die Rechtsform der SE zu wählen, und laufen damit den Intentionen des Verordnungsgebers einer Gleichbehandlung mit der AG zuwider. Dies gilt umso mehr, als nach den Vorstellungen des Gesetzgebers die Regelungen im Aktiengesetz zum Widerspruchsrecht hinsichtlich der Gesamterfüllung, die zum Ziel haben, eine Ungleichbehandlung von Anteilseigner- und Arbeitnehmerbank bei der Quotenerfüllung zu verhindern, in der SE nicht gelten sollen (→ Rn. 79). Eine Regelungskompetenz des deutschen Gesetzgebers hinsichtlich der Einführung einer Geschlechterquote erschiene ausschließlich mit Blick auf die nach deutschem Recht zu nominierenden Aufsichtsratsmitglieder[109] vertretbar.

79 Von diesen Bedenken abgesehen stellt § 17 Abs. 2 SEAG den Rechtsanwender vor das Problem, dass zwar die Quotenregelung als solche in das SEAG aufgenommen wurde, nicht aber die übrigen in § 96 Abs. 2 AktG enthaltenen Regelungen. Es fehlen namentlich die Vorgaben zur Gesamt- oder Getrennterfüllung (§ 96 Abs. 2 S. 2, 3, 5 AktG), zur Rundung der Personenzahl (§ 96 Abs. 2 S. 4 AktG) und zu den Rechtsfolgen einer quotenwidrigen Wahl (§ 96 Abs. 2 S. 6, 7 AktG). Die Übernahme dieser Bestimmungen hielt der Gesetzgeber, wie sich aus den Gesetzgebungsmaterialien ergibt,[110] aus unterschiedlichen Gründen für entbehrlich: Dass die Rundungsvorschriften und die Anordnung der Nichtigkeit anwendbar seien, folge bereits aus der Generalverweisung in Art. 9 Abs. 1 lit. c Ziff. ii SE-VO.[111] Hingegen sollen der Gesetzesbegründung zufolge die Regelungen zur Gesamt- und Getrennterfüllung schon deshalb nicht zur Anwendung kommen, weil die Mitbestimmung (und damit auch die Besetzung des Aufsichtsrats) „regelmäßig" im Vereinbarungsweg zwischen der Arbeitnehmerseite und der Leitung der Gesellschaft ausgehandelt werde. Folglich passe „in diesem Rahmen" ein Widerspruch gegen die Gesamterfüllung nicht, weil die Vereinbarung nur einvernehmlich ausgehandelt und umgesetzt werden könne. „Ein einseitiger Widerspruch wäre damit nicht vereinbar."[112]

80 Diese Argumentation ist, soweit sie die Gesamt- und Getrennterfüllung betrifft, zu Recht auf Kritik gestoßen. Mitbestimmungsvereinbarungen werden allenfalls „regelmäßig", aber nicht immer geschlossen. Im Falle der gesetzlichen Auffangregelung liegt dagegen gerade keine einvernehmliche Regulierung der Mitbestimmung vor, sodass die Argumentation der

---

[108] *Sagan* RdA 2015, 255 (259).
[109] Enger noch *Sagan* RdA 2015, 255 (259): Quote ausschließlich für die Anteilseignervertreter; nach *Oetker* ZHR 179 (2015), 707 (743 f.) soll die Nichtigkeitsfolge bei Bestellung der Anteilseignervertreter nicht greifen, wenn diese isoliert die Quote erfüllen. BT-Drs. 18/4227, 22.
[110] BT-Drs. 18/4227, 22.
[111] Lutter/Hommelhoff/Teichmann/*Drygala* Rn. 13; dieses Nebeneinander von eigenständigen, dann aber doch wieder lückenhaften Regelungen zur SE und subsidiär anwendbarem Aktienrecht stößt im Schrifttum zu Recht auf Befremden *Teichmann/Rüb* BB 2015, 898 (904); *Oetker* ZHR 179 (2015), 707 (738); *Sagan* RdA 2015, 255 (258).
[112] BT-Drs. 18/4227, 22.

Gesetzesbegründung nicht greift. Das Widerspruchsrecht soll sicherstellen, dass nicht die Anteilseignerseite die Quote übererfüllen muss, wenn die Arbeitnehmerseite sie untererfüllt oder umgekehrt. Fehlt es an entsprechenden Bestimmungen in der Mitbestimmungsvereinbarung, so kann dies in der Praxis dazu führen, dass die SE gegenüber der AG benachteiligt wird, was mit Blick auf das Diskriminierungsverbot (Art. 10 SE-VO) bedenklich wäre.[113] Die Ungleichbehandlung damit zu rechtfertigen, dass die Handhabung des Regelungsgefüges durch die Getrennterfüllung (weiter) kompliziert würde, überzeugt nicht.[114] Die Forderung von Teilen des Schrifttums, dass bei Fehlen einer expliziten Regelung in der Beteiligungsvereinbarung oder im Falle der gesetzlichen Auffangregelung auch die aktienrechtlichen Vorschriften über die Gesamt- und Getrennterfüllung Anwendung finden müssten,[115] dürfte umgekehrt am erklärten entgegenstehenden Willen des Gesetzgebers scheitern. Zustimmung verdient dagegen eine vermittelnde Ansicht, die im Wege richtlinienkonformer Auslegung zwar ausschließlich Gesamterfüllung für möglich hält, aber bei den Wahlen der Anteilseignervertreter die Anwendbarkeit der Nichtigkeitsfolge negiert, soweit die Anteilseignerbank die Quote innerhalb ihrer eigenen Reihen erfüllt hat.[116]

81 Strittig ist ferner, inwieweit die Regelungen der Mitbestimmungsvereinbarung von den Vorgaben des § 17 Abs. 2 SEAG abweichen dürfen. Die Gesetzesbegründung geht offensichtlich davon aus, dass Regelungen zur Geschlechterquote auch Gegenstand einer Mitbestimmungsvereinbarung sein können und setzt daher ein gewisses Maß an Verhandlungsautonomie der Parteien voraus (→ Rn. 79). Dies begrüßen vor allem diejenigen Autoren im Schrifttum, die den Verhandlungsspielraum der Parteien in der Mitbestimmungsvereinbarung generell weit definieren und in diesen auch die absolute Größe des Aufsichtsrates mit einschließen (→ Rn. 69 ff.).[117] Dem ist – auch wenn hier mit Blick auf die absolute Größe des Aufsichtsorgans eine abweichende Auffassung vertreten wird – zumindest insoweit zuzustimmen, als es um Regelungen der Mitbestimmungsvereinbarung geht, die die Modalitäten der Wahl hinsichtlich der Einhaltung der Quote betreffen und schließt – wie bereits ausgeführt (→ Rn. 79) – auch die Möglichkeit zu einer Einführung eines Widerspruchsrechts im Verhandlungswege mit ein. Denn anders als im Falle der absoluten Größe des Aufsichtsorgans besteht mit Blick auf seine geschlechterspezifische Zusammensetzung kein Konflikt mit der durch die Verordnung angeordneten Regelungsautonomie des Satzungsgebers (Art. 40 Abs. 3 S. 1 SE-VO). Das bedeutet indessen noch nicht, dass es den Verhandlungspartnern auch freistünde, durch eine entsprechende Bestimmung in der Mitbestimmungsvereinbarung die Quote zu erhöhen, zu senken oder ganz abzuschaffen. Vielmehr entspricht es erkennbar dem Willen des Gesetzgebers, die Quote – zumindest bei paritätischer Besetzung des Aufsichtsorgans – zwingend vorzuschreiben.[118] Der Vorrang der Mitbestimmungsvereinbarung gegenüber Vorschriften des nationalen Rechts ist auf solche Regelungen beschränkt, die auf Fragen der Mitbestimmung im Sinne der Legaldefinition in Art. 2 lit. k Beteiligungs-RL Bezug nehmen. Dazu gehört die Geschlechterquote nicht. Als einziger Ausweg, der Quote im Verhandlungswege zu entgehen, bleibt daher der Verzicht auf paritätische Mitbestimmung.[119]

82 **b) „Weiche" Quote.** Die Regelungen betreffend die Zielgrößen zur Frauenförderung (§ 76 Abs. 4 AktG und § 111 Abs. 5 AktG), die sog. „weiche Quote", sind auch für die dualistische SE maßgeblich, vorausgesetzt, sie ist börsennotiert *oder* mitbestimmt.[120] Das

---

[113] *Teichmann/Rüb* BB 2015, 898 (904); *Sagan* RdA 2015, 255 (258); aA Lutter/Hommelhoff/Teichmann/*Drygala* Rn. 15; *Oetker* ZHR 179 (2015), 707 (739 ff.).
[114] Gegen Lutter/Hommelhoff/Teichmann/*Drygala* Rn. 15.
[115] *Teichmann/Rüb* BB 2015, 898 (904); aA Lutter/Hommelhoff/Teichmann/*Drygala* Rn. 15; *Oetker* ZHR 179 (2015), 707 (743 f.).
[116] *Oetker* ZHR 179 (2015), 707 (743 f.).
[117] Lutter/Hommelhoff/Teichmann/*Drygala* Rn. 16; *Teichmann/Rüb* BB 2015, 259 (266).
[118] *Oetker* ZHR 179 (2015), 707 (742); Lutter/Hommelhoff/Teichmann/*Oetker* SEBG § 21 Rn. 54; aA Lutter/Hommelhoff/Teichmann/*Drygala* Rn. 16.
[119] *Oetker* ZHR 179 (2015), 707 (742).
[120] Lutter/Hommelhoff/Teichmann/*Drygala* Rn. 17; *Grobe* AG 2015, 289 (299); *Teichmann/Rüb* BB 2015, 898 (905).

ergibt sich, wie in der Gesetzesbegründung hervorgehoben,[121] wiederum aus der Generalanweisung in Art. 9 Abs. 1 lit. c Ziff. ii. Auch insoweit kann auf die einschlägigen Kommentierungen zum AktG verwiesen werde. Für die monistische SE sieht § 22 Abs. 6 SEAG eine sinngemäße Anwendung vor.[122]

Art. 41 [Informationsrechte]

(1) Das Leitungsorgan unterrichtet das Aufsichtsorgan mindestens alle drei Monate über den Gang der Geschäfte der SE und deren voraussichtliche Entwicklung.

(2) Neben der regelmäßigen Unterrichtung gemäß Absatz 1 teilt das Leitungsorgan dem Aufsichtsorgan rechtzeitig alle Informationen über Ereignisse mit, die sich auf die Lage der SE spürbar auswirken können.

(3) ¹Das Aufsichtsorgan kann vom Leitungsorgan jegliche Information verlangen, die für die Ausübung der Kontrolle gemäß Artikel 40 Absatz 1 erforderlich ist. ²Die Mitgliedstaaten können vorsehen, dass jedes Mitglied des Aufsichtsorgans von dieser Möglichkeit Gebrauch machen kann.

(4) Das Aufsichtsorgan kann alle zur Erfüllung seiner Aufgaben erforderlichen Überprüfungen vornehmen oder vornehmen lassen.

(5) Jedes Mitglied des Aufsichtsorgans kann von allen Informationen, die diesem Organ übermittelt werden, Kenntnis nehmen.

§ 18 SEAG Informationsverlangen einzelner Mitglieder des Aufsichtsorgans
Jedes einzelne Mitglied des Aufsichtsorgans kann vom Leitungsorgan jegliche Information nach Artikel 41 Abs. 3 Satz 1 der Verordnung, jedoch nur an das Aufsichtsorgan, verlangen.

Schrifttum: *Ambrosius*, Der Berichtsanspruch des Aufsichtsrats nach § 90 Abs. 3 AktG, DB 1979, 2165; *Bauer*, Organklagen zwischen Vorstand und Aufsichtsrat der Aktiengesellschaft, 1986; *Bernhardt*, Vorstand und Aufsichtsrat (unter Einschluss des Verhältnisses zum Abschlussprüfer), in Corporate Governance (ZHR-Beiheft 71), 2002, 119; *Bork*, Materiellrechtliche und prozessrechtliche Probleme des Organstreits zwischen Vorstand und Aufsichtsrat einer Aktiengesellschaft, ZGR 1989, 1; *Goerdeler*, Das Audit Committee in den USA, ZGR 1987, 219; *Götz*, Rechte und Pflichten des Aufsichtsrats nach dem Transparenz- und Publizitätsgesetz, NZG 2002, 599; *Lutter*, Information und Vertraulichkeit im Aufsichtsrat, 2. Aufl. 1984; *Mertens*, Zur Berichtspflicht des Vorstands gegenüber dem Aufsichtsrat, AG 1980, 67; *K. Schmidt*, „Insichprozesse" durch Leistungsklagen in der Aktiengesellschaft, ZZP 92 (1979), 212; *Schwark*, Corporate Governance: Vorstand und Aufsichtsrat in Corporate Governance, ZHR-Beiheft 71 (2002), 75; *Semler*, Unternehmensplanung in der Aktiengesellschaft – eine Betrachtung unter rechtlichen Aspekten, ZGR 1983, 1; *Steinbeck*, Überwachungspflicht und Einwirkungsmöglichkeit des Aufsichtsrats in der Aktiengesellschaft, Diss. Münster 1992; *Steindorff*, Der Wettbewerber als Minderheitsaktionär, FS Rittner, 1991, 675; *Stodolkowitz*, Gerichtliche Durchsetzung von Organpflichten in der Aktiengesellschaft, ZHR 154 (1990), 1; *H. Westermann*, Rechtsstreitigkeiten um die Rechte aus § 90 AktG, FS Böttcher, 1969, 369; *Windbichler*, Zur Trennung von Geschäftsleitung und Kontrolle bei amerikanischen Großgesellschaften, ZGR 1985, 50.

Übersicht

	Rn.		Rn.
I. Grundlagen	1–5	**III. Informationsverlangen des Aufsichtsorgans**	11–17
1. Regelungsgegenstand und Zweck	1–3	1. Gegenstand	13, 14
2. Weitere Vorlagen und Berichte	4, 5	2. Geltendmachung	15
II. Berichtspflichten des Leitungsorgans	6–10	3. Informationsverlangen einzelner Mitglieder des Aufsichtsratsorgans	16, 17
1. Bericht über den Gang der Geschäfte und deren voraussichtliche Entwicklung	6–8	**IV. Art und Form der Berichterstattung**	18, 19
2. Berichte über sonstige wesentliche Ereignisse	9, 10	**V. Prüfungsrecht des Aufsichtsorgans**	20–28

---

[121] BT-Drs. 18/4227, 22.
[122] BT-Drs. 18/4227, 22.

Informationsrechte 1–4 **Art. 41 SE-VO**

	Rn.		Rn.
1. Grundlagen	20	VI. Information innerhalb des Aufsichtsorgans	29–31
2. Umfang und Schranken	21–25	VII. Gerichtliche Durchsetzung des Informationsrechts	32–34
3. Übertragung des Prüfungsrechts	26–28		

I. Grundlagen

1. Regelungsgegenstand und Zweck. Art. 41 regelt die **Berichtspflichten** des Leitungsorgans gegenüber dem Aufsichtsorgan und die korrespondierenden **Auskunftsansprüche** des Aufsichtsorgans gegenüber dem Leitungsorgan. Unter den Instrumentarien, mit denen das Aufsichtsorgan seine Überwachungspflicht gegenüber dem Leitungsorgan wahrnimmt, nehmen sie einen wichtigen Platz ein. Sie sollen eine effiziente und vorbeugende Überwachung der Geschäftsführung garantieren. Darüber hinaus sollen sie verhindern, dass sich Mitglieder des Aufsichtsorgans auf Unkenntnis berufen können, wenn sie gem. Art. 51, §§ 93, 116 AktG auf Schadensersatz in Anspruch genommen werden (s. auch → AktG § 90 Rn. 1).[1] Die in Abs. 1 und 2 geregelten Berichtspflichten sollen das Leitungsorgan dazu anhalten, aus eigener Initiative und **periodisch** zu berichten. Schuldner der Berichtspflicht ist das Leitungsorgan als Kollegialorgan (→ AktG § 90 Rn. 6).[2] Daneben besteht das Recht des Aufsichtsorgans, jederzeit zusätzliche Berichte zu verlangen (Abs. 3). 1

Der Regelungsgegenstand der Abs. 1–3 deckt sich im Wesentlichen mit demjenigen von § 90 AktG. Abs. 1 entspricht § 90 Abs. 1 Nr. 3, Abs. 2 Nr. 3 AktG, Abs. 1 S. 3; Abs. 2 findet seine Entsprechung in § 90 Abs. 1 Nr. 4, Abs. 2 Nr. 4 AktG. Abs. 3 entspricht im Wesentlichen § 90 Abs. 3 AktG. Abs. 4 findet seine aktienrechtliche Entsprechung in § 111 Abs. 2 AktG, Abs. 5 entspricht § 90 Abs. 5 AktG. Während die periodischen Berichtspflichten des Leitungsorgans weitgehend denjenigen des Vorstands der AG entsprechen, gehen die Informationsanforderungsrechte des Aufsichtsorgans teilweise über diejenigen des Aufsichtsrates der AG hinaus (vgl. → Rn. 13). 2

Strittig ist, ob die Berichtspflichten nach Art. 41 – ebenso wie diejenigen nach § 90 AktG – **konzerndimensional** wirken. Von einer verbreiteten Auffassung im Schrifttum[3] wird dies mit der Begründung verneint, dass Art. 41 – anders als § 90 Abs. 1 S. 2 AktG und anders als noch ein Vorentwurf der SE-VO[4] – keine Pflicht zur Einbeziehung von Tochtergesellschaften in die Berichterstattung statuiert. Freilich konzedieren die Anhänger der genannten Schrifttumsmeinung, dass sich die Berichtspflicht nach Art. 41 zumindest insoweit auch auf Tochtergesellschaften der SE bezieht, als wirtschaftliche Auswirkungen auf die Geschäfte der SE zu besorgen sind. Die praktische Relevanz des Meinungsstreits dürfte daher gering sein. Denn auch im Rahmen des § 90 AktG besteht eine Pflicht zu konzerndimensionaler Berichterstattung nur insoweit, als die Angelegenheiten für die wirtschaftliche Lage der herrschenden Gesellschaft von wesentlicher Bedeutung sein können (→ AktG § 90 Rn. 23).[5] 3

2. Weitere Vorlagen und Berichte. Die Regelung in Art. 41 ist nicht abschließend, sodass über Art. 9 Abs. 1 lit. c Ziff. ii ergänzend auf nationales Recht zurückzugreifen ist.[6] 4

---

[1] Kölner Komm AktG/*Paefgen* Rn. 2; BeckOGK/*Eberspächer* Rn. 1, der als dritten Normzweck die Einbindung des Aufsichtsorgans in die unternehmerische Entscheidungsfindung nennt. Vgl. für die AG Begr. RegE *Kropff* S. 116; Hüffer/Koch/*Koch* AktG § 90 Rn. 1; Kölner Komm AktG/*Mertens/Cahn* AktG § 90 Rn. 6.
[2] Für die AG vgl. *Lutter* Information und Vertraulichkeit Rn. 223 ff.; Hüffer/Koch/*Koch* AktG § 90 Rn. 1; Kölner Komm AktG/*Mertens/Cahn* AktG § 90 Rn. 24; MHdB AG/*Wiesner* § 25 Rn. 88.
[3] Kölner Komm AktG/*Paefgen* Rn. 14; Lutter/Hommelhoff/Teichmann/*Sailer-Coceani* Rn. 9; Habersack/Drinhausen/*Seibt* Rn. 9.
[4] Dazu *Schwarz* Rn. 9.
[5] Kölner Komm AktG/*Mertens/Cahn* Rn. 41; Hüffer/Koch/*Koch* AktG § 90 Rn. 7a; Großkomm AktG/*Kort* AktG § 90 Rn. 65, 74 ff.; aA K. Schmidt/Lutter/*Krieger/Sailer-Coceani* AktG § 90 Rn. 32.
[6] Ebenso BeckOGK/*Eberspächer* Rn. 2; Kölner Komm AktG/*Paefgen* Rn. 6 f.; Habersack/Drinhausen/*Seibt* Rn. 4; aA *Drinhausen* in Van Hulle/Maul/Drinhausen SE-HdB Abschnitt 5 § 2 Rn. 29 (S. 129): *Schwarz* Rn. 4, 33: Art. 41 ist abschließend hinsichtlich der Überwachungsbefugnisse des Aufsichtsrates, sodass § 90 AktG nicht anwendbar ist.

5 Die Pflicht zur Berichterstattung des Leitungsorgans über die beabsichtigte **Geschäftspolitik** und andere grundsätzliche Fragen der **Unternehmensplanung** (§ 90 Abs. 1 Nr. 1, Abs. 2 Nr. 1 AktG;[7] → AktG § 90 Rn. 16 ff.) und über die **Rentabilität der Gesellschaft,** insbesondere diejenige des Eigenkapitals (§ 90 Abs. 1 Nr. 2, Abs. 2 Nr. 2 AktG;[8] → AktG § 90 Rn. 28 ff.) bestehen neben den Berichtspflichten gem. Art. 41 Abs. 1, 2.[9] Daneben bestehen weitere Berichtspflichten. So ist das Leitungsorgan immer dann berichtspflichtig, wenn es einen Beschluss des Aufsichtsorgans herbeiführen will oder muss. Denn ohne die erforderliche Information kann das Aufsichtsorgan nicht entscheiden.[10] Gem. § 170 AktG hat das Leitungsorgan dem Aufsichtsorgan den aufgestellten Jahresabschluss vorzulegen und zu erläutern. Entsprechendes gilt gem. § 314 Abs. 1 AktG für den Abhängigkeitsbericht (§ 312 AktG).

II. Berichtspflichten des Leitungsorgans

6 **1. Bericht über den Gang der Geschäfte und deren voraussichtliche Entwicklung.** Unter den vom Leitungsorgan periodisch zu erstattenden Berichten kommt demjenigen über den **Gang der Geschäfte** und deren **voraussichtliche Entwicklung** die größte Bedeutung zu. Der **Quartalsbericht** ist auch dann mindestens vierteljährlich – bezogen auf das Geschäfts-, nicht das Kalenderjahr[11] – zu erstellen, wenn das Aufsichtsorgan seltener oder unregelmäßig tagt (→ AktG § 90 Rn. 28).[12]

7 Der Begriff „**Gang der Geschäfte**" umfasst – ebenso wie derjenige in § 90 Abs. 1 S. 1 Nr. 3 AktG[13] (→ AktG § 90 Rn. 28) – die gesamte operative Tätigkeit der Gesellschaft und der von ihr abhängigen Unternehmen, soweit für die herrschende Gesellschaft relevant.[14] Der Bericht muss nicht nur inhaltlich aussagekräftig und sachgerecht gegliedert sein, sondern auch einen komprimierten Überblick über die aktuelle Lage der Gesellschaft vermitteln und hinreichend detailliert den Geschäftsgang zahlenmäßig aufschlüsseln.[15] Dabei sollte er neben dem Umsatz und dem Betriebsergebnis in absoluten Zahlen auch einen Vergleich zur Budgetplanung sowie zum gleichen Berichtszeitraum des Vorjahres enthalten.[16] Abweichungen zwischen der tatsächlichen Entwicklung gegenüber den Planzahlen sind zu erläutern.[17] Während Art und Umfang der Berichterstattung im Einzelnen von der Branche, von der Organisation oder von sonstigen Besonderheiten des Unternehmens abhängen, sind die finanzielle Situation, die Ertragslage und die Liquidität der Gesellschaft, die Marktlage sowie Besonderheiten des Geschäftsverlaufs und erhebliche Risiken der künftigen Entwicklung stets darzustellen (→ AktG § 90 Rn. 28).[18]

---

[7] Dazu *Lutter/Krieger/Verse* Aufsichtsrat § 6 Rn. 198 ff.; MHdB AG/*Wiesner* § 25 Rn. 68 ff.; Kölner Komm AktG/*Mertens/Cahn* AktG § 90 Rn. 31.

[8] Dazu *Lutter/Krieger/Verse* Aufsichtsrat § 6 Rn. 204 ff.; MHdB AG/*Wiesner* § 25 Rn. 73; Kölner Komm AktG/*Mertens/Cahn* AktG § 90 Rn. 36.

[9] Nach Kölner Komm AktG/*Paefgen* Rn. 11 soll hinsichtlich der Rentabilität ausschließlich Art. 41 zur Anwendung gelangen, da die Rentabilität den „Gang der Geschäfte" iSv Art. 41 Abs. 1 betreffe; ähnlich Lutter/Hommelhoff/Teichmann/*Sailer-Coceani* Rn. 3.

[10] *Lutter* Information und Vertraulichkeit Rn. 76 ff.; Hüffer/Koch/*Koch* AktG § 90 Rn. 2.

[11] Kölner Komm AktG/*Paefgen* Rn. 18; *Schwarz* Rn. 6; Lutter/Hommelhoff/Teichmann/*Krieger/Sailer* Rn. 10.

[12] *Lutter* Information und Vertraulichkeit Rn. 35; MHdB AG/*Wiesner* § 25 Rn. 77.

[13] Krit. zur Bezugnahme auf § 90 AktG, iE aber übereinstimmend Kölner Komm AktG/*Paefgen* Rn. 10; vgl. zu § 90 Abs. 1 S. 1 Nr. 3 AktG *Semler* ZGR 1983, 1 (30); *Semler* Leitung und Überwachung Rn. 153; Hüffer/Koch/*Koch* AktG § 90 Rn. 6; Kölner Komm AktG/*Mertens/Cahn* AktG § 90 Rn. 37; s. dazu auch *Lutter/Krieger/Verse* Aufsichtsrat § 6 Rn. 195.

[14] Ebenso Kölner Komm AktG/*Paefgen* Rn. 14; Lutter/Hommelhoff/Teichmann/*Sailer-Coceani* Rn. 9.

[15] So BeckHdB AG/*Liebscher* § 6 Rn. 94; vgl. zu den weiteren Einzelheiten Hüffer/Koch/*Koch* AktG § 90 Rn. 6; MHdB AG/*Wiesner* § 25 Rn. 77; Kölner Komm AktG/*Mertens/Cahn* AktG § 90 Rn. 37.

[16] Kölner Komm AktG/*Paefgen* Rn. 12; Habersack/Drinhausen/*Seibt* Rn. 7; Hüffer/Koch/*Koch* AktG § 90 Rn. 6; MHdB AG/*Wiesner* § 25 Rn. 77; Kölner Komm AktG/*Mertens/Cahn* AktG § 90 Rn. 37.

[17] So *Götz* NZG 2002, 599 (600); *v. Schenck* in Semler/v. Schenck AR HdB § 1 Rn. 104 ff.; Hüffer/Koch/*Koch* AktG § 90 Rn. 6.

[18] *Lutter* Information und Vertraulichkeit Rn. 39 ff.; Kölner Komm AktG/*Mertens/Cahn* AktG § 90 Rn. 37.

Gem. Abs. 1 hat der Quartalsbericht auch Aussagen über die **zukünftige Entwicklung** 8 **der Geschäfte** zu enthalten. Dies beruht zum einen auf dem Umstand, dass eine vollständige und realistische Darstellung über den Gang der Geschäfte und die Lage der Gesellschaft ohne allgemeine Ausführungen zur künftigen Ertragsentwicklung überhaupt nicht möglich ist, zum anderen auf der Pflicht des Leitungsorgans, die künftige Unternehmenspolitik festzulegen (→ AktG § 90 Rn. 16 ff.).[19] Die Pflicht zur Quartalsberichterstattung hat Auswirkungen auf die Unternehmensplanung, über die das Leitungsorgan gem. § 90 Abs. 1 Nr. 1, Abs. 2 Nr. 1 AktG ebenfalls zu berichten hat.[20] Ergeben sich Abweichungen zwischen der ursprünglichen Planung und dem tatsächlichen Gang der Geschäfte, so ist das Leitungsorgan nicht nur dazu verpflichtet, diese zu erläutern (sog. **Follow-up-Berichterstattung;** → AktG § 90 Rn. 20),[21] sondern hat darüber hinaus auch eine Korrektur der Planzahlen vorzunehmen und diese dem Aufsichtsorgan entsprechend zu erläutern. In inhaltlicher Hinsicht gilt für die Berichterstattung durch das Leitungsorgan im Übrigen § 90 Abs. 4 AktG (vgl. → AktG § 90 Rn. 48 ff.).

2. Berichte über sonstige wesentliche Ereignisse. Abs. 2 bündelt die Berichtspflich- 9 ten, die dem Vorstand der Aktiengesellschaft gem. § 90 Abs. 1 S. 1 Nr. 3 (→ AktG § 90 Rn. 26 f.) und Abs. 1 S. 3 (→ AktG § 90 Rn. 28 f.) obliegen. Das Leitungsorgan der SE ist demgemäß verpflichtet, rechtzeitig alle Informationen über Ereignisse mitzuteilen, die sich auf die Lage der SE spürbar[22] auswirken können. Das können sowohl Geschäftsführungsmaßnahmen als auch Ereignisse sein, die von außen an die Gesellschaft herangetragen werden. Es ist gleichgültig, ob sich die Ereignisse positiv oder negativ auf die Lage der SE auswirken.[23] Zu berichten ist also nicht nur über Betriebsstörungen, Arbeitskampf, empfindliche behördliche Auflagen, wesentliche Steuernachforderungen, Gefährdung größerer Außenstände und Liquiditätsprobleme infolge Kreditkündigung (→ AktG § 90 Rn. 31),[24] sondern auch über Entwicklungen, die sich auf die Gesellschaft positiv auswirken, allerdings nur soweit das Leitungsorgan vor dem Hintergrund dieser Entwicklung eine bestimmte unternehmerische Entscheidung zu treffen beabsichtigt, die sich auf die Lage der Gesellschaft spürbar auswirkt.[25]

Bei **besonderer Eilbedürftigkeit** der Angelegenheit ist die Berichterstattung an den 10 Vorsitzenden des Aufsichtsorgans zu richten (vgl. § 90 Abs. 1 S. 3 AktG).[26] Im Falle seiner Verhinderung ist sein Stellvertreter zuständig (§ 107 AktG). Es ist dem pflichtgemäßen Ermessen des Vorsitzenden des Aufsichtsorgans überlassen, zu entscheiden, was auf den Sonderbericht hin zu veranlassen ist, insbesondere ob sofort das Gesamtaufsichtsorgan von dem Inhalt des Berichts zu verständigen ist. Spätestens in der nächsten Sitzung des Aufsichtsorgans muss der Vorsitzende die Mitglieder über den Sonderbericht unterrichten (Art. 41 Abs. 5, § 90 Abs. 5 S. 3 AktG; → AktG § 90 Rn. 31 f.).[27]

---

[19] Kölner Komm AktG/*Paefgen* Rn. 15; Lutter/Hommelhoff/Teichmann/*Sailer-Coceani* Rn. 6. Zur Berichtspflicht nach § 90 Abs. 1 AktG vgl. *Lutter* Information und Vertraulichkeit Rn. 39; MHdB AG/*Wiesner* § 25 Rn. 68 ff.; Hüffer/Koch/*Koch* AktG § 90 Rn. 4 ff.; Kölner Komm AktG/*Mertens/Cahn* AktG § 90 Rn. 6.
[20] Nach aA soll sich die Berichtspflicht insoweit unmittelbar aus Art. 41 Abs. 1 ergeben, vgl. Kölner Komm AktG/*Paefgen* Rn. 15; Lutter/Hommelhoff/Teichmann/*Sailer-Coceani* Rn. 3; *Schwarz* Rn. 9, 11.
[21] Zur Berichtspflicht nach § 90 Abs. 1 AktG vgl. auch *Bernhardt* ZHR-Beiheft 71 (2002), 119 (126); *Schwark*, ZHR-Beiheft 71 (2002), 75 (90); zur sog. Follow-up-Berichterstattung auch Hüffer/Koch/*Koch* AktG § 90 Rn. 4c.
[22] Die Berichtspflicht nach Art. 41 Abs. 2 setzt damit früher an als diejenige nach § 90 Abs. 1 Nr. 4 AktG, die eine „erhebliche Bedeutung" des Geschäfts voraussetzt, vgl. Kölner Komm AktG/*Paefgen* Rn. 23; *Schwarz* Rn. 20; Lutter/Hommelhoff/Teichmann/*Sailer-Coceani* Rn. 12; Habersack/Drinhausen/*Seibt* Rn. 12.
[23] Vgl. Kölner Komm AktG/*Paefgen* Rn. 21; *Schwarz* Rn. 20; NK-SE/*Manz* Rn. 12; Lutter/Hommelhoff/Teichmann/*Sailer-Coceani* Rn. 12; Habersack/Drinhausen/*Seibt* Rn. 12.
[24] Für die AG Begr. RegE *Kropff* S. 117; *Lutter* Information und Vertraulichkeit Rn. 43; BeckHdB AG/*Liebscher* § 6 Rn. 95; Kölner Komm AktG/*Mertens/Cahn* AktG § 90 Rn. 37.
[25] Eine Typisierung berichtspflichtiger Maßnahmen findet sich in Habersack/Drinhausen/*Seibt* Rn. 14.
[26] Ebenso Lutter/Hommelhoff/Teichmann/*Sailer-Coceani* Rn. 16; iE ebenso, aber nicht auf § 90 Abs. 1 S. 3 AktG stützend, Kölner Komm AktG/*Paefgen* Rn. 26; *Schwarz* Rn. 23.
[27] So auch Lutter/Hommelhoff/Teichmann/*Sailer-Coceani* Rn. 16; aA *Schwarz* Rn. 23; Kölner Komm AktG/*Paefgen* Rn. 26, Habersack/Drinhausen/*Seibt* Rn. 17, wonach ein Zuwarten bis zur nächsten Sitzung

III. Informationsverlangen des Aufsichtsorgans

11 Das Informationsverlangen des Aufsichtsorgans gem. Art. 41 Abs. 3 entspricht inhaltlich den Berichtspflichten des Vorstandes gem. § 90 Abs. 3 AktG (→ AktG § 90 Rn. 30, → AktG § 90 Rn. 36). Gegenstand der Auskunftspflicht des Leitungsorgans sind alle Angelegenheiten, die einen Bezug zur Gesellschaft aufweisen (→ AktG § 90 Rn. 33).[28] Dieser Begriff ist weit auszulegen (→ AktG § 90 Rn. 34).[29]

12 Abs. 3 S. 1 stellt klar, dass das Informationsrecht des Aufsichtsorgans funktionell durch die Kompetenzen des Aufsichtsorgans **beschränkt** ist (→ AktG § 90 Rn. 52).[30] Ebenso wenig wie der Vorstand der AG ist das Leitungsorgan der SE berechtigt, den Funktionsbezug angeforderter Informationen zur Überwachung des Aufsichtsorgans zu überprüfen. Nur bei offensichtlich fehlendem Funktionsbezug kann sich das Leitungsorgan darauf berufen und die Information verweigern (→ AktG § 90 Rn. 52).[31] Ebenso wenig kann das Leitungsorgan eine Berichterstattung unter Hinweis auf das Interesse des Unternehmens an der Geheimhaltung von Informationen und der Gefahr einer Verletzung der Verschwiegenheitspflicht einzelner Mitglieder des Aufsichtsorgans verweigern.[32] Die Mitglieder des Aufsichtsorgans sind gem. Art. 49, 51, §§ 116, 93 Abs. 1 S. 3 AktG ebenfalls zur Verschwiegenheit verpflichtet und es ist grundsätzlich Sache der Gesellschaft, die gesetzliche Verschwiegenheitsverpflichtung der Mitglieder des Aufsichtsorgans durchzusetzen und einer etwaigen Indiskretionsgefahr vorzubeugen (→ AktG § 90 Rn. 54).[33] Zu den Einzelheiten → AktG § 90 Rn. 32 ff.

13 **1. Gegenstand.** Nach dem Wortlaut des Abs. 3 kann das Aufsichtsorgan vom Leitungsorgan „**jegliche Information**" verlangen, die für die Ausübung der Kontrolle gem. Art. 40 Abs. 1 erforderlich ist. Die Reichweite des Informationsrechts des Aufsichtsorgans geht vom Wortlaut über das Informationsverlangen des Aufsichtsrates gem. § 90 Abs. 3 AktG deutlich hinaus (→ AktG § 90 Rn. 34).[34] In den oben (→ Rn. 12) beschriebenen Grenzen legt das Aufsichtsorgan den Gegenstand seines Informationsbegehrens selbst nach pflichtgemäßem Ermessen fest.[35] Abs. 3 bestimmt, dass das Informationsrecht von funktionalen Schranken abgesehen keinen sachlichen Beschränkungen unterworfen ist. Das Informationsrecht erstreckt sich auch auf Vorgänge bei verbundenen Unternehmen. Dabei ist es – anders als nach § 90 Abs. 3 AktG – ohne Belang, ob diese Vorgänge auf die Lage der Gesellschaft von erheblichem Einfluss sein können, solange die Berichterstattung durch das Leitungsorgan für die Ausübung der Kontrolle gem. Art. 40 Abs. 1 erforderlich ist.[36] Der Gegenstand des verlangten Berichts muss so präzise formuliert sein, dass das Leitungsorgan dem Informationsverlangen nachkommen kann (→ AktG § 90 Rn. 33).[37]

---

des Aufsichtsorgans mit dem Unionsrecht nicht vereinbar ist. Für die AG *Lutter* Information und Vertraulichkeit Rn. 184; *Hoffmann/Preu* Rn. 247.1; *Hüffer/Koch/Koch* AktG § 90 Rn. 8; Kölner Komm AktG/*Mertens/Cahn* AktG § 90 Rn. 45; MHdB AG/*Wiesner* § 25 Rn. 80.

[28] Für die AG *Lutter* Information und Vertraulichkeit Rn. 73; MHdB AG/*Wiesner* § 25 Rn. 24.

[29] Kölner Komm AktG/*Paefgen* Rn. 31; Lutter/Hommelhoff/Teichmann/*Sailer-Coceani* Rn. 19; für die AG *Lutter* Information und Vertraulichkeit Rn. 73; MHdB AG/*Wiesner* § 25 Rn. 81; einschr. *Ambrosius* DB 1979, 2165 ff.; *Mertens* AG 1980, 67 (72 ff.).

[30] Das gilt – über den Wortlaut des Gesetzes hinaus – iÜ auch für die AG, vgl. *Mertens* AG 1980, 67 (72 f.); *Lutter* Information und Vertraulichkeit Rn. 112 ff.; MHdB AG/*Wiesner* § 25 Rn. 92; Kölner Komm AktG/*Mertens/Cahn* AktG § 90 Rn. 8.

[31] Für die AG BeckHdB AG/*Liebscher* § 6 Rn. 96; Kölner Komm AktG/*Mertens/Cahn* AktG § 90 Rn. 13; MHdB AG/*Wiesner* § 25 Rn. 92 f.

[32] So auch *Drinhausen* in Van Hulle/Maul/Drinhausen SE-HdB Abschnitt 5 § 2 Rn. 31 (S. 130); Kölner Komm AktG/*Paefgen* Rn. 33; Lutter/Hommelhoff/*Krieger/Sailer* SE Rn. 25.

[33] BeckHdB AG/*Liebscher* § 6 Rn. 96; Hüffer/Koch/*Koch* AktG § 90 Rn. 3; MHdB AG/*Wiesner* § 25 Rn. 93; Kölner Komm AktG/*Mertens/Cahn* AktG § 90 Rn. 14.

[34] Zu der dort verlangten weiten Auslegung des Informationsrechts vgl. *Lutter* Information und Vertraulichkeit Rn. 73; MHdB AG/*Wiesner* § 25 Rn. 93.

[35] Ebenso Kölner Komm AktG/*Paefgen* Rn. 34; Lutter/Hommelhoff/Teichmann/*Sailer-Coceani* Rn. 19.

[36] So auch Kölner Komm AktG/*Paefgen* Rn. 32; Lutter/Hommelhoff/Teichmann/*Sailer-Coceani* Rn. 19.

[37] Habersack/Drinhausen/*Seibt* Rn. 20; für die AG OLG Köln und LG Bonn AG 1987, 24 ff.; Kölner Komm AktG/*Mertens/Cahn* AktG § 90 Rn. 48; MHdB AG/*Wiesner* § 25 Rn. 81.

Da Abs. 3 keine zeitliche Umschreibung des Informationsverlangens enthält, kann das 14
Aufsichtsorgan die gewünschten Informationen jederzeit verlangen. Der Grund für dieses
Initiativrecht des Aufsichtsorgans und seiner Mitglieder (→ Rn. 16 f.) liegt darin, dass die
periodische Berichterstattungspflicht nach Abs. 1 für eine wirkungsvolle Überwachung der
Geschäftsführung des Leitungsorgans nicht ausreicht (für die AG → AktG § 90 Rn. 36).[38]
Vielmehr muss das Aufsichtsorgan das Recht haben, alle Informationen vom Leitungsorgan
zu verlangen, die es für wichtig hält (→ AktG § 90 Rn. 36).[39]

2. Geltendmachung. Das Anforderungsrecht steht gem. Art. 41 Abs. 3 S. 1 dem Auf- 15
sichtsorgan als Kollegialorgan zu. Seine Ausübung erfordert einen **Beschluss** des Aufsichtsorgans gem. Art. 50 Abs. 1 (für die AG → AktG § 90 Rn. 38).[40] Die Beschlussfassung durch
einen mit Wahrnehmung von Kontrollaufgaben befassten Ausschuss ist ausreichend, da die
Ausübung von Informationsrechten iSv § 90 AktG in § 107 Abs. 3 AktG nicht aufgeführt
ist.[41] Das Berichtsverlangen ist dem Leitungsorgan vom Aufsichtsorgan mitzuteilen, wobei
der Zugang bei einem Mitglied des Leitungsorgans genügt (für die AG → AktG § 90
Rn. 38).[42] Bei der Geltendmachung des Rechts auf Berichterstattung wird die Gesellschaft
gem. § 112 AktG vom Aufsichtsorgan vertreten. Bei dringendem Verdacht, dass das Leitungsorgan erhebliche Pflichtverletzungen begeht oder trotz Aufforderung evidenterweise nicht
zutreffend oder vollständig berichtet kommt in Ausnahmefällen auch eine Anforderung von
Informationen bei Personen unterhalb der Ebene des Leitungsorgans in Betracht.[43]

3. Informationsverlangen einzelner Mitglieder des Aufsichtsratsorgans. Gem. 16
Art. 41 Abs. 3 S. 2 iVm § 18 SEAG kann die Berichterstattung durch das Leitungsorgan
auch von jedem einzelnen Mitglied des Aufsichtsorgans verlangt werden. Mit der in § 18
SEAG enthaltenen Regelung hat der Gesetzgeber einen Gleichlauf mit der durch das TransPuG (BGBl. 2002 I 2681) neu gefassten Regelung in § 90 Abs. 3 S. 2 AktG hergestellt.
Danach bedarf ein einzelnes Mitglied des Aufsichtsrates zur Geltendmachung und Durchsetzung des Berichtverlangens gegenüber dem Vorstand nicht mehr der Unterstützung durch
andere Aufsichtsratsmitglieder.[44] Allerdings kann das einzelne Aufsichtsorganmitglied gem.
§ 18 SEAG Berichterstattung nicht an sich, sondern nur an das Aufsichtsorgan verlangen.[45]
Zu Einzelheiten → § 90 Rn. 39 ff.

Das Berichtverlangen darf nicht missbräuchlich ausgeübt werden. Ein **Missbrauch** iSd 17
Verletzung organschaftlicher Treuepflichten liegt vor, wenn das Mitglied des Aufsichtsorgans Eigeninteressen zu Lasten der Interessen der Gesellschaft verfolgt. Das ist vor allem
dann der Fall, wenn das Mitglied des Aufsichtsorgans einen Wettbewerber der Gesellschaft
repräsentiert und konkret zu befürchten ist, dass es eingeforderte Informationen an Wettbewerber weitergeben würde (→ AktG § 90 Rn. 36).[46] Liegt ein Missbrauchsfall vor, so kann
das Leitungsorgan entscheiden, einen Bericht zu verweigern (→ AktG § 90 Rn. 36).[47] Zu

---

[38] AA *Lutter/Krieger/Verse* Aufsichtsrat § 6 Rn. 212.
[39] Für die AG *Lutter/Krieger/Verse* Aufsichtsrat § 6 Rn. 212; BeckHdB AG/*Liebscher* § 6 Rn. 96; Hüffer/
Koch/*Koch* AktG § 90 Rn. 11.
[40] Kölner Komm AktG/*Paefgen* Rn. 28; *Schwarz* Rn. 24; Lutter/Hommelhoff/Teichmann/*Sailer-Coceani*
Rn. 21; NK-SE/*Manz* Rn. 20 f.; für die AG Hüffer/Koch/*Koch* AktG § 90 Rn. 11.
[41] IE ebenso Lutter/Hommelhoff/Teichmann/*Krieger/Sailer* Rn. 21; Kölner Komm AktG/*Paefgen* Rn. 29.
[42] Für die AG Hüffer/Koch/*Koch* AktG § 90 Rn. 11; Kölner Komm AktG/*Mertens/Cahn* AktG § 90
Rn. 48; MHdB AG/*Wiesner* § 25 Rn. 81.
[43] Lutter/Hommelhoff/Teichmann/*Sailer-Coceani* Rn. 22; *Schwarz* Rn. 26; Habersack/Drinhausen/*Seibt*
Rn. 23.
[44] Vgl. Begr. RegE zu § 18 SEAG, BT-Drs. 15/3405, 36.
[45] Vgl. auch *Drinhausen* in Van Hulle/Maul/Drinhausen SE-HdB Abschnitt 5 § 2 Rn. 31 (S. 130); Kölner
Komm AktG/*Paefgen* Rn. 36; Lutter/Hommelhoff/Teichmann/*Sailer-Coceani* Rn. 24.
[46] Lutter/Hommelhoff/Teichmann/*Sailer-Coceani* Rn. 26; NK-SE/*Manz* Rn. 18; vgl. auch die hM im
Aktienrecht: OLG Karlsruhe OLGZ 1985, 41 (44); OLG Stuttgart OLGZ 1983, 184 (187 f.), beide zur
GmbH; *Steindorff* FS Rittner, 1991, 675 (678), 689; Hüffer/Koch/*Koch* AktG § 90 Rn. 12a; Kölner Komm
AktG/*Mertens/Cahn* AktG § 90 Rn. 16.
[47] Begr. RegE, BT-Drs. 14/8769, 14; Habersack/Henssler/*Habersack* MitbestG § 25 Rn. 56a; MHdB AG/
Wiesner § 25 Rn. 92; aA Kölner Komm AktG/*Mertens/Cahn* AktG § 90 Rn. 1, der einen Dispensbeschluss

den Schranken des Auskunftsrechts einzelner Mitglieder des Aufsichtsorgans, insbesondere in Missbrauchsfällen, → vgl. § 90 Rn. 40.

IV. Art und Form der Berichterstattung

18 Da die Verordnung insoweit keine Regelung trifft, gilt für die Art der Berichterstattung durch das Leitungsorgan § 90 Abs. 4 S. 1 AktG. Danach haben die Berichte den Grundsätzen einer gewissenhaften und getreuen Rechenschaft zu entsprechen. Sie müssen folglich klar gegliedert, vollständig und vor allem inhaltlich richtig sein.[48] Bestehen zwischen den Mitgliedern des Leitungsorgans über Gegenstände des Berichts Meinungsverschiedenheiten, stellt sich die Frage, ob dies dem Aufsichtsorgan mitzuteilen ist. Im Aktienrecht spricht sich die überwiegende Meinung im Schrifttum hierfür aus.[49] Dies wird man auf die SE übertragen können.[50]

19 Die Berichte des Leitungsorgans sind gem. § 90 Abs. 4 S. 2 AktG „möglichst rechtzeitig" und „in der Regel" in Textform (§ 126b BGB) zu erstatten. Das lässt es zu, in Eilfällen oder in Fällen äußerster Vertraulichkeit dem Aufsichtsrat zunächst nur in mündlicher Form zu berichten.[51] Vgl. zu den Einzelheiten → AktG § 90 Rn. 11 ff.

V. Prüfungsrecht des Aufsichtsorgans

20 **1. Grundlagen.** Das **Prüfungsrecht** des Aufsichtsorgans gem. Art. 41 Abs. 4 tritt in der SE funktional an die Stelle von § 111 Abs. 2 AktG. Die Regelungsdichte des Art. 41 Abs. 4 bleibt hinter § 111 Abs. 2 AktG zurück; die inhaltlichen Unterschiede sind indessen gering. Funktional bildet das Prüfungsrecht des Aufsichtsorgans eine unverzichtbare Ergänzung des in den Abs. 1–3 geregelten Berichtssystems, insbesondere bei Verdacht auf Unregelmäßigkeiten.

21 **2. Umfang und Schranken.** Das Aufsichtsorgan kann sämtliche Bücher, Schriften und Papiere der Gesellschaft sowie sämtliche Vermögensgegenstände einer Überprüfung unterziehen.[52]

22 Ebenso wie Art. 41 Abs. 3 das Auskunftsrecht des Aufsichtsorgans beschränkt Art. 41 Abs. 4 das Prüfungsrecht lediglich in **funktionaler,** nicht dagegen in **sachlicher** Hinsicht. Das Aufsichtsorgan kann alle Überprüfungen vornehmen oder vornehmen lassen, die zur Erfüllung seiner Aufgaben erforderlich sind. Das Leitungsorgan ist nicht berechtigt, den Funktionsbezug einer vom Aufsichtsorgan vorgenommenen Prüfungsmaßnahme zu kontrollieren. Es ist nicht Sache des Leitungsorgans, die Rechtmäßigkeit einer Prüfungsmaßnahme des Aufsichtsorgans nachzuprüfen. Das Leitungsorgan darf Prüfungsmaßnahmen des Aufsichtsorgans nicht verhindern, zum Beispiel durch Vorenthalten von Unterlagen. Eine Ausnahme gilt nur dann, wenn der Funktionsbezug der Prüfungsmaßnahme zu den dem Aufsichtsorgan übertragenen Überwachungsaufgaben offensichtlich fehlt, sich die Prüfungsmaßnahme also als Rechtsmissbrauch darstellt.

23 Das Prüfungsrecht nach Art. 41 Abs. 4 kann sich auch auf Angelegenheiten verbundener Unternehmen erstrecken. Allerdings begründet die Norm keine **Ingerenzbefugnisse** in fremden Rechtsträgern. Die entsprechenden Überprüfungen müssen also bei der Gesellschaft selbst vorgenommen werden. Soweit dort entsprechende Unterlagen oder Informationen vorhanden sind, sind sie vom Prüfungsrecht des Aufsichtsorgans nach Art. 41 Abs. 4

---

des Aufsichtsrates verlangt; *Lutter* Information und Vertraulichkeit Rn. 134 ff., der eine Entscheidung des Aufsichtsratsvorsitzenden für ausreichend hält.

[48] Kölner Komm AktG/*Paefgen* Rn. 41; vgl. zu § 90 AktG nur Hüffer/Koch/*Koch* AktG § 90 Rn. 13.
[49] Hüffer/Koch/*Koch* AktG § 90 Rn. 13; MHdB AG/*Wiesner* § 25 Rn. 88; K. Schmidt/Lutter/*Krieger*/*Sailer-Coceani* AktG § 90 Rn. 51; enger Kölner Komm AktG/*Mertens/Cahn* AktG § 90 Rn. 28.
[50] Lutter/Hommelhoff/Teichmann/*Sailer-Coceani* Rn. 36; enger *Schwarz* Rn. 5: nur bei bedeutsamen Meinungsverschiedenheiten; unentschieden Kölner Komm AktG/*Paefgen* Rn. 42.
[51] Kölner Komm AktG/*Paefgen* Rn. 44.
[52] So auch Kölner Komm AktG/*Paefgen* Rn. 51; Habersack/Drinhausen/*Seibt* Rn. 35.

mit umfasst, soweit sich die Angelegenheiten des verbundenen Unternehmens auf die Lage der Gesellschaft auswirken und die Überprüfung für die Wahrnehmung der Überwachungsaufgabe des Aufsichtsorgans erforderlich ist für die AG → AktG § 111 Rn. 63 ff.).[53] Zum Umfang des Einsichts- und Prüfungsrechts vgl. im Übrigen → AktG § 111 Rn. 63 ff.

Das Prüfungsrecht steht dem Aufsichtsorgan als **Kollegialorgan** zu. Ein Prüfungsrecht durch einzelne Mitglieder des Aufsichtsorgans ist anders als nach Abs. 3 S. 2 nicht vorgesehen.[54] Das Aufsichtsorgan übt das Prüfungsrecht im Wege der Beschlussfassung (Art. 51 Abs. 1) nach pflichtgemäßem Ermessen aus. 24

Das Aufsichtsorgan hat bei seiner Entscheidung die Notwendigkeit effizienter Überwachung einerseits und mögliche denkbare nachteilige Folgen für die SE (Störung des Vertrauensverhältnisses, Rufschädigung) gegeneinander **abzuwägen** (für die AG → AktG § 111 Rn. 78).[55] 25

3. Übertragung des Prüfungsrechts. Aus dem Zusatz „vornehmen lassen" in Abs. 4 geht hervor, dass das Aufsichtsorgan die Prüfung nicht selbst vornehmen muss. Vielmehr kann es diese Aufgabe auch dem Vorsitzenden oder einem anderen seiner Mitglieder übertragen (für die AG → AktG § 111 Rn. 83 ff.).[56] Die Prüfungskompetenz verbleibt aber beim Aufsichtsorgan als Kollegialorgan. Das einzelne Mitglied übt das Prüfungsrecht nur als **Delegierter** aus. Die Übertragung erfolgt wiederum durch **Beschluss** (Art. 50 Abs. 1; für die AG → AktG § 111 Rn. 83).[57] Statt einzelne Mitglieder zu beauftragen, kann das Aufsichtsorgan auch einen Ausschuss einsetzen (→ AktG § 111 Rn. 83).[58] 26

Das Aufsichtsorgan ist aber auch nicht darauf beschränkt, alle Ermittlungen und Sachverhaltsfeststellungen selbst oder durch eigene Mitglieder zu treffen. Es kann vielmehr auch Dritte, insbesondere Sachverständige beauftragen und ihnen bestimmte Aufgaben stellen. Dabei darf der Auftrag sich nur auf konkrete Einzelangelegenheiten beziehen und nicht auf die generelle Ausübung des Einsichts- oder Prüfungsrechts.[59] Das Aufsichtsorgan kann den Prüfungsauftrag selbst erteilen, es hat insoweit Vertretungsmacht für die Gesellschaft. Der Vergütungsanspruch des Dritten (Sachverständigen) richtet sich gegen die Gesellschaft.[60] Es ist auch möglich, dass das Aufsichtsorgan einen entsprechenden Prüfungswunsch an das Leitungsorgan heranträgt und dieses dann das Mandat seitens der SE erteilt.[61] 27

Beauftragt das Aufsichtsorgan mit der Prüfung einen Dritten, der nicht bereits von Berufs wegen zur Verschwiegenheit verpflichtet ist, ist das Aufsichtsorgan verpflichtet, den Schutz von Geschäftsgeheimnissen der Gesellschaft durch Abschluss einer entsprechenden **Vertraulichkeitsvereinbarung** mit dem Dritten sicherzustellen. Ein Verstoß gegen diese Obliegen- 28

---

[53] Kölner Komm AktG/*Paefgen* Rn. 52. Für die AG iErg ebenso Kölner Komm AktG/*Mertens/Cahn* AktG § 111 Rn. 54.
[54] Kölner Komm AktG/*Paefgen* Rn. 53; für die AG BayObLG BB 1968, 727 f.; *Lutter* Information und Vertraulichkeit Rn. 284; *Semler* Leitung und Überwachung Rn. 166; *Lutter/Krieger/Verse* Aufsichtsrat § 6 Rn. 241; *Steinbeck*, Überwachungspflicht und Einwirkungsmöglichkeit des Aufsichtsrats in der Aktiengesellschaft, 1992, 129; Hüffer/Koch/*Koch* AktG § 111 Rn. 20; MHdB AG/*Hoffmann-Becking* § 29 Rn. 46.
[55] Für die AG Hüffer/Koch/*Koch* AktG § 111 Rn. 20; Kölner Komm AktG/*Mertens/Cahn* AktG § 111 Rn. 52.
[56] Kölner Komm AktG/*Paefgen* Rn. 56; Lutter/Hommelhoff/Teichmann/*Sailer-Coceani* Rn. 29; für die AG Lutter/Krieger/Verse Aufsichtsrat § 6 Rn. 242; Hüffer/Koch/*Koch* AktG § 111 Rn. 22; MHdB AG/*Hoffmann-Becking* § 29 Rn. 45 ff.; Kölner Komm AktG/*Mertens/Cahn* AktG § 111 Rn. 58 ff.
[57] Kölner Komm AktG/*Paefgen* Rn. 56; *Schwarz* Rn. 30; für die AG Hüffer/Koch/*Koch* AktG § 111 Rn. 22.
[58] Kölner Komm AktG/*Paefgen* Rn. 56; *Schwarz* Rn. 30; für die AG Lutter/Krieger/Verse Aufsichtsrat § 6 Rn. 242; Hüffer/Koch/*Koch* AktG § 111 Rn. 22; zu vergleichbaren amerikanischen Entwicklungen („Audit Committee") vgl. *Goedeler* ZGR 1987, 219 (223 ff.); *Windbichler* ZGR 1985, 50 (59 f.).
[59] Für die AG BGHZ 85, 293 (296) = NJW 1983, 991; Hüffer/Koch/*Koch* AktG § 111 Rn. 23; *Rodewig* in Semler/v. Schenck AR HdB § 8 Rn. 183 ff.; vgl. zu den Befugnissen des Sachverständigen *Lutter* Information und Vertraulichkeit Rn. 298 ff.; Kölner Komm AktG/*Mertens/Cahn* AktG § 111 Rn. 61 ff.
[60] Im Aktienrecht hM, vgl. Hüffer/Koch/*Koch* AktG § 111 Rn. 24; MHdB AG/*Hoffmann-Becking* § 29 Rn. 47; aA *v. Godin/Wilhelmi* AktG § 111 Rn. 3.
[61] Für die AG Hüffer/Koch/*Koch* AktG § 111 Rn. 24; Kölner Komm AktG/*Mertens/Cahn* AktG § 111 Rn. 68.

heit (vgl. auch Art. 49) kann eine Haftung des Aufsichtsorgans gem. Art. 51, §§ 116, 93 AktG begründen.

VI. Information innerhalb des Aufsichtsorgans

29 Zur Überwachung der Geschäftsführung durch das Leitungsorgan sind gem. Art. 40 Abs. 1 S. 1 alle Mitglieder des Aufsichtsorgans verpflichtet. Sie müssen daher Gelegenheit haben, von allen Informationen Kenntnis zu erlangen, die für die Wahrnehmung der Überwachungsaufgabe erforderlich sind (für die AG → AktG § 90 Rn. 44).[62] In der SE sind daher – anders als bei der AG – alle Berichte grundsätzlich **dem Gesamtorgan** und nicht dem Vorsitzenden des Aufsichtsorgans zu erstatten. In Art. 64 Abs. 2 SE-VO-Vorschlag 1989 war zwar noch eine Ad-hoc-Berichterstattung an den Vorsitzenden in wichtigen Angelegenheiten enthalten, dies wurde jedoch durch Art. 64 Abs. 2 SE-VO-Vorschlag 1991 zugunsten einer Informationspflicht an das Gesamtorgan aufgegeben.[63] Schriftliche Berichte sind daher an alle Mitglieder zu adressieren und mündliche Berichte grundsätzlich im Rahmen einer Sitzung zu erstatten.[64] Es bleibt dem Aufsichtsorgan jedoch unbenommen, seinen Vorsitzenden als Empfangsboten für Berichte des Leitungsorgans zu bestimmen, der diese sodann an die weiteren Mitglieder weiterleitet.[65]

30 Mit dem Vorstehenden korrespondiert Abs. 5, der jedem Mitglied des Aufsichtsorgans einen **Anspruch auf sämtliche Informationen** gibt, die diesem Organ übermittelt werden. Anders als in § 90 Abs. 5 AktG ist das Recht auf Kenntnisnahme nicht auf die vom Leitungsorgan erstatteten Berichte (einschließlich Sonderberichte) beschränkt, sondern erstreckt sich auf alle *Informationen,* die diesem Organ übermittelt werden.[66] Teilt das Leitungsorgan einem Mitglied des Aufsichtsorgans, insbesondere dessen Vorsitzenden, eine Tatsache nur „persönlich" mit, die berichtpflichtig ist, so handelt es pflichtwidrig. Das Mitglied hat in diesem Fall einen Bericht an das Gesamtorgan zu fordern.[67] Art. 41 Abs. 5 stellt klar, dass die übrigen Mitglieder des Aufsichtsorgans Anspruch haben, auch von diesen Informationen Kenntnis zu nehmen. Im Gegensatz zu § 90 Abs. 5 AktG sieht Art. 41 Abs. 5 keinen Anspruch auf „Übermittlung", also Übersendung einer Kopie des Berichts, vor. Diese Regelungslücke ist durch eine Anwendung von § 90 Abs. 5 S. 2 AktG (über Art. 9 Abs. 1 lit. c Ziff. ii) zu schließen.[68]

31 Das Recht auf Kenntnisnahme ist ein **Individualrecht** des einzelnen Mitglieds des Aufsichtsorgans (für die AG → AktG § 90 Rn. 64).[69] Der Anspruch ist gegenüber dem Aufsichtsorgan geltend zu machen.[70]

VII. Gerichtliche Durchsetzung des Informationsrechts

32 Bezüglich der Frage wie das Aufsichtsorgan seine Ansprüche auf Informationserteilung und Berichterstattung durch das Leitungsorgan und sein Prüfungsrecht ggf. gerichtlich gegenüber dem Leitungsorgan und der Gesellschaft durchsetzen kann, gelten die aktienrechtlichen Grundsätze entsprechend: Dort ist die Problematik allerdings umstritten. Die höchstrichterliche Rspr. hat die Frage zwar aufgegriffen, eine Entscheidung aber ausdrücklich offen gelassen.[71]

---

[62] Für die AG Kölner Komm AktG/*Mertens/Cahn* AktG § 90 Rn. 25; Hüffer/Koch/*Koch* AktG § 90 Rn. 14.
[63] Vgl. BT-Drs. 12/1004, 44.
[64] Kölner Komm AktG/*Paefgen* Rn. 46.
[65] Ebenso Lutter/Hommelhoff/Teichmann/*Sailer-Coceani* Rn. 30; ebenso Kölner Komm AktG/*Paefgen* Rn. 48, der hierfür offenbar allerdings eine Satzungsregelung für erforderlich hält.
[66] Ebenso Lutter/Hommelhoff/Teichmann/*Sailer-Coceani* Rn. 32.
[67] Kölner Komm AktG/*Mertens/Cahn* AktG § 90 Rn. 57; Habersack/Drinhausen/*Seibt* Rn. 40.
[68] Lutter/Hommelhoff/*Sailer-Coceani* Rn. 31; Kölner Komm AktG/*Paefgen* Rn. 49.
[69] Für die AG *Lutter* Information und Vertraulichkeit Rn. 189; Hüffer/Koch/*Koch* AktG § 90 Rn. 14; Kölner Komm AktG/*Mertens/Cahn* AktG § 90 Rn. 45.
[70] Lutter/Hommelhoff/Teichmann/*Sailer-Coceani* Rn. 31.
[71] BGHZ 106, 54 (60 ff.) = NJW 1989, 979 (980 ff.) – Opel.

Nach zutreffender Ansicht hat die Durchsetzung der Informationsansprüche und **33** Berichtspflichten durch **Klage der Gesellschaft,** vertreten durch den Aufsichtsrat gem. § 112 AktG, gegen die Vorstandsmitglieder als notwendige Streitgenossen zu erfolgen (für die AG → AktG § 90 Rn. 61).[72] Die Gegenauffassung,[73] die vor allem unter Berufung auf die Organbefugnis des Vorstands zur Anfechtung von Hauptversammlungsbeschlüssen gem. § 245 Nr. 4 AktG **eigenständige Organklagen** für zulässig hält, überzeugt deshalb nicht, weil für eine eigenständige Klagebefugnis des Aufsichtsrats kein Bedürfnis besteht.

Lehnt das Leitungsorgan die Berichterstattung, die von einem einzelnen Mitglied des **34** Aufsichtsorgans gem. Art. 41 Abs. 3 S. 2 iVm § 18 SEAG verlangt wird, ab, so kann das Mitglied des Aufsichtsorgans im eigenen Namen **Klage auf Berichterstattung** erheben (für die AG → AktG § 90 Rn. 63).[74] Nach zutreffender Ansicht ist die Klage des einzelnen Mitglieds des Aufsichtsorgans gegen die Gesellschaft zu richten (→ AktG § 90 Rn. 63).[75] Das Gleiche gilt für Klagen eines Mitglieds des Aufsichtsorgans auf Kenntnisnahme von den Informationen, die diesem Organ übermittelt wurden (Art. 41 Abs. 5; für die AG → AktG § 90 Rn. 64).[76] Zu Einzelheiten vgl. im Übrigen → AktG § 90 Rn. 59 ff.

Art. 42 [Vorsitzender des Aufsichtsorgans]

¹Das Aufsichtsorgan wählt aus seiner Mitte einen Vorsitzenden. ²Wird die Hälfte der Mitglieder des Aufsichtsorgans von den Arbeitnehmern bestellt, so darf nur ein von der Hauptversammlung der Aktionäre bestelltes Mitglied zum Vorsitzenden gewählt werden.

Schrifttum: *Lutter,* Ehrenämter im Aktien- und GmbH-Recht, ZIP 1984, 645; *Peus,* Der Aufsichtsratsvorsitzende: Seine Rechtsstellung nach dem Aktiengesetz und dem Mitbestimmungsgesetz, 1983; *Schneider,* Der stellvertretende Vorsitzende des Aufsichtsorgans der dualistischen SE, AG 2008, 887; *Siebel,* Der Ehrenvorsitzende – Anmerkungen zum Thema Theorie und Praxis im Gesellschaftsrecht, FS Peltzer, 2001, 519.

Übersicht

	Rn.		Rn.
I. Grundlagen	1	c) Gerichtliche Ersatzbestellung	16
II. Bestellung von Vorsitzenden und Stellvertreter	2–21	2. Rechtsstellung	17, 18
1. Bestellung	3–16	a) Amtszeit	17
a) Wahl	3–6	b) Aufgaben und Befugnisse	18
b) Möglichkeit einer statutarischen Regelung	7–15	3. Stellvertreter	19, 20
		4. Anmeldung zum Handelsregister	21

I. Grundlagen

Die **innere Ordnung des Aufsichtsorgans** ist in der SE-VO nur rudimentär geregelt. **1** Art. 42 betrifft die Ernennung eines Vorsitzenden des Aufsichtsorgans; Art. 50 regelt – für

---

[72] Für die SE ebenso Lutter/Hommelhoff/Teichmann/*Sailer-Coceani* Rn. 43; Kölner Komm AktG/*Paefgen* Rn. 59; für die AG Stodolkowitz ZHR 154 (1990), 1 (7); *Westermann* FS Bötticher, 1969, 369 (372 f.); Hüffer/Koch/*Koch* AktG § 90 Rn. 15; MHdB AG/*Wiesner* § 25 Rn. 94.
[73] *Bauer,* Organklagen zwischen Vorstand und Aufsichtsrat der Aktiengesellschaft, 1986, 49 ff.; *Bork* ZGR 1989, 1 ff., *Hommelhoff* ZGR 143 (1979), 288, 290 ff.; *Lutter* Information und Vertraulichkeit Rn. 230 ff.; *K. Schmidt* ZZP 92 (1979), 212, 214 ff.; *Steinbeck,* Überwachungspflicht und Einwirkungsmöglichkeit des Aufsichtsrats in der Aktiengesellschaft, 1992, 191 ff., 196 ff.
[74] Kölner Komm AktG/*Paefgen* Rn. 60; Lutter/Hommelhoff/Teichmann/*Sailer-Coceani* Rn. 44; für die AG BGHZ 106, 54 (62) = NJW 1989, 979 (981) – Opel; *Säcker* NJW 1979, 1521; Hüffer/Koch/*Koch* AktG § 90 Rn. 22.
[75] *Flume* JurPerson § 11 Abs. 5; Hüffer/Koch/*Koch* AktG § 90 Rn. 22; Kölner Komm AktG/*Mertens/Cahn* AktG § 90 Rn. 66.
[76] Kölner Komm AktG/*Paefgen* Rn. 60; Lutter/Hommelhoff/*Sailer-Coceani* Rn. 44; für die AG BGHZ 85, 293 (295) = NJW 1983, 991; *Stodolkowitz* ZHR 154 (1990), 288 (314 f.); Hüffer/Koch/*Koch* AktG § 90 Rn. 23; Kölner Komm AktG/*Mertens/Cahn* AktG § 90 Rn. 57.

alle Organe der SE übergreifend – die Mehrheitserfordernisse bei der Beschlussfassung und die Beschlussfähigkeit. Art. 41 Abs. 5 beschäftigt sich mit der Informationsverteilung innerhalb des Aufsichtsorgans. Im Übrigen gelten für die innere Ordnung des Aufsichtsorgans über die Generalverweisung in Art. 9 Abs. 1 lit. c Ziff. ii die einschlägigen Bestimmungen des Aktiengesetzes, insbesondere die §§ 107–110 AktG.

II. Bestellung von Vorsitzenden und Stellvertreter

2   Der Vorsitzende des Aufsichtsorgans hat gem. Art. 50 Abs. 2 eine hervorgehobene Stellung. Kommt es bei einer Abstimmung im Aufsichtsorgan zu einer Patt-Situation, gibt seine Stimme den Ausschlag. Dieses **Recht zum Stichentscheid** ist gem. Art. 50 Abs. 2 S. 2 im paritätisch mitbestimmten Aufsichtsorgan zwingend. In diesem Fall darf zum Vorsitzenden nur ein Vertreter der Anteilseigner gewählt werden (Art. 42 S. 2). Ansonsten ist das Recht zum Stichentscheid dispositiv (vgl. → Art. 50 Rn. 24 f.). Gem. § 107 Abs. 1 AktG, der insoweit durch Art. 42 S. 1 nicht verdrängt wird, ist neben dem Vorsitzenden des Aufsichtsorgans mindestens auch ein Stellvertreter zu wählen (→ Rn. 19). Nach § 107 Abs. 1 S. 3 AktG tritt der Stellvertreter nur dann in die Rechtsstellung des Vorsitzenden ein, wenn dieser verhindert ist.

3   **1. Bestellung. a) Wahl.** Die Wahl des Vorsitzenden und seines Stellvertreters erfolgt durch das Aufsichtsorgan aus seiner Mitte. Die Regelung ist abschließend und somit zwingend. Für die Wahl genügt vorbehaltlich einer Sonderregelung in der Satzung die **einfache Stimmenmehrheit** (Art. 50 Abs. 1 lit. b). Der Kandidat ist bei der Abstimmung nicht vom Stimmrecht ausgeschlossen, sondern darf mitstimmen.[1] Die Bestellung wird erst wirksam, wenn der Gewählte die Wahl annimmt. Satzungsklauseln, die die passive Wählbarkeit von Mitgliedern des Aufsichtsorgans einschränken, sind nichtig. Eine Ausnahme gilt nur für den in Art. 42 S. 2 geregelten Fall des paritätisch mitbestimmten Aufsichtsorgans; in diesem Fall darf als Vorsitzender nur ein Anteilseignervertreter gewählt werden. Die Regelung des § 27 MitbestG findet auf die SE keine Anwendung. Das ergibt sich schon aus § 47 Abs. 1a SEBG.[2]

4   Da das in Art. 50 Abs. 2 geregelte Recht zum **Stichentscheid** erst mit der Bestellung des Vorsitzenden entsteht, kann es in der paritätisch mitbestimmten SE bei der Wahl des Vorsitzenden und des Stellvertreters zu Patt-Situationen kommen; der Einfluss der Arbeitnehmervertreter bei der Wahl des Vorsitzenden ist mithin stärker als bei der AG, bei der vorgesehen ist, dass sich die Anteilseignervertreter – auch im Hinblick auf die Wahl des Vorsitzenden aus ihren Reihen – letztlich durchsetzen können.

5   Die Problematik stellt sich vor allem bei der **erstmaligen Konstituierung** eines Aufsichtsorgans. Ist bereits ein Aufsichtsorgan gewählt und endet die Amtszeit des Vorsitzenden auf einen bestimmten Stichtag oder beabsichtigt dieser, sein Amt niederzulegen, so könnte die Problematik unter Umständen dadurch gelöst werden, dass der Nachfolger des Vorsitzenden noch zu einem Zeitpunkt gewählt wird, zu dem der Amtsvorgänger noch im Amt ist. Der Amtsvorgänger kann dann eine etwaige Patt-Situation durch sein Zweitstimmrecht gem. Art. 50 Abs. 2 S. 1 auflösen, indem er für den von der Anteilseignerbank favorisierten Kandidaten votiert.[3] Demgegenüber kann nicht eingewandt werden, die Wahl des Vorsitzenden sei erst nach Ausscheiden seines Amtsvorgängers möglich. Vielmehr besteht für eine Neuwahl vor Ausscheiden des Amtsvorgängers ein dringendes Bedürfnis, da nur so eine

---

[1] Kölner Komm AktG/*Paefgen* Art. 41 Rn. 9; Lutter/Hommelhoff/Teichmann/*Drygala* Rn. 3; für die AG Hüffer/Koch/*Koch* AktG § 107 Rn. 4.
[2] Vgl. auch Begr. RegE zu § 47 SEBG, BT-Drs. 15/3405, 57; Lutter/Hommelhoff/Teichmann/*Teichmann* Art. 45 Rn. 12; *Casper* ZHR 173 (2009), 216.
[3] Ebenso Lutter/Hommelhoff/Teichmann/*Drygala* Rn. 7; Kölner Komm AktG/*Paefgen* Art. 41 Rn. 15; nach aA soll analog § 27 Abs. 2 MitbestG in einem zweiten Wahlgang die Wahl des Vorsitzenden durch die Mehrheit der Anteilseignervertreter erfolgen, vgl. *Schwarz* Rn. 11; *Teichmann* ZGR 2002, 383 (443 f.); *Henssler* ZHR 173 (2009), 222 (243). Ein derartiges Verfahren kann jedoch allenfalls durch die Satzung eingeführt werden (vgl. → Rn. 7 ff.).

vorübergehende Vakanz der Position des Vorsitzenden und damit eine Nichtausfüllung der entsprechenden, ihm zugewiesenen Funktionen verhindert werden kann. Auch die etwaige Behauptung, dies benachteilige später eintretende Mitglieder des Aufsichtsorgans, geht fehl. Denn die Amtsdauer des Vorsitzenden ist nicht auf die unveränderte Besetzung des Aufsichtsorgans beschränkt; vielmehr wird der Vorsitzende in der Regel für die Dauer seiner Mitgliedschaft im Aufsichtsorgan gewählt.[4] Wenn ein Mitglied des Aufsichtsorgans schon berechtigt ist, an seiner eigenen Wahl mitzuwirken,[5] dann muss dies erst recht für eine Mitwirkung an der Wahl seines Nachfolgers gelten. Freilich wird der Vorsitzende des Aufsichtsorgans nicht immer bereit sein, vor Beendigung seiner Amtszeit noch an der Wahl seines Nachfolgers mitzuwirken.

Eine weitere Möglichkeit besteht darin, für den Vorsitzenden des Aufsichtsorgans und seinen Stellvertreter **unterschiedliche Amtszeiten** festzulegen. Endet die Amtszeit des Vorsitzenden und scheidet dieser aus dem Aufsichtsorgan aus, so gehen die mit dem Vorsitz verbundenen Aufgaben und Rechte einschließlich des Rechts zum Stichentscheid (Art. 50 Abs. 2) bis zur Neuwahl des Vorsitzenden auf den stellvertretenden Vorsitzenden des Aufsichtsorgans über. Dieser ist ebenso wie der Vorsitzende zwingend aus dem Kreis der Anteilseignervertreter zu bestellen (vgl. → Rn. 15). Wird anstelle des Ausgeschiedenen ein neues Mitglied bestellt und wählt das Aufsichtsorgan anschließend einen neuen Vorsitzenden, so kann der Stellvertreter bei dieser Wahl das Recht zum Stichentscheid ausüben und damit dem Kandidaten der Anteilseignerseite zur erforderlichen Mehrheit verhelfen. Freilich vermag auch die Bestimmung unterschiedlicher Amtszeiten für den Vorsitzenden und den Stellvertreter das Problem der Patt-Situation bei der Wahl des Vorsitzenden nicht in allen Fällen befriedigend zu lösen. Bei der erstmaligen Konstituierung des Organs hilft der Ansatz nicht weiter; darüber hinaus verträgt er sich nicht mit der in der Praxis üblichen (aber nicht zwingenden) Vorgehensweise, die Amtszeit der Aufsichtsratsmitglieder en-bloc festzulegen. 6

b) Möglichkeit einer statutarischen Regelung. Die Frage, ob zur Verhinderung von Patt-Situationen im Rahmen der Wahl des Vorsitzenden des Aufsichtsorgans gem. Art. 42 **statutarische Regelungen** möglich sind und welchen Inhalt solche Bestimmungen hätten, richtet sich danach, inwieweit die Organisationsverfassung der SE insoweit privatautonomen Regelungen zugänglich ist. 7

Grundsätzlich lässt Art. 50 Abs. 1 vom Prinzip der einfachen Mehrheit **abweichende Mehrheitserfordernisse** bei der Wahl des Vorsitzenden des Aufsichtsorgans zu. Zu Einzelheiten vgl. → Art. 50 Rn. 20 ff. Daher stellt sich die Frage, ob das Problem einer möglichen Patt-Situation bei Wahl des Vorsitzenden des Aufsichtsorgans durch eine Satzungsbestimmung, die sich am Vorbild des § 27 MitbestG orientiert, gelöst werden kann. Gegen die Einführung eines qualifizierten Mehrheitserfordernisses – wie in § 27 Abs. 1 MitbestG geregelt – bestehen ausnahmsweise keine Bedenken. Denn die Gefahr einer Blockade der Beschlussfassung durch die Arbeitnehmer besteht bei § 27 MitbestG nicht. Zur prinzipiellen Unzulässigkeit qualifizierter Mehrheitserfordernisse bei paritätischer Mitbestimmung, vgl. → Art. 50 Rn. 24. Nicht unproblematisch ist dagegen eine statutarische Regelung, derzufolge der Vorsitzende des Aufsichtsorgans im zweiten Wahlgang – wie in § 27 Abs. 2 S. 1 MitbestG vorgegeben – ausschließlich durch die Anteilseignervertreter im Aufsichtsorgan gewählt wird. Die Zulässigkeit einer derartigen Satzungsbestimmung hängt im Ergebnis von einer Abwägung zwischen dem der Anteilseignerbank durch die Verordnung garantierten Letztentscheidungsrecht einerseits und dem Grundsatz der Gleichberechtigung der Arbeitnehmervertreter im Aufsichtsorgan andererseits ab. 8

Gegen eine derartige Satzungsregelung könnte auf der einen Seite der in § 38 Abs. 1 SEBG statuierte Grundsatz der **Gleichberechtigung der Arbeitnehmervertreter** im 9

---

[4] Zur AG vgl. MHdB AG/*Hoffmann-Becking* § 31 Rn. 15; Hüffer/Koch/*Koch* AktG § 107 Rn. 7; *Lutter/Krieger/Verse* Aufsichtsrat § 11 Rn. 666; Kölner Komm AktG/*Mertens/Cahn* AktG § 107 Rn. 28.

[5] MHdB AG/*Hoffmann-Becking* § 31 Rn. 9; Hüffer/Koch/*Koch* AktG § 107 Rn. 4; Kölner Komm AktG/*Mertens/Cahn* AktG § 107 Rn. 16; *Lutter/Krieger/Verse* Aufsichtsrat § 11 Rn. 664.

Aufsichtsorgan sprechen. Eine Wahl des Vorsitzenden nur durch die Anteilseignervertreter könnte auf eine **Beschlussfassung durch die Minderheit** hinauslaufen. Eine solche ist im Aufsichtsorgan der SE grundsätzlich unzulässig. Vgl. → Art. 50 Rn. 12.

10 Für die Möglichkeit, den Vorsitzenden im zweten Wahlgang durch die Mehrheit der Stimmen der Anteilseignervertreter wählen zu lassen, spricht auf der anderen Seite die Wertung von Art. 42 S. 2, Art. 50 Abs. 2 S. 2. Danach steht dem Vorsitzenden des Aufsichtsorgans, der zwingend ein Anteilseignervertreter sein muss, bei der Beschlussfassung ein Recht zum Stichentscheid zu. Art. 42 S. 2, 50 Abs. 2 S. 2 räumen der Anteilseignerbank im paritätisch mitbestimmten Aufsichtsorgan das **Letztentscheidungsrecht** ein. Der Grundsatz der Gleichberechtigung der Arbeitnehmervertreter im Aufsichtsorgan ist folglich durch das Regelungsprogramm der Verordnung eingeschränkt. Eine Auslegung von § 38 SEBG, die zu dem Ergebnis führt, dass der Arbeitnehmerseite bei der Wahl des Vorsitzenden des Aufsichtsorgans eine durch die Satzung nicht abdingbare de facto-Blockademöglichkeit zusteht, wäre mit dieser Wertung nicht vereinbar. Sie könnte eine wirksame und effiziente Ausübung des Letztentscheidungsrechts vereiteln. Sie überschritte darüber hinaus die **Grenzen zulässiger Inhalts- und Schrankenbestimmungen** des durch Art. 14 Abs. 1 GG geschützten Eigentums bei Organisationsmaßnahmen sozialordnender Art. In diesen Grenzen halten sich Gesetzgeber und Gerichte nach der Rspr. des BVerfG[6] dann, wenn die Anteilseigner „nicht auf Grund der Mitbestimmung die **Kontrolle über die Führungsauswahl** im Unternehmen verlieren und wenn ihnen das Letztentscheidungsrecht belassen wird".

11 Gegen die Möglichkeit, die Arbeitnehmervertreter durch eine Satzungsregelung von der Wahl des Vorsitzenden des Aufsichtsorgans im zweiten Wahlgang auszuschließen, kann auch nicht eingewandt werden, dem Anliegen des Verordnungsgebers, der Anteilseignerseite die Wahl des Vorsitzenden des Aufsichtsorgans und damit das Recht zum Stichentscheid zu sichern, ließe sich mit Mitteln Rechnung tragen, die die Arbeitnehmerrechte **weniger einschneidend** beschränken; zu denken wäre zB an eine Bindung der Arbeitnehmerseite an den Wahlvorschlag der Anteilseignervertreter. Ein Lösungsansatz, der die Anteilseignerseite im Ergebnis darauf verweist, die Wahl ihres Kandidaten bei gleichwohl erfolgter Zustimmungsverweigerung der Arbeitnehmerbank im Klagewege durchsetzen zu müssen, wäre gedanklich von einem Blockaderecht nicht weit entfernt. Er liefe in der Praxis darauf hinaus, dass die Arbeitnehmerbank den Anteilseignervertretern einen Kompromisskandidaten aufzwingen könnte. Denn Letztere werden in aller Regel nicht bereit sein, während der gesamten Dauer eines gerichtlichen Verfahrens auf das Recht zum Stichentscheid gem. Art. 50 Abs. 2 zu verzichten oder zumindest rechtliche Zweifel über dessen wirksame Begründung hinzunehmen.

12 Im Ergebnis sprechen daher beachtliche Gründe dafür, dass in der mitbestimmten SE eine am Vorbild des § 27 MitbestG orientierte Satzungsregelung, die die Wahl des Vorsitzenden des Aufsichtsorgans im zweiten Wahlgang – ebenso wie in § 27 Abs. 2 S. 1 MitbestG – ausschließlich mit den Stimmen der Anteilseignervertreter für zulässig erklärt, nicht gegen den Grundsatz der Gleichberechtigung der Arbeitnehmervertreter verstößt und damit zulässig ist.[7] Als unzulässig, weil unverhältnismäßig, könnte sich dagegen eine Regelung erweisen, die die Wahl des Vorsitzenden allein durch die Anteilseignervertreter bereits für den ersten Wahlgang vorsieht. Insofern sollte der Satzungsgeber den Ordnungsgedanken des § 27 MitbestG bei der notwendigen Abwägung zwischen der durch Art. 50 Abs. 1 garantierten Satzungsgestaltungsfreiheit einerseits und der „Sicherung erworbener Rechte der Arbeitnehmer" (vgl. Erwägungsgrund 18 Beteiligungs-RL) andererseits mitberücksichtigen.

---

[6] BVerfGE 50, 290 (350) = NJW 1979, 699.
[7] Lutter/Hommelhoff/Teichmann/*Drygala* Rn. 7; *Drinhausen* in Van Hulle/Maul/Drinhausen SE-HdB Abschn. 5 § 2 Rn. 26; BeckOGK/*Eberspächer* Rn. 2; aA Kölner Komm AktG/*Paefgen* Rn. 14, demzufolge die Wahlzuständigkeit des Gesamtorgans durch die SE-VO zwingend vorgeschrieben ist. Eine separate Beschlussfassung der Anteilseignerbank verstoße gegen diesen Grundsatz.

Zulässig dürfte auch eine Satzungsregelung sein, die dem an Lebensjahren ältesten **13** Anteilseignervertreter das Recht zum Stichentscheid zubilligt.[8]

Um eine gerichtliche Auseinandersetzung über die Zulässigkeit einer an § 27 MitbestG **14** ausgerichteten Regelung durch die Satzung zu vermeiden, empfiehlt es sich, diese zum Gegenstand einer zwischen den Unternehmensorganen der Gründungsgesellschaften und dem besonderen Verhandlungsgremium der Arbeitnehmer ausgehandelten **Verhandlungslösung** (§ 21 SEBG) zu machen.[9] Denn im Rahmen der Verhandlungslösung können die Arbeitnehmer auf den Grundsatz der Gleichberechtigung im Einzelfall verzichten. Sieht die Vereinbarung über die Beteiligung der Arbeitnehmer eine Regelung vor, derzufolge die Bestellung des Vorsitzenden des Aufsichtsorgans in Abweichung von den gesetzlichen Regelungen nach dem Vorbild des § 27 MitbestG erfolgt, so ist ein solcher Regelungsauftrag für den Satzungsgeber auf Grund von Art. 12 Abs. 4 bindend.[10] Die den Vertretungsorganen der Gründungsgesellschaften und dem besonderen Verhandlungsgremium durch § 21 Abs. 1 SEBG eingeräumte **Gestaltungsautonomie** ist durch Art. 42 nur insoweit eingeschränkt, als der Vorsitzende des Aufsichtsorgans aus der Mitte des Aufsichtsorgans zu wählen ist und im Falle der paritätischen Mitbestimmung der Vorsitzende (und sein Stellvertreter, vgl. → Rn. 15) ein Anteilseignervertreter sein muss. Weiterhin ist als zwingende Vorgabe Art. 50 Abs. 2 zu beachten, wonach das Zweitstimmrecht des Vorsitzenden den Ausschlag gibt und eine anderslautende Satzungsbestimmung im Falle des paritätisch mitbestimmten Aufsichtsorgans nicht möglich ist.

Allerdings kann das nach dem MitbestG vorgegebene Modell (§ 27 MitbestG) im **15** Wege einer Satzungsbestimmung oder auch einer Verhandlungslösung nicht ohne Abstriche verwirklicht werden, da hiernach der erste Stellvertreter des Aufsichtsorgans ein Arbeitnehmervertreter sein müsste, wenn im ersten Wahlgang kein Einvernehmen hergestellt werden kann. Anders als in der AG muss der **stellvertretende Vorsitzende des Aufsichtsorgans** in der SE zwingend ebenfalls aus den Reihen der Anteilseignervertreter bestellt werden, da er bei Verhinderung des Vorsitzenden in dessen Stellung nachrückt, wodurch ihm das Zweitstimmrecht zukommt.[11] Es könnte mithin allenfalls geregelt bzw. vereinbart werden, dass in Patt-Situationen die Anteilseignerbank allein über den Vorsitzenden des Aufsichtsorgans und dessen Stellvertreter abstimmt. Einem weitergehenden Arbeitnehmereinfluss stünde hingegen der Grundsatz der Satzungsstrenge der SE entgegen.[12]

c) Gerichtliche Ersatzbestellung. Scheitert die Wahl eines Vorsitzenden des Aufsichts- **16** organs bzw. seines Stellvertreters mangels eines Kandidaten oder mangels einer Mehrheit, so kommt eine **gerichtliche Ersatzbestellung** analog § 104 Abs. 2 AktG in Betracht.[13] Zu diesem Ergebnis führt bereits eine Auslegung der Verordnung selbst. Eine Gesamtschau der Art. 42 S. 2, Art. 45 S. 2 und 50 Abs. 2 führt zu dem Ergebnis, dass der Verordnungsgeber im paritätisch mitbestimmten Aufsichts- bzw. Verwaltungsorgan der Anteilseignerseite durch den Stichentscheid des Vorsitzenden ein zwingendes Übergewicht einräumen wollte. Dieses Übergewicht könnte sinnvoll nicht verwirklicht werden, wenn die Arbeitnehmervertreter im Aufsichts- bzw. Verwaltungsorgan die Möglichkeit hätten, die Wahl des Vorsitzenden, der das Recht zum Stichentscheid ausübt, zu blockieren. Art. 47 Abs. 4 gibt zu erkennen, dass der Verordnungsgeber für gerichtliche Bestellkompetenzen, die sich aus Bestimmungen des nationalen Rechts ergeben, grundsätzlich offen ist für die AG → AktG

---

[8] Kölner Komm AktG/*Paefgen* Art. 41 Rn. 16; *Kiem* ZHR 173 (2009), 156 (168).
[9] Sich anschließend *Drinhausen* in Van Hulle/Maul/Drinhausen SE-HdB Abschn. 5 § 2 Rn. 26; vgl. auch *Henssler* ZHR 173 (2009), 222 (242); krit. Kölner Komm AktG/*Paefgen* Rn. 17, der einwendet, dass es sich bei dem Verfahren zur Bestimmung des Aufsichtsratsvorsitzenden nicht um eine Frage der Mitbestimmung im strengeren Sinne von § 2 Abs. 12 SEBG, Art. 4 Abs. 2 lit. g Beteiligungs-RL handele.
[10] Allg. zur Rechtsnatur der Vereinbarung *Kraushaar* BB 2003, 1614 (1619).
[11] *Drinhausen* in Van Hulle/Maul/Drinhausen SE-HdB Abschnitt 5 § 2 Rn. 26 (S. 129).
[12] Dazu *Hommelhoff* FS Ulmer, 2003, 267 (272 ff.); *Lutter* BB 2002, 1 (4).
[13] Ebenso Kölner Komm AktG/*Paefgen* Art. 41 Rn. 21; *Schwarz* Rn. 22; Lutter/Hommelhoff/Teichmann/ *Drygala* Rn. 6; BeckOGK/*Eberspächer* Rn. 2.

§ 107 Rn. 26).[14] Die Bestellung des Vorsitzenden hat auf Grund von Art. 42 S. 2 zwingend aus dem Kreis der Anteilseignervertreter zu erfolgen. Über den Wortlaut der Bestimmung hinaus gilt das auch für den Stellvertreter. Das folgt aus § 107 Abs. 1 S. 3 AktG, demzufolge der Stellvertreter im Falle der Verhinderung in die Rechtsstellung des Vorsitzenden – und damit auch das Recht zum Stichentscheid nach Art. 50 Abs. 2 – eintritt.

17 **2. Rechtsstellung. a) Amtszeit.** Die Amtszeit des Vorsitzenden kann durch die Satzung oder – soweit die Satzung nicht entgegensteht – vom Aufsichtsorgan in der Geschäftsordnung oder im Wahlbeschluss festgelegt werden (für die AG → AktG § 107 Rn. 30).[15] Erfolgt eine Bestimmung der Amtszeit weder in der Satzung, noch in der Geschäftsordnung, noch im Wahlbeschluss, so ergibt die Auslegung des Wahlbeschlusses, dass die Bestellung für die Dauer der Mitgliedschaft im Aufsichtsorgan erfolgt (für die AG → AktG § 107 Rn. 28).[16] Die **Wiederwahl** zum Mitglied des Aufsichtsorgans beinhaltet aber nicht zugleich die Wiederwahl zum Vorsitzenden; diese hat durch das Aufsichtsorgan gesondert zu erfolgen. Der Hauptversammlung steht kein Bestellungsrecht zu (für die AG → AktG § 107 Rn. 29).[17] Das Aufsichtsorgan kann den Vorsitzenden jederzeit mit der Mehrheit abberufen, die für seine Wahl erforderlich war. Die Satzung kann eine höhere Mehrheit verlangen oder die Abberufung von einem wichtigen Grund abhängig machen. Die Abberufung aus wichtigem Grund ist stets mit einfacher Mehrheit möglich (für die AG → AktG § 107 Rn. 31).[18] Der Betroffene darf dabei ausnahmsweise nicht mitstimmen (für die AG → AktG § 107 Rn. 31).[19] Der Vorsitzende kann sein Amt niederlegen, und zwar entweder unter gleichzeitiger Beendigung seiner Mitgliedschaft im Aufsichtsorgan, oder isoliert.[20] Die Niederlegung darf nicht zur Unzeit erfolgen, ist aber auch dann wirksam (für die AG → AktG § 107 Rn. 35).[21]

18 **b) Aufgaben und Befugnisse.** Zu den Aufgaben des Vorsitzenden gehören – wie bei der AG – die **Einberufung** der Sitzung des Aufsichtsorgans, deren **Leitung** und **Vorbereitung** sowie die **Koordination** der Arbeit des Plenums und der Ausschüsse (für die AG → AktG § 107 Rn. 47 ff.).[22] Er ist ferner **Repräsentant des Aufsichtsorgans** gegenüber dem Leitungsorgan und dessen Mitgliedern.[23] In dieser Eigenschaft berät er das Leitungsorgan und ist dessen ständiger Ansprechpartner (für die AG → AktG § 107 Rn. 58).[24] Er ist Empfänger der

---

[14] Die Zulässigkeit der gerichtlichen Ersatzbestellung ist mittlerweile auch bei der AG hM; vgl. Kölner Komm AktG/*Mertens/Cahn* AktG § 107 Rn. 23; Hüffer/Koch/*Koch* AktG § 107 Rn. 6; *Lutter/Krieger/Verse* Aufsichtsrat § 11 Rn. 674; Habersack/Henssler/*Habersack* MitbestG § 27 Rn. 4; *Rittner* FS R. Fischer, 1979, 627 (632); MHdB AG/*Hoffmann-Becking* § 31 Rn. 8.
[15] Kölner Komm AktG/*Paefgen* Art. 41 Rn. 19; NK-SE/*Manz* Rn. 4; für die AG MHdB AG/*Hoffmann-Becking* § 31 Rn. 15; Kölner Komm AktG/*Mertens/Cahn* AktG § 107 Rn. 29.
[16] Kölner Komm AktG/*Paefgen* Art. 41 Rn. 19; NK-SE/*Manz* Rn. 4; für die AG MHdB AG/*Hoffmann-Becking* § 31 Rn. 15; Kölner Komm AktG/*Mertens/Cahn* AktG § 107 Rn. 31; *Lutter/Krieger/Verse* Aufsichtsrat § 11 Rn. 675; Hüffer/Koch/*Koch* AktG § 107 Rn. 7.
[17] Ebenso Kölner Komm AktG/*Paefgen* Art. 41 Rn. 20; für die AG Hüffer/Koch/*Koch* AktG § 107 Rn. 7; *Lutter/Krieger/Verse* Aufsichtsrat § 11 Rn. 666.
[18] Kölner Komm AktG/*Paefgen* Art. 41 Rn. 26; *Schwarz* Rn. 14; NK-SE/*Manz* Rn. 7; für die AG MHdB AG/*Hoffmann-Becking* § 31 Rn. 16; Kölner Komm AktG/*Mertens/Cahn* AktG § 107 Rn. 33; Hüffer/Koch/*Koch* AktG § 107 Rn. 7; *Lutter/Krieger/Verse* Aufsichtsrat § 11 Rn. 667.
[19] NK-SE/*Manz* Rn. 7; Habersack/Drinhausen/*Seibt* Rn. 17; für ein generelles Stimmverbot Kölner Komm AktG/*Paefgen* Art. 41 Rn. 23, der hieraus stets folgenden Unterlegenheit der Anteilseignervertreter will *Paefgen* in Rn. 24 durch ein Dreifachstimmrecht des stellvertretenden Vorsitzenden begegnen. Vgl. für die AG *Lutter/Krieger/Verse* Aufsichtsrat § 11 Rn. 667; Hüffer/Koch/*Koch* AktG § 107 Rn. 7; Kölner Komm AktG/*Mertens/Cahn* AktG § 107 Rn. 34.
[20] Kölner Komm AktG/*Paefgen* Art. 41 Rn. 29; Habersack/Drinhausen/*Seibt* Rn. 19.
[21] Für die AG Hüffer/Koch/*Koch* AktG § 107 Rn. 7; MHdB AG/*Hoffmann-Becking* § 31 Rn. 16.
[22] So auch Kölner Komm AktG/*Paefgen* Rn. 30; NK-SE/*Manz* Rn. 8; *Schwarz* Rn. 21; BeckOGK/*Eberspächer* Rn. 1.
[23] NK-SE/*Manz* Rn. 8; für die AG *Lutter/Krieger/Verse* Aufsichtsrat § 11 Rn. 678.
[24] Kölner Komm AktG/*Paefgen* Art. 41 Rn. 32; für die AG Hüffer/Koch/*Koch* AktG § 107 Rn. 8; *Hoffmann/Preu* Rn. 437; *Peus*, Der Aufsichtsratsvorsitzende: Seine Rechtsstellung nach dem Aktiengesetz und dem Mitbestimmungsgesetz, 1983, 162 f.

Berichte des Leitungsorgans (Art. 41, § 90 AktG; vgl. → Art. 41 Rn. 10). Der Vorsitzende des Leitungsorgans hält ständigen Kontakt zu ihm und bespricht mit ihm die Strategie der Geschäftsentwicklung und das Risikomanagement des Unternehmens (für die AG → AktG § 107 Rn. 58; vgl. auch Empfehlung D.6 DCGK). Zu den typischen satzungsmäßigen Aufgaben des Vorsitzenden des Aufsichtsorgans gehört die Leitung der Hauptversammlung. Dieser erläutert er den Bericht des Aufsichtsorgans (§ 176 Abs. 1 S. 2 AktG) über den Jahresabschluss, den Lagebericht und den Gewinnverwendungsvorschlag (§ 171 AktG). Weitere Aufgaben finden sich verstreut im Aktiengesetz.[25] Zu nennen sind insbesondere die Mitwirkung bei Anmeldungen zum Handelsregister (vgl. § 184 Abs. 1 AktG, § 188 Abs. 1 AktG, § 195 Abs. 1 AktG, § 207 Abs. 2 AktG, § 223 AktG, § 229 Abs. 3 AktG, § 237 Abs. 2 AktG).

3. Stellvertreter. Die Regelung in Art. 42 ist nicht abschließend. Vielmehr muss das 19 Aufsichtsorgan gem. Art. 9 Abs. 1 lit. c Ziff. ii, § 107 Abs. 1 S. 1 AktG neben dem Vorsitzenden einen oder mehrere Stellvertreter bestellen.[26] Die Satzung kann die Zahl der Stellvertreter begrenzen und die Reihenfolge festlegen, in der sie den Vorsitzenden vertreten. Der **Vertretungsfall** ist gem. § 107 Abs. 1 S. 3 AktG gegeben, wenn der Vorsitzende verhindert ist. Dafür genügt jeder, auch jeder vorübergehende Grund, wenn die Angelegenheit nicht warten kann (für die AG → AktG § 107 Rn. 71).[27] Die bloße Tatsache, dass der Vorsitzende seine Aufgaben nicht wahrnimmt, reicht dagegen nicht aus. Der Vorsitzende kann die ihm obliegenden Maßnahmen auch nicht ohne Weiteres auf seinen Stellvertreter delegieren, wenn er sie nicht selbst ausüben will (→ AktG § 107 Rn. 71).[28] Tritt der Vertretungsfall ein, hat der Stellvertreter für dessen Dauer alle Rechte und Pflichten des Vorsitzenden.

Ebenso wie der Vorsitzende ist der Stellvertreter entsprechend Art. 42 S. 2 zwingend 20 aus dem Kreis der **Anteilseignervertreter** zu bestellen.[29] Das folgt daraus, dass er im Vertretungsfalle in die Rechtsstellung des Vorsitzenden – und damit auch das Recht zum Stichentscheid gem. Art. 50 Abs. 2 – eintritt.[30]

4. Anmeldung zum Handelsregister. Gem. § 107 Abs. 1 S. 2 AktG hat das Leitungs- 21 organ zum Handelsregister anzumelden, wer gewählt ist. Anzumelden sind Namen und Anschrift des Vorsitzenden und seiner Stellvertreter. Zu den Einzelheiten vgl. → AktG § 107 Rn. 37.

---

[25] Umfassender Überblick zum Aufsichtsratsvorsitzenden der AG bei *Peus*, Der Aufsichtsratsvorsitzende: Seine Rechtsstellung nach dem Aktiengesetz und dem Mitbestimmungsgesetz, 1983, 210 ff.
[26] Kölner Komm AktG/*Paefgen* Art. 41 Rn. 33; Habersack/Drinhausen/*Seibt* Rn. 21; *Schwarz* Rn. 20; Lutter/Hommelhoff/Teichmann/*Drygala* Rn. 8; BeckOGK/*Eberspächer* Rn. 3.
[27] Kölner Komm AktG/*Paefgen* Art. 41 Rn. 34; *Schwarz* Rn. 21; für die AG MHdB AG/*Hoffmann-Becking* § 31 Rn. 24; Lutter/Krieger/*Verse* Aufsichtsrat § 11 Rn. 684.
[28] Für die AG Begr. RegE zu § 107 AktG *Kropff* S. 147; Hüffer/Koch/*Koch* AktG § 107 Rn. 10; Lutter/Krieger/*Verse* Aufsichtsrat § 11 Rn. 684.
[29] Kölner Komm AktG/*Paefgen* Art. 41 Rn. 36; BeckOGK/*Eberspächer* Rn. 3; *Schwarz* Rn. 21; NK-SE/*Manz* Rn. 9.
[30] So auch Kölner Komm AktG/*Paefgen* Rn. 35; *Schneider* AG 2008, 887 ff.; NK-SE/*Manz* Rn. 9; *Schwarz* Rn. 21; BeckOGK/*Eberspächer* Rn. 3; aA Lutter/Hommelhoff/Teichmann/*Teichmann* Anhang Art. 43 (§ 34 SEAG) Rn. 9; *Habersack* AG 2006, 345 (349).

Abschnitt 2. Monistisches System

Art. 43 [Verwaltungsorgan]

(1) ¹Das Verwaltungsorgan führt die Geschäfte der SE. ²Ein Mitgliedstaat kann vorsehen, dass ein oder mehrere Geschäftsführer die laufenden Geschäfte in eigener Verantwortung unter denselben Voraussetzungen, wie sie für Aktiengesellschaften mit Sitz im Hoheitsgebiet des betreffenden Mitgliedstaates gelten, führt bzw. führen.

(2) *[1]* ¹Die Zahl der Mitglieder des Verwaltungsorgans oder die Regeln für ihre Festlegung sind in der Satzung der SE festgelegt. ²Die Mitgliedstaaten können jedoch eine Mindestzahl und erforderlichenfalls eine Höchstzahl festsetzen.

[2] Ist jedoch die Mitbestimmung der Arbeitnehmer in der SE gemäß der Richtlinie geregelt, so muss das Verwaltungsorgan aus mindestens drei Mitgliedern bestehen.

(3) ¹Das Mitglied/die Mitglieder des Verwaltungsorgans wird/werden von der Hauptversammlung bestellt. ²Die Mitglieder des ersten Verwaltungsorgans können jedoch durch die Satzung bestellt werden. ³Artikel 47 Absatz 4 oder eine etwaige nach Maßgabe der Richtlinie 2001/86/EG geschlossene Vereinbarung über die Mitbestimmung der Arbeitnehmer bleibt hiervon unberührt.

(4) Enthält das Recht eines Mitgliedstaats in Bezug auf Aktiengesellschaften mit Sitz in seinem Hoheitsgebiet keine Vorschriften über ein monistisches System, kann dieser Mitgliedstaat entsprechende Vorschriften in Bezug auf SE erlassen.

§ 20 SEAG Anzuwendende Vorschriften

Wählt eine SE gemäß Artikel 38 Buchstabe b der Verordnung in ihrer Satzung das monistische System mit einem Verwaltungsorgan (Verwaltungsrat), so gelten anstelle der §§ 76 bis 116 des Aktiengesetzes die nachfolgenden Vorschriften.

§ 22 SEAG Aufgaben und Rechte des Verwaltungsrats

(1) Der Verwaltungsrat leitet die Gesellschaft, bestimmt die Grundlinien ihrer Tätigkeit und überwacht deren Umsetzung.

(2) ¹Der Verwaltungsrat hat eine Hauptversammlung einzuberufen, wenn das Wohl der Gesellschaft es fordert. ²Für den Beschluss genügt die einfache Mehrheit. ³Für die Vorbereitung und Ausführung von Hauptversammlungsbeschlüssen gilt § 83 des Aktiengesetzes entsprechend; der Verwaltungsrat kann einzelne damit verbundene Aufgaben auf die geschäftsführenden Direktoren übertragen.

(3) ¹Der Verwaltungsrat hat dafür zu sorgen, dass die erforderlichen Handelsbücher geführt werden. ²Der Verwaltungsrat hat geeignete Maßnahmen zu treffen, insbesondere ein Überwachungssystem einzurichten, damit den Fortbestand der Gesellschaft gefährdende Entwicklungen früh erkannt werden.

(4) ¹Der Verwaltungsrat kann die Bücher und Schriften der Gesellschaft sowie die Vermögensgegenstände, namentlich die Gesellschaftskasse und die Bestände an Wertpapieren und Waren, einsehen und prüfen. ²Er kann damit auch einzelne Mitglieder oder für bestimmte Aufgaben besondere Sachverständige beauftragen. ³Er erteilt dem Abschlussprüfer den Prüfungsauftrag für den Jahres- und Konzernabschluss gemäß § 290 des Handelsgesetzbuchs.

(5) ¹Ergibt sich bei Aufstellung der Jahresbilanz oder einer Zwischenbilanz oder ist bei pflichtmäßigem Ermessen anzunehmen, dass ein Verlust in der Hälfte des Grundkapitals besteht, so hat der Verwaltungsrat unverzüglich die Hauptversammlung einzuberufen und ihr dies anzuzeigen. ²Bei Zahlungsunfähigkeit oder Überschuldung der Gesellschaft hat der Verwaltungsrat den Insolvenzantrag nach § 15a Abs. 1 der Insolvenzordnung zu stellen; § 92 Abs. 2 des Aktiengesetzes gilt entsprechend.

(6) Rechtsvorschriften, die außerhalb dieses Gesetzes dem Vorstand oder dem Aufsichtsrat einer Aktiengesellschaft Rechte oder Pflichten zuweisen, gelten sinngemäß für den Verwaltungsrat,

soweit nicht in diesem Gesetz für den Verwaltungsrat und für geschäftsführende Direktoren besondere Regelungen enthalten sind.

§ 23 SEAG Zahl der Mitglieder des Verwaltungsrats

(1) ¹Der Verwaltungsrat besteht aus drei Mitgliedern. ²Die Satzung kann etwas anderes bestimmen; bei Gesellschaften mit einem Grundkapital von mehr als 3 Millionen Euro hat der Verwaltungsrat jedoch aus mindestens drei Personen zu bestehen. ³Die Höchstzahl der Mitglieder des Verwaltungsrats beträgt bei Gesellschaften mit einem Grundkapital

bis zu	1 500 000 Euro	neun,
von mehr als	1 500 000 Euro	fünfzehn,
von mehr als	10 000 000 Euro	einundzwanzig.

(2) Die Beteiligung der Arbeitnehmer nach dem SE-Beteiligungsgesetz bleibt unberührt.

§ 24 Zusammensetzung des Verwaltungsrats

(1) Der Verwaltungsrat setzt sich zusammen aus Verwaltungsratsmitgliedern der Aktionäre und, soweit eine Vereinbarung nach § 21 oder die §§ 34 bis 38 des SE-Beteiligungsgesetzes dies vorsehen, auch aus Verwaltungsratsmitgliedern der Arbeitnehmer.

(2) Nach anderen als den zuletzt angewandten vertraglichen oder gesetzlichen Vorschriften kann der Verwaltungsrat nur zusammengesetzt werden, wenn nach § 25 oder nach § 26 die in der Bekanntmachung des Vorsitzenden des Verwaltungsrats oder in der gerichtlichen Entscheidung angegebenen vertraglichen oder gesetzlichen Vorschriften anzuwenden sind.

(3) ¹Besteht bei einer börsennotierten SE der Verwaltungsrat aus derselben Zahl von Anteilseigner- und Arbeitnehmervertretern, müssen in dem Verwaltungsrat Frauen und Männer jeweils mit einem Anteil von mindestens 30 Prozent vertreten sein. ²Der Mindestanteil von jeweils 30 Prozent an Frauen und Männern im Verwaltungsrat ist bei erforderlich werdenden Neubesetzungen einzelner oder mehrerer Sitze im Verwaltungsrat zu beachten. ³Reicht die Zahl der neu zu besetzenden Sitze nicht aus, um den Mindestanteil zu erreichen, sind die Sitze mit Personen des unterrepräsentierten Geschlechts zu besetzen, um dessen Anteil sukzessive zu steigern. ⁴Bestehende Mandate können bis zu ihrem regulären Ende wahrgenommen werden.

§ 25 SEAG Bekanntmachung über die Zusammensetzung des Verwaltungsrats

(1) ¹Ist der Vorsitzende des Verwaltungsrats der Ansicht, dass der Verwaltungsrat nicht nach den maßgeblichen vertraglichen oder gesetzlichen Vorschriften zusammengesetzt ist, so hat er dies unverzüglich in den Gesellschaftsblättern und gleichzeitig durch Aushang in sämtlichen Betrieben der Gesellschaft und ihrer Konzernunternehmen bekannt zu machen. ²Der Aushang kann auch in elektronischer Form erfolgen. ³In der Bekanntmachung sind die nach Ansicht des Vorsitzenden des Verwaltungsrats maßgeblichen vertraglichen oder gesetzlichen Vorschriften anzugeben. ⁴Es ist darauf hinzuweisen, dass der Verwaltungsrat nach diesen Vorschriften zusammengesetzt wird, wenn nicht Antragsberechtigte nach § 26 Abs. 2 innerhalb eines Monats nach der Bekanntmachung im Bundesanzeiger das nach § 26 Abs. 1 zuständige Gericht anrufen.

(2) ¹Wird das nach § 26 Abs. 1 zuständige Gericht nicht innerhalb eines Monats nach der Bekanntmachung im Bundesanzeiger angerufen, so ist der neue Verwaltungsrat nach den in der Bekanntmachung angegebenen Vorschriften zusammenzusetzen. ²Die Bestimmungen der Satzung über die Zusammensetzung des Verwaltungsrats, über die Zahl der Mitglieder des Verwaltungsrats sowie über die Wahl, Abberufung und Entsendung von Mitgliedern des Verwaltungsrats treten mit der Beendigung der ersten Hauptversammlung, die nach Ablauf der Anrufungsfrist einberufen wird, spätestens sechs Monate nach Ablauf dieser Frist insoweit außer Kraft, als sie den nunmehr anzuwendenden Vorschriften widersprechen. ³Mit demselben Zeitpunkt erlischt das Amt der bisherigen Mitglieder des Verwaltungsrats. ⁴Eine Hauptversammlung, die innerhalb der Frist von sechs Monaten stattfindet, kann an Stelle der außer Kraft tretenden Satzungsbestimmungen mit einfacher Stimmenmehrheit neue Satzungsbestimmungen beschließen.

(3) Solange ein gerichtliches Verfahren nach § 26 anhängig ist, kann eine Bekanntmachung über die Zusammensetzung des Verwaltungsrats nicht erfolgen.

§ 26 SEAG Gerichtliche Entscheidung über die Zusammensetzung des Verwaltungsrats

(1) Ist streitig oder ungewiss, nach welchen Vorschriften der Verwaltungsrat zusammenzusetzen ist, so entscheidet darüber auf Antrag ausschließlich das Landgericht, in dessen Bezirk die Gesellschaft ihren Sitz hat.

(2) Antragsberechtigt sind
1. jedes Mitglied des Verwaltungsrats,

2. jeder Aktionär,
3. die nach § 98 Abs. 2 Satz 1 Nr. 4 bis 10 des Aktiengesetzes Antragsberechtigten,
4. der SE-Betriebsrat.

(3) ¹Entspricht die Zusammensetzung des Verwaltungsrats nicht der gerichtlichen Entscheidung, so ist der neue Verwaltungsrat nach den in der Entscheidung angegebenen Vorschriften zusammenzusetzen. ²§ 25 Abs. 2 gilt entsprechend mit der Maßgabe, dass die Frist von sechs Monaten mit dem Eintritt der Rechtskraft beginnt.

(4) Für das Verfahren gilt § 99 des Aktiengesetzes entsprechend mit der Maßgabe, dass die nach Absatz 5 der Vorschrift vorgesehene Einreichung der rechtskräftigen Entscheidung durch den Vorsitzenden des Verwaltungsrats erfolgt.

§ 28 SEAG Bestellung der Mitglieder des Verwaltungsrats

(1) Die Bestellung der Mitglieder des Verwaltungsrats richtet sich nach der Verordnung.

(2) § 101 Abs. 2 des Aktiengesetzes gilt entsprechend.

(3) ¹Stellvertreter von Mitgliedern des Verwaltungsrats können nicht bestellt werden. ²Jedoch kann für jedes Mitglied ein Ersatzmitglied bestellt werden, das Mitglied des Verwaltungsrats wird, wenn das Mitglied vor Ablauf seiner Amtszeit wegfällt. ³Das Ersatzmitglied kann nur gleichzeitig mit dem Mitglied bestellt werden. ⁴Auf seine Bestellung sowie die Nichtigkeit und Anfechtung seiner Bestellung sind die für das Mitglied geltenden Vorschriften anzuwenden. ⁵Das Amt des Ersatzmitglieds erlischt spätestens mit Ablauf der Amtszeit des weggefallenen Mitglieds.

§ 29 SEAG Abberufung der Mitglieder des Verwaltungsrats

(1) ¹Mitglieder des Verwaltungsrats, die von der Hauptversammlung ohne Bindung an einen Wahlvorschlag gewählt worden sind, können von ihr vor Ablauf der Amtszeit abberufen werden. ²Der Beschluss bedarf einer Mehrheit, die mindestens drei Viertel der abgegebenen Stimmen umfasst. ³Die Satzung kann eine andere Mehrheit und weitere Erfordernisse bestimmen.

(2) ¹Ein Mitglied des Verwaltungsrats, das auf Grund der Satzung in den Verwaltungsrat entsandt ist, kann von dem Entsendungsberechtigten jederzeit abberufen und durch ein anderes ersetzt werden. ²Sind die in der Satzung bestimmten Voraussetzungen des Entsendungsrechts weggefallen, so kann die Hauptversammlung das entsandte Mitglied mit einfacher Stimmenmehrheit abberufen.

(3) ¹Das Gericht hat auf Antrag des Verwaltungsrats ein Mitglied abzuberufen, wenn in dessen Person ein wichtiger Grund vorliegt. ²Der Verwaltungsrat beschließt über die Antragstellung mit einfacher Mehrheit. ³Ist das Mitglied auf Grund der Satzung in den Verwaltungsrat entsandt worden, so können auch Aktionäre, deren Anteile zusammen den zehnten Teil des Grundkapitals oder den anteiligen Betrag von 1 Million Euro erreichen, den Antrag stellen. ⁴Gegen die Entscheidung ist die Beschwerde zulässig.

(4) Für die Abberufung eines Ersatzmitglieds gelten die Vorschriften über die Abberufung des Mitglieds, für das es bestellt ist.

§ 30 SEAG Bestellung durch das Gericht

(1) ¹Gehört dem Verwaltungsrat die zur Beschlussfähigkeit nötige Zahl von Mitgliedern nicht an, so hat ihn das Gericht auf Antrag eines Mitglieds des Verwaltungsrats oder eines Aktionärs auf diese Zahl zu ergänzen. ²Mitglieder des Verwaltungsrats sind verpflichtet, den Antrag unverzüglich zu stellen, es sei denn, dass die rechtzeitige Ergänzung vor der nächsten Sitzung des Verwaltungsrats zu erwarten ist. ³Hat der Verwaltungsrat auch aus Mitgliedern der Arbeitnehmer zu bestehen, so können auch den Antrag stellen
1. die nach § 104 Abs. 1 Satz 3 des Aktiengesetzes Antragsberechtigten,
2. der SE-Betriebsrat.
⁴Gegen die Entscheidung ist die Beschwerde zulässig.

(2) ¹Gehören dem Verwaltungsrat länger als drei Monate weniger Mitglieder als die durch Vereinbarung, Gesetz oder Satzung festgelegte Zahl an, so hat ihn das Gericht auf Antrag auf diese Zahl zu ergänzen. ²In dringenden Fällen hat das Gericht auf Antrag den Verwaltungsrat auch vor Ablauf der Frist zu ergänzen. ³Das Antragsrecht bestimmt sich nach Absatz 1. ⁴Gegen die Entscheidung ist die Beschwerde zulässig.

(3) Das Amt des gerichtlich bestellten Mitglieds erlischt in jedem Fall, sobald der Mangel behoben ist.

(4) ¹Das gerichtlich bestellte Mitglied hat Anspruch auf Ersatz angemessener barer Auslagen und, wenn den Mitgliedern der Gesellschaft eine Vergütung gewährt wird, auf Vergütung für seine

Tätigkeit. ²Auf Antrag des Mitglieds setzt das Gericht die Vergütung und die Auslagen fest. ³Gegen die Entscheidung ist die Beschwerde zulässig; die Rechtsbeschwerde ist ausgeschlossen. ⁴Aus der rechtskräftigen Entscheidung findet die Zwangsvollstreckung nach der Zivilprozessordnung statt.

§ 31 SEAG Nichtigkeit der Wahl von Verwaltungsratsmitgliedern

(1) Die Wahl eines Verwaltungsratsmitglieds durch die Hauptversammlung ist außer im Fall des § 241 Nr. 1, 2 und 5 des Aktiengesetzes nur dann nichtig, wenn
1. der Verwaltungsrat unter Verstoß gegen § 24 Abs. 2, § 25 Abs. 2 Satz 1 oder § 26 Abs. 3 zusammengesetzt wird;
2. durch die Wahl die gesetzliche Höchstzahl der Verwaltungsratsmitglieder überschritten wird (§ 23);
3. die gewählte Person nach Artikel 47 Abs. 2 der Verordnung bei Beginn ihrer Amtszeit nicht Verwaltungsratsmitglied sein kann.

(2) ¹Für die Parteifähigkeit für die Klage auf Feststellung, dass die Wahl eines Verwaltungsratsmitglieds nichtig ist, gilt § 250 Abs. 2 des Aktiengesetzes entsprechend. ²Parteifähig ist auch der SE-Betriebsrat.

(3) ¹Erhebt ein Aktionär, ein Mitglied des Verwaltungsrats oder ein nach Absatz 2 Parteifähiger gegen die Gesellschaft Klage auf Feststellung, dass die Wahl eines Verwaltungsratsmitglieds nichtig ist, so gelten § 246 Abs. 2, 3 Satz 1 bis 4, Abs. 4, die §§ 247, 248 Abs. 1 Satz 2, die §§ 248a und 249 Abs. 2 des Aktiengesetzes entsprechend. ²Es ist nicht ausgeschlossen, die Nichtigkeit auf andere Weise als durch Erhebung der Klage geltend zu machen.

§ 32 SEAG Anfechtung der Wahl von Verwaltungsratsmitgliedern

¹Für die Anfechtung der Wahl von Verwaltungsratsmitgliedern findet § 251 des Aktiengesetzes mit der Maßgabe Anwendung, dass das gesetzwidrige Zustandekommen von Wahlvorschlägen für die Arbeitnehmervertreter im Verwaltungsrat nur nach den Vorschriften der Mitgliedstaaten über die Besetzung der ihnen zugewiesenen Sitze geltend gemacht werden kann. ²Für die Arbeitnehmervertreter aus dem Inland gilt § 37 Abs. 2 des SE-Beteiligungsgesetzes.

§ 33 SEAG Wirkung des Urteils

Für die Urteilswirkung gilt § 252 des Aktiengesetzes entsprechend.

§ 40 SEAG Geschäftsführende Direktoren

(1) ¹Der Verwaltungsrat bestellt einen oder mehrere geschäftsführende Direktoren. ²Mitglieder des Verwaltungsrats können zu geschäftsführenden Direktoren bestellt werden, sofern die Mehrheit des Verwaltungsrats weiterhin aus nicht geschäftsführenden Mitgliedern besteht. ³Die Bestellung ist zur Eintragung in das Handelsregister anzumelden. ⁴Werden Dritte zu geschäftsführenden Direktoren bestellt, gilt für sie § 76 Abs. 3 des Aktiengesetzes entsprechend. ⁵Die Satzung kann Regelungen über die Bestellung eines oder mehrerer geschäftsführender Direktoren treffen. ⁶§ 38 Abs. 2 des SE-Beteiligungsgesetzes bleibt unberührt.

(2) ¹Die geschäftsführenden Direktoren führen die Geschäfte der Gesellschaft. ²Sind mehrere geschäftsführende Direktoren bestellt, so sind sie nur gemeinschaftlich zur Geschäftsführung befugt; die Satzung oder eine vom Verwaltungsrat erlassene Geschäftsordnung kann Abweichendes bestimmen. ³Gesetzlich dem Verwaltungsrat zugewiesene Aufgaben können nicht auf die geschäftsführenden Direktoren übertragen werden. ⁴Soweit nach den für Aktiengesellschaften geltenden Rechtsvorschriften der Vorstand Anmeldungen und die Einreichung von Unterlagen zum Handelsregister vorzunehmen hat, treten an die Stelle des Vorstands die geschäftsführenden Direktoren.

(3) ¹Ergibt sich bei der Aufstellung der Jahresbilanz oder einer Zwischenbilanz oder ist bei pflichtgemäßem Ermessen anzunehmen, dass ein Verlust in der Hälfte des Grundkapitals besteht, so haben die geschäftsführenden Direktoren dem Vorsitzenden des Verwaltungsrats unverzüglich darüber zu berichten. ²Dasselbe gilt, wenn die Gesellschaft zahlungsunfähig wird oder sich eine Überschuldung der Gesellschaft ergibt.

(4) ¹Sind mehrere geschäftsführende Direktoren bestellt, können sie sich eine Geschäftsordnung geben, wenn nicht die Satzung den Erlass einer Geschäftsordnung dem Verwaltungsrat übertragen hat oder der Verwaltungsrat eine Geschäftsordnung erlässt. ²Die Satzung kann Einzelfragen der Geschäftsordnung bindend regeln. ³Beschlüsse der geschäftsführenden Direktoren über die Geschäftsordnung müssen einstimmig gefasst werden.

(5) ¹Geschäftsführende Direktoren können jederzeit durch Beschluss des Verwaltungsrats abberufen werden, sofern die Satzung nichts anderes regelt. ²Für die Ansprüche aus dem Anstellungsvertrag gelten die allgemeinen Vorschriften.

(6) Geschäftsführende Direktoren berichten dem Verwaltungsrat entsprechend § 90 des Aktiengesetzes, sofern die Satzung oder die Geschäftsordnung nichts anderes vorsieht.

(7) Die §§ 87 bis 89 des Aktiengesetzes gelten entsprechend.

(8) Für Sorgfaltspflicht und Verantwortlichkeit der geschäftsführenden Direktoren gilt § 93 des Aktiengesetzes entsprechend.

(9) Die Vorschriften über die geschäftsführenden Direktoren gelten auch für ihre Stellvertreter.

§ 41 SEAG Vertretung

(1) ¹Die geschäftsführenden Direktoren vertreten die Gesellschaft gerichtlich und außergerichtlich. ²Hat eine Gesellschaft keine geschäftsführenden Direktoren (Führungslosigkeit), wird die Gesellschaft für den Fall, dass ihr gegenüber Willenserklärungen abgegeben oder Schriftstücke zugestellt werden, durch den Verwaltungsrat vertreten.

(2) ¹Mehrere geschäftsführende Direktoren sind, wenn die Satzung nichts anderes bestimmt, nur gemeinschaftlich zur Vertretung der Gesellschaft befugt. ²Ist eine Willenserklärung gegenüber der Gesellschaft abzugeben, so genügt die Abgabe gegenüber einem geschäftsführenden Direktor oder im Fall des Absatzes 1 Satz 2 gegenüber einem Mitglied des Verwaltungsrats.³§ 78 Abs. 2 Satz 3 und 4 des Aktiengesetzes gilt entsprechend.

(3) ¹Die Satzung kann auch bestimmen, dass einzelne geschäftsführende Direktoren allein oder in Gemeinschaft mit einem Prokuristen zur Vertretung der Gesellschaft befugt sind. ²Absatz 2 Satz 2 gilt in diesen Fällen entsprechend.

(4) ¹Zur Gesamtvertretung befugte geschäftsführende Direktoren können einzelne von ihnen zur Vornahme bestimmter Geschäfte oder bestimmter Arten von Geschäften ermächtigen. ²Dies gilt entsprechend, wenn ein einzelner geschäftsführender Direktor in Gemeinschaft mit einem Prokuristen zur Vertretung der Gesellschaft befugt ist.

(5) Den geschäftsführenden Direktoren gegenüber vertritt der Verwaltungsrat die Gesellschaft gerichtlich und außergerichtlich.

§ 43 SEAG Angaben auf Geschäftsbriefen

(1) ¹Auf allen Geschäftsbriefen gleichviel welcher Form, die an einen bestimmten Empfänger gerichtet werden, müssen die Rechtsform und der Sitz der Gesellschaft, das Registergericht des Sitzes der Gesellschaft und die Nummer, unter der die Gesellschaft in das Handelsregister eingetragen ist, sowie alle geschäftsführenden Direktoren und der Vorsitzende des Verwaltungsrats mit dem Familiennamen und mindestens einem ausgeschriebenen Vornamen angegeben werden. ²§ 80 Abs. 1 Satz 3 des Aktiengesetzes gilt entsprechend.

(2) § 80 Abs. 2 bis 4 des Aktiengesetzes gilt entsprechend.

§ 44 SEAG Beschränkungen der Vertretungs- und Geschäftsführungsbefugnis

(1) Die Vertretungsbefugnis der geschäftsführenden Direktoren kann nicht beschränkt werden.

(2) Im Verhältnis zur Gesellschaft sind die geschäftsführenden Direktoren verpflichtet, die Anweisungen und Beschränkungen zu beachten, die im Rahmen der für die SE geltenden Vorschriften die Satzung, der Verwaltungsrat, die Hauptversammlung und die Geschäftsordnungen des Verwaltungsrats und der geschäftsführenden Direktoren für die Geschäftsführungsbefugnis getroffen haben.

§ 45 SEAG Bestellung durch das Gericht

¹Fehlt ein erforderlicher geschäftsführender Direktor, so hat in dringenden Fällen das Gericht auf Antrag eines Beteiligten das Mitglied zu bestellen. ²§ 85 Abs. 1 Satz 2, Abs. 2 und 3 des Aktiengesetzes gilt entsprechend.

§ 46 SEAG Anmeldung von Änderungen

(1) ¹Die geschäftsführenden Direktoren haben jeden Wechsel der Verwaltungsratsmitglieder unverzüglich in den Gesellschaftsblättern bekannt zu machen und die Bekanntmachung zum Handelsregister einzureichen. ²Sie haben jede Änderung der geschäftsführenden Direktoren oder der Vertretungsbefugnis eines geschäftsführenden Direktors zur Eintragung in das Handelsregister anzumelden. ³Sie haben weiterhin die Wahl des Verwaltungsratsvorsitzenden und seines Stellvertreters sowie jede Änderung in der Person des Verwaltungsratsvorsitzenden oder seines Stellvertreters zum Handelsregister anzumelden.

Verwaltungsorgan   Art. 43 SE-VO

(2) ¹Die neuen geschäftsführenden Direktoren haben in der Anmeldung zu versichern, dass keine Umstände vorliegen, die ihrer Bestellung nach § 40 Abs. 1 Satz 4 entgegenstehen und dass sie über ihre unbeschränkte Auskunftspflicht gegenüber dem Gericht belehrt worden sind. ²§ 37 Abs. 2 Satz 2 des Aktiengesetzes ist anzuwenden.

(3) § 81 Abs. 2 des Aktiengesetzes gilt für die geschäftsführenden Direktoren entsprechend.

§ 47 SEAG Prüfung und Feststellung des Jahresabschlusses

(1) ¹Die geschäftsführenden Direktoren haben den Jahresabschluss und den Lagebericht unverzüglich nach ihrer Aufstellung dem Verwaltungsrat vorzulegen. ²Zugleich haben die geschäftsführenden Direktoren einen Vorschlag vorzulegen, den der Verwaltungsrat der Hauptversammlung für die Verwendung des Bilanzgewinns machen soll; § 170 Abs. 2 Satz 2 des Aktiengesetzes gilt entsprechend.

(2) ¹Jedes Verwaltungsratsmitglied hat das Recht, von den Vorlagen und Prüfungsberichten Kenntnis zu nehmen. ²Die Vorlagen und Prüfungsberichte sind auch jedem Verwaltungsratsmitglied oder, soweit der Verwaltungsrat dies beschlossen hat und ein Bilanzausschuss besteht, den Mitgliedern des Ausschusses auszuhändigen.

(3) Für die Prüfung durch den Verwaltungsrat gilt § 171 Abs. 1 und 2 des Aktiengesetzes entsprechend.

(4) ¹Absatz 1 Satz 1 und Absatz 3 gelten entsprechend für einen Einzelabschluss nach § 325 Abs. 2a Satz 1 des Handelsgesetzbuchs sowie bei Mutterunternehmen (§ 290 Abs. 1, 2 des Handelsgesetzbuchs) für den Konzernabschluss und den Konzernlagebericht. ²Der Einzelabschluss nach § 325 Abs. 2a Satz 1 des Handelsgesetzbuchs darf erst nach Billigung durch den Verwaltungsrat offen gelegt werden.

(5) ¹Billigt der Verwaltungsrat den Jahresabschluss, so ist dieser festgestellt, sofern nicht der Verwaltungsrat beschließt, die Feststellung des Jahresabschlusses der Hauptversammlung zu überlassen. ²Die Beschlüsse des Verwaltungsrats sind in den Bericht des Verwaltungsrats an die Hauptversammlung aufzunehmen.

(6) ¹Hat der Verwaltungsrat beschlossen, die Feststellung des Jahresabschlusses der Hauptversammlung zu überlassen, oder hat der Verwaltungsrat den Jahresabschluss nicht gebilligt, so stellt die Hauptversammlung den Jahresabschluss fest. ²Hat der Verwaltungsrat eines Mutterunternehmens (§ 290 Abs. 1, 2 des Handelsgesetzbuchs) den Konzernabschluss nicht gebilligt, so entscheidet die Hauptversammlung über die Billigung. ³Für die Feststellung des Jahresabschlusses oder die Billigung des Konzernabschlusses durch die Hauptversammlung gilt § 173 Abs. 2 und 3 des Aktiengesetzes entsprechend.

§ 48 SEAG Ordentliche Hauptversammlung

(1) Unverzüglich nach der Zuleitung des Berichts an die geschäftsführenden Direktoren hat der Verwaltungsrat die Hauptversammlung zur Entgegennahme des festgestellten Jahresabschlusses und des Lageberichts, eines vom Verwaltungsrat gebilligten Einzelabschlusses nach § 325 Abs. 2a Satz 1 des Handelsgesetzbuchs sowie zur Beschlussfassung über die Verwendung des Bilanzgewinns, bei einem Mutterunternehmen (§ 290 Abs. 1, 2 des Handelsgesetzbuchs) auch zur Entgegennahme des vom Verwaltungsrat gebilligten Konzernabschlusses und des Konzernlageberichts, einzuberufen.

(2) ¹Die Vorschriften des § 175 Abs. 2 bis 4 und des § 176 Abs. 2 des Aktiengesetzes gelten entsprechend. ²Der Verwaltungsrat hat der Hauptversammlung die in § 176 Abs. 1 Satz 1 des Aktiengesetzes angegebenen Vorlagen zugänglich zu machen. ³Zu Beginn der Verhandlung soll der Verwaltungsrat seine Vorlagen erläutern. ⁴Er soll dabei auch zu einem Jahresfehlbetrag oder einem Verlust Stellung nehmen, der das Jahresergebnis wesentlich beeinträchtigt hat. ⁵Satz 4 ist auf Kreditinstitute nicht anzuwenden.

§ 49 SEAG Leitungsmacht und Verantwortlichkeit bei Abhängigkeit von Unternehmen

(1) Für die Anwendung der Vorschriften der §§ 308 bis 318 des Aktiengesetzes treten an die Stelle des Vorstands der Gesellschaft die geschäftsführenden Direktoren.

(2) Für die Anwendung der Vorschriften der §§ 319 bis 327 des Aktiengesetzes treten an die Stelle des Vorstands der eingegliederten Gesellschaft die geschäftsführenden Direktoren.

Schrifttum: *Bachmann*, Der Verwaltungsrat der monistischen SE, ZGR 2008, 779; *Bauer*, Organstellung und Organvergütung in der monistisch verfassten Europäischen Aktiengesellschaft (SE), Diss. München 2007; *Bauer/Gragert*, Der GmbH-Geschäftsführer zwischen Himmel und Hölle, ZIP 1997, 2177; *Baums/Ulmer*, Unternehmens-Mitbestimmung der Arbeitnehmer im Recht der EU-Mitgliedstaaten, ZHR-Beiheft 72, 2004;

SE-VO Art. 43

Blanquet, ECLR – Das Statut der Europäischen Aktiengesellschaft (Societas Europaea „SE"), ZGR 2002, 20; *Brandi,* Die Europäische Aktiengesellschaft im deutschen und internationalen Konzernrecht, NZG 2003, 889; *Brandt,* Hauptversammlung der Europäischen Aktiengesellschaft, Diss. Würzburg 2004; *Davies,* Struktur der Unternehmensführung in Großbritannien und Deutschland: Konvergenz oder fortbestehende Divergenz?, ZGR 2001, 268; *Fladden,* Dauer von Geschäftsführerverträgen – ein Leitfaden für Vertragsverhandlungen, GmbHR 2000, 922; *Fleck,* Zur Haftung des GmbH-Geschäftsführers, GmbHR 1974, 224; *Fleischer,* Zur Leitungsaufgabe des Vorstands im Aktienrecht, ZIP 2003, 1; *Forstmoser,* Monistische oder dualistische Unternehmensverfassung? Das Schweizer Konzept, ZGR 2003, 688; *Geßler,* Vorstand und Aufsichtsrat im neuen Aktiengesetz, JW 1937, 497; *Gieseke,* Interessenkonflikte der GmbH-Geschäftsführer bei Pflichtenkollisionen, GmbHR 1996, 486; *Goette,* Das Anstellungsverhältnis des GmbH-Geschäftsführers in der Rechtsprechung des Bundesgerichtshofs, DStR 1998, 1137; *Goette,* Der Geschäftsführerdienstvertrag zwischen Gesellschafts- und Arbeitsrecht in der Rechtsprechung des Bundesgerichtshofs, FS Wiedemann, 2002, 873; *Gruber/Weller,* Societas Europaea: Mitbestimmung ohne Aufsichtsrat?, NZG 2003, 297; *Grumann/Gillmann,* Abberufung und Kündigung von Vorstandsmitgliedern einer Aktiengesellschaft, DB 2003, 770; *Habersack,* Das Konzernrecht der „deutschen" SE, ZGR 2003, 724; *Henssler,* Unternehmerische Mitbestimmung in der Societas Europaea, FS Ulmer, 2003, 193; *Henze,* Prüfungs- und Kontrollaufgaben des Aufsichtsrates in der Aktiengesellschaft, NJW 1998, 3309; *Herfs-Röttgen,* Probleme der Arbeitnehmerbeteiligung in der Europäischen Aktiengesellschaft, NZA 2002, 358; *Herfs-Röttgen,* Arbeitnehmerbeteiligung in der Europäischen Aktiengesellschaft, NZA 2001, 424; *Hirte,* Die Europäische Aktiengesellschaft, NZG 2002, 1; *Hoffmann-Becking,* Organe: Strukturen und Verantwortlichkeiten, insbesondere im monistischen System, ZGR 2004, 355; *Hoffmann-Becking,* Zur rechtlichen Organisation der Zusammenarbeit im Vorstand der AG, ZGR 1998, 497; *Hommelhoff,* Gesellschaftsrechtliche Fragen im Entwurf eines SE-Statuts, AG 1990, 422; *Hommelhoff,* Einige Bemerkungen zur Organisationsverfassung der Europäischen Aktiengesellschaft, AG 2001, 279; *Hommelhoff,* Zum Konzernrecht in der Europäischen Aktiengesellschaft, AG 2003, 179; *Hommelhoff,* Satzungsmäßige Eignungsvoraussetzungen für Vorstandsmitglieder einer Aktiengesellschaft, BB 1977, 322; *Hommelhoff,* Zu Anteils- und Beteiligungsüberwachung im Aufsichtsrat, FS Stimpel, 1985, 603; *Hopt,* ECLR – Gemeinsame Grundsätze der Corporate Governance in Europa?, ZGR 2000, 779; *Ihrig,* Die geschäftsführenden Direktoren im monistischen SE: Stellung, Aufgaben, Haftung, ZGR 2008, 809; *Ihrig/Wagner,* Das Gesetz zur Einführung der Europäischen Gesellschaft (SEEG) auf der Zielgeraden, BB 2004, 1749; *Immenga/Werner,* Der Stimmrechtsausschluss eines GmbH-Gesellschafters, GmbHR 1976, 53; *Jaecks/Schönborn,* Die Europäische Aktiengesellschaft, das internationale und das deutsche Konzernrecht, RIW 2003, 254; *Kallmeyer,* Das monistische System in der SE mit Sitz in Deutschland, ZIP 2003, 1531; *Konzen,* Geschäftsführung, Weisungsrecht und Verantwortlichkeit in der GmbH und GmbH & Co. KG, NJW 1989, 2977; *Kraushaar,* Europäische Aktiengesellschaft (SE) und Unternehmensmitbestimmung, BB 2003, 1614; *Krause,* Sarbanes-Oxley-Act und deutsche Mitbestimmung, WM 2003, 762; *Kübler,* Erwerbschancen und Organpflichten – Überlegungen zur Entwicklung der Lehre von den „corporate opportunities", FS Werner, 1984, 437; *Kübler,* Leitungsstrukturen der Aktiengesellschaft und die Umsetzung des SE-Statuts, ZHR 167 (2003), 222; *Liebscher,* Ungeschriebene Hauptversammlungszuständigkeiten im Lichte von Holzmüller, Macrotron und Gelatine, ZGR 2005, 1; *Löbbe/Fischbach,* Die Neuregelung des ARUG II zur Vergütung von Vorstand und Aufsichtsrat börsennotierter Aktiengesellschaften, AG 2019, 373; *Lohr,* Die fristlose Kündigung des Dienstvertrages eines GmbH-GF, NZG 2001, 826; *Lück,* Audit Committees – Prüfungsausschüsse zu Sicherung und Verbesserung der Unternehmensüberwachung in deutschen Unternehmen, DB 1999, 441; *Lunk,* Rechtliche und faktische Erwägungen bei Kündigung und Abberufung des GmbH-Geschäftsführers, ZIP 1999, 1777; *Lutter,* Europäische Aktiengesellschaft – Rechtsfigur mit Zukunft, BB 2002, 1; *Lutter/Kollmorgen/Feldhaus,* Muster-Geschäftsordnung für den Verwaltungsrat einer SE, BB 2007, 509; *Marsch-Barner,* Zu monistischen Führungsstruktur einer deutschen Europäischen Gesellschaft (SE), FS Bosch, 2006, 99; *Martens,* Vertretungsorgan und Arbeitnehmerstatuts in konzernabhängigen Gesellschaften, FS Hilger/Stumpf, 1983, 437; *Mauch,* Das monistische Leitungssystem der Europäischen aktiengesellschaft, Diss. Tübingen 2008; *Menjucq,* Das „monistische" System der Unternehmensleitung in der SE, ZGR 2003, 679; *Merkt,* Das monistische Unternehmensverfassung für die Europäische Aktiengesellschaft aus deutscher Sicht, ZGR 2003, 650; *Merkt,* Unternehmensleitung und Interessenkollision, ZHR 159 (1995), 423; *Mertens,* Verfahrensfragen bei Personalentscheidungen des mitbestimmten Aufsichtsrats, ZGR 1983, 189; *Natzel,* Amtsniederlegung von Aufsichtsratsmitgliedern, insbesondere von Arbeitnehmervertretern, RdA 1960, 256; *Neye/Teichmann,* Der Entwurf für das Ausführungsgesetz zur Europäischen Aktiengesellschaft, AG 2003, 169; *Noack,* Hauptversammlung der Europäischen Aktiengesellschaft und moderne Kommunikationstechnik – Bestandsaufnahme und Ausblick, NZG 2003, 241; *Reichert,* „ARAG/Garmenbeck" im Praxistest, ZIP 2016, 1189; *Reichert,* Mitwirkungsrechte der Aktionäre nach Macrotron und Gelatine, AG 2005, 150; *Reichert/Brandes,* Mitbestimmung der Arbeitnehmer in der SE: Gestaltungsfreiheit und Bestandsschutz, ZGR 2003, 767; *Scheffler,* Die Überwachungsaufgabe des Aufsichtsrats im Konzern, DB 1994, 793; *Schiessl,* Deutsche Corporate Governance post Enron, AG 2002, 593; *Schlösser,* Europäische Aktiengesellschaft und deutsches Strafrecht, NZG 2008, 126; *K. Schmidt,* Ultra-vires-Doktrin: Tod oder lebendig?, AcP 184 (1984), 529; *J. Schmidt,* Insolvenzantragspflicht, Insolvenzverschleppungshaftung und Zahlungsverbot bei der „deutschen" SE, NZI 2006, 627; *J. Schmidt,* Die Umsetzung der Aktionärsrechte-Richtlinie 2017: der Referentenentwurf für das ARUG II, NZG 2018, 1201; *Schönborn,* Die monistische Societas Europaea in Deutschland im Vergleich zum englischen Recht, Diss. Berlin 2007; *Schwark,* Globalisierung, Europarecht und Unternehmensmitbestimmung im Konflikt, AG 2004, 173; *Schwark,* Spartenorganisation in Großunternehmen und Unternehmensrecht, ZHR 142 (1978), 203; *Singhof,* Die Amtsniederlegung durch das Aufsichtsratsmitglied einer Aktiengesellschaft, AG 1998,

Verwaltungsorgan **Art. 43 SE-VO**

318; *Tänzer*, Die angemessene Geschäftsführervergütung, GmbHR 2003, 754; *Teichmann*, Gestaltungsfreiheit im monistischen Leitungssystem der Europäischen Aktiengesellschaft, BB 2004, 53; *Teichmann*, ECRL – Die Einführung der Europäischen Aktiengesellschaft, ZGR 2002, 383; *Thamm*, Die Organisationautonomie der monistischen Societas Europaea bezüglich ihrer geschäftsführenden Direktoren, NZG 2008, 132; *Ulmer*, Aufsichtsratsmandat und Interessenkollision, NJW 1980, 1603; *Veil*, Das Konzernrecht der Europäischen Aktiengesellschaft, WM 2003, 2169; *Wardenbach*, Niederlegung des Aufsichtsratsmandats bei Interessenkollisionen, AG 1999, 74; *Wank*, Der Fremdgeschäftsführer der GmbH als Arbeitnehmer, FS Wiedemann, 2002, 587; *Werner*, Vertretung der Aktiengesellschaft gegenüber Vorstandsmitgliedern, ZGR 1989, 369; *Zöllner*, Die Schranken mitgliedschaftlicher Stimmrechtsmacht bei den privatrechtlichen Personenverbänden, 1963.

Übersicht

	Rn.
I. Grundlagen	1–7
1. Allgemeines	1, 2
2. Regelungsgegenstand und Zweck	3–5
3. Anwendbare Vorschriften	6, 7
II. Stellung des Verwaltungsrates innerhalb der Unternehmensverfassung	8–25
1. Beziehung zur Hauptversammlung	9–12
2. Beziehung zu den geschäftsführenden Direktoren	13–25
a) Hierarchische Unterordnung der geschäftsführenden Direktoren	13–15
b) Organschaftliche Vertretung	16–25
III. Begründung und Beendigung der Mitgliedschaft im Verwaltungsrat	26–57
1. Bestellung	26–45
a) Wahl durch die Hauptversammlung	29–37
b) Entsendungsrechte	38, 39
c) Ersatzmitglieder	40–42
d) Gerichtliche Bestellung	43, 44
e) Bestellung der Mitglieder des ersten Verwaltungsrates	45
2. Beendigung der Mitgliedschaft im Verwaltungsrat	46–54
a) Abberufung	47–50
b) Wegfall persönlicher Voraussetzungen	51, 52
c) Amtsniederlegung	53, 54
3. Bekanntmachung der Änderungen im Verwaltungsrat	55–57
IV. Größe und Zusammensetzung des Verwaltungsrates	58–75
1. Größe des Verwaltungsrates	58–61
2. Zusammensetzung des Verwaltungsrates	62–66
3. Geschlechterquote	67–69
4. Statusverfahren	70–75
V. Aufgaben des Verwaltungsrates	76–108
1. Geschäftsführung	77–87
a) Gesamtverantwortung für die Leitung des Unternehmens	77
b) Allgemeine Unternehmensleitung und Festlegung der Grundlinien der Unternehmenspolitik	78–86
c) Führung des Tagesgeschäfts	87

	Rn.
2. Überwachung der Geschäftsführung	88–93
a) Gegenstand und Maßstab der Überwachung	89–91
b) Mittel der Überwachung	92, 93
3. Pflichten mit Bezug auf die Hauptversammlung	94–102
a) Einberufung der Hauptversammlung	94, 95
b) Vorbereitung und Ausführung von Beschlüssen	96–99
c) Berichtspflichten gegenüber der Hauptversammlung	100
d) Pflicht zur Teilnahme an der Hauptversammlung	101
e) Änderungen der Satzungsfassung	102
4. Erteilung des Prüfungsauftrags an den Abschlussprüfer	103
5. Insolvenzbezogene Pflichten	104
6. Sonstige Rechte und Pflichten des Verwaltungsrates	105–108
VI. Bestellung, Anstellung und Abberufung der geschäftsführenden Direktoren	109–170
1. Zuständigkeit	109–112
2. Persönliche Voraussetzungen	113–117
a) Gesetzliche Voraussetzungen und Ausschlussgründe	113
b) Satzungsmäßige Voraussetzungen	114
c) Rechtsfolgen bei Fehlen oder Wegfall von Eignungsvoraussetzungen	115, 116
d) Mitgliedschaft im Verwaltungsrat	117
3. Amtszeit	118–120
4. Bestellung	121–135
a) Anzahl der geschäftsführenden Direktoren	122
b) Rechtsfolgen verbotswidriger Zusammensetzung	123, 124
c) Verfahren der Bestellung	125–127
d) Vorsitzender der Geschäftsführung?	128, 129
e) Stellvertretende geschäftsführende Direktoren?	130
f) Geschäftsordnung für die geschäftsführenden Direktoren	131–133
g) Bestellung der ersten geschäftsführenden Direktoren	134, 135
5. Beendigung der Organstellung	136–146
a) Abberufung	136–144
b) Weitere Beendigungsgründe	145, 146
6. Anmeldung zum Handelsregister	147–149

	Rn.		Rn.
7. Anstellung	150–170	4. Berichtspflichten gegenüber dem Verwaltungsrat	184, 185
a) Vertragsschluss sowie Rechtsnatur des Vertrages	150–158	5. Schweigepflicht	186
b) Inhalt des Anstellungsvertrages	159–165	6. Handelsregisterpflichten	187
c) Sozialversicherungspflichten	166	7. Aufstellung des Jahresabschlusses	188–190
d) Beendigung des Anstellungsverhältnisses	167–170	**VIII. Vertretung der monistischen SE**	191–205
VII. Pflichten und Haftung der geschäftsführenden Direktoren	171–190	1. Geschäftsführende Direktoren als Handlungsorgane	191–193
1. Haftung	171–175	2. Außergerichtliche Vertretung	194, 195
2. Pflicht zur eigenverantwortlichen Geschäftsführung	176–180	3. Gerichtliche Vertretung	196–199
3. Treuepflicht	181–183	4. Vertretung durch den Verwaltungsrat	200–205

I. Grundlagen

1 **1. Allgemeines.** Mit Einführung der SE gibt es im deutschen Recht erstmals eine Aktiengesellschaft mit **monistischer Unternehmensverfassung.** Die Aufgaben der Leitung und Kontrolle werden nicht – wie in dem hierzulande vertrauten dualistischen Modell – von zwei unterschiedlichen Organen, dem Vorstand und dem Aufsichtsrat erfüllt, sondern von einem einzigen Organ, dem Verwaltungsrat, der aus dem US-amerikanischen Recht auch als **Board of Directors** bekannt ist.

2 Der zweite Abschnitt des dritten Titels der SE-VO (Art. 43–45) enthält spezielle Vorschriften für die Aufgaben und die innere Ordnung des monistischen Systems.

3 **2. Regelungsgegenstand und Zweck.** Art. 43 betrifft die **Geschäftsführungsaufgabe des Verwaltungsorgans** (Abs. 1), die **Festlegung der Zahl seiner Mitglieder** (Abs. 2) sowie seine **Bestellung und Abberufung** (Abs. 3). Abs. 4 enthält eine **Ermächtigungsgrundlage** für Mitgliedstaaten, in denen ein monistisches System bisher nicht besteht, entsprechende Vorschriften in Bezug auf SE mit monistischer Corporate Governance-Struktur zu erlassen. Die Ermächtigungsgrundlage in Abs. 1 S. 2 richtet sich an solche Mitgliedstaaten, die ein monistisches System auch für Aktiengesellschaften im nationalen Aktienrecht vorsehen und findet daher auf Deutschland keine unmittelbare Anwendung.

4 Der zentrale Regelungszweck liegt in der Zuweisung der Geschäftsführungsaufgabe an den Verwaltungsrat als Kollegialorgan. Die Zuweisung hat zum einen Bedeutung für das Verhältnis des Verwaltungsrates gegenüber der Hauptversammlung, zum anderen für das interne Verhältnis zwischen den einzelnen Mitgliedern des Verwaltungsrates sowie gegenüber den für die Leitung des Tagesgeschäfts verantwortlichen geschäftsführenden Direktoren (§§ 40 ff. SEAG).

5 Für die Beziehungen der Gesellschaftsorgane der SE untereinander enthält Art. 43 Abs. 1 S. 1 eine **Kompetenzzuweisung.** Der Verwaltungsrat wird mit der Führung der Geschäfte der Gesellschaft betraut. Entsprechend wird die Hauptversammlung von dieser Funktion ausgeschlossen. Für das Verhältnis der einzelnen Mitglieder des Verwaltungsrates untereinander wird klargestellt, dass der Verwaltungsrat bei der Wahrnehmung der Geschäftsführungsaufgabe nicht durch die einzelnen Verwaltungsratsmitglieder, sondern als **Kollegialorgan** handelt. Damit wird unterstrichen, dass alle Mitglieder des Verwaltungsrates in gleichem Maße für die ordnungsgemäße Geschäftsführung verantwortlich sind. Das bedeutet allerdings nicht, dass alle Mitglieder des Verwaltungsrates an sämtlichen Entscheidungen des Verwaltungsrates mitwirken müssen. Eine Aufteilung der Verantwortlichkeiten in leitende Funktionen einerseits und eher überwachende Funktionen andererseits ist zulässig (und häufig auch sinnvoll) (→ Rn. 77 ff., → Rn. 95 ff.). Aus Sicht des Verordnungsgebers ist sie ausdrücklich erwünscht. Der Erwägungsgrund 14 der Verordnung führt hierzu aus: „Eine klare Abgrenzung der Verantwortungsbereiche jener Personen, denen die Geschäftsführung obliegt, und der Personen, die mit der Aufsicht betraut sind, ist wünschenswert." Im Gegensatz zum **dualistischen Corporate Governance-System** ändert eine solche Aufteilung der Aufgaben aber nichts daran, dass sämtliche Mitglieder des Verwaltungsrates gleichermaßen sowohl für die Leitung als auch für die Überwachung der Geschäftsführung die Verantwortung tragen. Leitungsentscheidungen, die der Verwaltungsrat auf einzelne, mit Geschäftsführungsaufgaben befasste Mitglieder delegiert hat, kann er jederzeit wieder an sich ziehen.[1]

3. Anwendbare Vorschriften. Auf die SE mit monistischer Führungsstruktur finden neben den Bestimmungen der Verordnung vor allem die §§ 22–49 SEAG Anwendung, die an die Stelle der §§ 76–116 AktG treten (§ 20 SEAG). Sie beruhen auf der Ermächtigungsgrundlage in Art. 43 Abs. 4.[2] Inhaltlich lehnen sich die §§ 22–49 SEAG allerdings stark an die §§ 76–116 AktG an.[3] Vorbehaltlich der Bestimmungen des Ausführungsgesetzes gelten für den Verwaltungsrat im Übrigen sämtliche Rechtsvorschriften, die dem Vorstand oder dem Aufsichtsrat einer Aktiengesellschaft Rechte und Pflichten zuweisen, entsprechend (§ 22 Abs. 6 SEAG). Die Norm unterstreicht, dass die Verantwortlichkeiten, die im dualistischen System unter Vorstand und Aufsichtsrat aufgeteilt sind, im monistischen System im Grundsatz beim Verwaltungsrat zusammenlaufen.[4]

Die Aufgaben, die im dualistischen System dem Aufsichtsrat einer Aktiengesellschaft zufallen, weisen die §§ 22 ff. SEAG nahezu ausnahmslos dem Verwaltungsrat zu. Anderes gilt für die Aufgaben, die in der Aktiengesellschaft dem Vorstand obliegen. Diese werden in der monistischen SE auf den Verwaltungsrat einerseits und die vom **Verwaltungsrat** zu bestellenden **geschäftsführenden Direktoren** andererseits aufgeteilt. Nach dem gesetzgeberischen Leitbild soll sich der Verwaltungsrat nicht in die „Niederungen des Tagesgeschäfts" begeben müssen, sondern seine Energie eher auf **Grundlagengeschäfte, Planung und Strategie** sowie deren Umsetzung konzentrieren (§ 22 Abs. 1 SEAG). Demgegenüber sollen die geschäftsführenden Direktoren die laufende Geschäftsführung und die Ausführung der Entscheidungen des Verwaltungsrates übernehmen (§ 40 Abs. 2 SEAG). Die zwingend vorgeschriebene Bestellung eines die Beschlüsse des Verwaltungsrates ausführenden Organs darf aber nicht zu dem Fehlschluss verleiten, der Gesetzgeber habe die aus dem dualistischen System bekannte Funktionstrennung zwischen Aufsichtsrat und Vorstand auch im monistischen System perpetuieren wollen. Vielmehr überträgt der Gesetzgeber den geschäftsführenden Direktoren nur diejenigen Vorstandsaufgaben, die der **laufenden Geschäftsführung** zuzuordnen sind, während die strategischen Weichenstellungen im Unternehmen, die Einberufung von Hauptversammlungen, die Vorbereitung und Ausführung von Hauptversammlungsbeschlüssen und die dem Vorstand gegenüber der Hauptversammlung obliegenden Auskunfts- und Berichtspflichten dem Verwaltungsrat zugewiesen werden.[5]

II. Stellung des Verwaltungsrates innerhalb der Unternehmensverfassung

Art. 43 Abs. 1 S. 1 weist dem Verwaltungsrat die Aufgabe zu, die Geschäfte der SE zu führen. Die Aufgabenzuweisung ist umfassend und entspricht derjenigen an das Leitungsorgan im dualistischen System durch Art. 39 Abs. 1 S. 1. Der Unterschied zwischen beiden Systemen besteht darin, dass ein vom Leitungsorgan zu unterscheidendes, die Durchführung der Geschäftsführungsaufgabe überwachendes weiteres Organ nicht besteht. Der Verwaltungsrat ist also für die Geschäftsführung ausschließlich gegenüber der Hauptversammlung zur Rechenschaft verpflichtet. Für die SE mit Sitz in Deutschland hat der Gesetzgeber, gestützt auf Art. 43 Abs. 4, dem Verwaltungsrat ein weiteres, subordiniertes Organ an die Seite gestellt: die Führung des Tagesgeschäfts sowie die Vertretung der Gesellschaft ist Auf-

---

[1] Vgl. dazu *Reichert/Brandes* ZGR 2003, 767 (792); *Henssler* FS Ulmer, 2003, 193 (207).
[2] Begr. RegE zu § 20 SEAG, BT-Drs. 15/3405, 36.
[3] *Ihrig/Wagner* BB 2004, 1749 (1756); krit. dazu die Stellungnahme des Handelsrechtsausschusses des DAV, NZG 2004, 75 (81); *Hoffmann-Becking* ZGR 2004, 355 (378); *Merkt* ZGR 2003, 650 (654); *Kübler* ZHR 167 (2003), 222 (231); krit. aus Schweizer Sicht *Forstmoser* ZGR 2003, 688 f., insbes. 718 f.
[4] Begr. RegE zu § 22 SEAG, BT-Drs. 15/3405, 37.
[5] *Schwarz* Rn. 28; *Neye/Teichmann* AG 2003, 169 (178); *Teichmann* BB 2004, 53 (58).

gabe geschäftsführender Direktoren, die vom Verwaltungsrat bestellt werden, von diesem jederzeit abberufen werden können und den Weisungen des Verwaltungsrates unterliegen.

9 **1. Beziehung zur Hauptversammlung.** Aus Art. 38 folgt, dass der Verwaltungsrat als **gleichberechtigtes Organ** neben der Hauptversammlung steht. Weisungen der Hauptversammlung ist er nicht unterworfen (vgl. → Art. 38 Rn. 15).[6]

10 Davon zu unterscheiden ist die Frage ob der Verwaltungsrat sich auf Grund eigener Ermessensentscheidung einem Beschluss der Hauptversammlung unterwerfen darf. § 119 Abs. 2 AktG findet über die Verweisung in Art. 52 UAbs. 2 auch auf solche Fragen der Geschäftsführung Anwendung, die der Hauptversammlung vom dazu berufenen Organ der SE zur Beschlussfassung vorgelegt werden.[7] In der monistischen SE steht die Vorlagekompetenz dem Verwaltungsrat zu. Das ergibt sich aus § 22 Abs. 6 SEAG. § 119 Abs. 2 AktG ist eine Rechtsvorschrift, die der Hauptversammlung eine – wenn auch nur subsidiäre – Zuständigkeit in Geschäftsführungsangelegenheiten „überträgt" (→ AktG § 119 Rn. 18; → Art. 52 Rn. 20).[8] Diese Zuständigkeit wird durch ein entsprechendes Verlangen des ansonsten zuständigen Verwaltungsrates (Art. 43 Abs. 1 S. 1) aktiviert (für den Vorstand → AktG § 119 Rn. 18; zu den Ausnahmen → AktG § 119 Rn. 31 ff.).[9]

11 Zu klären ist, inwieweit der Verwaltungsrat der SE über die gesetzlich geregelten Fälle der Zuständigkeit der Hauptversammlung hinaus durch weitere, gesetzlich nicht ausdrücklich geregelte **„ungeschriebene" Hauptversammlungskompetenzen** eingeschränkt wird. Fraglich ist insoweit insbesondere, ob die **„Holzmüller/Gelatine"-Doktrin des BGH**[10] auch auf die SE mit Sitz in Deutschland Anwendung findet. Art. 52 UAbs. 2 kann zur Begründung der Anwendbarkeit der „Holzmüller/Gelatine"-Grundsätze auf die SE nicht herangezogen werden. Die Norm verweist ausschließlich auf geschriebenes Recht.[11] Die „Holzmüller"-Grundsätze dienen vor allem dem Schutz der Minderheitsaktionäre des herrschenden Unternehmens und sind daher konzernrechtlich einzuordnen. Die SE-VO übt sich in konzernrechtlicher Enthaltsamkeit. Das ergibt sich insbesondere aus Erwägungsgrund 15. Konsequenz ist, dass das Aktienkonzernrecht nicht über eine in der SE-VO enthaltene Verweisung, sondern über allgemeines Kollisionsrecht zur Anwendung kommt.[12] Das gilt auch für die „Holzmüller/Gelatine"-Doktrin.[13] Die vom BGH angestellten Erwägungen, dass eine Mitwirkung der Hauptversammlung an Entscheidungen, die das Gesetz dem Leitungsorgan als Leitungsaufgabe zuweist, zumindest dann erforderlich sei, wenn eine vom Leitungsorgan in Aussicht genommene Umstrukturierung an die Kernkompetenz der Hauptversammlung, über die Verfassung der Gesellschaft zu bestimmen rührt, weil sie Veränderungen nach sich zieht, die denjenigen zumindest nahe kommen, welche allein durch eine Satzungsänderung herbeigeführt werden können,[14]

---

[6] *Schwarz* Rn. 15; Habersack/Drinhausen/*Verse* Rn. 6.
[7] AA *Brandt,* Die Hauptversammlung der SE, 2004, 114 mit der Begründung, dass eine ausdrückliche Ermächtigung an das Leitungsorgan, einzelne Fragen der Hauptversammlung zur Beschlussfassung vorzulegen, in Art. 39 explizit hätte geregelt werden müssen. Diese Argumentation beruht auf dem Missverständnis, dass es für die Begründung der Anwendbarkeit des § 119 Abs. 2 AktG eines Rückgriffs auf die Generalverweisung in Art. 9 Abs. 1 lit. c Ziff. ii bedürfe, die im Unterschied zur Spezialverweisung des Art. 52 Abs. 2 das Vorliegen einer Regelungslücke voraussetzt.
[8] So der Wortlaut von Art. 52 UAbs. 2; vgl. BGH WM 1960, 803 (804) zu § 103 Abs. 2 AktG aF; GHEK/ *Eckardt* AktG § 119 Rn. 14; Großkomm AktG/*Mülbert* AktG § 119 Rn. 6, 8.
[9] Hüffer/Koch/*Koch* AktG § 119 Rn. 13; Großkomm AktG/*Mülbert* AktG § 119 Rn. 6.
[10] BGHZ 83, 122 = NJW 1982, 1703; vgl. ferner BHGZ 153, 47 = NJW 2003, 1032 – Makroton; BGH ZIP 2004, 993 mAnm *Altmeppen* = NZG 2004, 571 – Gelatine I; ZIP 2004, 1001 = NZG 2004, 575 – Gelatine II; vgl. hierzu statt aller *Liebscher* ZGR 2005, 1 ff. mzN.
[11] Insoweit zutr. *Brandt,* Die Hauptversammlung der SE, 2004, 131; aA *Habersack* ZGR 2003, 724 (741 f.).
[12] *Jäcks/Schönborn* RIW 2003, 254 (256 f.); *Habersack* ZGR 2003, 724 (727 f.); aA *Hommelhoff* AG 2003, 179 (180), der dem Konzernrecht über die Generalverweisung in Art. 9 Abs. 1 lit. c Ziff. ii Geltung verschafft; vermittelnd *Teichmann* ZGR 2002, 383 (397), der in Art. 9 Abs. 1 lit. c Ziff. ii eine Gesamtnormverweisung unter Einschluss des IPR sieht; dagegen *Casper* FS Ulmer, 2003, 51 (67); offen *Veil* WM 2003, 2169 (2172).
[13] *Habersack* ZGR 2003, 724 (742).
[14] BGHZ 83, 122 = NJW 1982, 1703; BGH ZIP 2004, 1001 = NZG 2004, 575 – Gelatine II; vgl. dazu *Reichert* AG 2005, 150 (153 ff.); *Liebscher* ZGR 2005, 1 (12).

gelten auch für die SE.[15] Ebenso wie in der AG bedarf die Änderung der Satzung in der SE gem. Art. 59 Abs. 1 einer **qualifizierten Mehrheit**. Entsprechend lassen sich die vom BGH angestellten Schutzerwägungen, dass eine Ausgliederung entscheidend wichtiger Teile des Unternehmens der Gesellschaft auf nachgelagerte Beteiligungsgesellschaften infolge der damit notwendigerweise verbundenen Mediatisierung des Einflusses der Aktionäre eine Mitwirkung der Hauptversammlung erforderlich mache, auch auf die SE übertragen.

Die **eigenverantwortliche Leitung** der Gesellschaft durch den Verwaltungsrat und damit dessen originäre Organkompetenz wird nicht nur durch geschriebene und ungeschriebene Zuständigkeiten des Organs Hauptversammlung begrenzt, sondern auch durch konzernrechtliche Vorgaben. Für den **aktienrechtlichen Vertragskonzern** sieht § 308 AktG eine Einschränkung der Leitungsmacht des Vorstands der abhängigen Aktiengesellschaft vor, indem er diese an Weisungen des Leitungsorgans des herrschenden Unternehmens bindet. § 49 SEAG lässt sich entnehmen, dass der Gesetzgeber als selbstverständlich davon ausgeht, dass sowohl im dualistischen als auch monistischen System die Konzernierung des SE und die Begründung eines Vertragskonzerns mit der SE als abhängigen Unternehmen möglich sein soll. *Hommelhoff*[16] hat hieran Kritik geübt. Sein Ansatz ist ein doppelter. Die mit der Einbindung in den Konzern verbundene Aufweichung des Grundsatzes der Kapitalerhaltung verstoße gegen Art. 5[17] und das Weisungsrecht sei mit Art. 39 Abs. 1, Art. 43 Abs. 1 nicht zu vereinbaren.[18] Die Wahrung des Gesellschaftsinteresses verbiete es, eine für die SE nachteilige Maßnahme vorzunehmen, selbst wenn hierfür ein entsprechender Nachteilsausgleich erfolgt.[19] Eine Ermächtigung an die nationalen Gesetzgeber, die in den entsprechenden Bestimmungen der Verordnung enthaltenen Grundsätze durch Bestimmungen des nationalen Rechts einzuschränken, sei nicht vorgesehen. Insbesondere der Ermächtigung in Art. 43 Abs. 1 S. 2 sei eine solche nicht zu entnehmen. Dem ist das übrige Schrifttum[20] mit Hinweisen auf die Entstehungsgeschichte und der sich daraus ergebenen konzernrechtlichen Enthaltsamkeit der SE-VO entgegengetreten (zu Einzelheiten zum Meinungsstand → Anh. Art. 9 Rn. 14 ff.).

2. Beziehung zu den geschäftsführenden Direktoren. a) Hierarchische Unterordnung der geschäftsführenden Direktoren. Die **geschäftsführenden Direktoren**, die der Gesetzgeber, gestützt auf die Ermächtigungsgrundlage in Art. 43 Abs. 4,[21] durch §§ 40 ff. SEAG dem Verwaltungsrat an die Seite gestellt hat, sind kein gleichberechtigtes Organ, sondern dem Verwaltungsrat innerhalb der Verbandsstruktur hierarchisch untergeordnet.[22] Art. 38 nennt als Organe der monistischen SE nur Verwaltungsorgan und Haupt-

---

[15] Ebenso Kölner Komm AktG/*Kiem* Art. 52 Rn. 36; *Schwarz* Art. 52 Rn. 35; BeckOGK/*Eberspächer* Art. 52 Rn. 12; NK-SE/*Manz* Art. 52 Rn. 18; *Habersack* ZGR 2003, 724 (741); *Casper* FS Ulmer, 2003, 51 (69); *Maul*, Die faktische abhängige SE (Societas Europea) im Schnittpunkt zwischen deutschem und europäischem Recht, 1997, 40 ff.; *Gutsche*, Die Eignung der europäischen Aktiengesellschaft für kleine und mittlere Unternehmen in Deutschland, 1993, 105; *Hommelhoff* AG 1990, 422 (428); aA *Brandt*, Die Hauptversammlung der SE, 2004, 129 mit dem Argument, ungeschriebene Hauptversammlungskompetenzen bedeuteten eine mit der Verbandsverfassung der SE nicht vereinbare hierarchische Einordnung der Hauptversammlung als „Basisorgan". Leitet man indessen die ungeschriebenen Hauptversammlungskompetenzen – wie der BGH in den beiden „Gelatine"-Entscheidungen – aus der Kernkompetenz der Hauptversammlung ab, über die Verfassung der Gesellschaft zu bestimmen, dann ist bereits die von *Brandt*, Die Hauptversammlung der SE, 2004, 72, unter Berufung auf *Spindler* AG 1998, 53 (56), zugrunde gelegte Prämisse, die Kompetenzverteilung zwischen den Organen der SE (und der AG) sei bei der durch Holzmüller „durcheinander gewirbelt", nicht haltbar; aA auch → Art. 52 Rn. 22 (*Kubis*); Lutter/Hommelhoff/Teichmann/*Spindler* SE Art. 52 Rn. 47.
[16] *Hommelhoff* AG 2003, 179 ff.
[17] *Hommelhoff* AG 2003, 179 (182).
[18] *Hommelhoff* AG 2003, 179 (183).
[19] *Hommelhoff* AG 2003, 179 (183).
[20] *Habersack* ZGR 2003, 724 (739); *Brandi* NZG 2003, 889 (893 f.); *Maul* in Theisen/Wenz, Die Europäische Aktiengesellschaft, 2. Aufl. 2005, 416, 446; *Veil* WM 2003, 2169 (2177); *Jäcks/Schönborn* RIW 2003, 254 (256).
[21] Begr. RegE zu § 20 SEAG, BT-Drs. 15/3405, 36.
[22] *Drinhausen* in Van Hulle/Maul/Drinhausen SE-HdB Abschnitt 5 § 3 Rn. 23 (S. 139); *Schwarz* Anh. Art. 43 Rn. 264.

versammlung. Allerdings können die geschäftsführenden Direktoren gleichzeitig Mitglieder des Verwaltungsrates sein. Eine strikte **Funktionentrennung** zwischen geschäftsführenden Direktoren und Verwaltungsrat existiert mithin nicht. Vgl. auch → Rn. 77 ff.

14 Die den geschäftsführenden Direktoren durch § 40 Abs. 2 S. 1 SEAG zugewiesene **Geschäftsführungsaufgabe** schränkt die durch Art. 43 Abs. 1 begründete, umfassende Geschäftsführungsbefugnis des Verwaltungsrates nicht ein. Das kommt in § 44 Abs. 2 SEAG zum Ausdruck, der die geschäftsführenden Direktoren an **Weisungen** des Verwaltungsrates bindet. Die geschäftsführenden Direktoren sind ausführendes Organ der Entscheidungen des Verwaltungsrates.[23] Der Verwaltungsrat ist für die Bestellung der geschäftsführenden Direktoren zuständig (vgl. → Rn. 116). Er kann sie jederzeit abberufen (→ Rn. 143). Dieses Regelungskonzept manifestiert die Stellung des Verwaltungsrates als oberstes Geschäftsführungsorgan. § 22 Abs. 1 SEAG unterstreicht das, indem er bestimmt, dass die „Leitung" der Gesellschaft, die Bestimmung der Grundlinien ihrer Tätigkeit und die Überwachung von deren Umsetzung Aufgaben des Verwaltungsrates (und nicht der geschäftsführenden Direktoren) sind. Damit wird klargestellt, dass die Letztverantwortung für die Unternehmenspolitik allein beim Verwaltungsrat liegt.[24]

15 Zu dem Charakter der geschäftsführenden Direktoren als einem **untergeordneten Organ**,[25] das seine Kompetenzen vom Verwaltungsrat ableitet, steht es in einem gewissen Widerspruch, dass die durch den Gesetzgeber vorgesehene Funktionentrennung nicht auch eine Inkompatibilität zwischen einer Mitgliedschaft im Verwaltungsrat einerseits und der Wahrnehmung der Aufgaben eines geschäftsführenden Direktors andererseits nach sich zieht. Vielmehr wird eine Vermengung beider Funktionen bis zu einer gewissen Grenze hingenommen. Gem. § 40 Abs. 1 S. 2 SEAG können auch Mitglieder des Verwaltungsrates zu geschäftsführenden Direktoren bestellt werden, sofern die Mehrheit des Verwaltungsrates weiterhin aus nicht geschäftsführenden Mitgliedern besteht.[26] Soweit diese Grenze beachtet ist, können selbstverständlich umgekehrt auch geschäftsführende Direktoren von der Hauptversammlung in den Verwaltungsrat gewählt werden, ohne ihr Amt als geschäftsführender Direktor aufgeben zu müssen.

16 **b) Organschaftliche Vertretung. aa) Regelung im SEAG.** Die gesetzliche Vertretung der SE weist das Ausführungsgesetz den **geschäftsführenden Direktoren** zu. Diese vertreten die Gesellschaft gem. § 41 Abs. 1 SEAG gerichtlich und außergerichtlich. Ihre Vertretungsmacht ist im Außenverhältnis unbeschränkbar (§ 44 Abs. 1 SEAG). Lediglich im Innenverhältnis sind die geschäftsführenden Direktoren verpflichtet, die Anweisungen und Beschränkungen zu beachten, die durch die Satzung, den Verwaltungsrat, die Hauptversammlung und die Geschäftsordnungen des Verwaltungsrates und der geschäftsführenden Direktoren vorgegeben sind (§ 44 Abs. 2 SEAG). Die Vertretungsbefugnisse des **Verwaltungsrates** sind auf die Vertretung der Gesellschaft gegenüber den geschäftsführenden Direktoren (§ 41 Abs. 5 SEAG) und – gemeinsam mit diesen – im aktienrechtlichen Kassationsstreit (§ 246 Abs. 2 AktG, § 249 Abs. 1 AktG iVm § 22 Abs. 6 SEAG) beschränkt.

17 Daran ist im Schrifttum[27] Kritik geübt worden. Wenn der Verwaltungsrat das einzige Verwaltungsorgan sei, sei er denknotwendig auch das **gesetzliche Vertretungsorgan** der SE. Daher könnten nur Mitglieder des Verwaltungsrates mit einer umfassenden originären Vertretungsmacht für die Gesellschaft ausgestattet werden. Die Übertragung von Geschäftsführungsbefugnis und gar Vertretungsbefugnis auf geschäftsführende Direktoren, die dem

---

[23] *Teichmann* BB 2004, 53 (54); *Drinhausen* in Van Hulle/Maul/Drinhausen SE-HdB Abschnitt 5 § 3 Rn. 23 (S. 139).
[24] Vgl. Begr. RegE zu § 22 SEAG, BT-Drs. 15/3405, 36.
[25] Eine Organqualität verneinend Kölner Komm AktG/*Siems* Anh. Art. 51 § 40 SEAG Rn. 7; *Kallmeyer* ZIP 2003, 1531 (1532); wie hier *Schwarz* Rn. 40; *Schwarz* Anh. Art. 43 Rn. 264 f.; diff. Lutter/Hommelhoff/*Teichmann*/*Teichmann* Anh. Art. 43 § 40 SEAG Rn. 10.
[26] Krit. zu dieser Beschränkung *Forstmoser* ZGR 2003, 688 (719).
[27] *Hoffmann-Becking* ZGR 2004, 355 (370 f.); *Kallmeyer* ZIP 2003, 1531 ff.; ausf. *Schönborn*, Die monistische SE in Deutschland im Vergleich zum englischen Recht, 2006, 192 ff. mwN.

Verwaltungsrat nicht angehören, sei mit Art. 43 Abs. 1 unvereinbar und durch die Ermächtigungsgrundlage in Art. 43 Abs. 4 nicht gedeckt.[28] Dem müsse dadurch Rechnung getragen werden, dass sämtliche geschäftsführende Direktoren zwingend gleichzeitig auch dem Verwaltungsrat angehören müssen.[29] Eine Übertragung von Geschäftsführungsaufgaben auf Personen, die nicht dem Verwaltungsrat angehören, hätte einer besonderen Ermächtigung in der SE-VO bedurft.[30] Diese Bedenken haben insofern ein gewisses Gewicht, als ein Leitungsorgan ohne organschaftliche Vertretungsmacht mit der in Deutschland herrschenden Organtheorie nur schwer vereinbar scheint.[31]

Eine Festlegung auf die Prämisse, dass das oberste Geschäftsführungsorgan zwingend mit dem Vertretungsorgan identisch sein muss, ist der SE-VO indessen nicht zu entnehmen.[32] Der Verordnungstext enthält keine Anhaltspunkte dafür, dass die „Verwaltung" zwingend auch die rechtsgeschäftliche Vertretung der SE nach außen beinhaltet. Zu dieser Frage nimmt der Verordnungstext nicht Stellung. Auch eine Auslegung anhand allgemeiner Grundsätze des europäischen Gesellschaftsrechts, insbesondere der einschlägigen gesellschaftsrechtlichen Richtlinien, kommt – ganz abgesehen davon, dass eine entsprechende Lückenausfüllung in der durch Art. 9 angeordneten Normenhierarchie des anwendbaren Rechts ohnehin nicht vorgesehen ist – nicht in Betracht. Denn die gesellschaftsrechtlichen Richtlinien enthalten zur Frage der rechtsgeschäftlichen Vertretungsmacht im monistischen System keine Hinweise.[33]

bb) Das französische Vorbild. Ein Blick in ausländische Rechtsordnungen zeigt vielmehr,[34] dass sich die dem Verwaltungsrat im monistischen System eingeräumte Geschäftsführungsbefugnis nicht immer zwingend mit der rechtsgeschäftlichen Vertretungsmacht deckt. Bestes Beispiel dafür ist **Frankreich,** an dessen monistisches System[35] sich der deutsche Gesetzgeber bei der Redaktion der §§ 22–49 SEAG erklärtermaßen[36] angelehnt hat. Bereits vor der Aktienrechtsreform vom Mai 2001 differenzierte das französische Aktienrecht zwischen Geschäftsführung durch den Verwaltungsrat einerseits und rechtsgeschäftlicher Vertretung durch seinen Präsidenten andererseits. Die Vertretung der Gesellschaft war vor der Aktienrechtsreform vom Mai 2001 aus Praktikabilitätsgründen zwingend dem Präsidenten des Verwaltungsrates zugewiesen.[37] Nach der Reform kann die Funktion des Leitungsorgans, des *„Directeur Général"*, auch einer Person übertragen werden, die nicht dem Verwaltungsrat angehört.[38] An der Differenzierung zwischen „Verwaltung" und „Leitung" hat sich dadurch nichts geändert. Die Aufgabenverteilung zwischen Verwaltungsrat und Generaldirektor ist identisch geblieben. Der *Code de Commerce* weist die Aufgabe der „Verwaltung" *(Administration)* dem Verwaltungsrat zu (Art. 225-17 Code de Commerce), während Art. 225-51-1 Code de Commerce dem *„Directeur Général"* die „Leitung" *(Direction Générale)* überträgt.

Dass sich der Verordnungsgeber zwingend auf eine Einheit zwischen „Verwaltung" und „Vertretung" festlegen wollte, die dem deutschen Rechtsverständnis eher entgegen-

---

[28] *Hoffmann-Becking* ZGR 2004, 355 (373); zweifelnd auch *Kallmeyer* ZIP 2003, 1531 (1532 f.); *Schönborn,* Die monistische SE in Deutschland im Vergleich zum englischen Recht, 2006, 192 ff. mwN; zu den Rechtsfolgen einer unterstellten Europarechtswidrigkeit vgl. *Bachmann* ZGR 2008, 779 (785).
[29] *Hoffmann-Becking* ZGR 2004, 355 (370), 379 f.
[30] *Hoffmann-Becking* ZGR 2004, 355 (372).
[31] *Hoffmann-Becking* ZGR 2004, 355 (370).
[32] *Habersack/Drinhausen/Verse* Art. 43 Rn. 17; *Ihrig* ZGR 2008, 809 (811); *Lutter/Hommelhoff/Teichmann/Teichmann* Rn. 17.
[33] *Horn* DB 2005, 151; *Lutter/Hommelhoff/Teichmann/Teichmann* Rn. 18; aA offenbar NK-SE/*Manz* Rn. 24.
[34] *Hoffmann-Becking* ZGR 2004, 355 (373 ff.).
[35] Überblick dazu bei *Menjucq* ZGR 2003, 679 (685 ff.); *Hoffmann-Becking* ZGR 2004, 355 (375 ff.); Kölner Komm AktG/*Siems* Vor Art. 43 Rn. 10 ff.
[36] Begr. RegE zu § 22 SEAG, BT-Drs. 15/3405, 36; vgl. dazu *Neye/Teichmann* AG 2003, 169 (177).
[37] Art. 113 Abs. 1 Code des Sociétés; hierzu auch *Menjucq* ZGR 2003, 679 (685).
[38] *Guyon,* Droit des Affaires, 12. Aufl. 2003, Band I, S. 375; Kölner Komm AktG/*Siems* Vor Art. 43 Rn. 11.

kommt,[39] ist nicht anzunehmen. Im Gegenteil: Auch wenn der deutsche Gesetzgeber sich nicht auf die Ermächtigungsgrundlage in Art. 43 Abs. 1 S. 2 stützen konnte,[40] so zeigt diese Norm doch immerhin, dass der europäische Normgeber für die konkrete Ausgestaltung des Verwaltungsratsmodells in den einzelnen Rechtsordnungen der EU-Mitgliedstaaten nur den Rahmen vorgeben und dessen Ausfüllung dem jeweiligen nationalen Gesetzgeber überlassen wollte.

21 Einzuräumen ist, dass durch die Trennung zwischen „Verwaltung" und „Vertretung", oder – anders gewendet – zwischen „Geschäftsführung" und „Leitung" der dem monistischen System eigentlich innewohnende Gedanke eines einheitlichen obersten Leitungsorgans der Gesellschaft aufgeweicht wird und – ebenso wie im dualistischen System – eine Differenzierung zwischen „Leitung" einerseits und „Überwachung" andererseits gestattet.[41] Das ist indessen hinzunehmen. Keines der bekannten monistischen Gesellschaftsrechtssysteme hält den Einheitsgedanken in der Praxis wirklich konsequent durch.[42]

22 Hinsichtlich der konkreten Ausgestaltung des monistischen Systems orientiert sich das Ausführungsgesetz erklärtermaßen am Vorbild des französischen Rechts.[43] Die Formulierung in § 22 Abs. 1 SEAG ist derjenigen in Art. L 225-35 Code de Commerce entlehnt. Art. L 225-35 Abs. 1 Code de Commerce lautet: „Der Verwaltungsrat bestimmt die Grundlinien der Tätigkeit der Gesellschaft und überwacht deren Umsetzung. Vorbehaltlich derjenigen Kompetenzen, die ausdrücklich der Hauptversammlung vorbehalten sind und in den Grenzen des Gesellschaftszwecks beschäftigt er sich mit allen Fragen, die den ordnungsgemäßen Gang der Geschäfte betreffen und führt durch seine Beschlüsse die Geschäfte der Gesellschaft."

23 Demgegenüber weist § 40 Abs. 2 S. 1 SEAG den geschäftsführenden Direktoren die „Geschäftsführung" und § 41 Abs. 1 SEAG die Vertretung im Außenverhältnis zu. Funktional entsprechen die beiden Normen den Art. L 225-51-1 Code de Commerce und Art. L 225-56 Code de Commerce, die den Generaldirektoren die Vertretungsbefugnis im Außenverhältnis und die Geschäftsführungsbefugnis in Angelegenheiten des Tagesgeschäftes zuweisen.

24 cc) **Rechtslage in der Schweiz.** Diese Aufteilung entspricht auch der in der schweizerischen Unternehmenspraxis[44] üblichen Aufteilung zwischen der „Oberleitung" einerseits und der „Geschäftsführung" andererseits. Das **schweizerische Aktienrecht,** das bereits seit 1936 die Institution des Verwaltungsrates kennt, hat durch die Reform von 1991 weitreichende Änderungen erfahren. Art. 716a OR verleiht dem Verwaltungsrat bestimmte Kernkompetenzen. Die dem Verwaltungsrat dadurch zugewiesene Gestaltungsverantwortung ist unentziehbar. Der schweizerische Gesetzgeber wollte auf diese Weise eine uferlose Debatte über die Delegationsmöglichkeiten einzelner Aufgaben beenden. Zu den Kernkompetenzen zählen unter anderem die Oberleitung der Gesellschaft (Nr. 1), die Organisation des Unternehmens (Nr. 2) und die Finanzverantwortung (Nr. 3). Zu den entsprechend Verantwortlichkeiten des Verwaltungsrates der monistischen SE vgl. → Rn. 84 ff. Diese Aufgabenkreise kann der Verwaltungsrat nicht vollständig an die Geschäftsführung delegieren. Diese kann aber in vorbereitende Maßnahmen miteingebunden werden. Die Rechtswissenschaft hat sich intensiv mit den Merkmalen der **Oberleitung,** der Organisations- und der Finanzverantwortung auseinandergesetzt. Insbesondere um die Bedeutung des Begriffs der Oberleitung ist eine umfang-

---

[39] Auch im schweizerischen Recht ist die Vertretung der Gesellschaft grundsätzlich Sache des Verwaltungsrats. Art. 718 Abs. 2 OR bestimmt, dass der Verwaltungsrat „die Vertretung einem oder mehreren Mitgliedern (Delegierte) oder Dritten (Direktoren) übertragen" kann, vgl. hierzu *Forstmoser* ZGR 2003, 688 (696); Kölner Komm AktG/*Siems* Vor Art. 43 Rn. 17.
[40] *Neye/Teichmann* AG 2003, 169 (176); *Hoffmann-Becking* ZGR 2004, 355 (373).
[41] Krit. hierzu *Kallmeyer* ZIP 2003, 1531.
[42] Zur Unterscheidung zwischen geschäftsführenden und nichtgeschäftsführenden Mitgliedern des Board of Directors im englischen Recht *Davies* ZGR 2001, 268 ff.; zu einer zumindest bei größeren Gesellschaften üblichen Aufteilung der Funktionen „Leitung" und „Geschäftsführung" zwischen Verwaltungsrat und „Direktion" in der schweizerischen Unternehmenspraxis vgl. *Forstmoser* ZGR 2003, 688 ff.
[43] Begr. RegE zu § 22 SEAG, BT-Drs. 15/3405, 436; vgl. dazu *Neye/Teichmann* AG 2003, 169 (177).
[44] Vgl. *Forstmoser* ZGR 2003, 688 ff.

reiche Debatte geführt worden.⁴⁵ Einigkeit besteht darin, dass „Oberleitung" die Festlegung der strategischen Ziele der Gesellschaft und damit der Unternehmenspolitik beinhaltet.⁴⁶ In dieser Interpretationsweise hat der Begriff auch Eingang in den Swiss Code of Best Practice⁴⁷ gefunden. In diesem Zusammenhang ist der Verwaltungsrat insbesondere für die Festlegung bestimmter Unternehmensziele, die Bestimmung der Wege zu deren Erreichung, die Positionierung des Unternehmens am Markt, die Prioritätensetzung für den Einsatz der Finanzmittel, die Aufrechterhaltung des Gleichgewichts von unternehmerischen Zielen und finanziellen Mitteln und der Festlegung von Wegen, die *nicht* beschritten werden sollen, verantwortlich.⁴⁸

Zur **Organisationsverantwortung** des Verwaltungsrates zählt die Festlegung der Spitzenorganisation und insbesondere die Entscheidung, ob die Geschäftsführung durch ein Mitglied des Verwaltungsrates oder durch einen externen Dritten ausgeübt werden soll (Art. 716a Abs. 2 OR, Art. 718 Abs. 2 OR). Er muss die Zahl der geschäftsführenden Direktoren bestimmen und Richtlinien für die Berichterstattung der geschäftsführenden Direktoren gegenüber dem Verwaltungsrat entwerfen. Er hat die Grundstruktur des Unternehmens festzulegen und diese ständig auf wirtschaftliche Sinnhaftigkeit zu überprüfen.⁴⁹ 25

III. Begründung und Beendigung der Mitgliedschaft im Verwaltungsrat

1. Bestellung. Bei der Bestellung der Mitglieder des Verwaltungsrates ist zwischen den **Anteilseignervertretern** und den **Arbeitnehmervertretern** zu differenzieren. Die Bestellung der Anteilseignervertreter erfolgt im Regelfall durch die Hauptversammlung (Art. 43 Abs. 3 S. 1). Für die Bestellung der Mitglieder des ersten Verwaltungsrates gelten Sonderregeln. Die Bestellung der Arbeitnehmervertreter im Verwaltungsrat der mitbestimmten SE richtet sich in erster Linie nach der zwischen der Arbeitnehmerseite und den Organen der Gründungsgesellschaften ausgehandelten Vereinbarung über die Mitbestimmung (§ 21 SEBG).⁵⁰ Diese kann die Zuständigkeit für die Bestellung der Arbeitnehmervertreter im Verwaltungsrat abweichend von Art. 43 Abs. 3 S. 1 regeln.⁵¹ Das folgt aus Art. 43 Abs. 3 S. 3. Die Vereinbarung kann auch eine unmittelbare Bestellung der Arbeitnehmervertreter durch die Arbeitnehmerschaft vorsehen. Dass das zulässig ist, ergibt sich aus dem Wortlaut der Art. 42 S. 2, Art. 45 S. 2. 26

Für den Fall, dass die in den §§ 35 ff. SEBG geregelte Mitbestimmung kraft Gesetzes als „Auffanglösung" zur Anwendung kommt, erfolgt die Bestellung der Arbeitnehmervertreter gem. § 36 Abs. 4 SEBG durch die **Hauptversammlung**.⁵² Diese ist dabei an die von der Arbeitnehmerseite unterbreiteten Wahlvorschläge gebunden.⁵³ Die inländischen Arbeitnehmervertreter werden nach einem durch die § 36 Abs. 3 SEBG, §§ 6 ff. SEBG geregelten Wahlverfahren vorgeschlagen. Die Benennung der ausländischen Arbeitnehmervertreter richtet sich nach dem Recht des Entsendungsstaates, soweit dort eine entsprechende Regelung vorgesehen ist (§ 36 Abs. 2 SEBG). Ist dies nicht der Fall, so obliegt die Bestimmung dem Betriebsrat der SE (zu Einzelheiten → SEBG § 36 Rn. 2 ff.). 27

Zu persönlichen Voraussetzungen und Bestellungshindernissen einer Mitgliedschaft im Verwaltungsrat vgl. → Art. 47 Rn. 26 ff.; zur Amtsdauer der Mitglieder des Verwaltungsrates → Art. 46 Rn. 9 ff. 28

a) Wahl durch die Hauptversammlung. aa) Allgemeines. Nach Art. 43 Abs. 3 S. 1 werden die Mitglieder des Verwaltungsrates von der Hauptversammlung bestellt. Lediglich 29

---

⁴⁵ Überblick bei *Merkt* ZGR 2003, 650 (659).
⁴⁶ *Merkt* ZGR 2003, 650 (659).
⁴⁷ Swiss Code of Best Practice for Corporate Governance, abrufbar www.economiesuisse.ch.
⁴⁸ *Merkt* ZGR 2003, 650 (659).
⁴⁹ *Merkt* ZGR 2003, 650 (660).
⁵⁰ Lutter/Hommelhoff/Teichmann/*Teichmann* Rn. 52; *Kraushaar* BB 2003, 1614.
⁵¹ Ebenso Lutter/Hommelhoff/Teichmann/*Teichmann* Rn. 56; *Schwarz* Rn. 110.
⁵² Für eine konstitutive Bestellkompetenz des SE-Betriebsrats bzw. des Wahlgremiums (auch) bei der Auffanglösung *Schwarz* Rn. 108; dagegen Lutter/Hommelhoff/Teichmann/*Teichmann* Rn. 56.
⁵³ Dazu *Ihrig/Wagner* BB 2004, 1749 (1755).

soweit in der Satzung (§ 28 Abs. 2 SEAG) oder der Vereinbarung über die Mitbestimmung (§ 21 SEBG) Entsendungsrechte oder eine sonstige Form der Bestellung begründet sind, ist die Bestellung der Mitglieder des Verwaltungsrates dem Votum der Hauptversammlung entzogen (→ Rn. 38 ff.). Im Hinblick auf die Organisation und die Durchführung der Hauptversammlung sowie des Abstimmungsverfahrens gelten gem. der Verweisung in Art. 53 die **aktienrechtlichen Regeln** (zu den Wahlmodalitäten → AktG § 101 Rn. 24).[54] Gleichzeitig mit der Bekanntmachung der Tagesordnung ist gem. § 124 Abs. 3 S. 1 AktG ein Wahlvorschlag des Verwaltungsrates für die Besetzung des oder der vakanten Sitze im Verwaltungsrat bekanntzumachen. Ohne einen solchen Vorschlag darf gem. § 124 Abs. 4 S. 1 AktG in der Hauptversammlung keine Wahl erfolgen. Wählt die Hauptversammlung trotzdem, ist die Wahl anfechtbar, es sei denn, der Mangel war für die Beschlussfassung nicht ursächlich (→ AktG § 124 Rn. 52 ff.).[55] Die Hauptversammlung entscheidet über den Wahlvorschlag durch Beschluss mit einfacher Mehrheit, wenn die Satzung keine andere Bestimmung trifft (Art. 57, § 133 Abs. 1 und 2 AktG; → AktG § 101 Rn. 27).[56]

30 **bb) Bindung an Wahlvorschläge. Bindend** ist der Wahlvorschlag nur bezüglich der Arbeitnehmervertreter, soweit deren Bestellung durch die Hauptversammlung erfolgt, nicht dagegen bezüglich der Anteilseignervertreter. Das ergibt sich aus § 36 Abs. 4 SEBG (vgl. → SEBG § 36 Rn. 9 f.). Vorbild zu § 36 Abs. 4 SEBG ist § 6 Abs. 6 MontanMitbestG. Bindung an den Wahlvorschlag bedeutet, dass kein Bewerber durch die Hauptversammlung gewählt werden darf, der nicht von der Arbeitnehmerschaft vorgeschlagen wurde. Im Schrifttum zu § 6 MontanMitbestG ist darüber diskutiert worden, ob die Hauptversammlung einen Vorgeschlagenen mit der Begründung ablehnen dürfe, er erscheine ihr als Aufsichtsratsmitglied nicht geeignet.[57] Dagegen spricht, dass anders als § 8 Abs. 2 MontanMitbestG für die Wahl des „neutralen" Mitglieds weder § 36 Abs. 4 SEBG noch § 6 Abs. 6 MontanMitbestG ein Ablehnungsrecht der Hauptversammlung vorsehen.[58] Die Diskussion ist allerdings ohne große praktische Relevanz. Prozessual kann die Hauptversammlung als Wahlorgan zur Wahl des Vorgeschlagenen nicht gezwungen werden, auch nicht über eine gegen die SE zu richtende Klage. Auch eine Begründungspflicht für eine Nichtwahl kann es nicht geben.[59]

31 Bei einem ablehnenden Hauptversammlungsbeschluss kommt eine **gerichtliche Notbestellung** einer von der Arbeitnehmerseite vorgeschlagenen Ersatzperson für den nicht gewählten Arbeitnehmervertreter gem. § 30 SEAG in Betracht.[60] Die Bestellung ist gem. § 30 Abs. 2 S. 2 SEAG auch schon vor Ablauf der in § 30 Abs. 2 S. 1 SEAG genannten Drei-Monatsfrist zulässig, da ein dringender Fall vorliegt. Zur gerichtlichen Bestellung vgl. → Rn. 43 f.

32 **cc) Nichtigkeit und Anfechtbarkeit der Wahl.** Bestellt die Hauptversammlung unter Verstoß gegen § 36 Abs. 4 SEBG eine nicht vorgeschlagene Person zum Mitglied des Verwaltungsrats, so ist die Wahl nichtig. Zwar ist die Nichtigkeitsfolge in § 31 Abs. 1 SEAG – im Gegensatz zu § 250 Abs. 1 Nr. 2 AktG – nicht ausdrücklich angeordnet. Das Schweigen der Gesetzesbegründung lässt auf ein Versehen des Gesetzgebers schließen. Daher ist gegen den Wortlaut von § 31 Abs. 1 SEAG § 250 Abs. 1 Nr. 2 AktG insoweit entsprechend anwendbar.[61]

---

[54] Vgl. NK-SE/*Manz* Rn. 28; *Hirte* NZG 2002, 1 (8); *Theisen/Hölzl* in Theisen/Wenz, Die Europäische Aktiengesellschaft, 2. Aufl. 2005, 260, 262; vgl. zur Hauptversammlung der AG *Noack* NZG 2003, 241 ff.; zu den Wahlmodalitäten MHdB AG/*Hoffmann-Becking* § 30 Rn. 41 ff.; Hüffer/Koch/*Koch* AktG § 101 Rn. 5 ff.
[55] Großkomm AktG/*Butzke* AktG § 124 Rn. 100; MHdB AG/*Hoffmann-Becking* § 30 Rn. 36.
[56] Zu Einzelheiten MHdB AG/*Hoffmann-Becking* § 30 Rn. 41; Kölner Komm AktG/*Mertens/Cahn* AktG § 101 Rn. 18; Hüffer/Koch/*Koch* AktG § 101 Rn. 4.
[57] *Boldt* Mitbestimmungsgesetz Eisen und Kohle, 1952, MontanMitbestG § 6 Anm. 5; *Kötter* Mitbestimmungsrecht, 1952, MontanMitbestG § 6 Rn. 29; *Müller/Lehmann* Kommentar zum Mitbestimmungsgesetz Bergbau und Eisen, 1952, MontanMitbestG § 6 Rn. 57; aA ErfK/*Oetker* MontanMitbestG § 6 Rn. 14.
[58] ErfK/*Oetker* MontanMitbestG § 6 Rn. 14.
[59] So für die AG zutr. Kölner Komm AktG/*Mertens* Anh. § 117 C MontanMitbestG Rn. 21 zu § 6 Abs. 6 MontanMitbestG.
[60] Für den Aufsichtsrat der AG Großkomm AktG/*Oetker* MontanMitbestG § 6 Rn. 5.
[61] So auch *Göz* ZGR 2008, 593 (623); Lutter/Hommelhoff/Teichmann/*Teichmann* Anh. Art. 43 § 31 SEAG Rn. 6; aA Kölner Komm AktG/*Siems* Anh. Art. 51 §§ 31–33 SEAG Rn. 5.

§ 31 SEAG, der im Übrigen inhaltlich weitgehend dem § 250 AktG entspricht,[62] schränkt 33
die für Hauptversammlungsbeschlüsse allgemein geltenden Nichtigkeitsgründe ein. Von den
allgemeinen Nichtigkeitsgründen, die § 241 AktG aufzählt, sind nur Nr. 1, 2 und 5
anwendbar (Einberufungsmängel, Beurkundungsmängel, Nichtigerklärung auf Anfechtungsklage). Verstöße gegen das Wesen der SE und gegen Bestimmungen, die das öffentliche
Interesse mitschützen sowie Verstöße gegen die guten Sitten (§ 241 Nr. 3 und 4 AktG)
begründen eine Nichtigkeit von Verwaltungsratswahlen nicht. Ebenso wenig ist bei Verwaltungsratswahlen eine Amtslöschung nach den Vorschriften des FamFG möglich, wie sie
§ 241 Nr. 6 AktG für sonstige Hauptversammlungsbeschlüsse vorsieht.

Auf der anderen Seite werden für Verwaltungsratswahlen **zusätzliche Nichtigkeits-** 34
gründe eingeführt. Die Nichtigkeitsgründe des § 31 Abs. 1 Nr. 1, 2 und 3 entsprechen
denen nach § 250 Nr. 1, 3 und 4 AktG.[63] Zu Einzelheiten vgl. → AktG § 250 Rn. 7 ff.

Für die **Nichtigkeitsklage** erklärt § 31 Abs. 2 SEAG neben den in § 250 Abs. 2 AktG 35
genannten Personen (vgl. → AktG § 250 Rn. 21 ff.) auch den SE-Betriebsrat für parteifähig. § 31 Abs. 3 SEAG entspricht § 250 Abs. 3 AktG.

Andere Gesetzesverstöße als die in § 31 SEAG, § 250 Abs. 1 Nr. 2 AktG (vgl. 36
→ Rn. 32 f.) genannten können die Wahl eines Verwaltungsratsmitglieds allenfalls gem.
§ 32 SEAG anfechtbar machen. Zu den Mängeln, die lediglich zu einer Anfechtbarkeit des
Wahlbeschlusses der Hauptversammlung führen, gehören Gesetzesverstöße beim Zustandekommen des Wahlvorschlags. Gem. § 32 SEAG findet § 251 AktG Anwendung. Neben
den in § 245 Nr. 1, 2 und 4 AktG (§ 251 Abs. 2 S. 1 AktG) aufgeführten Personen werden
bezüglich der Wahl von Arbeitnehmervertretern aus dem Inland gem. § 32 S. 2 SEAG, § 37
Abs. 2 SEBG der Betriebsrat, das Leitungsorgan und die in § 37 Abs. 1 S. 2 SEBG Genannten für anfechtungsbefugt erklärt. Bezüglich der Anfechtung von Wahlvorschlägen für
Arbeitnehmervertreter, die von Arbeitnehmern ausländischer Gesellschaften vorgeschlagen
werden, verweist § 32 S. 1 SEAG auf deren jeweiliges nationales Recht.

Bezüglich der Wirkung eines Nichtigkeits- oder Anfechtungsurteils erklärt § 33 SEAG 37
§ 252 AktG für entsprechend anwendbar.

b) Entsendungsrechte. Abweichend von Art. § 43 Abs. 3 S. 1 können Mitglieder des 38
Verwaltungsrates in den in §§ 28 Abs. 2 SEAG, 101 Abs. 2 AktG genannten Grenzen auch
durch **Entsendung** bestellt werden. Die Ermächtigung, derartige Entsendungsrechte in der
Satzung zu begründen, bleibt durch die SE-VO unberührt. Das ergibt sich aus Art. 43
Abs. 3 S. 3 und Art. 47 Abs. 4 (vgl. → Art. 47 Rn. 4). Zu den Einzelheiten der Entsendung
vgl. → AktG § 101 Rn. 30 ff.

Die **Amtszeit** des entsandten Verwaltungsratsmitglieds kann der entsendungsberechtigte 39
Aktionär bei der Entsendung im Rahmen der Höchstdauer des Art. 46 frei bestimmen. Das
gilt auch dann, wenn in der Satzung eine bestimmte Amtszeit für die Verwaltungsratsmitglieder festgelegt wird. Das folgt daraus, dass der Entsendungsberechtigte das Verwaltungsratsmitglied gem. § 29 Abs. 2 SEAG jederzeit abberufen kann. Dann ist er folgerichtig auch
befugt, die Amtszeit bereits bei der Entsendung abweichend von der regelmäßigen Amtszeit
zu bestimmen (vgl. auch → Art. 46 Rn. 14).[64] § 29 Abs. 2 entspricht inhaltlich § 103 Abs. 2
AktG (vgl. → Rn. 23 ff.).

c) Ersatzmitglieder. Ebenso wie im dualistischen System für das Aufsichtsorgan können 40
auch im monistischen System **Ersatzmitglieder** für jedes Mitglied des Verwaltungsrates
bestellt werden. Das ergibt sich aus § 28 Abs. 3 SEAG, der inhaltlich § 101 Abs. 3 AktG

---

[62] Begr. RegE zu § 31 SEAG, BT-Drs. 15/3405, 38.
[63] Nach zT vertretener Ansicht geht der Verweis auf Art. 47 Abs. 2 in § 31 Abs. 1 Nr. 3 SEAG jedoch insoweit ins Leere, als die Bestellungsvoraussetzungen des allgemeinen mitgliedsstaatlichen Aktienrechts nicht für Verwaltungsratsmitglieder gelten sollen (aA → Art. 47 Rn. 26 ff.). Für diese Fälle bedürfe es einer analogen Anwendung des § 31 Abs. 1 SEAG. Vgl. Lutter/Hommelhoff/Teichmann/*Teichmann* Anh. Art. 43 § 31 SEAG Rn. 4 f.
[64] Kölner Komm AktG/*Mertens/Cahn* AktG § 102 Rn. 12; MHdB AG/*Hoffmann-Becking* § 30 Rn. 75; Hüffer/Koch/*Koch* AktG § 102 Rn. 4.

entspricht. Art. 43 steht der Bestellung von Ersatzmitgliedern nicht entgegen. Auch § 37 SEBG geht von der Zulässigkeit der Bestellung von Ersatzmitgliedern aus. Auf die Bestellung sowie die Nichtigkeit und Anfechtung der Bestellung sind die für das Verwaltungsratsmitglied geltenden Vorschriften anzuwenden (§ 28 Abs. 3 S. 4 SEAG). Eine gruppenspezifische Trennung, wie sie § 17 MitbestG für den Aufsichtsrat der mitbestimmten AG vorschreibt, ist in der SE nicht zwingend. In der SE kann also ein Ersatzmitglied theoretisch gleichzeitig für einen Anteilseignervertreter und einen Arbeitnehmervertreter bestellt werden, soweit die Arbeitnehmerschaft einen entsprechenden Wahlvorschlag unterbreitet (→ AktG § 101 Rn. 82 f.; vgl. auch → Art. 40 Rn. 36).[65]

41 Das Ersatzmitglied kann das Verwaltungsratsmitglied nicht im Falle einer Verhinderung vertreten; es kann nur im Falle des vorzeitigen Ausscheidens des Verwaltungsratsmitglieds an seine Stelle treten. Die Bestellung von Stellvertretern für Mitglieder des Verwaltungsrates schließt das Gesetz ausdrücklich aus (§ 28 Abs. 3 S. 1 SEAG).

42 Zur **Amtszeit** der Ersatzmitglieder vgl. → Art. 46 Rn. 15 ff. Zu den Einzelheiten der Bestellung, zum Nachrücken und zur Rechtsstellung der Ersatzmitglieder vgl. im Übrigen → AktG § 101 Rn. 77 ff.

43 **d) Gerichtliche Bestellung.** Falls der Verwaltungsrat auf Grund einer Unterbesetzung nicht beschlussfähig ist, kann auf Antrag eines Verwaltungsratsmitglieds oder eines Aktionärs gem. § 30 SEAG eine **gerichtliche Bestellung** eines fehlenden Verwaltungsratsmitglieds stattfinden. § 30 SEAG entspricht inhaltlich § 104 AktG.[66] Gem. § 30 Abs. 2 SEAG kann die Bestellung auch vor Ablauf der Dreimonatsfrist erfolgen, wenn ein dringender Fall vorliegt. Zu den Einzelheiten vgl. → AktG § 104 Rn. 9 ff.

44 **Antragsberechtigt** sind jeweils die in § 104 Abs. 1 S. 3 AktG genannten Personen. § 30 Abs. 1 S. 3 Nr. 2, Abs. 2 S. 3 SEAG stellt klar, dass auch der SE-Betriebsrat antragsberechtigt ist. § 104 Abs. 1 S. 4 AktG ist nicht anwendbar. § 30 Abs. 3 SEAG entspricht inhaltlich dem § 104 Abs. 5 AktG, § 30 Abs. 4 SEAG dem § 104 Abs. 6 AktG. Zu den Einzelheiten vgl. → AktG § 104 Rn. 18 ff. § 104 Abs. 4 AktG findet im SEAG keine Entsprechung. Dass das Gericht einem Vorschlag nicht folgen darf, wenn die vorgeschlagene Person nicht die persönlichen Voraussetzungen erfüllt, die ggf. nach Gesetz oder Satzung für den vakanten Sitz erforderlich sind (§ 104 Abs. 4 S. 3 AktG), ist gleichwohl eine Selbstverständlichkeit. Darüber hinaus muss das Gericht auch darauf achten, dass bei der Bestellung von Arbeitnehmervertretern das in der Vereinbarung über die Mitbestimmung oder in § 35 SEBG bestimmte Verhältnis der Arbeitnehmergruppen gewahrt bzw. wieder hergestellt wird. Zu den Einzelheiten vgl. im Übrigen → AktG § 104 Rn. 37 ff.

45 **e) Bestellung der Mitglieder des ersten Verwaltungsrates.** Die Bestellung der Mitglieder des ersten Verwaltungsrates ist in der SE-VO nur punktuell geregelt. Art. 43 Abs. 3 S. 2 ermöglicht die Bestellung der Mitglieder des ersten Verwaltungsrats durch die Satzung. Zwingend ist eine Bestellung durch die Satzung indes nicht; vielmehr können die Mitglieder des ersten Verwaltungsorgans auch an anderer Stelle in der Gründungsurkunde, also je nach Gründungsform im Verschmelzungsplan (Art. 20), im Gründungsplan (Art. 32 Abs. 2) oder im Umwandlungsplan (Art. 37 Abs. 4) bestellt werden, da die Gründungsurkunde insoweit der Satzung gleichgestellt ist (Art. 6).[67] Beim Formwechsel dürfte es darüber hinaus zulässig sein, wenn die Hauptversammlung des formwechselnden Rechtsträgers den ersten Verwaltungsrat außerhalb der Satzungs- bzw. der Gründungsurkunde als gesonderten Tagesordnungspunkt bestellt.[68] Weitere Regelungen enthält die Verordnung nicht. Art. 43 Abs. 3

---

[65] Zur Bestellung von Ersatzmitgliedern für mehrere Aufsichtsratsmitglieder in der AG vgl. BGHZ 99, 211 (214) = NJW 1987, 902 – Heidelberger Zement; Hüffer/Koch/*Koch* AktG § 101 Rn. 17; Kölner Komm AktG/*Mertens*/*Cahn* AktG § 101 Rn. 86.
[66] Zu den Einzelheiten vgl. *Schwarz* Rn. 106; *Schwarz* Anh. Art. 43 Rn. 159 ff.; Lutter/Hommelhoff/Teichmann/*Teichmann* Anh. Art. 43 § 30 SEAG Rn. 1 f.; vgl. aus dem Aktienrecht Kölner Komm AktG/*Mertens*/*Cahn* AktG § 104 Rn. 8 ff.; Hüffer/Koch/*Koch* AktG § 104 Rn. 2 ff.
[67] Lutter/Hommelhoff/Teichmann/*J. Schmidt* Art. 6 Rn. 4 ff.; Habersack/Drinhausen/*Verse* Rn. 27.
[68] Str.; aA Habersack/Drinhausen/*Verse* Rn. 28.

S. 1 gilt erst mit Eintragung der SE in das Handelsregister (Art. 16 Abs. 1; vgl. → Art. 16 Rn. 1 ff.). Die Bestellung des ersten Verwaltungsrates gehört zum **Gründungsrecht,** auf das vorbehaltlich des zweiten Abschnittes des zweiten Titels der Verordnung die Bestimmungen des nationalen Rechts des Mitgliedstaates Anwendung finden, in dem die SE ihren Sitz begründet (Art. 15 Abs. 1). Weder das Aktiengesetz noch das SEAG enthalten zur Bestellung des ersten Verwaltungsrates einschlägige Bestimmungen. Die Lücke ist im Wege einer analogen Anwendung der §§ 30, 31 AktG bezüglich der Bestellung des ersten Aufsichtsrates der AG zu schließen.[69] Bezüglich der Einzelheiten kann auf die Kommentierung zur Bestellung der Mitglieder des ersten Aufsichtsorgans verwiesen werden (vgl. → Art. 40 Rn. 48 ff.).

2. Beendigung der Mitgliedschaft im Verwaltungsrat. Die Mitgliedschaft im Verwaltungsrat endet außer durch Ablauf der Amtszeit (vgl. → Art. 46 Rn. 10) und durch Tod durch Abberufung, Amtsniederlegung und durch Wegfall persönlicher Voraussetzungen. **46**

a) Abberufung. Die früheren Verordnungsvorschläge enthielten jeweils eine **explizite Regelung zur Abberufung** von Mitgliedern des Verwaltungsrates (bzw. des Aufsichtsorgans).[70] Die Bestellung der Verwaltungsorgane „für einen in der Satzung festgelegten Zeitraum" (Art. 46 Abs. 1) und das Fehlen einer ausdrücklichen Regelung zur Abberufung der Verwaltungsorgane im aktuellen Verordnungstext ist im Schrifttum dahingehend gedeutet worden, dass eine freie vorzeitige Abberufung unzulässig sei.[71] Dieses Ergebnis ist mit dem Regelungsgehalt der SE-VO nicht vereinbar.[72] Denn die **aktienrechtlichen Bestimmungen** (§ 103 AktG) über die Abberufung von Mitgliedern des Aufsichtsrates sind über die in Art. 52 UAbs. 2 enthaltene Spezialverweisung auch auf die SE anwendbar. Diese Regelung hat der Gesetzgeber in Gestalt von § 29 SEAG auch für das monistische System übernommen. § 29 SEAG ist wortlautgleich mit § 103 AktG. Auf eine dem § 103 Abs. 4 AktG entsprechende Regelung hat der Gesetzgeber verzichtet. § 29 Abs. 4 SEAG entspricht § 103 Abs. 5 AktG. **47**

Auch die Gesetzesmaterialien, insbesondere die Begründungen zu den früheren Verordnungsentwürfen, tragen die These einer abschließenden Regelung, die eine vorzeitige Abberufung der Verwaltungsratsmitglieder ausschließt, nicht. Aus der **Entstehungsgeschichte** ergibt sich vielmehr, dass die Streichung der ausdrücklichen Regelung in den früheren Entwürfen keine Aussage über das „Ob" der Abberufung, sondern lediglich auf das „Wie" zulässt.[73] **48**

Im Schrifttum wird in Zweifel gezogen, dass die in § 29 Abs. 1 S. 3 SEAG vorgesehene Möglichkeit, durch Satzung ein von § 29 Abs. 1 S. 2 SEAG abweichendes Mehrheitserfordernis vorzusehen, mit der SE-VO vereinbar ist, soweit es sich um eine Verschärfung des Mehrheitserfordernisses handelt.[74] Diese Schrifttumsmeinung stützt sich auf Art. 57. Danach werden Hauptversammlungsbeschlüsse grundsätzlich mit einfacher Mehrheit gefasst, es sei denn, die Verordnung oder das nationale Recht schreiben eine größere Mehrheit vor. Für qualifizierte Mehrheitserfordernisse sei Art. 57 mithin nur insoweit offen, als diese im Gesetz zwingend und nicht nur dispositiv angeordnet seien. Eine Satzungsregelung, die über das Mehrheitserfordernis der Dreiviertelmehrheit, die in Abs. 1 S. 2 angeordnet ist, hinausgehe sei mithin unzulässig. Dem ist mit Blick auf den insoweit eindeutigen Wortlaut von Art. 57 zuzustimmen (so auch → Art. 57, 58 Rn. 8). **49**

Für die **Arbeitnehmervertreter** im Verwaltungsrat wird § 29 SEAG durch § 37 Abs. 1 S. 4 SEBG verdrängt. Haben die zuständigen Wahlgremien der Arbeitnehmer mit der in § 37 Abs. 1 S. 3 SEBG erforderlichen Dreiviertelmehrheit die Abberufung eines Arbeitneh- **50**

---

[69] Eine Regelungslücke ablehnend Kölner Komm AktG/*Siems* Rn. 51; Habersack/Drinhausen/*Verse* Rn. 27.
[70] Zur Entstehungsgeschichte vgl. insoweit *Brandt*, Die Hauptversammlung der SE, 2004, 146.
[71] *Hommelhoff* AG 2001, 279 (283); *Hirte* NZG 2002, 1 (5); *Schwarz* ZIP 2001, 1847 (1855).
[72] Ebenso *Schwarz* Rn. 126; NK-SE/*Manz* Rn. 33; Lutter/Hommelhoff/Teichmann/*Teichmann* Rn. 49 ff.; BeckOGK/*Eberspächer* Rn. 36; Habersack/Drinhausen/*Verse* Art. 43 Rn. 36.
[73] Zu den Einzelheiten *Brandt*, Die Hauptversammlung der SE, 2004, 147 f.
[74] *Brandt*, Die Hauptversammlung der SE, 2004, 141 ff.; *Schwarz* Rn. 148; *Schwarz* Art. 57 Rn. 11.

mervertreters im Verwaltungsrat beschlossen, so ist dieser Beschluss von der Hauptversammlung der SE zu bestätigen.[75] Ein Ermessen, von dem Beschluss des Wahlgremiums der Arbeitnehmer abzuweichen, hat die Hauptversammlung nicht.[76]

51 **b) Wegfall persönlicher Voraussetzungen.** Das Amt eines Verwaltungsratsmitglieds erlischt ohne Weiteres, wenn eine **persönliche Voraussetzung** der Mitgliedschaft entfällt, die das Gesetz zwingend vorschreibt. Tritt **nachträglich** ein persönliches Bestellungshindernis gem. § 27 SEAG in der Person eines Mitglieds des Verwaltungsrates ein, so scheidet dieses automatisch aus dem Amt aus, egal ob es sich um einen Arbeitnehmer- oder einen Anteilseignervertreter handelt (für die AG → AktG § 100 Rn. 64 ff.).[77] Das Gleiche gilt für ein Mitglied des Verwaltungsrates, dem die Amtsausübung durch eine Gerichts- oder Verwaltungsentscheidung (nachträglich) untersagt wird (Art. 47 Abs. 2 lit. b). Eine automatische Beendigung der Amtsstellung von Arbeitnehmervertretern tritt auch ein, wenn die in § 36 Abs. 3 SEBG, § 6 Abs. 2 S. 1 SEBG genannten persönlichen Voraussetzungen entfallen. Zwar hat der Gesetzgeber insoweit – anders als in § 7 Abs. 2 MitbestG, § 24 Abs. 1 MitbestG – auf eine ausdrückliche gesetzliche Regelung verzichtet; das steht jedoch einer automatischen Beendigung der Amtsstellung nicht entgegen. Zur Begründung kann auf die Rspr. zu § 76 Abs. 2 BetrVG 1952 verwiesen werden,[78] die ebenfalls von einer automatischen Amtsbeendigung ausgeht, obwohl das Gesetz diese nicht ausdrücklich vorschreibt.

52 Verliert ein Verwaltungsratsmitglied, das von den Aktionären bestellt wurde, **nachträglich** eine in der Satzung bestimmte persönliche Eigenschaft (vgl. Art. 47 Abs. 3), so führt dies nicht ipso facto zum Erlöschen des Mandats (zum Aufsichtsrat der AG → AktG § 100 Rn. 67).[79] In diesem Fall kommt aber eine Abberufung aus wichtigem Grund gem. § 29 Abs. 3 SEAG in Betracht.[80] Zum Aufsichtsrat der AG → AktG § 100 Rn. 67. Zu Einzelheiten → Art. 47 Rn. 39.

53 **c) Amtsniederlegung.** Mangels abweichender Regelung in der Satzung kann jedes Verwaltungsratsmitglied sein Amt jederzeit niederlegen. Ein wichtiger Grund ist dafür nicht erforderlich (für den Aufsichtsrat der AG → AktG § 103 Rn. 59 ff.).[81] Die **Erklärung** der Niederlegung bedarf, soweit nicht die Satzung die Schriftform vorschreibt, keiner besonderen Form. Empfänger der Erklärung sind ein oder mehrere geschäftsführende Direktoren als das zur Vertretung der Gesellschaft berufene Organ (§ 41 Abs. 1, Abs. 2 S. 2 SEAG). Die Erklärung gegenüber dem Vorsitzenden des Verwaltungsrates reicht nicht aus.[82]

54 Die Amtsniederlegung darf nicht zur Unzeit erfolgen. Wird dagegen verstoßen, ist sie gleichwohl wirksam (für den Aufsichtsrat der AG → AktG § 103 Rn. 60).[83] Das ausschei-

---

[75] AA *Schwarz* Rn. 121, der neben der Bestellkompetenz folgerichtig auch die Kompetenz zur Abberufung durch die Hauptversammlung negiert.
[76] Ebenso Lutter/Hommelhoff/Teichmann/*Teichmann* Rn. 57.
[77] *Schwarz* Art. 47 Rn. 37; zu dem insoweit inhaltsgleichen § 100 AktG MHdB AG/*Hoffmann-Becking* § 30 Rn. 77; Kölner Komm AktG/*Mertens/Cahn* AktG § 100 Rn. 52.
[78] BGHZ 39, 116 (120) = NJW 1963, 905 f.; vgl. *Richardi* BetrVG, 15. Aufl. 2016, § 76 BetrVerfG 1952 Rn. 137.
[79] *Schwarz* Art. 47 Rn. 45; zu der entspr. Rechtsfolge beim Aufsichtsrat der Aktiengesellschaft MHdB AG/ *Hoffmann-Becking* § 30 Rn. 79; Kölner Komm AktG/*Mertens/Cahn* AktG § 100 Rn. 34.
[80] Zum Aufsichtsrat der AG vgl. Kölner Komm AktG/*Mertens/Cahn* AktG § 100 Rn. 54; einschr. MHdB AG/*Hoffmann-Becking* § 30 Rn. 79.
[81] Für den Vorstand der Aktiengesellschaft vgl. entsprechend BGHZ 121, 257 (261 ff.) = NJW 1993, 1198 (1199 f.); BGH NJW 1995, 2850; für den Aufsichtsrat der AG Hüffer/Koch/*Koch* AktG § 103 Rn. 17; Kölner Komm AktG/*Mertens/Cahn* AktG § 103 Rn. 57; MHdB AG/*Hoffmann-Becking* § 30 Rn. 80; *Wadenbach* AG 1999, 74 (75).
[82] Bezüglich der Aufsichtsratsmitglieder der Aktiengesellschaft ist das umstritten; wie hier Hüffer/Koch/ *Koch* AktG § 103 Rn. 17; MHdB AG/*Hoffmann-Becking* § 30 Rn. 81; aA Kölner Komm AktG/*Mertens/Cahn* AktG § 103 Rn. 59; *Lutter/Krieger/Verse* Aufsichtsrat § 1 Rn. 37; *Hoffmann/Preu* Rn. 719.
[83] Vgl. für den Aufsichtsrat der AG *Lutter/Krieger/Verse* Aufsichtsrat § 1 Rn. 35; *Natzel* RdA 1960, 256; *Singhoff* AG 1998, 318 (321 f.); *Wardenbach* AG 1999, 74 (75 f.); nunmehr auch Hüffer/Koch/*Koch* AktG § 103 Rn. 17; MHdB AG/*Hoffmann-Becking* § 30 Rn. 80.

dende Verwaltungsratsmitglied ist in diesem Fall aber unter Umständen zur Leistung von Schadensersatz verpflichtet (für die AG → AktG § 103 Rn. 60).[84] Zu den Einzelheiten der Amtsniederlegung vgl. im Übrigen → AktG § 84 Rn. 146 ff. für den Vorstand; → AktG § 103 Rn. 59 ff. für den Aufsichtsrat der AG.

3. Bekanntmachung der Änderungen im Verwaltungsrat. Gem. § 46 SEAG haben 55 die geschäftsführenden Direktoren jeden Wechsel der Verwaltungsratsmitglieder unverzüglich in den Gesellschaftsblättern **bekannt zu machen** und die Bekanntmachung zum Handelsregister einzureichen.

Abs. 1 der Vorschrift lehnt sich seinem Inhalt nach an § 81 Abs. 1 sowie die § 106 AktG 56 und § 107 Abs. 1 S. 2 AktG an. Abs. 2 folgt in modifizierter Formulierung dem Vorbild in § 81 Abs. 3 AktG.[85] Die Anmeldung ist durch die geschäftsführenden Direktoren in vertretungsberechtigter Zahl zu bewirken. Die Handelsregisteranmeldung wirkt nicht konstitutiv, sondern deklaratorisch.

Die Anmeldung bedarf gem. § 12 Abs. 1 HGB öffentlich beglaubigter Form; ihr sind 57 die Urkunden über die Änderung oder öffentlich beglaubigte Abschriften derselben beizufügen (§ 46 Abs. 3 SEAG, § 81 Abs. 2 AktG). Zu Einzelheiten vgl. → AktG § 81 Rn. 4 ff.

IV. Größe und Zusammensetzung des Verwaltungsrates

1. Größe des Verwaltungsrates. Gem. Art. 43 Abs. 2 wird die Zahl der Mitglieder 58 des Verwaltungsrates durch die **Satzung** bestimmt. Deutschland hat von der Ermächtigungsgrundlage in Art. 43 Abs. 2 S. 2 Gebrauch gemacht und mit § 23 SEAG eine inhaltlich an § 95 AktG orientierte Regelung erlassen.

Im Regelfall besteht der Verwaltungsrat aus **drei Mitgliedern.** Abweichungen durch 59 die Satzung, auch nach unten, sind möglich. Das zielt auf den Einsatz der SE durch kleine und mittlere Unternehmen oder als Tochtergesellschaft eines europäischen Konzerns ab.[86] Bei einem Grundkapital der SE von mehr als 3 Mio. Euro ist die Mindestzahl von drei Verwaltungsratsmitgliedern jedoch zwingend. Die jeweiligen Höchstzahlen entsprechen gem. § 23 Abs. 1 S. 3 SEAG den durch § 95 S. 3 AktG vorgegebenen Höchstzahlen für die Größe des Aufsichtsrates der AG.

Legt die Satzung die Größe des Verwaltungsrates abweichend von § 23 Abs. 1 S. 1 SEAG 60 fest, so hat diese Festlegung eine **fixe Zahl** zu nennen; variable Angaben sind unzulässig (für den Aufsichtsrat der AG → AktG § 95 Rn. 9).[87] Anderenfalls stünde es im Belieben der Hauptversammlung, nicht genehmen Mitgliedern (der Arbeitnehmer) durch Verkleinerung des Verwaltungsrates das Mandat zu entziehen.[88]

Ist die **Mitbestimmung** in der SE gemäß der Beteiligungs-RL geregelt, darf die absolute 61 Größe des Verwaltungsrates drei Mitglieder nicht unterschreiten (Art. 43 Abs. 2 UAbs. 2). Die Regelung macht freilich nur dann Sinn, wenn gemäß der Richtlinie auch tatsächlich eine Mitbestimmung vereinbart wird bzw. kraft der Auffanglösung zur Anwendung gelangt; die Mindestmitgliederzahl gilt demgegenüber nicht, wenn auf die Mitbestimmung verzichtet wird.[89] Nach § 23 Abs. 2 SEAG ergibt sich das Weitere aus der Vereinbarung nach § 21 SEBG bzw. aus der gesetzlichen Mitbestimmung, die in den §§ 35–38 SEBG geregelt ist. Mit Blick auf die im Schrifttum geführte Debatte, inwieweit Verhandlungslösung und mitbestimmungsrechtliche Auffangregelung von den gesetzlichen (§ 23 Abs. 1 SEAG) und satzungsmäßigen Vorgaben abweichen können, kann auf die Ausführungen zur Größe des ersten Aufsichtsorgans verwiesen werden (vgl. → Art. 40 Rn. 71 f.).

---

[84] Für die AG *Lutter/Krieger/Verse* Aufsichtsrat § 1 Rn. 35; *Singhof* AG 1998, 318 (323), 327 f.
[85] Begr. RegE zu § 46 SEAG, BT-Drs. 15/3405, 39.
[86] Begr. RegE zu § 23 SEAG, BT-Drs. 15/3405, 37.
[87] Zum Aufsichtsrat der AG vgl. Begr. RegE zu § 95 AktG, *Kropff* S. 125; Hüffer/Koch/*Koch* AktG § 95 Rn. 3; MHdB AG/*Hoffmann-Becking* § 28 Rn. 8; Kölner Komm AktG/*Mertens/Cahn* AktG § 95 Rn. 1.
[88] Vgl. auch BAG AG 1990, 361.
[89] *Schwarz* Rn. 76; Lutter/Hommelhoff/Teichmann/*Teichmann* Rn. 35.

62   **2. Zusammensetzung des Verwaltungsrates.** Im **gesetzlichen Normalfall** setzt sich der Verwaltungsrat ausschließlich aus Mitgliedern zusammen, die von der Hauptversammlung der SE (Art. 43 Abs. 3 S. 1) gewählt oder auf Grund eines Entsendungsrechts (Art. 43 Abs. 3 S. 3, § 28 Abs. 2 SEAG, § 101 Abs. 2 AktG) von einem oder mehreren Aktionären entsandt wurden; zu einer abweichenden Zusammensetzung kommt es bei einer mitbestimmten SE (vgl. § 24 Abs. 1 SEAG).

63   In der **mitbestimmten** SE richtet sich die Zusammensetzung des Verwaltungsrates primär nach der zwischen dem besonderen Verhandlungsgremium der Arbeitnehmer und den Organen der Gründungsgesellschaften ausgehandelten Verhandlungslösung über die Mitbestimmung (§ 21 SEBG).[90] Inhaltlich wird dem Vertretungsorgan und dem Verhandlungsgremium durch § 21 Abs. 1 SEBG Gestaltungsfreiheit eingeräumt. Die Verhandlungspartner können grundsätzlich auch eine Regelung vereinbaren, die in einem der beteiligten Rechtsträger – oder sogar in beiden – zu einer Minderung der bestehenden Mitbestimmungsrechte führt. Sie können auf unternehmerische Mitbestimmung sogar ganz verzichten. Sie können auch völlig neue Wege beschreiten, zB in dem sie die Mitbestimmung auf ganz bestimmte typisierte Entscheidungen beschränken.[91] Sie können die Mitbestimmung auch in Gremien verankern, die in der aktienrechtlichen Verbandsverfassung eigentlich nicht vorgesehen sind. Dabei sind allerdings gewisse Grenzen zu beachten (zu Einzelheiten → Art. 38 Rn. 27 ff.).

64   Hat das **besondere Verhandlungsgremium** mit qualifizierter Mehrheit beschlossen, keine Verhandlungen aufzunehmen oder bereits aufgenommene Verhandlungen endgültig abzubrechen, bleibt die SE **mitbestimmungsfrei** (§ 16 Abs. 1, Abs. 2 S. 2 SEBG). Kommt trotz Verhandlungen innerhalb des nach § 20 SEBG zu bemessenen Verhandlungszeitraums keine Vereinbarung zustande, so findet als Auffangregelung die Mitbestimmung kraft Gesetzes nach den §§ 35–38 SEBG Anwendung, wenn die in § 34 Abs. 1 SEBG aufgestellten Voraussetzungen vorliegen (zu Einzelheiten vgl. → SEBG § 34 Rn. 4 ff.). Die Anwendbarkeit der §§ 35 ff. SEBG kann auch Gegenstand einer Vereinbarung mit dem besonderen Verhandlungsgremium sein (§ 21 Abs. 5 SEBG).

65   Auf eine SE mit Sitz in Deutschland findet im Regelfall das **Repräsentationsmitbestimmungsmodell** Anwendung,[92] in dem ein Teil der Mitglieder des Aufsichts- oder Verwaltungsorgans von der Arbeitnehmerseite gewählt oder bestellt wird (§ 2 Abs. 12 lit. a SEBG). Das vor allem in den Niederlanden übliche **Kooptationsmodell** (§ 2 Abs. 12 lit. b SEBG), bei dem die Arbeitnehmerseite einen Teil oder alle Mitglieder des Aufsichts- bzw. Verwaltungsorgans empfiehlt oder ablehnen darf, findet Anwendung, wenn das besondere Verhandlungsgremium dies entscheidet (§ 34 Abs. 2 SEBG) oder wenn keine mitbestimmte inländische Gesellschaft beteiligt ist, sich das Kooptationsmodell auf die höchste Zahl der in den beteiligten Gesellschaften beschäftigten Arbeitnehmer erstreckt und das besondere Verhandlungsgremium nicht abweichend das Repräsentationsmodell für anwendbar erklärt (§ 34 Abs. 2 SEBG; zu Einzelheiten → SEBG § 34 Rn. 18).

66   Bestimmt sich die Mitbestimmung in der SE nach den §§ 35 ff. SEBG, so gilt Folgendes: Bei der Gründung einer SE durch Umwandlung entspricht der Anteil (nicht die absolute Zahl; vgl. → Art. 40 Rn. 72) der mit Arbeitnehmervertretern zu besetzenden Sitze dem Anteil, der in der Gesellschaft vor der Umwandlung bestanden hat. Bei den übrigen Gründungsarten (Verschmelzung, Holdinggründung oder Tochtergründung) bemisst sich die Zahl der Arbeitnehmervertreter im Verwaltungsrat nach dem höchsten Anteil der Arbeit-

---

[90] *Schwarz* Rn. 79; BeckOGK/*Eberspächer* Rn. 28; NK-SE/*Manz* Rn. 76; *Blanquet* ZGR 2002, 20 (58); *Blanquet* NZA 2002, 358 (361 ff.); *Herfs-Röttgen* NZA 2001, 424 (426 ff.); *Bungert/Beier* EWS 2002, 1 (4); *Reichert/Brandes* ZGR 2003, 767 (772); *Ihrig/Wagner* BB 2004, 1749 (1754).

[91] Zu den Einzelheiten *Hensler* FS Ulmer, 2003, 193 (197); *Herfs-Röttgen* NZA 2002, 358 (363); *Kallmeyer* AG 2003, 197 (200); *Reichert/Brandes* ZGR 2003, 767 (774).

[92] Überblick über die unterschiedlichen Formen und den Umfang der Mitbestimmung in einigen Mitgliedstaaten bei *Schwark* AG 2004, 173 f.; *Köstler/Büggel*, Gesellschafts- und Mitbestimmungsrecht in den Ländern der Europäischen Gemeinschaft, 2003; vgl. ferner die Länderberichte in *Baums/Ulmer* ZHR-Beiheft 72, 2004.

nehmervertreter, der in den Organen der beteiligten Gesellschaften vor Eintragung der SE bestanden hat. Die danach für die Arbeitnehmervertreter zur Verfügung stehenden Sitze werden gem. § 36 Abs. 1 SEBG durch den SE-Betriebsrat auf die Mitgliedstaaten verteilt, wobei die Anzahl der Arbeitnehmer in den einzelnen Mitgliedstaaten zu berücksichtigen ist.[93] Zu Einzelheiten vgl. → SEBG § 36 Rn. 2 ff.

3. Geschlechterquote. Durch das „Gesetz für die gleichberechtigte Teilnahme von Frauen und Männern an Führungspositionen in der Privatwirtschaft und im öffentlichen Dienst" wurde § 24 SEAG um einen neuen Abs. 3 ergänzt. Damit wird die im Aktiengesetz für die AG geregelte Geschlechterquote (§ 96 Abs. 2 AktG) auch für den paritätisch mitbestimmten Verwaltungsrat einer SE zwingend vorgeschrieben. Die Regelung ist im Übrigen inhaltsgleich mit § 17 Abs. 2 SEAG. 67

Die verfassungs- und unionsrechtlichen Bedenken, die gegen die Geschlechterquote im Allgemeinen und deren Erstreckung auf das Aufsichtsorgan des SE im Besonderen bestehen (→ Art. 40 Rn. 77 ff.) gelten in gleichem und sogar noch stärkerem Maße auch für die Erstreckung auf den Verwaltungsrat der SE. Mit der Regelung des § 24 Abs. 3 SEAG hat der Gesetzgeber den Verwaltungsrat dem Aufsichtsrat der AG gleichgestellt. Dies verkennt, dass der Verwaltungsrat funktional eher dem Vorstand der AG als dem Aufsichtsrat entspricht (Art. 43 Abs. 1 S. 1, § 22 Abs. 1 SEAG).[94] Während in der nationalen AG und im dualistischen System das Leitungsorgan nur der „weichen" Quote (→ Art. 40 Rn. 82) unterworfen ist, gilt für den Verwaltungsrat die „starre" Quote von 30 Prozent. Diese Regelung konterkariert das in Art. 38 SE-VO vorgesehene Wahlrecht zwischen dem monistischen und dem dualistischen System und ist daher mit der SE-VO nicht vereinbar.[95] 68

Im Übrigen leidet die Regelung an denselben gesetzgebungstechnischen Schwächen wie § 17 Abs. 2 SEAG. Ebenso wie dort fehlen namentlich die Vorgaben zur Gesamt- und Getrennterfüllung (§ 96 Abs. 2 S. 2, 3, 5 AktG), zur Rundung der Personenzahl (§ 96 Abs. 2 S. 4 AktG) und zu den Rechtsfolgen einer quotenwidrigen Wahl (§ 96 Abs. 2 S. 6, 7). Die vom Gesetzgeber offenkundig beabsichtigte Schließung dieser Lücken über Art. 9 SE-VO[96] wirft weitere Fragen auf. Anders als im dualistischen System können die Regelungen des § 96 AktG nicht einfach auf das monistische System übertragen werden. Der Gesetzgeber hat – fußend auf der Ermächtigungsgrundlage in Art. 43 Abs. 4 SE-VO – mit den §§ 20 ff. SEAG eine eigenständige Regelung für das monistische System geschaffen, das die Anwendbarkeit der §§ 76–116 AktG ausschließt (§ 20 SEAG).[97] Unterstellt man, dass es sich um einen handwerklichen Fehler und damit letztlich um eine unbewusste Lücke handelt, so mag es sich anbieten, diese Lücke unter analoger Anwendung der Vorschriften des § 96 AktG in vergleichbarer Weise wie beim Aufsichtsorgan des dualistischen Systems zu schließen (→ Art. 40 Rn. 79 ff.). 69

4. Statusverfahren. Das bereits aus dem Aktienrecht bekannte **Statusverfahren** für die Zusammensetzung des Aufsichtsrates (§§ 97 ff. AktG) findet auch auf den Verwaltungsrat der SE entsprechende Anwendung, wobei der Gesetzgeber sich für eine Parallelnormierung in §§ 25 f. SEAG für den Verwaltungsrat entschieden hat. Wesentliche Unterschiede bestehen nicht. In Abweichung von § 97 Abs. 1 AktG kann das Statusverfahren gem. § 25 Abs. 1 SEAG auch bei einer Abweichung der Zusammensetzung des Verwaltungsrates von den maßgeblichen *vertraglichen* und nicht nur von denen der gesetzlichen Vorschrift durchgeführt werden. Das trägt dem Umstand Rechnung, dass sich die Zusammensetzung des Verwaltungsrates der SE in erster Linie nicht nach einer fixierten gesetzlichen Regelung, sondern nach der zwischen der Anteilseigner- und Arbeitnehmerseite nach § 21 SEBG ausgehandelten Verhandlungslösung bestimmt. 70

---

[93] Ihrig/Wagner BB 2004, 1749 (1754).
[94] Lutter/Hommelhoff/Teichmann/*Teichmann* Anh. Art. 43 (§ 24 SEAG) Rn. 4.
[95] Lutter/Hommelhoff/Teichmann/*Teichmann* Anh. Art. 43 (§ 24 SEAG) Rn. 4.
[96] Begr. RegE, BT-Drs. 18/4227, 22.
[97] Lutter/Hommelhoff/Teichmann/*Teichmann* Anh. Art. 43 (§ 24 SEAG) Rn. 5.

71 Ebenso wie die §§ 97 ff. AktG gilt auch das Statusverfahren nach §§ 25 f. SEAG in unmittelbarer Anwendung nur für einen **Wechsel** der bislang angewandten gesetzlichen oder vertraglichen Vorschriften für die Zusammensetzung des Verwaltungsrates, also nicht für die erstmalige Zusammensetzung des Organs.

72 Das Statusverfahren hat bei der SE geringere Bedeutung als bei der AG, wenn sich die Mitbestimmung nach der in den §§ 35 ff. SEBG geregelten Auffanglösung richtet. Denn im Gegensatz zu den Bestimmungen des MitbestG und des DrittelbG sind diese statisch und nicht dynamisch. Eine Veränderung insbesondere von Arbeitnehmerzahlen hat also auf den Umfang der Mitbestimmung keine Auswirkungen. Das Problem des Über- oder Unterschreitens von Schwellenwerten stellt sich daher bei der SE nur dann, wenn dies in der zwischen der Arbeitnehmerseite und den Gründungsgesellschaften ausgehandelten Verhandlungslösung (§ 21 SEBG) so geregelt ist.

73 Kommt es zu **strukturellen Änderungen** der SE, die geeignet sind, Beteiligungsrechte der Arbeitnehmer zu mindern, kann es gem. § 18 Abs. 3 SEBG zu Neuverhandlungen über die Mitbestimmung innerhalb der SE kommen. Je nach Ergebnis dieser Verhandlungen oder der nach ihrem Scheitern anwendbaren §§ 34–38 SEBG können derartige strukturelle Änderungen Veränderungen in der Zusammensetzung des Verwaltungsrates zur Konsequenz haben. Auch in diesem Fall ist die Durchführung eines Statusverfahrens erforderlich. Denn der Verwaltungsrat ist, wenn es nach Durchführung oder Scheitern der Verhandlungen zu einer solchen Änderung kommt, nicht mehr nach den maßgeblichen vertraglichen oder gesetzlichen Bestimmungen zusammengesetzt.

74 Die Initiative für die **außergerichtliche Klärung** im Verfahren nach den §§ 25 ff. SEAG liegt ausschließlich beim Vorsitzenden des Verwaltungsrats. Ist dieser der Ansicht, dass der Verwaltungsrat nicht nach den maßgeblichen gesetzlichen oder vertraglichen Vorschriften zusammengesetzt ist, muss er seine Ansicht über die anzuwendenden gesetzlichen oder vertraglichen Vorschriften nach § 25 Abs. 1 SEAG bekannt machen. Das gilt auch dann, wenn zwischen allen Beteiligten Einigkeit über die erforderliche Änderung in der Zusammensetzung des Verwaltungsrates besteht (→ AktG § 97 Rn. 15).[98] Zu Inhalt und Wirkung der Bekanntmachung vgl. im Übrigen → AktG § 97 Rn. 23 ff.

75 Ist zwischen den Beteiligten streitig oder ungewiss, welche gesetzlichen oder vertraglichen Vorschriften für die Zusammensetzung des Verwaltungsrates maßgeblich sind, kann – auch ohne vorangehende Bekanntmachung des Vorsitzenden des Verwaltungsrates nach § 25 SEAG – nach § 26 SEAG die **gerichtliche Entscheidung** über die Zusammensetzung des Verwaltungsrates beantragt werden.[99] § 26 SEAG entspricht § 98 AktG, das Verfahren richtet sich gem. § 26 Abs. 4 SEAG nach § 99 AktG. Antragsberechtigt gem. § 26 Abs. 2 SEAG ist jedes Mitglied des Verwaltungsrates, jeder Aktionär, die in § 98 Abs. 2 S. 1 Nr. 4– 10 AktG Genannten und der SE-Betriebsrat.

V. Aufgaben des Verwaltungsrates

76 Zentrale Aufgabe des Verwaltungsrates ist es, die Geschäfte der SE zu führen (Art. 43 Abs. 1 S. 1). Damit ist nach der Konzeption des Gesetzgebers nicht die operative Geschäftsleitung, sondern die Festlegung der Grundlinien der Unternehmenspolitik, die strategische Planung sowie die Entscheidung in Grundlagenangelegenheiten gemeint (§ 22 Abs. 1 SEAG). Die Führung des Tagesgeschäfts ist dagegen Aufgabe der geschäftsführenden Direktoren (§ 40 Abs. 2 S. 1 SEAG), die hierin wiederum vom Verwaltungsrat überwacht werden (§ 22 Abs. 1 SEAG).

77 **1. Geschäftsführung. a) Gesamtverantwortung für die Leitung des Unternehmens.** Die **Funktionentrennung** zwischen Verwaltungsrat und geschäftsführenden Direk-

---
[98] MHdB AG/*Hoffmann-Becking* § 28 Rn. 63.
[99] Zuständig ist gemäß § 26 Abs. 1 S. 1 SEAG das Landgericht, in dessen Bezirk die Gesellschaft ihren Sitz hat (s. aber die Konzentrationsmöglichkeit in § 26 Abs. 1 S. 2 SEAG) und dort die Kammer für Handelssachen (§ 71 Abs. 2 Nr. 4 lit. c GVG, § 95 Abs. 2 Nr. 2 GVG); überholt daher der Analogieschluss von Lutter/ Hommelhoff/Teichmann/*Teichmann* Anh. Art. 43 § 26 SEAG Rn. 3.

toren ändert nichts daran, dass der Verwaltungsrat als oberstes Geschäftsführungsorgan die **Gesamtverantwortung für die Leitung der SE** trägt. Das folgt aus der zentralen Aufgabenzuweisung in Art. 43 Abs. 1 S. 1, von der der nationale Gesetzgeber nicht abweichen kann. Die Aufgabenzuweisung in § 40 Abs. 2 S. 1 SEAG an die geschäftsführenden Direktoren ist daher verordnungskonform als eine **gesetzliche Delegationsnorm**[100] auszulegen, die den Verwaltungsrat nicht von seiner Gesamtverantwortung für die Unternehmensleitung entbindet und ihm Überwachungspflichten auferlegt. Die Grenzen dieser Delegation sind vom Gesetzgeber nicht zwingend vorgegeben, sondern vom Verwaltungsrat selbst zu ziehen. Das ergibt sich aus Art. 44 Abs. 2 SEAG, demzufolge die geschäftsführenden Direktoren im Verhältnis zur Gesellschaft verpflichtet sind, die Anweisungen und Beschränkungen zu beachten, die im Rahmen der für die SE geltenden Vorschriften die Satzung, der Verwaltungsrat, die Hauptversammlung und die Geschäftsordnungen des Verwaltungsrates und der geschäftsführenden Direktoren für die Geschäftsführungsbefugnis getroffen haben.[101] Lediglich das in § 22 Abs. 1 SEAG beschriebene Pflichtenprogramm hat der Verwaltungsrat zwingend selbst zu erfüllen (→ Rn. 79 ff.).

b) Allgemeine Unternehmensleitung und Festlegung der Grundlinien der Unternehmenspolitik. Nach dem gesetzgeberischen Leitbild überlässt der Verwaltungsrat die laufende Geschäftsführung den geschäftsführenden Direktoren und konzentriert seine Energie vor allem auf die **wesentlichen Leitungsaufgaben,** die Festlegung der Grundlinien der Tätigkeit der Gesellschaft und die Überwachung von deren Umsetzung (§ 22 Abs. 1 SEAG).[102] Wo die Grenze zwischen „Geschäftsführung" (Zuständigkeit der geschäftsführenden Direktoren) und „allgemeiner Unternehmensleitung" (Zuständigkeit des Verwaltungsrats) verläuft, legt der Gesetzgeber nicht fest.[103] Eine starre Kompetenzabgrenzung wie zwischen Vorstand und Aufsichtsrat im dualistischen System würde dem Charakter der monistischen SE widersprechen, deren Wesensmerkmal die Zentralisierung der unternehmerischen Leitungsmacht bei einem Organ ist.[104] 78

aa) Planungs- und Steuerungsverantwortung. Der allgemeinen Unternehmensleitung zuzuordnen ist vor allem die **Planungs- und Steuerungsverantwortung.** Der Verwaltungsrat hat die langfristigen Unternehmensziele vorzugeben, die wesentlichen Geschäftsfelder zu umreißen und die wichtigsten Investitionsentscheidungen zu treffen.[105] Das schließt nicht aus, die geschäftsführenden Direktoren in die Vorbereitung der Planung mit einzubeziehen („Decision Shaping"), sofern nur der Verwaltungsrat am Schluss wohlerwogen und in eigener Verantwortung entscheidet („Decision Taking").[106] Die Planungsverantwortung erstreckt sich lediglich auf die Richtlinien der Unternehmenspolitik.[107] Für Umsetzung im laufenden Geschäft sind die geschäftsführenden Direktoren verantwortlich (§ 40 Abs. 2 S. 1 SEAG). 79

bb) Organisationsverantwortung. Ähnlich verhält es sich mit der **Organisationsverantwortung.** Die Gliederung des Unternehmens in funktionsfähige Teileinheiten sowie die Anpassung der Grundorganisation an veränderte Verhältnisse gehört zu den wesentlichen 80

---
[100] *Reichert/Brandes* ZGR 2003, 767 (792); Lutter/Hommelhoff/Teichmann/*Teichmann* Rn. 14.
[101] *Teichmann* BB 2004, 53 (54), 58; *Neye/Teichmann* AG 2003, 169 (177).
[102] Zur Funktionentrennung zwischen geschäftsführenden Direktoren und Verwaltungsrat s. *Neye/Teichmann* AG 2003, 169 (178); *Kallmeyer* ZIP 2003, 1531 (1532 ff.); Begr. RegE zu § 40 SEAG, BT-Drs. 15/3405, 39: „Die Bestellung geschäftsführender Direktoren durch den Verwaltungsrat dient dazu, die Funktionen der Geschäftsführung und der allgemeinen Unternehmensleitung klar zu trennen."; vgl. ferner Erwägungsgrund 14.
[103] Abgrenzungsversuch bei *Kallmeyer* ZIP 2003, 1531 (1532 ff.).
[104] *Teichmann* BB 2004, 53 (58); *Neye/Teichmann* AG 2003, 169 (177).
[105] *Kallmeyer* ZIP 203, 1531, 1532; für den Vorstand der AG *Fleischer* ZIP 2003, 1 (5); zum schweizerischen Recht *Merkt* ZGR 2003, 650 (659).
[106] Kölner Komm AktG/*Siems* Anh. Art. 51 § 40 SEAG Rn. 53; BeckOGK/*Eberspächer* Rn. 13. Für den Vorstand der AG *Fleischer* ZIP 2003, 1 (6); zur SE *Kallmeyer* ZIP 2003, 1531 (1532).
[107] *Fleischer* ZIP 2003, 1 (6).

Aufgaben der allgemeinen Unternehmensleitung, die dem Verwaltungsrat in letzter Verantwortung obliegen.[108] Auch damit ist aber nur die Organisationsverantwortung in ihren wesentlichen Grundzügen gemeint. Einzelheiten sind delegierbar und müssen in größeren Unternehmen auch delegiert werden.[109]

81 In die Organisationsverantwortung des Verwaltungsrates fällt die Bestimmung der **Anzahl und die Auswahl der geschäftsführenden Direktoren** sowie ggf. weiterer Führungskräfte auf nachgelagerten Führungsebenen.[110] Die Personalkompetenz für die Bestellung und Abberufung der geschäftsführenden Direktoren wird dem Verwaltungsrat durch § 40 Abs. 1 und 5 zugewiesen (vgl. → Rn. 109 ff.). Die Bestellung von Prokuristen ist eine Maßnahme der laufenden Geschäftsführung und liegt damit grundsätzlich in der Verantwortung der geschäftsführenden Direktoren (§ 40 Abs. 2 S. 1 SEAG). Der Verwaltungsrat kann die entsprechende Entscheidungsbefugnis aber durch eine Regelung in einer Geschäftsordnung (§ 34 Abs. 2 SEAG, § 40 Abs. 4 SEAG) oder durch eine Weisung (§ 44 Abs. 2 SEAG) an sich ziehen oder sich darauf beschränken, die Bestellung von seiner Zustimmung abhängig zu machen. Auf die Wirksamkeit der Bestellung der Prokuristen im Außenverhältnis haben derartige interne Zustimmungsvorbehalte oder Weisungen des Verwaltungsrates allerdings keinen Einfluss (§ 44 Abs. 1 SEAG).

82 Zur Organisationsverantwortung des Verwaltungsrats gehört auch, dass dieser das Unternehmen so organisiert, dass sichergestellt ist, dass das Unternehmen, namentlich die geschäftsführenden Direktoren, sich im Außenverhältnis normenkonform verhalten (→ Art. 51 Rn. 29). Insoweit besteht aber ein Nebeneinander zu korrespondierenden Organisationspflichten der geschäftsführenden Direktoren. Das folgt daraus, dass der Gesetzgeber für die Erfüllung der in § 130 OWiG angesprochenen Aufsichtspflichten bei juristischen Personen gem. § 9 Abs. 1 OWiG in erster Linie das Vertretungsorgan in der Pflicht sieht. Richtigerweise wird man hier von einem Nebeneinander der Verantwortlichkeiten von geschäftsführenden Direktoren und Verwaltungsrat bei der Legalitätskontrollpflicht auszugehen haben. Die Letztverantwortung liegt beim Verwaltungsrat als oberstem Organ. Dieses kann die Legalitätskontrollpflicht an die geschäftsführenden Direktoren delegieren, bleibt aber zur Überwachung verpflichtet. Soweit der Verwaltungsrat seiner Legalitätskontrollpflicht nachkommt, können die geschäftsführenden Direktoren sich von der Haftung freizeichnen, soweit sie verbindliche Weisungen des Verwaltungsrates ausgeführt haben (→ Rn. 174). Bleibt der Verwaltungsrat dagegen untätig, sind die geschäftsführenden Direktoren verpflichtet, von sich aus tätig zu werden. Auf die Primärverantwortung des Verwaltungsrates können sie sich in diesem Falle nicht berufen.

83 cc) **Insbesondere: Geschäftsordnungskompetenz.** Mit der funktionellen Untergliederung in engem Zusammenhang steht die **Geschäftsordnungskompetenz** des Verwaltungsrates. Gem. § 34 Abs. 2 S. 1 SEAG kann sich der Verwaltungsrat selbst eine Geschäftsordnung geben. Die Geschäftsordnungskompetenz für die Geschäftsordnung der geschäftsführenden Direktoren kann der Verwaltungsrat gem. § 40 Abs. 4 S. 1 SEAG an sich ziehen. Beide Bestimmungen sind dem § 77 Abs. 1 S. 2 AktG nachempfunden.[111] Gem. § 34 Abs. 2 S. 2 SEAG, § 40 Abs. 4 S. 2 SEAG kann die Satzung Einzelfragen der Geschäftsordnung bindend regeln. Erlässt der Verwaltungsrat im Rahmen seiner Zuständigkeit eine Geschäftsordnung für die geschäftsführenden Direktoren, so sind diese nicht mehr in der Lage, sich selbst eine eigene Geschäftsordnung zu geben, so lange die vom Verwaltungsrat erlassene Geschäftsordnung besteht. Allerdings kann sich der Verwaltungsrat auch auf eine **Rahmen-Geschäftsordnung** beschränken, die die geschäftsführenden

---

[108] Lutter/Hommelhoff/Teichmann/*Teichmann* Anh. Art. 43 § 40 SEAG Rn. 28 aE; NK-SE/*Manz* Rn. 62; Kölner Komm AktG/*Siems* Anh. Art. 51 § 22 SEAG Rn. 13; aA *Kallmeyer* ZIP 2003, 1531 (1532), der die Organisationsverantwortung den geschäftsführenden Direktoren zuweist.
[109] *Fleischer* ZIP 2003, 1 (6); *Geßler* FS Hefermehl, 1976, 263 (273); *Schwark* ZHR 142 (1978), 203 (217 f.).
[110] Zum schweizerischen Recht *Merkt* ZGR 2003, 650 (660).
[111] Begr. RegE zu § 34 SEAG, BT-Drs. 15/3405, 38; Begr. RegE zu § 40 SEAG, BT-Drs. 15/3405, 39.

Direktoren weiter konkretisieren können (für die AG → AktG § 77 Rn. 41).[112] Hatten sich die geschäftsführenden Direktoren bereits eine eigene Geschäftsordnung gegeben, so tritt diese automatisch mit dem Erlass einer Geschäftsordnung durch den Verwaltungsrat außer Kraft (→ AktG § 77 Rn. 48).[113] Trifft die Satzung eine Bestimmung nach § 40 Abs. 4 S. 1 SEAG, derzufolge die Kompetenz für den Erlass einer Geschäftsordnung für die geschäftsführenden Direktoren auf den Verwaltungsrat übertragen wird, so können die geschäftsführenden Direktoren sich selbst dann keine Geschäftsordnung geben, wenn der Verwaltungsrat von seiner Zuständigkeit keinen Gebrauch macht. Die Satzung kann auch bestimmen, dass die geschäftsführenden Direktoren eine Geschäftsordnung nur mit Zustimmung des Verwaltungsrates erlassen dürfen (→ AktG § 77 Rn. 52).[114] Eine Satzungsbestimmung, die den Verwaltungsrat vom Erlass einer Geschäftsordnung ausschließt, ist dagegen **nichtig** (vgl. § 77 AktG).[115] Zu Einzelheiten vgl. → AktG § 77 Rn. 52 ff.

dd) Finanzverantwortung. Mit der Steuerung und Organisationsverantwortung aufs **84** Engste verknüpft ist die **Finanzverantwortung** des Verwaltungsrates. Sie hält ihn an, für eine vorausschauende Finanzplanung und eine nachprüfende Finanzkontrolle zu sorgen.[116] Der Verwaltungsrat hat zu veranlassen, dass ein wirkungsvolles **Kontroll- und Berichtssystem** eingerichtet und bemannt wird; seine nähere Ausformung und Handhabung darf er anderen überlassen. Dass diese zurückgenommene Pflichtenintensität dem gesetzlichen Vorstellungsbild entspricht, belegt beispielhaft § 22 Abs. 3 S. 2 SEAG, der § 91 Abs. 2 AktG entspricht.[117] Danach ist der Verwaltungsrat verpflichtet, ein Überwachungssystem einzurichten, durch das den Fortbestand der Gesellschaft gefährdende Entwicklungen früh erkannt werden. Zu Einzelheiten vgl. → AktG § 91 Rn. 15 ff.

In die Finanzverantwortung des Verwaltungsrates fällt auch die Entscheidung über die **85** Ausübung eines genehmigten Kapitals (§ 22 Abs. 6 SEAG, § 202 Abs. 2 und 3 AktG, § 204 Abs. 1 AktG), über die Ausgabe von Wandelschuldverschreibungen und Genussrechten (§ 22 Abs. 6 SEAG, § 221 Abs. 2 und 3 AktG) sowie über die durch die Satzung angeordnete Zwangseinziehung von Aktien (§ 22 Abs. 6 SEAG, § 237 Abs. 6 AktG).[118] Die nach §§ 202 Abs. 3 S. 2 AktG, § 204 Abs. 1 S. 2 AktG beim genehmigten Kapital zusätzlich erforderliche Zustimmung des Aufsichtsrats hat in der monistischen SE keine Bedeutung, da die Kompetenzen von Vorstand und Aufsichtsrat insoweit beim Verwaltungsrat zusammenlaufen.

Gem. § 22 Abs. 3 S. 1 SEAG hat der Verwaltungsrat dafür zu sorgen, dass die erforderlichen **86** **Handelsbücher** geführt werden; die technische Durchführung darf er auf die geschäftsführenden Direktoren delegieren (für die AG → AktG § 91 Rn. 8).[119] Für die Buchführung verantwortlich sind grundsätzlich alle Verwaltungsratsmitglieder. Bei Delegation dieser Aufgabe auf ein Mitglied des Verwaltungsrates (einen geschäftsführenden Direktor) sind die übrigen Verwaltungsratsmitglieder verpflichtet, die Erfüllung der Buchführungspflicht zu überwachen und einzugreifen, wenn sich Anhaltspunkte ergeben, dass das zuständige Verwaltungsratsmitglied in seinem Arbeitsbereich die Geschäfte nicht ordnungsgemäß führt.[120] Zu Einzelheiten der Buchführungspflicht vgl. im Übrigen → AktG § 91 Rn. 4 ff.

---

[112] Vgl. zur Geschäftsordnung des Vorstands der AG (§ 77 AktG) Großkomm AktG/*Kort* AktG § 77 Rn. 64 ff.; Kölner Komm AktG/*Mertens/Cahn* AktG § 77 Rn. 58; *Hoffmann-Becking* ZGR 1998, 497 (504).
[113] Begr. RegE zu § 77 AktG, *Kropff* S. 99; Großkomm AktG/*Kort* AktG § 77 Rn. 70; Hüffer/Koch/*Koch* AktG § 77 Rn. 22; *Hoffmann-Becking* ZGR 1998, 497 (501); U. H. *Schneider* FS Mühl, 1981, 633 (635).
[114] Begr. RegE zu § 77 AktG, *Kropff* S. 99; Hüffer/Koch/*Koch* AktG § 77 Rn. 19.
[115] Vgl. Kölner Komm AktG/*Mertens/Cahn* AktG § 77 Rn. 61; MHdB AG/*Wiesner* § 22 Rn. 30; Hüffer/Koch/*Koch* AktG § 77 Rn. 19; Großkomm AktG/*Kort* AktG § 77 Rn. 66.
[116] Zum Vorstand der AG *Fleischer* ZIP 2003, 1 (5); aA für die SE *Kallmeyer* ZIP 2003, 1531 (1532), der die Finanzverantwortung den geschäftsführenden Direktoren zuweist.
[117] Zum paradigmatischen Charakter dieser Vorschrift *Hommelhoff*, Die Konzernleitungspflicht, 1982, 165 f.
[118] Zust. Kölner Komm AktG/*Siems* Anh. Art. 51 § 22 SEAG Rn. 34.
[119] Lutter/Hommelhoff/Teichmann/*Teichmann* Anh. Art. 43 § 22 SEAG Rn. 25; *Schwarz* Anh. Art. 43 Rn. 62; ebenso für den Vorstand der Aktiengesellschaft RGSt 13, 235 (238); Hüffer/Koch/*Koch* AktG § 91 Rn. 3; Kölner Komm AktG/*Mertens/Cahn* AktG § 91 Rn. 5; *Fleischer* ZIP 2003, 1 (6); MHdB AG/*Wiesner* § 25 Rn. 124.
[120] Lutter/Hommelhoff/Teichmann/*Teichmann* Anh. Art. 43 § 22 SEAG Rn. 25; zur AG BGH WM 1985, 1293 (1294); MHdB AG/*Wiesner* § 25 Rn. 124; Hüffer/Koch/*Koch* AktG § 91 Rn. 3.

87 **c) Führung des Tagesgeschäfts.** Den **geschäftsführenden Direktoren** ist neben der Ausführung der allgemeinen Leitungsentscheidungen des Verwaltungsrates (→ Rn. 86 ff.) durch § 40 Abs. 2 S. 1 SEAG insbesondere die Aufgabe der **Führung des laufenden Tagesgeschäfts** übertragen. Es handelt sich um einen Fall gesetzlicher Aufgabendelegation, der an der Gesamtverantwortung des Verwaltungsrates für die Leitung des Unternehmens nichts ändert (→ Rn. 77). Soweit die geschäftsführenden Direktoren die Geschäfte des laufenden Geschäftsbetriebs (§ 40 Abs. 2 S. 1 SEAG) führen, bleibt der Verwaltungsrat zu ihrer Überwachung verpflichtet (§ 22 Abs. 1 SEAG). Für den Verwaltungsrat gilt insoweit im Verhältnis zu den geschäftsführenden Direktoren nichts anderes als für den Vorstand einer Aktiengesellschaft, der Leitungsaufgaben auf nachgeordnete Unternehmensebenen delegiert.[121] Ungeachtet der Kompetenzzuweisungen in § 22 Abs. 1 S. 2 SEAG, § 40 Abs. 2 S. 1 SEAG steht es dem Verwaltungsrat indessen – ebenso wie dem Vorstand der AG – frei, die delegierte Geschäftsführungskompetenz in Fragen der laufenden Geschäftsführung jederzeit in Einzelfällen oder sogar in größeren Zusammenhängen wieder an sich zu ziehen. Das folgt aus dem Recht des Verwaltungsrates, in der Geschäftsordnung des Verwaltungsrates (§ 34 Abs. 2 SEAG) oder der geschäftsführenden Direktoren (§ 40 Abs. 4 SEAG) entsprechende Anordnungen zu treffen oder den geschäftsführenden Direktoren in Fragen der Geschäftsführung Weisungen zu erteilen (§ 44 Abs. 2 SEAG). Zur Haftung der geschäftsführenden Direktoren bei Ausübung des Weisungsrechts durch den Verwaltungsrat und zum Verhältnis zwischen eigenverantwortlicher Geschäftsführung und Weisungsgebundenheit vgl. → Rn. 177 ff.

88 **2. Überwachung der Geschäftsführung.** Soweit der Verwaltungsrat die Geschäfte der SE nicht selbst führt, sondern es bei der gesetzlichen Aufgabendelegation in § 40 Abs. 2 S. 1 SEAG an die geschäftsführenden Direktoren belässt, ist er zu deren Überwachung verpflichtet. Das ergibt sich aus § 22 Abs. 1 S. 2 SEAG. Allerdings bedeutet diese **Überwachungsaufgabe** nicht, dass jede einzelne Maßnahme, die durch die geschäftsführenden Direktoren veranlasst wird, durch den Verwaltungsrat auf den Prüfstand gestellt werden muss. Ebenso wie der Aufsichtsrat der AG nicht verpflichtet ist, die Durchführung jeder einzelnen Leitungs- und Führungsentscheidung durch den Vorstand der Aktiengesellschaft im Einzelnen zu verfolgen und die gesamte Geschäftsführung in allen Einzelheiten zu prüfen und zu überwachen (→ AktG § 111 Rn. 21),[122] wird man auch den Kreis der Überwachungsaufgaben des Verwaltungsrates vorrangig auf diejenigen Themen beschränken können, über die die geschäftsführenden Direktoren gem. § 40 Abs. 6 SEAG im Verwaltungsrat regelmäßig entsprechend § 90 Abs. 1 AktG zu berichten haben.[123] Die Kontrolle bezieht sich nicht nur auf abgeschlossene Sachverhalte, sondern erstreckt sich – wie § 90 Abs. 1 Nr. 1 AktG zeigt – auch auf grundsätzliche Fragen der künftigen Geschäftspolitik.

89 **a) Gegenstand und Maßstab der Überwachung.** Ebenso wenig wie der Aufsichtsrat der AG ist der Verwaltungsrat verpflichtet, die Tätigkeit auch **nachgeordneter Mitarbeiter** zu überwachen, mögen diese auch arbeitsrechtlich als „leitende Angestellte" zu qualifizieren sein (→ AktG § 111 Rn. 25).[124] Das gilt auch dann, wenn das Unternehmen in Sparten oder Geschäftsbereiche gegliedert ist und die Leiter der einzelnen Sparten zwar wesentliche Kompetenzen haben, nicht aber zu den geschäftsführenden Direktoren gehören.[125] Anders

---

[121] Vgl. dazu *Fleischer* ZIP 2003, 1 (8).
[122] BGHZ 114, 127 (129 f.) = NJW 1991, 1830 (1831); Kölner Komm AktG/*Mertens/Cahn* AktG § 111 Rn. 18; *Hommelhoff* FS Stimpel, 1985, 603 (605); Hüffer/Koch/*Koch* AktG § 111 Rn. 2 f.; *Kropff* NZG 1998, 613 (614); *Henze* NJW 1998, 3309.
[123] *Reichert/Brandes* ZGR 2003, 767 (795); ähnlich Lutter/Hommelhoff/Teichmann/*Teichmann* Anh. Art. 43 § 22 SEAG Rn. 16; der allerdings darauf hinweist, dass sich der Verwaltungsrat als Leitungsorgan ungeachtet der Berichterstattung selbst um diejenigen Informationen bemühen muss, die er zur Erfüllung seiner Aufgaben benötigt und ggf. aktiv von seinen Einflussrechten Gebrauch zu machen hat.
[124] MHdB AG/*Hoffmann-Becking* § 29 Rn. 29; *Semler* Leitung und Überwachung Rn. 115 ff.; *Lutter/Krieger/Verse* Aufsichtsrat § 3 Rn. 70; *Scheffler* DB 1994, 793; *Henze* NJW 1998, 3309; Kölner Komm AktG/*Mertens/Cahn* AktG § 111 Rn. 26; Hüffer/Koch/*Koch* AktG § 111 Rn. 4.
[125] Ebenso MHdB AG/*Hoffmann-Becking* § 29 Rn. 29; *Semler* Leitung und Überwachung Rn. 122 ff.; *Semler* FS Döllerer, 1989, 571 (588 f.); aA Hüffer/Koch/*Koch* AktG § 111 Rn. 4.

als der Aufsichtsrat der AG ist der Verwaltungsrat aber **berechtigt,** die Überwachung nachgelagerter Führungsebenen jederzeit in Einzelfällen oder sogar vollumfänglich **an sich zu ziehen.** Dazu kann er sich seines **Weisungsrechts** gegenüber den geschäftsführenden Direktoren (§ 44 Abs. 2 SEAG) und seines **unbeschränkten Einsichtsrechts** in die Geschäftsunterlagen der Gesellschaft (§ 22 Abs. 4 SEAG) bedienen. Besteht der begründete Verdacht, dass die geschäftsführenden Direktoren unrichtig berichtet oder wesentliche Umstände verschwiegen haben (→ AktG § 111 Rn. 21),[126] ist der Verwaltungsrat auf Grund der Sorgfaltspflicht (Art. 51, § 39 SEAG, § 93 Abs. 1 AktG) sogar zu einer Kontrolle nachgelagerter Führungsebenen verpflichtet.

Zum Gegenstand der Überwachungsaufgabe des Verwaltungsrates gehört auch die **kon- 90 zernleitende Tätigkeit** der geschäftsführenden Direktoren (§ 49 SEAG). Auch diese ist Geschäftsführung iSv § 40 Abs. 2 S. 1 SEAG. Zu Einzelheiten vgl. → AktG § 111 Rn. 52 ff. Das gilt unabhängig davon, ob die geschäftsführenden Direktoren Aufgaben im herrschenden (§ 49 Abs. 1 SEAG) oder im abhängigen (§ 49 Abs. 2 SEAG) Unternehmen wahrzunehmen haben.

Maßstab der Überwachung ist die Beurteilung der Geschäftsführung auf **Rechtmäßig-** 91 **keit, Ordnungsmäßigkeit, Zweckmäßigkeit** und **Wirtschaftlichkeit** (→ AktG § 111 Rn. 53).[127] Ebenso wie die geschäftsführenden Direktoren hat auch der Verwaltungsrat bei der Überwachung der geschäftsführenden Direktoren die „Sorgfalt eines ordentlichen und gewissenhaften Geschäftsleiters" anzuwenden. Das ergibt sich aus der Verweisungskette von Art. 51 über § 39 SEAG auf § 93 AktG. Leitlinie ist das Unternehmensinteresse.[128]

b) Mittel der Überwachung. Wichtigstes Mittel der Überwachungspflicht des Verwal- 92 tungsrates sind die den geschäftsführenden Direktoren gem. § 40 Abs. 6 SEAG, § 90 AktG obliegenden **Berichtspflichten.** Über sein **Weisungsrecht** (§ 44 Abs. 2 SEAG) kann der Verwaltungsrat gegenüber den geschäftsführenden Direktoren jederzeit jegliche für die Ausübung der Kontrolle erforderliche Information verlangen. Er kann die Bücher und Schriften der Gesellschaft sowie die Vermögensgegenstände, namentlich die Gesellschaftskasse und die Bestände an Wertpapieren und Waren, einsehen und prüfen oder damit einzelne Mitglieder oder externe Sachverständige beauftragen (§ 22 Abs. 4 S. 1 und 2 SEAG). Dieses Einsichtsrecht unterliegt nicht den für den Aufsichtsrat der AG im Zusammenhang mit § 111 Abs. 2 AktG diskutierten Einschränkungen. Eine dem § 111 Abs. 5 AktG vergleichbare Regelung, die es dem Aufsichtsrat verbietet, seine Aufgaben durch Dritte wahrnehmen zu lassen, existiert für den Verwaltungsrat der SE nicht.[129] (zum Einsichtsrecht vgl. im Übrigen → AktG § 111 Rn. 61 ff.). Den von den geschäftsführenden Direktoren mitgeteilten Tatsachen darf der Verwaltungsrat grundsätzlich Glauben schenken. Zur Anforderung ergänzender Berichte oder zur Vornahme von Überprüfungen ist er nur verpflichtet, wenn die Berichte der geschäftsführenden Direktoren unklar, unvollständig oder erkennbar unrichtig sind.[130] Durch Fragen und Nachfragen sowie Bitten um Erläuterungen der Berichte der geschäftsführenden Direktoren setzt der Verwaltungsrat die geschäftsführenden Direktoren unter einen für die Unternehmensführung förderlichen Begründungszwang.[131]

---

[126] Für den Aufsichtsrat MHdB AG/*Hoffmann-Becking* § 29 Rn. 29; vgl. dazu auch Kölner Komm AktG/*Mertens/Cahn* AktG § 111 Rn. 26.
[127] Für den Aufsichtsrat BGHZ 114, 127 (129) = NJW 1991, 183; BGHZ 75, 120 (133) = NJW 1979, 1879; Kölner Komm AktG/*Mertens/Cahn* AktG § 111 Rn. 14; *Lutter/Krieger/Verse* Aufsichtsrat § 3 Rn. 73 ff.; MHdB AG/*Hoffmann-Becking* § 29 Rn. 31; Hüffer/Koch/*Koch* AktG § 111 Rn. 14.
[128] Zum Unternehmensinteresse als Handlungsmaxime für Vorstand und Aufsichtsrat der AG vgl. BGHZ 36, 296 (306, 310) = NJW 1962, 864 (866 f.); *Reichert* ZHR 177 (2013), 756 (763 f.). Kölner Komm AktG/*Mertens/Cahn* AktG Vor § 95 Rn. 12 ff.; *Lutter/Krieger/Verse* Aufsichtsrat § 12 Rn. 893; *Semler* Leitung und Überwachung Rn. 49 ff.
[129] Lutter/Hommelhoff/Teichmann/*Teichmann* Anh. Art. 43 § 22 SEAG Rn. 32.
[130] AA offenbar Lutter/Hommelhoff/Teichmann/*Teichmann* Anh. Art. 43 § 22 SEAG Rn. 16 aE. Vgl. für den Aufsichtsrat MHdB AG/*Hoffmann-Becking* § 29 Rn. 40; *Raiser/Veil* KapGesR § 15 Rn. 3.
[131] So für den Aufsichtsrat MHdB AG/*Hoffmann-Becking* § 29 Rn. 42.

93 Ein weiteres wichtiges Kontrollmittel des Verwaltungsrates sind **Zustimmungsvorbehalte** bezüglich bestimmter Geschäftsführungsmaßnahmen. Solche ergeben sich teilweise bereits aus dem Gesetz. Dienst-, Werk- und Kreditverträge zwischen einzelnen Mitgliedern des Verwaltungsrats und der SE unterfallen gem. § 38 Abs. 2 SEAG, §§ 114, 115 AktG einem gesetzlichen Zustimmungsvorbehalt, um einer unsachgemäßen Beeinflussung der betroffenen Mitglieder des Verwaltungsrates durch die vertragsschließenden geschäftsführenden Direktoren entgegenzuwirken. Seit Inkrafttreten des Gesetzes zur Umsetzung der zweiten Aktionärsrechte-RL (ARUG II) am 1.1.2020 (BGBl. 2019 I 2637) ist ein Zustimmungsvorbehalt zu Gunsten des Verwaltungsrats börsennotierter Gesellschaften bei Geschäften mit nahestehenden Personen eingeführt (§ 111b AktG). Die Definition der „Geschäfte mit nahestehenden Personen" („Related Party Transactions") findet sich in § 111a AktG. Für die Praxis besonders relevant sind die in Abs. 3 geregelten Ausnahmen. Es bestehen gem. § 111c AktG Veröffentlichungspflichten. Für die monistisch organisierte SE ergibt sich die Anwendbarkeit dieser Vorschriften über die Verweisung in § 22 Abs. 6 SEAG. Zu den Einzelheiten vgl. die Kommentierung zu §§ 111a ff. AktG (→ AktG § 111a Rn. 1 ff.).[132] Weitere Zustimmungsvorbehalte können gem. Art. 48 Abs. 1 in der Satzung der SE verankert werden. Über sein Weisungsrecht (§ 44 Abs. 2 SEAG) oder seine Geschäftsordnungskompetenz (§ 34 Abs. 2 SEAG, § 40 Abs. 5 SEAG) kann der Verwaltungsrat darüber hinaus jederzeit bestimmte weitere Arten von Geschäften von seiner Zustimmung abhängig machen.

94 **3. Pflichten mit Bezug auf die Hauptversammlung. a) Einberufung der Hauptversammlung.** Zu den Aufgaben des Verwaltungsrates mit Bezug auf die Hauptversammlung gehört insbesondere deren **Einberufung** (§ 22 Abs. 2 SEAG). Die Norm entspricht § 111 Abs. 3 AktG. Sie regelt die Einberufungspflichten des Verwaltungsrats mit Bezug auf die Hauptversammlung nicht abschließend. Denn gem. Art. 53 iVm § 121 Abs. 1 AktG ist die Hauptversammlung nicht nur dann einzuberufen, wenn das Wohl der Gesellschaft es erfordert, sondern vor allem in den durch Gesetz oder Satzung bestimmten Fällen. Während im dualistischen System die Einberufungskompetenz des Aufsichtsrates (§ 111 Abs. 3 AktG) gegenüber derjenigen des Vorstands (§ 121 Abs. 2 AktG) in der Praxis eher untergeordnete Bedeutung hat, ist der Verwaltungsrat in der monistischen SE das einzige zur Einberufung der Hauptversammlung berufene Organ; den geschäftsführenden Direktoren steht dieses Recht nicht zu. Für die Einberufung nach § 121 AktG ist gem. § 22 Abs. 6 SEAG, § 121 Abs. 2 AktG ebenfalls der Verwaltungsrat zuständig. Gemäß Art. 53 iVm § 121 Abs. 2 S. 3 AktG bleibt von dieser Zuständigkeitszuweisung jedoch das auf Gesetz oder Satzung beruhende Recht anderer Personen, die Hauptversammlung einzuberufen, unberührt.[133]

95 Gesetzlich angeordnet ist die Einberufung der Hauptversammlung insbesondere im Zusammenhang mit der **Vorlage des Jahresabschlusses** (§ 48 Abs. 1 SEAG), der Anzeige des Verlusts in Höhe der Hälfte des Grundkapitals (§ 22 Abs. 5 SEAG) sowie dem Einberufungsverlangen einer Minderheit von 5% des Grundkapitals (Art. 53, § 122 Abs. 1 S. 1 AktG). Ebenfalls hierher gehört wegen der gesetzlich angeordneten Verbindung mit der Vorlage des Jahresabschlusses (§ 120 Abs. 3 S. 1 AktG) die Beschlussfassung über die Entlastung des Verwaltungsrates (§ 120 Abs. 1 AktG iVm § 22 Abs. 6 SEAG analog). Spezialgesetzliche Anordnungen zur Einberufung der Hauptversammlung sind in § 44 Abs. 5 KWG und § 306 Abs. 1 S. 1 Nr. 5 VAG enthalten. Zur Einberufung der Hauptversammlung auf Grund gesetzlicher oder satzungsmäßiger Anordnung vgl. im Übrigen → AktG § 121 Rn. 4 ff., zur Einberufung aus Gründen des Wohles der Gesellschaft vgl. → AktG § 121 Rn. 7; → AktG § 111 Rn. 90 f.

96 **b) Vorbereitung und Ausführung von Beschlüssen.** Zu jedem Gegenstand der Tagesordnung hat der Verwaltungsrat einen **Beschlussvorschlag** zu machen, der mit der

---

[132] Eingehend auch *Lieder/Wernert* ZIP 2019, 989 ff.; *J. Schmidt* NZG 2018, 1201 (1212).
[133] Kölner Komm AktG/*Siems* Anh. Art. 51 § 22 SEAG Rn. 20; NK-SE/*Manz* Rn. 63, jedoch unter Anwendung des Art. 9 Abs. 1 lit. c Ziff. ii als Verweisungsnorm.

Tagesordnung bekanntzumachen ist (§ 22 Abs. 6 SEAG, § 124 Abs. 3 AktG).¹³⁴ Zu Einzelheiten vgl. → AktG § 124 Rn. 42 ff. Die § 22 Abs. 2 S. 3 SEAG, § 83 Abs. 1 und 2 AktG enthalten die Pflicht des Verwaltungsrates, Entscheidungen der Hauptversammlung vorzubereiten und auszuführen. Die Vorschrift dient dazu, die Hauptversammlungszuständigkeit zu effektivieren. Im Anwendungsbereich des § 83 Abs. 1 AktG kann der Verwaltungsrat von der Hauptversammlung angewiesen werden, Maßnahmen, die in die Zuständigkeiten der Gesamtheit der Aktionäre fallen, wie etwa **Satzungs- und Strukturänderungen** sowie **Kapitalmaßnahmen** nebst den zugehörigen Verträgen, vorzubereiten. Ein entsprechendes Vorbereitungsverlangen kann die Hauptversammlung allerdings nur bei Maßnahmen stellen, die in ihre ausschließliche Zuständigkeit fallen.¹³⁵ Das gilt insbesondere für Unternehmensverträge (§§ 293 ff. AktG), Verträge nach dem Umwandlungsgesetz, Vermögensübertragungen (§ 179a AktG), Nachgründungsverträge (§ 52 AktG) sowie den Verzicht auf und den Vergleich über Ersatzansprüche (§§ 50, 53, 93 Abs. 4 S. 3 und 4 AktG, § 117 Abs. 4 AktG).

Gem. § 83 Abs. 2 AktG ist der Verwaltungsrat **verpflichtet,** die von der Hauptversammlung gefassten Beschlüsse **umzusetzen.** Vor der Ausführung hat der Verwaltungsrat die Hauptversammlungsbeschlüsse auf ihre Gesetzmäßigkeit zu prüfen. Für den Vorstand der AG → AktG § 83 Rn. 24.¹³⁶ Die Ausführung eines nicht gesetzmäßig zustande gekommenen Beschlusses der Hauptversammlung befreit den Verwaltungsrat nicht von der Haftung (Art. 51, § 39 SEAG, § 93 Abs. 4 S. 1 AktG). Verstößt der Beschluss gegen Gesetz oder Satzung, so kann der Verwaltungsrat ihn durch Anfechtungsklage beseitigen (§§ 243, 245 Nr. 4, 5 AktG). Ist der Beschluss offenkundig rechtswidrig, so ist der Verwaltungsrat zur Anfechtung verpflichtet. Für den Vorstand der AG differenzierend → AktG § 83 Rn. 24. **97**

Ist die **Rechtmäßigkeit eines Beschlusses** streitig, der Verwaltungsrat von der Rechtmäßigkeit des Beschlusses überzeugt und die Anfechtungsfrist noch nicht abgelaufen, so hat der Verwaltungsrat nach pflichtgemäßem Ermessen zu entscheiden, ob er den Beschluss ausführt oder nicht. Nach Ablauf der Anfechtungsfrist ist der Verwaltungsrat grundsätzlich zur Ausführung des Beschlusses verpflichtet. Ebenso eindeutig ist, dass sich der Verwaltungsrat durch eine evident unzulässige oder unbegründete Anfechtungsklage nicht von einer Beschlussausführung abhalten lassen darf.¹³⁷ **98**

Gem. § 22 Abs. 2 S. 3 SEAG kann der Verwaltungsrat einzelne mit der Vorbereitung und der Ausführung des Hauptversammlungsbeschlusses verbundene Aufgaben auf die geschäftsführenden Direktoren **übertragen.** Die Gesamtverantwortung verbleibt dabei jedoch stets beim Verwaltungsrat. Diesen trifft im Falle einer Delegation die Pflicht zur Überwachung der geschäftsführenden Direktoren.¹³⁸ **99**

c) Berichtspflichten gegenüber der Hauptversammlung. Über das Ergebnis der Prüfung des Jahresabschlusses sowie dessen Feststellung hat der Verwaltungsrat gem. § 22 Abs. 3 und 5 S. 2 SEAG, § 171 Abs. 2 AktG an die Hauptversammlung zu berichten. In den Bericht ist ggf. auch das Ergebnis der Prüfung des Abhängigkeitsberichtes aufzunehmen (§ 314 Abs. 2 AktG), der von den geschäftsführenden Direktoren aufzustellen ist (§ 49 SEAG, § 314 Abs. 1 AktG). **100**

d) Pflicht zur Teilnahme an der Hauptversammlung. Gem. § 22 Abs. 6 SEAG, § 118 Abs. 3 AktG sind die Mitglieder des Verwaltungsrates **verpflichtet,** an der Hauptversammlung **teilzunehmen.**¹³⁹ Die Regelung des § 118 Abs. 3 S. 2 AktG, derzufolge die Satzung bestimmte Fälle vorsehen kann, in denen die Teilnahme von Mitgliedern des Auf- **101**

---

¹³⁴ So auch Kölner Komm AktG/*Siems* Anh. Art. 51 § 22 SEAG Rn. 34.
¹³⁵ *Schwarz* Anh. Art. 43 Rn. 56; Lutter/Hommelhoff/Teichmann/*Teichmann* Anh. Art. 43 § 22 SEAG Rn. 24; für die AG BeckHdB AG/*Liebscher* § 6 Rn. 101.
¹³⁶ Dazu auch Großkomm AktG/*Habersack* AktG § 83 Rn. 12; Kölner Komm AktG/*Mertens/Cahn* AktG § 83 Rn. 9.
¹³⁷ Für den Vorstand der AG Großkomm AktG/*K. Schmidt* AktG § 243 Rn. 71; BeckHdB AG/*Liebscher* § 6 Rn. 102.
¹³⁸ *Schwarz* Anh. Art. 43 Rn. 57; Kölner Komm AktG/*Siems* Anh. Art. 51 § 22 SEAG Rn. 23.
¹³⁹ Für eine analoge Anwendung Kölner Komm AktG/*Siems* Anh. Art. 51 § 22 Rn. 35.

sichtsrates einer Aktiengesellschaft im Wege der Bild- und Tonübertragung erfolgen darf, kann in der SE nur für nicht-geschäftsführende Mitglieder des Verwaltungsrates Geltung beanspruchen. Dagegen sind die geschäftsführenden Verwaltungsratsmitglieder – ebenso wie der Vorstand der Aktiengesellschaft – anwesenheitspflichtig. Zu Einzelheiten vgl. → AktG § 118 Rn. 52 ff.; → Art. 53 Rn. 14.

102 **e) Änderungen der Satzungsfassung.** § 179 Abs. 1 S. 2 AktG ermächtigt die Hauptversammlung, dem Aufsichtsrat die Befugnis zu Änderungen der Satzung zu übertragen, die nur die Fassung betreffen.[140] § 179 Abs. 1 S. 2 findet über die Generalverweisung in Art. 9 Abs. 1 lit. c Ziff. ii auch auf die SE Anwendung. Die Regelung in Art. 59 Abs. 1, derzufolge eine Änderung der Satzung eines Beschlusses der Hauptversammlung bedarf, ist nicht abschließend. Das zeigt die Entstehungsgeschichte.[141] Für die monistische SE bedeutet das in Analogie zu § 22 Abs. 6 SEAG eine Zuständigkeit des Verwaltungsrates.[142]

103 **4. Erteilung des Prüfungsauftrags an den Abschlussprüfer.** Gemäß § 22 Abs. 4 S. 3 SEAG ist der Verwaltungsrat zuständig für die Erteilung des Prüfungsauftrags an den Abschlussprüfer. Diese Aufgabe obliegt im dualistischen System dem Aufsichtsrat (§ 111 Abs. 2 S. 3 AktG). Damit soll die Unabhängigkeit des Prüfers von den geschäftsführenden Direktoren als dem für die Aufstellung des Abschlusses zuständigen Organ gewährleistet werden.[143] Der Verwaltungsrat ist insoweit auch – ebenso wie der Aufsichtsrat – im Außenverhältnis vertretungsberechtigt (für den Aufsichtsrat → AktG § 111 Rn. 83).

104 **5. Insolvenzbezogene Pflichten.** Der durch das MoMiG vom 23.10.2008 (BGBl. 2008 I 2026) neugefasste § 22 Abs. 5 S. 2 SEAG legt die Insolvenzantragspflicht bei Zahlungsunfähigkeit und Überschuldung dem Verwaltungsrat auf. Abweichend von der allgemeinen gesetzlichen Regel ist der Antrag somit nicht von den Mitgliedern des Vertretungsorgans (den geschäftsführenden Direktoren) zu stellen. Diese sind zur Antragstellung weder berechtigt noch verpflichtet.[144] Überholt ist damit die zum § 22 SEAG aF vertretene Auffassung, die mangels einer spezialgesetzlichen Kompetenzzuweisung die Insolvenzantragspflicht bei den geschäftsführenden Direktoren gesehen hat.[145] Unberührt bleibt die Verpflichtung der geschäftsführenden Direktoren, den Verwaltungsrat gem. § 40 Abs. 3 SEAG über den Eintritt einer krisenhaften Entwicklung rechtzeitig zu informieren, damit der Verwaltungsrat seiner Insolvenzantragsstellungspflicht nachkommen kann.[146] Da § 22 Abs. 5 S. 2 Hs. 1 SEAG ausdrücklich nur den obligatorischen Insolvenzantrag nach § 15a InsO betrifft, verbleibt es bei einer Insolvenzantragstellung wegen drohender Zahlungsunfähigkeit bei der allgemeinen Regelung des § 18 Abs. 3 InsO und damit bei einer Antragstellung durch die Mitglieder des Vertretungsorgans, also der geschäftsführenden Direktoren.[147] Da es sich um eine Leitungsentscheidung handelt, die über die übliche Geschäftsführungsbefugnis der geschäftsführenden Direktoren hinausgeht, bedürfen diese zu einer Antragstellung im Innenverhältnis der Zustimmung des Verwaltungsrates.[148] Der zweite Halbsatz von § 22 Abs. 5 S. 2 SEAG verweist auf § 92 Abs. 2 AktG und die dort geregelten Zahlungsverbote im Falle der Insolvenz. Diese gelten nicht nur für den Verwaltungsrat, sondern auch für die geschäftsführenden Direktoren (§ 40 Abs. 8 SEAG iVm § 93 Abs. 3 Nr. 6 AktG).

---

[140] Großkomm AktG/*Wiedemann* AktG § 179 Rn. 106 ff.; Hüffer/Koch/*Koch* AktG § 179 Rn. 11 ff.; Kölner Komm AktG/*Zöllner* AktG § 179 Rn. 146 ff.
[141] Ausf. hierzu *Brandt*, Die Hauptversammlung der SE, 2004, 136 ff.
[142] So iE Kölner Komm AktG/*Siems* Anh. Art. 51 § 22 SEAG Rn. 35.
[143] Lutter/Hommelhoff/Teichmann/*Teichmann* Art. 23 Anh. § 22 SEAG Rn. 34.
[144] BeckOGK/*Eberspächer* Art. 63 Rn. 7; Kölner Komm AktG/*Kiem* Art. 63 Rn. 52; Habersack/Drinhausen/*Verse* § 22 SEAG Rn. 37.
[145] *J. Schmidt* NZI 2006, 627 (628 ff.).
[146] Lutter/Hommelhoff/Teichmann/*Teichmann* Anh. Art. 43 § 22 SEAG Rn. 37; Habersack/Drinhausen/*Verse* § 22 SEAG Rn. 37.
[147] Habersack/Drinhausen/*Verse* § 22 SEAG Rn. 39.
[148] Habersack/Drinhausen/*Verse* § 22 SEAG Rn. 39.

6. Sonstige Rechte und Pflichten des Verwaltungsrates. Die enumerative Aufzäh- 105
lung von Rechten und Pflichten des Verwaltungsrates in § 22 SEAG ist nicht abschließend.
Weitere Rechte und Pflichten ergeben sich aus § 21 Abs. 1 SEAG, § 29 Abs. 3 S. 1 SEAG,
§ 34 Abs. 1 S. 1, Abs. 2 S. 1 SEAG, § 40 Abs. 1 S. 1, Abs. 5 SEAG, § 44 Abs. 2 SEAG, 47
Abs. 3, Abs. 5 SEAG, § 48 Abs. 1 SEAG. Daneben sollen gem. § 22 Abs. 6 SEAG Rechtsvorschriften, die außerhalb des SEAG dem Vorstand oder dem Aufsichtsrat einer Aktiengesellschaft Rechte oder Pflichten zuweisen, sinngemäß für den Verwaltungsrat gelten, soweit
nicht im SEAG für den Verwaltungsrat und für die geschäftsführenden Direktoren besondere
Regelungen enthalten sind. Sinn und Zweck dieser Regelung besteht darin, die monistische
SE in das vom Dualismus geprägte Regelungsumfeld des deutschen Rechts einzubetten
und etwaige Regelungslücken zu schließen.[149] Die Generalverweisung ist weit auszulegen.
Es genügt, wenn eine Vorschrift außerhalb des SEAG in irgendeiner Form auf Vorstand
oder Aufsichtsrat Bezug nimmt.[150]

Soweit aktienrechtliche Kompetenznormen sich an das Vertretungsorgan der Gesell- 106
schaft richten, sind damit in der monistischen SE nicht der Verwaltungsrat, sondern aufgrund der vorrangigen Regelung in § 41 Abs. 1 SEAG die geschäftsführenden Direktoren
angesprochen.[151] Eine gesetzliche Verpflichtung, die den gesetzlichen Vertretern auferlegt
wird, setzt für ihre Erfüllung die Rechtsmacht voraus, die Gesellschaft wirksam zu binden. Dies können in der monistisch verfassten SE allein die geschäftsführenden Direktoren. Im Innenverhältnis bleibt es bei der Weisungsbefugnis des Verwaltungsrates und der
Überwachung durch diesen. Soweit sich Rechtsnormen an die Gesellschaft als Unternehmen wenden, binden diese in der monistisch verfassten SE ebenfalls nicht den Verwaltungsrat, sondern die geschäftsführenden Direktoren.[152] Das gilt namentlich für Publizitätsvorschriften wie die Pflichten zur Offenlegung von Aktienbesitz gem. § 20 AktG,
§ 33 WpHG, die Verpflichtung zur Ad-Hoc-Publizität (§ 26 Abs. 1 S. 1 WpHG) und
weitere Vorschriften der Emittentenpublizität wie § 114, 115 und 116 WpHG.[153] Das
folgt daraus, dass das Unternehmen bei Erfüllung der Publizitätspflichten durch seine
gesetzlichen Vertreter handelt. Der Verwaltungsrat wäre dazu mangels Vertretungsmacht
nicht in der Lage.

Vorschriften des Aktiengesetzes, deren Adressat der Vorstand nicht primär als organ- 107
schaftliches Vertretungsorgan, sondern vielmehr in seiner Eigenschaft als oberstes Gre-
mium der Leitung und Geschäftsführung der Gesellschaft ist, binden nach § 22 Abs. 6
SEAG die Mitglieder des Verwaltungsrates. Das gilt namentlich für die Ausübung einer
Ermächtigung zum Rückerwerb eigener Aktien (§ 71 Abs. 1 Nr. 8 AktG), die Einberu-
fung der Hauptversammlung (§ 119, 121 Abs. 1 AktG), Beschlussvorschläge für die
Hauptversammlung (§ 124 Abs. 3 AktG), die Erteilung von Auskünften gegenüber den
Aktionären (§ 131 AktG), die Abgabe der Entsprechenserklärung zum DCGK (§ 161
AktG), die Ausübung eines genehmigten Kapitals (§§ 202 ff. AktG), die Ausübung einer
Ermächtigung zur Ausgabe von Wandelschuldverschreibungen und Genussrechten (§ 221
Abs. 2–3 AktG) und die Befugnis zur Anfechtung von Hauptversammlungsbeschlüssen
nach § 245 Nr. 4 AktG.[154] Ist in solchen Fällen neben der Willensbildung durch den
Verwaltungsrat als oberstes Leitungsgremium eine rechtsgeschäftliche Kundgabe des
Beschlussergebnisses nach außen erforderlich, wie beispielsweise bei der Entscheidung
über die Zustimmung zur Übertragung vinkulierter Aktien (§ 68 Abs. 2 S. 2 AktG), so

---

[149] Lutter/Hommelhoff/Teichmann/*Teichmann* Anh. Art. 43 § 22 SEAG Rn. 41; Habersack/Drinhausen/ *Verse* § 22 SEAG Rn. 42.
[150] Lutter/Hommelhoff/Teichmann/*Teichmann* Anh. Art. 43 § 22 SEAG Rn. 42; Habersack/Drinhausen/ *Verse* § 22 SEAG Rn. 43.
[151] Lutter/Hommelhoff/Teichmann/*Teichmann* Anh. Art. 43 § 22 SEAG Rn. 45; Habersack/Drinhausen/ *Verse* § 22 SEAG Rn. 45; *Ihrig* ZGR 2008, 809 (815 ff.).
[152] Habersack/Drinhausen/*Verse* § 22 SEAG Rn. 45; Kölner Komm AktG/*Siems* Anh. Art. 51, § 22 SEAG Rn. 31.
[153] Anders → 3. Aufl. 2012, Rn. 84 ff.
[154] Habersack/Drinhausen/*Verse* § 22 SEAG Rn. 52.

bleibt es für die Beschlussfassung bei der Zuständigkeit des Verwaltungsrates, während die Kundgabe nach außen Aufgabe der geschäftsführenden Direktoren ist.[155]

108 Rechtsnormen, die in der Aktiengesellschaft an den Aufsichtsrat gerichtet sind, binden dagegen gem. § 22 Abs. 6 SEAG stets den Verwaltungsrat.

VI. Bestellung, Anstellung und Abberufung der geschäftsführenden Direktoren

109 1. **Zuständigkeit.** Zuständig für die **Bestellung** der geschäftsführenden Direktoren und gleichzeitig für den **Abschluss von deren Anstellungsverträgen** ist der Verwaltungsrat. Für die Bestellung ergibt sich dies aus § 40 Abs. 1 S. 1 SEAG. Für den Abschluss des Anstellungsvertrages besteht eine Annexkompetenz. Bei Abschluss (und Änderung) des Anstellungsvertrages vertritt der Verwaltungsrat gem. § 41 Abs. 5 SEAG die SE gegenüber den geschäftsführenden Direktoren.

110 Die Entscheidung über die Bestellung muss durch das **Gesamtorgan** erfolgen. Das folgt aus § 34 Abs. 4 S. 2 SEAG. Für die Entscheidung über den Abschluss des Anstellungsvertrages gilt dasselbe. Sie ist zwar in § 34 Abs. 4 S. 2 SEAG nicht erfasst. Das beruht aber auf einem Versehen des Gesetzgebers, der es versäumt hat, den durch das VorstAG geänderten § 107 Abs. 3 S. 3 AktG entsprechend auch im Wortlaut des § 34 SEAG zu spiegeln[156] (→ Art. 44 Rn. 48).

111 In dringenden Fällen besteht für die Bestellung von geschäftsführenden Direktoren eine **Notzuständigkeit der freiwilligen Gerichtsbarkeit** nach § 45 SEAG, § 85 Abs. 1 S. 2, Abs. 2 und Abs. 3 AktG.

112 Die Zuständigkeiten für die Bestellung der geschäftsführenden Direktoren und den Abschluss des Anstellungsvertrages gelten spiegelbildlich auch für die **Abberufung** und die **Kündigung** des Anstellungsvertrages. Für die Abberufung folgt dies unmittelbar aus § 40 Abs. 5 S. 1 SEAG, für die Kündigung des Anstellungsvertrages aus § 40 Abs. 5 S. 2 SEAG, § 41 Abs. 5 SEAG. Im Gegensatz zur Bestellung kann die Abberufung von geschäftsführenden Direktoren auch einem Ausschuss zur Beschlussfassung übertragen werden.[157] Das ergibt sich daraus, dass der Beschlussgegenstand des § 40 Abs. 5 S. 1 SEAG in dem Katalog des § 34 Abs. 4 S. 2 SEAG nicht enthalten ist. Entsprechendes gilt für die Kündigung des Anstellungsvertrages.

113 2. **Persönliche Voraussetzungen. a) Gesetzliche Voraussetzungen und Ausschlussgründe.** Die gesetzlichen Bestellungsvoraussetzungen und Ausschlussgründe für geschäftsführende Direktoren entsprechen denjenigen der Vorstandsmitglieder von Aktiengesellschaften. Werden Dritte zu geschäftsführenden Direktoren gewählt, so ergibt sich dies aus § 40 Abs. 1 S. 4 SEAG iVm § 76 Abs. 3 AktG. Werden Mitglieder des Verwaltungsrates zu geschäftsführenden Direktoren bestellt (vgl. → Art. 47 Rn. 34), so gilt Art. 47 Abs. 2 lit. a, der ebenfalls auf § 76 Abs. 3 AktG verweist (str., vgl. → Art. 47 Rn. 26 ff.). Zu den Einzelheiten vgl. → AktG § 76 Rn. 103 ff.

114 b) **Satzungsmäßige Voraussetzungen.** § 40 Abs. 1 S. 5 SEAG stellt klar, dass in der Satzung Regelungen über die Bestellung der geschäftsführenden Direktoren getroffen werden können.[158] Insbesondere können **persönliche Eignungsvoraussetzungen** festgelegt werden, solange das Auswahlermessen des Verwaltungsrates erhalten bleibt (zur AG → AktG § 84 Rn. 30).[159] Solange diese Einschränkung berücksichtigt wird, ist der Verwaltungsrat

---

[155] Habersack/Drinhausen/*Verse* § 22 SEAG Rn. 47.
[156] *Forst* ZIP 2010, 1786 (1788).
[157] Ebenso Kölner Komm AktG/*Siems* Anh. Art. 51 § 40 SEAG Rn. 74; aA BeckOGK/*Eberspächer* Rn. 40: Lutter/Hommelhoff/Teichmann/*Teichmann* Anh. Art. 43 § 40 SEAG Rn. 49, nach denen vom Delegationsverbot auch die Abberufung erfasst ist.
[158] Zur Zulässigkeit des Ausschlusses von Arbeitnehmern von der Bestellung zu geschäftsführenden Direktoren durch die Satzung vgl. *Bachmann* ZGR 2008, 779 (804).
[159] Kölner Komm AktG/*Siems* Anh. Art. 51 § 40 SEAG Rn. 45; zur AG MHdB AG/*Wiesner* § 20 Rn. 6; *Geßler* FS Lutter, 1976, 69 (82).

an die Bestimmungen der Satzung gebunden, kann sich darüber also nicht nach pflichtgemäßem Ermessen hinwegsetzen.[160] Die Vorschrift des § 38 Abs. 2 SEBG über die Bestellung des Arbeitsdirektors bleibt gem. § 40 Abs. 1 S. 6 SEAG unberührt.

c) Rechtsfolgen bei Fehlen oder Wegfall von Eignungsvoraussetzungen. Der 115 Beschluss über die Bestellung einer Person, die die gesetzlichen Eignungsvoraussetzungen nicht erfüllt, ist nach § 134 BGB **nichtig** (für die AG → AktG § 84 Rn. 29).[161] Fällt eine gesetzliche Eignungsvoraussetzung erst **nachträglich** weg, so wird die Bestellung mit dem Wegfall der gesetzlichen Eignungsvoraussetzung unwirksam (→ AktG § 84 Rn. 29).[162] Vgl. zu den Rechtsfolgen einer fehlerhaften Bestellung → Rn. 123 f.

Soweit bei der Bestellung von geschäftsführenden Direktoren zulässige **statutarische** 116 **Eignungsvoraussetzungen** nicht beachtet sind, führt dies nicht zur **Nichtigkeit** des entsprechenden Verwaltungsratsbeschlusses. Der Verwaltungsrat ist aber ggf. verpflichtet, die Bestellung gem. § 40 Abs. 5 S. 1 SEAG zu widerrufen (→ AktG § 84 Rn. 38).[163]

d) Mitgliedschaft im Verwaltungsrat. Anders als nach § 105 AktG, der eine strikte 117 Funktionstrennung zwischen Vorstand und Aufsichtsrat im dualistischen System vorschreibt, können geschäftsführende Direktoren auch **gleichzeitig** Mitglied des Verwaltungsrats sein. § 40 Abs. 1 S. 2 SEAG lässt dies zu, sofern die Mehrheit des Verwaltungsrates weiterhin aus nicht-geschäftsführenden Mitgliedern besteht. Das trägt einerseits dem Gedanken Rechnung, dass der Verwaltungsrat die Funktionen von Leitung und Kontrolle in einem Organ vereint, soll aber andererseits eine **effektive Kontrolle der operativen Geschäftsführung** durch den Verwaltungsrat gewährleisten. Zu den Folgen einer gesetzeswidrigen Überschreitung des in § 40 Abs. 1 S. 2 SEAG angeordneten zahlenmäßigen Verhältnisses zwischen geschäftsführenden und nicht-geschäftsführenden Mitgliedern des Verwaltungsrates vgl. → Art. 47 Rn. 34.

3. Amtszeit. Anders als für den Verwaltungsrat ist eine feste Amtszeit für die geschäfts- 118 führenden Direktoren gesetzlich nicht vorgegeben. Sie stünde im Widerspruch zu dem **Grundsatz der freien Abberufbarkeit** der geschäftsführenden Direktoren, die insoweit dem Leitbild des GmbH-Geschäftsführers angenähert sind.[164] Allerdings stellt § 40 Abs. 5 S. 1 SEAG den Grundsatz der freien Abberufbarkeit ausdrücklich zur Disposition des Satzungsgebers. Dieser kann also in der Satzung eine feste Amtszeit für die geschäftsführenden Direktoren bestimmen und damit vom Grundsatz der freien Abberufbarkeit abweichen. Eine vorzeitige Abberufung ist dann nur aus wichtigem Grund möglich (vgl. → Rn. 137).

In der Bestimmung der Länge der Amtszeit ist der Satzungsgeber **frei**; Art. 46 gilt für 119 die geschäftsführenden Direktoren nicht, sodass die Amtszeit auch länger als 6 Jahre dauern kann.[165] Trifft der Verwaltungsrat im Bestellungsbeschluss keine Bestimmung hinsichtlich der Amtszeit und existiert auch keine entsprechende Satzungsregelung, so ist der geschäftsführende Direktor auf unbestimmte Zeit bestellt.[166]

---

[160] AA für das AktG, in dem es an einer entspr. Bestimmung fehlt, Kölner Komm AktG/*Mertens/Cahn* AktG § 76 Rn. 116; *Hommelhoff* BB 1977, 322 (324 f.); *Krieger*, Personalentscheidungen des Aufsichtsrats, 1981, 13 ff.; *Lutter/Krieger/Verse* Aufsichtsrat § 7 Rn. 341.
[161] Für die Anwendung der „Lehre von der fehlerhaften Organbestellung" (vgl. → Rn. 134) Kölner Komm AktG/*Siems* Anh. Art. 51 Rn. 50. Wie hier zum AktG BayObLG BB 1991, 1729 (1730); Hüffer/Koch/*Koch* AktG § 84 Rn. 27; Kölner Komm AktG/*Mertens/Cahn* AktG § 76 Rn. 126; MHdB AG/*Wiesner* § 20 Rn. 8.
[162] BayObLG BB 1982, 1508; Kölner Komm AktG/*Mertens/Cahn* AktG § 76 Rn. 126; MHdB AG/ *Wiesner* § 20 Rn. 8; zur Geschäftsunfähigkeit BGHZ 115, 78 (80) = NJW 1991, 2566 (2567).
[163] Vgl. MHdB AG/*Wiesner* § 20 Rn. 9.
[164] *Neye/Teichmann* AG 2003, 169 (179); vgl. auch Kölner Komm AktG/*Siems* Anh. Art. 51 § 40 SEAG Rn. 41.
[165] So wohl auch Kölner Komm AktG/*Siems* Anh. Art. 51 § 40 SEAG Rn. 41.
[166] BeckOGK/*Eberspächer* Art. 43 Rn. 41; Kölner Komm AktG/*Siems* Anh. Art. 51 § 40 SEAG Rn. 41; Habersack/Drinhausen/*Verse* § 40 SEAG Rn. 17.

120 Die Satzung kann für die Abberufung geschäftsführender Direktoren auch ein **qualifiziertes Mehrheitserfordernis** vorsehen.[167] Zu Einzelheiten vgl. → Art. 50 Rn. 22 ff. In einer mitbestimmten SE sollte bei Einführung entsprechender Satzungsbestimmungen allerdings darauf geachtet werden, dass die Regelung nicht dazu führt, dass die Abberufung nur unter Mitwirkung der Arbeitnehmervertreter durchgesetzt werden kann.

121 **4. Bestellung.** Die Bestellung erfolgt durch **Beschluss** des Verwaltungsrates gem. § 40 Abs. 1 S. 1 SEAG, dessen Kundgabe an den künftigen geschäftsführenden Direktor und die Erklärung von dessen Einverständnis bzw. ihre Entgegennahme durch den Verwaltungsrat (→ AktG § 84 Rn. 8).[168]

122 **a) Anzahl der geschäftsführenden Direktoren.** Eine bestimmte Anzahl geschäftsführender Direktoren schreibt das Ausführungsgesetz **nicht** vor. Gem. § 40 Abs. 1 S. 5 SEAG kann die Satzung entsprechende Bestimmungen treffen. Fehlen entsprechende Bestimmungen in der Satzung, liegt die Bestimmung der Zahl der geschäftsführenden Direktoren im Ermessen des Verwaltungsrats. Das Gleiche gilt, wenn die Satzung nur **Mindest- und/ oder Höchstzahlen** festlegt, was ebenfalls möglich ist. In diesem Fall ist die Regel anzugeben, nach der die Zahl festgelegt wird. Gem. § 40 Abs. 1 S. 6 SEAG bleibt § 38 Abs. 2 SEBG, der die Bestellung eines Arbeitsdirektors regelt, unberührt. Soweit ein Arbeitsdirektor zu bestellen ist, muss die SE mindestens zwei geschäftsführende Direktoren haben. Auch die Satzung kann hieran nichts ändern.[169]

123 **b) Rechtsfolgen verbotswidriger Zusammensetzung.** Sind weniger geschäftsführende Direktoren bestellt als nach Gesetz oder Satzung erforderlich, so ist der Verwaltungsrat verpflichtet, die fehlenden Mitglieder **unverzüglich zu bestellen** (für den Vorstand der AG → AktG § 76 Rn. 118).[170] Kann der Verwaltungsrat nicht oder nicht schnell genug tätig werden, und liegt ein dringender Fall vor, kommt eine Notbestellung nach § 45 SEAG durch das Gericht in Betracht.

124 Bezüglich der **Rechtsfolgen einer Unterbesetzung** ist zu differenzieren: Soweit ein Handeln der geschäftsführenden Direktoren in vertretungsberechtigter Zahl erforderlich und diese Zahl nicht vorhanden ist, führt eine Unterbesetzung zur Handlungsunfähigkeit (für den Vorstand der AG → AktG § 76 Rn. 118).[171] Das Gleiche gilt zur Beschlussfassungen der geschäftsführenden Direktoren, die von diesen einstimmig gefasst werden müssen (wie zB die Beschlussfassung über eine Geschäftsordnung gem. § 40 Abs. 4 S. 3 SEAG). Bei anderen Beschlussgegenständen, die die geschäftsführenden Direktoren im Zusammenhang mit der Geschäftsführung gemeinschaftlich zu treffen haben, führt eine Unterbesetzung dagegen nicht zur Handlungsunfähigkeit. Die Geschäftsführungsbefugnis der geschäftsführenden Direktoren ist ohnehin keine originäre Organkompetenz. Die geschäftsführenden Direktoren leiten ihre Geschäftsführungsbefugnisse in operativen Geschäftsführungsfragen vielmehr vom Verwaltungsrat ab. Das Gleiche gilt, soweit sich Maßnahmen der geschäftsführenden Direktoren in der Vornahme eines bloßen Realaktes (wie zB des Berichts an den Verwaltungsrat gem. § 40 Abs. 6 SEAG) erschöpfen.

---

[167] Ebenso Kölner Komm AktG/*Siems* Anh. Art. 51 § 40 SEAG Rn. 78; Lutter/Hommelhoff/Teichmann/*Teichmann* Anh. Art. 43 § 40 SEAG Rn. 48; *Schwarz* Anh. Art. 43 Rn. 286; aA BeckOGK/*Eberspächer* Rn. 40.

[168] *Schwarz* Anh. Art. 43 Rn. 273; Kölner Komm AktG/*Siems* Anh. Art. 51 § 40 SEAG Rn. 47. Vgl. zum Vorstand der AG Hüffer/Koch/*Koch* AktG § 84 Rn. 3; BeckHdB AG/*Liebscher* § 6 Rn. 22; Kölner Komm AktG/*Mertens/Cahn* AktG § 84 Rn. 2 f.; ausf. *Baums*, Bericht der Regierungskommission Corporate Governance, 2001, 37 ff.

[169] *Grobys* NZA 2004, 797 (780) meldet Zweifel an, ob die Pflicht zur Bestellung eines Arbeitsdirektors mit der Beteiligungs-RL vereinbar ist.

[170] Für den Vorstand der AG vgl. analog BGHZ 149, 158 (161 f.) = NJW 2002, 1128; Kölner Komm AktG/*Mertens/Cahn* AktG § 76 Rn. 110; Großkomm AktG/*Kort* AktG § 76 Rn. 241; MHdB AG/*Wiesner* § 19 Rn. 50.

[171] Vgl. für den Vorstand der AG Kölner Komm AktG/*Mertens/Cahn* AktG § 76 Rn. 110; Hüffer/Koch/*Koch* AktG § 76 Rn. 56; MHdB AG/*Wiesner* § 19 Rn. 50.

c) **Verfahren der Bestellung.** Das Bestellungsverfahren selbst ist gesetzlich nicht geregelt. Die Wahl der geschäftsführenden Direktoren erfolgt durch **Beschluss** des Verwaltungsrates **mit einfacher Mehrheit** (Art. 50 Abs. 1 lit. b).[172] Das mit einem abweichenden Mehrheitserfordernis verbundene vierstufige Wahlverfahren nach § 31 MitbestG findet in der SE, auch bei Mitbestimmung, keine Anwendung. Das SEBG enthält keine entsprechenden Normen. 125

Soll ein geschäftsführender Direktor bestellt werden, der **gleichzeitig** dem Verwaltungsrat angehört, so ist der Betroffene bei der Abstimmung im Verwaltungsrat nicht entsprechend dem Rechtsgedanken des § 34 BGB vom **Stimmrecht** ausgeschlossen, sondern stimmberechtigt.[173] Das Stimmverbot nach § 34 BGB gilt nicht für korporationsrechtliche Rechtsgeschäfte.[174] Anderes gilt allerdings für den Abschluss des Anstellungsvertrages.[175] Vgl. → Rn. 150 f., → Art. 50 Rn. 35 f. 126

Bei **fehlerhafter Bestellung** kommt, wenn der geschäftsführende Direktor in der Zwischenzeit Amtshandlungen vorgenommen hat, die „Lehre von der fehlerhaften Organbestellung" zur Anwendung. Danach ist die fehlerhafte Bestellung für die Zeit bis zur Geltendmachung des Mangels als wirksam zu behandeln. Die Unwirksamkeit kann nur mit Wirkung ex nunc geltend gemacht werden. Voraussetzung für die Anwendung dieser Lehre ist, dass das mit einem Mangel behaftete Amt durch einen (fehlerhaften) Bestellungstatbestand begründet wurde.[176] Davon zu unterscheiden sind Fälle faktischer Geschäftsführung (für den Vorstand der AG → AktG § 84 Rn. 242 ff.). 127

d) **Vorsitzender der Geschäftsführung?** Eine dem § 84 Abs. 2 AktG entsprechende Norm, derzufolge der Verwaltungsrat einen der geschäftsführenden Direktoren zum Vorsitzenden der Geschäftsführung ernennen kann, hat der Gesetzgeber in das SEAG nicht übernommen. Das steht der Ernennung eines Vorsitzenden der Geschäftsführung gleichwohl nicht entgegen. Zum einen kann die Ernennung eines Vorsitzenden in der Satzung geregelt werden;[177] sie kann aber auch Gegenstand einer Regelung in der Geschäftsordnung für die geschäftsführenden Direktoren sein.[178] Vgl. → Rn. 131 ff. Da das Gesetz dem Vorsitzenden der Geschäftsführung – anders als dem Vorsitzenden des Leitungsorgans im dualistischen System (vgl. → Art. 39 Rn. 30 ff.) keine Sonderbefugnisse einräumt, ist das unschädlich. 128

Der Vorsitzende der Geschäftsführung repräsentiert die geschäftsführenden Direktoren als Kollegialorgan, er ist Sitzungsleiter und Koordinator der Arbeit der geschäftsführenden Direktoren.[179] 129

e) **Stellvertretende geschäftsführende Direktoren?** Nach § 40 Abs. 9 SEAG können auch stellvertretende geschäftsführende Direktoren bestellt werden. Die Bestimmung stellt die Stellvertreter in ihrer Rechtsstellung einem „ordentlichen" geschäftsführenden Direktor gleich. Funktional entspricht die Bestimmung dem § 94 AktG für den Vorstand der AG. Die Stellvertreter sind – ebenso wie die „ordentlichen" geschäftsführenden Direktoren – nach § 46 SEAG zum Handelsregister anzumelden. Auf die Stellvertretereigenschaft ist dabei 130

---

[172] Beim Aufsichtsrat der AG nahezu allgM; vgl. Hüffer/Koch/*Koch* AktG § 108 Rn. 6; Kölner Komm AktG/*Mertens/Cahn* AktG § 84 Rn. 12; MHdB AG/*Wiesner* § 20 Rn. 19; BeckHdB AG/*Liebscher* § 6 Rn. 26.
[173] Kölner Komm AktG/*Siems* Anh. Art. 51 § 40 SEAG Rn. 16; Lutter/Hommelhoff/*Teichmann* Anh. Art. 43 § 40 SEAG Rn. 27; *Schwarz* Anh. Art. 43 Rn. 273.
[174] *Mertens* ZGR 1983, 189 (203 ff.); Kölner Komm AktG/*Mertens/Cahn* AktG § 108 Rn. 67; *Wilhelm* NJW 1983, 912 (915); aA *Ulmer* NJW 1980, 1603 (1605); *Ulmer* NJW 1982, 2288 (2290 ff.); Habersack/Henssler/*Habersack* MitbestG § 31 Rn. 18a.
[175] Lutter/Hommelhoff/Teichmann/*Teichmann* Anh. Art. 43 § 40 SEAG Rn. 4; *Ihrig* ZGR 2008, 809 (821).
[176] Kölner Komm AktG/*Siems* Anh. Art. 51 § 40 SEAG Rn. 50; für den Vorstand einer AG BeckHdB AG/*Liebscher* § 6 Rn. 30; Hüffer/Koch/*Koch* AktG § 84 Rn. 12; Kölner Komm AktG/*Mertens/Cahn* AktG § 84 Rn. 30 ff.; MHdB AG/*Wiesner* § 20 Rn. 40.
[177] Begr. RegE zu § 40 SEAG, BT-Drs. 15/3405, 39.
[178] AA wohl *Drinhausen* in Van Hulle/Maul/Drinhausen SE-HdB Abschnitt 5 § 3 Rn. 38 (S. 142), wonach die Wahl eines Vorsitzenden nur möglich ist, wenn dies in der Satzung vorgesehen ist.
[179] *Schwarz* Anh. Art. 43 Rn. 296; Kölner Komm AktG/*Siems* Anh. Art. 51 § 40 SEAG Rn. 48.

nicht gesondert hinzuweisen (für den Vorstand der AG → AktG § 94 Rn. 10).[180] In der mitbestimmten SE kann das Ressort **„Arbeit und Soziales"** (§ 38 Abs. 2 S. 2 SEBG) auch einem stellvertretenden geschäftsführenden Direktor zugewiesen werden, wenn sachliche Gründe wie Unternehmenszugehörigkeit, Dienstalter, Lebensalter oder Erfahrung für die hierarchische Abstufung sprechen (vgl. auch → Art. 39 Rn. 33).[181] Eine Diskriminierung des Arbeitsdirektors in Form einer „institutionellen Degradierung" zum Stellvertreter ist aber unzulässig. Dieser ist – mit gewissen Einschränkungen (vgl. → Art. 50 Rn. 29 ff.) – gleichberechtigtes Mitglied der Geschäftsführung, obwohl das SEBG im Gegensatz zu § 33 Abs. 1 S. 1 MitbestG auf eine klarstellende Regelung verzichtet hat.

131 **f) Geschäftsordnung für die geschäftsführenden Direktoren.** Gem. § 40 Abs. 4 SEAG können sich die geschäftsführenden Direktoren eine **Geschäftsordnung** geben, wenn nicht die Satzung die ausschließliche Kompetenz zum Erlass der Geschäftsordnung auf den Verwaltungsrat überträgt oder der Verwaltungsrat – auch ohne eine solche ausschließliche Kompetenzzuweisung – eine Geschäftsordnung erlässt.

132 Wird die Geschäftsordnung durch den Verwaltungsrat erlassen, so kann – anders als beim Vorstand der AG – vom **Prinzip der Gesamtverantwortung und Gleichberechtigung** der geschäftsführenden Direktoren in großzügiger Weise abgewichen werden.[182] Das folgt daraus, dass die Organisationsverantwortung für die Geschäftsführung und die strukturelle Gliederung des Unternehmens nicht bei den geschäftsführenden Direktoren, sondern beim Verwaltungsrat liegt. Darin liegt einer der **wesentlichen Unterschiede** zwischen den geschäftsführenden Direktoren der SE und den Vorstandsmitgliedern einer AG. Im Unterschied zur AG sind diejenigen originären Führungsfunktionen, die der Vorstand zwingend als Kollektiv zu erfüllen hat in der SE ohnehin Aufgaben des Verwaltungsrates und nicht der geschäftsführenden Direktoren. Lediglich die in den §§ 40 Abs. 3 und 6 SEAG geregelten Berichtspflichten haben die geschäftsführenden Direktoren, wenn mehrere bestellt sind, grundsätzlich gemeinschaftlich zu erfüllen (für die AG → AktG § 77 Rn. 9).[183]

133 Von diesen Einschränkungen abgesehen, können die **Entscheidungs- und Geschäftsführungsbefugnisse** der geschäftsführenden Direktoren durch die Satzung oder die Geschäftsordnung für die geschäftsführenden Direktoren disproportional ausgestaltet werden. § 77 Abs. 1 S. 2 Hs. 2 AktG gilt für die geschäftsführenden Direktoren der SE nicht. Die geschäftsführenden Direktoren müssen nicht zwingend untereinander gleichberechtigt sein. Das zeigt bereits die Tatsache, dass einige von ihnen dem Verwaltungsrat angehören können, andere nicht. Sie können daher als Gesellschaftsorgan in sehr viel stärkerem Maße als der Vorstand der AG „vertikal" organisiert werden.[184] Beispielsweise kann der Verwaltungsrat (nicht die geschäftsführenden Direktoren selbst) in einer von ihm erlassenen Geschäftsordnung denjenigen geschäftsführenden Direktoren, die gleichzeitig dem Verwaltungsrat angehören, gegenüber denjenigen, bei denen dies nicht der Fall ist, ein **Weisungsrecht** einräumen. Die Zulässigkeit eines Weisungsrechts ergibt sich allgemein aus § 44 Abs. 2 SEAG. Da der Verwaltungsrat dieses Weisungsrecht im Einzelfall oder für bestimmte Entscheidungsgruppen auf einzelne seiner Mitglieder delegieren kann (zur Delegation auf einen Exekutivausschuss vgl. → Art. 44 Rn. 54), kann ein solches Weisungsrecht auch

---

[180] Lutter/Hommelhoff/Teichmann/*Teichmann* Anh. Art. 43 § 40 SEAG Rn. 69. Vgl. zum Vorstand der AG BGH NJW 1998, 1071 (1072); Hüffer/Koch/*Koch* AktG § 94 Rn. 3; *Schlaus* DB 1971, 1653; aA OLG Düsseldorf NJW 1996, 1259; OLG Stuttgart NJW 1960, 2150.
[181] Zur AG MHdB AG/*Wiesner* § 24 Rn. 28; *KrKrieger*, Personalentscheidungen des Aufsichtsrats, 1981, S. 227 f.
[182] So auch Kölner Komm AktG/*Siems* Anh. Art. 51 § 40 SEAG Rn. 61 ff.; Lutter/Hommelhoff/Teichmann/*Teichmann* Anh. Art. 43 § 40 SEAG Rn. 37; *Thamm* NZG 2008, 132 ff.; aA ohne Begründung BeckOGK/*Eberspächer* Rn. 43.
[183] Zur AG Kölner Komm AktG/*Mertens/Cahn* AktG § 77 Rn. 24; *Semler* Leitung und Überwachung S. 9 ff. Rn. 7 ff.; *Martens* FS Fleck, 1988, 191 (195); *Schwark* ZHR 142 (1978), 203 (215 f.); *Hoffmann-Becking* ZGR 1998, 497 (508); *Schiessl* ZGR 1992, 64 (67 f.).
[184] Zur Unvereinbarkeit einer vertikalen Organisation mit dem Grundsatz der Gleichberechtigung der Vorstandsmitglieder *Hoffmann-Becking* ZGR 1998, 497 (514 f.).

zu Gunsten einzelner geschäftsführender Direktoren, die gleichzeitig dem Verwaltungsrat angehören, begründet werden. Es handelt sich um eine Delegation von Entscheidungsbefugnissen innerhalb des Verwaltungsrates, über die dieser im Plenum zu beschließen hat, soweit er nicht einen Ausschuss ermächtigt hat, entsprechende Bestimmungen in einer Geschäftsordnung für die geschäftsführenden Direktoren zu verankern. Ebenso ist es zulässig, dem „Vorsitzenden der Geschäftsführung" (→ Rn. 135) ein Recht zum Stichentscheid entsprechend Art. 50 Abs. 2 einzuräumen.[185] Zu Einzelheiten zum Inhalt der Geschäftsordnung vgl. im Übrigen → AktG § 77 Rn. 34 ff.

g) Bestellung der ersten geschäftsführenden Direktoren. Für die Bestellung der **134 ersten geschäftsführenden Direktoren** bei Gründung der SE gilt § 40 Abs. 1 S. 1 SEAG nicht. Der in Art. 15 Abs. 1 enthaltene Verweis auf die aktienrechtlichen Gründungsvorschriften geht vor. Die ersten geschäftsführenden Direktoren werden analog § 30 Abs. 4 AktG durch den ersten Verwaltungsrat gestellt, der sich ausschließlich aus Anteilseignervertretern zusammensetzt.[186] Zur Bestellung des ersten Verwaltungsrates vgl. → Rn. 45 ff.

Ein **Arbeitsdirektor** (§ 38 Abs. 2 SEBG) ist als Mitglied der ersten geschäftsführenden **135** Direktoren nicht zu bestellen.[187] Zu Einzelheiten der Bestellung der ersten geschäftsführenden Direktoren kann auf die Kommentierung zur Bestellung des ersten Vorstands der AG verwiesen werden (vgl. → AktG § 30 Rn. 8 ff.).

5. Beendigung der Organstellung. a) Abberufung. Bezüglich der geschäftsführen- **136** den Direktoren geht das SEAG vom **Grundsatz der freien Abberufbarkeit** aus. Gem. § 40 Abs. 5 S. 1 können die geschäftsführenden Direktoren jederzeit durch Beschluss des Verwaltungsrates abberufen werden. Dadurch wird der geschäftsführende Direktor in seiner Rechtsstellung einem GmbH-Geschäftsführer angenähert.[188]

Der Grundsatz in Abs. 1 ist **nicht zwingend**. Die Satzung kann die Abberufbarkeit **137** beliebig einschränken bis zur Grenze des Vorliegens wichtiger Gründe.[189] Möglich sind auch Zwischenlösungen. So ist es möglich, die Abberufbarkeit allgemein auf Vorliegen sachlicher Gründe einzuschränken oder neben allgemeinen Einschränkungen auf wichtige Gründe bestimmte Sachgründe zu nennen, die eine Abberufung auch dann rechtfertigen, wenn sie keinen wichtigen Grund darstellen.[190]

Die Abberufbarkeit aus **wichtigem Grund** kann nicht ausgeschlossen und auch nicht **138** beschränkt werden.[191] Sieht die Satzung einen völligen Ausschluss der Abberufung vor, ist dies aber nicht schlechterdings als nichtig anzusehen, sondern gesetzeskonform als Beschränkung der Abberufbarkeit auf wichtige Gründe auszulegen.

Die Beschränkung der Abberufbarkeit auf wichtige Gründe muss in der Satzung auch **139** nicht ausdrücklich erfolgt sein. Ist zB die Bestellung des geschäftsführenden Direktors für eine bestimmte Zeit erfolgt, so ergibt sich daraus gleichzeitig, dass eine Abberufung vor Ablauf dieses Zeitraums nur aus wichtigem Grund möglich ist.

Ob ein wichtiger Grund gegeben ist, ist in jedem Einzelfall zu prüfen. Ist die Abberufung **140** auf wichtige Gründe beschränkt, so bestehen grundsätzlich keine Besonderheiten gegenüber dem Vorstand der Aktiengesellschaft (→ AktG § 84 Rn. 128 ff.).[192]

---

[185] Zust. Kölner Komm AktG/*Siems* Anh. Art. 51 § 40 SEAG Rn. 64; *Thamm* NZG 2008, 132 (134).
[186] AA Kölner Komm AktG/*Siems* Anh. Art. 51 § 40 SEAG Rn. 15, der unter Anwendung von § 34 Abs. 4 S. 2 SEAG die Zuständigkeit des Verwaltungsrats annimmt.
[187] Vgl. für den ersten Vorstand der AG Begr. RegE, *Kropff* S. 51; Hüffer/Koch/*Koch* AktG § 30 Rn. 12.
[188] *Neye/Teichmann* AG 2003, 169 (179); *Kallmeyer* ZIP 2003, 1531 (1533); *Drinhausen* in Van Hulle/Maul/Drinhausen SE-HdB Abschnitt 5 § 3 Rn. 23 (S. 139).
[189] Lutter/Hommelhoff/Teichmann/*Teichmann* Anh. Art. 43 § 40 SEAG Rn. 7; BeckOGK/*Eberspächer* Rn. 40.
[190] Zum GmbH-Recht Baumbach/Hueck/Zöllner/*Noack* GmbHG § 38 Rn. 7.
[191] *Ihrig* ZGR 2008, 809 (820); Lutter/Hommelhoff/Teichmann/*Teichmann* Anh. Art. 43 § 40 SEAG Rn. 4. Aus der Rspr. zum GmbH-Recht RGZ 124, 371 (379); KG JW 1939, 492; RGZ 170, 358 (368); BGH NJW 1969, 1483; Baumbach/Hueck/Zöllner/*Noack* GmbHG § 38 Rn. 7.
[192] Vgl. zu den Einzelheiten Kölner Komm AktG/*Mertens/Cahn* AktG § 84 Rn. 130 ff.; MHdA AG/*Wiesner* § 20 Rn. 48 ff.; BeckHdB AG/*Liebscher* § 6 Rn. 48 ff.; krit. im Hinblick auf die Übertragbarkeit der Grundsätze des Aktienrechts Kölner Komm AktG/*Siems* Anh. Art. 51 § 40 SEAG Rn. 80.

141 Analog § 84 Abs. 3 S. 2 Fall 3 AktG ist ein wichtiger Grund für die Abberufung auch gegeben, wenn die Hauptversammlung dem geschäftsführenden Direktor das Vertrauen entzieht. Darin liegt – ebenso wenig wie im dualistischen System – kein Verstoß gegen die in § 40 Abs. 5 S. 1 SEAG enthaltene Kompetenzzuweisung an den Verwaltungsrat. Denn der Verwaltungsrat ist im Falle eines Vertrauensentzugs durch die Hauptversammlung nicht verpflichtet, eine Abberufung auszusprechen (für die AG → AktG § 84 Rn. 140 ff.),[193] sodass von einer wirklichen Kompetenzverlagerung nicht gesprochen werden kann.[194]

142 Für die Beschlussmehrheiten bei der Abberufung gilt Art. 50 Abs. 1 lit. b oder eine abweichende Regelung in der Satzung (vgl. § 40 Abs. 5 S. 1 SEAG). Ein dem Verfahren des § 31 MitbestG entsprechendes Prozedere ist im SEBG nicht vorgesehen.

143 Ist der abzuberufende geschäftsführende Direktor **gleichzeitig** Mitglied des Verwaltungsrates, so kann er bei der Beschlussfassung mitstimmen, also eventuell durch seine Stimme eine Abberufung verhindern. Anderes gilt bei Abberufung aus wichtigem Grund. Der Abzuberufende ist hier vom Stimmrecht ausgeschlossen, da er nicht „Richter in eigener Sache" sein kann (vgl. Rechtsgedanken der §§ 117, 127, 140 HGB).[195] Der Stimmrechtsausschluss setzt das tatsächliche Vorliegen eines wichtigen Grundes voraus; seine bloße Behauptung ist nicht ausreichend.[196]

144 Zum **Rechtsschutz des geschäftsführenden Direktors** gegen den Abberufungsbeschluss vgl. → AktG § 84 Rn. 132 ff. Ist die Abberufung in der Satzung auf das Vorliegen wichtiger Gründe beschränkt, so kann die von dem geschäftsführenden Direktor gegen die Gesellschaft erhobene **Klage auf Feststellung der Unwirksamkeit** zum einen auf das Nichtvorliegen wichtiger Gründe und zum anderen ggf. auch auf den rechtswidrigen Ausschluss vom Stimmrecht gestützt werden (falls ein solcher erfolgt ist). Das Argument des rechtswidrigen Stimmrechtsausschlusses greift aber nur, wenn der Abberufungsbeschluss ohne diesen nicht die erforderliche Mehrheit gefunden hätte.

145 **b) Weitere Beendigungsgründe.** Weitere Beendigungsgründe für die Organstellung als geschäftsführender Direktor sind die Befristung der Organstellung (vgl. → Rn. 118 f.), der Tod, der Verlust der unbeschränkten Geschäftsfähigkeit (§ 76 Abs. 3 S. 1 AktG) und das Erlöschen bzw. die Umwandlung (Formwechsel, Spaltung, Verschmelzung) der Gesellschaft.

146 Hinzu tritt die **Amtsniederlegung**. Dabei handelt es sich um die einseitige Erklärung, aus dem Organverhältnis ausscheiden zu wollen. Abzugeben ist die Erklärung gegenüber dem Verwaltungsrat.[197] Das Vorliegen eines wichtigen Grundes ist nach heute hM keine Wirksamkeitsvoraussetzung für die Amtsniederlegung;[198] sein Fehlen kann aber Anlass zu einer fristlosen Kündigung des Anstellungsvertrages durch die Gesellschaft geben. Keines wichtigen Grundes bedarf es auch für die jederzeit zulässige einvernehmliche Aufhebung der Bestellung. Dazu bedarf es einer Einigung des Verwaltungsrates über die vorzeitige

---

[193] Vgl. für den Fall des Vertrauensentzugs gegenüber dem Vorstand einer AG BGHZ 13, 188 (193) = NJW 1954, 998 (999).

[194] AA Kölner Komm AktG/*Siems* Anh. Art. 51 § 40 SEAG Rn. 81.

[195] Lutter/Hommelhoff/Teichmann/*Teichmann* Anh. Art. 43 § 40 SEAG Rn. 50; NK-SE/*Manz* Rn. 173 aE; nicht nach dem Grund diff. Kölner Komm AktG/*Siems* Anh. Art. 51 § 40 SEAG Rn. 75. Zur vergleichbaren Situation des GmbH-Geschäftsführers vgl. Baumbach/Hueck/*Zöllner* GmbHG § 47 Rn. 76; *Zöllner*, Die Schranken mitgliedschaftlicher Stimmrechtsmacht bei den privatrechtlichen Personenverbänden, 1963, 236; *Immenga/Werner* GmbHR 1976, 53 (59); ähnlich BGHZ 86, 177 (179) = NJW 1983, 938 f.; BGH NJW 1969, 1483; OLG Düsseldorf GmbHR 1994, 884; BGHZ 97, 28 (33) = NJW 1986, 2051 (2052 f.); Scholz/ *K. Schmidt* GmbHG § 47 Rn. 150; Lutter/Hommelhoff/*Bayer* GmbHG § 47 Rn. 37.

[196] *Zöllner*, Die Schranken mitgliedschaftlicher Stimmrechtsmacht bei den privatrechtlichen Personenverbänden, 1963, 237 f.; UHL/*Hüffer/Schürnbrand* GmbHG § 47 Rn. 176; aA Scholz/*K. Schmidt* GmbHG § 46 Rn. 76; Lutter/Hommelhoff/*Kleindiek* GmbHG § 38 Rn. 17.

[197] Für den Vorstand der AG vgl. BGHZ 121, 257 (260) = NJW 1993, 1198 (1199) zur GmbH; BGH AG 1984, 266 zur Genossenschaft; Zugang bei einem Verwaltungsratsmitglied genügt, vgl. entspr. BGH NZG 2002, 43 (44) zur GmbH.

[198] Für den Vorstand der AG vgl. entsprechend BGHZ 121, 257 (261 f.) = NJW 1993, 1198 (1199 f.); BGH NJW 1995, 2850.

Lösung des Organschaftsverhältnisses.[199] Zu den Einzelheiten vgl. im Übrigen → AktG § 84 Rn. 147.

6. Anmeldung zum Handelsregister. Alle Änderungen der Personen der geschäfts- 147 führenden Direktoren und ihrer Befugnisse **sind** von den geschäftsführenden Direktoren zur Eintragung in das Handelsregister **anzumelden**. Aus dem Wortlaut des § 46 Abs. 1 S. 1 SEAG geht das nicht eindeutig hervor. Dieser orientiert sich an § 106 AktG, der den Aufsichtsrat betrifft und differenziert nicht zwischen Verwaltungsrat und geschäftsführenden Direktoren. Dabei handelt es sich um ein Redaktionsversehen des Gesetzgebers. Denn ebenso wie das Aktiengesetz im dualistischen System bezüglich Vorstand und Aufsichtsrat zwischen Eintragung (beim Vorstand) und bloßer Bekanntmachung (beim Aufsichtsrat) differenziert, soll auch in der monistischen SE bei den geschäftsführenden Direktoren eine Eintragung und bei den Verwaltungsratsmitgliedern bloß eine Bekanntmachung erfolgen.[200] Das ergibt sich aus § 21 Abs. 4 SEAG iVm § 39 AktG.[201] Die Gesetzesbegründung zu § 46 SEAG verweist ferner ausdrücklich auf § 81 Abs. 1 AktG.[202]

Zur Eintragung in das Handelsregister anzumelden ist jede **Neubestellung** einschließlich 148 der Stellvertreter (§ 40 Abs. 9 SEAG) und der gerichtlich bestellten (§ 45 SEAG) geschäftsführenden Direktoren. Anmeldepflichtig sind die geschäftsführenden Direktoren in vertretungsberechtigter Zahl. Neue geschäftsführende Direktoren sind bereits zur Anmeldung berechtigt und verpflichtet, ausgeschiedene nicht mehr. Die Handelsregisteranmeldung wirkt nicht konstitutiv, sondern deklaratorisch.

Ein ausgeschiedener geschäftsführender Direktor kann beim Handelsregister anregen, 149 dass die aktuelle Geschäftsführung nach § 14 HGB angehalten wird, ihrer gesetzlichen Anmeldepflicht nachzukommen.[203] Die Anmeldung der geschäftsführenden Direktoren bedarf nach § 12 Abs. 1 HGB öffentlich beglaubigter Form; ihr sind die Urkunden über die Änderung oder öffentlich beglaubigte Abschriften derselben beizufügen (§ 46 Abs. 3 SEAG, § 81 Abs. 2 AktG).

7. Anstellung. a) Vertragsschluss sowie Rechtsnatur des Vertrages. Ebenso wie 150 beim Vorstand der AG und beim Leitungsorgan der SE ist auch bezüglich des Anstellungsvertrages der geschäftsführenden Direktoren strikt zwischen dem **organschaftlichen Bestellungsakt** und dem **Anstellungsverhältnis** zu differenzieren.[204] Regelmäßig schließt der geschäftsführende Direktor über seine Tätigkeit einen gesonderten Anstellungsvertrag mit der Gesellschaft ab. Der Anstellungsvertrag ist formfrei und kann auch konkludent abgeschlossen werden.

Der **Anstellungsvertrag** unterliegt den Regeln des freien Dienstvertrages. Der 151 geschäftsführende Direktor ist ebenso wenig wie der Fremdgeschäftsführer einer GmbH als Arbeitnehmer anzusehen, obwohl er – ebenso wie jener an Weisungen der Gesellschafterversammlung[205] – an Weisungen des Verwaltungsrates gebunden ist (§ 44 Abs. 2

---

[199] Vgl. entspr. zur AG OLG Karlsruhe AG 1996, 224 (227); BeckHdB AG/*Liebscher* § 6 Rn. 31; MHdB AG/*Wiesner* § 20 Rn. 68; *Krieger*, Personalentscheidungen des Aufsichtsrats, 1981, 147.
[200] Ebenso *Schwarz* Rn. 356; Lutter/Hommelhoff/Teichmann/*Teichmann* Anh. Art. 43 § 46 SEAG Rn. 2.
[201] Entsprechend heißt es in Begr. RegE zu § 21 SEAG, BT-Drs. 15/3405, 36: „In der Eintragung sind die geschäftsführenden Direktoren und nicht die Mitglieder des Verwaltungsrats anzugeben, da allein diese die SE gem. § 41 nach außen vertreten können".
[202] Begr. RegE, BT-Drs. 15/3405, 39.
[203] Für die AG BeckHdB AG/*Liebscher* § 6 Rn. 32; MHdB AG/*Wiesner* § 20 Rn. 80.
[204] Begr. RegE, BT-Drs. 15/3405, 39; vgl. auch Kölner Komm AktG/*Siems* Anh. Art. 51 § 40 SEAG Rn. 12.
[205] BGHZ 10, 187 (191) = NJW 1953, 1465; BGHZ 79, 38 (41) = NJW 1981, 757 (758); BGHZ 91, 1 (3) = NJW 1984, 2366; BGH NJW-RR 1990, 349; Rspr. zur Übersicht bei *Goette* DStR 1998, 1137 und *Goette* FS Wiedemann, 2002, 873 ff.; beim GmbH-Geschäftsführer ganz hM; vgl. etwa Bauer/*Gragert* ZIP 1997, 2177; Baumbach/Hueck/Zöllner/*Noack* GmbHG § 35 Rn. 172 ff.; Lutter/Hommelhoff/*Kleindiek* GmbHG Anh. § 6 Rn. 2; Erman/*Edenfeld* BGB § 611 Rn. 151; *Heyll*, Die Anwendung von Arbeitsrecht auf Organmitglieder, 1993, 34 ff.; *Sandmann* Die Haftung von Arbeitnehmern, Geschäftsführern und leitenden Angestellten, 2001, 261 f.; für Orientierung am Arbeitsrecht dagegen *Diller* Gesellschafter und Gesellschaftsorgane als Arbeitnehmer, 1994, 137 ff.; *Frisch*, Haftungserleichterung für GmbH-Geschäftsführer nach dem

SEAG).²⁰⁶ Ist der geschäftsführende Direktor gleichzeitig Mitglied des Verwaltungsrates (§ 40 Abs. 1 S. 2 SEAG), so ist seine Stellung mit der eines Vorstandsmitglieds einer AG vergleichbar. Die Einordnung als Arbeitsverhältnis kann nur in extrem gelagerten Ausnahmefällen im Einzelfall in Betracht kommen.²⁰⁷ Ein eventueller Verlust der Organstellung durch Abberufung (§ 40 Abs. 5 S. 1 SEAG) ändert an der rechtlichen Einordnung des Anstellungsvertrages als Dienstverhältnis nichts.²⁰⁸

152 Maßgeblich für die Einordnung des Vertrages als Dienstverhältnis ist die **unternehmerische Freiheit des geschäftsführenden Direktors,** auch wenn diese auf den operativen Geschäftsbetrieb beschränkt ist. Diese Beschränkung ändert nichts daran, dass der geschäftsführende Direktor – ebenso wie der GmbH-Geschäftsführer – unternehmerische Verantwortung übernimmt und zu übernehmen hat. Spiegelbildlich kommt das in der Haftung der geschäftsführenden Direktoren für sorgfältige Unternehmensleitung zum Ausdruck, die sich – über die Regelung in § 40 Abs. 8 SEAG – nach den für Vorstandsmitglieder einer Aktiengesellschaft geltenden Regelungen (§ 93 AktG) richtet.²⁰⁹ Der geschäftsführende Direktor ist ein für die Handlungsfähigkeit der SE **notwendiges Organ.** Er, nicht der Verwaltungsrat, vertritt die Gesellschaft nach außen (§ 41 Abs. 1 SEAG). Von einem Arbeitsverhältnis unterscheidet sich das Anstellungsverhältnis des geschäftsführenden Direktors auch dadurch, dass alle mit dem Dienstverhältnis typischerweise zusammenhängenden Fragen allein vom Verwaltungsrat, keinesfalls aber autonom von dem üblicherweise zur Vertretung der SE berufenen Organ entschieden werden können.²¹⁰

153 Gegen die Einordnung als Arbeitnehmer spricht auch die Wertung einer Reihe von arbeitsrechtlichen Rechtsvorschriften. § 5 Abs. 2 Nr. 1 BetrVG nimmt Organmitglieder juristischer Personen ausdrücklich aus dem Kreis der Arbeitnehmer aus. Das Gleiche gilt nach § 5 Abs. 1 S. 3 ArbGG für den Rechtsweg zu den Arbeitsgerichten und nach § 14 Abs. 1 Nr. 1 KSchG für den Kündigungseinspruch nach § 3 KSchG.²¹¹ § 17 Abs. 1 S. 2 BetrAVG öffnet den Anwendungsbereich von Vorschriften über die betriebliche Altersversorgung auch für bestimmte Personenkreise, die nicht Arbeitnehmer, aber „für" ein Unternehmen tätig sind.

154 Die **organschaftliche Rechtsstellung** des geschäftsführenden Direktors prägt auch sein Anstellungsverhältnis.²¹² Im Anstellungsvertrag werden die Pflichten und Rechte des geschäftsführenden Direktors lediglich konkretisiert und ergänzt. Die Bindung, die der geschäftsführende Direktor für seine Arbeitskraft eingeht, tritt in ihrer qualifizierenden Bedeutung dahinter zurück. Sie rechtfertigt es allenfalls, einzelne Vorschriften und Prinzipien des Arbeitsrechts auf den geschäftsführenden Direktor analog anzuwenden, soweit nicht die organschaftlichen Funktionen des geschäftsführenden Direktors, sondern die Sicherung seiner persönlichen und wirtschaftlichen Existenz im Vordergrund steht, und soweit Funktionsstörungen der Organstellung hierdurch nicht zu befürchten sind.²¹³

155 Für die GmbH hat das BAG²¹⁴ entschieden, dass bei Abschluss eines schriftlichen Geschäftsführerdienstvertrags vermutet wird, dass das bis dahin bestehende Arbeitsverhältnis mit Beginn des Geschäftsführerdienstverhältnisses einvernehmlich beendet wird, soweit

---

Vorbild des Arbeitsrechts, 1996/97, 106 ff., 131 ff.; *Groß* Das Anstellungsverhältnis des GmbH-Geschäftsführers in Zivil-, Arbeits-, Sozialversicherungs- und Steuerrecht, 1985/86, 219 ff.; Scholz/*Schneider* GmbHG § 35 Rn. 167 ff.; *Wank* FS Wiedemann, 2002, 587 ff.
²⁰⁶ Trotz Ablehnung der Organeigenschaft zust. Kölner Komm AktG/*Siems* Anh. Art. 51 § 40 SEAG Rn. 12.
²⁰⁷ Vgl. dazu den Fall in BAG ZIP 1999, 1854; vgl. auch Kölner Komm AktG/*Siems* Anh. Art. 51 § 40 SEAG Rn. 13, der darauf hinweist, dass nach § 40 Abs. 2 S. 2 Hs. 2 SEAG die Kompetenzen eines geschäftsführenden Direktors stark beschnitten werden können.
²⁰⁸ Zum GmbH-Geschäftsführer vgl. BGH ZIP 2000, 508; 2003, 485; BAG ZIP 1999, 1456.
²⁰⁹ Zur Haftung des GmbH-Geschäftsführer BGH NJW 1989, 2697.
²¹⁰ Zum GmbH-Geschäftsführer vgl. BGH NJW 1991, 1680; 2000, 2983.
²¹¹ *Goette* FS Wiedemann, 2002, 873 (876).
²¹² *Goette* FS Wiedemann, 2002, 886.
²¹³ *Goette* FS Wiedemann, 2002, 886 f.
²¹⁴ BAG NJW 2007, 3228.

nicht klar und eindeutig etwas anderes vertraglich vereinbart worden ist. Dem Schriftformerfordernis des § 623 BGB für den Auflösungsvertrag wird durch den schriftlichen Geschäftsführerdienstvertrag Genüge getan. Diese Überlegungen können auf den geschäftsführenden Direktor in der SE übertragen werden.

Abgeschlossen wird der Anstellungsvertrag in der Regel zwischen dem geschäftsführenden Direktor und der SE. Der Abschluss eines Anstellungsvertrages statt mit der Gesellschaft mit einem Dritten (**sog. Konzernanstellungsvertrag**)[215] wird heute überwiegend für zulässig gehalten.[216] Die im Aktienrecht mit Blick auf Abstimmungsprobleme zwischen der Eigenverantwortlichkeit des Vorstands und einer anstellungsvertraglichen Gebundenheit gegenüber einem herrschenden Unternehmen geltend gemachten Bedenken treffen auf den geschäftsführenden Direktor der SE nur eingeschränkt zu. Denn im Gegensatz zum Vorstand der AG ist der geschäftsführende Direktor weisungsgebunden (§ 44 Abs. 2 SEAG). Eventuelle Loyalitätskonflikte werden durch den Grundsatz, demzufolge die Organpflichten des geschäftsführenden Direktors gegenüber der SE von der Drittanstellung unberührt bleiben und durch diese auch nicht zum Nachteil der Gesellschaft abgeschwächt oder gar ausgeschlossen werden können,[217] aufgelöst. 156

Die **Drittanstellung des geschäftsführenden Direktors** bedarf aber zu ihrer Wirksamkeit der Zustimmung des Verwaltungsrates der SE.[218] Das Erfordernis der Zustimmung des Verwaltungsrates folgt in entsprechender Anwendung aus § 40 Abs. 7 SEAG iVm §§ 87, 88 AktG. Das Zustimmungserfordernis des Verwaltungsrates gilt auch bei Änderungen des Konzernanstellungsvertrages. 157

Zeitliche Beschränkungen hinsichtlich der Dauer des Anstellungsverhältnisses sind durch das Gesetz nicht vorgegeben. Art. 46 ist auf den geschäftsführenden Direktor nicht anwendbar. Vielmehr ist der Verwaltungsrat in der Bestimmung der Amtszeit der geschäftsführenden Direktoren in den Grenzen **unternehmerischen Ermessens** frei. Etwas anderes gilt dann, wenn der geschäftsführende Direktor gleichzeitig Mitglied des Verwaltungsrates ist und sich der Anstellungsvertrag gleichzeitig auch auf seine Rechte und Pflichten als Mitglied des Verwaltungsrates bezieht (vgl. → Rn. 159). Auf diese Anstellungsverträge ist § 84 Abs. 1 S. 5 AktG analog anzuwenden. Die in Art. 46 bestimmte Höchstdauer gilt danach nicht nur für die Bestellung, sondern auch für die Anstellung. Zulässig ist es gem. § 84 Abs. 1 S. 5 Hs. 2 AktG, eine Weitergeltung für den Fall zu vereinbaren, dass die Amtszeit verlängert wird. 158

b) Inhalt des Anstellungsvertrages. aa) Pflichten des Geschäftsführers. Im Mittelpunkt der Pflichten des geschäftsführenden Direktors steht die **Pflicht zur ordnungsgemäßen Geschäftsleitung.** Begründet wird diese in erster Linie durch den Bestellungsakt (§ 40 Abs. 1 S. 1, Abs. 2 S. 1 SEAG) und das darauf beruhende körperschaftliche Organisationsrechtsverhältnis. Ist der geschäftsführende Geschäftsführer gleichzeitig Mitglied des Verwaltungsrates, so kann der Anstellungsvertrag auch auf seine Organpflichten als Verwaltungsratsmitglied erstreckt werden.[219] Eine Zustimmungspflicht der Hauptversammlung zum Abschluss des Anstellungsvertrages gem. § 38 SEAG, § 113 AktG wird dadurch nicht begründet. Vgl. → Art. 44 Rn. 79 ff. 159

---

[215] Zum Vorstand der AG vgl. MHdB AG/*Wiesner* § 21 Rn. 3 ff.; *Krieger,* Personalentscheidungen des Aufsichtsrats, 1981, 186 ff.; *Lutter/Krieger/Verse* Aufsichtsrat § 7 Rn. 437; *Martens* FS Hilger/Stumpf, 1983, 437 (442 ff.); aA Kölner Komm AktG/*Mertens/Cahn* AktG § 84 Rn. 56; *Baums,* Bericht der Regierungskommission Corporate Governance, 2001, 73 f.
[216] IE ebenso für die SE Kölner Komm AktG/*Siems* Anh. Art. 51 § 40 SEAG Rn. 11.
[217] Vgl. dazu eingehend *Fleck* ZHR 149 (1985), 393 ff.; zumindest de lege lata zugunsten der SE aufgelöst.
[218] Ebenso Kölner Komm AktG/*Siems* Anh. Art. 51 § 40 SEAG Rn. 11; zur GmbH vgl. *Fleck* ZHR 149 (1985), 388; *Henssler* RdA 1992, 302; Lutter/Hommelhoff/*Kleindiek* GmbHG Anh. § 6 Rn. 9: Zustimmung der Gesellschafterversammlung erforderlich; aA Baumbach/Hueck/*Zöllner/Noack* GmbHG § 35 Rn. 165: Grundlage in der Satzung oder Zustimmung des für die Anstellung zuständigen Organs.
[219] AA Kölner Komm AktG/*Siems* Anh. Art. 51 § 40 SEAG Rn. 10, demzufolge sich der Anstellungsvertrag lediglich auf die Tätigkeit als geschäftsführender Direktor erstreckt. Eine Ausgestaltung der Verwaltungsratstätigkeit durch Vertrag sei nicht möglich; der Inhalt folge allein gesetzlichen Grundsätzen; ebenso Habersack/Drinhausen/*Verse* § 40 SEAG Rn. 30, 65.

160 Als Verwalter fremder Vermögensinteressen unterliegt der geschäftsführende Direktor im Verhältnis zur SE einer **besonderen Treuepflicht**. In allen Angelegenheiten, die das Interesse der Gesellschaft berühren, muss er allein deren Wohl im Auge haben. Zusätzlich verpflichtet der Anstellungsvertrag den geschäftsführenden Direktor schuldrechtlich zur sorgfältigen Führung der übernommenen Geschäfte; er kann die Organpflichten ggf. weiter konkretisieren und ergänzen, soweit dies nicht im Widerspruch zu Gesetz oder Satzung steht. Näher ausgestaltet wird der Anstellungsvertrag aber schon durch die § 666 BGB (Auskunfts- und Rechenschaftspflicht gegenüber der Gesellschaft), § 667 BGB (Herausgabe von Vorteilen, die der Geschäftsführer im Zusammenhang mit seiner Amtsführung erlangt hat) und § 670 BGB (Freistellungsanspruch des geschäftsführenden Direktors). Beim **Konzernanstellungsvertrag** hängt es von dessen Gestaltung ab, ob die Gesellschaft den geschäftsführenden Direktor unmittelbar in Anspruch nehmen kann. Das ist der Fall, wenn der Anstellungsvertrag die Wirkung eines Vertrages zugunsten Dritter (§ 328 BGB) oder (bezüglich Einzelpflichten des Geschäftsführers) diejenige eines Vertrages mit Schutzwirkung zugunsten Dritter hat. Ob der Dritte den Geschäftsführer auf Schadensersatz in Anspruch nehmen kann, wenn dieser seine Pflichten gegenüber der SE verletzt, hängt davon ab, ob beim Dritten selbst ein Schaden entstanden ist, der ggf. über die Minderung des Wertes seiner Geschäftsanteile hinausgeht.[220]

161 bb) **Vergütung**. Nach § 40 Abs. 7 SEAG, § 87 Abs. 1 S. 1 AktG hat der Verwaltungsrat bei der Festsetzung der Bezüge des einzelnen geschäftsführenden Direktors (Gehalt, Gewinnbeteiligungen, Aufwandsentschädigungen, Versicherungsentgelte, Provisionen, anreizorientierte Vergütungszusagen wie zum Beispiel Aktienbezugsrechte und Nebenleistungen jeder Art) dafür zu sorgen, dass die Gesamtbezüge in einem **angemessenen Verhältnis** zu den Aufgaben des geschäftsführenden Direktors und zur Lage der Gesellschaft stehen. Das gilt nach § 87 Abs. 1 S. 4 AktG sinngemäß auch für Ruhegehalt, Hinterbliebenenbezüge und Leistungen verwandter Art. Gerichtlich bestellte geschäftsführende Direktoren (§ 45 SEAG), mit denen kein Anstellungsvertrag besteht, haben nach § 45 SEAG, § 85 Abs. 3 S. 1 AktG Anspruch auf Ersatz angemessener barer Auslagen und auf Vergütung für ihre Tätigkeit. Einigen sich die SE und der gerichtlich bestellte geschäftsführende Direktor nicht, so setzt das Gericht die Auslagen und die Vergütung fest (§ 45 SEAG, § 85 Abs. 3 S. 2 AktG; → AktG § 85 Rn. 24).[221]

162 Die Aufteilung der Barbezüge in ein Festgehalt und eine erfolgsabhängige Tantieme, die sich für Vorstandsmitglieder einer Aktiengesellschaft in der Praxis durchgesetzt hat (→ AktG § 84 Rn. 90),[222] dürfte sich auch für die geschäftsführenden Direktoren einer SE als praxisnah und sinnvoll erweisen.[223] **Börsennotierte SE** und SE, die an einem organisierten Markt andere Wertpapiere als Aktien (zB Schuldverschreibungen oder Genußscheine) emittiert haben,[224] haben in der vom Verwaltungsrat zu veröffentlichenden Entsprechenserklärung gem. § 161 AktG anzugeben, inwieweit den Empfehlungen der „Regierungskommission Deutscher Corporate Governance Kodex" entsprochen wurde. Zu diesen Empfehlungen gehört auch die Aufteilung der Vergütung der Vorstandsmitglieder (und der geschäftsführenden Direktoren) in fixe und variable Bestandteile durch die Einführung einer erfolgsabhängi-

---

[220] Zu den Einzelheiten *Fleck* ZHR 149 (1985), 409 (410).
[221] Zu den Einzelheiten vgl. MHdB AG/*Wiesner* § 20 Rn. 33.
[222] Vgl. MHdB AG/*Wiesner* § 21 Rn. 34 ff., 47 ff.; Kölner Komm AktG/*Mertens/Cahn* AktG § 87 Rn. 22 ff.
[223] Tendenziell ist zu erwarten, dass sich die Praxis für geschäftsführende Direktoren, die gleichzeitig Mitglieder des Verwaltungsrates sind, an der für Vorstandsmitglieder von Aktiengesellschaften gängigen Praxis orientiert wird. Die Praxis für solche geschäftsführende Direktoren, denen der Verwaltungsrat nicht angehören, wird sich hingegen voraussichtlich an der für GmbH-Geschäftsführer gängigen Praxis orientieren; aus dem Schrifttum zum Anstellungsvertrag des GmbH-Geschäftsführers vgl. *Jaeger*, Der Anstellungsvertrag des GmbH-Geschäftsführers, 5. Aufl. 2009, mit Vertragsmustern; *Tillmann/Mohr*, GmbH-Geschäftsführer, 10. Aufl. 2013, mit Vertragsmustern; *Evers/Grätz/Näser*, Die Gehaltsfestsetzung bei GmbH-Geschäftsführern, 5. Aufl. 2001, mit Vertragsmustern; *Tänzer* GmbHR 2003, 754.
[224] Vgl. Hüffer/Koch/*Koch* AktG § 161 Rn. 6b.

gen, variablen Vergütungskomponente (Empfehlung G.1 DCGK; früher Ziff. 4.2.3 DCGK 2017). Neben dem Gehalt wird den geschäftsführenden Direktoren in der Regel ein Anspruch auf Aufwandsentschädigung, Versicherungsentgelte, Provisionen und Sachleistungen (wie zB ein Dienstfahrzeug, Dienstwohnung etc) sowie ggf. eine Alters- und Hinterbliebenenversorgung zugestanden. Zu den einzelnen Vergütungsbestandteilen und der Höhe der Gesamtbezüge vgl. → AktG § 87 Rn. 20 ff. Das Gesetz zur Umsetzung der zweiten Aktionärsrechte-RL (ARUG II) vom 12.12.2019 (BGBl. 2019 I 2637) präzisiert in § 87a AktG für börsennotierte Gesellschaften die Anforderungen an „ein klares und verständliches" Vergütungssystem. Der umfangreiche Katalog gilt über den Verweis in § 40 Abs. 7 SEAG auch für die monistisch organisierte SE. Zu den Einzelheiten der Neuregelung vgl. die Kommentierung zu § 87a AktG.[225]

Gehaltserhöhungen bedürfen einer Anpassungsklausel im Anstellungsvertrag und eines entsprechenden Verwaltungsratsbeschlusses. Der Verwaltungsrat ist – unabhängig von einer Anpassungsklausel – verpflichtet, regelmäßig die Angemessenheit des Gehaltes zu überprüfen und notfalls auf eine Anpassung hinzuwirken, sofern eine rechtliche Handhabe dazu besteht. Maßstab für die Angemessenheit der Gesamtbezüge iSv § 87 AktG ist die Gesamtheit aller im Anstellungsvertrag zugesagten Gegenleistungen. Zu berücksichtigen sind vor allem die Aufgaben des geschäftsführenden Direktors und die Lage der Gesellschaft. **163**

Zu den Einzelheiten der Gehaltsanpassung vgl. → AktG § 87 Rn. 85 ff. Zu Leistungsstörungen im Verhältnis zwischen dem geschäftsführenden Direktor und der SE vgl. → AktG § 84 Rn. 79 ff., zur Entgeltfortzahlung im Krankheitsfall → AktG § 84 Rn. 81, zum Urlaubsanspruch des geschäftsführenden Direktors → AktG § 84 Rn. 85. **164**

Ist ein geschäftsführender Direktor zugleich Mitglied des Verwaltungsrates, folgt die Vergütung zwei verschiedenen Regelungsregimen, nämlich § 40 Abs. 7 SEAG iVm § 87 AktG einerseits und § 38 SEAG iVm § 113 AktG andererseits. Dies steht einer Verknüpfung beider Funktionen im Anstellungsvertrag indes nicht entgegen (vgl. → Art. 44 Rn. 83), sodass eine einheitliche Vergütungsregelung getroffen werden kann.[226] **165**

c) Sozialversicherungspflichten. Anders als der Vorstand der Aktiengesellschaft unterliegt der geschäftsführende Direktor – ebenso wie der Fremdgeschäftsführer der GmbH – der Sozialversicherungspflicht (→ AktG § 84 Rn. 65).[227] Ebenso unterliegt er – anders als Vorstandsmitglieder – der gesetzlichen Arbeitslosenversicherung. Etwas anderes gilt nur für solche geschäftsführende Direktoren, die gleichzeitig dem Verwaltungsrat angehören (§ 40 Abs. 1 S. 2 SEAG).[228] Diese sind auf Grund ihrer unternehmerischen Leitungsfunktion (Art. 39) einem Vorstandsmitglied einer Aktiengesellschaft in sozialversicherungsrechtlicher Sicht gleichzustellen. § 1 S. 3 SGB VI, § 27 Abs. 1 Nr. 5 SGB III sind auf sie analog anzuwenden. Dagegen haben alle geschäftsführenden Direktoren grundsätzlich Anspruch auf Zahlung der Arbeitgeberzuschüsse zur Krankenversicherung nach § 257 SGB V und zur Pflegeversicherung nach § 61 Abs. 1 und 2 SGB XI (kritisch → AktG § 84 Rn. 65).[229] **166**

d) Beendigung des Anstellungsverhältnisses. Ebenso wie beim GmbH-Geschäftsführer und beim Vorstandsmitglied ist auch beim geschäftsführenden Direktor der SE strikt zwischen der **Beendigung des Anstellungsverhältnisses** sowie der **Abberufung** zu unterscheiden. Das wird in § 40 Abs. 5 SEAG ausdrücklich klargestellt. Der Verlust der körperschaftlichen Organstellung führt nicht automatisch zum Ende des schuldrechtlichen Anstellungsverhältnisses (§ 40 Abs. 5 S. 2 SEAG). Das gebietet vor allem der besondere **167**

---

[225] Eingehend auch *Löbbe/Fischbach* AG 2019, 373 ff.
[226] Ebenso Lutter/Hommelhoff/*Teichmann* SE Anh. Art. 43 § 40 SEAG Rn. 57; wohl auch Kölner Komm AktG/*Siems* Anh. Art. 51 § 40 SEAG Rn. 86; gegen eine Verknüpfung offenbar *Schwarz* Anh. Art. 43 Rn. 290, 251.
[227] BSGE 85, 214 (218) = DB 2000, 329; Hess. LSG AG 1999, 190 (191); *Jäger* NZG 2001, 97 (98).
[228] AA Kölner Komm AktG/*Siems* Anh. Art. 51 Rn. 14, der auch hier für eine Trennung der Tätigkeiten plädiert.
[229] BSG DB 1989, 2074; MHdB AG/*Wiesner* § 21 Rn. 19.

Schutz des geschäftsführenden Direktors, wie er mit dem Kündigungserfordernis verbunden ist und sich mittlerweile gewohnheitsrechtlich verfestigt hat.

168 Der Bestand des Anstellungsvertrages kann aber durch eine **auflösende Bedingung** an die Organstellung als geschäftsführender Direktor geknüpft[230] oder es kann vereinbart werden, dass mit der Abberufung als geschäftsführender Direktor gleichzeitig auch das Anstellungsverhältnis als ordentlich oder außerordentlich gekündigt gelten soll.[231] Bei befristeten Verträgen muss das Recht zur ordentlichen Kündigung im Falle der Abberufung vereinbart sein;[232] andernfalls ist nur eine außerordentliche Kündigung aus wichtigem Grund iSv § 626 BGB möglich.[233] Da für die ordentliche Kündigung des Anstellungsvertrages § 622 BGB gilt, können mit einer Kopplungsklausel dessen zwingende Kündigungsfristen (§ 622 Abs. 5 BGB) nicht unterschritten werden.[234] Erfolgt eine Abberufung des geschäftsführenden Direktors aus **wichtigem Grund** (bei Ausschluss des Grundsatzes der freien Abberufbarkeit der geschäftsführenden Direktoren; → Rn. 137), so ist zwischen denjenigen Tatsachen, die eine Abberufung aus wichtigem Grund und solchen, die eine gleichzeitige Beendigung des Anstellungsverhältnisses aus wichtigem Grund iSv § 626 Abs. 1 BGB rechtfertigen, zu differenzieren. Im Hinblick auf beide Rechtsverhältnisse müssen die Tatsachen eigenständig dahin gewürdigt werden, ob sie ebenfalls die außerordentliche Kündigung des Anstellungsverhältnisses tragen. Bei dieser ist außerdem zu prüfen, ob ihre Wirksamkeit an § 626 Abs. 2 BGB scheitert.

169 Besonderheiten gelten bei geschäftsführenden Direktoren, die **gleichzeitig** Mitglied des Verwaltungsrates sind. Wird ihre Stellung als geschäftsführender Direktor beendet, die Organstellung als Verwaltungsratsmitglied aber fortgesetzt, so ist – wenn der Anstellungsvertrag beide Funktionen umfasst – ggf. eine Änderungskündigung auszusprechen oder ein Neuabschluss erforderlich. Erfolgt die Abberufung als geschäftsführender Direktor aus wichtigem Grund, so ist der Betroffene auch bei der Abstimmung des Verwaltungsrates über den Ausspruch der Änderungskündigung vom Stimmrecht ausgeschlossen (vgl. → Rn. 143).

170 Eine **Vertragsanpassung** ist umgekehrt (unter Einschluss der sozialversicherungsrechtlichen Konsequenzen → Rn. 166) auch dann erforderlich, wenn ein Verwaltungsratsmitglied, das gleichzeitig als geschäftsführender Direktor fungiert, aus dem Verwaltungsrat ausscheidet, seine Funktion als geschäftsführender Direktor aber fortgesetzt wird.

VII. Pflichten und Haftung der geschäftsführenden Direktoren

171 **1. Haftung.** Gem. § 40 Abs. 8 SEAG, § 93 Abs. 1 S. 1 AktG haben die geschäftsführenden Direktoren bei ihrer Geschäftsführung die Sorgfalt eines ordentlichen und gewissenhaften Geschäftsleiters anzuwenden. Nach ganz hM hat § 93 Abs. 1 S. 1 AktG eine **Doppelfunktion** in dem Sinne, dass einerseits ein **Verschuldensmaßstab** umschrieben wird und andererseits **objektive Verhaltenspflichten** in Form einer Generalklausel umschrieben werden, aus der sich durch Konkretisierung Einzelpflichten ergeben können, soweit diese nicht schon anderweitig tatbestandlich umschrieben sind (→ AktG § 93 Rn. 21).[235]

172 Gem. § 93 Abs. 2 AktG sind die geschäftsführenden Direktoren der SE zum Schadensersatz verpflichtet, wenn sie ihre Pflichten verletzen, der SE daraus ein Schaden entsteht und – wie aus § 93 Abs. 2 S. 2 AktG folgt – wenn sie schuldhaft gehandelt haben oder den entsprechenden Entlastungsbeweis nicht führen können. Die Durchsetzung der Ansprüche ist Sache des Verwaltungsrates, der hierfür gem. § 41 Abs. 5 SEAG vertretungsbefugt ist.

---

[230] Vgl. zum GmbH-Geschäftsführer BGH BB 1989, 1577 (1578); DStR 1999, 1537; dazu auch *Goette* DStR 1998, 1137 (1139).

[231] Dazu Lutter/Hommelhoff/*Kleindiek* GmbHG Anh. § 6 Rn. 44.

[232] Formulierungsbeispiel bei *Lohr* NZG 2001, 826 (832).

[233] Dazu BGH NJW 1999, 3263 (3264).

[234] Lutter/Hommelhoff/*Kleindiek* GmbHG Anh. § 6 Rn. 45; *Bauer/Diller* GmbHR 1998, 809 (810 ff.); *Fladden* GmbHR 2000, 922 (924 f.); *Gruhmann/Gillmann* DB 2003, 770 (772 f.); *Lunk* ZIP 1999, 1777 (1781); aA Baumbach/Hueck/*Zöllner/Noack* GmbHG § 35 Rn. 211.

[235] Kölner Komm AktG/*Mertens/Cahn* AktG § 93 Rn. 6; *Henze* HRR AktienR Rn. 478; *Geßler* JW 1937, 497 (501); Hüffer/Koch/*Koch* AktG § 93 Rn. 5; aA (für die GmbH) Baumbach/Hueck/*Zöllner/Noack* GmbHG § 43 Rn. 8.

Darüber hinaus können Ansprüche gegen die geschäftsführenden Direktoren in den durch §§ 147, 148 AktG gezogenen Grenzen auch durch die Aktionäre geltend gemacht werden.[236] Zur Rechtsverfolgung von Haftungsansprüchen vgl. gegen Verwaltungsratsmitglieder → Art. 51 Rn. 35 ff.

Im Schrifttum wird vertreten, § 93 Abs. 4 S. 2 AktG sei auf die geschäftsführenden Direktoren nicht anwendbar. Im Falle einer bindenden Weisung des Verwaltungsrates oder wenn der Verwaltungsrat einem Handeln der geschäftsführenden Direktoren durch Beschluss zugestimmt habe, trete eine Haftungsprivilegierung für die geschäftsführenden Direktoren ein.[237] Dafür besteht kein Bedürfnis. Denn auch das Weisungsrecht des Verwaltungsrates besteht nur innerhalb der durch die Sorgfaltspflicht gezogenen Grenzen. Weisungen oder Zustimmungsbeschlüsse, durch die der Verwaltungsrat sich selbst gem. § 93 AktG schadensersatzpflichtig machen würde, können für die geschäftsführenden Direktoren nicht bindend sein und daher auch nicht zu einer Haftungsprivilegierung führen. Insofern besteht ein Unterschied zur GmbH, in der die Gesellschafterversammlung die Geschäftsführer bis zur Grenze der Existenzgefährdung und des Kapitalschutzes zu einem für die Gesellschaft nachteiligen Handeln anweisen können.[238]

Die geschäftsführenden Direktoren sind mithin ungeachtet einer Weisung oder eines Zustimmungsbeschlusses des Verwaltungsrates verpflichtet, zu prüfen, ob sich eine Geschäftsführungsmaßnahme in den Grenzen unternehmerischen Ermessens bewegt (vgl. → Rn. 176 f.). Ein eigenes unternehmerisches Ermessen oder ein „weisungsfreier Bereich" steht den geschäftsführenden Direktoren dagegen nicht zu.[239] Erteilt der Verwaltungsrat eine Weisung, die sich innerhalb der Grenzen unternehmerischen Ermessens bewegt, sind die geschäftsführenden Direktoren verpflichtet, diese auszuführen. Tun sie dies nicht, können sie sich gem. § 40 Abs. 8 SEAG, § 93 AktG schadensersatzpflichtig machen.

Eine Haftung der geschäftsführenden Direktoren gegenüber der SE tritt **nicht** ein, wenn die Handlung auf einem gesetzmäßigen **Beschluss der Hauptversammlung** beruht (§ 40 Abs. 8 SEAG, § 93 Abs. 4 S. 1 AktG).[240] Zu Einzelheiten vgl. → AktG § 93 Rn. 206 ff. Zur Verantwortlichkeit der geschäftsführenden Direktoren gegenüber den Gläubigern der Gesellschaft vgl. → AktG § 93 Rn. 234 ff., zur Haftung gegenüber Aktionären und gegenüber Dritten → AktG § 93 Rn. 262 ff.

2. Pflicht zur eigenverantwortlichen Geschäftsführung. Im Zentrum der Aufgaben der geschäftsführenden Direktoren steht die **Pflicht, die Geschäfte der Gesellschaft zu führen** (§ 40 Abs. 2 S. 1 SEAG).

Ausweislich der Gesetzesbegründung,[241] dient § 40 Abs. 2 S. 1 SEAG der Abgrenzung der Aufgaben der geschäftsführenden Direktoren gegenüber denjenigen des Verwaltungsrates. Den geschäftsführenden Direktoren wird die laufende Geschäftsführung zugewiesen. Die oberste Leitungsbefugnis, auch in Fragen des Tagesgeschäfts, verbleibt beim Verwaltungsrat. Zur Abgrenzung gegenüber der Geschäftsführungsaufgabe des Verwaltungsrates vgl. → Rn. 77 ff.

Die Pflicht zur eigenverantwortlicher Unternehmensleitung, die sich aus der den geschäftsführenden Direktoren durch § 40 Abs. 2 S. 1 SEAG zugewiesenen Geschäftsfüh-

---

[236] Kölner Komm AktG/*Siems* Anh. Art. 51 § 40 SEAG Rn. 91. Zu den „ARAG/Garmenbeck"-Grundsätzen *Reichert* ZIP 2016, 1189.

[237] So BeckOGK/*Eberspächer* Art. 51 Rn. 10; *Marsch-Barner* FS Bosch, 2006, 99 (112); Lutter/Hommelhoff/Teichmann/*Teichmann* Anh. Art. 43 § 40 SEAG Rn. 66; Kölner Komm AktG/*Siems* Anh. Art. 51 § 40 SEAG Rn. 99.

[238] So überzeugend *Ihrig* in Bachmann/Casper/Schäfer/Veil, Steuerungsfunktionen des Haftungsrechts im Gesellschafts- und Kapitalmarktrecht, 2007, 24 ff.; *Ihrig* ZGR 2008, 809 (830); ebenso *Drinhausen* in Van Hulle/Maul/Drinhausen SE-HdB Abschnitt 5 § 3 Rn. 55 (S. 147); Habersack/Drinhausen/*Verse* SEAG § 40 Rn. 74.

[239] Ebenso Lutter/Hommelhoff/*Teichmann* SE Anh. Art. 43 § 40 SEAG Rn. 29; *Ihrig* ZGR 2008, 809 (819).

[240] Ebenso Kölner Komm AktG/*Siems* Anh. Art. 51 § 40 SEAG Rn. 100; Lutter/Hommelhoff/Teichmann/*Teichmann* Anh. Art. 43 § 40 SEAG Rn. 66.

[241] Begr. RegE zu § 40 SEAG, BT-Drs. 15/3405, 39.

rungsaufgabe ergibt, ist durch die oberste Leitungskompetenz des Verwaltungsrates **begrenzt**. Zieht der Verwaltungsrat die Entscheidung über die Durchführung einer Maßnahme, die in den Bereich der laufenden Geschäftsführung fällt, durch Ausübung seines Weisungsrechts (§ 44 Abs. 2 SEAG) an sich, so geht die unternehmerische Verantwortung insoweit auf den Verwaltungsrat über. Zu Einzelheiten vgl. → Art. 51 Rn. 13.

179 Soweit sich der Verwaltungsrat aus der Geschäftsführung in Angelegenheiten des Tagesgeschäfts heraushält, sind die geschäftsführenden Direktoren **berechtigt und verpflichtet,** die Geschäfte der Gesellschaft **eigenverantwortlich** zu führen. Aus der Geschäftsführungsaufgabe erwächst dem geschäftsführenden Direktor die Pflicht, den Gesellschaftszweck aktiv zu verfolgen und das Unternehmen zu leiten.[242] Im Rahmen dieser Pflicht hat er die Grundsätze der Unternehmenspolitik, die von ihm im Zusammenwirken mit dem Verwaltungsrat entwickelt oder vom Verwaltungsrat vorgegeben werden, in die Praxis umzusetzen.[243] Die unternehmerischen Entscheidungen, die ihm nicht vom Verwaltungsrat vorgegeben werden, hat er selbst zu treffen und das Tagesgeschäft der Gesellschaft zu führen. Er ist dafür verantwortlich, dass die Gesellschaft sich im Außenverhältnis rechtmäßig verhält.[244]

180 Unter Berufung auf **mangelnde Sachkenntnis** kann der geschäftsführende Direktor sich **nicht entlasten**. Bei unternehmerischen Entscheidungen steht ihm allerdings ein gewisser nicht justiziabler Ermessensspielraum zu (§ 40 Abs. 8 SEAG, § 93 Abs. 1 S. 2 AktG). Danach liegt eine Pflichtverletzung dann nicht vor, wenn der geschäftsführende Direktor vernünftigerweise annehmen durfte, auf der Grundlage angemessener Information zum Wohle der Gesellschaft zu handeln.[245] Für die „Sorgfalt eines ordentlichen und gewissenhaften Geschäftsleiters" (§ 40 Abs. 8 SEAG, § 93 Abs. 1 S. 1 AktG) heißt dies: Ein **Schadensersatzanspruch der Gesellschaft entfällt,** wenn der geschäftsführende Direktor die Entscheidungsgrundlage sorgfältig ermittelt hat, sich ausschließlich am Unternehmenswohl orientiert, die Risikobereitschaft nicht überspannt und seine Entscheidungen in vollem Verantwortungsbewusstsein, insbesondere frei von Sonderinteressen, trifft. Tut er dies, haftet er für Fehlbeurteilungen, Fehleinschätzungen und bewusst eingegangene Risiken nicht, sondern hält sich im Rahmen seines ihm zustehenden Ermessensspielraumes. Soweit sich die getroffene Maßnahme in den Grenzen vertretbaren unternehmerischen Ermessens bewegt, löst sie keinen Schadensersatzanspruch aus, selbst wenn sie sich im Nachhinein als falsch herausstellt. Zu Einzelheiten → AktG § 93 Rn. 35 ff.

181 **3. Treuepflicht.** Aus der **treuhänderischen Stellung** des geschäftsführenden Direktors folgt die **Pflicht zur Loyalität gegenüber der Gesellschaft** (→ AktG § 76 Rn. 13).[246] Der Alltag eines geschäftsführenden Direktors ist reich an Situationen, in denen das Gesellschaftsinteresse mit anderweitigen Interessen des geschäftsführenden Direktors kollidieren kann.[247] Solche anderweitigen Interessen können der unterschiedlichsten Art sein. Es kann sich um eigene geschäftliche bzw. private Interessen handeln oder um Interessen Dritter, die der geschäftsführende Direktor für diese wahrnimmt. Um Interessenkollisionen schon im Vorfeld vorzubeugen, unterliegt der geschäftsführende Direktor einem umfassenden

---

[242] Für den Vorstand der AG Kölner Komm AktG/*Mertens/Cahn* AktG § 93 Rn. 83; für den GmbH-Geschäftsführer Lutter/Hommelhoff/*Kleindiek* GmbHG § 43 Rn. 12; Baumbach/Hueck/*Zöllner/Noack* GmbHG § 35 Rn. 33; nach der Präambel DCGK 2019 hat der Vorstand die Verpflichtung, „für den Bestand des Unternehmens und dessen nachhaltige Wertschöpfung zu sorgen".

[243] Für den – insoweit vergleichbaren – GmbH-Geschäftsführer Scholz/*Schneider* GmbHG § 43 Rn. 46; auch Grundsatz 24 DCGK (früher Ziff. 4.1.2 DCGK 2017).

[244] BGHZ 125, 366 (372) = NJW 1994, 1801 (1802f.); BGH DB 1996, 2483; Kölner Komm AktG/ *Mertens/Cahn* AktG § 93 Rn. 71 ff.; MHdB AG/*Wiesner* § 25 Rn. 5 f.; UHL/*Paefgen* GmbHG § 43 Rn. 65; vgl. zur Einhaltung der gesetzlichen Bestimmungen und zur Compliance auch Grundsatz 5 DCGK (früher Ziff. 4.1.3 DCGK 2017).

[245] Vgl. zur sog. „Business Judgement Rule" nur Hüffer/Koch/*Koch* AktG § 93 Rn. 8 ff.

[246] BGHZ 49, 30 (31) = NJW 1968, 396; BGHZ 10, 187 (192) = NJW 1953, 1465 f.; BGH WM 1977, 144; GmbHR 1968, 114; 1977, 43; Hüffer/Koch/*Koch* AktG § 84 Rn. 10; Kölner Komm AktG/*Mertens/ Cahn* AktG § 93 Rn. 95 ff.; UHL/*Paefgen* GmbHG § 43 Rn. 70 ff.; Baumbach/Hueck/*Zöllner/Noack* GmbHG § 35 Rn. 39 ff.; *Lutter* AcP 180 (1980), 84 (108 ff.).

[247] Grds. hierzu *Merkt* ZHR 159 (1995), 423 ff.; *Gieseke* GmbHR 1996, 486 ff.

Wettbewerbsverbot, das ihm jede werbende Tätigkeit im Geschäftszweig der von ihm geführten Gesellschaft untersagt (§ 40 Abs. 7 SEAG, § 88 AktG). Verstößt er hiergegen, so kann die Gesellschaft unabhängig davon, ob ihr ein Schaden entstanden ist, Unterlassung von ihm verlangen (→ AktG § 88 Rn. 29).[248] Über einen eventuell entstandenen Schaden hinaus kann sie von dem geschäftsführenden Direktor herausverlangen, was dieser aus der konkurrierenden Tätigkeit erlangt hat (§ 40 Abs. 7 SEAG, § 88 Abs. 2 S. 2 AktG). Ferner steht ihr ein Eintrittsrecht in die von dem geschäftsführenden Direktor abgeschlossenen Geschäfte zu.

Bestehende Interessenskonflikte hat der geschäftsführende Direktor gegenüber dem Verwaltungsrat **offen zu legen** und seine Mitgeschäftsführer hierüber zu **informieren** (vgl. Empfehlung E.1 DCGK, früher Ziff. 4.3.4 DCGK 2017). Jede **persönliche Bereicherung** auf Kosten der Gesellschaft löst einen Schadensersatzanspruch aus.[249] **Illoyales Verhalten** kann für den geschäftsführenden Direktor auch strafrechtliche Konsequenzen haben. Nicht selten wird eine Strafbarkeit wegen Untreue gem. § 266 StGB in Betracht kommen.[250] Seine Loyalität schuldet der geschäftsführende Direktor ausschließlich der Gesellschaft. Zur Wahrnehmung von Interessen einzelner Aktionäre, die mit denen der Gesellschaft kollidieren, ist er nicht berechtigt. Soweit seine organschaftlichen Pflichten mit denen aus seinem Anstellungsvertrag kollidieren, haben Letztere zurückzutreten.[251]

Weisungen des Verwaltungsrates,[252] insbesondere solche, die für die Gesellschaft mit Risiken verbunden sind, darf der geschäftsführende Direktor nur dann ausführen, wenn sie Gegenstand einer satzungskonformen Willensbildung des Verwaltungsrates waren.[253] In der Regel bedarf es hierzu eines **wirksamen Beschlusses** des Verwaltungsrates oder eines von diesem eingerichteten zuständigen Ausschusses. Umgekehrt darf der geschäftsführende Direktor Weisungen des Verwaltungsrates, die auf ein pflichtwidriges Handeln gerichtet sind, nicht ausführen. Das gilt insbesondere dann, wenn der Verwaltungsratsbeschluss, der der Weisung zugrunde lag, gegen die Sorgfaltspflicht, die guten Sitten (entsprechend § 241 Nr. 4 AktG),[254] die Treuepflicht[255] oder zwingende gläubigerschützende Vorschriften[256] verstößt. Bestehen **Zweifel, ob** eine vom Verwaltungsrat ausgesprochene Weisung pflichtwidrig sein könnte, so hat der geschäftsführende Direktor abzuwägen, ob er die Weisung ausführt.[257] Entschließt er sich zur Ausführung und wird die Pflichtwidrigkeit der Weisung später festgestellt, so hat er nicht nur für die Ausführung, sondern auch für die Entscheidung über die Maßnahme einzustehen. Dabei steht ihm allerdings ein gewisser Ermessensspielraum zu.[258] § 308 Abs. 2 S. 2 AktG, der zur Befolgung einer Weisung verpflichtet, solange nicht offensichtlich ist, dass die Weisung nicht den Belangen des herrschenden Unternehmens oder der mit ihm und der Gesellschaft konzernverbundenen Unternehmen dient, ist nicht entsprechend anwendbar. Denn anders als der Vorstand des herrschenden Unternehmens ist der Verwaltungsrat nicht berechtigt, den geschäftsführenden Direktoren Weisungen zu erteilen, die für die Gesellschaft nachteilig sind.

---

[248] Scholz/*Schneider* GmbHG § 43 Rn. 166.
[249] Bsp. aus der Rspr.: RGZ 96, 53 – Annahme von Provisionen zu Lasten der Gesellschaft; BGH WM 1979, 1328 (1330); 1983, 498; 1985, 1443; NJW 1986, 585 (586); WM 1989, 1335 (1339) – Wahrnehmung von Geschäftschancen, die der Gesellschaft gebühren, als Eigengeschäft bzw. durch nahestehende Personen; vgl. dazu auch *Kübler* FS Werner, 1984, 437 (438); BGH WM 1979, 1328 (1330); 1989, 1335; 1992, 691 f.; OLG Düsseldorf GmbHR 1995, 227 f. – Begünstigung nahestehender Personen.
[250] Vgl. hierzu ausf. *Schlösser* NZG 2008, 126 ff.
[251] Lutter/Hommelhoff/*Kleindiek* GmbHG Anh. § 6 Rn. 13.
[252] Ausf. zum Folgenden *Ihrig* ZGR 2008, 809 (824 ff.).
[253] Zur Parallelproblematik im Verhältnis des GmbH-Geschäftsführers zur Gesellschafterversammlung vgl. ausf. *Konzen* NJW 1989, 2977 ff.
[254] Vgl. Scholz/*Schneider* GmbHG § 43 Rn. 127.
[255] BGHZ 65, 15 = NJW 1976, 191 – ITT; *Konzen* NJW 1989, 2977 (2982 ff.).
[256] BGH GmbHR 1974, 131 f.; 1980, 30; WM 1992, 223; namentlich die § 10 Abs. 2 AktG, §§ 56, 57, 58 Abs. 4 AktG, §§ 71–71e, 89, 92 Abs. 2 AktG, §§ 113–115, 199, 225 Abs. 2 AktG, 230, 233, 237 Abs. 2, §§ 271, 272 AktG, §§ 34, 69 AO, § 266a StGB.
[257] Ebenso *Ihrig* ZGR 2008, 809 (830).
[258] *Fleck* GmbHR 1974, 224 (227); Scholz/*Schneider* GmbHG § 43 Rn. 132.

184   **4. Berichtspflichten gegenüber dem Verwaltungsrat.** Gem. § 40 Abs. 6 SEAG haben die geschäftsführenden Direktoren dem Verwaltungsrat entsprechend § 90 AktG zu berichten, sofern die Satzung oder die Geschäftsordnung nichts anderes vorsehen. Eine Besonderheit gegenüber den entsprechenden Berichtspflichten des Vorstands gegenüber dem Aufsichtsrat der AG besteht mit Blick auf die Berichtspflicht gem. § 90 Abs. 1 Nr. 1, Abs. 2 Nr. 1 AktG. Die Pflicht zur Berichterstattung über die beabsichtigte Geschäftspolitik und andere grundsätzliche Fragen der Unternehmensplanung verdichtet sich im Falle der geschäftsführenden Direktoren zu einer **Vorbereitungs- und Beratungspflicht.**[259] Denn im Gegensatz zum Vorstand der AG haben die geschäftsführenden Direktoren über die beabsichtigte Geschäftspolitik und grundsätzliche Fragen der Unternehmensplanung nicht selbst zu entscheiden. Dies ist vielmehr Aufgabe des Verwaltungsrates (vgl. → Rn. 79). Die geschäftsführenden Direktoren haben den Verwaltungsrat dabei allerdings zu **unterstützen,** insbesondere entsprechende Entwürfe der Unternehmensplanungen zu erstellen und diese dem Verwaltungsrat zu erläutern. Dabei haben sie auch über Abweichungen der tatsächlichen Entwicklung von früher berichteten Zahlen unter Angabe von Gründen einzugehen (§ 90 Abs. 1 Nr. 1 AktG).

185   Eine **besondere Berichtspflicht** ist den geschäftsführenden Direktoren in § 40 Abs. 3 SEAG auferlegt. Ergibt sich bei der Aufstellung der Jahresbilanz oder einer Zwischenbilanz oder ist bei pflichtgemäßem Ermessen anzunehmen, dass ein Verlust in der Hälfte des Grundkapitals besteht, so haben die geschäftsführenden Direktoren dem Vorsitzenden des Verwaltungsrates unverzüglich darüber zu berichten. Dasselbe gilt, wenn die Gesellschaft zahlungsunfähig wird oder sich eine Überschuldung der Gesellschaft ergibt. Für die Anzeige des Verlusts der Hälfte des Grundkapitals gegenüber der Hauptversammlung und für die Stellung des Insolvenzantrages im Falle von Zahlungsunfähigkeit und Überschuldung ist der Verwaltungsrat selbst verpflichtet (§ 22 Abs. 5 SEAG). Die Berichtspflicht des § 40 Abs. 3 SEAG korrespondiert so mit den Pflichten des Verwaltungsrates[260] und soll sicherstellen, dass diesem rechtzeitig die zur Erfüllung seiner Pflichten erforderlichen Informationen zur Verfügung stehen.

186   **5. Schweigepflicht.** Gem. § 40 Abs. 8 SEAG iVm § 93 Abs. 1 S. 3 AktG haben die geschäftsführenden Direktoren über **vertrauliche Angaben und Geheimnisse** der Gesellschaft, namentlich Betriebs- und Geschäftsgeheimnisse, die ihnen durch ihre Tätigkeit bekannt geworden sind, Stillschweigen zu bewahren. Die Schweigepflicht ist Ausfluss der den geschäftsführenden Direktoren obliegenden Treue- und Sorgfaltspflicht (→ AktG § 93 Rn. 130).[261] Der **Verstoß gegen die Schweigepflicht** stellt unter Umständen eine grobe Verletzung der Organpflichten dar, die zur Abberufung und Kündigung des Anstellungsvertrages des geschäftsführenden Direktors aus wichtigem Grund berechtigen kann. Ist der geschäftsführende Direktor gleichzeitig Mitglied des Verwaltungsrates, so kann die Pflichtverletzung gleichzeitig einen wichtigen Grund für die Abberufung durch die Hauptversammlung darstellen. Darüber hinaus machen sich geschäftsführende Direktoren gem. § 404 AktG strafbar, wenn sie ein Geheimnis der Gesellschaft unbefugt offenbaren. Die Anwendung von § 404 AktG auf geschäftsführende Direktoren verstößt nicht gegen das strafrechtliche Analogieverbot. Denn § 40 Abs. 8 SEAG unterwirft die geschäftsführenden Direktoren ausdrücklich der – strafbewehrten – Schweigepflicht. Geschäftsführende Direktoren, die ihre Schweigepflicht schuldhaft verletzen, sind der Gesellschaft gem. § 40 Abs. 8 SEAG, § 93 Abs. 2 AktG zum Schadensersatz verpflichtet. Die gesetzliche Schweigepflicht endet nicht mit der Beendigung der Organstellung, sondern dauert – auch wenn dies nicht ausdrücklich vereinbart ist – nach Beendigung der Organstellung fort (→ AktG § 93 Rn. 149).[262] Zu Einzelheiten vgl. im Übrigen → AktG § 93 Rn. 96 ff.

---

[259] So auch Kölner Komm AktG/*Siems* Anh. Art. 51 § 40 SEAG Rn. 67 aE.
[260] *Drinhausen* in Van Hulle/Maul/Drinhausen SE-HdB Abschnitt 5 § 3 Rn. 19 (S. 138).
[261] BGHZ 64, 325 (327) = NJW 1975, 1412 für Aufsichtsratsmitglieder; MHdB AG/*Wiesner* § 25 Rn. 46; Hüffer/Koch/*Koch* AktG § 93 Rn. 10; *Säcker* NJW 1986, 803; krit. *Fleischer* WM 2003, 1045 (1051).
[262] Kölner Komm AktG/*Mertens*/*Cahn* AktG § 93 Rn. 122; Hüffer/Koch/*Koch* AktG § 93 Rn. 31; vgl. ferner Begr. RegE *Kropff* S. 123.

6. Handelsregisterpflichten. Gem. § 40 Abs. 2 S. 4 SEAG obliegen den geschäftsfüh- 187
renden Direktoren diejenigen Anmeldungs- und Einreichungspflichten zum Handelsregister, die nach den für Aktiengesellschaften geltenden Rechtsvorschriften dem Vorstand zugewiesen sind. Probleme entstehen dort, wo spezialgesetzlich neben dem Vorstand andere Personen an der Handelsregisteranmeldung mitzuwirken haben. So sind etwa im deutschen Recht sowohl im Fall einer Barkapitalerhöhung (§ 182 AktG) als auch im Fall einer Sachkapitalerhöhung (§ 183 AktG) jeweils der Vorstand und der Aufsichtsratsvorsitzende für die Anmeldungen der Eintragung des Kapitalerhöhungsbeschlusses (§ 184 Abs. 1 AktG) und die Anmeldung der Eintragung der Durchführung der Kapitalerhöhung im Handelsregister (§ 188 Abs. 1 AktG) zuständig. Da hier nach dem Gesetzeszweck sowohl Vorstand als auch Aufsichtsrat in die Pflicht genommen werden sollen, erscheint auch auf Ebene der SE eine Beteiligung des Verwaltungsrates geboten.[263] Für den Fall der Kapitalerhöhung tritt an die Stelle des Aufsichtsratsvorsitzenden der Vorsitzende des Verwaltungsrates der SE.[264] Überträgt das SEAG die Zuständigkeit für Handelsregisteranmeldungen abweichend von § 40 Abs. 2 S. 4 einem anderen Organ, so geht diese Regelung den vorstehenden Grundsätzen vor.[265] Eine derartige Regelung findet sich zB in § 21 Abs. 1 SEAG.

7. Aufstellung des Jahresabschlusses. In Anlehnung an die §§ 170–173 AktG regelt 188
§ 47 SEAG die Verteilung der Aufgaben zwischen geschäftsführenden Direktoren und Verwaltungsrat im Bereich der Rechnungslegung der Gesellschaft. Dabei ist den geschäftsführenden Direktoren die Aufgabe zugewiesen, den Jahresabschluss aufzustellen und diesen dann dem Verwaltungsrat zur Prüfung und ggf. zur Feststellung bzw. – im Falle des Konzernabschlusses – zur Billigung vorzulegen.

Für die Aufstellung des Jahresabschlusses und des Lageberichts gelten die in § 264 189
Abs. 1 HGB statuierten Fristen. Zu beachten ist dabei, namentlich bei kleinen Gesellschaften, die nach § 264 Abs. 1 S. 4 HGB die dort geregelte längere Frist für die Aufstellung des Jahresabschlusses in Anspruch nehmen können, dass die ordentliche Hauptversammlung der SE gem. Art. 54 Abs. 1 – anders als bei der Aktiengesellschaft – bereits innerhalb von sechs statt acht Monaten nach Ablauf des Geschäftsjahres stattzufinden hat und der Jahresabschluss den Aktionären bereits ab dem Tag der Einberufung zugänglich gemacht werden muss.[266]

Ebenso wie auch sonst sind die geschäftsführenden Direktoren bei der Aufstellung des 190
Jahresabschlusses verpflichtet, Weisungen des Verwaltungsrates zu befolgen.[267]

VIII. Vertretung der monistischen SE

1. Geschäftsführende Direktoren als Handlungsorgane. Den geschäftsführenden 191
Direktoren obliegt gem. § 41 Abs. 1 SEAG die **gerichtliche** und **außergerichtliche Vertretung** der Gesellschaft. Bei dieser Vertretung handelt es sich um eine organschaftliche Vertretung,[268] die unmittelbar auf Bestellung durch den Verwaltungsrat beruht. Die Bestellung der geschäftsführenden Direktoren zielt auf die Schaffung eines Handlungsorgans, durch das die SE als juristische Person handlungsfähig wird. Dem Vorbild des französischen Rechts folgend (→ Rn. 19 ff.) differenziert der Gesetzgeber zwischen Geschäftsführungsorgan (Verwaltungsrat) einerseits und Handlungsorgan (geschäftsführende Direktoren) andererseits. Das Handeln der geschäftsführenden Direktoren wird rechtlich als Handeln der SE gewertet.

---

[263] Ebenso Lutter/Hommelhoff/Teichmann/*Teichmann* Anh. Art. 43 § 40 SEAG Rn. 35; Kölner Komm AktG/*Siems* Anh. Art. 51 § 40 SEAG Rn. 56; DNotI-Report 2009, 42 (44); aA *Schwarz* Anh. Art. 43 Rn. 280.
[264] Ebenso Kölner Komm AktG/*Siems* Anh. Art. 51 § 40 SEAG Rn. 56; DNotI-Report 2009, 42 (46).
[265] *Schwarz* Anh. Art. 43 Rn. 280; Kölner Komm AktG/*Siems* Anh. Art. 51 § 40 SEAG Rn. 56; Lutter/Hommelhoff/Teichmann/*Teichmann* Anh. Art. 43 § 40 SEAG Rn. 35.
[266] Habersack/Drinhausen/*Verse* § 47 SEAG Rn. 4.
[267] AA BeckOGK/*Eberspächer* Art. 43 Rn. 16; wie hier Kölner Komm AktG/*Siems* Anh. Art. 51 § 47 SEAG Rn. 6; Lutter/Hommelhoff/Teichmann/*Teichmann* Anh. Art. 43 § 47 SEAG Rn. 11; Habersack/Drinhausen/*Verse* SEAG § 44 Rn. 11.
[268] Konsequent aA Kölner Komm AktG/*Siems* Anh. Art. 51 § 41 SEAG Rn. 6: gesetzliche Vertretung.

192 Die § 41 Abs. 1–4 SEAG entsprechen inhaltlich § 78 AktG. Die geschäftsführenden Direktoren treten insoweit an die Stelle des Vorstands. Zu Einzelheiten vgl. → AktG § 78 Rn. 5 ff. Ebenso wie im Aktienrecht (§ 78 Abs. 3 S. 1 AktG) kann die Satzung bestimmen, dass einzelne geschäftsführende Direktoren allein oder in Gemeinschaft mit einem Prokuristen zur Vertretung der Gesellschaft befugt sind. Ein Unterschied zum Aktienrecht besteht aber insoweit, als der Satzungsgeber den Verwaltungsrat – anders als den Aufsichtsrat der AG (§ 78 Abs. 3 S. 2 AktG) – nicht ermächtigen kann, einzelnen oder allen geschäftsführenden Direktoren Alleinvertretungs- oder unechte Gesamtvertretungsbefugnis zu erteilen. Eine dem § 78 Abs. 3 S. 2 AktG entsprechende Regelung hat der Gesetzgeber in § 41 SEAG nicht übernommen.

193 Im Falle der Führungslosigkeit, also wenn keine geschäftsführenden Direktoren bestellt sind, geht die Befugnis zur Passivvertretung nach dem durch das MoMiG vom 23.10.2008 (BGBl. 2008 I 2026) neu eingeführten § 41 Abs. 1 S. 2 SEAG auf den Verwaltungsrat über. Zugang der entsprechenden Willenserklärung bei einem Verwaltungsratsmitglied genügt (§ 41 Abs. 2 S. 2 Alt. 2 SEAG). Für die Aktivvertretung der SE gilt § 41 Abs. 1 S. 2 SEAG nicht. Der Verwaltungsrat ist im Falle der Führungslosigkeit gehalten, unverzüglich neue geschäftsführende Direktoren zu bestellen, notfalls im Wege der gerichtlichen Bestellung nach § 45 SEAG.

194 **2. Außergerichtliche Vertretung.** Die Vertretungsmacht der geschäftsführenden Direktoren ist gem. § 44 Abs. 1 SEAG im Außenverhältnis **unbeschränkt und unbeschränkbar.** Ebenso wie beim Vorstand der AG wird die Vertretungsmacht weder durch den Gesellschaftszweck noch durch den Unternehmensgegenstand beschränkt.[269] Der **Ultra-vires-Gedanke** hat in das Recht der SE ebenso wenig wie in das der Aktiengesellschaft Eingang gefunden (→ AktG § 82 Rn. 8).[270] Ausnahmen vom Grundsatz der Unbeschränkbarkeit der organschaftlichen Vertretungsmacht sind denkbar bei Anwendbarkeit der Grundsätze über den Missbrauch der Vertretungsmacht (→ AktG § 82 Rn. 39 ff.) und in den Fällen, in denen den geschäftsführenden Direktoren für das Außenhandeln die Vertretungsmacht nicht oder nicht allein zusteht (→ AktG § 82 Rn. 14 ff.). Eine generelle Beschränkung der Vertretungsmacht besteht auch nicht für den Fall der Vertretung der Gesellschaft gegenüber den Verwaltungsratsmitgliedern. Etwaigen Interessenkollisionen wird durch § 38 Abs. 2 SEAG Rechnung getragen, wonach Dienst-, Werk- und Kreditverträge zwischen der Gesellschaft und ihren Verwaltungsratsmitgliedern der Zustimmung des Verwaltungsrats bedürfen. Bei der diesbezüglichen Beschlussfassung ist das betroffene Verwaltungsratsmitglied nicht stimmberechtigt.[271]

195 Die organschaftliche Vertretung rechtfertigt eine **Wissenszurechnung** auch dann, wenn der geschäftsführende Direktor, um dessen Kenntnis oder Kennenmüssen es geht, nicht selbst an dem Rechtsgeschäft mitgewirkt hat.[272]

196 **3. Gerichtliche Vertretung.** § 41 Abs. 1 SEAG weist insbesondere auch die **gerichtliche Vertretung** der SE den geschäftsführenden Direktoren zu. Ausnahmen bilden vor allem § 41 Abs. 5 SEAG (Vertretung durch den Verwaltungsrat), Art. 51 iVm § 147 Abs. 2 AktG (besonderer Vertreter) und § 246 Abs. 2 S. 2 AktG (Doppelvertretung durch geschäftsführende Direktoren und Verwaltungsrat). Die geschäftsführenden Direktoren vertreten die SE auch dann, wenn Mitglieder des Verwaltungsrates gegen die SE auf Feststellung der Nichtigkeit von Verwaltungsratsbeschlüssen klagen.[273] Gem. § 130 Nr. 1 ZPO, § 253 Abs. 4 ZPO, § 313 Abs. 1 Nr. 1 ZPO gehört die Benennung der geschäftsfüh-

---

[269] *Drinhausen* in Van Hulle/Maul/Drinhausen SE-HdB Abschnitt 5 § 3 Rn. 39 (S. 143).
[270] Begr. RegE *Kropff* S. 103; MHdB AG/*Wiesner* § 23 Rn. 2; Hüffer/Koch/*Koch* AktG § 82 Rn. 1; Kölner Komm AktG/*Mertens/Cahn* AktG § 82 Rn. 1; *K. Schmidt* AcP 184 (1984), 529 (530 ff.); *Wiedemann* GesR Bd. 1 § 526 ff.
[271] Lutter/Hommelhoff/Teichmann/*Teichmann* Anh. Art. 43 § 41 SEAG Rn. 19.
[272] Zu den Einzelheiten *Reischel* JuS 1997, 783 (784 ff.). vgl. auch MüKoBGB/*Schubert* § 166 Rn. 8 ff.
[273] Lutter/Hommelhoff/Teichmann/*Teichmann* Anh. Art. 43 § 41 SEAG Rn. 18; zur AG: BGHZ 122, 342 (345 ff.) mwN = NJW 1993, 2307; Hüffer/Koch/*Koch* AktG § 78 Rn. 4.

renden Direktoren zur Parteibezeichnung in Schriftsätzen und Urteilen. Eine gegen die SE gerichtete Klage ist den geschäftsführenden Direktoren zuzustellen (§ 170 Abs. 1 ZPO), wobei die Zustellung an einen geschäftsführenden Direktor gem. § 170 Abs. 3 ZPO genügt. Zur Zustellung bei Doppelvertretung vgl. → AktG § 246 Rn. 37. Insoweit treten die geschäftsführenden Direktoren an die Stelle des Vorstandes und der Verwaltungsrat an die Stelle des Aufsichtsrats.

Im Prozess sind die geschäftsführenden Direktoren, soweit sie die AG vertreten, als Partei **197** und nicht als Zeugen zu vernehmen (§ 455 Abs. 1 S. 1 ZPO).[274] Die Mitglieder des Verwaltungsrates können, soweit sie nicht geschäftsführende Direktoren sind, dagegen grundsätzlich als Zeugen vernommen werden, da sie nicht zur gerichtlichen Vertretung der SE berufen sind.

Bei Klagen auf Anfechtung oder Nichtigkeit von **Beschlüssen der Hauptversamm- 198 lung** oder auf Nichtigerklärung der Gesellschaft (Art. 9 Abs. 1 lit. c Ziff. ii iVm § 246 Abs. 2 S. 2 AktG, § 249 Abs. 1 AktG, § 275 Abs. 4 AktG) erfolgt die gerichtliche Vertretung durch die geschäftsführenden Direktoren und den Verwaltungsrat als Doppelvertreter;[275] klagen die geschäftsführenden Direktoren, wird die SE durch den Verwaltungsrat vertreten und umgekehrt (§ 246 Abs. 2 S. 3 AktG).[276]

Eidesstattliche Versicherungen werden für die SE von den zum Abgabezeitpunkt **199** amtierenden geschäftsführenden Direktoren abgegeben (für die AG → AktG § 78 Rn. 16).[277]

4. Vertretung durch den Verwaltungsrat. Nach § 41 Abs. 5 SEAG wird die Gesell- **200** schaft den geschäftsführenden Direktoren gegenüber vom Verwaltungsrat vertreten. Funktional entspricht die Vorschrift § 112 AktG.[278] Die geschäftsführenden Direktoren treten insoweit anstelle des Vorstands und der Verwaltungsrat an die Stelle des Aufsichtsrats.

Das ist problematisch, soweit ein geschäftsführender Direktor **gleichzeitig** dem Ver- **201** waltungsrat angehört (§ 40 Abs. 1 S. 2 SEAG). Die ratio des § 112 AktG beruht auf der Besorgnis, dass der Vorstand als regelmäßiges Vertretungsorgan (§ 78 AktG) die erforderliche Unbefangenheit nicht aufbringt, wenn einzelne seiner Mitglieder an dem fraglichen Rechtsverhältnis selbst beteiligt sind (→ AktG § 112 Rn. 1).[279] Im Außenverhältnis leistet bei der SE insoweit § 181 BGB Abhilfe; im Innenverhältnis sind die betroffenen Verwaltungsratsmitglieder entsprechend § 34 BGB bei der Beschlussfassung im Verwaltungsrat **vom Stimmrecht ausgeschlossen**, wenn die Beschlussfassung den Abschluss eines Rechtsgeschäfts mit ihnen oder die Einleitung oder Erledigung eines Rechtsstreits zwischen ihnen und der SE betrifft.[280] Das kann im paritätisch mitbestimmten Verwaltungsrat dazu führen, dass die Anteilseignervertreter von den Arbeitnehmervertretern überstimmt werden können. Dadurch sind möglicherweise die durch § 14 Abs. 1 GG gezogenen und durch die Mitbestimmungsentscheidung des BVerfG[281] konkretisierten Schranken der unternehmerischen Mitbestimmung überschritten.

---

[274] Lutter/Hommelhoff/Teichmann/*Teichmann* Anh. Art. 43 § 41 SEAG Rn. 7; vgl. RGZ 2, 400 (401); 46, 318 (319).
[275] Sich anschließend *Göz* ZGR 2008, 593 (596); Lutter/Hommelhoff/Teichmann/*Teichmann* Anh. Art. 43 § 41 SEAG Rn. 8; zur AG: BGH NJW 1992, 2099; WM 1974, 713; OLG Frankfurt AG 1984, 110.
[276] Ebenso Lutter/Hommelhoff/Teichmann/*Teichmann* Anh. Art. 43 § 41 SEAG Rn. 8.
[277] Lutter/Hommelhoff/Teichmann/*Teichmann* Anh. Art. 43 § 41 SEAG Rn. 7; zur AG OLG Hamm WM 1984, 1343 ff.; OLGZ 1985, 227 (228) mwN; Kölner Komm AktG/*Mertens/Cahn* AktG § 78 Rn. 22; Hüffer/Koch/*Koch* AktG § 78 Rn. 4; MHdB AG/*Wiesner* § 23 Rn. 5.
[278] Begr. RegE zu § 41 SEAG, BT-Drs. 15/3405, 39.
[279] Ganz hM, vgl. BGHZ 130, 108 (111) = NJW 1995, 2559 (2560); BGH NJW 1989, 2055 (2056); AG 1991, 269; BAG AG 2002, 458 (459); OLG Düsseldorf AG 1997, 231 (234); OLG München AG 1996, 86; *Werner* ZGR 1989, 369 (381 ff.); Hüffer/Koch/*Koch* AktG § 112 Rn. 1; Kölner Komm AktG/*Mertens* AktG § 112 Rn. 2.
[280] IE ebenso Lutter/Hommelhoff/Teichmann/*Teichmann* Anh. Art. 43 § 41 SEAG Rn. 17; Kölner Komm AktG/*Mertens* AktG § 108 Rn. 49; MHdB AG/*Hoffmann-Becking* § 31 Rn. 70; *Lutter/Krieger/Verse* Aufsichtsrat § 11 Rn. 730; Habersack/Henssler/*Habersack* MitbestG § 25 Rn. 27.
[281] BVerfGE 50, 290 (350) = NJW 1979, 699.

202 Gem. § 35 Abs. 3 SEAG hat der Vorsitzende des Verwaltungsrates eine **zusätzliche Stimme,** wenn ein geschäftsführender Direktor, der zugleich Mitglied des Verwaltungsrates ist, aus rechtlichen Gründen daran gehindert ist, an der Beschlussfassung im Verwaltungsrat teilzunehmen. Diese Bestimmung wurde nachträglich in den Gesetzesentwurf aufgenommen, um bei Abstimmungen im Verwaltungsrat eine Majorisierung der Anteilseignervertreter durch die Arbeitnehmervertreter in Fällen zu verhindern, in denen ein Verwaltungsratsmitglied – dem Rechtsgedanken des § 34 BGB entsprechend – vom Stimmrecht ausgeschlossen ist.[282] Zu Einzelheiten vgl. → Art. 50 Rn. 35 ff.

203 Für die Praxis sollte die Problematik unbedingt dadurch gelöst werden, dass Beschlussgegenstände iSv § 41 Abs. 5 SEAG auf einen Ausschuss des Verwaltungsrates übertragen werden, der ausschließlich aus nicht-geschäftsführenden Mitgliedern besteht, ohne dass die Arbeitnehmervertreter über die Mehrheit der Sitze verfügen. Eine Übertragung des Beschlussgegenstandes auf einen Ausschuss ist zulässig. § 41 Abs. 5 SEAG ist in § 34 Abs. 4 SEAG nicht genannt. Zu den Einzelheiten vgl. → AktG § 112 Rn. 20 ff., zur personellen und sachlichen Reichweite der Vertretung gegenüber geschäftsführenden Direktoren vgl. → Rn. 200 ff., → AktG § 112 Rn. 7 ff., zu Rechtsfolgen bei einem Vertretungsmangel → AktG § 112 Rn. 31 ff.

204 Bezüglich der Passivvertretung gegenüber den geschäftsführenden Direktoren fehlt es in § 41 Abs. 5 SEAG an einer dem § 112 S. 2 AktG vergleichbaren Regelung, nach der jedes einzelne Aufsichtsratsmitglied einzelvertretungsbefugt ist, soweit es um die Passivvertretung gegenüber dem Vorstand geht. Dies beruht offenbar auf einem Redaktionsversehen des Gesetzgebers, der es bei Einführung des § 112 S. 2 AktG durch das MoMiG übersehen hat, § 41 Abs. 5 SEAG entsprechend anzupassen. Die entstandene Regelungslücke ist dahingehend zu schließen, dass analog §§ 112 S. 2, 78 Abs. 2 S. 2 AktG jedes einzelne Verwaltungsratsmitglied als passivvertretungsbefugt anzusehen ist.[283]

205 Über § 41 Abs. 5 SEAG hinaus existieren eine Reihe von Sondervorschriften, die dem Verwaltungsrat die Vertretungsbefugnis der SE anstelle der geschäftsführenden Direktoren zuweisen. Das gilt namentlich für die Beauftragung von Sachverständigen im Rahmen des dem Verwaltungsrat nach § 22 Abs. 4 SEAG eingeräumten Prüfungsrechts (S. 2), die Beauftragung des Abschlussprüfers (§ 22 Abs. 4 S. 3 SEAG) sowie die Pflicht zur Stellung des Insolvenzantrags (§ 22 Abs. 5 S. 2 Hs. 1 SEAG; → Rn. 104 ff.).

Art. 44 [Sitzungen]

(1) Das Verwaltungsorgan tritt in den durch die Satzung bestimmten Abständen, mindestens jedoch alle drei Monate, zusammen, um über den Gang der Geschäfte der SE und deren voraussichtliche Entwicklung zu beraten.

(2) Jedes Mitglied des Verwaltungsorgans kann von allen Informationen, die diesem Organ übermittelt werden, Kenntnis nehmen.

§ 34 SEAG Innere Ordnung des Verwaltungsrats

(1) [1]Der Verwaltungsrat hat neben dem Vorsitzenden nach näherer Bestimmung der Satzung aus seiner Mitte mindestens einen Stellvertreter zu wählen. [2]Der Stellvertreter hat nur dann die Rechte und Pflichten des Vorsitzenden, wenn dieser verhindert ist. [3]Besteht der Verwaltungsrat nur aus einer Person, nimmt diese die dem Vorsitzenden des Verwaltungsrats gesetzlich zugewiesenen Aufgaben wahr.

(2) [1]Der Verwaltungsrat kann sich eine Geschäftsordnung geben. [2]Die Satzung kann Einzelfragen der Geschäftsordnung bindend regeln.

(3) [1]Über die Sitzungen des Verwaltungsrats ist eine Niederschrift anzufertigen, die der Vorsitzende zu unterzeichnen hat. [2]In der Niederschrift sind der Ort und der Tag der Sitzung, die Teilnehmer, die Gegenstände der Tagesordnung, der wesentliche Inhalt der Verhandlungen und die Beschlüsse des Verwaltungsrats anzugeben. [3]Ein Verstoß gegen Satz 1 oder Satz 2 macht einen

---

[282] Begr. RegE, BT-Drs. 15/4350, 59.
[283] Habersack/Drinhausen/*Verse* SEAG § 41 Rn. 18.

Beschluss nicht unwirksam. ⁴Jedem Mitglied des Verwaltungsrats ist auf Verlangen eine Abschrift der Sitzungsniederschrift auszuhändigen. ⁵Die Sätze 1 bis 4 finden auf einen Verwaltungsrat, der nur aus einer Person besteht, keine Anwendung.

(4) ¹Der Verwaltungsrat kann aus seiner Mitte einen oder mehrere Ausschüsse bestellen, namentlich, um seine Verhandlungen und Beschlüsse vorzubereiten oder die Ausführung seiner Beschlüsse zu überwachen. ²Die Aufgaben nach Absatz 1 Satz 1 und nach § 22 Abs. 1 und 3, § 40 Abs. 1 Satz 1 und § 47 Abs. 3 dieses Gesetzes sowie nach § 68 Abs. 2 Satz 2, § 87 Absatz 1 und 2 Satz 1 und 2, § 203 Abs. 2, § 204 Abs. 1 Satz 1, § 205 Abs. 2 Satz 1 und § 314 Abs. 2 und 3 des Aktiengesetzes können einem Ausschuss nicht an Stelle des Verwaltungsrats zur Beschlussfassung überwiesen werden. ³Dem Verwaltungsrat ist regelmäßig über die Arbeit der Ausschüsse zu berichten. ⁴Der Verwaltungsrat kann einen Prüfungsausschuss einrichten, dem insbesondere die Aufgaben nach § 107 Abs. 3 Satz 2 des Aktiengesetzes übertragen werden können. ⁵Richtet der Verwaltungsrat einer SE, die kapitalmarktorientiert im Sinne des § 264d des Handelsgesetzbuchs, die CRR-Kreditinstitut im Sinne des § 1 Absatz 3d Satz 1 des Kreditwesengesetzes, mit Ausnahme der in § 2 Absatz 1 Nummer 1 und 2 des Kreditwesengesetzes genannten Institute, oder die Versicherungsunternehmen im Sinne des Artikels 2 Absatz 1 der Richtlinie 91/674/EWG ist, einen Prüfungsausschuss ein, so muss dieser die Voraussetzungen des § 100 Absatz 5 des Aktiengesetzes erfüllen. ⁶Der Verwaltungsrat kann ferner einen Ausschuss einrichten, dem die Aufgaben nach § 107 Absatz 3 Satz 4 des Aktiengesetzes übertragen werden. ⁷Der Ausschuss muss mehrheitlich mit nicht geschäftsführenden Mitgliedern besetzt sein. ⁸Im Übrigen gilt § 107 Absatz 3 Satz 4 bis 6 des Aktiengesetzes hinsichtlich der Besetzung des Ausschusses entsprechend.

§ 35 SEAG Beschlussfassung

(1) ¹Abwesende Mitglieder können dadurch an der Beschlussfassung des Verwaltungsrats und seiner Ausschüsse teilnehmen, dass sie schriftliche Stimmabgaben überreichen lassen. ²Die schriftlichen Stimmabgaben können durch andere Mitglieder überreicht werden. ³Sie können auch durch Personen, die nicht dem Verwaltungsrat angehören, übergeben werden, wenn diese nach § 109 Abs. 3 des Aktiengesetzes zur Teilnahme an der Sitzung berechtigt sind.

(2) Schriftliche, fernmündliche oder andere vergleichbare Formen der Beschlussfassung des Verwaltungsrats und seiner Ausschüsse sind vorbehaltlich einer näheren Regelung durch die Satzung oder eine Geschäftsordnung des Verwaltungsrats nur zulässig, wenn kein Mitglied diesem Verfahren widerspricht.

(3) Ist ein geschäftsführender Direktor, der zugleich Mitglied des Verwaltungsrats ist, aus rechtlichen Gründen gehindert, an der Beschlussfassung im Verwaltungsrat teilzunehmen, hat insoweit der Vorsitzende des Verwaltungsrats eine zusätzliche Stimme.

§ 36 SEAG Teilnahme an Sitzungen des Verwaltungsrats und seiner Ausschüsse

(1) ¹An den Sitzungen des Verwaltungsrats und seiner Ausschüsse sollen Personen, die dem Verwaltungsrat nicht angehören, nicht teilnehmen. ²Sachverständige und Auskunftspersonen können zur Beratung über einzelne Gegenstände zugezogen werden.

(2) Mitglieder des Verwaltungsrats, die dem Ausschuss nicht angehören, können an den Ausschusssitzungen teilnehmen, wenn der Vorsitzende des Verwaltungsrats nichts anderes bestimmt.

(3) Die Satzung kann zulassen, dass an den Sitzungen des Verwaltungsrats und seiner Ausschüsse Personen, die dem Verwaltungsrat nicht angehören, an Stelle von verhinderten Mitgliedern teilnehmen können, wenn diese sie in Textform ermächtigt haben.

(4) Abweichende gesetzliche Bestimmungen bleiben unberührt.

§ 37 SEAG Einberufung des Verwaltungsrats

(1) ¹Jedes Verwaltungsratsmitglied kann unter Angabe des Zwecks und der Gründe verlangen, dass der Vorsitzende des Verwaltungsrats unverzüglich den Verwaltungsrat einberuft. ²Die Sitzung muss binnen zwei Wochen nach der Einberufung stattfinden.

(2) Wird dem Verlangen nicht entsprochen, so kann das Verwaltungsratsmitglied unter Mitteilung des Sachverhalts und der Angabe einer Tagesordnung selbst den Verwaltungsrat einberufen.

§ 38 SEAG Rechtsverhältnisse der Mitglieder des Verwaltungsrats

(1) Für die Vergütung der Mitglieder des Verwaltungsrats gilt § 113 des Aktiengesetzes entsprechend.

(2) Für die Gewährung von Krediten an Mitglieder des Verwaltungsrats und für sonstige Verträge mit Mitgliedern des Verwaltungsrats gelten die §§ 114 und 115 des Aktiengesetzes entsprechend.

Schrifttum: *Altmeppen,* Der Prüfungsausschuss – Arbeitsteilung im Aufsichtsrat, ZGR 2004, 390; *Bauer,* Organstellung und Organvergütung in der monistisch verfassten Europäischen Aktiengesellschaft (SE), Diss. München 2007; *Baums,* Der fehlerhafte Aufsichtsratsbeschluss, ZGR 1983, 300; *Baums,* Der Aufsichtsrat – Aufgaben und Reformfragen, ZIP 1995, 11; *Baums/Ulmer,* Unternehmens-Mitbestimmung der Arbeitnehmer im Recht der EU-Mitgliedstaaten, ZHR-Beiheft 72, 2004; *Böckli,* Schweizer Aktienrecht, 2009; *Brandt,* Hauptversammlung der europäischen Aktiengesellschaft, Diss. Würzburg 2004; *Davies,* Struktur der Unternehmensführung in Großbritannien und Deutschland: Konvergenz oder fortbestehende Divergenz?, ZGR 2001, 268; *Dreher,* Direktkontakte des Aufsichtsrats in der Aktiengesellschaft zu dem Vorstand nachgeordneten Mitarbeitern, FS Ulmer, 2003, 87; *Geitner,* Offene Fragen im Mitbestimmungsgesetz, AG 1976, 210; *Gruber/Weller,* Societas Europaea: Mitbestimmung ohne Aufsichtsrat, NZG 2003, 297; *Gruson/Kubicek,* Der Sarbanes-Oxley Act, Corporate Governance und das deutsche Aktienrecht (Teil I), AG 2003, 337; *Henssler,* Unternehmerische Mitbestimmung in der Societas Europaea – Neue Denkanstöße für die „Corporate Governance" – Diskussion, FS Ulmer, 2003, 193; *Hoffmann-Becking,* Organe: Strukturen und Verantwortlichkeiten, insbesondere im monistischen System, ZGR 2004, 355; *Hommelhoff,* Der aktienrechtliche Organstreit, ZHR 143 (1979), 288; *Hopt,* ECLR – gemeinsame Grundsätze der Corporate Governance in Europa?, ZGR 2000, 779; *Kersting,* Das Audit Committee nach dem Sarbanes-Oxley-Gesetz – Ausnahmeregelungen für ausländische Emittenten, ZIP 2003, 2010; *Kersting,* Auswirkungen des Sarbanes-Oxley-Gesetzes in Deutschland: Können deutsche Unternehmen das Gesetz befolgen?, ZIP 2003, 233; *Kindl,* Analoge Anwendung der §§ 241 ff. AktG auf aktienrechtliche Aufsichtsratsbeschlüsse, AG 1993, 153; *Kindl,* Die Geltendmachung von Mängeln bei aktienrechtlichen Aufsichtsratsbeschlüssen und die Besetzung von Ausschüssen in mitbestimmten Gesellschaften, DB 1993, 2065; *Krause,* Sarbanes Oxley Act und deutsche Mitbestimmung, WM 2003, 762; *Lanfermann/Maul,* Auswirkungen des Sarbanes-Oxley Acts in Deutschland, DB 2002, 1725; *Lutter/Kremer,* Die Beratung der Gesellschaft durch Aufsichtsratsmitglieder, ZGR 1992, 87; *Luttermann,* Unabhängige Bilanzexperten in Aufsichtsrat und Beirat – Reformvorschläge anhand des „Audit Committee Financial Expert" in den USA, der Europäischen Aktiengesellschaft und der Bundesregierung zum Anlegervertrauen, BB 2003, 745; *Mertens,* Beratungsverträge mit Aufsichtsratsmitgliedern, FS Steindorff, 1990, 173; *Möllers,* Professionalisierung des Aufsichtsrats, ZIP 1995, 1725; *Ranzinger/Blies,* Audit Committee im internationalen Kontext, AG 2001, 455; *Reichert/Brandes,* Mitbestimmung der Arbeitnehmer in der SE: Gestaltungsfreiheit und Bestandsschutz, ZGR 2003, 767; *Reuter,* Der Einfluss der Mitbestimmung auf das Gesellschafts- und Arbeitsrecht, AcP 179 (1979), 509; *Säcker,* Aufsichtsratsbeschlüsse nach dem Mitbestimmungsgesetz 1976, 1979; *Säcker,* Allgemeine Auflegungsgrundsätze zum Mitbestimmungsgesetz 1976, ZHR 148 (1984), 153; *Schiessl,* Deutsche Corporate Governance post enron, AG 2002, 593; *Schwark,* Globalisierung, Europarecht und Unternehmensmitbestimmung im Konflikt, AG 2004, 173; *Singhof,* Die Amtsniederlegung durch das Aufsichtsratsmitglied einer Aktiengesellschaft, AG 1998, 318; *Stodolkowitz,* Gerichtliche Durchsetzung von Organpflichten der Aktiengesellschaft, ZHR 154 (1990), 1; *Teichmann,* Gestaltungsfreiheit im monistischen Leitungssystem der europäischen Aktiengesellschaft, BB 2004, 53; *Waclawik,* Der Referentenentwurf des Gesetzes zur Einführung der Europäischen (Aktien-) Gesellschaft, DB 2004, 1191.

Übersicht

	Rn.		Rn.
I. Grundlagen	1–5	1. Allgemeines	37–40
1. Regelungsgegenstand	1	2. Inhalt und Durchsetzung des Rechts auf Kenntnisnahme	41
2. Anwendbares Recht	2–5		
II. Sitzungen des Verwaltungsrates	6–35	3. Pflicht zur Informationsweiterleitung innerhalb des Verwaltungsrates	42–44
1. Einberufung	6–20		
a) Zahl der Sitzungen	7, 8	4. Schranken des Rechts auf Kenntnisnahme	45, 46
b) Form und Frist	9, 10		
c) Tagesordnung und Beschlussvorschläge	11–15	**V. Ausschüsse des Verwaltungsrates**	47–76
d) Einberufungsverlangen und Selbsteinberufungsrecht	16, 17	1. Allgemeines	47–53
		a) Grenzen der Entscheidungsdelegation	48
e) Aufhebung und Verlegung von Sitzungen	18–20	b) Arten von Ausschüssen	49–52
2. Sitzungen und Beschlüsse	21–33	c) Zusammensetzung	53
a) Sitzungsleitung	22–24	2. Exekutivausschuss	54–64
b) Schriftliche Stimmabgabe	25–31	a) Aufgaben	54, 55
c) Beschlussfassung ohne Sitzung	32, 33	b) Besetzung	56–64
3. Niederschrift	34	3. Personalausschuss	65–72
4. Fehlerhafte Beschlüsse	35	4. Prüfungsausschuss	73–76
III. Geschäftsordnung für den Verwaltungsrat	36	**VI. Vergütung und sonstige Verträge mit Verwaltungsratsmitgliedern**	77–94
IV. Informationsfluss innerhalb des Verwaltungsrates	37–46	1. Vergütung der Verwaltungsratsmitglieder	78–90

	Rn.		Rn.
a) Keine Geltung der §§ 113, 114 Abs. 1 AktG für den Anstellungsvertrag geschäftsführender Verwaltungsratsmitglieder	79–87	2. Verträge mit Verwaltungsratsmitgliedern	91–94
		a) Anwendbarkeit des § 114 AktG	91–93
b) Vergütungsregelung durch die Satzung bzw. die Hauptversammlung	88–90	b) Kreditgewährung an Verwaltungsratsmitglieder	94

I. Grundlagen

1. Regelungsgegenstand. Die Vorschriften der SE-VO zur **inneren Ordnung** der 1 Organe der SE beschränken sich auf die Regelung von Grundsatzfragen. Abs. 1 spricht die **Sitzungen des Verwaltungsrates** an, Abs. 2 den **Informationsfluss** innerhalb dieses Organs. Weitere Fragen der inneren Ordnung werden in Art. 45 (Wahl des Vorsitzenden) und Art. 50 (Beschlussfähigkeit und -fassung) behandelt.

2. Anwendbares Recht. Die SE-VO regelt die innere Ordnung des Verwaltungsrates 2 nicht abschließend, weshalb dem Gesetzgeber auch in diesem Zusammenhang der Weg hin zu weiteren Vorschriften über die **Ermächtigungsnorm** des Art. 43 Abs. 4 offen stand. Detailliertere Regelungen zur inneren Ordnung finden sich in den §§ 34–37 SEAG.[1] § 38 SEAG regelt die Rechtsverhältnisse der Mitglieder des Verwaltungsrats, insbesondere die Frage der Vergütung der Verwaltungsratsmitglieder sowie die Frage von Kreditgewährungen an Verwaltungsratsmitglieder und den Abschluss von sonstigen Verträgen zwischen Verwaltungsratsmitgliedern und der SE.

Der Gesetzgeber hat – „eher unspektakulär"[2] – auf bereits bestehende Vorschriften aus 3 dem AktG zurückgegriffen, die den Aufsichtsrat betreffen. So lehnt sich § 34 Abs. 1 SEAG über die Wahl des Stellvertreters des Vorsitzenden an § 107 Abs. 1 AktG an. Vgl. → Art. 45 Rn. 28 f. Die Bestimmung zur Geschäftsordnung in § 34 Abs. 2 SEAG wurde § 77 Abs. 2 AktG nachempfunden. § 34 Abs. 3 und 4 SEAG orientieren sich am Vorbild des § 107 Abs. 2 bzw. 3 AktG.[3] § 35 SEAG über die Beschlussfassung entspricht § 108 Abs. 3 und 4 AktG. Die Regelung in § 108 Abs. 1 und 2 AktG hat der Gesetzgeber nicht in das SEAG übernommen, weil deren Regelungsgegenstand bereits in Art. 50 enthalten ist. § 36 SEAG über die Teilnahme an Sitzungen des Verwaltungsrates und seiner Ausschüsse entspricht § 109 AktG und die Regelung zur Einberufung des Verwaltungsrates in § 37 SEAG dem § 110 AktG.

Bezüglich der **Vergütung** der Verwaltungsratsmitglieder verweist § 38 Abs. 1 SEAG 4 auf (den durch das ARUG II modifizierten) § 113 AktG. Diese Regelung steht – soweit Verwaltungsratsmitglieder gleichzeitig geschäftsführende Direktoren sind – in Konflikt mit der Verweisung in § 40 Abs. 7 SEAG, die bezüglich der Vergütung der geschäftsführenden Direktoren auf § 87 AktG, also das für den Vorstand einer AG geltende Recht, verweist. Die Vergütung kann in diesem Fall im Anstellungsvertrag verknüpft werden (vgl. → Art. 43 Rn. 165). Zu Einzelheiten vgl. → Rn. 78 ff.

Für **sonstige Verträge** zwischen Verwaltungsratsmitgliedern und der SE sowie für Kre- 5 ditgewährungen an Mitglieder des Verwaltungsrates verweist § 38 Abs. 2 SEAG auf die §§ 114 und 115 AktG. Auch diese Regelung ist ihrem Wesen nach auf nicht-geschäftsführende Mitglieder des Verwaltungsrates zugeschnitten. Für geschäftsführende Verwaltungsratsmitglieder hat die Verweisung in § 40 Abs. 7 SEAG auf § 89 AktG Vorrang. Zu Einzelheiten vgl. → Rn. 91 ff.

II. Sitzungen des Verwaltungsrates

1. Einberufung. Die Sitzungen des Verwaltungsrates werden, soweit nicht der Sonderfall 6 nach § 37 Abs. 2 SEAG gegeben ist, durch den **Verwaltungsratsvorsitzenden** einberufen (§ 37 Abs. 1 S. 1 SEAG).

---

[1] Das Ausführungsgesetz sieht zwar nur für § 34 SEAG die Überschrift „Innere Ordnung des Verwaltungsrats" vor, der Sache nach behandeln indes auch die folgenden Paragraphen diesen Komplex.
[2] *Waclawik* DB 2004, 1191 (1196).
[3] Zu § 34 Abs. 3 S. 5 SEAG verweist die Begr. RegE (BT-Drs. 15/3405, 38) allerdings auf § 48 GmbHG.

7 **a) Zahl der Sitzungen.** Nach Art. 44 hat der Verwaltungsrat **mindestens alle drei Monate** zusammenzutreten, um über den Gang der Geschäfte der SE und deren voraussichtliche Entwicklungen zu beraten. Die Satzung kann gem. Art. 44 Abs. 1 S. 1 kürzere Abstände bestimmen.[4] Fehlt es an einer entsprechenden Satzungsregelung, bleibt es bei dem Dreimonatsturnus.[5] Weitere Regelungen zur Sitzungsfrequenz kann der Verwaltungsrat selbst in seiner Geschäftsordnung treffen.

8 Von diesen Einschränkungen abgesehen entscheidet der Vorsitzende des Verwaltungsrates nach **pflichtgemäßem Ermessen,** wann und wie oft der Verwaltungsrat einzuberufen ist (zum Aufsichtsrat der AG → AktG § 110 Rn. 42).[6] Aufgrund der ihm obliegenden Pflichten ist der Verwaltungsratsvorsitzende immer dann zur Einberufung einer Verwaltungsratssitzung verpflichtet, wenn es das Wohl der Gesellschaft erfordert (zum Aufsichtsrat der AG → AktG § 110 Rn. 42). Liegen keine besonderen Umstände vor, handelt der Verwaltungsratsvorsitzende pflichtgemäß, wenn er lediglich die nach Gesetz, Satzung oder Geschäftsordnung erforderliche Mindestzahl an Verwaltungsratssitzungen einhält (zum Aufsichtsrat der AG → AktG § 110 Rn. 8).[7]

9 **b) Form und Frist.** Form und Frist der Einberufung von Verwaltungsratssitzungen sind nicht abschließend gesetzlich geregelt. Bezüglich der **Form** genügt mündliche Aufforderung, soweit Satzung und Geschäftsordnung keine abweichende Regelung enthalten (für den Aufsichtsrat → AktG § 110 Rn. 15).[8] Die Einberufung muss mangels anderweitiger Regelung in Satzung oder Geschäftsordnung in angemessener Zeit vor der Sitzung erfolgen (für den Aufsichtsrat → AktG § 110 Rn. 16).[9] Angemessen ist eine **Frist** dann, wenn sie die Mitglieder des Verwaltungsrates in die Lage versetzt, sich auf die in der Sitzung anstehenden Fragen vorzubereiten, was grundsätzlich auch die Möglichkeit zu informellen Absprachen und Vorgesprächen umfassen sollte. Für den Aufsichtsrat vgl. zur Angemessenheit der Frist zwischen Bekanntgabe der Tagesordnung und der Sitzung → AktG § 110 Rn. 16. Die in § 37 Abs. 1 S. 2 SEAG genannte Höchstfrist von zwei Wochen gilt nicht allgemein, sondern nur dann, wenn der Verwaltungsratsvorsitzende eine Sitzung auf Verlangen einberuft.[10] Die Einberufungsfrist kann daher in Einzelfällen auch länger als zwei Wochen sein. In der Regel wird ein Zeitraum von einer Woche, in Eilfällen von drei Tagen aber angemessen sein (für den Aufsichtsrat → AktG § 110 Rn. 16). In Satzung oder Geschäftsordnung von Aufsichtsräten der Aktiengesellschaft wird meistens eine **Frist von 14 Tagen** bestimmt, verbunden mit der Ermächtigung des Vorsitzenden, diese Frist in dringenden Fällen abzukürzen.[11]

10 Der **Ermessensspielraum** des Verwaltungsratsvorsitzenden zur Bestimmung einer angemessenen Frist ist **eingeschränkt,** wenn ein Verwaltungsratsmitglied nach § 37 Abs. 1 S. 1 SEAG verlangt, dass der Verwaltungsrat einberufen wird. In diesem Fall muss die Sitzung spätestens innerhalb von zwei Wochen nach der Einberufung stattfinden (§ 37 Abs. 1 S. 2 SEAG). Die Einberufung durch den Vorsitzenden hat „unverzüglich" nach dem entsprechenden Verlangen eines Verwaltungsratsmitglieds zu erfolgen. Feste Schemata, was als „unverzüglich" anzusehen ist, existieren in Rspr. und Schrifttum nicht. Die Einberufung muss ohne **schuldhaftes Zögern** ausgesprochen werden (§ 121 Abs. 1 S. 1 BGB). Unver-

---

[4] Nach Kölner Komm AktG/*Siems* Rn. 4 handelt es sich bei der Vorschrift um eine Regelungsverpflichtung, dh die Satzung muss einen Sitzungsturnus festlegen, wobei der Mindestturnus zu beachten ist.
[5] AA *Schwarz* Rn. 5; Habersack/Drinhausen/*Verse* Rn. 2, die – mit Blick auf die englische und französische Sprachfassung der SE-VO – von einer Regelungsverpflichtung für den Satzungsgeber ausgehen.
[6] BeckOGK/*Eberspächer* Rn. 2.
[7] Zum Aufsichtsrat der AG MHdB AG/*Hoffmann-Becking* § 31 Rn. 36; Hüffer/Koch/*Koch* AktG § 110 Rn. 10; *Lutter/Krieger/Verse* Aufsichtsrat § 11 Rn. 688 ff.
[8] Für den Aufsichtsrat *Lutter/Krieger/Verse* Aufsichtsrat § 11 Rn. 692; Hüffer/Koch/*Koch* AktG § 110 Rn. 3.
[9] Für den Aufsichtsrat MHdB AG/*Hoffmann-Becking* § 31 Rn. 39; Hüffer/Koch/*Koch* AktG § 110 Rn. 3; *Lutter/Krieger/Verse* Aufsichtsrat § 11 Rn. 692; v. Schenck in Semler/v. Schenck AR HdB § 4 Rn. 63.
[10] Für den Aufsichtsrat ebenso Hüffer/Koch/*Koch* AktG § 110 Rn. 3 zu § 110 Abs. 1 S. 2 AktG.
[11] MHdB AG/*Hoffmann-Becking* § 31 Rn. 39.

züglich ist allerdings nicht gleichbedeutend mit sofort.[12] Vielmehr ist dem Verwaltungsratsvorsitzenden eine angemessene Überlegungsfrist zuzubilligen. Soweit erforderlich, darf er Rechtsrat oder ansonsten erforderliche Informationen einholen. Als Obergrenze wird man erfahrungsgemäß eine Frist von maximal zwei Wochen anzusehen haben.[13]

c) Tagesordnung und Beschlussvorschläge. Mit der Einberufung müssen **Ort und Zeitpunkt** der Sitzung sowie die **Tagesordnung** mitgeteilt werden. Die Sitzung muss nicht notwendigerweise am Sitz der Gesellschaft stattfinden. Der Vorsitzende kann einen anderen zweckmäßigen Sitzungsort bestimmen, der auch im Ausland liegen kann.[14] Fehlt die Tagesordnung, so ist die Einladung nicht ordnungsgemäß erfolgt. Sehen Satzung oder Geschäftsordnung eine Einberufungsfrist vor, muss die Tagesordnung unter Beachtung der Einberufungsfrist mitgeteilt werden.[15] Zu Punkten der Tagesordnung, die nicht rechtzeitig mitgeteilt wurden, kann in der Sitzung nur dann wirksam ein Beschluss gefasst werden, wenn kein Verwaltungsratsmitglied dem Verfahren widerspricht. Abwesenden Mitgliedern muss in einem solchen Fall Gelegenheit gegeben werden, der Beschlussfassung innerhalb angemessener Frist zu widersprechen oder, wenn sie mit dem Verfahren einverstanden sind, nachträglich ihre Stimme abzugeben.[16]

Die Unterbreitung konkreter **Beschlussvorschläge** oder Anträge zu den einzelnen Punkten der Tagesordnung ist nicht erforderlich (für den Aufsichtsrat → AktG § 110 Rn. 18).[17] Die vom Verwaltungsratsvorsitzenden in die Tagesordnung aufgenommenen Tagesordnungspunkte müssen lediglich hinreichend bestimmt sein, um den Verwaltungsratsmitgliedern eine angemessene Vorbereitung auf die Sitzung zu ermöglichen.

Dessen ungeachtet wird sich das in der deutschen Aufsichtsratspraxis übliche Verfahren, bei vertraulichen Angelegenheiten einzelne Tagesordnungspunkte zunächst nur allgemein zu formulieren, auch für den Verwaltungsrat einer SE als zweckmäßig erweisen, um **Geheimhaltungsinteressen** gerecht zu werden.[18] Jedenfalls dann, wenn die Verallgemeinerung einen Grad erreicht hat, der dem einzelnen Verwaltungsratsmitglied keine Grundlage für seine Vorbereitung und Entscheidung mehr bieten kann, wird der Bestimmtheitsgrundsatz damit allerdings verletzt und die entsprechende Ankündigung des Tagesordnungspunktes kann als ungenügend gerügt werden (für den Aufsichtsrat vgl. → AktG § 110 Rn. 19).[19]

Fasst der Verwaltungsrat trotz einer solchen Rüge einen Beschluss, ist dieser wegen des Verfahrensmangels **nichtig** (für den Aufsichtsrat → AktG § 110 Rn. 21). Eine Pflicht zur Beanstandung besteht indes nicht. Es steht zu erwarten, dass dieses Verfahren in der Praxis der SE in der Regel ebenso wenig gerügt werden wird, wie dies bei Aufsichtsräten deutscher Aktiengesellschaften der Fall ist.

Der Vorsitzende ist befugt, die Tagesordnung **nachträglich zu ergänzen,** sei es auf Wunsch eines Verwaltungsratsmitglieds oder aus eigener Initiative. Teilt er die Ergänzung der Tagesordnung erst nach Ablauf der Einberufungsfrist mit, so gilt ebenso wie bei der Einberufung ohne Tagesordnung, dass zu dem ergänzenden Punkt nur dann wirksam

---

[12] Für den Aufsichtsrat vgl. hierzu RGZ 124, 118.
[13] Die Verwaltungsratssitzung muss also allerspätestens vier Wochen nach Zugang eines entspr. Verlangens beim Verwaltungsratsvorsitzenden stattfinden. In dringenden Fällen kann die Frist auch kürzer sein.
[14] Für den Aufsichtsrat MHdB AG/*Hoffmann-Becking* § 31 Rn. 40.
[15] Für den Aufsichtsrat MHdB AG/*Hoffmann-Becking* § 31 Rn. 41; *Lutter/Krieger/Verse* Aufsichtsrat § 11 Rn. 693; Kölner Komm AktG/*Mertens/Cahn* AktG § 110 Rn. 4; *Baums* ZGR 1983, 300 (315); aA Hüffer/Koch/*Koch* AktG § 110 Rn. 4, 5.
[16] Für den Aufsichtsrat MHdB AG/*Hoffmann-Becking* § 31 Rn. 41; Kölner Komm AktG/*Mertens/Cahn* AktG § 110 Rn. 5; *Lutter/Krieger/Verse* Aufsichtsrat § 11 Rn. 723; *Säcker* NJW 1979, 1521 (1522).
[17] Für den Aufsichtsrat *Baums* ZGR 1983, 300 (316); MHdB AG/*Hoffmann-Becking* § 31 Rn. 42; Hüffer/Koch/*Koch* AktG § 110 Rn. 4; *Lutter/Krieger/Verse* Aufsichtsrat § 11 Rn. 694; Kölner Komm AktG/*Mertens/Cahn* AktG § 110 Rn. 4; *Siebel* in Semler/v. Schenck AR HdB § 5 Rn. 42.
[18] Vgl. zur deutschen Praxis *v. Schenck* in Semler/v. Schenck AR HdB § 4 Rn. 67; ferner OLG Stuttgart BB 1985, 879 (880); zum Vereinsrecht bereits KG JW 1934, 2161 (2161).
[19] Für den Aufsichtsrat vgl. Kölner Komm AktG/*Mertens/Cahn* AktG § 110 Rn. 5; OLG Stuttgart BB 1985, 879 (880); zum Vereinsrecht KG JW 1934, 2161 (2161).

beschlossen werden kann, wenn sich alle, auch die abwesenden Mitglieder, mit der Ergänzung einverstanden erklären oder zumindest nicht der Beschlussfassung widersprechen.[20] Zu Einzelheiten vgl. → AktG § 110 Rn. 26 ff.

16 **d) Einberufungsverlangen und Selbsteinberufungsrecht.** Verlangt ein Verwaltungsratsmitglied[21] die Einberufung einer Verwaltungsratssitzung unter Angabe des Zwecks und der Gründe, so ist der Vorsitzende gem. § 37 Abs. 1 SEAG **verpflichtet,** dem Verlangen zu entsprechen, es sei denn, dieses ist **rechtsmissbräuchlich.** Das Verlangen kann **formlos** gegenüber dem Vorsitzenden erklärt werden. Die Einberufungsfrist darf in diesem Falle nach § 37 Abs. 1 S. 2 SEAG zwei Wochen nicht überschreiten. Eine in der Satzung oder einer Geschäftsordnung des Verwaltungsrates enthaltene längere Frist ist insoweit unbeachtlich. § 37 Abs. 1 SEAG gilt für das Verlangen eines Verwaltungsratsmitglieds auf Ergänzung der Tagesordnung einer einberufenen Sitzung entsprechend.[22]

17 Kommt der Vorsitzende seiner Verpflichtung nach § 37 Abs. 1 SEAG nicht nach, kann das Verwaltungsratsmitglied, das das Verlangen geäußert hat, nach § 37 Abs. 2 SEAG **selbst** eine Sitzung mit der verlangten Tagesordnung einberufen. Prozessual folgt daraus, dass für ein Verwaltungsratsmitglied kein Bedürfnis und folglich auch keine Möglichkeit besteht, die Durchführung einer Sitzung gerichtlich zu erzwingen (zum Aufsichtsrat → AktG § 110 Rn. 28). Zu den Einzelheiten vgl. im Übrigen → AktG § 110 Rn. 28, → AktG § 110 Rn. 34 ff.

18 **e) Aufhebung und Verlegung von Sitzungen.** Der Vorsitzende des Verwaltungsrats ist berechtigt, eine von ihm selbst einberufene Sitzung nach pflichtgemäßem Ermessen **aufzuheben** oder zu **verlegen** (zum Aufsichtsrat → AktG § 107 Rn. 52).[23] Das folgt aus seinem Einberufungsrecht (→ AktG § 107 Rn. 52).[24]

19 Sitzungen, die der Vorsitzende auf Verlangen anderer Verwaltungsratsmitglieder einberufen hat, kann er dagegen grundsätzlich nur mit **Einwilligung der Antragsteller** aufheben oder verlegen (zum Aufsichtsrat → AktG § 110 Rn. 33). Ein Recht zur Verlegung in dieser Fallkonstellation steht ihm nur dann zu, wenn die Sitzung trotz der Verlegung noch innerhalb der Zweiwochenfrist des § 37 Abs. 1 S. 2 SEAG stattfindet. Zum gleichlautenden § 110 Abs. 1 S. 2 AktG → AktG § 110 Rn. 33.[25]

20 Ist die Sitzung durch ein Verwaltungsratsmitglied nach § 37 Abs. 2 SEAG einberufen worden (→ Rn. 17), ist der Vorsitzende des Verwaltungsrates überhaupt nicht berechtigt, die Sitzung ohne Zustimmung des oder der Antragsteller(s) zu verlegen oder aufzuheben (zum Aufsichtsrat → AktG § 110 Rn. 33).[26] Dies widerspräche dem Charakter der Einberufungsmöglichkeit nach § 37 Abs. 2 SEAG als Selbsthilferecht und drohte, dieses auszuhöhlen.

21 **2. Sitzungen und Beschlüsse.** Regelungen zum Ablauf der Sitzungen und zu den darin zu fassenden Beschlüssen finden sich in Art. 50 und in Art. 35 SEAG, für den der Gesetzgeber wiederum auf die Bestimmungen des § 108 Abs. 3 und 4 AktG zurückgegriffen hat. Die Beschlussfähigkeit und die Frage der zur Beschlussfassung erforderlichen Mehrheiten sind in Art. 50 geregelt. Vgl. → Rn. 9 ff.

---

[20] Für den Aufsichtsrat MHdB AG/*Hoffmann-Becking* § 31 Rn. 43; *Hoffmann/Preu* Rn. 410; Kölner Komm AktG/*Mertens* AktG § 110 Rn. 4.
[21] Im Gegensatz zum dualistischen System, in welchem neben den einzelnen Aufsichtsratsmitgliedern auch der Vorstand die Einberufung verlangen kann (§ 110 Abs. 1 S. 1 AktG), kann ein Einberufungsverlangen nach § 37 Abs. 1 S. 1 SEAG nur durch Mitglieder des Verwaltungsrates geltend gemacht werden. Den geschäftsführenden Direktoren steht mithin kein entsprechendes Recht zu. Da es sich hierbei „mit Blick auf die im Vergleich zum Vorstand als eigenverantwortlichem Leitungsorgan schwächere Stellung der geschäftsführenden Direktoren" um eine bewusste Entscheidung des Gesetzgebers handelt, kommt eine Analogie nicht in Frage. Vgl. Lutter/Hommelhoff/Teichmann/*Teichmann* Anh. Art. 43 § 38 SEAG Rn. 5; Kölner Komm AktG/*Siems* Anh. Art. 51 § 37 SEAG Rn. 3.
[22] Zum Aufsichtsrat MHdB AG/*Hoffmann-Becking* § 31 Rn. 44 f.
[23] Zum Aufsichtsrat Kölner Komm AktG/*Mertens/Cahn* AktG § 110 Rn. 12.
[24] Zum Aufsichtsrat MHdB AG/*Hoffmann-Becking* § 31 Rn. 47.
[25] Zum gleichlautenden § 110 Abs. 1 S. 2 AktG Kölner Komm AktG/*Mertens/Cahn* AktG § 110 Rn. 12; MHdB AG/*Hoffmann-Becking* § 31 Rn. 47; Lutter/Krieger/*Verse* Aufsichtsrat § 11 Rn. 698.
[26] Zum Aufsichtsrat Lutter/Krieger/*Verse* Aufsichtsrat § 11 Rn. 698.

a) **Sitzungsleitung.** Dem Verwaltungsratsvorsitzenden (Art. 45) obliegt die Leitung der 22
Verwaltungsratssitzungen. Er entscheidet über die **Teilnahme von Sachverständigen und
Auskunftspersonen,** die zur Beratung über einzelne Gegenstände der Tagesordnung nach
§ 36 Abs. 1 S. 2 SEAG hinzugezogen werden, es sei denn, der Verwaltungsrat entscheidet
mit der erforderlichen Mehrheit anders.[27] Ist ein Verwaltungsratsmitglied mit der Entscheidung des Vorsitzenden nicht einverstanden, hat auf Antrag das **Plenum** zu entscheiden.[28]
Vgl. hierzu im Übrigen → AktG § 109 Rn. 20. Die Satzung kann nach § 36 Abs. 3 SEAG
zulassen, dass ein verhindertes Mitglied ein **Nichtmitglied** schriftlich ermächtigt, an seiner
Stelle an der Sitzung teilzunehmen. Der Sitzungsvertreter kann nicht das Stimmrecht als
Vertreter des verhinderten Mitglieds ausüben; er kann lediglich eine schriftliche Stimmabgabe des verhinderten Mitglieds überreichen (§ 35 Abs. 1 S. 3 SEAG).

Der Vorsitzende des Verwaltungsrates entscheidet vorbehaltlich einer anderweitigen Ent- 23
scheidung des Plenums auch über die Anwesenheit von **geschäftsführenden Direktoren,**
die dem Verwaltungsrat **nicht angehören.** Wenn der Vorsitzende oder der Verwaltungsrat
die Teilnahme von geschäftsführenden Direktoren wünschen, sind diese zur Teilnahme
verpflichtet; ein gesetzliches Teilnahmerecht haben sie nicht.[29] Zu Einzelheiten vgl. im
Übrigen → AktG § 109 Rn. 7 ff., zur Hinzuziehung von Protokollführern und Dolmetschern → AktG § 109 Rn. 21; zur Teilnahme von Ehrenvorsitzenden und Ehrenmitgliedern → AktG § 107 Rn. 71.

Der Vorsitzende bestimmt die **Reihenfolge,** in der die einzelnen Tagesordnungspunkte 24
abgehandelt werden (für den Aufsichtsrat → AktG § 107 Rn. 56).[30] Jedes Verwaltungsratsmitglied kann **Sachanträge zur Tagesordnung** oder Anträge zur Beschlussfassung stellen.
Der Vorsitzende lässt über die gestellten Anträge abstimmen und prüft, ob sich unter den
abgegebenen Stimmen unzulässige Stimmabgaben befinden. Er stellt das Ergebnis fest und
verkündet den gefassten Beschluss (→ AktG § 107 Rn. 56).[31] Der Vorsitzende entscheidet
auch über die Form der Abstimmung: Durch Handaufheben, durch Zuruf oder schriftlich.[32]

b) **Schriftliche Stimmabgabe.** Der deutsche Gesetzgeber hielt es für „unklar", ob 25
Art. 50 „sämtliche Fragen der Beschlussfassung regeln" will.[33] Er bezweifelt insbesondere,
ob die Verordnung über die genannten Verweise auf die Satzungsfreiheit nach Art. 9 Abs. 1
lit. b der SE-VO auch die Möglichkeit einer Beschlussfassung im **schriftlichen** Wege oder
durch **technische** Kommunikationsmittel eröffnet. Um den Gesellschaften diesbezüglich
„Rechtssicherheit" zu geben, hat er mit § 35 SEAG eine § 108 Abs. 3 und 4 AktG entsprechende Regelung geschaffen.

Die Begründung des Gesetzgebers für diese Vorgehensweise mag man für wenig konse- 26
quent halten. Denn wenn Art. 50 tatsächlich alle Fragen der Beschlussfähigkeit im Sinne
einer abschließenden Norm regelte, wäre es ihm aus Gründen der Normenhierarchie verwehrt, im Wege der nationalen Gesetzgebung weitere Regelungen zu schaffen.

Im Ergebnis ist gegen die Bestimmung des § 35 SEAG aber nichts einzuwenden. Denn 27
Art. 50 Abs. 1 lässt hinsichtlich der Frage, wann ein Organmitglied „anwesend" oder „ver-

---

[27] Für den Aufsichtsrat MHdB AG/*Hoffmann-Becking* § 31 Rn. 49; Kölner Komm AktG/*Mertens/Cahn* AktG § 107 Rn. 41; *Lutter/Krieger/Verse* Aufsichtsrat § 11 Rn. 705.
[28] Für den Aufsichtsrat MHdB AG/*Hoffmann-Becking* § 31 Rn. 49; Kölner Komm AktG/*Mertens/Cahn* AktG § 107 Rn. 28; *Lutter/Krieger/Verse* Aufsichtsrat § 11 Rn. 706; Hüffer/Koch/*Koch* AktG § 109 Rn. 5.
[29] Ebenso Kölner Komm AktG/*Siems* Anh. Art. 51 § 36 SEAG Rn. 3 ff.; *Schwarz* Anh. Art. 43 Rn. 226; Lutter/Hommelhoff/Teichmann/*Teichmann* Anh. Art. 43 § 36 SEAG Rn. 6; aA offenbar *Thümmel*, Die Europäische Aktiengesellschaft (SE), 2005, Rn. 206. Vgl. für den Vorstand der AG Hüffer/Koch/*Koch* AktG § 109 Rn. 3; Kölner Komm AktG/*Mertens/Cahn* AktG § 109 Rn. 16, 20; *Lutter/Krieger/Verse* Aufsichtsrat § 11 Rn. 702; MHdB AG/*Hoffmann-Becking* § 31 Rn. 52.
[30] Für den Aufsichtsrat *v. Schenck* in Semler/v. Schenck AR HdB § 4 Rn. 78; MHdB AG/*Hoffmann-Becking* § 31 Rn. 55.
[31] *v. Schenck* in Semler/v. Schenck AR HdB § 4 Rn. 87; MHdB AG/*Hoffmann-Becking* § 31 Rn. 58; Kölner Komm AktG/*Mertens/Cahn* AktG § 107 Rn. 42, 49.
[32] Für den Aufsichtsrat MHdB AG/*Hoffmann-Becking* § 31 Rn. 59.
[33] Vgl. Begr. RegE zu § 35 SEAG, BT-Drs. 15/3405, 38.

28 Dementsprechend können abwesende Mitglieder eines Verwaltungsrates einer SE auch durch **schriftliche Stimmabgaben** an der – ansonsten mündlichen – Beschlussfassung teilnehmen (vgl. § 35 Abs. 1 SEAG). Die Möglichkeit der schriftlichen Stimmabgabe entbindet nicht davon, dass das Stimmrecht persönlich ausgeübt wird und die Authentizität der Stimmabgabe gewahrt bleibt (für den Aufsichtsrat → AktG § 108 Rn. 50). § 35 Abs. 1 S. 2 und 3 SEAG erlaubt daher auch nicht die Einsetzung eines **Stimmvertreters,** sondern lediglich die eines **Stimmboten** (für den Aufsichtsrat → AktG § 108 Rn. 50).[34] Ob die Wahrung der Schriftform zwingend die Namensunterschrift des Abstimmenden erfordert, ist umstritten[35] und insbesondere für die Stimmabgabe per Telefax oder E-Mail von Bedeutung. Letztlich wird man sie aber als Wirksamkeitsvoraussetzung zu fordern haben, weil in aller Regel nur sie die notwendige Sicherheit für die Authentizität der Stimmabgabe bietet (für den Aufsichtsrat → AktG § 108 Rn. 52 f.).[36]

Treten" ist Auslegungsspielräume, die der nationale Gesetzgeber zu schließen befugt ist (vgl. eingehend → Art. 50 Rn. 6).

29 Die Stimmabgabe **per E-Mail** genügt dem Schriftformgebot, wenn durch eine digitale Signatur die Identität des Absenders überprüft werden kann.[37] Ebenso muss ein unterschriebenes Fax als ausreichend erachtet werden.[38]

30 Die schriftliche Stimmabgabe muss sich auf einen **bestimmten** Beschlussvorschlag beziehen.[39] Dieser braucht nicht im vollen Wortlaut wiedergegeben zu werden. Die Nennung des Punktes der Tagesordnung genügt nur, wenn dadurch einwandfrei feststeht, zu welchem Beschlussvorschlag die Stimme abgegeben wird.

31 Eine **Blankoerklärung,** also eine blanko unterschriebene Stimmerklärung, ist unzulässig, wenn das Verwaltungsratsmitglied es dem Stimmboten überlässt, das Blankett so auszufüllen, wie ihm das auf Grund der Verhandlungen des Verwaltungsrats richtig erscheint.[40] Etwas anderes gilt nur dann, wenn der Stimmbote das Blankett auf Grund genauer Anweisungen und nicht auf Grund eigener Ermessensentscheidung ausfüllt.[41]

32 **c) Beschlussfassung ohne Sitzung.** § 35 Abs. 2 SEAG sieht vor, dass der Verwaltungsrat auch **außerhalb von Sitzungen** wirksam Beschlüsse fassen kann. Hiernach sind schriftliche, fernmündliche oder andere vergleichbare Formen der Beschlussfassung des Verwaltungsrates und seiner Ausschüsse zulässig, wenn kein Mitglied diesem Verfahren widerspricht. Regelt die Satzung das Verfahren, besteht ein Widerspruchsrecht dagegen nicht.[42] Die Satzung oder die Geschäftsordnung können die Beschlussfassung ohne Sitzung auch erschweren oder sogar ganz ausschließen (für den Aufsichtsrat → AktG § 108 Rn. 68).[43] Von § 35 Abs. 2 SEAG erfasst sind auch Video- und Telefonkonferenzsitzungen (für den Aufsichtsrat → AktG § 108 Rn. 68). § 35 Abs. 2 SEAG sieht auch eine abweichende Regelung durch Geschäftsordnung vor (→ Art. 50 Rn. 52).

---

[34] Für den Aufsichtsrat MHdB AG/*Hoffmann-Becking* § 31 Rn. 88.
[35] Für den Aufsichtsrat Kölner Komm AktG/*Mertens/Cahn* AktG § 107 Rn. 26; MHdB AG/*Hoffmann-Becking* § 31 Rn. 91; *Lutter/Krieger/Verse* Aufsichtsrat § 11 Rn. 725; *v. Godin/Wilhelmi* AktG § 108 Anm. 8.
[36] Für den Aufsichtsrat *Lutter/Krieger/Verse* Aufsichtsrat § 11 Rn. 725.
[37] Für den Aufsichtsrat vgl. Hüffer/Koch/*Koch* AktG § 108 Rn. 20; MHdB AG/*Hoffmann-Becking* § 31 Rn. 91; aA → AktG § 108 Rn. 53 *(Habersack).*
[38] Für den Aufsichtsrat MHdB AG/*Hoffmann-Becking* § 31 Rn. 91; *Lutter/Krieger/Verse* Aufsichtsrat § 11 Rn. 725; *Hoffmann/Preu* Rn. 420.
[39] Für den Aufsichtsrat MHdB AG/*Hoffmann-Becking* § 31 Rn. 89; *Lutter/Krieger/Verse* Aufsichtsrat § 11 Rn. 725.
[40] Für den Aufsichtsrat *Lutter/Krieger/Verse* Aufsichtsrat § 11 Rn. 726; Kölner Komm AktG/*Mertens/Cahn* AktG § 108 Rn. 33; MHdB AG/*Hoffmann-Becking* § 31 Rn. 90; Habersack/Henssler/*Habersack* MitbestG § 25 Rn. 32; Raiser/Veil/Jacobs/*Raiser* MitbestG § 25 Rn. 27.
[41] Für den Aufsichtsrat MHdB AG/*Hoffmann-Becking* § 31 Rn. 90; Kölner Komm AktG/*Mertens/Cahn* AktG § 108 Rn. 34; *Lutter/Krieger/Verse* Aufsichtsrat § 11 Rn. 726; *Riegger* DB 1980, 130 (131); aA Hüffer/Koch/*Koch* AktG § 108 Rn. 19; → AktG § 108 Rn. 56 *(Habersack).*
[42] Lutter/Hommelhoff/Teichmann/*Teichmann* Anh. Art. 43 § 35 SEAG Rn. 9.
[43] Zur identischen Regelung in § 108 AktG Hüffer/Koch/*Koch* AktG § 108 Rn. 21; Kölner Komm AktG/*Mertens/Cahn* AktG § 108 Rn. 37 f.; *Lutter/Krieger/Verse* Aufsichtsrat § 11 Rn. 728.

Eine Beschlussfassung ohne Sitzung wird vom Vorsitzenden eingeleitet, indem er alle Mit- 33
glieder auffordert, zu einem bestimmten Beschlussvorschlag ihre Stimme bis zu einem
bestimmten Termin in einer der in § 35 Abs. 2 SEAG angesprochenen Formen abzugeben. Für
den Widerspruch nach § 35 Abs. 2 SEAG muss der Vorsitzende den Mitgliedern genügend Zeit
lassen. Ein nach Ablauf der Frist für die Stimmabgabe, jedoch vor schriftlicher Verkündung des
Beschlusses durch den Vorsitzenden eingehender Widerspruch ist noch beachtlich.[44] Zu Einzelheiten und zur Möglichkeit des Ausspruchs des Widerspruchsrechts → AktG § 108 Rn. 61,
zum Verfahren der Beschlussfassung ohne Sitzung → AktG § 108 Rn. 62 ff.

3. Niederschrift. § 34 Abs. 3 SEAG enthält eine ausführliche Regelung zur Nieder- 34
schrift über die Sitzungen des Verwaltungsrats. Die Regelung entspricht § 107 Abs. 2 AktG.
Über die Sitzung des Verwaltungsrates ist eine Niederschrift anzufertigen, die der Vorsitzende zu unterzeichnen hat. In ihr sind Ort, Tag und Teilnehmer der Sitzung, die Gegenstände der Tagesordnung, der wesentliche Inhalt der Verhandlungen und die Beschlüsse des
Verwaltungsrats anzugeben. Jedem Mitglied ist eine Abschrift der Niederschrift auszuhändigen. Zu Einzelheiten → AktG § 107 Rn. 74 ff. Da der Verwaltungsrat – anders als der
Aufsichtsrat – theoretisch auch aus nur einer Person bestehen kann, enthebt § 34 Abs. 3
S. 5 SEAG in Abweichung von § 107 Abs. 2 AktG den Verwaltungsrat für diesen Fall von
der Pflicht zur Anfertigung einer Niederschrift.

4. Fehlerhafte Beschlüsse. Die Auswirkungen von **Inhalts- und Verfahrensfehlern** 35
auf die Wirksamkeit von Aufsichtsratsbeschlüssen sind in Rspr. und Schrifttum **umstritten.**
Nach Ansicht der Rspr.[45] ist bei Aufsichtsratsbeschlüssen – anders als bei Beschlüssen der
Hauptversammlung – nicht zwischen nichtigen und lediglich anfechtbaren Beschlüssen
zu unterscheiden. Dem Bedürfnis, die Nichtigkeitsfolge im Interesse der Rechtssicherheit
zurückzudrängen, müsse mit flexibleren Mitteln Rechnung getragen werden. Als solche
nennt der BGH eine Begrenzung des klagebefugten Personenkreises durch das Erfordernis
des Rechtsschutzinteresses und den Einsatz des Rechtsinstituts der Verwirkung. Im neueren
Schrifttum wird dagegen überwiegend zwischen nichtigen und lediglich anfechtbaren
Beschlüssen differenziert.[46] Der Meinungsstreit lässt sich auch auf Verwaltungsratsbeschlüsse
der SE übertragen. Die praktischen Auswirkungen dürften gering sein, da Schrifttum und
Rspr. in der Regel zum selben Ergebnis kommen dürften.[47] Zu Einzelheiten der Rechtsfolgen vgl. → AktG § 108 Rn. 73 ff.

III. Geschäftsordnung für den Verwaltungsrat

§ 34 Abs. 2 SEAG ermächtigt den Verwaltungsrat, sich eine Geschäftsordnung zu geben. 36
Inhaltlich orientiert sich die Regelung an § 77 Abs. 2 AktG. Nach § 34 Abs. 2 S. 2 SEAG
können Einzelfragen der Geschäftsordnung durch die Satzung vorgegeben werden. Ebenso
wie im Aktienrecht darf eine solche Satzungsbestimmung das Recht des Verwaltungsrates
zur Selbstorganisation nicht aushebeln; vielmehr muss dem Verwaltungsrat ein Kernbereich
eigener Regelungskompetenz verbleiben (zur AG → AktG § 77 Rn. 52; → AktG § 107
Rn. 176).[48] Gegenstand einer **Beteiligungsvereinbarung** (§ 21 SEBG) können Fragen
der Geschäftsordnung nur insoweit sein, als einerseits Satzungsautonomie besteht und ande-

---

[44] Für den Aufsichtsrat Kölner Komm AktG/*Mertens/Cahn* AktG § 108 Rn. 42.
[45] BGHZ 122, 342 (346 ff.) = NJW 1993, 2307 (2308 f.) – Hamburg-Mannheimer; BGHZ 124, 111 (115) = NJW 1994, 520 (521) – Vereinte Krankenversicherung.
[46] Vgl. Kölner Komm AktG/*Mertens/Cahn* AktG § 108 Rn. 101; *Lutter/Krieger/Verse* Aufsichtsrat § 11 Rn. 737; *Baums* ZGR 1983, 300 (305 ff.); *Kindl* AG 1993, 153 (155); *Kindl* DB 1993, 2065 (2067); gegen Anfechtbarkeit dagegen *Hüffer* ZGR 2001, 870; gegen eine Unterscheidung auch → AktG § 108 Rn. 81 f. (*Habersack*).
[47] MHdB AG/*Hoffmann-Becking* § 31 Rn. 115; Kölner Komm AktG/*Mertens/Cahn* AktG § 108 Rn. 101, der – zu Recht – in der Differenzierung zwischen nichtigen und anfechtbaren Beschlüssen den überlegeneren Ansatz sieht.
[48] Lutter/Hommelhoff/Teichmann/*Teichmann* Anh. Art. 43 § 34 SEAG Rn. 12; Habersack/Drinhausen/*Verse* SEAG § 34 Rn. 16.

rerseits die Frage, die Gegenstand der Regelung in der Beteiligungsvereinbarung sein soll, Mitbestimmungsrelevanz aufweist (→ SEBG § 21 Rn. 14).[49] Namentlich die Bildung und Zusammensetzung von Ausschüssen ist damit einer Regelung in der Beteiligungsvereinbarung entzogen (vgl. → Rn. 46).

IV. Informationsfluss innerhalb des Verwaltungsrates

37 1. **Allgemeines.** Gem. Art. 44 Abs. 2 kann jedes Mitglied des Verwaltungsrates von allen Informationen, die diesem Organ übermittelt werden, **Kenntnis nehmen.** Die Regelung ist Ausfluss des **Gebots der Gleichheit** und **Gleichbehandlung** aller Mitglieder des Verwaltungsrates. Dieses Gleichheitsgebot gilt insbesondere auch für die Arbeitnehmervertreter im Verwaltungsrat (§ 38 Abs. 1 SEBG). Das Gleichheitsgebot besagt, dass alle Verwaltungsratsmitglieder die gleichen Rechte und Pflichten haben und an Aufträge und Weisungen nicht gebunden sind. Es manifestiert sich zB im Verbot der Diskriminierung der Arbeitnehmervertreter bei der Besetzung von Ausschüssen (→ Rn. 47, → Rn. 76), in der gleichen Sorgfaltspflicht und Haftung der Mitglieder beider „Bänke" (vgl. → Art. 51 Rn. 11 ff.) und bei der Bemessung der Verwaltungsratsvergütung, bei der nicht zwischen Anteilseigner- und Arbeitnehmervertretern differenziert werden darf.

38 Inhaltlich ist Art. 44 Abs. 2 mit der Regelung in § 90 Abs. 5 AktG vergleichbar, greift aber über diesen hinaus. Das Recht auf Kenntnisnahme bezieht sich – anders als im Aktienrecht – nicht nur auf die vom Vorstand gem. § 90 AktG zu erstattenden Berichte, sondern auf *alle* Informationen, die dem Verwaltungsrat übermittelt werden. Es ist gleichgültig, ob die Information Gegenstand eines Berichts iSv § 40 Abs. 6 SEAG, § 90 AktG ist bzw. sein kann oder nicht, von wem die Information übermittelt wird und in welcher Form sie übermittelt wird. Das Recht auf Kenntnisnahme bezieht sich insbesondere nicht nur auf Informationen, die von den geschäftsführenden Direktoren übermittelt werden, sondern auch auf Informationen, die von Mitgliedern **nachgelagerter Führungsebenen,** sonstigen Angehörigen des Unternehmens oder allgemein von Dritten an den Verwaltungsrat herangetragen werden. Die Information muss allerdings zur Ausübung einer der dem Verwaltungsrat übertragenen Aufgaben (→ Art. 43 Rn. 76 ff.) erforderlich sein.[50] Dazu ist ein loser, ggf. auch fernliegender Zusammenhang ausreichend.

39 Das Recht auf Kenntnisnahme bezieht sich auch auf solche Informationen, die den geschäftsführenden Verwaltungsratsmitgliedern bei der Führung des **operativen Tagesgeschäfts** übermittelt wurden. Dabei ist gleichgültig, ob ihnen diese Informationen in ihrer Eigenschaft als Mitglied des Verwaltungsrates oder in ihrer Eigenschaft als geschäftsführender Direktor (§ 40 Abs. 1 S. 2 SEAG) zugänglich gemacht wurden.[51] Eine Abgrenzung zwischen beiden Funktionen ist kaum möglich, da die Grenzen zwischen den Funktionen als Verwaltungsratsmitglied und als geschäftsführender Direktor im Allgemeinen fließend sind (vgl. → Art. 43 Rn. 13 ff.).

40 Ist zur Entgegennahme der Information ein **besonderer Verwaltungsratsausschuss** eingesetzt, so sind auch die nicht dem Ausschuss angehörenden Verwaltungsratsmitglieder berechtigt, von den Informationen Kenntnis zu nehmen (für den Aufsichtsrat der AG → AktG § 90 Rn. 45).[52]

41 2. **Inhalt und Durchsetzung des Rechts auf Kenntnisnahme.** Das Recht auf Kenntnisnahme ist ein **Individualrecht** des einzelnen Verwaltungsratsmitglieds. Es gibt ihm einen **klagbaren Anspruch.**[53] Die Passivlegitimation ist **strittig.** Nach heute hM ist die

---
[49] Grdl. hierzu *Habersack* AG 2006, 345 (348 ff.); *Kiem* ZHR 173 (2009), 156 (175 ff.); Kölner Komm AktG/*Kiem* Art. 12 Rn. 59 ff.; Habersack/Drinhausen/*Verse* SEAG § 34 Rn. 17; aA *Teichmann* AG 2008, 797 (800 ff.).
[50] Kölner Komm AktG/*Siems* Rn. 19; Lutter/Hommelhoff/Teichmann/*Teichmann* Rn. 15.
[51] *Schwarz* Rn. 20.
[52] Für den Aufsichtsrat der AG s. aber auch Kölner Komm AktG/*Mertens/Cahn* AktG § 90 Rn. 26.
[53] Kölner Komm AktG/*Siems* Rn. 23 f.; vgl. zum Aufsichtsrat BGHZ 106, 54 (62) = NJW 1989, 979 (981) – Opel.

Gesellschaft die richtige Beklagte.[54] Die SE wird im Verfahren durch die geschäftsführenden Direktoren vertreten (§ 41 Abs. 1 SEAG). Das entspricht der hM zum Aktienrecht, die den Vorstand als vertretungsberechtigtes Organ ansieht.[55]

3. Pflicht zur Informationsweiterleitung innerhalb des Verwaltungsrates. Vom Recht auf Kenntnisnahme nach Art. 44 Abs. 2 ist die Frage zu unterscheiden, inwieweit einzelne Mitglieder des Verwaltungsrates verpflichtet sind, ihnen zugänglich gemachte Informationen von sich aus an die übrigen Mitglieder des Verwaltungsrates **weiterzuleiten.** Eine dem Recht auf Kenntnisnahme spiegelbildlich korrespondierende Pflicht einzelner Verwaltungsratsmitglieder, sämtliche ihnen zugänglich gemachte Informationen auch ihren Kollegen mitzuteilen, ist weder in der SE-VO noch im Ausführungsgesetz vorgesehen. Derartige allgemeine Informationspflichten existieren – von den im Gesetz explizit geregelten Fällen abgesehen – nicht. Ist die Information für die Gesellschaft von Bedeutung, so ist aber der Vorsitzende des Verwaltungsrates oder das zuständige Ressortmitglied zu informieren. Das folgt aus der allgemeinen Sorgfaltspflicht (§ 39 SEAG, § 93 Abs. 1 S. 1 AktG).

Über Informationen, die den geschäftsführenden Mitgliedern des Verwaltungsrates in ihrer Eigenschaft als geschäftsführender Direktor übermittelt werden, haben diese im Rahmen ihrer Berichtspflicht gem. § 40 Abs. 6 SEAG an den Verwaltungsrat zu berichten, wenn die Voraussetzungen des § 90 AktG erfüllt sind (zu Einzelheiten → Art. 43 Rn. 184f.). Adressat und Empfänger der Berichte der geschäftsführenden Direktoren ist der Vorsitzende des Verwaltungsrates. Zu einer Weiterleitung der Berichte an alle Mitglieder des Verwaltungsrates ist dieser aber ohne eine entsprechende Aufforderung nur dann verpflichtet, wenn sich der Verwaltungsrat mit dem Inhalt des Berichtes in einer seiner Sitzungen im Plenum auseinanderzusetzen hat. Ist der Beschlussgegenstand dagegen an einen Ausschuss **delegiert,** so kann sich der Vorsitzende des Verwaltungsrates – vorbehaltlich eines expliziten Verlangens iSv Art. 44 Abs. 2 – darauf beschränken, den Bericht nur an die Ausschussmitglieder weiterzuleiten. Handelt es sich um einen sog. „Sonderbericht" iSv § 90 Abs. 1 S. 2 AktG, so hat der Vorsitzende gem. § 90 Abs. 5 S. 3 AktG in der nächsten Verwaltungssitzung den Verwaltungsrat über den Inhalt des Berichtes zu unterrichten.

Hat der Verwaltungsrat eine ihm obliegende Aufgabe durch Beschlussfassung oder in der Geschäftsordnung des Verwaltungsrats auf einen **Ausschuss** übertragen, so ist dem Plenum gem. § 34 Abs. 4 S. 3 SEAG regelmäßig über die Arbeit des Ausschusses zu berichten. Zu den Einzelheiten der Berichterstattung → AktG § 107 Rn. 165 ff.

4. Schranken des Rechts auf Kenntnisnahme. Das Recht der Verwaltungsratsmitglieder auf Kenntnisnahme von Informationen kann nicht unter Hinweis auf die **Gefahr einer Verletzung der Verschwiegenheitspflicht** einzelner Verwaltungsratsmitglieder verkürzt werden. Das ergibt sich bereits daraus, dass die Verwaltungsratsmitglieder gem. Art. 49, 51, § 39 SEAG, § 93 Abs. 1 S. 3 AktG zur Verschwiegenheit verpflichtet sind. Anders als nach § 90 Abs. 5 S. 2 AktG kann eine solche Verweigerung von Informationen gegenüber einzelnen Verwaltungsratsmitgliedern auch nicht durch eine **Beschlussfassung des Plenums** legitimiert werden.[56] § 90 Abs. 5 S. 2 AktG ist auf die monistische SE nicht anwendbar, da Art. 44 Abs. 2 hinsichtlich des Rechts der Verwaltungsratsmitglieder auf Kenntnisnahme abschließend ist. Aus demselben Grund kann eine Informationsverkürzung auch

---

[54] Kölner Komm AktG/*Siems* Rn. 24; Habersack/Drinhausen/*Verse* Art. 44 Rn. 11. Für den Aufsichtsrat BGHZ 85, 293 (295) = NJW 1983, 991 – Hertie; ebenso Kölner Komm AktG/*Mertens/Cahn* AktG § 90 Rn. 65; Hüffer/Koch/*Koch* AktG § 90 Rn. 23; *Flume* JurPers § 11 V; *Stodolkowitz* ZHR 154 (1990), 1 (15 f.); aA → AktG § 90 Rn. 61 *(Spindler)*; *Lutter* Informationen und Vertraulichkeit 72; *H. Westermann* FS Böttischer, 1969, 369 (380 f.).
[55] BGHZ 85, 293 (295) = NJW 1983, 991 – Hertie; Hüffer/Koch/*Koch* AktG § 90 Rn. 23; aA *Stodolkowitz* ZHR 154 (1990), 1 (15 f.); *Hommelhoff* ZHR 143 (1979), 288 (314 f.).
[56] IE ebenso Kölner Komm AktG/*Siems* Rn. 21; wohl auch Lutter/Hommelhoff/Teichmann/*Teichmann* Art. 45 Rn. 16.

nicht durch die Satzung begründet werden.[57] Die Weitergabe einer Information kann daher letztlich nur in besonders gelagerten Ausnahmefällen verweigert werden. Das ist im Allgemeinen nur dann vorstellbar, wenn ein durch konkrete Tatsachen erhärteter, begründeter **Verdacht** besteht, ein Verwaltungsratsmitglied werde eine bestimmte Information zum Nachteil der Gesellschaft einsetzen.[58] Die Tatsache allein, dass ein Verwaltungsratsmitglied in einem Anstellungsverhältnis oder einem Organverhältnis zu einem Wettbewerber der Gesellschaft steht, begründet einen solchen Verdacht noch nicht. Sie kann aber zu einem Bestellungshindernis führen (→ Art. 47 Rn. 35), das zur Abberufung des entsprechenden Verwaltungsratsmitglieds aus wichtigem Grund berechtigt.

46   Die Satzung kann die Bildung von Ausschüssen mangels entsprechender Ermächtigung nicht vorschreiben (für den Aufsichtsrat → AktG § 107 Rn. 96).[59] Dementsprechend kann die Bildung und Zusammensetzung von Ausschüssen auch nicht Gegenstand einer Beteiligungsvereinbarung (§ 21 SEBG) sein. Denn die Vereinbarungsautonomie hinsichtlich der unternehmerischen Mitbestimmung setzt die Satzungsautonomie voraus (→ SEBG § 21 Rn. 19).[60]

V. Ausschüsse des Verwaltungsrates

47   **1. Allgemeines.** Ebenso wie das Aufsichtsorgan kann auch der Verwaltungsrat aus seiner Mitte **einen oder mehrere** Ausschüsse bestellen (§ 34 Abs. 4 S. 1 SEAG). § 34 Abs. 4 S. 2 SEAG setzt der Entscheidungsdelegation ebenso wie § 107 Abs. 3 S. 3 AktG Grenzen. Über die dort genannten Entscheidungsgegenstände hinaus kann auch die Entscheidung über den Erlass einer Geschäftsordnung (§ 34 Abs. 2 S. 1 SEAG) nicht einem Ausschuss übertragen werden. Ebenso wie in der AG kann hierüber nur das Plenum entscheiden.[61] Die Entscheidung über die Geschäftsordnung für die geschäftsführenden Direktoren (§ 40 Abs. 4 SEAG) kann dagegen auf einen Ausschuss übertragen werden. Hierbei handelt es sich nicht um Selbstorganisation des Verwaltungsrates. Nicht delegierbarer Bestandteil des Rechts auf Selbstorganisation sind dagegen die Entscheidungen über die Bildung und Besetzung von Ausschüssen,[62] soweit sie nicht ohnehin durch die Geschäftsordnung erfolgen. Davon abgesehen können alle in § 34 Abs. 2 S. 2 SEAG nicht genannten Entscheidungsbefugnisse des Verwaltungsrates auf Ausschüsse delegiert werden.[63]

48   **a) Grenzen der Entscheidungsdelegation.** Der Katalog des § 34 Abs. 4 S. 2 SEAG verbietet die Delegation der **folgenden Entscheidungsbefugnisse** auf einen Ausschuss: Die Wahl des Verwaltungsratsvorsitzenden und seines Stellvertreters (§ 34 Abs. 1 S. 1 SEAG), die allgemeine Leitungs- und Überwachungsaufgabe (§ 22 Abs. 1 SEAG; vgl. → Art. 43 Rn. 77), die Verpflichtung zur Führung der Handelsbücher sowie zur Einrichtung eines Überwachungssystems (§ 22 Abs. 3 SEAG), die Bestellung der geschäftsführenden Direktoren (§ 40 Abs. 1 S. 1 SEAG), die Prüfung und Feststellung des Jahresabschlusses (§ 47 Abs. 3 SEAG), die Entscheidung über die Zustimmung zur Übertragung vinkulierter Namensaktien (§ 68 Abs. 2 S. 2 AktG), die Entscheidungen über einen Ausschluss des Bezugsrechts, über den Inhalt der Aktienrechte und die Bedingung der Aktienausgabe sowie ggf. über

---

[57] Kölner Komm AktG/*Siems* Rn. 21.
[58] Ebenso Lutter/Hommelhoff/Teichmann/*Teichmann* Rn. 16; Habersack/Drinhausen/*Verse* Art. 44 Rn. 11.
[59] Kölner Komm AktG/*Siems* Anh. Art. 51 § 34 SEAG Rn. 23; Habersack/Drinhausen/*Verse* SEAG § 34 Rn. 24; zum Aufsichtsrat der AG BGHZ 83, 106 (114 ff.) = NJW 1982, 1525 (1526 ff.) – Siemens; aA *Bachmann* ZGR 2008, 779 (791 ff.); BeckOGK/*Eberspächer* Rn. 5.
[60] Grdl. *Habersack* AG 2006, 345 (359); *Kiem* ZHR 173 (2009), 156 (175 ff.); Kölner Komm AktG/*Kiem* Art. 12 Rn. 59 ff.; Habersack/Drinhausen/*Verse* SEAG § 34 Rn. 24; Lutter/Hommelhoff/Teichmann/*Oetker* SEBG § 21 Rn. 82.
[61] BeckOGK/*Eberspächer* Rn. 6; vgl. zur AG Begr. RegE zu § 107 AktG, *Kropff* S. 150; MHdB AG/*Hoffmann-Becking* § 32 Rn. 5.
[62] BeckOGK/*Eberspächer* Rn. 6; Kölner Komm AktG/*Siems* Anh. Art. 51 § 34 SEAG Rn. 23.
[63] Für den Aufsichtsrat Begr. RegE zu § 107 AktG bei *Kropff* S. 149; MHdB AG/*Hoffmann-Becking* § 32 Rn. 4.

den Gegenstand einer Sacheinlage, die Person, von der die Gesellschaft den Gegenstand erwirbt, den Nennbetrag und bei Stückaktien die Zahl der bei der Sacheinlage zu gewährenden Aktien bei einer Kapitalerhöhung aus genehmigtem Kapital (§ 203 Abs. 2 AktG, § 204 Abs. 1 S. 1 AktG, § 205 Abs. 2 S. 1 AktG) sowie die Prüfung des Abhängigkeitsberichts (§ 314 Abs. 2 und 3 AktG). Im dualistischen System hat der Gesetzgeber durch das VorstAG vom 31.7.2009 (BGBl. 2009 I 2509) die Entscheidung über die Vorstandsvergütung (§ 87 Abs. 1, Abs. 2 S. 1 und 2 AktG) durch die Neuregelung des § 107 Abs. 3 AktG einem Plenarvorbehalt unterstellt. Obwohl § 87 AktG gem. § 40 Abs. 7 SEAG auch für die Bezüge der geschäftsführenden Direktoren gilt, ist eine entsprechende Anpassung des Wortlautes des § 34 SEAG unterblieben. Dabei dürfte es sich um ein gesetzgeberisches Versehen handeln, sodass der Plenarvorbehalt in entsprechender Anwendung von § 107 Abs. 3 S. 3 AktG auch für die Festlegung der Bezüge der geschäftsführenden Direktoren gilt.[64] Gem. § 34 Abs. 4 S. 3 SEAG ist dem Verwaltungsrat regelmäßig über die Arbeit der einzelnen Ausschüsse zu berichten.

b) Arten von Ausschüssen. Durch Bildung von Ausschüssen lässt sich eine personelle **49** Differenzierung zwischen Verwaltungsratsmitgliedern, die eher leitende Funktionen wahrnehmen und solchen, deren Aufgabe überwiegend in der Überwachung der Geschäftsführung bestehen, auch im monistischen System flexibel verwirklichen.[65] Dass nach einer **Differenzierung zwischen geschäftsführenden und nicht-geschäftsführenden Mitgliedern** des Verwaltungsrates ein Bedürfnis besteht (vgl. auch Erwägungsgrund 14), hat die Diskussion um die Corporate Governance im monistischen System gezeigt.[66] Aus diesem Grunde hat der Gesetzgeber den Gedanken aufgegriffen und die Bestellung geschäftsführender Direktoren zwingend vorgeschrieben (→ Art. 43 Rn. 128 ff.).[67]

Innerhalb des Verwaltungsrates kann die Differenzierung zwischen geschäftsführenden **50** und nicht-geschäftsführenden Mitgliedern durch Einrichtung eines **Exekutivausschusses** verwirklicht werden (→ Rn. 54 ff.). Von herausragender Bedeutung ist ferner die Einrichtung eines **Personal- oder Kontrollausschusses.** Die Bestellung von Verwaltungsratsmitgliedern zu geschäftsführenden Direktoren (oder umgekehrt) kann bei Ausübung der Kontrolle über die Geschäftsführung und bei Rechtsgeschäften zwischen einzelnen Verwaltungsratsmitgliedern und der SE zu Interessenkollisionen und Konfliktsituationen führen. Diese sollten – vor allem in mitbestimmten Gesellschaften – in der Praxis unbedingt einem Personal- oder Kontrollausschuss übertragen werden, der sich ausschließlich aus nichtgeschäftsführenden Verwaltungsratsmitgliedern zusammensetzt (vgl. → Rn. 65 ff.). Gemäß dem durch das ARUG II (BGBl 2019, S. 2637) eingeführten § 34 Abs. 4 SEAG kann der Verwaltungsrat börsennotierter Gesellschaften einen Ausschuss einrichten, dem die Aufgabe zukommt, über die Zustimmung zu Geschäften mit nahestehenden Personen („Related Party Transactions") zu beschließen (§ 107 Abs. 3 S. 4 AktG iVm § 111b AktG). Vgl. → AktG § 107 Rn. 1 ff., → AktG § 111b Rn. 1 ff.

Der Untersuchung bedürfen ferner die Auswirkungen, die das monistische System auf **51** die Möglichkeiten zur Einrichtung eines **Prüfungsausschusses** (vgl. → Rn. 73 ff.) hat.

Im Übrigen besteht bei der Einrichtung von Ausschüssen durch den Verwaltungsrat **52** **Gestaltungsfreiheit.** Die aus dem dualistischen System bekannten Ausschussformen – Präsidium (→ AktG § 107 Rn. 104), Personalausschuss (→ AktG § 107 Rn. 106), Investitionsausschuss (→ AktG § 107 Rn. 111), Finanz- bzw. Bilanzausschuss (→ AktG § 107 Rn. 109), Kreditausschuss (→ AktG § 107 Rn. 114) – können auch im Verwaltungsrat einer SE eingerichtet werden.[68] Das Gleiche gilt für die Differenzierung zwischen vorbe-

---

[64] *Forst* ZIP 2010, 1786 (1788).
[65] *Reichert/Brandes* ZGR 2003, 767 (793 ff.); *Gruber/Weller* NZG 2003, 297 (300).
[66] Zur Corporate Governance-Diskussion in Großbritannien vgl. vor allem *Davies* ZGR 2001, 268 ff.; vgl. auch UK Corporate Governance Code 2012, der wie viele andere derartige Kodizes die Trennung von „Executive" und „Non-Executive Directors" vorsieht, A.3; vgl. ferner *Hopt* ZGR 2000, 779 (783 ff.).
[67] Vgl. Begr. RegE zu § 40 SEAG, BT-Drs. 15/3405, 39.
[68] Vgl. auch die Übersicht bei Kölner Komm AktG/*Siems* Anh. Art. 51 § 34 SEAG Rn. 22.

reitenden, beschließenden und beratenden Ausschüssen (zur AG → AktG § 107 Rn. 103).[69]

53   c) **Zusammensetzung.** Ein Verwaltungsratsausschuss hat aus **mindestens zwei Mitgliedern** zu bestehen.[70] Das folgt daraus, dass es sich bei dem Ausschuss um ein Gremium handelt.[71] Das gilt auch für solche Ausschüsse, denen eigene Entscheidungsbefugnisse anstelle des Plenums des Verwaltungsrates zugewiesen sind. Im Unterschied zum Aufsichtsratsausschuss muss ein solcher Ausschuss des Verwaltungsrates nicht aus mindestens drei Mitgliedern bestehen. § 108 Abs. 2 S. 3 AktG, der zur Begründung einer Mindestanzahl von drei Mitgliedern eines Aufsichtsratsausschusses herangezogen wird, gilt für den Verwaltungsrat der SE nicht.[72] Soweit es sich um Ausschüsse handelt, deren Aufgabe in der Überwachung und Kontrolle der geschäftsführenden Direktoren besteht, muss entsprechend dem Rechtsgedanken des § 40 Abs. 1 S. 2 SEAG gewährleistet sein, dass sich der Ausschuss mehrheitlich aus nicht geschäftsführenden Verwaltungsratsmitgliedern zusammensetzt[73] (vgl. auch § 34 Abs. 4 S. 5 SEAG für den Prüfungsausschuss). Zur inneren Ordnung der Ausschüsse vgl. im Übrigen → AktG § 107 Rn. 131 ff.

54   2. **Exekutivausschuss. a) Aufgaben.** Die **leitenden Funktionen des Verwaltungsrates** können – soweit sie nicht zwingend dem Gesamtorgan vorbehalten sind (§ 40 Abs. 1 S. 1 SEAG, § 34 Abs. 4 S. 2 SEAG) – einem Exekutivausschuss[74] übertragen werden. Der Exekutivausschuss zeichnet sich durch eine **hohe Sitzungsfrequenz** aus und steht in laufendem Kontakt und laufender Beratung mit den geschäftsführenden Direktoren. Im Zentrum der Aufgaben des Exekutivausschusses steht die Vorbereitung der unternehmerischen Planung in strategischer, organisatorischer und finanzieller Sicht, über die der Verwaltungsrat sodann im Plenum zu beschließen hat (§ 40 Abs. 1 S. 1 SEAG, § 34 Abs. 4 S. 2 SEAG). Er berät den Verwaltungsrat in strategischen Fragen. Ihm können ferner die operativen Verantwortlichkeiten des Verwaltungsrates in Fragen der Führung des Tagesgeschäfts übertragen werden. Er übernimmt die laufende Überwachung[75] der geschäftsführenden Direktoren in Fragen des Tagesgeschäfts und greift über das Weisungsrecht (§ 44 Abs. 2 SEAG) aktiv in dieses ein.[76]

55   Zu den Leitungsaufgaben, über die zwingend eine Beschlussfassung im Plenum herbeizuführen ist, gehören die Verabschiedung der strategischen, organisatorischen und finanziellen Planung. Ferner gehören hierher sämtliche in der Satzung (Art. 48 Abs. 1) genannten **Grundlagengeschäfte.** Darüber hinaus kann das Plenum des Verwaltungsrates Aufgaben, die auf den Exekutivausschuss delegiert sind, jederzeit mit derselben Mehrheit, die für die Delegation erforderlich war, wieder an sich ziehen. Der „Rückruf" kann sowohl generell als auch punktuell für bestimmte Angelegenheiten erfolgen.[77]

56   b) **Besetzung.** Für die Besetzung des Exekutivausschusses gelten dieselben Grundsätze wie für die Zusammensetzung von Ausschüssen des Aufsichtsrates einer AG. Die Besetzung

---

[69] Vgl. Lutter/Hommelhoff/Teichmann/*Teichmann* Anh. Art. 43 § 34 SEAG Rn. 19 f.; NK-SE/*Manz* Art. 43 Rn. 132; vgl. zur AG MHdB AG/*Hoffmann-Becking* § 32 Rn. 3.
[70] So auch BeckOGK/*Eberspächer* Rn. 8; Kölner Komm AktG/*Siems* Anh. Art. 51 § 34 SEAG Rn. 30; *Schwarz* Anh. Art. 43 Rn. 206; aA *Lutter/Kollmorgen/Feldhaus* BB 2007, 509 (515).
[71] Kölner Komm AktG/*Siems* Anh. Art. 51 § 34 SEAG Rn. 30; für den Aufsichtsrat Kölner Komm AktG/*Mertens/Cahn* AktG § 107 Rn. 116; MHdB AG/*Hoffmann-Becking* § 32 Rn. 36.
[72] Ebenso Kölner Komm AktG/*Siems* Anh. Art. 51 § 34 SEAG Rn. 30; *Schwarz* Anh. Art. 43 Rn. 206.
[73] BeckOGK/*Eberspächer* Rn. 8; *Marsch-Barner* FS Gosch, 2006, 99 (110); Lutter/Hommelhoff/Teichmann/*Teichmann*Anh. Art. 43 § 34 SEAG Rn. 22.
[74] *Reichert/Brandes* ZGR 2003, 767 (796); Lutter/Hommelhoff/Teichmann/*Teichmann* Anh. Art. 43 § 34 SEAG Rn. 21, 28 ff.; für eine Differenzierung zwischen Exekutivausschuss und unternehmerischem Planungsausschuss *Gruber/Weller* NZG 2003, 297 (300).
[75] Die so verstandene Überwachungsaufgabe des Exekutivausschusses findet im dualistischen System ihre funktionale Entsprechung nicht in der Überwachungspflicht des Aufsichtsrates, sondern in den horizontalen Kontrollpflichten der Vorstandsmitglieder untereinander, vgl. hierzu *Fleischer* ZIP 2003, 1 (7).
[76] *Reichert/Brandes* ZGR 2003, 767 (795); *Bachmann* ZGR 2008, 779 (792).
[77] Für den Aufsichtsrat der AG BGHZ 89, 48 (55 f.) = NJW 1984, 733 (735); Kölner Komm AktG/*Mertens/Cahn* AktG § 107 Rn. 139; *Lutter/Krieger/Verse* Aufsichtsrat § 11 Rn. 747; MHdB AG/*Hoffmann-Becking* § 32 Rn. 7.

steht im **pflichtgemäßen Ermessen** des Verwaltungsrates, der hierüber mit einfacher Mehrheit entscheidet.[78] Über die Personen und die Zahl der Ausschussmitglieder entscheidet der Verwaltungsrat im Plenum.

Soweit geschäftsführende Direktoren gleichzeitig Mitglieder des Verwaltungsrates sind (vgl. → Art. 43 Rn. 117) werden sie in aller Regel dem Exekutivausschuss angehören.[79] Zwingend ist das allerdings nicht.[80] Soweit geschäftsführende Direktoren gleichzeitig Mitglieder des Verwaltungsrats und des Exekutivausschusses sind, verfügen sie über eine besonders starke Stellung im Unternehmen, die derjenigen der Mitglieder des Leitungsorgans im dualistischen System angenähert ist. **57**

Ebenso wie bei der Zusammensetzung der Aufsichtsratsausschüsse bei der AG ist auch bei der Auswahl der Ausschussmitglieder des Verwaltungsrates der Grundsatz zu beachten, dass alle Mitglieder ohne Rücksicht darauf, wer sie in den Verwaltungsrat berufen hat, gleiche Rechte und Pflichten haben. Dazu gehört auch das gleiche **passive Wahlrecht** und damit das Recht, ohne Rücksicht darauf, ob das Mitglied zur Gruppe der Anteilseigner oder Arbeitnehmervertreter gehört, in einen Ausschuss des Verwaltungsrates gewählt werden zu können (für den Aufsichtsrat → AktG § 107 Rn. 137 ff.).[81] Dabei ist es nach der Rspr. zulässig, einen Ausschuss mit einer geringeren Anzahl von Arbeitnehmern als Anteilseignervertretern zu besetzen, wenn diese Besetzung auf sachlichen Erwägungen beruht, also an den Aufgaben des Ausschusses und den Qualifikationen der einzelnen Mitglieder orientiert ist (für den Aufsichtsrat → AktG § 107 Rn. 137).[82] **58**

Die Beachtung derartiger **sachlicher Kriterien,** insbesondere das Erfordernis hinreichender Qualifikationen, kann bei der Besetzung des Exekutivausschusses unter Umständen dazu führen, dass sich der Ausschuss **ausschließlich aus Anteilseignervertretern** zusammensetzt. Denn Kandidaten, die über hinreichende Managementerfahrung verfügen, um der Verantwortung, die ihnen als Mitglied eines operativ tätigen Ausschusses (→ Rn. 54) obliegen, gerecht zu werden, werden im Kreis der Arbeitnehmervertreter nicht ohne weiteres zu finden sein. Daher stellt sich die Frage, ob die Arbeitnehmervertreter im Verwaltungsrat bei der Besetzung des Exekutivausschusses auch gänzlich übergangen werden dürfen, wenn sich in ihren Reihen kein geeigneter Kandidat befindet. In den vom BGH entschiedenen Fällen war die Schwelle des **Missbrauchs** dort überschritten, wo die Arbeitnehmervertreter bei der Besetzung des Personalausschusses, dem nach der Geschäftsordnung des Aufsichtsrates alle Personalangelegenheiten des Vorstands, namentlich der Abschluss und die Änderung ihrer Anstellungs-, Pensions- oder sonstigen Verträgen mit der Gesellschaft zur Beratung und Beschlussfassung übertragen war, gänzlich übergangen wurden.[83] Im Schrifttum ist diese Entscheidung dahingehend gedeutet worden, dass zumindest eine Vermutung für eine missbräuchliche Diskriminierung der Arbeitnehmervertreter spricht, wenn der Personalausschuss ausschließlich mit Vertretern der Aktionäre besetzt wird.[84] **59**

---

[78] Zu Beschränkungen der Organisationsfreiheit des Aufsichtsrates vgl. BGHZ 83, 106 (115) = NJW 1982, 1525 (1527) – Siemens.
[79] *Schwarz* Anh. Art. 43 Rn. 204 und Kölner Komm AktG/*Siems* Anh. Art. 51 § 34 SEAG Rn. 26 sprechen sich allerdings dafür aus, den Grundsatz des § 40 Abs. 1 S. 2 SEAG, wonach mindestens die Hälfte der Verwaltungsratsmitglieder nicht geschäftsführend sein müssen, auch auf beschließende Ausschüsse zu übertragen.
[80] Ob für eine Differenzierung zwischen geschäftsführenden Verwaltungsratsmitgliedern und geschäftsführenden Direktoren allerdings ein praktisches Bedürfnis besteht, ist zweifelhaft; für Personidentität zwischen den geschäftsführenden Direktoren einerseits und den „geschäftsführenden" Mitgliedern des Verwaltungsrats andererseits spricht sich *Hoffmann-Becking* ZGR 2004, 355 (372), aus.
[81] Lutter/Hommelhoff/*Teichmann* Anh. Art. 43 § 34 SEAG Rn. 23; *Schwarz* Anh. Art. 43 Rn. 205; für den Aufsichtsrat BGHZ 122, 342 (358) = NJW 1993, 2307 (2311); MHdB AG/*Hoffmann-Becking* § 32 Rn. 37; zur SE *Reichert/Brandes* ZGR 2003, 767 (793 f.).
[82] Für den Aufsichtsrat BGHZ 122, 342 (358) = NJW 1993, 2307 (2311); Kölner Komm AktG/*Mertens/Cahn* AktG § 107 Rn. 126; Hüffer/Koch/*Koch* AktG § 107 Rn. 31; Habersack/Henssler/*Habersack* MitbestG § 25 Rn. 127; MHdB AG/*Hoffmann-Becking* § 32 Rn. 39.
[83] BGHZ 122, 342 (358 f.) = NJW 1993, 2307 (2311) – Hamburg-Mannheimer.
[84] MHdB AG/*Hoffmann-Becking* § 32 Rn. 39; Kölner Komm AktG/*Mertens/Cahn* AktG § 107 Rn. 126.

60 Diese **Vermutung** lässt sich auf den Exekutivausschuss des Verwaltungsrates nicht ohne Weiteres übertragen.[85] Ein von Arbeitnehmervertretern freier Exekutivausschuss steht Sinn und Zweck der unternehmerischen Mitbestimmung nicht zwingend entgegen. Im Gegenteil: Eine Einbeziehung von Arbeitnehmervertretern in Entscheidungsprozesse, die Fragen der operativen Geschäftsführung betreffen, führt dazu, dass der Einfluss der Arbeitnehmervertreter im Verwaltungsrat der SE deutlich über denjenigen der Arbeitnehmervertreter im Aufsichtsrat einer deutschen AG hinausgeht. In Deutschland hat der Gesetzgeber sich bewusst dazu entschieden, die Mitbestimmung der Arbeitnehmer auf deren Repräsentanz im Überwachungsorgan zu beschränken. Eine Wahl von Arbeitnehmervertretern in den Vorstand, also das Geschäftsführungsorgan, ist im Gesetz nicht vorgesehen. Eine **Partizipation von Arbeitnehmervertretern an Entscheidungen der Unternehmensführung** kann nur dann erfolgen, wenn die Satzung oder der Aufsichtsrat gem. § 111 Abs. 4 AktG eine Entscheidung der Unternehmensleitung von seiner Zustimmung abhängig macht. Ein Initiativ- oder Weisungsrecht gegenüber dem Vorstand steht dem Aufsichtsrat im deutschen Recht dagegen nicht zu. Ein Postulat, dass Arbeitnehmervertreter zwingend auch im Exekutivausschuss des Verwaltungsrates vertreten sein müssen, würde die bisherige Intensität der Mitbestimmung in der deutschen AG auf Grund des funktionalen Unterschieds zwischen Verwaltungsrat und Aufsichtsrat deutlich ausweiten.[86]

61 Eine derartige, den Grundprinzipien des deutschen Mitbestimmungsrechts fremde Ausweitung der Mitbestimmung auch auf operative Leitungsfunktionen entspricht auch nicht den Vorgaben des europäischen Normgebers. Die Beteiligungs-RL, die der Gesetzgeber mit dem SEBG in deutsches Recht umgesetzt hat, verlangt lediglich, dass die vor der Gründung der SE bestehenden Rechte der Arbeitnehmer nach dem **„Vorher-/Nachher-Prinzip"** auch Ausgangspunkt für die Gestaltung ihrer Beteiligungsrechte in der SE sein müssen (Erwägungsgrund 18 Beteiligungs-RL).

62 Eine zwingende Beteiligung von Arbeitnehmervertretern auch an operativen Leitungsentscheidungen kann auch nicht unter Berufung auf entsprechende Rechte von Arbeitnehmervertretern im Verwaltungsrat von Aktiengesellschaften **anderer Mitgliedstaaten** gefordert werden. In den meisten Mitgliedstaaten, die ein monistisches System kennen, ist unternehmerische Mitbestimmung ohnehin die Ausnahme.[87] Den monistischen Systemen dieser Mitgliedstaaten ist gemein, dass sich die leitenden Funktionen des Verwaltungsrates eher auf die Grundlagenentscheidungen, die strategische Planung und die Festlegung der Grundsätze der Unternehmenspolitik konzentriert und die operative Geschäftsverantwortung delegiert wird (→ Art. 38 Rn. 18 ff.).

63 Der Bildung eines Exekutivausschusses, der sich ausschließlich aus Anteilseignervertretern zusammensetzt, kann auch nicht mit dem Argument begegnet werden, dadurch würden die Arbeitnehmervertreter **systemwidrig** von der dem Verwaltungsrat der SE zugewiesenen „Oberleitung" ausgeschlossen. Denn der Exekutivausschuss bereitet die wesentlichen Entscheidungen des Verwaltungsrates in Fragen der allgemeinen Unternehmensleitung lediglich vor. Diese Entscheidungen werden sodann im Plenum – unter Mitwirkung der Arbeitnehmervertreter – verabschiedet und die Entscheidungsbefugnisse des Exekutivausschusses in Fragen des Tagesgeschäfts kann der Verwaltungsrat – wie bereits dargelegt (vgl. → Rn. 55) – jederzeit wieder an sich ziehen.

64 Schließlich ist zu berücksichtigen, dass die Bildung eines Exekutivausschusses – ggf. ohne Beteiligung von Arbeitnehmervertretern – sich in der Praxis als ein flexibles Mittel erweisen

---

[85] Kölner Komm AktG/*Siems* Anh. Art. 51 § 34 SEAG Rn. 28; BeckOGK/*Eberspächer* Rn. 9; aA Lutter/Hommelhoff/Teichmann/*Teichmann* Anh. Art. 43 § 34 SEAG Rn. 25; Habersack/Drinhausen/*Verse* SEAG § 34 Rn. 33.

[86] Diese Erkenntnis teilen *Henssler* FS Ulmer, 2003, 193 (202 ff.); *Gruber/Weller* NZG 2003, 297 (299); *Hoffmann-Becking* ZGR 2004, 355 (380); *Reichert/Brandes* ZGR 2003, 767 (790).

[87] Überblick bei *Schwark* AG 2004, 173 ff.; *Hans-Böckler-Stiftung,* Gesellschafts- und Mitbestimmungsrechte in den Ländern der Europäischen Gemeinschaft, 2003; vgl. ferner die Länderberichte in *Baums/Ulmer* ZHR-Beiheft 72, 2004.

kann, um **verfassungsrechtliche**[88] und **europarechtliche**[89] **Bedenken,** die sich aus der Reichweite der paritätischen Mitbestimmung im monistischen System nähren, zu zerstreuen.

3. Personalausschuss. Der Personalausschuss zählt im dualistischen System zu den wichtigsten und häufigsten Ausschüssen (→ AktG § 107 Rn. 107).[90] Zu seinen Aufgaben gehört die Vorbereitung der dem Plenum vorbehaltenen **Personalentscheidungen** (→ AktG § 107 Rn. 107).[91] Der Ausschuss unterbreitet Vorschläge für die Besetzung der Leitungsposten; ihm wird regelmäßig der Abschluss, die Beendigung und eine etwaige Änderung von Anstellungsverträgen mit den für die Leitung verantwortlichen Personen übertragen (→ AktG § 107 Rn. 107).[92] Darüber hinaus ist der Personalausschuss häufig für die Einwilligung und Genehmigung zu Kreditgewährungen an Aufsichtsratsmitglieder, Vorstandsmitglieder, leitende Angestellte und Prokuristen sowie zum Abschluss von sonstigen schuldrechtlichen Verträgen mit diesen verantwortlich.[93]

Die Einrichtung eines entsprechenden Ausschusses im Verwaltungsrat ist insbesondere in **mitbestimmten** SE, in denen Mitglieder des Verwaltungsrates gleichzeitig das Amt eines geschäftsführenden Direktors ausüben (§ 40 Abs. 1 S. 2 SEAG) von überragender Bedeutung. Bei bestimmten Beschlussgegenständen des Verwaltungsrates kann in der Person eines von der Beschlussfassung betroffenen Verwaltungsratsmitglieds ein **Interessenkonflikt** auftreten. Das gilt etwa für den Abschluss sowie die Beendigung des Anstellungsvertrages mit geschäftsführenden Direktoren, die dem Verwaltungsrat angehören (vgl. → Art. 43 Rn. 117, → Art. 43 Rn. 150 ff.), für den Abschluss von Kreditverträgen (§ 40 Abs. 7 SEAG, § 89 AktG) und sonstigen Verträgen zwischen der SE und geschäftsführenden Verwaltungsräten (§ 41 Abs. 5 SEAG). Das Gleiche gilt für die Abberufung der geschäftsführenden Direktoren aus wichtigem Grund (§ 40 Abs. 5 SEAG) sowie ggf. die Entscheidung über die Geltendmachung von Regressansprüchen gegenüber geschäftsführenden Direktoren (§ 41 Abs. 5 SEAG, § 40 Abs. 8 SEAG, § 93 AktG).

Die ganz hM im Schrifttum tritt mit Blick auf die parallel gelagerte Problematik im Aufsichtsrat der AG in den genannten Fällen für ein **Stimmverbot** des betroffenen Aufsichtsratsmitglieds bei der Beschlussfassung ein. Gestützt wird dieses Stimmverbot auf den Rechtsgedanken des § 34 BGB und – zB im Falle einer Abberufung oder Kündigung des Anstellungsvertrages aus wichtigem Grund – das Verbot des Richtens in eigener Sache (→ AktG § 108 Rn. 29 ff.).[94] Entsprechendes gilt auch im Verwaltungsrat der SE.[95]

Bleibt die Entscheidung dem Plenum vorbehalten, so kann dies in paritätisch mitbestimmten Gesellschaften dazu führen, dass die Anteilseignervertreter von den Arbeitnehmervertretern überstimmt werden. Denn ist ein geschäftsführendes Verwaltungsratsmitglied bei der Beschlussfassung im Verwaltungsrat vom Stimmrecht ausgeschlossen, so verfügen die Arbeitnehmervertreter über die Mehrheit. Auch das Recht des Vorsitzenden zum Stichentscheid (Art. 50 Abs. 2) vermag darüber nicht hinweg zu helfen. Es greift nur bei Stimmengleichheit ein. Eine derartige **Majorisierung der Anteilseignervertreter durch die Arbeitnehmervertreter** ist bedenklich.

---

[88] *Gruber/Weller* NZG 2003, 297 (299) mit Blick auf das Mitbestimmungsurteil des BVerfG, BVerfGE 50, 290 (350) = NJW 1979, 699.
[89] *Teichmann* BB 2004, 53 (56).
[90] Kölner Komm AktG/*Mertens/Cahn* AktG § 107 Rn. 101; MHdB AG/*Hoffmann-Becking* § 32 Rn. 2, 10; *Gittermann* in Semler/v. Schenck AR HdB § 6 Rn. 121 ff.
[91] Kölner Komm AktG/*Mertens/Cahn* AktG § 107 Rn. 101; *Gittermann* in Semler/v. Schenck AR HdB § 6 Rn. 121; MHdB AG/*Hoffmann-Becking* § 32 Rn. 10 ff.
[92] *Gittermann* in Semler/v. Schenck AR HdB § 6 Rn. 124.
[93] *Gittermann* in Semler/v. Schenck AR HdB § 6 Rn. 117; MHdB AG/*Hoffmann-Becking* § 32 Rn. 13.
[94] Ausf. hierzu Kölner Komm AktG/*Mertens/Cahn* AktG § 108 Rn. 65; MHdB AG/*Hoffmann-Becking* § 31 Rn. 70; Habersack/Henssler/*Habersack* MitbestG § 25 Rn. 27.
[95] Bei der Bestellung und Abberufung (ohne Vorliegen eines wichtigen Grundes) eines geschäftsführenden Direktors ist dieser dagegen, wenn er dem Verwaltungsrat angehört, stimmberechtigt, da es sich insoweit um einen korporationsrechtlichen Akt handelt, für den § 34 BGB nicht gilt; vgl. MHdB AG/*Hoffmann-Becking* § 31 Rn. 70; Kölner Komm AktG/*Mertens/Cahn* AktG § 108 Rn. 67.

69 So äußerte der Rechtsausschuss des deutschen Bundestags im Gesetzgebungsverfahren Bedenken im Hinblick auf die Vereinbarkeit mit dem nationalen Eigentumsgrundrecht des Art. 14 GG.[96] Er schlug daher eine Regelung vor, die im Falle von Interessenkollisionen in der Person eines geschäftsführenden Verwaltungsratsmitglieds dazu führt, dass dem Vorsitzenden des Verwaltungsrates – zusätzlich zu seinem Doppelstimmrecht nach Art. 50 Abs. 2 S. 1 – ein **weiteres Stimmrecht** zugewiesen wird, wenn ein geschäftsführendes Verwaltungsratsmitglied in Folge eines Stimmverbotes an einer positiven Stimmabgabe gehindert ist.[97] Diesen Vorschlag hat der Gesetzgeber aufgegriffen. Nach § 35 Abs. 3 SEAG hat der Vorsitzende des Verwaltungsrates jetzt eine zusätzliche Stimme, wenn ein geschäftsführender Direktor, der zugleich Mitglied des Verwaltungsrats ist, aus rechtlichen Gründen daran gehindert ist, an der Beschlussfassung im Verwaltungsrat teilzunehmen. Zu Einzelheiten vgl. → Art. 50 Rn. 18.

70 Dessen ungeachtet ist zu empfehlen, die genannten Beschlussgegenstände[98] einem beschließenden Ausschuss zu übertragen,[99] der sich ausschließlich aus nicht-geschäftsführenden Direktoren zusammensetzt[100] und in dem die Arbeitnehmervertreter nicht die Mehrheit besitzen. Eine vollständige Nichtberücksichtigung des Lagers der Arbeitnehmervertreter wäre hier aber unzulässig (vgl. → Rn. 37).

71 Setzt sich der Ausschuss paritätisch aus Anteilseigner- und Arbeitnehmervertretern zusammen, so ist es zulässig, dem Ausschussvorsitzenden – entsprechend dem Rechtsgedanken des Art. 50 Abs. 2 – ein Recht zum Stichentscheid einzuräumen.

72 **Zwingend** ist eine **paritätische Besetzung** des Personalausschusses mit Anteilseigner- und Arbeitnehmervertretern indessen **nicht**.[101] Zwar wurde zur Besetzung der Ausschüsse eines nach dem MitbestG paritätisch mitbestimmten Aufsichtsrats unter Hinweis auf § 27 Abs. 3 MitbestG die Auffassung vertreten, diese seien entsprechend der Zusammensetzung des Gremiums ebenfalls zwingend paritätisch zu besetzen. Nach dieser Meinung muss die Besetzung der einzelnen Ausschüsse, mindestens aber ihrer Gesamtheit, spiegelbildlich derjenigen entsprechen, die das Gesetz für den Gesamtaufsichtsrat vorschreibt.[102] Dem ist der BGH indessen nicht gefolgt. § 27 Abs. 3 MitbestG sei eine Sonderregelung, aus der keine Folgerungen für eine zwingende Mitbesetzung anderer Ausschüsse gezogen werden dürften.[103] Die in § 25 Abs. 1 MitbestG enthaltene Verweisung auf das Aktienrecht schließe die grundsätzliche Gestaltungsfreiheit der Gesellschaft hinsichtlich Organisation und Besetzung von Aufsichtsratsausschüssen nach § 107 Abs. 3 S. 1 AktG entsprechend ihrem Ermessen und ihren Bedürfnissen mit ein. Gesellschaftsrechtlich zulässige Gestaltungen, die unter bestimmten Umständen dazu führen können, der Anteilseignerseite im Konfliktfall das ihr

---

[96] Die Grenzen zulässiger Inhalts- und Schrankenbestimmungen durch Einführung der Mitbestimmung hat das BVerfG im sog. Mitbestimmungsurteil vom 1.3.1979 (BVerfGE 50, 290 [350] = NJW 1979, 699) dahingehend umschrieben, dass die Mitbestimmung der Arbeitnehmer nicht dazu führen darf, dass über das im Unternehmen investierte Kapital gegen den Willen der Anteilseigner entschieden werden kann, und dass diese nicht auf Grund der Mitbestimmung die Kontrolle über die Führungsauswahl im Unternehmen und das Letztentscheidungsrecht verlieren dürfen.

[97] Begr. RegE, BT-Drs. 15/4053, 59 (Begr. auf S. 119).

[98] Die Entscheidung über den Abschluss von Beratungsverträgen (§ 38 Abs. 2 SEAG, § 114 AktG) und von Kreditverträgen (§ 38 Abs. 2 SEAG, § 115 AktG) mit nicht-geschäftsführenden Mitgliedern des Verwaltungsrats sollte dagegen iE dem Gesamtorgan vorbehalten bleiben.

[99] § 34 Abs. 4 SEAG steht einer Übertragung der genannten Beschlussgegenstände auf einen Ausschuss nicht entgegen.

[100] In Ziff. 4.2.2 DCGK 2017 wird die Einrichtung eines entsprechenden Ausschusses zwar nicht ausdrücklich empfohlen. Es heißt jedoch, dass für den Fall, dass ein Ausschuss besteht, der die Vorstandsverträge behandelt, dieser dem Aufsichtsratsplenum seine Vorschläge zu übermitteln hat (in der am 9. Mai 2019 beschlossenen Neufassung des DCGK nicht enthalten).

[101] BGHZ 122, 342 (358 f.) = NJW 1993, 2307 (2311) – Hamburg-Mannheimer.

[102] *Nagel* DB 1979, 1799 (1801); *Nagel* DB 1982, 26 (27); *Geitner* AG 1976, 210 (211 f.); ähnlich *Säcker*, Aufsichtsratsbeschlüsse nach dem MitbestG 1976, 1979 (56 f.): Besetzung der Ausschüsse in sinngemäßer Anwendung von § 27 Abs. 2 MitbestG; zurückhaltender später *Säcker* ZHR 148 (1984), 153 (177 ff.); ähnlich auch *Reuter* AcP 179 (1979), 509 (533 f.); vgl. zum früheren Meinungsstand GK-MitbestG/*Oetker* MitbestG § 25 Rn. 32 ff.

[103] BGHZ 83, 144 (148) = NJW 1982, 1528 (1529) – Dynamit Nobel.

bereits in den positiven Regelungen des MitbestG eingeräumte leichte Übergewicht zu sichern, seien auch mitbestimmungsrechtlich unbedenklich.[104]

4. Prüfungsausschuss. Der **DCGK** empfiehlt deutschen börsennotierten Gesellschaften, dass der Aufsichtsrat einen **Prüfungsausschuss (Audit Committee)**[105] einrichten soll, der sich insbesondere mit Fragen der Rechnungslegung, des Risikomanagements, der erforderlichen Unabhängigkeit des Abschlussprüfers, der Erteilung des Prüfungsauftrages an den Abschlussprüfer, der Bestimmung von Prüfungsschwerpunkten und der Honorarvereinbarung befasst (Empfehlung D.3 DCGK; früher Ziff. 5.3.2 DCGK 2017).[106] Der Aufsichtsratsvorsitzende sollte den Vorsitz im Prüfungsausschuss nicht inne haben (Empfehlung D2 DCGK; früher Ziff. 5.2 DCGK 2017). **73**

Die Einrichtung eines Prüfungsausschusses mit den entsprechenden Aufgaben ist auch im Verwaltungsrat einer SE zulässig (vgl. nunmehr auch § 34 Abs. 4 S. 4 SEAG). Mit einem *Audit Committee* nach angloamerikanischem Vorbild ist ein derartiger Prüfungsausschuss freilich nicht uneingeschränkt vergleichbar (→ AktG § 107 Rn. 113).[107] Letzteres setzt nicht an den geschäftsführenden Direktoren im Verwaltungsrat an, sondern direkt an den Angestellten. Es bedient sich der internen Kontrollsysteme und ist damit in der Lage, allen von der internen Revision oder Abschlussprüfung entdeckten wichtigen Vorfällen nachzugehen und einer nachhaltigen Kontrolle zu unterziehen (→ AktG § 107 Rn. 111). Ob eine solche Vorgehensweise auch in der AG zulässig ist, ist mit Blick auf die Kompetenzverteilung zwischen Vorstand und Aufsichtsrat umstritten.[108] Zu folgen ist der im Vordringen befindlichen Auffassung, wonach der Aufsichtsrat zu derartigen Kontakten berechtigt ist, wenn und soweit dies zur Erfüllung seiner Überwachungsaufgabe erforderlich ist.[109] Derartige Kompetenzprobleme bestehen im **monistischem System** nicht: Hier ist es der Verwaltungsrat selbst, der die oberste Leitungsmacht innerhalb der Gesellschaft innehat. Zu einer unmittelbaren Kontrolle nachgelagerter Führungsebenen ist der Verwaltungsrat zwar nicht verpflichtet, aber berechtigt. Dies ist primär Aufgabe geschäftsführender Direktoren (vgl. → Art. 43 Rn. 103). Diese Aufgabe kann der Verwaltungsrat auf ein *Audit Committee* übertragen, das dem angloamerikanischen Vorbild recht nahe kommt.[110] **74**

Einzelheiten zum Prüfungsausschuss regeln seit deren Einführung durch das BilMoG vom 25.5.2009 (BGBl. 2009 I 1102) die § 34 Abs. 4 S. 4, 5 SEAG. Neben der deklaratorischen Anerkennung des Prüfungsausschusses für die SE (S. 4, vgl. → Rn. 74) bestimmt Satz 5, dass der Prüfungsausschuss zwingend mehrheitlich mit nicht geschäftsführenden Mitgliedern zu **besetzen** ist. Richtet der Verwaltungsrat einer **kapitalmarktorientierten SE** (oder einer SE, die zu den in § 34 Abs. 4 S. 5 SEAG genannten Kreditinstituten bzw. Versicherungsunternehmen gehört) einen Prüfungsausschuss ein, muss dieser die Voraussetzungen des § 100 Abs. 5 AktG erfüllen, dh ein Mitglied muss über Sachverstand auf den Gebieten Rechnungslegung oder Abschlussprüfung verfügen, und die Mitglieder müssen in ihrer Gesamtheit mit dem Sektor, in dem die Gesellschaft tätig ist, vertraut sein. **75**

---

[104] BGHZ 83, 144 (148) = NJW 1982, 1528 (1529) – Dynamit Nobel; BGHZ 122, 342 (357 ff.) = NJW 1993, 2307 (2310 ff.) – Hamburg-Mannheimer.
[105] Dazu ausf. *Altmeppen* ZGR 2004, 390 ff.
[106] Zu Vor- und Nachteilen der Einsetzung eines Prüfungsausschusses *Baums,* Bericht der Regierungskommission Corporate Governance, 2001, 313 ff.
[107] *Baums* ZIP 1995, 11 ff.; *Schiessl* AG 2002, 593 ff., 600; *Lück* DB 1999, 441 ff.; *Ranzinger/Blies* AG 2001, 455; *Krause* WM 2003, 762 ff.
[108] Abl. *Möllers* ZIP 1995, 1725 (1728); die hM lässt Ausnahmen vom Vermittlungsmonopol des Vorstands (§ 90 AktG) nur dann zu, wenn zu befürchten ist, dass der Vorstand den Aufsichtsrat nicht bzw. nicht zutr. informiert, in Hommelhoff/Hopt/v. Werder/*Feddersen* S. 441, 462 f.
[109] *Altmeppen* ZGR 2004, 390 (408); *Dreher* FS Ulmer, 2003, 87 (94 ff.), 99 ff., 102 f.; *Kersting* ZIP 2003, 233 (240 f.); *Kersting* ZIP 2003, 2010 (2014); zurückhaltend *Gruson/Kubicek* AG 2003, 337 (349): der Prüfungsausschuss soll bei begründetem Verdacht auf Unregelmäßigkeiten zunächst Kontakt mit dem Vorstand aufnehmen.
[110] BeckOGK/*Eberspächer* Rn. 9 Fn. 43; *Luttermann* BB 2003, 745 (749).

76 Im Übrigen **gelten** für die Besetzung des Prüfungsausschusses die **allgemeinen Grundsätze**. Zu Einzelheiten vgl. → AktG § 107 Rn. 124 ff. Insbesondere dürfen die Arbeitnehmervertreter nicht sachwidrig diskriminiert werden (vgl. → Rn. 58). Die vom amerikanischen *Sarbanes Oxley Act* geforderte Unabhängigkeit der Mitglieder des *Audit Committees* kann im Falle einer deutschen SE, die zugleich an der New Yorker Börse gelistet ist, allerdings keine Rechtfertigung für eine Übergehung der Arbeitnehmervertreter darstellen.[111] Die SEC hat mittlerweile auf die Belange des deutschen Rechts Rücksicht genommen und Arbeitnehmer, die keine leitenden Angestellten sind, vom Unabhängigkeitserfordernis befreit.[112] Da Arbeitnehmerinteressen – anders als zum Beispiel im Personalausschuss – in aller Regel nicht unmittelbar tangiert sind, ist ein von Arbeitnehmervertretern freier Prüfungsausschuss zumindest vorstellbar.[113]

VI. Vergütung und sonstige Verträge mit Verwaltungsratsmitgliedern

77 Bezüglich der Vergütung und sonstigen Verträgen mit Verwaltungsratsmitgliedern verweist § 38 SEAG auf die §§ 113–115 AktG.[114]

78 **1. Vergütung der Verwaltungsratsmitglieder.** Die Festsetzung der Vergütung der Verwaltungsratsmitglieder ist gem. § 38 Abs. 1 SEAG iVm § 113 AktG grundsätzlich Sache der **Hauptversammlung**. § 38 SEAG differenziert nicht zwischen **geschäftsführenden** und **nicht-geschäftsführenden** Verwaltungsratsmitgliedern. Die von der Hauptversammlung festgesetzte Vergütung gilt, wenn der Hauptversammlungsbeschluss nicht selbst eine Differenzierung enthält, für alle Verwaltungsratsmitglieder. Die von der Hauptversammlung festgesetzte Vergütung für die Verwaltungsratstätigkeit ist aber bei geschäftsführenden Verwaltungsratsmitgliedern von der im Anstellungsvertrag vereinbarten Vergütung für die Tätigkeit als geschäftsführender Direktor zu unterscheiden. Beide können jedoch im Anstellungsvertrag verknüpft werden (vgl. → Rn. 83; → Art. 43 Rn. 165).

79 **a) Keine Geltung der §§ 113, 114 Abs. 1 AktG für den Anstellungsvertrag geschäftsführender Verwaltungsratsmitglieder.** Die Vergütung der geschäftsführenden Direktoren ist Gegenstand eines **vertraglichen Anstellungsverhältnisses**. § 40 Abs. 5 S. 2 SEAG nimmt ausdrücklich auf den Anstellungsvertrag der geschäftsführenden Direktoren Bezug. Die Regelung ist ausweislich der Gesetzesbegründung[115] dem für den Anstellungsvertrag der Vorstandsmitglieder einer Aktiengesellschaft geltenden Vorbild des § 84 Abs. 3 S. 5 AktG nachempfunden. § 40 Abs. 7 SEAG überträgt die Regelungen des Aktiengesetzes zur Ausgestaltung der Bezüge, die für Vorstandsmitglieder gelten, auf die geschäftsführenden Direktoren.[116] Für den Abschluss des Anstellungsvertrages mit den geschäftsführenden Direktoren (§ 41 Abs. 5 SEAG) und für die Festsetzung der Vergütung der geschäftsführenden Direktoren ist mithin nicht die Hauptversammlung, sondern der **Verwaltungsrat** der SE zuständig.[117] Das gilt auch dann, wenn die geschäftsführenden Direktoren gleichzeitig Mitglieder des Verwaltungsrates sind (§ 40 Abs. 1 S. 2 SEAG).

80 Fraglich könnte sein, ob ein Anstellungsvertrag, den der Verwaltungsrat im Namen der SE mit einem seiner Mitglieder in dessen Funktion als geschäftsführender Direktor abschließt, einer **zusätzlichen Zustimmung der Hauptversammlung** gem. §§ 113, 114 Abs. 1 AktG bedarf.

---

[111] Zu dieser Problematik *Krause* WM 2003, 762 ff.; *Kersting* ZIP 2003, 233 (238); *Merkt* AG 2003, 126 (130).
[112] Zu Einzelheiten *Altmeppen* ZGR 2004, 390 (401).
[113] Dafür *Kersting* ZIP 2003, 233 (238 f.); *Kersting* ZIP 2003, 2010 (2012); *Krause* WM 2003, 762 (770 f.); *Schiessl* AG 2002, 593 (601); *Merkt* AG 2003, 126 (130); *Altmeppen* ZGR 2004, 390 (401); dagegen *Lanfermann/Maul* DB 2002, 1725 (1732).
[114] Umfassend *Bauer*, Organstellung und Organvergütung in der monistisch verfassten SE, 2007.
[115] Begr. RegE, BT-Drs. 15/3405, 39.
[116] Begr. RegE zu § 40 SEAG, BT-Drs. 15/3405, 39.
[117] Begr. RegE zu § 40 SEAG, BT-Drs. 15/3405, 39.

Zwischen den Aufsichtsratsmitgliedern und der AG besteht neben der körperschaftsrecht- **81** lichen Amtsstellung kein vertragliches Anstellungsverhältnis, sondern ein **gesetzliches Schuldverhältnis,** das durch die Bestellung und die Annahme des Amtes zustande kommt und dessen Inhalt durch die gesetzlichen Vorschriften, die Satzung und einen etwaigen Vergütungsbeschluss der Hauptversammlung bestimmt wird.[118] Der Abschluss schuldrechtlicher Verträge mit der AG, die sich auf die Tätigkeit als Aufsichtsratmitglied beziehen, ist nach der Konzeption der §§ 113, 114 Abs. 1 AktG **untersagt.** Eine Vergütung kann demgemäß nur beansprucht werden, soweit sie in der Satzung festgesetzt oder von der Hauptversammlung bewilligt worden ist (§ 113 Abs. 1 S. 2 AktG). Ohne Festsetzung oder Bewilligung einer Vergütung erfolgt die Tätigkeit unentgeltlich; ein Anspruch auf eine „übliche Vergütung" nach § 612 BGB besteht nicht.[119]

Auf die **monistische** SE lässt sich dieses Regelungskonzept nicht ohne Brüche übertra- **82** gen. Es würde nämlich bei konsequenter Anwendung dazu führen, dass ein geschäftsführendes Verwaltungsratsmitglied nur dann einen Anstellungsvertrag mit der SE abschließen kann, wenn dieser strikt und trennscharf zwischen denjenigen Aufgaben differenziert, die der Betroffene in seiner Eigenschaft als geschäftsführender Direktor (Vergütungskompetenz des Verwaltungsrates) und denjenigen, die er in seiner Eigenschaft als Mitglied des Verwaltungsrates (Vergütungskompetenz der Hauptversammlung) zu erfüllen hat. Eine solche Differenzierung wird in der Regel nicht möglich sein und ist im Übrigen auch nicht praxisgerecht.

Ist ein **Verwaltungsratsmitglied gleichzeitig geschäftsführender Direktor,** so lässt **83** sich die „Tätigkeit als Verwaltungsrat" und die „Tätigkeit als geschäftsführender Direktor" kaum sinnvoll voneinander abgrenzen.[120] Die Übergänge zwischen beiden Funktionen sind vielmehr fließend. Sie überlappen sich immer dann, wenn der Verwaltungsrat in Fragen des operativen Tagesgeschäfts eingreift, insbesondere durch Ausübung seines Weisungsrechts gem. § 44 Abs. 2 SEAG. Besonders eng ist die Verzahnung, wenn der Verwaltungsrat einen Exekutivausschuss einrichtet, dem geschäftsführende Direktoren angehören (vgl. → Rn. 57). Dessen Aufgaben können sich weitgehend, manchmal sogar vollständig mit denen der geschäftsführenden Direktoren decken. Aber selbst wenn eine Differenzierung zwischen Funktionen, die die Tätigkeit als Verwaltungsrat betreffen, und solchen, die sich auf die Arbeit als geschäftsführender Direktor beziehen, ausnahmsweise gelänge, dürfte sie kaum den Bedürfnissen der Praxis entsprechen. Denn mit seiner Bestellung zum geschäftsführenden Direktor wird ein Kandidat unter Umständen nur unter der Bedingung einverstanden sein, dass er gleichzeitig auch einen Sitz im Verwaltungsrat erhält. Es besteht daher ein Bedürfnis, beide Funktionen in einem Anstellungsvertrag miteinander **verknüpfen** zu können.[121] Hinzu tritt, dass bei der Beurteilung der Angemessenheit der Vergütung nicht nur die einzelnen festen und variablen Vergütungsbestandteile, sondern das gesamte Vergütungspaket zu beurteilen ist.[122]

Der Anstellungsvertrag eines geschäftsführenden Verwaltungsratsmitglieds bedarf daher **84** richtigerweise auch dann **nicht der Billigung durch die Hauptversammlung** der SE, wenn er neben Funktionen, die sich typischerweise auf die Tätigkeit als geschäftsführender Direktor beziehen, auch Rechte und Pflichten umschreibt, die der Amtsführung als Verwal-

---

[118] MHdB AG/*Hoffmann-Becking* § 33 Rn. 10; Großkomm AktG/*Habersack* AktG § 101 Rn. 111; Kölner Komm AktG/*Mertens/Cahn* AktG § 101 Rn. 5; *Lutter/Krieger/Verse* Aufsichtsrat § 12 Rn. 842; *Singhof* AG 1998, 318 (319).

[119] Kölner Komm AktG/*Mertens/Cahn* AktG § 113 Rn. 43; Hüffer/Koch/*Koch* AktG § 113 Rn. 2; *Lutter/Krieger/Verse* Aufsichtsrat § 12 Rn. 842; MHdB AG/*Hoffmann-Becking* § 33 Rn. 10; für die GmbH Baumbach/Hueck/*Zöllner/Noack* GmbHG § 52 Rn. 60; aA UHL/*Heermann* GmbHG § 52 Rn. 123.

[120] Ebenso NK-SE/*Manz* Art. 43 Rn. 121; aA Kölner Komm AktG/*Siems* Anh. Art. 51 § 38 SEAG Rn. 4 wendet ein, dass sich der Satzung und der Geschäftsordnung entnehmen ließe, welche Tätigkeit als Mitglied des Verwaltungsrats ausgeübt werde. Alle anderen Tätigkeiten, insb. die Tagesgeschäfte, seien der Geschäftsführung zuzuordnen.

[121] So auch *Bauer,* Organstellung und Organvergütung in der monistisch verfassten SE, 2007, 150 ff.; aA *Schwarz* Anh. Art. 43 Rn. 251, 290.

[122] *Bauer,* Organstellung und Organvergütung in der monistisch verfassten SE, 2007, 153.

tungsratsmitglied zuzuordnen sind. Für den Abschluss des Anstellungsvertrages der geschäftsführenden Direktoren ist der Verwaltungsrat zuständig (vgl. → Art. 43 Rn. 109). Bei Abschluss des Vertrages wird die SE gem. § 41 Abs. 5 SEAG durch den Verwaltungsrat vertreten. Dieser kann mit dem Abschluss des Vertrages einen beschließenden Ausschuss oder auch ein einzelnes Mitglied beauftragen. Die in § 38 SEAG enthaltene Verweisung auf §§ 113, 114 AktG tritt bezüglich des Anstellungsvertrages der geschäftsführenden Verwaltungsratsmitglieder und der darin enthaltenen Vergütungsregelung hinter § 40 Abs. 7 SEAG zurück, der auf § 87 AktG verweist.[123] Diese Norm verdeutlicht, dass die geschäftsführenden Verwaltungsratsmitglieder unter Vergütungsgesichtspunkten eher Vorstands- als Aufsichtsratsmitgliedern einer AG gleichzustellen sind.

85   Auch in **ausländischen Rechtsordnungen,** die ein monistisches System kennen, unterliegt die Vergütungsregelung der geschäftsführenden Board-Mitglieder *(executive directors)* keinem Zustimmungsvorbehalt der Hauptversammlung. In Frankreich obliegt es dem Verwaltungsrat der *société anonyme,* die Vergütung ihres Präsidenten festzusetzen (Art. L 225-47 Code de Commerce).[124] Das gilt auch (und insbesondere) dann, wenn dieser die Geschäfte führt (Art. L 225-51-1 Code de Commerce). Darüber hinaus kann der Verwaltungsrat auch anderen Mitgliedern, die im Auftrag des Verwaltungsrates eine besondere Mission oder ein besonderes Mandat übernehmen, eine Sondervergütung gewähren (Art. L 225-46 Code de Commerce). Davon und von Sonderregeln für Arbeitnehmervertreter abgesehen erhält der Verwaltungsrat als Vergütung jährlich einen fixen Betrag als *jetons de présence,* der von der Hauptversammlung festgesetzt und durch Beschlussfassung des Verwaltungsrates entweder proportional oder disproportional[125] unter die einzelnen Verwaltungsratsmitglieder verteilt wird (Art. L 225-45 Code de Commerce).

86   Im **schweizerischen Recht** setzt der Verwaltungsrat seine Vergütung selbst fest, soweit die Satzung nichts anderes vorsieht (Art. 716 Abs. 1 OR).[126] Die Festsetzung kann auch im Anstellungsvertrag erfolgen.[127]

87   In England ist die Festsetzung der Vergütung der Board-Mitglieder ebenfalls Sache des Boards selbst. Für börsennotierte Gesellschaften schreibt der *UK Corporate Governance Code* die Einrichtung eines *remuneration committee* vor,[128] das sich ausschließlich aus *non-executive directors* zusammensetzt (provision 32) und dass anstelle des Gesamtorgans über die Vergütung der *executive directors* entscheidet (provision 33). Die Vergütung der *non-executive directors* dagegen „should be determined in accordance with the Articles of Association or, alternatively, by the board" (provision 34).

88   **b) Vergütungsregelung durch die Satzung bzw. die Hauptversammlung.** Soweit Satzung oder Hauptversammlung für die Verwaltungsratsmitglieder eine Vergütung festsetzen, gilt diese – solange nichts anderes geregelt ist – sowohl für die nicht-geschäftsführenden als auch für die geschäftsführenden Mitglieder. Das folgt aus dem **Prinzip der strikten Trennung** zwischen Anstellungsverhältnis und korporationsrechtlichem Schuldverhältnis. Die Satzung oder die Hauptversammlung können (und sollten) eine nach § 113 AktG festzusetzende Vergütung allerdings auf die nicht-geschäftsführenden Verwaltungsratsmitglieder beschränken. Soweit die in der Satzung festgesetzte Vergütung durch Hauptversammlungsbeschluss geändert werden soll, gilt seit Abschaffung des § 113 Abs. 1 S. 4 AktG durch das ARUG II (BGBl. 2019 I 2637) das Mehrheitserfordernis des Art. 59 Abs. 2.

---

[123] Ebenso NK-SE/*Manz* Art. 43 Rn. 147; Lutter/Hommelhoff/Teichmann/*Teichmann* Anh. Art. 43 § 38 SEAG Rn. 12; aA Kölner Komm AktG/*Siems* Anh. Art. 51 Rn. 3, der eine Normkumulation annimmt.
[124] Für die Vergütung der Aufsichtsratsmitglieder im dualistischen System enthalten dagegen die Art. L 225-83 und L 225-84 Code de Commerce ein den §§ 113, 114 AktG entspr. Vergütungssystem.
[125] Rapport Ministeriel, Journal Officiel Débats Assemblée Nationale, 29.7.1985, 3672; abgedruckt auch in Revue des Sociétés 1985, 890.
[126] Siegwart/Bürgi/Nord-Zimmermann/*Homburger* OR Art. 717 Rn. 947 ff.; *Böckli*, Schweizer Aktienrecht, 2009, Rn. 1510.
[127] *Böckli*, Schweizer Aktienrecht, 2009, Rn. 1510.
[128] Dazu *Davies* ZGR 2001, 268 (275).

Das ARUG II führt in § 38 Abs. 1 SEAG iVm § 113 Abs. 3 AktG für börsennotierte Aktiengesellschaften die Pflicht ein, mindestens alle vier Jahre über die Vergütung der Verwaltungsratsmitglieder Beschluss zu fassen. In diesem Beschluss sind die nach dem ebenfalls neu eingefügten § 87a Abs. 1 S. 2 erforderlichen Angaben sinngemäß und in klarer und verständlicher Form zu machen oder in Bezug zu nehmen. Zu Einzelheiten vgl. → AktG § 113 Rn. 1 ff.; → AktG § 87a Rn. 1 ff.

Für die Ausgestaltung der Vergütung gewährt das Gesetz einen **weiten Spielraum.** Nur 89 für eine am Jahresgewinn ausgerichtete Verwaltungsratsantieme enthält § 113 Abs. 3 AktG eine zwingende Berechnungsgrundlage. Zu Einzelheiten vgl. → AktG § 113 Rn. 56 ff. Zu den in der Praxis üblichen Vergütungsformen vgl. → AktG § 113 Rn. 10 ff.

Die Höhe der Vergütung soll gem. § 113 Abs. 1 S. 3 AktG in einem **angemessenen** 90 **Verhältnis** zu den Aufgaben der Verwaltungsratsmitglieder und zur Lage der Gesellschaft stehen. Zu Einzelheiten → AktG § 113 Rn. 40 ff. Die Vergütung muss nicht für alle Mitglieder des Verwaltungsrates gleich hoch festgesetzt werden.[129] Bei unterschiedlicher Inanspruchnahme oder besonderer Aufgaben einzelner Verwaltungsratsmitglieder kann die Satzung oder die Hauptversammlung unterschiedliche Vergütungen bewilligen. Beispielsweise kann für den Vorsitzenden des Verwaltungsrates die doppelte und für den Stellvertreter die eineinhalbfache Normalvergütung festgesetzt[130] werden, es sei denn, deren verstärkte Inanspruchnahme ist bereits durch einen Anstellungsvertrag als geschäftsführendes Verwaltungsratsmitglied mit abgegolten. Eine höhere Vergütung kann sich in der Praxis auch dann empfehlen, wenn ein Verwaltungsratsmitglied, das Mitglied des Exekutivausschusses ist, nicht gleichzeitig auch ein Amt als geschäftsführender Direktor bekleidet und ein Anstellungsvertrag infolge dessen nicht besteht. Unzulässig ist auch in der SE eine Differenzierung zwischen Anteilseigner- und Arbeitnehmervertretern (zur AG → AktG § 113 Rn. 42).[131] Zu den Einzelheiten der Bemessung und Bewilligung der Vergütung vgl. im Übrigen → AktG § 113 Rn. 27 ff.

2. Verträge mit Verwaltungsratsmitgliedern. a) Anwendbarkeit des § 114 AktG. 91 Die **geschäftsführenden Direktoren** können mit einem Mitglied des Verwaltungsrates im Grundsatz Verträge aller Art abschließen, soweit sie nicht dessen Tätigkeit im Verwaltungsrat betreffen. Handelt es sich bei dem Verwaltungsrat gleichzeitig um einen geschäftsführenden Direktor, so kann dessen Tätigkeit als Verwaltungsratsmitglied und als geschäftsführender Direktor einheitlich in einem Anstellungsvertrag geregelt werden (→ Art. 43 Rn. 159). Für dessen Abschluss sind aber nicht die geschäftsführenden Direktoren, sondern – als Annexkompetenz für die Bestellungskompetenz (§ 40 Abs. 1 S. 1 SEAG) – der Verwaltungsrat als Gesamtorgan zuständig.

Bei **nicht-geschäftsführenden Direktoren** ist der Abschluss von Dienst- oder Werk- 92 verträgen, deren Gegenstand die Tätigkeit im Verwaltungsrat ist, gem. § 114 Abs. 1 AktG unzulässig, da sie zu einer Umgehung von § 113 AktG führen würden. Dienst- und Werkverträge, durch die sich ein Verwaltungsratsmitglied zu einer Tätigkeit außerhalb seiner Tätigkeit im Verwaltungsrat verpflichtet, sind zulässig, bedürfen zu ihrer Wirksamkeit aber der Zustimmung des Verwaltungsrates. Die Zustimmung kann durch vorherige Einwilligung oder nachträgliche Genehmigung erteilt werden.

Gegenstand des Vertrages muss eine Tätigkeit außerhalb der Tätigkeit im Verwaltungs- 93 rat sein. Die Beratung in Fragen der Geschäftsführung, insbesondere in Fragen der künftigen Geschäftspolitik gehört zu den zentralen Aufgaben des Verwaltungsrates (→ Art. 43 Rn. 79), die durch die festgesetzte Vergütung abgesteckt ist. Gegenstand eines Vertrages nach § 114 AktG kann nur eine solche Beratung sein, die das Verwaltungsratsmitglied nicht bereits auf Grund seines Amtes schuldet. Der Kreis der möglichen Beratungsfelder ist noch

---

[129] So auch Kölner Komm AktG/*Siems* Anh. Art. 51 § 38 SEAG Rn. 6.
[130] MHdB AG/*Hoffmann-Becking* § 33 Rn. 24 zur entspr. Praxis beim Aufsichtsrat der AG. Vgl. zur SE Lutter/Hommelhoff/Teichmann/*Teichmann* Anh. Art. 43 § 38 SEAG Rn. 6.
[131] Lutter/Hommelhoff/Teichmann/*Teichmann* Anh. Art. 43 § 38 SEAG Rn. 6; vgl. zur AG MHdB AG/ *Hoffmann-Becking* § 33 Rn. 24; Raiser/Veil/Jacobs/*Raiser* MitbestG § 25 Rn. 108.

weiter eingeschränkt als beim Aufsichtsrat im dualistischen System.[132] Im Gegensatz zu Aufsichtsratsmitgliedern können nicht-geschäftsführende Verwaltungsratsmitglieder keine Beratungsverträge abschließen, die Fragen des operativen Tagesgeschäfts zum Gegenstand haben. Vielmehr ist erforderlich, dass das Verwaltungsratsmitglied ein über bloße Erfahrungen in der Branche und im Geschäftsbereich der Gesellschaft hinausgehendes besonderes Fachwissen einbringt (zB als Rechtsanwalt, Wirtschaftsprüfer, Wissenschaftler, Unternehmensberater) und die über die gesetzlichen Aufsichtsratspflichten hinausgehenden Beratungsaufgaben im Vertrag konkret bezeichnet werden (→ AktG § 114 Rn. 24).[133] Zu Einzelheiten vgl. im Übrigen → AktG § 114 Rn. 19 ff.

94 **b) Kreditgewährung an Verwaltungsratsmitglieder.** Die Kreditgewährung an ein **nicht-geschäftsführendes Verwaltungsratsmitglied** oder einen nahen Angehörigen des Verwaltungsratsmitglieds bedarf gem. § 38 Abs. 2 SEAG, § 115 AktG der vorherigen Zustimmung des Verwaltungsrates (Einwilligung). Anders als § 114 AktG regelt § 115 Abs. 1 S. 2 AktG auch den Fall des Vertragsschlusses mit einem verbundenen Unternehmen. Die Kreditgewährung durch das herrschende Unternehmen an das Verwaltungsratsmitglied eines abhängigen Unternehmens und ebenso die Kreditgewährung durch das abhängige Unternehmen an das Verwaltungsratsmitglied des herrschenden Unternehmens bedürfen gleichermaßen der Einwilligung des Verwaltungsrates des herrschenden Unternehmens. Für die **geschäftsführenden Mitglieder** des Verwaltungsrates gilt gem. § 40 Abs. 7 SEAG die entsprechende Regelung für Vorstandsmitglieder einer AG in § 89 AktG, wenn sie geschäftsführende Direktoren sind. Die Vorschrift des § 38 Abs. 2 SEAG ist insoweit teleologisch zu reduzieren.[134]

Art. 45 [Vorsitzender des Verwaltungsorgans]

¹**Das Verwaltungsorgan wählt aus seiner Mitte einen Vorsitzenden.** ²**Wird die Hälfte der Mitglieder des Verwaltungsorgans von den Arbeitnehmern bestellt, so darf nur ein von der Hauptversammlung der Aktionäre bestelltes Mitglied zum Vorsitzenden gewählt werden.**

Schrifttum: *Bezzenberger,* Der Vorstandsvorsitzender der Aktiengesellschaft, ZGR 1996, 661; *Dose,* Die Rechtsstellung der Vorstandsmitglieder in einer Aktiengesellschaft, 3. Aufl. 1975; *Eder,* Die monistisch verfasste Societas Europea – Überlegungen zur Umsetzung eines CEO-Modells, NZG 2004, 544; *Frühauf,* Geschäftsleitung in der Unternehmenspraxis, ZGR 1998, 407; *Hein,* Vom Vorstandsvorsitzenden zum CEO?, ZHR 166 (2002), 464; *Hein,* die Rolle des US-amerikanischen CEO gegenüber dem Board of Directors im Lichte neuerer Entwicklungen, RIW 2002, 501; *Hennerkes/Schiffer,* Ehrenvorsitzender oder Ehrenmitglied eines Aufsichtsrats – Ernennung und Kompetenzen, DB 1992, 875; *Hoffmann-Becking,* Zur rechtlichen Organisation der Zusammenarbeit im Vorstand der AG, ZGR 1998, 497; *Jüngst,* Der „Ehrenvorsitzende" in der Aktiengesellschaft, BB 1984, 1583; *Krieger,* Personalentscheidungen des Aufsichtsrats, 1981; *Kindl,* Die Teilnahme an der Aufsichtsratssitzung, 1993; *Lutter,* Ehrenämter in Aktien- und GmbH-Recht, ZIP 1984, 645; *Messow,* Die Anwendbarkeit des Deutschen Corporate Governance Kodex auf die Societas Europaea (SE), Diss. 2007; *Peltzer/v. Werder,* Der „German Code of Corporate Governance (GCCG)" des Berliner Initiativkreises, AG 2001, 1; *Reichert,* Wettbewerb der Gesellschaftsformen – SE oder KGaA zur Organisation großer Familiengesellschaften, ZIP 2014, 1957; *Schönborn,* Die monistische Societas Europaea in Deutschland im Vergleich zum englischen Recht, Diss. Berlin 2007; *Semler,* Rechtsvorgabe und Realität der Organzusammenarbeit in der Aktiengesellschaft, FS Lutter, 2000, 721; *Siebel,* Der Ehrenvorsitzende – Anmerkungen zum Thema Theorie und Praxis im Gesellschaftsrecht, FS Peltzer, 2001, 519.

---

[132] Zust. Kölner Komm AktG/*Siems* Anh. Art. 51 § 38 SEAG Rn. 11; Lutter/Hommelhoff/Teichmann/*Teichmann* Anh. Art. 43 § 38 SEAG Rn. 11; NK-SE/*Manz* Art. 43 Rn. 147.
[133] BGHZ 126, 340 (344 f.) = NJW 1994, 2484 (2485); *Henze* HRR AktienR Rn. 800; Lutter/Krämer ZGR 1992, 87 (95 ff.); *Mertens* FS Steindorff, 1990, 173 (175, 179); Kölner Komm AktG/*Mertens/Cahn* AktG § 114 Rn. 5; aA *Müller* NZG 2002, 800 (801), der die Anforderungen an die Konkretisierung für überspannt hält.
[134] Vgl. *Bauer,* Organstellung und Organvergütung in der monistisch verfassten SE, 2007, 172; iErg ebenso Lutter/Hommelhoff/Teichmann/*Teichmann* Anh. Art. 43 § 38 SEAG Rn. 13; *Schwarz* Art. 43 Rn. 292 hält sowohl § 40 Abs. 7 SEAG, § 89 AktG als auch § 38 Abs. 2 SEAG, § 115 AktG für anwendbar, will aber wegen der entsprechenden Voraussetzungen einen einheitlichen Zustimmungsbeschluss genügen lassen.

Übersicht

	Rn.		Rn.
I. Grundlagen	1, 2	d) Beschränkungen der Beschlussfähigkeit	24
II. Vorsitzender des Verwaltungsrates	3–27	e) Personalkompetenz des Verwaltungsratsvorsitzenden	25
1. Bestellung	3–8	f) Einschränkungen der Abberufbarkeit	26
a) Wahl	3–5	g) Vereinbarkeit des CEO-Modells mit den Grundsätzen einer guten Corporate Governance	27
b) Gerichtliche Ersatzbestellung	6–8		
2. Amtszeit	9–11		
3. Aufgaben und Befugnisse	12–17	**III. Stellvertreter**	28, 29
4. Verwaltungsratsvorsitzender als „CEO"	18–27	**IV. Ehrenvorsitzender**	30
a) Personalunion	19	**V. Publizität**	31, 32
b) Vetorecht	20–22	1. Anmeldung zum Handelsregister	31
c) Kein Alleinentscheidungsrecht des Vorsitzenden	23	2. Angaben auf Geschäftsbriefen	32

I. Grundlagen

Die **innere Ordnung** des Verwaltungsorgans ist in der SE-VO nur rudimentär geregelt. Art. 45 betrifft die Ernennung eines Vorsitzenden des Verwaltungsorgans; Art. 50 regelt – für alle Organe der SE übergreifend – die Mehrheitserfordernisse bei der Beschlussfassung und die Beschlussfähigkeit. Art. 44 beschäftigt sich mit den Sitzungsfrequenzen und mit der Informationsverteilung innerhalb des Verwaltungsorgans. Im Übrigen gelten für die innere Ordnung des Verwaltungsorgans die §§ 32–37 SEAG. 1

Der **Vorsitzende des Verwaltungsrats** hat gem. Art. 50 Abs. 2 eine hervorgehobene Stellung. Kommt es bei einer Abstimmung im Verwaltungsrat zu einer Patt-Situation, so gibt seine Stimme den Ausschlag. Dieses Recht zum **Stichentscheid** ist gem. Art. 50 Abs. 2 S. 2 im paritätisch mitbestimmten Verwaltungsrat zwingend. In diesem Fall darf zum Vorsitzenden nur ein Vertreter der Anteilseigner gewählt werden (Art. 45 S. 2). Ansonsten ist das Recht zum Stichentscheid dispositiv (vgl. → Art. 50 Rn. 35). Gem. § 34 Abs. 1 SEAG, der inhaltlich dem § 107 Abs. 1 AktG entspricht, ist neben dem Vorsitzenden des Verwaltungsrates mindestens auch ein Stellvertreter zu wählen. Gem. § 34 Abs. 1 S. 2 SEAG tritt der Stellvertreter nur dann in die Rechtsstellung des Vorsitzenden ein, wenn dieser verhindert ist. Besteht der Verwaltungsrat nur aus einer Person, nimmt diese die dem Vorsitzenden des Verwaltungsrats gesetzlich zugewiesenen Aufgaben wahr (§ 34 Abs. 1 S. 3 SEAG). 2

II. Vorsitzender des Verwaltungsrates

1. Bestellung. a) Wahl. Die Wahl des Vorsitzenden und seines Stellvertreters erfolgt gem. Satz 1 durch den **Verwaltungsrat**. Die Regelung ist abschließend und somit **zwingend**. Für die Wahl genügt vorbehaltlich einer Sonderregelung in der Satzung die einfache Stimmenmehrheit (Art. 50 Abs. 1 lit. b). Der Kandidat ist bei der Abstimmung nicht vom Stimmrecht ausgeschlossen, sondern darf mitstimmen.[1] Die Bestellung wird erst wirksam, wenn der Gewählte die Wahl **annimmt**. Beschränkungen der passiven Wählbarkeit kann die Satzung nicht wirksam vornehmen (zum Aufsichtsrat der AG → AktG § 107 Rn. 20).[2] Eine Ausnahme gilt nur für den in Art. 45 S. 2 geregelten Fall des paritätisch mitbestimmten Verwaltungsrates. 3

---

[1] Kölner Komm AktG/*Siems* Rn. 2; Habersack/Drinhausen/*Verse* Art. 45 Rn. 5; Lutter/Hommelhoff/Teichmann/*Teichmann* Rn. 3; NK-SE/*Manz* Rn. 1. Für den Aufsichtsratsvorsitzenden in der AG vgl. Hüffer/Koch/*Koch* AktG § 107 Rn. 4; MHdB AG/*Hoffmann-Becking* § 31 Rn. 9; Kölner Komm AktG/*Mertens*/*Cahn* AktG § 107 Rn. 14.

[2] BeckOGK/*Eberspächer* Rn. 2; vgl. zum Aufsichtsrat der AG Hüffer/Koch/*Koch* AktG § 107 Rn. 4; MHdB AG/*Hoffmann-Becking* § 31 Rn. 9; Kölner Komm AktG/*Mertens*/*Cahn* AktG § 107 Rn. 16.

4 Die Regelung des § 27 MitbestG, die den **Anteilseignervertretern** bei der Wahl des Aufsichtsratsvorsitzenden einer Aktiengesellschaft die Mehrheit sichert, findet auf die SE keine Anwendung. Das ergibt sich aus § 47 Abs. 1 lit. a SEBG.[3] Da das in Art. 50 Abs. 2 geregelte Recht zum Stichentscheid erst mit der Bestellung des Vorsitzenden entsteht, kann es in der paritätisch mitbestimmten SE bei der Wahl des Vorsitzenden und des Stellvertreters zu Patt-Situationen kommen. Hier kann auf die Ausführungen zu der parallel gelagerten Problematik der Wahl des Vorsitzenden und des Stellvertreters des ersten Aufsichtsorgans in der dualistischen SE verwiesen werden (→ Art. 42 Rn. 5 ff.).

5 Der Vorsitzende ist gem. Art. 45 S. 1 aus der Mitte des Verwaltungsrates zu wählen. Da Mitglied des Verwaltungsrates kraft Satzungsregelung auch eine **juristische Person** sein kann (vgl. Art. 47 Abs. 1 S. 1), steht auch diesen theoretisch das passive Wahlrecht zu. Die Fähigkeit zur Mitgliedschaft juristischer Personen in den Organen der SE steht gem. Art. 47 Abs. 1 S. 1 jedoch unter dem ausdrücklichen Vorbehalt einer abweichenden nationalen Regelung. Da das deutsche Aktienrecht eine Organstellung juristischer Personen nicht kennt, kommt eine entsprechende Satzungsregelung für eine deutsche SE nicht infrage (vgl. → Art. 47 Rn. 1). Damit ist zwangsläufig auch der Weg für einen Vorsitz einer juristischen Person im Verwaltungsrat verstellt.

6 **b) Gerichtliche Ersatzbestellung.** Das Ausführungsgesetz enthält ebenso wenig wie die SE-VO eine **ausdrückliche** Regelung für den Fall, dass der Verwaltungsrat seiner Wahlpflicht nicht nachkommt oder dass die Wahl des Vorsitzenden an einem Patt oder aus anderen Gründen scheitert. Die Hauptversammlung kann auf Grund der zwingenden Kompetenzzuweisung in Art. 45 S. 1 nicht anstelle des Verwaltungsrates tätig werden; auch die Satzung kann sie nicht für zuständig erklären (für die AG → AktG § 107 Rn. 25).[4]

7 In diesen Fällen kommt eine **gerichtliche Ersatzbestellung** analog § 30 Abs. 2 SEAG in Betracht.[5] Zu diesem Ergebnis führt bereits eine Auslegung der Verordnung selbst. Eine Gesamtschau der Art. 42 S. 2, Art. 45 S. 2 und 50 Abs. 2 führt zu dem Ergebnis, dass der Verordnungsgeber im paritätisch mitbestimmten Aufsichts- bzw. Verwaltungsorgan der Anteilseignerseite durch den Stichentscheid des Vorsitzenden ein zwingendes Übergewicht einräumen wollte. Dieses Übergewicht könnte sinnvoll nicht verwirklicht werden, wenn die Arbeitnehmervertreter im Aufsichts- bzw. Verwaltungsorgan die Möglichkeit hätten, die Wahl des Vorsitzenden, der das Recht zum Stichentscheid ausübt, zu blockieren. Art. 47 Abs. 4 gibt zu erkennen, dass der Verordnungsgeber für gerichtliche Bestellungskompetenzen, die sich aus Bestimmungen des nationalen Rechts ergeben (für die AG → AktG § 107 Rn. 26; zum Aufsichtsorgan im dualistischen System vgl. → Art. 42 Rn. 10),[6] grundsätzlich offen ist.

8 Die Bestellung des Vorsitzenden hat im **paritätisch mitbestimmten** Verwaltungsrat auf Grund von Art. 45 S. 2 zwingend aus dem Kreis der Anteilseignervertreter zu erfolgen. Über den Wortlaut der Bestimmung hinaus gilt das auch für den Stellvertreter. Das folgt aus § 34 Abs. 1 S. 2 SEAG, demzufolge der Stellvertreter im Falle der Verhinderung in die Rechtsstellung des Vorsitzenden – und damit auch das Recht zum Stichentscheid nach Art. 50 Abs. 2 – eintritt.

9 **2. Amtszeit.** Die Amtszeit des Vorsitzenden kann durch die **Satzung** oder – soweit die Satzung nicht entgegensteht – in der **Geschäftsordnung** oder im Wahlbeschluss festgelegt werden (für die AG → AktG § 107 Rn. 30).[7] Erfolgt eine Bestimmung der Amtszeit weder

---

[3] Begr. RegE zu § 47 SEBG, BT-Drs. 15/3405, 57.
[4] Für die AG allgM, *Lutter/Krieger/Verse* Aufsichtsrat § 11 Rn. 660; Hüffer/Koch/*Koch* AktG § 107 Rn. 6; Kölner Komm AktG/*Mertens/Cahn* AktG § 104 Rn. 23; MHdB AG/*Hoffmann-Becking* § 31 Rn. 8.
[5] Ebenso BeckOGK/*Eberspächer* Rn. 3 aE; *Schwarz* Rn. 19; Lutter/Hommelhoff/Teichmann/*Teichmann* Rn. 4.
[6] Die Zulässigkeit der gerichtlichen Ersatzbestellung ist mittlerweile beim Aufsichtsrat der AG hM, vgl. Hüffer/Koch/*Koch* AktG § 107 Rn. 6; Kölner Komm AktG/*Mertens/Cahn* AktG § 107 Rn. 23; wohl auch *Rittner* FS R. Fischer, 1979, 627 (632); für die mitbestimmte AG Habersack/Henssler/*Habersack* MitbestG § 27 Rn. 4; *Lutter/Krieger/Verse* Aufsichtsrat § 11 Rn. 674; MHdB AG/*Hoffmann-Becking* § 31 Rn. 8.
[7] Für die AG *Lutter/Krieger/Verse* Aufsichtsrat § 11 Rn. 666; Hüffer/Koch/*Koch* AktG § 107 Rn. 7; Kölner Komm AktG/*Mertens/Cahn* AktG § 107 Rn. 29; MHdB AG/*Hoffmann-Becking* § 31 Rn. 15.

in der Satzung, noch in der Geschäftsordnung, noch im Wahlbeschluss, so ergibt die Auslegung des Wahlbeschlusses, dass die Bestellung für die Dauer der Mitgliedschaft im Verwaltungsrat erfolgt (für die AG für die AG → AktG § 107 Rn. 29).[8] Die Wiederwahl zum Mitglied des Verwaltungsrates beinhaltet aber nicht zugleich die Wiederwahl zum Vorsitzenden; diese hat durch den Verwaltungsrat gesondert zu erfolgen. Der Hauptversammlung steht kein Bestellungsrecht zu (für die AG → AktG § 107 Rn. 29).[9]

Der Verwaltungsrat kann den Vorsitzenden jederzeit mit der Mehrheit **abberufen,** die für seine Wahl erforderlich war. Die Satzung kann eine höhere Mehrheit verlangen oder die Abberufung von einem wichtigen Grund abhängig machen. Die Abberufung aus wichtigem Grund ist stets mit einfacher Mehrheit möglich (für die AG → AktG § 107 Rn. 32).[10] Der Betroffene darf dabei ausnahmsweise nicht mitstimmen.[11]

Der Vorsitzende kann sein Amt **niederlegen,** und zwar entweder unter gleichzeitiger Beendigung seiner Mitgliedschaft im Verwaltungsrat, oder isoliert. Die Niederlegung darf nicht zur **Unzeit** erfolgen.[12]

3. Aufgaben und Befugnisse. Zu den naturgegebenen Aufgaben des Vorsitzenden gehören die **Einberufung** der Sitzung des Verwaltungsrats, deren **Leitung** und **Vorbereitung** sowie die **Koordination** der Arbeit des Plenums und der Ausschüsse (für die AG → AktG § 107 Rn. 467 ff.).[13] Der Vorsitzende ist **Repräsentant des Verwaltungsrates,** insbesondere gegenüber den geschäftsführenden Direktoren. Er ist Empfänger von deren Berichten (§ 40 Abs. 6 SEAG, § 90 AktG).

Bereits durch die **Koordination der Ressorttätigkeit** wächst dem Vorsitzenden des Verwaltungsrates eine gewisse Dominanz bei der Leitung des Unternehmens zu.[14] Das gilt umso stärker, je weiter sich die Arbeitsteilung im Verwaltungsrat auffächert. Allein die Aufgabe der Verteilung der Informationen, die bei ihm zusammenlaufen, unter die einzelnen Mitglieder des Verwaltungsrates verschafft ihm bereits eine hervorgehobene Stellung. Seine Koordinationsbefugnisse, die in der formalen Verfahrensleitung verankert sind, eröffnen ihm einen besonderen Einfluss auf Sachentscheidungen und können erhebliche materielle Auswirkungen haben.[15]

Gem. Art. 50 Abs. 2 S. 1 gibt die Stimme des Verwaltungsratsvorsitzenden den Ausschlag, wenn es bei der Abstimmung innerhalb des Verwaltungsrates zu Stimmengleichheit kommt. Das Recht zum **Stichentscheid** ist dispositiv, kann also durch die Satzung abbedungen werden. Im paritätisch mitbestimmten Verwaltungsrat ist das Recht zum Stichentscheid dagegen zwingend (Art. 50 Abs. 2 S. 2). Zum Stichentscheid vgl. auch → Art. 50 Rn. 35.

---

[8] BeckOGK/*Eberspächer* Rn. 4; Habersack/Drinhausen/*Verse* Art. 45 Rn. 8; Lutter/Hommelhoff/Teichmann/*Teichmann* Rn. 5; für die AG Hüffer/Koch/*Koch* AktG § 107 Rn. 7; MHdB AG/*Hoffmann-Becking* § 31 Rn. 15; Kölner Komm AktG/*Mertens/Cahn* AktG § 107 Rn. 31; s. auch Lutter/Krieger/*Verse* Aufsichtsrat § 11 Rn. 666.

[9] Lutter/Hommelhoff/Teichmann/*Teichmann* Rn. 5. Für die AG Hüffer/Koch/*Koch* AktG § 107 Rn. 7; s. auch Lutter/Krieger/*Verse* Aufsichtsrat § 11 Rn. 660.

[10] *Schwarz* Rn. 11; NK-SE/*Manz* Rn. 6. Zum Aufsichtsratsvorsitzenden in der AG vgl. Lutter/Krieger/*Verse* Aufsichtsrat § 11 Rn. 667; Hüffer/Koch/*Koch* AktG § 107 Rn. 7; MHdB AG/*Hoffmann-Becking* § 31 Rn. 16; Kölner Komm AktG/*Mertens/Cahn* AktG § 107 Rn. 33.

[11] Lutter/Hommelhoff/Teichmann/*Teichmann* Rn. 5; NK-SE/*Manz* Rn. 6. Für die AG Lutter/Krieger/*Verse* Aufsichtsrat § 11 Rn. 664; Hüffer/Koch/*Koch* AktG § 107 Rn. 7; Kölner Komm AktG/*Mertens/Cahn* AktG § 107 Rn. 34.

[12] Lutter/Hommelhoff/Teichmann/*Teichmann* Rn. 5. Zum Aufsichtsratsvorsitzenden der AG vgl. Lutter/Krieger/*Verse* Aufsichtsrat § 11 Rn. 667; Hüffer/Koch/*Koch* AktG § 107 Rn. 7; MHdB AG/*Hoffmann-Becking* § 31 Rn. 16, der hervorhebt, dass die Niederlegung aber dennoch wirksam ist; so iE auch → AktG § 107 Rn. 34 (*Habersack),* der von mehreren möglichen Schadensersatzpflicht des Niederlegenden spricht.

[13] Vgl. Kölner Komm AktG/*Siems* Rn. 14; BeckOGK/*Eberspächer* Rn. 5; zur AG Lutter/Krieger/*Verse* Aufsichtsrat § 11 Rn. 679; MHdB AG/*Hoffmann-Becking* § 31 Rn. 19; Kölner Komm AktG/*Mertens/Cahn* AktG § 107 Rn. 40.

[14] Ebenso Lutter/Hommelhoff/Teichmann/*Teichmann* Rn. 6; *Krieger,* Personalentscheidungen des Aufsichtsrats, 1981, 246; *Bezzenberger* ZGR 1996, 661 (663).

[15] *Bezzenberger* ZGR 1996, 661 (664) für den Vorstandsvorsitzenden.

15 Gem. § 35 Abs. 3 SEAG hat der Vorsitzende des Verwaltungsrates eine **zusätzliche Stimme**, wenn ein geschäftsführender Direktor, der zugleich Mitglied des Verwaltungsrates ist, aus rechtlichen Gründen gehindert ist, an der Beschlussfassung im Verwaltungsrat teilzunehmen. Die Regelung soll verhindern, dass es bei Stimmverboten, die auf Interessenkollisionen in der Person eines geschäftsführenden Verwaltungsratsmitglieds beruhen, zu einer Majorisierung der Anteilseignervertreter durch die Arbeitnehmervertreter im Verwaltungsrat kommt. Zu Einzelheiten vgl. → Art. 50 Rn. 18.

16 Zu den Aufgaben, die dem Vorsitzenden des Verwaltungsrates üblicherweise zufallen dürften, gehört die **Leitung der Hauptversammlung.** Nach Art. 53 gilt für Fragen der Organisation und des Ablaufs der Hauptversammlung nationales Recht. Da weder im Aktiengesetz noch im SEAG eine Regelung enthalten ist, erscheint es zweckmäßig, in der Satzung eine den in Deutschland üblichen Gepflogenheiten entsprechende Bestimmung aufzunehmen, den Verwaltungsratsvorsitzenden als Leiter der Hauptversammlung zu benennen (vgl. zum Aktienrecht → AktG § 107 Rn. 66).[16] Der Verwaltungsratsvorsitzende erläutert der Hauptversammlung den Bericht des Verwaltungsrats (§ 48 Abs. 2 S. 3 SEAG) über den Jahresabschluss, den Lagebericht und den Gewinnverwendungsvorschlag (§ 47 SEAG).

17 Der Verwaltungsratsvorsitzende ist ferner Adressat der **Berichte** der geschäftsführenden Direktoren gem. § 40 Abs. 3 SEAG über den Eintritt eines Verlustes in Höhe der Hälfte des Grundkapitals oder über die Zahlungsunfähigkeit und Überschuldung der Gesellschaft. Weitere Aufgaben finden sich insbesondere bei Mitwirkungspflichten zum Handelsregister (vgl. § 184 Abs. 1 AktG, § 188 Abs. 1 AktG, § 195 Abs. 1 AktG, § 207 Abs. 2 AktG, § 223 AktG, § 229 Abs. 3 AktG, § 237 Abs. 2 AktG iVm § 22 Abs. 6 SEAG).

18 **4. Verwaltungsratsvorsitzender als „CEO".** Von besonderem Interesse ist die Frage nach der Reichweite und den Grenzen der Gestaltungsfreiheit, die dem Satzungsgeber bei der Bestimmung und Festlegung der Aufgaben und Befugnisse des Vorsitzenden des Verwaltungsrates eingeräumt sind. Für das geltende Aktienrecht mit dualistischem System ist die Frage der Zulässigkeit einer Annäherung an CEOs angelsächsischer Prägung auf Grund des für den Vorstand geltenden Kollegialprinzips im Schrifttum bisher meist recht zurückhaltend beurteilt worden.[17]

19 **a) Personalunion.** Eine gewichtige Annäherung an das CEO-Modell amerikanischen Vorbilds[18] gestattet das monistische Corporate Governance-System der SE dadurch, dass der Vorsitzende des Verwaltungsrates **in Personalunion gleichzeitig** einer (oder der Einzige) der für die Führung des Tagesgeschäfts verantwortlichen geschäftsführenden Direktoren sein kann.[19] Dessen hervorgehobene Stellung gewinnt dann besonderes Gewicht, wenn der Vorsitzende einziges Mitglied des Verwaltungsrates ist, das gleichzeitig die Funktion eines geschäftsführenden Direktors bekleidet. In diesem Fall wird der Verwaltungsratsvorsitzende schon auf Grund des mit der Personalunion verbundenen **Informationsvorsprunges** gegenüber den übrigen Mitgliedern des Verwaltungsrats eine de facto hervorgehobene Stel-

---

[16] *Eder* NZG 2004, 544 (546); Habersack/Drinhausen/*Verse* Art. 45 Rn. 11; eine Übertragung auf Verwaltungsratsmitglieder abl. → Art. 53 Rn. 18 (*Kubis*); BeckOGK/*Eberspächer* Rn. 6; vgl. zum Aktienrecht MHdB AG/*Hoffmann-Becking* § 37 Rn. 34; *Lutter/Krieger/Verse* Aufsichtsrat § 11 Rn. 678; Hüffer/Koch/*Koch* AktG § 129 Rn. 18.

[17] Aus dem Schrifttum *Hein* ZHR 166 (2002), 464 ff.; *Dose* Die Rechtsstellung der Vorstandsmitglieder einer Aktiengesellschaft, 1975; *Hoffmann-Becking* ZGR 1998, 497 ff.; *Martens* FS Fleck, 1988, 191 ff.; *Bezzenberger* ZGR 1996, 661 ff.; *Semler* FS Lutter, 2000, 721 ff., 727 ff.; *Frühauf* ZGR 1998, 407 (408 ff.); *Peltzer/v. Werder* AG 2001, 1 (3); zu den gestalterischen Möglichkeiten in Bezug auf Familienunternehmen *Reichert* ZIP 2014, 1957 (1959).

[18] Zum amerikanischen Recht *Hein* RIW 2002, 501 ff.

[19] *Eder* NZG 2004, 544 (546), demzufolge der Verwaltungsratsvorsitzende *immer* zugleich auch geschäftsführender Direktor sein sollte; anders dagegen die Begr. RegE zu § 40 SEAG, BT-Drs. 15/3405, 39, derzufolge eine gesetzliche Zuweisung der Geschäftsführung an den Vorsitzenden des Verwaltungsrats (wie der PDG in Frankreich) nicht sinnvoll erscheint, da hiermit eine besondere Machtfülle entstehe. Diese Aussage beinhaltet aber zumindest implizit auch, dass eine gleichzeitige Bestellung eines geschäftsführenden Direktors zum Vorsitzenden des Verwaltungsrats zulässig ist.

lung innehaben.[20] Ein gewisser Ausgleich für das dadurch entstehende faktische Übergewicht des CEO wird durch die Berichtspflichten der geschäftsführenden Direktoren (§ 40 Abs. 6 SEAG iVm § 90 AktG) und das Recht der Verwaltungsratsmitglieder, von allen Informationen, die dem Verwaltungsrat übermittelt werden, Kenntnis zu nehmen (Art. 44 Abs. 2; vgl. → Art. 44 Rn. 37), hergestellt.[21]

b) Vetorecht. Fraglich ist, ob es zulässig ist, dem Vorsitzenden des Verwaltungsrats ein **Vetorecht** einzuräumen, mit dessen Hilfe er das Zustandekommen eines von der Mehrheit (Art. 50 Abs. 1 lit. b) getragenen Beschlusses verhindern kann. Beim Vorstand der AG wird das verbreitet für zulässig gehalten und damit begründet, dass § 77 Abs. 1 S. 2 AktG den Vorsitzenden lediglich daran hindern solle, einen positiven Beschluss des Vorstands gegen eine Mehrheit seiner Mitglieder herbeizuführen, während das Vetorecht nur negativ wirke, indem es das Zustandekommen eines Beschlusses verhindere (→ AktG § 77 Rn. 17 ff.).[22] Lediglich für die mitbestimmte Aktiengesellschaft hat der BGH das Vetorecht des Vorstandsvorsitzenden für unzulässig erklärt (→ AktG § 77 Rn. 19).[23] 20

Diese Überlegungen lassen sich auf den Verwaltungsrat der SE **nicht** übertragen. Zwar lässt Art. 50 Abs. 1 Gestaltungen, die vom Prinzip der Beschlussfassung des Verwaltungsrates mit einfacher Mehrheit abweichen, zu. Der Verwaltungsrat ist aber – ebenso wie der Aufsichtsrat der AG – ein **Kollegialorgan.** Mit dessen Charakter ist die Einräumung von Vetorechten an den Vorsitzenden oder andere Mitglieder nicht vereinbar (für den Aufsichtsrat der AG → AktG § 107 Rn. 67).[24] 21

Zur Begründung von Vetorechten im **Leitungsorgan** vgl. → Art. 50 Rn. 31, im Verwaltungsrat näher → Art. 50 Rn. 34. 22

c) Kein Alleinentscheidungsrecht des Vorsitzenden. § 77 Abs. 1 S. 2 AktG gilt in der monistischen SE **nicht.** Daher stellt sich darüber hinausgehend die Frage, ob die Satzung auch eine Regelung vorsehen kann, derzufolge der Vorsitzende des Verwaltungsrates über das Recht zum Stichentscheid hinaus generell gegen den Willen der Mehrheit der Mitglieder des Verwaltungsrates eine Beschlussfassung herbeiführen kann. Das ist zu **verneinen.** Soweit Art. 50 Abs. 1 eine vom Mehrheitsprinzip (Art. 50 Abs. 1 lit. b) abweichende Satzungsgestaltung zulässt, kann diese nur in der Anordnung einer höheren als der einfachen Mehrheit bestehen. Ansonsten wäre der Charakter des Verwaltungsrates als Kollegialorgan in Frage gestellt.[25] Vgl. im Übrigen → Art. 50 Rn. 30. 23

d) Beschränkungen der Beschlussfähigkeit. Im Schrifttum ist vorgeschlagen worden, eine weitere Stärkung der Stellung des Vorsitzenden durch eine Satzungsbestimmung herbeizuführen, derzufolge die Beschlussfähigkeit des Verwaltungsrats von der **Anwesenheit des Vorsitzenden** abhängig gemacht wird.[26] Die Zulässigkeit einer solchen Satzungsbestimmung muss freilich bezweifelt werden.[27] Entgegen steht die gesetzgeberische Wertung des 24

---

[20] Zur Machtstellung des amerikanischen CEO auf Grund des damit verbundenen Informationsvorsprunges vgl. *Hein* RIW 2002, 501 (503), 507.
[21] Zu den Informationsrechten der Mitglieder des Board im US-amerikanischen Recht vgl. *Hein* RIW 2002, 501 (507).
[22] *Schiessl* ZGR 1992, 64 (70); *Henze* HRR AktienR Rn. 316; Kölner Komm AktG/*Mertens/Cahn* AktG § 77 Rn. 13; MHdB AG/*Wiesner* § 22 Rn. 14, 9; aA *Bezzenberger* ZGR 1996, 661 (665 f.); *Hoffmann-Becking* ZGR 1998, 497 (519); zurückhaltend auch Hüffer/Koch/*Koch* AktG § 77 Rn. 12.
[23] BGHZ 89, 48 (59) = NJW 1984, 733; zust. Hüffer/Koch/*Koch* AktG § 77 Rn. 13, 23; Kölner Komm AktG/*Mertens/Cahn* AktG § 77 Rn. 14; krit. aber *Henze* HRR AktienR Rn. 318.
[24] So auch BeckOGK/*Eberspächer* Rn. 8; aA *Bachmann* ZGR 2008, 779 (793); Lutter/Hommelhoff/Teichmann/*Teichmann* Art. 50 Rn. 8. Für die Aufsichtsrat der AG vgl. Kölner Komm AktG/*Mertens/Cahn* AktG § 108 Rn. 63; Hüffer/Koch/*Koch* AktG § 108 Rn. 8; MHdB AG/*Hoffmann-Becking* § 31 Rn. 68; *Lutter/Krieger/Verse* Aufsichtsrat § 11 Rn. 733; Großkomm AktG/*Hopt/Roth* AktG § 108 Rn. 46.
[25] Vgl. BeckOGK/*Eberspächer* Rn. 8. Zur Abschaffung des Alleinentscheidungsrechts des Vorstandsvorsitzenden der AG gem. § 70 Abs. 2 S. 2 AktG 1937 durch das AktG 1965 vgl. Begr. RegE *Kropff* S. 99.
[26] *Eder* NZG 2004, 544 (554); sich anschließend *Schwarz* Art. 50 Rn. 19; ebenso *Bachmann* ZGR 2008, 779 (793).
[27] Ebenso BeckOGK/*Eberspächer* Rn. 8.

§ 34 Abs. 1 SEAG. Nach dieser Bestimmung hat der Verwaltungsrat zwingend neben dem Vorsitzenden mindestens einen Stellvertreter zu wählen, auf den die Rechte und Pflichten des Vorsitzenden übergehen, wenn dieser verhindert ist. Dahinter steht das Bestreben des Gesetzgebers, die Funktionsfähigkeit des Verwaltungsrates auch dann sicherzustellen, wenn der Vorsitzende verhindert ist. Eine Satzungsregelung, derzufolge der Verwaltungsrat ohne Teilnahme des Vorsitzenden (nicht seines Stellvertreters) beschlussunfähig ist, würde diesem Ziel entgegenstehen.

25 e) **Personalkompetenz des Verwaltungsratsvorsitzenden.** Auch im Bereich der Personalkompetenzen kann die Stellung des Verwaltungsratsvorsitzenden verstärkt werden. Beispielsweise ist es denkbar, dass die Satzung ihm ein (bindendes) **Vorschlagsrecht** hinsichtlich der (übrigen) geschäftsführenden Direktoren einräumt. Damit würde die Stellung des Verwaltungsratsvorsitzenden derjenigen des PDG nach französischem Recht vor der Aktienrechtsreform von 2001 angenähert.[28] Die Zulässigkeit einer entsprechenden Satzungsbestimmung folgt aus § 40 Abs. 1 S. 5 SEAG.[29] Lediglich hinsichtlich des Arbeitsdirektors kann ein solches Recht nicht begründet werden (§ 40 Abs. 1 S. 6 SEAG, § 38 Abs. 2 SEBG).[30]

26 f) **Einschränkungen der Abberufbarkeit.** Eine weitere Stärkung der Stellung des CEO kann dadurch herbeigeführt werden, dass in der Satzung **Erschwernisse für seine Abberufung** als Vorsitzender sowie als Mitglied des Verwaltungsrates sowie für seine Abberufung als geschäftsführender Direktor verankert werden. Für die Abberufung als Mitglied des Verwaltungsrates ergibt sich die Zulässigkeit entsprechender statutarischer Regelungen aus § 29 Abs. 1 S. 3 SEAG, für die Abberufung als geschäftsführender Direktor aus § 40 Abs. 5 SEAG und für die Abberufung als Vorsitzender des Verwaltungsrates durch diesen selbst aus Art. 50 Abs. 1 (im Falle einer Regelung durch die Satzung) oder § 34 Abs. 2 S. 1 SEAG (im Falle einer Regelung durch die Geschäftsordnung).[31]

27 g) **Vereinbarkeit des CEO-Modells mit den Grundsätzen einer guten Corporate Governance.** Der DCGK, der seit 2007 auch die SE einbezieht,[32] schweigt zur Frage der Zulässigkeit eines CEO-Modells bei der SE.[33] Hierbei handelt es sich jedoch um eine bewusste Entscheidung der Kommission mit Blick auf die noch fehlenden Erfahrungen mit der monistischen SE in Deutschland.[34] Angesichts dessen lassen sich daraus weder Argumente für noch gegen das „CEO-Modell" gewinnen. Freilich ist die Möglichkeit des Bestehens eines Interessenkonflikts bei einem Doppelmitglied genauso unverkennbar wie sein Informationsvorsprung gegenüber „einfachen Mitgliedern". So besteht durchaus die Gefahr, dass ein Verwaltungsratsvorsitzender, der zugleich Sprecher der geschäftsführenden Direktoren ist, die Kontrollfunktion des Verwaltungsrates mindert.[35] Ob eine derart starke Stellung des Verwaltungsratsvorsitzenden im internen Organisationsgefüge der SE sinnvoll ist, mag zweifelhaft sein.[36] Dass sich die Quote der Anfechtungen der Hauptversammlungsbeschlüsse erhöhe, wenn dem Doppelmitglied die Leitung der Hauptversammlung übertragen wird

---

[28] Art. 115 ff. Code des Sociétés; nach der Reform steht das Vorschlagsrecht bezüglich der (weiteren) geschäftsführenden Direktoren nicht mehr dem Vorsitzenden des Verwaltungsrats, sondern dem geschäftsführenden Direktor zu, der mit dem Präsidenten des Verwaltungsrates identisch sein kann, aber nicht muss, Art. L 225–51, L 225–53, L 225–55 Code de Commerce.

[29] AA Kölner Komm AktG/*Siems* Anh. Art. 51 § 40 SEAG Rn. 44 mit Verweis auf § 37 SEAG; BeckOGK/*Eberspächer* Rn. 8 aE.

[30] *Eder* NZG 2004, 544 (546).

[31] *Eder* NZG 2004, 544 (545); diff. BeckOGK/*Eberspächer* Rn. 9, der eine Sonderbehandlung bei der Abberufung aus dem Verwaltungsrat wegen des Grundsatzes der Gleichbehandlung der Verwaltungsratsmitglieder für unzulässig hält.

[32] Ausf. *Messow*, Die Anwendbarkeit des DCGK auf die SE, 2007, 1 ff.

[33] Krit. dazu *Schönborn*, Die monistische SE in Deutschland im Vergleich zum englischen Recht, 2006, 290 ff., der in der fehlenden Anpassung des DCGK einen Verstoß gegen Art. 10 AEUV erblicken will.

[34] Vgl. Kremer/Bachmann/Lutter/v. Werder/*v. Werder/Bachmann* DCGK Rn. 133.

[35] *Casper* ZHR 173 (2009), 181 (215).

[36] Lutter/Hommelhoff/Teichmann/*Teichmann* Anh. Art. 43 § 34 SEAG Rn. 8.

(→ Rn. 24), ist wohl Spekulation.³⁷ Im Ergebnis sollte der einzelnen Gesellschaft die Entscheidung für eine starke Führung an der Spitze selbst überlassen werden.³⁸ Die Gründer können namentlich in der Satzung festlegen, ob interne oder externe Geschäftsführer zu bestellen sind.³⁹

III. Stellvertreter

Der Verwaltungsrat muss nach § 34 Abs. 1 S. 1 SEAG **einen oder mehrere** Stellvertreter 28 haben. Die Vorschrift lehnt sich an § 107 Abs. 1 AktG an.⁴⁰ Die Satzung kann die Zahl der Stellvertreter begrenzen und die Reihenfolge festlegen, in der sie den Vorsitzenden vertreten. Der Vertretungsfall ist gem. § 34 Abs. 1 S. 2 SEAG gegeben, wenn der Vorsitzende verhindert ist. Dafür genügt jeder, auch jeder vorübergehende Grund, wenn die Angelegenheit nicht warten kann (für die AG → AktG § 107 Rn. 71).⁴¹ Die bloße Tatsache, dass der Vorsitzende seine Aufgaben nicht wahrnimmt, reicht nicht aus. Der Vorsitzende kann die ihm obliegenden Maßnahmen auch **nicht** ohne Weiteres auf seinen Stellvertreter **delegieren,** wenn er sie nicht selbst ausüben will (→ AktG § 107 Rn. 71).⁴² Tritt der Vertretungsfall ein, hat der Stellvertreter für dessen Dauer alle Rechte und Pflichten des Vorsitzenden. Für die Wahl, die Amtszeit und die Beendigung des Amtes gelten dieselben Regeln wie für den Vorsitzenden (vgl. → Rn. 3 ff.).

Ebenso wie der Vorsitzende ist der Stellvertreter in der paritätisch mitbestimmten SE 29 entsprechend Art. 45 S. 2 zwingend aus dem **Kreis der Anteilseignervertreter** zu bestellen.⁴³ Das folgt daraus, dass er im Vertretungsfalle in die Rechtsstellung des Vorsitzenden – und damit auch das Recht zum Stichentscheid gem. Art. 50 Abs. 2⁴⁴ – eintritt. Anders liegen die Dinge, wenn der Stellvertreter durch eine gem. Art. 50 Abs. 2 zulässige Satzungsbestimmung vom Zweitstimmrecht ausgeschlossen ist.⁴⁵

IV. Ehrenvorsitzender

Der Titel eines **Ehrenvorsitzenden** des Verwaltungsrates kann durch die Hauptver- 30 sammlung oder durch den Verwaltungsrat selbst vergeben werden.⁴⁶ Der Titel ist zwar **rechtlich inhaltslos** (→ AktG § 107 Rn. 72),⁴⁷ jedoch kann der Geehrte auf Grund einer

---

³⁷ So *Bachmann* ZGR 2008, 779 (790).
³⁸ *Bachmann* ZGR 2008, 779 (788) lehnt aus diesem Grund eine Empfehlung des DCGK zu Recht ab; aA für die börsennotierte SE *Casper* ZHR 173 (2009), 181 (215).
³⁹ Lutter/Hommelhoff/Teichmann/*Teichmann* Anh. Art. 43 § 40 SEAG Rn. 7; BeckOGK/*Eberspächer* Art. 43 Rn. 37.
⁴⁰ Begr. RegE zu § 34 SEAG, BT-Drs. 15/3405, 38.
⁴¹ Lutter/Hommelhoff/Teichmann/*Teichmann* Anh. Art. 43 § 34 SEAG Rn. 7. Vgl. zum Aufsichtsrat der AG *Lutter/Krieger/Verse* Aufsichtsrat § 11 Rn. 684; Hüffer/Koch/*Koch* AktG § 107 Rn. 10; MHdB AG/ *Hoffmann-Becking* § 31 Rn. 24; Kölner Komm AktG/*Mertens/Cahn* AktG § 107 Rn. 72.
⁴² Begr. RegE *Kropff* S. 147; *Lutter/Krieger/Verse* Aufsichtsrat § 11 Rn. 684; Hüffer/Koch/*Koch* AktG § 107 Rn. 10.
⁴³ So auch *Schwarz* Anh. Art. 43 Rn. 193; Kölner Komm AktG/*Siems* Anh. Art. 51 Rn. 8; aA Lutter/ Hommelhoff/Teichmann/*Teichmann* Anh. Art. 43 § 34 SEAG Rn. 9 (vgl. folgende Fn.).
⁴⁴ AA Lutter/Hommelhoff/Teichmann/*Teichmann* Anh. Art. 43 § 34 SEAG Rn. 9 mit dem Argument, dass der nationale Gesetzgeber nicht die Verordnung korrigieren dürfe, welche den Stichentscheid nach dem Wortlaut des Art. 50 Abs. 2 nur dem Vorsitzenden zugestehe. In Ermangelung des Rechts zum Stichentscheid könne auch ein Arbeitnehmervertreter zum Stellvertreter bestellt werden; ebenso Lutter/Hommelhoff/Teichmann/*Drygalla* Art. 42 Rn. 8; Habersack/Drinhausen/*Verse* SEAG § 34 Rn. 9. Dies verkennt, dass es nach der SE-VO im Ermessen der Mitgliedstaaten steht, Regelungen über die Stellvertretung zu treffen. Der Wortlaut des Art. 50 Abs. 2 kann daher nicht gegen den Eintritt des Stellvertreters in die Rechte des Vorsitzenden ins Feld geführt werden, vgl. Kölner Komm AktG/*Siems* Anh. Art. 50 Rn. 28.
⁴⁵ Zu derartigen Satzungsbestimmungen *Kiem* ZHR 173 (2009), 156 (168).
⁴⁶ Vgl. umfassend zur AG *Siebel* FS Peltzer, 2001, 519 (528); Hüffer/Koch/*Koch* AktG § 107 Rn. 12; MHdB AG/*Hoffmann-Becking* § 31 Rn. 26; Kölner Komm AktG/*Mertens/Cahn* AktG § 107 Rn. 76; aA *Hennerkes/Schiffer* DB 1992, 875; *Lutter* ZIP 1984, 645 (647 ff.).
⁴⁷ *v. Schenck* in Semler/v. Schenck AR HdB § 4 Rn. 174; *Lutter/Krieger/Verse* Aufsichtsrat § 11 Rn. 685; Kölner Komm AktG/*Mertens/Cahn* AktG § 107 Rn. 76; MHdB AG/*Hoffmann-Becking* § 31 Rn. 26.

entsprechenden Satzungsklausel zum Leiter der Hauptversammlung bestimmt werden. Ferner kann er als Dritter iSd § 36 Abs. 1 SEAG ausnahmsweise an Sitzungen des Verwaltungsrates teilnehmen (→ AktG § 107 Rn. 71);[48] dann ist er aber entsprechend Art. 49, § 39 SEAG, § 93 Abs. 1 S. 3 AktG zur Verschwiegenheit verpflichtet (→ AktG § 107 Rn. 72).[49]

V. Publizität

31   **1. Anmeldung zum Handelsregister.** Gem. § 46 Abs. 1 S. 2 SEAG haben die geschäftsführenden Direktoren die Wahl des Verwaltungsratsvorsitzenden und seines Stellvertreters sowie jede Änderung in der Person des Verwaltungsratsvorsitzenden und seines Stellvertreters zum Handelsregister **anzumelden.** Zu den Einzelheiten vgl. → AktG § 107 Rn. 37 ff.

32   **2. Angaben auf Geschäftsbriefen.** Auf allen Geschäftsbriefen der Gesellschaft muss der Vorsitzende des Verwaltungsrates mit dem Familiennamen und mindestens einem ausgeschriebenen Vornamen angegeben werden. Das folgt aus § 43 Abs. 1 S. 1 SEAG (für das Aktienrecht → AktG § 107 Rn. 39).[50]

---

[48] *Kindl*, Die Teilnahme an der Aufsichtsratssitzung, 1993, 46; *Lutter/Krieger/Verse* Aufsichtsrat § 11 Rn. 686; Hüffer/Koch/*Koch* AktG § 107 Rn. 12; MHdB AG/*Hoffmann-Becking* § 31 Rn. 26.
[49] *Lutter* ZIP 1984, 645 (651); *Lutter/Krieger/Verse* Aufsichtsrat § 11 Rn. 686; Hüffer/Koch/*Koch* AktG § 107 Rn. 12; aA *Jüngst* BB 1984, 1583 (1585); *Siebel* FS Peltzer, 2001, 519 (537).
[50] Vgl. dazu Lutter/Hommelhoff/Teichmann/*Teichmann* Anh. Art. 43 § 43 SEAG Rn. 1 ff.; Kölner Komm AktG/*Siems* Anh. Art. 51 § 43 SEAG Rn. 1 f.; aus dem Aktienrecht Hüffer/Koch/*Koch* AktG § 80 Rn. 3.

Abschnitt 3. Gemeinsame Vorschriften für das monistische und das dualistische System

Art. 46 [Bestellung der Organe]

(1) Die Mitglieder der Organe der Gesellschaft werden für einen in der Satzung festgelegten Zeitraum, der sechs Jahre nicht überschreiten darf, bestellt.

(2) Vorbehaltlich in der Satzung festgelegter Einschränkungen können die Mitglieder einmal oder mehrmals für den gemäß Absatz 1 festgelegten Zeitraum wiederbestellt werden.

Schrifttum: *Bauer/Krets*, Gesellschaftsrechtliche Sonderregeln bei der Beendigung von Vorstands- und Geschäftsführerverträgen, DB 2003, 811; *Beier*, Der Regelungsauftrag als Gesetzgebungsinstrument im Gesellschaftsrecht, Diss. Heidelberg 2000; *Bommert*, Probleme bei der Gestaltung der Rechtsstellung von Ersatzmitgliedern der Aktionärsvertreter im Aufsichtsrat, AG 1986, 315; *Drinhausen/Nohlen,* Festlegung der Amtsdauer von SE-Organmitgliedern in der Satzung nach Art. 46 Abs. 1 SE-VO, ZIP 2009, 1890; *Hirte*, Die Europäische Aktiengesellschaft, NZG 2002, 1; *Hommelhoff,* Gesellschaftsrechtlichen Fragen im Entwurf eines SE-Statuts, AG 1990, 422; *Lehmann*, Zur Wahl von Ersatzmitgliedern zum Aufsichtsrat, DB 1983, 485; *Leupold*, Die Europäische Aktiengesellschaft unter besonderer Berücksichtigung des deutschen Rechts, Diss. Konstanz 1990; *Louven/Ernst*, Praxisrelevante Rechtsfragen im Zusammenhang mit der Umwandlung einer Aktiengesellschaft in eine Europäische Aktiengesellschaft (SE), BB 2014, 323; *Rellermeyer*, Ersatzmitglieder des Aufsichtsrats, ZGR 1987, 563; *Steinbeck/Mencke*, Kündigungsklauseln in Vorstandsanstellungsverträgen, DStR 2003, 940; *Werner*, Ausgewählte Fragen zum Aktienrecht, AG 1990, 1; *Willmar*, Die Neubestellung von Vorstandsmitgliedern vor Ablauf der Amtsperiode, AG 1977, 130.

Übersicht

	Rn.		Rn.
I. Grundlagen	1–3	**III. Aufsichts- und Verwaltungsorgan**	9–17
1. Inhalt und Zweck der Norm	1, 2	1. Beginn	9
2. Verhältnis zum Aktienrecht	3	2. Höchstdauer	10, 11
II. Leitungsorgan	4–8	3. Wiederwahl	12
1. Beginn	4	4. Abberufung vor Ablauf der Amtszeit	13
2. Dauer	5, 6	5. Entsandte Mitglieder	14
3. Wiederwahl	7, 8	6. Ersatzmitglieder	15–17

I. Grundlagen

1. Inhalt und Zweck der Norm. Gem. Art. 46 Abs. 1 werden die Mitglieder der Organe der Gesellschaft, namentlich das Aufsichts- und das Leitungsorgan im dualistischen und das Verwaltungsorgan im monistischen System, für einen in der Satzung festgelegten Zeitraum bestellt, welcher **sechs Jahre** nicht überschreiten darf. Die Amtszeit eines Mitglieds des Organs kann danach bis zu sechs Jahre betragen; eine Ermächtigung zur Abweichung hiervon enthält die Verordnung nicht. Dies gilt sowohl für die Organe des monistischen als auch für die des dualistischen Systems. Die Bestellung der Organmitglieder selbst richtet sich nach den hierfür einschlägigen Vorschriften: Im **monistischen** System bestimmt sich die Bestellung der Mitglieder des Verwaltungsorgans nach Art. 43 Abs. 3; im **dualistischen** System werden die Mitglieder des Leitungsorgans gem. Art. 39 Abs. 2 durch das Aufsichtsorgan, die Mitglieder des Aufsichtsorgans gem. Art. 40 Abs. 2 durch die Hauptversammlung bestellt. 1

Art. 46 regelt ausschließlich die zulässige **Höchstdauer** der Mandatszeit. Solange diese nicht überschritten wird, kann die Satzung andere Regelungen treffen. Die zeitliche Begrenzung der Mitgliederbestellung ist zwingend (für die AG → AktG § 84 Rn. 1; → AktG § 102 Rn. 2).[1] Sie sichert im Hinblick auf das Leitungsorgan unter anderem die Personal- 2

---

[1] Kölner Komm AktG/*Siems* Rn. 6; vgl. für den Vorstand der AG Hüffer/Koch/*Koch* AktG § 84 Rn. 1; für den Aufsichtsrat der AG Hüffer/Koch/*Koch* AktG § 102 Rn. 1; MHdB AG/*Hoffmann-Becking* § 30 Rn. 68.

kompetenz des Aufsichtsorgans gegen eine Aushöhlung durch eine überlange Amtszeit (für den Vorstand der AG → AktG § 84 Rn. 3).[2] Gleiches gilt für die Personalkompetenz der Hauptversammlung hinsichtlich des Aufsichts- und des Verwaltungsorgans. Abs. 2 lässt vorbehaltlich in der Satzung festgelegter Einschränkungen eine ein- oder mehrmalige Wiederbestellung der Organmitglieder für den in Abs. 1 festgelegten Zeitraum zu. Diese Regelung entspricht der grundsätzlich zulässigen Wiederbestellung des Vorstands (vgl. § 84 Abs. 1 S. 2 AktG) und des Aufsichtsrates[3] einer AG (→ AktG § 102 Rn. 20 f.).

3 **2. Verhältnis zum Aktienrecht.** Aus Art. 46 ergeben sich **zwei Unterschiede** zu den Regelungen über die Organmitgliedschaft in einer AG: Anders als die Satzung einer AG, muss die Satzung der SE **zwingend** die Amtszeit der Organmitglieder festlegen. Rechtsdogmatisch handelt es sich bei Art. 46 um eine Gestaltungsermächtigung mit Regelungsauftrag.[4] Ferner beträgt die **höchstmögliche** Amtszeit eines Aufsichtsrats- oder Vorstandsmitglieds abweichend von §§ 84, 102 Abs. 1 AktG nicht fünf (für die AG → AktG § 102 Rn. 7; vgl. für den Vorstand der AG § 84 Abs. 1 S. 1 AktG),[5] sondern sechs Jahre.[6] Indes geht aus dieser Vorschrift nicht deutlich hervor, ob die Satzung eine bestimmte Amtszeit für alle Mitglieder des Organs generell festlegen muss oder nur eine Höchstdauer bestimmen und es im Übrigen dem Bestellungsorgan überlassen darf, die individuelle Amtszeit in diesem Rahmen festzulegen. Man wird Art. 46 Abs. 1 wohl in dem letzteren Sinne interpretieren dürfen.[7]

II. Leitungsorgan

4 **1. Beginn.** Der Beginn der Amtszeit ist zunächst von der zeitlich früher liegenden **Bestellerklärung** (vgl. → Art. 39 Rn. 19) und der nachfolgenden **Registereintragung** zu unterscheiden und liegt regelmäßig erst mit Bestellung und **Annahme der Bestellung** durch das Mitglied des Leitungsorgans vor (für den Vorstand der AG → AktG § 84 Rn. 43).[8] Dabei kann die Annahme vor oder nach dem Bestellungsbeschluss erklärt werden.[9] In dem Bestellungsbeschluss selbst kann bestimmt sein, dass die bestellte Person erst zu einem späteren Zeitpunkt Mitglied des Leitungsorgans werden soll (für den Vorstand der AG → AktG § 84 Rn. 42).[10] Mit Beginn der Amtszeit läuft die Frist (für den Vorstand der AG → AktG § 84 Rn. 42).[11]

5 **2. Dauer.** Während eine Mindestdauer für die Bestellung eines Mitglieds des Leitungsorgans im Gesetz nicht vorgeschrieben ist, beträgt die Amtszeit eines Mitglieds des Leitungsor-

---

[2] BeckOGK/*Eberspächer* Rn. 3; für den Vorstand der AG Hüffer/Koch/*Koch* AktG § 84 Rn. 1; BeckHdB AG/*Liebscher* § 6 Rn. 28.
[3] Großkomm AktG/*Hopt/Roth* AktG § 102 Rn. 51; Kölner Komm AktG/*Mertens/Cahn* AktG § 102 Rn. 20; Hüffer/Koch/*Koch* AktG § 102 Rn. 6; MHdB AG/*Hoffmann-Becking* § 30 Rn. 71.
[4] So auch BeckOGK/*Eberspächer* Rn. 1; *Schwarz* Rn. 1; allg. *Hommelhoff* FS Ulmer, 2003, 267 (274); *Beier*, Der Regelungsauftrag als Gesetzgebungsinstrument im Gesellschaftsrecht, 2000, 71 ff., 91 ff., speziell zu den Regelungsaufträgen im SE-Statut 254.
[5] Für den Aufsichtsrat *Hoffmann/Preu* Rn. 715; *Lutter/Krieger/Verse* Aufsichtsrat § 1 Rn. 32; Hüffer/Koch/*Koch* AktG § 102 Rn. 2; MHdB AG/*Hoffmann-Becking* § 30 Rn. 68; BeckHdB AG/*Kolb* § 7 Rn. 221.
[6] Krit. hierzu *Leupold*, Die Europäische Aktiengesellschaft unter besonderer Berücksichtigung des deutschen Rechts, 1993, 90; *Hommelhoff* AG 1990, 422 (427).
[7] *Hoffmann-Becking* ZGR 2004, 355 (364); BeckOGK/*Eberspächer* Rn. 5; *Drinhausen/Nohlen* ZIP 2009, 1890 ff.; *Drinhausen* in Van Hulle/Maul/Drinhausen SE-HdB Abschnitt 5 § 2 Rn. 10 (S. 125); *Schwarz* Rn. 13; aA Lutter/Hommelhoff/*Teichmann* Rn. 4; Kölner Komm AktG/*Paefgen* Art. 39 Rn. 51; Kölner Komm AktG/*Siems* Rn. 12; *Louven/Ernst* BB 2014, 323 (327); aA offenbar auch OLG Hamburg ZIP 2005, 2017 (2018), das eine Satzungsregelung für unzulässig hielt, die an die Entlastung für das vierte Geschäftsjahr nach dem Beginn der Amtszeit anknüpfte, da dieser Zeitpunkt zu unbestimmt und damit nicht „festgelegt" iSv Art. 46 Abs. 1 sei; vgl. hierzu die ablehnende Anm. von *Reinhard* RIW 2006, 68 (70).
[8] BeckOGK/*Eberspächer* Rn. 4; Kölner Komm AktG/*Siems* Rn. 10; *Schwarz* Rn. 17. Für den Vorstand der AG Kölner Komm AktG/*Mertens/Cahn* AktG § 84 Rn. 2; *Krieger*, Personalentscheidungen des Aufsichtsrats, 1981, 8 f.; ausf. *Baums*, Bericht der Regierungskommission Corporate Governance, 2001, 37 ff.; *Mack*, Die Begründung und Beendigung der Rechtsstellung von Organmitgliedern juristischer Personen im Handelsrecht, dargestellt am Beispiel des Vorstandsmitgliedes einer Aktiengesellschaft 1974, S. 6 ff.
[9] Für den Vorstand der AG MHdB AG/*Wiesner* § 20 Rn. 12.
[10] BeckOGK/*Eberspächer* Rn. 4.
[11] Für den Vorstand der AG Hüffer/Koch/*Koch* AktG § 84 Rn. 7; MHdB AG/*Wiesner* § 20 Rn. 34.

gans gem. Abs. 1 **zwingend höchstens sechs Jahre**. Allerdings kann das Aufsichtsorgan seine Pflichten gegenüber der Gesellschaft verletzen, wenn es die Dauer der Bestellung zu kurz wählt (für den Vorstand der AG → AktG § 84 Rn. 45).[12] Im Allgemeinen wird man eine Bestellung von mindestens einem Jahr verlangen müssen, wenn es nicht um eine bloße Überbrückung geht (für den Vorstand der AG → AktG § 84 Rn. 45).[13]

Im Falle einer Bestellung über den genannten Zeitraum hinaus ist in Anlehnung an die Rspr. zum Vorstand der AG[14] von der **Unwirksamkeit** der Bestellung nach Ablauf von sechs Jahren auszugehen. Enthält die Satzung eine Bestimmung, die eine längere Bestelldauer als sechs Jahre vorsieht, ist diese dahingehend (berichtigend) **auszulegen,** dass die Bestellung für eine Dauer von sechs Jahren erfolgt. Enthält die Satzung keine Bestimmung und sieht auch das Aufsichtsorgan im Bestellungsbeschluss keine Befristung vor, ist die Bestellung als eine Bestellung auf sechs Jahre anzusehen (für den Vorstand der AG → AktG § 84 Rn. 46).[15] Eine Satzungsbestimmung oder ein Bestellungsbeschluss, der – vorbehaltlich eines anderweitigen Beschlusses des Aufsichtsorgans – zu einer automatischen Verlängerung der Mandatszeit führt, mit der Folge, dass die Höchstfrist überschritten wird, ist unzulässig; insoweit bedarf es eines formellen Wiederbestellungsbeschlusses (vgl. → Rn. 12). Das Aufsichtsorgan kann grundsätzlich einem Mitglied des Leitungsorgans die Wiederwahl nicht bindend zusagen, weil sonst die freie Entschließung des Aufsichtsorgans beeinträchtigt wäre (für die AG → AktG § 84 Rn. 54).[16] Im Rahmen der Sechsjahresfrist sind solche Zusagen – vorbehaltlich einer anderweitigen Satzungsregelung – indes bindend, da das Aufsichtsorgan das Mitglied des Leitungsorgans auch gleich auf sechs Jahre hätte bestellen können (für den Vorstand der AG → AktG § 84 Rn. 57).[17] 6

3. Wiederwahl. Nach Abs. 2 ist eine **ein- oder mehrmalige** Wiederbestellung für den in Abs. 1 festgelegten Zeitraum zulässig. Die Wiederbestellung eines Mitglieds des Leitungsorgans muss durch erneuten ausdrücklichen Beschluss des Aufsichtsorgans (Art. 50 Abs. 1) erfolgen. Von einer Wiederbestellung nach Ablauf der Amtszeit ist der Fall zu unterscheiden, dass während der Amtszeit die Bestellung erneuert wird. Eine solche Aufhebung der bisherigen Bestellung unter gleichzeitiger Neubestellung ist zulässig, auch wenn dadurch die Höchstdauer überschritten wird.[18] In besonders gelagerten Ausnahmefällen bleibt jedoch der Einwand des Rechtsmissbrauchs möglich.[19] Auch ist in börsennotierten Gesellschaften Empfehlung B.2 DCGK (früher Ziff. 5.1.2 Abs. 2 S. 2 DCGK 2017) zu beachten, der vorzeitige Wiederbestellung nur bei Vorliegen wichtiger Gründe empfiehlt. Bezüglich der Frage, wann die Wiederbestellung erfolgen kann, enthält die Verordnung keine Angaben. Daher kommt insoweit gem. Art. 9 Abs. 1 lit. c Ziff. ii nationales Recht zur Anwendung.[20] Für das Leitungsorgan folgt insoweit aus § 84 Abs. 1 S. 3 AktG, dass eine Wiederbestellung frühestens ein Jahr vor Ablauf der bisherigen Amtszeit erfolgen kann.[21] 7

---

[12] Für den Vorstand der AG Kölner Komm AktG/*Mertens/Cahn* AktG § 84 Rn. 24; *Miller* BB 1973, 1088 (1089 f.); Hüffer/Koch/*Koch* AktG § 84 Rn. 7; Großkomm AktG/*Kort* AktG § 84 Rn. 66.
[13] Für den Vorstand der AG Kölner Komm AktG/*Mertens/Cahn* AktG § 84 Rn. 24.
[14] BGHZ 10, 187 (195) = NJW 1953, 1465; BGH WM 1962, 109; 1957, 846 f.; Kölner Komm AktG/*Mertens/Cahn* AktG § 84 Rn. 13; MHdB AG/*Wiesner* § 20 Rn. 34.
[15] Lutter/Hommelhoff/Teichmann/*Teichmann* Rn. 3; Habersack/Drinhausen/*Drinhausen* Art. 46 Rn. 9. Zum Vorstand der AG vgl. OLG Stuttgart AG 2013, 599 (600); Hüffer/Koch/*Koch* AktG § 84 Rn. 7, der allerdings von einer Höchstdauer von fünf Jahren ausgeht; Kölner Komm AktG/*Mertens/Cahn* AktG § 84 Rn. 16; MHdB AG/*Wiesner* § 20 Rn. 34.
[16] Für die AG BGHZ 10, 187 (195) = NJW 1953, 1465 (1466); Kölner Komm AktG/*Mertens/Cahn* AktG § 84 Rn. 20.
[17] Für den Vorstand der AG BGH WM 1980, 1139 (1140); MHdB AG/*Wiesner* § 20 Rn. 37; *Steinbeck/Menke* DStR 2003, 940 (943); aA Kölner Komm AktG/*Mertens/Cahn* AktG § 84 Rn. 20.
[18] Für den Vorstand der AG BGH AG 2012, 677 Rn. 20 ff.; MHdB AG/*Wiesner* § 20 Rn. 36, 26; *Bauer/Krets* DB 2003, 811 (817); *Willemer* AG 1977, 130 ff.; *Werner* AG 1990, 1 (19); zur aA Kölner Komm AktG/*Mertens/Cahn* AktG § 84 Rn. 23; Hüffer/Koch/*Koch* AktG § 84 Rn. 8.
[19] BGH AG 2012, 677 Rn. 31; *Paschos/von der Linden* AG 2012, 736 (739 f.).
[20] NK-SE/*Manz* Rn. 5.
[21] Kölner Komm AktG/*Siems* Rn. 21.

8 Die für den Aufsichtsrat der AG diskutierte Streitfrage, ob die Satzung eine Wiederbestellung ausschließen kann oder nicht (vgl. für den Ausschluss durch Satzung bei der AG → AktG § 84 Rn. 48 mwN) stellt sich in der SE nicht. Art. 46 Abs. 2 stellt die Wiederbestellung eines Organmitglieds ausdrücklich unter den Vorbehalt möglicher **Satzungseinschränkungen**.

III. Aufsichts- und Verwaltungsorgan

9 **1. Beginn.** Ebenso wie in der AG erwirbt das einzelne Mitglied des Aufsichts- bzw. Verwaltungsorgans das Amt mit seiner **Bestellung** und deren **Annahme**.[22] Die Bestellung kann aufschiebend befristet oder bedingt erfolgen.[23]

10 **2. Höchstdauer.** Für die AG entspricht es der hM, dass die Hauptversammlung die Dauer sowie Beginn und Ende der Amtszeit in den Grenzen des § 102 AktG bestimmen kann, wenn die Satzung die Dauer der Amtszeit nicht regelt (→ AktG § 102 Rn. 16).[24] Danach kann die Hauptversammlung für ein oder mehrere Vertreter der Anteilseigner kürzere Amtszeiten beschließen.[25] Dementsprechend ist davon auszugehen, dass auch die Anteilseigner einer SE die **individuelle** Amtszeit eines Mitglieds des Aufsichtsorgans festlegen können, wenn die Satzung nicht eine feste Amtsdauer, sondern nur einen Rahmen für deren Bestimmung vorgibt.[26] Die gesetzliche **Höchstdauer von sechs Jahren** muss beachtet werden. Für die Arbeitnehmervertreter im Aufsichts- bzw. Verwaltungsorgan, die gem. § 36 Abs. 4 SEBG von der Hauptversammlung unter Bindung an einen Wahlvorschlag bestellt werden, gelten die vorstehend dargestellten Grundsätze entsprechend. Ist die Amtszeit der Aufsichts- bzw. Verwaltungsratsmitglieder in der Satzung nicht fix bestimmt, sondern gibt diese nur einen Rahmen vor, so kann die Arbeitnehmerseite für die Bestelldauer einen Vorschlag machen, der nach § 36 Abs. 4 SEBG für die Hauptversammlung bindend ist.[27]

11 Art. 46 gilt auch für die Bestellung der Mitglieder des **ersten Aufsichtsorgans** oder **ersten Verwaltungsrates**.[28] Die Bestellung kann, muss aber nicht in der Satzung erfolgen (Art. 40 Abs. 2 S. 2, Art. 43 Abs. 3 S. 2; zu Einzelheiten vgl. → Art. 40 Rn. 43 ff.).

12 **3. Wiederwahl.** Anders als das AktG enthält die Verordnung in Abs. 2 eine ausdrückliche Bestimmung für die Wiederbestellung eines Organmitglieds.[29] Danach können die Mitglieder des Aufsichtsorgans, vorbehaltlich in der Satzung festgelegter Einschränkungen **ein- oder mehrmalig** für einen Zeitraum von sechs Jahren wiederbestellt werden. Aus dieser Formulierung lässt sich im Umkehrschluss entnehmen, dass eine automatisch eintretende Verlängerung der Amtszeit nicht möglich ist. Sie bedarf vielmehr einer **erneuten** Beschlussfassung durch die Hauptversammlung.[30] Umstritten ist eine vorzeitige Wiederwahl

---

[22] *Schwarz* Rn. 17; BeckOGK/*Eberspächer* Rn. 4. Für den Aufsichtsrat vgl. MHdB AG/*Hoffmann-Becking* § 30 Rn. 67; *Lutter/Krieger/Verse* Aufsichtsrat § 1 Rn. 31; Hüffer/Koch/*Koch* AktG § 102 Rn. 3; BeckHdB AG/*Kolb* § 7 Rn. 220; vgl. zur Annahmeerklärung MHdB AG/*Hoffmann-Becking* § 30 Rn. 46; Hüffer/Koch/*Koch* § 101 Rn. 8.

[23] Für den Aufsichtsrat MHdB AG/*Hoffmann-Becking* § 30 Rn. 67; Kölner Komm AktG/*Mertens* AktG § 101 Rn. 5, 32; aA AG Bonn AG 2011, 99 f. = ZIP 2011, 177; Kölner Komm AktG/*Mertens/Cahn* AktG § 101 Rn. 38.

[24] MHdB AG/*Hoffmann-Becking* § 30 Rn. 68; Kölner Komm AktG/*Mertens/Cahn* AktG § 102 Rn. 13.

[25] Hüffer/Koch/*Koch* AktG § 102 Rn. 4; Kölner Komm AktG/*Mertens/Cahn* AktG § 102 Rn. 11; MHdB AG/*Hoffmann-Becking* § 30 Rn. 69; die Amtszeit muss demnach nicht für alle Aufsichtsratmitglieder gleich sein, vgl. BGHZ 99, 211 (215) = NJW 1987, 902; OLG Frankfurt AG 1987, 159 (160).

[26] Für die Zulässigkeit der Vorgabe eines bloßen Rahmens, der von der Hauptversammlung im Wege der Beschlussfassung auszufüllen ist, *Hoffmann-Becking* ZGR 2004, 355 (364).

[27] Ebenso BeckOGK/*Eberspächer* Rn. 5.

[28] Ebenso *Schwarz* Art. 40 Rn. 53; *Habersack* Konzern 2008, 67 (73 f.); Kölner Komm AktG/*Siems* Rn. 9; aA Lutter/Hommelhoff/Teichmann/*Drygala* Art. 40 Rn. 28.

[29] Auch in der AG ist die Wiederbestellung von Aufsichtsratsmitgliedern zulässig, vgl. Hüffer/Koch/*Koch* AktG § 102 Rn. 6; MHdB AG/*Hoffmann-Becking* § 30 Rn. 71 mwN.

[30] So BeckOGK/*Eberspächer* Rn. 7; Lutter/Hommelhoff/Teichmann/*Teichmann* Rn. 10; NK-SE/*Manz* Rn. 4; *Leupold*, Die Europäische Aktiengesellschaft unter besonderer Berücksichtigung des deutschen Rechts, 1993, 90 für Art. 68 Abs. 1 SE-VO-Vorschlag 1991; zur AG vgl. RGZ 129, 180 (183); 166, 175 (187); Kölner Komm AktG/*Mertens/Cahn* AktG § 102 Rn. 20.

von Aufsichtsrats- bzw. Verwaltungsratsmitglieder. Hier ist mit der hM im Aktienrecht[31] (→ AktG § 102 Rn. 21) von der grundsätzlichen Zulässigkeit einer solchen auszugehen, wenn der Rest der laufenden Amtszeit in die Berechnung der zulässigen Höchstdauer einbezogen wird;[32] ansonsten würde die vorzeitige Wiederwahl zur Umgehung der in Abs. 1 vorgesehenen zeitlichen Begrenzung von sechs Jahren führen.

4. Abberufung vor Ablauf der Amtszeit. Die Bestellung der Organe der SE „für einen in der Satzung festgelegten Zeitraum" (Art. 46 Abs. 1) und das Fehlen einer ausdrücklichen Regelung zur Abberufung der Verwaltungsorgane im aktuellen Verordnungstext ist im Schrifttum dahingehend gedeutet worden, dass eine freie vorzeitige Abberufung **unzulässig** sei.[33] Dieses Ergebnis ist mit dem Regelungsgehalt der SE-VO nicht vereinbar.[34] Bezüglich einer vorzeitigen Abberufung von Mitgliedern des Aufsichtsorgans verweist die Spezialverweisung in Art. 57 auf § 103 AktG, der eine vorzeitige Abberufung zulässt. Hinsichtlich einer vorzeitigen Abberufung von Mitgliedern des Verwaltungsrates hat der Gesetzgeber in Gestalt von § 29 SEAG eine dem § 103 AktG entsprechende Regelung eingeführt. Zu Einzelheiten vgl. → Art. 40 Rn. 58 ff.; → Art. 43 Rn. 46 ff. **13**

5. Entsandte Mitglieder. Mangels anderer Bestimmungen kann bei der **Entsendung** die Amtszeit des Mitglieds in dem durch Abs. 1 vorgegebenen Rahmen **frei bestimmt werden**. Entsandte Mitglieder können jederzeit abberufen werden (vgl. Art. 40 Abs. 2 S. 3, Art. 47 Abs. 4 iVm § 103 Abs. 2 AktG für das Aufsichtsorgan, § 29 Abs. 2 SEAG für den Verwaltungsrat). Daher kann der entsendungsberechtigte Aktionär auch schon bei der Entsendung die Amtszeit des Mitglieds abweichend von der regelmäßigen Amtszeit bestimmen (für den Aufsichtsrat der AG → AktG § 102 Rn. 14).[35] Das gilt auch für die Arbeitnehmervertreter im Aufsichtsorgan bzw. im Verwaltungsrat, wenn sie auf Grund einer zwischen der Arbeitnehmerseite und den an der Gründung beteiligten Unternehmensorganen ausgehandelten Verhandlungslösung (§ 21 SEBG) entsprechend § 28 Abs. 2 SEAG, § 101 Abs. 2 AktG in das Aufsichtsorgan bzw. in den Verwaltungsrat entsandt werden.[36] **14**

6. Ersatzmitglieder. Bei Ersatzmitgliedern von Mitgliedern des Aufsichts- oder Verwaltungsorgans der SE (vgl. → Art. 40 Rn. 36 ff., → Art. 43 Rn. 40 ff.) muss zwischen der Amtszeit als Ersatzmitglied und der Amtszeit als ordentliches Mitglied **unterschieden** werden (für die AG → AktG § 101 Rn. 86). Die Amtszeit des Ersatzmitglieds beginnt mit dem Ausscheiden des ordentlichen Mitglieds, für dass das Ersatzmitglied bestellt wurde; eine ausdrückliche Annahme des Amtes ist nach hM nicht erforderlich (→ AktG § 101 Rn. 81).[37] Das Ersatzmitglied bleibt für die gesamte restliche Amtszeit des ausgeschiedenen Mitglieds im Amt, wenn die Satzung nichts anderes bestimmt.[38] Dies stellt zugleich die längstmögliche Amtszeit des Ersatzmitglieds dar (so für die AG § 102 Abs. 2 AktG). Meist **15**

---

[31] Vgl. Hüffer/Koch/*Koch* AktG § 102 Rn. 6; Großkomm AktG/*Hopt/Roth* AktG § 102 Rn. 53 ff.; Kölner Komm AktG/*Mertens/Cahn* AktG § 102 Rn. 20; MHdB AG/*Hoffmann-Becking* § 30 Rn. 71; aA auch Kölner Komm AktG/*Siems* Rn. 21, mit der Begründung, die Satzung müsse eine fixe Amtszeit für die Organe vorsehen; dagegen vgl. → Rn. 3.
[32] Ebenso NK-SE/*Manz* Rn. 7 f.; BeckOGK/*Eberspächer* Rn. 7; aA Kölner Komm AktG/*Siems* Rn. 21, der § 84 Abs. 1 S. 3 AktG analog anwenden will.
[33] *Hommelhoff* AG 2001, 279 (283); *Hirte* NZG 2002, 1 (5).
[34] Wie hier Kölner Komm AktG/*Siems* Rn. 2; Habersack/Drinhausen/*Verse* Art. 43 Rn. 36; NK-SE/*Manz* Art. 39 Rn. 31; BeckOGK/*Eberspächer* Rn. 2; Lutter/Hommelhoff/Teichmann/*Teichmann* Art. 43 Rn. 49 ff.; Lutter/Hommelhoff/Teichmann/*Teichmann* Art. 46 Rn. 2; *Schwarz* Art. 43 Rn. 120.
[35] Ebenso BeckOGK/*Eberspächer* Rn. 5; aA Lutter/Hommelhoff/Teichmann/*Teichmann* Rn. 6. Vgl. für den Aufsichtsrat der AG Hüffer/Koch/*Koch* AktG § 102 Rn. 4; Kölner Komm AktG/*Mertens* AktG § 102 Rn. 9; MHdB AG/*Hoffmann-Becking* § 30 Rn. 75.
[36] Ohne diese Differenzierung nehmen *Schwarz* Rn. 8 und Lutter/Hommelhoff/Teichmann/*Teichmann* Rn. 5 jeweils eine Bindung der Beteiligungsvereinbarung an Art. 46 Abs. 1 an.
[37] Kölner Komm AktG/*Mertens/Cahn* AktG § 101 Rn. 100; Hüffer/Koch/*Koch* AktG § 101 Rn. 14, 8; *Bommert* AG 1986, 315 (319); BeckHdB AG/*Kolb* § 7 Rn. 215; aA *Lehmann* DB 1983, 485 (487); *Rellermeyer* ZGR 1987, 563 (576).
[38] Ebenso Lutter/Hommelhoff/Teichmann/*Teichmann* Rn. 7.

bestimmt allerdings die Satzung, dass das Amt eines in das Aufsichts- bzw. Verwaltungsorgan nachgerückten Ersatzmitglieds schon vorher erlischt, sobald ein Nachfolger für das ausgeschiedene Mitglied bestellt ist.[39] Falls die Hauptversammlung für denselben Zeitpunkt, zu dem das ordentliche Mitglied vorzeitig ausscheidet bereits einen Nachfolger bestellt hat, rückt das für das ordentliche Mitglied bestellte Ersatzmitglied gar nicht erst in das Aufsichtsorgan bzw. den Verwaltungsrat ein, da keine Vakanz entsteht.[40]

16 Von der Amtszeit des **nachgerückten** Ersatzmitglieds ist die Amtszeit des **bestellten**, aber noch nicht nachgerückten Ersatzmitglieds, zu unterscheiden. Sie endet notwendig mit dem Ende der vollen Amtszeit des Organmitglieds, für welches das Ersatzmitglied bestellt worden ist. Denkbar ist auch die Bestimmung einer kürzeren Amtszeit, zB mit dem Inhalt, dass das Ersatzmitglied nur Organmitglied wird, wenn das ordentliche Mitglied vor Ablauf einer bestimmten Zeit ausscheidet.[41] Zu Einzelheiten vgl. → AktG § 101 Rn. 74 ff.

17 Würde ein Ersatzmitglied für **mehrere** Organmitglieder bestellt, so handelt es sich dabei genau genommen um ein Bündel von mehreren Ersatzbestellungen, die in ihrem rechtlichen Bestand voneinander unabhängig sind.[42]

Art. 47 [Voraussetzungen der Mitgliedschaft]

(1) *[1]* Die Satzung der SE kann vorsehen, dass eine Gesellschaft oder eine andere juristische Person Mitglied eines Organs sein kann, sofern das für Aktiengesellschaften maßgebliche Recht des Sitzstaats der SE nichts anderes bestimmt.

[2] Die betreffende Gesellschaft oder sonstige juristische Person hat zur Wahrnehmung ihrer Befugnisse in dem betreffenden Organ eine natürliche Person als Vertreter zu bestellen.

(2) Personen, die
a) nach dem Recht des Sitzstaats der SE dem Leitungs-, Aufsichts- oder Verwaltungsorgan einer dem Recht dieses Mitgliedstaats unterliegenden Aktiengesellschaft nicht angehören dürfen oder
b) infolge einer Gerichts- oder Verwaltungsentscheidung, die in einem Mitgliedstaat ergangen ist, dem Leitungs-, Aufsichts- oder Verwaltungsorgan einer dem Recht eines Mitgliedstaats unterliegenden Aktiengesellschaft nicht angehören dürfen,
können weder Mitglied eines Organs der SE noch Vertreter eines Mitglieds im Sinne von Absatz 1 sein.

(3) Die Satzung der SE kann für Mitglieder, die die Aktionäre vertreten, in Anlehnung an die für Aktiengesellschaften geltenden Rechtsvorschriften des Sitzstaats der SE besondere Voraussetzungen für die Mitgliedschaft festlegen.

(4) Einzelstaatliche Rechtsvorschriften, die auch einer Minderheit von Aktionären oder anderen Personen oder Stellen die Bestellung eines Teils der Organmitglieder erlauben, bleiben von dieser Verordnung unberührt.

---

[39] Nach BGHZ 99, 211 (214) = NJW 1982, 902 (903); BGH WM 1989, 58, ist eine solche Satzungsbestimmung nur zulässig, wenn für die Wahl und die Abberufung aller von der Hauptversammlung bestellten Mitglieder dasselbe Mehrheitserfordernis gilt, da die Wahl des Nachfolgers wie eine Abberufung das Ausscheiden des nachgerückten Ersatzmitglieds bewirkt; ebenso BGH WM 1988, 377 – Allianz Leben für eine entsprechende Klausel im Beschluss über die Bestellung zum Ersatzmitglied; zust. Hüffer/Koch/*Koch* AktG § 101 Rn. 16; MHdB AG/*Hoffmann-Becking* § 30 Rn. 56; aA *Roussos* AG 1987, 239 (242).
[40] Für den Aufsichtsrat der AG BGH AG 1988, 348 – Strabag; Hüffer/Koch/*Koch* AktG § 101 Rn. 16; MHdB AG/*Hoffmann-Becking* § 30 Rn. 56; Kölner Komm AktG/*Mertens*/*Cahn* AktG § 101 Rn. 102; Lutter/Krieger/*Verse* Aufsichtsrat § 14 Rn. 1058; aA *Bommert* AG 1986, 315 (317); *Rellermeyer* ZGR 1987, 563 (574).
[41] Für den Aufsichtsrat der AG MHdB AG/*Hoffmann-Becking* § 30 Rn. 57.
[42] Für den Aufsichtsrat der AG BGHZ 99, 211 (220) = NJW 1982, 902 (904); Kölner Komm AktG/*Mertens*/*Cahn* AktG § 101 Rn. 93; MHdB AG/*Hoffmann-Becking* § 30 Rn. 58.

§ 27 SEAG Persönliche Voraussetzungen der Mitglieder des Verwaltungsrats

(1) ¹Mitglied des Verwaltungsrats kann nicht sein, wer
1. bereits in zehn Handelsgesellschaften, die gesetzlich einen Aufsichtsrat oder einen Verwaltungsrat zu bilden haben, Mitglied des Aufsichtsrats oder des Verwaltungsrats ist,
2. gesetzlicher Vertreter eines von der Gesellschaft abhängigen Unternehmens ist oder
3. gesetzlicher Vertreter einer anderen Kapitalgesellschaft ist, deren Aufsichtsrat oder Verwaltungsrat ein Vorstandsmitglied oder ein geschäftsführender Direktor der Gesellschaft angehört.

²Auf die Höchstzahl nach Satz 1 Nr. 1 sind bis zu fünf Sitze in Aufsichts- oder Verwaltungsräten nicht anzurechnen, die ein gesetzlicher Vertreter (beim Einzelkaufmann der Inhaber) des herrschenden Unternehmens eines Konzerns in zum Konzern gehörenden Handelsgesellschaften, die gesetzlich einen Aufsichtsrat oder einen Verwaltungsrat zu bilden haben, innehat. ³Auf die Höchstzahl nach Satz 1 Nr. 1 sind Aufsichtsrats- oder Verwaltungsratsämter im Sinne der Nummer 1 doppelt anzurechnen, für die das Mitglied zum Vorsitzenden gewählt worden ist. ⁴Bei einer SE, die kapitalmarktorientiert im Sinne des § 264d des Handelsgesetzbuchs, die CRR-Kreditinstitut im Sinne des § 1 Absatz 3d Satz 1 des Kreditwesengesetzes, mit Ausnahme der in § 2 Absatz 1 Nummer 1 und 2 des Kreditwesengesetzes genannten Institute, oder die Versicherungsunternehmen ist im Sinne des Artikels 2 Absatz 1 der Richtlinie 91/674/EWG des Rates vom 19. Dezember 1991 über den Jahresabschluß und den konsolidierten Abschluß von Versicherungsunternehmen (ABl. L 374 vom 31.12.1991, S. 7), die zuletzt durch die Richtlinie 2006/46/EG (ABl. L 224 vom 16.8.2006, S. 1) geändert worden ist, müssen die Voraussetzungen des § 100 Absatz 5 des Aktiengesetzes erfüllt sein.

(2) § 36 Abs. 3 Satz 2 in Verbindung mit § 6 Abs. 2 bis 4 des SE-Beteiligungsgesetzes oder eine Vereinbarung nach § 21 des SE-Beteiligungsgesetzes über weitere persönliche Voraussetzungen der Mitglieder der Arbeitnehmer bleibt unberührt.

(3) Eine juristische Person kann nicht Mitglied des Verwaltungsrats sein.

Schrifttum: *Bollweg,* Die Wahl des Aufsichtsrats in der Hauptversammlung der Aktiengesellschaft, Diss. Bielefeld 1995; *Brandes,* Europäische Aktiengesellschaft: Juristische Person als Organ?, NZG 2004, 642; *Engert/Herschlein,* Der non-executive director einer ausländischen Tochtergesellschaft als Aufsichtsratsmitglied, NZG 2004, 459; *Fleischer,* Juristische Personen als Organmitglieder im europäischen Gesellschaftsrecht, RIW 2004, 16; *Geßler,* Bedeutung und Auslegung des § 23 Abs. 5 AktG, FS Lutter, 1976, 69; *Hoffmann-Becking,* Organe: Strukturen und Verantwortlichkeiten, insbesondere im monistischen System, ZGR 2004, 355; *Hommelhoff,* Satzungsmäßige Eignungsvoraussetzungen für Vorstandsmitglieder einer Aktiengesellschaft, BB 1977, 322; *Lutter,* Die Unwirksamkeit von Mehrfachmandaten in den Aufsichtsräten von Konkurrenzunternehmen, DB 2002, 1; *Lutter,* Europäische Aktiengesellschaft – Rechtsfigur mit Zukunft, FS Beusch, 1993, 509; *Reichert/Schlitt,* Konkurrenzverbot für Aufsichtsratsmitglieder, AG 1995, 241; *Säcker,* Die Anpassung der Satzung der Aktiengesellschaft an das Mitbestimmungsgesetz, DB 1977, 1791; *Stein,* § 6 Abs. 2 Satz 2 GmbHG, § 76 Abs. 3 Satz 2 AktG – Verfassungswidrige Berufsverbote?, AG 1987, 165; *Verse/Baum,* Zum richtigen Verständnis des § 27 Abs. 1 Satz 1 Nr. 2 SEAG, AG 2016, 235; *Voerste,* Nochmals: § 6 Abs. 2 S. 2 GmbHG, § 76 Abs. 3 S. 2 AktG: Verfassungswidrige Berufsverbote?, AG 1987, 376; *Wardenbach,* Interessenkonflikte und mangelnde Sachkunde als Bestellungshindernisse zum Aufsichtsrat der AG, Diss. Bonn 1995.

Übersicht

	Rn.		Rn.
I. Grundlagen	1–4	2. Aufsichtsorgan	11–25
1. Regelungsgegenstand	1, 2	a) Gesetzliche Bestellungsvoraussetzungen und Hindernisse	11–23
2. Anwendbare Normen	3, 4	b) Satzungsmäßige Voraussetzungen	24, 25
II. Gesetzliche Bestellungsvoraussetzungen und Hindernisse	5–40	3. Mitglieder des Verwaltungsrates	26–40
1. Mitglieder des Leitungsorgans	5–10	a) Gesetzliche Bestellungsvoraussetzungen und Hindernisse	26–38
a) Gesetzliche Eignungsvoraussetzungen	5–8	b) Satzungsmäßige Voraussetzungen	39, 40
b) Statutarische Eignungsvoraussetzungen	9, 10	**III. Rechtsfolgen einer Nichtbeachtung gesetzlicher und statutarischer Eignungsvoraussetzungen**	41–43

I. Grundlagen

1. Regelungsgegenstand. Regelungsgegenstand der Norm sind **gesetzliche** und **statutarische** Voraussetzungen und Hindernisse für die Bestellung von Organmitgliedern der

SE. **Abs. 1** eröffnet den Mitgliedstaaten die Möglichkeit, juristische Personen als Mitglieder des Leitungs-, Aufsichts- oder Verwaltungsorgans zuzulassen. Von dieser Möglichkeit hat der deutsche Gesetzgeber keinen Gebrauch gemacht. Eine Organmitgliedschaft juristischer Personen hätte er nur dann zulassen können, wenn er diese Möglichkeit durch eine Änderung des AktG (§ 76 Abs. 3 AktG, § 100 Abs. 1 AktG) auch generell für Aktiengesellschaften eröffnet hätte (Art. 47 Abs. 1 S. 1).[1]

2   **Abs. 2** bestimmt, dass aktienrechtliche Bestellungshindernisse für Organmitglieder im Recht des Sitzstaates der SE auch in der SE gelten.[2] Abs. 2 lit. b stellt klar, dass nicht nur zu einem Bestellungshindernis führende Gerichts- und Verwaltungsentscheidungen, die im jeweiligen Sitzstaat der SE ergangen sind, zu einem Bestellungshindernis führen, sondern auch solche, die in einem anderen Mitgliedstaat ergangen sind. **Abs. 3** räumt den Mitgliedstaaten die Möglichkeit ein, in der Satzung für die Anteilseignervertreter im Aufsichts- oder Verwaltungsorgan besondere Eignungsvoraussetzungen festzulegen. **Abs. 4** schließlich stellt klar, dass einzelstaatliche Rechtsvorschriften, die Entsendungsrechte für eine Minderheit von Aktionären oder andere Personen oder Stellen vorsehen, von der Verordnung unberührt bleiben.

3   **2. Anwendbare Normen. Gesetzliche Bestellungshindernisse** für Organmitglieder von Aktiengesellschaften normiert das deutsche Recht in § 76 Abs. 3 AktG für den Vorstand und in § 100 Abs. 1 und 2 AktG für den Aufsichtsrat. Für den Verwaltungsrat enthält § 27 SEAG eine dem § 100 AktG weitgehend entsprechende Regelung. Nach § 100 Abs. 4 AktG kann die Satzung sowohl für die von der Hauptversammlung gewählten als auch für die durch Entsendungsrechte in den Aufsichtsrat entsandten Anteilseignervertreter persönliche Voraussetzungen für die Bestellung festlegen. Auf eine entsprechende Regelung für den Verwaltungsrat hat der Gesetzgeber verzichtet, da die Regelung in Art. 47 Abs. 3 insoweit ausreichend ist (→ Rn. 24 f., → Rn. 39 f.). Zu Bestellungshindernissen für die geschäftsführenden Direktoren vgl. → Art. 43 Rn. 113 ff.

4   Die in Art. 47 Abs. 4 angesprochenen einzelstaatlichen Rechtsvorschriften betreffen nicht die den Arbeitnehmern durch das SEBG eingeräumten **Entsendungsrechte,** sondern diejenigen für bestimmte Aktionäre oder Aktionärsgruppen oder „andere Personen oder Stellen", mithin Entsendungsrechte für den Aufsichtsrat gem. § 101 Abs. 2 AktG. Eine dem § 101 Abs. 2 AktG inhaltlich entsprechende Bestimmung enthält § 28 Abs. 3 SEAG für den Verwaltungsrat im monistischen System.

II. Gesetzliche Bestellungsvoraussetzungen und Hindernisse

5   **1. Mitglieder des Leitungsorgans. a) Gesetzliche Eignungsvoraussetzungen.** Mitglied des Leitungsorgans kann gem. Art. 47 Abs. 2 lit. a, § 76 Abs. 3 S. 1 AktG nur eine **natürliche** und **unbeschränkt geschäftsfähige** Person sein. Sie darf nach § 76 Abs. 3 S. 2 Nr. 1 AktG auch nicht iSd §§ 1896 ff., 1903 BGB unter Betreuung stehen. Weiterhin hindert nach § 76 Abs. 3 S. 2 Nr. 2 AktG ein gerichtliches oder behördliches Berufs- oder Gewerbeverbot die Bestellung zum Mitglied des Leitungsorgans einer SE, deren Unternehmensgegenstand ganz oder teilweise im Bereich des vom Verbot umfassten Berufs oder Berufszweiges bzw. Gewerbes oder Gewerbezweiges liegt. Das gilt auch dann, wenn das Verbot nur einen nebensächlichen Teil des Unternehmensgegenstandes betrifft. Die sofortige Vollziehbarkeit des behördlichen Verbots ist ausreichend; Bestandskraft ist nicht erforderlich. Die Dauer des Ausschlusses richtet sich nach der Dauer des Verbots und kann daher unter Umständen unbegrenzt sein. Die Fünfjahresfrist des § 76 Abs. 3 S. 2 Nr. 3 Hs. 2 AktG gilt insoweit nicht entsprechend.[3] Ferner ist nach § 76 Abs. 3 S. 2 Nr. 3 AktG von der Mitgliedschaft im

---

[1] Vgl. hierzu *Fleischer* RIW 2004, 16 ff.; *Brandes* NZG 2004, 642 ff.; Kölner Komm AktG/*Siems* Rn. 9; Habersack/Drinhausen/*Drinhausen* Rn. 6 f.
[2] S. dazu auch *Hoffmann-Becking* ZGR 2004, 355 (366); *Lutter* BB 2002, 1 (5).
[3] MHdB AG/*Wiesner* § 20 Rn. 2; verfassungsrechtliche Bedenken äußern Kölner Komm AktG/*Mertens/Cahn* AktG § 76 Rn. 123; *Stein* AG 1987, 165 ff.; *Voerste* AG 1987, 376 f.

Leitungsorgan ausgeschlossen, wer wegen einer Vermögensstraftat im betrieblichen Umfeld, wie etwa einer Insolvenzstraftat nach den §§ 283–283d StGB, verurteilt worden ist. Der Ausschluss ist zeitlich begrenzt auf **fünf Jahre** nach Rechtskraft der Verurteilung. Bei der Berechnung wird die Zeit nicht mitgerechnet, die der Täter auf behördliche Anordnung in einer Anstalt verwahrt worden ist. Zu Einzelheiten → AktG § 76 Rn. 105 ff.

Entsprechendes gilt nach Art. 47 Abs. 2 lit. b für Gerichts- und Verwaltungsentscheidungen, die in einem **anderen Mitgliedstaat** ergangen sind und die nach dem Recht dieses Staates einer Mitgliedschaft im Leitungsorgan einer Aktiengesellschaft entgegenstehen. Ein entsprechendes Verbot enthält zB der französische *Code de Commerce* in Art. L 625–8. Weitere Beispiele finden sich im britischen *Company Directors Disqualification Act 1986*. Eine nach diesem Gesetz erlassene *Disqualification Order* steht nicht nur einer Bestellung zum Mitglied des *Board of Directors* entgegen, sondern auch einer Bestellung als Liquidator oder Abwickler, Insolvenzverwalter oder Geschäftsführer einer Gesellschaft oder der Ausübung einer sonstigen Funktion, die direkt oder indirekt mit der Förderung, Gründung oder Geschäftsführung einer Gesellschaft in Zusammenhang steht (sec. 1 (1) *Company Directors Disqualification Act 1986*). 6

Die Regelung in § 105 Abs. 1 AktG zur **Unvereinbarkeit** der Zugehörigkeit zum Vorstand und zum Aufsichtsrat wird in der SE durch Art. 39 Abs. 3 überlagert. Vgl. → Art. 39 Rn. 45 ff. 7

Kraft Verfassungsrecht sind der Bundespräsident und die Mitglieder der Bundesregierung als Vorstandsmitglieder von auf Erwerb gerichteten Unternehmen **ausgeschlossen** (Art. 55 Abs. 2 GG, Art. 66 GG).[4] Entsprechendes gilt für die Mitglieder der Landesregierungen einiger Bundesländer nach deren Länderverfassungen (Überblick → AktG § 84 Rn. 40). 8

b) Statutarische Eignungsvoraussetzungen. Die **Satzung** kann – ebenso wie für den Vorstand der Aktiengesellschaft[5] (→ AktG § 84 Rn. 30 ff.) – **persönliche** und **sachliche** Eignungsvoraussetzungen für die Mitgliedschaft im Leitungsorgan aufstellen.[6] Das Auswahlermessen des Aufsichtsorgans darf dabei aber nicht über Gebühr eingeschränkt werden (für die AG → AktG § 84 Rn. 30).[7] Zulässig sind insbesondere solche statutarischen Eignungsvoraussetzungen, die im Hinblick auf den **Gesellschaftszweck**, die **Unternehmensart** und die **Größe der Gesellschaft** sowie die **Ressortaufgaben** der Mitglieder des Leitungsorgans sinnvoll sind. Dazu gehören etwa die für das jeweilige Ressort objektiv notwendige Fachausbildung oder Zuverlässigkeit sowie – etwa bei international tätigen Unternehmen – das Erfordernis von Auslandserfahrungen.[8] 9

Ob die SE **mitbestimmt** ist oder nicht hat auf die Frage der Zulässigkeit statutarischer Eignungsvoraussetzungen **keinen** Einfluss. Die für das nationale Aktienrecht vor allen Dingen im mitbestimmungsrechtlichen Schrifttum vertretene Auffassung, eine satzungsmäßige Einschränkung der Eignungsvoraussetzungen stelle eine einseitige Bevorzugung der Anteilseignerseite bei der Wahl der Vorstandsmitglieder dar, die aber gerade eine gemeinsame Veranstaltung von Anteilseigner- und Arbeitnehmervertretern sein soll, und sei daher mit § 31 MitbestG unvereinbar,[9] überzeugt nicht. Zu einer Ungleichbehandlung 10

---

[4] MHdB AG/*Wiesner* § 20 Rn. 4; Kölner Komm AktG/*Mertens*/*Cahn* AktG § 76 Rn. 125; *Lutter*/*Krieger*/*Verse* Aufsichtsrat § 7 Rn. 340.
[5] Für die AG hM, vgl. Hüffer/Koch/*Koch* AktG § 76 Rn. 60; Kölner Komm AktG/*Mertens*/*Cahn* AktG § 76 Rn. 116; *Geßler* FS Lutter, 1976, 69 (82); MHdB AG/*Wiesner* § 20 Rn. 6; abw. *Hommelhoff* BB 1977, 322 ff.; *Lutter*/*Krieger*/*Verse* Aufsichtsrat § 57 Rn. 341; Überblick zum Meinungsstand bei *Krieger*, Personalentscheidungen des Aufsichtsrats, 1981, 13 ff.
[6] Ebenso Lutter/Hommelhoff/Teichmann/*Teichmann* Rn. 19; Kölner Komm AktG/*Siems* Rn. 30; BeckOGK/*Eberspächer* Rn. 8; *Schwarz* Rn. 46.
[7] Lutter/Hommelhoff/Teichmann/*Teichmann* Rn. 19; für die AG MHdB AG/*Wiesner* § 20 Rn. 6; Hüffer/Koch/*Koch* AktG § 76 Rn. 60; Kölner Komm AktG/*Mertens*/*Cahn* AktG § 76 Rn. 116.
[8] MHdB AG/*Wiesner* § 20 Rn. 7; Habersack/Henssler/*Habersack* MitbestG § 31 Rn. 15; Wißmann/Kleinsorge/Schubert/*Schubert* MitbestG § 31 Rn. 29; *Oldenburg* DB 1984, 1813 (1814).
[9] *Säcker* DB 1977, 1791 (1792 f.); diff. GK-MitbestG/*Oetker* MitbestG § 31 Rn. 4, der mittels Satzung festgelegte persönliche Eignungsvoraussetzungen für zulässig hält, sofern diese die Mitbestimmungsrechte der Arbeitnehmer und die Wahlfreiheit des Aufsichtsrats nicht unangemessen beeinträchtigen.

von Anteilseigner- und Arbeitnehmervertretern im Aufsichtsrat führen solche Eignungsvoraussetzungen für Vorstandsmitglieder in der Satzung nicht, solange das Auswahlermessen des Aufsichtsrates generell erhalten bleibt (→ AktG § 84 Rn. 37).[10] Art. 47 Abs. 3, der die Festlegung statutarischer Eignungsvoraussetzungen ausschließlich für solche Organmitglieder für zulässig erklärt, „die die Aktionäre vertreten", steht einer solchen Sichtweise nicht entgegen. Diese Einschränkung gilt ausschließlich für Mitglieder des Aufsichtsorgans sowie des Verwaltungsorgans.[11] Die Mitglieder des Leitungsorgans werden weder von den Aktionären noch von den Arbeitnehmern bestimmt und sind daher auch keiner der beiden Gruppen zuzuordnen.

11 **2. Aufsichtsorgan. a) Gesetzliche Bestellungsvoraussetzungen und Hindernisse.** Gem. Art. 47 Abs. 2 lit. a, § 100 Abs. 1 S. 1 AktG kann Mitglied des Aufsichtsorgans nur eine natürliche, unbeschränkt geschäftsfähige Person sein. Ein Betreuer, der bei der Besorgung seiner Vermögensangelegenheiten ganz oder teilweise einem Einwilligungsvorbehalt gem. § 1903 BGB unterliegt, kann gem. § 100 Abs. 1 S. 2 AktG nicht Mitglied des Aufsichtsorgans sein. Aktienrechtliche Bestellungshindernisse sind in § 100 Abs. 2 S. 1 Nr. 1–4 AktG numerisch aufgezählt (→ AktG § 100 Rn. 21 ff.).[12]

12 **aa) Mitgliedschaft in anderen Aufsichtsgremien.** Der Anwendungsbereich von § 100 Abs. 2 S. 1 Nr. 1 AktG, der ein Bestellungshindernis vorsieht, wenn die betroffene Person bereits in **zehn** Gesellschaften, die gesetzlich einen Aufsichtsrat zu bilden haben, Aufsichtsratsmitglied ist, erstreckt sich – über den Wortlaut hinaus – nicht nur auf Mitgliedschaften in anderen Aufsichtsräten, sondern auch auf Mandate in Aufsichtsorganen oder Verwaltungsräten anderer SE.[13] Das folgt aus einer Parallelschau zu § 27 Abs. 1 Nr. 1 SEAG, der eine dem § 100 Abs. 2 S. 1 Nr. 1 AktG entsprechende Anordnung auch für den Verwaltungsrat der SE trifft. Andererseits gilt § 100 Abs. 2 S. 1 Nr. 1 AktG ebenso wie in der AG ausschließlich für **inländische** Mandate.[14] Das ergibt sich aus der Entstehungsgeschichte der Norm. Der Gesetzgeber verfolgte primär auf nationaler Ebene das wirtschaftspolitische Ziel, eine Konzentration der Macht- und Führungsbefugnisse bei einem relativ geringen Kreis von Personen zu verhindern.[15] Bei Redaktion des SEAG[16] hat der Gesetzgeber nicht zu erkennen gegeben, dass er davon abweichen wolle.

13 **bb) Mitgliedschaft in Leitungsgremien von Tochtergesellschaften.** Zu den gesetzlichen Vertretern von Tochtergesellschaften iSv § 100 Abs. 2 S. 1 Nr. 2 AktG, der – anders als Nr. 1 – auch für Mandate in **ausländischen** Gesellschaften gilt,[17] gehören auch die geschäftsführenden Direktoren abhängiger SE.[18]

14 Bei Verwaltungsratsmandaten in Tochtergesellschaften ist – unabhängig davon, ob es sich um SE oder um nach einzelstaatlichem Recht gegründete Aktiengesellschaften mit

---

[10] Habersack/Henssler/*Habersack* MitbestG § 31 Rn. 13; *Hoffmann/Lehmann/Weinmann* MitbestG § 31 Rn. 25; Hüffer/Koch/*Koch* AktG § 76 Rn. 60; *Krieger*, Personalentscheidungen des Aufsichtsrats, 1981, 18 ff.; Kölner Komm AktG/*Mertens/Cahn* AktG § 76 Rn. 116; MHdB AG/*Wiesner* § 20 Rn. 6.
[11] Ebenso Kölner Komm AktG/*Siems* Rn. 30; *Schwarz* Rn. 46.
[12] Zu den Einzelheiten Kölner Komm AktG/*Mertens/Cahn* AktG § 100 Rn. 25 ff.; MHdB AG/*Hoffmann-Becking* § 30 Rn. 13 ff.
[13] Ebenso Lutter/Hommelhoff/Teichmann/*Teichmann* Rn. 11; *Schwarz* Rn. 28 f.; BeckOGK/*Eberspächer* Rn. 4.
[14] *Schwarz* Rn. 29; Lutter/Hommelhoff/Teichmann/*Teichmann* Rn. 11; Kölner Komm AktG/*Siems* Rn. 22; für die AG Hüffer/Koch/*Koch* AktG § 100 Rn. 10; Kölner Komm AktG/*Mertens/Cahn* AktG § 100 Rn. 29; MHdB AG/*Hoffmann-Becking* § 30 Rn. 14; *v. Caemmerer* FS Geßler, 1971, 81 (83 ff.); aA *Schütze* AG 1967, 342; → AktG § 100 Rn. 23 *(Habersack)*; BeckOGK/*Eberspächer* Rn. 5.
[15] *von Caemmerer* FS Geßler, 1971, 81 (84); Begr. RegE *Kropff* S. 136.
[16] Begr. RegE zu dem insoweit dem § 100 AktG entspr. § 27 SEAG, BT-Drs. 15/3405, 37.
[17] Hüffer/Koch/*Koch* AktG § 100 Rn. 13; → AktG § 100 Rn. 16 *(Habersack)*, demzufolge aber auch schon Nr. 1 ausländische Mandate umfasst; Kölner Komm AktG/*Mertens/Cahn* AktG § 100 Rn. 33; MHdB AG/*Hoffmann-Becking* § 30 Rn. 20; Raiser/Veil/Jacobs/*Raiser* MitbestG § 6 Rn. 25; *Bollweg*, Die Wahl des Aufsichtsrates in der Hauptversammlung der Aktiengesellschaft, 1995, 107; *von Caemmerer* FS Geßler, 1971, 81 (87); *Stein* AG 1983, 49 (50).
[18] Lutter/Hommelhoff/Teichmann/*Teichmann* Rn. 11; BeckOGK/*Eberspächer* Rn. 5.

monistischer Corporate Governance-Struktur handelt – zu **differenzieren.** In vielen ausländischen Rechtsordnungen ist der Verwaltungsrat – anders als der Verwaltungsrat einer SE mit Sitz in Deutschland – nicht nur oberstes Leitungs-, sondern auch oberstes Vertretungsorgan (→ Art. 43 Rn. 17).[19] Das gilt zB für Großbritannien, aber auch für die Schweiz.[20]

Fraglich ist, ob die Verwaltungsratsmitglieder dieser Gesellschaften als „gesetzliche Vertreter" iSv § 100 Abs. 2 S. 1 Nr. 2 AktG angesehen werden können. Der Wortlaut spricht für ein Bestellungsverbot. 15

Indessen wird in der gesellschaftsrechtlichen Praxis auch innerhalb des Board – wie sich das insbesondere in den angelsächsischen Ländern, aber auch einigen anderen europäischen Rechtsordnungen zunehmend durchsetzt[21] (→ Art. 38 Rn. 4 ff.) – immer häufiger zwischen sog. **Executive Members,** die zugleich im operativen Geschäft tätig sind, und **Non-Executive Members,** die sich stärker auf die Überwachungsfunktion konzentrieren, unterschieden. Die Non-Executive Members sind zwar ebenfalls in die strategischen Grundsatzentscheidungen eingebunden, befassen sich jedoch nicht mit Fragen des Tagesgeschäfts. Funktional sind sie daher eher Aufsichtsratsmitgliedern als Vorstandsmitgliedern einer Aktiengesellschaft gleichzusetzen. Je nachdem wie stark die Non-Executive Members infolge der Aufgabenverteilung innerhalb des Boards einem Aufsichtsratsmitglied einer Aktiengesellschaft assimiliert sind, kann eine wertende Betrachtung im Einzelfall zu dem Ergebnis führen, dass als „gesetzlicher Vertreter" iSv § 100 Abs. 2 S. 1 Nr. 2 AktG ausschließlich die Executive Members anzusehen sind.[22] Denn im aktienrechtlichen Schrifttum ist anerkannt, dass ein Mandat als Aufsichtsratsmitglied einer Tochtergesellschaft einer Bestellung in den Aufsichtsrat der Mutter nicht entgegensteht.[23] 16

cc) Überkreuzverflechtung. Ein Bestellungshindernis nach § 100 Abs. 2 S. 1 Nr. 3 AktG besteht – über den Wortlaut hinaus – auch dann, wenn der Kandidat **gesetzlicher Vertreter** einer nach dem monistischen Corporate Governance System organisierten Kapitalgesellschaft ist, deren Verwaltungsrat ein Mitglied des Leitungsorgans der Gesellschaft angehört.[24] Das ergibt sich aus einer Parallelschau zu § 27 Abs. 1 S. 1 Nr. 3 SEAG, der für den Verwaltungsrat der SE ein dem § 100 Abs. 2 S. 1 Nr. 3 AktG entsprechendes Bestellungshindernis begründet. 17

dd) Mitglied des Vorstands in derselben Gesellschaft. Der durch das VorstAG (BGBl. 2009 I 2509) eingeführte § 100 Abs. 2 S. 1 Nr. 4 AktG bestimmt, dass nicht Aufsichtsratsmitglied sein kann, wer in den letzten zwei Jahren Vorstandsmitglied derselben börsennotierten Gesellschaft war. Das gilt jedoch nicht, wenn die Wahl auf Vorschlag von Aktionären, die mehr als 25 Prozent der Stimmrechte an der Gesellschaft halten, erfolgt. Dies lässt sich auf die dualistische SE übertragen. Vgl. zur monistischen SE → Rn. 33. 18

ee) Funktionstrennung zwischen Leitungsorgan und Aufsichtsorgan. Weitere **Bestellungshindernisse** ergeben sich aus Art. 39 Abs. 3. Danach dürfen Mitglieder des Leitungsorgans nicht zu Mitgliedern des Aufsichtsorgans bestellt werden (vgl. → Art. 39 Rn. 46). § 105 Abs. 1 AktG, der insoweit ergänzend heranzuziehen ist (vgl. → Art. 39 Rn. 45), erweitert das Verbot auf Prokuristen und Generalhandlungsbevollmächtigte. 19

ff) Wettbewerber. Darüber hinaus besteht ein **ungeschriebenes Bestellungshindernis** für solche Personen, die zugleich Führungsverantwortung für einen Wettbewerber der Gesellschaft tragen. Dabei ist es ohne Belang, ob die betreffende Person Aufsichtsrats- oder 20

---

[19] Dazu *Hoffmann-Becking* ZGR 2004, 355 (370 f.).
[20] Zum schweizerischen Recht *Forstmooser* ZGR 2003, 688 ff.; *Merkt* ZGR 2003, 650 (659).
[21] Überblick bei *Teichmann* ZGR 2001, 646 ff.
[22] BeckOGK/*Eberspächer* Rn. 5; eingehend *Engert/Herschlein* NZG 2004, 459 ff.
[23] MHdB AG/*Hoffmann-Becking* § 30 Rn. 20; Kölner Komm AktG/*Mertens/Cahn* AktG § 100 Rn. 40.
[24] Ebenso BeckOGK/*Eberspächer* Rn. 5; Lutter/Hommelhoff/Teichmann/*Teichmann* Rn. 11.

Vorstandsmitglied des anderen Unternehmens ist.[25] Das ergibt sich aus einer Analogie zu den §§ 100, 105, 250 AktG.[26]

21 **gg) Gerichtliche oder behördliche Bestellungsverbote.** Nach Art. 47 Abs. 2 lit. b können Personen, die infolge einer **Gerichts- oder Verwaltungsentscheidung,** die in einem Mitgliedstaat ergangen ist, dem Leitungs-, Aufsichts- oder Verwaltungsorgan einer dem Recht dieses Mitgliedstaates unterliegenden Aktiengesellschaft nicht angehören dürfen, weder Mitglied eines Organs der SE noch Vertreter eines Organmitgliedes sein. Aus dem Wortlaut der Norm könnte man schlussfolgern, dass die persönlichen Bestellungshindernisse, die für Mitglieder des Vorstands der Aktiengesellschaft und damit auch für Mitglieder des Leitungsorgans der SE gelten (§ 76 Abs. 3 AktG) auch auf die Mitglieder des Aufsichtsorgans Anwendung finden (→ Rn. 5). Bedeutung hat dies insbesondere im Hinblick auf die in § 76 Abs. 3 S. 2 Nr. 3 AktG geregelten Bestellungshindernisse bei rechtskräftiger Verurteilung wegen einer Vermögensstraftat und die in § 76 Abs. 3 S. 2 Nr. 2 AktG geregelten Berufsverbote auf Grund von Urteil oder Verwaltungsakt. Diese Bestellungshindernisse gelten bei der Aktiengesellschaft nur für den Vorstand, nicht dagegen für den Aufsichtsrat. Entgegen seinem – insoweit unklaren – Wortlaut soll Art. 47 Abs. 1 lit. b aber nicht zur Begründung von Bestellungshindernissen führen, die bestehende Regelungen nach dem jeweiligen nationalen Recht des Sitzstaates der SE erweitern. Die Bestimmung ist vielmehr so auszulegen, dass sich Bestellungshindernisse, die im Aktienrecht für den Vorstand der AG gelten, nur auf das Leitungsorgan der SE erstrecken.[27]

22 Das gilt auch für **Berufsverbote,** die auf Grund eines Gerichtsurteils oder einer Verwaltungsentscheidung in einem **anderen Mitgliedstaat** erlassen wurden. Beziehen sich diese auf ein Mitglied des Leitungsorgans, so stehen sie einer Bestellung zum Mitglied des Aufsichtsorgans einer deutschen SE nur dann entgegen, wenn sie nach dem Recht des betroffenen Mitgliedstaates nicht nur eine Mitgliedschaft im Leitungsorgan, sondern auch eine Mitgliedschaft im Aufsichtsorgan ausschließen. Bezieht sich die ausländische Gerichts- oder Verwaltungsentscheidung auf ein Verbot einer Mitgliedschaft im Verwaltungsorgan einer ausländischen Aktiengesellschaft, so steht dies *regelmäßig* auch einer Bestellung zum Mitglied des Aufsichtsorgans einer deutschen SE entgegen.[28] Denn die Aufgaben, die dem Verwaltungsrat nach dem nationalen Recht des betroffenen Mitgliedstaates obliegen, dürften regelmäßig auch die Überwachung der Geschäftsführung beinhalten, die im deutschen Recht dem Aufsichtsrat zugewiesen ist.

23 § 100 Abs. 3 AktG ist auf die SE nicht anwendbar. Gem. § 36 Abs. 3 SEBG müssen die Arbeitnehmervertreter im Aufsichtsorgan entweder Arbeitnehmer oder Gewerkschaftsvertreter sein (zu den Einzelheiten vgl. → SEBG § 36 Rn. 7).

24 **b) Satzungsmäßige Voraussetzungen.** Art. 47 Abs. 3 bestimmt, dass die Satzung der SE für Mitglieder, welche die Aktionäre vertreten, „in Anlehnung an die für Aktiengesellschaften geltenden Rechtsvorschriften des Sitzstaates der SE **besondere Voraussetzungen für die Mitgliedschaft festlegen**" kann.[29] Dies verweist auf § 100 Abs. 4 AktG.

---

[25] Höchst str.; wie hier *Lutter* FS Beusch, 1993, 509 (515 ff.); *Lutter/Krieger/Verse* Aufsichtsrat § 1 Rn. 21 f.; *Reichert/Schlitt* AG 1995, 241 (244); *Wardenbach,* Interessenkonflikte und mangelnde Sachkunde als Bestellungshindernisse zum Aufsichtsrat der AG, 1995, 99 f.; *Bollweg,* Die Wahl des Aufsichtsrates in der Hauptversammlung der Aktiengesellschaft, 1995, 109 f.; aA die wohl hM; Kölner Komm AktG/*Mertens/Cahn* AktG § 100 Rn. 14; *U. H. Schneider* BB 1995, 365 (366 f.); *Dreher* JZ 1990, 896 (900 ff.); *Decher* ZIP 1990, 277 (287); *Matthießen* S. 202 f.; *Götz* AG 1995, 337 (346); *Mülbert* in Feddersen/Hommelhoff/Schneider, Corporate Governance, 1996, 99 (119 ff.).

[26] *Lutter* ZHR 145 (1981), 224 (236 f.); *Lutter* FS Beusch, 1993, 509 (511 ff.); *Lutter/Krieger/Verse* Aufsichtsrat § 1 Rn. 21 ff.; *Lutter* ZHR 159 (1995), 287 (303); *Reichert/Schlitt* AG 1995, 241 (244 ff.); *Wardenbach,* Interessenkonflikte und mangelnde Sachkunde als Bestellungshindernisse zum Aufsichtsrat der AG, 1995, 70 ff.; *Wardenbach* AG 1999, 74 (76 ff.); aA die hM; RGZ 165, 68 (82); *Dreher* JZ 1990, 896 (898 f.); *U. H. Schneider* BB 1995, 365 (366 ff.); *Ulmer* NJW 1980, 1603 (1606 f.); Hüffer/Koch/*Koch* AktG § 103 Rn. 13b.

[27] BeckOGK/*Eberspächer* Rn. 3; *Schwarz* Rn. 22 f.; ähnlich Kölner Komm AktG/*Siems* Rn. 22.

[28] Zust. Kölner Komm AktG/*Siems* Rn. 22.

[29] Der Passus „in Anlehnung" wird überwiegend als „in Übereinstimmung" interpretiert, vgl. Kölner Komm AktG/*Siems* Rn. 28; *Schwarz* Rn. 40.

Im Rahmen der Regelung von **Entsendungsrechten** (§ 101 Abs. 2 AktG) kann die 25
Satzung den Kreis der Personen, die in das Aufsichtsorgan entsandt werden können, beliebig
eng eingrenzen, zB auf die Zugehörigkeit zu einer Familie beschränken.[30] Das gilt auch in
der SE (Art. 47 Abs. 4). Die Reichweite von Beschränkungen für den Kreis der von der
Hauptversammlung zu wählenden Mitglieder des Aufsichtsorgans, die die Aktionäre vertreten, ist nicht abschließend geklärt. Die generelle Leitlinie lautet, dass die satzungsmäßigen
Voraussetzungen nicht derart eng sein dürfen, dass sie im Ergebnis auf ein Entsendungsrecht
hinauslaufen (→ AktG § 100 Rn. 55 ff.).[31]

3. Mitglieder des Verwaltungsrates. a) Gesetzliche Bestellungsvoraussetzungen 26
und Hindernisse. Nach Art. 47 Abs. 2 lit. a können Personen, die nach dem Recht des
Sitzstaates der SE dem Leitungs-, Aufsichts- oder Verwaltungsorgan einer dem Recht dieses
Mitgliedstaates unterliegenden Aktiengesellschaft nicht angehören dürfen, weder Mitglied
des Verwaltungsrates noch Vertreter eines solchen Mitglieds sein. Rechtsvorschriften, die
einer Bestellung von Organmitgliedern einer deutschen Aktiengesellschaft entgegenstehen,
existieren nur für den Vorstand und den Aufsichtsrat. Entsprechende Vorschriften für ein
monistisches System gibt es nicht, da das deutsche Aktienrecht ein solches nicht kennt.

aa) Allgemeine Anwendbarkeit aktienrechtlicher Bestellungsverbote. Fraglich ist 27
demgemäß, ob die in den § 76 Abs. 3 AktG, § 100 Abs. 1 und 2 AktG, § 105 AktG normierten Bestellungshindernisse für Mitglieder des Vorstands und des Aufsichtsrates, auf die
Art. 47 Abs. 2 lit. a verweist, auch für den Verwaltungsrat einer **monistischen** SE mit Sitz
in Deutschland gelten.

Nach dem sehr weit gefassten **Wortlaut** der Norm wäre das zu bejahen.[32] Für Anwend- 28
barkeit der § 76 Abs. 3 AktG, § 100 Abs. 1 und 2 AktG, § 105 AktG auf den Verwaltungsrat
der SE spricht, dass dieser die im dualistischen System dem Vorstand und dem Aufsichtsrat
einer Aktiengesellschaft zugewiesenen Aufgaben und Kompetenzen in einem Organ vereint.
Auch der **Gesetzgeber** ist offenbar von der Anwendbarkeit der aktienrechtlichen Bestimmungen auf den Verwaltungsrat der SE ausgegangen. Aus dem SEAG geht das freilich
nur an verborgener Stelle hervor. Gem. § 40 Abs. 1 S. 4 SEAG gelten für die Bestellung
geschäftsführender Direktoren die in § 76 Abs. 3 AktG angeordneten Bestellungshindernisse
entsprechend, wenn der geschäftsführende Direktor ein „Dritter", also eine Person ist, die
nicht gleichzeitig dem Verwaltungsrat angehört. Als Klarstellung ergibt diese Bestimmung
nur dann einen Sinn, wenn der Gesetzgeber im Übrigen davon ausgeht, dass für einen
geschäftsführenden Direktor, der gleichzeitig dem Verwaltungsrat angehört, ebenfalls § 76
Abs. 3 AktG gilt.[33] Denn dass der Gesetzgeber für geschäftsführende Direktoren, die dem
Verwaltungsrat *nicht* angehören, strengere Voraussetzungen einführen wollte als für solche,
die gleichzeitig Mitglieder des Verwaltungsrates sind, ist nicht anzunehmen. Zu Bestellungshindernissen für geschäftsführende Direktoren vgl. im Übrigen → Art. 43 Rn. 120 ff.

Freilich bergen die Bestimmungen des SEAG insofern auch die Gefahr von Missverständ- 29
nissen. Denn gem. § 20 SEAG gelten die §§ 20–49 SEAG „anstelle der §§ 76–116 des
Aktiengesetzes". Und für das Aufsichtsorgan enthält das SEAG in Gestalt von § 27 SEAG
eine Norm bereit, die mit § 100 AktG nahezu identisch ist. Trotz dieser Unklarheiten und

---

[30] MHdB AG/*Hoffmann-Becking* § 30 Rn. 33; vgl. zur Ausgestaltung des Entsendungsrechts durch die Satzung auch → AktG § 100 Rn. 55 ff. *(Habersack);* Kölner Komm AktG/*Mertens/Cahn* AktG § 100 Rn. 46.
[31] RGZ 133, 90 (94); Hüffer/Koch/*Koch* AktG § 100 Rn. 20; *Bollweg,* Die Wahl des Aufsichtsrates in der Hauptversammlung der Aktiengesellschaft, 1995, 113; MHdB AG/*Hoffmann-Becking* § 30 Rn. 33; *Reichert* ZIP 2014, 1957 (1958).
[32] Vgl. aber (→ Rn. 21: Die Bestellungshindernisse, die nach deutschem Recht der Bestellung zum Vorstand einer AG (§ 76 Abs. 3 AktG) entgegenstehen, können nicht über Art. 47 Abs. 2 lit. a auf das Aufsichtsorgan der SE erstreckt werden.
[33] IE auch Kölner Komm AktG/*Siems* Rn. 23; BeckOGK/*Eberspächer* Rn. 7; *Göz* ZGR 2008, 597 (623); für eine analoge Anwendung *Schwarz* Rn. 33; Lutter/Hommelhoff/Teichmann/*Teichmann* Anh. Art. 43 § 27 SEAG Rn. 4; Lutter/Hommelhoff/Teichmann/*Teichmann* Art. 47 Rn. 15; einschr. Habersack/Drinhausen/*Drinhausen* Rn. 18: analoge Anwendung von § 76 Abs. 3 AktG.

Widersprüchlichkeiten ist daran festzuhalten, dass über die Verweisung in Art. 47 Abs. 2 lit. a für Bestellungshindernisse der Verwaltungsratsmitglieder auch die § 76 Abs. 3 AktG, § 100 Abs. 1 und 2 AktG, § 105 AktG in den Blick zu nehmen sind. § 20 SEAG tritt insoweit zurück. Eine Derogation von Art. 47 Abs. 2 lit. a ist dem nationalen Gesetzgeber durch die Ermächtigungsgrundlage in Art. 43 Abs. 4 nicht gestattet.

30   **bb) Bestellungsverbote für den Vorstand der AG.** Insbesondere ist § 76 Abs. 3 AktG auf den Verwaltungsrat anwendbar (vgl. → Rn. 28). Es wäre ein Wertungswiderspruch, wenn eine Verurteilung wegen einer Vermögensstraftat nur einer Bestellung zum geschäftsführenden Direktor (§ 40 Abs. 1 S. 4 SEAG), nicht aber gleichzeitig auch einer Bestellung zum Mitglied des Verwaltungsrates entgegenstünde. Im Hinblick auf Insolvenzstraftaten (§ 76 Abs. 3 S. 2 Nr. 3 lit. b AktG) ergibt sich das schon daraus, dass die Pflicht zur rechtzeitigen Stellung des Insolvenzantrages Aufgabe des Verwaltungsrates (§ 22 Abs. 5 SEAG) und nicht der geschäftsführenden Direktoren (§ 40 Abs. 3 S. 2 SEAG) ist.

31   **cc) Bestellungsverbote für den Aufsichtsrat der AG.** § 27 SEAG tritt an die Stelle von § 100 Abs. 1 und 2 AktG.[34] Gem. § 27 Abs. 3 SEAG kann eine **juristische Person** nicht Mitglied des Verwaltungsrats sein. Aber auch ein Betreuter, der bei der Versorgung seiner Vermögensangelegenheiten ganz oder teilweise einem Einwilligungsvorbehalt gem. § 1903 BGB unterliegt, kann dem Verwaltungsrat einer SE nicht angehören. § 100 AktG wird insoweit mangels einschlägiger Regelung nicht verdrängt.

32   Bestellungshindernisse sind in § 27 Abs. 1 S. 1 Nr. 1–3 SEAG numerisch aufgezählt. Inhaltlich ist § 27 Abs. 1 SEAG weitgehend identisch mit § 100 Abs. 2 AktG, wobei bei der Berechnung der nach § 27 Abs. 1 S. 1 Nr. 1 zu berechnenden Höchstzahl die Mandate in Aufsichtsräten und Verwaltungsräten zusammengerechnet werden (§ 27 Abs. 1 S. 2 SEAG). Zu Einzelheiten vgl. → AktG § 100 Rn. 17 ff. § 27 Abs. 1 S. 1 Nr. 1 SEAG bezieht sich ebenso wie § 100 Abs. 2 S. 1 Nr. 1 AktG ausschließlich auf inländische Aufsichtsrats- oder Verwaltungsratsmandate. Zur Begründung vgl. → Rn. 12. § 27 Abs. 1 Nr. 2 SEAG bezieht sich nicht auf nicht-geschäftsführende Verwaltungsratsmitglieder (Non-Executive Members) von Tochtergesellschaften, gilt aber umgekehrt nicht nur für inländische, sondern auch für ausländische Mandate. Zu Einzelheiten vgl. → Rn. 13 ff.

33   Nicht in § 27 SEAG enthalten ist dagegen eine § 100 Abs. 2 S. 1 Nr. 4 AktG entsprechende Regelung, welche den Wechsel vom Vorstand in den Aufsichtsrat der AG betrifft (sog. **Cooling-off-Periode**). Da § 100 Abs. 2 AktG wegen Art. 47 Abs. 2 grundsätzlich anwendbar bleibt (→ Rn. 29), stellt sich die Frage, wie diese Abweichung zu interpretieren ist. Die Gesetzgebungsmaterialien zum VorstAG geben insoweit nichts her.[35] Entweder handelt es sich somit um ein gesetzgeberisches Versehen oder der Gesetzgeber ist stillschweigend von einer Unanwendbarkeit auf die monistische SE ausgegangen. Für letzteres spricht, dass nach der Verordnung die Möglichkeit besteht, Verwaltungsratsmitglieder zu geschäftsführenden Direktoren zu ernennen. Ein Cooling-off könnte in diesem Fall nur dadurch bewerkstelligt werden, dass ein geschäftsführender Direktor mit Beendigung seiner Tätigkeit auch stets seines Mandats als Verwaltungsratsmitglied *enthoben* wird. Das zeigt, dass eine Cooling-off-Periode für geschäftsführende Direktoren auf das monistische System nicht passt.[36]

34   **dd) Zahlenmäßiges Verhältnis zwischen geschäftsführenden und nichtgeschäftsführenden Verwaltungsratsmitgliedern. Weitere Bestellungshindernisse** ergeben sich aus § 40 Abs. 1 S. 2 SEAG. Geschäftsführende Direktoren dürfen danach dem Verwaltungsrat insoweit angehören als die Mehrheit der Mitglieder des Verwaltungsrates

---

[34] Insoweit kann man sich mit Berechtigung die Frage stellen, ob der deutsche Gesetzgeber angesichts der in § 47 Abs. 2 lit. a enthaltenen Verweisung auf § 100 AktG überhaupt zu einer ausschließlich den Verwaltungsrat betreffenden eigenständigen Normsetzung berechtigt war. Dieser Frage soll hier auf Grund mangelnder praktischer Bedeutung nicht weiter nachgegangen werden.
[35] Vgl. die Beschlussempfehlung RA, BT-Drs. 16/13433, 11.
[36] IE ebenso mit anderer Begr. *Forst* ZIP 2010, 1786 (1789).

weiterhin aus nicht geschäftsführenden Mitgliedern bestehen muss. Der Zweck der Regelung besteht darin, eine effiziente Überwachung der operativen Geschäftsführung durch den Verwaltungsrat sicherzustellen.[37] Dabei sind auch stellvertretende geschäftsführende Direktoren (§ 40 Abs. 9 SEAG) mitzuzählen. Diese sind „echte" geschäftsführende Direktoren. Über den Wortlaut hinaus gilt die Inkompatibilität auch für Abwickler der SE. Diese haben gem. Art. 63 iVm § 268 Abs. 2 AktG im Wesentlichen dieselben Rechte und Pflichten wie die geschäftsführenden Direktoren und unterliegen wie diese der in der monistischen SE der Überwachung durch den Verwaltungsrat.

ee) Wettbewerber. Ebenso wie beim Aufsichtsorgan (vgl. → Rn. 20) besteht auch im Verwaltungsrat ein **ungeschriebenes Bestellungshindernis** für solche Personen, die zugleich Führungsverantwortung für einen Wettbewerber der Gesellschaft tragen. Das folgt aus einer Analogie zu den §§ 100, 105 AktG, §§ 27, 31 SEAG (→ Rn. 20).[38] 35

ff) Prokuristen, Handlungsbevollmächtigte. Gem. Art. 47 Abs. 2 lit. a, § 105 Abs. 1 AktG kann ein Verwaltungsratsmitglied nicht gleichzeitig Prokurist oder zum gesamten Geschäftsbetrieb ermächtigter Handlungsbevollmächtigter einer SE sein, da ansonsten die Hälfteregel des § 40 Abs. 1 S. 2 SEAG (→ Rn. 34) umgangen werden könnte.[39] Zu Einzelheiten vgl. → AktG § 105 Rn. 11 ff. 36

gg) Gerichtliche oder behördliche Bestellungsverbote. Nach Art. 47 Abs. 2 lit. b können Personen, die infolge einer **Gerichts- oder Verwaltungsentscheidung,** die in einem Mitgliedstaat ergangen ist, dem Leitungs-, Aufsichts- oder Verwaltungsorgan einer dem Recht dieses Mitgliedstaates unterliegenden Aktiengesellschaft nicht angehören dürfen, weder Mitglied eines Organs der SE, noch Vertreter eines Organmitglieds sein. Eine Inkompatibilität mit der Mitgliedschaft im Verwaltungsrat einer deutschen SE besteht mithin auch dann, wenn der betreffenden Person die Mitgliedschaft im Verwaltungsrat durch eine Gerichts- oder Verwaltungsentscheidung eines anderen Mitgliedstaates untersagt worden ist. Das Gleiche gilt, wenn der betroffene Mitgliedstaat ein monistisches System nicht kennt und sich die Gerichtsentscheidung oder Verwaltungsentscheidung auf eine Mitgliedschaft im Aufsichtsrat bezieht. Das ergibt sich daraus, dass der Verwaltungsrat diejenigen Funktionen, die im dualistischen System auf Vorstand einerseits und Aufsichtsrat andererseits aufgeteilt sind, in einem Organ vereint. Vgl. → Art. 43 Rn. 8. 37

Für die **Arbeitnehmervertreter** im Verwaltungsrat gilt gem. § 36 Abs. 3 SEBG, dass sie entweder Arbeitnehmer oder Gewerkschaftsvertreter sein müssen (zu den Einzelheiten vgl. → SEBG § 36 Rn. 7). 38

b) Satzungsmäßige Voraussetzungen. Gem. Art. 47 Abs. 3 kann die **Satzung** der SE für Mitglieder, welche die Aktionäre vertreten, in Anlehnung an die für Aktiengesellschaften geltenden Rechtsvorschriften des Sitzstaates der SE besondere Voraussetzungen für die Mitgliedschaft festlegen. Derartige Rechtsvorschriften existieren im deutschen Recht nur für den Aufsichtsrat (§ 100 Abs. 4 AktG), nicht aber für den Verwaltungsrat. Auch das SEAG enthält hierzu keine klarstellende Bestimmung. Daraus darf indessen nicht der Schluss gezogen werden, dass der Gesetzgeber entsprechende Satzungsbestimmungen für den Verwaltungsrat der SE – im Gegensatz zum Aufsichtsorgan (vgl. → Rn. 24 f.) – für unzulässig hält. Vielmehr hat der Gesetzgeber die Aufnahme einer dem § 100 Abs. 4 AktG entsprechenden Bestimmung in das SEAG offensichtlich für tautologisch gehalten, da § 100 Abs. 4 AktG ohnehin beinahe wortlautidentisch mit Art. 47 Abs. 3 ist.[40] Wird eine Person entgegen einem satzungsmäßigen Bestellungshindernis zum Organ der SE bestellt, so ist die Bestellung – anders als bei Verstößen gegen 39

---

[37] Vgl. hierzu Neye/Teichmann AG 2003, 169 (177).
[38] Vgl. Lutter ZHR 145 (1981) 224 (236 ff.); zur Gegenmeinung vgl. Reichert/Schlitt AG 1995, 241 (247 ff.).
[39] So zutr. Kölner Komm AktG/Siems Rn. 25; ausdrücklich aA Habersack/Drinhausen/Drinhausen Art. 47 Rn. 19; Verse/Baum AG 2016, 235 (236).
[40] IE ebenso Lutter/Hommelhoff/Teichmann/Teichmann Rn. 20.

statutarische Bestellungshindernisse – nicht nichtig, sondern gem. § 251 Abs. 1 AktG anfechtbar.[41]

40 Im Rahmen der Regelung von **Entsendungsrechten** (§ 28 Abs. 2 SEAG iVm § 191 Abs. 2 AktG) kann die Satzung den Kreis der Personen, die in den Verwaltungsrat entsandt werden, beliebig eng eingrenzen (für den Aufsichtsrat der AG → AktG § 100 Rn. 55).[42] Für die Verwaltungsratsmitglieder, die von der Hauptversammlung zu wählen sind, lautet indessen die Leitlinie, dass die satzungsmäßigen Voraussetzungen nicht derart eng sein dürfen, dass sie im Ergebnis auf ein Entsendungsrecht hinauslaufen. Für das Aufsichtsorgan vgl. → Rn. 24 f.[43]

III. Rechtsfolgen einer Nichtbeachtung gesetzlicher und statutarischer Eignungsvoraussetzungen

41 Wird eine Person trotz gesetzlichen Bestellungshindernisses zum Mitglied des Organs bestellt, sind die Rechtsfolgen dem mitgliedsstaatlichen Recht zu entnehmen.[44] Im Falle eines **anfänglichen Bestellungshindernisses** ist die Wahl eines Mitglieds des Aufsichtsorgans demnach gem. § 250 Abs. 1 Nr. 4 AktG, die eines Verwaltungsratsmitglieds gemäß § 31 Abs. 1 Nr. 3 SEAG nichtig. Die Nichtigkeit der Bestellung von Vorstandsmitgliedern unter Verstoß gegen § 76 Abs. 3 AktG folgt aus § 134 BGB.[45] Tritt das Hindernis erst **nachträglich** ein, so wird die Bestellung mit dem Eintritt des Bestellungshindernisses nachträglich unwirksam (→ AktG § 84 Rn. 29).[46] **Entfällt** das anfänglich bestehende oder später eingetretene Bestellungshindernis zu einem späteren Zeitpunkt, so führt dies nicht dazu, dass die Bestellung wiederauflebt, und zwar auch dann nicht, wenn etwa ein zwischenzeitlich ausgesprochenes Berufsverbot später wieder aufgehoben wird. Das gilt auch dann, wenn die aufschiebende Wirkung eines Rechtsbehelfs gegen ein für sofort vollstreckbar erklärtes Berufsverbot nach § 80 Abs. 5 VwGO wieder hergestellt wird, da das Gesetz im Interesse der Funktionsfähigkeit der Gesellschaft nur darauf abstellt, ob ein vollstreckbares Berufsverbot im Zeitpunkt der Bestellung besteht (→ AktG § 84 Rn. 29).

42 Steht der Bestellung ein Hindernis nach Art. 39 Abs. 3 S. 1, § 105 AktG oder § 40 Abs. 1 S. 2 SEAG entgegen, so wird in der Regel nicht eine Verknüpfung, sondern Aufgabe des entgegenstehenden Mandates gewollt sein. Dann ist die Bestellung bis zur Niederlegung des früheren Mandates **schwebend unwirksam**.[47] Erfolgt die Niederlegung rechtzeitig vor Antritt der neuen Funktion, so wird die Bestellung wirksam (→ AktG § 105 Rn. 18 f.).[48]

43 Die Nichtbeachtung einer **satzungsmäßigen Eignungsvoraussetzung** macht die Bestellung zum Mitglied des Organs nicht nichtig. Es liegt aber in der Regel ein wichtiger Grund für die Abberufung vor, wenn eine satzungsmäßig vorgeschriebene Eignungsvoraussetzung nicht vorliegt oder später entfällt (→ AktG § 84 Rn. 38).[49]

---

[41] Lutter/Hommelhoff/Teichmann/*Teichmann* Rn. 33; *Schwarz* Rn. 44; Habersack/Drinhausen/*Drinhausen* Rn. 29.

[42] Für den Aufsichtsrat der AG MHdB AG/*Hoffmann-Becking* § 30 Rn. 33; Hüffer/Koch/*Koch* AktG § 100 Rn. 20; Kölner Komm AktG/*Mertens* AktG § 100 Rn. 28.

[43] Dazu Lutter/Hommelhoff/Teichmann/*Teichmann* Rn. 21; zur AG RGZ 133, 90 (94); Hüffer/Koch/*Koch* AktG § 100 Rn. 20; *Bollweg*, Die Wahl des Aufsichtsrates in der Hauptversammlung der Aktiengesellschaft, 1995, 113; MHdB AG/*Hoffmann-Becking* § 30 Rn. 33; Kölner Komm AktG/*Mertens*/*Cahn* AktG § 100 Rn. 46.

[44] Ebenso Lutter/Hommelhoff/Teichmann/*Teichmann* Rn. 16; Kölner Komm AktG/*Siems* Rn. 36, Art. 46 Rn. 15; aA *Schwarz* Rn. 36, der eine Nichtigkeitsfolge unmittelbar aus Art. 47 annimmt.

[45] Lutter/Hommelhoff/Teichmann/*Teichmann* Rn. 16; Habersack/Drinhausen/*Drinhausen* Rn. 23.

[46] BayObLG BB 1982, 1508; Kölner Komm AktG/*Mertens*/*Cahn* AktG § 76 Rn. 126; *Lutter*/*Krieger*/*Verse* Aufsichtsrat § 7 Rn. 359; MHdB AG/*Wiesner* § 20 Rn. 8; *Dreher* DB 1991, 533 (535).

[47] Lutter/Hommelhoff/Teichmann/*Teichmann* Anh. Art. 43 § 40 SEAG Rn. 24 zu einem Verstoß gegen § 40 Abs. 1 S. 2 SEAG.

[48] Zu den Einzelheiten vgl. Hüffer/Koch/*Koch* AktG § 105 Rn. 6; Kölner Komm AktG/*Mertens*/*Cahn* AktG § 105 Rn. 9 f.; MHdB AG/*Hoffmann-Becking* § 30 Rn. 10.

[49] MHdB AG/*Wiesner* § 20 Rn. 9; Großkomm AktG/*Kort* AktG § 84 Rn. 170; Kölner Komm AktG/*Mertens*/*Cahn* AktG § 76 Rn. 126.

Art. 48 [Zustimmungsbedürftige Geschäfte]

(1) *[1]* In der Satzung der SE werden die Arten von Geschäften aufgeführt, für die im dualistischen System das Aufsichtsorgan dem Leitungsorgan seine Zustimmung erteilen muss und im monistischen System ein ausdrücklicher Beschluss des Verwaltungsorgans erforderlich ist.
[2] Die Mitgliedstaaten können jedoch vorsehen, dass im dualistischen System das Aufsichtsorgan selbst bestimmte Arten von Geschäften von seiner Zustimmung abhängig machen kann.

(2) Die Mitgliedstaaten können für die in ihrem Hoheitsgebiet eingetragenen SE festlegen, welche Arten von Geschäften auf jeden Fall in die Satzung aufzunehmen sind.

§ 19 SEAG Festlegung zustimmungsbedürftiger Geschäfte durch das Aufsichtsorgan
Das Aufsichtsorgan kann selbst bestimmte Arten von Geschäften von seiner Zustimmung abhängig machen.

Schrifttum: *Bernhardt,* Aufsichtsrat – die schönste Nebenbeschäftigung der Welt?, ZHR 159 (1995), 310; *Götz,* Zustimmungsvorbehalte des Aufsichtsrates der Aktiengesellschaft, ZGR 1990, 633; *Hoffmann-Becking,* Organe: Strukturen und Verantwortlichkeiten, insbesondere im monistischen System, ZGR 2004, 355; *Lange,* Zustimmungsvorbehaltspflicht und Kataloghaftung des Aufsichtsrats nach neuem Recht, DStR 2003, 376; *Mauch,* Das monistische Leitungssystem in der Europäischen Aktiengesellschaft, Diss. 2008; *Merkt,* Die monistische Unternehmensverfassung für die Europäische Aktiengesellschaft aus deutscher Sicht – mit Vergleichen im Blick auf die Schweiz, das Vereinigte Königreich und Frankreich –, ZGR 2003, 650.

Übersicht

	Rn.		Rn.
I. Grundlagen	1, 2	a) Im dualistischen System	8
II. Begründung von Zustimmungsvorbehalten	3–12	b) Im monistischen System	9–12
		III. Erteilung der Zustimmung	13–17
1. Durch die Satzung	3	1. Zustimmung durch das Aufsichtsorgan bzw. den Verwaltungsrat	13–15
2. Durch das Aufsichtsorgan bzw. den Verwaltungsrat	4–7		
3. Schranken	8–12	2. Ersetzung der Zustimmung durch Hauptversammlungsbeschluss?	16, 17

I. Grundlagen

Gem. Art. 48 Abs. 1 können in der Satzung der SE bestimmte Arten von Geschäften aufgeführt werden, für die im **dualistischen** System das Aufsichtsorgan dem Leitungsorgan seine Zustimmung erteilen muss und im **monistischen** System ein ausdrücklicher Beschluss des Verwaltungsorgans erforderlich ist. Für das dualistische System entspricht die Regelung dem § 111 Abs. 4 S. 2 AktG. Im Unterschied zu diesem besteht der durch das **Transparenz- und Publizitätsgesetz** eingeführte Zwang zur Bestimmung von Zustimmungsvorbehalten in der Satzung bei der SE allerdings nicht.[1] Vielmehr bleibt es dem Satzungsgeber überlassen, ob er von der durch Art. 48 Abs. 1 eingeräumten Regelungsbefugnis Gebrauch macht.[2] Der fakultative Charakter von Art. 48 Abs. 1 wird bestätigt durch die Ermächtigungsgrundlage in Art. 48 Abs. 2. Danach können die Mitgliedstaaten für die in ihrem Hoheitsgebiet eingetragenen SE festlegen, welche Arten von Geschäften auf jeden Fall in die Satzung aufzunehmen sind. Von dieser Regelungsbefugnis hat der deutsche Gesetzgeber keinen Gebrauch gemacht.

1

---

[1] *Hoffmann-Becking* ZGR 2004, 355 (356); *Seibt* in Lutter/Hommelhoff, Die Europäische Gesellschaft, 2005, S. 67, 79.
[2] AA die hM; vgl. Kölner Komm AktG/*Siems* Rn. 2; BeckOGK/*Eberspächer* Rn. 2; *Schwarz* Rn. 9; Lutter/Hommelhoff/Teichmann/*Teichmann* Rn. 5; *Mauch,* Das monistische Leitungssystem in der Europäischen Aktiengesellschaft, 2008, 52; *Habersack* AG 2006, 345 (354); sowie nunmehr auch Habersack/Drinhausen/*Seibt* Rn. 4 mit Hinweis auf die Sprachfassungen in den anderen Mitgliedstaaten, denen sich für einen zwingenden Regelungsauftrag an den Satzungsgeber freilich ebenso wenig entnehmen lässt wie der deutschen.

2 Im **dualistischen System** kann neben[3] der Festlegung zustimmungsbedürftiger Geschäfte durch die Satzung nach Art. 48 Abs. 1 S. 1 auch das Aufsichtsorgan selbst bestimmte Arten von Geschäften von seiner Zustimmung abhängig machen (§ 19 SEAG). Die Norm beruht auf der Ermächtigungsgrundlage in Art. 48 Abs. 1 S. 2.[4] Auf eine entsprechende Regelung für den Verwaltungsrat der SE hat der Gesetzgeber verzichtet. Sie war überflüssig. Denn gem. Art. 44 Abs. 2 sind die geschäftsführenden Direktoren, die für Führung des Tagesgeschäfts und die Vertretung der Gesellschaft verantwortlich sind (→ Art. 43 Rn. 191 ff.), im Verhältnis zur Gesellschaft verpflichtet, die Anweisungen und Beschränkungen zu beachten, die im Rahmen der für die SE geltenden Vorschriften die Satzung, der Verwaltungsrat, die Hauptversammlung und die Geschäftsordnung des Verwaltungsrates und der geschäftsführenden Direktoren für die Geschäftsführungsbefugnis getroffen haben. Der Verwaltungsrat ist also nicht nur gem. Art. 44 Abs. 2 SEAG zur Erteilung von Weisungen an die geschäftsführenden Direktoren berechtigt; er kann darüber hinaus entsprechende Zustimmungsvorbehalte auch in der Geschäftsordnung für die geschäftsführenden Direktoren (§ 40 Abs. 4 SEAG) und des Verwaltungsrates (§ 34 Abs. 2 SEAG) vorsehen.

II. Begründung von Zustimmungsvorbehalten

3 **1. Durch die Satzung.** Die **Satzung** der SE kann gem. Art. 48 Abs. 1 S. 1 Zustimmungsvorbehalte für bestimmte Arten von Geschäften vorsehen. Das gilt sowohl für die Ursprungssatzung als auch für spätere Einfügungen durch Satzungsänderungen (für den Aufsichtsrat der AG → AktG § 111 Rn. 118).

4 **2. Durch das Aufsichtsorgan bzw. den Verwaltungsrat. Zustimmungsvorbehalte** können auch vom Aufsichtsorgan im dualistischen System und vom Verwaltungsrat im monistischen System festgelegt werden. Für das dualistische System ergibt sich das aus § 19 SEAG, für das monistische aus der Weisungs- und Geschäftsordnungskompetenz des Verwaltungsrates. Das Recht ist jeweils **unentziehbar,** da Zustimmungsvorbehalte ein wesentliches Instrument der Geschäftsführung bzw. Überwachung bilden. Es kann durch die Satzung nicht ausgeschlossen werden und entfällt auch nicht dadurch, dass die Satzung bereits Zustimmungsvorbehalte enthält (für den Aufsichtsrat der AG → AktG § 111 Rn. 117).[5] Die Satzung darf die Festlegung von Zustimmungsvorbehalten nicht erschweren, insbesondere keine qualifizierte Mehrheit vorschreiben (für den Aufsichtsrat der AG → AktG § 111 Rn. 117).[6] Das Aufsichtsorgan bzw. der Verwaltungsrat können weitere Vorbehalte beschließen, nicht aber einen durch die Satzung geschaffenen Vorbehalt aus eigener Machtvollkommenheit außer Kraft setzen (für den Aufsichtsrat der AG → AktG § 111 Rn. 117).[7] Im Aufsichtsorgan kann ein Beschluss, der einen Zustimmungsvorbehalt schafft, nur vom Plenum, nicht von einem Ausschuss gefasst werden. Das ergibt sich aus § 107 Abs. 3 S. 3 AktG. Der Verwaltungsrat kann dagegen die Festlegung von Zustimmungsvorbehalten auch auf einen Ausschuss delegieren. Der entsprechende Beschlussgegenstand ist in § 34 Abs. 4 SEAG nicht genannt.

---

[3] Von denjenigen, die eine Regelungspflicht annehmen, wird zum Teil wegen des Wortlauts des Art. 48 Abs. 1 S. 2 („jedoch") angenommen, dass diese entfalle, wenn von der Option des Art. 48 Abs. 1 S. 2 Gebrauch gemacht werde; vgl. *Hoffmann-Becking* ZGR 2004, 355 (365). Nach überwM soll der Katalog des Aufsichtsorgans hingegen neben den verpflichtenden Satzungskatalog treten, vgl. Kölner Komm AktG/*Siems* Rn. 22 ff.; NK-SE/*Manz* Rn. 7, 29.

[4] Begr. RegE zu § 19 SEAG, BT-Drs. 15/3405, 36.

[5] Für den Aufsichtsrat der AG MHdB AG/*Hoffmann-Becking* § 29 Rn. 52; Hüffer/Koch/*Koch* AktG § 111 Rn. 38; *Lutter/Krieger/Verse* Aufsichtsrat § 3 Rn. 105; Großkomm AktG/*Hopt/Roth* AktG § 111 Rn. 641; *Götz* ZGR 1990, 633 (634) mwN; *Immenga* ZGR 1977, 249 (261 ff.); aA *Hölters* BB 1978, 640 ff.

[6] Habersack/Drinhausen/*Seibt* Art. 48 Rn. 6. Für den Aufsichtsrat der AG Kölner Komm AktG/*Mertens/Cahn* AktG § 111 Rn. 81 und AktG § 108 Rn. 62.

[7] Für den Aufsichtsrat der AG Kölner Komm AktG/*Mertens/Cahn* AktG § 111 Rn. 80; Hüffer/Koch/*Koch* AktG § 111 Rn. 38; *Lutter/Krieger/Verse* Aufsichtsrat § 3 Rn. 114; Großkomm AktG/*Hopt/Roth* AktG § 111 Rn. 642.

Sowohl das Aufsichtsorgan als auch der Verwaltungsrat können die von ihm gewünschten 5
Zustimmungsvorbehalte in eine **Geschäftsordnung** aufnehmen. Im dualistischen System
können sie sowohl in der Geschäftsordnung für den Vorstand als auch in der für den
Aufsichtsrat verankert werden. Entsprechendes gilt für den Verwaltungsrat. Gem. § 44 Abs. 2
SEAG sind die geschäftsführenden Direktoren sowohl zur Beachtung solcher Zustimmungs-
vorbehalte verpflichtet, die sich aus einer Geschäftsordnung für die geschäftsführenden
Direktoren (§ 40 Abs. 4 SEAG) ergeben, als auch solcher, die in einer Geschäftsordnung
für den Verwaltungsrat selbst (§ 34 Abs. 2 SEAG) verankert sind.

Zustimmungsvorbehalte für **bestimmte Arten von Geschäften** können aber auch 6
durch einen bloßen Beschluss des Aufsichtsorgans bzw. des Verwaltungsrates festgelegt werden. Für das dualistische System ergibt sich das aus § 19 SEAG, für das monistische System
aus dem Weisungsrecht des Verwaltungsrates gem. § 44 Abs. 2 SEAG (vgl. für Ad-hoc-
Beschlüsse → AktG § 111 Rn. 130 f.).[8]

Zur Festlegung von Zustimmungsvorbehalten auf Geschäfte von **verbundenen Unter-** 7
nehmen vgl. → AktG § 111 Rn. 116 ff.

3. Schranken. a) Im dualistischen System. Im dualistischen System darf die Festle- 8
gung von Zustimmungsvorbehalten nicht dazu führen, dass das **Gebot der eigenverantwortlichen Leitung der Gesellschaft** durch das Leitungsorgan (Art. 39 Abs. 1; → Art. 39
Rn. 9) aufgehoben wird. Deswegen ist ein Übermaß an Zustimmungsvorbehalten im dualistischen System unzulässig (für den Aufsichtsrat der AG → AktG § 111 Rn. 120).[9] Nur
bedeutsame und der Art nach bestimmte Geschäfte dürfen einem Zustimmungsvorbehalt
unterworfen werden. Im Bereich der Tagesgeschäfte hat das Aufsichtsorgan nichts zu
suchen.[10] Die Geschäfte müssen ihrer Art wegen bedeutsam sein; sie müssen aber auch
wegen ihres Umfangs und wegen sicherer oder möglicher Folgen besondere Bedeutung für
das Unternehmen haben (für den Aufsichtsrat der AG → AktG § 111 Rn. 120 f.).[11] Vgl.
Grundsatz 6 DCGK (früher Ziff. 3.3 DCGK 2017): „Entscheidungen oder Maßnahmen,
die die Vermögens-, Finanz- oder Ertragslage des Unternehmens grundlegend verändern".
Vom Satzungsgeber ist an dieser Stelle mehr Klarheit gefordert. So wäre eine Bestimmung,
die „alle außergewöhnlichen Geschäfte" oder „wichtigen Geschäfte" der Zustimmung
unterwirft, unzulässig (für den Aufsichtsrat der AG → AktG § 111 Rn. 120).[12] Zu Einzelheiten vgl. → AktG § 111 Rn. 106 f.

b) Im monistischen System. Die entsprechenden Grundsätze gelten auch für den 9
Verwaltungsrat, wenn auch in **geringerer** Intensität.

aa) Festlegungen in der Satzung. Soweit die Festlegung von Zustimmungsvorbehal- 10
ten in der Satzung erfolgt, gilt das für das Aufsichtsorgan Gesagte entsprechend.[13] Zwar
führt eine Überregulierung durch die Satzung – anders als im dualistischen System –
nicht dazu, dass das Gebot der eigenverantwortlichen Leitung der Gesellschaft durch
den Verwaltungsrat aufgehoben wird; ein **Übermaß an Zustimmungsvorbehalten**
schränkt den Verwaltungsrat aber in unzulässiger Weise in seinem **Selbstorganisations-**

---

[8] Für den Aufsichtsrat der AG vgl. MHdB AG/*Hoffmann-Becking* § 29 Rn. 55; vgl. für Ad-hoc-Beschlüsse *Lutter/Krieger/Verse* Aufsichtsrat § 3 Rn. 118; BeckHdB AG/*Kolb* § 7 Rn. 82, der dies in Ausnahmefällen für besonders bedeutsame Einzelgeschäfte befürwortet.
[9] *Lutter/Hommelhoff/Teichmann/ Teichmann* Rn. 8; BeckOGK/*Eberspächer* Rn. 5; vgl. zu den Schranken allg. Hüffer/Koch/*Koch* AktG § 111 Rn. 40; BeckHdB AG/*Kolb* § 7 Rn. 83; MHdB AG/*Hoffmann-Becking* § 29 Rn. 56; Kölner Komm AktG/*Mertens/Cahn* AktG § 111 Rn. 84.
[10] Lutter/Hommelhoff/Teichmann/*Teichmann* Rn. 8.
[11] NK-SE/*Manz* Rn. 13; für den Aufsichtsrat der AG *Bernhardt* ZHR 159 (1995), 310 (313); BeckHdB AG/*Kolb* § 7 Rn. 83.
[12] NK-SE/*Manz* Rn. 13; für den Aufsichtsrat der AG Großkomm AktG/*Hopt/Roth* AktG § 111 Rn. 682; *Lutter/Krieger/Verse* Aufsichtsrat § 3 Rn. 118; Hüffer/Koch/*Koch* AktG § 111 Rn. 41; *Lange* DStR 2003, 376 (379).
[13] So auch *Schwarz* Rn. 16; BeckOGK/*Eberspächer* Rn. 5; stärker unterscheidend Kölner Komm AktG/ *Siems* Rn. 8.

recht ein.¹⁴ Dieser kann – in den Grenzen von § 34 Abs. 4 SEAG – grundsätzlich selbst bestimmen, ob er eine bestimmte Entscheidung im Plenum fasst oder auf einen Ausschuss oder eine bestimmte Gruppe von Verwaltungsratsmitgliedern delegiert. Dieses Selbstbestimmungsrecht des Verwaltungsrates, das eine flexible und effektive Arbeitsweise des Organs gewährleisten soll und Grundvoraussetzung für die im Erwägungsgrund 14 der Verordnung angeregte Trennung in „geschäftsführende" und „nicht-geschäftsführende" Mitglieder des Verwaltungsrates ist, darf durch die Satzung nicht über Gebühr eingeschränkt werden.

11 Soweit die vorstehend (→ Rn. 10) beschriebenen Grenzen beachtet werden, ist eine Festlegung von **Grundlagengeschäften,** die zwingend der Zustimmung des Verwaltungsrates in seiner Gesamtheit bedürfen, unter Gesichtspunkten guter Corporate Governance wünschens- und empfehlenswert.

12 **bb) Festlegung durch Beschluss oder Geschäftsordnung.** Für Zustimmungsvorbehalte, die der Verwaltungsrat in einer **Geschäftsordnung** oder durch **Beschluss** oder einer von ihm erlassenen Geschäftsordnung selbst festsetzt, gelten die vorstehend beschriebenen Schranken dagegen nicht.¹⁵ Insofern steht es dem Verwaltungsrat durchaus frei, auch Einzelmaßnahmen und solche Maßnahmen, die nicht ihrer Art nach bestimmt sind, von einer Zustimmung des Verwaltungsrates oder eines Verwaltungsratsausschusses abhängig zu machen. Gegen das Selbstorganisationsrecht des Verwaltungsrates verstößt das nicht. Der Verwaltungsrat kann den Zustimmungsvorbehalt jederzeit mit der gleichen Mehrheit, mit den er ihn beschlossen hat, auch wieder aufheben.

III. Erteilung der Zustimmung

13 **1. Zustimmung durch das Aufsichtsorgan bzw. den Verwaltungsrat.** Der gesetzliche Zustimmungsvorbehalt erfordert im Regelfall eine vorherige Zustimmung (**Einwilligung;** für den Aufsichtsrat der AG → AktG § 111 Rn. 140).¹⁶ Er ist ein Mittel der Überwachung der Geschäftsführung. Zur Überwachung kann der Zustimmungsvorbehalt nur dann wirksam eingesetzt werden, wenn das Aufsichtsorgan bzw. der Verwaltungsrat vor Abschluss des Geschäfts befragt werden muss.

14 Ein Antrag auf nachträgliche Zustimmung (**Genehmigung**) ist erforderlich, wenn das Leitungsorgan bzw. die geschäftsführenden Direktoren wegen eines der Gesellschaft drohenden erheblichen Nachteils ein Geschäft, das einem Zustimmungsvorbehalt unterliegt, bewusst ohne Einwilligung des Aufsichtsorgans bzw. des Verwaltungsrates durchgeführt haben.¹⁷

15 Das Aufsichtsorgan bzw. der Verwaltungsrat können die Zustimmung im Plenum erteilen oder auf einen **Ausschuss** delegieren.¹⁸ § 107 Abs. 3 S. 3 AktG betrifft nur die Einführung von Zustimmungsvorbehalten als solche, nicht aber die Erteilung der Zustimmung. In der monistischen SE ist eine Delegation allerdings nur dann zulässig, wenn der Ausschuss mehrheitlich aus nicht geschäftsführenden Verwaltungsratsmitgliedern besteht (→ Art. 44 Rn. 53).¹⁹ Wird die Ausübung des Zustimmungsvorbehalts delegiert, kann das Plenum

---

[14] So auch *Schwarz* Rn. 16; BeckOGK/*Eberspächer* Rn. 5; *Mauch,* Das monistische Leitungssystem in der Europäischen Aktiengesellschaft, 2008, 53; aA Kölner Komm AktG/*Siems* Rn. 10.

[15] Ebenso BeckOGK/*Eberspächer* Rn. 5; Habersack/Drinhausen/*Seibt* Rn. 12.

[16] Kölner Komm AktG/*Siems* Rn. 16; BeckOGK/*Eberspächer* Rn. 6; NK-SE/*Manz* Rn. 20; für den Aufsichtsrat der AG ganz hM, Hüffer/Koch/*Koch* AktG § 111 Rn. 46; *Lutter/Krieger/Verse* Aufsichtsrat § 3 Rn. 124; Kölner Komm AktG/*Mertens/Cahn* AktG § 111 Rn. 106; Großkomm AktG/*Hopt/Roth* Rn. 727 ff.; aA noch Großkomm AktG/*Meyer-Landrut,* 3. Aufl. 1973, Rn. 16; *Hoffmann/Preu* Rn. 302.

[17] Ähnlich Kölner Komm AktG/*Siems* Rn. 16; NK-SE/*Manz* Rn. 20. Strengere Maßstäbe für den Aufsichtsrat der AG bei → AktG § 111 Rn. 141 *(Habersack).*

[18] So auch Kölner Komm AktG/*Siems* Rn. 15; aA Lutter/Hommelhoff/Teichmann/*Teichmann* Rn. 9.

[19] So zutr. BeckOGK/*Eberspächer* Rn. 7; enger *Schwarz* Rn. 12, 21, 23; NK-SE/*Manz* Rn. 16, die eine Delegation auf einen Ausschuss für die monistische SE gänzlich ablehnen.

nach den allgemeinen Grundsätzen jederzeit ein Veto einlegen und die Angelegenheit wieder an sich ziehen bzw. eine Weisung erteilen.[20]

2. Ersetzung der Zustimmung durch Hauptversammlungsbeschluss? Im **dualistischen** System kann das Leitungsorgan im Falle der **Verweigerung der Zustimmung** durch das Aufsichtsorgan verlangen, dass die Hauptversammlung über die Zustimmung beschließt. Art. 48 Abs. 1 ist insoweit nicht abschließend. Vielmehr entspricht es der hierarchischen Gleichordnung des Leitungsorgans und des Aufsichtsorgans, wenn in einer Frage, bei der die Mitwirkung beider Organe erforderlich ist, diese sich aber untereinander nicht einigen können, die Hauptversammlung als drittes, ebenfalls gleichberechtigtes Organ die Entscheidung fällt. Ein **Letztentscheidungsrecht** des Aufsichtsorgans würde die grundsätzliche Zuständigkeit des Leitungsorgans zur eigenverantwortlichen Leitung der Geschäfte der Gesellschaft in Frage stellen. Daher findet § 111 Abs. 4 S. 4 AktG über die Verweisung in Art. 52 UAbs. 2 auch auf solche Fragen der Geschäftsführung Anwendung,[21] denen das Aufsichtsorgan seine Zustimmung versagt und die das Leitungsorgan daraufhin der Hauptversammlung zur Entscheidung vorgelegt hat. § 111 Abs. 4 S. 4 AktG ist eine Rechtsvorschrift, die der Hauptversammlung eine – wenn auch nur subsidiäre – Zuständigkeit in Geschäftsführungsangelegenheiten „überträgt".[22] Diese Zuständigkeit wird durch ein entsprechendes Verlangen des Leitungsorgans (§ 111 Abs. 4 S. 4 AktG) aktiviert. 16

Verweigert der Verwaltungsrat im **monistischen** System den geschäftsführenden Direktoren die Zustimmung zu einem Geschäft, so steht diesen – im Gegensatz zum Leitungsorgan im dualistischen System – ein Recht zur Anrufung der Hauptversammlung nicht zu. Denn anders als dem Aufsichtsorgan im dualistischen System ist dem Verwaltungsrat im monistischen System das **Letztentscheidungsrecht** in allen Geschäftsführungsangelegenheiten zugewiesen.[23] Die geschäftsführenden Direktoren als für die Leitung des Tagesgeschäfts verantwortliches Organ sind dem Verwaltungsrat hierarchisch untergeordnet (vgl. → Art. 43 Rn. 13). Eine Schlichtungsfunktion der Hauptversammlung bei Meinungsverschiedenheiten zwischen geschäftsführenden Direktoren und Verwaltungsrat wäre damit nicht vereinbar. 17

Art. 49 [Vertraulichkeit]

Die Mitglieder der Organe der SE dürfen Informationen über die SE, die im Falle ihrer Verbreitung den Interessen der Gesellschaft schaden könnten, auch nach Ausscheiden aus ihrem Amt nicht weitergeben; dies gilt nicht in Fällen, in denen eine solche Informationsweitergabe nach den Bestimmungen des für Aktiengesellschaften geltenden einzelstaatlichen Rechts vorgeschrieben oder zulässig ist oder im öffentlichen Interesse liegt.

Schrifttum: *Fleischer,* Konkurrenzangebote und Due Diligence, ZIP 2002, 651; *Kittner,* Die Schweigepflicht von Aufsichtsratsmitgliedern, ZHR 136 (1972), 208; *Körber,* Geschäftsleitung der Zielgesellschaft und Due Diligence bei Paketerwerb und Unternehmenskauf, NZG 2002, 263; *Lutter,* Due Diligence des Erwerbers beim Kauf einer Beteiligung, ZIP 1997, 613; *Meincke,* Geheimhaltungspflichten im Wirtschaftsrecht, WM 1998, 749; *K. J. Müller,* Gestattung der Due Diligence durch den Vorstand der Aktiengesellschaft, NJW 2000, 3452; *Roschmann/Frey,* Geheimhaltungsverpflichtungen der Vorstandsmitglieder von Aktiengesellschaften bei Unternehmenskäufen, AG 1996, 449; *Spicker,* Die Verschwiegenheitspflicht der Aufsichtsratsmitglieder, NJW 1965, 1937; *v. Stebut,* Geheimnisschutz und Verschwiegenheitspflicht im Aktienrecht, 1972; *Stoffels,* Grenzen der Informationsweitergabe durch den Vorstand einer Aktiengesellschaft im Rahmen einer „Due Diligence", ZHR 165 (2001), 362.

---

[20] BeckOGK/*Eberspächer* Rn. 7.
[21] So auch *Schwarz* Rn. 29; NK-SE/*Manz* Rn. 24; Habersack/Drinhausen/*Seibt* Art. 48 Rn. 19; BeckOGK/*Eberspächer* Rn. 8; aA Kölner Komm AktG/*Siems* Rn. 20, der lediglich die Abberufung des Aufsichts- oder Verwaltungsrates durch die Hauptversammlung, ein Weisungsrecht derselben oder ein Organstreitverfahren als zulässig erachtet.
[22] So der Wortlaut von Art. 52 UAbs. 2.
[23] So auch BeckOGK/*Eberspächer* Rn. 8; Lutter/Hommelhoff/Teichmann/*Teichmann* Rn. 15.

Übersicht

	Rn.		Rn.
I. Regelungsgegenstand und Zweck ..	1–4	2. Informationsweitergabe im öffentlichen Interesse	15
II. Umfang der Schweigepflicht	5–8	3. Zuständigkeit für die Entscheidung über die Weitergabe von Informationen	16–19
III. Grenzen der Verschwiegenheitspflicht	9–19	IV. Dauer der Schweigepflicht	20, 21
1. Informationsweitergabe nach mitgliedsstaatlichem Recht	10–14	V. Rechtsfolgen bei Verstoß	22

I. Regelungsgegenstand und Zweck

1   Art. 49 betrifft die **Verschwiegenheitspflicht** der Organe der SE. Er gilt – streng genommen – nicht für die geschäftsführenden Direktoren einer monistisch strukturierten SE. Diese gehören nicht zu den in Art. 38 genannten Organen der SE. Im Ergebnis unterliegen die geschäftsführenden Direktoren aber derselben Verschwiegenheitspflicht. § 40 Abs. 8 SEAG verweist für die Sorgfaltspflicht und Verantwortlichkeit der geschäftsführenden Direktoren auf § 93 AktG.[1] In der Sache bestehen zwischen der Verschwiegenheitspflicht nach Art. 49 und derjenigen nach § 93 Abs. 1 S. 3 AktG keine Unterschiede.

2   Der europäische Normgeber wollte mit Art. 49 der Verordnung keine weitergehenden Verschwiegenheitspflichten begründen als für die Organe einer Aktiengesellschaft im Sitzstaat der SE nach deren jeweiligen nationalen Recht gelten. Das folgt aus dem zweiten Halbsatz von Art. 49, der die Informationsweitergabe ausdrücklich gestattet, wenn sie nach den Bestimmungen des für Aktiengesellschaften geltenden einzelstaatlichen Rechts vorgeschrieben oder zulässig ist oder im öffentlichen Interesse liegt.

3   Die Verschwiegenheitspflicht ist **Ausfluss der Treuepflicht,** die alle Organe zu beachten haben (zur AG → AktG § 93 Rn. 130; → AktG § 116 Rn. 52).[2] Ihre Verletzung ist strafbewehrt. § 404 AktG gilt im dualistischen System sowohl für die Mitglieder des Leitungs- wie auch des Aufsichtsorgans, im monistischen System sowohl für die Mitglieder des Verwaltungsrates als auch für die geschäftsführenden Direktoren (§ 53 Abs. 1 SEAG).

4   Weitere Verschwiegenheitspflichten für Organmitglieder ergeben sich aus Art. 14 lit. c MAR, Art. 10 Abs. 1 MAR. Die Verletzung dieser Verschwiegenheitspflicht ist über § 119 Abs. 3 Nr. 3 WpHG, § 120 Abs. 14 WpHG strafbewehrt bzw. ordnungswidrigkeitenrechtlich sanktioniert.

II. Umfang der Schweigepflicht

5   Der Umfang der Schweigepflicht entspricht derjenigen nach § 93 Abs. 1 S. 3 AktG. Der Begriff der „Information" iSv Art. 49 entspricht demjenigen der „vertraulichen Angaben" in § 93 Abs. 1 S. 3 AktG (→ AktG § 93 Rn. 137). Das sind Angelegenheiten, deren Mitteilung sich für die Gesellschaft **nachteilig auswirken** kann, mögen sie auch allgemein bekannt und daher keine Geheimnisse (mehr) sein.[3] Der Informationsbegriff ist weiter gefasst als der Geheimnisbegriff in § 93 Abs. 1 S. 3 AktG. Vom Geheimnisbegriff sind lediglich solche Tatsachen erfasst, die nicht offenkundig sind und nach dem geäußerten oder aus dem Gesellschaftsinteresse ableitbaren mutmaßlichen Willen der AG auch nicht offenkundig werden sollen, sofern ein objektives Geheimhaltungsbedürfnis besteht (→ AktG § 93 Rn. 134).[4]

---

[1] So auch BeckOGK/*Eberspächer* Rn. 1; Kölner Komm AktG/*Siems* Rn. 2; aA *Schwarz* Rn. 6.

[2] BeckOGK/*Eberspächer* Rn. 1; zur AG *Kittner* ZHR 136 (1972), 208 (220); Großkomm AktG/*Hopt*/*Roth* AktG § 93 Rn. 279; Hüffer/Koch/*Koch* AktG § 93 Rn. 29; nach Kölner Komm AktG/*Mertens*/*Cahn* AktG § 93 Rn. 113 und *Säcker* NJW 1986, 803 lässt sich die Verschwiegenheitspflicht sowohl auf die Sorgfaltspflicht als auch auf die Treuepflicht zurückführen.

[3] Weitergehend Kölner Komm AktG/*Siems* Rn. 5, wonach sich die Schweigpflicht auf *alle* Informationen über die Gesellschaft erstrecken soll; zu den „vertraulichen Angaben" im Sinne des Aktienrechts vgl. Großkomm AktG/*Hopt*/*Roth* AktG § 93 Rn. 283 ff.; Hüffer/Koch/*Koch* AktG § 93 Rn. 30.

[4] BGHZ 64, 325 (329) = NJW 1975, 1412 (1413); BGH NJW 1997, 1985 (1987); Hüffer/Koch/*Koch* AktG § 93 Rn. 30; MHdB AG/*Wiesner* § 25 Rn. 48.

Demgegenüber kommt es bei den durch Art. 49 geschützten Informationen nicht darauf an, ob sie bereits bekannt sind oder nicht. Eine Einschränkung erfährt der grundsätzlich weite Begriff der „Information" jedoch dadurch, dass sich die Verschwiegenheitspflicht nur auf solche Informationen erstreckt, durch die Interessen der Gesellschaft beeinträchtigt werden können.

Anders als § 93 Abs. 1 S. 3 AktG differenziert Art. 49 nicht danach, ob das Organmitglied die Information durch seine Tätigkeit im Organ erlangt hat. Nach § 93 Abs. 1 S. 3 AktG sind solche Geheimnisse, die einem Vorstandsmitglied ohne jeden Zusammenhang mit seiner Amtstätigkeit zur Kenntnis gelangen, von der Schweigepflicht ausgenommen (→ AktG § 93 Rn. 122). Art. 49 nimmt eine solche Einschränkung nicht vor. Im Ergebnis ergeben sich auch daraus keine Unterschiede. Denn für den Vorstand der AG gilt in solchen Fällen eine Schweigepflicht, die sich aus der allgemeinen Treupflicht des Vorstandsmitglieds ergibt (→ AktG § 93 Rn. 139).[5] 6

Die Pflicht zur Verschwiegenheit gilt nicht **innerhalb** eines Organs.[6] Die **horizontale Weitergabe** von Informationen innerhalb eines Organs **ist stets zulässig** und verstößt nicht gegen Art. 49. Die Mitglieder des Leitungsorgans im dualistischen System unterliegen ferner keinen Verschwiegenheitspflichten gegenüber den **Mitgliedern des Aufsichtsorgans**. Das ist Folge der in Art. 41 geregelten umfassenden Berichtspflicht des Leitungsorgans gegenüber dem Aufsichtsorgan (→ AktG § 90 Rn. 54).[7] Vielmehr gilt insoweit eine Pflicht zur Offenheit, weil das Leitungsorgan sonst die Aufgabenerfüllung durch das Aufsichtsorgan verhindern oder behindern könnte (→ AktG § 90 Rn. 53; → Art. 41 Rn. 22).[8] Ebenso wie das Leitungsorgan gegenüber dem Aufsichtsrat sind im monistischen System die **geschäftsführenden Direktoren** gegenüber dem **Verwaltungsrat** zur Offenheit verpflichtet.[9] Die geschäftsführenden Direktoren können sich gegenüber dem Verwaltungsrat schon deshalb nicht auf eine Verschwiegenheitspflicht berufen, weil ihre Organkompetenz im Ergebnis aus der umfassenden Leitungsbefugnis des Verwaltungsrates im monistischen System abgeleitet ist (→ Art. 43 Rn. 13 ff.) und sie einem umfassenden Weisungsrecht des Verwaltungsrats unterliegen (§ 44 Abs. 2 SEAG). 7

Die Mitglieder des Aufsichtsorgans sind umgekehrt nicht ohne Weiteres zur Weitergabe vertraulicher Informationen an die Mitglieder des Leitungsorgans berechtigt. Eine solche **Informationsweitergabe** wird zwar regelmäßig nicht gegen das Gesellschaftsinteresse verstoßen und daher zulässig sein; Ausnahmen sind indessen denkbar.[10] Das Gleiche gilt für das Verhältnis zwischen Verwaltungsrat und geschäftsführenden Direktoren im monistischen System. Zum Umfang der Verschwiegenheitspflicht vgl. im Übrigen → AktG § 93 Rn. 116 ff. 8

III. Grenzen der Verschwiegenheitspflicht

Nach Art. 49 besteht keine Verschwiegenheitspflicht, wenn eine Informationsweitergabe nach den Bestimmungen des für Aktiengesellschaften geltenden einzelstaatlichen Rechts vorgeschrieben oder zulässig ist oder im öffentlichen Interesse liegt. 9

1. Informationsweitergabe nach mitgliedsstaatlichem Recht. Für Aktiengesellschaften mit Sitz in Deutschland verlangen vor allem die kapitalmarktrechtlichen Vorschriften über die **Ad-hoc-Publizität** die unverzügliche Bekanntgabe von kursbeeinflussenden Tatsachen. Nach Art. 17 Abs. 4 UAbs. 1, S. 1 MAR ist der Emittent von seiner Pflicht zur Veröffentlichung von Insiderinformationen nur solange befreit, sofern die unverzügliche 10

---

[5] Habersack/Drinhausen/*Drinhausen* Rn. 7; Kölner Komm AktG/*Mertens/Cahn* AktG § 93 Rn. 114.
[6] So auch Kölner Komm AktG/*Siems* Rn. 9; Lutter/Hommelhoff/Teichmann/*Teichmann* Rn. 5; *Schwarz* Rn. 12.
[7] Lutter/Hommelhoff/Teichmann/*Teichmann* Rn. 5; für die AG BGHZ 135, 48 (56) = NJW 1997, 1985 (1987); Hüffer/Koch/*Koch* AktG § 90 Rn. 3.
[8] Hüffer/Koch/*Koch* AktG § 90 Rn. 3.
[9] Ebenso Lutter/Hommelhoff/Teichmann/*Teichmann* Rn. 5.
[10] Zu Informationseinschränkungen im Verhältnis zwischen Vorstand und Aufsichtsrat der AG vgl. *Marsch-Barner* in Semler/v. Schenck AR HdB § 13 Rn. 29 ff.; *Lutter* Information und Vertraulichkeit Rn. 462 ff.

Offenlegung geeignet wäre, die berechtigten Interessen des Emittenten oder Marktteilnehmer zu beeinträchtigen, keine Irreführung der Öffentlichkeit zu befürchten ist und er die Vertraulichkeit der Insiderinformation gewährleisten kann.

11 Des Weiteren bestehen **wirtschafts- und steuerrechtliche Auskunftspflichten** gegenüber Behörden. Solche Auskunftsrechte stehen insbesondere den Finanzbehörden (§§ 90, 93, 97 AO) und der BaFin (§ 44 KWG, § 88 VAG, Art. 19 Abs. 1 MAR) zu. Zu Einzelheiten → AktG § 116 Rn. 58 ff.

12 Auskunftspflichten der Mitglieder der Leitungsorgane der SE bestehen insbesondere gegenüber dem Abschlussprüfer, dem Konzernabschlussprüfer sowie einem eventuell eingesetzten Sonderprüfer (§ 320 Abs. 2 HGB).[11]

13 Keine Pflichtverletzung liegt ferner dann vor, wenn die Informationsweitergabe **im Interesse der Gesellschaft** liegt. Beispielsweise kann es im Interesse der Gesellschaft erforderlich sein, betriebsfremden Personen, wie zB Rechtsanwälten, Wirtschaftsprüfern, Steuerberatern oder Investmentbankern, aber auch eigenen Arbeitnehmern, vertrauliche Angelegenheiten oder Geheimnisse der Gesellschaft anzuvertrauen, damit diese deren Rechte wahrnehmen oder sie beraten können.[12]

14 Die Weitergabe von Informationen ist darüber hinaus in eingeschränktem Maße auch bei **Due Diligence-Prüfungen**[13] im Zusammenhang mit einem Unternehmenskauf oder einem Zusammenschlussvorhaben zulässig, wobei die Grenzen freilich höchst umstritten sind. Zu Einzelheiten vgl. → AktG § 93 Rn. 137 ff.

15 **2. Informationsweitergabe im öffentlichen Interesse.** Die zweite Alternative, nach welcher eine Informationsweitergabe im „öffentlichen Interesse" möglich sein soll, spielt demgegenüber nur eine untergeordnete Rolle. Da die Alternative selbständig neben den Weitergabeverpflichtungen nach nationalem Recht steht, können im Rahmen des öffentlichen Interesses allerdings auch unionsrechtliche Aspekte berücksichtigt werden.[14] Als Beispiel für eine Informationsweitergabe im öffentlichen Interesse kann das „Whistleblowing" genannt werden.[15] Eine Informationsweitergabe an Außenstehende kann aber allenfalls dann gerechtfertigt sein kann, wenn gesellschaftsinterne Mechanismen versagt haben und die Aufdeckung gravierender Missstände im öffentlichen Interesse geboten erscheint.[16]

16 **3. Zuständigkeit für die Entscheidung über die Weitergabe von Informationen.** Ob die Weitergabe einer Information im Interesse der Gesellschaft liegt oder das Geheimhaltungsinteresse der Gesellschaft überwiegt, hat das zuständige Organ nach **pflichtgemäßem Ermessen** zu entscheiden. Die Entscheidung kann von dem einzelnen Organmitglied im Rahmen seines Geschäftsbereiches grundsätzlich allein getroffen werden, es sei denn, dass das Geheimnis von entscheidender Bedeutung für die Gesellschaft ist (→ AktG § 93 Rn. 158).[17]

17 Bei der Entscheidung über die Weitergabe von Informationen haben die Organmitglieder die **aktienrechtliche Kompetenzordnung** zu beachten. Die Entscheidung über die Weitergabe unternehmensinterner Daten obliegt grundsätzlich dem für die Leitung der Gesellschaft verantwortlichen Organen. Im dualistischen System ist das das Leitungsorgan.

18 Das **Aufsichtsorgan** entscheidet über die Informationsweitergabe, soweit die Vorgänge ausschließlich in der Verantwortlichkeitssphäre des Aufsichtsorgans liegen, wie zB bei der

---

[11] Großkomm AktG/*Hopt*/*Roth* AktG § 93 Rn. 297; Hüffer/Koch/*Koch* AktG § 93 Rn. 31; MHdB AG/ *Wiesner* § 25 Rn. 47; *Lutter* Information und Vertraulichkeit Rn. 460 ff.; *Marsch-Barner* in Semler/v. Schenck AR HdB § 13 Rn. 35 f.
[12] Vgl. auch Kölner Komm AktG/*Siems* Rn. 15; Habersack/Drinhausen/*Drinhausen* Art. 49 Rn. 14.
[13] Lutter/Hommelhoff/Teichmann/*Teichmann* Rn. 10; näher hierzu *Lutter* ZIP 1997, 613 (617); *Fleischer* ZIP 2002, 651 ff.; *Meincke* WM 1998, 749 ff.; *Körber* NZG 2002, 263 ff.; *Stoffels* ZHR 165 (2001), 362 ff.; *Linker/Zwinger* NZG 2002, 497 ff.
[14] Lutter/Hommelhoff/Teichmann/*Teichmann* Rn. 11; *Schwarz* Rn. 16.
[15] Ebenso Kölner Komm AktG/*Siems* Rn. 16; Lutter/Hommelhoff/Teichmann/*Teichmann* Rn. 12.
[16] Lutter/Hommelhoff/Teichmann/*Teichmann* Rn. 12.
[17] *Roschmann/Frey* AG 1996, 449 (452); *Simons* AG 1999, 495 (494); *K. J. Müller* NJW 2000, 3452 (3453); v. *Stebut*, Geheimnisschutz und Verschwiegenheitspflicht im Aktienrecht, 1972, 109.

Bestellung neuer Mitglieder des Leitungsorgans (§ 81 AktG) oder des Aufsichtsorgans (§ 106 AktG). Entsprechende Informationen unterliegen der alleinigen Dispositionsbefugnis des Aufsichtsorgans (zur AG → AktG § 116 Rn. 59, → AktG § 116 Rn. 65).[18] Entscheidet sich das Aufsichtsorgan, eine entsprechende Information an die Öffentlichkeit weiterzugeben, so muss es damit das Leitungsorgan beauftragen. Dies folgt aus der Geschäftsführungsbefugnis des Leitungsorgans und seiner Vertretungskompetenz in Angelegenheiten, die nicht durch das Gesetz dem Aufsichtsorgan zugewiesen sind (→ AktG § 116 Rn. 62).

Im **monistischen System** sind neben dem Verwaltungsrat grundsätzlich auch die geschäftsführenden Direktoren zur Weitergabe unternehmensinterner Daten an die Öffentlichkeit berechtigt, soweit der entsprechende Informationsfluss noch als dem Tagesgeschäft zugehörig qualifizierbar ist. Ist die Information dagegen von so entscheidender Bedeutung für die Gesellschaft, dass die Entscheidung über ihre Weitergabe als Grundlagengeschäft eingeordnet werden kann, so ist der Verwaltungsrat für die Entscheidung allein zuständig. Anders als das Aufsichtsorgan kann der Verwaltungsrat im monistischen System die Information selbst an die Öffentlichkeit tragen und muss damit nicht die geschäftsführenden Direktoren beauftragen. Dies folgt aus der eigenen Geschäftsführungsbefugnis des Verwaltungsrates. 19

IV. Dauer der Schweigepflicht

Die **Schweigepflicht** ist nicht auf die Amtszeit der Organmitglieder beschränkt. Sie dauert im Interesse der Gesellschaft und aus Gründen der Rechtssicherheit auch nach Beendigung der Amtszeit fort.[19] Das gilt auch dann, wenn die Fortdauer der Schweigepflicht nicht ausdrücklich vereinbart worden ist. 20

Im Gegensatz zu § 93 Abs. 1 S. 3 AktG ist das in Art. 49 **ausdrücklich** geregelt. Unterschiede bestehen indessen nicht. Die Fortdauer der Schweigepflicht ist auch im Aktienrecht anerkannt (→ AktG § 93 Rn. 149).[20] 21

V. Rechtsfolgen bei Verstoß

Organmitglieder, die ihre Schweigepflicht **schuldhaft** verletzen, sind der Gesellschaft zum **Schadensersatz** verpflichtet. Für die Mitglieder des Leitungsorgans und des Aufsichtsorgans im monistischen System folgt die Schadensersatzpflicht unmittelbar aus den § 93 Abs. 2 AktG, § 116 AktG; für die Mitglieder des Verwaltungsrates der monistischen SE ist in § 39 SEAG eine entsprechende Verweisung auf § 93 AktG enthalten. Die Haftung der geschäftsführenden Direktoren bestimmt sich gem. § 40 Abs. 8 SEAG ebenfalls nach § 93 AktG. Darüber hinaus kann eine Verletzung der Schweigepflicht einen wichtigen Grund für die Abberufung des Organmitglieds darstellen.[21] Ein Verstoß ist außerdem gem. § 404 AktG strafbewehrt, dessen Anwendbarkeit auf die Organe der SE wegen des strafrechtlichen Analogieverbotes durch § 53 Abs. 1 SEAG ausdrücklich festgeschrieben wird. 22

Art. 50 [Beschlussfassung]

(1) Sofern in dieser Verordnung oder der Satzung nichts anderes bestimmt ist, gelten für die Beschlussfähigkeit und die Beschlussfassung der Organe der SE die folgenden internen Regeln:
a) Beschlussfähigkeit: mindestens die Hälfte der Mitglieder muss anwesend oder vertreten sein;

---

[18] Zur AG *Lutter* Information und Vertraulichkeit Rn. 431; *Marsch-Barner* in Semler/v. Schenck AR HdB § 13 Rn. 15; aA *Säcker* FS Fischer, 1979, 635 (636) (Bekanntgabe durch den Vorstand).
[19] Vgl. auch Kölner Komm AktG/*Siems* Rn. 4, der eine Verschwiegenheitspflicht für nominierte, aber noch nicht bestellte Mitglieder bejaht.
[20] Begr. RegE *Kropff* S. 123; *Spieker* NJW 1965, 1937 (1939); Kölner Komm AktG/*Mertens/Cahn* AktG § 93 Rn. 122; Hüffer/Koch/*Koch* AktG § 93 Rn. 31.
[21] Lutter/Hommelhoff/Teichmann/*Teichmann* Rn. 13; *Schwarz* Rn. 21; Kölner Komm AktG/*Siems* Rn. 18; Habersack/Drinhausen/*Drinhausen* Rn. 17.

b) **Beschlussfassung:** mit der Mehrheit der anwesenden oder vertretenen Mitglieder.

(2) ¹Sofern die Satzung keine einschlägige Bestimmung enthält, gibt die Stimme des Vorsitzenden des jeweiligen Organs bei Stimmengleichheit den Ausschlag. ²Eine anders lautende Satzungsbestimmung ist jedoch nicht möglich, wenn sich das Aufsichtsorgan zur Hälfte aus Arbeitnehmervertretern zusammensetzt.

(3) Ist die Mitbestimmung der Arbeitnehmer gemäß der Richtlinie 2001/86/EG vorgesehen, so kann ein Mitgliedstaat vorsehen, dass sich abweichend von den Absätzen 1 und 2 Beschlussfähigkeit und Beschlussfassung des Aufsichtsorgans nach den Vorschriften richten, die unter denselben Bedingungen für die Aktiengesellschaften gelten, die dem Recht des betreffenden Mitgliedstaats unterliegen.

Schrifttum: *Baums*, Der fehlerhafte Aufsichtsratsbeschluss, ZGR 1983, 300; *Bezzenberger*, Der Vorstandsvorsitzende der Aktiengesellschaft, ZGR 1996, 661; *Göz*, Beschlussmängelklagen bei der Societas Europaea (SE), ZGR 2008, 593; *Grobys*, Das geplante Umsetzungsgesetz zur Beteiligung von Arbeitnehmern in der Europäischen Aktiengesellschaft, NZA 2004, 779; *Henssler*, Unternehmerische Mitbestimmung in der Societas Europaea – neue Denkanstöße für die „Corporate Governance"-Diskussion, FS Ulmer, 2003, 193; *Hoffmann-Becking*, Zur rechtlichen Organisation der Zusammenarbeit im Vorstand der AG, ZGR 1998, 497; *Hoffmann-Becking*, Vorstands-Doppelmandate im Konzern, ZHR 150 (1986), 570; *Hoffmann-Becking*, Organe: Strukturen und Verantwortlichkeiten, insbesondere im monistischen System, ZGR 2004, 355; *Hüffer*, Beschlussmängel im Aktienrecht und im Recht der GmbH – eine Bestandsaufnahme unter Berücksichtigung der Beschlüsse von Leitungs- und Überwachungsorganen, ZGR 2001, 870; *Ihrig/Wagner*, Das Gesetz zur Einführung der Europäischen Gesellschaft (SEEG) auf der Zielgeraden, BB 2004, 1749; *Kallmeyer*, Das monistische System in der SE mit Sitz in Deutschland, ZIP 2003, 1531; *Kallmeyer*, Die Beteiligung der Arbeitnehmer in einer europäischen Gesellschaft, ZIP 2004, 1442; *Kindl*, Analoge Anwendung der §§ 241 ff. AktG auf aktienrechtliche Aufsichtsratsbeschlüsse?, AG 1993, 153; *Leupold*, Die monistische Societas Europaea unter besonderer Berücksichtigung des deutschen Rechts, Diss. Konstanz 1993; *Reichert/Brandes*, Mitbestimmung der Arbeitnehmer in der SE: Gestaltungsfreiheit und Bestandsschutz, ZGR 2003, 767; *Schiessl*, Gesellschafts- und mitbestimmungsrechtliche Probleme der Spartenorganisation (Divisionalisierung), ZGR 1992, 64; *U. H. Schneider*, Stimmverbote im GmbH-Konzern, ZHR 150 (1986), 609; *Schönborn*, Die monistische Societas Europae in Deutschland im Vergleich zum englischen Recht, Diss. 2006; *Schumacher*, Vertretung in Organsitzungen der Societas Europaea (SE), NZG 2009, 697; *Siems*, Befangenheit bei Verwaltungsratsmitgliedern einer Europäischen Aktiengesellschaft, NZG 2007, 129; *Teichmann*, Gestaltungsfreiheit im monistischen Leitungssystem der Europäischen Aktiengesellschaft, BB 2004, 53; *Ulmer*, Aufsichtsratsmandat und Interessenkollision, NJW 1980, 1603.

Übersicht

	Rn.		Rn.
I. Regelungsgegenstand und Zweck	1–4	c) Beschlussfassung durch die Minderheit?	27–29
II. Beschlussfähigkeit	5–8	d) Vetorechte	30–34
1. Bestimmungen der Satzung	5	IV. Stimmrecht und Stimmverbot	35–50
2. Gesetzliche Regelung	6–8	1. Gleichwertigkeit aller Stimmen	35
III. Beschlussmehrheit	9–34	2. Stimmverbote	36–50
1. Entscheidung durch die Mehrheit	10–19	a) Stimmverbote bei Interessenkollisionen	36–46
2. Abweichende Regelungen durch die Satzung	20–34	b) Stimmverbote für Arbeitnehmervertreter bei der Abstimmung über Leitungsentscheidungen im Verwaltungsrat	47–50
a) Beschlussfassung durch Mehrheit der abgegebenen Stimmen	21	V. Beschlussfassung ohne Sitzung	51–54
b) Einstimmigkeit und qualifiziertes Mehrheitserfordernis	22–26	VI. Fehlerhafte Organbeschlüsse	55, 56

I. Regelungsgegenstand und Zweck

1   Die Norm enthält Regelungen zur Beschlussfassung in den Organen der SE. Abs. 1 trifft eine dispositive Regelung zur Beschlussfähigkeit und zur erforderlichen Beschlussmehrheit. Sein Regelungsgehalt entspricht im Wesentlichen der Rechtslage zum nicht-mitbestimmten Aufsichtsrat der AG (§ 108 AktG). Für das Leitungsorgan enthält Art. 50 Abs. 1 eine das

Prinzip der Gesamtgeschäftsführung (→ Art. 39 Rn. 4) modifizierende Regelung. Anders als bei der AG ist in der dualistisch strukturierten SE bei der Beschlussfassung im Leitungsorgan – vorbehaltlich anderweitiger Satzungsregelungen – keine einstimmige Beschlussfassung (zur Beschlussfassung im Vorstand → AktG § 77 Rn. 11, → AktG § 77 Rn. 21 ff.) erforderlich. Für die geschäftsführenden Direktoren gilt Art. 50 nicht. Diese sind keine „Organe" iSd Art. 38.[1]

Die **mitbestimmungsrechtlichen Sonderregelungen** in den §§ 28, 32 MitbestG, § 10 MontanMitbestG, § 11 MitbestErgG finden auf die SE keine Anwendung (§ 47 Abs. 1 Nr. 1 SEBG). 2

Art. 50 Abs. 2 räumt dem Vorsitzenden des jeweiligen Organs ein – ebenfalls dispositives – **Recht zum Stichentscheid** bei Stimmengleichheit ein. Das gilt nicht nur für das Aufsichtsorgan und den Verwaltungsrat, sondern auch für das Leitungsorgan der dualistischen SE.[2] Das Doppelstimmrecht kann durch die Satzung nicht abbedungen werden, wenn das Aufsichtsorgan paritätisch mitbestimmt ist (Art. 50 Abs. 2 S. 2). Das Gleiche gilt – über den Wortlaut hinaus – auch für den paritätisch mitbestimmten Verwaltungsrat.[3] Das folgt aus dem auch in Art. 45 S. 2 zum Ausdruck kommenden Rechtsgedanken, den Anteilseignern stets ein leichtes Übergewicht zu sichern. Dass der europäische Normgeber den Verwaltungsrat in Art. 50 Abs. 2 S. 2 nicht ausdrücklich miterwähnt hat, dürfte auf einem redaktionellen Versehen beruhen. 3

Von der durch Art. 50 Abs. 3 eingeräumten Befugnis, im mitbestimmten Organ vorzusehen, dass sich Beschlussfähigkeit und Beschlussfassung nach den Vorschriften richten, die unter denselben Bedingungen für Aktiengesellschaften gelten, die dem rechtsbetreffenden Mitgliedstaat unterliegen,[4] hat der deutsche Gesetzgeber im SEBG keinen Gebrauch gemacht. Dessen Normen sind für die Regelung über die Mitbestimmung in den Unternehmensorganen der SE abschließend.[5] 4

II. Beschlussfähigkeit

1. Bestimmungen der Satzung. Nach Art. 50 Abs. 1 kann die **Beschlussfähigkeit** der Organe der SE grundsätzlich durch die Satzung geregelt werden. Die statutarische Festlegung eines Quorums, das größer ist als die Hälfte der nach Satzung oder Gesetz vorgeschriebenen Mitgliederzahl, ist für die Beschlussfassung im Aufsichtsorgan bzw. im Verwaltungsrat unzulässig, wenn sich das Aufsichtsorgan bzw. der Verwaltungsrat zur Hälfte aus Arbeitnehmervertretern zusammensetzt. Andernfalls könnten die Arbeitnehmervertreter die Beschlussfassung im Organ blockieren. Das wäre mit der durch die SE-VO (Art. 50 Abs. 2 S. 2) geschützten Befugnis der Anteilseigner, über die Geschicke der Gesellschaft zu bestimmen, nicht vereinbar. Die Festlegung eines niedrigeren Quorums als die Hälfte der Mitglieder ist dagegen jederzeit, auch in der mitbestimmten SE, möglich. § 108 Abs. 2 S. 3 AktG findet auf die SE keine Anwendung. Ein Rückgriff auf nationales Recht bei der Bestimmung der Beschlussfähigkeit der Organe ist nach dem eindeutigen Wortlaut des Art. 50 Abs. 1 in der SE nicht vorgesehen.[6] 5

2. Gesetzliche Regelung. Wenn die Satzung nichts anderes bestimmt, richtet sich die Beschlussfähigkeit des Organs nach Art. 50 Abs. 1 lit. a. Danach sind das Leitungsorgan, das Aufsichtsorgan und der Verwaltungsrat jeweils beschlussfähig, wenn die **Hälfte seiner Mitglieder** „anwesend oder vertreten" sind. Was „anwesend" und „vertreten" zu bedeuten hat, 6

---

[1] *Hoffmann-Becking* ZGR 2004, 355 (370 ff.); Lutter/Hommelhoff/Teichmann/*Teichmann* Rn. 4; BeckOGK/*Eberspächer* Rn. 3; Habersack/Drinhausen/*Drinhausen* Rn. 8; aA *Schwarz* Rn. 4.
[2] So auch *Schwarz* Rn. 36; Habersack/Drinhausen/*Drinhausen* Art. 50 Rn. 26; Kölner Komm AktG/*Siems* Rn. 25; BeckOGK/*Eberspächer* Rn. 7.
[3] Ebenso BeckOGK/*Eberspächer* Rn. 7; *Schwarz* Rn. 42; Kölner Komm AktG/*Siems* Rn. 27; aA Lutter/Hommelhoff/Teichmann/*Teichmann* Rn. 27.
[4] In Deutschland zB §§ 28, 32 MitbestG, § 11 MontanMitbestG, § 10 MitbestErgG.
[5] Begr. RegE zu § 47 SEBG, BT-Drs. 15/3405, 57.
[6] Habersack/Drinhausen/*Drinhausen* Rn. 6; vgl. auch Begr. RegE zu § 35 SEAG, BT-Drs. 15/3405, 38.

wird in der Lit. kontrovers diskutiert. Beide Begriffe sind weit auszulegen. Art. 50 regelt nicht die Art und Weise der Beschlussfassung, sondern die für die Beschlussfassung erforderlichen Quoren (→ Art. 44 Rn. 27). Zu eng erscheint es daher wohl, **„anwesend"** ausschließlich im Sinne einer körperlichen Anwesenheit zu verstehen.[7] Nach Sinn und Zweck der Regelung genügt es vielmehr, dass die Mitglieder untereinander interagieren können, sodass – vorbehaltlich einer entsprechenden nationalen Regelung – auch Video- und Telefonkonferenzen hierunter zu fassen sind,[8] nicht dagegen die schriftliche Stimmabgabe.[9] Letztere ist – vorbehaltlich einer nationalen Regelung – gleichwohl möglich, da auch **„vertretene" Mitglieder** bei der Feststellung der Beschlussfähigkeit bzw. des Beschlussergebnisses zwingend zu berücksichtigen sind. Dagegen begründet Art. 50 selbst keine Vertretungsregelung; diese ist vielmehr den mitgliedstaatlichen Rechtsordnungen überlassen.[10] Sehen diese keine Vertretungsregelung vor, geht Art. 50 insoweit ins Leere. Da ein europäisches Recht der Stellvertretung ebenso wenig existiert wie eine gemeinsame Rechtspraxis der Mitgliedstaaten und die Verordnung autonom auszulegen ist, sollte der Begriff „vertretene" in Art. 50 Abs. 1 nicht ausschließlich im Sinne von § 164 BGB verstanden werden; erfasst sind vielmehr alle diejenigen Verfahren, die abwesenden Mitgliedern eine Stimmabgabe ermöglichen.[11] Hierunter fällt namentlich die schriftliche Stimmabgabe durch einen Boten (vgl. → Art. 44 Rn. 27 f.).[12] Diese Möglichkeit besteht sowohl im Aufsichtsorgan (Art. 9 Abs. 2 lit. c Ziff. ii, § 108 Abs. 3 AktG) als auch im Verwaltungsrat (§ 35 Abs. 1 SEAG). Eine Stellvertretung iSv § 164 BGB ist nach deutschem Recht dagegen nicht möglich.

7 Eine Teilnahme an der Beschlussfassung, wie in § 108 Abs. 2 AktG vorgesehen, ist zur Erfüllung des Quorums nicht erforderlich.[13] Ein Stimmverbot gegen ein Organmitglied kann folglich nicht dazu führen, dass dieses bei der Feststellung der Beschlussfähigkeit nicht mitgezählt werden darf (für die AG → AktG § 108 Rn. 37).[14]

8 Aus Art. 50 Abs. 1 lit. a folgt auch, dass eine **Unterbesetzung** des Organs nicht zur Beschlussunfähigkeit führt, solange die Hälfte der nach der Satzung erforderlichen Mitglieder bei der Beschlussfassung anwesend oder vertreten sind. Der europäische Normgeber geht ersichtlich davon aus, dass zu einer ordnungsgemäßen Willensbildung innerhalb des Organs die Anwesenheit aller satzungsgemäß festgesetzten Mitglieder nicht zwingend erforderlich ist. Für das Aufsichtsorgan und den Verwaltungsrat der SE deckt sich die Rechtslage insoweit mit der, die für den Aufsichtsrat der deutschen Aktiengesellschaft gilt (§ 108 Abs. 2 S. 4 AktG). Für das Leitungsorgan besteht dagegen ein Unterschied gegenüber dem Vorstand der AG. Dieser ist – soweit es um die Willensbildung im Organ geht – aufgrund des Prinzips der Gesamtgeschäftsführung in der Regel beschlussunfähig, wenn er nicht vollständig besetzt ist. Zu Einzelheiten vgl. → Art. 39 Rn. 23.

III. Beschlussmehrheit

9 Für die Beschlussfassung gilt ebenso wie in der AG das **Prinzip der einfachen Mehrheit,** soweit die Satzung keine abweichenden Bestimmungen enthält. Die Modalitäten der Stimmauszählung unterscheiden sich aber von der Rechtslage, die für die Organe der AG gilt.

10 **1. Entscheidung durch die Mehrheit.** Über die Annahme oder Ablehnung eines Beschlussantrags entscheidet grundsätzlich die Mehrheit der anwesenden oder vertretenen Mitglieder (Art. 50 Abs. 1 lit. b).

---

[7] So aber *Schwarz* Rn. 5.
[8] Ebenso Habersack/Drinhausen/*Drinhausen* Rn. 11; Lutter/Hommelhoff/Teichmann/*Teichmann* Rn. 13, der die entsprechenden Möglichkeiten aber offenbar unmittelbar Art. 50 entnehmen möchte.
[9] So aber NK-SE/*Manz* Rn. 7; Kölner Komm AktG/*Siems* Rn. 21.
[10] *Schumacher* NZG 2009, 697 (698 f.).
[11] *Schumacher* NZG 2009, 697 (699); Lutter/Hommelhoff/Teichmann/*Teichmann* Rn. 15; *Schwarz* Rn. 7.
[12] *Schumacher* NZG 2009, 697 (699); Lutter/Hommelhoff/Teichmann/*Teichmann* Rn. 15; *Schwarz* Rn. 7.
[13] *Schwarz* Rn. 5.
[14] Für die AG vgl. BGH AG 2007, 484; Hüffer/Koch/*Koch* AktG § 108 Rn. 16; aA Kölner Komm AktG/ *Mertens/Cahn* AktG § 108 Rn. 74.

Die Beschlussfassung im Leitungsorgan der SE weicht damit von derjenigen im Vorstand 11
einer AG ab, für die das Einstimmigkeitsprinzip charakteristisch ist (→ Rn. 8).

Fraglich ist, ob bei der Stimmauszählung auch **Stimmenthaltungen, ungültige Stim-** 12
men und **nicht abgegebene Stimmen** anwesender Mitglieder mitzurechnen sind. Nach
dem Wortlaut des Art. 50 Abs. 1 lit. b ist ein Beschlussantrag nur dann angenommen, wenn
die Anzahl der abgegebenen Ja-Stimmen die Summe der Nein-Stimmen, der Stimmenthaltungen, der ungültigen Stimmen und der nicht abgegebenen Stimmen anwesender oder
vertretener Mitglieder überwiegt. Anders ist dies im Aufsichtsrat der AG. Dort werden
Stimmenthaltungen bei der Auszählung der Stimmen nicht berücksichtigt (→ AktG § 108
Rn. 20).[15] Indessen existieren auch im deutschen Recht Bestimmungen (§ 52 Abs. 5 AktG,
§ 179 Abs. 2 AktG), die nicht auf die Mehrheit der abgegebenen Stimmen abstellen, sondern
auf die Mehrheit „des bei der Beschlussfassung vertretenen" Kapitals. Durch das Vereins-
RÄndG vom 24.9.2009 (BGBl. 2009 I 3145) wurden mWv 30.9.2009 die Vorschriften
der §§ 32, 33 BGB, die bislang auf die Mehrheit der erschienenen Mitglieder abgestellt
hatten, geändert. In die jetzige Fassung wurde die hM zur alten Fassung übernommen.
Damit ist klargestellt, dass die Mehrheit der „abgegebenen Stimmen" maßgeblich ist.[16]
Obwohl die entsprechende Formulierung ihrem Wortlaut nach nahe legt, dass es insoweit
für die Mehrheitsfindung auf das Überwiegen der Ja-Stimmen gegenüber Nein-Stimmen,
Stimmenthaltungen, ungültigen und nicht abgegebenen Stimmen ankommt, werden die
entsprechenden Klauseln von der ganz hM in Rspr. und im Schrifttum dahingehend ausgelegt, dass sie auch in diesen Fällen allein auf das Überwiegen der Ja-Stimmen gegenüber
den reinen Nein-Stimmen ankommt und Stimmenthaltungen, ungültige Stimmen und
nicht abgegebene Stimmen nicht mitgerechnet, also insbesondere nicht als Nein-Stimmen
gewertet werden.[17] Zur Begründung wird angeführt, das weder mit „ja" noch mit „nein"
stimmende Mitglied gebe gerade kein negatives Votum über den Beschlussantrag ab, sondern
bekunde seine Unentschiedenheit. Solche Unentschiedenheit könne weder mit ja noch mit
nein bewertet werden, sondern müsse der Abwesenheit gleichgestellt werden, weil nach
der Verkehrsanschauung niemand auf den Gedanken komme, seine Stimmenthaltung werde
als Ablehnung gewertet.[18]

Diese Erwägungen ließen sich grundsätzlich auch auf die Willensbildung innerhalb der 13
Organe der SE übertragen. Eine andere Frage ist freilich, ob ein Rückgriff auf diese –
zum nationalen Recht entwickelten – Überlegungen bei Auslegung des Verordnungstextes
zulässig ist. Generell ist ein **Rückgriff auf nationales Richterrecht** bei Auslegung der
Verordnung zwar nicht schlichtweg ausgeschlossen (Art. 9 Abs. 1 lit. c Ziff. ii),[19] Voraussetzung ist allerdings, dass der Verordnungstext insoweit eine Regelungslücke enthält. Von
einem Formulierungsversehen des Verordnungsgebers kann indessen schwerlich ausgegangen werden. Dagegen spricht insbesondere, dass die Art. 57, 58, die die Beschlussfassung
der Hauptversammlung regeln, abweichend formuliert sind und sich ausdrücklich mit dem
Schicksal von Stimmenthaltungen uÄ befassen. Nach Art. 57 werden Beschlüsse der Hauptversammlung mit der Mehrheit der „abgegebenen gültigen Stimmen" gefasst. In Art. 58
wird klargestellt, dass zu den „abgegebenen" Stimmen nicht diejenigen Stimmen zählen,

---

[15] OLG Hamburg AG 1984, 248 (249); Kölner Komm AktG/*Mertens/Cahn* AktG § 108 Rn. 59; MHdB AG/*Hoffmann-Becking* § 31 Rn. 66; Hüffer/Koch/*Koch* AktG § 108 Rn. 6.
[16] Vgl. Palandt/*Ellenberger* BGB § 32 Rn. 7. Vgl. zur aF (zum Verein) BGHZ 83, 35 = NJW 1982, 1585; BGH NJW 1987, 2430; OLG Celle RPfleger 1989, 271; OLG Köln NJW-RR 1994, 1547; Soergel/*Hadding* BGB § 32 Rn. 32; *Reichert/van Look*, Vereins- und Verbandsrecht, 6. Aufl. 1995, Rn. 1053; MüKoBGB/*Leuschner* BGB § 32 Rn. 47; Staudinger/*Schwennicke* BGB § 32 Rn. 110; aA RGZ 80, 189 (194); OLG Hamburg HRA 1930, Nr. 1044; OLG Frankfurt NJW 1954, 802; KG NJW 1978, 1439; OLG Köln NJW-RR 1968, 698; *R. Fischer* NJW 1966, 483.
[17] Vgl. die Kommentierungen zu § 179 AktG bei Hüffer/Koch/*Koch* AktG § 179 Rn. 14; Großkomm AktG/*Wiedemann* AktG § 179 Rn. 112; Kölner Komm AktG/*Zöllner* AktG § 179 Rn. 151.
[18] BGHZ 83, 35 (37) = NJW 1982, 1585.
[19] Zur Reichweite der Verweisung *Casper* FS Ulmer, 2003, 51 (68); *Hirte* NZG 2002, 1 (2); *Teichmann* ZGR 2002, 383 (397); *Brandt/Scheifele* DStR 2002, 547 (553); *Leupold*, Die Europäische Aktiengesellschaft unter besonderer Berücksichtigung des deutschen Rechts, 1993, 21.

deren Inhaber an der Abstimmung nicht teilgenommen oder sich der Stimme enthalten oder einen leeren bzw. ungültigen Stimmzettel abgegeben haben. Eine entsprechende Klarstellung fehlt im Hinblick auf die Willensbildung der anderen Organe der SE, was dafür spricht, dass mit der „Mehrheit der anwesenden oder vertretenen Mitglieder" etwas anders gemeint ist als das, was die Art. 57, 58 zum Ausdruck bringen.

14 Für eine am **Wortlaut orientierte Auslegung** des Art. 50 Abs. 1 lit. b spricht auch eine Parallelwertung zum französischen Recht. Bei der Abstimmung im Aufsichtsrat der dualistisch strukturierten französischen S. A. kommt es gem. Art. L 225-82 Abs. 2 Code de Commerce ebenfalls auf die Mehrheit der anwesenden oder vertretenen Mitglieder an. Das Gleiche gilt gem. Art. L 225-37 Abs. 2 Code de Commerce auch für die Abstimmung im Verwaltungsrat der monistisch strukturierten französischen S. A. Beide Normen werden von der französischen Rspr. so ausgelegt, wie der Wortlaut dies nahe legt, nämlich dahingehend, dass Stimmenthaltungen und ungültige Stimmen als Nein-Stimmen zu werten sind.[20]

15 In sachlicher Hinsicht spricht für eine am Wortlaut orientierte Auslegung, dass die Regelung einen Zwang zur Entscheidung begründet und nicht hinnimmt, dass die zur Entscheidung Berufenen unentschieden bleiben bzw. vor einer verbindlichen Festlegung zurückschrecken. Ein solcher Zwang zur Entscheidung ist in einem Organ, das mit der Führung der Geschäfte der Gesellschaft bzw. mit deren Überwachung betraut ist, durchaus hinnehmbar und im Sinne einer guten Corporate Governance sogar begrüßenswert. Insoweit liegen die Dinge hier anders als in der Hauptversammlung. Die abweichende Formulierung in Art. 50 Abs. 1 lit. b einerseits und Art. 57, 58 andererseits ergibt also durchaus einen Sinn.

16 **Im Ergebnis** sind Stimmenthaltungen, ungültige Stimmen und nicht abgegebene Stimmen daher als „Nein"-Stimmen zu werten, weswegen sich eine Mehrheitsfindung in den Organen der SE schwieriger gestaltet als im Aufsichtsrat der AG.[21] Zu den Möglichkeiten **abweichender Satzungsgestaltung** und der Herstellung eines Gleichlaufes mit den aktienrechtlichen Vorschriften vgl. → Rn. 20 ff.

17 Bei **Stimmengleichheit** gibt grundsätzlich die Stimme des Vorsitzenden den Ausschlag (Art. 50 Abs. 2 S. 1). Von dem in § 29 MitbestG enthaltenen Zweitstimmrecht des Aufsichtsratsvorsitzenden unterscheidet sich das Doppelstimmrecht nach Art. 50 Abs. 2 S. 1 dadurch, dass eine erneute Stimmabgabe durch den Vorsitzenden nicht erfolgt. Die Verordnung erklärt vielmehr die Stimme, die der Vorsitzende im ersten Abstimmungsvorgang abgegeben hat, für das Abstimmungsergebnis für verbindlich, wenn Stimmengleichheit herrscht. Soweit die Satzung nicht ausnahmsweise die Zahl der abgegebenen Stimmen für maßgeblich bei der Auszählung erklärt, ist von Stimmengleichheit immer dann auszugehen, wenn die Anzahl der Ja-Stimmen der Summe der Anzahl der Nein-Stimmen, der Stimmenthaltungen, der ungültigen Stimmen und der nicht abgegebenen Stimmen anwesender oder vertretener (Art. 50 Abs. 1 lit. b) Mitglieder entspricht.

18 Eine Sonderregelung gilt im Verwaltungsrat. Gem. § 35 Abs. 3 SEAG hat der Vorsitzende des Verwaltungsrates eine **zusätzliche Stimme,** wenn ein geschäftsführender Direktor, der zugleich Mitglied des Verwaltungsrates ist, aus rechtlichen Gründen daran gehindert ist, an der Beschlussfassung im Verwaltungsrat teilzunehmen. Diese Bestimmung wurde nachträglich in den Gesetzesentwurf aufgenommen, um bei Abstimmungen im Verwaltungsrat eine Majorisierung der Anteilseignervertreter durch die Arbeitnehmervertreter in Fällen zu verhindern, in denen ein Verwaltungsratsmitglied – dem Rechtsgedanken des § 34 BGB entsprechend – vom Stimmrecht ausgeschlossen ist.[22] Zum Stimmrechtsausschluss → Rn. 35 ff.

19 Ein von Art. 50 Abs. 1 lit. b **abweichendes Mehrheitserfordernis** gilt für Beschlussvorschläge, die die Verwaltung den Aktionären bzgl. der Bestellung von Mitgliedern des Aufsichtsorgans bzw. des Verwaltungsrates durch die Hauptversammlung unterbreitet. Diese

---

[20] Vgl. die Entscheidung des Cour d'Appel de Douai vom 17.11.1994, abgedruckt in JCP éd. E 1995, I, S. 475 Nr. 10 mAnm *A. Viandier* und *JJ Caussain* und in Bull. Joly 1995, S. 671, Nr. 232 mAnm *B. Saintourens*.
[21] IE ebenso Lutter/Hommelhoff/Teichmann/*Teichmann* Rn. 17; Kölner Komm AktG/*Siems* Rn. 12; BeckOGK/*Eberspächer* Rn. 6; aA NK-SE/*Manz* Rn. 4.
[22] Begr. RegE, BT-Drs. 15/4053, 59.

bedürfen gem. § 124 Abs. 3 S. 5 AktG, der über Art. 52 auch für die SE gilt, lediglich einer Mehrheit der Stimmen der Anteilseignervertreter.

2. Abweichende Regelungen durch die Satzung. Gem. Art. 50 Abs. 1 kann die 20 Beschlussmehrheit für die Organe der SE grundsätzlich durch die Satzung geregelt werden, soweit sich aufgrund der Vorgaben der Verordnung keine zwingenden anderen Mehrheitserfordernisse ergeben.

a) Beschlussfassung durch Mehrheit der abgegebenen Stimmen. Eine Regelung, 21 derzufolge ein Beschlussantrag – abweichend von Art. 50 Abs. 1 lit. b – nicht der Mehrheit der „anwesenden oder vertretenen" Mitglieder des Leitungs-, Aufsichts- oder Verwaltungsorgans, sondern – wie im Aufsichtsrat der AG – der Mehrheit der jeweils abgegebenen Stimmen bedarf (zu den Unterschieden → Rn. 12), ist stets zulässig.[23] Durch eine solche Regelung wird die Beschlussfassung im Ergebnis erleichtert, da Stimmenthaltungen, ungültige Stimmen und Nicht-Stimmen nicht mitgezählt werden, ohne dass dadurch vom Prinzip der Mehrheitsbeschlussfassung abgewichen würde (für die AG → AktG § 108 Rn. 25).[24]

b) Einstimmigkeit und qualifiziertes Mehrheitserfordernis. Aufgrund der aus- 22 drücklichen Ermächtigung in Art. 50 Abs. 1 kann die Satzung für die Beschlussfassung auch Einstimmigkeit oder eine qualifizierte Mehrheit vorschreiben. So kann durch Einführung des Einstimmigkeitserfordernisses das **Prinzip der echten Gesamtgeschäftsführung** auch im Leitungsorgan der SE verankert werden.

Für das Aufsichtsorgan und den Verwaltungsrat sind bei Einführung qualifizierter Mehr- 23 heits- oder Einstimmigkeitserfordernisse gewisse Einschränkungen zu beachten.

In der **paritätisch mitbestimmten** SE darf vom Prinzip der Entscheidungsfindung 24 mit einfacher Mehrheit nicht abgewichen werden. Der europäische Normgeber ging bei Redaktion der Verordnung davon aus, dass die Ausbalancierung der Machtverhältnisse zwischen Anteilseignervertretern und Arbeitnehmervertretern im Aufsichtsorgan bzw. Verwaltungsrat der SE nicht dazu führen darf, dass die Arbeitnehmervertreter Entscheidungsprozesse gegen den geschlossenen Willen der Anteilseignervertreter blockieren können. Seiner entsprechenden Überzeugung hat der europäische Normgeber durch Art. 50 Abs. 2 S. 2 Ausdruck verliehen. Die Norm entzieht in der paritätisch mitbestimmten SE das durch Art. 50 Abs. 2 S. 1 eingeführte Doppelstimmrecht des Vorsitzenden des Aufsichtsorgans (und des Verwaltungsrats, vgl. → Rn. 3, → Rn. 17) bei Patt-Situationen der Dispositionsbefugnis des Satzungsgebers. Dahinter steht der Wille, dass sich die Anteilseignervertreter – eine geschlossene Teilnahme an der Abstimmung vorausgesetzt – mit ihren Stimmen auch im paritätisch mitbestimmten Organ stets gegen die Arbeitnehmervertreter durchsetzen können sollen. Die Einführung qualifizierter Mehrheits- oder gar Einstimmigkeitserfordernisse im paritätisch mitbestimmten Organ wäre mit dieser Strukturentscheidung des europäischen Normgebers nicht vereinbar.[25]

Ist der Anteil der Arbeitnehmervertreter im Aufsichtsorgan bzw. im Verwaltungsrat nied- 25 riger als die Hälfte, so ist die Einführung qualifizierter Mehrheitserfordernisse in der Satzung zulässig, solange die Entscheidungsfindung innerhalb des Organs durch das erhöhte Mehrheitserfordernis nicht im Ergebnis wiederum von der Zustimmung der Arbeitnehmervertre-

---

[23] So auch *Schwarz* Rn. 17.
[24] Umgekehrt kann die Satzung bei der AG bestimmen, dass Stimmenthaltungen bei der Berechnung der einfachen Mehrheit mitzuzählen sind, vgl. Kölner Komm AktG/*Mertens/Cahn* AktG § 108 Rn. 60; *Lutter/Krieger/Verse* Aufsichtsrat § 11 Rn. 733.
[25] Ebenso *Schwarz* Rn. 18; BeckOGK/*Eberspächer* Rn. 10; Kölner Komm AktG/*Paefgen* Art. 39 Rn. 43; aA Kölner Komm AktG/*Siems* Rn. 16, der darauf hinweist, dass Art. 50 Abs. 2 S. 2 nur für Abs. 2 S. 1, nicht aber für Abs. 1 eine abweichende Satzungsregelung ausschließt. Zur paritätisch mitbestimmten AG, in der nach nahezu allgM die Einführung qualifizierter Mehrheitserfordernisse unzulässig ist (→ AktG § 108 Rn. 23); vgl. Kölner Komm AktG/*Mertens/Cahn* AktG § 108 Rn. 62; MHdB AG/*Hoffmann-Becking* § 31 Rn. 71; Wißmann/Kleinsorge/Schubert/*Schubert* MitbestG § 29 Rn. 1, 11; Habersack/Henssler/*Habersack* MitbestG § 29 Rn. 8; Raiser/Veil/Jacobs/*Raiser* MitbestG § 29 Rn. 7 f.

ter abhängig gemacht wird.[26] So wäre es im drittelparitätisch mitbestimmten Organ zB zulässig, eine Entscheidungsfindung von einer Mehrheit von 60% der abgegebenen Stimmen abhängig zu machen, während eine Mehrheit von 80% der abgegebenen Stimmen unzulässig wäre.

26   Fraglich ist, ob der Satzungsgeber – über die vorstehend beschriebenen (→ Rn. 24 ff.) mitbestimmungsrechtlichen Besonderheiten hinaus – bei der Einführung qualifizierter Mehrheits- oder Einstimmigkeitserfordernisse auch **sachlichen Beschränkungen** unterworfen ist. Das aktienrechtliche Schrifttum ist sich weitgehend darin einig, dass die Satzung auch im nichtparitätisch zusammengesetzten Organ eine qualifizierte Mehrheit für solche Beschlüsse nicht postulieren darf, die der Aufsichtsrat fassen muss, um seinen gesetzlichen Funktionen im Rahmen des Selbstorganisationsprozesses der AG nachzukommen. Dieser Prozess dürfe durch die Satzung nicht erschwert werden (→ AktG § 108 Rn. 24).[27] Diese für den Aufsichtsrat der Aktiengesellschaft anerkannte Regel lässt sich aufgrund des eindeutig abweichenden Wortlauts des Art. 50 Abs. 1 nicht auf die SE übertragen.[28] Im Gegensatz zu § 108 AktG, der sich zur Frage der Beschlussmehrheiten verschweigt und dazu allenfalls eine implizite Regelung enthält, spricht Art. 50 Abs. 1 eine ausdrückliche Ermächtigung an den Satzungsgeber der SE aus, die Beschlussfassung in den Organen der SE abweichend vom Prinzip der einfachen Mehrheit zu regeln, soweit die Verordnung dem nicht entgegensteht (wie im Falle der paritätisch mitbestimmten SE, vgl. → Rn. 24). Vorbehaltlich mitbestimmungsrechtlicher Besonderheiten kann der Satzungsgeber der SE die Annahme von Beschlussgegenständen abweichend von der Rechtslage zur AG daher auch dann von einer qualifizierten Mehrheit oder gar von Einstimmigkeit abhängig machen, wenn diese der Erfüllung gesetzlich vorgeschriebener Funktionen des Aufsichtsorgans bzw. des Verwaltungsrates dienen, wie zB bei der Bestellung von Mitgliedern des Leitungsorgans oder geschäftsführender Direktoren.

27   **c) Beschlussfassung durch die Minderheit?** Eine Satzungsregelung, derzufolge die Annahme eines Beschlusses mit weniger als der Hälfte der anwesenden oder vertretenen Mitglieder (oder der abgegebenen Stimmen) des Aufsichtsorgans oder des Verwaltungsrates ermöglicht wird, ist **unzulässig**. Eine Entscheidungsfindung durch die Minderheit ist mit dem Prinzip der Entscheidungsfindung durch Beschluss, an dem grundsätzlich sehr formal alle Mitglieder des Organs mit gleicher Stimme mitwirken, nicht zu vereinbaren.[29] Dies gilt unabhängig davon, ob es sich um eine mitbestimmte oder nicht mitbestimmte SE handelt.

28   In der paritätisch mitbestimmten SE besteht das Problem, dass es bei der Wahl des Vorsitzenden des Aufsichtsorgans bzw. des Verwaltungsrates zu **Patt-Situationen** kommen kann. Das in Art. 50 Abs. 2 geregelte Recht zum Stichentscheid entsteht erst mit der Bestellung des Vorsitzenden. Zur Verhinderung von Blockaden kann der Satzungsgeber für die Wahl des Vorsitzenden ein am Vorbild des § 27 MitbestG orientiertes Wahlverfahren einführen. Danach ist im ersten Wahlgang eine Zweidrittelmehrheit erforderlich. Zur Begründung qualifizierter Mehrheitserfordernisse vgl. → Rn. 20 ff. Im zweiten Wahlgang reicht dagegen für die Wahl des Vorsitzenden die einfache Mehrheit der Stimmen der Anteilseignervertreter aus, sodass die Wahl im Ergebnis durch die Minderheit der Mitglieder des Aufsichtsorgans bzw. des Verwaltungsrates erfolgt. Eine solche Regelung ist bei der Wahl des Vorsitzenden ausnahmsweise zulässig und verstößt nicht gegen den Grundsatz der Gleichberechtigung der Arbeitnehmervertreter im Aufsichtsorgan bzw. Verwaltungsrat (§ 38 Abs. 1 SEBG). Zu Einzelheiten vgl. → Art. 42 Rn. 7 ff.

29   Im Leitungsorgan der SE ist es **zulässig**, einzelnen Mitgliedern Einzelgeschäftsführungsbefugnis oder mehreren Mitgliedern zusammen für einen bestimmten Bereich unechte

---

[26] Ebenso Kölner Komm AktG/*Paefgen* Art. 39 Rn. 44.
[27] Kölner Komm AktG/*Mertens/Cahn* AktG § 108 Rn. 62; Kölner Komm AktG/*Mertens/Cahn* AktG Vor § 76 Rn. 24; Hüffer/Koch/*Koch* AktG § 108 Rn. 8.
[28] Ebenso Kölner Komm AktG/*Siems* Rn. 14; aA ohne weitere Begr. BeckOGK/*Eberspächer* Rn. 10.
[29] IE ebenso BeckOGK/*Eberspächer* Rn. 9; Lutter/Hommelhoff/Teichmann/*Teichmann* Rn. 8; aA *Schwarz* Rn. 13.

Beschlussfassung

Gesamtgeschäftsführungsbefugnis einzuräumen.[30] Das ändert allerdings nichts daran, dass Entscheidungen, die auf Grund gesetzlicher Anordnung oder auf Grund ihrer Bedeutung der Zustimmung durch das Gesamtorgan bedürfen, stets nur im Plenum und mit Mehrheit gefasst werden können (§ 77 Abs. 1 S. 2 AktG).

d) Vetorechte. Fraglich ist, ob es zulässig ist, dem Vorsitzenden des Organs ein **Vetorecht** einzuräumen, mit dessen Hilfe er das Zustandekommen eines von der Mehrheit (Art. 50 Abs. 1 lit. b) getragenen Beschlusses verhindern kann. 30

Beim **Vorstand der AG** wird das verbreitet für zulässig gehalten und damit begründet, dass § 77 Abs. 1 S. 2 AktG den Vorsitzenden lediglich daran hindern solle, einen positiven Beschluss des Vorstandes gegen eine Mehrheit seiner Mitglieder herbeizuführen, während das Vetorecht nur negativ wirke, indem es das Zustandekommen eines Beschlusses verhindere (→ AktG § 77 Rn. 18).[31] Lediglich für die mitbestimmte Aktiengesellschaft hat der BGH das Vetorecht des Vorstandsvorsitzenden für unzulässig erklärt (→ AktG § 77 Rn. 19).[32] Diese Überlegungen lassen sich auch auf das **Leitungsorgan der SE** übertragen. Art. 50 Abs. 1 lässt Gestaltungen, die vom Prinzip der Beschlussfassung des Leitungsorgans mit einfacher Mehrheit abweichen, ausdrücklich zu. Anders als für den Vorstand der AG gilt das auch für das mitbestimmte Leitungsorgan der SE.[33] Im Gegensatz zu § 33 Abs. 1 MitbestG, der die **Gleichberechtigung** des Arbeitsdirektors ausdrücklich anordnet, ist in § 38 Abs. 2 SEBG lediglich bestimmt, dass ein Mitglied des Leitungsorgans das Ressort „Arbeit und Soziales" übernehmen muss. Eine „Gleichberechtigung" dieses Mitglieds mit den anderen Mitgliedern des Leitungsorgans ordnet das Gesetz nicht an. Vielmehr enthält § 38 Abs. 1 SEBG eine entsprechende Klarstellung lediglich für „die Arbeitnehmervertreter im Aufsichts- und Verwaltungsorgan der SE". Das spricht dafür, dass die Position des Arbeitsdirektors in der SE ihrer gesetzlichen Ausgestaltung nach nicht zwingend auf eine gleichberechtigte Position ausgerichtet ist. Vielmehr ergibt sich aus Art. 50 Abs. 2, dass der Vorsitzende des Leitungsorgans gegenüber den übrigen Mitgliedern des Leitungsorgans schon von Gesetzes wegen eine herausgehobene Stellung hat. 31

Fraglich ist, ob die Pflicht zur Bestellung eines **Arbeitsdirektors** überhaupt mit der Beteiligungs-RL vereinbar ist. Anders als in einer früheren Entwurfsfassung[34] wurde die Pflicht zur Bestellung eines Arbeitsdirektors gerade nicht in die Endfassung der Beteiligungs-RL aufgenommen. Es sprechen beachtliche Gründe dafür, dass es sich vielmehr um eine typische einzelstaatliche „Gepflogenheit" handelt, die nach Art. 13 Abs. 2 Beteiligungs-RL gerade keine Anwendung auf eine SE finden sollte.[35] 32

Im **Aufsichtsorgan** ist die Begründung von Vetorechten für den Vorsitzenden oder eine andere Person dagegen unzulässig. Sie wäre mit dem Charakter des Aufsichtsorgans als einem Kollegialorgan unvereinbar (zum Aufsichtsrat der AG → AktG § 107 Rn. 67).[36] In der mitbestimmten SE steht zudem § 38 Abs. 1 SEBG entgegen. 33

Auch im **Verwaltungsrat** der monistischen SE ist die Einräumung von Vetorechten an den Vorsitzenden oder andere Mitglieder unzulässig.[37] Die Erwägungen zum Aufsichtsorgan der dualistischen SE lassen sich auch auf den Verwaltungsrat übertragen. Zu Einzelheiten vgl. → Art. 45 Rn. 20 ff. 34

---

[30] Vgl. auch Kölner Komm AktG/*Siems* Rn. 13.
[31] *Schiessl* ZGR 1992, 64 (70); *Henze* HRR AktienR Rn. 316; Hüffer/Koch/*Koch* AktG § 77 Rn. 12; Kölner Komm AktG/*Mertens/Cahn* AktG § 77 Rn. 13; MHdB AG/*Wiesner* § 22 Rn. 9; aA *Bezzenberger* ZGR 1996, 661 (665 f.); *Hoffmann-Becking* ZGR 1998, 497 (519).
[32] BGHZ 89, 48 (59) = NJW 1984, 733; zust. Hüffer/Koch/*Koch* AktG § 77 Rn. 13; Kölner Komm AktG/*Mertens/Cahn* AktG § 77 Rn. 14; krit. aber *Henze* HRR AktienR Rn. 318.
[33] Ebenso Kölner Komm AktG/*Paefgen* Art. 39 Rn. 31.
[34] Abgedruckt in BT-Drs. 7/3713, 46.
[35] *Grobys* NZA 2004, 779 (780).
[36] BeckOGK/*Eberspächer* Rn. 10; *Schwarz* Rn. 32; aA Kölner Komm AktG/*Siems* Rn. 14. Vgl. zur nahezu einhelligen Schrifttumsmeinung zum Aufsichtsrat der AG Kölner Komm AktG/*Mertens/Cahn* AktG § 108 Rn. 63; Hüffer/Koch/*Koch* AktG § 108 Rn. 8; MHdB AG/*Hoffmann-Becking* § 31 Rn. 68; Lutter/Krieger/*Verse* Aufsichtsrat § 11 Rn. 733; Großkomm AktG/*Hopt/Roth* AktG § 108 Rn. 61.
[37] BeckOGK/*Eberspächer* Rn. 10.

IV. Stimmrecht und Stimmverbot

35   **1. Gleichwertigkeit aller Stimmen.** Die Stimmen aller Organmitglieder sind kraft **zwingenden** Rechts stets gleichwertig. Nur für den Fall der Stimmengleichheit bestimmt Art. 50 Abs. 2 S. 1, dass dem Vorsitzenden des Organs ein **Doppelstimmrecht** zusteht. Dieses steht – außer in paritätisch mitbestimmten Gesellschaften (Art. 50 Abs. 2 S. 2) – zur Disposition des Satzungsgebers. Eine weitere Sonderregel enthält § 35 Abs. 3 SEAG für die Abstimmung im Verwaltungsrat. Danach hat der Vorsitzende des Verwaltungsrates eine **zusätzliche Stimme,** wenn ein geschäftsführender Direktor, der zugleich Mitglied des Verwaltungsrates ist, aus rechtlichen Gründen gehindert ist, an der Beschlussfassung im Verwaltungsrat teilzunehmen (→ Rn. 42). Im Übrigen ist die Begründung von Mehrstimmrechten in allen Organen der SE stets unzulässig (für die AG → AktG § 108 Rn. 28).[38]

36   **2. Stimmverbote. a) Stimmverbote bei Interessenskollisionen.** Einen allgemeinen Stimmrechtsausschluss für den Fall von **Interessenkollisionen** gibt es für die Mitglieder der Organe der SE nicht (für den Aufsichtsrat der AG → AktG § 108 Rn. 29).[39] § 136 AktG gilt nur für die Willensbildung innerhalb der Hauptversammlung. Wohl aber ist § 34 BGB entsprechend anzuwenden. Daher ist ein Mitglied nicht stimmberechtigt, wenn die Beschlussfassung die Vornahme eines Rechtsgeschäfts mit ihm oder die Einleitung oder Erledigung eines Rechtsstreits zwischen ihm und der SE betrifft (für den Aufsichtsrat der AG → AktG § 108 Rn. 29).[40]

37   Über die in § 34 BGB geregelten Fälle hinaus gilt das **Verbot des Richtens in eigener Sache.** Das bedeutet, dass ein Organmitglied nicht über solche Maßnahmen mitstimmen darf, die sich aus wichtigem Grund gegen es selbst richten (→ AktG § 108 Rn. 32).[41]

38   Das Stimmverbot gilt nicht für **korporationsrechtliche Rechtsgeschäfte,** also zB nicht für die Wahl eines Mitglieds des Aufsichtsorgans oder des Verwaltungsrates zum Vorsitzenden[42] oder für die Wahl eines Verwaltungsratsmitglieds zum geschäftsführenden Direktor bzw. eines Mitglieds des Aufsichtsorgans in das Leitungsorgan (→ AktG § 108 Rn. 32).[43] Zu Einzelheiten vgl. → AktG § 108 Rn. 32.

39   Stimmverbote dürfen nicht dazu führen, dass die **Beschlussfähigkeit** des Organs in Frage gestellt wird. Organmitglieder, die vom Stimmrecht ausgeschlossen sind, sind daher gehalten, gleichwohl an der entsprechenden Sitzung des Organs teilzunehmen, um durch ihre Anwesenheit (Art. 50 Abs. 1 lit. a) die Beschlussfähigkeit des Organs sicherzustellen. Macht die Satzung die Beschlussfähigkeit des Organs wie § 108 Abs. 2 AktG für den Aufsichtsrat der AG von der Teilnahme an der Beschlussfassung abhängig, so ist das Organmitglied verpflichtet, sich der Stimme zu enthalten (für den Aufsichtsrat der AG → AktG § 108 Rn. 33).[44]

40   Der Gefahr von Interessenkollisionen, die zu einem Stimmverbot führen, begegnet man insbesondere im Verwaltungsrat der monistischen SE, in dem Mitglieder des Verwaltungsrates **gleichzeitig** das Amt eines geschäftsführenden Direktors ausüben (§ 40 Abs. 1 S. 2

---

[38] Für die AG vgl. Kölner Komm AktG/*Mertens/Cahn* AktG § 108 Rn. 64; Hüffer/Koch/*Koch* AktG § 108 Rn. 9.

[39] Für den Aufsichtsrat der AG Kölner Komm AktG/*Mertens* AktG § 108 Rn. 49; Hüffer/Koch/*Koch* AktG § 108 Rn. 9; MHdB AG/*Hoffmann-Becking* § 31 Rn. 70; *Hoffmann-Becking* ZHR 150 (1986), 570 (580); U. H. *Schneider* ZHR 150 (1986), 609 (613); *Ulmer* NJW 1980, 1603 (1605).

[40] NK-SE/*Manz* Rn. 23; Lutter/Hommelhoff/Teichmann/*Teichmann* Rn. 19; *Schwarz* Rn. 13; für den Aufsichtsrat der AG Kölner Komm AktG/*Mertens/Cahn* AktG § 108 Rn. 65; MHdB AG/*Hoffmann-Becking* § 31 Rn. 70; *Lutter/Krieger/Verse* Aufsichtsrat § 12 Rn. 905; Habersack/Henssler/*Habersack* MitbestG § 25 Rn. 27.

[41] Kölner Komm AktG/*Mertens/Cahn* AktG § 108 Rn. 65; Habersack/Henssler/*Habersack* MitbestG § 25 Rn. 27a.

[42] Hüffer/Koch/*Koch* AktG § 108 Rn. 9.

[43] Kölner Komm AktG/*Mertens/Cahn* AktG § 108 Rn. 67; *Mertens/Cahn* ZGR 1983, 189 (203 ff.); MHdB AG/*Hoffmann-Becking* § 31 Rn. 70; *Lutter/Krieger/Verse* Aufsichtsrat § 12 Rn. 904; *Lutter/Krieger/Verse* Aufsichtsrat § 6 Rn. 248; *Wilhelm* NJW 1983, 912 (915).

[44] Für den Aufsichtsrat der AG Kölner Komm AktG/*Mertens/Cahn* AktG § 108 Rn. 66.

SEAG). Allein die Tatsache, dass ein Verwaltungsratsmitglied zugleich geschäftsführender Direktor ist, führt indes nicht zum Stimmrechtsausschluss; zu fordern ist ein persönliches Betroffensein des geschäftsführenden Mitglieds.[45] Das ist etwa der Fall beim Abschluss sowie der Beendigung des Anstellungsvertrages mit geschäftsführenden Direktoren, die dem Verwaltungsrat angehören (vgl. → Art. 44 Rn. 80 ff.), beim Abschluss von Kreditverträgen (§ 40 Abs. 7 SEAG, § 89 AktG) und sonstigen Verträgen zwischen der SE und den geschäftsführenden Verwaltungsräten (§ 41 Abs. 5 SEAG). Das Gleiche gilt für die Abberufung der geschäftsführenden Direktoren aus wichtigem Grund (§ 40 Abs. 4 SEAG) sowie ggf. die Entscheidung über die Geltendmachung von Regressansprüchen gegenüber geschäftsführenden Direktoren (§ 41 Abs. 5 SEAG, § 40 Abs. 8 SEAG, § 93 AktG).

Ist die entsprechende Entscheidung nicht einem **Personalausschuss** des Verwaltungsrates (→ Art. 44 Rn. 65 ff.) zugewiesen, sondern dem Plenum vorbehalten, so kann dies in paritätisch mitbestimmten Gesellschaften dazu führen, dass die Anteilseignervertreter von den Arbeitnehmervertretern überstimmt werden. Denn ist ein geschäftsführendes Verwaltungsratsmitglied bei der Beschlussfassung im Verwaltungsrat vom Stimmrecht ausgeschlossen, so verfügen die Arbeitnehmervertreter über die Mehrheit. Auch das Recht des Vorsitzenden zum Stichentscheid (Art. 50 Abs. 2 S. 1) vermag darüber nicht hinwegzuhelfen. Es greift nur bei Stimmengleichheit ein. Eine derartige **Majorisierung der Anteilseignervertreter** durch die Arbeitnehmervertreter ist bedenklich.

So äußerte der Rechtsausschuss des deutschen Bundestags im Gesetzgebungsverfahren Bedenken im Hinblick auf die Vereinbarkeit mit dem nationalen Eigentumsgrundrecht des Art. 14 GG. Er schlug daher eine Regelung vor, die im Fall von Interessenkollisionen in der Person eines geschäftsführenden Verwaltungsratsmitglieds dazu führt, dass dem Vorsitzenden des Verwaltungsrates – zusätzlich zu seinem Doppelstimmrecht nach Art. 50 Abs. 2 S. 1 – ein **weiteres Stimmrecht** zugewiesen wird, wenn ein geschäftsführendes Verwaltungsratsmitglied infolge eines Stimmverbotes an einer positiven Stimmabgabe gehindert ist.[46] Diesen Vorschlag hat der Gesetzgeber aufgegriffen. Nach § 35 Abs. 3 SEAG hat der Vorsitzende des Verwaltungsrates jetzt eine zusätzliche Stimme, wenn ein geschäftsführender Direktor, der zugleich Mitglied des Verwaltungsrats ist, aus rechtlichen Gründen daran gehindert ist, an der Beschlussfassung im Verwaltungsrat teilzunehmen.

Mit Art. 50 dürfte diese Regelung wohl ungeachtet des Umstandes, dass der Verordnungsgeber zu Abweichungen von der in Art. 50 Abs. 1 lit. b statuierten Regel über die Beschlussfassung nur den Satzungsgeber, nicht aber den einzelstaatlichen Gesetzgeber ermächtigt, vereinbar sein. § 35 Abs. 3 SEAG dient dem Ziel, zu verhindern, dass die Anteilseignervertreter durch die Arbeitnehmervertreter überstimmt werden können. Dem gleichen Ziel hat sich auch die Verordnung mit der Bestimmung in Art. 50 Abs. 2 S. 1 verschrieben.

Seine volle Wirkung vermag § 35 Abs. 3 SEAG freilich nur dann zu entfalten, wenn der Vorsitzende des Verwaltungsrates nicht selbst auch zugleich geschäftsführender Direktor ist. Ist die monistische SE nach dem **CEO-Modell** (→ Art. 45 Rn. 18 ff.) strukturiert, so greift § 35 Abs. 3 SEAG ins Leere, wenn der Interessenkonflikt in der Person des geschäftsführenden Direktors selbst vorliegt. Nach Sinn und Zweck der Norm ist in diesem Fall davon auszugehen, dass das zusätzliche Stimmrecht dem **stellvertretenden Vorsitzenden** des Verwaltungsrates zufällt. Zwar liegt – streng genommen – kein Vertretungsfall iSv § 34 Abs. 1 S. 2 SEAG vor, wenn der Vorsitzende einem Stimmverbot nach § 34 BGB unterliegt; das zusätzliche Stimmrecht des stellvertretenden Vorsitzenden rechtfertigt sich aber durch eine analoge Anwendung des § 35 Abs. 3 SEAG.[47] Anders als in der AG ist der stellvertretende Vorsitzende des Verwaltungsrates entsprechend Art. 45 S. 2 zwingend aus dem Kreis der Anteilseignervertreter zu bestellen (vgl. → Art. 45 Rn. 28).

---

[45] Vgl. Lutter/Hommelhoff/Teichmann/*Teichmann* Anh. Art. 43 § 35 SEAG Rn. 13; BeckOGK/*Eberspächer* Rn. 8; *Siems* NZG 2007, 129 (131).
[46] Begr. RegE, BT-Drs. 15/4053, 59.
[47] Dem zust. NK-SE/*Manz* Art. 43 Rn. 141; BeckOGK/*Eberspächer* Rn. 8; *Siems* NZG 2007, 129 (132).

45 Sind mehrere geschäftsführende Verwaltungsratsmitglieder vom Stimmrecht ausgeschlossen, so ist § 35 Abs. 3 SEAG auf jedes von ihnen anzuwenden. Dem Vorsitzenden wachsen also **mehrere zusätzliche Stimmen** zu.[48]

46 Um Interessenkollisionen von vornherein auszuschließen, empfiehlt es sich aber ungeachtet des Doppelstimmrechts nach § 35 Abs. 3 SEAG, Beschlussgegenstände, bei denen die Gefahr von Interessenkollisionen zwischen Verwaltungsratsmitgliedern und geschäftsführenden Direktoren besteht, von vornherein einem beschließenden **Ausschuss** zu übertragen, der sich ausschließlich aus **nichtgeschäftsführenden** Mitgliedern des Verwaltungsrates zusammensetzt und in dem die Arbeitnehmervertreter nicht die Mehrheit besitzen. Zu Einzelheiten vgl. → Art. 44 Rn. 50, → Art. 44 Rn. 65 ff.

47 **b) Stimmverbote für Arbeitnehmervertreter bei der Abstimmung über Leitungsentscheidungen im Verwaltungsrat. Paritätische Mitbestimmung** im Verwaltungsrat wird im wissenschaftlichen Schrifttum als problematisch empfunden.[49] Grund ist, dass der Verwaltungsrat nicht nur Überwachungs- und Beratungsaufgaben, sondern zusätzlich auch die Leitungsverantwortung trägt und sich die gesetzliche Mitbestimmung bei selber Form und selbem Umfang im monistischen System daher stärker als im dualistischen auswirkt. Im Schrifttum ist daher de lege ferenda vorgeschlagen worden, bei der Bestimmung des Anteils der Arbeitnehmervertreter nur auf die Zahl der nichtgeschäftsführenden Mitglieder des Verwaltungsrates abzustellen.[50] Der Gesetzgeber ist dem nicht gefolgt.

48 Eine weitere Schrifttumsmeinung[51] hat vorgeschlagen, die Arbeitnehmervertreter im Verwaltungsrat bei allen Leitungsentscheidungen einschließlich der Ausübung des Weisungsrechts einem **Stimmverbot** zu unterwerfen. Ein solches Stimmverbot werde durch das in Erwägungsgrund 18 SE-RL verankerte „Vorher-/Nachher-Prinzip", das lediglich einen Bestandsschutz anstrebe und keinesfalls eine Erweiterung der Mitbestimmung bezwecke, geradezu gefordert.[52] Im Ergebnis wird die Funktion der Arbeitnehmervertreter im Verwaltungsrat dadurch auf diejenigen eines Aufsichtsratsmitglieds einer Aktiengesellschaft reduziert.

49 Eine derartige Differenzierung beim Stimmrecht dürfte mit dem Charakter des Verwaltungsrats als einem einheitlichen Organ nicht vereinbar sein. § 38 Abs. 1 SEBG ordnet ausdrücklich die Gleichberechtigung der Arbeitnehmervertreter im Verwaltungsrat an, was sich selbstverständlich – vorbehaltlich der Regelungen in Art. 50 Abs. 2 und § 35 Abs. 3 SEAG – auch auf das Stimmrecht bezieht.[53] Diese Regelung ist auch nicht europarechtswidrig. Sie trägt dem Charakter des Verwaltungsrates als einem einheitlichen **Kollegialorgan** Rechnung.

50 Die entgegengesetzte Argumentation von *Kallmeyer*[54] übersieht, dass auch in anderen europäischen Rechtsordnungen mitbestimmte monistische Systeme existieren (zB in Frankreich und Luxemburg). Diese sind zwar nicht paritätisch, schließen aber die Arbeitnehmervertreter bei der Abstimmung über Leitungsentscheidungen auch nicht vom Stimmrecht aus. Wird zB eine deutsche AG mit einer luxemburgischen S. A. zu einer SE verschmolzen, so wäre mit Blick auf die luxemburgischen Arbeitnehmer das „Vorher-/Nachher-Prinzip" verletzt, wenn die Arbeitnehmervertreter im Verwaltungsrat der SE bei Beschlussfassungen über Leitungsentscheidungen generell vom Stimmrecht ausgeschlossen wären.

---

[48] BeckOGK/*Eberspächer* Rn. 8.
[49] Zur Kritik *Henssler* FS Ulmer, 2003, 193 ff.; *Reichert/Brandes* ZGR 2003, 767 ff.; *Teichmann* BB 2004, 53 (57); *Hoffmann-Becking* ZGR 2004, 355 (381); *Ihrig/Wagner* BB 2004, 1749 (1756).
[50] *Henssler* FS Ulmer, 2003, 193 (208 ff.); *Reichert/Brandes* ZGR 2003, 767 (790 ff.); *Teichmann* BB 2004, 53 (56 f.).
[51] *Kallmeyer* ZIP 2003, 1531 (1535); *Kallmeyer* ZIP 2004, 1442 (1444).
[52] *Kallmeyer* ZIP 2003, 1531 (1535).
[53] Zur Zulässigkeit einer an § 124 Abs. 3 S. 5 AktG angelehnten Bestimmung in der Satzung, wonach bei der Wahl von Aufsichtratsmitgliedern eine Beschlussfassung allein durch die Anteilseigner im Aufsichtsrat ausreichend ist, vgl. *Schönborn*, Die monistische SE in Deutschland im Vergleich zum englischen Recht, 2006, 109.
[54] *Kallmeyer* ZIP 2003, 1531 (1535).

V. Beschlussfassung ohne Sitzung

Die Organe der SE können grundsätzlich auch **außerhalb** von Sitzungen wirksame 51
Beschlüsse fassen.

Für das Leitungsorgan bedarf es insoweit einer entsprechenden Regelung. Diese kann 52
entweder in der **Satzung** (Art. 50 Abs. 1) oder in der **Geschäftsordnung** für das Leitungsorgan (§ 77 Abs. 2 AktG) enthalten sein. Eine Regelung durch die Geschäftsordnung ist ausreichend, obwohl Art. 50 Abs. 1 nur die Satzung erwähnt. Grund ist, dass Art. 50 von seinem Regelungsbereich her nicht sämtliche Fragen der Beschlussfassung, sondern nur die Quoren für Beschlussfähigkeit und Mehrheit regelt (→ Rn. 6). Regeln des nationalen Rechts, die andere Fragen der Beschlussfassung zum Gegenstand haben, werden durch Art. 50 daher nicht verdrängt.[55]

Für das **Aufsichtsorgan** ergibt sich die Zulässigkeit einer Beschlussfassung außerhalb 53
von Sitzungen aus § 108 Abs. 4 AktG, der über Art. 9 Abs. 1 lit. c Ziff. ii zur Anwendung kommt, für den Verwaltungsrat aus § 35 Abs. 2 SEAG. Danach ist schriftliche, fernmündliche oder eine andere vergleichbare Form der Beschlussfassung des Aufsichtsorgans bzw. des Verwaltungsrats und ihrer jeweiligen Ausschüsse vorbehaltlich einer näheren Regelung durch die Satzung oder eine Geschäftsordnung nur zulässig, wenn kein Mitglied des betroffenen Organs diesem Verfahren widerspricht. Der Gesetzgeber konzediert, dass nach dem Wortlaut Fragen der Art und Weise der Beschlussfassung in den Worten „anwesend" oder „vertreten" enthalten sein könnten. Durch die Übernahme des Regelungsgehalts des § 108 Abs. 4 AktG in den parallel gestalteten § 35 Abs. 2 SEAG sollen die Gesellschaften „im Ergebnis Rechtssicherheit [haben], diese Frage in der Satzung regeln zu dürfen". Dies nimmt Bezug auf Art. 50 Abs. 1, wonach die Satzung der SE abweichende Regelungen treffen kann. Bei § 35 Abs. 2 SEAG handelt es sich damit im Ergebnis um eine Auffangregelung, die für den Fall greifen soll, dass die Satzungsermächtigung nach Art. 50 Abs. 1 Fragen der Beschlussfassung ohne Sitzung nicht zu regeln beabsichtigt.[56]

Die Satzung kann die Beschlussfassung ohne Sitzung erschweren oder sogar ganz aus- 54
schließen (→ AktG § 108 Rn. 66 ff.).[57] Zu Einzelheiten vgl. → AktG § 108 Rn. 66 f.;
→ Art. 44 Rn. 32 f.

VI. Fehlerhafte Organbeschlüsse

Im aktienrechtlichen Schrifttum sind Auswirkungen von Inhalts- und Verfahrensfehler 55
auf die Wirksamkeit von Aufsichtsratsbeschlüssen nicht unumstritten. Nach Ansicht der Rspr.[58] ist bei Aufsichtsratsbeschlüssen – anders als bei Beschlüssen der Hauptversammlung – nicht zwischen **nichtigen** und **lediglich anfechtbaren** Beschlüssen zu unterscheiden. Dem Bedürfnis, die Nichtigkeitsfolge im Interesse der Rechtssicherheit zurückzudrängen, müsse mit flexibleren Mitteln Rechnung getragen werden. Als solche nennt der BGH eine **Begrenzung** des klagebefugten Personenkreises durch das Erfordernis des Rechtsschutzinteresses und den Einsatz des Rechtsinstituts der Verwirkung. Im neueren Schrifttum wird dagegen überwiegend zwischen nichtigen und lediglich anfechtbaren Beschlüssen differenziert.[59] Die praktischen Auswirkungen dürften gering sein, da Schrift-

---

[55] Dieselbe Meinung vertritt auch der Gesetzgeber mit Blick auf § 108 Abs. 3 und 4 AktG; vgl. Begr. RegE zu § 35 SEAG, BT-Drs. 15/3405, 38; wie hier NK-SE/*Manz* Rn. 24 f.; ablehnend Lutter/Hommelhoff/Teichmann/*Teichmann* Rn. 6; *Schwarz* Rn. 27; Kölner Komm AktG/*Siems* Rn. 18.

[56] Nach Lutter/Hommelhoff/Teichmann/*Teichmann* Rn. 6; *Schwarz* Rn. 27; Kölner Komm AktG/*Siems* Rn. 18 soll die Regelung europarechtswidrig sein, weil Art. 50 eine Regelung nur durch die Satzung zulasse.

[57] Kölner Komm AktG/*Mertens/Cahn* AktG § 108 Rn. 37; MHdB AG/*Hoffmann-Becking* § 31 Rn. 97; Lutter/Krieger/Verse Aufsichtsrat § 11 Rn. 728; Hüffer/Koch/*Koch* AktG § 108 Rn. 21.

[58] BGHZ 124, 111 (115) = NJW 1994, 520 (521) – Vereinte Krankenversicherung.

[59] Kölner Komm AktG/*Mertens/Cahn* AktG § 108 Rn. 101; *Baums* ZGR 1983, 300 (305 ff.); *Kindl* AG 1993, 153 (155); *Kindl* DB 1993, 2065 (2067); gegen Anfechtbarkeit dagegen *Hüffer* ZGR 2001, 870; gegen eine Unterscheidung auch → AktG § 108 Rn. 82 *(Habersack)*.

tum und Rspr. in der Regel zum selben Ergebnis kommen dürften.[60] Die entsprechenden Erwägungen lassen sich auch auf das Aufsichtsorgan der dualistischen SE und den Verwaltungsrat der monistischen SE übertragen. Zu Einzelheiten der Rechtsfolgen vgl. → AktG § 108 Rn. 73 ff.

56 Die gleichen Erwägungen gelten ferner auch für Beschlussfassungen des Leitungsorgans der SE.[61]

Art. 51 [Haftung]

Die Mitglieder des Leitungs-, Aufsichts- oder Verwaltungsorgans haften gemäß den im Sitzstaat der SE für Aktiengesellschaften maßgeblichen Rechtsvorschriften für den Schaden, welcher der SE durch eine Verletzung der ihnen bei der Ausübung ihres Amtes obliegenden gesetzlichen, satzungsmäßigen oder sonstigen Pflichten entsteht.

§ 39 SEAG Sorgfaltspflicht und Verantwortlichkeit der Verwaltungsratsmitglieder
Für die Sorgfaltspflicht und Verantwortlichkeit der Verwaltungsratsmitglieder gilt § 93 des Aktiengesetzes entsprechend.

Schrifttum: *Bezzenberger,* Der Vorstandsvorsitzende der Aktiengesellschaft, ZGR 1996, 661; *Bollweg,* Die Wahl des Aufsichtsrates in der Hauptversammlung der Aktiengesellschaft, Diss. Bielefeld 1995; *Brandt/Scheifele,* Die Europäische Aktiengesellschaft und das anwendbare Recht, DStR 2002, 547; *Bücker,* Bedeutung der monistischen SE in Deutschland und Verantwortlichkeit der Verwaltungsratsmitglieder, in: 10 Jahre SE. Erreichte Stand – verbleibende Anwendungsfragen – Perspektiven, 2015, 203; *Druey,* Verantwortlichkeit aus Leistung, FS Zöllner, 1998, 129; *Eidenmüller,* Mobilität und Restrukturierung von Unternehmen im Binnenmarkt – Entwicklungsperspektiven des europäischen Gesellschaftsrechts im Schnittfeld von Gemeinschaftsgesetzgeber und EuGH –, JZ 2004, 24; *Fleischer,* Zur Leitungsaufgabe des Vorstands im Aktienrecht, ZIP 2003, 1; *Fleischer,* Zum Grundsatz der Gesamtverantwortung im Aktienrecht, NZG 2003, 449; *Fleischer,* Zur organschaftlichen Treuepflicht der Geschäftsleiter im Aktien- und GmbH-Recht, WM 2003, 1045; *Gruber/Weller,* Societas Europaea: Mitbestimmung ohne Aufsichtsrat, NZG 2003, 297; *Hommelhoff,* Gesellschaftsrechtliche Fragen im Entwurf eines Bilanzrichtlinien-Gesetzes, BB 1981, 944; *Hommelhoff,* Zur Anteils- und Beteiligungsüberwachung im Aufsichtsrat, FS Stimpel, 1985, 603; *Hommelhoff,* Einige Bemerkungen zur Organisationsverfassung der Europäischen Aktiengesellschaft, AG 2001, 279; *Hommelhoff,* Gesellschaftsrechtliche Fragen im Entwurf eines SE-Statuts, AG 1990, 422; *Ihrig,* Organschaftliche Haftung und Haftungsdurchsetzung unter Berücksichtigung der monistisch verfassten SE, in Bachmann/Casper/Schäfer/Veil, Steuerungsfunktionen des Haftungsrechts im Gesellschafts- und Kapitalmarktrecht, 2007, 17; *Koppensteiner,* Internationale Unternehmen im deutschen Gesellschaftsrecht, 1978; *Kropff,* Die Unternehmensplanung im Aufsichtsrat, NZG 1998, 613; *Leupold,* Die Europäische Aktiengesellschaft unter besonderer Berücksichtigung des deutschen Rechts, Diss. Konstanz 1993; *Lutter,* Europäische Aktiengesellschaft – Rechtsfigur mit Zukunft, FS Beusch, 1993, 509; *Mauch,* Das monistische Leitungssystem in der Europäischen Aktiengesllschaft, Diss. Tübingen 2008; *Reichert/Brandes,* Mitbestimmung der Arbeitnehmer in der SE: Gestaltungsfreiheit und Bestandsschutz, ZGR 2003, 767; *Reichert/Schlitt,* Konkurrenzverbot für Aufsichtsratsmitglieder, AG 1995, 241; *Schäfer/Missling,* Haftung von Vorstand und Aufsichtsrat, NZG 1998, 441; *Schwarz,* Europäisches Gesellschaftsrecht, 2000; *Teichmann,* Die Einführung der Europäischen Aktiengesellschaft – Grundlagen der Ergänzung des europäischen Statuts durch den deutschen Gesetzgeber, ZGR 2002, 383; *Wagner,* Die Bestimmung des auf die SE anwendbaren Rechts, NZG 2002, 985; *Wardenbach,* Interessenkonflikte und mangelnde Sachkunde als Bestellungshindernisse zum Aufsichtsrat der AG, Diss. Bonn 1995.

Übersicht

	Rn.		Rn.
I. Regelungsgegenstand und Zweck ..	1–9	1. Allgemeines	11
1. Funktion der Norm	2–5	2. Sorgfaltspflicht	12–29
2. Anwendbare Normen	6–9	a) Differenzierung nach Verantwortungsbereichen	14–16
II. Haftung im dualistischen System ..	10	b) Pflicht zu allgemeiner Unternehmensleitung und zur Festlegung der	
III. Haftung im monistischen System	11–34		

---

[60] MHdB AG/*Hoffmann-Becking* § 31 Rn. 115; Kölner Komm AktG/*Mertens/Cahn* AktG § 108 Rn. 101, der – zu Recht – in der Differenzierung zwischen nichtigen und anfechtbaren Beschlüssen den überlegeneren Ansatz sieht.

[61] Für die Beschlussfassung im Vorstand der AG und zu den Rechtsfolgen von Beschlussmängeln vgl. ausf. Kölner Komm AktG/*Mertens/Cahn* AktG § 77 Rn. 46.

	Rn.		Rn.
Grundlinien der Unternehmenspolitik	17, 18	IV. Rechtsverfolgung	35–41
c) Sorgfaltspflicht bei der laufenden Geschäftsführung	19–22	1. Entscheidungszuständigkeit der geschäftsführenden Direktoren	36
d) Überwachungspflichten	23–28	2. Entscheidungskompetenz des Verwaltungsrates?	37–39
e) Legalitätspflicht	29		
3. Treue- und Loyalitätspflicht	30–33	3. Entscheidungskompetenz der Hauptversammlung	40
4. D&O-Versicherung	34	4. Aktionärsklage	41

I. Regelungsgegenstand und Zweck

Art. 51 verweist für Schadensersatzansprüche der SE gegenüber ihren Organen für Pflichtverletzungen auf das im Sitzstaat der SE für Aktiengesellschaften maßgebliche Recht. Bezüglich der Außenhaftung kommt über die allgemeine Verweisung gem. Art. 9 Abs. 1 lit. c Ziff. ii. ebenfalls nationales Recht zur Anwendung.[1] **1**

1. Funktion der Norm. Bei Art. 51 handelt es sich um eine **Spezialverweisung auf** **2** **das Recht der Organhaftung** innerhalb der AG. Statt eigener sachrechtlicher Regelungen enthält die SE-VO für einzelne Rechtsfragen, aber auch für ganze Rechtsbereiche Verweisungen auf bestehendes mitgliedstaatliches Recht.[2] Das mitgliedstaatliche Recht wird auf diese Weise zur Ergänzung der Verordnungsbestimmung herangezogen.[3] Als Spezialverweisung geht Art. 51 der Generalverweisung in Art. 9 Abs. 1 lit. c vor. Der Vorrang ergibt sich unabhängig vom Wortlaut des Art. 9 Abs. 1 lit. a bereits aus dem unionsrechtlichen Spezialitätsprinzip.[4]

Bei Art. 51 handelt es sich um eine **dynamische Verweisung** auf das mitgliedstaatliche **3** Recht in seiner jeweils gültigen Fassung einschließlich des Richterrechts.[5]

Der Zweck von Art. 51 erschöpft sich nicht in einem Rechtsanwendungsbefehl des EG- **4** Rangkollisionsrechts, sondern erfüllt auch eine international privatrechtliche Funktion.[6] In international-privatrechtlicher Hinsicht ist Art. 51 nach seinem klaren Wortlaut eine **Sachnormverweisung.** Verwiesen wird auf die im Sitzstaat der SE für Aktiengesellschaften maßgeblichen Organhaftungsnormen.[7] Bei Sitzverlegung einer SE von einem in einem anderen Mitgliedstaat wechselt mithin automatisch auch das für die Haftung der Organe maßgebliche Recht. Das verstößt nicht gegen die Niederlassungsfreiheit (Art. 49 ff. AEUV).[8] Wenn es richtig ist, dass ein Mitgliedstaat bei einer allein nach seinen Vorschriften gegründeten Kapitalgesellschaft an die Verlegung des tatsächlichen Sitzes die Rechtsfolge der Auflösung der Gesellschaft knüpfen kann, steht diese Regelungskompetenz auch dem Gemeinschaftsgeber für eine durch Sekundärrecht zur Verfügung gestellte, supranationale Rechtsform zu.[9]

Mit dem Verweis auf das nationale Recht der Mitgliedstaaten nimmt der Verordnungsgeber **5** von der rechtspolitisch zweifelhaften Vorgabe aus dem Statutsentwurf von 1991 Abstand.

---

[1] NK-SE/*Manz* Rn. 10; *Merkt* ZGR 2003, 650 (674); *Schwarz* Rn. 25; Kölner Komm AktG/*Siems* Rn. 4; Habersack/Drinhausen/*Drinhausen* Rn. 1.
[2] Einfache Verweisungen finden sich in Art. 3 Abs. 2 S. 3, Art. 4 Abs. 3, Art. 5, Art. 12 Abs. 1, Art. 13, Art. 15 Abs. 1, Art. 18, Art. 23 Abs. 2 S. 1, Art. 24 Abs. 1, Art. 25 Abs. 1, Art. 28 Art. 31 Abs. 1 S. 2 und Abs. 2 Nr. 1, Art. 32 Abs. 3, Abs. 6 Nr. 2 S. 1, Art. 33 Abs. 3, Art. 36, Art. 37 Abs. 5 und 7, Art. 47 Abs. 1 Nr. 1, Art. 49 Hs. 2, Art. 51, Art. 52 Nr. 1 lit. b und Nr. 2, Art. 53, Art. 54 Abs. 1 und Abs. 2, Art. 56 S. 2, Art. 57, Art. 59 Abs. 1, Art. 61, Art. 62 Abs. 1 und Abs. 2, Art. 63, Art. 66 Abs. 4 und Abs. 6 S. 2.
[3] *Teichmann* ZGR 2002, 383 (396); *Leupold*, Die Europäische Aktiengesellschaft unter besonderer Berücksichtigung des deutschen Rechts, 1993, 21.
[4] *Wagner* NZG 2002, 985 (987); *Teichmann* ZGR 2002, 383 (395); *Brandt/Scheifele* DStR 2002, 547 (553).
[5] *Brandt/Scheifele* DStR 2002, 547 (553); *Wagner* NZG 2002, 985 (987); *Hirte* NZG 2002, 1 (2); *Teichmann* ZGR 2002, 383 (398 f.).
[6] *Wagner* NZG 2002, 985 (987); *Schwarz* EuropGesR Rn. 960; *Kreutzer* in Müller/Graff, Gemeinsames Privatrecht in der Europäischen Gemeinschaft, 1993, 373 (391); aA *Teichmann* ZGR 2002, 383 (396).
[7] *Wagner* NZG 2002, 985 (987).
[8] EuGH Slg. 1988, 5483 = JZ 1989, 384 – Daily Mail.
[9] *Eidenmüller* JZ 2004, 24 (31).

Dort war eine zwingende gesamtschuldnerische Haftung aller Organmitglieder für eigenes und fremdes Fehlverhalten vorgesehen.[10] Mit dem aktuellen Verweis auf mitgliedstaatliches Haftungsrecht ist die Möglichkeit eröffnet, innerhalb der Organe die Aufgabenerledigung sinnvoll nach Funktionen und Spezialitäten aufzuteilen und konsequent die einzelnen Organmitglieder bloß für **eigenes Fehlverhalten** in Haft zu nehmen.[11] Vgl. → Rn. 6 ff.

6   **2. Anwendbare Normen.** Für die Haftung der **Mitglieder des Leitungsorgans** und des Aufsichtsorgans in der dualistischen SE verweist Art. 51 auf die §§ 88, 93, 116, 117 AktG. Demgegenüber sind die §§ 318, 323 AktG aufgrund der konzernrechtlichen Enthaltsamkeit der SE-VO[12] von der Verweisung in Art. 51 nicht erfasst. Ihre Anwendbarkeit auf die Organe einer abhängigen SE mit Sitz in Deutschland folgt gleichwohl aus allgemeinem Konzernkollisionsrecht.[13]

7   Für die **Mitglieder des Verwaltungsrates** der monistischen SE verweist § 39 SEAG, der insoweit funktional an die Stelle von § 116 AktG tritt,[14] ebenfalls auf § 93 AktG. Die in § 116 S. 1 AktG vorgesehene Privilegierung der Aufsichtsratsmitglieder mit Blick auf einen Selbstbehalt in einer D&O-Versicherung gilt für Mitglieder des Verwaltungsrates nicht. Eine entsprechende Regelung hat der Gesetzgeber des VorstAG bei § 39 SEAG zu Recht nicht mit aufgenommen, da der Verwaltungsrat, und zwar auch diejenigen Mitglieder, die nicht gleichzeitig geschäftsführende Direktoren sind, Leitungsaufgaben wahrnehmen, die weit über bloße Überwachungspflichten hinausreichen.[15] Für Pflichtverletzungen bei Festsetzung der Vergütung der geschäftsführenden Direktoren wird dagegen gem. § 39 SEAG, § 93 Abs. 2 AktG gehaftet, auch wenn die in § 116 S. 3 AktG durch das VorstAG eingeführte Klarstellung in § 39 SEAG nicht übernommen wurde. Im Übrigen bestimmt § 22 Abs. 6 SEAG, dass Rechtsvorschriften, die „außerhalb dieses Gesetzes"[16] dem Vorstand oder dem Aufsichtsrat einer Aktiengesellschaft Rechte oder Pflichten zuweisen, sinngemäß auch für den Verwaltungsrat der SE gelten, soweit nicht „in diesem Gesetz"[17] für den Verwaltungsrat und für geschäftsführende Direktoren besondere Regelungen enthalten sind. Die § 117 Abs. 2 AktG, § 318 Abs. 2 AktG, § 323 Abs. 1 AktG gelten über die Verweisung in § 22 Abs. 6 SEAG auch für die Mitglieder des Verwaltungsrates. Nach § 318 Abs. 1 AktG haften dagegen nicht die Mitglieder des Verwaltungsrates, sondern die geschäftsführenden Direktoren (§ 49 SEAG).

8   Für die **geschäftsführenden Direktoren** gilt die Verweisung in Art. 51 nicht.[18] Für sie gelten die allgemeinen kollisionsrechtlichen Regeln, was in der Sache freilich keinen Unterschied bewirkt. Zu Einzelheiten vgl. → Rn. 21; → Art. 43 Rn. 178 ff. Für die organschaftliche Haftung der geschäftsführenden Direktoren ist vor allem § 40 Abs. 8 SEAG einschlägig, der bezüglich der Sorgfaltspflicht und Verantwortlichkeit der geschäftsführenden Direktoren ebenfalls auf § 93 AktG verweist. Zu Einzelheiten vgl. → Art. 43 Rn. 171 ff.

---

[10] Dazu *Hommelhoff* AG 1990, 422 (428).
[11] *Hommelhoff* AG 2001, 297 (284); grdl. *Druey* FS Zöllner, 1998, 129 ff.; *Druey* ZHR 165 (2001), 79 ff.
[12] *Habersack* ZGR 2003, 724 (729); *Brandi* NZG 2003, 889 (893 f.); *Maul* in Theisen/Wenz, Die Europäische Aktiengesellschaft, 2. Aufl. 2005, 416, 446; *Veil* WM 2003, 2169 (2173); *Jäcks/Schönborn* RIW 2003, 254 (262).
[13] Zum Kollisionsrecht des faktischen Konzerns MüKoBGB/*Kindler* IntGesR Rn. 713 ff.; Emmerich/Habersack/*Habersack* AktG § 311 Rn. 21; Staudinger/*Großfeld* IntGesR Rn. 580; Großkomm AktG/*Assmann* AktG Einl. Rn. 640; *Koppensteiner*, Internationale Unternehmen im deutschen Gesellschaftsrecht, 1978, 169 f.
[14] Begr. RegE zu § 39 SEAG, BT-Drs. 15/3405, 39.
[15] AA *Forst* ZIP 2010, 1786 (1788), der § 116 S. 1 AktG auf „nicht-geschäftsführende" Verwaltungsratsmitglieder analog anwenden will.
[16] Gemeint ist das Gesetz zur Ausführung der Verordnung [Nr. 2157/2001 des Rates v. 8.10.2001 über das Statut der europäischen Gesellschaft (SE)] (SE-Ausführungsgesetz – SEAG) und nicht das Gesetz zur Einführung der Europäischen Gesellschaft (SEEG) v. 22.12.2004 insgesamt, also insbesondere nicht die Bestimmungen des Gesetzes über die Beteiligung der Arbeitnehmer in einer europäischen Gesellschaft (SE-Beteiligungsgesetz – SEBG). Das ergibt sich aus der Gesetzesbegründung zu § 22 SEAG, BT-Drs. 15/3405, 37, aus der hervorgeht, dass der Generalverweis in § 22 Abs. 6 SEAG überall dort gelten soll, wo nicht durch die §§ 20 ff. SEAG Sonderregelungen zu den §§ 76–116 AktG eingeführt werden.
[17] Vgl. *Forst* ZIP 2010, 1786.
[18] So auch *Schwarz* Rn. 9; Kölner Komm AktG/*Siems* Rn. 6.

Die **Strafvorschriften** der §§ 399–404 AktG, §§ 331–333 HGB, §§ 313–315 UmwG 9
und die **Bußgeldvorschriften** des §§ 405 AktG und des § 334 HGB erklärt § 53 SEAG
auch auf die unterschiedlichen Organe der SE (einschließlich der geschäftsführenden Direktoren) für anwendbar.

II. Haftung im dualistischen System

Für die Haftung der Mitglieder des Leitungsorgans und der Mitglieder des Aufsichtsor- 10
gans im dualistischen System ergeben sich aus der Verweisung in Art. 51 auf die aktienrechtlichen Organhaftungsbestimmungen keine Besonderheiten gegenüber der Haftung
des Vorstands bzw. des Aufsichtsrates der AG. Insoweit kann auf die einschlägigen Kommentierungen in den §§ 93, 116, 117 AktG verwiesen werden (→ AktG § 93 Rn. 1 ff.;
→ AktG § 116 Rn. 1 ff.; → AktG § 117 Rn. 1 ff.).

III. Haftung im monistischen System

1. Allgemeines. Die Regelungen des § 93 AktG über die Haftung der Vorstandsmitglie- 11
der der AG gegenüber der Gesellschaft gelten nach § 39 SEAG, der insoweit funktional an
die Stelle des § 116 AktG tritt,[19] sinngemäß auch für die Haftung der Verwaltungsratsmitglieder. Zur Haftung der Vorstandsmitglieder vgl. → AktG § 93 Rn. 126 ff. Die dortigen
Ausführungen zur Beweislast, zur gesamtschuldnerischen Haftung, zum Verzicht, zum Vergleich und zur Verjährung sowie zur Geltendmachung des Ersatzanspruchs gelten entsprechend für die aktienrechtliche Haftung der Verwaltungsratsmitglieder. Insbesondere gilt für
den Verwaltungsrat auch die sog. Business Judgement Rule (§ 93 Abs. 1 S. 2 AktG). Der
Verwaltungsrat handelt demnach nicht pflichtwidrig, wenn er auf Grundlage angemessener
Information annehmen durfte, eine unternehmerische Entscheidung zum Wohle der Gesellschaft zu treffen. Die nachfolgenden Anmerkungen beschränken sich im Übrigen auf Besonderheiten der Verwaltungsratshaftung.

2. Sorgfaltspflicht. Ebenso wie die Vorstandsmitglieder der AG und die Mitglieder des 12
Leitungsorgans der SE haben auch die Verwaltungsratsmitglieder im monistischen System
gem. § 39 SEAG, § 93 Abs. 1 S. 1 AktG die Sorgfalt eines „ordentlichen und gewissenhaften
Geschäftsleiters" anzuwenden. Der Gesetzgeber hat es bei dieser Generalklausel belassen
und von einer Konkretisierung mit Blick auf die Pflichten der Verwaltungsratsmitglieder
abgesehen.

Die **Mitglieder des Verwaltungsrates** sind ebenso wie diejenigen des Vorstands der 13
AG und des Leitungsorgans der dualistischen SE „Geschäftsleiter". Der Inhalt der ihnen
obliegenden Sorgfaltspflicht ist dennoch nicht exakt mit derjenigen der Vorstandsmitglieder
der AG und der Mitglieder des Leitungsorgans der dualistischen SE identisch.[20] Anders als
dem Vorstand der AG oder dem Leitungsorgan der SE weist der Gesetzgeber dem Verwaltungsrat nicht die Verantwortung für die Führung des Tagesgeschäfts, sondern für die Festlegung der Grundlinien der Unternehmenspolitik, für die strategische Planung und für die
Entscheidungsfindung in **Grundlagenangelegenheiten** zu (§ 22 Abs. 1 SEAG). Die Führung des Tagesgeschäfts ist dagegen Aufgabe geschäftsführender Direktoren (§ 40 Abs. 2 S. 1
SEAG), die hierin wiederum vom Verwaltungsrat überwacht werden. Bei der Zuweisung
der Geschäftsführungsaufgabe an die geschäftsführenden Direktoren handelt es sich allerdings
lediglich um einen Fall gesetzlicher Aufgabendelegation, die nichts daran ändert, dass der
Verwaltungsrat als oberstes Geschäftsführungsorgan die **Gesamtverantwortung** für die
Leitung der SE trägt. Der Verwaltungsrat kann also ungeachtet der Kompetenzzuweisungen
in § 22 Abs. 1 S. 2 SEAG, § 40 Abs. 2 S. 1 SEAG die delegierte Geschäftsführungskompetenz in Fragen der laufenden Geschäftsführung jederzeit wieder an sich ziehen. Zu Einzel-

---

[19] Begr. RegE zu § 39 SEAG, BT-Drs. 15/3405, 39.
[20] So auch *Mauch*, Das monistische Leitungssystem in der Europäischen Aktiengesellschaft, 2008, 190;
Kölner Komm AktG/*Siems* Anh. Art. 51 § 39 SEAG Rn. 7.

heiten vgl. → Art. 43 Rn. 177 f. Daraus folgt im Ergebnis, dass der Verwaltungsrat die im dualistischen System auf Vorstand (Oberleitung und laufende Geschäftsführung) und Aufsichtsrat (Überwachung) aufgeteilten Sorgfaltspflichten in einem Organ vereint. Zu den mit diesen Sorgfaltspflichten im Einzelnen verbundenen Aufgaben und Pflichten der Verwaltungsratsmitglieder vgl. im Einzelnen → Art. 43 Rn. 76 ff.

14 **a) Differenzierung nach Verantwortungsbereichen.** Im Grundsatz obliegt allen Mitgliedern des Verwaltungsrates die **gleiche Sorgfaltspflicht**. Es wäre insbesondere nicht gerechtfertigt, bei Verwaltungsratsmitgliedern der Arbeitnehmer einen weniger strengen Maßstab anzuwenden, als bei Anteilseignervertretern (→ AktG § 116 Rn. 16 ff.).[21] Jedes Verwaltungsratsmitglied, auch die Arbeitnehmervertreter, muss diejenigen Mindestkenntnisse und Fähigkeiten besitzen, die es braucht, um alle normalerweise anfallenden Geschäftsvorgänge auch ohne fremde Hilfe verstehen und sachgerecht beurteilen zu können.[22]

15 Angesichts der Komplexität der dem Verwaltungsrat zugewiesenen Aufgaben ist das Organ in besonderem Maße auf **Arbeitsteilung** angewiesen. Eine klare Abgrenzung der Verantwortungsbereiche jener Personen, denen die Geschäftsführung obliegt, und der Personen, die mit der Aufsicht betraut sind, erklärt der Verordnungsgeber selbst in Erwägungsgrund 14 für wünschenswert. Dem muss auch im Rahmen der Haftung durch Anlegung **differenzierender Sorgfaltsmaßstäbe** Rechnung getragen werden.

16 Eine vom Gesetz im Interesse der Effektivität der Geschäftsführung ausdrücklich zugelassene **Geschäftsverteilung** innerhalb des Verwaltungsrates wirkt sich auf die Verantwortlichkeit der einzelnen Verwaltungsratsmitglieder aus. Jedes Verwaltungsratsmitglied trägt dann zunächst für das ihm zugewiesene Arbeitsgebiet die volle Verantwortung. Im Übrigen tritt haftungsrechtlich eine gewisse Entlastung ein, da sich aufgrund der Geschäftsverteilung seine Verantwortung für die übrigen Geschäftsbereiche auf die **Überwachung** und **Kontrolle** im Rahmen der Gesamtverantwortung reduziert (vgl. → Rn. 27 f.; zum Vorstand der AG → AktG § 93 Rn. 169).

17 **b) Pflicht zu allgemeiner Unternehmensleitung und zur Festlegung der Grundlinien der Unternehmenspolitik.** Die Pflicht zur allgemeinen Unternehmensleitung und zur Festlegung der Grundlinien der Unternehmenspolitik steht im Zentrum des Pflichtenprogramms des Verwaltungsrates. § 22 Abs. 1 SEAG macht deutlich, dass der Verwaltungsrat sich dieser Pflichten nicht durch Delegation auf die geschäftsführenden Direktoren entledigen kann. Vgl. → Art. 43 Rn. 77, → Art. 43 Rn. 79 ff. Die Pflicht zu allgemeiner Unternehmensleitung und zur Festlegung der Grundlinien der Unternehmenspolitik umfasst vor allem die **Planungs- und Steuerungsverantwortung** (→ Art. 43 Rn. 79), die **Organisationsverantwortung** (→ Art. 43 Rn. 88), die **Finanzverantwortung** (→ Art. 43 Rn. 84) und die **Informations- und Berichtsverantwortung** (→ Art. 43 Rn. 87).[23] Der Umstand, dass die entsprechenden Verantwortlichkeiten zwingend beim Verwaltungsrat selbst angesiedelt sind und nicht auf nachgelagerte Führungsebenen delegiert werden können, steht – solange die leitenden Funktionen nicht zwingend dem Gesamtorgan vorbehalten sind (§ 40 Abs. 1 S. 1 SEAG, § 34 Abs. 4 S. 2 SEAG) – der Übertragung auf vorbereitende oder beschließende Ausschüsse des Verwaltungsrates nicht entgegen. Die leitenden Funktionen des Verwaltungsrates können zB insgesamt einem Exekutivausschuss[24] übertragen werden (→ Art. 44 Rn. 54 ff.). Ebenso möglich ist die Einrichtung einer Mehrzahl unterschiedlicher Leitungsausschüsse, wie zB eines unternehmerischen Planungsausschus-

---

[21] *Mauch,* Das monistische Leitungssystem in der Europäischen Aktiengesellschaft, 2008, 193; Habersack/Drinhausen/*Drinhausen* Rn. 10; Kölner Komm AktG/*Siems* Anh. Art. 51 § 39 SEAG Rn. 21; für den Aufsichtsrat der AG MHdB AG/*Hoffmann-Becking* § 33 Rn. 58; Hüffer/Koch/*Koch* AktG § 116 Rn. 3; *Hommelhoff* ZGR 1983, 551 (573); Habersack/Henssler/*Habersack* MitbestG § 25 Rn. 118b.
[22] BGHZ 85, 293 (295 f.) = NJW 1983, 991 – Hertie.
[23] Zum Vorstand der AG *Fleischer* ZIP 2003, 1 ff.
[24] *Reichert/Brandes* ZGR 2003, 767 (796).

ses,²⁵ eines Finanzausschusses,²⁶ der für die vorausschauende Finanzplanung und eine nachprüfende Finanzkontrolle verantwortlich ist und eines Operativausschusses, der sich mit Fragen des Tagesgeschäfts auseinandersetzt und das Weisungsrecht (§ 44 Abs. 2 SEAG) gegenüber den geschäftsführenden Direktoren ausübt. Vgl. → Rn. 19.

In die **Organisationsverantwortung** (→ Art. 43 Rn. 80) des Verwaltungsrates fallen 18 die Kompetenzen des Personalausschusses, der vor allem Vorschläge für die Besetzung von Leitungspositionen unterbreitet und für die Einwilligung und Genehmigung zu Kreditgewährungen an Mitglieder des Leitungsorgans, der leitenden Angestellten und Prokuristen verantwortlich ist. Vgl. → Art. 44 Rn. 65 ff.

c) Sorgfaltspflicht bei der laufenden Geschäftsführung. Die **Führung des Tages-** 19 **geschäfts** ist gem. § 40 Abs. 2 S. 1 SEAG primär Aufgabe der geschäftsführenden Direktoren, die hierin – nach dem gesetzgeberischen Leitbild – vom Verwaltungsrat überwacht werden. Soweit die Aufgaben – zulässigerweise – an die geschäftsführenden Direktoren delegiert wurden, kommt eine Haftung nur noch im Hinblick auf ein Auswahlverschulden und Verletzung der Überwachungspflichten in Betracht.²⁷ Soweit geschäftsführende Direktoren, die gleichzeitig Mitglieder des Verwaltungsrates sind (§ 40 Abs. 1 S. 2 SEAG), eine Entscheidung in Fragen des Tagesgeschäfts fällen und sich diese als pflichtwidrig herausstellt, bedarf es der Abgrenzung, ob dies eine Frage ihrer Haftung als geschäftsführender Direktor (§ 40 Abs. 8 SEAG) oder ihrer Haftung als Mitglied des Verwaltungsrats (§ 39 SEAG) ist.²⁸ Soweit der Gegenstand der Handlung dem Tagesgeschäft zuzuordnen ist und es an einer förmlichen Weisung des Verwaltungsrats fehlt, ist auf Grund der gesetzlichen Kompetenzverteilung durch die § 22 Abs. 1 SEAG, § 40 Abs. 2 S. 1 SEAG **im Zweifel** von einer Haftung als geschäftsführender Direktor auszugehen. Zur Haftung der geschäftsführenden Direktoren vgl. → Art. 43 Rn. 171 ff.

Die Frage einer Haftung als Mitglied des Verwaltungsrates stellt sich für die geschäftsfüh- 20 renden Mitglieder des Verwaltungsrates dann, wenn der Verwaltungsrat den geschäftsführenden Direktoren eine förmliche **Weisung** (§ 44 Abs. 2 SEAG) erteilt und damit die Geschäftsführungskompetenz in Fragen des Tagesgeschäfts an sich gezogen hat.

Die **geschäftsführenden Direktoren** unterliegen gem. § 44 Abs. 2 SEAG den Weisun- 21 gen des Verwaltungsrates (allgemein zum Weisungsrecht → Art. 43 Rn. 13 ff.). Zur Haftung der geschäftsführenden Direktoren für die pflichtwidrige Ausübung von Weisungen des Verwaltungsrates vgl. → Art. 43 Rn. 171 ff.

Die **Mitglieder des Verwaltungsrates** – ob geschäftsführend oder nicht – unterliegen 22 bei Ausübung des Weisungsrechts ihrerseits der Sorgfaltspflicht. Erteilt der Verwaltungsrat den geschäftsführenden Direktoren eine Weisung, die zu einer Schädigung der Gesellschaft führt, haften die Verwaltungsratsmitglieder, die an der Beschlussfassung im Wege positiver Stimmabgabe mitgewirkt haben, nach § 39 SEAG, § 93 Abs. 2 AktG für den durch Ausführung der Weisung entstandenen Schaden. Hat ein geschäftsführendes Verwaltungsratsmitglied an einer entsprechenden Beschlussfassung des Verwaltungsrates nicht mitgewirkt,²⁹ und sieht er sich nun in seiner Eigenschaft als geschäftsführender Direktor mit der Weisung konfrontiert, so hat er ggf. auf eine **Korrektur des Verwaltungsratsbeschlusses** hinzuwirken, wenn er der Auffassung ist, dass die Ausführung der Weisung zu einer Schädigung der Gesellschaft führt. Lässt sich eine entsprechende Beschlussrevision nicht durchsetzen und führt das geschäftsführende Verwaltungsratsmitglied die Weisung dann in seiner Eigenschaft als geschäftsführender Direktor aus, so ist er von der Haftung befreit.

---

²⁵ Dazu *Gruber/Weller* NZG 2003, 297 (300).
²⁶ Zum Finanzausschuss *Hommelhoff* BB 1981, 944 (947 f.); *Hommelhoff* BB 1998, 2567 (2570); *Lutter* ZHR 159 (1995), 287 (299); Kölner Komm AktG/*Mertens/Cahn* AktG § 107 Rn. 100.
²⁷ Vgl. *Ihrig* in Bachmann/Casper/Schäfer/Veil, Steuerungsfunktionen des Haftungsrechts im Gesellschafts- und Kapitalmarktrecht, 2007, 22, der in diesem Fall die Anwendung des § 831 BGB befürwortet.
²⁸ Diese Unklarheit bemängelt *Ihrig* in Bachmann/Casper/Schäfer/Veil, Steuerungsfunktionen des Haftungsrechts im Gesellschafts- und Kapitalmarktrecht, 2007, 22 und schlägt eine gesetzliche Ausgestaltung vor.
²⁹ Was zB dann denkbar ist, wenn die Beschlussfassung einem beschließenden Ausschuss übertragen wurde oder das Verwaltungsratsmitglied verhindert war.

23 **d) Überwachungspflichten.** Hinsichtlich der Überwachungspflichten der Verwaltungsratsmitglieder ist zwischen der Überwachung der geschäftsführenden Direktoren (§ 22 Abs. 1 S. 2 SEAG) und den horizontalen Überwachungspflichten, denen die Verwaltungsratsmitglieder mit Blick auf ihre jeweiligen Ressortkollegen unterliegen, zu differenzieren.

24 **aa) Überwachung der geschäftsführenden Direktoren.** Soweit der Verwaltungsrat die Geschäfte der SE nicht selbst führt, sondern es bei der gesetzlichen Aufgabendelegation in § 40 Abs. 2 S. 1 SEAG an die geschäftsführenden Direktoren beläßt, ist er zu deren Überwachung verpflichtet. Das ergibt sich aus § 22 Abs. 1 S. 2 SEAG. Diese Überwachungsaufgabe bedeutet nicht, dass jede einzelne Maßnahme, die durch die geschäftsführenden Direktoren veranlasst wird, durch den Verwaltungsrat auf den Prüfstand gestellt werden muss. Ebenso wie der Aufsichtsrat der AG nicht verpflichtet ist, die Durchführung jeder einzelnen Leitungs- oder Führungsentscheidung durch den Vorstand der AG im Einzelnen zu verfolgen und die gesamte Geschäftsführung in allen Einzelheiten zu prüfen und zu überwachen (→ AktG § 111 Rn. 18 ff.),[30] wird man auch den Kreis der Überwachungsaufgaben des Verwaltungsrates vorrangig auf diejenigen Themen beschränken können, über die die geschäftsführenden Direktoren gem. § 40 Abs. 6 SEAG im Verwaltungsrat regelmäßig entsprechend § 90 Abs. 1 AktG zu **berichten** haben.[31] Zu Einzelheiten der Überwachungspflicht des Verwaltungsrates vgl. → Art. 43 Rn. 95 ff.

25 Auch die Überwachungspflichten, die dem Verwaltungsrat mit Blick auf die geschäftsführenden Direktoren unterliegen, können auf Ausschüsse **delegiert** werden. Soweit es um die Zustimmung zu bestimmten Geschäftsführungsmaßnahmen geht, wird deren Erteilung üblicherweise Aufgabe eines Exekutivausschusses (→ Art. 44 Rn. 54 ff.) sein. Dieser ist dann regelmäßig auch Adressat der von den geschäftsführenden Direktoren zu erstattenden regelmäßigen Berichte.

26 Haben die geschäftsführenden Direktoren ihre Pflichten verletzt, ist der Verwaltungsrat grundsätzlich verpflichtet, entsprechende Schadensersatzansprüche des Verwaltungsrates gegenüber den geschäftsführenden Direktoren geltend zu machen und ggf. durchzusetzen. Dabei ist fraglich, inwieweit das Ermessen des Verwaltungsrates dabei entsprechend den von der höchstrichterlichen Rspr. entwickelten Grundsätzen[32] eingeschränkt ist. Das wird man wohl annehmen müssen, wenn man mit der Rspr. und der hM im wissenschaftlichen Schrifttum die Einschränkung des Ermessens mit dem in § 93 Abs. 4 S. 3 AktG kodifizierten Verzichtsverbot begründet. Denn § 40 Abs. 8 SEAG, der für die Haftung der geschäftsführenden Direktoren auf § 93 AktG verweist, sieht insoweit keine Ausnahme vor. Die Reichweite der Ermessenseinschränkung, namentlich auf der zweiten Prüfungsstufe, bei der es darum geht, ob das Unternehmen aufgrund übergeordneter oder zumindest gleichgeordneter Interessen des Unternehmenswohls im Einzelfall von einer Anspruchsverfolgung absehen kann, sind höchst strittig (zu Einzelheiten vgl. → AktG § 111 Rn. 34 ff.). Da die Geschäftsführungskompetenz der geschäftsführenden Direktoren letztlich eine kraft Delegation durch den Verwaltungsrat ist, erscheint es durchaus erwägenswert, die Grenzen des Ermessens, innerhalb derer der Verwaltungsrat von einer Inanspruchnahme der geschäftsführenden Direktoren für Pflichtverletzungen absehen kann, weiter zu ziehen als im dualistischen System, in welchem sich Vorstand und Aufsichtsrat auf Augenhöhe begegnen.

27 **bb) Horizontale Überwachungspflichten.** Die durch die Geschäftsordnung festgelegte Arbeitsteilung führt nicht dazu, dass sich das Verwaltungsratsmitglied nur noch auf sein eigenes Arbeitsgebiet beschränken darf und sich um die Tätigkeit der anderen Mitglieder nicht mehr zu kümmern braucht. Von seiner Verantwortung für die Leitung der SE wird ein Verwaltungsratsmitglied, auch ein nicht geschäftsführendes, durch eine Aufteilung

---

[30] BGHZ 114, 127 (129 f.) = NJW 1991, 1830 (1831); Kölner Komm AktG/*Mertens*/*Cahn* AktG § 111 Rn. 18; *Hommelhoff* FS Stimpel, 1985, 603 (605); Hüffer/Koch/*Koch* AktG § 111 Rn. 3; *Kropff* NZG 1998, 613 (614); *Henze* NJW 1998, 3309.
[31] *Reichert*/*Brandes* ZGR 2003, 767 (795); Kölner Komm AktG/*Siems* Anh. Art. 51 § 39 SEAG Rn. 12 ff.
[32] BGHZ 135, 244 (254) = NJW 1997, 1926 (1928) – ARAG/Garmenbeck.

der Tätigkeitsbereiche und eine Differenzierung zwischen nicht geschäftsführenden und geschäftsführenden Mitgliedern des Verwaltungsrates nicht befreit (→ AktG § 93 Rn. 170).[33] Lediglich Inhalt und Ausmaß der allgemeinen Sorgfaltspflicht wandeln sich. Die Pflicht zur unmittelbar verwaltenden Tätigkeit beschränkt sich auf den eigenen Arbeitskreis, hinsichtlich der Arbeitskreise der anderen Verwaltungsratsmitglieder wandelt sie sich in eine Pflicht zur allgemeinen Beaufsichtigung und Überwachung.[34]

Diese **horizontale Überwachungspflicht** ist nicht von derselben Intensität wie die Pflicht zur Überwachung der geschäftsführenden Direktoren. Die Aufgabenverteilung innerhalb des Verwaltungsrates hat vorwiegend Rationalisierungsgründe. Eine Geschäftsverteilung gründet sich auf gegenseitiges Vertrauen (für den Vorstand der AG → AktG § 93 Rn. 174). Eine Verletzung der horizontalen Überwachungspflicht ist daher erst dann zu bejahen, wenn für einen ordentlichen und gewissenhaften Geschäftsleiter der **Verdacht** besteht, dass die Geschäfte nicht ordnungsgemäß geführt werden und die Interessen der Gesellschaft gefährdet sind (für den Vorstand der AG → AktG § 93 Rn. 175). Im Übrigen wird ein Mitglied des Verwaltungsrates seiner horizontalen Überwachungspflicht gerecht, wenn er sich in den Sitzungen des Gesamtverwaltungsrates über die Tätigkeit der übrigen Mitglieder informiert (zum Informationsfluss innerhalb des Verwaltungsrates → Art. 44 Rn. 37 ff.) und die ihm zukommenden Informationen auswertet (zum Vorstand der AG vgl. → AktG § 93 Rn. 175).[35] Solange keine Anhaltspunkte für eine sorgfaltswidrige Geschäftsführung bestehen, braucht ein Verwaltungsratsmitglied keine Aufsichtsmaßnahmen in Bezug auf das Nachbarressort zu treffen.[36] Erst wenn Verdacht besteht, dass im Arbeitsbereich eines anderen Mitglieds Missstände vorliegen, muss das Verwaltungsratsmitglied einschreiten.[37] Es muss darauf hinwirken, dass die Mängel abgestellt werden und die Angelegenheit erforderlichenfalls dem Gesamtverwaltungsrat vorlegen.

e) **Legalitätspflicht.** Ebenso wie die geschäftsführenden Direktoren sind auch die Mitglieder des Verwaltungsrates verpflichtet, die in Gesetz, Satzung und Geschäftsordnung festgelegten Organpflichten zu erfüllen und die von der Gesellschaft einzuhaltenden Rechtsvorschriften zu beachten (Legalitätspflicht; im Einzelnen → AktG § 93 Rn. 76 ff.; zum Verhältnis zwischen Legalitätspflicht und Business Judgement Rule → AktG § 93 Rn. 45). Dabei richtet sich die Pflicht zu normenkonformem Handeln im Außenverhältnis in erster Linie an die geschäftsführenden Direktoren als das zur organschaftlichen Vertretung der Gesellschaft berufene Handlungsorgan (näher → Art. 43 Rn. 191). Ungeklärt ist dagegen, wer primärer Adressat der Legalitätskontrollpflicht im Unternehmen ist. Diese setzt sich aus der Pflicht zur Analyse der Compliance-Risiken, einer Organisationspflicht bei entsprechender Gefährdungslage, ggf. der Pflicht zur laufenden Effektivitätskontrolle einer einzurichtenden Compliance-Organisation und einer Untersuchungspflicht bei Anhaltspunkten für konkrete Compliance-Verstöße im Einzelfall zusammen. Da die Legalitätskontrollpflicht letztlich Ausfluss der Leitungspflicht, konkret der Pflicht zur angemessenen Organisation des Unternehmens (→ Art. 43 Rn. 80 ff.) ist, sprechen beachtliche Gründe dafür, den Verwaltungsrat als primären Adressaten der Legalitätskontrollpflicht anzusehen. Für eine Kontrollverantwortung auch der geschäftsführenden Direktoren spricht dagegen, dass der Gesetzgeber für die Erfüllung der in § 130 OWiG angesprochenen Aufsichtspflichten bei

---

[33] Auch im Vorstand der AG bewirkt eine Delegation von Aufgaben innerhalb des Vorstands und eine Zuteilung von einzelnen Geschäftsbereichen keine Befreiung der Vorstandsmitglieder vor der Gesamtverantwortung, vgl. BGH NJW 1986, 54 (55); 1995, 2850 (2851); BGHZ 133, 370 (377 f.) = NJW 1997, 130 (132); Kölner Komm AktG/*Mertens/Cahn* AktG § 93 Rn. 92; *Bezzenberger* ZGR 1996, 661 (667 f.); *Fleischer* NZG 2003, 449 (450 ff.).
[34] *Bücker* in: 10 Jahre SE, 2015, 203 (224). Für den Vorstand der AG BGH NJW 1986, 54 (55); 1995, 2850 (2851); BGHZ 133, 370 (377 f.) = NJW 1997, 130 (132).
[35] Zum Vorstand der AG vgl. Kölner Komm AktG/*Mertens/Cahn* AktG § 93 Rn. 92; *Schäfer/Missling* NZG 1998, 441 (445); *Rieger* FS Peltzer, 2001, 339 (347).
[36] Für den Vorstand der AG OLG Köln NZG 2001, 135 (136).
[37] Zum Vorstand der AG BGHZ 133, 370 (378 f.) = NJW 1997, 130 (132 f.); OLG Köln NZG 2001, 135 (136); AG 2000, 281 (284); OLG Koblenz NZG 1998, 953 (954); OLG Hamburg AG 2001, 141 (144).

juristischen Personen gem. § 9 Abs. 1 OWiG in erster Linie das Vertretungsorgan in der Pflicht sieht. Dies wären die geschäftsführenden Direktoren. Richtigerweise wird man wohl von einem Nebeneinander der Verantwortlichkeiten von geschäftsführenden Direktoren und Verwaltungsrat bei der Legalitätskontrollpflicht auszugehen haben. Die Letztverantwortung liegt beim Verwaltungsrat als oberstem Organ. Dieses kann die Legalitätskontrollpflichten an die geschäftsführenden Direktoren delegieren, bleibt aber zur Überwachung verpflichtet. Soweit der Verwaltungsrat seiner Legalitätskontrollpflicht nachkommt, können die geschäftsführenden Direktoren sich von der Haftung freizeichnen, soweit sie verbindliche Weisungen des Verwaltungsrates ausgeführt haben (→ Art. 43 Rn. 174). Bleibt der Verwaltungsrat dagegen untätig, sind die geschäftsführenden Direktoren verpflichtet, von sich aus tätig zu werden. Auf die Primärverantwortung des Verwaltungsrates können sie sich in diesem Falle nicht berufen. Verletzungen der Legalitätspflicht können sowohl bei Verwaltungsratsmitgliedern als auch bei den geschäftsführenden Direktoren mit Bußgeldern geahndet werden. Für die geschäftsführenden Direktoren gilt § 30 Abs. 1 Nr. 1 OWiG, für die Mitglieder des Verwaltungsrates § 30 Abs. 1 Nr. 5 OWiG. Die Sanktionierung des Unternehmens erfolgt über § 30 Abs. 4 OWiG, wenn seine Repräsentanten eine betriebsbezogene Straftat oder Ordnungswidrigkeit begangen haben.

30   **3. Treue- und Loyalitätspflicht.** Aus der treuhänderischen Stellung der Verwaltungsratsmitglieder folgt die Pflicht zur **Treue und Loyalität gegenüber der Gesellschaft** (zum Aufsichtsrat der AG → AktG § 116 Rn. 46 ff.).[38] Sie haben sich mit allen Kräften den Interessen der Gesellschaft zu widmen, sie in jeder Weise zu fördern und Schaden von ihr abzuwenden. Die Treuepflicht hat Vorrang vor den persönlichen Interessen eines Verwaltungsratsmitglieds (zum Aufsichtsrat der AG → AktG § 116 Rn. 49).[39] Jedes Verwaltungsratsmitglied ist dem Gesamtorgan gegenüber zu unbedingter Offenheit verpflichtet.[40] Gesetzliche Konkretisierungen der Treuepflicht ist die den Verwaltungsratsmitgliedern zu vertraulichen Angaben und Informationen der Gesellschaft auferlegte Schweigepflicht gem. Art. 49.

31   Dagegen unterliegen die Verwaltungsratsmitglieder – anders als die Vorstandsmitglieder einer AG – nicht dem gesetzlichen **Wettbewerbsverbot** gem. § 88 AktG. Etwas anders gilt nur, wenn sie gleichzeitig das Amt eines geschäftsführenden Direktors ausüben (§ 40 Abs. 7 SEAG). Die Stellung der nicht geschäftsführenden Mitglieder des Verwaltungsrats ist insoweit eher derjenigen eines Aufsichtsratsmitglieds im dualistischen System angenähert (zu Einzelheiten → AktG § 116 Rn. 50 f.).[41] Namentlich sind die nicht geschäftsführenden Mitglieder des Verwaltungsrates nicht verpflichtet, das Wohl der Gesellschaft auch dort aktiv zu fördern, wo sie außerhalb ihrer Organfunktion einer anderen Tätigkeit nachgehen.[42] Allerdings dürfen sie nicht aktiv den Interessen der Gesellschaft zuwiderhandeln (→ AktG § 116 Rn. 47). Der strenge Vorrang des Unternehmensinteresses vor eigenen Interessen des Verwaltungsratsmitglieds oder eines herrschenden Aktionärs gilt bei organfremdem Handeln aber nicht (→ AktG § 16 Rn. 48).

32   Personen, die zugleich Führungsverantwortung für einen Wettbewerber der Gesellschaft tragen, können allerdings nicht Mitglied des Verwaltungsrates sein. Sie unterliegen einem **Bestellungsverbot.** Dabei ist es ohne Belang, ob die betreffende Person Aufsichtsrats-, Vorstands- oder Verwaltungsratsmitglied des anderen Unternehmens ist (§§ 100, 105, 250 AktG analog;[43] vgl. → Art. 47 Rn. 20, → Art. 47 Rn. 35).

---

[38] Zum Vorstand der AG Hüffer/Koch/*Koch* AktG § 84 Rn. 10; Kölner Komm AktG/*Mertens/Cahn* AktG § 93 Rn. 95 ff.; *Fleischer* WM 2003, 1045 (1051 ff.); zum Aufsichtsrat der AG vgl. Kölner Komm AktG/*Mertens/Cahn* AktG § 116 Rn. 24 ff.

[39] Zum Vorstand der AG *Fleischer* WM 2003, 1045 (1051 ff.).

[40] Zur Pflicht zur Offenheit der Vorstandsmitglieder gegenüber dem Aufsichtsrat der AG BGHZ 20, 239 = NJW 1956, 906.

[41] Habersack/Drinhausen/*Verse* SEAG § 39 Rn. 17.

[42] Habersack/Drinhausen/*Verse* SEAG § 39 Rn. 18.

[43] Höchst str.; wie hier *Lutter* FS Beusch, 1993, 509 (515 ff.); iE auch *Lutter/Krieger/Verse* Aufsichtsrat § 1 Rn. 21 ff.; *Reichert/Schlitt* AG 1995, 241 (244); *Wardenbach,* Interessenkonflikte und mangelnde Sachkunde

Einem Vorschlag der **Regierungskommission Corporate Governance**[44] folgend, 33 wurde in den DCGK eine Empfehlung übernommen, wonach Aufsichtsratsmitglieder börsennotierter Aktiengesellschaften keine Organfunktionen oder Beratungsaufgaben bei wesentlichen Wettbewerbern des Unternehmens ausüben sollen (Empfehlung C.12 DCGK). Ferner hebt der DCGK hervor, dass jedes Aufsichtsratsmitglied dem Unternehmensinteresse verpflichtet ist und dass es bei seinen Entscheidungen weder persönliche Interessen verfolgen noch Geschäftschancen, die dem Unternehmen zustehen, für sich nutzen darf (Grundsatz 19 DCGK). Er empfiehlt, dass jedes Aufsichtsratsmitglied Interessenkonflikte, besonders solche, die auf Grund einer Beratung oder Organfunktion der Kunden, Lieferanten, Kreditgebern oder sonstigen Geschäftspartnern entstehen können, dem Aufsichtsrat gegenüber offenlegt (Empfehlung E.1 DCGK). Diese Erwägungen lassen sich auch auf Verwaltungsratsmitglieder der SE übertragen, unabhängig davon, ob diese gleichzeitig das Amt eines geschäftsführenden Direktors ausüben oder nicht.

4. D&O-Versicherung. Ebenso wie im dualistischen System kann für die Mitglieder 34 des Verwaltungsrates eine D&O-Versicherung abgeschlossen werden. Im Schrifttum wird vertreten, dass der durch das VorstAG eingeführte zwingende Selbstbehalt beim Abschluss einer D&O-Versicherung (§ 93 Abs. 2 S. 3 AktG) für die nicht geschäftsführenden Mitglieder des Verwaltungsrates nicht gilt.[45] Der Gesetzgeber habe es versäumt, für die nicht geschäftsführenden Verwaltungsratsmitglieder eine dem § 116 S. 1 AktG entsprechende Ausnahmebestimmung vorzusehen, die dementsprechend analog anzuwenden sei. Dem ist nicht zu folgen. Zutreffend ist zwar, dass die nicht-geschäftsführenden Verwaltungsratsmitglieder der Sache nach eher der Stellung eines Aufsichtsratsmitglieds als der eines Vorstandsmitglieds im dualistischen System angenähert sind. Im Unterschied zum Aufsichtsrat tragen aber auch die nicht-geschäftsführenden Mitglieder des Verwaltungsrates Leitungsverantwortung. Das rechtfertigt es, den in § 93 Abs. 2 S. 3 vorgesehenen Selbstbehalt auch auf sie anzuwenden.

IV. Rechtsverfolgung

Die SE-VO enthält keine explizite Regelung, welches Organ für die Entscheidung über 35 die Verfolgung von Schadensersatzansprüchen gegen Verwaltungsratsmitglieder zuständig ist.

1. Entscheidungszuständigkeit der geschäftsführenden Direktoren. Im Schrift- 36 tum wird vertreten, die Entscheidung über die Inanspruchnahme von Verwaltungsratsmitgliedern sei Sache der geschäftsführenden Direktoren.[46] Daran ist richtig, dass die geschäftsführenden Direktoren gem. § 41 Abs. 1 S. 1 SEAG die Gesellschaft gegenüber dem Verwaltungsrat vertreten. Das gilt auch für die Vertretung im Prozess bei Geltendmachung von Schadensersatzansprüchen. Die Neigung der geschäftsführenden Direktoren, die Mitglieder des Verwaltungsrates für pflichtwidriges Verhalten in Anspruch zu nehmen, dürfte indessen gering sein.[47]

2. Entscheidungskompetenz des Verwaltungsrates? Diejenigen Autoren, die die 37 Entscheidungskompetenz für die Inanspruchnahme von Verwaltungsratsmitgliedern den

---

als Bestellungshindernisse zum Aufsichtsrat der AG, 1995, 99 f.; *Bollweg,* Die Wahl des Aufsichtsrates in der Hauptversammlung der Aktiengesellschaft, 1995, 109 f.; aA die wohl hM MHdB AG/*Hoffmann-Becking* § 30 Rn. 6; Kölner Komm AktG/*Mertens/Cahn* AktG § 100 Rn. 14; *U. H. Schneider* BB 1995, 365 (366 f.); *Dreher* JZ 1990, 896 (900 ff.); *Decher* ZIP 1990, 277 (287); *Matthießen* S. 202 f.; *Götz* AG 1995, 337 (346); *Mülbert* in Feddersen/Hommelhoff/Schneider, Corporate Governance, 1996, 99 (119 ff.).

[44] *Baums,* Bericht der Regierungskommission Corporate Governance, 2001, Rn. 54.
[45] *Forst* ZIP 2010, 1786 (1788); Habersack/Drinhausen/*Verse* SEAG § 39 Rn. 21.
[46] *Ihrig* in Bachmann/Casper/Schäfer/Veil, Steuerungsfunktionen des Haftungsrechts im Gesellschafts- und Kapitalmarktrecht, 2007, 17 (27); *Ihrig* ZGR 2008, 809 (822); Habersack/Drinhausen/*Drinhausen* Art. 51 Rn. 20.
[47] Ein Defizit an Effektivität räumt auch *Ihrig* in Bachmann/Casper/Schäfer/Veil, Steuerungsfunktionen des Haftungsrechts im Gesellschafts- und Kapitalmarktrecht, 2007, 17 (27), ein.

geschäftsführenden Direktoren zuweisen, sprechen sich für eine Sperrwirkung im Sinne einer funktionalen Aufgabentrennung für den Verwaltungsrat insgesamt aus, also unabhängig davon, ob Ansprüche gegen einen oder mehrere oder gar alle Verwaltungsratsmitglieder in Rede stehen.[48] Der Verwaltungsrat dürfe grundsätzlich nicht über die Inanspruchnahme von Verwaltungsratsmitgliedern entscheiden, da er damit zum Richter in eigener Sache werde.[49] Dem ist nicht zu folgen. Die Sperrwirkung ist mit dem Kompetenzgefüge des monistischen Systems, das den geschäftsführenden Direktoren gegenüber dem Verwaltungsrat eine klar untergeordnete Stellung zuweist, nicht vereinbar. Die Geltendmachung von Schadensersatzansprüchen gegenüber Verwaltungsratsmitgliedern ist eine Leitungsaufgabe, für die dem Verwaltungsrat ebenso wie bei allen anderen Geschäftsführungsmaßnahmen das Letztentscheidungsrecht zusteht. Deshalb kann der Verwaltungsrat den geschäftsführenden Direktoren auch Weisungen erteilen, ob Verwaltungsratsmitglieder in Anspruch genommen werden oder nicht.

38 Der Verwaltungsrat hat diese Entscheidung innerhalb der durch die höchstrichterliche Rspr.[50] gezogenen Grenzen zu treffen.[51] Zu Einzelheiten kann auf die dem Aufsichtsrat gegenüber dem Vorstand obliegenden Prüfungs- und Verfolgungspflichten bei Pflichtverletzungen (→ AktG § 111 Rn. 34 ff.) verwiesen werden. Die betroffenen Verwaltungsratsmitglieder sind bei der Entscheidung vom Stimmrecht ausgeschlossen (§ 34 BGB). Zu einem kollektiven Stimmrechtsausschluss und damit de facto einer Sperrwirkung kommt es aber nur dann, wenn sämtliche amtierenden Mitglieder des Verwaltungsrates in Anspruch genommen werden sollen. Ist dagegen nur ein Verwaltungsratsmitglied von der Maßnahme nicht betroffen, kann der Verwaltungsrat mit dessen Stimme einen Beschluss fassen, da Stimmverbote der Beschlussfähigkeit des Organs nicht entgegenstehen (→ Art. 50 Rn. 6). Im Falle eines kollektiven Stimmrechtsausschlusses sämtlicher Verwaltungsratsmitglieder haben die geschäftsführenden Direktoren die Entscheidung über die Inanspruchnahme der Verwaltungsratsmitglieder autonom zu treffen.

39 Einige Stimmen im Schrifttum sehen aufgrund der zu befürchtenden Rücksichtnahme der Verwaltungsratsmitglieder untereinander bzw. durch die geschäftsführenden Direktoren ein Rechtsdurchsetzungsdefizit und plädieren für eine Verschärfung der Bestimmungen zur Aktionärsklage für die monistische SE.[52] Dem ist nicht zu folgen. Die geltenden Bestimmungen reichen aus, um im Falle der pflichtwidrigen Untätigkeit des Verwaltungsrates den Interessen der Aktionäre an einer Verfolgung möglicher Haftungsansprüche gerecht zu werden.

40 **3. Entscheidungskompetenz der Hauptversammlung.** § 147 AktG, der bei der AG die Hauptversammlung ermächtigt, durch Beschluss die Geltendmachung von Ersatzansprüchen gegen Organmitglieder durchzusetzen, gilt auch für die Geltendmachung von Ansprüchen gegen Verwaltungsratsmitglieder einer SE (Art. 52 UAbs. 2; → Art. 52 Rn. 2).

41 **4. Aktionärsklage.** Auch § 148 AktG findet auf die Geltendmachung von Schadensersatzansprüchen gegen Verwaltungsratsmitglieder einer SE Anwendung. Dies folgt aus der allgemeinen Verweisungsnorm in Art. 9 Abs. 1 lit. c Ziff. ii. Ebenso wie bei der AG ist die Aktionärsklage aber subsidiär, dh sie ist auf die Fälle beschränkt, in denen der Verwaltungsrat bzw. die geschäftsführenden Direktoren nicht tätig werden und im Übrigen entweder Unredlichkeit oder eine grobe Pflichtverletzung gegeben ist. Hinzu kommt die Notwendigkeit des in § 148 Abs. 1 AktG bestimmten Quorums, das Erfordernis einer gerichtlichen Zulassung der Aktionärsklage sowie das Recht der Gesellschaft, das Verfahren jederzeit an sich zu ziehen.

---

[48] *Ihrig* ZGR 2008, 809 (822).
[49] *Ihrig* ZGR 2008, 809 (822).
[50] BGHZ 135, 244 (254 ff.) = NJW 1997, 1926 (1928).
[51] Habersack/Drinhausen/*Verse* SEAG § 39 Rn. 26.
[52] *Ihrig* in Bachmann/Casper/Schäfer/Veil, Steuerungsfunktionen des Haftungsrechts im Gesellschafts- und Kapitalmarktrecht, 2007, 17 (27); *Casper* ZHR 173 (2009), 181 (218).

Abschnitt 4. Hauptversammlung

Art. 52 [Zuständigkeit]

[1] Die Hauptversammlung beschließt über die Angelegenheiten, für die ihr
a) durch diese Verordnung oder
b) durch in Anwendung der Richtlinie 2001/86/EG erlassene Rechtsvorschriften des Sitzstaats der SE
die alleinige Zuständigkeit übertragen wird.
[2] Außerdem beschließt die Hauptversammlung in Angelegenheiten, für die der Hauptversammlung einer dem Recht des Sitzstaats der SE unterliegenden Aktiengesellschaft die Zuständigkeit entweder aufgrund der Rechtsvorschriften dieses Mitgliedstaats oder aufgrund der mit diesen Rechtsvorschriften in Einklang stehenden Satzung übertragen worden ist.

Schrifttum: *Artmann,* Die Organisationsverfassung der Europäischen Aktiengesellschaft, wbl 2002, 189; *Brandt,* Die Hauptversammlung der Europäischen Aktiengesellschaft (SE), Diss. Würzburg 2004; *Bunz,* Die Hauptversammlung der monistischen SE, AG 2018, 466; *Casper,* Der Lückenschluss im Statut der Europäischen Aktiengesellschaft, FS Ulmer, 2003, 51; *Hirte,* Die Europäische Aktiengesellschaft, NZG 2002, 1; *Hommelhoff,* Gesellschaftsrechtliche Fragen im Entwurf eines SE-Statuts, AG 1990, 422; *Hommelhoff,* Einige Bemerkungen zur Organisationsverfassung der Europäischen Aktiengesellschaft, AG 2001, 279; *Van Hulle/Maul/Drinhausen,* Handbuch zur Europäischen Gesellschaft (SE), 2007; *Lutter,* Europäische Aktiengesellschaft – Rechtsfigur mit Zukunft?, BB 2002, 1; *Mohamed,* Die Sprachverwirrung in der ausländisch geprägten Hauptversammlung von AG oder SE, NZG 2015, 1263; *Nowotny,* Zur Organisationsverfassung der Europäischen Aktiengesellschaft, GesRZ 2004, 39; *Raiser,* Die Europäische Aktiengesellschaft und die nationalen Aktiengesetze, FS J. Semler, 2003, 277; *Schwarz,* Europäisches Gesellschaftsrecht, 2000; *Schwarz,* Zum Statut der Europäischen Aktiengesellschaft, ZIP 2001, 1847; *Teichmann,* Die Einführung der Europäischen Aktiengesellschaft – Grundlagen der Ergänzung des europäischen Statuts durch den deutschen Gesetzgeber –, ZGR 2002, 383; *Thoma/Leuering,* Die Europäische Aktiengesellschaft, Societas Europaea, NJW 2002, 1449; *Wagner,* Die Bestimmung des auf die SE anwendbaren Rechts, NZG 2002, 985.

Schrifttum speziell zum SEAG: *Brandt,* Überlegungen zu einem SE-Ausführungsgesetz, NZG 2002, 991; *Brandt,* Der Diskussionsentwurf zu einem SE-Ausführungsgesetz, DStR 2003, 1208; *Ihrig/Wagner,* Diskussionsentwurf für ein SE-Ausführungsgesetz, BB 2003, 969; *Neye/Teichmann,* Der Entwurf für das Ausführungsgesetz zur Europäischen Aktiengesellschaft, AG 2003, 169.

Übersicht

	Rn.		Rn.
I. Grundsätzliches	1–9	1. Gemeinschaftsrechtliche Zuständigkeiten (UAbs. 1)	10–15
1. Begriff der Hauptversammlung	1	a) Geschriebene Zuständigkeiten	10–14
2. Erscheinungsformen der Hauptversammlung	2–5	b) Ungeschriebene Zuständigkeiten	15
a) Ordentliche und außerordentliche Hauptversammlung	2	2. Zuständigkeiten der SE-Hauptversammlung mit Sitz in Deutschland (UAbs. 2 Alt. 1)	16–22
b) Vollversammlung	3	a) Allgemeines	16
c) Hauptversammlung der Einmann-SE	4	b) Kapitalmaßnahmen	17
d) Hauptversammlung der nicht börsennotierten SE	5	c) Umwandlungsrechtliche Maßnahmen	18
3. Die Hauptversammlung als Organ	6–9	d) Maßnahmen anlässlich des Jahresabschlusses	19
a) Allgemeines	6	e) Entscheidung über Geschäftsführungsmaßnahmen	20
b) Die Hauptversammlung in der Organhierarchie	7	f) Sonstige gesetzlich geregelte Zuständigkeiten	21
c) Delegation von Hauptversammlungsbefugnissen	8	g) Ungeschriebene Zuständigkeiten	22
d) Beschließende und beschlusslose Tätigkeit der Hauptversammlung	9	3. Zuständigkeit kraft Satzung (UAbs. 2 Alt. 2)	23
II. Zuständigkeit der Hauptversammlung	10–24	4. Subsidiäre Zuständigkeit	24

I. Grundsätzliches

1 1. Begriff der Hauptversammlung. Die SE-VO enthält ebenso wenig wie das AktG an irgendeiner Stelle eine Begriffsdefinition der Hauptversammlung. Vielmehr führt die Gesamtschau aller Vorschriften zu einem **dualen Hauptversammlungsbegriff**. So bezeichnen beispielsweise die Art. 38 lit. a, Art. 52, Art. 57 ff. mit dem Begriff „Hauptversammlung" funktional das Organ, durch das die Aktionäre kraft ihres Mitgliedschaftsrechts die Willensbildung der Gesellschaft betreiben. Dagegen verstehen die Art. 53–56 unter der „Hauptversammlung" die Organisationsform, die die Zusammenkunft der Aktionäre regelt. Wie im AktG muss ein solches Zusammentreffen der Aktionäre formellen Mindestanforderungen genügen, um als Hauptversammlung qualifiziert werden zu können; anderenfalls handelt es sich um eine Scheinversammlung (→ AktG § 118 Rn. 1).

2 2. Erscheinungsformen der Hauptversammlung. a) Ordentliche und außerordentliche Hauptversammlung. Eine **Unterscheidung zwischen ordentlicher und außerordentlicher Hauptversammlung** kennt die SE-VO nicht.[1] Art. 54 Abs. 1 regelt zwar die ordentliche Hauptversammlung zur Vorlage des Jahresabschlusses, schließt aber außerordentliche Hauptversammlungen nicht aus. Irgendwelche Rechtswirkungen sind an diese Unterscheidung allerdings ebenso wenig geknüpft wie im AktG.

3 b) Vollversammlung. Die Vollversammlung, die auch als **Universalversammlung** bezeichnet wird, ist dem Gemeinschaftsrecht nicht fremd.[2] Während Art. 91 Abs. 2 SE-VO-Vorschlag 1989[3] noch eine ausdrückliche Privilegierung der Vollversammlung vorsah, enthält die SE-VO diesbezüglich keinerlei Regelungen. Aufgrund der Spezialverweisung in Art. 53 gilt für die Voraussetzungen und die Folgen einer Vollversammlung ausschließlich das Recht des Mitgliedstaates, für die SE mit Sitz in Deutschland mithin § 121 Abs. 6 AktG (→ Art. 53 Rn. 23).

4 c) Hauptversammlung der Einmann-SE. Art. 3 Abs. 2 S. 2 lässt die Einmann-SE ausdrücklich zu und erklärt widersprechende Vorschriften auf mitgliedstaatlicher Ebene für die Tochter-SE überdies für ungültig. Damit ist zwar die **gemeinschaftsrechtliche Zulässigkeit der Einmann-SE** bejaht, aber noch nicht deren Willensbildungsprozess festgelegt. Dieser folgt in organisatorischer Hinsicht kraft Spezialverweisung in Art. 53 den mitgliedstaatlichen Regelungen. Für die SE mit Sitz in Deutschland bedeutet dies, dass der einzige Aktionär einer Einmann-SE seine Erklärungen auf Anteilseignerebene unter Außerachtlassung aller Organisationsförmlichkeiten abgeben kann und hierbei lediglich die Form des § 130 AktG einzuhalten hat (→ AktG § 118 Rn. 4; → AktG § 130 Rn. 3).

5 d) Hauptversammlung der nicht börsennotierten SE. Anders als das AktG enthält die SE-VO **keinerlei Differenzierungen im Hinblick auf eine Börsenzulassung** der SE. Obwohl die SE strukturell auf eine Vielzahl von Anteilseignern angelegt und damit auf den Zugang zu den Kapitalmärkten angewiesen ist,[4] regelt die SE-VO die Hauptversammlung funktional und organisatorisch ungeachtet einer Börsennotierung der SE. Die in § 130 Abs. 1 S. 3 AktG enthaltenen Privilegien für nicht börsennotierte Aktiengesellschaft kommen qua Spezialverweisung in Art. 53 somit auch der SE mit Sitz in Deutschland zugute.

6 3. Die Hauptversammlung als Organ. a) Allgemeines. Die Hauptversammlung ist notwendiges Willensbildungsorgan der SE unabhängig davon, ob die Verwaltung monistisch oder dualistisch geprägt ist.[5] Ihre Existenz ist sowohl auf Gemeinschaftsebene als auch auf

---

[1] Ebenso Lutter/Hommelhoff/Teichmann/*Spindler* Rn. 1; Kölner Komm AktG/*Kiem* Rn. 2.
[2] Vgl. Art. 32 Abs. 2 Dritte Änderung des Vorschlags für eine fünfte Richtlinie des Rates nach Art. 54 EWG-Vertrag über die Struktur der Aktiengesellschaft sowie die Befugnisse und Verpflichtungen ihrer Organe vom 20.11.1991 (ABl. 1991 C 321, 9).
[3] Vorschlag für eine Verordnung (EWG) des Rates über das Statut der Europäischen Aktiengesellschaft vom 25.8.1989 (ABl. 1989 C 263), BT-Drs. 11/5427, 24.
[4] Vgl. *Hommelhoff* AG 2001, 279 (286 f.); *Teichmann* ZGR 2002, 382 (388); *Brandt* NZG 2003, 889 (890).
[5] AllgM, vgl. nur Lutter/Hommelhoff/Teichmann/*Spindler* Rn. 1.

der Ebene deutschen Sitzstaatsrechts[6] **satzungsresistent**. Anders als nach dem AktG (→ AktG § 119 Rn. 19) fungiert die Hauptversammlung der SE an keiner Stelle als Vertretungsorgan.

b) Die Hauptversammlung in der Organhierarchie. Die Hauptversammlung wird 7 gelegentlich als Grundorgan[7] und bisweilen sogar als oberstes Organ[8] der SE bezeichnet. Derartige Begriffe führen zwangsläufig zu einer Diskussion über die Einordnung der Hauptversammlung in der Organhierarchie der SE.[9] Während der Befund über die hierarchische Stellung der Hauptversammlung in den verschiedenen Mitgliedstaaten recht heterogen ausfällt,[10] hat die SE-VO insofern eine eindeutige Entscheidung getroffen. Sowohl bei dualistisch (vgl. Art. 39 Abs. 1 S. 1) als auch bei monistisch (vgl. Art. 43 Abs. 1 S. 1) geprägter Verwaltung liegt die alleinige originäre Geschäftsführungsbefugnis beim Leitungs- bzw. Verwaltungsorgan. Ein irgendwie geartetes **Weisungsrecht der Hauptversammlung** kennt die SE auf gemeinschaftsrechtlicher Ebene nicht.[11] Im Gegenteil unterstreicht Art. 52 UAbs. 1 durch die Beschränkung der Hauptversammlungskompetenz auf die zur „alleinigen Zuständigkeit" übertragenen Angelegenheiten, dass die Hauptversammlung auf europarechtlicher Ebene keine hierarchische Spitzenstellung einnimmt. Ihr Verhältnis zu dem bzw. den Verwaltungsorgan(en) entspricht vielmehr einem **Gleichrangverhältnis**.[12] Diese Erkenntnis hat gravierende Auswirkungen auf die Übertragbarkeit einzelstaatlicher Regelungen zur Organhierarchie auf die SE: Jedwede Bestimmung, die der Hauptversammlung eine Letztkompetenz in Geschäftsführungsangelegenheiten oder ein Weisungsrecht für derartige Fragen verleiht, dürfte wegen eines insoweit abgeschlossenen Regelungsbereichs iSd Art. 9 Abs. 1 lit. c auf die SE unanwendbar sein.[13] Damit strahlt das Gleichordnungsverhältnis zwischen Verwaltung und Hauptversammlung seine Bindungskraft ohne Dispositionsmöglichkeit für den Satzungsgeber (vgl. Art. 9 Abs. 1 lit. b) bis auf die mitgliedstaatliche Ebene ab. Eine Entscheidung für Zuständigkeitsabgrenzungen im konkreten Einzelfall ist damit wegen der Spezialverweisung in Art. 52 UAbs. 2 allerdings nicht getroffen.

c) Delegation von Hauptversammlungsbefugnissen. Aus gemeinschaftsrechtlicher 8 Sicht stellt sich die Frage nach der Möglichkeit der Delegation von Hauptversammlungsbefugnissen in zweierlei Hinsicht. Zum einen geht es um die Delegation auf die Verwaltung oder auf ein anderes – in der SE-VO nicht ausdrücklich vorgesehenes – Gremium. Die Zulässigkeit solcher delegatorischen Maßnahmen ist sowohl **qua Satzungsbestimmung** (vgl. Art. 9 Abs. 1 lit. b) als auch **qua Ad-hoc-Delegationsentscheidung der Hauptversammlung** eindeutig abzulehnen.[14] Zum anderen geht es um die Frage, ob eine derartige Delegationsmöglichkeit wegen einer insoweit abschließenden Regelung iSd Art. 9 Abs. 1 lit. c auf mitgliedstaatlicher Ebene statthaft oder gemeinschaftsrechtlich zwingend versperrt ist. Aufgrund der Erwähnung „anderer Organe" in Art. 54 Abs. 2 wird man im Ergebnis eine Delegation von Hauptversammlungsbefugnissen auf andere Organe kraft mitgliedstaatlicher Zuweisung bzw. Zulassung bejahen müssen.[15] Für die SE mit Sitz in Deutschland

---

[6] Vgl. Großkomm AktG/*Mülbert* AktG Vor § 118 Rn. 26; Kölner Komm AktG/*Zöllner* AktG § 118 Rn. 5; K. Schmidt/Lutter/*Spindler* AktG § 118 Rn. 10; BeckOGK/*Hoffmann* AktG § 118 Rn. 7; Hölters/*Drinhausen* AktG § 118 Rn. 9.
[7] So *Lutter* BB 2002, 1 (4); ihm folgend *Thoma/Leuering* NJW 2002, 1449 (1451).
[8] So *Raiser* FS J. Semler, 2003, 277 (293) im Hinblick auf Art. 81 SE-VO-Vorschlag 1991.
[9] Ausf. *Brandt,* Die Hauptversammlung der Europäischen Aktiengesellschaft (SE), 2004, 67 ff. mwN.
[10] Vgl. den Überblick bei *Brandt,* Die Hauptversammlung der Europäischen Aktiengesellschaft (SE), 2004, 70 ff.
[11] Zust. Habersack/Drinhausen/*Bücker* Rn. 7.
[12] Ebenso *Brandt,* Die Hauptversammlung der Europäischen Aktiengesellschaft (SE), 2004, 105 ff.; Kölner Komm AktG/*Kiem* Rn. 6; Habersack/Drinhausen/*Bücker* Rn. 7.
[13] Wie hier *Brandt,* Die Hauptversammlung der Europäischen Aktiengesellschaft (SE), 2004, 105; aA *Artmann* wbl 2002, 189 (196).
[14] Ebenso *Brandt,* Die Hauptversammlung der Europäischen Aktiengesellschaft (SE), 2004, 118 f.; Habersack/Drinhausen/*Bücker* Rn. 8.
[15] Vgl. *Brandt,* Die Hauptversammlung der Europäischen Aktiengesellschaft (SE), 2004, 119.

hat dies insofern keine Auswirkungen, als die Zuständigkeiten der Hauptversammlung nach dem AktG nicht übertragbar sind (→ AktG § 118 Rn. 12 mwN).

9 **d) Beschließende und beschlusslose Tätigkeit der Hauptversammlung.** Ausweislich des Wortlauts der Art. 52 UAbs. 1 und 2, Art. 57, 59 Abs. 1 bildet und artikuliert die Hauptversammlung ihren Willen durch Beschlussfassung. Hieraus wird ersichtlich, dass die Hauptversammlung der SE beschlussorientiert tätig wird. Beschlusslose Hauptversammlungen sieht die SE-VO hingegen nicht vor. Auf der anderen Seite ist nicht erkennbar, dass die SE-VO die rein beschließende Funktion der Hauptversammlung als derart exklusiv verstanden wissen will, dass beschlusslose Hauptversammlungen nach dem Recht der Mitgliedstaaten ausgeschlossen wären.[16] Für die SE mit Sitz in Deutschland bleibt es damit bei der Geltung des § 92 Abs. 1 AktG; überdies ist auch eine Einberufung der **Hauptversammlung zu rein informatorischen Zwecken** zulässig (→ AktG § 119 Rn. 6).

II. Zuständigkeit der Hauptversammlung

10 **1. Gemeinschaftsrechtliche Zuständigkeiten (UAbs. 1). a) Geschriebene Zuständigkeiten. aa) Allgemeines.** Nach Art. 52 UAbs. 1 lit. a beschließt die Hauptversammlung der SE zunächst über die ihr durch die SE-VO unmittelbar übertragenen Zuständigkeiten. Derartige Kompetenzzuweisungen sind innerhalb der SE-VO verstreut, indem sie im Zusammenhang mit den einzelnen Sachfragen geregelt sind. Kraft **Spezialverweisung auf die Sitzstaatregelungen** zur Umsetzung der Beteiligungs-RL 2001/86/EG in Art. 52 UAbs. 1 lit. b ist die Hauptversammlung für die in diesen Regelungen enthaltenen Kompetenzen ebenfalls originär gemeinschaftsrechtlich zuständig. Insofern ist Art. 52 UAbs. 1 lit. b gegenüber den nationalen Vorschriften iSd Art. 52 UAbs. 2 lex specialis.[17] Art. 52 UAbs. 2 beinhaltet hingegen eine – gegenüber UAbs. 1 subsidiäre – Verweisung in das Recht der einzelnen Mitgliedstaaten. Die daraus resultierenden Hauptversammlungskompetenzen sind zwar gemeinschaftsrechtlich ausdrücklich zugelassen; jedoch haben sie keinen europarechtlichen Rang mit der Folge, dass etwa kollidierendes Gemeinschaftsrecht vorgeht.[18]

11 **bb) Wahl der Mitglieder des Aufsichtsorgans.** In der dualistisch geprägten Struktur der SE wählt die Hauptversammlung die Mitglieder des Aufsichtsorgans (Art. 40 Abs. 2 S. 1). Die Alleinzuständigkeit der Hauptversammlung für die Wahl des Aufsichtsorgans wird allerdings durch – den im Wortlaut missglückten – Art. 40 Abs. 2 S. 3 relativiert. Danach soll eine Vereinbarung iSd Art. 4 Beteiligungs-RL „unberührt" bleiben. Richtigerweise wird man Art. 40 Abs. 2 S. 3 jedoch dahingehend verstehen müssen, dass Arbeitnehmerwahl- bzw. -entsendungsrechte nicht nur auf Grund einer solchen Vereinbarung die Kompetenz der Hauptversammlung verdrängen. Vielmehr muss auch die Wirkung der Auffangregelung iSd Art. 7 Beteiligungs-RL insoweit zu einer Zuständigkeitsbeschränkung der Hauptversammlung führen, als bereits existierende Arbeitnehmerkompetenzen auf mitgliedstaatlicher Ebene vorgehen. Für die SE mit Sitz in Deutschland ist dies in § 35 SEBG ausdrücklich geregelt. Obwohl in der SE-VO nicht ausdrücklich erwähnt, fällt der Hauptversammlung als Annexkompetenz auch die **Zuständigkeit für eine Abberufung** von Mitgliedern des Aufsichtsorgans zu,[19] deren Begründung – ebenso wie deren Modalitäten –

---

[16] Zust. Kölner Komm AktG/*Kiem* Rn. 2; BeckOGK/*Eberspächer* Rn. 1.

[17] Vgl. Lutter/Hommelhoff/Teichmann/*Spindler* Rn. 7; Habersack/Drinhausen/*Bücker* Rn. 9; NK-SE/*Mayer* Rn. 5.

[18] Grdl. *Brandt,* Die Hauptversammlung der Europäischen Aktiengesellschaft (SE), 2004, 120 f.; folgend *Schwarz* Rn. 18; Kölner Komm AktG/*Kiem* Rn. 7; *Maul* in Van Hulle/Maul/Drinhausen SE-HdB Abschn. 5 § 4 Rn. 3; BeckOGK/*Eberspächer* Rn. 6; eingehend Lutter/Hommelhoff/Teichmann/*Spindler* Rn. 8 f.

[19] AA – Ausschluss der Abberufungsmöglichkeit während des Bestellungszeitraumes – *Hommelhoff* AG 2001, 279 (283); *Hirte* NZG 2002, 1 (5); wie hier dagegen iErg Habersack/Drinhausen/*Bücker* Rn. 12 sowie *Brandt,* Die Hauptversammlung der Europäischen Aktiengesellschaft (SE), 2004, 120 f.; *Schwarz* Rn. 18; Kölner Komm AktG/*Kiem* Rn. 7; *Maul* in Van Hulle/Maul/Drinhausen SE-HdB Abschn. 5 § 4 Rn. 3; Lutter/Hommelhoff/Teichmann/*Spindler* Rn. 15.

nach Art. 52 UAbs. 2 dem jeweiligen nationalen Recht zu entnehmen sind (→ Art. 40 Rn. 58).[20] Selbstverständlich kann diese Annexkompetenz der SE-Hauptversammlung nur diejenigen Organmitglieder betreffen, für die ihr auch das Wahlrecht zustand; Arbeitnehmervertreter mit besonderem Bestellungsprocedere sind hiervon ausgenommen.

cc) Wahl der Mitglieder des Verwaltungsorgans. Bei monistisch geprägter SE wählt 12 die Hauptversammlung nach Art. 43 Abs. 3 S. 1 die Mitglieder des Verwaltungsorgans. Für die nach Art. 43 Abs. 3 S. 3 hiervon ausgenommenen Arbeitnehmervertreter sowie für die Abberufungskompetenz gelten die Erl. zu → Rn. 11 entsprechend.

dd) Satzungsänderungen. Die europarechtliche Zuständigkeit der Hauptversammlung 13 für Satzungsänderungen ergibt sich aus Art. 59 Abs. 1. Sie wird auf gemeinschaftsrechtlicher Ebene nur für den Ausnahmefall des Art. 12 Abs. 4 zu Gunsten einer Dispositionsfreiheit des nationalen Gesetzgebers relativiert. Zweifelsfragen für die SE mit Sitz in Deutschland ergeben sich lediglich mit Blick auf § 179 Abs. 1 S. 2 AktG,[21] da Art. 59 Abs. 1 die Alleinkompetenz der Hauptversammlung auch auf **rein redaktionelle Satzungsänderungen** zu erstrecken scheint. Indes sprechen gute Gründe für eine weniger restriktive Lesart des Abs. 1 mit der Folge, dass das nationale Recht rein redaktionelle Befugnisse durchaus auf die Verwaltung delegieren kann (→ Art. 59 Rn. 3).

ee) Sonstige geschriebene Zuständigkeiten. Ähnlich wie das AktG hält auch die 14 SE-VO **eine Reihe sonstiger ausdrücklicher Hauptversammlungszuständigkeiten** bereit, die sich zum Teil allerdings nur mittelbar aus der materiell-rechtlichen Regelung ergeben. Hierzu gehören die Sitzverlegung (vgl. Art. 8 Abs. 4 und 6), die Gründung qua Verschmelzung (vgl. Art. 23 Abs. 1), die Gründung einer Holding-SE (vgl. Art. 32 Abs. 6 S. 1), die Auflösung (vgl. Art. 63) sowie die Rückumwandlung (vgl. Art. 66 Abs. 4–6). In allen genannten Fällen handelt es sich um originär gemeinschaftsrechtlich begründete Kompetenzen.

b) Ungeschriebene Zuständigkeiten. Die Frage nach der Existenz **ungeschriebener** 15 **Hauptversammlungskompetenzen auf der Ebene des Gemeinschaftsrechts** ist bislang ohne praktische Erprobung geblieben. Fest steht, dass die SE-VO trotz ihres fragmentarischen Regelungsumfangs derartige Kompetenzfragen für die Praxis schon wegen der Spezialverweisung in Art. 52 UAbs. 2 auch künftig kaum aufwerfen wird. Ebenso steht fest, dass ebendiese Verweisung in die nationalen Zuständigkeitsregelungen eine ungeschriebene Hauptversammlungskompetenz auf europarechtlicher Ebene nicht ausschließen kann, weil ansonsten jedwede Rechtsfortbildung auf Gemeinschaftsebene von vornherein blockiert würde.[22] Ist die Existenz ungeschriebener Hauptversammlungszuständigkeiten auf europäischer Ebene somit prinzipiell zu bejahen,[23] hat ihre dogmatische Einordnung (Ableitung aus Art. 52 UAbs. 1 oder aus dem verwiesenen nationalen Recht nach Art. 52 UAbs. 2) nur theoretischen Wert.

2. Zuständigkeiten der SE-Hauptversammlung mit Sitz in Deutschland 16 **(UAbs. 2 Alt. 1). a) Allgemeines.** Art. 52 UAbs. 2 verweist wegen weiterer (dh in der

---

[20] Ebenso *Grundmann* EuropGesR Rn. 1048; *Brandt,* Die Hauptversammlung der Europäischen Aktiengesellschaft (SE), 2004, 146 ff.; *Schwarz* Rn. 27; Kölner Komm AktG/*Kiem* Rn. 16; Lutter/Hommelhoff/Teichmann/*Spindler* Rn. 15; *Maul* in Van Hulle/Maul/Drinhausen SE-HdB Abschn. 5 § 4 Rn. 27; *Nowotny* GesRZ 2004, 39 (41); auch das SEAG geht ausweislich § 29 Abs. 1 SEAG von einer Abberufungsmöglichkeit – und damit explizit von einer diesbezüglichen Hauptversammlungskompetenz – aus, beschränkt diese ausdrückliche Regelung allerdings auf die monistisch strukturierte SE.
[21] Zum Umfang der Delegationsbefugnis nach § 179 Abs. 1 S. 2 AktG vgl. Großkomm AktG/*Wiedemann* AktG § 179 Rn. 106 ff.
[22] Ebenso *Teichmann* ZGR 2002, 408 f.
[23] IErg ebenso *Brandt,* Die Hauptversammlung der Europäischen Aktiengesellschaft (SE), 2004, 122 f.; *Schwarz* Rn. 14; Lutter/Hommelhoff/Teichmann/*Spindler* Rn. 22; Habersack/Drinhausen/*Bücker* Rn. 15; zuvor bereits *Schwarz* EurGesR-HdB Rn. 1095; *Raiser* FS J. Semler, 2003, 277 (283), jeweils zum SE-VO-Vorschlag 1991.

SE-VO weder ausdrücklich geregelter noch ungeschriebener angelegter) Zuständigkeiten der Hauptversammlung auf das nationale Recht des SE-Sitzstaats sowie auf die mit diesem Recht harmonierenden Satzungsregelungen der SE. Für die SE mit Sitz in Deutschland folgt aus UAbs. 2 Alt. 1 die Anwendung des AktG sowie anderer die Hauptversammlungskompetenz begründender Gesetzesmaterien, wie zB das UmwG. Dies gilt nicht nur für die eigentliche Zuständigkeitsanordnung zugunsten der Hauptversammlung. Auch die **Annexbefugnisse** richten sich nach dem deutschen Aktienrecht, soweit die SE-VO hierzu eine Regelung weder selbst trifft noch ausschließt (Beispiel: Zuständigkeit der Hauptversammlung für die Liquidation nach Art. 63 = Zuständigkeit der Hauptversammlung für den Fortsetzungsbeschluss nach § 274 Abs. 1 AktG). Zu den Folgen einer Kollision mit dem Gemeinschaftsrecht vgl. → Rn. 10.

17 b) **Kapitalmaßnahmen.** Die Hauptversammlung ist zunächst für alle diejenigen Kapitalmaßnahmen allein zuständig, die zugleich eine Satzungsänderung darstellen. Dies folgt schon aus der gemeinschaftsrechtlichen Kompetenzzuweisung des Art. 59.[24] Im Übrigen ergibt sich dieselbe Kompetenzzuordnung wegen der gemeinschaftsrechtlichen „Enthaltung" in Art. 5 vollumfänglich aus dem AktG. Der Hauptversammlung obliegen daher nach § 119 Abs. 1 Nr. 6 AktG alle nicht-satzungsändernde Kapitalmaßnahmen, wie die **Begebung von Wandel- und Gewinnschuldverschreibungen** nach § 221 Abs. 1 AktG nebst Schaffung eines bedingten Kapitals zu deren Bedienung.[25] Auch gegen eine Delegation der Hauptversammlungsbefugnisse in Gestalt eines **genehmigten Kapitals** gem. §§ 202 ff. AktG bestehen unter gemeinschaftsrechtlichen Aspekten keine Einwände.

18 c) **Umwandlungsrechtliche Maßnahmen.** Die Kompetenz der Hauptversammlung nach dem UmwG ist im Grundsatz unbestreitbar. Sie wird durch Art. 10 mit der Folge gestützt, dass die Hauptversammlung über alle Verschmelzungs-, Spaltungs- und Formwechselmaßnahmen entscheidet, die für die SE mit Sitz in Deutschland materiell-rechtlich zulässig sind.

19 d) **Maßnahmen anlässlich des Jahresabschlusses.** Art. 61 verweist hinsichtlich der **Aufstellung des Jahresabschlusses** auf das Recht des SE-Sitzstaats. Ob sich bereits hieraus eine Kompetenzeröffnung zugunsten der Hauptversammlung ergibt oder diese erst aus Art. 52 UAbs. 2 folgt,[26] kann dahinstehen. In jedem Fall richtet sich die Hauptversammlungskompetenz bei der Behandlung des Jahresabschlusses für die SE mit Sitz in Deutschland nach §§ 47 f. SEAG, §§ 172 f. AktG, sodass sie nur unter den Voraussetzungen der § 47 Abs. 5 SEAG, § 173 Abs. 1 S. 1 AktG gegeben ist. Dieselben Zuständigkeitsanordnungen gelten für die **Gewinnverwendungsentscheidungen.** Schwieriger ist dagegen die Begründung einer Hauptversammlungszuständigkeit für die **Entlastung von Vorstand und Aufsichtsrat.** Diese Schwierigkeiten resultieren allerdings nicht aus einem Kompetenzkonflikt mit anderen Organen der SE (hier wäre ohnehin nur eine Entlastung der Leitungsorganmitglieder durch das Aufsichtsorgan denkbar!), sondern vielmehr aus dem Fehlen jedweder Regelungen zur Entlastung in der gesamten SE-VO. Dass es sich hierbei um ein redaktionelles Versehen handelt, lässt sich angesichts des Fehlens der Entlastung in den Zuständigkeitskatalogen für die Hauptversammlung in den Vorläuferentwürfen für die SE kaum behaupten. Es handelt sich vielmehr um die planmäßige Nichtaufnahme eines in § 120 AktG geregelten Rechtsinstituts sowohl in die SE-VO als auch in das SEAG. Trotz der äußerst beschränkten Folgen einer (Nicht-)Entlastung (→ AktG § 120 Rn. 30 ff.) spricht jedoch nichts gegen deren Etablierung im Recht der SE mit Sitz in Deutschland und damit auch nichts gegen eine Entscheidungskompetenz der Hauptver-

---

[24] Ebenso Lutter/Hommelhoff/Teichmann/*Spindler* Rn. 36; Habersack/Drinhausen/*Bücker* Rn. 37.
[25] Vgl. *Maul* in Van Hulle/Maul/Drinhausen SE-HdB Abschn. 5 § 4 Rn. 18; BeckOGK/*Eberspächer* Rn. 8; Habersack/Drinhausen/*Bücker* Rn. 38.
[26] So offenbar *Brandt*, Die Hauptversammlung der Europäischen Aktiengesellschaft (SE), 2004, 154; *Schwarz* Rn. 31.

sammlung.[27] Eine Kollision mit der SE-VO ist hierbei so lange nicht gegeben, als das Rechtsinstitut der Entlastung auf Gemeinschaftsrechtsebene weder explizit noch im Wege der Rechtsfortbildung eine Behandlung erfährt. Unproblematisch ist hingegen die Hauptversammlungszuständigkeit für die **Bestellung des Abschlussprüfers;** diese ergibt sich aus Art. 52 UAbs. 2 iVm § 119 Abs. 1 Nr. 4 AktG.[28]

e) Entscheidung über Geschäftsführungsmaßnahmen. Die SE-VO enthält keinerlei Regelungen, die der Kompetenz der Hauptversammlung in Geschäftsführungsfragen kraft Vorlage durch das Leitungsorgan (vgl. § 119 Abs. 2 AktG) oder kraft gesetzlicher Konfliktkompetenz (vgl. § 111 Abs. 4 S. 3 AktG) inhaltlich entsprechen. Die Anwendbarkeit dieser Vorschriften auf die SE mit Sitz in Deutschland auf Grund der Verweisung in Art. 52 UAbs. 2 scheint damit eröffnet. Indes nimmt Art. 48 eine gemeinschaftsrechtliche Kompetenzabgrenzung in Geschäftsführungsangelegenheiten vor, indem diese Vorschrift dem Satzungsgeber (und subsidiär den Mitgliedstaaten) die Regelungsbefugnisse für die Befassung des Aufsichtsorgans mit Geschäftsführungsfragen zuweist. Hieraus könnte die Schlussfolgerung gegen jedwede Befassung der Hauptversammlung mit Geschäftsführungsmaßnahmen unter Hinweis auf eine europarechtlich abschließend geregelte Verteilung der Organzuständigkeiten gezogen werden.[29] Dies mag für die **Konfliktkompetenz der Hauptversammlung nach § 111 Abs. 4 S. 3 AktG** zutreffen.[30] Für die Zuständigkeit nach § 119 Abs. 2 AktG erscheint die Annahme einer diesbezüglichen Sperrwirkung der SE-VO dagegen überzogen. Die mit der SE-VO bezweckte Rechtsvereinheitlichung steht sicherlich überraschenden Zuständigkeitsanordnungen auf nationaler Ebene entgegen. Das bloße Recht zur Vorlage von Geschäftsführungsmaßnahmen an die Hauptversammlung durch das Leitungsorgan nach § 119 Abs. 2 AktG stellt hingegen eine Rückdelegation von Organbefugnissen an die Anteilseigner dar, die gemeinschaftsrechtlich nicht zu beanstanden ist.[31]

f) Sonstige gesetzlich geregelte Zuständigkeiten. Die sonstigen im AktG geregelten Zuständigkeiten der Hauptversammlung einer SE mit Sitz in Deutschland bereiten unter Kollisionsaspekten keine Schwierigkeiten. Dies gilt insbesondere für die auf EG-Richtlinien basierenden Kompetenzen der Hauptversammlung im Falle der **Nachgründung** (§ 52 AktG) und des **Erwerbs eigener Aktien** (§ 71 Abs. 1 Nr. 8 AktG), für die Art. 52 UAbs. 2 uneingeschränkt auf das AktG verweist. Auch gegen die Befugnis der Hauptversammlung zur Ausgabe von **Gewinnschuldverschreibungen** und **Genussrechten** (§ 221 Abs. 1 und 3 AktG) spricht europarechtlich nichts.[32] Ferner umfasst die Verweisung in Art. 52 UAbs. 2 die Entscheidung über die **Aufsichtsratsvergütung** (§ 113 Abs. 1 S. 2 AktG),[33] über die **Bestellung von Sonderprüfern** (§ 142 AktG)[34] sowie über **Ersatzansprüche gegen**

---

[27] AA *Brandt*, Die Hauptversammlung der Europäischen Aktiengesellschaft (SE), 2004, 148 ff., der die Rechtsfolgendefizite in § 120 AktG argumentativ gegen eine Entlastung ins Feld führt; wie hier dagegen *Maul* in Van Hulle/Maul/Drinhausen SE-HdB Abschn. 5 § 4 Rn. 16; *Schwarz* Rn. 30; Lutter/Hommelhoff/Teichmann/*Spindler* Rn. 30; Kölner Komm AktG/*Kiem* Rn. 28; Habersack/Drinhausen/*Bücker* Rn. 26; NK-SE/*Mayer* Rn. 15.
[28] Vgl. *Maul* in Van Hulle/Maul/Drinhausen SE-HdB Abschn. 5 § 4 Rn. 17; Lutter/Hommelhoff/Teichmann/*Spindler* Rn. 33; *Schwarz* Rn. 32; Kölner Komm AktG/*Kiem* Rn. 30; Habersack/Drinhausen/*Bücker* Rn. 25.
[29] So *Brandt*, Die Hauptversammlung der Europäischen Aktiengesellschaft (SE), 2004, 114 f. (für § 119 Abs. 2 AktG), 150 ff. (für § 111 Abs. 4 S. 3 AktG).
[30] AA *Schwarz* Rn. 26; *Maul* in Van Hulle/Maul/Drinhausen SE-HdB Abschn. 5 § 4 Rn. 28; BeckOGK/*Eberspächer* Rn. 9; Kölner Komm AktG/*Kiem* Rn. 33; Habersack/Drinhausen/*Bücker* Rn. 31; zweifelnd *Teichmann* ZGR 2002, 383 (454), insbes. Fn. 251; wie hier dagegen *Brandt*, Die Hauptversammlung der Europäischen Aktiengesellschaft (SE), 2004, 150 ff.; Lutter/Hommelhoff/Teichmann/*Spindler* Rn. 37.
[31] Zust. Lutter/Hommelhoff/Teichmann/*Spindler* Rn. 27, 37; BeckOGK/*Eberspächer* Rn. 9; *Schwarz* Rn. 25; Kölner Komm AktG/*Kiem* Rn. 27.
[32] Vgl. *Brandt*, Die Hauptversammlung der Europäischen Aktiengesellschaft (SE), 2004, 146; Habersack/Drinhausen/*Bücker* Rn. 38.
[33] *Schwarz* Rn. 27; Kölner Komm AktG/*Kiem* Rn. 34; Lutter/Hommelhoff/Teichmann/*Spindler* Rn. 39.
[34] Kölner Komm AktG/*Kiem* Rn. 31; *Maul* in Van Hulle/Maul/Drinhausen SE-HdB Abschn. 5 § 4 Rn. 19; Lutter/Hommelhoff/Teichmann/*Spindler* Rn. 34; eingehend Habersack/Drinhausen/*Bücker* Rn. 29.

SE-VO Art. 52 22, 23   Verordnung (EG) Nr. 2157/2001

Organmitglieder[35] (§ 147 Abs. 1 S. 1 AktG) nebst Verzicht hierauf (§ 93 Abs. 4 S. 3 AktG).

22   **g) Ungeschriebene Zuständigkeiten.** Nach Art. 52 UAbs. 2 unterliegt die SE mit Sitz in Deutschland subsidiär den Rechtsvorschriften des AktG. Nimmt man den Wortlaut dieser Regelung ernst, so kann eine ungeschriebene Hauptversammlungszuständigkeit mangels entsprechender „Rechtsvorschrift" auf nationaler Ebene nicht „übertragen" werden.[36] Indes kann das Wortlautargument allein nicht ausschlaggebend sein. Ebenso wie bei der durch Art. 52 UAbs. 2 als Spezialvorschrift verdrängten Regelung des Art. 9 Abs. 1 lit. c stellt sich vielmehr die Frage, inwieweit sich ungeschriebenes Recht der Mitgliedstaaten in das Statut der SE einpassen lässt. Für die hier zu beurteilenden Hauptversammlungskompetenzen geht es dabei um die ausnahmsweise Befugnis der Hauptversammlung zur **Entscheidung über Geschäftsführungsmaßnahmen,** die in den unter „Holzmüller-Entscheidung"[37] und „Gelatine-Entscheidung"[38] bekanntgewordenen Urteilen des **BGH** eine entsprechende verbandsinterne Kompetenzbeschränkung des Geschäftsführungsorgans nach sich zieht. Dass Art. 52 UAbs. 2 eine autonom initiierte Vorlage des Vorstands an die Hauptversammlung nach § 119 Abs. 2 AktG nicht versperrt (→ Rn. 20), besagt für eine dahingehende Verpflichtung des Vorstands noch nichts. Entscheidend ist stattdessen, ob die Organ-Kompetenzstruktur der SE derartige „Übergriffe" der Hauptversammlung auf die Vorstandsautonomie zulässt. Dies ist im Ergebnis zu verneinen.[39] Zum einen ist die Geschäftsführung dem jeweiligen Leitungsorgan sowohl im dualistischen System (vgl. Art. 39 Abs. 1) als auch im monistischen System (vgl. Art. 43 Abs. 1) exklusiv zugewiesen. Eine Rückdelegation nach dem Vorbild des § 119 Abs. 2 AktG kennt die SE-VO nicht, sodass auch jedweder Begründung über eine Verdichtung des Vorlagerechts zu einer Vorlagepflicht des Vorstands im Rahmen des § 119 Abs. 2 AktG der Boden entzogen ist.[40] Zum anderen verbietet es das mit der SE-VO verfolgte **Ziel einer Rechtsvereinheitlichung,** gemeinschaftsrechtlich gezogene Grenzen zwischen den jeweiligen Organzuständigkeiten auf nationaler Ebene – zumal auf unkodifizierter Basis – wieder zu verwischen.[41] Schließlich darf auch der Aspekt der Rechtssicherheit für die SE nicht unterschätzt werden. Gerade die unter der Bezeichnung „Holzmüller" und „Gelatine" bekannt gewordenen Entscheidungen des BGH waren in ihrer Dimension schon für die nationale Praxis derart überraschend (zur abl. Haltung gegenüber der „Holzmüller-Entscheidung" in der Lit. vgl. → AktG § 119 Rn. 37),[42] dass eine gemeinschaftsrechtliche Adaption gänzlich vereitelt wird. Im Ergebnis ist deshalb nicht nur eine Verpflichtung des Vorstands zur Vorlage von Geschäftsführungsmaßnahmen, sondern jegliche ungeschriebene Zuständigkeit der Hauptversammlung für die SE mit Sitz in Deutschland abzulehnen. Insofern ist die gemeinschaftsrechtliche Vorstandsautonomie in Geschäftsführungsangelegenheiten gegen jede mitgliedstaatliche Aufweichung durch nationale Rechtsprechung resistent.

23   **3. Zuständigkeit kraft Satzung (UAbs. 2 Alt. 2).** Art. 52 UAbs. 2 Alt. 2 SE-VO eröffnet für die SE mit Sitz in Deutschland satzungsmäßige Beschlusskompetenzen, sofern

---

[35] *Schwarz* Rn. 28; Habersack/Drinhausen/*Bücker* Rn. 35.
[36] So in der Tat Lutter/Hommelhoff/Teichmann/*Spindler* Rn. 47.
[37] BGHZ 83, 122 = AG 1982, 158 = NJW 1982, 1703.
[38] BGHZ 159, 30 = AG 2004, 384 = NJW 2004, 1860.
[39] Wie hier *Brandt,* Die Hauptversammlung der Europäischen Aktiengesellschaft (SE), 2004, 129 ff.; Lutter/Hommelhoff/Teichmann/*Spindler* Rn. 47; *Marsch-Barner* FS Happ, 2006, 165 (171); aA *Schwarz* Rn. 35; *Maul* in Van Hulle/Maul/Drinhausen SE-HdB Abschn. 5 § 4 Rn. 37; Kölner Komm AktG/*Kiem* Rn. 36; BeckOGK/*Eberspächer* Rn. 12; Habersack/Drinhausen/*Bücker* Rn. 42; *Habersack* ZGR 2003, 724 (741 f.); *Casper* FS Ulmer, 2003, 51 (69); für eine generelle Anwendung von nationalem Richterrecht im Rahmen der Parallelproblematik zu Art. 9 Abs. 1 lit. c *Hirte* NZG 2002, 1 (2); *Wagner* NZG 2002, 985 (989); *Teichmann* ZGR 2002, 383 (398 f.).
[40] Vgl. dazu *Brandt,* Die Hauptversammlung der Europäischen Aktiengesellschaft (SE), 2004, 129; zuvor bereits *Hommelhoff* AG 1990, 422 (430) zum SE-VOV 1989.
[41] Ebenso *Brandt,* Die Hauptversammlung der Europäischen Aktiengesellschaft (SE), 2004, 130 f.
[42] Das überraschende Moment der „Gelatine-Entscheidung" liegt in der unerwartet starken „Rückwärtsbewegung" des BGH, vgl. dazu ausf. *Bungert* BB 2004, 1345 ff.

derartige Satzungsbestimmungen mit dem AktG in Einklang stehen. Diese Regelung entspricht auf nationaler Ebene dem § 119 Abs. 1 Alt. 2 AktG. Da § 23 Abs. 5 S. 1 AktG gerade bei der Kompetenzverteilung zwischen den Organen der Aktiengesellschaft keine Dispositionsspielräume des Satzungsgebers zulässt, gilt diese Beschränkung auch für die in Deutschland domizilierende SE. Satzungsmäßige Befugnisse der SE-Hauptversammlung sind somit **nur in den gesetzlich ausdrücklich eröffneten Fällen,** wie zB der Entscheidung über die Zustimmung zur Übertragung vinkulierter Namensaktien (vgl. § 68 Abs. 2 S. 3 AktG) denkbar. Zu einer Kollision der aktienrechtlichen Satzungsstrenge nach § 23 Abs. 5 AktG mit einer europarechtlichen Satzungskonformität kann es im Hinblick auf die Zuständigkeit der Hauptversammlung nicht kommen. Art. 9 Abs. 1 lit. b, der allein eine derartige Kollision verursachen könnte, ist mangels ausdrücklicher Zulassung einer gemeinschaftsrechtlichen Satzungsdispositivität in Art. 52 ohne Anwendungsbereich. Damit bemisst sich die Zulässigkeit satzungsmäßig begründeter (oder entzogener) Hauptversammlungskompetenzen ausschließlich an § 23 Abs. 5 AktG.[43]

4. Subsidiäre Zuständigkeit. Nach dem AktG scheidet sowohl eine subsidiäre Zuständigkeit als auch eine sog. Kompetenz-Kompetenz der Hauptversammlung aus (→ AktG § 119 Rn. 9). Dies ist nach Art. 52 im Ergebnis nicht anders.[44] Während Art. 81 lit. b SE-VO-Vorschlag 1991 noch von einer Hauptversammlungskompetenz im Wege des Subtraktionsverfahrens – also nach Ausfilterung positiver Zuständigkeitszuweisungen zu Gunsten anderer Organe – ausging, begründet Art. 52 UAbs. 1 eine „ausdrückliche" Zuständigkeit der Hauptversammlung. Durch diese Klarstellung soll die Zuweisung einer subsidiären europarechtlichen Allzuständigkeit von vornherein ausgeschlossen werden.[45]

24

Art. 53 [Ablauf der Hauptversammlung]

Für die Organisation und den Ablauf der Hauptversammlung sowie für die Abstimmungsverfahren gelten unbeschadet der Bestimmungen dieses Abschnitts die im Sitzstaat der SE für Aktiengesellschaften maßgeblichen Rechtsvorschriften.

Schrifttum: s. Art. 52 sowie zu §§ 121 ff. AktG.

Übersicht

	Rn.		Rn.
I. Grundsätzliches	1, 2	5. Mitteilungsrechte und -pflichten	11
1. Stellung der Vorschrift in der Normenhierarchie	1	6. Vorbereitungspflichten der Kreditinstitute	12
2. Umfang der Verweisung	2	7. Anmeldung der Aktionäre	13
II. Organisation der Hauptversammlung	3–13	III. Ablauf der Hauptversammlung	14–20
1. Einberufung	3–7	1. Ausübung der Mitgliedschaftsrechte in der Hauptversammlung	14–17
a) Einberufungsgründe	3	a) Teilnahmerecht/Teilnahmepflicht	14
b) Einberufungszeitpunkt	4	b) Rederecht	15
c) Einberufungsberechtigte	5	c) Auskunftsrecht	16
d) Form und Inhalt der Einberufung	6	d) Sonstige Mitgliedschaftsrechte	17
e) Einberufungsfrist	7	2. Versammlungsleitung	18, 19
2. Tagesordnung	8	a) Person des Versammlungsleiters	18
3. Zeit und Dauer der Hauptversammlung	9	b) Aufgaben und Befugnisse des Versammlungsleiters	19
4. Ort der Hauptversammlung	10	3. Dokumentation der Hauptversammlung	20

---

[43] Vgl. *Schwarz* Rn. 33; Lutter/Hommelhoff/Teichmann/*Spindler* Rn. 45; BeckOGK/*Eberspächer* Rn. 14; *Casper* FS Ulmer, 2003, 51 (71).
[44] IErg ebenso Kölner Komm AktG/*Kiem* Rn. 5; zuvor bereits *Schwarz* Rn. 16.
[45] So *Schwarz* Rn. 16; folgend Kölner Komm AktG/*Kiem* Rn. 5; Lutter/Hommelhoff/Teichmann/*Spindler* Rn. 6; NK-SE/*Mayer* Rn. 3.

	Rn.		Rn.
IV. Abstimmungsverfahren	21	VII. Selbstorganisationsrecht der Hauptversammlung	24, 25
V. Beschlusskontrolle	22	1. Selbstorganisation qua Satzung	24
VI. Vollversammlung	23	2. Selbstorganisation qua Geschäftsordnung	25

I. Grundsätzliches

1 **1. Stellung der Vorschrift in der Normenhierarchie.** Art. 53 nimmt hinsichtlich der Organisation und des Ablaufs der Hauptversammlung sowie hinsichtlich des Abstimmungsverfahrens eine Verweisung auf die mitgliedstaatlichen Regelungen zu diesen Fragenkreisen vor. Die Verweisung ist allerdings keine vollumfängliche, sondern eine **partielle Generalverweisung**.[1] Da sie nach Art. 53 „unbeschadet der Bestimmungen dieses (dh des 4.) Abschnitts" der SE-VO erfolgt, sind sämtliche von der SE-VO unmittelbar erfassten Regelungsbereiche von der Verweisung ausgenommen, sofern die SE-VO in diesen Spezialvorschriften nicht wiederum ausdrücklich auf das Recht des Sitzstaats verweist. Da Art. 53 Spezialvorschrift zu Art. 9 ist, eröffnet auch Art. 9 Abs. 1 lit. c keine weitergehende Geltung des Sitzstaatrechts.

2 **2. Umfang der Verweisung.** Die Verweisung in das nationale Recht des Sitzstaats umfasst vorbehaltlich SE-VO-eigener Sachregelungen die Organisation und den Ablauf der Hauptversammlung sowie das Abstimmungsverfahren. In zeitlicher Hinsicht erstreckt sich die „Organisation" der Hauptversammlung neben deren **Vorbereitung** und deren „Ablauf" auch auf die **nachwirkenden Maßnahmen**, wie zB die Einreichung der Versammlungsniederschrift nach § 130 Abs. 5 AktG.[2] In sachlicher Hinsicht erfasst die Verweisung in Art. 53 nicht nur die materiell-rechtlichen Vorschriften zur Hauptversammlung, sondern auch die Verfahrensregelungen, wie zB die Verweisung des Auskunftserzwingungsverfahrens in das Verfahren der Freiwilligen Gerichtsbarkeit. Mit Ausnahme der in der SE-VO originär geregelten Hauptversammlungsfragen ist die Verweisung in Art. 53 mithin ausnahmslos. Für die SE mit Sitz in Deutschland gelten somit die §§ 121 ff. AktG grundsätzlich uneingeschränkt. Dies schließt Modifikationen auf Grund der mit der SE verfolgten Harmonisierung nicht aus; zur Vermeidung von Wiederholungen konzentrieren sich die nachfolgenden Erläuterungen auf derartige Modifikationen.

II. Organisation der Hauptversammlung

3 **1. Einberufung. a) Einberufungsgründe.** Nach Art. 54 Abs. 2 kann die Hauptversammlung vom Leitungs-, Aufsichts- oder Verwaltungsorgan jederzeit einberufen werden. Eines besonderen Grundes bedarf es hierzu nicht (→ Art. 54 Rn. 10). Dass die nationalen Rechtsvorschriften dieses unbedingte und jederzeitige **Einberufungsrecht** über die Verweisung des Art. 53 nicht beschränken können, unterliegt keinem vernünftigen Zweifel.[3] Fraglich ist nur, ob die in § 121 Abs. 1 AktG beschriebenen Einberufungsgründe über Art. 53 eine **Einberufungspflicht** für die SE mit Sitz in Deutschland statuieren. Diese Frage ist im Einklang mit § 22 Abs. 2 SEAG, der die Einberufungspflichten des § 121 Abs. 1 AktG für den Verwaltungsrat wörtlich abbildet, zu bejahen.[4] Dasselbe gilt für die Einberufungsgründe nach § 175 Abs. 1 S. 1 AktG (Vorlage des Jahresabschlusses), nach § 92 Abs. 1 AktG (Verlustanzeige) und – wegen des Verbindungsgebots in § 120 Abs. 3 S. 1 AktG – nach § 120 Abs. 1

---

[1] Vgl. *Brandt*, Die Hauptversammlung der Europäischen Aktiengesellschaft (SE), 2004, 173; BeckOGK/ *Eberspächer* Rn. 1; Kölner Komm AktG/*Kiem* Rn. 1.

[2] Zust. Lutter/Hommelhoff/Teichmann/*Spindler* Rn. 7; Kölner Komm AktG/*Kiem* Rn. 6; Kölner Komm AktG/*Kiem* Art. 54 Rn. 11 f.; Habersack/Drinhausen/*Bücker* Rn. 4; vgl. auch *Schwarz* Rn. 7.

[3] Vgl. *Brandt*, Die Hauptversammlung der Europäischen Aktiengesellschaft (SE), 2004, 183 f.; *Maul* in Van Hulle/Maul/Drinhausen SE-HdB Abschn. 5 § 4 Rn. 45.

[4] Ebenso *Brandt*, Die Hauptversammlung der Europäischen Aktiengesellschaft (SE), 2004, 184; Habersack/ Drinhausen/*Bücker* Art. 54 Rn. 20 f.; NK-SE/*Mayer* Art. 54 Rn. 23; iErg auch *Maul* in Van Hulle/Maul/ Drinhausen SE-HdB Abschn. 5 § 4 Rn. 47.

AktG (Entlastung der Organmitglieder). Ferner finden gem. Art. 9 Abs. 2 lit. c Ziff. iii die satzungsmäßigen Einberufungsgründe (→ AktG § 121 Rn. 8) auf die SE mit Sitz in Deutschland ebenso Anwendung wie die von der SE vertraglich vereinbarten Einberufungspflichten (→ AktG § 121 Rn. 11). Auf der **Rechtsfolgenseite** gelten bei einem Verstoß gegen die EU-rechtlichen oder aktienrechtlichen Einberufungspflichten die Erl. zu → AktG § 121 Rn. 13. Die Frage nach den Folgen einer grundlosen Einberufung (→ AktG § 121 Rn. 14) stellt sich wegen des jederzeitigen Einberufungsrechts nach Art. 54 Abs. 2 nicht.

b) **Einberufungszeitpunkt.** Sowohl die Hauptversammlungsfrequenz als auch die Frist für die Abhaltung der ordentlichen Hauptversammlung ist in Art. 54 Abs. 1 gemeinschaftsrechtlich geregelt. Nicht geregelt ist dagegen die Frage, zu welchem Zeitpunkt die Einberufung der ordentlichen – und schon gar nicht einer außerordentlichen – Hauptversammlung stattzufinden hat. Diese Frage beantwortet sich für die SE mit Sitz in Deutschland kraft der Verweisung in Art. 53 nach aktienrechtlichen Grundsätzen (→ AktG § 121 Rn. 12). **4**

c) **Einberufungsberechtigte.** Die Fragen zur Einberufungsberechtigung werden zu Art. 54 Abs. 2 (→ Art. 54 Rn. 8 f.) erläutert. **5**

d) **Form und Inhalt der Einberufung.** Kraft der Verweisung auf das nationale Recht in Art. 53, 54 Abs. 2 hat die Einberufung der SE-Hauptversammlung mit Sitz in Deutschland nach § 121 Abs. 3 AktG zu erfolgen. Dies geschieht zwingend durch Bekanntmachung im Bundesanzeiger (vgl. § 25 AktG),[5] die wegen Art. 10 (zumindest auch) **in deutscher Sprache** zu erfolgen hat.[6] Daneben sind bei börsennotierten Gesellschaften die § 121 Abs. 4a AktG und § 124a AktG zu beachten. Inhaltlich hat die Einberufungsbekanntmachung die in § 121 Abs. 3 S. 2 AktG aufgeführten Angaben zu enthalten. Um der Nichtigkeitsfolge der § 241 Nr. 1 AktG iVm § 121 Abs. 3 S. 1 AktG zu entgehen, sollte die Firma in der Einberufungsbekanntmachung mit dem Rechtsformzusatz „Societas Europae" oder „SE" versehen sein und vorsorglich neben dem Sitz der Gesellschaft zur Abgrenzung von namensgleichen Gemeinden im Ausland einen Hinweis auf Deutschland als Sitzstaat enthalten.[7] **6**

e) **Einberufungsfrist.** Für die Einberufungsfrist gilt kraft der Verweisung in Art. 53 die 30-Tage-Frist des § 123 Abs. 1 AktG. Für die Berechnung der Frist, insbesondere für die (Nicht-)Berücksichtigung von Sonn- und Feiertagen zu Fristbeginn und -ende, wird auf die Erl. zu § 123 (→ Rn. 3 ff.) verwiesen. Die für Übernahmefälle in § 16 Abs. 4 S. 1 WpÜG vorgesehene Fristverkürzung gilt wegen Art. 10 auch für die SE. Für Hauptversammlungen einer deutschen SE, die im Jahr 2020 stattfindet, gilt zudem die Fristverkürzung des am 28.3.2020 in Kraft getretenen § 1 Abs. 3 COVMG.[8] **7**

2. **Tagesordnung.** Für die SE mit Sitz in Deutschland ergibt sich die Notwendigkeit einer Tagesordnung aus Art. 53, 54 Abs. 2 iVm § 121 Abs. 3 S. 2 AktG. Die letztgenannte Vorschrift bindet die Tagesordnung zwingend an die Einberufungsfrist, was auf gemeinschaftsrechtlicher Ebene mit Art. 55 Abs. 2 harmoniert.[9] Ebenso wie die Einberufung selbst **8**

---

[5] Eine Bekanntmachung im EU-Amtsblatt ist wegen des Umkehrschlusses aus Art. 14 weder erforderlich noch als einziger Weg der Bekanntmachung zulässig, vgl. *Brandt*, Die Hauptversammlung der Europäischen Aktiengesellschaft (SE), 2004, 178; Lutter/Hommelhoff/Teichmann/*Spindler* Art. 54 Rn. 19; Habersack/Drinhausen/*Bücker* Art. 54 Rn. 25.

[6] IErg – wenngleich nicht in der Begründung – ebenso Habersack/Drinhausen/*Bücker* Art. 54 Rn. 25; Lutter/Hommelhoff/Teichmann/*Spindler* Art. 54 Rn. 19; NK-SE/*Mayer* Art. 54 Rn. 28.

[7] Zust. Lutter/Hommelhoff/Teichmann/*Spindler* Art. 54 Rn. 20.

[8] Gesetz über Maßnahmen im Gesellschafts-, Genossenschafts-, Vereins-, Stiftungs- und Wohnungseigentumsrecht zur Bekämpfung der Auswirkungen der COVID-19-Pandemie vom 27.3.2020 (BGBl. 2020 I 569, 570), verkündet als Art. 2 Gesetz zur Abmilderung der Folgen der COVID-19-Pandemie im Zivil-, Insolvenz- und Strafverfahrensrecht vom 27.3.2020 (BGBl. 2020 I 569).

[9] *Brandt*, Die Hauptversammlung der Europäischen Aktiengesellschaft (SE), 2004, 186 weist zu Recht darauf hin, dass die in Art. 55 Abs. 2 für Minderheitsverlangen vorgeschriebene Verbindung zwischen Einberufung und Tagesordnung erst recht für die Verwaltung gelten muss; inzwischen haben sich alle Fragen zum Verbindungsgebot zwischen Einberufung und Tagesordnung durch die Aktionärsrechte-RL und deren Umsetzung (in Deutschland durch Gesetz vom 30.7.2009, BGBl. 2009 I 2479) erledigt.

(→ Rn. 6) muss auch die Tagesordnung **in deutscher Sprache** abgefasst sein. Im Übrigen gelten die Erl. zu § 121 AktG für die SE mit Sitz in Deutschland (→ AktG § 121 Rn. 1 ff.). Dies betrifft wegen der Spezialverweisung in Art. 56 S. 2 auch die Bekanntmachungsfrist nach § 124 Abs. 1 S. 1 AktG für ein Ergänzungsverlangen von Minderheitsaktionären.

9   **3. Zeit und Dauer der Hauptversammlung.** Mangels gemeinschaftsrechtlicher Regelungen zur Zeit oder zur Dauer der Hauptversammlung gilt für die SE mit Sitz in Deutschland nach Art. 53, 54 Abs. 2 das Aktienrecht. Dieses schreibt in § 121 Abs. 3 S. 1 AktG lediglich die Angabe der Zeit der Hauptversammlung in der Einberufungsbekanntmachung vor; materiell-rechtliche Vorschriften zur Zeit oder Dauer der Hauptversammlung existieren dagegen nicht. Fraglich ist daher, ob die allgemeinen Regeln hierzu (→ AktG § 121 Rn. 34 ff.) für die SE eine Abwandlung erfordern. Dies ist hinsichtlich der **Auswahl des Versammlungstages** nicht der Fall; mangels EU-einheitlicher Feiertagsregelungen muss es vielmehr bei der Berücksichtigung bundeseinheitlicher Feiertage in Deutschland als „Untage" für eine Hauptversammlung verbleiben.[10] Auch für eine Eingrenzung der **Uhrzeiten für einen Versammlungsbeginn** (→ AktG § 121 Rn. 36) besteht angesichts der international ständig optimierten Verkehrsverbindungen kein Anlass. Schließlich gebietet die Internationalität des Aktionärskreises auch keine Modifikation der Rechtsfolgen einer Versammlungsdauer über den Einberufungstag hinaus. Im Gegenteil streitet die Notwendigkeit einer exakten Reiseplanung dafür, den nach Mitternacht gefassten Beschlüssen wegen Verstoßes gegen § 121 Abs. 3 S. 1 AktG die Wirksamkeit zu versagen, wenn die Hauptversammlung nicht auch (zumindest vorsorglich) für den Folgetag einberufen war (→ AktG § 121 Rn. 35).[11]

10 **4. Ort der Hauptversammlung.** Nach Art. 53, 54 Abs. 2 iVm § 121 Abs. 3 S. 1 AktG muss die Einberufung der Hauptversammlung einer SE mit Sitz in Deutschland die Ortsangabe enthalten. Daneben regelt § 121 Abs. 5 AktG die materielle Zulässigkeit denkbarer Hauptversammlungsorte auch für die SE. In diesem Zusammenhang stellen sich drei Fragen: *Erstens*: Sind Hauptversammlungen von in Deutschland domizilierenden Gesellschaften (AG oder SE) im Ausland überhaupt zulässig? Diese Frage wurde für das nationale Recht schon bisher von der überwiegenden Meinung (→ AktG § 121 Rn. 92 mwN) und jüngst auch vom BGH[12] im Grundsatz bejaht. *Zweitens:* Falls man Hauptversammlungen im Ausland grundsätzlich zulässt, stellt sich die weitere Frage, ob dem Satzungsgeber der SE ein größerer Spielraum bei der **Internationalität des Versammlungsortes** einzuräumen ist, als ihn die wohl hM einer AG im Rahmen des § 121 Abs. 5 zubilligt (→ AktG § 121 Rn. 91 ff. mwN). Diese Frage ist ebenfalls zu bejahen.[13] Die in Art. 8 eröffnete Möglichkeit zur Sitzverlegung in einen anderen Mitgliedstaat streitet nämlich dafür, dass die weniger einschneidende Maßnahme – nämlich die satzungsmäßige Vorsehung anderer EU-Staaten als Hauptversammlungsort – als gemeinschaftsrechtliches Argument im Rahmen des § 121 Abs. 5 AktG Berücksichtigung finden muss.[14] *Drittens:* Wo liegen die Grenzen einer rechtmäßigen Satzungsregelung über die Zulassung einer Hauptversammlung im Ausland? Hierzu hat der BGH zu Recht darauf hingewiesen, dass (beliebige) Auswahlkriterien in der Satzung mit einer Abdeckungsreichweite über die gesamte EU hinweg den Anforderun-

---

[10] So auch *Schwarz* Art. 54 Rn. 7; *Maul* in Van Hulle/Maul/Drinhausen SE-HdB Abschn. 5 § 4 Rn. 43; relativierend Kölner Komm AktG/*Kiem* Rn. 6; Kölner Komm AktG/*Kiem* Art. 54 Rn. 25, der auch einen Feiertag am (ausländischen) Versammlungsort ausschließt.

[11] Zust. Lutter/Hommelhoff/Teichmann/*Spindler* Rn. 11; aA Kölner Komm AktG/*Kiem* Rn. 12; Habersack/Drinhausen/*Bücker* Rn. 18.

[12] Vgl. BGHZ 203, 68 = AG 2015, 82 = NJW 2015, 336 (jeweils Rn. 8 ff.) – IMW Immobilien SE.

[13] Ebenso *Brandt,* Die Hauptversammlung der Europäischen Aktiengesellschaft (SE), 2004, 175 f.; *Maul* in Van Hulle/Maul/Drinhausen SE-HdB Abschn. 5 § 4 Rn. 42; Lutter/Hommelhoff/Teichmann/*Spindler* Rn. 9; einschr. Kölner Komm AktG/*Kiem* Rn. 9, der sich dabei allerdings bereits auf die Zulässigkeit ausländischer Versammlungsorte nach dem AktG stützt; offengelassen von BGHZ 203, 68 = AG 2015, 82 = NJW 2015, 336 (jeweils Rn. 10) – IMW Immobilien SE.

[14] AA jetzt BGHZ 203, 68 = AG 2015, 82 = NJW 2015, 336 (jeweils Rn. 11) – IMW Immobilien SE.

gen des § 121 Abs. 5 AktG nicht genügen.[15] Umgekehrt ist es nicht unbedingt erforderlich, dass der Versammlungsort überhaupt innerhalb der EU liegt, sodass grundsätzlich auch die Schweiz ein taugliches Versammlungsterrain abgibt. Beiden Anforderungen kann die Satzung nur dadurch Rechnung tragen, dass sie entweder durch eigene Festlegungen oder durch Einräumung eines entsprechenden Ermessens an das Einberufungsorgan dafür Sorge trägt, dass das Teilnahmeinteresse der Aktionäre gewahrt wird. Letztlich umschreiben diese Vorgaben nichts anderes als eine satzungsmäßig zu berücksichtigende **Zumutbarkeit der Anreise** (→ AktG § 121 Rn. 91). Nimmt man die Abneigung des BGH gegen Versammlungsorte an den „Rändern der Europäischen Union"[16] ernst, so bleibt dem Satzungsgeber nur eine Beschränkung auf definierte (oder bestimmbare) Orte in Zentraleuropa. Die Belegenheit des Versammlungsortes im Ausland ist jedenfalls per se für die künftige Praxis kein Rechtshindernis mehr.

5. Mitteilungsrechte und -pflichten. Kraft der Verweisung in Art. 53[17] gelten die Mitteilungsrechte und -pflichten nach §§ 125–127 AktG auch für die SE mit Sitz in Deutschland.[18] Durch die Neufassung des § 125 Abs. 5 AktG ist die Gleichbehandlung aller Finanzdienstleister innerhalb der EU dabei hinreichend sichergestellt. Ebenso wie bei der Einberufungsbekanntmachung (→ Rn. 6) genügt die SE den Verpflichtungen aus §§ 125 f. AktG durch die Publizität (zumindest auch) **in deutscher Sprache.**[19] Gegenüber der Aktiengesellschaft zwingt die SE mit Sitz in Deutschland bei der Anwendung der §§ 125–127 AktG jedoch zu zwei Modifikationen: Zum einen fällt die Schuldnerstellung hinsichtlich der Mitteilungspflichten nach §§ 125 f. AktG bei der monistisch strukturierten SE dem Verwaltungsorgan mit der Folge zu, dass § 125 Abs. 3 und 4 AktG hier keine Anwendung finden.[20] Zum anderen wird man § 125 Abs. 1 S. 5 Hs. 2 AktG EU-konform dahingehend auslegen müssen, dass die Angabe von Mitgliedschaften in vergleichbaren Kontrollgremien innerhalb der EU zwingend mit der für den 1. Halbsatz gültigen Rechtsfolge (→ AktG § 125 Rn. 41) erfolgen muss.[21]

6. Vorbereitungspflichten der Kreditinstitute. Für die SE mit Sitz in Deutschland verwies Art. 53 uneingeschränkt auch auf § 128 AktG aF. Die dort bis vor kurzem geregelten Vorbereitungspflichten der Kredit- und Finanzdienstleistungsinstitute galten folglich auch für die Hauptversammlung der SE. Mit der ersatzlosen Streichung des § 128 AktG aF durch das ARUG II[22] ist diese Verweisung obsolet geworden.

7. Anmeldung der Aktionäre. Über die Verweisung in Art. 53 findet auf die SE mit Sitz in Deutschland auch § 123 AktG Anwendung. Danach kann die Satzung die Teilnahme an der Hauptversammlung von einer rechtzeitigen Anmeldung der Aktionäre abhängig machen.[23] Gemeinschaftsrechtliche Einwände gegen derartige Teilnahmevoraussetzungen sind nicht ersichtlich. Dies gilt auch hinsichtlich der Legitimation über die Eintragung im Aktienregister (für Namensaktionäre) bzw. über einen Stichtagsnachweis des depotführenden Kreditinstituts (für Inhaberaktionäre).

III. Ablauf der Hauptversammlung

1. Ausübung der Mitgliedschaftsrechte in der Hauptversammlung. a) Teilnahmerecht/Teilnahmepflicht. Mit Ausnahme des Art. 38 lit. a, der von der „Hauptver-

---

[15] Vgl. BGHZ 203, 68 = AG 2015, 82 = NJW 2015, 336 (jeweils Rn. 20) – IMW Immobilien SE.
[16] So BGHZ 203, 68 = AG 2015, 82 = NJW 2015, 336 (jeweils Rn. 21) – IMW Immobilien SE.
[17] Nach *Schwarz* Rn. 12, Lutter/Hommelhoff/Teichmann/*Spindler* Rn. 13 und Habersack/Drinhausen/*Bücker* Rn. 12 soll sich die Anwendung des nationalen Rechts hierzu ausschließlich aus Art. 54 Abs. 2 ergeben. Auf die Rechtsfolgen hat diese veränderte Anknüpfung keinen Einfluss.
[18] *Maul* in Van Hulle/Maul/Drinhausen SE-HdB Abschn. 5 § 4 Rn. 60; *Schwarz* ZIP 2001, 1847 (1857).
[19] Vgl. *Brandt*, Die Hauptversammlung der Europäischen Aktiengesellschaft (SE), 2004, 177 f.
[20] Vgl. BeckOGK/*Eberspächer* Rn. 5; Lutter/Hommelhoff/Teichmann/*Spindler* Art. 54 Rn. 21.
[21] Zust. Lutter/Hommelhoff/Teichmann/*Spindler* Art. 54 Rn. 21.
[22] Gesetz zur Umsetzung der zweiten Aktionärsrechterichtlinie v. 12.12.2019 (BGBl. 2019 I 2637).
[23] Kölner Komm AktG/*Kiem* Rn. 15.

sammlung der Aktionäre" spricht, finden sich in der SE-VO keinerlei Anhaltspunkte für den Kreis der Hauptversammlungsteilnehmer oder für den Umfang des Teilnahmerechts. Dasselbe gilt für eine Teilnahmepflicht von Organmitgliedern. Gemäß Art. 53 findet auf die SE mit Sitz in Deutschland daher § 118 AktG Anwendung. Somit ist die SE-Hauptversammlung in Deutschland grundsätzlich eine **Präsenz-Hauptversammlung** (→ AktG § 118 Rn. 20), die satzungsmäßig um eine **Online-Teilnahme**[24] erweitert werden kann (→ AktG § 118 Rn. 80 ff.).[25] Teilnahmeberechtigt sind ausweislich Art. 38 lit. a alle Aktionäre (so auch Legitimationsaktionäre iSd § 129 Abs. 3 AktG),[26] die sich nach den jeweiligen gesetzlichen Vorschriften der Mitgliedstaaten (in Deutschland also nach §§ 164 ff. BGB, § 134 Abs. 3 AktG) vertreten lassen können.[27] Da Art. 38 lit. a das Teilnahmerecht anderer Personen nach den nationalen Rechtsvorschriften nicht sperrt,[28] umfasst der Kreis teilnahmeberechtigter Personen bei der SE in Deutschland auch die Mitglieder des Leitungs- und Aufsichtsorgans, den Versammlungsleiter (→ AktG § 118 Rn. 106) und den Notar (→ AktG § 118 Rn. 107), nicht aber den Abschlussprüfer (→ AktG § 118 Rn. 105) oder die Medienvertreter (→ AktG § 118 Rn. 109).[29] Auch Inhalt und Grenzen des Teilnahmerechts einschließlich der dazugehörigen Prüfungsprozeduren bestimmen sich über Art. 53 nach § 118 AktG. Für die **Teilnahmepflicht** der Organmitglieder gilt deshalb § 118 Abs. 3 AktG mit der Maßgabe, dass im Rahmen eines Satzungsdispenses nach § 118 Abs. 3 S. 2 AktG die reine räumliche Entfernung zwischen dem Ort der Hauptversammlung und dem Dienst- bzw. Wohnsitz des Aufsichtsratsmitglieds als Befreiungstatbestand für die SE mit Sitz in Deutschland ungeeignet ist.[30]

15 **b) Rederecht.** Auch das Rederecht in der Hauptversammlung der SE mit Sitz in Deutschland unterliegt gem. Art. 53 den aktienrechtlichen Regeln. Dies gilt für die Rechtsbegründung wie auch für Inhalt und Schranken des Rederechts. Abweichend von den im AktG anerkannten Grundsätzen wird man bei der SE die sprachlichen Schranken großzügiger ziehen und neben **Ausführungen** in deutscher Sprache auch solche **in jeder EU-Amtssprache** zulassen müssen.[31] Um derartige Ausführungen eines Aktionärs für alle Teilnehmer verständlich werden zu lassen, muss die Verwaltung der SE – insofern abweichend vom AktG (→ AktG § 118 Rn. 77) – für Übersetzungsmöglichkeiten sorgen.[32]

16 **c) Auskunftsrecht.** Während der SE-VO-Vorschlag 1989 (→ Art. 52 Rn. 3 mN) in Art. 90 SE-VO-Vorschlag 1989 das Auskunftsrecht noch auf gemeinschaftsrechtlicher Ebene zu regeln suchte, enthält die SE-VO hierzu keinerlei Bestimmungen.[33] Damit finden über Art. 53 auf die SE mit Sitz in Deutschland §§ 131 f. AktG Anwendung.[34] Die organinterne Zuständigkeit für die Erfüllung der Auskunftspflicht sowie für die Entscheidung über eine Auskunftsverweigerung liegt in der monistisch strukturierten SE allein bei den geschäftsführenden Direktoren; sonstige Mitglieder des Verwaltungsorgans sind zur Auskunft gegenüber

---

[24] Dazu Kölner Komm AktG/*Kiem* Rn. 14; Habersack/Drinhausen/*Bücker* Rn. 15.
[25] Für alle im Jahr 2020 stattfindenden Hauptversammlungen einer deutschen SE ist ausnahmsweise eine rein virtuelle Hauptversammlung zulässig, vgl. § 1 Abs. 2 COVMG vom 27.3.2020 (BGBl. 2020 I 569, 570).
[26] Zweifelnd Großkomm AktG/*Mülbert* AktG § 118 Rn. 71; wie hier Großkomm AktG/*Werner*, 4. Aufl. 1993 ff., AktG § 129 Rn. 57, jeweils zum SE-VO-Vorschlag 1991.
[27] Ebenso Habersack/Drinhausen/*Bücker* Rn. 17; eingehend Lutter/Hommelhoff/Teichmann/*Spindler* Rn. 20.
[28] Vgl. *Brandt*, Die Hauptversammlung der Europäischen Aktiengesellschaft (SE), 2004, 223.
[29] Ähnlich *Schwarz* Rn. 23; Lutter/Hommelhoff/Teichmann/*Spindler* Rn. 19.
[30] Zust. Lutter/Hommelhoff/Teichmann/*Spindler* Rn. 19.
[31] Einschr. BeckOGK/*Eberspächer* Rn. 6 und Lutter/Hommelhoff/Teichmann/*Spindler* Rn. 21: nur in englischer Sprache; dagegen Habersack/Drinhausen/*Bücker* Rn. 27; eingehend *Mohamed* NZG 2015, 1263 ff.
[32] AA Lutter/Hommelhoff/Teichmann/*Spindler* Rn. 21.
[33] Krit. zu dieser Enthaltsamkeit des Gemeinschaftsrecht bereits *Raiser* FS J. Semler, 2003, 277 (294).
[34] AllgM, vgl. BGH NZG 2014, 423 Rn. 13 = AG 2014, 402; *Schwarz* Rn. 24; BeckOGK/*Eberspächer* Rn. 6; *Maul* in Van Hulle/Maul/Drinhausen SE-HdB Abschn. 5 § 4 Rn. 61; Lutter/Hommelhoff/Teichmann/*Spindler* Rn. 22; Habersack/Drinhausen/*Bücker* Rn. 29.

Aktionären weder berechtigt noch verpflichtet.³⁵ Weiterhin gelten die für das Rederecht dargestellten sprachlichen Modifikationen (→ Rn. 15) auch für den Informationsanspruch des SE-Aktionärs aus § 131 AktG. Schließlich dürfte auch die **Auskunftsverweigerung** nach § 131 Abs. 3 S. 1 Nr. 5 AktG bei der SE insoweit zugunsten des Leitungsorgans ausgedehnt werden müssen, als sich eines seiner Mitglieder nach der Rechtsordnung *irgendeines* EU-Mitgliedstaates strafbar machen würde (→ AktG § 131 Rn. 132 ff.).³⁶ Im Übrigen gelten die Erl. zu §§ 131, 132 AktG einschließlich der verfahrensrechtlichen Folgen bei einer Auskunftspflichtverletzung auch für die SE mit Sitz in Deutschland.

d) Sonstige Mitgliedschaftsrechte. Auch die sonstigen Mitgliedschaftsrechte in der Hauptversammlung der SE mit Sitz in Deutschland sind mit denjenigen des Aktionärs einer deutschen Aktiengesellschaft nach Voraussetzungen, Inhalt und Umfang identisch. Kraft der Spezialverweisung in Art. 53 gilt dies für das **Beschlussantragsrecht**, für das **Recht auf Einsichtnahme in das Teilnehmerverzeichnis**, für das **Stimmrecht** sowie für das **Widerspruchsrecht**. Sie alle sind versammlungsgebunden und nach den Regeln des AktG durch einen Vertreter ausübbar. 17

2. Versammlungsleitung. a) Person des Versammlungsleiters. Da die SE-VO weder über die Erforderlichkeit noch über die Person des Versammlungsleiters irgendwelche Regelungen enthält, sind diese über Art. 53 dem AktG zu entnehmen, sofern die SE ihren Sitz in Deutschland hat. Hinsichtlich der persönlichen Voraussetzungen gelten somit die für das nationale Recht anerkannten Neutralitätskriterien (→ AktG § 119 Rn. 106). Bei den intellektuellen Anforderungen an den Leiter der SE-Hauptversammlung sollten wegen der durchgängigen Anwendbarkeit des AktG gegenüber der AG-Hauptversammlung (→ AktG § 119 Rn. 107) keine Abstriche gemacht werden; insbesondere sind auch für die SE **Kenntnisse der deutschen Sprache** erforderlich.³⁷ Eine Modifikation gegenüber dem AktG ist allerdings für die Auswahl des Versammlungsleiters angezeigt. Bei der monistisch strukturierten SE darf dieser aus Neutralitätsgründen weder durch Satzungsbestimmung noch durch Wahl aus dem Kreis der Mitglieder des Verwaltungsorgans stammen.³⁸ 18

b) Aufgaben und Befugnisse des Versammlungsleiters. Die Aufgaben und Befugnisse des Versammlungsleiters in der SE entsprechen denjenigen einer aktienrechtlichen Hauptversammlung (→ AktG § 119 Rn. 128 ff.). Kraft seiner verbandsrechtlichen Funktion hat er unter Beachtung des Neutralitäts-, des Verhältnismäßigkeits- und des Gleichbehandlungsgebots für die ordnungsmäßige Abwicklung der Hauptversammlung zu sorgen. Hierzu gehören insbesondere die Festlegung und die Überwachung des in Art. 53 ausdrücklich erwähnten Abstimmungsverfahrens. Trotz der in Art. 58 geregelten Behandlung leerer oder ungültiger Stimmzettel kann der Leiter der SE-Hauptversammlung bei fehlender gegenläufiger Satzungsregelung auch ein **nicht-dokumentiertes Abstimmungsverfahren** (zB Zuruf) festlegen.³⁹ Dieselbe Freiheit besitzt der Versammlungsleiter bei der Anordnung des Zählverfahrens; er kann hierbei vorbehaltlich anderslautender Satzungsbestimmungen zwischen Additions- und Subtraktionsverfahren frei wählen.⁴⁰ 19

---

³⁵ Ebenso Lutter/Hommelhoff/Teichmann/*Spindler* Rn. 22; Habersack/Drinhausen/*Bücker* Rn. 31; aA *Bunz* AG 2018, 466 (470) betr. Verwaltungsrat.
³⁶ Zust. Lutter/Hommelhoff/Teichmann/*Spindler* Rn. 22; Habersack/Drinhausen/*Bücker* Rn. 31.
³⁷ Insoweit aA *Brandt*, Die Hauptversammlung der Europäischen Aktiengesellschaft (SE), 2004, 226; Kölner Komm AktG/*Kiem* Rn. 18; Lutter/Hommelhoff/Teichmann/*Spindler* Rn. 27; wohl auch *Schwarz* Rn. 17; einschr. Habersack/Drinhausen/*Bücker* Rn. 23, der eine Simultanübersetzung der versammlungsleitenden Maßnahmen fordert.
³⁸ Zust. Lutter/Hommelhoff/Teichmann/*Spindler* Rn. 26; BeckOGK/*Eberspächer* Rn. 8; aA – allerdings mit wenig überzeugender Begr. – Habersack/Drinhausen/*Bücker* Rn. 22; vermittelnd *Bunz* AG 2018, 466 (469 f.), der nur geschäftsführende Direktoren von der Versammlungsleitung ausschließen will.
³⁹ Vgl. *Brandt*, Die Hauptversammlung der Europäischen Aktiengesellschaft (SE), 2004, 235; *Maul* in Van Hulle/Maul/Drinhausen SE-HdB Abschn. 5 § 4 Rn. 72; Lutter/Hommelhoff/Teichmann/*Spindler* Rn. 28; Habersack/Drinhausen/*Bücker* Art. 8 Rn. 3.
⁴⁰ *Brandt*, Die Hauptversammlung der Europäischen Aktiengesellschaft (SE), 2004, 235; Lutter/Hommelhoff/Teichmann/*Spindler* Rn. 28.

20 **3. Dokumentation der Hauptversammlung.** Mangels originärer Regelungen in der SE-VO gelten für die Hauptversammlung der SE mit Sitz in Deutschland über Art. 53 die §§ 129, 130 AktG. Damit hat der Versammlungsleiter (zur Aufstellungspflicht des Versammlungsleiters – und nicht etwa des Vorstands – nach § 129 Abs. 1 S. 2 AktG vgl. → AktG § 129 Rn. 16) nach § 129 Abs. 1 S. 2 AktG ein **Teilnehmerverzeichnis** zu führen, das den in § 129 Abs. 2 und 3 AktG beschriebenen Anforderungen genügt. Die Publizität des Teilnehmerverzeichnisses richtet sich nach § 129 Abs. 4 AktG. Ferner ist über die Hauptversammlung der SE eine **Niederschrift** aufzunehmen (§ 130 AktG). Bei der SE mit Sitz in Deutschland ist diese nach § 130 Abs. 1 S. 1 AktG durch einen Notar anzufertigen, der den in → AktG § 130 Rn. 12 ff. dargestellten persönlichen Anforderungen genügen muss. Fraglich ist allein, ob und in welcher Form die in § 130 Abs. 1 S. 3 AktG zugelassene Erleichterung auf die SE mit Sitz in Deutschland anwendbar ist. Dass entgegen dem Wortlaut dieser Vorschrift nicht der Aufsichtsratsvorsitzende, sondern der Versammlungsleiter die Niederschrift aufzunehmen hat, entspricht bereits der nationalen Rechtslage zu § 130 Abs. 1 S. 3 AktG (→ AktG § 130 Rn. 31). Das Spezifikum der SE liegt vielmehr im Quorum für Grundlagenbeschlüsse, das für Satzungsänderungen vorbehaltlich einer strengeren mitgliedstaatlichen Mehrheit für nationale Aktiengesellschaften bei zwei Dritteln der abgegebenen Stimmen fixiert ist (vgl. Art. 59 Abs. 1). Gerade wegen der verdrängenden Spezialverweisung auf das nationale Recht der Aktiengesellschaften wird man bei der SE mit Sitz in Deutschland wegen § 179 Abs. 2 S. 1 AktG im Rahmen des § 130 Abs. 1 S. 3 AktG den Dispens von der notariellen Beurkundung nur unterhalb einer Drei-Viertel-Kapitalmehrheit (zur Maßgeblichkeit der Kapital- anstelle der Stimmenmehrheit vgl. → AktG § 130 Rn. 28) zulassen können.[41]

IV. Abstimmungsverfahren

21 Art. 53 erwähnt beim Umfang der Verweisung auf das nationale Recht der Aktiengesellschaft ausdrücklich das Abstimmungsverfahren. Da die SE-VO in Art. 58 lediglich die für die Zählung zu berücksichtigenden Stimmen definiert, richten sich alle anderen Verfahrensfragen rund um die Abstimmung für die SE mit Sitz in Deutschland nach dem AktG.[42] Die Formalien der Stimmrechtsvertretung in der SE-Hauptversammlung richten sich nach § 134 Abs. 3 AktG, bei institutionellen Stimmrechtsvertretern gilt zusätzlich § 135 AktG. Mangels einschlägiger Regelungen in der SE-VO bestimmen sich etwaige **Verbote bei der Stimmrechtsausübung** nach § 136 AktG.[43] Über das eigentliche Abstimmungsverfahren entscheiden primär die Satzung und hilfsweise der Versammlungsleiter (→ Rn. 19). Irgendwelche Abweichungen in der SE-Hauptversammlung von der AG-Hauptversammlung sind beim Abstimmungsverfahren demzufolge nicht vorhanden.

V. Beschlusskontrolle

22 Sowohl die materiell-rechtlichen Vorgaben für eine Beschlusskontrolle als auch die dazugehörigen Verfahrensbestimmungen bei der SE unterliegen ausschließlich den mitgliedstaatlichen Vorschriften[44] – bei der SE mit Sitz in Deutschland folglich dem AktG, der ZPO und (wichtig für Auskunftserzwingungsverfahren!) dem FamFG. Dies ergibt sich allerdings nicht aus der Spezialverweisung in Art. 53, sondern aus der Generalverweisung in Art. 9

---

[41] AA *Brandt*, Die Hauptversammlung der Europäischen Aktiengesellschaft (SE), 2004, 226, Fn. 1260; *Schwarz* Rn. 18; BeckOGK/*Eberspächer* Rn. 8; wie hier Kölner Komm AktG/*Kiem* Rn. 17; Lutter/Hommelhoff/Teichmann/*Spindler* Rn. 30; Habersack/Drinhausen/*Bücker* Rn. 34.
[42] AllgM, vgl. nur *Schwarz* Rn. 19.
[43] Vgl. *Brandt*, Die Hauptversammlung der Europäischen Aktiengesellschaft (SE), 2004, 239; *Schwarz* Rn. 20; Lutter/Hommelhoff/Teichmann/*Spindler* Rn. 31; *Maul* in Van Hulle/Maul/Drinhausen SE-HdB Abschn. 5 § 4 Rn. 71.
[44] Diesbezügliche gemeinschaftsrechtliche Bestimmungen in den Vorentwürfen finden sich letztmals in Art. 100 SE-VOV 1989.

Abs. 1 lit. c.[45] Damit verbleibt es für die SE mit Sitz in Deutschland bei den **aktienrechtlichen Fehlerkategorien** (Anfechtbarkeit/Nichtigkeit) für Hauptversammlungsbeschlüsse. In gleicher Weise gelten auch die Voraussetzungen und Folgen einer erfolgreichen Beschlussanfechtung (vgl. §§ 245 ff. AktG). Gemeinschaftsrechtliche Einflüsse sind lediglich im Rahmen des § 241 Nr. 3 AktG denkbar, der – insoweit vom Wortlaut abweichend – auf das Wesen der SE zu beziehen ist.[46] Hier sind vor allem bei einer monistisch strukturierten SE Nichtigkeitsgründe vorstellbar, die dem AktG fremd sind.

VI. Vollversammlung

23 Da der SE eine Vollversammlung (Universalversammlung) strukturell nicht fremd ist (→ Art. 52 Rn. 3), gilt kraft der Spezialverweisung des Art. 53[47] für die in Deutschland domizilierende SE § 121 Abs. 6 AktG. Danach bleiben alle Verstöße gegen die §§ 121–127 AktG bei vollständiger Präsenz der SE-Aktionäre sanktionslos, sofern kein Aktionär der Beschlussfassung (zum exakten Zeitfenster für eine Widerspruchsmöglichkeit der Aktionäre vgl. → AktG § 121 Rn. 97) widerspricht. Richtigerweise wird man auch Verfahrensverstöße auf gemeinschaftsrechtlicher Ebene, insbesondere gegen die in Art. 52 ff. unmittelbar geregelten Verfahrensfragen, in das Privileg des § 121 Abs. 6 AktG einbeziehen müssen.[48] Voraussetzung für die Anwendung dieses Privilegs bleibt jedoch das Vorliegen einer Hauptversammlung (→ AktG § 121 Rn. 63); ein Beschlussverfahren unter Abwesenden, wie zB ein **Beschluss-Umlaufverfahren,** kann auch bei allseitiger Zustimmung nicht zu einer wirksamen Beschlussfassung führen.[49]

VII. Selbstorganisationsrecht der Hauptversammlung

24 **1. Selbstorganisation qua Satzung.** Satzungsregelungen, die die Organisation und den Ablauf der Hauptversammlung regeln, sind in deutschen Aktiengesellschaften vielfältig – wenngleich oft mit rein gesetzeswiederholendem Wortlaut – anzutreffen. Ihre Zulässigkeitsgrenzen finden derartige Bestimmungen ausschließlich in § 23 Abs. 5 AktG. Für den Satzungsgeber der SE mit Sitz in Deutschland gilt hinsichtlich Organisation und Ablauf der Hauptversammlung über Art. 53 derselbe Dispositionsrahmen. Da die Art. 53 ff. mit Ausnahme von Art. 56 S. 3 (die Reichweite der Satzungsermächtigung in Art. 56 S. 3 entspricht derjenigen in § 122 Abs. 1 S. 2 AktG; → Art. 55, 56 Rn. 18) keine Satzungsöffnungsklausel enthalten, kann es rund um das Selbstorganisationsrecht der Hauptversammlung nicht zur Anwendung von Art. 9 Abs. 1 lit. b und damit nicht zu einer Kollision zwischen Gemeinschaftsrecht und dem AktG kommen.[50]

25 **2. Selbstorganisation qua Geschäftsordnung.** Kraft der Spezialverweisung in Art. 53 gilt für die SE in Deutschland auch § 129 Abs. 1 AktG. Damit ist die SE befugt, ihre organisatorischen und verfahrensmäßigen Abläufe der Hauptversammlung durch eine Geschäftsordnung zu regeln.[51] Gemeinschaftsrechtliche Einwände gegen eine derartige Geschäftsordnung sind nicht ersichtlich. Auf Grund der schwachen Stellung der Geschäftsordnung im Normen- und Kompetenzgefüge (→ AktG § 129 Rn. 4 ff.) verbleibt dieser

---

[45] Ebenso *Brandt*, Die Hauptversammlung der Europäischen Aktiengesellschaft (SE), 2004, 266; *Schwarz* Rn. 21; Lutter/Hommelhoff/Teichmann/*Spindler* Rn. 32; *Hirte* NZG 2002, 1 (8); *Artmann* wbl 2002, 187 (189).
[46] Zust. Lutter/Hommelhoff/Teichmann/*Spindler* Rn. 32; Habersack/Drinhausen/*Bücker* Art. 57 Rn. 32.
[47] Ob sich die Anwendbarkeit von § 121 Abs. 6 AktG hinsichtlich des Einberufungsorgans aus Art. 54 Abs. 2 ergibt, ist von rein theoretischem Wert.
[48] Zust. Lutter/Hommelhoff/Teichmann/*Spindler* Rn. 15.
[49] Vgl. *Brandt*, Die Hauptversammlung der Europäischen Aktiengesellschaft (SE), 2004, 264; Lutter/Hommelhoff/Teichmann/*Spindler* Rn. 15.
[50] Folgend Lutter/Hommelhoff/Teichmann/*Spindler* Rn. 33.
[51] Vgl. *Brandt*, Die Hauptversammlung der Europäischen Aktiengesellschaft (SE), 2004, 153; BeckOGK/*Eberspächer* Rn. 4; Lutter/Hommelhoff/Teichmann/*Spindler* Rn. 34.

jedoch auch bei der in Deutschland domizilierenden SE nur ein schmaler Anwendungsbereich (→ AktG § 129 Rn. 12).

Art. 54 [Einberufung der Hauptversammlung]

(1) ¹Die Hauptversammlung tritt mindestens einmal im Kalenderjahr binnen sechs Monaten nach Abschluss des Geschäftsjahres zusammen, sofern die im Sitzstaat der SE für Aktiengesellschaften, die dieselbe Art von Aktivitäten wie die SE betreiben, maßgeblichen Rechtsvorschriften nicht häufigere Versammlungen vorsehen. ²Die Mitgliedstaaten können jedoch vorsehen, dass die erste Hauptversammlung bis zu 18 Monate nach Gründung der SE abgehalten werden kann.

(2) Die Hauptversammlung kann jederzeit vom Leitungs-, Aufsichts- oder Verwaltungsorgan oder von jedem anderen Organ oder jeder zuständigen Behörde nach den für Aktiengesellschaften im Sitzstaat der SE maßgeblichen einzelstaatlichen Rechtsvorschriften einberufen werden.

Schrifttum: s. Art. 52.

Übersicht

	Rn.		Rn.
I. Grundsätzliches	1, 2	2. Einberufung der ersten Hauptversammlung (Abs. 1 S. 2)	7
1. Stellung der Vorschrift in der Normenhierarchie	1		
2. Nationale Ausführungsbestimmungen	2	III. Einberufungsrecht (Abs. 2)	8–11
II. Zeitpunkt der Einberufung der Hauptversammlung (Abs. 1)	3–7	1. Einberufungsberechtigte	8, 9
		a) Unmittelbare gemeinschaftsrechtliche Wirkungen	8
1. Einberufung der ordentlichen Hauptversammlung (Abs. 1 S. 1)	3–6	b) Verweisungsumfang in das nationale Recht	9
a) Tagungsfrequenz	3, 4		
b) Fristenregelung	5	2. Einberufungsgrund	10
c) Einberufungsverpflichtete	6	3. Einberufungsmodalitäten	11

I. Grundsätzliches

1. Stellung der Vorschrift in der Normenhierarchie. Art. 54 regelt in seinem Abs. 1 sowohl die **Tagungsfrequenz** als auch die **Einberufungsfrist** der sog. ordentlichen Hauptversammlung (S. 1) sowie qua Ermächtigung an die Mitgliedstaaten die – verlängerte – Einberufungsfrist für die erste Hauptversammlung (S. 2). Abs. 2 der Vorschrift begründet dagegen ein Einberufungsrecht für das Leitungs-, Aufsichts- und Verwaltungsorgan, verweist aber wegen des Einberufungsverfahrens wiederum auf die mitgliedstaatlichen Regelungen für die nationalen Aktiengesellschaften. Damit erzeugt Art. 54 in Abs. 1 S. 1 sowie in Abs. 2 (hier aber nur hinsichtlich der Einberufungsberechtigung) **unmittelbare gemeinschaftsrechtliche Geltung** in den Mitgliedstaaten. Zugleich ist dieser Regelungsumfang von der Verweisung in Art. 53 ausgenommen, da diese ihrerseits nur „unbeschadet der Bestimmungen dieses Abschnitts" gilt. Im übrigen Regelungsgehalt enthält Art. 54 eine Spezialermächtigung, die sowohl Art. 53 als auch Art. 9 Abs. 1 lit. c im Rang vorgeht.[1]

2. Nationale Ausführungsbestimmungen. Speziell für die im deutschen Aktienrecht nicht vorgesehene monistische Struktur hat der nationale Gesetzgeber in § 48 Abs. 1 SEAG für die in Deutschland domizilierende SE eine Verpflichtung des Verwaltungsrats begründet, die ordentliche Hauptversammlung unverzüglich nach Zuleitung seines Berichts iSd § 171 Abs. 1 AktG einzuberufen. Diese Vorschrift entspricht § 175 Abs. 1 S. 1 AktG, der für die dualistisch strukturierte SE auf Grund der Verweisung in Art. 53 dieselbe „Unverzüglichkeit" der Einberufung anordnet (→ Art. 53 Rn. 4).

---

[1] Ebenso Habersack/Drinhausen/*Bücker* Rn. 4.

Weder § 48 Abs. 1 SEAG noch § 175 Abs. 1 S. 1 AktG kollidieren allerdings mit Art. 54 Abs. 1, da dort nur die Frist zwischen dem Eingang des Verwaltungsrats- bzw. Aufsichtsratsbericht einerseits und der Einberufung andererseits geregelt ist, während Art. 54 Abs. 1 eine **absolute Sechsmonatsfrist** statuiert. Dies gilt auch für die Hauptversammlungen des Jahres 2020, da § 1 Abs. 5 COVMG (→ Art. 53 Rn. 7 mN) nur von der Vorschrift des § 175 Abs. 1 S. 2 AktG dispensiert.

II. Zeitpunkt der Einberufung der Hauptversammlung (Abs. 1)

1. Einberufung der ordentlichen Hauptversammlung (Abs. 1 S. 1). a) Tagungsfrequenz. aa) Anknüpfungspunkt. Nach Art. 54 Abs. 1 S. 1 tritt die Hauptversammlung mindestens einmal im Kalenderjahr zusammen. Diese kalenderjährliche Tagungsfrequenz hat ungeachtet entgegenstehender nationaler Vorschriften EU-weite Gültigkeit (vgl. Art. 9 Abs. 1 lit. a). Dass das deutsche Aktienrecht eine am Kalenderjahr orientierte Tagungsfrequenz nicht kennt, sondern die Einberufungsfrist in § 175 Abs. 1 S. 2 AktG an das Geschäftsjahresende anknüpft, führt nur scheinbar zu einer Kollision. Wegen der zwingenden zwölfmonatigen Höchstdauer des Geschäftsjahres (vgl. § 240 Abs. 2 S. 2 HGB) kommt es bei **Identität zwischen Geschäftsjahr und Kalenderjahr** zwangsläufig zu kalenderjährlichen Sitzungen. Lediglich bei Geschäftsjahresende zwischen dem 30.6. und dem 30.11. kann es theoretisch zu einem „Kalender-Leerjahr" bei der ordentlichen Hauptversammlung kommen. Hier wird man Art. 54 Abs. 1 S. 1 dahingehend auslegen müssen, dass das Geschäftsjahr (und nicht das Kalenderjahr) den maßgeblichen Anknüpfungspunkt abgibt.[2] Nach dem Zweck der Vorschrift – nämlich regelmäßige Information der Aktionäre über die Geschäftslage etwa im Jahresabstand – ist das kalendarische Jahr hierbei eher unerheblich.

bb) Zusätzliche Versammlungen. Art. 54 Abs. 1 S. 1 steht nach dessen Hs. 2 unter dem Vorbehalt einer mitgliedstaatlich schärferen Frequenzregelung, sodass eine **mitgliedstaatlich häufiger angeordnete Versammlungsfrequenz** auch für die SE gilt. Für den Sitzstaat Deutschland ist diese Einschränkung bedeutungslos. Da das AktG den Zeitpunkt der Einberufung der ordentlichen Hauptversammlung nur am Geschäftsjahresende festmacht (vgl. § 175 Abs. 1 S. 2 AktG, § 120 Abs. 1 S. 1 AktG), kann hieraus keine abweichend angeordnete Versammlungsfrequenz pro Geschäftsjahr (und damit pro Kalenderjahr) für die SE mit Sitz in Deutschland resultieren.

b) Fristenregelung. Nach Art. 54 Abs. 1 S. 1 tritt die ordentliche Hauptversammlung der SE binnen sechs Monaten nach Abschluss des Geschäftsjahres zusammen. Wie in § 175 Abs. 1 S. 2 AktG knüpft diese Fristenregelung an das Geschäftsjahresende an. Anders als in § 175 Abs. 1 S. 2 AktG (insoweit identisch mit der Entlastungsfrist des § 120 Abs. 1 S. 1 AktG) beträgt die **Frist** zwischen dem Geschäftsjahresende und dem spätesten Tag der ordentlichen Hauptversammlung (also nicht nur der Einberufung!) nach Art. 54 Abs. 1 S. 1 jedoch nur **sechs Monate**. Für die SE mit Sitz in Deutschland folgt daraus eine europarechtliche Verdrängung der Achtmonatsfrist des § 175 Abs. 1 S. 2 AktG, § 120 Abs. 1 S. 1 AktG (arg. ex Art. 9 Abs. 1).[3] Folgerichtig enthält § 48 Abs. 1 SEAG für die monistisch strukturierte SE keine dem § 175 Abs. 1 S. 2 AktG entsprechende Regelung.

c) Einberufungsverpflichtete. Art. 54 Abs. 1 S. 1 sagt nichts über die zur Einberufung der Hauptversammlung verpflichteten Organe bzw. Organmitglieder.[4] Auch Art. 54 Abs. 2 statuiert lediglich ein Einberufungsrecht, nicht aber die Pflicht zur Einberufung der ordentli-

---
[2] AA Lutter/Hommelhoff/Teichmann/*Spindler* Rn. 6; Kölner Komm AktG/*Kiem* Rn. 9; Habersack/Drinhausen/*Bücker* Rn. 8.
[3] Ebenso *Brandt,* Die Hauptversammlung der Europäischen Aktiengesellschaft (SE), 2004, 174; *Schwarz* Rn. 4; BeckOGK/*Eberspächer* Rn. 3; Lutter/Hommelhoff/Teichmann/*Spindler* Rn. 8; Habersack/Drinhausen/*Bücker* Rn. 11; *Bunz* AG 2018, 466 (467).
[4] Vgl. Habersack/Drinhausen/*Bücker* Rn. 20; Lutter/Hommelhoff/Teichmann/*Spindler* Rn. 11; *Schwarz* Rn. 8.

chen Hauptversammlung. Diese resultiert vielmehr über die Spezialverweisung des Art. 53 aus § 175 Abs. 1 S. 1 AktG, § 48 Abs. 1 SEAG, soweit die ordentliche Hauptversammlung betroffen ist (→ Art. 53 Rn. 3). Einberufungsverpflichtet ist danach bei der dualistisch strukturierten SE mit Sitz in Deutschland der Vorstand, bei monistisch strukturierter SE der Verwaltungsrat.[5] Für die organinterne Willensbildung gilt ausschließlich Art. 50 Abs. 1, der die § 121 Abs. 2 AktG, § 111 Abs. 3 AktG verdrängt, was sich insbesondere bei der Mitwirkung von materiell zu Unrecht im Handelsregister eingetragenen Vorstandsmitgliedern (vgl. § 121 Abs. 2 S. 2 AktG) auswirkt.[6]

7 **2. Einberufung der ersten Hauptversammlung (Abs. 1 S. 2).** Für die erste Hauptversammlung der SE ermächtigt Art. 54 Abs. 1 S. 2 die Mitgliedstaaten, anstelle der in S. 1 statuierten Sechsmonatsfrist eine Frist von 18 Monaten ab Gründung der SE vorzusehen. Da eine derartige Regelung dem AktG fremd ist, hat diese Ermächtigung für die SE mit Sitz in Deutschland keine Bedeutung. In diesem Fall gilt allerdings nicht die Sechsmonatsfrist des Art. 54 Abs. 1 S. 1, sondern qua teleologischer Auslegung der S. 2 die Achtmonatsfrist der § 175 Abs. 2 S. 2 AktG, § 120 Abs. 1 S. 1 AktG.[7]

III. Einberufungsrecht (Abs. 2)

8 **1. Einberufungsberechtigte. a) Unmittelbare gemeinschaftsrechtliche Wirkungen.** Art. 54 Abs. 2 gewährt das Einberufungsrecht dem Leitungs-, Aufsichts- oder Verwaltungsorgan sowie – vorbehaltlich dahingehender mitgliedstaatlicher Regelungen – einem hierzu qua Gesetz oder satzungsmäßig berufenen anderen Organ oder einer hierfür zuständigen Behörde nach den für Aktiengesellschaften im Sitzstaat der SE maßgeblichen einzelstaatlichen Rechtsvorschriften. Dieser Wortlaut ist missverständlich, weil er nicht erkennen lässt, ob die geschilderte Einberufungskompetenz eine absolute[8] oder eine solche unter dem Vorbehalt der sitzmitgliedschaftlichen Rechtsvorschriften[9] ist. Richtigerweise wird man ersteres annehmen und Abs. 2 insofern eine unmittelbare gemeinschaftsrechtliche Wirkung zuerkennen müssen. Eine bloße Verweisung des Einberufungsrechts in das Recht der Mitgliedstaaten hätte angesichts des Art. 53 keiner erneuten Regelung in Art. 54 Abs. 2 bedurft.[10] Im Ergebnis bedeutet dies eine **national nicht beschränkbare Einberufungskompetenz** des Leitungs-, Aufsichts- oder Verwaltungsorgans.

9 **b) Verweisungsumfang in das nationale Recht.** Art. 54 Abs. 2 sperrt die nationalen Einberufungskompetenzen nicht.[11] Dies ergibt sich bereits aus der Möglichkeit zur Einberufung für „jedes andere Organ". Damit beschränkt sich die Abweichung zwischen SE-VO und AktG in praxi auf das Einberufungsrecht des Verwaltungsrats bei der monistisch strukturierten SE (vgl. dazu § 22 Abs. 2 S. 1 SEAG). Das in Art. 54 Abs. 2 vorbehaltlich dahingehender mitgliedstaatlicher Regelungen ebenfalls angeordnete Einberufungsrecht einer hierfür zuständigen Behörde entspricht dem § 121 Abs. 2 S. 3 AktG, sodass sowohl die aufsichtsbehördlichen (→ AktG § 121 Rn. 25) als auch die satzungsmäßig begründeten (→ AktG § 121 Rn. 26) Einberufungsrechte für die SE mit Sitz in Deutschland Anwendung finden.[12] Keinen Unterschied macht Art. 54 Abs. 2 hingegen zwischen der ordentlichen und der **außerordent-**

---

[5] So auch *Bunz* AG 2018, 466 (469).

[6] Zutr. *Brandt*, Die Hauptversammlung der Europäischen Aktiengesellschaft (SE), 2004, 182 f.; dagegen BeckOGK/*Eberspächer* Rn. 6.

[7] AA Lutter/Hommelhoff/Teichmann/*Spindler* Rn. 9, BeckOGK/*Eberspächer* Rn. 3 und Kölner Komm AktG/*Kiem* Rn. 12, die allesamt die Sechsmonatsfrist des Abs. 1 S. 1 anwenden wollen.

[8] So die hM, vgl. Kölner Komm AktG/*Kiem* Rn. 14 f.; Lutter/Hommelhoff/Teichmann/*Spindler* Rn. 13; Habersack/Drinhausen/*Bücker* Rn. 14; *Artmann* wbl 2002, 189 (197); noch weitergehend *Brandt*, Die Hauptversammlung der Europäischen Aktiengesellschaft (SE), 2004, 182, der von einer Exklusivität der europarechtlich angeordneten Einberufungsberechtigung ausgeht.

[9] So *Schwarz* Rn. 8.

[10] Überzeugend Lutter/Hommelhoff/Teichmann/*Spindler* Rn. 13.

[11] So aber *Brandt*, Die Hauptversammlung der Europäischen Aktiengesellschaft (SE), 2004, 182.

[12] Ganz hM; aA nur *Brandt*, Die Hauptversammlung der Europäischen Aktiengesellschaft (SE), 2004, 182 f.

lichen Hauptversammlung; vielmehr gilt diese Vorschrift für alle Hauptversammlungen.[13] Für die **organinterne Willensbildung** gilt ausschließlich Art. 50 Abs. 1.

2. Einberufungsgrund. Art. 54 Abs. 2 gewährt allen einberufungsberechtigten Organen ein „jederzeitiges" Einberufungsrecht. Der Zusatz „nach den für Aktiengesellschaften im Sitzstaat der SE maßgeblichen einzelstaatlichen Rechtsvorschriften" kann sich dabei insofern nicht auf das „jederzeitige" Einberufungsrecht erstrecken, als dieses Adjektiv sonst schlichtweg überflüssig wäre und Art. 54 Abs. 2 damit zugunsten der pauschaleren Verweisung in Art. 53 gänzlich entbehrlich wäre. Das Einberufungsrecht nach Art. 54 Abs. 2 ist somit **auf europarechtlicher Ebene von jedwedem Einberufungsgrund unabhängig.** Ebenso wie das Einberufungsrecht sämtlicher Organe der SE[14] ist daher auch die Entbehrlichkeit eines Einberufungsgrundes[15] gegenüber allen Beschränkungsversuchen auf nationalstaatlicher Ebene resistent. Praktische Folgen für die SE mit Sitz in Deutschland ergeben sich daraus für das Einberufungsrecht des Leitungsorgans (bei dualistischer Struktur) bzw. des Verwaltungsorgans (bei monistischer Struktur): Das in § 111 Abs. 3 S. 1 AktG, § 22 Abs. 2 S. 1 SEAG normierte „Wohl der Gesellschaft" als nationalgesetzlicher Einberufungsgrund für das Aufsichtsorgan wird durch die gemeinschaftsrechtliche „jederzeitige" Einberufungskompetenz der Aufsichtsorgane überspielt.[16] Die auf mitgliedstaatlicher Ebene normierten **Einberufungspflichten** (→ Art. 53 Rn. 3) bleiben davon unberührt. 10

3. Einberufungsmodalitäten. Wegen der weiteren Einberufungsmodalitäten verweist Art. 54 Abs. 2 vollumfänglich auf die maßgeblichen einzelstaatlichen Rechtsvorschriften. Dies betrifft insbesondere Form und Inhalt der Einberufung (→ Art. 53 Rn. 6) sowie die Einberufungsfrist (→ Art. 53 Rn. 7). Ob die Ermächtigung an die nationalen Gesetzgeber hinsichtlich dieser Einberufungsmodalitäten aus Art. 54 Abs. 2 oder aus Art. 53 abgeleitet wird, ist von rein theoretischem Wert. 11

Art. 55 [Einberufung durch eine Minderheit der Aktionäre]

(1) Die Einberufung der Hauptversammlung und die Aufstellung ihrer Tagesordnung können von einem oder mehreren Aktionären beantragt werden, sofern sein/ihr Anteil am gezeichneten Kapital mindestens 10% beträgt; die Satzung oder einzelstaatliche Rechtsvorschriften können unter denselben Voraussetzungen, wie sie für Aktiengesellschaften gelten, einen niedrigeren Prozentsatz vorsehen.

(2) Der Antrag auf Einberufung muss die Punkte für die Tagesordnung enthalten.

(3) ¹Wird die Hauptversammlung nicht rechtzeitig bzw. nicht spätestens zwei Monate nach dem Zeitpunkt, zu dem der in Absatz 1 genannte Antrag gestellt worden ist, abgehalten, so kann das am Sitz der SE zuständige Gericht oder die am Sitz der SE zuständige Verwaltungsbehörde anordnen, dass sie innerhalb einer bestimmten Frist einzuberufen ist, oder die Aktionäre, die den Antrag gestellt haben, oder deren Vertreter dazu ermächtigen. ²Hiervon unberührt bleiben einzelstaatliche Bestimmungen, aufgrund deren die Aktionäre gegebenenfalls die Möglichkeit haben, selbst die Hauptversammlung einzuberufen.

Art. 56 [Ergänzung der Tagesordnung]

¹Die Ergänzung der Tagesordnung für eine Hauptversammlung durch einen oder mehrere Punkte kann von einem oder mehreren Aktionären beantragt wer-

---
[13] So wohl auch Lutter/Hommelhoff/Teichmann/*Spindler* Rn. 3.
[14] Vgl. dazu *Brandt*, Die Hauptversammlung der Europäischen Aktiengesellschaft (SE), 2004, 182.
[15] Ebenso Kölner Komm AktG/*Kiem* Rn. 16; Habersack/Drinhausen/*Bücker* Rn. 19; vgl. auch *Brandt*, Die Hauptversammlung der Europäischen Aktiengesellschaft (SE), 2004, 183 f., der das jederzeitige Einberufungsrecht allerdings nicht auf staatliche Stellen erstrecken will.
[16] Zutr. Habersack/Drinhausen/*Bücker* Rn. 19.

den, sofern sein/ihr Anteil am gezeichneten Kapital mindestens 10% beträgt. ²Die Verfahren und Fristen für diesen Antrag werden nach dem einzelstaatlichen Recht des Sitzstaats der SE oder, sofern solche Vorschriften nicht vorhanden sind, nach der Satzung der SE festgelegt. ³Die Satzung oder das Recht des Sitzstaats können unter denselben Voraussetzungen, wie sie für Aktiengesellschaften gelten, einen niedrigeren Prozentsatz vorsehen.

§ 50 SEAG Einberufung und Ergänzung der Tagesordnung auf Verlangen einer Minderheit

(1) Die Einberufung der Hauptversammlung und die Aufstellung ihrer Tagesordnung nach Artikel 55 der Verordnung kann von einem oder mehreren Aktionären beantragt werden, sofern sein oder ihr Anteil am Grundkapital mindestens 5 Prozent beträgt.

(2) Die Ergänzung der Tagesordnung für eine Hauptversammlung durch einen oder mehrere Punkte kann von einem oder mehreren Aktionären beantragt werden, sofern sein oder ihr Anteil 5 Prozent des Grundkapitals oder den anteiligen Betrag von 500000 Euro erreicht.

Schrifttum: s. Art. 52.

Übersicht

	Rn.		Rn.
I. Grundsätzliches	1–3	a) Prüfungs- und Befolgungspflicht	11
1. Normzweck	1	b) Einberufungsverfahren	12
2. Stellung der Vorschriften in der Normenhierarchie	2	**III. Staatliches Einberufungsverfahren (Art. 55 Abs. 3)**	13–17
3. Nationale Ausführungsbestimmungen	3	1. Allgemeines	13
II. Einberufungsantrag (Art. 55 Abs. 1 und 2, § 50 Abs. 1 SEAG)	4–12	2. Verfahrensvoraussetzungen	14
		3. Verfahrensgrundsätze	15
1. Antragsberechtigte Aktionärsminderheit	4	4. Angeordnete Einberufungswege	16, 17
2. Quorum	5, 6	a) Anordnung des Gerichts	16
a) Höhe des Quorums	5	b) Ermächtigung der Minderheit	17
b) Dauer des Quorums	6	**IV. Ergänzungsantrag (Art. 56, § 50 Abs. 2 SEAG)**	18–22
3. Einberufungsantrag	7–10	1. Allgemeines	18
a) Adressat des Antrags	7	2. Antragsvoraussetzungen und -inhalt (Art. 56 S. 1 und 3)	19, 20
b) Inhalt des Antrags (Art. 55 Abs. 2)	8	a) Antragsvoraussetzungen	19
c) Form des Antrags	9	b) Antragsinhalt	20
d) Rechtsmissbräuchlichkeit des Einberufungsantrags	10	3. Rechtsmissbrauch	21
4. Weiterbehandlung des Einberufungsantrags	11, 12	4. Antragsverfahren und -fristen (Art. 56 S. 2)	22

I. Grundsätzliches

1. Normzweck. Ebenso wie § 122 AktG[1] dienen auch Art. 55, 56 dem **Minderheitenschutz**.[2] Sie ermöglichen der Aktionärsminderheit, eine Hauptversammlung überhaupt einzuberufen (sog. **Einberufungsverlangen;** vgl. Art. 55) bzw. über ihr Anliegen im Rahmen einer bereits einberufenen Hauptversammlung beschließen zu lassen (sog. **Ergänzungsverlangen;** vgl. Art. 56). Diese mit einem Quorum von 10% des haftenden Kapitals ausgestatteten Minderheitenrechte waren bereits in Art. 83 SE-VO-Vorschlag 1991[3] enthalten, erforderten dort aber noch zusätzlich eine Begründung für das Verlangen. Nunmehr

---

[1] OLG München AG 2010, 84 (85); OLG Stuttgart AG 2009, 169 (170); OLG Frankfurt AG 2005, 442 = NZG 2005, 558 = ZIP 2005, 1419 (1420); KG AG 2003, 500 (502) = NZG 2003, 441 (443); NZG 2011, 1429 (1430); Großkomm AktG/*Werner*, 4. Aufl. 1993ff., AktG § 122 Rn. 2; *Kühn* BB 1965, 1170; relativierend *Halberkamp/Gierke* NZS 2004, 494 (495 f.).

[2] *Brandt*, Die Hauptversammlung der Europäischen Aktiengesellschaft (SE), 2004, 186; *Schwarz* Rn. 1; Kölner Komm AktG/*Kiem* Art. 55 Rn. 1; BeckOGK/*Eberspächer* Art. 55 Rn. 1; Lutter/Hommelhoff/Teichmann/*Spindler* Art. 55 Rn. 1; NK-SE/*Mayer* Art. 55 Rn. 1.

[3] Geänderter Vorschlag für eine Verordnung (EWG) des Rates über das Statut der Europäischen Aktiengesellschaft vom nicht 8.7.1991 (ABl. 1991 C 176, 1).

sind sowohl das Einberufungs- als auch das Ergänzungsverlangen voraussetzungsfrei auf europarechtlicher Ebene festgeschrieben.

2. Stellung der Vorschriften in der Normenhierarchie. Art. 55, 56 gewähren den 2 Minderheitenschutz für ein Einberufungs- bzw. Ergänzungsverlangen auf gemeinschaftsrechtlicher Ebene. Jedwede Einschränkung desselben durch mitgliedstaatliche Regelungen sind wegen Art. 9 Abs. 1 europarechtswidrig. Erleichterungen dieses Minderheitenschutzes, etwa durch ein Absenken des Quorums, sind auf nationaler Ebene dagegen möglich. Anders als beispielsweise in Art. 53, 54 kann dies allerdings nicht durch vorhandene Gesetzesvorschriften erfolgen; vielmehr sind hierzu **eigens erlassene Rechtsvorschriften** analog zum vorhandenen aktienrechtlichen Normenbestand erforderlich (vgl. Art. 55 Abs. 1 Hs. 2, Art. 56 S. 3). Aus diesem Grund hat der deutsche Gesetzgeber mit § 50 SEAG eine Vorschrift erlassen, die analog § 122 AktG das gemeinschaftsrechtlich vorgesehene Quorum von 10% auf 5% absenkt und für das Ergänzungsverlangen stattdessen auch ein (rechnerisches) Nennkapital von 500.000 Euro genügen lässt. Ebenfalls auf gemeinschaftsrechtlicher Ebene angesiedelt ist eine zweimonatige Vollzugsfrist sowie eine an die nationalen Gerichte erteilte Ermächtigung, die Hauptversammlung anstelle des hierfür zuständigen Geschäftsführungsorgans einzuberufen (vgl. Art. 55 Abs. 3 S. 1). Hinsichtlich des Verfahrens für die Verweigerung eines Ergänzungsverlangens hat der Verordnungsgeber dagegen vollumfänglich auf das bereits existierende Recht des Sitzstaats verwiesen (vgl. Art. 56 S. 2). Ein etwaiges nationales Selbsteinberufungsrecht bleibt vorbehalten (vgl. Art. 55 Abs. 3 S. 3). Anstelle der in Art. 55, 56 eröffneten Geltung der nationalen Rechtsvorschriften können auch **Satzungsregelungen** eine **verdrängende** (betreffend Art. 55 Abs. 1 Hs. 2, Art. 56 S. 3) bzw. **ergänzende** (betreffend Art. 56 S. 2) **Wirkung** entfalten. Soweit diese das Quorum für ein Minderheitsverlangen betreffen, verdrängen sie nach Art. 9 Abs. 1 lit. b) die nationalen Ausführungsbestimmungen – mithin auch § 50 SEAG (→ Rn. 3).[4] Art. 55, 56 sind damit zugleich als **partielle Spezialverweisungen** anzusehen, die den generellen Verweisungen in Art. 53, 54 vorgehen.[5]

3. Nationale Ausführungsbestimmungen. Da Art. 55, 56 nach ihrem insoweit ein- 3 deutigen Wortlaut bereits existierende mitgliedstaatliche Vorschriften zur Absenkung des Quorums für ein Minderheitsverlangen nicht anerkennen, ist eigens zu diesem Zweck § 50 SEAG erlassen worden. Dessen Abs. 1 senkt das Quorum für das Einberufungsverlangen in der SE mit Sitz in Deutschland von 10% auf 5%; dasselbe sieht Abs. 2 für das Ergänzungsverlangen mit der zusätzlichen Alternative eines (rechnerischen) Anteils am Grundkapital von 500.000 Euro vor. Damit sind die Anforderungen an die Quoren mit § 122 AktG vollständig harmonisiert worden,[6] was von Art. 55, 56 als materielles Gültigkeitserfordernis für die nationalen SE-Ausführungsbestimmungen ausdrücklich angeordnet wird. Zu Recht hat der deutsche Gesetzgeber in § 50 SEAG hingegen davon abgesehen, den europarechtswidrigen (→ Rn. 6) § 122 Abs. 1 S. 3 AktG in § 50 SEAG zu übernehmen. Eine **satzungsmäßige Festsetzung des Quorums** abweichend von den in § 50 SEAG genannten Schwellen ist im SEAG nicht ausdrücklich vorgesehen. Damit stellt sich die Frage, ob sich ihre Zulässigkeit und ihr normenhierarchischer Rang nach § 23 Abs. 5 AktG oder nach Art. 55, 56 beurteilen. Der Wortlaut der Art. 55, 56 deutet auf einen gemeinschaftsrechtlich installierten Vorrang gegenüber den einzelstaatlichen Gesetzesvorschriften hin.[7] Im Vergleich zu Art. 47 Abs. 1, zu Art. 52 UAbs. 2 oder zu Art. 56 Abs. 2 enthalten Art. 55, 56 nämlich gerade keinen Vorbehalt zu Gunsten der nationalen Vorschriften. Vielmehr wird die Geltungsreichweite der Satzung neben diejenige der mitgliedstaatlichen Ausführungsbestimmungen gestellt, sodass sich ihr Vorrang gegenüber dem SE-Ausführungsgesetz der Mitgliedstaaten

---

[4] Ebenso *Schwarz* Rn. 15; Lutter/Hommelhoff/Teichmann/*Spindler* Art. 55 Rn. 7.
[5] Zust. Lutter/Hommelhoff/Teichmann/*Spindler* Art. 55 Rn. 2; aA *Maul* in Van Hulle/Maul/Drinhausen SE-HdB Abschn. 5 § 4 Rn. 51.
[6] Vgl. dazu *Neye/Teichmann* AG 2003, 169 (176); *Ihrig/Wagner* BB 2003, 969 (976).
[7] Ebenso *Brandt*, Die Hauptversammlung der Europäischen Aktiengesellschaft (SE), 2004, 194.

aus Art. 9 Abs. 1 lit. b ergibt. Dies betrifft allerdings nur eine Absenkung des Quorums unter die in § 50 SEAG geregelten Schwellen, wegen des erforderlichen **Gleichlaufs mit dem aktienrechtlichen Minderheitenschutz** jedoch nicht eine Festsetzung der europarechtlich vorgegebenen 10%igen Beteiligung am Grundkapital (teilweise anders → 3. Aufl. 2012, Rn. 3).[8] Hinsichtlich der Absenkung des Quorums für ein Einberufungs- oder Ergänzungsverlangen ist § 50 SEAG somit satzungsdispositiv;[9] hinsichtlich des Verfahrens und der Fristen stehen Satzungsregelungen zum Ergänzungsverlangen wegen des in Art. 56 S. 2 angeordneten Nachrangverhältnisses hingegen unter dem Vorbehalt des § 23 Abs. 5 AktG.

II. Einberufungsantrag (Art. 55 Abs. 1 und 2, § 50 Abs. 1 SEAG)

4 **1. Antragsberechtigte Aktionärsminderheit.** Antragsberechtigt für die Einberufung einer Hauptversammlung sind nach Art. 55 Abs. 1 ein oder mehrere Aktionäre. Erforderlich, aber auch ausreichend, ist damit die Aktionärseigenschaft des Antragstellers im Zeitpunkt des Antrags (→ Rn. 6). Vermögensrechtliche Belastungen der Aktie schaden der Antragsbefugnis ebenso wenig wie ein fehlendes Stimmrecht (→ AktG § 122 Rn. 3). Neben der materiell-rechtlichen Aktionärseigenschaft muss auch auf europarechtlicher Ebene ein unwiderleglich vermuteter Aktienbesitz (nach § 67 Abs. 2 AktG) für die SE mit Sitz in Deutschland genügen.[10] Auch gegen eine Ausübung des Einberufungsverlangens durch Dritte (→ AktG § 122 Rn. 5) sind gemeinschaftsrechtliche Einwände nicht ersichtlich. Insofern ist die **persönliche Regelungsreichweite** des Art. 55 Abs. 1 mit derjenigen in § 122 Abs. 1 AktG – und daher auch mit dem insoweit wortlautgleichen § 50 Abs. 1 SEAG – identisch.

5 **2. Quorum. a) Höhe des Quorums.** Art. 55 Abs. 1 verlangt ein Quorum von 10% am gezeichneten Kapital. § 50 Abs. 1 SEAG, der dieses Quorum für die SE mit Sitz in Deutschland auf 5% absenkt, verlangt hierfür einen 5%igen Anteil am Grundkapital. Trotz dieser sprachlichen Abweichung des § 50 Abs. 1 SEAG (die im Einklang mit § 122 Abs. 1 AktG steht) ist ein sachlicher Unterschied damit nicht verbunden.[11] Maßgeblich für die in Deutschland domizilierende SE ist damit der zum **Zeitpunkt der Antragstellung** im Handelsregister verlautbarte Betrag des Grundkapitals der SE (→ AktG § 122 Rn. 6).[12] Von diesem müssen der oder die eine Einberufung verlangenden Aktionäre einen Teilbetrag von 5% auf sich vereinigen. Abweichende Satzungsbestimmungen zum Quorum gehen allerdings vor, sofern diese keinen höheren Anteilsbesitz als die in Art. 55 Abs. 1 gemeinschaftsrechtlich festgelegten 10% verlangen (→ Rn. 3).

6 **b) Dauer des Quorums.** Für die SE mit Sitz in Deutschland stellt sich die Frage, wie lange das zum Einberufungsverlangen berechtigende Quorum vor und nach der Antragstellung bestanden hat bzw. bestehen muss. Die erstgenannte Frage betrifft die Anwendbarkeit des § 122 Abs. 1 S. 3 AktG, der eine **90-tägige Vorbesitzzeit** verlangt. Für die SE ist dieses zusätzliche Tatbestandsmerkmal auszublenden, da Art. 55 Abs. 1 die Voraussetzungen für ein Minderheitsverlangen auf gemeinschaftsrechtlicher Ebene abschließend darstellt und somit eine Einschränkung auf mitgliedstaatlicher Ebene verbietet;[13] etwaige Grenzfälle sind stattdessen unter dem Aspekt des Rechtsmissbrauchs zu betrachten. Die andere Frage betrifft die **Mindestfortwirkungsdauer des Quorums,** die insbesondere bei einem anschließen-

---

[8] Zutr. Habersack/Drinhausen/*Bücker* Art. 55 Rn. 8; dagegen *Maul* in Van Hulle/Maul/Drinhausen SE-HdB Abschn. 5 § 4 Rn. 51.
[9] *Schwarz* Art. 55 Rn. 15; Lutter/Hommelhoff/Teichmann/*Spindler* Art. 55 Rn. 7.
[10] So auch Habersack/Drinhausen/*Bücker* Art. 55 Rn. 5.
[11] Vgl. Begr. RegE zu § 50 SEAG, BT-Drs. 15/3405, 40; ebenso Habersack/Drinhausen/*Bücker* Art. 55 Rn. 7.
[12] Habersack/Drinhausen/*Bücker* Art. 55 Rn. 4; BeckOGK/*Eberspächer* Art. 55 Rn. 4.
[13] So bereits *Brandt*, Die Hauptversammlung der Europäischen Aktiengesellschaft (SE), 2004, 189 f.; iErg auch Kölner Komm AktG/*Kiem* Art. 55 Rn. 17; BeckOGK/*Eberspächer* Art. 55 Rn. 4; *Maul* in Van Hulle/Maul/Drinhausen SE-HdB Abschn. 5 § 4 Rn. 52; *Schwarz* Art. 55 Rn. 8; Lutter/Hommelhoff/Teichmann/*Spindler* Art. 55 Rn. 8; Habersack/Drinhausen/*Bücker* Art. 55 Rn. 11; NK-SE/*Mayer* Art. 55 Rn. 22.

Ergänzung der Tagesordnung 7, 8 Art. 55, 56 SE-VO

den Ermächtigungsverfahren – womöglich mit länger währendem Beschwerdeverfahren – eine Rolle spielt. Hierbei geht es nicht um eine Frage der Normenhierarchie zwischen Art. 55 einerseits und § 122 AktG, § 50 SEAG andererseits, sondern um die teleologische Auslegung eines insoweit gleich lautenden Tatbestands. Das in § 122 Abs. 3 S. 5 AktG aufgestellte Erfordernis einer Perpetuierung des Quorums bis zur rechtskräftigen Entscheidung über das Minderheitsverlangen ist auf europäischer Ebene nicht zu rechtfertigen, zumal es allein auf die Prüfungs- und Reaktionsgeschwindigkeit des Vorstands einerseits und auf die Arbeitsgeschwindigkeit der mit einem Minderheitsverlangen befassten Gerichte andererseits abstellt.[14] Daher muss es genügen, wenn das Quorum bei Stellung des Antrags nach Art. 55 Abs. 1 vorliegt. Eine nachfolgende Veräußerung der Aktien schadet demgegenüber nicht, sofern die Aktionärsstellung des bzw. der Antragsteller hierdurch nicht gänzlich verloren geht.

3. Einberufungsantrag. a) Adressat des Antrags. Art. 55 Abs. 1 sagt nichts über den 7 Adressaten des Einberufungsantrags, dh über die **verbandsinterne Empfangszuständigkeit.** Für die SE mit Sitz in Deutschland bleiben damit zwei Möglichkeiten: Entweder wird die Empfangszuständigkeit entsprechend dem umfänglichen Einberufungsrecht aus Art. 54 Abs. 2 hergeleitet[15] oder man betrachtet das Geschäftsführungsorgan (Vorstand bzw. Verwaltungsrat) als den einzig richtigen Adressaten.[16] Der letztgenannten Alternative ist der Vorzug zu geben. Das in Art. 54 Abs. 2 geregelte Einberufungsrecht korrespondiert nämlich nicht mit einer entsprechenden Einberufungspflicht; diese verbleibt vielmehr ausschließlich beim Geschäftsführungsorgan (→ Art. 53 Rn. 3). Genau diese Pflicht wird aber durch einen formell und materiell ordnungsgemäßen Einberufungsantrag von Art. 55 Abs. 1 statuiert. Deshalb kommt allein das geschäftsführende Organ als Umsetzungspflichtiger in Betracht, zumal der Aufsichtsrat ohnehin nicht immer zeitnah genug über den Einberufungsantrag entscheiden könnte.

b) Inhalt des Antrags (Art. 55 Abs. 2). Nach Art. 55 Abs. 2 muss der Antrag auf 8 Einberufung die Punkte der Tagesordnung enthalten. Wegen der Verweisung in Art. 53 ua auf § 124 AktG müssen die Minderheitsaktionäre einer SE mit Sitz in Deutschland deshalb die gewünschten Tagesordnungspunkte in Form eines oder mehrerer **Beschlussgegenstände derart präzise bezeichnen,** dass der Vorstand diese nach den Anforderungen des § 121 Abs. 3 S. 2 AktG (→ AktG § 121 Rn. 44) bekannt machen kann.[17] Im Gegensatz zu dem bis 2007 geltenden Rechtszustand[18] wird man angesichts des Art. 6 Abs. 1 lit. a Aktionärsrechte-RL auf eine **Begründung für das Einberufungsverlangen** nicht länger verzichten können (→ AktG § 122 Rn. 32).[19] Dasselbe gilt – obwohl in Art. 55 Abs. 2 nicht erwähnt – für die **Formulierung eines konkreten Beschlussantrags** für die initiierten

---

[14] Zust. – zum früheren Rechtszustand – Lutter/Hommelhoff/Teichmann/*Spindler* Art. 55 Rn. 9; iErg folgend BeckOGK/*Eberspächer* Art. 55 Rn. 4; dagegen Habersack/Drinhausen/*Bücker* Art. 55 Rn. 12; NK-SE/*Mayer* Art. 55 Rn. 24a.
[15] So *Brandt,* Die Hauptversammlung der Europäischen Aktiengesellschaft (SE), 2004, 190 f.; *Schwarz* Art. 55 Rn. 6; wohl auch *Maul* in Van Hulle/Maul/Drinhausen SE-HdB Abschn. 5 § 4 Rn. 54.
[16] So Lutter/Hommelhoff/Teichmann/*Spindler* Art. 55 Rn. 10; Kölner Komm AktG/*Kiem* Art. 55 Rn. 12; BeckOGK/*Eberspächer* Art. 55 Rn. 5; Habersack/Drinhausen/*Bücker* Art. 55 Rn. 14; NK-SE/*Mayer* Art. 55 Rn. 23.
[17] Vgl. *Brandt,* Die Hauptversammlung der Europäischen Aktiengesellschaft (SE), 2004, 191; Kölner Komm AktG/*Kiem* Art. 55 Rn. 13; Lutter/Hommelhoff/Teichmann/*Spindler* Art. 55 Rn. 11; Habersack/Drinhausen/*Bücker* Art. 55 Rn. 15; *Maul* in Van Hulle/Maul/Drinhausen SE-HdB Abschn. 5 § 4 Rn. 53; *Schwarz* Art. 55 Rn. 10; *Schwarz* ZIP 2001, 1847 (1857).
[18] AA *Schwarz* Art. 55 Rn. 11 f.; *Maul* in Van Hulle/Maul/Drinhausen SE-HdB Abschn. 5 § 4 Rn. 53; vgl. auch *Brandt,* Die Hauptversammlung der Europäischen Aktiengesellschaft (SE), 2004, 191 f., der allerdings verkennt, dass Art. 56 für ein Ergänzungsverlangen ebenfalls keine Begründung verlangt. Art. 56 S. 2 verweist nur wegen des Verfahrens und der Fristen für die Weiterbehandlung des Antrags auf das nationale Recht und eignet sich als Argument für die von *Brandt* vorgenommene Übertragung auf Art. 55 daher nicht.
[19] Lutter/Hommelhoff/Teichmann/*Spindler* Art. 55 Rn. 12; aA Habersack/Drinhausen/*Bücker* Art. 55 Rn. 16; NK-SE/*Mayer* Art. 55 Rn. 23; zuvor bereits – ohne Reflexion der Aktionärsrechte-RL – Kölner Komm AktG/*Kiem* Art. 55 Rn. 18.

Tagesordnungspunkte.[20] Daneben ist eine formelle (Zuständigkeit der Hauptversammlung) und materielle (inhaltliche Rechtmäßigkeit des verlangten Tagesordnungspunktes) Konformität der verlangten Tagesordnungspunkte sowohl mit der SE-VO als auch mit den ergänzend geltenden nationalen Vorschriften und der Satzung für ein wirksames Einberufungsverlangen unerlässlich.

9 c) **Form des Antrags.** Über die Form des Einberufungsantrags sagt Art. 55 Abs. 1 nichts. Die hieraus resultierende Regelungslücke ist somit nach Art. 53 zu schließen. Für die SE mit Sitz in Deutschland ist deshalb die **Schriftform** iSd §§ 126, 126a BGB zu fordern.[21] Gemeinschaftsrechtliche Einwände gegen ein derartiges Schriftformerfordernis sind nicht ersichtlich, zumal der mit der Einberufung einer (außerordentlichen) Hauptversammlung verbundene zeitliche und finanzielle Aufwand eine rechtssichere Initiierung rechtfertigt. Aus demselben Grunde bedarf die Rücknahme eines Einberufungsantrags ebenfalls der Schriftform.[22] Wegen des **Zusammenwirkens mehrerer Minderheitsaktionäre** zur gemeinsamen Erreichung des Quorums gelten für die in Deutschland domizilierende SE die Erl. in → AktG § 122 Rn. 12 entsprechend.

10 d) **Rechtsmissbräuchlichkeit des Einberufungsantrags.** Der mit der Einberufung einer (außerordentlichen) Hauptversammlung verbundene Aufwand hat im Zusammenhang mit Minderheitsverlangen nach § 122 AktG eine Diskussion um den Rechtsmissbrauch entfacht, die in eine – im Wesentlichen konsensfähige – Kasuistik von Missbrauchsfällen eingemündet ist (→ AktG § 122 Rn. 18 ff. mwN). Die dieser Diskussion zu Grunde liegenden Wertungen gelten grundsätzlich auch für die SE mit Sitz in Deutschland.[23] Die von Art. 55 insoweit eröffnete Regelungslücke lässt nämlich auch auf gemeinschaftsrechtlicher Ebene eine Ausfilterung solcher Einberufungsanträge zu, die ersichtlich rechtsmissbräuchlich sind. Hierzu gehören zunächst alle Einberufungsverlangen, die zeitnah zu einer gerade absolvierten oder bevorstehenden Hauptversammlung angebracht werden und keinerlei Begründung dazu enthalten, weshalb eine weitere Hauptversammlung vonnöten sei. Auch ausschließlich verbandsschädigende oder in übermäßig beleidigender Form vorgebrachte Einberufungsanträge unterliegen dem Verdikt des Rechtsmissbrauchs und damit der Unbeachtlichkeit. Insgesamt wird man hier allerdings die Rechtsfortbildung auf europäischer Ebene abwarten und allzu nationalstaatlich geprägte Missbrauchswertungen **eher zurückhaltend** behandeln müssen.[24]

11 4. **Weiterbehandlung des Einberufungsantrags. a) Prüfungs- und Befolgungspflicht.** Aus dem Wortlaut des Art. 55 Abs. 1 folgt, dass das Geschäftsführungsorgan einem formell und materiell rechtmäßigen Einberufungsantrag stattzugeben hat. Hieraus folgt – ähnlich wie bei § 122 AktG (→ AktG § 122 Rn. 37 ff.) – eine **Prüfungspflicht,** die bei Vorliegen eines rechtmäßigen Verlangens zur zwingenden Einberufung einer Hauptversammlung führt. Während die formelle Prüfung im Wesentlichen die Antragsform, den Antragsinhalt sowie das dahinter stehende Quorum umfasst, konzentriert sich die materielle Prüfung auf das (Nicht-)Vorliegen eines Rechtsmissbrauchs (→ Rn. 10). Gibt es diesbezüglich keine Einwände, so muss das Geschäftsführungsorgan die Hauptversammlung einberufen. Die Entscheidung hierüber hat es mit der in Art. 50 Abs. 1 vorgesehenen Mehrheit zu

---

[20] Lutter/Hommelhoff/Teichmann/*Spindler* Art. 55 Rn. 11; vgl. auch *Brandt,* Die Hauptversammlung der Europäischen Aktiengesellschaft (SE), 2004, 191, der jedoch für die von ihm selbst erwähnte Abweichung vom seinerzeit geltenden § 122 AktG keine Begründung anführt.
[21] Ebenso *Brandt,* Die Hauptversammlung der Europäischen Aktiengesellschaft (SE), 2004, 191; Lutter/Hommelhoff/Teichmann/*Spindler* Art. 55 Rn. 13; *Schwarz* Art. 55 Rn. 9; *Maul* in Van Hulle/Maul/Drinhausen SE-HdB Abschn. 5 § 4 Rn. 53; BeckOGK/*Eberspächer* Art. 55 Rn. 5; Kölner Komm AktG/*Kiem* Art. 55 Rn. 15.
[22] Zust. Lutter/Hommelhoff/Teichmann/*Spindler* Art. 55 Rn. 13.
[23] Eingehend dazu Kölner Komm AktG/*Kiem* Art. 55 Rn. 23 ff.; vgl. auch *Brandt,* Die Hauptversammlung der Europäischen Aktiengesellschaft (SE), 2004, 193; BeckOGK/*Eberspächer* Art. 55 Rn. 6; *Schwarz* Art. 55 Rn. 13; Lutter/Hommelhoff/Teichmann/*Spindler* Art. 55 Rn. 14; NK-SE/*Mayer* Art. 55 Rn. 23.
[24] Ebenso Lutter/Hommelhoff/Teichmann/*Spindler* Art. 55 Rn. 14.

treffen; diesbezügliche Pflichtwidrigkeiten führen zur Organhaftung nach Art. 51.[25] Hinsichtlich der **Prüfungsfrist** darf die in Art. 55 Abs. 3 S. 1 vorgesehene Zwei-Monats-Frist (für die Abhaltung der Hauptversammlung!) keineswegs voll ausgenutzt werden. Hierbei handelt es sich vielmehr um eine Höchstfrist, die an der Unverzüglichkeit der Entscheidung über den Einberufungsantrag nichts ändert (→ AktG § 122 Rn. 38).[26] Ebenso wenig wie nach § 122 AktG (→ AktG § 122 Rn. 39) ist das Geschäftsführungsorgan verpflichtet, den Minderheitsaktionären eine negative Entscheidung mitzuteilen.[27] Dasselbe gilt erst recht für die Gründe eines als formell oder materiell fehlerhaft eingestuften Einberufungsantrags. Die Befolgungspflicht des Art. 55 erschöpft sich vielmehr in der Einberufung der Hauptversammlung, die bei Antragsfehlern ohne weiteres unterbleiben kann.

b) Einberufungsverfahren. Das weitere Verfahren der Einberufung richtet sich nach Art. 53, 54 Abs. 2 und damit für die SE mit Sitz in Deutschland nach §§ 121 ff. AktG (→ Art. 53 Rn. 6 f.). Das Leitungsorgan ist hierbei gehalten, die Einberufung mit dem Hinweis auf ein dahinter stehendes Minderheitsverlangen zu versehen. Selbstverständlich kann der Vorstand die beantragte Tagesordnung auch um eigene Tagesordnungspunkte ergänzen.[28] Ebenso ist er befugt – aber nicht verpflichtet –, etwaige **Begründungen der Minderheit** bekannt zu machen. Macht anstelle des Leitungsorgans das Aufsichtsorgan nach Art. 54 Abs. 2 von seinem Einberufungsrecht unter Berücksichtigung der oppositionsseitig verlangten Tagesordnungspunkte Gebrauch, so ist der Anspruch der Minderheit aus Art. 55 Abs. 1 durch die Gesellschaft ebenfalls erfüllt.[29]

III. Staatliches Einberufungsverfahren (Art. 55 Abs. 3)

1. Allgemeines. Um den Einberufungsantrag auf europarechtlicher Ebene durchsetzen zu können, hat Art. 55 Abs. 3 den Minderheitsaktionären zwei Wege eröffnet. Zum einen kann das zuständige Gericht bzw. die zuständige Verwaltungsbehörde des Sitzstaates die Einberufung der Hauptversammlung unmittelbar anordnen (Art. 55 Abs. 3 S. 1 Alt. 1). Alternativ können ebendiese staatlichen Organe die Aktionärsminderheit analog der Regelung in § 122 Abs. 3 AktG ermächtigen, die Hauptversammlung selbst einzuberufen (Art. 55 Abs. 3 S. 1 Alt. 2). Ein auf mitgliedstaatlicher Ebene bereits existierendes Selbsteinberufungsrecht bleibt hiervon unberührt (Art. 55 Abs. 3 S. 2). Während der letztgenannte Weg der SE mit Sitz in Deutschland mangels eines gesetzlichen Selbsteinberufungsrechts verschlossen bleibt, stellt sich die Frage nach einer Priorität zwischen den beiden erstgenannten Alternativen. Mangels spezieller Verweisung in Art. 55 Abs. 3 S. 1 auf das nationale Recht ist diese Frage ausschließlich auf gemeinschaftsrechtlicher Ebene zu beantworten. Die Gleichordnung der beiden Einberufungswege in der Fassung des Art. 55 Abs. 3 zwingt dabei ungeachtet etwa vorhandener Parallelvorschriften in den einzelnen Mitgliedstaaten zum **uneingeschränkten Gleichrang beider Einberufungsalternativen**.[30] Nicht das jeweilige nationale Recht, sondern allein das nach Art. 55 Abs. 3 S. 1 berufene (und gem. Art. 68 Abs. 2 von der Bundesrepublik Deutschland zu benennende) staatliche Organ entscheidet daher für die SE mit Sitz in Deutschland autark, welcher Einberufungsweg einzuschlagen ist.[31] Eine Beschränkung auf die in § 122 Abs. 3 S. 1 AktG geregelte Ermächtigung der Minderheit ist nicht anzuerkennen. Die europarechtlich vorgegebene Gleichwertigkeit beider Alternativen führt weiter dazu, dass

---

[25] Vgl. *Brandt*, Die Hauptversammlung der Europäischen Aktiengesellschaft (SE), 2004, 196 f.; Lutter/Hommelhoff/Teichmann/*Spindler* Art. 55 Rn. 16; BeckOGK/*Eberspächer* Art. 55 Rn. 7.
[26] Zust. Lutter/Hommelhoff/Teichmann/*Spindler* Art. 55 Rn. 16; Kölner Komm AktG/*Kiem* Art. 55 Rn. 27.
[27] Ebenso Lutter/Hommelhoff/Teichmann/*Spindler* Art. 55 Rn. 15.
[28] Zust. Lutter/Hommelhoff/Teichmann/*Spindler* Art. 55 Rn. 17.
[29] *Brandt*, Die Hauptversammlung der Europäischen Aktiengesellschaft (SE), 2004, 197.
[30] Ebenso *Brandt*, Die Hauptversammlung der Europäischen Aktiengesellschaft (SE), 2004, 201 f.; Kölner Komm AktG/*Kiem* Art. 55 Rn. 50; *Schwarz* Art. 55 Rn. 28; Lutter/Hommelhoff/Teichmann/*Spindler* Art. 55 Rn. 18; BeckOGK/*Eberspächer* Art. 55 Rn. 8.
[31] So auch Habersack/Drinhausen/*Bücker* Art. 55 Rn. 26.

die Auswahlentscheidung des hierzu berufenen staatlichen Organs weder unter gemeinschaftsrechtlichen noch unter mitgliedstaatlichen Aspekten mit der Begründung angefochten werden kann, dass die jeweils andere Alternative die „rechtmäßigere" sei.[32]

14   **2. Verfahrensvoraussetzungen.** Voraussetzung für ein Verfahren nach Art. 55 Abs. 3 S. 1 ist zunächst das Vorliegen eines formell und materiell fehlerfreien Einberufungsantrags nebst Bezeichnung der dazugehörigen Tagesordnungspunkte. Hierzu gehört insbesondere das für einen solchen Antrag erforderliche Quorum von – für die SE mit Sitz in Deutschland – 5% des Grundkapitals. Dass dieses Quorum über den Zeitpunkt des Einberufungsantrags hinaus aufrechterhalten werden muss, ergibt sich aus den zu → Rn. 6 genannten Gründen aus dem gemeinschaftsrechtlichen Regelungsgefüge nicht.[33] Um ein Verfahren nach Art. 55 Abs. 3 S. 1 auszulösen, ist weiterhin Voraussetzung, dass die Gesellschaft die verlangte Hauptversammlung nicht innerhalb der genannten Frist einberuft. Diese Voraussetzung liegt immer dann unzweifelhaft vor, wenn das Leitungsorgan das **Einberufungsverlangen ausdrücklich ablehnt.**[34] Fehlt es an einer derartigen Reaktion, so kommt es auf die „Rechtzeitigkeit" iSd Art. 55 Abs. 3 S. 1 an. Mit dieser Formulierung hat das Statut der SE den Gesellschaftsorganen eine **Prüfungsfrist** eingeräumt, die derjenigen im Rahmen des § 122 AktG (→ AktG § 122 Rn. 38 mwN) weitgehend entsprechen dürfte. Diese Prüfungsfrist endet nach Art. 55 Abs. 3 S. 1 spätestens für den Fall, dass die Hauptversammlung zwei Monate nach Zugang des Einberufungsantrags immer noch nicht stattfindet. Das nach Art. 55 Abs. 3 S. 1 berufene staatliche Organ braucht diese absolute Frist allerdings nicht abzuwarten. Zeigt sich auf Grund der mitgliedstaatlich normierten oder in der Satzung der SE geregelten Einberufungsfristen schon vorher, dass die verlangte Hauptversammlung innerhalb der Zweimonatsfrist nicht abgehalten werden kann, so kann die Verfahrensentscheidung nach Art. 55 Abs. 3 S. 1 bereits vorher ergehen. Für die SE mit Sitz in Deutschland folgt hieraus, dass ein Nichterreichen der Zweimonatsfrist wegen der 30-Tage-Frist des § 123 Abs. 1 AktG bereits dann feststeht, wenn die Gesellschaft auf das Minderheitsverlangen binnen eines Monats nicht reagiert hat.[35] Allerdings wird sich ein Einberufungsantrag auch bei absehbarer Fristüberschreitung immer dann erledigt haben, wenn die Hauptversammlung bei Ablauf der Zweimonatsfrist bereits einberufen ist.[36]

15   **3. Verfahrensgrundsätze.** Gemäß § 4 S. 2 SEAG ist das Verfahren nach Art. 55 Abs. 3 S. 1 vor dem Amtsgericht (vgl. § 23a Abs. 2 Nr. 4 GVG, § 375 Nr. 4 FamFG) am Sitz der Gesellschaft (vgl. § 377 Abs. 1 FamFG) im Verfahren der freiwilligen Gerichtsbarkeit durchzuführen, sofern die SE ihren Sitz in Deutschland hat. Obwohl in Art. 55 Abs. 3 nicht ausdrücklich erwähnt, bedarf die Einleitung des staatlichen Einberufungsverfahrens eines Antrags, der nur durch die die Einberufung vergeblich verlangenden Minderheitsaktionäre gestellt werden kann;[37] ein Fortbestand des Quorums ist hierzu nicht erforderlich (→ Rn. 6). Eine **Antragsfrist** nennt Art. 55 Abs. 3 nicht. Gleichwohl ist zur Vermeidung einer Rechtsverwirkung anzunehmen, dass der Antrag in angemessener Frist nach Ablauf der Frist für die Einberufung der Hauptversammlung durch das hierzu verpflichtete Geschäftsführungsorgan gestellt werden muss.[38] Eine Antragstellung durch einen Vertreter ist ausweislich der in Art. 55 Abs. 1 S. 3 möglichen Ermächtigung ebendieses Vertreters zulässig. Ob das Verfahren als **Amtsermittlungs-**

---

[32] Zust. Lutter/Hommelhoff/Teichmann/*Spindler* Art. 55 Rn. 18.
[33] Anders *Brandt*, Die Hauptversammlung der Europäischen Aktiengesellschaft (SE), 2004, 199, dessen Hinweis auf „die Aktionäre, die den Antrag gestellt haben" (vgl. Art. 55 Abs. 3 S. 1) nur die Aktivlegitimation – nicht aber den zwingenden Fortbestand des Quorums – trägt.
[34] Ebenso Lutter/Hommelhoff/Teichmann/*Spindler* Art. 55 Rn. 25.
[35] So auch BeckOGK/*Eberspächer* Art. 55 Rn. 9; Lutter/Hommelhoff/Teichmann/*Spindler* Art. 55 Rn. 25 aE; wohl auch *Schwarz* Art. 55 Rn. 26.
[36] Zutr. Habersack/Drinhausen/*Bücker* Art. 55 Rn. 35.
[37] Zu Recht nimmt *Brandt*, Die Hauptversammlung der Europäischen Aktiengesellschaft (SE), 2004, 203 f. die anderen Aktionäre von der Antragsberechtigung ausdrücklich aus.
[38] Vgl. Habersack/Drinhausen/*Bücker* Art. 55 Rn. 32; BeckOGK/*Eberspächer* Art. 55 Rn. 10; großzügiger *Brandt*, Die Hauptversammlung der Europäischen Aktiengesellschaft (SE), 2004, 204, der von einer Frist von einem bis drei Monaten nach Verfristung des an die Gesellschaft gerichteten Einberufungsantrags ausgeht.

verfahren geführt wird, ist gemeinschaftsrechtlich nicht vorgegeben; gegen diesen – für die SE mit Sitz in Deutschland nach dem auf nationaler Ebene einschlägigen § 26 FamFG – Amtsermittlungsgrundsatz sprechen jedoch keine Einwände aus europäischer Sicht.[39] Die Entscheidung des Gerichts nach Art. 55 Abs. 3 S. 1 ist trotz des missverständlichen Wortlauts („kann") eine gebundene.[40] Liegt ein formell und materiell korrekter Einberufungsantrag an die Gesellschaft vor, so muss das Gericht die Einberufung anordnen. Lediglich bei der Entscheidung zwischen den beiden Einberufungswegen des Art. 55 Abs. 3 S. 1 ist das Gericht frei.[41] Eine **Umsetzungsfrist** für die gerichtliche Entscheidung sieht Art. 55 nicht vor; jedoch kann eine solche durch das zuständige nationale Organ angeordnet werden.[42] Die **Verfahrenskosten** bei stattgebenden Entscheidungen trägt die SE. Dass die Entscheidung des Gerichts mit einem **Rechtsmittel** angreifbar sein muss, versteht sich auch ohne ausdrückliche Regelung auf gemeinschaftsrechtlicher Ebene von selbst. Für die SE mit Sitz in Deutschland gelten hierzu die Erl. zu → AktG § 122 Rn. 62 ff.

4. Angeordnete Einberufungswege. a) Anordnung des Gerichts. Nach Art. 55 16 Abs. 3 S. 1 Alt. 1 kann die zuständige staatliche Stelle anordnen, dass die Hauptversammlung innerhalb einer bestimmten Frist einzuberufen ist. Der Wortlaut der Vorschrift und insbesondere die Fristbestimmung sprechen dafür, dass die staatliche Stelle die Einberufung nicht unmittelbar vornimmt.[43] Vielmehr ordnet sie gegenüber der **SE als Anordnungsverpflichteter** an, die Einberufung der Hauptversammlung unter Vorgabe einer hierzu bestimmten Frist vorzunehmen. Verbandsintern ist das Geschäftsführungsorgan zur Umsetzung dieser Anordnung verpflichtet. Die staatliche Stelle gibt der SE mithin nur dasjenige Verhalten auf, dass diese nach Art. 55 Abs. 1 ohnehin schuldet. Die insoweit zwischengeschaltete staatliche Autorität muss dann folgerichtig auch über eine Vollstreckungsmöglichkeit verfügen. Bei der SE mit Sitz in Deutschland ist deshalb von einer analogen Anwendung des § 888 ZPO auszugehen, ohne dass es hierzu eines gesonderten Antrags bedarf.[44]

b) Ermächtigung der Minderheit. Die Alt. 2 des Art. 55 Abs. 3 S. 1 sieht vor, dass 17 die mit der Entscheidung befasste staatliche Stelle die Minderheitsaktionäre (oder deren Vertreter) zur Einberufung der Hauptversammlung ermächtigt. Diese Variante entspricht der Regelung in § 122 Abs. 3 S. 1 AktG. Hier wie dort gelten für das Einberufungsprozedere bei der SE mit Sitz in Deutschland die §§ 121 ff. AktG (vgl. Art. 54 Abs. 2). Die Aktionärsminderheit handelt hierbei im eigenen Namen; eine unmittelbare Verpflichtung der SE gegenüber den mit der Vorbereitung und Organisation der Hauptversammlung befassten Vertragspartnern ist der SE-VO dagegen nicht zu entnehmen. Da der Minderheit aus der vorprozessualen Weigerung des Geschäftsführungsorgans, die verlangte Hauptversammlung einzuberufen, keine Kostennachteile entstehen dürfen, muss der in § 122 Abs. 4 AktG geregelte **Kostenerstattungsanspruch** bei der in Deutschland domizilierenden SE auch auf gemeinschaftsrechtlicher Ebene gelten.[45]

---

[39] So auch Kölner Komm AktG/*Kiem* Art. 55 Rn. 41; Lutter/Hommelhoff/Teichmann/*Spindler* Art. 55 Rn. 20; BeckOGK/*Eberspächer* Art. 55 Rn. 10; NK-SE/*Mayer* Art. 55 Rn. 26; ähnlich Habersack/Drinhausen/*Bücker* Art. 55 Rn. 31, der allerdings den kontradiktorischen Charakter des Verfahrens hervorhebt.

[40] Vgl. *Brandt,* Die Hauptversammlung der Europäischen Aktiengesellschaft (SE), 2004, 203; *Schwarz* Art. 55 Rn. 31; BeckOGK/*Eberspächer* Art. 55 Rn. 11; Lutter/Hommelhoff/Teichmann/*Spindler* Art. 55 Rn. 20.

[41] Ebenso *Schwarz* Art. 55 Rn. 31; BeckOGK/*Eberspächer* Art. 55 Rn. 11; Habersack/Drinhausen/*Bücker* Art. 55 Rn. 37.

[42] *Schwarz* Art. 55 Rn. 33.

[43] AA BeckOGK/*Eberspächer* Art. 55 Rn. 11: eigenes Einberufungsrecht der staatlichen Stelle; wie hier dagegen *Brandt,* Die Hauptversammlung der Europäischen Aktiengesellschaft (SE), 2004, 202; *Schwarz* Art. 55 Rn. 30; Lutter/Hommelhoff/Teichmann/*Spindler* Art. 55 Rn. 28; Habersack/Drinhausen/*Bücker* Art. 55 Rn. 38.

[44] Zust. Lutter/Hommelhoff/Teichmann/*Spindler* Art. 55 Rn. 28; vgl. auch BeckOGK/*Eberspächer* Art. 55 Rn. 11.

[45] Ausf. dazu Kölner Komm AktG/*Kiem* Art. 55 Rn. 52 f.; Habersack/Drinhausen/*Bücker* Art. 55 Rn. 46; vgl. auch *Brandt,* Die Hauptversammlung der Europäischen Aktiengesellschaft (SE), 2004, 206 f.; *Maul* in Van Hulle/Maul/Drinhausen SE-HdB Abschn. 5 § 4 Rn. 55; *Schwarz* Art. 55 Rn. 36; Lutter/Hommelhoff/Teichmann/*Spindler* Art. 55 Rn. 26; NK-SE/*Mayer* Art. 55 Rn. 28.

IV. Ergänzungsantrag (Art. 56, § 50 Abs. 2 SEAG)

18 **1. Allgemeines.** Art. 56 dient in gleicher Weise wie Art. 55 dem **Minderheitenschutz.**[46] Im Unterschied zu Art. 55 regelt Art. 56 das sog. Ergänzungsverlangen, also das Verlangen zur Ergänzung der Tagesordnung einer bereits einberufenen Hauptversammlung (zum Ergänzungsverlangen vor Einberufung einer Hauptversammlung → AktG § 122 Rn. 30). Die Parallelität beider Vorschriften entspricht derjenigen in § 122 Abs. 1 und 2 AktG. Sie wird noch dadurch gesteigert, dass § 50 Abs. 2 SEAG neben dem – gegenüber der SE-VO zulässigerweise (vgl. Art. 56 S. 3) – auf 5% abgesenkten Quorum wahlweise ein anteiliges (rechnerisches) Grundkapital von 500.000 Euro genügen lässt. Wegen der unmittelbar auf europarechtlicher Ebene angesiedelten Regelungen einerseits und der Beschränkung auf die Geltung bereits existierenden nationalen Rechts in Art. 56 S. 2 andererseits können die zu § 122 Abs. 2 AktG entwickelten Grundsätze jedoch nur teilweise übernommen werden.

19 **2. Antragsvoraussetzungen und -inhalt (Art. 56 S. 1 und 3). a) Antragsvoraussetzungen.** Auf Grund des wortlautidentischen Tatbestands der Art. 55 Abs. 1 S. 1 und Art. 56 S. 1 und 3 stimmen die Voraussetzungen für ein Ergänzungsverlangen mit denjenigen eines Einberufungsverlangens weitgehend überein. Dies gilt uneingeschränkt für die Aktionärseigenschaft des bzw. der Antragsteller (→ Rn. 4), für den Adressaten des Antrags (→ Rn. 7) sowie für die Form des Antrags (→ Rn. 9). Die Abweichungen zwischen den beiden Minderheitenrechten sind hinsichtlich ihrer Voraussetzungen dagegen entweder den nationalen Besonderheiten in Deutschland oder den strukturellen Unterschieden beider Oppositionsrechte geschuldet. Die erste Abweichung betrifft das **Quorum,** das in § 50 Abs. 2 SEAG für die SE mit Sitz in Deutschland alternativ auf 5% des Grundkapitals oder auf einen absoluten Mindestbesitz von (rechnerisch) 500.000 Euro herabgesetzt wurde. Während die erstgenannte Alternative wegen Art. 56 S. 3 unproblematisch ist, könnte die Festlegung eines absoluten Quorums auf den ersten Blick den Ermächtigungsrahmen des Art. 56 S. 3 sprengen.[47] Indes ist wegen der Intention der SE-VO, minderheitenfreundlichere Regelungen auf nationaler Ebene zuzulassen, nicht erkennbar, weshalb ein absolutes Quorum neben einem – unzweifelhaft zulässigen – relativ abgesenkten Quorums europarechtswidrig sein sollte. Die zweite Abweichung zum Einberufungsverlangen betrifft die **Dauer dieser Quoren:** Da die betreffende Hauptversammlung bei einem Ergänzungsverlangen ohnehin stattfindet, ist die Haltedauer in jedem Fall auf den Zeitpunkt der Antragstellung begrenzt.[48] Der dritte Unterschied zum Einberufungsverlangen liegt darin, dass das Ergänzungsverlangen eine bereits einberufene Hauptversammlung voraussetzt. Damit stellt sich die Frage nach dem **zulässigen Zeitpunkt der Antragstellung.** Unstreitig dürfte ein solches Ergänzungsverlangen nach Einberufung der Hauptversammlung stets zulässig sein; hier stellt sich wegen der Verweisung in Art. 56 S. 2 lediglich die Frage nach dem Fristende, um die zusätzlichen Tagesordnungspunkte nach den jeweils gültigen nationalen Rechtsvorschriften rechtzeitig publizieren zu können (für die SE mit Sitz in Deutschland gilt § 124 Abs. 1 S. 1 AktG mit dem Gebot „unverzüglicher" Bekanntmachung). Zweifelhaft könnte nach der sprachlichen Fassung des Art. 56 S. 1 dagegen ein **Ergänzungsverlangen vor Einberufung der Hauptversammlung** sein. Ebenso wie im Rahmen des § 122 Abs. 2 AktG (→ AktG § 122 Rn. 30 mwN) spricht jedoch auch gemeinschaftsrechtlich nichts dagegen, ein Ergänzungsverlangen bereits vor Einberufung einer Hauptversammlung bei der SE anzubringen;[49] in diesem Fall gilt es für die nächstfolgende Hauptversammlung

---

[46] *Brandt,* Die Hauptversammlung der Europäischen Aktiengesellschaft (SE), 2004, 208; Lutter/Hommelhoff/Teichmann/*Spindler* Rn. 1; Kölner Komm AktG/*Kiem* Rn. 1.
[47] So in der Tat mit beachtlichen Argumenten *Brandt,* Die Hauptversammlung der Europäischen Aktiengesellschaft (SE), 2004, 209 ff.; Lutter/Hommelhoff/Teichmann/*Spindler* Art. 56 Rn. 9; *Schwarz* Rn. 7 ff.; wie hier DAV, Stellungnahme zum SEAG, NZG 2004, 75 (85); BeckOGK/*Eberspächer* Art. 56 Rn. 2; Kölner Komm AktG/*Kiem* Rn. 7 f.; Habersack/Drinhausen/*Bücker* Rn. 9.
[48] Dagegen Kölner Komm AktG/*Kiem* Rn. 14; Habersack/Drinhausen/*Bücker* Rn. 12.
[49] Ebenso Kölner Komm AktG/*Kiem* Rn. 15; Lutter/Hommelhoff/Teichmann/*Spindler* Rn. 16; *Schwarz* Rn. 16; BeckOGK/*Eberspächer* Art. 56 Rn. 2; Habersack/Drinhausen/*Bücker* Rn. 17; iErg auch *Brandt,* Die

Beschlussfassung   **Art. 57 SE-VO**

b) Antragsinhalt. Inhaltlich zielt das Ergänzungsverlangen auf die Ergänzung der Tages- 20
ordnung durch einen oder mehrere Punkte (vgl. Art. 56 S. 1). Auszusondern sind daher
von vornherein **reine Beschlussanträge;** deren Vorbereitung richtet sich qua Verweisung
in Art. 53 nach dem jeweiligen nationalen Aktienrecht (bei der SE mit Sitz in Deutschland
nach §§ 125 ff. AktG; → Art. 53 Rn. 11). Fraglich ist daher allein, ob die zur Ergänzung
verlangten Tagesordnungspunkte Beschlussgegenstände sein müssen oder ob **beschlusslose
Diskussions- oder Informationspunkte** genügen. Parallel zu § 122 Abs. 2 AktG
(→ AktG § 122 Rn. 32) ist diese Frage auch auf europarechtlicher Ebene im erstgenannten
Sinne zu beantworten.[50] Da der SE-VO beschlusslose Hauptversammlungen grundsätzlich
fremd sind (→ Art. 52 Rn. 9) und auch Art. 57, 58 von einer beschlussorientierten Versammlung
ausgehen, muss das Ergänzungsverlangen auf solche Tagesordnungspunkte zielen,
die in eine Beschlussfassung einmünden.

3. Rechtsmissbrauch. Die in → Rn. 10 zum Einberufungsverlangen dargestellten 21
Grundsätze für einen Rechtsmissbrauch beanspruchen prinzipiell auch für ein Ergänzungsverlangen
Gültigkeit. Ausgenommen hiervon sind jedoch alle diejenigen Konstellationen,
bei denen gerade die Abhaltung einer gesonderten Hauptversammlung für das Verdikt der
Rechtsmissbräuchlichkeit ausschlaggebend ist, weil der hiermit verbundene Aufwand bei
einem bloßen Ergänzungsverlangen nicht droht.

4. Antragsverfahren und -fristen (Art. 56 S. 2). Art. 56 S. 2 regelt das Verfahren und 22
die Fristen für den Antrag nach S. 1 qua Spezialverweisung auf das Mitgliedstaatsrecht bzw. –
wo nicht vorhanden – nach der Satzung. Gemeint ist hiermit nicht das eigentliche Verfahren
für den Antrag selbst, sondern das Verfahrensrecht rund um seine Weiterbehandlung. Daher
kann für die SE mit Sitz in Deutschland weder die Schriftform noch der Begründungszwang
aus Art. 56 S. 2 iVm § 122 Abs. 2 AktG abgeleitet werden;[51] beides ergibt sich vielmehr
bereits aus dem europarechtlichen Tatbestand der S. 1. Bei der Weiterbehandlung des Ergänzungsverlangens
spielen Art. 56 Abs. 2 iVm §§ 122 ff. AktG für die in Deutschland domizilierende
SE gleichwohl eine erhebliche Rolle. So gebietet beispielsweise § 122 Abs. 2 AktG
eine **strikte Befolgungspflicht** (→ AktG § 122 Rn. 36), der das Geschäftsführungsorgan
bei einem formell und inhaltlich korrekten Ergänzungsvorschlag nach angemessener Prüfungsfrist
(→ AktG § 122 Rn. 38) nachkommen muss. Weiterhin gilt kraft Verweisung
auf das AktG für die SE mit Sitz in Deutschland die unverzügliche **Bekanntmachungspflicht
nach § 124 Abs. 1 S. 1 AktG.** Für den Fall einer unberechtigten Weigerung des Geschäftsführungsorgans
sieht Art. 56 – anders als Art. 55 – **kein Durchsetzungsverfahren** vor.
Damit stellt sich die Frage, ob diesbezüglich kraft Verweisung in Art. 56 S. 2 das Verfahren
nach § 122 Abs. 3 AktG angewandt werden soll oder ob Art. 55 Abs. 3 analog gilt. Um die
Parallelität zwischen Einberufungs- und Ergänzungsverlangen nicht durch eine Zersplitterung
bei den Rechtsfolgen auf nationaler Ebene zu zerstören, ist letzteres anzunehmen.[52]
Damit gilt in allen EU-Staaten gleichermaßen Art. 55 Abs. 3 entsprechend. Für die SE mit
Sitz in Deutschland ist lediglich zu berücksichtigen, dass anstelle der Zweimonatsfrist des
Art. 55 Abs. 3 S. 1 das Unverzüglichkeitsgebot des § 124 Abs. 1 S. 1 AktG tritt.

Art. 57 [Beschlussfassung]
Die Beschlüsse der Hauptversammlung werden mit der Mehrheit der abgegebenen gültigen Stimmen gefasst, sofern diese Verordnung oder gegebenenfalls das

---

Hauptversammlung der Europäischen Aktiengesellschaft (SE), 2004, 215, dessen Wortlautargument anhand
der anderen EU-Amtssprachen (vgl. dort Fn. 1189) allerdings eher die gegenteilige Auffassung stützt.
[50] So auch *Brandt,* Die Hauptversammlung der Europäischen Aktiengesellschaft (SE), 2004, 215; *Schwarz*
Rn. 14; Lutter/Hommelhoff/Teichmann/*Spindler* Rn. 12; BeckOGK/*Eberspächer* Art. 56 Rn. 2; Habersack/
Drinhausen/*Bücker* Rn. 15.
[51] So aber *Brandt,* Die Hauptversammlung der Europäischen Aktiengesellschaft (SE), 2004, 213.
[52] Ebenso *Brandt,* Die Hauptversammlung der Europäischen Aktiengesellschaft (SE), 2004, 221; Lutter/
Hommelhoff/Teichmann/*Spindler* Rn. 21; *Schwarz* Rn. 20; Kölner Komm AktG/*Kiem* Rn. 25; BeckOGK/
Eberspächer Art. 56 Rn. 2; Habersack/Drinhausen/*Bücker* Rn. 22.

im Sitzstaat der SE für Aktiengesellschaften maßgebliche Recht nicht eine größere Mehrheit vorschreibt.

Art. 58 [Auszählung der Stimmen]

Zu den abgegebenen Stimmen zählen nicht die Stimmen, die mit Aktien verbunden sind, deren Inhaber nicht an der Abstimmung teilgenommen oder sich der Stimme enthalten oder einen leeren oder ungültigen Stimmzettel abgegeben haben.

Schrifttum: s. Art. 52.

Übersicht

	Rn.		Rn.
I. Grundsätzliches	1, 2	c) Ermittlung der Stimmenmehrheit	6
1. Normzweck	1	3. Verschärfung des Mehrheitserfordernisses	7, 8
2. Stellung der Vorschriften in der Normenhierarchie	2	a) Gesetzliche Verschärfungen	7
II. Erfordernis der Stimmenmehrheit (Art. 57)	3–8	b) Satzungsmäßige Verschärfungen	8
1. Beschlüsse der Hauptversammlung	3	III. Ermittlung der abgegebenen Stimmen (Art. 58)	9–11
2. Stimmenmehrheit	4–6	1. Nichtteilnahme an der Abstimmung	9
a) Stimmberechtigung	4	2. Stimmenthaltung	10
b) Gültige Stimmabgabe	5	3. Leere oder ungültige Stimmzettel	11

I. Grundsätzliches

1 **1. Normzweck.** Art. 57, 58 definieren auf gemeinschaftsrechtlicher Ebene ein gesetzliches Mehrheitserfordernis für alle Beschlüsse der SE-Hauptversammlung. Die europarechtliche Fixierung auf das Prinzip der einfachen Stimmenmehrheit dient ausweislich der Öffnungsklausel zu Gunsten des jeweiligen nationalen Aktienrechts in Art. 57 der Installierung eines Mindeststandards für Beschlüsse der Anteilseigner. Zugleich regelt Art. 58 die Methoden der Ermittlung von Stimmenmehrheiten und ergänzt insofern die Bemühungen des europäischen Gesetzgebers um diesbezügliche Rechtsvereinheitlichung. Art. 57, 58 bilden dabei einen **Grundtatbestand für alle Hauptversammlungsbeschlüsse.** Die einzige Ausnahme hiervon betrifft die in Art. 59 geregelten satzungsändernden Beschlüsse sowie die in der SE-VO partiell geregelten Sonderfälle (→ Art. 59 Rn. 4). Im SE-Statut völlig ungeregelt bleibt die Frage der **Beschlussfähigkeit der Hauptversammlung.** Hier wird man auf Grund der gemeinschaftsrechtlichen Regelungslücke nach Art. 9 Abs. 1 von einer ergänzenden Geltung der mitgliedstaatlichen Rechtsvorschriften und – nationalstaatliche Konformität vorausgesetzt – der Satzung ausgehen müssen.[1] Für die SE mit Sitz in Deutschland folgt hieraus, dass vorbehaltlich einer anderweitigen Satzungsregelung die Hauptversammlung mangels aktienrechtlicher Vorgaben zur Beschlussfähigkeit bereits **bei Präsenz eines einzigen Aktionärs** beschlussfähig ist.

2 **2. Stellung der Vorschriften in der Normenhierarchie.** Art. 57, 58 beanspruchen mit ihrem Mindeststandard sowie ihren Ermittlungskriterien für die Feststellung der Stimmenmehrheit gemeinschaftsweite Geltung. Entgegenstehende mitgliedstaatliche Vorschriften werden insoweit verdrängt. Die in Art. 57 eröffneten Ausnahmen betreffen zunächst die in der SE-VO selbst verankerten qualifizierten Beschlussmehrheiten, wie zB nach Art. 8 Abs. 6 (Sitzverlegungsbeschluss) oder nach Art. 59 (Satzungsänderungsbeschluss). Weiterhin

---

[1] *Schwarz* Art. 57 Rn. 20; Lutter/Hommelhoff/Teichmann/*Spindler* Art. 57 Rn. 7; BeckOGK/*Eberspächer* Art. 58 Rn. 2; Kölner Komm AktG/*Kiem* Art. 57 Rn. 9; Habersack/Drinhausen/*Bücker* Art. 57 Rn. 5; einschr. *Brandt*, Die Hauptversammlung der Europäischen Aktiengesellschaft (SE), 2004, 228 ff. (insbes. 234).

enthält Art. 57 einen Vorbehalt zu Gunsten des (auch des ungeschriebenen)[2] Aktienrechts im Sitzstaat (nicht aber zu Gunsten des Satzungsgebers; → Rn. 8), sofern dieses eine größere Mehrheit vorschreibt. Ohne jeden Vorbehalt zu Gunsten des nationalen Gesetzgebers stellt sich dagegen Art. 58 dar. Weil diese Norm allerdings nur die abgegebenen Stimmen zur Ermittlung der Stimmenmehrheit nach Art. 57 regelt, unterliegen alle Verfahrensanordnungen rund um das Abstimmungsverfahren (einschließlich der Anordnung eines anderen Abstimmungsverfahrens als mittels Stimmzettel; vgl. → Art. 53 Rn. 19) nach Art. 53 den mitgliedstaatlichen Rechtsvorschriften.[3] Art. 57, 58 sind daneben mangels ausdrücklicher Zulassung **satzungsresistent** (Art. 9 Abs. 1 lit. b); Satzungsregelungen zur Ermittlung von Abstimmungsergebnissen, die Art. 58 nicht zuwiderlaufen, sind hingegen zulässig.[4]

II. Erfordernis der Stimmenmehrheit (Art. 57)

1. Beschlüsse der Hauptversammlung. Art. 57 bezieht sich mit seinem Erfordernis 3 der einfachen Stimmenmehrheit ausschließlich auf Beschlüsse der Hauptversammlung. Hierunter fallen alle Verfahrens- und Sachbeschlüsse. Ob der Beschluss positiven oder negativen Inhalts ist, spielt für die Anwendung dieser Norm keine Rolle. Art. 57 gilt daneben auch für **Wahlen;** für die in Deutschland domizilierende SE ist die hierfür in § 133 Abs. 2 AktG enthaltene Erleichterung gegenüber dem Erfordernis der einfachen Stimmenmehrheit wegen Verstoßes gegen Art. 57 allerdings unbeachtlich.[5]

2. Stimmenmehrheit. a) Stimmberechtigung. Nach dem eindeutigen Wortlaut des 4 Art. 57 ist die Mehrheit der abgegebenen gültigen Stimmen erforderlich. Dies setzt voraus, dass die an der Abstimmung teilnehmenden Aktien überhaupt stimmberechtigt sind. Hierzu finden sich in der SE-VO keinerlei Regelungen mit der Folge, dass wegen der Verbindung der Stimmrechte mit den Aktien nach Art. 5 die aktienrechtlichen Vorschriften der jeweiligen Mitgliedstaaten gelten.[6] Für die SE mit Sitz in Deutschland[7] folgt hieraus nicht nur die Geltung des § 134 Abs. 2 AktG und damit die Stimmrechtslosigkeit vor Leistung der Einlage. Auch **individuelle Stimmrechtsverbote oder -beschränkungen** nach § 20 Abs. 7 AktG, §§ 71b, 136 AktG und § 328 AktG, § 28 WpHG sind bei der in Deutschland domizilierenden SE zu berücksichtigen.[8] Desgleichen sind auch das fehlende Stimmrecht aus stimmrechtslosen Vorzugsaktien sowie etwaige satzungsmäßige Höchststimmrechte zu beachten.

b) Gültige Stimmabgabe. Fast schon tautologisch verlangt Art. 57 eine gültige Stimme 5 für die Berechnung der einfachen Stimmenmehrheit, ohne hierfür eine nähere Definition zu liefern. Bei der SE mit Sitz in Deutschland wird man deshalb auf die **aktienrechtlichen Gültigkeitshindernisse** zurückgreifen müssen.[9] Hierzu gehören zum einen Wirksamkeitshindernisse in der Person des abstimmenden Aktionärs (fehlende Vollmacht, Geschäftsunfähigkeit oÄ). Zum anderen zählen Verstöße gegen die vorgeschriebene Abstimmungsform, nicht eindeutige Inhalte der Stimmabgabe oder fehlende Stimmrechte aus den abstimmenden Aktien zur Kategorie der ungültigen Stimmen. Insoweit bestehen keine gemeinschaftsrechtlichen Besonderheiten.

c) Ermittlung der Stimmenmehrheit. Mit Ausnahme der in Art. 58 enthaltenen 6 Definition der „abgegebenen Stimmen" sagt die SE-VO nichts über die Methoden zur

---

[2] Insoweit abweichend von Art. 52 UAbs. 2 (→ Art. 52 Rn. 22).
[3] So auch Habersack/Drinhausen/*Bücker* Rn. 2.
[4] Vgl. *Brandt,* Die Hauptversammlung der Europäischen Aktiengesellschaft (SE), 2004, 235.
[5] *Schwarz* Art. 57 Rn. 22; Lutter/Hommelhoff/Teichmann/*Spindler* Art. 57 Rn. 5.
[6] Ebenso *Brandt,* Die Hauptversammlung der Europäischen Aktiengesellschaft (SE), 2004, 237 f.; Lutter/Hommelhoff/Teichmann/*Spindler* Art. 57 Rn. 8; Kölner Komm AktG/*Kiem* Art. 57 Rn. 11; Habersack/Drinhausen/*Bücker* Art. 57 Rn. 7.
[7] Zu den Stimmrechtsproblemen bei grenzüberschreitender Sitzverlegung Kölner Komm AktG/*Kiem* Art. 57 Rn. 13 ff.
[8] Ebenso Habersack/Drinhausen/*Bücker* Art. 57 Rn. 7.
[9] Lutter/Hommelhoff/Teichmann/*Spindler* Art. 57 Rn. 9.

Ermittlung der einfachen Stimmenmehrheit. Insbesondere das zu Grunde liegende Abstimmungsverfahren unterliegt keiner gemeinschaftseinheitlichen Regelung; vielmehr kommt hierfür über die Verweisung in Art. 53 das Recht der Mitgliedstaaten zur Anwendung. Für die SE mit Sitz in Deutschland folgt hieraus, dass der Versammlungsleiter sowohl das Abstimmungsverfahren als auch das technische Verfahren zur Stimmenauszählung autark festlegen kann (→ Art. 53 Rn. 19). Insbesondere kann der Versammlungsleiter **zwischen dem sog. Additionsverfahren und dem sog. Subtraktionsverfahren frei wählen.**[10] Nationales Recht gilt über Art. 5 auch bei der Behandlung unterschiedlicher Stimmkraft, insbesondere bei **Mehrfachstimmrechten.** Für die SE mit Sitz in Deutschland sind diese wegen § 12 Abs. 2 AktG ausgeschlossen.[11]

7 **3. Verschärfung des Mehrheitserfordernisses. a) Gesetzliche Verschärfungen.** Art. 57 lässt zugunsten der jeweiligen mitgliedstaatlichen Regelungen für Aktiengesellschaften eine größere Mehrheit zu. Diese Öffnungsklausel gestattet zweifelsfrei die Anhebung des Quorums für die Stimmenmehrheit. Fraglich ist hingegen, ob nationale Verschärfungen, die alternativ oder kumulativ zur einfachen Stimmenmehrheit andere Mehrheitskriterien vorsehen, ebenfalls von der Öffnung in Art. 57 erfasst sind. Diese Frage betrifft insbesondere die Übertragbarkeit mitgliedstaatlicher Anforderungen an die **Kapitalmehrheit,** wie sie auch in zahlreichen Vorschriften des Aktiengesetzes (zB in § 129 Abs. 1 S. 1 AktG, § 179 Abs. 2 S. 1 AktG, § 182 Abs. 1 S. 1 AktG, § 293 Abs. 1 S. 2 AktG) bestehen, auf die SE. Sie ist im Hinblick auf die von der SE-VO verfolgte Rechtsvereinheitlichung zu verneinen. Bestimmte Kapitalmehrheiten oder gar die Zustimmung einzelner Aktionäre laufen dem Grundsatz der Gleichbehandlung von Aktie und Stimme („one share – one vote") fundamental zuwider. Vor allem Kapitalmehrheiten, wie sie das deutsche Aktienrecht bei allen strukturändernden Beschlüssen vorsieht, zementieren den europarechtlich unerwünschten Unterschied in der Stimmkraft der Aktien. Aus diesem Grunde sind nationalstaatliche Verschärfungen, die an andere Kriterien als eine bestimmte Mehrheit von Stimmen anknüpfen, als unzulässige Ausnahme von Art. 57 abzulehnen. Auf der anderen Seite ist der Wille des nationalen Gesetzgebers, besonders (in die Mitgliedschaft) einschneidende Beschlüsse auf eine breitere Konsensbasis unter den Aktionären zu stellen, angemessen zu berücksichtigen. In der Kombination beider vorgenannter Zielrichtungen liegt es dann nahe, nationalgesetzliche Verschärfungen des Erfordernisses einer einfachen Mehrheit mit der Maßgabe einer gleichen Stimmkraft aller Aktien für die SE zu berücksichtigen. Für die SE mit Sitz in Deutschland folgt hieraus, dass die **Verschärfungen des Mehrheitserfordernisses bei strukturändernden Beschlüssen** zwar als Ausnahme von Art. 57 anzuerkennen sind, hier jedoch anstelle der vom AktG vorgeschriebenen Kapitalmehrheit auf eine entsprechende Stimmenmehrheit abzustellen ist.[12] Völlig unbeachtlich sind hingegen **weitere Abstimmungserfordernisse** auf nationaler Ebene wie zB die in § 133 Abs. 1 AktG genannten „weiteren Erfordernisse".[13]

8 **b) Satzungsmäßige Verschärfungen.** Um von der Öffnungsklausel in Art. 57 erfasst zu werden, muss das jeweilige nationale Aktienrecht größere Mehrheiten vorschreiben. Wie aus dem Umkehrschluss zur Öffnungsklausel in Art. 59 Abs. 1 eindeutig hervorgeht, ist hiermit eine originäre und zwingende gesetzliche Regelung auf der Ebene der Mitgliedstaa-

---

[10] Zust. Lutter/Hommelhoff/Teichmann/*Spindler* Art. 57 Rn. 15; ebenso Habersack/Drinhausen/*Bücker* Art. 57 Rn. 9.
[11] Lutter/Hommelhoff/Teichmann/*Spindler* Art. 57 Rn. 15; eingehend *Brandt,* Die Hauptversammlung der Europäischen Aktiengesellschaft (SE), 2004, 237 ff., der sich auch mit der Frage der Auswirkungen auf eine grenzüberschreitende Sitzverlegung befasst.
[12] Ebenso *Brandt,* Die Hauptversammlung der Europäischen Aktiengesellschaft (SE), 2004, 247 ff. (insbes. 250); *Schwarz* Art. 57 Rn. 8 ff., insbes. 10; Lutter/Hommelhoff/Teichmann/*Spindler* Art. 57 Rn. 13; BeckOGK/*Eberspächer* Art. 58 Rn. 5; aA Kölner Komm AktG/*Kiem* Art. 57 Rn. 36 ff.; *Maul* in Van Hulle/ Maul/Drinhausen SE-HdB Abschn. 5 § 4 Rn. 65; eingehend zum Meinungsstand Habersack/Drinhausen/ *Bücker* Art. 57 Rn. 22 ff.
[13] Dazu eingehend *Schwarz* Art. 57 Rn. 16 f.

ten gemeint. Eine bloße nationalgesetzliche Öffnung zugunsten **mehrheitsverschärfender Satzungsbestimmungen** ist hingegen nicht ausreichend.[14] Die in § 133 Abs. 1 AktG, § 179 Abs. 2 S. 3 AktG eingeräumten Dispositionsfreiräume zugunsten des Satzungsgebers sind daher auf die SE mit Sitz in Deutschland nicht anwendbar.

III. Ermittlung der abgegebenen Stimmen (Art. 58)

1. Nichtteilnahme an der Abstimmung. Nach Art. 58 Alt. 1 führt die Nichtteilnahme an der Abstimmung dazu, dass die hiervon betroffenen Aktionäre keine beschlussergebnisrelevante Stimme abgeben können. Die Vorschrift, die in den Vorentwürfen zur SE-VO keine Parallelen aufweist, will damit das Stimmrecht sämtlicher SE-Aktien an die Teilnahme an der Hauptversammlung binden. Eine Entscheidung für die **Präsenz-Hauptversammlung** ist damit auf gemeinschaftsrechtlicher Ebene nicht getroffen; für die in Deutschland domizilierende SE ergibt sich diese erst aus Art. 53 iVm § 118 AktG (→ Art. 53 Rn. 14).[15] Ebenso wenig schreibt Art. 58 für die Ergebnisrelevanz einer Stimmabgabe eine **persönliche Teilnahme** an der Hauptversammlung vor. Vorbehaltlich nationalstaatlicher Zulassung eröffnet Art. 53 vielmehr die Möglichkeit einer Vertretung im Stimmrecht, die als „Teilnahme" iSd Art. 58 zu werten ist.[16] Kein Fall der Nichtteilnahme ist die bloße Passivität des Aktionärs bei der Stimmabgabe unter Anwendung des sog. Subtraktionsverfahrens. Die Anordnung eines solchen Abstimmungsverfahrens führt vielmehr dazu, dass kraft Anordnung einer verbandsinternen Fiktionswirkung die Passivität als Zustimmung zum betroffenen Beschlussantrag zu qualifizieren ist.[17] Insofern besteht kein Unterschied zur Behandlung dieser Fallgruppe nach dem AktG.

2. Stimmenthaltung. Ebenfalls von der Ergebnisrelevanz ausgeschlossen sind nach Art. 58 Alt. 2 diejenigen Aktionäre, die sich der Stimme enthalten haben. Dieses Verständnis ist mit der aktienrechtlichen Bewertung der Stimmenthaltung deckungsgleich. Insbesondere spielt es auch im Rahmen des Art. 58 keine Rolle, ob die Stimmenthaltung eine **ausdrücklich erklärte** ist oder ob sich diese aus **der bloßen Nichtbeteiligung an der Abstimmung** (hier liegt der Fall des Art. 58 Alt. 1 vor!) ergibt.[18] Als Zählbasis zur Mehrheitsermittlung nach Art. 57 eignen sich beide Fallgruppen nicht. Anders als nach § 133 Abs. 2 AktG verbietet Art. 58 Alt. 2 solche Satzungsbestimmungen, die eine Stimmenthaltung bei der Ermittlung der Stimmenmehrheit positiv berücksichtigt, weil hierin zugleich eine – gegen Art. 57 verstoßende – Satzungserleichterung gegenüber dem gemeinschaftsrechtlich zwingenden Erfordernis der einfachen Stimmenmehrheit liegen würde.

3. Leere oder ungültige Stimmzettel. Art. 58 Alt. 3 eliminiert schließlich leere oder ungültige Stimmzettel aus der Zählbasis für die Ermittlung einer Stimmenmehrheit. Wegen der inhaltlichen Selbstverständlichkeit der Vorschrift aus deutscher Sicht ist die Regelung insofern unglücklich, als sie den Eindruck erweckt, dass die SE-VO nur die Stimmabgabe per Stimmzettel als einzig zulässiges Abstimmungsverfahren vorsieht. Dies ist indes nicht der Fall.[19] Vielmehr unterliegt die **Auswahl des Abstimmungsverfahrens** qua ausdrücklicher Spezialverweisung in Art. 53 den aktienrechtlichen Vorgaben der jeweiligen Mitgliedstaaten.

---

[14] Ganz hM, vgl. *Brandt,* Die Hauptversammlung der Europäischen Aktiengesellschaft (SE), 2004, 249; *Maul* in Van Hulle/Maul/Drinhausen SE-HdB Abschn. 5 § 4 Rn. 67; *Schwarz* Art. 57 Rn. 11 f.; Lutter/Hommelhoff/Teichmann/*Spindler* Art. 57 Rn. 14; BeckOGK/*Eberspächer* Art. 58 Rn. 4; Habersack/Drinhausen/*Bücker* Art. 57 Rn. 29.
[15] So auch Lutter/Hommelhoff/Teichmann/*Spindler* Rn. 5.
[16] AllgM; vgl. nur *Maul* in Van Hulle/Maul/Drinhausen SE-HdB Abschn. 5 § 4 Rn. 72.
[17] Zust. Lutter/Hommelhoff/Teichmann/*Spindler* Rn. 6; Habersack/Drinhausen/*Bücker* Rn. 6 f.; dagegen Kölner Komm AktG/*Kiem* Rn. 7; Kölner Komm AktG/*Kiem* Art. 57 Rn. 20.
[18] Vgl. Kölner Komm AktG/*Kiem* Rn. 8; *Maul* in Van Hulle/Maul/Drinhausen SE-HdB Abschn. 5 § 4 Rn. 72; Habersack/Drinhausen/*Bücker* Rn. 8.
[19] Vgl. dazu ausf. *Brandt,* Die Hauptversammlung der Europäischen Aktiengesellschaft (SE), 2004, 240 ff.; folgend *Maul* in Van Hulle/Maul/Drinhausen SE-HdB Abschn. 5 § 4 Rn. 72; Lutter/Hommelhoff/Teichmann/*Spindler* Rn. 8; Kölner Komm AktG/*Kiem* Art. 57 Rn. 17.

Der Kerngehalt des Art. 58 Alt. 3 liegt demzufolge in der Klarstellung, dass im Falle einer schriftlichen Stimmabgabe nur eindeutige Willensbekundungen in die Zählbasis für die spätere Ergebnisermittlung einfließen dürfen.

Art. 59 [Satzungsänderungen]

(1) Die Änderung der Satzung bedarf eines Beschlusses der Hauptversammlung, der mit der Mehrheit von nicht weniger als zwei Dritteln der abgegebenen Stimmen gefasst worden ist, sofern die Rechtsvorschriften für Aktiengesellschaften im Sitzstaat der SE keine größere Mehrheit vorsehen oder zulassen.

(2) Jeder Mitgliedstaat kann jedoch bestimmen, dass die einfache Mehrheit der Stimmen im Sinne von Absatz 1 ausreicht, sofern mindestens die Hälfte des gezeichneten Kapitals vertreten ist.

(3) Jede Änderung der Satzung wird gemäß Artikel 13 offen gelegt.

§ 51 SEAG Satzungsänderungen

¹Die Satzung kann bestimmen, dass für einen Beschluss der Hauptversammlung über die Änderung der Satzung die einfache Mehrheit der abgegebenen Stimmen ausreicht, sofern mindestens die Hälfte des Grundkapitals vertreten ist. ²Dies gilt nicht für die Änderung des Gegenstands des Unternehmens, für einen Beschluss gemäß Artikel 8 Abs. 6 der Verordnung sowie für Fälle, für die eine höhere Kapitalmehrheit gesetzlich zwingend vorgeschrieben ist.

Schrifttum: s. Art. 52.

I. Grundsätzliches

1 **1. Normzweck.** Art. 59 Abs. 1 bestimmt zum einen die Zuständigkeit der Hauptversammlung für Satzungsänderungen und legt zum anderen auf gemeinschaftsrechtlicher Ebene das Erfordernis einer Zwei-Drittel-Stimmenmehrheit für ebendiese Satzungsänderungen fest. Die Vorschrift dient damit dem Schutz der Minderheit vor grundlegenden Strukturänderungen durch eine Aktionärsmehrheit, die nicht über den in Art. 59 Abs. 1 fixierten Konsensgrad verfügt. Art. 59 Abs. 1 bildet somit einen **Ausnahmefall von Art. 57,** der den Grundsatz der einfachen Stimmenmehrheit aufstellt. Die systematische Stellung der Vorschrift führt dazu, dass die Ergebnisermittlungskriterien des Art. 58 auf Art. 59 Abs. 1 ebenfalls uneingeschränkt anwendbar sind. Ebenso wenig wie der Grundtatbestand des Art. 57 regelt auch Art. 59 nicht die **Beschlussfähigkeit der Hauptversammlung;** hier wie dort gelten für diese Frage ausschließlich die jeweiligen mitgliedstaatlichen Vorschriften (→ Art. 57 Rn. 1 mwN). Ergänzend zu Abs. 1 enthält Art. 59 Abs. 2 eine – in ihrer Reichweite nicht sehr klare (→ Rn. 7) – Öffnungsklausel zugunsten des nationalen Rechts, während Abs. 3 für die Publizität des jeweiligen Satzungsstands nach Art. 13 iVm Art. 14 ff. GesR-RL (früher: Publizitäts-RL, zuvor RL 68/151/EWG aF) sorgt.

2 **2. Stellung der Vorschrift in der Normenhierarchie.** Art. 59 beansprucht mit seinem in Abs. 1 geregelten Mindeststandard einer Zwei-Drittel-Stimmenmehrheit gemeinschaftsweite Geltung. Entgegenstehende nationale Regelungen werden insoweit verdrängt, als diese nicht von der Öffnungsklausel in Abs. 1 oder in Abs. 2 erfasst sind. Anders als Art. 57 enthält Art. 59 keinen ausdrücklichen Vorbehalt zugunsten anderer Regelungen in der SE-VO. Damit stellt sich hinsichtlich zweier Spezialfälle der Satzungsänderung – nämlich der **Änderung des Grundkapitals** (vgl. Art. 5) und des **Liquidationsbeschlusses** (vgl. Art. 63) – die Frage, ob diese dem Mehrheitserfordernis des Art. 59 unterliegen oder kraft der Spezialverweisung in den Art. 5, 63 auf das jeweilige nationale Aktienrecht den insoweit einschlägigen mitgliedstaatlichen Mehrheitsregelungen folgen.¹ Die Frage ist für beide Konstellationen unterschiedlich zu beurteilen. Während Art. 63 ausweislich seines Hs. 2 auch die Vorschriften über die Beschlussfassung durch die Hauptversammlung den mitgliedstaatlichen

---

¹ Für die letztgenannte Alternative bei Kapitalmaßnahmen offenbar *Hirte* NZG 2002, 1 (9).

Satzungsänderungen　　　　　　　　　　　　　　　　3, 4　**Art. 59 SE-VO**

Regelungen zuweist, ist eine solche Klarstellung in Art. 5 nicht enthalten. Dies spricht dafür, dass zwar nicht beim Liquidationsbeschluss – wohl aber bei satzungsrelevanten Kapitalmaßnahmen – die hierfür erforderlichen Mehrheiten an Art. 59 bzw. an den hierin vorbehaltenen nationalen Regelungen zu messen sind (→ Art. 5 Rn. 35).[2]

II. Erfordernis der Zwei-Drittel-Stimmenmehrheit für Satzungsänderungen (Abs. 1)

1. Satzungsänderungen. a) Zuständigkeit der Hauptversammlung. Art. 59 Abs. 1 **3** weist die Zuständigkeit für Satzungsänderungen grundsätzlich der Hauptversammlung zu. Insoweit handelt es sich um eine Kompetenzabgrenzungsregelung im Verhältnis zu anderen Organen der SE. Nur für den Ausnahmefall der Satzungsunvereinbarkeit zur RL 2001/86/EG (sog. Beteiligungs-RL) sieht Art. 12 Abs. 4 UAbs. 2 eine Anpassungsbefugnis des Leitungs- oder Aufsichtsorgans auf Grund mitgliedstaatlicher Ermächtigung vor. Ansonsten ist die Hauptversammlungskompetenz für Satzungsänderungen auf gemeinschaftsrechtlicher Ebene zwingend, da die Öffnungsklausel in Art. 59 Abs. 1 zu Gunsten des jeweiligen nationalen Aktienrechts nur das Zweidrittel-Stimmenmehrheitserfordernis umfasst. Fraglich ist damit, ob Art. 59 Abs. 1 eine dem § 179 Abs. 1 S. 2 AktG vergleichbare Delegationsmöglichkeit zur **bloßen redaktionellen Änderung des Satzungswortlauts** zulässt. Die historische Entwicklung des Art. 59 Abs. 1 ist in dieser Frage unergiebig: Während Art. 95 Abs. 2 SE-VO-Vorschlag 1989[3] eine Verwaltungszuständigkeit für die bloße Umsetzung von Hauptversammlungsbeschlüssen noch ausdrücklich vorsah, wurde diese Regelung im SE-VO-Vorschlag 1991[4] ersatzlos gestrichen. Auch der Wortlaut, insbesondere der Vergleich mit Art. 59 Abs. 3 („Jede Änderung der Satzung …"), ergibt keine überzeugende Argumentationshilfe.[5] Letztlich führen reine Zweckmäßigkeitserwägungen zur Annahme einer diesbezüglichen Regelungslücke und somit zur Eröffnung nationaler Spielräume über Art. 9 Abs. 1 lit. c. Für die SE mit Sitz in Deutschland folgt hieraus, dass das Aufsichtsorgan (in der monistisch strukturierten SE dann auch konsequenterweise das Verwaltungsorgan!) gem. § 179 Abs. 1 S. 2 AktG qua Ad-hoc-Beschluss der Hauptversammlung oder qua Satzungsbestimmung in die Lage versetzt werden kann, solche Satzungsänderungen vorzunehmen, die rein redaktioneller Natur sind.[6]

b) Gegenstand der Satzungsänderung. Art. 59 Abs. 1 gilt unzweifelhaft für alle **4 materiellen Satzungsregelungen** (zum Begriff vgl. → AktG § 23 Rn. 40). Ob diese Vorschrift darüber hinaus auch auf **formelle Satzungsregelungen** (→ AktG § 23 Rn. 41 f.) anwendbar ist, hängt von der europarechtlichen Anerkennung dieser Begriffsdualität ab. Angesichts der zur Reichweite des § 179 AktG bestehenden Meinungsvielfalt ist ein rechtssicherer Anwendungsbereich des Art. 59 auf gemeinschaftsrechtlicher Ebene die vorzugswürdigere Lösung. Damit unterfallen sämtliche formellen und materiellen (einschl. der sog. indifferenten) Satzungsregelungen dem Erfordernis der Zwei-Drittel-Stimmenmehrheit.[7] Dies gilt auch für alle **Sonderfälle einer Satzungsänderung,** wie zB der

---

[2] Ebenso *Brandt,* Die Hauptversammlung der Europäischen Aktiengesellschaft (SE), 2004, 243 ff.; Habersack/Drinhausen/*Bücker* Rn. 8 f.; Kölner Komm AktG/*Kiem* Rn. 4, 5 (mit Ausnahmen in Rn. 6); wohl auch *Schwarz* Rn. 11; BeckOGK/*Eberspächer* Rn. 3.
[3] Vorschlag für eine Verordnung (EWG) des Rates über das Statut der Europäischen Aktiengesellschaft vom 25.8.1989 (ABl. 1989 C 263), BT-Drs. 11/5427, 24.
[4] Geänderter Vorschlag für eine Verordnung (EWG) des Rates über das Statut der Europäischen Aktiengesellschaft vom 8.7.1991 (ABl. 1991 C 176, 1).
[5] Anders insoweit *Brandt,* Die Hauptversammlung der Europäischen Aktiengesellschaft (SE), 2004, 136 f.; wie hier dagegen Habersack/Drinhausen/*Bücker* Rn. 8.
[6] Ebenso *Maul* in Van Hulle/Maul/Drinhausen SE-HdB Abschn. 5 § 4 Rn. 6; Lutter/Hommelhoff/Teichmann/*Bayer* Rn. 8; BeckOGK/*Eberspächer* Rn. 3; Habersack/Drinhausen/*Bücker* Rn. 8; zuvor bereits *Brandt,* Die Hauptversammlung der Europäischen Aktiengesellschaft (SE), 2004, 136 ff.; wohl auch *Schwarz* Rn. 9 f.
[7] Wie hier BeckOGK/*Eberspächer* Rn. 3; dagegen Kölner Komm AktG/*Kiem* Rn. 2; Lutter/Hommelhoff/Teichmann/*Bayer* Rn. 2; Habersack/Drinhausen/*Bücker* Rn. 5; noch anders *Schwarz* Rn. 6, der nach Herkunft des Satzungsbestandteils differenziert.

grenzüberschreitenden Sitzverlegung nach Art. 8 Abs. 6 oder der Änderung der Verwaltungsstruktur. Dagegen fallen der Auflösungsbeschluss nach Art. 63 sowie der Umwandlungsbeschluss nach Art. 66 Abs. 6[8] nicht in den Geltungsbereich des Art. 59 Abs. 1; beide Beschlüsse unterliegen hinsichtlich der Mehrheitserfordernisse kraft spezieller Verweisung in die Regelungsmaterie dem Recht der jeweils betroffenen Mitgliedstaaten.

5   **2. Zwei-Drittel-Stimmenmehrheit.** Art. 59 Abs. 1 fordert für Satzungsänderungen eine Beschlussmehrheit von nicht weniger als zwei Dritteln der abgegebenen Stimmen. Ebenso wie bei Art. 57 Abs. 1 (→ Art. 57 Rn. 4) ist zur Ermittlung der Zählbasis die Anzahl der **stimmberechtigten Aktien** vorab zu ermitteln; fehlende Stimmrechte oder Stimmverbote nach mitgliedstaatlichen Rechtsordnungen sind à priori abzuziehen.[9] Für die Ermittlung der Zwei-Drittel-Stimmenmehrheit gilt weiterhin Art. 58.[10] Etwaige Kapitalmehrheiten, die von der Stimmenmehrheit differieren, bleiben im Rahmen des Art. 59 Abs. 1 außer Betracht.

6   **3. Verschärfung des Zwei-Drittel-Mehrheitserfordernisses.** Der Hs. 2 des Art. 59 Abs. 1 lässt eine Abweichung vom gemeinschaftsrechtlichen Zwei-Drittel-Mehrheitserfordernis zu, sofern die aktienrechtlichen Vorschriften des SE-Sitzstaates eine größere Mehrheit vorsehen oder zulassen. Ausweislich des insoweit von Art. 57 abweichenden Wortlauts kann die Abweichung auf mitgliedstaatlicher Ebene unmittelbar aus den jeweiligen aktienrechtlichen Vorschriften oder aus einer – mitgliedstaatlich mit dem gültigen Recht konform gehenden – Satzung der SE resultieren.[11] In jedem Fall muss es sich dabei um eine Verschärfung des Mehrheitserfordernisses handeln, sodass gesetzliche Anordnungen oder Dispositionsspielräume des Satzungsgebers mit **erleichternden Mehrheitserfordernissen** für eine Abweichung von Art. 59 Abs. 1 nicht genügen.[12] Weiterhin verlangt Art. 59 Abs. 1 Hs. 2 für eine zulässige Abweichung eine größere „Mehrheit", was angesichts der ausschließlich geregelten Mehrheit der Stimmen als „Stimmenmehrheit" zu lesen ist. Ebenso wie bei Art. 57 (→ Art. 57 Rn. 7) ist die Verschärfung in § 179 Abs. 2 S. 1 AktG, die auf eine **Drei-Viertel-Kapitalmehrheit** zielt, europakonform als Drei-Viertel-Stimmenmehrheit auszulegen und entsprechend als Verschärfung iSd Art. 59 Abs. 1 für die SE mit Sitz in Deutschland anzuerkennen.[13] Die dem Satzungsgeber in § 179 Abs. 2 S. 2 AktG eingeräumte Dispositionsbefugnis zur Installierung erleichternder Mehrheitserfordernisse (außer für Änderungen des Unternehmensgegenstandes) ändert hieran nichts.[14] Sie führt vielmehr nur zur Unanwendbarkeit des § 179 Abs. 2 S. 2 AktG, nicht aber des S. 1 mit der Folge, dass die SE mit Sitz in Deutschland für Satzungsänderungen zwingend einer Drei-Viertel-Stimmenmehrheit in der Hauptversammlung bedarf.

III. Mitgliedstaatliche Erleichterungen (Abs. 2, § 51 SEAG)

7   **1. Ermächtigungsumfang zu Gunsten der Mitgliedstaaten (Abs. 2).** Nach Art. 59 Abs. 2 kann jeder Mitgliedstaat bestimmen, dass in einer Hauptversammlung bei Präsenz der einfachen Kapitalmehrheit eine einfache Stimmenmehrheit auch für Satzungsänderungen ausreichen soll. Es handelt sich bei dieser Vorschrift um eine Ermächtigung an die Mitgliedstaaten, eine **SE-spezifische Erleichterung des Zweidrittel-Mehrheitserfordernisses**

---

[8] Krit. zu dieser Ausnahmeregelung *Brandt*, Die Hauptversammlung der Europäischen Aktiengesellschaft (SE), 2004, 255 f.
[9] Kölner Komm AktG/*Kiem* Rn. 10.
[10] AllgM, vgl. Habersack/Drinhausen/*Bücker* Rn. 15.
[11] Vgl. *Brand*, Die Hauptversammlung der Europäischen Aktiengesellschaft (SE), 2004, 245 ff.; Kölner Komm AktG/*Kiem* Rn. 13.
[12] Ungenügend sind danach zB die Anordnungen in § 113 Abs. 1 S. 4 AktG, § 237 Abs. 4 S. 3 AktG; vgl. auch Kölner Komm AktG/*Kiem* Rn. 14.
[13] Ebenso *Schwarz* Rn. 15; BeckOGK/*Eberspächer* Rn. 4; aA *Maul* in Van Hulle/Maul/Drinhausen SE-HdB Abschn. 5 § 4 Rn. 68; Lutter/Hommelhoff/Teichmann/*Bayer* Rn. 16; Kölner Komm AktG/*Kiem* Rn. 16 f.
[14] AA *Brandt*, Die Hauptversammlung der Europäischen Aktiengesellschaft (SE), 2004, 246.

nach Abs. 1 zu erlassen. Bereits bestehende Bestimmungen für Aktiengesellschaften genügen hierfür nicht. Zweifelhaft ist, ob die jeweiligen Mitgliedstaaten die Absenkung des Mehrheitsquorums unmittelbar anordnen müssen[15] oder ob sie dies im Umfang ihrer eigenen Ermächtigung auch dem Satzungsgeber überlassen können,[16] wie es zB in § 51 SEAG geschehen ist. Der Wortlaut des Art. 59 Abs. 2 scheint im Vergleich zu anderen Ermächtigungen (vgl. Art. 39 Abs. 2 UAbs. 2, Art. 55 Abs. 1 Hs. 2) für unmittelbare SE-spezifische Ausführungsbestimmungen auf nationaler Ebene zu sprechen und eine **Delegation der Ermächtigung an den Satzungsgeber** zu verbieten. Indes würde diese Sichtweise dazu führen, dass in denjenigen Mitgliedstaaten, in denen für die nationalen Aktiengesellschaften die Herabsenkung des Mehrheitserfordernisses für Satzungsänderungen (mit oder ohne zusätzliche Voraussetzungen) der Satzungsdisposition unterliegt, eine Diskriminierung der SE dadurch geschaffen würde, dass diese über ihre Satzungsangelegenheiten ausschließlich mit der Mehrheit nach Art. 59 Abs. 1 oder – ungeachtet individueller Satzungsbestimmungen – ausnahmslos mit einer einfachen Mehrheit beschließen könnte.[17] Beides wäre sowohl mit Art. 10 als auch mit Erwägungsgrund 5 schwer vereinbar.[18] Um die größtmögliche Harmonisierung zwischen den aktienrechtlichen und den SE-rechtlichen Mehrheitserfordernissen in den jeweiligen Mitgliedstaaten zu erreichen, ist es deshalb hinnehmbar, wenn einzelne Mitgliedstaaten die Ermächtigung des Art. 59 Abs. 2 nicht in unmittelbar geltendes (nationales) SE-Ausführungsrecht umsetzen, sondern dies dem Satzungsgeber überlassen. Aus diesem Grunde ist § 51 SEAG mit Art. 59 Abs. 2 insoweit vereinbar.

2. Umsetzung der Ermächtigung durch § 51 SEAG. a) Regelermächtigung 8 **(§ 51 S. 1 SEAG).** § 51 S. 1 SEAG eröffnet dem Satzungsgeber der in Deutschland domizilierenden SE die Möglichkeit, die **satzungsändernde Mehrheit auf die einfache Stimmenmehrheit** – jedoch nicht darunter[19] – **herabzusenken,** sofern mindestens die Hälfte des Grundkapitals präsent ist. Diese Regelung entspricht nahezu § 179 Abs. 2 S. 2 AktG, der ausweislich der Begründung zum Referentenentwurf[20] für die SE nachgebildet werden sollte. Ausgenommen hiervon ist lediglich die Kapitalmehrheit als Anknüpfungspunkt, die in § 51 S. 1 SEAG – insoweit europarechtskonform – durch die Stimmenmehrheit ersetzt wurde. Die durch § 51 S. 1 SEAG für die SE mit Sitz in Deutschland geschaffene Satzungsautonomie erfährt im Vergleich zu § 179 Abs. 2 AktG allerdings andere, weil gemeinschaftsrechtlich verursachte, Einschränkungen. Zum einen kann die Satzung mangels nationalstaatlicher Ermächtigung in Deutschland ohne Verstoß gegen Art. 59 Abs. 1 Hs. 1 keine größere als eine Zwei-Drittel-Stimmenmehrheit festlegen, was nach § 179 Abs. 2 S. 2 AktG ohne weiteres möglich wäre. Dasselbe gilt – insoweit abweichend von § 179 Abs. 2 S. 3 AktG – für die satzungsmäßige Installierung weiterer Anforderungen.[21] Zum anderen wirken die im AktG und UmwG enthaltenen Regelungen mit zwingenden – also satzungsresistenten – Mehrheitserfordernissen bei der SE nur insoweit, als entweder die SE-VO selbst oder die Ermächtigungsnorm des § 51 SEAG die Ausnahmen von § 51 S. 1 SEAG definiert, was in S. 2 geschehen ist. Schließlich muss die Präsenz des hälftigen Grundkapitals in der Satzungsbestimmung als Voraussetzung für eine Absenkung des Mehrheitserfordernisses unmittelbar und ausdrücklich geregelt sein.

b) Ausnahmefälle (§ 51 S. 2 SEAG). § 51 S. 2 SEAG definiert diejenigen Ausnahme- 9 fälle, die entgegen S. 1 hinsichtlich des Mehrheitserfordernisses nicht zur Disposition des SE-

---

[15] So wohl *Brandt,* Die Hauptversammlung der Europäischen Aktiengesellschaft (SE), 2004, 247; *Brandt* NZG 2002, 991 (994); *Brandt* DStR 2003, 1208 (1212).
[16] So BeckOGK/*Eberspächer* Rn. 6; *Schwarz* Rn. 18; Kölner Komm AktG/*Kiem* Rn. 20.
[17] Vgl. Kölner Komm AktG/*Kiem* Rn. 21; BeckOGK/*Eberspächer* Rn. 6; zu diesem Aspekt auch *Artmann* wbl 2002, 189 (197).
[18] Ähnlich *Brandt* NZG 2002, 991 (993) zu Art. 39.
[19] Dies folgt aus der einseitigen Öffnung in § 133 Abs. 1 AktG.
[20] Vgl. Begr. RegE zu § 51 SEAG, BT-Drs. 15/3405, 40.
[21] AA Lutter/Hommelhoff/Teichmann/*Spindler* Rn. 15; wie hier dagegen *Brandt,* Die Hauptversammlung der Europäischen Aktiengesellschaft (SE), 2004, 248 f.; *Schwarz* Rn. 16.

Satzungsgebers stehen sollen. Hierzu gehört zunächst die **Änderung des Unternehmensgegenstands,** für den mangels europarechtlicher Geltungskraft des § 179 Abs. 2 S. 3 AktG die Zweidrittelmehrheit nach Art. 59 Abs. 1 notwendig ist. Zweitens ist durch § 51 S. 2 SEAG auch die **Beschlussfassung über die Sitzverlegung** nach Art. 8 Abs. 6 von satzungsmäßig erleichterten (allerdings auch gegenüber Art. 59 Abs. 1 erschwerten) Mehrheitsquoren ausgenommen. Die dritte Ausnahme betrifft „Fälle, für die eine höhere Kapitalmehrheit gesetzlich zwingend vorgeschrieben ist". Gemeint sind hiermit alle diejenigen Fälle, in denen höhere Kapitalmehrheiten (im Verhältnis zur Zweidrittelmehrheit des Art. 59 Abs. 1) nicht zur Disposition des Satzungsgebers stehen, wie zB nach § 52 Abs. 5 S. 3 AktG, § 179a Abs. 1 S. 2 AktG, § 182 Abs. 1 S. 2 AktG, § 186 Abs. 3 S. 3 AktG, § 293 Abs. 1 S. 3 AktG oder § 65 Abs. 1 S. 2 UmwG. Als Folge der Unanwendbarkeit des S. 1 treten in den genannten Fällen die spezialgesetzlich zwingend vorgeschriebenen (Kapital-)Mehrheitserfordernisse an die Stelle der Zwei-Drittel-Stimmenmehrheit (vgl. Art. 59 Abs. 1 Hs. 2). Sehen die Satzungen im Ausnahmefall noch strengere Mehrheitserfordernisse als die gesetzlichen Spezialregelungen vor, so kommt der betroffenen Satzungsregelung Geltungsvorrang zu (→ Rn. 6).

IV. Satzungspublizität (Abs. 3)

10   Nach Art. 59 Abs. 3 müssen Änderungen der Satzung gem. Art. 13 offengelegt werden. Art. 13 bestimmt seinerseits, dass diese Offenlegung unter Beachtung der Art. 14 ff. GesR-RL (früher Publizitäts-RL; → Rn. 1) nach Maßgabe der Rechtsvorschriften des Sitzstaates erfolgen muss. Für die SE mit Sitz in Deutschland geschieht dies durch Eintragung der Satzungsänderung im Handelsregister nebst anschließender Bekanntmachung derselben (vgl. § 10 HGB). Zweifelhaft ist lediglich, ob die Eintragung einer Satzungsänderung bei der in Deutschland domizilierenden SE wie im Fall des § 181 Abs. 3 AktG **konstitutive Wirkung** zukommt. Die ausdrückliche Anordnung einer Konstitutivwirkung der Registereintragung in den Sonderfällen der Art. 8 Abs. 10 und 16 Abs. 1 legt im Wege des Umkehrschlusses die Annahme nahe, dass – entsprechend dem Rechtszustand in den meisten EU-Mitgliedstaaten[22] – die Registereintragung „gewöhnlicher" Satzungsänderungen nur deklaratorischer Natur ist. Indes dürfte es näher liegen, für diese Frage – von den genannten in der SE-VO ausdrücklich geregelten Spezialfällen abgesehen – eine Regelungslücke auf gemeinschaftsrechtlicher Ebene anzunehmen, die nach Art. 9 Abs. 1 lit. c durch nationalstaatliches Recht geschlossen werden muss.[23] Dies führt bei der SE mit Sitz in Deutschland zur Anwendung des § 181 Abs. 3 AktG und damit zur konstitutiven Wirkung der Handelsregistereintragung einer jeden Satzungsänderung iSd Art. 59 Abs. 1. Für deren anschließende Bekanntmachung ist die Verwendung der deutschen Sprache ausreichend.

Art. 60 [Sonderbeschlüsse]

(1) **Sind mehrere Gattungen von Aktien vorhanden, so erfordert jeder Beschluss der Hauptversammlung noch eine gesonderte Abstimmung durch jede Gruppe von Aktionären, deren spezifische Rechte durch den Beschluss berührt werden.**

(2) **Bedarf der Beschluss der Hauptversammlung der Mehrheit der Stimmen gemäß Artikel 59 Absätze 1 oder 2, so ist diese Mehrheit auch für die gesonderte Abstimmung jeder Gruppe von Aktionären erforderlich, deren spezifische Rechte durch den Beschluss berührt werden.**

Schrifttum: *S. Fischer,* Der Sonderbeschluss der Vorzugsaktionäre in der Societas Europaea (SE), ZGR 2013, 832.

---

[22] Vgl. die Zusammenstellung bei *Brandt,* Die Hauptversammlung der Europäischen Aktiengesellschaft (SE), 2004, 265 in Fn. 1439.

[23] Ebenso *Brandt,* Die Hauptversammlung der Europäischen Aktiengesellschaft (SE), 2004, 264 f.; *Schwarz* Rn. 24; Lutter/Hommelhoff/Teichmann/*Bayer* Rn. 24; BeckOGK/*Eberspächer* Rn. 8; Habersack/Drinhausen/*Bücker* Rn. 26.

I. Grundsätzliches

1. Normzweck. Art. 60 Abs. 1 dient einerseits der Berücksichtigung von Partikularinteressen der Inhaber bestimmter Aktiengattungen; andererseits ermöglicht die Vorschrift eine erleichterte Veränderung der relativen Gewichtung bestimmter Gattungen von Aktien zueinander. Ersteres erfolgt durch die Anordnung einer gesonderten Abstimmung unter den Inhabern nachteilig berührter Aktiengattungen (Art. 60 Abs. 1) ggf. mit erhöhten Anforderungen an die Mehrheitsverhältnisse (Art. 60 Abs. 2). Letzteres wird mittelbar dadurch bewirkt, dass Art. 60 eine Zustimmung sämtlicher nachteilig betroffener Gattungsaktionäre zugunsten einer Mehrheitsentscheidung ausschließt. In jedem Fall erfasst Art. 60 nur das Verhältnis mehrerer Aktiengattungen untereinander. **Sonderrechte einzelner Aktionäre ohne Gattungsverschiedenheit** werden von Art. 60 schon tatbestandlich nicht erfasst. Damit unterliegt insbesondere der Schutz von Minderheitsaktionären im Konzern ausschließlich den mitgliedstaatlichen Vorschriften.[1]

2. Stellung der Vorschrift in der Normenhierarchie. Im Rahmen seines Geltungsbereichs regelt Art. 60 die Einbeziehung von Inhabern sämtlicher Aktiengattungen in die Willensbildung der Aktionäre abschließend. Für **abweichende Satzungsregelungen** ist mangels eines ausdrücklichen Satzungsvorbehalts wegen § 9 Abs. 1 lit. b kein Raum.[2] Auf Grund des abschließenden Charakters von Art. 60 sind mitgliedstaatliche Regelungen, die dieser Vorschrift unmittelbar oder mittelbar entgegenstehen, auf die SE nicht anwendbar.[3] Sie kommen erst dort zur Geltung, wo der Tatbestand des Art. 60 nicht eingreift – nämlich bei besonderen Aktionärsrechten, die nicht auf einer Gattungsverschiedenheit der Aktien begründet sind.

II. Erfordernis einer besonderen Abstimmung (Abs. 1)

1. Existenz mehrerer Aktiengattungen. Art. 60 Abs. 1 erfordert auf der Tatbestandsseite die Existenz mehrerer Aktiengattungen. Ob dies der Fall ist, bestimmt sich mangels gemeinschaftsrechtlicher Definition der Aktiengattung ausschließlich nach nationalem Recht.[4] Für die SE mit Sitz in Deutschland gilt demzufolge die Definition des § 11 Abs. 2 AktG mit der Folge, dass die Einräumung unterschiedlicher mitgliedschaftlicher Rechte und/oder Pflichten eine Gattungsverschiedenheit bewirkt (→ AktG § 11 Rn. 28). Keine besondere Aktiengattung entsteht dagegen durch bloße unterschiedliche Verbriefung (→ AktG § 11 Rn. 30) oder durch Festsetzung unterschiedlicher Ausgabebeträge für die Aktien der SE (→ AktG § 11 Rn. 31). Ebenfalls von Art. 60 Abs. 1 nicht erfasst ist die **erstmalige Begründung einer neuen Aktiengattung,** da die Vorschrift deren Existenz gerade ausdrücklich voraussetzt.[5] Mangels gemeinschaftsrechtlicher Regelung dieser Konstellation gilt hierfür nationales Recht und damit für die in Deutschland domizilierende SE anstelle des § 179 Abs. 3 AktG das Erfordernis der Zustimmung sämtlicher hierdurch benachteiligter Aktionäre (→ AktG § 11 Rn. 35 ff.). Nur ein Spezialfall der Schaffung neuer Aktiengattungen ist die **Begründung oder Erweiterung von Nebenverpflichtungen der Aktionäre.** Diese erfordern trotz fehlender Regelungen in der SE-VO (Art. 97 Abs. 3 SE-VO-Vorschlag 1991 enthielt noch das ausdrückliche Erfordernis einer allseitigen Zustimmung) bereits auf europarechtlicher Ebene die Zustimmung aller hiervon betroffenen Aktio-

---

[1] *Brandt,* Die Hauptversammlung der Europäischen Aktiengesellschaft (SE), 2004, 258 f.; Kölner Komm AktG/*Kiem* Rn. 10; Lutter/Hommelhoff/Teichmann/*Spindler* Rn. 18; ähnlich BeckOGK/*Eberspächer* Rn. 5.
[2] Zust. Kölner Komm AktG/*Kiem* Rn. 15; Habersack/Drinhausen/*Bücker* Rn. 3; *S. Fischer* ZGR 2013, 832 (834).
[3] Habersack/Drinhausen/*Bücker* Rn. 3.
[4] *Brandt,* Die Hauptversammlung der Europäischen Aktiengesellschaft (SE), 2004, 260; *Schwarz* Rn. 5; BeckOGK/*Eberspächer* Rn. 2; Habersack/Drinhausen/*Bücker* Rn. 5; *Artmann* wbl 2002, 189 (197); *S. Fischer* ZGR 2013, 832 (835 f.).
[5] Zust. Lutter/Hommelhoff/Teichmann/*Spindler* Rn. 7; Kölner Komm AktG/*Kiem* Rn. 9; ebenso Habersack/Drinhausen/*Bücker* Rn. 12.

näre.[6] § 180 Abs. 1 AktG spiegelt diese Rechtslage auf nationaler Ebene für die SE in Deutschland deckungsgleich wider.

4 **2. Betroffene Hauptversammlungsbeschlüsse.** Von dem Erfordernis einer gesonderten Abstimmung erfasst ist nach Art. 60 Abs. 1 jeder Hauptversammlungsbeschluss, der die spezifischen Rechte mindestens einer Aktiengattung „berührt". Im Gegensatz zu zahlreichen anderen Sprachfassungen der SE-VO[7] ist die „Berührung" spezifischer Rechte in der deutschsprachigen Fassung sehr weitreichend definiert. Im Sinne einer einheitlichen Auslegung auf Gemeinschaftsebene wird man stattdessen eine (rechtliche oder wirtschaftliche) gattungsspezifische Benachteiligung einzelner Aktiengattungen für die Anwendung des Art. 60 Abs. 1 verlangen müssen.[8] Damit sind die Kriterien für die Geltung des Art. 60 Abs. 1 mit den Tatbestandsvoraussetzungen des § 179 Abs. 3 AktG weitgehend deckungsgleich. Insbesondere ist eine Saldierung etwaiger gattungsspezifischer Vorteile mit ebensolchen Nachteilen unzulässig.[9] Einen Sonderfall der gattungsspezifischen Benachteiligung stellt die **völlige Aufhebung von (Dividenden-)Vorzügen** dar: hierüber haben die Vorzugsaktionäre nach Art. 60 Abs. 1 gesondert abzustimmen.

5 **3. Gesonderte gruppenspezifische Abstimmung.** Liegt der Tatbestand des Art. 60 Abs. 1 vor, so hat unter den Aktionären jeder benachteiligten Gattung eine gesonderte Abstimmung stattzufinden. Für die SE mit Sitz in Deutschland ist diese bereits bei der Einberufung der Hauptversammlung anzukündigen (Art. 53 iVm § 121 AktG); die Durchführung der gesonderten Abstimmung obliegt dem Versammlungsleiter. Ausweislich des Wortlauts von Art. 60 Abs. 1 und der systematischen Stellung dieser Vorschrift muss die gesonderte Abstimmung im Rahmen derjenigen Hauptversammlung stattfinden, die über die gattungsspezifische Benachteiligung Beschluss fasst. Eine **gesonderte Versammlung** der nachteilig betroffenen Aktionäre kennt die SE-VO nicht.[10] Diese kann auch weder durch ein Quorum aller Aktionäre oder der betroffenen Aktionäre noch durch eine Anordnung des Versammlungsleiters erreicht werden.[11] Dies gilt selbst für die Fälle des § 141 Abs. 3 S. 1 AktG, sodass auch über die Beschränkung oder Aufhebung von Vorzügen bei einer in Deutschland domizilierenden SE ausschließlich in einer gesonderten Abstimmung (und nicht im Rahmen einer Sonderversammlung) zu beschließen ist.[12]

III. Mehrheitserfordernisse (Abs. 2)

6 **1. Gesetzliche Mehrheit.** Für die Anforderungen an die Mehrheit zum Zustandekommen eines Sonderbeschlusses nach Art. 60 Abs. 1 gilt das Erfordernis der einfachen Stimmenmehrheit analog Art. 57 (die Analogie folgt daraus, dass es sich beim Sonderbeschluss nach Art. 60 eben nicht um einen Hauptversammlungsbeschluss handelt).[13] Hiervon geht auch Art. 60 Abs. 2 aus, der lediglich für den Fall eines satzungsändernden Beschlusses der Hauptversammlung die Mehrheitserfordernisse des Art. 59 Abs. 1 und 2 auch auf den

---

[6] Vgl. *Brandt*, Die Hauptversammlung der Europäischen Aktiengesellschaft (SE), 2004, 262 f.; Lutter/Hommelhoff/Teichmann/*Spindler* Rn. 17; BeckOGK/*Eberspächer* Rn. 6; Habersack/Drinhausen/*Bücker* Rn. 9.

[7] Vgl. dazu die Nachweise bei *Brandt*, Die Hauptversammlung der Europäischen Aktiengesellschaft (SE), 2004, 259 Fn. 1407.

[8] Ebenso *Brandt*, Die Hauptversammlung der Europäischen Aktiengesellschaft (SE), 2004, 259 f.; BeckOGK/*Eberspächer* Rn. 3; Lutter/Hommelhoff/Teichmann/*Spindler* Rn. 8; Kölner Komm AktG/*Kiem* Rn. 6; Habersack/Drinhausen/*Bücker* Rn. 7; eingehend *S. Fischer* ZGR 2013, 832 (836 ff.).

[9] Lutter/Hommelhoff/Teichmann/*Spindler* Rn. 9; Kölner Komm AktG/*Kiem* Rn. 6.

[10] AllgM, vgl. nur Kölner Komm AktG/*Kiem* Rn. 11.

[11] Vgl. *Brandt*, Die Hauptversammlung der Europäischen Aktiengesellschaft (SE), 2004, 260 f.; Habersack/Drinhausen/*Bücker* Rn. 16.

[12] Kölner Komm AktG/*Kiem* Rn. 11.

[13] Ebenso *Brandt*, Die Hauptversammlung der Europäischen Aktiengesellschaft (SE), 2004, 261 f.; Lutter/Hommelhoff/Teichmann/*Spindler* Rn. 14; Habersack/Drinhausen/*Bücker* Rn. 22; iErg ebenso – wenngleich unspezifischer – *Maul* in Van Hulle/Maul/Drinhausen SE-HdB Abschn. 5 § 4 Rn. 73; BeckOGK/*Eberspächer* Rn. 4; Kölner Komm AktG/*Kiem* Rn. 17.

Sonderbeschluss erstreckt. Damit entsteht ein **zwingender Gleichlauf der Mehrheitsanforderungen** an den Beschluss aller Aktionäre einerseits und den Sonderbeschluss der benachteiligten Gattungsaktionäre andererseits. Wird die erforderliche Mehrheit (nach Art. 57 oder Art. 59) nur bei einem der beiden Beschlüsse erreicht, ist der dahingehende Beschlussantrag insgesamt abgelehnt.[14] Mangels Möglichkeit einer Sonderversammlung der benachteiligten Gattungsaktionäre (→ Rn. 5) ist in derartigen Fällen für die Heilung im Rahmen einer Sonderversammlung – und damit für Überlegungen zu einer bis dahin schwebenden Unwirksamkeit – kein Raum. Für die Ermittlung der jeweils erforderlichen Mehrheit gilt Art. 58.

2. Satzungsmäßige Mehrheit. Art. 60 Abs. 2 verweist nicht nur auf Art. 59 Abs. 1, sondern auch auf dessen Abs. 2. Damit ist klargestellt, dass **erhöhte mitgliedstaatliche** oder satzungsmäßige **Anforderungen** an eine satzungsändernde Beschlussmehrheit für die gesonderte Abstimmung im Rahmen des Art. 60 Abs. 2 gleichermaßen gelten. Weiterhin folgt aus der Verweisung auf Art. 59 Abs. 2, dass die darin eröffneten mitgliedstaatlichen Erleichterungen auch für die Abstimmung unter den benachteiligten Gattungsaktionären zur Anwendung kommen. Für die SE mit Sitz in Deutschland folgt daraus die Geltung von § 51 SEAG auch für die Anforderungen an die Mehrheit bei der Fassung eines Sonderbeschlusses.[15]

7

---

[14] Zust. Lutter/Hommelhoff/Teichmann/*Spindler* Rn. 15.
[15] Ebenso Habersack/Drinhausen/*Bücker* Rn. 21; Lutter/Hommelhoff/Teichmann/*Spindler* Rn. 16; BeckOGK/*Eberspächer* Rn. 4.

Titel IV. Jahresabschluss und konsolidierter Abschluss

Art. 61 [Vorschriften des Sitzstaates]

Vorbehaltlich des Artikels 62 unterliegt die SE hinsichtlich der Aufstellung ihres Jahresabschlusses und gegebenenfalls ihres konsolidierten Abschlusses einschließlich des dazugehörigen Lageberichts sowie der Prüfung und der Offenlegung dieser Abschlüsse den Vorschriften, die für dem Recht des Sitzstaates der SE unterliegende Aktiengesellschaften gelten.

Schrifttum: *Aigner,* Das neue Bilanzrecht nach HGB, 2009; Arbeitskreis „Steuern und Revision" im Bund der Wirtschaftsakademiker e. V., Abkehr vom Gläubigerschutz im BilMoG – nur einjährige Ausschüttungssperre!, DStR 2008, 1299; *Beisse,* Die paradigmatischen GoB, FS W. Müller, 2001, 731; *Buck,* Internationalisierung von Recht – Wandel in der deutschen Rechnungslegung, JZ 2004, 883; *Budde/Steuber,* Globaler Kapitalmarkt und unternehmerische Rechenschaftslegung, FS M. Peltzer, 2001, 39; *Gros/Wallek,* Informationeller Gläubigerschutz nach BilMoG, Konzern 2009, 541; *Hitz,* Fair value in der IFRS-Rechnungslegung, WPg 2005, 1013; *Hüttemann,* BB-Gesetzgebungsreport: Internationalisierung des deutschen Handelsbilanzrechts im Entwurf eines Bilanzrechtsreformgesetzes, BB 2004, 203; *Kallmeyer,* Die Europäische Aktiengesellschaft – Praktischer Nutzen und Mängel des Statuts, AG 1990, 103; *Kübler,* Fragen und Wünsche des Gesellschafts- und Kapitalmarktrechts an das Recht der Rechnungslegung, ZGR 2000, 550; *Kübler,* Institutioneller Gläubigerschutz oder Kapitalmarkttransparenz, ZHR 159 (1995), 550; *Küting/Seel,* Das neue deutsche Konzernbilanzrecht – Änderungen der Konzernrechnungslegung durch das Bilanzrechtsmodernisierungsgesetz (BilMoG), DStR 2009, Beihefter zu Nr. 26, 37; *Lutter,* Genügen die vorgeschlagenen Regelungen für eine „Europäische Aktiengesellschaft"?, AG 1990, 413; *Oser/Roß/Wader/Drögemüller,* Änderungen des Bilanzrechts durch das Bilanzrechtsmodernisierungsgesetz (BilMoG), WPg 2009, 573; *Petersen/Zwirner,* Bilanzrechtsmodernisierungsgesetz verabschiedet: Die zentralen Änderungen, BRZ 2009, 149; *Rödder,* Bilanzierung und Besteuerung der Europäischen Aktiengesellschaft, WPg 1991, 200; *Schön,* Gesellschafter-, Gläubiger- und Anlegerschutz im Europäischen Bilanzrecht, ZGR 2000, 706; *Teichmann,* Die Einführung der Europäischen Aktiengesellschaft, ZGR 2002, 383; *Wehrheim/Rupp,* Zum Geltungsbereich der Ausschüttungssperre des § 268 Abs. 8 HGB im Regierungsentwurf des BilMoG, DB 2009, 356; *Wenz,* Die Societas Europaea, 1993; *Zwirner,* Das neue deutsche Bilanzrecht nach BilMoG – Umfassende Reformierung, NZG 2009, 530.

Übersicht

	Rn.		Rn.
I. Einleitung	1–11	IV. Aufstellung und Feststellung des Jahresabschlusses	23–27
II. Funktion	12–14		
III. Bilanzrecht der SE mit deutschem Sitz	15–22	V. Prüfung, Offenlegung	28–31

I. Einleitung

Erwägungsgrund Nr. 1 verknüpft mit der SE die gesetzliche Erwartung, durch eine Beseitigung der Handelshemmnisse und gemeinschaftsweite Reorganisation der Produktionsmittel zur Verwirklichung des Binnenmarktes beizutragen. Die **Vergleichbarkeit der Rechnungslegung** könnte dabei eine zentrale Rolle spielen, wenn sie den Adressaten der Rechnungslegung (Gesellschafter, Gläubiger, Anleger) nicht nur die für die relevanten Entscheidungen notwendigen, sondern im Binnenmarkt auch vergleichbare Informationen liefern würde.[1] 1

Diesem Anspruch wird die SE-VO über den allgemeinen Harmonierungsrahmen, der inzwischen in der EU erreicht worden ist, weitergehend nicht gerecht. Zum einen finden sich in der SE-VO **keine materiell-rechtlichen Vorschriften,** die für die SE ein besonderes, harmonisiertes „europäisches" Rechnungslegungssystem vorschreiben. Vielmehr regelt die SE-VO unter dem IV. Titel „Jahresabschluss und konsolidierter Abschluss" nur rudimentär die Aufstellung, Prüfung und Offenlegung von Jahres- und Konzernabschlüssen sowie der dazugehörigen Lageberichte in Art. 61 und Art. 62. Deswegen könnte man sogar umgekehrt 2

---

[1] Zur Problemstellung eingehend *Hüttemann* BB 2004, 203 ff.; *Schön* ZGR 2000, 706 ff.

argumentieren, Art. 61 sei Ausdruck der von der SE-VO angestrebten Gleichbehandlung der SE mit den nationalen Aktiengesellschaften.[2] Ergänzend sei noch auf die Übergangsbestimmung des Art. 67 Abs. 2 verwiesen, die sich mit dem Sonderproblem der für die Aufstellung und Offenlegung maßgeblichen Währung bei Abschlüssen in denjenigen SE-Sitzstaaten beschäftigt, die noch nicht der Eurozone angehören (Bulgarien, Dänemark, Großbritannien, Polen, Rumänien, Schweden, Tschechien, Ungarn).

3 Zum anderen steht es in der Tradition der deutschen Rechnungslegung, dass dieser namentlich für Kapitalgesellschaften neben der Information die weitere gesellschaftsrechtliche **Funktion der Gewinnausschüttungsbemessung und -begrenzung** zukommt. Der aus dem Jahresabschluss und dessen festgestellten Jahresüberschuss entwickelte mitgliedschaftliche Anspruch der Aktionäre auf den **Bilanzgewinn** bildet die **Höchstgrenze für Zuwendungen,** die die AG an ihre Aktionäre außerhalb der neutralen Drittgeschäfte leisten darf (vgl. § 57 Abs. 3 AktG). Jede andere Form der Gewinnausschüttung, gleichgültig, ob offen oder verdeckt, ist gem. § 57 Abs. 1 und 2 AktG verboten. Die Vorschrift bezweckt die **Erhaltung des Grundkapitals.** Deshalb ordnet § 62 Abs. 1 S. 1 AktG für verbotswidrige Zuwendungen an die Aktionäre aktivierungspflichtige Rückgewährforderungen der AG an, wobei die Rückzahlungspflicht der Aktionäre einschränkend dann entfallen soll, wenn diese die Zuwendungen gutgläubig empfangen haben (§ 62 Abs. 1 S. 2 AktG). Ergänzt wird der aktienrechtliche Grundsatz der Kapitalerhaltung durch das **Verbot überhöhter Vergütung** von Nebenleistungen (§ 61 AktG), das grds. Verbot des entgeltlichen Erwerbs eigener Aktien (§§ 71 ff. AktG) und das Gebot der Bildung gesetzlicher Rücklagen (§ 150 AktG).

4 Der aktienrechtliche, am Gläubigerschutzprinzip orientierte **Grundsatz der Kapitalerhaltung,** wonach Zahlungen an Aktionäre nur erfolgen dürfen, wenn sich aus der Bilanz ein Bilanzgewinn ergibt (vgl. § 57 Abs. 3 AktG), steht in **systematischem Querbezug zu dem gläubigerschützenden Vorsichtsprinzip bei der Berechnung des Jahresüberschusses** nach den Vorschriften über die Jahreshandelsbilanz. Da die SE-VO abweichend von dem SE-Vorschlag 1991 statt einer eigenständigen Kapital- und Finanzverfassung in Art. 5 auf das nationale (Aktien-)Recht verweist,[3] **bleibt es auch in der SE bei dem systematischen Querbezug zwischen Gewinnausschüttung, Kapitalerhaltung und Rechnungslegung.**[4]

5 Das deutsche Handelsbilanzrecht der §§ 238 ff. HGB ist traditionell vom **Vorsichtsprinzip** geprägt. Ein ordentlicher Kaufmann rechnet sich nach traditionellem Verständnis „eher ärmer als reicher".[5] Auf den **internationalen Kapitalmärkten** geht es demgegenüber vorrangig um (international vergleichbare) marktwertorientierte Transparenz und Information der Kapitalanleger, aus Sicht des Unternehmens steht der effektive Zugang zu den internationalen Finanzmärkten (Börsen, Anleihemärkten) im Vordergrund.[6] Deswegen orientieren sich internationale Rechnungslegungsvorschriften nicht am Vorsichtsprinzip iSe Fundamentalprinzips, sondern an einer sog. **fair presentation** der Vermögens-, Finanz- und Ertragslage (**„true and fair view").**[7]

6 Durch das **BilMoG,**[8] das am 29.5.2009 in Kraft getreten ist, hat das deutsche Handelsbilanzrecht die umfassendste **Reform** seit mehr als 20 Jahren erfahren. Das Gesetz dient der Umsetzung der RL 2006/46/EG[9] und der Abschlussprüfer-RL[10] und verfolgt zudem das

---

[2] Lutter/Hommelhoff/Teichmann/*Kleindiek* Art. 61 Rn. 1.
[3] *Teichmann* ZGR 2002, 383 (387).
[4] Dazu allg. krit. *Kübler* ZGR 2000, 550 (556 f.).
[5] *Beisse* FS W. Müller, 2001, 731 (742) spricht von einem „rechtsethischen" Prinzip.
[6] Vgl. *Budde/Steuber* FS M. Peltzer, 2001, 39 ff.; *Großfeld/Luttermann* BilanzR Rn. 89 ff.
[7] BeckHdB IFRS/*Wawrzinek* § 2 Rn. 44.
[8] Gesetz zur Modernisierung des Bilanzrechts (Bilanzrechtsmodernisierungsgesetz) vom 25.5.2009, BGBl. 2009 I 1102; dazu etwa *Aigner,* Das neue Bilanzrecht nach HGB, 2009, passim; *Oser/Roß/Wader/Drögemüller* WPg 2009, 573; *Petersen/Zwirner* BRZ 2009, 149; *Zwirner* NZG 2009, 530.
[9] Abänderungs-RL 2006/46/EG vom 14.6.2006, ABl. 2006 L 224, 1.
[10] RL 2006/43/EG vom 17.5.2006 über Abschlussprüfungen von Jahresabschlüssen und konsolidierten Abschlüssen, ABl. 2006 L 157, 87.

Ziel, die Rechnungslegung nach dem HGB mit den internationalen Rechnungslegungsregeln zu harmonisieren.

Die rechtspolitische Diskussion über eine Änderung der geltenden Bilanzierungsvorschriften des Einzelabschlusses (§§ 238 ff., 264 ff. HGB) unter dem Schlagwort eines Übergangs vom institutionellen zum informationellen Gläubigerschutz[11] mit weit reichenden Konsequenzen im (Kapital-)Gesellschaftsrecht und der ertragsteuerrechtlichen Gewinnermittlung hat dazu geführt, dass durch das BilMoG bereits einige Elemente des institutionellen Gläubigerschutzes in das HGB eingeführt wurden.[12]

Eine Annäherung an die Bilanzierungspraxis nach IAS/IFRS (vgl. IAS 12) bildet die in § 274 Abs. 1 S. 4 HGB vorgesehene **Aktivierung für die latente Steuerentlastung aus „ungenutzten" steuerlichen Verlustvorträgen.** Die Aktivierung eines Verlustverrechnungsanspruchs verstößt klar gegen das Realisationsprinzip. Dies wiegt umso schwerer, als gerade der Ausweis eines Verlustes ein Indiz dafür ist, dass die Realisation der Steuerentlastung in der Zukunft alles andere als gesichert erscheint. Wichtig ist deshalb die Einschränkung, dass eine Aktivierung nur in der Höhe stattfinden darf, in der **innerhalb der nächsten fünf Jahre eine Verlustverrechnung zu erwarten** ist. Die Beschränkung der Ergebnisprognose auf einen Fünfjahreszeitraum bei hinreichend hoher Realisationswahrscheinlichkeit hat den systemwidrigen Eingriff relativiert. Ergänzend ist auf die Ausschüttungssperre des § 268 Abs. 8 HGB zu verweisen.

Für Kapitalgesellschaften sieht § 268 Abs. 8 HGB in Zusammenhang mit dem Aktivierungswahlrecht für bestimmte selbstgeschaffene immaterielle Vermögensgegenstände des Anlagevermögens (vgl. § 248 Abs. 2 HGB) eine **Ausschüttungssperre** für aktivierte Beträge selbst erstellter immaterieller Vermögensgegenstände des Anlagevermögens abzgl. dafür gebildeter passiver latenter Steuern vor, es sei denn, die frei verfügbaren Rücklagen nach Ausschüttung entsprechen noch den insgesamt angesetzten Beträgen. Dem liegt der Gedanke des Gläubigerschutzes[13] zugrunde, da die Realisierung derartiger Beträge unsicher ist.

Von zentraler Bedeutung ist, dass das HGB weiterhin ein geschlossenes Bewertungskonzept für die **Folgebewertung** vorgibt. Es geht mit dem ausschließlich zulässigen **Anschaffungskostenmodell** von einer gemeinsamen **Wertobergrenze** für alle bilanzierenden Kaufleute aus. Damit bilden die Zugangswerte (Anschaffungs- bzw. Herstellungskosten der Vermögensgegenstände) die Obergrenze der Bewertung. Ein **Neubewertungsmodell,** wie es internationale Standards für bestimmte Vermögenswerte vorsehen, die in Folgezeiträumen zum beizulegenden Zeitwert („fair value"; IAS 39.9 IFRS 13.9) zu bewerten sind,[14] ist dem HGB nach Inkrafttreten des BilMoG zwar nicht mehr gänzlich fremd, da es auf den **Handelsbestand von Kreditinstituten** Anwendung findet (§ 340e Abs. 3 HGB). Auf die ursprünglich geplante **Zeitwertbewertung von Finanzinstrumenten im gesamten Handelsbestand,** die eine schwerwiegende Beeinträchtigung des traditionellen Realisationsprinzips bedeutet hätte, hat der Gesetzgeber aber im Ergebnis verzichtet. Des Weiteren hat die Zeitwertbewertung in Detailbereichen wie bei der Bildung von Bewertungseinheiten nach § 254 HGB, bei insolvenzfesten Vermögensgegenständen, die gem. § 246 Abs. 2 HGB zwingend mit Altersvorsorgeverpflichtungen zu verrechnen sind, und bei wertpapiergebundenen Pensionsrückstellungen (§ 253 Abs. 1 S. 3 HGB) Eingang in das geltende HGB gefunden. Demzufolge trifft § 255 Abs. 4 HGB eine Regelung, **wie der beizulegende Zeitwert zu bestimmen** ist. Im Grundsatz ist auf den Marktpreis abzustellen. Fehlt es an einem aktiven Markt, ist auf die anerkannten Bewertungsmethoden zurückzugreifen. Sind auch diese nicht ermittelbar, sind die Anschaffungs- oder Herstellungskosten fortzuführen, welche dem zuletzt ermittelten beizulegenden Zeitwert entsprechen.

---

[11] *Kübler* ZHR 159 (1995), 550.
[12] *Gros/Wallek* Konzern 2009, 541 sprechen bereits jetzt von einem Paradigmenwechsel.
[13] Näher auch zur Diskussion im Gesetzgebungsverfahren Arbeitskreis „Steuern und Revision" im Bund der Wirtschaftsakademiker e.V. DStR 2008, 1299; *Wehrheim/Rupp* DB 2009, 356.
[14] Näher *Hitz* WPg 2005, 1013 ff.; BeckHdB IFRS/*Hartenberger* § 3 Rn. 187 ff.

11 Doch auch abgesehen davon wird auch nach Inkrafttreten des BilMoG weiter darum gerungen, einen Paradigmenwechsel vom Vorsichts- zum **Transparenzprinzip** vorzunehmen, indem aus § 264 Abs. 2 HGB ein vorrangiges Leitprinzip der Redlichkeit im Sinne angloamerikanischen Verständnisses („true and fair view") hergeleitet und die Norm als allgemeines Prinzip, dh als Grundsatz ordnungsmäßiger Buchführung, iSe Ausprägung des § 243 Abs. 1 HGB interpretiert wird.[15]

II. Funktion

12 Art. 61 verzichtet vollständig auf gesonderte materiell-rechtliche Rechnungslegungsvorschriften für die SE. Demzufolge finden sich auch keine speziellen Regelungen im SEAG. Art. 61 begnügt sich damit, vorbehaltlich des Art. 62, der Kredit- und Finanzinstitute sowie Versicherungsunternehmen betrifft, hinsichtlich der Aufstellung des Jahresabschlusses der SE und gegebenenfalls ihres konsolidierten Abschlusses einschließlich des dazugehörigen Lageberichts sowie der Prüfung und Offenlegung dieser Abschlüsse auf die Vorschriften des im jeweiligen Sitzstaat geltenden Aktienrechts zu verweisen. Damit handelt es sich wie bei Art. 9 um eine schlichte **Rechtsanwendungsbestimmung.** Die gesetzliche Begründung liefert Erwägungsgrund Nr. 9: Auf das Aktienrecht des Sitzmitgliedstaates werde dort verwiesen, wo es wegen der beachtlichen Fortschritte bei der Angleichung des nationalen Gesellschaftsrechts keiner einheitlichen Gemeinschaftsregelung für das Funktionieren der SE bedürfe. Diesen Erwägungsgrund könnte man in Bezug auf das Bilanzrecht auch als einen Akt „frustrierter Zufriedenheit" interpretieren, weil der ursprüngliche **Plan eines einheitlichen Gesetzbuchs der SE** einschließlich bilanz- und konzernrechtlicher Regelungen, wie er sich in den Vorschlägen der Kommission aus den Jahren 1970 und 1975 widerspiegelt, politisch nicht durchsetzbar war. Da Art. 61 nur von der „Aufstellung" des Jahres- und Konzernabschlusses spricht, wird für die Feststellung des Jahresabschlusses und die Gewinnverwendung nach den §§ 172 ff. AktG auf die allgemeine Verweisungsnorm des Art. 9 Abs. 1 Ziff. c Ziff. ii zurückzugreifen sein.[16] Entsprechendes gilt für die nach nationalem Recht zu beachtenden unterjährigen kapitalmarktrechtlichen Berichtspflichten, insbesondere der Zwischenberichterstattung nach Maßgabe des Transparenzrichtlinie-Umsetzungsgesetzes (TUG) vom 5.1.2007.[17]

13 Wie Erwägungsgrund 3 IAS-VO[18] zutreffend bemerkt, sind der Vergleichbarkeit der Rechnungslegung verschiedener Unternehmen, die nur nach (harmonisierten) gleichwertigen, nicht aber nach denselben Regeln erstellt werden, Grenzen gesetzt. Identische Regeln sind aber ein vorrangiges Erfordernis der internationalen Kapitalmärkte, sodass der **Verzicht** auf ein eigenständiges bilanzrechtliches Regelungssystem in der das Gesellschaftsrecht regelnden SE-VO **im Ergebnis zu begrüßen** ist. Die bestmögliche Gleichwertigkeit der Rechnungslegung durch die Anwendung identischer Regeln ist – rechtsformunabhängig – nur für **kapitalmarktorientierte Unternehmen** notwendig. Dies ist das Ziel der IAS-VO. Nichtsdestoweniger beeinflussten die auf die Informationsbedürfnisse des Kapitalmarktes zugeschnittenen IAS/IFRS auch den durch die Vierte RL 78/660/EWG betreffend die Aufstellung von Jahresabschlüssen (Bilanz-RL 1978)[19] und die Siebte RL 83/349/EWG betreffend die Aufstellung von Konzernabschlüssen (Konzernabschluss-RL 1983)[20] erreichten Harmonisierungsprozess.[21] In Übereinstimmung mit Erwägungsgrund 5 RL 2003/51/

---

[15] Abl. zB Baetge/Kirsch/Thiele/*Ballwieser*, Stand: Mai 2019, HGB § 264 Rn. 55 ff.; *Beisse* FS W. Müller, 2001, 731 ff. mwN; dazu auch Kölner Komm AktG/*Wenz* Rn. 22.
[16] *Schwarz* Rn. 27; Kölner Komm AktG/*Wenz* Rn. 27.
[17] Lutter/Hommelhoff/Teichmann/*Kleindiek* Rn. 5.
[18] VO (EG) 1606/2002 vom 19.7.2002 betreffend die Anwendung internationaler Rechnungslegungsstandards, ABl. 2002 L 243, 1.
[19] Vierte RL 78/660/EWG vom 25.7.1978 über den Jahresabschluß von Gesellschaften bestimmter Rechtsformen, ABl. 1978 L 222, 11; dazu *Grundmann* EuropGesR Rn. 495 ff. mwN.
[20] Siebte RL 83/349/EWG vom 13.6.1983 über den konsolidierten Abschluß, ABl. 1983 L 193, 1.
[21] Ergänzt wird diese Harmonisierung durch die RL 86/635/EWG (Bankbilanz-RL) und die RL 91/674/EWG.

EG geht es darum, die **Richtlinien-Rechnungslegung** in zentralen Punkten der nach **IAS/IFRS anzunähern,** um Verzerrungen beim Vergleich auszuräumen. Die Richtlinien sind mit Wirkung ab 1.1.2005 dahingehend aktualisiert worden, dass jedenfalls bei Ausnutzung der Wahlrechte ein IAS/IFRS-Abschluss zugleich mit den Vorgaben der Richtlinien vereinbar ist. Die zwingenden Vorgaben der RL 2003/51/EG sind zum 1.1.2005 durch das **BilReG**[22] umgesetzt worden. Da die Richtlinie nicht auf eine Anpassung an die IAS/IFRS fixiert ist, sondern sie den Mitgliedstaaten zusätzliche Wahlrechte einräumt, zwingt sie nicht zu einem umfassenden Paradigmenwechsel in der nationalen handelsrechtlichen Rechnungslegung. Durch Art. 52 Bilanz-RL[23] sind die Vierte RL 78/660/EWG und die Siebte RL 83/349/EWG formal aufgehoben. Die neue Bilanz-RL übernimmt zahlreiche Vorschriften der Vierten RL 78/660/EWG und Siebten RL 83/349/EWG. Sie wurde zum 20.7.2015 sowie die durch RL 2014/95/EU erfolgten Änderungen bis zum 6.12.2016 in nationales Recht im Rahmen des BilRUG[24] umgesetzt.

Unklar bleibt damit aber das **systematische Verhältnis von Art. 9 und Art. 61.** Da bereits Art. 9 einen generellen Rechtsanwendungsverweis auf das im jeweiligen Sitzstaat geltende Aktienrecht anordnet, hätte es der gesonderten Regelung des Art. 61 nicht bedurft.[25] Nahe liegend erscheint, dass der Verordnungsgeber für die Rechnungslegung nochmals ausdrücklich klarstellen wollte, das ursprüngliche methodische Konzept eines eigenständigen europäischen Rechts der SE aufgegeben zu haben.[26] Die Kommission hatte bei Vorlage des SE-VO-Vorschlags von 1989 noch beabsichtigt, die Harmonisierung der Rechnungslegung durch die Bilanzrichtlinien (insbesondere Vierte RL 78/660/EWG und Siebte RL 83/349/EWG) als Vehikel zur Internationalisierung einzusetzen. Auf die SE sollten die Vorschriften der Vierten RL 78/660/EWG und Siebte RL 83/349/EWG weitestgehend unmittelbar angewendet werden.[27] Die den Mitgliedstaaten eingeräumten Wahlrechte hätten sich dann zu Wahlrechten der SE verwandelt. Ob eine solche unternehmensbezogene Optionsvielfalt rechtspolitisch sinnvoll gewesen wäre, war unterschiedlich beurteilt worden.[28] Insofern stellt Art. 61 klar, dass eine **unmittelbare Anwendung der Bilanzrichtlinien** auf die SE **ausgeschlossen** ist. Als spezielle Verweisungsnorm geht Art. 61 der Generalverweisung des Art. 9 vor.[29] 14

III. Bilanzrecht der SE mit deutschem Sitz

Die wichtigsten **Rechtsquellen** für das Bilanzrecht der SE mit (Register-)Sitz in Deutschland sind nach dem Verweis des Art. 61 das SEAG, das AktG, das HGB und die IAS-VO. Dort finden sich die entsprechenden Regelungen zur Bilanzierung einschließlich der Pflichten zur Aufstellung, Prüfung und Offenlegung. 15

Die SE mit (Register-)Sitz im Inland ist **Handelsgesellschaft** (Art. 61 iVm § 3 Abs. 1 AktG). Sie gilt als Formkaufmann. Der satzungsgemäße Unternehmensgegenstand muss nicht im Betrieb eines Handelsgewerbes bestehen. Die Buchführungspflicht der SE folgt entsprechend aus § 6 Abs. 1 HGB iVm §§ 238 ff. HGB. Dies bedeutet zugleich für **Zwecke des KStG,** dass die SE mit Sitz im Inland unbeschränkt körperschaftsteuerpflichtig ist (vgl. § 1 Abs. 1 KStG) und ausschließlich gewerbliche Einkünfte erzielt (vgl. § 8 Abs. 2 KStG). 16

Die Vorschriften über den **(Einzel-)Jahresabschluss** der SE ergeben sich aus dem HGB. Es gelten die Vorschriften für alle Kaufleute (§§ 238 ff. HGB), die durch die Sondervor- 17

---

[22] Gesetz zur Einführung internationaler Rechnungslegungsstandards und zur Sicherung der Qualität der Abschlussprüfung (Bilanzrechtsreformgesetz) vom 4.12.2004, BGBl. 2004 I 3166.
[23] RL 2013/34/EU vom 26.6.2013 über den Jahresabschluss, den konsolidierten Abschluss und damit verbundene Berichte bestimmter Rechtsformen, ABl. 2013 L 182, 19.
[24] Bilanzrichtlinie-Umsetzungsgesetz vom 17.7.2015, BGBl. 2015 I 1245.
[25] AA Kölner Komm AktG/*Wenz* Rn. 10 ff.
[26] Ebenso BeckOGK/*Eberspächer* Rn. 1.
[27] *Plendl/Niehues* in Theisen/Wenz, Die Europäische Aktiengesellschaft, 2. Aufl. 2005, 405, 420.
[28] Vgl. einerseits *Lutter* AG 1990, 413 (417 f.); *Rödder* WPg 1991, 200 (207 f.); andererseits *Kallmeyer* AG 1990, 103 f.; *Wenz,* Societas Europaea, 1993, 92.
[29] *Grundmann* EuropGesR Rn. 1040.

schriften für Kapitalgesellschaften (§§ 264 ff. HGB) modifiziert werden. Weitere Ergänzungen finden sich im Aktienrecht (§§ 150 ff., 399 ff. AktG). Über den allgemeinen Verweis des Art. 9 finden namentlich die gläubigerschützenden Bestimmungen des AktG betreffend die **Gewinnverwendung** auf die SE Anwendung. Die Hauptversammlung der SE-Aktionäre entscheidet im Rahmen des Gewinnverwendungsbeschlusses nur über die Verwendung des Bilanzgewinns (vgl. § 174 Abs. 1 AktG). Deswegen muss auch bei der SE sowohl die der Kapitalerhaltung und damit dem Gläubigerschutz dienende Vorschrift der gesetzlichen (Gewinn-)Rücklage gem. § 150 AktG als auch die gesetzliche Ermächtigung der Verwaltung (Vorstand und Aufsichtsrat bzw. Verwaltungsrat), einen Teil des Jahresüberschusses in eigener Verantwortung in die Gewinnrücklage einzustellen (vgl. § 58 Abs. 2 AktG; näher → AktG § 58 Rn. 37 ff.; Entsprechendes gilt für Einstellungen in Sonderrücklagen nach § 58 Abs. 2a AktG), beachtet werden. § 289 HGB schreibt für **große und mittelgroße SE** vor, dass diese einen **Lagebericht aufzustellen haben** (§ 264 Abs. 1 S. 1 HGB, §§ 264a, 289 HGB). Der Lagebericht ist, ebenso wie der Anhang, ein **erläuternder Bestandteil** der Rechnungslegung, allerdings kein Bestandteil des Jahresabschlusses im formalen Sinn, sondern ein **zusätzliches Informationsmittel**. Im Unterschied zum Anhang ist er nicht an die vergangenheitsorientierten Rechenwerke der Bilanz und GuV-Rechnung gebunden. Er löst sich von der positionsbezogenen Sicht des Anhangs und beschreibt sowohl den Verlauf des abgelaufenen Geschäftsjahres als auch die **Risiken und Chancen der künftigen Entwicklung** (§ 289 Abs. 1 HGB). Im Mittelpunkt steht die Darstellung und Beurteilung der für das Unternehmen relevanten wirtschaftlichen Zusammenhänge. Dies macht insb. § 289 Abs. 2 Nr. 3 HGB deutlich.

18   Rechtsgrundlage für den **Konzernabschluss** der SE bilden die §§ 290–315, 325 Abs. 3 HGB. § 290 HGB normiert die Pflicht zur Aufstellung eines Konzernabschlusses. Diese Vorschrift sah bislang zwei unterschiedliche Konzepte vor, nach denen ein Unternehmen zur Aufstellung eines Konzernabschlusses verpflichtet war, wobei beide unabhängig voneinander zu einer Aufstellungspflicht führten, sofern die jeweiligen Voraussetzungen erfüllt waren. Nach dem **Konzept der einheitlichen Leitung** (§ 290 Abs. 1 HGB aF) waren alle Mutterunternehmen mit Sitz im Inland verpflichtet, einen Konzernabschluss aufzustellen. Das **Kontrollkonzept** des § 290 Abs. 2 HGB aF knüpfte an die Beherrschung im Einzelnen an (Anteilsmehrheit, Stimmenmehrheit, Beherrschungsvertrag oder Recht zur Berufung bzw. Abberufung von Personen in Leitungsorganen). Mit Inkrafttreten des BilMoG wurden **beide Konzepte** mit Wirkung zum 1.1.2010 (Art. 66 Abs. 3 S. 1 EGHGB) **abgeschafft** und durch das international gebräuchliche **Konsolidierungskonzept** der „**möglichen Beherrschung**" ersetzt.

19   Ein Mutterunternehmen ist nach § 290 Abs. 5 HGB von der Pflicht, einen Konzernabschluss und einen Konzernlagebericht aufzustellen, **befreit,** wenn es nur Tochterunternehmen hat, die gem. § 296 HGB nicht in den Konzernabschluss einbezogen werden müssen. Diese durch das BilMoG eingeführte Regelung hat klarstellenden Charakter, da in solchen Fällen, in denen keines der Tochterunternehmen in Ausübung der Einbeziehungswahlrechte nach § 296 HGB mittels der Vollkonsolidierung einbezogen werden muss, nach herrschender Meinung schon bisher eine Konzernrechnungslegungspflicht nicht bestand.[30] Von zentraler Bedeutung ist, dass alle Unternehmen, die in einem Mitgliedstaat der EU zum Handel an einem geregelten Markt zugelassen sind oder bis zu einem Bilanzstichtag die Zulassung eines Wertpapiers zum Handel an einem organisierten Markt beantragt haben (§ 315a Abs. 2 HGB), ihren **Konzernabschluss nach IAS/IFRS,** soweit diese durch Verordnung übernommen wurden, zu erstellen haben (Art. 4 IFRS-VO). Ein Konzernabschluss nach HGB entfällt. Mit der IAS-VO (→ Art. 61 Rn. 18) haben das europäische Parlament und der europäische Rat für **Konzernabschlüsse börsennotierter Unternehmen** die Einführung der International Financial Reporting Standards (IFRS) ab 2005 vorgeschrieben.[31] Handelt

---

[30] Vgl. *Küting/Seel* DStR 2009, Beihefter zu Nr. 26, 37 (41); *Küting/Weber* Konzernabschluss 183.
[31] Zu den Auswirkungen auf das deutsche Recht *Buck* JZ 2004, 883 (885 ff.).

es sich bei der SE also zugleich um ein Unternehmen, dessen Wertpapiere zum Handel an einem geregelten Markt zugelassen sind (Art. 4 IAS-VO), findet die **IAS-VO** als unmittelbar in jedem Mitgliedstaat geltendes Recht Anwendung. Welche Mutterunternehmen einen Konzernabschluss aufzustellen haben, richtet sich allerdings auch weiterhin nach den §§ 290–293 HGB. Entfällt jedoch die Konsolidierungspflicht nach § 290 Abs. 5 HGB, so gilt dies ebenfalls für IFRS, da gesetzlich auf § 296 HGB verwiesen wird. Damit besteht auch für deutsche kapitalmarktorientierte Unternehmen eine Pflicht zur Anwendung der IFRS nur dann, wenn unter Berücksichtigung der Einbeziehungswahlrechte des § 296 HGB ein Konzernabschluss bzw. Konzernlagebericht grds. nach handelsrechtlichen Normen aufzustellen ist.[32]

Der durch das BilReG (→ Rn. 13) eingefügte § 315a Abs. 1 HGB stellt den Unternehmen **20** nunmehr auch in den übrigen Bereichen (Konzernabschluss der Nicht-Kapitalmarktunternehmen, Einzelabschluss) **Wahlmöglichkeiten zur IAS/IFRS-Anwendung** zur Verfügung. Eine Pflicht zur IAS/IFRS-Bilanzierung besteht weder für den Einzelabschluss noch für den Konzernabschluss von nicht kapitalmarktorientierten Unternehmen. Bei letzteren gilt die Ausnahme für Konzernunternehmen, die den Antrag auf Zulassung zum geregelten Kapitalmarkt am Bilanzstichtag gestellt haben. Diese müssen bereits den Konzernabschluss nach IAS/IFRS aufstellen (§ 315a Abs. 3 HGB). Soweit Unternehmen ihre Konzernabschlüsse nach IAS/IFRS aufstellen, ist ein HGB-Konzernabschluss daneben nicht notwendig. Allerdings sieht § 315a Abs. 3 HGB vor, dass **alle konzernabschlusspflichtigen Unternehmen** die §§ 294 Abs. 3, 298 Abs. 1 HGB iVm §§ 244, 245, 313 Abs. 2 und 3, 314 Abs. 1 Nr. 4, 6, 8 und 9, 315 Abs. 2 S. 1 Nr. 2 HGB zusätzlich anzuwenden haben. Auch die Entsprechenserklärung nach § 161 AktG, Angaben über die Vergütung des Abschlussprüfers etc., ist für diese Unternehmen verpflichtend (§ 314 Abs. 1 Nr. 8 und 9 HGB).

Sowohl kapitalmarktorientierte wie auch nicht kapitalmarktnotierte SE können den **Ein- 21 zelabschluss nach IAS/IFRS** erstellen; bei großen Kapitalgesellschaften kann dieser an die Stelle des traditionellen HGB-Abschlusses – jedoch nur im Hinblick auf die **Pflichtveröffentlichung** und dies nur unter bestimmten engen Voraussetzungen – treten (vgl. § 325 HGB). Das Unternehmen soll damit in die Lage versetzt werden, sich seinen Geschäftspartnern mit einem auf Informationszwecke zugeschnittenen, international „lesbaren" Abschluss zu präsentieren. Das entbindet das Unternehmen aber nicht, einen (zusätzlichen) HGB-Einzelabschluss zu erstellen, der für die Zwecke der gesellschaftsrechtlichen Kapitalerhaltung, Ausschüttungsbemessung etc notwendig ist.

Für die Unternehmen **verbindlich** sind allerdings nur diejenigen IAS/IFRS-Standards, **22** die nach Prüfung durch die EU-Kommission (vgl. Art. 3 IAS-VO) im EU-Amtsblatt veröffentlicht worden sind.[33] Deswegen muss zwischen **von der EU anerkannten und verbindlichen Standards** und von der EU (noch) **nicht anerkannten Standards** unterschieden werden. Letztere dürfen nur in „besonderen Fällen" nicht angewandt werden, im Übrigen besteht de facto ein Anwendungswahlrecht, was dazu führen wird, dass die Unternehmen einzelne Fragen unterschiedlich lösen werden.

IV. Aufstellung und Feststellung des Jahresabschlusses

Die gesetzliche Bilanzierungspflicht trifft die SE (§§ 242 ff. HGB iVm Art. 61, § 3 AktG, **23** § 6 HGB). Davon zu unterscheiden ist die Frage, welche **Organe** nach der Organisationsverfassung der SE für die **Aufstellung und Feststellung** konkret zuständig sind. Dabei ist zwischen der traditionellen dualistisch strukturierten SE und der monistisch strukturierten SE zu unterscheiden. Art. 38 Ziff. b stellt als Alternative zum dualistischen Modell ein dem deutschen Gesellschaftsrecht bisher unbekanntes sog. monistisches Modell der Unternehmensleitung zur Wahl. Letzteres ist vom deutschen Gesetzgeber im SEAG übernommen worden (vgl. Art. 43 Abs. 4).

---

[32] BT-Drs. 16/12407, 90.
[33] BeckHdB IFRS/*Bohl* § 1 Rn. 71.

24 Zuständig für die Aufstellung des Jahresabschlusses (Jahresbilanz, GuV und Anhang) und des Lageberichts bzw. von Konzernabschluss und Konzernlagebericht ist in der an der Organisationsverfassung der AG orientierten sog. **dualistisch strukturierten SE** der Vorstand. Dies ergibt sich mittelbar aus § 91 AktG, wenn man die Aufstellung des Jahresabschlusses und des Lageberichts als die konsequente Fortführung der Buchführungsverantwortung begreift, zumindest aber aus der allgemeinen Leitungsverantwortung nach § 76 Abs. 1 AktG, die letztlich durch § 91 AktG nur konkretisiert wird.[34] Nach Art. 61 iVm § 91 AktG trägt der **Vorstand in Gesamtverantwortung** im Außenverhältnis die Buchführungsverantwortung für die SE und ist ihr zugleich im Innenverhältnis organschaftlich verpflichtet, die erforderlichen Maßnahmen zu ergreifen.[35] Dies gilt in gleicher Weise für die **Pflicht zur Aufstellung des Jahresabschlusses und des Lageberichts,** die nach § 170 Abs. 1 S. 1 AktG unverzüglich nach Aufstellung vom Vorstand dem Aufsichtsrat vorzulegen sind. Im Regelfall werden nach Vorlage durch den Vorstand Jahresabschluss und Lagebericht durch Billigung des Aufsichtsrats festgestellt (vgl. § 172 S. 1 AktG). Dies alles ergibt sich unmittelbar aus der Verweisung auf das deutsche Aktienrecht.

25 Bei dem monistischen System der Unternehmensleitung (vgl. §§ 20 ff. SEAG) ergeben sich entsprechende **Regelungsprobleme namentlich bei den Kompetenzen zur Aufstellung des Jahresabschlusses.** Das SEAG enthält keine klare Regelung, ob die Zuständigkeit für die Aufstellung den oder die geschäftsführenden Direktoren oder den Verwaltungsrat trifft. Einerseits könnte für die Zuständigkeit des Verwaltungsrates die Vorschrift des § 22 Abs. 3 S. 1 SEAG sprechen, wonach der Verwaltungsrat dafür zu sorgen hat, dass die erforderlichen Handelsbücher geführt werden. Die Vorschrift entspricht ausweislich der Gesetzesbegründung[36] dem § 91 AktG. Demzufolge trägt der **Verwaltungsrat in Gesamtverantwortung** im Außenverhältnis die **Buchführungsverantwortung** für die SE und ist ihr zugleich im Innenverhältnis organschaftlich verpflichtet, die erforderlichen Maßnahmen zu ergreifen. Andererseits legen die §§ 40 Abs. 3 S. 1, 47 Abs. 1 S. 1 SEAG nahe, dass für die Aufstellung des Jahresabschlusses und des Lageberichts die geschäftsführenden Direktoren zuständig sind. Vor dem Hintergrund, dass auch im monistischen System an die herkömmliche dogmatische Unterscheidung zwischen Aufstellung (vgl. § 47 Abs. 1 S. 1 SEAG) und Feststellung (§ 47 Abs. 5 SEAG) angeknüpft wird, spricht dies auch für eine unterschiedliche Kompetenzzuweisung betreffend die Aufstellung an die geschäftsführenden Direktoren und die Feststellung an den Verwaltungsrat. Letztere Sichtweise stimmt auch mit der Begründung des Regierungsentwurfs überein.[37] Dort wird ausgeführt, die Aufstellung des Jahresabschlusses falle in die Kompetenz des oder der geschäftsführenden Direktoren, weil diese einerseits dem Tagesgeschäft näher stünden und andererseits damit das aktienrechtlich bewährte „Vier-Augen-Prinzip" bei Aufstellung und Feststellung des Jahresüberschusses gewahrt bleibe. Es erscheint deshalb vorzugswürdig, dass die **Aufstellung** des Jahresabschlusses (vgl. § 242 Abs. 1 S. 1 HGB) im Verhältnis zur SE in den **Verantwortungsbereich der geschäftsführenden Direktoren** fällt.[38] Sicherlich wäre es im Ergebnis systematisch stimmiger gewesen, den geschäftsführenden Direktoren dann auch die alleinige Verantwortung für die Buchführung zuzuweisen.

26 Die geschäftsführenden Direktoren haben dafür Sorge zu tragen, dass die Aufstellung in den **ersten drei Monaten jedes Geschäftsjahres** für das vergangene Jahr erfolgt (§ 264 Abs. 1 S. 2 HGB). Deswegen kann ein Verstoß gegen die Aufstellungsfrist zu Schadensersatzansprüchen der Gesellschaft und zur Zwangsgeldfestsetzung nach § 335 S. 1 Nr. 1 HGB gegen die geschäftsführenden Direktoren führen. Die geschäftsführenden Direktoren haben dem Verwaltungsrat Jahresabschluss und Lagebericht sowie uU Kon-

---

[34] Hüffer/Koch/*Koch* AktG § 91 Rn. 1.
[35] Hüffer/Koch/*Koch* AktG § 91 Rn. 2, 3.
[36] Begr. RegE zu § 22 SEAG, BT-Drs. 15/3405, 37.
[37] Begr. RegE zu § 47 SEAG, BT-Drs. 15/3405, 39 f.
[38] Ebenso BeckOGK/*Eberspächer* Rn. 4; Lutter/Hommelhoff/Teichmann/*Kleindiek* Rn. 25; *Lanfermann* in Van Hulle/Maul/Drinhausen SE-HdB Abschn. 10 Rn. 6; Kölner Komm AktG/*Wenz* Rn. 31.

zernabschluss und Konzernlagebericht unverzüglich nach seiner Aufstellung vorzulegen (§ 47 Abs. 1 S. 1 SEAG). Nachdem der **Verwaltungsrat** den aufgestellten Jahresabschluss ohne Beanstandungen geprüft hat, wird dieser durch Beschluss gebilligt. Mit dieser Billigung ist der Jahresabschluss **verbindlich festgestellt,** sofern nicht der Verwaltungsrat beschließt, die verbindliche Feststellung der Hauptversammlung zu überlassen (§ 47 Abs. 4 und 5 SEAG). Nach § 47 Abs. 3 SEAG iVm § 171 Abs. 2 S. 1 AktG ist überdies eine **Berichterstattung des Verwaltungsrats** an die Hauptversammlung durchzuführen. Die Unterzeichnung des Jahresabschlusses unter Angabe des Datums hat regelmäßig nicht mit Abschluss der Aufstellung, sondern erst nach der Feststellung zu erfolgen.[39] Da die Aufstellung des Jahresabschlusses in den ausschließlichen Verantwortungsbereich der geschäftsführenden Direktoren fällt, haben diese auch die alleinige Pflicht zur **Unterzeichnung des Jahresabschlusses** (§ 245 S. 1 HGB).

Sind mehrere geschäftsführende Direktoren bestellt, können sie sich eine Geschäftsord- **27** nung geben, wenn nicht die Satzung den Erlass einer Geschäftsordnung dem Verwaltungsrat überlassen hat oder der Verwaltungsrat eine Geschäftsordnung erlässt (§ 40 Abs. 4 S. 1 SEAG). Die Satzung kann Einzelfragen der Geschäftsordnung bindend regeln (§ 40 Abs. 4 S. 1 SEAG). Erfolgt in der Geschäftsordnung oder Satzung eine **ressortmäßige Aufgabenverteilung** dergestalt, dass die Zuständigkeit auf einen (bestimmten) geschäftsführenden Direktor übertragen wird, führt dies zu keiner Delegierung der Verantwortung, sondern nur der technischen Durchführung. Alle geschäftsführenden Direktoren haben zu überwachen, dass der zuständige geschäftsführende Direktor seinen Verpflichtungen ordnungsgemäß nachkommt. Auch den Verwaltungsrat trifft eine besondere Überwachungspflicht.[40] In der Geschäftsordnung des Verwaltungsrats kann (entsprechend Empfehlung D.3 DCGK 2020) ein **Prüfungsausschuss** (Audit Committee) eingerichtet werden, der sich insbesondere mit Fragen der Rechnungslegung befasst und den geschäftsführenden Direktor unterstützt und überwacht. Damit wird der Umfang der Überwachungspflichten für die übrigen Verwaltungsratsmitglieder zumindest reduziert.

V. Prüfung, Offenlegung

Art. 61 verweist auch für die Prüfung und Offenlegung des Jahresabschlusses, Lagebe- **28** richts und des Berichts über die Abschlussprüfung auf die für Aktiengesellschaften des Sitzstaates geltenden Vorschriften. Damit bestimmen sich alle mit der Prüfung und Offenlegung verbundenen Regeln einer SE mit (Register-)Sitz in Deutschland nach den **Vorschriften des HGB, die auf eine AG anzuwenden** sind. Diese beruhen wiederum auf europäischen Richtlinien, sodass ein europaweit einheitlicher Mindeststandard gewährleistet ist. Ein zentrales europäisches Register ist für die SE nicht eingeführt worden. In Deutschland erfolgt die Offenlegung nicht mehr in den bei den Amtsgerichten geführten Handelsregistern, sondern beim Betreiber des elektronischen Bundesanzeigers.[41] Der elektronische Bundesanzeiger wird damit zu einem zentralen Veröffentlichungsorgan für wirtschaftliche Bekanntmachungen ausgebaut.[42] Zu den offenlegungspflichtigen Unterlagen gem. § 325 HGB gehören im Regelfall Jahresabschluss, Lagebericht, Bericht des Aufsichtsrats/Verwaltungsrats, der Vorschlag über die Verwendung des Ergebnisses und dessen Beschluss sowie die nach § 161 AktG erfolgte Erklärung zum Corporate Governance Kodex, die zum Handelsregister des Sitzes der SE einzureichen sind. Im monistischen System überträgt § 40 Abs. 2 S. 4 SEAG ausdrücklich den geschäftsführenden Direktoren die Pflicht, die Einreichung der Unterlagen zum Handelsregister vorzunehmen.

Die Prüfungspflicht folgt aus Art. 1 Bilanz-RL, die durch das BilRUG (→ Rn. 13) in **29** nationales Recht transformiert wird. Die Vorschriften der Abschlussprüfung sind durch die

---

[39] Zum Meinungsstand im Allgemeinen vgl. BeBiKo/*Winkeljohann/Schnellhorn,* 11. Aufl. 2018, HGB § 245 Rn. 3.
[40] S. nur *Lanfermann* in Van Hulle/Maul/Drinhausen SE-HdB Abschn. 10 Rn. 7.
[41] *Klein/Schreiner* in Jannott/Frodermann SE-HdB Kap. 7 Rn. 197.
[42] BT-Drs. 16/960, 49.

Abschlussprüfer-RL[43] harmonisiert. Im Rahmen der EU-Abschlussprüfungsreform 2014 wurde die Abschlussprüfer-RL durch die Änderungs-RL 2014/56/EU[44] novelliert. Zeitgleich ist die Abschlussprüfer-VO[45] betreffend Unternehmen von öffentlichem Interesse verkündet worden. Ergänzend ist auf die Empfehlung der EU-Kommission vom 16.5.2002 „Unabhängigkeit des Abschlussprüfers in der EU – Grundprinzipien"[46] hinzuweisen, die den Gesetzgeber im Bilanzrechtsreformgesetz[47] zu einer Stärkung der Unabhängigkeit des Abschlussprüfers insbesondere durch die Neufassung der Bestimmung des § 319 HGB und die Einfügung eines § 319a HGB veranlasst hat. Auch die Vorschriften über die Offenlegung des Jahresabschlusses, des Lageberichts, des Bestätigungsvermerks, des Berichts des Aufsichtsrats sowie des Gewinnverwendungsvorschlags und Gewinnverwendungsbeschlusses (vgl. §§ 325 ff. HGB) beruhen auf Richtlinienvorgaben.[48] Da durch den Harmonisierungsprozess das mit Prüfung und Offenlegung angestrebte grenzüberschreitende Schutzniveau für Gesellschafter und Gläubiger verwirklicht worden ist und auch ein Mindestmaß an Gleichwertigkeit besteht, überrascht es nicht, dass der Verordnungsgeber auf **Sonderbestimmungen bei Prüfung und Offenlegung der SE verzichtet** hat.

30 Es gelten die allgemeinen Vorschriften betreffend Prüfungspflicht, Prüfungsgegenstand sowie Bestellung des Abschlussprüfers. Bei der **Jahresabschlussprüfung** sind Bilanz, GuV-Rechnung, Anhang und ggf. Lagebericht einer externen Prüfung zu unterziehen. Dabei ist die Einhaltung der bilanzrechtlichen Vorschriften, va der §§ 238–342a HGB, und der in der Satzung der SE ergänzend aufgeführten Bestimmungen zu prüfen. Die Prüfung ist in ihrem Ablauf und in den einzelnen Prüfungsphasen so anzulegen, dass Unrichtigkeiten und Verstöße, die sich auf die Darstellung der Vermögens-, Finanz- und Ertragslage wesentlich auswirken, **bei gewissenhafter Berufsausübung** erkannt werden (§ 317 Abs. 1 HGB). Dies schließt auch eine verfahrensorientierte Prüfung (Systemprüfung) zur Erkennung von Kontrollrisiken und aussagebezogenen Prüfungshandlungen ein (sog. **risikoorientierter Prüfungsansatz**). Werden Jahresabschlüsse in einen Konzernabschluss einbezogen und von einem anderen Abschlussprüfer als dem Konzernabschlussprüfer geprüft, bestimmt § 317 Abs. 3 S. 2 HGB, dass der **Konzernabschlussprüfer** die Arbeit des Jahresabschlussprüfers zu überprüfen und dies zu dokumentieren hat. Der Konzernabschlussprüfer kann sich damit nicht mehr auf die Prüfung der Voraussetzungen der Aufstellung eines Konzernabschlusses beschränken, sondern muss nunmehr in jedem Fall die Arbeit des Dritten überprüfen und fachliche Verantwortung hierfür übernehmen.

31 Für große und mittelgroße SE ist die Prüfung durch den Abschlussprüfer zwingend geboten. Ein Jahresabschluss darf ohne die notwendige Prüfung nicht festgestellt werden (§ 316 Abs. 1 S. 2 HGB), ein trotzdem festgestellter Jahresabschluss ist nichtig (§ 256 Abs. 1 Nr. 2 AktG). Die Steuerbilanz wird allerdings von der Unwirksamkeit des Jahresabschlusses nicht berührt.[49] Anderen Gesellschaften steht es offen, den Jahresabschluss auf freiwilliger Basis prüfen zu lassen. Dies kann etwa durch Gesellschaftsvertrag oder Satzung vorgeschrieben sein. Die aktienrechtlichen Zuständigkeiten des Aufsichtsrats nach § 171 AktG sind im **monistischen Leitungssystem** der Kompetenz des Verwaltungsrats unterstellt. Im Rahmen der internen Prüfung des Jahresabschlusses, Lageberichts und Gewinnverwendungsvorschlags durch den Verwaltungsrat verweist § 47 Abs. 3 SEAG ausdrücklich auf § 171 Abs. 1 und 2 AktG. Dies bedeutet, dass auch im monistischen System bei prüfungspflichtigen SE der Abschlussprüfer über die Prüfung einen Prüfungsbericht zu erstatten hat, der dem

---

[43] RL 2006/43/EG vom 17.5.2006 über Abschlussprüfungen von Jahresabschlüssen und konsolidierten Abschlüssen, ABl. 2006 L 17, 87; dazu *Grundmann* EuropGesR Rn. 577 ff.; früher: Achte RL 84/253/EWG v. 10.4.1984 (ABl. 1984 L 126, 20).
[44] RL 2014/56/EU vom 16.4.2014 zur Änderung der RL 2006/43/EG, ABl. 2014 L 158, 196.
[45] VO (EU) 537/2014 vom 16.4.2014 über spezifische Anforderungen an die Abschlussprüfung bei Unternehmen von öffentlichem Interesse und zur Aufhebung des Beschlusses 2005/909/EG, ABl. 2014 L 158.
[46] Empfehlung 2002/590/EG vom 16.5.2002, ABl. 2002 L 191, 22.
[47] Vgl. Begr. RegE zum Bilanzrechtsreformgesetz vom 24.6.2004, BT-Drs. 15/3419, 25 ff., 36 ff.
[48] Näher *Grundmann* EuropGesR Rn. 253 ff.
[49] BFH DStR 2009, 217.

Verwaltungsrat vorzulegen ist und der Prüfer an der Bilanzsitzung, in der die zu prüfenden Vorlagen und Berichte besprochen werden, teilzunehmen hat. Der Verwaltungsrat muss sich im Anschluss ein selbständiges Urteil über das Prüfungsergebnis bilden und darf sich nicht unbesehen unter Bezugnahme auf die Kompetenz des Wirtschaftsprüfers dessen Urteil anschließen. Fraglich ist die erforderliche **Prüfungsintensität des Verwaltungsrats**. Ob er sich – wie im dualistischen System der Aufsichtsrat – trotz seiner im Vergleich zum Aufsichtsrat umfassenderen Einflussmöglichkeiten auf die Geschäftsführung (vgl. § 22 Abs. 1 SEAG) auf eine regelmäßige Plausibilitätsprüfung wird beschränken dürfen, bleibt abzuwarten. Nicht auszuschließen ist, dass mit der weitergehenden Kompetenz auch eine weitergehende Verpflichtung korrespondiert, von dieser Kompetenz Gebrauch zu machen.[50]

Art. 62 [Abschlüsse für Finanz- bzw. Kreditinstitute und Versicherungsunternehmen]

(1) Handelt es sich bei der SE um ein Kreditinstitut oder ein Finanzinstitut, so unterliegt sie hinsichtlich der Aufstellung ihres Jahresabschlusses und gegebenenfalls ihres konsolidierten Abschlusses einschließlich des dazugehörigen Lageberichts sowie der Prüfung und der Offenlegung dieser Abschlüsse den gemäß der Richtlinie 2000/12/EG des Europäischen Parlaments und des Rates vom 20. März 2000 über die Aufnahme und Ausübung der Tätigkeit der Kreditinstitute[1] erlassenen einzelstaatlichen Rechtsvorschriften des Sitzstaats.

(2) Handelt es sich bei der SE um ein Versicherungsunternehmen, so unterliegt sie hinsichtlich der Aufstellung ihres Jahresabschlusses und gegebenenfalls ihres konsolidierten Abschlusses einschließlich des dazugehörigen Lageberichts sowie der Prüfung und der Offenlegung dieser Abschlüsse den gemäß der Richtlinie 91/674/EWG des Rates vom 19. Dezember 1991 über den Jahresabschluss und den konsolidierten Abschluss von Versicherungsunternehmen[2] erlassenen einzelstaatlichen Rechtsvorschriften des Sitzstaats.

Schrifttum: s. Art. 61.

I. Vorbemerkung

Art. 62 trifft eine **Sonderregelung** für Kredit- bzw. Finanzinstitute in Abs. 1 und Versicherungsunternehmen in Abs. 2. Werden die genannten Unternehmen in der Rechtsform einer SE betrieben, gilt zunächst einmal auch für diese die Sonderverweisung des Art. 61. Allerdings wird in Art. 61 ein ausdrücklicher Vorbehalt des Art. 62 ausgesprochen, sodass Art. 62 – soweit dort eine Sonderregelung getroffen wird – systematisch vorrangig ist. 1

Der europäische Gesetzgeber hat für Kredit- und Finanzinstitute sowie Versicherungsunternehmen eine Vielzahl von Rahmenbedingungen geschaffen. Dazu gehören auch Sonderregelungen auf dem **Gebiet der Rechnungslegung**. Ergänzend zur Vierten RL 78/660/EWG (Bilanz-RL 1978) und Siebten RL 83/349/EWG (Konzernabschluss-RL 1983)[3] hat der europäische Gesetzgeber die Bankbilanz-RL[4] erlassen. Entsprechend existiert für Versicherungsunternehmen eine besondere Richtlinie über den Jahresabschluss und den konsolidierten Abschluss (RL 91/674/EWG).[5] Überraschend ist bereits auf den ersten Blick, 2

---

[50] In diese Richtung *Klein/Schreiner* in Jannott/Frodermann SE-HdB Kap. 7 Rn. 136.
[1] [Amtl. Anm.:] ABl. L 126 vom 26.5.2000, S. 1.
[2] [Amtl. Anm.:] ABl. L 374 vom 31.12.1991, S. 7.
[3] Vierte RL 78/660/EWG und Siebte RL 83/349/EWG aufgehoben und zusammengeführt durch die Bilanz-RL (→ Art. 61 Rn. 14 mN).
[4] RL 86/635/EWG vom 8.12.1986 über den Jahresabschluss und den konsolidierten Abschluss von Banken und anderen Finanzinstituten, ABl. 1986 L 372, 1.
[5] RL 91/674/EWG vom 19.12.1991 über den Jahresabschluß und den konsolidierten Abschluß von Versicherungsunternehmen, ABl. 1991 L 374, 7.

dass der Verordnungsgeber in Art. 62 Abs. 2 zwar auf die entsprechende Richtlinie zur Rechnungslegung bei Versicherungsunternehmen Bezug nimmt, im Abs. 1, der Kredit- und Finanzinstitute besonders aufführt, aber **nicht auf die Bankbilanz-RL** abstellt, sondern auf die das Aufsichtsrecht über Kredit- und Finanzinstitute betreffende Kreditinstitut-RL (RL 2000/12/EG), mittlerweile ersetzt durch die Eigenkapitalanforderungs-RL, auch CRD IV (RL 2013/36/EU). Damit hat Art. 62 – zumindest auf den ersten Anschein – in Abs. 1 eine andere Bedeutung als in Abs. 2. Des Weiteren ist unklar, was der Verordnungsgeber mit der Bezugnahme auf die frühere Kreditinstitut-RL aF bezweckt hat. Der gesamte Vorgang wird noch nebulöser, wenn man sich vor Augen führt, dass das Ratsdokument 14717/00[6] in dem Wortlaut des Art. 62 Abs. 1 SE-VO-Vorschlag noch vorsieht, dass Kredit- und Finanzinstitute in der Rechtsform der SE den gemäß der Bilanz-RL erlassenen einzelstaatlichen Vorschriften unterliegen. Erst in dem dem Europäischen Parlament vorgelegten SE-VO-Vorschlag vom 1.2.2001[7] wird auf die frühere Kreditinstitut-RL Bezug genommen.

II. Kredit- und Finanzinstitute (Abs. 1)

3   Legt man Art. 62 Abs. 1 entsprechend seinem Wortlaut aus, geht es allein um eine Sonderbestimmung für die in der CRD IV mit der Rechnungslegung einschließlich Prüfung und Offenlegung befassten Vorschriften. Hier ist namentlich auf Art. 63 CRD IV zu verweisen, der den Abschlussprüfern (Personen, die für die Pflichtprüfung des Jahresabschlusses und des konsolidierten Abschlusses zuständig sind) besondere Verpflichtungen auferlegt. Das heißt im Umkehrschluss, dass es für die Rechnungslegung von Kreditinstituten und Finanzinstituten über den **Verweis des Art. 61** bei den einschlägigen Vorschriften für Aktiengesellschaften bleibt. Diese unterliegen den tätigkeitsbezogenen Sonderbestimmungen des HGB (vgl. §§ 340 ff. HGB).

4   Eine gewisse eigenständige Bedeutung mag dem Verweis auf die Kreditinstitut-RL noch insofern zukommen, als in Art. 3 Abs. 1 Nr. 1, Nr. 22 CRD IV (früher Art. 1 Kreditinstitut-RL aF) der **Begriff des „Kreditinstituts" sowie des „Finanzinstituts"** definiert wird. Da jedoch Abs. 1 ausdrücklich auf die entsprechend der Richtlinie „erlassenen einzelstaatlichen Rechtsvorschriften des Sitzstaates" Bezug nimmt, kommt es auch diesbezüglich auf die Definition im KWG an. An dieser Stelle ist nicht weiter darauf einzugehen, ob Deutschland die Vorschriften in der CRD IV diesbezüglich vertragskonform in nationales Recht umgesetzt hat.

5   Insgesamt ist Art. 62 Abs. 1 **missglückt**. Es bleibt unklar, warum unter dem Titel IV „Jahresabschluss und konsolidierter Abschluss" auf eine Richtlinie verwiesen wird, die im Wesentlichen dem Aufsichtsrecht über Kredit- und Finanzinstitute zuzuordnen ist. Einer besonderen Betonung, dass auch die SE – selbstverständlich – entsprechenden tätigkeitsbezogenen Aufsichtspflichten usf. unterliegt, hätte es nicht bedurft, weil dies bereits **Art. 9 Abs. 3** klarstellt. Soweit für die von der SE ausgeübte Geschäftstätigkeit besondere Vorschriften des einzelstaatlichen Rechts gelten, finden diese Vorschriften auf die SE „uneingeschränkt" Anwendung. Der Sinn und Zweck des Art. 62 Abs. 1 muss daher offen bleiben.[8]

III. Versicherungsunternehmen (Abs. 2)

6   Etwas mehr Sinn macht Art. 62 Abs. 2. Das hängt damit zusammen, dass dort auf eine besondere Richtlinie des Bilanzrechts für Versicherungsunternehmen, die RL 91/674/EWG (→ Rn. 2), Bezug genommen wird. Ganz allgemein stellt sich für den Rechtsanwender hier die Frage, ob es neben Art. 61 und Art. 9 Abs. 3 einer entsprechenden Sonderregelung überhaupt bedurft hätte. Über Art. 61 gelten die entsprechenden Rechnungslegungsbestimmungen, die auf Aktiengesellschaften anwendbar sind. Wenn die Aktiengesellschaft ein Versicherungsunternehmen betreibt, gelten für diese besondere Rechnungslegungsvor-

---

[6] SE 8 SOC 500 vom 18.12.2000.
[7] Ratsdokument 14886/00 SE 12 SOC 506.
[8] Ebenso *Plendl/Niehues* in Theisen/Wenz, Die Europäische Aktiengesellschaft, 2. Aufl. 2005, 415 f.

schriften nach dem HGB (vgl. §§ 341 ff. HGB). Dieses Ergebnis wird letztlich durch **Art. 9 Abs. 3** bestätigt, der geschäftstätigkeitsbezogene besondere Vorschriften des deutschen Rechts in Bezug setzt. Ein eigenständiger Anwendungsbereich bestünde für Art. 9 Abs. 3 nur dann, wenn bestimmte geschäftstätigkeitsbezogene Vorschriften auf die Rechtsform einer Aktiengesellschaft keine Anwendung fänden. Da die RL 91/674/EWG aber nicht an die Rechtsform des Versicherungsunternehmens, sondern an den Unternehmensgegenstand anknüpft, unterliegt eine deutsche Aktiengesellschaft ebenso wie – über Art. 61 als lex specialis zu Art. 9 Abs. 1 – eine SE den **versicherungsspezifischen Rechnungslegungsvorschriften.** Dies wird dann nochmals wiederholend von Art. 62 Abs. 2 klargestellt.

Im Schrifttum ist problematisiert worden, ob es ein **Normanwendungsproblem im Verhältnis zwischen der SE-VO und IAS-VO** dergestalt gibt, dass für kapitalmarktorientierte, in der Rechtsform der SE verfasste Versicherungsunternehmen neben der Verpflichtung zu einem IAS-Abschluss (vgl. Art. 4 IAS-VO) aus dem Verweis des Art. 62 auf einzelstaatliche Rechtsvorschriften folgt, diese könnten auch nach nationalen Rechtsvorschriften zu einem (parallelen) Konzernabschluss nach HGB verpflichtet sein.[9] Die Gefahr besteht allerdings nicht, weil die IAS-VO als unmittelbar geltendes Recht ebenso wie der frühere § 292a HGB (letztmalig anzuwenden auf das Geschäftsjahr, das spätestens am 31.12.2004 endet; → Art. 61 Rn. 12) einen Konzernabschluss mit befreiender Wirkung[10] eröffnet. Aus dem bisherigen Optionsrecht des § 292a HGB ist seit 2005 eine entsprechende Verpflichtung deutscher Versicherungskonzerne geworden, soweit sie kapitalmarktorientiert sind.[11]

---

[9] *Plendl/Niehues* in Theisen/Wenz, Die Europäische Aktiengesellschaft, 2. Aufl. 2005, 414, 417 f.; *Schwarz* Rn. 11; Kölner Komm AktG/*Wenz* Rn. 6.
[10] Näher dazu noch BeckHdB IFRS/*Driesch*, 1. Aufl. 2004, § 2 Rn. 14.
[11] Zur Entwicklung des Standards IFRS 4 „Versicherungsverträge" vgl. etwa BeckHdB IFRS/*Schlüter/Bonin* § 40 Rn. 1 ff.

Titel V. Auflösung, Liquidation, Zahlungsunfähigkeit und Zahlungseinstellung

Art. 63 [Recht des Sitzstaats]

Hinsichtlich der Auflösung, Liquidation, Zahlungsunfähigkeit, Zahlungseinstellung und ähnlicher Verfahren unterliegt die SE den Rechtsvorschriften, die für eine Aktiengesellschaft maßgeblich wären, die nach dem Recht des Sitzstaats der SE gegründet worden ist; dies gilt auch für die Vorschriften hinsichtlich der Beschlussfassung durch die Hauptversammlung.

Schrifttum: Hirte, Die Europäische Aktiengesellschaft, NZG 2002, 1; *Ludwig*, Die Beendigung der Europäischen Aktiengesellschaft (SE) nach europäischem und nationalem Recht, 2006; *Roitsch*, Auflösung, Liquidation und Insolvenz der Europäischen Aktiengesellschaft (SE) mit Sitz in Deutschland, 2006.

I. Partielle Generalverweisung

Art. 63 erklärt als spezielle Verweisungsvorschrift und Sachnormverweisung[1] (es gilt **1** nichts anderes als in Bezug auf Art. 9; → Art. 9 Rn. 15 f.) die nationalen Regelungen des **Sitzstaates der SE** in Hinblick auf die Auflösung und Liquidation sowie in Bezug auf Insolvenz und Zwangsvollstreckung („Zahlungsunfähigkeit, Zahlungseinstellung und ähnliche Verfahren") für anwendbar und stellt die SE somit in diesem Bereich insgesamt einer nationalen Aktiengesellschaft gleich. Auf diese Weise wird Erwägungsgrund 20 bekräftigt, der klarstellt, dass die SE-VO das Konkursrecht nicht erfasst und die SE daher nach allgemeinen Regeln dem Konkursrecht des Sitzstaates unterworfen ist (→ Art. 9 Rn. 1 ff.). Nach **Hs. 2** richtet sich innerhalb dieses Anwendungsbereichs[2] auch die Beschlussfassung der Hauptversammlung unmittelbar nach den für die nationalen Aktiengesellschaften geltenden Vorschriften; hierbei handelt es sich lediglich um eine (überflüssige) Klarstellung.[3]

Nach dem Sitzstaatrecht richtet sich demgemäß auch die Frage, unter welchen Voraussetzungen **2** und mit welchen Folgen die **Nichtigkeit** einer SE eintreten kann;[4] insofern konnte sich der Verordnungsgeber auf die durch Art. 11 Publizitäts-RL (jetzt: Art. 11 GesR-RL) vereinheitlichten mitgliedstaatlichen Bestimmungen verlassen, welche nicht nur die Zahl relevanter Gründe stark reduzieren, sondern überdies gewährleisten, dass auch eine nichtige Gesellschaft für die Vergangenheit als wirksam anerkannt und einem geordneten Liquidationsverfahren zugeführt wird (vgl. §§ 275 ff. AktG). Einen **besonderen Auflösungsgrund** sieht **Art. 64** für den Fall vor, dass die SE gegen das Verbot des Art. 7 verstößt und ihre Hauptverwaltung in einem anderen Staat als dem Sitzstaat unterhält (→ Art. 64 Rn. 1). **Art. 65** enthält zusätzliche Anforderungen an die Offenlegung eines Auflösungs-/Liquidations- bzw. Insolvenzverfahrens (→ Art. 65 Rn. 1).

II. Auflösung und Liquidation

Die SE-Verordnung regelt die **Auflösung** selbst nicht, sondern verpflichtet in Art. 64 **3** Abs. 2 die Mitgliedstaaten lediglich, für die Liquidation einer SE zu sorgen, bei der Satzungs- und Verwaltungssitz auseinanderfallen.[5] Die Auflösung der deutschen SE richtet sich deshalb

---

[1] Für Sachnormverweisung auch Lutter/Hommelhoff/Teichmann/*Ehricke* Rn. 12 ff.; *Ludwig*, Die Beendigung der SE nach europäischem und nationalem Recht, 2006, 52; *Roitsch*, Auflösung, Liquidation und Insolvenz der SE mit Sitz in Deutschland, 2006, 21; *Schwarz* Rn. 8; Habersack/Drinhausen/*Bachmann* Rn. 9; aA für Gesamtnormverweisung NK-SE/*Schröder* Rn. 1; diff. BeckOGK/*Eberspächer* Rn. 6.
[2] Die englische Fassung spricht von Vorschriften, „*including*" der Vorschriften für die Beschlussfassung.
[3] In diesem Sinne auch BeckOGK/*Eberspächer* Rn. 1; *Schwarz* Rn. 10; vgl. auch Kölner Komm AktG/*Kiem* Rn. 17, der die hier vertretene Auffassung anscheinend missversteht.
[4] Vgl. *Hirte* NZG 2002, 1 (10).
[5] Vgl. Kölner Komm AktG/*Kiem* Rn. 22; Habersack/Drinhausen/*Bachmann* Rn. 11.

nach den §§ 262 ff. AktG, und zwar auf Grund der Verweisung des Art. 63 (→ Rn. 1). Als **Auflösungsgründe** kommen gem. § 262 Abs. 1 AktG der Zeitablauf (Nr. 1; → AktG § 262 Rn. 26 ff.), ein entsprechender Beschluss der Hauptversammlung (Nr. 2; → AktG § 262 Rn. 33 ff.), die Eröffnung des Insolvenzverfahrens (Nr. 3; → AktG § 262 Rn. 50 ff.), die Ablehnung der Insolvenzeröffnung (Nr. 4; → AktG § 262 Rn. 53 ff.), die Feststellung eines Satzungsmangels (Nr. 5; → AktG § 262 Rn. 58 ff.) und die Löschung wegen Vermögenslosigkeit (Nr. 6; → AktG § 262 Rn. 75 ff.) in Betracht. Weitere Auflösungsgründe sind etwa die Gemeinwohlgefährdung nach § 396 Abs. 1 AktG oder § 3 Abs. 1 VereinsG sowie die Rücknahme der Geschäftserlaubnis nach § 38 Abs. 1 S. 2 KWG oder § 304 Abs. 6 S. 1 AktG, § 306 Abs. 1 S. 1 Nr. 5 AktG, § 307 VAG → AktG § 262 Rn. 101 ff. Hinzu kommt der besondere Auflösungsgrund des Art. 64 bei Auseinanderfallen von Registersitz und Hauptverwaltung (→ Rn. 2; → Art. 64 Rn. 1 ff.). **Kein Auflösungsgrund,** sondern lediglich Gründungshindernis ist in Ermangelung einer dem Art. 31 Abs. 3 iVm Art. 4 Abs. 2 EWIV-VO (für den EWIV) entsprechenden Regelung das Entfallen des grenzüberschreitenden Bezugs (Art. 2) der SE[6] (→ Art. 2 Rn. 5; → Art. 2 Rn. 26).

4 Der Auflösung folgt in der Regel gem. § 264 Abs. 1 AktG wie bei der nationalen Aktiengesellschaft die **Abwicklung** der SE nach den Vorschriften der §§ 265–274 AktG (→ AktG § 264 Rn. 3 ff.); wegen der Einzelheiten vgl. die Erläuterungen ebd. Beim **monistischen System** kommen als geborene **Abwickler** sowohl die Mitglieder des Verwaltungsrats als auch die geschäftsführenden Direktoren in Betracht, wobei die Verwaltungsratsmitglieder gem. § 22 Abs. 6 SEAG die geborenen Abwickler sind (→ Art. 43 Rn. 6 f.; → Art. 39 Rn. 46).[7] Wegen der Kompetenzabgrenzung gelten dann die allgemeinen Regeln, namentlich auch das Weisungsrecht des Verwaltungsrats (§ 44 Abs. 2 SEAG), der wegen § 22 Abs. 6 SEAG iVm § 269 AktG aber auch seinerseits vertretungsberechtigt ist.[8] Im Falle einer Löschung wegen Vermögenslosigkeit (§ 262 Abs. 1 Nr. 6 AktG) findet die sog. **Nachtragsabwicklung** nur statt, sofern sich gem. § 264 Abs. 2 AktG nach der Löschung herausstellt, dass verteilbares Vermögen vorhanden ist; → AktG § 264 Rn. 7 ff.

5 Im Falle der Eröffnung des Insolvenzverfahrens (§ 262 Abs. 1 Nr. 3 AktG) findet keine Abwicklung gem. §§ 264 ff. AktG, sondern die Liquidation der Gesellschaft im Rahmen des **Insolvenzverfahrens** statt (→ AktG § 264 Rn. 6). Als Insolvenzgründe kommen in Betracht: Zahlungsunfähigkeit (§ 17 InsO), drohende Zahlungsunfähigkeit (§ 18 InsO) und Überschuldung (§ 19 InsO). Irgendwelche Einschränkungen oder Änderungen dieser Vorschriften in Bezug auf die SE sind nicht erforderlich; insbesondere entspricht die Insolvenzantragsverpflichtung samt zivil- und strafrechtlichen Folgen der unterlassenen Antragsstellung nach nationalem Aktienrecht.[9]

Art. 64 [Verfahren bei Trennung von Sitz und Hauptverwaltung]

(1) Erfüllt eine SE nicht mehr die Verpflichtung nach Artikel 7, so trifft der Mitgliedstaat, in dem die SE ihren Sitz hat, geeignete Maßnahmen, um die SE zu verpflichten, innerhalb einer bestimmten Frist den vorschriftswidrigen Zustand zu beenden, indem sie

a) entweder ihre Hauptverwaltung wieder im Sitzstaat errichtet

---

[6] So auch Lutter/Hommelhoff/Teichmann/*Ehricke* Rn. 32; BeckOGK/*Eberspächer* Rn. 3; *Schwarz* Rn. 21; *Roitsch*, Auflösung, Liquidation und Insolvenz der SE mit Sitz in Deutschland, 2006, 66.

[7] *Schwarz* Rn. 35 ff.; Kölner Komm AktG/*Kiem* Rn. 37 ff. mit eingehender Beschreibung der Zuständigkeiten; *Frege/Nicht* in Jannott/Frodermann SE-HdB Kap. 12 Rn. 66; für die geschäftsführenden Direktoren als ausschließlich geborene Abwickler mit alleiniger Vertretungsbefugnis aber BeckOGK/*Eberspächer* Rn. 5; Habersack/Drinhausen/*Bachmann* Rn. 55; Lutter/Hommelhoff/Teichmann/*Ehricke* Rn. 42.

[8] Ebenso Spindler/Stilz/*Casper*, 3. Aufl. 2015, Rn. 4; für die Weisungsbefugnis auch BeckOGK/*Eberspächer* Rn. 5; Habersack/Drinhausen/*Bachmann* Rn. 55; Lutter/Hommelhoff/Teichmann/*Ehricke* Rn. 42; *Frege/Nicht* in Jannott/Frodermann SE-HdB Kap. 12 Rn. 81; aA *Schwarz* Rn. 37; Kölner Komm AktG/*Kiem* Rn. 41; wohl auch *Roitsch*, Auflösung, Liquidation und Insolvenz der SE mit Sitz in Deutschland, 2006, 87 f.

[9] Vgl. *Hirte* NZG 2002, 1 (2).

b) oder ihren Sitz nach dem Verfahren des Artikels 8 verlegt.

(2) Der Sitzstaat trifft die erforderlichen Maßnahmen, um zu gewährleisten, dass eine SE, die den vorschriftswidrigen Zustand nicht gemäß Absatz 1 beendet, liquidiert wird.

(3) ¹Der Sitzstaat sieht vor, dass ein Rechtsmittel gegen die Feststellung des Verstoßes gegen Artikel 7 eingelegt werden kann. ²Durch dieses Rechtsmittel werden die in den Absätzen 1 und 2 vorgesehenen Verfahren ausgesetzt.

(4) Wird auf Veranlassung der Behörden oder einer betroffenen Partei festgestellt, dass sich die Hauptverwaltung einer SE unter Verstoß gegen Artikel 7 im Hoheitsgebiet eines Mitgliedstaats befindet, so teilen die Behörden dieses Mitgliedstaats dies unverzüglich dem Mitgliedstaat mit, in dem die SE ihren Sitz hat.

§ 52 SEAG Auflösung der SE bei Auseinanderfallen von Sitz und Hauptverwaltung

(1) ¹Erfüllt eine SE nicht mehr die Verpflichtung nach Artikel 7 der Verordnung, so gilt dies als Mangel der Satzung im Sinne des § 262 Abs. 1 Nr. 5 des Aktiengesetzes. ²Das Registergericht fordert die SE auf, innerhalb einer bestimmten Frist den vorschriftswidrigen Zustand zu beenden, indem sie
1. entweder ihre Hauptverwaltung wieder im Sitzstaat errichtet oder
2. ihren Sitz nach dem Verfahren des Artikels 8 der Verordnung verlegt.

(2) Wird innerhalb der nach Absatz 1 bestimmten Frist der Aufforderung nicht genügt, so hat das Gericht den Mangel der Satzung festzustellen.

(3) Gegen Verfügungen, durch welche eine Feststellung nach Absatz 2 getroffen wird, findet die Beschwerde statt.

Schrifttum: *Casper/Weller*, Mobilität und grenzüberschreitende Umstrukturierung der SE, NZG 2009, 681; *Eidenmüller*, Mobilität und Restrukturierung von Unternehmen im Binnenmarkt: Entwicklungsperspektiven des europäischen Gesellschaftsrechts im Schnittfeld von Gemeinschaftsgesetzgeber und EuGH, JZ 2004, 24; *Fleischer*, Der Einfluß der Societas Europaea auf die Dogmatik des deutschen Gesellschaftsrechts, AcP 204 (2004), 502; *Leible*, Niederlassungsfreiheit und Sitzverlegungsrichtlinie, ZGR 2004, 531; *Kiem*, Der Evaluierungsbericht der EU-Kommission zur SE-Verordnung, Corporate Finance Law 2011, 134; *Ludwig*, Die Beendigung der Europäischen Aktiengesellschaft (SE) nach europäischem und nationalem Recht, 2006; *Neye/Teichmann*, Der Entwurf für das Ausführungsgesetz zur Europäischen Aktiengesellschaft, AG 2003, 169; *Schäfer*, Das Gesellschaftsrecht (weiter) auf dem Weg nach Europa – am Beispiel der SE-Gründung, NZG 2004, 785; *Scheifele*, Die Gründung einer Europäischen Aktiengesellschaft, 2004; *Schön/Schindler*, Zur Besteuerung der grenzüberschreitenden Sitzverlegung einer Europäischen Aktiengesellschaft, IStR 2004, 571; *Schwarz*, Zum Statut der Europäischen Aktiengesellschaft – Die wichtigsten Neuerungen und Änderungen der Verordnung, ZIP 2001, 1847; *Teichmann*, ECLR, Die Einführung der Europäischen Aktiengesellschaft, ZGR 2002, 383; *Teichmann*, ECLR, Minderheitenschutz bei Gründung und Sitzverlegung der SE, ZGR 2003, 367; *Vinçon*, Die grenzüberschreitende Sitzverlegung der Europäischen Aktiengesellschaft – Im Spannungsverhältnis zwischen der Kontinuität des Rechtsträgers und der Diskontinuität des ergänzend anwendbaren Rechts, 2008; *Wymeersch*, The Transfer of the Company's Seat in European Company Law, ECGI Law Working Paper No. 8/2003, 23; *Ziemons*, Freie Bahn für den Umzug von Gesellschaften nach Inspire Art?!, ZIP 2003, 1913; *Zimmer*, Das „Koppelungsverbot" der SE-VO auf dem Prüfstand, EWS 2010, 222.

I. Allgemeines

1. Normzweck und Regelungsgehalt. Die Verpflichtungsnorm des Art. 64 (→ Art. 9 Rn. 9) dient der Durchsetzung des in **Art. 7 S. 1** verankerten Gebots, demzufolge sich der Sitz (Satzungs-, Registersitz) der SE im selben Mitgliedstaat wie ihre Hauptverwaltung (tatsächlicher Sitz)¹ befinden muss.² Zu diesem **Konzentrationsgebot** → Art. 7 Rn. 1 f. Unzulässig und rechtswidrig ist es daher namentlich, wenn die SE nach ihrer Gründung allein den Verwaltungssitz in einen anderen Mitgliedstaat (bzw. eine andere Gemeinde) verlagert. Stattdessen hat sie den Weg der Sitzverlegung nach Art. 8 bzw. der

---

¹ Die englische Fassung des Art. 7 S. 1 spricht insoweit von „*registered office*" bzw. „*head office*"; zur Terminologie vgl. *Schwarz* ZIP 2001, 1847 (1849 f.); *Teichmann* ZGR 2002, 383 (454 f.).
² Der Bericht der Kommission über die Anwendung der SE-VO vom 17.11.2010, KOM (2010) 676, 8 f. steht einer Abschaffung des Verbots eines Auseinanderfallens von Satzungs- und Verwaltungssitz (Art. 7 S. 1) aufgeschlossen gegenüber; zur Bewertung des Berichts *Kiem* CFL 2011, 134.

Satzungsänderung zu beschreiten.³ Zur Verlegung des Satzungssitzes iSv § 5 AktG → AktG § 5 Rn. 52 f. (Sitzverlegung im Inland), → AktG § 5 Rn. 54 ff. (Sitzverlegung im Ausland). Von diesen unterschiedlich begründeten Konzentrationsgeboten betrifft Art. 64 **nur** dasjenige aus **Art. 7 S. 1** (→ Rn. 4). Zur Effektuierung dieses Gebots erlegt **Abs. 1** dem einzelnen Mitgliedstaat auf, das verordnungswidrige Auseinanderfallen von Sitz und Hauptverwaltung durch geeignete Maßnahmen zu beenden, namentlich die SE zu verpflichten, den vorschriftswidrigen Zustand entweder durch Rückverlagerung ihrer Hauptverwaltung (lit. a) oder durch Sitzverlegung nach Art. 8 (lit. b) zu beenden. Als ultimatives Sanktionsmittel hat der Mitgliedstaat gem. **Abs. 2** die Zwangsliquidation der renitenten SE vorzusehen (→ Rn. 6). In beiden Fällen liegt die konkrete Ausgestaltung des Verfahrens in den Händen des einzelnen Sitzstaats, doch muss dieser geeignete Rechtsmittel bereitstellen **(Abs. 3)**. Außerdem hat jeder Mitgliedstaat den Sitzstaat zu informieren, falls er feststellt, dass (nur) die Hauptverwaltung in sein Hoheitsgebiet verlegt wurde **(Abs. 4)**.

2 **2. Umsetzung durch § 52 SEAG.** Der deutsche Gesetzgeber ist dem Regelungsauftrag des Art. 64 in § 52 SEAG nachgekommen. Die Vorschrift behandelt in **Abs. 1 S. 1** das Auseinanderfallen von Hauptverwaltung und Sitz, der gem. § 23 Abs. 3 Nr. 1 AktG zu den notwendigen Satzungsbestandteilen gehört, als Satzungsmangel iSd § 262 Abs. 1 Nr. 5 AktG.⁴ Auf diese Weise wird zugleich das Verfahren der Amtslöschung nach § 399 FamFG in Bezug genommen, welches ohne Weiteres den Anforderungen des Art. 64 Abs. 2 gerecht wird. § 52 **Abs. 3** SEAG stellt zudem ausdrücklich klar, dass gegen die Feststellung eines Satzungsmangels nach Abs. 2 das Rechtsmittel der sofortigen Beschwerde eröffnet ist. Das Verfahren beginnt gem. **Abs. 1 S. 2** mit einer befristeten Aufforderung des zuständigen Registerrichters, das rechtswidrige Auseinanderfallen durch Rückverlagerung der Hauptverwaltung oder durch Sitzverlegung zu beenden (→ Rn. 5). Kommt die SE dieser Aufforderung nicht fristgerecht nach, stellt das Gericht gem. **Abs. 2** den Mangel der Satzung fest. An diese Feststellung schließt sich sodann kraft Gesetzes die Auflösung der Gesellschaft an (→ Rn. 6).

3 **3. Primärrechtskonformität der Art. 7, 64.** Das mit der Zwangsliquidation sanktionierte Verbot einer Diskrepanz zwischen Sitz und Hauptverwaltung ist entgegen einzelner Stimmen,⁵ zumal nach der Cartesio-Entscheidung des EuGH,⁶ mit der **Niederlassungsfreiheit** gem. Art. 49, 54 AEUV vereinbar (→ Art. 7 Rn. 3).⁷ Der europäische Gesetzgeber wollte sich mit gutem Grund und in Ermangelung einer Ermächtigungsgrundlage von vornherein nicht auf den Streit um die richtige kollisionsrechtliche Anknüpfung zwischen Sitz- und Gründungstheorie einlassen. Wegen des Konzentrationsgebots gelangen nämlich beide Kollisionsnormen notwendigerweise zu identischen Ergebnissen.⁸ Zu einem Statutenwechsel kommt es demgemäß nach beiden „Theorien" nur dann, wenn die SE zulässigerweise ihren Sitz nach Art. 8 verlegt.⁹ Die durch die „Inspire Art"/„Überseering"-Rspr. des EuGH¹⁰ aufgeworfenen – nach wie vor vielfältig umstrittenen – kollisionsrechtlichen Probleme beim Auseinanderfallen der Sitze werden auf diese Weise schon im Ansatz vermieden. Entsprechendes gilt in Bezug auf die – verfehlte¹¹ – „Polbud"-Entscheidung des

---

³ Dazu etwa *Fleischer* AcP 204 (2004), 502 (519); *Habersack/Verse* EuropGesR § 13 Rn. 13 ff.; *Wenz* in Theisen/Wenz SE 222 f.
⁴ Vgl. *Neye/Teichmann* AG 2003, 169 (174).
⁵ *Ziemons* ZIP 2003, 1913 (1918); *Wymeersch*, ECGI Law Working Paper No. 8/2003, 23 (dagegen schon *Schäfer* NZG 2004, 785); neuerdings auch *Oechsler* ZIP 2018, 1269; Kölner Komm AktG/*Kiem* Rn. 4c ff.
⁶ EuGH ZIP 2009, 24.
⁷ *Casper/Weller* NZG 2009, 681; *Vinçon*, Die grenzüberschreitende Sitzverlegung der SE, 2008, 55 f.; iErg auch Lutter/Hommelhoff/Teichmann/*Ehricke* Rn. 4 f.; Habersack/Drinhausen/*Bachmann* Rn. 3; BeckOGK/ *Eberspächer* Rn. 1; *Ludwig*, Die Beendigung der SE nach europäischem und nationalem Recht, 2006, 40.
⁸ Vgl. *Teichmann* ZGR 2002, 383 (456); *Schwarz* ZIP 2001, 1847 (1849).
⁹ Vgl. *Teichmann* ZGR 2002, 383 (397 f.).
¹⁰ EuGH EuZW 2002, 754 = NJW 2002, 3614 – Überseering; EuZW 2003, 687 = NJW 2003, 3331 – Inspire Art.
¹¹ Zutr. *Kindler* NZG 2018, 1 (3 ff.); *Feldhaus* BB 2017, 2819 (2823 ff.); *Stelmaszcyk* EuZW 2017, 890 (893 f.) vgl. ferner *Kokott* ZIP 2017, 1319; aA (zust.) indessen *Paefgen* WM 2018, 981 (983 ff.); *Bayer/J. Schmidt* ZIP 2017, 2225.

EuGH,¹² wonach die Niederlassungsfreiheit die Bildung einer Niederlassung nicht voraussetzen und auch die isolierte Satzungssitzverlegung erfassen soll. Wenngleich nach hM auch die Gemeinschaftsorgane selbst zumindest indirekt durch die Grundfreiheiten gebunden werden,¹³ sind nämlich die Art. 7, 64 als zulässige Konkretisierung der in Art. 49, 54 AEUV sehr allgemein gefassten Niederlassungsfreiheit in Bezug auf die SE anzusehen.¹⁴ Denn den Organen steht aufgrund ihres Konkretisierungsauftrages ein weites gesetzgeberisches Ermessen bei der Interpretation der Ziele und der Auswahl der zur Umsetzung eingesetzten Mittel zu, solange sie die jeweilige Grundfreiheit in ihrem Kern unangetastet lassen.¹⁵ Auf den Fortbestand der zum Teil kritisierten, mittlerweile vom EuGH aber nochmals bekräftigten¹⁶ „Daily Mail"-Doktrin,¹⁷ kommt es daher nicht an.¹⁸ Ihr zufolge steht es jedem Mitgliedstaat offen, ohne Rücksicht auf die Niederlassungsfreiheit die Beendigung einer nach seinem Recht gegründeten Gesellschaft zu verfügen. Mit diesem Befund stimmt es überein, dass der EuGH in seinen bisherigen Entscheidungen nur Freiheitsverstöße durch nationale Regelungen oder Maßnahmen für möglich gehalten hat.¹⁹

II. Einzelerläuterung

1. Anwendungsbereich (Abs. 1). Abs. 1 betrifft das Auseinanderfallen von Sitz und 4 Hauptverwaltung iSd **Art. 7 S. 1,** also deren rechtswidrige Verteilung auf verschiedene Mitgliedstaaten (→ Rn. 1). Erfasst wird in erster Linie das nachträgliche Auseinanderfallen,²⁰ aber auch ein erst nachträglich entdecktes anfängliches Auseinanderfallen.²¹ Richtigerweise ist die Vorschrift ferner dann anwendbar, wenn die Hauptverwaltung in einen **Drittstaat** verlegt wird.²² Ob das Gleiche auch gilt, wenn der Satzungssitz verbotswidrig (also ohne gleichzeitige Verlegung der Hauptverwaltung) in einen Drittstaat verlegt wird,²³ ist einstweilen eine theoretische Frage, weil für die Satzungssitzverlegung kein Art. 8 entsprechendes Verfahren existiert. Sollte dies, was sehr unwahrscheinlich, im Sitzverlegungsverfahren nicht auffallen, so sollte Art. 64 mit der Maßgabe angewendet werden, dass die SE nunmehr auch ihre Hauptverwaltung in den Drittstaat zu verlegen hat;²⁴ Art. 64 richtet sich in diesem Falle also an den Staat des ehemaligen Satzungs- und jetzigen Verwaltungssitzes. Fraglich ist ferner, ob Art. 64 auch das Auseinanderfallen von Satzungs- und tatsächlichem Sitz innerhalb **desselben** Mitgliedstaates betrifft, zu dessen Verbot **Art. 7 S. 2** ermächtigt. Dafür ließe sich anführen, dass Abs. 1 in Bezug auf die Sanktionen generell von einem Verstoß gegen die Verpflichtungen

---

¹² EuGH NZG 2017, 1308 mAnm *Wachter* (Auflösung bzw. Liquidation der fortziehenden Gesellschaft nach deren Eintragung im Register des Aufnahmestaates sei mit Niederlassungsfreiheit unvereinbar).
¹³ Zur Frage der Bindung des Gemeinschaftsgesetzgebers an die Grundfreiheiten vgl. *Leible* ZGR 2004, 531 (539 ff.); *Schön/Schindler* IStR 2004, 571 (575 f.); *Jarass* EuR 1995, 202 (211); Grabitz/Hilf/Nettesheim/*Forsthoff*, Das Recht der Europäischen Union, Loseblattkommentar, Stand Oktober 2019, AEUV Art. 45 Rn. 131 ff.; aA etwa *Roth* EuR 1987, 7 (9).
¹⁴ *Schäfer* NZG 2004, 785 (788); so iErg auch *Scheifele*, Die Gründung der SE, 2004, 95 ff.; ferner *Paefgen* WM 2018, 981 (991 f.); *Bayer/J. Schmidt* ZIP 2017, 2225 (2233) Fn. 116; *Stelmaszyk* EuZW 2017, 890 (894); *Kindler* NZG 2018, 1 (3), 6; *Schollmeyer* ZGR 2013, 186 (200).
¹⁵ *Schäfer* NZG 2004, 785 (788); allg. Streinz/*W. Schroeder* EUV/AEUV, 3. Aufl. 2018, AEUV Art. 34 Rn. 29.
¹⁶ EuGH ZIP 2009, 24 – Cartesio.
¹⁷ EuGH Slg. 1988, 1505 = NJW 1989, 2186; vgl. auch EuGH EuZW 2002, 754 = NJW 2002, 3614 – Überseering.
¹⁸ Auf sie berufen sich *Teichmann* ZGR 2003, 367 (399 f.); *Eidenmüller* JZ 2004, 24 (31); vgl. dazu schon *Schäfer* NZG 2004, 785 (788).
¹⁹ So ausdrücklich etwa EuGH Slg. 1993, 1663 Rn. 32 = NVwZ 1993, 661 – Kraus; Slg. 1994, 4165 Rn. 37 = NJW 1996, 579 – Gebhard; Slg. 1999, 1459 Rn. 34 = NJW 1999, 2027 – Centros.
²⁰ BeckOGK/*Eberspächer* Rn. 2; Lutter/Hommelhoff/Teichmann/*Ringe* Art. 8 Rn. 75; Habersack/Drinhausen/*Bachmann* Rn. 7; *Schwarz* Art. 8 Rn. 62; aA Kölner Komm AktG/*Veil* Art. 8 Rn. 105.
²¹ BeckOGK/*Eberspächer* Rn. 2; NK-SE/*Schröder* Rn. 9, 11; Habersack/Drinhausen/*Bachmann* Rn. 11; aA *Zimmer* EWS 2010, 222 (223).
²² S. nur BeckOGK/*Eberspächer* Rn. 3; Kölner Komm AktG/*Kiem* Rn. 6 f.
²³ Verneinend Lutter/Hommelhoff/Teichmann/*Ehricke* Rn. 12; *Schwarz* Rn. 10; Habersack/Drinhausen/*Bachmann* Rn. 13.
²⁴ Überzeugend BeckOGK/*Eberspächer* Rn. 3; ebenso Kölner Komm AktG/*Kiem* Rn. 7.

aus Art. 7 spricht, nicht also speziell gegen S. 1.²⁵ Gegen eine solche Auslegung spricht indes, dass die Abhilfevarianten in Abs. 1 lit. a, b bzw. in § 52 Abs. 1 S. 2 Nr. 1, 2 SEAG ersichtlich nur von einem Auseinanderfallen der Sitze in verschiedene Mitgliedstaaten ausgehen. Denn nur in einem solchen Falle kommt die Sitzverlegung nach Art. 8 bzw. eine Rückverlagerung in den Mitgliedstaat in Betracht.²⁶ Das erscheint auch deshalb nachvollziehbar, weil der Verordnungsgeber es wegen des rein nationalen Vorgangs eines Verstoßes gegen eine nach Art. 7 S. 2 erlassene Norm getrost dem einzelnen Mitgliedstaat überlassen kann, wie er auf einen Verstoß gegen das fakultative nationale Konzentrationsverbot reagieren möchte, ohne dass dieser hierfür, abgesehen von Art. 7 S. 2 (→ Art. 7 Rn. 7), noch einer besonderen Ermächtigung bedürfte. Vielmehr gelangt über Art. 9 Abs. 1 lit. c Ziff. ii ohne weiteres das nationale Aktienrecht und somit wiederum die § 262 Abs. 1 Nr. 5 AktG, § 399 FamFG zur Anwendung (→ AktG § 262 Rn. 66 f.).²⁷

5   **2. Verfahren (Abs. 2, 3; § 52 SEAG). a) Abhilfeverlangen.** Wegen des Verfahrens vgl. die Übersicht in → Rn. 2. Das Registergericht fordert die gegen Art. 7 S. 1 verstoßende SE zunächst gem. § 52 Abs. 1 SEAG auf, innerhalb einer bestimmten Frist den vorschriftswidrigen Zustand zu beenden, sei es durch Sitzverlegung nach Art. 8 (Art. 64 lit. b), sei es durch Verlagerung der Hauptverwaltung in den Sitzstaat (Art. 64 lit. a). Eine Verlagerung der Hauptverwaltung in den Sitzstaat ist auch möglich, wenn Sitzstaat und Verwaltung bereits anfänglich auseinanderfielen oder nur der Satzungssitz verlegt wurde, und jetzt die Hauptversammlung nachfolgen soll.²⁸ In der Aufforderung zur Mängelbeseitigung sind beide Abhilfemöglichkeiten zu nennen.²⁹ Die sachliche **Zuständigkeit** bestimmt sich gem. § 4 S. 1 SEAG nach § 374 Nr. 1 FamFG, §§ 376, 377 FamFG, § 23a Abs. 2 Nr. 3 GVG; demnach ist das Amtsgericht als Registergericht zuständig (§ 23a Abs. 2 Nr. 3 GVG), örtlich das am SE-Registersitz (§ 14 AktG; → Art. 12 Rn. 2); es wird von Amts wegen tätig.

6   **b) Feststellung des Satzungsmangels (§ 52 Abs. 2 SEAG).** Folgt die SE der Aufforderung nicht binnen angemessener Frist,³⁰ so hat das Registergericht gem. § 52 Abs. 2 SEAG den **Mangel der Satzung festzustellen,** mit der Folge, dass die SE gem. § 262 Abs. 1 Nr. 5 AktG, § 264 Abs. 1 AktG aufgelöst und abgewickelt wird. Vgl. zu den Einzelheiten → AktG § 262 Rn. 14 ff., → AktG § 262 Rn. 71 ff., → AktG § 262 Rn. 109, → AktG § 264 Rn. 3 ff. Die Auflösung ist einschließlich ihres Grundes gem. § 263 S. 3 AktG von Amts wegen in das Handelsregister einzutragen (→ AktG § 263 Rn. 12 f.).

7   **c) Rechtsmittel (Abs. 3; § 52 Abs. 3 SEAG).** Abs. 3 ordnet an, dass gegen die Feststellung eines Verstoßes gegen Art. 7 S. 1 ein Rechtsmittel mit aufschiebender Wirkung zu gewähren ist. Demgemäß stellt § 52 Abs. 3 SEAG klar, dass gegen die Feststellung des Satzungsmangels iSv § 52 Abs. 2 SEAG, aber auch gegen die Beseitigungsaufforderung nach § 52 Abs. 1 S. 2 SEAG³¹ die Beschwerde (§ 58 FamFG) stattfindet; die **Beschwerdefrist** beträgt gem. § 63 Abs. 1 FamFG einen Monat. Erst mit der Rechtskraft der Feststellung des Satzungsmangels wird die Auflösung bewirkt (→ AktG § 262 Rn. 74). Daher erübrigt sich eine besondere Anordnung der von Abs. 3 S. 2 geforderten aufschiebenden Wirkung. Gegen die Zurückweisung der sofortigen Beschwerde findet, sofern zugelassen, die Rechtsbeschwerde nach § 70 FamFG statt (→ AktG § 262 Rn. 72 f.).

---

²⁵ Vgl. auch die englische Fassung: „the requirement laid down in Article 7".
²⁶ So iErg auch Lutter/Hommelhoff/Teichmann/*Ehricke* Rn. 14; *Schwarz* Rn. 11; BeckOGK/*Eberspächer* Rn. 2; *Teichmann* ZGR 2002, 383 (456 f.).
²⁷ Näher Hüffer/Koch/*Koch* AktG § 5 Rn. 9, 11; Hüffer/Koch/*Koch* AktG § 262 Rn. 16, jeweils mwN.
²⁸ BeckOGK/*Eberspächer* Rn. 3; Lutter/Hommelhoff/Teichmann/*Ehricke* Rn. 13; Habersack/Drinhausen/*Bachmann* Rn. 19.
²⁹ Habersack/Drinhausen/*Bachmann* Rn. 27, der darüber hinaus einen Widerspruch entsprechend § 399 Abs. 1 FamFG für statthaft hält.
³⁰ Habersack/Drinhausen/*Bachmann* Rn. 28: Die Frist sollte unter Berücksichtigung der Zweimonatsfrist des Art. 8 Abs. 6 wenigstens drei Monate betragen.
³¹ Lutter/Hommelhoff/Teichmann/*Ehricke* Rn. 23; *Schwarz* Rn. 20; aA Kölner Komm AktG/*Kiem* Rn. 21.

3. Meldepflicht (Abs. 4). Der Mitgliedstaat, in den die SE ihre Hauptverwaltung unter 8
Verstoß gegen Art. 7 S. 1 verlegt, wird dies in der Regel rasch und einfach feststellen können;
ihm stehen jedoch die Sanktionsmittel gem. Abs. 1, 2 nicht zur Verfügung. Andererseits
wird der Sitzstaat eine durch die SE im Ausland etablierte Hauptverwaltung nicht ohne
weiteres sofort erkennen können.[32] Aus diesem Grund verpflichtet **Abs. 4 jeden Mitgliedstaat,** der den Verstoß einer SE gegen Art. 7 feststellt, also nicht nur den Staat der (neuen)
Hauptverwaltung, den von ihm festgestellten Verstoß unverzüglich dem jeweiligen Sitzstaat
zu melden, damit dieser nach Art. 64 gegen die SE einschreitet. Der Begriff der **Feststellung** wird in Abs. 4 nicht weiter erläutert. Es ist jedoch davon auszugehen, dass er nicht
im selben Sinne wie nach Abs. 3 bzw. § 52 Abs. 2 SEAG zu verstehen ist; es bedarf daher
keiner gerichtlichen oder sonst formalisierten Feststellung des Verstoßes. Denn die Mitteilung nach Abs. 4 zielt gerade auf die Eröffnung eines förmlichen Verfahrens im Sitzstaat.
Die Feststellung ist daher in einem rein **tatsächlichen Sinne** zu verstehen: Sobald eine
Behörde des Verwaltungs-Staates, namentlich die Registerbehörde, einen begründeten **Verdacht** hegt, dass eine SE ihre Hauptverwaltung rechtswidrig in diesem Staat unterhält, hat
sie darüber Mitteilung zu machen.[33] **Empfangszuständig** für die Mitteilung an den Sitzstaat ist in Deutschland gem. § 4 S. 1 SEAG das Registergericht am Satzungssitz der Gesellschaft nach Maßgabe der §§ 376 f. FamFG (→ Art. 12 Rn. 2).[34] Für die **Abgabe der
Erklärung** im Staat der Hauptverwaltung ist dagegen **jede Behörde** zuständig und verpflichtet, an die der begründete Verdacht gelangt; insbesondere trifft dies auf die am Verwaltungssitz zuständige Registerbehörde zu.[35]

Art. 65 [Offenlegung bei Auflösung iwS]

**Die Eröffnung eines Auflösungs-, Liquidations-, Zahlungsunfähigkeits- und
Zahlungseinstellungsverfahrens und sein Abschluss sowie die Entscheidung über
die Weiterführung der Geschäftstätigkeit werden unbeschadet einzelstaatlicher
Bestimmungen, die zusätzliche Anforderungen in Bezug auf die Offenlegung enthalten, gemäß Artikel 13 offen gelegt.**

Art. 65 stellt sicher, dass die in Art. 63 vollständig nationalem Recht unterstellten Verfah- 1
ren zur Liquidation der Gesellschaft (→ Art. 63 Rn. 1) nach den einzelstaatlichen Bestimmungen offen gelegt werden, welche die Publizitäts-RL (jetzt: GesR-RL) umsetzen. Demgemäß verweist er auf **Art. 13,** und zwar sowohl hinsichtlich der Eröffnung als auch des
Abschlusses eines Auflösungs-,[1] Liquidations- und Insolvenzverfahrens sowie in Bezug auf
einen eventuellen Fortsetzungsbeschluss.[2] Es bedarf daher jeweils sowohl der Eintragung im
Handelsregister als auch einer entsprechenden Bekanntmachung (→ Art. 13, 14 Rn. 2).
Dies ist nach deutschem Aktienrecht ohne weiteres gewährleistet (vgl. etwa § 263 AktG;
§ 273 Abs. 1 AktG; § 274 Abs. 3 AktG sowie exemplarisch §§ 23, 30 f. InsO).

Unberührt bleiben einschlägige mitgliedstaatliche Offenlegungserfordernisse, die hier- 2
über hinausgehen, so etwa gem. § 266 AktG hinsichtlich der Ein- oder Absetzung eines
Abwicklers.

---

[32] Zu möglichen Ermittlungskriterien Habersack/Drinhausen/*Bachmann* Rn. 26.
[33] So auch Lutter/Hommelhoff/Teichmann/*Ehricke* Rn. 23; BeckOGK/*Eberspächer* Rn. 6; aA Habersack/Drinhausen/*Bachmann* Rn. 35.
[34] Zust. auch Habersack/Drinhausen/*Bachmann* Rn. 36, der es aber auch für ausreichend hält, dass irgendeine konsularische Stelle informiert wird.
[35] So auch BeckOGK/*Eberspächer* Rn. 6; aA Kölner Komm AktG/*Kiem* Rn. 24 (nur Registergericht).
[1] Ein besonderes „Auflösungsverfahren" existiert im deutschen Recht freilich nicht; das bedeutet aber nicht, dass stattdessen der Auflösungsgrund offenzulegen wäre; s. Kölner Komm AktG/*Kiem* Rn. 10 ff.; aA offenbar Lutter/Hommelhoff/Teichmann/*Ehricke* Rn. 8; eine besondere Offenlegungspflicht nach Art. 65 besteht also insoweit nicht; es bleibt vielmehr bei den allgemeinen Vorschriften, hier also §§ 262, 263 AktG, wonach die Auflösung (und demnach die Eröffnung des Liquidationsverfahrens) anzumelden bzw. einzutragen und bekannt zu machen ist.
[2] Details zu den offenzulegenden Umständen bei Habersack/Drinhausen/*Bachmann* Rn. 4 ff.

Art. 66 [Umwandlung in nationale AG]

(1) ¹Eine SE kann in eine dem Recht ihres Sitzstaats unterliegende Aktiengesellschaft umgewandelt werden. ²Ein Umwandlungsbeschluss darf erst zwei Jahre nach Eintragung der SE oder nach Genehmigung der ersten beiden Jahresabschlüsse gefasst werden.

(2) Die Umwandlung einer SE in eine Aktiengesellschaft führt weder zur Auflösung der Gesellschaft noch zur Gründung einer neuen juristischen Person.

(3) Das Leitungs- oder das Verwaltungsorgan der SE erstellt einen Umwandlungsplan sowie einen Bericht, in dem die rechtlichen und wirtschaftlichen Aspekte der Umwandlung erläutert und begründet sowie die Auswirkungen, die der Übergang zur Rechtsform der Aktiengesellschaft für die Aktionäre und die Arbeitnehmer hat, dargelegt werden.

(4) Der Umwandlungsplan ist mindestens einen Monat vor dem Tag der Hauptversammlung, die über die Umwandlung zu beschließen hat, nach den in den Rechtsvorschriften der einzelnen Mitgliedstaaten gemäß Artikel 3 der Richtlinie 68/151/EWG vorgesehenen Verfahren offen zu legen.

(5) Vor der Hauptversammlung nach Absatz 6 ist von einem oder mehreren unabhängigen Sachverständigen, der/die nach den einzelstaatlichen Durchführungsbestimmungen zu Artikel 10 der Richtlinie 78/855/EWG durch ein Gericht oder eine Verwaltungsbehörde des Mitgliedstaates, dem die sich in eine Aktiengesellschaft umwandelnde SE unterliegt, bestellt oder zugelassen ist/sind, zu bescheinigen, dass die Gesellschaft über Vermögenswerte mindestens in Höhe ihres Kapitals verfügt.

(6) ¹Die Hauptversammlung der SE stimmt dem Umwandlungsplan zu und genehmigt die Satzung der Aktiengesellschaft. ²Die Beschlussfassung der Hauptversammlung erfolgt nach Maßgabe der einzelstaatlichen Bestimmungen im Einklang mit Artikel 7 der Richtlinie 78/855/EWG.

Schrifttum: Arbeitskreis Aktien- und Kapitalmarktrecht (AAK), Die 8 wichtigsten Änderungsvorschläge zur SE-VO, ZIP 2009, 698; *Casper,* Numerus Clausus und Mehrstaatlichkeit bei der SE-Gründung, AG 2007, 97; *Casper,* Erfahrungen und Reformbedarf bei der SE – Gesellschaftsrechtliche Reformvorschläge, ZHR 173 (2009), 181; *Casper/Weller,* Mobilität und grenzüberschreitende Umstrukturierung, NZG 2009, 681; *Drinhausen/Gesell,* Gesellschaftsrechtliche Gestaltungsmöglichkeiten grenzüberschreitender Mobilität von Unternehmen in Europa, BB-Special 8/2006, 3; *Habersack,* Konstituierung des ersten Aufsichts- oder Verwaltungsorgans der durch Formwechsel entstandenen SE und Amtszeit seiner Mitglieder, Konzern 2008, 67; *Heinze,* Die Europäische Aktiengesellschaft, ZGR 2002, 66; *Hirte,* Die Europäische Aktiengesellschaft, NZG 2002, 1; *Kiem,* Der Evaluierungsbericht der EU-Kommission zur SE-Verordnung, Corporate Finance Law 2011, 134; *Kossmann/Heinrich,* Möglichkeiten der Umwandlung einer bestehenden SE, ZIP 2007, 164; *Kübler,* Mitbestimmungsfeindlicher Missbrauch der Societas Europaea, FS Raiser, 2005, 247; *Kulenkamp,* Die grenzüberschreitende Verschmelzung von Kapitalgesellschaften in der EU, 2009; *Louven,* Umsetzung der Verschmelzungsrichtlinie, ZIP 2006, 2021; *Marsch-Barner,* Die Rechtsstellung der Europäischen Gesellschaft (SE) im Umwandlungsrecht, Liber amicorum Happ, 2006, 165; *Oplustil/Schneider,* Zur Stellung der Europäischen Aktiengesellschaft im Umwandlungsrecht, NZG 2003, 13; *Ratka/Rauter,* Verschmelzungsgründung und Folgeverschmelzungen einer Europäischen Aktiengesellschaft, GesRZ 2006, 55; *Reiner,* Formwechsel einer SE in eine KGaA, Konzern 2011, 149; *Simon/Rubner,* Die Umsetzung der Richtlinie über grenzüberschreitende Verschmelzungen ins deutsche Recht, Konzern 2006, 835; *Vossius,* Gründung und Umwandlung der deutschen Europäischen Gesellschaft (SE), ZIP 2005, 741.

Übersicht

	Rn.		Rn.
I. Inhalt und Normzweck	1–4	4. Anwendbares Recht	4
1. Regelungsgegenstand und Normzweck	1	**II. Das Umwandlungsverfahren**	5–12
2. Rechtsnatur der Umwandlung (Abs. 2)	2	1. Umwandlungsberechtigung, insbesondere Sperrfrist (Abs. 1)	5
3. Ausschluss der Sitzverlegung (Abs. 1 S. 1)	3	2. Die einzelnen Verfahrensschritte	6–12

	Rn.		Rn.
a) Umwandlungsplan (Abs. 3)	6	f) Registerprüfung; Eintragung und Bekanntmachung	12
b) Umwandlungsbericht (noch Abs. 3)	7		
c) Offenlegung (Abs. 4)	8	**III. Ergänzender Gesellschafter- und Gläubigerschutz?**	13
d) Eingeschränkte Sachverständigenprüfung (Abs. 5)	9		
e) Zustimmung der Hauptversammlung (Abs. 6)	10, 11	**IV. Andere Umwandlungsmöglichkeiten**	14

I. Inhalt und Normzweck

1. Regelungsgegenstand und Normzweck. Seinem Wortlaut nach betrifft Art. 66 1 lediglich den **Formwechsel** der SE in eine AG (→ Rn. 2); insoweit stellt der Verordnungsgeber mit Art. 66 klar, dass die SE umwandlungsfähig ist und auf diese Weise unter bestimmten Voraussetzungen „renationalisiert" werden kann.[1] Wegen der **sonstigen Umwandlungsmöglichkeiten** einer schon bestehenden SE ist einerseits zu berücksichtigen, dass diese gem. Art. 9 Abs. 1 lit. c in ihrem Sitzstaat wie eine inländische Aktiengesellschaft zu behandeln ist und gem. Art. 10 auch im Sitzstaat mit der AG gleich zu behandeln ist (→ Art. 10 Rn. 3). Anderseits könnte aber Art. 66 aufgrund seines Normzwecks Sperrwirkung gegenüber darin nicht genannten Umwandlungsformen zeitigen. Insofern ergibt sich aus Art. 69 S. 2 lit. b) und der Entstehungsgeschichte des Art. 66 immerhin, dass der Verordnungsgeber auch die Zulässigkeit rein nationaler Umwandlungsformen für die bestehende SE ebenso für regelungsbedürftig gehalten hat wie die Bestimmung der einschlägigen Verfahrensregeln.[2] Allerdings zwingt die „Sevic"-Entscheidung des EuGH[3] nach überwiegender und zutr. Ansicht[4] zu der Annahme, dass sich eine SE ebenso wie eine AG auch an einer grenzüberschreitenden Verschmelzung nach §§ 122a ff. UmwG beteiligen kann, sofern der aufnehmende Staat die Möglichkeit zur Hereinverschmelzung vorsieht (bzw. aufgrund der Niederlassungsfreiheit vorsehen muss). Dies wird man auch für die Bestimmung des **Normzwecks** des Art. 66 allgemein zu berücksichtigen haben,[5] und zwar nach einem überzeugenden Vorschlag von *Casper*[6] dadurch, dass die Vorschrift zum einen den Formwechsel in die nationale AG lediglich auch dort *ermöglichen* will, wo das Sitzstaatrecht einen Formwechsel allgemein nicht kennt (→ Art. 37 Rn. 2, 10).[7] Zum anderen soll durch **Ausschluss einer Sitzverlegung** anlässlich des Formwechsels (→ Rn. 3) sowie durch die **Sperrfrist** in Abs. 1 S. 2 zwar verhindert werden, dass der Formwechsel zur grenzüberschreitenden Sitzverlegung außerhalb der Voraussetzungen des Art. 8 bzw. der „Umweg" über die SE nach deren Sitzverlegung zur Flucht aus der Mitbestimmung **missbraucht** wird (→ Rn. 5). Doch ist dieses Sitzverlegungsverbot nicht erweiternd auf die grenzüberschreitende Verschmelzung zu erstrecken.[8] Der verbleibende, mit der Sperrfrist verbundene Zweck des Art. 66 (→ Rn. 5) lässt sich aber durch eine Analogie zu Abs. 1 S. 2 der Vorschrift auf andere (nationale) Umwandlungsformen ausreichend berücksichtigen und rechtfertigt daher keine Sperrwirkung (wN → Rn. 14).[9] Mit der hM[10] (→ Vor Art. 1 Rn. 23) ist daher der SE grundsätzlich der Weg in die übrigen

---

[1] *Oplustil/Schneider* NZG 2003, 13 (14).
[2] Näher *Veit* in Jannott/Frodermann SE-HdB, 1. Aufl. 2005, Kap. 10 Rn. 16 unter Einbeziehung der Umwandlungsregelungen in den SE-VO-Vorschlägen von 1970, 1975 und 1989; aA *Schwarz* Rn. 29.
[3] EuGH NJW 2006, 425 Rn. 16 ff.
[4] S. nur *Casper/Weller* NZG 2009, 681 (685 f.); *Kulenkamp,* Die grenzüberschreitende Verschmelzung von Kapitalgesellschaften in der EU, 2008, 149 f. mwN.
[5] Zutr. *Casper/Weller* NZG 2009, 681 (686); im Ansatz auch Lutter/Hommelhoff/Teichmann/*J. Schmidt* Rn. 3.
[6] *Casper* ZHR 173 (2009), 181 (194); BeckOGK/*Eberspächer* Rn. 1.
[7] BeckOGK/*Eberspächer* Rn. 1; Habersack/Drinhausen/*Drinhausen* Rn. 3.
[8] Kölner Komm AktG/*Kiem* Rn. 4; Habersack/Drinhausen/*Drinhausen* Rn. 5.
[9] Überzeugend *Casper* ZHR 173 (2009), 181 (194 f.); *Casper/Weller* NZG 2009, 681 (686); ebenso auch OLG Frankfurt NZG 2012, 351 (352); *Reiner* Konzern 2011, 149 (150); teilweise abw. (und insoweit nicht überzeugend) Lutter/Hommelhoff/Teichmann/*J. Schmidt* Rn. 9.
[10] *Casper* AG 2007, 97 (104); *Casper* ZHR 173 (2009), 181 (194); *Kossmann/Heinrich* ZIP 2007, 164 (165 ff.); *Ratka/Rauter* GesRZ 2006, 55 (65); *Marsch-Barner* Liber amicorum Happ, 2006, 165 (173); Kölner

Umwandlungsformen unter analoger Anwendung des Art. 66 Abs. 1 S. 2 eröffnet. Namentlich kann sich eine schon bestehende SE damit auch an einer Verschmelzung[11] oder Spaltung beteiligen[12] sowie in eine andere nationale Rechtsform (zB in die GmbH) formwechseln (vgl. auch → Rn. 13),[13] sofern dies nach dem Sitzstaatrecht der nationalen AG offensteht (näher zu den Umwandlungsmöglichkeiten → Rn. 14).

2. Rechtsnatur der Umwandlung (Abs. 2). Art. 66 bezeichnet den Formwechsel unspezifisch als Umwandlung; doch wird durch Abs. 2 – ebenso wie für den umgekehrten Fall von Art. 37 Abs. 2 (→ Art. 37 Rn. 2) – klargestellt, dass es um die identitätswahrende Umwandlung einer bestehenden SE in eine Aktiengesellschaft desselben nationalen Rechts geht, also um eine Umwandlungsvariante, die ohne Auflösung der „Gründungsgesellschaft", ohne Vermögensübergang und Anteilstausch funktioniert. Sie entspricht folglich exakt dem Formwechsel nach § 202 UmwG.[14] Der Formwechsel nach Art. 66 ist demnach als „actus contrarius" zur Gründung einer SE durch Formwechsel iSv Art. 37 ausgestaltet (→ Art. 37 Rn. 2).[15] Beide zulässigen Varianten des Formwechsels unter Beteiligung einer SE entsprechen sich folgerichtig weitgehend auch hinsichtlich des Verfahrens; → Rn. 6 ff.

3. Ausschluss der Sitzverlegung (Abs. 1 S. 1). Zur Verhinderung von Missbräuchen darf die SE nach Art. 66 zwar nur in eine AG nach dem Recht ihres Sitzstaates umgewandelt werden; nach dem Normzweck schließt dies aber den Formwechsel in anderen Rechtsformen nicht aus, wenn nur Abs. 1 S. 2 analog angewendet wird (→ Rn. 1). Für den Formwechsel gilt aber: Auch wenn das Sitzverlegungsverbot anders als in Art. 37 Abs. 3 formuliert ist (→ Art. 37 Rn. 3), kann über seine Geltung auch im Falle eines Wechsels in die Form der nationalen AG (oder folglich auch in andere Rechtsformen) nach Wortlaut („dem Recht *ihres* Sitzstaats", Hervorhebung durch Verf.) und hierauf begrenzten Normzweck des Art. 66 Abs. 1 (→ Rn. 1) kein Zweifel bestehen.[16] Auf die Zulässigkeit einer grenzüberschreitenden Verschmelzung wirkt sich dies aber nicht aus (→ Rn. 1).

4. Anwendbares Recht. Aufgrund der systematischen Verortung des Formwechsels im V. Titel könnte man geneigt sein, Art. 9 Abs. 1 lit. c Ziff. ii in seiner Funktion zur Bestimmung des ergänzend anwendbaren Sitzstaatrechts durch die partielle Generalverweisung des Art. 63 (→ Art. 63 Rn. 1 ff.) verdrängt zu sehen; indes kaum mit Recht.[17] Denn Art. 63 bezieht sich allein auf Auflösung und Liquidation, und mit beidem hat der Formwechsel nichts zu tun, wie Art. 66 Abs. 2 noch einmal unmissverständlich betont (→ Rn. 2). Daher bleibt es bei der zentralen Verweisungsnorm des **Art. 9 Abs. 1 lit. c Ziff. ii**, über den die **§§ 191 ff., 238 ff. UmwG** sowie gem. § 197 UmwG prinzipiell auch das **Gründungsrecht der AG** zur ergänzenden Anwendung berufen sind. Hinsichtlich des **Formwechselverfahrens** gilt Art. 66 entsprechend (vgl. zur entsprechenden Anwendung des Art. 66 Abs. 1 S. 2 → Rn. 1).[18] Dies bereitet – ebenso wie im umgekehrten Fall des Art. 37 – keine prinzipiel-

---

Komm AktG/*Kiem* Rn. 4; Habersack/Drinhausen/*Drinhausen* Rn. 7, 40; Widmann/Mayer/*Hecksem* UmwG Anhang 14 Rn. 520; Kallmeyer/*Marsch-Barner* UmwG Anh. I Rn. 129 f.; iErg ebenso *Drinhausen/Gesell* BB-Special 8/2006, 3 (16); abw. insoweit *Reiner* Konzern 2011, 135 (136 ff., 149 f.); dagegen Kölner Komm AktG/*Kiem* Rn. 11b ff.

[11] Vgl. *Vossius* ZIP 2005, 741 (748 f.); *Hirte* NZG 2002, 1 (9 f.); *Oplustil/Schneider* NZG 2003, 13 ff.; *Becker/Fleischmann* in Jannott/Frodermann SE-HdB Kap. 10 Rn. 38 f.

[12] Abw. *Becker/Fleischmann* in Jannott/Frodermann SE-HdB Kap. 10 Rn. 44 f.; *Hirte* NZG 2002, 1 (9); für Beschränkung des Formwechsels auch Kalss/Hügel/*Zollner* SEG § 33 Rn. 21 f.; wie hier im Ansatz auch *Bayer* in Lutter/Hommelhoff S. 25, 27 ff.; Lutter/Hommelhoff/Teichmann/*J. Schmidt* Rn. 9; sowie bereits *Vossius* ZIP 2005, 741 (748 f.) und *Oplustil/Schneider* NZG 2003, 13 ff.

[13] So schon *Oplustil/Schneider* NZG 2003, 13 (16).

[14] Vgl. Widmann/Mayer/*Vossius* UmwG § 20 Rn. 404; Kölner Komm AktG/*Kiem* Rn. 6.

[15] S. auch Kalss/Hügel/*Zollner* SEG § 33 Rn. 2.

[16] So auch Lutter/Hommelhoff/Teichmann/*J. Schmidt* Rn. 16.

[17] So auch Lutter/Hommelhoff/Teichmann/*J. Schmidt* Rn. 12; BeckOGK/*Eberspächer* Rn. 3; Habersack/Drinhausen/*Drinhausen* Rn. 9; iErg auch *Schwarz* Rn. 10.

[18] BeckOGK/*Eberspächer* Art. 2 Rn. 39; Lutter/Hommelhoff/Teichmann/*J. Schmidt* Rn. 8 f., 12; *Schwarz* Rn. 31; Semler/Stengel/*Drinhausen* UmwG Einl. C Rn. 63; Kallmeyer/*Marsch-Barner* UmwG Anh. I

len Schwierigkeiten, weil es sich beim Formwechsel nach Art. 66 wegen des Sitzverlegungsverbots in Abs. 1 S. 1 (→ Rn. 3) zwingend um einen rein nationalen Vorgang handelt.

II. Das Umwandlungsverfahren

1. Umwandlungsberechtigung, insbesondere Sperrfrist (Abs. 1). Abs. 1 gestattet **jeder SE,** gleich in welcher Form sie gegründet wurde, den Wechsel in die Rechtsform der AG. Die Beschränkung auf einen Formwechsel in die AG dient aber lediglich dazu, der SE wenigstens diesen Weg der „Renationalisierung" auch dann zu eröffnen, wenn der Sitzstaat den Formwechsel sonst nicht kennt (→ Rn. 1). Das schließt aber einen Wechsel in andere nationale Rechtsformen nicht aus, sofern er nach nationalem Umwandlungsrecht möglich ist; aufgrund seines begrenzten Normzwecks entfaltet Art. 66 keine Sperrwirkung gegenüber den im Sitzstaat für die AG allgemein bestehenden Umwandlungsmöglichkeiten (→ Rn. 1; → Rn. 14). In jedem Falle darf aber nach **Satz 2** der erforderliche Umwandlungsbeschluss gem. Abs. 6 erst **zwei Jahre** nach Eintragung der SE (nicht: Bekanntmachung)[19] *oder* nach Genehmigung der ersten beiden Jahresabschlüsse gefasst werden, von denen einer sich auch auf das Rumpfgeschäftsjahr beziehen kann, weil die zweite Anknüpfungsalternative anderenfalls ohne jeden Regelungsgehalt bliebe.[20] Naturgemäß ist es für den Fristablauf unerheblich, ob zwischenzeitlich eine Sitzverlegung (nach Art. 8) und damit eine Register(neu)eintragung erfolgt ist.[21] Die Sperrfrist **bezweckt** im Verbund mit dem Sitzverlegungsverbot, den Missbrauch der SE zur identitätswahrenden Sitzverlegung in einen anderen Mitgliedstaat ohne vorherige Auflösung zu verhindern,[22] damit die Arbeitnehmer – jedenfalls für eine gewisse Zeit – vor einer „Flucht aus der Mitbestimmung" geschützt sind.[23] Der Schutz des Art. 11 Beteiligungs-RL, der den Mitgliedstaaten geeignete Maßnahmen zur Wahrung der Arbeitnehmerrechte auferlegt, greift nämlich nicht, sofern sich eine SE nach erfolgter Sitzverlegung in eine Aktiengesellschaft nach dem Recht des neuen Sitzstaates umwandelt; denn insofern handelt es sich um einen rein nationalen Sachverhalt.[24]

2. Die einzelnen Verfahrensschritte. a) Umwandlungsplan (Abs. 3). Wie beim Formwechsel in die SE gem. Art. 37, aber abweichend vom deutschen Umwandlungsrecht, wird der Formwechsel durch einen Umwandlungsplan vorbereitet, der vom Leitungs- oder Verwaltungsorgan der SE, also vom Vorstand oder – bei monistischer Verfassung – vom Verwaltungsrat, zu erstellen ist. Ebenso wenig wie im Falle des Art. 37 enthält die SE-VO irgendwelche Regelungen zum **Inhalt** des Umwandlungsplans.[25] Die Lücke ist aus den bei → Art. 37 Rn. 9 f. genannten Gründen durch eine Analogie zu Art. 20 Abs. 1, Art. 32 Abs. 2 S. 3[26] zu schließen. Zu den sich hieraus ergebenden einzelnen Angabeerfordernissen,

---

Rn. 129 f.; *Marsch-Barner* Liber amicorum Happ, 2006, 165 (177); *Oplustil/Schneider* NZG 2003, 13 (16); aA Kölner Komm AktG/*Kiem* Rn. 14.

[19] S. nur BeckOGK/*Eberspächer* Rn. 4.
[20] *Vossius* ZIP 2005, 741 (749) m. Fn. 88; Kalss/Hügel/*Zollner* SEG § 33 Rn. 6.
[21] Habersack/Drinhausen/*Drinhausen* Rn. 17.
[22] Vgl. *Schwarz* Rn. 20; Lutter/Hommelhoff/Teichmann/*J. Schmidt* Rn. 15; *Oplustil/Schneider* NZG 2003, 13 (14); Kalss/Hügel/*Zollner* SEG § 33 Rn. 6; aA unter Berufung auf den angeblich durch die Niederlassungsfreiheit überholten Normzweck indessen Kölner Komm AktG/*Kiem* Rn. 4 ff. - zur Gestaltbarkeit der Niederlassungsfreiheit der SE durch den SE-Gesetzgeber s. indessen → Art. 64 Rn. 3.
[23] Dazu noch *Heinze* ZGR 2002, 66 (69 f.); vgl. auch *Kübler* FS Raiser, 2005, 247 (254 ff.).
[24] *Oplustil/Schneider* NZG 2003, 13 (14).
[25] Anders als das SEAG trifft das öSEG Regelungen in §§ 29, 33 SEG; vgl. dazu Kalss/Hügel/*Zollner* SEG § 33 Rn. 8 f. und Kalss/Hügel/*Zollner* SEG § 29 Rn. 1 f. – Eine Ermächtigungsgrundlage hierfür ist jedoch nicht ersichtlich.
[26] So auch *Schwarz* Rn. 13; Lutter/Hommelhoff/Teichmann/*J. Schmidt* Rn. 25; Kölner Komm AktG/*Kiem* Rn. 17; *Becker/Fleischmann* in Jannott/Frodermann SE-HdB Kap. 10 Rn. 14; abw BeckOGK/*Eberspächer* Rn. 6, der den Inhalt mit Hilfe des § 194 UmwG bestimmen will, sowie Habersack/Drinhausen/*Drinhausen* Rn. 21, der den Mindestinhalt des Umwandlungsplans primär am Inhalt des in Art. 8 Abs. 2 vorgesehenen Verlegungsplans bei Sitzverlegungen der SE orientieren möchte, gleichwohl aber zur Minimierung eines Anfechtungsrisikos eine entsprechende Anwendung des Art. 20 empfiehlt. Gegen jeden Mindestbestandteil *Neun* in Theisen/Wenz SE 174 f. zu Art. 37.

zu denen auch die Satzung der SE gehört, → Art. 37 Rn. 11 ff. Das aus § 13 Abs. 3 S. 1 UmwG folgende **Erfordernis notarieller Beurkundung** nur des Umwandlungs**beschlusses** (nicht auch des Plans)[27] ergibt sich aus der Verweisung in Art. 66 Abs. 6 S. 2 auf die nationalen Durchführungsbestimmungen zu Art. 7 RL 78/855/EWG (jetzt: Art. 93 GesR-RL; früher RL 2011/35/EG; → Art. 37 Rn. 14).

7   b) **Umwandlungsbericht (noch Abs. 3).** Wie im Falle des Art. 37 hat das Leitungs- oder Verwaltungsorgan der SE zusätzlich einen Umwandlungsbericht zu erstellen, der den betroffenen Aktionären in Hinblick auf ihre Zustimmungsentscheidung nach Abs. 6 ausreichende Vorabinformationen vermitteln soll. Er hat die rechtlichen und wirtschaftlichen Aspekte der Umwandlung zu erläutern und zu begründen, sowie die Auswirkungen des Formwechsels für die Aktionäre und die Arbeitnehmer darzustellen. Er entspricht also nach Ziel und Inhalt exakt dem Umwandlungsbericht gem. Art. 37 Abs. 4, sodass sinngemäß auf → Art. 37 Rn. 15 ff. verwiesen werden kann, auch hinsichtlich der Entbehrlichkeit des Berichts gem. § 192 UmwG (→ Art. 37 Rn. 17).

8   c) **Offenlegung (Abs. 4).** Der Umwandlungsplan, einschließlich des Umwandlungsberichts,[28] ist nach Abs. 4 mindestens einen Monat vor dem Tag der über die Umwandlung beschließenden Hauptversammlung offen zu legen, also vom Vorstand bzw. Verwaltungsrat zum Handelsregister einzureichen, das diesen Umstand analog § 61 UmwG bekannt macht (→ Art. 37 Rn. 19).

9   d) **Eingeschränkte Sachverständigenprüfung (Abs. 5).** Die **Werthaltigkeitsprüfung** gem. Abs. 5 entspricht nach Ziel und Inhalt sowie hinsichtlich der in Betracht kommenden unabhängigen Sachverständigen derjenigen nach Art. 37, sodass sinngemäß auf die Ausführungen in → Art. 37 Rn. 21 ff. verwiesen werden kann. Die Prüfung endet mit der Bestätigung eines zur Abdeckung des Grundkapitals *der AG* ausreichenden Nettovermögens der SE. Die Prüfung nach Abs. 5 verdrängt die Gründungsprüfung gem. §§ 32 ff. AktG (→ Art. 37 Rn. 26).[29] – Wegen der **Beachtung des Gründungsrechts** der AG im Übrigen → Art. 37 Rn. 30 f.

10 e) **Zustimmung der Hauptversammlung (Abs. 6).** Die **Hauptversammlung der SE** hat sodann nach Abs. 6 S. 1 dem Umwandlungsplan zuzustimmen und die Satzung der Aktiengesellschaft zu genehmigen. Die Beschlussfassung selbst erfolgt gem. Abs. 6 S. 2 nach Maßgabe der Durchführungsbestimmungen zu Art. 7 RL 78/855/EWG (jetzt: Art. 93 GesR-RL; früher RL 2011/35/EG). Die Vorschrift entspricht damit exakt den Bestimmungen des Art. 37 Abs. 7. Demgemäß kann in Bezug auf die Vorbereitung und Durchführung der Hauptversammlung sowie auf das Erfordernis einer (Dreiviertel-)Mehrheit des vertretenen Kapitals auf → Art. 37 Rn. 27 ff. verwiesen werden; das betrifft auch die Konsequenzen eventueller Beschlussmängel (→ Art. 37 Rn. 29).

11 Sinnvollerweise ist der HV-Beschluss mit der **Bestellung der Organe der AG** (sofern erforderlich) **und des Abschlussprüfers** zu verbinden (→ Art. 37 Rn. 31).[30] Beim Formwechsel einer **dualistischen** SE bleiben die Mitglieder des Aufsichtsrats für den Rest ihrer Wahlzeit im Amt (§ 203 UmwG), es sei denn, dessen gesetzliche Zusammensetzung ändert sich aufgrund eines abweichenden Mitbestimmungsregimes.[31] Wechselt eine **monistische**

---

[27] BeckOGK/*Eberspächer* Rn. 6; Habersack/Drinhausen/*Drinhausen* Rn. 22.
[28] Es gelten die Ausführungen in → Art. 37 Rn. 15 sinngemäß, wonach der Bericht als Teil des Umwandlungsplans offen zu legen ist; aA Kölner Komm AktG/*Kiem* Rn. 19; Habersack/Drinhausen/*Drinhausen* Rn. 24.
[29] So auch Lutter/Hommelhoff/Teichmann/*J. Schmidt* Rn. 48; BeckOGK/*Eberspächer* Rn. 7.
[30] Vgl. *Becker/Fleischmann* in Jannott/Frodermann SE-HdB Kap. 10 Rn. 22 ff.; Kalss/Hügel/*Zollner* SEG § 33 Rn. 17.
[31] Zust. Kölner Komm AktG/*Kiem* Rn. 25; Lutter/Hommelhoff/Teichmann/*J. Schmidt* Rn. 62; vgl. ferner Habersack/Drinhausen/*Drinhausen* Rn. 29; *Habersack* Konzern 2008, 67 (69).

SE ihre Rechtsform, ist ein Aufsichtsrat zu bilden und zu besetzen, und zwar im Statusverfahren des § 97 AktG.[32]

f) Registerprüfung; Eintragung und Bekanntmachung. Für die Anmeldung der 12 SE, die Prüfung durch das Registergericht und die Eintragung im Handelsregister gelten die Ausführungen in → Art. 37 Rn. 32 ff. entsprechend. Zur Offenlegung gem. Art. 13 tritt im Falle des Formwechsels nach Art. 66 noch die **Bekanntmachung des „Erlöschens"** der SE nach **Art. 14** hinzu (→ Art. 14 Rn. 1 ff.). Zu den **Wirkungen** der Eintragung vgl. → Art. 37 Rn. 34.

III. Ergänzender Gesellschafter- und Gläubigerschutz?

Wie im Falle des Formwechsels nach Art. 37 sieht die SE-VO auch in Art. 66 keine 13 Ermächtigung zum Erlass besonderer Schutzvorschriften zu Gunsten der Aktionäre oder Gläubiger vor. Weil es sich aber wiederum um einen rein nationalen Vorgang handelt (→ Rn. 3), ist eine besondere Ermächtigung auch entbehrlich (→ Art. 37 Rn. 37). Vielmehr gelangt über Art. 9 Abs. 1 lit. c Ziff. ii grundsätzlich das Recht des Formwechsels nach dem UmwG zur Anwendung. Aufgrund der strukturellen Ähnlichkeit von SE und AG ist zwar die Anwendung des § 207 UmwG (Austrittsrecht gegen Abfindung) und des § 204 UmwG (Gläubigerschutz durch Sicherheitsleistung) auch im Falle eines Wechsels zwischen SE und AG nicht zu rechtfertigen (→ Art. 37 Rn. 37).[33] Anderes gilt aber wiederum für den durch bare Zuzahlung zu erfüllenden Nachbesserungsanspruch gem. § 196 UmwG (→ Art. 37 Rn. 38).[34]

IV. Andere Umwandlungsmöglichkeiten

Versteht man den Normzweck des Art. 66 aufgrund jüngerer, zu einer restriktiven Auslegung Anlass gebenden Entwicklungen nunmehr so, wie in → Rn. 1 beschrieben, so haben 14 sich viele Bedenken gegen die Umwandlungsfähigkeit der SE nach nationalem Umwandlungsrecht erledigt. Eine partielle Ausschlusswirkung des Art. 66 ist damit hinfällig, und es ist vielmehr von dem Grundsatz auszugehen, dass der SE gem. Art. 9 Abs. 1 lit. c Ziff. ii bzw. Art. 10 sämtliche auch einer nationalen AG offen stehenden nationalen Umwandlungsformen offenstehen (vgl. § 3 Abs. 1 Nr. 2 UmwG; § 124 UmwG, § 175 Nr. 2 UmwG; § 191 Abs. 1 Nr. 2 UmwG; Nachweise → Rn. 1),[35] und zwar einschließlich der **grenzüberschreitenden Verschmelzung** gem. §§ 122a ff. UmwG (→ Rn. 1). Sieht man den Zweck des Art. 66 vor allem darin, für Länder, die keinen **Formwechsel** kennen, wenigstens *ein* direktes „Renationalisierungsverfahren" zur Verfügung zu stellen, so ist es nicht einmal veranlasst, den Formwechsel in andere Rechtsformen als der AG, insbesondere **in die GmbH,** auszuschließen, sofern das Umwandlungsrecht am Sitzstaat diese Möglichkeit für die AG allgemein vorsieht (→ Rn. 1).[36] Weiterhin kommt auch die Beteiligung an einer **Verschmelzung** mit allen auch sonst verschmelzungsfähigen Rechtsträgern (§ 3 UmwG) in Betracht.[37] Schließlich haben sich auch die Bedenken gegen eine Beteiligung der schon bestehenden SE an der **Spaltung** (Aufspaltung, Abspaltung, Ausgliederung) erledigt.[38] Die

---

[32] Ebenso Kölner Komm AktG/*Kiem* Rn. 25; teilweise abw. *Schwarz* Art. 40 Rn. 29.
[33] Ebenso *Becker/Fleischmann* in Jannott/Frodermann SE-HdB Kap. 10 Rn. 32 f.; Habersack/Drinhausen/Drinhausen Rn. 32.
[34] Anders zB BeckOGK/*Eberspächer* Rn. 10; ausf. Nachweise → Art. 37 Rn. 38.
[35] So bereits *Vossius* ZIP 2005, 741 (748).
[36] So bereits *Oplustil/Schneider* NZG 2003, 13 (16); s. auch *Schwarz* Rn. 29; *Casper* AG 2007, 97 (104); *Kossmann/Heinrich* ZIP 2007, 164 (168); *Becker/Fleischmann* in Jannott/Frodermann SE-HdB Kap. 10 Rn. 34; abw. Kalss/Hügel/Zollner SEG § 33 Rn. 21 f., *Vossius* ZIP 2005, 741 (748).
[37] *Oplustil/Schneider* NZG 2003, 13 (16); Widmann/Mayer/*Heckschen* UmwG Anh. 14 Rn. 528; *Heckschen* ZIP 2005, 741 (748).
[38] So bereits *Oplustil/Schneider* NZG 2003, 13 (16); *Vossius* ZIP 2005, 741 (748 f.); ferner *Schwarz* Rn. 29; *Casper* AG 2007, 97 (104); eingehend *Marsch-Barner* Liber amicorum Happ, 2006, 165 (169 ff.); *Becker/Fleischmann* in Jannott/Frodermann SE-HdB Kap. 10 Rn. 44 f.

Spaltungsgründung ist hiervon aber selbstverständlich nicht betroffen; sie ist und bleibt durch den Numerus clausus der Gründungsformen (Art. 2, 3) ausgeschlossen.[39] Festzuhalten ist überdies daran, dass in allen diesen Fällen eine Analogie zu Art. 66 Abs. 1 S. 2 mit seiner zweijährigen Sperrfrist zu befürworten ist.[40] Für die Verschmelzung ergibt sich eine Zweijahresfrist überdies aus § 76 UmwG, der es einer AG erst nach zwei Jahren erlaubt, sich als übertragende Gesellschaft an einer Verschmelzung zu beteiligen; die Frist beginnt ausschließlich mit Eintragung zu laufen (zur Frist nach Abs. 1 S. 2 vgl. demgegenüber → Rn. 5). Anders als Abs. 1 S. 2 (→ Rn. 5) bezweckt § 76 UmwG, die Umgehung der Nachgründungsvorschriften (§ 52 AktG) zu verhindern,[41] sodass auch insofern keine volle Überschneidung besteht. Entsprechendes wie für die Verschmelzung gilt gem. § 141 UmwG auch für die Spaltung (außer für die Ausgliederung zur Neugründung).

---

[39] Vgl. nur *Casper* AG 2007, 97 (104).
[40] So auch *Simon/Rubner* Konzern 2006, 835 (837); *Louven* ZIP 2006, 2021 (2024); *Casper/Weller* NZG 2009, 681 (685 f.); *Casper* AG 2007, 97 (102 ff.); BeckOGK/*Eberspächer* Rn. 4; *Schwarz* Rn. 31; ähnlich *Marsch-Barner* Liber amicorum Happ, 2006, 165 (174); AAK ZIP 2009, 698 (698); anders für die grenzüberschreitende Verschmelzung (aber auch darüber hinaus) *Kulenkamp*, Die grenzüberschreitende Verschmelzung von Kapitalgesellschaften in der EU, 2008, 150 ff.; ebenso auch Kölner Komm AktG/*Kiem* Rn. 5 ff., 12; aA Lutter/Hommelhoff/Teichmann/*J. Schmidt* Rn. 9.
[41] Vgl. nur Lutter/*Grunewald* UmwG § 76 Rn. 2.

Titel VI. Ergänzungs- und Übergangsbestimmungen

Art. 67 [Kapitalziffer und Jahresabschluss in Mitgliedstaaten, in denen die dritte Stufe der Wirtschafts- und Währungsunion nicht gilt]

(1) ¹Jeder Mitgliedstaat kann, sofern und solange für ihn die dritte Stufe der Wirtschafts- und Währungsunion (WWU) nicht gilt, auf die SE mit Sitz in seinem Hoheitsgebiet in der Frage, auf welche Währung ihr Kapital zu lauten hat, dieselben Bestimmungen anwenden wie auf die Aktiengesellschaften, für die seine Rechtsvorschriften gelten. ²Die SE kann ihr Kapital auf jeden Fall auch in Euro ausdrücken. ³In diesem Fall wird für die Umrechnung zwischen Landeswährung und Euro der Satz zugrunde gelegt, der am letzten Tag des Monats vor der Gründung der SE galt.

(2) ¹Sofern und solange für den Sitzstaat der SE die dritte Stufe der WWU nicht gilt, kann die SE jedoch die Jahresabschlüsse und gegebenenfalls die konsolidierten Abschlüsse in Euro erstellen und offen legen. ²Der Mitgliedstaat kann verlangen, dass die Jahresabschlüsse und gegebenenfalls die konsolidierten Abschlüsse nach denselben Bedingungen, wie sie für die dem Recht dieses Mitgliedstaats unterliegenden Aktiengesellschaften vorgesehen sind, in der Landeswährung erstellt und offen gelegt werden. ³Dies gilt unbeschadet der der SE zusätzlich eingeräumten Möglichkeit, ihre Jahresabschlüsse und gegebenenfalls ihre konsolidierten Abschlüsse entsprechend der Richtlinie 90/604/EWG[1] in Euro offen zu legen.

Diese Bestimmung ermächtigt lediglich die Mitgliedstaaten, die der Wirtschafts- und Währungsunion (noch) nicht beigetreten sind,[2] und hat für eine SE mit Sitz in Deutschland demgemäß keine Bedeutung. Übt ein solcher Mitgliedstaat die Option nach Abs. 1 S. 1 aus, muss die Kapitalziffer in der Landeswährung ausgedrückt werden. Die Mindestkapitalziffer gem. Art. 4 Abs. 2 bleibt hiervon unberührt.[3] Es muss ein entsprechender Betrag in der Landeswährung aufgebracht werden, wobei der Umrechnungskurs am letzten Tag des Monats vor „Gründung" der SE maßgeblich ist (Art. 67 Abs. 1 S. 3).[4] Fraglich ist, zu welchem Zeitpunkt die SE im Sinne dieser Norm „gegründet" ist. Auf den naheliegenden Zeitpunkt des Art. 16 Abs. 1 (Eintragung in das Register des Sitzstaates) kann es nicht ankommen: Die Kapitalziffer ist Bestandteil der Satzung und diese ist wiederum Bestandteil des jeweiligen Gründungsplans (Art. 20 Abs. 1 S. 2 lit. h, Art. 32 Abs. 2 S. 3).[5] Sie muss damit bereits feststehen, wenn die Anteilseignerversammlungen der Gründungsgesellschaften über den Gründungsplan abstimmen (Art. 23 Abs. 1, Art. 32 Abs. 6, Art. 37 Abs. 7 S. 1) bzw. wenn die Gründungsgesellschaften die Satzung der Tochter-SE feststellen. Richtigerweise ist unter „Gründung" damit der Zeitpunkt der Vornahme der soeben genannten Gründungsgeschäfte zu verstehen.[6] 1

Das Recht der SE nach Abs. 1 S. 2, die Ziffer **auch in Euro** auszudrücken, kann bei **divergierender Entwicklung der Kaufkraft beider Währungen** zu Unklarheiten über 2

---

[1] [Amtl. Anm.:] Richtlinie 90/604/EWG des Rates vom 8. November 1990 zur Änderung der Richtlinie 78/660/EWG über den Jahresabschluss und der Richtlinie 83/349/EWG über den konsolidierten Abschluss hinsichtlich der Ausnahme für kleine und mittlere Gesellschaften sowie der Offenlegung von Abschlüssen in Ecu (ABl. 1990 L 317, 57).
[2] Dies sind bisher Bulgarien, Dänemark, Kroatien, Litauen, Polen, Rumänien, Schweden, Tschechien und Ungarn.
[3] Kölner Komm AktG/*Kiem* Rn. 9.
[4] Vgl. zum maßgeblichen Kurs bei Kursschwankungen während des Tages Kölner Komm AktG/*Kiem* Rn. 8: Wechselkurs, der für jeden Werktag von der EZB festgestellt und veröffentlicht wird.
[5] Kölner Komm AktG/*Kiem* Rn. 7.
[6] Ähnlich Kölner Komm AktG/*Kiem* Rn. 7; Habersack/Drinhausen/*Habersack* Rn. 3; BeckOGK/*Casper* Rn. 3: Zeitpunkt der Errichtung der SE.

den aktuellen Wert des Garantiebetrags führen: Die Umrechnung nach Abs. 1 S. 3 ist nämlich statisch und wird in der Folge nicht an Änderungen des Kurses angepasst.[7] Rechtlich relevant dürfte – entsprechend dem Zweck der Norm, die Mitgliedstaaten nicht faktisch zu einer teilweisen Übernahme des Euro als Landeswährung zu zwingen[8] – allein die in der nationalen Währung ausgedrückte Kapitalziffer sein.[9] Dies spielt vor allem beim **Jahresabschluss** eine zentrale Rolle. Denn hier stellt sich die Frage, welcher Betrag als „gezeichnetes Kapital" auf der Passivseite der Bilanz anzusetzen und damit praktisch durch Vermögen auf der Aktivseite aufzubringen ist: der in der Landeswährung ausgedrückte oder der Eurobetrag. Macht der Mitgliedstaat von der Möglichkeit nach Abs. 2 S. 2 Gebrauch, kann auch hier nach dem Zweck der Norm nur der in der Landeswährung ausgedrückte Betrag maßgeblich sein und nicht der Eurobetrag.[10]

3 Fraglich ist ferner, ob der Zeitpunkt des Abs. 1 S. 3 auch im Falle der **Sitzverlegung** gem. Art. 8 Anwendung findet, wenn nämlich die SE ihren Sitz von einem Mitgliedstaat, der der dritten Stufe der Wirtschafts- und Währungsunion beigetreten ist, in einen anderen verlegt, der dies bislang unterlassen hat. Für diese Lösung spricht die Verhinderung von Manipulationsversuchen der Verwaltung durch eine Terminbestimmung für den Verlegungsbeschluss (Art. 8 Abs. 6), die sich allein an der Entwicklung von Währungskursen orientiert. Der Nachteil dieser Lösung liegt allerdings darin, dass der durch das Garantiekapital bewirkte Gläubigerschutz in dem Umfang abnimmt, in dem die Währung des Zielstaates gegenüber der Währung des Ausgangsstaates seit der Gründung der SE an Kaufkraft verloren hat. Wegen der auf Gläubigerschutz gerichteten Zwecksetzung der Kapitalziffer dürfte ein Abstellen auf den Stichtag des Abs. 1 S. 3 deshalb nicht in Betracht kommen. Abs. 1 S. 3 ist vielmehr **sinngemäß** anzuwenden:[11] Maßgeblich ist demgemäß der letzte Tag des Monats vor Fassung des **Sitzverlegungsbeschlusses gem. Art. 8 Abs. 6.**[12]

4 Ähnliches dürfte gelten, soweit die SE selbst nach Art. 3 Abs. 1 an einer weiteren SE-Gründung durch **Verschmelzung** nach Art. 2 Abs. 1 teilnimmt und das Gründungsprodukt nun in einem Mitgliedstaat siedelt, der nicht der dritten Stufe der Wirtschafts- und Währungsunion beigetreten ist: Hier dürfte regelmäßig der letzte Tag des Monats maßgeblich sein, vor dem die erforderlichen Verschmelzungsbeschlüsse durch alle beteiligten Gesellschaften (Art. 23 Abs. 1) gefasst wurden.[13]

5 Abs. 2 regelt eine mögliche Abweichung von Art. 61, wonach sich die Aufstellung des Jahresabschlusses und des konsolidierten Jahresabschlusses nach dem Recht des Sitzstaates richtet.[14]

---

[7] Kölner Komm AktG/*Kiem* Rn. 9; Habersack/Drinhausen/*Habersack* Rn. 3.
[8] So auch Habersack/Drinhausen/*Habersack* Rn. 1; ähnlich Kölner Komm AktG/*Kiem* Rn. 9.
[9] Spindler/Stilz/*Casper* Rn. 2; Habersack/Drinhausen/*Habersack* Rn. 2.
[10] Ebenso Habersack/Drinhausen/*Habersack* Rn. 2; Kölner Komm AktG/*Kiem* Rn. 9.
[11] AA Kölner Komm AktG/*Kiem* Rn. 10 ff., der Art. 63 Abs. 1 S. 3 bezüglich der Umrechnung einer Euro-Kapitalziffer in eine Kapitalziffer nationaler Währung nicht für einschlägig hält.
[12] Habersack/Drinhausen/*Habersack* Rn. 3; Spindler/Stilz/*Casper* Rn. 3.
[13] Ebenso Habersack/Drinhausen/*Habersack* Rn. 3; Spindler/Stilz/*Casper* Rn. 3.
[14] Habersack/Drinhausen/*Habersack* Rn. 4; Kölner Komm AktG/*Kiem* Rn. 16.

Titel VII. Schlussbestimmungen

Art. 68 [Umsetzungspflichten]

(1) Die Mitgliedstaaten treffen alle geeigneten Vorkehrungen, um das Wirksamwerden dieser Verordnung zu gewährleisten.

(2) ¹Jeder Mitgliedstaat benennt die zuständigen Behörden im Sinne der Artikel 8, 25, 26, 54, 55 und 64. ²Er setzt die Kommission und die anderen Mitgliedstaaten davon in Kenntnis.

§ 4 SEAG Zuständigkeiten

¹Für die Eintragung der SE und für die in Artikel 8 Abs. 8, Artikel 25 Abs. 2 sowie den Artikeln 26 und 64 Abs. 4 der Verordnung bezeichneten Aufgaben ist das nach den §§ 376 und 377 des Gesetzes über das Verfahren in Familiensachen und in den Angelegenheiten der freiwilligen Gerichtsbarkeit bestimmte Gericht zuständig. ²Das zuständige Gericht im Sinne des Artikels 55 Abs. 3 Satz 1 der Verordnung bestimmt sich nach § 375 Nr. 4, §§ 376 und 377 des Gesetzes über das Verfahren in Familiensachen und in den Angelegenheiten der freiwilligen Gerichtsbarkeit.

Abs. 1 folgt dem **Effizienzgrundsatz:** Nicht nur bei der **Schaffung eines Ausführungsgesetzes**, sondern auch bei der **Auslegung** und **Anwendung** des Textes der SE-VO muss darauf geachtet werden, dass diese ihre Wirksamkeit entsprechend den zu Grunde liegenden Zwecksetzungen effektiv entfaltet.[1] Abs. 1 stellt jedoch keine Ermächtigungsgrundlage für ergänzende Regelungen durch die Mitgliedstaaten dar.[2] 1

Auf der Grundlage von Abs. 1 ist schließlich das Gesetz zur Einführung der Europäischen Gesellschaft **(SEEG)** vom 28.12.2004 (BGBl. 2004 I 3675) ergangen. Dennoch bleiben Zweifel, ob der Gesetzgeber *alle* geeigneten Vorkehrungen getroffen hat, um das Wirksamwerden der Verordnung zu gewährleisten. Dagegen spricht bereits die Überschreitung der Frist des Art. 70. Auch steuerrechtlich war die Einführung der SE-VO nur unzureichend vorbereitet (vgl. → Vor Art. 1 Rn. 5 f.). 2

Weitere Bedenken bei der Umsetzung der SE-VO mittels des SEAG bestehen gegen die Einschränkung des Gläubigersicherungsinteresses bei der Sitzverlegung (→ Art. 8 Rn. 49). 3

Dem Auftrag nach **Abs. 2** ist der deutsche Gesetzgeber in **§ 4 SEAG** nachgekommen. Der Verweis in Art. 68 Abs. 2 auf **Art. 54 Abs. 2** läuft ins Leere, da nach deutschem Recht keine „Behörde" – worunter nicht nur Verwaltungsbehörden, sondern auch Notare und Gerichte zu verstehen sind[3] – die Hauptversammlung selbst einberufen kann; **§ 122 Abs. 3 AktG** ermöglicht dem zuständigen Gericht lediglich, Minderheitsaktionäre zur Einberufung zu ermächtigen. Gemäß Art. 54 Abs. 2 besteht eine behördliche Einberufungszuständigkeit jedoch nur, wenn das Aktienrecht des Sitzstaates eine solche vorsieht.[4] Dies zeichnet § 4 S. 2 SEAG nach, indem er lediglich **Art. 55 Abs. 3 S. 1** in Bezug nimmt und hierfür eine Zuständigkeitsregelung trifft.[5] Hinsichtlich Art. 55 Abs. 3 S. 1 geht der RegE davon aus, dass die Möglichkeit der **gerichtlichen Anordnung** der Einberufung der HV im deutschen Recht keine Entsprechung findet und deswegen für eine deutsche SE ohne Bedeutung ist.[6] Die in § 4 Abs. 2 S. 2 SEAG getroffene Zuständigkeitsregelung soll wohl daher nur für die in Art. 55 Abs. 3 S. 1 Alt. 2 vorgesehene gerichtliche Ermächtigung gelten. Indes kommt es nach Art. 55 Abs. 3 S. 1 nicht auf eine Entsprechung im Aktienrecht des Sitzstaates an. Vielmehr eröffnet Art. 55 Abs. 3 S. 1 europarechtlich verbindlich eine Entscheidungsalternative des Gerichts.[7] Auch erfasst der Wortlaut des § 4 Abs. 2 S. 2 SEAG ohne weiteres 4

---

[1] Habersack/Drinhausen/*Habersack* Rn. 1; Kölner Komm AktG/*Kiem* Rn. 5, 8; Spindler/Stilz/*Casper* Rn. 1; ähnlich *Brandt* NZG 2002, 991.
[2] Ausf. Kölner Komm AktG/*Kiem* Rn. 11 mwN auch zur Gegenansicht.
[3] Ausf. Kölner Komm AktG/*Kiem* Rn. 12; Habersack/Drinhausen/*Habersack* Rn. 2; *Schwarz* Rn. 9.
[4] Habersack/Drinhausen/*Bücker* Art. 54 Rn. 16; Kölner Komm AktG/*Kiem* Rn. 3; *Schwarz* Rn. 14.
[5] RegE BT-Drs. 15/3405, 31 reSp, § 4 letzter Abs. = BR-Drs. 438/04 zu § 4.
[6] RegE BT-Drs. 15/3405, 31 reSp, § 4 letzter Abs. = BR-Drs. 438/04 zu § 4.
[7] Habersack/Drinhausen/*Bücker* Art. 55 Rn. 26.

beide Alternativen des Art. 55 Abs. 3 S. 1. Das nach § 4 Abs. 2 S. 2 SEAG zuständige Gericht kann daher auch eine Einberufungsanordnung treffen.[8]

5 Die in **Abs. 2 S. 2** statuierte Informationspflicht dient in erster Linie der Rechtmäßigkeitskontrolle im Hinblick auf die erlassenen Regelungen.[9]

Art. 69 [Überprüfungsvorbehalt]

[1]**Spätestens fünf Jahre nach Inkrafttreten dieser Verordnung legt die Kommission dem Rat und dem Europäischen Parlament einen Bericht über die Anwendung der Verordnung sowie gegebenenfalls Vorschläge für Änderungen vor.** [2]**In dem Bericht wird insbesondere geprüft, ob es zweckmäßig ist,**
a) **zuzulassen, dass sich die Hauptverwaltung und der Sitz der SE in verschiedenen Mitgliedstaaten befinden,**
b) **den Begriff der Verschmelzung in Artikel 17 Absatz 2 auszuweiten, um auch andere als die in Artikel 3 Absatz 1 und Artikel 4 Absatz 1 der Richtlinie 78/855/EWG definierten Formen der Verschmelzung zuzulassen,**
c) **die Gerichtsstandsklausel des Artikels 8 Absatz 16 im Lichte von Bestimmungen, die in das Brüsseler Übereinkommen von 1968 oder in einen Rechtsakt der Mitgliedstaaten oder des Rates zur Ersetzung dieses Übereinkommens aufgenommen wurden, zu überprüfen,**
d) **vorzusehen, dass ein Mitgliedstaat in den Rechtsvorschriften, die er in Ausübung der durch diese Verordnung übertragenen Befugnisse oder zur Sicherstellung der tatsächlichen Anwendung dieser Verordnung auf eine SE erlässt, Bestimmungen in der Satzung der SE zulassen kann, die von diesen Rechtsvorschriften abweichen oder diese ergänzen, auch wenn derartige Bestimmungen in der Satzung einer Aktiengesellschaft mit Sitz in dem betreffenden Mitgliedstaat nicht zulässig wären.**

Schrifttum: *Kiem,* Der Evaluierungsbericht der EU-Kommission zur SE-VO – Zugleich Gedanken der anstehenden Reform der Europäischen Aktiengesellschaft, CFL 2011, 134.

1 Eine der Techniken zur Fortentwicklung der Harmonisierung im Gemeinschaftsrecht besteht darin, die Kommission im Turnus von fünf Jahren zur Berichterstattung über weitergehende Harmonisierungsmöglichkeiten zu verpflichten. Die Berichterstattungspflichten beziehen sich häufig auf Options- und Ausnahmeregelungen zu Gunsten der Mitgliedstaaten, die sich im Verlauf der praktischen Erprobung des Gemeinschaftsrechtsakts als entbehrlich erweisen könnten und deshalb zum Gegenstand neuer, auf Vereinheitlichung des Rechtsgebiets gerichteter Verhandlungen werden (vgl. nur Art. 21 Produkthaftungs-RL).[1] Eine ganz ähnliche Regelung findet sich in Art. 79 SCE-VO.[2] Die Kommission ist ihrer Pflicht durch **Bericht vom 17.11.2010** nachgekommen.[3] Vorbereitet wurde die Evaluierung durch die Durchführung einer **externen Studie** über die Anwendung und die Auswirkungen des Statuts der Europäischen Gesellschaft im Jahr 2009 sowie einer **öffentlichen Konsultation** im Jahr 2010.[4] Obwohl die Kommission in ihrem Bericht verschiedene Probleme bei der Anwendung des SE-Statuts feststellt (S. 7 ff.) und ihr Fazit (S. 8) – sehr

---

[8] Spindler/Stilz/*Casper* Rn. 2, der allerdings wohl weitergehend auch Art. 54 Abs. 2 als vom Verweis erfasst sieht; vgl. auch Habersack/Drinhausen/*Bücker* Art. 55 Rn. 26 ff., 37.
[9] Ausf. Kölner Komm AktG/*Kiem* Rn. 16; *Schwarz* Rn. 15.
[1] RL 85/374/EWG zur Angleichung der Rechts- und Verwaltungsvorschriften der Mitgliedstaaten über die Haftung für fehlerhafte Produkte vom 25.7.1985, ABl. 1985 L 210, 29.
[2] Habersack/Drinhausen/*Drinhausen* Rn. 3.
[3] Bericht der Kommission an das Europäische Parlament und den Rat über die Anwendung der Verordnung (EG) Nr. 2157/2001 des Rates vom 8.10.2001 über das Statut der Europäischen Gesellschaft (SE), KOM (2010) 676 endg.; hierzu *Kiem* CFL 2011, 134 ff.
[4] Dazu *Kiem* CFL 2011, 134.

zurückhaltend – lautet, die Ziele des SE-Statuts seien „in gewisser Weise" erreicht worden, enthält der Bericht keinerlei Änderungsvorschläge. Zurückzuführen ist dies auf den Umstand, dass „das SE-Statut das Ergebnis eines nach langwierigen Verhandlungen gefundenen heiklen Kompromisses ist".[5] Noch deutlicher führt der im Jahr 2012 veröffentlichte **Aktionsplan** „Europäisches Gesellschaftsrecht und Corporate Governance" die Schwierigkeiten einer Reform vor Augen: „Da die erwarteten Vorteile einer Überarbeitung im Sinne einer Vereinfachung und Verbesserung [...] die potenziellen Herausforderungen bei einer Neueröffnung der Diskussion nicht aufwiegen würden, beabsichtigt die Kommission kurzfristig keine Revision".[6] Ein Blick auf den Katalog des Art. 69 lohnt dennoch, weil er **Auskunft über die besonders kritischen Punkte des politischen Kompromisses über die SE-VO** gibt.[7]

Diese liegen laut **S. 2 lit. a** vor allem in **Art. 7 S. 1**. Diese Norm schließt an die Regelungstechnik der Sitztheorie des Internationalen Gesellschaftsrechts an (→ Art. 7 Rn. 1) und gerät damit in einen inhaltlichen Widerspruch zu dem besondere Internationalität signalisierenden Rechtsformzusatz „SE" (Art. 11 Abs. 1). Viele Teilnehmer der öffentlichen Konsultation (→ Rn. 1) sehen diese Einschränkung als „praktisches Hindernis" an;[8] zur rechtspolitischen Kritik näher → Art. 7 Rn. 3.[9] Die Kommission scheint sich den Bedenken anzuschließen,[10] zumal sie in der Trennung von satzungsmäßigem Sitz und Hauptverwaltung der SE eine Möglichkeit zur „Vereinfachung der Gruppenstruktur" sieht.[11]

Gemäß **S. 2 lit. b** sollte außerdem eine Ausweitung des Verschmelzungsbegriffs nach **Art. 17 Abs. 2** in Betracht gezogen werden. Zu denken ist dabei in erster Linie an Art. 116 f. GesR-RL (früher Art. 30 f. RL 2011/35/EU; zuvor RL 78/855/EWG).[12] Seitens der Konsultationsteilnehmer wird vor allem die Ermöglichung einer SE-Gründung im Wege der Spaltung angeregt; die Kommission steht diesem Vorschlag wohl eher ablehnend gegenüber.[13]

S. 2 lit. c knüpft an den Umstand an, dass **Art. 8 Abs. 16** bei der Sitzverlegung für Altforderungen den Wegzugstaat als Sitzort der SE weiter fingiert. Die Brüssel Ia-VO[14] und das im VO-Text genannte Vorläuferabkommen – das Brüsseler Übereinkommen über die gerichtliche Zuständigkeit und die Vollstreckung gerichtlicher Entscheidungen in Zivil- und Handelssachen (vgl. Erwägungsgrund 9 Brüssel Ia-VO) – zielen jedoch bereits auf die Gewährleistung einer einheitlichen gerichtlichen Durchsetzung und Vollstreckung von Ansprüchen. Deshalb scheint der Schutz des Art. 8 Abs. 16 entbehrlich. Dies gilt übrigens in noch stärkerem Maße im Hinblick auf die bereits erfolgte Gläubigerbesicherung nach Art. 8 Abs. 7 sowie den Schutz des öffentlichen Glaubens in die unterbliebene Sitzverlegung nach Art. 8 Abs. 13 S. 2 (vgl. auch → Art. 8 Rn. 82). Allerdings ist Art. 8 Abs. 16 aus deutscher Sicht unabdingbar, um die Zuständigkeit deutscher Gerichte im Spruchverfahren bzgl. Streitigkeiten über die Abfindung von Minderheitsaktionären begründen zu können (→ Art. 8 Rn. 75; → Art. 8 Rn. 83). Die Kommission weist darauf hin, dass sie von keinem einzigen Anwendungsfall des Art. 8 Abs. 16 berichten könne (näher → Art. 8 Rn. 66a); einen Änderungsbedarf sieht sie allerdings nicht.[15]

Laut **S. 2 lit. d** sollte schließlich über eine Lockerung der **formalen Satzungsstrenge** nachgedacht werden. Diese Initiative hing wohl mit dem Bestreben zusammen, die SE auch

---

[5] KOM(2010) 676 endg., 11.
[6] COM(2012) 740 final, 16.
[7] So auch Kölner Komm AktG/*Kiem* Rn. 3.
[8] KOM(2010) 676 endg., 8.
[9] Vgl. auch Habersack/Drinhausen/*Drinhausen* Rn. 7 f., der zudem die Primärrechtskonformität von Art. 7 bezweifelt.
[10] Ebenso *Kiem* CFL 2011, 134 (138).
[11] KOM(2010) 676 endg., 8 f.
[12] *Schwarz* Rn. 8; Habersack/Drinhausen/*Drinhausen* Rn. 11.
[13] KOM(2010) 676 endg., 8 f.
[14] VO (EU) 1215/2012 vom 12.12.2012 über die gerichtliche Zuständigkeit und die Anerkennung und Vollstreckung von Entscheidungen in Zivil- und Handelssachen, ABl. 2012 L 351, 1.
[15] KOM(2010) 676 endg., 10.

Unternehmen mit mittelständischem Zuschnitt zur Verfügung zu stellen (→ Vor Art. 1 Rn. 18). Die politischen Realisierungschancen waren schon zu Beginn aufgrund des sich abzeichnenden Projekts einer Europäischen Privatgesellschaft (SPE) nicht sehr groß. In ihrem Bericht aus dem Jahr 2010 steht die Kommission einer Vergrößerung der Gestaltungsspielräume nur zurückhaltend gegenüber und weist auf Bedenken hin, wonach die SE hierdurch „im direkten Wettbewerb mit den nationalen Gesellschaftsformen stünde".[16] Ob diese Position angesichts des vorläufigen Scheiterns des SPE-VO-Entwurfs der Kommission im Jahr 2013 (näher → Vor Art. 1 Rn. 9) überdacht wird, bleibt abzuwarten.

Art. 70 [Inkrafttreten]

Diese Verordnung tritt am 8. Oktober 2004 in Kraft.

Anhang I
Aktiengesellschaften gemäß Artikel 2 Absatz 1

BELGIEN:
la société anonyme/de naamloze vennootschap

BULGARIEN:
акционерно дружество

TSCHECHISCHE REPUBLIK:
akciová společnost'

DÄNEMARK:
aktieselskaber

DEUTSCHLAND:
die Aktiengesellschaft

ESTLAND:
aktsiaselts

GRIECHENLAND:
ανώνυμη εταιρία

SPANIEN:
la sociedad anónima

FRANKREICH:
la société anonyme

KROATIEN:
dioničko društvo

IRLAND:
public companies limited by shares
public companies limited by guarantee having a share capital

ITALIEN:
società per azioni

ZYPERN:
Δημόσια Εταιρεία περιορισμένης ευθύνης με μετοχές, Δημόσια Εταιρεία περιορισμένης ευθύνης με εγγύηση

LETTLAND:
akciju sabiedrība

LITAUEN:
akcinės bendrovės

---

[16] KOM(2010) 676 endg., 9.

LUXEMBURG:
la société anonyme

UNGARN:
részvénytársaság

MALTA:
kumpaniji pubblići / public limited liability companies

NIEDERLANDE:
de naamloze vennootschap

ÖSTERREICH:
die Aktiengesellschaft

POLEN:
spółka akcyjna

PORTUGAL:
a sociedade anónima de responsabilidade limitada

RUMÄNIEN:
societate pe acțiuni

SLOWENIEN:
delniška družba

SLOWAKEI:
akciová spoločnos

FINNLAND:
julkinen osakeyhtiö/publikt aktiebolag

SCHWEDEN:
publikt aktiebolag

VEREINIGTES KÖNIGREICH:
public companies limited by shares
public companies limited by guarantee having a share capital

Anhang II
Aktiengesellschaften und Gesellschaften mit beschränkter Haftung gemäß Artikel 2 Absatz 2

BELGIEN:
la société anonyme/de naamloze vennootschap,
la société privée à responsabilité limitée/besloten vennootschap met beperkte aansprakelijkheid

BULGARIEN:
акционерно дружество, дружество с ограничена оттоворност

TSCHECHISCHE REPUBLIK:
akciová společnost,
společnost s ručením omezeným

DÄNEMARK:
aktieselskaber,
anpartselskaber

DEUTSCHLAND:
die Aktiengesellschaft,
die Gesellschaft mit beschränkter Haftung

ESTLAND:
aktsiaselts ja osaühing

SE-VO Anhang II Aktiengesellschaften und Gesellschaften mbH gem. Art. 2 Abs. 2

GRIECHENLAND:
ανώνυμη εταιρία
εταιρία περιορισμένης ευθύνης

SPANIEN:
la sociedad anónima,
la sociedad de responsabilidad limitada

FRANKREICH:
la société anonyme
la société à responsabilité limitée

KROATIEN:
dioničko društvo,
društvo s ograničenom odgovornošću

IRLAND:
public companies limited by shares
public companies limited by guarantee having a share capital
private companies limited by shares
private companies limited by guarantee having a share capital

ITALIEN:
società per azioni,
società a responsabilità limitata

ZYPERN:
Δημόσια εταιρεία περιορισμένης ευθύνης με μετοχές,
δημόσια Εταιρεία περιορισμένης ευθύνης με εγγύηση
ιδιωτική εταιρεία

LETTLAND:
akciju sabiedrība,
un sabiedrība ar ierobežotu atbildību

LITAUEN:
akcinės bendrovės,
uždarosios akcinės bendrovės

LUXEMBURG:
la société anonyme,
la société à responsabilité limitée

UNGARN:
részvénytársaság,
korlátolt felelősségő társaság

MALTA:
kumpaniji pubbliċi/public limited liability companies
kumpaniji privati/private limited liability companies

NIEDERLANDE:
de naamloze vennootschap,
de besloten vennootschap met beperkte aansprakelijkheid

ÖSTERREICH:
die Aktiengesellschaft,
die Gesellschaft mit beschränkter Haftung

POLEN:
spółka akcyjna,
spółka z ograniczoną odpowiedzialnością

Aktiengesellschaften und Gesellschaften mbH gem. Art. 2 Abs. 2   **Anhang II SE-VO**

PORTUGAL:
a sociedade anónima de responsabilidade limitada,
a sociedade por quotas de responsabilidade limitada

RUMÄNIEN:
societate pe acţiuni, societate cu răspundere limitată

SLOWENIEN:
delniška družba,
družba z omejeno odgovornostjo

SLOWAKEI:
akciová spoločnos',
spoločnost' s ručením obmedzeným

FINNLAND:
osakeyhtiö/aktiebolag

SCHWEDEN:
aktiebolag

VEREINIGTES KÖNIGREICH:
public companies limited by shares
public companies limited by guarantee having a share capital
private companies limited by shares
private companies limited by guarantee having a share capital

II. Gesetz über die Beteiligung der Arbeitnehmer in einer Europäischen Gesellschaft (SE-Beteiligungsgesetz – SEBG)

vom 22. Dezember 2004 (BGBl. 2004 I 3675),
geändert durch Gesetz vom 20. Mai 2020 (BGBl. 2020 I 1044, geändert durch Gesetz vom 3. Dezember 2020, BGBl. 2020 I 2691)

Vorbemerkung

Schrifttum: *Annuß/Kühn/Rudolph/Rupp* (zitiert: AKRR), EBRG – Europäisches Betriebsrätegesetz, SEBG, MgVG, SCEBG, Kommentar, 2014; Arbeitskreis Aktien- und Kapitalmarktrecht (AAK), Die 8 wichtigsten Änderungsvorschläge zur SE-VO, ZIP 2009, 698; Arbeitskreis Aktien- und Kapitalmarktrecht (AAK), Vorschläge zur Reform der Mitbestimmung in der Societas Europaea (SE), ZIP 2010, 2221; Arbeitskreis Aktien- und Kapitalmarktrecht (AAK), Vorschläge zur Reform der Mitbestimmung in der Societas Europaea (SE) – ergänzende Stellungnahme, ZIP 2011, 1841; Arbeitskreis Europäisches Unternehmensrecht, Thesen zum Vorschlag einer Europäischen Privatgesellschaft (SPE), NZG 2008, 897; *Aszmons/Homborg/Gerum*, Auswirkungen der AÜG-Novelle auf das Mitbestimmungsrecht, GmbHR 2017, 130; *Austmann*, Größe und Zusammensetzung des Aufsichtsrats einer deutschen SE, FS Hellwig, 2010, 105; *Bachmann*, Der Verwaltungsrat der monistischen SE, ZGR 2008, 779; *Bauer*, Unternehmensmitbestimmung 4.0, NZA-Beil. 2017, 85; *Benker*, Die Gestaltung der Mitbestimmung in der Europäischen Aktiengesellschaft (SE), 2019; *Blank*, Perspektiven der Mitbestimmung in der EG, AuR 1993, 229; *Blanke*, Europäische Betriebsräte-Gesetz (EBRG): Europäische Mitbestimmung – SE, 3. Aufl. 2019; *Blanke*, „Vorrats-SE" ohne Arbeitnehmerbeteiligung, 2006; *Blanke*, Erweiterung der Beteiligungsrechte des SE-Betriebsrats durch Vereinbarung, 2006; *Blanke*, Europäische Aktiengesellschaft ohne Arbeitnehmerbeteiligung?, ZIP 2006, 789; *Blanke/Hayen/Kunz/Carlson*, Europäische Betriebsräte-Gesetz, Arbeitnehmermitbestimmung in Europa, 3. Aufl. 2019; *Blasche*, Einführung in das Recht der Europäischen Aktiengesellschaft, Jura 2013, 268; *Brandes*, Mitbestimmungsvermeidung mittels grenzüberschreitender Verschmelzung, ZIP 2008, 2193; *Brandes*, Mitbestimmung in der SPE 2.0, GmbHR 2018, 825; *K. Brandt*, Gleichstellungsquote im Aufsichtsrat der Aktiengesellschaft, 2012; *Susanne Braun*, Die Europäische Aktiengesellschaft: nach „Inspire Art" bereits ein Auslaufmodell?, Jura 2005, 150; *Brune*, Besetzung des besonderen Verhandlungsgremiums: Rechtsschutzbewehrte Verletzung von Informationspflichten gegenüber den Gewerkschaften?, GWR 2018, 173; *Cannistra*, Das Verhandlungsverfahren zur Regelung der Mitbestimmung der Arbeitnehmer bei Gründung einer Societas Europaea und bei Durchführung einer grenzüberschreitenden Verschmelzung, 2014; *Clausus*, Numerus Clausus und Mehrstaatlichkeit bei der SE-Gründung, AG 2007, 97; *Casper/Schäfer*, Die Vorrats-SE – Zulässigkeit und wirtschaftliche Neugründung, ZIP 2007, 653; *Cranshaw*, Fundatio Europaea, Europäische Stiftung – Förderung grenzüberschreitender gemeinnütziger Tätigkeit durch ein neues europäisches Rechtsinstrument, DZWiR 2013, 299; *Deilmann/Häferer*, Kein Schutz des Status Quo bei der Gründung der dualistischen SE durch Umwandlung, NZA 2017, 607; *Diekmann*, Die Mitbestimmung unter europäischen Gesichtspunkten, insbesondere unter Berücksichtigung der europäischen Aktiengesellschaft (SE), GS Gruson, 2009, 75; *Drinhausen/Keinath*, Die grenzüberschreitende Verschmelzung inländischer Gesellschaften nach Erlass der Richtlinie zur grenzüberschreitenden Verschmelzung von Kapitalgesellschaften in Europa, RIW 2006, 81; *Drinhausen/Keinath*, Mitbestimmung bei grenzüberschreitender Verschmelzung mitbestimmungsfreier Gesellschaften, AG 2010, 398; *Drinhausen/Keinath*, Verwendung der SE zur Vermeidung von Arbeitnehmermitbestimmung – Abgrenzung zulässiger Gestaltungen vom Missbrauch gemäß § 43 SEBG, BB 2011, 2699; *Drinhausen/Nohlen*, Festlegung der Amtsdauer von SE-Organmitgliedern in der Satzung nach Art. 46 Abs. 1 SE-VO, ZIP 2009, 1890; *Drygala*, What's SUP? Der Vorschlag der EU-Kommission zur Einführung einer europäischen Einpersonengesellschaft (Societas Unius Personae, SUP), EuZW 2014, 491; *Ege/Grzimek/Schwarzfischer*, Der Zementierungseffekt bei der Mitbestimmung bei Gründung einer SE und grenzüberschreitender Verschmelzung, DB 2011, 1205; *Eidenmüller/Engert/Hornuf*, Die Societas Europaea: Empirische Bestandsaufnahme und Entwicklungslinien einer neuen Rechtsform, AG 2008, 721; *Eidenmüller/Lasák*, Das tschechische Societas Europaea-Rätsel, FS Hommelhoff, 2012, 187; *Feldhaus/Vanscheidt*, Strukturelle Änderungen der Europäischen Aktiengesellschaft im Lichte von Unternehmenstransaktionen, BB 2008, 2246; *Figge*, Mitbestimmung auf Unternehmensebene in Vorschlägen der Europäischen Gemeinschaften, 1992; *Fleischer*, Der Einfluss der Societas Europaea auf die Dogmatik, AcP 204 (2004), 502; *Forst*, Die Beteiligung der Arbeitnehmer in der Vorrats-SE, NZG 2009, 687; *Forst*, Die Beteiligungsvereinbarung nach § 21 SEBG, 2010; *Forst*, Beteiligung der Arbeitnehmer in der Vorrats-SE, RdA 2010, 55; *Forst*, Zur Größe des mitbestimmten Organs einer kraft Beteiligungsvereinbarung mitbestimmten SE, AG 2010, 350; *Forst*, Unternehmerische Mitbestimmung im Konzern unter Beteiligung supranationaler Rechtsformen, Konzern 2010, 151; *Forst*, Folgen der Beendigung einer SE-Beteiligungsvereinbarung, EuZW 2011, 333; *Forst*, Unterlassungsanspruch des Europäischen Betriebsrats und des SE-Betriebsrats bei Betriebsstilllegungen?, ZESAR 2013, 15; *Forst*, Neues aus Luxemburg zur Arbeitnehmerbeteiligung bei der grenzüberschreitenden Verschmelzung von Gesellschaften, AG 2013, 590; *Forst,* Offene Fragen rund um die SE-Beteiligungsvereinbarung, in Bergmann/Kiem/Mülbert/Verse/Wittig, 10 Jahre SE, ZHR-Sonderheft 77 (2015), 50; *Frese,* Arbeitnehmerbeteiligung beim Rechtsformwechsel von der GmbH & Co. KG in die SE & Co. KG, BB 2018, 2612; *Frodermann/ Jannott,* Zur Amtszeit des Verwaltungs- bzw. Aufsichtsrats der SE, ZIP 2005, 2251; *Funke,* Die Arbeitnehmerbeteiligung im Rahmen der Gründung einer SE, NZA 2009, 409; *Gaul/Ludwig/Forst,* Europäisches Mitbestimmungsrecht, 2015; *Grätz/Kurzböck/Rosenberg,* Der Rechtsweg bei Streitigkeiten im SE-Recht, Der Konzern 2017, 113; *Grambow,* Auslegung der Auffangregelungen zur Mitbestimmung bei der Gründung einer Societas Europaea, BB 2012, 902; *Grobe,* Die Geschlechterquote für Aufsichtsrat und Vorstand, AG 2015, 289; *Grobys,* Das geplante Umsetzungsgesetz zur Beteiligung von Arbeitnehmern in der Europäischen Aktiengesellschaft, NZA 2004, 779; *Grobys,* SE-Betriebsrat und Mitbestimmung in der Europäischen Gesellschaft, NZA 2005, 84; *Gruber/Weller,* Societas Europaea: Mitbestimmung ohne Aufsichtsrat, NZG 2003, 297; *Grüneberg/Hay/Jerchel/ Sick,* Europäische Aktiengesellschaft (SE): Wie weit reicht der Schutz der Unternehmensmitbestimmung – Im Fokus: SE-Gründung durch Umwandlung und Gewerkschaftsvertreter im Aufsichtsrat, AuR 2020, 297; *Güntzel,* Die Richtlinie über die Arbeitnehmerbeteiligung in der Europäischen Aktiengesellschaft (SE) und ihre nationale Umsetzung in das deutsche Recht, 2005; *Habersack,* Grundsatzfragen der Mitbestimmung in SE und SCE sowie bei grenzüberschreitender Verschmelzung, ZHR 171 (2007), 613; *Habersack,* Konzernrechtliche Aspekte der Mitbestimmung in der Societas Europaea, Konzern 2006, 105; *Habersack,* Schranken der Mitbestimmungsautonomie in der SE, AG 2006, 345; *Habersack,* Das Mitbestimmungsstatut der SE: „Ist" oder „Soll"?, AG 2018, 823; *Habersack,* Sekundärrechtlicher grenzüberschreitender Formwechsel ante portas, ZHR 182 (2018), 495; *Häferer/Klare,* Das Schicksal britischer Arbeitnehmermandate in der SE im Falle eines „harten Brexits", NZA 2019, 352; *Hanau/Steinmeyer/Wank,* Handbuch des europäischen Arbeits- und Sozialrechts, 2002; DAV-Handelsrechtsausschuss, Stellungnahme zum Vorschlag der Kommission für eine Verordnung des Rates über das Statut der Europäischen Privatgesellschaft, NZG-Beil. 7/2009; *M. Heinze,* Die Europäische Aktiengesellschaft, ZGR 2002, 66; *M. Heinze,* Die Vertretung der Führungskräfte in der Europäischen Aktiengesellschaft, FS Schwerdtner, 2003, 741; *W. Heinze/Seifert/Teichmann,* BB-Forum: Verhandlungssache – Arbeitnehmerbeteiligung in der SE, BB 2005, 2524; *Hellwig/Behme,* Zur Einbeziehung ausländischer Belegschaften in die deutsche Mitbestimmung, ZIP 2009, 1791; *Helms,* Die Societas Privata Europaea (SPE), FS Hommelhoff, 2012, 369; *Henssler,* Unternehmerische Mitbestimmung in der Societas Europaea – Neue Denkanstöße für die „Corporate Governance"-Diskussion, FS Ulmer, 2003, 193; *Henssler,* Bewegungsdruck in der deutschen Unternehmensbestimmung, RdA 2005, 330; *Henssler,* Konzernrechtliche Abhängigkeit im Mitbestimmungsrecht der Europäischen Aktiengesellschaft, FS K. Schmidt, 2009, 601; *Henssler/Seidensticker,* Eckdaten einer verfassungs- und europarechtskonformen Ausgestaltung verbindlicher Frauenquoten für Aufsichtsräte, KSzW 2012, 10; *Henssler/Sittard,* Die Gesellschaftsform der SE als Gestaltungsinstrument zur Verkleinerung des Aufsichtsrats, KSzW 2011, 359; *Herfs-Röttgen,* Arbeitnehmerbeteiligung in der Europäischen Aktiengesellschaft, NZA 2001, 424; *Herfs-Röttgen,* Probleme der Arbeitnehmerbeteiligung in der Europäischen Aktiengesellschaft, NZA 2002, 358; *Heuschmid,* Unternehmensmitbestimmung nach der Richtlinie zur grenzüberschreitenden Verschmelzung von Kapitalgesellschaften, AuR 2006, 184; *Hey/Schöder,* Die Zusammensetzung der europäischen Mitbestimmungsgremien bei Transaktion und Restrukturierung, BB 2012, 3014; *von der Heyde,* Die Beteiligung der Arbeitnehmer in der Societas Europaea (SE), 2007; *Hinrichs/Plitt,* Die Wahl der Mitglieder des besonderen Verhandlungsgremiums in betriebsratslosen Gesellschaften bei SE-Gründung/grenzüberschreitender Verschmelzung, NZA 2010, 204; *Hirte,* Die Europäische Aktiengesellschaft, NZG 2002, 1; *Hoffmann-Becking,* Organe: Strukturen und Verantwortlichkeiten, insbesondere im monistischen System, ZGR 2004, 355; *Hohenstatt/Seibt,* Geschlechter- und Frauenquoten in der Privatwirtschaft, 2015; *Hommelhoff,* Mitbestimmungsvereinbarungen zur Modernisierung der deutschen Unternehmensmitbestimmung – zum Gesetzentwurf des Arbeitskreises „Unternehmerische Mitbestimmung", ZGR 2010, 48; *Hommelhoff,* SPE-Mitbestimmung: Strukturen, Wertungen und rechtspolitische Kompromisslinien, ZEuP 2011, 7; *Hommelhoff,* SPE-Mitbestimmung bei grenzüberschreitenden Sitzverlegungen nach dem schwedischen Verordnungsentwurf, FS Schneider, 2011, 547; *Hommelhoff/Krause/Teichmann,* Arbeitnehmer-Beteiligung in der Europäischen Privatgesellschaft (SPE) nach dem Verordnungsvorschlag: Zehn Empfehlungen zu seiner Fortschreibung, GmbHR 2008, 1193; *Hoops,* Die Mitbestimmungsvereinbarung in der Europäischen Aktiengesellschaft (SE), 2009; *Hopt,* Arbeitnehmervertretung im Aufsichtsrat – Auswirkungen der Mitbestimmung auf corporate governance und wirtschaftliche Integration in Europa, FS Everling, 1995, 475; *Horn,* Die Europa-AG im Kontext des deutschen und europäischen Gesellschaftsrechts, DB 2005, 147; *Ihrig/Wagner,* Das Gesetz zur Einführung der Europäischen Gesellschaft (SEEG) auf der Zielgeraden, BB 2004, 1749; *Jacobs,* Privatautonome Unternehmensmitbestimmung in der SE, FS K. Schmidt, 2009, 795; *Jacobs,* Das Besondere Verhandlungsgremium: Bildung und Verfahren, ZIP-Beil. 48/2009, 18; *Jacobs/Modi,* Kein Schutz der Sitzgarantie der Gewerkschaften nach § 21 Abs. 6 S. 1 SEBG bei einer SE-Gründung durch Umwandlung, FS Windbichler, 2020, 249; *Jares/Vogt,* Das Arbeitnehmerbeteiligungsverfahren bei SE-Gründung in der unternehmerischen Praxis, DB 2020, 223; *Joost,* Gesetzgebung und Unternehmensmitbestimmung – Irrwege zwischen Ideologie und Markt –, FS Richardi, 2007, 573; *Jürgens/Sadowski/Schuppert/Weiss,* Perspektiven der Corporate Governance, 2007; *A. Junker,* Unternehmensmitbestimmung in Deutschland, ZfA 2005, 1; *C. Junker/Schmidt-Pfitzner,* Quoten und Zielgrößen für Frauen (und Männer) in Führungspositionen, NZG 2015, 929; *Kämmerer/Veil,* Paritätische Arbeitnehmermitbestimmung in der monistischen Societas Europaea – ein verfassungsrechtlicher Irrweg?, ZIP 2005, 369; *Kallmeyer,* Die Beteiligung der Arbeitnehmer in einer Europäischen Gesellschaft, ZIP 2004, 1442; *Kallmeyer,* Europa-AG: Strategische Optionen für deutsche Unternehmen, AG 2003, 197; *Kepper,* Die mitbestimmte monistische SE deutschen Rechts, 2010; *Kiefner/Friebel,* Zulässigkeit eines Aufsichtsrats mit einer nicht durch drei teilbaren Mitgliederzahl bei einer SE mit Sitz in Deutschland, NZG 2010, 537; *Kiehn,* Die betriebliche

Vorbemerkung Vor § 1 SEBG

Beteiligung der Arbeitnehmer in der Societas Europaea (SE), 2011; *Kiem,* Vereinbarte Mitbestimmung und Verhandlungsmandat der Unternehmensleitung – ein Beitrag zur mitbestimmungsrechtlichen Verhandlungslösung und guter Corporate Governance, ZHR 171 (2007), 713; *Kiem,* Erfahrungen und Reformbedarf bei der SE – Entwicklungsstand, ZHR 173 (2009), 156; *Kiem,* SE-Aufsichtsrat und Dreiteilbarkeitsgrundsatz, Konzern 2010, 275; *Kiem,* Der Evaluierungsbericht der EU-Kommission zur SE-Verordnung, CFL 2011, 134; *Kisker,* Unternehmerische Mitbestimmung in der Europäischen Gesellschaft, der Europäischen Genossenschaft und bei grenzüberschreitender Verschmelzung im Vergleich, RdA 2006, 206; *Kleinsorge,* Europäische Gesellschaft und Beteiligungsrechte der Arbeitnehmer, RdA 2002, 343; *Kleinsorge,* Die Beteiligung der Arbeitnehmer in der SE, in Baums/Cahn, Die Europäische Aktiengesellschaft – Umsetzungsfragen und Perspektiven, 2004, 140; *Koch,* Die Beteiligung von Arbeitnehmervertretern an Aufsichts- und Verwaltungsratsausschüssen einer Europäischen Aktiengesellschaft, 2010; *Köklü,* Die Beteiligung der Arbeitnehmer und die Corporate Governance in der Europäischen Aktiengesellschaft („Societas Europaea") mit Sitz in Deutschland, 2006; *Köstler,* Die Mitbestimmung in der SE, ZGR 2003, 800; *Köstler,* Die Beteiligung der Arbeitnehmer in der Europäischen Aktiengesellschaft nach den deutschen Umsetzungsgesetzen, DStR 2005, 745; *R. Krause,* Die Mitbestimmung der Arbeitnehmer in der Europäischen Gesellschaft (SE), BB 2005, 1221; *N. Krause/Janko,* Grenzüberschreitende Verschmelzungen und Arbeitnehmermitbestimmung, BB 2007, 2194; *Kraushaar,* Europäische Aktiengesellschaft (SE) und Unternehmensmitbestimmung, BB 2003, 1614; *Kraushaar,* Mindestrepräsentation leitender Angestellter in der Europäischen Aktiengesellschaft, NZA 2004, 591; *Krois/Wendler,* Sicherung der Funktionsfähigkeit der Unternehmensmitbestimmung während der COVID-19-Pandemie – Arbeitnehmerwahlen, Aufsichtsratsbesetzung und SE-Gründung, DB 2020, 1009; *Kübler,* Mitbestimmungsfeindlicher Missbrauch der Societas Europaea?, FS Raiser, 2005, 247; *Kuffner,* Die Beteiligung der Arbeitnehmer in der Europäischen Aktiengesellschaft, 2003; *Kurzböck/Weinbeck,* Societas Europaea: Dauerhafte Zementierung eines rechtswidrigen Mitbestimmungsstatuts durch Umwandlung?, BB 2019, 244; *Kurzböck/Weinbeck,* Lösen der SE-Sitzverlegung bzw. der Wechsel des SE-Leitungssystems eine Wiederaufnahme der Verhandlungen mit dem Besonderen Verhandlungsgremium aus?, BB 2020, 2421; *Lambach,* Das Gesetz über die Beteiligung der Arbeitnehmer in einer Europäischen Gesellschaft (SE-Beteiligungsgesetz), RIW 2005, 161; *Lehne,* Die Europäische Privatgesellschaft – eine schwere Geburt?, GmbHR 2008, R 257; *Linden,* Die Mitbestimmungsvereinbarung der dualistisch verfassten Societas Europaea (SE), 2012; *Löw/Stolzenberg,* Frauenquote, Erzberger und Brexit: Strukturelle Änderungen nach § 18 Abs. 3 SEBG (§ 18 Abs. 3 SEBG), BB 2017, 245; *Löw/Stolzenberg,* Arbeitnehmerbeteiligungsverfahren bei der SE-Gründung – potentielle Fehler und praktische Folgen, NZA 2016, 1489; *Löwisch/Wegmann,* Zahlenmäßige Berücksichtigung von Leiharbeitnehmern in Betriebsverfassungs- und Mitbestimmungsrecht, BB 2017, 373; *Louven/Ernst,* Praxisrelevante Rechtsfragen im Zusammenhang mit der Umwandlung einer Aktiengesellschaft in eine Europäische Aktiengesellschaft (SE), BB 2014, 323; *Luke,* Vorrats-SE ohne Arbeitnehmerbeteiligung?, NZA 2013, 941; *Lunk/Hinrichs,* Die Mitbestimmung der Arbeitnehmer bei grenzüberschreitenden Verschmelzungen nach dem MgVG, NZA 2007, 773; *Lutter,* Europäische Aktiengesellschaft – Rechtsfigur mit Zukunft, BB 2002, 1; *Lutter,* Perspektiven des Gesellschaftsrechts in Deutschland und Europa, BB 2004, 1; *Maack,* Rechtsschutz im Arbeitnehmerbeteiligungsverfahren der „deutschen" Societas Europaea, 2010; *Mävers,* Die Mitbestimmung der Arbeitnehmer in der Europäischen Aktiengesellschaft, 2002; *Meißner,* Mitbestimmung kraft Gesetzes – die Größe des Aufsichtsrates einer Europäischen Aktiengesellschaft bei der Gründung durch Umwandlung, AuR 2012, 61; *Morgenroth/Salzmann,* Grenzüberschreitende Umwandlungen in der EU und unternehmerische Mitbestimmung, NZA-RR 2013, 449; *Mückl,* Mitbestimmung bei Gründung einer Societas Europaea (SE) – „Sein" oder Sollen?, BB 2018, 2868; *Mückl/Götte,* Wie gelingt der Auftakt zur Arbeitnehmerbeteiligung bei SE-Gründung? – Richtige Aufforderung und Information in der Praxis, BB 2017, 1845; *Mülbert/Kiem/Wittig,* 10 Jahre SE. Erreichter Stand – verbleibende Anwendungsfragen – Perspektiven, 2015; *Müller-Bonanni/Melot de Beauregard,* Mitbestimmung in der Societas Europaea, GmbHR 2005, 195; *Müller-Bonanni/Müntefering,* Arbeitnehmerbeteiligung bei SE-Gründung und grenzüberschreitender Verschmelzung im Vergleich, BB 2009, 1699; *Müller-Bonanni/Müntefering,* Grenzüberschreitende Verschmelzung ohne Arbeitnehmerbeteiligung? – Praxisfragen zum Anwendungsbereich und Beteiligungsverfahren des MgVG, NJW 2009, 2347; *Nagel,* Die Europäische Aktiengesellschaft (SE) in Deutschland – der Regierungsentwurf zum SE-Einführungsgesetz, NZG 2004, 833; *Nagel,* Die Mitbestimmung bei grenzüberschreitender Umwandlung einer deutschen AG in eine Europäische Gesellschaft, AuR 2007, 329; *Nagel,* Strukturelle Änderungen in der SE und Beteiligungsvereinbarung, ZIP 2011, 2047; *Neye,* Die Europäische Aktiengesellschaft, Einführung und Materialiensammlung zum Gesetz zur Einführung der Europäischen Gesellschaft (SEEG), 2005; *Neye/Teichmann,* Der Entwurf für das Ausführungsgesetz zur Europäischen Aktiengesellschaft, AG 2003, 169; *Niklas,* Beteiligung der Arbeitnehmer in der Europäischen Gesellschaft (SE) – Umsetzung in Deutschland, NZA 2004, 1200; *Noack/Kraft,* Grenzüberschreitende Unternehmensmobilität – der Richtlinienvorschlag im Company Law Package, DB 2018, 1577; *Oetker,* Die Beteiligung der Arbeitnehmer in der Europäischen Aktiengesellschaft (SE) unter besonderer Berücksichtigung der leitenden Angestellten, BB 2005, BB-Special 1/2005, 2; *Oetker,* Unternehmensmitbestimmung in der SE kraft Vereinbarung, ZIP 2006, 1113; *Oetker,* Unternehmerische Mitbestimmung kraft Vereinbarung in der Europäischen Aktiengesellschaft (SE), FS Konzen, 2006, 635; *Oetker,* Mitbestimmungssicherung bei Errichtung einer Europäischen Gesellschaft (SE) durch formwechselnde Umwandlung einer Aktiengesellschaft mit Sitz in Deutschland, FS Birk, 2008, 557; *Oetker,* Sekundäre Gründung einer Tochter-SE nach Art. 3 Abs. 2 SE-VO und Beteiligung der Arbeitnehmer, FS Kreutz, 2009, 797; *Oetker,* Die zwingende Geschlechterquote für den Aufsichtsrat – vom historischen Schritt zur Kultivierung einer juristischen terra incognita, ZHR 179 (2015), 707; *Oetker,* Mindestanteil von Frauen und Männern im Aufsichtsorgan paritätisch mitbestimmter börsennotierter SE – zugleich ein Beitrag zu den Schranken der Beteiligungsvereinbarung, FS Windbichler, 2020, 323; *Olbrich/*

Krois, Das Verhältnis von „Frauenquote" und AGG, NZA 2015, 1288; *Papier/Heidebach,* Die Einführung einer gesetzlichen Frauenquote für die Aufsichtsräte deutscher Unternehmen unter verfassungsrechtlichen Aspekten, ZGR 2011, 305; *Pluskat,* Die neuen Vorschläge für die Europäische Aktiengesellschaft, EuZW 2001, 524; *Pütz/ Weckes,* Geschlechterquote, Hans Böckler Stiftung, Mitbestimmungsförderung-Report Nr. 1, November 2014; *Raiser,* Unternehmensmitbestimmung vor dem Hintergrund europarechtlicher Entwicklungen, Gutachten B zum 66. DJT, Bd. I, 2006; *Ramcke,* Die Konkretisierung des Missbrauchsverbots der SE zum Schutz von Beteiligungsrechten der Arbeitnehmer, 2015; *Rehberg,* Die missbräuchliche Verkürzung der unternehmerischen Mitbestimmung durch die Societas Europaea, ZGR 2005, 859; *Rehwinkel,* Die gesetzliche Auffangregelung der Unternehmensmitbestimmung in der Europäischen Aktiengesellschaft, ZESAR 2008, 74; *Reichert,* Wettbewerb der Gesellschaftsformen – SE oder KGaA zur Organisation großer Familiengesellschaften, ZIP 2014, 1957; *Reichert/Brandes,* Mitbestimmung der Arbeitnehmer in der SE: Gestaltungsfreiheit und Bestandsschutz, ZGR 2003, 767; *Reinhardt,* Die Sicherung der Unternehmensmitbestimmung durch Vereinbarungen, 2011; *Reiserer/ Biesinger/Christ/Bollacher,* Die Umwandlung der deutschen AG in die monistische europäische SE mit monistischem Leitungssystem am Beispiel einer betriebsratslosen Gesellschaft, DStR 2018, 1185 (Teil I) und DStR 2018, 1236 (Teil II); *Rieble,* Vereinbarte SE-Mitbestimmungsvereinbarung: Verfahren, Fehlerquellen und Rechtsschutz, in Rieble/ Junker, Vereinbarte Mitbestimmung in der SE, 2006, 73; *Rieble,* Schutz vor paritätischer Unternehmensmitbestimmung, BB 2006, 2018; *Rieble,* Tendenz-SE, AG 2014, 224; *Riesenhuber,* Europäisches Arbeitsrecht, 2009, § 29; *Ringe,* Mitbestimmungsrechtliche Folgen einer SE-Sitzverlegung, NZG 2006, 931; *Röder/Rolf,* Unternehmensmitbestimmung im europäischen Wettbewerb, FS Löwisch, 2007, 249; *Rombey/Vogt,* Zur Zusammensetzung des Aufsichtsorgans einer SE nach § 35 I SEBG und § 21 VI SEBG, NZG 2019, 1412; *Roth,* Die unternehmerische Mitbestimmung in der monistischen SE, ZfA 2004, 431; *Sagan,* The Misuse of a European Company according to Article 11 of the Directive 2001/86/EC, European Business Law Review 2010, 15; *Sagan,* Missbrauch der Europäischen Aktiengesellschaft, in Bieder/Hartmann, Individuelle Freiheit und kollektive Interessenwahrnehmung im deutschen und europäischen Arbeitsrecht, 2012, 171; *Sagan,* Eine deutsche Geschlechterquote für die europäische Aktiengesellschaft, RdA 2015, 255; *Schäfer,* SE und Gestaltung der Mitbestimmung aus gesellschaftsrechtlicher Sicht, in Rieble/Junker, Vereinbarte Mitbestimmung in der SE, 2006, 13; *Scheibe,* Die Mitbestimmung der Arbeitnehmer in der SE unter besonderer Berücksichtigung des monistischen Systems, 2007; *Scherer,* Qual der Wahl: Monistisches oder dualistisches System?, 2006; *Schlösser,* Europäische Aktiengesellschaft und deutsches Strafrecht, NZG 2008, 126; *Schmaus/Bangen,* Die Vorrats-SE – eine Gestaltungsvariante im Bereich der unternehmerischen Mitbestimmung, ZIP 2019, 1360; *Schmeisser/Ladenburger,* Der Unterlassungsanspruch des SE-Betriebsrats bei Durchführung einer unternehmerischen Maßnahme vor Abschluss des Unterrichtungs- und Anhörungsverfahrens nach §§ 28, 29 SEBG, NZA 2018, 761; *Schmid,* Mitbestimmung in der Europäischen Aktiengesellschaft (SE), 2010; *Schneider,* Der stellvertretende Vorsitzende des Aufsichtsorgans der dualistischen SE, AG 2008, 887; *Schreiner,* Zulässigkeit und wirtschaftliche Neugründung einer Vorrats-SE, 2009; *A. Schubert,* Unternehmensmitbestimmung in der SE & KGaA, 2018; *C. Schubert,* Wegfall der Mehrstaatlichkeit der SE und deren Auswirkungen auf die Arbeitnehmerbeteiligung, AG 2020, 205; *C. Schubert,* Die Mitbestimmung der Arbeitnehmer bei grenzüberschreitender Verschmelzung, RdA 2007, 9; *C. Schubert,* Die Bestellung der Arbeitnehmervertreter im Aufsichts- und Verwaltungsorgan bei grenzüberschreitenden Verschmelzungen, ZIP 2009, 791; *C. Schubert,* Die Arbeitnehmerbeteiligung bei der Europäischen Gesellschaft ohne Arbeitnehmer, ZESAR 2006, 340; *C. Schubert,* Die Arbeitnehmerbeteiligung bei der Gründung einer SE durch Verschmelzung unter Beteiligung arbeitnehmerloser Aktiengesellschaften, RdA 2012, 146; *Schulz/Ruf,* Zweifelsfragen der neuen Regelungen über die Geschlechterquote im Aufsichtsrat und die Zielgrößen für die Frauenbeteiligung, BB 2015, 1155; *Schulze,* Die Europäische Genossenschaft SCE, 2004; *Seibt,* Privatautonome Mitbestimmungsvereinbarungen: Rechtliche Grundlagen und Praxishinweise, AG 2005, 413; *Seibt,* Arbeitnehmerlose Societas Europaea, ZIP 2005, 2248; *Seibt,* Größe und Zusammensetzung des Aufsichtsrats in der SE, ZIP 2010, 1057; *Seibt,* Geschlechterquote im Aufsichtsrat und Zielgrößen für die Frauenbeteiligung in Organen und Führungsebenen in der Privatwirtschaft, ZIP 2015, 1193; *Seibt/v. Rimon,* Monistische SE & Co. KGaA: Einsatzfelder und Antworten auf Praxisfragen, AG 2019, 753; *Seibt/Reinhard,* Umwandlung der Aktiengesellschaft in die Europäische Gesellschaft (Societas Europaea), Konzern 2005, 407; *Seifert,* Arbeitnehmerbeteiligung in der Europäischen Stiftung (FE), AuR 2013, 150; *Sigle,* Zur Mitbestimmung bei der SE & Co. KG, FS Hommelhoff, 2012, 1123; *Spindler/Brandt,* Verfassungsrechtliche Zulässigkeit einer Gleichstellungsquote im Aufsichtsrat der börsennotierten AG, NZG 2011, 401; *Steinberg,* Mitbestimmung in der Europäischen Aktiengesellschaft, 2005; *Stüber,* Die Frauenquote ist da – das Gesetz zur gleichberechtigten Teilhabe und die Folgen für die Praxis, DStR 2015, 947; *Stüber,* Regierungsentwurf zur sog. „Frauenquote" – eine Übersicht der Neuerungen, CCZ 2015, 38; *Stüber,* Frauenquote: Der Praxisleitfaden und weitere aktuelle Entwicklungen, BB 2015, 2243; *Teichmann,* Der „Zankapfel" unternehmerischer Mitbestimmung im Entstehungsprozess der Mobilitätsrichtlinie 2019, FS Windbichler, 2020, 395; *Teichmann,* Gestaltungsfreiheit im monistischen Leitungssystem der Europäischen Aktiengesellschaft, BB 2004, 53; *Teichmann,* Mitbestimmung und grenzüberschreitende Verschmelzung, Konzern 2007, 89; *Teichmann,* Gestaltungsfreiheit in Mitbestimmungsvereinbarungen, AG 2008, 797; *Teichmann,* Zum Geburtstag viel Buch: Eine Literaturauslese zum fünften Jahrestag der Societas Europaea (SE), GPR 2010, 85; *Teichmann,* Neuverhandlung einer SE-Beteiligungsvereinbarung bei „strukturellen Änderungen", FS Hellwig, 2010, 347; *Teichmann,* Bestandsschutz für die Mitbestimmung bei Umwandlung in eine SE, ZIP 2014, 1049; *Teichmann/Rüb,* Die gesetzliche Geschlechterquote in der Privatwirtschaft, BB 2015, 898; *Timmermann/Spanjard,* Arbeitnehmermitbestimmung in den Niederlanden, in Baums/Ulmer, Unternehmens-Mitbestimmung der Arbeitnehmer im Recht der EU-Mitgliedstaaten, 2004; *Thüsing,* SE-Betriebsrat kraft Vereinbarung, ZIP 2006, 1469; *Thüsing/Forst,* Kündigung und Kündigungsschutz von Arbeitnehmervertretern in der

Vorbemerkung   **1 Vor § 1 SEBG**

SE, FS Reuter, 2010, 851; *Uffmann,* Auf dem Governance-Prüfstand: Sitzgarantie von Gewerkschaftsvertretern und Abführungspflicht, AG 2020, 567; *Veelken,* Zur Mitbestimmung bei der Europäischen Aktiengesellschaft, GS Blomeyer, 2004, 491; *Velten,* Gewerkschaftsvertreter im Aufsichtsrat, 2010; *Verse,* Niederlassungsfreiheit und grenzüberschreitende Sitzverlegung, ZEuP 2013, 458; *Waclawik,* Der Referentenentwurf des Gesetzes zur Einführung der Europäischen (Aktien-)Gesellschaft, DB 2004, 1191; *Weiss,* Arbeitnehmermitwirkung in der EU – quo vadis?, FS Windbichler, 2020, 425; *Weng,* Zulässigkeit und Durchführung grenzüberschreitender Verschmelzungen, 2008; *Willemsen/Hohenstatt/Schweibert/Seibt,* Umstrukturierung und Übertragung von Unternehmen, 5. Aufl. 2016 (zitiert: WHSS); *Windbichler,* Methodenfragen in einer gestuften Rechtsordnung – Mitbestimmung und körperschaftliche Organisationsautonomie in der Europäischen Gesellschaft, FS Canaris, Bd. II, 2007, 1423; *Winter/Marx/De Decker,* Mitbestimmungsrechtliche Aspekte der SE & Co. KG, NZA 2016, 334; *Wirtz,* Der SE-Betriebsrat: Anwendungsvoraussetzungen und Ausgestaltung der betrieblichen Mitbestimmung durch den SE-Betriebsrat kraft Vereinbarung und kraft Gesetzes, 2013; *Wisskirchen/Prinz,* Das Gesetz über die Beteiligung der Arbeitnehmer in einer Europäischen Gesellschaft, DB 2004, 2638; *Wißmann,* Die Mitbestimmung der Arbeitnehmer in der Europäischen Aktiengesellschaft (SE), RdA 1992, 320; *Wißmann,* „Deutsche" Europäische Aktiengesellschaft und Mitbestimmung, FS Wiedemann, 2002, 685; *Wißmann,* Die Arbeitnehmerbeteiligung in der „deutschen" SE vor Gericht, FS Richardi, 2007, 841; *Witschen,* Neuverhandlung der Arbeitnehmerbeteiligung nach Gründung einer SE, ZGR 2016, 644; *Wollburg/Banerjea,* Die Reichweite der Mitbestimmung in der Europäischen Gesellschaft, ZIP 2005, 277; *Ziegler/Gey,* Arbeitnehmermitbestimmung im Aufsichtsrat der Europäischen Gesellschaft (SE) im Vergleich zum Mitbestimmungsgesetz, BB 2009, 1750.

Übersicht

	Rn.		Rn.
A. Europäische Grundlagen der Arbeitnehmerbeteiligung in der SE	1–30	**III. SE-Beteiligungsgesetz (SEBG)**	35–43
I. Historische Entwicklung	2–7	1. Systematik	35
1. Vorschläge von 1970/1975	3	2. Auslegungsgrundsätze und Schließung von Lücken	36
2. Vorschläge von 1991/1995	4	3. Stellung der Gewerkschaften	37–39
3. Davignon-Bericht	5, 6	4. Geschlechterquote	40–42
4. Durchbruch in Nizza	7	5. Rechtsschutz	43
II. Verordnung über das Statut der SE	8–13	**IV. Praxis der SE**	44, 45
1. Verknüpfung von SE-VO und Beteiligungs-RL	9	**V. Rechtspolitische Bewertung**	46–48
2. Sekundärgründung und Arbeitnehmerbeteiligung	10–13	**VI. Reformbedarf und -bestrebungen**	49–51
III. Richtlinie zur Beteiligung der Arbeitnehmer in der SE	14–30	**C. Arbeitnehmerbeteiligung in der SCE und bei grenzüberschreitenden Verschmelzungen**	52–59
1. Rechtsgrundlage	14	I. SCE-Beteiligungsgesetz (SCEBG)	52
2. Grundprinzipien	15	**II. Gesetz über die Mitbestimmung bei grenzüberschreitender Verschmelzung (MgVG)**	53–59
3. Regelungsgegenstände	16–27	1. Voraussetzungen für die Anwendung der Mitbestimmung kraft Vereinbarung oder kraft Gesetzes	54, 55
a) Unterrichtung und Anhörung	17–21	2. Unterschiede zwischen SEBG und MgVG	56–59
b) Mitbestimmung im Aufsichts- oder Verwaltungsorgan	22–27	**D. Rechtspolitischer Ausblick**	60–63
4. Sonstige Bestimmungen	28	I. Europäische Privatgesellschaft (SPE)	60, 61
5. Arbeitnehmerbeteiligung bei Strukturänderungen	29	II. Europäische Stiftung (FE)	62
6. Umsetzung in den EU-Mitgliedstaaten	30	III. Verlegung des Satzungssitzes von Kapitalgesellschaften in einen anderen Mitgliedstaat	63
B. Nationale Grundlagen der Arbeitnehmerbeteiligung in der SE	31–51		
I. Gesetzgebungsgeschichte	31–33		
II. SE-Ausführungsgesetz (SEAG)	34		

A. Europäische Grundlagen der Arbeitnehmerbeteiligung in der SE

Die europäischen Rechtsgrundlagen zur Schaffung der SE sind die **VO (EG) 2157/** **1** **2001** des Rates über das Statut der Europäischen Gesellschaft (SE) vom 8.10.2001 (SE-

VO) (ABl. 2001 L 294, 1), die am 8.10.2004 in Kraft getreten ist (Art. 70 SE-VO), und die am 10.11.2001 in Kraft getretene **RL 2001/86/EG** zur Ergänzung des Statuts der Europäischen Gesellschaft hinsichtlich der Beteiligung der Arbeitnehmer (**Beteiligungs-RL**) vom 8.10.2001 (ABl. 2001 L 294, 22), die bis zum 8.10.2004 in nationales Recht umzusetzen war (Art. 14 Abs. 1 Beteiligungs-RL). Beide Rechtsakte beruhen auf einem Kompromiss, den die Staats- und Regierungschefs auf dem Europäischen Rat von Nizza vom 7.–10.12.2000 über die jahrzehntelang umstrittene Frage der Mitbestimmung der Arbeitnehmer in der SE erzielt haben.

I. Historische Entwicklung

2   Dem Inkrafttreten der SE-VO und der Beteiligungs-RL ging ein jahrzehntelanger Streit über die „richtige" Konzeption einer SE voraus, in dem vor allem die Frage der Mitbestimmung der Arbeitnehmer in den Unternehmensorganen eine Einigung der Mitgliedstaaten immer wieder verhindert hat.[1] Die Bedeutung des in Nizza gefundenen Kompromisses wird erst vor diesem Hintergrund deutlich. Zur Entstehungsgeschichte der SE → SE-VO Vor Art. 1 Rn. 1 ff. mwN.

3   **1. Vorschläge von 1970/1975.** Die beiden ersten Verordnungsentwürfe der Europäischen Kommission von 1970 und 1975[2] – beide eigenständige europäische Regelwerke auf der Grundlage des früheren Art. 235 EGV (danach Art. 308 EG, heute Art. 352 AEUV) ohne Verweisung auf das nationale Aktienrecht – enthielten detaillierte Regelungen über die Arbeitnehmerbeteiligung, insbesondere über Fragen der Mitbestimmung. Der Entwurf von 1970 hatte sich an § 76 BetrVG 1952 orientiert, der – seit dem 1.7.2004: § 4 DrittelbG – eine **Drittelbeteiligung** der Arbeitnehmervertreter im Aufsichtsrat (Gesetz vom 18.5.2004, BGBl. 2004 I 974) vorgesehen hatte. Der Vorschlag von 1975 enthielt demgegenüber eine vom im Entstehen begriffenen deutschen MitbestG 1976 sowie vom niederländischen Mitbestimmungsmodell geprägte drittelparitätische Beteiligung der Arbeitnehmervertreter nach dem sog. **Drei-Bänke-Modell**. Die Vertreter im Aufsichtsrat sollten demnach zu je einem Drittel aus Anteilseigner- und Arbeitnehmervertretern sowie aus unabhängigen Mitgliedern bestehen, die ihrerseits von den Anteilseigner- und Arbeitnehmervertretern gemeinsam zu bestellen waren und „allgemeine Interessen" zu vertreten hatten. Der Vorschlag sah ferner neben der Mitbestimmung in den Unternehmensorganen Regelungen über einen Europäischen Betriebsrat vor, die den Normen des mittlerweile in Kraft getretenen deutschen BetrVG 1972 nachgebildet waren. Beide Entwürfe scheiterten an der Kritik, die sich vor allem auf die Regelungen über die Mitbestimmung in den Unternehmensorganen bezog. Seit 1982 wurde über den Entwurf nicht mehr verhandelt.

4   **2. Vorschläge von 1991/1995.** Ein weiterer Entwurf der Europäischen Kommission von 1991[3] verabschiedete das Modell einer detaillierten und konzeptionell geschlossenen

---

[1] *Hopt* FS Everling, 1995, 475 (485); *Fleischer* AcP 204 (2004), 502 (533); *Reichert/Brandes* ZGR 2003, 767 (769); zum Streit über die Mitbestimmung der Arbeitnehmer in den Unternehmensorganen ferner etwa *Hanau* in Hanau/Steinmeyer/Wank EAS-HdB § 19 Rn. 137 ff.; *Junker* ZfA 2005, 1 (24 f.); *Kleinsorge* RdA 2002, 343 ff.; *Kuffner*, Die Beteiligung der Arbeitnehmer in der Europäischen Aktiengesellschaft, 2003, 10 ff.; *Veelken* GS Blomeyer, 2004, 491 (508 ff.); *Weiss* FS Windbichler, 2020, 425 (426 ff.); *Wißmann* RdA 1992, 320 ff., jeweils mwN.

[2] Verordnungsvorschlag eines Statuts für Europäische Aktiengesellschaften vom 30.6.1970, ABl. 1970 C 124, 1 ff.; dazu *Kuffner*, Die Beteiligung der Arbeitnehmer in der Europäischen Aktiengesellschaft, 2003, 1 ff.; *Mävers*, Die Mitbestimmung der Arbeitnehmer in der Europäischen Aktiengesellschaft, 2002, 107 ff.; Erster geänderter Vorschlag einer Verordnung über das Statut der Europäischen Aktiengesellschaft vom 30.4.1975, Kom-Dok. (75), 150 endg., abgedruckt in BT-Drs. 7/3713; dazu *Kuffner*, Die Beteiligung der Arbeitnehmer in der Europäischen Aktiengesellschaft, 2003, 14 ff.; *Mävers*, Die Mitbestimmung der Arbeitnehmer in der Europäischen Aktiengesellschaft, 2002, 132 ff., jeweils mwN.

[3] Dritter geänderter Vorschlag einer Verordnung (EWG) über das Statut der Europäischen Aktiengesellschaft und einer Richtlinie des Rates zur Ergänzung des SE-Statuts vom 16.5.1991, ABl. 1991 C 176, 1 (8), abgedruckt in BT-Drs. 12/1004; dazu *Kuffner*, Die Beteiligung der Arbeitnehmer in der Europäischen Aktiengesellschaft, 2003, 23 ff.; *Mävers*, Die Mitbestimmung der Arbeitnehmer in der Europäischen Aktiengesellschaft, 2002, 252 ff.; zuvor schon Zweiter geänderter Vorschlag einer Verordnung (EWG) über das Statut der Europäischen Aktiengesellschaft und einer Richtlinie des Rates zur Ergänzung des SE-Statuts vom

Vorbemerkung 5 Vor § 1 SEBG

Regelung und unterschied erstmals zwischen einer **Verordnung** zu den gesellschaftsrechtlichen Fragestellungen sowie einer ergänzenden **Richtlinie** über die Beteiligung der Arbeitnehmer in der Europäischen Gesellschaft; jeweils mit zahlreichen Verweisungen auf das nationale Recht. Um das Erfordernis der Einstimmigkeit im Verfahren nach Art. 235 EGV zu vermeiden, stützte die Europäische Kommission den Verordnungsentwurf nunmehr auf früher Art. 100a EGV (danach: Art. 95 EG, heute: Art. 114 AEUV) und den Richtlinienentwurf auf früher Art. 54 Abs. 3 lit. g EGV (danach: Art. 44 Abs. 2 lit. g EG, heute: Art. 50 Abs. 2 lit. g AEUV), die beide lediglich Mehrheitsentscheidungen verlangten. In Bezug auf die umstrittene Mitbestimmung der Arbeitnehmer in den Unternehmensorganen nahm der Richtlinienentwurf einen „Strategiewechsel"[4] vor. Er sah ein **mehrfaches Wahlrecht** vor. Zunächst sollte zwischen dem dualistischen System mit einem Vorstand als Leitungs- und einem Aufsichtsrat als Kontrollorgan sowie dem monistischen System angelsächsischer Prägung, bei dem es nur ein Verwaltungsorgan ohne zusätzliches Kontrollorgan gibt, gewählt werden können. Zum anderen stellte der Entwurf den Mitgliedstaaten in Anlehnung an das deutsche Repräsentationsmodell, das niederländische Kooptationsmodell, das französische Arbeitnehmervertretungsmodell sowie das schwedische Vereinbarungsmodell **vier** als gleichwertig erachtete, aber ganz unterschiedlich ausgestaltete **Mitbestimmungsregimes** zur Auswahl.[5] Bei Nichteinigung sollte ein an der „am weitesten fortgeschrittenen einzelstaatlichen Praxis" orientiertes Standardmodell gelten. Im Jahr 1995 versuchte die Europäische Kommission, den Streit über die Beteiligung der Arbeitnehmer in der SE auf der Grundlage der RL 94/45/EG über die Europäischen Betriebsräte (heute: RL 2009/38/EG)[6] zu lösen.[7] Beide Versuche stießen auf massive Kritik und scheiterten.[8]

3. Davignon-Bericht. Einen wesentlichen Fortschritt brachte erst der **Davignon-** 5 **Bericht** von 1997.[9] Er nahm eine weitere richtungsweisende Weichenstellung vor.[10] Der neue Vorschlag, als dessen Wegbereiter sich die RL 94/45/EG über die Europäischen Betriebsräte (jetzt: RL 2009/38/EG) erwiesen hatte, ging davon aus, dass die beste Lösung primär auf dem **Verhandlungsweg** zu suchen sei. Dabei sei im Grundsatz lediglich ein bestimmtes Ziel vorzugeben, dessen Erreichung und optimale Ausgestaltung aber den Verhandlungspartnern zu überlassen sei. Nur beim Scheitern einer Verhandlungslösung müsse zur Sicherung der Arbeitnehmerbeteiligung sowie im Interesse der Rechtssicherheit eine **Auffangregelung** zum Tragen kommen. Die in der Auffangregelung vorgesehenen Bestimmungen dürften indes nicht dazu führen, dass das Interesse an Verhandlungen, denen nach wie vor Priorität gebühre, schwinde. Das Auffangmodell zur Mitbestimmung sah demzufolge eine Mitbestimmung von Arbeitnehmervertretern im Aufsichts- und im Verwaltungsorgan auf der Basis eines gleichberechtigten Status vor, wobei die Arbeitnehmervertretung ein Fünftel der Sitze innehat, mindestens aber zwei Mitglieder stellen sollte (Sockel-Lösung).

25.8.1989, ABl. 1989 C 263, 41 (69), abgedruckt in BT-Drs. 11/5427; dazu *Kuffner*, Die Beteiligung der Arbeitnehmer in der Europäischen Aktiengesellschaft, 2003, 18 ff.; *Mävers*, Die Mitbestimmung der Arbeitnehmer in der Europäischen Aktiengesellschaft, 2002, 207 ff., jeweils mwN.

[4] *Hanau* in Hanau/Steinmeyer/Wank EAS-HdB § 19 Rn. 144.
[5] Dazu näher *Blank* AuR 1993, 229; *Hanau* in Hanau/Steinmeyer/Wank EAS-HdB § 129 Rn. 146; *Heinze* ZGR 2002, 66 (68 f.); *Herfs-Röttgen* NZA 2001, 424 (425); *Nagel* AuR 1990, 205; *Wißmann* RdA 1992, 320 (323).
[6] RL 2009/38/EG des Europäischen Parlaments und des Rates vom 6.5.2009, ABl. 2009 L 122, 28.
[7] Mitteilung der Kommission zu Information und Konsultation der Arbeitnehmer vom 14.11.1995, Kom-Dok. 1995, 457 (endg.).
[8] Vgl. *Hanau* in Hanau/Steinmeyer/Wank EAS-HdB § 19 Rn. 147; *Pluskat* EuZW 2001, 524 (525).
[9] Abschlussbericht der Sachverständigengruppe „European System of Worker Involvement", 1997, abgedruckt in BT-Drs. 527/97; näher *Hanau* in Hanau/Steinmeyer/Wank EAS-HdB § 19 Rn. 150 f.; *Heinze* ZGR 2002, 66 (70 ff.); *Kuffner*, Die Beteiligung der Arbeitnehmer in der Europäischen Aktiengesellschaft, 2003, 32 ff., jeweils mwN.
[10] *Herfs-Röttgen* NZA 2001, 424 (425); *Kleinsorge* RdA 2002, 343 (345); *Wißmann/Kleinsorge/Schubert/ Kleinsorge* EU-Recht Rn. 18 f.; krit. dagegen *Lutter* BB 2002, 1 (2).

6 Auf der Grundlage des Davignon-Berichts wurden die Beratungen unter den folgenden **Ratspräsidentschaften** über die Frage der Mitbestimmung der Arbeitnehmer in den Unternehmensorganen intensiviert.[11] Der Verordnungsvorschlag rückte vorerst in den Hintergrund. Nach einem luxemburgischen Vorschlag sollten die Arbeitnehmer das Recht haben, ein Fünftel der Mitglieder im Aufsichts- oder Verwaltungsorgan, mindestens aber zwei Mitglieder, zu wählen oder zu entsenden. Nach britischen Vorstellungen sollte der Anteil der Arbeitnehmervertreter im Aufsichts- oder Verwaltungsorgan dagegen nicht schematisch und europaweit einheitlich bestimmt werden, sondern sich nach der Mitbestimmung der an der SE beteiligten Unternehmen richten. Der Anteil der Arbeitnehmervertreter im Aufsichts- oder Verwaltungsorgan der zu gründenden SE sollte dem Anteil des an der Gründung beteiligten Unternehmens entsprechen, das vor der Gründung der Gesellschaft – jeweils bei nationaler Betrachtung – die meisten Arbeitnehmervertreter in das Aufsichts- oder Verwaltungsorgan entsendet.[12]

7 **4. Durchbruch in Nizza.** In der Folgezeit einigte man sich unter deutscher Ratspräsidentschaft auf der Grundlage des britischen Vorschlags insbesondere über die Zusammensetzung des bVG, die notwendigen Mehrheiten und Schwellenwerte für das Verhandlungsverfahren sowie über die Frage, ab welchen Schwellenwerten die Auffangregelung automatisch anzuwenden sein sollte. Die fehlende Zustimmung Spaniens wurde mit der **Optionslösung** (Art. 7 Abs. 3 Beteiligungs-RL iVm Art. 12 Abs. 3 SE-VO) erkauft, nach der die Mitgliedstaaten bei der SE-Gründung durch Verschmelzung vorsehen können, dass die Mitbestimmung kraft Gesetzes in Anh. Teil 3 Beteiligungs-RL nicht anzuwenden ist.[13] Nach Maßgabe des früheren Art. 308 EG (heute: Art. 352 AEUV), auf den die SE-VO und die Beteiligungs-RL gestützt wurden, leitete der Rat dem Europäischen Parlament den Verordnungs- und den Richtlinienentwurf am 9.3.2001 zum Zweck der Konsultation zu.[14] In seiner zustimmenden Entscheidung unterbreitete das Parlament, nach dessen Auffassung die SE-VO auf den früheren Art. 95 EG (heute: Art. 114 AEUV) und die Beteiligungs-RL auf den früheren Art. 137 EG (heute: Art. 153 AEUV) – beide iVm dem früheren Art. 251 EG (heute: Art. 294 AEUV) – zu stützen gewesen wären, eine Reihe von Änderungsvorschlägen,[15] welche der Rat allerdings nicht berücksichtigte und die **SE-VO** sowie die **Beteiligungs-RL** am 8.10.2001 in der dem Europäischen Parlament zur Konsultation zugeleiteten Fassung verabschiedete. Sie haben mit der VO (EG) 1435/2003 des Rates über das Statut der Europäischen Genossenschaft vom 22.7.2003 (ABl. 2003 L 207, 1) sowie der RL 2003/72/EG zur Ergänzung des Statuts der Europäischen Genossenschaft hinsichtlich der Beteiligung der Arbeitnehmer (SCE-Ergänzungs-RL) vom 22.7.2003 (ABl. 2003 L 207, 25) eine gewisse Nachahmung erfahren (näher → Rn. 53). Zudem hat das Modell in vielen Punkten auch bei der RL 2005/56/EG über die Verschmelzung von Kapitalgesellschaften aus verschiedenen Mitgliedstaaten (heute: GesR-RL) Pate gestanden (näher → Rn. 54 ff.) und auch die Diskussion über den Entwurf einer Verordnung über das Statut der Europäischen Privatgesellschaft (SPE-VO-E; → Rn. 61)[16] sowie über die geplante Richtlinie zur Verlegung des Satzungssitzes von Kapitalgesellschaften in einen anderen Mitgliedstaat beeinflusst (→ Rn. 64).

---

[11] Dazu *Kuffner*, Die Beteiligung der Arbeitnehmer in der Europäischen Aktiengesellschaft, 2003, 38 ff. mwN.
[12] Zu den Beratungen unter luxemburgischer und britischer Ratspräsidentschaft näher *Heinze* ZGR 2002, 66 (73 ff.); *Kolvenbach* AuR 1998, 1323.
[13] Dazu *Köstler* in Theisen/Wenz, Europäische Aktiengesellschaft, 2. Aufl. 2005, 316 f., 322 f.
[14] Dokument 14886/2000 – C50092/2001–1989/0218 (CNS), Dokument 14732/2000 – C50093/2001–1989/0219 (CNS).
[15] Hinsichtlich der Beteiligungs-RL s. Bericht des Ausschusses für Beschäftigung und soziale Angelegenheiten über den Entwurf zur Ergänzung des Statuts der Europäischen Gesellschaft hinsichtlich der Beteiligung der Arbeitnehmer (14732/2000 – C50093/2001–1989/0219 [CNS]), Berichterstatter: *Winfried Menrad*, Sitzungsdokument A5-0231/2001 vom 21.6.2001.
[16] Vorschlag der Kommission für eine Verordnung des Rates über das Statut der Europäischen Privatgesellschaft, Kom (2008) 396.

II. Verordnung über das Statut der SE

Die Regelungen zur Beteiligung der Arbeitnehmer in der SE sind auf europäischer 8
Ebene in der Beteiligungs-RL enthalten, während die SE-VO den gesellschaftsrechtlichen Fragestellungen gewidmet ist.[17]

1. Verknüpfung von SE-VO und Beteiligungs-RL. Gleichwohl können SE-VO und 9
Beteiligungs-RL nicht losgelöst voneinander betrachtet werden. Beide Normwerke hängen voneinander ab, keines der beiden kann ohne das jeweils andere rechtsgestaltende Wirkung entfalten. Der europäische Normgeber hat diese **Verknüpfung von SE-VO und Beteiligungs-RL** im Erwägungsgrund 19 SE-VO ausdrücklich formuliert: Die Bestimmungen der Richtlinie „stellen somit eine untrennbare Ergänzung der vorliegenden Verordnung dar und müssen zum gleichen Zeitpunkt anwendbar sein". Zahlreiche Artikel und Erwägungsgründe der SE-VO verweisen auf die in der Beteiligungs-RL geregelte Beteiligung der Arbeitnehmer.[18] Besonders augenfällig wird die Verknüpfung in **Art. 12 Abs. 2 SE-VO**, wonach eine SE in das vom Sitzstaat bestimmte Register erst **eingetragen** und damit **Rechtsfähigkeit** (Art. 16 Abs. 1 SE-VO) erlangen kann, wenn eine Vereinbarung nach Art. 4 Beteiligungs-RL über die Beteiligung der Arbeitnehmer geschlossen worden ist oder wenn das bVG nach Art. 3 Abs. 6 Beteiligungs-RL beschlossen hat, keine Verhandlungen aufzunehmen oder bereits begonnene Verhandlungen abzubrechen, oder die Verhandlungsfrist nach Art. 5 Beteiligungs-RL abgelaufen ist, ohne dass eine Vereinbarung zustande gekommen ist (näher → SE-VO Art. 12 Rn. 6 ff. mwN).[19] Zur (ausschließlich) formellen Prüfungspflicht des Registergerichts → § 21 Rn. 19. Umgekehrt enthält die Beteiligungs-RL zahlreiche Vorschriften, deren Anwendung von der in der SE-VO geregelten Struktur und Organisation der SE abhängt. Die Mitbestimmung der Arbeitnehmer im Aufsichts- (dualistisches System) oder im Verwaltungsorgan (monistisches System) der SE hängt von der gewählten **Organisationsverfassung** ab (Art. 38 lit. b SE-VO, Art. 39 ff. SE-VO, Art. 43 ff. SE-VO, Art. 46 ff. SE-VO). Ob die Mitbestimmung überhaupt stattfindet und welchen Umfang sie ggf. hat, hängt davon ab, auf welche Weise die SE gegründet worden ist (vgl. zB Art. 3 Abs. 2 und 4 Beteiligungs-RL, Art. 4 Abs. 4 Beteiligungs-RL, Art. 7 Abs. 2 und 3 Beteiligungs-RL, Anh. Teil 3 Beteiligungs-RL → Rn. 16 ff.).

2. Sekundärgründung und Arbeitnehmerbeteiligung. Die SE-VO stellt für die 10
Primärgründung (Art. 2, 3 Abs. 1 SE-VO; näher → SE-VO Art. 2 Rn. 25 ff.) vier Gründungsformen zu Verfügung: die Verschmelzung (Art. 2 Abs. 1 SE-VO, Art. 17 ff. SE-VO), die Errichtung einer Holding (Art. 2 Abs. 2 SE-VO, Art. 32 ff. SE-VO) oder einer Tochter (**Tochter-SE,** Art. 2 Abs. 3 SE-VO, Art. 35 f. SE-VO) sowie die Umwandlung (Art. 2 Abs. 4 SE-VO, Art. 37 SE-VO).[20] Auf sie beziehen sich – darauf ist gleich noch zurückzukommen – die Beteiligungs-RL und auch das SEBG. Praktisch bedeutsam sind nur die Gründung durch Verschmelzung und die formwechselnde Umwandlung geworden.[21] Das liegt auch daran, dass das Modell der Beteiligungs-RL zur Gründung einer Tochter-SE – mit Wirkungen, die auch auf das SEBG durchschlagen – verbesserungsbedürftig ist; insoweit ist auf eine Revision der Beteiligungs-RL mit der Einführung von Schwellenwerten zu hoffen.[22] Allerdings ist zu prognostizieren, dass die Gründung durch Verschmelzung nach Verabschiedung der RL 2005/56/EG (heute: GesR-RL) und im Anschluss der §§ 122a ff. UmwG und des MgVG (näher → Rn. 54 ff.) Bedeutung verlieren wird.

---

[17] Überblick über die Regelungen der SE-VO → 2. Aufl. 2006, Europ. AktR Einf. Rn. 10 ff. *(Kübler)*.
[18] Aufzählung bei *Kleinsorge* RdA 2002, 343 (346) m. Fn. 42; *Oetker* in Lutter/Hommelhoff EU-Gesellschaft 7 Fn. 28.
[19] Zu Recht krit. zu Art. 12 Abs. 2 SE-VO AAK ZIP 2009, 698.
[20] Dazu *Kuffner,* Die Beteiligung der Arbeitnehmer in der Europäischen Aktiengesellschaft, 2003, 55 ff. mwN.
[21] *Kiem* ZHR 173 (2009), 156 (160 f.).
[22] Näher *Henssler* ZHR 173 (2009), 231 ff.

11 Ob die Gründung einer **Tochtergesellschaft in Form einer SE** durch eine bereits bestehende SE nach Art. 3 Abs. 2 SE-VO – die sog. **Sekundärgründung,** aus der in Abgrenzung zur „Tochter-SE" eine „**SE-Tochter**" hervorgeht (näher → SE-VO Art. 3 Rn. 5 f.) – ebenfalls beteiligungspflichtig ist, ist dagegen **sehr streitig.** Von einer solchen Beteiligungspflicht nach dem SEBG geht ein Teil der Lit. – meist allerdings ohne nähere Begründung – aus:[23] Sie räumt zwar ein, dass das SEBG keine besonderen Regelungen über die Arbeitnehmerbeteiligung bei der Sekundärgründung enthalte,[24] verweist aber darauf, dass auch bei dieser Gründungsform dem Grundprinzip der Richtlinie zum Schutz erworbener Rechte der Arbeitnehmer in Erwägungsgrund 18 Beteiligungs-RL Rechnung getragen werden müsse. Auf die Gründung einer SE-Tochter seien deshalb die Bestimmungen entsprechend anzuwenden, die für die Gründung einer Tochter-SE gelten, sodass das Verfahren gem. §§ 4 ff. durchzuführen sei.[25] Andere plädieren jedenfalls dafür, das in der Mutter-SE kraft Vereinbarung oder kraft Gesetzes bestehende Mitbestimmungsstatut auf die SE-Tochter zu übertragen.[26] Oft wird die Arbeitnehmerbeteiligung aber ausschließlich – wenn auch ohne Begründung – auf die Primärgründung bezogen,[27] sodass man davon auszugehen scheint, dass die **Sekundärgründung beteiligungsfrei** bleibt.

12 Dem ist im Ergebnis **zuzustimmen.**[28] Zwar bezeichnet der Ausdruck „SE" gem. Art. 2 lit. a Beteiligungs-RL eine nach der SE-VO gegründete Gesellschaft und umfasst damit jedenfalls dem Wortlaut nach auch die Gründung nach Art. 3 Abs. 2 SE-VO. Zudem nennt die Begründung zum Regierungsentwurf im allgemeinen Vorspann zum SEBG als vierte Gründungsform die „Bildung einer Tochter (Tochter-SE) durch (…) *oder durch eine SE selbst*".[29] Das könnte ein Indiz dafür sein, die Regelungen des SEBG auch auf die Sekundärgründung zu beziehen. Allerdings ist diese Formulierung offenbar zufällig erfolgt, da weder die Gesetzesbegründung noch das SEBG an anderer Stelle auf die Sekundärgründung zurückkommt. Umgekehrt sprechen Wortlaut und Systematik der Beteiligungs-RL und des

---

[23] MHdB AG/*Austmann* § 85 Rn. 26 Fn. 58; *Benker,* Die Gestaltung der Mitbestimmung in der SE, 2019, 48 f.; *Blasche* Jura 2013, 268 (271 f., 274); *Bock,* Mitbestimmung und Niederlassungsfreiheit, 2008, 36 ff.; *Cannistra,* Das Verhandlungsverfahren zur Regelung der Mitbestimmung der Arbeitnehmer bei Gründung einer Societas Europaea und bei Durchführung einer grenzüberschreitenden Verschmelzung, 2014, 90 ff.; Habersack/Henssler/*Henssler* SEBG Einl. Rn. 99; *Jannott* in Jannott/Frodermann SE-HdB Kap. 3 Rn. 271 f.; *Kienast* in Jannott/Frodermann SE-HdB Kap. 13 Rn. 245, 306; Kölner Komm AktG/*Maul* SE-VO Art. 3 Rn. 5; Lutter/Hommelhoff/Teichmann/*Oetker* § 1 Rn. 11 f.; NK-ArbR/*Sagan* § 3 SEBG Rn. 8; *Schmid* S. 109 ff.; ausf. dazu aber *Oetker* FS Kreutz, 2009, 797 ff.; *Scheibe,* Die Mitbestimmung der Arbeitnehmer in der SE unter besonderer Berücksichtigung des monistischen Systems, 2007, 165 ff., jeweils mwN.

[24] *Kienast* in Jannott/Frodermann SE-HdB Kap. 13 Rn. 245, ferner Rn. 306: „Dieser Fall wird vom SEBG nicht erwähnt".

[25] *Benker,* Die Gestaltung der Mitbestimmung in der SE, 2019, 48 f.; *Jannott* in Jannott/Frodermann SE-HdB Kap. 5 Rn. 271 f.; *Kienast* in Jannott/Frodermann SE-HdB Kap. 13 Rn. 245, 248 ff., 306; Lutter/Hommelhoff/Teichmann/*Oetker* § 1 Rn. 11; *Scheibe,* Die Mitbestimmung der Arbeitnehmer in der SE unter besonderer Berücksichtigung des monistischen Systems, 2007, 166 f.; ausf. *Oetker* FS Kreutz, 2009, 797 (811 ff.); ähnlich *Köklü* in Van Hulle/Maul/Drinhausen SE-HdB Abschnitt 6 Rn. 110 – aber SE-Betriebsrat als Verhandlungspartner.

[26] *Grobys* NZA 2005, 91; *Güntzel,* Die Richtlinie über die Arbeitnehmerbeteiligung in der Europäischen Aktiengesellschaft (SE) und ihre nationale Umsetzung in das deutsche Recht, 2005, 298.

[27] S. zB *Heinze* ZGR 2002, 66 (79 f.); *Henssler* FS Ulmer, 2003, 193 (197); *Herfs-Röttgen* NZA 2001, 424 (425 f.); *Herfs-Röttgen* NZA 2002, 358 (359); *Krause* BB 2005, 1221; *Kraushaar* BB 2003, 1614; *Kuffner,* Die Beteiligung der Arbeitnehmer in der Europäischen Aktiengesellschaft, 2003, 55 ff.; *Müller-Bonanni/Melot de Beauregard* GmbHR 2005, 195 (196); *Oetker* in Lutter/Hommelhoff EU-Gesellschaft 283 f.; *Oetker* BB-Special 1/2005, 2 (4); *Reichert/Brandes* ZGR 2003, 767 (772) Fn. 27.

[28] IE wie hier BeckOGK/*Casper* SE-VO Art. 12 Rn. 7; Kölner Komm AktG/*Feuerborn* Vor § 1 Rn. 5; *Forst,* Die Beteiligungsvereinbarung nach § 21 SEBG, 2010, 183 ff.; *Forst,* Konzern 2010, 151 (158 f.); Habersack/Henssler/*Habersack* § 34 Rn. 21 aE; *von der Heyde,* Die Beteiligung der Arbeitnehmer in der Societas Europaea (SE), 2007, 164; Habersack/Drinhausen/Hohenstatt/*Müller-Bonanni* Rn. 8; *Hoops,* Die Mitbestimmungsvereinbarung in der SE, 2009, 53 ff.; *Reichert* in Happ AktienR 19.01 Rn. 21; *Schreiner,* Zulässigkeit und wirtschaftliche Neugründung einer Vorrats-SE, 2009, 127 ff.; *Seibt* ZIP 2005, 2248 (2249); *Spitzbarth* RNotZ 2006, 422; *Veelken* GS Blomeyer, 2004, 491 (513 f.); *Wirtz,* Der SE-Betriebsrat, 2013, 71 ff.; wohl auch *Joost* FS Richardi, 2007, 573 (575); unentschieden *Kiem* ZHR 173 (2009), 156 (163 f.).

[29] BR-Drs. 438/04, 102 (Hervorhebung durch Verf.); ähnlich bereits *Kleinsorge* RdA 2002, 343 (346 f.): „Tochter-SE" könne auch „durch Ausgründung aus einer Mutter-SE" gegründet werden.

SEBG, deren Vorschriften auf die Primärgründung und einen transnationalen Sachverhalt zugeschnitten sind,[30] dagegen, die Regelungen über die Arbeitnehmerbeteiligung bei der Gründung einer Tochter-SE entsprechend auf die Gründung einer SE-Tochter anzuwenden. Die Tochter-SE wird von **mehreren Gründern** grenzüberschreitend als Joint Venture errichtet, die SE-Tochter ist indessen eine **Einmanngründung** durch eine SE (→ SE-VO Art. 3 Rn. 5).[31] Dazu passen die maßgeblichen Vorschriften der Richtlinie (zB Art. 3 Abs. 2 und 4 Beteiligungs-RL, Art. 7 Abs. 2 lit. c Beteiligungs-RL) nicht.[32] Namentlich Art. 3 Abs. 1 Beteiligungs-RL bezieht sich ausdrücklich auf die Tatbestände der Primärgründung nach Art. 2 SE-VO. Für die Gründung einer Tochter-SE spricht die Vorschrift von der „Vereinbarung eines Plans zur Gründung einer Tochtergesellschaft" durch die beteiligten Gesellschaften: einen Gründungsplan, den es im Verfahren zur Gründung einer SE-Tochter nicht gibt.[33] Auch das SEBG geht in zahlreichen Vorschriften nur von der Primärgründung einer Tochter-SE aus (zB § 1 Abs. 3 S. 1, § 2 Abs. 2 und 4,[34] § 4 Abs. 1–3,[35] § 5 Abs. 1 und 4,[36] § 8 Abs. 1 und 2, § 11 Abs. 1 S. 2 und 3,[37] § 13 Abs. 1 und 2 S. 1, § 15 Abs. 1 und 3 S. 2 Nr. 2, § 34 Abs. 1 Nr. 3 und Abs. 2) und lässt die Sekundärgründung einer SE-Tochter unerwähnt.[38] Es ist auch unklar, wie das Vorher-Nachher-Prinzip durchzuführen und auf welche Mitbestimmungssituation abzustellen wäre.[39]

Vor allem aber – und das ist entscheidend – verlangt der **Zweck** der Beteiligungs-RL **13** und des SEBG – insbesondere das Vorher-Nachher-Prinzip (→ Rn. 15, → § 2 Rn. 6) – **keine unbegrenzte Fortschreibung des Mitbestimmungsstatuts** auf alle weiteren SE-Tochtergründungen.[40] Bezweckt ist lediglich die Sicherung des vorhandenen Bestands an Beteiligungsrechten in den an der Gründung der SE beteiligten Gesellschaften *in der SE*. Eine Perpetuierung des Mitbestimmungsniveaus der Mutter-SE in jeder zukünftigen SE-Tochter ist nicht beabsichtigt. Voraussetzung ist außerdem, dass die an der Gründung der SE beteiligten Gesellschaften in verschiedenen Mitgliedstaaten ihren Sitz haben. Dieser transnationale Bezug der Arbeitnehmerbeteiligung, an den das Vorher-Nachher-Prinzip anknüpft (Erwägungsgrund 5 Beteiligungs-RL) und der auch in der Funktion des bVG deutlich wird, das die Belegschaften verschiedener (Gründungs-)Gesellschaften zusammenführen soll, fehlt bei der Gründung einer SE-Tochter[41] und wird auch nicht über die Mutter-SE vermittelt.[42] Alles das spricht dafür, die Sekundärgründung nach Art. 3 Abs. 2 SE-VO **beteiligungsfrei** zu lassen, zumal die Mutter-SE mitbestimmt bleibt, eine mögliche Schutzlücke demzufolge nicht allzu groß wäre. Zu erwägen sind Korrekturen allenfalls in Einzelfällen mit Hilfe des **§ 43,** wenn die Gründung der SE-Tochter dazu **missbraucht**

---

[30] *Grobys* NZA 2005, 84 f.: für die Sekundärgründung enthalten „weder die RL noch das SEBG explizite Regelungen über die Arbeitnehmerbeteiligung"; *Henssler* FS Ulmer, 2003, 193 (197): „anknüpfend an die Entstehungstatbestände des Art. 2 SE-VO unterscheidet die RL …"; § 210 Abs. 1 ArbVG (Österreich) bezieht sich ebenfalls lediglich auf die vier Primärgründungsformen.
[31] *Jannott* in Jannott/Frodermann SE-HdB Kap. 3 Rn. 26, 269; *Kienast* in Jannott/Frodermann SE-HdB Kap. 13 Rn. 244, jeweils mwN.
[32] AA *Oetker* FS Kreutz, 2009, 797 (808 ff.).
[33] *Jannott* in Jannott/Frodermann SE-HdB Kap. 3 Rn. 26, 269; *Rieble* in Rieble/Junker Vereinbarte Mitbestimmung § 3 Rn. 45.
[34] S. zu § 2 Abs. 4 *Kienast* in Jannott/Frodermann SE-HdB Kap. 13 Rn. 247: bei Sachgründung Tochtergesellschaften und Betriebe der Mutter-SE als „betroffene Tochtergesellschaften und betroffene Betriebe", zu § 2 Abs. 2 Rn. 207: SE-Mutter als „beteiligte Gesellschaft".
[35] *Jannott* in Jannott/Frodermann SE-HdB Kap. 3 Rn. 271 Fn. 483: § 4 Abs. 2 analog; vgl. ferner *Kienast* in Jannott/Frodermann SE-HdB Kap. 13 Rn. 248.
[36] Dazu *Kienast* in Jannott/Frodermann SE-HdB Kap. 13 Rn. 249: keine Übernahme der Funktion des bVG durch den SE-Betriebsrat der Mutter-SE.
[37] *Jannott* in Jannott/Frodermann SE-HdB Kap. 3 Rn. 271 Fn. 488: §§ 11 ff. analog.
[38] Vgl. aber *Oetker* FS Kreutz, 2009, 797 (811).
[39] Habersack/Drinhausen/*Hohenstatt/Müller-Bonanni* § 3 Rn. 9.
[40] AA *Oetker* FS Kreutz, 2009, 797 (809 f.).
[41] Vgl. auch *Jannott* in Jannott/Frodermann SE-HdB Kap. 3 Rn. 27.
[42] Wie hier Habersack/Drinhausen/*Hohenstatt/Müller-Bonanni* § 3 Rn. 9; aA *Oetker* FS Kreutz, 2009, 797 (810).

wird, den Arbeitnehmern Beteiligungsrechte zu entziehen oder vorzuenthalten;[43] allerdings ist die Gründung einer SE-Tochter **keine strukturelle Änderung** isd § 18 Abs. 3 (→ § 18 Rn. 17).[44] **Art. 12 Abs. 2 SE-VO,** der die Eintragung der SE an die Beteiligung der Arbeitnehmer knüpft (→ Rn. 9), ist für die Sekundärgründung insoweit **teleologisch zu reduzieren** und nicht anzuwenden,[45] weil die Sekundärgründung nicht beteiligungspflichtig ist. Sollte der Gesetzgeber die Gründung einer SE-Tochter künftig beteiligungspflichtig machen, spricht vieles für eine vereinfachte Form der Verhandlungen direkt mit dem Gesamtbetriebsrat (oder Betriebsrat) der Mutter-SE.[46]

III. Richtlinie zur Beteiligung der Arbeitnehmer in der SE

14   **1. Rechtsgrundlage.** Die Beteiligungs-RL basiert genauso wie die Entwürfe von 1970/ 1975 (→ Rn. 3) auf dem früheren Art. 308 EG (heute: Art. 352 AEUV). Anders als bei den Ermächtigungsgrundlagen des früheren Art. 95 EG (heute: Art. 114 AEUV) und des früheren Art. 44 Abs. 2 lit. g EG (heute: Art. 50 Abs. 2 lit. g AEUV), deren Anwendung das Mitentscheidungsverfahren nach Art. 251 EG und damit ein echtes Vetorecht nach sich zieht (früher: Art. 95 Abs. 1 S. 2 EG, heute: Art. 114 AEUV; früher: Art. 46 Abs. 2 EG, heute: Art. 52 AEUV), hat das Europäische Parlament bei dem Verfahren nach dem früheren Art. 308 EG (heute: Art. 352 AEUV) lediglich ein Anhörungsrecht. Ob in dem früheren Art. 308 EG (heute: Art. 352 AEUV) – der Generalklausel zur Verwirklichung der Ziele der Union – die zutreffende Ermächtigungsgrundlage für die Beteiligungs-RL liegt, ist indessen zweifelhaft.[47] Bei der SE-VO, die als Ziel die Verwirklichung des Binnenmarkts nennt (vgl. nur Erwägungsgrund 1 SE-VO), mögen insoweit keine Bedenken bestehen. Die Beteiligungs-RL gibt als Ziel allerdings die Förderung der Ziele der Gemeinschaft im **sozialen Bereich** an (Erwägungsgrund 3 Beteiligungs-RL). Dazu passt die Kompetenzgrundlage des früheren Art. 308 EG (heute: Art. 352 AEUV) insbesondere mit Blick auf den früheren Art. 137 EG (Art. 153 AEUV) nicht, mit dem eine bis in die Einzelheiten gehende Regelung der Unionskompetenzen im sozialen Bereich vorliegt, auf die der Erlass der Beteiligungs-RL – dann allerdings im Mitentscheidungsverfahren nach dem früheren Art. 251 EG (heute: Art. 294 AEUV) – hätte gestützt werden können.[48] Der frühere Art. 308 EG (heute: Art. 352 AEUV) ist als „Generalermächtigung" anderen Ermächtigungsgrundlagen gegenüber subsidiär[49] und berührt darüber hinaus die Grenze zur Vertragsänderung, was zusätzlich für eine restriktive Auslegung spricht.[50]

15   **2. Grundprinzipien.** Die bestehende Vielfalt der Mitbestimmungssysteme in den Mitgliedstaaten hat dazu geführt, dass die ursprüngliche Idee eines einheitlichen europäischen

---

[43] So auch Habersack/Henssler/*Habersack* § 34 Rn. 21 aE; Habersack/Drinhausen/*Hohenstatt/Müller-Bonanni* § 3 Rn. 9; *Ramcke,* Die Konkretisierung des Missbrauchsverbots der SE, 2015, 112 ff.; *Schreiner,* Zulässigkeit und wirtschaftliche Neugründung einer Vorrats-SE, 2009, 129; *Wirtz,* Der SE-Betriebsrat, 2013, 73; aA Lutter/Hommelhoff/Teichmann/*Oetker* § 1 Rn. 10.

[44] Anders Lutter/Hommelhoff/Teichmann/*Oetker* § 1 Rn. 13: „kann"; *Oetker* FS Kreutz, 2009, 797 (803 ff.).

[45] Wie hier ausdrücklich *Güntzel,* Die Richtlinie über die Arbeitnehmerbeteiligung in der Europäischen Aktiengesellschaft (SE) und ihre nationale Umsetzung in das deutsche Recht, 2005, 296; Habersack/Drinhausen/*Hohenstatt/Müller-Bonanni* § 3 Rn. 8 aE; *Hoops,* Die Mitbestimmungsvereinbarung in der SE, 2009, 55; *Schreiner,* Zulässigkeit und wirtschaftliche Neugründung einer Vorrats-SE, 2009, 128; aA Oetker FS Kreutz, 2009, 797 (807); *Scheibe,* Die Mitbestimmung der Arbeitnehmer in der SE unter besonderer Berücksichtigung des monistischen Systems, 2007, 165 f.

[46] *Henssler* ZHR 173 (2009), 233 f.

[47] Dazu statt aller *Kuffner,* Die Beteiligung der Arbeitnehmer in der Europäischen Aktiengesellschaft, 2003, 50 ff. mwN; das Europäische Parlament hält Art. 308 EGV als Ermächtigungsgrundlage zwar für fehlerhaft und sich für mitentscheidungsbefugt, wird allerdings trotz zwischenzeitlicher Drohung mit einer Nichtigkeitsklage keine Klage vor dem EuGH mehr anstreben, wie sein Präsident *Cox* erklärt hat, Communique de presse du Président du Parlement européen, Brüssel, 1.2.2002.

[48] *Hanau* in Hanau/Steinmeyer/Wank EAS-HdB § 19 Rn. 153.

[49] *Wißmann* FS Wiedemann, 2002, 685 (687): „Notanker".

[50] *Hanau* in Hanau/Steinmeyer/Wank EAS-HdB § 19 Rn. 153.

Modells der Arbeitnehmerbeteiligung in der SE aufgegeben worden ist. Die Beteiligungs-RL gibt nur noch eine **einheitliche Grundstruktur** für deren Ausgestaltung vor. Die unterschiedlichen Möglichkeiten der Gründung einer SE können unterschiedliche Auswirkungen auf die beteiligten Gesellschaften und damit auch auf dort bestehende Beteiligungsrechte der Arbeitnehmer haben. In Erwägungsgrund 3 Beteiligungs-RL heißt es deshalb ausdrücklich, dass durch die Beteiligungs-RL und ihre Umsetzung die Ziele der Gemeinschaft im sozialen Bereich gefördert werden sollen, die SE-Gründung mithin nicht zur Beseitigung oder zur Einschränkung der Gepflogenheiten der Arbeitnehmerbeteiligung führen dürfe, die in den an der Gründung der SE beteiligten Gesellschaften herrschen. Entscheidendes Grundprinzip und erklärtes Ziel der Richtlinie (vgl. auch Erwägungsgrund 7, 18 Beteiligungs-RL),[51] auf die sich auch der deutsche Gesetzgeber beruft,[52] ist deshalb der Schutz erworbener Rechte der Arbeitnehmer durch das **Vorher-Nachher-Prinzip.** Der bei den Gründungsgesellschaften vorhandene Bestand an Beteiligungsrechten der Arbeitnehmer soll sich grundsätzlich auch in der SE wiederfinden. Dabei setzt die Richtlinie zwar, wie auch deren Erwägungsgrund 8 verdeutlicht, in erster Linie auf praxisnahe Lösungen im Wege von Verhandlungen (Art. 4 Beteiligungs-RL, **Verhandlungsprinzip**), die allerdings durch eine gesetzliche Auffangregelung (Art. 7 Beteiligungs-RL iVm Anh. Beteiligungs-RL) flankiert werden.

3. Regelungsgegenstände. Die Beteiligungs-RL regelt die Beteiligung der Arbeitnehmer in der SE (Art. 1 Abs. 1 Beteiligungs-RL). Unter **Beteiligung der Arbeitnehmer** ist nach Art. 2 lit. h Beteiligungs-RL jedes Verfahren zu verstehen, durch das die Vertreter der Arbeitnehmer auf die Beschlussfassung in der SE Einfluss nehmen können. Dabei unterscheidet die Beteiligungs-RL grundsätzlich zwischen der Beteiligung der Arbeitnehmer auf der „betrieblichen Ebene" (Unterrichtung und Anhörung) und der Beteiligung auf der „Unternehmensebene" (Mitbestimmung).

a) Unterrichtung und Anhörung. Die Beteiligung der Arbeitnehmer auf der „betrieblichen Ebene" erstreckt sich auf die Unterrichtung und die Anhörung der Arbeitnehmer. Bei der Unterrichtung hat das zuständige Organ der SE nach Art. 2 lit. i Beteiligungs-RL die Arbeitnehmerseite über Angelegenheiten zu informieren, welche die SE selbst, ihre Tochtergesellschaften oder Betriebe betreffen und grenzüberschreitenden Charakter haben. Sie muss nach Zeitpunkt, Form und Inhalt eine eingehende Prüfung und ggf. die Vorbereitung von Anhörungen ermöglichen. Die Anhörung ist demgegenüber gem. Art. 2 lit. j Beteiligungs-RL die Einrichtung eines Dialogs zwischen der Arbeitgeber- und der Arbeitnehmerseite. Sie hat der Arbeitnehmerseite in zeitlicher Hinsicht die Möglichkeit zu eröffnen, eine Stellungnahme zu den erörterten Sachverhalten abzugeben, die im Rahmen des Entscheidungsprozesses innerhalb der SE noch berücksichtigt werden kann. Im Übrigen ist danach zu unterscheiden, wem gegenüber Unterrichtung und Anhörung zu erfolgen haben.

aa) Vereinbartes Vertretungsorgan. Vorrangig soll eine **Vereinbarung über ein Vertretungsorgan der Arbeitnehmer** abgeschlossen werden. Arbeitgeber- und Arbeitnehmerseite können im Wege einer **freiwilligen Vereinbarung,** deren Inhalt sich vornehmlich nach Art. 4 Abs. 2 lit. b bis lit. e Beteiligungs-RL richtet, die Zusammensetzung des Vertretungsorgans, die Anzahl seiner Mitglieder, die Befugnisse sowie das Verfahren zur Unterrichtung und Anhörung, ferner die Häufigkeit der Sitzungen, die finanziellen Mittel sowie weitere organisatorische und inhaltliche Regelungen festlegen (vgl. → Rn. 23). Anstelle eines Vertretungsorgans können die Verhandlungspartner auch ein **eigenständiges Verfahren zur Unterrichtung und zur Anhörung** entwickeln und dafür die Durchführungsmodalitäten festlegen (Art. 2 lit. f Beteiligungs-RL). Weitere Vorgaben dazu enthält die Richtlinie nicht. Schließlich können die Verhandlungspartner auch die von der Beteiligungs-RL

---
[51] Dazu *Wißmann* FS Wiedemann, 2002, 685 (694f.).
[52] BR-Drs. 438/04, 102.

bereitgehaltene **Auffanglösung** vereinbaren. Die **Initiativlast** für die Verhandlungen liegt bei den beteiligten Gesellschaften (Art. 3 Abs. 1 Beteiligungs-RL). Ist die Gründung einer SE geplant, leitet die Unternehmensseite die erforderlichen Schritte ein, um mit der Arbeitnehmerseite über die Ausgestaltung einer Beteiligung der Arbeitnehmer in der geplanten SE zu verhandeln. Dazu gehört unter anderem die Information über die Identität der an der Gründung beteiligten Gesellschaften und die Zahl der dort jeweils beschäftigten Arbeitnehmer.

19 Verhandlungspartner auf **Arbeitgeberseite** ist das „zuständige Organ" (vgl. Art. 3 Abs. 3 Beteiligungs-RL), mithin die Leitungs- oder Verwaltungsorgane der an der SE-Gründung beteiligten Gesellschaften.[53] Auf **Arbeitnehmerseite** ist Verhandlungspartner das **bVG,** das nach den in Art. 3 Abs. 2 Beteiligungs-RL fixierten Bestimmungen eingesetzt wird. Nach Art. 3 Abs. 2 lit. b UAbs. 1 S. 1 Beteiligungs-RL ist den jeweiligen Mitgliedstaaten die Ausgestaltung des **Wahl- oder Bestellungsverfahrens** für die Mitglieder des bVG, die in ihrem Hoheitsgebiet zu wählen oder zu bestellen sind, überlassen. Die Mitgliedstaaten haben insoweit allerdings sicherzustellen, dass nach Möglichkeit jede beteiligte Gesellschaft, die in dem jeweiligen Mitgliedstaat Arbeitnehmer beschäftigt, durch mindestens ein Mitglied in dem Gremium vertreten ist (Art. 3 Abs. 2 lit. b Ziff. 1 S. 2 Beteiligungs-RL). Die Zahl der Sitze pro Mitgliedstaat richtet sich nach dem Anteil der dort beschäftigten Arbeitnehmer in den an der Gründung der SE beteiligten Gesellschaften, betroffenen Tochtergesellschaften und betroffenen Betrieben (Art. 3 Abs. 2 lit. a Ziff. i Beteiligungs-RL). Für jeweils 10%, welche die Arbeitnehmer eines Mitgliedstaates an der Gesamtzahl aller Beschäftigten ausmachen, kann von dem Mitgliedstaat ein Sitz im bVG beansprucht werden. Liegt der Anteil der Arbeitnehmer in einem Mitgliedstaat unter 10%, erhält der Mitgliedstaat dennoch einen Sitz. Für die Gründung durch **Verschmelzung** enthält Art. 3 Abs. 2 lit. a Ziff. ii Beteiligungs-RL eine komplizierte Sonderregelung, nach der bei der Gründung einer SE durch Verschmelzung jede in der Verschmelzung der SE aufgehende Gesellschaft im bVG vertreten sein soll. Wenn dadurch die zulässige Gesamtmitgliederzahl überschritten wird, sind die erlöschenden Gesellschaften bis zur Erreichung der Höchstmitgliederzahl in der Reihenfolge ihrer Belegschaftsstärke im jeweiligen Mitgliedstaat zu repräsentieren. Ungeregelt ist der Fall, in dem einem Mitgliedstaat weniger Sitze im bVG zustehen, als Unternehmen aus ihm kommen.[54] Stehen die Zahlen der Vertreter im bVG fest, werden die Mitglieder entsprechend den in den jeweiligen Mitgliedstaaten vorgesehenen Verfahren durch Wahl oder Bestellung (Art. 3 Abs. 2 lit. b UAbs. 1 S. 1 Beteiligungs-RL) bestimmt. **Gewerkschaftsvertreter** können dem bVG nach Art. 3 Abs. 2 lit. b UAbs. 2 Beteiligungs-RL, der auf eine deutsche Anregung zurückgeht, auch dann angehören, wenn sie nicht Arbeitnehmer einer der beteiligten Gesellschaften, betroffenen Tochtergesellschaften oder Betriebe sind.[55] Art. 3 Abs. 4 Beteiligungs-RL enthält Einzelheiten zur **Beschlussfassung** im bVG. Grundsätzlich beschließt das bVG mit der **absoluten Mehrheit der Stimmen,** wenn diese Mehrheit auch die absolute Mehrheit der Arbeitnehmer in den beteiligten Gesellschaften repräsentiert. Dabei hat jedes Mitglied des bVG eine Stimme. Zur qualifizierten Mehrheit → Rn. 20.

20 Die Verhandlungen beginnen mit der Einsetzung des bVG und können bis zu **sechs Monate** andauern, im Einvernehmen der Verhandlungspartner sogar bis zu **einem Jahr** (Art. 5 Beteiligungs-RL). Bei den Verhandlungen kann das bVG **Sachverständige** zur Unterstützung hinzuziehen, zu denen auch Vertreter der Gewerkschaftsorganisationen auf Gemeinschaftsebene gehören können (Art. 3 Abs. 5 Beteiligungs-RL). Beschließt das bVG, keine Verhandlungen aufzunehmen oder bereits aufgenommene Verhandlungen abzubrechen, bedarf es der **qualifizierten Mehrheit** des Art. 3 Abs. 6 Beteiligungs-RL, die von mindestens zwei Dritteln der Stimmen der Mitglieder getragen sein muss, die mindestens zwei Drittel der Arbeitnehmer vertreten, soweit diese Mitglieder Arbeitnehmer aus mindes-

---

[53] *Kleinsorge* RdA 2002, 343 (348).
[54] Dazu *Herfs-Röttgen* NZA 2002, 358 (360).
[55] Krit. *Herfs-Röttgen* NZA 2002, 358 (360).

tens zwei Mitgliedstaaten vertreten (Art. 3 Abs. 6 UAbs. 2 Beteiligungs-RL). Die Auffangregelung des Anhangs ist dann nicht anzuwenden. Gem. Art. 13 Abs. 2 Beteiligungs-RL ist in diesen Fällen die Europäischer Betriebsrat-RL (RL 2009/38/EG, früher RL 94/45/EG) anzuwenden, deren Einsatz ansonsten versperrt ist (Art. 13 Abs. 1 Beteiligungs-RL). Andernfalls können das bVG und die zuständigen Organe der beteiligten Gesellschaften in einer **schriftlichen Vereinbarung** Regelungen über die Unterrichtung und Anhörung in der SE festlegen (Art. 3 Abs. 3 Beteiligungs-RL, Art. 4 Abs. 2 Beteiligungs-RL, vgl. → Rn. 18 f.). Die rechtsdogmatische Einordnung der schriftlichen Vereinbarung ist umstritten. Überwiegend wird ihr heute **normative Wirkung** zugesprochen (→ § 21 Rn. 13). Streitig ist, ob die Verhandlungspartner auf grenzüberschreitende Unterrichtungs- und Anhörungsrechte **verzichten** können.[56] Im Zusammenhang mit der Tätigkeit des bVG und generell mit den Verhandlungen können **Kosten** entstehen. Nach Art. 3 Abs. 7 Beteiligungs-RL sind diese Kosten von den an der Gründung der SE beteiligten Unternehmen zu tragen. Regelungen zur Finanzierung der Tätigkeit des bVG können die Mitgliedstaaten festlegen, insbesondere die Übernahme der Kosten auf die Kosten für einen Sachverständigen beschränken.

bb) Gesetzliches Vertretungsorgan. Eine **Auffangregelung** ist gem. Art. 7 Abs. 1 Beteiligungs-RL iVm Anh. Teile 1 und 2 Beteiligungs-RL nach der Eintragung der SE anzuwenden, wenn das zuständige Organ der beteiligten Gesellschaften und das bVG diese Anwendung vereinbaren (UAbs. 2 lit. a) oder bis zum Ende der Verhandlungsfrist des Art. 5 Beteiligungs-RL keine Vereinbarung zustande gekommen ist, das zuständige Organ jeder der beteiligten Gesellschaften der Anwendung der Auffangregelung auf die SE und damit der Fortsetzung des Verfahrens zur Eintragung der SE zugestimmt und das bVG nicht beschlossen hat, Verhandlungen nicht aufzunehmen oder bereits begonnene Verhandlungen abzubrechen (UAbs. 2 lit. b). Anh. Teil 1 Beteiligungs-RL regelt die Anzahl der Mitglieder sowie die Zusammensetzung und die innere Organisation des **Vertretungsorgans**. Teil 2 enthält demgegenüber Bestimmungen, welche die **Zuständigkeit** und die **Befugnisse** des Vertretungsorgans im Rahmen des Unterrichtungs- und Anhörungsverfahrens betreffen. Dazu gehören etwa das Recht des Vertretungsorgans auf regelmäßige Information über die Struktur der SE, ihre wirtschaftliche und finanzielle Situation, die voraussichtliche Entwicklung der Geschäfts-, Produktions- und Absatzlage, die Verlegung der Produktion, die Verkleinerung oder Schließung von Unternehmen, Betrieben und Betriebsteilen, die Beschäftigungslage und deren voraussichtliche Entwicklung oder über Massenentlassungen (Anh. Teil 2 lit. b UAbs. 3 Beteiligungs-RL). Bei außergewöhnlichen Umständen, zu denen insbesondere Verlegungen, Verlagerungen oder Betriebs- oder Unternehmensschließungen gehören können, hat das Vertretungsorgan neben dem genannten Recht auf regelmäßige Information ein besonderes Unterrichtungs- und Anhörungsrecht, wenn die Umstände erhebliche Auswirkungen auf die Interessen der Arbeitnehmer haben (Anh. Teil 2 lit. c Beteiligungs-RL).

b) Mitbestimmung im Aufsichts- oder Verwaltungsorgan. Neben den Vorschriften über die Unterrichtung und Anhörung der Arbeitnehmer sieht die Beteiligungs-RL die Mitbestimmung der Arbeitnehmer im Aufsichts- (dualistisches System) oder Verwaltungsorgan (monistisches System) vor. Diese Beteiligung der Arbeitnehmer auf „Unternehmensebene" bedeutet nach Art. 2 lit. k Beteiligungs-RL die Einflussnahme des Organs zur Vertretung der Arbeitnehmer und/oder Arbeitnehmervertreter auf die Angelegenheiten einer Gesellschaft entweder durch die Wahrnehmung des Rechts, ein Teil der Mitglieder des Aufsichts- oder Verwaltungsorgans der Gesellschaft zu wählen oder zu bestellen, oder durch die Wahrnehmung des Rechts, die Bestellung eines Teils oder aller Mitglieder des Aufsichts- oder Verwaltungsorgans der Gesellschaft zu empfehlen und/oder abzulehnen. Der Umsetzung der Mitbestimmung liegen dabei weder ein auf die SE anwendbares einheitliches

---

[56] Dazu *Herfs-Röttgen* NZA 2002, 358 (361 f.); *Kleinsorge* RdA 2002, 343 (347 f.).

europäisches Modell der Mitbestimmung (vgl. Erwägungsgrund 5 Beteiligungs-RL) noch unionsrechtlich vorgesehene Systeme der Mitbestimmung zu Grunde. Die Richtlinie verfolgt deshalb nicht das Ziel, über die SE eine Angleichung der Mitbestimmung in der Union zu erreichen. Ihr Zweck liegt vielmehr in der Sicherung bestehender Mitbestimmungsrechte bei der Gründung der SE. Diesen Schutz verwirklicht die Beteiligungs-RL durch das **Vorher-Nachher-Prinzip** (→ Rn. 15). Wenn vor der Gründung der SE in den beteiligten Gesellschaften Mitbestimmungsrechte der Arbeitnehmer bestanden haben, sollen diese nach der Gründung nicht gegen den Willen der Mehrheit der Arbeitnehmer verringert werden können. Diese Sicherung der Mitbestimmung hat ebenfalls primär im Wege der Verhandlungslösung zu erfolgen (**Verhandlungsprinzip;** Erwägungsgrund 8 Beteiligungs-RL, → Rn. 10). Erst wenn eine entsprechende Vereinbarung nicht zustande kommt, kommt eine **Auffangregelung** zum Tragen (Art. 7 Beteiligungs-RL iVm Anh. Teil 3 Beteiligungs-RL).

23 aa) **Verhandlungslösung.** Als Inhalt einer Vereinbarung über die Mitbestimmung im Aufsichts- oder Verwaltungsorgan der SE gibt Art. 2 lit. g Beteiligungs-RL die Zahl der Mitglieder, welche die Arbeitnehmer wählen oder bestellen oder deren Bestellung sie empfehlen oder ablehnen können, ferner das Verfahren, nach dem die Arbeitnehmer diese Mitglieder wählen oder bestellen oder deren Bestellung sie empfehlen oder ablehnen können, sowie die Rechte dieser Mitglieder vor. Um bei der SE-Gründung durch Umwandlung eine Minderung der Mitbestimmungsrechte auszuschließen, bestimmt Art. 4 Abs. 4 Beteiligungs-RL, dass die Vereinbarung in diesem Fall das gleiche Mitbestimmungsniveau gewährleisten muss, wie es in der umzuwandelnden Gesellschaft besteht. Verhandlungspartner auf Arbeitgeberseite ist wieder das **zuständige Organ,** auf Seiten der Arbeitnehmer das **bVG** (→ Rn. 19). Für die Beschlussfassung im bVG gilt grundsätzlich nichts anderes als bei Vereinbarungen über die Unterrichtung und Anhörung der Arbeitnehmer (absolute Mehrheit; → Rn. 19).

24 Der **qualifizierten Mehrheit** des Art. 3 Abs. 6 Beteiligungs-RL (→ Rn. 20) bedarf ein Beschluss des bVG, vom Abschluss einer Mitbestimmungsvereinbarung gänzlich abzusehen. Diese Möglichkeit ist bei der Gründung einer SE durch **Umwandlung** einer mitbestimmten Aktiengesellschaft nationalen Rechts ausgeschlossen (Art. 3 Abs. 6 UAbs. 3 Beteiligungs-RL). Ferner ist die qualifizierte Mehrheit erforderlich, wenn die Verhandlungen mit der Arbeitgeberseite zu einer **Minderung der Mitbestimmungsrechte** führen (Art. 3 Abs. 4 UAbs. 1 S. 2 Beteiligungs-RL).[57] Wird diese qualifizierte Mehrheit nicht erreicht und damit keine Verständigung über die Reduzierung der Mitbestimmungsrechte erzielt, greift unter den Voraussetzungen des Art. 7 Abs. 1 Beteiligungs-RL (→ Rn. 21, → Rn. 25) die Auffangregelung ein. Die qualifizierte Mehrheit kommt allerdings nur dann zum Tragen, wenn bestimmte **Schwellenwerte** erreicht werden, die den Anteil der Arbeitnehmer mit Mitbestimmungsrechten in Relation zur Gesamtzahl der Arbeitnehmer der an der SE beteiligten Gesellschaften setzen (Art. 3 Abs. 4 UAbs. 1 S. 2 Beteiligungs-RL). Damit soll den unterschiedlichen nationalen Mitbestimmungstraditionen Rechnung getragen werden.[58] Weil das Schutzbedürfnis in Bezug auf die Mitbestimmung der Arbeitnehmer bei den vier Formen der SE-Gründung unterschiedlich intensiv ist, sind die Schwellenwerte unterschiedlich hoch: Bei der Gründung einer **Holding-** oder **Tochter-SE** bleiben die Gründungsgesellschaften und damit auch die in ihnen bestehenden Mitbestimmungssysteme erhalten. Der Schwellenwert ist deshalb mit mindestens 50% der Gesamtzahl der Arbeitnehmer der beteiligten Gesellschaften vergleichsweise hoch. Mitbestimmungsrechtlich problematischer ist die **Verschmelzung** zur SE, bei der die Gründungsgesellschaften und deren Mitbestimmungssysteme nicht erhalten bleiben. Der Schwellenwert ist deshalb auf 25% reduziert. Ausgeschlossen ist eine Verschlechterung

---

[57] Zur Frage, in welchem Fall nach der Beteiligungs-RL von einer Minderung von Mitbestimmungsrechten auszugehen ist, *Herfs-Röttgen* NZA 2002, 358 (361); *Reichert/Brandes* ZGR 2003, 767 (777 f., 784 ff.); *Wißmann* FS Wiedemann, 2002, 685 (691 f.).

[58] *Kleinsorge* RdA 2002, 343 (349).

des Mitbestimmungsstandards schließlich bei der Gründungsform der **Umwandlung**. Bei ihr muss die neu gegründete SE – wie schon erwähnt – mindestens das gleiche Mitbestimmungsniveau aufweisen, das in der umzuwandelnden Gesellschaft vor der Umwandlung in die SE bestanden hatte (Art. 4 Abs. 4 Beteiligungs-RL).

bb) Gesetzliche Auffangregelung. Die Auffangregelungen für die Mitbestimmung in der SE sind ebenfalls in Art. 7 Beteiligungs-RL geregelt, allerdings im Zusammenhang mit Anh. Teil 3 Beteiligungs-RL. Sie ist zunächst unter den gleichen Voraussetzungen anzuwenden wie bei der Unterrichtung und Anhörung (→ Rn. 21). Weitere Hürden errichtet darüber hinaus Art. 7 Abs. 2 Beteiligungs-RL. Die Anwendung der Auffangregelung setzt bei der Gründung einer SE durch **Umwandlung** voraus, dass die umzuwandelnde Gesellschaft der Mitbestimmung nach nationalem Recht unterlag (lit. a). Bei der Gründung durch **Verschmelzung** und durch Errichtung einer **Holding-** oder **Tochter-SE** setzt sie die Überschreitung bestimmter Schwellenwerte voraus (lit. b und lit. c): Die Auffangregelung greift ein, wenn – gemessen an der Gesamtzahl der Arbeitnehmer der beteiligten Gesellschaften – bei der Verschmelzung mindestens 25% und bei der Gründung einer Holding- oder einer Tochter-SE mindestens 50% der Arbeitnehmer Mitbestimmungsrechte hatten. Werden diese Werte unterschritten, kann das **bVG** in beiden Fällen einen entsprechenden **Beschluss** fassen. Kommt danach die Auffangregelung zum Tragen, sind bei der Umwandlung alle Komponenten der Mitbestimmung, die bisher galten, weiterhin anzuwenden (Anh. Teil 3 lit. a Beteiligungs-RL). In den anderen Fällen richtet sich die Zahl der von den Arbeitnehmern zu bestellenden Mitgliedern des Aufsichts- oder Verwaltungsorgans „nach dem höchsten maßgeblichen Anteil in den beteiligten Gesellschaften vor der Eintragung der SE" (Anh. Teil 3 lit. b UAbs. 1 Beteiligungs-RL).

Steht fest, welches Mitbestimmungssystem auf die SE anzuwenden ist und wie viele Sitze im Aufsichts- oder Verwaltungsorgan auf die Arbeitnehmervertreter entfallen, entscheidet das Vertretungsorgan nach Anh. Teil 3 lit. b UAbs. 3 Beteiligungs-RL über deren **Verteilung**. Maßgeblich ist der jeweilige Anteil der in den Mitgliedstaaten beschäftigten Arbeitnehmer der SE. Jeder Mitgliedstaat hat das Recht, die ihm im Aufsichts- oder Verwaltungsorgan zugewiesenen Sitze festzulegen. Die Arbeitnehmervertreter im Aufsichts- oder Verwaltungsorgan sind **vollberechtigte Mitglieder** mit den gleichen Rechten und Pflichten wie die Vertreter der Seite der Anteilseigner (Anh. Teil 3 UAbs. 4 Beteiligungs-RL).

Die auf Drängen Spaniens in Art. 7 Abs. 3 Beteiligungs-RL iVm Art. 12 Abs. 3 SE-VO fixierte **Optionslösung** (→ Rn. 7) eröffnet den Mitgliedstaaten die Möglichkeit, die Auffangregelung über die Mitbestimmung im Fall der Gründung durch **Verschmelzung** nicht in nationales Recht umzusetzen. Davon hat der deutsche Gesetzgeber keinen Gebrauch gemacht (vgl. § 34 Abs. 1 Nr. 2). Übt ein Mitgliedstaat diese Option aber aus, kann eine SE in diesem Mitgliedstaat nur eingetragen werden, wenn eine Vereinbarung über die Beteiligung der Arbeitnehmer in der SE iSd Art. 4 Beteiligungs-RL getroffen wird oder in allen an der SE-Gründung beteiligten Gesellschaften keine Mitbestimmungsrechte bestanden (Art. 12 Abs. 3 SE-VO).

4. Sonstige Bestimmungen. Die Beteiligungs-RL enthält in Teil III weitere ergänzende Bestimmungen. Nach Art. 8 Abs. 1 Beteiligungs-RL haben die Mitgliedstaaten Vorschriften zu erlassen, die es den Mitgliedern des bVG, des Vertretungsorgans, den sie unterstützenden Sachverständigen sowie den Arbeitnehmervertretern im Rahmen eines Verfahrens zur Unterrichtung und Anhörung untersagen, vertrauliche Informationen an Dritte weiterzugeben. Eine **Verschwiegenheitspflicht** trifft nach Art. 8 Abs. 2 Beteiligungs-RL ebenfalls die Arbeitnehmervertreter im Aufsichts- und Verwaltungsorgan der SE, wenn es sich um Informationen handelt, deren Bekanntwerden bei Zugrundelegung objektiver Kriterien den Geschäftsbetrieb der SE oder ihrer Tochtergesellschaften oder Betriebe erheblich beeinträchtigen oder ihnen schaden würde. Art. 8 Abs. 3 Beteiligungs-RL enthält eine **Tendenzklausel** für solche Mitgliedstaaten, in denen das nationale Recht am 8.10.2001 bereits besondere Regelungen für Tendenzunternehmen vorsah, soweit die

SE in Bezug auf „Berichterstattung und Meinungsäußerung unmittelbar und überwiegend eine bestimmte weltanschauliche Tendenz" verfolgt. Art. 10 Beteiligungs-RL dient dem **Schutz der Arbeitnehmervertreter.** Die Mitgliedstaaten haben demnach den Mitgliedern des bVG und des Vertretungsorgans sowie den Arbeitnehmervertretern im Aufsichts- oder Verwaltungsorgan und solchen, die in einem Verfahren zur Unterrichtung und Anhörung der Arbeitnehmer mitwirken, den gleichen Schutz und die gleiche Sicherheit zu gewährleisten, wie den Arbeitnehmervertretern nach innerstaatlichem Recht zukommt (zB Kündigungsschutz oder Benachteiligungsverbote). Art. 11 Beteiligungs-RL verpflichtet die Mitgliedstaaten zu Maßnahmen gegen einen **Verfahrensmissbrauch.**[59] Die Gründung einer SE darf nicht dazu missbraucht werden, den Arbeitnehmern Beteiligungsrechte zu entziehen oder vorzuenthalten. Art. 12 SE-VO macht Vorgaben zur **Einhaltung der Richtlinie.** Hervorzuheben ist Art. 12 Abs. 2 SE-VO, wonach die Mitgliedstaaten geeignete Maßnahmen für den Fall der Nichteinhaltung der Richtlinie vorzusehen haben, insbesondere dafür sorgen müssen, dass Verwaltungs- und Gerichtsverfahren bestehen, um die Einhaltung der Richtlinie zu sichern. Art. 13 Beteiligungs-RL enthält schließlich Regelungen, die das **Verhältnis der Richtlinie zu anderen Bestimmungen** betreffen.[60] Dabei ist wiederum zwischen der betrieblichen Ebene und der Unternehmensebene zu unterscheiden. Nach Art. 13 Abs. 3 lit. a Beteiligungs-RL bleiben die nach nationalem Recht bestehenden **betrieblichen Beteiligungsrechte** der Arbeitnehmer, in Deutschland etwa die betriebliche Mitbestimmung nach dem BetrVG oder dem SprAuG, unberührt. Das kann in inländischen Betrieben zu Überschneidungen führen.[61] Nationale **Mitbestimmungsregelungen** sind auf die SE dagegen grundsätzlich nicht anzuwenden,[62] wohl aber auf deren Tochtergesellschaften, soweit diese nicht selber eine SE sind (Art. 13 Abs. 3 lit. b Beteiligungs-RL). Die RL 2009/38/EG über die **Europäischen Betriebsräte** (früher: RL 94/45/EG) und die nationalen Umsetzungsgesetze sind auf die SE und ihre Tochtergesellschaften ebenfalls nicht anwendbar, es sei denn, das bVG beschließt, keine Verhandlungen aufzunehmen oder bereits begonnene Verhandlungen abzubrechen (Art. 13 Abs. 1 Beteiligungs-RL).

29   **5. Arbeitnehmerbeteiligung bei Strukturänderungen.** Die Regelungen der Beteiligungs-RL betreffen die **Gründung** einer SE. Sie beziehen sich dagegen **nicht auf strukturelle Änderungen** einer bestehenden SE und deren Auswirkungen auf die ausgehandelte oder kraft Auffangregelung geltende Arbeitnehmerbeteiligung.[63] Solche Strukturveränderungen können sich zB durch Fusionen, Abspaltungen oder Veräußerungen von Tochtergesellschaften ergeben. Dennoch hat der europäische Normgeber diese Problematik nicht übersehen. Der Europäische Rat hat zwar insbesondere einen Vorschlag des Europäischen Parlaments für einen Erwägungsgrund 7a der Richtlinie nicht übernommen, wonach die Mitgliedstaaten durch entsprechende Vorschriften dafür zu sorgen haben, dass es auch im Fall substantieller Strukturveränderungen nach der Gründung einer SE Verhandlungen über die künftige Arbeitnehmerbeteiligung gibt.[64] Im Erwägungsgrund 18 Beteiligungs-RL heißt es aber immerhin, das Ziel der Richtlinie, die Rechte der Arbeitnehmer im Wege

---

[59] Dazu eingehend *Sagan* in Bieder/Hartmann, Individuelle Freiheit und kollektive Interessenwahrnehmung im deutschen und europäischen Arbeitsrecht, 2012, 189 ff.; *Ramcke,* Die Konkretisierung des Missbrauchsverbots der SE, 2015, 62 ff. sowie 211 ff., jeweils mwN.
[60] Dazu näher *Hanau* in Hanau/Steinmeyer/Wank EAS-HdB § 19 Rn. 153 ff.
[61] Ergänzend ermächtigt Art. 13 Abs. 4 Beteiligungs-RL die Mitgliedstaaten, durch geeignete Maßnahmen sicherzustellen, dass die Strukturen der Arbeitnehmervertretung in den beteiligten Gesellschaften, die als eigenständige juristische Person erlöschen, nach der Eintragung der SE fortbestehen.
[62] Vgl. *Hanau* RdA 1998, 232: SE führt zur „Immunisierung gegenüber der nationalen Mitbestimmung".
[63] Zur Diskussion näher *Herfs-Röttgen* NZA 2002, 358 (364 f.); *Kleinsorge* RdA 2002, 351; *Köstler* ZGR 2003, 800 (808); → 2. Aufl. 2006, Europ. AktR Einf. Rn. 43, 44 f. *(Kübler)*; *Wißmann* FS Wiedemann, 2002, 685 (694).
[64] Bericht des Europäischen Parlaments über den Entwurf einer Richtlinie des Rats zur Ergänzung des Statuts der Europäischen Gesellschaft hinsichtlich der Beteiligung der Arbeitnehmer vom 21.6.2001, A5-0231/2001, 7 (Berichterstatter: *Winfried Menrad).*

der Vorher-Nachher-Betrachtung zu sichern, solle nicht nur bei Neugründungen, sondern auch bei strukturellen Änderungen einer bestehenden SE gelten.[65] Nach Anh. Teil 1 lit. b UAbs. 2 Beteiligungs-RL müssen die Mitgliedstaaten bei der Bildung des Vertretungsorgans im Rahmen der Auffangregelung durch entsprechende Vorschriften dafür sorgen, dass Änderungen innerhalb der SE und ihrer Tochtergesellschaften und Betriebe durch Anpassung der Zahl der Mitglieder des Vertretungsorgans und der Zuteilung der Sitze in diesem Organ Rechnung getragen wird.

6. Umsetzung in den EU-Mitgliedstaaten. Die Beteiligungs-RL ist in Deutschland durch das SEBG zeitgleich mit dem Ablauf der Umsetzungsfrist am 8.10.2004 umgesetzt worden (näher → Rn. 31 ff., → Rn. 35 ff.). In anderen Mitgliedstaaten ist die Umsetzung dagegen mit zum Teil erheblichen zeitlichen Verzögerungen erfolgt; fristgerecht ist sie nur in Dänemark, Finnland, Island, Österreich, Schweden, Slowakei, Ungarn und im Vereinigten Königreich umgesetzt worden.[66]

B. Nationale Grundlagen der Arbeitnehmerbeteiligung in der SE

I. Gesetzgebungsgeschichte

Die Einführung der SE in das deutsche Recht ist ähnlich wie auf europäischer Ebene mit der SE-VO und der Beteiligungs-RL zweigleisig und jedenfalls am Ende im Wege eines in Bezug auf die Arbeitnehmerbeteiligung überstürzten Gesetzgebungsverfahrens erfolgt.[67] Nach der Veröffentlichung eines auf das Gesellschaftsrecht beschränkten **Diskussionsentwurfs** für ein „Gesetz zur Einführung der Europäischen Gesellschaft (SEEG)"[68] durch das BMJ am 28.2.2003 verstrich zunächst mehr als ein Jahr, bis die beiden zuständigen Ministerien – das Bundesministerium der Justiz sowie das Bundesministerium für Wirtschaft und Arbeit – am 5.4.2004 einen umfassenden **Referentenentwurf** in Form eines Artikelgesetzes vorlegten, der erstmals auch Vorschriften zur Umsetzung der Beteiligungs-RL zur Verwirklichung der Arbeitnehmerbeteiligung enthielt.[69] Bereits kurze Zeit später beschloss das Bundeskabinett am 26.5.2004 den **Regierungsentwurf,**[70] der seinerseits nur zwei Tage später dem Bundesrat zugeleitet wurde. Nach Beratungen in den Fachausschüssen gab der Bundesrat am 9.7.2004 eine kritische Stellungnahme – zum SEBG mit grundsätzlicher Kritik in Bezug auf die Ausgestaltung der Mitbestimmung im monistischen Modell der Unternehmensverfassung – ab.[71]

Der Gesetzentwurf wurde auf Grund der besonderen Eilbedürftigkeit – die Richtlinie war bis zum 8.10.2004 in nationales Recht umzusetzen (→ Rn. 1) – gem. Art. 76 Abs. 2 S. 4 GG bereits vor Abgabe der Stellungnahme des Bundesrats in den Bundestag eingebracht. Die erste Lesung fand am 1.7.2004 statt. Die Vorlage wurde am 2.7.2004 an die zuständigen

---

[65] *Kleinsorge* RdA 2002, 351; *Kleinsorge* in Baums/Cahn, Die Europäische Aktiengesellschaft, Umsetzungsfragen und Perspektiven, 2004, 150: Die Problematik bleibe deshalb einer ersten Revision von SE-VO und Beteiligungs-RL vorbehalten.

[66] Zusammenfassender Überblick über die verschiedenen Umsetzungsgesetze bei Lutter/Hommelhoff/Teichmann/*Oetker* Vor § 1 Rn. 17 ff.; ferner der von der Kommission anlässlich der gemäß Art. 15 Beteiligungs-RL spätestens zum 8.10.2007 erforderlichen Überprüfung der Richtlinie in Auftrag gegebene Länderbericht „Studies on the implementation of Labour Law Directives in the enlarged European Union – Directive 2001/86/EG supplementing the European Company with regard to the involvement of employees" by Fernando Valdés Dal-Ré. mwN; zum Stand der Umsetzung des Art. 11 Beteiligungs-RL in den Mitgliedstaaten *Ramcke*, Die Konkretisierung des Missbrauchsverbots der SE, 2015, 216 ff.; zu den Regelungskonzepten in den Mitgliedstaaten *Ramcke*, Die Konkretisierung des Missbrauchsverbots der SE, 2015, 317 ff. zum Missbrauch der SE, 321 ff. zu strukturellen Änderungen der SE.

[67] Zusammenfassend *Neye*, Die Europäische Aktiengesellschaft, 2005, 2 ff. mwN.

[68] Abgedruckt in *Neye*, Die Europäische Aktiengesellschaft, 2005, 301 ff.; ferner in NZG-Sonderbeil. 7/2003.

[69] Abgedruckt in *Neye*, Die Europäische Aktiengesellschaft, 2005, 327 ff.

[70] BR-Drs. 438/04.

[71] BR-Drs. 438/04 (B) = BT-Drs. 15/3656, 1 ff.; dazu Gegenäußerung der BReg. auf S. 8 ff.

Ausschüsse – den Ausschuss für Wirtschaft und Arbeit, den **Rechtsausschuss,** den Finanzausschuss sowie den Ausschuss für die Angelegenheiten der EU – überwiesen. Die ursprünglich für den 30.9.2004 vorgesehene zweite und dritte Beratung des Gesetzes hat der Bundestag im Laufe der Sitzung von der Tagesordnung abgesetzt. Am 18.10.2004 hat der Rechtsausschuss eine **öffentliche Anhörung** durchgeführt, bei der fast ausschließlich die Ausgestaltung der paritätischen Mitbestimmung in der monistisch verfassten SE im Mittelpunkt stand. Bedenken wurden vor allem zu dem immerhin denkbaren Fall geäußert, dass in einer solchen SE nach der Bestellung geschäftsführender Direktoren aus dem Kreis der Mitglieder des Verwaltungsorgans unter bestimmten Umständen eine Verschiebung des Stimmverhältnisses eintreten könne, die sich einseitig zu Lasten der Anteilseignerseite auswirke.

33 Am 27.10.2004 gab der **Rechtsausschuss** eine **Beschlussempfehlung** und einen **Bericht** zum Entwurf eines SEEG ab.[72] Das SEBG wurde nur redaktionellen Änderungen unterworfen. Um den in der öffentlichen Anhörung geäußerten Bedenken Rechnung zu tragen, wurde jedoch auf Vorschlag der Regierungskoalition mit **§ 35 Abs. 3 SEAG** eine besondere Ausgleichsregelung eingeführt: Stimmrechte von geschäftsführenden Direktoren gehen bei Entscheidungen, bei denen sie aus rechtlichen Gründen von der Beschlussfassung ausgeschlossen sind, kraft Gesetzes auf den Vorsitzenden des Verwaltungsorgans über, der regelmäßig von der Anteilseignerseite bestimmt wird. Ein Änderungsantrag der CDU/CSU-Bundestagsfraktion, der neben der Einführung eines § 35 Abs. 3 (Beschränkung der Parität im monistischen System auf die nicht geschäftsführenden Mitglieder des Verwaltungsorgans) weitere Änderungen des SEAG vorsah,[73] wurde indessen abgelehnt. Am 29.10.2004 verabschiedete der Bundestag in zweiter und dritter Lesung das SEEG in der vom Rechtsausschuss empfohlenen Fassung.[74] Am 26.11.2004 beschloss der Bundesrat die Einleitung eines Vermittlungsverfahrens nach Art. 77 Abs. 2 GG „mit dem Ziel der grundlegenden Überarbeitung des Gesetzes".[75] Der Vermittlungsausschuss beendete die Verhandlungen am 15.12.2004 ohne Ergebnis. Daraufhin legte der Bundesrat am 17.12.2004 Einspruch gegen das Gesetz ein, den der Bundestag noch am selben Tag mit der Mehrheit der Stimmen seiner Mitglieder zurückgewiesen hat. Nachdem die SE-VO bereits am 8.10.2004 unmittelbare Geltung erlangt hatte, ist auch das SEEG nach seiner Verkündung im Bundesgesetzblatt am 28.12.2004 am 29.12.2004 in Kraft getreten (Gesetz zur Einführung der Europäischen Gesellschaft (SEEG) vom 28.12.2004, BGBl. 2004 I 3675).

II. SE-Ausführungsgesetz (SEAG)

34 Das SEEG ist ein Artikelgesetz, dessen wichtigste Teile das SEAG in Art. 1 und das SEBG in Art. 2 sind. Genauso wie die SE-VO und die Beteiligungs-RL als untrennbare Einheit zu behandeln sind (→ Rn. 9), können auch das SEAG iVm der SE-VO und dem AktG einerseits und das SEBG andererseits nicht voneinander gelöst betrachtet werden. Zahlreiche Normen des SEAG nehmen auf solche des SEBG Bezug (§ 16 S. 2 SEAG, § 17 Abs. 2 und Abs. 4 S. 2 SEAG, § 23 Abs. 2 SEAG, § 24 Abs. 1 SEAG, § 26 Abs. 2 Nr. 4 SEAG, § 27 Abs. 2 SEAG, § 30 Abs. 1 S. 3 Nr. 2 SEAG, § 40 Abs. 1 Nr. 4 SEAG). Die SE darf erst dann in das Handelsregister **eingetragen** werden, wenn feststeht, ob – und ggf. in welcher Form – die Beteiligungsrechte der Arbeitnehmer in der neuen Gesellschaft realisiert werden (→ Rn. 9).[76] Umgekehrt hängt die Anwendung der einzelnen Vorschriften des SEBG von der in SE-VO, SEAG und AktG geregelten Struktur und Organisation der SE ab. Das SEBG knüpft für die Mitbestimmung an die von der SE-VO vorgegebene und im SEAG näher ausgestaltete **Organisationsverfassung** der SE an, die zwischen Auf-

---

[72] BT-Drs. 15/4053.
[73] Beschlussempfehlung und Bericht RA, BT-Drs. 15/4053, 56 ff.
[74] BT, Stenografischer Bericht, 136. Sitzung vom 29.10.2004, Plenarprot. 15/136, 12497D–12508A.
[75] BR-Drs. 850/04 (B).
[76] Zur Frage, ob erst das Arbeitnehmerbeteiligungsverfahren oder erst die (umwandlungs-)beschließende Hauptversammlung durchzuführen ist, näher *Louven/Ernst* BB 2014, 324 f.

sichts- und Verwaltungsorgan unterscheidet (Art. 38 lit. b SE-VO, Art. 39 ff. SE-VO, Art. 43 ff. SE-VO, Art. 46 ff. SE-VO, §§ 15 ff. SEAG, §§ 20 ff. SEAG). Das „Ob" und das „Wie" der Mitbestimmung (vgl. zB § 5 Abs. 2 S. 1, § 15 Abs. 3 und 5, § 16 Abs. 3, § 21 Abs. 6, § 34 Abs. 1 und 2, § 35) sind von den **vier Gründungsformen** (Primärgründung) abhängig, für die das SEAG zum Teil die SE-VO ergänzende Regelungen bereithält: für die Verschmelzung in §§ 5 ff. SEAG und die Errichtung einer Holding in §§ 9 ff. SEAG (→ Rn. 9). Die Sekundärgründung ist beteiligungsfrei (näher → Rn. 10 f.).

III. SE-Beteiligungsgesetz (SEBG)

1. Systematik. Das SEBG, das in **fünf Teile** gegliedert ist, greift die wesentlichen 35 materiellen Regelungen der Beteiligungs-RL auf und orientiert sich an deren Systematik und Aufbau. Zielsetzung, Grundsätze und Begriffsbestimmungen werden, soweit sie von der Beteiligungs-RL vorgegeben sind, übernommen. In den Bereichen der Richtlinie, die wie der Vorrang der Verhandlungslösung, das Abstimmungsverfahren im bVG oder die gesetzliche Auffangregelung in jedem Mitgliedstaat notwendig identisch umzusetzen sind, hält sich das SEBG eng an deren Vorgaben. Bei den Regelungen, bei denen nationaler Gestaltungsspielraum besteht, etwa bei der Bestimmung der nationalen Mitglieder im besonderen Verhandlungsgremium, im SE-Betriebsrat oder im Aufsichts- oder Verwaltungsorgan der SE, hat der Gesetzgeber indessen von seiner Bewegungsfreiheit Gebrauch gemacht. Teil 1 des SEBG enthält demzufolge allgemeine Vorschriften zu **Zielsetzung, Begriffsbestimmungen** und **Geltungsbereich**. Teil 2 behandelt das **bVG** der Arbeitnehmer, insbesondere seine Bildung und Zusammensetzung einschließlich der Regelungen zum Wahlgremium sowie zum Verhandlungsverfahren. Teil 3 beinhaltet Bestimmungen zur **Beteiligung der Arbeitnehmer** in der SE einschließlich der notwendigen Inhalte einer Vereinbarung und der gesetzlichen Auffangregelung (SE-Betriebsrat und Mitbestimmung kraft Gesetzes) für den Fall, dass eine Vereinbarung nicht zustande kommt. In Teil 4 finden sich **Grundsätze der Zusammenarbeit** sowie notwendige **Schutzbestimmungen**, in Teil 5 **Straf- und Bußgeldvorschriften** sowie eine Schlussbestimmung.

2. Auslegungsgrundsätze und Schließung von Lücken. Da das SEBG die Beteili- 36 gungs-RL umsetzt, ist bei seiner Auslegung neben den überkommenen **Auslegungskriterien** (Teleologie, Systematik, Gesetzgebungsgeschichte, Wortlaut) auch das Gebot der **richtlinienkonformen Auslegung** zu beachten,[77] um „im Lichte des Wortlauts und des Zwecks der Richtlinie" ihr Ziel zu erreichen.[78] § 1 Abs. 3 präzisiert dieses Gebot dahingehend, dass die Vorschriften des SEBG so auszulegen sind, dass die Ziele der „Europäischen Gemeinschaft", die Beteiligung der Arbeitnehmer in der SE sicherzustellen, gefördert werden.[79] Maßgeblich dabei sind vor allem das **Verhandlungsprinzip** – insoweit kann man vom Grundsatz der autonomiefreundlichen Auslegung der RL 2001/86/EG und des SEBG sprechen[80] – und das **Vorher-Nachher-Prinzip** zu beachten (→ Rn. 15, → § 1 Rn. 5). Das Auslegungsgebot des § 1 Abs. 3 gilt auch für Vereinbarungen nach § 1 Abs. 2, § 21. Darüber hinaus ist bei der Auslegung sämtlicher Bestimmungen des SEBG der in § 40, § 13 Abs. 1 S. 2 normierte **Grundsatz der vertrauensvollen Zusammenarbeit** zu beachten. Bei der **Schließung von Lücken** im SEBG mit Hilfe deutscher Regelungen zur Betriebsverfassung und zur Unternehmensmitbestimmung ist wegen des Rechtsgedankens, der in § 47 Abs. 1 Nr. 1 zum Ausdruck kommt, jedenfalls im Bereich der Unternehmensmitbestimmung Zurückhaltung geboten.[81]

---

[77] Vgl. MHdB ArbR/*Naber/Sittard* § 384 Rn. 14; *Oetker* BB-Special 1/2005, 2 (3): wird „prägende Bedeutung" erlangen.
[78] Zur RL 94/45/EG (jetzt: RL 2009/38/EG) EuGH AP EWG-Richtlinie 94/45 Nr. 2 – Bofrost; AP EWG-Richtlinie 94/45 Nr. 2 – Kühne & Nagel; NZA 2004, 1167 – Anker.
[79] Krit. *Krause* BB 2005, 1221 (1222 f.).
[80] *Jacobs/Modi* FS Windbichler, 2020, 249 (252 f.).
[81] Ähnlich *Rieble* in Rieble/Junker Vereinbarte Mitbestimmung § 3 Rn. 15.

37 **3. Stellung der Gewerkschaften.** Das SEBG räumt den Gewerkschaften zahlreiche Einflussmöglichkeiten ein, die nur teilweise von der Beteiligungs-RL vorgegeben sind. Das ist mit Blick auf den kontinuierlich sinkenden Organisationsgrad der Arbeitnehmer und die schwindende Legitimation der Gewerkschaften bedenklich.[82] Das SEBG kennt keinen eigenständigen Gewerkschaftsbegriff. Es gilt der allgemeine arbeitsrechtliche Gewerkschaftsbegriff (→ § 2 Rn. 33).

38 Unmittelbaren Einfluss vermittelt ein kompliziertes Geflecht von Vorschriften, welche Regelungen zur **Besetzung verschiedener Gremien** enthalten. Nach § 6 Abs. 2 S. 1 **können** zu **Mitgliedern des bVG** im Inland auch Gewerkschaftsvertreter gewählt werden, selbst wenn sie nicht Arbeitnehmer der inländischen Gesellschaften und Betriebe sind (→ § 6 Rn. 4). Auf § 6 Abs. 2 S. 1 verweist auch § 36 Abs. 3 S. 2 für das Wahlverfahren zur Errichtung des Wahlgremiums, das die auf das Inland entfallenden Arbeitnehmervertreter des Aufsichts- oder Verwaltungsorgans der SE ermittelt. § 6 Abs. 3 schreibt darüber hinaus vor, dass jedes dritte Mitglied des bVG Vertreter einer Gewerkschaft, die in einem an der Gründung der SE beteiligten Unternehmen vertreten ist, sein **muss**, wenn dem bVG mehr als zwei Mitglieder aus dem Inland angehören. § 6 Abs. 3 für entsprechend anwendbar erklären wiederum der erwähnte § 36 Abs. 3 sowie § 37 Abs. 1 S. 2 Nr. 3 für die Antragsberechtigung bei der **Abberufung** eines inländischen Mitglieds oder Ersatzmitglieds der Arbeitnehmer aus dem Aufsichts- oder Verwaltungsorgan. Auf § 37 Abs. 1 S. 2 Nr. 3 verweist § 37 Abs. 2 S. 2 für die Antragsberechtigung zur **Anfechtung.** Zu erwähnen ist ferner § 8 Abs. 1 S. 2 für die **Zusammensetzung des Wahlgremiums** zum bVG, wonach jedes dritte Mitglied auf Vorschlag einer Gewerkschaft, die in einem an der Gründung der SE beteiligten Unternehmen vertreten ist, zu wählen ist. Auf § 8 Abs. 1 S. 3 verweisen erneut § 23 Abs. 1 S. 3, § 36 Abs. 3 S. 2, § 37 Abs. 1 S. 3. Nach § 11 Abs. 1 S. 3 müssen die Leitungen unter anderem den in inländischen Betrieben vertretenen Gewerkschaften bestimmte Informationen über die Mitglieder des bVG erteilen.

39 Mittelbarer Einfluss der Gewerkschaft besteht dort, wo deren **Sachverstand** gefragt ist. Zu nennen ist § 14, der ebenfalls durch die Beteiligungs-RL vorgegeben ist (Art. 3 Abs. 5 S. 1 und S. 3 Beteiligungs-RL). Nach § 14 Abs. 1 kann das bVG Sachverständige seiner Wahl zu den Verhandlungen hinzuziehen, zu denen auch Vertreter „einschlägiger Gewerkschaftsorganisationen auf Gemeinschaftsebene" zählen können (S. 1). Auf Wunsch des bVG können diese Sachverständigen sogar in beratender Funktion an den Verhandlungen teilnehmen (S. 2). Das bVG kann aber auch beschließen, die Gewerkschaftsvertreter nur vom Beginn der Verhandlungen zu unterrichten (§ 14 Abs. 2). Abgesehen von den Möglichkeiten, die sich aus § 6 und § 14 ergeben (→ § 6 Rn. 4 f., → § 14 Rn. 4 f.), gibt es **kein allgemeines Recht zur Teilnahme** an Sitzungen des bVG für Vertreter von Gewerkschaften (näher → § 12 Rn. 4). Unterstützungsfunktion für den SE-Betriebsrat, in dem die Gewerkschaften nicht zwingend vertreten sein müssen, kommt den Gewerkschaften schließlich auch nach § 32 zu. Sachverständige iSd S. 1, von denen sich der SE-Betriebsrat oder der geschäftsführende Ausschuss bei seiner Arbeit unterstützen lassen kann, können Vertreter von Gewerkschaften sein (S. 2).

40 **4. Geschlechterquote.** Seit Jahren wird in Deutschland und Europa diskutiert, ob und ggf. wie und in welcher Höhe ein bestimmter **Frauenanteil** in Aufsichtsräten sichergestellt werden kann. Die Diskussion betrifft auch die SE. Ein **Referentenentwurf** des Bundesministeriums für Familie, Senioren, Frauen und Jugend und des Bundesministeriums der Justiz und für Verbraucherschutz vom 9.9.2014 enthielt – anders als für das nationale Recht („müssen") – für die SE zwei „Soll-Regelungen": Nach § 21 Abs. 5 SEBG-RefE sollte die Beteiligungsvereinbarung (auch) vorsehen, dass unter den **Arbeitnehmervertretern** des Aufsichts- oder Verwaltungsorgans Frauen und Männer jeweils mit einem **Anteil von mindestens 30%** vertreten sind, wenn dieselbe Zahl von Anteilseigner- und Arbeitnehmervertretern für das Aufsichts- oder Verwaltungsorgan einer **börsennotierten SE** vereinbart

---

[82] Krit. mit Blick auf die Beteiligungs-RL auch → 2. Aufl. 2006, Europ. AktR Einf. Rn. 56 *(Kübler)*.

Vorbemerkung

ist.[83] Gemeint waren alle Arbeitnehmervertreter im Aufsichts- oder Verwaltungsorgan und deshalb auch diejenigen aus dem EU-/EWR-Ausland. § 36 Abs. 3 S. 3 SEBG-RefE sah eine entsprechende Regelung für die Auffangregelung vor: Besteht das Aufsichts- oder Verwaltungsorgan einer börsennotierten SE aus derselben Zahl von Anteilseigner- und Arbeitnehmervertretern, sollten unter den auf das Inland entfallenden Arbeitnehmervertretern Frauen und Männer jeweils mit einem Anteil von mindestens 30% vertreten sein. Weil es sich um „Soll-Vorschriften" handelte, wäre ein Verstoß gegen sie sanktionslos geblieben, insbesondere wäre die Wahl nicht nichtig gewesen (vgl. demgegenüber § 96 Abs. 2 S. 4 AktG-RefE). Entsprechende Regelungen enthielt der Referentenentwurf für die Anteilseignervertreter (Art. 17 Abs. 2 SEAG-RefE und Art. 24 Abs. 3 SEAG-RefE). Nicht börsennotierte und nicht paritätisch mitbestimmte SEs sind von dem Entwurf nicht betroffen.

Das **Gesetz für die gleichberechtigte Teilhabe von Frauen und Männern an Führungspositionen in der Privatwirtschaft und im öffentlichen Dienst** vom 24.4.2015 (BGBl. 2015 I 642, 659), das in weiten Teilen am 1.5.2015 in Kraft getreten ist, weicht davon in Art. 14 in der Konstruktion und zum Teil auch im Ergebnis ab.[84] Das **SEBG** wurde **nicht geändert**. Besteht bei einer börsennotierten SE mit Sitz im Inland (§ 1 SEAG) das **Aufsichtsorgan** aus derselben Zahl von Anteilseigner- und Arbeitnehmervertretern **(paritätische Mitbestimmung)**,[85] „**müssen**" in dem Aufsichtsorgan nach **§ 17 Abs. 2 S. 1 SEAG**, der am 1.1.2016 in Kraft getreten ist, Frauen und Männer jeweils mit einem Anteil von **mindestens 30%** vertreten sein **(Geschlechterquote)**. Es handelt sich ungeachtet §§ 100, 105 AktG um eine **starre Quote**. Ist das Aufsichtsorgan etwa aufgrund einer Beteiligungsvereinbarung **nicht paritätisch besetzt**, sind die Regelungen zur Geschlechterquote **nicht anwendbar**. Der Mindestanteil von jeweils 30% an Frauen und Männern im Aufsichtsorgan ist nach **§ 17 Abs. 2 S. 2 SEAG** bei erforderlich werdenden **Neubesetzungen** einzelner oder mehrerer Sitze im Aufsichtsorgan zu beachten. Reicht die Zahl der neu zu besetzenden Sitze nicht aus, um den Mindestanteil zu erreichen, sind nach **§ 17 Abs. 2 S. 3 SEAG** die Sitze mit Personen des unterrepräsentierten Geschlechts zu besetzen, um dessen Anteil sukzessive zu steigern. Bestehende Mandate können bis zu ihrem regulären Ende wahrgenommen werden (S. 4). Für den **Verwaltungsrat** enthält **§ 24 Abs. 3 SEAG** eine entsprechende Regelung. Die Regelungen zur Geschlechterquote sind **lückenhaft**. Anders als § 96 Abs. 2 S. 2, 3 und 5 AktG unterscheiden § 17 Abs. 2 S. 1 SEAG, § 24 Abs. 3 SEAG zum Beispiel nicht zwischen den Vertretern der Anteilseigner und denjenigen der Arbeitnehmer, sondern beziehen sich auf das jeweilige Aufsichtsorgan als Ganzes **(Gesamterfüllung)**. Dieser Bezugspunkt und systematische Erwägungen sprechen dafür, dass eine Getrennterfüllung des Mindestanteilsgebots ausgeschlossen ist.[86] Die **Rechtsfolgen** einer **quotenwidrigen Wahl** und die Rundung der Personenzahl richten sich dagegen nach **§ 96 AktG**.[87] Die Regelungen zur Geschlechterquote, die mit beachtlichen (wenngleich unterschiedlichen) Gründen für **europarechtswidrig** gehalten werden,[88] sind auch sonst **wenig geglückt**[89] und führen

---

[83] Dazu DAV-Stellungnahme durch den Arbeitsrechtsausschuss, den Genderausschuss, den Handelsrechtsausschuss und den Verwaltungsrechtsausschuss vom Oktober 2014, Rn. 141 (S. 59).

[84] Näher etwa *Stüber* BB 2015, 2243 ff.; *Stüber* DStR 2015, 947 ff.; zur Gesetzesgeschichte *Oetker* FS Windbichler, 2020, 323 (325 ff.).

[85] Davon gab es 2014 erst sieben, *Pütz/Weckes*, Hans Böckler-Stiftung, Mitbestimmungsförderung-Report Nr. 1, November 2014, 5.

[86] Für einen Ausschluss auch Lutter/Hommelhoff/Teichmann/*Drygala* SE-VO Art. 40 Rn. 14 f.; *Grobe* AG 2015, 289 (298); *Junker/Schmidt-Pfitzner* NZG 2015, 929 (932); Lutter/Hommelhoff/*Oetker* Rn. 32; *Oetker* ZHR 179 (2015), 707 (739 ff.); *Oetker* FS Windbichler, 2020, 323 (327 ff.); *Schulz/Ruf* BB 2015, 1155 (1156); *Seibt* ZIP 2015, 1193 (1202); *Stüber* CCZ 2015, 38 (39); dagegen *Teichmann/Rüb* BB 2015, 898 (904 f.).

[87] Lutter/Hommelhoff/Teichmann/*Drygala* SE-VO Art. 40 Rn. 13; *Oetker* ZHR 179 (2015), 707 (739); *Oetker* FS Windbichler, 2020, 323 (340 f.).

[88] ZB *Olbrich/Krois* NZA 2015, 1288 (1291 f.); *Sagan* RdA 2015, 255 (257 f.); für Unionsrechtskonformität dagegen K. *Brandt*, Gleichstellungsquote im Aufsichtsrat der Aktiengesellschaft, 2012, 258 f.; *Henssler/Seidensticker* KSzW 2012, 10 ff.; *Papier/Heidebach* ZGR 2011, 305 ff.; *Spindler/Brandt* NZG 2011, 401 ff.

[89] Aufschlussreich insoweit die Gesetzgebungsgeschichte, dazu *Sagan* RdA 2015, 255 (257); ähnlich *Oetker* ZHR 179 (2015), 707 (710, 739).

zu **zahlreichen Problemen** im nationalen Recht, welche die Arbeitnehmervertreter im Aufsichtsorgan betreffen.[90]

42 Ungeklärt ist, ob und ggf. wie sich der Beschluss des BVerfG zum verfassungsrechtlichen **Schutz des dritten Geschlechts** im Personenstandsrecht[91] auf §§ 17 Abs. 2, 24 Abs. 3 SEAG, die nur von Frauen und Männern sprechen, auswirkt und ob und ggf. wie der Gesetzgeber tätig werden muss. Beide Normen nennen eine Vertretensquote von mindestens 30% für das weibliche und das männliche Geschlecht. Ausgehend von deutschlandweit etwa 160.000 Betroffenen (0,2% der Gesamtbevölkerung), von denen jedenfalls das BVerfG ausgeht,[92] ist praktisch aber kaum eine Konstellation vorstellbar, in der die 30%-Quote auch für Menschen des dritten Geschlechts relevant werden kann.

43 **5. Rechtsschutz.** In Umsetzung von Art. 12 Abs. 2 Beteiligungs-RL gewähren **§ 2a Abs. 1 Nr. 3 lit. e ArbGG, §§ 80 ff. ArbGG** entsprechend den bereits vorhandenen Zuständigkeitsregelungen für die Betriebsverfassung (Nr. 1), die Mitbestimmungsgesetze (Nr. 3) und den Europäischen Betriebsrat (Nr. 3b) Rechtsschutz im **arbeitsgerichtlichen Beschlussverfahren** für **alle Streitigkeiten** aus dem SEBG.[93] Auch für Streitigkeiten über die Wahl der Arbeitnehmervertreter in das Aufsichts- oder Verwaltungsorgan sowie deren Abberufung mit Ausnahme der Abberufung nach § 103 Abs. 3 AktG sind die Gerichte für Arbeitssachen wie nach § 2a Nr. 3 lit. e ArbGG zuständig. Darüber hinausgehende Zuständigkeiten der **ordentlichen Gerichtsbarkeit** zB über Beschlüsse der Hauptversammlung oder beim aktienrechtlichen Statusverfahren bleiben davon unberührt.[94] **Örtlich zuständig** ist nach **§ 82 Abs. 3 ArbGG** das Arbeitsgericht, in dessen Bezirk die SE ihren Sitz hat, vor ihrer Eintragung das Arbeitsgericht, in dessen Bezirk die SE ihren Sitz haben soll, der gem. Art. 20 Abs. 1 S. 2 lit. a SE-VO, Art. 32 Abs. 2 S. 3 SE-VO im Verschmelzungs- oder Gründungsplan festgelegt sein muss. Über den insoweit zu engen Wortlaut hinaus besteht eine Zuständigkeit auch für Streitigkeiten, welche die Wahl der deutschen Mitglieder des bVG betreffen, wenn die SE ihren **Sitz in einem anderen Mitgliedstaat** haben soll; örtlich zuständig ist in diesem Fall das Arbeitsgericht am Sitz der deutschen Tochtergesellschaft oder des deutschen Betriebs. § 10 S. 1 ArbGG legt die **Parteifähigkeit** der nach dem SEBG beteiligten Personen und Stellen – insbesondere des bVG und des SE-Betriebsrats – fest. **Einstweiliger Rechtsschutz** ist möglich.[95] Für das Straf- und Ordnungswidrigkeitenverfahren (§§ 45, 46) gelten die allgemeinen Zuständigkeitsregelungen; die Gerichte für Arbeitssachen sind nicht zuständig.

IV. Praxis der SE

44 Die anfangs mit Skepsis aufgenommene Rechtsform der SE kann man jedenfalls in Deutschland mittlerweile als **Erfolgsmodell** bezeichnen.[96] Das Europäische Gewerkschaftsinstitut (etui) gibt auf seiner Homepage regelmäßig Informationen dazu heraus.[97] Zum **31.12.2019** gab es in Europa danach **3.276 SEs**. Im Ländervergleich liegt Tschechien weit vorne, allerdings gibt es in Deutschland, das an zweiter Stelle liegt, deutlich mehr operativ tätige SEs mit mehr als fünf Arbeitnehmern als in Tschechien.[98] Solche SEs bezeichnet etui als „**normale SEs**". Sie machen zum 30.6.2018 etwa nur ein Sechstel aller SEs aus, 307

---

[90] Dazu näher *Hohenstatt/Wendler* in Hohenstatt/Seibt, Geschlechter- und Frauenquoten in der Privatwirtschaft, 2015, Rn. 333 ff.; *Sagan* RdA 2015, 255 (256 f.), jeweils mwN.
[91] BVerfG NZFam 2017, 1141 (1145 ff.).
[92] BVerfG NZFam 2017, 1141 (1142).
[93] Näher dazu *Forst*, Die Beteiligungsvereinbarung nach § 21 SEBG, 2010, 357 ff.; *Hoops*, Die Mitbestimmungsvereinbarung in der SE, 2009, 198 ff.; *Wißmann* FS Richardi, 2007, 841 ff., jeweils mwN.
[94] Vgl. BR-Drs. 438/04, 147; Nagel/Freis/Kleinsorge/*Kleinsorge* Einf. SE Rn. 90 f.
[95] *Wißmann* FS Richardi, 2007, 841 (849, 855).
[96] Zu den Vorzügen der SE MHdB ArbR/*Naber/Sittard* § 384 Rn. 1 ff.
[97] Einzelheiten hier: http://ecdb.worker-participation.eu (zuletzt abgerufen am 5.8.2020).
[98] Einzelheiten bei *Anders Carlson* SE Companies: http://www.worker-participation.eu/European-Company-SE/Latest-developments/Societas-Europaea-latest-developments-update-by-Anders-Carlson-Workers-Participation-Europe-Network (zuletzt abgerufen am 5.8.2018).

von 553 der „normalen" SEs entfallen auf Deutschland.[99] Sie sind abzugrenzen von „**Leer-SEs**", die Arbeitnehmer beschäftigen, aber nicht operativ tätig sind, sowie „**Vorrats-SEs**" (die weder operativ tätig sind, noch Arbeitnehmer beschäftigen) sowie „**Mikro-SEs**", die weniger als fünf Arbeitnehmer beschäftigen. Außerdem gibt es noch die Kategorie der „**UFO-SE**". Das sind SEs, die wahrscheinlich operativ tätig sind, über die aber nicht ausreichende Informationen vorliegen. Zum 30.6.2018 hatten in Deutschland 36% alles SEs eine **dualistische** Aufsichtsratsstruktur und 64% eine **monistische**.[100]

Die **Motive für die Rechtswahl der SE** sind nicht einfach zu ermitteln.[101] Befragt man 45 Unternehmen, werden als Gründe zumeist das europäische Image der SE,[102] der supranationale Charakter, die Möglichkeit, die Organisationsstruktur auswählen zu können (monistisches oder dualistisches System), und vor allem in Deutschland die **Gestaltungsmöglichkeiten bei der (unternehmerischen) Mitbestimmung** genannt: Dazu gehören vor allem das Einfrieren der bisherigen Mitbestimmungsfreiheit oder der bisherigen Drittelparität sowie die Reduzierung der Aufsichtsratsgröße und die Sicherung einer bestehenden Aufsichtsratsgröße, aber auch die Möglichkeit, Vertreter unterschiedlicher Mitgliedstaaten in das Aufsichts- oder Verwaltungsorgan aufzunehmen, auf einen Vertreter der leitenden Angestellten im Aufsichtsrat zu verzichten oder die kostenträchtige Wahl der Arbeitnehmervertreter durch ein Verfahren der Entsendung aus dem Betriebsrat zu ersetzen.[103] Praktisch bislang eher zurückhaltend genutzt und mit dem Inkrafttreten der RL 2005/56/EG (heute: GesR-RL; → Rn. 54) nunmehr relativiert worden ist die Möglichkeit, den Sitz der SE verlegen zu können. Mit Blick auf die skizzierte Beliebtheit der SE ist es erstaunlich, dass bislang erst wenige Gerichtsentscheidungen mit SE-Bezug ergangen sind, die überwiegend das Arbeitnehmerbeteiligungsverfahren betreffen, sich aber nur auf wenige Fragestellungen beziehen.[104]

V. Rechtspolitische Bewertung

Die rechtspolitische Bewertung des SEBG fällt nicht einfach. Seine Gesetzestechnik 46 ist kein Glanzstück. Seine Lesbarkeit und Verständlichkeit wird wie bei vielen Gesetzen jüngeren Datums durch überlange Vorschriften und zahlreiche gesetzesinterne Verweisungen erschwert.[105] Sachlich ist zu unterscheiden. Der **Vorrang der Verhandlungslösung** ist wie schon beim Europäischen Betriebsrat und dem EBRG zu begrüßen, weil die vertragliche Gestaltungsfreiheit Priorität gegenüber hoheitlicher Gestaltung genießt.[106] Besonders große Unternehmen können ihre mitbestimmten Aufsichtsräte verkleinern, auf diese Weise ihre Corporate Governance effektuieren und durch die stärkere Beteiligung ausländischer Arbeitnehmer eine gerechtere Repräsentation ihrer internationalen Belegschaft erreichen, möglicherweise auch den Einfluss deutscher Gewerkschaftsvertreter im Aufsichtsrat zurückdrängen.[107] Der Mittelstand kann sich mit Hilfe der Gestaltungsmöglichkeiten des SEBG in wachsenden Unternehmen vor der paritätischen Mitbestimmung „schützen".[108] Es ist deshalb kein Zufall, dass das Modell der SE trotz des relativ aufwendigen Verhandlungsverfahrens, das nicht wenige Fragen aufwirft,[109] als „Erfolgsmodell"[110]

---

[99] Https://www.boeckler.de/pdf/pb_mitbestimmung_se_2018_6.pdf (zuletzt abgerufen am 5.8.2020).
[100] Https://www.boeckler.de/pdf/pb_mitbestimmung_se_2018_6.pdf (zuletzt abgerufen am 5.8.2020).
[101] Dazu Habersack/Drinhausen/Hohenstatt/Müller-Bonanni Rn. 81 f.; *Louven/Ernst* BB 2014, 323.
[102] Es dominiert als Motiv neben der Vereinfachung der Unternehmensstruktur für die zahlreichen tschechischen SE-Gründungen, *Eidenmüller/Lasák* FS Hommelhoff, 2012, 187 (192 f.): Mitbestimmung der Arbeitnehmer spielt hier nur eine untergeordnete Rolle.
[103] Vgl. *Witschen* ZGR 2016, 644 (645 f.).
[104] Rechtsprechungsübersicht bei *Bungert/Gotsche* ZIP 2013, 649 ff.
[105] *Braun* Jura 2005, 150 (155): „kompliziert und unübersichtlich".
[106] Vgl. etwa *Fleischer* AcP 204 (2004), 502 (534 f.) mit weiteren Vorteilen; *Kienast* in Jannott/Frodermann SE-HdB Kap. 13 Rn. 561; *Teichmann* BB 2004, 53 (56).
[107] Statt vieler *Schäfer* in Rieble/Junker Vereinbarte Mitbestimmung § 1 Rn. 1.
[108] *Rieble* BB 2006, 2018.
[109] S. nur *Bock*, Mitbestimmung und Niederlassungsfreiheit, 2008, 51 ff. mwN.
[110] *Schäfer* in Rieble/Junker Vereinbarte Mitbestimmung § 1 Rn. 1; ferner etwa *Feldhaus/Vanscheidt* BB 2008, 2246: „Siegeszug"; *Henssler* FS K. Schmidt, 2009, 601; *Henssler* ZHR 173 (2009), 222 f.; *Lunk/Hinrichs* NZA 2007, 773 (780); *Oetker* FS Birk, 2008, 557 (559).

bezeichnet wird[111] (→ Rn. 44) und Reformimpulse für das deutsche Recht, insbesondere für eine Öffnung der deutschen Mitbestimmungsgesetze für Verhandlungslösungen, denen die Zukunft gehören wird, ausgelöst hat.[112] Bei der **gesetzlichen Auffangregelung** ist zu differenzieren.

47 Die Regelungen über den SE-Betriebsrat und die grenzüberschreitende **Unterrichtung und Anhörung** in §§ 22–33 entsprechen weitgehend dem System von Beteiligungsrechten des EBRG.[113] Dort lobt man auf Arbeitnehmerseite die grenzüberschreitende Interessenvertretung und Information vor allem mit Blick auf Mitgliedstaaten ohne oder mit nur schwach ausgeprägten gesetzlichen Beteiligungsrechten. Zudem ermöglicht der Europäische Betriebsrat eine koordinierte Wahrnehmung der Interessen von Arbeitnehmern, die unter ganz unterschiedlichen wirtschaftlichen und rechtlichen Rahmenbedingungen beschäftigt werden. Auf Arbeitgeberseite empfindet man den Europäischen Betriebsrat mit Blick auf die Geheimhaltung von Unternehmensgeheimnissen sowie die Kosten zwar teilweise als Hemmnis, sieht aber überwiegend die Vorteile eines institutionell gefestigten Arbeitnehmergremiums, mit dem über grenzüberschreitende Veränderungen des Unternehmens gesprochen werden kann und mit dessen Hilfe der Belegschaft auch nachteilige Entscheidungen einfacher vermittelt werden können. Diese Überlegungen sind auf den **SE-Betriebsrat** übertragbar, sodass auch in der SE die Vorteile der gesetzlichen Auffanglösung zur grenzüberschreitenden Unterrichtung und Anhörung die Nachteile überwiegen.

48 Anders ist es bei der gesetzlichen Auffangregelung über die **Mitbestimmung im Aufsichts- oder Verwaltungsorgan** nach §§ 34–38, die bei einem Scheitern der Verhandlungen zum Tragen kommt.[114] Die gesetzliche Mitbestimmung bestimmt sich dann gemäß dem Vorher-Nachher-Prinzip nach dem höchsten anzutreffenden Mitbestimmungsstandard in den beteiligten Gesellschaften. Die Nachteile dieses „kardinalen Konstruktionsfehlers"[115] liegen nicht nur in einer vor diesem Hintergrund verminderten Verhandlungsbereitschaft der Arbeitnehmerseite,[116] sondern vor allem darin, dass das deutsche Mitbestimmungsrecht mit dem europaweit höchsten Standard – die Hälfte der übrigen „EU-Altmitgliedstaaten" kennt keine Unternehmensmitbestimmung, die Mitbestimmungsgesetze der anderen Mitgliedstaaten bleiben weit hinter dem deutschen Mitbestimmungsniveau zurück – ungeachtet seiner Stärken und Schwächen[117] auf diese Weise für deutsche Gesellschaften ein nicht unerheblicher Standortnachteil ist.[118] Hinzu kommen **verfassungsrechtliche Einwände**, welche die Mitbestimmung im monistischen System betreffen (näher → § 35 Rn. 16 ff.).[119]

---

[111] Empirische Bestandsaufnahme bei *Eidenmüller/Engert/Hornuf* AG 2008, 721 ff.
[112] Vgl. *Raiser* Gutachten B, Verh. 66. DJT, Bd. I, 2006, Teil B; Bericht der Kommission Mitbestimmung von BDA und BDI, Mitbestimmung modernisieren, 2004; Kommission zur Modernisierung der deutschen Unternehmensmitbestimmung, Bericht der wissenschaftlichen Mitglieder der Kommission, 2006; Arbeitskreis „Unternehmerische Mitbestimmung", Entwurf einer Regelung zur Mitbestimmungsvereinbarung sowie zur Größe des mitbestimmten Aufsichtsrats, ZIP 2009, 885 ff.; dazu die Beiträge von *Hommelhoff, Teichmann, Kraushaar, Hellwig/Behme* ZIP 2009, 1791; ferner von *Habersack, Hanau, Jacobs, Teichmann* und *Veil* in ZIP-Beil. 48/2009; vgl. ferner statt vieler *Fleischer* AcP 204 (2004), 502 (536 ff.); *Fleischer* RdA 2005, 330 ff.; *Reichold* JZ 2006, 812 ff.; *Rieble* NJW 2006, 2214 ff.; *Roth* ZfA 2004, 431 (434 ff., 461) und passim.
[113] Zu dessen rechtspolitischer Bewertung als Überblick HWK/*Giesen* EBRG Rn. 6; näher *Schieck* RdA 2001, 219 ff., jeweils mwN.
[114] Krit. deshalb auch *Fleischer* AcP 204 (2004), 502 (535 f.); *Heinze* ZGR 2002, 66 (69 ff.); *Henssler* FS Ulmer, 2003, 193 (199 f.), jeweils für die Beteiligungs-RL.
[115] *Fleischer* AcP 204 (2004), 502 (535) für die Beteiligungs-RL; ferner *Lieb/Jacobs* Rn. 922.
[116] *Fleischer* AcP 204 (2004), 502 (535); ähnlich *Reichert/Brandes* ZGR 2003, 780; anders *Köstler* ZGR 2003, 800 (802), jeweils für die Beteiligungs-RL.
[117] Zu ihnen *Fleischer* AcP 204 (2004), 502 (536 ff.); zum europäischen Vergleich der deutschen Mitbestimmung etwa *Junker* ZfA 2005, 1 (16 ff.) mwN.
[118] Stellungnahme BR, BT-Drs. 15/3656, 1; Stellungnahme von BDA, BDI, DIHK, GDV, BdB und DAI zum RefE eines SEEG vom 3.5.2004, 7; *Fleischer* AcP 204 (2004), 502 (535 f.): „wettbewerbsverzerrende Wirkungen"; *Heinze* ZGR 2002, 66 (92); *Junker* ZfA 2005, 1 (16 ff., 36 f.) und passim; *Lutter* BB 2002, 1 (5); *Wisskirchen/Prinz* DB 2004, 2638 (2642); abw. *Köstler* ZGR 2003, 800 (801 f.).
[119] Stellungnahme von BDA, BDI, DIHK, GDV, BdB und DAI zum RefE eines SEEG vom 3.5.2004, 7; *Henssler* FS Ulmer, 2003, 193 (200 ff.); *Henssler* ZHR 173 (2009), 246 f.; *Kämmerer/Veil* ZIP 2005, 369 ff.; außerdem *Bachmann* ZGR 2008, 779 ff., jeweils mwN.

Vorbemerkung 49, 50 Vor § 1 SEBG

Überdies hat der Gesetzgeber nicht einmal von der Ermächtigung in Art. 7 Abs. 3 Beteiligungs-RL Gebrauch gemacht und wenigstens für den Fall der Verschmelzung von der Umsetzung zur Auffangregelung zur Mitbestimmung (Anh. Teil 3 Beteiligungs-RL) abgesehen.[120] Der Weg zu einer ausgewogenen, für alle Beteiligten annehmbaren Mitbestimmungslösung, die das gesetzliche Auffangmodell mit einer Zubilligung von einem Fünftel der Aufsichts- oder Verwaltungsorgansitze (mindestens aber zwei Mandaten) der Arbeitnehmerseite (→ Vor § 1 Rn. 5) oder eine generelle Drittelbeteiligung geboten hätte, ist indessen nicht durch das SEBG, sondern bereits durch die Entscheidung des europäischen Normgebers und damit durch die Vorgaben der Beteiligungs-RL verbaut worden.

VI. Reformbedarf und -bestrebungen

Nach Art. 15 Beteiligungs-RL musste die Anwendung der Beteiligungs-RL spätestens zum 8.10.2007 überprüft werden, die SE-VO gem. Art. 69 SE-VO spätestens zum 8.10.2009. Die Europäische Kommission ließ für die **Beteiligungs-RL** einen **Länderbericht** anfertigen,[121] vor dessen Hintergrund – damals waren erst in 13 Mitgliedstaaten SEs eingetragen, in lediglich zwei Mitgliedstaaten (Deutschland und Tschechien) waren mehr als zehn SE-Gründungen erfolgt (inzwischen hat die Zahl der SE-Gründungen die Zahl von 3.276 erreicht, Stand: 31.12.2019; → Rn. 44) – sie in einer **Mitteilung vom 30.9.2008** vor allem die „Mitbestimmung der Arbeitnehmer auf Unternehmensgruppenebene", „Änderungen der SE nach ihrer Gründung", die „Mitbestimmungsrechte der Arbeitnehmer bei Umwandlung der SE in eine Aktiengesellschaft" sowie die „Komplexität des Verfahrens für die Beteiligung der Arbeitnehmer" als Problemschwerpunkte hervorhob, konkrete Reformmaßnahmen einstweilen aber für verfrüht hielt.[122] Für die **SE-VO** benennt der Bericht der Europäischen Kommission vom **17.11.2010** die Schwierigkeiten der Gründung der SE; auch dieser Bericht streift einige Fragen, welche die Arbeitnehmerbeteiligung betreffen.[123]

Nach mehrjährigem Schweigen befasste sich die **Europäische Kommission** später in 50 mehreren Anläufen wieder verstärkt mit der SE:[124] So plante sie in ihrem Ende 2011 veröffentlichten Arbeitsprogramm für das Jahr 2013 die Annahme einer Initiative zur Ermittlung möglicher Verbesserungspotentiale der Beteiligungs-RL bei gleichzeitiger Vereinfachung der Bestimmungen zur Arbeitnehmerbeteiligung in der SE. Dabei hielt die Europäische Kommission zunächst noch Vereinfachungen im Bereich der Arbeitnehmerbeteiligung im Falle von Änderungen nach der Eintragung der SE sowie eine bessere Verknüpfung der nationalen und transnationalen Beteiligungsebene und der Mitbestimmung auf Unternehmensgruppenebene für möglich.[125] Indes kam die Europäische Kommission **Ende 2012** im **Aktionsplan „Europäisches Gesellschaftsrecht und Corporate Governance"** zu dem Schluss, dass die erwarteten Vorteile einer Überarbeitung im Sinne einer Vereinfachung

---

[120] So die Aufforderung durch den Bundesrat im Gesetzgebungsverfahren, Stellungnahme des Bundesrats vom 9.7.2004, BT-Drs. 15/3656, 1 f.
[121] „Studies on the implementation of Labour Law Directives in the enlarged European Union – Directive 2001/86/EG supplementing the European Company with regard to the involvement of employees" by *Fernando Valdés Dal-Ré*.
[122] Mitteilung der Kommission zur Überprüfung der RL 2001/86/EG vom 8.10.2001 zur Ergänzung des Statuts der Europäischen Gesellschaft hinsichtlich der Beteiligung der Arbeitnehmer vom 30.9.2008, KOM (2008) 591 endg.; zur SE-VO vgl. die von der Kommission bei Ernst & Young in Auftrag gegebene Study on the operation and the impacts of the Statute for a European Company (SE) – 2008/S 144–192482, Final Report, vom 9.12.2009 mit Änderungsvorschlägen für die SE-VO.
[123] Bericht der Kommission an das Europäische Parlament und den Rat über die Anwendung der SE-VO vom 17.11.2010, KOM (2010) 676, 1 ff.; dazu *Kiem* CFL 2011, 134 ff.; zuvor hatte die Kommission bei Ernst & Young eine breit angelegte Untersuchung in Auftrag gegeben, welche die praktischen Erfahrungen im Umgang mit dem SE-Statut aufarbeiten sollte: Study on the operation of the impacts of the Statute for a European Company (SE) – 2008/S 144–192482, Final Report, vom 9.12.2009 (mit Änderungsvorschlägen für die SE-VO).
[124] Zum Folgenden *Ramcke*, Die Konkretisierung des Missbrauchsverbots der SE, 2015, 53 ff.
[125] Anh. II zur Mitteilung KOM (2011) 777 endg./2 vom 5.12.2011, 45.

und Revision der SE-VO und der Beteiligungs-RL „die potenziellen Herausforderungen bei einer Neueröffnung der Diskussion nicht aufwiegen würden", und sah erneut von einer Revision ab. Stattdessen kündigte sie an, eine **„Informationskampagne zur Stärkung der Kenntnisse"** über das Statut der SE „im Rahmen einer umfassenden Website zu lancieren, um praktische Ratschläge und Unterlagen über das Statut gemeinsam vorzulegen."[126] Das „SE-Portal" enttäuschte aber.[127]

51 Auch im Schrifttum hat man sich Gedanken ungeachtet der erwähnten Grundfragen über den **Reformbedarf** der SE-VO und der Beteiligungs-RL und auch des SEBG – gerade im Verhältnis zur Beteiligungs-RL – gemacht. Im Mittelpunkt der mitbestimmungsrechtlichen Diskussion stehen verschiedene **Vorschläge**.[128] Zu **begrüßen** sind die Forderungen nach der **Abkoppelung der Registereintragung** von der ordnungsgemäßen Durchführung des Beteiligungsverfahrens durch Streichung des Art. 12 Abs. 2 SE-VO (zu Art. 12 Abs. 2 SE-VO → Vor § 1 Rn. 9; jedenfalls dürfen nicht jegliche Verfahrensfehler die SE-Gründung in Zweifel stellen; zum Ganzen näher → § 21 Rn. 15 ff.), nach einer **Anhebung der mitbestimmungsrelevanten Schwellenwerte** in Art. 7 UAbs. 1 lit. b Beteiligungs-RL (vgl. § 34 Abs. 1 Nr. 2 und auch § 15 Abs. 3 S. 2 Nr. 1) auf ein Drittel statt bislang 25% (vgl. **Art. 133 Abs. 4 lit. b** GesR-RL, früher Art. 16 Abs. 4 lit. b RL 2005/56/EG; § 23 Abs. 1 S. 2 MgVG; → § 34 Rn. 8; → § 15 Rn. 7), nach der **Erstreckung** der Regelung des **Art. 133 Abs. 4 lit. a GesR-RL** (früher Art. 16 Abs. 4 lit. a RL 2005/56/EG) auf die SE, um die gesetzliche Auffangregelung ohne vorhergehende Verhandlungen anwenden zu können, nach einer **besseren Anbindung der Aktionäre** durch die Beteiligung von Anteilseignervertretern schon an den Verhandlungen und zusätzlich durch eine Ratifikation des Verhandlungsergebnisses durch die Hauptversammlung(en) der Gründungsgesellschaft(en), nach einem **bVG auf Seiten der Leitungen** oder einer Beteiligung eines Aktionärsausschusses (→ § 21 Rn. 6 mwN), nach Regelungen zum Umgang mit **Fehlern bei der Konstituierung des bVG** (→ § 10 Rn. 6) und mit **fehlerhaften Mitbestimmungsvereinbarungen** (→ § 21 Rn. 15 ff.), nach Regelungen zum Ende der **Mitbestimmungsvereinbarung** (→ § 18 Rn. 28, → § 21 Rn. 33 ff.), nach einem Rückgriff auf **Schwellenwerte** in der Beteiligungs-RL (und im SEBG) bei der Gründung einer Tochter-SE (→ Vor § 1 Rn. 10 mwN) und – gerade mit Blick auf die verfassungsrechtlichen Einwände bei § 35 SEBG – nach einer **Begrenzung der Auffangregelung auf die Drittelparität im monistischen System,** wie sie **Art. 133 Abs. 4 lit. c GesR-RL** (früher Art. 16 Abs. 4 lit. c RL 2005/56/EG) für die grenzüberschreitende Verschmelzung gestattet; im MgVG allerdings nicht umgesetzt (→ Vor § 1 Rn. 58, → § 35 Rn. 16 ff. mwN). **Erwägenswert** ist eine **behutsame Ausweitung der Gestaltungsfreiheit** beim Abschluss der Mitbestimmungsvereinbarung durch eine punktuelle Ergänzung des Katalogs des § 21 Abs. 3; zu weit geht die Forderung nach einem generellen Vorrang der Mitbestimmungsvereinbarung vor der Satzungsstrenge (§ 23 AktG; → § 21 Rn. 25 ff., → § 21 Rn. 42 ff., → § 21 Rn. 34 ff. mwN). Prinzipiell wünschenswert ist ebenfalls eine **Optimierung des Verhandlungsverfahrens.** Allerdings ist das Vereinfachungspotential mit Blick auf die Komplexität der Verhandlungsgegenstände und die Einbindung aller (auch ausländischen) Belegschaften der an der Gründung der SE beteiligten Gesellschaften vermutlich gering. Zudem ist zu bedenken, dass das Verhandlungsverfahren, das in der Beteiligungs-RL und auch im SEBG niedergelegt ist, der Kompromiss einer jahrzehntelangen Diskussion

---

[126] Aktionsplan: Europäisches Gesellschaftsrecht und Corporate Governance – ein moderner Rechtsrahmen für engagiertere Aktionäre und besser überlebensfähige Unternehmen, Mitteilung der Kommission vom 12.12.2012, COM (2012) 740 final, 16.
[127] *Bayer/Schmidt* BB 2014, 1219.
[128] Näher dazu vor allem AAK ZIP 2009, 698 f. mit acht „wichtigsten Änderungsvorschlägen zur SE-VO" vor allem auch zur Mitbestimmung; AAK ZIP 2010, 2221 ff. mit Vorschlägen zur Reform der Mitbestimmung in der SE; ergänzend AAK ZIP 2011, 1841 ff.; ferner ausf. *Henssler* ZHR 173 (2009), 222 ff.; *Kiem* ZHR 173 (2009), 156 (170 ff.); Nagel/Freis/Kleinsorge/*Kleinsorge* Einf. SE Rn. 95 ff.; *Weiss* FS Windbichler, 2020, 425 (434 f.); ferner *Casper* ZHR 173 (2009), 181 ff. mit gesellschaftsrechtlichen Reformvorschlägen, jeweils mwN.

ist, die nicht ohne Not erneut begonnen werden sollte. Eine stringente Trennung in der Beteiligungsvereinbarung zwischen unternehmerischer und betrieblicher Mitbestimmung, die ebenfalls vorgeschlagen wird, ist hingegen **abzulehnen** (→ § 21 Rn. 2),[129] ebenso die Forderung nach einer „Klarstellung" im SEBG, die Zahl der Mitglieder im SE-Aufsichtsrat sowie die Gewichtung zwischen der Anteilseigner- und der Arbeitnehmerseite anzupassen, wenn die vorgegebenen Schwellenwerte in den jeweiligen deutschen Mitbestimmungsgesetzen überschritten werden (dazu de lege lata → § 18 Rn. 19).[130] Weitere als reformbedürftig empfundene Schwächen der Beteiligungs-RL betreffen die de lege lata nicht geregelte und deshalb umstrittene Frage nach der Beteiligungspflichtigkeit bei der **Sekundärgründung einer SE-Tochter** (→ Vor § 1 Rn. 11 ff. mwN) und der **Gründung** (oder **wirtschaftlichen Neugründung**) **einer Vorrats-SE** (→ Vor § 3 Rn. 3 ff. mwN) sowie die **strukturelle Änderung,** die Neuverhandlungen erforderlich macht, wenn sie mit einer Minderung der Beteiligungsrechte verbunden ist (eine ausdrückliche Regelung enthält die Beteiligungs-RL – sieht man von Erwägungsgrund 18 Beteiligungs-RL einmal ab – nicht, vgl. aber § 18 Abs. 3 → § 18 Rn. 6, 24, 27 mwN), und damit zusammenhängend die problematische Vorschrift zum Missbrauch einer SE (→ § 43 Rn. 1 ff.).[131] Das SEBG ist außerdem an einigen Stellen **nicht richtlinienkonform** umgesetzt, etwa in § 8 Abs. 2 S. 2 (Vertretung von Arbeitnehmern, die in ihren Betrieben oder Unternehmen keinen Betriebsrat gewählt haben, durch das Wahlgremium; → § 8 Rn. 8 mwN), nach zum Teil vertretener Auffassung auch in § 6 Abs. 3 (Berücksichtigung von Gewerkschaftsvertretern → § 6 Rn. 6 mwN), in § 15 Abs. 3 S. 2 Nr. 1 und 2 und § 34 Abs. 1 Nr. 2 und 3 (Einbeziehung von betroffenen Tochtergesellschaften; → § 15 Rn. 10 f.; → § 34 Rn. 15 mwN), in § 15 Abs. 4 Nr. 2 (→ § 15 Rn. 16 mwN) oder in § 39 (→ § 39 Rn. 2 mwN). Auch insoweit besteht – bei Richtlinienwidrigkeit – Reformbedarf.

C. Arbeitnehmerbeteiligung in der SCE und bei grenzüberschreitenden Verschmelzungen

I. SCE-Beteiligungsgesetz (SCEBG)

Die SE ist nicht die einzige Rechtsform des Unionsrechts für die grenzüberschreitende **52** Organisation von Unternehmen geblieben. In Umsetzung der VO (EG) 1465/2003 über das Statut der **Europäischen Genossenschaft** (societas cooperativa europaea – SCE; SCE-VO) und der RL 2003/72/EG zur Ergänzung des Statuts der Europäischen Genossenschaft hinsichtlich der Beteiligung der Arbeitnehmer (SCE-RL) steht seit dem 18.8.2006 auch die **SCE** als Rechtsform zur Verfügung, deren Einsatzmöglichkeiten allerdings wegen des erforderlichen Zwecks – Deckung des Bedarfs ihrer Mitglieder oder Förderung von deren wirtschaftlichen oder sozialen Aktivitäten (Art. 1 Abs. 3 SCE-VO) – im Vergleich zur SE sehr begrenzt sind.[132] Rechtsgrundlage für sie ist neben der **SCE-VO** und den ergänzenden nationalen Vorschriften wie dem GenG und dem Gesetz zur Ausführung der VO (EG) 1435/2003 des Rates vom 22.7.2003 über das Statut der Europäischen Genossenschaft (SCE) (SCE-Ausführungsgesetz – **SCEAG**) vom 14.8.2006 (BGBl. 2006 I S. 1911) das Gesetz über die Beteiligung der Arbeitnehmer und Arbeitnehmerinnen in einer Europäischen Genossenschaft (SCE-Beteiligungsgesetz – **SCEBG**) vom 14.8.2006 (BGBl. 2006 I S. 1917), das in den allermeisten Teilen den Regelungen des SEBG folgt und nur geringe Abweichungen enthält.[133] Sie betreffen die Sitzgarantie der Gewerkschaften (lies § 6 Abs. 3

---

[129] Wie hier *Rieble* in Rieble/Junker Vereinbarte Mitbestimmung § 3 Rn. 6.
[130] SPD-Regierungsprogramm vom 25.6.2017, 24; Fraktion Bündnis 90/Die Grünen, BT-Drs. 18/10253 vom 9.11.2016; dagegen zu Recht *Bauer* NZA-Beil. 2017, 85 (88).
[131] Zum Vorschlag für eine einheitliche Konkretisierung des Missbrauchsverbots (Art. 11 Beteiligungs-RL) de lege ferenda *Ramcke*, Die Konkretisierung des Missbrauchsverbots der SE, 2015, 353 ff.
[132] Vgl. aber neuerdings *Bayer/Schmidt* BB 2014, 1219 mwN: „neuerdings ein deutlicher Zuwachs".
[133] Synopse der Vorschriften des SEBG, des SCEBG und des MgVG bei Lutter/Hommelhoff/Teichmann/Oetker Vor § 1 Rn. 43.

SECBG, § 6 Abs. 3), die Verteilung der Zahl der auf Deutschland entfallenden Mitglieder des bVG, wenn sie höher ist als die Zahl der an der Gründung der SCE/SE beteiligten juristischen Personen mit Sitz im Inland (§ 7 SCEBG, § 7 Abs. 4), die Reichweite des Wahlvorschlagsrechts der Gewerkschaften (§ 8 Abs. 1 S. 2 SCEBG, § 8 Abs. 1 S. 2) sowie Aussagen zum Regelungsinhalt der Beteiligungsvereinbarung im Fall struktureller Änderungen (§ 21 Abs. 3 S. 2 Nr. 4 SCEBG, § 21 Abs. 4).[134] Anders als die SE kann die SCE auch durch **natürliche Personen** gegründet werden (Art. 2 Abs. 1 SCE-VO). §§ 40, 41 SCEBG enthalten dazu besondere Bestimmungen.[135]

II. Gesetz über die Mitbestimmung bei grenzüberschreitender Verschmelzung (MgVG)

53   Praktisch weitaus bedeutsamer ist die Mitbestimmung bei der grenzüberschreitenden Verschmelzung. In Umsetzung der nach einem langwierigen Verhandlungsverfahren verabschiedeten RL 2005/56/EG über die Verschmelzung von Kapitalgesellschaften aus verschiedenen Mitgliedstaaten vom 26.10.2005 durch Gesetz vom 21.12.2006 (BGBl. 2006 I 333) ermöglichen §§ 122a–122l UmwG seit dem 25.4.2007 die grenzüberschreitende Verschmelzung von Kapitalgesellschaften, bei der mindestens eines der beteiligten Unternehmen dem Recht eines anderen Mitgliedstaats der EU oder eines anderen Vertragsstaats des EWR unterliegt; Verschmelzungen mit Gesellschaften aus Drittstaaten sind nicht erfasst. Mitbestimmte deutsche Unternehmen könnten damit mittels einer Verschmelzung mit einem ausländischen Unternehmen, das keiner oder einer schwächeren als der deutschen Mitbestimmung unterliegt, das bisherige deutsche Mitbestimmungsstatut abstreifen. Dem tritt **Art. 133** GesR-RL (früher Art. 16 RL 2005/56/EG) und in seiner Umsetzung das Gesetz über die Mitbestimmung der Arbeitnehmer bei einer grenzüberschreitenden Verschmelzung **(MgVG)** entgegen, das am 29.12.2006 in Kraft getreten ist[136] und nicht wenige Umsetzungsdefizite enthält.[137] Es folgt wie das SCEBG in den meisten Punkten den Regelungen des SEBG, es bestehen allerdings auch wichtige **Unterschiede** (→ Rn. 57).[138] Es ist nicht – auch nicht analog – auf grenzüberschreitende Anwachsungen (vgl. § 738 BGB) anzuwenden.[139]

54   **1. Voraussetzungen für die Anwendung der Mitbestimmung kraft Vereinbarung oder kraft Gesetzes.** Auf eine Gesellschaft, die aus einer grenzüberschreitenden Verschmelzung hervorgeht, sind grundsätzlich die Regelungen über die Mitbestimmung der Arbeitnehmer in den Unternehmensorganen des Mitgliedstaats anzuwenden, in dem diese Gesellschaft ihren satzungsmäßigen[140] **Sitz** hat **(§ 4 MgVG).** Die Anwendung des Sitzstaatsprinzips kann aber zu einer Minderung oder zum vollständigen Verlust von Mitbestimmungsrechten der Arbeitnehmer der übertragenden Gesellschaft führen. Daran knüpft **§ 5 MgVG** an, wonach die Regelungen des MgVG über die **Mitbestimmung kraft Vereinbarung** oder **kraft Gesetzes** anwendbar sind, wenn erstens in den sechs Monaten vor der Veröffentlichung des Verschmelzungsplans mindestens eine der beteiligten Gesellschaften durchschnittlich mehr als 500 Arbeitnehmer beschäftigt und in dieser Gesellschaft ein System der Mitbestimmung iSd § 2 Abs. 7 MgVG besteht (Nr. 1), zweitens das für die aus einer grenzüberschreitenden Verschmelzung hervorgehende Gesellschaft maßgebende innerstaatliche Recht nicht mindestens den gleichen Umfang an Mitbestimmung der Arbeitnehmer

---

[134] S. Lutter/Hommelhoff/Teichmann/*Oetker* Vor § 1 Rn. 34.
[135] Zu den weiteren (wenigen) Unterschieden *Kisker* RdA 2006, 206 (208 f.); Nagel/Freis/Kleinsorge/*Kleinsorge* Einf. SCE Rn. 6 ff.
[136] Dazu näher etwa *Habersack* ZHR 171 (2007), 613 ff.; *Lunk/Hinrichs* NZA 2007, 773 ff.; *Müller-Bonanni/Müntefering* BB 2009, 1699 ff.; *Schubert* RdA 2007, 9 ff., jeweils mwN.
[137] Habersack/Drinhausen/*Thüsing/Forst* MgVG Rn. 26.
[138] Vergleichstabelle als Übersicht bei *Morgenroth/Salzmann* NZA-RR 2013, 449 (451); *Müller-Bonanni/Müntefering* BB 2009, 1699 (1703); ferner Habersack/Drinhausen/*Thüsing/Forst* MgVG Rn. 29.
[139] *Müller-Bonanni/Müntefering* NJW 2009, 2347 (2350).
[140] Nagel/Freis/Kleinsorge/*Nagel* MgVG § 4 Rn. 1; *Schubert* RdA 2007, 9 f.

wie in den jeweiligen an der Verschmelzung beteiligten Gesellschaften vorsieht; der Umfang an Mitbestimmung der Arbeitnehmer bemisst sich nach dem Anteil der Arbeitnehmervertreter im Aufsichts- oder Verwaltungsorgan (Nr. 2 lit. a), in Ausschüssen, in denen die Mitbestimmung der Arbeitnehmer erfolgt (Nr. 2 lit. b), oder im Leitungsgremium, das für die Ergebniseinheiten der Gesellschaften zuständig ist (Nr. 2 lit. c),[141] oder drittens das für die aus einer grenzüberschreitenden Verschmelzung hervorgehende Gesellschaft maßgebende innerstaatliche Recht für Arbeitnehmer in Betrieben dieser Gesellschaft, die sich in anderen Mitgliedstaaten befinden, nicht den gleichen Anspruch auf Ausübung von Mitbestimmung vorsieht, wie sie den Arbeitnehmern in demjenigen Mitgliedstaat gewährt werden, in dem die aus der grenzüberschreitenden Verschmelzung hervorgehende Gesellschaft ihren Sitz hat (Nr. 3). Es genügt mit Blick auf den Wortlaut von **Art. 133 Abs. 2** GesR-RL (früher Art. 16 Abs. 2 RL 2005/56/EG) und die Gesetzesmaterialien,[142] dass die Voraussetzungen der drei genannten **Varianten des § 5 MgVG alternativ** gegeben sind; Nr. 1 und Nr. 2 oder Nr. 3 müssen nicht kumulativ erfüllt sein.[143] Diese Sichtweise ist vom EuGH für **Art. 133 Abs. 2** GesR-RL (früher Art. 16 Abs. 2 RL 2005/56/EG) bestätigt worden („drei Ausnahmen").[144]

§ 5 Nr. 1 MgVG bezieht sich entgegen der Gesetzesbegründung[145] nicht nur auf gesetz- 55 liche Mitbestimmungssysteme, sondern auch auf solche auf freiwilliger Basis.[146] In die Berechnung des Schwellenwerts sind aus teleologischen und systematischen Gründen nicht nur die Arbeitnehmer der unmittelbar verschmelzungsbeteiligten Gesellschaften, sondern auch solche Arbeitnehmer einzubeziehen, die diesen Gesellschaften – in Deutschland gem. § 5 Abs. 1 MitbestG, § 2 Abs. 2 DrittelbG – mitbestimmungsrechtlich zuzurechnen sind.[147] Der Schwellenwert bezieht sich nur auf § 5 Nr. 1 MgVG.[148] Der in **§ 5 Nr. 2 MgVG** genannte „Umfang der Mitbestimmung" ist quantitativ nach dem Anteil der Arbeitnehmervertreter in den mitbestimmten Gremien zu bemessen.[149] Der Arbeitsdirektor ist nicht mitzuzählen.[150] **§ 5 Nr. 3 MgVG** knüpft dagegen nicht an den Umfang der Mitbestimmung, sondern an die Beteiligung der ausländischen Arbeitnehmer an der Mitbestimmung an der inländischen Gesellschaft an, die aus der grenzüberschreitenden Verschmelzung hervorgegangen ist. Es kommt bei der Interpretation von § 5 Nr. 3 MgVG nicht auf eine „abstrakte" Auslegung an, sondern auf eine „konkrete" Betrachtungsweise.[151] Bei der Verschmelzung von nicht mitbestimmten Gesellschaften ist deshalb kein Beteiligungsverfahren durchzuführen, vielmehr ist § 4 MgVG anzuwenden. In der Praxis wird der in § 4 MgVG normierte Grundsatz wegen § 5 Nr. 2 und 3 MgVG die Ausnahme bleiben und regelmäßig das MgVG anzuwenden sein.

---

[141] Lit. b und c tragen der Rechtslage in Finnland und Slowenien Rechnung, vgl. Wißmann/Kleinsorge/ Schubert/*Kleinsorge* EU-Recht Rn. 183.
[142] BR-Drs. 540/06, 31, vgl. auch 38, 42.
[143] Wie hier zB *Brandes* ZIP 2008, 2193 (2195); *Diekmann* GS Gruson, 2009, 75 (90); Habersack/Henssler/ *Habersack* MgVG § 5 Rn. 4; *Heuschmid* AuR 2006, 184 (186); HWK/*Hohenstatt/Dzida* MgVG Rn. 8; Krause/ Janko BB 2007, 2194 (2196); *Müller-Bonanni/Müntefering* NJW 2009, 2347 (2349); Nagel/Freis/Kleinsorge/ *Nagel* MgVG § 5 Rn. 1 ff.; *Weng*, Zulässigkeit und Durchführung grenzüberschreitender Verschmelzungen, 2008, 328; aA *Drinhausen/Keinath* AG 2010, 398 (403); *Forst* AG 2013, 590 f.; *Forst* EWiR MgVG § 5 1/13; Lunk/Hinrichs NZA 2007, 773 (774); *Schubert* RdA 2007, 9 (10, 12); Habersack/Drinhausen/Thüsing/*Forst* MgVG § 5 Rn. 2 f.
[144] EuGH EuZW 2013, 662 Rn. 31 – Niederlande/Kommission.
[145] BR-Drs. 540/06, 42; vgl. demgegenüber Begr. des Vorschlags der EU-Kommission vom 18.11.2003 – 2003/0277/COD, 7.
[146] *Brandes* ZIP 2008, 2193 (2195) Fn. 16; *Krause/Janko* BB 2007, 2194 (2196); aA *Schubert* RdA 2007, 9 (10).
[147] Näher *Müller-Bonanni/Müntefering* NJW 2009, 2347 (2349 f.); aA *Brandes* ZIP 2008, 2193 (2195); *Schubert* RdA 2007, 9 (12 f.).
[148] *Brandes* ZIP 2008, 2193 (2195); abw. *Schubert* RdA 2007, 11 ff.
[149] *Krause/Janko* BB 2007, 2194 (2196); *Müller-Bonanni/Müntefering* NJW 2009, 2347 (2348); *Schubert* RdA 2007, 9 (10).
[150] *Brandes* ZIP 2008, 2193 (2915); *Schubert* RdA 2007, 9 (11).
[151] *Müller-Bonanni/Müntefering* NJW 2009, 2347 (2349) mit Beispiel; aA *Brandes* ZIP 2008, 2193 (2194), 2196.

56 **2. Unterschiede zwischen SEBG und MgVG.** SEBG und MgVG unterscheiden sich in wichtigen Punkten.[152] Die **Leitungen** der an der Verschmelzung beteiligten Gesellschaften können sich anders als nach dem SEBG unmittelbar für die Anwendung der gesetzlichen Auffangregelung **entscheiden,** um ein langwieriges Verhandlungsverfahren zu vermeiden (**§ 23 Abs. 1 S. 1 Nr. 3 MgVG;** → § 34 Rn. 21). Die Entscheidung macht die Aufforderung, ein bVG zu bilden (§ 6 Abs. 1 S. 1 MgVG), entbehrlich, entbindet die Leitungen aber nicht von der Pflicht, die Arbeitnehmervertretungen gem. § 6 Abs. 2 und 3 MgVG zu informieren.[153] Entgegen dem Wortlaut und dem systematischen Zusammenspiel von § 23 Abs. 1 S. 1 Nr. 3 und S. 2 MgVG ist für die Wirksamkeit der Entscheidung der Leitungen auch dann kein Beschluss des bVG erforderlich, wenn weniger als ein Drittel der betroffenen Arbeitnehmer einer Form der Mitbestimmung unterliegen; § 23 Abs. 1 S. 2 Nr. 2 MgVG ist insoweit teleologisch zu reduzieren, ein Beschluss des bVG ist nur im Fall des § 23 Abs. 1 S. 1 Nr. 2 MgVG erforderlich.[154] § 23 Abs. 1 S. 1 Nr. 3 MgVG und § 18 S. 1 MgVG stehen zueinander im Verhältnis der Exklusivität, es gilt das Prinzip der zeitlichen Priorität.[155] Die an der grenzüberschreitenden Verschmelzung beteiligten Gesellschaften können das Risiko eines Beschlusses nach § 18 S. 1 MgVG deshalb dadurch vermeiden, dass sie den Beschluss gem. § 23 Abs. 1 S. 1 Nr. 3 MgVG bereits vor der Aufnahme von Verhandlungen fassen. Ob im Fall des § 23 Abs. 1 S. 1 Nr. 3 MgVG überhaupt ein **bVG gebildet** werden muss, ist fraglich.[156] Dafür spricht, dass dem bVG auch in diesem Fall eine Reihe von Aufgaben zukommt (lies §§ 23 Abs. 2 und 25 Abs. 1 S. 3 und Abs. 2 MgVG).[157] Dennoch ist zu differenzieren:[158] Grundsätzlich muss im Fall des § 23 Abs. 1 S. 1 Nr. 3 MgVG kein bVG gebildet werden, bei § 25 Abs. 1 S. 1 MgVG nicht, weil es sich um eine selbst vollziehende Regelung handelt, und auch nicht, wenn der Fall des § 25 Abs. 1 S. 3 MgVG gegeben ist, denn der letzte Sitz fällt dann dem nach der Zahl der Arbeitnehmer größten bislang nicht berücksichtigten Mitgliedstaat zu. Liegen ausnahmsweise die Voraussetzungen von § 25 Abs. 2 MgVG, § 23 Abs. 2 MgVG vor, muss das bVG allerdings gebildet werden.

57 Abweichend von § 15 Abs. 4 Nr. 1 stellt § 17 Abs. 3 Nr. 1 MgVG bei der **Beschlussfassung im bVG** für die Minderung der Mitbestimmungsrechte nicht nur auf den Anteil der Arbeitnehmervertreter im Aufsichts- oder Verwaltungsorgan (lit. a), sondern auch auf deren Anteil in mitbestimmungsrelevanten Ausschüssen (lit. b) oder „im Leitungsgremium, das für die Ergebniseinheiten der Gesellschaften zuständig ist" (lit. c),[159] ab (→ § 15 Rn. 21). Beschließt das bVG, **keine Verhandlungen aufzunehmen** oder bereits begonnene Verhandlungen abzubrechen, bestimmt § 18 S. 3 MgVG abweichend von § 16 Abs. 1, dass die nationalen Vorschriften zur Mitbestimmung im Sitzstaat – in Deutschland also vor allem das MitbestG oder das DrittelbG – anzuwenden sind (§ 16 Abs. 2 S. 2 → § 16 Rn. 4, 8). Diese Regelung stärkt die Verhandlungsposition des bVG erheblich und ist aus Unternehmenssicht ein entscheidender Nachteil der grenzüberschreitenden Verschmelzung gegenüber der Gründung einer SE.[160] Eine **Wiederaufnahme der Verhandlungen** ist im MgVG – anders § 18 – nicht vorgesehen (→ § 18 Rn. 30).[161] § 22 MgVG regelt den **Inhalt**

---

[152] S. nur Wißmann/Kleinsorge/Schubert/*Kleinsorge* EU-Recht Rn. 191 ff.; Synopse der Vorschriften des SEBG, des SCEBG und des MgVG bei Lutter/Hommelhoff/Teichmann/*Oetker* Vor § 1 Rn. 43.
[153] *Brandes* ZIP 2008, 2198; Nagel/Freis/Kleinsorge/*Nagel* MgVG § 6 Rn. 1.
[154] *Brandes* ZIP 2008, 2193 (2197); Müller-Bonanni/*Müntefering* NJW 2009, 2347 (2352); Müller-Bonanni/*Müntefering* BB 2009, 1699 (1701) Fn. 26; aA, ohne Begr. Hinrichs/Lunk NZA 2007, 779.
[155] Müller-Bonanni/*Müntefering* NJW 2009, 2347 (2351 f.); ähnlich *Brandes* ZIP 2008, 2193 (2197).
[156] Dagegen *Brandes* ZIP 2008, 2193 (2197 f.); *Habersack* ZHR 171 (2007), 613 (624); Krause/Janko BB 2007, 2194 (2197); WHSS/*Seibt* Rn. F 166.
[157] Für die Bildung Nagel/Freis/Kleinsorge/*Nagel* MgVG § 23 Rn. 3 ff.; *Schubert* ZIP 2009, 791 f.; *Schubert* RdA 2007, 9 (14).
[158] Richtig Müller-Bonanni/*Müntefering* NJW 2009, 2347 (2352 f.).
[159] Lit. c ist auf das finnische Mitbestimmungsrecht zurückzuführen und wird ohne praktische Bedeutung bleiben, vgl. *Kisker* RdA 2006, 206 (210 f.) mwN.
[160] Müller-Bonanni/*Müntefering* BB 2009, 1699 (1701 f.).
[161] Habersack/Drinhausen/*Thüsing*/Forst MgVG §§ 6–21 Rn. 10.

der **Mitbestimmungsvereinbarung** und entspricht weitgehend § 21, allerdings fehlen in § 22 MgVG die Regelungen zum SE-Betriebsrat und zur Gründung einer SE durch Umwandlung; umgekehrt enthält § 21 – anders als § 22 Abs. 4 MgVG – keine Regelung zur Anpassung der Satzung bei Widerspruch zur Mitbestimmungsvereinbarung (→ § 21 Rn. 72). Das **Gesetz für die gleichberechtigte Teilhabe von Frauen und Männern an Führungspositionen in der Privatwirtschaft und im öffentlichen Dienst** vom 24.4.2015 (BGBl. 2015 I 642, 655; → Rn. 41) enthält in § 96 Abs. 3 AktG eine Regelung zu Geschlechterquoten im Aufsichtsrat einer börsennotierten Gesellschaft, die aus einer grenzüberschreitenden Verschmelzung hervorgegangen ist und bei der nach dem MgVG das Aufsichts- oder Verwaltungsorgan aus derselben Zahl von Anteilseigner- und Arbeitnehmervertretern besteht. Wie bei § 21 Abs. 3 Nr. 1 SEBG umfasst § 22 Abs. 1 Nr. 3 MgVG nicht die Befugnis, die Größe des Aufsichts- oder Verwaltungsorgans festzulegen (zum SEBG → § 21 Rn. 44).[162] Die gesetzliche Auffangregelung greift beim Scheitern der Verhandlungen nur ein, wenn der Schwellenwert von **einem Drittel** überschritten ist (§ 23 Abs. 1 S. 2 MgVG); bei der SE-Gründung durch Verschmelzung sind es lediglich **25%** (§ 34 Abs. 1 Nr. 2 → § 34 Rn. 21). Das bVG kann aber wie bei der Gründung einer SE (→ § 21 Rn. 21) beim Unterschreiten der Schwellenwerte die gesetzliche Auffangregelung beschließen.[163] Die durch Art. 133 Abs. 4 lit. c GesR-RL (früher Art. 16 Abs. 4 lit. c RL 2005/56/EG) eröffnete Möglichkeit, den Anteil der Arbeitnehmervertreter im Verwaltungsorgan der aus der grenzüberschreitenden Verschmelzung hervorgegangenen Gesellschaft beim Eingreifen der Auffangregelung nach vorherigen Verhandlungen – zum Beispiel auf ein Drittel – zu begrenzen, ist nicht in das MgVG übernommen worden.[164] Die **Zahl der Sitze im Aufsichts- oder Verwaltungsorgan** wird nach § 36 Abs. 1 und 2 vom SE-Betriebsrat verteilt, bei der grenzüberschreitenden Verschmelzung übernimmt diese Aufgabe das bVG (§ 25 Abs. 1 und 2 MGVG; → § 36 Rn. 12).

Bei **innerstaatlichen Verschmelzungen,** die der grenzüberschreitenden Verschmelzung nachfolgen, gilt grundsätzlich deutsches Mitbestimmungsrecht (§ 30 S. 1 MgVG). Ist der Umfang der Mitbestimmung der Gesellschaft, die aus der grenzüberschreitenden Gesellschaft hervorgegangen ist, dagegen gem. § 5 Nr. 2 MgVG[165] weiter als derjenige des deutschen Mitbestimmungsrechts, wird dieses Mitbestimmungsniveau für die Dauer von drei Jahren ab Eintragung der grenzüberschreitenden Verschmelzung in das Handelsregister aufrechterhalten (§ 30 S. 2 MgVG). Die Umsetzung von Art. 16 Abs. 7 RL 2005/56/EG (heute: Art. 133 Abs. 7 GesR-RL) ist richtlinienwidrig, da § 30 S. 2 MgVG nicht das von der Richtlinie geforderte Wiederaufleben der Verhandlungs- und der Auffangregelung normiert, sondern kraft Gesetzes die Weitergeltung der in der aus der grenzüberschreitenden Verschmelzung hervorgegangenen Gesellschaft geltenden Mitbestimmungsordnung anordnet.[166] Das MgVG enthält anders als das SEBG (§ 43) und ungeachtet spezieller Normen wie § 30 MgVG keine allgemeine Regelung zum **Rechtsmissbrauch** (→ § 43 Rn. 10).[167] Im Einzelfall ist allerdings das ungeschriebene primärrechtliche Verbot des Rechtsmissbrauchs[168] heranzuziehen,[169] und unter Umständen kann auch die aus Art. 288 Abs. 3 AEUV (früher Art. 10, 249 Abs. 3 EG) folgende Verpflichtung der Mitgliedstaaten, Verstöße

---

[162] AA HWK/*Hohenstatt*/*Dzida* MgVG Rn. 17; zum SEBG näher statt vieler *Jacobs* FS K. Schmidt, 2009, 803 f. mwN.
[163] HWK/*Hohenstatt*/*Dzida* MgVG Rn. 19.
[164] Dazu etwa *Kisker* RdA 2006, 206 (201); *Teichmann* Konzern 2007, 89 (92 f.), jeweils mwN.
[165] Ein Verweis auf § 5 Nr. 3 MgVG fehlt, *Schubert* RdA 2007, 9 (16).
[166] Näher *Habersack* ZHR 171 (2007), 613 (637 ff.): außerdem verfassungswidrig; *Schubert* RdA 2007, 9 (16); aA Nagel/Freis/Kleinsorge/*Kleinsorge* MgVG § 30 Rn. 9 ff.
[167] Krit. zu Recht *Kisker* RdA 2006, 206 (210); *Schubert* RdA 2007, 9 (15); vgl. auch *Ramcke*, Die Konkretisierung des Missbrauchsverbots der SE, 2015, 50 ff.
[168] S. etwa EuGH AP EWG-Verordnung Nr. 574/72 Nr. 2 = NJW 1996, 1881 – Paletta II.
[169] Wißmann/Kleinsorge/Schubert/*Kleinsorge* EU-Recht Rn. 189; MHdB ArbR/*Wißmann* § 287 Rn. 22; aA *Habersack* ZHR 171 (2007), 613 (636); *Müller-Bonanni*/*Müntefering* BB 2009, 1699 (1703); *Teichmann* Konzern 2007, 89 (97); Habersack/Drinhausen/*Thüsing*/Forst MgVG Rn. 24.

gegen das richtlinienumsetzende Recht mit wirksamen Sanktionen zu belegen,[170] zu berücksichtigen sein.

59 Während das SEBG Regelungen zum SE-Betriebsrat enthält (§§ 22 ff.), ist bei der grenzüberschreitenden Verschmelzung die Bildung eines **Betriebsrats** für das entstandene Unternehmen nicht vorgesehen; die Bildung eines Europäischen Betriebsrats ist dagegen anders als in der SE (§ 47 Abs. 1 Nr. 2; → § 47 Rn. 4) unter den im EBRG genannten Voraussetzungen möglich.

D. Rechtspolitischer Ausblick

I. Europäische Privatgesellschaft (SPE)

60 Der am 21.5.2003 vorgelegte Aktionsplan „Modernisierung des Gesellschaftsrechts und Verbesserung der Corporate Governance in der EU"[171] enthält bei den mittelfristigen Maßnahmen (2006 bis 2008) das Vorhaben „Statut der Europäischen Privatgesellschaft". Die Europäische Kommission hat am 25.6.2008 auf Drängen des Europäischen Parlaments[172] einen ersten **Entwurf einer Verordnung** über das Statut der Europäischen Privatgesellschaft (SPE-VO-E) vorgelegt.[173] Die **Europäische Privatgesellschaft** (Societas Privata Europaea, SPE) soll vor allem kleinen und mittleren Unternehmen grenzüberschreitende Tätigkeiten erleichtern und auf diese Weise deren Wettbewerbsfähigkeit stärken. Der Verordnungsentwurf enthält in Art. 34 SPE-VO-E Regelungen zur **Unternehmensmitbestimmung**, eine gesonderte Richtlinie ist nicht vorgesehen. Auch inhaltlich unterscheidet er sich jedenfalls teilweise von dem aus der Beteiligungs-RL, der SCE-RL und der RL 2005/56/EG (heute: GesR-RL) bekannten Modell. Grundsätzlich soll die SPE den Regeln über die **Mitbestimmung des Mitgliedstaats** unterliegen, in dem die SPE ihren **satzungsmäßigen Sitz** hat **(Art. 34 Abs. 1 SPE-VO-E)**. **Verschmilzt** die SPE grenzüberschreitend mit einer anderen eingetragenen SPE oder sonstigen Gesellschaft, sind die Regelungen der Mitgliedstaaten anzuwenden, die diese zur Umsetzung der RL 2005/56/EG (heute: GesR-RL) erlassen haben, in Deutschland also das MgVG (Art. 34 Abs. 3 SPE-VO-E; zum MgVG → Rn. 42 ff.). **Verlegt** die SPE ihren eingetragenen Satzungssitz grenzüberschreitend, ist **Art. 38 SPE-VO-E** anzuwenden (Art. 34 Abs. 2 SPE-VO-E), der – in Anlehnung an die RL 2005/56/EG (heute: GesR-RL), aber mit einigen Abweichungen – spezielle Regelungen zur Vereinbarung über die Mitbestimmung der Arbeitnehmer enthält. Mittlerweile hat die Europäische Kommission ihren SPE-VO-E Ende 2013 mit der Begründung **zurückgezogen,** wegen der erforderlichen Einstimmigkeit im Rat sei keine Einigung in dieser Frage zu erwarten.[174] Ein erneute rechtspolitische Initiative kann insoweit nur erfolgreich sein, wenn für die unternehmerische Mitbestimmung eine konsensfähige Lösung gefunden wird.[175]

---

[170] S. etwa EuGH Slg. 1994, I-2479, 2489 ff. = BeckRS 2004, 76908 – Kommission/Vereinigtes Königreich.

[171] Mitteilung an den Rat und das Europäische Parlament, KOM (2003) 284 endg., abgedruckt in NZG 2003, Sonderbeil. zu Heft 13.

[172] Vgl. *Lehne* GmbHR 2008, R 257.

[173] Vorschlag der Kommission für eine Verordnung des Rates über das Statut der Europäischen Privatgesellschaft, KOM (2008) 396; dazu aus dem Schrifttum krit. vor allem *Hommelhoff/Krause/Teichmann* GmbHR 2008, 1193 ff. mwN, die einen ausf. und ausgewogenen Vorschlag unterbreiten, der an das aus der Beteiligungs-RL bekannte Verhandlungsverfahren anknüpft, das ab einer bestimmten Zahl von betroffenen Arbeitnehmern eingreifen soll; ferner Arbeitskreis Europäisches Unternehmensrecht NZG 2008, 897 ff.; *Hommelhoff* ZEuP 2011, 7 ff.; *Hommelhoff* FS Schneider, 2011, 547 ff.; *Helms* FS Hommelhoff, 2012, 369 (379 f.).

[174] Mitteilung der Kommission an das Europäische Parlament, den Rat, den Europäischen Wirtschafts- und Sozialausschuss und den Ausschuss der Regionen – Arbeitsprogramm der Kommission 2014, 22.10.2013, COM (2013) 739 final, Anh. IV, 28; vgl. dazu *Ramcke*, Die Konkretisierung des Missbrauchsverbots der SE, 2015, 53 ff.

[175] Dazu *Brandes* GmbHR 2018, 825 ff. mwN mit dem Vorschlag, auf das Verhandlungsmodell der SE zurückzugreifen und es weiter zu verbessern (etwa durch eine Ergänzung um Nachverhandlungspflichten bei Überschreiten bestimmter Belegschaftsgrößen und die Einführung einer Mitbestimmungsfreiheit für kleine Gesellschaften).

An die Stelle der SPE soll nach der Vorstellung der Europäischen Kommission die **Socie-** 61
tas Unius Personae (SUP) treten, die nicht als autonome supranationale Rechtsform
konzipiert ist, sondern als Subtyp der jeweiligen nationalen Privatrechtsformen,[176] bei der
die **Arbeitnehmerbeteiligung** aber **nicht angesprochen** ist; sie soll sich alleine nach
nationalem Recht richten.[177]

II. Europäische Stiftung (FE)

Am 8.2.2012 hat die Europäische Kommission einen Vorschlag für eine **Europäische** 62
Stiftung (Fundation Europaea, FE) vorgelegt.[178] Es handelt sich um eine für einen gemeinnützigen Zweck gesondert errichtete Einrichtung mit eigener Rechtspersönlichkeit, die in
allen Mitgliedstaaten uneingeschränkt handlungsfähig ist. Der FE-VO-E enthält in **Art. 38
und Art. 39** auch Regelungen zur **Arbeitnehmerbeteiligung.** Hat die FE mindestens
fünfzig Arbeitnehmer, von denen mindestens jeweils zehn in zwei verschiedenen Mitgliedstaaten beschäftigt sind, muss auf Antrag ein Europäischer Betriebsrat eingerichtet werden
(Einzelheiten in Art. 38 FE-VO-E). Seine Informations- und Konsultationsrechte richten
sich vornehmlich nach einer etwaigen Vereinbarung, subsidiär nach der Richtlinie über die
Europäischen Betriebsräte (RL 2009/38/EG; → Rn. 4; Einzelheiten in Art. 39 FE-VO-
E).[179] Das Europäische Parlament hat in einer legislativen Entschließung am 2.7.2013 eine
ganze Reihe von Änderungen gefordert. Seither hing das Projekt im Europäischen Rat
fest. Im Februar 2014 wurde zwar angekündigt, dass es möglichst schnell weiterverfolgt
werden sollte.[180] Im März 2015 hat die Europäische Kommission ihren Vorschlag aber
zurückgezogen.

III. Verlegung des Satzungssitzes von Kapitalgesellschaften in einen anderen Mitgliedstaat

Fragen nach der Beteiligung der Arbeitnehmer stellen sich auch, wenn der Satzungssitz 63
einer Gesellschaft von einem in einen anderen Mitgliedstaat verlegt werden soll. Nach der
Rspr. des EuGH ist die grenzüberschreitende statutenwechselnde Sitzverlegung (grenzüberschreitender Formwechsel) in einen anderen Mitgliedstaat zulässig.[181] Bis vor einiger Zeit
hatte die Europäische Kommission allerdings keinen Entwurf einer **Sitzverlegungs-RL**
(14. RL) vorgelegt, in dem diese Fragen beantwortet werden könnten. Die für die SE, die
SCE und die grenzüberschreitende Verschmelzung gefundenen Lösungen sind jedenfalls
nicht ohne weiteres auf die Sitzverlegung übertragbar, der zwar ein grenzüberschreitender
Sachverhalt, aber mit nur einer Gesellschaft zugrunde liegt. Für den **grenzüberschreitenden Formwechsel** wird im Schrifttum für eine Analogie zu **§ 18 Abs. 3** plädiert (zu dessen
Voraussetzungen → § 18 Rn. 10 ff.), um eine Minderung von Arbeitnehmerbeteiligungsrechten zu verhindern.[182] Es liege eine strukturelle Änderung vor, da ein gründungsgleicher
Tatbestand (faktische Neugründung der Gesellschaft unter vollständiger Auswechselung des
auf sie anwendbaren Rechts) gegeben sei. Dass eine planwidrige Regelungslücke vorliegt,
ist indessen zweifelhaft. Zudem ist § 18 Abs. 3 auf diese Konstellation nicht zugeschnitten.
Am 25.4.2018 hat die Europäische Kommission einen Vorschlag für eine Richtlinie zur
Änderung der **RL (EU) 2017/1132** über bestimmte Aspekte des Gesellschaftsrechts vom

---

[176] Näher zB *Bayer/Schmidt* BB 2014, 1222 f. mwN.
[177] S. etwa *Drygala* EuZW 2014, 491 (492 f.).
[178] Vorschlag für eine VO des Rates über das Statut der Europäischen Stiftung (FE), KOM (2012) 35; dazu BR-Drs. 74/12 (B); ferner statt vieler etwa *Hüttemann* EuZW 2012, 441 ff. mwN.
[179] Dazu *Cranshaw* DZWiR 2013, 299 (313); *Seifert* AuR 2013, 150 ff., jeweils mwN.
[180] *Bayer/Schmidt* BB 2014, 1220 mwN.
[181] EuGH NJW 2012, 2715 – Vale; s. im Anschluss zB OLG Nürnberg ZIP 2014, 128 betr. grenzüberschreitende Sitzverlegung einer luxemburgischen S.àr.l. nach Deutschland.
[182] *Hushahn* notar 2014, 176 f. zusätzlich unter Verweis auf die entsprechende Geltung des Missbrauchsverbots gemäß § 43; ähnlich *Verse* ZEuP 2013, 458 (482 f.) in Bezug auf mögliche Rechtfertigungsgründe einer Beschränkung.

14.6.2017 in Bezug auf grenzüberschreitende Umwandlungen, Fusionen und Spaltungen vorgelegt (Company Law Package).[183] Sie ist vom Europäischen Parlament und von Europäischen Rat gebilligt und als RL (EU) 2019/2121 vom 27.11.2019 zur Änderung der RL (EU) 2017/1132 in Bezug auf grenzüberschreitende Umwandlungen, Verschmelzungen und Spaltungen erlassen worden.[184] Sie enthält neue Verfahrensregelungen auch für die grenzüberschreitende Umwandlung und Spaltung von Aktiengesellschaften, Kommanditgesellschaften und Gesellschaften mit beschränkter Haftung, das bestehende Verfahren für die grenzüberschreitende Verschmelzung wird durch die neuen Regelungen modifiziert.[185]

---

[183] Dazu *Habersack* ZHR 182 (2018), 495 ff.; *Junker* EuZA 2019, 141 f.; *Noack/Kraft* DB 2018, 1577 ff.
[184] Dazu *Prinz* Editorial SAE 2/2019.
[185] Näher dazu *Teichmann* FS Windbichler, 2020, 395 ff. mwN.

Teil 1. Allgemeine Vorschriften

§ 1 Zielsetzung des Gesetzes

(1) ¹Das Gesetz regelt die Beteiligung der Arbeitnehmer in einer Europäischen Gesellschaft (SE), die Gegenstand der Verordnung (EG) Nr. 2157/2001 des Rates vom 8. Oktober 2001 über das Statut der Europäischen Gesellschaft (ABl. EG Nr. L 294 S. 1) ist. ²Ziel des Gesetzes ist, in einer SE die erworbenen Rechte der Arbeitnehmer (Arbeitnehmerinnen und Arbeitnehmer) auf Beteiligung an Unternehmensentscheidungen zu sichern. ³Maßgeblich für die Ausgestaltung der Beteiligungsrechte der Arbeitnehmer in der SE sind die bestehenden Beteiligungsrechte in den Gesellschaften, die die SE gründen.

(2) ¹Zur Sicherung des Rechts auf grenzüberschreitende Unterrichtung, Anhörung, Mitbestimmung und sonstige Beteiligung der Arbeitnehmer wird eine Vereinbarung über die Beteiligung der Arbeitnehmer in der SE getroffen. ²Kommt es nicht zu einer Vereinbarung, wird eine Beteiligung der Arbeitnehmer in der SE kraft Gesetzes sichergestellt.

(3) Die Vorschriften dieses Gesetzes sowie die nach Absatz 2 zu treffende Vereinbarung sind so auszulegen, dass die Ziele der Europäischen Gemeinschaft, die Beteiligung der Arbeitnehmer in der SE sicherzustellen, gefördert werden.

(4) Die Grundsätze der Absätze 1 bis 3 gelten auch für strukturelle Änderungen einer gegründeten SE sowie für deren Auswirkungen auf die betroffenen Gesellschaften und ihre Arbeitnehmer.

I. Einleitung

§ 1 beschreibt den Regelungsgegenstand des SEBG, seine wesentlichen Ziele sowie die 1 zu deren Erreichung vorgesehenen rechtlichen Grundsätze. Überdies enthält die Vorschrift eine wichtige Grundaussage über die beteiligungsrechtlichen Konsequenzen gesellschaftsrechtlicher Änderungen der SE.

II. Regelungsgegenstände

Das Gesetz regelt wie die Richtlinie (Art. 1 Abs. 1 Beteiligungs-RL) die **Beteiligung** 2 **der Arbeitnehmer in einer SE,** die Gegenstand der SE-VO ist (§ 1 Abs. 1 S. 1). Die Regelungen des SEBG sind dabei auf das Verfahren zur **Gründung** einer SE durch die in Art. 2 SE-VO aufgezählten Gründungsformen zugeschnitten (**Primärgründung**). Die **Sekundärgründung** einer SE ist dagegen **nicht erfasst** (→ Vor § 1 Rn. 10 ff.). Die Regelungen des SEBG gelten entsprechend jedoch auch für **strukturelle Änderungen** einer bereits bestehenden SE, wie § 1 Abs. 4 anders als die Beteiligungs-RL, die dazu keine Regelung enthält (→ Vor § 1 Rn. 29), als Grundsatz anordnet. Das SEBG setzt voraus, dass in den Gründungsgesellschaften **Arbeitnehmer beschäftigt** werden (→ § 3 Rn. 8). Eine Form der Arbeitnehmerbeteiligung muss dagegen nicht in jeder Gründungsgesellschaft existieren, wie zB § 8 Abs. 7 belegt (→ § 8 Rn. 12 ff.).

III. Zielsetzungen und Grundsätze

1. Beteiligung der Arbeitnehmer an Unternehmensentscheidungen. Das **Ziel** 3 **des Gesetzes** besteht nach § 1 Abs. 1 S. 2 darin, in einer SE die erworbenen Rechte der Arbeitnehmer auf **Beteiligung an Unternehmensentscheidungen** zu sichern. Mit dem Erlass des SEBG kommt der deutsche Gesetzgeber seiner Umsetzungspflicht aus Art. 14 Abs. 1 Beteiligungs-RL nach, sodass auch die Zielsetzungen dieser Richtlinie in das SEBG einfließen (→ Vor § 1 Rn. 36). Nach Erwägungsgrund 3 Beteiligungs-RL soll die Richtlinie gewährleisten, dass die Gründung einer SE nicht zur Beseitigung oder zur Einschränkung der Gepflogenheiten der Arbeitnehmerbeteiligung führt, die in den an der Gründung einer SE beteiligten Gesellschaften herrschen. Und in Erwägungsgrund 18 heißt es, die Sicherung erworbener Rechte der Arbeitnehmer über ihre Beteiligung an Unternehmensentscheidungen sei „fundamentaler Grundsatz" und erklärtes Ziel der Richtlinie. **§ 1 Abs. 3** enthält dementsprechend eine wichtige **Auslegungsregel**.[1] Das SEBG und auch die schriftliche Vereinbarung über die Beteiligung der Arbeitnehmer (§ 1 Abs. 2, § 21), die normativ wirkt (→ § 21 Rn. 13), sind grundsätzlich so auszulegen, dass die Ziele der Union, die Beteiligung der Arbeitnehmer in der SE sicherzustellen, gefördert werden **(Gebot einer beteiligungsfreundlichen Auslegung).**[2] Allerdings verdrängt die Vorschrift nicht die neben der teleologischen Auslegung, die insoweit kein Freibrief für jedes beteiligungsfreundliche Auslegungsergebnis ist, stehenden Auslegungsgrundsätze.[3] Dazu gehört auch die richtlinienkonforme Auslegung.[4] Das SEBG darf außerdem nicht so ausgelegt werden, dass es in Widerspruch zur SE-VO steht.[5]

4   **2. Verhandlungsprinzip.** Um das Recht auf grenzüberschreitende Unterrichtung, Anhörung, Mitbestimmung und sonstige Beteiligung (→ § 2 Rn. 24 ff.) der Arbeitnehmer zu sichern, soll ebenfalls entsprechend den Vorgaben der Richtlinie (Art. 1 Abs. 2 sowie Erwägungsgründe 7 und 8 Beteiligungs-RL) vorrangig eine **Vereinbarung** über die Beteiligung der Arbeitnehmer in der SE zwischen den Leitungen sowie einem bVG der Arbeitnehmer, für das die §§ 4–20 besondere Regelungen enthalten, getroffen werden (Verhandlungsprinzip, § 1 Abs. 2 S. 1). Nach Auffassung des Gesetzgebers ist eine solche vertragliche Gestaltung der Arbeitnehmerbeteiligung am besten geeignet, auf der Grundlage der Mitbestimmungstraditionen in den jeweiligen Mitgliedstaaten eine „maßgeschneiderte" und praxisnahe Lösung für die SE zu erreichen.[6] Nur wenn es nicht zu einer solchen Vereinbarung, für die § 21 nähere Vorgaben enthält, kommt, weil die Verhandlungen scheitern, soll eine Beteiligung der Arbeitnehmer in der SE kraft Gesetzes im Wege einer **Auffangregelung** sichergestellt werden (§ 1 Abs. 2 S. 2). Die Beteiligung kraft Gesetzes ist für die grenzüberschreitende Unterrichtung und Anhörung in §§ 22–33 geregelt, für die Mitbestimmung im Aufsichts- oder Verwaltungsorgan in §§ 22, 34–38.

5   **3. Vorher-Nachher-Prinzip.** Zweites entscheidendes Grundprinzip des SEBG ist der Schutz erworbener Rechte der Arbeitnehmer durch das in Erwägungsgrund 18 Beteiligungs-RL ausdrücklich erwähnte, aber auch in den Erwägungsgründen 3, 5, 7, 9 und 18 Beteiligungs-RL anklingende **Vorher-Nachher-Prinzip:** Der bei den Gründungsgesellschaften vorhandene Bestand an Beteiligungsrechten der Arbeitnehmer aus verschiedenen Mitgliedstaaten soll sich auch in der SE wiederfinden. Maßgeblich für die Ausgestaltung der Beteiligungsrechte der Arbeitnehmer in der SE sind demgemäß nach § 1 Abs. 1 S. 3 die bestehenden Beteiligungsrechte in den Gesellschaften, welche die SE gründen. Praktisch geht es nur um die unternehmerische Mitbestimmung. Im SEBG wird das Vorher-Nachher-Prinzip vor allem durch § 15 Abs. 3 und 5 bei der Beschlussfassung im bVG, in § 21 Abs. 6, wonach im Fall einer durch Umwandlung gegründeten SE auch bei einer Verhandlungslösung das Mitbestimmungsniveau der umzuwandelnden Gesellschaft erhalten bleiben muss, sowie in § 35 Abs. 1 und Abs. 2 S. 2 konkretisiert. § 35 Abs. 1 ordnet bei der Umwandlung den Erhalt des Mitbestimmungsstandards der umzuwandelnden Gesellschaft auch für die gesetzliche Auffanglösung an. § 35 Abs. 2 S. 2 bestimmt, dass sich – soweit die Voraussetzun-

---

[1] Insoweit krit. *Windbichler* FS Canaris, Bd. II, 2007, 1423 (1427 f.).
[2] Habersack/Drinhausen/*Hohenstatt/Müller-Bonanni* Rn. 9, 11.
[3] Habersack/Drinhausen/*Hohenstatt/Müller-Bonanni* Rn. 9; vgl. auch Lutter/Hommelhoff/Teichmann/ *Oetker* Rn. 31; *Wirtz*, Der SE-Betriebsrat, 2013, 63.
[4] Lutter/Hommelhoff/Teichmann/*Oetker* Rn. 32.
[5] Lutter/Hommelhoff/Teichmann/*Oetker* Rn. 33.
[6] BR-Drs. 438/04, 103, 108.

gen nach § 34 Abs. 1 Nr. 2 und 3 vorliegen – die Zahl der Arbeitnehmervertreter im Aufsichts- oder Verwaltungsorgan der SE nach dem höchsten Anteil an Arbeitnehmervertretern bemisst, der in den Organen der beteiligten Gesellschaften vor der Eintragung der SE bestanden hat.

IV. Strukturelle Änderungen

In § 1 Abs. 4 ist normiert, dass die Grundsätze des § 1 Abs. 1–3 auch für **strukturelle** **Änderungen** einer gegründeten SE und deren Auswirkungen auf die betroffenen Gesellschaften und ihre Arbeitnehmer gelten. Die Regelung ist durch die Beteiligungs-RL nicht zwingend vorgegeben (→ Vor § 1 Rn. 29). Immerhin heißt es aber in Erwägungsgrund 18 Beteiligungs-RL, das Ziel der Richtlinie, die Rechte der Arbeitnehmer im Wege der Vorher-Nachher-Betrachtung zu sichern, solle nicht nur bei Neugründungen, sondern auch bei strukturellen Änderungen einer bestehenden SE gelten. Im SEBG erfolgt die Konkretisierung des § 1 Abs. 4 vor allem in § 18 Abs. 3, der – wenn dadurch eine Minderung der Beteiligungsrechte der Arbeitnehmer droht – wie schon bei der Gründung der SE eine Verhandlungslösung favorisiert (S. 1 und 2), bei einer ausbleibenden Einigung aber eine gesetzliche Auffanglösung bereit hält (S. 3), ferner in § 21 Abs. 4 (Regelung in Beteiligungsvereinbarung), in § 22 Abs. 2 (Eingreifen der Auffangregelung) und in § 43 (Missbrauchsverbot).[7] Weitere – mindestens mittelbare – Ausprägungen finden sich in § 25 (Überprüfung der Zusammensetzung des SE-Betriebsrats) sowie – allerdings im Zeitraum vor der SE-Gründung – in § 5 Abs. 4 (Neubesetzung des bVG). 6

V. SCEBG und MgVG

§ 1 entspricht **§ 1 SCEBG. § 1 MgVG** ist weitgehend § 1 nachgebildet, allerdings mit der Maßgabe, dass ausschließlich die unternehmerische Mitbestimmung iSd § 2 Abs. 7 SCEBG (entspricht § 2 Abs. 12) betroffen ist. Eine § 1 Abs. 4 entsprechende Regelung fehlt. 7

§ 2 Begriffsbestimmungen

(1) [1]**Der Begriff des Arbeitnehmers richtet sich nach den Rechtsvorschriften und Gepflogenheiten der jeweiligen Mitgliedstaaten.** [2]**Arbeitnehmer eines inländischen Unternehmens oder Betriebs sind Arbeiter und Angestellte einschließlich der zu ihrer Berufsausbildung Beschäftigten und der in § 5 Abs. 3 Satz 2 des Betriebsverfassungsgesetzes genannten leitenden Angestellten, unabhängig davon, ob sie im Betrieb, im Außendienst oder mit Telearbeit beschäftigt werden.** [3]**Als Arbeitnehmer gelten auch die in Heimarbeit Beschäftigten, die in der Hauptsache für das Unternehmen oder den Betrieb arbeiten.**

(2) **Beteiligte Gesellschaften sind die Gesellschaften, die unmittelbar an der Gründung einer SE beteiligt sind.**

(3) [1]**Tochtergesellschaften sind rechtlich selbstständige Unternehmen, auf die eine andere Gesellschaft einen beherrschenden Einfluss im Sinne von Artikel 3 Abs. 2 bis 7 der Richtlinie 94/45/EG des Rates vom 22. September 1994 über die Einsetzung eines Europäischen Betriebsrats oder die Schaffung eines Verfahrens zur Unterrichtung und Anhörung der Arbeitnehmer in gemeinschaftsweit operierenden Unternehmen und Unternehmensgruppen (ABl. EG Nr. L 254 S. 64) ausüben kann.** [2]**§ 6 Abs. 2 bis 4 des Europäischen Betriebsräte-Gesetzes vom 28. Oktober 1996 (BGBl. I S. 1548, 2022) ist anzuwenden.**

(4) **Betroffene Tochtergesellschaften oder betroffene Betriebe sind Tochtergesellschaften oder Betriebe einer beteiligten Gesellschaft, die zu Tochtergesellschaften oder Betrieben der SE werden sollen.**

---

[7] Zu § 43 eingehend *Ramcke*, Die Konkretisierung des Missbrauchsverbots der SE, 2015, 218 ff.

(5) ¹Leitung bezeichnet das Organ der unmittelbar an der Gründung der SE beteiligten Gesellschaften oder der SE selbst, das die Geschäfte der Gesellschaft führt und zu ihrer Vertretung berechtigt ist. ²Bei den beteiligten Gesellschaften ist dies das Leitungs- oder Verwaltungsorgan, bei der SE das Leitungsorgan oder die geschäftsführenden Direktoren.

(6) Arbeitnehmervertretung bezeichnet jede Vertretung der Arbeitnehmer nach dem Betriebsverfassungsgesetz (Betriebsrat, Gesamtbetriebsrat, Konzernbetriebsrat oder eine nach § 3 Abs. 1 Nr. 1 bis 3 des Betriebsverfassungsgesetzes gebildete Vertretung).

(7) SE-Betriebsrat bezeichnet das Vertretungsorgan der Arbeitnehmer der SE, das durch eine Vereinbarung nach § 21 oder kraft Gesetzes nach den §§ 22 bis 33 eingesetzt wird, um die Rechte auf Unterrichtung und Anhörung der Arbeitnehmer der SE, ihrer Tochtergesellschaften und Betriebe und, wenn vereinbart, Mitbestimmungsrechte und sonstige Beteiligungsrechte in Bezug auf die SE wahrzunehmen.

(8) Beteiligung der Arbeitnehmer bezeichnet jedes Verfahren – einschließlich der Unterrichtung, Anhörung und Mitbestimmung –, durch das die Vertreter der Arbeitnehmer auf die Beschlussfassung in der Gesellschaft Einfluss nehmen können.

(9) ¹Beteiligungsrechte sind Rechte, die den Arbeitnehmern und ihren Vertretern im Bereich der Unterrichtung, Anhörung, Mitbestimmung und der sonstigen Beteiligung zustehen. ²Hierzu kann auch die Wahrnehmung dieser Rechte in den Konzernunternehmen der SE gehören.

(10) ¹Unterrichtung bezeichnet die Unterrichtung des SE-Betriebsrats oder anderer Arbeitnehmervertreter durch die Leitung der SE über Angelegenheiten, welche die SE selbst oder eine ihrer Tochtergesellschaften oder einen ihrer Betriebe in einem anderen Mitgliedstaat betreffen oder die über die Befugnisse der zuständigen Organe auf der Ebene des einzelnen Mitgliedstaats hinausgehen. ²Zeitpunkt, Form und Inhalt der Unterrichtung sind so zu wählen, dass es den Arbeitnehmervertretern möglich ist, zu erwartende Auswirkungen eingehend zu prüfen und ggf. eine Anhörung mit der Leitung der SE vorzubereiten.

(11) ¹Anhörung bezeichnet die Einrichtung eines Dialogs und eines Meinungsaustauschs zwischen dem SE-Betriebsrat oder anderer Arbeitnehmervertreter und der Leitung der SE oder einer anderen zuständigen mit eigenen Entscheidungsbefugnissen ausgestatteten Leitungsebene. ²Zeitpunkt, Form und Inhalt der Anhörung müssen dem SE-Betriebsrat auf der Grundlage der erfolgten Unterrichtung eine Stellungnahme zu den geplanten Maßnahmen der Leitung der SE ermöglichen, die im Rahmen des Entscheidungsprozesses innerhalb der SE berücksichtigt werden kann.

(12) Mitbestimmung bedeutet die Einflussnahme der Arbeitnehmer auf die Angelegenheiten einer Gesellschaft durch
1. die Wahrnehmung des Rechts, einen Teil der Mitglieder des Aufsichts- oder Verwaltungsorgans der Gesellschaft zu wählen oder zu bestellen, oder
2. die Wahrnehmung des Rechts, die Bestellung eines Teils oder aller Mitglieder des Aufsichts- oder Verwaltungsorgans der Gesellschaft zu empfehlen oder abzulehnen.

Übersicht

	Rn.		Rn.
I. Einleitung	1	a) Arbeitnehmerbegriff	3–8
II. Begriffsbestimmungen	2–33	b) Leitende Angestellte	9
1. Arbeitnehmer	2–9	2. Beteiligte Gesellschaften	10, 11

Begriffsbestimmungen 1–3 § 2 SEBG

	Rn.		Rn.
3. Tochtergesellschaften	12–15	9. Beteiligungsrechte	23
4. Betroffene Tochtergesellschaften und betroffene Betriebe	16–18	10. Unterrichtung	24
		11. Anhörung	25
5. Leitung	19	12. Mitbestimmung	26
6. Arbeitnehmervertretung	20	13. Sonstige Begriffe	27–33
7. SE-Betriebsrat	21	**III. Streitigkeiten**	34
8. Beteiligung der Arbeitnehmer	22	**IV. SCEBG und MgVG**	35

I. Einleitung

§ 2 enthält zahlreiche **Definitionen** für das SEBG und folgt dabei überwiegend den Vorgaben von Art. 2 Beteiligungs-RL. Der Gesetzgeber hat sich zur Klarstellung bestimmter Begriffe entschieden, die in der deutschen Gesetzessprache entweder noch nicht üblich sind oder im SEBG auf Grund des europäischen Bezugs eine abweichende Bedeutung haben.[1] § 2 lässt allerdings zahlreiche Begriffe unerwähnt (SE, besonderes Verhandlungsgremium, Betrieb, Unternehmen, Gewerkschaft). Nicht definiert ist auch der wichtige Begriff der strukturellen Änderung, an den das SEBG einschneidende Rechtsfolgen knüpft (§ 18 Abs. 3). Andererseits erläutert § 2 Begriffe, welche die Richtlinie unerwähnt lässt (Arbeitnehmer, Leitung, Beteiligungsrechte).[2] Die Begriffsbestimmungen des § 2 sind **zwingendes Recht**.[3] Sie können deshalb weder abbedungen werden, noch sind sie einer abweichenden Festlegung in der Beteiligungsvereinbarung zugänglich.[4]

1

II. Begriffsbestimmungen

1. Arbeitnehmer. Der Zahl der in den Mitgliedstaaten beschäftigten Arbeitnehmer kommt an zahlreichen Stellen – insbesondere bei der Überschreitung von Schwellenwerten – entscheidende Bedeutung zu (zB § 3 Abs. 1, § 4 Abs. 3 Nr. 3 und 4, 5 Abs. 1 S. 2 und Abs. 3, § 6 Abs. 2 S. 1, § 8 Abs. 7, § 9 Abs. 2, § 10, § 15 Abs. 1–3, § 16 Abs. 1 S. 2, § 18 Abs. 1, § 23 Abs. 1 S. 4, § 25 Abs. 1 S. 1, § 34 Abs. 1 Nr. 2 und 3 und Abs. 2 S. 2, § 35 Abs. 2; zur Zuordnung von Arbeitnehmern im gemeinsamen Betrieb mehrerer Unternehmen → Rn. 30). Die Richtlinie verzichtet auf eine Begriffsbestimmung. § 2 Abs. 1 bestimmt, dass sich der Begriff des Arbeitnehmers im SEBG nach den Rechtsvorschriften und Gepflogenheiten der jeweiligen Mitgliedstaaten richtet. Für inländische Unternehmen oder Betriebe gilt der **überkommene Arbeitnehmerbegriff**.[5] Auf die früher verbreitete Unterscheidung zwischen Arbeitern und Angestellten, die § 2 Abs. 1 erwähnt, die andere Gesetze aber längst aufgegeben haben, kommt es nicht an.

2

a) Arbeitnehmerbegriff. Der Begriff des Arbeitnehmers ist gesetzlich nicht definiert. Nach der in Rspr. und Wissenschaft entwickelten und in **§ 611a BGB** übernommenen Begriffsbestimmung ist Arbeitnehmer, wer sich durch einen privatrechtlichen Vertrag verpflichtet, Dienste zu leisten, die in unselbstständiger Arbeit zu erbringen sind. Praktisch wichtigstes Kriterium des Arbeitnehmerbegriffs ist die **Unselbstständigkeit**. Werden selbstständige Dienste geleistet (vgl. §§ 621, 627 Abs. 1 BGB), liegt ein freier Dienstvertrag und kein Arbeitsvertrag vor. Die Abgrenzung ist umstritten und in der Praxis in vielen Fällen außerordentlich schwierig zu treffen. Rspr. und Lehre sahen bisher und sehen das entscheidende Kriterium der Unselbstständigkeit in der **persönlichen Abhängigkeit** und

3

---

[1] BR-Drs. 438/04, 109.
[2] Krit. Stellungnahme von BDA, BDI, DIHK, GDV, BdB und DAI zum RefE eines SEEG vom 3.5.2004, 7 f.
[3] Habersack/Drinhausen/*Hohenstatt/Müller-Bonanni* Rn. 3; Kölner Komm AktG/*Feuerborn* Rn. 2.
[4] So aber – insoweit deshalb widersprüchlich – Habersack/Drinhausen/*Hohenstatt/Müller-Bonanni* Rn. 3; Lutter/Hommelhoff/Teichmann/*Oetker* Rn. 1.
[5] So auch Kölner Komm AktG/*Feuerborn* Rn. 3; Lutter/Hommelhoff/Teichmann/*Oetker* Rn. 7; NK-ArbR/*Sagan* Rn. 3 f.

damit der Fremdbestimmtheit bei der Erbringung der Dienstleistung. Die wirtschaftliche Abhängigkeit des Dienstnehmers, die auch bei einem freien Dienstverhältnis gegeben sein kann, spielt indessen wie auch das Verhältnis unternehmerischer Chancen und Risiken zueinander keine Rolle. Der Grad der persönlichen Abhängigkeit wurde früher von der Rspr. in Anlehnung an § 84 Abs. 1 S. 2 HGB und wird seit dem 1.4.2017 gem. § 611a Abs. 1 S. 1–3 BGB primär danach bestimmt, in welchem Umfang der Dienstnehmer an **Weisungen** gebunden ist. Sie können sich auf die Art und Weise sowie auf Ort und Zeit der Erbringung der Arbeitsleistung beziehen. Das Kriterium erlaubt oft keine abschließende Beurteilung. Es kann dann auch auf weitere sekundäre Merkmale wie zB die Verkehrsanschauung, die tatsächliche Eingliederung in den Betrieb oder eine historische Entwicklung ankommen.[6] Maßgeblich ist stets der Einzelfall. Für Gesellschaften und Betriebe mit Sitz im EU- oder EWR-Ausland ist der jeweilige nationale Arbeitnehmerbegriff maßgeblich, vorrangig nach Maßgabe des jeweiligen nationalen Gesetzes zur Umsetzung der Beteiligungs-RL.[7]

4   Auch **Teilzeitbeschäftigte** und **geringfügig beschäftigte** Menschen nach § 8 Abs. 1 SGB IV sind Arbeitnehmer. Bei Teilzeitbeschäftigten ist fraglich, ob sie bei der Ermittlung der Zahl der in den Mitgliedstaaten beschäftigten Arbeitnehmer nur zeitanteilig zu zählen sind. Dagegen spricht, dass das SEBG anders als zB § 23 Abs. 1 S. 4 KSchG keine Regelung zur anteiligen Berücksichtigung von Teilzeitbeschäftigten enthält. **Teilzeitbeschäftigte** sind deshalb **nicht anteilig,** sondern **voll** (nach Köpfen) zu zählen.[8] Beschäftigte, die auf Grund eines im Inland begründeten Arbeitsverhältnisses **im Ausland** tätig werden, sind Arbeitnehmer gem. § 2 Abs. 1, wenn sie dem inländischen Arbeitgeber weisungsunterworfen sind oder von den im Inland getroffenen Planungen und Entscheidungen in gleichem Maß wie im Inland beschäftigte Arbeitnehmer betroffen werden.[9] § 2 Abs. 1 stellt ausdrücklich klar, dass der Arbeitnehmerbegriff auch die zu ihrer **Berufsausbildung beschäftigten** Menschen erfasst. Erfasst sind nicht nur Berufsausbildungsverträge nach § 3 BBiG, sondern auch das Berufsausbildungsvorbereitungsverhältnis nach § 1 Abs. 1a BBiG, §§ 50 ff. BBiG, ferner alle Verträge, die wie zB bei Praktikanten oder Volontären eine Ausbildung zum Gegenstand haben, weil sie berufliche Kenntnisse, Fertigkeiten und Erfahrungen vermitteln. Schließlich stellt § 2 Abs. 1 entsprechend den allgemeinen arbeitsrechtlichen Grundsätzen klar, dass es für den Arbeitnehmerbegriff nicht darauf ankommt, ob die Arbeitnehmer im Betrieb, im Außendienst oder mit **Telearbeit** beschäftigt werden oder ob es sich um in **Heimarbeit** beschäftigte Menschen, wenn sie in der Hauptsache für das Unternehmen oder den Betrieb arbeiten, handelt. Entscheidend ist, dass sie dem allgemeinen Arbeitnehmerbegriff unterfallen. **Nicht** maßgeblich ist § 5 Abs. 1 S. 3 BetrVG, der nach dem Inkrafttreten des SEBG in das BetrVG eingefügt worden ist, in § 2 Abs. 1 aber nicht aufgegriffen wird: Als Arbeitnehmer gelten deshalb **nicht** Beamte und Soldaten, die in Betrieben privatrechtlich organisierter Unternehmen tätig sind.[10] **Freie Mitarbeiter** zählen ebenfalls nicht, denn sie sind keine Arbeitnehmer.

5   Nicht nur bei Schwellenwerten (zB bei § 5 Abs. 1 S. 2, § 8 Abs. 7 S. 5, § 15 Abs. 3, § 16 Abs. 1 S. 2, § 18 Abs. 1 S. 1, § 34 Abs. 1 Nr. 2 oder § 37 Abs. 1 S. 2), sondern auch sonst (zB bei § 6 Abs. 2 S. 1, § 8 Abs. 7 S. 1, § 15 Abs. 1 S. 1, § 23 Abs. 1 S. 2 oder § 36 Abs. 1 S. 2) kann es darauf ankommen, ob **Leiharbeitnehmer Arbeitnehmer iSd SEBG** sind. **Leiharbeitnehmer** sind generell im Rahmen einer nach dem AÜG genehmigten Arbeitnehmerüberlassung, unabhängig von Dauer und Gewerblichkeit,[11] grundsätzlich **Arbeitnehmer des verleihenden Stammunternehmens** und deshalb auch insoweit nur bei

---

[6] Näher HWK/*Thüsing* BGB § 611a Rn. 53 ff., jeweils mwN.
[7] Lutter/Hommelhoff/Teichmann/*Oetker* Rn. 12; *Rieble* in Rieble/Junker Vereinbarte Mitbestimmung § 3 Rn. 51.
[8] NK-SE/*Evers* § 9 Rn. 2; NK-ArbR/*Sagan* Rn. 4; abw. zu § 5 MgVG Habersack/Drinhausen/*Thüsing*/ Forst MgVG § 5 Rn. 10.
[9] Abw. Habersack/Drinhausen/*Hohenstatt*/Müller-Bonanni Rn. 7: primär sei „die jeweilige Sachnorm des SEBG" entscheidend.
[10] Lutter/Hommelhoff/Teichmann/*Oetker* Rn. 9.
[11] Henssler/Habersack/*Henssler* MitbestG § 3 Rn. 35, 38.

diesem zu berücksichtigen, soweit es bei der Anwendung von Gesetzen auf den Begriff des Arbeitnehmers ankommt.[12] Nur wenn die Arbeitnehmerüberlassung entgegen § 9 Nr. 1 AÜG **ohne Genehmigung** erfolgt, entsteht gem. § 10 Abs. 1 S. 1 AÜG ausnahmsweise ein **Arbeitsverhältnis** unmittelbar **mit dem Entleiher.**

Von diesen Grundsätzen gibt es **Ausnahmen.** Im **Betriebsverfassungsrecht** sind Leiharbeitnehmer zwar unter den Voraussetzungen von § 7 S. 2 BetrVG wahlberechtigt bei den Wahlen zum Betriebsrat; eine Wählbarkeit scheidet wegen § 14 Abs. 2 S. 1 AÜG aus. Im **Mitbestimmungsrecht** verweisen § 10 Abs. 2 S. 2 und § 18 S. 2 MitbestG auf § 7 S. 2 BetrVG. Nach einer **Rechtsprechungsänderung** des BAG zur Berücksichtigung von Leiharbeitnehmern bei der Berechnung der Schwellenwerte in §§ 111, 9 BetrVG (und auch § 23 KSchG)[13] ist auch der Gesetzgeber tätig geworden. Mit Wirkung ab dem 1.4.2017 bestimmt nunmehr § 14 Abs. 2 S. 4 AÜG, dass Leiharbeitnehmer auch im **Entleiherbetrieb** zu berücksichtigen sind, wenn Regelungen des BetrVG (mit Ausnahme von § 112a BetrVG) oder der Wahlordnung eine bestimmte Zahl oder einen bestimmten Anteil von Arbeitnehmern voraussetzen. 6

Dementsprechend bestimmt **§ 14 Abs. 2 S. 5 AÜG** – unionsrechtlich unbedenklich[14] – auch für das MitbestG (und die Wahlordnungen) und vor allem für das **SEBG**, dass **Leiharbeitnehmer** auch im **Entleiherunternehmen** zu **berücksichtigen** sind, wenn dessen Bestimmungen eine bestimmte **Zahl** oder einen bestimmten **Anteil von Arbeitnehmern** voraussetzen.[15] Gemeint sind damit nur Leiharbeitnehmer, die unter das AÜG fallen (erlaubte Arbeitnehmerüberlassung).[16] Auf die Zahl oder den Anteil der Arbeitnehmer kommt es in zahlreichen Vorschriften des SEBG an.[17] Weitere Voraussetzungen, die in den genannten Normen aufgestellt werden, bleiben unberührt.[18] Einschränkend ist in § 14 Abs. 2 S. 6 AÜG geregelt, dass – soweit es um die Anwendung der Gesetze geht – Leiharbeitnehmer im Entleiherunternehmen nur zu berücksichtigen sind, wenn die Einsatzdauer sechs Monate übersteigt. Die Norm ist damit für das SEBG irrelevant. 7

Keine Arbeitnehmer sind **arbeitnehmerähnliche Personen,** die wirtschaftlich, aber nicht persönlich abhängig sind, in Betrieben juristischer Personen oder einer Personengesamtheit grundsätzlich ferner solche Personen, die kraft Gesetzes, Satzung oder Gesellschaftsvertrags alleine oder als **Mitglieder des Vertretungsorgans** zur Vertretung der juristischen Person oder der Personengesamtheit berufen sind.[19] Keine Arbeitnehmer gem. § 2 Abs. 1 sind auch Arbeitnehmer ausländischer Tochtergesellschaften oder Niederlassungen. 8

b) Leitende Angestellte. Zwar sind **leitende Angestellte** Arbeitnehmer im arbeitsrechtlichen Sinne.[20] Sie werden allerdings betriebsverfassungsrechtlich grundsätzlich nicht als Arbeitnehmer behandelt (§ 5 Abs. 3 S. 1 BetrVG), und auch das EBRG klammert nach hM wie zB auch § 3 DrittelbG die leitenden Angestellten aus dem Arbeitnehmerbegriff aus.[21] § 2 Abs. 1 nennt demgegenüber ausdrücklich auch die leitenden Angestellten als Arbeitnehmer iSd SEBG.[22] Wer leitender Angestellter ist, richtet sich wegen des Verweises wie bei § 3 Abs. 3 Nr. 3 MitbestG nach der Definition des § 5 Abs. 3 S. 2 BetrVG.[23] Die 9

---

[12] Henssler/Habersack/*Henssler* MitbestG § 3 Rn. 34 ff.
[13] Zu § 111 BetrVG BAG AP BetrVG 1972 § 111 Nr. 70; zu § 9 BetrVG BAG AP BetrVG 1972 § 9 Nr. 15; zu § 23 KSchG BAGE 144, 222.
[14] *Löwisch/Wegmann* BB 2017, 373 (376).
[15] Näher zur Entwicklung *Aszmons/Homborg/Gerum* GmbHR 2017, 130 f.; Habersack/Henssler/*Henssler* MitbestG § 3 Rn. 34 ff. mwN; § 14 Abs. 2 S. 5 AÜG nicht berücksichtigt bei NK-SE/*Kleinmann/Kujath* Rn. 2.
[16] *Löwisch/Wegmann* BB 2017, 373 (377 f.).
[17] Aufzählung bei *Löwisch/Wegmann* BB 2017, 373 (376).
[18] *Löwisch/Wegmann* BB 2017, 373 (376 f.).
[19] HWK/*Thüsing* BGB § 611a Rn. 104 ff. mwN.
[20] ErfK/*Preis* BGB § 611a Rn. 116 ff.; HWK/*Thüsing* BGB § 611a Rn. 122 ff., jeweils mwN.
[21] GK-BetrVG/*Oetker* EBRG § 4 Rn. 2 mwN.
[22] Zu ihrer Stellung im SEBG näher zB *Heinze* FS Schwerdtner, 2003, 741 ff.; *Kraushaar* NZA 2004, 591 (592); *Oetker* BB-Special 1/2005, 2 ff.
[23] Näher ErfK/*Koch* BetrVG § 5 Rn. 17 ff. mwN.

Einordnung erfolgt unter Beachtung der Position des Angestellten nach seinem Arbeitsvertrag sowie seiner Stellung im Unternehmen oder Betrieb.

10 **2. Beteiligte Gesellschaften.** Nach § 2 Abs. 2 sind beteiligte Gesellschaften diejenigen Gesellschaften, die **unmittelbar** an der **Gründung einer SE** beteiligt sind. Das SEBG stellt an zahlreichen Stellen auf den Begriff ab (etwa § 3 Abs. 1, § 4 Abs. 2 S. 1 und Abs. 3, § 19 S. 1, § 34 Abs. 2 S. 1), unter anderem bei der Ermittlung von Beschäftigtenzahlen bei Schwellenwerten oder dem Vergleich unterschiedlicher Mitbestimmungsstandards in den Gründungsgesellschaften (zB § 5 Abs. 1 S. 2 und Abs. 4 S. 1, § 15 Abs. 3 S. 2, § 35 Abs. 2 S. 2). Die Vorschrift übernimmt wörtlich die Begriffsbestimmung zur beteiligten Gesellschaft in Art. 2 lit. b Beteiligungs-RL. An der Gründung einer SE können im Inland oder in den anderen Mitgliedstaaten Gesellschaften verschiedener Rechtsformen beteiligt sein. Welche Gesellschaften in welcher Rechtsform im Einzelnen eine SE gründen können, hängt von der gewählten Gründungsform ab und ergibt sich aus Art. 2 SE-VO (→ SE-VO Art. 2 Rn. 25 ff.). Zum Teil spricht das Gesetz von **beteiligten Unternehmen** (§ 6 Abs. 3, § 8 Abs. 1 S. 2). Erfasst werden sollen damit **offenbar** betroffene Tochtergesellschaften.[24]

11 Aus § 2 Abs. 2 („unmittelbar") ergibt sich, dass in dem Fall, in dem an der Gründung der SE Konzernstrukturen beteiligt sind, für die Ermittlung von Beschäftigtenzahlen stets die Verhältnisse der **Konzernobergesellschaft** maßgeblich sind, soweit das Gesetz den Bezugspunkt nicht ausdrücklich um Tochtergesellschaften und Betriebe der beteiligten Gesellschaften (betroffene Tochtergesellschaften, § 34 Abs. 1 Nr. 2 und 3) oder wie zB in § 8 Abs. 1 S. 6, Abs. 2 S. 5 und Abs. 5 S. 1 bei der Zusammensetzung des Wahlgremiums um die „beteiligte Unternehmensgruppe", für die § 2 keine Begriffsbestimmung enthält (→ Rn. 30), erweitert.[25]

12 **3. Tochtergesellschaften.** § 2 Abs. 3 bestimmt den Begriff der Tochtergesellschaften, der durch Art. 2 lit. c Beteiligungs-RL vorgegeben ist.[26] Tochtergesellschaften sind gem. § 2 Abs. 3 rechtlich selbstständige Unternehmen, auf die eine andere Gesellschaft **beherrschenden Einfluss ausüben kann**.[27] Anders als bei § 18 AktG ist eine einheitliche Leitung nicht erforderlich, es genügt die potentielle Leitungsmacht.[28] Zur gesetzestechnischen Vereinfachung verweist § 2 Abs. 3 auf Art. 3 Abs. 2–7 RL 94/45/EG über die Europäischen Betriebsräte (jetzt: Art. 3 Abs. 2–7 RL 2009/38/EG) sowie **§ 6 Abs. 2–4 EBRG**, die entsprechend anzuwenden sind. Bei der Tochtergesellschaft kann es sich um die Tochtergesellschaft einer beteiligten Gesellschaft (betroffene Tochtergesellschaft → Rn. 16 ff.) oder um eine Tochtergesellschaft der SE (zB § 18 Abs. 1 S. 1, § 23 Abs. 1 S. 1, § 30 S. 1, § 34 Abs. 2 S. 1, § 35 Abs. 2 S. 1) handeln.[29]

13 Der **beherrschende Einfluss** ist nach § 6 Abs. 2 EBRG (Art. 3 Abs. 2 RL 2009/38/EG; früher Art. 3 Abs. 2 RL 94/45/EG) **widerlegbar zu vermuten**,[30] wenn ein Unternehmen in Bezug auf ein anderes Unternehmen mehr als die Hälfte der Mitglieder des **Verwaltungs-, Leitungs- oder Aufsichtsorgans** des anderen Unternehmens bestellen kann (S. 1 Nr. 1)[31] oder über die Mehrheit der mit den Anteilen an einem anderen Unternehmen verbundenen

---

[24] Kölner Komm AktG/*Feuerborn* Rn. 14.
[25] Vgl. Kölner Komm AktG/*Feuerborn* Rn. 13; *Grobys* NZA 2005, 84 (85); HWK/*Hohenstatt/Dzida* SEBG Rn. 7; Lutter/Hommelhoff/Teichmann/*Oetker* Rn. 13; wohl auch Nagel/Freis/Kleinsorge/*Nagel* Rn. 11; aA *Niklas* NZA 2004, 1200 (1203).
[26] Dazu *Kuffner,* Die Beteiligung der Arbeitnehmer in der Europäischen Aktiengesellschaft, 2003, 93 ff. mwN zur Beteiligungs-RL; näher zur konzernrechtlichen Abhängigkeit im Mitbestimmungsrecht der SE *Henssler* FS K. Schmidt, 2009, 601 (605 ff.); vgl. auch ArbG Stuttgart BeckRS 2008, 55726.
[27] *Henssler* FS K. Schmidt, 2009, 601 (606); nach Habersack/Drinhausen/*Hohenstatt/Müller-Bonanni* Rn. 12 f. europarechtlich bedenklich, weil in der Beteiligungs-RL „ausübt" steht; dagegen Lutter/Hommelhoff/Teichmann/*Oetker* Rn. 18.
[28] *Frese* BB 2018, 2612 (2614); Henssler/Habersack/*Henssler* § 2 Rn. 4; Lutter/Hommelhoff/Teichmann/*Oetker* Rn. 18; *Rieble* in Rieble/Junker Vereinbarte Mitbestimmung § 3 Rn. 46.
[29] Kölner Komm AktG/*Feuerborn* Rn. 16.
[30] S. Lutter/Hommelhoff/Teichmann/*Oetker* Rn. 17.
[31] Dazu *Henssler* FS K. Schmidt, 2009, 601 (612).

Stimmrechte verfügt (S. 1 Nr. 2) oder die Mehrheit des **gezeichneten Kapitals** dieses Unternehmens besitzt (S. 1 Nr. 3).[32] Die drei Tatbestände sind autonom auszulegen.[33] Einen Anhaltspunkt bieten aber die Auslegungsergebnisse zu §§ 16, 17 AktG,[34] denn die für den Beherrschungsbegriff des § 17 AktG entwickelten Grundsätze sind auf den Abhängigkeitsbegriff des § 2 Abs. 3 übertragbar, der dort verwendete Begriff der Abhängigkeit ist jedenfalls nicht enger zu verstehen.[35] Die Kriterien des § 6 Abs. 2 S. 1 Nr. 2 und 3 EBRG entsprechen § 17 Abs. 2 AktG iVm § 16 AktG, der Tatbestand des § 6 Abs. 2 S. 1 Nr. 1 EBRG ist regelmäßig auch bei § 17 Abs. 1 AktG erfüllt. Die **Beherrschungtatbestände** des § 2 Abs. 3 sind **nicht abschließend.**[36] Eine auf andere Weise vermittelte **Einflussmöglichkeit** muss aber **gesellschaftsrechtlich vermittelt** sein, sodass rein wirtschaftliche oder personelle Verflechtungen nicht genügen.[37] Es genügt im Übrigen nicht, dass ein Unternehmen lediglich beabsichtigt, sich die Möglichkeit zu verschaffen, einen beherrschenden Einfluss auf ein anderes Unternehmen auszuüben.[38] Der Kontrollbegriff des § 35 WpÜG ist für § 2 Abs. 3 ebenfalls irrelevant.[39] Die Vermutung nach § 6 Abs. 2 S. 1 EBRG ist **widerlegbar,** etwa wenn die indizierte Beherrschung wegen des vertraglichen Ausschlusses der an sich gegebenen Einflussmöglichkeiten nicht möglich ist. Die Widerlegung muss nicht in einem der SE-Gründung vorgelagerten gerichtlichen Verfahren erfolgen.[40] In Betracht kommen zB stimmrechtsbeschränkende Satzungsregelungen, Satzungsregelungen über qualifizierte Beschlussmehrheiten oder Stimmbindungs- oder Entherrschungsverträge.[41] Wird eine Tochtergesellschaft insolvent, endet die Beherrschung.[42] Im Fall der Erfüllung der Kriterien des § 6 Abs. 2 S. 1 EBRG durch mehrere Unternehmen kommt es gem. § 6 Abs. 2 S. 2 EBRG (Art. 3 Abs. 7 RL 2009/38/EG; früher Art. 3 Abs. 7 RL 94/45/EG) für die Frage des herrschenden Unternehmens auf die **Rangfolge** der in S. 1 genannten Nummern an, und zwar unabhängig davon, ob es sich um ein inländisches oder ausländisches Unternehmen handelt.

§ 6 Abs. 3 EBRG (Art. 3 Abs. 2 RL 2009/38/EG; früher Art. 3 Abs. 2 RL 94/45/EG) **14** bestimmt, dass bei der Ermittlung der **Stimm- und Ernennungsrechte** eines Unternehmens die Rechte aller von ihm abhängigen Unternehmen sowie aller natürlichen oder juristischen Personen, die zwar im eigenen Namen, aber für Rechnung des Unternehmens oder eines von ihm abhängigen Unternehmens handeln, hinzuzurechnen sind. Die Vorschrift wirkt Umgehungsstrategien entgegen, die den Einfluss des herrschenden Unternehmens auf die Tochtergesellschaft vernebeln sollen. Nach § 6 Abs. 4 EBRG (Art. 3 Abs. 4 RL 2009/38/EG, früher Art. 3 Abs. 4 RL 94/45/EG) gelten Investment- und Beteiligungsgesellschaften iSd Art. 3 Abs. 5 lit. a oder c VO (EG) 139/2004 (FKVO) nicht als herrschendes Unternehmen gegenüber einem anderen Unternehmen, an dem sie Anteile halten, an dessen Leitung sie jedoch nicht beteiligt sind.

§ 2 Abs. 3 erfasst **nicht** den **Gleichordnungskonzern** iSd § 18 Abs. 2 AktG. Unterneh- **15** men eines solchen Konzerns stehen nicht in einem Beherrschungsverhältnis zueinander.[43] Allerdings können **Gemeinschaftsunternehmen** Tochtergesellschaften iSd § 2 Abs. 3 sein.[44]

4. Betroffene Tochtergesellschaften und betroffene Betriebe. Betroffene Tochter- **16** gesellschaften oder betroffene Betriebe haben im SEBG ebenfalls an zahlreichen Stellen

---

[32] Dazu *Henssler* FS K. Schmidt, 2009, 601 (612 f.).
[33] *Henssler* FS K. Schmidt, 2009, 601 (605).
[34] GK-BetrVG/*Oetker* EBRG § 6 Rn. 10.
[35] Ausf. *Henssler* FS K. Schmidt, 2009, 601 (605 ff.) mwN.
[36] Wie hier *Frese* BB 2018, 2612 (2614); Nagel/Freis/Kleinsorge/*Nagel* Rn. 8; aA Habersack/Drinhausen/Hohenstatt/Müller-Bonanni Rn. 14.
[37] *Forst* ZESAR 2010, 160; Habersack/Drinhausen/*Hohenstatt*/Müller-Bonanni Rn. 15; näher dazu *Henssler* FS K. Schmidt, 2009, 601 (613 f.).
[38] *Henssler* FS K. Schmidt, 2009, 601 (611); Habersack/Drinhausen/*Hohenstatt*/Müller-Bonanni Rn. 21.
[39] Näher *Henssler* FS K. Schmidt, 2009, 601 (615 f.).
[40] *Rieble* in Rieble/Junker Vereinbarte Mitbestimmung § 3 Rn. 47.
[41] Habersack/Drinhausen/*Hohenstatt*/Müller-Bonanni Rn. 17.
[42] *Rieble* in Rieble/Junker Vereinbarte Mitbestimmung § 3 Rn. 47.
[43] Habersack/Drinhausen/*Hohenstatt*/Müller-Bonanni Rn. 19.
[44] Lutter/Hommelhoff/Teichmann/*Oetker* Rn. 19.

Bedeutung (zB in § 3 Abs. 1, § 5 Abs. 1 S. 1 und 2 und Abs. 4 S. 1, § 8 Abs. 1, § 15 Abs. 3, § 18 Abs. 1 S. 1, § 34 Abs. 1 Nr. 2 und 3). § 2 Abs. 4 definiert sie in wörtlicher Übernahme aus Art. 2 lit. d Beteiligungs-RL als **Tochtergesellschaften** oder **Betriebe** einer **beteiligten Gesellschaft**, die zu Tochtergesellschaften oder Betrieben der **SE** werden sollen. Der Begriff der Tochtergesellschaft ergibt sich aus § 2 Abs. 3 (→ Rn. 12 ff.), derjenige der beteiligten Gesellschaft aus § 2 Abs. 2 (→ Rn. 10 f.). Der Begriff des Betriebs ist in § 2 nicht legaldefiniert. Es gilt der allgemeine arbeitsrechtliche Betriebsbegriff (→ Rn. 31; zum gemeinsamen Betrieb mehrerer Unternehmen → Rn. 32). Tochtergesellschaften oder Betriebe sind nicht „betroffen", wenn sie nicht von der Gründung der SE betroffen sein sollen; ihr Status bleibt dann unberührt.[45]

17 Tochtergesellschaften der Gründungsgesellschaften, die vor der SE-Gründung veräußert werden, sind niemals betroffene Tochtergesellschaften.[46] Im Übrigen ist zu differenzieren, welche Tochtergesellschaften als betroffene Tochtergesellschaften anzusehen sind. Unproblematisch sind die **Verschmelzung** und die **Umwandlung**. In beiden Fällen sind Tochtergesellschaften der umzuwandelnden Gesellschaft und der verschmelzenden Gesellschaften betroffene Gesellschaften.[47] Bei der Gründung einer **SE-Tochter** werden die Tochtergesellschaften der gründenden Gesellschaften dagegen zu Schwestergesellschaften, weil sie nach der Gründung der Tochter-SE von dieser weder unmittelbar noch mittelbar beherrscht werden.[48] Bei der Gründung einer **Holding-SE** werden die betroffenen Tochtergesellschaften der Gründungsgesellschaften zu Enkelgesellschaften. Nach dem Willen des Gesetzgebers soll es sich bei den Enkelgesellschaften trotzdem um betroffene Tochtergesellschaften iSd § 2 Abs. 4 handeln.[49] Das ist jedenfalls dann richtig, wenn die Holding-SE beherrschenden Einfluss auf die gründenden Gesellschaften ausüben kann, da sie nach § 2 Abs. 3 bereits bei mittelbar beherrschendem Einfluss Tochtergesellschaften sind (→ Rn. 12 f.).[50]

18 Tochtergesellschaften, die weder in einem Mitgliedstaat noch in einem EWR-Staat ansässig sind (§ 3 Abs. 2, → § 3 Rn. 16), aber Arbeitnehmer in einem Betrieb beschäftigen, der in einem Mitgliedstaat oder einen EWR-Staat liegt, sind auch insoweit nicht erfasst, wie sich aus § 2 Abs. 4 ergibt.[51]

19 **5. Leitung.** Der Begriff der Leitung, den Art. 2 Beteiligungs-RL nicht definiert, spielt im SEBG ebenfalls eine zentrale Rolle. An der Gründung der SE können im Inland und in anderen Mitgliedstaaten Gesellschaften unterschiedlicher Rechtsformen beteiligt sein, sodass auch die Unternehmensorgane, welche die Geschäfte führen und die Gesellschaft rechtlich vertreten, unterschiedlich bezeichnet und ausgestaltet sein können. Zur sprachlichen Vereinfachung verwendet das SEBG für diese Unternehmensorgane den Begriff der Leitung, der sich auf die **SE** bezieht (§ 18 Abs. 2, § 23 Abs. 2 S. 1, § 25 S. 1, § 28 Abs. 1 S. 1, § 29 Abs. 1 S. 1, § 31 Abs. 2, § 37 Abs. 2, § 34 Abs. 3 S. 3), oder der Leitungen, der die **beteiligten Gesellschaften** betrifft (§ 4 Abs. 1 S. 1 und Abs. 2, § 11 Abs. 1 S. 2 und 3, § 12 Abs. 1 S. 1, § 13 Abs. 1 S. 1 und Abs. 2 S. 1, § 17 S. 2, § 20 Abs. 1 S. 2, § 21 Abs. 1, § 34 Abs. 3). § 2 Abs. 5 definiert demzufolge als Leitung das **Organ** der unmittelbar an der Gründung der SE beteiligten Gesellschaften oder der SE selbst, das die **Geschäfte der Gesellschaft führt** und zu ihrer **Vertretung** berechtigt ist.[52] Bei den beteiligten Gesellschaften ist das das Leitungs- oder Verwaltungsorgan, im Inland zB bei einer AG der Vorstand

---

[45] BR-Drs. 438/04, 110; Kölner Komm AktG/*Feuerborn* Rn. 21.
[46] Habersack/Drinhausen/*Hohenstatt/Müller-Bonanni* Rn. 24.
[47] Lutter/Hommelhoff/Teichmann/*Oetker* Rn. 21.
[48] Kölner Komm AktG/*Feuerborn* Rn. 23; Habersack/Drinhausen/*Hohenstatt/Müller-Bonanni* Rn. 24; Lutter/Hommelhoff/Teichmann/*Oetker* Rn. 21.
[49] BR-Drs. 438/04, 110; Habersack/Drinhausen/*Hohenstatt/Müller-Bonanni* Rn. 24.
[50] Lutter/Hommelhoff/Teichmann/*Oetker* Rn. 21; generell für die Behandlung der mittelbaren Tochtergesellschaften als betroffene Tochtergesellschaften Habersack/Drinhausen/*Hohenstatt/Müller-Bonanni* Rn. 25; nicht ganz klar AKRR/*Annuß* Rn. 8.
[51] Wie hier Habersack/Drinhausen/*Hohenstatt/Müller-Bonanni* Rn. 22; anders offenbar *Kiem* ZHR 173 (2009), 156 (171): „Sinn und Zweck".
[52] Lutter/Hommelhoff/Teichmann/*Oetker* Rn. 24.

und bei einer GmbH der oder die Geschäftsführer. Bei der SE ist die Leitung im dualistischen System das Leitungsorgan (Art. 39 Abs. 1 SE-VO). Im monistischen System ist „Leitung" das Verwaltungsorgan insgesamt und nicht nur der Kreis der geschäftsführenden Direktoren.[53] Die Organvertreter müssen bei der Erfüllung der ihnen vom Gesetz vorgegebenen Aufgaben nicht persönlich tätig werden. Sie können sich nach allgemeinen Grundsätzen durch geeignete und entsprechend bevollmächtigte Personen wie etwa Prokuristen vertreten lassen.[54]

6. Arbeitnehmervertretung. Nach § 2 Abs. 6, welcher der Umsetzung von Art. 2 lit. e Beteiligungs-RL dient,[55] ist Arbeitnehmervertretung iSd SEBG zunächst jede Vertretung der Arbeitnehmer nach dem BetrVG.[56] Das sind der **Betriebsrat** (§ 1 Abs. 1 S. 1 BetrVG), der **Gesamtbetriebsrat** (§ 47 Abs. 1 BetrVG) und der **Konzernbetriebsrat** (§ 54 Abs. 1 S. 1 BetrVG). Um eine Arbeitnehmervertretung nach § 2 Abs. 6 handelt es sich auch bei einer nach § 3 BetrVG **vereinbarten Arbeitnehmervertretung.** Wegen des eindeutigen Wortlauts des § 2 Abs. 6 sind dabei nur tarifvertraglich vereinbarte Vertretungen nach § 3 Abs. 1 Nr. 1–3 BetrVG erfasst, nicht dagegen solche, die auf einer Betriebsvereinbarung (§ 3 Abs. 2 BetrVG iVm § 3 Abs. 1 Nr. 1 und 2 BetrVG) beruhen[57] oder nach § 3 Abs. 3 iVm Abs. 1 Nr. 1 lit. a BetrVG in tariflosen Unternehmen ohne Betriebsrat gebildet worden sind.[58] Die Aufzählung im Klammerzusatz ist insoweit abschließend.[59] Vertretungen, die aufgrund eines Tarifvertrags für die im Flugbetrieb beschäftigten Arbeitnehmer errichtet wurden (§ 117 Abs. 2 S. 1 BetrVG), sind vom Gesetzgeber aber offenkundig übersehen worden und deshalb von § 2 Abs. 6 erfasst.[60] **Keine Arbeitnehmervertretung** gem. § 2 Abs. 6 bilden ferner Arbeitsgemeinschaften nach § 3 Abs. 1 Nr. 4 BetrVG und zusätzliche Vertretungen nach § 3 Abs. 1 Nr. 5 BetrVG sowie, wie die Begründung zum Regierungsentwurf klarstellt,[61] die Arbeitnehmervertreter im Aufsichts- oder Verwaltungsorgan der jeweiligen Gesellschaft und auch nicht die in anderen Mitgliedstaaten bestehenden Gremien zur Vertretung der Arbeitnehmer.[62] Auch der **Sprecherausschuss** ist trotz gewisser Mitwirkungsrechte im Wahl- und Abberufungsverfahren (§ 8 Abs. 1 S. 5, § 37 Abs. 1 Nr. 4) keine Arbeitnehmervertretung iSd § 2 Abs. 6.[63] Zwar sind leitende Angestellte Arbeitnehmer iSd SEBG. Allerdings nennt das SEBG den Sprecherausschuss an verschiedenen Stellen – etwa in § 4 Abs. 2 S. 1, § 11 Abs. 1 S. 3 – ausdrücklich **neben** der Arbeitnehmervertretung. Beide sind also voneinander zu unterscheiden.[64]

7. SE-Betriebsrat. Unter SE-Betriebsrat versteht § 2 Abs. 7, der Art. 2 lit. f Beteiligungs-RL umsetzt („Vertretungsorgan"), das Vertretungsorgan der Arbeitnehmer der SE, das die Rechte auf **grenzüberschreitende Unterrichtung und Anhörung** der Arbeitnehmer der SE, ihrer Tochtergesellschaften und Betriebe oder – bei einer entsprechenden Vereinbarung – Mitbestimmungsrechte und sonstige Beteiligungsrechte in Bezug auf die SE wahrnehmen soll. Für diesen Begriff kommt es nicht darauf an, ob der SE-Betriebsrat

---

[53] AA Kölner Komm AktG/*Feuerborn* Rn. 26; Habersack/Drinhausen/*Hohenstatt/Müller-Bonanni* Rn. 28; Lutter/Hommelhoff/Teichmann/*Oetker* Rn. 24; NK-ArbR/*Sagan* Rn. 11.
[54] Habersack/Drinhausen/*Hohenstatt/Müller-Bonanni* Rn. 28.
[55] Zur Regelung in der Beteiligungs-RL *Kuffner,* Die Beteiligung der Arbeitnehmer in der Europäischen Aktiengesellschaft, 2003, 102 ff. mwN.
[56] Lutter/Hommelhoff/Teichmann/*Oetker* Rn. 25.
[57] Kölner Komm AktG/*Feuerborn* Rn. 29; Henssler/Habersack/*Henssler* Rn. 8; weiter dagegen die Formulierung in Begr. RegE, wonach auch „andere vereinbarte Formen nach § 3 BetrVG" erfasst sein sollen, BR-Drs. 438/04, 110; großzügiger auch Habersack/Drinhausen/*Hohenstatt/Müller-Bonanni* Rn. 31; Lutter/Hommelhoff/Teichmann/*Oetker* Rn. 27.
[58] AA Lutter/Hommelhoff/Teichmann/*Oetker* Rn. 27; Begr. RegE, BR-Drs. 438/04, 110.
[59] Habersack/Drinhausen/*Hohenstatt/Müller-Bonanni* Rn. 31.
[60] Lutter/Hommelhoff/Teichmann/*Oetker* Rn. 27.
[61] BR-Drs. 438/04, 110.
[62] Zu letzterem krit. Lutter/Hommelhoff/Teichmann/*Oetker* Rn. 25: „Analogieschluss" nicht ausgeschlossen.
[63] Habersack/Drinhausen/*Hohenstatt/Müller-Bonanni* Rn. 32.
[64] Lutter/Hommelhoff/Teichmann/*Oetker* Rn. 26.

auf einer Vereinbarung nach § 21 beruht oder kraft Gesetzes nach §§ 22–33 eingesetzt wird.[65]

22 **8. Beteiligung der Arbeitnehmer.** Die Beteiligung der Arbeitnehmer bildet den **Oberbegriff** zu allen Verfahren, durch die Arbeitnehmervertreter innerhalb der Gesellschaft Einfluss nehmen können.[66] Beteiligung der Arbeitnehmer bezeichnet demzufolge nach § 2 Abs. 8 wie auch nach Art. 2 lit. h Beteiligungs-RL jedes Verfahren, durch das die Vertreter der Arbeitnehmer auf die **Beschlussfassung** in der Gesellschaft **Einfluss** nehmen können. § 2 Abs. 8 nennt ausdrücklich die Unterrichtung (§ 2 Abs. 10), die Anhörung (§ 2 Abs. 11) und die Mitbestimmung (§ 2 Abs. 12). Der Oberbegriff der Beteiligung erfasst über die Unterrichtung, Anhörung und Mitbestimmung hinaus auch jede „sonstige Beteiligung" (§ 1 Abs. 2 S. 1), um sowohl die in anderen Mitgliedstaaten bestehenden Formen als auch vereinbarte Formen der Beteiligung der Arbeitnehmer erfassen zu können.

23 **9. Beteiligungsrechte.** § 2 Abs. 9, der in der Beteiligungs-RL keine Entsprechung findet, definiert die konkreten Beteiligungsrechte, die den Arbeitnehmern und ihren Vertretern im Bereich der Unterrichtung, Anhörung, Mitbestimmung und der sonstigen Beteiligung zustehen. Dazu gehört auch die Wahrnehmung dieser Rechte in den Konzernunternehmen der SE. Im Konzernverbund können sich etwa, wie die Begründung zum Regierungsentwurf hervorhebt, Wahlrechte der Arbeitnehmer auch für andere Gesellschaften (Obergesellschaft) ergeben (vgl. § 5 MitbestG, § 2 DrittelbG).[67]

24 **10. Unterrichtung.** Unterrichtung bezeichnet nach § 2 Abs. 10 S. 1, der nahezu wörtlich Art. 2 lit. i Beteiligungs-RL nachgebildet ist,[68] die **Unterrichtung des SE-Betriebsrats** oder anderer Arbeitnehmervertreter (§ 21 Abs. 2) durch die Leitung der SE. Die Gegenstände der Unterrichtung werden durch ihren **grenzüberschreitenden Bezug** charakterisiert: Sie muss sich auf Angelegenheiten erstrecken, welche die SE selbst oder eine ihrer Tochtergesellschaften oder einen ihrer Betriebe in einem anderen Mitgliedstaat betreffen oder die über die Befugnisse der zuständigen Organe auf der Ebene des einzelnen Mitgliedstaats hinausgehen. Beispiele sind den Katalogen der §§ 28, 29 zu entnehmen. § 2 Abs. 10 S. 2 bestimmt wie Art. 2 lit. i Beteiligungs-RL zusätzlich, dass Zeitpunkt, Form und Inhalt der Unterrichtung so zu wählen sind, dass die Arbeitnehmervertreter die zu erwartenden Auswirkungen eingehend prüfen und ggf. eine Anhörung mit der Leitung der SE vorbereiten können. Satz 2 hat mit einer Begriffsbestimmung freilich nichts zu tun, und die genannten Anforderungen ergeben sich bereits aus dem Zweck der jeweiligen Beteiligungsrechte. Satz 2 ist deshalb nicht nur systematisch verfehlt, sondern auch überflüssig. Unterrichtung gem. § 2 Abs. 10 meint **nicht** Informationsansprüche der Arbeitnehmervertreter im Aufsichts- oder Verwaltungsorgan.[69] Sie ergeben sich nicht aus dem SEBG, sondern allenfalls aus gesellschaftsrechtlichen Vorschriften (§ 22 SEAG, § 111 AktG; dazu etwa → AktG § 111 Rn. 148 ff. mwN).[70]

25 **11. Anhörung.** § 2 Abs. 11 setzt Art. 2 lit. j Beteiligungs-RL um. Satz 1 definiert die Anhörung als die **Einrichtung eines Dialogs** und eines **Meinungsaustauschs** zwischen dem SE-Betriebsrat und der Leitung der SE. Auf Seiten der Arbeitnehmer können auch andere Arbeitnehmervertreter (§ 21 Abs. 2), auf Seiten der SE – soweit vorhanden – auch andere Leitungsebenen stehen, die zuständig und mit eigenen Entscheidungsbefugnissen ausgestattet sind. Den Tatbestandsmerkmalen Dialog und Meinungsaustausch kommt kein jeweils eigenständiger Bedeutungsgehalt zu. Der Gesetzgeber wollte mit beiden Begriffen,

---

[65] Habersack/Drinhausen/*Hohenstatt*/*Müller-Bonanni* Rn. 33; diff. Lutter/Hommelhoff/Teichmann/*Oetker* Rn. 30.
[66] Kölner Komm AktG/*Feuerborn* Rn. 32.
[67] BR-Drs. 438/04, 111.
[68] Zur Regelung in der Beteiligungs-RL *Kuffner*, Die Beteiligung der Arbeitnehmer in der Europäischen Aktiengesellschaft, 2003, 107 ff. mwN.
[69] BR-Drs. 438/04, 112.
[70] Kölner Komm AktG/*Feuerborn* Rn. 38 mwN.

die wörtlich der Richtlinie entnommen sind, ausdrücken, dass es auf Arbeitgeberseite nicht genügt, lediglich eine Stellungnahme entgegenzunehmen.[71] Beispiele finden sich in §§ 28, 29. Der Gesetzgeber bestimmt wie bei der Unterrichtung und Anhörung überflüssigerweise, dass Zeitpunkt, Form und Inhalt der Anhörung dem SE-Betriebsrat auf der Grundlage der erfolgten Unterrichtung eine Stellungnahme zu den geplanten Maßnahmen der Leitung der SE ermöglichen müssen, um im Rahmen des Entscheidungsprozesses innerhalb der SE berücksichtigt werden zu können (§ 2 Abs. 11 S. 2). S. 2 nennt nur den SE-Betriebsrat, ist aber auch an andere Arbeitnehmervertreter (§ 21 Abs. 2) adressiert.

12. Mitbestimmung. Der Begriff der Mitbestimmung ist in § 2 Abs. 12 definiert, der auf Art. 2 lit. k Beteiligungs-RL beruht. Die Vorschrift unterscheidet zwei verschiedene **Prinzipien der Mitbestimmung.** Mitbestimmung bedeutet nach § 2 Abs. 12 Nr. 1 die **Einflussnahme der Arbeitnehmer** auf die Angelegenheiten einer Gesellschaft durch die Wahrnehmung des Rechts, einen Teil der Mitglieder des Aufsichts- oder Verwaltungsorgans der Gesellschaft wie zB nach den deutschen Mitbestimmungsgesetzen wählen oder bestellen zu können **(Repräsentationsmodell).** Auf den **Umfang** der Mitbestimmung – zB paritätisch gem. § 7 Abs. 1 MitbestG oder drittelmitbestimmt gem. § 4 Abs. 1 DrittelbG – kommt es insoweit nicht an. § 2 Abs. 12 nennt in Nr. 2 alternativ die Einflussnahme durch die Wahrnehmung des Rechts, die Bestellung eines Teils oder aller Mitglieder des Aufsichts- oder Verwaltungsorgans der Gesellschaft zu empfehlen oder abzulehnen, wie sie zB das frühere niederländische Mitbestimmungsmodell **(Kooptationsmodell)** vorgesehen hat, auf das auch die Begründung zum Regierungsentwurf verweist.[72] Die Bestellung der Mitglieder des Verwaltungsorgans geschah dort durch Kooptation, das Verwaltungsorgan ergänzte sich selbst. Nach einer Gesetzesänderung zum 1.10.2004[73] wird nicht mehr kooptiert, vielmehr bestellt die Aktionärsversammlung die Mitglieder des Verwaltungsorgans; außerdem hat der „Unternehmensrat" – eine dem deutschen Betriebsrat vergleichbare Institution – kein Ablehnungsrecht mehr; er hat nun in Gesellschaften mit mehr als 100 Arbeitnehmern und einem gezeichneten Kapital von mehr als 16 Mio. Euro das Recht, für ein Drittel der Mitglieder des Verwaltungsorgans Vorschläge abzugeben, an die das Verwaltungsorgan grundsätzlich gebunden ist. Damit gibt es zurzeit kein Kooptationsmodell in den Mitgliedstaaten. Sämtliche Vorschriften im SEBG, die darauf bezogen sind, sind einstweilen ohne praktischen Anwendungsbereich. Die Definition des § 2 Abs. 12 ist sehr abstrakt. Mit Blick auf die Diskussion um die Reichweite der Mitbestimmungsautonomie (→ § 21 Rn. 25 ff.) sollte der Gesetzgeber de lege ferenda ein Präzisierung vornehmen.

13. Sonstige Begriffe. Das SEBG enthält darüber hinaus zahlreiche weitere Begriffe, auf deren Definition der Gesetzgeber verzichtet hat. Nicht in § 2 genannt, aber erwähnungsbedürftig sind die SE selbst sowie das bVG, ferner das Unternehmen, die Unternehmensgruppe und der Betrieb sowie die Gewerkschaft.

Die **SE** ist eine nach der SE-VO und der Beteiligungs-RL sowie den nationalen Ausführungsgesetzen gegründete Gesellschaft (Art. 2 lit. a Beteiligungs-RL). Nach Art. 2 lit. g Beteiligungs-RL ist das **bVG** das gem. Art. 3 Beteiligungs-RL eingesetzte Gremium, das die Aufgabe hat, mit dem jeweils zuständigen Organ der beteiligten Gesellschaften die Vereinbarung über die Beteiligung der Arbeitnehmer in der SE auszuhandeln. BVG iSd SEBG ist dasjenige Gremium der Arbeitnehmerseite, das nach §§ 4 ff. die Aufgabe hat, mit den Leitungen der beteiligten Unternehmen eine schriftliche Vereinbarung über die Beteiligung der Arbeitnehmer in der SE abzuschließen (§ 4 Abs. 1 S. 2).

---
[71] BR-Drs. 438/04, 112; vgl. HWK/*Hohenstatt/Dzida* SEBG Rn. 7; *Köklü* in Van Hulle/Maul/Drinhausen SE-HdB Abschnitt 6 Rn. 8.
[72] BR-Drs. 438/04, 112; dazu *Mävers*, Die Mitbestimmung der Arbeitnehmer in der Europäischen Aktiengesellschaft, 2002, 58 ff.; *Timmermann/Spanjard* in Baums/Ulmer, Unternehmens-Mitbestimmung der Arbeitnehmer im Recht der EU-Mitgliedstaaten, 2004, 75 ff.
[73] Dazu *Junker* ZfA 2005, 1 (21); *Krause* BB 2005, 1221; *Timmermann/Spanjard* in Baums/Ulmer, Unternehmens-Mitbestimmung der Arbeitnehmer im Recht der EU-Mitgliedstaaten, 2004, 92 f.

29 Das SEBG kennt keinen eigenständigen Begriff des **Unternehmens** und definiert ihn auch nicht. Es verwendet ihn zum Teil – wie etwa bei der Zusammensetzung des Wahlgremiums in § 8 Abs. 1 S. 2 und 5 und Abs. 3 S. 1 – anstelle der beteiligten Gesellschaft (§ 2 Abs. 2). In diesen Fällen ist der Begriff des Unternehmens mit demjenigen der beteiligten Gesellschaften gleichzusetzen. An anderen Stellen wie zB in § 28 Abs. 2 Nr. 7, 8 und 9, § 29 Abs. 1 Nr. 1 und 2 bei der Unterrichtung und Anhörung oder in § 40 beim Tendenzschutz ist das „Unternehmen" im betriebsverfassungsrechtlichen Sinne zu verstehen.[74] Es ist die organisatorische Einheit, mit der ein Unternehmer wirtschaftliche oder ideelle Zwecke verfolgt. Die Gleichsetzung des Unternehmens mit der „beteiligten Gesellschaft" ergibt in diesen Fällen keinen Sinn. Gemeint sind offenbar die SE selbst oder Tochtergesellschaften. Das folgt aus der Kompetenzregel des § 27, der die Zuständigkeit des SE-Betriebsrats für Angelegenheiten der SE oder ihrer Tochtergesellschaften bestimmt.

30 Der Begriff der **Unternehmensgruppe,** den das SEBG etwa in § 8 Abs. 1 S. 6, Abs. 2 S. 5 und Abs. 5 S. 1 bei der Zusammensetzung des Wahlgremiums oder in § 40 beim Tendenzschutz erwähnt, wird im SEBG ebenfalls nicht definiert. Wegen der sachlichen Nähe des SEBG zum EBRG liegt es nahe, dass der Gesetzgeber auf den im EBRG geltenden Begriff der Unternehmensgruppe zurückgreifen wollte. Unter einer Unternehmensgruppe versteht man dort nach Maßgabe von Art. 2 Abs. 1 lit. b RL 2009/38/EG eine Gruppe, die aus einem herrschenden Unternehmen und den von diesem abhängigen Unternehmen besteht und damit ein Unterfall des verbundenen Unternehmens iSd § 15 AktG ist.[75] Für die Übernahme dieser Begriffsbestimmung in das SEBG spricht auch die Systematik des § 8 Abs. 5 S. 1, der als Gegensatz zur Unternehmensgruppe „nicht verbundene Unternehmen" hervorhebt.

31 Für den Begriff des **Betriebs,** den das SEBG an zahlreichen Stellen verwendet, ist an die im Betriebsverfassungsrecht entwickelte Definition anzuknüpfen.[76] Ein Betrieb ist die organisatorische Einheit, innerhalb derer der Unternehmer alleine oder mit seinen Mitarbeitern mit Hilfe sächlicher oder immaterieller Mittel fortgesetzt einen arbeitstechnischen Zweck verfolgt.[77] Der Betrieb ist damit eine organisatorisch-arbeitstechnische, keine wirtschaftliche Einheit. Für eine besonders weite Auslegung gibt es keinen Anhaltspunkt.

32 Der **gemeinsame Betrieb mehrerer Unternehmen** – für das Betriebsverfassungsrecht in § 1 Abs. 2 BetrVG teilweise geregelt – ist ebenfalls Betrieb iSd des SEBG.[78] Eine andere Frage ist aber, wie er **im SEBG rechtlich zu behandeln** ist. Die Antwort ist noch weithin **ungeklärt.** Darauf kann es etwa bei der Ermittlung der Arbeitnehmerzahlen für die Schwellenwerte ankommen (s. zB § 5 Abs. 1 S. 2, § 8 Abs. 7 S. 5, § 15 Abs. 3, § 16 Abs. 1 S. 2, § 18 Abs. 1 S. 1, § 34 Abs. 1 Nr. 2 oder § 37 Abs. 1 S. 2) oder auch sonst (zB bei § 6 Abs. 2 S. 1, § 8 Abs. 7 S. 1, § 15 Abs. 1 S. 1, § 23 Abs. 1 S. 2 oder § 36 Abs. 1 S. 2), wenn zu prüfen ist, ob ein Arbeitnehmer eines (gemeinsamen) Betriebs (mehrerer Unternehmen) ein Arbeitnehmer eines an der SE-Gründung beteiligten Unternehmens oder der SE selbst ist. Die hM zum MitbestG rechnet mitbestimmungsrechtlich mit im Einzelnen unterschiedlichen Begründungen alle im gemeinsamen Betrieb mehrerer Unternehmen beschäftigten Arbeitnehmer allen beteiligten Unternehmen zu, sodass sie in allen beteiligten Unternehmen und nicht nur beim Vertragsarbeitgeber bei der Ermittlung der Schwellenwerte berücksichtigt werden und im Übrigen auch aktiv und passiv wahlberechtigt sind.[79] Die **mitbestimmungsrechtliche Mehrfachzurechnung** der Arbeitnehmer

---

[74] Zum betriebsverfassungsrechtlichen Unternehmensbegriff näher GK-BetrVG/*Franzen* BetrVG § 1 Rn. 30 mwN.
[75] Näher etwa GK-BetrVG/*Oetker* EBRG § 6 Rn. 2 mwN.
[76] Ebenso Kölner Komm AktG/*Feuerborn* Rn. 24; Lutter/Hommelhoff/Teichmann/*Oetker* Rn. 22.
[77] Statt aller näher GK-BetrVG/*Franzen* BetrVG § 1 Rn. 28 mwN.
[78] Kölner Komm AktG/*Feuerborn* Rn. 24; Habersack/Drinhausen/*Hohenstatt/Müller-Bonanni* Rn. 23; Lutter/Hommelhoff/Teichmann/*Oetker* Rn. 22.
[79] S. etwa LG Hamburg ZIP 2008, 2364 Rn. 37, 38, 41; *Thüsing/Forst* FS Kreutz, 2010, 867; Wißmann/Kleinsorge/Schubert/*Wißmann* MitbestG § 3 Rn. 66; für das aktive Wahlrecht und § 5 Abs. 2 S. 1 DrittelbG auch BAG NZG 2013, 876; bestätigt durch BAG BeckRS 2013, 73496.

eines gemeinsamen Betriebs mehrerer Unternehmen ist aber **abzulehnen**. Sie ist nur gerechtfertigt, wenn die vom Unternehmen ausgeübte Leitungsmacht gesellschaftsrechtlich vermittelt ist (vgl. § 5 Abs. 1); das ist im gemeinsamen Betrieb mehrerer Unternehmen nicht der Fall.[80] Im Ergebnis **gilt das auch für das SEBG**. Die betriebsverfassungsrechtliche Wertung, wegen der einheitlichen Leitung in sozialen und personellen Angelegenheiten eine betriebsverfassungsrechtlich einheitliche Wertung vorzunehmen und unternehmensfremde Arbeitnehmer zuzurechnen, passt nicht zu dessen Wertungen, insbesondere nicht zu den erwähnten Schwellenwerten, die an verschiedenen Stellen im SEBG zu finden sind. Im gemeinsamen Betrieb mehrerer Unternehmen zählen als Arbeitnehmer iSd SEBG deshalb nur solche Arbeitnehmer, die in einer **arbeitsvertraglichen Beziehung** zu dem an der SE-Gründung beteiligten Unternehmen oder der SE selbst stehen. Es werden dagegen **nicht** alle im gemeinsamen Betrieb mehrerer Unternehmen beschäftigten Arbeitnehmer allen beteiligten Unternehmen zugerechnet.

Das SEBG kennt ebenfalls keinen eigenen Begriff der **Gewerkschaft** (→ Vor § 1 Rn. 37). Es gilt der allgemeine arbeitsrechtliche Begriff. Eine Gewerkschaft ist eine privatrechtliche Vereinigung in der Form eines rechtsfähigen oder nicht rechtsfähigen Vereins, die auf der Basis des freiwilligen Zusammenschlusses von Arbeitnehmern gegnerfrei mit dem Ziel organisiert ist, die arbeitsrechtlichen Beziehungen zwischen Arbeitgebern und Arbeitnehmern kollektiv zu gestalten.[81] 33

III. Streitigkeiten

Streitigkeiten, die aus der Anwendung des § 2 resultieren, sind im arbeitsgerichtlichen Beschlussverfahren nach § 2a Abs. 1 Nr. 3 lit. e ArbGG, §§ 80 ff. ArbGG auszutragen. Die örtliche Zuständigkeit richtet sich nach § 82 Abs. 3 ArbGG. 34

IV. SCEBG und MgVG

§ 2 entspricht **§ 2 SCEBG** und – mit Ausnahme des § 2 Abs. 5 S. 2 – **§ 2 MgVG**. Allerdings fehlen in § 2 MgVG die entsprechenden Bestimmungen des SEBG zur betrieblichen Mitbestimmung (§ 2 Abs. 6–11). 35

§ 3 Geltungsbereich

(1) ¹Dieses Gesetz gilt für eine SE mit Sitz im Inland. ²Es gilt unabhängig vom Sitz der SE auch für Arbeitnehmer der SE, die im Inland beschäftigt sind sowie für beteiligte Gesellschaften, betroffene Tochtergesellschaften und betroffene Betriebe mit Sitz im Inland.

(2) Mitgliedstaaten im Sinne dieses Gesetzes sind die Mitgliedstaaten der Europäischen Union und die anderen Vertragsstaaten des Abkommens über den Europäischen Wirtschaftsraum.

Übersicht

	Rn.		Rn.
I. Einleitung	1	a) Arbeitnehmerzahl in den Gründungsgesellschaften	4
II. Sachlicher Geltungsbereich	2–11	b) Arbeitnehmerlose SE	5
1. Primärgründung und Sekundärgründung einer SE	2	c) Aktivierung der Vorrats-SE	6, 7
2. Gründung einer Vorrats-SE	3–7	3. Gründung einer SE mit Arbeitnehmern in nur einem Mitgliedstaat	8–11

---

[80] Überzeugend *Hohenstatt/Schramm* NZA 2010, 846 (847 ff.); ebenso LG Bremen BeckRS 2010, 17611; LG Hannover BeckRS 2013, 12440; Raiser/Veil/Jacobs/*Raiser/Jacobs* MitbestG § 3 Rn. 44; *Lüers/Schomaker* BB 2013, 565 ff.
[81] Näher statt aller HWK/*Hergenröder* Art. 9 GG Rn. 31 ff., 48 ff. mwN, auch zu zahlreichen Streitpunkten in Einzelfragen.

	Rn.		Rn.
III. Persönlicher Geltungsbereich	12, 13	V. Streitigkeiten	17
IV. Räumlicher Geltungsbereich	14–16	VI. SCEBG und MgVG	18

I. Einleitung

1 § 3 bestimmt entgegen der zu weit gefassten Überschrift lediglich den **räumlichen Geltungsbereich** des SEBG.[1] Die Vorschrift enthält keine entsprechende Regelung in der Beteiligungs-RL.[2]

II. Sachlicher Geltungsbereich

2 **1. Primärgründung und Sekundärgründung einer SE.** **Sachlich** gilt das SEBG für die SE, wie in § 1 Abs. 1 und § 3 Abs. 1 auch anklingt, und – wie § 2 erkennen lässt – ihre Tochtergesellschaften (§ 2 Abs. 3) sowie im **Gründungsstadium** – zum Beispiel bei der Bestimmung des für das Verhandlungsverfahren maßgeblichen Rechts – **auch** für die beteiligten Gesellschaften (§ 2 Abs. 2) und die betroffenen Tochtergesellschaften (§ 2 Abs. 4).[3] Auf eine Mindestbeschäftigtenzahl kommt es nicht an. Das SEBG gilt für **Primärgründungen** (Art. 2 SE-VO), **nicht** indessen für die **Sekundärgründung** gem. Art. 3 Abs. 2 SE-VO (näher → Vor § 1 Rn. 10 ff.).

3 **2. Gründung einer Vorrats-SE.** Die SE kann auch als **Vorrats-SE** gegründet werden.[4] Die SE-Gründung als Vorrats-SE ist heute sogar der praktisch vorherrschende Gründungsweg (vgl. → Vor § 1 Rn. 44). Dabei sind zwei Konstellationen zu unterscheiden.

4 **a) Arbeitnehmerzahl in den Gründungsgesellschaften.** Beschäftigen die **Gründungsgesellschaften** einschließlich der **betroffenen Tochtergesellschaften**[5] und **betroffenen Betriebe keine Arbeitnehmer** oder eine **nicht ausreichende Zahl von Arbeitnehmern,** sodass ein bVG nicht gebildet werden kann, ist das SEBG zwar prinzipiell anwendbar, die Gründung aber mangels Arbeitnehmer, die aufgefordert und informiert und Mitglieder des bVG werden können, **beteiligungsfrei,** die Fristen der § 11 Abs. 1 und § 20 haben keine Funktion: Deshalb kann eine solche SE-Gründung – auch als Vorratsgründung – ohne Verhandlungen über die Mitbestimmung stattfinden, Art. 12 Abs. 2 SE-VO und die entsprechenden Vorschriften der Beteiligungs-RL und des SEBG sind **teleologisch** zu **reduzieren.**[6] Meist liest man, dass **mindestens zehn Arbeitnehmer** erforderlich seien (Mindestzahl der Mitglieder des bVG; → § 5 Rn. 2).[7] Diese Zahl ist indessen ungenau,[8] weil sie weder

---

[1] Kölner Komm AktG/*Feuerborn* Rn. 1.
[2] Kölner Komm AktG/*Feuerborn* Rn. 2; Lutter/Hommelhoff/Teichmann/*Oetker* Rn. 2; abw. *Forst,* Die Beteiligungsvereinbarung nach § 21 SEBG, 2010, 49 f.; Habersack/Drinhausen/*Thüsing*/Forst MgVG § 3 Rn. 3.
[3] Näher *Forst,* Die Beteiligungsvereinbarung nach § 21 SEBG, 2010, 49 f.
[4] HM, zum Meinungsstand s. statt aller *Forst* NZG 2009, 687 ff. mwN.
[5] Sie sind von der Formulierung „der Gesellschaften" in § 6 Abs. 2 erfasst; → § 6 Rn. 2.
[6] S. – iE diff. – OLG Düsseldorf ZIP 2009, 919 ff.; AG Düsseldorf ZIP 2006, 287; AG München ZIP 2006, 1300 mAnm *Startz* (die SE war sogar operativ tätig); *Aszmons/Homborg/Gerum* GmbHR 2017, 130 (136); MHdB AG/*Austmann* § 86 Rn. 32; *Casper/Schäfer* ZIP 2007, 653; *Eidenmüller/Lasák* FS Hommelhoff, 2012, 187 (195) Fn. 23 für das europäische Recht; Kölner Komm AktG/*Feuerborn* § 1 Rn. 7; *Forst,* Die Beteiligungsvereinbarung nach § 21 SEBG, 2010, 116 ff.; *Forst* RdA 2010, 55 (57 f.); *Frodermann/Jannott* ZIP 2005, 2248 (2251); *Henssler* RdA 2005, 330, 334; Henssler/Habersack/*Henssler* SEBG Einl. Rn. 171 f.; *Henssler* ZHR 173 (2009), 233; Habersack/Drinhausen/*Hohenstatt/Müller-Bonanni* Rn. 10; Kölner Komm AktG/*Kiem* SE-VO Art. 12 Rn. 42; *Kienast* in Jannott/Frodermann SE-HdB Kap. 13 Rn. 253 f., vgl. aber Rn. 255; *Luke* NZA 2013, 941 (942 f.); Lutter/Hommelhoff/Teichmann/*Oetker* § 1 Rn. 18 iVm 15; NK-ArbR/*Sagan* Rn. 9; *Schäfer* in Rieble/Junker Vereinbarte Mitbestimmung § 1 Rn. 10 f.; *Schreiner,* Zulässigkeit und wirtschaftliche Neugründung einer Vorrats-SE, 2009, 63 f., 69 ff.; *Schmaus/Bangen* ZIP 2019, 1360 (1364); *Schubert* RdA 2012, 146; *Seibt* ZIP 2005, 2248 (2250); *Seibt/v. Rimon* AG 2019, 753 (754 f.); *Sigle* FS Hommelhoff, 2012, 1123 (1124); *Teichmann* FS Hellwig, 2010, 347 (350 f.); wohl auch *Joost* FS Richardi, 2007, 573 (576); so außerdem die registergerichtliche Praxis, *Bungert/Gotsche* ZIP 2013, 649 (650); aA *Blanke* ZIP 2006, 789 (790 ff.); Nagel/Freis/Kleinsorge/*Nagel* GesR SE Rn. 16.
[7] → 3. Aufl. 2012, Rn. 2 a f.; etwa bei *Frese* BB 2018, 2612 (2613).
[8] Zutr. und näher Lutter/Hommelhoff/Teichmann/*Oetker* § 1 Rn. 15 mwN.

berücksichtigt, dass jedenfalls für inländische Mitglieder des bVG gem. dem zwingenden § 6 Abs. 2 S. 3 jeweils ein Ersatzmitglied zu wählen ist (→ § 6 Rn. 2), noch in Rechnung stellt, dass die Gewerkschaftsvertreter, die nach § 6 Abs. 3 zu berücksichtigen sind, nicht Arbeitnehmer des Unternehmens sein müssen (→ § 6 Rn. 4). Es kommt also stets auf den konkreten Einzelfall an.

b) Arbeitnehmerlose SE. Anders ist zu verfahren, wenn in den **Gründungsgesellschaften** einschließlich der betroffenen Tochtergesellschaften und betroffenen Betriebe zwar eine für die Bildung des bVG ausreichende Zahl von Arbeitnehmern beschäftigt ist, aber eine **arbeitnehmerlose Vorrats-SE** gegründet werden soll:[9] In diesem Fall ist die Durchführung des Verhandlungsverfahrens wegen Art. 12 Abs. 2 SE-VO grundsätzlich erforderlich.[10] Das gilt auch dann, wenn die zu gründende arbeitnehmerlose SE keine Vorrats-SE ist wie zB bei der Umwandlung von Holding-Gesellschaften oder der Gründung einer Tochter-SE (die freilich nach richtiger Auffassung ohnehin beteiligungsfrei ist → Vor § 1 Rn. 10 ff.).[11]

c) Aktivierung der Vorrats-SE. In **beiden Konstellationen** ist das Verhandlungsverfahren außerdem nicht nach Maßgabe der §§ 4 ff., 22 ff. analog nachzuholen,[12] vielmehr ist es **entsprechend § 18 Abs. 3** durchzuführen, wenn die Vorrats-SE – das vom BGH für die Vorrats-Kapitalgesellschaft verfolgte Konzept der wirtschaftlichen Neugründung ist auf die SE zu übertragen – **mit einem Unternehmen ausgestattet** und eine für die Arbeitnehmerbeteiligung **ausreichende Zahl von Arbeitnehmern eingestellt** wird (→ SE-VO Art. 12 Rn. 13, → SE-VO Art. 16 Rn. 13; → § 18 Rn. 17).[13] Dabei kann offen blei-

---

[9] Allg., ohne Beschränkung auf die arbeitnehmerlose Vorrats-SE Lutter/Hommelhoff/Teichmann/*Oetker* § 1 Rn. 14 mwN.
[10] S. auf die Mindestzahl von zehn Arbeitnehmern abstellend LG Hamburg ZIP 2005, 2018 (2019); Lutter/Hommelhoff/Teichmann/*Bayer* SE-VO Art. 2 Rn. 30; *Blanke* ZIP 2006, 789 (790 ff.); *Casper/Schäfer* ZIP 2007, 653; Kölner Komm AktG/*Feuerborn* § 1 Rn. 9; *Forst*, Die Beteiligungsvereinbarung nach § 21 SEBG, 2010, 112 ff.; *Freudenberg* AG 2006, R125; *Frodermann/Jannott* ZIP 2005, 2248 (2251); Henssler/Habersack/*Henssler* SEBG Einl. Rn. 170; Habersack/Drinhausen/*Hohenstatt/Müller-Bonanni* Rn. 10; *Joost* in Oetker/Preis AES B 8200 Rn. 43; *Joost* FS Richardi, 2007, 573 (576); Kölner Komm AktG/*Kiem* SE-VO Art. Rn. 42; Lutter/Hommelhoff/Teichmann/*Oetker* § 1 Rn. 9, 10; NK-ArbR/*Sagan* Rn. 9; Habersack/Drinhausen/*Schürnbrand* SE-VO Art. 12 Rn. 25; *Seibt* ZIP 2005, 2248 (2250); *Schreiner*, Zulässigkeit und wirtschaftliche Neugründung einer Vorrats-SE, 2009, 65 ff.; wohl auch *Eidenmüller/Lasák* FS Hommelhoff, 2012, 187 (195) Fn. 23 für das europäische Recht.
[11] Lutter/Hommelhoff/Teichmann/*Oetker* § 1 Rn. 14 mwN. Ob in diesen Fällen bei späteren Veränderungen ein Beteiligungsverfahren gemäß §§ 4 ff. durchzuführen ist (so Lutter/Hommelhoff/Teichmann/*Oetker* § 1 Rn. 16) oder § 18 Abs. 3 entsprechend anzuwenden ist (so zB *Blanke*, „Vorrats-SE" ohne Arbeitnehmerbeteiligung, 2005, 71; *Teichmann* FS Hellwig, 2010, 347 [368]), ist umstritten. Anders als bei der Vorrats-SE, bei der nach der Ausstattung mit einem Unternehmen und der Einstellung mit einer ausreichenden Zahl von Arbeitnehmern § 18 Abs. 3 jedenfalls entsprechend anzuwenden ist (→ Rn. 6), kommt es hier richtigerweise darauf an, ob die Voraussetzungen des § 18 Abs. 3 vorliegen (→ § 18 Rn. 10 ff.): Die Verschmelzung einer mitbestimmten Gesellschaft auf die bislang arbeitnehmerlose SE kann deshalb von § 18 Abs. 3 erfasst sein (→ § 18 Rn. 12), die bloße Einstellung von Arbeitnehmern ist dagegen nicht (→ § 18 Rn. 12).
[12] *Schubert* ZESAR 2006, 340 (345 ff.); ebenso *Diekmann* GS Gruson, 2009, 75 (89); Blanke/Hayen/Kunz-Carlson/*Carlson* Mitbestimmung der Arbeitnehmer in der Europäischen Aktiengesellschaft (SE) Rn. 102; Lutter/Hommelhoff/Teichmann/*Oetker* § 1 Rn. 19; *Schmid*, Mitbestimmung in der Europäischen Aktiengesellschaft (SE), 2010, 128 f.; dagegen überzeugend *Forst* RdA 2010, 55 (58).
[13] Vgl. – in Einzelheiten wiederum diff. – OLG Düsseldorf ZIP 2009, 920 f.; Aszmons/Homborg/*Gerum* GmbHR 2017, 130 (136); Blanke/Hayen/Kunz/Carlson/*Carlson* Mitbestimmung der Arbeitnehmer in der Europäischen Aktiengesellschaft (SE) Rn. 54; *Casper* AG 2007, 97 (100); BeckOGK/*Casper* SE-VO Art. 2 Rn. 31; *Casper/Schäfer* ZIP 2007, 653 (658 f.); *Feldhaus/Vanscheidt* BB 2008, 2246 (2247); Kölner Komm AktG/*Feuerborn* § 1 Rn. 9; *Forst* NZG 2009, 690 f.; *Kiem* ZHR 173 (2009), 156 (164 ff.); Nagel/Freis/Kleinsorge/*Kleinsorge* Einf. SE Rn. 89; *Köstler* in Theisen/Wenz, Europäische Aktiengesellschaft, 2. Aufl. 2005, 374; *Schäfer* in Rieble/Junker Vereinbarte Mitbestimmung § 1 Rn. 10; *Reinhard* RIW 2006, 70; *Reinhard*, Die Sicherung der Unternehmensmitbestimmung durch Vereinbarungen, 2011, 203 f.; *Wirtz*, Der SE-Betriebsrat, 2013, 87; MHdB ArbR/*Naber/Sittard* § 384 Rn. 100, 18; abw. HWK/*Hohenstatt/Dzida* SEBG Rn. 32; Kölner Komm AktG/*Kiem* SE-VO Art. 12 Rn. 4252; *Düwell/Sick* SE und grenzüberschreitende Verschmelzung Rn. 8, 40; auch abw. LG Hamburg ZIP 2005, 2018 (2019) für die Gründung einer Tochter-SE, obgleich sogar eine Versicherung der Gesellschaft vorlag, dass auch künftig keine Arbeitnehmer beschäftigt würden; *Joost* FS Richardi, 2007, 573 (576 f.); zweifelnd Lutter/Hommelhoff/Teichmann/*Bayer* SE-VO Art. 2 Rn. 30.

ben, ob die Abweichung eine strukturelle Änderung iSd § 18 Abs. 3 ist,[14] sie ist jedenfalls als gründungsähnlicher Vorgang mit ihr vergleichbar, sodass eine Analogie zu § 18 Abs. 3 gerechtfertigt ist. Das Verhandlungsverfahren beginnt in diesem Fall mit der **Eintragung der Satzungsänderung,** die mit der Aktivierung der Vorrats-SE verbunden ist (analog Art. 12 Abs. 2 SE-VO).[15] Ist eine ausreichende Zahl von Arbeitnehmern im Zeitpunkt der wirtschaftlichen Neugründung dagegen nicht vorhanden, bleibt die SE beim nachfolgenden **organischen Wachstum** der Belegschaft grundsätzlich dauerhaft beteiligungsfrei, auch § 18 Abs. 3 ist nicht anzuwenden (→ SE-VO Art. 16 Rn. 13).[16] Eine Ausnahme kann sich allenfalls aus **§ 43** ergeben, wenn die Einstellung der Arbeitnehmer in **rechtsmissbräuchlicher** Weise verzögert wird, um ein Verhandlungsverfahren zu vermeiden.[17]

7 Beteiligungsfrei ist die Gründung einer Vorrats-SE in Form einer **SE-Tochter,** da es sich nach zutreffender Auffassung ungeachtet der Frage nach der Vorrats-SE um eine **nicht beteiligungspflichtige Sekundärgründung** handelt (vgl. → Rn. 2; → Vor § 1 Rn. 11).[18]

8 **3. Gründung einer SE mit Arbeitnehmern in nur einem Mitgliedstaat.** Die skizzierten Grundsätze zur arbeitnehmerlosen (Vorrats-)SE lassen sich auf eine SE-Gründung von Unternehmen mit Arbeitnehmern in nur **einem** Mitgliedstaat sinngemäß übertragen. Die SE-Gründung setzt nur Rechtsträger in **mindestens zwei** Mitgliedstaaten voraus (vgl. Art. 2 Abs. 1 SE-VO), erfordert aber nicht, dass diese (auch) Arbeitnehmer in mindestens zwei Mitgliedstaaten oder überhaupt Arbeitnehmer beschäftigen.[19] Ob in diesen Fällen **Art. 12 Abs. 2 SE-VO** und die entsprechenden Vorschriften der Beteiligungs-RL und des SEBG ebenfalls **teleologisch zu reduzieren** sind,[20] ist **umstritten.** Im Schrifttum meint man, Art. 12 Abs. 2 SE-VO sei nur hinsichtlich der grenzüberschreitenden Beteiligungsrechte der Unterrichtung und Anhörung sowie bei der Unternehmensmitbestimmung nur bei **mitbestimmungslosen** Gründungsgesellschaften teleologisch zu reduzieren, weil beim Vorhandensein einer mitbestimmten Gründungsgesellschaft ohne Durchführung des Verhandlungsverfahrens auch keine Mitbestimmung kraft Gesetzes greifen könne, was bei deren Arbeitnehmern zu einer objektiv zweckwidrigen Entziehung von Beteiligungsrechten führe.[21]

9 **Für eine teleologische Reduktion** spricht aber die gesetzlich vorgegebene Zusammensetzung des bVG, das sich aus den Arbeitnehmern von mindestens zwei Mitgliedstaaten zusammensetzen muss (vgl. etwa § 6 Abs. 1, § 7 Abs. 1 und 4 oder § 16 Abs. 1).[22] Außerdem ist sie aus dessen materieller Befassungs- und Beschlusskompetenz abzuleiten. § 21 soll zum Beispiel einen sinnvollen Ausgleich der in den einzelnen Mitgliedstaaten bestehenden Rechtslagen und damit zugleich eine sachgerechte Anpassung an die Bedürfnisse und Strukturen der künftigen SE ermöglichen (→ § 21 Rn. 1), sodass es bei einem rein nationalen Arbeitnehmerstamm und einem nationalen Mitbestimmungsregime einen tauglichen Ver-

---

[14] Dafür Habersack/Drinhausen/*Hohenstatt/Müller-Bonanni* Rn. 11.
[15] Vgl. *Forst* NZG 2009, 691; *Forst* RdA 2010, 55 (58).
[16] In diese Richtung auch *Henssler* RdA 2005, 330, 335; Habersack/Drinhausen/*Hohenstatt/Müller-Bonanni* Rn. 12; *Seibt* ZIP 2005, 2248 (2250); *Seibt/v. Rimon* AG 2019, 753 (754 f.); grds. auch *Casper/Schäfer* ZIP 2007, 653 (660); aA Kölner Komm AktG/*Feuerborn* § 18 Rn. 54; abw. wohl auch *Forst* RdA 2010, 55 (59).
[17] Vgl. auch *Casper/Schäfer* ZIP 2007, 653 (660); *Ramcke,* Die Konkretisierung des Missbrauchsverbots der SE, 2015, 459 ff.
[18] AA die hM; iE wie hier *Kienast* in Jannott/Frodermann SE-HdB Kap. 13 Rn. 254 f., wenn die Mutter-SE arbeitnehmerlos ist.
[19] Habersack/Drinhausen/*Hohenstatt/Müller-Bonanni* Rn. 14; WHSS/*Seibt* Rn. F 181.
[20] In Deutschland sind die Mast-Jägermeister SE und die Lichtblick SE ohne Bildung eines bVG in das Handelsregister eingetragen worden.
[21] Näher *Ramcke,* Die Konkretisierung des Missbrauchsverbots der SE, 2015, 388 ff.; so auch HWK/*Hohenstatt/Dzida* SEBG Rn. 5; ähnlich Lutter/Hommelhoff/Teichmann/*Oetker* § 1 Rn. 24; NK-ArbR/*Sagan* Rn. 6; *Schubert* RdA 2012, 146 (147 ff., 152 ff., 154 f.); dazu auch *Luke* NZA 2013, 941 (942 ff.).
[22] WHSS/*Seibt* Rn. F 181; anders Habersack/Drinhausen/*Hohenstatt/Müller-Bonanni* Rn. 14; *Schubert* RdA 2012, 146 (147 ff.); wohl auch Blanke/Hayen/Kunz/*Carlson* Mitbestimmung der Arbeitnehmer in der Europäischen Aktiengesellschaft (SE) Rn. 103.

handlungsgegenstand für das Verhandlungsverfahren mit dem bVG nicht gibt. Außerdem ist das Verhandlungsziel, einen SE-Betriebsrat zu errichten, beim Fehlen von Arbeitnehmern aus mehr als zwei Mitgliedstaaten entbehrlich, weil für die Unterrichtungs- und Anhörungsrechte nach §§ 27 ff. das grenzüberschreitende Element fehlt und ein zuständigkeitsloser SE-Betriebsrat nicht Ziel des Verhandlungsverfahrens sein kann.[23]

Der **Einwand einer objektiv zweckwidrigen Entziehung von Beteiligungsrechten** 10 bei SE-Gründung von Unternehmen mit Arbeitnehmern in nur einem Mitgliedstaat kann alternativ jedenfalls durch Verhandlungen (und dann ggf. auch durch Abschluss) einer Beteiligungsvereinbarung mit dem **bestehenden Konzernbetriebsrat** (statt mit dem bVG, dessen Bildung dann entbehrlich ist) **ausgeräumt werden**.

Entsprechend § 18 Abs. 3 ist es allerdings auch ansonsten denkbar, bei nachträglichen 11 Veränderungen – nunmehr Beschäftigung von Arbeitnehmern in mindestens zwei Mitgliedstaaten – das Verhandlungsverfahren nachzuholen.[24] Allerdings greift § 18 Abs. 3 bei der bloßen Einstellung von Arbeitnehmern grundsätzlich gerade nicht (→ § 18 Rn. 12, → § 18 Rn. 19).[25] Die Vorschrift passt ohnehin nicht richtig, weil ein (erstes) Beteiligungsverfahren bislang nicht stattgefunden hat. Das spricht dafür, in diesem Fall **§ 47 Abs. 1 Nr. 2 teleologisch zu reduzieren,** sodass anstelle des SE-Betriebsrats ein Europäischer Betriebsrat gebildet werden und damit die Beteiligung einer Arbeitnehmervertretung in grenzüberschreitenden Angelegenheiten stattfinden kann.[26]

III. Persönlicher Geltungsbereich

Persönlich erfasst das SEBG – auch das lässt sich § 2 entnehmen – auf Arbeitnehmerseite 12 alle **Arbeitnehmer** (§ 2 Abs. 1), die in der SE oder in ihren Tochtergesellschaften sowie – vor der Gründung der SE – in den beteiligten Gesellschaften oder den betroffenen Tochtergesellschaften **beschäftigt** sind. Ein Arbeitnehmer ist bei einer Tätigkeit im Ausland auch dann im Inland beschäftigt, wenn er trotzdem in einen im Inland gelegenen Betrieb eingegliedert ist.[27]

Auf der Seite des Unternehmens nennt das SEBG nicht den Arbeitgeber, sondern spricht 13 von der **Leitung** oder den **Leitungen** (§ 2 Abs. 5). Externe Personen wie zB Gewerkschaftsvertreter werden erfasst, wenn das SEBG sie ausdrücklich erwähnt (vgl. → Vor § 1 Rn. 37). § 39 schließt die Anwendbarkeit des SEBG auf eine **Tendenz-SE** aus (Abs. 1) oder schränkt sie ein (Abs. 2).

IV. Räumlicher Geltungsbereich

Für den räumlichen Geltungsbereich der jeweiligen Umsetzungsgesetze zur Beteiligungs- 14 RL gilt der Grundsatz, dass das **Gesetz des Mitgliedstaats** anzuwenden ist, in dem die SE ihren Sitz hat.[28] Dementsprechend gilt das SEBG für eine SE mit **Sitz im Inland** (§ 1 Abs. 1 S. 1). Dabei spielt es keine Rolle, ob die SE im Inland gegründet wird oder ihren **Sitz** nach Deutschland **verlegt** (Art. 8 SE-VO).[29] Das SEBG erläutert den Begriff des Sitzes nicht näher. Nach § 2 SEAG, der auf Art. 7 S. 2 SE-VO beruht, hat die Satzung der SE als Sitz den Ort zu bestimmen, wo die Verwaltung geführt wird. Der Sitz iSd § 3 Abs. 1 S. 1 ist deshalb nicht der tatsächliche (Hauptverwaltungs), sondern nach der in der **Satzung**

---

[23] Wie hier Habersack/Drinhausen/*Hohenstatt*/*Müller-Bonanni* Rn. 14; insoweit auch *Ramcke*, Die Konkretisierung des Missbrauchsverbots der SE, 2015, 388 ff.; abw. *Schubert* RdA 2012, 150 ff.: wenn zumindest Arbeitnehmer in einem anderen Mitgliedstaat beschäftigt sind, als der Sitz der SE belegen ist.
[24] Vgl. die Erwägung bei Habersack/Drinhausen/*Hohenstatt*/*Müller-Bonanni* Rn. 14 aE; ähnlich Lutter/Hommelhoff/Teichmann/*Oetker* § 1 Rn. 25: §§ 4 ff.
[25] S. aber die Erwägungen von *Schubert* RdA 2012, 153 f.: ausnahmsweise Anwendung – Neueinstellung in diesem Fall als „Strukturänderung".
[26] Vgl. die Erwägungen bei *Schubert* RdA 2012, 153.
[27] Dazu näher GK-BetrVG/*Raab* BetrVG § 7 Rn. 48 ff. mwN.
[28] Habersack/Drinhausen/*Hohenstatt*/*Müller-Bonanni* Rn. 6; Lutter/Hommelhoff/Teichmann/*Oetker* Rn. 3.
[29] Begr. RegE, BT-Drs. 438/04, 112.

angegebene Sitz.[30] „Inland" ist das Staatsgebiet der Bundesrepublik Deutschland. Die **Verlegung des Sitzes** einer SE aus einem anderen Mitgliedstaat nach Deutschland bewirkt zwar, dass auf die SE nunmehr grundsätzlich das SEBG anwendbar ist. Das bedeutet aber nicht, dass das Verfahren über die Beteiligung der Arbeitnehmer wiederholt und für die Eintragung der SE in Deutschland die Voraussetzungen des Art. 12 Abs. 2 SE-VO erneut erfüllt werden müssen (→ SE-VO Art. 8 Rn. 13 f., → SE-VO Art. 8 Rn. 60).[31] Zwar kann die Verlegung Folgen für die Beteiligung der Arbeitnehmer haben (vgl. Art. 8 Abs. 2 S. 2 lit. c SE-VO). Vereinbarungen gem. § 21 gelten aber grundsätzlich erst einmal weiter, die Arbeitnehmerbeteiligung kraft Gesetzes bleibt ebenfalls prinzipiell bestehen; an die Stelle des bislang nach dem Ausführungsgesetz des ehemaligen Sitzstaats vorgesehenen Organs tritt der SE-Betriebsrat (→ SE-VO Art. 8 Rn. 13, → SE-VO Art. 8 Rn. 60; vgl. aber → SE-VO Art. 8 Rn. 15: Wegfall der Geschäftsgrundlage denkbar).[32] Das schließt nicht aus, dass die nicht ganz einheitliche Umsetzung der Beteiligungs-RL in den einzelnen Mitgliedstaaten „Korrekturen in Randbereichen" erforderlich macht.[33] Die Sitzverlegung als solche ist zwar keine strukturelle Änderung der SE (vgl. Art. 8 Abs. 1 S. 2 SE-VO); der Tatbestand des § 18 Abs. 3, § 21 Abs. 4 kann freilich durch zusätzliche strukturelle Änderungen der ihren Sitz verlegenden SE erfüllt sein, sodass erforderliche Anpassungen mit Hilfe des § 18 Abs. 3, § 21 Abs. 4 vorgenommen werden können (vgl. → § 18 Rn. 17).

15 Eine SE mit Sitz in einem anderen Mitgliedstaat der „Gemeinschaft" (Art. 1 Abs. 1 SE-VO) unterliegt grundsätzlich dem Gesetz des jeweiligen Staats zur Umsetzung der Beteiligungs-RL. Allerdings bestimmt § 3 Abs. 1 S. 2, dass das SEBG unabhängig vom Sitz der SE auch auf Arbeitnehmer der SE, die **im Inland beschäftigt** sind, anzuwenden ist.[34] Das SEBG gilt demzufolge – etwa soweit es um die Wahl der Mitglieder des bVG nach §§ 8 ff. oder die Sitzgarantien der Gewerkschaften und der leitenden Angestellten nach § 6 Abs. 3 und 4 geht – auch für beteiligte Gesellschaften (§ 2 Abs. 2), betroffene Tochtergesellschaften und betroffene Betriebe (§ 2 Abs. 4) mit Sitz im Inland, wenn sich der Sitz der SE in einem anderen Mitgliedstaat befindet (§ 3 Abs. 1 S. 2).[35] Nach dem Willen des Gesetzgebers erfasst das SEBG ferner die am Sitz der SE zu erfüllenden Mitwirkungspflichten von beteiligten Gesellschaften, selbst wenn sie ihren Sitz im Ausland haben.[36] Da sich der Anwendungsbereich der Durchführungsgesetze folglich nicht allein nach dem Sitz der SE richtet, sind in der SE regelmäßig mehrere nationale Durchführungsgesetze anzuwenden.

16 **§ 3 Abs. 2** bestimmt wie § 2 Abs. 3 EBRG, dass **Mitgliedstaaten iSd SEBG** die Ende des Jahres 2019 (noch) 28 Mitgliedstaaten der EU (derzeit: Belgien, Bulgarien, Dänemark, Deutschland, Estland, Finnland, Frankreich, Griechenland, Irland, Italien, Kroatien, Lettland, Litauen, Luxemburg, Malta, Niederlande, Österreich, Polen, Portugal, Rumänien, Schweden, Slowakei, Slowenien, Spanien, Tschechien, Ungarn, Vereinigtes Königreich und Zypern) sowie die anderen Vertragsstaaten des Abkommens über den Europäischen Wirtschaftsraum (Island, Liechtenstein und Norwegen) sind. Das SEBG ist ohne weiteres anzuwenden, wenn weitere Staaten der EU beitreten.[37] **Andere Staaten** können **nicht** aufgrund völkerrechtlicher Verträge in den räumlichen Geltungsbereich einbezogen wer-

---

[30] Ebenso Habersack/Drinhausen/*Hohenstatt/Müller-Bonanni* Rn. 4; Lutter/Hommelhoff/Teichmann/*Oetker* Rn. 3; AKRR/*Annuß* Rn. 1.
[31] Kölner Komm AktG/*Feuerborn* Rn. 6; *Hunger* in Jannott/Frodermann SE-HdB Kap. 9 Rn. 32 ff., 37, 39 f.: Art. 8 Abs. 10 SE-VO sei teleologisch zu reduzieren, Verweis nur auf Art. 12 Abs. 1 SE-VO; *Kienast* in Jannott/Frodermann SE-HdB Kap. 13 Rn. 242; Lutter/Hommelhoff/Teichmann/*Oetker* Rn. 4; ausf. dazu *Ringe* NZG 2006, 931 ff. mwN.
[32] Vgl. Habersack/Drinhausen/*Hohenstatt/Müller-Bonanni* Rn. 5; *Kienast* in Jannott/Frodermann SE-HdB Kap. 13 Rn. 242; in diese Richtung auch *Krause* BB 2005, 1221 (1223); ferner *Wollburg/Banerjea* ZIP 2005, 277 (283).
[33] Habersack/Drinhausen/*Hohenstatt/Müller-Bonanni* Rn. 5.
[34] Kölner Komm AktG/*Feuerborn* Rn. 8.
[35] Kölner Komm AktG/*Feuerborn* Rn. 7; Lutter/Hommelhoff/Teichmann/*Oetker* Rn. 5, 7; aA Habersack/Henssler/*Henssler* Rn. 2.
[36] BR-Drs. 438/04, 112 f.
[37] Kölner Komm AktG/*Feuerborn* Rn. 10; Lutter/Hommelhoff/Teichmann/*Oetker* Rn. 8.

den.³⁸ Das betrifft auch den Austritt des Vereinigten Königreichs aus der EU zum 31.12.2020 („**Brexit**").³⁹

V. Streitigkeiten

Streitigkeiten im Zusammenhang mit § 3 gehören in das arbeitsgerichtliche Beschlussverfahren (§ 2a Abs. 1 Nr. 3 lit. e ArbGG, §§ 80 ff. ArbGG). § 82 Abs. 3 ArbGG bestimmt die örtliche Zuständigkeit des Arbeitsgerichts. **17**

VI. SCEBG und MgVG

§ 3 entspricht **§ 3 SCEBG** und weitgehend **§ 3 MgVG**: Das MgVG gilt für eine aus einer grenzüberschreitenden Verschmelzung hervorgehende Gesellschaft mit Sitz im Inland und – unabhängig vom Sitz dieser Gesellschaft – auch für Arbeitnehmer der aus einer grenzüberschreitenden Verschmelzung hervorgehenden Gesellschaft, die im Inland beschäftigt sind, sowie für inländische beteiligte Gesellschaften, betroffene Tochtergesellschaften und betroffene Betriebe (§ 3 Abs. 1 MgVG). **18**

---

[38] Kölner Komm AktG/*Feuerborn* Rn. 10; Lutter/Hommelhoff/Teichmann/*Oetker* Rn. 8; aA Nagel/Freis/Kleinsorge/*Nagel* Rn. 3; BT-Drs. 15/3405, 45.
[39] *Häferer/Klare* NZA 2019, 352 (354).

Teil 2. Besonderes Verhandlungsgremium

Kapitel 1. Bildung und Zusammensetzung

§ 4 Information der Leitungen

(1) ¹Das besondere Verhandlungsgremium ist auf Grund einer schriftlichen Aufforderung der Leitungen zu bilden. ²Es hat die Aufgabe, mit den Leitungen eine schriftliche Vereinbarung über die Beteiligung der Arbeitnehmer in der SE abzuschließen.

(2) ¹Wenn die Leitungen die Gründung einer SE planen, informieren sie die Arbeitnehmervertretungen und Sprecherausschüsse in den beteiligten Gesellschaften, betroffenen Tochtergesellschaften und betroffenen Betrieben über das Gründungsvorhaben. ²Besteht keine Arbeitnehmervertretung, erfolgt die Information gegenüber den Arbeitnehmern. ³Die Information erfolgt unaufgefordert und unverzüglich nach Offenlegung des Verschmelzungsplans, des Gründungsplans für eine Holdinggesellschaft, des Umwandlungsplans oder nach Abschluss der Vereinbarung eines Plans zur Gründung einer Tochtergesellschaft.

(3) Die Information erstreckt sich insbesondere auf
1. die Identität und Struktur der beteiligten Gesellschaften, betroffenen Tochtergesellschaften und betroffenen Betriebe und deren Verteilung auf die Mitgliedstaaten;
2. die in diesen Gesellschaften und Betrieben bestehenden Arbeitnehmervertretungen;
3. die Zahl der in diesen Gesellschaften und Betrieben jeweils beschäftigen Arbeitnehmer sowie die daraus zu errechnende Gesamtzahl der in einem Mitgliedstaat beschäftigen Arbeitnehmer;
4. die Zahl der Arbeitnehmer, denen Mitbestimmungsrechte in den Organen dieser Gesellschaften zustehen.

(4) Maßgeblicher Zeitpunkt für die Ermittlung der Zahl der Arbeitnehmer ist der Zeitpunkt der Information nach Absatz 2.

Übersicht

	Rn.		Rn.
I. Einleitung	1	2. Information der Arbeitnehmerseite	12–27
II. Rechtsnatur des besonderen Verhandlungsgremiums	2	a) Form, Zeitpunkt und Sprache	13–15
		b) Information durch die Leitungen	16–18
III. Abschluss einer Beteiligungsvereinbarung als Aufgabe	3	c) Adressaten	19–21
		d) Inhalt	22–25
IV. Aufforderung und Information	4–27	e) Zeitpunkt für die Ermittlung der Arbeitnehmerzahl	26
1. Aufforderung durch die Leitungen	4–11	f) Informationsobliegenheit	27
a) Form, Zeitpunkt und Sprache	5–7	V. Streitigkeiten	28
b) Adressaten	8–10	VI. SCEBG und MgVG	29
c) Initiativlast	11		

I. Einleitung

1   § 4, der Art. 3 Abs. 1 Beteiligungs-RL umsetzt, regelt die Einleitung des Verfahrens für Verhandlungen über die Beteiligung der Arbeitnehmer bei der Gründung einer SE. Das **bVG,** das als „Vertretung" der Arbeitnehmerseite bereits aus dem EBRG bekannt ist, wird zu dem Zweck gebildet, eine Vereinbarung über die Beteiligung der Arbeitnehmer in der SE abzuschließen (§ 4 Abs. 1 S. 2). Ausnahmsweise kann auch der **SE-Betriebsrat** bei der

Aufnahme neuer Verhandlungen nach strukturellen Änderungen die Aufgaben des bVG wahrnehmen (§ 18 Abs. 3 S. 2). Ein bVG ist in jeder SE, auch in einer **Tendenz-SE** (§ 39), zu bilden. Die Beteiligungs-RL verwehrt den **Leitungen** der an der Gründung der SE beteiligten Unternehmen nicht, ebenfalls ein einheitliches Verhandlungsorgan zu errichten, um ein einheitliches Auftreten gegenüber dem bVG zu erreichen (→ § 21 Rn. 10).[1] Ein solches **einheitliches Verhandlungsorgan** ist aber kein bVG iSd SEBG.

II. Rechtsnatur des besonderen Verhandlungsgremiums

Das bVG ist ein **gesetzliches Gründungsorgan.**[2] Es ist zwar transnational besetzt, aber ein nationales Organ.[3] Es nimmt die gesetzlich vorgegebenen Aufgaben und Befugnisse in **eigener Verantwortung** wahr. Es hat dabei „echte" Entscheidungsrechte in Bezug auf das „Ob" und das „Wie" einer Vereinbarung nach § 21. Da es entgegen dem zum Teil missverständlichen Gesetzeswortlaut (§ 15 Abs. 1 S. 1) weder Vertreter (vgl. § 164 BGB) noch Beauftragter (vgl. § 662 BGB) der von ihm repräsentierten Arbeitnehmer ist, unterliegt es **keinen Weisungsbefugnissen.**[4] Es hat ähnlich wie der Betriebsrat keine Rechtspersönlichkeit, sondern lediglich eine **beschränkte, aufgabenbezogene Rechtsfähigkeit.**[5] Es ist als „Stelle" iSd § 10 S. 1 ArbGG außerdem **parteifähig** im arbeitsgerichtlichen Beschlussverfahren.[6] Das bVG ist kein auf Dauer gebildetes Organ, sondern ein **ad-hoc-Gremium,** dessen Amtszeit mit Abschluss einer Vereinbarung (§ 4 Abs. 1 S. 2, § 21) oder dem Beschluss, keine Verhandlungen zu eröffnen oder diese abzubrechen (§ 16 Abs. 1), endet.[7] Für dieses Verständnis ist anzuführen, dass nach § 16 Abs. 1 S. 1 frühestens zwei Jahre nach dem Beschluss nach § 16 Abs. 1 ein bVG „erneut gebildet" und kein fortbestehendes reaktiviert wird.[8] Auch § 5 Abs. 4 spricht von einer bestimmten „Tätigkeitsdauer" des bVG.

III. Abschluss einer Beteiligungsvereinbarung als Aufgabe

Das bVG hat die **Aufgabe,** mit den Leitungen eine schriftliche **Vereinbarung über die Beteiligung der Arbeitnehmer** in der SE mit dem Mindestinhalt des § 21 abzuschließen (§ 4 Abs. 1 S. 2). Die Leitungen und das bVG können bei den **Verhandlungen** darüber aber zu unterschiedlichen Ergebnissen kommen. Sie können sich auf einen SE-Betriebsrat (§ 21 Abs. 1), die Durchführungsmodalitäten eines Verfahrens zur Unterrichtung und Anhörung (§ 21 Abs. 2), eine Ausgestaltung der Mitbestimmung im Aufsichts- oder Verwaltungsorgan (§ 21 Abs. 3) oder eine Arbeitnehmerbeteiligung nach Maßgabe der subsidiären Auffangregelungen nach §§ 22 ff., §§ 34 ff. einigen (§ 21 Abs. 5). Das bVG kann mit der qualifizierten Mehrheit des § 16 Abs. 1 S. 2 allerdings beschließen, **keine Verhandlungen aufzunehmen** oder bereits begonnene Verhandlungen **abzubrechen** (§ 16 Abs. 1 S. 1). In diesem Fall sind §§ 22 ff. und §§ 34 ff. gem. § 16 Abs. 2 S. 2 anzuwenden. Es kann aber

---

[1] Ebenso *Kienast* in Jannott/Frodermann SE-HdB Kap. 13 Rn. 106, 409; *Oetker* in Lutter/Hommelhoff EU-Gesellschaft 297 f.; Vorschlag eines § 10b (Verhandlungsgremium auf Unternehmensseite; Bildung und Zusammensetzung) durch den AKK ZIP 2010, 2222 f.; ergänzende Stellungnahme dazu AKK ZIP 2011, 1844.

[2] HWK/*Hohenstatt/Dzida* SEBG Rn. 8; für das EBRG HWK/*Giesen* EBRG Rn. 37; ähnlich *Rieble* in Rieble/Junker Vereinbarte Mitbestimmung § 3 Rn. 18: betriebsverfassungsrechtliches Organ; zust. *Hinrichs/Plitt* NZA 2010, 204 (205).

[3] Für das EBRG GK-BetrVG/*Oetker* EBRG § 8 Rn. 2.

[4] Habersack/Drinhausen/*Hohenstatt/Müller-Bonanni* Rn. 2; Kölner Komm AktG/*Feuerborn* Rn. 6.

[5] Habersack/Drinhausen/*Hohenstatt/Müller-Bonanni* Rn. 2; Lutter/Hommelhoff/Teichmann/*Oetker* Rn. 7; AKRR/*Rudolph* Rn. 5; näher *Forst*, Die Beteiligungsvereinbarung nach § 21 SEBG, 2010, 66 ff.

[6] Germelmann/Matthes/Prütting/*Matthes/Schlewing*, 9. Aufl. 2017, ArbGG § 10 Rn. 30; Lutter/Hommelhoff/Teichmann/*Oetker* Rn. 7.

[7] Ebenso *Benker*, Die Gestaltung der Mitbestimmung in der SE, 2019, 88; Kölner Komm AktG/*Feuerborn* Rn. 5; *Forst*, Die Beteiligungsvereinbarung nach § 21 SEBG, 2010, 66 f.; *Hoops*, Die Mitbestimmungsvereinbarung in der SE, 2009, 68; Lutter/Hommelhoff/Teichmann/*Oetker* Rn. 7; *Rieble* in Rieble/Junker Vereinbarte Mitbestimmung § 3 Rn. 104; NK-ArbR/*Sagan* Rn. 2.

[8] Dagegen spricht allerdings der Wortlaut des Art. 3 Abs. 6 Abschnitt 4 Beteiligungs-RL, nach dem das bVG „wieder einberufen" wird.

nicht wirksam darauf verzichten, nach Aufforderung durch die Leitungen ein bVG zu bilden (vgl. auch → § 11 Rn. 6, → § 16 Rn. 1).[9] Wird indessen verhandelt, kommt aber innerhalb des gesetzlich vorgesehenen Zeitraums (§ 20) keine Vereinbarung zustande, greift die gesetzliche Auffangregelung der §§ 22 ff., §§ 34 ff. (§ 22 Abs. 1 Nr. 2, § 34 Abs. 1). Hierzu zählt auch der im SEBG nicht ausdrücklich geregelte Fall, dass die Leitungen die Aufnahme von Verhandlungen verweigern (explizite Regelung dagegen in § 21 Abs. 1 S. 1 EBRG).

IV. Aufforderung und Information

4   **1. Aufforderung durch die Leitungen.** Die Bildung des bVG setzt ein Tätigwerden der Leitungen voraus: die Aufforderung der Arbeitnehmervertretungen, ein bVG zu bilden, und deren Information über das Gründungsverfahren.

5   **a) Form, Zeitpunkt und Sprache.** Nach § 4 Abs. 1 S. 1 ist das bVG auf Grund einer **Aufforderung** der Leitungen der an der Gründung beteiligten Gesellschaften zu bilden. Die Aufforderung muss gemäß dem Wortlaut von § 4 Abs. 1 S. 1 **„schriftlich"** erfolgen. Dabei muss zunächst die **Textform** entsprechend **§ 126b BGB** genügen, da es nicht auf den Beweiswert der Form, sondern auf die Dokumentations- und Informationswirkung ankommt, und auch die Beteiligungs-RL Schriftform nicht verlangt.[10] Die Schriftform entsprechend § 126 Abs. 1 BGB muss deshalb nicht gewahrt werden. Vielmehr genügt zB die Aufforderung per E-Mail oder über das Intranet.[11] Wird die Schriftform des § 4 Abs. 1 S. 1 **nicht gewahrt,** weil **mündlich** aufgefordert wird, ist die Aufforderung **nicht unwirksam.**[12] Die Zehnwochenfrist des § 11 Abs. 1 wird durch die Information nach § 4 Abs. 2 und 3 in Gang gesetzt. Sie bleibt deshalb unberührt, das bVG muss gebildet werden, ohne dass eine schriftliche Aufforderung nachgeschoben werden muss.

6   Zum **Zeitpunkt** der Aufforderung enthält das SEBG keine Regelung. Sinnvoll ist ein möglichst früher Zeitpunkt.[13] Da die Information nicht vor der Aufforderung erfolgen wird, sondern beide praktisch regelmäßig zusammenfallen, sind im Ergebnis die Grundsätze zum Zeitpunkt der Information maßgeblich (→ Rn. 14). Im Übrigen kann das mit der Aufforderung beginnende Verhandlungsverfahren einschließlich des Abschlusses einer Mitbestimmungsvereinbarung auch schon durchgeführt werden, bevor der Umwandlungsplan vorliegt.[14] Fraglich ist, ob das Arbeitnehmerbeteiligungsverfahren schon eingeleitet werden kann, wenn die Gesellschaft **noch nicht in der Rechtsform einer AG besteht,** sondern es sich noch um eine GmbH handelt, die zunächst noch in eine AG formzuwechseln ist, um anschließend in die Rechtsform der SE (durch Umwandlung oder Verschmelzung) überführt zu werden. Dagegen spricht, dass die SE nur einer AG deutschen Rechts offensteht, dafür, dass ein Abwarten bloße Förmelei wäre, wenn der „Gründungsweg der SE" (wg. § 5 Abs. 2, 3 SEBG) feststeht".[15]

7   Das SEBG enthält auch keine Regelung zur **„Aufforderungssprache".** Maßgeblich ist wegen des Zwecks der Aufforderung die **Sprache des jeweiligen Mitgliedstaats.**[16] Es

---

[9] Wie hier *Joost* in Oetker/Preis AES B 8200 Rn. 43, 103.
[10] Wie hier Blanke/Hayen/Kunz/Carlson/*Carlson* Mitbestimmung der Arbeitnehmer in der Europäischen Aktiengesellschaft (SE) Rn. 99; HWK/*Hohenstatt/Dzida* SEBG Rn. 12; Habersack/Drinhausen/*Hohenstatt/Müller-Bonanni* Rn. 5; *Krois/Wendler* DB 2020, 1009 (1012); *Mückl/Götte* BB 2017, 1845 (1846); MHdB ArbR/*Naber/Sittard* § 384 Rn. 5; Lutter/Hommelhoff/Teichmann/*Oetker* Rn. 10.
[11] Wie hier *Löw/Stolzenberg* NZA 2016, 1489 (1491).
[12] Wie hier Kölner Komm AktG/*Feuerborn* Rn. 12.
[13] Vgl. *Bachmann* ZGR 2008, 798 f.; vgl. ferner *Joost* in Oetker/Preis AES B 8200 Rn. 45.
[14] Habersack/Drinhausen/*Hohenstatt/Müller-Bonanni* Rn. 5; *Mückl/Götte* BB 2017, 1845 (1846); Lutter/Hommelhoff/Teichmann/*Oetker* Rn. 14; näher *Bachmann* ZGR 2008, 799; Lutter/Hommelhoff/Teichmann/*Seibt* SE-VO Art. 37 Rn. 50, jeweils mwN.
[15] Dafür deshalb MHdB ArbR/*Naber/Sittard* § 384 Rn. 33 f.
[16] Habersack/Drinhausen/*Hohenstatt/Müller-Bonanni* Rn. 5; *Löw/Stolzenberg* NZA 2016, 1489 (1490); *Rieble* in Rieble/Junker Vereinbarte Mitbestimmung § 3 Rn. 44; anders MHdB ArbR/*Naber/Sittard* § 384 Rn. 29: „die Sprache zu nutzen, die für die jeweiligen Adressaten in den Mitgliedstaaten verständlich" sind, was durch die Leitungen freilich nicht ohne weiteres ermittelt werden kann.

genügt nicht, dass „die englische Sprachkompetenz" der Adressaten „positiv bekannt" ist, sodass dann nur in englischer Sprache aufgefordert werden muss,[17] weil eine solche für alle Adressaten sicher gar nicht festgestellt werden kann und juristische Texte in englischer Sprache von Nichtjuristen möglicherweise nicht ohne Weiteres gelesen und verstanden werden können. Schon deshalb kann deshalb auch nicht „in einer bei den beteiligten Gesellschaften üblichen Sprache" aufgefordert werden.[18] Selbst wenn Arbeitnehmer unmittelbar aufgefordert werden (§ 4 Abs. 2 S. 2) oder später eine Urwahl der Mitglieder des Wahlgremiums oder des bVG erforderlich wird (§ 8 Abs. 5 S. 3 und Abs. 7 S. 1), sind Arbeitnehmer, die nicht der jeweiligen Landessprache mächtig sind, nicht in ihrer jeweiligen Muttersprache aufzufordern (Umkehrschluss aus § 2 Abs. 5 WO BetrVG, der als Soll-Vorschrift eine Unterrichtung „in geeigneter Weise" vorschreibt).

b) **Adressaten.** Adressaten der schriftlichen Aufforderung sind zunächst, wie sich aus dem Zusammenspiel von § 4 Abs. 2 S. 1 und 2 sowie § 9 Abs. 1 ergibt, die jeweiligen **Vorsitzenden** der entsprechenden Arbeitnehmervertretungen (**Konzernbetriebsrat, Gesamtbetriebsrat, Betriebsrat,** vereinbarte Vertretung nach § 3 BetrVG) und **Sprecherausschüsse** in den beteiligten Gesellschaften, betroffenen Tochtergesellschaften und betroffenen Betrieben.[19] Die Arbeitnehmervertretungen auf einer **niedrigeren Stufe** sind durch die Vertretungen auf der höheren Stufe **mitrepräsentiert** und bedürfen – wie sich der Wertung des § 8 Abs. 2–4 entnehmen lässt – **keiner eigenständigen Aufforderung.**[20] Andere betriebliche Gremien wie die Schwerbehinderten- oder die Jugend- und Auszubildendenvertretung sind nicht aufzufordern. Gewerkschaften sind nicht aufzufordern.[21] 8

Zwar fehlt eine § 6 Abs. 1 oder § 7 Abs. 1 entsprechende Regelung, die ausdrücklich auf die „jeweiligen Bestimmungen der Mitgliedstaaten" verweist. Dennoch sind, um systematischen Gleichklang herzustellen, die maßgeblichen Adressaten der **Aufforderung im Ausland** nach den jeweiligen Umsetzungsgesetzen zur Beteiligungs-RL zu bestimmen.[22] 9

Besteht **keine Arbeitnehmervertretung**, ergeht die schriftliche Aufforderung entsprechend § 4 Abs. 2 S. 2, der ausdrücklich nur die Information regelt, unmittelbar an die **Arbeitnehmer.**[23] Auch in diesen Fällen gilt nicht § 126 BGB entsprechend (→ Rn. 5), vielmehr genügt – dem Zweck der Aufforderung entsprechend – eine Mitteilung über das Intranet oder per E-Mail.[24] Der individuelle **Zugang** bei jedem Arbeitnehmer muss nicht nachgewiesen werden.[25] In betriebsratslosen Betrieben und Unternehmen sind die Arbeitnehmer allerdings nur aufzufordern, wenn kein **Gesamt- oder Konzernbetriebsrat** besteht. Andernfalls hat die Aufforderung diesem gegenüber zu erfolgen, da der Gründungsvorgang eine übergeord- 10

---

[17] So aber MHdB ArbR/*Naber/Sittard* § 384 Rn. 29.
[18] So aber *Mückl/Götte* BB 2017, 1845 (1846).
[19] Ebenso Blanke/Hayen/Kunz/Carlson/*Carlson* Mitbestimmung der Arbeitnehmer in der Europäischen Aktiengesellschaft (SE) Rn. 99; *Kallmeyer* ZIP 2004, 1442 f.; *Mückl/Götte* BB 2017, 1845; abw. *Waclawik* DB 2004, 1191 (1197): „unklar" sei, an wen die schriftliche Aufforderung zu richten sei.
[20] So auch NK-SE/*Bodenstedt/Evers* Rn. 3; Kölner Komm AktG/*Feuerborn* Rn. 13; Habersack/Henssler/*Henssler* SEBG Einl. Rn. 156; *von der Heyde,* Die Beteiligung der Arbeitnehmer in der Societas Europaea (SE), 2007, 184 f.; HWK/*Hohenstatt/Dzida* Rn. 12; Habersack/Drinhausen/*Hohenstatt/Müller-Bonanni* Rn. 6; *Mückl/Götte* BB 2017, 1845; ähnlich *Joost* in Oetker/Preis AES B 8200 Rn. 48; *Krause* BB 2005, 1221 (1223): Unterrichtung sämtlicher Arbeitnehmervertretungen in diesen Fällen „zweifelhaft"; aA Blanke/Hayen/Kunz/ Carlson/*Carlson* Mitbestimmung der Arbeitnehmer in der Europäischen Aktiengesellschaft (SE) Rn. 101; Nagel/Freis/Kleinsorge/*Kleinsorge* § 3 Rn. 14; *Köklü* in Van Hulle/Maul/Drinhausen SE-HdB Abschnitt 6 Rn. 21; *Oetker* BB-Special 1/2005, 2 (6); Lutter/Hommelhoff/Teichmann/*Oetker* Rn. 13 iVm 19; *Rieble* in Rieble/Junker Vereinbarte Mitbestimmung § 3 Rn. 39; wohl auch *Löw/Stolzenberg* NZA 2016, 1489 (1490).
[21] *Mückl/Götte* BB 2017, 1845.
[22] HWK/*Hohenstatt/Dzida* SEBG Rn. 12; Habersack/Drinhausen/*Hohenstatt/Müller-Bonanni* Rn. 6; *Mückl/Götte* BB 2017, 1845; *Rieble* in Rieble/Junker Vereinbarte Mitbestimmung § 3 Rn. 43; abw. AKRR/ *Rudolph* Rn. 2.
[23] Wie hier Habersack/Drinhausen/*Hohenstatt/Müller-Bonanni* Rn. 6; *Mückl/Götte* BB 2017, 1845; Lutter/ Hommelhoff/Teichmann/*Oetker* Rn. 13.
[24] Kölner Komm AktG/*Feuerborn* Rn. 14; HWK/*Hohenstatt/Dzida* SEBG Rn. 12; vgl. auch *Jacobs* ZIP-Beil. 48/2009, 21.
[25] Kölner Komm AktG/*Feuerborn* Rn. 14; *Grobys* NZA 2005, 84 (86).

nete Angelegenheit ist (§ 50 Abs. 1 S. 1 Hs. 2 BetrVG, § 58 Abs. 1 S. 1 Hs. 2 BetrVG).[26] § 4 Abs. 2 S. 2 greift dem Wortlaut nach nur, wenn keine Arbeitnehmervertretung besteht. Es ist aber denkbar, dass in einem Betrieb zwar eine Arbeitnehmervertretung, aber **kein Sprecherausschuss** besteht, der die Belange der **leitenden Angestellten** vertreten könnte. An diesen Fall hat der Gesetzgeber offenbar nicht gedacht, wie sich schon aus § 8 Abs. 1 S. 6 ergibt, wonach die leitenden Angestellten Wahlvorschläge machen können, wenn in einem beteiligten Unternehmen oder einer beteiligten Unternehmensgruppe kein Sprecherausschuss besteht. § 4 Abs. 2 S. 2 ist deshalb entsprechend anzuwenden, wenn die Interessen der leitenden Angestellten nicht durch einen Sprecherausschuss wahrgenommen werden: Die schriftliche Aufforderung ist unmittelbar an die leitenden Angestellten zu richten.[27]

11   c) **Initiativlast.** Es besteht **kein** (durchsetzbarer) **Anspruch**, aufgefordert zu werden. Vgl. zur Informationsobliegenheit → Rn. 27.[28] Anders als § 9 Abs. 1 EBRG kennt das SEBG insoweit auch **kein Initiativrecht** der Arbeitnehmer oder der Arbeitnehmervertreter.[29] Die „Sanktion" für eine unterbliebene Aufforderung besteht darin, dass ein ordnungsgemäßes Beteiligungsverfahren nicht durchgeführt und die SE nicht eingetragen werden kann (Art. 12 Abs. 2 SE-VO).[30] Die Leitungen trifft insoweit nur eine Obliegenheit.[31]

12   **2. Information der Arbeitnehmerseite.** Die Bildung des bVG nach §§ 5 ff. setzt auf **Arbeitnehmerseite** die Kenntnis bestimmter Informationen voraus.[32] An die ordnungsgemäße Information durch die Leitungen, die praktisch außerordentlich schwierig und selbst für große Unternehmen ein großer organisatorischer Kraftakt ist, knüpft das Gesetz weitere Rechtsfolgen (§ 4 Abs. 4, § 11 Abs. 1 und 2).

13   a) **Form, Zeitpunkt und Sprache.** Der Gesetzgeber hat mit Blick auf die Überprüfung der Durchführung eines Verhandlungsverfahrens durch das Registergericht (Art. 12 Abs. 2 SE-VO) darauf verzichtet, für die notwendige Information durch die Leitungen **Fristen** vorzusehen oder eine bestimmte **Form** vorzuschreiben.[33] Anders als die Aufforderung muss die Information **nicht „schriftlich"** erfolgen;[34] praktisch erfolgen Aufforderung und Information aber regelmäßig zusammen, und auch die schriftliche Form ist schon zu Dokumentationszwecken und um den Zugang der Information (vgl. § 130 BGB), an den die Zehnwochenfrist des § 11 Abs. 1 S. 1 anknüpft, bei den Informationsadressaten (zu ihnen → Rn. 19) nachweisen zu können, notwendig. Die Information kann gleichwohl auch **mündlich** erfolgen.[35]

14   Nach § 4 Abs. 2 S. 3 hat die Information **unaufgefordert** und **unverzüglich** (vgl. § 121 BGB)[36] nach **Offenlegung** des Verschmelzungsplans (Art. 20, 21 SE-VO), des Gründungsplans für eine Holdinggesellschaft (Art. 32 Abs. 2 und 3) oder des Umwandlungsplans (Art. 37 Abs. 4 und 5 SE-VO) oder nach Abschluss der Vereinbarung eines Plans zur Gründung einer Tochtergesellschaft zu erfolgen (Art. 36 SE-VO); anders als bei § 111 BetrVG

---

[26] *Grobys* NZA 2005, 84 (86); *Krause* BB 2005, 1221 (1223); Lutter/Hommelhoff/Teichmann/*Oetker* Rn. 13 iVm Rn. 20; aA offenbar *Rieble* in Rieble/Junker Vereinbarte Mitbestimmung § 3 Rn. 40.

[27] Wie hier *Mückl/Götte* BB 2017, 1845; NK-SE/*Bodenstedt/Evers* Rn. 3; Kölner Komm AktG/*Feuerborn* Rn. 15; Habersack/Drinhausen/*Hohenstatt/Müller-Bonanni* Rn. 6; Nagel/Freis/Kleinsorge/*Kleinsorge* Rn. 15; *Oetker* in Lutter/Hommelhoff EU-Gesellschaft 292; *Oetker* BB-Special 1/2005, 2 (6); Lutter/Hommelhoff/Teichmann/*Oetker* Rn. 13 iVm 21; aA *Rieble* in Rieble/Junker Vereinbarte Mitbestimmung § 3 Rn. 41: isolierte Aufforderung der leitenden Angestellten dysfunktional.

[28] Abw. Lutter/Hommelhoff/Teichmann/*Oetker* Rn. 15: Initiativrecht der Arbeitnehmervertretungen zur Bildung eines bVG, indem die in § 4 Abs. 2 und 3 genannten Informationsansprüche geltend gemacht werden.

[29] Wie hier Habersack/Drinhausen/*Hohenstatt/Müller-Bonanni* Rn. 7; *Mückl/Götte* BB 2017, 1845; anders Lutter/Hommelhoff/Teichmann/*Oetker* Rn. 15; wohl auch Kölner Komm AktG/*Feuerborn* Rn. 10.

[30] Kölner Komm AktG/*Feuerborn* Rn. 8; aA NK-ArbR/*Sagan* Rn. 3.

[31] Wie hier Habersack/Drinhausen/*Hohenstatt/Müller-Bonanni* Rn. 7.

[32] Vgl. Wißmann/Kleinsorge/Schubert/*Kleinsorge* EU-Recht Rn. 90.

[33] BR-Drs. 438/04, 113.

[34] Kölner Komm AktG/*Feuerborn* Rn. 19; *Joost* in Oetker/Preis AES B 8200 Rn. 49.

[35] *Mückl/Götte* BB 2017, 1845 (1848).

[36] Dazu krit. *Kuffner*, Die Beteiligung der Arbeitnehmer in der Europäischen Aktiengesellschaft, 2003, 116.

gibt es kein Recht auf Beratung über das „Ob" und das „Wie" der geplanten SE-Gründung (zu im Zeitpunkt der Information sicher feststehenden **späteren Änderungen** und zu solchen, die überraschenderweise eintreten, → § 5 Rn. 8 f.). Daraus folgt, dass der formale Akt der Offenlegung praktisch der letztmögliche Zeitpunkt der Information ist.[37] Die Information zu einem früheren Zeitpunkt ist sinnvoll, zumal das bVG bei Änderungen in der Struktur oder Arbeitnehmerzahl der beteiligten Gesellschaften, der betroffenen Tochtergesellschaften oder der betroffenen Betriebe, die Auswirkungen auf dessen konkrete Zusammensetzung haben, neu zusammenzusetzen ist (§ 5 Abs. 4 S. 1; → § 5 Rn. 6). Eine frühere Information entspricht deshalb dem Interesse der Arbeitnehmer und ist zulässig.[38] Es ist aus diesem Grund trotz des systematischen Bezugs zu § 4 Abs. 1 S. 1 denkbar, dass die Information mündlich – etwa in einer Sitzung mit den Arbeitnehmervertretungen – oder per Intranet oder E-Mail erfolgt. Zu Dokumentations- und Beweiszwecken ist allerdings zu empfehlen, die Information zusammen mit der Aufforderung nach § 4 Abs. 1 S. 1 schriftlich zu erteilen.

Wie bei der Aufforderung stellt sich die Frage nach der **Informationssprache.** Maßgeblich ist auch bei der Information wegen deren Zwecks die Sprache des jeweiligen Mitgliedstaats.[39] Das gilt auch dann, wenn Arbeitnehmer unmittelbar informiert werden (§ 4 Abs. 2 S. 2) oder später eine Urwahl der Mitglieder des Wahlgremiums oder des bVG erforderlich wird (§ 8 Abs. 5 S. 3 und Abs. 7 S. 1).[40] Zur „Aufforderungssprache" → Rn. 7. 15

b) Information durch die Leitungen. Um der Arbeitnehmerseite die Kenntnis von den Umständen zu verschaffen, die für die Bildung des bVG erforderlich sind, bestimmt § 4 Abs. 2 S. 1 und 2, dass die **Leitungen,** wenn sie die Gründung einer SE planen, die Arbeitnehmervertretungen und Sprecherausschüsse in den beteiligten Gesellschaften, betroffenen Tochtergesellschaften und betroffenen Betrieben und – wenn keine Arbeitnehmervertretung besteht, die Arbeitnehmer selbst – über das Gründungsvorhaben zu **informieren** haben.[41] Da das bVG ein transnationales Gremium ist, das auch Arbeitnehmer aus anderen Mitgliedstaaten repräsentiert, sind die Informationen nach § 4 Abs. 2 nicht nur durch die Leitungen von Gesellschaften mit Sitz im Inland, sondern – wie der Begründung zum Regierungsentwurf zu entnehmen ist[42] – auch durch diejenigen von **in anderen Mitgliedstaaten ansässigen Gesellschaften** zu erteilen, die sich an der Gründung einer SE mit Sitz in Deutschland beteiligen. Zum Adressaten der Information → Rn. 19. Die Informationsverpflichtung ihrer Leitungen ergibt sich aus den entsprechenden Bestimmungen des jeweiligen Mitgliedstaats.[43] 16

Es ist zweckmäßig, aber gesetzlich nicht zwingend vorgegeben, dass die Information durch die für die jeweilige Arbeitnehmervertretung **zuständige Leitung** erfolgt.[44] Die Information sämtlicher Arbeitnehmervertretungen kann etwa durch **eine** bei der Gründung 17

---

[37] Kölner Komm AktG/*Feuerborn* Rn. 20; MHdB ArbR/*Naber/Sittard* § 384 Rn. 30 f.; *Rieble* in Rieble/Junker Vereinbarte Mitbestimmung § 3 Rn. 36.
[38] *Cannistra*, Das Verhandlungsverfahren zur Regelung der Mitbestimmung der Arbeitnehmer bei Gründung einer Societas Europaea und bei Durchführung einer grenzüberschreitenden Verschmelzung, 2014, 119; Kölner Komm AktG/*Feuerborn* Rn. 20; Habersack/Drinhausen/*Hohenstatt/Müller-Bonanni* Rn. 9; *Müller-Bonanni/Müntefering* BB 2009, 1699 (1700); Lutter/Hommelhoff/Teichmann/*Oetker* Rn. 26; *Seibt/Reinhard* Konzern 2005, 407 (417); aA mit einer kapitalmarktrechtlichen Argumentation *Forst*, Die Beteiligungsvereinbarung nach § 21 SEBG, 2010, 102 ff.
[39] Wie hier Kölner Komm AktG/*Feuerborn* Rn. 19; Habersack/Drinhausen/*Hohenstatt/Müller-Bonanni* Rn. 9; *Löw/Stolzenberg* NZA 2016, 1489 (1490); *Rieble* in Rieble/Junker Vereinbarte Mitbestimmung § 3 Rn. 44; *Ziegler/Gey* BB 2009, 1750 (1751).
[40] *Rieble* in Rieble/Junker Vereinbarte Mitbestimmung § 3 Rn. 34.
[41] Krit. Stellungnahme DAV-Handelsrechtsausschuss zum RegE des SEEG vom Juli 2004, 9 f.: Unterrichtung der jeweils obersten betrieblichen Vertretung.
[42] BR-Drs. 438/04, 114.
[43] Habersack/Henssler/*Henssler* § 3 Rn. 2; *Maack*, Rechtsschutz im Arbeitnehmerbeteiligungsverfahren der „deutschen" Societas Europaea, 2010, 214 ff.; Lutter/Hommelhoff/Teichmann/*Oetker* Rn. 23; aA *Köklü* in Van Hulle/Maul/Drinhausen SE-HdB Abschnitt 6 Rn. 19.
[44] Kölner Komm AktG/*Feuerborn* Rn. 21; anders *Kienast* in Jannott/Frodermann SE-HdB Kap. 13 Rn. 105; ferner *Oetker* in Lutter/Hommelhoff EU-Gesellschaft 291; *Oetker* BB-Special 1/2005, 2 (6): Information durch die „jeweils zuständige" Leitung.

der SE **federführende** Leitung erfolgen.[45] Dabei ist zu beachten, dass sich die Informationen nicht auf die Verhältnisse der jeweiligen Gesellschaften beschränken dürfen. § 4 Abs. 2 und 3 geht im Hinblick auf die Bildung und spätere Tätigkeit des bVG von einer **umfassenden Information** über die relevanten Verhältnisse von sämtlichen an der Gründung der SE beteiligten Gesellschaften aus.[46]

18 In diesem Zusammenhang können sich Schwierigkeiten ergeben, wenn die zur Information verpflichteten Gesellschaften **nicht über sämtliche relevanten Daten verfügen,** insbesondere wenn notwendige Informationen anderer Gesellschaften fehlen. Im Schrifttum plädiert man in diesem Fall mit Blick auf die Judikatur des EuGH[47] zur RL 94/45/EG über die Europäischen Betriebsräte (jetzt: Art. 4 und 11 RL 2009/38/EG) für eine Verpflichtung, sich die Daten von den anderen an der Gründung beteiligten Gesellschaften zu beschaffen und – umgekehrt – diese Informationen an die jeweilige Leitung weiterzugeben.[48] Ob diese Parallele trägt, ist indessen zweifelhaft. Anders als im Anwendungsbereich der RL 2009/38/EG und des EBRG geht es bei der Gründung einer SE **nicht** um Beteiligungsrechte in einem **bestehenden** gemeinschaftsweit operierenden Unternehmen. Die Gründung der SE ist eine freiwillige Angelegenheit der beteiligten Gesellschaften. Die Beteiligungs-RL und das SEBG beziehen sich in der Gründungsphase grundsätzlich auf die Beteiligungsrechte der Arbeitnehmer in einer **künftigen** SE. Sind die Leitungen der beteiligten Gesellschaften nicht willens, sich gegenseitig die erforderlichen Informationen zu erteilen, muss die Gründung unterbleiben. Entsprechendes gilt für strukturelle Änderungen in einer bestehenden SE (§ 1 Abs. 4, § 18 Abs. 3). Informationsansprüche zwischen den beteiligten Gesellschaften sind deshalb abzulehnen.[49]

19 **c) Adressaten.** Adressaten der Informationen sind diejenigen, an die auch die schriftliche Aufforderung iSd § 4 Abs. 1 S. 1 zu richten ist: die jeweiligen **Vorsitzenden** der **Arbeitnehmervertretungen** und **Sprecherausschüsse** in den beteiligten Gesellschaften, betroffenen Tochtergesellschaften und betroffenen Betrieben und – wenn keine Arbeitnehmervertretung besteht – die **Arbeitnehmer** selbst;[50] **Gewerkschaften** müssen **nicht** informiert werden (→ § 6 Rn. 5).[51] Insoweit gelten die gleichen Grundsätze wie bei der Aufforderung durch die Leitungen (→ Rn. 8 f.). Das bedeutet vor allem, dass die Arbeitnehmervertretungen auf einer **niedrigeren Stufe** auch bei Information durch die Vertretungen auf der höheren Stufe mitrepräsentiert sind und **nicht gesondert informiert** werden müssen (→ Rn. 8).[52] Andere betriebliche Gremien wie die Schwerbehinderten- oder die Jugend- und Auszubildendenvertretung sind nicht zu informieren.[53]

20 Die maßgeblichen Adressaten der **Information im Ausland** sind nicht solche Arbeitnehmervertretungen, die „repräsentative Vertretungen iSd SEBG" sind,[54] sie sind vielmehr wie bei der Aufforderung nach den jeweiligen Umsetzungsgesetzen zur Beteiligungs-RL zu

---

[45] Ebenso *Cannistra*, Das Verhandlungsverfahren zur Regelung der Mitbestimmung der Arbeitnehmer bei Gründung einer Societas Europaea und bei Durchführung einer grenzüberschreitenden Verschmelzung, 2014, 116 f.; *Forst*, Die Beteiligungsvereinbarung nach § 21 SEBG, 2010, 101; Habersack/Drinhausen/*Hohenstatt/Müller-Bonanni* Rn. 10; *Mückl/Götte* BB 2017, 1845 (1846); Lutter/Hommelhoff/Teichmann/*Oetker* Rn. 22; aA NK-SE/*Bodenstedt/Evers* Rn. 6.

[46] *Oetker* BB-Special 1/2005, 2 (6).

[47] EuGH NZA 2004, 1167 (1168 f.) – Anker; s. auch BAG NZA 2005, 118 (121 f.).

[48] Nagel/Freis/Kleinsorge/*Kleinsorge* Rn. 11; *Köklü* in Van Hulle/Maul/Drinhausen SE-HdB Abschnitt 6 Rn. 15; *Oetker* BB-Special 1/2005, 2 (6).

[49] So auch HWK/*Hohenstatt/Dzida* SEBG Rn. 12 Fn. 4; Habersack/Drinhausen/*Hohenstatt/Müller-Bonanni* Rn. 10.

[50] *Mückl/Götte* BB 2017, 1845 (1846 f.).

[51] *Jares/Vogt* DB 2020, 223 (224); *Mückl/Götte* BB 2017, 1845 (1847).

[52] *Mückl/Götte* BB 2017, 1845 (1846 f.); aA *Forst*, Die Beteiligungsvereinbarung nach § 21 SEBG, 2010, 107; *Rieble* in Rieble/Junker Vereinbarte Mitbestimmung § 3 Rn. 39; *Ziegler/Gey* BB 2009, 1750 (1751); wohl auch *Löw/Stolzenberg* NZA 2016, 1489 (1490).

[53] Zust. *Ziegler/Gey* BB 2009, 1750 (1751).

[54] So aber *Ziegler/Gey* BB 2009, 1750 (1751).

bestimmen (→ Rn. 8),[55] auch wenn eine § 6 Abs. 1 oder § 7 Abs. 1 entsprechende Regelung, die ausdrücklich auf die „jeweiligen Bestimmungen der Mitgliedstaaten" verweist, fehlt. Auch der **Zugang** der Information – bedeutsam insbesondere, wenn es im Ausland keine Arbeitnehmervertretung gibt und die Information unmittelbar an die Arbeitnehmer zu richten ist – bestimmt sich nach dem jeweiligen nationalen Recht.

Besteht **keine Arbeitnehmervertretung**, sind die Arbeitnehmer gem. § 4 Abs. 2 S. 2 unmittelbar zu informieren. Bei der unmittelbaren Information der Arbeitnehmer ist der Nachweis des Informationszugangs bei sämtlichen Arbeitnehmern entbehrlich. Es genügt, wenn die Information zB per Aushang am Schwarzen Brett, E-Mail oder Intranet oder in einer Betriebsversammlung erfolgt, sodass die Arbeitnehmer in zumutbarer Weise Kenntnis erlangen können.[56] In **betriebsratslosen Betrieben und Unternehmen** sind die Arbeitnehmer unmittelbar allerdings nur zu informieren, wenn kein Gesamt- oder Konzernbetriebsrat besteht. Andernfalls ist dieser zu informieren (zur Aufforderung → Rn. 10).[57] Besteht in einem Betrieb zwar eine Arbeitnehmervertretung, aber **kein Sprecherausschuss**, ist wie bei der Aufforderung § 4 Abs. 2 S. 2 entsprechend anzuwenden: Die leitenden Angestellten sind unmittelbar zu informieren.[58] Zur Aufforderung wiederum → Rn. 10. 21

d) **Inhalt.** Für **Inhalt** und Umfang der nach § 4 Abs. 2 S. 1 und 2 zu erteilenden Information kommt es maßgeblich auf deren **Zweck** an, die Bildung des bVG nach §§ 5 ff. zu ermöglichen.[59] Der Katalog des **§ 4 Abs. 3** schreibt deshalb bestimmte Mindestangaben, ohne die das bVG nicht ordnungsgemäß gebildet werden kann, zwingend vor. Es ist deshalb praktisch sinnvoll, wenn sich die Informationen möglichst nah an ihm orientieren. Die Information hat sich demzufolge auf die **Identität und Struktur**[60] der beteiligten Gesellschaften, betroffenen Tochtergesellschaften – gemeint sind bei richtiger Auslegung von § 2 Abs. 4 nur **unmittelbare Tochtergesellschaften** (→ § 2 Rn. 17, str.) – und betroffenen Betriebe und deren **Verteilung auf die Mitgliedstaaten** (Nr. 1) sowie auf die **Zahl** der Arbeitnehmer, denen **Mitbestimmungsrechte** in den Organen dieser Gesellschaften zustehen (Nr. 4), zu erstrecken (zu im Zeitpunkt der Information sicher feststehenden **späteren Änderungen** und zu solchen, die überraschenderweise eintreten, → § 5 Rn. 8 f.). Die Leitungen müssen bei der Angabe der Zahl der Arbeitnehmer also zwischen solchen Arbeitnehmern, denen Mitbestimmungsrechte im Unternehmen zustehen, und solchen, für die keine Regelungen über die Unternehmensmitbestimmung bestehen, differenzieren. Wer Arbeitnehmer ist, richtet sich nach den Rechtsvorschriften und Gepflogenheiten der jeweiligen Mitgliedstaaten (§ 2 Abs. 1 S. 1). Die Information nach § 4 Abs. 3 muss sich über die Vorgaben des Art. 3 Abs. 1 Beteiligungs-RL hinaus auch auf die in diesen Gesellschaften und Betrieben bestehenden **Arbeitnehmervertretungen** (Nr. 2) – maßgeblich ist zwar der Begriff des § 2 Abs. 7 (→ § 2 Rn. 20), dennoch gehören wegen § 8 Abs. 1 S. 5 auch Sprecherausschüsse zum Mindestinhalt der Information[61] – und die **Zahl** der in diesen 22

---

[55] *Rieble* in Rieble/Junker Vereinbarte Mitbestimmung § 3 Rn. 43; abw. *Maack*, Rechtsschutz im Arbeitnehmerbeteiligungsverfahren der „deutschen" Societas Europaea, 2010, 223 ff. (richtlinienkonforme Auslegung des § 4 Abs. 2 S. 1); Lutter/Hommelhoff/Teichmann/*Oetker* Rn. 19: entsprechende Anwendung von § 4 Abs. 2 S. 1; abw. ebenfalls AKRR/*Rudolph* Rn. 2.
[56] *Grobys* NZA 2005, 84 (86); so auch Habersack/Henssler/*Henssler* SEBG Einl. Rn. 157.
[57] Wie hier *Forst*, Die Beteiligungsvereinbarung nach § 21 SEBG, 2010, 107; aA offenbar *Rieble* in Rieble/Junker Vereinbarte Mitbestimmung § 3 Rn. 40.
[58] Zur Information wie hier *Cannistra*, Das Verhandlungsverfahren zur Regelung der Mitbestimmung der Arbeitnehmer bei Gründung einer Societas Europaea und bei Durchführung einer grenzüberschreitenden Verschmelzung, 2014, 117; Nagel/Freis/Kleinsorge/*Kleinsorge* Rn. 15; *Maack*, Rechtsschutz im Arbeitnehmerbeteiligungsverfahren der „deutschen" Societas Europaea, 2010, 236; Lutter/Hommelhoff/Teichmann/*Oetker* Rn. 21; aA *Rieble* in Rieble/Junker Vereinbarte Mitbestimmung § 3 Rn. 41: isolierte Information der leitenden Angestellten dysfunktional; Seibt/Reinhard Konzern 2005, 407 (417) Fn. 79.
[59] Kölner Komm AktG/*Feuerborn* Rn. 22; *Krause* BB 2005, 1221 (1223); näher zum Inhalt der Unterrichtung *Forst*, Die Beteiligungsvereinbarung nach § 21 SEBG, 2010, 108 f.; *Maack*, Rechtsschutz im Arbeitnehmerbeteiligungsverfahren der „deutschen" Societas Europaea, 2010, 239 ff.
[60] Krit. *Kiem* ZHR 173 (2009), 156 (172): „Struktur" könne „alles und nichts" bedeuten.
[61] Habersack/Drinhausen/*Hohenstatt*/Müller-Bonanni Rn. 12; Lutter/Hommelhoff/Teichmann/*Oetker* Rn. 30; aA 3. Aufl. 2012, Rn. 14.

Gesellschaften und Betrieben jeweils beschäftigen **Arbeitnehmer** sowie die daraus zu errechnende **Gesamtzahl** der in einem Mitgliedstaat beschäftigten Arbeitnehmer (Nr. 3) beziehen. Bei den beteiligten Gesellschaften oder betroffenen Tochtergesellschaften im Inland eingesetzte **Leiharbeitnehmer** sind nach Maßgabe von § 14 Abs. 2 S. 5 AÜG zu berücksichtigen (→ § 2 Rn. 5).[62] Auch diese Daten sind für die ordnungsgemäße Bildung des bVG erforderlich. Das Verhältnis der Geschlechter zueinander muss nicht aufgeschlüsselt werden.[63] Der Inhalt der Informationsverpflichtung richtet sich im Ausland nach den jeweiligen Umsetzungsgesetzen zur Beteiligungs-RL.

23 Der Inhalt der Information nach § 4 Abs. 2 S. 1 und 2 kann sich auch auf Gegenstände erstrecken, die in § 4 Abs. 3 nicht aufgeführt sind. Der **Katalog** ist **nicht abschließend** („insbesondere").[64] Ob über nicht aufgeführte Gegenstände zu informieren ist, hängt davon ab, ob die Daten für die Bildung des bVG erforderlich sind.[65] Die Information kann sich auch auf **Änderungen** erstrecken, die im Zeitpunkt der Information bereits sicher feststehen, aber erst **später realisiert** werden sollen, um ein nachgelagertes Verfahren nach § 5 Abs. 4 zu vermeiden (→ § 5 Rn. 8).

24 Die **Überlassung von Unterlagen** kann zur Information gehören, wenn diese zu deren Präzisierung und Verdeutlichung erforderlich sind. Die Überlassung von Unterlagen ist in § 4 zwar nicht erwähnt, ergibt sich aber aus dem Zweck der Informationsobliegenheit der Leitungen und einem entsprechenden allgemeinen Rechtsgedanken, der sich in § 13 Abs. 2 S. 1 niedergeschlagen hat.[66]

25 Fraglich ist, ob bei der Gründung einer SE durch **Verschmelzung** bei Gesellschaften, die keinen Betriebsrat haben, die einzelnen Arbeitnehmer (§ 4 Abs. 2 S. 2) ausnahmsweise unter **Einzelzuleitungsnachweis** informiert werden müssen, wodurch das Eintragungsverfahren zur Gründung einer SE für die beteiligten Gesellschaften und das Registergericht erheblich erschwert würde.[67] Nach § 17 Abs. 1 UmwG umfasst die Prüfung, die das Registergericht bei der Gründung einer SE durch Verschmelzung vorzunehmen hat (Art. 25 Abs. 1 SE-VO), auch den Nachweis der rechtzeitigen Zuleitung des Verschmelzungsplans in Ausfertigung oder notariell beglaubigter Abschrift an den Betriebsrat (§ 5 Abs. 3 UmwG). Die Informationen nach § 4 dienen indessen lediglich der Bildung des bVG. Besondere Voraussetzungen sind dafür gerade nicht vorgeschrieben (→ Rn. 12 ff.). Daher entfällt der Nachweis nach § 17 Abs. 1 UmwG bei einer Gesellschaft ohne Betriebsrat[68] trotz § 4 Abs. 2 S. 3 auch weiterhin. Ein Einzelzuleitungsnachweis ist nicht erforderlich.[69]

26 **e) Zeitpunkt für die Ermittlung der Arbeitnehmerzahl.** § 4 Abs. 3 Nr. 3 und 4 erfordert Angaben zur Zahl der Arbeitnehmer. Als maßgeblichen **Zeitpunkt** für die Ermittlung der **Zahl der Arbeitnehmer** bestimmt § 4 Abs. 4 – von Art. 3 Beteiligungs-RL nicht vorgegeben – den Zeitpunkt der Information nach § 4 Abs. 2 (näher → Rn. 14). Die präzise Ermittlung der Arbeitnehmerzahlen zu einem Stichtag ist praktisch aber außerordentlich schwierig und vom Gesetzgeber vermutlich nicht gewollt.[70] § 4 Abs. 4 sieht zwar anders als § 4 EBRG (Durchschnitt der letzten zwei Jahre) nicht ausdrücklich eine Referenzperiode vor. Die Vorschrift ist mit Blick auf zahlreiche andere arbeitsrechtliche Normen (zB § 1 Abs. 1 S. 1 BetrVG, § 1 Abs. 1 Nr. 2 MitbestG, § 1 Abs. 1 Nr. 1 DrittelbG), bei denen der

---

[62] *Mückl/Götte* BB 2017, 1845 (1848).
[63] *Jares/Vogt* DB 2020, 223 (225); *Mückl/Götte* BB 2017, 1845 (1848).
[64] BR-Drs. 438/04, 114; Nagel/Freis/Kleinsorge/*Kleinsorge* Rn. 7; *Köklü* in Van Hulle/Maul/Drinhausen SE-HdB Abschnitt 6 Rn. 18; *Krause* BB 2005, 1221 (1223); Lutter/Hommelhoff/Teichmann/*Oetker* Rn. 28; AKRR/*Rudolph* Rn. 28.
[65] Ebenso Lutter/Hommelhoff/Teichmann/*Oetker* Rn. 28.
[66] AA wohl HWK/*Hohenstatt/Dzida* SEBG Rn. 13: „wird regelmäßig nicht erforderlich sein".
[67] Vgl. BR-Stellungnahme zum RegE, BT-Drs. 15/3656, 6 f. zu Nr. 26.
[68] Statt aller Semler/Stengel/*Simon* § 5 Rn. 125 mwN.
[69] So auch die Gegenäußerung der Bundesregierung zur Stellungnahme des BR, BT-Drs. 15/3656, 10 zu Nr. 26.
[70] IE so jetzt auch HWK/*Hohenstatt/Dzida* SEBG Rn. 13 Fn. 14.

Gesetzgeber diese Schwierigkeiten schon für einfache Konstellationen berücksichtigt hat, aber so auszulegen, dass es auf die Zahl der **„in der Regel"** zum **Zeitpunkt der Information nach § 4 Abs. 2 beschäftigten Arbeitnehmer** ankommt (zu im Zeitpunkt der Information sicher feststehenden **späteren Änderungen** und zu solchen, die überraschenderweise eintreten → § 5 Rn. 8 f.).[71] Die Zahl der zu einem bestimmten Zeitpunkt „in der Regel" beschäftigten Arbeitnehmer ist durch einen Rückblick auf die bisherige personelle Situation und eine Prognose der zukünftigen Entwicklung zu ermitteln.[72] Es bietet sich an, auf die Zahlen des letzten Quartalsberichts abzustellen.[73] Der Zeitpunkt für die Ermittlung der Arbeitnehmerzahlen ist nicht nur für die Zusammensetzung des bVG (§ 5; → § 5 Rn. 2), sondern auch für die qualifizierten Mehrheiten bei Abstimmungen innerhalb dieses Gremiums (§ 15; → § 15 Rn. 8) sowie für die Anwendbarkeit der gesetzlichen Auffangregelung zur Mitbestimmung im Aufsichts- oder Verwaltungsorgan (§§ 34 ff.; → § 34 Rn. 10) maßgeblich.[74] Teilzeitbeschäftigte sind **nicht anteilig**, sondern mit einem **Kopf** zu zählen (→ § 2 Rn. 4).[75]

f) Informationsobliegenheit. Fraglich ist, ob die Arbeitnehmerseite ähnlich wie im EBRG einen **Informationsanspruch** hat, der mit Offenlegung des jeweiligen Plans zur Gründung der SE entsteht (§ 5 EBRG). Davon scheint der Gesetzgeber auszugehen, der in der Begründung zum Regierungsentwurf von einer „Verpflichtung zur Erteilung der Informationen" spricht.[76] Die Parallele zu § 5 EBRG passt freilich nicht nur wegen des unterschiedlichen Wortlauts nicht. Dort ist ein „Anspruch" auf Auskunft erforderlich, um die aus dem EBRG folgenden Rechte der Arbeitnehmer und ihrer Vertreter sicherzustellen, die andernfalls keinen Antrag auf Einsetzung des bVG nach § 9 EBRG stellen können.[77] Im SEBG bedarf es eines solchen durchsetzbaren Anspruchs nicht. Die Sanktion besteht ähnlich wie schon bei der unterbliebenen schriftlichen Aufforderung darin, dass – wenn die Information unterbleibt – das Verfahren zur Arbeitnehmerbeteiligung nicht ordnungsgemäß durchgeführt und die SE wegen Art. 12 Abs. 2 SE-VO nicht eingetragen werden kann. Ein einklagbarer Informationsanspruch der Arbeitnehmerseite ist deshalb abzulehnen.[78] Die Leitungen trifft auch insoweit nur eine **Obliegenheit**.[79] Eine **Grenze** der Informationsobliegenheit ist § 41 Abs. 1 analog, der sich nur auf die „Informationsverpflichtung" bezieht, zu entnehmen (→ § 41 Rn. 2).[80] § 41 Abs. 4 Nr. 1 verpflichtet demgegenüber die Mitglieder und Ersatzmitglieder des bVG zur Vertraulichkeit. 27

---

[71] *Mückl/Götte* BB 2017, 1845 (1849).
[72] Näher dazu zB Richardi/*Richardi/Maschmann* BetrVG § 1 Rn. 129; HWK/*Seibt* DrittelbG § 1 Rn. 11, jeweils mwN.
[73] HWK/*Hohenstatt/Dzida* SEBG Rn. 13 Fn. 14; ähnlich *Löw/Stolzenberg* NZA 2016, 1489 (1490 f.): „Monatsend- oder Quartalszahlen"
[74] So offenbar auch Begr. RegE, BR-Drs. 438/04, 114 zu Abs. 4.
[75] Wie hier Nagel/Freis/Kleinsorge/*Kleinsorge* Rn. 9; Lutter/Hommelhoff/Teichmann/*Oetker* Rn. 31.
[76] BR-Drs. 438/04, 114: „Auskunfts- und Informationspflichten"; iE so auch *Cannistra*, Das Verhandlungsverfahren zur Regelung der Mitbestimmung der Arbeitnehmer bei Gründung einer Societas Europaea und bei Durchführung einer grenzüberschreitenden Verschmelzung, 2014, 116; Kölner Komm AktG/*Feuerborn* Rn. 11, 17; *Krause* BB 2005, 1221 (1223): „echter Auskunftsanspruch"; NK-ArbR/*Sagan* Rn. 5; ferner, jeweils ohne Begr. *Grobys* NZA 2005, 84 (86): „Informationsanspruch"; Habersack/Henssler/*Henssler* SEBG Einl. Rn. 158; Habersack/Henssler/*Henssler* Rn. 8; *Kienast* in Jannott/Frodermann SE-HdB Kap. 13 Rn. 121: „Informationsverpflichtung"; Nagel/Freis/Kleinsorge/*Kleinsorge* Rn. 7 (Überschrift), 11; *Köklü* in Van Hulle/Maul/Drinhausen SE-HdB Abschnitt 6 Rn. 19; *Maack*, Rechtsschutz im Arbeitnehmerbeteiligungsverfahren der „deutschen" Societas Europaea, 2010, 212 ff.; ähnlich *Oetker* BB-Special 1/2005, 2 (6): „Schuldner" der mitzuteilenden Information; Lutter/Hommelhoff/Teichmann/*Oetker* Rn. 15, 25: „Informationsansprüche", „Anspruch ... auf Unterrichtung".
[77] HWK/*Giesen* EBRG Rn. 29; GK-BetrVG/*Oetker* EBRG § 5 Rn. 3, jeweils mwN.
[78] So auch AKRR/*Rudolph* Rn. 35.
[79] Wie hier *Forst*, Die Beteiligungsvereinbarung nach § 21 SEBG, 2010, 109 f.; *Güntzel*, Die Richtlinie über die Arbeitnehmerbeteiligung in der Europäischen Aktiengesellschaft (SE) und ihre nationale Umsetzung in das deutsche Recht, 2005, 146; HWK/*Hohenstatt/Dzida* SEBG Rn. 12 Fn. 4; Habersack/Drinhausen/*Hohenstatt/Müller-Bonanni* Rn. 13.
[80] IE wie hier *Maack*, Rechtsschutz im Arbeitnehmerbeteiligungsverfahren der „deutschen" Societas Europaea, 2010, 238 f.; Lutter/Hommelhoff/Teichmann/*Oetker* Rn. 28.

V. Streitigkeiten

28 Streitigkeiten, welche die Anwendung des § 4 betreffen, sind im arbeitsgerichtlichen Beschlussverfahren nach § 2a Abs. 1 Nr. 3 lit. e ArbGG, §§ 80 ff. ArbGG auszutragen. Örtlich zuständig ist das Arbeitsgericht am zukünftigen Sitz der SE (§ 82 Abs. 3 ArbGG). Die nicht erfolgte, nicht richtige, nicht vollständige oder nicht rechtzeitig erteilte Information ist gem. § 46 Abs. 1 Nr. 1 bußgeldbewehrt.

VI. SCEBG und MgVG

29 § 4 Abs. 2–4 entspricht **§ 4 Abs. 1–3 SCEBG**, die Regelung des § 4 Abs. 1 ist dagegen – ohne inhaltliche Abweichungen – in § 5 Abs. 1 SCEBG zu finden. § 4 entspricht außerdem **§ 6 MgVG**. Die Arbeitnehmervertretungen auf einer niedrigeren Stufe sind bei Aufforderung und Information durch die Vertretungen auf der höheren Stufe mitrepräsentiert und bedürfen wie bei § 4 (→ Rn. 8, → Rn. 19) – wie sich der Wertung des § 10 Abs. 2–4 MgVG entnehmen lässt – keiner eigenständigen Aufforderung.[81] Die Aufforderung gem. § 6 Abs. 1 S. 1 MgVG, nicht aber die Information (§ 6 Abs. 2 und 3 MgVG), ist im Fall des § 23 Abs. 1 S. 1 Nr. 1 MgVG entbehrlich (→ Vor § 1 Rn. 56).

§ 5 Zusammensetzung des besonderen Verhandlungsgremiums

(1) ¹Für die in jedem Mitgliedstaat beschäftigten Arbeitnehmer der beteiligten Gesellschaften, betroffenen Tochtergesellschaften und betroffenen Betriebe werden Mitglieder für das besondere Verhandlungsgremium gewählt oder bestellt. ²Für jeden Anteil der in einem Mitgliedstaat beschäftigten Arbeitnehmer, der 10 Prozent der Gesamtzahl der in allen Mitgliedstaaten beschäftigten Arbeitnehmer der beteiligten Gesellschaften und der betroffenen Tochtergesellschaften oder betroffenen Betriebe oder einen Bruchteil davon beträgt, ist ein Mitglied aus diesem Mitgliedstaat in das besondere Verhandlungsgremium zu wählen oder zu bestellen.

(2) ¹Wird die SE durch Verschmelzung gegründet, sind so viele zusätzliche Mitglieder in das besondere Verhandlungsgremium zu wählen oder zu bestellen, wie erforderlich sind, um zu gewährleisten, dass jede beteiligte Gesellschaft, die eingetragen ist und Arbeitnehmer in dem betreffenden Mitgliedstaat beschäftigt und die als Folge der geplanten Eintragung der SE als eigene Rechtspersönlichkeit erlöschen wird, in dem besonderen Verhandlungsgremium durch mindestens ein Mitglied vertreten ist. ²Dies darf nicht zu einer Doppelvertretung der betroffenen Arbeitnehmer führen.

(3) ¹Die Zahl der zusätzlichen Mitglieder darf 20 Prozent der sich aus Absatz 1 ergebenden Mitgliederzahl nicht überschreiten. ²Kann danach nicht jede nach Absatz 2 besonders zu berücksichtigende Gesellschaft durch ein zusätzliches Mitglied im besonderen Verhandlungsgremium vertreten werden, so werden diese Gesellschaften in absteigender Reihenfolge der Zahl der bei ihnen beschäftigten Arbeitnehmer berücksichtigt. ³Dabei ist zu gewährleisten, dass ein Mitgliedstaat nicht mehrere zusätzliche Sitze erhält, solange nicht alle anderen Mitgliedstaaten, aus denen die nach Absatz 2 besonders zu berücksichtigenden Gesellschaften stammen, einen Sitz erhalten haben.

(4) ¹Treten während der Tätigkeitsdauer des besonderen Verhandlungsgremiums solche Änderungen in der Struktur oder Arbeitnehmerzahl der beteiligten Gesellschaften, der betroffenen Tochtergesellschaften oder der betroffenen Betriebe ein, dass sich die konkrete Zusammensetzung des besonderen Verhandlungsgremiums ändern würde, so ist das besondere Verhandlungsgremium ent-

---

[81] IE aA *Lunk/Hinrichs* NZA 2007, 773 (775 f.).

sprechend neu zusammenzusetzen. ²Über solche Änderungen haben die zuständigen Leitungen unverzüglich das besondere Verhandlungsgremium zu informieren. ³§ 4 Abs. 2 bis 4 gilt entsprechend.

Übersicht

	Rn.		Rn.
I. Einleitung	1	IV. Neubesetzung bei Änderungen der Struktur oder Arbeitnehmerzahlen	6–9
II. Grundsatz der Repräsentation	2, 3	V. Streitigkeiten	10
III. Besonderheiten bei der SE-Gründung durch Verschmelzung	4, 5	VI. SCEBG und MgVG	11

I. Einleitung

§ 5 setzt Art. 3 Abs. 2 lit. a Beteiligungs-RL um.[1] Der Grundgedanke der Regelung besteht darin, dass im bVG die in jedem Mitgliedstaat beschäftigten Arbeitnehmer der Gründungsgesellschaften repräsentiert sein sollen. Bei der Bildung des bVG ist in **zwei Schritten** vorzugehen. Zunächst ist mit Hilfe des § 5 zu ermitteln, wie viele Sitze im bVG jeder Mitgliedstaat zu beanspruchen hat. Daraus ergibt sich auch die absolute Größe des bVG (→ Rn. 2). § 5 sieht dafür ein kompliziertes Verfahren vor, das eine Proportionalität zwischen Mitgliedstaaten, Gründungsunternehmen und Arbeitnehmerzahlen herstellen soll. Erst in einem zweiten Schritt, der sich nach §§ 6, 7 richtet, ist zu entscheiden, welche Personen die Sitze aus den einzelnen Mitgliedstaaten einnehmen werden. § 5 Abs. 1 regelt den Normalfall der SE-Gründung, § 5 Abs. 2 und 3 enthält besondere Regeln für die SE-Gründung durch Verschmelzung. In § 5 Abs. 4 sind schließlich Bestimmungen für den Fall normiert, dass während der Tätigkeitsdauer des bVG Änderungen in der Struktur oder Arbeitnehmerzahl bei den Gründungsunternehmen eintreten, welche die konkrete Zusammensetzung des bVG ändern. 1

II. Grundsatz der Repräsentation

§ 5 Abs. 1 S. 1 (Art. 3 Abs. 2 lit. a, i Beteiligungs-RL) bestimmt als Grundsatz zunächst, dass **jeder Mitgliedstaat**, in dem Arbeitnehmer der beteiligten Gesellschaften (§ 2 Abs. 2), betroffenen Tochtergesellschaften und betroffenen Betriebe (§ 2 Abs. 4) beschäftigt sind, **im bVG vertreten** sein soll. Zu diesem Zweck werden für die in jedem Mitgliedstaat beschäftigten Arbeitnehmer der beteiligten Gesellschaften, betroffenen Tochtergesellschaften und betroffenen Betriebe Mitglieder für das bVG – abhängig von den Bestimmungen des jeweiligen Mitgliedstaats – gewählt oder bestellt. Im Geltungsbereich des SEBG wird gewählt (§ 7 Abs. 2, §§ 8 ff.). Um die Zahlenrelation zu ermitteln, ist es sodann zunächst erforderlich, die **Gesamtzahl** der in allen Mitgliedstaaten beschäftigten Arbeitnehmer der beteiligten Gesellschaften und betroffenen Tochtergesellschaften und betroffenen Betriebe (zum gemeinsamen Betrieb mehrerer Unternehmen → § 2 Rn. 32) festzustellen. **Maßgeblicher Zeitpunkt** dafür ist, wie sich aus dem Bezug zu § 4 und dem Sinn der Informationsobliegenheit ergibt, nach § 4 Abs. 4 der Zeitpunkt der **Information gem. § 4 Abs. 2 S. 3** (→ § 4 Rn. 27).[2] Zu zählen ist nach **vollen Köpfen**, auch bei Teilzeitbeschäftigten (→ § 2 Rn. 4).[3] **Leiharbeitnehmer** sind nach Maßgabe von § 14 Abs. 2 S. 5 AÜG zu berücksichtigen (→ § 2 Rn. 7). Nach § 5 Abs. 1 S. 2 ist anschließend für jeden Anteil der in einem Mitgliedstaat beschäftigten Arbeitnehmer, der 10% dieser Gesamtzahl oder einen Bruchteil davon – also weniger als 10%, eine Grenze für Bagatellfälle ist nicht vorgesehen (vgl. aber → Rn. 3)[4] – beträgt, ein Mitglied aus diesem Mitgliedstaat in das bVG zu wählen oder zu 2

---

[1] Dazu ausf. mit zahlreichen Beispielen *Kuffner*, Die Beteiligung der Arbeitnehmer in der Europäischen Aktiengesellschaft, 2003, 120 ff. mwN.
[2] Ebenso Lutter/Hommelhoff/Teichmann/*Oetker* Rn. 8.
[3] Wie hier Kölner Komm AktG/*Feuerborn* Rn. 7; Habersack/Drinhausen/*Hohenstatt/Müller-Bonanni* Rn. 2.
[4] Lutter/Hommelhoff/Teichmann/*Oetker* Rn. 4; Krit. *Krause* BB 2005, 1221 (1224) mit einem Beispiel.

bestellen. Mit anderen Worten: Im Grundsatz ist je angefangene 10% aus jedem Mitgliedstaat ein Sitz zu besetzen.[5] Aus diesem Grund beträgt die **Mindestgröße** des bVG zwingend **zehn Sitze.**[6] Bei einer Verteilung auf mehrere Mitgliedstaaten kann sich aber auch eine größere Zahl ergeben.[7] Auf der Grundlage von derzeit 28 EU-Mitgliedstaaten und drei weiteren Vertragsstaaten des Abkommens über den Europäischen Wirtschaftsraum (→ § 3 Rn. 12) ergab sich bis zum Brexit zum 31.12.2020 eine **Höchstzahl** von **vierzig Sitzen.**[8]

3 Zwar soll jeder Mitgliedstaat grundsätzlich im bVG vertreten sein (→ Rn. 2). Sind in einem Mitgliedstaat aber nur **wenige Arbeitnehmer** beschäftigt oder ist dort sogar nur ein einziger Arbeitnehmer tätig, kann es sinnvoll sein, mit allen diesen Arbeitnehmern zu **vereinbaren,** dass sie **sich nicht** an dem **Verfahren** zur Bildung eines bVG **beteiligen.** Oft besteht in diesen Fällen in der Praxis nämlich kein Interesse an einer Beteiligung. Eine solche Vereinbarung ist **wirksam.**[9] Das folgt schon daraus, dass die betroffenen Arbeitnehmer auch nach Einleitung eines Verfahrens zur Bildung eines bVG darauf verzichten können, ihr bVG-Mitglied zu entsenden oder zu wählen. Eine spätere Beteiligung dieses Mitgliedstaats über die Beteiligungsvereinbarung bleibt unberührt.[10]

III. Besonderheiten bei der SE-Gründung durch Verschmelzung

4 § 5 Abs. 2 und 3 (Art. 3 Abs. 2 lit. a Ziff. ii Beteiligungs-RL) enthält komplizierte Sonderregelungen für die Zusammensetzung des bVG bei der SE-Gründung durch **Verschmelzung.**[11] **§ 5 Abs. 2 S. 1** soll gewährleisten, dass im Fall der Verschmelzung jede beteiligte Gesellschaft, die Arbeitnehmer beschäftigt und als eigene Rechtspersönlichkeit erlöschen wird, durch mindestens ein Mitglied im bVG vertreten ist. Diese Mindestrepräsentation wird dadurch gewährleistet, dass **zusätzliche Mitglieder** in das bVG zu wählen oder zu bestellen sind. Diese Wahl oder Bestellung zusätzlicher Mitglieder darf aber nicht dazu führen, dass Arbeitnehmer doppelt vertreten werden (§ 5 Abs. 2 S. 2, vgl. auch § 15 Abs. 2 S. 2). Problematisch ist das Verhältnis von § 5 Abs. 2 zu **§ 6 Abs. 3 und 4.** Die wohl hM plädiert für einen Vorrang der nach § 6 Abs. 3 und 4 garantierten Vertreter.[12] Andere halten die Vertretung der beteiligten Gesellschaften für vorrangig.[13] Vorzugswürdig ist eine differenzierende Betrachtung: Von der nach § 5 Abs. 1 errechneten Mitgliederzahl sind zunächst etwaige Vorschlagsrechte abzuziehen, dann ist anhand der verbleibenden Mitglieder zu überprüfen, ob diese genügen, um der erlöschenden Gesellschaft einen Sitz zu garantieren; nur wenn das nicht der Fall ist, müssen § 6 Abs. 3 und 4 zurücktreten.[14]

5 Eine Obergrenze enthält **§ 5 Abs. 3 S. 1,** wonach die Zahl der zusätzlichen Sitze im Fall der Verschmelzung auf 20% begrenzt ist. In dem Fall, dass aufgrund dieser Grenze nicht jede Gesellschaft, die mit der SE-Gründung erlischt, einen zusätzlichen Sitz erhält, werden diese Gesellschaften in der Reihenfolge ihrer Größe – bezogen auf die Zahl der bei ihnen

---

[5] Krit. *Kienast* in Jannott/Frodermann SE-HdB Kap. 13 Rn. 143, wenn zB ein Mitgliedstaat mit 30,5% der Gesamtarbeitnehmerzahl vier Sitze bekommt.

[6] MHdB AG/*Austmann* § 85 Rn. 31; Kölner Komm AktG/*Feuerborn* Rn. 8; Habersack/Henssler/*Henssler* SEBG Einl. Rn. 165; Habersack/Drinhausen/*Hohenstatt/Müller-Bonanni* Rn. 2; *Kienast* in Jannott/Frodermann SE-HdB Kap. 13 Rn. 141; Nagel/Freis/Kleinsorge/*Kleinsorge* Rn. 7; Wißmann/Kleinsorge/Schubert/*Kleinsorge* EU-Recht Rn. 92; MHdB ArbR/*Naber/Sittard* § 384 Rn. 16.

[7] Beispiele in der Begr. zum RegE, BT-Drs. 438/04, 115; ferner bei *Kleinsorge* in Baums/Cahn, Die Europäische Aktiengesellschaft, Umsetzungsfragen und Perspektiven, 2004, 142; Nagel/Freis/Kleinsorge/*Kleinsorge* Rn. 7; ferner *Kienast* in Jannott/Frodermann SE-HdB Kap. 13 Rn. 144; ferner Lutter/Hommelhoff/Teichmann/*Oetker* Rn. 9.

[8] Wie hier Kölner Komm AktG/*Feuerborn* Rn. 11; Habersack/Drinhausen/*Hohenstatt/Müller-Bonanni* Rn. 2.

[9] Habersack/Drinhausen/*Hohenstatt/Müller-Bonanni* Rn. 3.

[10] Habersack/Drinhausen/*Hohenstatt/Müller-Bonanni* Rn. 3.

[11] Beispiele bei Lutter/Hommelhoff/Teichmann/*Oetker* Rn. 14 f.

[12] *Kienast* in Jannott/Frodermann SE-HdB Kap. 13 Rn. 149; Nagel/Freis/Kleinsorge/*Kleinsorge* Rn. 7; *Köklü* in Van Hulle/Maul/Drinhausen SE-HdB Abschnitt 6 Rn. 131.

[13] *Scheibe*, Die Mitbestimmung der Arbeitnehmer in der SE unter besonderer Berücksichtigung des monistischen Systems, 2007, 43 ff.; vgl. auch *Krause* BB 2005, 1221 (1225).

[14] Lutter/Hommelhoff/Teichmann/*Oetker* Rn. 13.

beschäftigten Arbeitnehmer – berücksichtigt (§ 5 Abs. 3 S. 2). Eine weitere, mit Blick auf § 5 Abs. 1 nicht ohne weiteres einleuchtende Modifikation enthält § 5 Abs. 3 S. 3, der keine Entsprechung in der Beteiligungs-RL hat. Er bestimmt für die Verteilung weiter, dass ein Mitgliedstaat nicht mehrere zusätzliche Sitze erhält, solange nicht alle anderen Mitgliedstaaten, aus denen die nach § Abs. 2 S. 2 besonders zu berücksichtigenden Gesellschaften stammen, einen Sitz erhalten haben.[15]

IV. Neubesetzung bei Änderungen der Struktur oder Arbeitnehmerzahlen

Ändern sich während der laufenden Verhandlungen – also **nach** der Konstituierung des bVG – die **Arbeitnehmerzahlen** der beteiligten Gesellschaften, der betroffenen Tochtergesellschaften oder der betroffenen Betriebe – etwa durch den Kauf oder Verkauf von Betrieben oder Gesellschaften oder durch die Einstellung oder Entlassung von Arbeitnehmern – oder deren **Struktur** – etwa bei einer Veränderung des Gründungsplans: nunmehr Errichtung einer Tochter-SE statt einer Holding-SE – und ändert sich aus diesem Grund auch die konkrete Zusammensetzung des bVG, ist nach **§ 5 Abs. 4 S. 1** dessen **Zusammensetzung** entsprechend **anzupassen.**[16] In der Beteiligungs-RL gibt es keine entsprechende Regelung, dennoch ist § 5 Abs. 4 europarechtskonform,[17] weil die Vorschrift die Beteiligungsrechte sichert und damit dem Schutzzweck der Beteiligungs-RL (→ Vor § 1 Rn. 15) nachkommt.[18] Entsprechendes muss entgegen dem Wortlaut („während der Tätigkeitsdauer") sinngemäß auch für Veränderungen **vor** der Konstituierung des bVG gelten: Je früher die Veränderungen eintreten, desto einfacher können sie berücksichtigt werden; das bVG ist ggf. nach Konstituierung unverzüglich zu informieren.[19] 6

Das Gremium wird dabei **neu zusammengesetzt**, aber **nicht neu konstituiert.** Aus diesem Grund hat zB eine Veränderung nach § 5 Abs. 4 **keine Auswirkungen** auf den Lauf der **Sechsmonatsfrist** nach § 20 Abs. 1 (→ § 20 Rn. 2).[20] Zu erwägen ist ebenfalls nach dem Rechtsgedanken des § 20 Abs. 2 ein aus dem Grundsatz der vertrauensvollen Zusammenarbeit (§ 13 Abs. 1 S. 2) abzuleitender Anspruch auf Zustimmung zu einer **maßvollen Verlängerung der Verhandlungen,** wenn neue Mitglieder erst relativ spät in das bVG eintreten.[21] § 5 Abs. 4 S. 2 und 3 bestimmt ergänzend, dass die Leitungen das bVG unverzüglich (vgl. § 121 BGB) und vollständig über die eingetretenen Änderungen zu **informieren** haben. Trotz des Verweises auf § 4 Abs. 2, 3 und 4 – dort besteht lediglich eine Informationsobliegenheit (§ 5 Abs. 4 S. 3) – ist im Rahmen des § 5 Abs. 4 S. 2 von einem **Informationsanspruch** auszugehen,[22] da die Veränderungen keine Auswirkungen 7

---

[15] Vgl. HWK/*Hohenstatt/Dzida* SEBG Rn. 10.
[16] Europarechtliche Bedenken deshalb bei *Hey/Schöder* BB 2012, 3014 (3016); *Krause* BB 2005, 1221 (1224); *Lunk/Hinrichs* NZA 2007, 773 (776); *Ziegler/Gey* BB 2009, 1750 (1753) jeweils vor allem mit Blick auf das Fehlen entsprechender Regelungen in anderen Mitgliedstaaten und daraus resultierende Friktionen; vgl. auch Habersack/Henssler/*Henssler* SEBG Einl. Rn. 57.
[17] Europarechtliche Bedenken dagegen bei *Hey/Schöder* BB 2012, 3014 (3016); *Krause* BB 2005, 1221 (1224); *Lunk/Hinrichs* NZA 2007, 773 (776); *Ziegler/Gey* BB 2009, 1750 (1753), jeweils vor allem mit Blick auf das Fehlen entsprechender Regelungen in anderen Mitgliedstaaten und daraus resultierende Friktionen; vgl. auch Habersack/Henssler/*Henssler* SEBG Einl. Rn. 57.
[18] Kölner Komm AktG/*Feuerborn* Rn. 20; Habersack/Drinhausen/*Hohenstatt/Müller-Bonanni* Rn. 5.
[19] Zutr. HWK/*Hohenstatt/Dzida* SEBG Rn. 11 Fn. 10; Habersack/Drinhausen/*Hohenstatt/Müller-Bonanni* Rn. 5; Habersack/Henssler/*Henssler* Rn. 8; aA Kölner Komm AktG/*Feuerborn* Rn. 18; Lutter/Hommelhoff/Teichmann/*Oetker* Rn. 16.
[20] Habersack/Drinhausen/*Hohenstatt/Müller-Bonanni* Rn. 5; iE so auch *Grobys* NZA 2005, 90; *Krause* BB 2005, 1221 (1224); ferner *Kienast* in Jannott/Frodermann SE-HdB Kap. 13 Rn. 127, der allerdings von einer „Neubestellung/Neuwahl" spricht; wie hier auch *Köklü* in Van Hulle/Maul/Drinhausen SE-HdB Abschnitt 6 Rn. 35; Lutter/Hommelhoff/Teichmann/*Oetker* Rn. 19.
[21] *Hey/Schöder* BB 2012, 3014 (3016); *Krause* BB 2005, 1221 (1224); Lutter/Hommelhoff/Teichmann/*Oetker* Rn. 19 mit unzutr. Hinweis auf einen „Widerspruch" zu → 4. Aufl. 2017, § 4 Rn. 19; abl. mangels Rechtsgrundlage HWK/*Hohenstatt/Dzida* SEBG Rn. 11; Habersack/Drinhausen/*Hohenstatt/Müller-Bonanni* Rn. 5; abl. aus Gründen der Rechtssicherheit AKRR/*Rudolph* Rn. 19.
[22] Wie hier Kölner Komm AktG/*Feuerborn* Rn. 23; Lutter/Hommelhoff/Teichmann/*Oetker* Rn. 20; aA Habersack/Drinhausen/*Hohenstatt/Müller-Bonanni* Rn. 5.

auf die Sechsmonatsfrist haben. Im Umkehrschluss aus § 5 Abs. 4 S. 1 ergibt sich, dass Änderungen **vor** der Konstituierung des bVG unberücksichtigt bleiben.[23] Änderungen nach dem Abschluss des Verhandlungsverfahrens können hingegen von § 18 Abs. 3 erfasst werden.[24]

8 Vom Gesetz nicht geregelt ist der Fall, in dem bereits **im Zeitpunkt der Information** nach § 4 Abs. 2 (→ § 4 Rn. 13) eine **Änderung feststeht**, die sich **erst später auf die Zusammensetzung** des bVG **auswirken** wird. Es wäre unnötig zeitraubend und kostspielig, die Zusammensetzung des bVG zunächst nach den im Zeitpunkt der Information noch maßgeblichen Verhältnissen zu ermitteln, um dann später nach § 5 Abs. 4 vorzugehen. Jedenfalls wenn sicher feststeht, dass eine Änderung innerhalb der Tätigkeitsdauer des bVG (s. § 20) eintreten wird, muss es zulässig sein, diese bereits bei der Information nach § 4 Abs. 2 und der Bildung des bVG zu berücksichtigen, damit ein späteres Verfahren nach § 5 Abs. 4 (→ Rn. 6) vermieden werden kann.[25] Das Verfahren nach § 5 Abs. 4 ist allerdings durchzuführen, wenn die zunächst sicher feststehende Änderung ausbleibt und das bVG dann entgegen den Erwartungen nicht richtig zusammengesetzt ist.

9 Ebenfalls gesetzlich nicht normiert ist die Konstellation, in der sich die **Zusammensetzung des bVG** zeitlich nach der Information nach § 4 Abs. 2, aber **innerhalb der Zehnwochenfrist** des § 11 Abs. 1, innerhalb derer die Wahl oder die Bestellung der Mitglieder des bVG ab der in § 4 Abs. 2 und 3 vorgeschriebenen Information erfolgen soll (→ § 11 Rn. 3), **ändert,** weil zB ein Unternehmen eine Niederlassung in einem Mitgliedstaat eröffnet, in dem sie bislang nicht aktiv war. § 5 Abs. 4 („während der Tätigkeitsdauer" des bVG) greift unmittelbar nicht ein, weil das bVG noch nicht gebildet und deshalb auch noch nicht tätig ist. Wie im eben genannten Fall ist es auch hier nicht sinnvoll, zunächst ein Tätigwerden des bVG abzuwarten, um dann nach § 5 Abs. 4 vorzugehen. **Vielmehr** sind die Leitungen gehalten (eine „Verpflichtung" besteht insoweit nicht; → § 4 Rn. 27), die Arbeitnehmervertretungen und Sprecherausschüsse in den beteiligten Gesellschaften, betroffenen Tochtergesellschaften und betroffenen Betrieben (und ggf. die Arbeitnehmer) **über die Änderung zu informieren** (lies § 4 Abs. 2 S. 1 und 2; → § 4 Rn. 16 ff.). Die bereits verstrichene Zeit wird dann nicht zu der ursprünglichen der Zehnwochenfrist addiert, vielmehr **beginnt** die **Zehnwochenfrist** des § 11 Abs. 1 S. 1 **erneut zu laufen** (→ § 11 Rn. 3).[26]

V. Streitigkeiten

10 Streitfragen über die Zusammensetzung des bVG nach § 5 können im arbeitsgerichtlichen Beschlussverfahren nach § 2a Abs. 1 Nr. 3 lit. e ArbGG, §§ 80 ff. ArbGG ausgefochten werden. Örtlich zuständig ist nach § 82 Abs. 3 das Arbeitsgericht am zukünftigen Sitz der SE. Die Antragsbefugnis richtet sich nach § 10 ArbGG. Antragsbefugt sind die in den einzelnen Mitgliedstaaten zuständigen Wahl- oder Bestellungsgremien oder die zu beteiligenden Arbeitnehmervertretungen, die an der Wahl oder Bestellung der Mitglieder des bVG mitwirken. Die Bildung des bVG ist nach § 44 Nr. 1, § 45 Abs. 2 Nr. 2 strafrechtlich geschützt.

VI. SCEBG und MgVG

11 § 5 Abs. 1–4 entspricht **§ 5 Abs. 2–5 SCEBG,** § 5 Abs. 1 SCEBG ist dagegen § 4 Abs. 1 nachgebildet (→ § 4 Rn. 29). § 5 entspricht außerdem **§ 7 MgVG.** Wie bei § 5 Abs. 4 (→ Rn. 6) wird auch die Richtlinienkonformität des § 7 Abs. 4 MgVG bezweifelt.[27]

---

[23] IE ebenso *Grobys* NZA 2005, 84 (87): aus „Gründen der Rechtssicherheit", der für rechtsmissbräuchliches Verhalten zu Recht auf § 242 BGB verweist; aA HWK/*Hohenstatt/Dzida* SEBG Rn. 11 Fn. 10, die nach Konstituierung des bVG zumindest eine Informationspflicht annehmen.
[24] *Henssler* FS K. Schmidt, 2009, 601 (604).
[25] Richtig Habersack/Drinhausen/*Hohenstatt/Müller-Bonanni* § 4 Rn. 12; Habersack/Drinhausen/*Hohenstatt/Müller-Bonanni* Rn. 6; aA Kölner Komm AktG/*Feuerborn* § 4 Rn. 29; Habersack/Henssler/*Henssler* § 4 Rn. 12; Nagel/Freis/Kleinsorge/*Kleinsorge* § 4 Rn. 10; Lutter/Hommelhoff/Teichmann/*Oetker* § 4 Rn. 32 unter Hinweis auf § 5 Abs. 4 S. 2.
[26] MHdB ArbR/*Naber/Sittard* § 384 Rn. 39.
[27] *Lunk/Hinrichs* NZA 2007, 773 (776).

§ 6 Persönliche Voraussetzungen der auf das Inland entfallenden Mitglieder des besonderen Verhandlungsgremiums

(1) Die persönlichen Voraussetzungen der Mitglieder des besonderen Verhandlungsgremiums richten sich nach den jeweiligen Bestimmungen der Mitgliedstaaten, in denen sie gewählt oder bestellt werden.

(2) ¹Zu Mitgliedern des besonderen Verhandlungsgremiums wählbar sind im Inland Arbeitnehmer der Gesellschaften und Betriebe sowie Gewerkschaftsvertreter. ²Frauen und Männer sollen entsprechend ihrem zahlenmäßigen Verhältnis gewählt werden. ³Für jedes Mitglied ist ein Ersatzmitglied zu wählen.

(3) Gehören dem besonderen Verhandlungsgremium mehr als zwei Mitglieder aus dem Inland an, ist jedes dritte Mitglied ein Vertreter einer Gewerkschaft, die in einem an der Gründung der SE beteiligten Unternehmen vertreten ist.

(4) Gehören dem besonderen Verhandlungsgremium mehr als sechs Mitglieder aus dem Inland an, ist mindestens jedes siebte Mitglied ein leitender Angestellter.

Übersicht

	Rn.		Rn.
I. Einleitung	1	2. Gewerkschaftsvertreter und leitende Angestellte	3–10
II. Wählbarer Personenkreis	2–10	III. Streitigkeiten	11
1. Arbeitnehmer der Gründungsgesellschaften	2	IV. SCEBG und MgVG	12

I. Einleitung

Während mit Hilfe des § 5 die Zahl der Sitze im bVG ermittelt wird, die jeder Mitgliedstaat beanspruchen kann, bestimmen die §§ 6, 7, welche Personen die jeweiligen Sitze aus den einzelnen Mitgliedstaaten einnehmen können. Die **persönlichen Voraussetzungen** der auf das Inland entfallenden Mitglieder des bVG richten sich nach § 6, welcher der Umsetzung von Art. 3 Abs. 2 lit. b Beteiligungs-RL dient. Dabei enthält § 6 Abs. 1 den Grundsatz, dass die einzelnen Mitgliedstaaten selbst die persönlichen Voraussetzungen bestimmen können, die für ihre Mitglieder im bVG gelten sollen, § 6 Abs. 2–4 dagegen die Bestimmungen für das Inland, die für alle im Inland zu wählenden oder zu bestellenden Mitglieder gilt, ohne dass es darauf ankommt, in welchem Mitgliedstaat die SE ihren Sitz hat.[1]

II. Wählbarer Personenkreis

1. Arbeitnehmer der Gründungsgesellschaften. Im Inland können gem. § 6 Abs. 2 S. 1 zunächst die **Arbeitnehmer** der **beteiligten Gesellschaften, betroffenen Tochtergesellschaften** und **betroffenen Betriebe** (zur Berechnung der Arbeitnehmerzahl im gemeinsamen Betrieb mehrerer Unternehmen → § 2 Rn. 32) zu Mitgliedern des bVG gewählt werden. Es gilt der Arbeitnehmerbegriff des § 2 Abs. 1 (→ § 2 Rn. 2 ff.). **Frauen und Männer** sollen – nicht: müssen[2] – dabei entsprechend ihrem zahlenmäßigen Verhältnis gewählt werden (§ 6 Abs. 2 S. 2).[3] Ungeklärt ist, ob und ggf. wie sich der Beschluss des BVerfG zum verfassungsrechtlichen **Schutz des dritten Geschlechts** im Personenstandsrecht[4] auf § 6 Abs. 2 S. 2 auswirkt. Zwar spricht § 6 Abs. 2 S. 2 nur von „Frauen" und „Männern". Die Vorschrift kann aber verfassungskonform auch so ausgelegt werden, dass Personen des männlichen, weiblichen und dritten Geschlechts entsprechend ihrem zahlen-

---

[1] Habersack/Drinhausen/*Hohenstatt/Müller-Bonanni* Rn. 2.
[2] Lutter/Hommelhoff/Teichmann/*Oetker* Rn. 11; krit. dazu DGB-Stellungnahme zum RefE eines SEEG vom 25.5.2004.
[3] Habersack/Drinhausen/*Hohenstatt/Müller-Bonanni* Rn. 3.
[4] BVerfG NZFam 2017, 1141 (1145 ff.).

mäßigen Verhältnis gewählt werden sollen. Die praktische Relevanz einer solchen Auslegung ist allerdings gering: Das BVerfG geht von deutschlandweit etwa 160.000 Betroffenen aus (0,2% der Gesamtbevölkerung).[5] Zudem kann § 6 Abs. 2 S. 2 bei der Besetzung des bVG nur beachtet werden, wenn Personen des dritten Geschlechts ihr Geschlecht zu erkennen geben. Davon ist nicht zwingend auszugehen. Für jedes Mitglied ist in Anlehnung an § 7 DrittelbG im gleichen Verfahren ein **Ersatzmitglied** zu wählen (§ 6 Abs. 2 S. 3). Es handelt sich um eine **Muss-Vorschrift**.[6] Ein Mindestalter ist nicht vorgeschrieben. **Scheidet** ein Arbeitnehmer als Mitglied des bVG während des Verhandlungsverfahrens und damit während der Amtszeit des Gremiums aus welchen Gründen auch immer **aus dem Arbeitsverhältnis aus**, erlischt analog § 24 Nr. 3 BetrVG auch die Mitgliedschaft im bVG. Die Mitgliedschaft im bVG erlischt auch, wenn das Amt niedergelegt wird (§ 24 Nr. 2 BetrVG analog); die **Amtsniederlegung** ist **zulässig**. In beiden Fällen rückt das jeweilige Ersatzmitglied (§ 6 Abs. 2 S. 3) nach. Bei einer zeitweiligen Verhinderung, etwa infolge von Krankheit oder Urlaub, ist § 25 Abs. 1 S. 2 BetrVG entsprechend anzuwenden: Das Ersatzmitglied rückt für die Dauer der Verhinderung in das bVG ein.[7] Die Verhinderung muss **objektiv** gegeben sein, die Vertretung ist deshalb nicht erforderlich, wenn das gewählte Mitglied des bVG zB desinteressiert ist oder mutwillig seine Aufgaben nicht wahrnimmt: Eine **gewillkürte Stellvertretung** ist im Gesetz nicht vorgesehen und deshalb **unzulässig** (→ § 15 Rn. 3).[8]

3 **2. Gewerkschaftsvertreter und leitende Angestellte.** Eine Regelung zur Repräsentation von Gewerkschaftsvertretern und leitenden Angestellten ist in § 6 Abs. 2–4 enthalten, die durch § 8 Abs. 1 S. 2–5 ergänzt wird. § 6 Abs. 2–4 ist entsprechend auf das Wahlverfahren zum Aufsichts- oder Verwaltungsorgan der SE nach § 36 Abs. 3 S. 2 anzuwenden (§ 27 Abs. 2 SEAG).

4 **§ 6 Abs. 2 S. 1** gebraucht zunächst die durch Art. 3 Abs. 2 lit. b UAbs. 2 Beteiligungs-RL eingeräumte, auf eine deutsche Anregung zurückgehende, rechtspolitisch aber fragwürdige Befugnis, auch **Gewerkschaftsvertreter** als Mitglieder des bVG zuzulassen. Es gilt nicht der allgemeine Gewerkschaftsbegriff,[9] es ist insoweit vielmehr jede Organisation als Gewerkschaft anzusehen, die nach dem Recht des Mitgliedstaats, in dem sie ihren Sitz hat, als Gewerkschaft anerkannt ist.[10] Dem Wortlaut des § 6 Abs. 2 S. 1 ist aber nicht zu entnehmen, ob es sich um Vertreter von Gewerkschaften handeln muss, die **in einem** an der Gründung der SE beteiligten **Unternehmen vertreten** sind. Dafür spricht zwar der systematische Zusammenhang zu § 6 Abs. 3, der diese Begrenzung ausdrücklich anordnet. Nach Art. 3 Abs. 2 lit. b UAbs. 2 Beteiligungs-RL, dem auch Erwägungsgrund 19 Beteiligungs-RL entspricht, können die Mitgliedstaaten allerdings vorsehen, dass dem bVG auch dann Gewerkschaftsvertreter angehören können, wenn sie nicht Arbeitnehmer der beteiligten Gesellschaften, betroffenen Tochtergesellschaften und betroffenen Betriebe sind. Auch § 6 Abs. 2 S. 1 ist deshalb trotz des insoweit nicht eindeutigen Wortlauts in richtlinienkonformer Auslegung jedenfalls so zu verstehen, dass die Gewerkschaftsvertreter **nicht** „Arbeitnehmer der Gesellschaften und Betriebe" sein müssen.[11] Gewerkschaftsvertreter müssen überdies nicht Mitglied der Gewerkschaft sein, die sie vertreten.[12]

---

[5] BVerfG NZFam 2017, 1141 (1142).
[6] Habersack/Drinhausen/*Hohenstatt/Müller-Bonanni* Rn. 3; Lutter/Hommelhoff/Teichmann/*Oetker* Rn. 13.
[7] Gegen eine Analogie in allen diesen Fällen *Rieble* in Rieble/Junker Vereinbarte Mitbestimmung § 3 Rn. 57: „systematisch verfehlt", obgleich er das bVG als „betriebsverfassungsrechtliches Organ" versteht; *Rieble* in Rieble/Junker Vereinbarte Mitbestimmung § 3 Rn. 18.
[8] Für § 25 Abs. 1 S. 2 BetrVG auch BAG KSchG 1969 § 15 Nr. 26; GK-BetrVG/*Oetker* BetrVG § 25 Rn. 24 mwN; s. auch GK-BetrVG/*Raab* BetrVG § 29 Rn. 44 zur Ladung; GK-BetrVG/*Raab* BetrVG § 33 Rn. 28 zum Stimmrecht bei der Beschlussfassung.
[9] So Lutter/Hommelhoff/Teichmann/*Oetker* Rn. 15 mwN; so auch noch → 4. Aufl. 2017, Rn. 4.
[10] *Forst* ZESAR 2019, 273.
[11] Die Begr. zum RegE ist ebenfalls nicht eindeutig, BR-Drs. 438/04, 116; iE wie hier NK-SE/*Bodenstedt/Evers* Rn. 3; Blanke/Hayen/Kunz/Carlson/*Carlson* Mitbestimmung der Arbeitnehmer in der Europäischen Aktiengesellschaft (SE) Rn. 78; Kölner Komm AktG/*Feuerborn* Rn. 4; *Forst* ZESAR 2019, 272; *Güntzel*, Die Richtlinie über die Arbeitnehmerbeteiligung in der Europäischen Aktiengesellschaft (SE) und ihre nationale

§ 6 Abs. 3 knüpft – wie der Gesetzgeber formuliert – an die „Tradition des Mitbestimmungsgesetzes"[13] an. Während § 6 Abs. 2 S. 1 eine Kann-Vorschrift ist, bestimmt **§ 6 Abs. 3**, dass von den inländischen Mitgliedern des bVG jedes **dritte ein Gewerkschaftsvertreter** sein **muss**, wenn dem bVG mehr als zwei Mitglieder aus dem Inland angehören. Die Gewerkschaft muss zwar in einem an der Gründung der SE beteiligten **Unternehmen** vertreten sein (wenigstens ein Mitglied der Gewerkschaft muss dort als Arbeitnehmer beschäftigt sein[14]); es kann sich aber auch um den Vertreter eine ausländischen Gewerkschaft handeln.[15] Da das Gesetz nicht von der beteiligten Gesellschaft spricht (§ 2 Abs. 2), genügt – wie jetzt ausdrücklich in § 6 Abs. 3 SCEBG und § 8 Abs. 3 MgVG normiert (→ Rn. 12) – auch eine **betroffene Tochtergesellschaft** oder ein **betroffener Betrieb** (§ 2 Abs. 4).[16] Die Leitungen sind nicht verpflichtet, selbst aufzuklären, welche Gewerkschaften „vertreten" sind, deshalb sind sie auch **nicht verpflichtet, Gewerkschaften,** die in den beteiligten Gesellschaften, betroffenen Tochtergesellschaften und betroffenen Betrieben vertreten sind, darüber **zu informieren,** dass sie die Gründung einer SE planen.[17] Das folgt aus dem eindeutigen Wortlaut des § 4 Abs. 2 S. 1 und einem Umkehrschluss aus § 11 Abs. 1 S. 3, so dass auch für eine Analogie zu § 9 Abs. 3 EBRG kein Raum ist. Es kommt im Übrigen auf der einen Seite weder darauf an, ob den Leitungen bekannt ist, dass eine Gewerkschaft in einer betroffenen Einheit vertreten ist,[18] noch darauf, dass es einer Gewerkschaft ihrerseits möglich gewesen war, sich auf dem Internetportal des European Trade Union Institute (ETUI) über eine geplante SE-Gründung zu informieren.[19] Ggf. muss eine von den Leitungen nicht berücksichtigte Gewerkschaft selbst die Initiative ergreifen.

Die Regelung in § 6 Abs. 3 wird ergänzt durch § 8 Abs. 1 S. 2–4 (näher → § 8 Rn. 4). Im Fall des § 6 Abs. 3 ist danach jedes dritte Mitglied auf Vorschlag einer Gewerkschaft zu wählen, die in einem an der Gründung der SE beteiligten Unternehmen vertreten ist. Wird nur ein Wahlvorschlag gemacht, muss dieser mindestens doppelt so viele Bewerber enthalten wie Vertreter von Gewerkschaften zu wählen sind. Jeder Wahlvorschlag einer Gewerkschaft muss schließlich von einem Vertreter der Gewerkschaft unterzeichnet sein. Ist nicht jedes dritte Mitglied ein Gewerkschaftsvertreter, besteht **kein Anspruch auf Unterlassung** etwa der Konstituierung des bVG in seiner konkreten Zusammensetzung oder der Beschlussfassung im bVG. Eine entsprechende Anspruchsgrundlage wie zum Beispiel § 23 Abs. 3 BetrVG ist im SEBG nicht enthalten.[20] Für eine Analogie oder eine Anwendung von § 1004 BGB ist kein Raum. Möglich ist nur **repressiver Rechtsschutz** durch eine Anfechtung der Wahl der Mitglieder des bVG nach **§ 37 Abs. 2 S. 1 analog,**

Umsetzung in das deutsche Recht, 2005, 298; Habersack/Drinhausen/*Hohenstatt/Müller-Bonanni* Rn. 4; *Kallmeyer* ZIP 2004, 1442, 1443; *Köstler* in Theisen/Wenz, Europäische Aktiengesellschaft, 2. Aufl. 2005, 341; AKRR/*Rudolph* Rn. 3; unentschieden *Niklas* NZA 2004, 1200 (1201); aA *Joost* in Oetker/Preis AES B 8200 Rn. 60; *Maack*, Rechtsschutz im Arbeitnehmerbeteiligungsverfahren der „deutschen" Societas Europaea, 2010, 108; Lutter/Hommelhoff/Teichmann/*Oetker* Rn. 10, 18.

[12] *Forst* ZESAR 2019, 273.
[13] BR-Drs. 438/04, 116.
[14] *Forst* ZESAR 2019, 273.
[15] Lutter/Hommelhoff/Teichmann/*Oetker* Rn. 16.
[16] Ebenso Kölner Komm AktG/*Feuerborn* Rn. 7; wohl auch Nagel/Freis/Kleinsorge/*Kleinsorge* Einf. SCE Rn. 26; Nagel/Freis/Kleinsorge/*Nagel* MgVG § 8 Rn. 1; diff. Lutter/Hommelhoff/Teichmann/*Oetker* Rn. 16: nicht allein in „betroffenen Betrieben", weil die Vorschrift auf das „Unternehmen" abstelle; allein auf das Unternehmen abstellend auch *Forst* ZESAR 2019, 273.
[17] LAG Berlin-Brandenburg BeckRS 2017, 103234 Rn. 72; *Forst* ZESAR 2019, 276; Habersack/Drinhausen/*Hohenstatt/Müller-Bonanni* Rn. 4; HWK/*Hohenstatt/Dzida* SEBG Rn. 14 Fn. 7; *Jares/Vogt* DB 2020, 223 (224); *Löw/Stolzenberg* NZA 2016, 1489 (1491); MHdB ArbR/*Naber/Sittard* § 384 Rn. 45 ff.; NK-ArbR/*Sagan* Rn. 4.
[18] Nach Meinung des LAG Berlin-Brandenburg, das sich dafür auf nicht genannte „andere Rechtsgrundsätze" beruft, „spricht" in diesem Fall „viel für eine Informationspflicht", LAG Berlin-Brandenburg BeckRS 2017, 103234 Rn. 73 f.; ebenso ie *Brune* GWR 2018, 173 (174 f.): wegen widersprüchlichen Verhaltens, 175: kann „auf § 6 III SEBG gestützt werden"; dagegen zu Recht *Forst* ZESAR 2019, 276.
[19] In diesem Fall soll offenbar keine Informationspflicht bestehen, LAG Berlin-Brandenburg BeckRS 2017, 103234 Rn. 76 f.; dagegen zu Recht *Forst* ZESAR 2019, 276 f.
[20] Vgl. *Forst* ZESAR 2019, 277.

weil § 6 Abs. 3 als wesentliche Wahlvorschrift zu verstehen ist (→ § 10 Rn. 6).[21] Endet die Amtszeit des bVG etwa mit Abschluss einer Beteiligungsvereinbarung (→ § 4 Rn. 3), ist die rechtliche Vorfrage, ob dessen Wahl aufgrund formeller Fehler anfechtbar (oder sogar nichtig) war, gerichtlich nachträglich nicht mehr überprüfbar.[22]

7 Die **Zwangsrepräsentation** von **Gewerkschaften** ist mit Blick auf den niedrigen Organisationsgrad und deren bröckelnde Legitimation rechtspolitisch **zweifelhaft**.[23] Zudem besteht die Gefahr, dass gewerkschaftstaktische Überlegungen, die mit dem originären Unternehmensinteresse nicht immer deckungsgleich sind, die Verhandlungen belasten. Die Zwangsrepräsentation von Gewerkschaften ist auch mit Blick auf die Möglichkeit, Sachverständige zu den Verhandlungen mit den Leitungen hinzuziehen (§ 14 Abs. 1 → § 14 Rn. 2 ff.), nicht erforderlich, überdies von der Richtlinie nicht gefordert und im Gesetzgebungsverfahren auch deshalb zu Recht auf Kritik gestoßen.[24]

8 Ob § 6 Abs. 3 darüber hinaus sogar **richtlinienwidrig** ist, hängt auch davon ab, ob man mit Blick auf Erwägungsgrund 3 Beteiligungs-RL, Art. 3 Abs. 2 Beteiligungs-RL einen Grundsatz der Richtlinie darin sieht, dass die Arbeitnehmervertretungen und nicht die Gewerkschaften den maßgeblichen Einfluss auf die Zusammensetzung des bVG haben sollen.[25] Immerhin beziehen sich die Verhandlungen zwischen Leitungen und bVG nicht nur auf die Unternehmensmitbestimmung, sondern auch auf das Verfahren zur Unterrichtung und Anhörung (§ 21 Abs. 1, 2 und 5), sodass die Berufung des Gesetzgebers auf die Tradition des MitbestG[26] nicht völlig passt.[27] Auch inhaltlich gibt es Unterschiede: § 7 Abs. 2 MitbestG, an dem § 6 Abs. 3 offenkundig orientiert ist, betrifft die Zusammensetzung des Aufsichtsrats, § 6 Abs. 3 diejenige des bVG. § 7 Abs. 2 MitbestG sieht zudem gerade keinen linearen Anstieg der Gewerkschaftsvertreter vor (vgl. ferner § 4 Abs. 1 lit. b MontanMitbestG, § 6 Abs. 1 S. 1 MontanMitbestG, § 6 Abs. 1 MitbestErgG, § 4 Abs. 2 S. 2 DrittelbG). Schließlich gehören jedenfalls zur Tradition des Mitbestimmungsrechts auch das BetrVG 1952 und das DrittelbG, die beide keine Beteiligung von Gewerkschaftsvertretern im Aufsichtsrat vorschreiben. **Gegen** eine **Richtlinienwidrigkeit** spricht dennoch Art. 3 Abs. 2 lit. b UAbs. 2 Beteiligungs-RL, der Gewerkschaftsvertreter selbst dann ausdrücklich, wenn auch nur fakultativ, als Mitglieder des bVG zulässt, wenn sie nicht zugleich Arbeitnehmer der Gründungsgesellschaften sind.[28]

9 Am überzeugendsten ist de lege ferenda dennoch eine Lösung, bei der die *betroffenen Arbeitnehmer selbst darüber bestimmen können,* ob und ggf. welche Gewerkschaftsvertreter dem bVG angehören sollen.

10 Ähnlich wie § 6 Abs. 3 bestimmt **§ 6 Abs. 4** eine Zwangsrepräsentation der **leitenden Angestellten,** denen in der Richtlinie allerdings keine Sonderstellung eingeräumt wird.[29] Auch für sie beruft sich der Gesetzgeber auf die Tradition des Mitbestimmungsgesetzes.

---

[21] Näher dazu *Forst* ZESAR 2019, 277 f., ferner 278 f. zu einer immerhin denkbaren Feststellung der Nichtigkeit der Wahl, 279 zu einer möglichen Anfechtung der Beteiligungsvereinbarung.
[22] LAG Berlin-Brandenburg BeckRS 2017, 103234 Rn. 68 ff.; Habersack/Henssler/*Henssler* §§ 8–10 Rn. 22; abw. *Forst* ZESAR 2019, 278 unter Hinweis auf Art. 12 Abs. 2 Beteiligungs-RL.
[23] Zu § 7 MitbestG zutr. Habersack/Henssler/*Henssler* MitbestG § 7 Rn. 56.
[24] Stellungnahme von BDA, BDI, DIHK, GDV, BdB und DAI zum RefE eines SEEG vom 3.5.2004, 8; *Kallmeyer* ZIP 2004, 1442 (1443).
[25] Für Richtlinienwidrigkeit etwa Kölner Komm AktG/*Feuerborn* Rn. 8; *Forst* ZESAR 2019, 273 f.; Habersack/Henssler/*Henssler* SEBG Einl. Rn. 175; *Henssler* ZHR 173 (2009), 235 f.; *Kallmeyer* ZIP 2004, 1442 (1443); *Kraushaar* BB 2003, 1614 (1617); *Thüsing* ZIP 2006, 1469 (1473); Habersack/Drinhausen/*Thüsing/Forst* MgVG §§ 6–21 Rn. 3; *Wisskirchen/Prinz* DB 2004, 2638 (2639); *Ziegler/Gey* BB 2009, 1750 (1753): jedenfalls für die Verschmelzung.
[26] BR-Drs. 438/04, 116.
[27] Richtig *Kallmeyer* ZIP 2004, 1442, 1443; krit. auch *Wisskirchen/Prinz* DB 2004, 2638 (2639); europarechtliche Bedenken auch bei *Krause* BB 2005, 1221 (1225).
[28] IE wie hier *Brune* GWR 2018, 173; *Scheibe,* Die Mitbestimmung der Arbeitnehmer in der SE unter besonderer Berücksichtigung des monistischen Systems, 2007, 46 f.
[29] Wie hier Kölner Komm AktG/*Feuerborn* Rn. 10; aA *Heinze* FS Schwerdtner, 2003, 741 (745 ff.); *Scheibe,* Die Mitbestimmung der Arbeitnehmer in der SE unter besonderer Berücksichtigung des monistischen Systems, 2007, 55 ff.

Gehören dem bVG mehr als sechs Mitglieder aus dem Inland an, ist – unabhängig von der Zahl der leitenden Angestellten[30] – mindestens jedes siebte Mitglied ein leitender Angestellter. Auch bei § 6 Abs. 4 handelt es sich um eine **Muss-Vorschrift,** die durch § 8 Abs. 1 S. 5 und 6 ergänzt wird (näher → § 8 Rn. 6). Nach § 8 Abs. 1 S. 5 ist im Fall des § 6 Abs. 4 jedes siebte Mitglied auf Vorschlag der Sprecherausschüsse zu wählen. Besteht in einem beteiligten Unternehmen oder in einer beteiligten Unternehmensgruppe kein Sprecherausschuss, können nach § 8 Abs. 1 S. 6 die leitenden Angestellten Wahlvorschläge machen. Ein Wahlvorschlag muss dabei von einem Zwanzigstel oder fünfzig der wahlberechtigten leitenden Angestellten unterzeichnet sein.

III. Streitigkeiten

Für Streitigkeiten aus § 6 sind die Gerichte für Arbeitssachen im Beschlussverfahren nach § 2a Abs. 1 Nr. 3 lit. e ArbGG, §§ 80 ff. ArbGG zuständig. Örtlich zuständig ist das Arbeitsgericht am Sitz der künftigen SE. Strafrechtlicher Schutz besteht nach § 44 Nr. 1, § 45 Abs. 2 Nr. 2. 11

IV. SCEBG und MgVG

§ 6 entspricht weitgehend **§ 6 SCEBG** und **§ 8 MgVG.** § 8 Abs. 3 MgVG wird ähnlich wie § 6 Abs. 3 (→ Rn. 6) für richtlinienwidrig gehalten.[31] Anders als § 6 Abs. 3 nennen § 6 Abs. 3 SCEBG und § 8 Abs. 3 MgVG ausdrücklich auch die betroffenen Tochtergesellschaften und betroffenen Betriebe. § 6 Abs. 3 ist allerdings entsprechend auszulegen (→ Rn. 5). 12

§ 7 Verteilung der auf das Inland entfallenden Sitze des besonderen Verhandlungsgremiums

(1) Die Wahl oder Bestellung der Mitglieder des besonderen Verhandlungsgremiums nach § 5 erfolgt nach den jeweiligen Bestimmungen der Mitgliedstaaten.

(2) Bei der Wahl der auf das Inland entfallenden Mitglieder des besonderen Verhandlungsgremiums sollen alle an der Gründung der SE beteiligten Gesellschaften mit Sitz im Inland, die Arbeitnehmer im Inland beschäftigen, durch mindestens ein Mitglied im besonderen Verhandlungsgremium vertreten sein.

(3) Ist die Anzahl der auf das Inland entfallenden Mitglieder des besonderen Verhandlungsgremiums geringer als die Anzahl der an der Gründung der SE beteiligten Gesellschaften mit Sitz im Inland, die Arbeitnehmer im Inland beschäftigen, so erhalten die Gesellschaften in absteigender Reihenfolge der Zahl der Arbeitnehmer jeweils einen Sitz.

(4) Ist die Anzahl der auf das Inland entfallenden Mitglieder des besonderen Verhandlungsgremiums höher als die Anzahl der an der Gründung der SE beteiligten Gesellschaften mit Sitz im Inland, die Arbeitnehmer im Inland beschäftigen, so sind die nach erfolgter Verteilung nach Absatz 2 verbleibenden Sitze nach dem d'Hondtschen Höchstzahlenverfahren auf die beteiligten Gesellschaften zu verteilen.

(5) Sind keine Gesellschaften mit Sitz im Inland an der Gründung der SE beteiligt, sondern von ihr nur Betriebe ausländischer Gesellschaften betroffen, gelten die Absätze 2 bis 4 entsprechend.

---

[30] Zu Recht krit. deshalb *Kienast* in Jannott/Frodermann SE-HdB 13 Rn. 169.
[31] *Lunk/Hinrichs* NZA 2007, 773 (777).

I. Einleitung

1 Neben § 6, der Regelungen über die persönlichen Voraussetzungen der Mitglieder des bVG enthält, bestimmt § 7, wie die Sitze des bVG zu **verteilen** sind.[1] § 7 beruht wie § 6 auf Art. 3 Abs. 2 lit. b Beteiligungs-RL. § 7 Abs. 1 normiert als Grundsatz, dass die Wahl oder Bestellung der Mitglieder des bVG gem. § 5 nach den jeweiligen Bestimmungen der einzelnen Mitgliedstaaten erfolgt. Diese Bestimmungen befinden sich für das Inland in § 7 Abs. 2–5 sowie in §§ 8, 9.

II. Grundsatz der vollständigen Repräsentation

2 Den Grundsatz bestimmt § 7 Abs. 2: **Jede** der an der Gründung der SE **beteiligten Gesellschaften** (§ 2 Abs. 2) – auf betroffene Tochtergesellschaften oder betroffene Betriebe kommt es nicht an (vgl. aber zu den Ausnahmen → Rn. 3)[2] – mit Sitz im Inland, die Arbeitnehmer im Inland beschäftigen, **soll** bei der Wahl der auf das Inland entfallenden Mitglieder des bVG in diesem **vertreten** sein. Dabei sind, wie der Begründung zum Regierungsentwurf zu entnehmen ist,[3] die **Gewerkschaftsvertreter** nach § 6 Abs. 3 und die **leitenden Angestellten** nach § 6 Abs. 4 keiner Gesellschaft zuzurechnen.[4] Sind nicht genügend Sitze vorhanden, sollen § 6 Abs. 3 und 4 vorrangig sein. Das bedeutet, dass bei der Verteilung der zur Verfügung stehenden Sitze nach dem Willen des Gesetzgebers, der allerdings im Gesetz keinen Ausdruck gefunden hat, zunächst die Sitze nach § 6 Abs. 3 und 4 abzuziehen sind, bevor die Verteilung der verbleibenden Sitze auf die Gesellschaften vorzunehmen ist.[5] Inländische betroffene Tochtergesellschaften oder betroffene Betriebe (§ 2 Abs. 4) **können** mit einem Sitz im bVG vertreten sein, bevor ein beteiligter Unternehmer einen zweiten Sitz erhält; der Wortlaut des § 7 Abs. 4, der dagegen zu sprechen scheint, ist nicht entscheidend.[6]

III. Ausnahmen

3 § 7 Abs. 3 und 4 enthalten Regelungen für den Fall, dass die **Anzahl** der auf das Inland entfallenden Mitglieder des bVG **nicht** mit der Anzahl der an der Gründung der SE beteiligten Gesellschaften mit Sitz im Inland, die Arbeitnehmer im Inland beschäftigen, **übereinstimmt**. Die Richtlinie enthält insoweit keine Vorgaben, lediglich der Tatbestand des § 7 Abs. 3 ist für den Sonderfall der Verschmelzung entsprechend normiert (Art. 3 Abs. 2 lit. a Ziff. ii Beteiligungs-RL). Können **nicht alle** beteiligten inländischen Gesellschaften mit wenigstens einem Sitz im bVG bedient werden, erhalten die beteiligten Gesellschaften von den verfügbaren Sitzen nach **§ 7 Abs. 3 in absteigender Reihenfolge** der Zahl der Arbeitnehmer der Gesellschaften jeweils einen Sitz.[7] Für den umgekehrten Fall, dass die Zahl der im bVG zu besetzenden Sitze größer ist als die Zahl der inländischen Gesellschaften, erhält zunächst **jede Gesellschaft** einen Sitz nach § 7 Abs. 2 (**§ 7 Abs. 4**).[8] Sodann sind

---

[1] Krit. Stellungnahme DAV-Handelsrechtsausschuss zum RegE des SEEG von Juli 2004, 10: Harmonisierung mit den Regelungen der anderen Mitgliedstaaten erforderlich.
[2] Lutter/Hommelhoff/Teichmann/*Oetker* Rn. 4 für die betroffenen Tochtergesellschaften.
[3] BR-Drs. 438/04, 117.
[4] Wie hier Kölner Komm AktG/*Feuerborn* Rn. 4.
[5] BR-Drs. 438/04, 117; ebenso *Güntzel*, Die Richtlinie über die Arbeitnehmerbeteiligung in der Europäischen Aktiengesellschaft (SE) und ihre nationale Umsetzung in das deutsche Recht, 2005, 400 f.; HWK/*Hohenstatt/Dzida* SEBG Rn. 17; Habersack/Drinhausen/*Hohenstatt/Müller-Bonanni* Rn. 2; *Maack*, Rechtsschutz im Arbeitnehmerbeteiligungsverfahren der „deutschen" Societas Europaea, 2010, 106 f.; Lutter/Hommelhoff/Teichmann/*Oetker* Rn. 5; *Scheibe*, Die Mitbestimmung der Arbeitnehmer in der SE unter besonderer Berücksichtigung des monistischen Systems, 2007, 40 ff.; krit. dagegen *Krause* BB 2005, 1221 (1225): europarechtliche Bedenken; ebenso NK-ArbR/*Sagan* Rn. 3: § 6 Abs. 2 richtlinienkonform als zwingende Vorgabe zu verstehen.
[6] IE wie hier Nagel/Freis/Kleinsorge/*Kleinsorge* Rn. 6; *Maack*, Rechtsschutz im Arbeitnehmerbeteiligungsverfahren der „deutschen" Societas Europaea, 2010, 96 ff.; aA Kölner Komm AktG/*Feuerborn* Rn. 10; Habersack/Henssler/*Henssler* Rn. 4; Lutter/Hommelhoff/Teichmann/*Oetker* Rn. 4.
[7] Beispiel bei Lutter/Hommelhoff/Teichmann/*Oetker* Rn. 7.
[8] Beispiel bei Lutter/Hommelhoff/Teichmann/*Oetker* Rn. 8.

die „überschüssigen" Sitze nach dem **d'Hondtschen Höchstzahlverfahren** – das die Gesellschaften mit vielen Beschäftigten bevorzugt – auf die beteiligten Gesellschaften und – wie in § 7 Abs. 4 SCEBG und § 9 Abs. 4 MgVG ausdrücklich normiert, vom Gesetzgeber des SEBG noch nicht bedacht – auf die **betroffenen Tochtergesellschaften** und **Betriebe**[9] zu verteilen, bei dem die verschiedenen Arbeitnehmerzahlen nacheinander durch 1, 2, 3 usw. geteilt werden, bis aus den gewonnenen Teilungszahlen so viele Höchstzahlen ausgesondert werden können, wie Sitze zu vergeben sind (Einzelheiten zB in § 15 WO BetrVG). Zwar spricht der Wortlaut des § 7 Abs. 4 für eine Muss-Vorschrift, indessen belegt die systematische Verknüpfung mit § 7 Abs. 2, dass **§ 7 Abs. 4** als **Soll-Vorschrift** zu verstehen ist.[10] Die rechtspolitisch fragwürdigen § 6 Abs. 3 und 4 (→ § 6 Rn. 5f., → § 6 Rn. 7) – vorrangige Besetzung jedes dritten Sitzes mit Gewerkschaftsvertretern und jedes siebten Sitzes mit leitenden Angestellten – sollen nach dem Willen des Gesetzgebers, der dem Gesetzeswortlaut sowie der Gesetzessystematik widerspricht,[11] auch im Fall des § 7 Abs. 4 zu beachten sein.[12]

IV. Sonderfall

Eine Sonderregelung, die § 5 Abs. 1 S. 1 ergänzt, enthält **§ 7 Abs. 5**. Nach § 5 Abs. 1 S. 1 müssen die im Inland beschäftigten Arbeitnehmer im bVG vertreten sein (→ § 5 Rn. 2). Sind **keine Gesellschaften mit Sitz im Inland** an der Gründung der SE beteiligt, sondern nur inländische Betriebe von Gesellschaften aus anderen Mitgliedstaaten betroffen, müssen die Arbeitnehmer, die in den inländischen Betrieben beschäftigt sind, im bVG vertreten sein. Darauf bezieht sich § 7 Abs. 5. Die Verteilungsgrundsätze der § 7 Abs. 2–4 gelten entsprechend.   4

V. Streitigkeiten

Streitigkeiten aus § 7 sind im arbeitsgerichtlichen Beschlussverfahren auszutragen (§ 2a Abs. 1 Nr. 3 lit. e ArbGG, §§ 80 ff. ArbGG). Örtlich zuständig ist das Arbeitsgericht am Sitz der künftigen SE. § 44 Nr. 1, § 45 Abs. 2 Nr. 2 gewähren strafrechtlichen Schutz.   5

VI. SCEBG und MgVG

§ 7 entspricht weitgehend **§ 7 SCEBG** und **§ 9 MgVG**. Anders als § 7 Abs. 4 nennen § 7 Abs. 4 SCEBG und § 9 Abs. 4 MgVG ausdrücklich auch die betroffenen Tochtergesellschaften und betroffenen Betriebe (§ 7 Abs. 4 ist aber entsprechend auszulegen; → Rn. 3).   6

Kapitel 2. Wahlgremium

§ 8 Zusammensetzung des Wahlgremiums; Urwahl

(1) ¹Die nach diesem Gesetz oder dem Gesetz eines anderen Mitgliedstaats auf die im Inland beschäftigten Arbeitnehmer der an der Gründung der SE beteiligten Gesellschaften, betroffenen Tochtergesellschaften und betroffenen Betriebe entfallenden Mitglieder des besonderen Verhandlungsgremiums werden von einem **Wahlgremium in geheimer und unmittelbarer Wahl** gewählt. ²Im Fall des § 6 Abs. 3 ist jedes dritte Mitglied auf Vorschlag einer Gewerkschaft zu wählen, die in einem an der Gründung der SE beteiligten Unternehmen vertreten ist. ³Wird nur ein Wahlvorschlag gemacht, muss dieser mindestens doppelt so viele Bewerber enthalten wie Ver-

---

[9] So auch Habersack/Drinhausen/*Hohenstatt/Müller-Bonanni* Rn. 3.
[10] Kölner Komm AktG/*Feuerborn* Rn. 3; Habersack/Drinhausen/*Hohenstatt/Müller-Bonanni* Rn. 3.
[11] Insoweit anders Kölner Komm AktG/*Feuerborn* Rn. 7.
[12] BR-Drs. 438/04, 117.

treter von Gewerkschaften zu wählen sind. ⁴Jeder Wahlvorschlag einer Gewerkschaft muss von einem Vertreter der Gewerkschaft unterzeichnet sein. ⁵Im Fall des § 6 Abs. 4 ist jedes siebte Mitglied auf Vorschlag der Sprecherausschüsse zu wählen; Satz 3 gilt entsprechend. ⁶Besteht in einem beteiligten Unternehmen oder in einer beteiligten Unternehmensgruppe kein Sprecherausschuss, können die leitenden Angestellten Wahlvorschläge machen; ein Wahlvorschlag muss von einem Zwanzigstel oder 50 der wahlberechtigten leitenden Angestellten unterzeichnet sein.

(2) ¹Ist aus dem Inland nur eine Unternehmensgruppe an der SE-Gründung beteiligt, besteht das Wahlgremium aus den Mitgliedern des Konzernbetriebsrats oder, sofern ein solcher nicht besteht, aus den Mitgliedern der Gesamtbetriebsräte, oder, sofern ein solcher in einem Unternehmen nicht besteht, aus den Mitgliedern des Betriebsrats. ²Betriebsratslose Betriebe und Unternehmen einer Unternehmensgruppe werden vom Konzernbetriebsrat, Gesamtbetriebsrat oder Betriebsrat mit vertreten.

(3) ¹Ist aus dem Inland nur ein Unternehmen an der Gründung einer SE beteiligt, besteht das Wahlgremium aus den Mitgliedern des Gesamtbetriebsrats, oder, sofern ein solcher nicht besteht, aus den Mitgliedern des Betriebsrats. ²Betriebsratslose Betriebe eines Unternehmens werden vom Gesamtbetriebsrat oder Betriebsrat mit vertreten.

(4) Ist aus dem Inland nur ein Betrieb von der Gründung einer SE betroffen, besteht das Wahlgremium aus den Mitgliedern des Betriebsrats.

(5) ¹Sind an der Gründung der SE eine oder mehrere Unternehmensgruppen oder nicht verbundene Unternehmen beteiligt oder sind von der Gründung unternehmensunabhängige Betriebe betroffen, setzt sich das Wahlgremium aus den jeweiligen Arbeitnehmervertretungen auf Konzernebene, Unternehmensebene oder Betriebsebene zusammen. ²Die Absätze 2 bis 4 gelten entsprechend. ³Ist in den Fällen des Satzes 1 eine entsprechende Arbeitnehmervertretung nicht vorhanden, werden diese Mitglieder des Wahlgremiums von den Arbeitnehmern in Urwahl gewählt. ⁴Die Wahl wird von einem Wahlvorstand eingeleitet und durchgeführt, der in einer Versammlung der Arbeitnehmer gewählt wird, zu der die inländische Konzernleitung, Unternehmensleitung oder Betriebsleitung einlädt. ⁵Es sind so viele Mitglieder des Wahlgremiums zu wählen, wie eine bestehende Arbeitnehmervertretung in den Fällen der Absätze 2 bis 4 an gesetzlichen Mitgliedern hätte; für das Wahlverfahren gilt Absatz 7 Satz 3 bis 5 entsprechend.

(6) ¹Das Wahlgremium besteht aus höchstens 40 Mitgliedern. ²Würde diese Höchstzahl überschritten, ist die Anzahl der Mitglieder in dem Wahlgremium entsprechend ihrem zahlenmäßigen Verhältnis nach dem d'Hondtschen Höchstzahlverfahren zu verringern.

(7) ¹Besteht in den Fällen der Absätze 2 bis 5 keine Arbeitnehmervertretung, wählen die Arbeitnehmer die Mitglieder des besonderen Verhandlungsgremiums in geheimer und unmittelbarer Wahl. ²Die Wahl wird von einem Wahlvorstand eingeleitet und durchgeführt, der in einer Versammlung der Arbeitnehmer gewählt wird, zu der die inländische Konzernleitung, Unternehmensleitung oder Betriebsleitung einlädt. ³Die Wahl der Mitglieder des besonderen Verhandlungsgremiums erfolgt nach den Grundsätzen der Verhältniswahl. ⁴Sie erfolgt nach den Grundsätzen der Mehrheitswahl, wenn nur ein Wahlvorschlag eingereicht wird. ⁵Jeder Wahlvorschlag der Arbeitnehmer muss von mindestens einem Zwanzigstel der wahlberechtigten Arbeitnehmer, mindestens jedoch von drei Wahlberechtigten, höchstens aber von 50 Wahlberechtigten unterzeichnet sein; in Betrieben mit in der Regel bis zu 20 wahlberechtigten Arbeitnehmern genügt die Unterzeichnung durch zwei Wahlberechtigte. ⁶§ 8 Abs. 1 Satz 2 bis 6 gilt entsprechend.

Übersicht

	Rn.		Rn.
I. Einleitung	1, 2	a) Abstufung nach den Ebenen der Arbeitnehmervertretung	8, 9
II. Wahl der Mitglieder des besonderen Verhandlungsgremiums	3–12	b) Zusammensetzung in Mischfällen	10
1. Geheime und unmittelbare Wahl durch ein Wahlgremium	3	c) Urwahl von Mitgliedern des Wahlgremiums	11
2. Besonderheiten bei der Wahl von Gewerkschaftsvertretern und leitenden Angestellten	4–6	d) Größe des Wahlgremiums	12
		III. Urwahl der Mitglieder des besonderen Verhandlungsgremiums	13–16
		IV. Streitigkeiten	17–20
3. Zusammensetzung des Wahlgremiums	7–12	V. SCEBG und MgVG	21

I. Einleitung

Nach § 5 Abs. 1 werden für die in jedem Mitgliedstaat beschäftigten Arbeitnehmer der **1** beteiligten Gesellschaften, betroffenen Tochtergesellschaften und betroffenen Betriebe Mitglieder für das bVG gewählt oder bestellt. Im Geltungsbereich des SEBG wird gewählt, wie sich aus § 7 Abs. 2 und vor allem aus §§ 8–10 ergibt, welche die Vorgaben des Art. 3 Abs. 2 lit. b Beteiligungs-RL umsetzen,[1] der die Ausgestaltung des Verfahrens, nach dem das bVG zu bestimmen oder zu wählen ist, weitgehend den Mitgliedstaaten überlässt. Der Gesetzgeber hat sich dafür entschieden, die **auf das Inland entfallenden Mitglieder des bVG** – dazu gehören bei einer künftigen SE mit Sitz im Ausland auch die Mitglieder aus Deutschland[2] – nicht durch Betriebsräte (§ 6 MontanMitbestG), durch Urwahl (§ 6 DrittelbG) oder durch Ur- und Delegiertenwahl (§ 9 MitbestG) ermitteln zu lassen. Er hat vielmehr auf das aus § 11 EBRG bekannte Modell der Bildung eines **Wahlgremiums** zurückgegriffen, bei dem an die auf der jeweils höchsten Ebene tatsächlich vorhandenen Strukturen der Arbeitnehmerbeteiligung angeknüpft wird. Es soll einerseits eine möglichst breite Legitimation sichern, andererseits den bürokratischen und zeitlichen Aufwand für die an der Gründung der SE beteiligten Gesellschaften gering halten.[3] Ob das insbesondere im Vergleich zu einer Urwahl,[4] die zudem eine höhere demokratische Legitimation des bVG gewährleisten würde,[5] gelingen wird und ob die Wahl der Mitglieder des bVG in der Praxis innerhalb von zehn Wochen nach der Information durch die Leitung erfolgen kann (§ 11 Abs. 1 S. 1), ist zu bezweifeln.[6]

Das SEBG enthält Regelungen zur Zusammensetzung (§ 8) und Einberufung (§ 9) des **2** Wahlgremiums sowie zur Wahl der Mitglieder des bVG (§ 10). §§ 8–10 gelten entsprechend für die Errichtung des SE-Betriebsrats (§ 23 Abs. 1 S. 3), für die Wahl der auf das Inland entfallenden Arbeitnehmervertreter zum Aufsichts- oder Verwaltungsorgan der SE bei der gesetzlichen Mitbestimmung (§ 36 Abs. 3 S. 2) sowie für das Abberufungsverfahren (§ 37 Abs. 1 S. 3). Das **Wahlgremium** hat also im Wesentlichen **vier Aufgaben:** Wahl der inländischen Mitglieder des bVG, Wahl der inländischen Mitglieder des SE-Betriebsrats, Wahl der inländischen Arbeitnehmervertreter im Aufsichts- oder Verwaltungsorgan der SE sowie deren Abberufung. § 8 Abs. 1 regelt die Grundsätze des Wahlverfahrens, § 8 Abs. 2– 6 die Zusammensetzung des Wahlgremiums in verschiedenen Konstellationen und § 8 Abs. 7 als Ausnahmeregelung die Fälle, in denen durch Urwahl die inländischen Mitglieder des bVG zu wählen sind.

---

[1] Zur Regelung in der Beteiligungs-RL *Kuffner*, Die Beteiligung der Arbeitnehmer in der Europäischen Aktiengesellschaft, 2003, 132 ff. mwN; zu § 8 ausf. Nagel/Freis/Kleinsorge/*Kleinsorge* Rn. 2 ff.
[2] Kölner Komm AktG/*Feuerborn* Rn. 2.
[3] BR-Drs. 438/04, 117 f.; *Kleinsorge* in Baums/Cahn, Die Europäische Aktiengesellschaft, Umsetzungsfragen und Perspektiven, 2004, 143 (146).
[4] Für sie deshalb Stellungnahme von BDA, BDI, DIHK, GDV, BdB und DAI zum RefE eines SEEG vom 3.5.2004, 9.
[5] Krit. zu Recht deshalb *Kienast* in Jannott/Frodermann SE-HdB Kap. 13 Rn. 177.
[6] *Waclawik* DB 2004, 1191 (1197); krit. auch Habersack/Henssler/*Henssler* § 36 Rn. 25.

II. Wahl der Mitglieder des besonderen Verhandlungsgremiums

3 **1. Geheime und unmittelbare Wahl durch ein Wahlgremium.** § 8 Abs. 1 S. 1 enthält die wichtige Grundaussage, dass die (inländischen) Mitglieder des bVG von einem **Wahlgremium** in **geheimer** und **unmittelbarer Wahl** gewählt werden (→ Rn. 12; zu weiteren Einzelheiten → § 10 Rn. 2 ff.). § 8 Abs. 1 S. 1 entspricht § 14 Abs. 1 S. 1 BetrVG, so dass auch die zu dieser Vorschrift entwickelten Wahlgrundsätze übertragbar sind. Es ist zu empfehlen, eine an §§ 7–20 BetrVG orientierte Wahlordnung aufzustellen.[7] **Wahlvorschlagsberechtigt** ist – sieht man von den besonderen Wahlvorschlagsrechten für Gewerkschaftsvertreter und leitende Angestellte ab (→ Rn. 4 ff.) – jedes Mitglied des Wahlgremiums.[8] Es bedarf keiner bestimmten Unterstützung, der Vorschlag bedarf keiner bestimmten Form.

4 **2. Besonderheiten bei der Wahl von Gewerkschaftsvertretern und leitenden Angestellten.** § 8 Abs. 1 sieht für Sitze, die nach § 6 Abs. 3 für Gewerkschaftsvertreter und § 6 Abs. 4 für leitende Angestellte vorgesehen sind, in S. 2–4 und S. 5–6 jeweils ein **Wahlvorschlagsrecht** vor. Es gibt kein Entsendungsrecht. Auch wenn das Wahlgremium gem. § 8 Abs. 1 S. 2 und 5 an die Wahlvorschläge der Gewerkschaften und Sprecherausschüsse gebunden ist, ist es jedenfalls in Bezug auf die leitenden Angestellten rechtspolitisch fragwürdig, dass Betriebsräte die Vertreter der leitenden Angestellten mitwählen, obwohl die leitenden Angestellten an der Wahl der Betriebsräte nicht beteiligt waren (§ 5 Abs. 3 BetrVG).

5 Wahlvorschläge für **Gewerkschaftsvertreter** kann jede Gewerkschaft machen, die in einem an der Gründung der SE beteiligten Unternehmen vertreten ist **(§ 8 Abs. 1 S. 2)**.[9] Wird das Wahlvorschlagsrecht von der zuständigen Gewerkschaft bis zur Versammlung des Wahlgremiums nicht ausgeübt, verfällt das Vorschlagsrecht.[10] Der Begriff des beteiligten Unternehmens ist wie in § 6 Abs. 3 weiter als derjenige der beteiligten Gesellschaft (§ 2 Abs. 2); erfasst sind deshalb – wie in § 8 Abs. 2 S. 2 SCEBG und § 10 Abs. 1 S. 2 MgVG ausdrücklich normiert – auch betroffene Tochtergesellschaften und betroffene Betriebe (§ 2 Abs. 4; vgl. → § 6 Rn. 5). Wird nur ein Wahlvorschlag gemacht, muss dieser mindestens doppelt so viele Bewerber enthalten wie Vertreter von Gewerkschaften zu wählen sind **(§ 8 Abs. 1 S. 3)**. Die Vorschrift soll sicherstellen, dass für den Vertreter der Gewerkschaften ein Ersatzmitglied gewählt wird. Es handelt sich um eine Muss-Vorschrift (vgl. auch § 6 Abs. 2 S. 3; → § 6 Rn. 2).[11] Andernfalls kann das Wahlgremium sein Wahlrecht tatsächlich nicht ausüben. Jeder Wahlvorschlag einer Gewerkschaft **muss** wie bei § 14 Abs. 5 BetrVG von einem Vertreter der Gewerkschaft unterzeichnet sein **(§ 8 Abs. 1 S. 4)**.[12]

6 Das Wahlvorschlagsrecht für die den **leitenden Angestellten** zustehenden Sitze steht den Sprecherausschüssen zu (§ 8 Abs. 1 S. 5).[13] Da § 8 Abs. 1 S. 5 auf den Fall des § 6 Abs. 4 verweist, müssen dem bVG mehr als sechs Mitglieder angehören.[14] In Anlehnung an § 8 Abs. 2–4 hat der Sprecherausschuss auf der jeweils höchsten Ebene das Wahlvorschlagsrecht.[15] Nur wenn Sprecherausschüsse nicht vorhanden sind, steht das Wahlvorschlagsrecht den leitenden Angestellten selbst zu (§ 8 Abs. 1 S. 6). In diesem Fall muss der Wahlvorschlag

---

[7] *Funke* NZA 2009, 409 (414).
[8] Habersack/Henssler/*Henssler* §§ 8–10 Rn. 14.
[9] Das Verfahren kann praktisch zeitaufwändig sein; der Gesetzgeber hat sich aber gegen ein Vorschlagsrecht der Spitzenorganisationen (vgl. § 6 MontanMitbestG) entschieden; krit. dazu DGB-Stellungnahme zum RefE eines SEEG vom 25.5.2004, 3.
[10] HWK/*Hohenstatt/Dzida* SEBG Rn. 18 Fn. 14; Habersack/Drinhausen/*Hohenstatt/Müller-Bonanni* Rn. 2.
[11] Lutter/Hommelhoff/Teichmann/*Oetker* Rn. 8.
[12] Dazu näher GK-BetrVG/*Jacobs* BetrVG § 14 Rn. 93 mwN.
[13] Zu Recht krit. zu der Regelung *Rieble* in Rieble/Junker Vereinbarte Mitbestimmung § 3 Rn. 41.
[14] *Oetker* BB-Special 1/2005, 2 (8); abw. *Kraushaar* BB 2003, 1614 (1617): zwei oder mehr Vertreter aus Deutschland genügen; anders auch die Regelung in § 11 Abs. 4 EBRG, die lediglich die Möglichkeit eröffnet, dass dem besonderen Verhandlungsgremium leitende Angestellte angehören.
[15] Ebenso NK-SE/*Bodenstedt/Evers* Rn. 4; Kölner Komm AktG/*Feuerborn* Rn. 14; Hinrichs/Plitt NZA 2010, 204; Habersack/Drinhausen/*Hohenstatt/Müller-Bonanni* Rn. 2; Lutter/Hommelhoff/Teichmann/*Oetker* Rn. 10.

von mindestens 5% oder fünfzig der wahlberechtigten leitenden Angestellten unterzeichnet sein. Wird das Wahlvorschlagsrecht nicht ausgeübt, verfällt es.[16] Wegen des Arbeitnehmerbegriffs in § 2 Abs. 1, der auch die leitenden Angestellten umfasst, können auch Arbeitnehmervertretungen leitende Angestellte in ihre Wahlvorschläge aufnehmen, sodass dem bVG dann mehr leitende Angestellte angehören, als die Mindestregelung des § 6 Abs. 4 vorsieht.

3. Zusammensetzung des Wahlgremiums. Die Aufgabe der Wahl übernehmen diejenigen Arbeitnehmervertretungen, die auf der jeweils höchsten Ebene tatsächlich vorhanden sind. 7

a) Abstufung nach den Ebenen der Arbeitnehmervertretung. Bei einer **Unternehmensgruppe** (zum Begriff → § 2 Rn. 30) ist nach § 8 Abs. 2 S. 1 folglich der **Konzernbetriebsrat** zuständig; das Wahlgremium besteht mithin aus dessen Mitgliedern. Ist ein solcher nicht gebildet, fällt die Zuständigkeit an den **Gesamtbetriebsrat**. Ist auch er nicht vorhanden, ist der **Betriebsrat** zuständig. Entsprechendes gilt für vereinbarte Arbeitnehmervertretungen nach § 3 BetrVG. Bestehen in der Unternehmensgruppe mehrere Betriebsräte (ohne dass Konzern- oder Gesamtbetriebsrat bestehen), sind alle Mitglieder dieser Betriebsräte Mitglieder des Wahlgremiums.[17] Das Wahlgremium vertritt dabei nach § 8 Abs. 2 S. 2 auch solche Arbeitnehmer, die in ihren Betrieben oder Unternehmen **keinen Betriebsrat** gewählt haben. Das gilt selbst dann, wenn in einer sehr großen Unternehmensgruppe nur in einem einzigen Betrieb ein Betriebsrat gewählt ist.[18] Diese Zurechnungsregel verstößt gegen die Vorgabe des Art. 3 Abs. 2 lit. b UAbs. 3 Beteiligungs-RL, wonach in Unternehmen oder Betrieben, in denen ein Betriebsrat „unabhängig vom Willen der Arbeitnehmer" nicht vorhanden ist, die Arbeitnehmer „selbst Mitglieder für das bVG wählen oder bestellen dürfen". Sie ist **richtlinienwidrig**.[19] Statt einer Zuständigkeit für betriebsratslose Betriebe, die – wie aus der Diskussion um die Erstreckung des Gesamtbetriebsrats auf betriebsratslose Betriebe in § 50 Abs. 1 Hs. 2 BetrVG bekannt[20] – wegen des Legitimationsdefizits ohnehin fragwürdig ist, wäre deshalb mindestens für Betriebe, die wegen des Schwellenwerts des § 1 Abs. 1 S. 1 BetrVG und nicht, weil ein Betriebsrat nicht gewünscht wird, betriebsratslos sind, die gesetzliche Anordnung einer Urwahl wie in den Fällen des § 8 Abs. 5 S. 3 und Abs. 7 (→ Rn. 10, → Rn. 12 ff.) rechtspolitisch der richtige Weg gewesen.[21] 8

Ist aus dem Inland nur ein **Unternehmen** an der Gründung einer SE beteiligt, ist die Struktur einfacher. Das Wahlgremium besteht nach § 8 Abs. 3 S. 1 aus den Mitgliedern des **Gesamtbetriebsrats**. Ist ein Gesamtbetriebsrat nicht vorhanden, besteht das Gremium aus den Mitgliedern des Betriebsrats. Betriebsratslose Betriebe eines Unternehmens werden auch in diesem Fall – wie in § 8 Abs. 2 S. 2 ebenfalls partiell richtlinienwidrig – vertreten, und zwar vom Gesamtbetriebsrat oder vom Betriebsrat (§ 8 Abs. 3 S. 2). Entsprechendes gilt auch hier für vereinbarte Arbeitnehmervertretungen nach § 3 BetrVG. § 8 Abs. 4 betrifft den im Inland ansässigen **Betrieb** einer Gesellschaft mit Sitz in einem anderen Mitgliedstaat. Ist im Inland nur dieser Betrieb von der Gründung der SE betroffen, kann nicht auf eine Arbeitnehmervertretung auf Unternehmensebene abgestellt werden, weil das Unternehmen mit Sitz in einem anderen Mitgliedstaat dessen Rechtsordnung unterliegt. Folglich besteht das Wahlgremium aus den Mitgliedern des **Betriebsrats**. 9

b) Zusammensetzung in Mischfällen. Die Regelungen des § 8 Abs. 2–4 können nicht greifen, wenn mehrere nicht konzernverbundene Unternehmen oder Unternehmens- 10

---

[16] Habersack/Drinhausen/*Hohenstatt*/*Müller-Bonanni* Rn. 2.
[17] HWK/*Hohenstatt*/*Dzida* SEBG Rn. 19 Fn. 5; Habersack/Drinhausen/*Hohenstatt*/*Müller-Bonanni* Rn. 3.
[18] Kölner Komm AktG/*Feuerborn* Rn. 17.
[19] Ebenso HWK/*Hohenstatt*/*Dzida* SEBG Rn. 19 Fn. 6; Habersack/Drinhausen/*Hohenstatt*/*Müller-Bonanni* Rn. 3; NK-ArbR/*Sagan* Rn. 5; aA Habersack/Henssler/*Henssler* §§ 8–10 Rn. 5; Lutter/Hommelhoff/Teichmann/*Oetker* Rn. 13; wohl auch Kölner Komm AktG/*Feuerborn* Rn. 17.
[20] Dazu GK-BetrVG/*Kreutz*/*Franzen* BetrVG § 50 Rn. 55 ff. mwN.
[21] Ebenso *Thüsing* ZIP 2006, 1469 (1474); vgl. außerdem die Kritik in der Stellungnahme von BDA, BDI, DIHK, GDV, BdB und DAI zum RefE eines SEEG vom 3.5.2004, 9.

gruppen an der Gründung der SE beteiligt oder einzelne im Inland ansässige Betriebe einer Gesellschaft mit Sitz in einem anderen Mitgliedstaat betroffen sind. Für diese Fälle enthält **§ 8 Abs. 5 eine Sonderregelung.**[22] Nach § 8 Abs. 5 S. 1 setzt sich das Wahlgremium dann aus den jeweiligen Arbeitnehmervertretungen auf Konzernebene, Unternehmensebene oder Betriebsebene zusammen; § 8 Abs. 2–4 gilt entsprechend (§ 8 Abs. 5 S. 2).

11 **c) Urwahl von Mitgliedern des Wahlgremiums.** Ist eine entsprechende Arbeitnehmervertretung nicht vorhanden, werden diese **Mitglieder des Wahlgremiums** von den **Arbeitnehmern** dieser Bereiche in einer **Urwahl** gewählt (§ 8 Abs. 5 S. 3). Art. 3 Abs. 2 lit. b UAbs. 3 Beteiligungs-RL, der § 8 Abs. 5 S. 3 zu Grunde liegt, verlangt die Urwahl zwar nur in den Fällen, in denen „unabhängig vom Willen der Arbeitnehmer" eine Arbeitnehmervertretung nicht besteht, also etwa bei einem wegen Nichterreichen des Schwellenwerts betriebsratslosen Betrieb (§ 1 Abs. 1 BetrVG; → Rn. 8). Dem Gesetzgeber ist es aber unbenommen, über diese Richtlinienvorgabe hinauszugehen. Für die Urwahl enthält § 8 Abs. 5 S. 4 und 5 bestimmte Regelungen: Die Wahl wird von einem **Wahlvorstand eingeleitet** und **durchgeführt,** der in einer Betriebs- oder Unternehmensversammlung der Arbeitnehmer gewählt wird, zu der die inländische Konzernleitung, Unternehmensleitung oder Betriebsleitung einlädt. Es besteht kein Initiativrecht der Arbeitnehmer wie bei § 17 Abs. 3 BetrVG. Die Einladung muss rechtzeitig und in einer solchen Art und Weise erfolgen, dass alle Arbeitnehmer von ihr Kenntnis erlangen können.[23] Um die Zahl der zu wählenden Mitglieder des Wahlgremiums festzulegen, ist fiktiv zu ermitteln, wie viele Mitglieder eine nach dem BetrVG gewählte Arbeitnehmervertretung in den Fällen des § 8 Abs. 2–4 haben würde. Für das Wahlverfahren – die Wahlgrundsätze und die Regelungen über Wahlvorschläge – gelten die Regelungen über das Verfahren bei der Urwahl der Mitglieder des bVG nach § 8 Abs. 7 S. 3–5 (ausführlich → Rn. 13 ff.).[24] Die Urwahl ist, auch wenn § 8 Abs. 5 S. 3 insoweit schweigt und sich die Verweisung in § 8 Abs. 5 S. 5 aE nicht auf § 8 Abs. 7 S. 1 erstreckt, allgemein, frei und gleich sowie geheim und unmittelbar (→ Rn. 13).

12 **d) Größe des Wahlgremiums.** Das **Wahlgremium** besteht, um seine Arbeitsfähigkeit zu gewährleisten, aus **höchstens 40 Mitgliedern** (§ 8 Abs. 6 S. 1). Wenn sich bei der Anwendung des § 8 Abs. 2–5 eine höhere Zahl von Mitgliedern des Wahlgremiums ergibt, ist nach dem d'Hondtschen Höchstzahlverfahren zu ermitteln, welche Arbeitnehmervertretungen wie viele überzählige Sitze abgeben müssen (§ 8 Abs. 6 S. 2; zum d'Hondtschen Höchstzahlverfahren → § 7 Rn. 3).[25] Dabei muss die größte Arbeitnehmervertretung den ersten Sitz abgeben. Die Gesamtzahl der Arbeitnehmer, welche die verbleibenden Mitglieder des Wahlgremiums bei den Abstimmungen vertreten, wird – wie in der Begründung zum Regierungsentwurf klargestellt wird – davon nicht berührt.[26] Besteht das Wahlgremium nur aus einer Arbeitnehmervertretung, greift das d'Hondtsche Höchstzahlverfahren mangels Bezugspunkts nicht. In diesem Fall ist das Wahlgremium dadurch zu verkleinern, dass die Mitglieder ausscheiden müssen, die mit der geringsten Stimmenzahl in den Betriebsrat gewählt worden sind.[27]

III. Urwahl der Mitglieder des besonderen Verhandlungsgremiums

13 Denkbar ist es schließlich, dass in **keinem** der inländischen Unternehmen oder Betriebe eine Arbeitnehmervertretung gewählt ist und § 8 Abs. 2–5 nicht greift.[28] § 8

---

[22] Beispiel bei Lutter/Hommelhoff/Teichmann/*Oetker* Rn. 17.
[23] Vgl. Lutter/Hommelhoff/Teichmann/*Oetker* Rn. 19.
[24] Einzelheiten zur Wahl der Mitglieder des Wahlgremiums durch die Arbeitnehmer in Urwahl bei Nagel/Freis/Kleinsorge/*Kleinsorge* Rn. 24 ff.
[25] Einzelheiten zu § 8 Abs. 6 bei Nagel/Freis/Kleinsorge/*Kleinsorge* Rn. 37 ff.
[26] BR-Drs. 438/04, 119.
[27] *Joost* in Oetker/Preis AES B 8200 Rn. 73.
[28] Ausf. dazu *Hinrichs/Plitt* NZA 2010, 204 (205 ff.) mwN; ferner *Reiserer/Biesinger/Christ/Bollacher* DStR 2018, 1236 (1241 f.).

Abs. 7 S. 1 bestimmt in diesem Fall, dass die **Arbeitnehmer** – ein Wahlgremium ist entbehrlich – die Mitglieder des bVG in **geheimer** und **unmittelbarer Wahl selbst wählen** (zur Berechnung der Arbeitnehmerzahl im gemeinsamen Betrieb mehrerer Unternehmen → § 2 Rn. 32).[29] Der Begriff der geheimen und unmittelbaren Wahl entspricht demjenigen in § 14 BetrVG.[30] Die Wahl muss vor allem schriftlich unter dem Einsatz von Stimmzetteln durchgeführt werden, eine Abstimmung auf Zuruf oder öffentliche Abstimmungen scheiden deshalb aus. Alleine die wahlberechtigten Arbeitnehmer dürfen ihre Stimme abgeben, die Einschaltung von Delegierten oder Wahlmännern ist unzulässig (vgl. → Rn. 3, 10). Außerdem muss der wahlberechtigte Arbeitnehmer seine Stimme unbeobachtet abgeben können.

§ 8 Abs. 7 S. 2–6 beschreibt **weitere wesentliche Wahlgrundsätze** der Urwahl, die – so der lapidare Hinweis in der Begründung zum Regierungsentwurf – „auch für die Mitbestimmungsgesetze gelten".[31] Damit sind für die **Urwahl** zunächst die in § 8 Abs. 7 S. 2–6 fixierten Wahlgrundsätze maßgeblich. Die Wahl der Mitglieder des bVG erfolgt nach den Grundsätzen der **Verhältniswahl** und nur dann nach den Grundsätzen der **Mehrheitswahl**, wenn lediglich ein Wahlvorschlag eingereicht wird (Abs. 7 S. 3). Jeder **Wahlvorschlag** der Arbeitnehmer, der schriftlich beim Wahlvorstand einzureichen ist, muss von mindestens 5% der wahlberechtigten Arbeitnehmer, mindestens jedoch von drei Wahlberechtigten, höchstens aber von fünfzig Wahlberechtigten, unterzeichnet sein; in Betrieben mit in der Regel bis zu zwanzig wahlberechtigten Arbeitnehmern genügt allerdings die Unterzeichnung durch zwei Wahlberechtigte (Abs. 7 S. 4–5; zur Berechnung der Arbeitnehmerzahl im gemeinsamen Betrieb mehrerer Unternehmen → § 2 Rn. 32). Auch bei der Urwahl müssen die Vertreter der **Gewerkschaften** und der **leitenden Angestellten** entsprechend berücksichtigt werden, wie sich aus dem Verweis auf § 8 Abs. 1 S. 2–6 ergibt (Abs. 7 S. 6). **14**

Im Übrigen ist entsprechend dem Hinweis in der Begründung zum Regierungsentwurf ergänzend auf die Vorschriften zur unmittelbaren Wahl der Aufsichtsratsmitglieder der Arbeitnehmer in den verschiedenen Mitbestimmungsgesetzen zurückzugreifen.[32] Das bedeutet vor allem: **Wahlberechtigt** sind die Arbeitnehmer der jeweiligen inländischen Unternehmen und Betriebe iSd § 2 Abs. 1 (§ 18 S. 1 MitbestG, § 10g S. 1 MitbestErgG, § 5 Abs. 2 S. 1 analog). **Leiharbeitnehmer** haben das aktive Wahlrecht, wenn sie bereits länger als drei Monate eingesetzt sind (§ 7 S. 2 BetrVG iVm § 18 S. 2 MitbestG, § 10g S. 2 DrittelbG, § 5 Abs. 2 S. 2 DrittelbG analog). **Wählbar** sind alle Wahlberechtigten, die dem Unternehmen seit mindestens einem Jahr angehören (§ 8 BetrVG analog iVm § 7 Abs. 3 S. 1 MitbestG, § 6 Abs. 2 MitbestErgG, § 4 Abs. 3 S. 1 DrittelbG analog). **15**

§ 8 Abs. 7 S. 2 bestimmt lediglich, dass die Wahl von einem **Wahlvorstand** eingeleitet und durchgeführt wird, der in einer **Versammlung** der Arbeitnehmer gewählt wird, zu der die inländische Konzernleitung, Unternehmensleitung oder Betriebsleitung einlädt (Abs. 7 S. 2). Für die Wahl zu einem solchen Wahlvorstand enthalten die Mitbestimmungsgesetze und deren Wahlordnungen keine Regelungen; die Wahlvorstände werden dort bestellt. Für die Wahl zum Wahlvorstand ist deshalb auf **§ 17 Abs. 2 BetrVG** und die **dort maßgeblichen Grundsätze** zurückzugreifen; danach ist in Betrieben ohne Betriebsrat ein Wahlvorstand in einer Betriebsversammlung mit der Mehrheit der anwesenden Arbeitnehmer zu wählen, wenn kein Gesamt- oder Konzernbetriebsrat besteht.[33] Der Wahlvorstand besteht regelmäßig aus drei Wahlberechtigten, einer von ihnen ist der Vorsitzende.[34] **16**

---

[29] Dazu auch Kölner Komm AktG/*Feuerborn* Rn. 5 ff.; *Hinrichs/Plitt* NZA 2010, 204 (205).
[30] Ausf. GK-BetrVG/*Jacobs* BetrVG § 14 Rn. 12 ff., 24 ff. mwN.
[31] BR-Drs. 438/04, 119; Einzelheiten zur Wahl der Mitglieder des bVG durch die Arbeitnehmer in Urwahl bei Nagel/Freis/Kleinsorge/*Kleinsorge* Rn. 41 ff.
[32] NK-SE/*Bodenstedt*/*Evers* Rn. 11; Kölner Komm AktG/*Feuerborn* Rn. 30.
[33] Wie hier Lutter/Hommelhoff/Teichmann/*Oetker* Rn. 25; erwogen auch von *Hinrichs/Plitt* NZA 2010, 204 (207); skeptisch wohl *Reiserer/Biesinger/Christ/Bollacher* DStR 2018, 1236 (1241); näher GK-BetrVG/*Kreutz* BetrVG § 17 Rn. 16 ff. mwN; zum Wahlvorstand teilweise abw. Nagel/Freis/Kleinsorge/*Kleinsorge* Rn. 46 f. iVm 26 f.
[34] Habersack/Drinhausen/Hohenstatt/*Müller-Bonanni* Rn. 4; skeptisch wiederum *Reiserer/Biesinger/Christ/Bollacher* DStR 2018, 1236 (1241).

IV. Streitigkeiten

17 Streitigkeiten im Zusammenhang mit dem Verfahren zur Zusammensetzung des bVG durch die Arbeitnehmervertretungen und mit der Urwahl gem. § 8 fallen in die ausschließliche Zuständigkeit der Gerichte für Arbeitssachen und sind im Beschlussverfahren nach § 2a Abs. 1 Nr. 3 lit. e ArbGG, §§ 80 ff. ArbGG auszutragen.[35] Das gilt auch für die Wahl der Mitglieder des besonderen Verhandlungsgremiums (§ 10). Örtlich zuständig ist das Arbeitsgericht am Sitz der künftigen SE.

18 Bei der **Urwahl der Mitglieder des Wahlgremiums (§ 8 Abs. 5 S. 3) und des bVG (§ 8 Abs. 7)** kann es zu Fehlern kommen. Das SEBG enthält für diesen Fall keine ausdrückliche Regelung. Im Schrifttum will man es in Bezug auf das **Wahlgremium** – teilweise wird in diesem Zusammenhang neben der Urwahl auch die „Bestellung" des Wahlgremiums genannt; dessen Mitglieder werden indessen, wenn sie nicht in Urwahl gewählt werden, nicht „bestellt", sondern gehören dem Wahlgremium bereits kraft Gesetzes an (lies § 8 Abs. 2–5: „besteht ... aus") – dabei belassen[36] oder plädiert für eine Analogie zu § 19 Abs. 2 BetrVG.[37] Vorzugswürdig ist die analoge Anwendung des § 37 **Abs. 2 S. 1** über die Anfechtbarkeit der Wahl von Mitgliedern und Ersatzmitgliedern der Arbeitnehmer aus dem Inland im Aufsichts- oder Verwaltungsorgan der SE (ausführlich → § 37 Rn. 5 ff.; zu Fehlern bei der Wahl der Mitglieder des besonderen Verhandlungsgremiums → § 10 Rn. 6 f.: § 37 Abs. 2 S. 1 analog).[38] Das bedeutet, dass die Urwahl nach § 8 Abs. 5 S. 3 und Abs. 7 beim Arbeitsgericht angefochten werden kann, wenn gegen wesentliche Vorschriften über das Wahlrecht, die Wählbarkeit oder das Wahlverfahren verstoßen worden und eine Berichtigung nicht erfolgt ist, es sei denn, dass durch den Verstoß das Wahlergebnis nicht beeinflusst oder geändert werden konnte. **Anfechtungsberechtigt** sind, da eine Arbeitnehmervertretung in den Fällen der Urwahl nicht vorhanden ist, mindestens drei wahlberechtigte Arbeitnehmer (vgl. § 37 Abs. 2 S. 2 iVm Abs. 1 S. 2 Nr. 2) sowie die entsprechenden Leitungen (vgl. § 37 Abs. 2 S. 2), überdies die in den Gründungsunternehmen vertretenen Gewerkschaften und Sprecherausschüsse (vgl. § 37 Abs. 2 S. 2 iVm Abs. 1 S. 2 Nr. 3 und 4). Die Anfechtung ist nur binnen einer materiellrechtlichen **Ausschlussfrist von einem Monat** zulässig, gerechnet vom Tage der Bekanntgabe des Wahlergebnisses (§ 37 Abs. 2 S. 3 analog).[39] Eine (kürzere) Zweiwochenfrist sehen § 22 Abs. 2 S. 2 MitbestG, § 10l Abs. 2 S. 2 MitbestErgG, § 11 Abs. 2 S. 1 DrittelbG, § 19 Abs. 2 S. 2 BetrVG vor.

19 Bei besonders schweren Mängeln, wenn ein so **grober und offensichtlicher Verstoß** gegen **wesentliche Vorschriften** des gesetzlichen Wahlrechts vorliegt, dass nicht einmal der Anschein einer dem Gesetz entsprechenden Wahl vorliegt, ist die Wahl entsprechend den zu § 19 BetrVG entwickelten Grundsätzen **nichtig**.[40] Die Nichtigkeit kann von **jedermann** auch nach Ablauf der Monatsfrist ex tunc geltend gemacht werden.

20 Nach § 44 Nr. 1 darf die Bildung des bVG nicht behindert oder durch die Zufügung oder Androhung von Nachteilen oder durch Gewährung oder Versprechen von Vorteilen beeinflusst werden. Wer die Bildung des bVG behindert, beeinflusst oder stört, wird nach § 45 Abs. 2 Nr. 2 mit Freiheitsstrafe bis zu einem Jahr oder mit Geldstrafe bestraft.

---

[35] IE ebenso *Hinrichs/Plitt* NZA 2010, 204 (208); *Kienast* in Jannott/Frodermann SE-HdB Kap. 13 Rn. 219.

[36] *Forst*, Die Beteiligungsvereinbarung nach § 21 SEBG, 2010, 388 f.; HWK/*Hohenstatt/Dzida* SEBG Rn. 24; *Joost* in Oetker/Preis AES B 8200 Rn. 82; *Rieble* in Rieble/Junker Vereinbarte Mitbestimmung § 3 Rn. 60, da bloßer „punktueller Verfahrenszwischenakt", Wahlgremium ohne „eigenes Amt"; *Wißmann* FS Richardi, 2007, 841 (846): „kein Bedarf", da Geltendmachung der Fehler in dem auf das bVG bezogenen Anfechtungsverfahren.

[37] Nagel/Freis/Kleinsorge/*Kleinsorge* Rn. 60.

[38] Wie hier Habersack/Drinhausen/*Hohenstatt/Müller-Bonanni* Rn. 7; Lutter/Hommelhoff/Teichmann/Oetker § 10 Rn. 13; wohl auch *Kienast* in Jannott/Frodermann SE-HdB Kap. 13 Rn. 220.

[39] Für die zweiwöchige Frist Nagel/Freis/Kleinsorge/*Kleinsorge* Rn. 60.

[40] Habersack/Drinhausen/*Hohenstatt/Müller-Bonanni* Rn. 7; ausf. zu § 19 BetrVG GK-BetrVG/*Kreutz* BetrVG § 19 Rn. 143 ff., jeweils mwN.

V. SCEBG und MgVG

§ 8 entspricht weitgehend § 8 SCEBG und § 10 MgVG. Anders als § 8 Abs. 1 S. 2 **21** nennen § 8 Abs. 1 S. 2 SCEBG und § 10 Abs. 1 S. 2 MgVG ausdrücklich auch die betroffenen Tochtergesellschaften und betroffenen Betriebe. § 8 Abs. 1 ist freilich entsprechend auszulegen (→ Rn. 4; zum Parallelproblem bei § 6 Abs. 4 → § 6 Rn. 5).

§ 9 Einberufung des Wahlgremiums

(1) **Auf der Grundlage der von den Leitungen erhaltenen Informationen hat der Vorsitzende der Arbeitnehmervertretung auf Konzernebene oder, sofern eine solche nicht besteht, auf Unternehmensebene oder, sofern eine solche nicht besteht, auf Betriebsebene**
1. **Ort, Tag und Zeit der Versammlung des Wahlgremiums festzulegen;**
2. **die Anzahl der Mitglieder aus den jeweiligen Arbeitnehmervertretungen nach § 8 Abs. 6 festzulegen;**
3. **zur Versammlung des Wahlgremiums einzuladen.**

(2) **Bestehen auf einer Ebene mehrere Arbeitnehmervertretungen, treffen die Verpflichtungen nach Absatz 1 den Vorsitzenden der Arbeitnehmervertretung, die die meisten Arbeitnehmer vertritt.**

I. Einberufung des Wahlgremiums

§ 9, der sich auf § 8 Abs. 1–6 bezieht, regelt die Einberufung des Wahlgremiums. Nach- **1** dem die Leitungen die jeweiligen Vorsitzenden der Arbeitnehmervertretungen und Sprecherausschüsse in den beteiligten Gesellschaften, betroffenen Tochtergesellschaften und betroffenen Betrieben zur Bildung eines bVG aufgefordert haben (§ 4 Abs. 1 S. 1; → § 4 Rn. 4 ff.),[1] haben die Gremien der Arbeitnehmer das weitere Verfahren – die Bildung eines Wahlgremiums – selbst zu organisieren.

Zu diesem Zweck hat der **Vorsitzende** der Arbeitnehmervertretung auf der höchsten **2** im Unternehmen oder im Konzern tatsächlich vorhandenen Ebene (Konzernbetriebsrat, Gesamtbetriebsrat, Betriebsrat, vereinbarte Vertretung nach § 3 BetrVG) auf der Grundlage der von den Leitungen erhaltenen Informationen (§ 4 Abs. 2 und 3) zur Versammlung des Wahlgremiums **einzuladen** (§ 9 Abs. 1 Nr. 3). Die Einladung muss „**schriftlich**" erfolgen.[2] Dabei genügt wie bei der Aufforderung und Information nach § 4 die Textform gem. § 126b BGB (→ § 4 Rn. 5, → § 4 Rn. 13). Er hat dabei Ort, Tag und Zeit der Versammlung des Wahlgremiums (§ 9 Abs. 1 Nr. 1) und – soweit erforderlich – die Zahl der Mitglieder aus den jeweiligen Arbeitnehmervertretungen nach § 8 Abs. 6 festzulegen (§ 9 Abs. 1 Nr. 2). Von mehreren gleichrangigen Arbeitnehmervertretungen ist diejenige zuständig, welche die meisten Arbeitnehmer vertritt (§ 9 Abs. 2); Teilzeitbeschäftigte sind insoweit nach Köpfen zu zählen (→ § 2 Rn. 4). Das Wahlgremium wird durch den Vorsitzenden der nach § 9 maßgeblichen Arbeitnehmervertretung geleitet.

II. Streitigkeiten

Streitigkeiten im Zusammenhang mit der Einberufung des Wahlgremiums gem. § 9 sind **3** im arbeitsgerichtlichen Beschlussverfahren nach § 2a Abs. 1 Nr. 3 lit. e ArbGG, §§ 80 ff. ArbGG auszutragen. Strafrechtlicher Schutz besteht auch hier nach § 44 Nr. 2, § 45 Abs. 2 Nr. 2.

---

[1] Zur Einberufung des Wahlgremiums näher Kölner Komm AktG/*Feuerborn* Rn. 3 ff.; Nagel/Freis/Kleinsorge/*Kleinsorge* Rn. 2 ff.
[2] Abw. NK-SE/*Bodenstedt*/*Evers* Rn. 4; Kölner Komm AktG/*Feuerborn* Rn. 8; Habersack/Drinhausen/Hohenstatt/*Müller-Bonanni* Rn. 1; Lutter/Hommelhoff/Teichmann/*Oetker* Rn. 7; NK-ArbR/*Sagan* Rn. 3.

III. SCEBG und MgVG

4   § 9 entspricht § 9 SCEBG und § 11 MgVG.

§ 10 Wahl der Mitglieder des besonderen Verhandlungsgremiums

(1) ¹Bei der Wahl müssen mindestens zwei Drittel der Mitglieder des Wahlgremiums, die mindestens zwei Drittel der Arbeitnehmer vertreten, anwesend sein. ²Die Mitglieder des Wahlgremiums haben jeweils so viele Stimmen, wie sie Arbeitnehmer vertreten. ³Die Wahl erfolgt mit einfacher Mehrheit der abgegebenen Stimmen.

(2) ¹Im Wahlgremium vertreten die Arbeitnehmervertretungen und die in Urwahl gewählten Mitglieder jeweils alle Arbeitnehmer der organisatorischen Einheit, für die sie nach § 8 Abs. 2 bis 5 zuständig sind. ²Nicht nach Satz 1 vertretene Arbeitnehmer werden den Arbeitnehmervertretungen innerhalb der jeweiligen Unternehmensgruppe zu gleichen Teilen zugerechnet.

(3) ¹Sind für eine Arbeitnehmervertretung mehrere Mitglieder im Wahlgremium vertreten, werden die entsprechend der von ihnen vertretenen Arbeitnehmer bestehenden Stimmenanteile gleichmäßig aufgeteilt. ²Dies gilt auch für die nach § 8 Abs. 5 Satz 3 gewählten Mitglieder des Wahlgremiums.

I. Wahlgrundsätze

1   § 10 enthält Regelungen über die Wahl der Mitglieder des bVG und knüpft dabei an § 8 Abs. 1 S. 1 an, wonach die inländischen Mitglieder des bVG von einem **Wahlgremium** in geheimer und unmittelbarer Wahl gewählt werden.[1] Zum Begriff der geheimen und unmittelbaren Wahl → § 8 Rn. 13.

II. Wahlvorschriften

2   **1. Beschlussfähigkeit.** § 10 Abs. 1 regelt die **Beschlussfähigkeit** des Wahlgremiums und sieht dafür eine **zweifache Schwelle** vor: Bei der Wahl müssen mindestens zwei Drittel der Mitglieder des Wahlgremiums, die mindestens zwei Drittel der Arbeitnehmer vertreten, anwesend sein (Abs. 1 S. 1). Teilzeitbeschäftigte sind nach Köpfen zu zählen (→ § 2 Rn. 4), maßgeblicher Zeitpunkt ist die Informationserteilung nach § 4 Abs. 2 (§ 4 Abs. 4; → § 4 Rn. 26). Andernfalls ist die Wahl **unwirksam**.[2] Die Wahl selbst erfolgt mit **einfacher Mehrheit** der abgegebenen Stimmen (Abs. 1 S. 3). Die Mitglieder des Wahlgremiums haben jeweils so viele Stimmen, wie sie Arbeitnehmer vertreten (Abs. 1 S. 2 iVm Abs. 2). Eine Arbeitnehmervertretung muss ihre Stimmen dabei nicht einheitlich abgeben.[3] Eine Regelung, die § 47 Abs. 7 BetrVG entspricht, ist im SEBG nicht enthalten. Das bedeutet zB für den Gesamtbetriebsrat, dass es für die „Vertretung" nicht auf die Zahl der in den Wählerlisten eingetragenen wahlberechtigten Arbeitnehmer, sondern auf die Zahl der Arbeitnehmer ankommt, die sich aus der Information der Leitungen nach § 4 Abs. 3 ergibt.[4]

3   **2. Zurechnung bei der Abstimmung.** Bei der Abstimmung im Wahlgremium über die Mitglieder des bVG vertreten die Arbeitnehmervertretungen und die in Urwahl gewählten Mitglieder jeweils alle Arbeitnehmer der jeweiligen organisatorischen Einheiten, die ihr nach § 8 Abs. 2–5 zur Vertretung zugewiesen sind (§ 10 Abs. 2 S. 1). Das kann zB bedeuten,

---

[1] Zur Wahl der Mitglieder des bVG näher Nagel/Freis/Kleinsorge/*Kleinsorge* § 10 Rn. 2 ff.
[2] Habersack/Drinhausen/*Hohenstatt/Müller-Bonanni* Rn. 2; NK-ArbR/*Sagan* Rn. 2.
[3] BR-Drs. 438/04, 120; das Gleiche gilt für die in Urwahl gewählten Mitglieder des bVG (§ 10 Abs. 2 S. 1); ebenso Habersack/Drinhausen/*Hohenstatt/Müller-Bonanni* Rn. 2; *Maack*, Rechtsschutz im Arbeitnehmerbeteiligungsverfahren der „deutschen" Societas Europaea, 2010, 122; Lutter/Hommelhoff/Teichmann/*Oetker* Rn. 7.
[4] Ebenso *Oetker* BB-Special 1/2005, 2 (7); Lutter/Hommelhoff/Teichmann/*Oetker* Rn. 4.

dass ein Betriebsrat sämtliche Arbeitnehmer eines Konzerns vertritt (§ 8 Abs. 2 S. 1 Var. 3).[5] Arbeitnehmer, die nicht nach § 10 Abs. 2 S. 1 vertreten sind, werden gem. § 10 Abs. 2 S. 2 den Arbeitnehmervertretungen innerhalb der jeweiligen Unternehmensgruppe gleichmäßig zugerechnet. Nach der Begründung zum Regierungsentwurf erfasst diese Regelung den Fall, dass innerhalb einer Unternehmensgruppe einzelne Unternehmen oder Betriebe nicht von der Zuweisungsregelung in § 8 Abs. 2–5 erfasst sind und für sie keine Arbeitnehmervertretung gewählt ist. Liege ein solcher Verbund nicht vor, heißt es weiter, wählten die Arbeitnehmer ihre Vertreter ins Wahlgremium nach § 8 Abs. 5 S. 3 unmittelbar.[6] Welche Fälle der Gesetzgeber dabei im Blick hatte, ist indessen unklar, da – wie gesehen – bereits ein Betriebsrat sämtliche Arbeitnehmer einer Unternehmensgruppe vertreten kann.[7] Die Wahlergebnisse sind den Arbeitnehmern bekanntzumachen (zB über das Intranet oder per E-Mail).[8]

3. Stimmenverteilung. Die nach § 10 Abs. 2 auf eine Arbeitnehmervertretung fallende **Gesamtzahl** von **Stimmanteilen** ist – sofern die Arbeitnehmervertretung mit mehreren Mitgliedern im Wahlgremium vertreten ist – auf die einzelnen Mitglieder **„nach Köpfen" gleichmäßig aufzuteilen** (§ 10 Abs. 3 S. 1). Dadurch ist gewährleistet, dass jedes Mitglied seine Stimmen unabhängig von anderen abgeben kann. Das gilt nach § 10 Abs. 3 S. 2 auch für die nach § 8 Abs. 5 S. 3 in Urwahl durch die Arbeitnehmer gewählten Mitglieder des Wahlgremiums. 4

III. Streitigkeiten

Für Streitigkeiten, die sich bei der Anwendung des § 10 ergeben, steht das arbeitsgerichtliche Beschlussverfahren nach § 2a Abs. 1 Nr. 3 lit. e ArbGG, §§ 80 ff. ArbGG zur Verfügung. Örtlich zuständig ist das Arbeitsgericht am künftigen Sitz der SE (§ 82 Abs. 3 ArbGG). Deutsche Gerichte für Arbeitssachen sind nur für die Wahl der Inlandsvertreter zuständig.[9] 5

Für die **Wahl der Mitglieder des bVG** nach § 10 (zur Urwahl der Mitglieder des bVG s. § 8 Abs. 7; → § 8 Rn. 13 f.) gelten mangels einer ausdrücklichen Regelung weder § 19 BetrVG[10] noch § 21 MitbestG, § 10k Montan-MitbestErgG[11] zur Anfechtung der Betriebsratswahl, sondern es gilt **§ 37 Abs. 2 S. 1** über die Anfechtbarkeit der Wahl der Mitglieder oder Ersatzmitglieder der inländischen Arbeitnehmer im Aufsichts- oder Verwaltungsorgan der SE analog (näher → § 37 Rn. 5 ff.):[12] Die Wahl ist **anfechtbar,** wenn gegen wesentliche Vorschriften über das Wahlrecht, die Wählbarkeit oder das Wahlverfahren verstoßen worden und eine Berichtigung nicht erfolgt ist, es sei denn, dass durch den Verstoß das Wahlergebnis nicht geändert oder beeinflusst werden konnte. **Anfechtungsberechtigt** sind neben den in § 37 Abs. 1 S. 2 genannten (Arbeitnehmervertretungen, die das Wahlgremium gebildet haben, in den Fällen mit Urwahl mindestens drei wahlberechtigte Arbeitnehmer, ferner die in den Gründungsgesellschaften beteiligten Gewerkschaften und Sprecherausschüsse) auch 6

---

[5] Habersack/Drinhausen/*Hohenstatt/Müller-Bonanni* Rn. 3.
[6] BR-Drs. 438/04, 120.
[7] Habersack/Drinhausen/*Hohenstatt/Müller-Bonanni* Rn. 3; HWK/*Hohenstatt/Dzida* SEBG Rn. 22.
[8] Habersack/Drinhausen/*Hohenstatt/Müller-Bonanni* Rn. 1.
[9] *Wißmann* FS Richardi, 2007, 841 (847); aA *Rieble* in Rieble/Junker Vereinbarte Mitbestimmung § 3 Rn. 61.
[10] Für seine Geltung zB Nagel/Freis/Kleinsorge/*Kleinsorge* § 8 Rn. 60; Nagel/Freis/Kleinsorge/*Kleinsorge* Rn. 9.
[11] Für ihre Geltung *Maack,* Rechtsschutz im Arbeitnehmerbeteiligungsverfahren der „deutschen" Societas Europaea, 2010, 285.
[12] Wie hier NK-SE/*Bodenstedt/Evers* Rn. 6; Kölner Komm AktG/*Feuerborn* Rn. 12; *Forst,* Die Beteiligungsvereinbarung nach § 21 SEBG, 2010, 391 f.; *Grobys* NZA 2005, 84 (87); HWK/*Hohenstatt/Dzida* SEBG Rn. 24; Habersack/Drinhausen/*Hohenstatt/Müller-Bonanni* Rn. 5; *Kienast* in Jannott/Frodermann SE-HdB Kap. 13 Rn. 220; *Löw/Stolzenberg* NZA 2016, 1489 (1492); Lutter/Hommelhoff/Teichmann/*Oetker* Rn. 13; *Rieble* in Rieble/Junker Vereinbarte Mitbestimmung § 3 Rn. 59; *Wißmann* FS Richardi, 2007, 841 (846 f.); aA *Hinrichs/Plitt* NZA 2010, 204 (208); Nagel/Freis/Kleinsorge/*Kleinsorge* § 8 Rn. 60; *Maack,* Rechtsschutz im Arbeitnehmerbeteiligungsverfahren der „deutschen" Societas Europaea, 2010, 281 ff.; Vorschlag für einen § 10a (Fehler bei der Konstituierung des bVG; Anfechtung) vom AAK ZIP 2010, 2221 f.; ferner ergänzend dazu AAK ZIP 2011, 1847 f.; zust. *Grätz/Kurzböck/Rosenberg* Der Konzern 2017, 113 (117).

die Leitungen der beteiligten Gesellschaften (§ 37 Abs. 2 S. 2 analog).[13] Zu beachten ist, dass die Anfechtung **innerhalb eines Monats** nach Konstituierung des bVG erfolgen muss (§ 37 Abs. 2 S. 3 analog).[14] Die Fristberechnung erfolgt nach § 187 Abs. 1 BGB, § 188 Abs. 2 und 3 BGB, § 193 BGB. Die Anfechtung wirkt gemäß den allgemeinen Grundsätzen zum Betriebsverfassungs- und zum Mitbestimmungsrecht **ex nunc**,[15] sodass die inländischen Mitglieder des bVG ihr Amt bis dahin wirksam ausgeübt haben. Die Wahl ist zu wiederholen.

7 Bei besonders **schweren Mängeln,** wenn ein so grober und offensichtlicher Verstoß gegen wesentliche Vorschriften des gesetzlichen Wahlrechts vorliegt, dass nicht einmal der Anschein einer dem Gesetz entsprechenden Wahl vorliegt, ist die Wahl entsprechend den zu § 19 BetrVG entwickelten Grundsätzen **nichtig**.[16] Die Nichtigkeit kann von jedermann auch nach Ablauf der Monatsfrist geltend gemacht werden.[17]

8 Die Wahl der Mitglieder des bVG nach § 10 ist strafrechtlich geschützt (§ 44 Nr. 2, § 45 Abs. 2 Nr. 2).

IV. SCEBG und MgVG

9 § 10 entspricht **§ 10 SCEBG** und **§ 12 MgVG**.

Kapitel 3. Verhandlungsverfahren

§ 11 Information über die Mitglieder des besonderen Verhandlungsgremiums

(1) ¹Die Wahl oder Bestellung der Mitglieder des besonderen Verhandlungsgremiums soll innerhalb von zehn Wochen nach der in § 4 Abs. 2 und 3 vorgeschriebenen Information erfolgen. ²Den Leitungen sind unverzüglich die Namen der Mitglieder des besonderen Verhandlungsgremiums, ihre Anschriften sowie die jeweilige Betriebszugehörigkeit mitzuteilen. ³Die Leitungen haben die örtlichen Betriebs- und Unternehmensleitungen, die dort bestehenden Arbeitnehmervertretungen und Sprecherausschüsse sowie die in inländischen Betrieben vertretenen Gewerkschaften über diese Angaben zu informieren.

(2) ¹Das Verhandlungsverfahren nach den §§ 12 bis 17 findet auch dann statt, wenn die in Absatz 1 Satz 1 genannte Frist aus Gründen, die die Arbeitnehmer zu vertreten haben, überschritten wird. ²Nach Ablauf der Frist gewählte oder bestellte Mitglieder können sich jederzeit an dem Verhandlungsverfahren beteiligen.

Übersicht

	Rn.		Rn.
I. Einleitung	1	1. Zehnwochenfrist	3, 4
II. Information über die Mitglieder des besonderen Verhandlungsgremiums	2	2. Überschreitung der Frist	5, 6
		3. Unterbliebene Bildung des besonderen Verhandlungsgremiums	7–9
III. Zeitraum zur Bildung des besonderen Verhandlungsgremiums	3–9	IV. Streitigkeiten	10
		V. SCEBG und MgVG	11

---

[13] *Grobys* NZA 2005, 84 (87); *Wißmann* FS Richardi, 2007, 841 (847).

[14] Abw. *Rieble* in Rieble/Junker Vereinbarte Mitbestimmung § 3 Rn. 59: ein Monat ab Bekanntgabe des Wahlergebnisses (gestützt offenbar auf eine Analogie zu § 19 Abs. 2 S. 2 BetrVG); *Wißmann* FS Richardi, 2007, 841 (847): ein Monat ab Information der Anfechtungsberechtigten gem. § 11 Abs. 1.

[15] *Rieble* in Rieble/Junker Vereinbarte Mitbestimmung § 3 Rn. 62; aA HWK/*Hohenstatt/Dzida* SEBG Rn. 24; *Wißmann* FS Richardi, 2007, 841 (848): ex tunc.

[16] Habersack/Drinhausen/*Hohenstatt/Müller-Bonanni* Rn. 5; *Löw/Stolzenberg* NZA 2016, 1489 (1492); Lutter/Hommelhoff/*Teichmann/Oetker* Rn. 15; *Wißmann* FS Richardi, 2007, 841, 848; ausf. zu § 19 BetrVG GK-BetrVG/*Kreutz* BetrVG § 19 Rn. 143 ff., jeweils mwN.

[17] Kölner Komm AktG/*Feuerborn* Rn. 13.

I. Einleitung

§ 11 steht zwar an der Spitze des Kapitels über das Verhandlungsverfahren, gehört systematisch jedoch mindestens teilweise noch zum Verfahren zur Bildung des bVG. Die Vorschrift enthält Regelungen über den Zeitraum, in dem das bVG zu bilden ist, und die Weitergabe von Informationen über die Mitglieder des bVG an die Leitungen, damit diese zur konstituierenden Sitzung nach § 12 Abs. 1 S. 1 einladen können.

II. Information über die Mitglieder des besonderen Verhandlungsgremiums

Nach § 11 Abs. 1 S. 2 sind den Leitungen (§ 2 Abs. 5), nachdem die Mitglieder des bVG feststehen, unverzüglich (vgl. § 121 BGB) deren Namen, Anschriften sowie die jeweilige Betriebszugehörigkeit mitzuteilen. § 11 Abs. 1 S. 3 verpflichtet seinerseits die Leitungen (nicht das Wahlgremium oder den Wahlvorstand), die örtlichen Betriebs- und Unternehmensleitungen, die dort bestehenden Arbeitnehmervertretungen und Sprecherausschüsse sowie die in inländischen Betrieben vertretenen Gewerkschaften[1] über die Angaben nach § 11 Abs. 1 S. 2 zu **informieren.** Wenn nach den Vorschriften der Mitgliedstaaten **Ersatzmitglieder** zu wählen sind (§ 6 Abs. 2 S. 3), sind auch diese mit Namen, Anschrift und Betriebszugehörigkeit in die Mitteilung aufzunehmen.[2] Eine besondere Form für die Erteilung der Informationen muss nicht eingehalten werden.[3] Sinnvoll ist es aber, aus Dokumentations- und Beweiszwecken schriftlich zu informieren. Die Auskunft nach § 11 Abs. 1 S. 2 hat der das Wahlgremium leitende **Vorsitzende** (→ § 9 Rn. 2) zu erteilen. Weil die Unterrichtung nach § 11 Abs. 1 S. 2 Grundvoraussetzung für die Leitungen ist, um das bVG zur konstituierenden Sitzung einladen zu können (§ 12 Abs. 1 S. 1), besteht ein **Unterrichtungsanspruch.**[4] Das gilt im Ergebnis auch für § 11 Abs. 1 S. 3.[5]

III. Zeitraum zur Bildung des besonderen Verhandlungsgremiums

1. Zehnwochenfrist. Nach § 11 Abs. 1 S. 1 soll die Wahl oder Bestellung der Mitglieder des bVG **innerhalb von zehn Wochen** nach der in § 4 Abs. 2 und 3 vorgeschriebenen Information über die Gründung einer SE erfolgen. Die Frist ist nach §§ 187, 188, 193 BGB zu berechnen.[6] Der **Zeitpunkt** „innerhalb von zehn Wochen nach der in § 4 Abs. 2 und 3 vorgeschriebenen Information" ist wenig präzise.[7] Dem Normzweck entsprechend beginnt die **Frist,** von deren Ablauf auch Beginn und Ablauf der sechsmonatigen Verhandlungsfrist des § 20 abhängen, mit dem **Zugang** der – vollständigen[8] – Informationen bei deren Adressaten zu laufen (→ § 4 Rn. 13, → § 4 Rn. 19). Unklar ist, ob die Dauer der Frist und deren Beginn international gelten und nach welchem Recht der Zugang der Information im Ausland zu bestimmen ist. Da es bei § 4 Abs. 2 und 3 auf die jeweiligen Bestimmungen der Mitgliedstaaten ankommt (→ § 4 Rn. 19), kann auf den ersten Blick für die Dauer der Frist und deren Beginn sowie den Zugang nichts anderes gelten. Allerdings kann es dann zu Problemen kommen, wenn abweichend von § 11 Abs. 1 S. 1 in anderen Mitgliedstaaten andere Fristen als die Zehnwochenfrist vorgesehen sind; die Beteiligungs-RL enthält insoweit keine Vorgabe. Das hat der Gesetzgeber nicht bedacht. Maßgeblich für die Wahl oder Bestellung der Mitglieder des bVG

---

[1] Krit. zur Informationsverpflichtung gegenüber den Gewerkschaften die Stellungnahme von BDA, BDI, DIHK, GDV, BdB und DAI zum RefE eines SEEG vom 3.5.2004, 9.
[2] Habersack/Drinhausen/*Hohenstatt/Müller-Bonanni* Rn. 4.
[3] Habersack/Drinhausen/*Hohenstatt/Müller-Bonanni* Rn. 4.
[4] Ebenso Kölner Komm AktG/*Feuerborn* Rn. 13; Habersack/Drinhausen/*Hohenstatt/Müller-Bonanni* Rn. 4; Lutter/Hommelhoff/Teichmann/*Oetker* Rn. 12.
[5] Ebenso Lutter/Hommelhoff/Teichmann/*Oetker* Rn. 13.
[6] Lutter/Hommelhoff/Teichmann/*Oetker* Rn. 6.
[7] Zu Recht krit. DGB-Stellungnahme zum RefE eines SEEG vom 25.5.2004, 3.
[8] Habersack/Drinhausen/*Hohenstatt/Müller-Bonanni* Rn. 2, 7; großzügiger zB Lutter/Hommelhoff/Teichmann/*Oetker* Rn. 6 mwN für eine „Erheblichkeitsschwelle".

muss dann die Zehnwochenfrist sein, da es um die Bildung eines bVG zur Errichtung einer deutschen SE geht. Das Problem wird dadurch entschärft, dass eine Fristüberschreitung kein Unwirksamkeitsgrund für die Bildung des bVG ist (→ Rn. 5). Das bVG ist in diesem Fall anfangs noch nicht vollständig besetzt.[9]

4 Der Zeitraum von zehn Wochen soll ausweislich der Begründung zum Regierungsentwurf dafür sorgen, dass das Gründungsvorhaben zügig betrieben werden kann. Die Frist ist indessen mit Blick auf das komplizierte Verfahren und die Beteiligung einer Vielzahl von Arbeitnehmervertretungen auch aus anderen Mitgliedstaaten knapp bemessen.[10] Zwar dient § 11 Abs. 1 S. 1 der Beschleunigung des Gründungsverfahrens. Andererseits kann das bVG ordnungsgemäß nicht gebildet werden, ohne dass **sämtliche** Arbeitnehmervertretungen – oder ausnahmsweise die Arbeitnehmer selbst – gem. § 4 Abs. 2 und 3 informiert worden sind. Das spricht – zumal eine vollständige und umfassende Information in der Hand der Leitungen liegt – dafür, dass die Zehnwochenfrist erst dann zu laufen beginnt, wenn auch die letzte Arbeitnehmervertretung informiert worden ist.[11] Weitere Probleme ergeben sich, wenn im Zeitpunkt der Information nach § 4 Abs. 2 **spätere Änderungen** sicher feststehen oder spätere Änderungen innerhalb der Zehnwochenfrist überraschenderweise eintreten (→ § 5 Rn. 8 f.). Auf die Zehnwochenfrist kommt es nicht an, wenn die Gründungsgesellschaften und die zu gründende Vorrats-SE arbeitnehmerlos sind (→ § 3 Rn. 5).

5 **2. Überschreitung der Frist.** Eine **Fristüberschreitung** ist allerdings **kein Unwirksamkeitsgrund** für die Bildung des bVG.[12] Das ergibt sich schon aus dem Wortlaut des § 11 Abs. 1 S. 1 („soll").[13] Zudem ordnet § 11 Abs. 2 S. 1 ausdrücklich an, dass das Verhandlungsverfahren nach den §§ 12–17 auch dann stattfindet, wenn die Zehnwochenfrist aus Gründen, welche die Arbeitnehmer **zu vertreten** haben, überschritten wird. Auf diese Weise wird die Arbeitnehmerseite daran gehindert, die Eintragung des SE durch bewusste Verzögerungen bei der Bildung des bVG aufzuhalten.[14] Das bedeutet, dass die Leitungen nach § 11 Abs. 2 S. 1, § 12 Abs. 1 trotz Fristüberschreitung zur konstituierenden Sitzung des bVG einladen können (§ 12 Abs. 1 S. 1) und das Verhandlungsverfahren auch mit dem noch nicht vollständig besetzten bVG beginnt.[15] Arbeitnehmer, die noch nicht von einem Mitglied vertreten werden, sind bei Abstimmungen §§ 15 Abs. 2 und 3, § 16 Abs. 1) allerdings nicht zu berücksichtigen.[16] Die Begründung zum Regierungsentwurf stellt klar, dass eine Fristüberschreitung in keinem Fall zu einer Verlängerung der Verhandlungsfrist des § 20 führt,[17] für welche die Einladung nach § 12 Abs. 1 S. 1 maßgeblich ist, die ihrerseits die ordnungsgemäße Unterrichtung nach § 11 Abs. 1 S. 2 voraussetzt. Dass damit möglicherweise nur eingeschränkte Gelegenheit bestand, eine Vereinbarung über die Beteiligung der Arbeitnehmer nach § 13 Abs. 1 S. 1 abzuschließen, ist hinzunehmen.[18] In der Praxis wird es nur ausnahmsweise gelingen, das Verschulden der Fristüberschreitung zu beweisen.[19] Für den Fall, dass die Arbeitnehmer die Ver-

---

[9] MHdB AG/*Austmann* § 85 Rn. 33 Fn. 66.
[10] Habersack/Drinhausen/*Hohenstatt/Müller-Bonanni* Rn. 2: Die Einhaltung der Frist bereite der Praxis – soweit ersichtlich – keine Schwierigkeiten.
[11] Ebenso NK-SE/*Bodenstedt/Evers* Rn. 2; Lutter/Hommelhoff/Teichmann/*Oetker* Rn. 6.
[12] Ebenso NK-SE/*Bodenstedt/Evers* Rn. 3; Habersack/Drinhausen/*Hohenstatt/Müller-Bonanni* Rn. 3; Lutter/Hommelhoff/Teichmann/*Oetker* Rn. 7.
[13] Krit. dazu im Gesetzgebungsverfahren Stellungnahme von BDA, BDI, DIHK, GDV, BdB und DAI zum RefE eines SEEG vom 3.5.2004, 9 (für „muss").
[14] Habersack/Drinhausen/*Hohenstatt/Müller-Bonanni* Rn. 3.
[15] *Grobys* NZA 2005, 84 (86); *Jares/Vogt* DB 2020, 223 (228); *Wisskirchen/Prinz* DB 2004, 2638 (2639).
[16] BR-Drs. 438/04, 121; ebenso Lutter/Hommelhoff/Teichmann/*Oetker* Rn. 9.
[17] BR-Drs. 438/04, 121; ebenso *von der Heyde*, Die Beteiligung der Arbeitnehmer in der Societas Europaea (SE), 2007, 191; *Kallmeyer* ZIP 2004, 1442 (1443); Lutter/Hommelhoff/Teichmann/*Oetker* Rn. 9.
[18] Krit. *Kallmeyer* ZIP 2004, 1442 (1443).
[19] Deshalb Habersack/Drinhausen/*Hohenstatt/Müller-Bonanni* Rn. 3: In der Regel sei von einem Verschulden der Arbeitnehmerseite auszugehen; in diese Richtung auch Lutter/Hommelhoff/Teichmann/*Oetker* Rn. 8.

zögerung wie zB bei Naturkatastrophen oder Arbeitskämpfen **nicht zu vertreten** haben, enthält das SEBG keine Regelung. Im Umkehrschluss aus § 11 Abs. 2 S. 1 folgt, dass die Leitungen die Verzögerung bei der Bildung des bVG hinzunehmen haben.[20]

Nach § 11 Abs. 2 S. 2, der für das bereits begonnene Verhandlungsverfahren eine Ergänzung enthält, können sich nach Ablauf der Frist gewählte oder bestellte Mitglieder jederzeit an dem Verhandlungsverfahren beteiligen. Zwar schließt die Fristüberschreitung keines der Mitglieder von der Teilnahme an den Verhandlungen aus, allerdings hat es das Stadium der Verhandlungen zu akzeptieren, das es vorfindet.[21] **6**

3. Unterbliebene Bildung des besonderen Verhandlungsgremiums. Wie sich aus dem Wortlaut des § 4 Abs. 1 S. 1 („ist ... zu bilden") und auch aus Art. 12 Abs. 2 SE-VO ergibt, der als Voraussetzung der Eintragung der SE die ordnungsgemäße Durchführung des Beteiligungsverfahrens verlangt, ist die **Bildung des bVG nicht freiwillig.** Die Arbeitnehmerseite kann nicht wirksam auf die Bildung des bVG verzichten (→ § 4 Rn. 3, → § 16 Rn. 1). Fraglich ist deshalb, wie zu verfahren ist, **wenn** das **bVG** überhaupt **nicht gebildet wird.** Das SEBG sieht kein Verfahren vor, das Wahlgremium oder das bVG gerichtlich bestellen zu lassen. Für einen Anspruch der Leitungen auf dessen Bildung sind dem Gesetz keine Anhaltspunkte zu entnehmen.[22] Denkbar ist eine entsprechende Anwendung des § 8 Abs. 7 zur Urwahl des bVG.[23] **Gegen** eine **Analogie** spricht jedoch das Fehlen einer planwidrigen Gesetzeslücke. **7**

Wird das bVG überhaupt nicht gebildet, **greifen** – wenn die Gründe dafür von der Arbeitnehmerseite zu vertreten sind – **§ 11 Abs. 2, § 12 Abs. 1 S. 1** ein: Die Leitungen können zur konstituierenden Sitzung einladen und damit, auch wenn auf Seiten des bVG niemand erscheint, dessen Einsetzung herbeiführen. Damit läuft die Verhandlungsfrist von sechs Monaten (§ 20), mit deren Ablauf (§ 20 Abs. 1 lit. b) die **gesetzliche Auffangregelung** zum Tragen kommt.[24] Das ist für die Leitungen zwar nachteilhaft,[25] weil in diesem Fall keine Möglichkeit bestand, das bVG einen Beschluss nach § 16 Abs. 1 S. 1 über die Nichtaufnahme oder den Abbruch von Verhandlungen fassen zu lassen,[26] ist als gesetzgeberische Entscheidung, die nicht gegen die Vorgaben der Richtlinie verstößt,[27] aber hinzunehmen. **8**

Vieles spricht dafür, dass es für die Leitungen möglich sein muss, sich bei unterbliebener Bildung des bVG von den Arbeitnehmervertretungen **bestätigen zu lassen, kein bVG bilden zu wollen,** und diese Bestätigung jedenfalls nach Ablauf der Zehnwochenfrist des § 11 Abs. 1 bei der Eintragung der SE dem Handelsregister vorzulegen, um nicht weitere sechs Monate (§ 20) abwarten zu müssen. Ein **„Fehler" in der Sphäre der Arbeitnehmer** darf nicht dazu führen kann, dass die Leitung zu einer Sitzung, die nie stattfinden wird, einladen und den Ablauf der sechsmonatigen Frist, während der nicht verhandelt werden wird, abwarten muss. Wenn ein gebildetes bVG nach § 16 Abs. 1 und 2 auf Verhandlungen **9**

---

[20] Ebenso Kölner Komm AktG/*Feuerborn* Rn. 6; Habersack/Drinhausen/*Hohenstatt/Müller-Bonanni* Rn. 3; *Kienast* in Jannott/Frodermann SE-HdB Kap. 13 Rn. 202 – aber krit. wegen der Verzögerung des Gründungsverfahrens mit Blick auf die Sechsmonatsfrist des § 20 Abs. 1; *Wisskirchen/Prinz* DB 2004, 2638 (2639); krit. zur Differenzierung nach dem Verschulden der Arbeitnehmerseite Stellungnahme von BDA, BDI, DIHK, GDV, BdB und DAI zum RefE eines SEEG vom 3.5.2004, 9.
[21] BR-Drs. 438/04, 121.
[22] Abw. offenbar *Calle Lambach* RIW 2005, 161 (162) für Verpflichtung gem. § 4 Abs. 1; *Kallmeyer* ZIP 2004, 1442 (1443) für „Verpflichtung".
[23] Für eine entsprechende Regelung während des Gesetzgebungsverfahrens *Kallmeyer* ZIP 2004, 1442 (1443).
[24] IE wie hier Kölner Komm AktG/*Feuerborn* Rn. 9; *Kienast* in Jannott/Frodermann SE-HdB Kap. 13 Rn. 208, einschränkend Rn. 212: Die Zehnwochenfrist des § 11 Abs. 1 S. 1 genüge für die Eintragung der SE gem. Art. 12 Abs. 2 SE-VO, wenn innerhalb dieser Frist keinerlei Tätigwerden der Arbeitnehmer erfolge, alles andere sei „sinnlose Förmelei"; aA HWK/*Hohenstatt/Dzida* SEBG Rn. 23, welche die fehlende Bildung des bVG einem Beschluss nach § 16 Abs. 1 gleichsetzen, sodass die Eintragung der SE unmittelbar erfolgen könne.
[25] Krit. deshalb *Kallmeyer* ZIP 2004, 1442 (1443).
[26] Nach NK-SE/*Bodenstedt/Evers* § 4 Rn. 11 kommt die unterlassene Bildung des bVG einem Beschluss nach § 16 Abs. 1 gleich; vgl. aber NK-SE/*Bodenstedt/Evers* § 11 Rn. 5.
[27] In diese Richtung aber, ohne überzeugende Begr. *Kallmeyer* ZIP 2004, 1442 (1443).

verzichten kann, muss bereits im Vorfeld der Bildung eines bVG der Verzicht – jedenfalls bei entsprechender Einhaltung des Quorums nach § 16 Abs. 1 S. 1 – möglich sein, wenn **sicher feststeht, dass ein bVG nicht gebildet** werden wird.

IV. Streitigkeiten

10 Streitigkeiten, die sich auf § 11 und dessen Regelungsbereich beziehen, sind vor den Gerichten für Arbeitssachen im Beschlussverfahren nach § 2a Abs. 1 Nr. 3 lit. e ArbGG, §§ 80 ff. ArbGG zu klären, in dem auch der Auskunftsanspruch aus § 11 Abs. 1 S. 2 und 3 durchgesetzt werden kann.[28] Örtlich zuständig ist das Arbeitsgericht am künftigen Sitz der SE. Weil § 11 systematisch noch zum Verfahren der Bildung des bVG gehört, sind bei Verstößen auch die § 44 Nr. 2, § 45 Abs. 2 Nr. 2 anwendbar.

V. SCEBG und MgVG

11 § 11 entspricht **§ 11 SCEBG und § 13 MgVG**. Die Frist des § 13 Abs. 1 S. 1 MgVG beginnt wie bei § 11 Abs. 1 S. 1 (→ Rn. 3) erst zu laufen, wenn sämtliche Adressaten informiert worden sind.[29]

§ 12 Sitzungen; Geschäftsordnung

(1) ¹Die Leitungen laden unverzüglich nach Benennung der Mitglieder oder im Fall des § 11 nach Ablauf der in § 11 Abs. 1 Satz 1 genannten Frist zur konstituierenden Sitzung des besonderen Verhandlungsgremiums ein und informieren die örtlichen Betriebs- und Unternehmensleitungen. ²Das besondere Verhandlungsgremium wählt aus seiner Mitte einen Vorsitzenden und mindestens zwei Stellvertreter. ³Es kann sich eine schriftliche Geschäftsordnung geben.

(2) Der Vorsitzende kann weitere Sitzungen einberufen.

I. Einleitung

1 § 12, der Vorschriften über die konstituierende Sitzung und weitere Sitzungen des bVG sowie zu dessen Geschäftsordnung enthält, betrifft wie schon § 11 systematisch jedenfalls teilweise noch das Verfahren zur Bildung des bVG, das erst mit der konstituierenden Sitzung beendet ist.

II. Einladung zur konstituierenden Sitzung und weiteren Sitzungen

2 Nach § 12 Abs. 1 S. 1 **laden** die Leitungen unverzüglich (vgl. § 121 BGB) nach Benennung der Mitglieder oder im Fall des § 11 nach Ablauf der Zehnwochenfrist (Abs. 1 S. 1) zur **konstituierenden Sitzung** des bVG **ein**. Die Leitung ist bei der **Festlegung des Termins** grundsätzlich frei. Aus § 13 Abs. 1 S. 2 folgt allerdings, dass zwischen der Einladung zur konstituierenden Sitzung und der Sitzung selbst eine gewisse Zeitspanne – eine Mindestfrist von einer Woche ist angemessen – liegen muss. Den **Ort der konstituierenden Sitzung** bestimmen die einladenden Leitungen, den Ort für weitere Sitzungen indessen das bVG, das allerdings die Vorgaben des § 19 über die Kosten des bVG zu beachten hat (Erforderlichkeit).[1] Über den **Ort der Verhandlungen** müssen Leitungen und bVG sich einigen (vgl. § 13 Abs. 2 S. 3; → § 13 Rn. 5). An die Einladung knüpft § 20 Abs. 1 S. 2 den Beginn der Verhandlungen (Einsetzung des bVG) und setzt damit die Sechsmonatsfrist in Lauf. Wegen der damit verbundenen Konsequenzen – § 22 Abs. 1 Nr. 2, § 34 Abs. 1:

---

[28] So auch für § 12 EBRG *Blanke* EBRG § 12 Rn. 3.
[29] *Lunk/Hinrichs* NZA 2007, 773 (777).
[1] Habersack/Drinhausen/*Hohenstatt*/*Müller-Bonanni* Rn. 2; abw. pauschal Kölner Komm AktG/*Feuerborn* Rn. 7; HWK/*Hohenstatt*/*Dzida* SEBG Rn. 25, die die Bestimmung des Ortes stets in die Zuständigkeit der Leitungen stellen; so auch Lutter/Hommelhoff/Teichmann/*Oetker* Rn. 5.

Eingreifen der gesetzlichen Auffangregelung, sofern kein Verhandlungsabbruch oder Verzichtsbeschluss nach § 16 – ist für die Einladung, die an sich **formfrei** möglich ist,[2] **Schriftform** oder **Textform** zu empfehlen; empfehlenswert ist außerdem eine Dokumentation des Zugangs etwa durch Bestätigung per E-Mail. Der **Zugang** der Einladung beim jeweiligen Adressaten ist nämlich Wirksamkeitsvoraussetzung.[3] Die Einladung ist **unwirksam,** wenn sie vor der Benennung der Mitglieder oder vor Ablauf der in § 11 Abs. 1 S. 1 genannten Frist (oder bei einer nicht von den Arbeitnehmern zu vertretenden Fristüberschreitung auch danach) erfolgt.[4] Das folgt nicht nur aus dem Wortlaut des § 12 Abs. 1 S. 1, sondern ergibt sich ebenfalls aus dem Zusammenspiel mit der Fiktion des § 20 Abs. 1 S. 2 (Einladung als Tag der Einsetzung). Verzögern dagegen die Leitungen die Einladung schuldhaft, ist diese entgegen § 12 Abs. 1 S. 1 wirksam und setzt die Frist des § 20 Abs. 1 S. 1 ab dem Tag der konstituierenden Sitzung in Gang.[5]

Über die Einladung zur konstituierenden Sitzung haben die Leitungen die örtlichen 3 Betriebs- und Unternehmensleitungen zu **informieren** (§ 12 Abs. 1 S. 1 aE), die dadurch erfahren, wann ein Mitglied des bVG für die konstituierende Sitzung freizustellen ist (§ 42 S. 1 Nr. 1, S. 2 Nr. 2).[6]

Nach § 12 Abs. 2 kann der Vorsitzende des bVG (→ Rn. 5) auch **weitere Sitzungen** 4 einberufen (zu den weiteren Anforderungen an eine Sitzung → § 15 Rn. 4). Das Gesetz enthält keine zahlenmäßige Begrenzung für die Zahl weiterer Sitzungen. Die Einberufung nach § 12 Abs. 2 steht im Ermessen des Vorsitzenden. Eine Einschränkung kann sich mit Blick auf die Dauer und Häufigkeit der Sitzungen wieder aus der Pflicht der Leitungen zur Tragung der Kosten nach § 19 ergeben: Die Sitzungen müssen **erforderlich** sein.[7] Unter Kostenaspekten kann es sinnvoll sein, zusätzliche Sitzungen des bVG im direkten Zusammenhang mit den Verhandlungen über die Beteiligungsvereinbarung abzuhalten.[8] § 13 Abs. 2 S. 3 ist keine Grenze.[9]

III. Vorsitz und Geschäftsordnung

Gegenstand der konstituierenden Sitzung ist die **Wahl eines Vorsitzenden** und min- 5 destens **zweier Stellvertreter** aus der Mitte des bVG (§ 12 Abs. 1 S. 2). Wählbar sind also nur Mitglieder des bVG.[10] Der Vorsitzende ist kein gesetzlicher Vertreter, er vertritt das bVG vielmehr entsprechend § 26 Abs. 2 S. 1 BetrVG im Rahmen der von ihm gefassten Beschlüsse.[11] Das bVG kann sich eine **schriftliche Geschäftsordnung** geben (§ 12 Abs. 1 S. 3), die schriftlich niedergelegt werden sollte und jederzeit ergänzt, geändert oder aufgehoben werden kann. Sie ist fakultativ. Sie sollte insbesondere regeln, wer innerhalb des bVG die Sitzungen vorbereitet und einberuft und in welcher **Sprache** das bVG tagt.[12] Verhandlungssprache sollte die Sprache sein, in der auch die Vereinbarung niedergelegt werden soll (→ § 21 Rn. 8). Da eine § 26 Abs. 2 BetrVG entsprechende Regelung fehlt, sollte das Vertretungsrecht des Vorsitzenden ebenfalls in der Geschäftsordnung fixiert

---

[2] Kölner Komm AktG/*Feuerborn* Rn. 4.
[3] IE ähnlich *Grobys* NZA 2005, 84 (87): Einladung erst dann „zulässig"; wie hier auch Lutter/Hommelhoff/Teichmann/*Oetker* § 11 Rn. 9, der allerdings klarstellt, dass die Einberufung durch den Vorsitzenden für die Durchführung der Sitzung keine Wirksamkeitsvoraussetzung darstellt.
[4] Ebenso Kölner Komm AktG/*Feuerborn* Rn. 5; Habersack/Drinhausen/*Hohenstatt/Müller-Bonanni* Rn. 2; Lutter/Hommelhoff/Teichmann/*Oetker* Rn. 7.
[5] Kölner Komm AktG/*Feuerborn* Rn. 6; Habersack/Drinhausen/*Hohenstatt/Müller-Bonanni* Rn. 2.
[6] Vgl. Lutter/Hommelhoff/Teichmann/*Oetker* Rn. 13.
[7] Ebenso Habersack/Drinhausen/*Hohenstatt/Müller-Bonanni* Rn. 5; *Köklü* in Van Hulle/Maul/Drinhausen SE-HdB Abschnitt 6 Rn. 44; Lutter/Hommelhoff/Teichmann/*Oetker* Rn. 21.
[8] Etwas strenger Habersack/Drinhausen/*Hohenstatt/Müller-Bonanni* Rn. 5: „sind in der Regel anzuberaumen".
[9] Kölner Komm AktG/*Feuerborn* § 13 Rn. 20; Habersack/Drinhausen/*Hohenstatt/Müller-Bonanni* § 13 Rn. 5.
[10] Ebenso Lutter/Hommelhoff/Teichmann/*Oetker* Rn. 15.
[11] Habersack/Drinhausen/*Hohenstatt/Müller-Bonanni* Rn. 3; *Joost* in Oetker/Preis AES B 8200 Rn. 86.
[12] Dazu *Hoops,* Die Mitbestimmungsvereinbarung in der SE, 2009, 82.

werden.¹³ In beiden Fällen – Wahl des Vorsitzenden und der Stellvertreter sowie Geschäftsordnung – **beschließt** das **bVG mit der Mehrheit seiner Mitglieder,** in der zugleich die Mehrheit der vertretenen Arbeitnehmer enthalten sein muss (§ 15 Abs. 2 S. 1).¹⁴ Die Stimmabgabe sollte schriftlich und geheim erfolgen.¹⁵ Eine mündliche Stimmabgabe genügt, wenn das Stimmergebnis zweifelsfrei festgestellt werden kann. Zweckmäßig ist im Übrigen die Bildung eines **Verhandlungsausschusses.**¹⁶ Dafür kann das bVG aus seiner Mitte ein möglichst kleines (und damit arbeitsfähiges) Verhandlungsteam wählen, das die Beteiligungsvereinbarung mit den Leitungen möglichst weitgehend vorbereitet und aushandelt, um eine sinnvolle Meinungsbildung im bVG zu ermöglichen.¹⁷ Die Wahl des Verhandlungsausschusses kann in der Geschäftsordnung vorgesehen werden, aber auch ad hoc erfolgen.¹⁸

IV. Streitigkeiten

6   Streitigkeiten aus § 12 sind im arbeitsgerichtlichen Beschlussverfahren nach § 2a Abs. 1 Nr. 3 lit. e ArbGG, §§ 80 ff. ArbGG auszutragen.¹⁹ Örtlich zuständig ist das Arbeitsgericht, in dessen Bezirk die SE ihren Sitz nehmen wird. Nur Verstöße gegen wesentliche Wahlvorschriften begründen eine gerichtliche Wahlanfechtung (§ 37 Abs. 2 S. 1 analog). Weil sich § 12 systematisch ebenfalls noch auf die Bildung des bVG bezieht, sind § 44 Nr. 2, § 45 Abs. 2 Nr. 2 anwendbar.

V. SCEBG und MgVG

7   § 12 entspricht **§ 12 SCEBG** und **§ 14 MgVG.**

§ 13 Zusammenarbeit zwischen besonderem Verhandlungsgremium und Leitungen

(1) ¹**Das besondere Verhandlungsgremium schließt mit den Leitungen eine schriftliche Vereinbarung über die Beteiligung der Arbeitnehmer in der SE ab.** ²**Zur Erfüllung dieser Aufgabe arbeiten sie vertrauensvoll zusammen.**

(2) ¹**Die Leitungen haben dem besonderen Verhandlungsgremium rechtzeitig alle erforderlichen Auskünfte zu erteilen und die erforderlichen Unterlagen zur Verfügung zu stellen.** ²**Das besondere Verhandlungsgremium ist insbesondere über das Gründungsvorhaben und den Verlauf des Verfahrens bis zur Eintragung der SE zu unterrichten.** ³**Zeitpunkt, Häufigkeit und Ort der Verhandlungen werden zwischen den Leitungen und dem besonderen Verhandlungsgremium einvernehmlich festgelegt.**

I. Einleitung

1   Die Regelungen in § 13, der sich zum Teil an Art. 4 Abs. 1 Beteiligungs-RL anlehnt, beziehen sich auf den Abschluss der Vereinbarung über die Beteiligung der Arbeitnehmer in der SE und enthält Grundsätze über die Zusammenarbeit zwischen dem bVG und den Leitungen.

---

¹³ Anders wohl Lutter/Hommelhoff/Teichmann/*Oetker* Rn. 16, der für eine analoge Anwendung des § 26 Abs. 2 BetrVG plädiert; vgl. auch NK-SE/*Evers* Rn. 7.
¹⁴ Kölner Komm AktG/*Feuerborn* Rn. 10; Habersack/Drinhausen/*Hohenstatt/Müller-Bonanni* Rn. 4.
¹⁵ Wohl zum Teil anders bei Lutter/Hommelhoff/Teichmann/*Oetker* Rn. 15.
¹⁶ So (obligatorisch) § 33i Abs. 3 des „Entwurfs einer Regelung zur Mitbestimmungsvereinbarung sowie zur Größe des mitbestimmten Aufsichtsrats" des Arbeitskreises „Unternehmerische Mitbestimmung" ZIP 2009, 889.
¹⁷ Habersack/Drinhausen/*Hohenstatt/Müller-Bonanni* Rn. 4.
¹⁸ Habersack/Drinhausen/*Hohenstatt/Müller-Bonanni* Rn. 4.
¹⁹ So auch für § 12 EBRG *Blanke* EBRG § 12 Rn. 3.

II. Vereinbarung zwischen dem besonderen Verhandlungsgremium und den Leitungen

Ziel der Verhandlungen zwischen dem bVG und den Leitungen ist der Abschluss einer **Vereinbarung nach § 21** über die Beteiligung der Arbeitnehmer in der SE (§ 13 Abs. 1 S. 1). Der Beschluss über den Abschluss einer Vereinbarung nach § 13 Abs. 1 S. 1 ist in die Niederschrift gem. § 17 aufzunehmen (S. 1 Nr. 1). Für das **bVG** enthalten die §§ 4 ff. Regelungen, die sich an das in §§ 8 ff. EBRG normierte Modell anlehnen. Für den Verhandlungspartner auf der Seite der an der Gründung der SE beteiligten Gesellschaften enthalten weder die Beteiligungs-RL noch das SEBG Vorschriften. Die **Leitungen** können deshalb grundsätzlich autonom festlegen, wer für sie die Verhandlungen führt und in welcher Form die an der Gründung der SE beteiligten Gesellschaften in die Verhandlungen institutionell eingebunden werden.[1] Insbesondere müssen auf der Seite der Leitungen nicht die einzelnen Organvertreter persönlich die Verhandlungen führen. Sie können sich nach allgemeinen Grundsätzen durch geeignete und bevollmächtigte Personen, zB durch Prokuristen, vertreten lassen.[2] Es ist auch möglich, dass sich die beteiligten Gesellschaften untereinander Verhandlungsvollmacht erteilen oder – ähnlich wie das bVG auf Arbeitnehmerseite – ein **einheitliches Verhandlungsorgan** bilden, über dessen Zusammensetzung und Kompetenzen sie frei entscheiden (vgl. auch → § 21 Rn. 10).[3]

III. Grundsatz der vertrauensvollen Zusammenarbeit

§ 13 Abs. 1 S. 2 überträgt den in § 2 BetrVG verankerten Grundsatz der vertrauensvollen Zusammenarbeit, der im SEBG allgemein in § 40 normiert ist, auch auf das Zusammenwirken zwischen dem bVG und den Leitungen. Damit gelten für § 13 Abs. 1 S. 2 die Grundsätze des § 40 (näher → § 40 Rn. 2). Speziell für die Verhandlungen bedeutet das, dass das **bVG** und die **Leitungen** streitige Fragen mit dem **ernstlichen Willen zur Einigung** zu behandeln haben.[4] Daraus folgt allerdings weder eine Verhandlungspflicht der Leitungen noch ein Verhandlungsanspruch des bVG, der durchgesetzt werden könnte: Die **Verhandlungen** sind nur eine **Obliegenheit** der Leitungen, da andernfalls die Rechtsfolgen der § 22 Abs. 1 Nr. 2, § 34 Abs. 1 (gesetzliche Auffangregelung) greifen (→ § 16 Rn. 3, → § 20 Rn. 4).[5] Das gilt natürlich auch umgekehrt: Das bVG trifft ebenfalls keine Verhandlungspflicht.[6] Auch ein **Einigungszwang** kann weder für die eine noch für die andere Seite aus § 13 Abs. 1 S. 2 abgeleitet werden.[7] Das gilt ebenfalls für § 20 Abs. 2: Es gibt keinen Anspruch gegen die andere Seite, dem Wunsch nach einer Verlängerung der Verhandlungspflicht zuzustimmen (→ § 20 Rn. 3). Auch im Übrigen gibt es keine eigenständige Sanktion für einen Verstoß gegen das Gebot der vertrauensvollen Zusammenarbeit.[8] § 13 Abs. 1 S. 2 verpflichtet nicht nur das bVG und die Leitungen, sondern auch deren **Mitglieder,** soweit ihr Tätigwerden sich auf die Verhandlungen bezieht. Die **Vertraulich-**

---

[1] So auch Habersack/Drinhausen/*Hohenstatt/Müller-Bonanni* Rn. 2; NK-ArbR/*Sagan* Rn. 3.
[2] *Grobys* NZA 2005, 84 (86).
[3] *Kienast* in Jannott/Frodermann SE-HdB Kap. 13 Rn. 106; Vorschlag eines neuen § 10b (Verhandlungsgremium auf Unternehmensseite; Bildung und Zusammensetzung) durch den AKK ZIP 2010, 2222 f.
[4] BR-Drs. 438/04, 122; ebenso Lutter/Hommelhoff/Teichmann/*Oetker* Rn. 6.
[5] Ebenso NK-SE/*Bodenstedt/Evers* Rn. 3; *Benker,* Die Gestaltung der Mitbestimmung in der SE, 2019, 98; Kölner Komm AktG/*Feuerborn* Rn. 9; *Forst,* Die Beteiligungsvereinbarung nach § 21 SEBG, 2010, 141 f.; Nagel/Freis/Kleinsorge/*Freis* Rn. 6; HWK/*Hohenstatt/Dzida* SEBG Rn. 26; Habersack/Drinhausen/*Hohenstatt/Müller-Bonanni* Rn. 3; *Hoops,* Die Mitbestimmungsvereinbarung in der SE, 2009, 82 ff.; Lutter/Hommelhoff/Teichmann/*Oetker* Rn. 7; *Rieble* BB 2006, 2018 (2020); aA *von der Heyde,* Die Beteiligung der Arbeitnehmer in der Societas Europaea (SE), 2007, 206; *Kienast* in Jannott/Frodermann SE-HdB Kap. 13 Rn. 352.
[6] *Benker,* Die Gestaltung der Mitbestimmung in der SE, 2019, 98.
[7] Kölner Komm AktG/*Feuerborn* Rn. 8; Habersack/Drinhausen/*Hohenstatt/Müller-Bonanni* Rn. 3; *Krause* BB 2005, 1221 (1225); Lutter/Hommelhoff/Teichmann/*Oetker* Rn. 7; *Scheibe,* Die Mitbestimmung der Arbeitnehmer in der SE unter besonderer Berücksichtigung des monistischen Systems, 2007, 76; ähnlich Nagel/Freis/Kleinsorge/*Freis* Rn. 6: kein Anspruch auf bestimmten Verhandlungsverlauf oder bestimmtes Verhandlungsergebnis.
[8] Habersack/Drinhausen/*Hohenstatt/Müller-Bonanni* Rn. 6.

keit der Beratungen ist gesetzlich nicht angeordnet,[9] ob man sie aus § 13 Abs. 1 S. 2 ableiten kann, ist zweifelhaft. Gegen sie spricht, dass die fortlaufende Rückkopplung der Mitglieder des bVG mit den Betriebsratsgremien die Verhandlungen auch im Interesse der Unternehmensleitung vermutlich erleichtert und die spätere Akzeptanz des Verhandlungsergebnisses auf Arbeitnehmerseite fördert. Eine andere Frage ist der Schutz der Vertraulichkeit von Betriebs- oder Geschäftsgeheimnissen. Er wird durch § 41 gewährleistet (→ § 41 Rn. 2 ff.). Dem Zweck des § 13 Abs. 1 S. 2 entsprechend unterliegt auch das **Wahlgremium** dem Grundsatz der vertrauensvollen Zusammenarbeit, soweit es wie zB in § 11 Abs. 1 S. 2 mit den Leitungen in Berührung gerät. **Maßnahmen des Arbeitskampfes** zur Erzwingung einer Beteiligungsvereinbarung gem. § 21 sind bereits mit Blick auf die ausdifferenzierte Konzeption des SEBG **rechtswidrig** (→ § 21 Rn. 12; → § 40 Rn. 3); sie verstießen aber auch gegen § 13 Abs. 1 S. 2.[10]

IV. Verhandlungsbegleitende Maßnahmen der Leitungen

4 Die Leitungen haben dem bVG nach § 13 Abs. 2 S. 1 rechtzeitig alle erforderlichen **Auskünfte zu erteilen** und die erforderlichen **Unterlagen zur Verfügung zu stellen** (vergleichbare Vorschrift in § 80 Abs. 2 S. 1 und 2 BetrVG, dessen Interpretationsmaßstäbe auch bei der Auslegung des § 13 Abs. 2 herangezogen werden können). Der Zweck des § 13 Abs. 2 S. 1 besteht darin, das bVG „verhandlungsfähig" zu machen. **Rechtzeitig** ist die Auskunft nur erteilt, wenn das bVG in einer gesonderten Sitzung über die erhaltenen Informationen beraten kann, bevor es in die Verhandlungen mit den Leitungen geht.[11] Die Form der Auskunft steht im Ermessen der Leitungen.[12] Allerdings muss das bVG in zumutbarer Weise von den Informationen Kenntnis nehmen können, sodass zB Unterlagen in der Regel nicht nur bereit gehalten, sondern auch überlassen werden müssen.[13] Zu den **Informationen,** die dem bVG nicht nur vor Beginn der ersten Verhandlung, sondern – wie sich aus dem Zweck des § 13 Abs. 2 ergibt – fortlaufend bis zum Abschluss des Verhandlungsverfahrens und im Übrigen unaufgefordert[14] zur Verfügung gestellt werden müssen, gehören insbesondere solche über das Gründungsvorhaben und den Verlauf des Verfahrens bis zur Eintragung der SE (§ 13 Abs. 2 S. 2). Einen Anhaltspunkt für die „erforderlichen Auskünfte" gibt der nicht abschließende Katalog des § 4 Abs. 3 (vgl. auch → § 4 Rn. 22 f.).[15] Jedes Mitglied des bVG muss die Informationen verstehen können; ggf. ist deshalb eine Übersetzung der Informationen in eine andere Sprache vorzusehen. Anders als nach § 8 Abs. 2 EBRG besteht trotz des nicht ganz eindeutigen Wortlauts des § 13 Abs. 2 **kein Auskunftsanspruch,** auch nicht aus § 13 Abs. 1 S. 2.[16] Solange das bVG nicht ausreichend informiert ist, braucht es sich nicht auf eine Vereinbarung nach § 21 einzulassen, sodass als „Sanktion" im Zweifel die gesetzliche Auffangregelung greift (§ 22 Abs. 1 Nr. 2, § 34 Abs. 1). Es handelt sich bei § 13 Abs. 2 S. 1 deshalb um eine bloße **Obliegenheit.** Die **Grenze der Auskunftserteilung** ist § 41 Abs. 1 zu entnehmen (→ § 41 Rn. 2 f.).[17]

---

[9] Anders § 33c Abs. 1 S. 3 Hs. 2 des „Entwurfs einer Regelung zur Mitbestimmungsvereinbarung sowie zur Größe des mitbestimmten Aufsichtsrats" des Arbeitskreises „Unternehmerische Mitbestimmung" ZIP 2009, 888; krit. dazu *Jacobs* ZIP-Beil. 48/2009, 23.

[10] Vgl. Kölner Komm AktG/*Feuerborn* Rn. 7; Lutter/Hommelhoff/Teichmann/*Oetker* Rn. 7.

[11] Ebenso Kölner Komm AktG/*Feuerborn* Rn. 10; *Forst*, Die Beteiligungsvereinbarung nach § 21 SEBG, 2010, 155; Habersack/Drinhausen/*Hohenstatt/Müller-Bonanni* Rn. 4.

[12] Kölner Komm AktG/*Feuerborn* Rn. 15; Habersack/Drinhausen/*Hohenstatt/Müller-Bonanni* Rn. 4.

[13] Etwas enger Lutter/Hommelhoff/Teichmann/*Oetker* Rn. 13: nur soweit vom bVG verlangt.

[14] Kölner Komm AktG/*Feuerborn* Rn. 16.

[15] Ebenso Kölner Komm AktG/*Feuerborn* Rn. 12; *Forst*, Die Beteiligungsvereinbarung nach § 21 SEBG, 2010, 156.

[16] *Forst*, Die Beteiligungsvereinbarung nach § 21 SEBG, 2010, 154 f.; anders NK-SE/*Bodenstedt/Evers* Rn. 8; Kölner Komm AktG/*Feuerborn* Rn. 11; Nagel/Freis/Kleinsorge/*Freis* Rn. 7, 9; HWK/*Hohenstatt/ Dzida* SEBG Rn. 26; Habersack/Drinhausen/*Hohenstatt/Müller-Bonanni* Rn. 4; *Köklü* in Van Hulle/Maul/ Drinhausen SE-HdB Abschnitt 6 Rn. 45: „Auskunftsanspruch"; *Krause* BB 2005, 1221 (1225); Lutter/Hommelhoff/Teichmann/*Oetker* Rn. 9; NK-ArbR/*Sagan* Rn. 1.

[17] So auch Habersack/Drinhausen/*Hohenstatt/Müller-Bonanni* Rn. 4.

§ 41 Abs. 4 Nr. 1 verpflichtet demgegenüber die Mitglieder und Ersatzmitglieder des bVG zur **Vertraulichkeit** (→ § 41 Rn. 5 ff.).

Nach § 13 Abs. 2 S. 3 sind Zeitpunkt, Häufigkeit und Ort der Verhandlungen zwischen den Leitungen und dem bVG **einvernehmlich festzulegen**. Dabei ist der Grundsatz der vertrauensvollen Zusammenarbeit (§ 13 Abs. 1 S. 2) besonders bedeutsam. Außerdem ist § 19 (Kosten des bVG) zu beachten. Im Zweifel sind deshalb zB die von den beteiligten Gesellschaften (oder später nach der Wiederaufnahme von Verhandlungen (§ 18): die von der SE) zur Verfügung gestellten Räume zu benutzen (→ § 19 Rn. 3).[18] Das bedeutet zB, dass das bVG unabhängig von den gemeinsamen Sitzungen berechtigt ist, auch zwischen den gemeinsamen Terminen in Abwesenheit der Leitungen der beteiligten Gesellschaften zu tagen.[19]

V. Streitigkeiten

Streitigkeiten über das Zustandekommen und den Inhalt einer Vereinbarung nach § 13 Abs. 1, § 21 und alle anderen Fragen, die sich bei der Anwendung des § 13 stellen können, sind im arbeitsgerichtlichen Beschlussverfahren nach § 2a Abs. 1 Nr. 3 lit. e ArbGG, §§ 80 ff. ArbGG zu klären. Die örtliche Zuständigkeit des Arbeitsgerichts ergibt sich aus § 82 Abs. 3 ArbGG und richtet sich nach dem künftigen Sitz der SE.

VI. SCEBG und MgVG

§ 13 entspricht **§ 13 SCEBG** und **§ 15 MgVG**.

§ 14 Sachverständige und Vertreter von geeigneten außenstehenden Organisationen

(1) ¹Das besondere Verhandlungsgremium kann bei den Verhandlungen Sachverständige seiner Wahl, zu denen auch Vertreter von einschlägigen Gewerkschaftsorganisationen auf Gemeinschaftsebene zählen können, hinzuziehen, um sich von ihnen bei seiner Arbeit unterstützen zu lassen. ²Diese Sachverständigen können, wenn das besondere Verhandlungsgremium es wünscht, an den Verhandlungen in beratender Funktion teilnehmen.

(2) Das besondere Verhandlungsgremium kann beschließen, die Vertreter von geeigneten außenstehenden Organisationen vom Beginn der Verhandlungen zu unterrichten.

I. Einleitung

Die Vorschrift setzt Art. 3 Abs. 5 Beteiligungs-RL um.[1] Sie soll die Tätigkeit des bVG durch die Hinzuziehung von Sachverständigen unterstützen.

II. Hinzuziehung von Sachverständigen

Nach § 14 Abs. 1 S. 1 kann das bVG bei den Verhandlungen **Sachverständige,** zu denen auch Vertreter von einschlägigen Gewerkschaftsorganisationen auf „Gemeinschaftsebene" zählen können, **hinzuziehen,** um sich von ihnen bei seiner Arbeit unterstützen zu lassen. § 32 ist nicht einschlägig.[2] Die Hinzuziehung erfordert einen Beschluss mit der Mehrheit des § 15 Abs. 2.[3]

---

[18] Habersack/Drinhausen/*Hohenstatt/Müller-Bonanni* § 12 Rn. 2.
[19] Ebenso Kölner Komm AktG/*Feuerborn* Rn. 20; *Oetker* in Lutter/Hommelhoff EU-Gesellschaft 298; *Oetker* BB-Special 1/2005, 2 (9).
[1] Zur Regelung in der Beteiligungs-RL *Kuffner,* Die Beteiligung der Arbeitnehmer in der Europäischen Aktiengesellschaft, 2003, 144 ff. mwN.
[2] Anders *Wisskirchen/Prinz* DB 2004, 2638 (2639).
[3] Kölner Komm AktG/*Feuerborn* Rn. 3.

3   Das bVG hat grundsätzlich die **freie Wahl,** welchen Sachverständigen und wie viele Sachverständige es hinzuzieht.[4] Allerdings richtet sich die Kostenerstattung auch bei Sachverständigen nach § 19 (→ § 19 Rn. 4), der nur die Erstattung der **erforderlichen Kosten** vorsieht (→ § 19 Rn. 2). Insoweit unterscheidet sich § 14 von § 13 Abs. 4 S. 1 EBRG, der die ausdrückliche Einschränkung enthält, die Hinzuziehung müsse zur ordnungsgemäßen Erfüllung der Aufgaben des bVG erforderlich sein.[5] Für die Bindung an den Erforderlichkeitsgrundsatz unabhängig von der Frage der Kostenerstattung spricht der **Grundsatz der vertrauensvollen Zusammenarbeit,** der nicht nur allgemein in § 40, sondern auch speziell für die Zusammenarbeit zwischen dem bVG und den Leitungen in § 13 Abs. 1 S. 2 niedergelegt ist.[6] Wenn das bVG seine Aufgaben mangels eigener sachlicher oder rechtlicher Kenntnisse nicht sachgerecht erfüllen kann, hat es vor der Hinzuziehung nach § 14 wegen des Grundsatzes der vertrauensvollen Zusammenarbeit zunächst andere Möglichkeiten wie etwa Auskünfte durch Gewerkschaften oder das Studium von Fachliteratur auszuschöpfen.[7]

4   Das Recht auf Hinzuziehung zu den Verhandlungen nach § 14 Abs. 1 S. 1 umfasst das Recht, Sachverständige auch zu den an sich nicht öffentlichen **Sitzungen** des bVG zuzulassen (→ § 12 Rn. 4). Dafür ist ein Beschluss mit der Mehrheit des § 15 Abs. 2 erforderlich.[8] Über das Hinzuziehungsrecht hinaus können die **Sachverständigen** auf Wunsch des bVG gem. § 14 Abs. 1 S. 2 an den Verhandlungen in beratender Funktion **teilnehmen.**[9] Eine Zustimmung der Leitungen der beteiligten Gesellschaften ist dafür nicht erforderlich (Duldungspflicht).[10] Es gibt umgekehrt kein Ablehnungs- oder Ausschließungsrecht der Leitungen.[11] Das Recht auf Teilnahme nach § 14 Abs. 1 S. 2 haben alle Sachverständigen, nicht nur die Vertreter einschlägiger Gewerkschaftsorganisationen auf Unionsebene.[12] Es gibt aber kein allgemeines Teilnahmerecht für Gewerkschaftsvertreter (→ § 12 Rn. 4).

5   Zu den Sachverständigen können nach § 14 Abs. 1 S. 1, der sich an den Wortlaut der Richtlinie hält, auch Vertreter von einschlägigen **Gewerkschaftsorganisationen auf „Gemeinschaftsebene"** zählen. Anders als in § 13 Abs. 4 S. 1 EBRG genügt es nicht, dass es sich um Gewerkschaftsbeauftragte handelt. Der Gesetzgeber hält sie wegen ihres Sachverstands für besonders geeignet, die Stimmigkeit von Regelungen auf Unionsebene zu fördern.[13] Das schließt nicht aus, dass auch Vertreter nationaler Gewerkschaften wie der im DGB zusammengeschlossenen Gewerkschaften als Sachverständige herangezogen werden.[14] Auf sie wird in der Praxis oft zurückgegriffen.[15] Erforderlich ist lediglich eine besondere Sachkunde, die bei den genannten Sachverständigen zu vermuten ist. Es kommt deshalb auch nicht darauf an, ob es sich wie bei § 6 Abs. 3 um eine Gewerkschaft handelt, die in einer an der Gründung der SE beteiligten Gesellschaften vertreten ist.[16] Im Übrigen sind **Sachverständige** iSd Vorschrift alle Personen, die Kenntnisse haben,

---

[4] So auch Habersack/Drinhausen/*Hohenstatt/Müller-Bonanni* Rn. 2.
[5] Zum Streit über die Richtlinienkonformität des § 13 Abs. 4 S. 1 EBRG näher GK-BetrVG/*Oetker* EBRG § 13 Rn. 14 f. mwN.
[6] IE ebenso *Oetker* BB-Special 1/2005, 2 (8); Lutter/Hommelhoff/Teichmann/*Oetker* Rn. 7.
[7] Habersack/Drinhausen/*Hohenstatt/Müller-Bonanni* Rn. 2; Lutter/Hommelhoff/Teichmann/*Oetker* Rn. 8.
[8] So auch Lutter/Hommelhoff/Teichmann/*Oetker* Rn. 10.
[9] Kölner Komm AktG/*Feuerborn* Rn. 6.
[10] Ebenso *Forst* ZESAR 2019, 274; Lutter/Hommelhoff/Teichmann/*Oetker* Rn. 11, 13.
[11] *Forst,* Die Beteiligungsvereinbarung nach § 21 SEBG, 2010, 159; Lutter/Hommelhoff/Teichmann/*Oetker* Rn. 10.
[12] Kölner Komm AktG/*Feuerborn* Rn. 6; Habersack/Drinhausen/*Hohenstatt/Müller-Bonanni* Rn. 2.
[13] BR-Drs. 438/04, 123; ebenso Nagel/Freis/Kleinsorge/*Freis* Rn. 5.
[14] Kölner Komm AktG/*Feuerborn* Rn. 5; *Forst* ZESAR 2019, 274; Habersack/Drinhausen/*Hohenstatt/Müller-Bonanni* Rn. 2; Lutter/Hommelhoff/Teichmann/*Oetker* Rn. 9; *Wirtz,* Der SE-Betriebsrat, 2013, 118; NK-ArbR/*Sagan* Rn. 2; krit. Stellungnahme von BDA, BDI, DIHK, GDV, BdB und DAI zum RefE eines SEEG vom 3.5.2004, 10: kein Sachverstand zu vermuten.
[15] Habersack/Drinhausen/*Hohenstatt/Müller-Bonanni* Rn. 2.
[16] Lutter/Hommelhoff/Teichmann/*Oetker* Rn. 9; aA *Joost* in Oetker/Preis AES B 8200 Rn. 88.

welche die Mitglieder des bVG nicht haben.[17] Hierbei handelt es sich meist um Rechtsanwälte.[18]

Sonstige Dritte können an den Verhandlungen nur **teilnehmen,** wenn die Leitungen mit ihrer Teilnahme **einverstanden** sind. Sie können aber weder vom bVG noch vom einzelnen Mitglied bevollmächtigt werden, an Stelle eines Mitglieds des bVG zu handeln (und ggf. abzustimmen), wenn es sich nicht um ein Ersatzmitglied handelt, das an die Stelle des Mitglieds gerückt ist (→ § 6 Rn. 2; → § 15 Rn. 3). 6

III. Unterrichtung von geeigneten außenstehenden Organisationen

Das bVG kann sich aber auch darauf beschränken, mit der Mehrheit des § 15 Abs. 2 zu beschließen,[19] die Vertreter von geeigneten außenstehenden Organisationen vom Beginn der Verhandlungen zu unterrichten, ohne sie zugleich nach § 14 Abs. 1 einzubeziehen (§ 14 Abs. 2).[20] Die Organisation ist geeignet, wenn sie die Wahrnehmung der Aufgaben des bVG fördern kann.[21] 7

IV. Streitigkeiten

Für Streitigkeiten aus § 14 ist das Arbeitsgericht im Beschlussverfahren nach § 2a Abs. 1 Nr. 3 lit. e ArbGG, §§ 80 ff. ArbGG zuständig. Örtlich ist das Arbeitsgericht zuständig, in dessen Bezirk die SE ihren künftigen Sitz haben wird. 8

V. SCEBG und MgVG

§ 14 entspricht **§ 14 SCEBG** und **§ 16 MgVG.** 9

§ 15 Beschlussfassung im besonderen Verhandlungsgremium

(1) ¹Die Mitglieder des besonderen Verhandlungsgremiums, die in einem Mitgliedstaat gewählt oder bestellt werden, vertreten alle in dem jeweiligen Mitgliedstaat beschäftigten Arbeitnehmer. ²Solange aus einem Mitgliedstaat keine Mitglieder in das besondere Verhandlungsgremium gewählt oder bestellt sind (§ 11 Abs. 2), gelten die betroffenen Arbeitnehmer als nicht vertreten.

(2) ¹Das besondere Verhandlungsgremium beschließt vorbehaltlich des Absatzes 3 und § 16 Abs. 1 mit der Mehrheit seiner Mitglieder, in der zugleich die Mehrheit der vertretenen Arbeitnehmer enthalten sein muss. ²Jedes auf das Inland entfallende Mitglied vertritt gleich viele Arbeitnehmer.

(3) ¹Hätten die Verhandlungen eine Minderung der Mitbestimmungsrechte zur Folge, so ist für einen Beschluss zur Billigung einer solchen Vereinbarung eine Mehrheit von zwei Dritteln der Mitglieder des besonderen Verhandlungsgremiums erforderlich, die mindestens zwei Drittel der Arbeitnehmer in mindestens zwei Mitgliedstaaten vertreten. ²Dies gilt
1. im Fall einer SE, die durch Verschmelzung gegründet werden soll, sofern sich die Mitbestimmung auf mindestens 25 Prozent der Gesamtzahl der Arbeitnehmer der beteiligten Gesellschaften und der betroffenen Tochtergesellschaften erstreckt oder
2. im Fall einer SE, die als Holding-Gesellschaft oder als Tochtergesellschaft gegründet werden soll, sofern sich die Mitbestimmung auf mindestens 50 Pro-

---
[17] Nagel/Freis/Kleinsorge/*Freis* Rn. 8; etwas enger in der Formulierung Lutter/Hommelhoff/Teichmann/ *Oetker* Rn. 8: besondere Sachkunde muss sich auf die „Arbeit" des bVG beziehen.
[18] Habersack/Drinhausen/*Hohenstatt/Müller-Bonanni* Rn. 2.
[19] Ebenso Lutter/Hommelhoff/Teichmann/*Oetker* Rn. 17.
[20] Krit. Stellungnahme DAV-Handelsrechtsausschuss zum RegE des SEEG vom Juli 2004, 10: sinnlose Regelung.
[21] Habersack/Drinhausen/*Hohenstatt/Müller-Bonanni* Rn. 3.

zent der Gesamtzahl der Arbeitnehmer der beteiligten Gesellschaften und der betroffenen Tochtergesellschaften erstreckt.

(4) Minderung der Mitbestimmungsrechte bedeutet, dass
1. der Anteil der Arbeitnehmervertreter im Aufsichts- oder Verwaltungsorgan der SE geringer ist als der höchste in den beteiligten Gesellschaften bestehende Anteil oder
2. das Recht, Mitglieder des Aufsichts- oder Verwaltungsorgans der Gesellschaft zu wählen, zu bestellen, zu empfehlen oder abzulehnen, beseitigt oder eingeschränkt wird.

(5) Wird eine SE durch Umwandlung gegründet, kann ein Beschluss nach Absatz 3 nicht gefasst werden.

Übersicht

	Rn.		Rn.
I. Einleitung	1	1. Erfordernis einer qualifizierten Mehrheit	7–18
II. Repräsentation der in einem Mitgliedstaat beschäftigten Arbeitnehmer	2	a) Überschreitung von Schwellenwerten	8–11
		b) Tatbestand der Minderung	12–18
III. Willensbildung durch Beschluss; Sitzungen	3–5	2. Ausschluss bei SE-Gründung durch Umwandlung	19
IV. Zulässigkeit der Minderung von Mitbestimmungsrechten	6–19	V. Streitigkeiten	20
		VI. SCEBG und MgVG	21

I. Einleitung

1   Während das SEBG die Ausgestaltung des besonderen Verhandlungsverfahrens weitgehend den Beteiligten überlässt, enthält § 15, welcher der Umsetzung von Art. 3 Abs. 4 Beteiligungs-RL[1] und zum Teil auch von Art. 4 Abs. 4 Beteiligungs-RL dient, eine Regelung über die Beschlussfassung im bVG. § 15 Abs. 1 normiert den Grundsatz der Repräsentation, § 15 Abs. 2 enthält Aussagen zur Willensbildung durch Beschluss. § 15 Abs. 3–5 enthält Regelungen zur Minderung von Mitbestimmungsrechten.

II. Repräsentation der in einem Mitgliedstaat beschäftigten Arbeitnehmer

2   In § 15 Abs. 1 S. 1 ist ähnlich wie in § 5 der **Grundsatz** ausgedrückt, dass alle in einem Mitgliedstaat beschäftigten Arbeitnehmer durch ihre gewählten oder bestellten Mitglieder im bVG **repräsentiert** werden. Bei welcher Gesellschaft die Mitglieder des bVG als Arbeitnehmer beschäftigt sind, ist dabei ohne Belang.[2] Allerdings sind Arbeitnehmer gem. § 15 Abs. 1 S. 2 bei Abstimmungen zahlenmäßig nicht zu berücksichtigen, solange aus ihrem Mitgliedstaat (noch) keine Mitglieder in das bVG gewählt oder bestellt sind (§ 11 Abs. 2; → § 11 Rn. 4 f.).

III. Willensbildung durch Beschluss; Sitzungen

3   Beschlüsse des bVG bedürfen nach § 15 Abs. 2 S. 1 grundsätzlich einer **doppelten Mehrheit:** einer Mehrheit „nach Köpfen" der Mitglieder, in der allerdings zugleich die Mehrheit der durch sie vertretenen Arbeitnehmer enthalten sein muss. Teilzeitbeschäftigte zählen nicht anteilig, sondern voll (→ § 2 Rn. 4); entscheidender Zeitpunkt ist derjenige der Informationserteilung nach § 4 Abs. 2 (§ 4 Abs. 4; → § 4 Rn. 26). „Mehrheit seiner Mitglieder" (§ 15 Abs. 2 S. 1) bedeutet wie bei § 13 Abs. 3 EBRG die Mehrheit der Stim-

---

[1] Zur Regelung in der Beteiligungs-RL *Kuffner,* Die Beteiligung der Arbeitnehmer in der Europäischen Aktiengesellschaft, 2003, 134 ff. mwN.
[2] BR-Drs. 438/04, 123.

men der Mitglieder (**absolute Mehrheit**),³ nicht dagegen die Mehrheit der an der Abstimmung teilnehmenden Mitglieder (relative Mehrheit), wie sie zB § 28 S. 1 EBRG ausdrücklich vorsieht.⁴ Enthaltungen sind zulässig, wirken sich wegen des Erfordernisses einer absoluten Mehrheit jedoch wie eine Abwesenheit als Ablehnung aus.⁵ Bei Stimmengleichheit liegt keine Mehrheit vor, der Antrag ist abgelehnt. Jeder Mitgliedstaat bestimmt selbst, wie viele Arbeitnehmer ein Mitglied des bVG jeweils vertritt.⁶ Die Zahl aller **im Inland** beschäftigten Arbeitnehmer wird gem. § 15 Abs. 2 S. 2 gleichmäßig auf die für sie gewählten Mitglieder im bVG verteilt. Gewillkürte **Stellvertretung** ist **unzulässig** (näher → § 6 Rn. 2).⁷

Beschlüsse sind grundsätzlich in **Sitzungen** zu fassen (vgl. § 12 Abs. 1 S. 1 und Abs. 2). **4** Die Sitzungen des bVG sind, auch wenn eine ausdrückliche Regelung im SEBG fehlt, **nicht öffentlich** (§ 30 S. 4 BetrVG analog).⁸ **Teilnahmeberechtigt** sind die Mitglieder des bVG, nicht indessen die Vertreter der Leitungen. Außenstehende Dritte haben nur in den Grenzen des § 14, nach dem Sachverständige nicht nur an den Verhandlungen teilnehmen, sondern nach entsprechendem Beschluss des bVG auch zu den Sitzungen zugelassen werden dürfen (→ § 14 Rn. 4), ein Teilnahmerecht. Es gibt vor allem, zumal eine § 31 BetrVG oder § 13 Abs. 4 S. 3 EBRG entsprechende Regelung fehlt, **kein allgemeines Recht auf Teilnahme** für **Gewerkschaftsvertreter** (→ Vor § 1 Rn. 39).

Dass Beschlüsse des bVG grundsätzlich in **Sitzungen** zu fassen sind, bedeutet zwar, dass **5** eine Beschlussfassung im Wege des schriftlichen **Umlaufverfahrens unzulässig** ist.⁹ Die Mitglieder des bVG müssen gleichwohl **nicht physisch zusammenkommen**,¹⁰ vielmehr genügt es, die Sitzung des bVG in Form einer **Video- oder Telefonkonferenz** durchzuführen.¹¹ §§ 12, 15 Abs. 2 verlangen anders als § 33 Abs. 1 S. 1 BetrVG für den Betriebsrat gerade keine Anwesenheit der Gremiumsmitglieder.¹² Das Gleiche folgt aus dem Umkehrschluss zu § 10 Abs. 1 S. 1 (Wahl der Mitglieder des Wahlgremiums) und § 24 Abs. 3 für den SE-Betriebsrat (Anwesenheit) und wird zudem durch die Ausnahmeregelung des § 48 für den SE-Betriebsrat belegt, die für das bVG nicht erforderlich ist.¹³ Aus § 41b EBRG, der für die Teilnahme an Sitzungen des bVG sowie die Beschlussfassung Video- und Telefonkonferenzen ausdrücklich zulässt, folgt nichts anderes, es handelt sich offensichtlich um eine „wenig durchdachte" Gesetzgebung.¹⁴ § 17 Abs. 1 S. 1 steht nicht entgegen, da die Aufnahme des Beschlusses zur Beteiligungsvereinbarung in eine Niederschrift keine Wirksamkeitsvoraussetzung ist (→ § 17 Rn. 1). Eine Beschlussfassung unter Anwesenden ist auch sachlich nicht erforderlich, weil der wechselseitige Meinungsaustausch, die kollektive Willensbildung, das Recht auf Teilnahme anderer Personen und der Grundsatz der Nichtöffentlichkeit (→ § 12 Rn. 4) in diesem Fall ohne persönliche Anwesenheit aller Mitglieder gesichert werden können. Das gilt insbesondere für die Beschlussfassung im Rahmen einer Videokonferenz.¹⁵ Zur **Beschlussfähigkeit** enthält das Gesetz anders als § 24 Abs. 3 S. 1

---

³ HWK/*Hohenstatt/Dzida* SEBG Rn. 27; Habersack/Drinhausen/*Hohenstatt/Müller-Bonanni* Rn. 3.
⁴ Art. 3 Abs. 4 S. 1 Beteiligungs-RL spricht ebenfalls von der absoluten Mehrheit; vgl. Lutter/Hommelhoff/Teichmann/*Oetker* § 14 Rn. 12.
⁵ Wie hier Habersack/Drinhausen/*Hohenstatt/Müller-Bonanni* Rn. 3; Lutter/Hommelhoff/Teichmann/*Oetker* Rn. 13.
⁶ Habersack/Drinhausen/*Hohenstatt/Müller-Bonanni* Rn. 3; AKRR/*Rudolph* Rn. 4.
⁷ Für § 33 BetrVG ebenso die hM, s. etwa GK-BetrVG/*Raab* BetrVG § 33 Rn. 28 mwN.
⁸ Ebenso Lutter/Hommelhoff/Teichmann/*Oetker* Rn. 23; abw. zum EBRG HWK/*Giesen* EBRG Rn. 49: Frage der Öffentlichkeit sei dem bVG zu überlassen.
⁹ *Krois/Wendler* DB 2020, 1009 (1013); für das BetrVG etwa *Haase* GmbHR 2020, 943 (945).
¹⁰ Unklar noch → 4. Aufl. 2017 Rn. 4 („anwesende" Mitglieder).
¹¹ *Krois/Wendler* DB 2020, 1009 (1013); *Mückl/Wittek* DB 2020, 1289 (1294); aA AKRR/*Rupp* Rn. 6; HWK/*Hohenstatt/Dzida* SEBG Rn. 27; aA Kölner Komm AktG/*Feuerborn* § 12 Rn. 8.
¹² *Krois/Wendler* DB 2020, 1009 (1013).
¹³ *Krois/Wendler* DB 2020, 1009 (1013).
¹⁴ *Mückl/Wittek* DB 2020, 1289 (1294): kein Umkehrschluss, Grund für eine Differenzierung nicht ersichtlich.
¹⁵ Insoweit zust. für § 33 BetrVG NK-ArbR/*Wolmerath* BetrVG § 33 Rn. 4 mwN. auch zur Gegenauffassung.

für den SE-Betriebsrat und § 33 Abs. 2 BetrVG für den Betriebsrat keine Regelung. Da Beschlüsse nach § 15 Abs. 2 mit der absoluten Mehrheit gefasst werden müssen, genügt es, dass mindestens so viele Mitglieder anwesend sind, um die eben erwähnte „doppelte Mehrheit" erreichen zu können.[16]

IV. Zulässigkeit der Minderung von Mitbestimmungsrechten

6   Regelungen zur Zulässigkeit der Minderung von Mitbestimmungsrechten durch eine Vereinbarung enthält § 15 Abs. 3–5.

7   **1. Erfordernis einer qualifizierten Mehrheit.** Für eine Minderung der Mitbestimmungsrechte sowie für die Nichtaufnahme oder den Abbruch der Verhandlungen nach § 16 Abs. 1 ist bei der Beschlussfassung im bVG gem. § 15 Abs. 3 eine **qualifizierte Mehrheit** erforderlich. Die qualifizierte Mehrheit bedeutet eine **dreifache Mehrheit:**[17] Die Beschlüsse bedürfen der Mehrheit von zwei Dritteln der Mitglieder des bVG, die mindestens zwei Drittel der Arbeitnehmer in mindestens zwei Mitgliedstaaten vertreten. Teilzeitbeschäftigte zählen voll (→ § 2 Rn. 4); der Zeitpunkt bestimmt sich gem. § 4 Abs. 4 (→ § 4 Rn. 26; vgl. auch → Rn. 9). Für die **Beschlussfähigkeit** bei der qualifizierten Mehrheit gilt, dass es möglich sein muss, mit den anwesenden Mitgliedern des bVG mindestens die qualifizierte Mehrheit zu erreichen.[18]

8   a) **Überschreitung von Schwellenwerten.** § 15 Abs. 3 S. 1 greift allerdings nur, wenn eine bestimmte **Mindestzahl von Arbeitnehmern** Mitbestimmungsrechte in die SE mitbringt (zur Berechnung der Arbeitnehmerzahl im gemeinsamen Betrieb mehrerer Unternehmen → § 2 Rn. 32). Im Falle einer SE, die durch **Verschmelzung** (Art. 2 Abs. 1 SE-VO, Art. 17 ff. SE-VO, §§ 5 ff. SEAG) gegründet werden soll, muss sich nach § 15 Abs. 3 S. 2 Nr. 1 die Mitbestimmung auf **mindestens 25%** der Gesamtzahl der Arbeitnehmer der beteiligten Gesellschaften und der betroffenen Tochtergesellschaften erstrecken. De lege ferenda sollte bei Anpassung des Schwellenwertes in § 34 Abs. 1 Nr. 2 auch der Schwellenwert des § 15 Abs. 3 S. 1 Nr. 1 auf ein Drittel angehoben werden (→ § 34 Rn. 12). Soll die SE als **Holding-Gesellschaft** (Art. 2 Abs. 2 SE-VO, Art. 32 ff. SE-VO, §§ 9 ff. SEAG) oder als **Tochtergesellschaft** (Art. 2 Abs. 3 SE-VO, Art. 35 f. SE-VO) gegründet werden, erhöht sich diese Zahl gem. § 15 Abs. 3 S. 2 Nr. 2 auf **mindestens 50%** der Gesamtzahl der Arbeitnehmer der beteiligten Gesellschaften und der betroffenen Tochtergesellschaften. Die Prozentsätze sind unterschiedlich hoch, weil bei Nr. 2 die Mitbestimmung im Ausgangsunternehmen erhalten bleibt.[19] Die SE-Gründung durch Umwandlung (Art. 2 Abs. 4, 37 SE-VO) ist in § 15 Abs. 5 gesondert geregelt (→ Rn. 19). Die Mindestzahlen beziehen sich auf das Bestehen von Mitbestimmungsrechten. Nicht entscheidend ist dagegen, ob für mindestens 25% oder 50% der Arbeitnehmer eine Minderung der Mitbestimmungsrechte eintreten würde.[20]

9   Weder im SEBG noch in der Beteiligungs-RL ist die Frage geregelt, zu welchem **Zeitpunkt** die Schwellenwerte zu ermitteln sind. Es wäre denkbar, insoweit auf den Beginn des Verhandlungsverfahrens abzustellen. Das ist die Einsetzung des bVG (§ 20 Abs. 1 S. 1), nach § 20 Abs. 1 S. 2 iVm § 12 Abs. 1 S. 1 also der Tag, an dem die Leitungen zur konstituierenden Sitzung eingeladen haben (→ § 12 Rn. 2). Näher am Gesetz ist indessen eine Anlehnung an **§ 4 Abs. 4,** der den Zeitpunkt der Ermittlung der Arbeitnehmerzahlen im Zusammenhang mit der Bildung und Zusammensetzung des bVG bestimmt (→ § 4 Rn. 26): der Tag der **Informationserteilung** (§ 4 Abs. 2).[21] Wenn während der Verhandlungen

---

[16] IE ebenso Lutter/Hommelhoff/Teichmann/*Oetker* Rn. 8, der sich jedoch für eine entsprechende Anwendung des § 33 Abs. 2 BetrVG ausspricht; aA Kölner Komm AktG/*Feuerborn* Rn. 9.
[17] Kölner Komm AktG/*Feuerborn* Rn. 10.
[18] Kölner Komm AktG/*Feuerborn* Rn. 9.
[19] HWK/*Hohenstatt/Dzida* SEBG Rn. 28.
[20] BR-Drs. 438/04, 124; ebenso Lutter/Hommelhoff/Teichmann/*Oetker* Rn. 28.
[21] Ebenso Kölner Komm AktG/*Feuerborn* Rn. 15; *Grobys* NZA 2005, 84 (88); Habersack/Drinhausen/Hohenstatt/*Müller-Bonanni* Rn. 7; *Joost* in Oetker/Preis AES B 8200 Rn. 96; Nagel/Freis/Kleinsorge/*Kleinsorge* § 4 Rn. 10.

Änderungen in der Beschäftigungsstruktur eintreten, sind sie bei der Beschlussfassung nur zu berücksichtigen, wenn sich dadurch auch die Zusammensetzung des bVG ändert (§ 5 Abs. 4).[22] **Teilzeitbeschäftigte** sind voll und nicht anteilig zu zählen (→ § 2 Rn. 4).

§ 15 Abs. 3 S. 2 erwähnt anders als Art. 3 Abs. 4 S. 3 Beteiligungs-RL nicht nur die Gesamtzahl der Arbeitnehmer der beteiligten Gesellschaften (§ 2 Abs. 2), sondern bezieht über die Regelung in der Richtlinie hinaus auch diejenigen der **betroffenen Tochtergesellschaften** (§ 2 Abs. 4) mit ein.[23] Wegen der Diskrepanz zur Richtlinie hält man § 15 Abs. 3 S. 2 zum Teil für **richtlinienwidrig**[24] und fordert die Anrufung des EuGH.[25] Der Wortlaut von Art. 3 Abs. 4 S. 3 Beteiligungs-RL sei eindeutig und nicht auslegungsfähig. Die Arbeitnehmer in den betroffenen Tochtergesellschaften könnten nicht berücksichtigt werden. Der Wortlaut alleine ist freilich ein schwaches Argument, wenn die Richtlinie eine unbewusste Regelungslücke enthält. Für das Vorliegen eines Redaktionsversehens gibt es genauso wenig Anhaltspunkte wie dagegen.[26]

Umso wichtiger ist der **mit der Richtlinie verfolgte Zweck**. In Erwägungsgrund 3 S. 1 Beteiligungs-RL ist bestimmt, dass die Gründung einer SE nicht zur Beseitigung oder zur Einschränkung der Gepflogenheiten der Arbeitnehmerbeteiligung, die in den an der Gründung einer SE beteiligten Gesellschaften herrschen, führen darf.[27] **Erwägungsgrund 18 S. 1 Beteiligungs-RL,** auf den auch der Gesetzgeber verweist, erklärt die Sicherung erworbener Rechte der Arbeitnehmer über ihre Beteiligung an Unternehmensentscheidungen zum „fundamentalen Grundsatz und erklärten Ziel" der Richtlinie. Beides spricht eher gegen eine bewusste Ausklammerung der betroffenen Tochtergesellschaften in Art. 3 Abs. 4 S. 3 Beteiligungs-RL,[28] zumal sich die Beteiligungsrechte der Arbeitnehmerseite auch auf die betroffenen Tochtergesellschaften erstrecken. Für die Mitbestimmung ergibt sich das mittelbar aus § 2 Abs. 3, für die Unterrichtung aus § 2 Abs. 10 S. 1, die sich auch auf Angelegenheiten bezieht, welche Tochtergesellschaften der SE – zu denen die betroffenen Tochtergesellschaften werden – betreffen. Zusätzlich ist zu bedenken, dass gerade in Holding-Strukturen die überwiegende Zahl der Arbeitnehmer in Tochtergesellschaften und nicht bei der Holding tätig ist. Klammerte man die Arbeitnehmer in den „betroffenen Tochtergesellschaften" aus, könnten die Schwellenwerte des § 15 Abs. 3 S. 2 durch die Bildung von Holding-Gesellschaften und eine Verlagerung von Entscheidungszuständigkeiten auf diese leicht unterschritten werden.[29] Die Berücksichtigung der in den betroffenen Tochtergesellschaften beschäftigten Arbeitnehmer in § 15 Abs. 3 S. 2 durch den Gesetzgeber entspricht deshalb auch dem Lichte des

---

[22] Nagel/Freis/Kleinsorge/*Kleinsorge* § 4 Rn. 10; ebenso Lutter/Hommelhoff/Teichmann/*Oetker* Rn. 31.
[23] Parallelproblem bei § 34 Abs. 1 Nr. 2 (Art. 7 Abs. 2 lit. b, c Beteiligungs-RL); zur Frage, unter welchen Voraussetzungen die gesetzliche Auffangregelung zur Mitbestimmung im Aufsichts- oder Verwaltungsorgan der SE greift, → § 34 Rn. 11; vgl. ferner Mitteilung der Kommission zur Überprüfung der RL 2001/86/EG vom 8.10.2001 zur Ergänzung des Statuts der Europäischen Gesellschaft hinsichtlich der Beteiligung der Arbeitnehmer vom 30.9.2008, KOM (2008) 591 endg., 7.
[24] NK-SE/*Bodenstedt/Evers* Rn. 12; Kölner Komm AktG/*Feuerborn* Rn. 18; *Grobys* NZA 2004, 779 (781); *Grobys* NZA 2005, 84 (89); *Hellwig/Behme* AG 2009, 273 ff.; *Habersack* ZHR 107 (2007), 640; *Henssler* ZHR 173 (2009), 234 f.; *Kallmeyer* ZIP 2004, 1442 (1443); *Kienast* in Jannott/Frodermann SE-HdB Kap. 13 Rn. 310 Fn. 336; NK-ArbR/*Sagan* Rn. 10; *Scheibe,* Die Mitbestimmung der Arbeitnehmer in der SE unter besonderer Berücksichtigung des monistischen Systems, 2007, 114 ff.; an der Richtlinienkonformität zweifelnd auch MHdB AG/*Austmann* § 85 Rn. 38 Fn. 78: „nicht unbedenklich"; diff. Lutter/Hommelhoff/Teichmann/*Oetker* Rn. 31.
[25] *Kallmeyer* ZIP 2004, 1442 (1443).
[26] AA *Kallmeyer* ZIP 2004, 1442 (1443): kein Redaktionsversehen; wohl auch *Reichert/Brandes* ZGR 2003, 767 (777) Fn. 43.
[27] Nicht nur die beteiligten Gesellschaften, auch die betroffenen Tochtergesellschaften sind – wenn auch nur mittelbar – an der Gründung beteiligt, wie im Umkehrschluss aus Art. 2 lit. b Beteiligungs-RL, § 2 Abs. 2 folgt, die für die beteiligten Gesellschaften insoweit lediglich hervorheben, dass diese unmittelbar an der Gründung beteiligt sind; anders wohl *Reichert/Brandes* ZGR 2003, 767 (777) Fn. 43.
[28] So auch die Begr. RegE, BR-Drs. 438/04, 124 f.; iE ebenso Nagel/Freis/Kleinsorge/*Freis* Rn. 14; *Köklü* in Van Hulle/Maul/Drinhausen SE-HdB Abschnitt 6 Rn. 62; *Niklas* NZA 2004, 1200 (1202 f.); ferner *Krause* BB 2005, 1221 (1227), allerdings mit anderen Zweifeln.
[29] Zum entsprechenden Normzweck des § 5 MitbestG näher ErfK/*Oetker* MitbestG § 5 Rn. 1.

Art. 11 Beteiligungs-RL und ist Ausdruck des in § 43 kodifizierten Missbrauchsverbots (vgl. auch → § 43 Rn. 2).[30] § 15 Abs. 3 S. 2 verstößt nach alledem nicht gegen Art. 3 Abs. 4 S. 3 Beteiligungs-RL.[31]

12 **b) Tatbestand der Minderung.** Schwierig zu beantworten ist die Frage, was unter einer „Minderung der Mitbestimmungsrechte" zu verstehen ist, an welche die Schwellenwerte des § 15 Abs. 3 erst anknüpfen. Nach § 15 Abs. 4 bedeutet eine Minderung der Mitbestimmungsrechte zum einen, dass der Anteil der Arbeitnehmervertreter im Aufsichts- oder Verwaltungsorgan der SE geringer ist als der höchste in den beteiligten Gesellschaften bestehende Anteil (Nr. 1). Sie liegt nach dem Wortlaut des Gesetzes ferner vor, wenn das Recht, Mitglieder des Aufsichts- oder Verwaltungsorgans der Gesellschaft zu wählen, zu bestellen, zu empfehlen oder abzulehnen, beseitigt oder eingeschränkt wird (Nr. 2).

13 § 15 Abs. 4 Nr. 1 setzt Art. 3 Abs. 4 S. 4 Beteiligungs-RL um. Maßgeblich ist zunächst eine rein **formale Betrachtung** nach **quantitativen** Merkmalen.[32] Das Verhältnis der Arbeitnehmerköpfe im Aufsichts- oder Verwaltungsorgan der SE ist in Relation zum Verhältnis in den Aufsichts- oder Verwaltungsräten der Gründungsgesellschaften zu setzen (Vorher-Nachher-Prinzip). Es darf prozentual nicht geringer sein als der höchste in den beteiligten Gesellschaften bestehende Anteil. Bei einer Verkleinerung des Organs schützt § 15 Abs. 4 Nr. 1 nicht die absolute Zahl an Arbeitnehmervertretern, sondern nur das **prozentuale Verhältnis** zwischen Arbeitnehmervertretern und Vertretern der Anteilseigner (vgl. → § 21 Rn. 44).[33] Wegen der formalen Betrachtungsweise ist **keine Gesamtbetrachtung** der Mitbestimmung in allen an der SE-Gründung beteiligten Gesellschaften vorzunehmen.[34] Gründen etwa eine britische public limited company (plc) und eine deutsche AG, welche der Drittelbeteiligung nach dem Drittelbeteiligungsgesetz unterliegt, eine Tochter-SE, ist eine Minderung der Mitbestimmung gegeben, wenn der auf die Arbeitnehmerseite entfallende Anteil der Sitze im Aufsichtsrat der SE unter dem bisher in der AG liegenden Drittel liegen soll. Dass aus Sicht der Arbeitnehmer der plc insoweit eine Verbesserung eintritt und damit bei einer Gesamtbetrachtung – Mitbestimmung in der SE nunmehr für alle Arbeitnehmer – nicht von einer Minderung der Mitbestimmungsrechte gesprochen werden kann, ist unerheblich. Eine Minderung der Mitbestimmung ist auch nicht gegeben, wenn die Befugnisse des SE-Aufsichtsrats gegenüber denjenigen von Aufsichtsräten der an der Gründung beteiligten Gesellschaften eingeschränkt werden, etwa weil nach dem für die Gründungsgesellschaften bislang maßgeblichen Aktienrecht der Vorstand durch den Aufsichtsrat bestellt wird, während dem Aufsichtsrat der SE dieses Recht nicht eingeräumt, sondern der Hauptversammlung überlassen wird (Art. 39 Abs. 2 S. 2 SE-VO).[35]

14 Die Vorher-Nachher-Betrachtung iSd § 15 Abs. 4 Nr. 1 greift nicht nur im Vergleich der Mitbestimmung in zwei Aufsichtsräten oder in zwei Verwaltungsräten, sondern auch

---

[30] Zum Verstoß gegen § 43 S. 1 durch Umgehung der Schwellenwerte des § 15 Abs. 3 S. 2 eingehend *Ramcke*, Die Konkretisierung des Missbrauchsverbots der SE, 2015, 394 ff.

[31] Ebenso Nagel/Freis/Kleinsorge/*Freis* Rn. 14; HWK/*Hohenstatt/Dzida* SEBG Rn. 28; Habersack/Drinhausen/*Hohenstatt/Müller-Bonanni* Rn. 7; *Köklü* in Van Hulle/Maul/Drinhausen SE-HdB Abschnitt 6 Rn. 62; *Krause* BB 2005, 1221 (1227); *Lunk/Hinrichs* NZA 2007, 773 (775); Nagel/Freis/Kleinsorge/*Nagel* MgVG § 17 Rn. 1; *Niklas* NZA 2004, 1200 (1202 f.); *Schubert* RdA 2007, 9 (13 f.).

[32] Habersack/Drinhausen/*Hohenstatt/Müller-Bonanni* Rn. 5.

[33] BR-Drs. 438/04, 125; Kölner Komm AktG/*Feuerborn* Rn. 25; Nagel/Freis/Kleinsorge/*Freis* Rn. 21; *Joost* in Oetker/Preis AES B 8200 Rn. 93; HWK/*Hohenstatt/Dzida* SEBG Rn. 29; Habersack/Drinhausen/ *Hohenstatt/Müller-Bonanni* Rn. 5; *Köklü* in Van Hulle/Maul/Drinhausen SE-HdB Abschnitt 6 Rn. 64; *Oetker* in Lutter/Hommelhoff EU-Gesellschaft 304; Lutter/Hommelhoff/Teichmann/*Oetker* § 11 Rn. 6; Lutter/ Hommelhoff/Teichmann/*Oetker* § 15 Rn. 20; *Rieble* BB 2006, 2018 (2021); AKRR/*Rudolph* Rn. 15; *Ziegler/ Gey* BB 2009, 1750 (1754).

[34] Erwogen für Art. 3 Abs. 4 S. 4 Beteiligungs-RL von *Herfs-Röttgen* NZA 2002, 358 (361); vgl. auch die offenere Formulierung in § 221 Abs. 4 ArbVG (Österreich): „jedenfalls"; wie hier Kölner Komm AktG/ *Feuerborn* Rn. 26; Habersack/Drinhausen/*Hohenstatt/Müller-Bonanni* Rn. 5; *Ramcke*, Die Konkretisierung des Missbrauchsverbots der SE, 2015, 242 ff.; *Scheibe*, Die Mitbestimmung der Arbeitnehmer in der SE unter besonderer Berücksichtigung des monistischen Systems, 2007, 103.

[35] Ebenso *Herfs-Röttgen* NZA 2002, 358 (361) für Art. 3 Abs. 4 Beteiligungs-RL.

beim **Wechsel vom Aufsichts- zum Verwaltungsorgan** oder umgekehrt.[36] Bei einem Wechsel von einem mitbestimmten paritätischen Aufsichtsrat zum Verwaltungsorgan sind die im Wege einer **verfassungskonformen Auslegung** des § 35 gewonnenen Grundsätze (ausführlich → § 35 Rn. 22 ff.) – die Parität im Verwaltungsorgan bei einem System mit internen geschäftsführenden Direktoren ist nur auf dessen nicht geschäftsführende Mitglieder zu beziehen – auch im Rahmen des § 15 Abs. 4 Nr. 1 zu berücksichtigen.[37]

Anders als § 15 Abs. 4 Nr. 1 findet **§ 15 Abs. 4 Nr. 2** keine Entsprechung in der Richtlinie. Die Vorschrift knüpft lediglich an die Definition der Mitbestimmung in Art. 2 lit. k Beteiligungs-RL, § 2 Abs. 12 an, wonach Mitbestimmung nicht nur das Recht, Arbeitnehmervertreter in das Aufsichts- oder Verwaltungsorgan zu wählen oder zu bestellen (zB deutsches **Repräsentationsmodell**), sondern auch das Recht, wie beim bisherigen Mitbestimmungsmodell der Niederlande die Bestellung **aller** Mitglieder des Aufsichts- oder Verwaltungsorgans zu empfehlen oder abzulehnen **(Kooptationsmodell)**, umfasst (→ § 2 Rn. 26). Im Übrigen ist der Aussagegehalt des § 15 Abs. 4 Nr. 2 alles andere als klar. Der Begründung zum Regierungsentwurf ist zu entnehmen, dass die Vorschrift eine Einschränkung von Rechten der Arbeitnehmer verhindern soll, die ihnen auf Grund der unterschiedlichen Mitbestimmungsmodelle zustehen.[38] § 15 Abs. 4 Nr. 2 scheint damit den Wechsel vom Repräsentationsmodell zu einem solchen Kooptationsmodell und umgekehrt zu erfassen.[39] Fraglich ist dennoch, ob und inwieweit ein solcher **Wechsel** als Minderung von Mitbestimmungsrechten iSd § 15 Abs. 4 Nr. 2 aufgefasst werden kann. 15

Denkbar wäre eine **qualitative** Betrachtungsweise,[40] welche das Recht der Arbeitnehmerseite nach dem Repräsentationsmodell, einen **Teil** der Mitglieder des Verwaltungsorgans eigenverantwortlich zu bestimmen, grundsätzlich höher einschätzt als das in einem solchen Kooptationsmodell vorgesehene Recht der Arbeitnehmervertretung, wie auch die Anteilseignerseite **alle** Mitglieder des Verwaltungsorgans empfehlen oder ablehnen zu können. Es umfasst nämlich nur die Befugnis, eine von anderen vorgenommene Auswahl ggf. von einer unabhängigen Stelle überprüfen zu lassen. Die Mitglieder im Verwaltungsorgan sind anders als im Repräsentationsmodell rechtlich aber nicht der Arbeitnehmer- oder Anteilseignerseite zuzuordnen (→ § 2 Rn. 26).[41] Die Arbeitnehmerseite kann Wahlvorschläge auf sämtliche Sitze machen, das Modell gibt ihnen aber keine eigenen Sitze. Der Wechsel vom Repräsentations- zum Kooptationsmodell bedeutete nach diesem Verständnis stets eine Minderung von Mitbestimmungsrechten. Im Schrifttum hält man § 15 Abs. 4 Nr. 2 wegen dieses qualitativen Ansatzes zum Teil für richtlinienwidrig.[42] 16

Nach der zutreffenden Gegenauffassung kommt indessen auch insoweit ausschließlich eine Betrachtung nach **quantitativen** Gesichtspunkten zum Tragen, die auf den „Anteil" der Arbeitnehmervertreter abstellt.[43] Dafür spricht, dass Art. 3 Abs. 4 S. 4 Beteiligungs-RL ausschließlich auf den Anteil der Mitarbeiter abstellt und § 2 Abs. 12 und Art. 2 lit. k 17

---

[36] Habersack/Drinhausen/*Hohenstatt/Müller-Bonanni* Rn. 5.
[37] Vgl. aber Lutter/Hommelhoff/Teichmann/*Oetker* Rn. 22: eine Beschränkung auf den Anteil unter den nicht geschäftsführenden Direktoren komme für die Beurteilung einer Minderung nicht in Betracht.
[38] BR-Drs. 438/04, 125; ferner *Krause* BB 2005, 1221 (1226 f.): Die Vorschrift sei auf Regelungen wie § 7 Abs. 2, § 16 MitbestG, § 4 Abs. 2 MontanMitbestG, § 6 MontanMitbestG zugeschnitten.
[39] So *Joost* in Oetker/Preis AES B 8200 Rn. 94; Habersack/Drinhausen/*Hohenstatt/Müller-Bonanni* Rn. 6 für den Wechsel ins Kooptationsmodell; vgl. auch *Oetker* in Lutter/Hommelhoff EU-Gesellschaft 304 f.; *Oetker* BB-Special 1/2005, 2 (11).
[40] Für sie *Wißmann* FS Wiedemann, 2002, 685 (692 f.); wohl auch *Köstler* in Theisen/Wenz, Europäische Aktiengesellschaft, 2. Aufl. 2005, 310 Fn. 2, jeweils zu Art. 3 Abs. 4 S. 4 Beteiligungs-RL.
[41] Dazu ferner *Reichert/Brandes* ZGR 2003, 784; *Wißmann* FS Wiedemann, 2002, 685 (691); näher zur fehlenden Gleichwertigkeit beider Modelle *Figge*, Mitbestimmung auf Unternehmensebene in Vorschlägen der Europäischen Gemeinschaften, 1992, 138; *Westermann* RabelsZ 48 (1984), 155.
[42] So ausdrücklich *Grobys* NZA 2004, 779 (781); NK-ArbR/*Sagan* Rn. 7; vgl. auch Stellungnahme von BDA, BDI, DIHK, GDV, BdB und DAI zum RefE eines SEEG vom 3.5.2004, 10; aA *Niklas* NZA 2004, 1200 (1203).
[43] *Oetker* BB-Special 1/2005, 2 (11); ferner *Ramcke*, Die Konkretisierung des Missbrauchsverbots der SE, 2015, 119 ff.

Beteiligungs-RL die unterschiedlichen Mitbestimmungsmodelle als gleichwertig behandeln.[44] § 15 Abs. 4 Nr. 2 ist deshalb **nicht richtlinienwidrig**.[45]

18 Dennoch muss wegen der erwähnten qualitativen Unterschiede zwischen beiden Modellen – das so verstandene Kooptationsmodell eröffnet anders als das Repräsentationsmodell keinen direkten Einfluss auf die Bestellung – ein „,blinder' Zahlenvergleich" ausscheiden.[46] Andernfalls wäre die Mitbestimmung nach dem (deutschen) Repräsentationsmodell stets schwächer als diejenige dieses Kooptationsmodells, obgleich sie materiell die intensivere Form der Mitbestimmung darstellt. Der Wechsel vom Repräsentations- zum Kooptationsmodell bedeutete dann niemals eine Minderung von Mitbestimmungsrechten. Die formale Betrachtungsweise bedarf deshalb beim Wechsel vom Repräsentationsmodell zum Kooptationsmodell und umgekehrt trotz des insoweit auch anders deutbaren Wortlauts des § 15 Abs. 4 Nr. 2 einer **Einschränkung**: Bei der Frage, ob Mitbestimmungsrechte gemindert werden, können als Vergleichsmaßstab nur diejenigen an der Gründung der SE beteiligten Gesellschaften herangezogen werden, die **dasselbe Mitbestimmungsmodell** verwenden, das auch in der künftigen SE maßgeblich sein soll.[47] Ein solches Verständnis widerspricht nicht Art. 4 Abs. 3 S. 4 Beteiligungs-RL, wenn der „Anteil" auf das jeweilige Mitbestimmungsmodell bezogen wird, und ist auch mit dem Wortlaut des § 15 Abs. 4 Nr. 2 in Einklang zu bringen, da das Recht, Mitglieder des Aufsichts- oder Verwaltungsorgans der Gesellschaft zu wählen, zu bestellen, zu empfehlen oder abzulehnen, weder beseitigt noch eingeschränkt wird, wenn ein Wechsel im Mitbestimmungsmodell stattfindet.

19 **2. Ausschluss bei SE-Gründung durch Umwandlung.** § 15 Abs. 5, der durch § 35 Abs. 1 für die gesetzliche Auffangregelung zur Mitbestimmung im Aufsichts- oder Verwaltungsorgan der SE ergänzt wird (→ § 35 Rn. 8 f.), bestimmt für die Gründung einer SE durch Umwandlung (Art. 2 Abs. 4 SE-VO, Art. 37 SE-VO), dass ein **Beschluss** zur Billigung einer Vereinbarung über die Minderung von Mitbestimmungsrechten nach § 15 Abs. 3 **nicht gefasst** werden kann. Die Vorschrift zielt in die gleiche Richtung wie § 16 Abs. 3 und ergänzt die Vorgaben des Art. 4 Abs. 4 Beteiligungs-RL und auch des § 21 Abs. 6 S. 1, wonach im Falle einer durch Umwandlung gegründeten SE durch eine Mitbestimmungsvereinbarung nicht das Mitbestimmungsniveau der umzuwandelnden Gesellschaft unterschritten werden darf (→ § 16 Rn. 6; → § 21 Rn. 51 ff.). Verbesserungen sind dagegen möglich.[48]

V. Streitigkeiten

20 Für Streitigkeiten, welche bei der Anwendung des § 15 entstehen, sind die Gerichte für Arbeitssachen zuständig (Beschlussverfahren nach § 2a Abs. 1 Nr. 3 lit. e ArbGG, §§ 80 ff. ArbGG). Nach § 82 Abs. 3 ArbGG ist das Arbeitsgericht zuständig, in dessen Bezirk die künftige SE ihren Sitz haben wird.

VI. SCEBG und MgVG

21 § 15 entspricht **§ 15 SCEBG** und prinzipiell auch **§ 17 MgVG**. § 15 Abs. 3 S. 2 Nr. 2 (Gründung einer SE als Holding-Gesellschaft oder als Tochtergesellschaft) und § 15 Abs. 5 (Gründung einer SE durch Umwandlung) sind allerdings nicht in das MgVG übernommen worden. Dafür fehlen Regelungen wie § 17 Abs. 4 Nr. 1 lit. b und lit. c MgVG (geringerer

---

[44] *Oetker* BB-Special 1/2005, 2 (11); Lutter/Hommelhoff/Teichmann/*Oetker* Rn. 23; *Ramcke*, Die Konkretisierung des Missbrauchsverbots der SE, 2015, 119 ff.; *Reichert/Brandes* ZGR 2003, 786.
[45] Ebenso *Joost* in Oetker/Preis AES B 8200 Rn. 93; *Krause* BB 2005, 1221 (1227); *Niklas* NZA 2004, 1200 (1203); *Ramcke*, Die Konkretisierung des Missbrauchsverbots der SE, 2015, 245 ff.: § 15 Abs. 4 Nr. 2 als Konkretisierung von Art. 11 Beteiligungs-RL.
[46] *Reichert/Brandes* ZGR 2003, 785 f.
[47] Vorschlag von *Reichert/Brandes* ZGR 2003, 786 f. – allerdings vor Erlass des SEBG; wie hier Kölner Komm AktG/*Feuerborn* Rn. 28.
[48] BR-Drs. 438/04, 125; Habersack/Drinhausen/*Hohenstatt/Müller-Bonanni* Rn. 8; Lutter/Hommelhoff/Teichmann/*Oetker* Rn. 26.

Anteil der Arbeitnehmervertreter in Ausschüssen, in denen die Mitbestimmung der Arbeitnehmer erfolgt, und im Leitungsorgan, das für die Ergebniseinheiten der Gesellschaften zuständig ist), die der Rechtslage in Finnland und Slowenien Rechnung tragen,[49] im SEBG (→ Vor § 1 Rn. 57). § 17 Abs. 3 S. 2 MgVG ist genauso wenig richtlinienwidrig wie § 15 Abs. 3 S. 2 (zu § 15 Abs. 3 S. 2 → Rn. 10).[50]

§ 16 Nichtaufnahme oder Abbruch der Verhandlungen

(1) [1]Das besondere Verhandlungsgremium kann beschließen, keine Verhandlungen aufzunehmen oder bereits aufgenommene Verhandlungen abzubrechen. [2]Für diesen Beschluss ist eine Mehrheit von zwei Dritteln der Mitglieder erforderlich, die mindestens zwei Drittel der Arbeitnehmer in mindestens zwei Mitgliedstaaten vertreten. [3]Die Vorschriften für die Unterrichtung und Anhörung der Arbeitnehmer, die in den Mitgliedstaaten gelten, in denen die SE Arbeitnehmer beschäftigt, finden Anwendung.

(2) [1]Ein Beschluss nach Absatz 1 beendet das Verfahren zum Abschluss der Vereinbarung nach § 21. [2]Ist ein solcher Beschluss gefasst worden, finden die Regelungen der §§ 22 bis 33 über den SE-Betriebsrat kraft Gesetzes und der §§ 34 bis 38 über die Mitbestimmung kraft Gesetzes keine Anwendung.

(3) Wird eine SE durch Umwandlung gegründet, kann ein Beschluss nach Absatz 1 nicht gefasst werden, wenn den Arbeitnehmern der umzuwandelnden Gesellschaft Mitbestimmungsrechte zustehen.

I. Einleitung

Die Richtlinie und das SEBG verlangen zwar, dass das Verhandlungsverfahren über die Beteiligung der Arbeitnehmer eingeleitet und ein bVG gebildet wird. Die Arbeitnehmer können nicht auf die Bildung eines bVG verzichten (→ § 4 Rn. 3; → § 11 Rn. 7). Allerdings kann das bVG nicht verpflichtet werden, sich tatsächlich auf Verhandlungen einzulassen.[1] § 16 gestattet dem bVG in Umsetzung von Art. 3 Abs. 6 UAbs. 1–3 Beteiligungs-RL,[2] Verhandlungen nicht aufzunehmen oder bereits aufgenommene Verhandlungen abzubrechen. Die Nichtaufnahme oder der Abbruch der Verhandlungen muss nicht endgültig sein. Eine Wiederaufnahme der Verhandlungen ist gem. § 18 Abs. 1 und 2 möglich. Für die SE-Gründung durch Umwandlung enthält § 16 Abs. 3 eine besondere Regelung. 1

II. Nichtaufnahme oder Abbruch der Verhandlungen

1. Beschlussfassung mit qualifizierter Mehrheit. Das – rechtswirksam gebildete – bVG kann gem. § 16 Abs. 1 S. 1 beschließen, Verhandlungen nicht aufzunehmen oder bereits aufgenommene Verhandlungen abzubrechen. Für einen solchen Beschluss genügt nicht die einfache Mehrheit des § 15 Abs. 2. Er muss mit Blick auf die weit reichenden Folgen für die Belegschaft wie im Fall des § 15 Abs. 3 mit **qualifizierter Mehrheit** gefasst werden: Für den Beschluss müssen mehr als zwei Drittel der Mitglieder, die mindestens zwei Drittel der Arbeitnehmer in mindestens zwei Mitgliedstaaten vertreten, stimmen (§ 16 Abs. 1 S. 2; zur Berechnung der Arbeitnehmerzahl im gemeinsamen Betrieb mehrerer Unternehmen → § 2 Rn. 32; → § 15 Rn. 6 ff.). Mit dem Beschluss kann zugleich eine frühere Wiederaufnahme der Verhandlungen gem. § 18 Abs. 1 S. 2 vereinbart werden (→ § 18 Rn. 2). Nach Ablauf der Verhandlungsfrist kann ein Beschluss nach § 16 Abs. 1 2

---

[49] Vgl. Wißmann/Kleinsorge/Schubert/*Kleinsorge* EU-Recht Rn. 183.
[50] *Lunk/Hinrichs* NZA 2007, 773 (775); *Schubert* RdA 2007, 9 (13 f.); aA Habersack/Drinhausen/*Thüsing*/ Forst MgVG §§ 6–21 Rn. 6 mwN.
[1] BR-Drs. 438/04, 125.
[2] Zur Regelung in der Beteiligungs-RL *Kuffner,* Die Regelung der Arbeitnehmer in der Europäischen Aktiengesellschaft, 2003, 140 f. mwN.

nicht mehr gefasst werden.³ Das bVG muss streitige Fragen mit den Leitungen zwar mit dem **ernstlichen Willen zur Einigung** verhandeln. Das folgt aus dem Gebot der vertrauensvollen Zusammenarbeit (§ 13 Abs. 1 S. 2, § 40; → § 13 Rn. 3).⁴ Das Gremium ist aber nicht verpflichtet, eine bestimmte Mindestzeit zu verhandeln oder eine bestimmte Mindestzahl von Kompromissvorschlägen zu unterbreiten oder gar keine Vereinbarung abzuschließen. Der Beschluss nach § 16 Abs. 1 S. 1 ist nach § 17 S. 1 Nr. 2 in eine Niederschrift aufzunehmen, die vom Vorsitzenden und einem weiteren Mitglied des bVG zu unterzeichnen und den Leitungen zu übermitteln ist.

3 Die **Leitungen** können ebenfalls beschließen, doch keine Verhandlungen aufzunehmen oder bereits begonnene Verhandlungen abzubrechen,⁵ jedenfalls wenn sie die SE-Gründung aufgeben. Wird der Gründungsvorgang dagegen fortgeführt, greifen unter den Voraussetzungen der § 22 Abs. 1 Nr. 2, § 34 Abs. 1 die **Auffangregelungen** nach §§ 23 ff., §§ 35 ff. ein.⁶ Daraus folgt zugleich, dass trotz § 4 Abs. 1 S. 2 (Verhandlungen mit dem Ziel einer Vereinbarung) und § 13 Abs. 1 S. 1 und 2 weder eine Verhandlungspflicht der Leitungen noch ein Verhandlungsanspruch des bVG besteht (→ § 13 Rn. 3; vgl. auch → § 20 Rn. 4); die Verhandlungen sind nur eine **Obliegenheit** der Leitungen. Die in § 16 Abs. 2 normierten Rechtsfolgen (→ Rn. 4) sind nicht anzuwenden.⁷

4 **2. Rechtsfolgen des Beschlusses.** Die Rechtsfolgen eines Beschlusses nach § 16 Abs. 1 S. 1 über die Nichtaufnahme oder den Abbruch der Verhandlungen durch das **bVG** sind in § 16 Abs. 1 S. 3 und Abs. 2 normiert. Zunächst **beendet** ein Beschluss nach § 16 Abs. 1 S. 1 das Verfahren zum Abschluss einer Vereinbarung über die Beteiligung der Arbeitnehmer nach § 21 (§ 16 Abs. 2 S. 1). Die SE kann gem. Art. 12 Abs. 2 SE-VO in das Handelsregister **eingetragen** werden.⁸ Die **Auffangregelungen** in §§ 22 ff. über den SE-Betriebsrat kraft Gesetzes und in §§ 34 ff. über die Mitbestimmung kraft Gesetzes sind **nicht anzuwenden** (§ 16 Abs. 2 S. 2). Werden die Verhandlungen nicht aufgenommen oder bereits aufgenommene Verhandlungen abgebrochen, sind Vorschriften über die **Unterrichtung** und **Anhörung** der Arbeitnehmer (§ 2 Abs. 10 und 11), die in den Mitgliedstaaten gelten, in denen die SE Arbeitnehmer beschäftigt, anzuwenden (§ 16 Abs. 1 S. 3). Damit ist für die SE in Deutschland die **Anwendung des EBRG** bei Vorliegen der Voraussetzungen des §§ 1 ff. EBRG eröffnet, die nach § 47 Abs. 1 Nr. 2 ansonsten grundsätzlich ausgeschlossen ist.⁹ Die dortigen Regelungen in §§ 25 ff. EBRG entsprechen allerdings weitgehend denjenigen der §§ 23 ff. (→ Vor § 23 Rn. 1). Im Übrigen verbleibt es bei möglichen Beteiligungsrechten in der SE nach dem **BetrVG** oder dem **SprAuG** (§ 47 Abs. 1).¹⁰ **Mitbestimmungsrechtlich** hat der Beschluss eine „**Null-Lösung**"¹¹ zur Folge: Die SE bleibt mitbestimmungsfrei.¹² Im monistischen System ist für die deutsche Unternehmensmitbestimmung ohnehin kein Raum, im dualistischen System kommt eine Mitbestimmung in der SE schon wegen der von der Rechtsform abhängigen Anknüpfung nicht in Betracht, weil die SE nicht in die Geltungsbereiche der Mitbestimmungsgesetze fällt (§ 1 Abs. 1 MitbestG, § 1 Abs. 1 DrittelbG, § 1 Abs. 2 MontanMitbestG, 1 MitbestErgG; → § 47 Rn. 7).¹³

---

³ Lutter/Hommelhoff/Teichmann/*Oetker* Rn. 9.
⁴ *Waclawik* DB 2004, 1191 (1197) hält § 13 Abs. 1 S. 2 insoweit offenbar für ungenügend und fordert de lege ferenda eine gesetzliche Verpflichtung des bVG, „sich ernsthaft um den Abschluss einer Vereinbarung zu bemühen".
⁵ Wie hier Habersack/Drinhausen/*Hohenstatt*/*Müller-Bonanni* Rn. 2; aA offenbar *Grobys* NZA 2005, 84 (87); *Köklü* in Van Hulle/Maul/Drinhausen SE-HdB Abschnitt 6 Rn. 75.
⁶ Kölner Komm AktG/*Feuerborn* Rn. 4.
⁷ Habersack/Drinhausen/*Hohenstatt*/*Müller-Bonanni* Rn. 2.
⁸ Habersack/Drinhausen/*Hohenstatt*/*Müller-Bonanni* Rn. 3; Lutter/Hommelhoff/Teichmann/*Oetker* Rn. 15.
⁹ Kölner Komm AktG/*Feuerborn* Rn. 10; Habersack/Drinhausen/*Hohenstatt*/*Müller-Bonanni* Rn. 3; *Oetker* BB-Special 1/2005, 2 (10); Lutter/Hommelhoff/Teichmann/*Oetker* Rn. 19.
¹⁰ Habersack/Drinhausen/*Hohenstatt*/*Müller-Bonanni* Rn. 3; Lutter/Hommelhoff/Teichmann/*Oetker* Rn. 18.
¹¹ *Grobys* NZA 2005, 84 (87).
¹² HWK/*Hohenstatt*/*Dzida* SEBG Rn. 30; Habersack/Drinhausen/*Hohenstatt*/*Müller-Bonanni* Rn. 3; Lutter/Hommelhoff/Teichmann/*Oetker* Rn. 20; *Witschen* ZGR 2016, 644 (648).
¹³ Ebenso Kölner Komm AktG/*Feuerborn* Rn. 11; Lutter/Hommelhoff/Teichmann/*Oetker* Rn. 20.

Mindestens 10% der Arbeitnehmer der SE, ihrer Tochtergesellschaften und Betriebe **5** können **schriftlich verlangen,** dass abgebrochene Verhandlungen nach Ablauf von zwei Jahren **wieder aufgenommen** werden (§ 18 Abs. 1).

3. Ausschluss bei der SE-Gründung durch Umwandlung. Die besondere Behand- **6** lung der SE-Gründung durch **Umwandlung** (Art. 2 Abs. 4 SE-VO, Art. 37 SE-VO) bei Beschlüssen über die Minderung von Mitbestimmungsrechten (§ 15 Abs. 5; → § 15 Rn. 19), bei Mitbestimmungsvereinbarungen (§ 21 Abs. 6; → § 21 Rn. 51 ff.) oder beim Umfang der Mitbestimmung (§ 35 Abs. 1; → § 35 Rn. 8 f.) setzt sich bei Beschlüssen über die Nichtaufnahme oder den Abbruch von Verhandlungen fort. Die **Beschlussfassung** über die Nichtaufnahme oder den Abbruch von Verhandlungen nach § 16 Abs. 1 S. 1 ist gem. § 16 Abs. 3 (Art. 3 Abs. 6 UAbs. 3 Beteiligungs-RL) **ausgeschlossen,** wenn in der umzuwandelnden Gesellschaft **Mitbestimmungsrechte** der Arbeitnehmer (iSd § 2 Abs. 12; → § 2 Rn. 26) bestehen. Wird ein entsprechender Beschluss gefasst, ist er unwirksam.[14] Der **Zweck** der Regelung besteht darin, eine Flucht aus der Mitbestimmung zu verhindern.[15] Sie ist deshalb eine spezielle Ausprägung des in § 43 normierten allgemeinen Missbrauchsverbots.[16] Keine Mitbestimmung besteht, wenn die umzuwandelnde Gesellschaft keinem in Deutschland geltenden Mitbestimmungsgesetz unterliegt oder ein Tendenzunternehmen iSd § 1 Abs. 4 MitbestG, § 1 Abs. 2 S. 1 Nr. 2 DrittelbG ist.[17]

III. Streitigkeiten

Streitigkeiten, die § 16 betreffen, sind im arbeitsgerichtlichen Beschlussverfahren gem. **7** § 2a Abs. 1 Nr. 3 lit. e ArbGG, §§ 80 ff. ArbGG auszutragen. Der Sitz der künftigen SE bestimmt die örtliche Zuständigkeit des Arbeitsgerichts (§ 82 Abs. 3 ArbGG). Antragsberechtigt ist jeder, dessen rechtliche Interessen der Negativbeschluss berührt.[18]

IV. SCEBG und MgVG

§ 16 entspricht **§ 16 SCEBG** und grundsätzlich auch **§ 18 MgVG.** Allerdings bezieht **8** sich § 18 S. 3 MgVG anders als § 16 Abs. 1 S. 3 auf die „Mitbestimmung" und nicht auf die „Unterrichtung und Anhörung" und bestimmt abweichend von § 16 Abs. 1, dass die nationalen Vorschriften zur Mitbestimmung im Sitzstaat – in Deutschland also vor allem das MitbestG oder das DrittelbG – anzuwenden sind (§ 16 Abs. 2 S. 2; näher → Vor § 1 Rn. 57). Die Regelungen des § 16 Abs. 2 und 3 haben keinen Eingang in das MgVG gefunden. Eine Wiederaufnahme der Verhandlungen ist im MgVG (anders § 18) nicht vorgesehen (→ § 18 Rn. 30; → Vor § 1 Rn. 57).

§ 17 Niederschrift

¹In eine Niederschrift, die vom Vorsitzenden und einem weiteren Mitglied des besonderen Verhandlungsgremiums zu unterzeichnen ist, ist aufzunehmen
1. ein Beschluss über den Abschluss einer Vereinbarung nach § 13 Abs. 1,
2. ein Beschluss über die Nichtaufnahme oder den Abbruch der Verhandlungen nach § 16 Abs. 1 und
3. die jeweiligen Mehrheiten, mit denen die Beschlüsse gefasst worden sind.
²Eine Abschrift der Niederschrift ist den Leitungen zu übermitteln.

§ 17 S. 1 verlangt, dass der Inhalt von Beschlüssen des bVG, die nach § 13 Abs. 1 S. 1 **1** über den Abschluss einer Vereinbarung über die Beteiligung der Arbeitnehmer in der SE

---

[14] Kölner Komm AktG/*Feuerborn* Rn. 14; Lutter/Hommelhoff/Teichmann/*Oetker* Rn. 6.
[15] Kölner Komm AktG/*Feuerborn* Rn. 14.
[16] Näher *Ramcke,* Die Konkretisierung des Missbrauchsverbots der SE, 2015, 158 ff.; abw. NK-ArbR/ *Sagan* Rn. 3.
[17] Lutter/Hommelhoff/Teichmann/*Oetker* Rn. 7.
[18] Näher dazu *Wißmann* FS Richardi, 2009, 849 f.

(Nr. 1) oder nach § 16 Abs. 1 S. 1 über die Nichtaufnahme oder den Abbruch bereits aufgenommener Verhandlungen (Nr. 2) gefasst worden sind, **schriftlich** niederzulegen ist. Nr. 3 ordnet an, dass auch die jeweiligen Mehrheiten, mit denen diese Beschlüsse gefasst worden sind, schriftlich niederzulegen sind. Es empfiehlt sich daneben, das **Datum** der Beschlüsse ebenfalls festzuhalten, da der Beschluss wie bei § 18 Abs. 1 S. 1 Fristen in Gang setzen kann.[1] De lege ferenda sollte der Beschluss nach § 20 Abs. 2 in den Katalog aufgenommen werden (Verlängerung der Verhandlungsfrist; → § 20 Rn. 3). Die Niederschrift ist vom Vorsitzenden (§ 12 Abs. 1 S. 2) und einem weiteren Mitglied des bVG zu unterzeichnen.[2] Die Vorschrift erfüllt nicht nur eine **Dokumentations- und Beweisfunktion,** sondern soll das bVG ausweislich vor den weit reichenden Rechtsfolgen solcher Beschlüsse **warnen.**[3] Mangels einer ausdrücklichen gesetzlichen Regelung ist die Aufnahme in eine Niederschrift **keine Wirksamkeitsvoraussetzung** solcher Beschlüsse.[4] § 17 S. 1 ist zwingend.[5]

2   Nach § 17 S. 2 ist eine Abschrift der Niederschrift den **Leitungen** (§ 2 Abs. 5) zu **übermitteln.** Die Übermittlung dient nur der Unterrichtung der Leitungen, sie ist deshalb nicht Wirksamkeitsvoraussetzung der Beschlüsse.[6] Die Leitungen benötigen die Abschrift der Niederschrift indessen, um die Eintragung der SE herbeiführen zu können, die unter anderem erst erfolgen kann, wenn das bVG mit qualifizierter Mehrheit beschlossen hat, keine Verhandlungen aufzunehmen oder bereits begonnene Verhandlungen abzubrechen (§ 16 Abs. 1 S. 1). Die Leitungen haben deshalb einen **Anspruch** auf die Übermittlung der Abschrift.[7]

3   **Streitigkeiten,** welche aus der Anwendung von § 17 resultieren, insbesondere die Geltendmachung des Anspruchs auf Übermittlung der Abschrift, sind im arbeitsgerichtlichen Beschlussverfahren gem. § 2a Abs. 1 Nr. 3 lit. e ArbGG, §§ 80 ff. ArbGG auszutragen. Örtlich zuständig ist gem. § 82 Abs. 3 ArbGG das Arbeitsgericht, in dessen Bezirk der Sitz der SE liegen wird.

4   § 17 entsprechen **§ 17 SCEBG** und **§ 19 MgVG.**

§ 18 Wiederaufnahme der Verhandlungen

(1) [1]**Frühestens zwei Jahre nach dem Beschluss nach § 16 Abs. 1 wird auf schriftlichen Antrag von mindestens 10 Prozent der Arbeitnehmer der SE, ihrer Tochtergesellschaften und Betriebe oder von deren Vertretern ein besonderes Verhandlungsgremium erneut gebildet, mit der Maßgabe, dass an die Stelle der beteiligten Gesellschaften, betroffenen Tochtergesellschaften und betroffenen Betriebe die SE, ihre Tochtergesellschaften und Betriebe treten.** [2]**Die Parteien können eine frühere Wiederaufnahme der Verhandlungen vereinbaren.**

(2) **Wenn das besondere Verhandlungsgremium die Wiederaufnahme der Verhandlungen mit der Leitung der SE nach Absatz 1 beschließt, in diesen Verhandlungen jedoch keine Einigung erzielt wird, finden die §§ 22 bis 33 über den SE-Betriebsrat kraft Gesetzes und die §§ 34 bis 38 über die Mitbestimmung kraft Gesetzes keine Anwendung.**

---

[1] Habersack/Drinhausen/*Hohenstatt/Müller-Bonanni* Rn. 1; strenger Lutter/Hommelhoff/Teichmann/*Oetker* Rn. 7: „ist … aufzunehmen".

[2] AA Lutter/Hommelhoff/Teichmann/*Oetker* Rn. 11: nur Vorsitzender.

[3] Vgl. BR-Drs. 438/04, 126; zust. etwa NK-SE/*Bodenstedt/Evers* Rn. 1; Kölner Komm AktG/*Feuerborn* Rn. 1; aA Lutter/Hommelhoff/Teichmann/*Oetker* Rn. 1.

[4] „Ordnungsvorschrift", wie hier Kölner Komm AktG/*Feuerborn* Rn. 6; Habersack/Henssler/*Henssler* Rn. 2; Habersack/Drinhausen/*Hohenstatt/Müller-Bonanni* Rn. 1; *Krois/Wendler* DB 2020, 1009 (1014); Lutter/Hommelhoff/Teichmann/*Oetker* Rn. 9; NK-ArbR/*Sagan* Rn. 1; aA noch → 4. Aufl. 2017 Rn. 1; NK-SE/*Bodenstedt/Evers* Rn. 1.

[5] Habersack/Drinhausen/*Hohenstatt/Müller-Bonanni* Rn. 1.

[6] Ebenso Kölner Komm AktG/*Feuerborn* Rn. 10; Lutter/Hommelhoff/Teichmann/*Oetker* Rn. 11; für § 15 Abs. 1 S. 3 EBRG ebenso *Blanke* EBRG § 15 Rn. 2.

[7] Kölner Komm AktG/*Feuerborn* Rn. 9; Habersack/Drinhausen/*Hohenstatt/Müller-Bonanni* Rn. 1; Lutter/Hommelhoff/Teichmann/*Oetker* Rn. 11.

(3) ¹Sind strukturelle Änderungen der SE geplant, die geeignet sind, Beteiligungsrechte der Arbeitnehmer zu mindern, finden auf Veranlassung der Leitung der SE oder des SE-Betriebsrats Verhandlungen über die Beteiligungsrechte der Arbeitnehmer der SE statt. ²Anstelle des neu zu bildenden besonderen Verhandlungsgremiums können die Verhandlungen mit der Leitung der SE einvernehmlich von dem SE-Betriebsrat gemeinsam mit Vertretern der von der geplanten strukturellen Änderung betroffenen Arbeitnehmer, die bisher nicht von dem SE-Betriebsrat vertreten werden, geführt werden. ³Wird in diesen Verhandlungen keine Einigung erzielt, sind die §§ 22 bis 33 über den SE-Betriebsrat kraft Gesetzes und die §§ 34 bis 38 über die Mitbestimmung kraft Gesetzes anzuwenden.

(4) In den Fällen der Absätze 1 und 3 gelten die Vorschriften des Teils 2 mit der Maßgabe, dass an die Stelle der Leitungen die Leitung der SE tritt.

Übersicht

	Rn.		Rn.
I. Einleitung	1	a) Strukturelle Änderung	11, 12
II. Neuverhandlungen nach Beschluss über Nichtaufnahme oder Abbruch von Verhandlungen	2–5	b) Eignung zur Minderung von Beteiligungsrechten	13–15
		c) Beispiele	16–21
1. Voraussetzungen	2, 3	3. Rechtsfolgen	22–28
2. Rechtsfolgen	4, 5	a) Aufnahme von Verhandlungen	23
III. Neuverhandlungen nach geplanten strukturellen Änderungen	6–28	b) Abschluss einer Vereinbarung	24
		c) Auffangregelung bei Scheitern der Verhandlungen	25–28
1. Normzweck	6–8	IV. Streitigkeiten	29
2. Voraussetzungen	9–21	V. SCEBG und MgVG	30

I. Einleitung

§ 18 fasst zwei Fallkonstellationen zusammen, die zwar unterschiedliche Problemkreise betreffen, denen aber gemeinsam ist, dass **erneute Verhandlungen** über die Beteiligung der Arbeitnehmer zu führen sind: die Wiederaufnahme von Verhandlungen nach einem **Beschluss gem. § 16 Abs. 1 S. 1** (§ 18 Abs. 1 und 2), der Art. 3 Abs. 6 UAbs. 4 Beteiligungs-RL umsetzt,[1] sowie die Wiederaufnahme von Verhandlungen nach **geplanten strukturellen Änderungen der SE,** die geeignet sind, Beteiligungsrechte der Arbeitnehmer zu mindern, die in § 18 Abs. 3 normiert und – sieht man von Erwägungsgrund 18 Beteiligungs-RL ab – durch die Richtlinie jedenfalls unmittelbar nicht vorgegeben ist (→ Vor § 1 Rn. 29).[2] Daraus folgt zugleich, dass es keinen „allgemeinen Neuverhandlungsanspruch" gibt.[3] Schließlich stellt § 18 Abs. 4 klar, dass – weil es um die Wiederaufnahme von Verhandlungen in einer bestehenden SE geht – die Verhandlungen auf der Arbeitgeberseite nicht mehr von den Leitungen der Gründungsgesellschaften, sondern von der Leitung der SE geführt werden.[4] 1

II. Neuverhandlungen nach Beschluss über Nichtaufnahme oder Abbruch von Verhandlungen

1. Voraussetzungen. Hat das bVG nach § 16 Abs. 1 S. 1 beschlossen, keine Verhandlungen aufzunehmen oder bereits begonnene Verhandlungen abzubrechen, besteht ein **gesetzlicher Anspruch** auf **Neubildung des bVG** sowie auf **Wiederaufnahme der Verhandlun-** 2

---

[1] Dazu *Kuffner,* Die Beteiligung der Arbeitnehmer in der Europäischen Aktiengesellschaft, 2003, 141 ff. mwN.
[2] Vgl. dazu *Sagan* in Bieder/Hartmann, Individuelle Freiheit und kollektive Interessenwahrnehmung im deutschen und europäischen Arbeitsrecht, 2012, 177 ff.
[3] ArbG Stuttgart BeckRS 2008, 55726; *Forst,* Die Beteiligungsvereinbarung nach § 21 SEBG, 2010, 175.
[4] Kölner Komm AktG/*Feuerborn* Rn. 3.

gen (§ 18 Abs. 1 S. 1).[5] Der Anspruch entsteht allerdings frühestens **zwei Jahre** nach dem Beschluss nach § 16 Abs. 1 S. 1, wenn das bVG mit den Leitungen nicht eine frühere Wiederaufnahme der Verhandlungen vereinbart hatte (§ 18 Abs. 1 S. 2; → § 16 Rn. 2). Für die Berechnung der Frist gelten §§ 187 ff. BGB entsprechend (vgl. § 186 BGB).[6] Die Frist beginnt am Tag des Beschlusses nach § 16 Abs. 1 S. 1 zu laufen, welcher der Niederschrift nach § 17 S. 1 Nr. 2 zu entnehmen ist.[7] Vor Ablauf der Zweijahresfrist besteht der Anspruch nur bei einer entsprechenden Vereinbarung.[8] Außerdem kann sich die Leitung der SE gem. dem Rechtsgedanken des § 18 Abs. 1 S. 2 bei einem entsprechenden Antrag auch schon vorher auf die Wiederaufnahme einlassen.[9] § 18 Abs. 1 S. 2 gestattet nicht lediglich eine zeitliche Verkürzung, sondern erlaubt weitergehend auch die Formulierung von „Auslösetatbeständen" für Neuverhandlungen.[10] An die Stelle der Leitungen tritt die Leitung der SE (§ 18 Abs. 4; → Rn. 23), an die Stelle der beteiligten Gesellschaften, betroffenen Tochtergesellschaften und betroffenen Betriebe treten – da die SE als eigenständiges Unternehmen etabliert ist und in den Gründungsfällen der Umwandlung und Verschmelzung Gründungsgesellschaften erloschen sind – die SE, ihre Tochtergesellschaften und Betriebe (§ 18 Abs. 1 S. 1).

3 Die Neubildung des bVG sowie die Wiederaufnahme der Verhandlungen setzen allerdings einen **schriftlichen Antrag** voraus. Dieser kann entweder von mindestens 10% aller Arbeitnehmer der SE, ihrer Tochtergesellschaften und Betriebe oder von deren Vertretern gestellt werden und muss von diesen unterschrieben werden (zur Berechnung der Arbeitnehmerzahl im gemeinsamen Betrieb mehrerer Unternehmen → § 2 Rn. 30). Bei der **Berechnung des Quorums** sind nicht nur die Arbeitnehmer iSd § 2 Abs. 1 (um Begriff näher → § 2 Rn. 2 ff.) zu berücksichtigen, die in einer inländischen Gesellschaft oder einem inländischen Betrieb, sondern auch solche, die in einem ausländischen Unternehmen oder Betrieb beschäftigt sind.[11] Das Quorum bezieht sich im Übrigen auf insgesamt mindestens 10% der **Mitglieder** der vorhandenen Arbeitnehmervertretungen, da § 18 Abs. 1 S. 2 von „Vertretern" und nicht von Arbeitnehmervertretungen (vgl. § 2 Abs. 6) spricht.[12] Das Unterschreiten der Zweijahresfrist ist aber kein Unwirksamkeitsgrund,[13] wenn die Arbeitnehmerseite bereits vor deren Fristablauf die Initiative zur Bildung eines neuen Verhandlungsgremiums ergreift und sich die Leitung der SE auf die Neubildung und auf anschließende Verhandlungen einlässt.[14] Das folgt aus dem Rechtsgedanken des § 18 Abs. 1 S. 2.

4 **2. Rechtsfolgen.** Das bVG ist auf der Grundlage des aktuellen Stands der Arbeitnehmerzahlen in den verschiedenen Mitgliedstaaten **neu zu bilden.** Das komplette Verfahren zur Bildung des bVG ist neu zu durchlaufen;[15] es genügt nicht, das ursprünglich gebildete bVG neu einzuberufen.[16] Für die Bildung gelten die §§ 4 ff. entsprechend,[17] soweit sie auf die

---

[5] Habersack/Henssler/*Henssler* Rn. 3; Lutter/Hommelhoff/Teichmann/*Oetker* Rn. 8; aA NK-SE/*Bodenstedt/Evers* Rn. 3; Kölner Komm AktG/*Feuerborn* Rn. 4 (jeweils nur Anspruch auf Neubildung des bVG).
[6] Kölner Komm AktG/*Feuerborn* Rn. 5; Habersack/Drinhausen/*Hohenstatt/Müller-Bonanni* Rn. 2.
[7] Lutter/Hommelhoff/Teichmann/*Oetker* Rn. 9.
[8] Kölner Komm AktG/*Feuerborn* Rn. 6.
[9] Habersack/Drinhausen/*Hohenstatt/Müller-Bonanni* Rn. 2.
[10] Unentschieden *Hommelhoff* ZGR 2010, 48 (67) Fn. 69.
[11] Kölner Komm AktG/*Feuerborn* Rn. 7; Habersack/Drinhausen/*Hohenstatt/Müller-Bonanni* Rn. 2; Lutter/Hommelhoff/Teichmann/*Oetker* Rn. 10; *Witschen* ZGR 2016, 644 (650).
[12] Kölner Komm AktG/*Feuerborn* Rn. 7; *Wirtz,* Der SE-Betriebsrat, 2013, 74; aA Habersack/Drinhausen/*Hohenstatt/Müller-Bonanni* Rn. 2; *Witschen* ZGR 2016, 644 (650): mindestens 10% der Gesamtbelegschaft müssen repräsentiert sein; ferner NK-SE/*Bodenstedt/Evers* Rn. 4; Lutter/Hommelhoff/Teichmann/*Oetker* Rn. 11; AKRR/*Rudolph* Rn. 3.
[13] AA *Forst,* Die Beteiligungsvereinbarung nach § 21 SEBG, 2010, 172; Lutter/Hommelhoff/Teichmann/*Oetker* Rn. 9; *Witschen* ZGR 2016, 644 (650).
[14] Wie hier Kölner Komm AktG/*Feuerborn* Rn. 6.
[15] Nagel/Freis/Kleinsorge/*Freis* Rn. 4; Habersack/Drinhausen/*Hohenstatt/Müller-Bonanni* Rn. 3; *Hoops,* Die Mitbestimmungsvereinbarung in der SE, 2009, 68; *Kienast* in Jannott/Frodermann SE-HdB Kap. 13 Rn. 369 f.; näher *Forst,* Die Beteiligungsvereinbarung nach § 21 SEBG, 2010, 173 ff.
[16] Kölner Komm AktG/*Feuerborn* Rn. 8; aA *Witschen* ZGR 2016, 644 (649).
[17] Ebenso Kölner Komm AktG/*Feuerborn* Rn. 8; Lutter/Hommelhoff/Teichmann/*Oetker* Rn. 12.

bereits bestehende SE anwendbar sind und nicht in Widerspruch zu § 18 Abs. 1 und 2 stehen. Maßgeblicher **Zeitpunkt** für die **Zahlenverhältnisse** ist der **Zugang** des schriftlichen **Antrags** bei der Leitung der SE.[18] § 4 Abs. 4 passt nicht. An die Stelle der beteiligten Gesellschaften, betroffenen Tochtergesellschaften und betroffenen Betriebe treten die SE, ihre Tochtergesellschaften und Betriebe (§ 18 Abs. 1 S. 1), an die Stelle der Leitungen die Leitung der SE (§ 18 Abs. 4). Das bVG kann die Wiederaufnahme der Verhandlungen mit der Leitung der SE beschließen. Dafür bedarf es der Mehrheit des § 15 Abs. 2.[19] Werden die Verhandlungen wieder aufgenommen, kann eine **Vereinbarung** nach § 21 getroffen werden.

Wird in den Verhandlungen **keine Einigung** erzielt, greift die **gesetzliche Auffangregelung** gem. § 18 Abs. 2 **nicht**. §§ 22 ff. über den SE-Betriebsrat kraft Gesetzes und §§ 34 ff. über die Mitbestimmung kraft Gesetzes sind nicht anzuwenden.[20] § 18 Abs. 2, der auf der Vorgabe des Art. 3 Abs. 6 UAbs. 4 S. 2 Beteiligungs-RL beruht, weicht damit von der Regelung im Gründungsverfahren ab. Dort führt das Scheitern der Verhandlungen zum Eingreifen der gesetzlichen Auffangregelung, wenn bis zum Ende des in § 20 angegebenen Zeitraums keine Vereinbarung zustande gekommen ist und das bVG keinen Beschluss nach § 16 gefasst hat (§ 22 Abs. 1 Nr. 2, § 34 Abs. 1). Das bedeutet, dass das bVG im Verfahren nach § 18 Abs. 1 und 2 anders als im Gründungsverfahren keinen Beschluss nach § 16 Abs. 1 S. 1 fassen muss, um das Eingreifen der gesetzlichen Auffangregelung zu verhindern. Bereits das Scheitern der Verhandlungen führt dazu, dass es – wie es wohl als Motiv für die Abweichung vom Gründungsverfahren in der Begründung zum Regierungsentwurf angeführt wird[21] – bei der „bestehenden Rechtslage", also der Lage nach einem Beschluss gem. § 16 Abs. 1 S. 1 im Gründungsverfahren, bleibt. Der Beschluss nach § 16 Abs. 1 S. 1 führt deshalb zu einem dauerhaften Verlust des mitbestimmungsrechtlichen Bestandsschutzes und dürfte daher praktisch nicht vorkommen.

III. Neuverhandlungen nach geplanten strukturellen Änderungen

1. Normzweck. Für geplante **strukturelle Änderungen** der SE, die geeignet sind, die **Beteiligungsrechte** der Arbeitnehmer zu **mindern,** sieht § 18 Abs. 3, flankiert durch § 22 Abs. 2, ebenfalls die Wiederaufnahme von Verhandlungen vor. Die Vorschrift konkretisiert den in **§ 1 Abs. 4** normierten Grundsatz, dass die auf die Gründung der SE anwendbaren Grundsätze auch für strukturelle Änderungen der SE und deren Auswirkungen auf die betroffenen Gesellschaften und ihre Arbeitnehmer gelten (→ § 1 Rn. 6). Der **Normzweck,** der sich aus dem Wortlaut nicht unmittelbar ergibt, aber der Begründung des Regierungsentwurfs zu entnehmen ist,[22] besteht vor allem darin, eine Minderung der Rechte von **neu hinzutretenden Arbeitnehmern** nach einer strukturellen Änderung zu verhindern; das bedeutet allerdings nicht, dass die Arbeitnehmer der SE und ihrer Tochtergesellschaften bei einer strukturellen Änderung, die geeignet ist, ihre Beteiligungsrechte zu mindern, nicht geschützt sind (→ Rn. 14). Eine § 18 Abs. 3 ergänzende Regelung enthält **§ 21 Abs. 4** (→ § 21 Rn. 69 f.) für den Inhalt einer **Vereinbarung nach § 21.** In ihr soll bereits im Gründungsstadium der SE vorrangig geregelt werden, dass bei späteren strukturellen Veränderungen neue Verhandlungen über die Beteiligung der Arbeitnehmer aufzunehmen sind (näher → § 21 Rn. 70). In die gleiche Richtung wie § 18 Abs. 3 zielt **§ 25,** der eine regelmäßige Prüfung der **Zusammensetzung des SE-Betriebsrats** nach Änderungen der SE und ihrer Tochtergesellschaften und Betriebe – insbesondere bei den Arbeitnehmerzahlen – enthält. Treten bereits während der Tätigkeitsdauer des bVG „Änderungen in der Struktur oder Arbeitnehmerzahl"

---

[18] Ebenso NK-SE/*Bodenstedt*/*Evers* Rn. 5; Kölner Komm AktG/*Feuerborn* Rn. 9; Habersack/Drinhausen/Hohenstatt/*Müller-Bonanni* Rn. 3; AKRR/*Rudolph* Rn. 5.
[19] Vgl. Lutter/Hommelhoff/Teichmann/*Oetker* Rn. 42.
[20] *Witschen* ZGR 2016, 644 (650).
[21] BR-Drs. 438/04, 127.
[22] BR-Drs. 438/04, 127.

der beteiligten Gesellschaften, betroffenen Tochtergesellschaften und Betriebe ein, welche die konkrete **Zusammensetzung des bVG** verändern würden, ist das bVG gem. **§ 5 Abs. 4,** der insoweit ebenfalls mindestens eine mittelbare Ergänzung zu § 18 Abs. 3 darstellt, entsprechend neu zusammenzusetzen.

7 § 18 Abs. 3 ist nicht nur ein „rechtsdogmatischer Stolperstein"[23] und eine „Achillesverse" von SE-Gründungen, die unter dem Gesichtspunkt einer „Mitbestimmungsoptimierung" vorgenommen wurden,[24] sondern auch **rechtspolitisch umstritten,**[25] auch weil er durch die Beteiligungs-RL nicht unmittelbar vorgegeben ist. Dem Richtliniengeber war die Problematik bewusst, er hat aber bis auf einen Hinweis im Erwägungsgrund 18 Beteiligungs-RL keine Regelung in die Beteiligungs-RL aufgenommen (→ Vor § 1 Rn. 29). Erwägungsgrund 18 Beteiligungs-RL erklärt freilich die Sicherung erworbener Rechte der Arbeitnehmer über ihre Beteiligung an Unternehmensentscheidungen zum „fundamentalen Grundsatz und erklärten Ziel" der Richtlinie (S. 1), die durch das Vorher-Nachher-Prinzip verwirklicht werde (S. 2). Beides gilt folgerichtig, wie S. 3 formuliert, nicht nur für Neugründungen, sondern auch für strukturelle Änderungen einer bereits bestehenden SE und für die von strukturellen Änderungsprozessen betroffenen Gesellschaften.[26] Dahinter steckt der Gedanke, der Gefahr einer Umgehung von Gründungsvorschriften der SE entgegenzuwirken.[27] Die Vorschrift verstößt deshalb nicht gegen den Sinn der Richtlinie, sondern ist **richtlinienkonform.**[28] „Änderungen in der SE nach ihrer Gründung" gehören nach Auffassung der Kommission sogar zu den Punkten, die bei einer möglichen Revision der SE-RL besondere Aufmerksamkeit verdienen.[29]

8 § 18 Abs. 3 ist insoweit auch eine Ausprägung des allgemeinen **Rechtsmissbrauchsverbots** (§ 43; → § 43 Rn. 2),[30] allerdings sind beide Tatbestände sorgsam voneinander zu trennen, sie müssen sich nicht notwendigerweise decken.[31] Nach dem problematischen § 43 S. 2 wird ein Missbrauch vermutet, wenn ohne Durchführung eines Verfahrens nach § 18 Abs. 3 innerhalb eines Jahres nach Gründung der SE strukturelle Änderungen stattfinden, die bewirken, dass den Arbeitnehmern Beteiligungsrechte „vorenthalten oder entzogen" werden (→ § 43 Rn. 5). § 18 Abs. 3 stellt demgegenüber „nur" auf eine „Minderung" ab (vgl. auch → § 43 Rn. 2). § 18 Abs. 3 ist **zwingend** und kann auch nicht im Rahmen einer Vereinbarung nach § 21 Abs. 4 abbedungen oder abweichend von den gesetzlichen

---

[23] *Teichmann* GPR 2010, 85 (91); s. auch *Hommelhoff* ZGR 2010, 48 (67): „in Auslegung und Anwendung" „ausgesprochen schwierig".

[24] Habersack/Drinhausen/*Hohenstatt/Müller-Bonanni* Rn. 4.

[25] Stellungnahme von BDA, BDI, DIHK, GDV, BdB und DAI zum RefE eines SEEG vom 3.5.2004, 10; DGB-Stellungnahme zum RefE eines SEEG vom 25.5.2004, 3 f.; *Grobys* NZA 2005, 91; *Kallmeyer* ZIP 2004, 1442, 1443 f.

[26] Zu mitgliedstaatlichen Regelungskonzepten zu „strukturellen Veränderungen einer SE" vgl. eingehend die Untersuchung bei *Ramcke*, Die Konkretisierung des Missbrauchsverbots der SE, 2015, 321 ff.

[27] Habersack/Drinhausen/*Hohenstatt/Müller-Bonanni* Rn. 7.

[28] S. etwa Kölner Komm AktG/*Feuerborn* Rn. 17; *Forst*, Die Beteiligungsvereinbarung nach § 21 SEBG, 2010, 175; *Ramcke*, Die Konkretisierung des Missbrauchsverbots der SE, 2015, 341 ff. für § 43 S. 2; AKRR/*Rudolph* Rn. 7; NK-ArbR/*Sagan* Rn. 6; *von der Heyde*, Die Beteiligung der Arbeitnehmer in der Societas Europaea (SE), 2007, 210; vgl. auch Mitteilung der Kommission zur Überprüfung der RL 2001/86/EG vom 8.10.2001 zur Ergänzung des Statuts der Europäischen Gesellschaft hinsichtlich der Beteiligung der Arbeitnehmer vom 30.9.2008, KOM (2008) 591 endg., 7 f.; vgl. demgegenüber → 2. Aufl. 2006, Europ. AktR Einf. Rn. 45 *(Kübler)*; zweifelnd *Grobys* NZA 2006, 91.

[29] Mitteilung der Kommission zur Überprüfung der RL 2001/86/EG vom 8.10.2001 zur Ergänzung des Statuts der Europäischen Gesellschaft hinsichtlich der Beteiligung der Arbeitnehmer vom 30.9.2008, KOM (2008) 591 endg., 7 f.

[30] Ebenso Habersack/Drinhausen/*Hohenstatt/Müller-Bonanni* Rn. 6; s. auch *Niklas* NZA 2004, 1200 (1205 f.) für Art. 11 Beteiligungs-RL; ferner *Kallmeyer* ZIP 2004, 1442, 1443: § 18 Abs. 3 sei deshalb überflüssig; *Nagel* NZG 2004, 833 (839): § 43 greife, wenn ein enger zeitlicher und sachlicher Zusammenhang zur SE-Gründung bestehe, andernfalls sei § 18 Abs. 3 einschlägig; zur Abgrenzung von Missbrauch und strukturellen Änderungen näher *Ramcke* § 3 C III 2 d ee (2).

[31] Habersack/Drinhausen/*Hohenstatt/Müller-Bonanni* Rn. 6; Nagel/Freis/Kleinsorge/*Nagel* § 43 Rn. 7; *Ramcke*, Die Konkretisierung des Missbrauchsverbots der SE, 2015, 182 ff.; *Sagan* in Bieder/Hartmann, Individuelle Freiheit und kollektive Interessenwahrnehmung im deutschen und europäischen Arbeitsrecht, 2012, 182.

Vorgaben „konkretisiert" werden.[32] Es kann etwa nicht vereinbart werden, dass von der Mitbestimmungsvereinbarung auch jedwede nachfolgende Verschmelzung erfasst und diese damit keine strukturelle Änderung ist. Allerdings kann die Vereinbarung zusätzliche Tatbestände vorsehen, die eine strukturelle Änderung bedeuten (→ § 21 Rn. 70). § 18 Abs. 3 ist im Übrigen nur dann anzuwenden, wenn das SEBG auf die SE bei der Planung der strukturellen Änderungen anwendbar ist; das ist nicht der Fall, wenn eine SE als arbeitnehmerlose Holding-Gesellschaft mit Sitz in London gegründet wird, diese SE als Kommanditistin einer in Deutschland ansässigen Gesellschaft eingetragen wird, aber erst danach selbst ihren Sitz nach Deutschland verlegt und im Zug der Sitzverlegung die Aufsichtsratsverfassung wechselt.[33]

2. Voraussetzungen. Vor diesem Hintergrund ist im Schrifttum bereits für die Richtlinie diskutiert worden, wie bei strukturellen Änderungen der SE zu verfahren ist (→ Vor § 1 Rn. 29). Zum Teil hat man Lösungen vorgeschlagen, die zwischen der Unterrichtung und Anhörung einerseits sowie der unternehmerischen Mitbestimmung andererseits differenzieren. Andere haben pauschal auf die Pflicht zur **Aufnahme neuer Verhandlungen** verwiesen (→ § 21 Rn. 70 mwN).[34] Die Regelung in § 18 Abs. 3, die mehr Fragen aufwirft, als sie beantwortet,[35] lehnt sich daran an. Das SEBG behandelt strukturelle Änderungen in der SE danach im Grundsatz genauso wie die Gründung einer SE. 9

§ 18 Abs. 3 nennt **zwei Tatbestandsmerkmale**: die strukturelle Änderung und die Eignung, Beteiligungsrechte der Arbeitnehmer zu mindern. 10

a) Strukturelle Änderung. Eine gesetzliche Definition der strukturellen Änderung ist weder im Katalog des § 2 noch an einer anderen Stelle im SEBG enthalten.[36] Die Begründung zum Regierungsentwurf ist ebenfalls undeutlich und nennt lediglich das Beispiel, dass eine mitbestimmungsfreie SE eine mitbestimmte deutsche AG „aufnimmt".[37] Auch im Schrifttum begnügt man sich überwiegend mit der Aufzählung **typischer Fälle**: Hinzukommen oder Ausscheiden von Unternehmen oder Unternehmensteilen,[38] Fusionen, (Ab-)Spaltungen wie etwa die Spaltung zur Aufnahme, wenn die SE die aufnehmende Gesellschaft ist,[39] Veräußerung von Betrieben, Betriebsteilen oder Tochterunternehmen,[40] Betriebsübernahmen, Verschmelzungen[41] wie zB die Verschmelzung einer (nach dem DrittelbG oder dem MitbestG) mitbestimmten Gesellschaft auf eine SE[42] oder die Verlegung des SE-Sitzes.[43] Eine Anlehnung an die „wesentlichen Strukturänderungen" in § 37 Abs. 1 EBRG scheidet mit Blick auf die unterschiedlichen strukturellen Fragestellungen aus.[44] § 228 Abs. 2 ArbVG (Österreich) enthält ebenfalls keine Definition, zählt aber – ohne Verbindlichkeit für das deutsche Recht und im Übrigen teilweise inhaltlich nicht überzeugend[45] – verschiedene Tatbestände auf, die als eine wesentliche Änderung der Struktur der SE gelten: die Verlegung des Sitzes der SE, der Wechsel des Verwaltungssystems der SE, 11

---

[32] BR-Drs. 438/04, 129; wie hier *Forst* ZHR-Sonderheft 77 (2015), 50 (82); Habersack/Drinhausen/Hohenstatt/Müller-Bonanni Rn. 6; *Löw/Stolzenberg* BB 2017, 245 (247); NK-ArbR/*Sagan* Rn. 4.
[33] LAG Hamburg 29.10.2020 – 3 TaBV 1/20 Rn. 43ff.
[34] *Kleinsorge* RdA 2002, 351; *Köstler* ZGR 2003, 800 (808); *Köstler* in Theisen/Wenz, Europäische Aktiengesellschaft, 2. Aufl. 2005, 327.
[35] Insoweit statt vieler krit. etwa *Casper/Schäfer* ZIP 2007, 653 (659); dazu auch Mitteilung der Kommission zur Überprüfung der RL 2001/86/EG vom 8.10.2001 zur Ergänzung des Statuts der Europäischen Gesellschaft hinsichtlich der Beteiligung der Arbeitnehmer vom 30.9.2008, KOM (2008) 591 endg., 7f.
[36] Kölner Komm AktG/*Feuerborn* Rn. 19.
[37] BR-Drs. 438/04, 127.
[38] *Niklas* NZA 2004, 1200 (1205).
[39] Habersack/Drinhausen/Hohenstatt/Müller-Bonanni Rn. 10.
[40] *Kleinsorge* RdA 2002, 351.
[41] *Müller-Bonanni/Melot de Beauregard* GmbHR 2005, 195 (198).
[42] Habersack/Drinhausen/Hohenstatt/Müller-Bonanni Rn. 10.
[43] *Kleinsorge* RdA 2002, 351; *Wollburg/Banerjea* ZIP 2005, 277 (283).
[44] Näher Habersack/Drinhausen/Hohenstatt/Müller-Bonanni Rn. 8 mwN.
[45] Vgl. auch *Hommelhoff* ZGR 2010, 48 (67): „nicht wesentlich weniger streitträchtig" als die deutsche Regelung; krit. auch *Ramcke*, Die Konkretisierung des Missbrauchsverbots der SE, 2015, 325.

die Stilllegung, Einschränkung oder Verlegung von Unternehmen oder Betrieben der SE, der Zusammenschluss von Betrieben oder Unternehmen der SE, der Erwerb wesentlicher Beteiligungen an anderen Unternehmen durch die SE, sofern diese erheblichen Einfluss auf die Gesamtstruktur der SE haben, und erhebliche Änderungen der Zahl der in der SE und ihren Tochtergesellschaften Beschäftigten.

12 Eine typologische Betrachtung macht eine abstrakte Beschreibung der strukturellen Änderung jedoch nicht entbehrlich.[46] Dabei ist zunächst zu beachten, dass § 18 Abs. 3 S. 1 **restriktiv auszulegen** ist.[47] Das gebietet mit Blick auf Art. 103 Abs. 2 GG, § 1 StGB iVm § 45 Abs. 1 Nr. 2 schon die erwähnte Verknüpfung mit § 43 S. 2 (→ Rn. 8; → § 43 Rn. 5; → § 45 Rn. 5).[48] Gem. Erwägungsgrund 18 SE-RL soll die bei Neugründung der SE geltende Vorher-Nachher-Betrachtung auch bei strukturellen Änderungen anzuwenden sein. Es sind deshalb nur Vorgänge mit **gründungsähnlichem Charakter mit außergewöhnlichem Gewicht,** die eine Änderung der Satzung der SE erfordern, als strukturelle Änderungen anzusehen.[49] Die gesellschaftsrechtliche Struktur der SE muss sich verändern.[50] Andernfalls verlöre das Merkmal der Strukturänderung seine Eigenständigkeit und es käme nur auf die Eignung der Minderung von Beteiligungsrechten an.[51] Die im Beispiel der Begründung zum Regierungsentwurf genannte „Aufnahme" – gemeint ist die **Verschmelzung auf die SE** (§ 2 UmwG)[52] – deutet darauf hin, dass nur **korporative Akte** den Tatbestand der strukturellen Änderung erfüllen.[53] Dafür spricht auch, dass § 18 Abs. 3 –

[46] Zur Auslegung des Begriffs im Zusammenhang mit der Missbrauchsvermutung des § 43 S. 2 näher *Ramcke,* Die Konkretisierung des Missbrauchsverbots der SE, 2015, 285 ff. mwN.

[47] *Ege/Grzimek/Schwarzfischer* DB 2011, 1205 (1208); *Feldhaus/Vanscheidt* BB 2008, 2246 (2247); Kölner Komm AktG/*Feuerborn* Rn. 20; *Forst* ZHR-Sonderheft 77 (2015), 50, 81; *Grobys* NZA 2005, 91; *Henssler* ZHR 173 (2009), 244; *von der Heyde,* Die Beteiligung der Arbeitnehmer in der Societas Europaea (SE), 2007, 209; Habersack/Drinhausen/Hohenstatt/*Müller-Bonanni* Rn. 12; *Rieble* BB 2006, 2018 (2022); *Kurzböck/Weinbeck* BB 2020, 2421 (2423); NK-ArbR/*Sagan* Rn. 12; *Schwarz* SE-VO Einl. Rn. 253; *Wollburg/Banerjea* ZIP 2005, 277 (278 f.); *Ziegler/Gey* BB 2009, 1750 (1756); wohl auch *Drinhausen/Keinath* BB 2011, 2699 (2701); aA Nagel/Freis/Kleinsorge/*Freis* Rn. 11; *Nagel* ZIP 2011, 2047 (2048); *Scheibe,* Die Mitbestimmung der Arbeitnehmer in der SE unter besonderer Berücksichtigung des monistischen Systems, 2007, 153; weiter auch *Hoops,* Die Mitbestimmungsvereinbarung in der SE, 2009, 56 ff.; *Teichmann* FS Hellwig, 2010, 347 (365); für den in § 43 S. 2 verwendeten Begriff der strukturellen Änderungen weiter auch *Ramcke,* Die Konkretisierung des Missbrauchsverbots der SE, 2015, 301 ff.

[48] Anders *Ramcke,* Die Konkretisierung des Missbrauchsverbots der SE, 2015, 291, wonach der Zusammenhang mit § 43 S. 2 nicht zwingend für eine restriktive Auslegung spreche, da § 43 S. 2 im Rahmen des § 45 Abs. 1 Nr. 2 ohnehin nicht anwendbar sei.

[49] *Feldhaus/Vanscheidt* BB 2008, 2246 (2247); Kölner Komm AktG/*Feuerborn* Rn. 24; *Habersack* ZHR 107 (2007), 641 f.; *Habersack* Konzern 2006, 105 (109 f.); *Henssler* ZHR 173 (2009), 244; HWK/*Hohenstatt/Dzida* SEBG Rn. 32; Habersack/Drinhausen/Hohenstatt/*Müller-Bonanni* Rn. 9; *Kienast* in Jannott/Frodermann SE-HdB Kap. 13 Rn. 28; *Krause* SEBG 2005, 1221 (1228); *Müller-Bonanni/Melot de Beauregard* GmbHR 2005, 195 (199 f.); *Müller-Bonanni/Müntefering* BB 2009, 1699 (1702); MHdB ArbR/*Naber/Gaul* § 384 Rn. 104; *Rieble* BB 2006, 2018 (2022); NK-ArbR/*Sagan* Rn. 12; *Schäfer* in Rieble/Junker Vereinbarte Mitbestimmung § 1 Rn. 17; *Wollburg/Banerjea* ZIP 2005, 277 (278); *Ziegler/Gey* BB 2009, 1750 (1756); ArbG Hamburg 28.2.2020 – 17 BV 20/19 Rn. 24, 26; aA Lutter/Hommelhoff/Teichmann/*Oetker* Rn. 21; *Teichmann* FS Hellwig, 2010, 347 (364 f.).

[50] Kölner Komm AktG/*Feuerborn* Rn. 21; weiter wohl *Teichmann* FS Hellwig, 2010, 347 (364 f.); abw. Düwell/*Sick* SE und grenzüberschreitende Verschmelzung Rn. 40: „zu eng".

[51] Habersack/Henssler/*Henssler* Rn. 9.

[52] Kölner Komm AktG/*Feuerborn* Rn. 21; *Frese* BB 2018, 2612 (2615); *Grobys* NZA 2005, 91; *Ramcke,* Die Konkretisierung des Missbrauchsverbots der SE, 2015, 294 ff.; *Schäfer* in Rieble/Junker Vereinbarte Mitbestimmung § 1 Rn. 17; *Wollburg/Banerjea* ZIP 2005, 277 (278); ähnlich *Kleinsorge* RdA 2002, 351 (Fusion); *Ziegler/Gey* BB 2009, 1750 (1756): „in der Regel"; wohl auch *Feldhaus/Vanscheidt* BB 2008, 2246 (2247): „scheint".

[53] So auch *Benker,* Die Gestaltung der Mitbestimmung in der SE, 2019, 201; *Diekmann* GS Gruson, 2009, 75 (86); *Frese* BB 2018, 2612 (2615); *Henssler* ZHR 173 (2009), 244; HWK/*Hohenstatt/Dzida* SEBG Rn. 32; Habersack/Drinhausen/Hohenstatt/*Müller-Bonanni* Rn. 8; *Rieble* BB 2006, 2018 (2022); *Wollburg/Banerjea* ZIP 2005, 277 (279); zurückhaltender MHdB AG/*Austmann* § 85 Rn. 48; NK-ArbR/*Sagan* Rn. 12: „nur im Grundsatz"; aA *Feldhaus/Vanscheidt* BB 2008, 2246 (2247); Kölner Komm AktG/*Feuerborn* Rn. 26; Nagel/Freis/Kleinsorge/*Freis* Rn. 11; *Köstler* in Theisen/Wenz, Europäische Aktiengesellschaft, 2. Aufl. 2005, 371; Lutter/Hommelhoff/Teichmann/*Oetker* Rn. 24: „Änderungen in den tatsächlichen Strukturen" ausreichend; *Sagan* in Bieder/Hartmann, Individuelle Freiheit und kollektive Interessenwahrnehmung im deutschen und europäischen Arbeitsrecht, 2012, 203.

anders als die vergleichbaren Tatbestände des § 5 Abs. 4 (Zusammensetzung des bVG) und des § 25 (Zusammensetzung des SE-Betriebsrats) und im Gegensatz zu vergleichbaren Regelungen in anderen Mitgliedstaaten[54] – eine Veränderung bei den Arbeitnehmerzahlen **nicht** ausdrücklich nennt; sie bleiben folgenlos.[55] Im Übrigen kommt es für § 18 Abs. 3 nicht darauf an, ob die strukturelle Änderung in einem engen zeitlichen oder sachlichen Zusammenhang mit der Gründung der SE erfolgt.[56] Unerheblich ist schließlich im Gegensatz zum Missbrauch nach § 43, mit welcher subjektiven Tendenz die strukturelle Änderung durchgeführt wird (vgl. → § 43 Rn. 3).

b) Eignung zur Minderung von Beteiligungsrechten. Eine geplante strukturelle 13 Änderung der SE genügt für das Eingreifen des § 18 Abs. 3 aber nicht. Sie muss nach der Formulierung in S. 1 **geeignet** sein,[57] **Beteiligungsrechte** der Arbeitnehmer zu **mindern**. Nicht jede geplante strukturelle Änderung unterfällt deshalb dem Tatbestand des § 18 Abs. 3.

Das Gesetz erläutert den Begriff der Eignung zur Minderung der Beteiligungsrechte nicht. 14 Der Begriff der **Eignung** ist gemäß dem Schutzzweck der Beteiligungs-RL und des SEBG weit zu verstehen (→ Vor § 1 Rn. 36). Es ist nicht erforderlich, dass die Minderung sicher vorhergesehen wird, es genügt vielmehr die objektive Möglichkeit.[58] Eine **Minderung** von Beteiligungsrechten liegt vor, wenn den Arbeitnehmern nach der strukturellen Änderung weniger Rechte zustehen als vorher;[59] nicht entscheidend ist also der **hypothetische Vergleich** zu einer der Mitbestimmung unterfallenden (deutschen) Gesellschaft.[60] Von einer Minderung der Mitbestimmungsrechte ist zB auszugehen, wenn eine paritätisch mitbestimmte Gesellschaft auf eine mitbestimmungsfreie oder drittelmitbestimmte SE verschmolzen wird (→ Rn. 16). Ein anderes Beispiel ist der Wegfall von Tendenzschutz, etwa durch die Abspaltung tendenzfreier Unternehmensteile.[61] Es kommt dabei nicht darauf an, ob die Beteiligungsrechte bislang kraft Vereinbarung (§ 21) oder im Wege der gesetzlichen Auffangregelung (§§ 22 ff., §§ 34 ff.) galten.[62] Anders als bei § 43 ist es auch nicht erforderlich, dass die Minderung von Beteiligungsrechten das Ziel der strukturellen Änderung ist (→ § 43 Rn. 1).[63] Aus § 18 Abs. 3 S. 2 – Verhandlungen der Leitung der SE können auch mit Vertretern der noch nicht vom SE-Betriebsrat repräsentierten Arbeitnehmer stattfinden – und aus dem in der Begründung zum Regierungsentwurf erwähnten Beispiel[64] folgt, dass es vor allem um die Minderung von Beteiligungsrechten von Arbeitnehmern geht, die **noch nicht für die SE oder ihre Tochtergesellschaften tätig** sind (vgl. → Rn. 6).[65] Auch auf § 4 Abs. 1 S. 1 MitbestG beruhende Beteiligungsrechte

---

[54] Namentlich in den Umsetzungsgesetzen in Belgien, Frankreich, Polen und Österreich; vgl. dazu *Ramcke*, Die Konkretisierung des Missbrauchsverbots der SE, 2015, 325.
[55] Wie hier *Kienast* in Jannott/Frodermann SE-HdB Kap. 13 Rn. 238; *Müller-Bonanni/Müntefering* BB 2009, 1699 (1702); *Ramcke*, Die Konkretisierung des Missbrauchsverbots der SE, 2015, 289 f.; *Röder/Rolf* FS Löwisch, 2007, 249 (250); zur Überschreitung von Schwellenwerten → Rn. 19; zum Sonderfall, dem nach einer SE-Gründung mit Arbeitnehmern in nur einem Mitgliedstaat später Arbeitnehmer in einem anderen Mitgliedstaat eingestellt werden, → § 3 Rn. 8.
[56] Kölner Komm AktG/*Feuerborn* Rn. 34; *Grobys* NZA 2005, 91; *Nagel* NZG 2004, 833 (839); anders *Kallmeyer* ZIP 2004, 1444.
[57] *Kienast* in Jannott/Frodermann SE-HdB Kap. 13 Rn. 239: Es genüge, dass die Minderung bei objektiver Betrachtung eintreten könne.
[58] Kölner Komm AktG/*Feuerborn* Rn. 31.
[59] Kölner Komm AktG/*Feuerborn* Rn. 32; Habersack/Drinhausen/*Hohenstatt/Müller-Bonanni* Rn. 13; *Ramcke*, Die Konkretisierung des Missbrauchsverbots der SE, 2015, 119 ff.; *Teichmann* FS Hellwig, 2010, 347 (358 f.); strenger *Feldhaus/Vanscheidt* BB 2008, 2246 (2248): Form des „Entziehens" oder „Vorenthaltens" mit „gewissem Schweregrad"; *Nagel* ZIP 2011, 2047 (2048): „substanzielle" Minderung erforderlich.
[60] Lutter/Hommelhoff/Teichmann/*Oetker* Rn. 31.
[61] Kölner Komm AktG/*Feuerborn* Rn. 31.
[62] Kölner Komm AktG/*Feuerborn* Rn. 31.
[63] Kölner Komm AktG/*Feuerborn* Rn. 34; vgl. auch *Ramcke*, Die Konkretisierung des Missbrauchsverbots der SE, 2015, 247 f.
[64] BR-Drs. 438/04, 127.
[65] MHdB AG/*Austmann* § 85 Rn. 49; Kölner Komm AktG/*Feuerborn* Rn. 30; HWK/*Hohenstatt/Dzida* SEBG Rn. 32; Habersack/Drinhausen/*Hohenstatt/Müller-Bonanni* Rn. 13; Lutter/Hommelhoff/Teichmann/*Oetker* Rn. 32; *Ramcke*, Die Konkretisierung des Missbrauchsverbots der SE, 2015, 507 ff.; *Schäfer* in Rieble/Junker Vereinbarte Mitbestimmung § 1 Rn. 15 mit dem zusätzlichen Hinweis auf § 15 Abs. 4; *Teichmann* FS Hellwig, 2010,

der Arbeitnehmer einer KG können betroffen sein.[66] Es ist aber nicht ausgeschlossen, dass eine Minderung von Beteiligungsrechten – wie zum Beispiel beim Wechsel vom dualistischen ins monistische System – auch bei **Arbeitnehmern der SE** selbst eintreten kann; auch sie sind durch § 18 Abs. 3 geschützt.[67] Zum Wechsel als strukturelle Änderung → Rn. 16. Die aufzunehmende Gesellschaft muss selbst der Mitbestimmung unterliegen, es genügt nicht, dass sie zu einem mitbestimmten Konzern gehört, die Mitbestimmungsintensität bei der bisherigen Konzernmutter (vgl. § 5 MitbestG) kann der aufgenommenen Tochter nicht besitzstandswahrend zugerechnet werden.[68] Nicht geschützt werden Arbeitnehmer, die in Folge der strukturellen Änderung aus der SE ausscheiden.[69]

15 § 2 Abs. 9 definiert **Beteiligungsrechte** als Rechte, die den Arbeitnehmern und ihren Vertretern im Bereich der Unterrichtung, Anhörung, Mitbestimmung und der sonstigen Beteiligung zustehen (→ § 2 Rn. 23 ff.). Diese Definition ist auch für § 18 Abs. 3 S. 1 maßgeblich.[70] Die Vorschrift geht damit nicht über Erwägungsgrund 18 Beteiligungs-RL hinaus,[71] der zwar auf die „Beteiligung an Unternehmensentscheidungen" abstellt, damit aber nicht nur, wie der Wortlaut suggerieren mag, die **unternehmerische Mitbestimmung** (Art. 2 lit. k Beteiligungs-RL, § 2 Abs. 12),[72] sondern auch – wenngleich bislang ohne große Bedeutung – die **Unterrichtung und Anhörung** (Art. 2 lit. i, j Beteiligungs-RL, § 2 Abs. 10 und 11) erfasst.[73] Auch sie gehören zu „Beteiligung der Arbeitnehmer" (Art. 2 lit. h Beteiligungs-RL, § 2 Abs. 8), durch welche die Arbeitnehmervertreter auf die Beschlussfassung innerhalb der Gesellschaft – die „Unternehmensentscheidung" iSv Erwägungsgrund 18 Beteiligungs-RL – Einfluss nehmen können.

16 c) **Beispiele.** Die Begründung zum Regierungsentwurf nennt als wichtiges Beispiel einer **strukturellen Änderung**, die geeignet ist, Beteiligungsrechte der Arbeitnehmer zu mindern, den Fall, dass die SE ein mitbestimmtes Unternehmen mit einer größeren Zahl von Arbeitnehmern **aufnimmt,** in der SE aber bisher keine Mitbestimmung gilt.[74] „Aufnahme" bedeutet vor allem **Verschmelzung auf die SE** (§ 2 UmwG; → Rn. 12). Der bloße Erwerb von Beteiligungen genügt jedenfalls nicht (→ Rn. 17). § 18 Abs. 3 S. 1 greift darüber hinaus, wenn eine bereits bestehende mitbestimmte SE mit einer weiteren Gesellschaft, deren Arbeitnehmer ein höheres Mitbestimmungsniveau mitbringen (§ 35 Abs. 2), auf die SE verschmolzen wird.[75] Das gilt auch dann, wenn es sich um eine Spaltung handelt und die SE der aufnehmende Rechtsträger ist, das abgespaltene Vermögen Betriebe oder

---

347 (361); Wollburg/Banerjea ZIP 2005, 277 (279); vgl. auch Ziegler/Gey BB 2009, 1750 (1756); abw. Sigle FS Hommelhoff, 2012, 1123 (1126): es komme nur auf die Arbeitnehmerrechte bei der SE an.
[66] AA Sigle FS Hommelhoff, 2012, 1123 (1126 f.).
[67] MHdB AG/Austmann § 85 Rn. 49; NK-SE/Evers Rn. 13; Habersack/Drinhausen/Hohenstatt/Müller-Bonanni Rn. 13; Schäfer in Rieble/Junker Vereinbarte Mitbestimmung § 1 Rn. 15; Teichmann FS Hellwig, 2010, 347 (359 ff.); wohl auch Feldhaus/Vanscheidt BB 2008, 2246 (2248); für § 43 Ramcke, Die Konkretisierung des Missbrauchsverbots der SE, 2015, 110 f.; abw. wohl Hoops, Die Mitbestimmungsvereinbarung in der SE, 2009, 63 f.
[68] Vgl. Feldhaus/Vanscheidt BB 2008, 2246 (2248); Habersack/Drinhausen/Hohenstatt/Müller-Bonanni Rn. 15; Löw/Stolzenberg BB 2017, 245 (246); Rieble BB 2018, 2018 (2022); Wollburg/Banerjea ZIP 2005, 277 (279 f.); aA Lutter/Hommelhoff/Teichmann/Oetker Rn. 36.
[69] Kölner Komm AktG/Feuerborn Rn. 30; Habersack/Drinhausen/Hohenstatt/Müller-Bonanni Rn. 13.
[70] Ebenso Lutter/Hommelhoff/Teichmann/Oetker Rn. 31; AKRR/Rudolph Rn. 13.
[71] Anders Kallmeyer ZIP 2004, 1444.
[72] So Grobys NZA 2005, 91; Kallmeyer ZIP 2004, 1444.
[73] Feldhaus/Vanscheidt BB 2008, 2246 (2248); Kölner Komm AktG/Feuerborn Rn. 29; Kienast in Jannott/Frodermann SE-HdB Kap. 13 Rn. 239 f.; Lutter/Hommelhoff/Teichmann/Oetker Rn. 31; Scheibe, Die Mitbestimmung der Arbeitnehmer in der SE unter besonderer Berücksichtigung des monistischen Systems, 2007, 160 ff.
[74] BR-Drs. 438/04, 127; Feldhaus/Vanscheidt BB 2008, 2246 (2247); Joost in Oetker/Preis AES B 8200 Rn. 108; Nagel NZG 2004, 833 (839); Nagel ZIP 2011, 2047 (2048 f.); Reichert ZIP 2014, 1957 (1961 f.); für die Beteiligungs-RL → 2. Aufl. 2006, Europ. AktR Einf. Rn. 43 (Kübler); Herfs-Röttgen NZA 2002, 358 (365); Kleinsorge RdA 2002, 351; Kleinsorge in Baums/Cahn, Die Europäische Aktiengesellschaft, Umsetzungsfragen und Perspektiven, 2004, 151.
[75] Vgl. Wollburg/Banerjea ZIP 2005, 277 (282); Herfs-Röttgen NZA 2002, 358 (365); Lutter/Hommelhoff/Teichmann/Oetker Rn. 34; Rieble BB 2006, 2018 (2022); vgl. auch Feldhaus/Vanscheidt BB 2008, 2246 (2250).

Betriebsteile enthält, welche die Voraussetzungen nach dem MitbestG oder dem DrittelbG erfüllen, und die SE ein niedrigeres Mitbestimmungsniveau aufweist.[76] Ein **Wechsel des Verwaltungssystems** (Wechsel vom Aufsichtsorgan zum Verwaltungsorgan und umgekehrt) ist ebenfalls eine strukturelle Änderung.[77] Ob eine Minderung von Beteiligungsrechten möglich ist, hängt vom Einzelfall ab.[78]

Keine strukturelle Änderung iSd § 18 Abs. 3 S. 1, die geeignet ist, Beteiligungsrechte der Arbeitnehmer zu mindern, ist dagegen gegeben, wenn eine nicht mitbestimmte SE **Anteile** einer mitbestimmten deutschen AG **erwirbt** und Mehrheitsgesellschafter wird **(Beteiligungserwerb):** Weder handelt es dabei um einen korporativen Akt und damit nicht um eine strukturelle Änderung, noch kommt es zu einer Minderung von Mitbestimmungsrechten, da in der erworbenen Gesellschaft die nationalen Mitbestimmungsrechte bestehen bleiben (§ 47 Abs. 1).[79] Werden die erworbenen Anteile im Wege einer Sachkapitalerhöhung in die SE eingebracht, werden jedenfalls keine Beteiligungsrechte gemindert.[80] Beides gilt auch für den Fall, dass eine Vorrats-SE die Anteile erwirbt; für eine Analogie zu § 18 Abs. 3 ist ebenfalls kein Raum,[81] allenfalls kann im Einzelfall eine Korrektur über § 43 (Verbot des Rechtsmissbrauchs) erfolgen.[82] Genauso wenig wie der Erwerb ist auch die **Veräußerung** von Beteiligungen eine strukturelle Änderung.[83] Schließlich wird jedenfalls keine Mitbestimmung gemindert, wenn die SE selbst von einer mitbestimmungsfreien Obergesellschaft erworben wird.[84] Dass die Obergesellschaft als herrschendes Unternehmen seine – mitbestimmungsfreien – Entscheidungen in der SE durchsetzen kann, ändert daran nichts. Auch die **Verlegung des Sitzes** einer SE aus einem anderen Mitgliedstaat nach Deutschland (Art. 8 Abs. 1 SE-VO) oder umgekehrt ist als solche keine strukturelle Änderung, da die Rechtspersönlichkeit der SE nicht verändert wird (Art. 8 Abs. 1 S. 2 SE-VO);[85] das gilt jedenfalls dann, wenn sich durch die Sitzverlegung die Struktur der SE nicht

---

[76] *Wollburg/Banerjea* ZIP 2005, 277 (282); vgl. auch *Ramcke*, Die Konkretisierung des Missbrauchsverbots der SE, 2015, 509 f., der verlangt, dass die Arbeitnehmer des übertragenen Unternehmensteils selbst ein Recht auf unmittelbare Mitbestimmung und nicht nur mittelbare Mitbestimmung in einer Konzernobergesellschaft innehatten.

[77] ArbG Hamburg 28.2.2020 – 17 BV 20/19 Rn. 27; HWK/*Hohenstatt/Dzida* SEBG Rn. 32; Habersack/ Drinhausen/*Hohenstatt/Müller-Bonanni* Rn. 10; *Ramcke*, Die Konkretisierung des Missbrauchsverbots der SE, 2015, 492 f.; NK-ArbR/*Sagan* Rn. 19; *Scheibe*, Die Mitbestimmung der Arbeitnehmer in der SE unter besonderer Berücksichtigung des monistischen Systems, 2007, 158 f.; aA *Feldhaus/Vanscheidt* BB 2008, 2246 (2250); Kölner Kommm AktG/*Feuerborn* Rn. 22.

[78] NK-ArbR/*Sagan* Rn. 19; nach *Teichmann* FS Hellwig, 2010, 347 (360) ausgeschlossen; wohl auch ArbG Hamburg 28.2.2020 – 17 BV 20/19 Rn. 27.

[79] Vgl. *Ege/Grzimek/Schwarzfischer* DB 2011, 1205 (1209); *Feldhaus/Vanscheidt* BB 2008, 2246 (2249); *Frese* BB 2018, 2612 (2615); *Habersack* AG 2007, 643; *Henssler* RdA 2005, 330, 334; *Henssler* ZHR 173 (2009), 244; *Habersack/Drinhausen/Hohenstatt/Müller-Bonanni* Rn. 10, 15; *Löw/Stolzenberg* BB 2017, 245 (246 f.); *Müller-Bonanni/Melot de Beauregard* GmbHR 2005, 195 (199 f.); MHdB ArbR/*Naber/Sittard* § 384 Rn. 104; *Ramcke*, Die Konkretisierung des Missbrauchsverbots der SE, 2015, 499 ff., der auch einen Missbrauch nach § 43 verneint; *Rieble* BB 2006, 2018 (2022); *Rieble* in Rieble/Junker Vereinbarte Mitbestimmung § 3 Rn. 45; *Sagan* in Bieder/Hartmann, Individuelle Freiheit und kollektive Interessenwahrnehmung im deutschen und europäischen Arbeitsrecht, 2012, 206; *Schäfer* in Rieble/Junker Vereinbarte Mitbestimmung § 1 Rn. 17 f.; *Wollburg/Banerjea* ZIP 2005, 277 (280); *Ziegler/Gey* BB 2009, 1750 (1757); abw. *Teichmann* FS Hellwig, 2010, 347 (365): bei Veränderung der Konzernstruktur; *Nagel* ZIP 2011, 2047 (2049): Sicht der hM „zu eng".

[80] *Feldhaus/Vanscheidt* BB 2008, 2246 (2249); *Reichert* ZIP 2014, 1957 (1961).

[81] HWK/*Hohenstatt/Dzida* SEBG Rn. 32; *Köklü* in Van Hulle/Maul/Drinhausen SE-HdB Abschnitt 6 Rn. 107; *Seibt* ZIP 2005, 2248 (2250); WHSS/*Seibt* Rn. F 137j; aA *Köstler* in Theisen/Wenz, Europäische Aktiengesellschaft, 2. Aufl. 2005, 372 ff.

[82] Dazu näher *Sagan* in Bieder/Hartmann, Individuelle Freiheit und kollektive Interessenwahrnehmung im deutschen und europäischen Arbeitsrecht, 2012, 206; aA HWK/*Hohenstatt/Dzida* SEBG Rn. 32; *Müller-Bonanni/Melot de Beauregard* GmbHR 2005, 195 (200); *Ramcke*, Die Konkretisierung des Missbrauchsverbots der SE, 2015, 504 ff.; *Wollburg/Banerjea* ZIP 2005, 277 (281).

[83] *Feldhaus/Vanscheidt* BB 2008, 2246 (2250); Habersack/Drinhausen/*Hohenstatt/Müller-Bonanni* Rn. 10; *Ramcke*, Die Konkretisierung des Missbrauchsverbots der SE, 2015, 505.

[84] *Rieble* BB 2006, 2018 (2022).

[85] ArbG Hamburg 28.2.2020 – 17 BV 20/19 Rn. 26; anders ausdrücklich die Umsetzungsgesetze in Österreich, Frankreich und Polen; vgl. dazu *Ramcke*, Die Konkretisierung des Missbrauchsverbots der SE, 2015, 333 f.

zusätzlich verändert (→ SE-VO Art. 8 Rn. 13; aber → SE-VO Art. 8 Rn. 15: Wegfall der Geschäftsgrundlage).[86] § 18 Abs. 3 greift schließlich genauso wenig wie § 43, wenn **Veränderungen aus der Rechtsform der SE herausführen,** etwa wenn eine mitbestimmte deutsche AG in eine mitbestimmte SE mit Sitz in Deutschland umgewandelt wird, diese SE ihren Sitz dann in das Vereinigte Königreich verlegt und die britische SE anschließend in eine public limited company nach britischem Recht umgewandelt wird (Art. 66 SE-VO).[87] Die **Sekundärgründung einer SE-Tochter** nach Art. 3 Abs. 2 SE-VO ist **beteiligungsfrei** und – ungeachtet eines möglichen Rechtsmissbrauchs im Einzelfall,[88] wenn die Gründung der SE-Tochter Arbeitnehmern Beteiligungsrechte entziehen oder vorenthalten soll (§ 43; näher → § 3 Rn. 2, → Vor § 1 Rn. 13) – auch keine strukturelle Änderung iSd § 18 Abs. 3.[89] Dass die SE nunmehr die Rolle einer Mutter-SE einnimmt, mag insbesondere bei der Ausgliederung die Struktur ihrer Arbeitnehmerbeteiligung verändern, ist indessen keine strukturelle Änderung iSd § 18 Abs. 3: Ihre gesellschaftsrechtliche Struktur bleibt unverändert. Für eine Analogie ist ebenfalls kein Raum. Ob die **Ausstattung einer Vorrats-SE** mit einem Unternehmen mit gleichzeitiger Einstellung einer für die Arbeitnehmerbeteiligung ausreichenden Zahl von Arbeitnehmern eine strukturelle Änderung ist, kann offenbleiben, da in diesen Fällen jedenfalls eine **analoge Anwendung des § 18 Abs. 3** gerechtfertigt ist, da die wirtschaftliche Neugründung ein gründungsähnlicher Vorgang und deshalb mit der strukturellen Änderung vergleichbar ist (→ SE-VO Art. 12 Rn. 7, → SE-VO Art. 16 Rn. 3; → § 3 Rn. 5).[90]

18 Unklar ist im Kontext von **§ 4 Abs. 1 S. 1 MitbestG,** ob § 18 Abs. 3 greift, wenn die Anteile einer **arbeitnehmerlosen Vorrats-SE** durch die Kommanditisten einer KG mit in der Regel mehr als 2.000 Arbeitnehmern erworben werden und die SE sodann **Komplementärin der KG** wird.[91] Der bloße Erwerb der Anteile der SE ist keine strukturelle

---

[86] ArbG Hamburg 28.2.2020 – 17 BV 20/19 Rn. 26; *Drinhausen/Keinath* BB 2011, 2699 (2703); *Feldhaus/Vanscheidt* BB 2008, 2246 (2250); Kölner Komm AktG/*Feuerborn* Rn. 22, 41; *Forst,* Die Beteiligungsvereinbarung nach § 21 SEBG, 2010, 176 ff.; Nagel/Freis/Kleinsorge/*Freis* Rn. 11; Habersack/Drinhausen/Hohenstatt/*Müller-Bonanni* Rn. 10; *Hunger* in Jannott/Frodermann SE-HdB Kap. 9 Rn. 37; *Joost* in Oetker/Preis AES B 8200 Rn. 108; *Löw/Stolzenberg* BB 2017, 245 (247); Lutter/Hommelhoff/Teichmann/*Oetker* Rn. 35; *Ringe* NZG 2006, 931 (934); *Röder/Rolf* FS Löwisch, 2007, 249 (250); AKRR/*Rudolph* Rn. 21; *Ziegler/Gey* BB 2009, 1750 (1757); aA NK-SE/*Bodenstedt/Evers* Rn. 9; *Feldhaus/Vanscheidt* BB 2008, 2246 (2247 f.); diff. für § 43 S. 2 *Ramcke,* Die Konkretisierung des Missbrauchsverbots der SE, 2015, 482 ff., der eine strukturelle Änderung zwar bejaht, aber eine Eignung zur Minderung von Beteiligungsrechten und damit eine Pflicht zur Durchführung des Verfahrens nach § 18 Abs. 3 wie hier ablehnt; offengelassen von LAG Hamburg 29.10.2020 – 3 TaBV 1/20 Rn. 48; vgl. zur Sitzverlegung auch → § 3 Rn. 10.

[87] Wie hier iE *Kisker* RdA 2006, 206 (208); → 2. Aufl. 2006, Europ. AktR Einf. Rn. 45 *(Kübler); Kübler* FS Raiser, 2005, 247 (254 ff.); bezogen auf § 43 *Ramcke,* Die Konkretisierung des Missbrauchsverbots der SE, 2015, 511 ff.; aA *Nagel* NZG 2004, 833 (839); wohl auch *Feldhaus/Vanscheidt* BB 2008, 2246 (2248); dazu auch Mitteilung der Kommission zur Überprüfung der RL 2001/86/EG vom 8.10.2001 zur Ergänzung des Statuts der Europäischen Gesellschaft hinsichtlich der Beteiligung der Arbeitnehmer vom 30.9.2008, KOM (2008) 591 endg., 8 f.

[88] Dazu *Ramcke,* Die Konkretisierung des Missbrauchsverbots der SE, 2015, 112 ff. sowie 477 f.

[89] IE wie hier *Köklü* in Van Hulle/Maul/Drinhausen SE-HdB Abschnitt 6 Rn. 110; *Scheibe,* Die Mitbestimmung der Arbeitnehmer in der SE unter besonderer Berücksichtigung des monistischen Systems, 2007, 166; in diese Richtung auch *Henssler* ZHR 173 (2009), 234: im Regelfall „zweifelhaft"; aA *Feldhaus/Vanscheidt* BB 2008, 2246 (2248); *Oetker* FS Kreutz, 2009, 797 (803 f.).

[90] Näher – in Einzelheiten diff. – *Casper* AG 2007, 97 (100); *Ege/Grzimek/Schwarzfischer* DB 2011, 1205 (1209); BeckOGK/*Casper* SE-VO Art. 2 Rn. 31; *Casper/Schäfer* ZIP 2007, 653 (658 f.); *Feldhaus/Vanscheidt* BB 2008, 2246 (2247); Kölner Komm AktG/*Feuerborn* Rn. 49 ff.; *Forst* NZG 2009, 690 f.; *Forst* Konzern 2010, 151 (157); *Forst,* Die Beteiligungsvereinbarung nach § 21 SEBG, 2010, 181; *Kiem* ZHR 173 (2009), 156, 164 ff.; *Köstler* in Theisen/Wenz, Europäische Aktiengesellschaft, 2. Aufl. 2005, 374; *Luke* NZA 2013, 941 (943); *Ramcke,* Die Konkretisierung des Missbrauchsverbots der SE, 2015, 519 ff.; zu Fallgestaltungen bei wirtschaftlicher Neugründung im Zusammenhang mit dem Missbrauchsverbot (§ 43) *Ramcke,* Die Konkretisierung des Missbrauchsverbots der SE, 2015, 528 f.; *Reinhard* RIW 2006, 70; *Schäfer* in Rieble/Junker Vereinbarte Mitbestimmung § 1 Rn. 10; *Teichmann* FS Hellwig, 2010, 347 (367 f.); wohl auch *Eidenmüller/Lasák* FS Hommelhoff, 2012, 187 (195) Fn. 23 für das europäische Recht; ferner OLG Düsseldorf ZIP 2009, 920 f. (bei Aufnahme eines mitbestimmten Unternehmens durch eine nicht mitbestimmte SE); abw. HWK/*Hohenstatt/Dzida* SEBG Rn. 32; offengelassen von Habersack/Drinhausen/Hohenstatt/*Müller-Bonanni* Rn. 11.

[91] Zu den mitbestimmungsrechtlichen Aspekten der SE & Co. KG näher *Frese* BB 2018, 2612 ff.; *Winter/Marx/de Decker* NZA 2016, 334 ff.; umfassend *Andreas Schubert,* Unternehmensmitbestimmung in der SE &

Änderung.[92] Ob die Aufnahme der arbeitnehmerlosen SE als Komplementärin unter § 18 Abs. 3 fällt, ist weithin ungeklärt. Eine Minderung der Beteiligungsrechte läge in diesem Fall jedenfalls allenfalls bei den Arbeitnehmern der KG vor, die ihre auf § 4 Abs. 1 S. 1 MitbestG beruhenden Mitbestimmungsrechte verlören.[93] Allerdings ist unklar, wie die Verhandlungen über die Beteiligungsrechte der Arbeitnehmer dann durchgeführt werden sollten.[94] Dasselbe Problem ergibt sich, wenn man die Aufnahme der arbeitnehmerlosen SE als Komplementärin als wirtschaftliche Neugründung versteht; man könnte ihm allenfalls entgehen, wenn man nicht § 18 Abs. 3 analog, sondern §§ 4 ff., §§ 22 ff. anwendete und die Arbeitnehmer der KG der SE zurechnete.[95]

Ebenfalls **keine strukturelle Änderung**, die geeignet ist, Beteiligungsrechte der Arbeitnehmer zu mindern, ist die bloße **Änderung der Arbeitnehmerzahlen**, insbesondere das **Überschreiten** von **Schwellenwerten** bei den Arbeitnehmerzahlen durch **organisches Wachstum** – zum Beispiel in Bezug auf § 34 Abs. 1 Nr. 2 und 3 oder bei § 1 Abs. 1 Nr. 1 DrittelbG und § 1 Abs. 1 Nr. 2 MitbestG, die beide auf die SE nicht mehr anzuwenden sind –, wenn damit – wie etwa bei der alleinigen Einstellung oder Entlassung von Arbeitnehmern – nicht zugleich ein korporativer Akt verbunden ist[96] oder eine Vorrats-SE aktiviert wird (→ Rn. 17). Das belegt § 5 Abs. 4, der ausdrücklich zwischen „Änderungen in der Struktur" und Änderungen in der „Arbeitnehmeranzahl" unterscheidet (vgl. → Rn. 6, → Rn. 12). Werden zB die Schwellenwerte des § 34 Abs. 1 Nr. 2 bei der Gründung der SE durch Verschmelzung einer britischen public limited company (plc) mit einer deutschen AG – beide jeweils mit 200 Arbeitnehmern – nicht erreicht und kommt es nach der Gründung der SE zu erheblichen Neueinstellungen im deutschen Betrieb, die zu einem dortigen Anstieg auf über 500 Arbeitnehmer führen, bleibt die SE mitbestimmungsfrei.[97] Nichts anderes gilt, wenn die nach § 34 Abs. 1 Nr. 3 maßgeblichen Schwellenwerte wie bei der SE-Gründung durch Errichtung einer Holding-SE oder Tochter-SE in einer an der Gründung beteiligten Gesellschaft, die ihre Rechtspersönlichkeit behält, nach der Gründung überschritten werden oder die Gesellschaft erstmals die maßgeblichen Schwellenwerte für das Eingreifen der nationalen Mitbestimmungsregelungen (§§ 1 Abs. 1 MitbestG, 1 Abs. 1 DrittelbG) überschreitet.[98]

KGaA, 2018; zur Verwendung einer Vorrats-SE als Komplementärin bei einer SE & Co. KGaA MHdB ArbR/ *Naber/Sittard* § 384 Rn. 105 ff.
[92] *Sigle* FS Hommelhoff, 2012, 1123 (1125).
[93] AA *Sigle* FS Hommelhoff, 2012, 1123 (1126): es komme nur auf die Beteiligungsrechte der Arbeitnehmer der SE an, die in dieser Konstellation gerade nicht vorhanden seien; ebenso *Frese* BB 2018, 2612 (2615): keine Verringerung von Beteiligungsrechten.
[94] Zutr. *Sigle* FS Hommelhoff, 2012, 1123 (1126 f.).
[95] Dagegen *Sigle* FS Hommelhoff, 2012, 1123 (1128 f.).
[96] Ebenso OLG Düsseldorf ZIP 2009, 918; ArbG Hamburg 28.2.2020 – 17 BV 20/19 Rn. 24; MHdB AG/*Austmann* § 85 Rn. 47; *Diekmann* GS Gruson, 2009, 75 (88); *Drinhausen/Keinath* BB 2011, 2699 (2704) (kein Missbrauch nach § 43); *Ege/Grzimek/Schwarzfischer* DB 2011, 1205 (1208); *Feldhaus/Vanscheidt* BB 2008, 2246; Kölner Komm AktG/*Feuerborn* Rn. 23, 35; *Forst* Konzern 2010, 151 (153); *Grobys* NZA 2005, 91; *Henssler* ZHR 173 (2009), 244; HWK/*Hohenstatt/Dzida* SEBG Rn. 32; Habersack/Drinhausen/*Hohenstatt/ Müller-Bonanni* Rn. 10; *Joost* in Oetker/Preis AES B 8200 Rn. 111; *Joost* FS Richardi, 2007, 573 (576 f.); *Kienast* in Jannott/Frodermann SE-HdB Kap. 13 Rn. 238; *Krause* BB 2005, 1128; *Löw/Stolzenberg* BB 2017, 245 (246); *Morgenroth/Salzmann* NZA-RR 2013, 449 (450); MHdB ArbR/*Naber/Sittard* § 384 Rn. 104; Lutter/Hommelhoff/Teichmann/*Oetker* Rn. 23; *Ramcke*, Die Konkretisierung des Missbrauchsverbots der SE, 2015, 455 ff.; *Reichert* ZIP 2014, 1957 (1961); *Rieble* BB 2006, 2018 (2021); *Sagan* in Bieder/Hartmann, Individuelle Freiheit und kollektive Interessenwahrnehmung im deutschen und europäischen Arbeitsrecht, 2012, 203 f.; *Schubert* RdA 2012, 153; *Seibt* AG 2005, 413 (427); *Teichmann* FS Hellwig, 2010, 347 (367); *Ziegler/Gey* BB 2009, 1750 (1756); aA Nagel/Freis/Kleinsorge/*Freis* Rn. 11; *Düwell/Sick* SE und grenzüberschreitende Verschmelzung Rn. 40; anders die Rechtslage in Österreich (§ 228 Abs. 2 ArbVG); zum Sonderfall einer SE-Gründung mit Arbeitnehmern nur in einem Mitgliedstaat, wenn später Arbeitnehmer in einem anderen Mitgliedstaat eingestellt werden, → § 3 Rn. 8.
[97] Wie hier *Joost* FS Richardi, 2007, 573 (576 f.); *Müller-Bonanni/Melot de Beauregard* GmbHR 2005, 195 (198); *Rieble* BB 2006, 2018 (2021); *Röder/Rolf* FS Löwisch, 2007, 249 (250); *Wisskirchen/Prinz* DB 2004, 2638 (2642); *Wollburg/Banerjea* ZIP 2005, 277 (282); abw. *Nagel* NZG 2004, 833 (839); *Niklas* NZA 2004, 1200 (1205).
[98] Anders Nagel/Freis/Kleinsorge/*Freis* Rn. 14 f.; *Köstler* in Theisen/Wenz, Europäische Aktiengesellschaft, 2. Aufl. 2005, 370 f.

Das Gleiche gilt, wenn die Schwellenwerte **unterschritten** werden.[99] Wenn eine deutsche AG vor der Gründung der SE 2100 Arbeitnehmer hatte, die Zahl der in Deutschland beschäftigten Arbeitnehmer nach der Gründung der SE durch Entlassungen aber dauerhaft unter diese Grenze absinkt, bleibt die SE – sofern die gesetzliche Auffangregelung bei der Gründung zum Tragen kam – paritätisch mitbestimmt. Darin liegt ein (unerwünschter) Anreiz, die Rechtsform der SE zunächst zu verlassen und sich gem. Art. 66 SE-VO identitätswahrend in eine deutsche AG umzuwandeln, deren Mitbestimmung sich nach nationalem Mitbestimmungsrecht richtet,[100] um diese dann nach einer „Schonfrist" wieder in eine flexibel mitbestimmte SE umzuwandeln.[101] Der Erwerb von Wirtschaftsgütern, der einen **Betriebsübergang** gem. **§ 613a BGB** und damit die Übernahme von Arbeitnehmern vom Veräußerer auf den Erwerber nach sich zieht, ist aus den genannten Gründen ebenfalls keine strukturelle Änderung iSd § 18 Abs. 3 S. 1,[102] genauso wenig die Veräußerung von Unternehmensteilen im Wege eines asset deals, wenn infolge der Veräußerung Schwellenwerte unterschritten werden, die für die Mitbestimmung maßgeblich sind (§ 34 Abs. 1 Nr. 2 und 3).[103] Nicht unter § 18 Abs. 3 sind auch die Übernahme der SE selbst und der Kauf eines Betriebs der SE zu subsumieren.[104]

20 **Keine strukturelle Änderung** ist ferner eine **Anpassung der gesetzlichen Grundlagen** der SE.[105] Diskutiert wurde eine Analogie zu § 18 Abs. 3 in Bezug auf die Einführung der fixen Geschlechterquote von 30 % für börsennotierte, paritätisch mitbestimmte SEs in § 17 Abs. 2 SEAG und § 24 Abs. 3 SEAG. Wenn die Vereinbarung nicht mehr passt, muss sie gekündigt werden. Sie wirkt dann zwar zunächst nach, die Beendigung der Vereinbarung ist aber als **Neuverhandlungsfall,** der im Übrigen auch von vornherein in der Vereinbarung festgelegt werden kann (§ 21 Abs. 1 Hs. 1), anzusehen (→ § 21 Rn. 33). Es gibt dagegen keinen Anspruch auf Anpassung der Vereinbarung, und auch die Regelungen zum Wegfall der Geschäftsgrundlage greifen in der Regel nicht. Das Gleiche gilt für **Änderungen der nationalen Mitbestimmungsgesetze**[106] oder für den Fall eines nicht geregelten **Austritts eines Mitgliedstaats aus der EU,**[107] wenn in einer deutschen SE britische Arbeitnehmervertreter im SE-Betriebsrat oder im Aufsichts- oder Verwaltungsrat vertreten sind.[108] Die Bildung eines **„Konzerns im Konzern"** durch eine Vorrats-SE ist ebenfalls keine strukturelle Änderung iSd. § 18 Abs. 3.[109]

21 Im Schrifttum wird zum Teil für eine Analogie zu § 18 Abs. 3 für den Fall der grenzüberschreitenden statutenwechselnden Sitzverlegung (grenzüberschreitender Formwechsel) plä-

---

[99] Ebenso *Henssler* ZHR 173 (2009), 245; *Joost* FS Richardi, 2007, 573 (577); *Müller-Bonanni/Melot de Beauregard* GmbHR 2005, 195 (197 f.); *Ramcke,* Die Konkretisierung des Missbrauchsverbots der SE, 2015, 473 f.; *Rieble* BB 2006, 2018 (2021); unzutr. → 2. Aufl. 2006, Rn. 16.

[100] Einzelheiten zB bei Lutter/Hommelhoff/Teichmann/*Seibt* SE-VO Art. 66 Rn. 21 ff. mwN; vgl. ferner unter dem Gesichtspunkt eines (verneinten) Verstoßes gegen § 43 *Ramcke,* Die Konkretisierung des Missbrauchsverbots der SE, 2015, 511 ff.

[101] *Henssler* ZHR 173 (2009), 245.

[102] *Ege/Grzimek/Schwarzfischer* DB 2011, 1205 (1209); *Henssler* RdA 2005, 330, 334; HWK/*Hohenstatt/Dzida* SEBG Rn. 32; *Joost* in Oetker/Preis AES B 8200 Rn. 108; *Joost* FS Richardi, 2007, 573 (577); *Löw/Stolzenberg* BB 2017, 245 (246 f.); *Ramcke,* Die Konkretisierung des Missbrauchsverbots der SE, 2015, 463 f.; *Rieble* BB 2006, 2018 (2022); *Schäfer* in Rieble/Junker Vereinbarte Mitbestimmung § 1 Rn. 17 f.; *Seibt* AG 2005, 413 (427); *Wollburg/Banerjea* ZIP 2005, 277 (281 f.); *Ziegler/Gey* BB 2009, 1750 (1757); aA Kölner Komm AktG/*Feuerborn* Rn. 27, 36; Nagel/Freis/Kleinsorge/*Freis* Rn. 11; *Köklü* in Van Hulle/Maul/Drinhausen SE-HdB Abschnitt 6 Rn. 90; *Nagel* ZIP 2011, 2047 (2049 f.); Lutter/Hommelhoff/Teichmann/*Oetker* Rn. 36; *Sagan* in Bieder/Hartmann, Individuelle Freiheit und kollektive Interessenwahrnehmung im deutschen und europäischen Arbeitsrecht, 2012, 205: wenn Betriebsübergang im Einzelfall der Neugründung einer SE gleichgestellt werden kann; ähnlich *Löw/Stolzenberg* BB 2017, 245 (247) mit Blick auf § 43 (etwa wenn der übergehende Betrieb oder Betriebsteil erheblich mehr Arbeitnehmer beschäftigt als die SE); nicht ausgeschlossen auch von *Feldhaus/Vanscheidt* BB 2008, 2246 (2250).

[103] *Feldhaus/Vanscheidt* BB 2008, 2246 (2250).

[104] *Nagel* ZIP 2011, 2047 (2050).

[105] Dazu *Löw/Stolzenberg* BB 2017, 245 (247); s. auch *Sagan* RdA 2015, 255 (256).

[106] Dazu *Löw/Stolzenberg* BB 2017, 245 (247 f.).

[107] Dazu ausf. *Häferer/Klare* NZA 2019, 352 ff. mwN.

[108] Näher *Häferer/Klare* NZA 2019, 352 (355 f.); *Löw/Stolzenberg* BB 2017, 245 (248).

[109] Näher MHdB ArbR/*Naber/Sittard* § 384 Rn. 102 ff.

diert, um eine Minderung der Beteiligungsrechte der Arbeitnehmer zu verhindern; es handele sich um einen gründungsähnlichen Vorgang (→ Vor § 1 Rn. 63 mwN).

3. Rechtsfolgen. Sind strukturelle Änderungen geplant, die geeignet sind, Beteiligungsrechte der Arbeitnehmer zu mindern, haben die **Leitung der SE** oder der **SE-Betriebsrat** (§ 18 Abs. 3 S. 1) – nicht auch wie in § 18 Abs. 1 S. 1 mindestens 10 Prozent der Arbeitnehmer der SE, ihrer Tochtergesellschaften und Betriebe – zu **veranlassen,** dass **Verhandlungen** über die Beteiligungsrechte der Arbeitnehmer **aufgenommen** werden. Unterbleibt eine solche Veranlassung, werden die betrieblichen Beteiligungsrechte nicht angepasst (vgl. auch → § 43 Rn. 5).[110] Es bleibt bei der bisherigen Verteilung. Es gibt wegen des Eingreifens der gesetzlichen Auffangregelung unter den Voraussetzungen des § 18 Abs. 3 S. 3 (→ Rn. 29 ff., → § 20 Rn. 4)[111] **keinen Anspruch** auf Verhandlungen.[112] Nicht geregelt ist, ob die Leitung der SE verpflichtet ist, den SE-Betriebsrat über die geplanten strukturellen Änderungen zu unterrichten. Dafür spricht möglicherweise der Verweis auf § 4 Abs. 2 („Teil 2") in § 18 Abs. 4, wenn man dort einen Informationsanspruch bejaht.[113] Selbst wenn man nur von einer Informationsobliegenheit ausgeht (→ § 4 Rn. 27), muss bei § 18 Abs. 3 aber eine entsprechende **Unterrichtungspflicht** der SE-Leitung in Bezug auf geplante strukturelle Änderungen bestehen, da andernfalls der SE-Betriebsrat nicht in der Lage wäre, neue Verhandlungen zu veranlassen, und anders als bei § 4 Abs. 2 eine andere „Sanktion" nicht besteht.[114] Im Übrigen fehlt in § 18 Abs. 3 ein Verweis auf Art. 12 Abs. 2 SE-VO, sodass die Maßnahme, welche die strukturelle Änderung auslöst, nicht erst durchgeführt werden darf, wenn das Verhandlungsverfahren abgeschlossen ist.[115]

a) Aufnahme von Verhandlungen. Für diese Verhandlungen über die Beteiligungsrechte der Arbeitnehmer in der SE nach § 18 Abs. 3 S. 1 gelten die Grundsätze der §§ 11 ff. entsprechend, freilich nur, soweit ihnen § 18 Abs. 3 nicht entgegensteht. Eine Besonderheit gilt nach § 18 Abs. 3 S. 2 für die **Verhandlungspartner.** Die Verhandlungen werden auf Seiten der SE von deren **Leitung** geführt, wie § 18 Abs. 4 insoweit klarstellt, auf Seiten der Arbeitnehmer entweder durch ein neu zu bildendes **bVG** oder – wegen des geringeren organisatorischen Aufwands praktisch vorzugswürdig – durch den **SE-Betriebsrat,** der als Vertretungsorgan der Arbeitnehmer bereits vorhanden ist;[116] in diesem Fall allerdings gemeinsam mit **Vertretern** der von der geplanten strukturellen Änderung betroffenen **Arbeitnehmer,** die bisher nicht von dem SE-Betriebsrat vertreten werden.[117] Die Beteiligung dieser in der SE bislang nicht repräsentierten Arbeitnehmer ist zwingend. § 18 Abs. 3 S. 2 verlangt insoweit aber eine **einvernehmliche** Verhandlungsführung. Das bedeutet zunächst, dass der SE-Betriebsrat und die Vertreter der bislang nicht repräsentierten Arbeitnehmer einvernehmlich handeln müssen. Die Begründung zum Regierungsentwurf spricht aber davon, dass diese Lösung das Einvernehmen aller Beteiligten voraussetze.[118] Daraus ist zu folgern, dass auch die Leitung der SE mit Verhandlungen mit dem SE-Betriebsrat anstelle eines neu zu bildenden Verhandlungsgremiums

---

[110] Ebenso Habersack/Drinhausen/*Hohenstatt/Müller-Bonanni* Rn. 16 (vgl. auch Habersack/Drinhausen/ *Hohenstatt/Müller-Bonanni* § 22 Rn. 5); Lutter/Hommelhoff/Teichmann/*Oetker* Rn. 38; AKRR/*Rudolph* Rn. 26.
[111] Abw. wohl *Grobys* NZA 2005, 91: „Pflicht" zu Neuverhandlungen.
[112] Wie hier HWK/*Hohenstatt/Dzida* SEBG Rn. 33; Habersack/Drinhausen/*Hohenstatt/Müller-Bonanni* Rn. 16.
[113] Für eine Unterrichtungspflicht deshalb *Sagan* in Bieder/Hartmann, Individuelle Freiheit und kollektive Interessenwahrnehmung im deutschen und europäischen Arbeitsrecht, 2012, 184.
[114] IE wie hier *Sagan* in Bieder/Hartmann, Individuelle Freiheit und kollektive Interessenwahrnehmung im deutschen und europäischen Arbeitsrecht, 2012, 184.
[115] Vgl. *Kienast* in Gaul/Ludwig/Forst, Europäisches Mitbestimmungsrecht, 2015, § 2 Rn. 658; wohl auch *Löw/Stolzenberg* BB 2017, 245 (249); abw. *Forst* NZG 2009, 691: Art. 12 Abs. 2 SE-VO analog für Aktivierung einer Vorrats-SE.
[116] Wie hier Kölner Komm AktG/*Feuerborn* Rn. 43.
[117] Kölner Komm AktG/*Feuerborn* Rn. 43.
[118] BR-Drs. 438/04, 127.

einverstanden sein muss.[119] Im Gesetz nicht geregelt ist die Antwort auf die Frage, in welchem Umfang und in welchem zahlenmäßigen Verhältnis die hinzukommenden Arbeitnehmer einbezogen werden müssen. Im Schrifttum verweist man dazu auf das Einvernehmen der Parteien.[120] Handelt der SE-Betriebsrat an Stelle des bVG, finden die Verhandlungen **ohne Gewerkschaftsvertreter** statt,[121] weil § 6 Abs. 2 S. 1 und Abs. 3 nur für das bVG gelten und es ein allgemeines Teilnahmerecht für Gewerkschaftsvertreter nicht gibt (→ Vor § 1 Rn. 39).

24   **b) Abschluss einer Vereinbarung.** Die Verhandlungen können zum **Abschluss einer Vereinbarung** über die Beteiligung der Arbeitnehmer nach § 21 führen. Die Beteiligung der Arbeitnehmer richtet sich dann nach dieser Vereinbarung.[122]

25   **c) Auffangregelung bei Scheitern der Verhandlungen.** Wird in diesen Verhandlungen indessen **keine Einigung** erzielt oder weigert sich – wie ungeschrieben mitzulesen ist – eine der Parteien, Verhandlungen überhaupt aufzunehmen, sind nach **§ 18 Abs. 3 S. 3** die §§ 22 ff. über den **SE-Betriebsrat kraft Gesetzes** und die §§ 34 ff. über die **Mitbestimmung kraft Gesetzes** anzuwenden.[123] Eine bestehende Vereinbarung endet in diesen Fällen.[124] Nicht ohne weiteres ergibt sich aus § 18 Abs. 3 S. 3, was **„Mitbestimmung kraft Gesetzes"** bedeutet, wenn vor der strukturellen Änderung die unternehmerische Mitbestimmung in einer Vereinbarung geregelt war. Trotz des Wortlauts („kraft Gesetzes") muss der Mitbestimmungsumfang, der unter der **Mitbestimmungsvereinbarung, die im Zeitpunkt des Eintritts der strukturellen Änderung gilt,** maßgeblich sein; endet der in § 20 angegebene Zeitraum vorher, ist dieser Zeitpunkt maßgeblich.[125] Auf die gewählte Gründungsart und die Verhältnisse der Gründungsgesellschaften im Zeitpunkt der Gründung kann es zu einem späteren Zeitpunkt nicht mehr ankommen, maßgeblich sind die Umstände, die im Zeitpunkt der strukturellen Änderung bestehen.

26   Fraglich ist, ob es zusätzlich auf die **Voraussetzungen der § 22 Abs. 1 Nr. 2, § 34** ankommt. Dagegen spricht der Wortlaut des § 18 Abs. 3 S. 3, der ausschließlich darauf abstellt, dass „in diesen Verhandlungen keine Einigung erzielt" worden ist. Gemäß § 22 Abs. 2 gilt allerdings § 22 Abs. 1 im Fall des § 18 Abs. 3 entsprechend. Zudem ist in der Begründung zum Regierungsentwurf zu § 18 Abs. 3 zu lesen, dass beim Scheitern der Verhandlungen „wie im Gründungsverfahren" die Auffangregelung gilt.[126] Nach alldem ist es für das Eingreifen der gesetzlichen Auffangregelung gem. § 18 Abs. 3 S. 3 zusätzlich erforderlich, dass der in § 20 angegebene Zeitraum abgelaufen ist und das bVG oder der SE-Betriebsrat (§ 18 Abs. 3 S. 2) keinen Beschluss nach § 16 Abs. 1 S. 1 über die Nichtaufnahme oder das Scheitern der Verhandlungen gefasst hat.[127] Außerdem müssen die von der Gründungsform abhängigen Voraussetzungen des § 34 Abs. 1, also insbesondere die dort

---

[119] Ebenso Habersack/Drinhausen/*Hohenstatt/Müller-Bonanni* Rn. 17; Lutter/Hommelhoff/*Teichmann/Oetker* Rn. 40.
[120] NK-SE/*Bodenstedt/Evers* Rn. 16; HWK/*Hohenstatt/Dzida* SEBG Rn. 33; Habersack/Drinhausen/*Hohenstatt/Müller-Bonanni* Rn. 17.
[121] Krit. deshalb zum RegE DGB-Stellungnahme zum RefE SEEG vom 25.5.2004, 3 f.; wie hier *Ziegler/Gey* BB 2009, 1750 (1757).
[122] Habersack/Drinhausen/*Hohenstatt/Müller-Bonanni* Rn. 17.
[123] Krit. dazu die Stellungnahme von BDA, BDI, DIHK, GDV, BdB und DAI zum RefE eines SEEG vom 3.5.2004, 10; HWK/*Hohenstatt/Dzida* SEBG Rn. 33: „rechtspolitisch verfehlt"; § 22 Abs. 2 SEBG-E des AKK ZIP 2010, 2227 fordert die schon de lege lata angeordnete Anwendung des § 22 Abs. 1 im Fall des § 18 Abs. 3 mit der Maßgabe, dass die Auffangregelungen der §§ 23–33 über den SE-Betriebsrat kraft Gesetzes frühestens ab dem Zeitpunkt des Wirksamwerdens der betroffenen strukturellen Änderungen anzuwenden sind; ferner ergänzend dazu AKK ZIP 2011, 1846.
[124] Klarstellend s. auch § 18 Abs. 4 S. 3 Hs. 2 SEBG-E des AKK ZIP 2010, 2224.
[125] Wie hier HWK/*Hohenstatt/Dzida* SEBG Rn. 33: „Zweck der Regelung" maßgeblich; Habersack/Drinhausen/*Hohenstatt/Müller-Bonanni* Rn. 18; *Sagan* in Bieder/Hartmann, Individuelle Freiheit und kollektive Interessenwahrnehmung im deutschen und europäischen Arbeitsrecht, 2012, 181; de lege ferenda ebenso § 18 Abs. 4 S. 4 SEBG-E des AKK ZIP 2010, 2224.
[126] BR-Drs. 438/04, 127.
[127] Ebenso NK-SE/*Bodenstedt/Evers* Rn. 18; *Ziegler/Gey* BB 2009, 1750 (1757).

genannten Quoren, erfüllt sein.[128] Rechtspolitisch unbefriedigend, aber als Entscheidung des Gesetzgebers hinzunehmen, sind die Konsequenzen des Verzichts auf eine zwischen der Unterrichtung und Anhörung einerseits sowie der Mitbestimmung im Aufsichts- oder Verwaltungsorgan der SE andererseits differenzierende Lösung. Beim Scheitern der Verhandlungen über die betriebliche Mitbestimmung greift mithin die gesamte gesetzliche Auffangregelung einschließlich der §§ 34 ff.[129]

Die **gesetzliche Auffangregelung** kann auch dann zum Tragen kommen, wenn bis 27 zur geplanten strukturellen Veränderung eine gem. § 21 **vereinbarte Arbeitnehmerbeteiligung** bestand und nicht nach § 21 Abs. 4 verfahren wurde.[130] § 21 Abs. 4 ist eine Soll-Vorschrift, § 18 Abs. 3 kann andererseits nicht abbedungen werden (→ Rn. 8, → § 21 Rn. 70).[131] Ein Scheitern der Neuverhandlungen führt dann allerdings dazu, dass eine auf die bisherigen Verhältnisse der SE zugeschnittene Vereinbarungslösung durch die gesetzliche Auffangregelung nach §§ 22 ff., §§ 34 ff. abgelöst wird. Das ist rechtspolitisch fragwürdig, weil es den Verhandlungsdruck auf die Leitung der SE unangemessen erhöht, liegt aber in der Konsequenz der gesetzlichen Regelung.[132]

Die **Beendigung einer Vereinbarung nach § 21** ist ebenfalls ein **Neuverhandlungs-** 28 **fall**, der – mit bestimmten Modifikationen – entsprechend § 18 Abs. 3 zu behandeln ist.[133] Zum Ganzen → § 21 Rn. 33 ff.

IV. Streitigkeiten

Streitigkeiten, die aus der Anwendung des § 18 resultieren, sind vor den **Gerichten für** 29 **Arbeitssachen** auszutragen (Beschlussverfahren nach § 2a Abs. 1 Nr. 3 lit. e ArbGG, §§ 80 ff. ArbGG).[134] Örtlich zuständig ist das Arbeitsgericht, in dessen Bezirk die SE ihren Sitz hat (§ 82 Abs. 3 ArbGG). Kommt es in diesem Zusammenhang zu einem Streit über die Zusammensetzung des Aufsichts- oder Verwaltungsorgans der SE, ist das **Statusverfahren** nach §§ 97 ff. AktG (für den Aufsichtsrat), §§ 25 f. SEAG (für das Verwaltungsorgan) maßgeblich, das sich in diesem Fall an das Verhandlungsverfahren nach dem SEBG anschließt (→ § 35 Rn. 28).[135]

V. SCEBG und MgVG

§ 18 entspricht **§ 18 SCEBG**. Im **MgVG** ist die Wiederaufnahme der Verhandlungen 30 nicht vorgesehen (beachte aber § 30 MgVG; vgl. auch → Vor § 1 Rn. 59).

§ 19 Kosten des besonderen Verhandlungsgremiums

¹**Die durch die Bildung und Tätigkeit des besonderen Verhandlungsgremiums entstehenden erforderlichen Kosten tragen die beteiligten Gesellschaften und nach ihrer Gründung die SE als Gesamtschuldner.** ²**Insbesondere sind für die Sitzungen in erforderlichem Umfang Räume, sachliche Mittel, Dolmetscher und Büropersonal zur Verfügung zu stellen sowie die erforderlichen Reise- und Aufenthaltskosten der Mitglieder des besonderen Verhandlungsgremiums zu tragen.**

---

[128] Habersack/Drinhausen/*Hohenstatt*/*Müller-Bonanni* Rn. 18; Lutter/Hommelhoff/Teichmann/*Oetker* Rn. 47.
[129] Krit. dazu *Kallmeyer* ZIP 2004, 1444.
[130] Habersack/Drinhausen/*Hohenstatt*/*Müller-Bonanni* Rn. 17; Lutter/Hommelhoff/Teichmann/*Oetker* Rn. 47.
[131] BR-Drs. 438/04, 129.
[132] Ebenso NK-SE/*Bodenstedt*/*Evers* Rn. 17; HWK/*Hohenstatt*/*Dzida* SEBG Rn. 33; Habersack/Drinhausen/*Hohenstatt*/*Müller-Bonanni* Rn. 17.
[133] So auch de lege ferenda § 18 Abs. 4 SEBG-E des AKK ZIP 2010, 2224 f.
[134] *Wißmann* FS Richardi, 2007, 841 (851).
[135] Habersack/Drinhausen/*Hohenstatt*/*Müller-Bonanni* Rn. 20; *Wißmann* FS Richardi, 2007, 841 (851).

I. Einleitung

1 Im Zusammenhang mit der Tätigkeit des bVG können **Kosten** entstehen. Diese haben nach § 19, der im wesentlichen Art. 3 Abs. 7 Beteiligungs-RL umsetzt,[1] die **beteiligten Gesellschaften** und nach ihrer Gründung die **SE** zu tragen (S. 1). Die beteiligten Gesellschaften haften dabei als **Gesamtschuldner** entsprechend §§ 421–426 BGB. In welchem Verhältnis sie zueinander die Kosten zu tragen haben, ergibt sich zwar nicht aus dem SEBG, aber aus § 426 Abs. 1 S. 1 BGB. Vorzugswürdig ist es beim Fehlen einer Vereinbarung indessen, die Kosten anhand des Verhältnisses der Arbeitnehmerzahlen der einzelnen Gesellschaften zueinander zu ermitteln, solange die SE noch nicht gegründet ist.[2] Ist die SE gegründet worden, haftet die SE für die Kosten, weil die Bildung und Tätigkeit des bVG ihr zugute gekommen ist, sodass eine andere Bestimmung iSd § 426 Abs. 1 BGB anzunehmen ist, nach der im Innenverhältnis die SE alleine die Kosten zu tragen hat.[3] § 19 S. 2 macht nicht von der in Art. 3 Abs. 7 UAbs. 2 Beteiligungs-RL enthaltenen Befugnis Gebrauch, die Übernahme der Kosten auf die Kosten für einen Sachverständigen zu beschränken.

II. Kosten und Sachaufwand

2 Nach § 19 S. 1 tragen die beteiligten Gesellschaften und nach ihrer Gründung die SE die im Zusammenhang mit der Bildung und Tätigkeit des bVG entstehenden erforderlichen Kosten. Kosten, die durch die **Bildung** des bVG entstehen, sind alle finanziellen Kosten und Sachkosten, die durch Tätigkeiten verursacht werden, die in dem in den §§ 4–10 fixierten Stadium der Bildung des bVG – insbesondere im Zusammenhang mit der Bildung und Zusammensetzung des Wahlgremiums und der Wahl der Mitglieder des bVG[4] – entstehen. Kosten, die anlässlich der **Tätigkeit** des bVG anfallen, sind demgegenüber solche, die während des Verhandlungsverfahrens entstehen, zB Kosten für Vorbereitungs- und Verhandlungssitzungen (§§ 11–20). Die Kosten müssen – die Begründung zum Regierungsentwurf spricht vom maßgeblichen Kriterium[5] – **erforderlich** sein (Art. 3 Abs. 7 UAbs. 1 Beteiligungs-RL: „in angemessener Weise"). Das bedeutet in richtlinienkonformer Auslegung, dass die Kosten nur für solche Tätigkeiten übernommen werden, die notwendig sind, damit – wie Art. 3 Abs. 7 UAbs. 1 Beteiligungs-RL formuliert – „das bVG seine Aufgaben in angemessener Weise erfüllen kann".[6] Aus dem Gebot der vertrauensvollen Zusammenarbeit (§ 13 Abs. 1 S. 2, § 40) ist eine **Pflicht zu sparsamem Handeln** abzuleiten.[7] Im Übrigen kann auf die umfassende Rspr. zu § 40 BetrVG zurückgegriffen werden.[8]

3 Die nicht abschließende („insbesondere") Aufzählung in Satz 2 konkretisiert die Kostentragungspflicht aus Satz 1. Für die Sitzungen sind zB in erforderlichem Umfang **Räume, sachliche Mittel, Dolmetscher** und **Büropersonal** zur Verfügung zu stellen (Sachkosten). Das gilt – soweit jeweils erforderlich – für die konstituierende Sitzung, für weitere vorbereitende Sitzungen sowie für die Verhandlungssitzungen. Dabei hat das bVG wegen des Grundsatzes der vertrauensvollen Zusammenarbeit (§ 13 Abs. 1 S. 2) bereit gestellte Mittel in Anspruch zu nehmen (s. zB → § 13 Rn. 5), soweit sie geeignet sind,

---

[1] Zur Regelung in der Beteiligungs-RL *Kuffner,* Die Beteiligung der Arbeitnehmer in der Europäischen Aktiengesellschaft, 2003, 144 ff.; ferner *Forst,* Die Beteiligungsvereinbarung nach § 21 SEBG, 2010, 162 f., auch zur Richtlinienkonformität.
[2] Wie hier Kölner Komm AktG/*Feuerborn* Rn. 5; Habersack/Drinhausen/*Hohenstatt/Müller-Bonanni* Rn. 2; aA Lutter/Hommelhoff/Teichmann/*Oetker* Rn. 14: § 426 Abs. 1 BGB.
[3] Kölner Komm AktG/*Feuerborn* Rn. 4; Habersack/Drinhausen/*Hohenstatt/Müller-Bonanni* Rn. 2; Lutter/Hommelhoff/Teichmann/*Oetker* Rn. 14.
[4] Lutter/Hommelhoff/Teichmann/*Oetker* Rn. 6.
[5] BR-Drs. 438/04, 127.
[6] Vgl. Habersack/Drinhausen/*Hohenstatt/Müller-Bonanni* Rn. 3; Lutter/Hommelhoff/Teichmann/*Oetker* Rn. 8.
[7] Habersack/Drinhausen/*Hohenstatt/Müller-Bonanni* Rn. 3.
[8] Näher dazu GK-BetrVG/*Weber* BetrVG § 40 Rn. 11 ff. mwN.

die Aufgabe angemessen zu erfüllen, bevor es selbst die Initiative zur Beschaffung ergreift.[9]

Zu den weiteren Kosten, die entstehen können, gehören insbesondere die erforderlichen **Reise- und Aufenthaltskosten** der Mitglieder des bVG sowie die Kosten für dessen **Geschäftsführung**. Auch für **Sachverständige** ist die Kostenerstattung in § 19 geregelt, der insoweit gegenüber § 14, der keine ausdrückliche Erforderlichkeitsprüfung enthält, vorrangig ist.[10] Anders als in § 16 Abs. 1 S. 2 EBRG hat der Gesetzgeber darauf verzichtet, die Kostentragungspflicht auf **einen** Sachverständigen zu begrenzen. Das bedeutet, dass – soweit erforderlich – auch die Kosten für mehrere Sachverständige zu tragen sein können.[11] Zu den Kosten zählen wie bei § 16 EBRG[12] und § 40 BetrVG[13] auch die Kosten für die **Rechtsverfolgung**.[14] Das bVG kann daher streitige Rechtsfragen auch auf Kosten der beteiligten Gesellschaften und der SE klären lassen. **Keine Kosten** sind indessen die Ansprüche der Mitglieder des bVG auf Entgeltfortzahlung für die Dauer der Verhandlungen, die sich aus § 42 S. 1 Nr. 1, S. 2 Nr. 3 ergeben.[15] 4

III. Streitigkeiten

Streitigkeiten über Fragen der Kostentragung nach § 19 sind im arbeitsgerichtlichen Beschlussverfahren nach § 2a Abs. 1 Nr. 3 lit. e ArbGG, §§ 80 ff. ArbGG auszutragen. Die örtliche Zuständigkeit des Arbeitsgerichts ergibt sich aus § 82 Abs. 3 ArbGG. 5

IV. SCEBG und MgVG

§ 19 entspricht **§ 19 SCEBG** und **§ 20 MgVG**. 6

§ 20 Dauer der Verhandlungen

(1) ¹Die Verhandlungen beginnen mit der Einsetzung des besonderen Verhandlungsgremiums und können bis zu sechs Monate dauern. ²Einsetzung bezeichnet den Tag, zu dem die Leitungen zur konstituierenden Sitzung des besonderen Verhandlungsgremiums eingeladen haben.

(2) Die Parteien können einvernehmlich beschließen, die Verhandlungen über den in Absatz 1 genannten Zeitraum hinaus bis zu insgesamt einem Jahr ab der Einsetzung des besonderen Verhandlungsgremiums fortzusetzen.

I. Einleitung

§ 20 setzt Art. 5 Beteiligungs-RL um. Die Vorschrift bezweckt eine zeitliche Begrenzung des Verhandlungsverfahrens und soll damit die **zügige Errichtung der SE** garantieren.[1] Die vorgesehene Regeldauer von sechs Monaten mag aus Sicht der beteiligten Gesellschaften zunächst als verhältnismäßig langer Zeitraum erscheinen, in dem die Errichtung der SE „gehemmt" ist (vgl. Art. 12 Abs. 2 SE-VO). Praktisch ist es allerdings fraglich, ob sechs Monate im Regelfall genügen, um eine Verhandlungslösung nach § 21 herbeizuführen. Auf die Sechsmonatsfrist kommt es nicht an, wenn die Gründungsgesellschaften und die zu gründende Vorrats-SE arbeitnehmerlos sind (vgl. → § 3 Rn. 2).[2] 1

---

[9] Aber NK-SE/*Bodenstedt/Evers/Hartmann* Rn. 5: gerichtliche Durchsetzung erforderlich.
[10] Begr. RegE, BR-Drs. 438/04, 123; Habersack/Drinhausen/*Hohenstatt/Müller-Bonanni* Rn. 3; vgl. auch Kölner Komm AktG/*Feuerborn* Rn. 10.
[11] Wie hier Habersack/Drinhausen/*Hohenstatt/Müller-Bonanni* Rn. 3.
[12] GK-BetrVG/*Oetker* EBRG § 16 Rn. 4 mwN.
[13] Ausf. GK-BetrVG/*Weber* BetrVG § 40 Rn. 102 ff. mwN.
[14] Ebenso Kölner Komm AktG/*Feuerborn* Rn. 9; Lutter/Hommelhoff/Teichmann/*Oetker* Rn. 7.
[15] So auch Lutter/Hommelhoff/Teichmann/*Oetker* Rn. 5.
[1] S. Lutter/Hommelhoff/Teichmann/*Oetker* Rn. 1.
[2] Wie hier *Forst,* Die Beteiligungsvereinbarung nach § 21 SEBG, 2010, 160.

II. Dauer der Verhandlungen

2 Die **Regeldauer** der Verhandlungen beträgt **sechs Monate** und ist durch Art. 5 Abs. 1 Beteiligungs-RL vorgegeben; für ihre Berechnung gelten §§ 187 ff. BGB. Wie bei jeder Frist bedarf es eines genauen Zeitpunkts, in dem die Frist zu laufen beginnt. § 20 Abs. 1 S. 1 bestimmt dazu die **Einsetzung des bVG**. Satz 2 definiert die Einsetzung als den Tag, zu dem die Leitungen nach § 12 Abs. 1 S. 1 zur konstituierenden Sitzung des bVG eingeladen haben (→ § 12 Rn. 2). Keine Rolle spielt es, wann die konstituierende Sitzung tatsächlich stattgefunden hat.[3] Wird die Sitzung verlegt und von den Leitungen ein neuer Termin festgelegt, ist dieser maßgeblich.[4] Die Einladung muss auch sonst **wirksam** sein.[5] Andernfalls beginnt die Frist nicht zu laufen. Auf den Lauf der Frist ist es ohne Einfluss, wenn es während des Verhandlungsverfahrens **Veränderungen in der Struktur oder Beschäftigtenzahl** der beteiligten Gesellschaften, betroffenen Tochtergesellschaften und betroffenen Betriebe gibt:[6] In § 5 Abs. 4 ist keine Verweisung auf § 20 Abs. 1 enthalten, außerdem spricht das Gesetz von einer Neuzusammensetzung und nicht von einer Neubildung. Rechtsmissbräuchliches Verhalten kann mit Hilfe des § 43 erfasst werden.[7] Zwar können die Leitungen der beteiligten Gesellschaften den Zeitpunkt des Fristbeginns beeinflussen, weil sie die Einladungen zur konstituierenden Sitzung selbst aussprechen. Sie sind dadurch allerdings auf die Mitteilung angewiesen, welche Personen dem bVG als Mitglieder angehören sollen (§ 12 Abs. 1 S. 1). Gewisse Verzögerungen, die sich in diesem Zusammenhang ergeben können, sind hinzunehmen und nicht in die Sechsmonatsfrist einzurechnen. § 11 Abs. 2 garantiert im Zusammenspiel mit § 11 Abs. 1 S. 1, dass das Verhandlungsverfahren gem. §§ 12 ff. auf jeden Fall stattfinden kann, § 12 Abs. 1 S. 1 ermöglicht die Einladung auch nach Ablauf der in § 11 Abs. 1 S. 1 genannten Zehnwochenfrist.

3 Die Parteien können nach § 20 Abs. 2 **einvernehmlich beschließen,** die Verhandlungen über die gesetzliche Regelfrist von sechs Monaten hinaus zu **verlängern**. Die Frist darf jedoch nicht länger als ein Jahr ab der Einsetzung des bVG dauern. Die einvernehmliche Verlängerung bedarf nicht der Schriftform.[8] Sie ist allerdings praktisch dringend zu empfehlen. Es genügt, ist aber auch erforderlich, dass sich die Verhandlungspartner einig sind; es gibt **keinen** aus dem Grundsatz der vertrauensvollen Zusammenarbeit (§ 13 Abs. 1 S. 2) abgeleiteten **Anspruch** darauf, dass die Gegenseite der Verlängerung der Verhandlungsfrist bei Vorliegen eines sachlichen Grundes zustimmt.[9] Auf Seiten des bVG setzt dessen Einverständnis allerdings einen besonderen Beschluss voraus.[10] Dafür genügt die Mehrheit nach § 15 Abs. 2 (näher → § 15 Rn. 3 f.).[11] De lege ferenda sollte geregelt werden, den Beschluss nach § 20 Abs. 2 in den Katalog des § 17 S. 1 (Niederschrift) aufzunehmen (→ § 17 Rn. 1).[12] Die Frist kann nur verlängert werden, solange sie noch nicht abgelaufen ist („fortzusetzen"; außerdem endet das Amt des bVG mit Fristablauf), eine **Verkürzung** ist **nicht möglich**.[13] Praktisch relevant wird die Verlänge-

---

[3] Ebenso Habersack/Drinhausen/*Hohenstatt/Müller-Bonanni* Rn. 2; Lutter/Hommelhoff/Teichmann/*Oetker* Rn. 6.
[4] Habersack/Drinhausen/*Hohenstatt/Müller-Bonanni* Rn. 2.
[5] BR-Drs. 438/04, 128.
[6] *Grobys* NZA 2005, 90 f.
[7] Zum zeitlichen Anwendungsbereich des § 43 näher *Ramcke,* Die Konkretisierung des Missbrauchsverbots der SE, 2015, 227 ff.
[8] So auch Kölner Komm AktG/*Feuerborn* Rn. 5; Habersack/Drinhausen/*Hohenstatt/Müller-Bonanni* Rn. 3; Lutter/Hommelhoff/Teichmann/*Oetker* Rn. 11.
[9] Wie hier Habersack/Drinhausen/*Hohenstatt/Müller-Bonanni* Rn. 2; *Krois/Wendler* DB 2020, 1009 (1013); aA Lutter/Hommelhoff/Teichmann/*Oetker* Rn. 8.
[10] BR-Drs. 438/04, 128.
[11] Ebenso Kölner Komm AktG/*Feuerborn* Rn. 5; Habersack/Drinhausen/*Hohenstatt/Müller-Bonanni* Rn. 3; Lutter/Hommelhoff/Teichmann/*Oetker* Rn. 9.
[12] Habersack/Drinhausen/*Hohenstatt/Müller-Bonanni* Rn. 3.
[13] Lutter/Hommelhoff/Teichmann/*Oetker* Rn. 7; *Rieble* in Rieble/Junker Vereinbarte Mitbestimmung § 3 Rn. 75; *Wirtz,* Der SE-Betriebsrat, 2013, 107 f.

rung etwa, wenn das Eingreifen der gesetzlichen Auffangregelung (§§ 23 ff., §§ 34 ff.) vermieden werden soll.

III. Rechtsfolgen bei Fristablauf

Die Verhandlungsfrist läuft ab, wenn nach **sechs Monaten** (Abs. 1) oder nach maximal **einem Jahr** (Abs. 2) keine schriftliche Vereinbarung nach § 4 Abs. 1 S. 2, § 21 Abs. 1 S. 1 getroffen worden ist.[14] Es kommt für den Fristablauf auf den Zeitpunkt der beiderseitigen Unterzeichnung an.[15] Eine **weitere Verlängerung** über diesen Zeitpunkt hinaus ist auch einvernehmlich **nicht möglich**.[16] Ist die Verhandlungsfrist abgelaufen und eine Vereinbarung nicht zustande gekommen, greifen zwingend die **gesetzlichen Auffangregelungen** über den SE-Betriebsrat (§§ 22–33) und die Mitbestimmung kraft Gesetzes (§§ 34–38), wenn das bVG keinen Beschluss nach § 16 gefasst hat (§ 22 Abs. 1 Nr. 2). Eine danach abgeschlossene Vereinbarung ist nicht wirksam.[17] Mit diesem Regelungsmodell für nicht erfolgreich verlaufende Verhandlungen hat der Gesetzgeber zugleich zu erkennen gegeben, dass es daneben **keinen Verhandlungsanspruch** gibt, der gegen den Verhandlungspartner durchgesetzt werden könnte (→ § 13 Rn. 3; vgl. auch → § 16 Rn. 3): Wer nicht (erfolgreich) verhandelt, wird ausschließlich den Rechtsfolgen des § 22 Abs. 1 Nr. 2 unterworfen. Der „einvernehmliche Abbruch" der Verhandlungen mit dem Ziel, die gesetzliche Auffangregelung herbeizuführen, ist nicht möglich (→ § 22 Rn. 3).[18] Einigen sich die Verhandlungspartner auf die Regelungen der gesetzlichen Auffangregelungen (§ 22 Abs. 1 Nr. 1, § 22 Abs. 5), handelt es sich dagegen um eine echte Vereinbarung und nicht um das Eingreifen der Auffangregelung kraft Gesetzes. „Halbherzige" Verhandlungen oder sogar deren Boykott führen de lege lata ebenfalls nicht zum Eingreifen der gesetzlichen Auffangregelung.[19] De lege ferenda sollte allerdings die Regelung des **Art. 133** Abs. 4 lit. a **GesR-RL** (früher Art. 16 Abs. 4 lit. a RL 2005/56/EG; § 23 Abs. 1 Nr. 3 MgVG) auf die SE erstreckt werden, um die gesetzliche Auffangregelung ohne vorhergehende Verhandlungen anwenden zu können (→ Vor § 1 Rn. 48).[20]

IV. Streitigkeiten

Streitigkeiten über den Beginn und den Ablauf der Frist sowie über die Wirksamkeit einer Vereinbarung nach § 20 Abs. 2 sind im arbeitsgerichtlichen Beschlussverfahren auszutragen (§ 2a Abs. 1 Nr. 3 lit. e ArbGG, §§ 80 ff. ArbGG). Die örtliche Zuständigkeit des Arbeitsgerichts richtet sich nach § 82 Abs. 3 ArbGG.

V. SCEBG und MgVG

§ 20 entspricht **§ 20 SCEBG** und **§ 21 MgVG**.

---

[14] Kölner Komm AktG/*Feuerborn* Rn. 6; abw. § 21 S. 2 EBRG: max. drei Jahre, jedoch Recht der zentralen Leitung, die Verhandlungen vorzeitig für gescheitert zu erklären.
[15] Habersack/Drinhausen/*Hohenstatt/Müller-Bonanni* Rn. 4.
[16] Ebenso Kölner Komm AktG/*Feuerborn* Rn. 4; Habersack/Drinhausen/*Hohenstatt/Müller-Bonanni* Rn. 2; Oetker BB-Special 1/2005, 2 (9).
[17] Kölner Komm AktG/*Feuerborn* Rn. 7; Habersack/Drinhausen/*Hohenstatt/Müller-Bonanni* Rn. 4.
[18] Kölner Komm AktG/*Feuerborn* Rn. 7; Habersack/Drinhausen/*Hohenstatt/Müller-Bonanni* Rn. 4; aA Nagel/Freis/Kleinsorge/*Freis* Rn. 7.
[19] Dafür unter Rechtsmissbrauchsaspekten grds. *Forst*, Die Beteiligungsvereinbarung nach § 21 SEBG, 2010, 143 ff.
[20] *Ebenso* Habersack/Drinhausen/*Hohenstatt/Müller-Bonanni* Rn. 4.

Teil 3. Beteiligung der Arbeitnehmer in der SE

Kapitel 1. Beteiligung der Arbeitnehmer kraft Vereinbarung

§ 21 Inhalt der Vereinbarung

(1) In der schriftlichen Vereinbarung zwischen den Leitungen und dem besonderen Verhandlungsgremium wird, unbeschadet der Autonomie der Parteien im Übrigen und vorbehaltlich des Absatzes 6, festgelegt:
1. der Geltungsbereich der Vereinbarung, einschließlich der außerhalb des Hoheitsgebietes der Mitgliedstaaten liegenden Unternehmen und Betriebe, sofern diese in den Geltungsbereich einbezogen werden;
2. die Zusammensetzung des SE-Betriebsrats, die Anzahl seiner Mitglieder und die Sitzverteilung, einschließlich der Auswirkungen wesentlicher Änderungen der Zahl der in der SE beschäftigten Arbeitnehmer;
3. die Befugnisse und das Verfahren zur Unterrichtung und Anhörung des SE-Betriebsrats;
4. die Häufigkeit der Sitzungen des SE-Betriebsrats;
5. die für den SE-Betriebsrat bereitzustellenden finanziellen und materiellen Mittel;
6. der Zeitpunkt des Inkrafttretens der Vereinbarung und ihre Laufzeit; ferner die Fälle, in denen die Vereinbarung neu ausgehandelt werden soll und das dabei anzuwendende Verfahren.

(2) [1]Wenn kein SE-Betriebsrat gebildet wird, haben die Parteien die Durchführungsmodalitäten des Verfahrens oder der Verfahren zur Unterrichtung und Anhörung festzulegen. [2]Absatz 1 gilt entsprechend.

(3) [1]Für den Fall, dass die Parteien eine Vereinbarung über die Mitbestimmung treffen, ist deren Inhalt festzulegen. [2]Insbesondere soll Folgendes vereinbart werden:
1. die Zahl der Mitglieder des Aufsichts- oder Verwaltungsorgans der SE, welche die Arbeitnehmer wählen oder bestellen können oder deren Bestellung sie empfehlen oder ablehnen können;
2. das Verfahren, nach dem die Arbeitnehmer diese Mitglieder wählen oder bestellen oder deren Bestellung empfehlen oder ablehnen können und
3. die Rechte dieser Mitglieder.

(4) [1]In der Vereinbarung soll festgelegt werden, dass auch vor strukturellen Änderungen der SE Verhandlungen über die Beteiligung der Arbeitnehmer in der SE aufgenommen werden. [2]Die Parteien können das dabei anzuwendende Verfahren regeln.

(5) Die Vereinbarung kann bestimmen, dass die Regelungen der §§ 22 bis 33 über den SE-Betriebsrat kraft Gesetzes und der §§ 34 bis 38 über die Mitbestimmung kraft Gesetzes ganz oder in Teilen gelten.

(6) [1]Unbeschadet des Verhältnisses dieses Gesetzes zu anderen Regelungen der Mitbestimmung der Arbeitnehmer im Unternehmen muss in der Vereinbarung im Fall einer durch Umwandlung gegründeten SE in Bezug auf alle Komponenten der Arbeitnehmerbeteiligung zumindest das gleiche Ausmaß gewährleistet werden, das in der Gesellschaft besteht, die in eine SE umgewandelt werden soll. [2]Dies gilt auch bei einem Wechsel der Gesellschaft von einer dualistischen zu einer monistischen Organisationsstruktur und umgekehrt.

Übersicht

	Rn.		Rn.
I. Einleitung	1–4	d) Verzicht auf Mitbestimmung im Aufsichts- oder Verwaltungsorgan	24
II. Vereinbarung über die Beteiligung der Arbeitnehmer	5–19	e) Schranken der Gestaltungsfreiheit bei der Unternehmensmitbestimmung	25–28
1. Zustandekommen und Vertragsparteien	5–11	2. Regelungsgegenstände	29–59
2. Rechtsnatur und Rechtswirkungen	12, 13	a) Allgemeine Vorgaben	30–32
3. Auslegung und Lückenfüllung	14	b) Beendigung und Nachwirkung	33–37
4. Fehlerhafte Beteiligungsvereinbarungen und ihre Folgen	15–19	c) Unterrichtung und Anhörung	38–41
III. Inhalt der Vereinbarung	20–70	d) Mitbestimmung im Aufsichts- oder Verwaltungsorgan	42–59
1. Autonomie der Parteien	20–28	3. Sonderregelungen für die Gründung durch Umwandlung	60–68
a) Vereinbarung der Auffangregelungen	21	4. Vereinbarungslösung bei Strukturänderungen	69, 70
b) Vereinbarung anderer Verfahren zur Unterrichtung und Anhörung	22	IV. Streitigkeiten	71
c) Verzicht auf Unterrichtungs- und Anhörungsrechte	23	V. SCEBG und MgVG	72

I. Einleitung

Das SEBG geht wie die Beteiligungs-RL davon aus, dass eine Beteiligung der Arbeitnehmer in der SE **vorrangig** im Wege einer **Vereinbarungslösung** geregelt werden soll (§ 1 Abs. 2 S. 1, Art. 1 Abs. 2, Erwägungsgründe 7, 8 Beteiligungs-RL; → § 1 Rn. 4). Das SEBG erwähnt diese Vereinbarung an verschiedenen Stellen (zB § 1 Abs. 2 S. 1, § 13 Abs. 1 S. 1). Bestimmungen über den **Inhalt** der Vereinbarung enthält aber nur § 21. Er ist die zentrale Vorschrift des SEBG.[1] § 21 setzt die Vorgaben des Art. 4 Beteiligungs-RL in nationales Recht um.[2] Die Vorschrift soll einen sinnvollen Ausgleich der in den einzelnen Mitgliedstaaten bestehenden Rechtslagen und zugleich eine sachgerechte Anpassung an die Bedürfnisse und Strukturen der künftigen SE ermöglichen.[3] Die Regelung hat diese Erwartung erfüllt und Impulse für eine Reform des deutschen Mitbestimmungsrechts geliefert (→ Vor § 1 Rn. 46).[4] 1

Der Gesetzgeber betont einerseits die **Autonomie der Parteien** (§ 21 Abs. 1),[5] die sich in einer Verabredung der gesetzlichen Auffangregelung erschöpfen kann (§ 21 Abs. 5, § 22 Abs. 1 Nr. 1), schreibt den Vertragsparteien andererseits aber **bestimmte Mindestinhalte** für die **Unterrichtung und Anhörung** (§ 21 Abs. 1), die sich an der aus dem EBRG bekannten Strukturvielfalt orientieren (§§ 17–19 EBRG), vor und normiert auch Regelungen zur **unternehmerischen Mitbestimmung** (§ 21 Abs. 1 und 3). Eine stringente Trennung zwischen unternehmerischer und betrieblicher Mitbestimmung de lege ferenda ist abzulehnen.[6] Während den Parteien die Vereinbarung eines eigenständigen Verfahrens zur Unterrichtung und Anhörung gestattet ist (§ 21 Abs. 2 S. 1), ordnet § 21 Abs. 6 S. 1 für 2

---

[1] Eine Mustervereinbarung haben *Heinze/Seifert/Teichmann* entworfen, abgedruckt in BB 2005, 2524 (2526 ff.); typische Verhandlungsgegenstände auch bei *Schäfer* in Rieble/Junker Vereinbarte Mitbestimmung § 2 Rn. 29; zu den ökonomischen Vorteilen des Verhandlungsmodells mit Folgerungen für den Inhalt der Mitbestimmungsvereinbarung *Rehberg* in Rieble/Junker Vereinbarte Mitbestimmung § 2 Rn. 1 ff.
[2] Zur Regelung in der Beteiligungs-RL *Kuffner*, Die Beteiligung der Arbeitnehmer in der Europäischen Aktiengesellschaft, 2003, 148 ff. mwN.
[3] BR-Drs. 438/04, 128.
[4] Vgl. nur den „Entwurf einer Regelung zur Mitbestimmungsvereinbarung sowie zur Größe des mitbestimmten Aufsichtsrats" des Arbeitskreises „Unternehmerische Mitbestimmung" ZIP 2009, 885; vorher schon *Raiser* Gutachten B, Verh. 66. DJT, Bd. I, 2006, Teil B; Kommission zur Modernisierung der deutschen Unternehmensmitbestimmung, Bericht der wissenschaftlichen Mitglieder der Kommission, 2006.
[5] Vgl. dazu Kölner Komm AktG/*Feuerborn* Rn. 2; *Jacobs* FS K. Schmidt, 2009, 795 (798 f.); Wißmann/Kleinsorge/Schubert/*Kleinsorge* EU-Recht Rn. 104; *Köklü* in Van Hulle/Maul/Drinhausen SE-HdB Abschnitt 6 Rn. 140.
[6] Wie hier *Rieble* in Rieble/Junker Vereinbarte Mitbestimmung § 3 Rn. 6.

den Fall der SE-Gründung durch Umwandlung die Aufrechterhaltung des bisherigen Mitbestimmungsstandards in der umzuwandelnden Gesellschaft an. § 21 Abs. 4 ergänzt § 18 Abs. 3 und stellt klar, dass auch vor geplanten **strukturellen Änderungen** der SE Verhandlungen über eine Vereinbarung zur Arbeitnehmerbeteiligung aufgenommen werden können. § 39 steht der vereinbarten Arbeitnehmerbeteiligung gem. § 21 in einer **Tendenz-SE** nicht entgegen (→ § 39 Rn. 9).

3   Ein **Referentenentwurf** des Bundesministeriums für Familie, Senioren, Frauen und Jugend und des Bundesministeriums der Justiz und für Verbraucherschutz vom 9.9.2014 bestimmte in § 21 Abs. 5 SEBG-RefE, dass unter den **Arbeitnehmervertretern** des Aufsichts- oder Verwaltungsorgans[7] Frauen und Männer jeweils mit einem **Anteil von mindestens 30%** vertreten sein **sollten**,[8] wenn dieselbe Zahl von Anteilseigner- und Arbeitnehmervertretern für das Aufsichts- oder Verwaltungsorgan einer **börsennotierten SE** vereinbart war (→ Vor § 1 Rn. 40). Das **Gesetz für die gleichberechtigte Teilhabe von Frauen und Männern an Führungspositionen in der Privatwirtschaft und im öffentlichen Dienst** verzichtet dagegen auf eine Änderung des SEBG, sondern wählt einen anderen Weg, um die Einhaltung der Geschlechterquote sicherzustellen (→ Vor § 1 Rn. 41). Der ursprünglich angestrebte § 21 Abs. 5 SEBG-RefE wäre nicht zwingend, die Parteien der Beteiligungsvereinbarung wären an die Vorgaben also nicht gebunden gewesen,[9] etwa wenn es absehbar gewesen wäre, dass ihre Erfüllung tatsächliche Schwierigkeiten bereiten oder wenn die Quote das Verhältnis der Geschlechter unter den Arbeitnehmern nicht angemessen widerspiegeln würde. Nach der neuen Konstruktion, welche die Wirksamkeit der Bestellung der Aufsichtsratsmitglieder durch die Hauptversammlung von der Einhaltung der Quote im Wege der **Gesamterfüllung** abhängig macht (→ Vor § 1 Rn. 41), ist eine **Abweichung** davon durch Vereinbarung einer Getrennterfüllung oder durch eine Absenkung der Quote **genauso wenig möglich** wie die Begründung eines an § 96 Abs. 2 S. 3 AktG angelehnten **Widerspruchsrechts,** das die Option eröffnet, für die jeweils bevorstehende Wahlperiode vom Modus der Gesamterfüllung mit Verbindlichkeit für die andere Seite in den Modus der Getrennterfüllung zu wechseln. Sie ist insoweit **zwingend.**[10] Nicht ausgeschlossen ist es aber, in der Beteiligungsvereinbarung zu regeln, dass eine bestimmte Zahl von **Arbeitnehmervertretern** im Aufsichts- oder Verwaltungsorgan der SE Frauen sein müssen, um das Mindestanteilsgebot im Rahmen der Gesamterfüllung zu wahren (§§ 17 Abs. 2, 24 Abs. 3 SEAG, → Rn. 45).[11] Abgesehen davon können für nicht börsennotierte oder nicht zugleich paritätisch mitbestimmte Gesellschaften Regelungen zu einer Geschlechterquote in der Beteiligungsvereinbarung verabredet werden; §§ 17 Abs. 2, 24 Abs. 3 SEAG und ihre Vorgaben gelten insoweit nicht.[12]

4   Sind in einer bereits bestehenden SE die gesetzlichen Auffangregelungen in §§ 22 ff. oder §§ 34 ff. anzuwenden, schreibt § 26 spätestens nach vier Jahren eine Prüfung durch den SE-Betriebsrat vor, ob über eine Vereinbarung gem. § 21 verhandelt werden oder ob die bisherige Regelung weiter gelten soll; die frühere Wiederaufnahme von Verhandlungen ist dadurch nicht ausgeschlossen (→ Vor § 23 Rn. 7).

---

[7] Entsprechendes galt für die Anteilseignervertreter: Art. 17 Abs. 2 und Art. 24 Abs. 3 SEAG-RefE.
[8] Insoweit zust. Stellungnahme des Deutschen Anwaltvereins durch den Arbeitsrechtsausschuss, den Genderausschuss, den Handelsrechtsausschuss und den Verwaltungsrechtsausschuss vom Oktober 2014, Rn. 141 (S. 59).
[9] Ebenso Lutter/Hommelhoff/Teichmann/*Oetker* Rn. 7; Lutter/Hommelhoff/Teichmann/*Oetker* Vor § 1 Rn. 32.
[10] Lutter/Hommelhoff/Teichmann/*Oetker* Rn. 7; Lutter/Hommelhoff/Teichmann/*Oetker* Vor § 1 Rn. 32; ausf. *Oetker* ZHR 179 (2015), 707 (742 f.); *Oetker* FS Windbichler, 2020, 323 (335 ff.); aA Lutter/Hommelhoff/Teichmann/*Drygala* SE-VO Art. 40 Rn. 15; *Hohenstatt/Wendler* in Hohenstatt/Seibt, Geschlechter- und Frauenquoten in der Privatwirtschaft, 2015, Rn. 347; *Teichmann/Rüb* BB 2015, 898 (904 f.).
[11] Ebenso Lutter/Hommelhoff/Teichmann/*Drygala* Rn. 7; Lutter/Hommelhoff/Teichmann/*Oetker* Rn. 7.
[12] Ebenso Lutter/Hommelhoff/Teichmann/*Oetker* Rn. 7, 74.

II. Vereinbarung über die Beteiligung der Arbeitnehmer

1. Zustandekommen und Vertragsparteien. Ziel der Verhandlungen zwischen dem 5
bVG und den Leitungen ist der Abschluss einer Vereinbarung nach § 21 über die Beteiligung
der Arbeitnehmer in der SE (§ 1 Abs. 2 S. 1, § 13 Abs. 1 S. 1). Voraussetzung dafür ist ein
Konsens zwischen dem bVG und den Leitungen. Entgegen dem missverständlichen Wortlaut von § 13 Abs. 1 S. 1 („schließt ... ab") sind bVG und Leitungen darin **frei,** eine
solche **Vereinbarung abzuschließen.** Es gibt weder eine Einigungsstelle noch andere
Konfliktlösungsmechanismen wie zB den Arbeitskampf (→ Rn. 12), lediglich die drohende
Anwendung der Auffangregelung soll die Vertragsparteien zur Einigung bewegen. Mediation ist zulässig, nicht hingegen jede Form von verbindlicher Schlichtung durch Dritte.[13]
Kommt es bis zum Ende des in § 20 angegebenen Zeitraums nicht zu einem Abschluss und
hat das bVG keinen Beschluss nach § 16 gefasst, sind §§ 23 ff. über den SE-Betriebsrat
anzuwenden (§ 22 Abs. 1 Nr. 2; → § 22 Rn. 2).

Das Zustandekommen der Vereinbarung richtet sich nach **§§ 104 ff., 145 ff. BGB** ana- 6
log.[14] Eine einseitige Erklärung seitens der Leitungen oder des bVG genügt nicht. Die
Vereinbarung bedarf der **Schriftform** (§ 13 Abs. 1 S. 1, § 20), andernfalls ist sie unwirksam.[15] Maßgeblich sind die zu **§ 126 BGB** entwickelten Grundsätze, deshalb genügen zB
weder die elektronische Form (vgl. § 126 Abs. 3 BGB) noch der Austausch von Erklärungen,
die von den Parteien jeweils unterschrieben worden sind.[16] Erforderlich ist die eigenhändige
Unterzeichnung auf derselben Urkunde. Für das bVG unterschreibt analog § 23 Abs. 3
BetrVG der Vorsitzende, im Falle seiner Verhinderung einer seiner Stellvertreter oder ein
durch Beschluss bevollmächtigtes Mitglied.[17] Die Vereinbarung muss dagegen **nicht** an
geeigneter Stelle in den beteiligten Gesellschaften oder betroffenen Tochtergesellschaften
ausgelegt werden, um wirksam zu sein.[18] Eine § 8 TVG (Bekanntmachung) entsprechende
Vorschrift fehlt im SEBG. Die Vereinbarung ist zwar wegen Art. 12 Abs. 2 SE-VO dem
Registergericht vorzulegen, sie ist aber kein Bestandteil der Registerunterlagen.[19]

Für das **bVG,** das einen zustimmenden **Beschluss** fassen muss,[20] der den Anforderungen 7
des § 15 – im Regelfall also doppelte Mehrheit nach § 15 Abs. 2 – genügt,[21] bedarf es
analog § 23 Abs. 3 (der unmittelbar nur für den SE-Betriebsrat gilt) mindestens der Unterzeichnung durch den Vorsitzenden (§ 12 Abs. 1 S. 2).[22] Für die **Leitungen** gilt mangels
einer vergleichbaren Regelung für die Willensbildung das Einstimmigkeitsprinzip: Die Leitungen aller beteiligten Gesellschaften müssen entsprechend den jeweiligen mitgliedstaatlichen Vorschriften der Vereinbarung nach § 21 rechtsverbindlich zustimmen.[23]

---

[13] *Rieble* in Rieble/Junker Vereinbarte Mitbestimmung § 3 Rn. 73.
[14] Kölner Komm AktG/*Feuerborn* Rn. 6: offenbar unmittelbare Anwendung; iE ebenso Habersack/Drinhausen/*Hohenstatt*/Müller-Bonanni Rn. 2: unmittelbare Anwendung; aA *Rehberg* in Rieble/Junker Vereinbarte Mitbestimmung § 2 Rn. 20; abw. *Forst,* Die Beteiligungsvereinbarung nach § 21 SEBG, 2010,
165 f. (dafür: Entwicklung einer „autonom-europäischen Rechtsgeschäftslehre der Beteiligungsvereinbarung", 166 ff.).
[15] Näher *Forst,* Die Beteiligungsvereinbarung nach § 21 SEBG, 2010, 170 ff.; *Hoops,* Die Mitbestimmungsvereinbarung in der SE, 2009, 105 ff.; ferner Habersack/Drinhausen/*Hohenstatt*/Müller-Bonanni Rn. 2; Lutter/
Hommelhoff/Teichmann/*Oetker* Rn. 18; *Oetker* FS Konzen, 2006, 635 (640); NK-ArbR/*Sagan* Rn. 10.
[16] S. Kölner Komm AktG/*Feuerborn* Rn. 9; MHdB ArbR/*Naber/Sittard* § 384 Rn. 68; Lutter/Hommelhoff/Teichmann/*Oetker* Rn. 19 f.; dazu auch Habersack/Drinhausen/*Thüsing*/Forst MgVG § 22 Rn. 12.
[17] *Krois/Wendler* DB 2020, 1009 (1014).
[18] *Oetker* FS Konzen, 2006, 635 (641).
[19] Lutter/Hommelhoff/Teichmann/*Oetker* Rn. 22.
[20] Habersack/Drinhausen/*Hohenstatt*/Müller-Bonanni Rn. 2; *Rieble* in Rieble/Junker Vereinbarte Mitbestimmung § 3 Rn. 76; zum Beschluss *Rieble* in Rieble/Junker Vereinbarte Mitbestimmung § 15 Rn. 3 f.; *Forst,*
Die Beteiligungsvereinbarung nach § 21 SEBG, 2010, 168 f.
[21] So auch Lutter/Hommelhoff/Teichmann/*Oetker* Rn. 9.
[22] Habersack/Drinhausen/*Hohenstatt*/Müller-Bonanni Rn. 3; so iE auch *Joost* in Oetker/Preis AES B 8200
Rn. 114; vgl. aber Kölner Komm AktG/*Feuerborn* Rn. 9: Unterzeichnung der Vereinbarung durch alle Mitglieder des bVG oder jedenfalls durch die für den Beschluss benötigte Mehrheit der Mitglieder empfohlen.
[23] *Grobys* NZA 2005, 84 (88); Habersack/Drinhausen/*Hohenstatt*/Müller-Bonanni Rn. 2; *Joost* in Oetker/
Preis AES B 8200 Rn. 114; *Krause* BB 2005, 1221 (1226); zur Beschlussfassung auf Seite der Leitungen näher
Forst, Die Beteiligungsvereinbarung nach § 21 SEBG, 2010, 169 f.

8 In welcher **Sprache** die Vereinbarung abzufassen ist, entscheiden die Vertragsparteien.[24] Wegen Art. 12 SE-VO ist aber mindestens eine Übersetzung in die Sprache des Sitzstaates angezeigt. Für ihren möglichen **Inhalt** gibt § 21 Anhaltspunkte. Die Vereinbarung kann das Unterrichtungs- und Anhörungsverfahren sowie die Mitbestimmung in derselben Urkunde festlegen; es bedarf keiner getrennten Vereinbarung.[25]

9 Die Beteiligungsvereinbarung ist entsprechend **§§ 119 ff. BGB anfechtbar.**[26] Wie bei der Betriebsvereinbarung wirkt die Anfechtung, da verbindlich Normen für Dritte gesetzt werden, aber entgegen § 142 Abs. 1 BGB nur **ex nunc.**[27]

10 **Vertragsparteien** sind die **Leitungen** (§ 2 Abs. 5; → § 13 Rn. 2) und das **bVG,** im Fall des § 18 Abs. 3 S. 2 anstelle des bVG auch der **SE-Betriebsrat** (→ § 18 Rn. 23).[28] Die Leitung kann etwa der Vorstand einer AG sein, dessen Mitglieder unter Umständen von einem mitbestimmten Aufsichtsrat berufen worden sind, in dem nicht nur die Anteilseigner-, sondern auch die Arbeitnehmerseite vertreten ist.[29] Das ist nicht unbedenklich, weil die Arbeitnehmer in diesem Fall auf beiden Seiten des Vertrags repräsentiert sind.[30] Ob die jeweiligen Leitungen vertretungsbefugt sind, richtet sich nach den jeweils geltenden gesetzlichen Regelungen. Die Organvertreter müssen die Vereinbarung nicht persönlich abschließen. Sie können nach allgemeinen Grundsätzen andere geeignete und bevollmächtigte Personen wie zB Prokuristen für sich tätig werden lassen. Die beteiligten Gesellschaften können sich untereinander Vereinbarungsvollmacht erteilen oder durch Vereinbarung ein **einheitliches Verhandlungsorgan** (Verhandlungskommission) bilden (vgl. auch → § 4 Rn. 1).[31] Eine interne Konzernleitungsmacht genügt dagegen nicht, um nach außen eine einheitliche Vertragspartei herzustellen.[32] Ein der Vereinbarung zustimmender Beschluss der jeweiligen **Hauptversammlungen** ist de lege lata nicht erforderlich.[33] Der Vorstand verhandelt dann alleine über sein eigenes Kontrollgremium.

11 **Rechtspolitisch** ist die alleinige Zuständigkeit der Leitungen für den Bereich der Unternehmensmitbestimmung unter dem Corporate-Governance-Gesichtspunkten deshalb **unbefriedigend,**[34] ein zustimmender Beschluss der jeweiligen **Hauptversammlungen** de lege ferenda wünschenswert. Eine Alternative zu diesem sehr aufwendigen Verfahren ist de lege ferenda – vorbehaltlich einer Ermächtigung durch die SE-VO – die Übertragung des Verhandlungsmandats von den Leitungen auf einen **Aktionärsausschuss,** der sich aus Mitgliedern der Anteilseignerseite der Aufsichtsorgane der die SE gründenden Gesellschaften zusammensetzt.[35] Ein solcher Aktionärsausschuss oder ein ähnliches Gremium könnte

---

[24] Kölner Komm AktG/*Feuerborn* Rn. 10; *Forst,* Die Beteiligungsvereinbarung nach § 21 SEBG, 2010, 209; *Hoops,* Die Mitbestimmungsvereinbarung in der SE, 2009, 107 f.

[25] *Kienast* in Jannott/Frodermann SE-HdB Kap. 13 Rn. 415.

[26] *Hoops,* Die Mitbestimmungsvereinbarung in der SE, 2009, 186 f.; *Rieble* in Rieble/Junker Vereinbarte Mitbestimmung § 3 Rn. 78; iE auch *Forst,* Die Beteiligungsvereinbarung nach § 21 SEBG, 2010, 318 ff.

[27] *Hoops,* Die Mitbestimmungsvereinbarung in der SE, 2009, 186; *Rieble* in Rieble/Junker Vereinbarte Mitbestimmung § 3 Rn. 26, 79; zur Betriebsvereinbarung statt aller Richardi/*Richardi* BetrVG § 77 Rn. 50 mwN.

[28] Näher zum Ganzen *Forst,* Die Beteiligungsvereinbarung nach § 21 SEBG, 2010, 164.

[29] Näher *Kiem* ZHR 171 (2007), 713 (719).

[30] → 2. Aufl. 2006, Europ. AktR Einf. Rn. 38 *(Kübler):* „Hauch von Insichgeschäft".

[31] NK-SE/*Bodenstedt/Evers/Hartmann* Rn. 5; Kölner Komm AktG/*Feuerborn* Rn. 8; *Kienast* in Jannott/Frodermann SE-HdB Kap. 13 Rn. 106, 382; *Hoops,* Die Mitbestimmungsvereinbarung in der SE, 2009, 77 ff.; *Oetker* in Lutter/Hommelhoff EU-Gesellschaft 297 f.; Lutter/Hommelhoff/Teichmann/*Oetker* Rn. 10.

[32] *Rieble* in Rieble/Junker Vereinbarte Mitbestimmung § 3 Rn. 27.

[33] *Henssler* ZHR 173 (2009), 239; *Hoops,* Die Mitbestimmungsvereinbarung in der SE, 2009, 93 ff.; *Joost* in Oetker/Preis AES B 8200 Rn. 114; *Kiem* ZHR 171 (2007), 713 (720 f.); Lutter/Hommelhoff/Teichmann/*Spindler* SE-VO Art. 52 Rn. 22; abw. *Kisker* RdA 2006, 206 (207); *Seibt* AG 2005, 413 (418); de lege ferenda für eine Ratifikation durch die Haupt- oder Gesellschafterversammlung AAK ZIP 2010, 2223 ff. (§ 13a).

[34] Vgl. *Henssler* ZHR 173 (2009), 237 ff.; *Windbichler* in Jürgens/Sadowski/Schuppert/Weiss, Perspektiven der Corporate Governance, 2007, 298 ff.; krit. auch *Kübler* FS Raiser, 2005, 247 (252); abw. *Rieble* in Rieble/Junker Vereinbarte Mitbestimmung § 3 Rn. 28 f.: hinnehmbar, da die Hauptversammlung den Vollzug der SE-Gründung jederzeit aufgeben kann, wenn die Vereinbarung nicht gefällt.

[35] S. auch AKK ZIP 2009, 699, der ebenfalls für die bessere Einbindung der Aktionäre beim Abschluss der Mitbestimmungsvereinbarung plädiert.

alternativ auch als „Beobachter" an den Verhandlungen teilnehmen. Die Hauptversammlungen können sich bereits de lege lata das Recht vorbehalten, die Eintragung der SE von einer ausdrücklichen **Genehmigung** der Vereinbarung abhängig zu machen (Art. 23 Abs. 2 S. 2 SE-VO, Art. 32 Abs. 6 S. 2 SE-VO). Die Rechtswirksamkeit der Vereinbarung bleibt davon aber unberührt, wenn nicht deren Inkrafttreten vom Genehmigungsbeschluss durch alle beteiligten Gesellschaften abhängig gemacht wird (→ Rn. 31).[36] Die Vereinbarung zwischen Leitungen und bVG muss im Übrigen weder durch die Leitung der SE oder den SE-Betriebsrat noch durch die Arbeitnehmer der an der Gründung der SE beteiligten Gesellschaften bestätigt werden.

2. Rechtsnatur und Rechtswirkungen. Die **Rechtsnatur** der Vereinbarung nach § 1 Abs. 2 S. 1, § 13 Abs. 1 S. 1, § 21, die wegen Art. 6 Beteiligungs-RL nach deutschem Recht zu bestimmen ist, ist privatrechtlicher und kollektivrechtlicher Art.[37] Letztere wirft die Frage nach den **Rechtswirkungen** der Vereinbarung auf. Für die Vereinbarung nach § 8 Abs. 1 S. 1 EBRG, §§ 17 ff. EBRG reichen die Ansichten von einem schuldrechtlichen Vertrag zu Gunsten Dritter, einer speziellen Form des Tarifvertrags auf europäischer Ebene oder einer europäischen Betriebsvereinbarung bis hin zur Charakterisierung als Kollektivvertrag sui generis mit normativer Wirkung.[38] Eine Qualifikation der Vereinbarung gem. § 21 als **Tarifvertrag** mit unmittelbarer und zwingender Wirkung (§ 4 Abs. 1 TVG) scheidet aus, weil Tarifverträge typischerweise im Wege des Arbeitskampfes erzwungen werden können. Dazu passt die differenzierte Konzeption des SEBG nicht, die in §§ 23 ff., §§ 34 ff. Auffanglösungen für das Scheitern der Verhandlungen vorsieht; **Arbeitskampfmaßnahmen** zur Erzwingung einer Beteiligungsvereinbarung sind deshalb **rechtswidrig** (→ Rn. 5).[39] Hinzu kommt, dass Tarifverträge gem. § 2 TVG auf Arbeitnehmerseite nur von Gewerkschaften und ihren Spitzenorganisationen abgeschlossen werden können, deren Voraussetzungen das bVG nicht erfüllt, auch wenn ihm Gewerkschaftsvertreter als Mitglieder angehören können.[40] Gegen die Einordnung als **Betriebsvereinbarung,** die ebenfalls unmittelbar und zwingend wirkt (§ 77 Abs. 4 BetrVG), spricht die fehlende Vergleichbarkeit von bVG und Betriebsrat.[41] Gegen eine Einstufung als **schuldrechtlich wirkender (Organisations-)Vertrag** zu Gunsten Dritter (vgl. § 328 BGB)[42] spricht der organisationsrechtliche Charakter der Vereinbarung und der Umstand, dass mit dessen Hilfe jedenfalls die **Pflichten** Dritter – etwa diejenigen des SE-Betriebsrats oder der Arbeitnehmervertreter im Aufsichts- oder Verwaltungsorgan der SE – nicht begründet werden können. Außerdem fehlt für eine schuldrechtliche Wirkung mit Blick auf die Anteilseigner die Legitimation auf Arbeitgeberseite.

Die Vereinbarung gem. § 21 ist deshalb trotz nicht unerheblicher Bedenken als **Kollektivvertrag sui generis mit normativer Wirkung** einzustufen,[43] auch wenn eine ausdrückli-

---

[36] *Oetker* FS Konzen, 2006, 635 (641).
[37] *So auch* Habersack/Drinhausen/*Hohenstatt*/*Müller-Bonanni* Rn. 4.
[38] S. etwa ArbG Stuttgart BeckRS 2007, 48644; *Forst*, Die Beteiligungsvereinbarung nach § 21 SEBG, 2010, 140 f.; Nagel/Freis/Kleinsorge/*Freis* § 13 Rn. 5; Lutter/Hommelhoff/Teichmann/*Oetker* § 13 Rn. 7; *Rieble* BB 2006, 2018 (2020), jeweils mwN.
[39] Habersack/Drinhausen/*Hohenstatt*/*Müller-Bonanni* Rn. 4; *Oetker* in Lutter/Hommelhoff EU-Gesellschaft 299 Fn. 84; *Oetker* FS Konzen, 2006, 635 (642); *Rieble* BB 2006, 2018 (2020).
[40] So auch Lutter/Hommelhoff/Teichmann/*Oetker* Rn. 24; *Oetker* FS Konzen, 2006, 635 (642).
[41] Ebenso Habersack/Drinhausen/*Hohenstatt*/*Müller-Bonanni* Rn. 4; Lutter/Hommelhoff/*Oetker* Rn. 24.
[42] So noch → 2. Aufl. 2006, Rn. 7; außerdem *Habersack* AG 2006, 345 (348); *Habersack*/*Verse* EuropGesR § 12 Rn. 6; *Hoops*, Die Mitbestimmungsvereinbarung in der SE, 2009, 41 ff.; *Oetker* in Lutter/Hommelhoff EU-Gesellschaft 299 Fn. 84; für das EBRG ebenso zB HWK/*Giesen* EBRG Rn. 52 mwN.
[43] BAG AP SEBG § 21 Nr. 1 Rn. 19; *Benker*, Die Gestaltung der Mitbestimmung in der SE, 2019, 104 ff.; *Blanke*, Erweiterung der Beteiligungsrechte des SE-Betriebsrats durch Vereinbarung, 2006, 46 ff.; NK-SE/*Bodenstedt*/*Evers*/*Hartmann* Rn. 8; Kölner Komm AktG/*Feuerborn* Rn. 16; *Forst* EuZW 2011, 333 (334); Nagel/Freis/Kleinsorge/*Freis* § 13 Rn. 5, § 21 Rn. 4; *Joost* in Oetker/Preis AES B 8200 Rn. 113; Habersack/Henssler/*Henssler* SEBG Einl. Rn. 153; Habersack/Drinhausen/*Hohenstatt*/*Müller-Bonanni* Rn. 4; *Jares*/*Vogt* DB 2020, 223 (228); *Kienast* in Jannott/Frodermann SE-HdB Kap. 13 Rn. 385; *Köklü* in Van Hulle/Maul/Drinhausen SE-HdB Abschnitt 6 Rn. 158; MHdB ArbR/*Naber*/*Sittard* § 384 Rn. 71; Lutter/Hommelhoff/

che gesetzliche Anordnung wie in § 4 Abs. 1 TVG für den Tarifvertrag oder § 77 Abs. 4 BetrVG für die Betriebsvereinbarung im SEBG fehlt. Immerhin stellt auch § 1 Abs. 3 das Gesetz und die Vereinbarung gleich. Allerdings wirft die Annahme einer normativen Wirkung viele Fragen auf, zB diejenige nach einer Nachwirkung (→ Rn. 35) oder nach dem Verhältnis von Satzung und Beteiligungsvereinbarung, für das Art. 12 Abs. 4 SE-VO (§ 22 Abs. 4 MgVG) eine Anpassung der Satzung anordnet (→ Rn. 26). Nachdenklich macht auch, dass Mitgliedstaaten, die eine normative Wirkung von Kollektivverträgen nicht kennen, mit einer schuldrechtlichen Wirkung auskommen müssen.[44]

14   **3. Auslegung und Lückenfüllung.** Die Vereinbarung kann auslegungsbedürftig sein oder Lücken aufweisen.[45] Da sie normativ wirkt (→ Rn. 13), ist sie wie Tarifverträge oder Betriebsvereinbarungen in Anlehnung an die Grundsätze zur **Auslegung von Gesetzen objektiv auszulegen.**[46] Der Gesetzgeber bestimmt in § 1 Abs. 3 eine Auslegung in der Weise, dass die Ziele der „Gemeinschaft", die Beteiligung der Arbeitnehmer in der SE sicherzustellen, gefördert werden (näher → § 1 Rn. 3). Bei **Regelungslücken** können die §§ 23 ff. zur Unterrichtung und Anhörung sowie die §§ 34 ff. zur Mitbestimmung im Aufsichts- oder Verwaltungsorgan der SE ergänzend herangezogen werden (vgl. auch § 22 Abs. 1 Nr. 1; → Rn. 21; → § 22 Rn. 2), wenn eine ergänzende Regelung nicht aus dem Sinn der Vereinbarung hergeleitet werden kann und keine Systembrüche entstehen.[47]

15   **4. Fehlerhafte Beteiligungsvereinbarungen und ihre Folgen.** Während des Verhandlungsverfahrens – etwa bei der Errichtung des bVG oder bei dessen Beschlussfassung – kann es – mit Auswirkungen auf die Vereinbarung – zu Fehlern kommen, ebenso beim Abschluss der Vereinbarung **(formelle Fehler)**. Außerdem kann auch der Inhalt der Vereinbarung zwingendem Gesetzesrecht widersprechen **(materielle Fehler)**.[48] Das SEBG enthält für diese Fälle keine Regelungen.[49]

16   Die dogmatische Einordnung als Kollektivvertrag sui generis mit normativer Wirkung legt es nahe, fehlerhafte Beteiligungsvereinbarungen und ihre Rechtsfolgen anhand der zu **Betriebsvereinbarungen** entwickelten Grundsätze zu behandeln.[50] Es ist deshalb zu differenzieren, wobei mit Blick auf die Komplexität des Verhandlungsverfahrens großzügige Maßstäbe gelten müssen.[51]

Teichmann/*Oetker* Rn. 25: „kollektivrechtlicher Organisationsvertrag"; *Oetker* FS Konzen, 2006, 635 (642 f.); *Scheibe*, Die Mitbestimmung der Arbeitnehmer in der SE unter besonderer Berücksichtigung des monistischen Systems, 2007, 98; für Art. 4 Abs. 1 Beteiligungs-RL *Herfs-Röttgen* NZA 2002, 358 (364); *Kraushaar* BB 2003, 16141619; *Kuffner*, Die Beteiligung der Arbeitnehmer in der Europäischen Aktiengesellschaft, 2003, 150 f.; ähnlich *Forst*, Die Beteiligungsvereinbarung nach § 21 SEBG, 2010, 86 f., 87 ff.: „Kollektivvertrag inter omnes"; *Forst* AG 2010, 350 (351); *Rieble* in Rieble/Junker Vereinbarte Mitbestimmung § 3 Rn. 18 ff.: „Kollektivvertrag mit normativer Wirkung", „betriebsverfassungsrechtliche Strukturvereinbarung"; anders noch → 2. Aufl. 2006, Rn. 7; ferner HWK/*Hohenstatt*/*Dzida* SEBG Rn. 39: „angesichts der Regelungsmaterie ... kein Bedürfnis" dafür; für § 17 EBRG anders Däubler/Kittner/Klebe/Wedde/*Däubler* EBRG § 17 Rn. 11.
[44] → 2. Aufl. 2006, Rn. 6 *(Kübler)*.
[45] Zur Auslegung einer Beteiligungsvereinbarung nach dem Wegfall der Mehrstaatlichkeit näher *Schubert* AG 2020, 205 (209 ff.).
[46] Habersack/Drinhausen/*Hohenstatt*/*Müller-Bonanni* Rn. 4; Lutter/Hommelhoff/Teichmann/*Oetker* § 1 Rn. 19, § 21 Rn. 27; *Rieble* in Rieble/Junker Vereinbarte Mitbestimmung § 3 Rn. 26; anders noch → 2. Aufl. 2006, Rn. 8, da keine normative Wirkung, → 2. Aufl. 2006, Rn. 7.
[47] Ebenso Habersack/Drinhausen/*Hohenstatt*/*Müller-Bonanni* Rn. 4, 7; Lutter/Hommelhoff/Teichmann/ *Oetker* Rn. 27; wohl auch *Rieble* in Rieble/Junker Vereinbarte Mitbestimmung § 3 Rn. 84; für das EBRG Däubler/Kittner/Klebe/Wedde/*Däubler* EBRG § 17 Rn. 17; HWK/*Giesen* EBRG Rn. 55.
[48] Ein Wegfall der Mehrstaatlichkeit der SE führt nicht zu Unwirksamkeit der Beteiligungsvereinbarung, näher *Schubert* AG 2020, 205 (209).
[49] Ausf. dazu *Forst*, Die Beteiligungsvereinbarung nach § 21 SEBG, 2010, 305 ff. auf der Basis des Draft Common Frame of Reference (DCFR) als Orientierungshilfe; *Hoops*, Die Mitbestimmungsvereinbarung in der SE, 2009, 182 ff.; Vorschlag für einen neuen § 20a (fehlerhafte Mitbestimmungsvereinbarung; befristetes Anfechtungsrecht) durch den AKK ZIP 2010, 2225; zust. Habersack/Drinhausen/*Hohenstatt*/*Müller-Bonanni* Rn. 6: „begrüßenswert".
[50] Ebenso *Oetker* FS Konzen, 2006, 635 (657 f.); Lutter/Hommelhoff/Teichmann/*Oetker* Rn. 90.
[51] Vgl. auch *Henssler* ZHR 173 (2009), 236 f.

Die Beteiligungsvereinbarung kann wegen ihres materiellen Inhalts **unwirksam** sein, 17 etwa wenn sie gegen die Binnen- oder Außenschranken der Vereinbarungsautonomie verstößt **(materieller Fehler)**.[52] In diesem Fall ist – ebenfalls analog den zur Betriebsvereinbarung entwickelten Grundsätzen – nur ausnahmsweise die gesamte Vereinbarung unwirksam, wenn die verbleibenden wirksamen Bestimmungen keine sinnvolle und in sich geschlossene Regelung mehr sind.[53] Eine **Teilnichtigkeit** liegt demnach etwa vor, wenn Regelungen zu den Rechten der Mitglieder des Aufsichts- oder Verwaltungsorgans (§ 21 Abs. 3 S. 2 Nr. 3) fehlerhaft sind,[54] eine Gesamtnichtigkeit dagegen zB, wenn im Rahmen des monistischen Systems die Arbeitnehmervertreter nicht dem Verwaltungsorgan, sondern einem externen Konsultationsrat (→ Rn. 57) angehören sollen.[55] Im Regelfall ist die Vereinbarung auch in Bezug auf die unternehmerische und die betriebliche Mitbestimmung teilbar.[56]

Die Verletzung von Verfahrensvorschriften **(formeller Fehler)** führt dagegen nur zur 18 Unwirksamkeit, wenn sie für das ordnungsgemäße Zustandekommen des Beschlusses **wesentlich** sind.[57] Einfache Verfahrensmängel sind unbeachtlich. Zu den **wesentlichen Bestimmungen** gehören etwa[58] eine wirksame Einladung zur konstituierenden Sitzung des bVG (vgl. → § 12 Rn. 2) oder die Beschlussfassung durch die für den jeweiligen Beschlussgegenstand erforderliche Mehrheit (§ 15 Abs. 2 oder 3),[59] zu den **nicht wesentlichen** Verfahrensvorschriften gehören Verstöße gegen eine etwaige Geschäftsordnung (vgl. → § 12 Rn. 5), den Grundsatz der nicht öffentlichen Verhandlung (→ § 15 Rn. 4), § 17 (Niederschrift; → § 17 Rn. 1), § 13 Abs. 2 S. 1 (Auskunftsobliegenheit → § 13 Rn. 4) oder § 14 (Hinzuziehung von Sachverständigen; → § 14 Rn. 3).[60] Hat ein Nichtberechtigter – zB ein Gewerkschaftsvertreter entgegen § 6 Abs. 3 (→ § 6 Rn. 5 f.) – an der Beschlussfassung mitgewirkt, ist der Beschluss unwirksam, wenn nicht auszuschließen ist, dass seine Mitwirkung offensichtlich keinen Einfluss auf den Beschluss haben konnte. Ist der Beschluss des bVG unwirksam, entfaltet er keine Rechtswirkungen.[61] Eine auf ihm beruhende Vereinbarung ist unwirksam. Eine **Heilung** nichtiger Beschlüsse ist **nicht möglich;** der Beschluss kann aber unter Vermeidung des Rechtsfehlers **neu gefasst** werden.[62]

Das Registergericht hat bei der Eintragung der SE eine **formelle Prüfungspflicht** (vgl. 19 Art. 12 Abs. 2 SE-VO).[63] Es hat zu prüfen, ob eine Beteiligungsvereinbarung abgeschlossen worden ist (§ 21), ob das bVG einen Beschluss gefasst hat, keine Verhandlungen aufzunehmen oder bereits begonnene Verhandlungen abzubrechen (§ 16 Abs. 1 S. 1) oder ob die

---

[52] OLG München NZG 2020, 783 Rn. 31; näher zu den Schranken der Gestaltungsfreiheit → Rn. 19; ebenso *Oetker* FS Konzen, 2006, 635 (658); diff. *Forst*, Die Beteiligungsvereinbarung nach § 21 SEBG, 2010, 316 f.; Richardi/*Thüsing* BetrVG § 33 Rn. 42; MHdB ArbR/*Arnold* § 316 Rn. 116 f., jeweils mwN.
[53] Ebenso Kölner Komm AktG/*Feuerborn* Rn. 80; Habersack/Drinhausen/*Hohenstatt*/Müller-Bonanni Rn. 7; Lutter/Hommelhoff/Teichmann/*Oetker* Rn. 93; *Oetker* FS Konzen, 2006, 635 (658); *Rieble* in Rieble/Junker Vereinbarte Mitbestimmung § 3 Rn. 26; näher *Forst*, Die Beteiligungsvereinbarung nach § 21 SEBG, 2010, 325 ff.; so auch de lege ferenda § 20a SEBG-E des AKK ZIP 2010, 2225; zur Teilnichtigkeit von Betriebsvereinbarungen statt aller GK BetrVG/*Kreutz* § 77 Rn. 66; zu Tarifverträgen *Löwisch/Rieble* TVG § 1 Rn. 654, jeweils mwN.
[54] So auch *Oetker* FS Konzen, 2006, 635 (658).
[55] Wie hier *Oetker* FS Konzen, 2006, 635 (658).
[56] OLG München NZG 2020, 783 Rn. 65; Habersack/Drinhausen/*Hohenstatt*/Müller-Bonanni Rn. 7; *Rieble* in Rieble/Junker Vereinbarte Mitbestimmung § 3 Rn. 82.
[57] Wie hier Kölner Komm AktG/*Feuerborn* Rn. 79; *Forst*, Die Beteiligungsvereinbarung nach § 21 SEBG, 2010, 311; Habersack/Drinhausen/*Hohenstatt*/Müller-Bonanni Rn. 6; *Oetker* FS Konzen, 2006, 635 (658); für das BetrVG zB BAG AP BetrVG 1972 § 103 Nr. 17; AP BetrVG 1972 § 76a Nr. 3.
[58] Vergleichbare Tatbestände aus dem BetrVG zB bei MHdB ArbR/*Krois* § 294 Rn. 90 ff.; Richardi/*Thüsing* BetrVG § 33 Rn. 41, jeweils mwN auch zur Judikatur.
[59] Ebenso Habersack/Drinhausen/*Hohenstatt*/Müller-Bonanni Rn. 6; Lutter/Hommelhoff/Teichmann/*Oetker* Rn. 90; *Oetker* FS Konzen, 2006, 635 (658); *Wißmann* FS Richardi, 2007, 841 (850) für § 15 Abs. 3.
[60] Habersack/Drinhausen/*Hohenstatt*/Müller-Bonanni Rn. 6.
[61] Für den Betriebsrat statt aller MHdB ArbR/*Krois* § 294 Rn. 87 mwN.
[62] Habersack/Drinhausen/*Hohenstatt*/Müller-Bonanni Rn. 6.
[63] S. nur *Forst*, Die Beteiligungsvereinbarung nach § 21 SEBG, 2010, 323; *Löw/Stolzenberg* NZA 2016, 1489 (1491); Lutter/Hommelhoff/Teichmann/*Kleindiek* SE-VO Art. 12 Rn. 25; Habersack/Drinhausen/*Schürnbrand* SE-VO Art. 12 Rn. 22; vgl. dazu auch ArbG Stuttgart BeckRS 2007, 48644.

Verhandlungsfrist erfolglos abgelaufen ist (§§ 20, 22 Abs. 1 Nr. 2; vgl. → Vor § 1 Rn. 9). Das Registergericht trifft allerdings **keine materielle Prüfungspflicht**, wie sich aus der Zuständigkeitsanordnung in § 2a Abs. 1 Nr. 3 lit. e ArbGG und auch aus dem begrenzten Prüfungsprogramm des Art. 12 Abs. 2 SE-VO ergibt; insoweit sind die Gerichte für Arbeitssachen zuständig (vgl. auch → Rn. 71).[64] Die **Rechtswirksamkeit** der **Eintragung** der SE in das Handelsregister gem. Art. 12 SE-VO wird folgerichtig auch entsprechend den für fehlerhafte Bestimmungen in der Satzung entwickelten Grundsätzen[65] durch eine unwirksame Vereinbarung nicht mehr in Frage gestellt,[66] jedenfalls wenn die formellen Voraussetzungen des Art. 12 Abs. 2 SE-VO vorliegen.[67] Eine **unwirksame Vereinbarung** erfüllt zwar nicht die Tatbestände des § 18 zur Wiederaufnahme der Verhandlungen (näher → § 18 Rn. 9 ff.). Dennoch ist entsprechend der Zielsetzung des SEBG (§ 1) **erneut** in das **Verhandlungsverfahren einzutreten,** entweder – innerhalb eines Jahres nach Einsetzung des Gremiums (§ 20 Abs. 2) – mit dem noch bestehenden bVG, andernfalls ist das bVG gem. §§ 4 ff. neu zu bilden.[68] Scheitert der Abschluss einer rechtswirksamen Beteiligungsvereinbarung, ist analog § 18 Abs. 3 S. 3 die gesetzliche Auffangregelung anzuwenden.[69]

III. Inhalt der Vereinbarung

20 **1. Autonomie der Parteien.** Für den Inhalt der Vereinbarung gilt grundsätzlich die **Autonomie der Parteien** (§ 21 Abs. 1).[70] Dabei ist im Ausgangspunkt von einer **umfassenden Gestaltungsfreiheit** für die Arbeitnehmerbeteiligung in der SE auszugehen.[71] Es gilt der Grundsatz der autonomiefreundlichen Auslegung der SE-RL und des SEBG → Vor § 1 Rn. 36).[72] Zu beachten ist allerdings, dass die Beteiligung der Arbeitnehmer in einer im Wege der Sekundärgründung entstandenen SE-Tochter nicht Gegenstand der Vereinbarung auf Ebene der SE ist.[73] Auch im Übrigen sind einige **Besonderheiten** zu beachten.

21 **a) Vereinbarung der Auffangregelungen.** Zur Autonomie der Parteien gehört auch, dass die Leitungen und das bVG die **gesetzlichen Auffangregelungen** über den SE-Betriebsrat (§§ 23 ff.) oder die Mitbestimmung kraft Gesetzes im Aufsichts- oder Verwaltungsorgan (§§ 34 ff.) oder nur Teile beider Regelungskomplexe vereinbaren können. Das

---

[64] Gegen eine materielle Prüfungspflicht des Registergerichts auch *Henssler* ZHR 173 (2009), 236 f.; *Kiem* ZHR 171 (2007), 174; *Löw/Stolzenberg* NZA 2016, 1489 (1491 f.); *Rieble* in Rieble/Junker Vereinbarte Mitbestimmung § 3 Rn. 69; *Wißmann* FS Richardi, 2007, 841 (845); Habersack/Drinhausen/*Hohenstatt/Müller-Bonanni* Rn. 36; aA *Hoops*, Die Mitbestimmungsvereinbarung in der SE, 2009, 187; *Oetker* in Lutter/Hommelhoff EU-Gesellschaft 288; *Seibt* ZIP 2005, 2248 (2249); diff. *Forst*, Die Beteiligungsvereinbarung nach § 21 SEBG, 2010, 323 f.
[65] Dazu statt aller K. Schmidt/Lutter/*Drygala* AktG § 95 Rn. 16 f. mwN.
[66] *Henssler* ZHR 173 (2009), 237; *Hoops*, Die Mitbestimmungsvereinbarung in der SE, 2009, 188 ff.; *Oetker* FS Konzen, 2006, 635 (658 f.); ausf. zu den gesellschaftsrechtlichen Folgen *Forst*, Die Beteiligungsvereinbarung nach § 21 SEBG, 2010, 328 ff. mwN.
[67] So wohl auch *Oetker* FS Konzen, 2006, 635 (659) Fn. 111: andernfalls „abweichende Rechtsfolge" „zu erwägen".
[68] Blanke/Hayen/Kunz/Carlson/*Carlson* Mitbestimmung der Arbeitnehmer in der Europäischen Aktiengesellschaft (SE) Rn. 97; *Wißmann* FS Richardi, 2007, 841 (850); dazu ferner *Forst*, Die Beteiligungsvereinbarung nach § 21 SEBG, 2010, 341 ff.; *Hoops*, Die Mitbestimmungsvereinbarung in der SE, 2009, 197 f.; *Scheibe*, Die Mitbestimmung der Arbeitnehmer in der SE unter besonderer Berücksichtigung des monistischen Systems, 2007, 89 ff.
[69] Ebenso Blanke/Hayen/Kunz/Carlson/*Carlson* Mitbestimmung der Arbeitnehmer in der Europäischen Aktiengesellschaft (SE) Rn. 97; in diese Richtung auch *Witschen* ZGR 2016, 644 (665 ff.) für „schwere Störungen der Beteiligungsvereinbarung".
[70] *Forst*, Die Beteiligungsvereinbarung nach § 21 SEBG, 2010, 79 ff.; *Jacobs* FS K. Schmidt, 2009, 795 (798 f.).
[71] Statt vieler *Rieble* in Rieble/Junker Vereinbarte Mitbestimmung § 3 Rn. 7; folgerichtig sind andere Regelungsgegenstände wie etwa das Arbeitsvertragsstatut nicht von der Gestaltungsfreiheit erfasst, *Thüsing/Forst* FS Reuter, 2010, 851 (855 f.); etwas zurückhaltender Habersack/Drinhausen/*Hohenstatt/Müller-Bonanni* Rn. 8: Inhalte können „weitgehend autonom" ausgehandelt werden.
[72] *Jacobs/Modi* FS Windbichler, 2020, 249 (252 f.) zu § 21 Abs. 6 S. 1.
[73] *Oetker* FS Kreutz, 2009, 797 (813 f.).

stellt § 21 Abs. 5 zusammen mit § 22 Abs. 1 Nr. 1 klar (→ § 22 Rn. 2). Das gilt auch, wenn die Schwellenwerte von § 34 Abs. 1 Nr. 2 und 3 unterschritten werden. **De lege ferenda** sollte zur Anwendung der gesetzlichen Auffangregelung die Regelung des Art. 133 Abs. 4 lit. a GesR-RL (früher Art. 16 Abs. 4 lit. a RL 2005/56/EG; § 23 Abs. 1 S. 1 Nr. 3 MgVG) auf die SE übertragen werden (→ § 22 Rn. 4). Die Parteien können Fragen der Unterrichtung und Anhörung sowie der Mitbestimmung im Aufsichts- oder Verwaltungsorgan voneinander trennen.[74] Verhandelt werden muss aber über beide Formen der Arbeitnehmerbeteiligung.[75] Dabei kann zB bei der betrieblichen Mitbestimmung die gesetzliche Auffangregelung (§§ 22 ff.) gewählt werden, während bei der Unternehmensmitbestimmung eine eigenständige Vereinbarungslösung gefunden wird.[76] Ebenso kann die gesetzliche Auffangregelung im Hinblick auf die Besonderheiten der jeweiligen SE privatautonom ergänzt und modifiziert werden. Zwar ist es im Ausgangspunkt außerdem zulässig, das Mitbestimmungsmodell eines anderen Mitgliedstaats zu verabreden[77] oder ein neues Mitbestimmungssystem zu entwickeln.[78] Ob dafür mit Blick auf die Schranken der Gestaltungsfreiheit (→ Rn. 25) viel Spielraum bleibt, ist allerdings zweifelhaft. Die Einrichtung eines Europäischen Betriebsrats neben dem SE-Betriebsrat ist ausgeschlossen (§ 47 Abs. 1 Nr. 2). Vorhandene Europäische Betriebsräte werden mit Inkrafttreten der Vereinbarung gegenstandslos.

b) Vereinbarung anderer Verfahren zur Unterrichtung und Anhörung. § 21 Abs. 2 setzt Art. 4 Abs. 2 lit. f Beteiligungs-RL um, nach dem – im Rahmen der Autonomie der Parteien – an die Stelle eines SE-Betriebsrats auch **andere Verfahren zur Unterrichtung und Anhörung** treten können. Ähnlich wie bei § 19 EBRG ist vor allem an die Einrichtung eines dezentralen Unterrichtungs- und Anhörungsverfahrens zu denken, für das kein neues Organ geschaffen wird, sondern bei dem – trotz ersparter Reise- und Dolmetscherkosten wenig praktikabel – auf bereits existierende nationale Arbeitnehmervertretungen wie den Betriebsrat, den Gesamtbetriebsrat, den Konzernbetriebsrat oder den Europäischen Betriebsrat zurückgegriffen wird und diese zu Trägern des Unterrichtungs- und Anhörungsrechts gemacht werden.[79] Die Parteien haben in einem solchen Fall die Durchführungsmodalitäten solcher Verfahren festzulegen (§ 21 Abs. 2 S. 1). Dabei müssen die gleichen gesetzlichen Mindestvorgaben wie bei einer Vereinbarung nach § 21 Abs. 1 eingehalten werden (§ 21 Abs. 2 S. 2). Im Übrigen – mit Blick auf die „Autonomie der Parteien" (§ 21 Abs. 1) – haben die Parteien insoweit großen Spielraum und müssen sich grundsätzlich nicht an den gesetzlichen Vorgaben zum SE-Betriebsrat kraft Gesetzes (§§ 23 ff.) orientieren. Der Rückgriff auf **§ 48 S. 1,** wonach im Rahmen der Unterrichtung und Anhörung die Teilnahme an Sitzungen einer Arbeitnehmervertretung nach § 21 Abs. 2 die Beschlussfassung mittels Video- und Telefonkonferenz erfolgen kann, wenn sichergestellt ist, dass Dritte vom Inhalt der Sitzung keine Kenntnis nehmen können, der zwischen dem 1.3.2020 und dem 30.6.2021 wegen der COVID-19-Pandemie ergänzend gilt (→ § 48 Rn. 1 ff.), ist deshalb nicht erforderlich. Neben dem Verfahren nach § 21 Abs. 2 ist die Errichtung oder der Fortbestand Europäischer Betriebsräte nicht möglich (§ 47 Abs. 1 Nr. 2). Strafrechtlicher Schutz besteht nach §§ 44, 45 Abs. 2 Nr. 2 und 3.

c) Verzicht auf Unterrichtungs- und Anhörungsrechte. Fraglich ist, ob die Verhandlungspartner in einer Vereinbarung nach § 21 auf grenzüberschreitende Unterrichtungs- und Anhörungsrechte **verzichten** können (vgl. → Vor § 1 Rn. 20). Dafür ist die

---

[74] Für eine generelle Trennung beider Regelungsbereiche de lege ferenda AKK ZIP 2009, 699.
[75] Von der Praxis als Nachteil empfunden, s. nur *Brandes* ZIP 2008, 2193 (2194).
[76] *Jacobs* FS K. Schmidt, 2009, 809; *Wisskirchen/Prinz* DB 2004, 2638 (2640); den umgekehrten Fall nennt die Begr. RegE, BR-Drs. 438/04, 129.
[77] *Teichmann* Konzern 2007, 89 (95); *Jacobs* FS K. Schmidt, 2009, 809.
[78] *Teichmann* Konzern 2007, 89 (95); *Joost* in Oetker/Preis AES B 8200 Rn. 123; sehr weitgehend *Seibt* AG 2005, 413 (422): „jegliche Formen der Unternehmensmitbestimmung".
[79] *Habersack/Drinhausen/Hohenstatt/Müller-Bonanni* Rn. 11; zu § 19 EBRG näher zB GK-BetrVG/*Oetker* EBRG § 19 Rn. 1 ff., jeweils mwN.

„Autonomie der Parteien" (§ 21 Abs. 1) anzuführen.[80] Gegen die Möglichkeit, im Rahmen des § 21 auf die Vereinbarung grenzüberschreitender Unterrichtungs- und Anhörungsrechte verzichten zu können, spricht jedoch nicht nur § 15 Abs. 3, der nur die Minderung von **Mitbestimmungsrechten** erwähnt, die Unterrichtungs- und Anhörungsrechte dagegen unerwähnt lässt. Andernfalls griffen zudem §§ 22 ff. nicht ein, weil die Voraussetzungen des § 22 Abs. 1 Nr. 2 nicht gegeben sind, und auch das EBRG mit dem Europäischen Betriebsrat wäre nicht anzuwenden, weil die Erfordernisse des § 47 Abs. 1 Nr. 2 nicht erfüllt sind. Beides ist mit Erwägungsgrund 6 Beteiligungs-RL, wonach in **jeder** SE Unterrichtungs- und Anhörungsverfahren auf grenzüberschreitender Ebene gewährleistet werden sollen, nicht zu vereinbaren. Der Verzicht auf jegliche grenzüberschreitende Unterrichtung und Anhörung in der SE ist vom deutschen Gesetzgeber – wie das Zusammenspiel der skizzierten Vorschriften und die Wertung des § 16 Abs. 1 S. 3 zeigen – ersichtlich nicht gewollt.[81] Die „Autonomie der Parteien" bezieht sich damit lediglich auf die konkrete **Ausgestaltung** einer Vereinbarung über die Unterrichtung und Anhörung. Die Vereinbarung muss dagegen zwingend entweder die Bildung eines SE-Betriebsrats oder ein anderes Verfahren zur Unterrichtung oder Anhörung der Arbeitnehmer vorsehen.[82]

24 **d) Verzicht auf Mitbestimmung im Aufsichts- oder Verwaltungsorgan.** Zur Autonomie der Parteien gehört es dagegen, dass sie – ein Paradigmenwechsel für das deutsche Mitbestimmungsrecht – grundsätzlich frei darüber entscheiden können, **ob** sie eine Vereinbarung über die Mitbestimmung im Aufsichts- oder Verwaltungsorgan der SE treffen.[83] Das ergibt sich vor allem aus dem eindeutigen Wortlaut des § 21 Abs. 3 („Für den Fall, dass die Parteien eine Vereinbarung über die Mitbestimmung treffen, ..."; ähnlich Art. 4 Abs. 2 lit. g Beteiligungs-RL) sowie der Begründung zum Regierungsentwurf,[84] ist mittelbar aber auch § 16 Abs. 2 zu entnehmen, wonach ein Beschluss mit qualifizierter Mehrheit zur Nichtaufnahme oder zum Abbruch von Verhandlungen (§ 16 Abs. 1) bewirkt, dass die SE mitbestimmungsfrei bleibt, aber die Vorschriften für die Unterrichtung und Anhörung der Arbeitnehmer, die in den Mitgliedstaaten gelten, in denen die SE Arbeitnehmer beschäftigt, weiterhin anzuwenden sind (§ 16 Abs. 1 S. 3).[85] Eine **Ausnahme** ist lediglich in § 21 Abs. 6 für die SE-Gründung durch Umwandlung vorgesehen. In diesem Fall müssen die Parteien in der Vereinbarung nach § 21 „alle Komponenten der Arbeitnehmerbeteiligung" unverändert auf die SE übertragen (→ Rn. 63 f.).[86]

25 **e) Schranken der Gestaltungsfreiheit bei der Unternehmensmitbestimmung.** Besondere Schranken der Gestaltungsfreiheit bestehen bei der Unternehmensmitbestimmung, die **Mitbestimmungsautonomie** besteht nicht schrankenlos. Welche Binnen- und Außenschranken ihr entgegenstehen, ist allerdings in vielen Punkten noch ungeklärt.[87] **Binnenschranken** ergeben sich für die SE-Gründung durch Umwandlung aus § 21 Abs. 6

---

[80] So iE *Herfs-Röttgen* NZA 2002, 358 (361) für die Beteiligungs-RL; *Benker,* Die Gestaltung der Mitbestimmung in der SE, 2019, 152 ff.

[81] IE wie hier Kölner Komm AktG/*Feuerborn* Rn. 39; *Forst,* Die Beteiligungsvereinbarung nach § 21 SEBG, 2010, 216; *Forst* Konzern 2010, 151 (156); *von der Heyde,* Die Beteiligung der Arbeitnehmer in der Societas Europaea (SE), 2007, 218 ff.; HWK/*Hohenstatt/Dzida* SEBG Rn. 35; Habersack/Drinhausen/ Hohenstatt/Müller-Bonanni Rn. 11, 19; *Köklü* in Van Hulle/Maul/Drinhausen SE-HdB Abschnitt 6 Rn. 147; *Niklas* NZA 2004, 1200 (1203); Lutter/Hommelhoff/Teichmann/*Oetker* Rn. 46; *Thüsing* ZIP 2006, 1469 (1471).

[82] *Joost* in Oetker/Preis AES B 8200 Rn. 115.

[83] MHdB AG/*Austmann* § 86 Rn. 1; *Benker,* Die Gestaltung der Mitbestimmung in der SE, 2019, 155 f.; *Feldhaus/Vanscheidt* BB 2008, 2246; Kölner Komm AktG/*Feuerborn* Rn. 42; *Grobys* NZA 2005, 84 (88); HWK/*Hohenstatt/Dzida* SEBG Rn. 36; *Jacobs* FS K. Schmidt, 2009, 795 (798); *Köklü* in Van Hulle/Maul/ Drinhausen SE-HdB Abschnitt 6 Rn. 150; *Oetker* BB-Special 1/2005, 2 (9); Lutter/Hommelhoff/Teichmann/ *Oetker* Rn. 51; *Reichert/Brandes* ZGR 2003, 767 (774); *Ziegler/Gey* BB 2009, 1750 (1754).

[84] BR-Drs. 438/04, 129.

[85] Vgl. *Reichert/Brandes* ZGR 2003, 767 (774) für die Beteiligungs-RL.

[86] Vgl. auch *Oetker* FS Konzen, 2006, 635 (648).

[87] Näher etwa *Jacobs* FS K. Schmidt, 2009, 795 (799 ff.); *Hoops,* Die Mitbestimmungsvereinbarung in der SE, 2009, 113 ff., jeweils mwN.

(→ Rn. 60 f.) und generell aus § 2 Abs. 8 (→ § 2 Rn. 22), aus dem sich ergibt, dass es sich um eine Vereinbarung über die „**Beteiligung der Arbeitnehmer**" (§ 2 Abs. 8) handeln muss.[88] Bei der „Mitbestimmung" iSd § 2 Abs. 12 Nr. 1 (→ § 2 Rn. 26) muss die Mitbestimmung **unmittelbar** betroffen sein; Bestimmungen, die sich auf die Organkompetenz oder auf die Organisationsautonomie der SE als solche beziehen, betreffen zwar auch die Arbeitnehmervertreter in deren Aufsichts- oder Verwaltungsorgan, aber nur reflexartig.[89] **Außenschranken** können sich – auf der Basis einer normativen Wirkung der Vereinbarung (→ Rn. 9 f.) – entsprechend den zur Grundrechtsbindung von Tarifverträgen entwickelten Grundsätzen aus der Verfassung ergeben.[90] Sie können außerdem aus allgemeinen Grundsätzen wie dem Missbrauchsverbot (§ 43)[91] sowie den zwingenden Vorgaben der SE-VO und des SEAG sowie des nationalen Gesellschaftsrechts, insbesondere des AktG, sofern diese der Mitbestimmungsvereinbarung nicht ihrerseits den Vorrang einräumen (vgl. Art. 9 Abs. 1 lit. a und lit. c Ziff. i und Ziff. ii SE-VO), folgen.[92]

Damit kann in einer Mitbestimmungsvereinbarung zunächst nur das geregelt werden, **26** was auch Regelungsgegenstand der **Satzung** sein kann.[93] Das folgt vor allem aus Art. 12 Abs. 4 UAbs. 1 SE-VO, wonach die Satzung der SE der Mitbestimmungsvereinbarung nicht widersprechen darf und ggf. anzupassen ist: Eine solche Anpassung schiede aus, könnten in der Vereinbarung Regelungen getroffen werden, die der Satzung nicht zugänglich sind. Somit ist auch der **Grundsatz der Satzungsstrenge** zu beachten, der für die SE in doppelter Hinsicht gilt.[94] Die SE unterliegt zunächst den Bestimmungen der Satzung neben denjenigen der SE-VO (Art. 9 Abs. 1 lit. a SE-VO) nur bei ausdrücklicher Zulassung durch die SE-VO (Art. 9 Abs. 1 lit. b SE-VO), sodass Satzungsbestimmungen, welche von der SE-VO abweichen oder sie – anders als bei § 23 Abs. 5 S. 2 AktG – ergänzen, ausgeschlossen sind.[95] In den nicht oder nur teilweise durch die SE-VO geregelten Bereichen unterliegt sie auch dem in § 23 Abs. 5 AktG verankerten **Gebot der Satzungsstrenge** (Art. 9 Abs. 1 lit. c Ziff. ii SE-VO) sowie den Bestimmungen ihrer Satzung unter den gleichen Voraussetzungen wie eine nach deutschem Aktienrecht gegründete Aktiengesellschaft (Art. 9 Abs. 1 lit. c Ziff. iii SE-VO).[96] Abweichungen von Vorschriften des AktG sind danach grundsätz-

---

[88] S. nur Kölner Komm AktG/*Feuerborn* Rn. 49; Habersack/Drinhausen/*Hohenstatt/Müller-Bonanni* Rn. 7; bedeutsam besonders für die unternehmerische Mitbestimmung, *Habersack* ZHR 171 (2007), 613 (630 f.); *Jacobs* FS K. Schmidt, 2009, 795 (799); Kölner Komm AktG/*Kiem* SE-VO Art. 12 Rn. 63: „Mitbestimmungsrelevanz", jeweils mwN.
[89] *Benker*, Die Gestaltung der Mitbestimmung in der SE, 2019, 137 f.; *Habersack* AG 2006, 354; *Habersack* ZHR 171 (2007), 613 (635); Habersack/Drinhausen/*Hohenstatt/Müller-Bonanni* Rn. 7; *Jacobs* FS K. Schmidt, 2009, 795 (799); etwas weiter wohl *Kiem* ZHR 173 (2009), 156 (178 f.): Die Beteiligung der Arbeitnehmer müsse „funktional" betroffen sein.
[90] Vgl. *Henssler* ZHR 173 (2009), 240; Habersack/Drinhausen/*Hohenstatt/Müller-Bonanni* Rn. 7; *Jacobs* FS K. Schmidt, 2009, 801.
[91] Zur Funktion des Missbrauchsverbots im Rahmen der vereinbarten Beteiligung näher *Ramcke*, Die Konkretisierung des Missbrauchsverbots der SE, 2015, 224 f.
[92] Kölner Komm AktG/*Feuerborn* Rn. 46; *Habersack* AG 2006, 345 (348); *Hommelhoff* in Lutter/Hommelhoff EU-Gesellschaft 5, 16; *Jacobs* FS K. Schmidt, 2009, 802; Lutter/Hommelhoff/Teichmann/*Oetker* Rn. 54; *Oetker* FS Konzen, 2006, 635 (649); *Seibt* AG 2005, 413 (416).
[93] Grdl. *Habersack* AG 2006, 345 (346), 348; außerdem Kölner Komm AktG/*Feuerborn* Rn. 47; *Habersack* ZHR 171 (2007), 613, 629; *Hoops*, Die Mitbestimmungsvereinbarung in der SE, 116 ff.; *Jacobs* FS K. Schmidt, 2009, 802 f.; *Habersack* ZHR 171 (2007), 713; *Kiem* ZHR 173 (2009), 156, 177 f.; Kölner Komm AktG/*Kiem* SE-VO Art. 12 Rn. 61 f.; *Kiem* Konzern 2010, 275 (278 f.); *Oetker* FS Konzen, 2006, 635 (656); *Schäfer* in Rieble/Junker Vereinbarte Mitbestimmung § 1 Rn. 32 ff.; WHSS/*Seibt* Rn. F 137d; *Seibt* AG 2005, 413 (416); *Schneider* AG 2008, 887 (890); Habersack/Drinhausen/*Schürnbrand* SE-VO Art. 12 Rn. 32; *Windbichler* FS Canaris, Bd. II, 2007, 1423 (1429 f., 1431); iE grds. ebenso *Forst*, Die Beteiligungsvereinbarung nach § 21 SEBG, 2010, 95: Satzungsautonomie aber als Binnenschranke; aA grds. *Teichmann* Konzern 2007, 89 (94 f.): Art. 12 Abs. 4 S. 2 SE-VO drücke lediglich eine Übereinstimmung zwischen Satzung und Vereinbarung geben könne; diff. *Forst* AG 2010, 350 (351 ff.); ferner Lutter/Hommelhoff/Teichmann/*Hommelhoff/Teichmann* § 1 Rn. 53, 58; *Teichmann* AG 2008, 800 ff.; Lutter/Hommelhoff/Teichmann/*Teichmann* SE-VO Art. 43 Rn. 36 ff.; ebenso *Riesenhuber* EurArbR § 29 Rn. 50; wohl auch *Raiser/Veil* KapGesR § 60 Rn. 16 Fn. 20.
[94] Näher dazu *Habersack* AG 2006, 345 (348 f.).
[95] Lutter/Hommelhoff/Teichmann/*Hommelhoff/Teichmann* § 1 Rn. 41.
[96] Lutter/Hommelhoff/Teichmann/*Hommelhoff/Teichmann* § 1 Rn. 54 f., 56 f.

lich unzulässig, wenn sie nicht ausdrücklich zugelassen sind, satzungsmäßige Ergänzungen sind möglich, wenn das Gesetz keine abschließende Regelung enthält. Deshalb darf die Mitbestimmungsvereinbarung nicht in die **Organisationsautonomie** des Aufsichts- oder Verwaltungsorgans der SE eingreifen.[97] Nur dieses Ergebnis ist auch wegen des Interessenkonflikts, in dem sich die Leitungen befinden, wenn sie mit der Mitbestimmungsvereinbarung auch die künftige Corporate Governance der SE und damit auch über die Form ihrer künftigen Beaufsichtigung verhandeln, interessengerecht.[98] Eine weitere Schranke ist schließlich der **Grundsatz der Gleichberechtigung aller Aufsichtsratsmitglieder.**[99]

27   Ob die skizzierten Grenzen **de lege ferenda gelockert** werden sollten, um zB die Größe des Aufsichts- oder Verwaltungsorgans, bestimmte Aspekte der Organisation des Aufsichtsrats wie die Bildung von Ausschüssen oder die Festlegung von Zustimmungsvorbehalten oder die organisationsrechtlich gewährleistete Mitbestimmung in einem Konsultationsrat in einer Mitbestimmungsvereinbarung regeln zu können (dazu de lege lata näher → Rn. 42 ff.), ist umstritten (→ Vor § 1 Rn. 51).[100] Eine mögliche Öffnung sollte jedenfalls behutsam erfolgen.

28   Sieht man von den skizzierten Binnen- und Außenschranken ab, ist die Mitbestimmungsvereinbarung **keiner Inhaltskontrolle** zu unterwerfen.[101] Sie würde sich mit der Autonomie der Parteien nicht vertragen und die Verhandlungen mit Blick auf eine spätere (externe) Angemessenheitskontrolle außerordentlich erschweren. Überdies wäre auch ein Maßstab für die Inhaltskontrolle kaum zu ermitteln. Die Auffangregelung scheidet aus. Sie ist nur die Lösung für den Fall der Nichteinigung und nicht Kontrollmaßstab für eine erfolgte Einigung.[102] Die nationalstaatlichen Regelungen, die bislang angewendet worden sind, sollen durch die Vereinbarung gerade abgelöst werden.

29   **2. Regelungsgegenstände.** Im Übrigen sind für die Vereinbarung, welche die Leitungen und das bVG abschließen, verschiedenste Regelungsgegenstände denkbar. Zu unterscheiden sind zunächst allgemeine Vorgaben (§ 21 Abs. 1) sowie die Mindesterfordernisse für die Unterrichtung und Anhörung einerseits (§ 21 Abs. 2) sowie für die Mitbestimmung im Aufsichts- oder Verwaltungsorgan andererseits (§ 21 Abs. 3). Soweit sie wie § 21 Abs. 1 und 2 **zwingend** sind[103] und eine getroffene Vereinbarung diese Anforderungen nicht erfüllt, sind ergänzend im Wege der Lückenfüllung die entsprechenden Vorschriften der gesetzlichen Auffangregelung anzuwenden.[104] Andernfalls kann die SE nicht eingetragen werden (Art. 12 Abs. 2 SE-VO).

30   **a) Allgemeine Vorgaben.** § 21 Abs. 1 enthält in Nr. 1 und 6 in Umsetzung von Art. 4 Abs. 2 lit. a und h Beteiligungs-RL (vgl. auch § 18 Abs. 1 S. 2 Nr. 1 und 7 EBRG) allgemeine Vorgaben für Vereinbarungen über die Unterrichtung und Anhörung (§ 21 Abs. 1) **und** – trotz der systematischen Stellung – über die Mitbestimmung im Aufsichts- oder Verwaltungsorgan der SE (§ 21 Abs. 3). Die Vereinbarung muss eine Aussage über ihren **Geltungsbereich** enthalten **(§ 21 Abs. 1 Nr. 1).**[105] In ihn können die Parteien auch

---

[97] *Habersack* AG 2006, 345 (349); zust. MHdB AG/*Austmann* § 86 Rn. 40; *Jacobs* FS K. Schmidt, 2009, 803; Kölner Komm AktG/*Kiem* SE-VO Art. Rn. 65.
[98] Näher *Kiem* ZHR 173 (2009), 156 (178).
[99] *Habersack* ZHR 171 (2007), 613 (635); *Jacobs* FS K. Schmidt, 2009, 803; *Oetker* FS Konzen, 2006, 635 (654); aA *Bachmann* ZGR 2008, 806; *Köklü* in Van Hulle/Maul/Drinhausen SE-HdB Abschnitt 6 Rn. 242; zurückhaltend auch *Hoops*, Die Mitbestimmungsvereinbarung in der SE, 119 ff.
[100] Zur Diskussion näher etwa AAK ZIP 2009, 698 f.; *Henssler* ZHR 173 (2009), 222 ff., jeweils mwN.
[101] *Kiem* ZHR 173 (2009), 156 (179); *Rieble* in Rieble/Junker Vereinbarte Mitbestimmung § 3 Rn. 96 ff.; iE auch schon *Jacobs* FS K. Schmidt, 2009, 805 f.
[102] *Rieble* in Rieble/Junker Vereinbarte Mitbestimmung § 3 Rn. 96.
[103] Kölner Komm AktG/*Feuerborn* Rn. 21; Lutter/Hommelhoff/Teichmann/*Oetker* Rn. 29, 50; vgl. auch *Teichmann* FS Hellwig, 2010, 347 (352 f.).
[104] NK-SE/*Evers*/*Hartmann* Rn. 22; *Jacobs* FS K. Schmidt, 2009, 809; *Kienast* in Jannott/Frodermann SE-HdB Kap. 13 Rn. 405 ff.
[105] Näher dazu *Forst*, Die Beteiligungsvereinbarung nach § 21 SEBG, 2010, 192 ff.; die Regelung ist nicht europarechtswidrig, Kölner Komm AktG/*Feuerborn* Rn. 22.

Gesellschaften einbeziehen, deren **Sitz außerhalb des Hoheitsgebiets der Mitgliedstaaten** (§ 3 Abs. 2) liegt (Drittstaaten), etwa in der Schweiz oder in der Türkei;[106] das Territorialitätsprinzip bildet allerdings eine unüberwindbare Hürde, wenn sich diese Gesellschaft der Vereinbarung nicht freiwillig anschließt.[107] **Vertreter der Drittstaaten** sind, wenn sie in den Geltungsbereich der Beteiligungsvereinbarung einbezogen werden, **berechtigt,** an den Verhandlungen **teilzunehmen.** Fraglich ist, ob sie ein **Stimmrecht** bei der Beschlussfassung haben. Durch die Einbeziehung kann ausweislich der Begründung zum Regierungsentwurf internationalen Konzernstrukturen Rechnung getragen werden.[108]

Die zweite generelle Vorgabe enthält **§ 21 Abs. 1 Nr. 6,** der die Leitungen und das bVG dazu verpflichtet, den Zeitpunkt des **Inkrafttreten der Vereinbarung** und ihre **Laufzeit** – befristet oder unbefristet – festzulegen. Es kann vereinbart werden, dass die Vereinbarung erst mit Eintragung der SE in Kraft tritt, weil die Eintragung gem. Art. 12 Abs. 2 SE-VO lediglich eine wirksame Vereinbarung voraussetzt.[109] Zulässig ist es außerdem, dass Inkrafttreten der Vereinbarung von deren **Genehmigung durch die Hauptversammlungen** der beteiligten Gesellschaften abhängig zu machen (→ Rn. 11).[110] Von § 21 Abs. 1 Nr. 6 Hs. 2 erfasst ist auch eine Fixierung derjenigen Fallkonstellationen, in denen die Vereinbarung wie zB bei nach Eintragung der SE eintretenden Änderungen der tatsächlichen Verhältnisse, die bei einer hypothetischen Neugründung dazu führen, dass die Schwellenwerte des § 34 Abs. 1 über- oder unterschritten sind,[111] **neu ausgehandelt** werden soll, sowie des dabei anzuwendenden Verfahrens, etwa die Bestimmung des **SE-Betriebsrats** als (spätere) Verhandlungspartei.[112] Der SE-Betriebsrat ist allerdings auch ohne ausdrückliche Festlegung im Zweifel verhandlungsberechtigte Stelle der Arbeitnehmerseite (Analogie zu § 18 Abs. 3 S. 2, § 26 Abs. 2 S. 1).[113] Die Parteien sind bei der konkreten Ausformung von **Neuverhandlungstatbeständen** ganz frei. Neben dem Über- oder Unterschreiten bestimmter Arbeitnehmerzahlen, einer grenzüberschreitenden Sitzverlegung, Veränderungen in der Gesellschaftsstruktur kann auch der schlichte Zeitablauf als Neuverhandlungsfall festgeschrieben werden.[114] § 21 Abs. 4 nennt ausdrücklich strukturelle Änderungen der SE als einen der Fälle, der in der Vereinbarung berücksichtigt werden „soll" (→ Rn. 69). Vorschläge aus dem Schrifttum, einem Belegschaftsquorum von nur 5% der Gesamtbelegschaft das Recht einzuräumen, die Aufnahme von Neuverhandlungen über eine Revision der Mitbestimmungsvereinbarung verlangen zu können,[115] überzeugen dagegen nicht.[116] Vereinbart werden können außerdem Kündigungsrechte für tatsächliche und rechtliche Veränderungen.[117] Anstelle einer obligatorischen Neuverhandlung können auch flexible Antragsrechte festgeschrieben werden, die an bestimmte Voraussetzungen gekoppelt werden,[118] wie überhaupt eine **„allgemeine Änderungsklausel"** vereinbart werden kann.[119]

Die Vorgaben in § 21 Abs. 1 Nr. 1 und 6 sind, wie sich auch aus dem Wortlaut des § 21 Abs. 1 („wird ... festgelegt") ergibt, **zwingend.**[120] Dispositiv sind indessen wegen § 21

---

[106] Habersack/Drinhausen/*Hohenstatt*/*Müller-Bonanni* Rn. 9.
[107] Vgl. Kölner Komm AktG/*Feuerborn* Rn. 23; *Forst,* Die Beteiligungsvereinbarung nach § 21 SEBG, 2010, 192 f.; *Oetker* FS Konzen, 2006, 635 (645); *Rieble* in Rieble/Junker Vereinbarte Mitbestimmung § 3 Rn. 91; zum SE-Betriebsrat kraft Vereinbarung auch *Thüsing* ZIP 2006, 1469 (1472 f.).
[108] BR-Drs. 438/04, 129.
[109] Habersack/Drinhausen/*Hohenstatt*/*Müller-Bonanni* Rn. 16; *Joost* in Oetker/Preis AES B 8200 Rn. 129.
[110] Habersack/Drinhausen/*Hohenstatt*/*Müller-Bonanni* Rn. 16; *Linden,* Die Mitbestimmungsvereinbarung der dualistisch verfassten Societas Europaea (SE), 2012, 128 ff.; Lutter/Hommelhoff/Teichmann/*Oetker* Rn. 33.
[111] Weitere Beispiele bei *Oetker* FS Konzen, 2006, 635 (646).
[112] Zum Ganzen *Oetker* FS Konzen, 2006, v646 f.; *Teichmann* FS Hellwig, 2010, 347 (352 ff.).
[113] Habersack/Henssler/*Henssler* Rn. 28; abw. *Witschen* ZGR 2016, 644 (660 f.).
[114] *Witschen* ZGR 2016, 644 (659).
[115] *Kraushaar* n Jürgens/Sadowski/Schuppert/Weiss, Perspektiven der Corporate Governance, 2007, 324 f.
[116] Näher *Henssler* ZHR 173 (2009), 237.
[117] *Ege/Grzimek/Schwarzmüller* DB 2011, 1207.
[118] *Teichmann* FS Hellwig, 2010, 347 (369); *Witschen* ZGR 2016, 644 (659).
[119] Näher *Witschen* ZGR 2016, 644 (659 f.).
[120] BR-Drs. 438/04, 128; *Forst,* Die Beteiligungsvereinbarung nach § 21 SEBG, 2010, 192 (196) – aber nicht für § 21 Abs. 1 Nr. 6 Hs. 2 (197 f.); wie hier Lutter/Hommelhoff/Teichmann/*Oetker* Rn. 29.

Abs. 2 die Regelungen des § 21 Abs. 1 Nr. 2–5.[121] Der Katalog in § 21 Abs. 1 ist aber **nicht abschließend**.[122] Mit Blick auf die „Autonomie der Parteien" (§ 21 Abs. 1) und die **COVID-19-Pandemie** sind auch andere Regelungsgegenstände in der Beteiligungsvereinbarung denkbar, etwa Vereinbarungen über Erleichterungen bei der Geschäftsführung des SE-Betriebsrats, etwa abweichend vom Modell der gesetzlichen Auffangregelung in §§ 24 Abs. 3, 28 Abs. 1 das Recht zur Tagung, Beschlussfassung, Unterrichtung und Anhörung per Video- oder Telefonkonferenz.[123]

33 **b) Beendigung und Nachwirkung.** Die Parteien können in der Vereinbarung deren Laufzeit festlegen **(Befristung)**[124] oder eine auflösende Bedingung bestimmen, deren Eintritt allerdings eindeutig erkennbar sein muss.[125] In diesem Fall ist die ordentliche Kündigung konkludent ausgeschlossen (vgl. auch § 15 Abs. 3 TzBfG).[126] Es besteht keine maximal zulässige Höchstfrist.[127] In eine auf unbestimmte Zeit geschlossene **(unbefristete)** Vereinbarung kann eine Kündigungsregelung aufgenommen werden,[128] die zB Kündigungsgründe (etwa den Ablauf einer Mindestlaufzeit oder das Über- oder Unterschreiten bestimmter Arbeitnehmerzahlen), Kündigungstermine und Kündigungsfristen für eine ordentliche Kündigung enthalten kann. Auch die Vereinbarung eines Teilkündigungsrechts für bestimmte Regelungskomplexe ist zulässig.[129] Fehlt eine solche Kündigungsregelung (praktisch vermutlich selten), ist die Vereinbarung **analog § 77 Abs. 5 BetrVG** mit einer Frist von drei Monaten **ordentlich kündbar**.[130] Umgekehrt kann aber der Ausschluss der ordentlichen Kündigung auch bei unbefristeten Vereinbarungen vereinbart werden.[131] Eine **außerordentliche Kündigung** aus **wichtigem Grund** (fristlos) ist stets möglich (vgl. § 314 BGB).[132] Soweit ein wichtiger Grund allerdings den Tatbestand einer strukturellen Änderung erfüllt, die geeignet ist, Beteiligungsrechte der Arbeitnehmer zu mindern (→ § 18 Rn. 16), spricht vieles dafür, § 18 Abs. 3 als lex specialis gegenüber § 314 BGB anzusehen. Freilich ist auch die Beendigung der Vereinbarung als **Neuverhandlungsfall** anzusehen (→ § 18 Rn. 16), sodass die Frage nach dieser Sichtweise am Ende nicht beantwortet werden muss. Bei allen anderen Tatbeständen, welche die Hürde des § 18 Abs. 3 nicht nehmen (→ § 18 Rn. 17 ff.), ist das Vorliegen eines wichtigen Grunds zu prüfen. **Kündigungsberechtigt** (und umgekehrt Empfänger der Kündigungserklärung der Gegenseite) ist bei der ordentlichen und bei der außerordentlichen Kündigung die SE-Leitung sowie, wenn nichts anderes vereinbart ist, der SE-Betriebsrat.

34 Ist eine befristete Vereinbarung abgelaufen oder eine unbefristete Vereinbarung **fristgemäß gekündigt** worden, kommt nicht entsprechend § 18 Abs. 3 S. 3 die gesetzliche Auffangregelung zum Tragen.[133] Zu dieser problematischen Regelung → § 18 Rn. 25 ff. Die

---

[121] *Forst*, Die Beteiligungsvereinbarung nach § 21 SEBG, 2010, 187 Fn. 843; anders Lutter/Hommelhoff/Teichmann/*Oetker* Rn. 29 (der die hier vertretene Differenzierung in Fn. 61 für „unklar" hält).
[122] So iE auch *Krois/Wendler* DB 2020, 1009 (1014).
[123] *Krois/Wendler* DB 2020, 1009 (1014).
[124] Lutter/Hommelhoff/Teichmann/*Oetker* Rn. 34; *Witschen* ZGR 2016, 644 (662).
[125] *Witschen* ZGR 2016, 644 (662);.
[126] *Hoops*, Die Mitbestimmungsvereinbarung in der SE, 128; Lutter/Hommelhoff/Teichmann/*Oetker* Rn. 34.
[127] *Witschen* ZGR 2016, 644 (662 f.); abw. Lutter/Hommelhoff/Teichmann/*Oetker* Rn. 34.
[128] Lutter/Hommelhoff/Teichmann/*Oetker* Rn. 34.
[129] *Witschen* ZGR 2016, 644 (663).
[130] *Hoops*, Die Mitbestimmungsvereinbarung in der SE, 2009, 128 f.; *Linden*, Die Mitbestimmungsvereinbarung der dualistisch verfassten Societas Europaea (SE), 2012, 128; wohl auch *Forst*, Die Beteiligungsvereinbarung nach § 21 SEBG, 2010, 210; aA Lutter/Hommelhoff/Teichmann/*Oetker* Rn. 35 unter Hinweis auf den „Vorrang der Parteiautonomie"; *Witschen* ZGR 2016, 644 (663 f.).
[131] Kölner Komm AktG/*Feuerborn* Rn. 36; *Forst* ZHR-Sonderheft 77 (2015), 50 (84); *Hoops*, Die Mitbestimmungsvereinbarung in der SE, 2009, 127 f.; *Witschen* ZGR 2016, 644 (664).
[132] Kölner Komm AktG/*Feuerborn* Rn. 36; *Forst*, Die Beteiligungsvereinbarung nach § 21 SEBG, 2010, 210 f.; *Forst* ZHR-Sonderheft 77 (2015), 50, 84; ausf. zu den Folgen der Beendigung allgemein *Forst* EuZW 2011, 333 ff. mwN; abw. *Witschen* ZGR 2016, 644 (664 f.).
[133] Diff. *Forst* EuZW 2011, 333 (334 f.): Rückgriff auf die Auffangregelung im Falle einer Kündigung mit erkennbarem Beendigungswillen.

Inhalt der Vereinbarung 35, 36 § 21 SEBG

SE darf aber nicht beteiligungsfrei werden, da auf diese Weise – wenn auch mit zeitlicher Verzögerung – die Flucht aus der Mitbestimmung ermöglicht würde und auch Art. 12 Abs. 2 SE-VO deutlich erkennen lässt, dass eine SE nur unter engen Voraussetzungen ohne Beteiligungsvereinbarung bestehen soll (vgl. § 16 Abs. 1).[134]

Die Vereinbarung **wirkt** deshalb **zunächst** vielmehr wie ein Tarifvertrag (§ 4 Abs. 5 TVG) oder eine Betriebsvereinbarung in einer Angelegenheit der erzwingbaren Mitbestimmung (§ 77 Abs. 6 BetrVG) **nach**.[135] Das ist die zwingende Folge aus der normativen Wirkung der Vereinbarung und ist Ausdruck des in **§ 26 Abs. 2 S. 2** zum Ausdruck kommenden Rechtsgedankens.[136] Die Nachwirkung kann vertraglich **ausgeschlossen** werden.[137] Problematisch ist, dass für die in § 4 Abs. 5 TVG, § 77 Abs. 6 BetrVG angesprochene „andere Abmachung", welche die Nachwirkung beendet, die Konfliktmechanismen des Tarifvertrags- und des Betriebsverfassungsrechts wie der Arbeitskampf oder die betriebliche Einigungsstelle nicht zur Verfügung stehen. 35

Die Beendigung der Vereinbarung ist deshalb als **Neuverhandlungsfall** anzusehen,[138] auch wenn die Beteiligungsvereinbarungen dazu selbst keine Regelungen enthält.[139] Nach der Beendigung (während der Nachwirkung) ist über eine neue Vereinbarung zu verhandeln. Dafür ist ein bVG zu bilden.[140] Nach Ablauf von sechs Monaten (§ 20 Abs. 1 analog) und vorbehaltlich einer Verlängerung der Verhandlungsfrist (§ 20 Abs. 2 analog) greift die **gesetzliche Auffangregelung** ein,[141] welche die Nachwirkung zugleich beendet, wenn nicht das bVG beschließt, keine (Neu-)Verhandlungen aufzunehmen oder bereits aufgenommene (Neu-)Verhandlungen abzubrechen (vgl. den Rechtsgedanken des § 22 Abs. 1 Nr. 2), oder wenn nicht in der beendeten Vereinbarung – das ist praktisch natürlich vorzugswürdig – eine **andere Abrede** getroffen worden ist.[142] Der Geltung der gesetzlichen Auffangregelung steht die Wertung des § 18 Abs. 1 nicht entgegen. Für die „gesetzliche Auffangregelung" ist in diesem Zusammenhang nicht auf die Verhältnisse im **Zeitpunkt der ursprünglichen Gründung der SE** abzustellen (auf § 35 Abs. 1 – „die in der Gesellschaft vor der Umwandlung bestanden hat" – kommt es gerade nicht an; s. auch § 35 Abs. 2 S. 2: „vor der Eintragung der SE").[143] Maßgeblich ist wie bei § 18 Abs. 3 S. 3 (→ § 18 Rn. 26) der Mitbestimmungsumfang, der mit Ablauf der Kündigungsfrist gilt.[144] 36

---

[134] Wie hier *Forst* EuZW 2011, 333 (334); *Forst* ZHR-Sonderheft 77 (2015), 50, 84; *Oetker* FS Konzen, 2006, 635 (647).

[135] Vgl. Blanke/Hayen/Kunz/Carlson/*Carlson* Mitbestimmung der Arbeitnehmer in der Europäischen Aktiengesellschaft (SE) Rn. 120; Lutter/Hommelhoff/Teichmann/*Oetker* Rn. 38; *Oetker* FS Konzen, 2006, 635 (646 f.); *Rieble* in Rieble/Junker Vereinbarte Mitbestimmung § 3 Rn. 25; so auch ein neuer § 21 Abs. 7 zum Ende der Vereinbarung, vorgeschlagen vom AKK ZIP 2010, 2226 f.; diff. *Forst,* Die Beteiligungsvereinbarung nach § 21 SEBG, 2010, 212 f.; *Forst* EuZW 2011, 333 (334 f.): Nachwirkung, wenn keine Beendigung durch Kündigung, aA *Hoops,* Die Mitbestimmungsvereinbarung in der SE, 2009, 130; wohl auch NK-SE/ *Evers*/*Hartmann* Rn. 17; ungeachtet dessen kann die Nachwirkung auch vereinbart werden, ggf. auch für den Zeitraum der Verhandlungen, *Witschen* ZGR 2016, 644 (670).

[136] *Forst* ZHR-Sonderheft 77 (2015), 50 (86); wohl auch *Oetker* FS Konzen, 2006, 635 (647); *Rieble* in Rieble/Junker Vereinbarte Mitbestimmung § 3 Rn. 25; iE zust. Habersack/Drinhausen/*Hohenstatt*/*Müller-Bonanni* Rn. 17.

[137] *Witschen* ZGR 2016, 644 (671).

[138] Ebenso *Forst* ZHR-Sonderheft 77 (2015), 50 (87); Habersack/Drinhausen/*Hohenstatt*/*Müller-Bonanni* Rn. 17; Lutter/Hommelhoff/Teichmann/*Oetker* Rn. 38; de lege ferenda außerdem § 18 Abs. 4 SEBG-E des AKK ZIP 2010, 2224 f.; de lege ferenda aA NK-ArbR/*Sagan* Rn. 33; *Witschen* ZGR 2016, 644 (669 f.): unmittelbares Eingreifen der gesetzlichen Auffanglösung („analog § 22 Abs. 1 Nr. 2 SEBG, ggf. iVm § 34 Abs. 1 SEBG").

[139] Zu entsprechenden Regelungen in der Beteiligungsvereinbarung *Witschen* ZGR 2016, 644 (667 ff.).

[140] *Forst* ZHR-Sonderheft 77 (2015), 50, 87; aA Habersack/Drinhausen/*Hohenstatt*/*Müller-Bonanni* Rn. 17: SE-Betriebsrat analog § 26 Abs. 2 S. 1 (und fakultativ auch § 18 Abs. 3 S. 2).

[141] Habersack/Drinhausen/*Hohenstatt*/*Müller-Bonanni* Rn. 17; näher *Witschen* ZGR 2016, 644 (673 ff.).

[142] So wiederum de lege ferenda § 18 Abs. 4 SEBG-E des AKK ZIP 2010, 2224 f.; de lege lata dem folgend *Forst* EuZW 2011, 333 (335 f.); nach *Witschen* ZGR 2016, 644 (672) kann für diesen all auch die unbefristete Nachwirkung vereinbart werden.

[143] So de lege ferenda § 18 Abs. 4 SEBG-E des AKK ZIP 2010, 2224 f.

[144] Habersack/Henssler/*Henssler* Rn. 27; NK-ArbR/*Sagan* Rn. 32; *Wirtz,* Der SE-Betriebsrat, 2013, 134 ff.; *Witschen* ZGR 2016, 644 (675 f.); aA noch → 4. Aufl. 2017, Rn. 29.

37 Ein beteiligungsvereinbarungsloser Zustand, den eine Nachwirkung voraussetzt, tritt im Übrigen nicht ein, wenn die Parteien **in der Vereinbarung vorsehen,** dass nach ihrem Ablauf **von vornherein** die **gesetzliche Auffangregelung** eingreift; in diesem Fall sollte für jede Partei das Recht vereinbart werden, neue Verhandlungen einzuleiten, um eine Endlosweitergeltung der gesetzlichen Auffangregelung zu vermeiden.[145] Was in diesem Fall unter „gesetzlicher Auffangregelung" – ursprünglicher Zustand bei Gründung der SE oder Zustand im Zeitpunkt des Ablaufs der Kündigungsfrist – zu verstehen ist, ist durch Auslegung der Vereinbarung zu ermitteln. Sinnvoll kann schließlich eine Vereinbarung von **Übergangsregelungen** sein (vgl. § 18 Abs. 1 S. 2 Nr. 6 EBRG).[146]

38 **c) Unterrichtung und Anhörung.** Die Vereinbarung zwischen den Leitungen und dem bVG muss, soweit es um die Unterrichtung und Anhörung geht, als Mindestinhalt Regelungen enthalten über die Zusammensetzung des SE-Betriebsrats, die Anzahl seiner Mitglieder und die Sitzverteilung, einschließlich der Auswirkungen wesentlicher Änderungen der Zahl der in der SE beschäftigten Arbeitnehmer (§ 21 Abs. 1 Nr. 2), über die Befugnisse und das Verfahren zur Unterrichtung und Anhörung des SE-Betriebsrats (§ 21 Abs. 1 Nr. 3), über die Häufigkeit der Sitzungen des SE-Betriebsrats (§ 21 Abs. 1 Nr. 4) sowie über die für den SE-Betriebsrat bereitzustellenden finanziellen und materiellen Mittel (§ 21 Abs. 1 Nr. 5). Dieser **nicht abschließende Katalog** orientiert sich im Wesentlichen an Art. 4 Abs. 2 lit. b, c, d und e Beteiligungs-RL (vgl. ferner § 18 Abs. 2 S. 1 Nr. 2–5 EBRG).[147] Auch die Mindestvorgaben des § 21 Abs. 1 Nr. 2, 3, 4 und 5 sind **zwingend;** die Vereinbarung muss die genannten Mindestbedingungen in Bezug auf die Unterrichtung und Anhörung erfüllen, damit auf die Anwendung der Auffangregelung verzichtet werden kann.[148] Allerdings ist die nähere **inhaltliche Ausgestaltung** der einzelnen Regelungsgegenstände den Parteien überlassen.

39 Das bedeutet zB, dass die vereinbarten Befugnisse **(§ 21 Abs. 1 Nr. 3)** von den Unterrichtungs- und Anhörungsrechten des gesetzlichen SE-Betriebsrats in §§ 28, 29 abweichen können;[149] die Vereinbarung „echter" Mitbestimmungsrechte ist allerdings unzulässig, der vermeintliche Gegenschluss aus § 17 EBRG überzeugt nicht (vgl. auch § 21 Abs. 1 Nr. 3).[150] Sehr sinnvoll ist insbesondere die Präzisierung von Informationspflichten gegenüber dem SE-Betriebsrat, die auf das betroffene Unternehmen zugeschnitten sein können,[151] oder die Übertragung von Verfahren auf einen Ausschuss des SE-Betriebsrats. Unzulässig sind Vereinbarungen, die Unterrichtungs- und Anhörungsrechte des SE-Betriebsrats für **nicht grenzüberschreitende Sachverhalte** regeln. Der SE-Betriebsrat kann nicht zum „Ersatzbetriebsrat" für Staaten ohne eine vergleichbare Arbeitnehmervertretung gemacht werden.[152]

40 Bei der Zusammensetzung des SE-Betriebsrats (**§ 21 Abs. 1 Nr. 2**) kann die Vereinbarung zB den Belangen der **leitenden Angestellten** Rechnung tragen, indem sie vorsieht, dass dem SE-Betriebsrat ein leitender Angestellter angehört, der vom Konzernsprecherausschuss vorgeschlagen wird.[153] Überhaupt kann von den Regelungen zur Zusammensetzung

---

[145] S. *Forst* EuZW 2011, 333.
[146] Lutter/Hommelhoff/Teichmann/*Oetker* Rn. 37.
[147] Vgl. *Thüsing* ZIP 2006, 1469 (1474); ausf. *Forst,* Die Beteiligungsvereinbarung nach § 21 SEBG, 2010, 216 ff.
[148] BR-Drs. 438/04, 128.
[149] BR-Drs. 438/04, 133 zu § 28: Erweiterung und Beschränkung der Zuständigkeiten möglich; Kölner Komm AktG/*Feuerborn* Rn. 31; Habersack/Drinhausen/*Hohenstatt/Müller-Bonanni* Rn. 12; Bedenken gegen eine Erweiterung bei *Herfs-Röttgen* NZA 2002, 358 (362) für die Beteiligungs-RL; zum Ganzen näher *Blanke,* Erweiterung der Beteiligungsrechte des SE-Betriebsrats durch Vereinbarung, 2006, 50 ff. mwN.
[150] Näher Kölner Komm AktG/*Feuerborn* Rn. 32; Habersack/Drinhausen/*Hohenstatt/Müller-Bonanni* Rn. 12; *Rieble* in Rieble/Junker Vereinbarte Mitbestimmung § 3 Rn. 93; abw. *Blanke,* Erweiterung der Beteiligungsrechte des SE-Betriebsrats durch Vereinbarung, 2006, 50 ff.; *Thüsing* ZIP 2006, 1469 (1471 f.), jeweils mwN.
[151] Näher Habersack/Drinhausen/*Hohenstatt/Müller-Bonanni* Rn. 13.
[152] Habersack/Drinhausen/*Hohenstatt/Müller-Bonanni* Rn. 11; *Rieble* in Rieble/Junker Vereinbarte Mitbestimmung § 3 Rn. 92; AKRR/*Rupp* Rn. 14; *Thüsing* ZIP 2006, 1469 (1476).
[153] Habersack/Drinhausen/*Hohenstatt/Müller-Bonanni* Rn. 10; *Oetker* BB-Special 1/2005, 2 (9).

des SE-Betriebsrats in § 23 Abs. 1 abgewichen werden (vgl. → Vor § 23 Rn. 3 ff.).[154] ZB müssen im SE-Betriebsrat kraft Vereinbarung nicht die Arbeitnehmer aller Mitgliedstaaten direkt repräsentiert sein, wenn bestimmte Schwellenwerte (Belegschaftsgröße) nicht überschritten werden, möglich ist es außerdem alternativ, bestimmte „Entsendekreise" zu bilden (gemeinsame Delegierte für mehrere Mitgliedstaaten).[155] Beides macht den SE-Betriebsrat effizienter und verhindert die Überrepräsentation kleiner Belegschaften. Denkbar ist es, die Informationspflicht nach § 30 zu präzisieren oder einzuschränken.[156] Ferner ist es zulässig, den SE-Betriebsrat mit externen Mitgliedern – zB mit **Gewerkschaftsvertretern** – zu besetzen oder sogar einen Arbeitgebervertreter einzubeziehen, solange die Legitimation durch die Belegschaften gewahrt bleibt.[157]

§ 21 Abs. 1 Nr. 4 ermöglicht zB die Festlegung, wer Sitzungen einberuft, wann und 41 wie oft sie stattfinden und unter welchen Voraussetzungen vorbereitende Sitzungen erfolgen.[158] Nach **§ 21 Abs. 1 Nr. 5** können zB Regelungen über Büroräume und Büropersonal oder über die Modalitäten bei der Erstattung von Reisekosten getroffen werden.[159] Ob dem SE-Betriebsrat dafür pauschal ein Budget zur Verfügung gestellt werden kann,[160] ist dagegen wegen § 44 Nr. 3 (Begünstigungsverbot; → § 44 Rn. 6) zweifelhaft. Überhaupt wird die Vereinbarungsautonomie durch die zwingenden allgemeinen Bestimmungen über die Zusammenarbeit und den Schutz der Arbeitnehmervertreter begrenzt (§§ 40 ff.).[161]

d) Mitbestimmung im Aufsichts- oder Verwaltungsorgan. In Umsetzung von 42 Art. 4 Abs. 2 lit. g Beteiligungs-RL bestimmt **§ 21 Abs. 3 S. 1,** dass die Leitungen und das bVG bei einer Vereinbarung über die Mitbestimmung deren Inhalt festzulegen haben. Da die Parteien auf eine Regelung über die Mitbestimmung verzichten können (→ Rn. 24), ist es ihnen unbenommen, auch eine Minderung von Mitbestimmungsrechten vorzusehen. Dabei sind allerdings die Vorgaben des § 15 Abs. 3 und 4 zu beachten. **§ 21 Abs. 3 S. 2** schlägt als Inhalt Regelungen vor über die Zahl der Mitglieder des Aufsichts- oder Verwaltungsorgans der SE, welche die Arbeitnehmer wählen oder bestellen oder deren Bestellung sie empfehlen oder ablehnen können (Nr. 1),[162] über das Verfahren, nach dem die Arbeitnehmer diese Mitglieder wählen oder bestellen oder deren Bestellung empfehlen oder ablehnen können (Nr. 2) sowie über die Rechte dieser Mitglieder (Nr. 3). Diese Aufzählung ist **nicht abschließend** („insbesondere").[163] § 21 Abs. 3 ist trotz der Formulierung in Art. 4 Abs. 2 Beteiligungs-RL („wird ... festgelegt") eine **Soll-Vorschrift**.[164] Der Gestaltungsspielraum der Leitungen ist begrenzt. Über den Verhandlungen schwebt stets das Damokles-

---

[154] Habersack/Drinhausen/*Hohenstatt*/*Müller-Bonanni* Rn. 10.
[155] HWK/*Hohenstatt*/*Dzida* SEBG Rn. 35.
[156] Kölner Komm AktG/*Feuerborn* Rn. 31; *Kienast* in Jannott/Frodermann SE-HdB Kap. 13 Rn. 299, 428.
[157] *Forst,* Die Beteiligungsvereinbarung nach § 21 SEBG, 2010, 222; *Ramcke,* Die Konkretisierung des Missbrauchsverbots der SE, 2015, 418 ff.: kein Missbrauch der SE; *Rieble* in Rieble/Junker Vereinbarte Mitbestimmung § 43 Rn. 96 f.; *Thüsing* ZIP 2006, 1469 (1474); anders noch → 2. Aufl. 2006, Rn. 17; Kölner Komm AktG/*Feuerborn* Rn. 29; Habersack/Drinhausen/*Hohenstatt*/*Müller-Bonanni* Rn. 10: gegen die Einbeziehung von Gewerkschaftsvertretern; *Kuffner,* Die Beteiligung der Arbeitnehmer in der Europäischen Aktiengesellschaft, 2003, 153 für die Beteiligungs-RL.
[158] Habersack/Drinhausen/*Hohenstatt*/*Müller-Bonanni* Rn. 14.
[159] Habersack/Drinhausen/*Hohenstatt*/*Müller-Bonanni* Rn. 15.
[160] So Habersack/Drinhausen/*Hohenstatt*/*Müller-Bonanni* Rn. 15.
[161] Näher *Thüsing* ZIP 2006, 1469 (1476 f.) zur Rechtsstellung des SE-Betriebsratsmitglieds.
[162] Krit. dazu *Krause* BB 2005, 1221 (1226) mit Blick auf das Verhältnis von Satzungsautonomie und Beteiligungsvereinbarung.
[163] Habersack/Drinhausen/*Hohenstatt*/*Müller-Bonanni* Rn. 20.
[164] NK-SE/*Evers*/*Hartmann* Rn. 37; *Forst,* Die Beteiligungsvereinbarung nach § 21 SEBG, 2010, 259 f.; Habersack/Drinhausen/*Hohenstatt*/*Müller-Bonanni* Rn. 20; *Hoops,* Die Mitbestimmungsvereinbarung in der SE, 2009, 157; *Joost* in Oetker/Preis AES B 8200 Rn. 123; *Kiem* ZHR 173 (2009), 156 (178); *Kienast* in Jannott/Frodermann SE-HdB Kap. 13 Rn. 414: Empfehlungscharakter; *Oetker* FS Konzen, 2006, 635 (649); insoweit aA Kölner Komm AktG/*Feuerborn* Rn. 44: „zwingende Mindestvorgaben"; Nagel/Freis/Kleinsorge/ *Freis* Rn. 20 f.; *Kleinsorge* RdA 2002, 350; *Hoops,* Die Mitbestimmungsvereinbarung in der SE, 2009, 157; *Köklü* in Van Hulle/Maul/Drinhausen SE-HdB Abschnitt 6 Rn. 142; AKRR/*Rudolph* Rn. 24; *Seibt* ZIP 2005, 422; abw. auch die Parallelvorschrift bei grenzüberschreitenden Verschmelzungen: § 22 Abs. 1 MgVG: „wird".

schwert der gesetzlichen Auffangregelung in §§ 34 ff., die zum Tragen kommt, wenn es den Parteien nicht gelingt, innerhalb der Frist des § 20 Abs. 1 eine Einigung zu erzielen.[165] Diesen Mindeststandard wird das bVG in der Regel nicht ohne Gegenleistung preisgeben.[166] Allerdings betont man auf Gewerkschaftsseite, man werde sich ernsthaften Verhandlungen nicht verweigern.[167]

43   **aa) Größe des Aufsichts- oder Verwaltungsorgans. § 21 Abs. 3 S. 2 Nr. 1 Var. 1** bestimmt, dass die Zahl der Mitglieder des Aufsichts- oder Verwaltungsorgans der SE, die durch die Arbeitnehmer gewählt oder bestellt werden können, vereinbart werden kann. Sehr streitig ist, ob die Parteien über die **Gesamtzahl der Mitglieder des Aufsichts- oder Verwaltungsorgans** und damit über dessen Größe disponieren können.[168] Die Verkleinerung des Aufsichtsrats ist praktisch ein häufiges Motiv für eine SE-Gründung. Dafür werden der in Art. 12 Abs. 4 UAbs. 1 SE-VO verankerte Vorrang der Vereinbarung gegenüber der in Art. 40 Abs. 3 SE-VO, Art. 43 Abs. 2 SE-VO normierten Satzungsautonomie sowie der Vorbehalt in § 17 Abs. 2 SEAG, § 23 Abs. 2 SEAG, wonach die Arbeitnehmerbeteiligung nach dem SEBG mit Blick auf die Vorgaben der § 17 Abs. 1 SEAG, § 23 Abs. 1 SEAG unberührt bleibt, angeführt.[169] Außerdem könnten in der Vereinbarung, wie § 21 Abs. 3 S. 2 Nr. 1, § 15 Abs. 4 Nr. 1, § 2 Abs. 12 belegten, Zahl und (An-)Teil der Arbeitnehmervertreter festgelegt werden, wodurch jedenfalls mittelbar auch die Größe des Organs bestimmt werden könne.

44   Allerdings ist die Vereinbarungsautonomie auf die „Mitbestimmung" der Arbeitnehmer beschränkt, die Bestimmung der Größe des mitbestimmten Organs ist aber eine unternehmerische (Planungs-)Entscheidung, die der Mitbestimmung vorangeht (→ SE-VO Art. 40 Rn. 71, → SE-VO Art. 43 Rn. 70).[170] Art. 40 Abs. 3 SE-VO und Art. 43 Abs. 2 SE-VO bestimmen deshalb, dass sich die Größe des mitbestimmten Organs nach der Satzung richtet (vgl. auch § 17 Abs. 1 SEAG, § 23 Abs. 1 SEAG).[171] Die Satzungsautonomie wird durch § 17 Abs. 2 SEAG, § 23 Abs. 2 SEAG nur insoweit eingeschränkt, als Satzungsregelungen

---

[165] *Fleischer* AcP 204 (2004), 502 (535): kardinaler Konstruktionsfehler.
[166] *Kämmerer/Veil* ZIP 2005, 369 (370); *Oetker* BB-Special 1/2005, 2 (9).
[167] Vgl. *Köstler* ZGR 2003, 800 (809).
[168] Dazu auch Mitteilung der Kommission zur Überprüfung der RL 2001/86/EG vom 8.10.2001 zur Ergänzung des Statuts der Europäischen Gesellschaft hinsichtlich der Beteiligung der Arbeitnehmer vom 30.9.2008, KOM (2008) 591 endg., 9.
[169] Dafür namentlich *Austmann* FS Hellwig, 2010, 110 ff.; *Cannistra*, Das Verhandlungsverfahren zur Regelung der Mitbestimmung der Arbeitnehmer bei Gründung einer Societas Europaea und bei Durchführung einer grenzüberschreitenden Verschmelzung, 2014, 163 ff.; Habersack/Drinhausen/*Hohenstatt/Müller-Bonanni* Rn. 21; *Kiefner/Friebel* NZG 2010, 537 (538 ff.); *Meißner* AuR 2011, 61 (62 f.); *Oetker* ZIP 2006, 1113 ff.; *Oetker* FS Konzen, 2006, 635 (650 f.); Lutter/Hommelhoff/Teichmann/*Oetker* Rn. 63 ff.; *Reinhardt*, Die Sicherung des Unternehmensmitbestimmung durch Vereinbarungen, 2011, 165; Habersack/Drinhausen/*Seibt* SE-VO Art. 40 Rn. 66; ferner etwa *Feldhaus/Vanscheidt* BB 2008, 2246 (2247); HWK/*Hohenstatt/Dzida* SEBG Rn. 36; *Kallmeyer* AG 2003, 199; *Kienast* in Jannott/Frodermann SE-HdB Kap. 13 Rn. 386; *Krause* BB 2005, 1221 (1226); *Neye/Teichmann* AG 2003, 169 (176); Habersack/Drinhausen/*Seibt* SE-VO Art. 40 Rn. 66; *Seibt* ZIP 2010, 1057 (1059 ff.); *Teichmann* Konzern 2007, 89 (94 f.); *Teichmann* BB 2010, 1114 f.; de lege ferenda außerdem AKK ZIP 2010, 2226 zu § 21 Abs. 3 S. 3 Nr. 1 SEBG-E.
[170] Gegen eine Regelungskompetenz zu Recht vor allem *Benker*, Die Gestaltung der Mitbestimmung in der SE, 2019, 169 f.; *Diekmann* GS Gruson, 2009, 75 (81 f.); Kölner Komm AktG/*Feuerborn* Rn. 52; *Forst* AG 2010, 350 (355 f.); *Forst* Konzern 2010, 151 (153); *Forst*, Die Beteiligungsvereinbarung nach § 21 SEBG, 2010, 262 ff.; *Habersack* AG 2006, 351 ff.; *Habersack* Konzern 2006, 105 (107); *Habersack* ZHR 171 (2007), 613 (632 ff.); Habersack/Henssler/*Habersack* § 35 Rn. 6; *Henssler/Sittard* KSzW 2011, 359 (361 ff.); *Kepper*, Die mitbestimmte monistische SE deutschen Rechts, 2010, 205 ff.; *Linden*, Die Mitbestimmungsvereinbarung in der dualistisch verfassten Societas Europaea (SE), 2012, 138 ff.; *Lunk/Hinrichs* NZG 2007, 773 (778) zu § 22 MgVG; Habersack/Drinhausen/*Verse* SE-VO Art. 43 Rn. 23; Habersack/Drinhausen/*Verse* SEAG § 23 Rn. 10; ferner Lutter/Hommelhoff/Teichmann/*Drygala* SE-VO Art. 40 Rn. 20; *Hoops*, Die Mitbestimmungsvereinbarung in der SE, 2009, 140 ff.; *Jacobs* FS K. Schmidt, 2009, 803 f.; *Kallmeyer* AG 2003, 197 (199); Kölner Komm AktG/*Kiem* SE-VO Art. 12 Rn. 64; *Kiem* Konzern 2010, 275 (278 ff.); Müller-Bonanni/Melot de Beauregard GmbHR 2005, 195 (197); *Rieble* BB 2006, 2018 (2021); *Schäfer* in Rieble/Junker Vereinbarte Mitbestimmung § 1 Rn. 32 f.; *Scheibe*, Die Mitbestimmung der Arbeitnehmer in der SE unter besonderer Berücksichtigung des monistischen Systems, 2007, 123 f.; WHSS/*Seibt* F Rn. 137d; *Windbichler* FS Canaris, Bd. II, 2007, 1423 (1428 ff.); aA wohl *Rieble* in Rieble/Junker Vereinbarte Mitbestimmung § 3 Rn. 94.
[171] So auch *Forst* ZHR-Sonderheft 77 (2015), 50, 66.

untersagt sind, die zwar in Einklang mit § 17 Abs. 1 SEAG, § 23 Abs. 1 SEAG stehen, aber den Anteil, der nach der Mitbestimmungsvereinbarung auf die Arbeitnehmer entfällt, nicht abbilden können.[172] § 21 Abs. 3 S. 2 Nr. 1 Var. 1 meint folglich nur die **Zahl der Arbeitnehmervertreter in Relation zu der durch die Satzung vorgegebenen absoluten Größe** des mitbestimmten Organs.[173] In der Verringerung der Gesamtgröße des Organs liegt auch kein Missbrauch der SE, da die Gesamtgröße nicht ein von § 43 S. 1 SEBG geschütztes „Beteiligungsrecht" ist.[174] Außerdem kann deshalb entgegen der Auffassung des LG Nürnberg-Fürth[175] durch die Vereinbarung auch **nicht** vom **Dreiteilbarkeitsgebot** abgewichen werden.[176] Die Zahl der Sitze des mitbestimmten Organs einer SE **muss durch drei teilbar** sein und innerhalb der in § 17 Abs. 1 SEAG, § 23 Abs. 1 SEAG genannten Mindest- und Höchstgrenzen liegen.[177]

bb) Festlegung der Arbeitnehmervertreter des Aufsichts- oder Verwaltungsorgans. Die Parteien können aber das Verfahren regeln, nach dem die Arbeitnehmer die Mitglieder des Aufsichts- oder Verwaltungsorgans wählen oder bestellen (**§ 21 Abs. 3 S. 2 Nr. 2 Var. 1**). Dazu gehören zum Beispiel die **Aufteilung der Sitze der Arbeitnehmervertreter** auf die Mitgliedstaaten, die sich an § 36 orientieren kann (→ § 36 Rn. 2), oder – bei einer Holding-SE – auf deren Teilkonzerne,[178] außerdem Einzelheiten zum Wahlverfahren sowie Fragen des aktiven und passiven Wahlrechts.[179] Die Sitze der Arbeitnehmervertreter können nach anderen sachlichen Kriterien als dem in § 36 Abs. 1 kodifizierten Repräsentationsprinzip wie zum Beispiel nach Sparten, Geschäftsbereichen oder geographischen Regionen aufgeteilt werden.[180] Die **Grenze für die Sitzverteilung** ist nur das (enge) Missbrauchsverbot.[181] Zulässig ist auch eine „Dynamisierung" der Sitzverteilung mit Blick auf den Eintritt künftiger Ereignisse.[182] Auch kann vereinbart werden, dass sich unter den **Arbeitnehmervertretern** im Aufsichtsrat eine **bestimmte Quote weiblicher Vertreter** befinden muss, um auf diese Weise das Mindestanteilsgebot aus § 17 Abs. 2 SEAG, § 24 Abs. 3 SEAG im Rahmen der **Gesamterfüllung** zu erleichtern (→ Rn. 3; → Vor § 1 Rn. 40).[183] Insbesondere kann das 30%-Quorum des § 17 Abs. 2 S. 1 SEAG überschritten und festgelegt werden, dass die der Arbeitnehmerseite zustehenden Sitze paritätisch auf beide Geschlechter aufzuteilen sind.[184] Möglich ist etwa auch eine Regelung, wonach der Mindestanteil bezüglich eines Geschlechts ausschließlich von den Arbeitnehmervertretern eines Mitgliedstaats zu erfüllen ist.[185]

Gestattet sind ferner Regelungen, die – praktisch selten – eine Repräsentanz von **leitenden Angestellten** oder **Gewerkschaftsvertretern** im Aufsichts- oder Verwaltungsorgan –

---

[172] So auch *Forst* ZHR-Sonderheft 77 (2015), 50, 71.
[173] *Deilmann/Häferer*, NZA 2017, 609 (608 ff.); *Forst* ZHR-Sonderheft 77 (2015), 50, 66; *Habersack* ZHR 171 (2007), 613 (633 f.); *Habersack* AG 2006, 353; *Jacobs* FS K. Schmidt, 2009, 804; *Löw/Stolzenberg* NZA 2016, 1489 (1495); AKRR/*Rudolph* Rn. 25; aA *Teichmann* Konzern 2007, 89 (95); Habersack/Drinhausen/Thüsing/*Forst* MgVG § 22 Rn. 18.
[174] So *Ramcke*, Die Konkretisierung des Missbrauchsverbots der SE, 2015, 370 ff.
[175] LG Nürnberg-Fürth BB 2010, 1113 (1114); jedenfalls iE zust. zB *Austmann* FS Hellwig, 2010, 110 ff.; *Forst* ZHR-Sonderheft 77 (2015), 50, 67; *Kiefner/Friebel* NZG 2010, 537 (539); *Seibt* ZIP 2010, 1057 (1061); *Teichmann* BB 2010, 1114 f.
[176] Wie hier iE etwa Kölner Komm AktG/*Feuerborn* Rn. 53; *Forst* AG 2010, 350 (356 f.); *Forst* ZHR-Sonderheft 77 (2015), 50, 71; *Jacobs* FS K. Schmidt, 2009, 804; *Kiem* Konzern 2010, 275 (278 ff.).
[177] *Forst* ZHR-Sonderheft 77 (2015), 50, 71.
[178] Dazu *Jacobs* FS K. Schmidt, 2009, 805 f.
[179] *Hoops*, Die Mitbestimmungsvereinbarung in der SE, 2009, 146 ff.; Kölner Komm AktG/*Kiem* SE-VO Art. 12 Rn. 68.
[180] *Habersack* ZHR 171 (2007), 613 (634); *Oetker* FS Konzen, 2006, 635 (651); *Seibt* AG 2005, 413 (423).
[181] *Jacobs* FS K. Schmidt, 2009, 806; *Ramcke*, Die Konkretisierung des Missbrauchsverbots der SE, 2015, 413 ff.; *Seibt* ZIP 2010, 1057 (1062); aA (weit) *Forst*, Die Beteiligungsvereinbarung nach § 21 SEBG, 2010, 274 ff.
[182] *Habersack* ZHR 171 (2007), 613 (635); *Jacobs* FS K. Schmidt, 2009, 804.
[183] Näher Lutter/Hommelhoff/Teichmann/*Oetker* Rn. 74; *Oetker* ZHR 179 (2015), 707 (742); *Oetker* FS Windbichler, 2020, 323 (333 ff.) mit weiteren Beispielsvarianten zur Erfüllung eines Mindestanteilsgebots.
[184] *Oetker* FS Windbichler, 2020, 323 (334).
[185] *Oetker* FS Windbichler, 2020, 323 (334).

unabhängig von den Voraussetzungen der § 36 Abs. 3 S. 2, § 6 Abs. 3 und 4 – festschreiben oder ein besonderes Verfahren für deren Bestellung – etwa eine Wahl durch Mitglieder des Sprecherausschusses – vorsehen.[186] Möglich sind auch – ebenfalls entgegen § 36 Abs. 1 – Regelungen über die Einbeziehung von Arbeitnehmervertretern aus **Drittstaaten**, um internationalen Konzernstrukturen Rechnung tragen zu können.[187] Umgekehrt kann die in § 36 Abs. 3 S. 2, § 6 Abs. 3 und 4 vorgesehene „Zwangsrepräsentation" von Gewerkschaftsvertretern und leitenden Angestellten ausgeschlossen werden,[188] selbst wenn sich die Parteien auf eine (teilweise) Geltung der gesetzlichen Auffangregelung geeinigt haben.

47   Für das **Wahlverfahren** ist zu beachten, dass die Bestimmung durch die Arbeitnehmer zu erfolgen hat, Entsendungsrechte zugunsten von außenstehenden Dritten sind unzulässig;[189] allerdings können die Arbeitnehmer die Auswahl auf Vertreter übertragen, die wie etwa ein **Wahlgremium** durch sie **legitimiert** sind.[190] Außerdem können Regelungen zu den geltenden Wahlgrundsätzen, zu Formerfordernissen, zum Wahlsystem oder zur **Wahlanfechtung** (zum Beispiel Anfechtungsberechtigung und Anfechtungsfrist) getroffen werden.[191] Die Parteien haben keine Regelungskompetenz zur **Bestellung** der Arbeitnehmervertreter (→ SE-VO Art. 40 Rn. 26, → SE-VO Art. 40 Rn. 29, → SE-VO Art. 43 Rn. 26, → SE-VO Art. 43 Rn. 29).[192] Sie kann nicht dem SE-Betriebsrat oder den Arbeitnehmern übertragen werden, sondern muss durch die Hauptversammlung erfolgen (Art. 40 Abs. 2 S. 1 SE-VO, Art. 43 Abs. 3 S. 1 SE-VO).[193] Art. 40 Abs. 2 S. 3 SE-VO, Art. 43 Abs. 3 S. 3 SE-VO gelten lediglich für das erste Aufsichts- oder Verwaltungsorgan.[194]

48   Möglich sind auch Regelungen zum **aktiven und passiven Wahlrecht**.[195] Zwingend zu beachten sind zwar bestimmte **persönliche Voraussetzungen** der Mitglieder des mitbestimmten Organs (§ 100 AktG, § 27 SEAG).[196] Wie sich aus § 27 Abs. 2 SEAG ergibt, können in einer Vereinbarung für die Arbeitnehmervertreter im Verwaltungsorgan aber weitere persönliche Voraussetzungen – etwa eine Mindestbeschäftigungsdauer der Arbeitnehmervertreter in den Gründungsgesellschaften oder in der SE oder eine bestimmte (berufliche) Qualifikation – aufgestellt werden, die über die sonstigen gesetzlichen Anforderungen hinausgehen.[197] Das gleiche Ergebnis folgt für den Aufsichtsrat aus dem Rechtsgedanken des § 100 Abs. 3 AktG, der – ungeschrieben – auch auf das SEBG und damit die Mitbestimmungsvereinbarung verweist.[198]

49   cc) **Rechte der Mitglieder des Aufsichts- oder Verwaltungsorgans.** Zulässig sind ferner Regelungen über die **Rechte der Arbeitnehmervertreter im Aufsichts- oder**

---

[186] Vgl. *Forst*, Die Beteiligungsvereinbarung nach § 21 SEBG, 2010, 275; *Habersack* ZHR 171 (2007), 613 (634 f.); *Heinze/Seifert/Teichmann* BB 2005, 2524 (2528); *Jacobs* FS K. Schmidt, 2009, 804 f.; *Oetker* FS Konzen, 2006, 635 (651); *Seibt* AG 2005, 413 (423).
[187] *Nagel/Freis/Kleinsorge/Freis* Rn. 23; *Habersack* ZHR 171 (2007), 613 (634); *Jacobs* FS K. Schmidt, 2009, 805.
[188] Ebenso Habersack/Drinhausen/Hohenstatt/Müller-Bonanni Rn. 24.
[189] Kölner Komm AktG/*Feuerborn* Rn. 56; *Forst*, Die Beteiligungsvereinbarung nach § 21 SEBG, 2010, 272 f.; Habersack/Drinhausen/Hohenstatt/Müller-Bonanni Rn. 24; *Jacobs* FS K. Schmidt, 2009, 806; *Oetker* FS Konzen, 2006, 635 (651 f.); aA *Seibt* AG 2005, 413 (423).
[190] *Forst*, Die Beteiligungsvereinbarung nach § 21 SEBG, 2010, 268 f.; Habersack/Drinhausen/Hohenstatt/Müller-Bonanni Rn. 24; *Jacobs* FS K. Schmidt, 2009, 806 f.; *Oetker* FS Konzen, 2006, 635 (652).
[191] *Jacobs* FS K. Schmidt, 2009, 807.
[192] *Jacobs* FS K. Schmidt, 2009, 807; *Oetker* FS Konzen, 2006, 635 (652 f.); *Scheibe*, Die Mitbestimmung der Arbeitnehmer in der SE unter besonderer Berücksichtigung des monistischen Systems, 2007, 129; aA *Heinze/Seifert/Teichmann* BB 2005, 2524 (2525 f., 2528 f.); Kölner Komm AktG/*Kiem* SE-VO Art. 12 Rn. 68; *Thüsing/Forst* FS Reuter, 2010, 851 (859).
[193] AKRR/*Rudolph* Rn. 29 mwN; aA *Forst*, Die Beteiligungsvereinbarung nach § 21 SEBG, 2010, 274.
[194] S. etwa BR-Drs. 438/04, 129; Habersack/Henssler/*Henssler* SEBG Einl. Rn. 143; *Jacobs* FS K. Schmidt, 2009, 807; *Oetker* FS Konzen, 2006, 635 (652 f.).
[195] Vgl. Kölner Komm AktG/*Feuerborn* Rn. 56 f.; Habersack/Drinhausen/Hohenstatt/Müller-Bonanni Rn. 24; *Oetker* FS Konzen, 2006, 635 (651).
[196] *Forst*, Die Beteiligungsvereinbarung nach § 21 SEBG, 2010, 271.
[197] *Jacobs* FS K. Schmidt, 2009, 807.
[198] *Jacobs* FS K. Schmidt, 2009, 807.

Verwaltungsorgan gem. § 21 Abs. 3 S. 2 Nr. 3, der an die individuelle Rechtsstellung anknüpft, die aus der Organmitgliedschaft folgt und das Recht auf Teilnahme, Beratung und Abstimmung sowie Auskunfts- und Einsichtsrechte erfasst.[199] Denkbar sind außerdem Bestimmungen über einen Ausbau des **Kündigungsschutzes** (§ 42 S. 1 Nr. 4, S. 2 Nr. 1, vgl. → § 42 Rn. 6), da die Arbeitnehmervertreter im mitbestimmten Organ anders als etwa Betriebsratsmitglieder (§ 15 KSchG) keinen gesetzlichen Kündigungsschutz genießen.[200] Vereinbart werden können außerdem zusätzliche Schutzbestimmungen, die den Arbeitnehmervertretern etwa ein Recht auf **Freistellung** von ihrer beruflichen Tätigkeit in der SE zusprechen, das – entgegen den nationalen Gepflogenheiten[201] – nicht nur bei zeitlicher Unvereinbarkeit von Tätigkeiten im Aufsichts- oder Verwaltungsorgan und geschuldeter Arbeitsleistung besteht.[202] Empfehlenswert sind Regelungen zur **Vergütung** der Aufsichtsratstätigkeit (vgl. § 113 AktG, § 38 Abs. 1) sowie daneben unter Umständen **Entgeltfortzahlung** während der Tätigkeit im Aufsichts- oder Verwaltungsorgan, da die Rechtslage im nationalen Recht insoweit umstritten ist (§ 42 S. 1 Nr. 4, S. 2 Nr. 3; → § 42 Rn. 9 mwN), schließlich über die Teilnahme an **Schulungs- oder Weiterbildungsveranstaltungen** oder die Erstattung notwendiger Auslagen.[203]

Umstritten ist, ob in der Mitbestimmungsvereinbarung das **Stimmrecht der Arbeitnehmervertreter** gegenüber demjenigen der Anteilseignervertreter **eingeschränkt** oder **ausgeschlossen** werden darf (→ § 38 Rn. 2). Bedeutsam wäre eine solche Regelung insbesondere im monistischen System, um etwa den Einfluss der Arbeitnehmervertreter auf Überwachungs- und Kontrollaufgaben zu begrenzen oder Interessenkonflikte der Arbeitnehmervertreter einzuschränken, die im Verwaltungsorgan auf Unternehmens- und Arbeitnehmerinteressen verpflichtet sind. Zum Teil hält man die Einführung von Stimmverboten oder -beschränkungen für zulässig, wenn Zuständigkeiten ausgenommen sind, denen sich das mitbestimmte Organ wie etwa bei den Plenarvorbehalten der § 107 Abs. 3 S. 2 AktG, § 34 Abs. 4 S. 2 SEAG nicht entziehen darf.[204] Zwar steht der Wortlaut von § 21 Abs. 3 S. 2 Nr. 3 einer das Stimmrecht ausschließenden oder einschränkenden Regelung nicht entgegen. Gegen sie spricht auch nicht das Missbrauchsverbot des § 43 S. 1, da nicht Beteiligungsrechte unfreiwillig entzogen werden.[205] Die Differenzierung zwischen Anteilseigner- und Arbeitnehmervertretern verstößt aber gegen den **Grundsatz der Gleichberechtigung** aller Mitglieder des Aufsichts- oder Verwaltungsorgans. Mitbestimmungsvereinbarungen alleine über das Stimmrecht der Arbeitnehmervertreter sind folglich unzulässig.[206] § 21 Abs. 3 S. 2 Nr. 3 erwähnt nicht die **Pflichten der Arbeitnehmervertreter**. Eine entsprechende Regelung in der Mitbestimmungsvereinbarung muss aber ergänzend zu Bestimmungen über die Rechte zulässig sein.[207] Denkbar sind

---

[199] Habersack/Drinhausen/*Hohenstatt/Müller-Bonanni* Rn. 26; näher *Hoops,* Die Mitbestimmungsvereinbarung in der SE, 2009, 151 ff.
[200] Etwa BR-Drs. 438/04, 142; *Jacobs* FS K. Schmidt, 2009, 808; *Kienast* in Jannott/Frodermann SE-HdB 13 Rn. 521; Lutter/Hommelhoff/Teichmann/*Oetker* Rn. 38; Lutter/Hommelhoff/Teichmann/*Oetker* § 42 Rn. 8; aA *Forst,* Die Beteiligungsvereinbarung nach § 21 SEBG, 2010, 280; *Thüsing/Forst* FS Reuter, 2010, 851 (861).
[201] HM, Raiser/Veil/Jacobs/*Raiser/Jacobs* MitbestG § 26 Rn. 6.
[202] *Hoops,* Die Mitbestimmungsvereinbarung in der SE, 2009, 153; aA *Forst,* Die Beteiligungsvereinbarung nach § 21 SEBG, 2010, 281.
[203] Vgl. Kölner Komm AktG/*Feuerborn* Rn. 58; *Oetker* FS Konzen, 2006, 635 (653); Lutter/Hommelhoff/Teichmann/*Oetker* § 42 Rn. 8; abw. *Forst,* Die Beteiligungsvereinbarung nach § 21 SEBG, 2010, 282; *Thüsing* ZIP 2006, 1469 (1476 f.).
[204] Näher zB *Kallmeyer* ZIP 2004, 1444 mwN; noch weiter (ohne Einschränkung) wohl *Bachmann* ZGR 2008, 805 f.; ferner *Hoops,* Die Mitbestimmungsvereinbarung in der SE, 2009, 154 ff.; *Scheibe,* Die Mitbestimmung der Arbeitnehmer in der SE unter besonderer Berücksichtigung des monistischen Systems, 2007, 138.
[205] Näher *Ramcke,* Die Konkretisierung des Missbrauchsverbots der SE, 2015, 424 ff.
[206] IE wie hier zB Kölner Komm AktG/*Feuerborn* Rn. 59; *Habersack* ZHR 171 (2007), 613 (635); *Jacobs* FS K. Schmidt, 2009, 808; *Oetker* FS Konzen, 2006, 635 (653 f.); *Seibt* AG 2005, 413 (423); *Teichmann* BB 2004, 53 (57), jeweils mwN.
[207] Wie hier *Forst,* Die Beteiligungsvereinbarung nach § 21 SEBG, 2010, 283 f.; *Jacobs* FS K. Schmidt, 2009, 808; *Oetker* FS Konzen, 2006, 635 (655); Lutter/Hommelhoff/Teichmann/*Oetker* Rn. 40; AKRR/ *Rudolph* Rn. 34.

Regelungen über die Pflicht, sich auf Sitzungen vorzubereiten und an ihnen teilzunehmen, an Aufgaben des Aufsichts- oder Verwaltungsorgans mitzuwirken oder das eigene Handeln auch am Wohl des Unternehmens auszurichten.[208] Möglich ist auch eine Verschärfung der gesetzlichen Geheimhaltungspflicht nach Art. 49 SE-VO,[209] wegen des Gleichberechtigungsgrundsatzes indessen nicht einseitig für die Arbeitnehmer.[210]

51 **dd) Weitere mögliche Regelungsgegenstände.** Da die Parteien auf eine Regelung über die Mitbestimmung verzichten können (→ Rn. 24), ist es ihnen unbenommen, auch eine **Minderung von Mitbestimmungsrechten** – etwa durch die Vereinbarung einer Reduzierung auf eine Drittelparität – vorzusehen,[211] wenn sie die Vorgaben des § 15 Abs. 3 und 4 beachten (näher → § 15 Rn. 5 ff.).[212] Außerdem kann die Parität im **Verwaltungsorgan** einer SE auf die nicht geschäftsführenden Mitglieder bezogen werden.[213] Auf diese Weise kann der qualitative Machtzuwachs der Arbeitnehmervertreter in Form einer „Überparität" vermieden werden, wenn die geschäftsführenden Direktoren aus dem Kreis des Verwaltungsorgans bestellt werden und dann die Mehrheit der nicht geschäftsführenden Mitglieder aus Arbeitnehmervertretern bestünde. Die Mitbestimmungsvereinbarung darf nicht die **Organisationsverfassung** der SE, die bindend durch die Satzung der SE vorgegeben ist (Art. 38 lit. b SE-VO), regeln.[214] Eine entsprechende Regelungskompetenz überschritte überdies die Binnenschranke des § 2 Abs. 12, da die Wahl der Organisationsverfassung die SE als solche und die Stellung der Arbeitnehmervertreter nur mittelbar betrifft. De lege ferenda wird vorgeschlagen, **Abweichungen von der Mitbestimmung im Konzern** gem. § 5a MitbestG und § 1a DrittelbG in der Vereinbarung regeln zu können.[215]

52 Denkbar sind ferner Regelungen zur **inneren Ordnung des Aufsichts- oder Verwaltungsorgans,** etwa zur Beschlussfassung (zum Beispiel über die Behandlung von Stimmenthaltungen oder den Stichentscheid) und zur Beschlussfähigkeit, die zum Beispiel von der Anwesenheit einer bestimmten Zahl von Arbeitnehmer- und Anteilseignervertretern abhängig gemacht werden kann, zur Wahl von Funktionsträgern, zur Bildung und Zusammensetzung von Ausschüssen,[216] zu Sitzungsmodalitäten und -frequenzen, ferner Vorgaben zu Ladungsfristen, zur Arbeitssprache oder zu **Zustimmungsvorbehalten.**[217] Die Zulässigkeit kann für das Aufsichtsorgan und das Verwaltungsorgan unterschiedlich zu beurteilen sein.[218]

---

[208] Zurückhaltend *Forst*, Die Beteiligungsvereinbarung nach § 21 SEBG, 2010, 285.

[209] *Jacobs* FS K. Schmidt, 2009, 809; *Kienast* in Jannott/Frodermann SE-HdB Kap. 13 Rn. 428, 538; *Oetker* FS Konzen, 2006, 635 (654).

[210] *Jacobs* FS K. Schmidt, 2009, 809; *Oetker* FS Konzen, 2006, 635 (656); aA *Kienast* in Jannott/Frodermann SE-HdB Kap. 13 Rn. 428.

[211] *Heinze/Seifert/Teichmann* BB 2005, 2524 (2526), 2528.

[212] Habersack/Drinhausen/*Hohenstatt/Müller-Bonanni* Rn. 27.

[213] Ebenso Habersack/Henssler/*Henssler* SEBG Einl. Rn. 140d; Habersack/Henssler/*Henssler* Rn. 54; *Jacobs* FS K. Schmidt, 2009, 810; *Seibt* AG 2005, 413 (425); für ein entsprechendes Verständnis bei der gesetzlichen Auffangregelung etwa → § 35 Rn. 23; *Ramcke*, Die Konkretisierung des Missbrauchsverbots der SE, 2015, 408 ff.: kein Missbrauch der SE; *Reichert/Brandes* ZGR 2003, 790; *Teichmann* BB 2004, 53 (56 f.); aA zB *Kämmerer/Veil* ZIP 2005, 369 (376); *Kienast* in Jannott/Frodermann SE-HdB Kap. 13 Rn. 321; Lutter/Hommelhoff/Teichmann/*Oetker* § 35 Rn. 14.

[214] Unstr., s. etwa *Forst*, Die Beteiligungsvereinbarung nach § 21 SEBG, 2010, 285 f.; *Habersack* AG 2006, 351; Kölner Komm AktG/*Kiem* SE-VO Art. 12 Rn. 67; Lutter/Hommelhoff/Teichmann/*Oetker* Rn. 41.

[215] § 21 Abs. 3 S. 3 Nr. 4 SEBG-E des AKK ZIP 2010, 2226 f.

[216] § 21 Abs. 3 S. 3 Nr. 2 SEBG-E des AKK ZIP 2010, 2226 bestimmt, dass die Vereinbarung auch Regelungen treffen darf über den Anteil der auf die Arbeitnehmer entfallenden Mitglieder etwaiger Ausschüsse des Aufsichts- und Verwaltungsorgans der SE.

[217] Näher *Forst*, Die Beteiligungsvereinbarung nach § 21 SEBG, 2010, 295 ff.; *Hoops*, Die Mitbestimmungsvereinbarung in der SE, 2009, 157 ff.; nach § 21 Abs. 3 S. 3 Nr. 3 SEBG-E des AKK ZIP 2010, 2226 kann die Vereinbarung Regelungen treffen über die Arten von Geschäften, die nach § 111 Abs. 4 S. 2 AktG nur mit Zustimmung des Aufsichtsorgans der SE vorgenommen werden dürfen.

[218] Grds. gegen die Zulässigkeit Lutter/Hommelhoff/Teichmann/*Oetker* Rn. 41 für Bestimmungen zur Binnenorganisation des Aufsichts- und Verwaltungsorgans, zur Bildung und Zusammensetzung von Ausschüssen sowie zur Geschäftsordnung; ferner *Oetker* FS Konzen, 2006, 635 (655 f.); ferner *Kiem* ZHR 171 (2007), 713.

Voraussetzung beim **Aufsichtsorgan** ist, dass die innere Ordnung Gegenstand der 53
Satzung sein kann. Maßgeblich ist dafür zunächst Art. 9 Abs. 1 lit. b SE-VO. Fragen der
inneren Ordnung sind in Art. 42 SE-VO (Wahl des Aufsichtsratsvorsitzenden), Art. 48
SE-VO (Festsetzung von **Zustimmungsvorbehalten**) und Art. 50 SE-VO (**Beschlussfähigkeit** und **Beschlussfassung**) geregelt. Art. 42 SE-VO enthält keine ausdrückliche
Satzungsermächtigung, außerdem gehört die Wahl von Funktionsträgern und damit auch
diejenige des Vorsitzenden in die ausschließliche Organisationsautonomie des Aufsichtsorgans, sodass die Regelung in einer Mitbestimmungsvereinbarung unzulässig ist.[219] Das
folgt für das dualistische System auch aus der Funktionstrennung zwischen Aufsichts- und
Leitungsorgan.[220] Anders ist es mit Zustimmungsvorbehalten und der Beschlussfassung
und Beschlussfähigkeit. Art. 48 Abs. 1 Var. 2 und 50 Abs. 1 SE-VO lassen – vorbehaltlich
Art. 50 Abs. 2 S. 2 SE-VO – insoweit ausdrücklich Satzungsregelungen zu. Im Übrigen
ist mangels weiterer Regelungen in der SE-VO zur inneren Ordnung auf §§ 107 ff. AktG
zurückzugreifen (Art. 9 Abs. 1 lit. c Ziff. ii SE-VO). Die Zulässigkeit einer entsprechenden Satzungsregelung bestimmt sich nach § 23 Abs. 5 AktG (Art. 9 Abs. 1 lit. c Ziff. iii
SE-VO). Hinsichtlich der Wahl des Aufsichtsratsvorsitzenden (§ 107 Abs. 1 AktG) scheidet
eine Satzungsregelung aus. Das Gleiche gilt für die Bildung, die Größe, die Zusammensetzung und die Auflösung von Ausschüssen,[221] die nach hM der Organisationsautonomie
des Aufsichtsrats unterliegen (vgl. § 107 Abs. 3 S. 1 AktG; → AktG § 107 Rn. 95 mwN).
Aus diesem Grund können solche Regelungen nicht Inhalt der Satzung[222] und damit auch
nicht Gegenstand einer Mitbestimmungsvereinbarung sein.[223] Das gilt auch für besondere
Bestimmungen zB zu Mehrheitserfordernissen bei der Bestellung und dem Widerruf der
Bestellung von Vorständen, insbesondere kann nicht § 31 MitbestG auf die SE übertragen
werden.[224] Im Übrigen sind die skizzierten Regelungsgegenstände auch **nicht mitbestimmungsrelevant.**

Zustimmungsvorbehalte zu Gunsten des Aufsichtsrats stärken zwar reflexartig die 54
Rechte der Arbeitnehmervertreter.[225] Sie regeln aber die Kompetenz des Aufsichtsrats als
Gesamtorgan und dessen Verhältnis zum Leitungsorgan, nicht das Verhältnis zwischen
Aufsichtsorgan und Arbeitnehmervertretern.[226] Unzulässig sind erst recht Zustimmungsvorbehalte mit überparitätischem Mehrheitserfordernis.[227] Nichts anderes gilt für
Beschlussfassung und Beschlussfähigkeit und solche Fragen der Geschäftsordnung, die
Gegenstand der Satzung sein können.[228] Eine Mitbestimmungsvereinbarung kann auch
nicht vorschreiben, ob dem stellvertretenden Vorsitzenden des Aufsichtsorgans ein Recht
zum Stichentscheid zusteht.[229] Sie kann außerdem nicht bestimmen, dass der stellvertre-

---

[219] Wie hier MHdB AG/*Austmann* § 86 Rn. 40; Kölner Komm AktG/*Feuerborn* Rn. 65; *Habersack* AG 2006, 345 (349); *Habersack* ZHR 171 (2007), 613 (631); HWK/*Hohenstatt/Dzida* SEBG Rn. 36; Habersack/Drinhausen/Hohenstatt/Müller-Bonanni Rn. 27; *Jacobs* FS K. Schmidt, 2009, 810 f.; Kölner Komm AktG/*Kiem* SE-VO Art. 12 Rn. 65; *Seibt* AG 2005, 413 (416 f.); aA *Heinze/Seifert/Teichmann* BB 2005, 2524 (2528).
[220] Näher *Habersack* ZHR 171 (2007), 613 (631).
[221] Ebenso MHdB AG/*Austmann* § 86 Rn. 40 für den Aufsichtsrat und den Verwaltungsrat; Habersack/Drinhausen/Hohenstatt/Müller-Bonanni Rn. 27; Kölner Komm AktG/*Kiem* SE-VO Art. 12 Rn. 65.
[222] S. nur BGHZ 122, 342 (355) = NJW 1993, 2307; BGHZ 83, 106 (107) = NJW 1982, 1525.
[223] *Jacobs* FS K. Schmidt, 2009, 811; anders Nagel/Freis/Kleinsorge/*Freis* Rn. 23; *Köstler* in Theisen/Wenz, Europäische Aktiengesellschaft, 2. Aufl. 2005, 351.
[224] Habersack/Drinhausen/Hohenstatt/Müller-Bonanni Rn. 27.
[225] *Habersack* AG 2006, 354; *Habersack* ZHR 171 (2007), 613 (635).
[226] IE wie hier MHdB AG/*Austmann* § 86 Rn. 40; Kölner Komm AktG/*Feuerborn* Rn. 65; *Habersack* AG 2006, 354; *Hoops*, Die Mitbestimmungsvereinbarung in der SE, 2009, 161 f.; *Jacobs* FS K. Schmidt, 2009, 811; Kölner Komm AktG/*Kiem* SE-VO Art. 12 Rn. 64; *Rieble* in Rieble/Junker Vereinbarte Mitbestimmung § 3 Rn. 94; aA wohl Nagel/Freis/Kleinsorge/*Freis* Rn. 23.
[227] *Rieble* in Rieble/Junker Vereinbarte Mitbestimmung § 3 Rn. 94.
[228] Wie hier *Habersack* AG 2006, 354; *Habersack* ZHR 171 (2007), 613 (635); *Jacobs* FS K. Schmidt, 2009, 811; iE auch MHdB AG/*Austmann* § 86 Rn. 40; diff. *Windbichler* FS Canaris, Bd. II, 2007, 1423 (1431 f.) zur Beschlussfähigkeit; aA zur Beschlussfassung und Beschlussfähigkeit *Heinze/Seifert/Teichmann* BB 2005, 2524 (2528 f.).
[229] Habersack/Drinhausen/Hohenstatt/Müller-Bonanni Rn. 27; näher *Schneider* AG 2008, 887890.

55 tende Vorsitzende des Aufsichtsorgans ein Arbeitnehmervertreter ist, wenn dadurch ein Übergewicht der Arbeitnehmerseite bei Abstimmungen im Aufsichtsorgan entsteht.[230]

55 Für das **Verwaltungsorgan** folgt die Satzungsautonomie zur Festlegung der Sitzungsfrequenzen aus Art. 44 Abs. 1 SE-VO, für Geschäfte, die einen ausdrücklichen Beschluss des Verwaltungsorgans erfordern, aus Art. 48 Abs. 1 Var. 2 SE-VO und für dessen Beschlussfähigkeit und Beschlussfassung aus Art. 50 Abs. 1 SE-VO. Die Wahl des Vorsitzenden des Verwaltungsorgans gehört indessen alleine zu dessen Organisationsautonomie (vgl. § 45 S. 1 SE-VO).[231] Im Übrigen kann das Verwaltungsorgan durch die Satzung zur Wahl eines stellvertretenden Vorsitzenden verpflichtet werden (§ 34 Abs. 1 S. 1 SEAG). Außerdem kann die Satzung Einzelfragen der Geschäftsordnung des Verwaltungsorgans bindend festlegen (§ 34 Abs. 2 S. 2 SEAG), Formvorgaben für die Beschlussfassung im Verwaltungsorgan und seinen Ausschüssen aufstellen (§ 35 Abs. 2 SEAG) und die Teilnahme an dessen Sitzungen für Personen eröffnen, die nicht dem Verwaltungsorgan angehören, wenn dessen Mitglieder verhindert sind (§ 36 Abs. 3 SEAG). Auch insoweit haben diese Gegenstände aber keine Mitbestimmungsrelevanz, sodass sie nicht in einer Mitbestimmungsvereinbarung geregelt werden können.[232]

56 Im Schrifttum wird die Auffassung vertreten, Mitbestimmungsvereinbarungen könnten für das Verwaltungsorgan die Installation eines **Systems von Ausschüssen** vorsehen, um die Mitbestimmung auf die Kontrollaufgaben des Verwaltungsorgans zu fokussieren,[233] etwa durch die Einrichtung eines arbeitnehmervertreterfreien Ausschusses für die strategische Unternehmensplanung, eines Exekutivausschusses für die laufende Geschäftsführung oder eines ausschließlich mit nicht geschäftsführenden Mitgliedern des Verwaltungsorgans besetzten Ausschusses (→ SE-VO Art. 44 Rn. 50, → SE-VO Art. 44 Rn. 54, → SE-VO Art. 44 Rn. 59).[234] Für das monistische System gilt indessen nichts anderes als für das dualistische: Weder die SE-VO noch das SEAG enthalten Regelungen zur Einsetzung von Ausschüssen, das Recht zur Bestellung ist in § 34 Abs. 4 S. 1 SEAG, der § 107 Abs. 3 S. 1 AktG nachgebildet ist, vielmehr ausdrücklich dem Verwaltungsorgan zugewiesen. Die Einsetzung von Ausschüssen fällt deshalb wie beim Aufsichtsrat ausschließlich in die Organisationsautonomie des Verwaltungsorgans,[235] sodass ihre Regelung in einer Mitbestimmungsvereinbarung ausscheidet.

57 Im Schrifttum wird außerdem vorgeschlagen, das Verwaltungsorgan als Leitungsorgan mitbestimmungsfrei zu stellen, diese Freistellung aber durch Einrichtung eines **zusätzlichen Arbeitnehmervertretungsorgans** zu kompensieren, in dem die Mitbestimmung der Arbeitnehmer in Form von regelmäßiger Information und Konsultation stattfinden kann („Konsultationsrat").[236] Auch auf diese Weise könne der Einfluss der Arbeitnehmer auf die Wahrnehmung von Kontrollaufgaben begrenzt werden. Gegen diesen Vorschlag spricht, dass – wie schon erwähnt – die Grundentscheidung zwischen dualistischem und monistischem System nicht in der Mitbestimmungsvereinbarung getroffen werden kann. Sie betrifft grundlegend die Organisationsstruktur der SE, ist durch Art. 38 lit. b SE-VO bindend vorgegeben und berührt die Mitbestimmung durch die Arbeitnehmer außerdem nur mittelbar. Die Verlagerung der Mitbestimmung in ein externes Arbeitnehmervertretungsorgan

---

[230] Habersack/Drinhausen/*Hohenstatt/Müller-Bonanni* Rn. 27; näher *Habersack* AG 2006, 345 (349); *Schneider* AG 2008, 887890 f.

[231] *Jacobs* FS K. Schmidt, 2009, 812; aA *Heinze/Seifert/Teichmann* BB 2005, 2524 (2529).

[232] Vgl. *Oetker* FS Konzen, 2006, 635 (655); teilweise abw. *Seibt* AG 2005, 413 (426 f.).

[233] So noch → 2. Aufl. 2006, Rn. 19.

[234] Zu diesen Vorschlägen näher *Frodermann* in Jannott/Frodermann SE-HdB Kap. 5 Rn. 224; *Gruber/Weller* NZG 2003, 297 (300 f.); *Heinze/Seifert/Teichmann* BB 2005, 2524 (2529).

[235] Wie hier MHdB AG/*Austmann* § 86 Rn. 40; *Habersack* AG 2006, 345 (349); Habersack/Drinhausen/*Hohenstatt/Müller-Bonanni* Rn. 27; *Hoops*, Die Mitbestimmungsvereinbarung in der SE, 2009, 163 ff.; *Jacobs* FS K. Schmidt, 2009, 812; Kölner Komm AktG/*Kiem* SE-VO Art. 12 Rn. 65; *Oetker* FS Konzen, 2006, 635 (656); *Schwarz* SE-VO Art. 43 Rn. 93; *Seibt* AG 2005, 413 (426 f.).

[236] *Müller-Bonanni/Melot de Beauregard* GmbHR 2005, 195 (199); *Roth* ZfA 2004, 459 ff.; *Seibt* AG 2005, 413 (423, 426); WHSS/*Seibt* F Rn. 137d; *Schwarz* SE-VO Einl. Rn. 291; *Schwarz* SE-VO Art. 43 Rn. 79 Fn. 78; *Teichmann* BB 2004, 53 (57).

weicht davon aber ab. Sie kann deshalb in einer Mitbestimmungsvereinbarung **nicht** geregelt werden.[237] Daher muss nicht auf das Missbrauchsverbot nach § 43 S. 1 zurückgegriffen werden.[238]

Streitig ist, ob in Anlehnung an § 38 Abs. 2 S. 2 verabredet werden kann, dass eines der Vorstandsmitglieder oder einer der geschäftsführenden Direktoren für den „**Bereich Arbeit und Soziales**" zuständig, mithin ein „Arbeitsdirektor" sein soll.[239] Dabei geht es zwar um eine Verteilung von Ressortzuständigkeiten, die durch Satzung bindend geregelt werden kann (vgl. § 40 Abs. 4 S. 2 SEAG, § 77 Abs. 2 S. 2 AktG). Aber selbst wenn dadurch die „Mitbestimmung" betroffen ist, da der „Arbeitsdirektor" als Bindeglied zwischen der Leitung der SE und der Arbeitnehmerseite fungiert,[240] fällt der „Arbeitsdirektor" doch in die Organisationsautonomie des Leitungsorgans (oder der geschäftsführenden Direktoren), sodass die entsprechende Regelung in einer Mitbestimmungsvereinbarung unwirksam ist.[241]

In der Mitbestimmungsvereinbarung kann die Amtszeit der Arbeitnehmervertreter geregelt werden, die Hauptversammlung ist dann an diese Vorgaben gebunden.[242] Enthält die Mitbestimmungsvereinbarung keine Regelung, kann in der Satzung die Dauer der Amtszeit individuell festgelegt werden. Für Arbeitnehmervertreter dürfen in diesem Fall allerdings keine kürzeren Amtszeiten festgelegt werden als für Anteilseignervertreter.[243]

3. Sonderregelungen für die Gründung durch Umwandlung. § 21 Abs. 6 schränkt die Autonomie der Parteien in teilweiser Umsetzung von Art. 4 Abs. 4 Beteiligungs-RL für die SE-Gründung durch **Umwandlung** ein.[244] In der Vereinbarung muss im Falle einer durch Umwandlung gegründeten SE in Bezug auf alle Komponenten der Arbeitnehmerbeteiligung (§ 2 Abs. 8; → § 2 Rn. 20) zumindest das **gleiche Ausmaß** gewährleistet werden, das in der Gesellschaft besteht, die in eine SE umgewandelt werden soll (§ 21 Abs. 6 S. 1). Hinter dieser Regelung steht der im SEBG auch an anderen Stellen (§ 16 Abs. 3, § 15 Abs. 5, § 35 Abs. 1; vgl. → § 15 Rn. 19, → § 16 Rn. 6, → § 35 Rn. 8 f.) anklingende Gedanke, dass bei der Gründung einer SE durch Umwandlung, bei der sich die Identität der Belegschaft nicht verändert, ein strenger Bestandsschutz erforderlich ist, um eine „Flucht aus der Mitbestimmung" zu verhindern.[245]

Umstritten ist zunächst, wie ermittelt werden kann, ob das **gleiche Ausmaß** gewährleistet ist, wenn die **vereinbarte Regelung zur unternehmerischen Mitbestimmung** dem in der umzuwandelnden Gesellschaft bislang praktizierten **Ist-Zustand,** aber nicht dem kraft Gesetzes maßgeblichen **Soll-Zustand** entspricht. Die bisherige Diskussion zur Abweichung des Ist-Zustands vom Soll-Zustand betrifft vor allem die Konstellation, in der eine Beteiligungsvereinbarung nicht getroffen worden ist (§§ 34, 35). Richtigerweise kommt es entgegen dem BGH in diesem Fällen auf den Ist-Zustand an, selbst wenn vor der Eintragung der SE ins Handelsregister ein Statusverfahren nach § 98 AktG eingeleitet worden war (ausf. → § 34 Rn. 5 ff.).

---

[237] Wie hier *Forst,* Die Beteiligungsvereinbarung nach § 21 SEBG, 2010, 294 f.; *Hoops,* Die Mitbestimmungsvereinbarung in der SE, 2009, 167 f.; *Jacobs* FS K. Schmidt, 2009, 813; Lutter/Hommelhoff/Teichmann/ *Oetker* Rn. 41; *Schwarz* SE-VO Einl. Rn. 286.

[238] So *Ramcke,* Die Konkretisierung des Missbrauchsverbots der SE, 2015, 368 ff.

[239] Dafür *Joost* in Oetker/Preis AES B 8200 Rn. 123; *Seibt* AG 2005, 413 (427); WHSS/*Seibt* F Rn. 137d; *Seibt* ZIP 2010, 1057 (1061).

[240] S. auch *Schwarz* SE-VO Art. 43 Rn. 99.

[241] Wie hier Kölner Komm AktG/*Feuerborn* Rn. 65; HWK/*Hohenstatt/Dzida* SEBG Rn. 36; Habersack/ Drinhausen/*Hohenstatt/Müller-Bonanni* Rn. 27; *Hoops,* Die Mitbestimmungsvereinbarung in der SE, 2009, 169 f.; *Jacobs* FS K. Schmidt, 2009, 813; Kölner Komm AktG/*Kiem* SE-VO Art. 12 Rn. 66; Lutter/Hommelhoff/Teichmann/*Oetker* Rn. 42.

[242] Drinhausen/*Nohlen* ZIP 2009, 1890 (1894) Fn. 38; Lutter/Hommelhoff/Teichmann/*Teichmann* SE-VO Art. 46 Rn. 5.

[243] *Frodermann/Jannott* ZIP 2005, 2248 (2251).

[244] Dazu ausf. *Oetker* FS Birk, 2008, 557 (567 ff.) mwN.

[245] BR-Drs. 438/04, 130; *Oetker* BB-Special 1/2005, 2 (9); *Teichmann* ZIP 2014, 1049; *Waclawik* DB 2004, 1191 (1198); *Wisskirchen/Prinz* DB 2004, 2638 (2640); vgl. dazu auch *Ramcke,* Die Konkretisierung des Missbrauchsverbots der SE, 2015, 163 ff.: „abgestuftes Schutzkonzept".

62 Für den Fall, dass eine Beteiligungsvereinbarung getroffen worden ist, gilt nichts anderes.[246] Das OLG München stellt zwar für den Fall, dass ein Statusverfahren vor der Eintragung der SE in das Handelsregister nicht eingeleitet worden war, darauf ab, „ob es bereits im Zeitpunkt der Umwandlung ein prozessual durchsetzbares Recht auf Mitbestimmung" gegeben hätte: Dann sei der Soll-Zustand maßgeblich.[247] Das sei der Fall, „wenn und insoweit im Zeitpunkt der Umwandlung ein" Statusverfahren „jedenfalls hätte eingeleitet werden können", wenn es also zum damaligen Zeitpunkt bereits eine Bekanntmachung nach § 97 Abs. 1 AktG gegeben oder schon Streit oder Ungewissheit iSd § 98 Abs. 1 AktG bestanden habe.[248] Da schon die Auffassung des BGH nicht überzeugt (→ § 34 Rn. 7 f.), ist dem OLG München mangels eingeleiteten Statusverfahrens erst recht nicht zuzustimmen. Auch der Wortlaut in § 21 Abs. 6 S. 1 („besteht") spricht für diesen Standpunkt. Der **Ist-Zustand** ist auch maßgeblich, wenn eine **Beteiligungsvereinbarung** abgeschlossen worden ist.

63 Nach dem Wortlaut der Vorschrift muss in der Vereinbarung in Bezug auf „**alle Komponenten der Arbeitnehmerbeteiligung**" zumindest das gleiche Ausmaß gewährleistet werden", das in der Gesellschaft besteht, die in eine SE umgewandelt werden soll.[249] „Alle Komponenten" bedeutet für den Bereich der **unternehmerischen Mitbestimmung** (§ 2 Abs. 12; → § 2 Rn. 24) aber **nicht,** dass zum Beispiel das Wahlverfahren, Vorschlagsrechte (§ 15 Abs. 2 S. 2 Nr. 2, § 16 MitbestG),[250] der Arbeitsdirektor (§ 33 MitbestG),[251] die Zusammensetzung der Arbeitnehmerbank für **leitende Angestellten** (§ 15 Abs. 1 S. 2 MitbestG) sowie der Verteilung der Sitze auf unternehmensangehörige und externe Arbeitnehmer (§ 7 Abs. 2 MitbestG, § 4 Abs. 2 S. 2 DrittelbG), das in § 27 MitbestG geregelte besondere Verfahren für die Wahl des Aufsichtsratsvorsitzenden und seines Stellvertreters, die Regelung zur Bestellung der Mitglieder des zur gesetzlichen Vertretung des Unternehmens befugten Organs und der Widerruf der Bestellung (§ 31 MitbestG) übernommen werden müssen.[252]

64 Besonders umstritten ist die Frage, ob die **Sitzgarantie der Gewerkschaften gem. § 7 Abs. 2 Nr. 2 MitbestG** eine nach § 21 Abs. 6 S. 1, der Art. 4 Abs. 4 Beteiligungs-RL in das deutsche Recht umsetzt, gewährleistete „Komponente der Arbeitnehmerbeteiligung" ist. Wenige Gegenstimmen,[253] die von *Teichmann* angeführt werden, der sonst für die Beteiligungs-RL und für das SEBG zu einem der engagiertesten Verfechter des Autonomiegedankens gehört und die Autonomie der Parteien bei § 21 grundsätzlich sogar über die Satzungsautonomie der Gesellschaft stellt,[254] bejahen diese Frage und plädieren insoweit bei § 21

---

[246] Wie hier LG München I ZIP 2018, 1546 (1547 f.); *Habersack* AG 2018, 823 (825 ff.); *Jares/Vogt* DB 2020, 223 (229); *Rombey/Vogt* NZG 2019, 1412 (1415 ff.).
[247] OLG München NZG 2020, 783 Rn. 30 ff. (Parallelentscheidung in DB 2020, 943).
[248] OLG München NZG 2020, 783 Rn. 40 ff., 48 ff. (Rn. 49: ergebe sich „indirekt" aus der BGH-Entscheidung, Rn. 54: „Flucht aus der Mitbestimmung" dürfe durch Eintragung „nicht [...] festgezurrt werden").
[249] Näher dazu *Teichmann* ZIP 2014, 1049 (1051 ff.) mwN.
[250] Ebenso *Benker*, Die Gestaltung der Mitbestimmung in der SE, 2019, 194 f.; *Oetker* FS Birk, 2008, 557 (570).
[251] *Oetker* FS Birk, 2008, 557 (571 ff.); *Forst* ZHR-Sonderheft 77 (2015), 50, 79; anders *Scheibe*, Die Mitbestimmung der Arbeitnehmer in der SE unter besonderer Berücksichtigung des monistischen Systems, 2007, 149 f.
[252] Wie hier mit iE unterschiedlichen Differenzierungen *Forst*, Die Beteiligungsvereinbarung nach § 21 SEBG, 2010, 202 ff.; *Forst* Konzern 2010, 151 (154); *Grobys* NZA 2005, 84 (88); Habersack/Henssler/*Henssler* Rn. 58; *Henssler* ZHR 173 (2009), 242 ff.; *Henssler/Sittard* KWzW 2011, 359 (364 f.); Habersack/Drinhausen/Hohenstatt/Müller-Bonanni Rn. 32; *Hoops*, Die Mitbestimmungsvereinbarung in der SE, 2009, 177 ff.; *Jacobs* FS K. Schmidt, 2009, 800; *Oetker* FS Birk, 2008, 557 (570); *Oetker* FS Konzen, 2006, 635 (656 f.).
[253] Blanke/Hayen/Kunz/Carlson/*Carlson* Mitbestimmung der Arbeitnehmer in der Europäischen Aktiengesellschaft (SE) Rn. 119; Kölner Komm AktG/*Feuerborn* Rn. 76; *Grüneberg/Hay/Jerchel/Sick* AuR 2020, 297 ff.; Nagel/Freis/Kleinsorge/*Freis* Rn. 44; Wißmann/Kleinsorge/Schubert/*Kleinsorge* EU-Recht Rn. 123; Drinhausen/Van Hulle/Maul/*Köklü* 6. Abschnitt Rn. 149; *Köstler* in Theisen/Wenz, Europäische Aktiengesellschaft, 2. Aufl. 2005, 349; *Köstler* DStR 2005, 745 (747); *Nagel* AuR 2007, 329 (332); *Düwell/Sick* SE und grenzüberschreitende Verschmelzung Rn. 12; *Velten*, Gewerkschaftsvertreter im Aufsichtsrat, 2010, 38.
[254] *Teichmann* AG 2008, 797 (800 ff.); dagegen die hM, s. statt aller BeckOGK/*Casper* SE-VO Art. 12 Rn. 17 ff. mwN.

Abs. 6 S. 1 für eine starke Beschränkung der Autonomie der Parteien.[255] Dieser Auffassung hat sich nunmehr das **BAG** angeschlossen, das Rechtsbeschwerdeverfahren allerdings ausgesetzt und dem EuGH die Frage vorgelegt, ob diese Interpretation von § 21 Abs. 6 S. 1 mit Art. 4 Abs. 4 RL 2001/86/EG vereinbar ist.[256]

Nach zutreffender **hM** im Schrifttum[257] und nach Auffassung des ArbG Mannheim[258] 65 und des LAG Baden-Württemberg[259] erfasst der Bestandsschutz des § 21 Abs. 6 S. 1 **nicht** die Sitzgarantie der Gewerkschaften nach § 7 Abs. 2 MitbestG. Das folgt eindeutig aus der Auslegung von § 21 Abs. 6 S. 1. Die Beteiligungs-RL und das SEBG sind vom Grundsatz der Autonomie der Parteien durchzogen. Autonomieeinschränkungen müssen ausdrücklich angeordnet sein. Andernfalls gilt der **Grundsatz der autonomiefreundlichen Auslegung** beider Regelungswerke (→ Vor § 1 Rn. 36).[260] Die Beteiligungs-RL und das SEBG schützen zudem grundsätzlich nur die Beteiligungsrechte der Arbeitnehmer und keine gewerkschaftlichen Positionen, es sei denn, diese werden ausdrücklich in einer Norm erwähnt. Insoweit gilt der Grundsatz der arbeitnehmerrechte- und nicht gewerkschaftsrechtefreundlichen Auslegung von Beteiligungs-RL und SEBG. „Alle Komponenten der Arbeitnehmerbeteiligung" beschreibt präzisierend die Legaldefinition der Arbeitnehmerbeteiligung in § 2 Abs. 8 S. 1 und damit die Anhörung, die Unterrichtung und die Mitbestimmung. Für die Mitbestimmung ist die Legaldefinition in § 2 Abs. 12 maßgeblich. Eine **Sitzgarantie für Gewerkschaften** ist davon **nicht erfasst**. Eine systematische Betrachtung des § 21 Abs. 6 S. 1 im Vergleich zu § 6 Abs. 3, § 35 Abs. 1, § 36 Abs. 3 S. 2 und § 21 Abs. 3 zeigt, dass sich der Schutz des § 21 Abs. 6 S. 1 auch im Rahmen einer systematischen Auslegung nicht auf alle Komponenten der Mitbestimmung und damit auch nicht auf die Sitzgarantie der Gewerkschaften nach § 7 Abs. 2 MitbestG bezieht.[261] Der Zweck des § 21 Abs. 6 S. 1 besteht schließlich im Schutz von Mitbestimmungsrechten der Arbeitnehmer, nicht von Gewerkschaftsrechten.[262] Diese sind ausreichend und ausdrücklich nur über die gesetzliche Auffangregelung sowie prozedural im bVG geschützt.

Gemeint ist trotz des missverständlichen Wortlauts nicht die deckungsgleiche Weitergeltung der bislang geltenden Mitbestimmungsvorschriften, sondern lediglich die **qualitativ gleichwertige Übernahme des Mitbestimmungsstatuts**. Deshalb darf zum Beispiel nur die proportionale Beteiligung der Arbeitnehmer im Aufsichts- oder Verwaltungsorgan nicht

---

[255] *Teichmann* ZIP 2014, 1049 (1051 ff.) Diesen Widerspruch sieht *Teichmann* selbst, kann ihn aber nicht überzeugend entkräften, *Teichmann* ZIP 2014, 1049 (1054) m. Fn. 50.
[256] BAG AP SEBG § 21 Nr. 1 Rn. 24 ff., 28 ff.
[257] *Cannistra*, Das Verhandlungsverfahren zur Regelung der Mitbestimmung der Arbeitnehmer bei Gründung einer Societas Europaea und bei Durchführung einer grenzüberschreitenden Verschmelzung, 2014, 157; *Deilmann/Häferer* NZA 2017, 607 (612 f.); *Forst*, Die Beteiligungsvereinbarung nach § 21 SEBG, 2010, 203 f., 274 f.; *Forst* ZHR-Sonderheft 77 (2015), 50 (76 f.); *Habersack* ZHR 171 (2007), 613 (634 f.); *Habersack* in Mülbert/Kiem/Wittig, 10 Jahre SE, 2015, 9 (21 f.); Habersack/Henssler/*Henssler* Rn. 58; *Hoops*, Die Mitbestimmungsvereinbarung in der SE, 2009, 179; *Jacobs/Modi* FS Windbichler, 2020, 249 ff mwN; *Jares/Vogt* DB 2020, 223 (230); *Linden*, Die Mitbestimmungsvereinbarung der dualistisch verfassten Societas Europaea (SE), 2012, 98 ff.; *Jacobs* FS K. Schmidt, 2009, 800; *Kuhnke/Hoops* in Gaul/Ludwig/Forst*, Europäisches Mitbestimmungsrecht, 2015, § 2 F Rn. 287; *Löw/Stolzenberg* NZA 2016, 1489 (1496); MHdB ArbR/*Naber/Sittard* § 384 Rn. 88; Lutter/Hommelhoff/Teichmann/*Oetker* Rn. 60; *Oetker* in Franzen/Gallner/Oetker, Kommentar zum europäischen Arbeitsrecht, 2. Aufl. 2018, RL 2001/86/EG Art. 4 Rn. 22; *Oetker* FS Konzen, 2006, 635 (657); *Oetker* FS Birk, 2008, 557 (570); Kölner Komm AktG/*Paefgen*, 3. Aufl. 2012, SE-VO Art. 40 Rn. 110; *Ramcke*, Die Konkretisierung des Missbrauchsverbots in der SE, 2015, 418 ff.; AKRR/*Rudolph* Rn. 40; NK-ArbR/*Sagan* Rn. 27; *Scheibe,* Die Mitbestimmung der Arbeitnehmer in der SE unter besonderer Berücksichtigung des monistischen Systems, 2007, 149; *Schmid*, Mitbestimmung in der Europäischen Aktiengesellschaft (SE), 2010, 185; Habersack/Drinhausen/*Seibt* SE-VO Art. 40 Rn. 71; *Seibt* ZIP 2010, 1057 (1063); *Thüsing* ZIP 2010, 1469 (1473); *Ubber* DB 2019, 375; *Uffmann* AG 2020, 567 ff.; zust. auch *Otte-Gräbener* GWR 2018, 448 (448); *Schubert* EWiR 2019, 107 (108); *Wettich* GWR 2018, 349 (349).
[258] ArbG Mannheim BeckRS 2017, 149607.
[259] LAG Baden-Württemberg BeckRS 2018, 28724.
[260] *Jacobs/Modi* FS Windbichler, 2020, 249 (252 f.).
[261] *Jacobs/Modi* FS Windbichler, 2020, 249 (256 ff.).
[262] *Jacobs/Modi* FS Windbichler, 2020, 249 (263 ff.).

verändert werden, die absolute Zahl der Arbeitnehmervertreter muss aber nicht aufrechterhalten werden,[263] die nach § 7 Abs. 1 MitbestG bislang zwingend maßgebenden Mindestzahlen können also durch die Satzung – nach richtiger Auffassung **nicht** durch die Mitbestimmungsvereinbarung[264] – unterschritten werden (vgl. auch → § 15 Rn. 12).[265] Für diese Auslegung spricht der systematische Zusammenhang mit § 2 Abs. 12, wonach unter Mitbestimmung ausschließlich das Recht der Arbeitnehmer zu verstehen ist, „einen Teil" der Mitglieder des Aufsichts- oder Verwaltungsorgans zu stellen. Aus systematischer Sicht spricht auch ein Vergleich mit § 15 Abs. 5 dafür, wonach im Falle einer SE-Gründung durch Umwandlung ein Beschluss nach § 15 Abs. 3 ausgeschlossen ist, der bei einer Minderung der Mitbestimmungsrechte zu treffen wäre. Diese wird in § 15 Abs. 4 Nr. 1 definiert und bezieht sich auf den Anteil der Arbeitnehmervertreter.[266] Der Verweis in Anh. Teil 3 lit. a Beteiligungs-RL, der sich mit der SE-Gründung durch Umwandlung befasst, spricht zwar von „allen Komponenten der Mitbestimmung", bezieht sich aber ausdrücklich auf die „diesbezüglich sinngemäße" Geltung von Anh. Teil 3 lit. b Beteiligungs-RL, der seinerseits maßgeblich auf „einen Teil" der Arbeitnehmervertreter abstellt. Die Montanmitbestimmung – etwa das Recht zur Bestellung und Abberufung des Arbeitsdirektors gem. § 13 MontanMitbestG – kann trotz Art. 42, 50 Abs. 2 SE-VO nicht aufrechterhalten werden (zu § 38 Abs. 3 näher → § 38 Rn. 5).[267] § 21 Abs. 6 bezieht sich – lies § 2 Abs. 8 – aber auch auf die **betriebliche Mitbestimmung,** sodass es bei Bestehen eines Europäischen Betriebsrats zB unzulässig ist, dezentrale Beteiligungsstrukturen zu vereinbaren.[268]

67 § 21 Abs. 6 S. 1 enthält keine Sperre für **weitergehende** Regelungen. Die Leitungen und das bVG müssen die bestehenden „Komponenten der Arbeitnehmerbeteiligung" nicht unverändert übernehmen, sondern können auch weitergehende Mitbestimmungsregelungen vereinbaren.[269] Eine **Minderung** von Mitbestimmungsrechten ist dagegen, wie auch § 15 Abs. 5 klarstellt (→ Rn. 23, → § 15 Rn. 19), nicht möglich.

68 Die Sperre des § 21 Abs. 6 S. 1 gilt gem. § 21 Abs. 6 S. 2, der von der Richtlinie nicht vorgegeben ist,[270] auch beim **Wechsel** der Gesellschaft von einer **dualistischen** in eine **monistische** Verfassung und umgekehrt (vgl. auch → § 34 Rn. 10).[271] Bei der Umwandlung einer paritätisch mitbestimmten Gesellschaft mit Aufsichtsrat in eine monistisch verfasste SE sind die im Rahmen der verfassungskonformen Auslegung des § 35 entwickelten

---

[263] So aber – „Komponenten" beinhalte auch die Größe des Aufsichts- oder Verwaltungsorgans – Nagel/Freis/Kleinsorge/*Freis* Rn. 43; *Güntzel,* Die Richtlinie über die Arbeitnehmerbeteiligung in der Europäischen Aktiengesellschaft (SE) und ihre nationale Umsetzung in das deutsche Recht, 2005, 233; *Köstler* in Theisen/Wenz, Europäische Aktiengesellschaft, 2. Aufl. 2005, 349; *Düwell/Sick* SE und grenzüberschreitende Verschmelzung Rn. 12; *Velten,* Gewerkschaftsvertreter im Aufsichtsrat, 2010, 38; wohl auch *Krause* BB 2005, 1221 (1226) – obwohl Gegenauffassung „am praktikabelsten".
[264] Insoweit ausdrücklich anders *Oetker* FS Birk, 2008, 557 (569).
[265] Wie hier *Benker,* Die Gestaltung der Mitbestimmung in der SE, 2019, 194; *Forst,* Die Beteiligungsvereinbarung nach § 21 SEBG, 2010, 202 f.; *Grobys* NZA 2005, 84 (88); Habersack/Henssler/*Henssler* Rn. 57; Henssler/Sittard KSzW 2011, 359 (364 f.); HWK/Hohenstatt/Dzida SEBG Rn. 37; Habersack/Drinhausen/Hohenstatt/*Müller-Bonanni* Rn. 32; *Ihrig/Wagner* BB 2004, 1749 (1755); *Jacobs* FS K. Schmidt, 2009, 800; *Kienast* in Jannott/Frodermann SE-HdB Kap. 13 Rn. 392 ff.; *Nagel* AuR 2007, 329 (332); *Oetker* FS Birk, 2008, 557 (569 f.); *Oetker* FS Konzen, 2006, 635 (656 f.); *Rieble* in Rieble/Junker Vereinbarte Mitbestimmung § 3 Rn. 8, 82; *Schäfer* in Rieble/Junker Vereinbarte Mitbestimmung § 1 Rn. 28; *Scheibe,* Die Mitbestimmung der Arbeitnehmer in der SE unter besonderer Berücksichtigung des monistischen Systems, 2007, 149; *Schwarz* SE-VO Einl. Rn. 288; *Teichmann* ZIP 2014, 1049 (1055); vgl. auch *Seibt* ZIP 2010, 1057 (1063).
[266] *Forst* ZHR-Sonderheft 77 (2015), 50, 73.
[267] *Hoops,* Die Mitbestimmungsvereinbarung in der SE, 2009, 180; *Rieble* in Rieble/Junker Vereinbarte Mitbestimmung § 3 Rn. 8; aA *Henssler* ZHR 173 (2009), 241 f.
[268] Habersack/Drinhausen/*Hohenstatt/Müller-Bonanni* Rn. 35; *Rieble* in Rieble/Junker Vereinbarte Mitbestimmung § 3 Rn. 8.
[269] *Grobys* NZA 2005, 84 (88); *Jacobs* FS K. Schmidt, 2009, 800.
[270] Art. 4 Abs. 4 Beteiligungs-RL spricht nur von der Umwandlung; vgl. Stellungnahme von BDA, BDI, DIHK, GDV, BdB und DAI zum RefE eines SEEG vom 3.5.2004, 11: mit der RL nicht vereinbar; in diese Richtung auch *Köstler* in Theisen/Wenz, Europäische Aktiengesellschaft, 2. Aufl. 2005, 312 Fn. 2: das „Beibehalten der dualistischen Unternehmensverfassung … unterstellt"; krit. ferner *Kienast* in Jannott/Frodermann SE-HdB Kap. 13 Rn. 433: „sachlich nicht gerechtfertigt".
[271] *Jacobs* FS K. Schmidt, 2009, 800.

Grundsätze zu beachten: Die Parität im Verwaltungsorgan mit internen geschäftsführenden Direktoren ist nur auf dessen nicht geschäftsführende Mitglieder zu beziehen (näher → § 35 Rn. 22 ff.).[272]

4. Vereinbarungslösung bei Strukturänderungen. § 21 Abs. 4, der in der Beteili- **69** gungs-RL keine Entsprechung findet (→ Vor § 1 Rn. 29), bezieht sich auf strukturelle Änderungen der **bestehenden SE** und ergänzt insoweit § 18 Abs. 3. Er ist – vermutlich wegen der restriktiven Auslegung von § 18 Abs. 3 (→ § 18 Rn. 12) – praktisch bislang kaum relevant geworden.[273] Sind strukturelle Änderungen der SE geplant, die geeignet sind, Beteiligungsrechte der Arbeitnehmer zu mindern, finden nach § 18 Abs. 3 S. 1 auf Veranlassung der Leitung der SE oder des SE-Betriebsrats Verhandlungen über die Beteiligungsrechte der Arbeitnehmer der SE statt (→ § 18 Rn. 9 ff.). Nur wenn in den Verhandlungen keine Einigung erzielt und eine Vereinbarung nach § 21 nicht geschlossen wird, sind die §§ 22 ff. über den SE-Betriebsrat kraft Gesetzes und die §§ 34 ff. über die Mitbestimmung kraft Gesetzes anzuwenden (§ 18 Abs. 3 S. 3; näher → § 18 Rn. 25 ff.).[274]

Daran knüpft § 21 Abs. 4 an und beschreibt den Inhalt einer möglichen Vereinbarung: **70** Sie **kann** ungeachtet der Regelung in **§ 18 Abs. 3,** der auch im Rahmen des § 21 Abs. 4 **unabdingbar** ist[275] – dass die RL 2009/38/EG über den Europäischen Betriebsrat einen Nachverhandlungsanspruch nur gibt, wenn die Vereinbarung dazu keine Regelung trifft, steht dem nicht entgegen[276] – festlegen, dass vor **strukturellen Änderungen der SE** – andere Tatbestände sind von § 21 Abs. 1 Nr. 6 Hs. 2 erfasst[277] – Verhandlungen über die Beteiligung der Arbeitnehmer in der SE aufgenommen werden. Insoweit besteht aber keine einklagbare Pflicht der Parteien, wie die geregelte „Sanktion" des § 18 Abs. 3 S. 3 – das Nicht-Verhandeln steht der Nicht-Einigung nach Verhandeln gleich – erkennen lässt.[278] Es kommt mithin nicht darauf an, ob die strukturellen Veränderungen dazu geeignet sind, die Beteiligungsrechte der Arbeitnehmer zu mindern. Soweit Tatbestände des § 18 Abs. 3 betroffen sind, kann die Vereinbarung dagegen wegen dessen Unabdingbarkeit lediglich für eine **Klarstellung** sorgen oder **zusätzliche Tatbestände einer „strukturellen Änderung"** normieren,[279] die von § 18 Abs. 3 an sich nicht erfasst sind, etwa die nach einer Ansicht beteiligungsfreie **Sekundärgründung** einer SE-Tochter (näher → Vor § 1 Rn. 10 f.). Praktisch bedeutsam ist, dass die Parteien nach § 21 Abs. 4 S. 2 **das für solche Verhandlungen anzuwendende Verfahren** und damit zum Beispiel das Verhandlungsgremium (etwa den SE-Betriebsrat) bestimmen oder die Verhandlungsdauer

---

[272] *Hoops,* Die Mitbestimmungsvereinbarung in der SE, 2009, 181 f.; AKRR/*Rudolph* Rn. 41.
[273] *Schäfer* in Rieble/Junker Vereinbarte Mitbestimmung § 2 Rn. 30; Beispiel für eine vorausschauende Vertragsplanung bei *Teichmann* FS Hellwig, 2010, 347 (369).
[274] Ähnlich *Oetker* FS Konzen, 2006, 635 (647 f.): Heranziehung der gesetzlichen Auffangregelung „liegt … nahe".
[275] BR-Drs. 438/04, 129; *Forst,* Die Beteiligungsvereinbarung nach § 21 SEBG, 2010, 199; *Forst* ZHR-Sonderheft 77 (2015), 50, 82; Habersack/Drinhausen/*Hohenstatt/Müller-Bonanni* § 18 SEBG Rn. 6; *Jacobs* FS K. Schmidt, 2009, 814; *Köklü,* Die Beteiligung der Arbeitnehmer und die Corporate Governance in der Europäischen Aktiengesellschaft („Societas Europaea") mit Sitz in Deutschland, 2006, 182; *Köklü* in Van Hulle/Maul/Drinhausen SE-HdB Abschnitt 6 Rn. 84, 145; *Löw/Stolzenberg* BB 2017, 245 (247); Lutter/Hommelhoff/Teichmann/*Oetker* § 18 Rn. 28; abw. *Teichmann* FS Hellwig, 2010, 347 (370 f.): nur materielle Inhaltskontrolle iS einer Missbrauchsregelung; ungenau Habersack/Drinhausen/*Hohenstatt/Müller-Bonanni* Rn. 29: § 18 Abs. 3 könne „nicht vollständig abbedungen werden"; zur Unabdingbarkeit des § 18 Abs. 3 → § 18 Rn. 8.
[276] AA *Teichmann* FS Hellwig, 2010, 347 (370).
[277] Dazu Lutter/Hommelhoff/Teichmann/*Oetker* Rn. 26; vgl. auch *Forst,* Die Beteiligungsvereinbarung nach § 21 SEBG, 2010, 199.
[278] Ebenso HWK/*Hohenstatt/Dzida* SEBG Rn. 38; *Jacobs* FS K. Schmidt, 2009, 814; Lutter/Hommelhoff/Teichmann/*Oetker* Rn. 27.
[279] IE wie hier Kölner Komm AktG/*Feuerborn* Rn. 67; *Forst,* Die Beteiligungsvereinbarung nach § 21 SEBG, 2010, 200; *Löw/Stolzenberg* BB 2017, 245 (249); *Sagan* in Bieder/Hartmann, Individuelle Freiheit und kollektive Interessenwahrnehmung im deutschen und europäischen Arbeitsrecht, 2012, 181 Fn. 29; wohl auch Habersack/Drinhausen/*Hohenstatt/Müller-Bonanni* Rn. 27, § 18 SEBG Rn. 7: Tatbestände „präzisieren"; anders *Oetker* FS Konzen, 2006, 635 (647); *Seibt* AG 2005, 413 (427).

und die Rechtsfolgen bei Nichteinigung vorab regeln können.[280] Empfehlenswert sind auch Regelungen über strukturelle Änderungen bei Tochtergesellschaften und Betrieben der SE (in § 21 Abs. 3 S. 2 SCEBG ausdrücklich normiert; vgl. auch → Rn. 72). Eine Vereinbarung über die Beteiligung der Arbeitnehmer ist aber auch ohne eine Regelung über Neuverhandlungen nach strukturellen Änderungen wirksam (§ 21 Abs. 4: „soll").[281]

IV. Streitigkeiten

71 Streitigkeiten über das **Zustandekommen** und den **Inhalt** einer Vereinbarung nach § 21 sowie über alle weiteren Fragen, die sich – wie zB zu fehlerhaften Vereinbarungen und ihren Folgen – in diesem Zusammenhang stellen können, sind im **arbeitsgerichtlichen Beschlussverfahren** auszutragen (§ 2a Abs. 1 Nr. 3 lit. e ArbGG, §§ 80ff. ArbGG).[282] Das Registergericht ist nicht zuständig (→ Rn. 19). Befugt, Mängel der Beteiligungsvereinbarung geltend zu machen, sind die Vertragsparteien (des bVG und die Leitungen der an der SE-Gründung beteiligten Gesellschaften), außerdem der SE-Betriebsrat und die Leitung der SE als die Rechtsnachfolger der Vertragsparteien sowie – weil die Genannten an einer Überprüfung möglicherweise kein Interesse haben, abgeleitet aus § 18 Abs. 1, § 16 Abs. 1 – als „Vertreter" der Belegschaften mindestens 10% der Arbeitnehmer der SE oder ihrer Tochtergesellschaften.[283] Die örtliche Zuständigkeit des Arbeitsgerichts folgt aus § 82 Abs. 3 ArbGG. Eine **Ausnahme** zur arbeitsgerichtlichen Zuständigkeit gilt für den Streit über die Zusammensetzung des Aufsichts- oder Verwaltungsorgans einer nach § 21 Abs. 3 mitbestimmten SE. Insoweit ist alleine das **Statusverfahren** nach §§ 97ff. AktG (für den Aufsichtsrat), §§ 25f. SEAG (für das Verwaltungsorgan) maßgeblich (→ § 35 Rn. 28).[284] **Vorfragen**, etwa nach der Wirksamkeit einer Beteiligungs- oder Änderungsvereinbarung, die das SEBG betreffen und an sich in die Zuständigkeit der Gerichte für Arbeitssachen gehören, prüft das für das Statusverfahren zuständige ordentliche Gericht eigenständig und inzident.[285]

V. SCEBG und MgVG

72 § 21 entspricht weitgehend **§ 21 SCEBG** und prinzipiell auch **§ 22 MgVG**. Allerdings ist der Inhalt von § 21 Abs. 4 in § 21 Abs. 3 S. 2 Nr. 4 SCEBG enthalten; aus diesem Grund gibt es keinen § 21 Abs. 6 SCEBG. § 21 Abs. 3 S. 2 Nr. 4 SCEBG berücksichtigt anders als § 21 Abs. 4 S. 1 auch strukturelle Änderungen, die bei Tochtergesellschaften oder Betrieben der SCE beabsichtigt sind (vgl. aber → Rn. 70). § 21 Abs. 1 Nr. 2–5 und § 21 Abs. 2 (Regelungen zum SE-Betriebsrat) sowie § 21 Abs. 6 (Gründung einer SE durch Umwandlung) sind nicht in das MgVG übernommen worden. Dafür fehlt eine Regelung wie § 22 Abs. 4 MgVG (Anpassung der Satzung bei Widerspruch zur Mitbestimmungsvereinbarung) im SEBG, weil eine entsprechende Anordnung bereits von Art. 12 Abs. 4 SE-VO getroffen wird (→ Vor § 1 Rn. 57). § 21 Abs. 3 S. 2 spricht im Unterschied zu § 22 Abs. 1 MgVG („wird") von „sollen".

---

[280] *Oetker* FS Konzen, 2006, 635 (647 f.); *Oetker* FS Kreutz, 2009, 797 (800 f.); dazu auch *Löw/Stolzenberg* BB 2017, 245 (248 f.).
[281] *Jacobs* FS K. Schmidt, 2009, 814; *Kleinsorge* RdA 2002, 350; *Köklü* in Van Hulle/Maul/Drinhausen SE-HdB Abschnitt 6 Rn. 84; *Wisskirchen/Prinz* DB 2004, 2638 (2640).
[282] BAG AP SEBG § 21 Nr. 1 Rn. 19; offen gelassen von LG Stuttgart BeckRS 2020, 23263; krit. AKK in § 20a Abs. 1 S. 2 SEBG-E, wonach das LG am Sitz der Gesellschaft zuständig sein soll (Sachnähe zum Statusverfahren), ZIP 2010, 2225; ergänzend dazu AKK ZIP 2011, 1848; dagegen zu Recht krit. Habersack/ Drinhausen/Hohenstatt/Müller-Bonanni Rn. 37.
[283] Vgl. *Rieble* in Rieble/Junker Vereinbarte Mitbestimmung § 3 Rn. 101 f.
[284] AA – arbeitsgerichtliche Zuständigkeit nach § 2a Abs. 1 Nr. 3 lit. e ArbGG – LAG Baden-Württemberg BeckRS 2018, 28724 Rn. 26 ff.; Blanke/Hayen/Kunz/*Carlson* Mitbestimmung der Arbeitnehmer in der Europäischen Aktiengesellschaft (SE) Rn. 121.
[285] LG Stuttgart BeckRS 2020, 23263.

Kapitel 2. Beteiligung der Arbeitnehmer kraft Gesetzes

Abschnitt 1. SE-Betriebsrat kraft Gesetzes

Unterabschnitt 1. Bildung und Geschäftsführung

§ 22 Voraussetzung

(1) Die Regelungen der §§ 23 bis 33 über den SE-Betriebsrat kraft Gesetzes finden ab dem Zeitpunkt der Eintragung der SE Anwendung, wenn
1. die Parteien dies vereinbaren oder
2. bis zum Ende des in § 20 angegebenen Zeitraums keine Vereinbarung zustande gekommen ist und das besondere Verhandlungsgremium keinen Beschluss nach § 16 gefasst hat.

(2) Absatz 1 gilt entsprechend im Fall des § 18 Abs. 3.

I. Einleitung

§ 22, der auf Art. 7 Abs. 1 UAbs. 2 Beteiligungs-RL beruht, ist die **Schlüsselnorm** für die **Anwendbarkeit der gesetzlichen Auffangregelung** über die Arbeitnehmerbeteiligung in der SE. Die Anwendbarkeit der Regelungen über den **SE-Betriebsrat kraft Gesetzes** nach §§ 23 ff. folgt unmittelbar aus § 22 Abs. 1, der an der Spitze des Abschnitts der Vorschriften über den SE-Betriebsrat kraft Gesetzes steht. Die Anwendbarkeit der Regelungen über die **Mitbestimmung kraft Gesetzes** nach §§ 35 ff. ergibt sich aus der Verweisung in § 34 Abs. 1 – der allerdings weitere Voraussetzungen normiert – auf § 22, dessen systematische Stellung im Abschnitt 1 zum SE-Betriebsrat kraft Gesetzes deshalb missglückt ist.[1] Schließlich stellt § 22 Abs. 2 klar, dass die gesetzliche Auffangregelung auch für die Fälle der zwingenden Neuverhandlung bei **strukturellen Veränderungen** nach § 18 Abs. 3 gilt (vgl. auch → § 18 Rn. 6).[2]

II. Eingreifen der gesetzlichen Auffangregelungen

§§ 23 ff. über den SE-Betriebsrat kraft Gesetzes (§ 22 Abs. 1) sowie über die Mitbestimmung der Arbeitnehmer im Aufsichts- oder Verwaltungsorgan der SE kraft Gesetzes (§§ 35 ff.) sind ab dem Zeitpunkt der **Eintragung der SE** (Art. 12 SE-VO, § 3 SEAG) anzuwenden. Voraussetzung ist, dass die Parteien die Anwendung der gesetzlichen Auffangregelung ausdrücklich in einer Vereinbarung nach § 21 verabredet haben (§ 22 Abs. 1 Nr. 1, § 21 Abs. 5; → § 21 Rn. 21) oder dass bis zum Ende des in § 20 angegebenen Zeitraums (sechs Monate oder einvernehmliche Verlängerung bis zu einem Jahr) keine Vereinbarung zustande gekommen ist und das bVG keinen Beschluss nach § 16 gefasst hat (§ 22 Abs. 1 Nr. 2; → § 20 Rn. 4). Beschließt das bVG indessen, die Verhandlungen nicht aufzunehmen oder bereits begonnene Verhandlungen abzubrechen (§ 16 Abs. 1 S. 1), gibt es keinen SE-Betriebsrat und auch keine Mitbestimmung im Aufsichts- oder Verwaltungsorgan der SE (§ 16 Abs. 2 S. 2). Ein Europäischer Betriebsrat bleibt unberührt (§ 16 Abs. 1 S. 2).

Fraglich ist, ob die SE schon dann eingetragen werden kann, wenn die Verhandlungen frühzeitig ins Stocken geraten und bereits vor Ablauf der Sechsmonatsfrist aus Sicht beider Parteien eine Einigung nicht möglich ist. Im Schrifttum meint man, dieser **„(einvernehmliche) Abbruch der Verhandlungen"** komme der Erklärung gleich, dass beide Parteien mit dem Eingreifen der gesetzlichen Auffangregelung einverstanden seien; es bestehe kein

---
[1] Kölner Komm AktG/*Feuerborn* Rn. 1.
[2] Kölner Komm AktG/*Feuerborn* Rn. 2; § 18 Abs. 3 SEBG-E des AKK ergänzt § 18 Abs. 2 um die Maßgabe, dass die Regelungen frühestens ab dem Zeitpunkt des Wirksamwerdens der betreffenden strukturellen Änderungen anzuwenden sind (→ Rn. 5); § 18 Abs. 4 SEBG-E ordnet die entsprechende Anwendung von § 22 Abs. 1 im Fall des § 18 Abs. 4 mit der Maßgabe an, dass die Regelungen nicht vor dem Zeitpunkt der Beendigung der Vereinbarung nach § 21 anzuwenden sind, ZIP 2010, 2227.

vernünftiger Grund, die Eintragung der SE weiter zu verzögern.[3] Gegen diesen Standpunkt sprechen der eindeutige Wortlaut des Art. 12 Abs. 2 SE-VO und die gesetzliche Systematik: Gerade für den Fall, dass die Sechsmonatsfrist den Parteien zu knapp bemessen ist, können sie nach § 20 Abs. 2 einvernehmlich beschließen, den Zeitraum für Verhandlungen auf ein Jahr zu verlängern. Auch steht der „(einvernehmliche) Abbruch der Verhandlungen" nicht einer Vereinbarung nach § 21 Abs. 5 über die Anwendung der gesetzlichen Auffangregelung gleich (→ § 20 Rn. 4). Wenn die Leitungen die Eintragung der SE schon vor Ablauf der Sechsmonatsfrist des § 20 Abs. 1 erreichen wollen, müssen sie sich mit dem bVG auf eine Vereinbarung einigen (§ 21 Abs. 1–3) oder die gesetzliche Auffangregelung verabreden (§ 21 Abs. 5).[4] „Halbherzige" Verhandlungen oder sogar deren Boykott führen de lege lata ebenfalls nicht zum Eingreifen der gesetzlichen Auffangregelung.[5]

4 **De lege ferenda** sollte die Regelung des Art. **133 Abs. 4 lit. a RL (EU) 2017/1132** (früher § 16 Abs. 4 lit. a RL 2005/56/EG; § 23 Abs. 1 S. 1 Nr. 3 MgVG) auf die SE übertragen werden, wonach die gesetzliche Auffangregelung unter bestimmten Voraussetzungen auch anzuwenden ist, wenn die **Leitungen** der an der Verschmelzung beteiligten Gesellschaften **entscheiden,** diese Regelungen ohne vorhergehende Verhandlung unmittelbar ab dem Zeitpunkt der Eintragung anzuwenden (vgl. auch → Vor § 1 Rn. 63).[6] Die Regelung würde nicht nur die Beteiligung der Arbeitnehmer sichern, sondern auch das Verfahren zur Gründung der SE erheblich verkürzen.

III. Strukturelle Änderungen

5 Bei der entsprechenden Anwendung des § 22 Abs. 1 im Fall des § 18 Abs. 3 (§ 22 Abs. 2) ist der Zeitpunkt, ab dem die gesetzlichen Auffangregelungen anzuwenden sind, frühestens der Zeitpunkt des Wirksamwerdens der strukturellen Änderung (→ Rn. 2).[7] Das ist regelmäßig der Zeitpunkt der Eintragung der entsprechenden Maßnahme in das Handelsregister, da § 18 Abs. 3 nur korporative Akte erfasst (→ § 18 Rn. 12). Dauern die Verhandlungen im Zeitpunkt des Wirksamwerdens der Maßnahme noch an, kommt es auf den Ablauf der Verhandlungsfrist oder das Wirksamwerden einer Vereinbarung nach § 22 Abs. 1 Nr. 1 an.[8] Wenn beim Vorliegen einer strukturellen Änderung nach § 18 Abs. 3 keine Seite die Aufnahme von Verhandlungen verlangt (→ § 18 Rn. 25), um die Arbeitnehmerbeteiligung neu zu regeln, bleibt es bei der Geltung der bestehenden Vereinbarung, die gesetzliche Auffangregelung ist nicht anzuwenden (vgl. auch → § 18 Rn. 25, → § 43 Rn. 5).[9]

IV. Streitigkeiten

6 Streitigkeiten im Zusammenhang mit § 22 sind im arbeitsgerichtlichen Beschlussverfahren zu klären (§ 2a Abs. 1 Nr. 3 lit. d ArbGG, §§ 80 ff. ArbGG). Die örtliche Zuständigkeit des Arbeitsgerichts ergibt sich aus § 82 Abs. 3 ArbGG.

V. SCEBG und MgVG

7 § 22 entspricht **§ 22 SCEBG.** Im **MgVG** ist die Regelung in § 23 Abs. 1 MgVG integriert (→ § 34 Rn. 21).

---

[3] Nagel/Freis/Kleinsorge/*Freis* § 20 Rn. 7; *Grobys* NZA 2005, 84 (88).
[4] Ebenso Kölner Komm AktG/*Feuerborn* Rn. 9; Habersack/Henssler/*Henssler* SEBG Einl. Rn. 181; Habersack/Drinhausen/*Hohenstatt/Müller-Bonanni* Rn. 3; Lutter/Hommelhoff/Teichmann/*Oetker* § 34 Rn. 7, 9.
[5] Wie hier Blanke/Hayen/Kunz/Carlson/*Carlson* Mitbestimmung der Arbeitnehmer in der Europäischen Aktiengesellschaft Rn. 122; Habersack/Drinhausen/*Hohenstatt/Müller-Bonanni* Rn. 3; dafür unter Rechtsmissbrauchsaspekten grds. *Forst,* Die Beteiligungsvereinbarung nach § 21 SEBG, 2010, 143 ff.
[6] AAK ZIP 2009, 698 f.; *Henssler* ZHR 173 (2009), 229.
[7] Habersack/Drinhausen/*Hohenstatt/Müller-Bonanni* Rn. 4; de lege ferenda auch AAK ZIP 2010, 2227.
[8] Habersack/Drinhausen/*Hohenstatt/Müller-Bonanni* Rn. 4.
[9] Blanke/Hayen/Kunz/Carlson/*Carlson* Mitbestimmung der Arbeitnehmer in der Europäischen Aktiengesellschaft Rn. 147; Habersack/Drinhausen/*Hohenstatt/Müller-Bonanni* Rn. 5.

Vorbemerkung

Übersicht

	Rn.		Rn.
I. Einleitung	1, 2	III. Aufgaben des SE-Betriebsrats	10–13
II. Errichtung und Geschäftsführung des SE-Betriebsrats	3–9	1. Allgemeine Rechte	10, 11
		2. Jährliche Unterrichtung und Anhörung	12
1. Bildung	3–5	3. Unterrichtung und Anhörung bei außergewöhnlichen Umständen	13
2. Geschäftsführung	6		
3. Neuverhandlungen	7	IV. Streitigkeiten	14
4. Sonstiges	8, 9	V. SCEBG und MgVG	15

I. Einleitung

Sieht man von der Sonderregelung in § 23 Abs. 1 zur Errichtung des SE-Betriebsrats **1** kraft Gesetzes ab, entsprechen die §§ 23 ff. zur Errichtung und Geschäftsführung und zu den Aufgaben des SE-Betriebsrats kraft Gesetzes weitgehend denjenigen über den Europäischen Betriebsrat kraft Gesetzes in §§ 25 ff. EBRG.[1] Im Folgenden sind die §§ 23 ff. deshalb **in sehr gestraffter Form kommentiert,** lediglich die Abweichungen sind besonders hervorzuheben. Im Übrigen ist auf die Kommentierung der entsprechenden Parallelvorschriften im ERBG zu verweisen.[2] §§ 23 ff. gelten für den **SE-Betriebsrat kraft Gesetzes.** Davon **abweichende Regelungen** können in einer **Beteiligungsvereinbarung** nach § 21 getroffen werden (vgl. insbesondere § 21 Abs. 1 Nr. 2–5; → § 21 Rn. 38 ff.). Zwischen dem 1.3.2020 und dem 31.12.2020 gilt wegen der COVID-19-Pandemie ergänzend **§ 48 S. 1,** wonach im Rahmen der Unterrichtung und Anhörung die Teilnahme an Sitzungen eines SE-Betriebsrats die Beschlussfassung mittels Video- und Telefonkonferenz erfolgen kann, wenn sichergestellt ist, dass Dritte vom Inhalt der Sitzung keine Kenntnis nehmen können (→ § 48 Rn. 1 ff.).

Neben dem SE-Betriebsrat ist ein **Europäischer Betriebsrat** nicht zu bilden, Europä- **2** ische Betriebsräte, die möglicherweise bei den beteiligten Gesellschaften bestehen, entfallen mit Eintragung der SE (§ 47 Abs. 1 Nr. 2; → § 47 Rn. 4). Bereits bestehende **Betriebsräte** und die Errichtung von neuen Betriebsräten lässt das SEBG dagegen unberührt (§ 47 Abs. 1; → § 47 Rn. 3). Beachte auch § 47 Abs. 2 bei der Veränderung von Betriebsratsstrukturen als Folge der SE-Gründung (→ § 47 Rn. 6). In einer **Tendenz-SE** beschränkt sich die Unterrichtung und Anhörung gem. § 39 Abs. 2 auf die Gegenstände des § 28 Abs. 2 Nr. 5–10 sowie des § 29 und erfolgt zudem nur über den Ausgleich oder die Milderung der wirtschaftlichen Nachteile, die den Arbeitnehmern infolge der Unternehmens- oder Betriebsänderung entstehen (näher → § 39 Rn. 11 ff.).

II. Errichtung und Geschäftsführung des SE-Betriebsrats

1. Bildung. Zur Sicherung des Rechts auf Unterrichtung und Anhörung in der SE ist **3** ein SE-Betriebsrat zu errichten (§ 23 Abs. 1 S. 1). Der SE-Betriebsrat wird grundsätzlich genauso **gebildet** wie das bVG. Seine inländischen Mitglieder werden wie beim bVG grundsätzlich nach denselben proportional-mitgliedschaftlichen Gesichtspunkten durch ein entsprechendes **Wahlgremium** gewählt. **§ 23 Abs. 1 S. 3** verweist deshalb auf die entsprechenden Vorschriften des Teil 2 des SEBG, die analog anzuwenden sind, wobei allerdings nicht auf die Gründungsgesellschaften, sondern auf die SE und ihre Tochtergesellschaften und Betriebe abzustellen ist. Folglich besteht der SE-Betriebsrat aus mindestens zehn Mitgliedern und setzt sich aus Arbeitnehmern der **SE,** ihrer **Tochtergesellschaften** und

---

[1] *Grobys* NZA 2005, 84 (89); *Kleinsorge* in Baums/Cahn, Die Europäische Aktiengesellschaft, Umsetzungsfragen und Perspektiven, 2004, 146; *Niklas* NZA 2004, 1200 (1203).
[2] Dazu näher die Kommentierung zu §§ 21 ff. EBRG bei GK-BetrVG/*Oetker* EBRG § 21 Rn. 1 ff. mwN.

Betriebe zusammen (§ 23 Abs. 1 S. 2). Die Zusammensetzung des SE-Betriebsrats kann in einer Vereinbarung nach § 21 Abs. 1 Nr. 2 abweichend von § 23 Abs. 1 geregelt werden (→ § 21 Rn. 30).[3] Das SEBG weicht damit von den Vorgaben von Anh. Teil 1 lit. e Beteiligungs-RL ab, der für die Zusammensetzung des SE-Betriebsrats auf die beteiligten Gesellschaften, betroffenen Tochtergesellschaften und betroffenen Betriebe abstellt. Der Gesetzgeber begründet die Abweichung damit, dass bei der Gründung einer Holding-SE oder einer Tochter-SE neue Gesellschaften entstehen, die Arbeitnehmer beschäftigen und ebenfalls im SE-Betriebsrat vertreten sein sollen; deshalb sei bei der Bildung des SE-Betriebsrats nicht auf die Gründungsgesellschaften, sondern auf die SE und ihre Tochtergesellschaften und Betriebe abzustellen.[4] Dem ist grundsätzlich zuzustimmen, zumal auch bei einer SE-Gründung durch Verschmelzung eine Wahl durch die Mitglieder der Gründungsgesellschaften, die mit der Eintragung der SE erlöschen, nicht in Betracht kommt.[5] Wenn die SE als **Tochtergesellschaft** gegründet wird, muss sie aber überhaupt keine Arbeitnehmer haben. Die Umsetzung der Beteiligungs-RL ist insoweit missglückt. Mit Blick auf den Normzweck ist **§ 23 Abs. 1 S. 3** insoweit **richtlinienkonform** auszulegen: Es kommt auf die proportionalen Verhältnisse in den an der Gründung beteiligten Gesellschaften an.[6] Die Mitglieder des SE-Betriebsrats, die aus anderen Mitgliedstaaten kommen, werden nach den Vorgaben der jeweiligen nationalen Durchführungsgesetze gewählt.[7] Die Errichtung des SE-Betriebsrats ist nach § 44 Nr. 1, § 45 Abs. 2 Nr. 2 strafrechtlich geschützt.

4   **Gewerkschaftsvertreter** sind im SE-Betriebsrat nicht vertreten, auch ist § 6 Abs. 3 nicht anzuwenden. Wenn die Regelungen über den SE-Betriebsrat nicht ausdrücklich vereinbart werden, ist das Ende des in § 20 angegebenen Zeitraums maßgeblich für die **Feststellung der Zahl** der beschäftigten Arbeitnehmer (§ 23 Abs. 1 S. 4). Unverzüglich nach Benennung der Mitglieder lädt die Leitung der SE zur **konstituierenden Sitzung** des SE-Betriebsrats ein, welcher aus seiner Mitte einen Vorsitzenden und dessen Stellvertreter wählt (§ 23 Abs. 2).[8] Der SE-Betriebsrat ist ein **ständiges Organ.**[9] Die **Dauer der Mitgliedschaft** der aus Deutschland kommenden Mitglieder des SE-Betriebsrats ist aber auf vier Jahre begrenzt (§ 23 Abs. 1 S. 6). Wenn die Amtszeit nach dem Umsetzungsrecht anderer Mitgliedstaaten davon abweicht, kommt es zu einer praktisch unerwünschten Staffelung der Amtszeiten. Die **Mitgliedschaft** kann auch vorzeitig durch Abberufung, für welche §§ 8–10 entsprechend gelten, oder aus anderen Gründen **enden** (§ 23 Abs. 1 S. 6 und 7). Erfasst sind Gründe in der Person des Betriebsratsmitglieds wie der Verlust der Wählbarkeitsvoraussetzungen oder die Beendigung des Mandats durch Amtsniederlegung, aber auch die Beendigung des Arbeitsverhältnisses mit der SE sowie beim Verlust der Mehrstaatlichkeit der SE der Wegfall der Voraussetzungen für die Einrichtung eines SE-Betriebsrats nach § 23 Abs. 1 S. 1 und 2.[10]

5   § 25 S. 1 schreibt der Leitung **zweijährlich** eine **Prüfung** vor, ob es zu Änderungen der SE und ihrer Tochtergesellschaften und Betriebe – insbesondere bei den Arbeitnehmerzahlen in den einzelnen Mitgliedstaaten, aber auch in den Gesellschaftsstrukturen – gekommen ist.[11] Das Ergebnis ist dem Betriebsrat mitzuteilen (S. 2). Ggf. ist zu veranlassen, dass die entsprechenden Maßnahmen für die neue **Zusammensetzung des SE-Betriebsrats** vorgenommen werden (S. 3, 4).

---

[3] Habersack/Drinhausen/*Hohenstatt/Müller-Bonanni* § 21 Rn. 10.
[4] BR-Drs. 438/04, 130 f.; zust. Kölner Komm AktG/*Feuerborn* § 23 Rn. 4; Wißmann/Kleinsorge/Schubert/*Kleinsorge* EU-Recht Rn. 112; *Niklas* NZA 2004, 1200 (1203): „Fehler innerhalb der RL"; abw. *Grobys* NZA 2005, 84 (89): „zweifelhaft".
[5] *Niklas* NZA 2004, 1200 (1203); insoweit zust. auch *Grobys* NZA 2005, 84 (89).
[6] So auch *Joost* in Oetker/Preis AES B 8200 Rn. 141; abw. Habersack/Drinhausen/*Hohenstatt/Müller-Bonanni* § 23 Rn. 4.
[7] Kölner Komm AktG/*Feuerborn* § 23 Rn. 6.
[8] Vgl. dazu die Parallelregelung in § 12 → § 12 Rn. 2 ff., 5; vgl. auch Nagel/Freis/Kleinsorge/*Nagel* § 23 Rn. 4: aus der Formulierung in § 23 Abs. 3 S. 1 folgt, dass nur *ein* Stellvertreter gewählt werden könne.
[9] Habersack/Drinhausen/*Hohenstatt/Müller-Bonanni* § 23 Rn. 7.
[10] *Schubert* AG 2020, 205 (208).
[11] Krit. *Kienast* in Jannott/Frodermann SE-HdB Kap. 13 Rn. 275.

2. Geschäftsführung. Nach § 24 Abs. 3 S. 1 ist der SE-Betriebsrat **beschlussfähig**, wenn mindestens die Hälfte seiner Mitglieder anwesend ist. Es kommt nicht darauf an, ob sie auch die Hälfte der Arbeitnehmer repräsentieren.[12] Ein Beschluss erfordert grundsätzlich die Mehrheit der anwesenden Mitglieder (§ 24 Abs. 3 S. 2). Der SE-Betriebsrat **muss** sich mit der Mehrheit seiner Mitglieder eine schriftliche **Geschäftsordnung** geben. § 24 Abs. 1, der nur von „soll" spricht (für das bVG in § 12 Abs. 1 S. 3: „kann"), ist insoweit richtlinienkonform auszulegen.[13] § 24 Abs. 2 enthält Regelungen über die **Sitzungen** des SE-Betriebsrats in Abwesenheit der Leitungen. Anders als das bVG (§ 12 Abs. 2) kann der SE-Betriebsrat weitere als die in § 24 Abs. 2 S. 1 vorgesehenen Sitzungen nur mit dem Einverständnis der Leitung durchführen (§ 24 Abs. 2 S. 2). Die Sitzungen sind wie nach § 30 S. 4 BetrVG oder § 27 Abs. 1 S. 5 EBRG **nicht öffentlich** (§ 24 Abs. 2 S. 3). Es gibt kein allgemeines Recht auf Teilnahme für **Gewerkschaftsvertreter**. Das SEBG sieht auch davon ab, den Sprecherausschüssen das Recht einzuräumen, durch einen von ihnen bestimmten **leitenden Angestellten** mit beratender Stimme an den Sitzungen des SE-Betriebsrats kraft Gesetzes teilzunehmen.[14] **Externe Berater** können zur Unterstützung des SE-Betriebsrats zur Beratung bei einzelnen Tagesordnungspunkten zugelassen werden.[15] Nach außen wird der SE-Betriebsrat im Rahmen der gefassten Beschlüsse durch den **Vorsitzenden** – im Fall seiner Verhinderung durch den **Stellvertreter** – vertreten (§ 23 Abs. 3).[16] § 23 Abs. 4 schreibt allerdings anders als Anh. Teil 1 lit. b S. 2 Beteiligungs-RL[17] **zwingend** vor, dass der SE-Betriebsrat aus seiner Mitte nach dem Vorbild des Betriebsausschusses gem. § 27 BetrVG einen **Ausschuss** von drei Mitgliedern zu bilden hat, dem neben dem Vorsitzenden zwei weitere zu wählende Mitglieder – nicht notwendig der stellvertretende Vorsitzende – angehören müssen und der die **laufenden Geschäfte** des SE-Betriebsrats führt. Der SE-Betriebsrat kann dem geschäftsführenden Ausschuss auch die Wahrnehmung des Anhörungsrechts nach § 29 Abs. 2 übertragen (§ 29 Abs. 3 und 4).

3. Neuverhandlungen. Vier Jahre nach seiner Einsetzung hat der SE-Betriebsrat mit der Mehrheit seiner Mitglieder einen Beschluss darüber zu fassen, ob über eine **Vereinbarung** nach § 21 verhandelt werden oder die **bisherige Regelung** weiter gelten soll (§ 26 Abs. 1).[18] Der Beschluss ist unverzüglich nach dem Ablauf von vier Jahren zu fassen.[19] Durch diese Regelung, in der wiederum der Vorrang der vereinbarten Arbeitnehmerbeteiligung ausgedrückt wird,[20] werden jederzeit mögliche neue **Verhandlungen zu einem früheren Zeitpunkt** nicht ausgeschlossen, wenn die Leitung der SE zustimmt.[21] **Einsetzung** bezeichnet den Tag, an dem die Leitung der SE zur konstituierenden Sitzung des SE-Betriebsrats eingeladen hat, nicht die Annahme der Wahl oder die Bestellung durch alle Mitglieder des SE-Betriebsrats.[22] Gegenstand der Verhandlungen ist der Katalog des § 21, sodass auch eine **Mitbestimmung** im Aufsichts- oder Verwaltungsorgan nach §§ 34 ff. gem. § 21 Abs. 3 durch Vereinbarung **verändert** oder **beendet** werden kann.[23] Die Beschlussfas-

---

[12] Kölner Komm AktG/*Feuerborn* § 24 Rn. 7; krit. deshalb DGB-Stellungnahme zum RefE eines SEEG vom 25.5.2004, 4.
[13] Habersack/Drinhausen/*Hohenstatt/Müller-Bonanni* § 24 Rn. 2; Lutter/Hommelhoff/Teichmann/*Oetker* § 24 Rn. 1.
[14] Gegen die Möglichkeit einer freiwilligen Hinzuziehung *Oetker* BB-Special 1/2005, 2 (11).
[15] Großzügiger Habersack/Drinhausen/*Hohenstatt/Müller-Bonanni* § 24 Rn. 6: „sollte ... zulässig sein.".
[16] Dazu näher *Lunk* ArbRB 2020, 210 ff.
[17] Errichtung nur, wenn durch Zahl der Mitglieder gerechtfertigt; der deutsche Gesetzgeber verweist demgegenüber auf die Mindestgröße des SE-Betriebsrats von zehn Mitgliedern, BR-Drs. 438/04, 131; vgl. Lutter/Hommelhoff/Teichmann/*Oetker* § 23 Rn. 1.
[18] Krit. *Kienast* in Jannott/Frodermann SE-HdB Kap. 13 Rn. 277.
[19] *Joost* in Oetker/Preis AES B 8200 Rn. 201.
[20] Kölner Komm AktG/*Feuerborn* § 26 Rn. 2.
[21] *Joost* in Oetker/Preis AES B 8200 Rn. 201; abw. *Witschen* ZGR 2016, 644 (652 f.): vorher nur informeller Austausch möglich.
[22] Kölner Komm AktG/*Feuerborn* § 26 Rn. 4; Habersack/Drinhausen/*Hohenstatt/Müller-Bonanni* § 26 Rn. 2.
[23] BR-Drs. 438/04, 132; *Witschen* ZGR 2016, 644 (654).

sung nach § 26 Abs. 1 ist ein **einmaliger Vorgang**. Wenn der SE-Betriebsrat beschließt, keine Verhandlungen aufzunehmen, oder wenn die Verhandlungen scheitern, ist nach dem Ablauf von weiteren vier Jahren nicht erneut zu prüfen und zu beschließen.[24] Soll über eine Vereinbarung nach § 21 verhandelt werden, ordnet § 26 Abs. 2 die Anwendung der entsprechenden Vorschriften über das Verhandlungsverfahren an; der SE-Betriebsrat tritt dabei an die Stelle des bVG. Dabei ist § 16 Abs. 1 nicht in Bezug genommen, sodass wegen des klaren Wortlauts ein entsprechender Beschluss nicht gefasst werden kann.[25] Wenn keine Vereinbarung zustande kommt, ist die bisherige Regelung weiter anzuwenden (§ 26 Abs. 3). Es ist nach dem Willen des Gesetzgebers nicht mehr möglich, durch Beschlussfassung gem. § 16 auf die Auffangregelung zu verzichten und das EBRG anzuwenden.[26] Weitere **spätere Neuverhandlungen** sind zwar gesetzlich nicht vorgesehen, aber zulässig.[27]

8   4. **Sonstiges.** Nach § 31, der § 38 EBRG entspricht und die wesentlichen Grundsätze des § 37 Abs. 2–6 BetrVG zusammenfasst, kann der SE-Betriebsrat Mitglieder zur Teilnahme an **Schulungs- und Bildungsveranstaltungen** bestimmen, soweit diese Kenntnisse vermitteln, die für die Arbeit des SE-Betriebsrats erforderlich sind. Eine Einigungsstelle wie in § 37 Abs. 6 BetrVG ist nicht vorgesehen, kann aber einvernehmlich eingerichtet werden.[28] Der Entgeltschutz des § 42 S. 2 Nr. 3 umfasst auch die Entgeltfortzahlung bei der Teilnahme an solchen Fortbildungsveranstaltungen (näher → § 42 Rn. 8).[29] Ungeachtet dessen werden die Mitglieder des SE-Betriebsrats auch sonst häufig auf fremden Sachverstand angewiesen sein. § 32, der im Wesentlichen § 39 Abs. 2 EBRG entspricht, ermächtigt den SE-Betriebsrat (oder den geschäftsführenden Ausschuss) deshalb, sich durch **Sachverständige** bei ihrer Wahl – das können auch Vertreter von Gewerkschaften sein – unterstützen zu lassen, soweit die Unterstützung zur ordnungsgemäßen Erfüllung ihrer Aufgaben erforderlich ist. § 33 bestimmt ähnlich wie § 19 S. 1 für das bVG (und § 39 Abs. 1 EBRG) schließlich, dass die durch die Bildung und Tätigkeit des SE-Betriebsrats und des geschäftsführenden Ausschusses entstehenden **erforderlichen Kosten** – § 19 S. 2 gilt entsprechend – durch die SE zu tragen sind. Dazu gehören auch die Kosten für erforderliche Fortbildungen gem. § 31. Anders als die Parallelvorschrift in § 39 Abs. 2 S. 3 EBRG und entgegen der Option im Anh. Teil 2 lit. h UAbs. 3 Beteiligungs-RL beschränkt § 19 die Pflicht zur Kostentragung nicht auf **einen** Sachverständigen (zum Parallelproblem beim bVG → § 19 Rn. 4).

9   Die Mitglieder des SE-Betriebsrats genießen **Tätigkeitsschutz** nach § 42 S. 1 Nr. 2, der insbesondere den Kündigungsschutz, das Recht auf Teilnahme an Sitzungen und die Entgeltfortzahlung umfasst (§ 42 S. 2; → § 42 Rn. 5 ff.). Niemand darf die Errichtung oder die Tätigkeit des SE-Betriebsrats behindern oder stören oder seine Mitglieder wegen ihrer Tätigkeit benachteiligen oder begünstigen (§ 44 Nr. 2 und 3; → § 44 Rn. 5 f.). Die Mitglieder des SE-Betriebsrats sind umgekehrt grundsätzlich verpflichtet, geheimhaltungsbedürftige **Betriebs- oder Geschäftsgeheimnisse** nicht zu offenbaren und nicht zu verwerten (§ 41 Abs. 2 und 3; → § 41 Rn. 5 ff.).

III. Aufgaben des SE-Betriebsrats

10   1. **Allgemeine Rechte.** Die Rechte und Beteiligungsrechte des SE-Betriebsrats ergeben sich vor allem aus §§ 27 ff., aber auch aus einigen anderen verstreuten Regelungen. Neben

---

[24] Kölner Komm AktG/*Feuerborn* § 26 Rn. 8; Habersack/Drinhausen/*Hohenstatt*/*Müller-Bonanni* § 26 Rn. 3; *Witschen* ZGR 2016, 644 (656).

[25] Wie hier Habersack/Drinhausen/*Hohenstatt*/*Müller-Bonanni* § 26 Rn. 6; zur Frage der Richtlinienkonformität Kölner Komm AktG/*Feuerborn* § 26 Rn. 9.

[26] BR-Drs. 438/04, 132; Nagel/Freis/Kleinsorge/*Nagel* § 26 Rn. 3.

[27] Kölner Komm AktG/*Feuerborn* § 26 Rn. 8; *Forst*, Die Beteiligungsvereinbarung nach § 21 SEBG, 2010, 174 f.; *Joost* in Oetker/Preis AES B 8200 Rn. 204; aA und ausf. *Witschen* ZGR 2016, 644 (656 ff.): wenngleich „aus praktischer Sicht begrüßenswert".

[28] Kölner Komm AktG/*Feuerborn* § 31 Rn. 12; Habersack/Drinhausen/*Hohenstatt*/*Müller-Bonanni* § 31 Rn. 7.

[29] Kölner Komm AktG/*Feuerborn* § 31 Rn. 7.

verschiedenen Antragsrechten, die das **SEAG** zB in § 17 Abs. 3 SEAG, § 26 Abs. 2 Nr. 4 SEAG, § 30 Abs. 1 S. 3 Nr. 2 SEAG enthält, sind aus dem **SEBG** vor allem das Recht zur Verteilung der Zahl der Sitze im Aufsichts- oder Verwaltungsorgan auf die Mitgliedstaaten, in denen Mitglieder zu wählen oder zu bestellen sind (§ 36 Abs. 1 S. 1 und 3 und Abs. 2), und die Anfechtungsberechtigung nach § 37 Abs. 2 S. 2 zu nennen, ferner das Recht auf Information über das Wahlergebnis (§ 36 Abs. 3 S. 3).

Im Übrigen ist der SE-Betriebsrat nach § 27, der Anh. Teil 2 lit. a Beteiligungs-RL umsetzt, zuständig für die Angelegenheiten, welche die SE selbst, eine ihrer Tochtergesellschaften oder einen ihrer Betriebe in einem anderen Mitgliedstaat betreffen oder die über die Befugnisse der zuständigen Organe auf der Ebene des einzelnen Mitgliedstaats hinausgehen. Die Zuständigkeit des SE-Betriebsrats setzt also eine **grenzüberschreitende Angelegenheit** voraus.[30] § 28 und § 29 enthalten daneben wie die Parallelregelungen in §§ 29, 30 EBRG und ähnlich wie § 106 BetrVG Tatbestände, welche die Leitung in den Grenzen des § 41 Abs. 1 zur Unterrichtung und Anhörung des SE-Betriebsrats sowie zur Vorlage bestimmter Unterlagen verpflichten (Sanktion bei Verletzung nach § 46 Abs. 1 Nr. 2). Insoweit bestehen durchsetzbare Ansprüche.[31] Über den Inhalt und die Ergebnisse des Unterrichtungs- und Anhörungsverfahrens hat der SE-Betriebsrat nach § 30 die Arbeitnehmervertreter der SE, ihrer Tochtergesellschaften und Betriebe – sind diese nicht vorhanden, die Arbeitnehmer selbst – zu **informieren**.[32] Insoweit besteht ein durchsetzbarer **Anspruch**.[33] Nach der Begründung zum Regierungsentwurf soll § 30 „anlehnend an § 35 Abs. 2 EBRG" (aF; heute: § 36 Abs. 2 EBRG) auch die Weitergabe von Informationen an die **Sprecherausschüsse** umfassen.[34] Dagegen spricht allerdings das SEBG selbst, das zu den Arbeitnehmervertretungen gerade nicht die Sprecherausschüsse zählt (§ 2 Abs. 6; → § 2 Rn. 20).[35]

2. Jährliche Unterrichtung und Anhörung. § 28 setzt Anh. Teil 2 lit. b Beteiligungs-RL um, geht aber zum Teil über die Vorgaben der Richtlinie hinaus.[36] § 28 Abs. 1 S. 1 verpflichtet die Leitung, den SE-Betriebsrat mindestens **einmal im Kalenderjahr** in einer gemeinsamen Sitzung über die Entwicklung der Geschäftslage und die Perspektiven der SE zu **unterrichten** und ihn **anzuhören** (§ 2 Abs. 10 und 12; → § 2 Rn. 24 f.). Beides muss so geschehen, dass eine Stellungnahme des SE-Betriebsrats im Rahmen des Entscheidungsprozesses auch tatsächlich noch berücksichtigt werden kann (vgl. näher § 2 Abs. 10 und 11; dazu → § 2 Rn. 24 f.).[37] Sie hat ihm dabei rechtzeitig die **erforderlichen Unterlagen,** zu denen nach dem nicht abschließenden Katalog des § 28 Abs. 1 S. 2, der in der Parallelvorschrift des § 29 Abs. 1 EBRG fehlt, zB Geschäftsberichte oder Tagesordnungen aller Sitzungen des Leitungsorgans und des Aufsichts- oder Verwaltungsorgans, gehören, **vorzulegen.** Gleichzeitig hat sie die Leitungen über Ort und Tag der Sitzung zu informieren (§ 28 Abs. 3), damit die Mitglieder des SE-Betriebsrats aus den verschiedenen Mitgliedstaaten rechtzeitig anreisen können. § 28 Abs. 2 enthält ähnlich wie § 106 Abs. 2 BetrVG einen nicht abschließenden Katalog mit besonderen Tatbeständen, die wie zB die Struktur der SE sowie ihre wirtschaftliche und finanzielle Lage (Nr. 1), die Verlegung von Unternehmen, Betrieben oder wesentlichen Betriebsteilen sowie Verlagerungen der Produktion (Nr. 7)

---

[30] Habersack/Drinhausen/Hohenstatt/Müller-Bonanni § 27 Rn. 3 f.
[31] Ebenso Kölner Komm AktG/*Feuerborn* § 28 Rn. 11; Kölner Komm AktG/*Feuerborn* § 29 Rn. 14; *Kienast* in Jannott/Frodermann SE-HdB Kap. 13 Rn. 289.
[32] Krit. *Kienast* in Jannott/Frodermann SE-HdB Kap. 13 Rn. 298.
[33] Kölner Komm AktG/*Feuerborn* § 30 Rn. 3.
[34] BR-Drs. 438/04, 134; zust. *von der Heyde,* Die Beteiligung der Arbeitnehmer in der Societas Europaea (SE), 2007, 237; Habersack/Drinhausen/Hohenstatt/Müller-Bonanni § 30 Rn. 2; *Kiehn,* Die betriebliche Beteiligung der Arbeitnehmer in der Societas Europaea (SE), 2011, 125 f.; Nagel/Freis/Kleinsorge/*Nagel* § 30 Rn. 1.
[35] Wie hier *Grobys* NZA 2005, 90 Fn. 36; NK-ArbR/*Sagan* § 30 SEBG Rn. 2; zweifelnd auch Lutter/Hommelhoff/Teichmann/*Oetker* § 30 Rn. 1 Fn. 2; aA wohl Blanke/Hayen/Kunz/Carlson/*Carlson* Mitbestimmung der Arbeitnehmer in der Europäischen Aktiengesellschaft Rn. 128.
[36] Krit. deshalb Stellungnahmen von BDA, BDI, DIHK, GDV, BdB und DAI zum RefE eines SEEG vom 3.5.2004, 11.
[37] Nagel/Freis/Kleinsorge/*Nagel* § 28 Rn. 3.

oder Zusammenschlüsse oder Spaltungen von Unternehmen oder Betrieben (Nr. 8) zur Entwicklung der Geschäftslage und den Perspektiven iSd § 28 Abs. 1 gehören.

13   **3. Unterrichtung und Anhörung bei außergewöhnlichen Umständen.** Das Beteiligungsrecht nach § 29 Abs. 1 S. 1, der Anh. Teil 2 lit. c Beteiligungs-RL umsetzt, bezieht sich demgegenüber auf **außergewöhnliche Umstände,** die erhebliche Auswirkungen auf die Interessen der Arbeitnehmer haben.[38] Es besteht neben der regelmäßigen Unterrichtung und Anhörung nach § 28. Insoweit hat die Leitung den SE-Betriebsrat rechtzeitig unter Vorlage der erforderlichen Unterlagen zu unterrichten. Ein nicht abschließender Katalog präzisiert wiederum die außergewöhnlichen Umstände, die regelmäßig besonders schwerwiegende Auswirkungen auf die Interessen der Arbeitnehmer haben und zu denen der Gesetzgeber etwa die Stilllegung von Unternehmen, Betrieben oder wesentlichen Betriebsteilen oder Massenentlassungen rechnet (§ 29 Abs. 1 S. 2). Anders als bei § 28 gewährt § 29 Abs. 2 dem SE-Betriebsrat ein Anhörungsrecht nur auf Antrag **(Initiativrecht).**[39] § 29 Abs. 3 ermächtigt wegen der regelmäßigen Eilbedürftigkeit im Zusammenhang mit dem Vorliegen außergewöhnlicher Umstände den SE-Betriebsrat, diese Rechte dem geschäftsführenden Ausschuss (§ 23 Abs. 4) zu übertragen. § 29 Abs. 4 begründet anders als die Parallelvorschrift des § 33 das Recht des SE-Betriebsrats zu einer **wiederholten Zusammenkunft** mit der Leitung der SE, wenn diese nicht entgegen der Stellungnahme des SE-Betriebsrats handeln will. Die zweite Anhörung hat noch vor der Umsetzung der entsprechenden Maßnahme zu erfolgen, da andernfalls der Sinn des Anhörungsrechts ins Leere geht.[40] Der SE-Betriebsrat hat gegen die Umsetzung der Maßnahme ohne Unterrichtung und Anhörung einen **Unterlassungsanspruch** (§ 1004 BGB analog).[41] Er kann im Wege einstweiligen Rechtsschutzes (→ Vor § 1 Rn. 43) geltend gemacht werden. Die in § 46 angedrohten Bußgeldhöchstsummen sind keine ausreichende Sanktion, wie sie die Beteiligungs-RL fordert.[42] Erst wenn auch die zweite Anhörung keine Einigung erbringt, sind die Mitwirkungsmöglichkeiten des SE-Betriebsrats erschöpft. Bei einem SE-Betriebsrat können Mitbestimmungsrechte und entsprechende Konfliktlösungsmechanismen auch in einer Beteiligungsvereinbarung geregelt sein. Andernfalls kann ein Unterlassungsanspruch aus der Vereinbarung selbst nur ausnahmsweise hergeleitet werden.[43]

IV. Streitigkeiten

14   Streitigkeiten, die aus einer Anwendung der §§ 23–33 resultieren, können von den Beteiligten im **arbeitsgerichtlichen Beschlussverfahren** nach § 2a Abs. 1 Nr. 3 lit. e ArbGG, §§ 80 ff. ArbGG geltend gemacht werden. Örtlich zuständig ist das Arbeitsgericht, in dessen Bezirk die SE ihren Sitz hat. Ordnungswidrig handelt, wer entgegen § 28 S. 1 oder § 29 S. 1 den SE-Betriebsrat nicht, nicht richtig, nicht vollständig, nicht in der vorgeschriebenen Weise oder nicht rechtzeitig unterrichtet (§ 46 Abs. 1 Nr. 2). Individualarbeitsrechtliche Streitigkeiten wie zB über Grund und Höhe einer Entgeltfortzahlung oder die Gewährung von Freizeitausgleich (vgl. § 31; → Rn. 8) sind allerdings im arbeitsgerichtlichen Urteilsverfahren geltend zu machen (§ 2 Abs. 1 Nr. 3 lit. a ArbGG, §§ 46 ff. ArbGG).

---

[38] Dazu Habersack/Drinhausen/*Hohenstatt/Müller-Bonanni* § 29 Rn. 2.
[39] Kölner Komm AktG/*Feuerborn* § 29 Rn. 6; Habersack/Drinhausen/*Hohenstatt/Müller-Bonanni* § 29 Rn. 5.
[40] BR-Drs. 438/04, 135; Kölner Komm AktG/*Feuerborn* § 29 Rn. 12; *Grobys* NZA 2005, 84 (89); *Köklü* in Van Hulle/Maul/Drinhausen SE-HdB Abschnitt 6 Rn. 183.
[41] Vgl. Blanke/Hayen/Kunz/Carlson/*Carlson* Mitbestimmung der Arbeitnehmer in der Europäischen Aktiengesellschaft Rn. 127; Kölner Komm AktG/*Feuerborn* § 29 Rn. 12; *Forst* ZESAR 2013, 15 (23); *Köstler* in Theisen/Wenz, Europäische Aktiengesellschaft, 2. Aufl. 2005, 321; Lutter/Hommelhoff/Teichmann/*Oetker* § 29 Rn. 3; *Riesenhuber* EurArbR § 29 Rn. 26; *Schmeisser/Ladenburger* NZA 2018, 761 (762 ff.); *Wirtz,* Der SE-Betriebsrat, 2013, 222; abl. HWK/*Hohenstatt/Dzida* SEBG Rn. 44; Habersack/Drinhausen/*Hohenstatt/ Müller-Bonanni* § 29 Rn. 7; *Rieble* in Rieble/Junker Vereinbarte Mitbestimmung § 3 Rn. 93.
[42] Ausf. *Forst* ZESAR 2013, 15 (17 ff.) (für den EBR), 23 (für den SE-Betriebsrat) für die Betriebsstilllegung.
[43] *Forst* ZESAR 2013, 15 (22), 23 f.; vgl. dazu für Betriebsvereinbarungen etwa BAG NZA 2006, 167.

V. SCEBG und MgVG

§§ 23–33 entsprechen **§ 23–33 SCEBG**, allerdings enthält § 26 SCEBG eine Modifikation gegenüber § 26: Der SCE-Betriebsrat hat **spätestens** vier Jahre nach seiner Einsetzung mit der Mehrheit seiner Mitglieder einen Beschluss darüber zu fassen, ob über eine Vereinbarung nach § 21 SCEBG verhandelt werden oder die bisherige Regelung weiter gelten soll. Im **MgVG** sind entsprechende Regelungen nicht enthalten.

15

§ 23 Errichtung des SE-Betriebsrats

(1) ¹Zur Sicherung des Rechts auf Unterrichtung und Anhörung in der SE ist ein SE-Betriebsrat zu errichten. ²Dieser setzt sich aus Arbeitnehmern der SE, ihrer Tochtergesellschaften und Betriebe zusammen. ³Für die Errichtung des SE-Betriebsrats gelten § 5 Abs. 1, § 6 Abs. 1 und 2 Satz 2 und 3, die §§ 7 bis 10 und 11 Abs. 1 Satz 2 und 3 entsprechend mit der Maßgabe, dass an die Stelle der beteiligten Gesellschaften, betroffenen Tochtergesellschaften und betroffenen Betriebe die SE, ihre Tochtergesellschaften und Betriebe treten. ⁴Im Fall des § 22 Abs. 1 Nr. 2 ist für die Feststellung der Zahl der beschäftigten Arbeitnehmer das Ende des in § 20 angegebenen Zeitraums maßgeblich. ⁵Die Mitgliedschaft im SE-Betriebsrat beginnt mit der Wahl oder Bestellung. ⁶Die Dauer der Mitgliedschaft der aus dem Inland kommenden Mitglieder beträgt vier Jahre, wenn sie nicht durch Abberufung oder aus anderen Gründen vorzeitig endet. ⁷Für die Abberufung gelten die §§ 8 bis 10 entsprechend mit der Maßgabe, dass an die Stelle der beteiligten Gesellschaften, betroffenen Tochtergesellschaften und betroffenen Betriebe die SE, ihre Tochtergesellschaften und Betriebe treten.

(2) ¹Die Leitung der SE lädt unverzüglich nach Benennung der Mitglieder zur konstituierenden Sitzung des SE-Betriebsrats ein. ²Der SE-Betriebsrat wählt aus seiner Mitte einen Vorsitzenden und dessen Stellvertreter.

(3) ¹Der Vorsitzende oder im Fall seiner Verhinderung der Stellvertreter vertritt den SE-Betriebsrat im Rahmen der von ihm gefassten Beschlüsse. ²Zur Entgegennahme von Erklärungen, die dem SE-Betriebsrat gegenüber abzugeben sind, ist der Vorsitzende oder im Fall seiner Verhinderung der Stellvertreter berechtigt.

(4) ¹Der SE-Betriebsrat bildet aus seiner Mitte einen Ausschuss von drei Mitgliedern, dem neben dem Vorsitzenden zwei weitere zu wählende Mitglieder angehören. ²Der Ausschuss führt die laufenden Geschäfte des SE-Betriebsrats (geschäftsführender Ausschuss).

§ 24 Sitzungen und Beschlüsse

(1) Der SE-Betriebsrat soll sich eine schriftliche Geschäftsordnung geben, die er mit der Mehrheit seiner Mitglieder beschließt.

(2) ¹Vor Sitzungen mit der Leitung der SE ist der SE-Betriebsrat oder der geschäftsführende Ausschuss – ggf. in der nach § 29 Abs. 3 erweiterten Zusammensetzung – berechtigt, in Abwesenheit der Vertreter der Leitung der SE zu tagen. ²Mit Einverständnis der Leitung der SE kann der SE-Betriebsrat weitere Sitzungen durchführen. ³Die Sitzungen des SE-Betriebsrats sind nicht öffentlich.

(3) ¹Der SE-Betriebsrat ist beschlussfähig, wenn mindestens die Hälfte seiner Mitglieder anwesend ist. ²Die Beschlüsse des SE-Betriebsrats werden, soweit in diesem Gesetz nichts anderes bestimmt ist, mit der Mehrheit der anwesenden Mitglieder gefasst.

§ 25 Prüfung der Zusammensetzung des SE-Betriebsrats

¹Alle zwei Jahre, vom Tage der konstituierenden Sitzung des SE-Betriebsrats an gerechnet, hat die Leitung der SE zu prüfen, ob Änderungen der SE und ihrer Tochtergesellschaften und Betriebe, insbesondere bei den Arbeitnehmerzahlen in den einzelnen Mitgliedstaaten eingetreten sind. ²Sie hat das Ergebnis dem SE-Betriebsrat mitzuteilen. ³Ist danach eine andere Zusammensetzung des SE-Betriebsrats erforderlich, veranlasst dieser bei den in den jeweiligen Mitgliedstaaten zuständigen Stellen, dass die Mitglieder des SE-Betriebsrats in diesen Mitgliedstaaten neu gewählt oder bestellt werden. ⁴Mit der neuen Wahl oder Bestellung endet die Mitgliedschaft der bisherigen Arbeitnehmervertreter aus diesen Mitgliedstaaten.

§ 26 Beschluss zur Aufnahme von Neuverhandlungen

(1) Vier Jahre nach seiner Einsetzung hat der SE-Betriebsrat mit der Mehrheit seiner Mitglieder einen Beschluss darüber zu fassen, ob über eine Vereinbarung nach § 21 verhandelt werden oder die bisherige Regelung weiter gelten soll.

(2) ¹Wird der Beschluss gefasst, über eine Vereinbarung nach § 21 zu verhandeln, so gelten die §§ 13 bis 15, 17, 20 und 21 entsprechend mit der Maßgabe, dass an die Stelle des besonderen Verhandlungsgremiums der SE-Betriebsrat tritt. ²Kommt keine Vereinbarung zustande, findet die bisherige Regelung weiter Anwendung.

Unterabschnitt 2. Aufgaben

§ 27 Zuständigkeiten des SE-Betriebsrats

Der SE-Betriebsrat ist zuständig für die Angelegenheiten, die die SE selbst, eine ihrer Tochtergesellschaften oder einen ihrer Betriebe in einem anderen Mitgliedstaat betreffen oder die über die Befugnisse der zuständigen Organe auf der Ebene des einzelnen Mitgliedstaats hinausgehen.

§ 28 Jährliche Unterrichtung und Anhörung

(1) ¹Die Leitung der SE hat den SE-Betriebsrat mindestens einmal im Kalenderjahr in einer gemeinsamen Sitzung über die Entwicklung der Geschäftslage und die Perspektiven der SE unter rechtzeitiger Vorlage der erforderlichen Unterlagen zu unterrichten und ihn anzuhören. ²Zu den erforderlichen Unterlagen gehören insbesondere
1. die Geschäftsberichte,
2. die Tagesordnung aller Sitzungen des Leitungsorgans und des Aufsichts- oder Verwaltungsorgans,
3. die Kopien aller Unterlagen, die der Hauptversammlung der Aktionäre vorgelegt werden.

(2) Zu der Entwicklung der Geschäftslage und den Perspektiven im Sinne von Absatz 1 gehören insbesondere
1. die Struktur der SE sowie die wirtschaftliche und finanzielle Lage;
2. die voraussichtliche Entwicklung der Geschäfts-, Produktions- und Absatzlage;
3. die Beschäftigungslage und ihre voraussichtliche Entwicklung;
4. Investitionen (Investitionsprogramme);
5. grundlegende Änderungen der Organisation;
6. die Einführung neuer Arbeits- und Fertigungsverfahren;

7. die Verlegung von Unternehmen, Betrieben oder wesentlichen Betriebsteilen sowie Verlagerungen der Produktion;
8. Zusammenschlüsse oder Spaltungen von Unternehmen oder Betrieben;
9. die Einschränkung oder Stilllegung von Unternehmen, Betrieben oder wesentlichen Betriebsteilen;
10. Massenentlassungen.

(3) Die Leitung der SE informiert die Leitungen über Ort und Tag der Sitzung.

§ 29 Unterrichtung und Anhörung über außergewöhnliche Umstände

(1) ¹Über außergewöhnliche Umstände, die erhebliche Auswirkungen auf die Interessen der Arbeitnehmer haben, hat die Leitung der SE den SE-Betriebsrat rechtzeitig unter Vorlage der erforderlichen Unterlagen zu unterrichten. ²Als außergewöhnliche Umstände gelten insbesondere
1. die Verlegung oder Verlagerung von Unternehmen, Betrieben oder wesentlichen Betriebsteilen;
2. die Stilllegung von Unternehmen, Betrieben oder wesentlichen Betriebsteilen;
3. Massenentlassungen.

(2) Der SE-Betriebsrat hat das Recht, auf Antrag mit der Leitung der SE oder den Vertretern einer anderen zuständigen, mit eigenen Entscheidungsbefugnissen ausgestatteten Leitungsebene innerhalb der SE zusammenzutreffen, um zu den außergewöhnlichen Umständen angehört zu werden.

(3) ¹Auf Beschluss des SE-Betriebsrats stehen die Rechte nach Absatz 2 dem geschäftsführenden Ausschuss (§ 23 Abs. 4) zu. ²Findet eine Sitzung mit dem geschäftsführenden Ausschuss statt, so haben auch die Mitglieder des SE-Betriebsrats, die von diesen Maßnahmen unmittelbar betroffene Arbeitnehmer vertreten, das Recht, daran teilzunehmen.

(4) Wenn die Leitung der SE beschließt, nicht entsprechend der von dem SE-Betriebsrat oder dem geschäftsführenden Ausschuss abgegebenen Stellungnahme zu handeln, hat der SE-Betriebsrat das Recht, ein weiteres Mal mit der Leitung der SE zusammenzutreffen, um eine Einigung herbeizuführen.

§ 30 Information durch den SE-Betriebsrat

¹Der SE-Betriebsrat informiert die Arbeitnehmervertreter der SE, ihrer Tochtergesellschaften und Betriebe über den Inhalt und die Ergebnisse der Unterrichtungs- und Anhörungsverfahren. ²Sind keine Arbeitnehmervertreter vorhanden, sind die Arbeitnehmer zu informieren.

Unterabschnitt 3. Freistellung und Kosten

§ 31 Fortbildung

¹Der SE-Betriebsrat kann Mitglieder zur Teilnahme an Schulungs- und Bildungsveranstaltungen bestimmen, soweit diese Kenntnisse vermitteln, die für die Arbeit des SE-Betriebsrats erforderlich sind. ²Der SE-Betriebsrat hat die Teilnahme und die zeitliche Lage rechtzeitig der Leitung der SE mitzuteilen. ³Bei der Festlegung der zeitlichen Lage sind die betrieblichen Notwendigkeiten zu berücksichtigen.

§ 32 Sachverständige

¹Der SE-Betriebsrat oder der geschäftsführende Ausschuss können sich durch Sachverständige ihrer Wahl unterstützen lassen, soweit dies zur ordnungsgemäßen

Erfüllung ihrer Aufgaben erforderlich ist. ²Sachverständige können auch Vertreter von Gewerkschaften sein.

§ 33 Kosten und Sachaufwand

¹Die durch die Bildung und Tätigkeit des SE-Betriebsrats und des geschäftsführenden Ausschusses entstehenden erforderlichen Kosten trägt die SE. ²Im Übrigen gilt § 19 Satz 2 entsprechend.

Abschnitt 2. Mitbestimmung kraft Gesetzes

§ 34 Besondere Voraussetzungen

(1) Liegen die Voraussetzungen des § 22 vor, finden die Regelungen über die Mitbestimmung der Arbeitnehmer kraft Gesetzes nach den §§ 35 bis 38 Anwendung
1. im Fall einer durch Umwandlung gegründeten SE, wenn in der Gesellschaft vor der Umwandlung Bestimmungen über die Mitbestimmung der Arbeitnehmer im Aufsichts- oder Verwaltungsorgan galten;
2. im Fall einer durch Verschmelzung gegründeten SE, wenn
   a) vor der Eintragung der SE in einer oder mehreren der beteiligten Gesellschaften eine oder mehrere Formen der Mitbestimmung bestanden und sich auf mindestens 25 Prozent der Gesamtzahl der Arbeitnehmer aller beteiligten Gesellschaften und betroffenen Tochtergesellschaften erstreckten oder
   b) vor der Eintragung der SE in einer oder mehreren der beteiligten Gesellschaften eine oder mehrere Formen der Mitbestimmung bestanden und sich auf weniger als 25 Prozent der Gesamtzahl der Arbeitnehmer aller beteiligten Gesellschaften und betroffenen Tochtergesellschaften erstreckten und das besondere Verhandlungsgremium einen entsprechenden Beschluss fasst;
3. im Fall einer durch Errichtung einer Holding-Gesellschaft oder einer Tochtergesellschaft gegründeten SE, wenn
   a) vor der Eintragung der SE in einer oder mehreren der beteiligten Gesellschaften eine oder mehrere Formen der Mitbestimmung bestanden und sich auf mindestens 50 Prozent der Gesamtzahl der Arbeitnehmer aller beteiligten Gesellschaften und betroffenen Tochtergesellschaften erstreckten oder
   b) vor der Eintragung der SE in einer oder mehreren der beteiligten Gesellschaften eine oder mehrere Formen der Mitbestimmung bestanden und sich auf weniger als 50 Prozent der Gesamtzahl der Arbeitnehmer aller beteiligten Gesellschaften und betroffenen Tochtergesellschaften erstreckten und das besondere Verhandlungsgremium einen entsprechenden Beschluss fasst.

(2) ¹Bestanden in den Fällen von Absatz 1 Nr. 2 und 3 mehr als eine Form der Mitbestimmung im Sinne des § 2 Abs. 12 in den verschiedenen beteiligten Gesellschaften, so entscheidet das besondere Verhandlungsgremium, welche von ihnen in der SE eingeführt wird. ²Wenn das besondere Verhandlungsgremium keinen solchen Beschluss fasst und eine inländische Gesellschaft, deren Arbeitnehmern Mitbestimmungsrechte zustehen, an der Gründung der SE beteiligt ist, ist die Mitbestimmung nach § 2 Abs. 12 Nr. 1 maßgeblich. ³Ist keine inländische Gesellschaft, deren Arbeitnehmern Mitbestimmungsrechte zustehen, beteiligt, findet die Form der Mitbestimmung nach § 2 Abs. 12 Anwendung, die sich auf die höchste Zahl der in den beteiligten Gesellschaften beschäftigten Arbeitnehmer erstreckt.

(3) Das besondere Verhandlungsgremium unterrichtet die Leitungen über die Beschlüsse, die es nach Absatz 1 Nr. 2 Buchstabe b und Nr. 3 Buchstabe b und Absatz 2 Satz 1 gefasst hat.

Übersicht

	Rn.		Rn.
I. Einleitung	1, 2	c) SE-Gründung durch Errichtung einer Holding- oder Tochter-SE	19
II. Voraussetzungen der Auffangregelung	3–23	3. Wahl bei unterschiedlichen Formen der Mitbestimmung	20–22
1. Eingreifen des § 22	3	4. Unterrichtung der Leitungen	23
2. Besondere Voraussetzungen	4–19	III. Streitigkeiten	24
a) Gründung durch Umwandlung	10	IV. SCEBG und MgVG	25
b) Gründung durch Verschmelzung	11–18		

I. Einleitung

§ 34 ist neben § 22 die **Schlüsselnorm** für die Anwendbarkeit der gesetzlichen Auffangregelung zur Mitbestimmung der Arbeitnehmer im Aufsichts- oder Verwaltungsorgan der SE in §§ 35 ff. Die Vorschrift bezieht sich zunächst auf die Voraussetzungen des § 22, der auch über die Anwendbarkeit der Regelungen über den SE-Betriebsrat kraft Gesetzes entscheidet. Anders als beim SE-Betriebsrat kraft Gesetzes stellt das Gesetz aber für die Mitbestimmung kraft Gesetzes weitere **besondere Voraussetzungen** auf, die in § 34 Abs. 1 Nr. 1–3 normiert sind. § 34, der sich weithin an die Vorgaben des Art. 7 Abs. 1 UAbs. 2 und Abs. 2 Beteiligungs-RL anlehnt, unterscheidet dabei zwischen den verschiedenen Arten der Gründung einer SE. Die Mitbestimmung bei einer SE-Gründung durch **Umwandlung** (Art. 2 Abs. 4 SE-VO, Art. 37 SE-VO) richtet sich nach § 34 Abs. 1 Nr. 1. Für die durch **Verschmelzung** gegründete SE (Art. 2 Abs. 1 SE-VO, §§ 17 ff. SE-VO, §§ 5 ff. SEAG) gilt § 34 Abs. 1 Nr. 2, bei der durch Errichtung einer **Holding-Gesellschaft** (Art. 2 Abs. 2, 32 ff. SE-VO, §§ 9 ff. SEAG) oder einer **Tochtergesellschaft** (Art. 2 Abs. 3, 35 f. SE-VO) gegründeten SE ist § 34 Abs. 1 Nr. 3 anzuwenden.[1] Nr. 2 und Nr. 3 entsprechen inhaltlich § 15 Abs. 3 S. 2, der die Voraussetzungen für eine Minderung der Mitbestimmung durch Vereinbarung bestimmt. Die Voraussetzungen sind bei den einzelnen Gründungsformen abgestuft, weil der europäische Normgeber die Gefahr, dass die Mitbestimmung gemindert oder ausgeschlossen wird, bei der SE-Gründung durch Umwandlung oder Verschmelzung größer einschätzt als bei der Errichtung einer Holding- oder Tochter-SE.[2] Für die SE-Gründung durch Verschmelzung oder durch Errichtung einer Tochter-SE oder einer Holding-SE (§ 34 Abs. 1 Nr. 2 und 3) enthält § 34 Abs. 2 eine Sonderregelung für den Fall, dass in den beteiligten Gesellschaften **mehr als eine Form der Mitbestimmung** bestand. Nach § 34 Abs. 3 trifft das bVG schließlich eine **Unterrichtungspflicht** gegenüber den Leitungen, wenn es im Rahmen des § 34 bestimmte Beschlüsse gefasst hat. 1

Nach § 39 Abs. 1 sind die §§ 34–38 über die Mitbestimmung im Aufsichts- oder Verwaltungsorgan der SE kraft Gesetzes auf eine **Tendenz-SE** nicht anwendbar (→ § 39 Rn. 10). Im Übrigen bleibt die bis zur Gründung der SE bestehende **Mitbestimmung nach nationalem Recht** in den beteiligten Gesellschaften erhalten, wenn diese wie bei der Gründung der SE durch Errichtung einer Tochter-SE oder einer Holding-SE durch die Gründung nicht untergehen (§ 47 Abs. 1; → § 47 Rn. 7). 2

II. Voraussetzungen der Auffangregelung

1. Eingreifen des § 22. Für die Anwendung der §§ 35 ff. ab dem Zeitpunkt der Eintragung der SE müssen zunächst die Voraussetzungen des § 22 vorliegen (§ 34 Abs. 1), der für alle Gründungsformen der SE und unabhängig von der Zahl der Arbeitnehmer, die bei der SE und ihren Tochtergesellschaften beschäftigt sind, gilt.[3] Erforderlich ist demzu- 3

---

[1] Die Sekundärgründung einer SE, die in § 34 nicht genannt ist, ist nach richtiger Auffassung mitbestimmungsfrei (→ Vor § 1 Rn. 11 f. mwN); zum Vorgehen nach der Gegenmeinung im Rahmen von § 34 näher Lutter/Hommelhoff/Teichmann/*Oetker* Rn. 25.
[2] Kölner Komm AktG/*Feuerborn* Rn. 15.
[3] Kölner Komm AktG/*Feuerborn* Rn. 2.

folge, dass bis zum Ende des in § 20 angegebenen Zeitraums **keine Vereinbarung** (§ 21) zustande gekommen ist und das bVG **keinen Beschluss nach § 16** über die Nichtaufnahme oder den Abbruch von Verhandlungen gefasst hat (§ 22 Abs. 1 Nr. 2). Gem. der Verweisung des § 34 Abs. 1 auf § 22 Abs. 1 Nr. 1 können die Parteien die Anwendung der §§ 35 ff. auch **vereinbaren.** Entgegen dem insoweit missverständlichen Wortlaut des § 34 Abs. 1 kommt es bei einer solchen Vereinbarung gem. § 21 Abs. 5 nicht ergänzend darauf an, ob die „besonderen Voraussetzungen" des § 34 Abs. 1 Nr. 1–3 gegeben sind.[4] Die Verweisung des § 34 Abs. 1 auf § 22 umfasst auch dessen Abs. 2 und bedeutet im Zusammenspiel mit § 18 Abs. 3 S. 3, dass §§ 35 ff. auch in den Fällen einer zwingenden Neuverhandlung nach **strukturellen Änderungen** anzuwenden sind.[5] Allerdings bedeutet **„Mitbestimmung kraft Gesetzes"** iSd § 18 Abs. 3 S. 3 trotz des Wortlauts nach zutreffender Auffassung, dass der Mitbestimmungsumfang, der unter der **Mitbestimmungsvereinbarung,** die im Zeitpunkt des Eintritts der strukturellen Änderung gilt, maßgeblich ist (→ § 18 Rn. 25).

4 **2. Besondere Voraussetzungen.** Neben den Voraussetzungen des § 22 müssen weitere besondere Voraussetzungen gegeben sein, die das Gesetz in § 34 Abs. 1 Nr. 1–3 als Ausprägung des Vorher-Nachher-Prinzips (zu ihm → Vor § 1 Rn. 15) für die verschiedenen Möglichkeiten einer SE-Gründung bereithält.

5 **Umstritten** ist allerdings zunächst, ob es für die Existenz der Mitbestimmung in § 34 Abs. 1 und damit als Voraussetzung für das Eingreifen der gesetzlichen Auffangregelung darauf ankommt, ob Mitbestimmung tatsächlich praktiziert wurde **(Ist-Zustand),** oder ob maßgeblich ist, dass eine Gesellschaft objektiv der Mitbestimmung unterfiel, diese aber nicht praktiziert wurde **(Soll-Zustand).**[6] § 34 Abs. 1 und § 35 sind insoweit im Übrigen synchron zu interpretieren (→ § 34 Rn. 2; zur Rechtslage bei Existenz einer Beteiligungsvereinbarung → § 21 Rn. 62). Zu einer Abweichung des Ist-Zustands vom Soll-Zustand kann es etwa kommen, wenn die Rechtslage verkannt worden oder zweifelhaft ist. Im Schrifttum wird zum Teil nach den **Gründungsarten** unterschieden.[7]

6 Der Wortlaut von § 34 Abs. 1 ist insoweit nicht eindeutig (Nr. 1: „gelten", Nr. 2 und 3: „bestanden"). Das Vorher-Nachher-Prinzip, das § 34 zugrunde liegt, stellt auf den Schutz erworbener „Rechte" ab (vgl. Erwägungsgrund 18 Beteiligungs-RL).[8] Das spricht dafür, dass es nicht auf eine faktisch praktizierte Mitbestimmung ankommen kann, wenn ihre gesetzlichen Voraussetzungen nicht vorliegen.[9]

7 Das **Kontinuitätsprinzip** (§ 96 Abs. 4 AktG), das den Grundsatz der Amtskontinuität sichert (→ AktG § 96 Rn. 32 ff. mwN) und auch für die SE gilt,[10] spricht indessen dafür, jedenfalls bei der **Umwandlung,** über die vor allem diskutiert wird, für die Anwendung der gesetzlichen Auffangregelung in § 34 Abs. 1 auf die **praktizierte Mitbestimmung** abzustellen[11] und **nicht** auf die in der Gründungsgesellschaft gesetzlich vorgesehene,[12]

---

[4] Ebenso Kölner Komm AktG/*Feuerborn* Rn. 9; Lutter/Hommelhoff/Teichmann/*Oetker* Rn. 8; AKRR/*Rudolph* Rn. 3; NK-ArbR/*Sagan* Rn. 1.

[5] Kölner Komm AktG/*Feuerborn* Rn. 7; Habersack/Drinhausen/*Hohenstatt/Müller-Bonanni* Rn. 3.

[6] Ausf. und diff. dazu *Habersack* AG 2018, 823 ff.

[7] *Grambow* BB 2012, 902 ff.: Soll-Zustand bei der Umwandlung maßgebend, Ist-Zustand dagegen bei den anderen Gründungsformen.

[8] *Ziegler/Gey* BB 2009, 1750 (1756).

[9] *Behme* EWiR 2018, 334.

[10] BGH NZG 2019, 1157 Rn. 32.

[11] LG Frankfurt a.M. NZG 2018, 820 Rn. 17 f.; BeckRS 2017, 148953 (Rn. 19); LG Berlin ZIP 2018, 1692; 2019, 2057; *Götte* DB 2018, 2572; *Habersack* AG 2018, 823 (828 f.); Habersack/Drinhausen/*Hohenstatt/Müller-Bonanni* Rn. 6; *Stolzenberg* NZA 2016, 1489 (1495); *Mückl* BB 2018, 2868 ff.; MHdB ArbR/*Naber/Sittard* § 384 Rn. 96 f.; Lutter/Hommelhoff/Teichmann/*Oetker* Rn. 15, 16; *Prinz* SAE 2020, 24 (29); *Schapers* EWiR 2018, 616; *Seibt* EWiR 2019, 549 f.; *Seibt* ZIP 2010, 1057 (1064); wohl auch *Klein-Wiele/Kanzler* FUS 2019, 30.

[12] So aber OLG Frankfurt NZG 2018, 1254 Rn. 21; *Cannistra,* Das Verhandlungsverfahren zur Regelung der Mitbestimmung der Arbeitnehmer bei Gründung einer Societas Europaea und bei Durchführung einer grenzüberschreitenden Verschmelzung, 2014, 199 f.; Blanke/Hayen/Kunz/Carlson/*Carlson* Mitbestimmung der Arbeitnehmer in der Europäischen Aktiengesellschaft Rn. 133; *Forst* in Gaul/Ludwig/Forst, Europäisches

zumal der Aufsichtsrat bis zum rechtskräftigen Abschluss eines Statusverfahrens als rechtmäßig konstituiert gilt. Es kommt auch **nicht** darauf an, dass das zunächst fortgeltende tatsächlich praktizierte Mitbestimmungsstatut im Wege des **Statusverfahrens** auch **nach Gründung der SE** noch an den vor Gründung geltenden Sollzustand angepasst werden kann.[13] Das bedeutet für den eben genannten Fall der faktisch praktizierten Mitbestimmung ohne Vorliegen der gesetzlichen Voraussetzungen, dass eine Mitbestimmung iSd § 34 Abs. 1 existiert.[14] In der umgekehrten Konstellation, wenn zwar die gesetzlichen Voraussetzungen für eine Mitbestimmung vorliegen, diese aber nicht praktiziert wird (zum Beispiel wird der Schwellenwert des § 1 Abs. 1 Nr. 2 MitbestG erreicht, der Aufsichtsrat bleibt aber trotzdem mitbestimmungsfrei, weil kein Statusverfahren eingeleitet wurde), existiert keine Mitbestimmung iSd § 34 Abs. 1.[15]

Der **BGH** nimmt für die Gründung durch **Umwandlung,** wenn noch keine Beteiligungsvereinbarung nach § 21 SEBG geschlossen worden ist, einen **differenzierenden Standpunkt** ein.[16] Er **lässt die Frage,** ob grundsätzlich auf den Ist-Zustand oder auf den Soll-Zustand abzustellen ist, ausdrücklich **offen.**[17] Für den Fall, dass das **Statusverfahren** nach § 98 AktG bereits **vor der Eintragung** der SE in das Handelsregister **eingeleitet** worden ist, komme es unter der Prämisse, dass grundsätzlich auf den Ist-Zustand abzustellen sei, allerdings darauf an, wie der Aufsichtsrat vor der Umwandlung gesetzesgemäß zusammenzusetzen war.[18] Ein vor der Eintragung eingeleitetes Statusverfahren präge „als tatsächlicher Umstand den vor der Umwandlung bestehenden «Ist-Zustand» mit", nehme „der bis dahin praktizierten Regelung ihre Verbindlichkeit für das Mitbestimmungsstatut der SE" und öffne „die bisherige Handhabung für eine Korrektur nach Maßgabe der einschlägigen Mitbestimmungsregelungen".[19] Mit anderen Worten: Bei einem laufenden Statusverfahren ist nach dem BGH auf den mitbestimmungsrechtlichen Zustand abzustellen, der bei einem hypothetischen Abschluss des Statusverfahrens vor Eintragung der Umwandlung verbindlich würde.[20] Da in dieser Konstellation gerade noch nicht rechtskräftig über die Zusammensetzung des Aufsichtsrats entschieden worden ist, **überzeugt** der Weg des BGH aber **nicht.** Jedenfalls liegt es umgekehrt nahe, dass der BGH **außerhalb dieser speziellen Konstellation** an den **Ist-Zustand** anknüpfen möchte,[21] zumal die Rechtswidrigkeit einer fehlenden Mitbestimmung im Statusverfahren jederzeit hätte festgestellt werden können.[22]

8

Eine andere Frage in diesem Kontext ist, ob ein Beschluss des bVG gem. § 16 Abs. 1 S. 1, keine Verhandlungen aufzunehmen, oder der Abschluss einer Beteiligungsvereinbarung nach § 21 zu einer „überholenden" **Erledigung des Statusverfahrens** führt. Dafür spricht, dass ein Aktionär andernfalls einen von den Arbeitnehmern ggf. nicht gewollten Mitbestimmungszustand herbeiführen könnte.[23] Liegt der SE-Gründung also eine **Mitbestimmungsvereinbarung** zugrunde,[24] ist die in ihr getroffene Regelung maßgebend.[25] Der Einwand, das zuletzt praktizierte Mitbestimmungsstatut der umzuwandelnden AG habe nicht dem Soll-Zustand entsprochen, überzeugt nicht und steht der Wirksamkeit der Mitbestimmungs-

9

Mitbestimmungsrecht, 2015, § 2 Rn. 464; *Grambow* BB 2012, 902; *Kienast* DB 2018, 2487 f.; AKRR/*Rudolph* Rn. 6; NK-GA/*Sagan* Rn. 3; *Ziegler/Gey* BB 2009, 1750 (1756).
[13] Dafür *Behme* EWiR 2018, 334; *Gesell/Berjasevic* DB 2018, 1717; *Kurzböck/Weinbeck* BB 2019, 244 (246); *Rieble* in Rieble/Junker Vereinbarte Mitbestimmung § 3 Rn. 128 ff.; *Düwell/Sick* SE und grenzüberschreitende Verschmelzung Rn. 14; dagegen *Wendler/v. Rimon* BB 2019, 2304.
[14] Lutter/Hommelhoff/Teichmann/*Oetker* Rn. 15 für die Umwandlung.
[15] Lutter/Hommelhoff/Teichmann/*Oetker* Rn. 15 für die Umwandlung.
[16] BGH NZG 2019, 1157 ff.; dazu etwa *Rombey/Vogt* NZG 2019, 1412 ff.
[17] BGH NZG 2019, 1157 Rn. 31; vorher schon *Habersack* AG 2018, 823 (829).
[18] BGH NZG 2019, 1157 Rn. 34.
[19] BGH NZG 2019, 1157 Rn. 35, 38.
[20] Von *Wendler/v. Rimon* BB 2019, 2304 treffend als modifizierter Ist-Zustand bezeichnet.
[21] Ebenso *Mösinger/Neumann* EWiR 2019, 384; *Wendler/v. Rimon* BB 2019, 2304.
[22] Richtig LG Berlin ZIP 2019, 2057.
[23] *Mösinger/Neumann* GWR 2019, 383.
[24] Ist-Zustand maßgeblich: LG Frankfurt a.M. BeckRS 2017, 148953 Rn. 19 f.; LG München I ZIP 2018, 1546 (1548).
[25] *Habersack* AG 2018, 823 (825) für Sperrwirkung der Mitbestimmungsvereinbarung.

vereinbarung nicht entgegen.[26] Das gilt – wie eben erwähnt – auch dann, wenn das Statusverfahren noch vor Eintragung der SE eingeleitet, aber nicht abgeschlossen worden ist.[27]

10   **a) Gründung durch Umwandlung. § 34 Abs. 1 Nr. 1** bestimmt für die SE-Gründung durch **Umwandlung**, dass §§ 35 ff. anzuwenden sind, wenn in der Gesellschaft vor der Umwandlung Bestimmungen über die Mitbestimmung der Arbeitnehmer im Aufsichts- oder Verwaltungsorgan galten. Die bestehende Mitbestimmung ist – wie sich auch aus § 35 Abs. 1 ergibt – in jedem Fall zu erhalten.[28] Dahinter steckt ähnlich wie bei § 15 Abs. 5, § 16 Abs. 3, § 21 Abs. 6 die Überlegung, dass andernfalls gerade die Umwandlung in eine SE dazu missbraucht werden könnte, der (deutschen) Mitbestimmung zu entfliehen.[29] Die umzuwandelnde Gesellschaft muss der Mitbestimmung unterlegen haben. Das ist zum Beispiel bei einem Tendenzunternehmen nicht der Fall.[30] Es kommt im Übrigen nicht darauf an, nach welchem Mitbestimmungsmodell (Repräsentations- oder Kooptationsmodell, § 2 Abs. 12) sich die Mitbestimmung gerichtet hat.[31] Das Kooptationsmodell wird in den Mitgliedstaaten zurzeit allerdings nicht angewandt (→ § 2 Rn. 26). Unerheblich ist innerhalb des Repräsentationsmodells auch, nach welchem deutschen Mitbestimmungsgesetz eine Mitbestimmung bestanden hat. Keine Rolle spielt es entgegen einzelnen Stimmen im Schrifttum[32] für § 34 Abs. 1 auch, ob mit der Umwandlung ein Wechsel vom dualistischen in das monistische System oder umgekehrt stattgefunden hat (vgl. aber → § 35 Rn. 8, 14 ff.: Umfang der Mitbestimmung).[33] Das folgt aus dem Rechtsgedanken des § 21 Abs. 6 S. 2 (→ § 21 Rn. 68), zumal § 34 Abs. 1 insoweit keine Einschränkung zu entnehmen ist. Schließlich ist es unerheblich, ob es sich bei der umzuwandelnden Gesellschaft um eine Holding-Gesellschaft mit sehr wenigen Arbeitnehmern handelt, die lediglich kraft Konzernzurechnung der Mitbestimmung unterliegt.[34]

11   **b) Gründung durch Verschmelzung.** Zu differenzieren ist bei der Anwendung der §§ 35 ff. auf die Gründung einer SE durch **Verschmelzung.** Für diesen Fall eröffnet Art. 7 Abs. 3 Beteiligungs-RL iVm Art. 12 Abs. 2 SE-VO den Mitgliedstaaten zwar die Möglichkeit, die Auffangregelung über die Mitbestimmung **nicht** in nationales Recht umzusetzen (→ Vor § 1 Rn. 7).[35] Von dieser Option hat der deutsche Gesetzgeber indessen keinen Gebrauch gemacht, sondern **§ 34 Abs. 1 Nr. 2** normiert.

12   Anders als bei der SE-Gründung durch Umwandlung genügt für das Eingreifen der Auffangregelung nicht die Feststellung, dass eine der an der Gründung beteiligten Gesellschaften zuvor der Mitbestimmung unterlag. Hinzu kommen müssen zwei weitere alternative Voraussetzungen: Bestanden vor der Eintragung der SE in einer oder mehreren der beteiligten Gesellschaften eine oder mehrere Formen der Mitbestimmung, müssen sich diese auf **mindestens 25% der Gesamtzahl der Arbeitnehmer** aller beteiligten Gesellschaften und betroffenen Tochtergesellschaften erstreckt haben (§ 34 Abs. 1 Nr. 2 lit. a; zur Berechnung der Arbeitnehmerzahl im gemeinsamen Betrieb mehrerer Unternehmen → § 2 Rn. 32). Standen dagegen weniger als 25% der Arbeitnehmer Mitbestimmungsrechte zu, ist die gesetzliche Auffangregelung nur anzuwenden, wenn das **bVG** – eine vorherige Verständigung mit den Leitungen ist nicht erforderlich – einen entsprechenden (konstituti-

---

[26] Näher *Habersack* AG 2018, 823 (825 ff.).
[27] *Habersack* AG 2018, 823 (828).
[28] BR-Drs. 438/04, 136.
[29] Zu missbräuchlichen Fallgestaltungen durch Umgehung des § 34 Abs. 1 Nr. 1 eingehend *Ramcke*, Die Konkretisierung des Missbrauchsverbots der SE, 2015, 428 ff.; zu den Rechtsfolgen bei Umgehung des § 34 Abs. 1 Nr. 1 *Ramcke*, Die Konkretisierung des Missbrauchsverbots der SE, 2015, 272 ff.
[30] *Rieble* AG 2014, 224 (231).
[31] Kölner Komm AktG/*Feuerborn* Rn. 19.
[32] *Roth* ZfA 2004, 442 für die Beteiligungs-RL.
[33] Wie hier Kölner Komm AktG/*Feuerborn* Rn. 19; Lutter/Hommelhoff/Teichmann/*Oetker* Rn. 14; AKRR/*Rudolph* Rn. 8.
[34] Habersack/Drinhausen/*Hohenstatt/Müller-Bonanni* Rn. 7.
[35] So Stellungnahme des Bundesrats vom 9.7.2004, BT-Drs. 15/3656, 1; Anrufung des Vermittlungsausschusses durch den Bundesrat vom 26.11.2004, BR-Drs. 850/04 (B), 2.

ven) **Beschluss** fasst (§ 34 Abs. 1 Nr. 2 lit. b). De lege ferenda sollte der Schwellenwert auf ein Drittel angehoben werden, um die SE nicht gegenüber nationalen Rechtsformen zu benachteiligen, die grenzüberschreitend verschmelzen (vgl. § 23 Abs. 1 S. 2 MgVG; zu § 23 MgVG → Rn. 25; vgl. → § 15 Rn. 8).[36]

aa) Existenz einer Form oder mehrerer Formen der Mitbestimmung. Das SEBG 13 sichert der Arbeitnehmerseite die Mitbestimmung in Form der Auffangregelung zu, wenn sie bereits vor der SE-Gründung existent war. Dafür genügt es ausweislich der Begründung zum Regierungsentwurf,[37] wie auch der Gegenschluss zu § 34 Abs. 2 zeigt, dass **eine** der Gründungsgesellschaften der Mitbestimmung unterlag.[38] Wird die SE zB durch Verschmelzung einer deutschen Gesellschaft mit 400 Arbeitnehmern, einer britischen Gesellschaft mit 100 Arbeitnehmern und einer portugiesischen Gesellschaft mit 200 Arbeitnehmern gegründet, gibt es in keiner der an der Gründung beteiligten Gesellschaften – in Deutschland wegen §§ 1 Abs. 1 MitbestG, 1 Abs. 1 DrittelbG – eine Mitbestimmung im Aufsichts- oder Verwaltungsorgan. Folglich sind auch §§ 35 ff. nicht anzuwenden (§ 34 Abs. 1 Nr. 2), auf eine freiwillige Vereinbarung nach § 21 müssen sich die Leitungen nicht einlassen.[39] Dass eine der mitbestimmungsfreien Gründungsgesellschaften eine mitbestimmte Tochtergesellschaft hat, schadet wegen § 2 Abs. 2 nicht (zu § 2 Abs. 2 → § 2 Rn. 10 f.).[40] „Mitbestimmung" kann zum Beispiel auch bei Tendenzunternehmen fehlen. Keine Rolle spielt es, nach welchem Mitbestimmungsmodell eine Mitbestimmung bestanden hat (→ Rn. 5).[41] Welches deutsche Mitbestimmungsgesetz in einer der beteiligten Gesellschaften maßgeblich war, ist für die Anwendbarkeit der Auffangregelung ohne Belang. Auch hier ist unerheblich, ob ein Wechsel vom dualistischen ins monistische System oder umgekehrt stattfindet (vgl. aber → § 35 Rn. 11, → § 35 Rn. 14 ff.).

bb) Überschreitung der Schwellenwerte. Für die Schwellenwerte des § 34 Abs. 1 14 Nr. 2 lit. b gibt es **keine Untergrenze,** die überschritten werden muss.[42] Im Ergebnis kann das bVG damit – durch Art. 7 Abs. 2 UAbs. 1 lit. b Beteiligungs-RL zwingend vorgegeben – die Anwendung der gesetzlichen Auffangregelung erzwingen, wenn nur eine von vielen der Gesellschaften, die an der SE-Gründung beteiligt sind, mitbestimmt ist, selbst wenn sie nur wenige Arbeitnehmer beschäftigt. **Teilzeitbeschäftigte** sind voll und nicht anteilig zu zählen (→ § 2 Rn. 4).[43]

Problematisch könnte sein, dass in § 34 Abs. 1 Nr. 2 jedenfalls nach dem Gesetzeswortlaut 15 ähnlich wie beim Parallelproblem in § 15 Abs. 3 für die Ermittlung der Schwellenwerte **auch** auf die **betroffenen Tochtergesellschaften** (§ 2 Abs. 4) abzustellen ist, während Art. 7 Abs. 2 UAbs. 1 lit. b Beteiligungs-RL die Prozentzahlen lediglich auf die Arbeitnehmer „aller beteiligten Gesellschaften" bezieht.[44] Auch bei § 34 Abs. 1 Nr. 2 ist indessen zu konstatieren, dass die Regelung wegen des Zwecks der Richtlinie, auf den auch die Begründung zum Regierungsentwurf abstellt,[45] wie auch § 15 Abs. 3 S. 2 mindestens **nicht richtlinienwidrig** ist (ausführlich → § 15 Rn. 10 f. mwN).[46] Die Frage einer richtlinienkonfor-

---

[36] AAK ZIP 2009, 698; *Henssler* ZHR 173 (2009), 227.
[37] BR-Drs. 438/04, 136.
[38] So auch Kölner Komm AktG/*Feuerborn* Rn. 21; Lutter/Hommelhoff/Teichmann/*Oetker* Rn. 16.
[39] Ebenso Kölner Komm AktG/*Feuerborn* Rn. 22; Habersack/Henssler/*Habersack* Rn. 15 f.; Lutter/Hommelhoff/Teichmann/*Oetker* Rn. 16.
[40] Kölner Komm AktG/*Feuerborn* Rn. 22; Habersack/Henssler/*Habersack* Rn. 15; Habersack/Drinhausen/Hohenstatt/Müller-Bonanni Rn. 4.
[41] S. auch Lutter/Hommelhoff/Teichmann/*Oetker* Rn. 16.
[42] Ebenso Lutter/Hommelhoff/Teichmann/*Oetker* Rn. 6; *Wisskirchen/Prinz* DB 2004, 2638 (2641).
[43] Ebenso NK-SE/*Kleinmann/Kujath* Rn. 4.
[44] Dazu auch Mitteilung der Kommission zur Überprüfung der RL 2001/86/EG vom 8.10.2001 zur Ergänzung des Statuts der Europäischen Gesellschaft hinsichtlich der Beteiligung der Arbeitnehmer vom 30.9.2008, KOM (2008) 591 endg., 7.
[45] BR-Drs. 438/04, 136.
[46] So grds. auch Blanke/Hayen/Kunz-Carlson/*Carlson* Mitbestimmung der Arbeitnehmer in der Europäischen Aktiengesellschaft Rn. 132; anders für § 34 Abs. 1 Nr. 2 und 3 *Benker*, Die Gestaltung der Mitbestimmung in der SE, 2019, 61; Kölner Komm AktG/*Feuerborn* Rn. 25; *Grobys* NZA 2004, 779 (780 f.); *Grobys*

men Auslegung, nach der es alleine auf die Zahl der Arbeitnehmer der beteiligten Gesellschaften ankommt, ist deshalb ohne Belang. Nach Erwägungsgrund 3 S. 1 Beteiligungs-RL darf die Gründung einer SE nicht zur Beseitigung oder Einschränkung der Gepflogenheiten der Arbeitnehmerbeteiligung, die in den an der Gründung einer SE beteiligten Gesellschaften herrschen, führen. Erwägungsgrund 18 S. 1 Beteiligungs-RL erklärt die Sicherung erworbener Rechte der Arbeitnehmer über ihre Beteiligung an Unternehmensentscheidungen zum „fundamentalen Grundsatz und erklärten Ziel" der Richtlinie. Beides spricht für die vom deutschen Gesetzgeber vorgenommene Erweiterung des Bezugspunkts der Beschäftigtenzahl unter Einbeziehung von Konzernstrukturen. Gerade in Holding-Strukturen ist nämlich die überwiegende Zahl der Arbeitnehmer in Tochtergesellschaften und nicht bei der Holding selbst tätig. Klammerte man die Arbeitnehmer in den betroffenen Tochtergesellschaften aus, könnten die Schwellenwerte des § 34 Abs. 2 Nr. 2 lit. b durch die Bildung von Holding-Gesellschaften und eine Verlagerung von Entscheidungszuständigkeiten auf diese leicht unterschritten werden.

16 **cc) Maßgeblicher Zeitpunkt.** Fraglich ist, welcher **Zeitpunkt** für das **Bestehen** einer oder mehrerer **Formen der Mitbestimmung** in einer der beteiligten Gesellschaften **und für die Ermittlung der Schwellenwerte** in den beteiligten Gesellschaften und betroffenen Tochtergesellschaften maßgeblich ist. Die Vorgabe des Gesetzes, das in § 34 Abs. 1 Nr. 2 und 3 lediglich die Wendung „vor der Eintragung der SE" enthält, ist wenig präzise. Im Schrifttum schlägt man eine analoge Anwendung des § 23 Abs. 1 S. 4 vor, sodass das Ende des in § 20 angegebenen Zeitraums und damit das Ende der Verhandlungen zwischen dem bVG und den Leitungen maßgeblich wäre.[47] Andere stellen auf den Zeitpunkt unmittelbar vor Eintragung der SE ab.[48] Denkbar wäre es auch, auf den **Beginn des Verhandlungsverfahrens** – den Tag, an dem die Leitungen zur konstituierenden Sitzung eingeladen haben (§ 12 Abs. 1 S. 1) – abzustellen (→ § 12 Rn. 2 ff.). Vorzugswürdig ist es indessen, im Einklang mit der Rechtslage bei § 15 Abs. 3 (→ § 15 Rn. 9) **§ 4 Abs. 4** heranzuziehen, die für den Zeitpunkt der Ermittlung der Arbeitnehmerzahlen im Zusammenhang mit der Bildung und Zusammensetzung des bVG auf die **Informationserteilung nach § 4 Abs. 2** abstellt (→ § 4 Rn. 26).[49]

17 **dd) Nachträgliche Veränderung der Schwellenwerte.** Nachträgliche Veränderungen der Schwellenwerte haben **keinen Einfluss** auf das einmal installierte Mitbestimmungsregime, wenn nicht zugleich der Tatbestand einer strukturellen Änderung, die geeignet ist, die Beteiligungsrechte der Arbeitnehmer zu mindern (§ 18 Abs. 3 S. 1), erfüllt ist (näher → § 18 Rn. 19).[50] Waren die Gründungsgesellschaften im Übrigen wegen Tendenzschutzes mitbestimmungsfrei (→ Rn. 8), führt das nachträgliche Entfallen des Tendenzschutzes der SE nicht zur Mitbestimmung: Die mitbestimmungsfrei gegründete SE bleibt mitbestimmungsfrei (→ § 39 Rn. 10).

NZA 2005, 90; *Habersack* ZHR 107 (2007), 640; Habersack/Henssler/*Habersack* Rn. 4; *Joost* in Oetker/Preis AES B 8200 Rn. 216; *Kienast* in Jannott/Frodermann SE-HdB Kap. 13 Rn. 307 ff., Rn. 310: richtlinienkonforme Auslegung, sodass Arbeitnehmer in Tochtergesellschaften nicht mitzuzählen seien; ebenso Lutter/Hommelhoff/Teichmann/*Oetker* Rn. 21; dagegen *Habersack* ZHR 107 (2007), 640: eindeutiger Wortlaut; AKRR/*Rudolph* Rn. 18; *Sagan* in Bieder/Hartmann, Individuelle Freiheit und kollektive Interessenwahrnehmung im deutschen und europäischen Arbeitsrecht, 2012, 176 Fn. 18; krit., aber offengelassen von Habersack/Drinhausen/*Müller-Bonanni* Rn. 9 (Richtlinienkonformität zweifelhaft); *Köklü* in Van Hulle/Maul/Drinhausen SE-HdB Abschnitt 6 Rn. 217; krit. auch Stellungnahme DAV-Handelsrechtsausschuss zum RegE des SEEG vom Juli 2004, 10 f.; für richtlinienkonform hält die Regelung dagegen offenbar Nagel/Freis/Kleinsorge/*Nagel* Rn. 8.

[47] *Grobys* NZA 2005, 90; *Güntzel*, Die Richtlinie über die Arbeitnehmerbeteiligung in der Europäischen Aktiengesellschaft (SE) und ihre nationale Umsetzung in das deutsche Recht, 2005, 189; *Rieble* in Rieble/Junker Vereinbarte Mitbestimmung § 3 Rn. 118 ff.

[48] NK-ArbR/*Sagan* Rn. 8.

[49] So auch Kölner Komm AktG/*Feuerborn* Rn. 26; Habersack/Henssler/*Habersack* Rn. 17; Lutter/Hommelhoff/Teichmann/*Oetker* Rn. 19; ebenso Habersack/Drinhausen/*Hohenstatt/Müller-Bonanni* Rn. 35 mit der Maßgabe, dass die Mitbestimmung auch in dem Zeitpunkt noch besteht, in dem die Verhandlungen mit dem bVG abgeschlossen werden oder die Verhandlungsfrist des § 20 erfolglos abläuft.

[50] Vgl. Kölner Komm AktG/*Feuerborn* Rn. 27; Lutter/Hommelhoff/Teichmann/*Oetker* Rn. 6.

ee) Beschluss des besonderen Verhandlungsgremiums. Ein Beschluss nach § 34 **18** Abs. 1 Nr. 2 lit. b beim Unterschreiten der Schwellenwerte erfordert die **doppelte Mehrheit** des § 15 Abs. 2: In einer Mehrheit nach Köpfen der abstimmenden Mitglieder muss zugleich die Mehrheit der durch sie vertretenen Arbeitnehmer enthalten sein (näher → § 15 Rn. 3).[51] Der Beschluss muss vor Ablauf der Verhandlungsfrist des § 20 gefasst werden, weil mit dem Fristablauf die Amtszeit des bVG endet.[52] Die Leitungen sind an die Entscheidung des bVG gebunden.[53]

c) SE-Gründung durch Errichtung einer Holding- oder Tochter-SE. Für die **19** SE-Gründung durch Errichtung einer Holding- oder Tochter-SE ist **§ 34 Abs. 1 Nr. 3** maßgeblich, der sich von § 34 Abs. 1 Nr. 2 nur dadurch unterscheidet, dass sich die Schwellenwerte für die Anwendung der Auffangregelung auf **mindestens 50%** der Gesamtzahl der Arbeitnehmer der beteiligten Gesellschaften und betroffenen Tochtergesellschaften erhöhen (§ 34 Abs. 1 Nr. 3 lit. a). Werden diese Prozentschwellen nicht erreicht, kommt es wie bei § 34 Abs. 1 Nr. 2 lit. b auf einen entsprechenden (konstitutiven) Beschluss des bVG an, mit dem die Mitbestimmung kraft Gesetzes herbeigeführt werden kann (§ 34 Abs. 1 Nr. 3 lit. b). Im Übrigen gelten die Überlegungen zu § 34 Abs. 1 Nr. 2 – vor allem zur Richtlinienkonformität[54] – für § 34 Abs. 1 Nr. 3 entsprechend (→ Rn. 11 ff.). Insbesondere ist ein Wechsel vom dualistischen System ins monistische System oder umgekehrt auch an dieser Stelle für die Anwendung des § 34 Abs. 1 Nr. 3 ohne Belang (vgl. aber → § 35 Rn. 11, → § 35 Rn. 14 ff.). Das gesetzgeberische Motiv für die bei der Gründung einer SE durch Errichtung einer Holding oder Tochter-SE höheren Prozentsätze liegt darin, dass die Gefahr von Mitbestimmungsverlusten bei der Verschmelzung größer ist als bei den anderen Gründungsformen.[55] § 34 Abs. 1 Nr. 3 betrifft nur die Gründung einer Tochter-SE (Primärgründung nach Art. 2 Abs. 3 SE-VO), die Gründung einer **SE-Tochter** (Sekundärgründung gem. Art. 3 Abs. 2 SE-VO) ist dagegen **beteiligungsfrei** (näher → Vor § 1 Rn. 10 f.).[56]

3. Wahl bei unterschiedlichen Formen der Mitbestimmung. Werden die in § 34 **20** Abs. 1 Nr. 2 lit. a und Nr. 3 lit. a genannten Schwellenwerte bei der SE-Gründung durch Verschmelzung oder durch Errichtung einer Holding- oder Tochter-SE überschritten oder ist die Auffangregelung infolge eines Beschlusses des bVG nach § 34 Abs. 1 Nr. 2 lit. b und Nr. 3 lit. b anzuwenden, ist die Rechtslage unproblematisch, wenn in den beteiligten Gesellschaften **identische Formen der Mitbestimmung** bestanden haben. Eine Wahl zwischen verschiedenen Formen muss nicht getroffen werden.

In den beteiligten Gesellschaften können aber **mehrere Formen der Mitbestimmung** **21** bestanden haben, wie § 34 Abs. 1 Nr. 2 und 3 ausdrücklich formulieren. Form der Mitbestimmung bedeutet in diesem Zusammenhang das **Prinzip des Mitbestimmungssystems** iSd **§ 2 Abs. 12** (→ § 2 Rn. 26). Es handelt sich deshalb zB bei der Mitbestimmung nach dem MitbestG und dem DrittelbG um dieselbe Form der Mitbestimmung iSd § 34 Abs. 1 Nr. 2 und 3, nämlich die Wahl eines Anteils von Arbeitnehmervertretern in den Aufsichtsrat (Repräsentationsmodell).[57] Das Kooptationsmodell wird derzeit allerdings in keinem der Mitgliedstaaten praktiziert (vgl. auch insoweit → § 2 Rn. 26). Die Frage nach Größe des Anteils – im Beispiel die Hälfte oder ein Drittel – stellt sich erst bei der Bestimmung des Umfangs der Mitbestimmung und ist nach § 35 Abs. 2 zu beantworten (→ § 35 Rn. 5 ff.).[58]

---

[51] Ebenso Habersack/Drinhausen/*Hohenstatt*/*Müller-Bonanni* Rn. 8; *Kienast* in Jannott/Frodermann SE-HdB Kap. 13 Rn. 314; Lutter/Hommelhoff/Teichmann/*Oetker* Rn. 23.
[52] Kölner Komm AktG/*Feuerborn* Rn. 29; Habersack/Henssler/*Habersack* Rn. 19; AKRR/*Rudolph* Rn. 19.
[53] Kölner Komm AktG/*Feuerborn* Rn. 28.
[54] AA insoweit iE Kölner Komm AktG/*Feuerborn* Rn. 30.
[55] Begr. RefE, 108; abgedruckt bei *Neye*, Die Europäische Aktiengesellschaft, 2005, 381; vgl. auch Lutter/Hommelhoff/Teichmann/*Oetker* Rn. 5.
[56] Anders *Kienast* in Jannott/Frodermann SE-HdB Kap. 13 Rn. 306.
[57] BR-Drs. 438/04, 136; wie hier Kölner Komm AktG/*Feuerborn* Rn. 33; Habersack/Drinhausen/*Hohenstatt*/*Müller-Bonanni* Rn. 11.
[58] So auch Kölner Komm AktG/*Feuerborn* Rn. 34 f.

22 Bestanden mehrere Formen der Mitbestimmung, ist zu entscheiden, welche dieser Mitbestimmungsformen in der SE eingeführt werden soll. Das Gesetz weist diese Aufgabe in **§ 34 Abs. 2 S. 1** nicht den Leitungen, sondern dem **bVG** zu. Das bVG entscheidet durch **Beschluss,** für den wiederum die doppelte Mehrheit des § 15 Abs. 2 gilt (näher → § 15 Rn. 3).[59] Eine Zustimmung der Leitungen ist wiederum nicht erforderlich.[60] Wenn das bVG keinen solchen Beschluss fasst – etwa weil die erforderliche Mehrheit im Gremium nicht erreicht wird – und eine **inländische Gesellschaft,** deren Arbeitnehmern Mitbestimmungsrechte zustehen, an der Gründung der SE beteiligt ist, bestimmt **§ 34 Abs. 2 S. 2,** dass die Mitbestimmung nach dem Modell des § 2 Abs. 12 Nr. 1 maßgeblich ist.[61] Nur wenn keine inländische Gesellschaft, deren Arbeitnehmern Mitbestimmungsrechte zustehen, an der Gründung der SE beteiligt ist, ist gem. **§ 34 Abs. 2 S. 3** diejenige Form der Mitbestimmung nach § 2 Abs. 12 anzuwenden, welche sich auf die höchste Zahl der in den **beteiligten Gesellschaften** beschäftigten Arbeitnehmer erstreckt.[62] Maßgeblicher Zeitpunkt für die Ermittlung der Zahlenverhältnisse ist auch insoweit der **Zeitpunkt** der Information nach § 4 Abs. 2 (**§ 4 Abs. 4,** → Rn. 12, → § 4 Rn. 26).[63] **Teilzeitbeschäftigte** sind voll zu zählen (→ § 2 Rn. 4).

23 **4. Unterrichtung der Leitungen.** Gem. § 34 Abs. 3 hat das bVG die Leitungen über die Beschlüsse zu unterrichten, die es nach § 34 Abs. 1 Nr. 2 lit. b und Nr. 3 lit. b fasst, um bei einem Unterschreiten der entsprechenden Schwellenwerte die Anwendung der §§ 35 ff. für die SE-Gründung durch Verschmelzung oder durch Errichtung einer Holding- oder Tochter-SE zu erzwingen. Das Gleiche gilt für den Beschluss § 34 Abs. 2 S. 1 bei der Wahl zwischen verschiedenen Mitbestimmungsformen. Die Leitungen haben einen **Unterrichtungsanspruch.**[64] Sie sind an die Beschlüsse des bVG **gebunden.**[65] Eine bestimmte **Form** ist für die Unterrichtung nicht vorgeschrieben. Es empfiehlt sich in Anlehnung an § 17 Schriftform.[66]

III. Streitigkeiten

24 Soweit die Zusammensetzung des Aufsichts- oder Verwaltungsorgans oder das „Ob" eines mitbestimmten Aufsichts- oder Verwaltungsorgans in Streit steht, sind Streitigkeiten, die aus der Anwendung des § 34 resultieren, nicht vor den Gerichten für Arbeitssachen im Beschlussverfahren nach § 2a Abs. 1 Nr. 3 lit. e ArbGG, §§ 80 ff. ArbGG auszutragen. Maßgeblich ist das **Statusverfahren** nach §§ 97 ff. AktG (für den Aufsichtsrat), §§ 25 f. SEAG (für das Verwaltungsorgan); → § 35 Rn. 28.[67] Die Gerichte für Arbeitssachen sind nur zuständig, soweit über die Wahl von Vertretern der Arbeitnehmer in das Aufsichts- oder Verwaltungsorgan oder deren Abberufung mit Ausnahme der Abberufung nach § 103 Abs. 3 AktG zu entscheiden ist.[68] Örtlich zuständig ist das Arbeitsgericht, in dessen Bezirk die SE ihren Sitz hat (§ 82 Abs. 3 ArbGG).

IV. SCEBG und MgVG

25 § 34 entspricht **§ 34 SCEBG** und prinzipiell auch **§ 23 MgVG.** Allerdings stellt § 34 Abs. 1 Nr. 3 SCEBG auf den Fall einer „auf andere Weise gegründeten Europäischen

---

[59] Ebenso Kölner Komm AktG/*Feuerborn* Rn. 37; Lutter/Hommelhoff/Teichmann/*Oetker* Rn. 27; AKRR/*Rudolph* Rn. 21.
[60] Kölner Komm AktG/*Feuerborn* Rn. 37.
[61] Kölner Komm AktG/*Feuerborn* Rn. 39.
[62] Habersack/Drinhausen/*Hohenstatt/Müller-Bonanni* Rn. 14.
[63] Ebenso Kölner Komm AktG/*Feuerborn* Rn. 40; Habersack/Henssler/*Habersack* Rn. 28; Habersack/Drinhausen/*Hohenstatt/Müller-Bonanni* Rn. 15; aA AKRR/*Rudolph* Rn. 23: Ablauf der Verhandlungsfrist gemäß § 20 SEBG.
[64] So auch Kölner Komm AktG/*Feuerborn* Rn. 41; Lutter/Hommelhoff/Teichmann/*Oetker* Rn. 29.
[65] BR-Drs. 438/03, 137; Nagel/Freis/Kleinsorge/*Nagel* Rn. 18.
[66] So iE auch Kölner Komm AktG/*Feuerborn* Rn. 11; Habersack/Drinhausen/*Hohenstatt/Müller-Bonanni* Rn. 16.
[67] Kölner Komm AktG/*Feuerborn* Rn. 42.
[68] Kölner Komm AktG/*Feuerborn* Rn. 42.

Genossenschaft" ab. Ganz anders als § 34 Abs. 1 ist § 23 Abs. 1 MgVG ausgestaltet: Er nimmt zunächst die Regelungen des § 22 auf (→ § 22 Rn. 7). Außerdem können die Leitungen der an der Verschmelzungen beteiligten Gesellschaften – anders als nach dem SEBG[69] – die Anwendung der gesetzlichen Auffangregelung beschließen, um ein langwieriges Verhandlungsverfahren zu vermeiden (§ 23 Abs. 1 S. 1 Nr. 3 MgVG; näher → Vor § 1 Rn. 56), und die Schwellenwerte zur Anwendung der gesetzlichen Auffangregelung sind bei der Verschmelzung mit mindestens einem Drittel (§ 23 Abs. 1 S. 2 MgVG) höher als in § 34 Abs. 1 Nr. 2 (25%; → Vor § 1 Rn. 57). Wie § 34 Abs. 1 Nr. 2 (→ Rn. 11; → § 15 Rn. 10 f.) ist auch § 23 Abs. 1 S. 2 MgVG nicht richtlinienwidrig: Bei der Berechnung der Schwellenwerte sind deshalb die Arbeitnehmer der betroffenen Tochtergesellschaften zu berücksichtigen.[70] Eine § 34 Abs. 1 Nr. 3 entsprechende Regelung (Gründung einer SE als Holding-Gesellschaft oder Tochtergesellschaft) fehlt im MgVG.

§ 35 Umfang der Mitbestimmung

(1) Liegen die Voraussetzungen des § 34 Abs. 1 Nr. 1 (Gründung einer SE durch Umwandlung) vor, bleibt die Regelung zur Mitbestimmung erhalten, die in der Gesellschaft vor der Umwandlung bestanden hat.

(2) ¹**Liegen die Voraussetzungen des § 34 Abs. 1 Nr. 2 (Gründung einer SE durch Verschmelzung) oder des § 34 Abs. 1 Nr. 3 (Gründung einer Holding-SE oder Tochter-SE) vor, haben die Arbeitnehmer der SE, ihrer Tochtergesellschaften und Betriebe oder ihr Vertretungsorgan das Recht, einen Teil der Mitglieder des Aufsichts- oder Verwaltungsorgans der SE zu wählen oder zu bestellen oder deren Bestellung zu empfehlen oder abzulehnen.** ²**Die Zahl dieser Arbeitnehmervertreter im Aufsichts- oder Verwaltungsorgan der SE bemisst sich nach dem höchsten Anteil an Arbeitnehmervertretern, der in den Organen der beteiligten Gesellschaften vor der Eintragung der SE bestanden hat.**

Übersicht

	Rn.		Rn.
I. Einleitung	1	b) Differenzierung nach Gründungsformen bei der mitbestimmten SE	7–13
II. Umfang der gesetzlichen Mitbestimmung	2–26	c) Besonderheiten bei der paritätischen Mitbestimmung	14–26
1. Zahl der Mitglieder des Aufsichts- oder Verwaltungsorgans	3, 4	III. Veränderungsfestigkeit der Mitbestimmung	27
2. Zusammensetzung des Aufsichts- oder Verwaltungsorgans	5–26	IV. Streitigkeiten	28, 29
a) Mitbestimmte und nicht mitbestimmte SE	6	V. SCEBG und MgVG	30

I. Einleitung

Liegen die Voraussetzungen für die Anwendung der gesetzlichen Auffangregelung gem. 1 §§ 22, 34 vor, ist im nächsten Schritt der **Umfang der gesetzlichen Mitbestimmung** zu ermitteln. Dazu enthält § 35 eine Regelung, mit der Art. 7 Abs. 1 Beteiligungs-RL iVm Anh. Teil 3 Beteiligungs-RL umgesetzt wird. § 35 ist teilweise **verfassungswidrig** (→ Rn. 18 ff.).

II. Umfang der gesetzlichen Mitbestimmung

§ 35 nimmt auf § 34 Abs. 1 Bezug und **differenziert** auch für den **Umfang** der gesetzlichen 2 Mitbestimmung nach den unterschiedlichen **Gründungsformen.** Auch insoweit kommt es

---

[69] Dort kann die Anwendung nur in der Mitbestimmungsvereinbarung getroffen werden, § 22 Abs. 5 SEBG (entspricht § 22 Abs. 3 MgVG).
[70] *Lunk/Hinrichs* NZA 2007, 773 (779); *Nagel/Freis/Kleinsorge/Nagel* MgVG § 23 Rn. 2; aA *Drinhausen/Keinath* RIW 2006, 81 (85).

jedenfalls für die Umwandlung auf die **tatsächlich praktizierte** Mitbestimmung an, § 34 Abs. 1 Nr. 1 und § 35 Abs. 1 sind insoweit synchron zu interpretieren (→ § 34 Rn. 5 ff.).

3 **1. Zahl der Mitglieder des Aufsichts- oder Verwaltungsorgans.** Die Zahl der Mitglieder des Aufsichts- oder Verwaltungsorgans der SE richtet sich grundsätzlich nicht nach dem SEBG. Für die Zahl der Mitglieder des Aufsichtsrats ist vielmehr **§ 17 Abs. 1 SEAG** maßgeblich. Der **Aufsichtsrat** besteht demnach aus drei Mitgliedern. Allerdings kann die Satzung von der gesetzlichen Regel abweichen und eine innerhalb der dort genannten Höchstgrenzen, die von der Höhe des Grundkapitals abhängen, höhere Zahl festlegen, die durch drei teilbar ist. Das **Verwaltungsorgan** besteht nach § 23 Abs. 1 SEAG ebenfalls grundsätzlich aus drei Mitgliedern. Auch hier kann die Satzung von der gesetzlichen Regelgröße abweichen, wenn sich die Abweichung innerhalb der dort festgelegten Mindest- und Höchstgrenzen hält, die wiederum an die Höhe des Grundkapitals gekoppelt sind. Insoweit hat der deutsche Gesetzgeber von der Ermächtigung des Art. 43 Abs. 2 S. 2 SE-VO Gebrauch gemacht.

4 Gem. **§ 17 Abs. 2 SEAG, § 23 Abs. 2 SEAG** bleibt die Beteiligung der Arbeitnehmer nach dem SEBG auf Grund einer Vereinbarung nach § 21 oder der Auffangregelung in §§ 34 ff. allerdings unberührt. Die Regelungen zur Mitbestimmung enthalten zwar keine eigenen Vorgaben zur Größe des Aufsichts- oder Verwaltungsorgans. Möglich ist aber ein mittelbarer Einfluss. Aus dem SEBG kann sich allerdings ergeben, dass ein bestimmter **Anteil** von Arbeitnehmervertretern im Aufsichts- oder Verwaltungsorgan vorausgesetzt wird. Gilt in der gegründeten SE zB eine paritätische Mitbestimmung (§ 35), bedarf es abweichend von § 17 Abs. 1 S. 3 SEAG, § 23 Abs. 1 S. 2 und 3 SEAG einer **geraden Zahl** von Organmitgliedern. Darüber hinaus sieht Art. 43 Abs. 2 UAbs. 2 SE-VO vor, dass das Verwaltungsorgan einer mitbestimmten SE aus **mindestens drei Mitgliedern** bestehen muss. In diesen Fällen kann es unter Umständen erforderlich werden, die Satzung der SE durch die Hauptversammlung anzupassen (Art. 12 Abs. 4 UAbs. 1 SE-VO).[1] Der deutsche Gesetzgeber hat im SEAG nicht von der Ermächtigung in Art. 12 Abs. 4 UAbs. 2 SE-VO Gebrauch gemacht.

5 **2. Zusammensetzung des Aufsichts- oder Verwaltungsorgans.** Von der Frage nach der Größe des Aufsichts- oder Verwaltungsorgans ist die Frage nach dessen Zusammensetzung abzugrenzen.

6 **a) Mitbestimmte und nicht mitbestimmte SE.** Die Zusammensetzung des **Aufsichtsrats** einer nicht mitbestimmten SE ergibt sich aus § 96 Abs. 1 aE AktG: Er besteht ausschließlich aus Vertretern der Anteilseignerseite. Für die **mitbestimmte SE** ist § 17 Abs. 2 SEAG maßgeblich, der § 95 S. 5 AktG entspricht. Danach bleibt die vereinbarte Mitbestimmung nach § 21 oder die gesetzliche Auffangregelung in §§ 34 ff. unberührt. Das bedeutet, dass das **Verwaltungsorgan** in diesen Fällen aus Mitgliedern der Anteilseignerseite und Mitgliedern der Arbeitnehmervertreter besteht (vgl. § 96 Abs. 1 AktG). Das **Verwaltungsorgan** einer nicht mitbestimmten SE setzt sich nach § 24 Abs. 1 SEAG grundsätzlich aus Mitgliedern der Anteilseignerseite zusammen. Unterliegt die monistisch verfasste SE indessen der Mitbestimmung, weil eine Vereinbarung nach § 21 eingreift oder die §§ 34 ff. eingreifen, ist das Verwaltungsorgan auch mit Mitgliedern der Arbeitnehmervertreter besetzt (§ 24 Abs. 1 SEAG).

7 **b) Differenzierung nach Gründungsformen bei der mitbestimmten SE.** § 35 differenziert für die mitbestimmte SE zwischen der Gründung durch **Umwandlung** (Art. 2 Abs. 4 SE-VO, Art. 37 SE-VO) einerseits, die § 35 Abs. 1 aufgreift, und der Gründung durch **Verschmelzung** (Art. 2 Abs. 1 SE-VO, Art. 17 ff. SE-VO, §§ 5 ff. SEAG) oder Errichtung einer **Holding-** (Art. 2 Abs. 2 SE-VO, Art. 32 ff. SE-VO, §§ 9 ff. SEAG) oder **Tochtergesellschaft** (Art. 2 Abs. 3 SE-VO, Art. 35 f. SE-VO) andererseits, für die § 35 Abs. 2 eine einheitliche Regelung trifft.

---

[1] Kölner Komm AktG/*Feuerborn* Rn. 3; *Grobys* NZA 2005, 90; *Ihrig/Wagner* BB 2004, 1749 (1755).

aa) Gründung durch Umwandlung. Liegen die Voraussetzungen des § 34 Abs. 1 **8** Nr. 1 vor, bleibt bei einer SE-Gründung durch Umwandlung in Umsetzung des Vorher-Nachher-Prinzips (→ Vor § 1 Rn. 15) und in Ergänzung zu § 16 Abs. 3 und vor allem zu § 15 Abs. 5, § 21 Abs. 6, welche die Minderung von Mitbestimmungsrechten durch Vereinbarung bei einer Umwandlung verbieten (näher → § 15 Rn. 19; → § 16 Rn. 6; → § 21 Rn. 60 ff.), die Regelung zur Mitbestimmung, die in der Gesellschaft vor der Umwandlung bestanden hat, erhalten (**§ 35 Abs. 1**). Das gilt grundsätzlich auch bei einem Wechsel vom dualistischen ins monistische System und umgekehrt (→ § 34 Rn. 5).[2] Besonderheiten sind bei der Übertragung einer paritätischen Mitbestimmung im Aufsichtsrat in ein monistisches System zu beachten (näher → Rn. 16 ff.). Für den Umfang der Mitbestimmung ist auf die **Verhältnisse der Gründer zum Ende des in § 20 angegebenen Zeitraums** abzustellen.[3]

Die Formulierung des § 35 Abs. 1 lässt den Schluss zu, dass auch die bisher anwendbaren **9** Mitbestimmungsregelungen über die **Organgröße** beibehalten werden müssen (vgl. → § 15 Rn. 13, → § 21 Rn. 66).[4] Gegen eine solche Interpretation sprechen indessen Art. 40 Abs. 3 SE-VO, Art. 43 Abs. 2 SE-VO, wonach die Zahl der Mitglieder des Aufsichts- oder Verwaltungsorgans oder die Regeln für ihre Festlegung durch die Satzung bestimmt werden und die Mitgliedstaaten lediglich ermächtigt sind, bestimmte Mindest- oder Höchstzahlen festzulegen (vgl. § 17 Abs. 1 SEAG, § 23 Abs. 1 SEAG). Auch Anh. Teil 3 lit. b UAbs. 1 Beteiligungs-RL, der durch Teil 3 lit. a in Bezug genommen wird, stellt auf den **Anteil** der Arbeitnehmervertreter ab, nicht auf deren absolute Zahl, der für die SE zu übernehmen ist. Schließlich spricht für eine solche Auslegung des § 35 Abs. 1 auch der systematische Zusammenhang zu § 35 Abs. 2 S. 2, der ebenfalls den Anteil erwähnt. § 35 Abs. 1 enthält damit keine Aussage zur Organgröße, sondern bezieht sich lediglich auf die **proportionale Zusammensetzung** des Aufsichts- oder Verwaltungsorgans.[5] Ist an der Gründung der SE eine deutsche mitbestimmte Gesellschaft beteiligt, ist folglich der Anteil der Arbeitnehmervertreter von einem Drittel bei in der Regel mehr als 500 Arbeitnehmern (§ 1 Abs. 1 DrittelbG) oder der Hälfte bei in der Regel mehr als 2.000 Arbeitnehmern (§ 1 Abs. 1 MitbestG) auf die SE zu übertragen. Die Übertragung der proportionalen Zusammensetzung des Aufsichtsrats bedeutet, dass die Arbeitnehmer-

---

[2] Kölner Komm AktG/*Feuerborn* Rn. 10; Habersack/Drinhausen/*Hohenstatt/Müller-Bonanni* Rn. 5; Lutter/Hommelhoff/Teichmann/*Oetker* Rn. 6.

[3] Ebenso de lege ferenda § 35 Abs. 3 SEBG-E des AKK ZIP 2010, 2228.

[4] Dafür Blanke/Hayen/Kunz/Carlson/*Carlson* Mitbestimmung der Arbeitnehmer in der Europäischen Aktiengesellschaft Rn. 35; *Güntzel*, Die Richtlinie über die Arbeitnehmerbeteiligung in der Europäischen Aktiengesellschaft (SE) und ihre nationale Umsetzung in das deutsche Recht, 2005, 460; *Meißner* AuR 2012, 61 (62 f.); Nagel/Freis/Kleinsorge/*Nagel* Rn. 2; *Nagel* AuR 2007, 329 (335); *Reichert/Brandes* ZGR 2003, 767 (775): alles bleibe „beim Alten".

[5] IE wie hier *Austmann* FS Hellwig, 2010, 108; *Benker*, Die Gestaltung der Mitbestimmung in der SE, 2019, 72; *Cannistra*, Das Verhandlungsverfahren zur Regelung der Mitbestimmung der Arbeitnehmer bei Gründung einer Societas Europaea und bei Durchführung einer grenzüberschreitenden Verschmelzung, 2014, 197 f.; BeckOGK/*Eberspächer* SE-VO Art. 43 Rn. 28; Kölner Komm AktG/*Feuerborn* Rn. 12; *Grobys* NZA 2005, 90; Habersack/Henssler/*Habersack* Rn. 6; *Habersack* AG 2006, 345 (347); *von Heyde*, Die Beteiligung der Arbeitnehmer in der Societas Europaea (SE), 2007, 250; *Henssler/Sittard* KSzW 2011, 359 (366 f.); HWK/Hohenstatt/*Dzida* SEBG Rn. 48; Habersack/Drinhausen/*Hohenstatt/Müller-Bonanni* Rn. 2 f.; *Ihrig/Wagner* BB 2004, 1749 (1755 ff.); *Jacobs* FS K. Schmidt, 2009, 800; *Kallmeyer* AG 2003, 197 (199); *Kepper*, Die mitbestimmte monistische SE deutschen Rechts, 2010, 218 f.; *Kienast* in Jannott/Frodermann SE-HdB Kap. 13 Rn. 320; NK-SE/*Kleinmann/Kujath* Rn. 2; Wißmann/Kleinsorge/Schubert/*Kleinsorge* EU-Recht Rn. 123; *Koch*, Die Beteiligung von Arbeitnehmervertretern an Aufsichts- und Verwaltungsratsausschüssen einer Europäischen Aktiengesellschaft, 2010, 244; *Köklü* in Van Hulle/Maul/Drinhausen SE-HdB Abschnitt 6 Rn. 205; *Maack*, Rechtsschutz im Arbeitnehmerbeteiligungsverfahren bei Gründung einer „deutschen" Societas Europaea, 2010, 161 f.; *Müller-Bonanni/Melot de Beauregard* GmbHR 2005, 195 (197); Lutter/Hommelhoff/Teichmann/*Oetker* Rn. 9; *Oetker* FS Birk, 2008, 557 (562 ff.); *Rehwinkel* ZESAR 2008, 74 (76); *Rieble* BB 2006, 2018 (2021); *Scheibe*, Die Mitbestimmung der Arbeitnehmer in der SE unter besonderer Berücksichtigung des monistischen Systems, 2007, 174 ff.; Habersack/Drinhausen/*Seibt* SE-VO Art. 40 Rn. 68; *Seibt* ZIP 2010, 1057 (1061); *Teichmann* BB 2004, 53 (56); *Ziegler/Gey* BB 2009, 1750 (1755); diff. MHdB ArbR/*Naber/Sittard* § 384 Rn. 92: Wahrung des Gestaltungsspielraums, den die SE-VO für die Satzung lässt.

vertreter im bisherigen Verwaltungsorgan nicht im Amt bleiben[6] und dass auch dessen bisherige **innere Struktur** – etwa Sitze von Gewerkschaftsvertretern oder leitenden Angestellten – im Aufsichts- oder Verwaltungsorgan der SE **nicht bestehen bleibt.**[7] Das Gleiche gilt für die **innere Ordnung** des Aufsichts- oder Verwaltungsorgans und den Arbeitsdirektor, § 38 ist maßgeblich und nicht mehr §§ 25–29, 31, 33 MitbestG.[8]

10 bb) **Gründung durch Verschmelzung oder durch Errichtung einer Holding- oder Tochter-SE.** Komplizierter ist die Bestimmung des Umfangs der Mitbestimmung bei der Gründung einer SE durch Verschmelzung oder durch Errichtung einer Holding- oder Tochter-SE. In diesen Fällen haben die Arbeitnehmer der SE, ihrer Tochtergesellschaften und Betriebe oder ihr Vertretungsorgan gem. **§ 35 Abs. 2 S. 1** das Recht, einen Teil der Mitglieder des Aufsichts- oder Verwaltungsorgans der SE zu wählen oder zu bestellen oder deren Bestellung zu empfehlen oder abzulehnen. Welche Form der Mitbestimmung iSd § 2 Abs. 12 anzuwenden ist, entscheidet sich bereits im Rahmen des § 34: Entweder bestand in den beteiligten Gesellschaften nur eine Form der Mitbestimmung (→ § 34 Rn. 4 ff.), andernfalls ist gem. § 34 Abs. 3 zu entscheiden, welche Form der Mitbestimmung in der gegründeten SE gelten soll (→ § 34 Rn. 20 ff.). Das Kooptationsmodell wird anders als das Repräsentationsmodell zurzeit allerdings in keinem Mitgliedstaat angewandt (→ § 2 Rn. 26).

11 Für beide Formen der Mitbestimmung bestimmt **§ 35 Abs. 2 S. 2**, dass bei der Bestimmung der Zahl der nach § 35 Abs. 2 S. 1 ermittelten Arbeitnehmervertreter im Aufsichts- oder Verwaltungsorgan der SE der **höchste Anteil an Arbeitnehmervertretern,** der in den Organen der beteiligten Gesellschaften vor der Eintragung der SE bestanden hat, maßgeblich ist; für den Umfang der Mitbestimmung ist wiederum auf die **Verhältnisse der Gründer zum Ende des in § 20 angegebenen Zeitraums** abzustellen.[9] Entscheidend ist ähnlich wie bei § 15 Abs. 4 eine rein formale Betrachtung nach **quantitativen** Merkmalen (→ § 15 Rn. 16 f.).[10] In den beteiligten Gesellschaften ist das Verhältnis der Arbeitnehmerköpfe in deren Aufsichts- und Verwaltungsorganen im Verhältnis zur Anteilseignerseite zu ermitteln. Das Verhältnis in der Gesellschaft, in welcher der höchste Anteil an Arbeitnehmervertretern besteht, ist für das Aufsichts- oder Verwaltungsorgan der SE maßgeblich.[11] Damit bewirkt § 35 Abs. 2 S. 2, dass das höchste Mitbestimmungsniveau – im europäischen Vergleich also das deutsche – in die SE „importiert" wird.[12] Ob ein Wechsel vom dualistischen ins monistische System oder umgekehrt stattfindet, ist grundsätzlich ohne Belang (vgl. → § 34 Rn. 10, → § 34 Rn. 19). Besonderheiten sind allerdings wieder beim Vergleich zwischen einem paritätisch mitbestimmten Aufsichtsrat und dem Verwaltungsorgan im monistischen System zu beachten (näher → Rn. 16 ff.).

12 Da das Gesetz auf den **Anteil** abstellt, garantiert es wie schon bei § 35 Abs. 1 (→ Rn. 9) nicht die bisherige (absolute) Zahl von Sitzen für die Arbeitnehmervertreter im Aufsichts- oder Verwaltungsorgan, sondern gewährleistet lediglich das **proportionale Verhältnis** zwischen den Vertretern der Anteilsinhaber und der Arbeitnehmer.[13] Die Mitbestimmung hat

---

[6] Ebenso Kölner Komm AktG/*Feuerborn* Rn. 13.
[7] *Benker,* Die Gestaltung der Mitbestimmung in der SE, 2019, 73; Kölner Komm AktG/*Feuerborn* Rn. 14; *Oetker* FS Birk, 2008, 557 (566); Lutter/Hommelhoff/Teichmann/*Oetker* Rn. 9 f.; *Rieble* BB 2006, 2018 (2021); AKRR/*Rudolph* Rn. 5; anders Wißmann/Kleinsorge/Schubert/*Kleinsorge* EU-Recht Rn. 123; *Kepper,* Die mitbestimmte monistische SE deutschen Rechts, 2010, 219; *Köstler* in Theisen/Wenz, Europäische Aktiengesellschaft, 2. Aufl. 2005, 322 (vor Erlass des SEBG): „alle Komponenten der Arbeitnehmerbeteiligung" in Anh. Teil 3 lit. a Beteiligungs-RL; Nagel/Freis/Kleinsorge/*Nagel* Rn. 2; *Nagel* AuR 2007, 329 (335); MHdB ArbR/*Naber/Sittard* § 384 Rn. 92.
[8] *Benker,* Die Gestaltung der Mitbestimmung in der SE, 2019, 73 f.; Kölner Komm AktG/*Feuerborn* Rn. 14; Habersack/Henssler/*Habersack* Rn. 5; *Oetker* FS Birk, 2008, 557 (566 f.).
[9] So auch de lege ferenda § 35 Abs. 3 SEBG-E des AAK ZIP 2010, 2228.
[10] *Oetker* in Lutter/Hommelhoff EU-Gesellschaft 310.
[11] Vgl. dazu Lutter/Hommelhoff/Teichmann/*Oetker* Rn. 16.
[12] *Grobys* NZA 2005, 90.
[13] BR-Drs. 438/04, 137; *Austmann* FS Hellwig, 2010, 108; *Cannistra,* Das Verhandlungsverfahren zur Regelung der Mitbestimmung der Arbeitnehmer bei Gründung einer Societas Europaea und bei Durchfüh-

anders als zB im deutschen Recht (§ 7 Abs. 1 MitbestG) keinen Einfluss auf die absolute Größe des Aufsichts- oder Verwaltungsorgans. § 35 Abs. 2 S. 2 ändert demzufolge nichts daran, dass die Zahl der Sitze für das jeweilige Organ grundsätzlich in der Satzung festgelegt und damit die Zahl der Arbeitnehmervertreter auf Grund einer entsprechenden Satzungsbestimmung auch verringert werden kann (§ 17 Abs. 1 SEAG, § 23 Abs. 1 SEAG; → Rn. 3 f.).

Schwierigkeiten kann es ähnlich wie bei der Frage nach der Minderung von Mitbestimmungsrechten (§ 15 Abs. 4) bereiten, den „höchsten Anteil an Arbeitnehmervertretern" im Verhältnis **unterschiedlicher Mitbestimmungsmodelle** – etwa zwischen dem deutschen Repräsentationsmodell und dem Kooptationsmodell, das bislang in den Niederlanden galt (näher → § 2 Rn. 26) – zu ermitteln. Zwar behandelt § 2 Abs. 12 beide Prinzipien der Mitbestimmung im Grundsatz gleich (→ § 15 Rn. 15). Dennoch ist ein rein quantitativer Vergleich zwischen dem Repräsentationsmodell und dem Kooptationsmodell wegen der qualitativen Unterschiede – nur im Repräsentationsmodell sind die Arbeitnehmervertreter der Arbeitnehmerseite rechtlich zugeordnet – ähnlich wie im Rahmen des § 15 Abs. 4 nicht möglich (näher → § 15 Rn. 16).[14] Der Vergleich könnte etwa bedeuten, dass beim Wechsel vom Kooptationsmodell zum Repräsentationsmodell das Aufsichts- oder Verwaltungsorgan der SE ausschließlich mit Arbeitnehmervertretern zu besetzen ist, da die Arbeitnehmervertretung beim Kooptationsmodell das Recht hat, **alle** Mitglieder des Aufsichts- oder Verwaltungsorgans zu empfehlen oder abzulehnen. Ein solches Verständnis ist aber weder § 35 Abs. 2 S. 2 noch dem zugrunde liegenden Anh. Teil 3 lit. b UAbs. 1 Beteiligungs-RL zu entnehmen. Stattdessen ist auf die zu § 15 Abs. 4 zur Frage der Minderung von Beteiligungsrechten entwickelten Grundsätze zurückzugreifen (→ § 15 Rn. 16). Der quantitative Anteilsvergleich kann sich nur auf das für die SE vorgesehene Mitbestimmungsmodell beziehen. Der „höchste Anteil" kann infolgedessen nur aus einer beteiligten Gesellschaft herrühren, die **dasselbe Mitbestimmungsmodell** verwendet.[15] Ein Zahlenvergleich zwischen dem Repräsentationsmodell und dem Kooptationsmodell scheidet aus.

c) Besonderheiten bei der paritätischen Mitbestimmung. Probleme können sich bei der Übertragung der paritätischen Mitbestimmung (§ 7 MitbestG, § 4 MontanMitbestG, § 5 MitbestErgG) auf das Aufsichts- oder Verwaltungsorgan der SE ergeben.

aa) Paritätische Mitbestimmung im Aufsichtsrat. Keine besonderen Probleme bereitet die Übertragung des Anteils der Mitglieder der Arbeitnehmerseite auf eine **dualistisch** verfasste SE bei der SE-Gründung durch Umwandlung (§ 35 Abs. 1), durch Verschmelzung oder durch Errichtung einer Holding- oder Tochter-SE. Das Verwaltungsorgan der SE wird zwar den gleichen Anteil von Arbeitnehmervertretern aufweisen wie im Aufsichtsrat der umzuwandelnden Gesellschaft oder der an der Gründung der SE beteiligten Gesellschaft mit dem höchsten Mitbestimmungsniveau vor der Eintragung der SE. Das gilt auch für die paritätische Mitbestimmung. Die Arbeitnehmerseite hat allerdings keinen Einfluss auf die Geschäftsführung im Leitungsorgan, denn die Aufgabe des Aufsichtsrats beschränkt sich auf die Überwachung der Gesellschaft (§ 111 AktG).[16] Im Aufsichtsrat sichert zudem die **Zweitstimme des Vorsitzenden** die Mehrheit der Anteilseignerseite. Art. 42 S. 2 SE-VO bestimmt für das dualistische System nämlich, dass stets

---

rung einer grenzüberschreitenden Verschmelzung, 2014, 199; Kölner Komm AktG/*Feuerborn* Rn. 18; *von der Heyde,* Die Beteiligung der Arbeitnehmer in der Societas Europaea (SE), 2007, 247 f.; Habersack/Drinhausen/ *Hohenstatt*/*Müller-Bonanni* Rn. 7; *Ihrig/Wagner* BB 2004, 1749 (1754); *Kepper,* Die mitbestimmte monistische SE deutschen Rechts, 2010, 220 f.; *Kienast* in Jannott/Frodermann SE-HdB Kap. 13 Rn. 320; *Köklü* in Van Hulle/Maul/Drinhausen SE-HdB Abschnitt 6 Rn. 205; *Morgenroth/Salzmann* NZA-RR 2013, 449 (450); *Müller-Bonanni/Melot de Beauregard* GmbHR 2005, 195 (197); *Oetker* BB-Special 1/2005, 2 (12); Lutter/ Hommelhoff/Teichmann/*Oetker* Rn. 18; *Teichmann* BB 2004, 53 (56).

[14] Wie hier Kölner Komm AktG/*Feuerborn* Rn. 20.
[15] So auch Kölner Komm AktG/*Feuerborn* Rn. 20; Habersack/Henssler/*Habersack* Rn. 13; Habersack/ Drinhausen/*Hohenstatt*/*Müller-Bonanni* Rn. 8; *Reichert/Brandes* ZGR 2003, 704; offengelassen von Lutter/ Hommelhoff/Teichmann/*Oetker* Rn. 17.
[16] Habersack/Drinhausen/*Hohenstatt*/*Müller-Bonanni* Rn. 11.

ein von der **Anteilseignerseite** bestelltes Mitglied zum Vorsitzenden des Aufsichtsrats zu bestellen ist, wenn die Arbeitnehmervertreter die Hälfte der Mitglieder des Aufsichts- oder Verwaltungsorgans stellen.[17] Daran knüpft § 50 Abs. 2 S. 1 SE-VO an, wonach bei Stimmengleichheit im Rahmen der paritätischen Mitbestimmung die Stimme des Vorsitzenden den Ausschlag gibt (→ SE-VO Art. 50 Rn. 3, → SE-VO Art. 50 Rn. 17). Eine abweichende Satzungsbestimmung ist nur möglich, wenn das Verwaltungsorgan nicht paritätisch besetzt ist. Verfassungsrechtliche Bedenken gegen die Mitbestimmung im Aufsichtsrat einer Gesellschaft im dualistisch verfassten System haben sich jedenfalls für die Praxis seit der Mitbestimmungsentscheidung des BVerfG aus dem Jahr 1976 erledigt, die maßgeblich auf den Stichentscheid des Aufsichtsratsvorsitzenden gem. § 29 Abs. 3 MitbestG, § 31 Abs. 4 MitbestG abgestellt und die **tatsächliche** Möglichkeit, dass eine Minderheit der Anteilseignervertreter zusammen mit der Arbeitnehmerseite votiert, verfassungsrechtlich für unbeachtlich gehalten hat.[18]

16 **bb) Verfassungsrechtliche Beurteilung der paritätischen Mitbestimmung im Verwaltungsorgan.** Außerordentlich kontrovers diskutiert wird dagegen, ob auch die Übertragung der paritätischen Mitbestimmung auf eine **monistisch strukturierte SE** richtlinien- und verfassungskonform ist. Diese Frage war bereits im Gesetzgebungsverfahren einer der Hauptstreitpunkte (→ Vor § 1 Rn. 31 ff.).[19] Anders als der Aufsichtsrat ist das Verwaltungsorgan der SE nämlich nicht nur mit der Überwachung der Gesellschaft betraut, sondern hat diese zu leiten und die Grundlinien ihrer Tätigkeit zu bestimmen (Art. 43 Abs. 1 S. 1 SE-VO, § 22 Abs. 1 SEAG; → SE-VO Art. 43 Rn. 76 ff.). Das Verwaltungsorgan bestellt einen geschäftsführenden Direktor oder mehrere geschäftsführende Direktoren (§ 40 Abs. 1 S. 1 SEAG), die für das Tagesgeschäft zuständig sind und Mitglieder des Verwaltungsorgans – sofern die Mehrheit weiterhin aus nicht geschäftsführenden Mitgliedern besteht (§ 40 Abs. 1 S. 2 SEAG) – oder Externe („unechte monistische SE")[20] sein können (interne und externe geschäftsführende Direktoren, § 40 Abs. 1 S. 2 und 4 SEAG; näher → SE-VO Art. 43 Rn. 113). Art. **133 Abs. 4 lit. c** GesR-RL (früher Art. 16 Abs. 4 lit. c RL 2005/56/ EG) ermöglicht dem nationalen Gesetzgeber, die Auffangregelung für monistisch verfasste Gesellschaften auf die Drittelparität zu beschränken; die Möglichkeit, die Vorbild für eine revidierte Beteiligungs-RL sein könnte, ist indessen im MgVG nicht umgesetzt worden.[21]

17 **(1) Verfassungswidrigkeit wegen qualitativ-materieller Ausweitung der Mitbestimmung.** Teile der Lit.[22] und auch der Gesetzgeber[23] halten die Umsetzung der Richtli-

---

[17] Art. 42 SE-VO spricht zwar wie Art. 45 SE-VO für das monistische System (→ Rn. 19) von einem „von der Hauptversammlung der Aktionäre bestelltem Mitglied", das wegen Art. 43 Abs. 3 SE-VO iVm § 36 Abs. 4 S. 1 auch ein Vertreter der Arbeitnehmerseite sein könnte; der Zweck der Vorschrift besteht indessen darin, eine Blockade durch die von der Arbeitnehmerseite bestimmten Mitglieder zu behindern; gemeint sind deshalb „von der Anteilseignerseite" vorgeschlagene Mitglieder, *Ihrig/Wagner* BB 2004, 1749 (1755) Fn. 71.
[18] BVerfGE 50, 290 ff.; dazu als Überblick etwa ErfK/*Oetker* MitbestG Einl. Rn. 3 ff. mwN.
[19] S. etwa *Gruber/Weller* NZG 2003, 297 (299); *Henssler* FS Ulmer, 2003, 193 (200 ff.); *Kämmerer/Veil* ZIP 2005, 369 ff.; *Reichert/Brandes* ZGR 2003, 788 ff.; *Roth* ZfA 2004, 440 ff., 444 f.; *Teichmann* BB 2004, 53 (56 f.); Stellungnahme von BDA, BDI, DIHK, GDV, BdB und DAI zum RefE eines SEEG vom 3.5.2004, 7; Stellungnahme des BR, BT-Drs. 15/3656, 2 (5); Anrufung des Vermittlungsausschusses durch den BR vom 26.11.2004, BR-Drs. 850/04 (B), 2; Änderungsantrag der CDU/CSU-Fraktion im RA, BT-Drs. 15/ 4053, 119.
[20] *Kämmerer/Veil* ZIP 2005, 369 (370).
[21] Zu Recht krit. *Henssler* ZHR 173 (2009), 227 f.
[22] *Bachmann* ZGR 2008, 801 f.; *Cannistra*, Das Verhandlungsverfahren zur Regelung der Mitbestimmung der Arbeitnehmer bei Gründung einer Societas Europaea und bei Durchführung einer grenzüberschreitenden Verschmelzung, 2014, 204 f.; Kölner Komm AktG/*Feuerborn* Rn. 22, 24 ff.; *Kepper*, Die mitbestimmte monistische SE deutschen Rechts, 2010, 232 ff.; *Köklü* in Van Hulle/Maul/Drinhausen SE-HdB Abschnitt 6 Rn. 209 f.; *Köstler* ZGR 2003, 800 (804 f.); *Niklas* NZA 2004, 1200 (1204); Lutter/Hommelhoff/Teichmann/ *Oetker* Rn. 13 f.; *Scheibe*, Die Mitbestimmung der Arbeitnehmer in der SE unter besonderer Berücksichtigung des monistischen Systems, 2007, 211 ff.; offenbar auch *Frodermann* in Jannott/Frodermann SE-HdB Kap. 5 Rn. 196, 224; *Hoffmann-Becking* ZGR 2004, 355 (382): Regelung „jedenfalls formal mit Recht"; *Reichert/ Brandes* ZGR 2003, 790: Verletzung des Art. 14 Abs. 1 GG „zweifelhaft"; NK-ArbR/*Sagan* Rn. 9; offengelassen von Habersack/Henssler/*Habersack* Rn. 4.
[23] Begr. RegE, BR-Drs. 438/04, 137; Gegenäußerung der BReg., BT-Drs. 15/3656, 8 (9).

nienvorgaben durch das SEBG und damit die unmittelbare Übertragung der paritätischen Mitbestimmung auf das Verwaltungsorgan der SE für **richtlinien- und verfassungskonform.** Maßgeblich sei wie bei der Mitbestimmung im Aufsichtsrat eine **nominale Parität,** die beim Modell mit internen geschäftsführenden Direktoren auch deren Einbeziehung erfordere. Dass das Verwaltungsorgan nicht nur Aufsichts-, sondern auch Leitungsfunktionen wahrnehme, schade nicht. Die Regelung in § 35 sei durch Art. 7 Abs. 2 Beteiligungs-RL iVm Anh. Teil 3 Beteiligungs-RL europarechtlich vorgegeben. Sie sei auch verfassungsrechtlich unbedenklich, zumal neben das schon erwähnte **Zweitstimmrecht** des Vorsitzenden, das für das Verwaltungsorgan aus Art. 45 S. 2 SE-VO, Art. 50 Abs. 2 S. 1 SE-VO folgt, die nach einer Beschlussempfehlung des Rechtsausschusses im Gesetzgebungsverfahren zusätzlich eingefügte Regelung des **§ 35 Abs. 3 SEAG** trete (→ Vor § 1 Rn. 33). Ist danach ein geschäftsführender Direktor, der zugleich Mitglied des Verwaltungsorgans ist, aus **rechtlichen Gründen** daran gehindert, an der Beschlussfassung im Verwaltungsorgan teilzunehmen, hat insoweit dessen Vorsitzender eine **zusätzliche Stimme.** Mit anderen Worten: Die Stimmrechte der von der Beschlussfassung ausgenommenen geschäftsführenden Direktoren gehen kraft Gesetzes auf den von der Anteilseignerseite bestimmten Vorsitzenden des Verwaltungsorgans über. Damit könne es auch in solchen Angelegenheiten, in denen geschäftsführende Direktoren wegen des aus dem Rechtsgedanken des § 34 BGB folgenden Verbots des Richters in eigener Sache nicht stimmberechtigt und damit – etwa bei Beschlüssen über Weisungen an sich selbst – rechtlich von der Beschlussfassung im Verwaltungsorgan ausgeschlossen seien, nicht zu einer Mehrheit der Arbeitnehmerseite im Verwaltungsorgan kommen.[24] Näher → SE-VO Art. 50 Rn. 36 ff.; → SE-VO Art. 50 Rn. 44 zur Problematik, wenn der Vorsitzende des Verwaltungsorgans zugleich geschäftsführender Direktor ist.

An dieser Einschätzung ist lediglich richtig, dass § 35 mit Hilfe der „halbherzigen Korrektur" durch § 35 Abs. 3 SEAG die „verfassungsrechtliche Spitze" genommen worden ist.[25] § 35 ist gleichwohl **verfassungswidrig,** weil die Norm das Eigentumsrecht der Anteilseigner aus Art. 14 GG verletzt.[26] Zu messen ist § 35 am Grundgesetz,[27] nicht an europarechtlichen Eigentumsmaßstäben.[28] Die schematische Übertragung der paritätischen Mitbestimmung auf das Verwaltungsorgan in der monistisch verfassten SE bedeutet zwar keine quantitative, aber eine **qualitativ-materielle Ausweitung** der Mitbestimmung.[29] Diese Ausweitung ist schon in Bezug auf die Betätigungs- und Eigentumsfreiheit der SE (Art. 19 Abs. 3 GG) zweifelhaft,[30] auch wenn das BVerfG im Mitbestimmungsurteil von 1976 insoweit eine hohe Schwelle gesetzt und eine Verletzung von Grundrechten nur für möglich gehalten hat, wenn die Mitbestimmung zur Funktionsunfähigkeit oder weitgehenden Blockade von Willensentscheidungen im Unternehmen führe.[31] In jedem Fall verletzt die

---

[24] Dazu etwa *Oetker* in Lutter/Hommelhoff EU-Gesellschaft 313 ff.
[25] *Kämmerer/Veil* ZIP 2005, 369 (370).
[26] IE wie hier, aber ausf. *Kämmerer/Veil* ZIP 2005, 369 ff. mwN; ferner etwa BeckOGK/*Eberspächer* SE-VO Art. 43 Rn. 29; zurückhaltender Habersack/Henssler/*Habersack* § 35 Rn. 4; *Habersack* FS Ulmer, 2003, 193 (202); *Habersack* ZHR 173 (2009), 247; *von der Heyde*, Die Beteiligung der Arbeitnehmer in der Societas Europaea (SE), 2007, 255 ff.; HWK/*Hohenstatt/Dzida* SEBG Rn. 48; Habersack/Drinhausen/*Hohenstatt/Müller-Bonanni* Rn. 12; *Lieb/Jacobs* Rn. 922; *Marsch-Barner* GS Bosch, 2006, 112; *Roth* ZfA 2004, 445 (452 ff.); WHSS/*Seibt* Rn. F 137e; *Steinberg,* Mitbestimmung in der Europäischen Aktiengesellschaft, 2005, 235 f.; in diese Richtung auch *Gruber/Weller* NZG 2003, 297 (299); *Habersack/Verse* EuropGesR § 13 Rn. 44; *Horn* DB 2005, 147 (152); *Scherer,* Qual der Wahl: Monistisches oder dualistisches System?, 2006, 147 f.; *Wolf* FS Wißmann, 2005, 501: „zumindest problematisch"; Stellungnahme von BDA, BDI, DIHK, GDV, BdB und DAI zum RefE eines SEEG vom 3.5.2004, 7 (verfassungsrechtlich äußerst bedenklich); umgekehrt zweifelnd dagegen *Bachmann* ZGR 2008, 801.
[27] Auf denkbare weitere Grundrechtsverletzungen (Art. 2, 12 GG) kann an dieser Stelle nicht eingegangen werden.
[28] *Kämmerer/Veil* ZIP 2005, 369 (371) mwN.
[29] *Kämmerer/Veil* ZIP 2005, 369 (370); für die Beteiligungs-RL *Henssler* FS Ulmer, 2003, 193 (201); *Junker* ZfA 2005, 1 (29 f.); *Reichert/Brandes* ZGR 2003, 790; *Teichmann* BB 2004, 53 (57).
[30] *Kämmerer/Veil* ZIP 2005, 369 (370), aber letztlich offengelassen; für eine Verfassungswidrigkeit wohl *Roth* ZfA 2004, 445.
[31] BVerfGE 50, 290 (352, 364) = NJW 1979, 699.

wortlautgetreue Anwendung des § 35 auf das Verwaltungsorgan der SE aber das **mitgliedschaftsrechtliche** Element des Eigentumsrechts der Anteilseigner.[32]

19 Zwar kann man darüber streiten, ob sich die Regelung des § 35 noch innerhalb der vom BVerfG gezogenen Grenzen einer zulässigen Inhalts- und Schrankenbestimmung des Anteilseigner-Eigentums hält. Das Gericht hat sie im Mitbestimmungsurteil als nicht überschritten angesehen, wenn über das investierte Kapital nicht gegen den Willen aller Anteilseigner entschieden werden könne, die Anteilseigner nicht die Kontrolle über die Führungsauswahl verlören und ihnen das Letztentscheidungsrecht belassen würde.[33] Maßgeblich soll dabei vor allem der Stichentscheid des Aufsichtsratsvorsitzenden sein, welcher der Anteilseignerseite als deren Vertreter (§ 27 Abs. 2 MitbestG) in Pattsituationen das Übergewicht sichert (§ 29 Abs. 4 MitbestG, § 31 Abs. 4 MitbestG). Er findet im Verwaltungsorgan der SE seine Entsprechung im Entscheidungsrecht des Vorsitzenden nach Art. 45 S. 2 SE-VO, Art. 50 Abs. 2 S. 1 SE-VO iVm mit dessen Zweitstimme gem. § 35 Abs. 3 SEAG.

20 Dennoch sind die vom BVerfG gebilligte Konstruktion der Mitbestimmung im Aufsichtsrat und deren verfassungsrechtliche Bewertung auf die Struktur des Verwaltungsorgans nicht übertragbar.[34] Der entscheidende Einwand besteht darin, dass der Aufsichtsrat in der dualistisch verfassten AG – Entsprechendes gilt für den Aufsichtsrat in der SE – lediglich Kontrollfunktionen ausübt (§ 111 Abs. 1 AktG) und nur ausnahmsweise Mitentscheidungsrechte wahrnimmt (§ 111 Abs. 4 S. 2 AktG).[35] Das **Verwaltungsorgan** in der monistisch verfassten SE ist dagegen auch mit der **Leitung** der Gesellschaft betraut. In einem reinen Verwaltungsorgan mag die tatsächliche Möglichkeit, dass eine Minderheit der Anteilseignervertreter in Einzelfragen mit der Arbeitnehmerseite votiert, kein strukturentscheidender Gesichtspunkt sein.[36] Anders gewendet: Bei der Wahrnehmung von Aufsichtsfunktionen ist der Anteilseignerseite ein einheitliches Abstimmungsverhalten zuzumuten, um mit Hilfe des Zweitstimmrechts des Vorsitzenden eine Mehrheit zu erlangen. In einem Organ, das wie das Verwaltungsorgan der SE **Kontroll- und Leitungsfunktionen** wahrnimmt, passt die Prämisse – Anteilseignerbank als einheitlicher Block – indessen nicht. Der erweiterte Aufgabenkreis des Organs erhöht die **Gefahr von Konflikten** zwischen den Mitgliedern der Anteilseignerseite, vor allem – aber nicht nur in diesem Verhältnis – zwischen den geschäftsführenden und den nicht geschäftsführenden Mitgliedern. Den Anteilseignerinteressen droht auf diese Weise eine Zwangskollektivierung.[37] Die Anteilseigner müssen einheitlich abstimmen, obwohl ihre Interessen gerade in Bezug auf die **Leitung** der Gesellschaft weit auseinander liegen können. Die damit verbundene faktische Einsetzung von Arbeitnehmervertretern in Eigentümerrechte durch Mitbestimmung (auch) in der Leitung und die daraus fließende Beschneidung der Eigentümerrechte der Anteilseigner, die auch mit Hilfe der Hauptversammlung nicht kompensiert werden kann, die kein Weisungsrecht gegenüber dem Verwaltungsorgan hat (§ 119 Abs. 2 AktG), ist anders als bei der paritätischen Mitbestimmung im Aufsichtsrat durch die Sozialbindung des Eigentums und den sozialstaatlichen Zweck der Mitbestimmung, die Arbeitnehmer in angemessener Weise am Entscheidungsprozess in der Gesellschaft teilhaben zu lassen, nicht gerechtfertigt.[38]

21 An dieser verfassungsrechtlichen Beurteilung ändern weder die Option der beteiligten Gesellschaften auf eine dualistisch verfasste SE[39] noch die Möglichkeit, Externe zu geschäftsführenden Direktoren zu bestellen, etwas.[40] Die **Option auf eine dualistisch verfasste SE**

---

[32] Zur Abgrenzung vom vermögensrechtlichen Element *Kämmerer/Veil* ZIP 2005, 369 (371) mwN.
[33] BVerfGE 50, 290 (335, 350, 352) = NJW 1979, 699.
[34] Richtig *Kämmerer/Veil* ZIP 2005, 369 (372); wohl auch *Roth* ZfA 2004, 452.
[35] Plastisch *Henssler* FS Ulmer, 2003, 193 (203, 209): „Parität in der Kontrolle".
[36] BVerfGE 50, 290, 364 = NJW 1979, 699.
[37] *Kämmerer/Veil* ZIP 2005, 369 (373).
[38] Ausf. *Kämmerer/Veil* ZIP 2005, 369 (372 ff.); aA *Niklas* NZA 2004, 1200 (1204).
[39] *Kämmerer/Veil* ZIP 2005, 369 (374) mwN.
[40] Anders offenbar *Teichmann* BB 2004, 53 (56); wie hier *Kämmerer/Veil* ZIP 2005, 369 (372 ff.), die keine Beschränkung auf das Modell mit internen geschäftsführenden Direktoren vornehmen; *Marsch-Barner* GS Bosch, 2006, 113.

ist eine Möglichkeit, kein Zwang. Der nationale Gesetzgeber ist nach Art. 43 Abs. 4 SE-VO verpflichtet, **auch** das monistische Modell – mithin beide Systeme: das dualistische und das monistische – zur Verfügung zu stellen.[41] Werden **Externe** zu **geschäftsführenden Direktoren** bestellt, sind Geschäftstätigkeit- und Überwachungsfunktion jedenfalls bis zu einem gewissen Umfang **de facto** zwar auf mehrere Organe verteilt (keine Personenidentität wie bei internen geschäftsführenden Direktoren):[42] eine Trennung, die mit Blick auf das Zweitstimmrecht des Vorsitzenden jedenfalls in diesen Fällen eine abweichende verfassungsrechtliche Beurteilung rechtfertigen könnte. Mehr als eine „Annäherung an das dualistische System"[43] liegt darin aber nicht. Die externen geschäftsführenden Direktoren sind lediglich für das Tagesgeschäft zuständig. Sie agieren in einer hierarchischen Unterordnung **weisungsabhängig** und **jederzeit abrufbar** (§ 40 Abs. 5 SEAG, § 44 Abs. 2 SEAG) als ausführendes Organ für das Verwaltungsorgan, das eigentliches Leitungsgremium bleibt (→ SE-VO Art. 43 Rn. 13 ff.).[44] Die drohenden Interessenkonflikte zwischen den Vertretern der Anteilseigner sowie die damit verbundene Zwangskollektivierung ihrer Interessen (→ Rn. 20) bestehen bei der Bestellung von externen geschäftsführenden Direktoren mithin ebenfalls, wenn auch möglicherweise – keine Personenidentität – in abgeschwächter Form. Es bleibt bei der faktischen Einsetzung der Arbeitnehmerseite in Eigentümerrechte durch Teilhabe an der Leitung der Gesellschaft, die durch die Sozialbindung des Eigentums nicht legitimiert und vom Schutzzweck der Mitbestimmung nicht geboten ist (→ Rn. 20).

(2) Verfassungskonforme Auslegung und dynamisches Paritätsverständnis. Zu 22 erwägen ist **de lege lata** allerdings eine **verfassungskonforme Auslegung** des § 35. Dabei könnte auf Vorschläge aus dem Gesetzgebungsverfahren, die paritätische Mitbestimmung in der monistisch verfassten SE zu „entschärfen", zurückgegriffen werden. Allerdings scheidet eine verfassungskonforme Auslegung des § 35 aus, nach der entsprechend § 27 Abs. 3 MitbestG für das mitbestimmte Verwaltungsorgan die Installation eines **Systems von Ausschüssen** vorzusehen ist, um mit dessen Hilfe die Mitbestimmung auf die Kontrollaufgaben des Verwaltungsorgans zu fokussieren.[45] Ungeachtet der Schwierigkeiten bei der praktischen Umsetzung gibt es eine Reihe weiterer Bedenken wie etwa die auf diese Weise erzwungene Angleichung des monistischen Systems an das dualistische Modell, die fehlende Übereinstimmung mit den unionsrechtlichen Vorgaben sowie den Widerspruch zu Anh. Teil 3 lit. b UAbs. 4 Beteiligungs-RL und § 38, wonach Anteilseigner- und Arbeitnehmervertreter nicht unterschiedlich ausgestaltete Rechtspositionen haben dürfen.[46] Über eine verfassungskonforme Auslegung hinaus geht auch der Vorschlag, die Aufrechterhaltung des Mitbestimmungsniveaus nur auf den Verbleib der Gesellschaft im monistischen oder im dualistischen System zu beziehen.[47] Mit § 38 Abs. 1 (Anh. Teil 3 lit. b UAbs. 4 Beteiligungs-RL) unvereinbar ist schließlich die Korrektur über „verringerte Stimmrechte" (Stimmverbote) der Arbeitnehmervertreter im Verwaltungsorgan.[48]

Dagegen ist jedenfalls für die monistische SE mit **internen geschäftsführenden Direk-** 23 **toren** eine verfassungskonforme Auslegung des § 35 in der Weise möglich, dass die auch

---

[41] *Hommelhoff* AG 2001, 1082; *Kämmerer/Veil* ZIP 2005, 369 (374); *Lutter* BB 2001, 4; abw. *Hirte* NZG 2002, 1 (5).
[42] *Kämmerer/Veil* ZIP 2005, 369 (370); näher dazu und zu weiteren Gestaltungsmöglichkeiten *Scheibe*, Die Mitbestimmung der Arbeitnehmer in der SE unter besonderer Berücksichtigung des monistischen Systems, 2007, 198 ff.
[43] *Teichmann* BB 2004, 53 (54).
[44] *Kämmerer/Veil* ZIP 2005, 369 (375); *Neye/Teichmann* AG 2003, 169 (177).
[45] In diese Richtung vor Erlass des SEBG mit iE unterschiedlichen Vorschlägen *Gruber/Weller* NZG 2003, 297 (300 f.); *Kallmeyer* ZIP 2003, 1535; *Reichert/Brandes* ZGR 2003, 793 ff.; *Roth* ZfA 2004, 456 ff.; für das SEBG *Kienast* in Jannott/Frodermann SE-HdB Kap. 13 Rn. 340: „Gestaltungsmaßnahmen"; ausf. *Frodermann* in Jannott/Frodermann SE-HdB Kap. 6 Rn. 210 ff.
[46] Wie hier *Kämmerer/Veil* ZIP 2005, 369 (375); *Teichmann* BB 2004, 53 (57).
[47] So aber *Roth* ZfA 2004, 442 für die Beteiligungs-RL und die Umwandlung.
[48] Dafür *Kallmeyer* ZIP 2003, 1535; *Kallmeyer* ZIP 2004, 1444; vgl. auch *Bachmann* ZGR 2008, 803 f.; dagegen zu Recht → SE-VO Art. 50 Rn. 49 f. (*Reichert/Brandes*); *Teichmann* BB 2004, 53 (57); zu weiteren im Schrifttum vorgeschlagenen Mitwirkungsschranken *Bachmann* ZGR 2008, 802 ff. mwN.

im Verwaltungsorgan der SE zu beachtende Parität – wenn schon eine völlige Trennung von Kontroll- und Leitungsfunktionen nicht möglich ist (§ 22 Abs. 1 SEAG) – lediglich auf dessen **nicht geschäftsführende Mitglieder** zu beziehen ist.[49] Nach diesem Verständnis stellen die Anteilseigner- und die Arbeitnehmerseite im Beispiel eines Verwaltungsorgans mit sechzehn Mitgliedern – unter ihnen vier geschäftsführende Direktoren aus dem Kreis der Mitglieder – nicht jeweils acht, sondern – da die Parität auf die nicht geschäftsführenden Mitglieder (zwölf) beschränkt ist – lediglich sechs Sitze.[50] Auf diese Weise können die Anteilseigner eine Mehrheit von 62,5% und damit ein **verfassungsrechtlich akzeptables Übergewicht** erlangen.

24   Für eine solche Auslegung des § 35 spricht nicht nur das deutsche Verfassungsrecht. Für sie lassen sich auch die **unionsrechtlichen Vorgaben** des SEBG anführen.[51] Zwar orientiert sich § 35 eng an den entsprechenden Vorgaben der Beteiligungs-RL. Allerdings gebietet die Vorher-Nachher-Betrachtung (→ Vor § 1 Rn. 15; → § 1 Rn. 5) genauso wenig wie § 35 eine Betrachtungsweise, die auf ein „schematisches Durchpausen vorbestehender Größenmaßstäbe für die Mitbestimmung" hinausläuft,[52] sondern lässt eine **funktionale Übertragung des Mitbestimmungsniveaus** zu.[53] Wenn die „vor der Gründung der SE bestehenden Rechte der Arbeitnehmer" „Ausgangspunkt auch für die Gestaltung ihrer Beteiligungsrechte in der SE (Vorher-Nachher-Prinzip) sein" sollen (Erwägungsgrund 18 Beteiligungs-RL), kann für das Verständnis der Parität im Verwaltungsorgan (Kontrolle und Leitung) nicht unberücksichtigt bleiben, dass sich die Mitbestimmung in einer an der Gründung der SE beteiligten deutschen Gesellschaft ausschließlich auf den Aufsichtsrat (Kontrolle) bezieht. Die Mitbestimmung in einem Kontroll- und Leitungsorgan geht über die Mitbestimmung in einem Kontrollorgan aber hinaus (qualitativ-materielle Ausweitung der Mitbestimmung; → Rn. 18). Folglich taugt das Vorher-Nachher-Prinzip wenig, um die Paritätserfordernisse des § 35 wortlautgetreu auf das komplette Verwaltungsorgan zu beziehen. Es ist vielmehr umgekehrt: Selbst die Begrenzung der paritätischen Mitbestimmung im Verwaltungsorgan auf die nicht geschäftsführenden Mitglieder schmälert nicht bestehende Mitbestimmungsrechte (Aufrechterhaltung der Parität in der Aufsicht), sondern erweitert sie sogar noch (Erstreckung der Parität auf die Leitung).[54] Es ist nach alledem kein Zufall, dass Art. 21d des Vorschlags einer Strukturrichtlinie den Anteil der Arbeitnehmervertreter alleine auf die nicht geschäftsführenden Mitglieder im Verwaltungsorgan bezieht.[55]

25   Nicht möglich ist eine verfassungskonforme Auslegung in dieser Weise dagegen bei einer monistischen SE mit **externen geschäftsführenden Direktoren**.[56] Diese sind nicht Mitglieder des Verwaltungsorgans, eine Begrenzung der Parität auf die nicht geschäftsführenden Mitglieder des Verwaltungsorgans hilft deshalb nicht weiter. Insoweit bleibt es beim

---

[49] Dafür *Henssler* FS Ulmer, 2003, 193 (209 f.) vor Erlass des SEBG; *Marsch-Barner* GS Bosch, 2006, 112 f.; *Reichert/Brandes* ZGR 2003, 790 ff.; *Roth* ZfA 2004, 445 f.; *Teichmann* BB 2004, 53 (57); Stellungnahme DAV-Handelsrechtsausschuss zum RegE des SEEG vom Juli 2004, 10: „mit einiger Sicherheit … verfassungsrechtlich geboten"; de lege lata aA *Kämmerer/Veil* ZIP 2005, 369 (376): aber wegen Verfassungswidrigkeit Tätigwerden des Gesetzgebers erforderlich; *Kienast* in Jannott/Frodermann SE-HdB Kap. 13 Rn. 321; so auch im SEBG-Gesetzgebungsverfahren ein Änderungsantrag der CDU/CSU-Bundestagsfraktion im RA, der neben weiteren Änderungen die Einfügung eines entsprechenden § 35 Abs. 3 vorgeschlagen hatte, BT-Drs. 15/4053, 116 ff.
[50] Beispiel von *Kämmerer/Veil* ZIP 2005, 369 (375 f.).
[51] *Ihrig/Wagner* BB 2004, 1749 (1757); *Kämmerer/Veil* ZIP 2005, 369 (376); *Teichmann* BB 2004, 53 (56 f.); aA offenbar *Niklas* NZA 2004, 1200 (1204); anders auch Kölner Komm AktG/*Feuerborn* Rn. 22: paritätische Zusammensetzung des Verwaltungsrats europarechtskonform.
[52] *Kämmerer/Veil* ZIP 2005, 369 (376).
[53] Ob die Beteiligungs-RL zu einer solchen Auslegung sogar zwingt, kann an dieser Stelle offen bleiben; in diese Richtung *Kallmeyer* ZIP 2003, 1534 ff.; *Roth* ZfA 2004, 444 f.: Verletzung des effet utile, da Beschränkung der durch die SE-VO vorgegebenen Wahlmöglichkeit zwischen monistischem und dualistischem System; *Teichmann* BB 2004, 53 (56); Stellungnahmen von BDA, BDI, DIHK, GDV, BdB und DAI zum RefE eines SEEG vom 3.5.2004, 7: § 35 widerspreche dem Zweck der RL.
[54] *Kämmerer/Veil* ZIP 2005, 369 (376).
[55] Geänderter Vorschlag einer fünften Richtlinie über die Struktur der Aktiengesellschaft sowie die Befugnisse ihrer Organe vom 19.8.1983, ABl. 1983 C 131, 16 f.
[56] Wie hier Habersack/Drinhausen/*Hohenstatt/Müller-Bonanni* Rn. 12.

Verstoß gegen Art. 14 GG und damit bei der Verfassungswidrigkeit des § 35. Der immerhin denkbare Hinweis auf europarechtliche Vorgaben geht ins Leere, da das Verwaltungsorganmodell mit externen geschäftsführenden Direktoren durch die SE-VO nicht vorgegeben ist, zum Teil sogar für unionsrechtswidrig gehalten wird.[57]

De lege ferenda würde die in Art. **133 Abs. 4 lit. c** GesR-RL (früher Art. 16 Abs. 4 lit. c RL 2005/56/EG) vorgezeichnete Beschränkung der Auffangregelung auf die Drittelparität die Verfassungswidrigkeit beseitigen.[58] Ob die Beteiligungs-RL und dann auch das SEBG entsprechend angepasst werden, ist abzuwarten. **26**

III. Veränderungsfestigkeit der Mitbestimmung

Das Mitbestimmungsstatut der SE, das nach §§ 34, 35 gilt, ist **veränderungsfest,** wenn nicht ausnahmsweise der Tatbestand des § 18 Abs. 3 erfüllt ist (→ § 18 Rn. 11 ff.).[59] Das Mitbestimmungsstatut bleibt deshalb zB auch dann bestehen, wenn in einer drittelmitbestimmten SE die Schwellenwerte des § 1 Abs. 1 Nr. 2 MitbestG erreicht werden oder die Beschäftigtenzahl in einer paritätisch mitbestimmten SE unter diesen Wert sinkt (vgl. auch → § 18 Rn. 19).[60] **27**

IV. Streitigkeiten

Soweit Streitigkeiten über die **Zusammensetzung** des Aufsichts- oder Verwaltungsorgans der SE im Rahmen des § 35 einschließlich der Vorfragen zum SEBG, die an sich in die Zuständigkeit der Gerichte für Arbeitssachen fallen, zu klären sind, sind **nicht** die Gerichte für Arbeitssachen im arbeitsgerichtlichen Beschlussverfahren nach § 2a Abs. 1 Nr. 3 lit. e ArbGG, §§ 80 ff. ArbGG zuständig. Ihre Zuständigkeit beschränkt sich auf Angelegenheiten der Wahl von Vertretern der Arbeitnehmer in das Aufsichts- oder Verwaltungsorgan der SE oder deren Abberufung mit Ausnahme der Abberufung nach **§ 103 Abs. 3 AktG.** Örtlich zuständig ist in diesen Fällen das Arbeitsgericht, in dessen Bezirk die SE ihren Sitz hat (§ 82 Abs. 3 ArbGG). **28**

Maßgeblich ist vielmehr das **zweistufige Statusverfahren** nach **§§ 97 ff. AktG** (für das Verwaltungsorgan) und **§§ 25 f. SEAG** (für das Verwaltungsorgan).[61] Zu Einzelheiten s. die Erläuterungen zu §§ 97 ff. AktG (→ AktG § 97 Rn. 1 ff.) und zu §§ 25 f. SEAG (→ SE-VO Art. 43 Rn. 77 ff.). Auf der **ersten Stufe** dieses Verfahrens steht die **Bekanntmachung** des Vorstands (§ 97 Abs. 1 AktG) oder des Vorsitzenden des Verwaltungsorgans (§ 25 Abs. 1 SEAG), wenn sie der Auffassung sind, dass das Aufsichts- oder Verwaltungsorgan nicht nach den – im Rahmen des § 97 im Einzelnen streitig[62] – maßgeblichen vertraglichen oder gesetzlichen Vorschriften zusammengesetzt ist, oder die **gerichtliche Entscheidung** nach § 98 AktG, § 26 SEAG auf Antrag der in § 98 Abs. 2 AktG, § 26 Abs. 2 SEAG genannten Antragsberechtigten, wenn streitig oder ungewiss ist, nach welchen Vorschriften das Aufsichts- oder Verwaltungsorgan zusammenzusetzen ist. Der SE-Betriebsrat ist in § 98 Abs. 2 AktG nicht genannt, seine Antragsberechtigung ergibt sich aber aus einer analogen Anwendung. Zuständig für das Statusverfahren ist, um eine Zuständigkeitszersplitterung zwischen der ordentlichen und der Arbeitsgerichtsbarkeit zu vermeiden und der Gefahr widersprechender Entscheidungen vorzubeugen, das **Landgericht,** in dessen Bezirk die SE ihren Sitz hat.[63] Wenn auf der **29**

---

[57] *Hoffmann-Becking* ZGR 2004, 255 (373); DAV-Stellungnahme zum DiskE eines SEAG vom November 2003, 19.
[58] *Henssler* ZHR 173 (2009), 247.
[59] *Ege/Grzimek/Schwarzfischer* DB 2011, 1205 (1206 ff.); Kölner Komm AktG/*Feuerborn* Rn. 29; Habersack/Henssler/*Habersack* Rn. 14; Habersack/Drinhausen/Hohenstatt/*Müller-Bonanni* Rn. 10; abl. *Forst* ZHR-Sonderheft 77 (2015), 50, 63.
[60] Beispiel nach Habersack/Drinhausen/Hohenstatt/*Müller-Bonanni* Rn. 10.
[61] OLG München NZG 2020, 783 Rn. 24 ff.; Kölner Komm AktG/*Feuerborn* Rn. 30; Habersack/Drinhausen/Hohenstatt/*Müller-Bonanni* Rn. 14; Überblick bei ErfK/*Oetker* AktG §§ 97–99 Rn. 3 ff. mwN.
[62] Dazu statt vieler Hüffer/Koch/*Koch* AktG § 97 Rn. 3 mwN.
[63] Kölner Komm AktG/*Feuerborn* Rn. 30; Habersack/Drinhausen/Hohenstatt/*Müller-Bonanni* Rn. 14; AKRR/*Rudolph* Rn. 11.

ersten Stufe Klarheit über die anzuwendenden Vorschriften und damit über die Zusammensetzung des Aufsichts- oder Verwaltungsorgans besteht, ist auf der **zweiten Stufe** die Zusammensetzung des Aufsichts- oder Verwaltungsorgans anzupassen (§ 97 Abs. 2 AktG, § 98 Abs. 4 AktG, § 25 Abs. 2 SEAG, § 26 Abs. 3 SEAG). Solange nicht beide Stufen durchlaufen sind, verbleibt es bei der bisherigen Zusammensetzung des Aufsichts- oder Verwaltungsorgans. Die ordentlichen Gerichte sind auch für Streitigkeiten über das zusätzliche Stimmrecht des Vorsitzenden des Verwaltungsorgans nach § 35 Abs. 3 SEAG zuständig.[64]

V. SCEBG und MgVG

30 § 35 entspricht **§ 35 SCEBG**. Allerdings wirkt die Abweichung in § 34 Abs. 1 Nr. 3 SCEBG (→ § 34 Rn. 21) in § 35 Abs. 2 S. 1 SCEBG fort (eine „auf andere Weise gegründete Europäische Genossenschaft"). Im MgVG ist der Umfang der Mitbestimmung eigenständig in **§ 24 MgVG** geregelt. Nach § 24 Abs. 1 S. 1 MgVG haben die Arbeitnehmer der aus der grenzüberschreitenden Verschmelzung hervorgehenden Gesellschaft, ihrer Tochtergesellschaften und Betriebe oder ihr Vertretungsorgan das Recht, einen Teil der Mitglieder des Aufsichts- oder Verwaltungsorgans der neuen Gesellschaft zu wählen oder zu bestellen oder deren Bestellung zu empfehlen oder abzulehnen. Die Zahl dieser Arbeitnehmervertreter im Aufsichts- oder Verwaltungsorgan der aus der grenzüberschreitenden Verschmelzung hervorgehenden Gesellschaft bemisst sich nach dem höchsten Anteil an Arbeitnehmervertretern, der in den Organen der beteiligten Gesellschaften vor der Eintragung der aus der grenzüberschreitenden Verschmelzung hervorgehenden Gesellschaft bestanden hat (§ 24 Abs. 1 S. 2 MgVG). Ist die aus der grenzüberschreitenden Verschmelzung hervorgehende Gesellschaft eine GmbH, ist ein Aufsichtsrat zu bilden; § 90 Abs. 3, 4 und 5 S. 1 und 2 AktG, §§ 95–116 AktG, § 118 Abs. 2 AktG und § 125 Abs. 3 und 4 AktG und §§ 170, 171 AktG und § 268 Abs. 2 AktG sind entsprechend anzuwenden, soweit das MgVG nichts anderes bestimmt (§ 24 Abs. 2 MgVG). Steht die Satzung der aus der grenzüberschreitenden Verschmelzung hervorgehenden Gesellschaft im Widerspruch zu den Regelungen über die Mitbestimmung kraft Gesetzes, ist die Satzung gem. § 24 Abs. 3 MgVG anzupassen. Im MgVG nicht umgesetzt worden ist die dem nationalen Gesetzgeber gestattete Möglichkeit des Art. **133 Abs. 4 lit. c** GesR-RL (früher Art. 16 Abs. 4 lit. c RL 2005/56/EG), die Auffangregelung für monistisch verfasste Gesellschaften auf die Drittelparität zu beschränken.[65]

§ 36 Sitzverteilung und Bestellung

(1) ¹Der SE-Betriebsrat verteilt die Zahl der Sitze im Aufsichts- oder Verwaltungsorgan auf die Mitgliedstaaten, in denen Mitglieder zu wählen oder zu bestellen sind. ²Die Verteilung richtet sich nach dem jeweiligen Anteil der in den einzelnen Mitgliedstaaten beschäftigten Arbeitnehmer der SE, ihrer Tochtergesellschaften und Betriebe. ³Können bei dieser anteiligen Verteilung die Arbeitnehmer aus einem oder mehreren Mitgliedstaaten keinen Sitz erhalten, so hat der SE-Betriebsrat den letzten zu verteilenden Sitz einem bisher unberücksichtigten Mitgliedstaat zuzuweisen. ⁴Dieser Sitz soll, soweit angemessen, dem Mitgliedstaat zugewiesen werden, in dem die SE ihren Sitz haben wird. ⁵Dieses Verteilungsverfahren gilt auch in dem Fall, in dem die Arbeitnehmer der SE Mitglieder dieser Organe empfehlen oder ablehnen können.

(2) Soweit die Mitgliedstaaten über die Besetzung der ihnen zugewiesenen Sitze keine eigenen Regelungen treffen, bestimmt der SE-Betriebsrat die Arbeitnehmervertreter im Aufsichts- oder Verwaltungsorgan der SE.

(3) ¹Die Ermittlung der auf das Inland entfallenden Arbeitnehmervertreter des Aufsichts- oder Verwaltungsorgans der SE erfolgt durch ein Wahlgremium, das

---
[64] Kölner Komm AktG/*Feuerborn* Rn. 30.
[65] Zu Recht krit. *Henssler* ZHR 173 (2009), 227 f.

sich aus den Arbeitnehmervertretungen der SE, ihrer Tochtergesellschaften und Betriebe zusammensetzt. ²Für das Wahlverfahren gelten § 6 Abs. 2 bis 4, § 8 Abs. 1 Satz 2 bis 5, Abs. 2 bis 7 und die §§ 9 und 10 entsprechend mit der Maßgabe, dass an die Stelle der beteiligten Gesellschaften, betroffenen Tochtergesellschaften und betroffenen Betriebe die SE, ihre Tochtergesellschaften und Betriebe treten. ³Das Wahlergebnis ist der Leitung der SE, dem SE-Betriebsrat, den Gewählten, den Sprecherausschüssen und Gewerkschaften mitzuteilen.

(4) ¹Die nach den Absätzen 2 und 3 ermittelten Arbeitnehmervertreter werden der Hauptversammlung der SE zur Bestellung vorgeschlagen. ²Die Hauptversammlung ist an diese Vorschläge gebunden.

Übersicht

	Rn.		Rn.
I. Einleitung	1	a) Ersatzzuständigkeit des SE-Betriebsrats	5
II. Bestellung der Arbeitnehmervertreter	2–10	b) Bestimmung der inländischen Arbeitnehmervertreter	6–8
1. Verteilung der Zahl der Sitze auf die Mitgliedstaaten	2, 3	3. Bestellung durch die Hauptversammlung	9, 10
		III. Streitigkeiten	11
2. Ermittlung der Arbeitnehmervertreter	4–8	IV. SCEBG und MgVG	12

I. Einleitung

Steht nach § 34 fest, dass die gesetzliche Auffangregelung über die Mitbestimmung im Aufsichts- oder Verwaltungsorgan der SE zum Tragen kommt und welche Form der Mitbestimmung in der gegründeten SE gelten soll, und ist gem. § 35 ermittelt worden, wie viele Vertreter der Arbeitnehmerseite im Aufsichts- oder Verwaltungsorgan der SE vertreten sein müssen, ist zu entscheiden, **welche** Arbeitnehmervertreter in dem Organ vertreten sein sollen. Dafür greift § 36, der auf den Vorgaben von Anh. Teil 3 lit. b UAbs. 3 Beteiligungs-RL beruht, auf den **SE-Betriebsrat** sowie die **Hauptversammlung** der SE zurück. Zunächst hat der SE-Betriebsrat die Zahl der Sitze im Aufsichts- oder Verwaltungsorgan anteilig auf die Mitgliedstaaten zu verteilen, in denen Mitglieder zu wählen oder zu bestellen sind (§ 36 Abs. 1 S. 1). Der grenzüberschreitende Charakter der SE soll sich in der Besetzung der Arbeitnehmervertreter im Aufsichts- oder Verwaltungsorgan widerspiegeln.[1] Für die Ermittlung der inländischen Arbeitnehmervertreter greift § 36 Abs. 3 S. 2 auf das Wahlgremium zurück, das für die Bildung des bVG errichtet worden ist. Ein **Referentenentwurf** des Bundesministeriums für Familie, Senioren, Frauen und Jugend und des Bundesministeriums der Justiz und für Verbraucherschutz aus dem September 2014 bestimmte in § 36 Abs. 3 S. 3 SEBG-RefE, dass unter den auf das Inland entfallenden Arbeitnehmervertretern **Frauen und Männer** jeweils mit einem **Anteil von mindestens 30%** vertreten sein sollen, wenn das Aufsichts- oder Verwaltungsorgan einer börsennotierten SE aus derselben Zahl von Anteilseigner- und Arbeitnehmervertretern besteht (→ Vor § 1 Rn. 40). Diese Regelung wurde im Gesetzgebungsverfahren zugunsten einer starren Quote von mindestens 30% Frauen und Männern im paritätisch besetzten Aufsichts- oder Verwaltungsorgan einer börsennotierten SE durch das **Gesetz für die gleichberechtigte Teilhabe von Frauen und Männern an Führungspositionen in der Privatwirtschaft und im öffentlichen Dienst** aufgegeben (Gesamterfüllung), §§ 17 Abs. 2, 24 Abs. 3 SEAG (→ Vor § 1 Rn. 41). Das SEBG wurde nicht ergänzt. 1

II. Bestellung der Arbeitnehmervertreter

1. Verteilung der Zahl der Sitze auf die Mitgliedstaaten. Die Verteilung der Zahl der Sitze im Aufsichts- oder Verwaltungsorgan auf die Mitgliedstaaten, in denen Mitglieder 2

---

[1] BR-Drs. 438/04, 138; zum Wegfall der Mehrstaatlichkeit der SE und deren Auswirkungen auf die Mitbestimmung im Aufsichts- und Verwaltungsorgan näher *Schubert* AG 2020, 205 (208 ff.).

zu wählen oder zu bestellen sind, erfolgt durch den **SE-Betriebsrat** (§ 36 Abs. 1 S. 1). SE-Betriebsrat iSd § 36 Abs. 1 S. 1 ist der SE-Betriebsrat kraft Gesetzes (§§ 23 ff.) und derjenige kraft Vereinbarung (§ 21 Abs. 1).[2] Die Verteilung steht nicht im Ermessen des SE-Betriebsrats, sondern richtet sich nach dem jeweiligen **Anteil** der in den einzelnen Mitgliedstaaten beschäftigten Arbeitnehmer der SE sowie ihrer Tochtergesellschaften und Betriebe (**§ 36 Abs. 1 S. 2**).[3] Trotz der Abweichung vom Wortlaut von Teil 3 Art. B Anhang Beteiligungs-RL, der die Arbeitnehmer der Tochtergesellschaften und Betriebe nicht nennt, ist § 36 Abs. 1 S. 2 **richtlinienkonform**, weil er eine redaktionelle Ungenauigkeit der Beteiligungs-RL korrigiert und deren Zweck entspricht.[4] Maßgeblicher **Zeitpunkt** für die Ermittlung der Zahlenverhältnisse ist wie bei § 34 Abs. 1 Nr. 2 und 3 derjenige der Informationserteilung gem. § 4 Abs. 2 (**§ 4 Abs. 4**; → § 34 Rn. 16, → § 4 Rn. 26).[5] Bei **späteren Neuwahlen** hat der SE-Betriebsrat den Stichtag für die Ermittlung der Arbeitnehmerzahlen zu bestimmen.[6] Die Sitze der Arbeitnehmervertreter im Aufsichts- oder Verwaltungsorgan können regelmäßig nicht exakt nach den Anteilen der Arbeitnehmervertreter auf die jeweiligen Mitgliedstaaten verteilt werden, weil sich in diesem Fall Bruchteile von Sitzen ergeben würden: Wie bei der Besetzung der inländischen Sitze des bVG nach § 7 Abs. 4 ist deshalb das **d'Hondtsche Höchstzahlverfahren** (→ § 7 Rn. 3) anzuwenden.[7]

3 Es ist denkbar, dass ein Mitgliedstaat nach dem d'Hondtschen Höchstzahlverfahren nicht berücksichtigt wird, weil dort im Vergleich zu den anderen Mitgliedstaaten zu wenig Arbeitnehmer beschäftigt sind,[8] oder weil an der Gründung der SE Gesellschaften aus einer größeren Zahl von Mitgliedstaaten beteiligt sind und nicht Arbeitnehmervertreter aus allen diesen Mitgliedstaaten im Aufsichts- oder Verwaltungsorgan vertreten sein können.[9] Die Regierungsbegründung nennt als Beispiel, dass Gesellschaften aus sieben Mitgliedstaaten eine SE bilden und lediglich vier Sitze im Aufsichtsrat von Arbeitnehmervertretern zu besetzen sind.[10] In diesen Fällen hat der SE-Betriebsrat bei der anteiligen Verteilung gem. § 36 Abs. 1 S. 2 den letzten zu verteilenden Sitz einem bisher unberücksichtigten Mitgliedstaat zuzuweisen (**§ 36 Abs. 1 S. 3**). Dabei allerdings ist zu **differenzieren**.[11] Bleibt bei der Verteilung nach § 36 Abs. 1 S. 2 nur **ein Mitgliedstaat** ohne Sitz, hat der SE-Betriebsrat ihm denjenigen Sitz zuzuweisen, der bei der Anwendung des d'Hondtschen Höchstzahlverfahrens als letzter der zu verteilenden Sitze auf einen anderen Mitgliedstaat entfallen wäre, sodass dieser Mitgliedstaat einen Sitz, der ihm an sich zusteht, an den bisher nicht berücksichtigten Mitgliedstaat abgeben muss.[12] Erhalten **mehrere Mitgliedstaaten** bei der Verteilung nach § 36 Abs. 1 S. 2 keinen Sitz, ist gem. § 36 Abs. 1 S. 3 nur der letzte zu verteilende Sitz einem der bisher nicht berücksichtigten Mitgliedstaaten zuzuweisen; der SE-Betriebsrat muss also nicht jedem Mitgliedstaat einen Arbeitnehmersitz zuteilen.[13] Die Zuweisung nach § 36 Abs. 1 S. 3 ist zwingend, selbst wenn sie zulasten eines Mitgliedstaats mit größerer

---

[2] So auch Habersack/Henssler/*Henssler* Rn. 7.
[3] Habersack/Henssler/*Henssler* Rn. 17.
[4] Näher Kölner Komm AktG/*Feuerborn* Rn. 4; ebenso BT-Drs. 15/3405, 55; Habersack/Drinhausen/Hohenstatt/Müller-Bonanni Rn. 2; Nagel/Freis/Kleinsorge/*Nagel* Rn. 5; aA wohl Lutter/Hommelhoff/Teichmann/*Oetker* Rn. 5.
[5] Ebenso Kölner Komm AktG/*Feuerborn* Rn. 5; Habersack/Henssler/*Henssler* Rn. 18; Lutter/Hommelhoff/Teichmann/*Oetker* Rn. 5; aA AKRR/*Rudolph* Rn. 4: Festlegung eines Stichtags in billigem Ermessen durch den SE-BR zeitnah zum Tag der Verteilung.
[6] Häferer/Klare NZA 2019, 352 (355); Habersack/Henssler/*Henssler* Rn. 18; AKRR/*Rudolph* Rn. 4.
[7] Kölner Komm AktG/*Feuerborn* Rn. 4; ebenso Habersack/Henssler/*Henssler* Rn. 8; Habersack/Drinhausen/Hohenstatt/Müller-Bonanni Rn. 2; Lutter/Hommelhoff/Teichmann/*Oetker* Rn. 6, jeweils mit Berechnungsbeispiel.
[8] Berechnungsbeispiel bei Habersack/Henssler/*Henssler* Rn. 10; Lutter/Hommelhoff/Teichmann/*Oetker* Rn. 7.
[9] Kölner Komm AktG/*Feuerborn* Rn. 7; BT-Drs. 15/3405, 55 mit Berechnungsbeispiel.
[10] BR-Drs. 438/04, 138; vgl. Lutter/Hommelhoff/Teichmann/*Oetker* Rn. 7 f. mit Beispiel.
[11] Näher Kölner Komm AktG/*Feuerborn* Rn. 8 f.
[12] Kölner Komm AktG/*Feuerborn* Rn. 8; Habersack/Henssler/*Henssler* Rn. 10 mit Berechnungsbeispiel.
[13] Kölner Komm AktG/*Feuerborn* Rn. 9; Habersack/Henssler/*Henssler* Rn. 11.

Arbeitnehmerzahl geht.[14] Welchem der bisher nicht berücksichtigten Mitgliedstaaten der letzte Sitz zugewiesen wird, steht grundsätzlich im Ermessen des SE-Betriebsrats.[15] Es wird allerdings durch **§ 36 Abs. 1 S. 4** begrenzt: Danach ist der Sitz im Zweifel demjenigen Mitgliedstaat zuzuweisen, in dem die SE ihren **Sitz** haben wird, jedenfalls soweit eine solche Zuweisung angemessen erscheint. **Angemessen** ist die bevorzugte Zuweisung des letzten Sitzes an den Sitzstaat, wenn dort nicht erheblich weniger Arbeitnehmer beschäftigt sind als bei dem nicht berücksichtigen Mitgliedstaat mit der größten Arbeitnehmerzahl.[16] Andernfalls, wenn § 36 Abs. 1 S. 4 nicht eingreift, ist auf den Rechtsgedanken des § 36 Abs. 1 S. 2 zurückzugreifen: Der SE-Betriebsrat muss den letzten Sitz dann grundsätzlich dem nicht berücksichtigten Mitgliedstaat zuweisen, der die höchste Arbeitnehmerzahl hat.[17] § 36 Abs. 1 S. 5 stellt klar, dass das Verteilungsverfahren nach § 36 Abs. 1 S. 2–4 auch nach dem Mitbestimmungsmodell gilt, in dem die Arbeitnehmer der SE Mitglieder dieser Organe **empfehlen oder ablehnen** können (Kooptationsmodell, § 2 Abs. 12 Nr. 2; → § 2 Rn. 26).[18] Sind mehr beteiligte Gesellschaften als Sitze vorhanden, sind die Sitze auf die Gesellschaften mit der höchsten Arbeitnehmerzahl zu verteilen, wie aus dem Rechtsgedanken des § 5 Abs. 3 folgt.[19]

2. Ermittlung der Arbeitnehmervertreter. An die Verteilung der Sitze auf die verschiedenen Mitgliedstaaten schließt sich die Frage an, welche **Arbeitnehmervertreter** die einzelnen Sitze im Aufsichts- oder Verwaltungsorgan der SE konkret besetzen werden. 4

a) Ersatzzuständigkeit des SE-Betriebsrats. Die Mitgliedstaaten regeln grundsätzlich in eigener Kompetenz, welche konkreten Arbeitnehmervertreter die ihnen zustehenden Sitze im Aufsichts- oder Verwaltungsorgan der SE einnehmen.[20] Fehlt in einem Mitgliedstaat allerdings eine derartige Regelung, übernimmt der SE-Betriebsrat ersatzweise auch diese Aufgabe und bestimmt gem. **§ 36 Abs. 2** die Arbeitnehmervertreter im Aufsichts- oder Verwaltungsorgan der SE. Die vom SE-Betriebsrat ausgewählten Arbeitnehmervertreter müssen die Anforderungen von Art. 47 Abs. 2 SE-VO sowie § 100 AktG (dualistisches System) und § 27 SEAG (monistisches System) erfüllen (→ Rn. 7).[21] 5

b) Bestimmung der inländischen Arbeitnehmervertreter. Die auf das Inland entfallenden Arbeitnehmervertreter im Aufsichts- oder Verwaltungsorgan der SE werden indessen von einem „kompliziert geregelten, aber praktisch einfachen"[22] **Wahlgremium** bestimmt, das sich aus den Arbeitnehmervertretungen der SE, ihrer Tochtergesellschaften und Betriebe zusammensetzt **(§ 36 Abs. 3 S. 1)**.[23] Das Wahlgremium ist ebenso zusammengesetzt wie das Wahlgremium bei der Bildung des bVG.[24] Demzufolge ordnet **§ 36 Abs. 3 S. 2** für das Wahlverfahren die entsprechende Anwendung der § 6 Abs. 2–4, § 8 Abs. 1 S. 2–5 und Abs. 2–7 und §§ 9, 10 an.[25] Zu weiteren Einzelheiten → § 6 Rn. 1 ff.; → § 8 Rn. 1 ff.; → § 9 Rn. 1 ff. und → § 10 Rn. 1 ff. Das bedeutet, dass es nach § 36 Abs. 3 S. 2 6

---

[14] BR-Drs. 438/04, 138; krit. dazu Habersack/Henssler/*Henssler* Rn. 13 ff.
[15] Kölner Komm AktG/*Feuerborn* Rn. 9.
[16] Kölner Komm AktG/*Feuerborn* Rn. 9; Habersack/Drinhausen/Hohenstatt/*Müller-Bonanni* Rn. 3; AKRR/*Rudolph* Rn. 6; konkretisierend Habersack/Henssler/*Henssler* Rn. 12: Arbeitnehmerzahl des Sitzstaates von weniger als 50%.
[17] Kölner Komm AktG/*Feuerborn* Rn. 9; Lutter/Hommelhoff/Teichmann/*Oetker* Rn. 8.
[18] Das Kooptationsmodell gilt derzeit allerdings in keinem Mitgliedstaat.
[19] *Kienast* in Jannott/Frodermann SE-HdB Kap. 13 Rn. 323 mit Fn. 354.
[20] S. Kölner Komm AktG/*Feuerborn* Rn. 20; Habersack/Drinhausen/Hohenstatt/*Müller-Bonanni* Rn. 7; Lutter/Hommelhoff/Teichmann/*Oetker* Rn. 10.
[21] Habersack/Henssler/*Henssler* Rn. 19; Habersack/Drinhausen/Hohenstatt/*Müller-Bonanni* Rn. 9; aA Nagel/Freis/Kleinsorge/*Kleinsorge* Rn. 6, 7; *Kallmeyer* ZIP 2004, 1443.
[22] *Rieble* BB 2006, 2018 (2021).
[23] Kölner Komm AktG/*Feuerborn* Rn. 12.
[24] *Oetker* BB-Special 1/2005, 2 (12); unpräzise demgegenüber Begr. RegE, die für die Zusammensetzung des Wahlgremiums auf die Wahl des SE-Betriebsrats verweist, BR-Drs. 438/04, 138; aA (wie die BR-Drs.) Habersack/Henssler/*Henssler* Rn. 20; Habersack/Drinhausen/Hohenstatt/*Müller-Bonanni* Rn. 8.
[25] Ausf. Kölner Komm AktG/*Feuerborn* Rn. 12 ff.

iVm § 8 Abs. 7 zu einer **Urwahl** der auf das Inland entfallenden Arbeitnehmer kommt, wenn in keinem der inländischen Unternehmen und Betriebe eine Arbeitnehmervertretung besteht.[26] § 6 Abs. 2–4, § 8 Abs. 1 S. 2–5 und Abs. 2–7 und §§ 9, 10 gelten entsprechend allerdings mit der Maßgabe, dass an die Stelle der beteiligten Gesellschaften, betroffenen Tochtergesellschaften und betroffenen Betriebe die SE, ihre Tochtergesellschaften und Betriebe (zur Berechnung der Arbeitnehmerzahl im gemeinsamen Betrieb mehrerer Unternehmen → § 2 Rn. 32) treten.[27]

7 **Wählbar** in das Aufsichts- oder Verwaltungsorgan der SE sind entsprechend § 6 Abs. 2 **Arbeitnehmer** der SE, ihrer Tochtergesellschaften und Betriebe sowie **Gewerkschaftsvertreter**. **Frauen und Männer** sollen dabei entsprechend ihrem zahlenmäßigen Verhältnis gewählt werden. Das passt auf den ersten Blick nicht zu den Vorgaben der **§ 17 Abs. 2 SEAG, § 24 Abs. 3 SEAG** zur **Geschlechterquote** (→ Rn. 1, → Vor § 1 Rn. 40). Diese Vorgaben müssen vom Wahlgremium aber **nicht beachtet** werden, weil das Mindestanteilsgebot der § 17 Abs. 2 SEAG, § 24 Abs. 3 SEAG (Gesamterfüllung) an die Hauptversammlung als Wahlorgan gerichtet ist.[28] Zusätzlich ist für jedes Mitglied ein **Ersatzmitglied** zu wählen. Wenn dem Wahlgremium mehr als zwei Mitglieder aus dem Inland angehören, ist nach der Vorgabe des § 6 Abs. 3 jedes dritte Mitglied ein Vertreter einer **Gewerkschaft**, die in der SE oder in einer ihrer Tochtergesellschaften und Betriebe vertreten ist. Ob die zwingende Mindestrepräsentation der Gewerkschaften im Aufsichts- und Verwaltungsorgan richtlinienkonform ist, ist zweifelhaft.[29] Zum einen steht das Vorschlagsmonopol der Gewerkschaften in Widerstreit zur Entscheidungsfreiheit der Arbeitnehmervertretungen, die in Art. 3 Abs. 2 lit. b Beteiligungs-RL vorausgesetzt ist, zum anderen konterkariert es das Ziel, eine möglichst breite Repräsentation der Arbeitnehmer aller an der SE-Gründung beteiligten Gesellschaften im Aufsichts- oder Verwaltungsorgan sicherzustellen.[30] Mindestens jedes siebte Mitglied ist gem. § 6 Abs. 4 ein **leitender Angestellter,** wenn dem Gremium – praktisch ist die Vorgabe deshalb regelmäßig irrelevant[31] – mehr als sechs Mitglieder aus dem Inland angehören. Neben diesen Vorgaben des SEBG sind zusätzlich § 100 AktG für den Aufsichtsrat (→ AktG § 100 Rn. 8 ff.) sowie § 27 SEAG für das Verwaltungsorgan (→ SE-VO Art. 43 Rn. 120 ff., → SE-VO Art. 47 Rn. 11 ff., → SE-VO Art. 47 Rn. 26 ff.) zu beachten, welche in Ergänzung zu Art. 47 Abs. 2 SE-VO die **persönlichen Voraussetzungen** der Mitglieder dieser Organe normieren.[32]

8 Die **Zusammensetzung des Wahlgremiums** folgt den komplizierten Voraussetzungen des § 8 Abs. 1 S. 2–5 und Abs. 2–7. Auf eine Darstellung der Einzelheiten wird an dieser Stelle verzichtet (ausführlich → § 8 Rn. 3 ff.).[33] Das Gleiche gilt für die **Einberufung** des Wahlgremiums, die sich nach § 9 richtet (näher → § 9 Rn. 2), sowie für die **Wahl der Mitglieder** des Wahlgremiums, für die § 10 Vorgaben enthält (zu Einzelheiten → § 10 Rn. 2 ff.). Das **Wahlergebnis** ist der Leitung der SE, dem SE-Betriebsrat, den Gewählten, den Sprecherausschüssen und Gewerkschaften durch den das Wahlgremium leitenden Vorsitzenden (→ § 11 Rn. 2) mitzuteilen, insoweit besteht ein **Rechtsanspruch (§ 36 Abs. 3 S. 3)**.[34] Zu empfehlen ist dafür entsprechend dem Rechtsgedanken des § 17 die Schriftform. Die Wahl kann **angefochten** werden oder **nichtig** sein, es gelten die Grundsätze des § 37 Abs. 2 (näher → § 37 Rn. 5 ff.).

---

[26] Kölner Komm AktG/*Feuerborn* Rn. 12.
[27] Näher Kölner Komm AktG/*Feuerborn* Rn. 13.
[28] Lutter/Hommelhoff/Teichmann/*Oetker* Rn. 12; mit Blick auf die „Notwendigkeit einer rechtsfortbildenden Problemlösung" dagegen *Oetker* ZHR 179 (2015), 707 (743 f.): Weiterleitung der Wahlvorschläge an die Hauptversammlung analog § 6 Abs. 6 Montan-MitbestG nur dann, wenn nicht gegen § 17 Abs. 2 S. 1 SEAG verstoßen wird.
[29] Habersack/Drinhausen/*Hohenstatt*/*Müller-Bonanni* Rn. 7.
[30] Habersack/Henssler/*Henssler* Rn. 19; Habersack/Drinhausen/*Hohenstatt*/*Müller-Bonanni* Rn. 9.
[31] Habersack/Drinhausen/*Hohenstatt*/*Müller-Bonanni* Rn. 10.
[32] Kölner Komm AktG/*Feuerborn* Rn. 14; Habersack/Drinhausen/*Hohenstatt*/*Müller-Bonanni* Rn. 11.
[33] Dazu auch Kölner Komm AktG/*Feuerborn* Rn. 15 ff.
[34] Kölner Komm AktG/*Feuerborn* Rn. 19.

3. Bestellung durch die Hauptversammlung.

Die nach § 36 Abs. 2 und 3 ermittelten Arbeitnehmervertreter gehören dem Aufsichts- oder Verwaltungsorgan der SE allerdings nicht bereits nach Durchführung des Verfahrens gem. § 36 Abs. 2 oder der Wahl nach § 36 Abs. 3 an. Der rechtliche Status als Mitglied des Aufsichts- oder Verwaltungsorgans wird dadurch nicht begründet.[35] Es handelt sich vielmehr um **Vorschläge zur Bestellung** an die Hauptversammlung der SE (§ 36 Abs. 4 S. 1) durch den SE-Betriebsrat, die nach Art. 40 Abs. 2 SE-VO, Art. 43 Abs. 3 SE-VO **alle** Mitglieder des Aufsichts- oder Verwaltungsorgans zu bestellen hat.[36] Erst diese Bestellung hat **konstitutive** Wirkung.[37] Allerdings kann die Hauptversammlung nicht frei entscheiden, sondern ist ähnlich wie bei der Montanmitbestimmung gem. § 6 Abs. 6 MontanMitbestG an die Personalauswahl durch die ihr unterbreiteten Vorschläge gebunden (§ 36 Abs. 4 S. 2).[38]

Davon unberührt bleibt die **gerichtliche Bestellung** von Aufsichtsratsmitgliedern der Arbeitnehmerseite gem. § 104 Abs. 4 S. 1 AktG (für das Verwaltungsorgan) und § 30 Abs. 1 S. 3 SEAG (für das Verwaltungsorgan), welche die Funktionsfähigkeit des Aufsichts- und Verwaltungsorgans und damit dessen Bestand und Vollständigkeit sichern sollen (näher → AktG § 104 Rn. 37 ff.; → SE-VO Art. Rn. 26 ff.).[39] Zu den Antragsberechtigten gem. § 30 Abs. 1 S. 3 Nr. 2 SEAG (Verwaltungsorgan) gehört auch der **SE-Betriebsrat,** dessen **Antragsberechtigung** sich beim Verwaltungsorgan in der dualistisch verfassten SE aus einer Analogie zu § 104 Abs. 1 S. 3 AktG ergibt.[40]

III. Streitigkeiten

Eine Zuständigkeit der Gerichte für Arbeitssachen im Beschlussverfahren besteht für Streitigkeiten, welche die **Wahl von Vertretern der Arbeitnehmer** in das Aufsichts- oder Verwaltungsorgan der SE betreffen (§ 2a Abs. 1 Nr. 3 lit. e ArbGG, §§ 80 ff. ArbGG).[41] Örtlich zuständig ist das Arbeitsgericht, in dessen Bezirk die SE ihren Sitz hat (§ 82 Abs. 3 ArbGG). Streitigkeiten über die **Sitzverteilung** betreffen indessen die Zusammensetzung des Aufsichts- oder Verwaltungsorgans und sind deshalb, wie auch der Wortlaut des § 2a Abs. 1 Nr. 3 lit. e ArbGG nahe legt, ein Fall des **Statusverfahrens**.[42] Zum Statusverfahren → § 35 Rn. 28. Auch bei Streitigkeiten über die gerichtliche Bestellung sind die ordentlichen Gerichte zuständig.[43] Formale Fehler bei der konstitutiven Bestellung der Arbeitnehmervertreter durch die Hauptversammlung können nach §§ 250, 251 AktG, § 17 Abs. 4 SEAG, §§ 31, 32 SEAG angegriffen werden. Zuständig ist ebenfalls die ordentliche Gerichtsbarkeit.[44] Strafrechtlicher Schutz besteht nach §§ 44, 45 Abs. 2 Nr. 2.

IV. SCEBG und MgVG

§ 36 entspricht **§ 36 SCEBG** und prinzipiell auch **§ 25 MgVG.** Anders als bei der SE nach § 36 Abs. 1 verteilt nicht der SE-Betriebsrat, sondern das **bVG** die Zahl der Sitze im Aufsichts- oder Verwaltungsorgan auf die Mitgliedstaaten, in denen Mitglieder zu wählen oder zu bestellen sind (§ 25 Abs. 1 S. 1 MgVG). Die Verteilung richtet sich nach dem jeweili-

---

[35] S. Kölner Komm AktG/*Feuerborn* Rn. 11; Habersack/Drinhausen/*Hohenstatt*/*Müller-Bonanni* Rn. 12; Lutter/Hommelhoff/Teichmann/*Oetker* Rn. 14.
[36] *Wißmann* FS Richardi, 2007, 841 (853); krit. zu dieser Auslegung der Art. 40 Abs. 2 SE-VO, Art. 43 Abs. 3 SE-VO *Ihrig/Wagner* BB 2004, 1749 (1755), iE indessen zust.
[37] Habersack/Drinhausen/*Hohenstatt*/*Müller-Bonanni* Rn. 12; AKRR/*Rudolph* Rn. 17.
[38] NK-SE/*Kleinmann*/*Kujath* Rn. 9; vgl. zu möglichen Ausnahmen Lutter/Hommelhoff/Teichmann/*Oetker* Rn. 16.
[39] Wie hier Kölner Komm AktG/*Feuerborn* Rn. 20.
[40] Habersack/Drinhausen/*Hohenstatt*/*Müller-Bonanni* Rn. 13.
[41] Vgl. Kölner Komm AktG/*Feuerborn* Rn. 21; *Köklü* in Van Hulle/Maul/Drinhausen SE-HdB Abschnitt 6 Rn. 234; AKRR/*Rudolph* Rn. 18.
[42] Kölner Komm AktG/*Feuerborn* Rn. 21; Habersack/Drinhausen/*Hohenstatt*/*Müller-Bonanni* Rn. 15.
[43] Vgl. BR-Drs. 438/04, 147; Habersack/Drinhausen/*Hohenstatt*/*Müller-Bonanni* Rn. 15; aA AKRR/*Rudolph* Rn. 18 mwN: Arbeitsgericht im Beschlussverfahren.
[44] *Kienast* in Jannott/Frodermann SE-HdB Kap. 13 Rn. 330.

gen Anteil der in den einzelnen Mitgliedstaaten beschäftigten Arbeitnehmer der aus der grenzüberschreitenden Verschmelzung hervorgehenden Gesellschaft, ihrer Tochtergesellschaften und Betriebe; können bei dieser anteiligen Verteilung die Arbeitnehmer aus einem oder mehreren Mitgliedstaaten keinen Sitz erhalten, muss das bVG den letzten zu verteilenden Sitz einem bisher unberücksichtigten Mitgliedstaat zuweisen; dieser Sitz soll, soweit angemessen, dem Mitgliedstaat zugewiesen werden, in dem die neue Gesellschaft ihren Sitz haben wird (§ 25 Abs. 1 S. 2–4 MgVG). Dieses Verteilungsverfahren gilt auch in dem Fall, in dem die Arbeitnehmer der aus der grenzüberschreitenden Verschmelzung hervorgehenden Gesellschaft Mitglieder dieser Organe empfehlen oder ablehnen können (§ 25 Abs. 1 S. 5 MgVG). Eine § 36 Abs. 4 entsprechende Regelung – bindende Vorschläge für die Hauptversammlung – ist im MgVG nicht enthalten, weil die Bestellung der Arbeitnehmervertreter durch die Hauptversammlung entfällt. In § 25 MgVG ist die Frage, ob das bVG (Abs. 1 und 2) und das Wahlgremium (Abs. 3) für die Verteilung der Sitze bei der Bestellung der Arbeitnehmervertreter auch zuständig sind und damit neu errichtet werden müssen, wenn die **Amtszeit** der Arbeitnehmervertreter **abgelaufen** ist oder diese **abberufen** worden sind, nicht ausdrücklich geregelt. Der Wortlaut steht einer erneuten Bildung nicht entgegen, zumal das Wahlgremium vergleichsweise einfach einzuberufen ist (vgl. §§ 11, 10 Abs. 2–6 MgVG, §§ 9 und 8 Abs. 2–6). Aufwendig ist alleine die Bildung des bVG, dessen Aufgaben gem. § 36 Abs. 1 und 2 in der SE der SE-Betriebsrat übernimmt (→ Rn. 2 f.). Denkbar ist es stattdessen, die Aufgabe dem Europäischen Betriebsrat zu übertragen, jedenfalls wenn er gebildet worden ist. Damit würden aber die Kompetenzen überschritten, die ihm das EBRG zwingend zuweist (vor allem Unterrichtung und Anhörung, §§ 29 ff. EBRG); das gilt auch für den Europäischen Betriebsrat kraft Vereinbarung. BVG und Wahlgremium sind deshalb für jede Wahl der Arbeitnehmervertreter neu zu bilden.[45]

§ 37 Abberufung und Anfechtung

(1) ¹Ein Mitglied oder ein Ersatzmitglied der Arbeitnehmer aus dem Inland im Aufsichts- oder Verwaltungsorgan kann vor Ablauf der Amtszeit abberufen werden. ²Antragsberechtigt sind
1. die Arbeitnehmervertretungen, die das Wahlgremium gebildet haben;
2. in den Fällen der Urwahl mindestens drei wahlberechtigte Arbeitnehmer;
3. für ein Mitglied nach § 6 Abs. 3 nur die Gewerkschaft, die das Mitglied vorgeschlagen hat;
4. für ein Mitglied nach § 6 Abs. 4 nur der Sprecherausschuss, der das Mitglied vorgeschlagen hat.

³Für das Abberufungsverfahren gelten die §§ 8 bis 10 entsprechend mit der Maßgabe, dass an die Stelle der beteiligten Gesellschaften, betroffenen Tochtergesellschaften und betroffenen Betriebe die SE, ihre Tochtergesellschaften und Betriebe treten; abweichend von § 8 Abs. 5 und § 10 Abs. 1 Satz 3 bedarf der Beschluss einer Mehrheit von drei Vierteln der abgegebenen Stimmen. ⁴Die Arbeitnehmervertreter sind von der Hauptversammlung der SE abzuberufen.

(2) ¹Die Wahl eines Mitglieds oder eines Ersatzmitglieds der Arbeitnehmer aus dem Inland im Aufsichts- oder Verwaltungsorgan kann angefochten werden, wenn gegen wesentliche Vorschriften über das Wahlrecht, die Wählbarkeit oder das Wahlverfahren verstoßen worden und eine Berichtigung nicht erfolgt ist, es sei denn, dass durch den Verstoß das Wahlergebnis nicht geändert oder beeinflusst werden konnte. ²Zur Anfechtung berechtigt sind die in Absatz 1 Satz 2 Genannten, der SE-Betriebsrat und die Leitung der SE. ³Die Klage muss innerhalb eines Monats nach dem Bestellungsbeschluss der Hauptversammlung erhoben werden.

---

[45] Ausf. dazu *Schubert* ZIP 2009, 791 ff., vor allem 796 ff. mwN; ähnlich *Brandes* ZIP 2008, 2193 (2198): das bVG werde in ein „Dauergremium umfunktioniert".

Übersicht

	Rn.		Rn.
I. Einleitung	1	a) Anfechtung nach allgemeinen Vorschriften	7
II. Abberufung von Mitgliedern und Ersatzmitgliedern	2–4	b) Anfechtung vor den Gerichten für Arbeitssachen	8, 9
1. Gesellschaftsrechtliche Abberufung	2	2. Nichtigkeit	10–12
2. Abberufungskompetenz der Arbeitnehmerseite	3, 4	a) Nichtigkeit nach allgemeinen Vorschriften	11
III. Fehler bei der Wahl der Arbeitnehmervertreter	5–12	b) Nichtigkeit bei grobem und offensichtlichem Verstoß gegen Wahlvorschriften	12
1. Anfechtung	6–9	IV. Streitigkeiten	13
		V. SCEBG und MgVG	14

I. Einleitung

Für Mitglieder oder Ersatzmitglieder der Arbeitnehmer im Aufsichts- oder Verwaltungsorgan der SE, die aus dem Inland stammen, enthält § 37 spezielle Regelungen zur **Abberufung** vor dem Ablauf der Amtszeit sowie zur **Anfechtung** ihrer Wahl durch das Wahlgremium (§ 36 Abs. 3), welche die Grundsätze, die sich in den entsprechenden Regelungen der Mitbestimmungsgesetze und des AktG niedergeschlagen haben, auf die SE übertragen.[1] Bei der Interpretation des § 37 kann deshalb auf deren Auslegung zurückgegriffen werden.[2]

II. Abberufung von Mitgliedern und Ersatzmitgliedern

1. Gesellschaftsrechtliche Abberufung. Die Abberufung von Mitgliedern des Aufsichts- oder Verwaltungsorgans richtet sich zunächst nach § 103 AktG (für das Aufsichtsorgan; → AktG § 103 Rn. 1 ff.) und § 29 SEAG (für das Verwaltungsorgan; → SE-VO Art. 43 Rn. 47 ff., → SE-VO Art. 43 Rn. 136 ff.). Die Mitglieder des Aufsichts- oder Verwaltungsorgans der SE werden für einen in der Satzung festgelegten Zeitraum bestellt, der sechs Jahre nicht überschreiten darf (Art. 46 Abs. 1 SE-VO). Damit endet die Amtszeit jedes Mitglieds spätestens nach sechs Jahren. Abberufung ist demgegenüber die **vorzeitige** Beendigung des Mandats gegen den Willen des Mitglieds des Aufsichts- oder Verwaltungsorgans. § 103 AktG, § 29 SEAG entsprechen sich weitgehend. Sie enthalten in Bezug auf die Mitglieder der Anteilseignerseite zusammenfassende Regelungen über die Abberufungskompetenzen der **Hauptversammlung** (§ 103 Abs. 1 und Abs. 2 S. 2 AktG, § 29 Abs. 1 und Abs. 2 S. 2 SEAG) und des **Entsendungsberechtigten** (§ 103 Abs. 2 S. 1 AktG, § 29 Abs. 2 S. 1 SEAG) sowie zusätzlich auch für die Mitglieder der Arbeitnehmerseite eine **gerichtliche** Abberufungskompetenz (§ 103 Abs. 3 AktG, § 29 Abs. 3 SEAG).[3] § 103 Abs. 5 AktG, § 29 Abs. 4 SEAG regeln ergänzend die Abberufung von Ersatzmitgliedern.

2. Abberufungskompetenz der Arbeitnehmerseite. Die vorzeitige **Abberufung** von Mitgliedern oder Ersatzmitgliedern der **Arbeitnehmer** im Aufsichts- oder Verwaltungsorgan der SE, die aus dem **Inland** stammen, ist daneben in **§ 37 Abs. 1**, der in § 23 MitbestG, § 11 MontanMitbestG, § 10m MitbestErgG, § 12 DrittelbG eine Entsprechung im nationalen Recht findet, geregelt.[4] Ein Mitglied oder ein Ersatzmitglied kann danach auch schon **vor Ablauf der Amtszeit** jederzeit abberufen werden. Die Abberufung muss nicht begründet werden.[5] § 37 Abs. 1 ist neben den allgemeinen Vorschriften der § 103

---

[1] Dazu Habersack/Drinhausen/*Hohenstatt/Müller-Bonanni* Rn. 2.
[2] Habersack/Henssler/*Henssler* Rn. 3.
[3] Habersack/Drinhausen/*Hohenstatt/Müller-Bonanni* Rn. 9.
[4] Ausf. zum Abberufungsverfahren Kölner Komm AktG/*Feuerborn* Rn. 4 ff. mwN.
[5] S. Kölner Komm AktG/*Feuerborn* Rn. 2; Habersack/Drinhausen/*Hohenstatt/Müller-Bonanni* Rn. 4; Lutter/Hommelhoff/Teichmann/*Oetker* Rn. 4.

Abs. 3 AktG, § 29 Abs. 3 SEAG anwendbar (vgl. für das nationale Recht § 103 Abs. 4 AktG). Das Abberufungsverfahren ist ein Spiegelbild des Wahlverfahrens. **Antragsberechtigt** sind deshalb diejenigen, die das betreffende Mitglied, das vorzeitig abberufen werden soll, gewählt haben.[6] Das sind gem. § 37 Abs. 1 S. 2 die Arbeitnehmervertretungen, die das Wahlgremium gebildet haben (Nr. 1), in den Fällen der Urwahl mindestens drei wahlberechtigte Arbeitnehmer (Nr. 2; zur Berechnung der Arbeitnehmerzahl im gemeinsamen Betrieb mehrerer Unternehmen → § 2 Rn. 32), für ein Mitglied nach § 6 Abs. 3 nur die Gewerkschaft, die das Mitglied vorgeschlagen hat (Nr. 3), und für ein Mitglied nach § 6 Abs. 4 nur der Sprecherausschuss, der das Mitglied vorgeschlagen hat (Nr. 4). Der Katalog ist abschließend.[7]

4 Für das **Abberufungsverfahren** gelten §§ 8–10 zur Zusammensetzung des Wahlgremiums bei der Bildung des bVG entsprechend, wiederum mit der Maßgabe, dass an die Stelle der beteiligten Gesellschaften, betroffenen Tochtergesellschaften und betroffenen Betriebe die SE, ihre Tochtergesellschaften und Betriebe treten (§ 37 Abs. 1 S. 3 Hs. 1). Zu Einzelheiten s. die Kommentierung zu §§ 8–10 (→ § 8 Rn. 1 ff.). Allerdings ist für den Abberufungsbeschluss eine **qualifizierten Mehrheit** erforderlich: Abweichend von den Mehrheiten in § 8 Abs. 5 und § 10 Abs. 1 S. 3 bedarf der Beschluss einer Mehrheit von **drei Vierteln der abgegebenen Stimmen** (§ 37 Abs. 1 S. 3). Das Abberufungsverfahren kann neben dem Anfechtungsverfahren betrieben werden, wenn das betroffene Aufsichtsratsmitglied noch im Amt ist und an Beschlüssen des Aufsichtsrats mitwirkt. Genauso wie die Bestellung von der Hauptversammlung vorgenommen werden muss (→ § 36 Rn. 9), ist auch die Abberufung formal von der **Hauptversammlung** zu vollziehen (§ 37 Abs. 1 S. 4); sie ist an den Abberufungsbeschluss gebunden.[8] Praktisch wird damit zugleich die Neubestellung verbunden sein.

III. Fehler bei der Wahl der Arbeitnehmervertreter

5 Die Wahl der Mitglieder oder Ersatzmitglieder der Arbeitnehmer aus dem Inland im Aufsichts- oder Verwaltungsorgan der SE kann **fehlerhaft** sein. Dabei ist zwischen Fehlern, die zur Anfechtbarkeit der Wahl führen, und solchen, die deren Nichtigkeit zur Folge haben, zu unterscheiden.

6 **1. Anfechtung.** Bei der Anfechtung der Wahl von Mitgliedern oder Ersatzmitgliedern des Aufsichts- oder Verwaltungsorgans ist zwischen der Anfechtung nach allgemeinen Vorschriften und derjenigen nach **§ 37 Abs. 2** zu differenzieren.[9]

7 a) **Anfechtung nach allgemeinen Vorschriften.** Für die Anfechtung der Wahl von Mitgliedern des Aufsichtsrats durch die Hauptversammlung enthält § 17 Abs. 4 S. 1 SEAG eine Regelung: Entsprechend § 251 Abs. 1 S. 1 AktG kann jede Wahl eines Mitglieds des Verwaltungsorgans wegen Verletzung des Gesetzes oder der Satzung angefochten werden. Allerdings ist das gesetzeswidrige Zustandekommen von Wahlvorschlägen für die Arbeitnehmervertreter im Verwaltungsorgan nur nach den Vorschriften der Mitgliedstaaten über die Besetzung der ihnen zugewiesenen Sitze geltend zu machen. Gem. § 17 Abs. 4 S. 2 SEAG gilt für die Arbeitnehmervertreter aus dem Inland insoweit § 37 Abs. 2.[10] Für die Anfechtung der Wahl von Mitgliedern des Verwaltungsorgans gilt nach § 32 S. 1 SEAG Entsprechendes; wieder bleibt § 37 Abs. 2 unberührt (§ 32 S. 2 SEAG).[11] Das bedeutet, dass **formale Fehler** bei der konstitutiven Bestellung der Arbeitnehmervertreter im Aufsichts- oder Verwaltungsorgan durch die Hauptversammlung nicht nach § 37 Abs. 2 anfechtbar sind,

---

[6] Näher Habersack/Drinhausen/*Hohenstatt*/*Müller-Bonanni* Rn. 6 f.
[7] Ebenso Lutter/Hommelhoff/Teichmann/*Oetker* Rn. 5.
[8] Habersack/Henssler/*Henssler* Rn. 11.
[9] Ausf. dazu Kölner Komm AktG/*Feuerborn* Rn. 16 ff. mwN.
[10] Kölner Komm AktG/*Feuerborn* Rn. 18.
[11] Kölner Komm AktG/*Feuerborn* Rn. 18.

sondern gem. § 17 Abs. 4 S. 1 SEAG, § 32 S. 1 SEAG nach § 251 AktG angegriffen werden können.[12]

b) Anfechtung vor den Gerichten für Arbeitssachen. Im Übrigen ist **§ 37 Abs. 2** 8 anzuwenden. Wie die Wahl von Mitgliedern oder Ersatzmitgliedern des Betriebsrats (§ 19 BetrVG) oder des Sprecherausschusses (§ 8 SprAuG) oder die Wahl von Mitgliedern oder Ersatzmitgliedern des mitbestimmten Aufsichtsrats oder von Delegierten eines Betriebs (§§ 21, 22 MitbestG) ist auch die Wahl eines Mitglieds oder Ersatzmitglieds der Arbeitnehmer aus dem Inland im Aufsichts- oder Verwaltungsorgan **anfechtbar** (§ 37 Abs. 2 S. 1). Die Anfechtung gem. § 37 Abs. 2 setzt wie die Anfechtung in den genannten anderen Fällen einen **Verstoß gegen wesentliche Wahlvorschriften** voraus. Das Gesetz nennt den Verstoß gegen wesentliche Vorschriften über das **Wahlrecht,** die **Wählbarkeit** oder das **Wahlverfahren.**[13] Als wesentliche Vorschriften kommen aber nur **zwingende Vorschriften** in Betracht.[14] Ein Verstoß gegen § 6 Abs. 2 S. 3 iVm § 36 Abs. 3 S. 2 zum Geschlechterproporz ist deshalb kein Anfechtungsgrund.[15] Beispiele für einen Anfechtungsgrund sind dagegen etwa Fehler bei der Berechnung der Zahl der auf das Inland entfallenden Sitze im Aufsichts- oder Verwaltungsorgan.[16] Die Wahl ist aber nur dann anfechtbar, wenn eine Berichtigung nicht erfolgt ist.[17] Auch wenn ein Verstoß gegen wesentliche Wahlvorschriften vorliegt und eine Berichtigung nicht erfolgt ist, ist die Anfechtung ausgeschlossen, wenn durch den Verstoß das Wahlergebnis **nicht geändert oder beeinflusst** werden konnte.[18] Fehler bei der Wahl der Mitglieder des bVG können im Rahmen des § 37 Abs. 2 im Übrigen nicht mehr geltend gemacht werden.

Zur Anfechtung ist nicht jedermann berechtigt. **Anfechtungsberechtigt** sind gem. 9 § 37 Abs. 2 S. 2 zunächst die in § 37 Abs. 1 S. 2 Genannten, also die **Arbeitnehmervertretungen,** die das Wahlgremium gebildet haben, und in den Fällen der Urwahl mindestens **drei wahlberechtigte Arbeitnehmer.** Entgegen dem Wortlaut von § 37 Abs. 2 iVm § 37 Abs. 1 S. 2 Nr. 3 ist hinsichtlich der Gewerkschaftsvertreter jede vorschlagsberechtigte Gewerkschaft anfechtungsberechtigt, nicht nur diejenige, auf deren Vorschlag das betreffende Aufsichtsratsmitglied gewählt worden war; entsprechendes gilt für die leitenden Angestellten (§ 37 Abs. 2 S. 2 iVm § 37 Abs. 1 S. 2 Nr. 4).[19] Hinzu kommen kraft ausdrücklicher Nennung in § 37 Abs. 2 S. 2 der **SE-Betriebsrat** und die **Leitung der SE.** Die Leitung der SE ist im dualistischen System der Vorstand, im monistischen System der Verwaltungsrat.[20] Nach § 37 Abs. 2 S. 3 muss die Anfechtungsklage abweichend von § 19 Abs. 2 S. 2 BetrVG, § 8 Abs. 1 S. 3 SprAuG, § 21 Abs. 2 S. 2 MitbestG, § 22 Abs. 2 S. 2 MitbestG (zwei Wochen) **innerhalb eines Monats** nach dem Bestellungsbeschluss der Hauptversammlung (Art. 40 Abs. 2, 43 Abs. 3 SE-VO) erhoben werden. Die Klagefrist entspricht der Regelung des § 246 AktG zur Klage auf Anfechtung von Hauptversammlungsbeschlüssen. Die Fristsetzung erfolgt nach §§ 187 Abs. 1 BGB, § 188 Abs. 2 und 3 BGB, § 193 BGB.[21] Die Anfechtung wirkt entsprechend den allgemeinen Grundsätzen **ex nunc.**[22]

---

[12] BR-Drs. 438/04, 139; *Ihrig/Wagner* BB 2004, 1749 (1755, 1757); Lutter/Hommelhoff/Teichmann/ *Oetker* Rn. 17 f.; *Wißmann* FS Richardi, 2007, 841 (853 f.).
[13] Weitere Einzelheiten bei Kölner Komm AktG/*Feuerborn* Rn. 21 mwN.
[14] Kölner Komm AktG/*Feuerborn* Rn. 14; Habersack/Henssler/*Henssler* Rn. 14.
[15] Habersack/Drinhausen/Hohenstatt/*Müller-Bonanni* Rn. 12.
[16] Weitere Beispiele bei Habersack/Drinhausen/*Hohenstatt/Müller-Bonanni* Rn. 12.
[17] Kölner Komm AktG/*Feuerborn* Rn. 19.
[18] Kölner Komm AktG/*Feuerborn* Rn. 22; Habersack/Drinhausen/Hohenstatt/*Müller-Bonanni* Rn. 14; zu § 19 BetrVG ausf. GK-BetrVG/*Kreutz* BetrVG § 19 Rn. 41 ff., jeweils mwN.
[19] Habersack/Drinhausen/Hohenstatt/*Müller-Bonanni* Rn. 11; Lutter/Hommelhoff/Teichmann/*Oetker* Rn. 13; AKRR/*Rudolph* Rn. 6; MHdB ArbR/*Naber/Sittard* § 384 Rn. 53 ff.; *Wißmann* FS Richardi, 2007, 841 (854 f.); abw. noch → 2. Aufl. 2006, Rn. 9; ferner Kölner Komm AktG/*Feuerborn* Rn. 24.
[20] Habersack/Henssler/*Henssler* Rn. 13.
[21] Lutter/Hommelhoff/Teichmann/*Oetker* Rn. 14.
[22] Kölner Komm AktG/*Feuerborn* Rn. 27; *Wißmann* FS Richardi, 2007, 841 (855).

10 **2. Nichtigkeit.** Bei der Nichtigkeit der Wahl von Mitgliedern oder Ersatzmitgliedern des Aufsichts- oder Verwaltungsorgans ist ebenfalls zwischen der Nichtigkeit nach allgemeinen Vorschriften und der Nichtigkeit entsprechend § 37 Abs. 2 zu differenzieren.

11 **a) Nichtigkeit nach allgemeinen Vorschriften.** Für die Nichtigkeit der Wahl von Mitgliedern des Aufsichts- oder Verwaltungsorgans gelten zunächst die § 250 AktG, § 31 SEAG. Formelle Fehler bei der konstitutiven Bestellung der Arbeitnehmervertreter im Aufsichts- oder Verwaltungsorgan der SE durch die Hauptversammlung sind deshalb bei Vorliegen der entsprechenden Voraussetzungen im Wege der **Nichtigkeitsklage** geltend zu machen, für die auch der SE-Betriebsrat parteifähig ist (§ 17 Abs. 3 S. 2 SEAG iVm § 250 AktG, § 31 Abs. 2 S. 2 SEAG).

12 **b) Nichtigkeit bei grobem und offensichtlichem Verstoß gegen Wahlvorschriften.** In entsprechender Anwendung des § 37 Abs. 2 gelten allerdings für die Wahl von Arbeitnehmervertretern aus dem Inland, soweit es um Verstöße gegen wesentliche Wahlvorschriften geht, die besonders schwerwiegend sind, die zur **Nichtigkeit** der Wahl entwickelten Grundsätze.[23] Bei besonders schweren Mängeln, wenn ein so **grober und offensichtlicher Verstoß** gegen wesentliche Vorschriften des gesetzlichen Wahlrechts vorliegt, dass nicht einmal der Anschein einer dem Gesetz entsprechenden Wahl gegeben ist, ist die Wahl der Arbeitnehmervertreter zum Aufsichts- oder Verwaltungsorgan der SE nichtig.[24] Die Nichtigkeit kann **jederzeit** auch nach Ablauf der Einmonatsfrist des § 37 Abs. 2 S. 3 von **jedermann** ex tunc und auch in jedem Verfahren als Vorfrage geltend gemacht werden.[25] Allerdings muss die Annahme einer Nichtigkeit auf Ausnahmetatbestände begrenzt bleiben, um die Anfechtungsvorschriften des § 37 Abs. 2 nicht leer laufen zu lassen.[26] Beispiele sind die Wahl einer dritten Person, die nicht entsprechend § 6 Abs. 2 Arbeitnehmer der SE, ihrer Tochtergesellschaften oder Betriebe oder nicht ein Gewerkschaftsvertreter ist, oder die Wahl von Arbeitnehmervertretern in einer SE, auf welche die gesetzliche Auffangregelung gem. §§ 34 ff. wegen § 39 Abs. 1 (Tendenz-SE) nicht anzuwenden ist.[27]

IV. Streitigkeiten

13 Die Gerichte für Arbeitssachen sind für Streitigkeiten, die aus der Anwendung des § 37 resultieren, zuständig, wenn sie die Geltendmachung der **Nichtigkeit** und die **Anfechtung** nach § 37 Abs. 2 sowie die **Abberufung** der Arbeitnehmer betreffen (Beschlussverfahren gem. § 2a Abs. 1 Nr. 3 lit. e ArbGG, §§ 80 ff. ArbGG), örtlich zuständig ist in diesem Fall das Arbeitsgericht, in dessen Bezirk die SE ihren Sitz hat (§ 82 Abs. 3 ArbGG).[28] Keine Zuständigkeit der Gerichte für Arbeitssachen besteht für das **gerichtliche Abberufungsverfahren** nach § 103 Abs. 3 AktG (§ 2a Abs. 1 Nr. 3 lit. e ArbGG; → AktG § 103 Rn. 43 ff. mwN)[29] und – obgleich nicht ausdrücklich genannt – nach § 29 Abs. 3 SEAG. Zuständig sind die ordentlichen Gerichte.[30] Über den Antrag des Aufsichts- oder Verwaltungsorgans der SE entscheidet gem. § 14 AktG iVm § 375 Nr. 3 und 4 FamFG, § 377 Abs. 1 FamFG das Amtsgericht des Sitzes der Gesellschaft im Verfahren der freiwilligen Gerichtsbarkeit.[31] Über die Anfechtung der Wahl von Mitgliedern des Aufsichtsrats durch die Hauptversammlung entscheidet nach § 251

---

[23] Ebenso Kölner Komm AktG/*Feuerborn* Rn. 17; Lutter/Hommelhoff/Teichmann/*Oetker* Rn. 16; näher dazu Raiser/Veil/Jacobs/*Raiser/Jacobs* MitbestG § 22 Rn. 20 ff.; ausf. zu § 19 BetrVG GK-BetrVG/*Kreutz* BetrVG § 19 Rn. 132 ff., jeweils mwN und Beispielen.
[24] Habersack/Drinhausen/*Hohenstatt/Müller-Bonanni* Rn. 15.
[25] Habersack/Henssler/*Henssler* Rn. 21.
[26] Vgl. Habersack/Henssler/*Henssler* Rn. 20.
[27] Kölner Komm AktG/*Feuerborn* Rn. 17.
[28] *Wißmann* FS Richardi, 2007, 841 (854).
[29] Vgl. BR-Drs. 438/04, 147; vgl. Habersack/Henssler/*Henssler* Rn. 12.
[30] Kölner Komm AktG/*Feuerborn* Rn. 27.
[31] *Kienast* in Jannott/Frodermann SE-HdB Kap. 13 Rn. 327.

Abs. 3 AktG iVm § 246 Abs. 3 AktG ausschließlich das Landgericht, in dessen Bezirk die SE ihren Sitz hat.[32]

V. SCEBG und MgVG

§ 37 entspricht **§ 37 SCEBG** und prinzipiell auch **§ 26 MgVG**. Eine § 37 Abs. 1 S. 4 **14** entsprechende Regelung (Abberufung der Arbeitnehmervertreter durch die Hauptversammlung) ist im MgVG nicht enthalten. Anders als nach § 37 Abs. 2 S. 3 (innerhalb eines Monats nach dem Bestellungsbeschluss der Hauptversammlung) muss die Anfechtungsklage innerhalb eines Monats nach der Bekanntgabe gem. § 25 Abs. 3 S. 2 oder 3 MgVG erhoben werden (§ 26 Abs. 2 S. 3 MgVG).

§ 38 Rechtsstellung; Innere Ordnung

(1) **Die Arbeitnehmervertreter im Aufsichts- oder Verwaltungsorgan der SE haben die gleichen Rechte und Pflichten wie die Mitglieder, die die Anteilseigner vertreten.**

(2) ¹**Die Zahl der Mitglieder des Leitungsorgans (§ 16 des SE-Ausführungsgesetzes) oder der geschäftsführenden Direktoren (§ 40 des SE-Ausführungsgesetzes) beträgt mindestens zwei.** ²**Einer von ihnen ist für den Bereich Arbeit und Soziales zuständig.**

(3) **Besteht in einer der beteiligten Gesellschaften das Aufsichtsorgan aus derselben Zahl von Anteilseigner- und Arbeitnehmervertretern sowie einem weiteren Mitglied, so ist auch im Aufsichts- oder Verwaltungsorgan der SE ein weiteres Mitglied auf gemeinsamen Vorschlag der Anteilseigner- und der Arbeitnehmervertreter zu wählen.**

I. Einleitung

Die Vorschriften über die gesetzliche Auffangregelung zur Mitbestimmung der Arbeit- **1** nehmer im Aufsichts- oder Verwaltungsorgan der SE werden durch § 38 abgerundet, der – von der Beteiligungs-RL nur teilweise vorgegeben – **partielle Regelungen** über die Rechtsstellung der Mitglieder und die innere Ordnung im Aufsichts- oder Verwaltungsorgan enthält sowie eine Art „Arbeitsdirektor" und das „weitere Mitglied" aus dem deutschen Mitbestimmungsrecht in die SE einführt. Weitere konkretisierende Regelungen zur Rechtsstellung der Arbeitnehmervertreter sind Art. 49 SE-VO und § 116 S. 2 AktG zur Verschwiegenheitspflicht (vgl. auch → § 41 Rn. 1), § 42 S. 1 Nr. 4 und S. 2 zur Gewährung des nationalen Schutzniveaus (→ § 42 Rn. 2 ff.) und § 44 zum Errichtungs- und Tätigkeitsschutz (→ § 44 Rn. 2 ff.), zur inneren Ordnung des Aufsichts- und Verwaltungsorgans ferner § 107 AktG und § 34 SEAG sowie für die paritätisch mitbestimmte SE Art. 42 S. 2 SE-VO, Art. 45 S. 2 SE-VO und Art. 50 Abs. 2 SE-VO (Zweitstimmrecht des von den Anteilseignern zu wählenden Vorsitzenden), ergänzt durch § 35 SEAG zum Stimmrecht eines geschäftsführenden Direktors, der zugleich Mitglied des Verwaltungsrats ist.[1]

II. Rechtsstellung und innere Ordnung

Entsprechend der Vorgabe in Anh. Teil 3 lit. b UAbs. 4 Beteiligungs-RL bestimmt **2** § 38 Abs. 1, dass Arbeitnehmervertreter im Aufsichts- oder Verwaltungsorgan der SE die gleichen **Rechte und Pflichten** wie die Mitglieder, welche die Anteilseigner vertreten, haben (vgl. § 111 AktG, § 22 SEAG; näher → AktG § 111 Rn. 18 ff.; → SE-VO Art. 43 Rn. 88 ff.). Diese grundsätzliche **Gleichstellung der Mitglieder eines mitbestimmten**

---
[32] *Wißmann* FS Richardi, 2007, 841 (853).
[1] S. Kölner Komm AktG/*Feuerborn* Rn. 2.

Aufsichts- oder Verwaltungsorgans ist im deutschen Mitbestimmungsrecht in § 4 Abs. 3 S. 1 MontanMitbestG, § 5 Abs. 4 MitbestErgG normiert, entspricht aber auch im Anwendungsbereich des MitbestG[2] allgemeiner Auffassung. Insbesondere haben die Arbeitnehmervertreter die gleichen **Mitwirkungs-, Informations- und Stimmrechte** wie die Vertreter der Anteilseignerseite.[3] Andererseits sind sie in gleichem Maße zur **Amtsausübung verpflichtet** und gegenüber der SE **haftungsrechtlich verantwortlich** (Art. 51 SE-VO),[4] und außerdem treffen sie die gleichen **Sorgfalts- und Amtspflichten.**[5] Mit dem Gleichstellungsgrundsatz korrespondiert das Verbot einer sachlich nicht gerechtfertigten Ungleichbehandlung der Arbeitnehmervertreter im Aufsichts- und Verwaltungsorgan der SE **(Diskriminierungsverbot).**[6] § 38 Abs. 1 ist **nicht abdingbar.** Es ist insbesondere nicht zulässig, die Mitglieder der Arbeitnehmerseite durch **Differenzierungen beim Stimmrecht** von der Verantwortung für die Unternehmensleitung zu befreien, um sie vom Entscheidungszentrum der Gesellschaft fernzuhalten oder von haftungsrechtlichen Risiken zu befreien (so die wohl hM, → § 21 Rn. 41 mwN; vgl. auch → § 35 Rn. 22). Von § 38 Abs. 1 unberührt bleiben die erwähnten **gesellschaftsrechtlichen Regelungen** zur inneren Ordnung des Aufsichts- oder Verwaltungsorgans der SE (§ 107 AktG, § 34 SEAG; näher → AktG § 107 Rn. 16 ff.; → SE-VO Art. 42 Rn. 2 ff.; → SE-VO Art. 44 Rn. 6 ff.). Die Arbeitnehmervertreter im Aufsichts- oder Verwaltungsorgan der SE genießen den erwähnten Tätigkeitsschutz nach § 42 S. 1 Nr. 4, der insbesondere den Kündigungsschutz, die Teilnahme an Sitzungen sowie die Entgeltfortzahlung umfasst (→ § 42 Rn. 2, → § 42 Rn. 5 ff.). Niemand darf – wie ebenfalls schon ausgeführt – ihre Tätigkeit behindern oder stören oder sie wegen ihrer Tätigkeit benachteiligen oder begünstigen (§ 44 Nr. 2 und 3; → § 44 Rn. 2, 5 f.). Im Übrigen gelten die gesellschaftsrechtlichen Verschwiegenheitspflichten der Art. 49 SE-VO, § 116 S. 2 AktG und nicht § 41 (→ § 41 Rn. 1).[7]

III. Mitbestimmungsrechtliche Besonderheiten

1. Zuständigkeit für den Bereich Arbeit und Soziales. In § 38 Abs. 2 greift der Gesetzgeber auf die Funktion des Arbeitsdirektors zurück, der im deutschen Mitbestimmungsrecht in § 33 MitbestG, § 13 MontanMitbestG, § 13 MitbestErgG vorgesehen ist. Die Norm konkretisiert in Abs. 2 S. 1 zunächst die Vorschriften im SEAG zur **Zahl** der **Mitglieder des Leitungsorgans** im dualistischen System (§ 16 SEAG) und der **geschäftsführenden Direktoren** im monistischen System (§ 40 SEAG) und bestimmt, dass deren Zahl **mindestens zwei** betragen muss. Der Grund für diese Mindestzahl, die von den Vorgaben in §§ 16, 40 SEAG abweicht, liegt in § 38 Abs. 2 S. 2: Zwar besteht anders als nach § 33 MitbestG, § 13 MontanMitbestG, § 13 MitbestErgG keine Pflicht zur Bestellung eines Arbeitsdirektors.[8] Stattdessen ist eines der Vorstandsmitglieder oder einer der geschäftsführenden Direktoren für den **„Bereich Arbeit und Soziales",** der als Merkmal die **Funktion des Arbeitsdirektors** konkretisiert,[9] **zuständig** (Ressortzuständigkeit).[10] Zur Verteilung der Zuständigkeiten unter den geschäftsführenden Direktoren → SE-VO Art. 43 Rn. 131 ff. Würde die Zahl der Mitglieder des Leitungsorgans oder der geschäftsführenden Direktoren nicht mindestens zwei betragen, könnte der Bereich Arbeit und Soziales – so

---

[2] Näher Habersack/Henssler/*Habersack* MitbestG § 25 Rn. 76 mwN.
[3] Kölner Komm AktG/*Feuerborn* Rn. 6; Habersack/Drinhausen/*Hohenstatt/Müller-Bonanni* Rn. 2; Lutter/Hommelhoff/Teichmann/*Oetker* Rn. 5; AKRR/*Rudolph* Rn. 2.
[4] Habersack/Drinhausen/*Hohenstatt/Müller-Bonanni* Rn. 2.
[5] Kölner Komm AktG/*Feuerborn* Rn. 7.
[6] Kölner Komm AktG/*Feuerborn* Rn. 5; Lutter/Hommelhoff/Teichmann/*Oetker* Rn. 5.
[7] Vgl. Habersack/Henssler/*Habersack* Rn. 33.
[8] *Forst* ZHR-Sonderheft 77 (2015), 50, 78; *Oetker* BB-Special 1/2005, 2 (12).
[9] BR-Drs. 438/04, 140.
[10] Zust. Kölner Komm AktG/*Feuerborn* Rn. 10; *Forst,* Die Beteiligungsvereinbarung nach § 21 SEBG, 2010, 205; *Forst* ZHR-Sonderheft 77 (2015), 50, 78; Habersack/Drinhausen/*Hohenstatt/Müller-Bonanni* Rn. 6.

Rechtsstellung; Innere Ordnung　　　　　　　　　　　　　4, 5　§ 38 SEBG

der Gesetzgeber[11] – nicht mit der notwendigen Eigenständigkeit innerhalb der Unternehmensleitung wahrgenommen werden. Weitere Vorgaben hat der Gesetzgeber bewusst nicht gemacht.[12] Ob eine „Bestellung" wie beim deutschen Arbeitsdirektor vorgenommen werden muss, wie in der Begründung zum Regierungsentwurf anklingt[13] und bei der eine Anlehnung an § 31 Abs. 2–4 MitbestG, § 12 MontanMitbestG erfolgen könnte, ist zweifelhaft: Die Stellung des ressortzuständigen Mitglieds des Leitungsorgans oder geschäftsführenden Direktors ist mit derjenigen des Arbeitsdirektors nicht ohne weiteres vergleichbar (keine Bestellung eines „zusätzlichen" Mitglieds).[14]

§ 38 Abs. 2 ist nicht durch die **Beteiligungs-RL** vorgegeben. Anders als in einer früheren Entwurfsfassung aus dem Jahr 1975[15] (vgl. → Vor § 1 Rn. 3) wurde die Pflicht zur Bestellung eines Arbeitsdirektors gerade nicht in die Beteiligungs-RL aufgenommen. Ob es sich um eine deutsche einzelstaatliche „Gepflogenheit" handelt, die nach Art. 13 Abs. 2 Beteiligungs-RL nicht auf die SE anzuwenden sein soll und § 38 Abs. 2 deshalb **europarechtswidrig** ist, weil die Vorschrift dem „Grundgedanken des europäischen Kompromisses" widerspreche, wie man im Schrifttum meint,[16] ist dennoch zweifelhaft.[17] Wegen des Vorher-Nachher-Prinzips, dessen Umsetzung das SEBG dient (→ Vor § 1 Rn. 15, → § 1 Rn. 5), setzt § 38 Abs. 2 in jedem Fall voraus, dass in einer der an der **Gründung der SE beteiligten Gesellschaften** bereits ein **Arbeitsdirektor bestellt** worden war.[18] Wird zB die Drittelbeteiligung eines mitbestimmten Aufsichtsrats auf die SE übertragen, greift § 38 Abs. 2 nicht. 4

2. Weiteres Mitglied. Eine Bestimmung zur Wahrung des mitbestimmungsrechtlichen Status quo trifft **§ 38 Abs. 3**, wenn zu den beteiligten Gesellschaften eine montanmitbestimmte Gesellschaft gehört, wenn also in einer der beteiligten Gesellschaften das Aufsichtsorgan aus derselben Zahl von Anteilseigner- und Arbeitnehmervertretern sowie einem weiteren **neutralen Mitglied** (§ 4 Abs. 1 lit. c MontanMitbestG, § 8 MontanMitbestG) besteht. In diesem Fall ist gem. § 38 Abs. 3 auch im Aufsichts- oder Verwaltungsorgan der SE ein **weiteres Mitglied** auf gemeinsamen Vorschlag der Anteilseigner- und der Arbeitnehmervertreter zu wählen. Die Vorschrift stellt damit sicher, dass sich die besondere Struktur der Montanmitbestimmung in der Funktion des „weiteren Mitglieds" auch in der SE fortsetzt. Weder im SEBG noch in der Begründung zum Regierungsentwurf finden sich Aussagen über die Wahl des weiteren Mitglieds. Es bietet sich an, ein Wahlorgan analog § 5 MontanMitbestG zu bilden,[19] das die Wahl entsprechend § 8 MontanMitbestG durchführt.[20] Ähnlich wie § 38 Abs. 2 (→ Rn. 4) wird auch § 38 Abs. 3 für **europarechtswidrig** gehalten.[21] Dagegen spricht, dass es gerade Ziel 5

---

[11] BR-Drs. 438/04, 140.
[12] BR-Drs. 438/04, 140.
[13] BR-Drs. 438/04, 140.
[14] Gegen eine „Bestellung" auch Kölner Komm AktG/*Feuerborn* Rn. 10; Habersack/Drinhausen/*Hohenstatt/Müller-Bonanni* Rn. 7; Lutter/Hommelhoff/Teichmann/*Oetker* Rn. 11; aA Habersack/Henssler/*Habersack* Rn. 43.
[15] BT-Drs. 7/3713, 46.
[16] Kölner Komm AktG/*Feuerborn* Rn. 12; *Forst*, Die Beteiligungsvereinbarung nach § 21 SEBG, 2010, 206; *Grobys* NZA 2005, 90; *Grobys* NZA 2004, 779 (780); Habersack/Henssler/*Habersack* Rn. 2; *Rieble* in Rieble/Junker Vereinbarte Mitbestimmung § 3 Rn. 8; AKRR/*Rudolph* Rn. 5.
[17] Kölner Komm AktG/*Feuerborn* Rn. 12; *Joost* in Oetker/Preis AES B 8200 Rn. 237; *Krause* BB 2005, 1221 (1228): „europarechtlich wohl noch haltbar".
[18] So auch Habersack/Henssler/*Habersack* Rn. 42; Habersack/Drinhausen/*Hohenstatt/Müller-Bonanni* Rn. 5; aA *Oetker* BB-Special 1/2005, 2 (12); Lutter/Hommelhoff/Teichmann/*Oetker* Rn. 10 f.
[19] Dazu ErfK/*Oetker* MontanMitbestG § 6 Rn. 2, 3.
[20] Vgl. dazu auch *Oetker* in Lutter/Hommelhoff EU-Gesellschaft 311 f.
[21] Kölner Komm AktG/*Feuerborn* Rn. 16; *Forst*, Die Beteiligungsvereinbarung nach § 21 SEBG, 2010, 206 f.; *Grobys* NZA 2005, 90; *Grobys* NZA 2004, 779 (780): „Infizierung des europäischen Kompromisses" mit einer „typisch deutschen Regelung"; *Güntzel*, Die Richtlinie über die Arbeitnehmerbeteiligung in der Europäischen Aktiengesellschaft (SE) und ihre nationale Umsetzung in das deutsche Recht, 2005, 474 ff.; *Henssler* RdA 2005, 330, 336 f.; *Rieble* in Rieble/Junker Vereinbarte Mitbestimmung § 3 Rn. 8; ferner *Calle Lambach* RIW 2005, 161 (167); Habersack/Henssler/*Habersack* Rn. 2; *Krause* BB 2005, 1221 (1228): Verstoß gegen den Sinngehalt der Art. 42, 45 SE-VO.

der Beteiligungs-RL ist, eine Einschränkung bestehender Mitbestimmungsrechte zu vermeiden (→ Vor § 1 Rn. 15, → § 1 Rn. 5, → Rn. 4).[22] Allerdings wird das „neutrale" Mitglied als deutsche nationale „Gepflogenheit" (Art. 13 Abs. 2 Beteiligungs-RL) weder in der SE-VO noch in der Beteiligungs-RL erwähnt, und Art. 42, 50 Abs. 2 SE-VO schreiben zwingend den Anteilseignervorsitz vor. § 38 Abs. 3 ist deshalb **europarechtswidrig**.[23]

IV. Streitigkeiten

6 Für Streitigkeiten, die aus der Anwendung des § 38 resultieren, sind – wie sich aus § 2a Abs. 1 Nr. 3 lit. e ArbGG ergibt – die Gerichte für Arbeitssachen nur zuständig, soweit über die Wahl von Vertretern der Arbeitnehmer in das Aufsichts- oder Verwaltungsorgan der SE oder deren Abberufung mit Ausnahme der Abberufung nach § 103 Abs. 3 AktG gestritten wird (§§ 80 ff. ArbGG). Örtlich zuständig ist das Arbeitsgericht, in dessen Bezirk die SE ihren Sitz hat (§ 82 Abs. 3 ArbGG). Für alle anderen Streitigkeiten im Zusammenhang mit § 38 sind die ordentlichen Gerichte zuständig.

V. SCEBG und MgVG

7 § 38 entspricht **§ 38 SCEBG** und prinzipiell auch **§ 27 MgVG**. Eine Abweichung enthält allerdings § 38 Abs. 2 S. 1 SCEBG: Die Zahl der geschäftsführenden Direktoren beträgt mindestens zwei; im SEBG bezieht sich diese Mindestzahl auch auf die Mitglieder des Leitungsorgans (§ 38 Abs. 2 S. 1). § 27 Abs. 2 S. 1 MgVG ist ebenfalls abweichend gestaltet: Die Zahl der Mitglieder „der Leitung" beträgt mindestens zwei. Die Zuständigkeit eines Mitglieds der Leitung für den Bereich Arbeit und Soziales (§ 27 Abs. 2 S. 2 MgVG) gilt nicht für die KGaA (§ 27 Abs. 2 S. 3 MgVG). Ähnlich wie § 38 Abs. 2 wird auch § 27 Abs. 2 S. 2 MgVG für richtlinienwidrig gehalten.[24]

Abschnitt 3. Tendenzschutz

§ 39 Tendenzunternehmen

(1) Auf eine SE, die unmittelbar und überwiegend
1. **politischen, koalitionspolitischen, konfessionellen, karitativen, erzieherischen, wissenschaftlichen oder künstlerischen Bestimmungen oder**
2. **Zwecken der Berichterstattung oder Meinungsäußerung, auf die Artikel 5 Abs. 1 Satz 2 des Grundgesetzes anzuwenden ist,**

dient, findet Abschnitt 2 keine Anwendung.

(2) Eine Unterrichtung und Anhörung beschränkt sich auf die Gegenstände des § 28 Abs. 2 Nr. 5 bis 10 und des § 29 und erfolgt nur über den Ausgleich oder die Milderung der wirtschaftlichen Nachteile, die den Arbeitnehmern infolge der Unternehmens- oder Betriebsänderung entstehen.

Übersicht

	Rn.		Rn.
I. Einleitung	1, 2	2. Geschützte Tendenzrichtung	5–7
II. Voraussetzungen des Tendenzschutzes	3–8	3. Grad der Tendenzverfolgung	8
1. Territorialer Geltungsbereich	4	III. Reichweite des Tendenzschutzes	9–13

---

[22] Deshalb *Joost* in Oetker/Preis AES B 8200 Rn. 224: richtlinienkonform; ebenso iE *Scheibe,* Die Mitbestimmung der Arbeitnehmer in der SE unter besonderer Berücksichtigung des monistischen Systems, 2007, 242 f.; Nagel/Freis/Kleinsorge/*Nagel* Rn. 8 Fn. 5.
[23] Wie hier Kölner Komm AktG/*Feuerborn* Rn. 16; *Grobys* NZA 2005, 90; *Krause* BB 2005, 1221 (1228); NK-ArbR/*Sagan* Rn. 4; wohl auch Habersack/Drinhausen/*Hohenstatt/Müller-Bonanni* Rn. 9: „erhebliche Bedenken".
[24] *Lunk/Hinrichs* NZA 2007, 773 (780).

Tendenzunternehmen   1, 2   § 39 SEBG

	Rn.		Rn.
1. Absoluter Ausschluss der Mitbestimmung	10	IV. Streitigkeiten	14
2. Einschränkung bei der Unterrichtung und Anhörung	11–13	V. SCEBG und MgVG	15

I. Einleitung

§ 39 nutzt die durch Art. 8 Abs. 3 Beteiligungs-RL eingeräumte Möglichkeit, für Tendenzgesellschaften besondere Bestimmungen vorzusehen, wenn das innerstaatliche Recht wie das deutsche Recht in § 118 BetrVG, § 32 Abs. 1 S. 2 SprAuG, § 1 Abs. 4 S. 1 MitbestG, § 81 BetrVG 1952 (heute: § 1 Abs. 2 S. 1 DrittelbG) solche Bestimmungen im Zeitpunkt der Annahme der Richtlinie bereits enthält.[1] Deren Grundsätze überträgt § 39, der § 31 EBRG (Abs. 2) und § 118 Abs. 1 S. 1 Hs. 1 BetrVG (Abs. 1) nachgebildet ist,[2] auf die SE. Der **Zweck des Tendenzschutzes** besteht in einer Privilegierung von Gesellschaften, die mindestens eine geschützte Tendenzrichtung verfolgen. Er soll ein ausgewogenes Verhältnis zwischen den „Freiheitsrechten der Tendenzträger und dem Sozialstaatsprinzip" schaffen.[3] Den Tendenzschutz verwirklicht § 39, indem er die Mitbestimmung nach §§ 34–38 ganz ausschließt (Abs. 1) und die Unterrichtung und Anhörung nach §§ 28, 29 in Gegenstand und Umfang einschränkt (Abs. 2). Die Leitung der SE kann im Einzelfall auf den Tendenzschutz **verzichten** und die Unterrichtung und Anhörung nach §§ 28, 29 ohne die in § 39 Abs. 2 genannten Einschränkungen durchführen. **1**

§ 39 Abs. 1 gewährt einen Tendenzschutz, der jedenfalls dem Wortlaut nach **über die von der Richtlinie eingeräumte Befugnis** hinausgeht. Art. 8 Abs. 3 Beteiligungs-RL lässt seinem Wortlaut nach Ausnahmen nur für solche Gesellschaften zu, die in Bezug auf „Berichterstattung und Meinungsäußerung" eine bestimmte „weltanschauliche Tendenz" verfolgen. Die Aufzählung der Tendenzrichtungen in **§ 39 Abs. 1 Nr. 1** geht jedenfalls dem Wortlaut nach darüber hinaus, und **§ 39 Abs. 1 Nr. 2** macht den Tendenzschutz in Bezug auf die Berichterstattung und die Meinungsäußerung nicht von der Verfolgung einer bestimmten weltanschaulichen Tendenz abhängig. Es ist deshalb fraglich, ob § 39 vom Tendenzschutzvorbehalt des Art. 8 Abs. 3 Beteiligungs-RL gedeckt ist. Eine klarstellende Protokollerklärung von Rat und Kommission[4] wie zu Art. 8 Abs. 3 RL 94/45/EG über die Europäischen Betriebsräte (heute: Art. 8 Abs. 3 RL 2009/38/EG) und der Parallelproblematik bei § 31 EBRG[5] fehlt für Art. 8 Abs. 3 Beteiligungs-RL. Der immerhin denkbare Gegenschluss, der Rat habe die Fassung des Art. 8 Abs. 3 Beteiligungs-RL mit Blick auf die Diskussion zu § 31 EBRG gegenüber Art. 8 Abs. 3 RL 94/45/EG (heute: Art. 8 Abs. 3 RL 2009/38/EG) bewusst nicht verändert, sodass § 39 richtlinienwidrig sei, geht indessen fehl, wie sich aus dem **Zweck der Richtlinie** ergibt. Art. 8 Abs. 3 Beteiligungs-RL soll Systemwidersprüche zum Recht der Mitgliedstaaten vermeiden. Die Regelung hebt nämlich ausdrücklich hervor, dass jeder Mitgliedstaat für die SE besondere Bestimmungen vorsehen kann, wenn solche Bestimmungen zum Zeitpunkt der Annahme der Richtlinie bereits in der nationalen Rechtsordnung enthalten waren. Daraus wird deutlich, dass Art. 8 Abs. 3 Beteiligungs-RL eine Übereinstimmung anstrebt. Das spricht dafür, den Anwendungsbereich des § 39 trotz des von Art. 8 Abs. 3 Beteiligungs-RL abweichenden Wortlauts an § 118 Abs. 1 S. 1 BetrVG, § 32 Abs. 1 S. 2 SprAuG, § 1 Abs. 4 S. 1 MitbestG, § 1 Abs. 2 S. 1 Nr. 2 DrittelbG[6] zu orientieren. § 39 ist **richtlinienkonform**.[7] **2**

---

[1] Für die Streichung des Tendenzschutzes im Gesetzgebungsverfahren DGB-Stellungnahme zum RefE eines SEEG vom 25.5.2004, 4.
[2] Zu einzelnen Fragen umfassend GK-BetrVG/*Weber* BetrVG § 118 Rn. 1 ff.
[3] Dazu GK-BetrVG/*Weber* BetrVG § 118 Rn. 13 ff. mwN.
[4] Gemeinsame Erklärung des Rates und der Kommission für das Ratsprotokoll vom 14.12.1995, DOK 9067/94 S. 8, abgedruckt in BT-Drs. 13/5021, 8.
[5] Zum Streit dort GK-BetrVG/*Oetker* EBRG § 31 Rn. 3 ff.; MHdB ArbR/*Grau* § 356 Rn. 70 zu § 34 EBRG aF, jeweils mwN.
[6] Entsprach im Zeitpunkt der Annahme der RL noch § 81 BetrVG 1952 (→ Rn. 1).
[7] So auch – iE diff. – *von der Heyde,* Die Beteiligung der Arbeitnehmer in der Societas Europaea (SE), 2007, 270; HWK/*Hohenstatt/Dzida* SEBG Rn. 53; Habersack/Drinhausen/*Hohenstatt/Müller-Bonanni* Rn. 6;

II. Voraussetzungen des Tendenzschutzes

3 Die **Voraussetzungen** des Tendenzschutzes sind in beiden Fällen dem Katalog des § 39 Abs. 1 zu entnehmen. Die dortige Aufzählung ist **abschließend,** eine analoge Anwendung des § 39 auf andere Zweckrichtungen ist nicht möglich.[8] Bei der SE handelt es sich um eine Tendenz-SE, wenn sie unmittelbar und überwiegend politischen, koalitionspolitischen, konfessionellen, karitativen, erzieherischen, wissenschaftlichen oder künstlerischen Bestimmungen (geistig-ideelle Zweckrichtung) oder Zwecken der Berichterstattung oder Meinungsäußerung, auf die Art. 5 Abs. 1 S. 2 GG anzuwenden ist, dient. Anders als in § 118 Abs. 2 BetrVG, § 1 Abs. 3 Nr. 2 SprAuG, § 1 Abs. 4 S. 2 MitbestG, § 1 Abs. 2 S. 2 DrittelbG werden **Religionsgemeinschaften** samt ihrer karitativen und erzieherischen Einrichtungen von § 39 Abs. 1 nicht genannt. Wie weit **Tendenzschutz im Konzern** reicht, ist umstritten.[9]

4 **1. Territorialer Geltungsbereich.** Der Ausschluss der Mitbestimmung (§ 39 Abs. 1) und die Einschränkung der Unterrichtung und Anhörung (§ 39 Abs. 2) greifen nur, wenn die SE ihren **Sitz im Inland** hat (§ 3 Abs. 1 S. 1). Ob § 39 auch für solche Arbeitnehmer der SE mit Sitz im Inland gilt, die in einem **anderen Mitgliedstaat** beschäftigt sind, in welchem keine Tendenzschutzbestimmungen bestehen, weil das innerstaatliche Recht solche Bestimmungen im Zeitpunkt der Annahme der Richtlinie nicht bereits enthalten hatte (Art. 8 Abs. 3 Beteiligungs-RL) oder weil der Mitgliedstaat von der in Art. 8 Abs. 3 Beteiligungs-RL eingeräumten Befugnis keinen Gebrauch gemacht hat, ist fraglich. Dagegen spricht, dass es andernfalls zu einem Export des deutschen Tendenzschutzes käme, welcher der in Art. 8 Abs. 3 Beteiligungs-RL zum Ausdruck kommenden Wertung widerspräche. Liegt der Sitz der SE **nicht im Inland,** sondern in einem anderen Mitgliedstaat, in dem keine Tendenzschutzbestimmungen für die SE existieren, gilt § 39 aber für die Arbeitnehmer der SE, die im Inland beschäftigt sind (§ 3 Abs. 1 S. 2).

5 **2. Geschützte Tendenzrichtung.** § 39 Abs. 1 nennt zwei Tendenzrichtungen: in Nr. 1 sind die **geistig-ideellen Zwecke** normiert, in Nr. 2 die **Zwecke der Berichterstattung und Meinungsäußerung.**

6 Die in § 39 Abs. 1 Nr. 1 aufgeführten geistig-ideellen Tendenzzwecke[10] werden bei der SE vermutlich keine große Rolle spielen. Besonderen Schutz sollen solche Gesellschaften erfahren, die **politischen Zwecken** dienen. **Koalitionspolitische Ziele** verfolgen Arbeitgeberverbände und Gewerkschaften, sofern in ihren Gesellschaften Aufgaben wahrgenommen werden, die den Koalitionen nach Art. 9 Abs. 3 GG zugewiesen sind. Gesellschaften mit **konfessioneller Bestimmung** sind solche, deren Zielsetzung Ausdruck eines konkreten allgemeinen Glaubensbekenntnisses ist. **Karitativ** ist demgegenüber eine Tätigkeit im Dienste Hilfsbedürftiger, insbesondere körperlich, geistig oder seelisch leidender Menschen. Für die Verfolgung **erzieherischer Zielsetzungen** genügt es nicht, bestimmte Fertigkeiten vermitteln zu wollen, wenn nicht bezweckt wird, mit einer gewissen Nachhaltigkeit durch planmäßige und methodische Unterweisung in einer Mehrzahl allgemeinbildender oder berufsbildender Fächer die Persönlichkeit zu formen. **Wissenschaftlich** ist mit Blick auf Art. 5 Abs. 3 S. 1 GG jede Tätigkeit, die nach Inhalt und Form als ernsthafter Versuch zur Ermittlung der Wahrheit anzusehen ist. **Künstlerische Bestimmungen** können schließlich mit Blick auf die zu Art. 5 Abs. 3 S. 1 GG entwickelte Definition von Werken der Sprache, der Musik sowie der bildenden und darstellenden Kunst dienen.

Joost in Oetker/Preis AES B 8200 Rn. 198, 238; Lutter/Hommelhoff/Teichmann/*Oetker* Rn. 8; unklar AKRR/*Kühn* Rn. 6 f.; aA Kölner Komm AktG/*Feuerborn* Rn. 12 ff.; *Güntzel*, Die Richtlinie über die Arbeitnehmerbeteiligung in der Europäischen Aktiengesellschaft (SE) und nationale Umsetzung in das deutsche Recht, 2005, 482 ff.; NK-SE/*Hennings* Beteiligungs-RL Art. 8 Rn. 20; für eine richtlinienkonforme Auslegung Nagel/Freis/Kleinsorge/*Nagel* Rn. 8.

[8] Wie hier Kölner Komm AktG/*Feuerborn* Rn. 5; Habersack/Drinhausen/*Hohenstatt/Müller-Bonanni* Rn. 4; für § 118 BetrVG hM, dazu GK-BetrVG/*Weber* BetrVG § 118 Rn. 36 f. mwN.

[9] Dazu näher im Kontext der SE *Rieble* AG 2014, 224 (228 f.) mwN.

[10] Zu ihnen ausf. GK-BetrVG/*Weber* BetrVG § 118 Rn. 78 ff. mwN.

Mehr Bedeutung für die SE könnte die Tendenzrichtung des § 39 Abs. 1 Nr. 2 erlangen, die sich auf Zwecke der Berichterstattung und Meinungsäußerung bezieht. § 39 Abs. 1 S. 2 nennt die von Art. 5 Abs. 1 S. 2 GG garantierte **Pressefreiheit** und **Freiheit der Berichterstattung** sowie die durch Art. 5 Abs. 1 S. 1 GG geschützte **Meinungsäußerung.** Obgleich der Pressefreiheit jede schriftliche Darstellung in Wort und Bild unterfällt (formeller Pressebegriff), liegt § 39 Abs. 1 Nr. 2 lediglich ein materieller Pressebegriff zu Grunde: Die Pressefreiheit ist nur zum Zweck der Berichterstattung oder Meinungsäußerung geschützt. Tendenzgesellschaften können demnach etwa Zeitungs- und Zeitschriftenverlage, Rundfunk- und Fernsehsender sowie Presse- oder Nachrichtenagenturen sein.

3. Grad der Tendenzverfolgung. Der Tendenzschutz greift gem. § 39 nur, wenn die SE unmittelbar und überwiegend den genannten Tendenzzwecken dient.[11] Beide Merkmale müssen **kumulativ** vorliegen. Das Tatbestandsmerkmal der **Unmittelbarkeit** betont den **Ausnahmecharakter** der Vorschrift. Der Tendenzzweck der SE ist unmittelbar, wenn er selbst auf die Tendenz ausgerichtet ist. Es muss ein direkter Bezug zwischen Zweck und Tendenz bestehen. Es genügt nicht, dass eine gewinnorientierte Gesellschaft den erzielten Gewinn zu einem dem Tendenzschutz unterfallenden Zweck verwendet.[12] **Überwiegend** meint nach der heute vorherrschenden Theorie vom **quantitativ-numerischen Prinzip**,[13] dass innerhalb der SE ein quantitatives Übergewicht unmittelbar tendenzbezogener Tätigkeiten vorliegen muss.[14] Dabei kommt es weniger auf Umsatz- oder Gewinnzahlen als vielmehr darauf an, in welcher Größenordnung die Gesellschaft ihre personellen und sonstigen Mittel zur Verwirklichung ihrer tendenzgeschützten und nicht tendenzgeschützten Ziele einsetzt. Nicht entscheidend ist, ob der Tendenzzweck der Gesellschaft das Gepräge gibt (sog. Gepräghetheorie).

III. Reichweite des Tendenzschutzes

Auf der Rechtsfolgenseite differenziert § 39 zwischen der Mitbestimmung nach §§ 34–38 (Abs. 1) sowie der Unterrichtung und Anhörung nach §§ 28, 29 (Abs. 2). Das bedeutet, wie sich auch aus der systematischen Stellung im Abschnitt 3 des Kapitels 2, in dem die **Beteiligung der Arbeitnehmer kraft Gesetzes** geregelt ist, ergibt, dass § 39 bei der in Kapitel 1 geregelten Beteiligung der Arbeitnehmer **kraft Vereinbarung** nicht zu beachten ist.[15] Auch in einer Tendenz-SE ist deshalb ein bVG zu bilden (→ § 4 Rn. 1).[16]

1. Absoluter Ausschluss der Mitbestimmung. § 39 Abs. 1 ordnet die **Unanwendbarkeit** der kraft Gesetzes geregelten Mitbestimmung im Aufsichts- oder Verwaltungsorgan der SE an. Die §§ 34–38 sind auf die Tendenz-SE nicht anwendbar. Die Vorschrift ist wegen § 1 Abs. 4 S. 1 MitbestG entbehrlich, wenn ein deutsches Tendenzunternehmen in eine SE umgewandelt wird.[17] Insoweit ist § 39 Abs. 1 **deklaratorisch,** wenn eine dem Tendenzschutz unterliegende deutsche Aktiengesellschaft schon **mitbestimmungsfrei** „in die SE hineingeht", etwa weil unklar ist, ob sie ihren Tendenzschutz in Zukunft möglicherweise verlieren wird.[18] Weil das Mitbestimmungsstatut der SE veränderungsfest ist, wenn nicht strukturelle Änderungen iSd § 18 Abs. 3 eintreten (→ § 18 Rn. 11 ff., → § 35 Rn. 27),

---

[11] Ausf. dazu *Rieble* AG 2014, 224 (226 ff.) mwN; ferner GK-BetrVG/*Weber* BetrVG § 118 Rn. 61 ff. mwN.
[12] Kölner Komm AktG/*Feuerborn* Rn. 7.
[13] GK-BetrVG/*Weber* BetrVG § 118 Rn. 67 ff. mwN.
[14] Kölner Komm AktG/*Feuerborn* Rn. 7; ebenso und näher (mit Blick auf die „Rechtssicherheit") *Rieble* AG 2014, 224 (227 f.).
[15] Ebenso *Hoops,* Die Mitbestimmungsvereinbarung in der SE, 2009, 125 f.; Lutter/Hommelhoff/Teichmann/*Oetker* Rn. 6; aA Habersack/Drinhausen/*Seibt* SE-VO Art. 40 Rn. 70; *Seibt* ZIP 2010, 1057 (1062).
[16] Vgl. auch Habersack/Drinhausen/*Hohenstatt/Müller-Bonanni* Rn. 4; Lutter/Hommelhoff/Teichmann/*Oetker* Rn. 6.
[17] Kölner Komm AktG/*Feuerborn* Rn. 15; Habersack/Drinhausen/*Hohenstatt/Müller-Bonanni* Rn. 2.
[18] Dazu Habersack/Henssler/*Habersack* § 34 Rn. 13 aE; *Rieble* AG 2014, 224 (231).

bleibt die neu gegründete SE auch ohne die Anordnung in § 39 Abs. 1 mitbestimmungsfrei, wenn sie ihren Tendenzschutz später verliert.[19] § 39 Abs. 1 wird aber relevant, wenn eine SE nach ihrer Gründung in den Tendenzschutz hineinwächst oder an der SE-Gründung eine beteiligte Gesellschaft iSd § 2 Abs. 2 ein Tendenzunternehmen ist.[20]

11   **2. Einschränkung bei der Unterrichtung und Anhörung.** § 39 Abs. 2 betrifft demgegenüber die Unterrichtung und Anhörung nach §§ 28, 29, die allerdings nicht ausgeschlossen, sondern lediglich **zwei Einschränkungen** unterworfen wird.

12   Zum einen beschränkt sich die Unterrichtung und Anhörung auf die **Gegenstände** des **§ 28 Abs. 2 Nr. 5–10** sowie des **§ 29**. Vom Tendenzschutz unberührt bleibt deshalb die Unterrichtung und Anhörung über außergewöhnliche Umstände sowie – im Rahmen der jährlichen Unterrichtung und Anhörung – über grundlegende Änderungen der Organisation, die Einführung neuer Arbeits- und Fertigungsverfahren, die Verlegung von Unternehmen, Betrieben oder wesentlichen Betriebsteilen sowie Verlagerungen der Produktion, Zusammenschlüsse oder Spaltungen von Unternehmen oder Betrieben, die Einschränkung oder Stilllegung von Unternehmen, Betrieben oder wesentlichen Betriebsteilen sowie Massenentlassungen. Dabei handelt es sich im Wesentlichen um Tatbestände einer Betriebsänderung aus dem Katalog des § 111 S. 3 BetrVG.

13   Zum anderen erfolgt die Unterrichtung und Anhörung auch insoweit **nur über den Ausgleich oder die Milderung der wirtschaftlichen Nachteile,** die den Arbeitnehmern infolge der Unternehmens- oder Betriebsänderung entstehen. Sie muss sich also nicht auf die Maßnahmen selbst erstrecken.[21] Mit dieser an § 118 Abs. 1 S. 2 BetrVG angelehnten Formulierung nimmt § 39 Abs. 2 auf die Definition des Sozialplans in § 112 Abs. 1 S. 2 BetrVG Bezug, der seinerseits an eine Betriebsänderung iSd § 111 BetrVG anknüpft. Zwar enthält das SEBG selbst keine Vorschriften über den Sozialplan. § 39 Abs. 2 übernimmt dennoch die in § 118 Abs. 1 S. 2 BetrVG ausgedrückte Wertung, wonach die Unterrichtungs- und Anhörungsrechte in Tendenzbetrieben und -unternehmen grundsätzlich nicht bestehen und die Verhandlungen über Interessenausgleich und Sozialplan nur den Ausgleich oder die Milderung wirtschaftlicher Nachteile für die Arbeitnehmer betreffen. Die ohnehin auf einer niedrigeren Ebene angesiedelten Beteiligungsrechte nach §§ 28, 29 sollen aus Gründen der Systemkonformität nicht darüber hinausgehen.[22]

IV. Streitigkeiten

14   Streitigkeiten über die Voraussetzungen des § 39 können im arbeitsgerichtlichen Beschlussverfahren nach § 2a Abs. 1 Nr. 3 lit. e ArbGG, §§ 80 ff. ArbGG geltend gemacht werden. § 82 Abs. 3 ArbGG bestimmt die örtliche Zuständigkeit des Arbeitsgerichts. Der Wortlaut des Nr. 3 lit. e: „… und nach den §§ 34–39 nur soweit, als über die Wahl von Vertretern der Arbeitnehmer in das Aufsichts- oder Leitungsorgan" gestritten wird, ist in zweierlei Hinsicht missverständlich. Gemeint ist zunächst offenkundig nicht das Leitungs-, sondern das Verwaltungsorgan.[23] Im Übrigen bedeutet die Bezugnahme von § 39 in „§§ 34 bis 39" nicht, dass der Weg zum arbeitsgerichtlichen Beschlussverfahren bei Streitigkeiten über den Tendenzschutz nur eröffnet ist, wenn über die Wahl von Arbeitnehmervertretern in das Aufsichts- oder Verwaltungsorgan gestritten wird. Die Gerichte für Arbeitssachen sind, wie die Parallele zu § 31 EBRG zeigt (Zuständigkeit nach § 2a Abs. 1 Nr. 3b ArbGG), auch zuständig, wenn der Streit in Bezug auf den Tendenzschutz um die Reichweite der Unterrichtungs- und Anhörungsrechte nach §§ 28, 29 geht (§ 39 Abs. 2).[24]

---

[19] *Rieble* AG 2014, 224 (231).
[20] Habersack/Drinhausen/*Hohenstatt*/*Müller-Bonanni* Rn. 2; *Rieble* AG 2014, 224 (231).
[21] Habersack/Drinhausen/*Hohenstatt*/*Müller-Bonanni* Rn. 5.
[22] Kölner Komm AktG/*Feuerborn* Rn. 19.
[23] Offenkundig handelt es sich um ein Redaktionsversehen des Gesetzgebers, der in der Begr. RegE zu § 2a Abs. 1 Nr. 3d ArbGG zutr. vom „Verwaltungsorgan" spricht, BR-Drs. 438/04, 147.
[24] Habersack/Drinhausen/*Hohenstatt*/*Müller-Bonanni* Rn. 7.

V. SCEBG und MgVG

§ 39 entspricht **§ 39 SCEBG** und grundsätzlich auch **§ 28 MgVG.** Zusätzlich zu §§ 23 ff. MgVG, die §§ 34 ff. SEBG entsprechen, ist allerdings auch § 30 MgVG zum Mitbestimmungsniveau bei nachfolgenden innerstaatlichen Verschmelzungen (→ Vor § 1 Rn. 59) nicht anzuwenden (§ 28 Abs. 1 aE MgVG). Eine § 39 Abs. 2 entsprechende Regelung (zum SE-Betriebsrat) ist im MgVG nicht enthalten. § 28 MgVG ist genauso wenig richtlinienwidrig wie § 39 Abs. 1 (zu § 39 Abs. 1 → Rn. 2).[25]

---

[25] HWK/*Hohenstatt/Dzida* MgVG Rn. 29.

Teil 4. Grundsätze der Zusammenarbeit und Schutzbestimmungen

§ 40 Vertrauensvolle Zusammenarbeit

Die Leitung der SE und der SE-Betriebsrat oder die Arbeitnehmervertreter im Rahmen eines Verfahrens zur Unterrichtung und Anhörung arbeiten zum Wohl der Arbeitnehmer und des Unternehmens oder der Unternehmensgruppe vertrauensvoll zusammen.

Übersicht

	Rn.		Rn.
I. Einleitung	1, 2	3. Inhalt	9, 10
II. Vertrauensvolle Zusammenarbeit	3–10	III. Streitigkeiten	11
1. Rechtswirkung	3		
2. Adressaten	4–8	IV. SCEBG und MgVG	12

I. Einleitung

1 Art. 9 Beteiligungs-RL statuiert in UAbs. 1 für das zuständige Organ der SE und das Vertretungsorgan das Gebot, mit dem Willen zur Verständigung unter Beachtung ihrer jeweiligen Rechte und Pflichten zusammenzuarbeiten. Das Gleiche gilt nach UAbs. 2 für die Zusammenarbeit zwischen dem Aufsichts- oder Verwaltungsorgan und den Arbeitnehmervertretern im Rahmen eines Verfahrens zur Unterrichtung und Anhörung der Arbeitnehmer. Der deutsche Gesetzgeber erkennt in diesen Richtlinienvorgaben den **Grundsatz der vertrauensvollen Zusammenarbeit,** der seit langem zum bewährten Bestand der Betriebsverfassung gehört,[1] und überträgt ihn in § 40 in Anlehnung an § 2 Abs. 1 BetrVG, § 2 Abs. 1 S. 1 SprAuG, § 34 EBRG, die ihrerseits als Konkretisierung des Gebots von Treu und Glauben gem. § 242 BGB zu verstehen sind, auf die Zusammenarbeit zwischen der **Leitung der SE** einerseits sowie dem **SE-Betriebsrat** oder den **Arbeitnehmervertretern** im Rahmen eines Verfahrens zur Unterrichtung und Anhörung andererseits. Das bedeutet für § 40, dass die für § 2 Abs. 1 BetrVG entwickelten Grundsätze anzuwenden sind,[2] soweit sie mit dem Wortlaut und dem Zweck der Beteiligungs-RL sowie vor allem mit den Bestimmungen des SEBG in Übereinstimmung stehen.

2 Eine § 40 ergänzende Regelung enthält § 13 Abs. 1 S. 2, wonach das **bVG** und die **Leitungen** zur Erfüllung ihrer Aufgaben nach Satz 1 (schriftliche Vereinbarung über die Beteiligung der Arbeitnehmer in der SE) vertrauensvoll zusammenzuarbeiten haben. Für den Begriff der vertrauensvollen Zusammenarbeit in § 13 Abs. 1 S. 2 ist auf die zu § 40 entwickelten Grundsätze zurückzugreifen (→ § 13 Rn. 3).

II. Vertrauensvolle Zusammenarbeit

3 **1. Rechtswirkung.** Bei § 40 handelt es sich weder um eine generalklauselartige Kompetenznorm, mit deren Hilfe Unterrichtungs- oder Anhörungsrechte des SE-Betriebsrats oder der Arbeitnehmervertretung eingeschränkt oder erweitert oder sogar neue Mitwirkungs- oder Mitbestimmungsrechte geschaffen werden könnten,[3] noch um einen in seinen Wirkungen unverbindlichen Programmsatz.[4] § 40 ist vielmehr eine **unmittelbar verpflichtende Rechtsnorm,** die als Leitmaxime das Verhalten ihrer Adressaten verbindlich regelt und bei der **Auslegung** aller Bestimmungen des SEBG zu beachten ist, etwa im Rahmen der

---

[1] BR-Drs. 438/04, 141.
[2] Habersack/Drinhausen/*Hohenstatt*/Müller-Bonanni Rn. 1; ausf. dazu GK-BetrVG/*Franzen* BetrVG § 2 Rn. 3 ff. mwN.
[3] Kölner Komm AktG/*Feuerborn* Rn. 7; für § 2 BetrVG GK-BetrVG/*Franzen* BetrVG § 2 Rn. 5, 13.
[4] GK-BetrVG/*Franzen* BetrVG § 2 Rn. 5.

Rechtzeitigkeit einer Unterrichtung oder des Umfangs einer Informationspflicht (zur Auslegung des SEBG → Vor § 1 Rn. 36).[5] Aus § 40 folgt das **Gebot eines fairen und schikanefreien Verhaltens,** das nicht rechtsmissbräuchlich (→ § 43 Rn. 1 ff.) sein darf, geboten ist außerdem ein **ständiger und konstruktiver Dialog.**[6] Außerdem sind Maßnahmen des Arbeitskampfs verboten (→ § 13 Rn. 3). Aus § 40 kann dagegen **kein allgemeiner Unterlassungsanspruch** bei arbeitnehmerbeteiligungswidrigem Verhalten der Leitung abgeleitet werden.[7]

2. Adressaten. § 40 nennt als Adressaten die **Leitung der SE** (§ 2 Abs. 5) sowie den 4 SE-Betriebsrat (§ 2 Abs. 7) oder die **Arbeitnehmervertreter** im Rahmen eines Verfahrens zur Unterrichtung und Anhörung (§ 2 Abs. 6 iVm § 21 Abs. 2): Betriebsrat, Gesamtbetriebsrat und Konzernbetriebsrat sowie die nach § 3 Abs. 1 Nr. 1–3 BetrVG gebildeten Vertretungen. Von § 40 erfasst sind dem Normzweck nach auch der Sprecherausschuss sowie der geschäftsführende Ausschuss nach § 23 Abs. 6, der durch den SE-Betriebsrat zur Führung der laufenden Geschäfte gebildet wird (§ 23 Abs. 4). Das bVG und die Leitungen werden nicht von § 40 erfasst, sind aber nach § 13 Abs. 1 S. 2 zur vertrauensvollen Zusammenarbeit verpflichtet. Der Grundsatz der vertrauensvollen Zusammenarbeit verpflichtet nicht nur die genannten **Organe,** sondern auch deren **Mitglieder,** soweit ihr Tätigwerden der Wahrnehmung von Aufgaben nach dem SEBG dient.[8]

Keine Geltung beansprucht § 40 für das Verhältnis der Mitglieder des SE-Betriebsrats, 5 der Arbeitnehmervertretungen, des Sprecherausschusses, des geschäftsführenden Ausschusses oder des bVG untereinander.[9] Das Verhältnis der verschiedenen Arbeitnehmervertretungen untereinander wird ebenfalls nicht erfasst. Nicht berührt werden auch das arbeitsvertragliche Verhältnis der SE zu ihren Arbeitnehmern sowie das Verhältnis der Arbeitnehmer untereinander. Dolmetscher (§ 41 Abs. 3 Nr. 4 und Abs. 4 Nr. 4) werden grundsätzlich „neutral" tätig und müssen den Grundsatz der vertrauensvollen Zusammenarbeit nicht beachten. Das Gleiche gilt für Sachverständige, auch wenn ihnen eine Unterstützungsfunktion für die Arbeitnehmerseite zukommt (vgl. zB §§ 14, 32, 41 Abs. 3 Nr. 4, Abs. 4 Nr. 4).

Fraglich ist, ob sich § 40 entgegen seinem Wortlaut auch an Arbeitgeberverbände und 6 **Gewerkschaften** richtet. Das SEBG erwähnt die Gewerkschaften immerhin an einigen Stellen. Soweit die Gewerkschaften Aufgaben wahrnehmen, die ihnen durch das Gesetz wie in § 6 Abs. 2 S. 1, Abs. 3, § 8 Abs. 1 S. 2–4, § 11 Abs. 1 S. 3, § 14 Abs. 1 S. 1 zugewiesen werden, sind die Wirkungen des § 40 nach dessen Zweck auch auf sie zu erstrecken. Eine allgemeine Einbeziehung in die Betriebsverfassung der SE mit entsprechender Unterstützungsfunktion für den SE-Betriebsrat ist anders als bei § 2 Abs. 1 BetrVG aus § 40 aber nicht abzuleiten.[10]

Unanwendbar ist § 40 ferner auf das Verhältnis der Anteilseigner- und der Arbeitneh- 7 mervertreter im **Aufsichts- oder Verwaltungsorgan** der SE.[11] Der Grundsatz der vertrauensvollen Zusammenarbeit ist auf den Interessengegensatz zwischen Arbeitgeber- und Arbeitnehmerseite zugeschnitten und passt nicht für das Aufsichts- oder Verwaltungsorgan, das sein Handeln grundsätzlich am **Unternehmensinteresse** – mag dieses auch Arbeitnehmerinteressen umschließen – zu orientieren hat (vgl. ferner C. I. Grundsatz 10 und E. Grundsatz 19 DCGK 2019, früher Ziff. 5.5.1 DCGK 2017).[12] Das gilt auch für die von der Arbeitnehmerseite bestellten Mitglieder des Aufsichts- oder Verwaltungsorgans.[13]

---

[5] Habersack/Drinhausen/*Hohenstatt/Müller-Bonanni* Rn. 3.
[6] Habersack/Drinhausen/*Hohenstatt/Müller-Bonanni* Rn. 3; Kölner Komm AktG/*Feuerborn* Rn. 7.
[7] Wie hier Habersack/Drinhausen/*Hohenstatt/Müller-Bonanni* Rn. 3.
[8] Wie hier Habersack/Drinhausen/*Hohenstatt/Müller-Bonanni* Rn. 2.
[9] Wie hier Habersack/Drinhausen/*Hohenstatt/Müller-Bonanni* Rn. 2.
[10] Wohl auch Habersack/Drinhausen/*Hohenstatt/Müller-Bonanni* Rn. 2.
[11] So auch Kölner Komm AktG/*Feuerborn* Rn. 6; Habersack/Drinhausen/*Hohenstatt/Müller-Bonanni* Rn. 2; Lutter/Hommelhoff/Teichmann/*Oetker* Rn. 6; aA offenbar die Begr. RegE, BR-Drs. 438/04, 141: Der Grundsatz der vertrauensvollen Zusammenarbeit gehöre zum bewährten Bestand der Unternehmensmitbestimmung.
[12] Näher für den Aufsichtsrat etwa MHdB ArbR/*Uffmann* § 376 Rn. 3, jeweils mwN.
[13] Vgl. Lutter/Hommelhoff/Teichmann/*Oetker* Rn. 6.

8 Fraglich sind in diesem Zusammenhang die Auswirkungen eines **Arbeitskampfs** auf die Rechtsstellung der Arbeitnehmervertreter im Aufsichts- oder Verwaltungsorgan. Während eines Arbeitskampfs in der SE ruht ihr Mandat grundsätzlich nicht.[14] Rechte und Pflichten aus dem Mandat bleiben unberührt. Ein begrenzter Ausschluss gilt für die Teilnahme an Beratungen und Abstimmungen über Verhaltensmaßnahmen der SE im Arbeitskampf.[15] Andererseits können Arbeitnehmervertreter im Aufsichts- oder Verwaltungsorgan an einem rechtmäßigen Arbeitskampf teilnehmen, jedenfalls solange sie Informationen und Einflussmöglichkeiten, die aus der Amtsstellung als Mitglied des Aufsichts- oder Verwaltungsorgans fließen, nicht ausnutzen.[16]

9 **3. Inhalt.** Das Gebot vertrauensvoller Zusammenarbeit betrifft neben der Form und dem Verfahren der Zusammenarbeit auch den Inhalt von Handlungen und Erklärungen. Es soll dem Wohl der Arbeitnehmer und des Unternehmens oder der Unternehmensgruppe dienen. Es verpflichtet zu gegenseitiger Ehrlichkeit und Offenheit sowie zu Zuverlässigkeit. Vertrauensvoll ist die Zusammenarbeit, wenn jeder dem anderen trauen und seinen Worten Glauben schenken kann. Bestehende Interessengegensätze müssen zwar nicht geleugnet werden. § 40 steht aber einer „rein egoistischen" Interessenwahrnehmung entgegen, welche die Interessen der Gegenseite völlig außer Acht lässt.[17] Die Adressaten des § 40 haben sich trotz der bestehenden Interessengegensätze vom Willen zur gegenseitigen Verständigung leiten zu lassen.

10 Aus § 40 lässt sich kein allgemeines Recht der Gewerkschaften auf **Zugang zu den Betrieben** der SE ableiten, wie es in § 2 Abs. 2 BetrVG enthalten ist (vgl. aber spezielle Gewerkschaftsrechte wie in § 14 Abs. 1 S. 2). Eine § 2 Abs. 3 BetrVG nachgebildete Gewährleistung, dass die **koalitionsspezifische Betätigung** von Gewerkschaften und Arbeitgebervereinigungen durch das SEBG nicht beeinträchtigt wird, ist in § 40 zwar ebenfalls nicht enthalten, folgt aber ohnehin bereits aus Art. 9 Abs. 3 GG. Auch wenn eine § 74 Abs. 2 S. 1 BetrVG entsprechende Vorschrift fehlt, ist aus § 40 ein **betriebsverfassungsrechtliches Arbeitskampfverbot** abzuleiten.[18] Die gesetzliche Systematik mit einem Verhandlungsverfahren mit verschiedenen Handlungsvarianten und Rechtsfolgen belegt, dass der Arbeitskampf – etwa zur Erzwingung einer Vereinbarung iSd § 21 – als Konfliktlösungsmechanismus insoweit nicht passt.[19]

III. Streitigkeiten

11 Streitigkeiten über den Inhalt und die Anwendung des Grundsatzes der vertrauensvollen Zusammenarbeit sind im arbeitsgerichtlichen Beschlussverfahren nach § 2a Abs. 1 Nr. 3 lit. e ArbGG, §§ 80 ff. ArbGG zu klären. Örtlich zuständig ist das Arbeitsgericht, in dessen Bezirk die SE ihren Sitz hat (§ 82 Abs. 3 ArbGG).

IV. SCEBG und MgVG

12 § 40 entspricht **§ 42 SCEBG**. Im MgVG fehlt eine entsprechende Regelung, da sie nicht die unternehmerische Mitbestimmung betrifft.

§ 41 Geheimhaltung; Vertraulichkeit

(1) **Informationspflichten der Leitungen und der Leitung der SE nach diesem Gesetz bestehen nur, soweit bei Zugrundelegung objektiver Kriterien dadurch nicht**

---

[14] Für das MitbestG sehr str., näher Großkomm AktG/*Oetker* MitbestG § 26 Rn. 18, jeweils mwN.
[15] Für das MitbestG str., näher → MitbestG § 25 Rn. 14; aA etwa MHdB ArbR/*Uffmann* § 376 Rn. 25 ff., jeweils mwN.
[16] Für das MitbestG str., näher Großkomm AktG/*Oetker* MitbestG § 26 Rn. 17, jeweils mwN.
[17] Für § 34 EBRG GK-BetrVG/*Oetker* EBRG § 34 Rn. 2.
[18] Kölner Komm AktG/*Feuerborn* Rn. 10.
[19] Kölner Komm AktG/*Feuerborn* Rn. 8; für § 38 EBRG aF (jetzt: § 34 EBRG) ebenso *Blanke* EBRG § 38 Rn. 4.

Betriebs- oder Geschäftsgeheimnisse der an der Gründung beteiligten Gesellschaften, der SE oder deren jeweiliger Tochtergesellschaften und Betriebe gefährdet werden.

(2) ¹Die Mitglieder und Ersatzmitglieder eines SE-Betriebsrats sind unabhängig von ihrem Aufenthaltsort verpflichtet, Betriebs- oder Geschäftsgeheimnisse, die ihnen wegen ihrer Zugehörigkeit zum SE-Betriebsrat bekannt geworden und von der Leitung der SE ausdrücklich als geheimhaltungsbedürftig bezeichnet worden sind, nicht zu offenbaren und nicht zu verwerten. ²Dies gilt auch nach dem Ausscheiden aus dem SE-Betriebsrat.

(3) Die Pflicht zur Vertraulichkeit des SE-Betriebsrats nach Absatz 2 gilt nicht gegenüber den
1. Mitgliedern des SE-Betriebsrats;
2. Arbeitnehmervertretern der SE, ihrer Tochtergesellschaften und Betriebe, wenn diese auf Grund einer Vereinbarung nach § 21 oder nach § 30 über den Inhalt der Unterrichtung und die Ergebnisse der Anhörung zu informieren sind;
3. Arbeitnehmervertretern im Aufsichts- oder Verwaltungsorgan der SE sowie
4. Dolmetschern und Sachverständigen, die zur Unterstützung herangezogen werden.

(4) Die Pflicht zur Vertraulichkeit nach Absatz 2 gilt entsprechend für
1. die Mitglieder und Ersatzmitglieder des besonderen Verhandlungsgremiums;
2. die Arbeitnehmervertreter der SE, ihrer Tochtergesellschaften und Betriebe;
3. die Arbeitnehmervertreter, die in sonstiger Weise an einem Verfahren zur Unterrichtung und Anhörung teilnehmen;
4. die Sachverständigen und Dolmetscher.

(5) ¹Die Ausnahme von der Pflicht zur Vertraulichkeit nach Absatz 3 Nr. 1 gilt für den Personenkreis nach Absatz 4 Nr. 1 bis 3 entsprechend. ²Die Pflicht zur Vertraulichkeit gilt ferner nicht für
1. die Mitglieder des besonderen Verhandlungsgremiums gegenüber Dolmetschern und Sachverständigen;
2. die Arbeitnehmervertreter nach Absatz 4 Nr. 3 gegenüber Arbeitnehmervertretern im Aufsichts- oder Verwaltungsorgan der SE, gegenüber Dolmetschern und Sachverständigen, die vereinbarungsgemäß zur Unterstützung herangezogen werden und gegenüber Arbeitnehmervertretern der SE, ihrer Tochtergesellschaften und Betriebe, sofern diese nach der Vereinbarung (§ 21) über den Inhalt der Unterrichtungen und die Ergebnisse der Anhörung zu unterrichten sind.

I. Einleitung

Der Regelung des § 41 liegt Art. 8 Beteiligungs-RL zu Grunde. Aus der Beteiligung **1** von Arbeitnehmervertretern bei Bildung der SE sowie in den Verfahren der Unterrichtung und Anhörung folgt ein **Bedürfnis auf Geheimhaltung vertraulicher Informationen**, die von den beteiligten Unternehmen erteilt werden. § 41 Abs. 1 enthält Aussagen zum Umfang der Informationspflichten der Leitungen und der Leitung der SE nach dem SEBG. Abs. 2 und 3 regeln zunächst die Verschwiegenheitspflichten der Mitglieder des SE-Betriebsrats, Abs. 4 und 5 übertragen diese Grundsätze auf weitere Personengruppen. Für die **Arbeitnehmervertreter im Aufsichts- oder Verwaltungsorgan**[1] der SE gelten **Art. 49 SE-VO** und die nationalen **gesellschaftsrechtlichen Verschwiegenheitspflichten** nach § 116 S. 2 AktG (→ SE-VO Art. 49 Rn. 5 ff.; → AktG § 116 Rn. 49 ff.).[2] Der

---
[1] Ungenau die Begr. RegE, BR-Drs. 438/04, 141: nur „Aufsichtsrat".
[2] Ebenso *Forst*, Die Beteiligungsvereinbarung nach § 21 SEBG, 2010, 284; Habersack/Drinhausen/Hohenstatt/Müller-Bonanni Rn. 1; Lutter/Hommelhoff/Teichmann/Oetker Rn. 11; diff. Kölner Komm AktG/Feuerborn Rn. 3.

Gesetzgeber hat deshalb auf eine Aufnahme in § 41 verzichtet.[3] Dabei ist zu beachten, dass die Pflicht nach § 41 hinter den Verschwiegenheitspflichten zurückbleibt, welche die Vertreter der Arbeitnehmerseite im Aufsichts- oder Verwaltungsorgan der SE treffen:[4] Der Geheimnisschutz in § 111 S. 2 AktG hängt anders als bei § 41 (→ Rn. 6) nicht von einer formellen Geheimhaltungserklärung ab.

II. Geheimhaltungsrecht und Informationspflichten

2   1. **Informationspflichten.** § 41 Abs. 1 setzt in Anlehnung an § 43 Abs. 2 S. 3 BetrVG, § 106 Abs. 2 BetrVG, § 39 Abs. 1 SprAuG, § 35 Abs. 1 EBRG die Vorgaben der Richtlinie um (Art. 8 Abs. 2 Beteiligungs-RL). Eine **Informationspflicht der Leitungen** besteht nach § 5 Abs. 4 S. 2 etwa gegenüber dem bVG bei Veränderungen in Bezug auf dessen Zusammensetzung. Gegenüber dem SE-Betriebsrat bestehen Informationspflichten der **Leitung der SE** vor allem in Form der Unterrichtungs- und Anhörungsrechte nach §§ 28, 29.[5] Eine **Obliegenheit** zur Information der Arbeitnehmervertretungen und Sprecherausschüsse in den beteiligten Gesellschaften, betroffenen Tochtergesellschaften und betroffenen Betrieben über die geplante Gründung einer SE ist zB in § 4 Abs. 2 S. 1 enthalten; eine Informationsobliegenheit besteht ferner nach § 13 Abs. 2 bei der Zusammenarbeit zwischen Leitung und bVG (→ § 4 Rn. 27, → § 13 Rn. 4).[6] Für sie und andere Informationsobliegenheiten gilt § 41 Abs. 1 wegen des Normzwecks entsprechend.[7]

3   2. **Geheimhaltungsrecht bei Gefährdung von Betriebs- oder Geschäftsgeheimnissen.** Die genannten Informationspflichten und -obliegenheiten bestehen nur, soweit durch ihre Offenbarung nicht Betriebs- oder Geschäftsgeheimnisse der an der Gründung beteiligten Gesellschaften, der SE oder deren jeweiliger Tochtergesellschaften und Betriebe gefährdet werden. Erforderlich ist, wie der Wortlaut des § 41 Abs. 1 entsprechend den Vorgaben der Richtlinie und anders als noch § 35 EBRG ausdrücklich hervorhebt, eine **objektive** Gefährdung. Der Begriff des Betriebs- oder Geschäftsgeheimnisses ist im SEBG nicht definiert. Die Begründung zum Regierungsentwurf verweist auf den zu § 79 BetrVG, § 29 SprAuG, § 116 S. 2 AktG entwickelten Begriff, der auch im SEBG anzuwenden sein soll.[8]

4   Das Begriffspaar **Betriebs- und Geschäftsgeheimnisse** entspricht der bisherigen Unterscheidung in § 17 UWG, der 2019 durch das GeschGehG in Umsetzung der RL (EU) 2016/943 aufgehoben worden ist. **§ 2 GeschGehG** definiert seither übergreifend den Begriff „Geschäftsgeheimnis", während es in § 41 Abs. 1 und 2 bei der bisherigen Terminologie verbleibt. Nach **§ 2 Nr. 1 GeschGehG**, der zur Konkretisierung des Begriffs des Betriebs- und Geschäftsgeheimnisses in § 41 Abs. 1 und 2 heranzuziehen ist, ist ein **Geschäftsgeheimnis** eine Information, die weder insgesamt noch in der genauen Anordnung und Zusammensetzung ihrer Bestandteile den Personen in den Kreisen, die üblicherweise mit dieser Art von Informationen umgehen, allgemein bekannt oder ohne Weiteres zugänglich ist und daher von wirtschaftlichem Wert ist, die Gegenstand von den Umständen nach angemessenen Geheimhaltungsmaßnahmen durch ihren rechtmäßigen Inhaber ist und bei der ein berechtigtes Interesse an der Geheimhaltung besteht. Diese Definition deckt sich weitestgehend mit der bisherigen Umschreibung, die Tatsachen, Erkenntnisse und Unterlagen umfasste, die mit dem technischen Betrieb und seinen Abläufen oder mit der wirtschaftlichen Betätigung des Unternehmens im Zusammenhang stehen, nur einem begrenzten Personenkreis zugänglich und bekannt sind, nach dem bekundeten Willen der jeweiligen Leitungen oder der Leitung der SE geheim gehalten werden sollen und an denen ein berechtigtes Geheimhaltungsinteresse besteht.[9]

---

[3] BR-Drs. 438/04, 141.
[4] Kölner Komm AktG/*Feuerborn* Rn. 12.
[5] Kölner Komm AktG/*Feuerborn* Rn. 5.
[6] Habersack/Drinhausen/*Hohenstatt/Müller-Bonanni* Rn. 2.
[7] So auch Lutter/Hommelhoff/Teichmann/*Oetker* Rn. 6.
[8] BR-Drs. 438/04, 141.
[9] Kölner Komm AktG/*Feuerborn* Rn. 6; Habersack/Drinhausen/*Hohenstatt/Müller-Bonanni* Rn. 2; näher für § 79 BetrVG statt vieler GK-BetrVG/*Oetker* BetrVG § 79 Rn. 18 ff. mwN.

III. Verschwiegenheits- und Geheimhaltungspflicht

1. Verpflichteter Personenkreis. Nach § 41 Abs. 2 S. 1 sind die Mitglieder und die Ersatzmitglieder eines **SE-Betriebsrats** unabhängig von ihrem Aufenthaltsort verpflichtet, Betriebs- oder Geschäftsgeheimnisse, die ihnen wegen ihrer Zugehörigkeit zum SE-Betriebsrat bekannt geworden sind, nicht zu offenbaren und nicht zu verwerten. Die Verschwiegenheitspflicht gilt für **alle Mitglieder** des SE-Betriebsrats, also auch für solche aus anderen Mitgliedstaaten.[10] Sie beginnt mit der Wahl oder Bestellung (§ 23 Abs. 1 S. 5),[11] endet aber gem. § 41 Abs. 2 S. 2 nicht mit dem Ausscheiden aus dem SE-Betriebsrat, sondern erst, wenn die Angelegenheit kein Betriebs- oder Geschäftsgeheimnis mehr ist oder die Geheimhaltungsbedürftigkeit von der entsprechenden Leitung aufgehoben wird. Sie gilt entsprechend für weitere Arbeitnehmervertreter, denen die Leitungen kraft einer Vereinbarung oder kraft Gesetzes Informationen zu erteilen haben, zB die Mitglieder und Ersatzmitglieder des bVG, die Arbeitnehmervertreter der SE, ihrer Tochtergesellschaften und Betriebe, die Arbeitnehmervertreter, die in sonstiger Weise an einem Verfahren zur Unterrichtung und Anhörung teilnehmen (§ 21 Abs. 2), sowie die Sachverständigen und Dolmetscher (§ 41 Abs. 4). Für **Arbeitnehmer,** gegenüber denen ausnahmsweise Informationsobliegenheiten der Leitungen bestehen, wenn wie zB bei § 4 Abs. 2 S. 2 eine Arbeitnehmervertretung nicht besteht, gilt § 41 Abs. 4 analog.

2. Verbot der Offenbarung und Verwertung. Verboten sind die Offenbarung und die Verwertung von Betriebs- und Geschäftsgeheimnissen. Die entsprechende Leitung muss durch **ausdrückliche Erklärung** darauf hingewiesen haben, dass eine bestimmte Angelegenheit als Betriebs- oder Geschäftsgeheimnis zu betrachten und darüber Stillschweigen zu wahren ist **(formelle Geheimhaltungserklärung).**[12] Die Erklärung bedarf keiner Form. Das Betriebs- oder Geschäftsgeheimnis muss dem Geheimhaltungsverpflichteten wegen seiner Zugehörigkeit zum SE-Betriebsrat bekannt geworden sein. Eine zufällige Kenntniserlangung als Privatperson genügt nicht.[13] Eine **Verwertung** liegt vor, wenn das Betriebs- oder Geschäftsgeheimnis wirtschaftlich zum Zweck der Gewinnerzielung ausgenutzt wird, eine **Offenbarung** ist die Weitergabe des Betriebs- oder Geschäftsgeheimnisses an unberechtigte Dritte ohne Eigennützigkeit, bei der es weder auf den Zweck noch auf die Art der Weitergabe ankommt.[14] Dritte sind auch Arbeitnehmer der SE oder ihrer Tochtergesellschaften oder der beteiligten Gesellschaften oder betroffenen Tochtergesellschaften und Betriebe.

3. Ausnahmen. Vom grundsätzlichen Verbot, Betriebs- und Geschäftsgeheimnisse zu offenbaren, bestehen Ausnahmen, um den Informationsfluss zwischen den Gremien der Arbeitnehmervertreter, den an dem Verfahren zur Unterrichtung und Anhörung beteiligten Arbeitnehmervertretern sowie die Unterstützung von Sachverständigen und Dolmetschern zu gewährleisten. Das berechtigte Interesse der Leitungen an Vertraulichkeit soll nicht den zur Aufgabenerfüllung notwendigen Informationsaustausch zwischen verschiedenen Arbeitnehmervertretern behindern.[15]

Nach **§ 41 Abs. 3** gilt die Pflicht zur Vertraulichkeit des SE-Betriebsrats nach Abs. 1 **nicht** gegenüber den Mitgliedern des SE-Betriebsrats (Nr. 1), den Arbeitnehmervertretern der SE, ihrer Tochtergesellschaften und Betriebe, wenn diese auf Grund einer Vereinbarung nach § 21 oder nach § 30 über den Inhalt der Unterrichtung und die Ergebnisse der Anhörung zu informieren sind (Nr. 2), den Arbeitnehmervertretern im Aufsichts- oder Verwal-

---

[10] Habersack/Drinhausen/*Hohenstatt*/*Müller-Bonanni* Rn. 3; BR-Drs. 438/04, 141.
[11] Habersack/Drinhausen/*Hohenstatt*/*Müller-Bonanni* Rn. 3.
[12] Habersack/Drinhausen/*Hohenstatt*/*Müller-Bonanni* Rn. 4; Nagel/Freis/Kleinsorge/*Nagel* Rn. 3; *Oetker* BB-Special 1/2005, 2 (13); für § 79 BetrVG GK-BetrVG/*Oetker* BetrVG § 79 Rn. 31 mwN.
[13] Kölner Komm AktG/*Feuerborn* Rn. 13; Habersack/Drinhausen/*Hohenstatt*/*Müller-Bonanni* Rn. 4.
[14] Kölner Komm AktG/*Feuerborn* Rn. 14; Habersack/Drinhausen/*Hohenstatt*/*Müller-Bonanni* Rn. 4; für § 79 BetrVG *Fitting* BetrVG § 79 Rn. 16; GK-BetrVG/*Oetker* BetrVG § 79 Rn. 54, jeweils mwN.
[15] BR-Drs. 438/04, 142.

tungsorgan der SE (Nr. 3) sowie den Dolmetschern und Sachverständigen, die zur Unterstützung herangezogen werden (Nr. 4). Auch wenn die Verschwiegenheitspflicht in diesen Fällen aufgehoben ist, darf die Information nur mit der Bezeichnung als geheimhaltungsbedürftig weitergegeben werden.[16] Eine Weitergabe ohne diesen Zusatz bedeutet einen Bruch der Vertraulichkeit. **§ 41 Abs. 5 S. 1** erstreckt die Ausnahme von der Pflicht zur Vertraulichkeit nach § 41 Abs. 3 Nr. 1 auf den Personenkreis nach § 41 Abs. 4 Nr. 1–3, also die Mitglieder und Ersatzmitglieder des bVG, die Arbeitnehmervertreter der SE, ihrer Tochtergesellschaften und Betriebe sowie die Arbeitnehmervertreter, die in sonstiger Weise an einem Verfahren zur Unterrichtung und Anhörung teilnehmen. Gegenüber anderen Arbeitnehmervertretern trifft das Gesetz eine differenzierte Regelung: Die Pflicht zur Vertraulichkeit gilt nach **§ 41 Abs. 5 S. 2** nicht für die Mitglieder des bVG gegenüber Dolmetschern und Sachverständigen (Nr. 1) sowie für die Arbeitnehmervertreter nach § 41 Abs. 4 Nr. 3 gegenüber Arbeitnehmervertretern im Aufsichts- oder Verwaltungsorgan der SE, gegenüber Dolmetschern und Sachverständigen, die vereinbarungsgemäß zur Unterstützung herangezogen werden und gegenüber Arbeitnehmervertretern der SE, ihrer Tochtergesellschaften und Betriebe, sofern diese nach der Beteiligungsvereinbarung gem. § 21 über den Inhalt der Unterrichtungen und die Ergebnisse der Anhörung zu unterrichten sind.

IV. Streitigkeiten

9   Ein Verstoß gegen die Geheimhaltungs- und Verschwiegenheitspflicht wird gem. § 45 Abs. 1 Nr. 1 und Abs. 2 Nr. 1 iVm § 41 Abs. 2 und 4 **strafrechtlich** sanktioniert (näher → § 45 Rn. 4, → § 45 Rn. 6). Wer im letzten Fall gegen Entgelt oder in der Absicht handelt, sich oder einen anderen zu bereichern oder einen anderen zu schädigen, kann ebenfalls mit Freiheitsstrafe bis zu zwei Jahren oder Geldstrafe bestraft werden. Neben dem strafrechtlichen Schutz besteht **zivilrechtlicher Schutz** nach allgemeinen Grundsätzen. Der Leitung steht gegen die zur Geheimhaltung verpflichteten Personen ein **Unterlassungsanspruch** zu, wenn diese die Verschwiegenheitspflicht verletzt haben oder eine derartige Verletzung ernsthaft droht.[17] Bei einem schuldhaften Bruch der Schweigepflicht kann die Leitung auch **Schadensersatzansprüche** nach § 823 Abs. 2 BGB iVm § 41 geltend machen, der **Schutzgesetz** im Sinne dieser Vorschrift ist.[18] Streitigkeiten über das Bestehen und den Umfang der Verschwiegenheits- und Geheimhaltungspflichten entscheiden die Gerichte für Arbeitssachen im arbeitsgerichtlichen Beschlussverfahren (§ 2a Abs. 1 Nr. 3 lit. e ArbGG, §§ 80 ff. ArbGG). Die örtliche Zuständigkeit richtet sich nach § 82 Abs. 3 ArbGG.

V. SCEBG und MgVG

10   § 41 entspricht **§ 43 SCEBG** und prinzipiell auch **§ 31 MgVG**. Eine § 41 Abs. 2 und 3 entsprechende Regelung (SE-Betriebsrat) fehlt im MgVG. § 31 Abs. 2–4 MgVG entspricht weitgehend § 41 Abs. 5 und 6.

§ 42 Schutz der Arbeitnehmervertreter

¹**Bei der Wahrnehmung ihrer Aufgaben genießen die**
1. **Mitglieder des besonderen Verhandlungsgremiums;**
2. **Mitglieder des SE-Betriebsrats;**
3. **Arbeitnehmervertreter, die in sonstiger Weise bei einem Verfahren zur Unterrichtung und Anhörung mitwirken;**

---

[16] Vgl. Habersack/Drinhausen/*Hohenstatt/Müller-Bonanni* Rn. 5; Wißmann/Kleinsorge/Schubert/*Kleinsorge* EU-Recht Rn. 131.
[17] So auch Habersack/Drinhausen/*Hohenstatt/Müller-Bonanni* Rn. 5; Lutter/Hommelhoff/Teichmann/*Oetker* Rn. 15; für § 79 BetrVG GK-BetrVG/*Oetker* BetrVG § 79 Rn. 76, jeweils mwN.
[18] Ebenso Kölner Komm AktG/*Feuerborn* Rn. 20; Lutter/Hommelhoff/Teichmann/*Oetker* Rn. 15; für § 79 BetrVG *Fitting* BetrVG § 79 Rn. 43.

4. Arbeitnehmervertreter im Aufsichts- oder Verwaltungsorgan der SE;
die Beschäftigte der SE, ihrer Tochtergesellschaften oder Betriebe oder einer der beteiligten Gesellschaften, betroffenen Tochtergesellschaften oder betroffenen Betriebe sind, den gleichen Schutz und die gleichen Sicherheiten wie die Arbeitnehmervertreter nach den Gesetzen und Gepflogenheiten des Mitgliedstaats, in dem sie beschäftigt sind. ²Dies gilt insbesondere für
1. den Kündigungsschutz,
2. die Teilnahme an den Sitzungen der jeweiligen in Satz 1 genannten Gremien und
3. die Entgeltfortzahlung.

Übersicht

	Rn.		Rn.
I. Einleitung	1	2. Teilnahme an Sitzungen	7
II. Geschützter Personenkreis	2–4	3. Entgeltfortzahlung	8, 9
		4. Sonstiges	10
III. Inhalt und Umfang des Schutzes	5–10	IV. Streitigkeiten	11
1. Kündigungsschutz	6	V. SCEBG und MgVG	12

I. Einleitung

§ 42 setzt das in Art. 10 Beteiligungs-RL normierte Gebot um, dass alle Arbeitnehmervertreter in ihren verschiedenen Funktionen in der Ausübung ihrer Tätigkeit rechtlich geschützt sein sollen. Art. 10 UAbs. 1 Beteiligungs-RL **verzichtet** darauf, **einheitliche Schutzvorschriften** zu formulieren, und **verweist** stattdessen auf die **Regelungen in den jeweiligen Mitgliedstaaten,** in denen die Personen beschäftigt sind.[1] Das hat zur Folge, dass für verschiedene Mitglieder desselben Gremiums unterschiedliche Regeln gelten, wenn man nicht im Wege der Vereinbarung eine Vereinheitlichung auf der höchsten Ebene zulässt.[2] Das unterschiedliche Schutzniveau kann der Zusammenarbeit der verschiedenen Arbeitnehmervertreter in den genannten Gremien und Organen abträglich sein. Art. 10 UAbs. 1 Beteiligungs-RL und § 42 sind deshalb rechtspolitisch fragwürdig.[3] § 42, der mit den in S. 1 Nr. 1–3 genannten Personengruppen für Deutschland teilweise den gleichen Zweck wie § 40 EBRG verfolgt, wird ergänzt durch die Regelung zum Errichtungs- und Tätigkeitsschutz nach § 44. § 42 ist **nicht abdingbar**. 1

II. Geschützter Personenkreis

Der Schutz des § 42 erstreckt sich auf die in S. 1 genannten **Mitglieder** des **bVG** und des **SE-Betriebsrats,** auf die **Arbeitnehmervertreter,** die in sonstiger Weise bei einem Verfahren zur Unterrichtung und Anhörung mitwirken (§ 21 Abs. 2), sowie auf die **Arbeitnehmervertreter im Aufsichts- oder Verwaltungsorgan** der SE bei der Wahrnehmung ihrer Aufgaben. Ob die Beteiligung der Arbeitnehmer auf einer Vereinbarung nach § 21 beruht oder kraft Gesetzes gilt, ist ohne Belang. 2

§ 42 S. 1 nennt **nicht** die **Mitglieder des Wahlgremiums** (§§ 8 ff.). Soweit sie Mitglieder des Konzernbetriebsrats, Gesamtbetriebsrats oder Betriebsrats sind, genießen sie den Schutz nach § 20 BetrVG, § 51 Abs. 5 BetrVG, § 59 Abs. 1 BetrVG. Dieser Schutz besteht nicht, wenn die Mitglieder des Wahlgremiums direkt von den Arbeitnehmern gewählt werden (§ 8 Abs. 5 S. 3–5; → § 8 Rn. 10, → § 8 Rn. 12 f.). Im Schrifttum geht man mit Blick auf die detaillierte Aufzählung der zu schützenden Personengruppen von einer bewussten Gesetzeslücke aus und lehnt eine Analogie ab.[4] Für ein planwidrig unvollständiges 3

---

[1] Vgl. Kölner Komm AktG/*Feuerborn* Rn. 9.
[2] Vgl. Kölner Komm AktG/*Feuerborn* Rn. 3; dagegen *Thüsing/Forst* FS Reuter, 2010, 851 (856 f.).
[3] Ähnlich Lutter/Hommelhoff/Teichmann/*Oetker* Rn. 6.
[4] *Calle Lambach* RIW 2005, 161 (163); Kölner Komm AktG/*Feuerborn* Rn. 6; *Grobys* NZA 2005, 91; *Thüsing/Forst* FS Reuter, 2010, 851 (863); NK-ArbR/*Sagan* Rn. 2.

Gesetz sprechen indessen das Fehlen jeglicher Anhaltspunkte in der Begründung zum Regierungsentwurf für die Ausklammerung bestimmter Personengruppen sowie der Zweck des § 42, einen umfassenden Tätigkeitsschutz in Bezug auf die Arbeitnehmerbeteiligung nach dem SEBG zu gewährleisten. Deshalb ist von einer planwidrigen Schutzlücke auszugehen, die durch eine **Analogie zu § 42** zu schließen ist.[5]

4 § 42 S. 1 setzt zusätzlich voraus, dass es sich bei den genannten Mitgliedern um **Beschäftigte** – gemeint sind Arbeitnehmer iSd § 2 Abs. 1 – handelt, und zwar entweder um Beschäftigte der SE, ihrer Tochtergesellschaften (§ 2 Abs. 3) oder Betriebe oder um Beschäftigte einer der beteiligten Gesellschaften (§ 2 Abs. 2). § 42 S. 1 stellt für die Beschäftigung ferner wegen des Schutzzwecks zu Recht – aber anders als Art. 10 Beteiligungs-RL[6] – auf die betroffenen Tochtergesellschaften oder betroffenen Betriebe ab (§ 2 Abs. 4). Die Funktionsträger müssen im Inland beschäftigt sein (§ 3 Abs. 1).[7] Der Schutz des § 42 erstreckt sich **nicht** auf **Gewerkschaftsvertreter**, wenn sie nicht zugleich Beschäftigte der in S. 1 genannten Gesellschaften und Betriebe sind. Mitglieder des SE-Betriebsrats können keine Gewerkschaftsvertreter sein, die nicht zugleich Arbeitnehmer der genannten Gesellschaften oder Betriebe sind (vgl. § 23 Abs. 1 S. 2).

III. Inhalt und Umfang des Schutzes

5 § 42 S. 1 ordnet an, dass die genannten Arbeitnehmervertreter den gleichen Schutz und die gleichen Sicherheiten wie die Arbeitnehmervertreter nach den Gesetzen und Gepflogenheiten des Mitgliedstaats genießen, in dem sie beschäftigt sind. Anders als § 40 EBRG verzichtet § 42 S. 1 auf eine konkrete Verweisung auf § 37 Abs. 1–5 BetrVG, § 78 BetrVG, § 103 BetrVG, § 15 Abs. 1 und Abs. 3–5 KSchG und nennt stattdessen in S. 2 den Kündigungsschutz, die Teilnahme an den Sitzungen der jeweiligen in Satz 1 genannten Gremien sowie die Entgeltfortzahlung. Die Aufzählung ist nicht abschließend.[8] Das Gesetz lässt nicht ohne weiteres erkennen, ob die in § 42 S. 1 genannten Personengruppen im Verhältnis zueinander den **gleichen Schutz** genießen. Die Frage ist bedeutsam, weil die den in Nr. 1–3 genannten Personen nach nationalem Recht vergleichbaren Personengruppen – beim Kündigungsschutz zB der nach § 103 BetrVG, § 15 KSchG geschützte Betriebsrat und Europäische Betriebsrat (§ 40 Abs. 1 EBRG) – intensiver geschützt sind als die den in Nr. 4 genannten Arbeitnehmervertretern vergleichbaren Arbeitnehmervertreter im Aufsichtsrat, für die eine entsprechende Schutzvorschrift fehlt (→ MitbestG § 26 Rn. 8 ff. mwN). Für eine **unterschiedliche Intensität des Schutzes** sprechen wie im nationalen Recht die unterschiedlichen Funktionen, welche die Mitglieder der verschiedenen Personengruppen wahrnehmen. Dafür spricht auch die Begründung zum Regierungsentwurf, in der es heißt, dass die Arbeitnehmervertreter „in ihren verschiedenen Funktionen" in der Ausübung ihrer Tätigkeit rechtlich geschützt sein sollen.[9] Dabei ist zwischen den Mitgliedern des bVG (Nr. 1) und der Arbeitnehmerbeteiligung auf der „betrieblichen Ebene" (Nr. 2 und 3) einerseits – insoweit dient § 44 EBRG als Orientierung – und der Mitbestimmung im Aufsichts- und Verwaltungsorgan andererseits zu unterscheiden (Nr. 4).[10]

6 **1. Kündigungsschutz.** Der Kündigungsschutz (§ 42 S. 2 Nr. 1) erstreckt sich auf die in S. 1 Nr. 1–3 genannten **Mitglieder des bVG** und des **SE-Betriebsrats** sowie auf die Arbeitnehmervertreter, die in sonstiger Weise bei einem Verfahren zur Unterrichtung und Anhörung mitwirken. Da Satz 1 den „gleichen Schutz" wie für die Arbeitnehmervertreter nach den Gesetzen des Mitgliedstaats gewährt, ist der besondere Kündigungsschutz des § 103

---

[5] So auch Habersack/Drinhausen/*Hohenstatt*/*Müller-Bonanni* Rn. 5; *Joost* in Oetker/Preis AES B 8200 Rn. 247.
[6] *Niklas* NZA 2004, 1200 (1205): vermutlich redaktionelles Versehen bei Art. 10 Beteiligungs-RL.
[7] AA NK-ArbR/*Sagan* Rn. 2.
[8] BR-Drs. 438/04, 143; so auch Lutter/Hommelhoff/Teichmann/*Oetker* Rn. 8.
[9] BR-Drs. 438/04, 142.
[10] Dazu *Köklü* in Van Hulle/Maul/Drinhausen SE-HdB Abschnitt 6 Rn. 194: § 42 Abs. 1 Nr. 4 als Redaktionsversehen.

BetrVG sowie § 15 Abs. 1 und Abs. 3–5 KSchG entsprechend anzuwenden.[11] Vom **Zeitpunkt** der Errichtung an (§ 23) gilt während der Dauer der Mitgliedschaft im SE-Betriebsrat gem. § 15 Abs. 1 S. 1 KSchG das **Verbot der ordentlichen Kündigung**. Eine **außerordentliche Kündigung** ist unter den Voraussetzungen des § 626 BGB zulässig, erfordert aber die entsprechende Anwendung des § 103 BetrVG. Erforderlich ist dabei gem. § 103 Abs. 1 BetrVG nicht die **Zustimmung** des Betriebsrats,[12] sondern diejenige des SE-Betriebsrats, die durch eine Zustimmung des Arbeitsgerichts ersetzt werden kann (§ 103 Abs. 2 BetrVG). Nach **Beendigung der Amtszeit** ist die ordentliche Kündigung eines Mitglieds des SE-Betriebsrats in entsprechender Anwendung des § 15 Abs. 1 S. 2 KSchG für die Dauer eines Jahres ausgeschlossen; das Gleiche gilt für den Fall des vorzeitigen Ausscheidens. Bei Mitgliedern des bVG endet der Schutz mit Beendigung der Tätigkeit des Gremiums, an die sich der einjährige nachwirkende Kündigungsschutz anschließt.[13] Für die Mitglieder des **Wahlgremiums** gilt § 42 analog, soweit § 103 BetrVG, § 15 Abs. 1 KSchG nicht unmittelbar anzuwenden sind (→ Rn. 3). Für sie besteht deshalb entsprechend § 15 Abs. 3 KSchG ein besonderer Kündigungsschutz. Eine außerordentliche Kündigung ist wieder unter den Voraussetzungen des § 626 BGB zulässig, erfordert aber ebenfalls eine Analogie zu § 103 BetrVG. Die in § 42 S. 1 Nr. 4 genannten **Arbeitnehmervertreter im Aufsichts- oder Verwaltungsorgan** der SE genießen dagegen **keinen gesetzlichen Kündigungsschutz**.[14] Ein solcher kann aber in einer Mitbestimmungsvereinbarung festgelegt werden (§ 21 Abs. 3 S. 2 Nr. 3; → § 21 Rn. 41). Der Benachteiligungsschutz der § 26 MitbestG, § 9 DrittelbG enthält keine ausdrücklichen Aussagen zum Kündigungsschutz. Eine entsprechende Anwendung der § 103 BetrVG, § 15 KSchG wird dort zwar vereinzelt befürwortet,[15] ist aber wegen Fehlens einer planwidrigen Gesetzeslücke auch für § 42 S. 2 Nr. 1 abzulehnen.[16]

2. Teilnahme an Sitzungen. Der Schutz des § 42 S. 2 Nr. 2 erstreckt sich nach dem Vorbild des § 37 Abs. 2 und 3 für die in S. 1 Nr. 1–3 genannten Mitglieder des bVG[17] und des SE-Betriebsrats sowie die Arbeitnehmervertreter, die in sonstiger Weise bei einem Verfahren zur Unterrichtung und Anhörung mitwirken, auf die **Teilnahme an den Sitzungen** der jeweiligen Gremien. Die Mitglieder sind für die Teilnahme an den Sitzungen **von ihrer beruflichen Tätigkeit freizustellen** (§ 37 Abs. 2 BetrVG).[18] Finden die Sitzungen aus betriebsbedingten Gründen außerhalb der Arbeitszeit statt, hat das Mitglied einen Anspruch auf entsprechende Arbeitsbefreiung (§ 37 Abs. 3 S. 1 BetrVG). Für die in § 42 S. 1 Nr. 4 genannten **Arbeitnehmervertreter im Aufsichts- oder Verwaltungsorgan** der SE gilt eine differenzierte Betrachtungsweise. Beim mitbestimmten Aufsichtsrat versteht man die Verhinderung der Teilnahme an einer Aufsichtsratssitzung als Störung oder Behinderung der Aufsichtsratstätigkeit iSd § 26 S. 1 MitbestG (§ 9 S. 1 DrittelbG; → MitbestG § 26 Rn. 5). Allerdings hat die Aufsichtsratstätigkeit der Arbeitnehmervertreter grundsätzlich außerhalb der Arbeitszeit stattzufinden, sodass grundsätzlich kein Anspruch auf Freistellung entsprechend § 37 Abs. 2 besteht.[19] Das gilt auch für die Teilnahme an Sitzungen als wichtiger Ausschnitt

---

[11] S. Habersack/Drinhausen/*Hohenstatt/Müller-Bonanni* Rn. 4; Lutter/Hommelhoff/Teichmann/*Oetker* § 40 Rn. 9, 11; ausf. zu Kündigung und Kündigungsschutz von Arbeitnehmervertretern in der SE *Thüsing/Forst* FS Reuter, 2010, 851 (851 f.) mwN.
[12] So aber Blanke/Hayen/Kunz/Carlson/*Carlson* Mitbestimmung der Arbeitnehmer in der Europäischen Aktiengesellschaft (SE) Rn. 95; für Mitglieder des Europäischen Betriebsrats auch *Blanke* EBRG § 40 Rn. 13 – jedoch Information des Europäischen Betriebsrats über die Kündigung und Einholung einer Stellungnahme; offengelassen von Lutter/Hommelhoff/Teichmann/*Oetker* Rn. 12.
[13] Kölner Komm AktG/*Feuerborn* Rn. 12; *Kienast* in Jannott/Frodermann SE-HdB Kap. 13 Rn. 522 f.; Lutter/Hommelhoff/Teichmann/*Oetker* Rn. 9.
[14] Habersack/Drinhausen/*Hohenstatt/Müller-Bonanni* Rn. 4; *Kienast* in Jannott/Frodermann SE-HdB Kap. 13 Rn. 521; NK-SE/*Kleinmann/Kujath* Rn. 4; Lutter/Hommelhoff/Teichmann/*Oetker* Rn. 14; *Thüsing/Forst* FS Reuter, 2010, 851 (860).
[15] ZB *Naendrup* AuR 1979, 204.
[16] Für das MitbestG Raiser/Veil/Jacobs/*Raiser/Jacobs* MitbestG § 26 Rn. 8.
[17] Ebenso Lutter/Hommelhoff/Teichmann/*Oetker* Rn. 16.
[18] Habersack/Drinhausen/*Hohenstatt/Müller-Bonanni* Rn. 4.
[19] Wie hier Habersack/Drinhausen/*Hohenstatt/Müller-Bonanni* Rn. 4; aA Kölner Komm AktG/*Feuerborn* Rn. 14; Lutter/Hommelhoff/Teichmann/*Oetker* Rn. 17; aA Lutter/Hommelhoff/Teichmann/*Oetker* Rn. 17.

der Aufsichtsratstätigkeit. Diese Grundsätze zum mitbestimmten Aufsichtsrat sind auf die **Arbeitnehmervertreter im Aufsichts- oder Verwaltungsorgan** der SE zu übertragen. § 42 S. 2 Nr. 2 gilt analog auch für die Mitglieder des **Wahlgremiums,** soweit § 37 Abs. 2 BetrVG nicht unmittelbar greift (vgl. auch § 20 Abs. 3 S. 2 BetrVG).

8   **3. Entgeltfortzahlung.** § 42 S. 2 Nr. 3 nennt die Entgeltfortzahlung. Damit ist nicht die Entgeltfortzahlung des EFZG gemeint, sondern der in § 37 Abs. 2 S. 2–5 BetrVG geregelte Entgeltschutz.[20] Schuldner des Entgeltfortzahlungsanspruchs ist nicht die SE, sondern die Gesellschaft, bei der das jeweilige Mitglied beschäftigt ist. Für die Mitglieder des **bVG** und des **SE-Betriebsrats** sowie die für **Arbeitnehmervertreter,** die in sonstiger Weise bei einem Verfahren zur Unterrichtung und Anhörung mitwirken, gelten die § 37 Abs. 2 S. 2–5 BetrVG entsprechend. Nach § 37 Abs. 2 besteht ein Anspruch auf Arbeitsbefreiung ohne Minderung des Arbeitsentgelts.[21] Nach § 37 Abs. 3 S. 1 BetrVG analog haben die genannten Mitglieder zum Ausgleich für ihre Tätigkeit, die aus betriebsbedingten Gründen außerhalb der Arbeitszeit stattfinden muss, Anspruch auf entsprechende Arbeitsbefreiung unter Fortzahlung des Entgelts.[22] § 37 Abs. 4 BetrVG, wonach die Betriebsratsmitglieder keine Nachteile in wirtschaftlicher und beruflicher Sicht gegenüber vergleichbaren Arbeitnehmern erleiden dürfen, ist ebenfalls entsprechend anzuwenden.[23] § 37 Abs. 5 BetrVG ergänzt die Arbeitsentgeltgarantie des § 37 Abs. 4 BetrVG um einen parallelen Tätigkeitsschutz. Auch er ist von § 42 umfasst. Die Verweisung in § 40 EBRG umfasst nicht § 37 Abs. 6 und 7 BetrVG.[24] Das SEBG enthält dagegen in § 31 eine § 37 Abs. 6 BetrVG entsprechende Vorschrift über die Teilnahme von Mitgliedern des SE-Betriebsrats an **Schulungs- und Bildungsveranstaltungen.** Die Begründung zum Regierungsentwurf stellt klar, dass der Entgeltschutz nach § 42 S. 2 Nr. 3 auch die Entgeltfortzahlung bei der Teilnahme an Fortbildungsveranstaltungen nach § 31 umfasst.[25]

9   Im Rahmen des § 26 S. 1 MitbestG ist es für den **mitbestimmten Aufsichtsrat** umstritten, ob im Fall der notwendigen Freistellung von Aufsichtsratsmitgliedern (→ Rn. 7) entsprechend den Grundsätzen des § 37 Abs. 2–5 ein Anspruch auf Fortzahlung des Arbeitsentgelts besteht.[26] Dagegen spricht die Vergütung der Aufsichtsratstätigkeit nach § 113 Abs. 1 AktG, die auch als Aufwandsentschädigung für anderweitig entgangene Verdienstmöglichkeiten anzusehen ist.[27] Freilich gibt es für die Gewährung der Aufsichtsratsvergütung auch andere Gründe. Es ist deshalb unter bestimmten Voraussetzungen im Einzelfall möglich, dass der arbeitsvertragliche Entgeltanspruch des Arbeitnehmervertreters ungekürzt bestehen bleibt.[28] Für die Arbeitnehmervertreter des Aufsichts- oder Verwaltungsorgans der SE gilt Entsprechendes. Da die Arbeitnehmervertreter im Aufsichts- oder Verwaltungsorgan keinen Anspruch auf Teilnahme an Schulungs- oder Bildungsveranstaltungen haben (Umkehrschluss aus § 31), entfällt auch die Notwendigkeit eines entsprechenden Entgeltschutzes. § 42 S. 2 Nr. 3 gilt dagegen für die Mitglieder des **Wahlgremiums,** soweit § 37 Abs. 2–5 BetrVG nicht unmittelbar anzuwenden ist (vgl. auch § 20 Abs. 3 S. 3 BetrVG).

10   **4. Sonstiges.** Der Schutz des § 42 kann über die nicht abschließende[29] Aufzählung des Satzes 2 hinausgehen. Hervorzuheben ist in diesem Zusammenhang vor allem § 37 Abs. 2 BetrVG, der entsprechend auf die in S. 1 Nr. 1–3 genannten Mitglieder des bVG und des SE-Betriebsrats sowie auf die Arbeitnehmervertreter, die in sonstiger Weise bei einem

---

[20] Habersack/Drinhausen/*Hohenstatt*/*Müller-Bonanni* Rn. 4.
[21] Zu § 37 Abs. 2 BetrVG näher GK-BetrVG/*Weber* BetrVG § 37 Rn. 24 ff.
[22] Zu § 37 Abs. 3 BetrVG ausf. GK-BetrVG/*Weber* BetrVG § 37 Rn. 81 ff.
[23] Zu § 37 Abs. 4 und 5 BetrVG näher GK-BetrVG/*Weber* BetrVG § 37 Rn. 129 ff., 150 ff.
[24] Zum Streit einer analogen Anwendung *Blanke* EBRG § 40 Rn. 3.
[25] BR-Drs. 438/04, 142 f.
[26] Näher Raiser/Veil/Jacobs/*Raiser*/*Jacobs* MitbestG § 26 Rn. 6.
[27] So auch Kölner Komm AktG/*Feuerborn* Rn. 20; Habersack/Drinhausen/*Hohenstatt*/*Müller-Bonanni* Rn. 4; Lutter/Hommelhoff/*Teichmann*/*Oetker* Rn. 19.
[28] HM, s. nur Habersack/Henssler/*Habersack* MitbestG § 26 Rn. 8 mwN.
[29] *Kienast* in Jannott/Frodermann SE-HdB Kap. 13 Rn. 524.

Verfahren zur Unterrichtung und Anhörung mitwirken, anzuwenden ist. Sie sind immer dann von ihrer beruflichen Tätigkeit freizustellen, wenn und soweit es nach Umfang und Art des Betriebs zur ordnungsgemäßen Durchführung ihrer Aufgaben **erforderlich** ist. Auch hier gilt, dass das Mitglied entsprechend § 37 Abs. 3 S. 1 BetrVG einen Anspruch auf entsprechende Arbeitsbefreiung hat, wenn die Tätigkeit aus betriebsbedingten Gründen außerhalb der Arbeitszeit stattfindet. Der schon erörterte Entgeltschutz des § 42 S. 2 Nr. 3, der § 37 Abs. 2, Abs. 3 S. 1 und Abs. 4 BetrVG (→ Rn. 8) umfasst, gilt entsprechend. Bei Arbeitnehmervertretern des **Aufsichts- oder Verwaltungsorgans** der SE gilt die zur Teilnahme an den Sitzungen des Aufsichts- oder Verwaltungsorgans bereits dargestellte differenzierte Betrachtungsweise (→ Rn. 9). Das Störungs-, Behinderungs-, Benachteiligungs- und Begünstigungsverbot des **§ 78 BetrVG** ist im Rahmen des § 42 dagegen nicht entsprechend anzuwenden. Stattdessen gilt § 44.

IV. Streitigkeiten

Bei Streitigkeiten ist zu differenzieren.[30] Nach hM entscheiden im Betriebsverfassungsrecht über **individualrechtliche Streitigkeiten** zwischen dem Arbeitgeber und einem Betriebsratsmitglied wie zB über die Fortzahlung des Arbeitsentgelts (§ 37 Abs. 2 BetrVG) oder die Gewährung von Freizeitausgleich (§ 37 Abs. 3 BetrVG) die Gerichte für Arbeitssachen im Urteilsverfahren (§ 2 Abs. 1 Nr. 3 lit. a ArbGG, §§ 46 ff. ArbGG).[31] Diese Rspr. ist auf entsprechende individualrechtliche Streitigkeiten aus § 42 zu übertragen. Hat dagegen der Streit zwischen Arbeitgeber und Betriebsrat oder dem einzelnen Betriebsratsmitglied alleine betriebsverfassungsrechtliche Fragen wie etwa die Frage, ob nach Art und Umfang des Betriebs eine entsprechende Arbeitsbefreiung zur ordnungsgemäßen Durchführung der Betriebsratstätigkeit erforderlich ist (§ 37 Abs. 2 BetrVG) oder ob betriebsbedingte Gründe für die Durchführung von Betriebsratsaufgaben außerhalb der Arbeitszeit vorliegen (§ 37 Abs. 3 BetrVG), zum Gegenstand, ohne dass daraus Konsequenzen für die Vergütung gezogen werden, ist der **kollektivrechtliche Streit** vom Arbeitsgericht im Beschlussverfahren zu entscheiden (§ 2a Abs. 1 Nr. 1 ArbGG, §§ 80 ff. ArbGG).[32] Auch diese Judikatur ist auf kollektivrechtliche Streitigkeiten aus § 42 zu übertragen. Das Arbeitsgericht entscheidet im Beschlussverfahren nach § 2a Abs. 1 Nr. 3 lit. e ArbGG, §§ 80 ff. ArbGG. Die örtliche Zuständigkeit richtet sich nach § 82 Abs. 3 ArbGG. Antragsberechtigt sind die Gremien und Organe, auf deren Mitglieder § 42 anzuwenden ist, weil es sich um Fragen ihrer Geschäftsführung handelt, unter Umständen ferner das jeweilige Mitglied sowie die in § 42 S. 1 genannten Gesellschaften.[33] Verstöße gegen § 42 sind nicht strafrechtlich sanktioniert und werden auch nicht als Ordnungswidrigkeiten verfolgt (vgl. §§ 45, 46).

V. SCEBG und MgVG

§ 42 entspricht **§ 44 SCEBG** und – ohne die Regelungen zum SE-Betriebsrat (§ 42 S. 1 Nr. 2 und 3 – auch **§ 32 MgVG**.

§ 43 Missbrauchsverbot

¹**Eine SE darf nicht dazu missbraucht werden, den Arbeitnehmern Beteiligungsrechte zu entziehen oder vorzuenthalten. ²Missbrauch wird vermutet, wenn ohne Durchführung eines Verfahrens nach § 18 Abs. 3 innerhalb eines Jahres nach Grün-**

---

[30] Kölner Komm AktG/*Feuerborn* Rn. 22 ff.
[31] Statt aller GK-BetrVG/*Weber* BetrVG § 37 Rn. 314 ff. mwN; für § 40 EBRG *Blanke* EBRG § 40 Rn. 16 mwN.
[32] Näher GK-BetrVG/*Weber* BetrVG § 37 Rn. 325 ff.; für § 40 EBRG *Blanke* EBRG § 40 Rn. 16, jeweils mwN.
[33] Dazu für § 37 BetrVG *Fitting* BetrVG § 37 Rn. 258; für § 40 EBRG *Blanke* EBRG § 40 Rn. 16, jeweils mwN.

dung der SE strukturelle Änderungen stattfinden, die bewirken, dass den Arbeitnehmern Beteiligungsrechte vorenthalten oder entzogen werden.

I. Einleitung

1 § 43 dient der Umsetzung des in Art. 11 Beteiligungs-RL normierten Missbrauchsverbots und ist zugleich Ausdruck des allgemeinen Rechtsmissbrauchsverbots (§ 242 BGB).[1] Die Norm soll verhindern, dass die Rechtsform der SE gezielt ausgenutzt wird, um Arbeitnehmern Beteiligungsrechte vorzuenthalten oder zu entziehen.[2] § 43 S. 1 ist sehr offen formuliert und führt zu Rechtsunsicherheit in der Praxis, weil die Norm nicht erkennen lässt, was unter einem Rechtsmissbrauch zu verstehen ist.[3] Die Vorschrift ist deshalb zu ihrer Konkretisierung[4] **restriktiv auszulegen**.[5] Noch problematischer ist § 43 S. 2. Was der Gesetzgeber mit dieser Vorschrift beabsichtigt hat, ist unklar, zumal die Begründung zum Regierungsentwurf insoweit schweigt.[6]

II. Missbrauchstatbestand

2 **1. Begriff des Missbrauchs.** Nach § 43 S. 1 darf eine SE nicht dazu missbraucht werden, den Arbeitnehmern **Beteiligungsrechte** zu **entziehen**[7] oder **vorzuenthalten**.[8] Beteiligungsrechte iSd § 43 S. 1 sind nach **§ 2 Abs. 9** die konkreten Beteiligungsrechte (→ § 2 Rn. 21), die den Arbeitnehmern und ihren Vertretern in der SE im Bereich der Unterrichtung, Anhörung, Mitbestimmung und der sonstigen Beteiligung zustehen (§§ 21, 28, 29, 35),[9] ferner solche, die auf nationaler Ebene etwa nach dem BetrVG[10] oder den verschiedenen Mitbestimmungsgesetzen bestehen. Erforderlich ist ferner, dass sich die Maßnahme **unmittelbar** auf die Beteiligungsrechte der Arbeitnehmer **auswirkt**.[11] Der systematische Vergleich zu § 18 Abs. 3 belegt, dass eine bloße „Minderung" nicht genügt, erforderlich ist vielmehr, dass die Beteiligungsrechte den Arbeitnehmern „vorenthalten oder

---

[1] Näher zur dogmatischen Einordnung Ramcke, Die Konkretisierung des Missbrauchsverbots der SE, 2015, 59 ff. (für Art. 11 Beteiligungs-RL) und 219 ff. (für § 43); für einen Vergleich mit den Umsetzungen des Art. 11 Beteiligungs-RL in anderen Mitgliedstaaten s. Ramcke, Die Konkretisierung des Missbrauchsverbots der SE, 2015, 317 ff.; zur Lückenfüllung des § 43 mittels rechtsvergleichender Auslegung Ramcke, Die Konkretisierung des Missbrauchsverbots der SE, 2015, 329 ff.; zur Vereinbarkeit der deutschen Umsetzung mit Art. 11 Beteiligungs-RL Ramcke, Die Konkretisierung des Missbrauchsverbots der SE, 2015, 334 ff.

[2] BR-Drs. 438/04, 143; zum Telos eingehend Ramcke, Die Konkretisierung des Missbrauchsverbots der SE, 2015, 166 ff.; zum mitbestimmungsfeindlichen Missbrauch der SE (bezogen auf Art. 11 Beteiligungs-RL) s. auch bereits Kübler FS Raiser, 2005, 247 ff.; Rehberg ZGR 2005, 859; Sagan European Business Law Review 2010, 15.

[3] Krit. deshalb Joost FS Richardi, 2007, 573 (574 f.).

[4] Zur Konkretisierung des Missbrauchsverbots eingehend Ramcke, Die Konkretisierung des Missbrauchsverbots der SE, 2015, 59 ff. für Art. 11 Beteiligungs-RL, 218 ff. für § 43; Sagan in Bieder/Hartmann, Individuelle Freiheit und kollektive Interessenwahrnehmung im deutschen und europäischen Arbeitsrecht, 2012, 174 ff. für § 43, 189 ff. für Art. Beteiligungs-RL; zur Konkretisierung des Art. 11 Beteiligungs-RL in weiteren mitgliedstaatlichen Umsetzungsgesetzen Ramcke, Die Konkretisierung des Missbrauchsverbots der SE, 2015, 315 ff.

[5] Blasche Jura 2013, 276; Kölner Komm AktG/Feuerborn Rn. 3; Habersack/Drinhausen/Hohenstatt/Müller-Bonanni Rn. 3; zur Auslegung des § 43 näher Ramcke, Die Konkretisierung des Missbrauchsverbots der SE, 2015, 218 ff.

[6] S. BT-Drs. 15/3405, 57.

[7] Zur Auslegung des Merkmals „Entziehen" eingehend Ramcke, Die Konkretisierung des Missbrauchsverbots der SE, 2015, 117 ff. (für Art. 11 Beteiligungs-RL), 240 ff. (für § 43).

[8] Zur Auslegung des Merkmals „Vorenthalten" eingehend Ramcke, Die Konkretisierung des Missbrauchsverbots der SE, 2015, 124 ff. (für Art. 11 Beteiligungs-RL), 240 ff. (für § 43).

[9] Ebenso Lutter/Hommelhoff/Teichmann/Oetker Rn. 6; ausführlich zu den potentiell betroffenen Beteiligungsrechten Ramcke, Die Konkretisierung des Missbrauchsverbots der SE, 2015, 97 ff. (für Art. 11 Beteiligungs-RL) und 235 ff. (für § 43).

[10] AA Ramcke, Die Konkretisierung des Missbrauchsverbots der SE, 2015, 237 f., der darauf abstellt, dass das BetrVG weiterhin anwendbar bleibe und daher kein Bedürfnis dafür bestehe, sie dem Schutzbereich von § 43 S. 1 unterfallen zu lassen.

[11] Lutter/Hommelhoff/Teichmann/Oetker Rn. 6; von einer „Kausalität zwischen tatbestandsmäßigem Verhalten und Erfolg" spricht Ramcke, Die Konkretisierung des Missbrauchsverbots der SE, 2015, 200 f.

entzogen" werden (vgl. auch → § 18 Rn. 8).[12] Eine allgemein gültige Grenzziehung gibt es nicht, es kommt auf den Einzelfall an.[13]

Es ist allerdings fraglich, wie ein solcher Missbrauch praktisch aussehen könnte.[14] Wer **3** eine **SE gründet** oder in einer bestehenden SE **strukturelle Änderungen** vornimmt (§ 18 Abs. 3, § 21 Abs. 4; vgl. → § 18 Rn. 11, → § 21 Rn. 69 f.), hat die Vorgaben der SE-VO, des SEAG, des AktG und des SEBG zu beachten, denen – wie zB bei der vereinbarten Minderung von Mitbestimmungsrechten (§ 15 Abs. 3 und Abs. 5; vgl. → § 15 Rn. 6 ff., → § 15 Rn. 19) oder der Nichtaufnahme oder dem Abbruch von Verhandlungen bei der SE-Gründung durch Umwandlung (§ 16 Abs. 3; vgl. → § 16 Rn. 6) – **Missbrauchsschranken** bereits **immanent** sind. Wer aber gesetzesgemäß handelt und die durch die SE-VO und das SEAG eröffneten Spielräume nutzt, handelt nicht rechtsmissbräuchlich, selbst wenn sein Handeln zu einer Einschränkung von Beteiligungsrechten führt.[15] Angesichts der detaillierten und umfassenden Regelungen der Beteiligungs-RL und des SEBG ist der **Anwendungsbereich** des Missbrauchsverbots nach § 43 S. 1 deshalb **schmal**.[16] Auch in der Begründung zum Regierungsentwurf heißt es, bei einer Konkretisierung des Missbrauchsbegriffs sei zu berücksichtigen, dass die SE-VO gerade die grenzüberschreitende wirtschaftliche Tätigkeit erleichtern wolle.[17] Die Nutzung der vorgesehenen Handlungsmöglichkeiten allein, zu der etwa auch die ausdrücklich vorgesehene Sitzverlegung zählt (Art. 8 SE-VO), könne daher den Vorwurf des Missbrauchs nach § 43 nicht begründen.

In der Lit. wird zu Recht ein objektiv-subjektiver Prüfungsmaßstab vorgeschlagen.[18] **4** Demnach muss **objektiv** eine arbeitgeberseitige Maßnahme im Widerspruch zu den **Zwecken der Beteiligungs-RL und des SEBG** vorliegen.[19] In **subjektiver** Hinsicht wird zum Teil eine Absicht,[20] zum Teil aber auch nur bloßes Bewusstsein[21] über ein zweckgerich-

---

[12] Habersack/Drinhausen/*Hohenstatt/Müller-Bonanni* Rn. 2; Lutter/Hommelhoff/Teichmann/*Oetker* Rn. 7; Nagel/Freis/Kleinsorge/*Nagel* Rn. 6: auch wenn Entziehung oder Vorenthaltung „nicht vollständig"; *Ramcke*, Die Konkretisierung des Missbrauchsverbots der SE, 2015, 119 ff., 162, 241 ff.

[13] Habersack/Drinhausen/*Hohenstatt/Müller-Bonanni* Rn. 2; vgl. dazu *Ramcke*, Die Konkretisierung des Missbrauchsverbots der SE, 2015, 192 ff.

[14] Für eine Systematisierung von Fallgruppen eines potentiellen Missbrauchs der SE s. näher *Ramcke*, Die Konkretisierung des Missbrauchsverbots der SE, 2015, 356 ff.

[15] So auch Drinhausen/*Keinath* BB 2011, 2699 (2701); Habersack/Drinhausen/*Hohenstatt/Müller-Bonanni* Rn. 3; Wißmann/Kleinsorge/Schubert/*Kleinsorge* EU-Recht Rn. 133; *Rieble* BB 2006, 2018 (2022); ähnlich Kölner Komm AktG/*Feuerborn* Rn. 3; *Joost* in Oetker/Preis AES B 8200 Rn. 250: Der Entzug oder die Vorenthaltung von Beteiligungsrechten müsse mindestens der „alles überragende Hauptzweck der Maßnahme" sein; Lutter/Hommelhoff/Teichmann/*Oetker* Rn. 8: Der Rechtsmissbrauch sei erst zu bejahen, wenn für die Maßnahme „keine sachliche Rechtfertigung erkennbar" sei; *Riesenhuber* EurArbR § 29 Rn. 60; krit. *Sagan* in Bieder/Hartmann, Individuelle Freiheit und kollektive Interessenwahrnehmung im deutschen und europäischen Arbeitsrecht, 2012, 174: „Aussage wenig aufschlussreich", vgl. aber das Beispiel auf 185 ff.

[16] Ebenso Kölner Komm AktG/*Feuerborn* Rn. 3; Habersack/Drinhausen/*Hohenstatt/Müller-Bonanni* Rn. 3; *Kienast* in Jannott/Frodermann SE-HdB Kap. 13 Rn. 527: „Ausnahmefall"; *Kübler* FS Raiser, 2005, 247 (257); *Ramcke*, Die Konkretisierung des Missbrauchsverbots der SE, 2015, 199 f., 226 ff.; *Rieble* BB 2006, 2018 (2022); *Ringe* NZG 2006, 931 (934); vgl. zu denkbaren Anwendungsfeldern aber → Vor § 1 Rn. 10 f., → § 15 Rn. 10, → § 16 Rn. 6, → § 18 Rn. 8, → § 18 Rn. 12, → § 18 Rn. 17, → § 34 Rn. 5; weitere „praktische Anwendung in Beispielsfällen" (auf Basis der Beteiligungs-RL) *Sagan* in Bieder/Hartmann, Individuelle Freiheit und kollektive Interessenwahrnehmung im deutschen und europäischen Arbeitsrecht, 2012, 202 ff. mwN.

[17] BR-Drs. 438/04, 143.

[18] *Ramcke*, Die Konkretisierung des Missbrauchsverbots der SE, 2015, 194 ff.; vgl. auch Habersack/Henssler/*Henssler* Rn. 5.

[19] *Ramcke*, Die Konkretisierung des Missbrauchsverbots der SE, 2015, 194 ff.

[20] *Feldhaus/Vanscheidt* BB 2008, 2246 (2248): „dolus directus 1. Grades"; Kölner Komm AktG/*Feuerborn* Rn. 4; NK-SE/*Kleinmann/Kujath* Rn. 2; *Kübler* FS Raiser, 2005, 247 (255); *Sagan* in Bieder/Hartmann, Individuelle Freiheit und kollektive Interessenwahrnehmung im deutschen und europäischen Arbeitsrecht, 2012, 197; abl. *Forst* NZG 2009, 687 (690); *Rehberg* ZGR 2005, 859 (869); *Schön* FS Wiedemann, 2002, 1286; zweifelnd *Joost* FS Richardi, 2007, 573 (578).

[21] *Forst*, Die Beteiligungsvereinbarung nach § 21 SEBG, 2010, 147; *Koch*, Die Beteiligung von Arbeitnehmervertretern an Aufsichts- und Verwaltungsratsausschüssen einer Europäischen Aktiengesellschaft, 2010, 210.

tetes Handeln verlangt.[22] Richtigerweise muss direkter **Vorsatz** in Bezug auf die Umstände, die den objektiven Tatbestand des Missbrauchs begründen, vorliegen.[23] Die gesonderte Prüfungsstufe einer Rechtfertigung etwa durch wirtschaftliche[24] oder sachliche[25] Gründe, wie sie teilweise im Schrifttum vertreten wird,[26] ist abzulehnen.[27] Im Übrigen geht es vor allem um **zwei Fallgruppen:**[28] erstens die **Umgehung**[29] von Normen, die Beteiligungsrechte schützen, zB durch mehraktige Gestaltungen (Absenken der Arbeitnehmerzahl kurz vor und nach einer SE-Gründung)[30] oder bei einer SE-Gründung als „verdeckte Umwandlung",[31] zweitens außerdem die **Erschleichung**[32] einer Flexibilisierung von Beteiligungsrechten zB durch eine bestimmte Festlegung der Sitzverteilung im SE-Unternehmensorgan zu Lasten kleiner Belegschaften.[33] Kein Missbrauch liegt vor, wenn die SE-Gründung erfolgt, um ein bestehendes Mitbestimmungsniveau zu erhalten, selbst wenn später nach der SE-Gründung die nach dem nationalen Recht vorgesehenen Schwellenwerte überschritten werden.[34] Im Schrifttum wird zum Teil für eine entsprechende Anwendung von § 43 für die grenzüberschreitende statutenwechselnde Sitzverlegung (grenzüberschreitender Formwechsel) plädiert (→ Vor § 1 Rn. 64).

5   **2. Missbrauchsvermutung.** Noch problematischer ist § 43 S. 2.[35] Danach wird ein Missbrauch iSd § 43 S. 1 **vermutet,** wenn ohne Durchführung eines Verfahrens nach § 18 Abs. 3 innerhalb eines[36] Jahres nach Gründung der SE strukturelle Änderungen stattfinden, die dazu führen, dass den Arbeitnehmern Beteiligungsrechte „vorenthalten" oder „entzogen" werden. Worauf sich die Vermutung bezieht, ist umstritten: Ein Teil des Schrifttums bezieht sie auf das Vorliegen eines Missbrauchs der SE-Rechtsform iSd § 43 S. 1,[37] man kann auch allgemeiner von der SE-Gründung sprechen.[38] Allerdings hat die SE-Gründung mit der (späteren) strukturellen Änderung nichts zu tun.[39] Überzeugender ist es deshalb,

---

[22] Zum Streitstand eingehend *Ramcke,* Die Konkretisierung des Missbrauchsverbots der SE, 2015, 205 ff.
[23] *Ramcke,* Die Konkretisierung des Missbrauchsverbots der SE, 2015, 209 f., 330 ff.
[24] So *Wollburg/Banerjea* ZIP 2005, 277 (281).
[25] So Kölner Komm AktG/*Feuerborn* Rn. 4; Habersack/Drinhausen/*Hohenstatt/Müller-Bonanni* Rn. 3; *Müller-Bonanni/Melot de Beauregard* GmbHR 2005, 195 (200); Lutter/Hommelhoff/Teichmann/*Oetker* Rn. 8; vgl. auch *Drinhausen/Keinath* BB 2011, 2699 (2703): „sonstige bzw. objektiv nachvollziehbare Gründe"; ihnen folgend Habersack/Hensseler/*Henssler* Rn. 7.
[26] Zum Streitstand näher *Ramcke,* Die Konkretisierung des Missbrauchsverbots der SE, 2015, 201 ff. mwN.
[27] So *Ramcke,* Die Konkretisierung des Missbrauchsverbots der SE, 2015, 204 f.; ebenso *Rehberg* ZGR 2005, 859 (872); wohl auch *Koch,* Die Beteiligung von Arbeitnehmervertretern an Aufsichts- und Verwaltungsratsausschüssen einer Europäischen Aktiengesellschaft, 2010, 208.
[28] Einzelne Beispiele auch bei Habersack/Drinhausen/*Hohenstatt/Müller-Bonanni* Rn. 3.
[29] *Ramcke,* Die Konkretisierung des Missbrauchsverbots der SE, 2015, 199 f.
[30] *Ramcke,* Die Konkretisierung des Missbrauchsverbots der SE, 2015, 119 f.; auch *Drinhausen/Keinath* BB 2011, 2699 (2704 f.).
[31] *Henssler* GS Heinze, 2005, 341; *Ramcke,* Die Konkretisierung des Missbrauchsverbots der SE, 2015, 200 (407), 433 ff., 443 ff.
[32] *Ramcke,* Die Konkretisierung des Missbrauchsverbots der SE, 2015, 200.
[33] *Ramcke,* Die Konkretisierung des Missbrauchsverbots der SE, 2015, 418 ff.
[34] *Drinhausen/Keinath* BB 2011, 2699 (2701 f.); Habersack/Drinhausen/*Hohenstatt/Müller-Bonanni* Rn. 2, 3.
[35] Habersack/Drinhausen/*Hohenstatt/Müller-Bonanni* Rn. 4: „unglücklich"; schärfer *Sagan* in Bieder/Hartmann, Individuelle Freiheit und kollektive Interessenwahrnehmung im deutschen und europäischen Arbeitsrecht, 2012, 184: „schwerwiegende konzeptionelle Ungereimtheiten", „Tatbestand ... undurchdringlich", „Wille des Gesetzgebers „unergründlich", „zweckmäßige Rechtsfolge unerfindlich"; nach *Ramcke,* Die Konkretisierung des Missbrauchsverbots der SE, 2015, 341 ff. ist § 43 S. 2 dennoch mit Art. 11 Beteiligungs-RL vereinbar.
[36] Demgegenüber erstreckt § 44 Abs. 1 S. 1 des dänischen Umsetzungsgesetzes den Zeitraum der Vermutung auf zwei Jahre nach der SE-Gründung; vgl. dazu *Ramcke,* Die Konkretisierung des Missbrauchsverbots der SE, 2015, 318 ff.
[37] *Ramcke,* Die Konkretisierung des Missbrauchsverbots der SE, 2015, 308 f.
[38] *Sagan* in Bieder/Hartmann, Individuelle Freiheit und kollektive Interessenwahrnehmung im deutschen und europäischen Arbeitsrecht, 2012, 184.
[39] Vgl. *Sagan* in Bieder/Hartmann, Individuelle Freiheit und kollektive Interessenwahrnehmung im deutschen und europäischen Arbeitsrecht, 2012, 184 f.

die Vermutung auf die **strukturelle Änderung zu beziehen**.[40] Der Gegeneinwand, der Tatbestand des § 43 S. 2 könne nur unter Verstoß gegen die Rechtspflicht der Leitung der SE aus § 18 Abs. 3 – Einleitung von Neuverhandlungen – erfüllt werden,[41] überzeugt nicht, weil es eine solche Rechtspflicht nicht gibt (→ § 18 Rn. 22).

Die Vermutung muss mangels einer ausdrücklichen gesetzlichen Anordnung **widerlegbar** sein.[42] Die Missbrauchsvermutung kann aber nicht mit einer „**sachlichen Rechtfertigung**" der strukturellen Änderung widerlegt werden.[43] Vielmehr haben die Leitungen[44] darzulegen und zu beweisen, dass die Beteiligungsrechte der Arbeitnehmer beibehalten oder äquivalent übernommen worden sind.[45] Demgegenüber wird nach Art. 67 Abs. 2 Gesetz zur Umsetzung des Art. 11 Beteiligungs-RL (Schweden) die Vermutung, dass eine Änderung innerhalb eines Jahres nach der SE-Gründung vorgenommen wurde, um Arbeitnehmern Beteiligungsrechte zu entziehen oder vorzuenthalten, widerlegt, wenn das Unternehmen weitere Gründe für die Änderungen nachweist.[46] Andere mitgliedstaatliche Umsetzungsgesetze formulieren einen Zusammenhang zwischen strukturellen Änderungen und einem Missbrauch einer SE statt als Vermutungstatbestand als Regelbeispiel.[47]

Im Übrigen gibt es kein gesetzliches Verbot, innerhalb eines Jahres nach Gründung einer SE – gemeint ist die Registereintragung nach Art. 16 Abs. 1 SE-VO[48] – strukturelle Änderungen in der SE durchzuführen, selbst wenn diese einen Abbau von Beteiligungsrechten zur Folge haben. Kommt es zu einer Durchführung struktureller Änderungen, können die Leitung der SE oder der SE-Betriebsrat veranlassen, dass Verhandlungen über die Beteiligungsrechte der Arbeitnehmer stattfinden (§ 18 Abs. 3 S. 1). Unterbleibt eine solche Veranlassung, findet auch eine Anpassung der Beteiligungsrechte nicht statt (→ § 18 Rn. 22). Die gesetzliche Auffangregelung nach § 18 Abs. 3 S. 3 greift nur, wenn Verhandlungen stattgefunden haben, aber gescheitert sind (→ § 18 Rn. 25 ff.). Ein Rechtsmissbrauch liegt deshalb nicht vor.

III. Rechtsfolgen

Für Verstöße gegen das Missbrauchsverbot enthält § 45 Abs. 1 Nr. 2 eine **strafrechtliche Sanktion:** Wer entgegen § 43 S. 1 eine SE dazu missbraucht, Arbeitnehmern Beteiligungsrechte zu entziehen oder vorzuenthalten, wird mit Freiheitsstrafe bis zu zwei Jahren oder mit Geldstrafe bestraft (→ § 45 Rn. 5, insbesondere auch zur verfassungsrechtlich außerordentlich problematischen Erstreckung des § 45 Abs. 1 Nr. 2 auf die Vermutungsregelung des § 43 S. 2). Andere Rechtsfolgen nennt das SEBG nicht.[49] Demgegenüber ordnen andere mitgliedstaatliche Umsetzungen des Art. 11 Beteiligungs-RL zum Teil ausdrücklich Neu-

---

[40] *Sagan* in Bieder/Hartmann, Individuelle Freiheit und kollektive Interessenwahrnehmung im deutschen und europäischen Arbeitsrecht, 2012, 184: systemwidrige Vermengung der Kategorien von Rechtsbruch und Rechtsmissbrauch.
[41] Überzeugend und näher dazu *Sagan* in Bieder/Hartmann, Individuelle Freiheit und kollektive Interessenwahrnehmung im deutschen und europäischen Arbeitsrecht, 2012, 184 f.
[42] So iE auch Kölner Komm AktG/*Feuerborn* Rn. 7; *Grobys* NZA 2004, 779 (781); *Joost* in Oetker/Preis AES B 8200 Rn. 252; Wißmann/Kleinsorge/Schubert/*Kleinsorge* EU-Recht Rn. 133; *Ramcke,* Die Konkretisierung des Missbrauchsverbots der SE, 2015, 308 f.
[43] Nagel/Freis/Kleinsorge/*Nagel* Rn. 2; *Ramcke,* Die Konkretisierung des Missbrauchsverbots der SE, 2015, 308 f.; aA Kölner Komm AktG/*Feuerborn* Rn. 7; Lutter/Hommelhoff/Teichmann/*Oetker* Rn. 11.
[44] Zum Adressaten des Missbrauchsverbots näher *Ramcke,* Die Konkretisierung des Missbrauchsverbots der SE, 2015, 230 ff.
[45] Nagel/Freis/Kleinsorge/*Nagel* Rn. 2; iE auch *Ramcke,* Die Konkretisierung des Missbrauchsverbots der SE, 2015, 308 f.
[46] Näher *Ramcke,* Die Konkretisierung des Missbrauchsverbots der SE, 2015, 323 f.
[47] Dazu *Ramcke,* Die Konkretisierung des Missbrauchsverbots der SE, 2015, 323 f., wonach die Umsetzungsgesetze in Österreich (§ 229 Abs. 1 S. 2 ArbVG) und Liechtenstein (Art. 21 Abs. 2 SEBG-Liechtenstein) jeweils Regelbeispiele formulieren.
[48] Ebenso Kölner Komm AktG/*Feuerborn* Rn. 6; Habersack/Drinhausen/*Hohenstatt/Müller-Bonanni* Rn. 4; Lutter/Hommelhoff/Teichmann/*Oetker* Rn. 12.
[49] Eingehend zu den Rechtsfolgen eines Verstoßes gegen § 43 S. 1 *Ramcke,* Die Konkretisierung des Missbrauchsverbots der SE, 2015, 249 ff., 332 ff.

verhandlungen als Rechtsfolge eines Missbrauchs einer SE an.[50] Für das deutsche Recht kann ein **Unterlassungsanspruch** analog § 1004 Abs. 1 BGB, § 823 BGB in Betracht kommen.[51] Ob auch ein Schadensersatzanspruch bestehen kann, ist fraglich.[52] Ein Verstoß gegen das Missbrauchsverbot führt weder zur Nichtigkeit noch zur Auflösung der SE.[53] Die rechtliche Existenz einer in das Register eingetragenen SE wird nicht beseitigt, ist sie indessen noch nicht eingetragen, kann der Registerrichter die Eintragung ablehnen.[54] Ob § 43 ein Verbotsgesetz iSd § 134 BGB ist, ist zumindest zweifelhaft.[55] Ist eine Beteiligungsvereinbarung nichtig, ist das Verhandlungsverfahren wiederaufzunehmen. Erst wenn der Abschluss einer Beteiligungsvereinbarung scheitert, ist analog § 18 Abs. 3 S. 3 die gesetzliche Auffangregelung anzuwenden (→ § 21 Rn. 19).[56] Bei Umgehung der Regelungen über die Beteiligung kraft Gesetzes sind die umgangenen Normen analog anzuwenden.[57]

IV. Streitigkeiten

9   Streitigkeiten aus § 43 sind im arbeitsgerichtlichen Beschlussverfahren nach § 2a Abs. 1 Nr. 3 lit. e ArbGG, §§ 80 ff. ArbGG auszutragen.[58] Die örtliche Zuständigkeit des Arbeitsgerichts richtet sich nach dem Sitz der SE (§ 82 Abs. 3 ArbGG). Demgegenüber sehen etwa die irischen und britischen Umsetzungsgesetze des Art. 11 Beteiligungs-RL besonders ausgestaltete, vorgerichtliche Streitbeilegungsverfahren bei Streitigkeiten nach einem behaupteten oder im Vorwege eines befürchteten Missbrauchs vor.[59] Daran anknüpfend, wird in der Lit. vorgeschlagen, vergleichbare außergerichtliche Schlichtungsverfahren auch im deutschen Recht vorzusehen.[60]

V. SCEBG und MgVG

10   § 43 entspricht **§ 45 SCEBG**. Im **MgVG** fehlt eine ausdrückliche Regelung zum Missbrauchsverbot (vgl. aber → Vor § 1 Rn. 58).

§ 44 Errichtungs- und Tätigkeitsschutz

Niemand darf
1. **die Bildung des besonderen Verhandlungsgremiums, die Errichtung eines SE-Betriebsrats oder die Einführung eines Verfahrens zur Unterrichtung und**

---

[50] Eingehend zu den Regelungskonzepten anderer Mitgliedstaaten *Ramcke*, Die Konkretisierung des Missbrauchsverbots der SE, 2015, 317 ff.

[51] Kölner Komm AktG/*Feuerborn* Rn. 9; anders offenbar Nagel/Freis/Kleinsorge/*Nagel* Rn. 2: Der Gesetzgeber habe sich „gegen stärkere Sanktionen (zB Schadensersatzpflichten oder Ähnliches) entschieden"; für einen selbständigen Unterlassungsanspruch unmittelbar aus § 43 S. 1 *Ramcke*, Die Konkretisierung des Missbrauchsverbots der SE, 2015, 276 ff.

[52] Einen Schadensersatzanspruch noch in Betracht ziehend die → 2. Aufl. 2006; einen ersatzfähigen Schaden bei einer Umgehung von Beteiligungsrechten verneint *Ramcke*, Die Konkretisierung des Missbrauchsverbots der SE, 2015, 275 f.

[53] *Ramcke*, Die Konkretisierung des Missbrauchsverbots der SE, 2015, 251 ff.

[54] NK-SE/*Kleinmann/Kujath* Rn. 4; Nagel/Freis/Kleinsorge/*Nagel* Rn. 10; Lutter/Hommelhoff/Teichmann/*Oetker* Rn. 12; differenzierter *Ramcke*, Die Konkretisierung des Missbrauchsverbots der SE, 2015, 258 ff., mit der Möglichkeit der Aussetzung des Eintragungsverfahrens durch das Registergericht und der Prüfung eines Verstoßes gegen § 43 S. 1 im arbeitsgerichtlichen Beschlussverfahren.

[55] Zurückhaltend auch NK-SE/*Kleinmann/Kujath* Rn. 4; ähnlich Nagel/Freis/Kleinsorge/*Nagel* Rn. 8: „in der Regel"; für die Einordnung des § 43 S. 1 als Verbotsgesetz iSd § 134 BGB *Ramcke*, Die Konkretisierung des Missbrauchsverbots der SE, 2015, 263.

[56] Für die Anwendbarkeit der Beteiligung kraft Gesetzes ohne ein Verfahren analog § 18 Abs. 3 *Ramcke*, Die Konkretisierung des Missbrauchsverbots der SE, 2015, 265 ff.

[57] Habersack/Henssler/*Henssler* Rn. 14; *Ramcke*, Die Konkretisierung des Missbrauchsverbots der SE, 2015, 272 ff.; vgl. auch *Rehberg* ZGR 2005, 859 (877).

[58] Diff. *Wißmann* FS Richardi, 2007, 841 (856 f.) mit Blick auf einen möglichen „Rechtsmissbrauch" durch die Verwendung einer Vorrats-SE; zum Vergleich mit anderen mitgliedstaatlichen Verfahrenskonzepten mit außergerichtlichen Beilegungsverfahren bei Streit über einen Missbrauch der SE *Ramcke*, Die Konkretisierung des Missbrauchsverbots der SE, 2015, 327 ff.

[59] Dazu eingehend *Ramcke*, Die Konkretisierung des Missbrauchsverbots der SE, 2015, 327 ff.

[60] Näher *Ramcke*, Die Konkretisierung des Missbrauchsverbots der SE, 2015, 353 ff.

Anhörung nach § 21 Abs. 2 oder die Wahl, Bestellung, Empfehlung oder Ablehnung der Arbeitnehmervertreter im Aufsichts- oder Verwaltungsorgan behindern oder durch Zufügung oder Androhung von Nachteilen oder durch Gewährung oder Versprechen von Vorteilen beeinflussen;
2. die Tätigkeit des besonderen Verhandlungsgremiums, des SE-Betriebsrats oder der Arbeitnehmervertreter nach § 21 Abs. 2 oder die Tätigkeit der Arbeitnehmervertreter im Aufsichts- oder Verwaltungsorgan behindern oder stören oder
3. ein Mitglied oder Ersatzmitglied des besonderen Verhandlungsgremiums, des SE-Betriebsrats oder einen Arbeitnehmervertreter nach § 21 Abs. 2 oder einen Arbeitnehmervertreter im Aufsichts- oder Verwaltungsorgan wegen seiner Tätigkeit benachteiligen oder begünstigen.

I. Einleitung

Nach § 44 darf niemand die Bildung oder die Tätigkeit eines im SEBG vorgesehenen Gremiums oder Organs zur Vertretung der Arbeitnehmer behindern oder ein einzelnes Mitglied dieser Gremien oder Organe persönlich benachteiligen oder begünstigen. Die Vorschrift, die den durch § 42 gewährten Schutz der Arbeitnehmervertreter ergänzt, setzt Art. 12 Abs. 2 Beteiligungs-RL um und orientiert sich an §§ 20, 78, 119 BetrVG, § 42 EBRG, § 8 Abs. 2 SprAuG, §§ 20, 26 MitbestG, §§ 8, 9 DrittelbG. Für die Auslegung der Tatbestandsmerkmale ist deshalb auf die zu diesen Vorschriften gewonnenen Erkenntnisse zu verweisen.[1] Die Verbote des § 44, der zwingendes Recht ist, richten sich gegen **jedermann**.[2]

II. Persönlicher Schutzbereich

Der Schutz des § 44 erstreckt sich auf die in den Nr. 1–3 genannten **Gremien: das bVG**, den **SE-Betriebsrat**, die **Arbeitnehmervertretung** im Rahmen eines Verfahrens zur Unterrichtung und Anhörung nach § 21 Abs. 2 sowie die Gruppe der **Arbeitnehmervertreter im Aufsichts- oder Verwaltungsorgan** der SE. Ob die Beteiligung der Arbeitnehmer auf einer **Vereinbarung nach § 21** beruht oder **kraft Gesetzes** gilt, spielt keine Rolle.[3] Geschützt ist entsprechend dem Normzweck auch das Wahlgremium iSd §§ 8 ff. Dem Schutz unterfallen darüber hinaus die einzelnen Mitglieder und Ersatzmitglieder dieser Gremien sowie die einzelnen Arbeitnehmervertreter im Aufsichts- oder Verwaltungsorgan.

III. Schutzrichtungen

Die Tatbestände der Nr. 1–3, deren objektives Vorliegen genügt, schützen **alle Stadien** der Bildung und Betätigung der aufgeführten Gremien und Organe.

1. Errichtungsschutz. Niemand darf die Bildung des bVG, die Errichtung eines SE-Betriebsrats oder die Einführung eines Verfahrens zur Unterrichtung und Anhörung nach § 21 Abs. 2 oder die Wahl, Bestellung, Empfehlung oder Ablehnung der Arbeitnehmervertreter im Aufsichts- oder Verwaltungsorgan behindern oder durch Zufügung oder Androhung von Nachteilen oder durch Gewährung oder Versprechen von Vorteilen beeinflussen. Der Schutz bezieht sich auf das **gesamte Verfahren** der Bildung des bVG (§§ 4–10) sowie der Errichtung des SE-Betriebsrats (§ 23). Der Begriff der **Behinderung** ist **umfassend** zu verstehen.[4] Er erfasst jede unzulässige Erschwerung, Störung oder Verhinderung bei der Errichtung der in § 44 genannten Gremien und Organe. Behinderungen können durch

---

[1] Kölner Komm AktG/*Feuerborn* Rn. 2; Habersack/Drinhausen/*Hohenstatt*/*Müller-Bonanni* Rn. 1; zu Einzelheiten vgl. deshalb auch die ausf. Kommentierung bei GK-BetrVG/*Kreutz* BetrVG § 78 Rn. 1 ff.; GK-BetrVG/*Oetker* BetrVG § 119 Rn. 1 ff., jeweils mwN.
[2] Habersack/Drinhausen/*Hohenstatt*/*Müller-Bonanni* Rn. 1.
[3] Kölner Komm AktG/*Feuerborn* Rn. 7; Habersack/Drinhausen/*Hohenstatt*/*Müller-Bonanni* Rn. 2.
[4] Kölner Komm AktG/*Feuerborn* Rn. 8; Habersack/Drinhausen/*Hohenstatt*/*Müller-Bonanni* Rn. 2.

positives Tun oder – bei entsprechenden Mitwirkungspflichten – durch Unterlassen erfolgen. Die **Beeinflussung** iSd § 44 darf nicht durch die Zufügung oder die Androhung von Nachteilen oder durch die Gewährung oder das Versprechen von Vorteilen geschehen. Das bedeutet, dass sich die Leitungen **neutral zu verhalten** haben.[5]

5   **2. Tätigkeitsschutz.** Der Schutz des § 44 erstreckt sich auch auf die Tätigkeit der Gremien und Organe, die nicht behindert oder gestört werden dürfen (§ 44 Nr. 2). Der Begriff der **Behinderung** ist wie in § 44 Nr. 1 zu verstehen (→ Rn. 4). Die **Störung** ist ein Unterbegriff der Behinderung (→ Rn. 4).[6]

6   **3. Schutz durch Benachteiligungs- und Begünstigungsverbot.** Niemand darf ein Mitglied oder Ersatzmitglied des bVG, des SE-Betriebsrats oder einen Arbeitnehmervertreter nach § 21 Abs. 2 oder einen Arbeitnehmervertreter im Aufsichts- oder Verwaltungsorgan wegen seiner Tätigkeit benachteiligen oder begünstigen (§ 44 Nr. 3).[7] **Benachteiligung** ist jede tatsächliche, persönliche und wirtschaftliche Schlechterstellung im Verhältnis zu anderen vergleichbaren Arbeitnehmern, zB die Androhung einer Kündigung.[8] Eine **Begünstigung** kann zB in einer Beförderungszusage liegen. Die Benachteiligung oder Begünstigung muss **wegen der Tätigkeit** und darf nicht aus sachlichen oder in der Person des Betroffenen liegenden Gründen erfolgen. Die bloße Androhung eines Nachteils oder die Zusage einer Begünstigung genügt nicht.[9] Erforderlich ist es schließlich, dass die Benachteiligung oder Begünstigung gerade **wegen** der Tätigkeit erfolgt. Im Übrigen ist an dieser Stelle auf die umfangreiche Diskussion zur Begünstigung von Betriebsratsmitgliedern zu verweisen.[10]

IV. Streitigkeiten

7   § 44 ist Schutzgesetz iSd § 823 Abs. 2 BGB.[11] Streitigkeiten – etwa über Schadensersatzansprüche oder die Unterlassung von Störungen, Behinderungen, Benachteiligungen oder Begünstigungen – iSd § 44 sind im arbeitsgerichtlichen Beschlussverfahren nach § 2a Abs. 1 Nr. 3 lit. e ArbGG, §§ 80 ff. ArbGG auszutragen. Örtlich zuständig ist das Arbeitsgericht, in dessen Bezirk die SE ihren Sitz hat. Ein Verstoß gegen § 44 wird darüber hinaus nach § 45 Abs. 2 Nr. 2 und 3 strafrechtlich sanktioniert (→ § 45 Rn. 6).

V. SCEBG und MgVG

8   § 44 entspricht **§ 46 SCEBG** und – ohne die Regelungen zum SE-Betriebsrat – **§ 33 MgVG**.

---

[5] Kölner Komm AktG/*Feuerborn* Rn. 9; Habersack/Drinhausen/*Hohenstatt*/*Müller-Bonanni* Rn. 2.
[6] Habersack/Drinhausen/*Hohenstatt*/*Müller-Bonanni* Rn. 3.
[7] Näher Kölner Komm AktG/*Feuerborn* Rn. 11 ff. mwN.
[8] Kölner Komm AktG/*Feuerborn* Rn. 12.
[9] Kölner Komm AktG/*Feuerborn* Rn. 12; Habersack/Drinhausen/*Hohenstatt*/*Müller-Bonanni* Rn. 5.
[10] Dazu zB *Byers* NZA 2014, 65 ff.; *Fischer* NZA 2014, 71 ff.; *Rieble* NZA 2008, 276 ff.
[11] Ebenso Lutter/Hommelhoff/Teichmann/*Oetker* Rn. 8.

Teil 5. Straf- und Bußgeldvorschriften; Schlussbestimmung

§ 45 Strafvorschriften

(1) Mit Freiheitsstrafe bis zu zwei Jahren oder mit Geldstrafe wird bestraft, wer
1. entgegen § 41 Abs. 2, auch in Verbindung mit Abs. 4, ein Betriebs- oder Geschäftsgeheimnis verwertet oder
2. entgegen § 43 Satz 1 eine SE dazu missbraucht, Arbeitnehmern Beteiligungsrechte zu entziehen oder vorzuenthalten.

(2) Mit Freiheitsstrafe bis zu einem Jahr oder mit Geldstrafe wird bestraft, wer
1. entgegen § 41 Abs. 2, auch in Verbindung mit Abs. 4, ein Betriebs- oder Geschäftsgeheimnis offenbart,
2. entgegen § 44 Nr. 1 oder 2 eine dort genannte Tätigkeit behindert, beeinflusst oder stört oder
3. entgegen § 44 Nr. 3 eine dort genannte Person benachteiligt oder begünstigt.

(3) Handelt der Täter in den Fällen des Absatzes 2 Nr. 1 gegen Entgelt oder in der Absicht, sich oder einen anderen zu bereichern oder einen anderen zu schädigen, so ist die Strafe Freiheitsstrafe bis zu zwei Jahren oder Geldstrafe.

(4) ¹Die Tat wird nur auf Antrag verfolgt. ²In den Fällen des Absatzes 1 Nr. 2 und des Absatzes 2 Nr. 2 und 3 sind das besondere Verhandlungsgremium, der SE-Betriebsrat, die Mehrheit der Arbeitnehmervertreter im Rahmen eines Verfahrens zur Unterrichtung und Anhörung, jedes Mitglied des Aufsichts- oder Verwaltungsorgans, eine im Unternehmen vertretene Gewerkschaft sowie die Leitungen antragsberechtigt.

I. Einleitung

§ 45, der Art. 8 Abs. 4, 12 Abs. 2 Beteiligungs-RL und – soweit § 45 Abs. 1 Nr. 2 betroffen ist – auch Art. 11 Beteiligungs-RL umsetzt, ist §§ 43 f. EBRG nachgebildet, die sich ihrerseits an §§ 119, 120 BetrVG, 34 SprAuG orientieren;[1] auf die zu diesen Vorschriften entwickelten Grundsätze kann zurückgegriffen werden.[2] Die Vorschrift sanktioniert strafrechtlich Verstöße gegen die in §§ 41, 43, 44 normierten Pflichten. 1

II. Voraussetzungen

Täter des § 45 Abs. 2 Nr. 1, Abs. 2 Nr. 1 können nur Mitglieder und Ersatzmitglieder des SE-Betriebsrats sein (§ 41 Abs. 2 S. 1), und zwar auch nach ihrem Ausscheiden (§ 41 Abs. 2 S. 2), ferner Mitglieder und Ersatzmitglieder des bVG, Arbeitnehmervertreter der SE, ihrer Tochtergesellschaften und Betriebe, außerdem Arbeitnehmer, die in sonstiger Weise an einem Verfahren zur Unterrichtung und Anhörung teilnehmen, und Sachverständige und Dolmetscher (§ 41 Abs. 4, **echtes Sonderdelikt**).[3] **Allgemeindelikte,** bei denen auch externe Personen wie zB Verbandsvertreter Täter sein können, sind in § 45 Abs. 1 Nr. 2 (§ 43) sowie § 45 Abs. 2 Nr. 2 und 3 (§ 44) normiert. Als Täter von Verstößen gegen das Missbrauchsverbot des § 43 kommen nur die Mitglieder der Leitungen (§ 2 Abs. 5) in Betracht.[4] 2

§ 45 enthält **fünf Tatbestände**. Der Strafrahmen der Tatbestände des § 45 Abs. 1 („bis zu zwei Jahren") liegt ausweislich der Begründung zum Regierungsentwurf über demjeni- 3

---
[1] Zu Einzelheiten vgl. deshalb auch die umfassende Kommentierung bei Kölner Komm AktG/*Altenhain* Rn. 1 ff.; ferner GK-BetrVG/*Oetker* BetrVG § 119 Rn. 1 ff.; GK-BetrVG/*Oetker* § 120 Rn. 1 ff., jeweils mwN.
[2] Habersack/Drinhausen/*Hohenstatt/Müller-Bonanni* Rn. 1.
[3] Habersack/Drinhausen/*Hohenstatt/Müller-Bonanni* Rn. 4.
[4] Näher *Ramcke*, Die Konkretisierung des Missbrauchsverbots der SE, 2015, 312.

gen des § 45 Abs. 2 („bis zu einem Jahr"), weil von der Zuwiderhandlung die Beteiligungsrechte aller Arbeitnehmer insgesamt in ihrem Bestand betroffen sein können.[5] Der Versuch ist nicht strafbar. Soweit nicht wie bei § 45 Abs. 3 Var. 2 Absicht verlangt wird, muss der Tatbestand vorsätzlich verwirklicht werden. Fahrlässiges Handeln genügt nicht.[6]

4 § 45 Abs. 1 Nr. 1 setzt die **Verwertung eines Betriebs- oder Geschäftsgeheimnisses** iSd § 41 Abs. 2 S. 1 voraus (→ § 41 Rn. 5). Das Betriebs- oder Geschäftsgeheimnis muss dem Täter deshalb wegen seiner Zugehörigkeit zum SE-Betriebsrat bekannt geworden und von der Leitung der SE ausdrücklich als geheimhaltungspflichtig bezeichnet worden sein.[7] Die Verwertung eines Betriebs- oder Geschäftsgeheimnisses liegt vor, wenn der Täter es wirtschaftlich zum Zweck der Gewinnerzielung ausnutzt, koalitionspolitische Zwecke genügen dagegen nicht (→ § 41 Rn. 6; zur Abgrenzung gegenüber der Offenlegung gegen Entgelt → Rn. 6).[8] Der Gewinn muss nicht tatsächlich eintreten.[9]

5 § 45 Abs. 1 Nr. 2 sanktioniert **Verstöße gegen § 43 S. 1**.[10] Der Gesetzgeber hält die Strafbewehrung des § 43 mit Blick auf Art. 11 Beteiligungs-RL für erforderlich, da es aus „gesellschaftsrechtlichen Gründen" in den Fällen des Missbrauchs unter Umständen nur eingeschränkt möglich sei, vollzogene grenzüberschreitende Maßnahmen rückgängig zu machen.[11] Die Begriffe „entziehen" und „vorenthalten" (zu ihnen → § 43 Rn. 2) sind nicht weniger unbestimmt als zahlreiche andere strafrechtliche Tatbestandsmerkmale. Verfassungsrechtliche Bedenken bestehen insoweit nicht.[12] Das gilt auch für die Unbestimmtheit des Missbrauchsbegriffs. § 45 Abs. 1 Nr. 2 bezieht sich auch auf die **Missbrauchsvermutung** des § 43 S. 2.[13] Dagegen ist zwar der Wortlaut anzuführen, der nur „§ 43 S. 1" erwähnt.[14] Dafür spricht aber der systematische Zusammenhang des § 43, denn dessen S. 2 konkretisiert S. 1 und muss demzufolge von der Verweisung erfasst sein. Allerdings verstößt § 45 Abs. 1 Nr. 2 iVm § 43 S. 2 gegen den im Rechtsstaatsprinzip verankerten Grundsatz in dubio pro reo, wenn der handelnden Person nicht der Gegenbeweis gelingt.[15] In diesen Fällen führt bereits die Vermutung des Missbrauchs der SE zu einer Freiheits- oder Geldstrafe, wenn der Betroffene nicht seine Unschuld beweisen kann. Das spricht im Rahmen einer **verfassungskonformen Auslegung** dafür, die Missbrauchsvermutung des § 43 S. 2 im Rahmen des § 45 Abs. 1 Nr. 2 nicht anzuwenden.[16] Aber

---

[5] BR-Drs. 438/04, 144.

[6] Ebenso Habersack/Drinhausen/*Hohenstatt/Müller-Bonanni* Rn. 4; Lutter/Hommelhoff/Teichmann/*Oetker* Rn. 5.

[7] So auch Habersack/Drinhausen/*Hohenstatt/Müller-Bonanni* Rn. 2; Lutter/Hommelhoff/Teichmann/*Oetker* Rn. 4.

[8] Habersack/Drinhausen/*Hohenstatt/Müller-Bonanni* Rn. 3.

[9] Kölner Komm AktG/*Altenhain* Rn. 8; Habersack/Drinhausen/*Hohenstatt/Müller-Bonanni* Rn. 3; aA Nagel/Freis/Kleinsorge/*Nagel* Rn. 3.

[10] Näher *Ramcke*, Die Konkretisierung des Missbrauchsverbots der SE, 2015, 310 ff.; zu § 45 Abs. 1 Nr. 2 aus strafrechtlicher Sicht näher bereits *Schlösser* NZG 2008, 126 (128 f.).

[11] BR-Drs. 438/04, 143 f.

[12] Wie hier Kölner Komm AktG/*Altenhain* Rn. 13; Habersack/Drinhausen/*Hohenstatt/Müller-Bonanni* Rn. 6; Lutter/Hommelhoff/Teichmann/*Oetker* Rn. 9; anders *Grobys* NZA 2004, 779 (781); *Rehberg* ZGR 2005, 859 (890); *Rieble* in Rieble/Junker Vereinbarte Mitbestimmung § 3 Rn. 105; *Sagan* in Bieder/Hartmann, Individuelle Freiheit und kollektive Interessenwahrnehmung im deutschen und europäischen Arbeitsrecht, 2012, 202; ähnlich *Schlösser* NZG 2008, 126 (128): „problematisch"; *Teichmann* FS Hellwig, 2010, 347 (364): „bedenklich", mit Zweifel an der Verfassungsmäßigkeit.

[13] Anders Kölner Komm AktG/*Altenhain* Rn. 14; *Sagan* in Bieder/Hartmann, Individuelle Freiheit und kollektive Interessenwahrnehmung im deutschen und europäischen Arbeitsrecht, 2012, 184.

[14] *Ramcke*, Die Konkretisierung des Missbrauchsverbots der SE, 2015, 310 ff. schließt daher im Sinne der Rspr. des BVerfG, wonach der Wortsinn die Grenze zulässiger richterlicher Interpretation darstelle, bereits wegen des Wortlauts des § 43 S. 2 im Strafrecht aus.

[15] Wie hier *Calle Lambach* RIW 2005, 161 (167 f.); *Grobys* NZA 2004, 779 (781); vgl. auch *Feldhaus/Vanscheidt* BB 2008, 2246 (2249): „deutliche Zweifel"; *Ihrig/Wagner* BB 2004, 1749 (1758): „brisante Regelung".

[16] Ebenso Kölner Komm AktG/*Altenhain* Rn. 14; *Grobys* NZA 2005, 91 Fn. 49; NK-SE/*Hennings* Beteiligungs-RL Art. 11 Rn. 4; HWK/*Hohenstatt/Dzida* SEBG Rn. 54; Habersack/Drinhausen/*Hohenstatt/Müller-Bonanni* Rn. 6; Lutter/Hommelhoff/Teichmann/*Oetker* Rn. 10; iE auch *Ramcke*, Die Konkretisierung des Missbrauchsverbots der SE, 2015, 310 ff.; aA *Niklas* NZA 2005, 1205.

auch bei Begrenzung der Anwendbarkeit auf § 43 S. 1 wird § 45 Abs. 1 Nr. 2 in der Lit. als mit Art. 11 Beteiligungs-RL unvereinbar angesehen, da im Gegensatz zu anderen mitgliedstaatlichen Umsetzungsgesetzen, sofern diese den Missbrauch einer SE überhaupt unter Strafe stellen, nicht nur eine Geldstrafe – wie in Malta oder Dänemark[17] – sondern bis zu zwei Jahre Freiheitsstrafe drohen, weshalb § 45 Abs. 1 Nr. 2 gegen den Verhältnismäßigkeitsgrundsatz als Bestandteil der „gemeinschaftlichen Rechtsvorschriften" iSd Art. 11 Beteiligungs-RL verstoße.[18]

Der Tatbestand des § 45 Abs. 2 Nr. 1 unterscheidet sich von demjenigen des § 45 Abs. 1 Nr. 1 dadurch, dass die bloße **Offenbarung des Betriebs- oder Geschäftsgeheimnisses** genügt und eine Verwertung nicht erforderlich ist. Offenbarung ist die Weitergabe des Betriebs- oder Geschäftsgeheimnisses an andere, die von ihnen bislang keine oder keine sichere Kenntnis haben (→ § 41 Rn. 6).[19] In § 45 Abs. 3 ist eine **Qualifizierung des Grundtatbestands des Abs. 2 Nr. 1** enthalten, die den Strafrahmen bei der Freiheitsstrafe auf bis zu zwei Jahre erhöht. § 45 Abs. 3 Var. 1 fordert ein Handeln gegen Entgelt (§ 11 Abs. 1 Nr. 9 StGB). Die Offenbarung gegen Entgelt ist von der Verwertung iSd § 45 Abs. 1 Nr. 1 abzugrenzen. § 45 Abs. 1 Nr. 1 greift immer dann ein, wenn der Täter das Geheimnis verwertet, ohne es zugleich einem Dritten gegenüber zu offenbaren.[20] § 45 Abs. 3 Var. 2 erfordert dagegen die Absicht, sich oder einen anderen zu bereichern oder einen anderen zu schädigen. § 45 Abs. 3 Var. 2 verlangt absichtliches Handeln. § 45 Abs. 2 Nr. 2 bezieht sich auf § 44 Nr. 1 und 2. Der Tatbestand der Nr. 1 wird dadurch verwirklicht, dass jemand die Bildung des bVG, die Errichtung eines SE-Betriebsrats oder die Einführung eines Verfahrens zur Unterrichtung und Anhörung nach § 21 Abs. 2 oder die Wahl, Bestellung, Empfehlung oder Ablehnung der Arbeitnehmervertreter im Aufsichts- oder Verwaltungsorgan **behindert** oder durch Zufügung oder Androhung von Nachteilen oder durch Gewährung oder Versprechen von Vorteilen **beeinflusst** (→ § 44 Rn. 4). Nr. 2 setzt eine **Behinderung** oder **Störung** der Tätigkeit des bVG, des SE-Betriebsrats oder der Arbeitnehmervertreter nach § 21 Abs. 2 oder der Tätigkeit der Arbeitnehmervertreter im Aufsichts- oder Verwaltungsorgan voraus (→ § 44 Rn. 5). § 45 Abs. 2 Nr. 3 sanktioniert Zuwiderhandlungen gegen § 44 Nr. 3. Erforderlich ist also eine Benachteiligung oder Begünstigung eines Mitglieds oder Ersatzmitglieds des bVG, des SE-Betriebsrats oder eines Arbeitnehmervertreters nach § 21 Abs. 2 oder eines Arbeitnehmervertreters im Aufsichts- oder Verwaltungsorgan wegen seiner Tätigkeit (→ § 44 Rn. 6).

III. Verfahren

Nach § 45 Abs. 4 S. 1 werden die Delikte des § 45 Abs. 1–3 nur auf **Antrag** verfolgt. Antragsberechtigt ist derjenige, der durch die Handlung unmittelbar verletzt worden ist. Der Strafantrag muss binnen drei Monaten ab Kenntnis von der Tat und dem Täter gestellt werden. Bei § 45 Abs. 1 Nr. 2 und Abs. 2 Nr. 2 und 3 sind lediglich das bVG, der SE-Betriebsrat, die Mehrheit der Arbeitnehmervertreter im Rahmen eines Verfahrens zur Unterrichtung und Anhörung, jedes Mitglied des Aufsichts- oder Verwaltungsorgans, eine im Unternehmen vertretene Gewerkschaft sowie die Leitungen antragsberechtigt (§ 45 Abs. 4 S. 2).[21] Die Aufzählung ist abschließend.[22] Die **Verjährungsfrist** beträgt für § 45 Abs. 1 und 3 fünf Jahre und für § 45 Abs. 2 drei Jahre.[23] Die Gerichte für Arbeitssachen sind nicht zuständig (§ 2a Abs. 1 Nr. 3 lit. e ArbGG).[24]

---

[17] Dazu und zur britischen Regelung, wonach ein Schlichtungsgremium ein Bußgeld bis zu 75.000 GBP verhängen kann, *Ramcke,* Die Konkretisierung des Missbrauchsverbots der SE, 2015, 321.
[18] *Ramcke,* Die Konkretisierung des Missbrauchsverbots der SE, 2015, 348 ff.
[19] Habersack/Drinhausen/*Hohenstatt/Müller-Bonanni* Rn. 3.
[20] Zum betriebsverfassungsrechtlichen Parallelproblem GK-BetrVG/*Oetker* BetrVG § 120 Rn. 51 ff.
[21] So auch *Ramcke,* Die Konkretisierung des Missbrauchsverbots der SE, 2015, 313 ff.; für eine Antragsberechtigung auch einzelner Arbeitnehmer Kölner Komm AktG/*Altenhain* Rn. 22.
[22] AA Habersack/Drinhausen/*Hohenstatt/Müller-Bonanni* Rn. 8; NK-ArbR/*Sagan* Rn. 7.
[23] Näher Kölner Komm AktG/*Altenhain* Rn. 23.
[24] *Grätz/Kurzböck/Rosenberg* Der Konzern 2017, 113 (114).

IV. SCEBG und MgVG

8 § 45 entspricht § 47 SCEBG und prinzipiell auch § 34 MgVG. Die Regelung des § 45 Abs. 1 Nr. 2 ist nicht im MgVG enthalten, da es im MgVG kein Missbrauchsverbot gibt (→ § 43 Rn. 10); übernommen sind ebenfalls nicht die Regelungen in § 45 Abs. 4, die den SE-Betriebsrat betreffen.

§ 46 Bußgeldvorschriften

(1) Ordnungswidrig handelt, wer
1. entgegen § 4 Abs. 2 oder § 5 Abs. 4 Satz 2, jeweils auch in Verbindung mit § 18 Abs. 4, eine Information nicht, nicht richtig, nicht vollständig oder nicht rechtzeitig gibt oder
2. entgegen § 28 Abs. 1 Satz 1 oder § 29 Abs. 1 Satz 1 den SE-Betriebsrat nicht, nicht richtig, nicht vollständig, nicht in der vorgeschriebenen Weise oder nicht rechtzeitig unterrichtet.

(2) Die Ordnungswidrigkeit kann mit einer Geldbuße bis zu zwanzigtausend Euro geahndet werden.

I. Einleitung

1 § 46, welcher der Umsetzung von Art. 12 Abs. 2 Beteiligungs-RL dient, sanktioniert die Verletzung wesentlicher Informations- und Unterrichtungspflichten und -obliegenheiten durch die Leitungen als **Ordnungswidrigkeit**.[1] Die Vorschrift ist § 45 EBRG sowie §§ 121 BetrVG, 26 SprAuG nachgebildet.[2] Der Gesetzgeber hält die Sanktion durch eine Geldbuße für erforderlich, da eine gerichtliche Durchsetzung der in den genannten Vorschriften normierten Informations- und Unterrichtungsansprüche vor den Gerichten für Arbeitssachen zwar möglich, aber vielfach nicht rechtzeitig zu erreichen sei.[3] Hinzu kommt, dass Obliegenheiten gerichtlich nicht durchgesetzt werden können.

II. Voraussetzungen

2 **Täter** iSd § 46 kann nur sein, wen die in § 4 Abs. 2, § 5 Abs. 4 S. 2, § 18 Abs. 4, § 28 Abs. 1 S. 1, § 29 Abs. 1 S. 1 niedergelegten Informations- und Unterrichtungspflichten und -obliegenheiten treffen. Das sind in den Fällen der § 4 Abs. 2, § 5 Abs. 4 S. 2 die Mitglieder der Leitungen der an der Gründung der SE beteiligten Gesellschaften, und in den Fällen des § 18 Abs. 4, den § 46 Abs. 1 Nr. 1 ausdrücklich einbezieht, sowie der § 28 Abs. 1 S. 1, § 29 Abs. 1 S. 1 die Mitglieder der Leitung der SE. Täter können ferner die mit der eigenverantwortlichen Wahrnehmung der genannten Pflichten und Obliegenheiten betrauten Personen sein. § 46 enthält zwei **Tatbestände**, die jeweils in vier Begehungsformen verwirklicht werden können. Die Aufzählung der Tatbestände ist abschließend. Das strafrechtliche Analogieverbot gilt auch im Ordnungswidrigkeitenrecht.[4] Der Versuch wird nicht verfolgt. Erforderlich ist vorsätzliches Handeln, Fahrlässigkeit genügt nicht.[5]

3 Der Tatbestand des § 46 Abs. 1 wird zunächst bei **Verletzung bestimmter Informationspflichten und -obliegenheiten** erfüllt. § 46 Abs. 1 Nr. 1 nennt zunächst die Informationsobliegenheit des § 4 Abs. 2, welche die Leitungen bei der Planung der Gründung einer SE gegenüber den Arbeitnehmervertretungen und Sprecherausschüssen in den beteiligten Gesellschaften sowie den betroffenen Tochtergesellschaften und betroffenen Betrieben sowie, wenn keine Arbeitnehmervertretung besteht, gegenüber den Arbeitnehmern selbst bezogen

---

[1] Umfassend dazu Kölner Komm AktG/*Altenhain* Rn. 1 ff. mwN.
[2] Zu Einzelheiten s. deshalb wiederum zur betriebsverfassungsrechtlichen Parallelvorschrift GK-BetrVG/ *Oetker* BetrVG § 121 Rn. 1 ff.
[3] BR-Drs. 438/04, 144.
[4] So auch Lutter/Hommelhoff/Teichmann/*Oetker* Rn. 3.
[5] S. Lutter/Hommelhoff/Teichmann/*Oetker* Rn. 4.

auf das Gründungsvorhaben treffen. Genannt wird ferner die Informationspflicht nach § 5 Abs. 4 S. 2, die sich auf Änderungen in der Struktur oder Arbeitnehmerzahl der beteiligten Gesellschaften, der betroffenen Tochtergesellschaften oder der betroffenen Betriebe während der Tätigkeitsdauer des bVG bezieht, die eine Änderung der konkreten Zusammensetzung zur Folge hätten. § 46 Abs. 1 Nr. 1 nennt schließlich noch § 18 Abs. 4, der § 4 Abs. 2, § 5 Abs. 4 S. 2 ausdrücklich auch für den Fall der Wiederaufnahme der Verhandlungen für anwendbar erklärt. § 46 Abs. 1 Nr. 2 betrifft hingegen die **nicht ordnungsgemäße Unterrichtung** im Rahmen der jährlichen Unterrichtung und Anhörung nach § 28 Abs. 1 S. 1 über die Entwicklung der Geschäftslage und die Perspektiven der SE und im Rahmen der Unterrichtung und Anhörung über außergewöhnliche Umstände, die erhebliche Auswirkungen auf die Interessen der Arbeitnehmer haben, gem. § 29 Abs. 1 S. 1.

Ordnungswidrig handelt, wer den genannten Informations- und Unterrichtungspflichten **4** und -obliegenheiten **nicht, nicht richtig, nicht vollständig** oder **nicht rechtzeitig** nachkommt. Eine Information wird nicht erteilt, wenn sie gänzlich unterbleibt. Sie wird wahrheitswidrig (nicht richtig) erteilt, wenn Tatsachen mitgeteilt werden, die nicht der Wirklichkeit entsprechen. Ob die Informationserteilung unvollständig ist, kann dagegen nicht abstrakt festgelegt werden. Insoweit kommt es auf den Zweck der jeweiligen Informations- und Unterrichtungspflicht oder -obliegenheit sowie auf die Aufzählungen in den Katalogen der § 4 Abs. 3 (iVm § 5 Abs. 4 S. 3), § 28 Abs. 1 S. 2, Abs. 2, § 29 Abs. 1 S. 2 an.[6] Die Information ist schließlich nicht rechtzeitig, wenn sie nicht unverzüglich (vgl. § 121 BGB) erfolgt (§ 4 Abs. 2 S. 3, § 5 Abs. 4 S. 2), die Unterrichtung verspätet, wenn sie nicht rechtzeitig erfolgt (§ 28 Abs. 1 S. 1, § 29 Abs. 1 S. 1; → § 4 Rn. 25, → § 5 Rn. 6, → Vor § 23 Rn. 12 f.).[7]

III. Verfahren

Das Ordnungswidrigkeitsverfahren richtet sich nach §§ 35 ff. OWiG. Ein Antrag des **5** Geschädigten ist für die Ahndung der Ordnungswidrigkeit nicht erforderlich, eine Anzeige kann aber durch jedermann erfolgen. Die Verfolgung der Ordnungswidrigkeit erfolgt von Amts wegen nach pflichtgemäßem Ermessen der zuständigen Behörde. Die Geldbuße kann bis zu 20.000 Euro betragen. Die Verjährungsfrist beträgt drei Jahre. Nach § 67 OWiG kann gegen einen Bußgeldbescheid innerhalb von zwei Wochen Einspruch eingelegt werden. Die Verfolgung der Ordnungswidrigkeit verjährt drei Jahre nach Begehung der Tat. Die Gerichte für Arbeitssachen sind nicht zuständig (§ 2a Abs. 1 Nr. 3 lit. e ArbGG).[8]

IV. SCEBG und MgVG

§ 46 entspricht weitgehend **§ 48 SCEBG** und grundsätzlich auch **§ 35 MgVG**. Allerdings **6** ist der Tatbestand des § 18 Abs. 4 SCEBG anders als im SEBG (§ 46 Abs. 1 Nr. 1) nicht mit einer Ordnungswidrigkeit bewehrt (§ 48 Abs. 1 Nr. 1 SCEBG). Außerdem ist ein Tatbestand des § 46 Abs. 1 Nr. 2 („nicht rechtzeitige" Unterrichtung) nicht in § 48 Abs. 1 Nr. 2 SCEBG übernommen worden. Da die Regelung in § 18 Abs. 4 im MgVG fehlt (→ § 18 Rn. 29), ist die entsprechende Regelung aus § 46 Abs. 1 Nr. 1 nicht in das MgVG übernommen worden, diejenige des § 46 Abs. 1 Nr. 2 fehlt ganz, da sie den SE-Betriebsrat betrifft.

§ 47 Geltung nationalen Rechts

(1) Dieses Gesetz berührt nicht die den Arbeitnehmern nach inländischen Rechtsvorschriften und Regelungen zustehenden Beteiligungsrechte, mit Ausnahme

---

[6] Wie hier Habersack/Drinhausen/*Hohenstatt*/*Müller-Bonanni* Rn. 3.
[7] Habersack/Drinhausen/*Hohenstatt*/*Müller-Bonanni* Rn. 3.
[8] Grätz/Kurzböck/Rosenberg Der Konzern 2017, 113 (114).

1. der Mitbestimmung in den Organen der SE;
2. der Regelung des Europäische Betriebsräte-Gesetzes, es sei denn, das besondere Verhandlungsgremium hat einen Beschluss nach § 16 gefasst.

(2) ¹Regelungen und Strukturen über die Arbeitnehmervertretungen einer beteiligten Gesellschaft mit Sitz im Inland, die durch die Gründung der SE als eigenständige juristische Person erlischt, bestehen nach Eintragung der SE fort. ²Die Leitung der SE stellt sicher, dass diese Arbeitnehmervertretungen ihre Aufgaben weiterhin wahrnehmen können.

I. Einleitung

1   § 47, der Art. 13 und Erwägungsgrund 15 Beteiligungs-RL umsetzt,[1] enthält Regelungen über das Verhältnis des SEBG zu anderen inländischen Rechtsvorschriften und Regelungen über die Beteiligung von Arbeitnehmern. Dabei sieht das SEBG kein umfassendes kollektivarbeitsrechtliches Beteiligungsregime vor, das die nationalen Vorschriften vollständig verdrängt. Vielmehr berührt das SEBG grundsätzlich nicht die Beteiligungsrechte, die den Arbeitnehmern nach inländischen Rechtsvorschriften zustehen, es sei denn, § 47 ordnet eine Ausnahme an.

II. Verhältnis des SEBG zu inländischen Beteiligungsrechten

2   Wie schon Art. 13 Beteiligungs-RL unterscheidet auch § 47 zwischen der Beteiligung auf der „betrieblichen Ebene" und auf der „Unternehmensebene".

3   **1. Betriebliche Beteiligungsrechte.** Die Beteiligung der Arbeitnehmer auf der betrieblichen Ebene richtet sich zunächst nach dem **BetrVG** und dem **SprAuG,** welche den Arbeitnehmern gesetzliche Mitbestimmungsrechte unterschiedlicher Intensität einräumen. Betriebliche Beteiligungsrechte können darüber hinaus auch durch Tarifvertrag (§ 3 Abs. 1 BetrVG), Betriebsvereinbarung (§ 3 Abs. 2 BetrVG) oder die Arbeitnehmer eines Unternehmens (§ 3 Abs. 3 BetrVG) vereinbart werden. Sämtliche dieser Beteiligungsrechte bleiben von der Geltung des SEBG unberührt (**§ 47 Abs. 1**). Das bedeutet zB, dass in deutschen Betrieben einer SE weiterhin das Betriebsverfassungsgesetz anzuwenden ist.[2] Weder verdrängt der SE-Betriebsrat den „lokalen Betriebsrat vor Ort", noch löst er ihn ab.[3] Die Regelungen des BetrVG gelten aber nicht für den SE-Betriebsrat. Das Gleiche gilt für den Sprecherausschuss nach dem SprAuG. Überhaupt sind die nationalen Beteiligungsgesetze nicht auf die SE anwendbar. Das gilt auch dann, wenn das bVG einen Beschluss nach § 16 Abs. 1 S. 1 fasst, weil in diesem Fall auch §§ 34–38 nicht anzuwenden sind; die SE bleibt dann insoweit mitbestimmungsfrei.[4]

4   Besonderheiten gelten für die Beteiligung der Arbeitnehmer nach dem **EBRG,** das grundsätzlich nicht auf die SE anwendbar ist. Der Europäische Betriebsrat und der SE-Betriebsrat erfüllen ähnliche Funktionen (§ 18 Abs. 1 Nr. 3 EBRG, § 29 EBRG, § 30 EBRG, § 21 Abs. 1 Nr. 3, § 28, § 29). Es ist deshalb folgerichtig, dass beide einander ausschließen.[5] Das SEBG ordnet insoweit seinen Vorrang an: Das EBRG ist nicht anwendbar (**§ 47 Abs. 1 Nr. 2;** vgl. Art. 13 Abs. 1 UAbs. 1 Beteiligungs-RL). Neben dem SE-Betriebsrat kann nicht gleichzeitig ein Europäischer Betriebsrat gebildet werden.[6] Zugleich entfallen Europäische

---

[1] Zur Regelung in der Beteiligungs-RL *Kuffner,* Die Beteiligung der Arbeitnehmer in der Europäischen Aktiengesellschaft, 2003, 187 ff.
[2] Kölner Komm AktG/*Feuerborn* Rn. 4; Lutter/Hommelhoff/Teichmann/*Oetker* Rn. 7; *Sagan* in Bieder/Hartmann, Individuelle Freiheit und kollektive Interessenwahrnehmung im deutschen und europäischen Arbeitsrecht, 2012, 178.
[3] *Waclawik* DB 2004, 1191 (1198).
[4] Habersack/Drinhausen/*Hohenstatt*/Müller-Bonanni Rn. 3.
[5] Ebenso Habersack/Henssler/*Henssler* SEBG Einl. Rn. 147; Habersack/Drinhausen/*Hohenstatt*/Müller-Bonanni Rn. 4; Lutter/Hommelhoff/Teichmann/*Oetker* Rn. 9.
[6] Wißmann/Kleinsorge/Schubert/*Kleinsorge* EU-Recht Rn. 33.

Betriebsräte, die im Zeitpunkt der Eintragung der SE bei einem der beteiligten Unternehmen bestanden haben. Der Europäische Betriebsrat muss auch zurücktreten, wenn nach § 21 Abs. 2 ein anderes Verfahren zur Unterrichtung und Anhörung der Arbeitnehmer eingerichtet wird (vgl. → § 21 Rn. 22).[7] Zweifelhaft ist der Vorrang des SE-Betriebsrats bei einer gemeinsamen **Tochter-SE**, da der SE-Betriebsrat in diesem Fall anders als ein Europäischer Betriebsrat bei der „beherrschten" Gesellschaft angesiedelt ist.[8]

Eine Konkurrenzsituation ist ausgeschlossen, wenn das bVG die Anwendung des EBRG 5 durch einen Beschluss über die **Nichtaufnahme** oder den **Abbruch der Verhandlungen** nach § 16 Abs. 1 S. 1 herbeiführt:[9] Dadurch wird das Verfahren nach § 21 Abs. 1 und 2 beendet, sodass es zu einem SE-Betriebsrat kraft Vereinbarung nicht mehr kommen kann (§ 16 Abs. 2 S. 1), und die Regelungen über den SE-Betriebsrat kraft Gesetzes gem. §§ 22–33 sind ebenfalls nicht anzuwenden (§ 16 Abs. 2 S. 2). Für diesen Fall ordnet § 16 Abs. 1 S. 3 in Umsetzung von Art. 3 Abs. 6 UAbs. 1 Beteiligungs-RL an, dass die **Vorschriften des EBRG** ausnahmsweise **anwendbar** sind (→ § 16 Rn. 4). Folgerichtig stellt § 47 Abs. 1 Nr. 2 im Einklang mit Art. 13 Abs. 1 UAbs. 2 Beteiligungs-RL klar, dass das SEBG die Regelungen des EBRG insoweit unberührt lässt.

Eine weitere Besonderheit ist nach **§ 47 Abs. 2** zu beachten. Nach **Satz 1** bestehen „Rege- 6 lungen und Strukturen über die Arbeitnehmervertretungen" einer beteiligten Gesellschaft mit Sitz im Inland, die durch die Gründung der SE als eigenständige juristische Person erlischt, nach Eintragung der SE fort. Dabei hat die Leitung der SE nach Satz 2 sicherzustellen, dass diese Arbeitnehmervertretungen ihre Aufgaben weiterhin wahrnehmen können: Die SE muss den nationalen Arbeitnehmervertretungen also weiterhin Ansprech- und Verhandlungspartner zur Verfügung stellen.[10] Der Regelungsinhalt dieser Vorschrift, mit welcher der Gesetzgeber die durch Art. 13 Abs. 4 Beteiligungs-RL eingeräumte Möglichkeit genutzt hat, erschließt sich nicht ohne weiteres, zumal die Begründung zum Regierungsentwurf[11] dazu schweigt. Zu Art. 13 Abs. 4 Beteiligungs-RL vertritt man im Schrifttum[12] die Auffassung, die Vorschrift bedeute im Fall der **Umwandlung** einer deutschen Gesellschaft in eine SE mit Sitz in Deutschland, dass bei der SE Betriebsräte sowie Gesamt- und Konzernbetriebsräte bestehen könnten. Obgleich nur von der Kontinuität der „Strukturen" der Vertretungen und nicht von den Arbeitnehmervertretungen selbst die Rede sei, könne bei im Übrigen unveränderten Verhältnissen auch deren Fortbestand vorgesehen werden. Gegen dieses Verständnis spricht, dass die Umwandlung einer Aktiengesellschaft in eine SE gerade nicht die Auflösung der Gesellschaft zur Folge hat (Art. 37 Abs. 2 SE-VO). § 47 Abs. 2 betrifft deshalb wie auch Art. 13 Abs. 4 Beteiligungs-RL nur den Fall, dass eine deutsche mitbestimmte Aktiengesellschaft ihre Rechtspersönlichkeit verliert und infolge einer **Verschmelzung** in einer ausländischen übernehmenden oder neu gegründeten Gesellschaft aufgeht.[13] Dann bestehen nach § 47 Abs. 2 im deutschen Hauptbetrieb nicht nur der Betriebsrat, sondern auch ein bisheriger Gesamt- und Konzernbetriebsrat fort, wenn von diesem Hauptbetrieb entsprechende Leitungsbefugnisse auf andere Niederlassungen ausgehen.[14]

2. Unternehmensmitbestimmung. Die Mitbestimmung in den **Unternehmensorga-** 7 **nen der SE** ist demgegenüber abschließend im SEBG geregelt (§ 47 Abs. 1 Nr. 1; vgl. Art. 13

---

[7] Habersack/Drinhausen/*Hohenstatt*/*Müller-Bonanni* Rn. 4.
[8] *Grobys* NZA 2005, 84 (89) Fn. 31; vgl. aber Habersack/Drinhausen/*Hohenstatt*/*Müller-Bonanni* Rn. 4.
[9] S. Lutter/Hommelhoff/Teichmann/*Oetker* Rn. 9.
[10] Kölner Komm AktG/*Feuerborn* Rn. 11; Habersack/Drinhausen/*Hohenstatt*/*Müller-Bonanni* Rn. 9; ausländische SEs können dazu aber nicht verpflichtet werden, dazu Habersack/Drinhausen/*Hohenstatt*/*Müller-Bonanni* Rn. 11.
[11] BR-Drs. 438/04, 65 f.
[12] *Hanau* in Hanau/Steinmeyer/Wank EAS-HdB § 19 Rn. 155.
[13] Wie hier Kölner Komm AktG/*Feuerborn* Rn. 8; Habersack/Drinhausen/*Hohenstatt*/*Müller-Bonanni* Rn. 6; Lutter/Hommelhoff/Teichmann/*Oetker* Rn. 11.
[14] *Hanau* in Hanau/Steinmeyer/Wank EAS-HdB § 19 Rn. 155; Habersack/Drinhausen/*Hohenstatt*/*Müller-Bonanni* Rn. 6; *Kleinsorge* RdA 2002, 351; *Köstler* in Theisen/Wenz, Europäische Aktiengesellschaft, 2. Aufl. 2005, 329; diff. *Heinze* ZGR 2002, 66 (88) für Art. 13 Abs. 4 Beteiligungs-RL: „im Sinne eines Restmandats – zunächst".

Abs. 3 lit. a Beteiligungs-RL). Die deutschen Mitbestimmungsgesetze sind entsprechend der Vorgabe in Art. 13 Abs. 2 Beteiligungs-RL nicht anzuwenden. Die kraft Vereinbarung (§ 21) oder kraft gesetzlicher Auffangregelung (§§ 34–38) bestehende Mitbestimmung in der SE ist vorrangig. Abgesehen davon kommt eine Mitbestimmung in der SE nach den deutschen Mitbestimmungsgesetzen auch wegen der von der Rechtsform abhängigen Anknüpfung nicht in Betracht (§ 1 Abs. 1 MitbestG, § 1 Abs. 1 DrittelbG, § 1 Abs. 2 MontanMitbestG, § 1 MitbestErgG). Die Geltung der Unternehmensmitbestimmungsgesetze in **deutschen Tochtergesellschaften** bleibt dagegen unberührt, wie Art. 13 Abs. 3 lit. b Beteiligungs-RL ausdrücklich formuliert und wie es sich mittelbar auch aus § 47 Abs. 1 Nr. 1 ergibt. Das Gleiche gilt wegen § 47 Abs. 1 jedenfalls für fortbestehende **Gründungsgesellschaften,** die wie bei der Gründung einer Tochter-SE **nicht** zu Tochtergesellschaften der SE werden.[15] Dass Art. 13 Abs. 3 lit. b Beteiligungs-RL insoweit schweigt, schadet nicht.

III. Streitigkeiten

8   Für Streitigkeiten über das Verhältnis des SEBG zu nationalen Regelungen der Arbeitnehmerbeteiligung steht das arbeitsgerichtliche Beschlussverfahren nach § 2a Abs. 1 Nr. 3 lit. e ArbGG, §§ 80 ff. ArbGG zur Verfügung. Örtlich zuständig ist das Arbeitsgericht, in dessen Bezirk die SE ihren Sitz hat (§ 82 Abs. 3 ArbGG). Sitzt die SE in einem anderen Mitgliedstaat, ist der Ort maßgeblich, von dem aus die inländischen Betriebe der SE geleitet werden.[16]

IV. SCEBG und MgVG

9   § 47 entspricht **§ 49 SCEBG**. Die Regelung des § 47 Abs. 2 ist in **§ 29 MgVG** enthalten. Anders als das SEBG (§§ 22 ff. SEBG) sieht das MgVG bei der grenzüberschreitenden Verschmelzung die Bildung eines besonderen Betriebsrats für das entstandene Unternehmen nicht vor, die Bildung eines Europäischen Betriebsrats ist dagegen möglich (anders § 47 Abs. 1 Nr. 2; → Vor § 1 Rn. 60).

§ 48 Sonderregelung aus Anlass der COVID-19-Pandemie

¹**Im Rahmen der Unterrichtung und Anhörung können die Teilnahme an Sitzungen eines SE-Betriebsrats oder einer Arbeitnehmervertretung nach § 21 Absatz 2 sowie die Beschlussfassung mittels Video- und Telefonkonferenz erfolgen, wenn sichergestellt ist, dass Dritte vom Inhalt der Sitzung keine Kenntnis nehmen können.** ²**Eine Aufzeichnung ist unzulässig.**

I. Einleitung

1   Die **COVID-19-Pandemie** hat die Arbeitnehmerbeteiligung auf allen Ebenen erheblich beeinträchtigt. SE-Betriebsratsmitglieder sind wie auch andere Arbeitnehmervertreter in verschiedensten Gremien in ihrer Arbeit durch behördlich angeordnete Schutzmaßnahmen sowie krankheits- oder quarantänebedingte Abwesenheiten einzelner oder mehrerer Mitglieder gestört. Das gilt auch für den SE-Betriebsrat. Nach hM sind Sitzungen und Beschlüsse nur bei physischer Anwesenheit einer hinreichenden Zahl von SE-Betriebsratsmitgliedern (Präsenzsitzung) zulässig,[1] die Zulässigkeit virtueller Verfahren (Video-, Chat- oder Telefonkonferenzen) wurde nur vereinzelt für möglich gehalten.[2]

2   Daran knüpft § 48 an, der mit **mWv 1.3.2020** durch Art. 11, 12 Covid-19-Gesetz zur Förderung der beruflichen Weiterbildung im Strukturwandel und zur Weiterentwicklung der Ausbildungsförderung vom 20.5.2020 in das SEBG eingefügt worden ist.[3] Vergleichbare

---

[15] Ebenso Lutter/Hommelhoff/Teichmann/*Oetker* Rn. 6.
[16] Habersack/Drinhausen/*Hohenstatt/Müller-Bonanni* Rn. 13.
[1] Für den Betriebsrat statt vieler zB *Haase* GmbHR 2020, 943 (947 ff.) mwN.
[2] Für den Betriebsrat *Thüsing/Beden* BB 2019, 372 ff.
[3] BGBl. 2020 I 1044, 1052.

Regelungen gibt es in § 129 Abs. 1 S. 1 und S. 2 BetrVG[4] und – etwas modifiziert – in § 37 Abs. 3 BPersVG.[5] Obgleich der konkrete Handlungsbedarf für die vorgenommenen Regelungen unbestritten war, gab es gewerkschaftsseits Bedenken vor allem im Hinblick auf die Zulassung virtueller Sitzungen, so dass § 48 zeitlich befristet wurde und **mWv 30.6.2021 außer Kraft tritt**.[6]

II. Virtuelle Teilnahme an Sitzungen und Beschlussfassung

Nach § 48 S. 1 können im Rahmen der Unterrichtung und Anhörung die Teilnahme an Sitzungen eines SE-Betriebsrats oder einer Arbeitnehmervertretung nach § 21 Abs. 2 sowie die Beschlussfassung mittels Video- und Telefonkonferenz erfolgen, wenn sichergestellt ist, dass Dritte vom Inhalt der Sitzung keine Kenntnis nehmen können. § 48 S. 1 ermöglicht damit eine Video- oder Telefonkonferenz, auch wenn eine Präsenzsitzung möglich ist.[7] § 48 S. 1 bezieht sich auf die Teilnahme an Sitzungen und auf Beschlüsse, welche die Tatbestände der **Unterrichtung und Anhörung** betreffen, die in § 28 und § 29 aufgeführt sind (→ Vor § 23 Rn. 12 f.). § 48 S. 1 greift nur ein, wenn es um die Teilnahme an Sitzungen eines **SE-Betriebsrats** (§§ 21 Abs. 1 Nr. 2–4, Abs. 2, 22 ff., → § 21 Rn. 38 ff., → Vor § 23 Rn. 1 ff.) oder einer **Arbeitnehmervertretung nach § 21 Abs. 2** (→ § 22 Rn. 22) geht. Für die Gestaltung der Regelungen für die Arbeitnehmervertretung nach § 21 Abs. 2 gilt allerdings ohnehin die „Autonomie der Parteien" (§ 21 Abs. 1; §§ 23 ff. gelten nur für den SE-Betriebsrat kraft Gesetzes), so dass § 48 S. 1 insoweit nicht erforderlich ist (→ § 22 Rn. 22).

§ 48 S. 1 bezieht sich schließlich auf die **Teilnahme an Sitzungen** und auf die **Beschlussfassung**, nicht indessen auf Wahlen im SE-Betriebsrat (oder anderen Gremien).[8] Dazu enthält § 24 eine rudimentäre Regelung (→ Vor § 23 Rn. 6), die durch § 48 S. 1 ergänzt wird. Er betrifft ausschließlich die durch das CODID-19-Virus verursachten Umstände, die eine körperliche Teilnahme an einer Sitzung oder Beschlussfassung verhindern. Weitere zu § 24 zu Sitzungen und Beschlüssen entwickelte Grundsätze bleiben unberührt.

Welche Anforderungen an eine **„Video- oder Telefonkonferenz"** zu stellen ist, mit deren Hilfe an einer Sitzung teilgenommen oder mit deren Hilfe ein Beschluss gefasst wird, ergibt sich nicht aus § 48 S. 1. Das bedeutet, dass die in der Praxis gängigen Systeme wie WebEx, Zoom, Teams oder Skype für solche Konferenzen genutzt werden können.[9] Anders als bei § 37 Abs. 3 Nr. 1 BPersVG kommt es nicht darauf an, ob solche „Einrichtungen" bereits vorhanden sind. Widersprüche einzelner Mitglieder des SE-Betriebsrats gegen die Nutzung einer Video- oder Telefonkonferenz sind unbeachtlich (Umkehrschluss aus § 37 Abs. 3 Nr. 2 BPersVG). Die Regelungen der **DSGVO** und des **BDSG** sind zu beachten.[10] Zulässig sind Video- und Telefonkonferenzen. Zwar fehlt bei einer Telefonkonferenz die für eine Willensbildung wesentliche Möglichkeit der visuellen Wahrnehmung, der Gesetzgeber hat sich mit Blick auf die Umstände der COVID-19-Pandemie aber ausdrücklich dafür entschieden, beide Möglichkeiten gleichberechtigt nebeneinander zu stellen.[11] Es gibt

---

[4] Näher dazu etwa *Däubler/Klebe* NZA 2020, 545 ff.; *Haase* GmbHR 2020, 943 ff.; *Hayen* AuR 2020, 249 ff.; *Mückl/Wittek* DB 2020, 1289 ff.

[5] Dazu näher *Weber* in Richardi/Dörner/Weber, BPersVG, Nachtrag aus Anlass der COVID-19-Pandemie, 1. Aufl. 2020, BPersVG § 37 III Rn. 1 ff. mwN (auch zur Diskussion zur Zulässigkeit von virtuellen Sitzungen und Beschlüssen vor Inkrafttreten der COVID-19-Sonderregelungen).

[6] Art. 19 Abs. 2 und 6 Covid-19-Gesetz zur Förderung der beruflichen Weiterbildung im Strukturwandel und zur Weiterentwicklung der Ausbildungsförderung vom 20.5.2020 (BGBl. 2020 I 1044, 1054); verlängert durch Art. 4 Nr. 1 und 2 BeschSiG vom 3.12.2020 (BGBl. 2020 I 2691).

[7] Abw. zu § 129 BetrVG *Däubler/Klebe* NZA 2020, 545.

[8] Zu § 129 BetrVG *Däubler/Klebe* NZA 2020, 545 (549 f.).

[9] Zu § 129 BetrVG *Däubler/Klebe* NZA 2020, 545 (548).

[10] Näher zu § 129 BetrVG *Mückl/Wittek* DB 2020, 1289 (1291 f.); zu § 37 Abs. 3 BPersVG *Weber* in Richardi/Dörner/Weber, BPersVG, Nachtrag aus Anlass der COVID-19-Pandemie, 1. Aufl. 2020, BPersVG § 37 III Rn. 7 mwN.

[11] Zu § 129 BetrVG *Mückl/Wittek* DB 2020, 1289 (1290); *Weber* in Richardi/Dörner/Weber, BPersVG, Nachtrag aus Anlass der COVID-19-Pandemie, 1. Aufl. 2020, BPersVG § 37 III Rn. 6, 15 mwN (zu § 37 Abs. 3 BPersVG).

folglich nicht nur **keinen Vorrang der Präsenzsitzung** vor der Video- oder Telefonkonferenz (→ Rn. 3), sondern auch noch **keinen Vorrang der Videokonferenz** vor der Telefonkonferenz, selbst wenn sie technisch möglich ist. Der SE-Betriebsrat hat vielmehr ein Wahlrecht. Die Video- oder Telefonkonferenz kann rein virtuell durchgeführt werden, es ist nicht erforderlich, dass ein Teil der Mitglieder SE-Betriebsrats in einer „Sitzung" physisch anwesend ist und die anderen Mitglieder per Video oder Telefon zugeschaltet werden.[12] Findet eine Video- oder Telefonkonferenz nach § 48 S. 1 statt, ist dem Anwesenheitserfordernis (vgl. § 24 Abs. 3 S. 1: „anwesend") und dem Prinzip der Nichtöffentlichkeit bei Sitzungen des SE-Betriebsrats (§ 24 Abs. 2 S. 3) grundsätzlich genügt.[13] Es ist ungeachtet datenschutzrechtlicher Vorgaben zu empfehlen, dass der SE-Betriebsrat geeignete organisatorische Maßnahmen trifft, um sicherzustellen, dass Dritte vom Inhalt der Sitzung keine Kenntnis nehmen können (für den Personalrat in § 37 Abs. 3 Nr. 3 als „Muss"-Vorschrift geregelt).[14] Das folgt schon aus dem Grundsatz der Nichtöffentlichkeit der Sitzung des SE-Betriebsrats (§ 24 Abs. 2 S. 3). Etwa ist ein nicht öffentlicher Raum für die Teilnahme an einer Video- oder Telefonkonferenz zu verwenden; außerdem ist darauf zu achten, dass sich in ihm keine nicht teilnahmeberechtigten Personen aufhalten.[15]

6   Nach **§ 48 S. 2** ist eine **Aufzeichnung unzulässig.** Auch eine Tonbandaufzeichnung zu Protokollzwecken ist damit unzulässig, selbst wenn alle Mitglieder des SE-Betriebsrats mit ihr einverstanden sind.[16] Verantwortlich für die Einhaltung des Aufzeichnungsverbots ist der SE-Betriebsrat, nicht der Arbeitgeber.[17]

III. Keine Anwendung auf andere Gremien

7   § 48 bezieht sich ausdrücklich auf den SE-Betriebsrat und eine Arbeitnehmervertretung nach § 21 Abs. 2, ist deshalb **auf andere Gremien im SEBG** wie das Wahlgremium nach § 10 Abs. 1 S. 1 **nicht entsprechend anwendbar.** Beim bVG geht eine entsprechende Anwendbarkeit des § 48 ohnehin ins Leere, weil das bVG Sitzungen und Beschlüsse jederzeit virtuell abhalten und treffen darf (→ § 15 Rn. 5).

IV. Streitigkeiten

8   In § 48 nicht geregelt sind die **Rechtsfolgen** von Verfahrensfehlern bei der Durchführung von Sitzungen und der Fassung von Beschlüssen per Video- oder Telefonkonferenz. Nach der Rechtsprechung des BAG zum BetrVG, die auf das SEBG übertragbar ist, führt ein Verfahrensverstoß zur Unwirksamkeit des Beschlusses, wenn er für dessen ordnungsgemäßes Zustandekommen wesentlich ist.[18] Dabei kommt es auf den Einzelfall an.[19] Streitigkeiten über Fragen der Durchführung von Sitzungen und der Fassung von Beschlüssen per Video- oder Telefonkonferenz sind im **arbeitsgerichtlichen Beschlussverfahren** nach § 2a Abs. 1 Nr. 3 lit. e ArbGG, §§ 80 ff. ArbGG auszutragen. Die örtliche Zuständigkeit des Arbeitsgerichts ergibt sich aus § 82 Abs. 3 ArbGG.

---

[12] Haase GmbHR 2020, 943 (950); *Weber* in Richardi/Dörner/Weber, BPersVG, Nachtrag aus Anlass der COVID-19-Pandemie, 1. Aufl. 2020, BPersVG § 37 III Rn. 4, 17 mwN (zu § 37 Abs. 3 BPersVG).
[13] *Weber* in Richardi/Dörner/Weber, BPersVG, Nachtrag aus Anlass der COVID-19-Pandemie, 1. Aufl. 2020, BPersVG § 37 III Rn. 5 mwN (zu § 37 Abs. 3 BPersVG).
[14] Dazu *Weber* in Richardi/Dörner/Weber, BPersVG, Nachtrag aus Anlass der COVID-19-Pandemie, 1. Aufl. 2020, BPersVG § 37 III Rn. 25 ff. mwN.
[15] Zu § 129 BetrVG *Däubler/Klebe* NZA 2020, 545 (548 f.); *Mückl/Wittek* DB 2020, 1289 (1290 f.).
[16] Für das BetrVG *Däubler/Klebe* NZA 2020, 545 (549).
[17] Für das BetrVG *Mückl/Wittek* DB 2020, 1289 (1290).
[18] BAG AP BetrVG 1972 § 99 Nr. 144 (Rn. 50).
[19] Umfangreiche Analyse verschiedener Konstellationen bei *Mückl/Wittek* DB 2020, 1289 (1292 ff.).

III. Die Besteuerung der Societas Europaea (SE)

Schrifttum: *Benz/Rosenberg,* Die Treaty Overrides des § 50d EStG: Verfassungskonform oder Verfassungswidrig?, FS Haarmann, 2015, 297; *Blanquet,* Das Statut der Europäischen Aktiengesellschaft (Societas Europaea „SE"), ZGR 2002, 20; *Blumenberg/Lechner,* Die Zukunft der Entstrickungs- und Wegzugsbesteuerung, FS Haarmann, 2015, 355; *Cordewener,* Das Abkommen über den europäischen Wirtschaftsraum: Eine unbekannte Baustelle des deutschen Steuerrechts, FR 2005, 239; *Eicker/Schwind,* Anm. zum EuGH-Urteil v. 11.3.2004 – de Lasteyrie du Saillant –, EWS 2004, 186; *Eisenbarth/Hufeld,* Die grenzüberschreitende Verlustverrechnung in der Konsolidierungsphase, IStR 2010, 309; *Endres,* Europa-AG und Steuern: das Flaggschiff ist da, es fehlt nur das Segel, RIW 2004, 735; *M. Fischer,* Grenzen der Verlustabzugsbeschränkungen nach § 10d Abs. 2 EStG bei Kapitalgesellschaften, FR 2007, 281; *P. Fischer,* Mobilität und (Steuer-)Gerechtigkeit in Europa – Überlegungen aus Anlass des EuGH-Urteils v. 11.3.2004 – Rs. C-9/02 – Hughes de Lasteyrie du Saillant, FR 2004, 659 – , FR 2004, 630; *Förster/Lange,* Grenzüberschreitende Sitzverlegung der Europäischen Aktiengesellschaft aus ertragsteuerlicher Sicht, RIW 2002, 585; *Franz,* Berührt „Hughes de Lasteyrie du Saillant" die durch den Wegzug veranlasste Besteuerung von Kapitalgesellschaften in Deutschland?, EuZW 2004, 270; *Goebel/Boller/Ungemach,* Die Zuordnung von Beteiligungen zum Betriebsvermögen im nationalen und internationalen Kontext, IStR 2008, 643; *Gosch,* Körperschaftssteuergesetz, 4. Aufl. 2020; *Gosch,* Über das Treaty Overriding – Bestandsaufnahme – Verfassungsrecht – Europarecht, IStR 2008, 413; *Herzig/Griemla,* Steuerliche Aspekte der Europäischen Aktiengesellschaft/Societas Europaea (SE), StuW 2002, 55; *Ismer/Reimer/Rust,* Ist § 6 AStG noch zu halten? – Die Wegzugsbesteuerung auf dem Prüfstand des Gemeinschaftsrechts nach der Entscheidung Lasteyrie du Saillant, EWS 2004, 207; *Kessler,* Steuerliche Besonderheiten von SE-Holdinggesellschaften, in Herzig, Besteuerung der Europäischen Aktiengesellschaft, 2004, 119; *Kessler/Achilles/Huck,* Die Europäische Aktiengesellschaft im Spannungsfeld zwischen nationalem Steuergesetzgeber und EuGH, IStR 2003, 715; *Kleinert/Probst,* Endgültiges Aus für steuerliche Wegzugsbeschränkungen bei natürlichen und juristischen Personen – Anmerkung zu EuGH-Urteil vom 11.3.2004, Rs. C-9/02, de Lasteyrie du Saillant –, DB 2004, 673; *Körner,* Europarecht und Wegzugsbesteuerung – das EuGH-Urteil „de Lasteyrie du Saillant", IStR 2004, 424; *Kraft/Müller,* Schlussfolgerungen aus der EuGH-Entscheidung zur französischen Wegzugsbesteuerung (Saillant) für die internationale Steuerberatungspraxis aus deutscher Sicht, RIW 2004, 366; *Kudert/Kahlenberg,* Unionskonformität der Entstrickungsregelung des § 4 Abs. 1 Satz 3 f. EStG, DB 2015, 1377; *Lausterer,* Die deutsche Wegzugsbesteuerung nach dem EuGH-Urteil de Lasteyrie du Saillant, DStZ 2004, 299; *Lüdicke/Sistermann,* Unternehmensteuerrecht, 2. Aufl. 2018; *Müller-Gatermann,* Das SEStEG im Überblick, FS Schaumburg, 2009, 939; *Paefgen,* Umwandlung, europäische Grundfreiheiten und Kollisionsrecht, GmbHR 2004, 463; *Rödder,* Grundfragen der Besteuerung der Europäischen Aktiengesellschaft, in Herzig, Besteuerung der Europäischen Aktiengesellschaft 2004, 1; *Rödder/Herlinghaus/van Lishaut,* Umwandlungssteuergesetz, 3. Aufl. 2019; *Rödder/Schumacher,* Das SEStEG – Überblick über die endgültige Fassung und die Änderungen gegenüber dem Regierungsentwurf, DStR 2007, 369; *Schindler,* Hughes de Lasteyrie du Saillant als Ende der (deutschen) Wegzugsbesteuerung?, IStR 2004, 300; *Schnitger,* Verstoß der Wegzugsbesteuerung (§ 6 AStG) und weiterer Entstrickungsnormen des deutschen Ertragsteuerrechts gegen die Grundfreiheiten des EG-Vertrags – Auswirkungen der Rs. Lasteyrie du Saillant auf den deutschen Rechtskreis, BB 2004, 804; *Schön,* Besteuerung im Binnenmarkt – Die Rechtsprechung des EuGH zu den direkten Steuern, IStR 2004, 289; *Schön/Schindler,* Seminar D: Zur Besteuerung der grenzüberschreitenden Sitzverlegung einer Europäischen Aktiengesellschaft, IStR 2004, 571; *Schön/Schindler,* Die SE im Steuerrecht – Sonderausgabe bei Lutter/Hommelhoff, SE-Kommentar, 2008; *Strobl-Haarmann,* Zur grenzüberschreitenden Organschaft (Gruppenbesteuerung), FS Haarmann, 2015, 927; *Sydow,* Neues bei der Exit-Tax: EuGH erklärt Fünftelungsregelung zur Besteuerung stiller Reserven und Bankgarantien für unionsrechtskonform, DB 2014, 265; *Wassermeyer,* Steuerliche Konsequenzen aus dem EuGH-Urteil „Hughes de Lasteyrie du Saillant", GmbHR 2004, 613; *Weber,* Exit Taxes on the Transfer of Seat and the Applicability of the Freedom of Establishment after Überseering, ET 2003, 350.

Übersicht

	Rn.
I. Einführung	1–9
II. Gründung einer SE	10–85
1. Gründungsvarianten	10–12
2. Verschmelzung (Art. 11 Abs. 1 SE-VO)	13–42
a) Problemstellung	13, 14
b) Hinausverschmelzung	15–33
c) Hineinverschmelzung	34–42
3. Gründung einer Holding-SE (Art. 2 Abs. 2 SE-VO)	43–61

	Rn.
a) Problemstellung	44–47
b) Qualifizierter Anteilstausch iSd § 21 UmwStG	48–52
c) Gründung einer inländischen Holding-SE	53–57
d) Gründung einer ausländischen Holding-SE	58–61
4. Gründung einer Tochter-SE (Art. 2 Abs. 3 SE-VO)	62–85
a) Vorbemerkung	63–65

	Rn.		Rn.
b) Einbringung von Unternehmensteilen nach den §§ 20 ff. UmwStG ...	66–71	III. Grenzüberschreitende Sitzverlegung der SE (Art. 8 SE-VO)	86–100
c) Gründung einer inländischen Tochter-SE	72–78	1. Gesellschaftsrechtliche Vorgaben	87, 88
		2. Sitzverlegung ins Ausland	89–96
d) Gründung einer ausländischen Tochter-SE	79–85	3. Sitzverlegung ins Inland	97–100
		IV. Laufende Besteuerung	101–103

I. Einführung

1 Eine verbreitete Akzeptanz der (grenzüberschreitenden) Europäischen Aktiengesellschaft (SE) wird nicht zuletzt entscheidend davon abhängen, inwieweit mit dieser seit etwa zwei Jahrzehnten zur Verfügung stehenden Rechtsform bzw. mit den gesellschaftsrechtlichen Möglichkeiten, die diese eröffnet, **steuerrechtliche Vor- bzw. Nachteile** verbunden sind. Namentlich die gesellschaftsrechtlichen Umstrukturierungsmöglichkeiten einer Verschmelzung oder Sitzverlegung über die Grenze ins EU/EWR-Ausland[1] werden nur dann praktische Relevanz gewinnen, wenn damit zumindest keine nachteiligen ertragsteuerrechtlichen Folgen verbunden sind. Im Mittelpunkt steht dabei die Frage, ob mit einer Sitzverlegung oder Verschmelzung sog. stille Reserven in Wirtschaftsgütern, namentlich bei immateriellen Wirtschaftsgütern des Anlagevermögens, die selbst hergestellt in der Steuerbilanz nicht aktiviert werden dürfen (vgl. § 5 Abs. 2 EStG), aufgedeckt und versteuert werden müssen. Sie könnten umgekehrt aber auch das Tor zu einer – neutral formuliert – „Europäisierung" deutscher Aktiengesellschaften öffnen. Ließen sich mit einer grenzüberschreitenden Verschmelzung bzw. Sitzverlegung stille Reserven in das europäische Ausland verlagern, könnte es zu einer für den Standort Deutschland katastrophalen „Unternehmensflucht" deutscher Aktiengesellschaften in Staaten kommen, die günstigere Steuerbedingungen aufweisen. Dieser Gefahr hat der deutsche Fiskus mit dem **SEStEG**[2] vom 7.12.2006 insofern einen Riegel vorgeschoben, als darin ein einheitliches **Entstrickungskonzept** eingeführt wird, wenn es zu einer Überführung oder zu einem Übergang von Wirtschaftsgütern in das Ausland kommt und dadurch das Besteuerungsrecht der Bundesrepublik Deutschland ausgeschlossen oder beschränkt wird.[3] Ein Restrisiko bleibt für den deutschen Fiskus aus der Perspektive des Europarechts, welches trotz des nur begrenzten Einflusses von europäischen Richtlinien auf dem Gebiet der direkten Steuern besteht. Einerseits hat die **Konsolidierte Fassung des AEUV** vom 30.3.2010 wie schon der EGV keinen ausdrücklichen Harmonisierungsauftrag bei den direkten Steuern formuliert, weswegen Richtlinienvorschläge der Kommission zur Angleichung der steuerlichen Vorschriften auf dem Gebiet der direkten Steuern unter Bezugnahme auf die Generalklausel des Art. 115 AEUV (früher Art. 94 EGV) zu erfolgen haben. Ein entsprechender Zustimmungsbeschluss im Rat setzt also Einstimmigkeit unter den Mitgliedstaaten voraus. Deswegen bleiben die Erfolgsaussichten für eine einheitliche Steuerbemessungsgrundlage[4] als Voraussetzung für eine EU-einheitliche steuerliche Gewinnermittlung, welche die Kommission am 16.3.2011 konkret vorgeschlagen hat, und erst recht für einen abgestimmten Körperschaftsteuertarif mit einem großen Fragezeichen zu versehen. Die neue Bemessungsgrundlage ist eine Forderung im Rahmen des Euro-Pakets der Staats- und Regierungschefs der Mitgliedstaaten des Euro-Währungsgebiets vom 11.3.2011 (vorher „Wettbewerbspakt"), des Jahreswachstumsberichts der Kommission vom 12.1.2011 und der Wachstumsstrategie Europa 2020 der EU. Die „Gemeinsame konsolidierte Körperschaftsteuer-Bemessungsgrundlage" (GKKB) hätte zur Folge, dass die Unternehmen ihre Steuererklärungen EU-weit nur noch bei einem Finanzamt einreichen müssen und alle in der EU entstandenen Gewinne und Verluste verrech-

---

[1] Zur Ausdehnung des Geltungsbereichs der SE-VO auf die Länder des EWR vgl. Beschluss des Gemeinsamen EWR-Ausschusses Nr. 93/2002 v. 25.6.2002 (ABl. 2002 L 266, 69).
[2] Gesetz über steuerliche Begleitmaßnahmen zur Einführung der Europäischen Gesellschaft und zur Änderung weiterer steuerrechtlicher Vorschriften v. 7.12.2006 (BGBl. 2006 I 2782).
[3] *Müller-Gatermann* FS Schaumburg, 2009, 939 (942 ff.).
[4] Zum Diskussionsstand vgl. das Gutachten des Wissenschaftlichen Beirats beim Bundesministerium der Finanzen vom März 2007.

nen könnten. Andererseits hängt es maßgeblich von der weiteren **Entwicklung des Verständnisses der Grundfreiheiten des AEUV** durch die Rechtsprechung des EuGH ab, inwieweit bei den direkten Steuern ein indirekter Harmonierungszwang auf die Bundesrepublik ausgelöst wird. Im Hinblick auf die Unionsrechtswidrigkeit einer sog. Exit Tax ist durch die neuere Rspr. des EuGH eine deutliche Ernüchterung eingetreten.[5]

Mit Einführung der SE war abzusehen, dass die **Steuerneutralität einer Sitzverlegung von Kapitalgesellschaften** dabei eine Schlüsselrolle spielen wird. Ihre Zulässigkeit hätte dazu führen können, dass auch deutsche Unternehmen durch den Wegzug in das europäische Ausland die dortigen, mancherorts wesentlich günstigeren steuerrechtlichen Rahmenbedingungen ausnutzen könnten. Dies betrifft nicht allein die in einigen EU-Staaten deutlich unter 20% liegenden Körperschaftsteuertarife, sondern etwa auch die günstigen Effekte, wie sie etwa mit einer Gruppenbesteuerung von Konzerngesellschaften verbunden sind. Diesbezüglich ist auf das Nachbarland Österreich zu verweisen, welches hier unilateral den älteren Richtlinienvorschlag der EU-Kommission zur grenzüberschreitenden Verlustverrechnung übernommen hat.[6] In der Beraterschaft wird die Problemstellung unter dem Schlagwort „Steuervorteile mittels **country shopping**" diskutiert.[7] Als systematische Prüfungspunkte für das country shopping werden – neben steuerlicher Bemessungsgrundlage und Steuertarif – genannt: (1) Ausnutzung eines besseren DBA-Netzwerks im Sitzland der SE; (2) Umschaltung von einem Anrechnungs- auf ein Freistellungssystem; (3) Verlustnutzung ausländischer Betriebsstätten im Sitzstaat der SE; (4) Vermeidung einer 5%igen Besteuerung auf Dividenden und Anteilsveräußerungsgewinne; (5) Reduzierung bzw. Eliminierung von Quellensteuern auf Dividenden, Zinsen und Lizenzgebühren; (6) Vermeidung von Hinzurechnungsbesteuerungssystemen. 2

Bislang ist es in der Praxis zu **keinem erkennbaren Trend der Sitzverlegung von SE ins EU-/EWR-Ausland** gekommen (zu neueren Zahlen → SE-VO Vor Art. 1 Rn. 6a). Dafür lassen sich mehrere Gründe anführen. Der Gesetzgeber hat neben dem hemmend wirkenden Entstrickungskonzept des SEStEG die Attraktivität des Steuerstandortes Deutschland dadurch aufgewertet, dass mit der Unternehmensteuerreform 2008[8] ab dem 1.1.2008 der Körperschaftsteuertarif von 30% auf 15% gesenkt worden ist. Ziel der Reform ist es gewesen, die Gesamtsteuerbelastung aus Körperschaft- und Gewerbesteuer für Kapitalgesellschaften nominell auf einen Durchschnittswert von knapp unter 30% zu senken. Die Höhe der Gesamtbelastung hängt vom konkret auf die Kapitalgesellschaft anzuwendenden gewerbesteuerlichen Hebesatz ab. Dieser wird von den Gemeinden festgesetzt, in denen die Kapitalgesellschaft inländische Betriebsstätten hat (§§ 16, 28 ff. GewStG). Liegt der Hebesatz über 400%, führt dies zu einer Gesamtsteuerbelastung von über 30%. Zugleich wurden die Substanzsteuerelemente in der Gewerbesteuer durch Ausweitung der Hinzurechnungstatbestände (vgl. § 8 GewStG) erweitert,[9] sodass in vielen Fällen die effektive Gewerbesteuerbelastung sogar gestiegen ist. Einen dritten wesentlichen Grund wird man darin erkennen können, dass sich die **Dynamik der Rspr. des EuGH** zu den Grundfreiheiten des AEUV (früher EGV) **abgeschwächt** hat. Im vorliegenden Kontext steht die **Niederlassungsfreiheit** im Mittelpunkt. Sie sichert die freie Niederlassung im Hoheitsgebiet eines anderen Mitgliedstaats. Art. 49 AEUV (früher Art. 43 EGV) ist in den Mitgliedstaaten unmittelbar anwendbar und gewährt subjektive Rechte des jeweils geschützten Personenkreises gegen die Mitgliedstaaten.[10] Zum geschützten Personenkreis gehören auch Kapitalgesellschaften (Art. 54 AEUV; früher Art. 48 EGV]). Bezüglich der Wegzugsbesteuerung natürlicher Personen war unter 2a

---

[5] EuGH 23.1.2014 – C-164/12, ABl. 2014 C 93, 6 = EuZW 2014, 273 – DMC betr. die Kapitalverkehrsfreiheit; dazu *Sydow* DB 2014, 265 ff.; EuGH 21.5.2015 – C-657/13, IStR 2015, 440 – Verder LabTec betr. die Niederlassungsfreiheit; dazu *Kudert/Kahlenberg* DB 2015, 1377 ff.
[6] Vgl. dazu näher *Althuber/Mang* IWB 2004, 825 ff.
[7] *Endres* RIW 2004, 735 (738).
[8] Unternehmensteuerreformgesetz 2008 v. 14.8.2007 (BGBl. 2007 I 1912).
[9] Vgl. nur *Lüdicke* in Lüdicke/Sistermann, Unternehmensteuerrecht, 2. Aufl. 2018, § 1 Rn. 82 ff., § 2 Rn. 6 *(Teufel)* zu weiteren Gegenfinanzierungsmaßnahmen.
[10] Grdl. EuGH 21.6.1974 – 2/74, Slg. 1974, 631 (652) = NJW 1975, 513 – Reyners.

Bezugnahme auf die Niederlassungsfreiheit gem. Art. 49 AEUV (früher Art. 43 EGV) im Schrifttum die sehr weit reichende Ansicht vertreten worden, dass der Besteuerungszugriff auf stille Reserven nicht nur bis zur endgültigen Veräußerung des Wirtschaftsgutes aufgeschoben werden müsse, sondern eine Wegzugsbesteuerung insgesamt abzulehnen sei.[11] Der nationale Fiskus müsse deshalb im europäischen Binnenmarkt auch den möglichen **Verlust von Steueraufkommen** dulden, wenn Marktbürger ihre wirtschaftlichen Aktivitäten in andere Mitgliedstaaten verlagern.[12] Diese Sichtweise hatte zunächst weiteren Auftrieb erlangt durch die Entscheidungen des EuGH in den Rs. „X und Y"[13] und „Hughes de Lasteyrie du Saillant".[14] Würde sie auf den Wegzug von SE, die sich unproblematisch auf die Niederlassungsfreiheit berufen können,[15] übertragen,[16] hätte dies einen massiven Wegzug von Kapitalgesellschaften über das Vehikel der SE auslösen können. Inzwischen liegt der Schwerpunkt der Diskussion im Bereich der **Rechtfertigungsgründe für einen Eingriff in die Niederlassungsfreiheit.** Im vorliegenden Kontext besonders bedeutsam erscheint die Entscheidung des EuGH in der Rs. „Oy AA".[17] Dort erkannte der EuGH die **Wahrung der Aufteilung der Besteuerungsbefugnis** sowie die **Gefahr der Steuerflucht** als rechtfertigende Gründe für einen Verstoß gegen die Niederlassungsfreiheit an und verwies darauf, dass sich ansonsten Konzerne ohne harmonisierte Bemessungsgrundlage und ohne gleiche Nominalsteuersätze der Besteuerung ganz oder teilweise entziehen könnten. Entgegen seiner bisherigen Rspr. entschied der EuGH, dass auch eine Regelung, deren Zweck nicht darin bestehe, Steuerumgehungen auszuschließen, eine verhältnismäßige Rechtfertigung bilden könne. Mit dieser Entscheidung ist festgestellt worden, dass die Unionsstaaten den Verlust von Steueraufkommen nicht prinzipiell dulden müssen. Nach gegenwärtigem Stand ist zentrales Element der Rechtfertigungsdogmatik des EuGH das Vorliegen einer Missbrauchsgefahr.[18] Dabei wird die beschränkende Regelung einer Verhältnismäßigkeitskontrolle unterworfen.[19] Im Ergebnis ist die praktische Relevanz der Sitzverlegung der SE bzw. Umstrukturierung ins EU-/EWR-Ausland bedeutend eingeschränkt worden, weil das Entstrickungskonzept des SEStG im Grundsatz zur Vermeidung der Steuerflucht aus der Perspektive der Niederlassungsfreiheit legitim ist. Dies bedeutet allerdings nicht, dass die jeweiligen Einzelregelungen namentlich einer Verhältnismäßigkeitsprüfung hätten standhalten müssen. Mit der EuGH-Entscheidung vom 21.5.2015[20] dürfte allerdings nicht mehr zweifelhaft sein, dass die Stundungsmodelle des § 4g S. 2 EStG für Einzelwirtschaftsgüter und des § 36 Abs. 5 EStG für Betriebsverlegungen im Hinblick auf die Angemessenheit des Stundungszeitraums von 5 Jahren als unionsrechtskonform einzustufen sind.

3 Die **Verordnung über das Statut der Europäischen Gesellschaft (SE-VO)** sieht **keine steuerrechtlichen Sonderregelungen** für die SE vor. Sicherlich hätte es angesichts der grenzüberschreitenden Ausrichtung dieser Rechtsform nahe gelegen, auch ein eigenständiges Besteuerungskonzept zu entwickeln. Dies ist nicht geschehen. Damit bleibt auch im Bereich des Steuerrechts das Gesetz gewordene Statut hinter den Vorschlägen zurück. Die ersten

---

[11] *Birk* FS Offerhaus, 1999, 163 (171 ff.).
[12] *Schön* IStR 2004, 289.
[13] EuGH 21.11.2002 – C-436/00, Slg. 2002, I-10829 = IStR 2003, 23.
[14] EuGH 11.3.2004 – C-9/02, Slg. 2004, I-2409 = EuR 2004, 608; vgl. dazu *Eicker/Schwind* EWS 2004, 186; *P. Fischer* FR 2004, 630; *Franz* EuZW 2004, 270; *Ismer/Reimer/Rust* EWS 2004, 207; *Kleinert/Probst* DB 2004, 673; *Kraft/Müller* RIW 2004, 366; *Lausterer* DStZ 2004, 299; *Meilicke* GmbHR 2004, 511; *Schindler* IStR 2004, 300; *Schnitger* BB 2004, 804; *Wassermeyer* GmbHR 2004, 613.
[15] *Schön* in Schön/Schindler, Die SE im Steuerrecht – Sonderausgabe aus Lutter/Hommelhoff, SE-Kommentar, 2008, Rn. 18 mwN.
[16] In diesem Sinne *Weber* ET 2003, 350 (353); weitergehend – für alle Gesellschaften – zB *Kleinert/Probst* DB 2004, 673 (674); *Schön* IStR 2004, 289 (297); *Schön/Schindler* IStR 2004, 571 (575); aA zB *Körner* IStR 2004, 424 (430 f.).
[17] EuGH 18.7.2007 – C-231/05, Slg. 2007, I-6373 = EuZW 2007, 634.
[18] *Eisenbarth/Hufeld* IStR 2010, 309.
[19] EuGH 15.5.2008 – C-414/06, Slg. 2008, I-3601 = EuZW 2008, 402 – Lidl Belgium; 25.2.2010 – C-337/08, DStR 2010, 427 – X Holding BV.
[20] EuGH 21.5.2015 – C-657/13, IStR 2015, 440 – Verder LabTec; dazu *Kudert/Kahlenberg* DB 2015, 1377 ff.

Überlegungen für das Statut einer Europäischen Aktiengesellschaft sind bereits 1959 auf den Weg gebracht worden. Damit ist die SE das früheste europäische Gesetzgebungsprojekt im Gesellschaftsrecht.[21] Ein erster ausformulierter Vorschlag lag 1970 vor,[22] dessen über 400 Artikel auch detaillierte Regelungen zum Steuerrecht vorsahen. Insbesondere fanden sich darin Vorschriften zur Steuerfreiheit der Gründung einer Holding-SE im Wege des Aktientausches, von der die Mitgliedstaaten aber absehen konnten, wenn die Buchwerte der Aktien der Aktiengesellschaft in der gegründeten SE nicht fortgeführt wurden (Art. 275 SE-VO-E 1970), zur steuerneutralen Sitzverlegung einer SE in einen anderen Mitgliedstaat, bei der weder die stillen Reserven aufgedeckt werden mussten noch Verlustvorträge verloren gingen, soweit das Betriebsvermögen in einer Betriebsstätte im Wegzugsstaat steuerverstrickt blieb (Art. 277 SE-VO-E 1970), und zur Besteuerung von Gewinnen und Verlusten von Betriebsstätten (Art. 278–280 SE-VO-E 1970) sowie zur grenzüberschreitenden Verrechnung der Verluste von Tochtergesellschaften (Art. 281 SE-VO-E 1970). Dieser umfassende Vorschlag ist bekanntlich gescheitert und bei dem nächsten Vorschlag aus dem Jahre 1989[23] ist auf entsprechende steuerrechtliche Regelungen verzichtet worden. Wieder aufgegriffen wurde lediglich die Frage der Besteuerung von Betriebsstätten (Art. 133 SE-VO-E 1989). Selbst die in Art. 133 SE-Statut-Vorschlag von 1989[24] zunächst noch vorgesehene Sonderregelung für die Berücksichtigung ausländischer Betriebsstättenverluste ist in der endgültigen Fassung der am 8.10.2001 verabschiedeten Rechtsakte zur Einführung einer Europäischen Aktiengesellschaft[25] gestrichen worden. Im Erwägungsgrund 20 SE-VO ist dies knapp damit begründet worden, dass die SE-VO „andere Rechtsbereiche wie das Steuerrecht ... nicht erfasst". Dieser Standpunkt war anscheinend von der Überlegung getragen, Wettbewerbsverzerrungen zugunsten der SE durch steuerrechtliche Sonderregelungen zu vermeiden.[26] Damit blieb der besonders umstrittene Bereich des Steuerrechts gänzlich ausgespart.

Für die Rechtsanwendung folgt hieraus, dass die SE in das **System des deutschen Steuerrechts eingeordnet** werden muss. Damit richten sich die Besteuerungsfolgen der SE grundsätzlich nach den Vorschriften des deutschen Ertragsteuerrechts unter Berücksichtigung des supranationalen Gemeinschaftsrechts und der völkervertragsrechtlichen Doppelbesteuerungsabkommen (DBA). Fest steht, dass es sich bei der SE um ein **Subjekt des Körperschaftsteuerrechts** iSd KStG handelt. Die SE ist Kapitalgesellschaft iSd § 1 Abs. 1 Nr. 1 KStG (idF des SEStEG), weswegen die besonderen, auf Kapitalgesellschaften zugeschnittenen Vorschriften des KStG (zB §§ 27 ff. KStG) auf sie anwendbar sind. Mit ihrem **Welteinkommen unbeschränkt steuerpflichtig** ist die SE, wenn sie ihren **Satzungssitz** oder – bei **SE mit ausländischem Satzungssitz** – ihre **Geschäftsleitung (vgl. § 10 AO) im Inland** hat. Letztere Variante ist für die Praxis von untergeordneter Bedeutung, weil Art. 7 S. 1 SE-VO zwingend vorschreibt, dass der Satzungssitz der SE in dem Mitgliedstaat liegen muss, in dem sich die Hauptverwaltung befindet. Ein Verstoß ist aber (vorübergehend) bis zum Erlöschen der SE mit Beendigung der gem. Art. 64 Abs. 2 SE-VO, § 52 Abs. 1 S. 1 SEAG vorgeschriebenen Liquidation (Art. 64 Abs. 3 SE-VO, § 52 Abs. 2 SEAG) denkbar. Ebenso möglich ist es, dass Sitz der Hauptverwaltung und steuerlicher Sitz der Geschäftsleitung auseinander fallen, weil die beiden Begriffe zwar nahezu, aber nicht vollständig deckungsgleich sind[27] und der I. Senat des BFH[28] überdies davon ausgeht, dass es auch mehrere Orte der Geschäftsleitung geben könne.

---

[21] Näher *Grundmann* EuropGesR Rn. 1006 mwN.
[22] Vorschlag einer Verordnung (EWG) des Rates über das Statut für Europäische Aktiengesellschaften v. 30.6.1970, ABl. 1970 C 124, 1.
[23] Vorschlag für eine Verordnung (EWG) des Rates über das Statut der Europäischen Aktiengesellschaft v. 25.8.1989, ABl. 1989 C 263, 41.
[24] ABl. 1989 C 263, 41.
[25] VO (EG) 2157/2001 des Rates vom 8.10.2001 über das Statut der Europäischen Gesellschaft (Europäische Aktiengesellschaft-VO), ABl. 2001 L 294, 1; RL 2001/86/EG des Rates vom 8.10.2001 zur Ergänzung des Statuts der Europäischen Gesellschaft hinsichtlich der Beteiligung der Arbeitnehmer (Beteiligungs-RL), ABl. 2001 L 294, 2.
[26] *Blanquet* ZGR 2002, 20 (54).
[27] *Schön* in Schön/Schindler, Die SE im Steuerrecht – Sonderausgabe aus Lutter/Hommelhoff, SE-Kommentar, 2008, Rn. 51 mwN.
[28] BFH 16.12.1998 – I R 138/97, BStBl. II 1999, 437; 30.1.2002 – I R 12/01, BFH/NV 2002, 1128.

5 Den Normalfall spiegelbildlich zur SE mit inländischem Satzungssitz bildet die **ausländische SE mit Geschäftsleitung im Ausland**. Sie ist als **„Körperschaft" iSd § 2 KStG** einzuordnen. Nach der bisherigen stRspr[29] muss dazu ein sog. Typenvergleich zwischen den inländischen Steuersubjekten des § 1 Abs. 1 KStG und der rechtlichen Struktur der ausländischen Gesellschaft vorgenommen werden, der aber hier wegen der zwingenden einheitlichen Vorgaben der SE-VO für die gesellschaftsrechtlichen Strukturen der SE unproblematisch ist.[30] Für sie besteht nur eine sog. **beschränkte Körperschaftsteuerpflicht** (§ 1 Abs. 1 Nr. 4, Abs. 2 Nr. 1 KStG), was einen konkreten Inlandsbezug (sog. genuine link) iSd über § 8 Abs. 1 KStG anwendbaren § 49 EStG voraussetzt. Als inländische Einkünfte werden namentlich Einkünfte aus einer gewerblichen Betriebsstätte im Inland erfasst (§ 49 Abs. 1 Nr. 2 lit. a EStG). Auch ohne gewerbliche Betriebsstätte können steuerbare gewerbliche Einkünfte nach den in den Sondertatbeständen des § 49 Abs. 1 Nr. 2 lit. b–f EStG geregelten Fällen (zB Gewinne aus der Veräußerung von Anteilen an Kapitalgesellschaften iSd § 17 EStG) vorliegen. Bei vermögensverwaltenden Tätigkeiten wird der Inlandsbezug in § 49 Abs. 1 Nr. 5 EStG für Kapitalvermögen und in § 49 Abs. 1 Nr. 6 EStG für Vermietung und Verpachtung definiert. Bei Grundstücken kommt es darauf an, dass diese im Inland belegen sind.

6 Des Weiteren geben Erwägungsgrund 20 SE-VO sowie Art. 9 Abs. 1 lit. c und 10 SE-VO vor, dass alle steuerlich relevanten Sachverhalte entsprechend den Vorgängen bei einer Aktiengesellschaft nach dem nationalen Recht der Mitgliedstaaten behandelt werden müssen. Die **Besteuerung der SE mit inländischem Satzungssitz** stimmt vollständig mit der Besteuerung inländischer Aktiengesellschaften überein.

7 Höchst unbefriedigend ist es gewesen, dass der deutsche Steuergesetzgeber nicht zeitgleich mit dem Inkrafttreten des SEAG vom 22.12.2004 (BGBl. 2004 I 3675) am 28.12.2004 steuerrechtliche Regelungen für den Fall einer grenzüberschreitenden Verschmelzung oder Sitzverlegung getroffen hat, die für die Besteuerung der SE eine herausragende Bedeutung besitzen (ausf. → 4. Aufl. 2017, Rn. 7). Die Fusions-RL gilt im EU-Raum der 26 Mitgliedstaaten, findet aber – anders als die Grundfreiheiten des AEUV – auf EWR-Staaten (Liechtenstein, Norwegen, Island) keine Anwendung.[31] Mit Verspätung kam es dann zur Umsetzung der Fusions-RL im Rahmen des **SEStEG** vom 7.12.2006 (→ Rn. 1). Das SEStEG ist auf eine **„Europäisierung" des deutschen Unternehmens- und Umwandlungssteuerrechts** unter gleichzeitiger Wahrung des deutschen Besteuerungsrechts für in inländischen Wirtschaftsgütern enthaltenen stillen Reserven angelegt.[32] Den Schritt über die europäischen Grenzen hinaus im Sinne einer „Globalisierung" vor allem des UmwStG hat der Gesetzgeber nicht gewagt.[33]

8 Der Fusions-RL kommt weiterhin insoweit Bedeutung zu als zu prüfen ist, ob der SEStEG-Gesetzgeber deren Vorgaben ordnungsgemäß umgesetzt hat.[34] Für die Praxis ist hinreichend geklärt, dass sich der Marktbürger unter bestimmten Voraussetzungen **unmittelbar auf die Geltung einer nicht ordnungsgemäß umgesetzten Richtlinie berufen** darf, was im Fall der Fusions-RL im Schrifttum als gegeben angesehen wird.[35] Einschränkend ist auf den im Vergleich zur SE-VO engeren persönlichen Anwendungsbereich hinzuweisen, da die Fusions-RL nicht in den EWR-Raum (Island, Liechtenstein, Norwegen) übernommen wurde. Soweit das SEStEG mit der Fusions-RL vereinbar ist, bleibt als weite-

---

[29] BFH 16.12.1992 – I R 32/92, BStBl. II 1993, 399; grdl. RFH 12.2.1930 – VI A 899/27, RStBl. 1930, 444.

[30] *Schön* in Schön/Schindler, Die SE im Steuerrecht – Sonderausgabe aus Lutter/Hommelhoff, SE-Kommentar, 2008, Rn. 63.

[31] *Cordewener* FR 2005, 239; vgl. eingehend zur Fusions-RL Haritz/Menner/*Dautzenberg* UmwStG Einf. Rn. 140 ff.

[32] *Stangl* in Kessler/Kröner/Köhler, Konzernsteuerrecht, 3. Aufl. 2018, § 4 Rn. 216.

[33] *Rödder/Schumacher* DStR 2007, 369.

[34] Begründet wurde dies damit, dass sich der Gesetzgeber zu entsprechenden steuerrechtlichen Vorschriften nicht verpflichtet fühlte, solange es an den gesellschaftsrechtlichen Grundlagen für die grenzüberschreitende Verschmelzung fehlte, vgl. BT-Drs. 12/1368 zu Art. 14 Abs. 1, abgedr. bei Widmann/Mayer Begr. StÄndG 1992, 3.

[35] *Herzig/Griemla* StuW 2002, 55 (59); *Thömmes* in Theisen/Wenz, Die Europäische Aktiengesellschaft, 2. Aufl. 2005, 505, 559 f.

rer Prüfungsmaßstab der AEUV. Die Fusions-RL schränkt den Anwendungsbereich der Grundfreiheiten des AEUV nicht ein. Aus der Normenhierarchie folgt bereits methodologisch, dass das **EU-Sekundärrecht nicht geeignet ist, die Grundfreiheiten des Primärrechts zu beschränken** und sich aus den Art. 114, 115 AEUV (früher Art. 95, 94 EGV) keine Ermächtigungsgrundlage für die Einschränkung der Grundfreiheiten gewinnen lässt.[36] Dafür spricht auch Erwägungsgrund 3 Fusions-RL 2005. Werde der Zweck der Richtlinie, Hindernisse für das Funktionieren des Binnenmarktes zu beseitigen, mit ihr nicht vollständig erreicht, sollten die Mitgliedstaaten selbst die hierfür erforderlichen Maßnahmen treffen. Der Richtliniengeber hält es also anscheinend für möglich, dass auch mit der geänderten Richtlinie nicht alle steuerlichen Hindernisse für den Binnenmarkt beseitigt sind. Deshalb ist die Interpretation überzeugend, dass die Fusions-RL überhaupt keinen beschränkenden, sondern einen die Grundfreiheiten verstärkenden Charakter besitzt.[37]

Vor dem dargestellten Hintergrund lassen sich die steuerrechtlichen Fragestellungen nach **9 drei Problembereichen** systematisieren, nämlich die Gründung der SE (→ Rn. 12 ff. unter II.), die Verlegung des Sitzes der SE über die Grenze (→ Rn. 86 ff. unter III.) sowie die laufende Besteuerung der SE (→ Rn. 98 ff. unter IV.).

II. Gründung einer SE

1. Gründungsvarianten. Da die Rechtsform der SE als ein Instrument zur Förderung **10** grenzüberschreitender Umstrukturierungen und Kooperationen gestaltet worden ist, stehen nur **begrenzte Gründungsvarianten** zur Verfügung (numerus clausus möglicher Gründungsformen). Insbesondere darf die SE nicht wie andere Kapitalgesellschaften deutschen Rechts von natürlichen Personen gegründet werden. Nach Art. 2 SE-VO kann eine SE durch grenzüberschreitende Verschmelzung, durch Gründung einer Holding-SE, durch Gründung einer Tochter-SE und durch Formwechsel entstehen. In der SE-VO fehlt eine Regelung über die Gründung einer SE durch (Ab-)Spaltung, bei der eine Gesellschaft Teile ihres Vermögens als Gesamtheit auf eine andere Gesellschaft gegen Gewährung von Anteilen an der übernehmenden Gesellschaft an die Gesellschafter der übertragenden Gesellschaft überträgt. Die gesellschaftsrechtlich zulässigen Gründungsvarianten gilt es steuerrechtlich einzuordnen. Typologisch ist von folgenden Varianten auszugehen:

(1) Die **grenzüberschreitende Verschmelzung** von bestehenden Aktiengesellschaften, **11** sofern mindestens zwei der beteiligten Gesellschaften dem Recht verschiedener Mitgliedstaaten unterliegen (Art. 11 Abs. 1 SE-VO);
(2) die **grenzüberschreitende Gründung einer gemeinsamen Holding-SE,** sofern mindestens zwei der beteiligten Gesellschaften dem Recht verschiedener Mitgliedstaaten unterliegen (Art. 11 Abs. 2 SE-VO);
(3) die **gemeinsame Gründung einer Tochter-SE,** sofern mindestens zwei der beteiligten Gesellschaften dem Recht verschiedener Mitgliedstaaten unterliegen oder seit mindestens zwei Jahren eine dem Recht eines anderen Mitgliedstaates unterliegende Tochtergesellschaft oder Zweigniederlassung haben (Art. 11 Abs. 3 SE-VO);
(4) der **Formwechsel** einer Aktiengesellschaft, die ihren Sitz und ihre Hauptverwaltung in der Gemeinschaft hat, sofern sie seit mindestens zwei Jahren eine dem Recht eines anderen Mitgliedstaates unterliegende Tochtergesellschaft hat (Art. 11 Abs. 4 SE-VO).

Der **Fall des Formwechsels** ist **steuerrechtlich unproblematisch,** weil sich gesell- **12** schaftsrechtlich die Rechtsidentität der formgewechselten Gesellschaft nicht ändert und damit ertragsteuerrechtlich das Steuersubjekt iSd § 1 Abs. 1 KStG unverändert fortbesteht. Die **Gründung einer Holding-SE** und die **Gründung einer Tochter-SE** und die **grenzüberschreitende Verschmelzung** lassen sich nach den einschlägigen **Regeln des Umwandlungssteuerrechts (UmwStG) idF des SEStEG** bewältigen.

---

[36] Näher *Schön/Schindler* IStR 2004, 571 (575 f.) mwN; *Rosenfeldt/Würdemann* EuR 2016, 453 ff.
[37] *Schön* in Schön/Schindler, Die SE im Steuerrecht – Sonderausgabe aus Lutter/Hommelhoff, SE-Kommentar, 2008, Rn. 33, 240.

13 **2. Verschmelzung (Art. 11 Abs. 1 SE-VO). a) Problemstellung.** Die Möglichkeit einer Verschmelzung über die Grenze kann gesellschaftsrechtlich in den Varianten einer **Verschmelzung durch Aufnahme** und einer **Verschmelzung durch Neugründung** erfolgen (vgl. Art. 17 SE-VO). In beiden Fällen vollzieht sich die Gründung technisch im Wege der Vermögensübertragung durch Gesamtrechtsnachfolge. Das Vermögen zumindest einer der Gründungsgesellschaften wird auf die neu zu gründende SE (Verschmelzung zur Neugründung) oder eine aufnehmende und ipso iure zur SE formwechselnde Kapitalgesellschaft übertragen.

14 Aus ertragsteuerrechtlicher Sicht stellt sich für die beteiligten Gesellschaften und ihre Anteilseigner die Frage, ob der Verschmelzungsvorgang zur **Aufdeckung von stillen Reserven in den Wirtschaftsgütern,** die durch Gesamtrechtsnachfolge den Rechtsträger wechseln, oder **in den Anteilen ihrer Anteilseigner** führt. Dabei sind zwei Grundkonstellationen zu unterscheiden, nämlich zum einen die sog. Hinausverschmelzung einer inländischen Aktiengesellschaft auf eine im Ausland ansässige SE und zum anderen die sog. Hineinverschmelzung einer ausländischen Kapitalgesellschaft auf eine im Inland ansässige SE. Soweit der Vorgang auf Ebene der Gründungsgesellschaften nicht zur Aufdeckung der stillen Reserven führt, schließt sich die Frage der **Besteuerung der ausländischen Betriebsstätten** einer SE an (→ Rn. 98 ff. unter IV.). Aus Sicht der Anteilseigner ist zu beachten, dass es im Zuge der Verschmelzung zu einem **Tausch der Anteile** an den Gründungsgesellschaften in Anteile an der SE kommt. Dies könnte als ein Realisationstatbestand einzuordnen sein, der dazu führt, dass die in den untergehenden Anteilen enthaltenen stillen Reserven steuerwirksam aufgedeckt werden müssen. Im Fall einer steuerneutralen Übertragung schließt sich die Frage an, ob bzw. auf welche Weise eine **spätere Besteuerung der stillen Reserven sicherzustellen** ist. Eine Sonderkonstellation bilden **Fälle ausländischer Verschmelzungen** mit Inlandsbezug, bei denen sowohl die übertragende Gesellschaft als auch die übernehmende SE im Ausland ansässig sind. Der Inlandsbezug folgt hier aus dem Übergang inlandsbelegenen Vermögens und/oder dem Vorhandensein inländischer Anteilseigner.

b) Hinausverschmelzung.

15

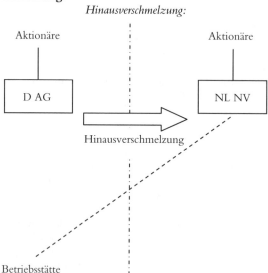

16 **aa) Besteuerung der erlöschenden deutschen Aktiengesellschaft.** Bei der sog. Hinausverschmelzung wird eine in Deutschland unbeschränkt steuerpflichtige Aktiengesellschaft entweder mit einer bestehenden ausländischen AG zur SE zur Aufnahme oder auf eine **ausländische** (neu gegründete) **SE verschmolzen,** mit der Folge, dass die deutsche

AG als Rechtsträgerin liquidationslos erlischt. Die beiden Verschmelzungsvarianten zur Aufnahme bzw. zur Neugründung haben für die Besteuerung der untergehenden deutschen AG und ihrer Aktionäre keine unterschiedlichen Rechtsfolgen. In beiden Fällen stellt sich die Frage, ob für den Zeitpunkt des Erlöschens der deutschen AG ein **Besteuerungstatbestand** existiert, der zur **Aufdeckung der stillen Reserven** führt.

Mit Inkrafttreten des **SEStEG vom 7.12.2006** (→ Rn. 1) wird die **Hinausverschmelzung vom Regime der §§ 11–13 UmwStG** erfasst, wenn der übernehmende Rechtsträger nach den Rechtsvorschriften eines Mitgliedstaates der EU oder eines EWR-Staates gegründet worden ist und sich deren Sitz und Ort der Geschäftsleitung innerhalb des Hoheitsgebiets eines dieser Staaten befindet (§ 1 Abs. 2 S. 1 UmwStG idF des SEStEG). Geht man davon aus, dass Satzungssitz und Hauptverwaltung nach Art. 7 SE-VO im selben Mitgliedstaat der EU bzw. des EWR liegen müssen (aA → SE-VO Art. 2 Rn. 52 *[Oechsler]*), ist der **persönliche Anwendungsbereich des UmwStG idF des SEStEG eröffnet** (vgl. auch § 1 Abs. 2 S. 2 UmwStG), soweit nicht ganz ausnahmsweise Hauptverwaltung und steuerlicher Ort der Geschäftsleitung (im Drittstaat belegen) nicht übereinstimmen oder gegen Art. 7 SE-VO verstoßen wird. 17

Nach § 11 Abs. 1 S. 1 UmwStG idF des SEStEG hat die übertragende deutsche Aktiengesellschaft eine steuerliche **Schlussbilanz** aufzustellen. Die Bewertung der Wirtschaftsgüter erfolgt grundsätzlich zum **gemeinen Wert** (vgl. § 9 Abs. 2 BewG: gewöhnlicher Veräußerungswert), wobei ausdrücklich auch nicht entgeltlich erworbene oder selbst geschaffene **immaterielle Wirtschaftsgüter** (zB Patente) mit dem gemeinen Wert anzusetzen sind. Dies schließt den **Firmenwert** mit ein, wobei dieser mit dem Teilwert anzusetzen ist, weil ein gemeiner Wert per definitionem nicht ermittelt werden kann.[38] Pensionsrückstellungen dürfen gem. § 11 Abs. 1 S. 2 UmwStG nur mit dem Wert nach § 6a EStG angesetzt werden, um zu verhindern, dass die Differenz zum gemeinen Wert steuerwirksam nachgeholt wird. Allerdings schlagen der gemeine Wert der Pensionsrückstellungen ebenso wie sog. stille Lasten (zB wegen § 5 Abs. 4 lit. a S. 1 EStG nicht passivierte Drohverlustrückstellungen) auf die Ermittlung des Firmenwertes durch.[39] 18

Ein sog. **Übertragungsgewinn,** der sich aus der Differenz zwischen dem gemeinen Wert und dem Buchwert der übergehenden Wirtschaftsgüter (abzüglich Verschmelzungskosten) ergibt, ist **steuerpflichtig,** soweit nicht sachliche Steuerbefreiungen für entsprechende Veräußerungsgewinne einschlägig sind. Namentlich kann für die Beteiligung an einer anderen Kapitalgesellschaft § 8b Abs. 2 KStG anwendbar sein.[40] Auszunehmen ist ferner im Ausland belegenes Betriebsvermögen, das der DBA-**Freistellungsmethode** (im Folgenden bleiben Spezialfälle, die sich aus einem sog. treaty override der Freistellungsmethode ergeben, außer Betracht) unterliegt.[41] Schließlich kann es sein, dass die deutsche AG über – der Höhe nach nicht notwendig übereinstimmende – körperschaft- und gewerbesteuerliche **Verlustvorträge** verfügt, mit denen die aufgedeckten stillen Reserven verrechnet werden können. Einer vollständigen Verlustnutzung könnte wiederum das sog. **Mindestbesteuerungskonzept** des § 10d Abs. 2 EStG entgegenstehen, wonach ein Verlustvortrag nur in Höhe von 1 Mio. Euro unbeschränkt berücksichtigt werden darf und darüber hinausgehende Verlustvorträge nur zu 60% des 1 Mio. Euro übersteigenden Gesamtbetrags der Einkünfte steuermindernd genutzt werden dürfen. Da der Verlustvortrag allerdings gem. § 12 Abs. 3 UmwStG, § 4 Abs. 2 S. 2 UmwStG mit dem Erlöschen der deutschen AG **endgültig verloren ginge** und insbesondere auch nicht einer im Inland verbleibenden Betriebsstätte der SE zugeordnet werden darf, sprechen verfassungsrechtliche Gründe für eine teleologische Reduktion der Mindestbesteuerung.[42] Dies hat auch der I. Senat des BFH[43] zunächst 19

---

[38] Haritz/Menner/Bilitewski/*Bärwaldt* UmwStG § 11 Rn. 20; Haritz/Menner/Bilitewski/*Mertgen* UmwStG § 3 Rn. 194 mwN.
[39] Haritz/Menner/Bilitewski/*Bärwaldt* UmwStG § 11 Rn. 21 mwN.
[40] Schmitt/Hörtnagl/Stratz/*Schmitt* UmwStG § 11 Rn. 154 mwN.
[41] Widmann/Mayer/*Schießl* UmwStG § 11 Rn. 50.51.
[42] *M. Fischer* FR 2007, 281 (283 ff.) mwN.
[43] BFH 26.8.2010 – I B 49/10, DStR 2010, 2179.

in einem Verfahren des vorläufigen Rechtsschutzes ebenso gesehen. Inzwischen sieht sich der I. Senat des BFH aber an einer teleologischen Reduktion wegen des entgegenstehenden Willen des Gesetzgebers gehindert und hat die Vorschrift dem BVerfG zur Normenkontrolle vorgelegt.[44] Die sog. Mindestbesteuerung könne in bestimmten Situationen zu einer verfassungsrechtlich unangemessenen Besteuerung führen. Allgemein werde in dieser liquiditätsbelastenden zeitlichen „Streckung" des Verlustabzugs kein Verfassungsverstoß gesehen. Das gelte aber nach Meinung des I. Senats des BFH[45] nur solange, wie ein Abzug der verbleibenden Verluste in den Folgejahren prinzipiell möglich sei.[46] Bedenken bestünden jedoch, wenn es zu einem endgültigen Fortfall der Verlustnutzungsmöglichkeit komme. Vor diesem Hintergrund ist auf die nicht rechtskräftige Entscheidung des FG Düsseldorf vom 18.9.2018[47] hinzuweisen. Das FG Düsseldorf hält eine verfassungskonforme Auslegung des § 10d Abs. 2 EStG in Fällen einer Definitivbesteuerung für möglich und stellt dabei auf die Gesetzesbegründung[48] ab, die ausdrücklich ausführt, dass durch § 10d Abs. 2 EStG Verluste nicht endgültig untergehen sollen. Daraus schließt das FG, dass § 10d Abs. 2 EStG um ein ungeschriebenes Tatbestandsmerkmal in der Weise zu ergänzen ist, dass die Mindestbesteuerung nur dann eingreift, soweit sie keine definitive Besteuerung auslöst. Es bleibt abzuwarten, ob sich die höchstrichterliche Rechtsprechung diesen Schlussfolgerungen anschließt.[49]

20 § 11 Abs. 2 S. 1 UmwStG idF des SEStEG eröffnet auf **Antrag** die Möglichkeit, die übergehenden Wirtschaftsgüter einheitlich mit dem **Buchwert** (oder einem Zwischenwert) anzusetzen, um damit eine **Aufdeckung stiller Reserven zu vermeiden.** Keinen Einfluss hat dabei der in der Handelsbilanz angesetzte Wert, weil der **Maßgeblichkeitsgrundsatz** im UmwStG idF des SEStEG aufgegeben worden ist.[50] Die Sondervorschriften des § 11 Abs. 2 S. 2 und 3 UmwStG zum sog. **Beteiligungskorrekturgewinn** bei der Abwärtsverschmelzung einer Mutter- auf ihre Tochtergesellschaft (sog. down-stream-merger) sind bei der Gründung einer SE durch Hinausverschmelzung bei Neugründung nicht einschlägig. Möglich ist es nach dem systematischen Verständnis der Art. 2 Abs. 1 SE-VO, Art. 31 SE-VO aber, dass eine inländische Mutter-AG auf ihre ausländische Tochtergesellschaft im Wege der **Verschmelzung zur Aufnahme** verschmolzen wird (vgl. → SE-VO Art. 2 Rn. 13). Nach § 11 Abs. 2 S. 2 und 3 UmwStG kann dies in bestimmten Fällen, zB bei Rücklagen nach § 6b EStG, zur steuerwirksamen Aufdeckung stiller Reserven führen. Da Art. 4 Abs. 1 Fusions-RL allerdings die Aufdeckung und Besteuerung stiller Reserven ausnahmslos verbietet, kann sich der Steuerpflichtige unmittelbar auf die Fusions-RL berufen und die genannten Bestimmungen sind wegen des Anwendungsvorrangs des Europarechts nicht anwendbar.[51] Die **Ausübung des Wahlrechts** unterliegt kumulativ den **Einschränkungen,** dass (1) sichergestellt ist, dass die übergehenden Wirtschaftsgüter später bei der übernehmenden Körperschaft der Besteuerung mit Körperschaftsteuer unterliegen; (2) das Recht der Bundesrepublik Deutschland hinsichtlich der Besteuerung des Gewinns aus der Veräußerung der übertragenen Wirtschaftsgüter bei der übernehmenden Körperschaft nicht ausgeschlossen oder beschränkt wird und (3) eine Gegenleistung nicht gewährt wird oder in Gesellschaftsrechten besteht. Eine Gegenleistung sieht die Finanzverwaltung in der Gewährung barer Zuzahlungen

---

[44] BFH 26.2.2014 – I R 59/12, BStBl. II 2014, 1016.
[45] Anders die Sichtweise des IV. Senats des BFH betr. den gewerbesteuerrechtlichen Fehlbetrag nach § 10a GewStG, BFH 20.9.2012 – IV R 29/10, DStR 2012, 2481.
[46] BFH 22.8.2012 – I R 9/11, BStBl. II 2013, 512.
[47] FG Düsseldorf 18.9.2018 – 6 K 454/15 K, NZI 2018, 990 mAnm *Witfeld* NZI 2018, 993.
[48] BT-Drs. 15/1518, 13.
[49] Derzeit sind zwei Verfahren beim BVerfG anhängig: 2 BvL 19/14 (Vorlagebeschluss des BFH 26.2.2014, I R 59/12) und 2 BvR 2998/12 (Verfassungsbeschwerde gegen BFH 22.8.2012, I R 9/11, BStBl. II 2013, 512).
[50] Schmitt/Hörtnagl/Stratz/*Schmitt* UmwStG § 12 Rn. 13 mwN; ebenso BMF-Schreiben v. 11.11.2011, BStBl. I 2011, 1314 Rn. 20.20.
[51] *Schön* in Schön/Schindler, Die SE im Steuerrecht – Sonderausgabe aus Lutter/Hommelhoff, SE-Kommentar, 2008, Rn. 243.

oder anderer Vermögenswerte.⁵² Dagegen stellen der Untergang der Beteiligung an der übertragenden Körperschaft, eine Abwärtsverschmelzung sowie eine Seitwärtsverschmelzung ohne Gewährung von Gesellschaftsrechten keine Gegenleistung dar.⁵³ § 11 Abs. 2 S. 1 Nr. 1 UmwStG ist unproblematisch, weil die übernehmende SE ein Körperschaftsteuersubjekt iSd § 2 KStG ist. § 11 Abs. 2 S. 1 **Nr. 3 UmwStG widerspricht partiell Art. 2 lit. a Fusions-RL,** wonach eine Zuzahlung von bis zu 10% des Nennwerts der Anteile unschädlich sei. Ein Wahlrecht, von der Zuzahlungsmöglichkeit keinen Gebrauch machen zu müssen, räumt die Fusions-RL den EU-Mitgliedstaaten nicht ein.⁵⁴ Daraus folgt, dass sich im Falle einer grenzüberschreitenden Verschmelzung im EU-Raum die deutsche AG unmittelbar auf die insoweit nicht ordnungsgemäß umgesetzte Fusions-RL berufen kann.⁵⁵ Bei einer Verschmelzung auf eine SE im EWR-Raum findet die Fusions-RL keine Anwendung.⁵⁶ Da die Diskriminierungsverbote auch für EWR-Gesellschaften und EWR-Bürger gelten, müssen die EU-Staaten aber die Vorgaben der Fusions-RL auch für Beteiligte aus dem EWR anwenden, obwohl die EWR-Staaten ihrerseits nicht an die steuerlichen EU-Richtlinien gebunden sind.⁵⁷

Das bei der sog. Hinausverschmelzung im Mittelpunkt stehende Merkmal für die Frage der Steuerneutralität ist, ob gem. § 11 Abs. 2 S. 1 Nr. 2 UmwStG das **Recht der Bundesrepublik Deutschland** hinsichtlich der **Besteuerung des Gewinns aus der Veräußerung der übertragenen Wirtschaftsgüter** bei der übernehmenden Körperschaft nicht **ausgeschlossen** oder **beschränkt** wird. Unerheblich ist es nach dem Wortlaut, wem nach der Verschmelzung das Recht zur Besteuerung von Erträgen aus der Nutzung der Wirtschaftsgüter zusteht, ebenso wenig kommt es auf die Gewerbesteuer an.⁵⁸ Nach dem vom Gesetzgeber im **Jahressteuergesetz 2010**⁵⁹ zum Ausdruck gebrachten Willen soll ein Ausschluss oder eine Beschränkung des Besteuerungsrechts hinsichtlich des Gewinns aus der Veräußerung eines Wirtschaftsguts insbesondere dann vorliegen, wenn ein bisher einer inländischen Betriebsstätte des Steuerpflichtigen zuzuordnendes Wirtschaftsgut einer ausländischen Betriebsstätte zuzuordnen ist (vgl. § 4 Abs. 1 S. 4 EStG, § 12 Abs. 1 S. 2 KStG). Dies gilt natürlich erst recht, wenn eine Zuordnung nicht mehr stattfinden kann, weil der Rechtsträger – wie im Falle der Verschmelzung die übertragende deutsche AG – erloschen ist. Es kommt also entscheidend darauf an, ob (1) vor der Verschmelzung ein Besteuerungsrecht an Wirtschaftsgütern bestanden hat und (2) diese Wirtschaftsgüter nach der Verschmelzung noch einer deutschen Betriebsstätte der ausländischen SE zugeordnet werden können. Gleiches gilt zB für im Inland belegene Grundstücke, die – unabhängig von einer Betriebsstätte – weiterhin wegen § 8 Abs. 1 KStG iVm § 49 Abs. 1 Nr. 2 lit. f EStG und dem sog. Belegenheitsprinzip des Art. 6 OECD-MA steuerverstrickt bleiben. Bei der Prüfung des Ausschlusses oder der Beschränkung des Besteuerungsrechts ist auf die tatsächlichen Verhältnisse zum Zeitpunkt des steuerlichen Übertragungsstichtags abzustellen.⁶⁰

Vor der Verschmelzung hat ein deutsches Besteuerungsrecht bei inländischem Betriebsvermögen und bei ausländischem Betriebsvermögen in Nicht-DBA-Staaten oder DBA-Staaten mit Anrechnungsmethode bestanden. Kein Besteuerungsrecht bestand an **ausländischem Betriebsvermögen in DBA-Staaten mit Freistellungsmethode.** Bisher im

---

⁵² BMF-Schreiben v. 11.11.2011, BStBl. I 2011, 1314 Rn. 3.21.
⁵³ *Büsching* in Jannott/Frodermann SE-HdB § 14 Rn. 33 ff.
⁵⁴ *Schön* in Schön/Schindler, Die SE im Steuerrecht – Sonderausgabe aus Lutter/Hommelhoff, SE-Kommentar, 2008, Rn. 228.
⁵⁵ Haritz/Menner/Bilitewski/*Dautzenberg* UmwStG Einf. Rn. 9.
⁵⁶ *Cordewener* FR 2005, 239; Haritz/Menner/Bilitewski/*Dautzenberg* UmwStG Einf. Rn. 11.
⁵⁷ EuGH 19.7.2012 – C-48/11, IStR 2012, 618 – A Oy; s. Haritz/Menner/Bilitewski/*Dautzenberg* UmwStG Einf. Rn. 11.
⁵⁸ Schmitt/Hörtnagl/Stratz/*Schmitt* UmwStG § 11 Rn. 106 mwN; BMF-Schreiben v. 11.11.2011, BStBl. I 2011, 1314 Rn. 03.18.
⁵⁹ Jahressteuergesetz 2010 v. 8.12.2010, BGBl. 2010 I 1768.
⁶⁰ BMF-Schreiben v. 11.11.2011, BStBl. I 2011, 1314 Rn. 02.15.

Inland steuerverstricktes ausländisches Betriebsvermögen (in Nicht-DBA-Staaten oder DBA-Staaten mit Anrechnungsmethode) wird durch die Verschmelzung entstrickt, weil es diesbezüglich mangels Inlandsbezug keine beschränkte Steuerpflicht der ausländischen SE gibt. Hier müssen also die stillen Reserven in Deutschland aufgedeckt werden. Da es im ausländischen Staat aber regelmäßig zu keiner entsprechenden Aufdeckung der stillen Reserven kommt, würde die unilateral in § 34c EStG bzw. im DBA vorgesehene Anrechnungsmöglichkeit ausländischer Steuern verloren gehen. Im ausländischen Betriebsstättenstaat wird andererseits voraussichtlich zu einem späteren Zeitpunkt eine Besteuerung erfolgen, weswegen § 11 Abs. 3 UmwStG iVm § 3 Abs. 3 UmwStG (im Einklang mit der Vorgabe in Art. 10 Abs. 2 Fusions-RL) eine sog. **fiktive Steueranrechnung** gewährt. Beim bisherigen inländischen Betriebsvermögen der deutschen AG kommt es zu einer Aufdeckung stiller Reserven, wenn wegen der sog. **Zentralfunktion des ausländischen Stammhauses** Wirtschaftsgüter der ausländischen SE zugeordnet werden.[61] Davon betroffen sind **Holdinggesellschaften** als übertragende Gesellschaften, bei denen regelmäßig die Zuordnung der Beteiligungen zu einer inländischen Betriebsstätte scheitert.[62] Ungeklärt ist, ob das deutsche Besteuerungsrecht iSd § 11 Abs. 2 S. 1 Nr. 2 UmwStG beschränkt wird, da nach dem BFH[63] im Inland entstandene stille Reserven auch später noch besteuert werden können, wenn ausländische Betriebsgewinne von der Besteuerung freigestellt sind, auch wenn in § 4 Abs. 1 S. 3 und 4 EStG klargestellt wird, dass das deutsche Besteuerungsrecht beschränkt wird, wenn ein Wirtschaftsgut, das bisher einer inländischen Betriebsstätte zugeordnet wurde, nun einer ausländischen Betriebsstätte zugeordnet wird.[64] Maßstab für die Zuordnung ist das Veranlassungsprinzip.[65] Bei gewerblich tätigen Gesellschaften gehören dazu insbesondere immaterielle Wirtschaftsgüter des Anlagevermögens (zB Patente) und der Firmenwert. Wird ein Übertragungsgewinn ausgelöst, so wird dieser nach § 8b Abs. 2 und 3 KStG zu 95% steuerfrei sein.[66] Zusammenfassend führt also die grenzüberschreitende Verschmelzung zu einer mehr oder weniger umfassenden Sofortversteuerung stiller Reserven.

23 Geht man davon aus, dass nach nationalem deutschem Steuerrecht eine Aufdeckung der stillen Reserven bei der untergehenden Gesellschaft erforderlich ist, stellt sich die Frage, ob dieses Ergebnis nicht vor dem **Hintergrund des europäischen Steuerrechts** zu korrigieren ist. Mit der Fusions-RL ist dieses Konzept zwar vereinbar, doch stellt sich die Frage, inwieweit die Sofortbesteuerung gegen die **Niederlassungsfreiheit** der Art. 49, 54 AEUV (früher Art. 43, 48 EGV) verstößt. Beim Wegzug natürlicher Personen in einen EU bzw. EWR-Staat hat der SEStEG-Gesetzgeber auf eine Sofortbesteuerung von nach § 17 EStG steuerverstrickten Anteilen verzichtet, indem die Steuer zinslos und ohne Sicherheitsleistung gestundet wird. Da eine grenzüberschreitende Verschmelzung vom Gesetzgeber anerkannt wird (vgl. §§ 122a ff. UmwG), liegt es nahe, den Vorgang als von der Niederlassungsfreiheit geschützt anzusehen, auch wenn die deutsche AG ihre Rechtsfähigkeit verliert. Manche sprechen beim untergehenden Rechtsträger vom „corporate suicide".[67] Nach dem gegenwärtigen Stand der Rspr. des EuGH muss die Bundesrepublik Deutschland zwar einen

---

[61] Schmitt/Hörtnagl/Stratz/*Schmitt* UmwStG § 11 Rn. 115 mwN.
[62] BMF-Schreiben v. 24.12.1999, BStBl. 1999 I 1076 Rn. 2.4, geändert durch BMF-Schreiben v. 25.8.2009, BStBl. 2009 I 888; BFH v. 17.12.2003 – I R 47/02, BFH/NV 2004, 771; dazu eingehend *Kessler* in Herzig, Besteuerung der Europäischen Aktiengesellschaft, 2004, 119, 121 ff. Zur Diskussion über die Zuordnung von Beteiligungen näher *Goebel/Boller/Ungemach* IStR 2008, 643 ff.; *Wacker* BB 2018, 2519; *Wacker* DStR 2019, 836.
[63] BFH v. 17.7.2008 – I R 77/06, BStBl. 2009 II 464.
[64] Rödder/Herlinghaus/van Lishaut/*Rödder*, Umwandlungsteuergesetz, 3. Aufl. 2019, UmwStG § 11 Rn. 274 mwN in Fn. 7; vgl. *Rödder* in Herzig, Besteuerung der Europäischen Aktiengesellschaft, 2004, 1, 12.
[65] S. BFH 29.11.2017 – I R 58/15, DStR 2018, 657.
[66] Haritz/Menner/Bilitewski/*Bärwaldt* UmwStG § 11 Rn. 51; Gosch/*Gosch*, Körperschaftsteuergesetz, 4. Aufl. 2020, KStG § 8b Rn. 188; Rödder/Herlinghaus/van Lishaut/*Rödder*, Umwandlungsteuergesetz, 3. Aufl. 2019, UmwStG § 11 Rn. 206.
[67] *Paefgen* GmbHR 2004, 463 (475).

Verlust von Steueraufkommen nicht dulden, wenn Marktbürger ihre wirtschaftlichen Aktivitäten in andere Mitgliedstaaten verlagern. Auf die Entscheidung des EuGH in der Rs. „Oy AA".[68] ist schon hingewiesen worden (→ Rn. 2). Deswegen ist das Entstrickungskonzept des § 11 Abs. 2 S. 1 Nr. 2 UmwStG gerechtfertigt. Andererseits folgt aus den Entscheidungen des EuGH in den Rs. „X und Y"[69] und „Hughes de Lasteyrie du Saillant",[70] dass die beschränkende Regelung einer Verhältnismäßigkeitskontrolle unterworfen werden muss.[71] An der Verhältnismäßigkeit der Sofortbesteuerung bestehen erhebliche Zweifel, weil sich die steuerlichen Pflichten der erloschenen deutschen AG im Wege der Gesamtrechtsnachfolge auf die ausländische SE beziehen lassen. In der Rechtssache „National Grid Indus"[72] hat der EuGH eine Sofortbesteuerung im Zeitpunkt des Wegzugs, die dem Steuerpflichtigen die Möglichkeit eines Steueraufschubs nicht gewährt, für unverhältnismäßig erklärt. Die Grundsätze hat der EuGH auch auf die Einbringung eines Mitunternehmeranteils in eine Kapitalgesellschaft angewandt.[73] In selbiger Rechtssache hat der EuGH entschieden, dass die Verteilung eines Entstrickungsgewinns über fünf Jahre verhältnismäßig und angemessen sei, um die Aufteilung der Besteuerungsbefugnisse zu wahren. Diese Entscheidung übertrug der EuGH kürzlich ebenfalls in deutscher Rechtssache auf den Fall der Überführung eines Wirtschaftsguts in eine Betriebsstätte eines anderen Mitgliedstaates (mit einer auf zehn Jahre gestaffelten Steuererhebung).[74] Bis zur Entscheidung in der Rs. „DMC" hatte der EuGH dem Steuerpflichtigen die Wahl zwischen einer Sofortbesteuerung im Übertragungszeitpunkt und einer Steuerstundung zugestanden. Mit Urteil in der Rs. „DMC" scheint der EuGH eine Wahlmöglichkeit des Steuerpflichtigen nicht für notwendig anzusehen. Problematisch sind demnach Entstrickungen, für die keine Stundungsregelungen vorgesehen sind. Der Gesetzgeber wird die bestehenden Stundungsmöglichkeiten prüfen bzw. erweitern müssen.[75] Ergänzend sei darauf hingewiesen, dass das Sofortbesteuerungskonzept des § 11 Abs. 2 S. 1 Nr. 2 UmwStG zwar von Art. 4 Abs. 1 Fusions-RL gedeckt ist, dies aber an der Feststellung eines unverhältnismäßigen Eingriffs in die Niederlassungsfreiheit nichts ändert. Zum einen werden die Wirkungen der Grundfreiheiten durch sekundärrechtliche Regelungen nicht eingeschränkt,[76] zum anderen hat die Fusions-RL überhaupt keinen beschränkenden, sondern einen die Grundfreiheiten verstärkenden Charakter.[77]

bb) Besteuerungsfolgen für die übernehmende SE. Mit den Auswirkungen der Hinausverschmelzung auf **Ebene der übernehmenden ausländischen SE** beschäftigt sich § 12 UmwStG. Soweit der Bundesrepublik aber überhaupt kein Besteuerungsrecht an den auf die SE übergehenden Wirtschaftsgütern mehr zusteht, ist § 12 UmwStG nicht einschlägig. Die Besteuerungsfolgen für die übernehmende ausländische SE, die zivilrechtlich Gesamtrechtsnachfolgerin der übertragenden deutschen Aktiengesellschaft wird, sind grundsätzlich Gegenstand der dortigen Steuerrechtsordnung. Es bleibt insoweit bei der in § 11 Abs. 2 S. 1 Nr. 2 UmwStG angeordneten Aufdeckung stiller Reserven in der Schlussbilanz der übertragenden deutschen AG. 24

Bedeutung kommt § 12 UmwStG deshalb nur insoweit zu, als das Wahlrecht des Wertansatzes in der Schlussbilanz der übertragenden deutschen AG eröffnet ist. Dies betrifft all diejenigen 25

---

[68] EuGH 18.7.2007 – C-231/05, Slg. 2007, I-6373 = EuZW 2007, 634.
[69] EuGH 21.11.2002 – C-436/00, Slg. 2002, I-10829 = IStR 2003, 23.
[70] EuGH 11.3.2004 – C-9/02, Slg. 2004, I-2409 = DStR 2004, 551.
[71] EuGH 15.5.2008 – C-414/06, Slg. 2008, I-3601 = EuZW 2008, 402 – Lidl Belgium; 25.2.2010 – C-337/08, DStR 2010, 427 – X Holding BV.
[72] EuGH 29.11.2011 – C-371/10, Slg. 2011, I-12273 = DStR 2011, 2334.
[73] EuGH 23.1.2014 – C-164/12, ABl. 2014 C 93, 6 = EuZW 2014, 273 – DMC.
[74] EuGH 21.5.2015 – C-657/13, IStR 2015, 440 – Verder LabTec; dazu *Kudert/Kahlenberg* DB 2015, 1377 ff.
[75] *Blumenberg/Lechner* FS Haarmann, 2015, 355 (380) mwN.
[76] *Schön* in Schön/Schindler, Die SE im Steuerrecht – Sonderausgabe aus Lutter/Hommelhoff, SE-Kommentar, 2008, Rn. 25 ff., 240 mwN.
[77] *Schön* in Schön/Schindler, Die SE im Steuerrecht – Sonderausgabe aus Lutter/Hommelhoff, SE-Kommentar, 2008, Rn. 33, 240.

Wirtschaftsgüter, die im Zuge der Hinausverschmelzung weiterhin einer **inländischen Betriebsstätte der ausländischen SE zugeordnet** werden können[78] und damit über die beschränkte Steuerpflicht in Kombination mit dem Betriebsstättenprinzip des Art. 7 OECD-MA im Inland steuerverstrickt bleiben. Für diese Wirtschaftsgüter hat die ausländische SE gem. § 12 Abs. 1 UmwStG die Wertansätze in Übereinstimmung mit dem in der Schlussbilanz der übertragenden deutschen AG enthaltenen Wert zu übernehmen.

26 Im Fall einer **Verschmelzung zur Aufnahme** ist es möglich, dass die ausländische, in eine SE umzuwandelnde Gesellschaft an der zu verschmelzenden deutschen AG beteiligt ist. Im Extremfall besteht eine 100%ige Beteiligung. Diese Variante des sog. **up-stream-merger** ist zulässig, wie Art. 31 Abs. 1 SE-VO erkennen lässt. Für den up-stream-merger sieht § 12 UmwStG **Sonderbestimmungen** vor. Zum einen ordnet § 12 Abs. 1 S. 2 UmwStG iVm § 4 Abs. 1 S. 2 und 3 UmwStG zB für Abzüge nach § 6b EStG eine **steuerwirksame Wertaufholung** an, zum anderen kommt ein nach § 12 Abs. 2 UmwStG **steuerpflichtiger Übernahmegewinn** (zumindest in Höhe der 5%igen Betriebsausgabenfiktion des § 8b Abs. 3 S. 1 KStG) in Betracht; ein Übernahmeverlust bleibt unberücksichtigt. Ein **Übernahmegewinn oder -verlust** kann in der Gründungsvariante einer Verschmelzung durch Aufnahme entstehen, weil an die Stelle der Beteiligung die Wirtschaftsgüter der übertragenden Gesellschaft treten. Die genannten Sonderbestimmungen sind nur dann anwendbar, wenn die Bundesrepublik ein **Besteuerungsrecht an der Beteiligung der ausländischen Mutter- an der inländischen Tochtergesellschaft** hat. Dies ist wegen des nach Art. 13 Abs. 5 OECD-MA regelmäßig dem (ausländischen) Ansässigkeitsstaat der Muttergesellschaft zugewiesenen Besteuerungsrechts nicht der Fall. Die Sondervorschriften sind aber anwendbar, wenn entweder die beschränkte Steuerpflicht der ausländischen Muttergesellschaft nach § 49 Abs. 1 Nr. 2 lit. a EStG iVm Art. 7, 13 Abs. 1 OECD-MA greift, weil die Beteiligung einer **inländischen Betriebsstätte der Muttergesellschaft zuzuordnen** ist, oder nach § 49 Abs. 1 Nr. 2 lit. e EStG, weil das **Besteuerungsrecht** – abweichend von Art. 13 Abs. 5 OECD-MA – dem **Ansässigkeitsstaat der Tochtergesellschaft** zugewiesen ist (das ist zB mit der Slowakei und Tschechien der Fall).[79] Wenn die aufnehmende ausländische Gesellschaft (ab dem 1.1.2009) zu mindestens 10% beteiligt ist (vgl. Art. 7 Abs. 3 Fusions-RL), verbietet Art. 7 Abs. 1 Fusions-RL eine entsprechende Besteuerung bei der aufnehmenden SE. Es liegt ein **klarer Verstoß gegen Art. 7 Fusions-RL** vor, auf den sich die ausländische Gesellschaft wegen der fehlerhaften Umsetzung der Fusions-RL unmittelbar berufen kann.[80] Die Sonderbestimmungen sind demzufolge wegen des **Anwendungsvorrangs der Fusions-RL gegenüber dem nationalen Steuerrecht** nicht anwendbar. Bei dem Fall der **Verschmelzung zur Neugründung einer SE** kann es nicht sein, dass die neue ausländische SE an der deutschen AG schon vor der Verschmelzung beteiligt war. Deshalb kommen hier die von § 12 Abs. 1 S. 2 UmwStG iVm § 4 Abs. 1 S. 2 und 3 UmwStG angeordnete Wertaufholung und ein möglicher nach § 12 Abs. 2 UmwStG steuerpflichtiger Übernahmegewinn nicht in Betracht.

27 Wird also der Buchwertansatz in der Schlussbilanz beantragt, müssen die Buchwerte in der inländischen Betriebsstätte übernommen werden. Die übernehmende SE tritt insoweit in die steuerliche **Rechtsstellung der übertragenden deutschen AG** ein. Ein den im Inland verbleibenden Wirtschaftsgütern zuzurechnender Anteil am uU existierenden **Verlustvortrag** der inländischen AG geht nicht auf die inländische Betriebsstätte über, sondern gem. § 12 Abs. 3 UmwStG, § 4 Abs. 2 S. 2 UmwStG unter. Art. 6 Fusions-RL gibt keinen direkten Rechtsanspruch gegen den nationalen Steuergesetzgeber, einen entsprechenden Verlustübergang anzuerkennen, sondern verlangt nach seinem Regelungszweck nur ein Gleichstellungsgebot. Für den inländischen Verschmelzungsfall ist mit Inkrafttreten des SEStEG ein Untergang des Verlustvortrags in gleicher Weise angeordnet (vor Inkrafttreten des SEStEG ist für – damals rein nationale – Verschmelzungsvorgänge unter den einschränkenden Voraussetzungen des § 12 Abs. 3 S. 2

---

[78] Widmann/Mayer/*Schießl* UmwStG § 11 Rn. 50.63.
[79] Zur Abkommensübersicht vgl. Vogel/Lehner/*Reimer* DBA Art. 13 Rn. 225.
[80] Näher NK-SE/*Lammel/Maier* Teil D Kap. 2 Rn. 143 ff.; *Schön* in Schön/Schindler, Die SE im Steuerrecht – Sonderausgabe aus Lutter/Hommelhoff, SE-Kommentar, 2008, Rn. 249 ff.

UmwStG aF ein Verlustvortrag übergegangen). Ein Verstoß gegen die Fusions-RL liegt nicht vor, weil Art. 4 Abs. 6 Fusions-RL lediglich eine Gleichbehandlung mit der innerstaatlichen Verschmelzung fordert. Insofern fehlt es auch mangels Diskriminierung an einem Eingriff in die Niederlassungsfreiheit. Als **Vergleichsmaßstab** ist die Regelung des EU-Mitgliedstaats anzuwenden, in dem sich die übertragende Gesellschaft befindet, also die deutsche Regelung. Bei der Frage des Verlustübergangs auf eine im Inland verbleibende Betriebsstätte handelt es sich um eine Rechtsfolge, die insoweit nicht in die Gesetzgebungskompetenz des EU-Mitgliedstaates der übernehmenden Gesellschaft fällt. Ob der Verlustvortrag im Übrigen untergeht, betrifft nicht den Regelungsbereich des § 12 UmwStG, sondern der ausländischen Rechtsordnung. Der Verlustvortrag könnte übergehen, wenn sich in der Steuerrechtsordnung des Mitgliedstaats, in dem die SE gegründet wird, eine dem § 12 Abs. 3 S. 2 UmwStG vergleichbare Regelung fände.

cc) Besteuerungsfolgen für die Gesellschafter der erlöschenden deutschen AG.

28 Die Besteuerungsfolgen, welche die Verschmelzung bei den Aktionären der übertragenden deutschen Aktiengesellschaft auslöst, sind mit Inkrafttreten des **SEStEG** vom 7.12.2006 (→ Rn. 1) **in § 13 UmwStG** geregelt, mit dem die Vorgaben des Art. 8 Fusions-RL umgesetzt wurden. Nach Art. 8 Abs. 1 Fusions-RL soll die Umstrukturierung auf Ebene des Anteilseigners zu keiner Gewinnrealisierung führen, doch sollen die Mitgliedstaaten nach Art. 8 Abs. 6 Fusions-RL das Recht haben, im Zeitpunkt einer späteren Veräußerung einen tatsächlich angefallenen Veräußerungsgewinn zu versteuern.

29 Im Ausgangspunkt ordnet § 13 Abs. 1 UmwStG an, dass die Anteile an der übertragenden AG als zu dem gemeinen Wert veräußert gelten. Der Gesetzgeber folgt damit dem dogmatischen Konzept eines Anteilstausches (im Gegensatz zu dem früher zum Teil vertretenen Konzept einer fiktiven Sachauskehrung; näher → 3. Aufl. 2012, Rn. 24). Des Weiteren bestätigt auch § 13 UmwStG idF des SEStEG die allgemeine Systematik, dass Tauschvorgänge im Ausgangspunkt eine Gewinn- oder Verlustrealisierung auslösen und das bisherige Konzept der Buchwertverknüpfung zwischen Alt- und Neuanteilen aufgegeben wird.

30 Voraussetzung für die Einschlägigkeit des § 13 UmwStG ist ein deutsches Besteuerungsrecht an den Anteilen der deutschen AG als Voraussetzung für eine Steuerbarkeit des Anteilstausches. Ein inländisches Besteuerungsrecht kommt nicht nur in Betracht, wenn der Anteilseigner seinen Wohnsitz oder gewöhnlichen Aufenthalt in der Bundesrepublik hat, sondern auch dann, wenn der Anteilseigner der beschränkten Steuerpflicht unterliegt (vgl. § 49 Abs. 1 Nr. 2 lit. a und e bzw. Nr. 8 EStG). In DBA-Fällen besitzt die Bundesrepublik regelmäßig nur ein Besteuerungsrecht, wenn der Anteilseigner im Inland ansässig ist (vgl. Art. 13 Abs. 5 OECD-MA).

31 § 13 Abs. 2 UmwStG räumt dem Anteilseigner auf **Antrag** das Recht ein, die ihm gewährten Anteile an der ausländischen SE mit dem bisherigen Buchwert der Anteile der deutschen AG bzw. bei privat gehaltenen Aktien mit den Anschaffungskosten (vgl. § 13 Abs. 2 S. 3 UmwStG) anzusetzen und damit ein **Aufdecken stiller Reserven zu verhindern.** Das Antragsrecht setzt allerdings alternativ voraus, dass entweder (1) nach § 13 Abs. 2 S. 1 Nr. 1 UmwStG das **deutsche Besteuerungsrecht** hinsichtlich der Besteuerung des Gewinns aus der Veräußerung der Anteile an der übernehmenden ausländischen SE **nicht ausgeschlossen oder beschränkt** wird oder (2) nach § 13 Abs. 2 S. 1 Nr. 2 UmwStG die **Mitgliedstaaten bei einer Verschmelzung Art. 8 Fusions-RL anzuwenden** haben.

32 Das deutsche Besteuerungsrecht ist bei (unbeschränkt steuerpflichtigen) Aktionären mit Wohnsitz oder gewöhnlichem Aufenthalt im Inland **nicht ausgeschlossen oder beschränkt,** wenn entweder kein DBA besteht und das Welteinkommensprinzip gilt, oder das DBA mit dem Ansässigkeitsstaat der SE für den in Deutschland nach Art. 4 OECD-MA ansässigen Anteilseigner der SE dem Wohnsitz- bzw. Ansässigkeitsprinzip des Art. 13 Abs. 5 OECD-MA folgt. Abweichend vom Normalfall des Art. 13 Abs. 5 OECD-MA wird das Besteuerungsrecht an den Anteilen einer slowakischen oder tschechischen SE nach den Bestimmungen der DBA mit der Slowakei und Tschechien ausnahmsweise dem ausländischen Ansässigkeitsstaat der SE zugeordnet.[81] Für diesen Sonderfall wäre § 13 Abs. 2 S. 1

---

[81] Zur Abkommensübersicht Vogel/Lehner/*Reimer* DBA Art. 13 Rn. 225.

Nr. 1 UmwStG einschlägig. Bei beschränkt steuerpflichtigen Aktionären würde das deutsche Besteuerungsrecht nur dann ausgeschlossen, wenn diese in der Slowakei oder Tschechien ansässig sind und Deutschland als Ansässigkeitsstaat der deutschen AG ausnahmsweise – abweichend von Art. 13 Abs. 5 OECD-MA – das Besteuerungsrecht besitzt, welches durch den Anteilstausch mit Anteilen an der ausländischen SE verloren geht.

33   In den letztgenannten Fällen kommt **§ 13 Abs. 2 S. 1 Nr. 2 UmwStG** zum Zuge, um eine **gegen Art. 8 Abs. 1 Fusions-RL verstoßende Gewinnrealisierung zu vermeiden.** Allerdings ist dann nach § 13 Abs. 2 S. 1 Nr. 2 Hs. 2 UmwStG der Gewinn aus einer **späteren Veräußerung** der erworbenen Anteile unbeschadet der Bestimmungen eines Abkommens zur Vermeidung der Doppelbesteuerung in der gleichen Art und Weise zu besteuern, wie die Veräußerung der Anteile an der deutschen AG zu besteuern wäre. Einer **Veräußerung gleichzustellende Sonderfälle** (zB verdeckte Einlage in eine Kapitalgesellschaft) ergeben sich aus § 15 Abs. 1a S. 2 EStG, auf den § 13 Abs. 2 S. 2 UmwStG verweist. § 13 Abs. 2 S. 1 Nr. 2 Hs. 2 UmwStG ist von Art. 8 Abs. 6 Fusions-RL gedeckt, problematisch ist aber der dort ausdrücklich formulierte sog. „treaty override" bestehender DBA, die das Besteuerungsrecht dem anderen Vertragsstaat zuweisen. Systemkonform wäre es gewesen, die Schlussbesteuerung auf die Erfassung der stillen Reserven im Zeitpunkt der Verschmelzung zu beschränken. Stattdessen greift der deutsche Gesetzgeber auf etwaige Wertzuwächse in dem anderen Staat zu und nimmt damit eine Doppelbesteuerung in Kauf.[82] Die bisher ganz überwiegende Meinung war sich darin einig, dass in dem „treaty override" zwar ein Völkervertragsrechtsverstoß liege, der aber vom Steuerpflichtigen gerichtlich nicht angegriffen werden könne. Ebenso wenig erblickte der EuGH im „treaty override" einen Eingriff in die Grundfreiheiten.[83] Nur vereinzelt wurde die „geradezu inflationär anmutende ‚treaty override'-Welle im deutschen Steuerrecht" als verfassungsrechtlich zweifelhaft kritisiert, weil „flächendeckende ‚treaty overrides' die DBA-Welt durcheinanderschütteln und partiell auf den Kopf stellen".[84] An diese Überlegungen anknüpfend hat der I. Senat des BFH anlässlich eines AdV-Verfahrens[85] nunmehr die Frage problematisiert, ob „nicht abkommensrechtlich und verfassungsrechtlich durchschlagende Gründe ersichtlich sein müssen, die die Durchbrechung der völkerrechtlich verbindlich getroffenen Vereinbarungen (Art. 59 Abs. 2 GG) erzwingen und (ausnahmsweise) rechtfertigen können". Dabei bezieht sich der BFH auf einen Beschluss des BVerfG aus dem Jahre 2004, der eine Verpflichtung aller Staatsorgane statuiert, die „die Bundesrepublik Deutschland bindenden Völkerrechtsnormen zu befolgen"; Ausnahmen bedürften einer besonderen Rechtfertigung aus verfassungstragenden Prinzipien. Eine derartige Rechtfertigung sei im Zusammenhang mit DBA kaum vorstellbar; das Motiv einer Korrektur des DBA-Verhandlungsergebnisses für bestimmte Einkünfte aus fiskalischen Gründen erfüllten die Voraussetzungen jedenfalls nicht. Die Argumente sind in der Sache überzeugend, insbesondere deshalb, weil sich der Gesetzgeber zu seinem eigenen Entstrickungskonzept systemwidrig in Widerspruch setzt. Inzwischen hat das BVerfG auf den Vorlagebeschluss des I. Senats des BFH vom 10.1.2012[86] entschieden, dass der treaty override verfassungsgemäß ist.[87] Die Vorlagebeschlüsse des I. Senats des BFH vom 11.12.2013[88] und vom 20.8.2014,[89] die ebenfalls die Frage nach der Verfassungsmäßigkeit des treaty overrides betreffen, sind noch anhängig.[90]

---

[82] *Gosch* IStR 2008, 413 (419).
[83] Vgl. *Gosch* IStR 2008, 413 ff. mwN.
[84] *Gosch* IStR 2008, 419.
[85] BFH 19.5.2010 – I B 191/09, DB 2010, 1321 mAnm *Heger*.
[86] BFHE 236, 304 = IStR 2012, 426 zu § 50d Abs. 8 EStG.
[87] BVerfG NJW 2016, 1295.
[88] BStBl. II 2014, 791 zu § 50d Abs. 10 EStG, anhängig beim BVerfG unter 2 BvL 15/14.
[89] BFHE 246, 486 = IStR 2014, 812 zu § 50d Abs. 9 EStG, anhängig beim BVerfG unter 2 BvL 21/14.
[90] Dazu näher *Benz/Rosenberg* FS Haarmann, 2015, 297 (301); *Haendel* IStR 2017, 436; monographisch *Haendel*, Treaty Overriding im Internationalen Steuerrecht als Verfassungsproblem, 2017; zum faktischen treaty override *Gosch* ISR 2018, 289 (294–296).

c) **Hineinverschmelzung.**

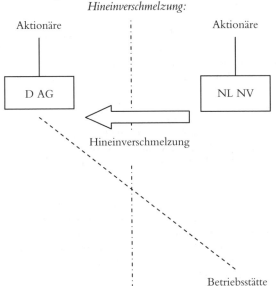

Bei der sog. Hineinverschmelzung geht das Vermögen der ausländischen Gesellschaft auf die **in Deutschland gegründete SE** im Wege der Gesamtrechtsnachfolge über. Dies kann durch **Neugründung** einer inländischen SE unter Beteiligung einer ausländischen AG (Verschmelzung zur Neugründung) oder durch **Aufnahme** der ausländischen AG in eine bestehende deutsche AG (Verschmelzung zur Aufnahme) erfolgen.

Für die ertragsteuerrechtliche Behandlung müssen zum besseren Verständnis zwei Varianten unterschieden werden. In der ersten Variante verfügt die **Bundesrepublik Deutschland über kein Besteuerungsrecht an den Wirtschaftsgütern der ausländischen Gesellschaft.** Da der Ort der Geschäftsleitung der ausländischen Gesellschaft nicht im Inland liegt, fehlt es an einem deutschen Besteuerungsrecht, wenn keine Wirtschaftsgüter der ausländischen Gesellschaft über die beschränkte Steuerpflicht gem. § 8 Abs. 1 KStG iVm § 49 EStG steuerverstrickt sind oder die beschränkte Steuerpflicht durch eine DBA-Regelung zurückgenommen wird. Letzteres ist insbesondere bei von der ausländischen Gesellschaft gehaltenen Beteiligungen an inländischen Kapitalgesellschaften der Fall, die zwar der beschränkten Steuerpflicht nach § 49 Abs. 1 Nr. 2 lit. e EStG unterfallen, das Besteuerungsrecht aber regelmäßig über eine Art. 13 Abs. 5 OECD-MA entsprechende Regelung dem Ansässigkeitsstaat des Gesellschafters zugewiesen wird. In der zweiten Variante liegt es so, dass die **Bundesrepublik ein Besteuerungsrecht an bestimmten Wirtschaftsgütern der ausländischen Gesellschaft besitzt.** Das ist namentlich dann der Fall, wenn die ausländische Gesellschaft über eine inländische Betriebsstätte (§ 49 Abs. 1 Nr. 2 lit. a EStG iVm Art. 7, 13 Abs. 2 OECD-MA) oder einen inländischen Immobilienbesitz (§ 49 Abs. 1 Nr. 2 lit. f EStG iVm Art. 13 Abs. 1 OECD-MA) verfügt.

Verfügt die **Bundesrepublik Deutschland über kein Besteuerungsrecht an den Wirtschaftsgütern der ausländischen Gesellschaft,** sind die **§§ 11 ff. UmwStG nicht anwendbar.** Wirtschaftsgüter, die auf die inländische SE übergehen – sei es aus dem Sitzstaat der übertragenden Gesellschaft oder aus Drittstaaten – und an denen **erstmals ein deutsches Besteuerungsrecht begründet** wird, sind nach dem durch das **SEStEG** vom 7.12.2006 (→ Rn. 1) in § 4 Abs. 1 S. 7 Hs. 2 EStG eingeführten sog. **Verstrickungstatbestand** iVm § 8 Abs. 1 KStG fiktiv als Einlage zu behandeln. Die Bewertung erfolgt gem. § 8 Abs. 1 KStG, § 6 Abs. 1 Nr. 5 lit. a EStG mit dem **gemeinen Wert.** Unerheblich ist es, ob das ausländische Steuerrecht analog dem deutschen Steuerrecht gleichzeitig eine gewinnrealisierende Entstrickung anordnet. Deswegen ist eine steuerfreie Höherbewertung ebenso wenig ausgeschlossen wie eine Doppelbesteuerung, wenn der im ausländischen Steuerrecht angesetzte Entstrickungswert über dem deutschen gemeinen Wert liegt.[91] Ein Wertverknüpfungskonzept ist in der Fusions-RL nicht umgesetzt worden. Mit der Verschmelzung entsteht im ausländischen Staat der übertragenden Gesellschaft regelmäßig eine Betriebsstätte. Die dort steuerverstrickten Wirtschaftsgüter können nach den Vorgaben des Art. 4 Abs. 1 Fusions-RL iVm den einschlägigen Steuervorschriften des ausländischen Staates zum Buchwert fortgeführt werden und sind im Falle der Freistellungsmethode der jeweiligen DBA nach Art. 7, 13 Abs. 2 OECD-MA in Deutschland nicht steuerverstrickt. Gleiches gilt für Wirtschaftsgüter der übertragenden Gesellschaft in Drittstaaten, wenn dort eine Betriebsstätte mit DBA-Freistellungsmethode besteht.

38 Verfügte die **Bundesrepublik Deutschland vor der Verschmelzung** bereits über ein **Besteuerungsrecht an den Wirtschaftsgütern der ausländischen Gesellschaft,** sind die **§§ 11 ff. UmwStG** auf die bereits im Inland steuerverstrickten Wirtschaftsgüter **anwendbar.**

39 Bezogen auf die ausländische übertragende Gesellschaft sind nach § 11 Abs. 1 UmwStG die steuerverstrickten Wirtschaftsgüter in deren **Schlussbilanz** unter Aufdeckung stiller Reserven mit dem **gemeinen Wert** anzusetzen. Soweit der Betriebsstätte wegen eines entsprechenden wirtschaftlichen Zusammenhangs ein **Verlustvortrag** zuzuordnen ist, kann dieser mit den aufgedeckten stillen Reserven verrechnet werden. Das Mindestbesteuerungskonzept des § 10d EStG ist nach hier vertretener Ansicht (→ Rn. 22) teleologisch restriktiv auszulegen, wenn es zu einem Untergang des Verlustabzugs kommt. Das ist wegen § 12 Abs. 3 UmwStG, § 4 Abs. 2 S. 2 UmwStG der Fall. Möchte die übertragende ausländische Gesellschaft das Aufdecken stiller Reserven ganz (Buchwertansatz) oder teilweise (Zwischenwertansatz) vermeiden, eröffnet § 11 Abs. 2 UmwStG ein entsprechendes **Antragsrecht** (→ Rn. 25). Das im Falle der Hinausverschmelzung zentrale Problem des Verlustes von Besteuerungssubstrat für den deutschen Fiskus, dem § 11 Abs. 2 S. 1 Nr. 2 UmwStG begegnet, ist bei der Hineinverschmelzung nicht relevant, weil ein deutsches Besteuerungsrecht umgekehrt begründet wird. Das in § 11 Abs. 2 S. 1 Nr. 3 UmwStG normierte absolute Zuzahlungsverbot verstößt **partiell gegen Art. 2 lit. a Fusions-RL,** wonach eine Zuzahlung von bis zu 10% des Nennwerts der Anteile unschädlich ist. Deshalb kann sich im Falle einer grenzüberschreitenden Verschmelzung im EU-Raum die ausländische Gesellschaft unmittelbar auf die insoweit nicht ordnungsgemäß umgesetzte Fusions-RL berufen (→ Rn. 10).

40 Für die **übernehmende inländische SE** ist § 12 UmwStG einschlägig. Nach § 12 Abs. 1 UmwStG hat die SE die auf sie übergegangenen, in der Schlussbilanz der übertragenden ausländischen Gesellschaft ausgewiesenen Wirtschaftsgüter mit dem dort enthaltenen Wert in der **steuerlichen Eröffnungsbilanz zu übernehmen.** Der Übergang eines der inländischen Betriebsstätten der ausländischen Gesellschaft im Rahmen der beschränkten Steuerpflicht zuzuordnenden Verlustvortrags scheitert an § 12 Abs. 3 UmwStG, § 4 Abs. 2 S. 2 UmwStG. Unionsrechtliche Bedenken bestehen hier wegen Gleichbehandlung mit dem reinen Inlandssachverhalt nicht.[92] Umstritten ist, ob aus der in § 11 Abs. 2 UmwStG angeordneten Einheitlichkeit des Bewertungsansatzes folgt, dass auch die nicht steuerverstrickten Wirtschaftsgüter mit in die Schlussbilanz aufgenommen werden müssen, dh das gesamte ausländische und inländische Vermögen in der Schlussbilanz auszuweisen ist. Das ist abzulehnen, weil das Regime der §§ 11 ff. UmwStG ein deutsches Besteuerungsrecht voraussetzt.[93]

41 Den Anteilseignern der ausländischen Gesellschaft werden mit Wirksamwerden der Verschmelzung Anteile an der inländischen SE ipso iure eingeräumt. Nach dem dogmati-

---

[91] Kirchhof/*Bode* EStG § 4 Rn. 111.
[92] Vgl. EuGH 7.11.2013 – C-322/11 K, IStR 2013, 913 mAnm *Benecke/Staats.*
[93] Ebenso *Körner* IStR 2009, 741 (749); NK-SE/*Lammel/Maier* Teil D Kap. 2 Rn. 162; aA Widmann/Mayer/*Schießl* UmwStG § 11 Rn. 50.39 mwN.

schen Konzept des SEStEG ist der Vorgang ertragsteuerrechtlich als Anteilstausch einzuordnen (→ Rn. 17). Wenn die Anteilseigner der ausländischen Gesellschaft weder Wohnsitz noch gewöhnlichen Aufenthalt im Inland haben, waren ihre Anteile an der ausländischen Gesellschaft nicht im Inland steuerverstrickt. Die neuen Anteile an der deutschen SE sind zwar – regelmäßig nach § 49 Abs. 1 Nr. 2 lit. e EStG – von der beschränkten Steuerpflicht erfasst, aber über ein DBA mit dem Staat der ausländischen Gesellschaft wird das Besteuerungsrecht üblicherweise entsprechend Art. 13 Abs. 5 OECD-MA dem Ansässigkeitsstaat des Gesellschafters zugewiesen.[94] Deswegen sind auch die Anteile an der inländischen SE weiterhin nicht steuerverstrickt. Anders liegt es nur nach den DBA mit der Slowakei und Tschechien. Bei einer erstmaligen Steuerverstrickung ist den ausländischen Anteilseignern zu raten, von ihrem Antragsrecht des Art. 13 Abs. 2 UmwStG keinen Gebrauch zu machen, damit ihre Anteile mit dem gemeinen Wert verstrickt werden und dadurch einen Zugriff des deutschen Fiskus auf die im Ausland entstandenen stillen Reserven zu verhindern.[95]

Bei unbeschränkt steuerpflichtigen Anteilseignern der ausländischen Gesellschaft liegt – von den Sonderfällen Slowakei und Tschechien abgesehen – das Besteuerungsrecht bereits im Inland.[96] Damit kommt das System des § 13 UmwStG zum Zuge. Der steuerliche Anteilstausch führt zur Aufdeckung möglicher stiller Reserven, doch eröffnet § 13 Abs. 2 UmwStG dem Anteilseigner die Möglichkeit, den Antrag auf Übernahme der Buchwerte bzw. Anschaffungskosten zu stellen (→ Rn. 40). Die Besteuerung hinsichtlich des Veräußerungsgewinns an den inländischen SE-Anteilen nach § 13 Abs. 2 S. 1 Nr. 2 UmwStG ist in jedem Fall sichergestellt.

3. Gründung einer Holding-SE (Art. 2 Abs. 2 SE-VO).

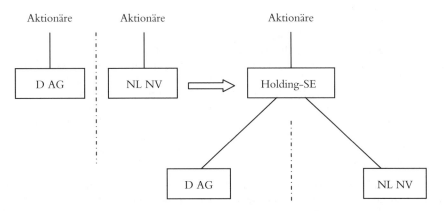

a) **Problemstellung.** Nach einem dem deutschen Recht nicht bekannten Gründungsverfahren kann eine SE als Holding-SE gegründet werden, die ihren Sitz in einem beliebigen Mitgliedstaat haben kann (Art. 32 SE-VO). An der Gründung müssen mindestens zwei Aktiengesellschaften oder Gesellschaften mit beschränkter Haftung mit Sitz und Hauptverwaltung in der EU/EWR beteiligt sein, die ihre Anteile mit mehr als 50% der Stimmrechte in die neu gegründete SE gegen Gewährung von Aktien an der Holding-SE einbringen, wobei mindestens zwei der betroffenen Aktiengesellschaften oder GmbH dem Recht verschiedener Mitgliedstaaten unterliegen müssen oder seit mindestens zwei Jahren eine Tochtergesellschaft oder Zweigniederlassung in einem anderen Mitgliedstaat haben müssen (Art. 2 Abs. 2 SE-VO, Art. 32 SE-VO). Die **Gründung der SE** vollzieht sich also als

---
[94] Zur Abkommensübersicht Vogel/Lehner/*Reimer* DBA Art. 13 Rn. 225.
[95] *Schön* in Schön/Schindler, Die SE im Steuerrecht – Sonderausgabe aus Lutter/Hommelhoff, SE-Kommentar, 2008, Rn. 281.
[96] Zur Abkommensübersicht Vogel/Lehner/*Reimer* DBA Art. 13 Rn. 225.

Sachgründung durch einen **Anteilstausch,** wobei an die Person des bzw. der Einbringenden keine weiteren gesellschaftsrechtlichen Anforderungen gestellt werden. Bei der technischen Durchführung der Gründung besteht das Problem, dass die SE selbst als Rechtsträger noch nicht existiert. Bei börsennotierten Gründungsgesellschaften wird man deshalb die Aktien im Wege eines oder auch mehrerer öffentlicher Angebote durch einen Treuhänder einsammeln und anschließend im Tausch gegen Aktien der SE einbringen lassen müssen (→ SE-VO Art. 32 Rn. 13 mwN). Die an der Gründung beteiligten Gesellschaften (Gründungsgesellschaften) bleiben bestehen. Die Übertragung der Anteile erfolgt im Wege der Einzelrechtsnachfolge. Die Gesellschafter der Gründungsgesellschaften erhalten im Gegenzug für die Einbringung Aktien der SE.

45   Für die steuerrechtliche Einordnung ist vorweg darauf hinzuweisen, dass sich in Folge der gesellschaftsrechtlichen Vorgaben der SE-VO die Gründung einer Holding-SE als eine **Einbringung von Kapitalgesellschaftsanteilen an den sog. Gründungsgesellschaften in eine Holding-SE (Kapitalgesellschaft) gegen Gewährung von neuen Gesellschaftsrechten** an der Holding-SE darstellt. Steuerrechtliche Folgen sind bei den Gründungsgesellschaften selbst, den einbringenden Gesellschaftern der Gründungsgesellschaften und der übernehmenden Holding-SE möglich.

46   Da sich nach den gesellschaftsrechtlichen Vorgaben im Hinblick auf die **an der Gründung der Holding-SE beteiligten Gründungsgesellschaften** an der rechtlichen Zuordnung deren Vermögens nichts ändert, ist der Gründungsvorgang für die Gründungsgesellschaft im Grundsatz ertragsteuerrechtlich neutral. Anders verhält es sich, wenn die Gründungsgesellschaft über **nicht genutzte Verluste iSd § 8c Abs. 1 KStG** verfügt bzw. sich andere Vorschriften auf § 8c Abs. 1 KStG beziehen (zB § 4h Abs. 5 S. 3 EStG, § 10a Abs. 1 S. 10 GewStG). Da bei Gründung der Holding-SE ein mehr als 50%iger Gesellschafterwechsel bei den Gründungsgesellschaften stattfindet, sind gem. § 8c Abs. 1 S. 1 KStG nicht genutzte Verluste vollständig nicht mehr abziehbar.

47   Sonstige steuerrechtliche Folgen können auf Ebene der Holding-SE im Hinblick auf eine **Grunderwerbsteuerpflicht** nach § 1 Abs. 3 GrEStG in Betracht kommen. Dies ist dann der Fall, wenn zum Vermögen einer der an der Gründung beteiligten Gesellschaften inländische Grundstücke iSd § 1 Abs. 1 GrEStG gehören und die in- oder ausländische Holding-SE durch die Einbringung der Anteile mindestens 95% der Anteile an einer grundstücksbesitzenden Gesellschaft erwirbt. Die Holding-SE wäre in dieser Konstellation als Erwerber der Anteile an der grundbesitzenden Gesellschaft auch Schuldnerin der Grunderwerbsteuer (§ 13 Nr. 5a GrEStG). Die Steuerbefreiung gem. § 6a GrEStG ist nicht einschlägig, weil der Anteilstausch kein Vorgang nach dem UmwG ist, sondern sich im Wege der Einzelrechtsnachfolge vollzieht.

48   b) **Qualifizierter Anteilstausch iSd § 21 UmwStG.** Im Mittelpunkt der steuerrechtlichen Behandlung steht der **Anteilstausch,** der sich bei den Gesellschaftern der Gründungsgesellschaften vollzieht. Diese bekommen im Gegenzug für die eingebrachten Anteile an den Gründungsgesellschaften Aktien an der Holding-SE. Der Vorgang wäre nach dem allgemeinen Prinzip des § 6 Abs. 6 EStG, § 8 Abs. 1 KStG für die einbringenden Gesellschafter ein gewinnrealisierender tauschähnlicher Vorgang. **§ 21 UmwStG idF des SEStEG vom 7.12.2006** (→ Rn. 1) ermöglicht unter bestimmten Voraussetzungen bei grenzüberschreitenden Anteilstauschkonstellationen die Buchwertfortführung bzw. Fortführung der ursprünglichen Anschaffungskosten auf Ebene des Einbringenden.[97] Ab dem 1.1.2007 war durch die Fusions-RL 2005 überdies klargestellt worden (vgl. Art. 3 lit. a Fusions-RL 2005 iVm Anh. I Teil A lit. a Fusions-RL 2005), dass auch die SE in deren persönlichen Anwendungsbereich fällt. Die Fusions-RL verlangt, dass der bei den einbringenden Gesellschaftern stattfindende Anteilstausch für sich betrachtet keine Besteuerung auslösen darf (Art. 8 Abs. 1 Fusions-RL). Da die Gründung einer Holding-SE nach den Vorgaben des Art. 2 Abs. 2 SE-VO als Sachgründung vollzogen werden muss, ist die von

---

[97] Haritz/Menner/Bilitewski/*Behrens* UmwStG § 21 Rn. 45, 113.

§ 21 Abs. 1 UmwStG geforderte Gewährung neuer Anteile als Gegenleistung für die eingebrachten Anteile ex lege erfüllt. Deswegen kommt es im vorliegenden Zusammenhang nicht darauf an, ob im Falle der Gewährung eigener Anteile – statt neuer Anteile über eine Kapitalerhöhung – ein Verstoß gegen die Fusions-RL vorliegt.[98]

In der Fusions-RL nicht ausdrücklich geregelt ist demgegenüber, mit welchem Wert die erwerbende Holding-SE die Anteile der erworbenen Gesellschaften zu bewerten hat.[99] Dies bestimmt sich damit nach dem jeweiligen innerstaatlichen Recht. Nach der allgemeinen Regel des § 6 Abs. 1 Nr. 5 EStG iVm § 8 Abs. 1 KStG wären die erworbenen Anteile mit dem Teilwert zu bilanzieren. § 21 Abs. 1 S. 1 UmwStG verlangt den Ansatz zum gemeinen Wert. Davon abweichend eröffnet **§ 21 Abs. 1 S. 2 UmwStG** ein **Wertansatzwahlrecht.** Die Holding-SE kann auf **Antrag,** der spätestens zur erstmaligen Abgabe der steuerlichen Schlussbilanz an das für die SE zuständige Finanzamt zu stellen ist, die erworbenen Anteile an den Gründungsgesellschaften mit den **Buchwerten (bzw. Anschaffungskosten;** vgl. § 21 Abs. 2 S. 5 UmwStG), Zwischenwerten und höchstens mit dem gemeinen Wert ansetzen.[100] Bewertungsstichtag für den Buchwert ist der Zeitpunkt des Anteilstausches (vgl. § 1 Abs. 5 Nr. 4 UmwStG). § 21 Abs. 2 S. 1 UmwStG ordnet im Grundsatz eine **Wertverknüpfung** zwischen dem Ansatz der eingebrachten Anteile bei der Holding-SE und dem Ansatz der erworbenen Anteile an der SE bei dem Einbringenden an. Zugleich gilt der Wert für den Einbringenden als **Veräußerungspreis seiner eingebrachten Anteile an der Gründungsgesellschaft.** Durch Ansatz der Buchwerte lässt sich also eine Gewinnrealisierung bei in der Bundesrepublik steuerverstrickten Anteilen verhindern. Damit entscheidet nicht der Anteilseigner selbst, sondern die Holding-SE darüber, ob auf dessen Ebene in der Beteiligung verstrickte stille Reserven aufgedeckt werden. Die Buchwertverknüpfung führt zu einer Verdoppelung der stillen Reserven, da diese sowohl in den eingebrachten Anteilen als auch in den neu gewährten Anteilen enthalten sind, im Regelfall aber zu keiner doppelten Versteuerung.[101] Für **grenzüberschreitende** Einbringungen (→ Rn. 58) **löst sich das UmwStG idF des SEStEG vom Prinzip der Wertverknüpfung** zwischen ausländischer Holding-SE und inländischem Anteilseigner (vgl. § 21 Abs. 2 S. 3 UmwStG). Diese Ausnahmebestimmung war auch notwendig, weil die von § 23 Abs. 4 UmwStG aF verlangte **Buchwertverknüpfung über die Grenze** nach Ansicht des EuGH[102] nicht mit Art. 8 Abs. 1 und 2 Fusions-RL vereinbar war.

Der **persönliche Anwendungsbereich des § 21 UmwStG** knüpft **ausschließlich** an den **übernehmenden Rechtsträger** (vgl. § 1 Abs. 4 Nr. 1, Abs. 3 Nr. 5 UmwStG) an. Unerheblich ist es deshalb – in Abweichung von der enger gefassten Fusions-RL[103] –, wo sich die einbringenden Gründungsgesellschafter und die erworbenen Rechtsträger befinden. Die übernehmende Holding-SE muss gem. § 1 Abs. 2 S. 1 Nr. 1 UmwStG eine nach dem **Recht eines EU-/EWR-Mitgliedstaates gegründete Gesellschaft** mit **Satzungssitz** und **Ort der Geschäftsleitung in einem EU-/EWR-Mitgliedstaat** sein. Nach § 1 Abs. 2 S. 2 UmwStG gilt eine SE als eine nach den Rechtsvorschriften des Staates gegründete Gesellschaft, in dessen Hoheitsgebiet sich ihr Sitz befindet. Art. 7 S. 1 SE-VO gibt vor, dass der Sitz einer SE in der Gemeinschaft liegen muss. Darüber hinaus wurde der Geltungsbereich der SE-VO auf die Länder des EWR ausgedehnt.[104] Des Weiteren verlangt Art. 7 SE-VO, dass die Hauptverwaltung, die nahezu deckungsgleich mit der Geschäftsleitung ist (→ Rn. 5), in demselben Mitgliedstaat liegen muss. Problematisch können also nur seltene Ausnahmekonstellationen sein, in denen sich Ort der Geschäftsleitung (außerhalb

---

[98] Näher *Schindler* in Schön/Schindler, Die SE im Steuerrecht – Sonderausgabe aus Lutter/Hommelhoff, SE-Kommentar, 2008, Rn. 319.
[99] NK-SE/*Lammel*/*Maier* Teil D Kap. 2 Rn. 29 ff., 32 mwN.
[100] Näher Schmitt/Hörtnagl/Stratz/*Schmitt* UmwStG § 21 Rn. 57 ff. mwN.
[101] Haritz/Menner/Bilitewski/*Behrens* UmwStG § 21 Rn. 242 mwN.
[102] EuGH 11.12.2008 – C-285/07, Slg. 2008, I-9329 = DStR 2009, 101 – A.T.
[103] Näher *Schindler* in Schön/Schindler, Die SE im Steuerrecht – Sonderausgabe aus Lutter/Hommelhoff, SE-Kommentar, 2008, Rn. 299 ff.
[104] Beschluss des Gemeinsamen EWR-Ausschusses Nr. 93/2002 v. 25.6.2002, ABl. 2002 L 266, 69.

des EU-/EWR-Raums) und Ort der Hauptverwaltung nicht decken oder entgegen Art. 7 SE-VO die Hauptverwaltung – und damit auch der Ort der Geschäftsleitung – außerhalb des EU-/EWR-Raums liegt.

51   Mit **Inkrafttreten des SEStEG vom 7.12.2006** (→ Rn. 1) ist der **Anteilstausch,** dh die Sacheinlage von Anteilen an einer Kapitalgesellschaft in eine Kapitalgesellschaft gegen Gewährung von neuen Anteilen, in **§ 21 UmwStG** geregelt. Gegenständlich wird gem. § 21 Abs. 1 S. 2 UmwStG allerdings nur der sog. **qualifizierte Anteilstausch** erfasst, wonach so viele Anteile auf die Holding-SE übertragen werden müssen, dass diese nach der Einbringung an den erworbenen Gesellschaften die **Stimmrechtsmehrheit** hat. Das Stimmrecht gründet sich auf die gesellschaftsrechtliche Stellung. „Mehrheit" bedeutet – unabhängig von satzungsrechtlichen Sonderregelungen – immer mehr als die Hälfte der Stimmrechte. Eine Beteiligung der übernehmenden Gesellschaft vor der Einbringung ist trotz der etwas unglücklich geratenen Formulierung des § 21 Abs. 1 S. 2 UmwStG nach hM nicht erforderlich.[105] Für die **Gründung einer Holding-SE** bedeutet dies, dass ein **qualifizierter Anteilstausch zu bejahen** ist, weil die SE-VO in den Art. 32 Abs. 2 SE-VO, Art. 33 Abs. 2 SE-VO die Einbringung von mehr als 50% der Stimmrechte verleihenden Anteile vorschreibt, sodass die Holding-SE ex lege in jeder Gründungsgesellschaft die Stimmrechtsmehrheit inne hat.[106] Die Gründung einer Holding-SE ist auch möglich, wenn es sich bei den Gründungsgesellschaften um **Publikumsgesellschaften** handelt. Entscheidend ist, dass die von Art. 33 Abs. 1 SE-VO geforderte Stimmrechtsmehrheit innerhalb von drei Monaten durch mehrere Einbringende, die ihre Minderheitsbeteiligungen in die SE einbringen, erreicht wird. Der von der Finanzverwaltung geforderte einheitliche Gründungsvorgang[107] ist damit erfüllt. Wichtig ist, dass nach hM[108] das über die Wertverknüpfung des § 21 Abs. 2 S. 1 UmwStG für den Veräußerungspreis der Anteile grundsätzlich maßgebliche Bewertungswahlrecht der Holding-SE bezogen auf die auf sie übertragenen Anteile der Gründungsgesellschaften für jeden Einbringenden unterschiedlich ausgeübt werden kann. Sollten Gesellschafter innerhalb der einmonatigen „Nachfrist" des Art. 33 Abs. 3 S. 2 SE-VO ihre Minderheitsbeteiligung einbringen, ist diese nachträgliche Einbringung jedenfalls kein Erwerb mehrheitsverstärkender Anteile iSd Art. 2 lit. e Fusions-RL, da es sich um neue Gesellschafter handelt. Hier kommt es entscheidend darauf an, ob das Mehrheitserfordernis auf der Grundlage einer sog. stand-alone-Betrachtung beurteilt werden muss, oder ob ein qualifizierter Anteilstausch iSd § 21 UmwStG auch dann zu bejahen ist, wenn die erworbenen Anteile gemeinsam mit bereits gehaltenen Anteilen der Holding-SE eine Mehrheit verstärken. Die hM lässt Letzteres genügen.[109]

52   Für die konkrete ertragsteuerrechtliche Einordnung der Gründung einer Holding-SE kommt es zum einen darauf an, ob die Holding-SE in Deutschland oder im EU-Ausland ansässig sein soll. Zum anderen hängt sie davon ab, ob die Gesellschafter der beteiligten Gesellschaften in Deutschland oder im Ausland ansässig sind. Es sind also **typologisch vier Varianten** zu unterscheiden: inländische Holding-SE mit inländischem Anteilseigner; inländische Holding-SE mit ausländischem Anteilseigner; ausländische Holding-SE mit inländischem Anteilseigner und ausländische Holding-SE mit ausländischem Anteilseigner.

53   **c) Gründung einer inländischen Holding-SE.** Auf Ebene der deutschen Holding-SE sind mit der Gründung der Gesellschaft steuerrechtliche Folgen in Bezug auf eine mögliche sog. **Gesellschaftsteuer** nicht verbunden. Zwar gestattet die RL 2008/7/EG (bis 31.12.2008: RL 69/335/EWG) den Mitgliedstaaten die Erhebung einer auf maximal 1% des Kapitals begrenzten Steuer auf die Aufbringung des Kapitals einer in ihrem Hoheitsgebiet errichteten Kapitalgesellschaft. Für deutsche Gründungsvorgänge ist diese Gesellschaftsteuer allerdings durch das

---

[105] Haritz/Menner/Bilitewski/*Behrens* UmwStG § 21 Rn. 153 f. mwN.
[106] *Schindler* in Schön/Schindler, Die SE im Steuerrecht – Sonderausgabe aus Lutter/Hommelhoff, SE-Kommentar, 2008, Rn. 314.
[107] Haritz/Menner/Bilitewski/*Behrens* UmwStG § 21 Rn. 156 mwN.
[108] Schmitt/Hörtnagl/Stratz/*Schmitt* UmwStG § 21 Rn. 43 mwN.
[109] Haritz/Menner/Bilitewski/*Behrens* UmwStG § 21 Rn. 155 mwN.

Finanzmarktförderungsgesetz vom 22.2.1990 (BGBl. 1990 I 266) abgeschafft worden. Inwieweit eine Finanztransaktionssteuer, die der Kapitalverkehrsteuer ähnlich ist, eingeführt werden soll, ist unklar.[110]

Soweit die **Anteilseigner** der beteiligten Gesellschaften **in Deutschland ansässig** sind, sind die im Rahmen der Gründung der deutschen Holding-SE einzubringenden Anteile grundsätzlich in Deutschland steuerverstrickt. Das ist nur ausnahmsweise dann anders, wenn die Anteile einer ausländischen Betriebsstätte in einem Staat zuzuordnen sind, mit dem ein DBA mit Freistellungsmethode besteht. Einen weiteren Ausnahmefall bilden die von Art. 13 Abs. 5 OECD-MA abweichenden Doppelbesteuerungsregeln mit der Slowakei und Tschechien, die das Besteuerungsrecht dem Ansässigkeitsstaat der Gesellschaft zuweisen.[111]

Die Einbringung der Anteile ist als **tauschähnlicher Vorgang** als ein Veräußerungsgeschäft einzuordnen. Soweit die Anteile steuerverstrickt sind, wäre eine Gewinnrealisierung grundsätzlich steuerbar. Bei natürlichen Personen als Einbringende würde ein Veräußerungsgewinn etwa nach § 3 Nr. 40 EStG nach dem sog. Teileinkünfteverfahren zu 60% steuerpflichtig sein, bei im Privatvermögen gehaltenen Anteilen außerhalb des Anwendungsbereichs des § 17 EStG lägen Einkünfte aus Kapitalvermögen gem. § 20 Abs. 2 Nr. 1 EStG vor, die regelmäßig der 25%igen Abgeltungsteuer nach § 32d Abs. 1 EStG unterliegen. Bei Körperschaften wäre der Einbringungsgewinn, von den Sonderfällen des § 8b Abs. 7 und 8 KStG abgesehen, nach § 8b Abs. 2 und 3 KStG in Höhe von 95% begünstigt und unterläge insoweit auch nicht der Gewerbesteuer.

Allerdings lässt sich ein **Aufdecken stiller Reserven** gänzlich dann **vermeiden,** wenn die Einbringung der Anteile nach dem Wertansatzwahlrecht des § 21 Abs. 1 S. 2 UmwStG vollzogen wird. § 21 Abs. 2 S. 1 UmwStG ordnet dann eine **Wertverknüpfung** zwischen dem Ansatz der eingebrachten Anteile bei der Holding-SE und dem Ansatz der erworbenen Anteile an der SE bei dem Einbringenden an. Zugleich gilt der Wert für den Einbringenden als **Veräußerungspreis seiner eingebrachten Anteile an der Gründungsgesellschaft.** Durch Ansatz der Buchwerte lässt sich also eine Gewinnrealisierung bei in der Bundesrepublik steuerverstrickten Anteilen verhindern. Bei natürlichen Personen als Einbringenden und Gesellschaften, die die Steuerbefreiung nach § 8b Abs. 2 KStG nicht in Anspruch nehmen können, kann es gem. § 22 Abs. 2 UmwStG zu einer **nachträglichen,** auf den Zeitpunkt der Einbringung **rückwirkend bezogenen zeitanteiligen Besteuerung** kommen, wenn die deutsche **Holding-SE** die übernommenen Anteile an der Gründungsgesellschaft **innerhalb von 7 Jahren veräußert.** Daneben gibt es weitere Ersatzrealisationstatbestände (vgl. § 22 Abs. 2 S. 6 UmwStG iVm § 22 Abs. 1 Nr. 1–5 UmwStG). Die Ermittlung des sog. Einbringungsgewinns II ergibt sich aus § 22 Abs. 2 S. 3 UmwStG.[112] Die aufzudeckenden stillen Reserven reduzieren sich pro Jahr um 1/7. Das Teileinkünfteverfahren kommt bei natürlichen Personen zur Anwendung. Entsprechend erhöhen sich die Anschaffungskosten der Holding-SE um den versteuerten Einbringungsgewinn (vgl. § 23 Abs. 2 S. 3 UmwStG). Zu keiner rückwirkenden Besteuerung des Einbringungsgewinns kommt es dann, wenn der Einbringende vor Veräußerung durch die Holding-SE die Anteile bereits veräußert hat (§ 22 Abs. 2 S. 5 UmwStG).

Sind die **Anteilseigner** der an der Gründung der inländischen Holding-SE beteiligten Gesellschaften **im Ausland ansässig,** fehlt es regelmäßig an einem deutschen Besteuerungsrecht für die in die Holding-SE eingebrachten Anteile. Abweichendes gilt ausnahmsweise dann, wenn sie der **beschränkten Steuerpflicht nach § 49 EStG** unterliegen, etwa weil sie einer inländischen Betriebsstätte zuzuordnen sind oder bei Anteilen an deutschen Gründungsgesellschaften entweder kein DBA mit dem Ansässigkeitsstaat des Einbringenden besteht oder der Gesellschafter in der Slowakei oder Tschechien ansässig ist und nach dem

---

[110] https://www.welt.de/wirtschaft/article207622485/Finanztransaktionssteuer-So-wird-das-EU-Projekt-scheitern.html (zuletzt abgerufen am 16.2.2021); weitergehend zur Finanztransaktionssteuer *Sievers* EWS 2018, 220; *Eichfelder* DStR 2018, 2397; *Thiemann* ZG 2019, 247.
[111] Zur Abkommensübersicht Vogel/Lehner/*Reimer* DBA Art. 13 Rn. 225.
[112] Näher in Haritz/Menner/Bilitewski/*Bilitewski* UmwStG § 22 Rn. 247 ff.

jeweiligen DBA der Bundesrepublik das Besteuerungsrecht zugewiesen ist.[113] Soweit es an einem deutschen Besteuerungsrecht fehlt, waren die Anteile vor Inkrafttreten des SEStEG in der Steuerbilanz der Holding-SE nach hM mit dem Teilwert anzusetzen.[114] Mit **Inkrafttreten des SEStEG vom 7.12.2006** (→ Rn. 1) erfolgt die Bewertung nach den sog. **Verstrickungsregeln** gem. § 8 Abs. 1 KStG iVm § 4 Abs. 1 S. 7 Hs. 2 EStG, § 6 Abs. 1 Nr. 5 lit. a EStG mit dem gemeinen Wert.

58 d) **Gründung einer ausländischen Holding-SE.** Erfolgt die Einbringung durch einen **in Deutschland ansässigen Gesellschafter** in eine ausländische Holding-SE, handelt es sich ebenso wie bei der Inlandsgründung aus Sicht des einbringenden Gesellschafters um einen tauschähnlichen Vorgang, der als ein Veräußerungsgeschäft einzuordnen ist (vgl. §§ 17, 20 Abs. 2 Nr. 1 EStG). Soweit die Anteile steuerverstrickt sind, wäre eine Gewinnrealisierung nach dem **Welteinkommensprinzip** des EStG bzw. KStG grundsätzlich steuerbar. Das gilt regelmäßig auch in Fällen von DBA mit Freistellungsmethode, weil üblicherweise das Besteuerungsrecht für einen Veräußerungsgewinn dem Ansässigkeitsstaat zugewiesen wird (vgl. Art. 13 Abs. 5 OECD-MA). Ausnahmsweise besteht kein deutsches Besteuerungsrecht, wenn die Anteile an der einzubringenden Gesellschaft einer **ausländischen Betriebsstätte** zugeordnet waren, die nach einem DBA mit Freistellungsmethode von der deutschen Steuer befreit ist. Bei im Ausland ansässigen natürlichen Personen als Einbringende würde ein Veräußerungsgewinn etwa nach dann steuerbar sein, wenn die Anteile in einem (inländischen) Betriebsvermögen liegen. Der Veräußerungsgewinn unterliegt dem Teileinkünfteverfahren (vgl. § 3 Nr. 40 EStG) und ist damit nur zu 60% steuerpflichtig. Außerhalb des § 17 EStG kommt regelmäßig die Abgeltungsteuer nach § 32d Abs. 1 EStG zum Zuge. Ergänzend könnte bei Anteilen im Betriebsvermögen im Einzelfall § 6b Abs. 10 EStG die Möglichkeit eröffnen, die aufgedeckten stillen Reserven steuerfrei auf die neuen Anteile an der Holding-SE zu übertragen. Bei Körperschaften wäre der Einbringungsgewinn von den Sonderfällen des § 8b Abs. 7 und 8 KStG abgesehen nach § 8b Abs. 2 und 3 KStG in Höhe von 95% begünstigt und unterläge insoweit auch nicht der Gewerbesteuer.

59 Für grenzüberschreitende Einbringungen **löst sich das UmwStG idF des SEStEG vom Prinzip der Wertverknüpfung** zwischen ausländischer Holding-SE und inländischem Anteilseigner. Zunächst ordnet § 21 Abs. 2 S. 2 Hs. 1 UmwStG eine Gewinnrealisierung an, indem für den Einbringenden der gemeine Wert der eingebrachten Anteile an der Gründungsgesellschaft als Veräußerungspreis gilt, wenn für die **eingebrachten** Anteile nach der Einbringung das Recht der Bundesrepublik bezüglich des Gewinns aus der Veräußerung dieser Anteile **ausgeschlossen oder beschränkt** ist. Das ist bei einer ausländischen Holding-SE immer der Fall,[115] es sei denn, die Anteile an der Gründungsgesellschaft könnten einer inländischen Betriebsstätte der ausländischen Holding-SE zugeordnet werden, was allerdings an der Zentralfunktion des ausländischen Stammhauses scheitert. Allerdings eröffnet **§ 21 Abs. 2 S. 3 Nr. 1 UmwStG** hier auf **Antrag,** den Buchwert oder einen Zwischenwert anzusetzen, wenn hinsichtlich der im Gegenzug **erhaltenen Anteile an der ausländischen Holding-SE das deutsche Besteuerungsrecht nicht ausgeschlossen oder beschränkt** ist. Da fast alle von der Bundesrepublik mit anderen EU-/EWR-Staaten abgeschlossenen DBA entsprechend Art. 13 Abs. 5 OECD-MA das Besteuerungsrecht dem Ansässigkeitsstaat des Gesellschafters, also der Bundesrepublik, zuweisen, kann das **Aufdecken stiller Reserven der eingebrachten Anteile verhindert** werden. Wenn kein DBA besteht, ist die Besteuerung nach der von der Finanzverwaltung favorisierten Ansicht beschränkt, soweit Deutschland eine ausländische Steuer nach § 34c EStG anrechnen muss.[116]

---

[113] Zur Abkommensübersicht Vogel/Lehner/*Reimer* DBA Art. 13 Rn. 225.
[114] *Förster/Lange* DB 2002, 288 (293); *Rödder* in Herzig, Besteuerung der Europäischen Aktiengesellschaft, 2004, 1, 8.
[115] Die Aufgabe der finalen Entnahmetheorie durch den BFH 17.7.2008 – I R 77/06, BStBl. II 2009, 464, ändert daran nichts, weil der Gesetzgeber durch das JStG 2010 in § 4 Abs. 1 S. 4 EStG idF des JStG 2010 rückwirkend (vgl. § 52 Abs. 34 EStG) eine Entnahmefiktion angeordnet hat. Eine vergleichbare Regelung findet sich in § 12 Abs. 1 S. 2 KStG.
[116] AA *Schönfeld* IStR 2010, 133 (135 f.) mwN zum Meinungsstand in Fn. 16.

Des Weiteren ordnet **§ 21 Abs. 2 S. 2 Hs. 2 UmwStG** an, dass die stillen Reserven der 60 eingebrachten Anteile aufzudecken sind, wenn das deutsche Besteuerungsrecht bezüglich der aus der Einbringung **erhaltenen Anteile an der Holding-SE ausgeschlossen oder beschränkt** ist. Bei einem im Inland ansässigen Gesellschafter liegt das Besteuerungsrecht der erhaltenen Anteile nach dem Regelfall des Art. 13 Abs. 5 OECD-MA im Inland. Nach den abweichenden DBA-Regeln in den Ländern Bulgarien, Slowakei und Tschechien liegt das Besteuerungsrecht im Ansässigkeitsstaat der dort ansässigen Holding-SE. Insofern liegt ein Ausschluss des deutschen Besteuerungsrechts vor. In diesen Fällen eröffnet **§ 21 Abs. 2 S. 3 Nr. 2 UmwStG eine weitere Gegenausnahme,** wenn der **Gewinn aus dem Anteilstausch wegen Art. 8 Fusions-RL nicht besteuert** werden darf. Allerdings unterliegt der Gewinn aus der späteren Veräußerung der SE-Anteile – oder vergleichbarer Sachverhalte (entsprechend dem Verweis auf § 15 Abs. 1a S. 2 EStG) – ungeachtet einer abweichenden DBA-Regelung der deutschen Besteuerung. Ob dieser sog. **treaty override** tatsächlich durch Art. 8 Abs. 6 Fusions-RL gedeckt ist,[117] erscheint zweifelhaft. Denn ein deutsches Besteuerungsrecht ist nur hinsichtlich derjenigen stillen Reserven gerechtfertigt, die im Zeitpunkt der Einbringung bestanden haben.

Schließlich ist für den Fall, dass sowohl der **einbringende Gesellschafter** als auch die 61 **Holding-SE im Ausland ansässig** sind, eine Steuerverstrickung der Anteile nur dann denkbar, wenn die eingebrachten Anteile einer inländischen Betriebsstätte zuzuordnen wären. In diesem Fall gelten die entsprechenden Ausführungen zum Teileinkünfteverfahren und zur 95%igen Steuerfreiheit nach § 8b Abs. 2 und 3 KStG sowie zu einer möglichen Vermeidung der Aufdeckung stiller Reserven nach § 21 Abs. 2 UmwStG entsprechend.

4. Gründung einer Tochter-SE (Art. 2 Abs. 3 SE-VO).

62

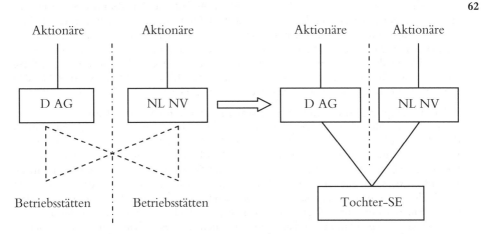

a) Vorbemerkung. Eine weitere Gründungsvariante ist die Gründung einer Tochter- 63 SE. Technisch werden **Einlagen** im Wege der Einzelrechtsnachfolge **gegen Gewährung von Gesellschaftsrechten** an der Tochter-SE geleistet. An dem Gründungsvorgang sind die Gesellschafter der einbringenden Gesellschaften nicht unmittelbar beteiligt. Vielmehr sind Einbringende die betreffenden Gesellschaften selbst. Mögliche Gründungsgesellschaften sind einerseits Gesellschaften iSd Art. 54 AEUV (früher Art. 48 Abs. 2 EGV) – darunter fallen auch Personenhandelsgesellschaften – sowie juristische Personen des öffentlichen oder privaten Rechts, sofern mindestens zwei von diesen dem Recht verschiedener Mitgliedstaaten unterliegen oder seit mindestens zwei Jahren eine dem Recht eines anderen Mitgliedstaats unterliegende Tochtergesellschaft oder eine Zweigniederlassung in einem anderen

---

[117] In diesem Sinne Haritz/Menner/Bilitewski/*Behrens* UmwStG § 21 Rn. 299 mwN.

Mitgliedstaat haben (Art. 2 Abs. 3 SE-VO, Art. 35, 36 SE-VO). Darüber hinaus kann eine Tochter-SE durch eine bereits existierende SE gegründet werden (Art. 3 Abs. 2 SE-VO).

64 Ertragsteuerrechtliche Folgen sind (1) auf der Ebene der neugegründeten Tochter-SE, (2) der einbringenden Gesellschaften und (3) der hinter den einbringenden Gesellschaften stehenden Gesellschafter zu diskutieren. Unproblematisch ist der Fall, dass in die neu zu gründende Tochter-SE lediglich **Bareinlagen** geleistet werden. Hier kann es allenfalls im Zusammenhang mit der Gründung einer ausländischen Tochter-SE nach ausländischem Steuerrecht zur Erhebung einer Gesellschaftsteuer oder vergleichbaren Steuern auf die Einzahlung von Kapital bei Kapitalgesellschaften kommen. Das Besteuerungsrecht ist gestattet und begrenzt durch die RL 2008/7/EG.

65 Werden **Sacheinlagen, zB durch Einbringung eines Teilbetriebs,** geleistet, kann dieser tauschähnliche Vorgang grundsätzlich beim **Einbringenden** zur **Aufdeckung der stillen Reserven** in den Wirtschaftsgütern, die in die Tochter-SE eingebracht werden, führen (vgl. § 6 Abs. 6 S. 1 EStG, § 16 Abs. 1 EStG). Soweit als Sacheinlage in Deutschland steuerverstrickte Beteiligungen an Kapitalgesellschaften in eine Tochter-SE eingebracht werden, kann bei Körperschaften eine Gewinnrealisierung nach § 8b Abs. 2 und 3 KStG nur in Höhe von 95% ertragsteuerpflichtig sein. Besteuerungsfolgen können auch bei an dem Einbringungsvorgang nur **mittelbar beteiligten Gesellschaftern** der einbringenden Gesellschaft auftreten. Nach dem deutschen Besteuerungskonzept der Mitunternehmerbesteuerung bei Personenhandelsgesellschaften wäre dies dann der Fall, wenn die einbringende Gesellschaft eine **Personengesellschaft** ist. Denn Besteuerungssubjekt ist nach dem im deutschen Steuersystem verankerten sog. Transparenzprinzip allein der dahinter stehende Gesellschafter der Personengesellschaft. Handelt es sich bei dem Gesellschafter um eine juristische Person, ist das Regime des KStG einschlägig, bei natürlichen Personen erfolgt die Besteuerung nach § 15 Abs. 1 S. 1 Nr. 2 EStG. Auf **Ebene der Tochter-SE** ist grundsätzlich von einer Bewertung der Einlage mit dem Teilwert bzw. mit dem gemeinen Wert (vgl. § 6 Abs. 1 Nr. 5, 5a und 6 EStG) auszugehen, doch stellt sich namentlich im Zusammenhang mit einer Vermeidung der Gewinnrealisierung auf Ebene der einbringenden Gesellschaften die Frage eines Buchwertansatzes im Wege der **Buchwertverknüpfung** nach den Sondervorschriften der §§ 20 ff. UmwStG idF des **SEStEG vom 7.12.2006** (→ Rn. 1; zur Rechtslage vor Inkrafttreten des SEStEG → 3. Aufl. 2012, Rn. 47 ff.).

66 **b) Einbringung von Unternehmensteilen nach den §§ 20 ff. UmwStG.** Der persönliche Anwendungsbereich des § 20 Abs. 1 UmwStG ist bezogen auf den **übernehmenden Rechtsträger** (§ 1 Abs. 4 S. 1 Nr. 1 UmwStG) eröffnet, weil die Tochter-SE nahezu immer die Voraussetzungen des § 1 Abs. 2 S. 1 Nr. 1 UmwStG erfüllt (→ Rn. 59). Darüber hinaus verlangt § 1 Abs. 4 S. 1 Nr. 2 lit. a aa UmwStG, dass es sich bei den **einbringenden Gründungsgesellschaften** um nach den Rechtsvorschriften eines Mitgliedstaates der EU/ des EWR gegründete Gesellschaften handelt, deren Satzungssitz und Ort der Geschäftsleitung in einem Mitgliedstaat liegt. Ist eine Personengesellschaft als einbringende Gründungsgesellschaft beteiligt, kommt es auf die dahinter stehenden Gesellschafter an. Bei der Einbringung von Betriebsvermögen einer Personengesellschaft ist für die Frage, wer Einbringender ist, entscheidend, ob die einbringende Personengesellschaft infolge der Einbringung fortbesteht.[118] Besteht die Personengesellschaft weiter fort und werden ihr die Anteile am übernehmenden Rechtsträger gewährt, ist sie Einbringende.[119] Wird die Personengesellschaft aufgelöst, sind Einbringende die Mitunternehmer. Im Falle einer natürlichen Person als Mitgesellschafter der Personengesellschaft muss diese gem. § 1 Abs. 4 S. 1 Nr. 2 lit. a bb UmwStG iVm § 1 Abs. 2 S. 1 Nr. 2 UmwStG ihren Wohnsitz oder gewöhnlichen Aufenthalt innerhalb der EU bzw. des EWR haben. Daraus können sich Probleme für diejenigen Gesellschafter ergeben, die in Drittstaaten ansässig sind. Hier kommt es gem. § 1 Abs. 4 S. 1 Nr. 2 lit. b UmwStG entscheidend darauf an, dass die Bundesrepublik das Besteuerungs-

---

[118] *Büsching* in Jannott/Frodermann SE-HdB § 14 Rn. 110.
[119] BMF-Schreiben v. 11.11.2011, BStBl. I 2011, 1314 Rn. 20.03.

recht an den erhaltenen Anteilen an der Tochter-SE hat. In DBA-Fällen wird dies nach dem Regelfall des Art. 13 Abs. 5 OECD-MA nicht erfüllt sein, besteht kein DBA, kommt es – jedenfalls wohl nach Meinung der Finanzverwaltung – darauf an, ob eine ausländische Steuer nach § 34c EStG als Beschränkung des deutschen Besteuerungsrechts angerechnet werden muss.[120] Damit ist festzuhalten, dass der **persönliche Anwendungsbereich des § 20 UmwStG im Vergleich zu dem in § 21 UmwStG geregelten qualifizierten Anteilstausch enger** ist.[121]

Der **sachliche Anwendungsbereich des § 20 Abs. 1 UmwStG** umfasst die (Sach-) Einbringung von **Betrieben, Teilbetrieben und Mitunternehmeranteilen** in die Tochter-SE gegen Gewährung von Gesellschaftsrechten. Die Einbringung eines Betriebs liegt dann vor, wenn sämtliche funktional wesentlichen Betriebsgrundlagen auf die Tochtergesellschaft übertragen werden.[122] Der sog. **qualifizierte Anteilstausch,** wonach so viele Anteile auf die Tochter-SE übertragen werden müssen, dass diese nach der Einbringung an der erworbenen Gesellschaft die **Stimmrechtsmehrheit** hat, wird in § 21 Abs. 1 S. 2 UmwStG geregelt. Insoweit gelten die zur Holding-SE gemachten Ausführungen (→ Rn. 60) entsprechend. § 20 UmwStG ist nur dann ausnahmsweise vorrangig anzuwenden, wenn die (qualifizierte) Beteiligung zu einem nach § 20 Abs. 1 UmwStG eingebrachten Betrieb, Teilbetrieb oder Mitunternehmeranteil gehört.[123] **67**

Den Regelfall der Einbringung wird in der Praxis die **Einbringung eines Teilbetriebs** bilden. Bei Einbringung des gesamten Betriebs bliebe bei der Gründungsgesellschaft nur noch eine Holdingfunktion. Der **Teilbetriebsbegriff** ist im UmwStG nicht legal definiert. Im Gegensatz zur früheren Rechtslage spricht die Entstehungsgeschichte des SEStEG dafür, den Begriff **im Einklang mit Art. 2 lit. j Fusions-RL** auszulegen.[124] Danach ist „Teilbetrieb" die Gesamtheit der in einem Unternehmensteil einer Gesellschaft vorhandenen aktiven und passiven Wirtschaftsgüter, die in organisatorischer Hinsicht einen selbständigen Betrieb, dh eine aus eigenen Mitteln **funktionsfähige Einheit,** darstellen.[125] Die Funktionsfähigkeit ist gegeben, wenn es keiner zusätzlichen Investitionen oder Einbringungen bedarf.[126] Eine Selbständigkeit, wie sie der Teilbetrieb iSd § 16 EStG erfordert, ist irrelevant; ein schuldrechtlich gesichertes Nutzungsrecht an den einzubringenden Wirtschaftsgütern genügt.[127] Unklar ist, ob dem Teilbetrieb iSd § 20 UmwStG Verbindlichkeiten, die dem eingebrachten Teilbetrieb funktional nicht zugeordnet werden können, zusammen mit dem Teilbetrieb eingebracht werden dürfen. Nach der Fusions-RL liegt wirtschaftlich eine zusätzliche Gegenleistung nahe.[128] **68**

Nach der durch das SEStEG eingeführten Systematik hat die **übernehmende Tochter-SE** den übernommenen Betrieb, Teilbetrieb oder Mitunternehmeranteil gem. § 20 Abs. 2 S. 1 UmwStG mit dem **gemeinen Wert** anzusetzen. § 20 Abs. 2 S. 2 UmwStG räumt der Tochter-SE daran anschließend ein **Bewertungswahlrecht** ein, einen Antrag dahingehend zu stellen, die eingebrachten Wirtschaftsgüter mit dem Buchwert (vgl. § 1 Abs. 5 Nr. 4 UmwStG) oder einem Zwischenwert anzusetzen. Beim Buchwertansatz tritt die Tochter-SE in die steuerliche Rechtsstellung des Einbringenden ein (vgl. § 23 Abs. 1 UmwStG, § 4 Abs. 2 S. 3 UmwStG, § 12 Abs. 3 Hs. 1 UmwStG), beim Zwischenwertansatz sind Anpassungen vorzunehmen (vgl. § 23 Abs. 3 UmwStG). Für den **Einbringenden** hat § 20 **69**

---

[120] Zum Meinungsstand *Schönfeld* IStR 2010, 133 (135 f.) mwN in Fn. 16.
[121] *Schindler* in Schön/Schindler, Die SE im Steuerrecht – Sonderausgabe aus Lutter/Hommelhoff, SE-Kommentar, 2008, Rn. 370.
[122] BMF-Schreiben v. 11.11.2011, BStBl. I 2011, 1314 Rn. 20.06.
[123] BMF-Schreiben v. 11.11.2011, BStBl. I 2011, 1314 Rn. 21.01; aA Haritz/Menner/Bilitewski/*Behrens* UmwStG § 21 Rn. 9.
[124] Haritz/Menner/Bilitewski/*Menner* UmwStG § 20 Rn. 90 mwN.
[125] Die Finanzverwaltung hat sich dem angeschlossen, BMF-Schreiben v. 11.11.2011, BStBl. I 2011, 1314 Rn. 15.02.
[126] EuGH 15.1.2001 – C-43/00 = EuZW 2002, 184 Rn. 35 – Ändersen og Jensen; aA Umwandlungssteuererlass, BStBl. I 2011, 1314 Rn. 20.06.
[127] Haritz/Menner/Bilitewski/*Menner* UmwStG § 20 Rn. 112 f.
[128] Haritz/Menner/Bilitewski/*Menner* UmwStG § 20 Rn. 101, 109 mwN.

UmwStG idF des SEStEG am **Grundsatz der doppelten Buchwertverknüpfung festgehalten,** und zwar **auch für grenzüberschreitende Einbringungen** von Betriebsvermögen. Eine dem § 21 Abs. 2 S. 3 UmwStG vergleichbare Vorschrift fehlt bei § 20 UmwStG (→ Rn. 58). Dies bedeutet, dass die von der übernehmenden Tochter-SE gewählten Wertansätze für den Einbringenden als Veräußerungspreis für das eingebrachte Betriebsvermögen und als Anschaffungskosten der ihm gewährten SE-Anteile gelten. Setzt die Tochter-SE das eingebrachte Betriebsvermögen mit dem Buchwert an, werden die dort enthaltenen stillen Reserven durch den Einbringungsvorgang nicht aufgedeckt. Es kommt aber zu einer doppelten Erfassung der stillen Reserven auf Ebene der Tochter-SE und auf Ebene des Einbringenden.

70 Werden die dem Einbringenden gewährten Aktien an der Tochter-SE **durch den Einbringenden innerhalb von sieben Jahren veräußert,** löst dies die auf den Einbringungsstichtag rückwirkend bezogene zeitanteilige Aufdeckung der im eingebrachten Betriebsvermögen enthaltenen stillen Reserven aus. Der sog. **Einbringungsgewinn I** reduziert sich pro Jahr, das seit der Gründung der Tochter-SE vergangen ist, um ein Siebtel. Gehören zum eingebrachten Betriebsvermögen auch Anteile an Kapitalgesellschaften, ist die Veräußerung der SE-Aktien durch den Einbringenden steuerbar und vorbehaltlich des § 3 Nr. 40 EStG bzw. des § 8b Abs. 2 und 3 KStG zu 60% bzw. 5% steuerpflichtig. Wenn der Einbringende die SE-Aktien nicht veräußert (vgl. § 22 Abs. 2 S. 5 UmwStG), aber die **übernehmende Tochter-SE innerhalb von 7 Jahren die eingebrachten Anteile an der Kapitalgesellschaft veräußert,** führt dies gem. § 22 Abs. 2 S. 1 UmwStG zu einem sog. rückwirkenden zeitanteiligen **Einbringungsgewinn II auf Ebene des einbringenden Gesellschafters,** wenn beim einbringenden Gesellschafter der Gewinn aus der Veräußerung dieser Anteile im Einbringungszeitpunkt nicht nach § 8b Abs. 2 KStG steuerfrei gewesen wäre (→ Rn. 65). Dies betrifft namentlich den Fall, dass eine Personengesellschaft mit natürlichen Personen als Gesellschafter Gründungsgesellschaft ist (→ Rn. 55).

71 Die grenzüberschreitenden Besteuerungsfolgen lassen sich am besten systematisieren, indem man zwischen der Gründung einer inländischen Tochter-SE und ausländischen Tochter-SE unterscheidet, wobei des Weiteren danach zu differenzieren ist, ob es sich bei der einbringenden (nicht transparenten) Gesellschaft um eine in Deutschland ansässige oder eine im Ausland ansässige Gesellschaft handelt.

72 **c) Gründung einer inländischen Tochter-SE. aa) Gründung durch im Inland ansässige Gesellschaft.** Die einfachste Konstellation ist diejenige, dass eine inländische Tochter-SE unter Beteiligung einer in Deutschland ansässigen Gesellschaft mit inländischem Betriebsvermögen gegründet wird. Wird im Wege der Sacheinlage inländisches Betriebsvermögen in die inländische Tochter-SE gegen Gewährung von Gesellschaftsrechten eingebracht, ist der Vorgang unter den **Voraussetzungen der §§ 20 ff. UmwStG idF des SEStEG für den Einbringenden mit doppelter Buchwertverknüpfung steuerneutral** zu gestalten.

73 § 20 Abs. 2 UmwStG differenziert nicht danach, ob es sich bei dem eingebrachten Betriebsvermögen um inländisches oder ausländisches Betriebsvermögen handelt. Deshalb ist im Grundsatz auch **ausländisches Betriebsvermögen** einheitlich mit dem inländischen Betriebsvermögen auf Antrag der übernehmenden Tochter-SE mit dem Buchwert oder einem höheren Wert bis zum gemeinen Wert anzusetzen. Bringt die inländische Gründungsgesellschaft ausländisches Betriebsvermögen in die inländische Tochter-SE ein, bleibt die Rechtslage im Vergleich zum inländischen Betriebsvermögen unverändert, wenn das ausländische Betriebsvermögen bereits vorher der deutschen Besteuerungshoheit unterlag. Letzteres ist dann der Fall, wenn entweder **kein DBA** mit dem Betriebsstättenstaat besteht oder nach dem **DBA mit Anrechnungsmethode** die ausländische Steuer nur anzurechnen ist.

74 Handelt es sich um ausländisches Betriebsvermögen, dessen Besteuerungsrecht aufgrund eines **DBA mit Freistellungsmethode** dem ausländischen Betriebsstättenstaat zugewiesen wird, liegt vor der Einbringung kein deutsches Besteuerungsrecht vor. Nach der Einbrin-

gung wird aber das eingebrachte Betriebsvermögen unverändert der ausländischen Betriebsstätte funktional zuzuordnen sein, sodass durch die Einbringung zwar ein Rechtsträgerwechsel stattfindet, aber wegen des DBA mit Freistellung der – unverändert im Ausland belegenen – Betriebsstätte **kein deutsches Besteuerungsrecht begründet** wird. Dieser Sonderfall wird für die übernehmende Gesellschaft in § 20 Abs. 2 UmwStG nicht besonders geregelt. Allerdings ordnet **§ 20 Abs. 3 S. 2 UmwStG für den Einbringenden** an, dass sich seine Anschaffungskosten der SE-Aktien nach dem **gemeinen Wert des eingebrachten Betriebsvermögens im Zeitpunkt der Einbringung** richten. Damit wird verhindert, dass der deutsche Fiskus auf stille Reserven, die im Veräußerungsfall des Betriebsvermögens nicht steuerverstrickt gewesen wären, zugreift, die bei einem Ansatz unter dem gemeinen Wert mittelbar im Falle einer künftigen Veräußerung der SE-Aktien besteuert werden. Für die **Ebene der Tochter-SE** erscheint es vorzugswürdig, das ausländische Betriebsvermögen immer mit dem gemeinen Wert anzusetzen. Hätte der Gesetzgeber wegen eines mit der Freistellungsmethode bei natürlichen Personen verknüpften Progressionsvorbehalts zwingend ein Wahlrecht der übernehmenden Gesellschaft mit Wertverknüpfung beim Einbringenden gewollt, hätte dies klarer im Gesetzestext formuliert werden müssen.[129] Insofern stellt § 20 Abs. 3 S. 2 UmwStG eine Ausnahme vom Grundsatz der Buchwertverknüpfung dar.[130]

bb) Gründung durch im Ausland ansässige Gesellschaft. Erfolgt die Gründung 75 einer inländischen Tochter-SE durch Beteiligung einer **nicht in Deutschland ansässigen (nicht transparenten) Gesellschaft**,[131] ist die Einbringung von ausländischem Betriebsvermögen im Wege der Sacheinlage gegen Gewährung von Gesellschaftsrechten unproblematisch, weil in Bezug auf das ausländische Betriebsvermögen grundsätzlich **kein deutsches Besteuerungsrecht im Bereich einer beschränkten Steuerpflicht** existiert. Nach der Einbringung in die Tochter-SE kommt aber ein Besteuerungsrecht der Bundesrepublik zum Zuge, wenn mit dem ausländischen Betriebsstättenstaat kein DBA oder ein DBA mit Anrechnungsmethode besteht. Die erstmals in Deutschland steuerverstrickten Wirtschaftsgüter müssen nach dem durch das SEStEG eingeführten sog. **Verstrickungskonzept** gem. § 8 Abs. 1 KStG iVm § 4 Abs. 1 S. 8 Hs. 2 EStG, § 6 Abs. 1 Nr. 5 lit. a EStG mit dem **gemeinen Wert** angesetzt werden. Besteht ein DBA mit Freistellungsmethode, wird ein deutsches Besteuerungsrecht nicht begründet. Dann findet auch keine Verstrickung statt. Deshalb sollte der Vorgang auch nicht von § 20 Abs. 2 UmwStG erfasst werden.

Die dem **Einbringenden** gewährten Anteile an der Tochter-SE können im Rahmen 76 der beschränkten Steuerpflicht steuerverstrickt werden, wenn mit dem Ansässigkeitsstaat des Einbringenden entweder kein DBA besteht oder das maßgebliche DBA abweichend von Art. 13 Abs. 5 OECD-MA das Besteuerungsrecht an den Anteilen der Bundesrepublik als dem Sitzstaat der Tochter-SE zuweist. Auch wenn § 20 Abs. 3 S. 2 UmwStG diese Konstellation nicht ausdrücklich regelt, folgt aus dem allgemeinen Verstrickungskonzept der §§ 4 Abs. 1 S. 8 Hs. 2, 6 Abs. 1 Nr. 5 lit. a EStG die Bewertung der neuen Anteile mit dem gemeinen Wert.

Wenn **inländisches Betriebsvermögen,** dh Wirtschaftsgüter einer inländischen 77 Betriebsstätte, in die inländische Tochter-SE als Sacheinlage eingebracht werden sollen, ist der Vorgang unter § 20 Abs. 1 UmwStG subsumierbar. Das gilt bei Einbringung durch eine im EU-/EWR Ausland ansässige (intransparente) Gründungsgesellschaft selbst dann, wenn – wie im Regelfall des Art. 13 Abs. 5 OECD-MA – der Bundesrepublik das Besteuerungsrecht an den dem Einbringenden gewährten Anteilen nicht zusteht. Denn innerhalb der EU bzw. des EWR kommt es nach der Systematik der § 1 Abs. 4 S. 1 Nr. 2 lit. b, Nr. 2 lit. a aa UmwStG nicht darauf an, dass die Bundesrepublik Deutschland das Besteuerungsrecht

---

[129] Widmann/Mayer/*Widmann* UmwStG § 20 Rn. R 484.
[130] *Schindler* in Schön/Schindler, Die SE im Steuerrecht – Sonderausgabe aus Lutter/Hommelhoff, SE-Kommentar, 2008, Rn. 314.
[131] Bei transparenten Personengesellschaften kommt es auf die dahinter stehenden Gesellschafter an.

am Gewinn aus der Veräußerung der erhaltenen SE-Anteile hat. Bei transparenten Gründungsgesellschaften ist entscheidend, ob die dahinter stehenden Gründungsgesellschafter den Vorgaben des § 1 Abs. 2 S. 1 Nr. 1 bzw. 2 UmwStG genügen.

78   Bereits nach der vor Inkrafttreten des SEStEG geltenden Rechtslage galt ein vergleichbares Ergebnis über § 20 Abs. 3 UmwStG aF, § 23 Abs. 2 UmwStG aF (→ 3. Aufl. 2012, Rn. 52 ff.). Die Steuerneutralität des Einbringungsvorganges stand jedoch unter dem **Vorbehalt der Missbrauchsklausel des § 26 Abs. 2 S. 2 UmwStG aF.** Danach entfiel der Buchwertansatz rückwirkend, wenn die einbringende Gesellschaft ihre Anteile an der inländischen Tochter-SE innerhalb von sieben Jahren veräußerte. Diese starre 7-Jahres-Frist stand nach überwiegender Meinung nicht mit Art. 11 Abs. 1a Fusions-RL 1990/2005 im Einklang. Nach § 22 Abs. 1 UmwStG kommt es bei einer Veräußerung der SE-Aktien durch den Einbringenden zu einer rückwirkenden Besteuerung eines sog. Einbringungsgewinns I (→ Rn. 68). Zwar ist der Zwang zur Aufdeckung stiller Reserven durch die Siebtelregel pro Jahr abgemildert. Nichtsdestoweniger verlangt der EuGH eine einzelfallbezogene Missbrauchsprüfung und tritt typisierenden Missbrauchsregeln mit Ablehnung entgegen. Auch erscheint es bedenklich, etwa nach fünf Jahren noch typisierend von einem Missbrauchsfall auszugehen. Deshalb spricht viel dafür, dass der EuGH die Vorschrift als mit Art. 11 Fusions-RL unvereinbar ansehen wird.[132] Die einzelfallbezogene Vorschrift des § 42 AO ist demgegenüber von Art. 11 Fusions-RL gedeckt.

79   **d) Gründung einer ausländischen Tochter-SE. aa) Gründung durch eine im Inland ansässige Gesellschaft.** Wird von einer **in Deutschland ansässigen Gesellschaft** eine ausländische Tochter-SE gegründet, führt die **Einbringung von im Inland steuerverstrickten Wirtschaftsgütern** gegen Gewährung von Gesellschaftsrechten als tauschähnlicher Vorgang grundsätzlich zur **Aufdeckung der stillen Reserven in den übertragenen Wirtschaftsgütern.** Der Vorgang lässt sich unter den Voraussetzungen der §§ 20 ff. UmwStG steuerneutral gestalten.

80   Hervorzuheben ist im vorliegenden Zusammenhang, dass der über die Buchwertverknüpfung des § 20 Abs. 3 S. 1 UmwStG auch für den Einbringenden maßgebliche Buchwertansatz bei der übernehmenden ausländischen SE gem. § 20 Abs. 2 Nr. 3 UmwStG nicht erlaubt ist, wenn das Recht der Bundesrepublik hinsichtlich der Besteuerung des Gewinns aus der Veräußerung des eingebrachten Betriebsvermögens bei der übernehmenden ausländischen SE ausgeschlossen oder eingeschränkt ist. Bereits im Zusammenhang mit der Besteuerungssituation im Fall der sog. Hinausverschmelzung (→ Rn. 28) ist darauf hingewiesen worden, dass eine Sofortbesteuerung stiller Reserven einen unverhältnismäßigen Eingriff in die Niederlassungsfreiheit darstellen würde. Nach dem vom Gesetzgeber im **Jahressteuergesetz 2010** (→ Rn. 26) zum Ausdruck gebrachten Willen soll ein Ausschluss oder eine Beschränkung des Besteuerungsrechts hinsichtlich des Gewinns aus der Veräußerung eines Wirtschaftsguts insbesondere dann vorliegen, wenn ein bisher einer inländischen Betriebsstätte des Steuerpflichtigen zuzuordnendes Wirtschaftsgut einer ausländischen Betriebsstätte zuzuordnen ist (vgl. § 4 Abs. 1 S. 4 EStG nF, § 12 Abs. 1 S. 2 KStG nF). Diese Situation wird aber bei der Einbringung eines (Teil-)Betriebs bzw. Mitunternehmeranteils prinzipiell nicht gegeben sein, weil im Inland eine inländische Betriebsstätte der ausländischen Tochter-SE entsteht, der alle funktional notwendigen Wirtschaftsgüter zugeordnet bleiben. Soweit dem (Teil-)Betrieb Anteile an Kapitalgesellschaften funktional zuzurechnen sind, bleiben auch diese nach der Einbringung dem (Teil-)Betrieb zugeordnet. Mit Art. 11 Fusions-RL nicht vereinbar ist allerdings die typisierende Missbrauchsregel des § 22 Abs. 1 UmwStG zum sog. Einbringungsgewinn I bei einer Veräußerung der erhaltenen Anteile durch den Einbringenden. Gleiches gilt für die Missbrauchsregel zum sog. Einbringungsgewinn II auf Ebene der übernehmenden Gesellschaft nach § 22 Abs. 2 UmwStG, weil nach

---

[132] *Schindler* in Schön/Schindler, Die SE im Steuerrecht – Sonderausgabe aus Lutter/Hommelhoff, SE-Kommentar, 2008, Rn. 397; aA NK-SE/*Lammel/Maier* Teil D Kap. 6 Rn. 95.

Ansicht des EuGH[133] eine Steuerneutralität auch auf der Ebene der übernehmenden Gesellschaft verlangt wird.

Von einer **in Deutschland ansässigen Gesellschaft** kann eine ausländische Tochter- 81
SE auch durch **Einbringung von ausländischem Betriebsvermögen** gegründet werden. Wenn das ausländische Betriebsvermögen in Deutschland aufgrund eines **DBA mit Freistellungsmethode** nicht steuerverstrickt ist, richtet sich die steuerrechtliche Behandlung auf Ebene der ausländischen Tochter-SE nach ausländischem Steuerrecht. Bei der in Deutschland ansässigen Gesellschaft werden die im Gegenzug für die Einbringung gewährten SE-Aktien im Regelfall aufgrund des Welteinkommensprinzips steuerverstrickt. Die Anschaffungskosten leiten sich gem. § 20 Abs. 3 S. 2 UmwStG aus dem gemeinen Wert des Betriebsvermögens ab (→ Rn. 67). Keine Steuerverstrickung entsteht, wenn abweichend von Art. 13 Abs. 5 OECD-MA das Besteuerungsrecht an den SE-Aktien dem ausländischen Sitzstaat der Tochter-SE zugewiesen ist (zB Slowakei, Tschechien).

Wenn das ausländische Betriebsvermögen entweder wegen eines DBA mit Anrechnungs- 82
methode oder wegen eines fehlenden DBA in Deutschland vor der Einbringung im Inland steuerverstrickt war, verliert Deutschland das Besteuerungsrecht an dem ausländischen Betriebsvermögen mit Einbringung in eine ausländische Tochter-SE. Für diesen Fall ordnet § 20 Abs. 3 S. 1 UmwStG iVm § 20 Abs. 2 Nr. 3 UmwStG an, dass als Veräußerungspreis für das eingebrachte ausländische Betriebsvermögen dessen gemeiner Wert gilt. Es kommt also zwingend zu einer Aufdeckung der stillen Reserven beim Einbringenden. Der steuerpflichtige Einbringungsgewinn ist gem. § 20 Abs. 7 UmwStG iVm § 3 Abs. 3 UmwStG um jene fiktive Steuer zu reduzieren, die im Falle einer tatsächlichen Veräußerung des ausländischen Betriebsvermögens zum gemeinen Wert anrechenbar gewesen wäre. Nichtsdestoweniger ist es im Lichte der Rspr. des EuGH zweifelhaft, ob die Sofortversteuerung der stillen Reserven keinen unverhältnismäßigen Verstoß gegen die Niederlassungsfreiheit des Einbringenden darstellt.

bb) Gründung durch eine im Ausland ansässige Gesellschaft. Wird von einer **im** 83
Ausland ansässigen Gesellschaft eine ausländische Tochter-SE gegründet, führt die **Einbringung von im Inland steuerverstrickten Wirtschaftsgütern** gegen Gewährung von Gesellschaftsrechten als tauschähnlicher Vorgang grundsätzlich zur **Aufdeckung der stillen Reserven in den übertragenen Wirtschaftsgütern.** Der Vorgang lässt sich unter den Voraussetzungen der §§ 20 ff. UmwStG steuerneutral gestalten. Deutschland steht als Betriebsstättenstaat das Besteuerungsrecht an den funktional zum eingebrachten (Teil-)Betrieb gehörenden Wirtschaftsgütern vor und nach der Einbringung zu, sodass § 20 Abs. 2 Nr. 3 UmwStG einer Buchwertverknüpfung auf Ebene der Tochter-SE und dem im EU/EWR-Ausland ansässigen Einbringenden (vgl. § 1 Abs. 4 S. 1 Nr. 2 UmwStG) nicht entgegensteht. Die **Missbrauchsbestimmungen** zum Einbringungsgewinn I und II gem. § 22 Abs. 1 und 2 UmwStG verstoßen gegen Art. 11 Fusions-RL (→ Rn. 76).

Im persönlichen Anwendungsbereich des § 1 Abs. 4 S. 1 Nr. 2 lit. a UmwStG ist es auch 84
unerheblich, dass das Besteuerungsrecht bezüglich der **im Gegenzug gewährten Anteile** an der ausländischen Tochter-SE der Bundesrepublik nicht im Rahmen der beschränkten Steuerpflicht zusteht. Handelt es sich bei der im EU/EWR-Ausland ansässigen Gesellschaft um eine **Personengesellschaft** und ist an dieser ein Gesellschafter aus einem Drittstaat beteiligt, entsteht allerdings ein steuerpflichtiger Einbringungsgewinn, weil gem. § 1 Abs. 4 S. 1 Nr. 2 lit. b UmwStG das Regime der §§ 20 ff. UmwStG nicht einschlägig ist. Die **Sacheinlage gegen Gewährung von Gesellschaftsrechten** ist ein tauschähnlicher Vorgang, der dann beim **Einbringenden** zur **Aufdeckung der stillen Reserven** in den Wirtschaftsgütern, die in die Tochter-SE eingebracht werden, führt (vgl. §§ 6 Abs. 6 S. 1, 16 Abs. 1 EStG).

Werden von einer **im Ausland ansässigen Gesellschaft im Ausland gelegene Wirt-** 85
schaftsgüter in die zu gründende ausländische Tochter-SE eingebracht, ist der Vorgang

---

[133] EuGH 11.12.2008 – C-285/07, Slg. 2008, I-9329 = DStR 2009, 101 – A.T.

weder auf Ebene der ausländischen Tochter-SE noch auf Ebene der einbringenden Gründungsgesellschaft in Deutschland im Rahmen der beschränkten Steuerpflicht steuerbar, sodass die §§ 20 ff. UmwStG nicht anwendbar sind.

III. Grenzüberschreitende Sitzverlegung der SE (Art. 8 SE-VO)

86

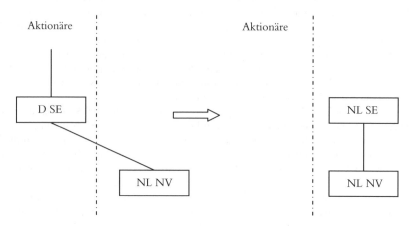

87 **1. Gesellschaftsrechtliche Vorgaben.** Nach Art. 8 Abs. 1 SE-VO kann die SE rechtsidentitätswahrend – im Gegensatz zu deutschen Gesellschaften – ihren **Satzungssitz in einen anderen EU-Mitgliedstaat** verlegen. Die SE darf sich als „Prototyp" des transnationalen Europäischen Unternehmens im Binnenmarkt frei bewegen.[134] Deswegen wird auch der Umzug (Wegzug/Zuzug) einer SE innerhalb des Binnenmarktes unstreitig von der Niederlassungsfreiheit der Art. 49, 54 AEUV (früher Art. 43, 48 EGV) geschützt. Wie Art. 7 S. 1 SE-VO zu erkennen gibt, differenziert die SE-VO zwischen dem sog. Satzungssitz und dem effektiven Verwaltungssitz einer SE. Unter dem Sitz einer SE ist der in der Satzung der SE festgelegte Sitz oder Registersitz (registered office) zu verstehen, den effektiven Verwaltungssitz bildet die Hauptverwaltung (head office). Vor steuerrechtlichem Hintergrund bedeutsam ist in diesem Zusammenhang, dass Art. 7 S. 1 SE-VO die mitgliedstaatliche Identität des Satzungssitzes mit dem effektiven Verwaltungssitz einer SE vorschreibt, um kollisionsrechtliche Probleme zu vermeiden. Mit anderen Worten: Die Hauptverwaltung muss sich danach in dem Mitgliedstaat befinden, in dem die Gesellschaft satzungsgemäß registriert ist. Zugleich nimmt der europäische Gesetzgeber damit im Hinblick auf die IPR-rechtlichen Anknüpfungskriterien nach der Sitz- bzw. Gründungstheorie eine neutrale Position ein. Das **Auseinanderfallen des Verwaltungs- und Satzungssitzes** ist ein vorschriftswidriger Zustand, der – wie Art. 64 SE-VO festlegt – im Extremfall sogar zur **Liquidation** der SE führen kann. Im Mittelpunkt der folgenden Ausführungen steht allerdings der Standardfall, dass Verwaltungs- und Satzungssitz in Übereinstimmung mit Art. 7 SE-VO in demselben Mitgliedstaat der EU bzw. des EWR liegen.

88 Da bei der Sitzverlegung die **Rechtsidentität der SE unberührt** bleibt, ändert sich an der **Körperschaftsteuersubjektivität** der SE nichts. Für **ertragsteuerrechtliche Zwecke** kommt es entscheidend darauf an, ob mit der Sitzverlegung ein **Wechsel von der unbeschränkten in die beschränkte Körperschaftsteuerpflicht bzw. umgekehrt** einhergeht. Eine nach deutschem Recht gegründete SE ist allein wegen ihres inländischen Satzungssitzes mit ihrem gesamten Welteinkommen vorbehaltlich abweichender bilateraler DBA-Regeln unbeschränkt steuerpflichtig (vgl. § 1 Abs. 1 Nr. 1 KStG). Beim Wegzug einer nach deutschem Recht gegründeten SE ins Ausland liegt nach der Satzungssitzverlegung eine unbeschränkte Steuerpflicht nur noch dann vor, solange die **Geschäftsleitung** (Mittel-

---

[134] *Kessler/Achilles/Huck* IStR 2003, 715 (718).

punkt der geschäftlichen Oberleitung iSd § 10 AO) **im Inland** verbleibt. Von ganz speziellen Fällen abgesehen wird mit der von der SE-VO verlangten Verlegung der Hauptverwaltung an den ausländischen Satzungssitz zugleich die Geschäftsleitung iSd § 10 AO ins Ausland verlegt. Damit endet die unbeschränkte Steuerpflicht der SE. Diese **wechselt in die beschränkte Steuerpflicht** (vgl. § 2 KStG), sodass nur noch inländische Einkünfte iSd § 49 EStG vorbehaltlich abweichender bilateraler DBA-Regeln in Deutschland steuerverstrickt sind. Für den umgekehrten Fall einer **Sitzverlegung vom EU/EWR-Ausland nach Deutschland** wird die unbeschränkte Steuerpflicht spätestens in dem Zeitpunkt begründet, in dem der Satzungssitz in das deutsche Handelsregister eingetragen wird. Sollte die Hauptverwaltung – und damit im Regelfall die Geschäftsleitung iSd § 10 AO – schon zuvor nach Deutschland verlegt worden sein, würde bereits ab diesem früheren Zeitpunkt die unbeschränkte Körperschaftsteuerpflicht der SE begründet. Es kann deshalb im Folgenden davon ausgegangen werden, dass der **gesellschaftsrechtliche Sitz mit der Hauptverwaltung und damit der steuerlichen Ansässigkeit** zusammenfällt. Steuerfolgen können mit dem Wegzug bzw. dem Zuzug sowohl auf **Ebene der SE** und als auch auf **Ebene ihrer Anteilseigner** eintreten.

2. Sitzverlegung ins Ausland. Auf Ebene der SE ist die Sitzverlegung einer deutschen SE in das europäische Ausland mangels Auflösung **kein Fall der Liquidationsbesteuerung** nach § 11 KStG. Des Weiteren wird der Wechsel von der unbeschränkten zur beschränkten Steuerpflicht im EU/EWR-Raum **nicht als fiktiver Auflösungsfall** behandelt (vgl. § 12 Abs. 3 KStG). Im Rahmen des **SEStEG vom 7.12.2006** (→ Rn. 1) hat der Gesetzgeber ein einheitliches **Entstrickungskonzept** eingeführt.[135] Für Körperschaften ist die Regelung des § 12 Abs. 1 KStG einschlägig. Wenn es im Zuge der Sitzverlegung bzw. aufgrund des Wechsels von der unbeschränkten in die beschränkte Steuerpflicht zu einer Überführung oder zu einem Übergang von Wirtschaftsgütern in das Ausland kommt und dadurch das Besteuerungsrecht der Bundesrepublik Deutschland ausgeschlossen oder beschränkt wird, **gilt dies als Veräußerung oder Überlassung des Wirtschaftsguts zum gemeinen Wert.** Dadurch kommt es zu einer Aufdeckung der in den jeweiligen Wirtschaftsgütern enthaltenen stillen Reserven. Zu einer Beschränkung des deutschen Steuerrechts wäre es trotz des tatsächlichen Übergangs von Wirtschaftsgütern ins Ausland nach der jüngsten Rspr. des BFH nicht gekommen, da der I. Senat des BFH in den genannten Fällen die sog. **finale Entnahmetheorie aufgegeben** hatte.[136] Danach hätte Deutschland weiterhin das Besteuerungsrecht an den im Zeitpunkt des tatsächlichen Übergangs vorhandenen stillen Reserven behalten. Der Gesetzgeber hat allerdings „rechtsprechungsüberholend" die **Grundsätze der finalen Entnahmetheorie durch das Jahressteuergesetz 2010** (→ Rn. 26) **wiederhergestellt**. Nach dem in § 12 Abs. 1 S. 2 KStG eingefügten Regelbeispiel soll ein Ausschluss oder eine Beschränkung des Besteuerungsrechts hinsichtlich des Gewinns aus der Veräußerung eines Wirtschaftsguts insbesondere dann vorliegen, wenn ein bisher einer inländischen Betriebsstätte des Steuerpflichtigen zuzuordnendes Wirtschaftsgut einer ausländischen Betriebsstätte zuzuordnen ist. Zugleich wird in § 34 Abs. 8 S. 2 und 3 KStG eine Rückwirkung der gesetzlichen Neuregelung angeordnet. Strittig ist, inwiefern ein Neuabschluss oder eine Revision eines DBA eine sog. passive Entstrickung, ohne Zutun des Steuerpflichtigen, bewirken kann.[137]

Es kommt also entscheidend darauf an, ob (1) vor der Sitzverlegung ins Ausland ein **Besteuerungsrecht an Wirtschaftsgütern in Deutschland bestanden** hat und (2) diese Wirtschaftsgüter nach der Sitzverlegung und dem damit regelmäßig einhergehenden Wechsel in die beschränkte Steuerpflicht noch ein Besteuerungsrecht unverändert besteht, weil die **Wirtschaftsgüter einer deutschen Betriebsstätte der ausländischen SE zugeordnet** werden können. Gleiches gilt zB für im Inland belegene Grund-

---
[135] *Müller-Gatermann* FS Schaumburg, 2009, 939 (942 ff.).
[136] BFH 17.7.2008 – I R 77/06, BStBl. II 2009, 464.
[137] *Blumenberg/Lechner* FS Haarmann, 2015, 355 (360) mwN.

stücke, die – unabhängig von einer Betriebsstätte – weiterhin wegen § 8 Abs. 1 KStG iVm § 49 Abs. 1 Nr. 2 lit. f EStG und dem sog. Belegenheitsprinzip des Art. 6 OECD-MA steuerverstrickt bleiben.

91 Vor dem Wechsel in die beschränkte Steuerpflicht hat ein deutsches Besteuerungsrecht an **inländischem Betriebsvermögen** und an **ausländischem Betriebsvermögen in Nicht-DBA-Staaten oder DBA-Staaten mit Anrechnungsmethode** bestanden. Kein Besteuerungsrecht bestand an **ausländischem Betriebsvermögen in DBA-Staaten mit Freistellungsmethode.** Bisher im Inland steuerverstricktes ausländisches Betriebsvermögen (in Nicht-DBA-Staaten oder DBA-Staaten mit Anrechnungsmethode) wird durch den mit der Sitzverlegung regelmäßig verbundenen Wechsel in die beschränkte Steuerpflicht entstrickt, weil es diesbezüglich mangels Inlandsbezug keine beschränkte Steuerpflicht der ausländischen SE gibt. Hier müssen also die stillen Reserven in Deutschland aufgedeckt werden. Da es im ausländischen Staat aber regelmäßig zu keiner entsprechenden Aufdeckung der stillen Reserven kommt, würde die unilateral in § 34c EStG bzw. im DBA vorgesehene **Anrechnungsmöglichkeit ausländischer Steuern verloren** gehen. Im ausländischen Betriebsstättenstaat wird andererseits voraussichtlich zu einem späteren Zeitpunkt eine Besteuerung erfolgen. Deshalb müsste die auf die aufgedeckten stillen Reserven entfallende Steuer zumindest um die fiktive ausländische Steuerbelastung gekürzt werden. § 3 Abs. 3 UmwStG gewährt in Umwandlungsfällen im Einklang mit der Vorgabe in Art. 10 Abs. 2 Fusions-RL eine sog. **fiktive Steueranrechnung** (vgl. auch § 11 Abs. 3UmwStG, § 20 Abs. 7 UmwStG). Da eine entsprechende Anwendung bei § 12 Abs. 1 KStG fehlt, wird man § 3 Abs. 3 UmwStG analog anzuwenden haben, um einen Verstoß gegen die Niederlassungsfreiheit zu verhindern.[138] Beim **bisherigen inländischen Betriebsvermögen** der SE kommt es mit der Verlegung der Hauptverwaltung zu einer Aufdeckung stiller Reserven, wenn wegen der sog. **Zentralfunktion des ausländischen Stammhauses** Wirtschaftsgüter der ausländischen SE zugeordnet werden.[139] Davon betroffen sind **Holdinggesellschaften** als übertragende Gesellschaften, bei denen regelmäßig die Zuordnung der Beteiligungen zu einer inländischen Betriebsstätte scheitert.[140] Ungeklärt ist, ob das deutsche Besteuerungsrecht iSd § 11 Abs. 2 S. 1 Nr. 2 UmwStG beschränkt wird, da nach dem BFH[141] im Inland entstandene stille Reserven auch später noch besteuert werden können, wenn ausländische Betriebsgewinne von der Besteuerung freigestellt sind, auch wenn in § 4 Abs. 1 S. 3 und 4 EStG klargestellt wird, dass das deutsche Besteuerungsrecht beschränkt wird, wenn ein Wirtschaftsgut, das bisher einer inländischen Betriebsstätte zugeordnet wurde, nun einer ausländischen Betriebsstätte zugeordnet wird.[142] Bei gewerblich tätigen Gesellschaften gehören dazu insbesondere immaterielle Wirtschaftsgüter des Anlagevermögens (zB Patente) und der Firmenwert. Wird ein Übertragungsgewinn ausgelöst, so wird dieser nach § 8b Abs. 2 und 3 KStG zu 95% steuerfrei sein.[143] Der in § 4g EStG vorgesehene Besteuerungsaufschub durch Bildung eines über fünf Jahre verteilt aufzulösenden Ausgleichspostens scheitert de lege lata daran, dass die Vorschrift eine weiter bestehende unbeschränkte Steuerpflicht des Steuer-

---

[138] *Schön* in Schön/Schindler, Die SE im Steuerrecht – Sonderausgabe aus Lutter/Hommelhoff, SE-Kommentar, 2008, Rn. 145 plädiert für eine Analogie zu Art. 10 Abs. 2 Fusions-RL. Allerdings gilt die Fusions-RL nicht in den EWR-Staaten.
[139] Schmitt/Hörtnagl/Stratz/*Schmitt* UmwStG § 11 Rn. 106 mwN.
[140] BMF-Schreiben v. 24.12.1999, BStBl. 1999 I 1076 Rn. 2.4, geändert durch BMF-Schreiben v. 25.8.2009, BStBl. 2009 I 888; BFH v. 17.12.2003 – I R 47/02, BFH/NV 2004, 771; dazu eingehend *Kessler* in Herzig, Besteuerung der Europäischen Aktiengesellschaft, 2004, 119, 121 ff. Zur Diskussion über die Zuordnung von Beteiligungen näher *Goebel/Boller/Ungemach* IStR 2008, 643 ff.; *Wacker* BB 2018, 2519; *Wacker* DStR 2019, 836.
[141] BFH v. 17.7.2008 – I R 77/06, BStBl. 2009 II 464.
[142] Rödder/Herlinghaus/van Lishaut/*Rödder*, Umwandlungssteuergesetz, 3. Aufl. 2019, UmwStG § 11 Rn. 274 mwN in Fn. 7; vgl. *Rödder* in Herzig, Besteuerung der Europäischen Aktiengesellschaft, 2004, 1, 12.
[143] Haritz/Menner/Bilitewski/*Bärwaldt* UmwStG § 11 Rn. 51; Gosch/*Gosch*, Körperschaftsteuergesetz, 4. Aufl. 2020, KStG § 8b Rn. 188; Rödder/Herlinghaus/van Lishaut/*Rödder*, Umwandlungssteuergesetz, 3. Aufl. 2019, UmwStG § 11 Rn. 206.

subjekts voraussetzt.¹⁴⁴ Eine analoge Anwendung zu § 4g EStG ist nur dann möglich, wenn eine SE ihren inländischen Sitz behält und Wirtschaftsgüter in ausländische Betriebsstätten verlagert.¹⁴⁵ Zusammenfassend führt also der mit der Sitzverlegung der SE ins Ausland regelmäßig verbundene Wechsel zur beschränkten Steuerpflicht zu einer mehr oder weniger umfassenden Sofortversteuerung stiller Reserven.

Geht man davon aus, dass nach nationalem deutschem Steuerrecht eine Aufdeckung **92** der stillen Reserven bei der untergehenden Gesellschaft erforderlich ist, stellt sich die Frage, ob dieses Ergebnis nicht vor dem **Hintergrund des europäischen Steuerrechts** zu korrigieren ist. Mit der Fusions-RL ist dieses Konzept zwar vereinbar, doch stellt sich die Frage, inwieweit die Sofortbesteuerung gegen die **Niederlassungsfreiheit** der Art. 49, 54 AEUV (früher Art. 43, 48 EGV) verstößt. Beim Wegzug natürlicher Personen in einen EU- bzw. EWR-Staat hat der SEStEG-Gesetzgeber auf eine Sofortbesteuerung von nach § 17 EStG steuerverstrickten Anteilen verzichtet, indem die Steuer zinslos und ohne Sicherheitsleistung gestundet wird. Der Wegzug einer natürlichen Person ist mit dem Wegzug einer juristischen Person vergleichbar. Nach dem gegenwärtigen Stand der Rspr. des EuGH muss die Bundesrepublik Deutschland zwar einen **Verlust von Steueraufkommen** nicht dulden, wenn Marktbürger ihre wirtschaftlichen Aktivitäten in andere Mitgliedstaaten verlagern. Auf die Entscheidung des EuGH in der Rs. „Oy AA".¹⁴⁶ ist schon hingewiesen worden (→ Rn. 2). Deswegen ist das Entstrickungskonzept des § 12 Abs. 1 KStG gerechtfertigt. Andererseits folgt aus den Entscheidungen des EuGH in den Rs. „X und Y"¹⁴⁷ und „Hughes de Lasteyrie du Saillant",¹⁴⁸ sowie jüngst aus den Entscheidungen in den Rs. „DMC"¹⁴⁹ und „Verder LabTec",¹⁵⁰ dass die beschränkende Regelung einer Verhältnismäßigkeitskontrolle unterworfen werden muss.¹⁵¹ An der Verhältnismäßigkeit der Sofortbesteuerung bestehen gerade im Vergleich mit dem in § 6 AStG verwirklichten Konzept erhebliche Zweifel.¹⁵²

Auf der **Ebene der Anteilseigner** führt die Sitzverlegung der SE nach den Grundsätzen **93** des deutschen Steuerrechts zu keinem Realisierungstatbestand, weil die SE als solche fortbesteht. Einer abweichenden gesetzlichen (Neu-)Regelung stünde Art. 14 Abs. 1 Fusions-RL entgegen. Regelmäßig ist das Besteuerungsrecht eines Veräußerungsgewinns nach DBA dem Ansässigkeitsstaat des Gesellschafters zugewiesen (vgl. Art. 13 Abs. 5 OECD-MA). Am **Ansässigkeitsstaat der Aktionäre** ändert sich aber durch die Sitzverlegung nichts. Wenn das Besteuerungsrecht nach einschlägigen DBA-Bestimmungen abweichend von Art. 13 Abs. 5 OECD-MA dem Ansässigkeitsstaat der Gesellschaft zugewiesen ist, kommt es bei der Sitzverlegung der SE in einen solchen Staat ausnahmsweise bei **unbeschränkt steuerpflichtigen Anteilseignern** zu einem Ausschluss des deutschen Besteuerungsrechts (zB Sitzverlegung einer deutschen SE nach Tschechien). Bei **beschränkt steuerpflichtigen Anteilseignern** kann es infolge des Wegzugs in andere EU/EWR-Staaten zu einer Entstrickung der vormals inländischen und nach § 49 EStG steuerverhafteten Beteiligung kommen. Die Fälle sind in der Praxis selten (vgl. zB Art. 13 Abs. 3 DBA-Tschechoslowakei mit Fortgeltung für die Slowakei und Tschechien).

Nach der **Konzeption des SEStEG** vom 7.12.2006 (→ Rn. 1) führt die **Entstri- 94 ckung** gem. § 4 Abs. 1 S. 3 EStG, § 6 Abs. 1 Nr. 4 S. 1 Hs. 2 EStG grundsätzlich zu

---

[144] *Schön* in Schön/Schindler, Die SE im Steuerrecht – Sonderausgabe aus Lutter/Hommelhoff, SE-Kommentar, 2008, Rn. 149.
[145] Lutter/Hommelhoff/Teichmann/*Schön* Die SE im Steuerrecht Rn. 97.
[146] EuGH 18.7.2007 – C-231/05, Slg. 2007, I-6373 = EuZW 2007, 634.
[147] EuGH 21.11.2002 – C-436/00, Slg. 2002, I-10829 = IStR 2003, 23.
[148] EuGH 11.3.2004 – C-9/02, Slg. 2004, I-2409 = DStR 2004, 551.
[149] EuGH 23.1.2014 – C-164/12, ABl. 2014 C 93, 6 = EuZW 2014, 273.
[150] EuGH 21.5.2015 – C-657/13, IStR 2015, 440.
[151] So auch EuGH 15.5.2008 – C-414/06, Slg. 2008, I-3601 = EuZW 2008, 402 – Lidl Belgium; 25.2.2010 – C-337/08, DStR 2010, 427 – X Holding BV.
[152] *Schön* in Schön/Schindler, Die SE im Steuerrecht – Sonderausgabe aus Lutter/Hommelhoff, SE-Kommentar, 2008, Rn. 154 ff.

einem Aufdecken der in den SE-Aktien enthaltenen stillen Reserven (gemeiner Wert abzüglich Buchwert), wenn die SE-Aktien zu einem Betriebsvermögen des Gesellschafters gehören. Werden die Aktien im Privatvermögen gehalten, ordnet § 17 Abs. 5 S. 1 EStG entsprechend an, dass die Entstrickung der Veräußerung der Anteile zum gemeinen Wert gleichsteht. Um die Vorgaben von Art. 14 Abs. 1 Fusions-RL ordnungsgemäß umzusetzen, bestimmen § 4 Abs. 1 S. 5 Nr. 1 EStG und § 17 Abs. 5 S. 2 EStG, dass die **Sitzverlegung als solche nicht zum Anlass einer Besteuerung auf Gesellschafterebene genommen** werden darf. Zwar wäre es nach den genannten DBA so, dass Deutschland bei einer späteren Veräußerung kein Besteuerungsrecht an den SE-Aktien besäße, was der Gesetzgeber aber durch einen ausdrücklich in den § 15 Abs. 1a S. 1 EStG, § 17 Abs. 5 S. 3 EStG angeordneten „**treaty override**" vereitelt. Die spätere Veräußerung der SE-Aktien – einschließlich bestimmter vergleichbarer Vorgänge (vgl. § 15 Abs. 1a S. 2 EStG und die Bezugnahme in § 17 Abs. 5 S. 4 EStG) – bleibt danach in Deutschland steuerbar. Der Gesetzgeber sieht den „treaty override" wohl durch Art. 14 Abs. 2 Fusions-RL gerechtfertigt. Dort ist festgelegt, dass die Nichtbesteuerung der Sitzverlegung bei den Gesellschaftern die Mitgliedstaaten nicht hindere, den Gewinn aus einer späteren Veräußerung der Anteile zu besteuern.

95 Zu betonen ist, dass die Sitzverlegung im Ergebnis nicht nur zum Einfrieren der stillen Reserven bezogen auf den Zeitpunkt der Sitzverlegung führt, sondern auch die **zukünftigen im Ausland entstehenden stillen Reserven erfasst** werden, weil der gesamte Veräußerungsgewinn in Deutschland steuerbar bleibt. Da nach **allgemeiner Systematik** eine Entstrickung vorliegt und Art. 14 Abs. 1 Fusions-RL allein eine Sofortbesteuerung verbietet, wäre es **systemkonform** gewesen, die **Besteuerung auf die Erfassung der im Zeitpunkt der Sitzverlegung vorhandenen stillen Reserven zu beschränken** und entsprechend der Technik des § 6 Abs. 5 ff. AStG die Steuer zinslos zu stunden bzw. zu reduzieren. Stattdessen greift der deutsche Gesetzgeber auf etwaige Wertzuwächse in dem anderen Staat zu und nimmt damit eine Doppelbesteuerung in Kauf.

96 Die **Ausweitung der beschränkten Steuerpflicht** ohne „genuine link" zur deutschen Steuerhoheit ist völkerrechtlich problematisch,[153] der „**treaty override" für unbeschränkt Steuerpflichtige** ist **verfassungsrechtlich zweifelhaft**. Denn neuerdings wird die „geradezu inflationär anmutende ‚treaty override'-Welle im deutschen Steuerrecht" verfassungsrechtlich in Frage gestellt, weil „flächendeckende treaty overrides die DBA-Welt durcheinanderschütteln und partiell auf den Kopf stellen" (→ Rn. 42).[154] An diese Überlegungen anknüpfend hat der I. Senat des BFH anlässlich eines AdV-Verfahrens[155] nunmehr die Frage problematisiert, ob „nicht abkommensrechtlich und verfassungsrechtlich durchschlagende Gründe ersichtlich sein müssen, die die Durchbrechung der völkerrechtlich verbindlich getroffenen Vereinbarungen (Art. 59 Abs. 2 GG) erzwingen und (ausnahmsweise) rechtfertigen können". Dabei bezieht sich der BFH auf einen Beschluss des BVerfG aus dem Jahre 2004, der eine Verpflichtung aller Staatsorgane statuiert, die „die Bundesrepublik Deutschland bindenden Völkerrechtsnormen zu befolgen"; Ausnahmen bedürften einer besonderen Rechtfertigung aus verfassungstragenden Prinzipien. Eine derartige Rechtfertigung sei im Zusammenhang mit DBA kaum vorstellbar; das Motiv einer Korrektur des DBA-Verhandlungsergebnisses für bestimmte Einkünfte aus fiskalischen Gründen erfüllten die Voraussetzungen jedenfalls nicht. Die Argumente sind in der Sache überzeugend, insbesondere deshalb, weil sich der Gesetzgeber zu seinem eigenen Entstrickungskonzept systemwidrig in Widerspruch setzt. Inzwischen hat das BVerfG auf den Vorlagebeschluss des I. Senats des BFH vom 10.1.2012[156] entschieden, dass der treaty override verfassungsge-

---

[153] *Schön* in Schön/Schindler, Die SE im Steuerrecht – Sonderausgabe aus Lutter/Hommelhoff, SE-Kommentar, 2008, Rn. 171.
[154] *Gosch* IStR 2008, 413.
[155] BFH 19.5.2010 – I B 191/09, DB 2010, 1321 mAnm *Heger*.
[156] BFHE 236, 304 = IStR 2012, 426 zu § 50d Abs. 8 EStG.

mäß ist.¹⁵⁷ Die Vorlagebeschlüsse des I. Senats des BFH vom 11.12.2013¹⁵⁸ und vom 20.8.2014,¹⁵⁹ die ebenfalls die Frage nach der Verfassungsmäßigkeit des treaty overrides betreffen, sind noch anhängig.¹⁶⁰

3. Sitzverlegung ins Inland. Die **ausländische SE** war mangels Geschäftsleitung im Inland nicht **unbeschränkt steuerpflichtig.** Auf Ebene der ihren Sitz ins Inland verlegenden SE wird mit deren Zuzug die **unbeschränkte Körperschaftsteuerpflicht isd § 1 Abs. 1 KStG** begründet. Der maßgebliche Zeitpunkt richtet sich danach, ob zuerst der Satzungssitz oder zuerst die Hauptverwaltung, die im Regelfall mit dem Ort der Geschäftsleitung iSd § 10 AO deckungsgleich ist, ins Inland verlegt wird. **97**

Soweit die SE vor dem Zuzug bereits mit einer **inländischen Betriebsstätte** der beschränkten Steuerpflicht nach § 2 Nr. 1 KStG, § 8 Abs. 1 KStG iVm § 49 Abs. 1 Nr. 2 lit. a EStG unterworfen war, führt der Wechsel zur unbeschränkten Steuerpflicht zu keiner Aufdeckung der stillen Reserven. Ein möglicher **Verlustvortrag,** welcher der inländischen Betriebsstätte zuzuordnen war, bleibt erhalten. **98**

Wirtschaftsgüter, die vor dem Zuzug nicht der beschränkten Steuerpflicht unterfielen, wachsen mit dem Zuzug in die **inländische Steuerverstrickheit** hinein. Hier stellte sich vor Inkrafttreten des SEStEG (näher dazu → 3. Aufl. 2012, Rn. 55 ff.) die Frage, ob der Vorgang entsprechend einer Betriebseröffnung nach § 8 Abs. 1 KStG iVm § 6 Abs. 1 Nr. 6 EStG zu behandeln war, sodass die neu steuerverstrickten Wirtschaftsgüter gem. § 6 Abs. 1 Nr. 5 EStG mit dem **Teilwert** zu bewerten gewesen wären.¹⁶¹ Mit Inkrafttreten des SEStEG hat der Gesetzgeber spiegelbildlich zum Entstrickungskonzept in § 4 Abs. 1 S. 8 Hs. 2 EStG ein sog. **Verstrickungskonzept** eingeführt und die Begründung des deutschen Besteuerungsrechts hinsichtlich des Gewinns aus der Veräußerung eines Wirtschaftsguts einer Einlage gleichgestellt, die gem. § 6 Abs. 1 Nr. 5 lit. a EStG mit dem **gemeinen Wert** anzusetzen ist. Da eine ausdrückliche Parallelbestimmung im KStG fehlt, gelten diese Grundsätze über § 8 Abs. 1 KStG entsprechend. Entsprechend dem Wortlaut des § 4 Abs. 1 S. 8 Hs. 2 EStG wird ein deutsches Besteuerungsrecht erstmals „begründet".¹⁶² Eine Buchwertverknüpfung innerhalb der EU bzw. des EWR gibt es de lege lata nicht. Dies ist nach dem aktuellen Stand der Rspr. des EuGH zur Niederlassungsfreiheit (→ Rn. 2) und zur Aufteilung der Steuerhoheit zwischen den Mitgliedstaaten gerechtfertigt. Deshalb ist Deutschland auch nicht verpflichtet, einen ausländischen Verlustvortrag mit Begründung der unbeschränkten Steuerpflicht zu übernehmen.¹⁶³ **99**

Auf **Ebene der Gesellschafter** ist im Regelfall des Art. 13 Abs. 5 OECD-MA, der das Besteuerungsrecht dem Ansässigkeitsstaat des Anteilseigners zuordnet, mit der Sitzverlegung keine Änderung bezüglich des Status ihrer SE-Aktien verbunden. Bestand bereits an der ausländischen SE aufgrund der unbeschränkten Steuerpflicht iVm einer Art. 13 Abs. 5 OECD-MA vergleichbaren DBA-Regelung ein **deutsches Besteuerungsrecht,** bleibt es nach der Sitzverlegung ins Inland dabei. Bestand bei im Ausland ansässigen Gesellschaftern **keine Steuerverstrickung** der ausländischen SE-Aktien, ändert sich daran nichts, weil die beschränkte Steuerpflicht an den inländischen SE-Aktien nach der Art. 13 Abs. 5 OECD-MA vergleichbaren Regelung dem ausländischen Ansässigkeitsstaat des Gesellschafters zugewiesen wird. Nur in den **Sonderfällen,** in denen abweichend von Art. 13 Abs. 5 OECD- **100**

---

¹⁵⁷ BVerfG NJW 2016, 1295.
¹⁵⁸ BStBl. II 2014, 791 zu § 50d Abs. 10 EStG, anhängig beim BVerfG unter 2 BvL 15/14.
¹⁵⁹ BFHE 246, 486 = IStR 2014, 812 zu § 50d Abs. 9 EStG, anhängig beim BVerfG unter 2 BvL 21/14.
¹⁶⁰ Dazu näher *Benz/Rosenberg* FS Haarmann, 2015, 297 (301); *Haendel* IStR 2017, 436; monographisch *Haendel,* Treaty Overriding im Internationalen Steuerrecht als Verfassungsproblem, 2017; zum faktischen treaty override *Gosch* ISR 2018, 289 (294–296).
¹⁶¹ *Förster/Lange* RIW 2002, 585 (589); *Kessler/Achilles/Huck* IStR 2003, 715 (719).
¹⁶² Es liegt also kein Wechsel von einem beschränkten zu einem unbeschränkten Besteuerungsrecht vor, der vom Wortlaut nicht erfasst wäre, vgl. Kirchhof/*Bode* EStG § 4 Rn. 111.
¹⁶³ *Schön* in Schön/Schindler, Die SE im Steuerrecht – Sonderausgabe aus Lutter/Hommelhoff, SE-Kommentar, 2008, Rn. 181.

MA das Besteuerungsrecht dem Ansässigkeitsstaat der Gesellschaft zugewiesen wird (zB Slowakei, Tschechien)[164] wird mit dem Zuzug der SE ins Inland eine beschränkte Steuerpflicht der SE-Aktien begründet. Nach dem **Verstrickungskonzept des SEStEG** erscheint es systematisch zutreffend und zur Vermeidung einer Doppelbesteuerung erforderlich, die **SE-Aktien mit Begründung eines deutschen Besteuerungsrechts sowohl im Betriebsvermögen als auch bei § 17 EStG mit ihrem gemeinen Wert** zu erfassen.[165]

IV. Laufende Besteuerung[166]

101 Da die SE-VO bekanntlich **keine steuerrechtlichen Sondervorschriften** vorsieht, erfolgt die laufende Besteuerung nach nationalem Steuerrecht. Von einer einheitlichen steuerlichen Bemessungsgrundlage oder abgestimmten Steuertarifen sind die EU-Mitgliedstaaten noch weit entfernt (→ Rn. 1). In Deutschland ansässige SE unterliegen wie Aktiengesellschaften der unbeschränkten Körperschaftsteuerpflicht nach § 1 Abs. 1 Nr. 1 KStG, im Ausland ansässige SE sind nach § 1 Abs. 1 Nr. 4 KStG, § 2 Nr. 1 KStG beschränkt steuerpflichtig. Auf eine Darstellung der Grundzüge der deutschen Ertragsbesteuerung nach dem KStG und GewStG wird verzichtet, weil sich bei einer SE mit Sitz in der Bundesrepublik keine Besonderheiten im Vergleich zur Besteuerung einer deutschen Aktiengesellschaft ergeben.

102 Zahlreiche, zum Teil noch dringend lösungsbedürftige steuerrechtliche Probleme ergeben sich daraus, dass die SE auf eine **grenzüberschreitende Tätigkeit ausgerichtet** ist. Ist eine SE durch sog. Hereinverschmelzung entstanden, verbleibt das Betriebsvermögen des ausländischen übertragenden Rechtsträgers tatsächlich in dem ausländischen Staat. Vergleichbares gilt für den Fall eines Zuzugs ins Inland. Während die Gewinnsituation trotz der Problematik der **Gewinnabgrenzung zwischen inländischer Stammhaus-SE und ausländischer Betriebsstätte** über die Freistellung der ausländischen Betriebsstättengewinne durch DBA befriedigend gelöst ist, sind **Betriebsstättenverluste** nach dem bisherigen Verständnis der Praxis nicht über die Grenze mit dem Ergebnis des inländischen Stammhauses ausgleichsfähig. In der Rs. „Lidl Belgium" hat der EuGH[167] entschieden, dass der **Ausschluss der Verrechnung von Verlusten ausländischer Betriebsstätten** nach den einschlägigen DBA mit den Grundfreiheiten vereinbar sei. Eine unbeschränkt steuerpflichtige Gesellschaft kann also nicht verlangen, dass Verluste ihrer ausländischen Betriebsstätten bei der Gewinnermittlung in Deutschland abzuziehen sind, wenn entsprechende ausländische Betriebsstättengewinne aufgrund eines DBA in Deutschland freigestellt und im Betriebsstättenstaat besteuert werden. Die Berücksichtigung der Verluste habe im Betriebsstättenstaat zu erfolgen. Es sei auch innerhalb der EU allein Sache des Betriebsstättenstaats, die freigestellten Auslandsverluste steuerlich zu berücksichtigen. Der EuGH folgt damit seiner Linie, die Aufteilung der Steuerhoheiten zwischen den Mitgliedstaaten in DBA zu respektieren und namentlich eine doppelte Verlustberücksichtigung sowohl im Betriebsstättenstaat als auch im Sitzstaat des Unternehmens zu vermeiden. Erst dann, wenn diese **Verluste „final" werden,** im Ausland also endgültig nicht berücksichtigt werden können, tritt der Ansässigkeitsstaat insoweit ausnahmsweise an die Stelle des Betriebsstättenstaats. Mit den Urteilen in den Rs. „A Oy"[168] und „K"[169] hat der **EuGH** bestätigt, dass er an der Theorie der finalen Verluste festhalten wird. Unbeantwortet ließ der EuGH erneut wiederum, wann von einer derartigen „Finalität" der Verluste gesprochen werden kann. Die Mitgliedstaaten sind keineswegs verpflichtet, durchweg alle finalen Verluste zu berücksichtigen. Das ist vor allem dann nicht der Fall, wenn die Nichtberücksichti-

---

[164] Zur Abkommensübersicht Vogel/Lehner/*Reimer* DBA Art. 13 Rn. 225.
[165] NK-SE/*Lammel/Maier* Teil D Kap. 6 Rn. 61; *Schön* in Schön/Schindler, Die SE im Steuerrecht – Sonderausgabe aus Lutter/Hommelhoff, SE-Kommentar, 2008, Rn. 183.
[166] *Büsching* in Jannott/Frodermann SE-HdB § 14 Rn. 164 ff.; *Endres* RIW 2004, 735 (738); *Thömmes* in Theisen/Wenz, Die Europäische Aktiengesellschaft, 2. Aufl. 2005, 505, 590 ff.
[167] EuGH 15.5.2008 – C-414/06, Slg. 2008, I-3601 = EuZW 2008, 402 – Lidl Belgium.
[168] EuGH 21.2.1013 – C-123/11, IStR 2013, 239.
[169] EuGH 7.11.2013 – C-322/11, IStR 2013, 913 mAnm *Benecke/Staats*.

gung der Verluste auf eine nachteilige steuerrechtliche Regelung des anderen Mitgliedstaates zurückzuführen ist.[170] Für Verwirrung und Rechtsunsicherheit sorgte der EuGH in der Rs. „Timac Agro".[171] Die Aussage, welche der EuGH in dieser Entscheidung traf, wurde allgemein dahingehend verstanden, dass mit der Nichtvergleichbarkeit in- und ausländischer (Freistellungs-)Betriebsstätten der letzte Prüfungsschritt der Verhältnismäßigkeit verdrängt wird. Eine finale Verlustberücksichtigung kam somit grenzüberschreitend nicht mehr in Betracht.[172] Der BFH folgte dieser Auffassung.[173] Seit der „Bevola"-Entscheidung[174] hält der EuGH nunmehr eine Nutzung ausländischer finaler Verluste für möglich. Dabei kommt der EuGH zu dem Ergebnis, dass seine Ausführungen in der Rs. „Timac Agro" offenbar falsch verstanden wurden und dass das Urteil keine Abkehr des Gerichtshofs von der Methode der Würdigung der Vergleichbarkeit der Sachverhalte darstellte. Die Urteile „Nordea Bank" und „Timac Agro" können nicht dahin verstanden werden, dass zwei Sachverhalte, die das nationale Steuerrecht unterschiedlich behandelt, nicht als vergleichbar angesehen werden können.[175] Die Vergleichbarkeit der Situationen kann somit nach Ansicht des EuGH in der Rs. „Bevola" nicht pauschal beurteilt werden, sondern muss vielmehr unter Berücksichtigung des Zwecks der fraglichen nationalen Bestimmungen geprüft werden. Durch die vor kurzem ergangenen Urteile „Memira Holding AB"[176] und „Holmen AB"[177] hat der EuGH erneut zur grenzüberschreitenden finalen Verlustberücksichtigung Stellung genommen und bestätigt, dass er auch weiterhin an der Rechtsfigur der finalen Verluste festhält, auch wenn es weiterhin keine genaue Definition gibt, wann ein finaler Verlust vorliegt. In der Rs. „Memira" ging es um die Möglichkeit der Verwertung der Verluste einer ausländischen Tochtergesellschaft im Fall von deren grenzüberschreitender Aufwärtsverschmelzung auf die Muttergesellschaft. Dagegen war Gegenstand der Rs. „Holmen" die Nutzung der Verluste einer ausländischen Enkelgesellschaft, die entweder abgewickelt oder im Zuge einer Abwärtsverschmelzung aufgelöst werden soll. Der EuGH hält es immer noch für möglich, dass die Muttergesellschaft nicht mehr nutzbare Verluste einer Tochtergesellschaft abziehen kann, soweit diese auch tatsächlich nicht mehr im Mitgliedstaat der Tochtergesellschaft nutzbar sind. Die tatsächliche Finalität der Verluste ist danach zu beurteilen, ob die Tochtergesellschaft in ihrem Ansässigkeitsstaat alle Möglichkeiten zur Verlustnutzung, auch durch Übertragung auf einen Dritten, ausgeschöpft hat.[178] In der Rs. „Holmen" beschäftigte sich der EuGH zusätzlich noch mit der Frage, ob nur der Verlust einer Tochtergesellschaft oder auch der einer Enkelgesellschaft grenzüberschreitend abgezogen werden kann. Nach Auffassung des EuGH ist eine mittelbare Beteiligung unter der Voraussetzung ausreichend, dass sowohl die Tochter- als auch Enkelgesellschaft in demselben Mitgliedstaat ansässig sind. Es bleibt abzuwarten, inwieweit der BFH die aktuellen Entwicklungen zur finalen Verlustproblematik zum Anlass nimmt, seine Rechtsprechung zu den noch anhängigen Verfahren[179] zu überdenken.

Einen weiteren aktuellen Diskussionspunkt bildet die **Vereinbarkeit der deutschen Organschaftsregeln der §§ 14 ff. KStG mit den Grundfreiheiten des Unionsrechts.** Die Europäische Kommission leitete aufgrund des zwingenden doppelten Inlandsbezugs des § 14 Abs. 1 S. 1 KStG aF bzw. § 17 S. 1 KStG aF, nach dem sich Sitz und Geschäftsleitung der Organgesellschaft im Inland befinden müssen, ein Vertragsverletzungsverfahren gegen die Bundesrepublik ein. Die Finanzverwaltung reagierte mit der Aufgabe des doppelten Inlandsbezugs im Zuge eines BMF-Schreibens.[180] Mit der anschließenden Klage vor dem

---

[170] EuGH 23.10.2008 – C-157/07, Slg. 2008, I-08061 = IStR 2008, 769 – Krankenheim Ruhesitz am Wannsee.
[171] EuGH 17.12.2015 – C-388/14, IStR 2016, 74 – Timac Agro.
[172] Näher *Heckerodt* IStR 2019, 171 ff.
[173] BFH 22.2.2017 – I R 2/15, BFH/NV 2017, 975.
[174] EuGH 12.6.2018 – C-650/16, Slg. 2018, I-424 = DStR 2018, 1353 – A/S Bevola.
[175] EuGH 12.6.2018 – C-650/16, Slg. 2018, I-424 Rn. 35 = DStR 2018, 1353 – A/S Bevola.
[176] EuGH 19.6.2019 – C- 607/17, IStR 2019, 597.
[177] EuGH 19.6.2019 – C 608/17, IStR 2019, 597.
[178] S. auch *Kopec/Wellmann* IWB 2019, 702 ff.
[179] Anhängige Verfahren: BFH Az. I R 17/16, I R 48/17 sowie I R 49/17.
[180] BMF-Schreiben v. 28.3.2011, BStBl. I 2011, 300.

EuGH[181] forderte die Europäische Kommission eine entsprechende Gesetzesänderung. Dieser Forderung kam der deutsche Gesetzgeber im Rahmen der sog. kleinen Organschaftsreform (im Zuge des Gesetzes zur Änderung und Vereinfachung der Unternehmensbesteuerung und des steuerlichen Reisekostenrechts) nach. Eine Organgesellschaft kann nunmehr nach § 14 Abs. 1 S. 1 KStG bzw. § 17 KStG ihren Sitz in einem EU-Mitgliedstaat bzw. einem EWR-Staat haben. Das weiterhin bestehende Erfordernis der inländischen Geschäftsleitung schließt eine tatsächlich grenzüberschreitende Organschaft aus. Durch das genannte Vertragsverletzungsverfahren wurde nicht die – ebenfalls höchst streitige – Frage der grenzüberschreitenden Verlustberücksichtigung im Rahmen einer inländischen Organschaft aufgegriffen. In die Diskussion geraten ist namentlich der **Gewinnabführungsvertrag als Voraussetzung einer körperschaftsteuerlichen Organschaft**,[182] den die meisten EU-Staaten gesellschaftsrechtlich nicht kennen. Das Niedersächsische FG hat sich mit Urteil vom 11.2.2010[183] und das FG Rheinland-Pfalz mit Urteil vom 17.3.2010[184] mit dieser Frage befasst. Der BFH[185] hat bezüglich des Urteils des FG Niedersachsen vom 11.2.2010 in dem Beschluss vom 9.11.2010 indirekt bestätigt, dass er an der **Vereinbarkeit des Gewinnabführungsvertrags mit der Niederlassungsfreiheit** anscheinend keine ernsthaften rechtlichen Zweifel hat. Zur Begründung begnügt sich der BFH mit dem Hinweis, dass der Abzug der Verluste einer im Ausland unterhaltenen Tochtergesellschaft ebenso wie bei einer ausländischen Betriebsstätte nur ausnahmsweise aus Gründen des Gemeinschaftsrechts und frühestens im Veranlagungszeitraum des Eintritts der „Verlustfinalität" in Betracht kommen kann. Dass sie wirtschaftlich bereits in früheren Jahren entstanden und im Falle einer Organschaft iSv §§ 14 ff. KStG bei dem Steuerpflichtigen verrechenbar gewesen sein mögen, ändert daran nichts, weil – so der BFH – ein solches „gedachtes" Organschaftsverhältnis tatsächlich nicht vereinbart und praktiziert wurde und das Besteuerungsrecht für die im Ausland unbeschränkt steuerpflichtigen Auslandsgesellschaften im Ausland lag. Letztlich wird eine Verlustberücksichtigung über die Grenze nach dem derzeitigen Stand der Rspr. des EuGH wohl an der vom EuGH respektierten Aufteilung der Steuerhoheiten scheitern. Problematisch ist bislang auch das Erfordernis eines Inlandsbezugs des Organträgers. Der deutsche Gesetzgeber stellt nun nicht mehr auf Sitz oder Geschäftsleitung im Inland ab. Auch eine ausländische Gesellschaft kann Organträgerin sein, wobei eine ins Handelsregister eingetragene Zweigniederlassung nicht weiter vorausgesetzt wird (§ 18 KStG wurde ersatzlos gestrichen). Die Beteiligung an der Organgesellschaft muss nach § 14 Abs. 1 S. 1 Nr. 2 S. 4 KStG aber während der gesamten Dauer der Organschaft einer inländischen Betriebsstätte zuzuordnen sein, was den Inlandsbezug des Organträgers indirekt wiederherstellt. Problematisch dürfte unter anderem sein, wenn die Beteiligung an einer inländischen Enkel-Organgesellschaft einer inländischen Betriebsstätte des ausländischen Mutter-Organträgers funktional nicht zugeordnet werden kann. In diesem Fall ist eine Organschaft der inländischen Enkelgesellschaft und der ausländischen Muttergesellschaft nach derzeitigem Recht nicht möglich. Mit Hinblick auf die Entscheidung des EuGH vom 12.6.2014[186] scheint das Erfordernis des § 14 Abs. 1 S. 1 Nr. 2 S. 4 KStG somit gegen die Niederlassungsfreiheit zu verstoßen.[187] Ebenso besteht Handlungsbedarf für die Möglichkeit einer Ergebniskonsolidierung zwischen Schwestergesellschaften, da zwischen diesen eine Organschaft de lege lata nicht möglich ist.[188]

---

[181] Pressemitteilung 12/283 v. 22.2.2013.
[182] S. dazu *Strobl-Haarmann* FS Haarmann, 2015, 927 (936 ff.).
[183] FG Niedersachsen 11.2.2010 – 6 K 406/08, EFG 2010, 815.
[184] FG Rheinland-Pfalz 17.3.2010 – 15 K 2978/08 E, EFG 2010, 878.
[185] BFH 9.11.2010 – I R 16/10, DB 2011, 213.
[186] EuGH 12.6.2014 – C-39/13, C-41/13, IStR 2014, 486 – SCA Group Holding B.V.
[187] In diesem Sinne *Strobl-Haarmann* FS Haarmann, 2015, 927 (940 ff.).
[188] Vgl. EuGH 12.6.2014 – C-40/13, IStR 2014, 486 – SCA Group Holding B.V.

IV. Die Societas Europaea (SE) in Österreich

Österreichische Literatur: *Aicher,* Die Unternehmen der „Economie Sociale" im Europäischen Gesellschaftsrecht, FS Frotz, 1993, 161; *Arlt/Bervoets/Grechenig/Kalss,* The Societas Europaea in Relation to the Public Corporation of Five Member States (France, Italy, Netherlands, Spain, Austria), EBOR 2002, 549; *Arlt/Grechenig/Kalss,* Austria, in Oplustil/Teichmann, The European Company – all over Europe. A state-by-state account of the introduction of the European Company, 2004, 1; *Artmann,* Die Organisationsverfassung der Europäischen Aktiengesellschaft, wbl 2002, 189; *Barnert/Dolezel/Egermann/Illigasch,* Societas Europaea; 2005; *Artmann/Rüffler,* Gesellschaftsrecht, 2. Aufl. 2020; *Becker/Julien-Saint-Amand/Zehetner,* Fünf Jahre Europäische Aktiengesellschaft (SE) – Ergebnisse einer Studie im Auftrag der EU-Kommission, GES 2010, 204; *Brändle/Noll,* Die Societas Europaea – Droht ein Wettkampf der Führungssysteme?, AnwBl 2004, 442; *Büchele/Mildner/Murschitz/Roth/Wörle,* Corporate Governance in Deutschland und Österreich, 2006; *Egermann/Heckenthaler,* Die geschäftsführenden Direktoren in der SE, GeS 2004, 463; *Egermann/Heckenthaler,* Der Verwaltungsrat in der Europäischen Gesellschaft (SE) österreichischer Prägung – Überlegungen zu §§ 38 ff SEG, GesRZ 2004, 256; *Eiselsberg,* Die Societas Europaea in Österreich und Gedanken zur Fortentwicklung des Aktienrechts, FS Michalek, 2005, 51; *Feltl,* Die Societas Europaea – gemeinschaftsrechtliches Prestigeprojekt mit Fallstricken, AR aktuell 5/2010, 15; *Feltl,* Beschlussmängel im Aktienrecht, 2014; *Gahleitner,* Mitbestimmung in Europa – Der lange Weg zu einem SE-Betriebsrat, DRdA 2005, 550; *Ginthör/Brodey,* Der AG-/SE-Vorstand, 2008; *Henssler,* Unternehmensmitbestimmung in Europa – Gestaltungsmöglichkeiten, Reformbedarf und neue Herausforderungen, GesRZ 2011, 6; *Hirschler,* Die Europäische Aktiengesellschaft – Umgründungsmaßnahmen, in König/Schwarzinger, Körperschaften im Steuerrecht, FS Wiesner, 2004, 145; *Hirschler,* Die steuerliche Behandlung der Gründung einer SE in Österreich, eastlex 2005, 91; *Kalss,* Der Minderheitenschutz bei Gründung und Sitzverlegung der SE nach dem Diskussionsentwurf, ZGR 2003, 593; *Kalss,* Organisationsvielfalt der Verwaltung der Aktiengesellschaft – praktische Gestaltung und rechtspolitische Diskussion um 1900, aber auch 100 Jahre später, FS Wundsam, 2003, 519; *Kalss,* Gründung und Sitzverlegung der SE, GesRZ-Sonderheft 2004, 24; *Kalss,* Der Verwaltungsrat – Eine erstrebenswerte Option für den Aufsichtsrat?, AR aktuell 1/2005, 5; *Kalss/Eckert,* Kombination mehrerer Umgründungsschritte, GeS 2005, 46; *Kalss/Greda,* Die Europäische Aktiengesellschaft – Eine neue Rechtsform mit Gestaltungspotential, eastlex 2005, 87; *Kalss/Greda,* Die Europäische Gesellschaft (SE) österreichischer Prägung nach dem Ministerialentwurf, GesRZ 2004, 91; *Kalss/Hlawati/M. Doralt/Adensamer,* Ausgewählte Fragen zur Satzungsgestaltung bei der Societas Europaea, GesRZ 2007, 170; *Kalss/Zollner,* Der Weg aus der SE, RdW 2004, 528; *Kalss/Zollner,* Die Tochtergesellschaft in der SE-VO – Zu den Voraussetzungen der Gründung einer SE, GeS 2004, 341; *Lind,* Die europäische Aktiengesellschaft – Eine Analyse der Rechtsanwendungsvorschriften, 2004; *Melzer-Azodanloo,* Sozialversicherung bei Leitungsfunktion in einer Societas Europaea (SE) nach österreichischem Recht – Zur analogen Anbindung des § 4 Abs. 1 Z 6 ASVG, AsoK 2005, 256; *Merdzo,* Umstrukturierungsmöglichkeiten einer SE mit Sitz in Österreich, GesRZ 2006, 239; *Murschitz,* Die Organstruktur der österreichischen Societas Europaea (SE) und Corporate Governance (CG), Teil I und Teil II, GesRZ 2005, 227 und 284; *Murschitz,* Vorstand und Aufsichtsrat in der dualistischen SE, ecolex 2006, 659; *C. Nowotny,* Zur Organisationsverfassung der Europäischen Aktiengesellschaft, GesRZ Sonderheft Societas Europaea 2004, 39; *C. Nowotny/Winkler,* Wiener Vertragshandbuch, Band 3 – Kapitalgesellschaften, 2006; *Prändl/Sammer,* Das monistische System in der Europäischen Aktiengesellschaft (SE), GeS 2004, 300; *Ratka,* Behördliche Kontroll- und Einspruchsrechte im Zuge der Gründung und Sitzverlegung einer Societas Europaea, ZFR 2007, 4; *Ratka,* ...und primärrechtswidrig ist er doch? Art 7 SE-VO und die Niederlassungsfreiheit, ecolex 2006, 999; *Ratka,* Grenzüberschreitende Sitzverlegung von Gesellschaften – Rechtslage, Judikatur, Gestaltungsmöglichkeiten, 2002; *Ratka,* Der dritte Streich – EuGH entscheidet Inspire Art, GeS aktuell 2003, 432; *Ratka,* Behördliche Kontroll- und Einspruchsrechte im Zuge der Gründung und Sitzverlegung einer Societas Europaea, ZFR 2007, 15; *Ratka,* Die Societas Europaea (SE) im grenzüberschreitenden Konzern – Gestaltungsvarianten und Bestimmung des anwendbaren Rechts, in Vavrovsky, Handbuch Konzernhaftung, 2008, 229; *Ratka,* Europäisches Konzernrecht, in Haberer/Krejci, Konzernrecht, 2017, 215; *Ratka/Rauter,* Verschmelzungsgründung und Folgeverschmelzungen einer Europäischen Aktiengesellschaft, GesRZ 2006, 55; *Rauter,* Die monistische SE fasst Fuß, JAP 2005/2006, 237; *Rauter,* Societas Europaea, JAP 2004/2005, 25; *Rauter,* Ein Jahr Societas Europaea (SE) – Praxiserfahrungen und praxisrelevante Umgründungsmöglichkeiten, in M. Karollus/Köck/Stadlmeier, Gegenwärtiger Stand und zukünftige Entwicklungen des EU-Binnenmarktes, 2006, 187; *Rauter,* Probleme der Umsetzung des monistischen Systems der SE-VO in Österreich – ungenutzte Freiheit?, wbl 2010, 499; *Reich-Rohrwig,* Die Europäische Aktiengesellschaft (SE), ecolex 2004, 760; *Reich-Rohrwig,* Societas Europaea – SE, 2006; *Risak,* Die Arbeitnehmermitwirkung in der Societas Europaea, ecolex 2004, 767; *Runggaldier,* Die Arbeitnehmermitbestimmung in der SE, GesRZ-Sonderheft 2004, 74; *Schindler,* Das Ausführungsgesetz zur Europäischen Aktiengesellschaft, wbl 2004, 253; *Schindler,* Die Europäische Aktiengesellschaft – Gesellschaft und steuerliche Aspekte, 2002; *Schinko,* Handbuch für Verwaltungs- und Aufsichtsrat in der Managementpraxis – Das monistische und dualistische System der Europäischen Aktiengesellschaft (SE) im Vergleich zum österreichischen Aufsichtsrat, 2008; *Straube/Aicher,* Handbuch zur Europäischen Aktiengesellschaft, 2006; *Thaler/Rericha,* Checkliste: Grenzüberschreitende Verschmelzung nach dem SE-Regime, ecolex 2011, 232; *H. Törggler,* Zur Europäischen Gesellschaft (SE), Teil I und Teil II, ecolex 2001, 442 und 533; *U. Törggler,* Terra Incognita: Zum Ablauf der SE-

Holding-Gründung, Teil I und Teil II, GeS 2006, 207 und 246; *U. Torggler,* Zweifelsfragen bei der Verschmelzung zu einer SE, wbl 2006, 49; *U. Torggler,* Das fehlerhafte Vorstandsmandat, insb bei rückwirkendem Entfall – Zugleich ein Beitrag zur Lehre vom faktischen Organwalter, FS Reich-Rohrwig, 2014, 239; *Tumpel,* Die Gründung der Europäischen Aktiengesellschaft aus steuerlicher Sicht, AR aktuell 1/2005, 7; *Tumpel,* die Europäische Aktiengesellschaft aus steuerlicher Sicht – Laufende Besteuerung und grenzüberschreitende Sitzverlegung, AR aktuell 2/2005, 17; *Völkl,* Die Vertretung der monistisch geführten SE durch ihre „Organe", ecolex 2004, 763; *Zimmer,* Die Verschmelzungs-SE im Spannungsfeld zwischen Übernahmerecht und Umwandlungsrecht – ein Problemaufriss aus deutscher und österreichischer Sicht, GesRZ 2007, 245; *Zimmer,* Einmal SE, immer SE? Zum Bestandsschutz einer Societas Europaea bei fehlerhafter Gründung, wbl 2008, 518.

Übersicht

	Rn.		Rn.
A. Allgemeines	1–11	**II. Monistisches System**	30–58
B. Gründung bzw. Umgründung der SE	12–19	1. Verwaltungsrat	30–45
		2. Geschäftsführende Direktoren	46–56
C. Sitzverlegung und Umwandlung der SE	20, 21	3. Hauptversammlung	57, 58
D. Finanzverfassung	22–26	**III. Dualistisches System**	59–61
E. Organisationsverfassung	27–61	**F. Die Arbeitnehmerbeteiligung in der SE**	62–65
I. Allgemeines	27–29		

A. Allgemeines

1 **Begriff und Rechtsnatur:** Seit 2004 steht die Societas Europaea (SE) oder Europäische Aktiengesellschaft (Europäische Gesellschaft) als supranationale Gesellschaftsform neben der nationalen AG.[1] Die SE ist eine nach den Vorgaben der SE-VO im Gebiet der Gemeinschaft gegründete **(Handels-)Gesellschaft mit Rechtspersönlichkeit** (juristische Person), deren Kapital in Aktien zerlegt ist und bei der jeder Aktionär nur bis zur Höhe des von ihm gezeichneten Kapitals haftet (vgl. Art. 1 Abs. 1–3 SE-VO). Die SE ist somit als Aktiengesellschaft konzipiert.[2]

2 **Anwendungsgebiet:** Die Rechtsform der SE ist vielfältig einsetzbar; in Betracht kommen insbes. folgende Szenarien: Grenzüberschreitende Übernahme eines ausländischen Zielunternehmens, Reorganisation multinationaler Vertriebs- und Organisationsstrukturen eines Konzerns, Gründung von Tochtergesellschaften in der Rechtsform der SE in mehreren Mitgliedstaaten, Erleichterung der Sitzverlegung durch identitätswahrende Verlegung über die Grenze, Gründung von Joint-Venture-Gesellschaften sowie Umwandlung einer nationalen Aktiengesellschaft in eine SE – mit dem Vorteil der Wahlmöglichkeit zwischen monistischem und dualistischem System.[3] Vorstellbar ist aber vor allem auch die Bündelung der Verwaltung mit der Unterteilung von Geschäftsführung und Kontrolle in einem Organ. Dadurch kann die Mitwirkung der Eigentümer im Verwaltungsrat als Leitungsorgan besser abgebildet werden (zB Familienunternehmen); zugleich kann den europäischen Vorgaben des Boardsystems für regulierte Bereiche leichter nachgekommen werden; schließlich ist die Vergleichbarkeit auf internationaler Ebene erleichtert; zudem werden Gestaltungsmöglichkeiten für die unternehmerische Mitbestimmung eröffnet.

3 Mit Stichtag 31.12.2019 waren im bundesweiten österreichischen Firmenbuch 37 Societates Europaeae eingetragen.[4]

4 **Rechtsgrundlagen:** Wesentliche Rechtsgrundlage der SE ist die in den Mitgliedstaaten unmittelbar anwendbare[5] **SE-Verordnung** (SE-VO). Diese bildet das einheitliche Funda-

---

[1] Zur Geschichte und Rechtsentwicklung der SE *Straube/Ratka/Rauter* in Straube/Aicher, Handbuch zur Europäischen Aktiengesellschaft, 2006, 19 ff.; *Schinko,* Handbuch für Verwaltungs- und Aufsichtsrat, 2008, 23 ff.
[2] Vgl. *H. Torggler* ecolex 2001, 442 ff.
[3] *Becker/Julien-Saint-Amand/Zehetner* GES 2010, 204 (207 ff.); vgl. *Kalss/Greda* eastlex 2005, 87 ff.; *Enzinger* in Straube/Aicher, Handbuch zur Europäischen Aktiengesellschaft, 2006, 57; *Feltl* AR aktuell 5/2010, 15 (17).
[4] *Hayböck* PSR 2020, 52.
[5] Art. 288 S. 2 und 3 AEUV.

ment der Gesellschaftsform und macht die SE zu einer supranationalen Gesellschaft.[6] Die SE-VO regelt das Gesellschaftsrecht der SE aber nur in zentralen Punkten, weshalb in weiten Bereichen auf nationales Recht verwiesen wird. Es handelt sich somit nicht um eine ausschließlich vom europäischen Recht geprägte Rechtsform, vielmehr gibt es europaweit so viele Spielarten der SE wie es Gesellschaftsrechtsordnungen gibt. Auf europarechtlicher Ebene ist neben der SE-VO auch die von den Mitgliedstaaten in nationales Recht umzusetzende **Richtlinie zur Arbeitnehmermitbestimmung** von Bedeutung. Die arbeitsrechtlichen Regelungen wurden in §§ 208–253 ArbVG umgesetzt.

Das **SEG**[7] (SE-Gesetz, österreichisches Ausführungsgesetz) zur SE-VO führt die zahlreichen Regelungsaufträge der SE-VO aus und übt einige Ermächtigungen der SE-VO (va zum Schutz von Gläubigern und Minderheitsaktionären) aus.[8]

Normenhierarchie: Das Regelungsgefüge der SE ist wegen des Zusammenspiels von europarechtlichen und nationalen sowie gesetzlichen und satzungsmäßigen Normen komplex. Aus Art. 9 Abs. 1 SE-VO lässt sich folgende Normenhierarchie ableiten:[9]
- SE-VO;
- RL-Bestimmungen, auf welche die SE-VO direkt verweist;
- Satzungsbestimmungen, welche die SE-VO ausdrücklich zulässt;
- SEG als nationales Ausführungsgesetz;
- nationales Aktienrecht;
- Satzungsbestimmungen im Einklang mit dem mitgliedstaatlichen Aktienrecht;
- Geschäftsordnungen für Aufsichtsrat und Vorstand.

Ist eine SE börsenotiert, so richtet sich an sie gleichermaßen wie an eine nationale AG die Empfehlung der Anerkennung des Corporate-Governance-Kodex.[10]

Gleichstellung AG-SE: Art. 10 SE-VO normiert mit dem Gleichstellungsgebot ein generelles Diskriminierungsverbot und zugleich Besserstellungsverbot der SE gegenüber der AG, sofern dies die SE-VO nicht ausdrücklich zulässt. Im Einzelnen heißt dies, dass eine SE im Verhältnis zur AG ohne eine entsprechende SE-verordnungsrechtliche Anordnung nicht einschränkenderen Regeln unterworfen werden darf als die AG (etwa bei Konkretisierung der aufsichtsratspflichtigen Geschäfte). Umgekehrt ist ohne SE-verordnungsrechtliche Ermächtigung eine Privilegierung der SE gegenüber der AG nicht zulässig. Das Gesetz hat sich diesen beiden Gesellschaftsformen gegenüber neutral zu verhalten und darf keine unsachlichen Differenzierungen vornehmen.

Firma: Die SE muss gem. Art. 11 SE-VO ihrer Firma den Rechtsformzusatz „SE" voran- oder nachstellen. Eine Stellung in der Mitte ist daher auch dann unzulässig, wenn sie nach nationalem Aktienrecht erlaubt ist. Entsprechend dem eindeutigen Wortlaut des Art. 11 SE-VO ist ausschließlich der Rechtsformzusatz „SE" zulässig; andere Formulierungen (etwa „Societas Europaea" oder „Europäische Aktiengesellschaft") genügen den Anforderungen der Verordnung nicht. Nur eine SE darf ihrer Firma den Zusatz „SE" hinzufügen, wobei jedoch vor dem 8.10.2004 eingetragene Rechtsträger, deren Firma den Zusatz „SE" enthielt, ihren Namen nicht ändern müssen.

Da die SE-VO keine weiteren Bestimmungen zur Firmenbildung enthält, sind aufgrund der Verweisung von Art. 9 Abs. 1 lit. c Ziff. ii SE-VO ergänzend die Bestimmungen des Sitzstaats der SE, sonst §§ 17 ff. UGB und § 4 öAktG maßgeblich.[11]

Satzung: Die Satzung der SE ist entweder im Gründungsvertrag enthalten oder diesem gem. Art. 6 SE-VO beigefügt; sie ist nach den Vorschriften des Sitzstaats der SE offenzulegen. Die Satzung einer SE in Österreich bedarf gem. § 16 öAktG eines Notariatsaktes. Der notwendige Satzungsinhalt ergibt sich über den Generalverweis von Art. 9 Abs. 1 lit. c Ziff. ii SE-VO

---

[6] *Straube/Ratka/Rauter* in Straube/Aicher, Handbuch zur Europäischen Aktiengesellschaft, 2006, 26 f.
[7] ÖBGBl. I 2004/67 idgF.
[8] *Straube/Ratka/Rauter* in Straube/Aicher, Handbuch zur Europäischen Aktiengesellschaft, 2006, 29.
[9] *Kalss/Greda* GesRZ 2004, 91 ff.; *Eiselsberg* FS Michalek, 2005, 55.
[10] *Murschitz* in Büchele et al, Corporate Governance in Deutschland und Österreich, 2006, 205.
[11] Vgl. Kalss/Hügel/*Greda* SEG § 2 Rn. 6.

aus der SE-VO, dem SE-Gesetz (zB §§ 37, 40 SEG) und dem nationalen Aktienrecht gem. § 17 öAktG. Für die nachträgliche Satzungsänderung verlangt die SE-VO ein Mindestbeschlussquorum von zwei Dritteln der abgegebenen Stimmen. Da § 146 öAktG eine größere Mehrheit zulässt, kommt gem. Art. 59 SE-VO die größere Mehrheit zur Anwendung; daher ist § 146 öAktG so auszulegen, dass eine Dreiviertel-Mehrheit (nicht Kapitalmehrheit) erforderlich ist.[12] Da das Beschlussquorum der qualifizierten Mehrheit gem. § 146 öAktG dispositives Recht ist, darf die satzungsändernde Mehrheit in den Satzungen der SE herabgesetzt werden, aber anders als im nationalen Recht nicht bis auf die einfache, sondern höchstens bis auf die Mindestschwelle gem. Art. 59 SE-VO von zwei Dritteln der abgegebenen Stimmen. Die Satzungsänderung wird mit der Eintragung wirksam und ist wie nach nationalem Recht gem. § 148 öAktG offenzulegen (vgl. auch Art. 3 und 13 SE-VO).[13]

11 **Sitz:** Jede SE muss in ihrer Satzung einen Sitz festlegen (Satzungssitz). **Satzungssitz** und **Hauptverwaltung** der SE müssen sich – anders als bei nationalen Gesellschaften – gem. Art. 7 SE-VO im selben Mitgliedstaat befinden.[14] Nach dem Sitz der SE richtet sich das auf sie – subsidiär – anwendbare nationale Aktienrecht. Die SE kann ihren Sitz identitätswahrend in einen anderen Mitgliedstaat verlegen, selbst wenn das nationale Recht nationalen Gesellschaften dies – noch – nicht erlaubt;[15] die Sitzverlegung in einen Drittstaat führt gem. Art. 64 SE-VO zur Auflösung.[16]

B. Gründung bzw. Umgründung der SE

12 **Allgemeines:** Gem. Art. 12 SE-VO ist die SE im Register des Sitzstaats – somit im österreichischen Firmenbuch – einzutragen; zuständig ist das Gericht, in dessen Sprengel die SE ihren Sitz hat. Gem. Art. 12 Abs. 2 SE-VO darf eine SE erst dann in das Register des Sitzstaats eingetragen werden, wenn die Verhandlungen über die Arbeitnehmerbeteiligung beendet sind. Der Abschluss der Verhandlungen stellt somit – anders als bei der AG – eine Eintragungsvoraussetzung dar.[17] Die SE entsteht gem. Art. 16 Abs. 1 SE-VO mit der Eintragung. Die Eintragung ist gem. Art. 3 SE-VO iVm § 10 UGB und § 33 öAktG offenzulegen.

13 Anders als eine nationale AG kann eine SE nur unter Einsatz bestimmter Umgründungstechniken errichtet werden **(numerus clausus):**[18] Eine SE kann nur aus den in Art. 2 SE-VO genannten Rechtsformen heraus entstehen. Einer natürlichen Person ist daher der unmittelbare Weg in die SE verschlossen,[19] ein nachträglicher Beitritt einer natürlichen Person ist aber ohne Weiteres möglich. Die Gründungsformen iSd Art. 2 SE-VO sind abschließend.[20] Eine SE kann durch (a) Verschmelzung, (b) Gründung einer Holding-SE oder (c) Tochter-SE sowie (d) durch Umwandlung aus nationalen Gesellschaften entstehen.[21] Die Gründung einer SE etwa durch Spaltung aus einer anderen Rechtsform ist nicht zulässig.[22] Ab Errichtung steht der SE aber die Spaltung als beteiligte

---

[12] *Kalss* in Kalss/Nowotny/Schauer öGesR Rn. 3/1263.
[13] *Reich-Rohrwig*, Societas Europaea, 2006, 61; ferner Kalss/Hügel/*Zollner* SEG § 62 Rn. 33.
[14] *Kalss* in Kalss/Nowotny/Schauer öGesR Rn. 3/1264.
[15] *Straube/Ratka/Rauter* in Straube/Aicher, Handbuch zur Europäischen Aktiengesellschaft, 2006, 49; vgl. zu Art. 7 SE-VO *Ratka* ecolex 2006, 999 ff.
[16] *Artmann/Rüffler*, Gesellschaftsrecht, 2. Aufl. 2020, Rn. 844.
[17] Als Abschluss ist eine Vereinbarung, der Beschluss auf vorzeitige Beendigung oder das ergebnislose Verstreichen der sechsmonatigen Frist anzusehen, Kalss/Hügel/*Greda* SEG § 2 Rn. 2. Sind keine Arbeitnehmer in den betroffenen Gesellschaften beschäftigt, bedarf es des Ablaufs der sechsmonatigen Frist mangels Schutzbedürfnisses nicht, die SE kann sofort eingetragen werden.
[18] *Kalss/Greda* eastlex 2005, 87 ff.; vgl. zu Folgeumgründungen *Rauter* in M. *Karollus/Köck/Stadlmeier*, Stand und Entwicklungen des EU-Binnenmarktes, 2006, 193 ff.
[19] *Kalss* in Kalss/Nowotny/Schauer öGesR Rn. 3/1266.
[20] Kalss/Hügel/*Kalss* SEG Vor § 17 Rn. 2.
[21] Zur Gründung einer SE durch Spaltung vgl. *U. Törggler* wbl 2006, 49 ff.
[22] *Kalss/Greda* GesRZ 2004, 199; *Casper* AG 2007, 104 mwN.

Gesellschaft – auch zur Errichtung einer neuen SE – offen. Einzig die **Aktiengesellschaft** (bzw. SE)[23] kommt für sämtliche Gründungsformen in Betracht. Einer **GmbH** stehen zwar nicht die Verschmelzung und die Umwandlung offen;[24] sie kann aber ebenso wie die AG eine SE-Holding oder eine Tochter-SE bilden.[25] Auch kann sie unmittelbar vor der Umwandlung/Verschmelzung in eine nationale AG umgewandelt worden sein; in diesem Fall stehen ihr auch diese Gründungsformen offen. Rechtsträgern iSd Art. 54 Abs. 2 AEUV sowie juristischen Personen öffentlichen oder privaten Rechts steht nur die Bildung einer Tochter-SE offen.[26] Aus einer (einzigen)[27] bestehenden SE kann gem. Art. 3 Abs. 2 SE-VO eine Tochtergesellschaft in Form einer SE hervorgehen (sekundäre Gründungsform).[28]

Der Grund der eingeschränkten Gründungsmöglichkeiten liegt im ursprünglichen Anliegen des europäischen Normgebers, die SE auf die Mehrstaatlichkeit für – relativ – große Unternehmen auszurichten:[29] Jede Gründungsform setzt in unterschiedlichem Maß die Mehrstaatlichkeit der sich an der SE-Gründung beteiligenden Rechtsträger voraus. Dieses Erfordernis ist jedenfalls durch Gründungsgesellschaften zweier verschiedener Mitgliedstaaten erfüllt; die internationale Verfestigung ist aber auch bereits bei Bestehen einer in einem anderen Mitgliedstaat ansässigen Tochtergesellschaft[30] oder Zweigniederlassung bei der Errichtung einer Holding-SE oder einer SE-Tochtergesellschaft gegeben.[31] 14

Verschmelzung: Aktiengesellschaften können gem. Art. 2 und 17 SE-VO und §§ 17 ff. SEG durch Verschmelzung[32] eine SE gründen, wobei mindestens zwei Gesellschaften (AGs) unterschiedlichen Rechtsordnungen unterliegen müssen.[33] Eine solche Verschmelzung kann nach Eintragung der SE gem. Art. 30 Abs. 1 SE-VO nicht mehr für nichtig erklärt werden, sofern eine Gründungskontrolle nach Art. 25 f. SE-VO durchgeführt wurde.[34] Eine Verschmelzung verlangt als einzige Gründung nicht den Bestand einer Gesellschaft oder Tochtergesellschaft seit mindestens zwei Jahren, sondern kann sofort vollzogen werden. Die beiden AGs müssen verschiedenen Staaten angehören; neben Österreich kommt jeder EWR- und EU-Staat in Betracht. 15

Die Schwierigkeit einer grenzüberschreitenden Verschmelzung liegt darin, zwei Rechtsordnungen materiell und verfahrensrechtlich zu koordinieren.[35] SE-VO und SEG bewältigen diese Aufgabe mit dem Instrument der klaren Zuständigkeitsregelung der jeweiligen Behörden, der Bescheinigung und der Verpflichtung der Information und Zusammenarbeit der zuständigen Einrichtungen in den einzelnen Ländern.[36] Ist mit der Verschmelzung für Aktionäre einer österreichischem Recht unterliegenden Gesellschaft ein Grenzübertritt verbunden, gewährt § 21 SEG Gesellschaftern, die gegen die Verschmelzung stimmen und Widerspruch zur Niederschrift erklären, ein Austrittsrecht gegen Barabfindung. Die Angemessenheit der Barabfindung kann gem. § 21 SEG iVm §§ 12 und 13 SEG gerichtlich überprüft werden. Befindet sich die aus der Verschmelzung hervorgehende SE im Ausland, 16

---

[23] Kalss/Hügel/*Kalss* SEG Vor § 17 Rn. 33 ff.
[24] *Kalss/Greda* GesRZ 2004, 91 ff.
[25] *Kalss* in Kalss/Nowotny/Schauer öGesR Rn. 3/1266.
[26] *Kalss* in Kalss/Nowotny/Schauer öGesR Rn. 3/1266.
[27] Zur Einpersonen-SE *Kalss* GesRZ-Sonderheft 2004, 25.
[28] Kalss/Hügel/*Kalss* SEG Vor § 17 Rn. 36 f.
[29] Kalss/Hügel/*Kalss* SEG Vor § 17 Rn. 36 f.
[30] Vgl. Kalss/Hügel/*Kalss* SEG Vor § 17 Rn. 7.
[31] Kalss/Hügel/*Kalss* SEG Vor § 17 Rn. 7, 4; ausf. zu den Voraussetzungen der Mehrstaatlichkeit *Scheifele*, Gründung der SE, 2004, 116 ff.
[32] Eine Verschmelzung durch Aufnahme in eine SE nach Art. 17 SE-VO stellt eine Gesamtrechtsnachfolge dar, die jener nach § 225a Abs. 3 öAktG entspricht. Wird eine Kapitalgesellschaft, die Kommanditistin einer Personengesellschaft ist, in eine andere Kapitalgesellschaft (insbes. in eine SE) hineinverschmolzen, so ist § 177 UGB entsprechend anzuwenden. Mangels abweichender Regelung wird daher die KG mit dem Rechtsnachfolger fortgesetzt, OGH 4 Ob 51/07 i, GesRZ 2007, 341.
[33] *Barnert/Dolezel/Egermann/Illigasch,* Societas Europaea, 2005, 9.
[34] *Zimmer* wbl 2008, 518.
[35] *Kalss/Eckert* in Frey, Corporate Crossing, 2007, 57 ff.
[36] *U. Torggler* wbl 2006, 49 ff.; *Ratka/Rauter* GesRZ 2006, 55 ff.

greift gem. § 23 SEG ein vorgeschalteter Gläubigerschutz, dh den Gläubigern steht vor Eintragung der SE gem. § 14 SEG ein Recht auf Sicherstellung ihrer Forderungen zu, sofern sie eine Gefährdung glaubhaft machen können.[37]

17 **Holding-SE:** Die SE-VO ermöglicht in Art. 2 Abs. 2 SE-VO iVm Art. 32–34 SE-VO die Errichtung einer Holding-SE (vgl. §§ 26 ff. SEG). Diese Gründungsform ist – von Luxemburg abgesehen – ohne Vorbild in den nationalen Gesellschaftsrechten und stellt damit eine **eigenständige europarechtliche Gründungsform** dar.[38] Eine Holding-SE kann nicht nur durch AGs, sondern auch durch GmbHs errichtet werden.[39] Zwei der beteiligten Gründungsgesellschaften müssen nach dem Recht unterschiedlicher Mitgliedstaaten organisiert sein;[40] die internationale Verfestigung zweier Gründungsgesellschaften kann alternativ aber auch durch je eine Tochtergesellschaft oder eine Zweigniederlassung in einem anderen Mitgliedstaat vermittelt werden, wobei diese seit mindestens zwei Jahren vor Gründung der SE in einem anderen Mitgliedstaat bestehen müssen. Erstmals wurden spezifische Vorschriften für die Bildung einer Holding normiert. Aufgrund der fusionsähnlichen Ausrichtung der Holdingbildung verweist § 26 SEG weitgehend auf verschmelzungsrechtliche Bestimmungen des öAktG. Da in die SE-Holding im Wesentlichen Anteile eingebracht werden, greifen die Bestimmungen zur Sachgründung gem. §§ 20 ff. öAktG. Die Gesellschafter der Gründungsgesellschaften bringen ihre Anteile in die neu errichtete Mutter-SE ein; im Gegenzug erhalten die einbringenden Gesellschafter Aktien an der Holding-SE.[41] Für die Bildung einer Holding-SE ist bei jeder der beteiligten Gründungsgesellschaften die Einbringung von Aktien, die mehr als 50% der verliehenen Stimmrechte entsprechen, erforderlich. Anders als bei der Verschmelzung sieht das Gesetz für die nicht zustimmenden Gesellschafter kein Austrittsrecht vor; ebenso wenig besteht ein besonderer – vorgelagerter – Gläubigerschutz.[42] Die **Charakteristika der Holding-SE-Gründung** sind: Fusion im wirtschaftlichen Sinn; Vereinigung der Aktionärskreise in einer Muttergesellschaft; Vergemeinschaftung der Leitungsmacht; keine Vergemeinschaftung des Gesellschaftsvermögens; Kapitalaufbringung durch Gesellschafter (einstufiges Einbringungsmodell); Sachgründung; Fortbestand der Gründungsgesellschaften.

18 **Tochter-SE:** Für die Gründung einer Tochter-SE ist gem. Art. 2 Abs. 3 SE-VO die Mitwirkung von mindestens zwei Rechtsträgern iSd Art. 54 AEUV in unterschiedlichen Mitgliedstaaten erforderlich. Alternativ müssen mindestens zwei Gesellschaften seit mindestens zwei Jahren eine Tochtergesellschaft oder eine Zweigniederlassung in einem anderen Mitgliedstaat haben. Die Gründung einer Tochter-SE kann damit eine rein nationale Maßnahme sein.[43] In der Gründungsphase stellen die Gesellschaften die Satzung fest, zeichnen die Aktien der SE und bringen ihre Einlagen – Bar- oder Sacheinlagen – ein.[44] Für den Gründungsvorgang ist gem. Art. 36 SE-VO auf die beteiligten Gesellschaften nationales Recht anwendbar. Aus Sicht einer österreichischen Aktiengesellschaft als Gründerin bedeutet dies einerseits die Vertretungszuständigkeit des Vorstands; andererseits bedarf die Errichtung einer Tochtergesellschaft gem. § 95 Abs. 5 Nr. 1 öAktG zwingend der Zustimmung des Aufsichtsrats. In Abhängigkeit vom Ausmaß der in die SE einzubringenden Vermögenswerte ist die Zuständigkeit der Hauptversammlung gem. § 237 öAktG jedenfalls denkbar.[45] Sonst bleibt der Vorstand berechtigt, die Maßnahme der Hauptversammlung zur Beschlussfassung vorzulegen. Im Vorfeld ist der Vorstand verpflichtet, die Hauptversammlung entsprechend mit Informationen vorzubereiten.

---

[37] *Kalss/Greda* eastlex 2005, 87 ff.
[38] Luxemburg kennt als einziger Mitgliedstaat der Europäischen Union ein Holdinggesetz.
[39] *Kalss/Hügel/Hügel* SEG §§ 25, 26–28 Rn. 1 ff.; *Hügel* in Straube/Aicher, Handbuch zur Europäischen Aktiengesellschaft, 2006, 90 ff.; *Barnert/Dolezel/Egermann/Illigasch*, Societas Europaea, 2005, 41; *U. Torggler* GeS 2006, 207 ff.
[40] *Barnert/Dolezel/Egermann/Illigasch*, Societas Europaea, 2005, 41.
[41] *U. Torggler* GeS 2006, 207 ff.
[42] *Kalss/Greda* eastlex 2005, 87 ff.
[43] *Kalss* GesRZ-Sonderheft 2004, 34; *Barnert/Dolezel/Egermann/Illigasch*, Societas Europaea, 2005, 59.
[44] *Kalss/Hügel/Kalss* SEG Vor § 17 Rn. 20; *Schindler*, Die Europäische Aktiengesellschaft – Gesellschaft und steuerliche Aspekte, 2002, 37.
[45] *Kalss/Hügel/Kalss* SEG Vor § 17 Rn. 28.

Umwandlung: Die Gründung der SE durch Umwandlung einer nationalen AG gem. **19** Art. 37 SE-VO und §§ 29–32 SEG stellt die einfachste Form einer SE-Gründung dar, weil nur eine einzige Gesellschaft betroffen ist und weder Vermögen übertragen wird noch die formwechselnde nationale Aktiengesellschaft untergeht.[46] Einzig der **Aktiengesellschaft** steht diese Gründungsvariante offen:[47] die unmittelbare Umwandlung einer **GmbH** in eine SE ist nicht möglich; möglich ist es aber, die GmbH in eine AG umzuwandeln und die Umwandlung in die SE anzuschließen. Die Umwandlungen können auf einen Eintragungstag bezogen werden.[48] Für die Erfüllung des Mehrstaatlichkeitsprinzips reicht die **Existenz** einer seit **mindestens zwei Jahren** dem Recht eines anderen Mitgliedstaats unterliegenden **Tochtergesellschaft** (Art. 2 Abs. 4 SE-VO). Die Gesellschaft muss seit zwei Jahren Tochtergesellschaft der österreichischen AG sein, der tatsächliche Bestand einer operativ tätigen Gesellschaft ist unerheblich. Da mit der Umwandlung keine Sitzverlegung verbunden werden darf und der Unterschied von AG und SE – jedenfalls im dualistischen System – nicht groß ist, sieht das Gesetz für widersprechende Aktionäre kein Austrittsrecht vor.[49]

C. Sitzverlegung und Umwandlung der SE

Sitzverlegung: Satzungssitz und Hauptverwaltung der SE müssen gem. Art. 7 SE-VO **20** in einem einzigen Mitgliedstaat liegen.[50] Bei der Sitzverlegung gem. Art. 8 SE-VO und §§ 6 ff. SEG werden – unter Aufrechterhaltung der Identität[51] der Gesellschaft – der Satzungssitz und die Hauptverwaltung einer SE in einen anderen Mitgliedstaat verlegt.[52] Da das auf eine SE anwendbare Recht an den Sitz[53] der Gesellschaft anknüpft, unterliegt die SE mit Eintragung der Sitzverlegung im Register des Zuzugsstaats zugleich einer neuen Rechtsordnung.[54] Angesichts der damit verbundenen Beeinträchtigungsmöglichkeiten bestehender Gesellschafterrechte sieht § 12 SEG – in Ausführung der Ermächtigung gem. Art. 8 Abs. 5 SE-VO – ein mit Barabfindung verbundenes Austrittsrecht[55] widersprechender Gesellschafter vor. Gleichfalls vor der Eintragung steht Gläubigern gem. § 14 SEG ein Recht auf Sicherstellung ihrer Forderungen zu (vorgeschalteter Gläubigerschutz), sofern sie eine Gefährdung glaubhaft machen können.[56]

Nach Art. 66 SE-VO und § 33 SEG ist die **Umwandlung** einer SE in eine nationale **21** Aktiengesellschaft zulässig. Nach § 33 SEG sind für die Rückumwandlung – gleichsam spiegelverkehrt – §§ 29–32 SEG (Umwandlung) sinngemäß anzuwenden.[57] Die Informations- und Bekanntmachungspflichten (Offenlegung und Einsichtsrecht) sowie die Beschlusserfordernisse richten sich daher nach den umwandlungsrechtlichen Vorgaben im SEG. Zulässig ist die Rückumwandlung nur, sofern die SE bereits seit zwei Jahren besteht bzw. sie zwei Jahresabschlüsse erstellt hat, und sofern die Zielgesellschaft eine Aktiengesellschaft ist.[58] Der Beschluss darf erst nach Ablauf der zwei Jahre gefasst werden; Vorbereitungen sind schon vorher zulässig. Eine Verschmelzung mit einer GmbH oder auch eine Ab- oder Aufspaltung auf eine GmbH erscheinen nach diesem Zeitablauf ebenso zulässig.[59]

---

[46] Kalss/Hügel/*Zollner* SEG Vor § 29 Rn. 1; zur Sacheinlagepublizität bei der Umwandlung einer AG in eine SE vgl. *Kalss/Hlawati/M. Doralt/Adensamer* GesRZ 2007, 170 f.
[47] *Kalss/Greda* eastlex 2005, 87 ff.
[48] Zur Zusammenziehung *Kalss/Eckert* GeS 2005, 46 ff.; *Kalss* in Kalss/Schauer ÖJT 646.
[49] *Kalss* GesRZ-Sonderheft 2004, 33.
[50] *Ratka* in M. Karollus/Köck/Stadlmeier, Stand und Entwicklungen des EU-Binnenmarktes, 2006, 141 f.
[51] Zu den Rechtsfolgen der Sitzverlegung Kalss/Hügel/*Kalss* SEG Vor § 6 Rn. 7 ff.
[52] *Ratka* ZFR 2007, 19; *Kalss* GesRZ-Sonderheft 2004, 30.
[53] Kalss/Hügel/*Greda* SEG Vor § 5 Rn. 1 ff.
[54] *Ratka* ZFR 2007, 17 f.
[55] Kalss/Hügel/*Kalss* SEG § 12 Rn. 1 ff.
[56] Zurückhaltend Kalss/Hügel/*Kalss* SEG § 14 Rn. 1 ff.; *Kalss/Greda* eastlex 2005, 87 ff.
[57] Kalss/Hügel/*Zollner* SEG § 33 Rn. 8.
[58] *Kalss/Zollner* RdW 2004, 587 ff.
[59] *Artmann/Rüffler*, Gesellschaftsrecht, 2. Aufl. 2020, Rn. 844.

D. Finanzverfassung

22 **Grundkapital:** Das in Aktien zerlegte Grundkapital der SE (vgl. Art. 1 Abs. 2 SE-VO) hat grundsätzlich auf Euro zu lauten (Art. 4 Abs. 1 SE-VO).

23 **Die Aktien** vermitteln die Mitgliedschaft. In nicht börsenotierten Gesellschaften muss die SE Namensaktien ausgeben; bei Börsenotierung steht der Gesellschaft die Ausgabe von Inhaber- und Namensaktien offen. Die Übertragung der Aktien ist grundsätzlich frei; die Übertragung von Namensaktien kann durch Vinkulierungen oder Vorkaufs- oder Aufgriffsrechte eingeschränkt werden.[60]

24 Verbriefte Aktien sind dem Kapitalmarkt zugänglich;[61] zulässig sind Nennbetrags- oder Stückaktien (vgl. § 17 Nr. 4 öAktG).[62] Das gezeichnete Kapital der SE muss gem. Art. 4 Abs. 2 SE-VO mindestens **120.000,– Euro** betragen. Höhere Mindestvorgaben gelten für bestimmte Gesellschaftsformen, zB gem. § 14 Abs. 2 Nr. 3 öGSpG oder für Kreditinstitute oder Versicherungsunternehmen. Fragen der Kapitalaufbringung, -erhaltung und -veränderung sind gem. Art. 5 SE-VO nach dem Recht des Sitzstaats, somit nach österreichischem Aktienrecht zu beurteilen.[63]

25 **Kapitalerhöhung:** Die Bestimmungen für Kapitalerhöhungen und -herabsetzungen richten sich nicht ausschließlich nach nationalem Recht, sondern unterliegen als Satzungsänderungen auch Art. 59 SE-VO.[64]

26 **Kapitalerhaltung:** Da die österreichischen Regelungen der Kapitalerhaltung gelten, greift das strenge Gebot der Kapitalerhaltung gem. § 52 öAktG; ein Verstoß zieht die Nichtigkeit des Geschäfts nach sich.[65] Der Erwerb eigener Aktien richtet sich nach §§ 65 ff. öAktG.

E. Organisationsverfassung

I. Allgemeines

27 **Wahlfreiheit der Organisation:** Charakteristisch für die supranationale Gesellschaftsform der SE ist die gem. Art. 38 SE-VO bestehende grundsätzliche Wahlmöglichkeit zwischen zwei verschiedenen Organisationsmodellen:[66] Zum einen steht das dem österreichischen Gesellschaftsrecht vertraute **dualistische System** zur Verfügung, das sich durch eine organisatorische Trennung von Aufsichtsorgan und Geschäftsführungsorgan auszeichnet.[67] Auf der anderen Seite kann aber auch das **monistische System** gewählt werden, das Leitungs- und Kontrollfunktion in einem einzigen Organ vereint.[68] Eine Hauptversammlung der Aktionäre besteht in beiden Systemen zwingend (Art. 38 lit. a, 52 ff. SE-VO). Die Entscheidung für das jeweilige Organisationsmodell nimmt die Satzung vor; durch eine entsprechende Satzungsänderung ist ein Abgehen vom bereits gewählten System aber auch zu einem späteren Zeitpunkt möglich.[69]

28 Art. 38 lit. b SE-VO gewährt dem Satzungsgeber ausdrücklich die Wahl zwischen dem monistischen und dem dualistischen System. Die Wahlmöglichkeit ist zwingend. Da im österreichischen Recht für die AG eine Regelung für ein monistisches System fehlt, ist im

---

[60] OGH 6 Ob 28/13f, GesRZ 2013, 212.
[61] *Straube/Ratka/Rauter* in Straube/Aicher, Handbuch zur Europäischen Aktiengesellschaft, 2006, 48.
[62] Kalss/Hügel/*Greda* SEG § 2 Rn. 11.
[63] Zur Anwendbarkeit der Nachgründungsbestimmungen sowie der Rechtsprechung zur verdeckten Sacheinlage vgl. OGH 6 Ob 162/09f; 9 Ob 68/13k, GesRZ 2014, 326.
[64] *Schwarz* SE-VO Art. 59 Rn. 11.
[65] Artmann/Karollus/*Artmann* öAktG § 52 Rn. 72.
[66] Kalss/Hügel/*Kalss*/*Greda* SEG Vor § 34 Rn. 1; *Egermann/Heckenthaler* GesRZ 2004, 256 ff.; *Barnert/Dolezel/Egermann/Illigasch,* Societas Europaea, 2005, 79 ff.
[67] *Artmann* wbl 2002, 189 ff.
[68] *Egermann/Heckenthaler* GesRZ 2004, 256 ff.
[69] *Murschitz* GesRZ 2005, 227 ff.

SEG den Vorgaben der SE-VO entsprechend ein monistisches System ausgestaltet. Das dualistische System folgt weitgehend der Regelung für die AG.

Das **monistische System** der österreichischen SE ist dadurch gekennzeichnet, dass neben dem leitungsbefugten Verwaltungsrat gem. § 59 SEG zwingend auch geschäftsführende Direktoren als Organe für das laufende Tagesgeschäft zu bestellen sind, was zu einer deutlichen Annäherung an die traditionelle Zweiteilung des dualistischen Systems führt.[70] In der nicht börsenotierten Gesellschaft können geschäftsführende Direktoren dem Verwaltungsrat angehören (vgl. § 59 Abs. 2 SEG).[71] In der Praxis finden sich sowohl dualistische als auch monistisch gestaltete SEs.

II. Monistisches System

1. Verwaltungsrat. Bestellung und Abberufung: Mitglieder des VR können gem. § 45 Abs. 1 SEG nur natürliche Personen sein. Die Hauptversammlung bestellt den Verwaltungsrat für einen in der Satzung festgelegten Zeitraum, der gem. Art. 46 Abs. 1 SE-VO sechs Jahre nicht übersteigen darf. Eine wiederholte Bestellung ist zulässig, sofern die Satzung keine Einschränkungen über die Wiederbestellung vorsieht (vgl. Art. 46 SE-VO).[72] Die Abberufung der gewählten Mitglieder fällt gem. § 48 Abs. 1 SEG ebenfalls in die Zuständigkeit der Hauptversammlung. Der Beschluss bedarf mindestens einer Dreiviertelmehrheit der Stimmen; ein wichtiger Grund muss nicht vorliegen. Abweichende Regelungen (bis hin zur einfachen Stimmenmehrheit) durch die Satzung sind zulässig; die Abberufung des Verwaltungsrats ist daher einfacher als des Vorstands; die Hauptversammlung erlangt auch unmittelbaren Einfluss.[73]

Fehlerhaft bestelltes Organ: Wird der Bestellungsbeschluss der Hauptversammlung erfolgreich angefochten, wirkt das stattgebende Urteil im Beschlussanfechtungsprozess zurück. Jedenfalls intern wirkt die Anfechtung nicht zurück.[74] Auch im Außenverhältnis ist mit der aktuellen Literatur davon auszugehen, dass die Anfechtung nur ex nunc wirkt[75] und daher bis dahin gefasste Beschlüsse unter Mitwirkung dieses Organträgers aufrecht bleiben, sofern sie nicht an einem anderen Fehler leiden.

Gem. § 45 Abs. 1 SEG besteht der Verwaltungsrat aus **mindestens drei Mitgliedern** (Kapitalvertreter). Die Höchstzahl der Kapitalvertreter ist mit zehn festgelegt.[76] Neben den Kapitalvertretern gehören dem Verwaltungsrat gem. § 247 ArbVG auch Arbeitnehmervertreter an. Kommt österreichisches Recht zur Anwendung, so gilt die Drittelparität berechnet auf dem gesamten Verwaltungsrat. Die Arbeitnehmervertreter im Verwaltungsrat sind vollwertige (kollektiv-)vertretungsbefugte Mitglieder mit gleichen Rechten und Pflichten wie die von Aktionärsseite bestellten Mitglieder des Verwaltungsrats. Sie wirken an der Wahl des Vorsitzenden des Verwaltungsrats und seiner Stellvertreter sowie an der Bestellung der geschäftsführenden Direktoren mit.[77] Dem Verwaltungsrat können in Personalunion auch geschäftsführende Direktoren angehören; die Zahl der nicht-geschäftsführenden Verwaltungsratsmitglieder muss jedoch jene übersteigen, die zugleich das Amt eines geschäftsführenden Direktors innehaben. In einer börsenotierten Gesellschaft dürfen die geschäftsführenden Direktoren gem. § 59 Abs. 2 SEG nicht zugleich auch dem Verwaltungsrat angehören. Anders als das Aktienrecht für Vorstandsmitglieder sieht das Gesetz auch für börsenotierte SEs keine Cooling-off-Periode für geschäftsführende Direktoren vor. Zum Vorsitzenden des Verwaltungsrats → Rn. 33.

---

[70] *Schinko*, Handbuch für Verwaltungs- und Aufsichtsrat, 2008, 48 f.
[71] *Kalss* in Kalss/Schauer ÖJT 125.
[72] *M. Doralt* in Kalss/Kunz AR-HdB 276.
[73] *Artmann/Rüffler*, Gesellschaftsrecht, 2. Aufl. 2020, Rn. 843.
[74] *U. Torggler* FS Reich-Rohrwig, 2014, 239 (242).
[75] *Feltl*, Beschlussmängel im Aktienrecht, 2014, 265 ff.; *Krejci* FS Iro, 2013, 108; iErg über § 73 Abs. 4 öAktG *U. Torggler* FS Reich-Rohrwig, 2014, 239 (243 ff.); aA hingegen BGH II ZR 56/12, NZG 2013, 456; krit. Doralt/Nowotny/Kalss/*Diregger* öAktG § 198 Rn. 10.
[76] *Eiselsberg/Haberer* in Straube/Aicher, Handbuch zur Europäischen Aktiengesellschaft, 2006, 197.
[77] *Reich-Rohrwig*, Societas Europaea, 2006, 86; *Risak* ecolex 2004, 767 ff.

33 **Innere Organisation:** Gem. § 50 SEG muss der Verwaltungsrat über einen Vorsitzenden und mindestens einen Stellvertreter verfügen. Der **Vorsitzende** und sein **erster Stellvertreter** dürfen nicht zugleich geschäftsführende Direktoren sein.[78] Der Vorsitzende des Verwaltungsrats und sein erster Stellvertreter werden vom Verwaltungsrat gem. § 50 Abs. 1 SEG nach den in diesem Zusammenhang in der Satzung getroffenen Bestimmungen gewählt. Im Fall der Umwandlung einer österreichischen AG in eine SE gilt nach der „gesetzlichen Auffangregelung" der Arbeitnehmermitbestimmung in der SE (§ 248 ArbVG) für die Wahl des Vorsitzenden und seines ersten Stellvertreters das Erfordernis einer doppelten Mehrheit (Aktionärsschutzklausel), wie es ganz allgemein für AG gem. § 110 Abs. 3 S. 5 ArbVG gilt.[79] Die Einberufung von Sitzungen obliegt grundsätzlich dem Vorsitzenden; darüber hinaus können aber gem. § 53 Abs. 1 SEG jedes Verwaltungsratsmitglied oder die geschäftsführenden Direktoren mittels eines entsprechenden Beschlusses unter Angabe von Zweck und Gründen eine Einberufung durch den Vorsitzenden verlangen. Wird dem Verlangen nicht entsprochen, können gem. § 53 Abs. 2 SEG zwei Verwaltungsratsmitglieder oder die geschäftsführenden Direktoren – wiederum mit Beschluss – den Verwaltungsrat selbst einberufen. Der Verwaltungsrat hat gem. § 51 Abs. 1 SEG ein Protokoll zu führen; Umlaufbeschlüsse sind ebenso zulässig wie fernmündliche Beschlüsse oder solche mittels elektronischer Medien, wenn nicht ein Mitglied widerspricht.

34 Aufgrund der Bestimmung, dass die SE mindestens einen Verwaltungsratsvorsitzenden, einen Stellvertreter (vgl. § 50 SEG) und einen geschäftsführenden Direktor haben muss (§ 59 Abs. 1 SEG), ist ein **Einpersonenverwaltungsrat** nicht zulässig.[80]

35 **Geschäftsordnung des Verwaltungsrats:** Auch ohne ausdrückliche Regelung in der SE-VO und im SEG kann sich der Verwaltungsrat eine Geschäftsordnung geben und dort sowohl seine Arbeitsweise (Einberufung der Sitzungen, Übermittlung der Unterlagen, Einsatz elektronischer Medien etc) ebenso wie die Zuständigkeiten innerhalb des Organs insbes. auch die Aufgabenteilung zwischen dem geschäftsführenden Direktor und dem Verwaltungsrat einschließlich der Vorlagepflicht für die Zustimmung zu einzelnen Geschäften regeln.

36 **Ausschüsse des Verwaltungsrates:** Gem. § 51 Abs. 3 SEG kann der Verwaltungsrat einrichten. Ebenso wie im Aktienrecht sind dies nicht nur vorbereitende oder vollziehende Ausschüsse, sondern auch Ausschüsse mit Entscheidungsgewalt.

37 **Prüfungsausschuss:** Das Gesetz sieht zwingend die Einrichtung eines Prüfungsausschusses vor, wenn der Verwaltungsrat aus **mehr als fünf Mitgliedern** besteht, **die Gesellschaft börsenotiert** ist oder wenn es sich um eine Gesellschaft handelt, bei der das **Fünffache eines der in Euro ausgedrückten Größenmerkmale einer großen Gesellschaft** (§ 221 Abs. 3 S. 1 iVm Abs. 4–6 UGB) überschritten wird (§ 51 Abs. 3a SEG). Geschäftsführende Direktoren sind von einer Mitgliedschaft im Prüfungsausschuss ausgeschlossen.

38 Zu den **Aufgaben des Prüfungsausschusses** gehören: die Überwachung der Rechnungslegung; die Überwachung der Wirksamkeit des internen Kontrollsystems; die Überwachung der Abschlussprüfung und Konzernabschlussprüfung; die Prüfung und Überwachung der Unabhängigkeit des Abschlussprüfers, insbes. im Hinblick auf die für das geprüfte Unternehmen erbrachten zusätzlichen Leistungen; die Prüfung und Vorbereitung der Feststellung des Jahresabschlusses, des Vorschlags für die Gewinnverteilung, des Lageberichts und gegebenenfalls des Corporate-Governance-Berichts sowie die Erstattung des Berichts über die Prüfungsergebnisse an den Verwaltungsrat. Der Prüfungsausschuss hat auch einen allfälligen Konzernabschluss zu prüfen sowie einen Vorschlag für die Auswahl des Abschlussprüfers zu erstatten und dem Verwaltungsrat darüber zu berichten.

39 Dem Prüfungsausschuss muss eine Person angehören, die über besondere Kenntnisse und praktische Erfahrung im Finanz- und Rechnungswesen und in der Berichterstattung verfügt

---

[78] Kalss/Hügel/*Kalss*/*Greda* SEG § 50 Rn. 1; *Kalss*/*Greda* eastlex 2005, 87 ff.; *Eiselsberg*/*Haberer* in Straube/Aicher, Handbuch zur Europäischen Aktiengesellschaft, 2006, 198.
[79] *Reich-Rohrwig*, Societas Europaea, 2006, 86.
[80] Kalss/Hügel/*Kalss*/*Greda* SEG § 45 Rn. 7.

(**Finanzexperte**). Vom Vorsitz des Prüfungsausschusses und vom Amt des Finanzexperten sind Personen ausgeschlossen, die in den letzten drei Jahren geschäftsführender Direktor, leitender Angestellter oder Abschlussprüfer der Gesellschaft waren oder den Bestätigungsvermerk unterfertigt haben. Die Mitglieder des Prüfungsausschusses müssen mehrheitlich unabhängig und unbefangen sein.

Sitzungsfrequenz und Beschlussfähigkeit: Der Verwaltungsrat muss gem. § 53 Abs. 3 SEG mindestens sechsmal im Geschäftsjahr zu Sitzungen zusammentreten. Die konkreten Einberufungsbedingungen wie Frist, Übermittlung der Unterlagen und Einsatz elektronischer Medien ist in der Geschäftsordnung des Verwaltungsrates festzulegen. Die Beschlussfähigkeit ist gem. Art. 50 Abs. 1 SE-VO nur dann gegeben, wenn mindestens die Hälfte der Mitglieder an der Sitzung teilnimmt, wobei die Satzung eine abweichende Regelung treffen kann. Mittels einer ausdrücklichen Satzungsermächtigung können konkrete abweichende Gestaltungen auch in der Geschäftsordnung des Verwaltungsrates vorgenommen werden. 40

Aufgabenbereich: Der Verwaltungsrat ist das zentrale Verwaltungsorgan der monistischen SE. Art. 43 Abs. 1 SE-VO bestimmt als Aufgabe des Verwaltungsrats die Führung der Geschäfte der SE.[81] Die Mitglieder des Verwaltungsrats sind zur Geschäftsführung befugt, soweit diese nicht den geschäftsführenden Direktoren übertragen wurde. Die Aufgabe der geschäftsführenden Direktoren ist gem. § 56 SEG die Führung der laufenden Geschäfte der Gesellschaft. Wegen der großen Verantwortung des Verwaltungsrats für die Gesellschaft und wegen seines Verhältnisses zu den geschäftsführenden Direktoren ist eine Geschäftsordnung, in der die Art und Weise der gemeinschaftlichen Tätigkeit, die Zuständigkeiten und die Beschlussfassung festgelegt sind, unabdingbar.[82] 41

Dem Verwaltungsrat obliegt die **Leitung der Gesellschaft**,[83] also die Geschäftsführung und die Vertretung nach außen.[84] Die Abgrenzung zum Tagesgeschäft, das den geschäftsführenden Direktoren obliegt, ist im Einzelnen schwierig, zumal der Verwaltungsrat mittels Weisung in das Tagesgeschäft eingreifen kann.[85] Die **Überwachungsaufgabe des Verwaltungsrats** wird im Gesetz nicht ausdrücklich genannt, zählt aber dennoch zu seinen Kernaufgaben,[86] insbes. im Fall der Bestellung externer geschäftsführender Direktoren.[87] Weitere gesetzlich festgelegte Aufgaben des Verwaltungsrats sind die Bestellung und Abberufung der geschäftsführenden Direktoren (vgl. → Rn. 46), die Prüfung und Feststellung des Jahresabschlusses und eines allfälligen Konzernabschlusses und den Bericht darüber an die Hauptversammlung (§ 41 SEG); die Einberufung der Hauptversammlung, wenn es das Wohl der Gesellschaft erfordert und namentlich bei Verlust des halben Grundkapitals (§ 39 Abs. 2 SEG); die Einrichtung eines Rechnungswesens und eines internen Kontrollsystems, das den Anforderungen des Unternehmens entspricht (§ 39 Abs. 3 SEG). Gem. § 38 Abs. 2 SEG treffen Bestimmungen in anderen Gesetzen, die dem Vorstand oder dem Aufsichtsrat einer AG Rechte und Pflichten zuweisen, an ihrer Stelle den Verwaltungsrat, sofern sie nicht ausdrücklich den geschäftsführenden Direktoren zugewiesen wurden.[88] 42

Weisungsgebundenheit gegenüber der Hauptversammlung? Strittig ist, ob der Verwaltungsrat gegenüber der Hauptversammlung weisungsgebunden ist oder es zumindest sein kann. Die ganz überwiegende Lehre betont die Weisungsfreiheit der Verwaltungsratsmitglieder, va auch im Vergleich zur dualistischen AG. Dafür spricht auch der Wortlaut von § 39 Abs. 1 SEG, der eng an § 70 öAktG angelehnt ist.[89] Zwar sprechen die unterschiedliche 43

---

[81] *Barnert/Dolezel/Egermann/Illigasch*, Societas Europaea, 2005, 109.
[82] *Kalss* in Kalss/Nowotny/Schauer öGesR Rn. 3/1287.
[83] *Kalss/Greda* GesRZ 2004, 91 ff.; *Eiselsberg/Haberer* in Straube/Aicher, Handbuch zur Europäischen Aktiengesellschaft, 2006, 192; *Murschitz* GesRZ 2005, 284 ff.; *Artmann* wbl 2002, 189 ff.; *Kalss* AR aktuell 1/2005, 5 f.
[84] *Reich-Rohrwig*, Societas Europaea, 2006, 88.
[85] Kalss/Hügel/*Kalss/Greda* SEG § 39 Rn. 1.
[86] *Murschitz* in Büchele et al, Corporate Governance in Deutschland und Österreich, 2006, 214.
[87] *Eiselsberg/Haberer* in Straube/Aicher, Handbuch zur Europäischen Aktiengesellschaft, 2006, 194.
[88] *Kalss/Greda* eastlex 2005, 87 ff.
[89] *Nowotny* GesRZ-Sonderheft 2004, 40; *Egermann/Heckenthaler* GesRZ 2004, 260; *Schinko*, Handbuch für Verwaltungs- und Aufsichtsrat, 2008, 68 f.; *Rauter* wbl 2010, 502 ff.

Struktur des einstufigen und zweistufigen Systems sowie die unterschiedliche Textierung der SE-VO für die Möglichkeit einer – zumindest satzungsfähigen – Weisungsbindung, allein das SEG lässt dies nicht zu.[90]

44 **Sorgfaltsmaßstab und Haftung:** Die nicht-geschäftsführenden Mitglieder des Verwaltungsrats haften für alle von ihnen im Rahmen der Leitung getroffenen Entscheidungen nach § 84 öAktG iVm § 55 SEG, während sie für Entscheidungen der geschäftsführenden Direktoren nach § 99 öAktG iVm § 55 SEG haften, wenn sie ihre umfassenden Kontrollpflichten hinsichtlich der Tätigkeit der geschäftsführenden Direktoren verletzen. Der Verwaltungsrat haftet für seine Leitungstätigkeit als Geschäftsleiter, während er für das Tagesgeschäft nur als Aufsichtsorgan haftet (gemischter Sorgfaltsmaßstab). Aufsichtspflichten bestehen aber nicht nur gegenüber den geschäftsführenden Direktoren; im Fall einer Ressortverteilung im Verwaltungsrat besteht eine entsprechende Kontrollpflicht auch gegenüber den anderen Ressorts.[91]

45 **Wettbewerbsverbot und Kreditgewährung:** § 54 SEG verweist auf die aktienrechtlichen Regelungen über das Wettbewerbsverbot (§ 79 öAktG) und die Kreditgewährung (§ 80 öAktG). Überlegenswert wäre eine teleologische Reduktion des Wettbewerbsverbotes auf Mitglieder des Verwaltungsrates, die zugleich geschäftsführende Direktoren sind.

46 **2. Geschäftsführende Direktoren. Bestellung und Anstellung:** Gem. §§ 56, 59 SEG hat der Verwaltungsrat geschäftsführende Direktoren zu bestellen, welche die laufenden Geschäfte[92] der Gesellschaft besorgen. Das Gesetz verlangt die Bestellung mindestens eines Direktors. Die Kompetenzverteilung ist zwingend, die Satzung kann nicht von ihr abweichen.[93] Die geschäftsführenden Direktoren sind keine Organe im Sinne von Art. 46 und 51 SE-VO. Nach dem österreichischen gesellschaftsrechtlichen und organisationsrechtlichen Verständnis, nämlich dass Organe Vertretungs- und sonstige Mitwirkungsaufgaben zu erfüllen haben, sind die geschäftsführenden Direktoren allerdings als Organe zu qualifizieren.[94] Geschäftsführende Direktoren können sowohl Dritte (externe geschäftsführende Direktoren) als auch Mitglieder des Verwaltungsrats sein (interne geschäftsführende Direktoren). Der Vorsitzende des Verwaltungsrats sowie sein Stellvertreter können nicht zu geschäftsführenden Direktoren bestellt werden.[95] Die Mehrheit der Verwaltungsratsmitglieder muss gem. § 59 Abs. 1 SEG aus nicht-geschäftsführenden Mitgliedern bestehen. Im Fall einer börsenotierten Gesellschaft ist die Bestellung von internen geschäftsführenden Direktoren unzulässig. Die Bestellungsdauer von geschäftsführenden Direktoren ist mit einem Zeitraum von fünf Jahren befristet, eine Wiederbestellung ist zulässig. Den Anstellungsvertrag mit externen Direktoren schließt der Verwaltungsrat für die Gesellschaft ab; die Dienstverträge mit geschäftsführenden Verwaltungsräten werden von den nicht-geschäftsführenden Mitgliedern des Verwaltungsrats abgeschlossen.[96]

47 **Innere Organisation:** Der Verwaltungsrat kann einen von mehreren geschäftsführenden Direktoren zum Vorsitzenden bestimmen (§ 57 Abs. 2 SEG). Für diesen wird die Bezeichnung **Generaldirektor** vorgeschlagen. Bei Stimmengleichheit gibt seine Stimme – parallel zu § 70 Abs. 2 öAktG – mangels abweichender Satzungsbestimmung den Ausschlag **(Dirimierungsrecht).** Sind mehrere geschäftsführende Direktoren bestellt, fasst das Gremium mangels abweichender Regelung (etwa in der Geschäftsordnung) Beschlüsse mit einfacher Mehrheit bei Anwesenheit aller Mitglieder. § 52 Abs. 1 S. 2 SEG ermächtigt den Vorsitzenden des Verwaltungsrats, jene Verwaltungsratsmitglie-

---

[90] Dazu noch anders für die Möglichkeit eines Weisungsrechts *Kalss/Greda* eastlex 2005, 87 ff.; Kalss/Hügel/*Kalss/Greda* SEG § 39 Rn. 34 ff.
[91] Kalss/Hügel/*Kalss/Greda* SEG § 55 Rn. 3 ff.; *Völkl* in Straube/Aicher, Handbuch zur Europäischen Aktiengesellschaft, 2006, 232 f.
[92] Kalss/Hügel/*Kalss/Greda* SEG § 56 Rn. 6.
[93] Kalss/Hügel/*Kalss/Greda* SEG § 56 Rn. 5 ff.; *Egermann/Heckenthaler* GeS 2004, 463 ff.
[94] *Kalss* in Kalss/Nowotny/Schauer öGesR Rn. 3/1292.
[95] *Egermann/Heckenthaler* GeS 2004, 463 ff.
[96] ErläutRV 466 BlgNR 22. GP zu § 54 SEG.

der, die gleichzeitig auch als geschäftsführende Direktoren fungieren, von der Teilnahme an den Sitzungen des Verwaltungsrats auszuschließen,[97] um eine unbefangene Diskussion im Verwaltungsrat sicherzustellen.

Geschäftsordnung der geschäftsführenden Direktoren: § 57 SEG berechtigt die Satzung oder den Verwaltungsrat zur Regelung der Geschäftsführung durch die geschäftsführenden Direktoren. Die Regelung kann daher auch in einer Geschäftsordnung für die geschäftsführenden Direktoren gefasst werden. Sofern die Satzung keine Regelungen enthält, ist der Verwaltungsrat berufen, eine Geschäftsordnung mit der Arbeitsgestaltung (Einberufung, Sitzung, Protokollierung) und Arbeitsverteilung (Geschäftsverteilung) zu fassen. Unterlässt der Verwaltungsrat die Verabschiedung einer Geschäftsordnung, sind die geschäftsführenden Direktoren dazu berechtigt. 48

Aufgabenbereich: Die Aufgabenverteilung zwischen Verwaltungsrat und geschäftsführenden Direktoren ergibt sich aus der gesetzlichen, allgemein gehaltenen und beweglichen Kompetenzordnung nach §§ 38, 39 SEG iVm §§ 40 und 56 SEG.[98] Diese verdeutlicht, welche Angelegenheiten der Verwaltungsrat an die geschäftsführenden Direktoren delegieren kann und welche **zwingend beim Verwaltungsrat** verbleiben. Die generelle Leitlinie bilden dabei die unübertragbaren Kernkompetenzen[99] des Verwaltungsrats, das den geschäftsführenden Direktoren zugewiesene Tagesgeschäft sowie jene Maßnahmen, für die ein ausdrücklicher Beschluss des Verwaltungsrats erforderlich ist. Eine klarstellende Definition der Begriffe „Leitung" und „Tagesgeschäft" fehlt, um das System flexibel und regelungsoffen zu halten.[100] Als normatives Abgrenzungskriterium dienen die Beschlussgegenstände iSd § 95 Abs. 5 öAktG; diese sind ausdrücklich einer Beschlussfassung des Verwaltungsrats unterworfen und damit als über das bloße Tagesgeschäft hinausgehende Maßnahme zu qualifizieren.[101] Darüber hinaus haben die geschäftsführenden Direktoren gem. § 41 Abs. 1 SEG innerhalb der ersten fünf Monate des Geschäftsjahres für das vorangegangene Geschäftsjahr den Jahresabschluss zu erstellen (§ 222 Abs. 1 UGB und ggf. § 244 Abs. 1 UGB) und dem Verwaltungsrat vorzulegen. 49

Für die geschäftsführenden Direktoren gilt gem. § 57 Abs. 1 SEG das **Prinzip der Gesamtgeschäftsführung**; durch eine entsprechende Bestimmung in der Satzung oder durch Verwaltungsratsbeschluss ist eine abweichende Regelung möglich. Eine **Weisungsgebundenheit** der geschäftsführenden Direktoren gegenüber dem Verwaltungsrat geht aus dem Gesetz nicht ausdrücklich hervor, ist aber nach der hL zu bejahen.[102] 50

Überwachung durch den Verwaltungsrat: Die geschäftsführenden Direktoren unterliegen der Kontrolle durch den Verwaltungsrat.[103] Diesem haben sie mindestens vierteljährlich über den Gang der Geschäfte und die Lage des Unternehmens zu berichten (Quartalsbericht). Darüber hinaus haben sie den Verwaltungsrat über wichtige Anlässe im Allgemeinen und über rentabilitäts- und liquiditätsrelevante Umstände von erheblicher Bedeutung im Besonderen zu unterrichten (Sonderbericht). Die Erstellung des Jahresberichts fällt hingegen in die Zuständigkeit des Verwaltungsrats gegenüber der Hauptversammlung (§ 58 Abs. 1 SEG). 51

Vertretung: Die Vertretung der SE obliegt nach § 43 SEG grundsätzlich dem Verwaltungsrat und den geschäftsführenden Direktoren **gemeinsam** (Gesamtvertretung). Ein 52

---

[97] Dies soll den Gesetzesmaterialien zufolge eine unbefangene Situation im Verwaltungsrat sicherstellen (ErläutRV 466 BlgNR 22. GP 30 zu § 52 SEG), ist aber insofern nicht unproblematisch, als dadurch dem Vorsitzenden des Verwaltungsrats ermöglicht wird, dem internen geschäftsführenden Direktor den Einfluss auf die Beschlüsse des Verwaltungsrats weitgehend zu entziehen; vgl. *Egermann/Heckenthaler* GeS 2004, 463 ff.
[98] *Kalss/Greda* eastlex 2005, 87 ff.; unzutreffend *Egermann/Heckenthaler* GeS 2004, 469, die eine parallele Zuständigkeit von Verwaltungsrat und geschäftsführenden Direktoren im Bereich der laufenden Geschäfte annehmen.
[99] Kalss/Hügel/*Kalss/Greda* SEG § 39 Rn. 28 ff.
[100] *Kalss/Greda* eastlex 2005, 87 ff.; *Barnert/Dolezel/Egermann/Illigasch,* Societas Europaea, 2005, 97.
[101] Kalss/Hügel/*Kalss/Greda* SEG § 39 Rn. 30, § 40 Rn. 13 und § 56 Rn. 7, 11.
[102] Kalss/Hügel/*Kalss/Greda* SEG § 56 Rn. 15; *Kalss/Greda* GesRZ 2004, 91 ff.; *Reich-Rohrwig,* Societas Europaea, 2006, 93; *Barnert/Dolezel/Egermann/Illigasch,* Societas Europaea, 2005, 109.
[103] Kalss/Hügel/*Kalss/Greda* SEG § 39 Rn. 13 f.

Abgehen von diesem gesetzlichen Vertretungsmodell ist jedoch zulässig:[104] In der **Satzung** kann einzelnen geschäftsführenden Direktoren oder auch Verwaltungsratsmitgliedern **Einzelvertretungsbefugnis** eingeräumt werden; sie wird nach allgemeinen Grundsätzen durch Eintragung in das Firmenbuch nach außen wirksam. Eine inhaltliche Einschränkung der Vertretungsmacht der geschäftsführenden Direktoren ist nicht zulässig. Nach außen ist die Vertretungsbefugnis der Verwaltungsratsmitglieder ebenso wie die Vertretungsmacht der geschäftsführenden Direktoren unbeschränkbar, unabhängig von ihrer durch Satzung oder Beschluss des Verwaltungsrats gestaltbaren Befugnis, die laufenden Geschäfte zu führen; es handelt sich um eine gesetzliche Formalvollmacht.[105]

53 **Sorgfaltsmaßstab und Haftung:** Die geschäftsführenden Direktoren haben gem. § 57 Abs. 3 SEG iVm § 84 öAktG bei Besorgung der ihnen obliegenden Angelegenheiten für die Sorgfalt eines ordentlichen und gewissenhaften geschäftsführenden Direktors einzustehen.[106]

54 **Wettbewerbsverbot und Kreditgewährung:** §§ 54 S. 3 und 60 SEG verweisen auf §§ 79 und 80 öAktG: Damit gelten für Verwaltungsratsmitglieder ebenso wie für geschäftsführende Direktoren das Wettbewerbsverbot und die Regeln über die Kreditgewährung. Geändert werden können diese für die Verwaltungsratsmitglieder aber nur in der Satzung, wogegen für die geschäftsführenden Direktoren lediglich die Zustimmung des Verwaltungsrats nach § 38 Abs. 2 SEG iVm §§ 79 und 80 öAktG notwendig ist. Für jene geschäftsführenden Direktoren, die zugleich ein Verwaltungsratsmandat innehaben, ist von einem Stimmverbot auszugehen.[107]

55 **Beendigung der Funktion:** Die Funktion des geschäftsführenden Direktors endet durch Zeitablauf, Abberufung durch den Verwaltungsrat; bei geschäftsführenden Verwaltungsratsmitgliedern durch Abberufung als Verwaltungsrat durch die Hauptversammlung (§ 48 Abs. 3 SEG) sowie schließlich durch Rücktritt[108] und Tod.[109]

56 Gem. § 59 Abs. 5 SEG können geschäftsführende Direktoren jederzeit durch einen Beschluss des Verwaltungsrats **abberufen** werden. Dazu bedarf es weder eines „wichtigen Grundes" iSd § 75 Abs. 4 öAktG noch einer qualifizierten Mehrheit.[110] Die Absetzung als geschäftsführender Direktor hat (bei geschäftsführenden Verwaltungsratsmitgliedern) aber nicht automatisch auch den Verlust des Verwaltungsratsmandats zur Folge.[111] Alleine die Abberufung eines geschäftsführenden Verwaltungsratsmitglieds als Verwaltungsrat bewirkt den gleichzeitigen Verlust der Stellung als geschäftsführender Direktor. Externe geschäftsführende Direktoren können ausschließlich vom Verwaltungsrat abberufen werden: Die Hauptversammlung kann lediglich ein Misstrauensvotum gegen einen geschäftsführenden Direktor fassen; dann hat der Verwaltungsrat über die Abberufung zu entscheiden und sie auch durchzuführen, wenn das Misstrauensvotum nicht unsachlich ist.

57 **3. Hauptversammlung.** Nach Art. 53 SE-VO gelten für Organisation und Ablauf der **Hauptversammlung** sowie für das **Abstimmungsverfahren** grundsätzlich die im Sitzstaat der SE für Aktiengesellschaften maßgeblichen Rechtsvorschriften.[112] Gem. § 62 Abs. 1 SEG kann eine Minderheit von 5% die Einberufung der Hauptversammlung sowie die Ankündigung von Tagesordnungspunkten verlangen. Damit wurde von der Ermächtigung

---

[104] Kalss/Hügel/*Kalss/Greda* SEG § 43 Rn. 4; *Kalss/Greda* GesRZ 2004, 91 ff.
[105] *Völkl* in Straube/Aicher, Handbuch zur Europäischen Aktiengesellschaft, 2006, 224; *Egermann/Heckenthaler* GeS 2004, 463 ff.
[106] *Egermann/Heckenthaler* GesRZ 2004, 256 ff.; *Kalss/Greda* GesRZ 2004, 91 ff.; *Völkl* in Straube/Aicher, Handbuch zur Europäischen Aktiengesellschaft, 2006, 233.
[107] Kalss/Hügel/*Greda* SEG § 60 Rn. 14.
[108] *Runggaldier/Schima*, Manager-Dienstverträge, 4. Aufl. 2014, 129.
[109] *Egermann/Heckenthaler* GeS 2004, 463 ff.
[110] *Reich-Rohrwig*, Societas Europaea, 2006, 8; *Runggaldier/Schima*, Manager-Dienstverträge, 4. Aufl. 2014, 129.
[111] *Nowotny* GesRZ-Sonderheft 2004, 42.
[112] Ausf. zur Stellung der Hauptversammlung der SE *Kalss/Hlawati/M. Doralt/Adensamer* GesRZ 2007, 177 ff.

in Art. 55 Abs. 1 SE-VO Gebrauch gemacht, einen niedrigen Prozentsatz als 10% vorzusehen. Aus der auf die SE-VO gestützten Satzungsautonomie ist aber abzuleiten, dass eine Gesellschaft sich durch Satzungsbestimmung auch für eine 10%ige Anteilsschwelle entscheiden kann.[113] Gem. § 62 Abs. 2 SEG ist § 104 öAktG auch auf die Hauptversammlung der SE anzuwenden, wobei diese jährlich innerhalb der ersten sechs Monate des Geschäftsjahres stattzufinden hat. Sofern der Verwaltungsrat den Jahresabschluss nicht billigt oder die Feststellung durch die Hauptversammlung beschließt, fällt die Feststellung des Jahresabschlusses in die Kompetenz der Hauptversammlung. Im **monistischen System** führt der Vorsitzende des Verwaltungsrats den Vorsitz in der Hauptversammlung.[114] Er leitet die Hauptversammlung und übt die sitzungspolizeilichen Befugnisse aus. Der Vorsitzende der Hauptversammlung legt auch die Form der Abstimmung fest, zB Additions- oder Subtraktionsverfahren.[115] Das **Auskunftsrecht des Aktionärs** richtet sich im monistischen System gegen den Verwaltungsrat. Bei Auskunftsverweigerung durch diesen kann der Aktionär das Auskunftsbegehren – ebenso wie im Aktienrecht – nunmehr im Außerstreitverfahren durchsetzen; er ist nicht mehr nur auf die Anfechtung eines nachfolgenden Beschlusses beschränkt.[116] Die Hauptversammlung hat demgegenüber betrachtet in der monistischen SE mehr Gewicht als in der dualistischen, weil ihr mit der Bestellungs- und Abberufungskompetenz des Verwaltungsrats ein unmittelbarer Einfluss auf die Geschäftsführung zukommt.

58 **Beschlussmehrheit:** Generell gilt das Prinzip der einfachen Stimmenmehrheit gem. Art. 57 SE-VO. Art. 59 SE-VO weicht davon für satzungsändernde Beschlüsse ab und verlangt die Zweidrittelmehrheit der abgegebenen Stimmen. Art. 59 SE-VO gestattet höhere nationale Beschlussmehrheiten sowohl im Gesetzes- als auch im Satzungsrang. Art. 59 SE-VO bezieht sich auf Stimmrechtsregelungen. Daraus folgt, dass daher das gesetzliche Beschlusserfordernis der qualifizierten Mehrheit (einfache Stimmenmehrheit sowie drei Viertel des vertretenen Grundkapitals) gem. §§ 146, 149 öAktG greift. Erlaubt das öAktG die Herabsetzung der Kapitalmehrheit auf die einfache Mehrheit (zB Satzungsänderung, Kapitalerhöhung), so ist diese herabgesetzte Mehrheit auch im Lichte von Art. 59 SE-VO maßgeblich. In der SE kann daher für diese Beschlussfassungen in der Satzung die Kapitalmehrheit auf die einfache Mehrheit herabgesetzt werden. Der Bezugsrechtsausschluss gem. § 153 öAktG oder die Ermächtigung des Bezugsrechtsausschlusses gem. § 170 Abs. 2 öAktG können etwa auch in der SE nicht auf die einfache Mehrheit herabgesetzt werden.

III. Dualistisches System

59 Art. 39 ff. SE-VO sehen im dualistischen System ein Leitungsorgan vor, das die Geschäfte der SE in eigener Verantwortung führt **(Vorstand),** und ein Aufsichtsorgan **(Aufsichtsrat),** das die Führung der Geschäfte durch das Leitungsorgan überwacht.

60 Die dualistisch geprägte SE folgt – entsprechend den Vorgaben von Art. 9 und 10 SE-VO – weitgehend dem nationalen österreichischen Aktienrecht;[117] SE-VO und SEG sehen lediglich einige wenige Abweichungen vor.[118] Zu nennen sind die maximal **sechsjährige Amtsdauer** von Vorstands- und Aufsichtsratsmitgliedern gem. Art. 46 SE-VO, die Festlegung der in § 95 Abs. 5 öAktG genannten **zustimmungspflichtigen Geschäfte** in der Satzung gem. Art. 48 Abs. 2 SE-VO iVm § 37 SEG sowie die unterschiedlichen Anforderungen der **Beschlussfähigkeit und -quoren.**[119] Die Satzung kann jedenfalls eine Regelung enthalten,[120] sie muss aber die einzelnen zustimmungspflichtigen Geschäfte wegen

---

[113] Kalss/Hügel/Zollner SEG § 62 Rn. 8.
[114] Kalss/Hügel/Zollner SEG § 62 Rn. 11; Kalss/Greda GesRZ 2004, 103.
[115] Zulässigkeit des Subtraktionsverfahrens in der SE; Kalss in Kalss/Nowotny/Schauer öGesR Rn. 3/1303.
[116] Doralt/Nowotny/Kalss/M. Doralt öAktG § 118 Rn. 135; Eiselsberg/Haberer in Straube/Aicher, Handbuch zur Europäischen Aktiengesellschaft, 2006, 211.
[117] Kalss/Hlawati/M. Doralt/Adensamer GesRZ 2007, 172; Murschitz ecolex 2006, 658 ff.
[118] Kalss/Hlawati/M. Doralt/Adensamer GesRZ 2007, 172; Murschitz ecolex 2006, 658 ff.
[119] Kalss/Hügel/Kalss/Greda SEG § 35 Rn. 11 ff.
[120] Kalss/Hügel/Kalss/Greda SEG § 37 Rn. 1 ff.; Reich-Rohrwig, Societas Europaea, 2006, 67, 82.

Art. 10 SE-VO **(Gleichbehandlungsgebot)** nicht genau nennen;[121] es genügt ein klarer Hinweis auf den gesetzlichen Katalog in der Satzung.[122] Betragsgrenzen können auch in der Geschäftsordnung festgelegt werden;[123] ebenso reicht es, dass die Satzung eine ausdrückliche Ermächtigung für die Festlegung der Beschlussfähigkeit und -mehrheit in der Geschäftsordnung enthält.

61   Der **erste Aufsichtsrat** kann entgegen dem Gesetzeswortlaut des SEG aufgrund Art. 40 SE-VO in der Satzung bestellt werden.

F. Die Arbeitnehmerbeteiligung in der SE

62   **Allgemeines:** Die Beteiligung der Arbeitnehmer in der SE wird gem. Art. 1 SE-VO durch die RL 2001/86/EG (SE-RL) vorgegeben und durch §§ 208–253 ArbVG geregelt.[124] Das Gesetz regelt einerseits die Unterrichtung und Anhörung der Arbeitnehmer und andererseits die Unternehmensmitbestimmung, dh die Arbeitnehmerbeteiligung im Aufsichts- bzw. Verwaltungsrat.[125]

63   Die **Mitbestimmung der Arbeitnehmervertreter** in den Organen der SE (Aufsichts- oder Verwaltungsrat) richtet sich primär danach, welche **Vereinbarung** die Leitungsorgane der beteiligten Gesellschaften und das „**besondere Verhandlungsgremium**"[126] getroffen haben.[127] Sekundär greift die „Mitbestimmung kraft Gesetzes" **(gesetzliche Auffangregelung)**, wenn entweder das besondere Verhandlungsgremium einen entsprechenden Beschluss gefasst hat oder innerhalb der gesetzlichen Sechsmonatsfrist kein Beschluss gefasst wurde oder die Leitungsorgane und das besondere Verhandlungsgremium dies vereinbaren.[128] Wurde keine Vereinbarung geschlossen und ist die gesetzliche Frist nicht abgelaufen, darf eine SE gem. Art. 12 Abs. 2 SE-VO und § 12 SEG nicht in das Firmenbuch eingetragen werden (vgl. → Rn. 12). Fehlt es allerdings an Arbeitnehmern und somit an der Notwendigkeit, eine Vereinbarung zu schließen, muss der Ablauf der Frist auch nicht abgewartet werden.

64   **Gesetzliche Auffangregelung:** Die gesetzliche Auffangregelung ist je nach Art der Gründung der SE unterschiedlich: Bei **Umwandlung** einer österreichischen AG entspricht sie der Mitbestimmung in der AG, dh der „Drittelparität", wie sie gem. § 110 ArbVG für die AG gilt. Bei Gründung durch **Verschmelzung** findet – sofern zuvor wenigstens in einer an der Verschmelzung beteiligten Gesellschaften Mitbestimmung bestanden hatte und bestimmte Prozentsätze der davon betroffenen Arbeitnehmer an der Gesamtzahl der in den beteiligten Gesellschaften beschäftigten Arbeitnehmer erfüllt werden – jene Form der Mitbestimmung Anwendung, die sich auf die höchste Zahl der in den beteiligten Gesellschaften beschäftigten Arbeitnehmer erstreckt.[129] Bei Gründung einer SE als **Holdinggesellschaft** oder als **Tochter-SE** gilt gem. § 244 ArbVG die Regelung für Verschmelzungen, wobei in diesen Fällen die Prozentsätze der beschäftigten Arbeitnehmer an der Gesamtzahl der in den beteiligten Gesellschaften beschäftigten Arbeitnehmer höher festgelegt sind.

65   Die **Anzahl der Arbeitnehmervertreter** im Aufsichts- oder Verwaltungsrat bestimmt sich nach der gesetzlichen Auffangregelung nach dem **höchsten** maßgeblichen Anteil der Arbeitnehmervertreter im Aufsichts- oder Verwaltungsorgan in den beteiligten Gesellschaf-

---

[121] *Kalss/Hlawati/M. Doralt/Adensamer* GesRZ 2007, 176.
[122] *Kalss/Hlawati/M. Doralt/Adensamer* GesRZ 2007, 176; aA *Bruckbauer* in C. Nowotny/Winkler, Wiener Vertragshandbuch, 2006, 847.
[123] *Kalss/Hlawati/M. Doralt/Adensamer* GesRZ 2007, 177.
[124] *Kalss/Hügel/Gahleitner* Vorbem. zur Arbeitnehmerbeteiligung Rn. 1 ff.; *Brodil* in Straube/Aicher, Handbuch zur Europäischen Aktiengesellschaft, 2006, 237.
[125] *Kalss* in Kalss/Nowotny/Schauer öGesR Rn. 3/1307.
[126] *Schwarz* SE-VO Einl. Rn. 248; Zusammensetzung und Konstituierung des besonderen Verhandlungsgremiums sind in §§ 216 ff. ArbVG geregelt.
[127] *Reich-Rohrwig,* Societas Europaea, 2006, 118 ff.
[128] Zum Beschluss auf Beendigung der Verhandlungen s. § 227 ArbVG.
[129] *Brodil* in Straube/Aicher, Handbuch zur Europäischen Aktiengesellschaft, 2006, 249.

ten vor der Eintragung der SE.¹³⁰ Kommt nach diesem Qualitätsvergleich **das in Österreich geltende Mitbestimmungsniveau** zur Anwendung, ist der Aufsichtsrat bzw. der Verwaltungsrat **drittelparitätisch** zu besetzen (vgl. § 110 Abs. 1 ArbVG). Bei der Berechnung der Drittelparität ist vom **Gesamtverwaltungsrat** und nicht nur von den nichtgeschäftsführenden Direktoren auszugehen. Im monistischen System ist die **Stellung der Arbeitnehmervertreter** insofern **aufgewertet,** als sie nicht nur das Aufsichtsorgan, sondern das Geschäftsführungsorgan (nämlich den Verwaltungsrat) besetzen. Die Regelungen zur Mitbestimmung im Aufsichtsrat der AG werden auf den Verwaltungsrat der SE verschoben, wobei § 284 ArbVG die Rechte der Arbeitnehmervertreter im Aufsichtsrat bzw. im Verwaltungsrat der SE in Anlehnung an § 110 ArbVG normiert. Eine detaillierte Aufzählung der Rechte und Pflichten fehlt; sie ergeben sich unter Rückgriff von Art. 9 Abs. 1 lit. c Ziff. ii SE-VO aus den nationalen Bestimmungen. Für die monistische SE bedeutet dies insbes. die Anwendung der §§ 39 ff. SEG. Die gesetzliche Vorgabe, dass es sich bei der Leitung der Gesellschaft um eine **delegationsfreie Aufgabe des Verwaltungsrats** handelt, stellt sicher, dass die Arbeitnehmervertreter auch tatsächlich an der Unternehmensführung mitwirken.¹³¹

---

[130] Art. 7 Abs. 3 Arbeitnehmer-RL; § 245 Abs. 1 ArbVG.
[131] *Kalss* in Kalss/Nowotny/Schauer öGesR Rn. 3/1310.

B. Europäische Niederlassungsfreiheit

Übersicht

Rn.

1. Kapitel. Überblick über die Niederlassungsfreiheit von Kapitalgesellschaften 1
2. Kapitel. Internationales Gesellschaftsrecht im Europäischen Binnenmarkt 169
3. Kapitel. Rechtliche Rahmenbedingungen der grenzüberschreitenden Niederlassung von Kapitalgesellschaften 319
4. Kapitel. Überblick über die Kapitalverkehrsfreiheit 679

1. Kapitel. Überblick über die Niederlassungsfreiheit von Kapitalgesellschaften

Schrifttum: *Altmeppen*, Schutz vor „europäischen" Kapitalgesellschaften, NJW 2004, 97; *Altmeppen*, Geschäftsleiterhaftung für Weglassen des Rechtsformzusatzes aus deutsch-europäischer Sicht, ZIP 2007, 889; *Altmeppen/Wilhelm*, Gegen die Hysterie um die Niederlassungsfreiheit der Scheinauslandsgesellschaften, DB 2004, 1083; *Bartelt/Gerberth*, EU-Kommission: Deutschland soll Gewinnabführungs- und Verlustübernahmeverträge anerkennen, die nach den Rechtsvorschriften eines anderen EU- oder EWR-Mitgliedstaats geschlossen wurden, DB 2019, 1990; *Bauerfeind/Tamcke*, Die Limited & Co. KG im Brexit: Rechtsrisiken trotz Austrittsabkommen – oder: die Geister, die ich rief, GmbHR 2019, 11; *Bayer/Schmidt*, BB-Gesetzgebungs- und Rechtsprechungsreport zum Europäischen Unternehmensrecht 2018/19, BB 2019, 1922 (Teil I: Company Law Package), 2178 (Teil II); *Behme*, Bestandsschutz für die britische Limited nach dem Brexit?, ZRP 2018, 204; *Behrens*, Das Internationale Gesellschaftsrecht nach dem Überseering-Urteil des EuGH und den Schlussanträgen zu Inspire Art, IPRax 2003, 193; *Bormann/Stelmaszczyk*, Digitalisierung des Gesellschaftsrechts nach dem EU-Company Law Package – Zum neuen EU-Rechtsrahmen für die Online-Gründung von Kapitalgesellschaften, NZG 2019, 601; *Bormann/Stelmaszczyk*, Grenzüberschreitende Spaltungen und Formwechsel nach dem EU-Company Law Package, ZIP 2019, 353; *Brandi*, Grenzüberschreitender (Heraus-)Formwechsel – praktische Erfahrungen und Vergleich mit Reformvorschlägen im EU Company Law Package, BB 2018, 2626; *Brödermann*, Das Europäische Gemeinschaftsrecht als Quelle und Schranke des Internationalen Privatrechts (Primärrecht, Verordnungen, Richterrecht), in Brödermann/Iversen, Europäisches Gemeinschaftsrecht und Internationales Privatrecht, 1994; *Bungert/Becker*, Der finale EU-Richtlinienentwurf zu grenzüberschreitenden Formwechseln, Verschmelzungen und Spaltungen, DB 2019, 1609; *Butterstein*, Modernisierung des EU-Gesellschaftsrechts zur Stärkung der grenzüberschreitenden Mobilität von Gesellschaften, EuZW 2018, 838; *Ego*, Internationale Organ- und Gesellschafterhaftung 20 Jahre nach „Centros" – Zwischenruf zur Niederlassungsfreiheit von EU-Kapitalgesellschaften, IWRZ 2019, 243; *Ego*, Europäische Niederlassungsfreiheit der Kapitalgesellschaft und deutsches Gläubigerschutzrecht, Diss. Passau 2006; *Eidenmüller*, Ausländische Kapitalgesellschaften im deutschen Recht, 2004; *Eyles*, Das Niederlassungsrecht der Kapitalgesellschaften in der Europäischen Gemeinschaft, 1990; *Freitag/Korch*, Gedanken zum Brexit – Mögliche Auswirkungen im Internationalen Gesellschaftsrecht, ZIP 2016, 1361; *Goette*, Zu den Folgen der Anerkennung ausländischer Gesellschaften mit tatsächlichem Sitz im Inland für die Haftung ihrer Gesellschafter und Organe, ZIP 2006, 541; *Grzeszick/Verse*, Auswirkungen eines harten Brexit auf britische Gesellschaften in Deutschland – der Gesetzgeber ist gefordert!, NZG 2019, 1129; *Habersack*, Sekundärrechtlicher grenzüberschreitender Formwechsel ante portas, ZHR 182 (2018), 495; *Hammen*, Niederlassungsfreiheit englischer Limited Companies mit Verwaltungssitz in Deutschland nach dem Brexit, Konzern 2017, 513; *Haß/Huber/Gruber/Heiderhoff*, EU-Insolvenzverordnung (EuInsVO), 2005; *Heckschen*, Der Brexit und ausgewählte gesellschaftsrechtliche Fragen aus deutscher Sicht, NotBZ 2017, 401; *Hirte*, Nachwirkungen der Niederlassungsfreiheit, FS Pape, 2019, 151; *Hirte/Bücker*, Grenzüberschreitende Gesellschaften, 2. Aufl. 2006; *Hübner*, Eine Rom-VO für das Internationale Gesellschaftsrecht, ZGR 2018, 149; *Hushahn*, Grenzüberschreitende Sitzverlegung: Polbud und die Folgen, VGR 24 (2018), 171; *Jaschinski/Wentz*, Folgen eines hard Brexit für Gesellschaften britischen Rechts in Deutschland – eine Analyse mit Blick auf das Vierte Gesetz zur Änderung des UmwG, WM 2019, 438; *Jestädt*, Niederlassungsfreiheit und Gesellschaftskollisionsrecht, 2005; *Kindler*, Unternehmensmobilität nach „Polbud": Der grenzüberschreitende Formwechsel in Gestaltungspraxis und Rechtspolitik, NZG 2018, 1; *Kingreen*, Die Struktur der Grundfreiheiten des Europäischen Gemeinschaftsrechts, Schriften zum Europäischen Recht Bd. 56, 1999; *Kingreen*, Grundfreiheiten, in v. Bogdandy, Europäisches Verfassungsrecht, 2. Aufl. 2009; *Klett*, Das Vierte Gesetz zur Änderung des Umwandlungsgesetzes, NZG 2019, 292; *Körber*, Grundfreiheiten und Privatrecht, 2004; *Lackhoff*, Die Niederlassungsfreiheit des EGV – nur ein Gleichheits- oder auch ein Freiheitsrecht?, 1999; *Leible/Galneder/Wißling*, Englische Kapitalgesellschaften mit deutschem Verwaltungssitz nach dem Brexit, RIW 2017, 718; *Lieder/Bialluch*, Brexit-Prophylaxe durch das 4. UmwG-ÄndG – Zum deutschen Vorstoß im Recht der grenzüberschreitenden Verschmelzung, NJW 2019, 805; *Lieder/Bialluch,* Umwandlungsrechtliche Implikationen des Brexit, NotBZ 2017, 165; *Lutter,* Europäische Auslandsgesellschaften in Deutschland, 2005; *Luy,* Grenzüberschreitende Umwandlungen nach dem Company Law Package, NJW 2019, 1905; *Luy,* Grenzüberschreitende Umwandlungen und Brexit, DNotZ 2019, 484; *Mäsch/Gausing/Peters,* Deutsche Ltd., PLC und LLP: Gesellschaften mit beschränkter Lebensdauer? – Folgen eines Brexits für pseudo-englische Gesellschaften mit Verwaltungssitz in Deutschland, IPRax 2017, 49; *Mäsch/Gausing/Peters,* Deutsche Ltd., PLC und LLP: Gesellschaften mit beschränkter Lebensdauer?, RPfleger 2017, 601; *Mentzel,* Haftungsfalle Limited, IWRZ 2017, 248; *Mörsdorf,* Der Entwurf einer Richtlinie für grenzüberschreitende Umwandlungen – Meilenstein oder Scheinriese?, EuZW 2019, 141; *Nazari-Khanachayi,* Gesellschaftsrechtliche Folgen des Brexit: Zum Problem der drohenden persönlichen und unbeschränkten Haftung der Gesellschafter für „Altverbindlichkeiten", WM 2017, 2370; *M. Noack,* Das Company Law Package – Vorschläge der Europäischen Kommission zur Harmonisierung des materiellen Schutzes der Minderheitsgesellschafter bei grenzüberschreitenden Verschmelzungen, AG 2018, 780; *Oechsler,* Die Polbud-Entscheidung und die Sitzverlegung der SE, ZIP 2018, 1269; *Ringe,* Die Sitzverlegung der europäischen Aktiengesellschaft, Diss. Bonn 2006; *G. H. Roth,* Vorgaben der Niederlassungsfreiheit für das Kapitalgesellschaftsrecht, 2010; *Sandrock,* Die Schrumpfung der Überlagerungstheorie, ZVglRWiss 102 (2003), 447; *Sandrock/Wetzler,* Deutsches Gesellschaftsrecht im Wettbewerb der Rechtsordnungen, 2004; *J. Schmidt,* Auswirkungen des Brexits im Bereich des Gesellschaftsrechts, ZIP 2019, 1093; *Schnichels,* Reichweite der Niederlassungsfreiheit, 1995; *Schön,* Niederlassungsfreiheit als Gründungsfreiheit, FS Priester, 2007, 737; *Schurr,* Schutzbestimmungen und Verfahrensregeln in der neuen Richtlinie zu grenzüberschreitenden Umwandlungen, Verschmelzungen und Spaltungen, EuZW 2019, 539; *G. Chr. Schwarz,* Europäisches Gesellschaftsrecht, 2000; *Seeger,* Die Folgen des „Brexit" für die britische Limited mit Verwaltungssitz in Deutschland, DStR 2016, 1817; *Steindorff,* EG-Vertrag und Privatrecht, 1996; *Stelmaszczyk,* Die neue Umwandlungsrichtlinie – harmonisierte Verfahren für grenzüberschreitende Verschmelzungen, Spaltungen und Formwechsel, GmbHR 2020, 61; *Stelmaszyk,* Grenzüberschreitender Formwechsel durch isolierte Verlegung des Satzungssitzes – EuGH präzisiert den Anwendungsbereich der Niederlassungsfreiheit, EuZW 2017, 890; *Streinz,* EUV/AEUV, Vertrag über die Europäische Union und Vertrag über die Arbeitsweise der Europäischen Union, 3. Aufl. 2018; *Teichmann,* Binnenmarktkonformes Gesellschaftsrecht, 2006; *Teichmann/Götz,* Metamorphosen des Europäischen Gesellschaftsrechts: SUP, Company Law Package und SPE 2.0, ZEuP 2019, 260; *Teichmann/Knaier,* Brexit – Was nun? Auswirkungen des EU-Austritts auf englische Gesellschaften in Deutschland, IWRZ 2016, 243; *Wachter,* Brexit und Gesellschaftsrecht, VGR 22 (2017), 189; *Wackerbarth,* Niederlassungsfreiheit und nationales Gläubigerschutzsystem, FS Horn, 2006, 605; *Weller,* Europäische Rechtsformwahlfreiheit und Gesellschafterhaftung, 2004; *Weller/Thomale/Benz,* Englische Gesellschaften und Unternehmensinsolvenzen in der Post-Brexit-EU, NJW 2016, 2378; *Weller/Thomale/Zwirlein,* Brexit: Statutenwechsel und Acquis communautaire, ZEuP 2018, 892; *Wohlfarth/Everling/Glaesner/Sprung,* Kommentar zum EWGV, 1960; *Zwirlein,* Minimalinvasive Maximallösung für pseudo-englische Kapitalgesellschaften – Der Referentenentwurf eines Vierten Gesetzes zur Änderung des Umwandlungsgesetzes, ZGR 2018, 900; *Zwirlein/Großrichter/Gätsch,* Exit before Brexit – Handlungsoptionen für Gesellschaften englischen Rechts in Deutschland unter besonderer Berücksichtigung der LLP, NZG 2017, 1041.

Übersicht

	Rn.		Rn.
I. Einführung	1–13	3. Grenzüberschreitende Sitzverlegungen und Umwandlungen	61–118
1. Entwicklung der Europäischen Niederlassungsfreiheit	1–7	a) Überblick	61–66
2. Entwicklungsstand des Europäischen Gesellschaftsrechts	8–13	b) Grenzüberschreitende Verlegung des tatsächlichen Sitzes unter Wahrung des Gesellschaftsstatuts	67–77
II. Räumlicher und persönlicher Anwendungsbereich der Niederlassungsfreiheit	14–42	c) Grenzüberschreitende Verlegung des Satzungssitzes unter Wahrung des Gesellschaftsstatuts	78, 79
1. Räumlicher Anwendungsbereich	14–32	d) Grenzüberschreitende Umwandlungen	80–109
a) Mitgliedstaaten der EU	14	e) Stellungnahme	110–118
b) Austritt des Vereinigten Königreichs (Brexit)	15–29	4. Beteiligungsfähigkeit EU-ausländischer Kapitalgesellschaften, insbesondere als Komplementärin	119–123
c) Europäischer Wirtschaftsraum (EWR)	30–32		
2. Persönlicher Anwendungsbereich für Kapitalgesellschaften	33–42	**IV. Diskriminierungs- und Beschränkungsverbot**	124–196
III. Sachlicher Anwendungsbereich	43–123	1. Beschränkungen der Niederlassungsfreiheit	124–170
1. Allgemeines	43–49	a) Allgemeines	124–126
a) Begriff der Niederlassung	43–46	b) Diskriminierungen	127–135
b) Grenzüberschreitung	47–49	c) Nicht diskriminierende Beschränkungen	136–150
2. Errichtung und Leitung von primären und sekundären Niederlassungen	50–60		

	Rn.		Rn.
d) Beschränkungsverbot und europäisches Sekundärrecht	151–154	a) Vorrang des abschließenden Sekundärrechts	171–174
e) Stellungnahme	155–170	b) Rechtfertigungsgründe	175–186
2. Rechtfertigung von Diskriminierungen und sonstigen Beschränkungen	171–196	c) Verhältnismäßigkeit	187–196

I. Einführung

1. Entwicklung der Europäischen Niederlassungsfreiheit. Das Kapitel über die Niederlassungsfreiheit (Art. 49–55 AEUV) bildet zusammen mit dem Kapitel über die Freizügigkeit der Arbeitnehmer (Art. 45–48 AEUV) den Kernbereich der Regelungen zur Verwirklichung der **Freizügigkeit der Personen** in der EU (vgl. Art. 3 Abs. 2 EUV).[1] Während die Arbeitnehmerfreizügigkeit für Personen in abhängiger Beschäftigung gilt, handelt die Niederlassungsfreiheit von dem **Recht der Selbstständigen,** in einem anderen Mitgliedstaat einer dauerhaften Erwerbstätigkeit nachzugehen. 1

Das **Ziel der Niederlassungsfreiheit** besteht darin, es Unternehmen zu ermöglichen, ihren Standort innerhalb der Union nach rein ökonomischen Kriterien zu wählen, ohne dass ihnen dabei unverhältnismäßige Hindernisse im Wege stehen.[2] Mit dieser Freiheit geht ein unionsweiter Wettbewerb der Standorte einher. 2

Bereits der **Vertrag zur Gründung der Europäischen Wirtschaftsgemeinschaft** vom 25.3.1957 enthielt in den Art. 52–58 EWGV Regelungen, die dem Ziel einer Niederlassungsfreiheit in den Mitgliedstaaten schrittweise zur Durchsetzung verhelfen sollten. Die primärrechtliche Niederlassungsfreiheit verbürgte dabei in Art. 52 EWGV (alter Zählung), insoweit in der Tradition der bilateralen Handels-, Schifffahrts- und Niederlassungsverträge,[3] ein Recht auf **Inländergleichbehandlung.** 3

Soweit der Verwirklichung der Niederlassungsfreiheit weitergehende Hindernisse, insbesondere Rechtsunterschiede in den einzelnen Mitgliedstaaten, entgegenstanden, sollten diese nach der ursprünglichen Vorstellung bis zum Ablauf der zwölfjährigen Übergangszeit (Art. 8 EWGV alter Zählung) am 31.12.1969 durch RL (Art. 54 Abs. 2 EWGV alter Zählung) beseitigt werden. Zu diesem Zweck beschloss der Rat der Europäischen Wirtschaftsgemeinschaft im Jahre 1961, gestützt auf die Art. 54 Abs. 1 EWGV und Art. 132 Abs. 5 EWGV (alter Zählung), ein **allgemeines Programm** zur Aufhebung der Beschränkungen der Niederlassungsfreiheit innerhalb der Europäischen Wirtschaftsgemeinschaft.[4] Das augenfällige Problem der „Anerkennung der Diplome, Prüfungszeugnisse und sonstigen Befähigungsnachweise" und der „Rechts- und Verwaltungsvorschriften der Mitgliedstaaten über die Aufnahme und Ausübung selbständiger Tätigkeiten" war insoweit in Art. 57 EWGV (heute Art. 53 AEUV) angesprochen. 4

Die Niederlassungsfreiheit ist somit historisch vor dem Hintergrund zu sehen, dass eine **sekundärrechtliche Harmonisierung, Koordinierung und Angleichung der Niederlassungsbedingungen** erfolgen soll, um den Angehörigen der Mitgliedstaaten die Aufnahme und Ausübung ihrer selbständigen Erwerbstätigkeit in anderen Mitgliedstaaten zu erleichtern. Entsprechende Maßnahmen können im hier interessierenden Zusammenhang insbesondere auf Art. 50 Abs. 2 lit. g AEUV, Art. 52 Abs. 2 AEUV, Art. 81 Abs. 2 lit. c AEUV, Art. 114, 115, 352 AEUV gestützt werden. 5

Seit der Entscheidung „Reyners"[5] aus dem Jahre 1974 geht der EuGH darüber hinaus von einer **unmittelbaren Anwendbarkeit** der Art. 52 ff. EWGV (alter Zählung, heute Art. 49 ff. AEUV) aus. Die Niederlassungsfreiheit gibt demzufolge den Unternehmensträ- 6

---

[1] Grabitz/Hilf/Nettesheim/*Forsthoff* AEUV Art. 49 Rn. 2.
[2] *Everling* FS von der Groeben, 1987, 111 (113 ff.); *W.-H. Roth* GS Knobbe-Keuk, 1997, 729 (737 ff.); *Schwarz* EuropGesR Rn. 193.
[3] Vgl. *Everling* FS von der Groeben, 1987, 111 (113 ff.); Wohlfarth/Everling/Glaesner/Sprung/*Everling* EWGV Vor Art. 52 Anm. 2 f.
[4] ABl. 1962 L 2, 36.
[5] EuGH Slg. 1974, 631 Rn. 24 ff. – Reyners.

gern nach Maßgabe der Art. 49–55 AEUV ein unmittelbar anwendbares subjektives Recht, ohne dass es weiterer Rechtssetzungsakte bedürfte.[6]

7 Nach **heutigem Verständnis** verbietet die Niederlassungsfreiheit nicht nur Diskriminierungen der Angehörigen anderer Mitgliedstaaten und grenzüberschreitender Niederlassungsvorgänge, sondern allgemein **ungerechtfertigte Beschränkungen** der Niederlassung in anderen Mitgliedstaaten (→ Rn. 124 ff.). Dieses Niederlassungsrecht haben neben natürlichen Personen auch Verbände, die sich als Unternehmensträger eignen, namentlich die hier allein interessierenden **Kapitalgesellschaften,** sofern sie nach dem Recht eines Mitgliedstaates gegründet wurden und ihren Satzungssitz, ihre Hauptverwaltung oder ihre Hauptniederlassung innerhalb der Union haben (→ Rn. 33 ff.). Die Mitgliedstaaten und ihre Gerichte, Behörden und sonstigen Organe und Institutionen sind aufgrund der **unionsrechtlichen Förderpflicht** (Art. 4 Abs. 3 EUV) verpflichtet, die effektive Wahrnehmung der Niederlassungsfreiheit zu ermöglichen und zu erleichtern. Diese Pflicht wird namentlich dort praktisch relevant, wo es an sekundärrechtlichen Regelungen für bestimmte Strukturmaßnahmen wie zB grenzüberschreitende Formwechsel fehlt (→ Rn. 80, → Rn. 384). Zu beachten ist allerdings stets die Rspr. des BVerfG, wonach der Grundsatz der Unionstreue eine Auslegung nationalen Rechts, welche die Gesetzesbindung übersteigt, nicht zu rechtfertigen vermag.[7]

8 **2. Entwicklungsstand des Europäischen Gesellschaftsrechts.** Für die hier allein interessierende Niederlassungsfreiheit von Kapitalgesellschaften ist die Harmonisierung zwar in einigen Bereichen weit fortgeschritten, aufs Ganze gesehen jedoch bei weitem nicht abgeschlossen. Hervorzuheben ist aus **gesellschaftsrechtlicher Sicht** die **GesR-RL.** In ihr wurden **im Jahr 2017** insbesondere die vormaligen RL 82/891/EWG (Spaltungs-RL),[8] RL89/666/EWG (Zweigniederlassungs-RL), RL 2005/56/EG (Kapitalgesellschaften-Verschmelzungs-RL), RL 2009/101/EG (Publizitäts-RL), RL 2011/35/EU (Aktiengesellschaften-Verschmelzungs-RL), RL 2012/30/EU (Kapital-RL) und RL 2012/17/EU[9] aus Gründen der Klarheit und der Übersichtlichkeit konsolidiert und **in eine gemeinsame Kodifikation überführt.** Im Jahr 2019 wurde diese Regelung sodann mit dem EU-Company Law Package in den Bereichen der Digitalisierung und der grenzüberschreitenden Umwandlung weiter vervollständigt (→ Rn. 11 ff.). Ergänzt wird dieser Rechtsrahmen im Wesentlichen durch die RL 2013/34/EU (Bilanz-RL; früher sog. Vierte RL 78/660/EWG und Siebte RL 83/349/EWG), die RL 2009/102/EG (Einpersonen-Gesellschafts-RL), die RL 2006/43/EG (Abschlussprüfer-RL) – s. ferner die VO (EU) 537/2014 (Abschlussprüfer-VO) – und die RL 2007/36/EG (Aktionärsrechte-RL). Ebenfalls im **Jahr 2019** hinzugetreten sind die RL (EU) 2019/1937 zum Schutz von Whistleblowern sowie die RL (EU) 2019/1023 über Restrukturierung und Insolvenz.[10]

9 Aus **kapitalmarktrechtlicher Sicht** ist darüber hinaus vor allem auf die RL 2001/34/EG über die Zulassung von Wertpapieren zur amtlichen Börsennotierung und über die hinsichtlich dieser Wertpapiere zu veröffentlichenden Informationen, die VO (EU) 596/2014 (MAR; bis 2.7.2016: RL 2003/6/EG), die VO (EU) 2017/1129 (Prospekt-VO), die

---

[6] EuGH Slg. 1974, 631 Rn. 24 ff. – Reyners; Streinz/*Müller-Graff* AEUV Art. 49 Rn. 2; Grabitz/Hilf/Nettesheim/*Forsthoff* AEUV Art. 49 Rn. 69. Gegen eine unmittelbare Anwendbarkeit die frühe Lit., s. nur Wohlfarth/Everling/Glaesner/Sprung/*Everling* EWGV Art. 52 Anm. 1 und EWGV Art. 48 Anm. 1 zur Arbeitnehmerfreizügigkeit: Die unmittelbare Geltung der Grundfreiheiten habe „keine Grundlage im Vertrag". Stattdessen wurde angenommen, nach Ablauf der Übergangszeit seien die Mitgliedstaaten verpflichtet, auch ohne den Erlass von Richtlinien die noch bestehenden Niederlassungshindernisse abzubauen, vgl. Wohlfarth/Everling/Glaesner/Sprung/*Everling* EWGV Art. 52 Anm. 1.
[7] BVerfG NJW 2012, 669 Rn. 46; NZG 2013, 464 (466).
[8] Ebenfalls aufgehoben wurden durch die GesR-RL ferner die RL 2009/109/EG hinsichtlich der Berichts- und Dokumentationspflicht bei Verschmelzungen und Spaltungen (ABl. 2009 L 259, 14) und die RL 2007/63/EG hinsichtlich des Erfordernisses der Erstellung eines Berichts durch einen unabhängigen Sachverständigen anlässlich der Verschmelzung oder der Spaltung von Aktiengesellschaften (ABl. 2007 L 300, 47).
[9] Dazu *Bayer/Schmidt* BB 2013, 3 (5).
[10] Dazu *Bayer/Schmidt* BB 2019, 2178 (2184 ff.).

RL 2014/65/EU (MiFID II), die RL 2004/25/EG (Übernahme-RL) und die RL 2004/109/EG (Transparenz-RL) zu verweisen. Die MAR wird ergänzt durch die RL 2014/57/EU (Marktmissbrauchs-RL) über strafrechtliche Sanktionen bei Marktmanipulation, die ebenfalls am 2.7.2014 in Kraft trat.

Schließlich hat der europäische Gesetzgeber beginnend mit der EWIV im Jahre 1985 durch die VO (EWG) 2137/85 und sodann mit der Europäischen Aktiengesellschaft (SE) durch die VO (EG) 2157/2001 **(SE-VO)** sowie der Europäischen Genossenschaft (SCE) durch die VO (EG) 1435/2003 **(SCE-VO)** auf der Grundlage von Art. 352 AEUV **supranationale Rechtsformen** geschaffen. Zur Mitbestimmung s. die RL 2003/72/EG **(Beteiligungs-RL)**. Ihnen ist gemeinsam, dass sie zwar ihre übergreifende Rechtsgrundlage in den jeweiligen Sekundärrechtsakten finden, jedoch ergänzend durch die einzelnen nationalen Rechte der Mitgliedstaaten ausgestaltet werden. Des Weiteren befand sich lange Zeit die Einführung einer Europäischen Privatgesellschaft (SPE) in Vorbereitung, die insbesondere KMU als supranationale Rechtsform zur Verfügung gestellt werden sollte. Der diesbezügliche Vorschlag der Kommission vom 25.6.2008[11] sah vor, das gesellschaftsrechtliche Statut der SPE anders als dasjenige der vorstehend genannten Gesellschaftsformen umfassend unionsrechtlich zu regeln (Vollstatut).[12] Von diesem Vorschlag, der insbesondere am Widerstand Deutschlands und Schwedens gegen die geplante Möglichkeit einer Sitzspaltung und in der Frage der Arbeitnehmermitbestimmung scheiterte, ist die Kommission zwischenzeitlich **endgültig abgerückt**.[13] Gleiches gilt für die Richtlinie zu Kapitalgesellschaften mit einem einzigen Gesellschafter *(Societas Unius Personae – SUP),* die von der Kommission als Alternative zur SPE betrachtet wurde.[14] Die Kommission hatte hierzu im Jahr 2013 ein Konsultationsverfahren durchgeführt und im April 2014 einen Richtlinienvorschlag vorgelegt.[15] Im Juli 2018 wurde dieser offiziell **zurückgenommen.**[16] Ob dies den Anstrengungen zur Einführung der SPE neuen Antrieb verschaffen wird, ist derzeit nicht absehbar (Stand: Februar 2021).[17] Zuvor war auch der im Jahr 2012 von der EU-Kommission vorgelegte Vorschlag einer VO zur Einführung einer Europäischen Stiftung[18] zurückgenommen worden.[19] Offen ist ferner das Schicksal der Überlegungen zum Erlass einer VO bezüglich einer Europäischen Gegenseitigkeitsgesellschaft *(European Mutual).*[20]

Die Schranken für **grenzüberschreitende Sitzverlegungen und Unternehmenszusammenschlüsse** wurden durch Verabschiedung der Kapitalgesellschaften-Verschmelzungs-RL im Jahr 2005 zunächst nur unvollständig beseitigt. Der EuGH trieb die grundlegende

---

[11] Vorschlag für eine VO des Rates über das Statut der Europäischen Privatgesellschaft, COM(2008) 396 endg.
[12] Eingehend zur SPE noch *Hommelhoff/Teichmann* DStR 2008, 925; *Jung* DStR 2009, 1700; ferner die Beiträge von *Bücker* ZHR 173 (2009), 281; *Hommelhoff* ZHR 173 (2009), 255; *Hügel* ZHR 173 (2009), 309.
[13] Bekanntmachung der EU-Kommission, ABl. 2014 C 153, 3 ff., zuvor bereits angekündigt im Programm „REFIT – Fit for Growth" v. 2.10.2013, COM(2013) 685, 8 mit Fn. 16 und Annex S. 9 f. m. Fn. 40. Zum Scheitern der SPE im Rat ferner bereits *Bayer/Schmidt* BB 2012, 3 f. Zur Historie iÜ noch ausführlicher → 3. Aufl. 2012, Rn. 12.
[14] COM(2014) 212 final.
[15] Vorschlag vom 9.4.2014 für eine RL des Europäischen Parlaments und des Rates über Gesellschaften mit beschränkter Haftung mit einem einzigen Gesellschafter, COM(2014) 212 final; s. dazu die krit. Stellungnahme des BR v. 11.7.2014, BR-Drs. 165/14, 1 sowie den nachfolgenden Kompromisstext des Rates (Dok.-Nr. 8811/15 v. 21.5.2015 und die allgemeine Ausrichtung des Rates, die ua von Deutschland, Österreich und Spanien abgelehnt wurden, Dok. Rat: 9050/15. Zum Stand *Hirte* NJW 2016, 1216 (1218).
[16] ABl. 2018 C 233, 6.
[17] Näher dazu *Teichmann/Götz* ZEuP 2019, 260.
[18] COM(2012) 35.
[19] ABl. 2015 C 80, 17 (21). Zu den Gründen *Bayer/Schmidt* BB 2015, 1731; *Zimmermann/Arnsperger* NJW 2015, 290 (293).
[20] S. die von der Kommission in Auftrag gegebene Studie Panteia, Study on the current situation and prospects of mutuals in Europe, Nov. 2012, den Kommissionsbericht über die Ergebnisse der entsprechenden Konsultation aus dem Jahr 2013 (abrufbar auf der Internetseite der EU-Kommission), die Entschließung des EU-Parlaments v. 14.3.2013 mit Empfehlungen zum Statut der Europäischen Gegenseitigkeitsgesellschaft (P7_TA(2013)0094) sowie den Aktionsplan der Kommission v. 22.10.2013, COM(2013) 739 final, 7. Nachfolgend die Initiativstellungnahme des Europäischen Wirtschafts- und Sozialausschusses (2014/C226/03).

Erweiterung und Ausformung der grenzüberschreitenden gesellschaftsrechtlichen Handlungsmöglichkeiten, namentlich der formwechselnden Sitzverlegung, indes ohne Rücksicht auf diese legislative Zögerlichkeit auf Basis der Niederlassungsfreiheit voran (→ Rn. 61 ff.). Diese Judikatur führte schließlich zur Ausarbeitung des sog. **EU-Company Law Package,** das von der Kommission am 25.4.2018 präsentiert und schließlich im Jahr 2019 mit teils wesentlichen Modifikationen vom EU-Parlament als Änderung der GesR-RL (→ Rn. 8) verabschiedet wurde. Das erste Teilpaket hatte die **Nutzung digitaler Technologien im Bereich des Gesellschaftsrechts** zum Gegenstand.[21] Die entsprechende Richtlinie wurde am 20.6.2019 verabschiedet. Sie ist am 31.7.2019 in Kraft getreten und von den EU-Mitgliedstaaten bis zum 1.8.2021 umzusetzen (Art. 2 Abs. 1 RL (EU) 2019/1151). Das am 18.4.2019 vom EU-Parlament beschlossene und sodann im November 2019 zum Abschluss gebrachte zweite Teilpaket enthält erstmals eine (teilweise) **Kodifizierung grenzüberschreitender Umwandlungsmaßnahmen,** die in Titel II der GesR-RL eingefügt wird. Die erneut auf Kapitalgesellschaften beschränkte RL (EU) 2019/2121[22] novelliert zum einen den Rahmen für internationale Verschmelzungen (Art. 118 ff. GesR-RL), bringt zum anderen aber darüber hinaus eine jahrzehntelang erwartete Regelung des grenzüberschreitenden Formwechsels (Art. 86a ff. GesR-RL) und der grenzüberschreitenden Spaltung, allerdings nur in der Variante einer Aufspaltung, Abspaltung und Ausgliederung zur Neugründung[23] (Art. 160a ff. GesR-RL, → Rn. 85 f., → Rn. 359 ff.). Die Umsetzung der Regelung in nationales Recht hat bis zum 31.1.2023 zu erfolgen (Art. 3 Abs. 1 RL (EU) 2019/2121).[24]

12 Den heutigen **Stand des Sekundärrechts** kann man im Hinblick auf die Niederlassungsfreiheit von Kapitalgesellschaften somit dahingehend **zusammenfassen,** dass insbesondere das Recht der AG und der Publizität aller Kapitalgesellschaften sowie das Recht der nationalen und grenzüberschreitenden Umwandlung von Kapitalgesellschaften zu einem nicht geringen Teil angeglichen wurden. Weitgehend nicht harmonisiert ist demgegenüber das Recht der zweiten bedeutenden Kapitalgesellschaft, nämlich der GmbH bzw. der ihr vergleichbaren EU-ausländischen Rechtsformen.

13 Des Weiteren fehlt es unverändert an einer **Harmonisierung des Gesellschaftskollisionsrechts** (→ Rn. 197 ff., → Rn. 233 ff.; zur hier vertretenen Anknüpfung → Rn. 309 ff.). Das Gesellschaftskollisionsrecht blieb in dem neuen Aktionsplan der EU-Kommission aus dem Jahr 2012[25] ausgespart, sollte aber in einem weiteren, ursprünglich für 2014 angekündigten Grünbuch in Angriff genommen werden.[26] Auch im Zuge des EU-Company Law Package ist keine diesbezügliche Harmonisierung erfolgt und bisher auch nicht in Sicht.[27] Hinzuweisen ist in diesem Zusammenhang auf die wissenschaftlichen Arbeiten an einem europäischen Modellge-

---

[21] RL (EU) 2019/1151 des Europäischen Parlaments und des Rates vom 20. Juni 2019 zur Änderung der RL (EU) 2017/1132 im Hinblick auf den Einsatz digitaler Werkzeuge und Verfahren im Gesellschaftsrecht, ABl. 2019 L 186/80. Dazu *Bormann/Stelmaszczyk* NZG 2019, 601.

[22] RL (EU) 2019/2121 des Europäischen Parlaments und des Rates vom 27.11.2019 zur Änderung der RL (EU) 2017/1132 in Bezug auf grenzüberschreitende Umwandlungen, Verschmelzungen und Spaltungen, ABl. 2019 L 321, 1. Dazu *Bayer/Schmidt* BB 2019, 1922; *Schurr* EuZW 2019, 539; zum Kommissionsentwurf *Behme* ZHR 182 (2018), 32; *Habersack* ZHR 182 (2018), 495; *Knaier* GmbHR 2018, 607; *M. Noack* AG 2018, 780; *Butterstein* EuZW 2018, 838.

[23] Die Spaltung zur Aufnahme wurde von den beteiligten EU-Organen als zu komplex angesehen und daher nicht in die Regelung aufgenommen, s. Erwägungsgrund 47 GesR-RL.

[24] Zur Frage der Vorwirkung von Richtlinien allg. Streinz/*Schroeder* AEUV Art. 288 Rn. 68 f.

[25] „Aktionsplan: Europäisches Gesellschaftsrecht und Corporate Governance – ein moderner Rechtsrahmen für engagiertere Aktionäre und besser überlebensfähige Unternehmen", COM(2012) 740/2. Dazu auch das Programm „REFIT – Fit for Growth", COM(2013) 685, 7). Eingehend zum Aktionsplan und zur Entwicklung *Hopt* ZGR 2013, 165 ff. mwN sowie ua die Stellungnahme der European Company Law Experts (abrufbar unter www.ecle.eu). Vorausgegangen waren dem Aktionsplan 2012 der Bericht der von der EU-Kommission eingesetzten Expertengruppe (sog. *Reflection Group*) zur Zukunft des Europäischen Gesellschaftsrechts („*Report of the Reflection Group on the Future of EU Company Law*") vom 5.4.2011 sowie eine am 20.2.2012 initiierte öffentliche Konsultation über die Zukunft des europäischen Gesellschaftsrechts, deren Ergebnisse im Juli 2012 veröffentlicht wurden.

[26] Mitteilung der EU-Kommission v. 5.12.2011, COM(2011) 777, vol. 2/2, 42.

[27] *Hübner* ZGR 2018, 149 (170 ff.); krit. ua *Bayer/Schmidt* BB 2019, 1922 (1926).

setz für Kapitalgesellschaften *(European Model Companies Act – ECMA),* die bislang indes in der Unionsgesetzgebung nicht auf Resonanz gestoßen sind.[28]

II. Räumlicher und persönlicher Anwendungsbereich der Niederlassungsfreiheit

1. Räumlicher Anwendungsbereich. a) Mitgliedstaaten der EU. Der räumliche Anwendungsbereich der Niederlassungsfreiheit ergibt sich aus Art. 52 Abs. 1 EUV und Art. 349, 355 AEUV. Im Wesentlichen erstreckt er sich hiernach auf die **Hoheitsgebiete der Mitgliedstaaten.** Derzeit zählt die EU 27 Mitglieder (Belgien, Bulgarien, Dänemark, Deutschland, Estland, Finnland, Frankreich, Griechenland, Irland, Italien, Kroatien, Lettland, Litauen, Luxemburg, Malta, Niederlande, Österreich, Polen, Portugal, Rumänien, Slowakei, Slowenien, Schweden, Spanien, Tschechische Republik, Ungarn und Zypern). Auf Sachverhalte, welche die Niederlassung eines Staatsangehörigen eines Mitgliedstaats oder einer nach dem Recht eines Mitgliedstaats gegründeten Gesellschaft in einem Drittstaat betreffen, ist die Niederlassungsfreiheit nicht anwendbar.[29] Albanien, die ehemalige jugoslawische Republik Nordmazedonien, Montenegro, Serbien und die Türkei[30] haben sich um die Mitgliedschaft beworben und befinden sich als Kandidatenländer im Prozess der Integration der EU-Rechtsvorschriften in nationales Recht.

b) Austritt des Vereinigten Königreichs (Brexit). aa) Grundlagen des Austritts. Das Vereinigte Königreich Großbritannien und Nordirland ist aufgrund des Referendums über den Verbleib des Vereinigten Königreichs in der EU vom 23.6.2016 sowie der Austrittserklärung vom 29.3.2017 aus der Union ausgetreten. Nach mehrmaliger Verschiebung des Austrittstermins wurde der sog. **„Brexit"** schließlich am **31.1.2020** wirksam und hatte zugleich das Ausscheiden aus dem EWR zur Folge.[31]

Grundlage des Ausscheidens ist das **BrexitAbk.**[32] Das Austrittsabkommen entfaltet wegen der Kompetenz der EU gem. Art. 50 Abs. 2 EUV unionsrechtliche Bindungswirkung für alle Mitgliedstaaten (Art. 216 Abs. 2 AEUV). Nach dem Abkommen blieben für eine **Übergangszeit bis zum 31.12.2020** zunächst das Unionsrecht einschließlich der Niederlassungsfreiheit der Art. 49 ff. AEUV in seiner Auslegung durch den EuGH (s. Art. 4 Abs. 4 BrexitAbk) weiter gültig (Art. 126, 127 Abs. 1 UAbs. 1, Abs. 3 BrexitAbk; s. ferner § 1 BrexitÜG) und auch der EuGH blieb weiter gegenüber dem Vereinigten Königreich zuständig.

Zugleich bekundeten die Union und das Vereinigte Königreich in der (geänderten) **Politischen Erklärung** zur Festlegung des Rahmens für die künftigen Beziehungen zwischen der Europäischen Union und dem Vereinigten Königreich vom 12.11.2019[33] ihren Willen, ein umfassendes Freihandelsabkommen abzuschließen, um auch künftig eine enge Wirtschaftspartnerschaft und Sicherheitspartnerschaft zu gewährleisten. In diesem Zusammenhang sollten nach Ziff. 29 der Politischen Erklärung namentlich Marktzugangsregelungen getroffen werden, um für Dienstleistungsanbieter und Investoren der Parteien eine Inländerbehandlung nach den Regeln des Aufnahmestaats zu gewährleisten und sicherzustel-

---

[28] Näher *Verse/Wiersch* EuZW 2014, 375 (382) mwN.
[29] EuGH Slg. 2007, I-4051 Rn. 28 – Holböck; Slg. 2007, I-3871 Rn. 29 – A und B.
[30] Zur Bedeutung des Assoziierungsabkommens mit der Türkei vom 12.9.1963 (BGBl. 1964 II 509 [510]) und dem Zusatzprotokoll hierzu (BGBl. 1972 II 385), insbes. dessen Art. 41 Abs. 1, der die Einführung neuer Beschränkungen der Niederlassungs- und Dienstleistungsfreiheit in den Mitgliedstaaten mit unmittelbarer Wirkung verbietet, EuGH Slg. 2000, I-2927 Rn. 46 ff., 64 ff. – *Savas*; NVwZ 2013, 1465 Rn. 37 ff. – *Demirkan*/Bundesrepublik Deutschland.
[31] So die hM, s. die Nachweise zur Stellungnahme der Kommission v. 12.4.2018 und zum einhelligen Standpunkt der Mitgliedstaaten bei *Grzeszick/Verse* NZG 2019, 1129 (1129 f.).
[32] Abkommen über den Austritt des Vereinigten Königreichs Großbritannien und Nordirland aus der Europäischen Union und der Europäischen Atomgemeinschaft vom 12.11.2019 (ABl. 2019 C 384 I, 1). Aus deutscher Sicht ist ferner auf das infolge des Anwendungsvorrangs des Unionsrechts nur deklaratorische BrexitÜG hinzuweisen, das taggleich mit dem Austrittsabkommen in Kraft trat (Gesetz für den Übergangszeitraum nach dem Austritt des Vereinigten Königreichs Großbritannien und Nordirland aus der Europäischen Union vom 27.3.2019, BGBl. 2019 I 402, geändert durch Art. 9 Änderungsgesetz vom 21.12.2019, BGBl. 2019 I 2875).
[33] ABl. 2019 C 384 I, 178.

len, dass diese auch in Bezug auf Niederlassungen nichtdiskriminierend behandelt würden. Nachdem lange ungewiss war, zu welchem Ergebnis die Verhandlungen der Union und des Vereinigten Königreichs führen würden, wurde schließlich am 24.12.2020 die Einigung über ein **Handels- und Kooperationsabkommen** erzielt, welches am 30.12.2020 unterzeichnet wurde und sodann am 1.1.2021 in Kraft trat.[34]

18 bb) **Gesellschaftsrechtliche und gesellschaftskollisionsrechtliche Folgen des Brexit.** Jenseits der Bestimmung des Übergangszeitraums und der Anordnung der zeitweiligen Fortgeltung des Unionsrechts (→ Rn. 16) enthält das **Austrittsabkommen** selbst **keine Vereinbarungen** über ein fortdauerndes **Niederlassungsrecht** und eine dauerhafte **Anerkennung** britischer Gesellschaften in den Mitgliedstaaten (und *vice versa*) oder sonstige Regelungen zum Bereich des **Gesellschaftsrechts.** Mit dem Ende des Übergangszeitraums entfiel daher der vormalige primärrechtliche Schutz der Niederlassungsfreiheit für britische Gesellschaften und ihre deutschen Niederlassungen und schieden diese aus dem Anwendungsbereich der gesellschaftsrechtlichen Harmonisierungsakte des Unionsrechts aus. Neben der Frage der kollisionsrechtlichen Anerkennung als Rechtsträger des britischen Gründungsrechts und den Streitfragen um die Geltung und den Umfang einer entsprechenden „europarechtlichen Gründungstheorie" (→ Rn. 234 ff., → Rn. 245 ff., → Rn. 283 ff.; zur hier befürworteten Anknüpfung → Rn. 309 ff.) betrifft dies namentlich auch die Möglichkeit britischer Gesellschaften, die nach der Rspr. des EuGH primärrechtlich verbürgten und seit dem EU-Company Law Package – teilweise – auch sekundärrechtlich vorgesehenen Umwandlungsformen in Anspruch zu nehmen (→ Rn. 11, → Rn. 85 ff., → Rn. 359 ff.). Umgekehrt gilt Gleiches zulasten deutscher oder anderer mitgliedstaatlicher Gesellschaften im Verhältnis zum Vereinigten Königreich.

19 Auch das **Handels- und Kooperationsabkommen** (→ Rn. 17) schreibt die Art. 49, 54 AEUV nicht unverändert fort und umfasst auch keine spezifisch auf das Gesellschaftsrecht bezogenen Regelungen. Wie in der Politischen Erklärung (→ Rn. 17) in Aussicht genommen, enthält das Abkommen allerdings in Titel II umfangreiche Kapitel, die der Liberalisierung von Dienstleistungen und Investitionen gewidmet sind. Investoren der anderen Vertragspartei und erfassten Unternehmen ist auf dieser Grundlage der **Marktzugang** für ihre Niederlassungen zu ermöglichen (Art. SERVIN.2.2 Handels- und Kooperationsabkommen) und **Inländerbehandlung** (Art. SERVIN.2.3 Handels- und Kooperationsabkommen) sowie **Meistbegünstigung** (Art. SERVIN.2.4 Handels- und Kooperationsabkommen) zu gewähren. Definitorisch ausgenommen werden hierbei freilich juristische Personen, die keine wesentliche Geschäftstätigkeit im Hoheitsgebiet der betreffenden Vertragspartei ausüben (Art. SERVIN.1.2 lit. k Handels- und Kooperationsabkommen), was dem bekannten, gegen Briefkastengesellschaften gerichteten Vorbehalt eines *genuine link* entspricht. Es spricht somit vieles dafür, dass diesen Regelungen **kollisionsrechtlicher Gehalt** mindestens im Sinne einer gründungsrechtlichen **Anerkennung** der Rechts- und Parteifähigkeit von juristischen Personen und anderen rechtsfähigen Gesellschaften der jeweils anderen Vertragspartei beizumessen ist. Dies entspräche dem Verständnis von Staatsverträgen wie dem deutsch-amerikanischen Freundschafts-, Handels- und Schifffahrtsvertrages (→ Rn. 202), aber auch der wohl herrschenden, wenngleich noch nicht höchstrichterlich bestätigten Lesart des Freihandelsabkommens CETA (Comprehensive Economic Trade Agreement) zwischen Kanada und der Europäischen Union sowie ihren Mitgliedstaaten aus dem Jahr 2017 (→ Rn. 202), zu dessen Kapitel 8 deutliche Parallelen bestehen.[35]

20 Sollte diese Betrachtungsweise sich nicht durchsetzen, wären mit Ablauf der Übergangszeit am 31.12.2020 freilich **gesellschaftskollisionsrechtlich** die viel diskutierten **Konsequenzen eines „harten Brexit"** eingetreten.[36] Britische Gesellschaften würden hiernach –

---
[34] ABl. 2020 L 444, 14.
[35] Habersack/Casper/Löbbe/*Behrens/Hoffmann* GmbHG Einl. B Rn. 217 erwarteten unter Hinweis auf die Politische Erklärung bereits zuvor eine Anerkennungsregelung entsprechend dem CETA-Abkommen.
[36] In diesem Sinne etwa auch das BMJV, wonach es auch nach dem Abschluss des Handelsabkommens seit dem 1.1.2021 für eine rechtliche Anerkennung britischer Gesellschaften mit tatsächlichem Sitz in Deutschland keine rechtliche Grundlage mehr gebe (https://www.bmjv.de/DE/Themen/FokusThemen/Brexit/Gesellschaftsrecht/Brexit_Gesellschaft_node.html; Stand: 14.1.2021).

nicht anders als Gesellschaften aus sonstigen Drittstaaten – seither nach Maßgabe der **Sitztheorie** (→ Rn. 173 ff.) behandelt. Die Folgen wären drastisch: Zwar stellt auch ein solcher Statutenwechsel in die Sitztheorie die Rechtswirksamkeit der zuvor begründeten Rechtsgeschäfte nicht infrage. Für britische Gesellschaften mit Sitz im Inland würde die Anwendung der Sitztheorie jedoch die **Nichtanerkennung** sowie die **persönliche Haftung der Gesellschafter**,[37] auch für **Altverbindlichkeiten** aus der Zeit vor dem Statutenwechsel,[38] nach sich ziehen (allgemein zur herrschenden Deutung der Sitztheorie → Rn. 178 f.).

Auch der **deutsche Gesetzgeber** scheint dieser Auffassung zuzuneigen, ohne sich ihr bisher endgültig anschließen zu wollen. EU-ausländischen Kapitalgesellschaften wurde lediglich im Jahr 2018 durch das **4. UmwGÄndG**[39] die Möglichkeit eröffnet, sich auf eine Personenhandelsgesellschaft deutschen Rechts zu verschmelzen. Zudem wurde für britische Kapitalgesellschaften eine spezielle Übergangsregelung eingeführt, welche die Durchführung einer grenzüberschreitenden Hereinverschmelzung unter bestimmten Voraussetzungen auch über den Brexit hinaus ermöglicht (§ 122b Abs. 1 Nr. 2 UmwG, § 122m UmwG).[40] Für den Fall der rechtzeitigen Wahrnehmung dieser Verschmelzungsoption impliziert die Regelung daher auch nach einem Brexit die weitere umfassende Anerkennung der betreffenden Gesellschaft für die Dauer des Umwandlungsverfahrens.[41] Darüber hinaus findet sich jedoch in den Gesetzesmaterialien der Hinweis, dass die Anerkennung britischer Gesellschaften mit Inlandssitz mit Wirksamwerden des Brexit entfalle und die Zubilligung eines dauerhaften Bestandsschutzes nicht in Betracht komme.[42] In einer weiteren Entschließung des Bundestages anlässlich der Verabschiedung des 4. UmwGÄndG wurde indes immerhin anerkannt, dass die Frage der Behandlung inlandsansässiger britischer Gesellschaften nach dem Brexit umstritten und noch ungeklärt sei.[43] Faktisch setzte die Durchführung dieser sowie anderer Umwandlungslösungen voraus, dass auch das britische Companies House an dem Vorgang mitwirkte und die notwendigen Bescheinigungen ausstellte. Da dies nach den Erfahrungen der Praxis für grenzüberschreitende Formwechsel nicht der Fall war[44] und auch die früheren britischen Regelungen zur grenzüberschreitenden Verschmelzung mit Ablauf des Übergangszeitraums aufgehoben wurden,[45] war bereits vor Ablauf des Über-

---

[37] *Bauerfeind/Tamcke* GmbHR 2019, 11 (15); *Freitag/Korch* ZIP 2016, 1361 (1363); *Jaschinski/Wentz* WM 2019, 438 (440 f.); *Leible/Galneder/Wißling* RIW 2017, 718 (720); *Mäsch/Gausing/Peters* IPRax 2017, 49 (51 f.); *Weller/Thomale/Benz* NJW 2016, 2378 (2381 f.). Zu weiteren Folgeproblemen, ua hinsichtlich der Vertretungssituation und des rechtsgeschäftlichen Auftretens, *Freitag/Korch* ZIP 2016, 1361 (1363); *Jaschinski/Wentz* WM 2019, 438 (439 ff.); *Leible/Galneder/Wißling* RIW 2017, 718 (721); *Zwirlein/Großerichter/Gätsch* NZG 2017, 1041 (1042 f.).
[38] *Bauerfeind/Tamcke* GmbHR 2019, 11 (15); *Freitag/Korch* ZIP 2016, 1361 (1363); *Jaschinski/Wentz* WM 2019, 438 (440); *Zwirlein/Großerichter/Gätsch* NZG 2017, 1041 (1043) mit Fn. 15.
[39] Viertes Gesetz zur Änderung des Umwandlungsgesetzes v. 19.12.2018 (BGBl. 2018 I 2694).
[40] Zur Kritik und alternativen Gestaltungsmöglichkeiten *Klett* NZG 2019, 292.
[41] BR-Drs. 505/18, 8 = BT-Drs. 19/5463, 11. Gleiches Verständnis bei *Grzeszick/Verse* NZG 2019, 1129 (1131); *Luy* DNotZ 2019, 484 (487 f.); *Zwirlein* ZGR 2018, 900 (915 f.); Habersack/Casper/Löbbe/*Behrens/Hoffmann* GmbHG Einl. B Rn. 218; aA – die Anerkennung beschränke sich gegenständlich auf die Zwecke des Umwandlungsverfahrens, *Behme* ZRP 2018, 204 (206) und wohl auch *DAV* NZG 2018, 1223 (1225) (jeweils aber noch zur abweichenden und missverständlich formulierten Begründung des RefE); *Jaschinski/Wentz* WM 2019, 438 (444) (unter Hinweis auf *Behme* und mit unzutreffender Wiedergabe der geänderten Begründung des RegE); ohne Auseinandersetzung mit der Gesetzesbegründung auch *Lieder/Bialluch* NJW 2019, 805 (808 f.).
[42] BT-Drs. 505/18, 3 f.
[43] Entschließung v. 13.12.2018, BT-Drs. 19/6466, 3.
[44] Zur Weigerung, ohne entsprechenden Sekundärrechtsakt grenzüberschreitende Formwechsel durchzuführen, Schreiben des Companies House vom 8.2.2017, abrufbar unter www.heckschen-vandeloo.de/cdn/user_upload/content/pdf/rechtsprechung/schreiben-companies-house-08-02-2017.pdf (zuletzt am 8.3.2021); *Heckschen* NotBZ 2017, 401 (404); DNotV-Stellungnahme vom 18.9.2018, 10.
[45] S. zur Aufhebung der The Companies (Cross-Border Mergers) Regulations 2007 r. 5(b) The Companies, Limited Liability Partnerships and Partnerships (Amendment etc.) (EU Exit) Regulations 2019 iVm dem European Union (Withdrawal) Act 2018. Ferner die Verlautbarung des Companies House unter https://www.gov.uk/government/publications/cross-border-mergers-filing-requirements-in-the-uk (zuletzt abgerufen am 8.3.2021), wonach ab dem 1.1.2021 keine grenzüberschreitenden Verschmelzungen auf Basis des Unionsrechts mehr durchgeführt werden.

gangszeitraums zu befürchten, dass die Bemühungen um derartige nachwirkende Umwandlungsmöglichkeiten leerlaufen würden. Dass jeder Aufnahmemitgliedstaat sich aufgrund der Vorgaben des EuGH über eine derartige Mitwirkungsverweigerung des Wegzugsstaates hinwegsetzen, grenzüberschreitende Umwandlungen ohne hinreichende behördliche Kontrolle im Wegzugsstaat ermöglichen und damit das Entstehen doppelt registrierter Spaltgesellschaften in Kauf nehmen müsse,[46] erscheint nicht ausgemacht und wäre erforderlichenfalls durch den Gerichtshof zu klären. Auch das Handels- und Kooperationsabkommen (→ Rn. 17) liefert hierzu keine Antworten.

22   Es ist daher derzeit nicht absehbar, dass der deutsche Gesetzgeber in den Plädoyers im Schrifttum zugunsten eines dauerhaften oder vorübergehenden **Bestands- und Vertrauensschutzes** Rechnung tragen wird. Im Wesentlichen geht es diesen Ansätzen darum, den **Statutenwechsel** in die Sitztheorie mit den damit verbundenen Wirkungen für einen Übergangszeitraum von zwei bis drei Jahren ab dem endgültigen Ausscheiden des Vereinigten Königreichs, dh ab dem Ende der Anwendbarkeit des Primärrechts,[47] **aufzuschieben** und ihnen für diesen Zeitraum noch die Möglichkeit einer Hereinumwandlung oder anderweitigen Umstrukturierung zu geben. Als Grundlage eines derartigen Schutzes werden einfachgesetzlich ua eine Analogie zu Art. 7 Abs. 2 EGBGB[48] oder zu Art. 220 Abs. 1 EGBGB[49] sowie eine zeitlich begrenzte „intertemporale Ausnahme" von der Sitztheorie für englische Altgesellschaften[50] diskutiert und auf Ebene des höherrangigen Rechts auf allgemeine rechtsstaatliche Grundsätze (Art. 20 Abs. 3 GG), den Schutz der betroffenen Grundrechte (insbesondere Art. 2 Abs. 1 GG, Art. 9 Abs. 1 GG, Art. 12 und Art. 14 Abs. 1 GG)[51] sowie auf eine Nachwirkung der Niederlassungsfreiheit[52] rekurriert. Nicht einheitlich beurteilt wird schließlich, ob und in welchem Umfang ggf. auch bei Ablehnung eines zeitlich begrenzten Bestandsschutzes ein **Schutz der Gesellschafter vor Altverbindlichkeiten** in Betracht kommt. Dies wird teils mit intertemporalen Überlegungen,[53] teils sach-

---

[46] So Lutter/*Drygala* UmwG § 1 Rn. 29, 43b unter Hinweis auf das aus der Entscheidung „Vale" (EuGH EuZW 2012, 621) abzuleitende „Ermöglichungsgebot" des Wegzugsstaates; ferner *Klett* NZG 2019, 292 (296); krit. *Behme* ZRP 2018, 204 (206); *J. Schmidt* ZIP 2019, 1093 (1101); ferner *Grzeszick/Verse* NZG 2019, 1129 (1132).

[47] Für zwei Jahre *Freitag/Korch* ZIP 2016, 1361 (1364); *Grzeszick/Verse* NZG 2019, 1129 (1136); für drei Jahre *Leible/Galneder/Wißling* RIW 2017, 718 (725); *Mäsch/Gausing/Peters* IPRax 2017, 49 (55); BeckOK BGB/*Mäsch* EGBGB Art. 12 Rn. 82.

[48] *Mäsch/Gausing/Peters* IPRax 2017, 49 (54 f.); *Mäsch/Gausing/Peters* RPfleger 2017, 601 (606 ff.); BeckOK BGB/*Mäsch* EGBGB Art. 12 Rn. 82; referierend, jedoch grds. krit. zum Bestehen eines Vertrauenstatbestands, Palandt/*Thorn* EGBGB Anh. Art. 12 Rn. 1 aE. Abl. *Leible/Galneder/Wißling* RIW 2017, 718 (724); *Weller/Thomale/Zwirlein* ZEuP 2018, 892 (904 f.).

[49] *Leible/Galneder/Wißling* RIW 2017, 718 (724 f.), aber nur de lege ferenda.

[50] *Weller/Thomale/Zwirlein* ZEuP 2018, 892 (903 ff.), wobei nur vor dem Brexit-Referendum gegründete Gesellschaften in den Genuss dieser Privilegierung kommen sollen. Ferner bereits *Weller/Thomale/Benz* NJW 2016, 2378 (2381 f.). Nach BeckOK BGB/*Mäsch* EGBGB Art. 12 Rn. 82 soll der Vertrauensschutz „*jedenfalls*" für solche Gesellschaften gelten.

[51] Eingehend *Grzeszick/Verse* NZG 2019, 1129 (1130 ff.); ferner ohne detaillierte Begründung *Bode/Born* GmbHR 2016, R129; *Bayer/Schmidt* BB 2019, 2178 (2188 f.); *Freitag/Korch* ZIP 2016, 1361 (1363); *J. Schmidt* ZIP 2019, 1093 (1098). Abl. zur verfassungsrechtlichen Begründung des Vertrauensschutzes *Leible/Galneder/Wißling* RIW 2017, 718 (724); ferner *Weller/Thomale/Zwirlein* ZEuP 2018, 892 (905).

[52] Jeweils unter Hinweis auf den Wortlaut des Art. 54 AEUV *Hammen* Konzern 2017, 513 (515 ff.); *Hirte* FS Pape, 2019, 151 (165). Mit weitergehender Begründung auch *Weller/Thomale/Zwirlein* ZEuP 2018, 892 (905). Bzgl. des Schutzes vor einer Haftung für Altverbindlichkeiten auch *Nazari-Khanachayi* WM 2017, 2370 (2378). Krit. zum Wortlautargument und die Möglichkeit einer unionsrechtlichen Verankerung des Vertrauensschutzes zweifelnd *Grzeszick/Verse* NZG 2019, 1129 (1130).

[53] Allg. für eine Beschränkung der Sitztheorie unter Rückgriff auf die intertemporalen Regelungen der Art. 163, 231 § 2 Abs. 1, 2 EGBGB *Bartels* ZHR 176 (2012), 412 (419 ff., 428 ff.) und *Bartels* IPRax 2013, 153 (156), der einen Statutenwechsel unter Anerkennung der nach dem Gründungsstatut erreichten Haftungsbeschränkung als solcher einschließlich einer Fortgeltung der dortigen Kapitalaufbringungs- und Kapitalerhaltungsregeln befürwortet. In Bezug auf den Brexit ferner, anders als *Bartels* gegen eine intertemporale Anerkennungs- und für eine intertemporale Verweisungslösung mit Schutz vor einer persönlichen Haftung für Altverbindlichkeiten *Weller/Thomale/Zwirlein* ZEuP 2018, 892 (903 ff.), allerdings nur für vor dem Brexit-Referendum gegründete Gesellschaften (nicht ganz klar ebenda 904, wonach das Gesellschaftsstatut nur „*für einen bestimmten Zeitraum weiterhin nach der Gründungstheorie bestimmt*" werden solle; s. auch *Weller/Thomale/*

rechtlich mit einer Analogie zu § 25 HGB[54] oder der Annahme eines konkludenten Haftungsausschlusses iSd § 128 S. 2 HGB bzw. einer teleologischen Reduktion des § 128 S. 1 HGB in Anlehnung an den institutionellen Haftungsausschluss bei geschlossenen Immobilienfonds[55] bejaht. Weite Teile der Lit. lehnen die Gewährung eines solchen auch nur vorübergehenden oder temporal abgegrenzten Schutzes demgegenüber ab.[56]

Für die auf Basis der unionalen Rechtsakte gegründeten **SE** und **EWIV**[57] mit Sitz im Vereinigten Königreich hat der **britische Gesetzgeber** durch den European Union (Withdrawal) Act 2018[58] **Auffangregelungen** geschaffen, die im Wesentlichen die SE-VO und Beteiligungs-RL bzw. EWIV-VO mit gewissen Änderungen in das britische Recht inkorporieren. Diese Bestimmungen greifen, soweit solche Gesellschaften zum Ablauf der Übergangsphase noch im UK eingetragen waren, dh zuvor insbesondere weder ihren Sitz in die EU oder den EWR verlegt noch sich in eine Gesellschaft britischen Rechts umgewandelt oder auf eine solche verschmolzen hatten. Die betreffenden Gesellschaften bestehen seit dem 1.1.2021 als „UK Societas" bzw. „UK EWIV" fort.[59] Wenngleich dies lediglich eine temporäre Lösung darstellen soll, hat der britische Gesetzgeber auf eine Auslaufklausel verzichtet, um den Unternehmen Zeit zu geben, eine alternative Lösung umzusetzen.[60] 23

Stellungnahme. Dem Bemühen der vordringenden Ansicht, die dramatischen Folgen des nach hM mit dem harten Brexit einhergehenden Statutenwechsels sachgerecht abzumildern, ist beizutreten (zur vorzugswürdigen Abkehr von der Sitztheorie allgemein → Rn. 279 ff.). Insoweit spricht Vieles für die Annahme, dass bereits die **Niederlassungsfreiheit** selbst einem abrupten Entzug der Anerkennung mit tatsächlichem Wirksamwerden des Austritts entgegensteht. Der bloße Umstand, dass die Möglichkeit des freiwilligen Austritts eines Mitgliedstaats (Art. 50 EUV) schon seit dem Vertrag von Lissabon unionsvertraglich vereinbart war und auch bereits zuvor verbreitet befürwortet wurde,[61] ist nicht geeignet, einen primärrechtlich fundierten Bestands- und Vertrauensschutz schon im Ansatz auszuschließen. Ebenso wenig überzeugt der Einwand, dass es sich bei der Anwendung der Gründungstheorie um einen bloßen Reflex der fortbestehenden Unionsmitgliedschaft des Vereinigten Königreichs handle und dies keine taugliche Vertrauensgrundlage sei, da hierauf weder der deutsche noch der europäische Gesetzgeber Einfluss hätten.[62] Solange ein Mitgliedstaat Unionsmitglied ist, besteht aufgrund des Primärrechts dort ein Niederlassungsrecht in Gestalt der Gründungsfreiheit (→ Rn. 41). Jeder Rechtsträger, der bis zum Ende 24

Benz NJW 2016, 2378 (2381 f.). Zur Vergleichbarkeit von Eingangsstatutenwechsel und intertemporalem Inkrafttreten einer Neuregelung allg. auch *Mankowski* in v. Bar/Mankowski IPR I § 4 Rn. 171 ff., 173 mwN.

[54] *Teichmann/Knaier* IWRZ 2016, 243 (245 f.). Dagegen *Leible/Galneder/Wißling* RIW 2017, 718 (721 Fn. 40).

[55] *Nazari-Khanachayi* WM 2017, 2370 (2375 ff.).

[56] *Bauerfeind/Tamcke* GmbHR 2019, 11 (12 f.); *Heckschen* NotBZ 2017, 401 (403); Westermann/Wertenbruch/*Heckschen* PersGes-HdB § 3 Rn. 87e; *Klett* NZG 2019, 292 (293); *Kumpan/Pauschinger* EuZW 2017, 327 (332); *Lieder/Bialluch* NJW 2019, 805 (806); *Lieder/Bialluch* NotBZ 2017, 165 (170); *Lieder/Hoffmann* AG 2017, R83 (R86); *Mentzel* IWRZ 2017, 248 (249); *Seeger* DStR 2016, 1817 (1819 ff.); tendenziell gegen Bestehen eines Vertrauenstatbestands ferner Palandt/*Thorn* EGBGB Anh. Art. 12 Rn. 1 aE; tendenziell auch *DNotV* Stellungnahme vom 18.9.2018, 6. Abl. zu einer Differenzierung zwischen Alt- und Neuverbindlichkeiten ferner *Freitag/Korch* ZIP 2016, 1351 (1353); *Jaschinski/Wenz* WM 2019, 438 (440); *Leible/Galneder/Wißling* RIW 2017, 718 (721, 724 f.).

[57] Zur SE BeckOGK/*Casper* SE-VO Art. 7 Rn. 6 f. Für die SCE wurde keine entsprechende Regelung geschaffen.

[58] European Union (Withdrawal) Act 2018, ch. 16 sowie European Union (Withdrawal) Act 2019, ch. 16.

[59] Zu SE: The European Public Limited-Liability Company (Amendment etc.) (EU Exit) Regulations 2018, SI 2018/1298. Zur EWiV: The European Economic Interest Grouping (Amendment) (EU Exit) Regulations 2018, SI 2018/1299.

[60] Explanatory Memorandum to The European Public Limited-Liability Company (Amendment etc.) (EU Exit) Regulations 2018, 7.6.

[61] Zum Diskussionsstand *Everling* FS Bernhardt, 1995, 1161 ff.; *Doehring* FS Schiedermair, 2001, 695; *Zeh* ZEuS 2004, 173 (180 ff.); *Hofmeister* European Law Journal 16 (2010), 591 ff.

[62] So ua *Leible/Galneder/Wißling* RIW 2017, 718 (724); Palandt/*Thorn* EGBGB Anh. Art. 12 Rn. 1 aE.

des Übergangszeitraums noch unter dem Schutz der Niederlassungsfreiheit gegründet wurde, ist Inhaber des subjektiven Niederlassungsrechts, das ihm nicht ohne Wahrung des Verhältnismäßigkeitsgrundsatzes genommen werden kann. An diesem Rechtsrahmen müssen Union und sämtliche Mitgliedstaaten sich festhalten lassen und dem hierin gesetzten Vertrauen der Marktteilnehmer unter Wahrung des Rechtsstaatsprinzips begegnen.

25   Auch erscheint die Annahme sehr zweifelhaft, dass die Gründer britischer Gesellschaften schon während des Austrittsverfahrens ab einem bestimmten **Zeitpunkt** mit einem Wegfall des Niederlassungsrechts rechnen mussten und das originäre Niederlassungsrecht der danach entstandenen Rechtsträger daher von Anfang an mit der Möglichkeit eines harten Austritts belastet war.[63] Als denkbare Anknüpfungspunkte stehen zweifellos das Austrittsreferendum vom 23.6.2016, die Austrittserklärung vom 29.3.2017 und das Wirksamwerden des Austritts am 31.1.2020 im Vordergrund.[64] Bei der Beurteilung dieser Frage darf indes nicht vergessen werden, dass der austrittswillige Mitgliedstaat eine Austrittserklärung jederzeit einseitig zurücknehmen kann, solange ein Austrittsabkommen zwischen ihm und der EU nicht in Kraft getreten ist oder, falls kein solches Abkommen geschlossen wurde, solange die in Art. 50 Abs. 3 EUV vorgesehene Zweijahresfrist bzw. die ggf. hiernach ordnungsgemäß verlängerte Frist nicht abgelaufen ist.[65] Nach hier vertretener Ansicht sprechen daher, zumal im Lichte der höchst unübersichtlichen politischen Diskussion um das tatsächliche Stattfinden, den Zeitpunkt und die Modalitäten des Austritts, die besseren Gründe dafür, einen primärrechtlich begründeten „Vertrauens-" bzw. „Bestandsschutz" zu bejahen, sofern die Voraussetzungen des Art. 54 AEUV beim **Ende der Übergangsphase** gegeben waren. Bis dahin war es keinem betroffenen Marktteilnehmer zuzumuten, rein vorsorglich eine komplexe grenzüberschreitende Strukturmaßnahme vorzubereiten, wenn doch die Notwendigkeit ihrer Umsetzung bis zuletzt fraglich war.[66]

26   Folgt man mit der Rspr. der Sitztheorie (dagegen aber → Rn. 309 ff.), so ist ein umfassender **Bestandsschutz** im Sinne einer dauerhaften Anerkennung des Rechtsträgers allerdings mit der ganz überwiegenden Ansicht abzulehnen. Auch auf dieser Grundlage kann und muss es dann jedoch darum gehen, die Wahrung des **Verhältnismäßigkeitsgrundsatzes** sicherzustellen, an den alle Mitgliedstaaten sowohl im Hinblick auf eine Nachwirkung der Niederlassungsfreiheit als auch aufgrund nationalen Verfassungsrechts gebunden sind.[67] Den betroffenen Rechtsträgern ist deshalb eine angemessene Möglichkeit zu bieten, um einen grenzüberschreitenden Formwechsel in eine mitgliedstaatliche Rechtsform oder eine vergleichbare Umstrukturierung einzuleiten. Hierfür ist auch nach Ablauf der Übergangsphase noch eine gewisse Nachfrist zuzubilligen, wobei bezweifelt werden darf, dass die im Schrifttum in den Raum gestellten Zeiträume von zwei bis drei Jahren tatsächlich erforderlich sind. Für die bloße Einleitung eines geeigneten „Exit" sollten vielmehr auch sechs bis zwölf Monate nach Ende der Übergangszeit genügen. Die Durchführung einer solchen Maßnahme sollte sodann den Regeln unterliegen, die für entsprechende Vorhaben innerhalb der Union gelten (→ Rn. 80 ff., → Rn. 359 ff.). Solange ein solches Verfahren andauert, wäre der betroffene britische Rechtsträger weiterhin denselben gesellschaftsrechtlichen und sonstigen verbandsbezogenen Regeln zu unterwerfen wie vor dem Ende der Übergangszeit. Missbräuchen im Falle des Fehlens oder Wegfalls einer ernstlichen Durchführungsabsicht

---

[63] Hierfür statt aller *Mäsch/Gausing/Peters* IPRax 2017, 49 (52); *Weller/Thomale/Zwirlein* ZEuP 2018, 892 (903).
[64] Nach *Weller/Thomale/Zwirlein* ZEuP 2018, 892 (903) ist der Zeitpunkt des Referendums der späteste denkbare Anknüpfungspunkt für einen Wegfall des Vertrauens auf den Bestand der Niederlassungsfreiheit; ebenso Palandt/*Thorn* EGBGB Anh. Art. 12 Rn. 1 aE.
[65] EuGH EuZW 2019, 143 – Wightman ua / Secretary of State for Exiting the European Union.
[66] Gegen einen Ausschluss oder eine enge Begrenzung des Vertrauensschutzes auch *Grzeszick/Verse* NZG 2019, 1129 (1135 f.).
[67] Zum Entzug der Staatsangehörigkeit mit der Folge des Verlusts der Unionsbürgerschaft EuGH NJW 2019, 1587 Rn. 40 – Tjebbes ua; tendenziell gegen die Fortgeltung unionsrechtlich begründeter rechtsstaatlicher Grundsätze nach dem Austritt, jedoch einen verfassungsrechtlichen Vertrauens- und Bestandsschutz bejahend, *Grzeszick/Verse* NZG 2019, 1129 (1132 ff.).

könnte in Anlehnung an die Grundsätze begegnet werden, die für die unechte Vorgesellschaft entwickelt wurden (→ AktG § 41 Rn. 83 ff.). Wie bereits ausgeführt, ist allerdings gegenwärtig nicht davon auszugehen, dass das britische Companies House an einem solchen Vorgang mitwirken wird (→ Rn. 21).

Soweit eine solche **„Rettungsmaßnahme"** nicht oder **nicht rechtzeitig durchgeführt** werden sollte, will die wohl noch hM die Sitztheorie ex tunc zur Anwendung bringen (→ Rn. 20, → Rn. 22). Die Frage, ob sich dies unter rechtsstaatlichen Gesichtspunkten und sub specie einer Nachwirkung der Niederlassungsfreiheit noch im Rahmen des Zulässigen bewegt, ist nicht leicht und eindeutig zu beantworten.[68] Gewährt man den Gründern und betroffenen Rechtsträgern zudem während einer Übergangszeit noch angemessene Möglichkeiten, die rückwirkende Anwendung der Sitztheorie zu vermeiden (→ Rn. 18, → Rn. 21 f.), so erscheint es nicht schlechterdings ungerechtfertigt, nach fruchtlosem Ablauf einer solchen Schonfrist dieser Pauschallösung den Vorzug zu geben. Hinzu kommt, dass der Statutenwechsel von der Warte der hM aus für die Altgläubiger durchaus nicht unkritisch zu sein scheint. Infolge des Wechsels aus der Rechtsform einer Kapitalgesellschaft in eine Personengesellschaft oder in den Status eines Einzelkaufmanns scheinen keine Entnahmebeschränkungen mehr zu bestehen, die das Haftungssubstrat gegen Vermögensverschiebungen zugunsten der Gesellschafter schützen, und auch die Insolvenzantragspflicht gem. § 15a Abs. 1 InsO kommt augenscheinlich nicht mehr zur Anwendung.[69]

Bei näherer Betrachtung erweist sich die Annahme eines Eingangsstatutenwechsels mit einem **Entzug des Haftungsschirms gegenüber Altverbindlichkeiten** gleichwohl **nicht als angemessene und interessengerechte Lösung** (zur Ablehnung der Sitztheorie → Rn. 309 ff.). Die drastische Folge der persönlichen Gesellschafterhaftung auch für vor dem Statutenwechsel begründete Altverbindlichkeiten muss den hohen Anforderungen an die unions- und verfassungsrechtliche Rechtfertigung einer echten Rückwirkung genügen, und zwar aus den genannten Gründen auch bei Gesellschaften, die erst nach dem Brexit-Referendum gegründet wurden (→ Rn. 25). Der Umstand, dass die Altgläubiger im Zeitpunkt des Statutenwechsels noch nicht befriedigt sind, kann nicht dazu führen, von einem noch nicht abgeschlossenen Sachverhalt auszugehen, dh eine nur unechte Rückwirkung anzunehmen. Eine Rückwirkung der persönlichen Gesellschafterhaftung ist nicht zum Schutz der Altgläubiger erforderlich und stört in unnötiger Weise den internationalen Entscheidungseinklang. Der Statutenwechsel erfolgt nur aus deutscher Sicht, während aus Sicht des (britischen) Herkunftsstaats das Gründungsstatut intakt bleibt. Klagen die Altgläubiger dort, müssen sie den Haftungsschirm nach den Regeln des Gründungsstatuts überwinden, profitieren umgekehrt jedoch von der Fortgeltung seines Gläubigerschutzkonzepts einschließlich etwaiger Entnahmebeschränkungen und vorinsolvenzrechtlicher Haftungsregelungen. Es ist nicht einsehbar, weshalb zur gleichen Zeit hierzulande gleichsam das Kind mit dem Bade ausgeschüttet werden sollte, indem rückwirkend die Haftungsbeschränkung beseitigt wird. Stattdessen läge es viel näher, die Altgläubiger auch für Klagen vor deutschen Gerichten auf die Haftungsbeschränkung zu verweisen, ihnen aber auch die Instrumente des Gründungsstatuts an die Hand zu geben. In gleicher Weise spräche nichts dagegen, mit Blick auf die berechtigten Schutzanliegen der Altgläubiger die vor dem Statutenwechsel für die inlandsansässige Auslandskapitalgesellschaft geltende Insolvenzantragspflicht (→ Rn. 434 ff.) auch nach dem Wirksamwerden des Brexit fortgelten zu lassen. „Juristische Person" iSd § 15a InsO wäre dann auch eine solche, die nach einem doppelten „britisch-deutschen" Statut lebt.

cc) Weitere Folgen des Brexit. Jenseits der gesellschafts- und gesellschaftskollisionsrechtlichen Fragestellungen ist darauf hinzuweisen, dass auch die flankierenden Regelungen der **Brüssel Ia-VO** und der **EuInsVO** seit dem 31.12.2020 im Verhältnis zum Vereinig-

---

[68] AA *Weller/Thomale/Zwirlein* ZEuP 2018, 892 (903): Ein rückwirkender Statutenwechsel mit einer Haftung für Altverbindlichkeiten sei für nach dem Austrittsreferendum gegründete Gesellschaften „nicht bedenklich", da der Brexit seither „absehbar" gewesen sei.
[69] So *Freitag/Korch* ZIP 2016, 1361 (1363), die deshalb eine Differenzierung zwischen Neu- und Altverbindlichkeiten ablehnen.

Königreich grds. keine Anwendung mehr finden (zur Brüssel Ia-VO s. Art. 67 Abs. 1 lit. a, Abs. 2 lit. a BrexitAbk und Art. 69 Abs. 2 BrexitAbk, → Rn. 16; zur EuInsVO s. Art. 67 Abs. 3 lit. c BrexitAbk, → Rn. 16). Die Anwendbarkeit der **Rom-Verordnungen** ist auf Verträge, die vor dem Ablauf der Übergangszeit abgeschlossen wurden, bzw. auf vor diesem Zeitpunkt eingetretene schadensbegründende Ereignisse begrenzt (Art. 66 BrexitAbk, → Rn. 16). Aus mitgliedstaatlicher Sicht sind die Rom-Verordnungen unverändert für Sachverhalte mit britischem Bezug maßgeblich, da sie universale Wirkung auch gegenüber Drittstaaten entfalten (Art. 2 Rom I-VO bzw. Art. 3 Rom II-VO). Aus der Perspektive des Vereinigten Königreichs ist insoweit die nationale Gesetzgebung bestimmend. Die Rom-Verordnungen wurden in nationales britisches Recht inkorporiert.[70] In **steuerlicher** Hinsicht ist insbesondere geregelt worden, dass eine Körperschaft, Vermögensmasse oder Personenvereinigung nicht allein aufgrund des Austritts des Vereinigten Königreichs aus der Union als aus der unbeschränkten Steuerpflicht in einem Mitgliedstaat ausgeschieden gilt oder als außerhalb der Union ansässig anzusehen ist. Einer unbeschränkt steuerpflichtigen Körperschaft mit Sitz im Vereinigten Königreich ist nach dem Austritt das Betriebsvermögen ununterbrochen zuzurechnen, das ihr bereits vor dem Austritt zuzurechnen war (§ 12 Abs. 3 S. 4 und Abs. 4 KStG).[71]

30 c) **Europäischer Wirtschaftsraum (EWR).** Aufgrund der Übereinkunft über den **Europäischen Wirtschaftsraum** vom 2.5.1992 (EWR-Abkommen)[72] kommen ferner die Angehörigen der Mitgliedstaaten der Europäischen Freihandelsassoziation (EFTA) Island, Liechtenstein und Norwegen in den Genuss der Niederlassungsfreiheit. Den Art. 49, 54 AEUV entsprechen insoweit Art. 31, 34 EWR-Abkommen. Auch wenn diese Bestimmungen nach Ansicht des Gerichtshofs einheitlich auszulegen sind, besteht keine vollständige Deckungsgleichheit der Freiheiten. Wie der EuGH entschieden hat, kann seine Rspr. zu Beschränkungen der unionsrechtlichen Grundfreiheiten nicht unbesehen auf die abkommensrechtlichen Freiheiten übertragen werden, da sich deren Ausübung in einen anderen rechtlichen Rahmen einfügt.[73]

31 Die **Schweiz** ist dem Abkommen nicht beigetreten. Schweizerische Gesellschaften genießen daher nach Ansicht des BGH nicht dieselbe Anerkennung wie Gesellschaften aus Staaten der EU oder des EWR.[74] Auf Vorlage des BSG hat auch der EuGH in der Folge bestätigt, dass juristischen Personen aufgrund des europäischen Freizügigkeitsabkommens mit der Schweiz vom 21.6.1999[75] kein Niederlassungsrecht zusteht.[76]

32 Der **Brexit** hatte nach hM und der einhelligen Ansicht der Kommission sowie aller Mitgliedstaaten zur Folge, dass das Vereinigte Königreich aus dem EWR ausgeschieden ist.[77]

33 2. **Persönlicher Anwendungsbereich für Kapitalgesellschaften.** Gesellschaften, insbesondere auch Kapitalgesellschaften, haben das Niederlassungsrecht[78] nach Art. 54

---

[70] Secs. 3, 20 (1) European Union (Withdrawal) Act 2018.
[71] Zu dem Brexit-Steuerbegleitgesetz vom 25.3.2019 (BGBl. 2019 I 357) *Bron* BB 2019, 664.
[72] ABl. 1994 L 1, 3.
[73] EuGH DStR 2015, 870 Rn. 80 f. – Kommission/Deutschland.
[74] BGH DStR 2009, 59 – Trabrennbahn (schweizerische AG); krit. dazu *Balthasar* RIW 2009, 221; *Lieder/Kliebisch* BB 2009, 338; *Kieninger* NJW 2009, 292 f.; MHLS/*Leible* GmbHG Syst. Darst. 2 Rn. 52; zust. hingegen *Hellgardt/Illmer* NZG 2009, 94 (95) (de lege lata); *Kindler* IPRax 2009, 189 (190).
[75] Abkommen zwischen der Europäischen Gemeinschaft und ihren Mitgliedstaaten einerseits und der Schweizerischen Eidgenossenschaft andererseits über die Freizügigkeit (BGBl. 2001 II 811 und ABl. 2002 L 114, 6).
[76] EuGH EWS 2009, 518 Rn. 32 ff. – Grimme; BSG ABl. 2008 C 272, 11.
[77] So die hM, s. Stellungnahme der Kommission v. 12.4.2018; ferner *Grzeszick/Verse* NZG 2019, 1129 (1129 f.); *Mäsch/Gausing/Peters* IPRax 2017, 49 (51); *Weller/Thomale/Benz* NJW 2016, 2378 (2380).
[78] Gleiches gilt wegen der Verweisung durch Art. 62 AEUV ausdrücklich für die Dienstleistungsfreiheit sowie grds. auch für das allgemeine Diskriminierungsverbot gemäß Art. 18 AEUV; Grabitz/Hilf/Nettesheim/*Forsthoff* AEUV Art. 54 Rn. 28). Für Geltung auch in Bezug auf die weiteren Grundfreiheiten Streinz/*Müller-Graff* AEUV Art. 54 Rn. 1; *Behrens* JBl. 2001, 341 (347); *Schön* FS Lutter, 2000, 685 (689). S. aber zur Kapitalverkehrsfreiheit Grabitz/Hilf/Nettesheim/*Ress/Ukrow* AEUV Art. 63 Rn. 120 f.; aA – gegen Ausdehnung – Calliess/Ruffert/*Korte* AEUV Art. 54 Rn. 6.

UAbs. 1 AEUV nur unter **zwei Voraussetzungen:** Die jeweilige Gesellschaft muss (1) nach den Rechtsvorschriften eines Mitgliedstaates gegründet sein und (2) ihren satzungsmäßigen Sitz, ihre Hauptverwaltung oder ihre Hauptniederlassung innerhalb der Union haben.

Die **Gründungsanforderungen** ergeben sich ausschließlich aus dem Recht des 34 Gründungsmitgliedstaates.[79] Erst wenn nach diesem Recht feststeht, dass die Kapitalgesellschaft wirksam gegründet wurde und besteht, kann diese Subjekt der europäischen Niederlassungsfreiheit sein. Wie der EuGH in der Rechtssache **„Cartesio"** geklärt hat, steht es jedem Mitgliedstaat frei, die wirksame Gründung davon abhängig zu machen, dass sich die in Art. 54 UAbs. 1 AEUV genannten **Anknüpfungsmerkmale** des satzungsmäßigen Sitzes, der Hauptverwaltung oder der Hauptniederlassung in seinem Hoheitsgebiet befinden.[80] Ob sich das entsprechende Erfordernis aus dem nationalen Sach- oder Kollisionsrecht ergibt, ist unerheblich. Das entscheidende Argument des Gerichtshofs lautet, dass die Frage, ob eine wirksam gegründete Gesellschaft vorhanden ist, gem. Art. 54 AEUV eine „Vorfrage" für die Anwendung der Niederlassungsfreiheit darstelle, die beim gegenwärtigen Stand des Unionsrechts nur durch das nationale Recht beantwortet werden könne.[81]

Unmissverständlich klargestellt ist damit, dass die Gründungsmitgliedstaaten einer Errich- 35 tung von **„anfänglichen Scheininlandsgesellschaften"** weder kollisions- noch sachrechtlich die Hand reichen müssen.[82] Soweit das deutsche Recht solche Gründungen nach herkömmlicher Rspr. und Lehre – vornehmlich aus kollisionsrechtlicher Rücksichtnahme auf die Belange anderer Staaten – ausschloss und allenfalls zuließ, wenn der tatsächliche Sitz in einem Staat genommen werden soll, der den tatsächlichen Sitz für unerheblich hält (→ Rn. 204), stand dies daher mit dem Unionsrecht in Einklang.[83] Ob diese Einschränkung bereits durch das MoMiG beseitigt wurde oder künftig durch eine Kodifikation der Gründungstheorie für das deutsche Internationale Gesellschaftsrecht entfallen wird, ist derzeit noch nicht abschließend geklärt (→ Rn. 218 ff., → Rn. 349 ff.).

Umgekehrt ergibt sich aus der Rspr. des EuGH[84] jedoch, dass Gesellschaften, die sich 36 im Einklang mit dem Sach- und Kollisionsrecht ihres Gründungsmitgliedstaates von Anfang

---

[79] Grabitz/Hilf/Nettesheim/*Forsthoff* AEUV Art. 54 Rn. 15 ff., 20; *Forsthoff* EuR 2000, 167 (173); *Brödermann* in Brödermann/Iversen, Europäisches Gemeinschaftsrecht und Internationales Privatrecht, 1994, Rn. 112.
[80] EuGH NJW 2009, 569 Rn. 108 ff., 110 – Cartesio = DStR 2009, 121 mAnm *Goette*; ebenso EuGH EuZW 2011, 951 Rn. 26 f. – National Grid Indus BV; NJW 2012, 2715 Rn. 28 f. – VALE; zust. *Sethe/Winzer* WM 2009, 536 (539); *Meilicke* GmbHR 2009, 92 (93); krit. *Bayer/Schmidt* ZHR 173 (2009), 735 (743 f.); *Behme/Nohlen* BB 2009, 13 f.; *Brakaloua/Barth* DB 2009, 213 (215, 217); *Hennrichs/Pöschke/von Laage/Klavina* WM 2009, 2009 (2012) ff.; *Knof/Mock* ZIP 2009, 30 (32); *Knop* DZWiR 2009, 147 (146) f.; *Kußmaul/Richter/Ruiner* EWS 2009, 1 (7); *Leible/Hoffmann* BB 2009, 58; *Mörsdorf* EuZW 2009, 97 (98 ff., 102); *Müller-Graff* EWS 2009, 489 (494); *Nolting* NotBZ 2009, 109 (111); *Otte* EWS 2009, 38 (39); *Richter* IStR 2009, 64 ff.; *Wilhelmi* JZ 2009, 411 f. (s. aber ebda S. 413); *Zimmer/Naendrup* NJW 2009, 545 (546 f.); Lutter/Hommelhoff/*Bayer* GmbHG § 4a Rn. 15.
[81] EuGH NJW 2009, 569 Rn. 109 – Cartesio = DStR 2009, 121; bestätigt durch EuGH EuZW 2011, 951 Rn. 26 – National Grid Indus BV; NJW 2012, 2715 Rn. 28 – VALE.
[82] Insoweit ebenso ua *G. H. Roth* Vorgaben S. 22; *Teichmann* ZGR 2011, 639 (669, 671 f.): Gründung von Briefkastengesellschaften als solche kein Anwendungsfall der Niederlassungsfreiheit der Gründer.
[83] Nichts anderes kann letztlich auch aus dem Umstand abgeleitet werden, dass das deutsche Recht die Gründung unternehmensloser „Vorratsgesellschaften" zulässt. Eine unionsrechtswidrige Diskriminierung (Art. 18 AEUV) scheidet aus, weil die Errichtung einer vollständig unternehmenslosen „Vorratsgesellschaft" mit der Gründung einer ausschließlich im Ausland tätigen Gesellschaft nicht vergleichbar ist. Ist im Zeitpunkt der Gründung ausschließlich ein Geschäftsbetrieb im Ausland vorhanden oder zumindest beabsichtigt, verlangt dies nach einer kollisionsrechtlichen Beurteilung. Wie der EuGH in „Cartesio" iErg zu Recht anerkannt hat, bleibt die Entscheidung über die kollisionsrechtliche Rücksichtnahme nach dem AEUV den Mitgliedstaaten und ggf. dem europäischen Gesetzgeber überlassen. Umgekehrt folgt die Pflicht zur Anerkennung von EU-Auslandsgesellschaften, die in ihrem Gründungsstaat nicht aktiv sind, nicht erst daraus, dass das deutsche Recht die Gründung inländischer Vorratsgesellschaften zulässt (so indes *Drygala* EuZW 2013, 569 (571): Anerkennung daher unter dem Aspekt des Diskriminierungsverbots geboten).
[84] EuGH Slg. 1999, I-1459 = NJW 1999, 2027 – Centros; Slg. 2003, I-10155 = NJW 2003, 3331 – Inspire Art; zuvor bereits EuGH Slg. 1986, 2375 = NJW 1987, 571 – Segers.

an ausschließlich im EU-Ausland tatsächlich niederlassen (sog. **„anfängliche Scheinauslandsgesellschaften"**), unter dem Schutz der Niederlassungsfreiheit stehen und von anderen Mitgliedstaaten anerkannt werden müssen (→ Rn. 235).[85] Die Aussagen des EuGH in den Entscheidungen „Cadbury Schweppes" und „VALE", in denen betont wurde, dass die Niederlassungsfreiheit die Absicht zu einer „realen" Niederlassung voraussetze, ändert hieran nach richtiger, wenngleich nicht unumstrittener Ansicht nichts (→ Rn. 45). Die „Polbud"-Entscheidung des EuGH aus dem Jahr 2017 zur Zulässigkeit des isolierten grenzüberschreitenden Formwechsels (→ Rn. 98)[86] hat endgültig bestätigt, dass der Gerichtshof die unionsrechtliche „Gründungsfreiheit" im Sinne einer Ausnutzung mitgliedstaatlich eröffneter Gestaltungsmöglichkeiten (→ Rn. 41) nicht unter den Vorbehalt eines tatsächlichen Niederlassungsvorgangs stellt.

37   Entsprechend kann eine Kapitalgesellschaft die Niederlassungsfreiheit nur in Anspruch nehmen, solange sie nach dem Recht des Gründungsmitgliedstaates **fortbesteht**.[87] Dies gilt zunächst für sämtliche **Auflösungstatbestände,** die nicht an einen grenzüberschreitenden Vorgang anknüpfen. Insoweit wird die Niederlassungsfreiheit nicht relevant (s. dazu, dass die Grundfreiheiten stets einen grenzüberschreitenden Bezug voraussetzen und bei rein innerstaatlichen Sachverhalten nicht eingreifen → Rn. 47). Ist eine Kapitalgesellschaft aufgrund solcher Tatbestände abgewickelt worden und erloschen, stellt sich die Frage ihrer Niederlassungsfreiheit nicht mehr.[88] Hieran ändert es auch nichts, dass das Gründungsrecht der Gesellschaft die Möglichkeit vorsehen mag, die Gesellschaft nach ihrem Erlöschen unter bestimmten Voraussetzungen „wiederzubeleben".[89] Erst wenn die Rechtsfähigkeit und Parteifähigkeit auf solche Weise tatsächlich wiedererlangt wurde, ist dies beachtlich. Die Möglichkeit, ein entsprechendes Verfahren zu betreiben, kann jedoch nach deutschem Prozessrecht zu einer Unterbrechung des Rechtsstreits entsprechend §§ 239, 241 ZPO führen.[90] Auf der Schnittstelle zum Völkerrecht liegt die Frage, ob eine Gesellschaft, die in ihrem Gründungsstaat wegen Verstoßes gegen zwingende Vorschriften gelöscht wurde und deren Vermögen nach dem Recht dieses Staates der Staatskasse zugefallen ist, hinsichtlich eines

---

[85] BGH NJW 2005, 1648; 2005, 3351; BayObLG NZG 2003, 290 f.; OLG Zweibrücken NZG 2003, 537; OLG Naumburg GmbHR 2003, 533; OLG Celle GmbHR 2003, 532; OLG Frankfurt IPRax 2004, 56 (58); *Bayer/Schmidt* ZHR 173 (2009), 735 (748); *Behme/Nohlen* NZG 2008, 496 (498); *Behrens* IPRax 2003, 193 (201 f.); *Ebke* JZ 2003, 927 (929); Ebke in Sandrock/Wetzler S. 101 (104 f.); *Ebke* FS Thode, 2005, 593 (596); *Eidenmüller* ZIP 2002, 2233 (2242 f.); *Eidenmüller* JZ 2003, 526 (528); *Eidenmüller* JZ 2004, 24 (25); *Leible/Hoffmann* ZIP 2003, 925 (929); *G. H. Roth* FS Doralt, 2004, 479 (480) Fn. 5; *W.-H. Roth* ZGR 2014, 168 (183); *Schön* ZGR 2013, 333 (351 f.); *Teichmann* ZGR 2011, 639 (669 ff.); HCL/*Behrens/Hoffmann* GmbHG Einl. B Rn. 7, 54; *Habersack/Verse* EuropGesR § 3 Rn. 19; Palandt/*Thorn* EGBGB Anh. Art. 12 Rn. 5 aE; Spahlinger/Wegen/*Spahlinger* Kap. B Rn. 204; Hausmann in Reithmann/Martiny IntVertragR Rn. 7.34 ff.; MüKoBGB/*v. Hein* EGBGB Art. 3 Rn. 119 f.; iErg wohl ebenso im Verständnis der EuGH-Judikatur, wenngleich kritisch, MHLS/*Leible* GmbHG Syst. Darst. 2 Rn. 48; aA MüKoBGB/*Kindler* IntGesR Rn. 431, 517; *Kindler* NJW 2003, 1073 (1078). Die Frage zu Unrecht als offen bezeichnend *Forsthoff* DB 2002, 2471 (2475); *Binz/Mayer* GmbHR 2003, 249 (256); *Franz* BB 2009, 1250 (1251 f.); *Franz/Laeger* BB 2008, 678 (681).
[86] EuGH NZG 2017, 1308 – Polbud.
[87] AA noch Grabitz/Hilf/Nettesheim/*Forsthoff* AEUV Art. 54 Rn. 17 (allerdings mit Hinweis auf die eindeutig gegenteilige Rspr. des EuGH), *Forsthoff* EuR 2000, 167 (173 f.) und Forsthoff in Hirte/Bücker Grenzüberschreitende Gesellschaften-HdB § 2 Rn. 22, wonach Art. 54 Abs. 1 AEUV nur für die Gründungsvoraussetzungen auf das mitgliedstaatliche Recht verweise, nach erfolgter Gründung aber das Beschränkungsverbot für die statuswahrende Sitzverlegung greife; ebenso Frenzel EWS 2009, 158 (160 f.); Hennrichs/Pöschke/von der Laage/Klavina WM 2009, 2009 (2013 f.); Knop DZWiR 2009, 147 (149 f.); Leible/Hoffmann BB 2009, 58 (59); *Weng* EWS 2008, 264 (270 f.); iErg auch *Knof/Mock* ZIP 2009, 30 (32); erwägend *Teichmann* ZIP 2009, 393 (400 ff).
[88] Vgl. zur Verneinung der Rechts- und Parteifähigkeit einer gelöschten englischen Limited BGH NZG 2017, 394 Rn. 13, 18 ff., 24; KG NZG 2014, 901; zur Ablehnung der Insolvenzfähigkeit LG Duisburg NZG 2007, 637 unter Hinweis auf *Schulz* NZG 2005, 415: Das Erlöschen nach dem Gründungsrecht sei in allen Mitgliedstaaten „verbindlich".
[89] Zu einer „restoration of dissolved companies" nach sections 1024 et seq. Companies Act 2006, wonach innerhalb von sechs Jahren die rückwirkende Wiederherstellung einer gelöschten Gesellschaft beantragt werden kann, *Krömker/Otte* BB 2008, 964 (965, 966 f.) sowie BGH NZG 2017, 394 Rn. 14.
[90] BGH NZG 2017, 394 Rn. 13, 18.

etwaigen im Inland belegenen Vermögens anerkannt werden darf oder gar muss. Die Liquidation des inländischen Vermögens erfolgt nach heute allgM nach den Grundsätzen der Lehre von der **„Rest- oder Spaltgesellschaft"**.[91] Für diese Gesellschaften und ihre Abwicklung sowie ggf. Umgründung gilt im Grundsatz deutsches Recht.[92] Die ursprünglichen Vertretungsorgane sind nicht länger vertretungsbefugt, wenn mit dem Erlöschen der Gesellschaft die Funktion der Organe und infolgedessen auch deren Vertretungsmacht endet. Bei ursprünglich körperschaftlich strukturierten Gesellschaften erfolgt dann für einzelne Abwicklungsmaßnahmen die Bestellung eines Nachtragsliquidators entsprechend § 273 Abs. 4 S. 1 AktG.[93] Für eine fortgesetzte werbende Tätigkeit erfolgt die gesellschaftsrechtliche Einordnung ebenfalls nach Maßgabe des deutschen Rechts, sodass die Gesellschaft in eine Personengesellschaft deutschen Rechts oder ggf. in ein einzelkaufmännisches Unternehmen umqualifiziert wird (s. auf Basis der Sitztheorie → Rn. 206).[94]

Seit der Entscheidung des EuGH in der Rechtssache **„Cartesio"**[95] ist außerdem geklärt, **38** dass die Niederlassungsfreiheit einer Gesellschaft gegenüber ihrem Gründungsstaat nicht das Recht gewährt, ihren tatsächlichen Sitz unter Beibehaltung ihres Gesellschaftsstatuts zu verlegen (**statuswahrende Sitzverlegung,** → Rn. 64, → Rn. 67 ff.).[96] Andererseits hält es der EuGH aber für geboten, dass der Gründungsmitgliedstaat eine **grenzüberschreitende Umwandlung** ohne Auflösung und Abwicklung (so ist es insbesondere nach der „Sitztheorie" bisherigen deutschen Musters nur eingeschränkt möglich, den tatsächlichen Sitz einer Gesellschaft statuswahrend in einen anderen Mitgliedstaat zu verlegen, → Rn. 203 ff.) jedenfalls dann gestattet, wenn der tatsächliche Sitz verlegt werden soll, der Gründungsmitgliedstaat die statuswahrende Sitzverlegung versagt und der Aufnahmemitgliedstaat eine (Herein-)Umwandlung zulässt (näher → Rn. 96, → Rn. 105 ff.).[97] Ist eine

---

[91] KG BeckRS 2018, 24362; OLG Hamm NZG 2014, 703; KG NZG 2014, 901; OLG Celle NZG 2012, 738; OLG Düsseldorf NZG 2010, 1226; KG ZIP 2010, 204; OLG Jena NZG 2007, 877; OLG Nürnberg NZG 2008, 76. Die Vorlage des AG Charlottenburg an den EuGH (GmbHR 2009, 321; krit. *Mansel/Thorn/Wagner* IPRax 2010, 1 (2 f.)) hat dieser als unzulässig abgewiesen (EuGH Slg. 2010, I-101 – Amiraike Berlin).

[92] BGH DStR 2017, 675 Rn. 16 ff.; OLG Hamm NZG 2014, 703 (704); OLG Celle NZG 2012, 738; wohl auch OLG Düsseldorf NZG 2010, 1226 (1227). AA, für Anwendung des Gründungsstatuts, OLG Brandenburg BeckRS 2016, 16599 Rn. 20; OLG Karlsruhe WM 2013, 1276; OLG Nürnberg NZG 2008, 76; im Grds. auch OLG Jena NZG 2007, 877 (878). Nicht eindeutig hiezu NZG 2014, 901 und GmbHR 2010, 316, wo die Parteifähigkeit der im Gründungsstaat gelöschten Gesellschaft im Berufungsverfahren als Rest- oder Spaltgesellschaft verneint wurde, weil sie im Inland unstreitig kein Vermögen mehr hatte. S. ferner KG NZG 2012, 230 (231), das die Beschwerdebefugnis (§ 59 Abs. 1 FamFG) im Verfahren über die Amtslöschung (§ 395 FamFG) der deutschen Zweigniederlassung einer gelöschten Ltd. bejaht hat, da die Beteiligte „bis zur vollständigen Beendigung der Liquidation der (deutschen) Restgesellschaft als aktiv und passiv parteifähig anzusehen" sei.

[93] BGH DStR 2017, 675 Rn. 16 ff.

[94] BGH DStR 2017, 675 Rn. 20 ff.; OLG Hamm NZG 2014, 703 (704); *Borges* IPRax 2005, 134 (141). Zum rechtsformkongruenten Hereinformwechsel einer Personengesellschaft unter Nutzung der Sitztheorie sowie des sachrechtlichen Rechtsformzwangs OLG Oldenburg NZG 2020, 992 m. abl. Anm. *Stiegler* NZG 2020, 979.

[95] EuGH NJW 2009, 569 Rn. 108 ff., 110 – Cartesio.

[96] S. zuvor schon *Ego*, Europäische Niederlassungsfreiheit der Kapitalgesellschaft und deutsches Gläubigerschutzrecht, 2006, 101 ff., 108 ff., 119 ff.; zust. *Sethe/Winzer* WM 2009, 536 (539); *Meilicke* GmbHR 2009, 92 (93); krit. *Bayer/Schmidt* ZHR 173 (2009), 735 (743 f.); *Brakalova/Barth* DB 2009, 213 (215, 217); *Knof/Mock* ZIP 2009, 30 (32); *Knop* DZWiR 2009, 147 (150 f.); *Kußmaul/Richter/Ruiner* EWS 2009, 1 (7); *Leible/Hoffmann* BB 2009, 58; *Mörsdorf* EuZW 2009, 97 (98 ff.); *Müller-Graff* EWS 2009, 489 (494); *Nolting* NotBZ 2009, 109 (111); *Otte* EWS 2009, 38 (39); *Paefgen* WM 2009, 529 ff.; *Richter* IStR 2009, 64 ff.; *Wilhelmi* JZ 2009, 411 f. (s. aber *Wilhelmi* JZ 2009, 413); *Zimmer/Naendrup* NJW 2009, 545 (546 f.); Lutter/Hommelhoff/*Bayer* GmbHG § 4a Rn. 15. Keinem Zweifel unterliegt hingegen, dass die in Art. 49 Abs. 1 S. 2 AEUV geschützten Niederlassungsvorgänge nicht Anlass für eine Auflösung und Abwicklung der Gesellschaft oder für sonstige unverhältnismäßige Beschränkungen sein dürfen. *Insoweit* kann von einer „Immunität" des Rechts des Gründungsstaates keine Rede sein; s. *Ego*, Europäische Niederlassungsfreiheit der Kapitalgesellschaft und deutsches Gläubigerschutzrecht, 2006, 120 und → Rn. 117; ferner – freilich auch mit Bezug auf die Sitzverlegung – EuGH NJW 2009, 569 Rn. 112 – Cartesio.

[97] EuGH Slg. 2005, I-10805 = NJW 2006, 425 – Sevic; NJW 2009, 569 Rn. 112 f. – Cartesio; NJW 2012, 2715 Rn. 24 ff., 38 ff. – VALE; zu dieser sachgerechten Lösung, deren Entwicklung freilich dem

grenzüberschreitende Umwandlung erfolgt, handelt es sich künftig um eine Gesellschaft des Zielstaates.

39 Das Erfordernis, dass der satzungsmäßige Sitz, die Hauptverwaltung oder die Hauptniederlassung sich in einem Mitgliedstaat befinden müssen, soll gewährleisten, dass die niederlassungsberechtigte Gesellschaft eine qualifizierte **Verknüpfung mit dem Unionsgebiet** aufweist. Für Kapitalgesellschaften hat diese zweite Voraussetzung der Niederlassungsfreiheit keine praktische Bedeutung, da sämtliche Mitgliedstaaten bereits für die wirksame Gründung einen (registrierten) Satzungssitz im Inland verlangen und die Merkmale nach allgM[98] alternativ nebeneinander stehen. Auch eine **tatsächliche Ansässigkeit** im Sinne einer wie auch immer gearteten wirtschaftlichen Betätigung in einem Mitgliedstaat oder gar im Gründungsmitgliedstaat setzt die Niederlassungsfreiheit einer wirksam errichteten Gesellschaft, welche die Kriterien von Art. 54 AEUV erfüllt, nicht voraus (zur sekundären Niederlassungsfreiheit → Rn. 55 ff.).[99] Dies gilt auch nach den Entscheidungen „Cadbury Schweppes" und „VALE",[100] in denen der Gerichtshof betont hat, dass die Niederlassungsfreiheit die „reale" Niederlassung in einem anderen Mitgliedstaat schützen solle. Seine Rspr. in den Leitentscheidungen „Segers", „Centros", „Überseering" und „Inspire Art", wonach auch solche Gesellschaften unter dem Schutz der Niederlassungsfreiheit stehen, die im Einklang mit dem Recht des Gründungsstaats in diesem von Anfang an keine tatsächlichen Aktivitäten entfalten oder nachträglich sämtliche Aktivitäten im Gründungsstaat aufgeben, hat der Gerichtshof hierdurch nicht in Frage gestellt (→ Rn. 45). Dies hat das Urteil in der Rechtssache „Polbud" im Jahr 2017 hinlänglich geklärt (→ Rn. 36).

40 Nach allgM[101] **irrelevant** ist die **Staatsangehörigkeit der Gesellschafter,** selbst wenn diese die Gesellschaft kontrollieren und einem Nicht-EU-Staat angehören oder dort ansässig sind. Der Wortlaut des Art. 54 AEUV erteilt der sog. „Kontrolltheorie" eine klare Absage.[102]

41 Ein originäres Niederlassungsrecht besitzen schließlich die (unternehmerisch tätigen) **Gesellschafter** sowie die obersten **Leitungsorgane** der Gesellschaft.[103] Aus der Sicht der Gesellschafter stellt sich die Niederlassungsfreiheit daher insbesondere als **„Gründungsfreiheit"** dar.[104] Der rechtliche Rahmen, nach dem die Gesellschafter und Organe ihr Niederlassungsrecht auszuüben haben, wird zum einen durch das sekundäre Unionsrecht und das Recht des Gründungsstaates (vgl. Art. 49 Abs. 1 AEUV, Art. 50, 53 Abs. 1 AEUV, Art. 54 UAbs. 1 AEUV), zum anderen aber auch durch die Bestimmungen des jeweiligen Niederlassungsstaates abgesteckt (Art. 49 Abs. 2 AEUV → Rn. 146 ff., → Rn. 151 ff., → Rn. 155 ff., → Rn. 255 ff.). Aus der Niederlassungsfreiheit der Gesellschaft selbst folgt hingegen bereits, dass die Mitarbeiter ihres Managements (sog. Schlüssel-

---

europäischen Gesetzgeber und den Mitgliedstaaten vorbehalten war (Art. 50 Abs. 2 lit. g AEUV, 293 EG aF; vgl. auch die Hinweise bei EuGH NJW 2009, 569 Rn. 108, 114 – Cartesio), bereits *Ego,* Europäische Niederlassungsfreiheit der Kapitalgesellschaft und deutsches Gläubigerschutzrecht, 2006, 117 ff.

[98] *Grundmann* EuropGesR Rn. 182; Streinz/*Müller-Graff* AEUV Art. 54 Rn. 10 f.; einschr. von der Groeben/Schwarze/Hatje/*Tiedje* AEUV Art. 54 Rn. 25, 27 ff., der neben einem satzungsmäßigen Sitz auch eine tatsächliche und dauerhafte Verbindung mit der Wirtschaft in der Union für erforderlich hält. Die Ansicht von *Audinet* Clunet 86 (1959), 982 (1016 f.), wonach die alternative Fassung als Redaktionsversehen zu betrachten sei, hat sich nicht durchgesetzt (vgl. EuGH Slg. 1986, 2375 Rn. 16 = NJW 1987, 571 – Segers).

[99] S. jeweils mwN Grabitz/Hilf/Nettesheim/*Forsthoff* AEUV Art. 54 Rn. 23; HCL/*Behrens/Hoffmann* GmbHG Einl. B Rn. 7; *W.-H. Roth* ZGR 2000, 311 (315 ff.); *Schön* FS Lutter, 2000, 685 (688).

[100] EuGH Slg. 2006, I-8031 Rn. 51 ff., 54 f., 64 ff. – Cadbury Schweppes; NJW 2012, 2715 Rn. 34 – VALE; s. ferner EuGH Slg. 2006, I-3813 Rn. 34 f. – Eurofood (Widerlegung der Vermutung des Art. 3 Abs. 1 EuInsVO im Falle einer „Briefkastenfirma"); zur Zulässigkeit der spezifischen Bekämpfung rein künstlicher Umgehungsgestaltungen EuGH Slg. 2007, I-2107 Rn. 72, 74 – Test Claimants in the Thin Cap Group Litigation; IStR 2009, 499 Rn. 63 f. – Aberdeen Property Fininvest Alpha Oy.

[101] EuGH DStR 2014, 784 Rn. 40 – Felixstowe Dock and Railway Company Ltd. ua; Calliess/Ruffert/*Korte* AEUV Art. 54 Rn. 12; Streinz/*Müller-Graff* AEUV Art. 54 Rn. 10; von der Groeben/Schwarze/Hatje/*Tiedje* AEUV Art. 54 Rn. 23 f.

[102] Zur Kontrolltheorie MüKoBGB/*Kindler* IntGesR Rn. 355.

[103] Vgl. nur Streinz/*Müller-Graff* AEUV Art. 49 Rn. 14; von der Groeben/Schwarze/Hatje/*Tiedje* AEUV Art. 49 Rn. 56.

[104] Näher zu diesem Aspekt *Schön* FS Priester, 2007, 737; *Schön* ZGR 2013, 333 (350); ferner auch *Teichmann* ZGR 2011, 639 (661 f., 669).

personal) zur Einreise und zum Aufenthalt in Mitgliedstaaten berechtigt sein müssen, in denen die Gesellschaft Niederlassungen unterhält. Handelt es sich bei diesen Personen um Angehörige eines Drittstaates, gilt dies allerdings nach Ansicht der Rspr. nur, wenn ihnen in dem Mitgliedstaat, in dem sich der Stammsitz befindet, ein Aufenthaltsrecht zusteht.[105] Auf diese Weise soll verhindert werden, dass die Gründung einer niederlassungsberechtigten Gesellschaft dazu missbraucht wird, eine Aufenthaltserlaubnis zu erlangen, die dem betreffenden Gesellschafter oder Geschäftsleiter anderenfalls nicht zustünde.

Nicht geklärt ist bislang, ob auch die **SE, SCE und EWIV** (→ Rn. 10) sich auf die europäische Niederlassungsfreiheit berufen können (zur SE im Grundsatz bejahend → SE-VO Art. 7 Rn. 3, → SE-VO Art. 64 Rn. 3).[106] Die Zweifel gründen darauf, dass diese Rechtsformen jeweils auf der Grundlage einer supranationalen Rechtsgrundlage errichtet werden, sodass die erste Voraussetzung des Art. 54 UAbs. 1 AEUV nicht erfüllt scheint. Andererseits ist das Gesellschaftsrecht der Mitgliedstaaten zumindest subsidiär anwendbar (s. etwa Art. 10 SE-VO), sodass die Möglichkeit, sie den mitgliedstaatlichen Gesellschaften iSd Art. 54 UAbs. 1 AEUV gleichzustellen, zumindest nicht gänzlich fern liegt.[107] Die Bedeutung dieser Frage wird indes gemindert, wenn die Regelungsfreiheit des Sekundärgesetzgebers zutreffend in Rechnung gestellt wird (→ Rn. 151 ff., → Rn. 163 ff.). 42

III. Sachlicher Anwendungsbereich

1. Allgemeines. a) Begriff der Niederlassung. Der AEUV konkretisiert den Begriff der „Niederlassung" iSd Art. 49 AEUV nicht näher. Aus dem Kontext mit der Arbeitnehmerfreizügigkeit (Art. 45 ff. AEUV),[108] der Dienstleistungsfreiheit (Art. 56 ff. AEUV)[109] und der Kapitalverkehrsfreiheit (Art. 63 ff. AEUV; zur Abgrenzung von Niederlassungs- und Kapitalverkehrsfreiheit → Rn. 745 ff.; zum Verhältnis beider Freiheiten zu Art. 345 AEUV → Rn. 738) ist zu schließen, dass die Art. 49 ff. AEUV die Freiheit der Unternehmensträger regeln, in jedem Mitgliedstaat eine **selbstständige, auf Dauer angelegte Erwerbstätigkeit** aufzunehmen und auszuüben. 43

Der Begriff der **Erwerbstätigkeit** ist im weitesten Sinne zu verstehen und umfasst grundsätzlich jede Tätigkeit mit Bezug zum Wirtschaftsleben einschließlich der freien Berufe.[110] Ausgenommen sind danach hoheitliches Handeln (vgl. Art. 51 AEUV) sowie rein unentgeltliche Tätigkeiten, namentlich solche religiöser, karitativer, politischer, kultureller oder sportlicher Natur,[111] die bei den hier interessierenden Kapitalgesellschaften aber kaum jemals vorkommen. Sobald solche Tätigkeiten erwerbsorientiert durchgeführt werden, gilt wieder die Niederlassungsfreiheit iSd Art. 49, 54 AEUV.[112] Die Unterscheidung zwischen selbständiger und abhängiger Tätigkeit und damit die Frage der Abgrenzung zur Arbeitnehmerfreizügigkeit kann im Einzelfall für die Geschäftsleiter einer Kapitalgesellschaft bedeutsam werden.[113] 44

---

[105] VGH Kassel ZIP 2014, 1125 (1126); VG Darmstadt NVwZ-RR 2011, 38; Beschl. v. 17.5.2013 – 6 L 193/13.DA; Beschl. v. 22.2.2005 – 5 G 2946/04 Rn. 16 ff.

[106] *Oechsler* ZIP 2018, 1269; *Ziemons* ZIP 2003, 1913 (1918); *Ringe*, Sitzverlegung S. 49 ff.; Habersack/Drinhausen/*Diekmann* Art. 7 SE-VO Rn. 24; Lutter/Hommelhoff/Teichmann/*Ehricke* Art. 64 SE-VO Rn. 3; s. auch *Eidenmüller* JZ 2004, 24 (31); *Teichmann* ZGR 2003, 367 (399 f.); offenlassend Casper/*Weller* NZG 2009, 681 (682); Habersack/Drinhausen/*Bachmann* Art. 64 SE-VO Rn. 3; aA *Ulmer* NJW 2004, 1201 (1210).

[107] Zu diesem und weiteren Begründungsansätzen näher *Ringe*, Sitzverlegung S. 49 ff.

[108] Die Abgrenzungsfrage zur Arbeitnehmerfreizügigkeit stellt sich für Kapitalgesellschaften als solche nicht, sondern allenfalls für ihre Geschäftsführer (vgl. Art. 49 Abs. 2 AEUV; zum Alleingesellschafter-Geschäftsführer EuGH Slg. 1996, I-3089 Rn. 26 – Asscher).

[109] Der Dienstleister iSd Art. 56 ff. AEUV wird, sofern er selbst die Grenze überschreitet, nur vorübergehend und ohne dauerhaften Stützpunkt im Zielmitgliedstaat tätig (zur Abgrenzung EuGH Slg. 1988, 6159 Rn. 16 – Steymann; Slg. 1995, I-4165 Rn. 27 – Gebhard; Slg. 1991, I-3905 Rn. 20 – Factortame; Streinz/*Müller-Graff* AEUV Art. 49 Rn. 17, 116 mwN).

[110] EuGH Slg. 2002, I-663 – Dreessen II (Architekten); Slg. 1974, 631 Rn. 24 ff. – Reyners (Rechtsanwälte); Slg. 2000, I-6623 – Hocsman (Ärzte).

[111] Streinz/*Müller-Graff* AEUV Art. 49 Rn. 13 mwN.

[112] EuGH Slg. 1995, I-4921 Rn. 73 – Bosman.

[113] S. EuGH Slg. 1996, I-3089 Rn. 26 – Asscher (Alleingesellschafter-Geschäftsführer).

45 Der Gerichtshof definiert den Begriff der Niederlassung als „die **tatsächliche Ausübung einer wirtschaftlichen Tätigkeit** mittels einer festen Einrichtung in einem anderen Mitgliedstaat auf unbestimmte Zeit".[114] Diese Begriffsbestimmung entspricht dem Ziel der Niederlassungsfreiheit, die tatsächliche Ansiedlung und Eingliederung in einem anderen Mitgliedstaat zur Ausübung einer selbständigen Erwerbstätigkeit zu ermöglichen. Insoweit hat der EuGH namentlich in den Entscheidungen „Cadbury Schweppes" und „VALE" betont, dass Gesellschaftsgründungen, die nicht mit einer wirtschaftlichen Betätigung im Gründungsstaat einhergehen („Briefkastenfirmen"), sondern sich als „**rein künstliche,** jeder wirtschaftlichen Realität bare **Gestaltungen**" darstellen, unter dem Aspekt des Missbrauchs der Niederlassungsfreiheit Beschränkungen unterworfen werden können.[115] Bedeutung gewinnt diese Rspr. als **Einschränkung der Gründungsfreiheit** (→ Rn. 41) gegenüber dem Gründungsstaat, mithin für die Frage, ob die Gründer sich für die Errichtung einer Gesellschaft ohne tatsächliche Betätigung im Gründungsstaat auf die Niederlassungsfreiheit berufen können.[116] Insoweit hat der Gerichtshof lediglich klargestellt, dass der Gründungsmitgliedstaat unter dem Aspekt der Niederlassungsfreiheit nicht gehindert ist, die Errichtung von Gesellschaften zu beschränken, die keine tatsächlichen wirtschaftlichen Aktivitäten in seinem Hoheitsgebiet entfalten sollen. Lässt sich also im konkreten Fall feststellen, dass keine Absicht besteht, im Gründungsstaat über eine tatsächliche Niederlassung geschäftlich tätig zu werden, steht die Gründung nicht unter dem Schutz der Niederlassungsfreiheit und kann der Gründungsstaat die Inkorporation verweigern.[117] Wie auch der **BGH**[118] bereits im Jahr 2011 zutr. festgestellt hat, lassen sich den genannten Entscheidungen entgegen einer verbreiteten Ansicht hingegen keine Anhaltspunkte für die These entnehmen, der Gerichtshof habe seine Rspr. zum Zuzug und zur Anerkennung von „Scheinauslandsgesellschaften" sowie ihrem Recht, sich in vollem Umfang auf die Grundfreiheiten zu berufen (→ Rn. 58, → Rn. 74 ff., → Rn. 234 ff.), revidieren wollen. Lässt daher ein Mitgliedstaat die Gründung von Gesellschaften ohne wirtschaftliche Verankerung in seinem Hoheitsgebiet zu, wie dies in den Leitentscheidungen „Segers", „Centros" und „Inspire Art" der Fall war, sind diese Gesellschaften bei ihren Unternehmungen in anderen Mitgliedstaaten durch die Grundfreiheiten einschl. der Niederlassungsfreiheit geschützt. Der jeweilige Aufnahmestaat muss daher auch solche „Briefkastenfirmen" unverändert als vollwertige Träger der Niederlassungsfreiheit und der weiteren Grundfreiheiten behandeln (→ Rn. 236 mwN).[119] Für die nachträgliche Verlagerung des tatsächlichen Verwaltungssitzes gilt aufgrund der durch „Cadbury Schweppes" und „VALE" ebenfalls nicht tangierten „Überseering"-Judikatur (→ Rn. 74 ff., → Rn. 234 ff.) erst recht nichts anderes, selbst wenn im Gründungsstaat nach der Sitzverlegung keine tatsächliche Niederlassung mehr verbleibt.[120] Die unions-

---

[114] EuGH Slg. 1991, I-3905 Rn. 20 – Factortame; Slg. 1991, 4585 Rn. 21 – Kommission/Vereinigtes Königreich; DStR 2006, 1686 Rn. 54 – Cadbury Schweppes; NJW 2012, 2715 Rn. 34 – VALE.
[115] EuGH Slg. 2006, I-8031 Rn. 51 ff., 54 f., 64 ff. – Cadbury Schweppes. Der EuGH verlangt objektive, nachprüfbare Anhaltspunkte für eine wirtschaftliche Betätigung, wie etwa Geschäftsräume, Personal und Ausrüstungsgegenstände (EuGH Slg. 2006, I-8031 Rn. 67). S. auch EuGH Slg. 2006, I-3813 Rn. 34 f. – Eurofood (Widerlegung der Vermutung des Art. 3 Abs. 1 EuInsVO im Falle einer „Briefkastenfirma"); zur Zulässigkeit spezieller Bekämpfungen rein künstlicher Umgehungsgestaltungen EuGH Slg. 2007, I-2107 Rn. 72, 74 – Test Claimants in the Thin Cap Group Litigation; IStR 2009, 499 Rn. 63 f. – Aberdeen Property Fininvest Alpha Oy.
[116] Wie hier auch *Teichmann* ZGR 2011, 639 (669, 671 f.).
[117] Vgl. EuGH NJW 2012, 2715 Rn. 35 – VALE, wo das Fehlen einer solchen Absicht nicht festgestellt werden konnte.
[118] BGH NJW 2011, 3372 Rn. 20 ff. zu der Entscheidung Cadbury Schweppes (→ Rn. 39).
[119] Zutr. *Bayer/Schmidt* ZIP 2012, 1481 (1485 f.); *W.-H. Roth* FS Hoffmann-Becking, 2013, 965 (968); *W.-H. Roth* ZGR 2014, 168 (181 Fn. 63); *Schön* ZGR 2013, 333 (351 ff.); *Schönhaus/Müller* IStR 2013, 174 (176); *Teichmann* ZGR 2011, 639 (669 ff.); *Teichmann* DB 2012, 2085 (2088); HCL/*Behrens/Hoffmann* GmbHG Einl. B Rn. 8; *Habersack/Verse* EuropGesR § 3 Rn. 19; ferner *Drygala* EuZW 2013, 569 ff. (572 f.); aA namentlich *Kindler* EuZW 2012, 888 ff. (891 f.); *Böttcher/Kraft* NJW 2012, 2701 (2703); *König/Bormann* NZG 2012, 1241 (1242 f.); *Mörsdorf/Jopen* ZIP 2012, 1398 (1399); s. auch *G. H. Roth* ZIP 2012, 1744 f.; *G. H. Roth* Vorgaben S. 22, 48 ff.
[120] *Drygala* EuZW 2013, 569 (572 f.); *Schön* ZGR 2013, 333 (351 ff., 354 f.); insoweit auch *G. H. Roth* ZIP 2012, 1744 (1745); aA dezidiert *Kindler* EuZW 2012, 888 (891 f.), wonach das Urteil „VALE" das in

rechtliche „Gründungsfreiheit" verbürgt somit, wie die „Polbud"-Entscheidung des EuGH zur Zulässigkeit des isolierten grenzüberschreitenden Formwechsels (→ Rn. 98) unmissverständlich klargestellt hat, das Recht, die von den Mitgliedstaaten eröffneten gesellschaftsrechtlichen Gestaltungsspielräume auch ohne tatsächlichen Niederlassungsvorgang auszunutzen.

Nach wohl überwiegender Ansicht führt allein die ausschließliche Ausrichtung auf einen Mitgliedstaat nicht automatisch zur Entstehung einer registerpflichtigen **Zweigniederlassung**. Eine Auslandsgesellschaft, die ausschließlich als Komplementärin einer deutschen KG fungiert, ohne dabei eine eigene Organisationsstruktur zu unterhalten, soll danach nicht der Zweigniederlassungspublizität unterliegen (→ Rn. 123, → Rn. 554, → Rn. 673).[121]   **46**

b) Grenzüberschreitung. Die Art. 49, 54 AEUV setzen stets eine grenzüberschreitende Niederlassung voraus. **Nicht** erfasst ist danach ein **reiner Inlandssachverhalt,** der in keiner Weise über den rein innerstaatlichen Bereich hinausweist.[122] Die Art. 49, 54 AEUV verbieten insbesondere nicht die **„umgekehrte Diskriminierung"** inländischer Unternehmen im Verhältnis zu EU-ausländischen Unternehmen.[123]   **47**

Wie sich der Rspr. des EuGH – auch nach „Cadbury Schweppes" und „VALE" (→ Rn. 45) – entnehmen lässt, ist ein hinreichender grenzüberschreitender Bezug bei der Niederlassung einer **Scheinauslandsgesellschaft** schon aufgrund der Auslandsgründung als solcher stets gegeben (→ Rn. 33 ff., → Rn. 58 f., → Rn. 67 ff.; zu den Folgerungen für die Möglichkeit grenzüberschreitender Umwandlungen → Rn. 76). Im Übrigen lässt es der Gerichtshof für die Anwendung der Grundfreiheiten – und dementsprechend für die Bejahung seiner Entscheidungskompetenz – bereits genügen, wenn eine in einem reinen Inlandssachverhalt angegriffene Regelung nur potentiell auch EU-ausländische Staatsbürger und Unternehmen betreffen kann.[124]   **48**

Andererseits ist seit der Entscheidung **„Cartesio"**[125] geklärt, dass die Rspr. zum Inländerschutz in Fällen der **Aus-** oder **Rückwanderung** natürlicher Personen[126] trotz des grenzüberschreitenden Bezugs nicht ohne Weiteres auf Gesellschaften zu übertragen ist (zum Wegzug → Rn. 67 ff., → Rn. 220 ff., → Rn. 349 ff.).[127] Die Errichtung von **„Scheininlandsgesellschaften"** mit tatsächlichem Sitz im EU-Ausland ist hiernach im Verhältnis zum jeweiligen Gründungsmitgliedstaat nicht von der Niederlassungsfreiheit gedeckt.   **49**

2. Errichtung und Leitung von primären und sekundären Niederlassungen. Die Niederlassungsfreiheit gibt den Angehörigen der Mitgliedstaaten das Recht, im Hoheitsge-   **50**

---

der vorausgegangenen Judikatur des EuGH von „Segers" bis „Inspire Art" etablierte Recht auf Sitztrennung beseitige (s. dagegen noch → Rn. 76 mit Fn. 208); ebenso *König/Bormann* NZG 2012, 1241 (1242 f.); einschr. *Mörsdorf/Jopen* ZIP 2012, 1398 (1399), nach deren Ansicht es im Falle der Sitzverlegung genügt, wenn im Gründungsstaat eine sonstige Niederlassung verbleibt.
[121] OLG Frankfurt DNotZ 2008, 860.
[122] S. etwa EuGH Slg. 1987, 719 – Kommission/Belgien; Slg. 1987, 4879 Rn. 10 ff. – Gauchard; Slg. 1988, 2029 Rn. 11 f. – Bekaert; Slg. 1990, I-3537 Rn. 10 f. – Nino ua; Slg. 1993, 429 Rn. 16 – Werner; EuZW 2013, 664 – Impacto Azul LdA; Zum Fehlen eines grenzüberschreitenden Sachverhalts im Verhältnis zwischen Gibraltar und dem Vereinigten Königreich EuGH EuZW 2017, 650 – The Gibraltar Betting and Gaming Association (zur Dienstleistungsfreiheit).
[123] *Streinz/Müller-Graff* AEUV Art. 49 Rn. 55. Die Inländerdiskriminierung verstößt im Grundsatz auch nicht gegen das verfassungsrechtliche Gleichheitsgebot des Art. 3 GG (s. BayVGH GewA 2001, 422; BVerfG GewA 1988, 470; BVerfG GewA 1999, 10).
[124] EuGH EuZW 2013, 507 Rn. 34 f. – Eric Libert ua; NZBau 2012, 714 Rn. 26 ff. – Duomo Gpa.
[125] EuGH NJW 2009, 569 Rn. 112 f. – Cartesio.
[126] EuGH Slg. 1979, 399 Rn. 24 – Knoors; Slg. 1990, I-3551 Rn. 13 – Bouchoucha; Slg. 1992, I-4265 Rn. 19 – Singh; Slg. 1993, I-1663 Rn. 15 – Kraus; Slg. 1996, I-3089 Rn. 32 – Asscher; DB 2004, 686 ff. Rn. 42 ff. – Lasteyrie du Saillant; EuZW 2017, 180 – Kommission/Portugal; wN bei *Streinz/Müller-Graff* AEUV Art. 49 Rn. 20, 27, 56.
[127] Zu den Gründen der unterschiedlichen Behandlung auch *Nolting* NotBZ 2009, 109 (110); *Teichmann* ZIP 2009, 393 (396 ff.); *Sethe/Winzer* WM 2009, 536 (538); *Zimmer/Naendrup* NJW 2009, 545 (546 f.); krit. *Frenzel* EWS 2009, 158 (160); *Leible/Hoffmann* BB 2009, 58; *Müller-Graff* EWS 2009, 489 (494); *Knop* DZWiR 2009, 147 (151) Fn. 47; *Otte* EWS 2009, 38 (39); *Pießkalla* EuZW 2009, 81 (82 f.); *Richter* IStR 2009, 64 (65); *Wilhelmi* JZ 2009, 411 f. (413).

biet jedes anderen Mitgliedstaats nach den für seine eigenen Angehörigen geltenden Bestimmungen eine selbständige Tätigkeit aufzunehmen und auszuüben und zu diesem Zweck Unternehmen, insbesondere Gesellschaften iSd Art. 54 AEUV, zu gründen (Art. 49 Abs. 1 S. 1, Abs. 2 AEUV). Ob das betreffende Unternehmen von dem Niederlassungsberechtigten neu gegründet wird oder er ein bestehendes Unternehmen übernimmt, ist für den Schutz der Niederlassungsfreiheit ohne Bedeutung. Diese sog. **„primäre Niederlassungsfreiheit"** umfasst jedoch nicht nur die erstmalige Errichtung einer solchen „Hauptniederlassung" in einem anderen Mitgliedstaat, sondern auch ihre nachträgliche Verlagerung vom ursprünglichen Niederlassungsstaat in einen anderen Mitgliedstaat. Aus der Sicht von Gesellschaften wird die primäre Niederlassungsfreiheit als Recht auf Durchführung grenzüberschreitender Sitzverlegungen und Umwandlungen relevant (→ Rn. 61 ff.). Das Recht aller Angehörigen der Mitgliedstaaten auf unionsweite Standortwahl besteht auch dann, wenn ihre Hauptniederlassung bisher in einem Nichtmitgliedstaat bestand (nicht aber im Umkehrfall einer Niederlassung in einem Drittstaat → Rn. 14). Insoweit unterscheiden sich die primäre und die sog. **„sekundäre Niederlassungsfreiheit"** (→ Rn. 55 ff.). Letztere ermöglicht es Unternehmensträgern, die bereits in einem Mitgliedstaat der Union ansässig sind, Agenturen, Zweigniederlassungen und Tochtergesellschaften in jedem anderen Mitgliedstaat zu gründen (Art. 49 Abs. 1 S. 2 AEUV).

51   Mit der Nennung von **Zweigniederlassungen** und **Agenturen** unterstellt der AEUV jede Form der Errichtung von unselbstständigen, selbst nicht rechtsfähigen[128] Betriebsteilen (Agenturen, Büros, Repräsentanzen, Zweigniederlassungen, Zweigstellen, Filialen etc.) der sekundären Niederlassungsfreiheit. Das Fehlen einer genauen Begriffsbestimmung und Abgrenzung ist daher unschädlich.[129] Die für das Europäische Zivilprozessrecht zu Art. 7 Nr. 5 Brüssel Ia-VO entwickelte Definition der „Zweigniederlassung" (→ Rn. 721 f.) ist für Art. 49 Abs. 1 S. 2 AEUV nicht maßgeblich.[130] Niederlassungen, die im Aufnahmestaat als abhängige Zweigstellen einer in einem anderen Mitgliedstaat bestehenden Hauptniederlassung errichtet werden sollen, können als **„echte Zweigniederlassungen"** bezeichnet werden.

52   **Tochtergesellschaften** sind im Gegensatz zu den vorstehend genannten Formen der Zweigniederlassungen und Agenturen durch ihre juristische Selbständigkeit gekennzeichnet. Die Gründung von Tochtergesellschaften ist in Art. 49 Abs. 1 S. 2 AEUV gesondert aufgeführt, obgleich die Errichtung von Gesellschaften bereits durch Art. 49 Abs. 1 S. 1, Abs. 2 AEUV gewährleistet wird. Entscheidend ist jedoch, dass die Tochtergesellschaft unter dem bestimmenden Einfluss eines anderen Mutterunternehmens steht,[131] das durchaus auch von einer natürlichen Person betrieben werden kann.[132] Art. 49 Abs. 1 S. 2 AEUV ist somit zu entnehmen, dass die Errichtung und Leitung eines grenzüberschreitenden Konzerns niederlassungsrechtlich nur geschützt ist, wenn das Mutterunternehmen in einem anderen Mitgliedstaat ansässig ist, nicht aber bei Ansässigkeit in einem Drittstaat (→ Rn. 55 ff.).

53   Da Art. 49 Abs. 1 S. 2 AEUV den Wirtschaftsteilnehmern ausdrücklich die **freie Wahl** zwischen der Errichtung selbständiger und unselbständiger Niederlassungen lässt, darf diese Wahlfreiheit durch den Herkunftsstaat der Hauptniederlassung und durch den Aufnahmestaat der Sekundärniederlassung nur eingeschränkt werden, wenn dies gerechtfertigt ist.[133]

---

[128] StRspr, s. BGH RIW 2013, 488 (490) Rn. 24.
[129] Statt aller Grabitz/Hilf/Nettesheim/*Forsthoff* AEUV Art. 49 Rn. 62.
[130] Vgl. GA *La Pergola* Slg. 1999, I-1459 Rn. 19; Grabitz/Hilf/Nettesheim/*Forsthoff* AEUV Art. 49 Rn. 63; Streinz/*Müller-Graff* AEUV Art. 49 Rn. 23 mwN.
[131] von der Groeben/Schwarze/Hatje/*Tiedje* AEUV Art. 49 Rn. 42; Streinz/*Müller-Graff* AEUV Art. 49 Rn. 23.
[132] Zutr. bereits *Everling* BB 1958, 857 (861); Wohlfarth/Everling/Glaesner/Sprung/*Everling* EWGV Art. 52 Anm. 6; *Lackhoff*, Die Niederlassungsfreiheit des EGV – nur ein Gleichheits- oder auch ein Freiheitsrecht?, 1999, 172; aA von der Groeben/Schwarze/Hatje/*Tiedje* AEUV Art. 49 Rn. 2 f. Es ist nicht erkennbar, weshalb insoweit ein Unterschied zwischen dem Gebrauch der „primären" (Art. 49 Abs. 1 und 2 AEUV) und der „sekundären" Niederlassungsfreiheit (Art. 49 Abs. 1 S. 2 AEUV) bestehen sollte.
[133] EuGH Slg. 1986, 273 Rn. 22 – Kommission/Frankreich; Slg. 1999, I-6161 Rn. 43 – Compagnie de Saint-Gobain; Slg. 2006, I-1861 Rn. 14 – CLT-UFA SA/Finanzamt Köln-West; EuZW 2013, 238 Rn. 13 ff. –

Rechtfertigungsbedürftig sind insoweit insbesondere Steuerbestimmungen, die eine der beiden Niederlassungsformen gegenüber der anderen diskriminieren.[134] Eine unzulässige **diskriminierende Ungleichbehandlung** liegt allerdings nur dann vor, wenn die **Niederlassungsformen** in der fraglichen Regelungssituation objektiv miteinander vergleichbar sind. Diese Vergleichbarkeit ist unter Berücksichtigung des mit den jeweiligen Bestimmungen verfolgten Ziels festzustellen.[135]

Wie der Gerichtshof bereits mehrfach klargestellt hat, ist die Ausübung der **Niederlassungsfreiheit auch gegenüber** dem jeweiligen **Gründungsstaat** geschützt.[136] Insofern kann von einer Freiheit des Gründungsstaats, die Niederlassungsfreiheit seiner Gesellschaften nach Belieben zu behindern, keine Rede sein. Eine andere Frage ist hingegen, ob die Niederlassungsfreiheit gem. Art. 49 AEUV auch das Recht gewährt, den tatsächlichen Sitz unter Beibehaltung des Gesellschaftsstatuts in einen anderen Mitgliedstaat zu verlegen. Der EuGH hat dies in seiner Entscheidung „Cartesio" zu Recht verneint (→ Rn. 67 ff., → Rn. 114 ff.).

Bedeutung gewinnt die Unterscheidung zwischen primärer und sekundärer Niederlassungsfreiheit dadurch, dass Letztere nach dem klaren Wortlaut des Art. 49 Abs. 1 S. 2 AEUV nur EU-Bürgern und gleichgestellten Gesellschaften zusteht, die bereits im Hoheitsgebiet eines Mitgliedstaates **ansässig** sind. Für die primäre Niederlassungsfreiheit besteht ein derartiges Erfordernis hingegen nicht, auch nicht nach Art. 54 AEUV (→ Rn. 39).

Der **Sinn des Ansässigkeitserfordernisses** soll nach hM darin bestehen, Unternehmen, die wirtschaftlich in einem Nichtmitgliedstaat integriert sind, vom Schutzbereich des Art. 49 Abs. 1 S. 2 AEUV auszugrenzen.[137] EU-Bürger und gleichgestellte Gesellschaften, die ihr Unternehmen allein in Drittstaaten betreiben, werden somit vor die Wahl gestellt, sich entweder unter Inanspruchnahme der primären Niederlassungsfreiheit mit ihrer Hauptniederlassung oder aber gar nicht in der Gemeinschaft niederzulassen. Für Gesellschaften wird insoweit namentlich auf das „Allgemeine Programm" aus dem Jahre 1961 (→ Rn. 2) verwiesen, wonach Gesellschaften mit bloßem Satzungssitz in einem Mitgliedstaat nicht in den Genuss der sekundären Niederlassungsfreiheit kommen sollten, wenn sie nicht in einer dauerhaften tatsächlichen Verbindung zur Wirtschaft eines Mitgliedstaats stehen. Sinn macht das Ansässigkeitserfordernis indes nur mit Blick auf das Interesse des Aufnahmestaates, dass das Hauptunternehmen dauerhaft rechtlichen Anforderungen unterliegt, die den in seinem Hoheitsgebiet geltenden Bestimmungen gleichwertig sind. Für Unternehmen, die in anderen Mitgliedstaaten ansässig sind, ist dies aufgrund der Möglichkeit einer sekundärrechtlichen Harmonisierung des Unternehmensrechts jedenfalls abstrakt gewährleistet.

Philips Electronics UK Ltd; IStR 2015, 440 Rn. 32 ff. – Verder LabTec; IStR 2018, 1221 Rn. 32 – Hornbach; *Schön* EWS 2000, 281 ff.; von der Groeben/Schwarze/Hatje/*Tiedje* AEUV Art. 49 Rn. 54; Streinz/*Müller-Graff* AEUV Art. 49 Rn. 23.

[134] EuGH Slg. 2006, I-1861 Rn. 14 ff. – CLT-UFA SA/Finanzamt Köln-West; EuGH EuZW 2013, 238 Rn. 13 ff. – Philips Electronics UK Ltd; EuGH IStR 2020, 545 Rn. 21, 30 – B u.a.

[135] EuGH Slg. 2010, I-1215 Rn. 22 – X Holding; EuGH EuZW 2013, 238 Rn. 17 – Philips Electronics UK Ltd.; EuGH DStR 2014, 784 Rn. 25 – Felixstowe Dock and Railway Company Ltd. ua; EuGH NZG 2017, 1151 Rn. 51 – X; EuGH IStR 2020, 545 Rn. 33 – B u.a.

[136] EuGH Slg. 1988, I-5483 Rn. 17 – Daily Mail; Slg. 1998, I-4695 Rn. 21 – ICI; Slg. 2006, I-2107 Rn. 30 – Keller Holding; Slg. 2006, I-7995 Rn. 41 f. – Cadbury Schweppes und Cadbury Schweppes Overseas; Slg. 2008, I-3601 Rn. 18 f. – Lidl Belgium; DB 2009, 2295 Rn. 54 f. – Gaz de France – Berliner Investissement SA; EuZW 2011, 951 Rn. 35 – National Grid Indus BV; EuZW 2012, 947 Rn. 25 – Kommission/Portugal; EuZW 2013, 191 Rn. 32 – DI. VI. Finanziaria di Diego della Valle & C. SapA; EuZW 2013, 796 Rn. 20 – Argenta Spaarbank NV/Belgien; IStR 2014, 563 Rn. 18 – Nordea Bank Danmark A/S; DStR 2015, 870 – Kommission/Deutschland; IStR 2015, 440 Rn. 32 f. – Verder LabTec; DStR 2016, 28 Rn. 21 – Timac Agro; BeckEuRS 2015, 447106 Rn. 26 – IFN; DStR 2015, 2125 Rn. 14 – Groupe Steria; EuZW 2017, 180 Rn. 38 ff. – Kommission/Portugal; IStR 2017, 409 Rn. 58 f. – Euro Park Service; IStR 2018, 32 Rn. 27 ff. – A Oy; BeckRS 2018, 10929 Rn. 16 – Bevola; s. ferner EuGH Slg. 2007, I-10451 Rn. 33 – Columbus Container Services.

[137] Vgl. *Everling* BB 1958, 857 (858); *Everling*, Das Niederlassungsrecht im Gemeinsamen Markt, 1963, 29; *Körber* S. 285; *Lackhoff*, Die Niederlassungsfreiheit des EGV – nur ein Gleichheits- oder auch ein Freiheitsrecht?, 1999, 187; Grabitz/Hilf/Nettesheim/*Forsthoff* AEUV Art. 49 Rn. 57; von der Groeben/Schwarze/Hatje/*Tiedje* AEUV Art. 49 Rn. 41; Streinz/*Müller-Graff* AEUV Art. 49 Rn. 31.

57 Dem entspricht es, dass zur Bestimmung der Ansässigkeit bei natürlichen Personen nicht auf den Wohnsitz, sondern auf die **gewerbliche Ansässigkeit** abzustellen ist.[138] Die Richtigkeit dieser Auffassung ergibt sich zum einen aus einem Vergleich mit anderssprachigen Textfassungen,[139] zum anderen aber aus der wirtschaftlichen Ausrichtung der Art. 49 ff. AEUV und dem Sinn des Ansässigkeitserfordernisses (→ Rn. 56). Gestützt wird diese Auslegung ferner durch die Rspr. des EuGH, wonach der Wohnsitz allein keine Niederlassung iSd Art. 49 ff. AEUV begründet.[140] Aus der zutr. Deutung des Ansässigkeitsmerkmals (→ Rn. 56) ergibt sich ferner, dass die Ansässigkeit nur durch die **Hauptniederlassung**,[141] nicht hingegen bereits durch eine Zweigniederlassung oder gar nur durch eine wesentliche Geschäftsbeziehung zur Wirtschaft eines Mitgliedstaates[142] begründet wird.

58 Für Kapitalgesellschaften hat der EuGH indes die Einschränkung der sekundären Niederlassungsfreiheit durch das Ansässigkeitserfordernis in seinen Entscheidungen „Segers", „Centros" und „Inspire Art"[143] jeglicher Bedeutung beraubt. Nach dieser Rspr. können **Scheinauslandsgesellschaften,** die von Anfang an keine tatsächliche Niederlassung im Gründungsstaat haben, in anderen Mitgliedstaaten uneingeschränkt die Zweigniederlassungsfreiheit in Anspruch nehmen.[144] Dem Merkmal der „Ansässigkeit" in Art. 49 Abs. 1 S. 2 AEUV misst der EuGH keine einschränkende Bedeutung zu.[145] Diese Ausübungsform der Niederlassungsfreiheit steht nur unter dem Vorbehalt der Entscheidung „Cartesio", wonach der jeweilige Gründungsmitgliedstaat eine inländische Hauptverwaltung oder Hauptniederlassung fordern kann (→ Rn. 67 ff.). Der Umstand, dass der EuGH insbesondere in den Entscheidungen „Cadbury Schweppes" und „VALE"[146] betont hat, die Niederlassungsfreiheit schütze nur die „reale" Niederlassung in einem anderen Mitgliedstaat, nicht aber „rein künstliche, jeder wirtschaftlichen Realität bare Gestaltungen",[147] ändert an diesem Befund nichts. Auch solche Gesellschaften sind vielmehr nach Maßgabe der Urteile „Segers", „Centros" und „Inspire Art" als Träger der Grundfreiheiten anzuerkennen, sofern der Gründungsmitgliedstaat keine tatsächliche Verknüpfung mit seinem Hoheitsgebiet ver-

---

[138] Vgl. bereits *Everling* BB 1958, 857 (858); *Körber* S. 558; *Lackhoff,* Die Niederlassungsfreiheit des EGV – nur ein Gleichheits- oder auch ein Freiheitsrecht?, 1999, 187; Grabitz/Hilf/Nettesheim/*Forsthoff* AEUV Art. 49 Rn. 56; von der Groeben/Schwarze/Hatje/*Tiedje* AEUV Art. 49 Rn. 41; Streinz/*Müller-Graff* AEUV Art. 49 Rn. 31; *Grundmann* EuropGesR Rn. 181; aA offenbar allerdings unklar, Calliess/Ruffert/*Korte* AEUV Art. 49 Rn. 30.

[139] Französisch: „etablis"; englisch: „established".

[140] Vgl. EuGH Slg. 1993, I-429 – Werner.

[141] VGH Kassel ZIP 2014, 1125 (1126); *Behrens* RabelsZ 52 (1988), 498 (499); *Everling* BB 1958, 857 (858); Wohlfarth/Everling/Glaesner/Sprung/*Everling* EWGV Art. 52 Anm. 7; *Eyles,* Das Niederlassungsrecht der Kapitalgesellschaften in der Europäischen Gemeinschaft, 1990, 43 (103); Streinz/*Müller-Graff* AEUV Art. 49 Rn. 31; *Körber* S. 284; *Teichmann* ZGR 2011, 639 (665).

[142] *Lackhoff,* Die Niederlassungsfreiheit des EGV – nur ein Gleichheits- oder auch ein Freiheitsrecht?, 1999, 188; von der Groeben/Schwarze/Hatje/*Tiedje* AEUV Art. 54 Rn. 29; MüKoBGB/*Kindler* IntGesR Rn. 431.

[143] EuGH Slg. 1986, 2375 = NJW 1987, 571 – Segers; Slg. 2003, I-10155 = NJW 2003, 3331 – Inspire Art; Slg. 1999, I-1459 Rn. 18 = NJW 1999, 2027 – Centros.

[144] S. zur Kritik an der Einordnung als „Zweigniederlassung", die sich teilweise mit der Kritik an der Missachtung des Merkmals der „Ansässigkeit" deckt, *Freitag* EuZW 1999, 267 (268); *Kieninger* ZGR 1999, 724 (728 ff.); *Koppensteiner* VGR 2 (2000), 151 (162 ff.); *Lange* DNotZ 1999, 599 (605 f.); *Leible* NZG 1999, 300 (301); *Lurger* IPRax 2001, 346 (349 f.); *Thorn* IPRax 2001, 102 (105); *Zimmer* ZHR 164 (2000), 23 (39 ff.). Den EuGH hingegen verteidigend etwa *Hammen* WM 1999, 2487 (2489); *Hoffmann* ZHR 164 (2000), 43 (49); *W.-H. Roth* ZGR 2000, 311 (316 f.); *Schön* FS Lutter, 2000, 685 (696 f.).

[145] Vgl. EuGH Slg. 1999, I-1459 Rn. 19 f. = NJW 1999, 2027 – Centros; Slg. 1986, 2375 Rn. 16 = NJW 1987, 571 – Segers.

[146] EuGH Slg. 2006, I-8031 Rn. 51 ff., 54 f., 64 ff. – Cadbury Schweppes; NJW 2012, 2715 Rn. 34 – VALE; s. ferner EuGH Slg. 2006, I-3813 Rn. 34 f. – Eurofood (Widerlegung der Vermutung des Art. 3 Abs. 1 EuInsVO im Falle einer „Briefkastenfirma"); zur Zulässigkeit spezieller Bekämpfungen rein künstlicher Umgehungsgestaltungen EuGH Slg. 2007, I-2107 Rn. 72, 74 – Test Claimants in the Thin Cap Group Litigation; IStR 2009, 499 Rn. 63 f. – Aberdeen Property Fininvest Alpha Oy.

[147] EuGH Slg. 2006, I-8031 Rn. 51 ff., 54 f., 64 ff. – Cadbury Schweppes. Der EuGH verlangt objektive, nachprüfbare Anhaltspunkte für eine wirtschaftliche Betätigung, wie etwa Geschäftsräume, Personal und Ausrüstungsgegenstände (EuGH Slg. 2006, I-8031 Rn. 67).

langt (→ Rn. 45). Die „Polbud"-Entscheidung des EuGH[148] hat letzte Zweifel hieran beseitigt.

Zwar lag den Entscheidungen „Segers", „Centros" und „Inspire Art" kein Sachverhalt **59** mit **Drittstaatsbezug** zugrunde. Richtigerweise kann jedoch auch in Fällen, in denen die dem Recht eines Mitgliedstaates unterstehende Gesellschaft im Gemeinschaftsgebiet nur ihren Satzungssitz hat, im Übrigen aber in nichteuropäischen Staaten tatsächlich ansässig ist, nichts anderes gelten.[149] Der EuGH hat keinen Zweifel daran gelassen, dass nach seiner Auslegung des Zweigniederlassungsbegriffs Kapitalgesellschaften auch dann zur Errichtung sekundärer Niederlassungen befugt sind, wenn sie nicht über eine tatsächliche Hauptniederlassung verfügen. Darüber hinaus verfolgt das Ansässigkeitserfordernis den Zweck, im Interesse des Aufnahmestaates sicherzustellen, dass das Hauptunternehmen im Übrigen den rechtlichen Anforderungen eines anderen Mitgliedstaats unterliegt. Insoweit besteht jedoch kein entscheidender Unterschied zwischen solchen europäischen Kapitalgesellschaften, die vor der Errichtung der Sekundärniederlassung nur Niederlassungen in einem Drittstaat betrieben haben, und solchen, die – wie in den Fällen „Segers", „Centros" und „Inspire Art" – über die „Zweigniederlassung" ihren Geschäftsbetrieb erstmalig aufnehmen.

Obgleich der Wortlaut des Art. 49 Abs. 1 S. 2 AEUV dies im Gegensatz zu Art. 49 **60** Abs. 2 AEUV nicht besonders zum Ausdruck bringt, ist auch im Rahmen der sekundären Niederlassungsfreiheit die **Leitung** der Niederlassung ebenso wie ihre Errichtung selbstverständlich vom Schutzbereich umfasst (vgl. auch Art. 50 Abs. 2 lit. f AEUV).[150] Insoweit beinhaltet die Niederlassungsfreiheit auch ein Freizügigkeitsrecht von Leitungskräften (sog. Schlüsselpersonal), das ihnen die Einreise und den Aufenthalt in Mitgliedstaaten der jeweiligen Niederlassungen ermöglicht, auch wenn sie selbst Angehörige eines Drittstaates sind. Nach der nicht unzweifelhaften Ansicht der Rspr. soll das Freizügigkeitsrecht in derartigen Fällen allerdings zusätzlich davon abhängen, dass der betreffenden Person in dem Mitgliedstaat, in dem sich die Hauptniederlassung befindet, ein Aufenthaltsrecht zusteht (→ Rn. 41).

3. Grenzüberschreitende Sitzverlegungen und Umwandlungen. a) Überblick. 61 Das Recht der EU-Bürger, sich mit dem Schwerpunkt ihrer selbständigen Tätigkeit im Hoheitsgebiet eines anderen Mitgliedstaates niederzulassen, wird gewöhnlich als **„primäre Niederlassungsfreiheit"** bezeichnet und in Art. 49 Abs. 1 S. 1, Abs. 2 AEUV verortet.

Seit jeher stellt sich die Frage, welchen Anwendungsbereich Art. 49 AEUV insoweit für **62 Gesellschaften** haben kann, deren Gesellschaftsstatut durch das nationale Kollisionsrecht, in zahlreichen Mitgliedstaaten traditionell unter Anknüpfung an den tatsächlichen Sitz, bestimmt wird (→ Rn. 197 ff.). Zu dem nahe liegenden Anwendungsfall einer „primären Niederlassungsfreiheit", der grenzüberschreitenden Verlegung des tatsächlichen Sitzes unter Wahrung des Gesellschaftsstatuts (→ Rn. 67 ff.), treten als **denkbare Gestaltungen** grenzüberschreitende Umwandlungen (→ Rn. 80 ff.) hinzu. Selbst eine grenzüberschreitende Verlegung des Satzungssitzes unter Beibehaltung des Gesellschaftsstatuts oder eine Gründung mit ausländischem Satzungssitz, die einer freien Rechtswahl des Gesellschaftsstatuts gleichkämen, werden unter dem Aspekt der europäischen Niederlassungsfreiheit diskutiert (→ Rn. 77 ff.).

---

[148] EuGH EuZW 2017, 906 – Polbud. Krit. *Kindler* NZG 2018, 1 (2 ff.).

[149] S. *Leible/Hoffmann* RIW 2002, 925 (932); *Paefgen* WM 2003, 561 (565); *Ego*, Europäische Niederlassungsfreiheit der Kapitalgesellschaft und deutsches Gläubigerschutzrecht, 2006, 114 f.; ferner nunmehr HCL/ *Behrens/Hoffmann* GmbHG Einl. B Rn. 7; vgl. nach „Centros" bereits *W.-H. Roth* ZGR 2000, 311 (317); vor „Daily Mail" auch schon *Grothe* S. 176 ff.; aA – insbes. unter Hinweis auf das Allgemeine Programm aus dem Jahre 1961 (ABl. 1962 Nr. 2, 36 ff.) – *Behrens* IPRax 1999, 323 (326); *Behrens* JBl. 2001, 341 (344); *Forsthoff* DB 2002, 2471 (2473); Forsthoff in Hirte/Bücker Grenzüberschreitende Gesellschaften-HdB § 2 Rn. 11; Grabitz/Hilf/Nettesheim/*Forsthoff* AEUV Art. 49 Rn. 58 ff., Art. 54 Rn. 24 f. (das Merkmal sei weiterhin relevant für Gesellschaften, die ausschließlich oder vorwiegend in EU-fremde Volkswirtschaften integriert seien); Calliess/Ruffert/*Korte* AEUV Art. 54 Rn. 19 f.; *Kieninger* ZGR 1999, 724 (736 f.); Streinz/*Müller-Graff* AEUV Art. 54 Rn. 23; *Teichmann* ZGR 2011, 639 (665); von der Groeben/Schwarze/Hatje/*Tiedje* AEUV Art. 54 Rn. 29 f.; MüKoBGB/*Kindler* IntGesR Rn. 431; s. auch *Schön* FS Lutter, 2000, 685 (688 f.). Für die sekundäre, nicht aber für die primäre Niederlassungsfreiheit ebenso *Eidenmüller* ZIP 2002, 2233 (2239 f., 2244).

[150] Vgl. Grabitz/Hilf/Nettesheim/*Forsthoff* AEUV Art. 50 Rn. 10.

63 Einer unkritischen Erstreckung des Art. 49 AEUV auf die vorgenannten Maßnahmen stand freilich bis zum Vertrag von Lissabon der **Vorbehalt staatsvertraglicher Regelungen** entgegen, wonach die Mitgliedstaaten untereinander Verhandlungen einleiten sollen, um die gegenseitige Anerkennung der Gesellschaften, die Beibehaltung der Rechtspersönlichkeit bei einer grenzüberschreitenden Verlegung des Sitzes und die Möglichkeit der grenzüberschreitenden Verschmelzung sicherzustellen (Art. 293 EG aF).

64 Die bisherige **Rspr. des EuGH** hat vieles geklärt, wenngleich bei näherem Hinsehen noch Zweifelsfragen verbleiben. Der gegenwärtige Stand der Entwicklung lässt sich wie folgt **zusammenfassen:** Zur **statuswahrenden Sitzverlegung** gilt, dass (1) kein Mitgliedstaat eine Sitzverlegung seiner Gesellschaften unter Beibehaltung des Gesellschaftsstatuts zulassen muss („Daily Mail", „Cartesio"; zur Wegzugsvereitelung aufgrund der Sitztheorie → Rn. 204 f.),[151] (2) andererseits aber Gesellschaften, deren Gründungsstaat die statuswahrende Sitzverlegung zulässt, gegenüber dem Zuzugsstaat (und anderen Mitgliedstaaten) uneingeschränkt dem Schutz der Art. 49, 54 AEUV unterstehen („Centros", „Überseering", „Inspire Art").[152] Zu **grenzüberschreitenden Umwandlungen** hat der EuGH entschieden, dass (3) Mitgliedstaaten, die innerstaatliche Verschmelzungen und Formwechsel gestatten, entsprechende grenzüberschreitende Hereinumwandlungen nicht diskriminieren dürfen („SEVIC"; „VALE") und (4) zumindest solche Mitgliedstaaten, die einen statuswahrenden Wegzug ihrer Gesellschaften ausschließen, ihnen einen grenzüberschreitenden Formwechsel jedenfalls dann ermöglichen müssen, wenn der Zielstaat den Formwechsel zulässt („Cartesio").[153] Schließlich hat der EuGH geurteilt, dass (5) grenzüberschreitende Umwandlungen nicht nur in Verbindung mit einem tatsächlichen Niederlassungsvorgang, namentlich einer Verlegung des tatsächlichen Sitzes, geschützt sind, sondern auch als „isolierte", rein rechtliche Umstrukturierungen („Polbud").[154]

65 **Noch nicht ausdrücklich entschieden** ist hingegen, ob grenzüberschreitende Spaltungen durch die Niederlassungsfreiheit geschützt sind. Des Weiteren ist auch nach den Entscheidungen in der Rechtssache „VALE" und „Polbud" unklar, ob grenzüberschreitende Umwandlungen (Verschmelzungen, Formwechsel, Spaltungen) stets nur geschützt sind, falls beide beteiligte Rechtsordnungen den entsprechenden Vorgang innerstaatlich vorsehen, ob mithin nur die Diskriminierung grenzüberschreitender Vorgänge verboten ist. Gleiches gilt für die Frage, ob der formwechselnde Wegzug nur gegenüber solchen Gründungsstaaten geschützt ist, die den statuswahrenden Wegzug nicht zulassen (hierzu jeweils → Rn. 104 ff.).

66 Die primärrechtliche Beurteilung grenzüberschreitender Umwandlungsvorgänge hat für die in dieser Kommentierung im Vordergrund stehenden **Kapitalgesellschaften** erheblich an Bedeutung verloren, seit diesbezüglich im Jahr 2019 als Teil des EU-Company Law Package eine (nahezu) umfassende **sekundärrechtliche Kodifikation** in der GesR-RL erfolgt ist (→ Rn. 11, → Rn. 85 ff.).

67 b) **Grenzüberschreitende Verlegung des tatsächlichen Sitzes unter Wahrung des Gesellschaftsstatuts. aa) Wegzug.** Aufgrund der Entscheidung des EuGH in der Rechtssache **„Cartesio"** ist heute endgültig **geklärt,** dass die Niederlassungsfreiheit Gesellschaften gegenüber ihrem Gründungsstaat nicht das Recht gewährt, ihren tatsächlichen Sitz unter Bewahrung ihres Gesellschaftsstatuts in einen anderen Mitgliedstaat zu verlegen.[155] Diese schon in „Daily Mail" getroffene Feststellung[156] war aufgrund der Urteile „Centros",

---

[151] EuGH Slg. 1988, 5483 LS. 1 = NJW 1989, 2186 – Daily Mail; NJW 2009, 569 – Cartesio.

[152] EuGH Slg. 1999, I-1459 = NJW 1999, 2027 – Centros; Slg. 2002, I-9919 = NJW 2002, 3614 – Überseering; EuGH Slg. 2003, I-10155 = NJW 2003, 3331 – Inspire Art.

[153] EuGH Slg. 2005, I-10805 = NJW 2006, 425 – Sevic; NJW 2009, 569 – Cartesio; NJW 2012, 2715 – VALE.

[154] EuGH EuZW 2017, 906 – Polbud. Krit. *Kindler* NZG 2018, 1 (2 ff.).

[155] EuGH NJW 2009, 569 Rn. 108 ff., 110 – Cartesio. Vgl. zuvor auch EuGH Slg. 2002, I-9919 Rn. 70 ff. = NJW 2002, 3614 – Überseering; bestätigt durch EuGH Slg. 2003, I-10155 Rn. 102 f. = NJW 2003, 3331 – Inspire Art.

[156] EuGH Slg. 1988, 5483 Ls. 1, Rn. 18 ff., 24 f. = NJW 1989, 2186 – Daily Mail. Vor Daily Mail bereits krit. ua *Behrens* RabelsZ 52 (1988), 498 (521 ff.); danach insbes. *Knobbe-Keuk* ZHR 154 (1990), 325 (353 ff.);

"Überseering" und "Inspire Art" (→ Rn. 74 ff., → Rn. 234 ff.) zuletzt nahezu allgemein in Zweifel gezogen worden,[157] ist jedoch zu Recht bestätigt worden.[158]

Zur **Begründung** hatte der EuGH in **„Daily Mail"** auf die Rechtssetzungsvorbehalte **68** der Art. 220 EWGV (Art. 293 EG aF), Art. 54 Abs. 3 lit. g EWGV (Art. 50 Abs. 2 lit. g AEUV) sowie auf die Gleichstellung der Merkmale in Art. 58 Abs. 1 EWGV (Art. 54 UAbs. 1 AEUV) verwiesen und sodann aus einer Gesamtschau dieser Bestimmungen geschlossen, dass die Frage der Anknüpfung des Gesellschaftsstatuts und die Probleme, die aus den unterschiedlichen Anknüpfungen im Falle von Sitzverlegungen resultieren, „durch die Bestimmungen über die Niederlassungsfreiheit nicht gelöst sind, sondern einer Lösung im Wege der Rechtsetzung oder des Vertragsschlusses bedürfen".[159]

In **„Cartesio"** und weiteren **Folgeentscheidungen** hat der EuGH diese Begründung **69** ohne Abgrenzung referiert und sodann den Aspekt in den Vordergrund gestellt, dass gem. Art. 54 UAbs. 1 AEUV die wirksame Gründung und Fortexistenz einer niederlassungsberechtigten Gesellschaft als Vorfrage für die Inanspruchnahme des Niederlassungsrechts aus Art. 49 AEUV nach dem Recht des jeweiligen Gründungsstaates zu beurteilen sei.[160] Darüber hinaus hat der EuGH auch in „Cartesio" festgestellt, dass die in den Art. 50 Abs. 2 lit. g AEUV und Art. 293 EG aF „vorgesehenen legislativen und vertraglichen Arbeiten im Bereich des Gesellschaftsrechts" wie schon bei Erlass des Urteils „Daily Mail" nicht zu einer Beseitigung der bestehenden Unterschiede der Anknüpfung geführt hätten.[161] Auch in der Entscheidung „Polbud" wurde diese **Anknüpfungshoheit** jedes Gründungsmitgliedstaats „beim gegenwärtigen Stand des Unionsrechts" bestätigt.[162] Nur mit diesem Vorbehalt stellt sich daher eine gründungsstaatliche Anforderung, dass der Hauptsitz einer nach seinem Recht gegründeten Gesellschaft in seinem Hoheitsgebiet verbleibt, als Beschränkung der Niederlassungsfreiheit dar.[163]

Ob der **Zuzugsstaat** der **Sitztheorie** oder der **Gründungstheorie** folgt, ist nach diesen **70** Entscheidungen für die unionsrechtliche Beurteilung der Rechtslage im Gründungsstaat **unerheblich.** Soweit vereinzelt vertreten wird, dass die Niederlassungsfreiheit gegenüber dem Gründungsstaat zumindest ein „Recht auf statutenwahrenden Wegzug durch Rückverweisung" gebe,[164] also die Möglichkeit gewährleiste, den tatsächlichen Sitz unter Beibehal-

---

wN zur Entwicklung des Meinungsstands bei *Ego,* Europäische Niederlassungsfreiheit der Kapitalgesellschaft und deutsches Gläubigerschutzrecht, 2006, 82 ff.

[157] In der Lit. war ganz überwiegend erhofft und erwartet worden, der EuGH werde den statuswahrenden Wegzug ebenso wie den statuswahrenden Zuzug dem Schutz der Niederlassungsfreiheit unterstellen; s. etwa *Bayer/Schmidt* ZIP 2006, 210 (211); *Behme/Nohlen* NZG 2008, 496 (497); *Doralt* IPRax 2006, 572 (573, 575); *Gesell/Krömker* DB 2006, 2558 (2559); *Grohmann/Gruschinske* EuZW 2008, 463; *Jung* NZG 2008, 681 (682); *Knof/Mock* GPR 2008, 134 ff.; *Meilicke/Rabback* GmbHR 2006, 123 (125); *Nave* NZG 2008, 1410; *Peters* GmbHR 2008, 245 (247); *Richter* IStR 2008, 719 (723); *Schmidtbleicher* BB 2007, 613; *Sedemund* BB 2006, 519 (520 f.); *Siems* EuZW 2006, 135 (138); *Weng* EWS 2008, 264 (269 ff.); *Wilhelmi* DB 2008, 1611 (1614); wN zum Meinungsstand GHEK 2. Kap. Rn. 156 ff. und bei *Ego,* Europäische Niederlassungsfreiheit der Kapitalgesellschaft und deutsches Gläubigerschutzrecht, 2006, 96 ff.
[158] S. bereits *Ego,* Europäische Niederlassungsfreiheit der Kapitalgesellschaft und deutsches Gläubigerschutzrecht, 2006, 101 ff., 108 ff., 119 ff. sowie 2. Aufl. 2006, 2. Kap. Rn. 164 ff., 167; zust. zu „Cartesio" *Sethe/Winzer* WM 2009, 536 (539); *Meilicke* GmbHR 2009, 92 (93); krit. *Bayer/Schmidt* ZHR 173 (2009), 735 (743 f.); *Brakalova/Barth* DB 2009, 213 (215, 217); *Knop* DZWiR 2009, 147 (150 f.); *Kußmaul/Richter/Ruiner* EWS 2009, 1 (7); *Leible/Hoffmann* BB 2009, 58; *Mörsdorf* EuZW 2009, 97 (98 f.); *Müller-Graff* EWS 2009, 489 (494); *Nolting* NotBZ 2009, 109 (111); *Richter* IStR 2009, 64 ff.; *W.-H. Roth* FS Hoffmann-Becking 2013, 965 (972 ff., 976 ff.); *Schall/Barth* NZG 2012, 414 (418 f.); *Schön* ZGR 2013, 333 (355 mit Fn. 108); *Wilhelmi* JZ 2009, 411 f.; *Zimmer/Naendrup* NJW 2009, 545 (546 f.); *Lutter/Hommelhoff/Bayer* GmbHG § 4a Rn. 15.
[159] EuGH Slg. 1988, 5483 = NJW 1989, 2186 Rn. 21–23 – Daily Mail.
[160] EuGH NJW 2009, 569 Rn. 104 ff., 109 f. – Cartesio; EuGH EuZW 2011, 951 Rn. 26 f. – National Grid Indus BV; EuGH NJW 2012, 2715 Rn. 28 f. – VALE.
[161] EuGH NJW 2009, 569 Rn. 114 – Cartesio.
[162] EuGH EuZW 2017, 906 Rn. 43 – Polbud. S. ferner EuGH EuZW 2019, 288 Rn. 62 – TAP.
[163] EuGH EuZW 2019, 288 Rn. 56 ff., 62 – TAP, dort insbes. auch unter dem Aspekt der Niederlassungsfreiheit der Erwerber einer Kontrollbeteiligung.
[164] So *Leible/Hoffmann* BB 2009, 58 (61); tendenziell wohl auch *Sethe/Winzer* WM 2009, 536 (538 f.); *Paefgen* WM 2009, 529 (531 f.) betrachtet die Möglichkeit des statuswahrenden Wegzugs kraft Rückverweisung

tung des Gesellschaftsstatuts in Mitgliedstaaten zu verlegen, die auf das Recht des Gründungsstaates zurückverweisen (vgl. Art. 4 Abs. 1 S. 2 EGBGB), hat diese These weder in Art. 49 AEUV noch in der Entscheidung „Cartesio" eine Grundlage. Im Ergebnis müssen die Mitgliedstaaten ihren Gesellschaften einen statuswahrenden Wegzug somit weder kollisionsrechtlich (durch die Annahme einer Rückverweisung) noch sachrechtlich (durch Gestattung eines tatsächlichen Auslandssitzes) ermöglichen.

71 Aus der Sicht des Zuzugsstaates besteht eine unionsrechtliche **Pflicht zur Anerkennung** dementsprechend nur, wenn und solange der Gründungsstaat eine Beibehaltung des Gesellschaftsstatuts gestattet (→ Rn. 234 ff.).[165] Insoweit kommt es andererseits nicht darauf an, ob der Gründungsstaat selbst der Gründungstheorie folgt oder ob er eine nach seinem Recht gegründete Gesellschaft auf der Grundlage der Sitztheorie fortbestehen lässt, weil er einen kollisionsrechtlichen Rückverweis des tatsächlichen Sitzstaates annimmt und sachrechtlich einen tatsächlichen Inlandssitz für entbehrlich hält. Die in der Lit. verbreitete These, die Anerkennungspflicht bestehe nur in Fällen, in denen die Existenz der Gesellschaft sich ausschließlich aus dem Recht des Gründungsstaates, dh ohne Berücksichtigung des Kollisionsrechts dritter Staaten, ergibt,[166] ist mit der Rspr. des Gerichtshofs nicht vereinbar. EU-Gesellschaften, die in einem Sitztheoriestaat gegründet wurden, dh ggf. auch deutsche Gesellschaften (→ Rn. 204 f., → Rn. 218 ff.), sind somit von allen anderen Mitgliedstaaten anzuerkennen, auch wenn sie ihren tatsächlichen Sitz in einem Gründungstheoriestaat angesiedelt haben.

72 Aufgrund der „Cartesio"-Entscheidung ist schließlich auch klargestellt, dass die Regelungen zum Sitz und zur Sitzverlegung der **SE** und der **SCE,** die eine Koppelung von Hauptverwaltungs- und Satzungssitz vorsehen (Art. 7, 8, 64 SE-VO; Art. 6, 7, 73 SCE-VO), ohne Weiteres mit der Niederlassungsfreiheit vereinbar sind, sofern man diese überhaupt für anwendbar hält (→ Rn. 42, → Rn. 154; ebenso → SE-VO Art. 7 Rn. 3 [allerdings nur für die Gründung], → SE-VO Art. 64 Rn. 3; aA → SE-VO Art. 8 Rn. 66 für die Sitzverlegung *[Oechsler]*).[167] Die – gar nicht zur SE ergangene – „Polbud"-Entscheidung des EuGH[168] hat hieran nichts geändert.[169] Vor diesem Hintergrund war auch der unter ausdrücklicher Bezugnahme auf die Rspr. des EuGH begründete Regelungsvorschlag für die SPE,[170] wonach tatsächlicher und satzungsmäßiger Sitz divergieren können sollten (Art. 7 S. 2 SPE-VO-Vorschlag von 2008

---

hingegen trotz der Bezeichnung als „Niederlassungsfreiheit kraft Rückverweisung" wohl nicht als Gegenstand des Art. 49 AEUV, sondern als Sitzverlegungsvariante, die nur durch das autonome mitgliedstaatliche Recht gewährleistet wird.

[165] S. *Ego*, Europäische Niederlassungsfreiheit der Kapitalgesellschaft und deutsches Gläubigerschutzrecht, 2006, 122 f.; nach „Überseering" ferner *Dubovizkaja* GmbHR 2003, 694 (696); *Geyrhalter/Gänßler* NZG 2003, 409 (411); *Kindler* NJW 2003, 1073 (1077); *Leible/Hoffmann* RIW 2002, 925 (931); *Leible/Hoffmann* ZIP 2003, 925 (929); *Paefgen* WM 2003, 561 (568); *Schurig*, Liber Amicorum Kegel, 2002, 199 (215). Nach „Centros" bereits ua *Behrens* IPRax 1999, 323 (330); *Behrens* JBl. 2001, 341 (348); *Forsthoff* DB 2000, 1109 (1112); *Forsthoff* EuR 2000, 167 (182 ff.); *Göttsche* DStR 1999, 1403 (1405); *Koblenzer* EWS 1999, 418 (419); *Schön* FS Lutter, 2000, 685 (702 f.); *Zimmer* ZHR 164 (2000), 23 (27, 33); aA *Wertenbruch* NZG 2003, 618 (619); *Sandrock* in Sandrock/Wetzler S. 33 (83 ff.).

[166] In diesem Sinne zuerst *Leible/Hoffmann* RIW 2002, 925 (930 f.): Es handle sich bei den Art. 49, 54 AEUV um einen primärrechtlichen Gesamtverweis auf das Recht des Gründungsstaates, bei dem ein renvoi (Weiter- und Rückverweisung) unbeachtlich sei. Danach sodann *Eidenmüller* ZIP 2002, 2233 (2241); *Paefgen* WM 2003, 561 (568); *W.-H. Roth* IPRax 2003, 117 (120 Fn. 44); *Weller* Rechtsformwahlfreiheit S. 54; ferner *Körber* S. 296.

[167] *Casper* ZHR 173 (2009), 181 (208 f.); *Casper/Weller* NZG 2009, 681 (682 f.); *Horn* DB 2005, 147 (143); *Schäfer* NZG 2004, 785 (787 f.); *Schindler* RdW 2003, 122 (125); *Teichmann* ZGR 2003, 367 (399 f.); *Habersack/Drinhausen/Diekmann* Art. 7 SE-VO Rn. 24 f. und *Habersack/Drinhausen/Bachmann* Art. 64 SE-VO Rn. 3; *Lutter/Hommelhoff/Teichmann/Ehricke* Art. 64 SE-VO Rn. 4; s. auch *Eidenmüller* JZ 2004, 24 (31); aA mit Blick auf die „Polbud"-Entscheidung (EuGH NZG 2017, 1308) *Oechsler* ZIP 2018, 1269, der Art. 7 S. 1, 64 Abs. 2 SE-VO daher auf Missbrauchsfälle beschränken will; ferner auch noch *Ringe* ZIP 2008, 1072 (1074); *Ringe* Sitzverlegung S. 49 ff., 74 ff., 99 ff.; zumindest krit. noch *Lutter/Hommelhoff/Teichmann/ Ringe* Art. 7 SE-VO Rn. 27 ff.; s. ferner *Ziemons* ZIP 2003, 1913 (1918); *Wilhelmi* DB 2008, 1611 (1614).

[168] EuGH NZG 2017, 1308 – Polbud.

[169] So aber *Oechsler* ZIP 2018, 1269 ff., der Art. 7 S. 1, 64 Abs. 2 SE-VO daher auf Missbrauchsfälle beschränken will.

[170] S. Vorschlag der VO (→ Rn. 10), S. 7 unter Hinweis auf die Entscheidung EuGH Slg. 1999, I-1459 – Centros.

→ Rn. 10), neu zu bewerten (zum Schicksal der SPE → Rn. 10). Auch für die Europäische Stiftung sollte eine Sitzspaltung nach dem – zwischenzeitlich allerdings wieder zurückgenommenen – Verordnungsentwurf (→ Rn. 10) zugelassen werden (Art. 35 FE-VOE).

Eine andere Frage ist es, ob **sonstige Hindernisse der grenzüberschreitenden Sitzverlegung,** namentlich eine **Wegzugsbesteuerung** der während der Steueransässigkeit im Herkunftsmitgliedstaat entstandenen stillen Reserven, mit der Niederlassungsfreiheit vereinbar sind. In „Daily Mail" hatte der EuGH dies für steuerliche Nachteile noch bejaht. In „Cartesio" hat der Gerichtshof hingegen nicht etwa Wegzugshindernisse jeglicher Art von der unionsrechtlichen Prüfung freigestellt, sondern entschieden, dass Beschränkungen einer grenzüberschreitenden formwechselnden Umwandlung stets gerechtfertigt werden müssten (→ Rn. 96, → Rn. 80).[171] Diese Linie wurde seither mehrfach bestätigt, nicht zuletzt auch in den Urteilen „Polbud" und „TAP".[172] Heute darf daher als gesichert gelten, dass auch Wegzugshindernisse des Gründungsstaats rechtfertigungsbedürftig sind. So hat der EuGH etwa entschieden, dass der Niederlassungsstaat zwar das Recht habe, die **stillen Reserven** anlässlich der Verlegung des tatsächlichen Verwaltungssitzes in einen anderen Mitgliedstaat zu besteuern, jedoch die sofortige Fälligkeit einer solchen Wegzugsbesteuerung die unionsrechtlich geschützte Wegzugsfreiheit unverhältnismäßig beschränke (→ Rn. 67 mwN).[173] Ebenso hat der Gerichtshof im Hinblick auf eine Vermögensteuerermäßigung entschieden, deren Bestand davon abhängen sollte, dass die begünstigte Gesellschaft ihren Sitz innerhalb von fünf Jahren nach Gewährung der Ermäßigung nicht aus dem Hoheitsgebiet des betreffenden Mitgliedstaats wegverlegt.[174] Nach der deutschen Regelung (§ 12 Abs. 3 S. 1 KStG) tritt für Sitzverlegungen in Staaten der EU und des EWR keine Entstrickung ein.[175] Auch ist mit Blick auf den Brexit geregelt worden, dass allein der Austritt des Vereinigten Königreichs aus der Union nicht dazu führt, dass eine Körperschaft, Vermögensmasse oder Personenvereinigung dadurch als aus der unbeschränkten Steuerpflicht in einem Mitgliedstaat der EU ausgeschieden gilt oder als außerhalb der EU ansässig anzusehen ist. Einer unbeschränkt steuerpflichtigen Körperschaft mit Sitz im Vereinigten Königreich ist nach dem Austritt das Betriebsvermögen ununterbrochen zuzurechnen, das ihr bereits vor dem Austritt zuzurechnen war (§ 12 Abs. 3 S. 4 und Abs. 4 KStG). In dem Urteil „TAP" wurde eine **gründungsstaatliche Sitzanforderung,** dh die Verpflichtung, den Hauptsitz einer nach seinem Recht gegründeten Gesellschaft in seinem Hoheitsgebiet zu belassen, als Beschränkung der Niederlassungsfreiheit qualifiziert und ihre Rechtfertigung nach den allgemeinen Maßstäben des Vier-Kriterien-Tests geprüft.[176]

bb) Zuzug. Lässt das Recht des Gründungsstaates es zu, dass eine Gesellschaft ihren tatsächlichen Sitz unter Beibehaltung ihres Gesellschaftsstatuts in einem anderen Mitgliedstaat nimmt, genießt diese Gesellschaft nach den Entscheidungen „Centros", „Überseering", „Inspire Art" **im Zuzugsstaat** den **Schutz der Niederlassungsfreiheit.**[177] Ob der tat-

---

[171] EuGH NJW 2009, 569 Rn. 112 f. – Cartesio.
[172] EuGH NZG 2017, 1308 Rn. 43 – Polbud; EuZW 2019, 288 Rn. 56 ff., 62 – TAP.
[173] EuGH EuZW 2011, 951 – National Grid Indus BV; EuZW 2012, 947 – Kommission/Portugal (auch zur Besteuerung der stillen Reserven anlässlich der teilweisen oder vollständigen Überführung der Vermögenswerte einer Niederlassung durch eine Auslandsgesellschaft); IStR 2013, 393 – Kommission/Portugal; DStR 2015, 870 – Kommission/Deutschland; EuZW 2017, 180 – Kommission/Portugal; zur unionsrechtlichen Zulässigkeit der Entstrickungsbesteuerung nach § 20 Abs. 3 UmwStG 1995 und der Stundungsregelung nach § 20 Abs. 6 UmwStG, § 21 Abs. 2 S. 3–6 UmwStG 1995 EuGH DStR 2014, 193 – DMC; zur Verhältnismäßigkeit der gestaffelten Steuererhebung auf die stillen Reserven binnen zehn Jahren EuGH IStR 2015, 440 – Verder LabTec; IStR 2018, 32 Rn. 35 ff. – A Oy; s. zuvor auch zur Wegzugsbesteuerung stiller Reserven bei natürlichen Personen EuGH Slg. 2004, I-2431 – Lasteyrie du Saillant; Slg. 2006, I-7445 Rn. 35 – N. Zur Kritik an Wegzugshindernissen für Gesellschaften Schall/Barth NZG 2012, 414.
[174] EuGH EuZW 2013, 191 Rn. 36 ff. – DI. VI. Finanziaria di Diego della Valle & C. SapA.
[175] Blümich/Pfirrmann KStG § 12 Rn. 94.
[176] EuGH EuZW 2019, 288 Rn. 56 ff., 63 ff. – TAP.
[177] EuGH Slg. 2002, I-9919 Rn. 70 ff. = NJW 2002, 3614 – Überseering; Slg. 2003, I-10155 Rn. 102 f. = NJW 2003, 3331 – Inspire Art; Slg. 1999, I-1459 = NJW 1999, 2027 – Centros; Slg. 2002, I-9919 = NJW 2002, 3614 – Überseering; Slg. 2003, I-10155 = NJW 2003, 3331 – Inspire Art.

sächliche Sitz sich bereits bei der Gründung außerhalb des Gründungsstaates befindet oder erst nachträglich verlegt wird, ist irrelevant (→ Rn. 36, → Rn. 235).[178] All dies hat der Gerichtshof auch in seiner Entscheidung „Polbud" erneut bekräftigt.[179]

75 **Beschränkungen,** denen die Gesellschaft aufgrund der Sitzverlegung ausgesetzt ist, müssen durch **zwingende Allgemeininteressen gerechtfertigt** sein (allgemein → Rn. 124 ff.). Insbesondere ist der Zuzugstaat nicht berechtigt, der Kapitalgesellschaft aus Anlass der tatsächlichen Sitzverlegung die **Anerkennung** zu versagen, sofern sie nach dem Recht des Gründungsstaates ihr Gesellschaftsstatut beibehält (→ Rn. 234 ff.). Auf kollisionsrechtlicher Ebene bedingt diese Rspr. jedoch nicht den Übergang zur „reinen Gründungstheorie" für das gesamte Gesellschaftsstatut einschließlich des Gläubigerschutzrechts (→ Rn. 245 ff., → Rn. 255 ff.) oder gar die Anwendung eines statutenübergreifenden Herkunftslandprinzips (→ Rn. 283 ff., → Rn. 289 ff.). Nicht diskriminierende Regelungen, welche weder eine Nichtanerkennung implizieren noch den Zuzug verwehren oder die Nichtaufbringung und -erhaltung eines dem Gründungsrecht fremden Mindestkapitals sanktionieren, sondern an die Tätigkeit im Aufnahmestaat anknüpfen, müssen EU-ausländische Gesellschaften auch sub specie der Niederlassungsfreiheit hinnehmen. Dies gilt, wie der Gerichtshof in der Entscheidung „Kornhaas/Dithmar" judiziert hat, namentlich auch für „gesellschaftsrechtsnahe" Regelungskomplexe wie die Massesicherungshaftung (→ Rn. 451 ff.). Ebenso wenig lässt sich die Niederlassungsfreiheit dahingehend deuten, der Zuzugstaat sei zu einem kollisionsrechtlichen Rückverweis auf das Recht des Gründungsstaates verpflichtet.[180]

76 Nichts anderes gilt im Verhältnis zu **anderen Mitgliedstaaten** als dem Aufnahmestaat. Die Niederlassungsfreiheit wird nur effektiv verwirklicht, wenn ihre Ausübung weder im Aufnahmestaat noch in sonstigen Mitgliedstaaten zu ungerechtfertigten Nachteilen führt. Auch können Mitgliedstaaten, in denen die Gesellschaft nicht niedergelassen ist, infolge ihrer geringeren Betroffenheit auch nur geringere Rechtfertigungsmöglichkeiten in Anspruch nehmen (zur Sitzanknüpfung → Rn. 342).

77 Der EuGH hat den Zuzugsfall nicht ausdrücklich der primären oder sekundären Niederlassungsfreiheit zugeordnet. Er hat aber klargestellt, dass der Zuzugstaat auf inländische (Haupt-)Niederlassungen EU-ausländischer Kapitalgesellschaften **Zweigniederlassungsrecht** zur Anwendung bringen darf, soweit dieses mit der Zweigniederlassungs-RL bzw. der an ihre Stelle getretenen Regelungen der GesR-RL (→ Rn. 8) in Einklang steht.[181] In diesem Fall entfällt eine weitergehende Prüfung nach Maßgabe der Niederlassungsfreiheit und ist das nationale Recht ausschließlich an dem harmonisierten Sekundärrecht zu messen.[182]

78 **c) Grenzüberschreitende Verlegung des Satzungssitzes unter Wahrung des Gesellschaftsstatuts.** Nach geltendem Recht scheitert eine Verlegung des Satzungssitzes unter Wahrung des Gesellschaftsstatuts bereits daran, dass alle Mitgliedstaaten für ihre Kapitalgesellschaften einen **Satzungssitz im Inland** verlangen.[183] Für das deutsche Aktien- und GmbH-Recht ergibt sich dies ausdrücklich aus § 5 AktG, § 4a GmbHG (die Klarstellung ist erst durch das MoMiG erfolgt → Rn. 205, → Rn. 220), für andere Gesellschaften

---

[178] AA für die Gründung nach einem ausländischen Recht mit anfänglichem Verwaltungssitz im Inland (sog. „anfängliche Scheinauslandsgesellschaft") MüKoBGB/*Kindler* IntGesR Rn. 431, 517; *Kindler* NJW 2003, 1073 (1078); *Brakalova/Barth* DB 2009, 213 (216); *Franz* BB 2009, 1250 (1251). Offenlassend *Forsthoff* DB 2002, 2471 (2475); *Binz/Mayer* GmbHR 2003, 249 (256).
[179] EuGH EuZW 2017, 906 Rn. 38 ff. – Polbud. S. ferner etwa EuGH IStR 2020, 267 – AURES.
[180] So aber *Mörsdorf* EuZW 2009, 97 (101), wonach die Rückverweisung durch die Niederlassungsfreiheit geboten sei, der Wegzugstaat sie aber nicht annehmen müsse.
[181] Vgl. EuGH Slg. 2003, I-10155 Rn. 135 = NJW 2003, 3331 – Inspire Art; s. ferner EuGH Slg. 1999, I-1459 Rn. 36 = NJW 1999, 2027 – Centros; Lutter/Hommelhoff/*Bayer* GmbHG § 4a Rn. 11, Anh. § 4a Rn. 13, 15.
[182] Allg. zu dieser Beschränkung des Prüfungsmaßstabs EuGH EuZW 2016, 104 Rn. 57 – RegioPost; BeckRS 2017, 123556 Rn. 15 – Eqiom und Enka; EuZW 2019, 288 Rn. 49 – TAP mwN.
[183] Dazu nur *Behrens* IPRax 1999, 323 (325); *Behrens* JBl. 2001, 341 (344).

daraus, dass an den Satzungssitz die örtliche und die internationale Zuständigkeit deutscher Gerichte und Verwaltungsbehörden, insbesondere des Registergerichts, anknüpfen (§§ 21–24, 44, 55, 80 S. 1 BGB; § 106 Abs. 1 HGB; § 14 AktG; § 7 Abs. 1 GmbHG; § 10 Abs. 1 GenG; §§ 17, 22 ZPO; Art. 4, 63 Brüssel Ia-VO).[184] Dadurch wird sichergestellt, dass die Einhaltung des deutschen Rechts kontrolliert und effektiv durchgesetzt werden kann.[185] Dem entspricht es, dass das deutsche Registerrecht in Übereinstimmung mit der an die Stelle der Zweigniederlassungs-RL getretenen Regelung der GesR-RL (→ Rn. 8) nicht die Eintragung europäischer Auslandsgesellschaften als solcher, sondern nur die Eintragung ihrer Zweigniederlassungen im deutschen Handelsregister vorsieht (§§ 13d ff. HGB).[186]

Der in der **Lit.**[187] vertretenen Ansicht, Gesellschaften sollten ihren Satzungssitz ohne **79** Wechsel des Gesellschaftsstatuts in einem Mitgliedstaat nehmen können, nach dessen Recht sie nicht organisiert sind, ist der EuGH in der Entscheidung „**Cartesio**"[188] ebenso wie die **deutsche Rspr.**[189] zu Recht nicht gefolgt.[190] Nach der zutr. Ansicht des EuGH steht die grenzüberschreitende Verlegung des Satzungssitzes unter Beibehaltung des Gesellschaftsstatuts auch **nicht** unter dem Schutz der **Niederlassungsfreiheit**. Es bleibt den Mitgliedstaaten unbenommen zu bestimmen, dass die nach ihrem Recht gegründeten Gesellschaften die in Art. 54 UAbs. 1 AEUV genannten Anknüpfungsmerkmale und damit auch den (registrierten) Satzungssitz bei der Gründung und auch später im Inland haben müssen. Nichts anderes gilt nach „Cartesio" auch für den Fall, dass Satzungs- und Verwaltungssitz unter Beibehaltung des Gesellschaftsstatuts verlegt werden sollen.

d) Grenzüberschreitende Umwandlungen. aa) Stand der Gesetzgebung. Nach- **80** dem über Jahrzehnte hinweg kein verlässlicher und umfassender Rechtsrahmen für grenzüberschreitende Umwandlungen existiert hatte, hat sich dies für die in dieser Kommentierung im Vordergrund stehenden **Kapitalgesellschaften** mit dem Inkrafttreten des **EU-Company Law Package** im Jahr 2019 wesentlich geändert.

(1) Rechtsstand bis zur Umsetzung des EU-Company Law Package. Durch die **81** Kapitalgesellschaften-Verschmelzungs-RL (→ Rn. 8)[191] und deren Umsetzung in den §§ 122a–122l UmwG war im Jahr 2005 zunächst lediglich die **internationale Verschmelzung von Kapitalgesellschaften** aus den Mitgliedstaaten der EU und des EWR[192] kodifi-

---

[184] S. BayObLG BB 2004, 570; OLG Brandenburg BB 2005, 849 (850); zuvor BGHZ 19, 102 (105 f.) = NJW 1956, 183; BGHZ 25, 134 (144); BGHZ 29, 320 (328) = NJW 1959, 1126; RGZ 7, 66, 69; RGZ 107, 94 (97); *Ebenroth/Auer* GmbHR 1994, 16 (18); *Knobbe-Keuk* ZHR 154 (1990), 325 (351); Staudinger/*Großfeld* IntGesR Rn. 94, 243; *Triebel/v. Hase* BB 2003, 2409 (2414).
[185] S. nur BayObLG BB 2004, 570; Lutter/Hommelhoff/*Bayer* GmbHG § 4a Rn. 4; Staudinger/*Großfeld* IntGesR Rn. 243; MüKoBGB/*Kindler* IntGesR Rn. 530, 838.
[186] S. insoweit zu § 33 HGB statt aller MüKoHGB/*Krafka* HGB § 33 Rn. 4.
[187] So *Eidenmüller* JZ 2004, 24 (32), bei dem freilich nicht deutlich wird, ob er diese Möglichkeit als Anwendungsfall der Niederlassungsfreiheit betrachtet; erneut *Eidenmüller* in Eidenmüller, Ausländische Kapitalgesellschaften im deutschen Recht, 2004, § 4 Rn. 1 aE; *Rehm* in Eidenmüller, Ausländische Kapitalgesellschaften im deutschen Recht, 2004, § 2 Rn. 74 ff., der diesen Vorgang den Art. 49, 54 AEUV unterstellt, jedoch das Verlangen eines inländischen Satzungssitzes als gerechtfertigt betrachtet; erwägend ferner *Müller-Graff* FS Hellwig, 2011, 251 (265 ff.).
[188] EuGH NJW 2009, 569 Rn. 104 ff. – Cartesio.
[189] BayObLG BB 2004, 570 = DStR 2004, 1224; OLG Brandenburg BB 2005, 849 (850 ff.); OLG München BB 2007, 2247 f.; vgl. zuvor auch OLG Hamm NZG 2001, 562 mAnm. *Schwarz* NZG 2001, 613; OLG Düsseldorf DB 2001, 901 mAnm *Emde*; Vorlagebeschluss AG Heidelberg NZG 2000, 927 (*Behrens* IPRax 2000, 384 (388); *W.-H. Roth* ZIP 2000, 1597 ff.; *Triebel/v. Hase* BB 2003, 2409 (2413); *Zimmer* BB 2000, 1361 ff.); s. ferner BayObLG NJW-RR 1993, 43; OLG Hamm RIW 1997, 874; eingehend dazu *Wenckstern* FS Drobnig, 1998, 465 (469 ff.).
[190] S. auch *Leible* ZGR 2004, 531 (553 f.); *Fischer* ZIP 2004, 1477 (1485); *Schön* ZGR 2013, 333 (356); *G. H. Roth* Vorgaben S. 36 ff.; *W.-H. Roth* FS Heldrich, 2005, 973 (988 f.); *Weller* DStR 2004, 1218; Lutter/Hommelhoff/*Bayer* GmbHG § 4a Rn. 16; Schmitt/Hörtnagl/Stratz/*Hörtnagl* UmwG § 1 Rn. 38 f.; MHLS/*Leible* GmbHG Syst. Darst. 2 Rn. 50; Kölner Komm AktG/*Dauner-Lieb* § 5 Rn. 23 f.
[191] Zu ihrer Entstehung 2. Aufl. 2006, 2. Kap. Rn. 200 ff.
[192] Der Gemeinsame EWR-Ausschuss hat den Anwendungsbereich der RL auch auf die EWR-Staaten Island, Liechtenstein und Norwegen erstreckt (Beschluss Nr. 127/2006, ABl. 2006 L 333, 59).

ziert worden. Ferner war die Gründung einer **SE** oder **SCE** durch Verschmelzung vorgesehen (Art. 17 ff. SE-VO, Art. 19 ff. SCE-VO). Für die internationale Verschmelzung anderer Rechtsträger[193] wurden hingegen keine Regelungen getroffen. Soweit der Anwendungsbereich der Kapitalgesellschaften-Verschmelzungs-RL bzw. der im Jahr 2017 an ihre Stelle getretenen Regelungen der Art. 118 ff. GesR-RL reichte, hatte es bei ihren Regelungen sowie ihrer richtlinienkonformen Umsetzung grundsätzlich sein Bewenden und war eine Berufung auf die Art. 49 ff. AEUV nach richtiger, jedoch umstrittener Ansicht ausgeschlossen (→ Rn. 151 ff., → Rn. 163 ff.). Relevant war dies namentlich für die „Beschränkungen", die mit Blick auf die Arbeitnehmermitbestimmung vorgesehen sind.[194] Fraglich war die Primärrechtskonformität hingegen hinsichtlich der Regelung, wonach die Mitgliedstaaten grenzüberschreitende Verschmelzungen nur zwischen Gesellschaften solcher Rechtsformen ermöglichen müssen, die sich nach dem innerstaatlichen Recht der jeweiligen Mitgliedstaaten verschmelzen dürfen (Art. 4 Abs. 1 lit. a Kapitalgesellschaften-Verschmelzungs-RL bzw. Art. 121 Abs. 1 lit. a GesR-RL 2017). Diese Bestimmung lag bei genauer Betrachtung durchaus auf der Linie der Entscheidungen „Sevic", „Cartesio" und „VALE" (→ Rn. 95 f., → Rn. 105). Im Zuge des Erlasses der Umwandlungsrichtlinie im Jahr 2019 (→ Rn. 11, → Rn. 85 ff.) wurde sie jedoch gestrichen. Dass der europäische Gesetzgeber die Mitgliedstaaten demgegenüber ermächtigen durfte, **Genossenschaften** schlechterdings von grenzüberschreitenden Verschmelzungen auszuschließen (Art. 3 Abs. 2 Kapitalgesellschaften-Verschmelzungs-RL bzw. Art. 120 Abs. 2 GesR-RL 2017), wurde und wird auf Basis der Rspr. des EuGH wohl zu Recht bezweifelt.[195] Auch konnte und kann der Beschränkung der sekundärrechtlichen Regelung auf Kapitalgesellschaften nicht entnommen werden, dass **Personengesellschaften** von der Möglichkeit grenzüberschreitender Verschmelzungen ausgeschlossen werden sollten.[196] Insoweit war und ist vielmehr bei der Anwendung des nationalen Rechts die Niederlassungsfreiheit zu beachten (→ Rn. 108).

82   Der **deutsche Gesetzgeber** beschränkte seine bisherigen Anstrengungen ebenfalls lange darauf, in Umsetzung der Kapitalgesellschaften-Verschmelzungs-RL die internationale Verschmelzung von Kapitalgesellschaften zu regeln (→ Rn. 81). Erst im Angesicht des erwarteten Brexit wurde durch das 4. UmwG-ÄndG die zusätzliche Möglichkeit eingeführt, EU-ausländische Kapitalgesellschaften auf eine Personenhandelsgesellschaft deutschen Rechts zu verschmelzen (§ 122b Abs. 1 Nr. 2 UmwG, → Rn. 21).[197] Der heute als gescheitert geltende RefE zum Internationalen Gesellschaftsrecht (→ Rn. 218 f.) sah lediglich die Kodifikation der kollisionsrechtlichen Seite grenzüberschreitender Umwandlungen vor. Er folgte insoweit der sog. Vereinigungstheorie, die überwiegend zur Anknüpfung von Umwandlungsmaßnahmen vertreten wird.[198] Danach sollten die Voraussetzungen, das Verfahren und die Wirkungen einer Umwandlung im Wege der Verschmelzung, Spaltung oder Vermögensübertragung für jede der beteiligten Gesellschaften ihrem Gesellschaftsstatut unterliegen (Art. 10a Abs. 1 EGBGB-E), welches wiederum nach der Gründungstheorie bestimmt werden sollte (Art. 10 Abs. 1 EGBGB-E). Das Gesellschaftsstatut sollte insbesondere die Aufstellung eines Umwandlungsplans einschl. dessen Form, Mindestinhalt und Offenlegung sowie Prüfungs- und Berichtspflichten, ferner das die Umwandlung betreffende Verfahren der Beschlussfassung, den Schutz der Gläubiger der sich umwandelnden Rechtsträger, den

---

[193] Zur grenzüberschreitenden Verschmelzung von Personengesellschaften näher *Thümmel/Hack* Konzern 2009, 1 ff.
[194] Zutr. *Lutter/Drygala* UmwG § 1 Rn. 10; s. allg. auch *Bayer/Schmidt* ZIP 2006, 210 (212) („eine die Niederlassungsfreiheit in zulässiger Weise konkretisierende Sonderregelung") sowie iErg auch *Teichmann* ZIP 2006, 355 (360); aA *Meilicke/Rabback* GmbHR 2006, 123 (126) im Hinblick auf die Mitbestimmungsregelung der früheren Kapitalgesellschaften-Verschmelzungs-RL (→ Rn. 654; heute Art. 86l, 133, 160n GesR-RL); unklar *Spahlinger/Wegen* NZG 2006, 721 (725): Konkretisierung der Niederlassungsfreiheit, soweit nicht unzulässig.
[195] *Lutter/Drygala* UmwG § 1 Rn. 12.
[196] Ebenso Lutter/*Bayer* UmwG Einl. I Rn. 45, § 122a Rn. 3, 12, 17, 27 ff.; *Lutter/Drygala* UmwG § 1 Rn. 11 ff.; *Thümmel/Hack* Konzern 2009, 1 (3 f.).
[197] Zur Kritik und alternativen Gestaltungsmöglichkeiten *Klett* NZG 2019, 292.
[198] S. zu ihr und zu weiteren Theorien statt aller MüKoBGB/*Kindler* IntGesR Rn. 798 ff., 803 ff.

Schutz dissentierender Anteilseigner und die Übertragung von Vermögensgegenständen im Rahmen der Umwandlung regeln (Art. 10a Abs. 1 EGBGB-E). Da beim Formwechsel nur ein Rechtsträger beteiligt ist, sah Art. 10b EGBGB-E vor, dass der Statutenwechsel eintritt, wenn die Gesellschaft in einem anderen Staat in ein öffentliches Register eingetragen oder nach außen erkennbar dem Recht eines anderen Staates unterstellt wird, sofern das bisherige und das neue Recht einen identitätswahrenden Formwechsel zulassen und die entsprechenden Voraussetzungen beider Rechte vorliegen.

Eine Rechtsgrundlage für einen **grenzüberschreitenden Formwechsel** gab es hingegen auch nach Erlass der Kapitalgesellschaften-Verschmelzungs-RL lange Zeit nur für die supranationalen Rechtsformen der SE (Art. 8 SE-VO), der SCE (Art. 7 SCE-VO) und der EWIV (Art. 13 f. EWIV-VO). Für die SPE und die Europäische Stiftung war ebenfalls eine Regelung geplant (Art. 35 ff. SPE-VO-Vorschlag von 2008 sowie Art. 36 f. FE-VO-E → Rn. 10). Eine Regelung für grenzüberschreitende Formwechsel zwischen Rechtsformen des nationalen Rechts fehlte hingegen.[199] Das Vorhaben einer **Sitzverlegungsrichtlinie,** mit der formwechselnde Sitzverlegungen zwischen den Mitgliedstaaten ermöglicht werden sollten, kam auch nach einem Vorentwurf aus dem Jahr 1997[200] mehr als zwei Jahrzehnte lang über dieses Stadium nicht hinaus. Nach Durchführung zweier Konsultationsverfahren zwischen 2003 und 2006 verlautbarte die EU-Kommission sodann auf Basis einer Analyse zur Folgenabschätzung im Dezember 2007 zunächst, dass das Vorhaben nicht weiter verfolgt werden solle, da die relevanten Probleme einer Verlegung des tatsächlichen Sitzes durch die Rspr. des EuGH zur Niederlassungsfreiheit von Gesellschaften in den Urteilen von „Daily Mail" bis „Sevic" (→ Rn. 67 ff., → Rn. 74, → Rn. 95) bereits hinreichend geklärt seien.[201] Diese **Fehleinschätzung der Kommission** hinsichtlich der Aussagen der EuGH-Rspr., der unerledigten Rechtssetzungsaufgaben, aber auch der Rechtssetzungsbefugnisse (→ Rn. 117 f.) korrigierte der EuGH im Jahre 2009 in seiner Entscheidung „Cartesio" mit aller Deutlichkeit.[202] Nur aufgrund dieses Anstoßes wurden die Arbeiten wieder aufgenommen, schritten allerdings in der Folge erneut nur sehr langsam voran. Im deutschen nationalen Recht existieren bis heute (Stand: Februar 2021) weder sach- noch kollisionsrechtliche Regelungen für internationale Formwechsel, werden allerdings in Umsetzung der Umwandlungsrichtlinie zeitnah einzuführen sein (→ Rn. 85).

In dem Aktionsplan 2012 (→ Rn. 12) hatte die EU-Kommission zudem für das Jahr 2013 angekündigt, eine Initiative zur unionsrechtlichen Regelung der **grenzüberschreitenden Spaltung** in Aussicht zu nehmen, nachdem auch dies 2011 von der von der EU-Kommission eingesetzten *Reflection Group* empfohlen und sodann von der großen Mehrheit der Teilnehmer eines im Frühjahr 2012 eingeleiteten öffentlichen Konsultationsverfahrens befürwortet worden war.[203] Im September 2014 leitete die EU-Kommission eine weitere Konsultation zu grenzüberschreitenden Verschmelzungen und Spaltungen ein, deren Ergebnisse im Oktober 2015 veröffentlicht wurden.[204] Die Art. 135 ff. GesR-RL 2017 betrafen in Übereinstimmung mit der ihnen aufgegangenen Spaltungs-RL (→ Rn. 8) lediglich die innerstaatliche Spaltung von Aktiengesellschaften und stellten den Mitgliedstaaten die Einführung einer entsprechenden Gestaltungsmöglichkeit frei (Art. 1 GesR-RL). Das deutsche

---

[199] Zur Frage, ob Art. 118 GesR-RL oder jedenfalls § 122a Abs. 1 UmwG eine grenzüberschreitende Verschmelzung zur Neugründung zulassen, die einem grenzüberschreitenden Formwechsel doch nahekäme, Lutter/*Bayer* UmwG § 122a Rn. 24 ff.

[200] Der Vorschlag für eine Vierzehnte RL des Europäischen Parlaments und des Rates über die Verlegung des Sitzes einer Gesellschaft in einen anderen Mitgliedstaat mit Wechsel des für die Gesellschaft maßgebenden Rechts vom 20.4.1997 ist abgedruckt in ZIP 1997, 1721 ff. und in ZGR 1999, 157 ff.

[201] Rede v. 3.10.2007, SPEECH/07/592. Vorausgegangen war eine Folgenabschätzung (SEC(2007), 1707).

[202] EuGH NJW 2009, 569 Rn. 104 ff., 114 – Cartesio. Krit. zur gesetzgeberischen Untätigkeit auch *Schön* ZGR 2013, 333 (336 f.).

[203] Report of the Reflection Group on the Future of EU Company Law vom 5.4.2011, S. 21 f. Näher noch Voraufl.

[204] Feedback Statement Summary of Responses to the Public Consultation on Cross Border Mergers and Divisions, abrufbar unter http://ec.europa.eu/internal_market:

Recht kennt bislang (Stand: Februar 2021) keine Regelungen für internationale Spaltungen; es wurde sogar in § 125 S. 1 UmwG klargestellt, dass die Regelungen zur grenzüberschreitenden Verschmelzung nicht entsprechend angewendet werden sollen.[205] Auch insoweit ist aber eine zeitnahe Ergänzung des UmwG zur Umsetzung der Umwandlungsrichtlinie zu erwarten (→ Rn. 85).

85 **(2) Umwandlungsrichtlinie 2019 („Mobilitätsrichtlinie").**[206] Im Nachgang zu dem in den Jahren 2014 und 2015 durchgeführten Konsultationsverfahren (→ Rn. 84) folgte 2016 zunächst die Veröffentlichung einer im Auftrag des EU-Parlaments erarbeiteten Studie zum Regelungsbedarf im Bereich der grenzüberschreitenden Unternehmensmobilität.[207] In etwa parallel beauftragte die Kommission ihre Studie zum Angleichungsbedarf und zu den Harmonisierungsmöglichkeiten hinsichtlich des Gesellschaftskollisionsrechts, dessen Bedeutung die Kommission auch im Grünbuch zur Kapitalmarktunion akzentuiert hatte.[208] Am 25.4.2018 präsentierte die EU-Kommission sodann mit dem **EU-Company Law Package** einen umfassenden Regelungsvorschlag für grenzüberschreitende Umwandlungen von Kapitalgesellschaften, der sodann im Jahr 2019 finalisiert wurde (→ Rn. 11).[209] Mit dem zweiten Teil dieses Gesetzgebungspakets erfolgte in Titel II der GesR-RL erstmals eine (nahezu) umfassende unionsrechtliche Kodifizierung grenzüberschreitender Umwandlungen von Kapitalgesellschaften. Neben einer umfangreichen Novellierung des bestehenden Rahmens für internationale Verschmelzungen (Art. 118 ff. GesR-RL) wurden Regelungen für grenzüberschreitende Formwechsel (Art. 86a ff. GesR-RL) und grenzüberschreitende Spaltungen zur Neugründung eingeführt (Art. 160a ff. GesR-RL). Die Umsetzung in nationales Recht hat bis zum 31.1.2023 zu erfolgen (Art. 3 Abs. 1 RL (EU) 2019/2121). Eine Harmonisierung des Gesellschaftskollisionsrechts ist auch im Zuge des EU-Company Law Package unterblieben.[210]

86 Zugelassen wird auch der **isolierte grenzüberschreitende Formwechsel** ohne gleichzeitige Verlagerung des tatsächlichen Sitzes oder sonstigen tatsächlichen Niederlassungsvorgang (Art. 86b Nr. 2 GesR-RL). Die Forderung des Deutschen Bundesrats nach einem zwingenden realwirtschaftlichen Bezug zum Zuzugsstaat als Bedingung der Formwechselfreiheit[211] und das Petitum des Europäischen Parlaments, eine gleichzeitige Verlegung von Satzungs- und Verwaltungssitz zu verlangen,[212] sind nicht Gesetz geworden.[213] Hiermit wird der Schluss aus der Rspr. des EuGH, namentlich aus der „Polbud"-Entscheidung aus dem Jahre 2017[214] (→ Rn. 98), gezogen. Der europäische Gesetzgeber sah sich augenscheinlich gehindert, die Rspr. des EuGH entsprechend der Forderung des Europäischen Parlaments zu revidieren.[215] Infolgedessen ist das Phänomen der Scheinauslandsgesellschaft nun zumindest bis auf Weiteres auch sekundärrechtlich legitimiert.

---

[205] Vgl. Begr. RegE, BR-Drs. 548/06, 20.
[206] RL (EU) 2019/2121 des Europäischen Parlaments und des Rates vom 27.11.2019 zur Änderung der RL (EU) 2017/1132 in Bezug auf grenzüberschreitende Umwandlungen, Verschmelzungen und Spaltungen (ABl. 2019 L 321 vom 12.12.2019, 1–44).
[207] *J. Schmidt,* Cross-border mergers and divisions, transfers of seat: Is there a need to legislate?, study upon request of the JURI committee of the European Parliament, Juni 2016, PE 559 960.
[208] Study on the Law Applicable to Companies – Final report, 2016, abrufbar unter: https://bookshop.europa.eu/en/study-on-the-law-applicable-to-companies-pbDS0216330/; Grünbuch Schaffung einer Kapitalmarktunion, Dok. KOM (2015) 63 endg., S. 27.
[209] Näher zur Historie noch Voraufl.
[210] Insoweit krit. ua *Bayer/Schmidt* BB 2019, 1922 (1926).
[211] BR-Drs. 179/18, S. 5; zust. *Wicke* DStR 2018, 2703 (2704); ferner für das Erfordernis eines „genuine link" auch *Bormann/Stelmaszczyk* ZIP 2019, 353 (361 f.); *Hushahn* VGR 24 (2018), 171 (185) (der aber weitergehend für eine Sitzeinheit plädiert).
[212] Bericht zum Entwurf der legislativen Entschließung des Europäischen Parlaments, Dok. A8-0002/2019, PE625 524v03–00 vom 9.1.2019, dort insbes. die Vorschläge zur Fassung der Erwägungsgründe 3, 6, 7, 22, 27a, 35b, 40, 52, der Art. 1a Abs. 17, Art. 86n Abs. 2, Art. 128a Abs. 3 sowie die Begründung ebenda, S. 232.
[213] Dies ausdrücklich begrüßend, da derartige Vorschläge „klar primärrechtswidrig" gewesen wären, *Bayer/Schmidt* BB 2019, 1922 (1927); ebenso ua Lutter/*Drygala* UmwG § 1 Rn. 9.
[214] EuGH NZG 2017, 1308 mAnm *Wachter.*
[215] So ausdrücklich der Entwurf der legislativen Entschließung des Europäischen Parlaments, Dok. A8-0002/2019, PE625 524v03–00 vom 9.1.2019, Erwägungsgrund 6.

Vom **Anwendungsbereich** aller Umwandlungsvarianten ausdrücklich **ausgenommen** 87
sind Organismen für gemeinsame Anlagen in Wertpapiere (OGAW), wie dies zuvor schon
für grenzüberschreitende Verschmelzungen der Fall war (vgl. Art. 86a Abs. 2 GesR-RL,
Art. 120 Abs. 3 GesR-RL, Art. 160a Abs. 3 GesR-RL). Für Genossenschaften können die
Mitgliedstaaten weiterhin bei grenzüberschreitenden Verschmelzungen eine Ausnahme vorsehen (Art. 120 Abs. 2 GesR-RL). Auf grenzüberschreitende Spaltungen und Formwechsel
wurde diese Möglichkeit nicht erstreckt. Diese unterschiedliche Regelung ist in der Sache
nicht zu rechtfertigen. Wegen der fragwürdigen primärrechtlichen Legitimation einer
Schlechterstellung von Genossenschaften wäre es zu begrüßen gewesen, wenn auch die
Sonderregelung zur grenzüberschreitenden Verschmelzung gestrichen worden wäre.[216] Des
Weiteren enthält die Regelung zwingende Ausnahmen für Gesellschaften, die Gegenstand
von in Titel IV der RL 2014/59/EU (sog. EU-Bankenabwicklungsrichtlinie) vorgesehenen
Abwicklungsinstrumenten, -befugnissen und -mechanismen sind, sowie für solche, die
abgewickelt werden und bei denen die Verteilung des Vermögens an die Gesellschafter
begonnen hat (Art. 86a Abs. 3 GesR-RL, Art. 120 Abs. 4 GesR-RL, Art. 160a Abs. 4 GesR-RL). Darüber hinaus können die Mitgliedstaaten auch Gesellschaften auszunehmen, die
Gegenstand eines Insolvenzverfahrens oder präventiven Restrukturierungsrahmens, eines
sonstigen Liquidationsverfahrens oder einer Krisenpräventionsmaßnahme iSd Art. 2 Abs. 1
Nr. 101 EU-Bankenabwicklungsrichtlinie sind (Art. 86a Abs. 4 GesR-RL, Art. 120 Abs. 5
GesR-RL, Art. 160a Abs. 5 GesR-RL).

Andere Rechtsträger als Kapitalgesellschaften können und müssen grenzüberschrei- 88
tende Umwandlungsmaßnahmen weiterhin nur auf Basis der Niederlassungsfreiheit und der
bestehenden nationalen Regelungen in den beteiligten Rechtsordnungen durchführen.

Nicht ausdrücklich in den Anwendungsbereich der Regelungen zu grenzüberschrei- 89
tenden Umwandlungen einbezogen wurde auch die **SE,** die in Anh. II GesR-RL nicht
genannt ist. Dies wirft die Frage auf, ob es nach dem Willen des europäischen Gesetzgebers insoweit bei der Möglichkeit einer Umwandlung in eine Aktiengesellschaft nach
dem Recht des Sitzstaates verbleiben soll (Art. 66 SE-VO)[217] oder ob die SE aufgrund
ihrer Gleichstellung mit Aktiengesellschaften des nationalen Rechts tatsächlich vom
Anwendungsbereich erfasst sein soll. Zwar ist es richtig, dass die Umwandlungsvarianten
der GesR-RL weder den Numerus Clausus der Gründungsformen einer SE (Art. 2 SE-VO) erweitern noch an der Regelung zur grenzüberschreitenden statutenwechselnden
Sitzverlegung einer SE in eine nach dem Recht eines anderen Mitgliedstaats gegründete
SE (Art. 8 SE-VO) etwas ändern.[218] Jenseits dieser Beschränkungen ist jedoch nicht einzusehen, mit welcher Begründung einer SE die neu geschaffenen Umwandlungsmöglichkeiten verwehrt bleiben sollten.

Bemerkenswert ist zudem, dass mit Erlass der Umwandlungsrichtlinie im Jahr 2019 die 90
vormalige **Ermächtigung** der Mitgliedstaaten, die **zulässigen Verschmelzungsvarianten** entsprechend dem nationalen Recht zu bestimmen (Art. 4 Abs. 1 lit. a Kapitalgesellschaften-Verschmelzungs-RL bzw. Art. 121 Abs. 1 lit. a GesR-RL 2017), **gestrichen**
wurde. Für die anderen Umwandlungsformen wurde dementsprechend auch keine solche
Ermächtigung eingeführt. Für die in Anh. II GesR-RL genannten Kapitalgesellschaften
müssen grenzüberschreitende Umwandlungen daher in den von der Richtlinie umfassten
Formen unionsweit ermöglicht werden. Die Richtlinie geht damit wohl auch über die
Vorgaben der EuGH-Rspr. hinaus (→ Rn. 105).

Die Einzelheiten der Regelungen können an dieser Stelle nicht dargestellt werden 91
(Überblick → Rn. 359 ff.).[219] Hervorgehoben sei lediglich, dass grenzüberschreitende
Umwandlungen von der zuständigen Registerbehörde untersagt werden können, wenn

---

[216] Kritisch *Vossius,* Stellungnahme des DNotV vom 4.7.2018, 24; *DAV* NZG 2018, 857; *Bayer/Schmidt* BB 2018, 2562 (2572); *Habersack* ZHR 182 (2018), 495 (503).
[217] So das Verständnis von *Brandi* BB 2018, 2626 (2630 Fn. 57).
[218] *Wicke* DStR 2018, 2642 (2643).
[219] Eingehend *Stelmaszczyk* GmbHR 2020, 61 ff.

nach ihrer Auffassung ein **Missbrauch** vorliegt, dh die Umwandlungsmaßnahme zu betrügerischen oder missbräuchlichen Zwecken mit dem Ziel der Umgehung nationaler Schutzrechte oder zur Verfolgung krimineller Absichten durchgeführt werden soll (Art. 86m Abs. 8 ff. GesR-RL, Art. 127 Abs. 8 ff. GesR-RL, Art. 160m Abs. 8 ff. GesR-RL). In diesen Fällen darf keine Vorabbescheinigung im Herkunftsstaat ausgestellt werden.[220] Letztlich muss dieser auf die primärrechtliche Rspr. des EuGH (→ Rn. 45, → Rn. 184 ff.) rekurrierende Vorbehalt wohl als Ausdruck eines verbleibenden Unbehagens gegen grenzüberschreitende Umwandlungsmaßnahmen verstanden werden. Die Verweigerung einer Vorabbescheinigung mit dem Argument, dass keine tatsächliche Niederlassung im „Zuzugsstaat" beabsichtigt werde, dürfte jedenfalls nicht in Betracht kommen. Zwar wird der Tatbestand der Gesetzesumgehung in diesen Bestimmungen als beispielhafter Missbrauchsfall genannt. Ferner sollen „Anhaltspunkte [...], die sich auf Merkmale der Niederlassung" im Zielstaat beziehen, in der Gesamtprüfung berücksichtigungsfähig sein und die Einheitlichkeit von Satzungssitz und Hauptverwaltung als Anzeichen gegen einen Missbrauch oder Betrug gewertet werden dürfen (Erwägungsgrund 36 RL (EU) 2019/2121). Es muss aber doch bezweifelt werden, dass der Richtliniengeber von der Rechtsprechungslinie des EuGH in „Polbud" zum Schutz isolierter grenzüberschreitender Formwechsel (→ Rn. 86, → Rn. 98) abweichen wollte.[221]

92 **bb) Gewährleistung grenzüberschreitender Umwandlungen durch die Niederlassungsfreiheit. (1) Entwicklung durch „Sevic", „Cartesio", „VALE" und „Polbud" (grenzüberschreitende Verschmelzungen und Formwechsel).** In der deutschen **Lit.** wurde lange Zeit kontrovers diskutiert, ob und unter welchen Voraussetzungen die Niederlassungsfreiheit europäischen Kapitalgesellschaften die Möglichkeit grenzüberschreitender Umwandlungsmaßnahmen eröffnet.[222] An einer solchen Mitwirkung des deutschen Umwandlungsrechts fehlte es, da das **UmwG 1994** die grenzüberschreitende Umwandlung nicht regeln sollte[223] und sein Anwendungsbereich dementsprechend gem. § 1 Abs. 1 UmwG – noch heute – auf „Rechtsträger mit Sitz im Inland"[224] beschränkt ist. Hieraus sowie aus dem Analogieverbot gem. § 1 Abs. 2 UmwG wurde abgeleitet, dass grenzüberschreitende Umwandlungen, dh Umwandlungen unter Beteiligung mehrerer Rechtsordnungen, nach deutschem Recht sachrechtlich ausgeschlossen seien.[225] Zugleich wurde aus der Sitztheorie gefolgert, dass die beteiligten Rechtsträger sich nur dann nach dem UmwG umwandeln könnten, wenn sie neben dem Satzungs- auch ihren tatsächlichen Verwaltungssitz im Inland haben.

93 Die einen **primärrechtlichen Schutz grenzüberschreitender Umwandlungen befürwortende Ansicht** argumentierte seit jeher, dass das niederlassungsrechtliche „Mobi-

---

[220] Zutr. unter Hinweis auf die in dem Vorschlag ohnehin vorgesehenen Schutzmechanismen zugunsten der Minderheitsgesellschafter, Gläubiger und Arbeitnehmer *Vossius*, Stellungnahme des DNotV vom 4.7.2018, 29 ff.; *DAV* NZG 2018, 857 f.; *Bayer/Schmidt* BB 2018, 2562 (2570); *Brandi* BB 2018, 2626 (2632 f.).

[221] *Ego* IWRZ 2019, 243 (245 f.). S. ferner *Bayer/Schmidt* BB 2019, 1922 (1930 f.); *Luy* NJW 2019, 1905 (1907); *Bungert/Becker* DB 2019, 1609 (1614).

[222] Befürwortend etwa *Kronke* ZGR 23 (1994), 26; *Behrens* ZGR 23 (1994), 1 (3 ff.); *Kallmeyer* ZIP 1996, 535 (537); verneinend etwa *Bungert* AG 1995, 489 (502); *Großfeld* AG 1996, 302; *Schaumburg* GmbHR 1996, 501 (502); *Staudinger/Großfeld* IntGesR Rn. 626 f. Eingehend zum Meinungsstand GHEK 2. Kap. Rn. 185 ff., 188 ff.; zum grenzüberschreitenden Formwechsel *Ego*, Europäische Niederlassungsfreiheit der Kapitalgesellschaft und deutsches Gläubigerschutzrecht, 2006, 47 ff., 110 f.

[223] BT-Drs. 12/6690, 80; s. auch die Entschließung des Bundestages, BT-Drs. 12/7945, 4. Reiche Nachweise zum Meinungsstand hinsichtlich der Unionsrechtskonformität des UmwG 1994 in der 2. Aufl. 2006, 2. Kap. Rn. 188 ff.

[224] Dazu, dass § 1 UmwG auf den Satzungssitz (soweit vorhanden) und nicht auf den Verwaltungssitz Bezug nimmt, zutr. Kölner Komm UmwG/*Dauner-Lieb* § 1 Rn. 24; Semler/Stengel/*Drinhausen* UmwG Einl. C Rn. 20; *Engert* in Eidenmüller, Ausländische Kapitalgesellschaften im deutschen Recht, 2004, § 4 Rn. 76 f.; Widmann/Mayer/*Heckschen* § 1 UmwG (Stand 1.4.2015) Rn. 103 ff.; Schmitt/Hörtnagl/Stratz/*Hörtnagl* UmwG § 1 Rn. 43 und passim; Kallmeyer/*Marsch-Barner/Oppenhoff* UmwG § 1 Rn. 2; MüKoBGB/*Kindler* IntGesR Rn. 869. Gibt es keinen Satzungssitz, ist auf die Gründungsrechtsordnung abzustellen.

[225] Gegen die Auslegung als „Verbot" grenzüberschreitender Umwandlungen statt aller Schmitt/Hörtnagl/Stratz/*Hörtnagl* UmwG § 1 Rn. 24 ff., 47 f. mwN.

litätsmoment" im Falle eines grenzüberschreitenden Formwechsels jedenfalls dann zu bejahen sei, wenn zugleich mit dem Satzungs- auch der tatsächliche Verwaltungssitz verlegt oder zumindest eine Zweigniederlassung im Aufnahmestaat begründet werde.[226] Auch in den Fällen der Verschmelzung und Spaltung sei aus Sicht zumindest eines der beteiligten Rechtsträger stets eine niederlassungsrelevante „Bewegung" festzustellen. Soweit im Rahmen einer Umwandlung ein Rechtsträger erst entstehe, wie bei der Verschmelzung zur Neugründung, einer Aufspaltung oder einer Ausgliederung und Abspaltung zur Neugründung, sei zudem zu beachten, dass die Niederlassungsfreiheit auch die Gründung von Gesellschaften einschließlich der verschiedenen Gründungsmodalitäten umfasse.[227]

Die **Argumente, die gegen einen Schutz grenzüberschreitender Umwandlungen** durch die Niederlassungsfreiheit geltend gemacht wurden, lauteten hingegen im Wesentlichen wie folgt: Der grenzüberschreitende Formwechsel ziele auf eine „Verlegung des Satzungssitzes" und damit auf eine rechtliche Umstrukturierung ab, wohingegen die Niederlassungsfreiheit ausschließlich die freie Wahl des tatsächlichen Standorts gewährleiste. Ein „Recht auf Statutenwechsel" werde ebenso wenig wie ein Recht auf Einbürgerung geschützt. Im Falle einer Verschmelzung begehe der übertragende Rechtsträger „corporate suicide" und erlösche, was sich ebenfalls nicht als Ausübung der Niederlassungsfreiheit einordnen lasse. Umgekehrt stelle sich der Vorgang aus Sicht des aufnehmenden Rechtsträgers lediglich als Vermögenserwerb dar, mit dem weder zwingend noch auch nur in der Regel eine Niederlassung am Ort des erlöschenden Rechtsträgers begründet werde. Ein erst durch die Umwandlung gegründeter Rechtsträger könne sich vor seiner Entstehung hingegen nicht auf die Niederlassungsfreiheit berufen. Dieselben Einwände wurden im Hinblick auf grenzüberschreitende Spaltungen geltend gemacht.

Auf Vorlage des LG Koblenz[228] hat der EuGH schließlich in seinem Urteil **„Sevic"** im Hinblick auf die beabsichtigte **grenzüberschreitende Verschmelzung** einer EU-ausländischen auf eine deutsche Kapitalgesellschaft (sog. Hereinverschmelzung) entschieden, dass die diskriminierende Ungleichbehandlung grenzüberschreitender und innerstaatlicher Verschmelzungen durch das deutsche Umwandlungsrecht nicht zu rechtfertigen sei.[229] Zur Begründung hat der Gerichtshof ausgeführt, dass „in den Anwendungsbereich der Niederlassungsfreiheit alle Maßnahmen [fallen], die den Zugang zu einem anderen Mitgliedstaat als dem Sitzmitgliedstaat und die Ausübung einer wirtschaftlichen Tätigkeit in jenem Staat dadurch ermöglichen oder auch nur erleichtern, dass sie die tatsächliche Teilnahme der betroffenen Wirtschaftsbeteiligten am Wirtschaftsleben des letztgenannten Mitgliedstaats unter denselben Bedingungen gestatten, die für die inländischen Wirtschaftsbeteiligten gelten". Grenzüberschreitende Verschmelzungen entsprächen „wie andere Gesellschaftsumwandlungen den Zusammenarbeits- und Umgestaltungsbedürfnissen von Gesellschaften mit Sitz in verschiedenen Mitgliedstaaten" und stellten „besondere, für das reibungslose Funktionieren des Binnenmarktes wichtige Modalitäten der Ausübung der Niederlassungsfreiheit"

---

[226] Für Schutz bei gleichzeitiger Verlegung von Satzungs- und Verwaltungssitz *Bechtel* Umzug S. 83 ff.; *Bechtel* IPRax 1998, 348 ff.; *Behrens* EuZW 1992, 550; *Behrens* ZGR 1994, 1 (11 f., 22 f., 24); *Behrens* IPRax 2000, 384 (388); *Behrens* JBl. 2001, 341 (355); *Beitzke* ZHR 127 (1964), 1 (41); *Engert* in Eidenmüller, Ausländische Kapitalgesellschaften im deutschen Recht, 2004, § 4 Rn. 127, 129 ff.; *Koppensteiner* VGR 2 (2000), 151 (183 f.); *Koppensteiner* FS Lutter, 2000, 141 (146 ff.); *Knobbe-Keuk* ZHR 154 (1990), 325 (335); *Knobbe-Keuk* DB 1990, 2573 (2578 f., 2581); *Kronke* ZGR 1994, 26 (28 ff., 31); *Kruse* EWS 1998, 444 (445 ff.); *Lutter* ZGR 1994, 87 (90 f.); *Mülbert/Schmolke* ZVglRWiss 100 (2001), 233 (245); *W.-H. Roth* RabelsZ 55 (1991), 623 (650); *W.-H. Roth* ZEuP 1994, 5 (20 f.); *W.-H. Roth* ZGR 2000, 313 (325 f.); *W.-H. Roth* IPRax 2003, 117 (121 f.); *W.-H. Roth* FS Heldrich, 2005, 973 ff. (988 ff.); *W.-H. Roth* GS Heinze, 2005, 709 (713 f.); *Sandrock* in Sandrock/Wetzler S. 33 (86 f., 88 f., 95 f.); *Schön* ZHR 160 (1996), 221 (245 f.); weitergehend *Kruse* Sitzverlegung S. 66 f.: Schutz schon dann, wenn im Zuzugsstaat eine Betriebsstätte bestehe und die „Umregistrierung der weiteren, effektiven Ausübung einer wirtschaftlichen Tätigkeit in einem anderen Mitgliedstaat dient".
[227] S. statt aller *Engert* in Eidenmüller, Ausländische Kapitalgesellschaften im deutschen Recht, 2004, § 4 Rn. 82 ff.; diff. *Paefgen* GmbHR 2004, 463 ff.
[228] LG Koblenz GmbHR 2003, 1213.
[229] EuGH Slg. 2005, I-10805 = NJW 2006, 425 – Sevic; s. auch EuGH NJW 2012, 2715 Rn. 38 ff. – VALE. Krit. auch *Oechsler* NJW 2006, 812 ff.

dar.²³⁰ Auch ohne ausdrückliche gesetzliche Klarstellung ist vor diesem Hintergrund insbesondere anzunehmen, dass auch EU-ausländische Aktiengesellschaften als Hauptaktionär einen **grenzüberschreitenden verschmelzungsrechtlichen Squeeze-out** nach Maßgabe der §§ 62 Abs. 5 UmwG, § 122a Abs. 2 UmwG durchführen können.²³¹

96 In der Entscheidung **„Cartesio"** führte der EuGH diese Rspr. hinsichtlich der Frage eines **Herausformwechsels** fort. Zwar wurde dort klargestellt, dass die Niederlassungsfreiheit Gesellschaften gegenüber ihrem Gründungsstaat kein Recht auf eine statuswahrende Sitzverlegung gibt (→ Rn. 67 ff.). Bei dieser Gelegenheit wies der EuGH jedoch darauf hin, dass dem Gründungsstaat die Zulassung eines identitätswahrenden grenzüberschreitenden Formwechsels durch die Art. 49 ff. AEUV geboten werde, soweit dieser nach dem Recht des Zielstaates möglich ist.²³² Unter dieser Voraussetzung darf daher das Recht des Gründungsstaates keine Auflösung und Abwicklung anordnen und sind nationale Regelungen, die einen Verbleib des Hauptgeschäftssitzes im Gründungsstaat vorschreiben, als rechtfertigungsbedürftige, aber auch rechtfertigungsfähige Beschränkungen der Niederlassungsfreiheit anzusehen.²³³ Vor diesem Hintergrund sind auch die **§ 4a GmbHG, § 5 AktG** in einer Weise auszulegen, dass das Erfordernis eines inländischen Satzungssitzes der Durchführung **grenzüberschreitender Umwandlungen nicht entgegenstehen** darf.²³⁴

97 In der Rechtssache **„VALE"** entschied der EuGH sodann, dass spiegelbildlich auch der Aufnahmemitgliedstaat aufgrund der Niederlassungsfreiheit verpflichtet ist, einen **Hereinformwechsel** EU-ausländischer Gesellschaften nach Maßgabe der inländischen Bestimmungen über Rechtsformwechsel zuzulassen, wenn er inländischen Gesellschaften einen solchen Formwechsel gestattet.²³⁵ Der Aufnahmemitgliedstaat ist somit nach dieser Rspr. frei darin, die zugelassenen Formwechselkonstellationen zu definieren, also bestimmte Arten von Rechtsträgern als Zielrechtsform auszuschließen oder etwa Formwechsel zwischen Personen- und Kapitalgesellschaften nicht zu ermöglichen.²³⁶ Die Möglichkeiten des Aufnahmestaats, ausländische Gesellschaftstypen von einem Hereinformwechsel deswegen auszuschließen, weil diese keiner umwandlungsfähigen inländischen Rechtsform vergleichbar sind, dürften indes beschränkt sein, vielmehr ist insoweit von hohen Anforderungen an die Rechtfertigung auszugehen.²³⁷ Auch rechtsformkongruente Umwandlungen (zB von einer EU-ausländischen in eine deutsche GmbH) müssen auf Grundlage dieser Judikatur ermöglicht werden, sofern die entsprechende Rechtsform für innerstaatliche Formwechsel als Zielrechtsträger zur Verfügung steht.²³⁸ Die Regelung der **Umwandlungsrichtlinie** aus dem Jahr 2019 enthält für die grenzüberschreitende Umwandlung von Kapitalgesellschaften demgegenüber keinen Vorbehalt in dem Sinne, dass lediglich bestehende nationale Umwandlungsvarianten auch für EU-Auslandsgesellschaften geöffnet werden müssten. Die diesbezügliche frühere Ermächtigung der Mitgliedstaaten, die zulässigen Verschmelzungsvarianten zu bestimmen (Art. 4 Abs. 1 lit. a Kapitalgesellschaften-Verschmelzungs-RL bzw. Art. 121 Abs. 1 lit. a GesR-RL 2017), wurde gestrichen. Außer

---

²³⁰ EuGH Slg. 2005, I-10805 Rn. 18 f. = NJW 2006, 425 – Sevic; s. auch EuGH NJW 2012, 2715 Rn. 24, 38 – VALE; EuGH IStR 2013, 239 Rn. 24 – A Oy.
²³¹ *Mayer* NZG 2012, 561 (564); *Kiefner/Prügel* AG 2011, 525 (533). Zum aktienrechtlichen Squeeze-out insoweit Hüffer/*Koch/Koch* AktG § 327a Rn. 4, 10.
²³² EuGH NJW 2009, 569 Rn. 108 ff., 110, 112 – Cartesio. Zuvor bereits für einen unionsrechtlichen Schutz des grenzüberschreitenden Formwechsels *Doralt* IPRax 2006, 572 (576); *Geyrhalter/Weber* DStR 2006, 146 (150); *Teichmann* ZIP 2006, 355 (362); aA auch nach „Cartesio" noch *Kindler* IPRax 2009, 189 (192); *Kindler* NZG 2009, 130 (131 f.).
²³³ EuGH EuZW 2019, 288 Rn. 62 – TAP (Rechtfertigung bejaht ebda Rn. 74 ff.).
²³⁴ So auch *Bayer/Schmidt* ZHR 173 (2009), 735 (762); *Otte/Rietschel* GmbHR 2009, 983 (985); *Wilhelmi* JZ 2009, 411 (413); *Zimmer/Naendrup* NJW 2009, 545 (549).
²³⁵ EuGH NJW 2012, 2715 Rn. 24 ff., 30, 40 f. – VALE. Der Vorlagebeschluss des Obersten Gerichts Ungarn ist abgedruckt in ZIP 2010, 1956.
²³⁶ So auch *Bayer/Schmidt* ZIP 2012, 1481 (1488 ff.); Lutter/*Drygala* § 1 Rn. 22; s. auch *W.-H. Roth* FS Hoffmann-Becking, 2013, 965 (983).
²³⁷ *W.-H. Roth* FS Hoffmann-Becking, 2013, 965 (987).
²³⁸ S. konkret den Fall EuGH NJW 2012, 2715 – VALE. Im Übrigen statt aller *Bayer/Schmidt* ZIP 2012, 1481 (1488 ff.); *Schön* ZGR 2013, 333 (345 f.); Lutter/*Bayer* UmwG Einl. I Rn. 48 und Lutter/*Drygala* § 1 Rn. 22.

Frage steht ferner, dass der Gerichtshof grenzüberschreitende Verschmelzungen und Formwechsel zumindest auch als Anwendungsfälle der eigenen **Niederlassungsfreiheit des jeweiligen Ausgangsrechtsträgers** betrachtet.[239] Zu der Frage, ob und inwieweit bei solchen Vorgängen zudem die Niederlassungsfreiheit der Gesellschafter und diejenige des Zielrechtsträgers angesprochen ist, hat der Gerichtshof bislang nicht Stellung genommen.[240] Auch in der **deutschen Rspr.** hat sich infolge der Vorgaben des EuGH die Einsicht durchgesetzt, dass grenzüberschreitende Formwechsel nach Maßgabe des deutschen Umwandlungsrechts ermöglicht werden müssen.[241]

Geklärt ist seit der „**Polbud**"-Entscheidung des EuGH aus dem Jahr 2017 schließlich auch, dass der Schutz des internationalen Formwechsels **im Verhältnis zum Gründungs- bzw. Wegzugsstaat nicht** von einer **tatsächlichen grenzüberschreitenden Ortsveränderung oder Ansiedlung** abhängt.[242] Insbesondere ist es nach Ansicht des EuGH nicht erforderlich, dass anlässlich oder im Zusammenhang mit der Umwandlungsmaßnahme der tatsächliche Sitz oder zumindest eine relevante Geschäftseinheit verlagert oder begründet werden, sofern der Zuzugsstaat dies nicht verlangt.[243] Jeder Mitgliedstaat muss es also hinnehmen, dass eine ausschließlich in seinem Hoheitsgebiet ansässige Gesellschaft sich des inländischen Gesellschaftsstatuts entledigt, selbst wenn sie gar nicht an eine Ansiedlung im „Zuzugsstaat" denkt. Dies gilt unabhängig davon, ob er für Gesellschaften seines Rechts der Sitz- oder Gründungstheorie folgt (→ Rn. 36, → Rn. 39, → Rn. 45, → Rn. 58, → Rn. 98, → Rn. 100).[244] Obwohl der Gerichtshof zuvor noch in der Entscheidung „VALE" erneut betont hatte, dass die Niederlassungsfreiheit nur die Wahl des tatsächlichen Standortes gewährleisten solle,[245] vermochte das Polbud-Urteil im Ergebnis doch kaum zu überraschen. Die Einbeziehung des isolierten Formwechsels lag in der Logik der Rspr. des EuGH, dass grenzüberschreitende Umstrukturierungen auch unabhängig von einer tatsächlichen Mobilitätskomponente gegen ungerechtfertigte Diskriminierungen geschützt sind und allein der Aufnahmestaat als „neuer" Gründungsstaat über

---

[239] EuGH NZG 2017, 1308 Rn. 33 ff. – Polbud.
[240] Dazu – bejahend – *Schön* ZGR 2013, 333 (342). Krit. insbes. im Hinblick auf die tatsächlichen Umstände der Rechtssache „VALE" *Kindler* EuZW 2012, 888 (889 f.) mwN.
[241] OLG Düsseldorf NZG 2017, 1354 (Hereinformwechsel niederländischer Gesellschaft in deutsche GmbH); OLG Frankfurt NZG 2017, 423 (Herausformwechsel einer deutschen GmbH in italienische Srl); KG RNotZ 2016, 618 (Hereinformwechsel einer französischen in eine deutsche GmbH); OLG Nürnberg NZG 2014, 349 (Hereinformwechsel einer luxemburgischen S. à r.l. in eine deutsche GmbH); aA zuvor noch OLG Nürnberg NZG 2012, 468.
[242] EuGH NZG 2017, 1308 – Polbud. Für Zulässigkeit des „isolierten Formwechsels" schon zuvor *Bayer/Schmidt* ZIP 2012, 1481 (1486 f., 1490); *Bayer/Schmidt* BB 2013, 3 (9); *Behme* NZG 2012, 936 (939); *Jaensch* EWS 2007, 97 (101); *Kieninger* EWS 2006, 49 (54); *Schmidt-Kessel* GPR 2009, 26 (29); *Schön* ZGR 2013, 333 (359 f.). Zweifelnd noch *Grohmann* DZWiR 2009, 322 (328).
[243] Nach der Entscheidung „VALE" noch für ein Erfordernis der gleichzeitigen Verlegung des Satzungs- und Verwaltungssitzes *Kindler* EuZW 2012, 888 (890 f.); *Schönhaus/Müller* IStR 2013, 174 (176); *Verse* EuZW 2013, 336; zuvor bereits *Däubler/Heuschmid* NZG 2009, 493 (494); *Leible/Hoffmann* BB 2009, 58 (62); tendenziell auch *Ringe* ZIP 2008, 1072 (1074); Forsthoff in Hirte/Bücker Grenzüberschreitende Gesellschaften-HdB § 2 Rn. 27d. Eine sonstige tatsächliche Ansiedlung im Aufnahmestaat unterhalb der Schwelle der Sitzverlegung für erforderlich haltend *Behme* NZG 2012, 936 (939); *Mörsdorf/Jopen* ZIP 2012, 1398 (1399); *Marsch-Barner* FS Haarmann, 2015, 119 (136); *Mutter/Kruchen* EWiR 2012, 541 (542); *W.-H. Roth* FS Hoffmann-Becking, 2013, 965 (977, 989 f.); *Wicke* DStR 2012, 1756 (1758 f.).
[244] Krit. *Kindler* NZG 2018, 1 (2 ff.); MüKoBGB/*Kindler* IntGesR Rn. 141 (unzulässige Rechtsfortbildung).
[245] S. EuGH NJW 2012, 2715 Rn. 34 unter Hinweis auf EuGH Slg. 2006, I-8031 Rn. 54 – Cadbury Schweppes: „In Bezug auf das Vorliegen einer Beschränkung der Niederlassungsfreiheit ist darauf hinzuweisen, dass der Niederlassungsbegriff im Sinne der Bestimmungen des Vertrags über die Niederlassungsfreiheit die tatsächliche Ausübung einer wirtschaftlichen Tätigkeit mittels einer festen Einrichtung im Aufnahmemitgliedstaat auf unbestimmte Zeit impliziert. Daher setzt er eine tatsächliche Ansiedlung der betreffenden Gesellschaft und die Ausübung einer wirklichen wirtschaftlichen Tätigkeit in diesem Staat voraus". Zu diesem Zweck *Behrens* EuZW 1992, 550; *Behrens* ZGR 1994, 1 (7, 9); *Behrens* IPRax 2000, 384; *Binge/Thölke* DNotZ 2004, 21 (27 f.); *Dautzenberg* FR 1999, 451 (453); *Eyles*, Das Niederlassungsrecht der Kapitalgesellschaften in der Europäischen Gemeinschaft, 1990, 373; *Fischer* ZIP 2004, 1477 (1485); *Göttsche* DStR 1999, 1403 (1406 Fn. 54); *Koppensteiner* VGR 2 (2000), 151 (183 f.); *Leible* ZGR 2004, 531 (535); *Mülbert/Schmolke* ZVglRWiss 100 (2001), 233 (245); *Triebel/v. Hase* BB 2003, 2409 (2415); *Schnichels* S. 42; *Schwarz* EuropGesR Rn. 166; *Staudinger/Großfeld* IntGesR Rn. 680.

das Erfordernis einer tatsächlichen Verknüpfung mit seinem Hoheitsgebiet entscheidet. Ob dieser Schutz sich in Fällen eines isolierten Formwechsels, der ohne Absicht einer tatsächlichen Betätigung im Aufnahmestaat angestrebt wird, aus dem Diskriminierungsverbot der Niederlassungsfreiheit oder – was dogmatisch näher liegt[246] – aus dem allgemeinen unionsrechtlichen Diskriminierungsverbot (Art. 18 AEUV) ergibt, ist praktisch ohne Bedeutung.

99 Ein Erfordernis, den **tatsächlichen Sitz** oder eine sonstige tatsächliche Präsenz im Sinne eines **„genuine link"** im Zuzugsstaat anzusiedeln, kann sich allein aus dessen Recht ergeben, wenn dieser – was nach den Urteilen „Cartesio" und „VALE" unionsrechtlich unbedenklich ist (→ Rn. 34) – für Gesellschaften seines Rechts eine solche reale Verbindung zu seinem Territorium vorschreibt.[247] Diese Befugnis des Zuzugsstaates in seiner Eigenschaft als Gründungsstaat hat der EuGH auch in der „Polbud"-Entscheidung sowie in der Rechtssache „TAP" bekräftigt.[248] In diesem Sinne hat etwa der OGH auch nach „Cartesio" und „VALE" die Geltung der Sitztheorie für österreichische Gesellschaften bestätigt und daher die Möglichkeit eines Hereinformwechsels davon abhängig gemacht, dass auch der Verwaltungssitz der zuziehenden Gesellschaft nach Österreich verlegt wird.[249] Auch im Übrigen, etwa hinsichtlich des **Gläubigerschutzes** oder der anzuwendenden **Mitbestimmungsregeln**, unterliegt der **neue Rechtsträger** vollumfänglich den diskriminierungsfreien gesellschaftsrechtlichen Vorgaben, die das Recht des Aufnahmestaates vorsieht. Einer Rechtfertigung anhand des unionsrechtlichen Beschränkungsverbots (→ Rn. 136 ff.) bedarf es insoweit nicht.[250]

100 Aus Sicht des deutschen Rechts folgt daraus für den **Herausformwechsel**, dass deutsche Kapitalgesellschaften sich ohne tatsächliche Sitzverlegung in Rechtsträger EU-ausländischen Rechts mit tatsächlichem Sitz im Inland umwandeln können, sofern das Recht des Zielstaates den Formwechsel zulässt und keinen tatsächlichen Inlandssitz verlangt.[251] Eine andere Betrachtungsweise machte angesichts des bereits vor „Polbud" erreichten Entwicklungsstands schon deshalb keinen Sinn, weil dasselbe Ergebnis dadurch erreicht werden konnte, dass zunächst nach dem Muster der Entscheidungen „Segers", „Centros" und „Inspire Art"[252] eine EU-ausländische Gesellschaft mit reinem Satzungssitz und ohne Geschäftstätigkeit im Gründungsstaat errichtet und sodann die deutsche Gesellschaft nach den §§ 122a ff. UmwG oder unter Berufung auf die Urteile „Sevic" und „Cartesio" auf sie verschmolzen wurde, um anschließend hierzulande die durch „Überseering" verbürgte Anerkennung einzufordern.[253] Unerheblich ist

---

[246] Zutr. *Teichmann* DB 2012, 2085 (2088); aA – Schutz durch die Niederlassungsfreiheit – *Bayer/Schmidt* ZIP 2012, 1481 (1485 f.); *Behme* NZG 2012, 936 (938 f.).

[247] EuGH NJW 2009, 569 Rn. 110 aE – Cartesio; EuGH NJW 2012, 2715 Rn. 28 f. – VALE; s. ferner EuGH EuZW 2011, 951 Rn. 26 f. – National Grid Indus BV. Insoweit übereinstimmend *Mörsdorf* EuZW 2009, 97 (102); *Barthel* EWS 2011, 131 (134). Insoweit übereinstimmend ua auch *W.-H. Roth* FS Hoffmann-Becking, 2013, 965 (981 f., 990 f.), der aber darüber hinaus annimmt, dass auch der *Inkorporationsstaat* einen grenzüberschreitenden Rechtsformwechsel kollisionsrechtlich davon abhängig machen könne, dass die Gesellschaft ihren Verwaltungssitz *heraus*verlegt; *W.-H. Roth* FS Hoffmann-Becking, 2013, 977 (991). Dass sich dies mit der Gründungs- und Zuzugsfreiheit nach Maßgabe der Rspr. von „Segers" bis „Inspire Art" (→ Rn. 36, → Rn. 58, → Rn. 74 ff.) vertrage, *W.-H. Roth* FS Hoffmann-Becking, 2013, 991 ff. (994), erscheint nicht überzeugend; s. auch *Kieninger* RabelsZ 73 (2009), 607 (618).

[248] EuGH NZG 2017, 1308 Rn. 34, 43 – Polbud; EuZW 2019, 288 Rn. 62 – TAP.

[249] OGH ecolex 2014, 714.

[250] Zutr. *Schön* ZGR 2013, 333 (348, 360 f.); *Mörsdorf/Jopen* ZIP 2012, 1398 (1400); aA wohl *Teichmann* DB 2012, 2085 (2088 f.), wonach die nationalen „Gründungsvorschriften" umfassend den unionsrechtlichen Verhältnismäßigkeitsgrundsatz beachten müssten.

[251] Zur Zulässigkeit des Herausformwechsels OLG Frankfurt NZG 2017, 423; OLG Saarbrücken NZG 2020, 390. Ebenso *Bayer/Schmidt* ZIP 2012, 1481 (1486 f., 1490); *Behme* NZG 2012, 936 (939); *Jaensch* EWS 2007, 97 (101); *Schmidt-Kessel* GPR 2009, 26 (29); *Schön* ZGR 2013, 333 (359 f.); *Teichmann* DB 2012, 2085 (2088); HCL/*Behrens/Hoffmann* GmbHG Einl. B Rn. 8, 159 f., 164; Lutter/*Drygala* UmwG § 1 Rn. 20 ff.; Lutter/Hommelhoff/*Bayer* GmbHG § 4a Rn. 17 f.; tendenziell auch *Grohmann* DZWiR 2009, 322 (328); aA *Däubler/Heuschmid* NZG 2009, 493 (494); *Kindler* AG 2007, 721 (723); *Leible/Hoffmann* BB 2009, 58 (62); zweifelnd auch *Ringe* ZIP 2008, 1072 (1074). Unklar *Herrler* DNotZ 2009, 484 (488, 490 f.).

[252] EuGH Slg. 1986, 2375 = NJW 1987, 571 – Segers; Slg. 1999, I-1459 = NJW 1999, 2027 – Centros; EuGH Slg. 2003, I-10155 = NJW 2003, 3331 – Inspire Art.

[253] S. zu dieser „Ersatzstrategie" auch *Herrler* EuZW 2007, 295 (298 f.); *Kindler* IPRax 2009, 189 (192); *Knof/Mock* ZIP 2009, 30 (32); *Otte* EWS 2009, 38 (39). Dass diese Gestaltung nach der Rspr. des EuGH durch die Niederlassungsfreiheit geschützt wird, bezweifelt zu Unrecht Forsthoff in Hirte/Bücker Grenzüber-

daher auch, ob der tatsächliche Sitz der beteiligten Rechtsträger im Zeitpunkt der Umwandlung im In- oder Ausland liegt (→ Rn. 14, → Rn. 35 ff.).[254]

Für den **Hereinformwechsel**[255] gilt, dass eine Verlagerung des Verwaltungssitzes nach Deutschland nicht erforderlich ist, weil das deutsche Recht richtiger Ansicht nach weder sach- noch kollisionsrechtlich einen tatsächlichen Inlandssitz verlangt (→ Rn. 220 ff.). Im Falle eines grenzüberschreitenden Hereinformwechsels eine Ansiedlung des tatsächlichen Sitzes im Inland zu verlangen, wäre mit dem unionsrechtlichen Gleichbehandlungsgebot unvereinbar.[256] Erst recht konnte der Entscheidung „VALE" nicht entnommen werden, dass nur solche Gesellschaften die Niederlassungsfreiheit in Anspruch nehmen könnten, die in ihrem Gründungsstaat eine „Niederlassung" begründen und beibehalten. Auch nach diesem Urteil bestanden keine Zweifel, dass der Gerichtshof europäische „Scheinauslandsgesellschaften" ohne tatsächlichen Sitz im Gründungsstaat für taugliche Träger der Niederlassungsfreiheit und Beschränkungen ihrer Freiheitsrechte für rechtfertigungsbedürftig hält. Dass die durch die bisherige Rspr. des EuGH legitimierte Trennung von Satzungs- und Verwaltungssitz unionsrechtlich nicht mehr geschützt sein sollte, war nicht zu erkennen (→ Rn. 45).[257] Auch die Begründung einer sonstigen tatsächlichen Niederlassung im Inland unterhalb der Schwelle der tatsächlichen Sitzverlegung kann im Fall der Hereinumwandlung nicht verlangt werden, da das deutsche Recht die Gründung und Eintragung unternehmensloser Vorratsgesellschaften in rein innerdeutschen Sachverhalten ohne Weiteres akzeptiert.[258] Die Betonung des „realen" Niederlassungsbegriffs in der Entscheidung „VALE" konnte nicht dahin verstanden werden, dass der EuGH eine entsprechende Diskriminierung grenzüberschreitender Gründungsvorgänge legitimieren wollte. Spätestens seit dem Polbud-Urteil dürfte dies nicht mehr zweifelhaft sein.

Im Hinblick auf den **Umwandlungsvorgang** als solchen muss der Aufnahmestaat den **Äquivalenzgrundsatz** (Verbot strengerer Anforderungen an den grenzüberschreitenden Vorgang als für innerstaatliche Umwandlungen) und den **Effektivitätsgrundsatz** (Verbot unverhältnismäßiger Behinderungen) beachten (→ Rn. 126).[259] Insoweit sind verhältnismäßige **Beschränkungen zum Schutz zwingender Allgemeininteressen,** insbesondere

---

schreitende Gesellschaften-HdB § 2 Rn. 27d. Aufgrund dieser Möglichkeit umgekehrt ein Bedürfnis für die Zulassung grenzüberschreitender Formwechsel bestreitend *Kindler* IPRax 2009, 189 (192).

[254] Zutr. *Spahlinger/Wegen* NZG 2006, 721 (724 f.). Obwohl der EuGH einer statuswahrenden Sitzverlegung eine Absage erteilt hat (→ Rn. 67 ff.), zwingt die Vorgabe in EuGH NJW 2009, 569 Rn. 112 – Cartesio letztlich bei genauer Betrachtung dazu, für das Umwandlungsrecht von einer beweglichen Sitzanknüpfung abzugehen. Der Forderung des EuGH, eine formwechselnde Umwandlung zu ermöglichen, kann sinnvoll nur nachgekommen werden, wenn für die deutsche Seite des Vorgangs das deutsche Umwandlungsrecht Anwendung findet, auch wenn der tatsächliche Sitz sich bereits im Ausland befindet. Auch nach der herkömmlichen Sitztheorie gilt freilich, dass nach der Auflösung, die bei einer Sitzverlegung aus der Sitztheorie gefolgert wird (→ Rn. 204), das Recht des Gründungsstaates für die Abwicklung gelten soll (Staudinger/*Großfeld* IntGesR Rn. 610).

[255] OLG Düsseldorf NZG 2017, 1354 (Hereinformwechsel niederländischer Gesellschaft in deutsche GmbH); KG RNotZ 2016, 618 (Hereinformwechsel einer französischen in eine deutsche GmbH); OLG Nürnberg NZG 2014, 349 (Hereinformwechsel einer luxemburgischen S. à r.l. in eine deutsche GmbH); abl. zuvor noch OLG Nürnberg NZG 2012, 468.

[256] Ebenso *Teichmann* DB 2012, 2085 (2088); *Drygala* EuZW 2013, 569 (570 f.); Lutter/*Drygala* UmwG § 1 Rn. 13, 23; s. ferner HCL/*Behrens/Hoffmann* GmbHG Einl. B Rn. 8, 159 f., 166; *Bayer/Schmidt* ZIP 2012, 1481 (1486 f., 1490); *Bayer/Schmidt* BB 2013, 3 (9); aA insbes. *Kindler* EuZW 2012, 888 (890 ff.), der unionsrechtlich eine gleichzeitige Verlegung von Satzungs- und Verwaltungssitz an für erforderlich hält und zugleich annimmt, dass das deutsche IPR für deutsche Gesellschaften weiterhin an der Sitztheorie festhalte.

[257] So aber *Kindler* EuZW 2012, 888 (891 f.), der die Entscheidung „VALE" als „endgültige Abkehr von Centros, Überseering und Inspire Art" deutet. Die Annahme, die Sitztrennung beraube eine Gesellschaft ihrer Niederlassungsfreiheit, wäre selbst dann unschlüssig, wenn man der These folgen wollte, dass die Niederlassungsfreiheit einer tatsächlichen Niederlassung im Gründungsstaat abhänge; so *Kindler* EuZW 2012, 888 (892) unter Hinweis auf *G. H. Roth* ZIP 2012, 1744 (1745). Träfe Letzteres zu, müsste es genügen, wenn im Gründungsstaat eine – auch noch so unbedeutende – Niederlassung verbleibt. Das im Urteil „VALE" betonte Erfordernis einer tatsächlichen „Ansiedlung" im Aufnahmestaat ist schon sprachlich nicht mit einer Sitzverlegung gleichzusetzen; s. auch *Mörsdorf/Jopen* ZIP 2012, 1398 (1399).

[258] Zutr. Lutter/*Drygala* UmwG § 1 Rn. 13, 23.

[259] EuGH NZG 2017, 1308 Rn. 43– Polbud.

Europ. Niederlassungsfreiheit 103   1. Kap. Überblick

der Gläubiger,[260] der Minderheitsgesellschafter und der Arbeitnehmer sowie ihrer Mitbestimmungsinteressen,[261] möglich.[262] Dass die Regelungszuständigkeit allein dem Herkunftsstaat zukäme, lässt sich der Rspr. des EuGH nicht entnehmen.[263] **Sachrechtlich**[264] ist der Umwandlungsvorgang nach heute hM aus deutscher Sicht nach deutschem Umwandlungsrecht durchzuführen, das nach zutr. Ansicht (→ Rn. 220 ff.) als Teil des deutschen Personalstatuts auch für deutsche Rechtsträger mit tatsächlichem Sitz im Ausland gilt.[265] Die Beschränkung auf „Rechtsträger mit Sitz im Inland" (§ 1 Abs. 1 UmwG)[266] und das Analogieverbot in § 1 Abs. 2 UmwG[267] sind insoweit unionsrechtskonform auszulegen. Spiegelbildlich gilt für beteiligte ausländische Rechtsträger deren Gesellschaftsstatut (zu dessen Bestimmung → Rn. 234 ff.). Im Übrigen können und müssen Lösungen für Normlücken und Normwidersprüche bis zur Umsetzung der Umwandlungsrichtlinie bzw. außerhalb ihres Anwendungsbereichs unter möglichst weitgehender Wahrung des Äquivalenzgrundsatzes insbesondere in Anlehnung an die bestehenden Regelungen der grenzüberschreitenden Verschmelzung entwickelt werden. Für einen Rückgriff auf die Regelungen zu den supranationalen Rechtsformen (→ Rn. 81 f.) wird insoweit kaum mehr Raum verbleiben (→ Rn. 359 ff.; allgemein zum Beschränkungsverbot und zur Rechtfertigung von Beschränkungen → Rn. 124 ff., → Rn. 171 ff.).[268] Hält man die Auslegung der Niederlassungsfreiheit durch den EuGH mit der nahezu allgM für verbindlich,[269] dann kann auch der deutsche Gesetzgeber sich der spätestens seit „Cartesio" und „VALE" eindeutigen Verpflichtung, einen rechtssicheren, nicht diskriminierenden Rechtsrahmen für grenzüberschreitende Umwandlungen bereitzustellen, nicht unter Hinweis auf die fehlende sekundärrechtliche Harmonisierung entziehen.[270] Dies gilt auch jenseits der Umsetzung der Umwandlungsrichtlinie, die nur einen Ausschnitt der Gestaltungsoptionen regelt, welche nach der Rspr. des Gerichtshofs primärrechtlich geschützt sind.

103   Wie bereits an anderer Stelle angesprochen, sollten die niederlassungsrechtlichen Umwandlungsmöglichkeiten britischen Gesellschaften auch nach dem **Brexit** und dem Ablauf der

---

[260] *Frobenius* DStR 2009, 487 (489 f.) (insbes. verneinend zu der Frage, ob ex-ante Sicherheitsleistungen gefordert werden können); *Bayer/Schmidt* ZHR 173 (2009), 735 (758); *Knof/Mock* ZIP 2009, 33; *Nolting* NotBZ 2009, 109 (111); *Teichmann* ZIP 2009, 393 (403); *Lutter/Drygala* UmwG § 1 Rn. 33, 38, 40 ff.

[261] S. auch *Bayer/Schmidt* ZHR 173 (2009), 735 (758 f.).

[262] S. EuGH Slg. 2005, I-10805 Rn. 27 ff. = NJW 2006, 425 – Sevic; EuGH NJW 2012, 2715 Rn. 39 – VALE. Zum Ganzen *Schön* ZGR 2013, 333 (347 ff., 360 ff.); *Teichmann* DB 2012, 2085 (2090 f.).

[263] So aber iErg *Mörsdorf/Jopen* ZIP 2012, 1398 (1400 f.), wonach der Schutz von Stakeholdern der umwandlungswilligen Gesellschaft kein zwingendes Allgemeininteresse das Aufnahmestaats darstelle. Ihnen sei die Schutzwürdigkeit vielmehr schon deshalb abzusprechen, weil sie sich freiwillig auf das Gesellschaftsstatut des Herkunftsstaates eingelassen hätten; tendenziell ebenso *W.-H. Roth* FS Hoffmann-Becking, 2013, 965 (984 ff.). In dieser Allgemeinheit kann dem nicht zugestimmt werden. Auch ist es schon mit Blick auf den Formwechsel von Scheinauslandsgesellschaften, die bereits im Aufnahmestaat ansässig sind, nicht richtig, dass dessen Wirtschafts-, Gesellschafts- und Sozialordnung – insbes. hinsichtlich des Schutzes der Gläubiger und der Arbeitnehmer – iRd Formwechsels nicht betroffen sei, weshalb er sich anders als der Gründungsstaat nicht auf zwingende Allgemeininteressen berufen könne; so aber *W.-H. Roth* FS Hoffmann-Becking, 2013, 965 (984 ff.): „altruistische Interessenwahrnehmung eines Mitgliedstaats zugunsten der Allgemeininteressen eines anderen Mitgliedstaats".

[264] Zur steuerrechtlichen Beurteilung *Schönhaus/Müller* IStR 2013, 174 ff.

[265] S. OLG Saarbrücken NZG 2020, 390 (analoge Anwendung der §§ 190 ff. UmwG sowie ergänzend der §§ 122a ff. UmwG); aus praktischer Sicht ferner die an Art. 8 SE-VO orientierte Checkliste des Amtsgerichts Charlottenburg (Handelsregister) GmbHR 2014, R311; hierauf referenzierend OLG Düsseldorf DStR 2017, 2345 (2346); s. demgegenüber abl. zur Heranziehung der SE-VO aber KG RNotZ 2016, 618 und OLG Saarbrücken NZG 2020, 390. Zur unterschiedlichen registerrechtlichen Handhabung und obergerichtlichen Rechtsprechung *Brandi* BB 2018, 2626 (2627 f.).

[266] OLG Nürnberg NZG 2014, 349 (350).

[267] Zur Anschauungslücke des historischen Gesetzgebers *Lutter/Drygala* UmwG § 1 Rn. 37 mwN. Zu verfassungsrechtlichen Erwägungen *Bartels* IPRax 2013, 153 (155). Nach der Rspr. des BVerfG wird der Grundsatz der Gesetzesbindung nicht durch das Gebot der Unionstreue verdrängt, s. BVerfG NJW 2012, 669 Rn. 46; BVerfG NZG 2013, 464 (466).

[268] Abl. zur Heranziehung der Regelungen der SE-VO KG RNotZ 2016, 618. Eingehend zum Ganzen *Lutter/Drygala* UmwG § 1 Rn. 32 ff.; *Brandi* BB 2018, 2626 (2628 ff.); *Marsch-Barner* FS Haarmann, 2015, 119 (137 ff.).

[269] Abl. MüKoBGB/*Kindler* IntGesR Rn. 141, 147 f., 152 ff. (unzulässige Rechtsfortbildung).

[270] Sehr klar eine Vertragsverletzung bejahend *W.-H. Roth* FS Hoffmann-Becking, 2013, 965 (979).

950   *Ego*

Übergangsfrist noch für eine weitere Schonfrist offen stehen, um einem Statutenwechsel nach Maßgabe der Sitztheorie zu entgehen. Freilich ist höchst zweifelhaft, ob der britische Gesetzgeber und das Companies House am Gelingen entsprechender Rettungsmaßnahmen mitwirken werden (→ Rn. 21).

(2) Offene Zweifelsfragen. Bei näherer Betrachtung lässt die bisherige Rspr. des EuGH noch immer gewisse Zweifelsfragen offen, insbesondere steht eine explizite Äußerung des EuGH zu **internationalen Spaltungen** noch aus. In der Lit. wird jedoch ganz überwiegend angenommen, dass auch sie dem Schutz der Niederlassungsfreiheit unterstünden.[271] Dasselbe Verständnis liegt auch der Umwandlungsrichtlinie zugrunde (Erwägungsgründe 4 ff. RL (EU) 2019/2121). Mit Blick auf die allgemein gehaltene Formulierung der Urteile „Sevic" und „VALE", dass „Gesellschaftsumwandlungen" zu den „Modalitäten der Ausübung der Niederlassungsfreiheit" zu zählen seien (→ Rn. 95), scheint unter Zugrundelegung der EuGH-Rspr. prima facie vieles für die Richtigkeit dieser Einschätzung zu sprechen. Auch ist nicht zu bestreiten, dass Spaltungen strukturell als Umkehrfall der Verschmelzung sowie hinsichtlich der Spaltung zur Neugründung als besondere Ausprägung der durch Art. 49 AEUV geschützten Gründung von Gesellschaften erscheinen, sofern ein Mitgliedstaat diese Spaltungsvariante im nationalen Recht kennt. Mit Erlass der Umwandlungsrichtlinie (→ Rn. 11, → Rn. 85) hat die Frage für Spaltungen von Kapitalgesellschaften zur Neugründung an Bedeutung verloren, außerhalb des Anwendungsbereichs der RL bleibt sie bestehen. 104

Zweifelhaft ist demgegenüber noch, ob auf Grundlage der Rspr. des EuGH davon auszugehen ist, dass **grenzüberschreitende Umwandlungen** allgemein durch das Beschränkungsverbot der Niederlassungsfreiheit geschützt sind oder **nur Diskriminierungsschutz** genießen.[272] So konnte zwar das Urteil „Sevic" richtigerweise nur dahin gehend verstanden werden, dass gegenüber dem **Aufnahmestaat** lediglich die ungerechtfertigte Diskriminierung grenzüberschreitender Umwandlungen unionsrechtlich untersagt wird.[273] Auch in der Rechtssache „VALE" ging es um den diskriminierenden, generellen Ausschluss einer formwechselnden Hereinumwandlung durch einen Aufnahmestaat, der nur innerstaatliche Formwechsel gestatten wollte.[274] Andererseits stand die Forderung der Entscheidung „Cartesio", dass der Gründungs- bzw. Herkunftsstaat formwechselnde Hinausumwandlungen zulassen müsse, nur unter dem Vorbehalt, dass das Recht des Aufnahmestaates einen derartigen Formwechsel für inländische Gesellschaften ermöglicht.[275] Dass auch der Gründungs- bzw. Herkunftsstaat den innerstaatlichen Formwechsel kennt, hat der EuGH hingegen nicht ausdrück- 105

---

[271] *Bayer/Schmidt* ZHR 173 (2009), 735 (768); *Bungert* BB 2006, 53 (55 f.); *Bungert/de Raet* DB 2014, 761 (765); *Geyrhalter/Weber* DStR 2006, 146 (150); *Herrler* DNotZ 2009, 484 (488, 490 f.); *Herrler* EuZW 2007, 295 (299); *Leible/Hoffmann* RIW 2006, 161 (165) zur Hineinspaltung; *Meilicke/Rabback* GmbHR 2006, 123 (126); *Krause/Kulpa* ZHR 171 (2007), 38 (46 f.); *Siems* EuZW 2007, 135 (139); *Spahlinger/Wegen* NZG 2006, 721 (725); *Weiss/Wöhlert* WM 2007, 580 (584 f.); HCL/*Behrens/Hoffmann* GmbHG Einl. B Rn. 175, 187 ff.; Semler/Stengel/*Drinhausen* UmwG Einl. C Rn. 28, 30; Lutter/*Drygala* UmwG § 1 Rn. 19; Schmitt/Hörtnagl/Stratz/*Hörtnagl* UmwG § 1 Rn. 51, 54; Kallmeyer/*Marsch-Barner/Wilk* UmwG Vor §§ 122a-122l Rn. 12; Kölner Komm UmwG/*Simon/Rubner* Vor §§ 122a ff. Rn. 37, 47 ff.; aA generell MüKoBGB/*Kindler* IntGesR Rn. 852 ff.

[272] Im erstgenannten Sinne *Schön* ZGR 2013, 333 (345 f.); *Herrler* DNotZ 2009, 484 (488 f., 490 f.); *Herrler* EuZW 2007, 295 (298 f.); *Campos Nave* BB 2009, 870 (872); *Jaensch* EWS 2007, 97 (100); *W.-H. Roth* FS Hoffmann-Becking, 2013, 965 (970, 974 ff., 976, 982 f.) (wobei allerdings der Aufnahmestaat – anders als der Herkunftsstaat – ohne Beschränkung durch die Niederlassungsfreiheit regeln können soll, welche Zielrechtsformen zur Verfügung stehen; → Rn. 96); tendenziell auch *Mörsdorf* CMLR 49 (2012), 629 (636); wohl auch Kölner Komm UmwG/*Simon/Rubner* Vor §§ 122a ff. Rn. 37, 47 ff. (unklar zum grenzüberschreitenden Formwechsel einerseits Kölner Komm UmwG/*Simon/Rubner* Rn. 20, andererseits Rn. 56 f.); für einen Schutz durch das allg. Beschränkungsverbot nur im Verhältnis zum Gründungsstaat *Bayer/Schmidt* ZIP 2012, 1481 (1490).

[273] EuGH Slg. 2005, I-10805 Rn. 14 f., 18, 20, 22 f., 31 = NJW 2006, 425 – Sevic; ebenso Semler/Stengel/*Drinhausen* UmwG Einl. C Rn. 26 („Diskriminierungslogik"); *Behme* NZG 2012, 936 (938); *Weller/Rentsch* IPRax 2013, 530 (534).

[274] EuGH NJW 2012, 2715 Rn. 30 ff. – VALE.

[275] EuGH NJW 2009, 569 Rn. 112 aE – Cartesio.

lich zur Voraussetzung erklärt. Zwar bestand hierzu auch kein Anlass, da „Cartesio" keinen Formwechsel anstrebte. Schon diese Entscheidung ließ aber die Deutung zu, dass der **Gründungs- bzw. Herkunftsstaat** seine Gesellschaften bei einer formwechselnden Herausumwandlung nicht in ungerechtfertigter Weise behindern darf und insoweit einem **Beschränkungsverbot** unterliegt, das nicht nur die Diskriminierung grenzüberschreitender Umwandlungen verbietet.[276] In gleicher Weise dürfte auch das „Polbud"-Urteil des EuGH zu verstehen sein.[277] Man mag es mit guten Gründen für ungereimt halten, dass grenzüberschreitende Formwechsel gegenüber dem Gründungs- bzw. Herkunftsstaat in weitergehendem Umfang geschützt werden sollen als dies gegenüber dem Aufnahmestaat der Fall ist. Immerhin lässt sich ein derartiges Verständnis aber mit der Logik der Urteile zu „Briefkastengesellschaften" in den Rechtssachen „Segers", „Centros", „Überseering" und „Inspire Art" (→ Rn. 74 ff.) in Einklang bringen. Tragender gemeinsamer Gedanke dieser Judikatur ist es, dass in Ermangelung einschlägiger sekundärrechtlicher Regelungen Gestaltungsoptionen, die von einzelnen Mitgliedstaaten eröffnet werden, wie etwa die Errichtung von Gesellschaften ohne tatsächliche Tätigkeit im Inland oder im Wege der Hereinumwandlung, von anderen Mitgliedstaaten nur beschränkt werden dürfen, soweit dies durch zwingende Allgemeininteressen gerechtfertigt ist. Einen Vorbehalt macht der EuGH unter Hinweis auf Art. 54 AEUV nur zugunsten der nationalen Gesellschaftsrechte in ihrer Funktion als Gründungsstatute, da es sich bei der wirksamen Gründung und dem Fortbestand einer niederlassungsberechtigten Gesellschaft um eine Vorfrage der Niederlassungsfreiheit handelt (→ Rn. 34). Insoweit verbleibt es im Verhältnis zum Aufnahmestaat bei einem bloßen Diskriminierungsschutz, auch soweit es um die Frage der Gründung von Gesellschaften im Zuge grenzüberschreitender Umwandlungen geht. Die Umwandlungsrichtlinie aus dem Jahr 2019 verpflichtet die Mitgliedstaaten hingegen weitergehend, grenzüberschreitende Umwandlungen von Kapitalgesellschaften in den von der Richtlinie umfassten Formen (→ Rn. 11, → Rn. 85) zu ermöglichen. Mit der Streichung von Art. 121 Abs. 1 lit. a GesR-RL 2017 wurde klargestellt, dass dies auch für grenzüberschreitende Verschmelzungen gilt (→ Rn. 81, → Rn. 90).

106 Die **Rspr. des EuGH** zum Schutz grenzüberschreitender Umwandlungen durch die Niederlassungsfreiheit lässt sich somit wie folgt **zusammenfassen:** Grenzüberschreitende Verschmelzungen und Formwechsel sind in Ermangelung einer sekundärrechtlichen Regelung gegenüber dem Aufnahmestaat nur geschützt, wenn dieser den entsprechenden Vorgang in seinem innerstaatlichen Recht[278] regelt. Für grenzüberschreitende Spaltungen kann nichts anderes gelten, zumal die Mitgliedstaaten nach dem bisherigen Stand der Rechtsentwicklung noch nicht einmal verpflichtet sind, Spaltungsmöglichkeiten im innerstaatlichen Recht bereitzustellen (→ Rn. 84). Auch als Gründungsstaaten sind die Mitgliedstaaten primärrechtlich zwar nicht verpflichtet, grenzüberschreitende Umwandlungsmöglichkeiten vorzusehen, die für innerstaatliche Sachverhalte nicht zur Verfügung stehen. Sobald aber ein anderer Mitgliedstaat die Möglichkeit einer nationalen Umwandlung eröffnet und demzufolge verpflichtet ist, als Aufnahmestaat auch eine entsprechende grenzüberschreitende Hereinumwandlung zuzulassen, folgt daraus für alle anderen Mitgliedstaaten in ihrer Eigen-

---

[276] In diesem Sinne diff. – Diskriminierungsschutz gegenüber dem Zuzugsstaat, Beschränkungsschutz gegenüber dem Wegzugsstaat – etwa Lutter/*Bayer* UmwG Einl. I Rn. 47, Lutter/*Drygala* § 1 Rn. 8, 13, 16 f., 19, 23; HCL/*Behrens/Hoffmann* GmbHG Einl. B Rn. 158 ff.; *Hushahn* RNotZ 2014, 137 (138).
[277] EuGH NZG 2017, 1308 Rn. 33 ff., 46 ff. – Polbud.
[278] Aufgrund der Aussage in EuGH NJW 2009, 569 Rn. 112 aE – Cartesio, wonach das gegenüber dem Gründungsstaat bestehende Verbot, einen Hinausformwechsel zu obstruieren, die Möglichkeit eines solchen Formwechsels nach dem Recht des Aufnahmestaates voraussetzt, konnte man zwar zweifeln, ob der Zielstaat gänzlich frei darin sei, grenzüberschreitende Formwechsel in diskriminierender Weise auszuschließen. Durch EuGH NJW 2012, 2715 Rn. 32 f. – VALE ist jedoch klargestellt, dass der Zielstaat Umwandlungsmöglichkeiten, die er innerstaatlich eröffnet, auch grenzüberschreitend gewähren muss. Richtigerweise ergab sich dies bereits aus EuGH Slg. 2005, I-10805 = NJW 2006, 425 – Sevic; zutr. *Behme/Nohlen* BB 2009, 13 (14); *Frobenius* DStR 2009, 487 (490 f., 492); *Otte/Rietschel* GmbHR 2009, 983 (984 f.); *Teichmann* ZIP 2009, 393 (402); wohl auch *Barthel* EWS 2011, 131 (133 ff.); *Hennrichs/Pöschke/von der Laage/Klavina* WM 2009, 2009 (2012 f.). Die These, der EuGH habe in „Cartesio" die Zulassung von „Hereinumwandlungen" in das Ermessen des nationalen Gesetzgebers gestellt (s. die Nachweise in → Rn. 107), war bereits hiermit unvereinbar.

schaft als „Herkunftsstaaten" die Pflicht, an einem solchen Vorgang mitzuwirken und ihn nur gerechtfertigten, insbesondere verhältnismäßigen Beschränkungen zu unterwerfen.

Darüber hinaus kann nicht zwischen **Hinaus-** und **Hereinumwandlungen** und der kollisionsrechtlichen Lage im Herkunftsstaat unterschieden werden.[279] Soweit etwa teilweise die Ansicht vertreten wurde, dass nur solche Mitgliedstaaten den formwechselnden Wegzug als „Hilfslösung" ermöglichen müssten, die den statuswahrenden Wegzug nicht zulassen,[280] geht dies fehl. Auch den Entscheidungen „Cartesio" und „Polbud" lässt sich Derartiges nicht entnehmen. Nicht zutreffend ist ferner die These, dass nach der Rspr. des EuGH nur die Hinausumwandlung unionsrechtlich geboten sei, während die Zulassung einer Hereinumwandlung im Ermessen des nationalen Gesetzgebers stehe.[281] Nach der Entscheidung in der Rechtssache „VALE" (→ Rn. 96, → Rn. 107) steht der Schutz beider Varianten im Grundsatz außer Frage. Das Verbot, innerstaatlich zugelassene Umwandlungsmaßnahmen im grenzüberschreitenden Rechtsverkehr in diskriminierender Weise generell auszuschließen, gilt völlig unabhängig von der Frage, ob der jeweilige Mitgliedstaat einen inländischen Verwaltungssitz verlangt.

Endlich ist es irrelevant, ob es sich bei den umwandlungswilligen Rechtsträgern um **Personen- oder Kapitalgesellschaften** handelt, sofern die Voraussetzungen des Art. 54 AEUV erfüllt und die Rechtsträger nach dem nationalen Recht zur Umwandlung fähig sind.[282] Ob der Richtliniengeber die grenzüberschreitende Umwandlung von Kapitalanlagegesellschaften (OGAW) und Genossenschaften einschränken durfte (→ Rn. 87), ist fragwürdig.

---

[279] Den Schutz beider Gestaltungen bejahend OLG Frankfurt NZG 2017, 423; *Schön* ZGR 2013, 333 (345 f.); *Herrler* DNotZ 2009, 484 (488 f., 490 f.); *Herrler* EuZW 2007, 295 (298 f.); *Campos Nave* BB 2009, 870 (872); *Jaensch* EWS 2007, 97 (100); *Lutter/Drygala* UmwG § 1 Rn. 5 ff., 11 ff., 19, 20 ff., *Lutter/Bayer* Einl. I Rn. 45, 48, § 122a Rn. 11 f.; *W.-H. Roth* FS Hoffmann-Becking, 2013, 965 (970, 974 ff., 976, 982 f.) (wobei allerdings der Aufnahmestaat – anders als der Herkunftsstaat – ohne Beschränkung durch die Niederlassungsfreiheit regeln können soll, welche Zielrechtsformen zur Verfügung stehen → Rn. 96); ferner *Bayer/Schmidt* ZIP 2006, 210 (211); *Bayer/Schmidt* ZHR 173 (2009), 735 (763 f., 765 f., 768); *Behme/Nohlen* BB 2009, 13 (14); *Bungert* BB 2006, 53 (55 f.); *Drygala* ZIP 2005, 1995 (1997 f.); *Frenzel* EWS 2009, 158 (163); *Frobenius* DStR 2009, 487 (490 f., 492); *Geyrhalter/Weber* DStR 2006, 146 (149 f.); *Haar* GPR 2007, 27 (28); *Kieninger* EWS 2006, 49 (52); *Müller-Graff* EWS 2009, 489 (495); *Otte/Rietschel* GmbHR 2009, 983 (984 ff.); *Sedemund* BB 2006, 519 (520 f.); *Sethe/Winzer* WM 2009, 536 (539); *Thümmel/Hack* Konzern 2009, 1 (2 f.); *Zimmer/Naendrup* NJW 2009, 545 (548 f.); *Lutter/Drygala* JZ 2009, 770 (771); *Reichert* Konzern 2009, 821 (834); *Spahlinger/Wegen* NZG 2006, 721 (724) (anders nur für den Hinausformwechsel); *Teichmann* ZIP 2006, 355 (357 ff.); *Weiss/Wöhlert* WM 2007, 580 (584 f.); *Weller/Rentsch* IPRax 2013, 530 (532); *Wilhelmi* JZ 2009, 411 (412); *Lutter/Hommelhoff/Bayer* GmbHG § 4a Rn. 17 f.; *Semler/Stengel/Drinhausen* UmwG Einl. C Rn. 26 ff.; *Schmitt/Hörtnagl/Stratz/Hörtnagl* UmwG § 1 Rn. 49 ff., 54 ff.; *Kallmeyer/Marsch-Barner/Oppenhoff* UmwG § 1 Rn. 4 und *Kallmeyer/Marsch-Barner/Wilk* Vor §§ 122a-122l Rn. 9 ff.; *Lutter/Bayer* UmwG Einl. I Rn. 45 ff., § 122a Rn. 11; aA noch OLG Nürnberg NZG 2012, 468 (470) („Cartesio" enthalte nur Vorgaben für Wegzugsfälle), allerdings revidiert durch OLG Nürnberg NZG 2014, 349 (Hereinformwechsel einer luxemburgischen S. à r.l.); *Kindler* IPRax 2009, 189 (192); *Leible/Hoffmann* RIW 2006, 161 (165 ff.); zweifelnd auch Forsthoff in Hirte/Bücker Grenzüberschreitende Gesellschaften-HdB § 2 Rn. 27d.

[280] So noch das Verständnis bei Kallmeyer/*Marsch-Barner* UmwG, 5. Aufl. 2013, Vor §§ 122a-122l Rn. 14; ebenso zuvor schon *Däubler/Heuschmid* NZG 2009, 493 (495), die einen Anspruch auf grenzüberschreitenden Formwechsel jedoch allg. verneinen.

[281] So etwa OLG Nürnberg NZG 2012, 468 (470 f.) (revidiert durch OLG Nürnberg NZG 2014, 349: Hereinformwechsel einer luxemburgischen S. à r. l.); *Paefgen* WM 2009, 529 (532); *Grohmann* DZWiR 2009, 322 (328); *Kobelt* GmbHR 2009, 808 (812); *Kußmaul/Richter/Ruiner* EWS 2009, 1 (7, 10); wohl auch *Frenzel* EWS 2009, 158 (163 f.); *Leible/Hoffmann* BB 2009, 58 (62 f.); *Leible/Hoffmann* RIW 2006, 161 (165 f.); *Meilicke* GmbHR 2009, 92 (93).

[282] S. nur EuGH NJW 2009, 569 – Cartesio zur Niederlassungsfreiheit einer ungarischen KG. Zum grenzüberschreitenden Hereinformwechsel europäischer Personengesellschaften OLG Oldenburg NZG 2020, 992 (rechtsformkongruenten Hereinformwechsel unter Nutzung der Sitztheorie sowie des sachrechtlichen Rechtsformzwangs verneinend, abl. dazu *Stiegler* NZG 2020, 979) sowie aus österreichischer Sicht OGH ecolex 2014, 714. Auch in der Lit. ist die Erstreckung der Umwandlungsfreiheit auf Personengesellschaften nicht streitig, vgl. *Lutter/Drygala* UmwG § 1 Rn. 12 ff., *Lutter/Bayer* UmwG Einl. I Rn. 45, § 122a Rn. 12; *Schmitt/Hörtnagl/Stratz/Hörtnagl* UmwG § 1 Rn. 50, 54; *Kallmeyer/Marsch-Barner/Wilk* UmwG Vor §§ 122a-122l Rn. 10 ff.; *Bayer/Schmidt* ZIP 2006, 210 (212); *Bayer/Schmidt* ZHR 173 (2009), 735 (765); *Frobenius* DStR 2009, 487 (492); *Herrler* EuZW 2007, 298 (299); *Spahlinger/Wegen* NZG 2006, 721 (725, 727); *Thümmel/Hack* Konzern 2009, 1 (3); *Vetter* AG 2006, 613 (616).

109 Entgegen vereinzelter Stellungnahmen folgt aus der Aussage des Urteils „Cartesio", eine Verlegung des tatsächlichen Sitzes dürfe im Interesse der Ermöglichung eines identitätswahrenden Statutenwechsels nicht mit der Auflösung und Abwicklung sanktioniert werden (zur deutschen Rechtslage auf der Grundlage der Sitztheorie → Rn. 204), **nicht, dass Kapitalgesellschaften aus Sitztheoriestaaten** im Falle einer Sitzverlegung aus unionsrechtlichen Gründen stets identitätswahrend in eine **Personengesellschaft nach dem Recht des Zuzugsstaates transformiert** würden.[283] Auch das Urteil in der Rechtssache „Polbud" hat hieran nichts geändert. Machen die Gesellschafter im Zusammenhang mit der Sitzverlegung nicht deutlich, dass sie einen Formwechsel anstreben und führen sie ein in den beteiligten Rechtsordnungen hierfür vorgesehenes Verfahren nicht durch, ist es nicht unverhältnismäßig, die Identitätswahrung im Interesse der Rechtsklarheit zu verneinen.[284] Das deutsche Recht etwa lässt einen Formwechsel aufgelöster Rechtsträger ohne Weiteres zu, wenn ihre Fortsetzung in der bisherigen Rechtsform beschlossen werden könnte (§ 191 Abs. 3 UmwG).

110 e) **Stellungnahme.** Die Rspr. des EuGH zur Niederlassungsfreiheit von Gesellschaften ist letztlich das Ergebnis der **Defizite des sekundären Unionsrechts.** Wenngleich ihre Ergebnisse in Teilen rechtspolitisch billigenswert erscheinen, verbleiben doch erhebliche Zweifel an ihrer primärrechtlichen Legitimation.[285]

111 Die **gegenseitige Anerkennung** der Gesellschaften in den Mitgliedstaaten war nach dem Scheitern des Brüsseler EWG-Übereinkommens vom 29.2.1968 (→ Rn. 233) nicht mehr Gegenstand legislativer Bemühungen. Im Grundsatz erscheint die Pflicht, die Rechts- und Parteifähigkeit europäischer Gesellschaften anzuerkennen, beim heutigen Entwicklungsstand der Gemeinschaft kaum mehr zu sein als eine Selbstverständlichkeit. Gleichwohl bleibt unübersehbar, dass ein Staat, in dessen Hoheitsgebiet die Gesellschaft ihren tatsächlich Sitz hat oder gar ausschließlich tätig ist, legitime Regelungsinteressen hinsichtlich des Gläubiger- und Verkehrsschutzes besitzt, und das Primärrecht seit jeher auch kollisionsrechtliche Anknüpfungsunterschiede anerkannte (vgl. Art. 58 Abs. 1 und 220, 3. Spiegelstrich EWGV).

112 Selbst aus der Perspektive einer historischen Auslegung ist indes fraglich, ob der Vorbehalt völkerrechtlicher Anerkennungsabkommen eine zeitlich unbegrenzte, generelle Bereichsausnahme für das Gesellschaftskollisionsrecht rechtfertigen konnte. Spätestens seit Ablauf der Übergangszeit am 31.12.1969 (Art. 8 EWGV) durfte es vielmehr als richtig erscheinen, dass eine Nichtanerkennung europäischer Gesellschaften zwingender Rechtfertigungsgründe bedarf, soweit diese von ihren **unionsrechtlichen Rechten Gebrauch machen.** Eine **Rechtfertigung der Nichtanerkennung** wird freilich kaum je dem Gebot der Verhältnismäßigkeit (→ Rn. 187 ff.) genügen. Dies gilt insbesondere, wenn der tatsächliche Sitz des Verbandes sich zwar außerhalb des Gründungsstaates, jedoch in einem Drittstaat oder gar außerhalb der Gemeinschaft befindet. In diesem Fall könnte nur das Gebot der kollisionsrechtlichen Rücksichtnahme für die Nichtanerkennung ins Feld geführt werden. Gerade der letztgenannte Fall zeigt indes, dass die Frage der Anerkennung gar nicht spezifisch mit der Niederlassungsfreiheit verknüpft ist,[286] sondern sich ebenso im Hinblick auf die anderen Grundfreiheiten stellt. Die Anerkennungspflicht des tatsächlichen Sitzstaates, die in dem Urteil „Überseering" statuiert wurde, stieß hingegen bis zum Vertrag von Lissabon schon mit Blick auf den weiteren spezifischen Rechtssetzungsvorbehalt des Art. 293, 3. Spiegelstrich EG aF an die Grenzen der zulässigen Rechtsfortbildung.

113 Nicht zu bezweifeln ist ferner, dass **Umwandlungsmöglichkeiten** in allen Ausprägungen auch insoweit hilfreich und wünschenswert sind, als sie die Rechtsordnungen verschie-

---

[283] In diesem Sinne *Leible/Hoffmann* BB 2009, 58 (60 f.) mit der Schlussfolgerung, dass insbes. Kapitalgesellschaften aus Sitztheoriestaaten in anderen europäischen Mitgliedstaaten automatisch als nicht haftungsbeschränkte Personengesellschaften weitergeführt würden; ferner *Bayer/Schmidt* ZHR 173 (2009), 735 (760 f.); *Otte/Rietschel* GmbHR 2009, 983 (985); *Paefgen* WM 2009, 529 (532); *Zimmer/Naendrup* NJW 2009, 545 (548).
[284] Ebenso wohl *Frobenius* DStR 2009, 487 (492).
[285] *Ego* IWRZ 2019, 243 (246).
[286] Die Ansiedlung des tatsächlichen Sitzes außerhalb der Gemeinschaft unterfällt unzweifelhaft nicht der Niederlassungsfreiheit.

dener Mitgliedstaaten berühren.²⁸⁷ Dass ihre Gestaltung indes „spezifische Probleme"²⁸⁸ mit sich bringt und daher einer rechtssicheren Grundlage in den beteiligten Rechtsordnungen bedarf, liegt auf der Hand.

Entscheidend bleibt daher auch heute die Erkenntnis, dass **grenzüberschreitende Sitz-** **114** **verlegungen und Umwandlungen nicht Gegenstand der in Art. 49, 54 AEUV geregelten Niederlassungsfreiheit** sind.²⁸⁹ Dies zeigte bis zum Vertrag von Lissabon schon Art. 293 dritter Spiegelstrich EG aF, der die Mitgliedstaaten seit jeher aufforderte, durch ergänzende Abkommen die Anerkennung von Gesellschaften sicherzustellen sowie grenzüberschreitende Verschmelzungen und Sitzverlegungen unter Beibehaltung der Rechtspersönlichkeit zu gewährleisten. **Grenzüberschreitende Spaltungen** waren noch nicht einmal in Art. 293 EG aF, geschweige denn in Art. 49 AEUV erwähnt.

Die Beibehaltung der Rechtspersönlichkeit setzt indes keineswegs die Wahrung des **115** Gesellschaftsstatuts voraus, sondern ist auch als **identitätswahrender Formwechsel** denkbar. Diese Erkenntnis lag schon dem Haager Abkommen vom 1.6.1956 über die Anerkennung der Rechtspersönlichkeit von ausländischen Gesellschaften, Personenverbindungen und Stiftungen (→ Rn. 233)²⁹⁰ zugrunde (vgl. Art. 3 Haager Abkommen 1956), an dem sämtliche Signatarstaaten des EWG-Vertrages beteiligt waren und dessen Inkrafttreten bei der Gründung der EWG noch ungewiss war. Im Lichte dieses Entwurfs, der ferner die Anerkennung im Fall einer grenzüberschreitenden Fusion regeln sollte (Art. 4 Haager Abkommen 1956), vermochte die These, der Vorbehalt des Art. 293, 3. Spiegelstrich EG aF sei bedeutungslos, weil die dort genannten Gestaltungen schon durch die Niederlassungsfreiheit gewährleistet würden,²⁹¹ nicht zu überzeugen.²⁹² Der Umstand allein, dass Art. 293 EG aF mit dem Vertrag von Lissabon aufgehoben wurde, vermag diese Beurteilung nicht zu ändern.

Auch weisen Formwechsel, Verschmelzungen und Spaltungen ebenso wie die Anerken- **116** nung (→ Rn. 112) **keinen zwingenden Zusammenhang mit der Begründung tatsächlicher Niederlassungen** in anderen Mitgliedstaaten auf, wie sich in all jenen Fällen zeigt, in denen der oder die beteiligten Rechtsträger ihren tatsächlichen Sitz oder die Lage ihrer sonstigen Niederlassungen im Rahmen der Umstrukturierung nicht ändern. Es ist aber kein nachvollziehbarer Grund erkennbar, weshalb der unionsrechtliche Schutz bei Vorliegen einer „Mobilitätskomponente" zu gewähren, bei ihrem Fehlen aber zu verneinen sein sollte. Von daher mag man es für ergebnisstimmig halten und rechtspolitisch goutieren, dass isolierte Umwandlungsvorgänge unter den Schutz des Unionsrechts gestellt werden. Die Ableitung aus der Niederlassungsfreiheit trägt die Judikatur des EuGH zur grenzüberschreitenden Sitzverlegung und Umwandlung jedoch nicht. Wenig überraschend blieb der evidente Widerspruch zu dem in ständiger Rspr. ausgeformten realen Niederlassungsbegriff

---

²⁸⁷ In diesem Sinne etwa EuGH Slg. 2005, I-10805 Rn. 19, 21 = NJW 2006, 425 – Sevic im Anschluss an GA *Tizzano*, Schlussanträge Slg. 2005, I-10805 Rn. 29 ff. – Sevic; ferner EuGH NJW 2012, 2715 Rn. 24 – VALE.
²⁸⁸ S. EuGH Slg. 2005, I-10805 Rn. 27 = NJW 2006, 425 – Sevic; NJW 2012, 2715 Rn. 37 – VALE.
²⁸⁹ Näher schon *Ego*, Europäische Niederlassungsfreiheit der Kapitalgesellschaft und deutsches Gläubigerschutzrecht, 2006, 108 ff.; ferner, wenngleich abl., *Frenzel* EWS 2009, 158 (162 f.) („Bereichsausnahme"). Die hM deutet die Entscheidung „Cartesio" hingegen dahin, dass der EuGH den Statutenwechsel nicht als „Beschränkung" oder zumindest als gerechtfertigten Eingriff in die Niederlassungsfreiheit verstehe, vgl. *Frobenius* DStR 2009, 487 (489), bzw. die Niederlassungsfreiheit insoweit entgegen seiner stRspr zu den Grundfreiheiten als „nicht unmittelbar anwendbar" betrachte; s. ua *Mörsdorf* EuZW 2009, 97 (99).
²⁹⁰ Beteiligt waren Delegationen sämtlicher Signatarstaaten des späteren EWG-Vertrages, ferner Österreich, Dänemark, Spanien, Finnland, Großbritannien, Japan, Norwegen, Portugal, Schweden, Schweiz und schließlich Jugoslawien mit einem Beobachter. Das Abkommen scheiterte daran, dass es nur von Frankreich, Belgien und den Niederlanden und damit nicht von mindestens fünf Staaten ratifiziert wurde; *Beitzke* AWD/RIW 1968, 91 (92).
²⁹¹ Vgl. in diesem Sinne *Müller-Graff* EWS 2009, 489 (493 ff.); *Müller-Graff* FS Hellwig, 2010, 251 (254 f., 256, 259, 265).
²⁹² S. auch *Kübler* FS Zuleeg, 2005, 559 (560, 572), wonach den Art. 44 Abs. 2 lit. g, 293 EG von Anfang an zu entnehmen war, dass nach dem Ansatz des EG-Vertrags im gemeinsamen Markt keine Inkorporationsfreiheit amerikanischen Musters bestehen und die Wahl zwischen Sitz- und Gründungstheorie bei den Mitgliedstaaten verbleiben sollte.

auch in „Polbud" (→ Rn. 98) unaufgelöst. Schlüssig ist vielmehr nur die Folgerung, dass grenzüberschreitende Sitzverlegungen und Umwandlungen und die Anerkennung in diesen Zusammenhängen nicht durch die Art. 49, 54 AEUV gewährleistet werden.[293]

117 Die Richtigkeit dieser Betrachtungsweise hat der EuGH in den Rechtssachen **„Cartesio"** (→ Rn. 67 ff., → Rn. 96) und **„VALE"** der Sache nach eingeräumt. Die entscheidende Aussage des Urteils „Cartesio" besteht darin, dass der Gerichtshof **für die Sitzverlegung die Regelungsvorbehalte** der Art. 293, 3. Spiegelstrich EG aF und Art. 50 Abs. 2 lit. g AEUV (ferner → Rn. 5) **bestätigt** hat.[294] Die in dieser Entscheidung vorgezeichnete Lösung, die grenzüberschreitende Sitzverlegung auf einen statusändernden Formwechsel zu beschränken,[295] wäre aber schlechterdings ausgeschlossen, wenn die grenzüberschreitende Verlegung des tatsächlichen Sitzes oder eine Gründung mit tatsächlichem Sitz in einem anderen Mitgliedstaat von der Niederlassungsfreiheit geschützt wären. Soweit das Niederlassungsrecht gewährleistet ist, steht es nämlich den Gesellschaften iSd Art. 54 AEUV *als solchen* zu. Wäre die grenzüberschreitende Sitzverlegung somit bereits als „primäre" Niederlassungsfreiheit von Art. 49 Abs. 1, 54 AEUV umfasst, dürfte eine sitzverlegende Gesellschaft von ihrem Gründungsstaat ebenso wenig zu einer Umwandlung gezwungen werden wie dann, wenn lediglich eine „echte" Zweigniederlassung errichtet werden soll. Für den letztgenannten Fall, der unzweifelhaft sowohl gegenüber dem Gründungs- als auch gegenüber dem Zuzugsstaat geschützt ist (→ Rn. 51, → Rn. 54), steht die Unzulässigkeit eines Umwandlungszwangs außer Frage (zur Frage eines Umwandlungszwangs zum Schutz der Mitbestimmung → Rn. 629, → Rn. 646). Art. 54 UAbs. 1 AEUV gibt auch seinem Wortlaut nach gar nicht vor, dass das nationale Gründungsrecht einen der dortigen Anknüpfungspunkte verwenden müsse und das Gründungsstatut nur von deren Belegenheit abhängig gemacht werden dürfe. Die Gründung nach mitgliedstaatlichem Recht und die Belegenheit der genannten Merkmale stehen dort als kumulative Voraussetzungen des Niederlassungsrechts nebeneinander. Letztlich beruht die vom Gerichtshof anerkannte Anknüpfungshoheit des Gründungsstaates auf dem Anerkenntnis der historischen Anknüpfungstradition in den Mitgliedstaaten. Weshalb diese historische Auslegung aber nur die gründungsstaatliche Anknüpfungshoheit rechtfertigen soll, nicht jedoch den noch in „Daily Mail" gezogenen Schluss, dass grenzüberschreitende Sitzverlegungen unter Beibehaltung der Rechtspersönlichkeit nicht niederlassungsrechtlich geschützt sind, erschließt sich nicht. Erst recht ist nicht einzusehen, weshalb die Art. 49, 54 AEUV zwar anders als bei natürlichen Personen nicht die statutenwahrende, wohl aber die statutenwechselnde Verlegung der Primärniederlassung gewährleisten sollen. Letztere hat im Wortlaut der Regelung keinen überzeugenden Anhalt und im Verständnis des Niederlassungsrechts natürlicher Personen auch keine Entsprechung.

118 Bedeutung hat diese Weichenstellung im Grundverständnis der Art. 49, 54 AEUV nicht zuletzt für die **Regelungsfreiheit des unionalen Gesetzgebers.** Entnähme man der Niederlassungsfreiheit ein Recht zur statutenwahrenden Sitzverlegung, so müsste man – jenseits der kompetenzrechtlichen Frage[296] – in der Tat zweifeln, ob Sitzspaltungen überhaupt ausgeschlossen werden könnten.[297] Die Handlungsermächtigungen sollen schließlich der Verwirklichung des freien Binnenmarkts dienen und nicht die Schutzbereiche der Grundfreiheiten grundlegend einschränken. Erkennt man hingegen, dass die grenzüberschreitende Sitzverle-

---

[293] *Ego* DB 2017, 1318; *Ego* IWRZ 2019, 243 (246); MüKoBGB/*Kindler* IntGesR Rn. 141, 147 f., 152 ff. (unzulässige Rechtsfortbildung).
[294] S. die Bezugnahme hierauf in EuGH NJW 2009, 569 Rn. 114 – Cartesio.
[295] EuGH NJW 2009, 569 Rn. 112 ff. – Cartesio.
[296] Dazu *Mörsdorf* EuZW 2019, 141 (142). Die Umwandlungsrichtlinie (→ Rn. 11, → Rn. 85) stützt sich auf Art. 50 Abs. 1 und 2 AEUV und enthält keine Harmonisierung des Gesellschaftskollisionsrechts. Zu Bedenken gegen eine solche Angleichung unter dem Aspekt des Subsidiaritätsgrundsatzes (Art. 5 EUV) und der Frage, mit welcher Mehrheit sie zu beschließen wäre, MüKoBGB *Kindler* IntGesR Rn. 101 ff., 109.
[297] So ua *Bayer/Schmidt* BB 2019, 1922 (1927); Lutter/*Drygala*, 6. Aufl. 2019, UmwG § 1 Rn. 9; ferner schon, auch mit Blick auf den Vorentwurf der Sitzverlegungs-RL aus dem Jahr 1997, *Leible* ZGR 2004, 531 (538); MHLS/*Leible* GmbHG Syst. Darst. 2 Rn. 63; Forsthoff in Hirte/Bücker Grenzüberschreitende Gesellschaften-HdB § 2 Rn. 76.

gung von Gesellschaften einschließlich ihrer Anerkennung in solchen Fällen nicht schon durch die Niederlassungsfreiheit gewährleistet wird, ergibt sich für den Gesetzgeber des Unionsrechts zwanglos die Regelungsfreiheit, den Vorgang **als identitätswahrende Sitzverlegung** nach dem Muster der Art. 7, 8, 64 SE-VO und von Art. 11 Abs. 2 Sitzverlegungs-RL-Vorentwurf aus dem Jahr 1997 (→ Rn. 83) sowie entsprechend der Forderung des Europäischen Parlaments im Gesetzgebungsverfahren zum Erlass der Umwandlungsrichtlinie (→ Rn. 11, → Rn. 85)[298] **auszugestalten.**[299] Zugleich schließt dies die Möglichkeit ein, die statuswahrende Sitzverlegung und damit die Entstehung anfänglicher oder nachträglicher Scheinauslandsgesellschaften (→ Rn. 36, → Rn. 58, → Rn. 74 ff., → Rn. 234 ff.) **auszuschließen** oder sie nur mit bestimmten Maßgaben, etwa der Anwendung des im Zuzugsstaat geltenden Gläubigerschutz- und Mitbestimmungsrechts, zuzulassen (→ Rn. 245 ff., → Rn. 283 ff., → Rn. 309 ff.; im Einzelnen → Rn. 385 ff., → Rn. 609 ff.). Insoweit ist davon auszugehen, dass nach Ansicht des EuGH (→ Rn. 117) die Kompetenznormen des AEUV (→ Rn. 5) taugliche Grundlage entsprechender Regelungen über grenzüberschreitende Sitzverlegungen und Umwandlungen sein können, wenngleich über die Reichweite dieser Kompetenz Unklarheit besteht.[300] Mit einer solchen Einsicht darf indes wohl in absehbarer Zeit nicht mehr gerechnet werden. Bemerkenswerterweise hatte das Europäische Parlament im Verfahren zum Erlass der Umwandlungsrichtlinie ausdrücklich gefordert, die als zu weitgehend empfundene Rspr. des EuGH zu revidieren.[301] Man kann es nur bedauern, dass der europäische Gesetzgeber sich in Anbetracht der vom EuGH festgestellten vermeintlichen primärrechtlichen Vorgaben offenbar außerstande gesehen hat, in dieser Sache noch eine freie rechtspolitische Entscheidung zu treffen.

4. Beteiligungsfähigkeit EU-ausländischer Kapitalgesellschaften, insbesondere als Komplementärin. Auch der **Beteiligungserwerb** zum Zwecke unternehmerischer Betätigung unterfällt unzweifelhaft der Niederlassungsfreiheit. Die Abgrenzung zu dem Diskriminierungsverbot des Art. 55 AEUV[302] und der Kapitalverkehrsfreiheit (→ Rn. 745 ff.) ist weitgehend bedeutungslos.

Die **Beteiligungsfähigkeit** EU-ausländischer Kapitalgesellschaften, insbesondere die Möglichkeit einer Beteiligung als Komplementärin einer deutschen KG, steht **aus Sicht des deutschen Rechts** schon mit Blick auf das Diskriminierungsverbot der Niederlassungsfreiheit (→ Rn. 127 ff.) außer Frage.[303] Ob darüber hinaus auch die **Beteiligungsfähigkeit**

---

[298] Bericht zum Entwurf der legislativen Entschließung des Europäischen Parlaments, Dok. A8–0002/2019, PE625 524v03–00 vom 9.1.2019, dort insbes. die Vorschläge zur Fassung der Erwägungsgründe 3, 6, 7, 22, 27a, 35b, 40, 52, der Art. 1a Abs. 17, Art. 86n Abs. 2, Art. 128a Abs. 3 sowie die Begründung ebenda, S. 232.

[299] S. schon *Ego*, Europäische Niederlassungsfreiheit der Kapitalgesellschaft und deutsches Gläubigerschutzrecht, 2006, 117 ff.; ferner *Hushahn* VGR 24 (2018), 171 (185); *Kindler* NZG 2018, 1 (6); *Schollmeyer* ZGR 2018, 186 (200); *Stelmaszyk* EuZW 2017, 890 (894). Unentschieden *Mörsdorf* EuZW 2019, 141 (148).

[300] Für umfassende Kompetenz des Unionsgesetzgebers auch zur Regelung eines „isolierten grenzüberschreitenden Formwechsels" ohne Verlagerung einer tatsächlichen wirtschaftlichen Tätigkeit etwa *Schön* ZGR 2013, 333 (336 f.). Abl. hingegen *Böttcher/Kraft* NJW 2012, 2701 (2703); *Kindler* EuZW 2012, 888 (892); *Mörsdorf* 49 CMLR (2012), 629 (658 ff.); *Mörsdorf/Jopen* ZIP 2012, 1398 (1399); MüKoBGB/*Kindler* IntGesR Rn. 108 ff. (Angleichung des Gesellschaftskollisionsrechts unter dem Aspekt des Subsidiaritätsgrundsatzes, Art. 5 AEUV, ausgeschlossen und jedenfalls entspr. dem gestrichenen Art. 293, 3. Spiegelstrich EG aF nur einstimmig möglich); einschr. *König/Bormann* NZG 2012, 1241 (1243): Keine Pflicht, immerhin aber Kompetenz des Unionsgesetzgebers zur Ermöglichung isolierter Verlegungen des Verwaltungs- oder Satzungssitzes.

[301] Entwurf der legislativen Entschließung (Dok. A8–0002/2019, PE625 524v03–00 vom 9.1.2019), Erwägungsgrund 6.

[302] Der EuGH scheint teilweise von einer parallelen Anwendbarkeit auszugehen, s. EuGH Slg. 1991, I-3905 Rn. 31 – Factortame; EuGH Slg. 1996, I-1307 Rn. 18 – Kommission/Frankreich. Zutr. dürfte demgegenüber die Annahme sein, dass Art. 55 AEUV nur subsidiär gegenüber Art. 49, 63 AEUV eingreift und damit keinen Anwendungsbereich mehr hat.

[303] OLG Frankfurt DNotZ 2008, 860; *Binz/Sorg* GmbHR 2003, 249 (255); *Kowalski/Bormann* GmbHR 2005, 1045 (1046 ff.); *Mülsch/Nohlen* ZIP 2008, 1358; *Schlichte* DB 2006, 87 (90 ff.); *Teichmann* ZGR 2014, 220 (225 ff.); *Wachter* GmbHR 2006, 79 (80); Forsthoff in Hirte/Bücker Grenzüberschreitende Gesellschaften-HdB § 2 Rn. 35; MüKoHGB/*Grunewald* HGB § 161 Rn. 110; Röhricht/Graf von Westphalen/*Ries* HGB § 19 Rn. 68; MHLS/*Leible* GmbHG Syst. Darst. 2 Rn. 220. Unrichtig *Klöhn/Schaper* ZIP 2013, 49 (55),

nach dem Gründungsstatut der EU-ausländischen Gesellschaft zu fordern ist, ist streitig.[304] Es ist jedoch nicht ersichtlich, mit welcher Begründung ein Mitgliedstaat berechtigt sein sollte, seinen Gesellschaften die niederlassungsrechtlich geschützte Beteiligung an deutschen Gesellschaften zu untersagen.[305] Auf einem anderen Blatt steht, dass dissentierende Minderheitsgesellschafter der ausländischen Kapitalgesellschaft, die auf ein Beteiligungsverbot des Herkunftsrechts der Komplementärin vertraut haben, im Einzelfall nach Maßgabe des Gründungsstatuts angemessen zu schützen sind.

121 Spätestens seit der Entscheidung „Überseering"[306] (→ Rn. 74 ff., → Rn. 234 ff.) ist daher davon auszugehen, dass eine EU-Auslandsgesellschaft sich auch und gerade dann an einer deutschen Gesellschaft, namentlich einer KG, beteiligen kann, wenn die Auslandsgesellschaft ihren **tatsächlichen Sitz im Inland** hat.[307] Voraussetzung ist in diesem Fall jedoch, dass der Gründungsstaat einen tatsächlichen Auslandssitz zulässt, wozu er nach der Entscheidung „Cartesio" unionsrechtlich nicht verpflichtet ist (→ Rn. 67 ff.).[308]

122 Problematischer ist der umgekehrte Fall, dass sich der **tatsächliche Sitz** der einzigen Komplementärin **im Ausland** befindet,[309] da dann – jedenfalls im Regelfall[310] – auch der effektive Verwaltungssitz der KG dort zu sehen wäre.[311] Das MoMiG hat zwar die § 4a GmbHG, § 5 AktG modifiziert, um der GmbH und der AG einen tatsächlichen Auslandssitz zu gestatten. Für Personenhandelsgesellschaften ist hingegen keine ausdrückliche Änderung erfolgt, sodass die Rechtslage insoweit streitig ist (→ Rn. 224, → Rn. 228). Ob der deutsche Gesetzgeber die Gründungsanknüpfung für das Internationale Gesellschaftsrecht kodifizieren wird, ist derzeit nicht absehbar (→ Rn. 218). Nach der Sitztheorie deutschen Musters kann das deutsche Gesellschaftsstatut allenfalls dann beibehalten werden, wenn der tatsächliche Sitzstaat der Gründungstheorie folgt (→ Rn. 203 f.). Ob die Rspr. für deutsche Gesellschaften ohne ein klares Votum des Gesetzgebers von der Sitztheorie abgehen wird, ist gegenwärtig nicht zu prognostizieren. Die Niederlassungsfreiheit gebietet es dem Gründungsstaat nach der Entscheidung „Cartesio" nicht, das Erfordernis eines inländischen Verwaltungssitzes aufzugeben.[312] Auch eine Diskriminierung ausländischer Rechtsträger liegt insoweit nicht vor, da der Fall einer Beteiligung deutscher Kapitalgesellschaften mit Auslandssitz ebenso behandelt wird.

---

wonach sich aus der Niederlassungsfreiheit nur die Pflicht zur Anerkennung als Ausfluss der Zuzugsfreiheit ergebe, nicht aber die Beteiligungsfähigkeit EU-ausländischer Gesellschaften.

[304] Bejahend die herkömmliche Ansicht, vgl. BayObLG NJW 1986, 3029 (3031); HCL/*Behrens/Hoffmann* GmbHG Einl. B Rn. 99; Staub/*Hüffer* HGB § 19 Rn. 81; Röhricht/Graf von Westphalen/*Haas* HGB § 105 Rn. 59; *Schlichte* DB 2006, 87 (91); *Werner* GmbHR 2005, 288 (291); im Grundsatz auch *Teichmann* ZGR 2014, 220 (228), jedoch mit dem Hinweis, entsprechende Beteiligungsbeschränkungen des ausländischen Rechts zielten idR darauf ab, den – für das deutsche Recht gerade aufgegebenen – Grundsatz durchzusetzen, dass in einer Personengesellschaft zumindest eine natürliche Person als Vollhafter beteiligt sein müsse, weshalb sich hieraus meist kein Hinderungsgrund für die Beteiligung an einer deutschen Personengesellschaft ergebe; Scholz/*H. P. Westermann* GmbHG Anh. § 4a Rn. 59; offenlassend OLG Saarbrücken NJW 1990, 647. Für ausschließliche Beurteilung nach deutschem Recht hingegen EBJS/*Henze/Notz* HGB Anh. 1 § 177a Rn. 29; ferner – jeweils unter Fehlzitat der Entscheidungen des BayObLG und des OLG Saarbrücken – Baumbach/Hopt/*Roth* HGB Anh. § 177a Rn. 11; MüKoHGB/*K. Schmidt* HGB § 105 Rn. 89.

[305] Ebenso iErg Röhricht/Graf von Westphalen/*Ries* HGB § 19 Rn. 68; HCL/*Behrens/Hoffmann* GmbHG Einl. B Rn. 99.

[306] EuGH Slg. 2002, I-9919 = NJW 2002, 3614 – Überseering.

[307] OLG Frankfurt DNotZ 2008, 860; LG Bielefeld NZG 2006, 504; *Kowalski/Bormann* GmbHR 2005, 1045; *Teichmann* ZGR 2014, 220 (229 ff.); MüKoBGB/*Kindler* IntGesR Rn. 558; *Rehm* in Eidenmüller, Ausländische Kapitalgesellschaften im deutschen Recht, 2004, § 4 Rn. 51 f.; Palandt/*Thorn* EGBGB Anh. Art. 12 Rn. 5, 19; aA noch *AG Oeynhausen* GmbHR 2005, 1045.

[308] Zur Vereinbarkeit des Erfordernisses eines Inlandssitzes mit dem Unionsrecht EuGH NJW 2009, 569 Rn. 108 ff., 110 – Cartesio.

[309] S. auch *Mülsch/Nohlen* ZIP 2008, 1358 ff.; *Teichmann* ZGR 2014, 220 (229); MüKoBGB/*Kindler* IntGesR Rn. 558.

[310] Ob anderes gelten würde, wenn die Geschäftsführung der KG inländischen Kommanditisten übertragen wäre, erscheint zweifelhaft.

[311] *Ebenroth/Auer* DNotZ 1990, 139 (148 f.); *Mülsch/Nohlen* ZIP 2008, 1358 (1359); *Teichmann* ZGR 2014, 220 (229); MüKoBGB/*Kindler* IntGesR Rn. 558.

[312] EuGH NJW 2009, 569 Rn. 108 ff., 110 – Cartesio.

Die Übernahme der Komplementärstellung oder einer sonstigen Beteiligung kann **nicht** 123 **davon abhängig** gemacht werden, dass die EU-ausländische Kapitalgesellschaft zunächst eine **Zweigniederlassung** zum deutschen Handelsregister anmeldet und eintragen lässt.[313] Allein die Übernahme der Geschäftsführung in einer KG begründet nach überwiegender Ansicht nicht ohne Weiteres eine Zweigniederlassung im registerrechtlichen Sinne (→ Rn. 554).[314] Im Übrigen zum **Register-, Publizitäts-, Firmen- und Haftungsrecht** → Rn. 565, → Rn. 671 ff.

IV. Diskriminierungs- und Beschränkungsverbot

1. Beschränkungen der Niederlassungsfreiheit. a) Allgemeines. Ebenso wie die 124 anderen Grundfreiheiten wird auch die Niederlassungsfreiheit heute in der Rspr. des EuGH und von der ganz hL als „allgemeines Beschränkungsverbot" interpretiert. Systematisch ist insoweit zwischen **Diskriminierungen** der Angehörigen aus anderen Mitgliedstaaten im Zusammenhang mit der grenzüberschreitenden Niederlassung (→ Rn. 127 ff.) und nicht diskriminierenden, **sonstigen Beschränkungen** (→ Rn. 136 ff.) zu unterscheiden. Bedeutung gewinnt die Unterscheidung der Beschränkungsarten allenfalls noch bei der Frage der Rechtfertigung (→ Rn. 175 ff.).

Adressaten des Beschränkungsverbots sind zunächst die **Mitgliedstaaten**. Ihren Gerich- 125 ten, Behörden sowie sonstigen Organen und Institutionen obliegt es aufgrund der unionsrechtlichen Förderpflicht (Art. 4 Abs. 3 EUV), die effektive Wahrnehmung der Niederlassungsfreiheit zu ermöglichen und zu erleichtern. Die **Gemeinschaftsorgane** sind zumindest an die Zielsetzungen der Grundfreiheiten gebunden,[315] die Reichweite dieser Bindung ist indes im Einzelnen unklar (→ Rn. 151 ff., → Rn. 163 ff.). Nach heute gefestigter Rspr. kann sich die Niederlassungsfreiheit ferner ebenso wie die Arbeitnehmerfreizügigkeit und die Dienstleistungsfreiheit in engen Grenzen auch gegen Zusammenschlüsse **Privater** richten, deren Regelwerke die abhängige Erwerbstätigkeit, die selbstständige Arbeit und die Erbringung von Dienstleistungen kollektiv regeln.[316] Die weitergehende Entscheidung in der Rechtssache Angonese, in der im Kontext der Arbeitnehmerfreizügigkeit auch eine unmittelbare Bindung einzelner Privater bejaht wurde, ist zu Recht vereinzelt geblieben.[317]

Die **Rechtsfolge** eines Verstoßes nationalen Rechts gegen die unmittelbar anwendbare 126 (→ Rn. 6) Niederlassungsfreiheit besteht nach stRspr des EuGH darin, dass die betreffende mitgliedstaatliche Rechtsvorschrift unangewendet zu bleiben hat **(Anwendungsvor-**

---

[313] OLG Frankfurt DNotZ 2008, 860; Röhricht/Graf von Westphalen/*Ries* HGB § 19 Rn. 68 mit Fn. 2; *Rehberg* in Eidenmüller, Ausländische Kapitalgesellschaften im deutschen Recht, 2004, § 5 Rn. 86; *Süß* GmbHR 2005, 673 f.; *Wachter* GmbHR 2006, 79 (80); aA *Kowalski/Bormann* GmbHR 2005, 1045 (1046); *Werner* GmbHR 2005, 288 (291 f.); *Zöllner* GmbHR 2006, 1 (9).

[314] S. OLG Frankfurt DNotZ 2008, 860 (861 f.) (selbst wenn die Komplementärin sich ausschließlich auf die Geschäftsführung der KG beschränkt, dh auch keinerlei Tätigkeit im Gründungsstaat entfaltet); *Mankowski/Knöfel* in Hirte/Bücker Grenzüberschreitende Gesellschaften-HdB § 13 Rn. 11b; *Süß* GmbHR 2005, 673; aA für Entstehung einer registerpflichtigen Zweigniederlassung durch Übernahme der Komplementärtätigkeit MüKoHGB/*Krafka* HGB § 33 Rn. 7; *Kowalski/Bormann* GmbHR 2005, 1045 (1046); *Werner* GmbHR 2005, 288 (291 f.); *Zöllner* GmbHR 2006, 1 (9).

[315] S. EuGH Slg. 2000, I-9131 Rn. 23 f. – Luxemburg/Parlament und Rat; EuGH Slg. 2003, I-9409 Rn. 26 – Bosal; vgl. auch Streinz/*Müller-Graff* AEUV Art. 49 Rn. 33, 37 mwN; Grabitz/Hilf/Nettesheim/*Forsthoff* AEUV Art. 45 Rn. 131 ff., Art. 49 Rn. 71.

[316] S. etwa EuGH EuZW 2008, 246 Rn. 33 – Viking: Eingriff in die Niederlassungsfreiheit durch Kollektivmaßnahme einer gewerkschaftlichen Organisation; zuvor schon EuGH Slg. 1974, 1405 Rn. 17 – Walrave; EuGH Slg. 1976, 1333 Rn. 17 – Donà; EuGH Slg. 1977, 1091 Rn. 28 – van Ameyde; EuGH Slg. 1995, I-4921 Rn. 82 – Bosman; EuGH Slg. 2000, I-2549 Rn. 47 – Deliège; EuGH Slg. 2002, I-1577 Rn. 120 – Wouters ua Eine Drittwirkung befürwortend auch Streinz/*Müller-Graff* AEUV Art. 49 Rn. 38; Grabitz/Hilf/Nettesheim/*Forsthoff* AEUV Art. 45 Rn. 152 ff., Art. 49 Rn. 71; *Steindorff* EG-Vertrag S. 300; *Ganten,* Die Drittwirkung der Grundfreiheiten, 2000, 56 ff., 94 ff. Krit. *W.-H. Roth* FS Everling, 1995, 1231 (1245); Streinz/Leible EuZW 2000, 459 (464 ff.); s. auch *Classen* EuR 2004, 416 (427 ff.) mwN, dort auch zur Diskussion um die Ableitung staatlicher Schutzpflichten aus den Grundfreiheiten. Speziell zum Verbot von Mehrheitsbeteiligungen an Fußball-Kapitalgesellschaften nach den Satzungen des Ligaverbands und des DFB (sog. „50+1"-Regel) *Stöber* BB 2015, 962.

[317] EuGH Slg. 2000, I-4139 – Angonese. Krit. *Streinz/Leible* EuZW 2000, 459 (464 ff.).

rang).³¹⁸ Die mitgliedstaatlichen Gerichte und Behörde haben diesen Anwendungsvorrang von Amts wegen zu beachten. Darüber hinaus ist die betroffene Rechtsnorm in unionsrechtskonformer Weise anzupassen (**Anpassungspflicht**).³¹⁹ Zudem ist im mitgliedstaatlichen Recht sicherzustellen, dass der unmittelbar anwendbaren Niederlassungsfreiheit im Einzelfall zur Geltung verholfen wird. Die maßgeblichen Regelungen dürfen dabei nicht ungünstiger sein als für gleichartige innerstaatliche Sachverhalte (**Äquivalenzgrundsatz**). Die Ausübung der durch die Unionsrechtsordnung verliehenen Rechte darf selbstverständlich auch nicht praktisch unmöglich gemacht oder übermäßig erschwert werden (**Effektivitätsgrundsatz**) (→ Rn. 80, → Rn. 195, → Rn. 384).³²⁰ Auch kann ein Mitgliedstaat aufgrund seiner unionsrechtlichen **Schutzpflicht** (Art. 4 Abs. 3 EUV) verpflichtet sein, Behinderungen der Niederlassungsfreiheit im Verhältnis zwischen Privaten zu beseitigen.³²¹ Schäden, die einem berechtigten Marktteilnehmer aus einer gegen die Niederlassungsfreiheit verstoßenden Maßnahme entstehen, können zur **Staatshaftung** des betreffenden Mitgliedstaats führen.³²² Die Haftung der Union für schadenträchtige Verstöße durch ihre Organe und Bediensteten bestimmt sich nach Art. 340 Abs. 2 AEUV, im Falle der EZB nach Art. 340 Abs. 3 AEUV. Hat ein nationales Gericht Zweifel über die Reichweite der Niederlassungsfreiheit, können bzw. müssen diese im Wege eines **Vorabentscheidungsverfahrens gem. Art. 267 AEUV** geklärt werden. Die Vorlagepflicht besteht demgegenüber außer im Falle fehlender Entscheidungserheblichkeit nicht, wenn die betreffende Rechtsfrage bereits durch die Rspr. des EuGH entschieden wurde oder die richtige Anwendung des Unionsrechts derart offenkundig ist, dass für einen vernünftigen Zweifel keinerlei Raum verbleibt (**acte-clair-Doktrin**).³²³ Diese Ausnahme greift insbesondere dann nicht, wenn von einer einschlägigen Rspr. zur Rechtslage in einem anderen Mitgliedstaat abgewichen werden soll.³²⁴ Daneben kann die Kommission ein Vertragsverletzungsverfahren nach Art. 258 AEUV einleiten. Verstöße durch Organe der Union unterliegen der Prüfung gem. Art. 263, 267 und 277 AEUV.

127 b) **Diskriminierungen. aa) Überblick.** Nach Art. 49 Abs. 2 AEUV besteht das Recht zur Niederlassung „nach den Bestimmungen des Aufnahmestaates für seine eigenen Angehörigen". Dieses sog. **Inländerbehandlungsgebot** bildet den Kern der Niederlassungsfreiheit. Das Diskriminierungsverbot richtet sich gegen **Schlechterstellungen** aufgrund der **Staatsangehörigkeit**. Abzustellen ist dabei auf Inländer in einer gleichartigen Lage.³²⁵

---

³¹⁸ EuGH Slg. 1964, 1253 (1269) f. – Costa/ENEL; EuGH Slg. 1978, 629 Rn. 16, 21 – Simmenthal; EuGH Slg. 1990, I-2433 Rn. 19 – Factortame ua; EuGH EuZW 2013, 238 Rn. 38 – Philips Electronics UK Ltd.
³¹⁹ EuGH Slg. 1988, 1637 Rn. 15 f. – Kommission/Griechenland; EuGH Slg. 1996, I-1307 Rn. 30 – Kommission/Frankreich; EuGH Slg. 1999, I-4899 Rn. 14 – Kommission/Belgien.
³²⁰ S. etwa EuGH NZG 2012, 871 Rn. 48 – VALE; EuGH Slg. 2007, I-1891 Rn. 63 – Placanica.
³²¹ EuGH Slg. 1997, I-6959 Rn. 30 ff. – Kommission/Frankreich (Schutz gegenüber mit der Warenverkehrsfreiheit konfligierender Agrarblockaden); ferner EuGH Slg. 2003, I-5695 Rn. 58 ff. – Schmidberger (Brennerblockaden).
³²² EuGH Slg. 1997, I-1029 Rn. 51 – Brasserie du Pêcheur. Die Möglichkeit einer weitergehenden Haftung im Verhältnis zwischen Privaten bejahend Streinz/*Müller-Graff* AEUV Art. 49 Rn. 109 unter Hinweis auf die zu Art. 101 AEUV ergangene Entscheidung EuGH Slg. 2001, I-6297 – Courage/Crehan.
³²³ EuGH Slg. 1982, 3415 – CILFIT/Ministerio della Sanità. Die Gerichte müssen die volle Wirksamkeit des Unionsrechts und den unionsrechtlichen Individualschutz sicherstellen (vgl. EuGH Slg. 1978, 629 Rn. 14/16 – Simmenthal; EuGH Slg. 1991, I-5357 Rn. 32 – Francovich). Zwar entscheidet der EuGH nicht über die Auslegung des nationalen Rechts (Art. 19 EUV) und darf sich nicht zur Anwendung des Unionsrechts auf einen konkreten Fall äußern (Calliess/Ruffert/*Wegener* AEUV Art. 267 Rn. 4). Der EuGH gibt dem nationalen Gericht aber „alle Hinweise zur Auslegung des Gemeinschaftsrechts ..., die es diesem ermöglichen, die Frage der Vereinbarkeit für die Entscheidung des bei ihm anhängigen Rechtsstreits zu beurteilen" (EuGH Slg. 1995, I-4165 Rn. 19 – Gebhard). Einschr. zur Vorlagepflicht hingegen *U. Huber* in Lutter Auslandsgesellschaften S. 131 (189 f.).
³²⁴ EuGH EuZW 2018, 1038 – Kommission/Frankreich.
³²⁵ Streinz/*Müller-Graff* AEUV Art. 49 Rn. 41 f.; von der Groeben/Schwarze/Hatje/*Tiedje* AEUV Art. 49 Rn. 74. Verboten ist die Ungleichbehandlung von Gleichem und die Gleichbehandlung von Ungleichem, vgl. EuGH Slg. 1995, I-225 Rn. 30 – Schumacker; EuGH Slg. 1995, I-2493 Rn. 17 – Wielockx; EuGH Slg. 1996, I-3089 Rn. 40 – Asscher; EuGH Slg. 1999, I-2651 Rn. 26 – Royal Bank of Scotland; aA *Schnichels* S. 90 f.

Unzweifelhaft ist ferner, dass die Niederlassungsfreiheit ganz allgemein auch einer **Diskriminierung grenzüberschreitender Niederlassungsvorgänge** gegenüber Inlandssachverhalten entgegensteht.[326] Namentlich dürfen nützliche gesellschaftsrechtliche oder steuerliche **Gestaltungsmöglichkeiten** nicht auf Gesellschaften beschränkt werden, die dem inländischen Recht unterliegen oder im Inland ansässig sind.[327] Die Niederlassungsfreiheit erweist sich somit als **Ausprägung des allgemeinen Diskriminierungsverbots** (Art. 18 AEUV).[328] Soweit Art. 49 AEUV eingreift, schließt dies die Anwendung von Art. 18 AEUV aus.[329] Praktische Bedeutung kommt dieser Spezialität auch im Hinblick auf die Möglichkeiten einer Rechtfertigung nicht zu, obgleich das allgemeine Diskriminierungsverbot seinem Wortlaut nach nicht unter einem Rechtfertigungsvorbehalt steht.[330]

Der EuGH hat das Diskriminierungsverbot schrittweise ausgebaut und sich dabei namentlich auf das Allgemeine Programm vom 18.12.1961 zur Beseitigung der Beschränkungen der Niederlassungsfreiheit (→ Rn. 2) berufen, dem er „nützliche Hinweise" zur Auslegung der Niederlassungsfreiheit entnimmt.[331] Unerheblich ist daher, ob die Diskriminierung den Niederlassungsvorgang im engeren Sinne betrifft oder sich auf **Begleitumstände** oder **Rahmenbedingungen** der Niederlassung – etwa das berufliche, gewerbliche oder familiäre Umfeld – bezieht.[332] Insoweit wird der Schutzbereich der Niederlassungsfreiheit gegenüber dem allgemeinen Diskriminierungsverbot des Art. 18 AEUV ausgedehnt.

Da die Art. 49 ff. AEUV auf reine Inlandssachverhalte ohne grenzüberschreitenden Bezug keine Anwendung finden,[333] steht die Niederlassungsfreiheit einer **Inländerdiskrimi-**

---

[326] EuGH BeckRS 2018, 10929 Rn. 19 ff. – Bevola.
[327] S. etwa die Entscheidungen zum Ausschluss grenzüberschreitender Umwandlungen in den Rechtssachen Sevic und VALE (EuGH Slg. 2005, I-10805 = NJW 2006, 425 – Sevic; EuGH NJW 2012, 2715 – VALE; näher → Rn. 95 f.); zum Schutz eines grenzüberschreitenden verschmelzungsrechtlichen Squeezeout *Mayer* NZG 2012, 561 (564); *Kiefner/Prügel* AG 2011, 525 (533). Aus steuerlicher Sicht ferner beispielhaft EuGH NZG 2015, 307 – Kommission/Vereinigtes Königreich (grenzüberschreitender Konzernabzug von Verlusten); EuGH DStR 2014, 1333 – SCA Group Holding BV ua (Bildung einer steuerlichen Einheit nur mit inlandsansässigen Gesellschaften).
[328] EuGH Slg. 1974, 631 Rn. 15 f. – Reyners; EuGH Slg. 1977, 1199 Rn. 9 – Patrick; EuGH Slg. 1979, 437 Rn. 16/19 – Auer I; EuGH Slg. 1984, 3677 Rn. 10 – Fearon; EuGH Slg. 1985, 1819 Rn. 14 – Steinhauser; EuGH Slg. 1986, 273 Rn. 14 – Kommission/Frankreich (avoir fiscal); EuGH Slg. 1986, 2375 Rn. 12 ff. = NJW 1987, 571 – Segers; EuGH Slg. 1987, 719 Rn. 11 – Kommission/Belgien (Laboratorien); EuGH Slg. 1988, 4879 Rn. 11 – Gauchard; EuGH Slg. 1988, 2029 Rn. 11 – Bekaert; EuGH Slg. 1989, 4035 Rn. 8 – Kommission/Italien (EDV); EuGH Slg. 1991, I-3905 Rn. 28 – Factortame; EuGH Slg. 1991, I-4585 Rn. 29 – Kommission/Vereinigtes Königreich; EuGH Slg. 1993, I-1191 Rn. 12 – Konstantinidis; EuGH Slg. 1995, I-2493 Rn. 16 – Wielockx; EuGH Slg. 1996, I-3089 Rn. 36 – Asscher; EuGH Slg. 1997, I-2471 Rn. 19 – Futura; EuGH Slg. 2000, I-2787 Rn. 17 – Baars.
[329] EuGH Slg. 1974, 631 Rn. 15, 16/20 – Reyners; EuGH Slg. 1989, 1461 Rn. 12 f. – Kommission/Griechenland; EuGH Slg. 1994, I-1137 Rn. 12 – Halliburton Services; EuGH Slg. 1996, I-929 Rn. 20 f. – Skanavi; EuGH Slg. 2000, I-2787 Rn. 23 – Baars; EuGH Slg. 2000, I-9131 Rn. 23 – Luxemburg/Europäisches Parlament und Rat; EuGH Slg. 2001, I-1727 Rn. 38–40 – Metallgesellschaft/Hoechst; EuGH DStRE 2008, 572 Rn. 28, 29 – Hollmann; EuGH DStRE 2008, 1072 (1073) Rn. 14 – Lammers & Van Cleeff NV; EuGH EWS 2014, 98 Rn. 25 f. – Hervis; Streinz/*Müller-Graff* AEUV Art. 49 Rn. 111 und Streinz/*Streinz* Art. 18 Rn. 2 f., 14; von der Groeben/Schwarze/Hatje/*Tiedje* AEUV Art. 49 Rn. 73 mwN.
[330] S. EuGH Slg. 1994, I-467 Rn. 17 – Mundt & Fester; EuGH Slg. 1997, I-285 Rn. 19 – Pastoors; EuGH Slg. 1997, I-1711 Rn. 24 f. – Hayes/Kronenberger; EuGH Slg. 1998, I-2265 Rn. 114 – Vereinigtes Königreich/Kommission; EuGH Slg. 2005, I-5781 Rn. 28 – Tod's SpA, Tod's France SARL/Heyraud SA; EuGH NZG 2015, 307 – Kommission/Vereinigtes Königreich; vgl. auch EuGH Slg. 1997, I-5325 Rn. 26 ff. – Saldanha; von der Lit. Streinz/*Streinz* AEUV Art. 18 Rn. 58 ff. mwN; *Streinz/Leible* IPRax 1998, 162 (168); Grabitz/Hilf/Nettesheim/*v. Bogdandy* AEUV Art. 18 Rn. 22 f. mwN.
[331] S. EuGH Slg. 1977, 765 Rn. 13/14 – Thieffry; EuGH Slg. 1988, 29 Rn. 14 – Kommission/Italien; EuGH Slg. 1999, I-3289 Rn. 27 – Meussen.
[332] S. EuGH Slg. 1978, 2293 Rn. 4 – Choquet: Verlangen des Erwerbs eines inländischen Führerscheins als „mittelbare Beeinträchtigung" der Niederlassungsfreiheit; EuGH Slg. 1985, 1819 Rn. 16 – Steinhauser: Anmietung von Räumlichkeiten; EuGH Slg. 1986, 2375 Rn. 15 = NJW 1987, 571 – Segers: Sozialschutz; EuGH Slg. 1999, I-3289 Rn. 25: Studienvergünstigungen für Kinder; Streinz/*Müller-Graff* AEUV Art. 49 Rn. 43, 52; von der Groeben/Schwarze/Hatje/*Tiedje* AEUV Art. 49 Rn. 76.
[333] S. etwa EuGH Slg. 1987, 719 – Kommission/Belgien; EuGH Slg. 1987, 4879 Rn. 10 ff. – Gauchard; EuGH Slg. 1988, 2029 Rn. 11 f. – Bekaert; EuGH Slg. 1990, I-3537 Rn. 10 f. – Nino ua; EuGH Slg. 1993,

rung, dh der Schlechterstellung inländischer Unternehmen im Verhältnis zu EU-ausländischen Unternehmen, grundsätzlich nicht entgegen (→ Rn. 47).³³⁴ Allerdings darf kein Mitgliedstaat die Niederlassung seiner Angehörigen in anderen Mitgliedstaaten beschränken oder den Gebrauch der Niederlassungsfreiheit durch seine Angehörigen dadurch unattraktiv machen, dass er ihre Rückkehr behindert (sog. **Wegzugs- und Rückwanderungsfreiheit;** → Rn. 49). Für die hier interessierenden Kapitalgesellschaften gelten jedoch nach der „Cartesio"-Entscheidung auch insoweit andere Grundsätze (→ Rn. 67 ff.).

130   **bb) Offene Diskriminierungen.** Die Abgrenzung zwischen offenen und versteckten Diskriminierungen³³⁵ bezieht sich auf die Augenfälligkeit der verbotenen Differenzierung zwischen In- und Ausländern. Um eine **offene Diskriminierung** handelt es sich, wenn die Diskriminierung unmittelbar an die Staatsangehörigkeit anknüpft,³³⁶ etwa Vergünstigungen Inländern vorbehält oder Belastungen auf Ausländer beschränkt.

131   Während bei natürlichen Personen die Staatsangehörigkeit das maßgebliche **Diskriminierungskriterium** darstellt, ist bei Gesellschaften iSd Art. 54 AEUV richtigerweise auf die **Gründung** nach dem Recht eines Mitgliedstaates abzustellen.³³⁷ Dem können Differenzierungen nach dem **registrierten Satzungssitz** gleichgestellt werden, da die Registrierung der Gesellschaft nach geltendem Recht stets im Mitgliedstaat der Gründung erfolgen muss.³³⁸

132   Für die Anknüpfung an die Lage der **Hauptverwaltung** oder **Hauptniederlassung** gilt dies **nicht.**³³⁹ Durch die Rspr. des EuGH ist heute klargestellt, dass EU-ausländische Gesellschaften ihre Hauptniederlassung oder ihren Hauptverwaltungssitz in jedem Mitgliedstaat errichten dürfen, sofern der Gründungsstaat dies zulässt (→ Rn. 67 ff., → Rn. 74 ff.). Zwischen der Lage der Hauptverwaltung oder Hauptniederlassung und der Staatszugehörigkeit einer Gesellschaft besteht daher kein zwangläufiger Zusammenhang. Diesbezügliche Differenzierungen können allenfalls versteckte Diskriminierungen darstellen (→ Rn. 134 f.).

---

429 Rn. 16 – Werner; zum allgemeinen Diskriminierungsverbot etwa EuGH NJW 2009, 135 Rn. 16 ff. – Stefan Grunkin/Standesamt Niebüll.
  ³³⁴ Streinz/*Müller-Graff* AEUV Art. 49 Rn. 55.
  ³³⁵ Die Begrifflichkeiten sind uneinheitlich. Teils wird nicht zwischen offenen und versteckten unterschieden, sondern stattdessen mit gleicher Bedeutung und – missverständlich – zwischen direkten und indirekten oder zwischen unmittelbaren und mittelbaren Diskriminierungen unterschieden (vgl. Grabitz/Hilf/Nettesheim/*Forsthoff* AEUV Art. 49 Rn. 79 und Grabitz/Hilf/Nettesheim/*v. Bogdandy* Art. 18 Rn. 10; Streinz/*Müller-Graff* AEUV Art. 49 Rn. 43; von der Groeben/Schwarze/Hatje/*Tiedje* AEUV Art. 49 Rn. 74 ff.).
  ³³⁶ Vgl. EuGH Slg. 1977, 765 Rn. 13/14 – Thieffry; EuGH Slg. 1980, 3427 Rn. 9 – Boussac Saint-Frères; ebenso EuGH Slg. 1989, 4035 Rn. 8 – Kommission/Italienische Republik (EDV); EuGH Slg. 1995, I-225 Rn. 21, 26 – Schumacker; EuGH Slg. 1995, I-2493 Rn. 16 – Wielockx; EuGH Slg. 1996, I-3089 Rn. 36 – Asscher; EuGH Slg. 1999, I-4809 – Société Baxter.
  ³³⁷ So auch Streinz/*Müller-Graff* AEUV Art. 49 Rn. 41. S. ferner Art. 199 Nr. 4 AEUV, der von „allen natürlichen und juristischen Personen" spricht, „welche die Staatsangehörigkeit der Mitgliedstaaten" besitzen. Damit kann nur die durch die Gründung erworbene und nach Maßgabe des Gründungsrechts noch fortbestehende Zuordnung zur Rechtsordnung des Gründungsstaates gemeint sein – die freilich für das iÜ anwendbare Gesellschaftsrecht nicht abschließend ist, vgl. → Rn. 245 ff.; → Rn. 255 ff.; → Rn. 283 ff.; → Rn. 289 ff.; → Rn. 319 ff.
  ³³⁸ Vgl. auch, wenngleich undeutlich auf den „Sitz iSd Art. 48 EG" (heute Art. 54 AEUV) abstellend, EuGH Slg. 2006, I-11673 Rn. 43 – Test Claimants in Class IV of the ACT Group Litigation; EuGH IStR 2008, 515 Rn. 77 – Burda; EuGH IStR 2009, 135 Rn. 32 – Truck Center; EuGH IStR 2009, 499 (501) Rn. 38 – Oy. S. aber auch die Nachweise in der folgenden Fn.
  ³³⁹ Vgl. *Ego*, Europäische Niederlassungsfreiheit der Kapitalgesellschaft und deutsches Gläubigerschutzrecht, 2006, 197 f., 224 f. Insoweit ist die Formulierung des EuGH unklar, wonach bei Gesellschaften iSd Art. 54 AEUV der satzungsmäßige Sitz, die Hauptverwaltung oder die Hauptniederlassung dazu dienen, „ihre Zugehörigkeit zur Rechtsordnung eines Mitgliedstaates zu bestimmen" (vgl. EuGH Slg. 1986, 2375 Rn. 13 = NJW 1987, 571 – Segers; EuGH Slg. 1986, 273 Rn. 18 – Kommission/Frankreich (avoir fiscal); EuGH Slg. 1993, I-4017 Rn. 13 – Commerzbank; EuGH Slg. 1998, I-4695 Rn. 20 – ICI; EuGH Slg. 1999, I-1459 Rn. 20 = NJW 1999, 2027 – Centros; EuGH Slg. 1999, I-6161 Rn. 36 – Saint Gobain; EuGH Slg. 1999, I-2651 Rn. 23 – Royal Bank of Scotland; EuGH Slg. 2002, I-9919 Rn. 57 = NJW 2002, 3614 – Überseering; EuGH Slg. 2003, I-10155 Rn. 97 = NJW 2003, 3331 – Inspire Art; EuGH DStRE 2008, 1072 Rn. 19 – Lammers & Van Cleeff NV; unklar auch EuGH DStR 2014, 1333 Rn. 45 – SCA Group Holding BV ua mwN: „Sitz iSd Art. 54 AEUV"). Undeutlich von der Groeben/Schwarze/Hatje/*Tiedje* AEUV Art. 49 Rn. 74, 86 f.: „Sitz" der Gesellschaft.

Nach den dargestellten Grundsätzen (→ Rn. 131) lag in den Urteilen „**Übersee-** 133 **ring**",[340] „**Centros**"[341] und „**Segers**"[342] jeweils eine offene Diskriminierung vor. Gleiches würde für die Annahme gelten, dass eine Umwandlung nur zwischen Rechtsträgern mit Satzungssitz im Inland möglich sei. Derartige Umwandlungsbeschränkungen hat der EuGH in den Rechtssachen „**Sevic**", „**Cartesio**" und „**VALE**" verworfen und klargestellt, dass nur diskriminierungsfreie, verhältnismäßige Beschränkungen grenzüberschreitender Verschmelzungen und Formwechsel zulässig seien (→ Rn. 92 ff.).[343] Im Übrigen hat das Verbot offener Diskriminierungen für Gesellschaften bisher namentlich im Steuerrecht praktische Relevanz erlangt.[344]

cc) **Versteckte Diskriminierungen.** Versteckte Diskriminierungen[345] enthalten sol- 134 che Regelungen, die zwar nach ihrem Wortlaut unterschiedslos für In- und Ausländer gelten, tatsächlich aber **ausschließlich oder typischerweise Ausländer benachteiligen.**[346] Dies ist etwa der Fall, wenn ausländische Befähigungsnachweise trotz Gleichwertigkeit nicht anerkannt werden[347] oder Vergünstigungen an einen inländischen Wohnsitz

---

[340] EuGH Slg. 2002, I-9919 = NJW 2002, 3614 – Überseering. Ebenso wohl Streinz/*Müller-Graff* AEUV Art. 49 Rn. 45; aA die deutsche Regierung, die in dem Verfahren gegen das Vorliegen einer Diskriminierung vorgetragen hatte, dass nach der Sitztheorie (→ Rn. 201 ff.) auch deutschen Kapitalgesellschaften mit Hauptverwaltungssitz im Ausland die Rechts- und Parteifähigkeit abgesprochen werde (vgl. EuGH Slg. 2002, I-9919 Rn. 85 = NJW 2002, 3614 – Überseering). Diese Argumentation ist zirkulär, da sie die Vorfrage, ob eine niederlassungsberechtigte Gesellschaft vorhanden ist, mit der Bildung der Vergleichsgruppe vermengt. Eine Diskriminierung war zu bejahen, weil Vergleichsgruppe für die Beurteilung der Beschränkung nur diejenigen inländischen Gesellschaften sein können, die nach dem Recht des Zuzugsstaates wirksam bestehen. Die Entscheidung über die wirksame Gründung und den Fortbestand obliegt nämlich nach Art. 54 AEUV nur dem Gründungsstaat. Zuvor bereits eine diskriminierende Wirkung der Sitztheorie bejahend *Drobnig* ZHR 129 (1967), 93 (117); *Behrens* RabelsZ 52 (1988), 498 (518 ff.); *Knobbe-Keuk* ZHR 154 (1990), 325 (344 f.); *Knobbe-Keuk* DB 1990, 2573 (2580); s. auch *Schwarz* EuropGesR Rn. 176, der gleichwohl von einer Vereinbarkeit der „Sitztheorie" mit der Niederlassungsfreiheit ausging.
[341] EuGH Slg. 1999, I-1459 = NJW 1999, 2027 – Centros. Es handelte sich um eine offene Diskriminierung, da die Beschränkung, die Eintragung einer Zweigniederlassung unter dem Aspekt der Umgehung des inländischen Gesellschaftsrechts zu verweigern, bei inländischen Gesellschaften naturgemäß nicht in Betracht kommt; aA Streinz/*Müller-Graff* AEUV Art. 49 Rn. 49: versteckte Diskriminierung; unklar *Puszkajler* IPRax 2000, 79 (80): „Diskriminierung".
[342] EuGH Slg. 1986, 2375 Rn. 17 = NJW 1987, 571 – Segers.
[343] Den Ausschluss EU-ausländischer Rechtsträger von Umwandlungsmaßnahmen als solchen als nicht diskriminierende Beschränkung einordnend *Teichmann* DB 2012, 2085 (2089).
[344] EuGH Slg. 1986, 273 – Kommission/Frankreich (Steuergutschrift nicht für Unternehmen mit Auslandssitz und Zweigniederlassung im Inland); EuGH Slg. 1993, I-4017 – Commerzbank (kein Rückerstattungszuschlag für Gesellschaften mit steuerlichem Auslandssitz im Fall der Rückzahlung rechtsgrundlos gezahlter Steuern); EuGH Slg. 1997, I-2471 – Futura (kein Verlustvortrag für inländische Zweigniederlassungen von Gesellschaften mit Sitz im Ausland); EuGH Slg. 1998, I-4695 – ICI (Steuervorteile für Beteiligte einer Holdinggesellschaft nur bei Inlandssitz der Tochtergesellschaften); EuGH Slg. 1999, I-2651 – Royal Bank of Scotland (diskriminierender Steuersatz für Gesellschaften mit Auslandssitz); EuGH Slg. 1999, I-6161 – Saint Gobain (diskriminierende Beschränkung des Schachtelprivilegs für Dividenden beschränkt steuerpflichtiger Betriebsstätten im Inland bei Auslandssitz der Kapitalgesellschaft); EuGH Slg. 1999, I-8261 – X und Y I (steuerliche Ungleichbehandlung von Konzernbeiträgen nach dem Sitz der Tochtergesellschaft); EuGH Slg. 2000, I-2787 – Baars (Vermögensteuerbefreiung für Kontrollanteilsbesitz nur bei Inlandssitz des kontrollierten Unternehmens); EuGH Slg. 2000, I-11619 – Amid (nur eingeschränkte Verlustübertragung bei Gewinnwirtschaftung in anderen Mitgliedstaaten); EuGH Slg. 2002, I-10829 – X und Y II (kein Steueraufschub bei Übertragung von Aktien auf ausländische Gesellschaften); EuGH Slg. 2002, I-11779 – Lankhorst-Hohorst (Anrechnung nach § 8 Abs. 1 Nr. 2 KStG abhängig von Inlandssitz); EuGH DStRE 2008, 1072 – Lammers & Van Cleeff NV; EuGH IStR 2013, 239 – A Oy (Abzugsfähigkeit von Verlusten einer Tochtergesellschaft im Falle einer Fusion auf die Muttergesellschaft nur bei Gebietsansässigkeit der Tochtergesellschaft).
[345] S. auch Art. 36 S. 2, Art. 65 Abs. 3 AEUV: „verschleierte Beschränkung".
[346] EuGH Slg. 1980, 3427 Rn. 9 – Boussac Saint-Frères; EuGH Slg. 1989, 4035 Rn. 8 – Kommission/Italienische Republik (EDV); s. auch EuGH Slg. 1999, I-4809 – Société Baxter. Aus der neueren Rspr. etwa EuGH EuZW 2010, 578 Rn. 118 ff. – Blanco Pérez und Chao Gómez; EuGH EWS 2014, 98 – Hervis.
[347] S. EuGH Slg. 1977, 765 – Thieffry (juristische Qualifikation); EuGH Slg. 1977, 1199 – Patrick (Architektendiplom); EuGH Slg. 1983, 2727 – Auer II (Tierarztdiplom); EuGH Slg. 1991, I-2357 – Vlassopoulou (juristische Qualifikation); EuGH Slg. 1995, I-4165 – Gebhard (juristische Qualifikation).

anknüpfen.³⁴⁸ Häufig legen derartige Bestimmungen nach ihrem Inhalt und ihren Zielen die Annahme nahe, dass sie zu diskriminierenden Zwecken erlassen wurden.³⁴⁹ Insgesamt lassen sich viele Fälle, in denen der EuGH eine „nicht diskriminierende Beschränkung" (→ Rn. 136 ff.) bejaht hat, auch auf der Grundlage eines weit verstandenen Diskriminierungsverbots erklären.

135 Im Hinblick auf **Gesellschaften** sind insbesondere Wohnsitzerfordernisse für Gesellschafter oder Geschäftsleiter³⁵⁰ sowie Differenzierungen nach dem tatsächlichen Sitz, dh der Hauptverwaltung oder Hauptniederlassung, als versteckte Diskriminierungen zu qualifizieren. Eine versteckte Diskriminierung hat der EuGH ferner angenommen, wenn staatliche Aufträge nur an Unternehmen vergeben werden, die zumindest mehrheitlich unmittelbar oder mittelbar im Besitz des Aufnahmemitgliedstaates oder einer seiner Einrichtungen stehen.³⁵¹ Auch die Nichtanerkennung EU-ausländischer Gewinn- und Verlustübernahmeverträge, die von der Steuerverwaltung mit der Nichterfüllung der formalen Anforderungen des deutschen Steuerrechts, insbesondere der fehlenden Gleichwertigkeit der Registereintragung in ein EU-ausländisches Handelsregister, begründet wird, dürfte als versteckte Diskriminierung zu beurteilen sein.³⁵²

136 c) **Nicht diskriminierende Beschränkungen. aa) Überblick.** Spätestens seit den Urteilen „**Kraus**" und „**Gebhard**"³⁵³ steht außer Frage, dass der EuGH die Niederlassungsfreiheit ebenso wie die anderen Grundfreiheiten als **allgemeines Beschränkungsverbot** versteht. Danach bedürfen alle mitgliedstaatlichen Regelungen oder sonstigen Maßnahmen, die geeignet sind, die Wahrnehmung einer Grundfreiheit zu behindern oder weniger attraktiv zu machen, einer unionsrechtlichen Rechtfertigung. Den Grundstein für dieses Verständnis hatte der Gerichtshof indes schon lange zuvor gelegt, indem er das Ziel der Niederlassungs- und Dienstleistungsfreiheit dahingehend formuliert hatte, diese „mit der Geltung durch das Allgemeininteresse gerechtfertigter Berufsregelungen – namentlich der Vorschriften über Organisation, Befähigung, Standespflichten, Kontrolle, Verantwortlichkeit und Haftung – in Einklang [zu] bringen".³⁵⁴ In der **Lit.** wird diese Entwicklung ganz überwiegend befürwortet.³⁵⁵

137 Ob ein Eingriff als Diskriminierung zu qualifizieren ist, ist seither allenfalls noch im Hinblick auf die bestehenden **Rechtfertigungsmöglichkeiten** von Bedeutung (→ Rn. 175 ff.).³⁵⁶ Nicht diskriminierende Beschränkungen der Grundfreiheiten können nicht nur aus den geschriebenen Rechtfertigungsgründen (Art. 36, 45 Abs. 3, 52, 62, 64 ff. AEUV), sondern auch zum Schutz sonstiger zwingender Allgemeininteressen gerechtfertigt werden (→ Rn. 180 ff.). Dieser als sog. „**Gebhard-Formel**"³⁵⁷ bezeich-

---

³⁴⁸ Zahlreiche Nachweise und weitere Beispiele bei Streinz/*Müller-Graff* AEUV Art. 49 Rn. 50 f.; von der Groeben/Schwarze/Hatje/*Tiedje* AEUV Art. 49 Rn. 79; Grabitz/Hilf/Nettesheim/*Forsthoff* AEUV Art. 49 Rn. 81 ff.
³⁴⁹ Vgl. EuGH Slg. 1987, 719 Rn. 11 – Kommission/Belgien (Laboratorien).
³⁵⁰ Vgl. EuGH Slg. 1991, I-3905 Rn. 32 – Factortame; EuGH Slg. 2000, 1221 Rn. 31 – Kommission/Belgien (Bewachungsunternehmen); EuGH Slg. 2001, I-4195 Rn. 14 – Kommission/Italien. S. ferner Streinz/*Müller-Graff* AEUV Art. 49 Rn. 50.
³⁵¹ EuGH Slg. 1989, 4035 Rn. 9 – Kommission/Italienische Republik (EDV).
³⁵² S. zu dem am 25.7.2019 von der EU-Kommission eingeleiteten Vertragsverletzungsverfahren *Bartelt/Geberth* DB 2019, 1990.
³⁵³ EuGH Slg. 1993, I-1663 Rn. 32 – Kraus; EuGH Slg. 1995, I-4165 Rn. 37 – Gebhard.
³⁵⁴ So zur Niederlassungsfreiheit EuGH Slg. 1977, 765 Rn. 12 – Thieffry; danach EuGH Slg. 1995, I-4165 Rn. 35 – Gebhard. Zuvor schon zur Dienstleistungsfreiheit in diesem Sinne EuGH Slg. 1974, 1299 Rn. 12 f. – van Binsbergen.
³⁵⁵ S. nur die Nachweise bei Streinz/*Müller-Graff* AEUV Art. 49 Rn. 57, dort auch zur Gegenauffassung, die von einem bloßen Diskriminierungsverbot ausgeht. S. ferner *Grundmann* EuropGesR Rn. 186.
³⁵⁶ Auch in seinen Urteilen „Centros", „Überseering" und „Inspire Art" hat der EuGH die Grundsätze zur Rechtfertigung nicht diskriminierender Beschränkungen herangezogen (EuGH Slg. 1999, I-1459 Rn. 34 = NJW 1999, 2027 – Centros; EuGH Slg. 2003, I-10155 Rn. 133 = NJW 2003, 3331 – Inspire Art; implizit auch EuGH Slg. 2002, I-9919 Rn. 92 = NJW 2002, 3614 – Überseering; zuvor nach EuGH Slg. 1997, I-2471 Rn. 26 – Futura). Letztlich kam es auf die Einordnung nicht an, da auch nach diesem Maßstab eine Rechtfertigung verneint wurde.
³⁵⁷ Nach EuGH Slg. 1995, I-4165 Rn. 37 – Gebhard; zuvor aber schon EuGH Slg. 1993, I-1663 Rn. 32 – Kraus sowie im Ansatz bereits EuGH Slg. 1977, 765 Rn. 11/12, 15/18 – Thieffry und EuGH Slg. 1974, 1299 Rn. 10/12 – van Binsbergen (zur Dienstleistungsfreiheit).

nete Vorbehalt einer Rechtfertigung unter Wahrung des Verhältnismäßigkeitsgrundsatzes (→ Rn. 187 ff.) findet zumindest auch für versteckte Diskriminierungen Anwendung und wird vom EuGH zuweilen auch bei offenen Diskriminierungen zur Geltung gebracht (→ Rn. 182 f.).

Die **Entwicklung des allgemeinen Beschränkungsverbots** erfolgte in **drei Fallgruppen,** in denen das Inländerbehandlungsgebot des Art. 49 Abs. 2 AEUV als unzureichend empfunden wurde. In der ersten Fallgruppe ging es darum, **Doppelbelastungen** zu vermeiden, die typischerweise EU-Ausländer[358] betrafen und diese von einer grenzüberschreitenden Niederlassung abhalten konnten.[359] Solche Doppelbelastungen resultierten namentlich daraus, dass Mitgliedstaaten die Gleichwertigkeit EU-ausländischer Befähigungsnachweise nicht anerkannten, solange keine Harmonisierungs- und Anerkennungsrichtlinien (Art. 53 AEUV) erlassen waren. Der EuGH ließ den formalen Einwand, dass es an einer inländischen Prüfung fehlte, nicht gelten, sofern die Gleichwertigkeit tatsächlich zu bejahen war.[360] Der Aufnahmestaat darf aber den Nachweis verlangen, dass die inländischen Anforderungen erfüllt sind.[361] Es handelt sich nicht um eine automatische Anerkennung, wie sie etwa durch Richtlinien iSd Art. 53 Abs. 1 AEUV bewirkt werden kann.[362] Des Weiteren hat der EuGH nationale **Zweitniederlassungsverbote** für rechtfertigungsbedürftig gehalten, auch wenn sie für In- und Ausländer gleichermaßen galten.[363] Schließlich hat der EuGH **Inländer** in **Wegzugs- und Rückwanderungsfällen** in den Schutzbereich der Niederlassungsfreiheit einbezogen. Auch insoweit war mit einem bloßen Inländerbehandlungsgebot nicht auszukommen, um die Niederlassungsfreiheit effektiv zu verwirklichen.

In der **weiteren Entwicklung** hat der EuGH das Beschränkungsverbot der Niederlassungsfreiheit weit über diese ursprünglichen Fallgruppen hinaus ausgedehnt (→ Rn. 145). Auch wenn in der Rspr. des Gerichtshofs häufig betont wird, dass die Niederlassungsfreiheit den **unbehinderten Marktzugang** sicherstellen solle (→ Rn. 141 ff.), sind die Konturen eines so verstandenen Beschränkungsverbots **nicht abschließend geklärt.**[364]

Die Bedeutung des allgemeinen Beschränkungsverbots für die Anwendung des deutschen **Gläubigerschutz- und Mitbestimmungsrechts** auf EU-ausländische Kapitalgesellschaften ist im Einzelnen anderweitig dargestellt (→ Rn. 245 ff., → Rn. 255 ff., → Rn. 283 ff., → Rn. 289 ff., → Rn. 385 ff., → Rn. 451 ff.).

bb) Sicherstellung des Marktzugangs. In zahlreichen Entscheidungen hat der EuGH eine Beschränkung mit dem Hinweis begründet, dass die angegriffene nicht diskriminierende Regelung geeignet sei, den **Zutritt EU-ausländischer Unternehmen**

---

[358] Aus diesem Grund steht diese Fallgruppe der versteckten Diskriminierung zumindest nahe; vgl. ausdrücklich in diesem Sinne EuGH Slg. 1977, 765 Rn. 13 f. – Thieffry; s. auch Streinz/*Müller-Graff* AEUV Art. 49 Rn. 48 ff.; von der Groeben/Schwarze/Hatje/*Tiedje* AEUV Art. 49 Rn. 91 ff.

[359] Um die Vermeidung einer ungerechtfertigten Doppelbelastungen ging es auch in EuGH Slg. 1997, I-2471 Rn. 23 ff. – Futura: Abhängigkeit eines Steuervorteils von der Beachtung inländischer steuerlicher Buchführungspflichten, wobei ohne die Buchführungspflicht nach dem Recht des Gründungsstaates berücksichtigt wurde. Zum Verbot der Doppelbelastung als Kernhalt des Beschränkungsverbots auch HCL/*Behrens/Hoffmann* GmbHG Einl. B Rn. 11; *Teichmann,* Binnenmarktkonformes Gesellschaftsrecht S. 123 ff.

[360] Vgl. EuGH Slg. 1977, 765 Rn. 7 ff., 15 ff., 27 – Thieffry (Rechtsanwälte): Die Niederlassungsfreiheit solle nicht durch Richtlinien bedingt werden und sich nicht in der formalen Inländerbehandlung erschöpfen. Ebenso danach EuGH Slg. 1977, 1199 Rn. 10 ff., 16 f. – Patrick (Architektendiplom); EuGH Slg. 1987, 4097 Rn. 8 f., 11 – Heylens (Fußballlehrerdiplom); EuGH Slg. 1991, I-2357 Rn. 13 ff. – Vlassopoulou (Rechtsanwaltsdiplom); EuGH Slg. 1995, I-4165 Rn. 35 ff. – Gebhard (Rechtsanwaltsdiplom). S. zu dieser Fallgruppe auch von der Groeben/Schwarze/Hatje/*Tiedje* AEUV Art. 49 Rn. 106 ff.

[361] Vgl. EuGH Slg. 1991, I-2357 Rn. 19 f. – Vlassopoulou; EuGH Slg. 1999, I-4773 Rn. 32 f. – Fernández de Bobadilla; EuGH Slg. 2000, I-6623 Rn. 36 – Hocsman.

[362] Vgl. EuGH EuZW 2004, 61 Rn. 44 – Morgenbesser; EuGH Slg. 2002, I-4235 Rn. 25 – Kommission/Spanien; EuGH Slg. 2002, I-663 Rn. 27 – Dreesen II.

[363] EuGH Slg. 1984, 2971 Rn. 18 f. – Klopp; EuGH Slg. 1986, 1475 Rn. 13 f. – Kommission/Frankreich (Ärzte); s. auch EuGH Slg. 1999, I-1459 Rn. 26 = NJW 1999, 2027 – Centros.

[364] Vgl. Streinz/*Müller-Graff* AEUV Art. 49 Rn. 58; Grabitz/Hilf/Nettesheim/*Forsthoff* AEUV Art. 49 Rn. 96 ff.

zum inländischen Markt zu erschweren.[365] Hängt die Gestattung des Marktzugangs von einer Ermessensentscheidung ab, muss die Ermessensausübung nach der Rspr. des EuGH auf objektiven, nicht diskriminierenden und im Voraus bekannten Kriterien beruhen.[366]

142 Auch in der **Lit.** wird ganz überwiegend ein Beschränkungsverbot für nicht diskriminierende Regelungen und Maßnahmen, die in „spezifischer" und „hinreichend substantiierter" Weise dem Marktzugang in einem anderen Mitgliedstaat entgegenstehen, befürwortet.[367] Aufgrund der Weite dieses Ansatzes kann es kaum verwundern, wenn verschiedentlich angenommen wird, dass das **nationale Gesellschaftsrecht** sich generell einer Überprüfung am Maßstab der Niederlassungs- und Kapitalverkehrsfreiheit (→ Rn. 765 ff.) stellen müsse, mithin auch dann, wenn es nicht um seine Anwendung auf EU-Auslandsgesellschaften, sondern um die Inanspruchnahme der Gründungsfreiheit gem. Art. 49 AEUV (→ Rn. 41, → Rn. 45) durch die berechtigten Marktteilnehmer geht.[368] Mit Art. 49, 54 AEUV, die ersichtlich davon ausgehen, dass die Gründungsfreiheit nur nach Maßgabe des nicht diskriminierenden Rechts des betreffenden Mitgliedstaats ausgeübt werden kann, ist dies nicht vereinbar. Auch der EuGH betrachtet zu Recht die Gründung und Existenz einer niederlassungsberechtigten Gesellschaft nach dem (nicht diskriminierenden) Recht eines Mitgliedstaats als „Vorfrage" der Niederlassungsfreiheit (→ Rn. 34).

143 Sofern die negative Auswirkung des „Hindernisses" auf die Niederlassungsentscheidung **„zu ungewiss und zu mittelbar"** ist, lehnt der EuGH die Annahme einer Beschränkung demgegenüber ab.[369] In derartigen Fällen besteht zwischen der Wirkung der Regelung und der Entscheidung des Berechtigten über die Ausübung der Grundfreiheit kein nachvollzieh-

---

[365] S. EuGH Slg. 1999, I-2835 Rn. 19 f. – Pfeiffer/Löwa; EuGH Slg. 2001, I-8163 Rn. 31 f. – Kommission/Deutschland; EuGH EuZW 2004, 701 Rn. 13 f. – Caixa-Bank France; EuGH EuZW 2009, 659 Rn. 39 – Kommission/Österreich; EuGH EuZW 2011, 557 Rn. 64 – Kommission/Spanien; s. auch EuGH Slg. 2009, I – 3491 Rn. 64 ff. – Kommission/Italien sowie EuGH Slg. 2009, I – 519 Rn. 87 – Kommission/Italien (zu Art. 28 EG).

[366] EuGH EuZW 2009, 298 (302) Rn. 64 – Hartlauer; EuGH Slg. 2003, I-4509 Rn. 84 f. – Müller-Fauré und van Riet; EuGH Slg. 2001, I-1271 Rn. 37 f. – Analir ua.

[367] Vgl. mit Unterschieden iE *Classen* EWS 1995, 97 (103 ff.), *Classen* EuR 2004, 416 (417, 423 f.) (allg. für eine enge Fassung des Marktzugangsbegriffs bei den Personenverkehrsfreiheiten); *Eberhartinger* EWS 1997, 43 (49); *Everling* GS Knobbe-Keuk, 1997, 607 (617); *Forsthoff* in Hirte/Bücker Grenzüberschreitende Gesellschaften-HdB § 2 Rn. 38 ff.; *Hatje* Jura 2003, 160 (164); *Jarass* EuR 2000, 705 (710 f.); *Kingreen* Struktur der Grundfreiheiten S. 122; *Körber* S. 306 ff. mit 189 ff. (zur Arbeitnehmerfreizügigkeit); *Knobbe-Keuk* DB 1990, 2573 (2577); *Nettesheim* NVwZ 1996, 342 (344); Grabitz/Hilf/Nettesheim/*Forsthoff* AEUV Art. 49 Rn. 96 ff.; *W.-H. Roth* GS Knobbe-Keuk, 1997, 729 (737 f.); *W.-H. Roth/Oliver* CML Rev. 2004, 407 (415 f.); *Schnichels* S. 117; *Streinz* FS Rudolf, 2001, 199 (209 f., 219 ff.); *Teichmann* ZGR 2011, 639 (646 ff., 672 ff.); GA *Mischo*, Schlussanträge Slg. 2001, I-837 Rn. 43 f. – Mac Queen; GA *Tizzano*, Schlussanträge Rs. C-442/02 Rn. 58, 66 ff. – Caixa-Bank France. Krit. zur Unterscheidung zwischen Marktzugangs- und Ausübungsmodalitäten von der Groeben/Schwarze/Hatje/*Tiedje* AEUV Art. 49 Rn. 111; Streinz/*Müller-Graff* AEUV Art. 49 Rn. 58, 62; HCL/*Behrens/Hoffmann* GmbHG Einl. B Rn. 12 f.

[368] S. etwa *Weller/Rentsch* IPRax 2013, 530 (534 Fn. 69), die annehmen, dass „die Schaffung ‚harter' Gründungsvoraussetzungen (Mindestkapital, Satzungsstrenge etc.) durch den Aufnahmestaat ohne Weiteres den Zuzug im Sinne des niederlassungsfreiheitlichen Beschränkungsverbotes ‚weniger attraktiv machen kann'"; s. ferner *Verse* ZEuP 2013, 458 (459 f.); *W. H. Roth* FS Hoffmann-Becking, 2013, 965 (972 ff.).

[369] Zur Niederlassungsfreiheit bislang – soweit ersichtlich – ausdrücklich nur EuGH Slg. 1996, I-2975 Rn. 32 – Semeraro Casa Uno; s. ferner EuGH Slg. 2011, I-9543 – DHL International; zustimmend GA *Tizzano*, Schlussanträge Slg. 2004, I-8961 Rn. 75 – Caixa-Bank France; s. ferner *W.-H. Roth* GS Knobbe-Keuk, 1997, 729 (739 f.); von der Groeben/Schwarze/Hatje/*Tiedje* AEUV Art. 49 Rn. 112 ff. Bei anderen Grundfreiheiten hat der Gerichtshof bereits mehrfach auf dieses Kriterium zurückgegriffen, vgl. zur Warenverkehrsfreiheit EuGH Slg. 1999, I-6269 – BASF; EuGH Slg. 1999, I-3845 Rn. 11 – ED; EuGH Slg. 1998, I-3949 – Corsica Ferries France; EuGH Slg. 1994, I-3453 Rn. 24 – Peralta; EuGH Slg. 1993, I-5009 – Motorradcenter; EuGH Slg. 1990, I-853 – Krantz; EuGH Slg. 1981, 1993 – Oebel; GA *Trstenjak*, Schlussanträge vom 17.7.2008, Rs. C-205/07 Rn. 55 ff. – Gysbrechts und Santurel Inter. Zur Arbeitnehmerfreizügigkeit insbes. EuGH Slg. 2000, I-493 Rn. 25 – Graf/Filzmoser; GA *Sharpston*, Schlussanträge vom 28.6.2007, Rs. C-212/06 Rn. 56, 59 ff. – Gouvernement de la Communauté française und Gouvernement Wallon; vgl. auch zur Kapitalverkehrsfreiheit EuGH Slg. 2006, I-9141 Rn. 29 – Kommission/Niederlande. Krit. zu diesem Ansatz, die Reichweite der Niederlassungsfreiheit einzugrenzen, *Classen* EuR 2004, 416 (417) mwN.

barer Ursachenzusammenhang.³⁷⁰ Allerdings hat der Gerichtshof wiederholt klargestellt, dass eine Beschränkung der Niederlassungsfreiheit nicht nur dann anzunehmen ist, wenn nachgewiesen wird, dass tatsächlich bestimmte Unternehmensträger durch die beanstandeten Regelungen oder Maßnahmen von der grenzüberschreitenden Niederlassung abgehalten werden.³⁷¹ Vielmehr reicht es aus, wenn eine entsprechende Eignung, eine solche Wirkung hervorzurufen, abstrakt festgestellt werden kann.

Auf eine besondere **Intensität** oder **Spürbarkeit** kommt es für die Annahme einer verbotenen Behinderung hingegen nicht an, sodass auch unbedeutende Beschränkungen verboten sind.³⁷² 144

Beispiele. Die Urteile des EuGH zu **Zweitniederlassungsverboten**, zur **Wegzugs- und Rückwanderungsfreiheit** und zur **Anerkennung gleichwertiger EU-Qualifikationen** (→ Rn. 138) lassen sich ohne Weiteres als Ausdruck eines Verbots einordnen, die grenzüberschreitende Niederlassung in den in Art. 49 AEUV genannten Formen zu be- oder verhindern. Unschwer als Beschränkungen der Niederlassungsfreiheit zu qualifizieren sind ferner **Verbote oder Erschwernisse des Erwerbs einer unternehmerischen Beteiligung** (→ Rn. 741 ff., → Rn. 756 zur Kapitalverkehrsfreiheit).³⁷³ Darüber hinaus werden jedoch auch **staatliche Monopole, Bedürfnisvorbehalte**³⁷⁴ sowie generell **Genehmigungs- und Zulassungserfordernisse**³⁷⁵ als rechtfertigungsbedürftige Zugangshindernisse qualifiziert.³⁷⁶ Unter diesem Aspekt hat der Gerichtshof auch einen **Rechtsformzwang** sowie ein **Mindestkapitalerfordernis** für Inkassounternehmen und andere Marktteilnehmer als Beschränkung der Niederlassungsfreiheit (und der Dienstleistungsfreiheit) qualifiziert.³⁷⁷ 145

cc) **Allgemeine Regelungen der Tätigkeitsausübung und allgemeines Verkehrsrecht.** Auch wenn die Lit. die Entwicklung des allgemeinen Beschränkungsverbots im Grundsatz ganz überwiegend begrüßt (→ Rn. 136), wird andererseits die potenzielle Reichweite der „Gebhard"-Formel (→ Rn. 136 f.)³⁷⁸ kritisiert und für eine **teleologische Begrenzung des Beschränkungsverbots** plädiert.³⁷⁹ 146

Für die **Warenverkehrsfreiheit** ist eine solche Begrenzung ausdrücklich in dem Urteil „Keck" erfolgt. Nach dieser Entscheidung müssen bestimmte Regelungen des Einfuhrstaates über den Warenvertrieb (zB Ladenschlussregelungen, Verkaufsmodalitäten für Apo- 147

---

³⁷⁰ von der Groeben/Schwarze/Hatje/*Tiedje* AEUV Art. 49 Rn. 112 ff.
³⁷¹ EuGH Slg. 2007, I-2107 Rn. 57, 62 – Test Claimants in the Thin Cap Group Litigation gegen das Vorbringen, die in Rede stehenden Rechtsvorschriften stellten kein unmittelbares und sicheres Hindernis für die Ausübung der Niederlassungsfreiheit dar; ebenso EuGH Slg. 2007, I-6373 Rn. 41 f. – Oy AA; s. zur Kapitalverkehrsfreiheit im konkreten Fall auch: EuGH Slg. 2006, I-9141 Rn. 29 f. – Kommission/Niederlande.
³⁷² EuGH Slg. 1986, 273 Rn. 21 – Kommission/Frankreich (avoir fiscal); EuGH Slg. 2000, I-995 Rn. 49 – Kommission/Frankreich; EuGH Slg. 2004, I-2409 Rn. 43 – Lasteyrie du Saillant; EuGH Slg. 2008, I-1683 Rn. 52; s. auch Streinz/*Müller-Graff* AEUV Art. 49 Rn. 61; *Classen* EuR 2004, 416 (426).
³⁷³ Zum Verbot von Mehrheitsbeteiligungen an Fußball-Kapitalgesellschaften nach den Satzungen des Ligaverbands und des DFB (sog. „50+1"-Regel) *Stöber* BB 2015, 962.
³⁷⁴ EuGH EuZW 2010, 578 Rn. 55 – Blanco Pérez und Chao Gómez; EuGH EuZW 2009, 298 (299) Rn. 36 – Hartlauer; EuGH Slg. 2006, I-5251 Rn. 29 – Kommission/Frankreich; EuGH Slg. 2001, I-6369 Rn. 59 – Gloszczuk.
³⁷⁵ EuGH EuZW 2013, 29 Rn. 28 ff. – Kommission/Griechenland; EuGH EuZW 2011, 557 Rn. 65 ff. – Kommission/Spanien; EuGH EuZW 2010, 578 Rn. 54 – Blanco Pérez und Chao Gómez; EuGH EuZW 2009, 298 (299) Rn. 34 f. – Hartlauer.
³⁷⁶ S. nur den Fallgruppenüberblick mit zahlreichen Nachweise bei Grabitz/Hilf/Nettesheim/*Forsthoff* AEUV Art. 49 Rn. 97 ff.; s. auch Streinz/*Müller-Graff* AEUV Art. 49 Rn. 65 ff.
³⁷⁷ EuGH NZBau 2012, 714 Rn. 38 – Duomo Gpa; ferner EuGH Slg. 2004, I-5645 Rn. 41 f., 53 f. – Kommission/Portugal; EuGH Slg. 2006, I-963 Rn. 31, 36 – Kommission/Spanien.
³⁷⁸ EuGH Slg. 1995, I-4165 Rn. 37 – Gebhard.
³⁷⁹ *Classen* EuR 2004, 416 (417) mwN spricht davon, das transnationale Element drohe „marginalisiert" zu werden; s. ferner *Everling* GS Knobbe-Keuk, 1997, 607 (620); *W.-H. Roth* GS Knobbe-Keuk, 1997, 729, 735 f.). Zuvor bereits krit. gegenüber einem allgemeinen Beschränkungsverbot *Ebke* ZGR 1987, 245 (258); *Ebenroth/Eyles* DB 1988, Beilage 2, 1 (15); *Ebenroth/Eyles* DB 1989, 413; *Eyles*, Das Niederlassungsrecht der Kapitalgesellschaften in der Europäischen Gemeinschaft, 1990, 65; *Everling* DB 1990, 1853 (1858); *Hailbronner* JuS 1991, 917 (919); *Hailbronner/Nachbaur* WiVerw 1992, 57 (81).

theken oder zugelassene Tabakhändler etc.)³⁸⁰ nur dem Diskriminierungsverbot genügen, bedürfen aber keiner weitergehenden unionsrechtlichen Rechtfertigung.³⁸¹ Zu dieser Klarstellung sah sich der Gerichtshof gerade deshalb veranlasst, weil festzustellen war, dass die Wirtschaftsteilnehmer sich zunehmend auf die Warenverkehrsfreiheit beriefen, „um jedwede Regelung zu beanstanden, die sich als Beschränkung ihrer geschäftlichen Freiheit" auswirke.³⁸²

148 Ob und mit welchen Maßgaben diese Rspr. auf die **Niederlassungsfreiheit** zu übertragen ist, war lange zweifelhaft. In dem Urteil „Centros" klang bereits eine Differenzierung zwischen marktzugangsbehindernden Regelungen und solchen über die Tätigkeitsausübung an.³⁸³ Erst in seinem Urteil „Kornhaas/Dithmar" zur Frage der Anwendbarkeit der deutschen Massesicherungshaftung gem. § 64 Abs. 2 S. 1 GmbHG aF auf EU-Auslandsgesellschaften mit Inlandssitz, über die hierzulande das Insolvenzverfahren eröffnet wird, hat der Gerichtshof diese Abgrenzung bestätigt, freilich ohne auf sein Urteil in der Rs. „Keck" Bezug zu nehmen (→ Rn. 451 ff.).³⁸⁴ Wie weit der EuGH den dort formulierten Grundsatz, wonach Regelungen des Aufnahmestaates, die erst nach der Gründung im Rahmen der Tätigkeit der Gesellschaft Anwendung finden, deren Niederlassungsfreiheit nicht beeinträchtigen können, tatsächlich fassen wird, ist noch immer nicht abzusehen. Dies gilt umso mehr, als die Entscheidung zu einer vom EuGH als insolvenzrechtlich qualifizierten Regelung erging.

149 In der deutschen Rspr. und Lit. wird eine Übertragung der Keck-Rspr. überwiegend befürwortet. Vorschriften des Aufnahmestaates über die **Tätigkeitsausübung** und **„allgemeine rechtliche Standortbedingungen"** des Aufnahmestaates sollen danach lediglich am Diskriminierungsverbot zu messen sein.³⁸⁵ Für EU-ausländische Kapitalgesellschaften folgt daraus, wie der EuGH in der Entscheidung „Kornhaas/Dithmar" geklärt hat, auch nach den Urteilen „Überseering" und „Inspire Art",³⁸⁶ dass sie sich die Anwendung des Rechts des Aufnahmestaates jedenfalls gefallen lassen müssen, soweit dieses allgemein das Verhalten im inländischen Rechtsverkehr³⁸⁷ oder speziell das betriebene

---

³⁸⁰ S. EuGH Slg. 1995, I-1621 Rn. 11 ff. – Kommission/Griechenland (Apotheken); EuGH Slg. 1995, I-4663 Rn. 32 ff., 34, 44 – Banchero (Tabakhändler). Zu den umstrittenen Einzelheiten der Warenverkehrsfreiheit nach dem Urteil „Keck" eingehend die einschlägigen Kommentierungen zu Art. 34 AEUV.

³⁸¹ EuGH Slg. 1993, I-6097 Rn. 16 f. – Keck und Mithouard. Danach unterliegen nur produktbezogene Regelungen der Mitgliedstaaten, die eine Wareneinfuhr behindern können, dem Beschränkungsverbot. Vorschriften über den Vertrieb innerhalb des Einfuhrstaates sind nach Ansicht des EuGH hingegen nicht geeignet, die Warenverkehrsfreiheit zu behindern und deshalb zulässig, wenn sie für inländische und ausländische Waren rechtlich und tatsächlich gleichermaßen gelten.

³⁸² EuGH Slg. 1993, I-6097 Rn. 14 – Keck und Mithouard.

³⁸³ Vgl. EuGH Slg. 1999, I-1459 Rn. 26 – Centros: Im vorliegenden Fall werde nicht versucht, sich den „Vorschriften über die Ausübung bestimmter beruflicher Tätigkeiten" zu entziehen.

³⁸⁴ EuGH NZG 2016, 115 Rn. 23 ff., 28 – Kornhaas/Dithmar; nachfolgend BGH NZI 2016, 461.

³⁸⁵ KG ZIP 2009, 2156 (zur Haftung wegen Verletzung der Massesicherungspflicht nach § 64 Abs. 2 GmbHG aF; → Rn. 452); *Everling* GS Knobbe-Keuk, 1997, 607 (617, 620 f.); *Eberhartinger* EWS 1997, 43 (49); *Forsthoff* in *Hirte/Bücker* Grenzüberschreitende Gesellschaften-HdB § 2 Rn. 14 Fn. 35, Rn. 38 ff., 45; *Hatje* Jura 2003, 160 (164); *Habersack/Verse* EuropGesR § 3 Rn. 8; *Grabitz/Hilf/Nettesheim/Forsthoff* AEUV Art. 49 Rn. 112 ff.; *W.-H. Roth* GS Knobbe-Keuk, 1997, 729 (738); *Schnichels* S. 117; *Wackerbarth* FS Horn, 2006, 605 (613 f.). Einschr. auch *Streinz/Müller-Graff* AEUV Art. 49 Rn. 62 ff.; von der *Groeben/Schwarze/Hatje/Tiedje* AEUV Art. 49 Rn. 110 f.

³⁸⁶ EuGH Slg. 2002, I-9919 = NJW 2002, 3614 – Überseering; EuGH Slg. 2003, I-10155 = NJW 2003, 3331 – Inspire Art; EuGH NZG 2016, 115 – Kornhaas/Dithmar.

³⁸⁷ Vgl. auch *Spindler/Berner* RIW 2003, 949 (955); *Spindler/Berner* RIW 2004, 7 (10 f.): „Jedermann" treffenden, allgemeinen Pflichten fehle die Eignung, die Niederlassungsfreiheit zu beschränken, sofern nicht „extrem überhöhte Anforderungen" gestellt würden. S. ferner *Schanze/Jüttner* AG 2003, 661 (666 ff.), allerdings mit einer Einschränkung für „gewerberechtliche Genehmigungsvorbehalte", „überschießende, extrem formulierte Deliktsnormen" iSd (überholten) verschuldensfreien Strukturhaftung bei „qualifizierter faktischer Konzernierung" sowie für Pflichtmitgliedschaften in bestimmten Kammern. Ähnlich *Borges* ZIP 2004, 733 (740 ff.); *Eidenmüller* JZ 2004, 24 (27); *Ulmer* NJW 2004, 1201 (1204, 1207 ff.), der zwischen allgemeinem Verkehrsrecht, Insolvenzrecht und gesellschaftsrechtlicher Haftung differenziert. S. etwa zur Vereinbarkeit der IHK-Zwangsmitgliedschaft von EU-Auslandsgesellschaften mit dem Gemeinschaftsrecht OLG Koblenz LKRZ 2010, 477 und VG Oldenburg Urt. v. 27.1.2011 – 12 A 837/09; zur Frage der Renten- und Arbeitslosenversicherungspflicht von Geschäftsleitern EU-ausländischer Gesellschaften BSG ZIP 2008, 2231 sowie

Gewerbe[388] betrifft und sie im Vergleich zu inländischen Unternehmen weder offen noch versteckt diskriminiert. Als allgemeines Verkehrsrecht in diesem Sinne hat der BGH zu Recht die **Rechtsscheinhaftung** eines Vertreters eingeordnet, der durch das Weglassen des Rechtsformzusatzes den Anschein persönlicher Haftung erzeugt (→ Rn. 601 ff.).[389] In gleicher Weise hat der BGH die Frage der **Zuständigkeit deutscher Gerichte nach der Belegenheit eines Vollstreckungsgegenstandes** und der **Pfändbarkeit von Anteilen** an einer EU-Auslandsgesellschaft nach den Vorschriften des deutschen Rechts eingeordnet.[390] Des Weiteren wird etwa die **abgabenrechtliche Organhaftung** gem. § 69 Abs. 1 AO, § 34 Abs. 1 AO in der finanzgerichtlichen Rspr. ohne unionsrechtliche Bedenken auf die gesetzlichen Vertreter EU-ausländischer Gesellschaften angewendet.[391] Auch die prozessrechtliche Regelung über die Leistung einer **Prozesskostensicherheit (§ 110 ff. ZPO)** kann diskriminierungsfrei auf EU-Auslandsgesellschaften angewendet werden. Jedenfalls dann, wenn die Gesellschaft ihren tatsächlichen Verwaltungssitz im Sinne der Sitztheorie (→ Rn. 201 ff.) innerhalb der EU oder des EWR hat, kann nach der Rspr. des BGH von ihr keine Sicherheit verlangt werden.[392]

Inwieweit die herrschende These zutrifft, dass die Anwendung des **inländischen Kapitalgesellschaftsrechts** auf EU-ausländische Kapitalgesellschaften nach diesen Maßstäben als nicht diskriminierende Beschränkung des „Marktzugangs"[393] oder gar als Diskriminierung[394] zu betrachten sei, ist bis heute weitgehend unklar. Gleiches gilt im Hinblick auf Haftungsnormen des allgemeinen Zivilrechts, etwa § 823 Abs. 2 BGB oder § 826 BGB, sofern mit ihnen ein „gesellschaftsbezogenes" Verhalten sanktioniert werden soll.[395] Diese Fragen werden anderweitig dargestellt (→ Rn. 245 ff., → Rn. 255 ff., → Rn. 283 ff., 150

Dünchheim/Joppich DB 2013, 2210; zur Beitragspflicht in der gesetzlichen Unfallversicherung und zur weiteren Pflicht, einen gesamtschuldnerisch haftenden Bevollmächtigten zu bestellen (§§ 130 Abs. 2 S. 1, 150 Abs. 2 S. 2 SGB VII) LSG Berlin-Brandenburg BeckRS 2015, 68870 (zweifelhaft).

[388] *Eidenmüller* JZ 2004, 24 (26 f.); *Eidenmüller/Rehm* ZGR 2004, 159 (168); *Schanze/Jüttner* AG 2003, 661 (667); *Spindler/Berner* RIW 2003, 949 (955).

[389] BGH NJW 2007, 1529; s. dazu *Altmeppen* ZIP 2007, 889; *Hofmeister* FS Eisenhardt, 2007, 421 (424 ff.); *Kindler* NJW 2007, 1785 (1786 f.); *Kindler* IPRax 2009, 189 (192).

[390] BGH NZG 2019, 710 Rn. 26: Pfändbarkeit der Anteile an einer englischen LLP nach § 859 Abs. 1 S. 1 ZPO.

[391] FG München BeckRS 2010, 26029195; FG Köln BeckRS 2018, 20104.

[392] BGH NJW-RR 2017, 1320.

[393] Vgl. statt aller *Berner/Klöhn* ZIP 2007, 106 (112); Forsthoff in Hirte/Bücker Grenzüberschreitende Gesellschaften-HdB § 2 Rn. 41 ff.; *Paefgen* ZIP 2004, 2253 (2254 f.) (jede Anwendung des inländischen Kapitalgesellschaftsrechts sei als Beschränkung zu betrachten); *Schanze/Jüttner* AG 2003, 661 (666 ff.): Bestimmungen, welche die Existenz der Gesellschaft samt ihren „Subjekteigenschaften" betreffen; *Eidenmüller* in Eidenmüller, Ausländische Kapitalgesellschaften im deutschen Recht, 2004, § 3 Rn. 6 f., 17; *Eidenmüller* JZ 2004, 24 (25) „Korporativ wirkende Normen", welche die Identität der Auslandsgesellschaft prägen; *Eidenmüller* NJW 2005, 1618. Ferner *Fleischer* in Lutter Auslandsgesellschaften S. 49 (99 f.); *Brand* JR 2004, 89 (93); *Koch* JuS 2004, 755 (756); *Wiedemann* GesR II S. 61; *Jestädt* S. 164 ff. (180, 186 ff., 196 ff.); ebenso grundsätzlich auch *Spindler/Berner* RIW 2003, 949 (955); *Spindler/Berner* RIW 2004, 7 (10 ff.); *U. Huber* in Lutter Auslandsgesellschaften S. 131 (146 ff.); wohl auch *Goette* ZIP 2006, 541 ff.

[394] In diesem Sinne noch Grabitz/Hilf/Randelzhofer/Forsthoff EGV Art. 48 Rn. 46 ff., die deshalb Art. 52 AEUV weit auslegen wollten, um bei Scheinauslandsgesellschaften eine Rechtfertigung aus Gründen des Gläubigerschutzes und zum Schutz der Mitbestimmungsinteressen der Arbeitnehmer etc. zu ermöglichen. Der EuGH lehnt eine derartige Erweiterung des Art. 52 AEUV in stRspr ab (vgl. nur EuGH Slg. 1999, I-1459 Rn. 34 – Centros; EuGH Slg. 2003, I-10155 Rn. 131 – Inspire Art). Zwischenzeitlich ist dieser Ansatz von *Forsthoff* aufgegeben worden (s. Forsthoff in Hirte/Bücker Grenzüberschreitende Gesellschaften-HdB § 2 Rn. 54 mit Fn. 224; Grabitz/Hilf/Nettesheim/Forsthoff AEUV Art. 54 Rn. 38 ff., 70 ff.). Zur Einordnung als nicht diskriminierende Beschränkung → Rn. 250; → Rn. 273 f. mwN.

[395] Vgl. *Eidenmüller* JZ 2004, 24 (27); *Eidenmüller* in Eidenmüller, Ausländische Kapitalgesellschaften im deutschen Recht, 2004, § 3 Rn. 9 und § 4 Rn. 29 ff., 32; *Eidenmüller* NJW 2005, 1618 (1620); *Eidenmüller/Rehm* ZGR 2004, 159 (168); *Fleischer* in Lutter Auslandsgesellschaften S. 49 (99 f.); *Goette* (S. 121); *Goette* ZIP 2006, 541 (545); *Jestädt* S. 202 ff.; *Lieder* DZWiR 2005, 399 (407 f.); *Sandrock* in Sandrock/Wetzler S. 41 ff., (57 ff.); *Schanze/Jüttner* AG 2003, 661 (666 ff.); *Sester* RIW 2007, 787 (789); *Spindler/Berner* RIW 2003, 949 (955); *Spindler/Berner* RIW 2004, 7 (10 ff., 12); *Staudinger* AnwBl 2008, 316 (324 f.); *Ulmer* NJW 2004, 1201 (1207 f.); Lutter/Hommelhoff/*Bayer* GmbHG § 4a Rn. 12 f.; einschr. nach EuGH „Kornhaas/Dithmar" HCL/Behrens/Hoffmann GmbHG Einl. B Rn. 13 f. Zu Recht krit. MüKoBGB/*Kindler* IntGesR Rn. 361, 401, 441 („Käseglocken-Theorie").

→ Rn. 289 ff.). Immerhin hat der EuGH den Komplex der nach seinen Maßstäben insolvenzrechtlichen Haftungsregeln als nicht beschränkend eingeordnet und insoweit weitere Rechtssicherheit geschaffen (→ Rn. 148, → Rn. 451 ff.).

151 **d) Beschränkungsverbot und europäisches Sekundärrecht.** Über die Frage, ob und inwieweit sekundärrechtliche Regelungen und auf Sekundärrecht beruhende nationale Maßnahmen als Beschränkung der Grundfreiheiten zu qualifizieren sind, herrscht bis heute **Unsicherheit.** Die Rspr. des EuGH ergibt hierzu kein klares und stimmiges Bild.

152 Der EuGH geht in stRspr davon aus, dass die **Grundfreiheiten** unabhängig vom vorherigen Erlass sekundären Unionsrechts **unmittelbar anwendbar** sind[396] und auch der **Gemeinschaftsgesetzgeber** an sie **gebunden** ist.[397] Auf dieser Grundlage qualifiziert der Gerichtshof nationale Maßnahmen zuweilen auch dann als Beschränkungen der Niederlassungsfreiheit, wenn sie sich im Rahmen sekundärrechtlicher Ermächtigungen halten.[398] Andererseits hat er wiederholt entschieden, dass nationale Maßnahmen, die lediglich sekundärrechtliche Vorschriften durchführen, keine Beschränkungen der Grundfreiheiten darstellen.[399] Nach ständiger Rspr. des EuGH ist eine nationale Regelung in einem Bereich, der auf Unionsebene abschließend harmonisiert wurde, anhand der fraglichen Harmonisierungsmaßnahme und nicht anhand des Primärrechts zu beurteilen.[400] Aufs Ganze gesehen kann eine klare Tendenz des EuGH festgestellt werden, sekundärrechtliche Regelungen und nationale Rechtsvorschriften, die dem einschlägigen Sekundärrecht entsprechen, deutlicher weniger streng am Maßstab der Grundfreiheiten zu überprüfen und dem Unionsgesetzgeber einen weiten Ermessensspielraum zuzugestehen.[401]

153 Im Zusammenhang mit der Niederlassungsfreiheit europäischer Kapitalgesellschaften wird namentlich diskutiert, ob **sekundärrechtliche Kollisionsregeln** wie **Art. 7 EuInsVO** (früher Art. 4 EuInsVO 2000) es rechtfertigen können, Gesellschaften bestimmten Gläubigerschutzregelung des tatsächlichen Sitzstaates zu unterwerfen. Verbreitet wird die Frage unter Hinweis auf das Rangverhältnis der Rechtsquellen verneint. Die primärrechtlichen Grundfreiheiten dürften durch oder auf der Grundlage der Regelungen des Sekundärrechts nur beschränkt werden, wenn und soweit dies zum Schutz zwingender Allgemeininteressen erforderlich sei. Die Anwendung eines anderen Gläubigerschutzrechts als desjenigen des Gründungsstaates sei aber nach der Rspr. des EuGH, insbesondere nach seinem Urteil in der Rechtssache „Inspire Art" (→ Rn. 245 ff.), nicht zu rechtfertigen.[402]

---

[396] StRspr seit EuGH Slg. 1974, 631 Rn. 24 ff. – Reyners.
[397] EuGH Slg. 2001, I-5901 Rn. 37 – Schwarzkopf; vgl. auch EuGH Slg. 2003, I-9409 Rn. 26 f. – Bosal; EuGH Slg. 1985, 531 Rn. 9 ff. – Association de défense des brûleurs d'huiles usagées; EuGH Slg. 1994, I-317 Rn. 12 – Clinique; EuGH Slg. 1994, I-3879 Rn. 10 f. – Meyhui; *Jarass* EuR 1995, 202 (211); *Leible* ZGR 2004, 531 (539 ff.); *Schön/Schindler* IStR 2004, 571 (575 f.); *Teichmann* FS Scheuing, 2011, 735 (745); Grabitz/Hilf/Nettesheim/*Forsthoff* AEUV Art. 45 Rn. 131 ff., Art. 49 Rn. 71; aA *Roth* EuR 1987, 7 (9).
[398] EuGH Slg. 2006, I-2107 – Keller Holding; zuvor auch EuGH Slg. 2003, I-9409 Rn. 26 f. – Bosal; zust. *Lüdicke/Hummel* IStR 2006, 694; krit. *Forsthoff* IStR 2006, 222 u. 698; Forsthoff in Hirte/Bücker Grenzüberschreitende Gesellschaften-HdB § 2 Rn. 73a ff.
[399] EuGH Slg. 1987, 2573 Rn. 13 – Openbaar Ministerie/Bodin und Minguet & Thomas; EuGH Slg. 2001, I-9897 Rn. 32 – Daimler Chrysler; EuGH Slg. 2003, I-14887 Rn. 64 – Doc Morris; EuGH Slg. 2003, I-10155 Rn. 55 ff. = NJW 2003, 3331 – Inspire Art; EuGH EuZW 2005, 661 Rn. 32 f. – INASTI; EuGH Slg. 2006, I-4931 Rn. 33 ff., 38 = NJW 2006, 3195 – Innoventif. S. ferner EuGH Slg. 2003, I-14887 Rn. 52 ff. – Deutscher Apothekerverband; EuGH Slg. 2004, I-3751 Rn. 50 – Kommission/Deutschland. Vgl. auch EuGH IStR 2013, 922 Rn. 62 ff. – Texdata Software zur Vereinbarkeit unterschiedslos anwendbarer nationaler Zwangsgeldvorschriften, mit denen eine Verletzung der durch die Elfte (Zweigniederlassungs-) RL (→ Rn. 8) harmonisierten Offenlegungsvorschriften sanktioniert wird.
[400] EuGH EuZW 2016, 104 Rn. 57 – RegioPost; EuGH BeckRS 2017, 123556 Rn. 15 – Eqiom und Enka; EuGH EuZW 2019, 288 Rn. 49, 52 – TAP.
[401] *G. H. Roth* Vorgaben S. 52 ff.; *Teichmann*, Binnenmarktkonformes Gesellschaftsrecht S. 153 ff.; *Teichmann* FS Scheuing, 2011, 735 (745 ff.); *Teichmann* ZGR 2011, 639 (655 ff.); *Wedemann* IPRax 2012, 226 (230).
[402] In diesem Sinne zur Insolvenzantragspflicht *Berner/Klöhn* ZIP 2007, 106 (111); *Bittmann/Gruber* GmbHR 2008, 867 (870 f.); *Hirte/Mock* ZIP 2005, 474 (476); Haß/Huber/Gruber/Heiderhoff/*Haß/Herweg*, EU-Insolvenzverordnung (EuInsVO), 2005, EuInsVO Art. 4 Rn. 14; *Hess* IPRax 2006, 348 (350 f.); *Fleischer* in Lutter Auslandsgesellschaften S. 49 (111 f.); *Schall* ZIP 2005, 965 (974); *Schall* NJW 2011, 3745 (3747); *Mankowski* NZG 2016, 281 (284); s. ferner zum Kapitalersatzrecht *Eidenmüller* RabelsZ 70 (2006), 474 (493);

Demgegenüber gingen der **BGH** ebenso wie Teile der instanzgerichtlichen Rspr. und des Schrifttums davon aus, dass die EuInsVO, insbesondere die Art. 3 und 7 EuInsVO (früher Art. 3 und 4 EuInsVO 2000), ohne Weiteres mit den Grundfreiheiten vereinbar sei und Gleiches für die durch sie berufenen nationalen Regelungen gelte (→ Rn. 283 ff.).[403] Mit seinem Urteil „Kornhaas/Dithmar"[404] zur Anwendbarkeit der Massesicherungshaftung gem. § 64 Abs. 2 S. 1 GmbHG auf EU-Auslandsgesellschaften hat der EuGH diese Einschätzung bestätigt (→ Rn. 451 ff.). Zu beachten ist, dass die EuInsVO seit dem **Brexit** im Verhältnis zum Vereinigten Königreich auf die in Art. 6 Abs. 1 EuInsVO genannten Insolvenzverfahren und -klagen lediglich noch zur Anwendung kommt, sofern das Hauptverfahren bis zum 31.12.2020 eingeleitet wurde (Art. 67 Abs. 3 lit. c BrexitAbk). Im Übrigen hat das Vereinigte Königreich seit dem 1.1.2021 den Status eines Drittstaats. Bislang ist nicht abschließend geklärt, ob die EuInsVO aus der Sicht der Mitgliedstaaten im Verhältnis zu Drittstaaten anzuwenden ist und das autonome internationale Insolvenzrecht, dh vorliegend die §§ 335 ff. InsO, daher auch insoweit zurücktritt.[405] Soweit die einzelnen Regelungen der EuInsVO einen spezifischen Unionsbezug voraussetzen, dürfte ihre Anwendung nicht durch die bisherige Rechtsprechung des EuGH gedeckt sein.[406] Hält man die EuInsVO insoweit nicht für anwendbar, so würde die Anerkennung von Verfahren, die nach dem 31.12.2020 im Vereinigten Königreich eröffnet wurden und künftig eröffnet werden, sich fortan nach dem Regime des § 343 InsO und nicht mehr nach Art. 19 EuInsVO richten.[407]

Seit den Urteilen des EuGH zur Zuzugsfreiheit (→ Rn. 74 ff.) war ferner verbreitet die **154** Ansicht vertreten worden, dass auch die sekundärrechtlichen Regelungen der **SE-VO** und der **SCE-VO,** wonach der Sitz dieser Gesellschaften in dem Staat liegen muss, in dem sich die Hauptverwaltung befindet, eine Sitzverlegung nur unter Änderung des anwendbaren Rechts möglich ist und im Falle eines Verstoßes die Zwangsliquidation droht (Art. 7, 63, 64 Abs. 2 SE-VO, Art. 6, 73 SCE-VO), mit der Niederlassungsfreiheit unvereinbar seien. Durch das „Cartesio"-Urteil des EuGH[408] (→ Rn. 67 ff.) ist, auch wenn es zu einer nationalen Gesellschaftsform erging, zu Recht klargestellt, dass diese Regelungen selbst bei Anwendbarkeit der Niederlassungsfreiheit (→ Rn. 42) unbedenklich sind (→ Rn. 72). Hieran hat auch die – ebenfalls nicht zur SE ergangene – „Polbud"-Entscheidung des EuGH[409] nichts geändert.[410] Die genannten supranationalen Rechtsformen können eine „Niederlassungsfreiheit" stets nur im Rahmen ihres jeweiligen Statuts erlangen. Ist aber der Gleichlauf von Satzungs- und Verwaltungssitz zwingender Bestandteil dieses Statuts, so erweisen sich das Postulat einer weiterreichenden Niederlassungsfreiheit und die hieraus

---

Meilicke GmbHR 2007, 225 (232); ebenfalls die Bindung des berufenen nationalen Insolvenzrechts an das Diskriminierungs- und Beschränkungsverbot betonend *Teichmann* BB 2012, 1418 (1419); *Wedemann* IPRax 2012, 226 (230 f.) (s. aber folgende Fn.).

[403] S. (zu §§ 32a, 32b GmbHG aF, § 39 Abs. 1 Nr. 5 InsO aF) BGH NZG 2011, 1195 (1198); OLG Köln ZIP 2010, 2016 (Vorinstanz); ferner OLG Jena NZI 2013, 807 (808) (zu § 64 Abs. 2 GmbHG aF); ebenso *Geyrhalter/Gänßler* NZG 2003, 409 (413); *Hofmeister* FS Eisenhardt, 2007, 421 (435 f.); *U. Huber* in Lutter Auslandsgesellschaften S. 131 (186); MüKoBGB/*Kindler* IntGesR Rn. 393, 439 ff. (insbes. auch für das durch sie berufene Sachrecht); *Pannen* FS G. Fischer, 2008, 403 (408, 413); *Ulmer* NJW 2004, 1201 (1207); *Ulmer* KTS 2004, 291 (296); iErg auch *Eidenmüller* ZGR 2006, 467 (486 f.); s. ferner *Wedemann* IPRax 2012, 226 (230 f.), die zwar im Ansatz annimmt, dass auch die EuInsVO und das durch sie berufene Insolvenzrecht der Bindung durch das Diskriminierungs- und Beschränkungsverbot unterliegen, jedoch eine Auslegung der Niederlassungsfreiheit „im Lichte der EuInsVO" befürwortet. Die Marktteilnehmer müssten die Anwendung eines vom Gesellschaftsstatut abweichenden Insolvenzrechts aufgrund der kollisionsrechtlichen Wertentscheidung der EuInsVO grundsätzlich hinnehmen, sofern dadurch keine „besonders signifikante Erschwerung des Marktzugangs" bewirkt werde.

[404] EuGH NZG 2016, 115 – Kornhaas/Dithmar; nachgehend BGH NZI 2016, 461.

[405] Tendenziell bejahend, jedoch offen lassend, BGH NJW-RR 2020, 373 Rn. 12 ff. mwN zum Meinungsstand.

[406] S. die Einschränkung in EuGH NZI 2014, 134 Rn. 22 – Schmid.

[407] *Weller/Thomale/Zwirlein* ZEuP 2018, 892 (907 f.).

[408] EuGH NJW 2009, 569 – Cartesio.

[409] EuGH NZG 2017, 1308 – Polbud.

[410] So aber *Oechsler* ZIP 2018, 1269 ff., der Art. 7 S. 1, 64 Abs. 2 SE-VO daher auf Missbrauchsfälle beschränken will.

Europ. Niederlassungsfreiheit 155–161   1. Kap. Überblick

wiederum abgeleitete Folgerung, die Sanktionierung einer Sitzspaltung beschränke diese Niederlassungsfreiheit, als zirkulär.

155   **e) Stellungnahme.** Die Annahme, dass das Recht des Aufnahmestaates und selbst das sekundäre Unionsrecht einem **allgemeinen Rechtfertigungszwang** unterliegen, ist schon mit Blick auf die Art. 49 Abs. 2 AEUV, Art. 50, 53 AEUV **verfehlt.**

156   Die **Funktion der europäischen Grundfreiheiten** besteht nicht darin, den Marktteilnehmern in den jeweiligen „Schutzbereichen" eine grundrechtsähnliche Handlungsfreiheit zu gewährleisten. Richtig verstanden bestehen die grenzüberschreitenden Verkehrsfreiheiten und Freizügigkeiten vielmehr grundsätzlich nur auf der Grundlage und innerhalb des rechtlichen Rahmens, der durch das sekundäre Unionsrecht und das Recht der betroffenen Mitgliedstaaten gesteckt wird.

157   Keinem Zweifel unterliegt dabei, dass die **Diskriminierung** von EU-Bürgern und von grenzüberschreitenden Vorgängen stets verboten ist, sofern nicht ausnahmsweise einer der eng auszulegenden geschriebenen Rechtfertigungsgründe (→ Rn. 175 ff.) eingreift. Uneingeschränkte Zustimmung verdienen ferner die **ursprünglichen Weiterungen des Inländerbehandlungsgebots** (→ Rn. 138).

158   So liegt es auf der Hand, dass die Verwirklichung des Binnenmarkts gefährdet wäre, wenn die Mitgliedstaaten die Ausübung der ausdrücklich verbürgten **sekundären Niederlassungsfreiheit** (Art. 49 Abs. 1 S. 2 AEUV) durch – wenngleich nicht diskriminierende – Zweitniederlassungsverbote vereiteln könnten, ohne diese auch unionsrechtlich rechtfertigen zu müssen. Die sekundäre Niederlassungsfreiheit ist Ausdruck der zutr. Einsicht der Vertragsväter, dass die Möglichkeit der grenzüberschreitenden Niederlassung weitgehend wertlos wäre, wenn sie nur um den Preis zu haben wäre, die bereits eingerichtete Niederlassung im Herkunftsstaat aufgeben zu müssen.

159   Gleiches gilt für den **Inländerschutz gegenüber dem Herkunftsstaat,** da ohne ihn die Niederlassungsfreiheit gegenüber dem Aufnahmestaat nur Makulatur wäre (für Gesellschaften liegen die Dinge anders; → Rn. 49, → Rn. 67 ff.). Dass Inländer sodann auch im Falle einer Rückkehr in ihren Heimatstaat den gleichen Schutz wie EU-Ausländer genießen müssen, ergibt sich ebenfalls zwanglos aus der Einsicht, dass die Niederlassungsfreiheit bei einem Verständnis als „one way ticket" stark entwertet würde.

160   Schließlich leuchtet es ohne Weiteres ein, dass **Doppelbelastungen** die grenzüberschreitende Niederlassung nur hemmen dürfen, sofern dies unter Wahrung des Verhältnismäßigkeitsgrundsatzes zum Schutz zwingender Allgemeininteressen geboten ist. Soweit daher die in einem Mitgliedstaat erworbenen Befähigungsnachweise oder auch sonstige Tatbestände, die in einem anderen Mitgliedstaat verwirklicht wurden, denen des Aufnahmestaates materiell gleichwertig sind, muss dieser sie bei der Anwendung seiner Niederlassungsbestimmungen berücksichtigen, um eine versteckte Diskriminierung zu vermeiden. Die Einräumung der Niederlassungsfreiheit an Gesellschaften, die in anderen Mitgliedstaaten gegründet wurden (Art. 54 AEUV), stellt sich damit letztlich als primärrechtlich entschiedener Anwendungsfall dieses allgemeinen Prinzips und als Ausfluss der Niederlassungsfreiheit der Gründer[411] dar.

161   Eine ganz **andere Frage** ist es hingegen, ob die **materiellen Niederlassungsbestimmungen des Aufnahmestaates** als solche einer unionsrechtlichen Rechtfertigung bedürfen. Insoweit bringt Art. 49 Abs. 2 AEUV klar zum Ausdruck, dass die Niederlassungsfreiheit die Integration in die Rechts- und Wirtschaftsordnung des Aufnahmestaates erfordert (vgl. auch Art. 57 Abs. 3 AEUV).[412] Daher müssen die Niederlassungsberechtigten den nicht diskrimi-

---

[411] Treffender ist sogar eine Einordnung als primärrechtliche Begrenzung der Gründungsfreiheit (→ Rn. 41). Erst Art. 54 AEUV stellt nämlich sicher, dass nur Gesellschaften, die einen der in Art. 54 Abs. 1 AEUV genannten Anknüpfungspunkte in der EU haben, den Schutz der Niederlassungsfreiheit genießen.

[412] Vgl. schon GA *Darmon*, Schlussanträge Slg. 1988, 5483 Rn. 3 – Daily Mail; *Everling* DB 1990, 1853 (1857 f.); *Everling* FS von der Groeben, 1987, 111 (124); *Eyles,* Das Niederlassungsrecht der Kapitalgesellschaften in der Europäischen Gemeinschaft, 1990, 72 f.; *Groß* AG 1990, 530 (536); *Hailbronner/Nachbaur* WiVerw 1992, 57 (82); Grabitz/Hilf/Nettesheim/*Forsthoff* AEUV Art. 45 Rn. 196 ff., 205 ff., Art. 49 Rn. 112 ff.; *Knobbe-Keuk* DB 1990, 2573 (2575); *Teichmann* ZGR 2011, 639 (665 ff., 672 ff.); *W.-H. Roth* GS Knobbe-Keuk, 1997, 729 (738) (allerdings iRd Rechtfertigungsprüfung).

nierenden rechtlichen Rahmen des Niederlassungsstaates uneingeschränkt beachten.[413] Der AEUV trägt hierdurch der föderalen Struktur der Gemeinschaft Rechnung und nimmt es hin, dass diese dauerhaft rechtlich segmentiert ist und Rechtsunterschiede verbleiben.[414] Die Pflicht, niederlassungsrelevante EU-ausländische Tatbestände anzuerkennen, wenn und soweit sie gleichwertig sind, ändert gerade nichts an der Regelungsautonomie des Aufnahmestaates, vielmehr darf dieser seine materiellen Standards auch im Hinblick auf EU-Ausländer zur Anwendung bringen. Auch der EuGH erkennt im Ergebnis an, dass der Niederlassungsberechtigte im Aufnahmestaat die Erfüllung der materiellen Niederlassungsbedingungen nachzuweisen hat und nicht etwa eine automatische Anerkennung erfolgt (→ Rn. 138).

Nicht diskriminierende Niederlassungsbedingungen des Aufnahmestaates bedürfen **162** daher entgegen hM **keiner unionsrechtlichen Rechtfertigung.** Richtigerweise gilt dies nicht nur für Tätigkeitsregelungen und das allgemeine Verkehrsrecht, sondern auch für **Marktzugangsregelungen.** Können die Marktteilnehmer die diesbezüglichen Regelungen ihrer Herkunftsstaaten unzweifelhaft nicht unter Berufung auf die Niederlassungsfreiheit angreifen (→ Rn. 47), gibt es keinen Grund, weshalb dies in anderen Mitgliedstaaten anders sein sollte. Erst recht wäre es nicht nachvollziehbar, dass die Qualifizierung als „Beschränkung" von dem Zufall abhängen sollte, ob und inwieweit der jeweilige „Herkunftsstaat" dieselbe Niederlassungsbedingung kennt.[415] Die Niederlassungsfreiheit hat nicht den Zweck, neue Betätigungsfelder und regulatorische Freiräume zu schaffen, sondern gewährt lediglich das Recht, in den bestehenden Märkten anderer Mitgliedstaaten zu den dortigen Bedingungen teilzunehmen. Auch folgt eine rechtfertigungsbedürftige Beschränkung der Niederlassungsfreiheit nicht schon daraus, dass eine Regelung die Möglichkeiten begrenzt, die Wettbewerbsposition etablierter Inlandsunternehmen anzugreifen,[416] wenn und weil insoweit kein spezifischer Zusammenhang mit der Herkunft des neuen Unternehmens besteht.

Soweit sich aus der Unterschiedlichkeit der mitgliedstaatlichen Rechtsordnungen und **163** ihrer materiellen Niederlassungsbedingungen „Hindernisse" für die grenzüberschreitende Niederlassung ergeben, ist es gem. Art. 50, 53 AEUV zunächst Sache des Gemeinschaftsgesetzgebers, die Niederlassungsfreiheit „mit der Geltung durch das Allgemeininteresse gerechtfertigter Berufsregelungen [...] in Einklang [zu] bringen".[417] Die Frage des **Verhältnisses zwischen der Niederlassungsfreiheit und dem Sekundärrecht** ist somit dahin gehend zu beantworten, dass der Gemeinschaftsgesetzgeber ohne Rechtfertigung weder die Wahl zwischen den in Art. 49 AEUV verbürgten Ausübungsformen einschränken oder diskriminierende Regelungen erlassen noch den Aufnahmestaat hierzu ermächtigen darf.

---

[413] Vgl. GA *Mischo*, Schlussanträge Slg. 2002, I-6515 Rn. 56 f. – Gräbner; Wohlfarth/Everling/Glaesner/ Sprung/*Everling* EWGV Art. 52 Anm. 2 und Art. 57 Anm. 3; s. ferner schon EuGH Slg. 1974, 1299 Rn. 12 f. – van Binsbergen: Ein Dienstleister, der seine gesamte Geschäftstätigkeit auf einen einzigen Mitgliedstaat ausrichte, dürfe den dortigen nicht diskriminierenden Berufsregelungen nicht deshalb entgehen, weil er in einem anderen Mitgliedstaat ansässig sei.

[414] Vgl. EuGH Slg. 1996, I-161 Rn. 17 – Perfili: „Nach ständiger Rechtsprechung verbieten die Artikel 6, 52 und 59 den Mitgliedstaaten zwar, das Recht im Anwendungsbereich des Vertrages je nach Staatsangehörigkeit der Betroffenen unterschiedlich anzuwenden, jedoch erfassen sie nicht Unterschiede in der Behandlung, die sich von Mitgliedstaat zu Mitgliedstaat aus Unterschieden zwischen den Rechtsordnungen der einzelnen Mitgliedstaaten ergeben können, sofern diese Rechtsordnungen auf alle ihnen unterworfenen Personen nach objektiven Merkmalen und ohne Rücksicht auf die Staatsangehörigkeit der Betroffenen anwendbar sind"; s. ferner *Kingreen* Struktur der Grundfreiheiten S. 45 ff. (86 ff., 111, 115 ff., 122); ferner *Everling* GS Knobbe-Keuk, 1997, 607 (619 f.); *W.-H. Roth* GS Knobbe-Keuk, 1997, 729 (737).

[415] S. EuGH EuZW 2016, 463 Rn. 31 – Sparkasse Allgäu/Finanzamt Kempten.

[416] So aber etwa EuGH EuZW 2004, 701 Rn. 13 f. – Caixa-Bank France für ein nicht diskriminierendes Verbot, Sichteinlagenkonten zu verzinsen; s. auch die Rspr. zu Erlaubnis- und Bedürfnisvorbehalten (→ Rn. 145) sowie EuGH Urt. v. 11.3.2010, Rs. C-384/08, – Attanasio Group; EuGH EuZW 2007, 18 Rn. 59 – Cipolla/Macrino ua Einschr. aber EuGH NJW 2011, 1575 Rn. 51 – Kommission/ Italien (Große Kammer); Beschränkungswirkung nicht diskriminierender Regelungen nur dann, wenn EU-Ausländern die Möglichkeit genommen werde, „unter Bedingungen eines normalen und wirksamen Wettbewerbs in den Markt des Aufnahmemitgliedstaats einzutreten".

[417] S. zur Niederlassungsfreiheit EuGH Slg. 1977, 765 Rn. 12 – Thieffry; EuGH Slg. 1995, I-4165 Rn. 35 – Gebhard. Zuvor schon zur Dienstleistungsfreiheit in diesem Sinne EuGH Slg. 1974, 1299 Rn. 12 f. – van Binsbergen.

Auch die viel zitierten Entscheidungen in den Rechtssachen „Bosal" und „Keller Holding" (→ Rn. 152) hatten steuerliche Diskriminierungen zum Gegenstand.[418] Eine darüber hinaus gehende Bindung des Gemeinschaftsgesetzgebers ist hingegen abzulehnen, vielmehr gehört auch das nicht diskriminierende Sekundärrecht zu dem rechtlichen Rahmen, innerhalb dessen die Niederlassungsfreiheit nur ausgeübt werden kann (→ Rn. 156).[419]

164 Keinem Zweifel kann es daher unterliegen, dass das nationale Kapitalgesellschaftsrecht, soweit es mit einer **sekundärrechtlichen Harmonisierungsregelung,** etwa der GesR-RL (→ Rn. 8), vereinbar ist, keine Beschränkung der Niederlassungsfreiheit darstellt.[420] Soweit die Gemeinschaft von ihren **Rechtssetzungsbefugnissen keinen Gebrauch** macht, verbleibt es bei den Regelungen der nationalen Rechtsordnungen. Die Frage, wie die Regelungsansprüche der mitgliedstaatlichen Rechtsordnungen dann voneinander abzugrenzen sind, wird durch Art. 49 Abs. 2 AEUV gerade zu Gunsten des Rechts des Aufnahmestaates entschieden (→ Rn. 161 f.).

165 **Mitgliedstaatliche und unionsrechtliche Kollisionsnormen** greifen nicht in die materiellen Niederlassungsbedingungen ein, sondern bestimmen lediglich das anwendbare mitgliedstaatliche Recht. Ein Konflikt mit der Niederlassungsfreiheit ist insoweit ebenfalls denkbar, sofern die Verweisung aufgrund diskriminierender Anknüpfungskriterien erfolgt. Dies ist für das Internationale Insolvenzrecht (Art. 7 EuInsVO; früher Art. 4 EuInsVO 2000) ebenso zu verneinen wie für das Recht der vertraglichen Schuldverhältnisse (Rom I-VO) und der außervertraglichen Schuldverhältnisse (Rom II-VO). Auch eine Anknüpfung gesellschaftsrechtlicher Gläubigerschutznormen an den tatsächlichen Sitz ist als solche jedenfalls dann nicht diskriminierend, wenn sie allseitig erfolgt (→ Rn. 339 ff.).

166 Schwierige Fragen stellen sich hingegen für das **Gesellschaftskollisionsrecht** und die Abgrenzung des Gesellschaftsstatuts zu den Anwendungsbereichen anderer Kollisionsnormen, insbesondere zum Insolvenz- und Deliktsstatut. Da Art. 54 AEUV den mitgliedstaatlichen Gesellschaften selbst das Niederlassungsrecht zubilligt, wäre es mit der Niederlassungsfreiheit jedenfalls unvereinbar, wenn an die Ausübung des Niederlassungsrechts ein **vollständiger Statutenwechsel** geknüpft würde. Dass die Rechtssache „Cartesio" gleichwohl zutr. entschieden wurde, indem der EuGH dort ein Recht auf statuswahrende Verlegung des tatsächlichen Sitzes verneint hat (→ Rn. 67 ff.), ist schlüssig nur damit zu erklären, dass die Sitzverlegung anders als die Errichtung „echter" Zweigniederlassungen (Art. 49 Abs. 1 S. 2 AEUV) selbst nicht Gegenstand der Niederlassungsfreiheit iSv Art. 49 AEUV ist. Nur deshalb ist ein Statutenwechsel aus Anlass der Sitzverlegung niederlassungsrechtlich unbedenklich, während er anlässlich der grenzüberschreitenden Errichtung einer Zweigstelle schlechterdings ausgeschlossen wäre (→ Rn. 117).

167 Umgekehrt legt dies den Schluss nahe, dass ein Aufnahmestaat unter dem Aspekt der Niederlassungsfreiheit nicht gehindert ist, **einzelne Anknüpfungsgegenstände des Gesellschaftsstatuts** auf EU-ausländische Gesellschaften zur Anwendung zu bringen, wenn diese ihren **tatsächlichen Sitz** in sein Hoheitsgebiet verlegen (eingehend → Rn. 245 ff., → Rn. 255 ff., → Rn. 283 ff., → Rn. 289 ff.). Entsprechend wäre die insolvenzrechtliche Anknüpfung an den „Mittelpunkt der hauptsächlichen Interessen" (Art. 3 EuInsVO), der im Fall von Gesellschaften im Wesentlichen mit dem tatsächlichen Sitz übereinstimmt (→ Rn. 325), auch insoweit unbedenklich, als sie Anknüpfungsgegenstände im Grenzbereich zum Gesellschaftsstatut umfasst.

168 Wesentlich problematischer und **völlig ungeklärt** ist hingegen, inwieweit eine **Anknüpfung gesellschaftsrechtlicher Normen** an die Errichtung einer **„echten" Zweigniederlassung** in einem anderen Mitgliedstaat mit der Niederlassungsfreiheit zu vereinbaren wäre.

---

[418] S. EuGH Slg. 2003, I-9409 Rn. 27 – Bosal; EuGH Slg. 2006, I-2107 Rn. 34 f. – Keller Holding.

[419] Im Ergebnis ähnlich *Teichmann* FS Scheuing, 2011, 735 (754 f.) und *Teichmann* ZGR 2011, 639 (655 ff.): Der „größere Beurteilungsspielraum" des europäischen Gesetzgebers erkläre sich daraus, dass gemeinschaftsweit geltende Regelungen keine Marktzugangsbeschränkung bewirkten, sondern dazu beitrügen, einen gemeinsamen barrierefreien Markt herzustellen.

[420] Zutr. auch MüKoBGB/*Kindler* IntGesR Rn. 28, 72, 598; s. ferner *Teichmann* ZGR 2011, 639 (655 ff.).

Diese Frage stellt sich in aller Schärfe, soweit einzelne gläubigerschutzrechtliche Rechtsinhalte wie die Insolvenzverschleppungshaftung, die Insolvenzverursachungshaftung, die Massesicherungshaftung, die Existenzvernichtungshaftung oder das Recht der Gesellschafterdarlehen insolvenzrechtlich qualifiziert werden sollen, wie dies der EuGH für § 64 Abs. 2 S. 1 GmbHG aF bereits judiziert hat (→ Rn. 451 ff., → Rn. 283 f., → Rn. 304 ff.; im Einzelnen → Rn. 349 ff.). Die insolvenzrechtliche Anknüpfung greift nämlich nicht nur im Falle eines Hauptinsolvenzverfahrens, sondern in gleicher Weise in Partikular- oder Sekundärinsolvenzverfahren. Diese können indes schon dann eröffnet werden, wenn im Aufnahmestaat nur eine untergeordnete Niederlassung besteht (vgl. Art. 34 f. EuInsVO iVm Art. 3 Abs. 2 EuInsVO; früher Art. 27 f. EuInsVO 2000 iVm Art. 3 Abs. 2 EuInsVO 2000, → Rn. 306).

Die unionsrechtlichen Bedenken gegen eine insolvenzrechtliche Qualifikation gesellschaftsrechtlicher Haftungsnormen wären freilich weitgehend gegenstandslos, wenn die **Bezugnahme auf das Recht des Gründungsstaates in Art. 54 UAbs. 1 AEUV**, wofür vieles spricht, auf einen **Kernbestand typus- und mitgliedschaftsprägender Norminhalte** beschränkt wäre. Schlagwortartig kann dies mit einer Unterscheidung zwischen Innen- und Außenverhältnis oder zwischen „Subjekteigenschaften" und tätigkeitsbezogenen Regelungen umschrieben werden. Der EuGH hat ein solches Verständnis mit seiner Entscheidung „Kornhaas/Dithmar" nahegelegt (→ Rn. 148 ff., → Rn. 451 ff.). Darüber hinaus besteht jedoch gerade in den relevanten Fragen keine Einigkeit darüber, wo die Grenze im Einzelnen verläuft (→ Rn. 283 ff., → Rn. 349 ff.). **169**

Auf der Grundlage eines weitergehenden Beschränkungsbegriffs kehren die vorstehend angesprochenen Fragen bei der Prüfung der **Rechtfertigung** im Hinblick darauf wieder, ob und inwieweit dem Aufnahmestaat oder dem Gemeinschaftsgesetzgeber bei der Bestimmung der Regelungsziele, des Schutzniveaus und der Schutzmethoden eine Einschätzungsprärogative zuzubilligen ist oder eine permissivere Rechtslage im Herkunftsstaat eine Rechtfertigung weitergehender Anforderungen ausschließt (→ Rn. 181, → Rn. 187 ff.). **170**

2. Rechtfertigung von Diskriminierungen und sonstigen Beschränkungen. **171**
a) Vorrang des abschließenden Sekundärrechts. Eine **Rechtfertigung** nationaler Maßnahmen **scheidet aus,** wenn sie bereits gegen abschließendes Sekundärrecht verstoßen.[421] Dies gilt für Diskriminierungen ebenso wie für nicht diskriminierende Beschränkungen. Ob ein Sekundärrechtsakt Raum für anderweitige Maßnahmen der Mitgliedstaaten lässt, ist im Einzelfall zu ermitteln.

In dem Urteil „**Inspire Art**" hat der EuGH etwa die Offenlegungspflichten für Zweigniederlassungen nach der **Zweigniederlassungs-RL,** die in der **GesR-RL** aufgegangen ist (→ Rn. 8), für abschließend erklärt (vgl. → Rn. 538 ff.).[422] Umgekehrt hat der EuGH jedoch ausgeführt, dass Regelungen, welche diese RL lediglich umsetzen, nicht als Behinderung der Niederlassungsfreiheit angesehen werden könnten.[423] Diese Einschätzung hat er in der Rechtssache „Innoventif" nochmals bestätigt.[424] **172**

Im Zusammenhang mit gläubigerschützenden Vorschriften des Kapitalgesellschaftsrechts sind insbesondere die an die Stelle der sog. **Kapital-RL** getretenen Regelungen der **GesR-RL** (→ Rn. 8) von Interesse. Auch soweit diese Bestimmungen abschließenden Charakter besitzen, kann und muss das nationale Recht ihren Bestimmungen ggf. durch einen **Umgehungsschutz** zu tatsächlicher Wirksamkeit („effet utile") verhelfen, selbst wenn die entsprechenden Sanktionen nicht in der RL vorgesehen sein sollten (Beispiel: verschleierte Sacheinlage bei der Aktiengesellschaft).[425] **173**

---

[421] EuGH Slg. 2003, I-10155 Rn. 65 ff., 69 ff. = NJW 2003, 3331 – Inspire Art; *Knobbe-Keuk* DB 1990, 2573 (2583 f.); Streinz/*Müller-Graff* AEUV Art. 49 Rn. 83, Art. 52 Rn. 6; Grabitz/Hilf/Nettesheim/*Forsthoff* AEUV Art. 45 Rn. 354 ff.
[422] EuGH Slg. 2003, I-10155 Rn. 66 ff., 69 = NJW 2003, 3331 – Inspire Art.
[423] EuGH Slg. 2003, I-10155 Rn. 55 ff., 58 = NJW 2003, 3331 – Inspire Art.
[424] EuGH Slg. 2006, I-4931 = NJW 2006, 3195 – Innoventif.
[425] Zutr. *Habersack/Verse* EuropGesR § 6 Rn. 40 f. (mit Differenzierung zwischen konkretem und abstraktem Umgehungsschutz); *Lutter* FS Everling, 1995, 765 (777 ff.); *Kindler* FS Boujong, 1996, 299 (308 ff.); Großkomm AktG/*Schall* § 27 Rn. 17 ff.

174 Soweit das Sekundärrecht nur eine **Rahmen- oder Mindestvorgabe** enthält, liegt prima facie die Annahme nahe, dass sämtliche mitgliedstaatliche Regelungen, die mit dieser Vorgabe im Einklang stehen, auch niederlassungsrechtlich als gleichwertig betrachtet werden müssen.[426] Wenn und weil den Mitgliedstaaten aber Regelungsspielräume verbleiben, ist ein solcher Schluss nicht allgemein gerechtfertigt. Vielmehr ist auch dann die entscheidende Frage zu beantworten, weshalb es einem Marktteilnehmer im konkreten Fall gestattet sein soll, sich gegenüber den Niederlassungsbedingungen des Aufnahmestaates auf permissivere Regelungen eines anderen Mitgliedstaates zu berufen. Sofern die Abgrenzung der konkurrierenden Regelungsansprüche nicht in dem Sekundärrechtsakt erfolgt ist, kann auch insoweit Raum für die allgemeinen Rechtfertigungsgrundsätze verbleiben.

175 b) Rechtfertigungsgründe. aa) Geschriebene Rechtfertigungsgründe (Art. 52 AEUV). Für **offene Diskriminierungen** aufgrund der Staatsangehörigkeit (→ Rn. 130 ff.) kommen nur die geschriebenen Rechtfertigungsgründe des Art. 52 AEUV in Betracht.[427] Nach dieser Regelung kann eine „Sonderregelung für Ausländer" zulässig sein, wenn sie „aus Gründen der **öffentlichen Ordnung, Sicherheit oder Gesundheit** gerechtfertigt" ist. Dieser Rechtfertigungstatbestand findet grundsätzlich auch bei Gesellschaften Anwendung.[428] In den Urteilen „**Überseering**" und „**Centros**", die richtigerweise als Fälle offener Diskriminierungen anzusehen sind (→ Rn. 133), hat der EuGH eine Rechtfertigung nach Art. 52 AEUV jeweils ohne nähere Ausführungen abgelehnt.[429]

176 Die Rechtfertigungsgründe des Art. 52 Abs. 1 AEUV sind **eng auszulegen,** da sie eine Abweichung von dem Grundprinzip des Verbots offener Diskriminierungen (vgl. Art. 18 AEUV) gestatten.[430] Ungleichbehandlungen aus wirtschaftspolitischen, protektionistischen Zielsetzungen können nicht nach Art. 52 AEUV gerechtfertigt werden, da dies der Schutzrichtung der Niederlassungsfreiheit grundsätzlich zuwiderlaufen würde.[431] Ein Mitgliedstaat, der die geschriebenen Rechtfertigungsgründe des Art. 52 AEUV in Anspruch nehmen möchte, muss nachweisen, dass es sich um außergewöhnliche Fälle handelt.[432]

177 Der Rechtfertigungsgrund der **öffentlichen Ordnung** setzt eine tatsächliche und hinreichend schwere Gefährdung für ein Grundinteresse einer Gesellschaft voraus.[433] Ein bloßer Gesetzesverstoß begründet keine Gefahr für die öffentliche Sicherheit und Ordnung.[434] Mitgliedstaatliche Besonderheiten sind im Einzelfall zu berücksichtigen. Insoweit billigt der

---

[426] *Paefgen* DB 2003, 487 (489): Die unionsrechtliche Regelung stelle stets einen Konsens der Mitgliedstaaten dar. Verbleibende Umsetzungsunterschiede seien hinzunehmen und unterfielen nicht dem ordre public (Art. 6 EGBGB).

[427] *Classen* EuR 2004, 416 (432); Streinz/*Müller-Graff* AEUV Art. 49 Rn. 44.

[428] EuGH Slg. 1986, 2375 Rn. 17 = NJW 1987, 571 – Segers; vgl. auch EuGH Slg. 1998, I-6717 Rn. 40 ff. – Kommission/Spanien.

[429] S. EuGH Slg. 1999, I-1459 Rn. 32 ff. = NJW 1999, 2027 – Centros: Die vorgebrachten Gründe – Stärkung der finanziellen Solidität von Gesellschaften durch Einzahlung eines Mindestkapitals zum Schutz öffentlicher Gläubiger und der generelle Gläubigerschutz gegen bereits anfänglich unterkapitalisierte Gesellschaften – seien für Art. 52 AEUV ohne Belang; EuGH Slg. 2002, I-9919 Rn. 93 = NJW 2002, 3614 – Überseering.

[430] S. EuGH Slg. 1974, 1337 Rn. 18 f. – Van Duyn; EuGH Slg. 1975, 1219 Rn. 26 ff. – Rutili; EuGH Slg. 1977, 1999 Rn. 33 – Bouchereau; EuGH Slg. 1991, I-2925 Rn. 24 – ERT; EuGH Slg. 1999, I-11 Rn. 23 – Calfa; EuGH Slg. 2000, I-1221 Rn. 28 – Kommission/Belgien (Bewachungsunternehmen); zur Kapitalverkehrsfreiheit etwa EuGH EuZW 2009, 458 Rn. 70 – Kommission/Italien; s. ferner Streinz/*Müller-Graff* AEUV Art. 52 Rn. 1, 8; Grabitz/Hilf/Nettesheim/*Forsthoff* AEUV Art. 52 Rn. 6 ff.

[431] EuGH Slg. 1988, 2085 – Bond van Adverteeders; *Classen* EuR 2004, 416 (433).

[432] Vgl. EuGH Slg. 1999, I-5585 Rn. 22 – Kommission/Spanien; EuGH EuZW 2008, 372 Rn. 44 – Kommission/Italienische Republik.

[433] EuGH Slg. 1975, 1219 Rn. 26 ff. – Rutili; EuGH Slg. 1977, 1999 Rn. 33/35 – Bouchereau; EuGH Slg. 1998, I-2521 Rn. 40 – Clean Car Autoservice; EuGH Slg. 1999, I-11 Rn. 21 – Calfa; EuGH Slg. 2000, I-1221 Rn. 28 – Kommission/Belgien (Bewachungsunternehmen); EuGH Slg. 2000, I-1335 Rn. 17 – Église de scientologie; EuGH Slg. 2004, I-9609 Rn. 30 – Omega Spielhallen- und Automatenaufstellungs GmbH/Oberbürgermeisterin der Bundesstadt Bonn; EuGH Urt. v. 17.7.2008, Rs. C-207/07, Rn. 47 – Kommission/Spanien; EuGH EuZW 2009, 458 Rn. 70 – Kommission/Italien.

[434] EuGH Slg. 1976, 497 Rn. 38/40 – Royer (Aufenthaltsrecht); EuGH Slg. 1991, I-273 Rn. 30 f. – Roux (sozialrechtliche Bestimmungen).

EuGH den innerstaatlichen Behörden einen Beurteilungsspielraum zu.[435] In jedem Fall muss das verbotene Verhalten auch gegenüber Inländern in gleicher Weise effektiv geahndet werden.[436]

Gleiches gilt für den Rechtfertigungsgrund der **öffentlichen Sicherheit**. Ausnahmen 178 vom Schutz der Grundfreiheiten aus Gründen der öffentlichen Sicherheit betreffen nach Ansicht des Gerichtshofs nur „ganz bestimmte außergewöhnliche Fälle". Eine Verallgemeinerung zu einem generellen Vorbehalt, wonach Maßnahmen im Interesse der öffentlichen Sicherheit stets von der Anwendung des Unionsrechts ausgenommen seien, kommt daher nicht in Betracht.[437] Auch das Interesse, die **Kontinuität grundlegender Dienste und Versorgungsleistungen** durch privatisierte Unternehmen im Bereich der Energie- und Wasserversorgung, der Telekommunikation und sonstiger Infrastrukturbetriebe (zB Flug- oder Seehäfen) sowie das **Funktionieren der erforderlichen Netze** sicherzustellen, erkennt der Gerichtshof daher nur dann als Rechtfertigungsgrund an, wenn eine tatsächliche und hinreichend schwere Gefährdung vorliegt, die ein Grundinteresse der Gesellschaft berührt.[438] Insbesondere **staatliche Genehmigungserfordernisse für den Erwerb unternehmerischer Beteiligungen** sind nach Ansicht des EuGH unter diesem Aspekt ungeeignet und unverhältnismäßig.[439] Im Zeitpunkt des Beteiligungserwerbs kann nämlich nicht mit hinreichender Sicherheit festgestellt werden, ob die Ausübung der Beteiligungsrechte die Sicherheitsinteressen tatsächlich und schwer gefährden wird. Des Weiteren ist nicht zu verkennen, dass solche Erwerbsbeschränkungen auch die Fassung von Beschlüssen und die Vornahme unternehmerischer Maßnahmen ohne Gefährdungspotenzial behindern. Den Behörden darf daher nach Ansicht des Gerichtshofs insoweit kein Ermessens- und Prognosespielraum eingeräumt werden, der gerichtlich nur schwer überprüfbar ist. Auch staatliche Befugnisse, die Fassung bestimmter Gesellschafterbeschlüsse oder Geschäftsführungsmaßnahmen in solchen Unternehmen zu kontrollieren, unterliegen ähnlich strengen Anforderungen im Hinblick auf die Verhältnismäßigkeit. Zum einen müssen derartige Kontrollbefugnisse durch eine konkrete Aufzählung der betroffenen strategischen Aktiva und Beschlussgegenstände spezifiziert werden und strikt auf Fälle einer Gefährdung sicherheitsrelevanter Ziele beschränkt sein. Zum anderen müssen die getroffenen Entscheidungen einem förmlichen Begründungserfordernis sowie einer wirksamen gerichtlichen Kontrolle unterliegen.[440]

Der Rechtfertigungsgrund der **öffentlichen Gesundheit** wird durch Art. 29 RL 2004/ 179 38/EG (Freizügigkeits-RL) konkretisiert. Darüber hinaus kann der Gesundheitsschutz als „zwingendes Allgemeininteresse" nicht diskriminierende Beschränkungen rechtfertigen.[441]

bb) Ungeschriebene Rechtfertigungsgründe („zwingende Allgemeininteres- 180 **sen").** Die Ausweitung der Grundfreiheiten zu allgemeinen Beschränkungsverboten, die nicht nur offene Diskriminierungen, sondern auch versteckte Diskriminierungen sowie nicht diskriminierende Beschränkungen erfassen sollen (→ Rn. 136 ff.), und die enge Auslegung der geschriebenen Rechtfertigungstatbestände führten zu dem unabweisbaren Bedürfnis, eine Rechtfertigung aus sonstigen **„zwingenden Allgemeininteressen"** anzuerkennen.[442] Diese ungeschriebenen Rechtfertigungstatbestände gelten für sämtliche

---

[435] EuGH Slg. 1974, 1337 Rn. 19 – Van Duyn; EuGH Slg. 1977, 1999 Rn. 34 – Bouchereau; EuGH Slg. 2004, I-9609 Rn. 31 – Omega Spielhallen- und Automatenaufstellungs GmbH/Oberbürgermeisterin der Bundesstadt Bonn.
[436] EuGH Slg. 1982, 1665 Rn. 8 – Adoui; EuGH Slg. 1975, 1219 Rn. 46 ff. – Rutili; abw. zuvor EuGH Slg. 1974, 1337 Rn. 21 ff. – Van Duyn.
[437] EuGH EuZW 2008, 372 Rn. 43 – Kommission/Italienische Republik mwN.
[438] EuGH EuZW 2013, 29 Rn. 64 f., 67 – Kommission/Griechenland mwN.
[439] EuGH EuZW 2013, 29 Rn. 68 ff. – Kommission/Griechenland mwN.
[440] EuGH EuZW 2013, 29 Rn. 80 ff. – Kommission/Griechenland mwN.
[441] Zur Auslegung beider Gründe mwN Streinz/*Müller-Graff* AEUV Art. 52 Rn. 10 ff.
[442] Zum Verhältnis zwischen beiden Rechtfertigungsmöglichkeiten Streinz/*Müller-Graff* AEUV Art. 49 Rn. 44, 48, 82, 85; *Everling* GS Knobbe-Keuk, 1997, 607 (621 f.); *Classen* EuR 2004, 416 (432 f.); *Streinz* FS Rudolf, 2001, 199 (212 ff.) mit Fn. 72.

Europ. Niederlassungsfreiheit 181

Grundfreiheiten gleichermaßen[443] und werden – unter Einbeziehung der Verhältnismäßigkeitskriterien (zur Geeignetheit und Erforderlichkeit → Rn. 188 ff.) als sog. **„Gebhard-Formel"**[444] bezeichnet.[445]

181 Die **Bestimmung der Schutzgüter** bleibt grundsätzlich dem jeweiligen Aufnahmestaat überlassen.[446] Nicht erforderlich ist, dass das jeweilige Schutzanliegen auf Gemeinschaftsebene anerkannt oder auch von anderen Mitgliedstaaten, insbesondere dem Herkunftsstaat, verfolgt wird.[447] In Betracht kommt das gesamte Spektrum legitimer Regelungsinteressen[448] einschließlich des Schutzes von Grundrechten,[449] sofern keine protektionistischen Zwecke verfolgt werden, die dem Ziel der Marktöffnung zuwiderlaufen würden.[450] Für die hier interessierende **Niederlassungsfreiheit von Kapitalgesellschaften** hat der EuGH anerkannt, dass der Schutz der Gläubiger,[451] der Lauterkeit des Handelsverkehrs,[452] der Arbeitnehmer,[453] des Rechts auf Durchführung kollektiver Maßnahmen[454] und der Minderheitenschutz[455] eine Beschränkung der Niederlassungsfreiheit rechtfertigen können. Im Hinblick auf steuerrechtliche Regelungen können Beschränkungen der Niederlassungsfreiheit namentlich legitimiert werden durch das Interesse, die gerechte Aufteilung der Besteuerungsbefugnis zwischen den Mitgliedstaaten und die Symmetrie zwischen Gewinnbesteuerungsrecht und Verlustabzugsmöglichkeit zu wahren,[456] eine doppelte Berücksichtigung von Verlusten und eine Steuerflucht zu vermeiden[457] und eine wirksame steuerliche Kontrolle[458]

---

[443] EuGH Slg. 1993, I-1663 Rn. 32 – Kraus; EuGH Slg. 1995, I-4165 Rn. 37 – Gebhard; EuGH Slg. 1997, I-2471 Rn. 26, 31 – Futura; EuGH Slg. 1999, I-1459 Rn. 34 = NJW 1999, 2027 – Centros; EuGH Slg. 2001, I-837 Rn. 26 – Mac Queen; EuGH Slg. 2002, I-8923 Rn. 26 – Payroll Data; EuGH Slg. 2003, I-10155 Rn. 133 = NJW 2003, 3331 – Inspire Art; EuGH Slg. 2004, I-9761 Rn. 17 – Kommission/Niederlande; EuGH EuZW 2004, 701 Rn. 17 – Caixa-Bank France; Streinz/*Müller-Graff* AEUV Art. 49 Rn. 81 ff.: „immanente Schranken".

[444] Nach EuGH Slg. 1995, I-4165 Rn. 37 – Gebhard; zuvor aber schon EuGH Slg. 1993, I-1663 Rn. 32 – Kraus sowie im Ansatz bereits EuGH Slg. 1977, 765 Rn. 11/12, 15/18 – Thieffry und EuGH Slg. 1974, 1299 Rn. 10/12 – van Binsbergen (zur Dienstleistungsfreiheit).

[445] Ebenfalls gebräuchlich, aber unscharf ist die Bezeichnung als „Vier-Kriterien-Test", wobei als viertes Kriterium das Fehlen einer Diskriminierung betrachtet wird. Tatsächlich ist aber davon auszugehen, dass auch eine Rechtfertigung versteckter Diskriminierungen aus sonstigen Allgemeininteressen nicht ausgeschlossen ist (→ Rn. 183).

[446] EuGH Slg. 2007, I-1891 Rn. 48 – Placanica ua; EuGH Slg. 1984, 2727 – Campus Oil; vgl. auch *Classen* EuR 2004, 416 (434); Forsthoff in Hirte/Bücker Grenzüberschreitende Gesellschaften-HdB § 2 Rn. 55; MüKoBGB/*Kindler* IntGesR Rn. 448.

[447] Zutr. Forsthoff in Hirte/Bücker Grenzüberschreitende Gesellschaften-HdB § 2 Rn. 55; MüKoBGB/*Kindler* IntGesR Rn. 445; aA etwa *Hammen* WM 1999, 2487 (2494 f.); *Ebke* JZ 2003, 927 (930).

[448] Überblick bei Streinz/*Müller-Graff* AEUV Art. 49 Rn. 86 ff.; ferner *Classen* EuR 2004, 416 (432 f.); *Jarass* EuR 2000, 705 (718 f.); *Everling* GS Knobbe-Keuk, 1997, 607 (621).

[449] EuGH EuZW 2008, 246 Rn. 77 – Viking; vgl. zuvor auch EuGH Slg. 2003, I-5659 Rn. 74 – Schmidberger (Warenverkehrsfreiheit); EuGH Slg. 2004, I-9609 Rn. 35 – Omega (Dienstleistungsfreiheit).

[450] EuGH Slg. 1988, 2085 Rn. 34 – Bond van Adverteerders; EuGH Slg. 1991, I-4007 Rn. 11 – Stichting Collective; EuGH Slg. 1998, I-1931 Rn. 41 – Kohll; *Classen* EuR 2004, 416 (433); *Jarass* EuR 2000, 705 (719).

[451] EuGH Slg. 1999, I-1459 Rn. 34 – Centros; EuGH Slg. 2002, I-9919 Rn. 92 – Überseering. Für den Gläubigerschutz, den Schutz der Lauterkeit des Handelsverkehrs und die Wirksamkeit der Steuerkontrolle ebenso EuGH Slg. 2003, I-10155 Rn. 135, 140 – Inspire Art.

[452] EuGH Slg. 2003, I-10155 Rn. 135, 140 = NJW 2003, 3331 – Inspire Art.

[453] EuGH EuZW 2008, 246 Rn. 77 – Viking; EuGH EuZW 2005, 90 Rn. 29 – Kommission/Luxemburg; EuGH Slg. 2002, I-9919 Rn. 92 – Überseering; ferner EuGH Slg. 2002, I-8923 Rn. 31 – Payroll Data; EuGH Slg. 2002, I-787 Rn. 20 – Portugaia Construções; EuGH Slg. 2001, I-7831 Rn. 33 – Finalarte; EuGH Slg. 2001, I-2189 Rn. 27 – Mazzoleni und ISA; EuGH Slg. 1999, I-8453 Rn. 36 – Arblade; EuGH Slg. 1990, I-1417 Rn. 18 – Rush Portuguesa; EuGH Slg. 1982, 223 Rn. 14 – Seco; EuGH Slg. 1981, 3305 Rn. 19 – Webb.

[454] EuGH EuZW 2008, 246 Rn. 77 – Viking; EuGH Slg. 2003, I-5659 Rn. 74 – Schmidberger.

[455] EuGH Slg. 2002, I-9919 Rn. 92 – Überseering.

[456] EuGH Slg. 2005, I-10837 Rn. 45 – Marks & Spencer; EuGH Slg. 2006, I-7445 Rn. 42 – N; EuGH Slg. 2007, I-6373 Rn. 51 – Oy AA; EuGH Slg. 2008, I-3601 Rn. 31 – Lidl Belgium; EuGH EuZW 2011, 951 Rn. 45 – National Grid Indus BV; EuGH EuZW 2013, 191 Rn. 43 – DI. VI. Finanziaria di Diego della Valle & C. SapA; EuGH EuZW 2013, 796 Rn. 50 – Argenta Spaarbank NV/Belgien; EuGH EuZW 2013, 238 Rn. 23 – Philips Electronics UK Ltd; EuGH EuZW 2013, 269 Rn. 41, 46 – A Oy.

[457] EuGH Slg. 2005, I-10837 Rn. 47 ff. – Marks & Spencer; EuGH EuZW 2013, 269 Rn. 44 ff. – A Oy.

[458] EuGH Slg. 1997, I-2471 Rn. 26, 31 – Futura.

sowie die Kohärenz des Steuersystems⁴⁵⁹ zu gewährleisten. Für das bloße fiskalische Interesse an der Verhinderung von Steuermindereinnahmen⁴⁶⁰ oder rein wirtschaftliche Gründe⁴⁶¹ gilt dies nicht.

Zweifelhaft ist, ob auch Diskriminierungen zum Schutz sonstiger zwingender Allgemeininteressen zulässig sein können. Für **offene Diskriminierungen** wird dies von der nach wie vor überwiegenden Ansicht in der Lit. zu Recht verneint.⁴⁶² Die Rspr. des EuGH ist insoweit undeutlich.⁴⁶³ Der Gerichtshof entscheidet meist ohne scharfe Abgrenzungen und hat in zahlreichen Fällen offener Diskriminierungen eine Rechtfertigung aus zwingenden Allgemeininteressen zumindest erwogen⁴⁶⁴ oder auch bejaht.⁴⁶⁵ Auch in den Urteilen „Centros" und „Überseering", die richtigerweise als offene Diskriminierungen einzuordnen sind (→ Rn. 133), hat der EuGH die ungeschriebenen Rechtfertigungsgründe geprüft, eine Rechtfertigung aber an der fehlenden Verhältnismäßigkeit scheitern lassen, sodass es auf die Einordnung im Ergebnis nicht ankam.⁴⁶⁶ 182

Mit der hM zu bejahen ist demgegenüber die Möglichkeit, **versteckte Diskriminierungen** aus zwingenden Allgemeininteressen zu rechtfertigen.⁴⁶⁷ Schon wegen der engen Auslegung des Art. 52 AEUV besteht hierfür ein unabweisbares Bedürfnis.⁴⁶⁸ Ob eine Regelung, die nicht auf die Staatsangehörigkeit abstellt, typischerweise oder hauptsächlich Ausländer benachteiligt und eine der offenen Diskriminierung vergleichbare Ausgrenzung von Ausländern intendiert oder tatsächlich bewirkt, ist häufig nur schwer zu ermitteln. Insoweit genügt es, ggf. im Rahmen der Verhältnismäßigkeitsprüfung strengere Anforderungen zu stellen. 183

cc) **Bekämpfung von „Missbrauch" und „Betrug".** In „Centros" und „Inspire Art" hat der EuGH in Übereinstimmung mit seiner **stRspr** klargestellt, dass die Niederlassungsfreiheit kein Recht zu missbräuchlichem oder betrügerischem Verhaltens gewähre. Die nationalen Gerichte dürften im Einzelfall die Berufung auf das Unionsrecht versagen, wenn auf der Grundlage objektiver Umstände ein missbräuchliches oder betrügerisches Verhalten festgestellt werden könne.⁴⁶⁹ Insbesondere könne der Niederlassungsstaat gegenüber der 184

---

⁴⁵⁹ EuGH Slg. 1995, I-2493 Rn. 23 – Wielockx; EuGH Slg. 1998, I-4695 Rn. 29 – ICI; EuGH Slg. 2000, I-2787 Rn. 37 – Baars; EuGH Slg. 2001, I-1727 Rn. 67 – Metallgesellschaft/Hoechst; EuGH Slg. 2002, I-10829 Rn. 51 ff. – X und Y II; EuGH Slg. 2002, I-11779 Rn. 40 ff. – Lankhorst-Hohorst; EuGH EuZW 2013, 796 Rn. 41 – Argenta Spaarbank NV/Belgien; EuGH EuZW 2013, 191 Rn. 46 – DI. VI. Finanziaria di Diego della Valle & C. SapA.

⁴⁶⁰ EuGH Slg. 1998, I-4695 Rn. 28 – ICI; EuGH Slg. 2001, I-1727 Rn. 59 – Metallgesellschaft/Hoechst; EuGH Slg. 2002, I-10829 Rn. 50 – X und Y II; EuGH Slg. 2002, I-11779 Rn. 36 – Lankhorst-Hohorst; EuGH DB 2004, 686 Rn. 60 – Lasteyrie du Saillant; EuGH Slg. 2005, I-10837 Rn. 44 – Marks & Spencer; EuGH EuZW 2013, 191 Rn. 50 – DI. VI. Finanziaria di Diego della Valle & C. SapA.

⁴⁶¹ EuGH EWS 2013, 468 Rn. 41 – Belgacom; EuGH EuZW 2019, 288 Rn. 70 – TAP.

⁴⁶² *Gundel* Jura 2001, 79 (82); Streinz/*Müller-Graff* AEUV Art. 49 Rn. 44; Grabitz/Hilf/Nettesheim/*Forsthoff* AEUV Art. 45 Rn. 325 ff., Art. 49 Rn. 123; von der Groeben/Schwarze/Hatje/*Tiedje* AEUV Art. 49 Rn. 130 f.; aA etwa *Jarass* EuR 2000, 705 (719); *Weiß* EuZW 1999, 493 (497 f.).

⁴⁶³ Vgl. dazu *Streinz* FS Rudolf, 2001, 199 (200 ff.).

⁴⁶⁴ EuGH Slg. 1997, I-1711 Rn. 24 f. – Hayes/Kronenberger; EuGH Slg. 1997, I-5325 Rn. 26 ff. – Saldanha; EuGH IStR 2009, 499 (502) Rn. 57 ff. – Oy; EuGH IStR 2013, 239 Rn. 33 f., 40 ff. – A Oy.

⁴⁶⁵ S. etwa EuGH NZG 2015, 307 Rn. 24 – Kommission/Vereinigtes Königreich (unterschiedliche Anforderungen an den grenzüberschreitenden Konzernabzug von Verlusten für gebietsansässige und gebietsfremde Tochtergesellschaften).

⁴⁶⁶ S. EuGH Slg. 1999, I-1459 Rn. 34 f. = NJW 1999, 2027 – Centros; EuGH Slg. 2002, I-9919 Rn. 93 = NJW 2002, 3614 – Überseering.

⁴⁶⁷ S. EuGH EWS 2014, 98 Rn. 42 – Hervis; EuGH Slg. 2005, I-2119 Rn. 54 – Bidar; *Gundel* Jura 2001, 79 (82 ff.); Streinz/*Müller-Graff* AEUV Art. 49 Rn. 48, 82 ff.; Grabitz/Hilf/Nettesheim/*Forsthoff* AEUV Art. 45 Rn. 328, Art. 49 Rn. 123; *Roth* WRP 2000, 979 (980 ff.); *Körber* S. 315; aA wohl von der Groeben/Schwarze/Hatje/*Tiedje* AEUV Art. 49 Rn. 78, 130 f.

⁴⁶⁸ So auch iErg die hL, vgl. *Gundel* Jura 2001, 79 (82 ff.); Streinz/*Müller-Graff* AEUV Art. 49 Rn. 48, 82 ff.; Grabitz/Hilf/Nettesheim/*Forsthoff* AEUV Art. 45 Rn. 328; aA wohl von der Groeben/Schwarze/Hatje/*Tiedje* AEUV Art. 49 Rn. 78, 130 f.

⁴⁶⁹ EuGH Slg. 1999, I-1459 = NJW 1999, 2027 Rn. 18, 24 f., 38 – Centros; EuGH Slg. 2003, I-10155 Rn. 105, 136, 139 – Inspire Art; grundlegend (zur Dienstleistungsfreiheit) EuGH Slg. 1974, 1299 Rn. 13 – van Binsbergen; zur Niederlassungsfreiheit EuGH Slg. 1979, 175 Rn. 25 – Knoors; EuGH Slg. 1990, I-3551

Gesellschaft und ihren Gesellschaftern alle geeigneten Maßnahmen treffen, „um Betrügereien zu verhindern oder zu verfolgen", etwa wenn es sich um einen Versuch handle, sich durch die Gesellschaftsgründung Verpflichtungen gegenüber privaten oder öffentlichen Gläubigern zu entziehen.[470] Hinsichtlich der **systematischen Einordnung** dieser Vorbehalte dürfte die neuere Rspr. des Gerichtshofs dahingehend zu verstehen sein, dass der Gerichtshof die „Bekämpfung missbräuchlicher Praktiken" und „künstlicher Gestaltungen" als Rechtfertigungstatbestand qualifiziert.[471] Eine Rechtfertigung unter diesem Aspekt kann jedoch stets nur gelingen, wenn sich die betreffenden Maßnahmen spezifisch auf die missbilligten Sachverhalte beziehen. Darüber hinausgehende, auf einer generell-allgemeinen Missbrauchsvermutung beruhende Beschränkungen genügen diesen Anforderungen nicht. Dem nationalen Gericht oder der mitgliedstaatlichen Behörde muss vielmehr stets eine Einzelfallprüfung auf der Grundlage objektiver Sachverhaltselemente möglich sein.[472]

185 In der **deutschen Rspr.** und in der **Lit.** wird nicht einheitlich beurteilt, welche Bedeutung dem Missbrauchs- und Betrugsvorbehalt hinsichtlich der Niederlassung EU-ausländischer Kapitalgesellschaften zukommt. Nach Ansicht des BGH und von Teilen der Lit. soll in Fällen eines Missbrauchs der Niederlassungsfreiheit keine Notwendigkeit bestehen, nationale Maßnahmen unionsrechtlich zu rechtfertigen.[473] Insbesondere die Umgehung der inländischen Inhabilitätsvorschriften soll unter Berufung auf den Missbrauchsvorbehalt verhindert werden können (→ Rn. 517 ff.). Auch die Möglichkeit, die Anwendung der Durchgriffstatbestände des deutschen Rechts sowie der Existenzvernichtungshaftung (→ Rn. 458 ff.) auf den Missbrauchsvorbehalt zu stützen, wird verbreitet erwogen,[474] wohl überwiegend jedoch verneint.[475]

186 Richtigerweise ist davon auszugehen, dass die Vorbehalte **keinen eigenständigen Anwendungsbereich** haben, insbesondere die Rechtfertigungsmöglichkeiten weder begrenzen noch ergänzen. Namentlich geht es auch bei der Frage eines Missbrauchs der Niederlassungsfreiheit stets ausschließlich um das Problem, die konkurrierenden Regelungsansprüche der beteiligten Mitgliedstaaten im Verhältnis zu den Betroffenen abzugrenzen. Die Vorbehalte des Missbrauchs und des Betrugs gehen daher vollständig in der Prüfung

---

Rn. 14 – Bouchoucha; EuGH Slg. 1992, I-4265 Rn. 24 – Singh; EuGH Slg. 1993, I-1663 Rn. 34 f. – Kraus; s. ferner allg. EuGH Slg. 2006, I-1609 Rn. 68 – Halifax ua; EuGH NVwZ 2008, 61 Rn. 64.

[470] EuGH Slg. 1999, I-1459 Rn. 38 – Centros.

[471] EuGH Slg. 2006, I-8031 Rn. 51 ff., 64 ff. – Cadbury Schweppes; EuGH EuZW 2018, 330 Rn. 114 ff. – SEGRO; s. auch EuGH Slg. 2007, I-2107 Rn. 72, 74 – Test Claimants in the Thin Cap Group Litigation; EuGH IStR 2009, 499 Rn. 63 f. – Aberdeen Property Fininvest Alpha Oy; EuGH Slg. 2006, I-3813 Rn. 34 f. – Eurofood (Widerlegung der Vermutung des Art. 3 Abs. 1 EuInsVO im Falle einer „Briefkastenfirma"); zur Zulässigkeit spezieller Bekämpfungen rein künstlicher Umgehungsgestaltungen EuGH IStR 2013, 239 Rn. 26 f. – A Oy.

[472] EuGH EuZW 2018, 330 Rn. 115 ff. – SEGRO.

[473] Vgl. BGHZ 172, 200 = NJW 2007, 2328 (2329 f.); gleiches Verständnis wohl bei OLG Düsseldorf ZEV 2010, 528 (zur Nichtanerkennung einer liechtensteinischen Stiftung mit dem Hauptzweck der Steuerhinterziehung gemäß Art. 6 EGBGB); ebenso *Eidenmüller/Rehberg* NJW 2008, (30) mit Fn. 31; *Eidenmüller* in Eidenmüller, Ausländische Kapitalgesellschaften im deutschen Recht, 2004, § 3 Rn. 74, 97; *Fleischer* JZ 2003, 865 (871 f.); *Rehberg* EuLF 2004, 1 (2 ff.); *Schön* FS Wiedemann, 2002, 2190 ff.; MüKoBGB/*Kindler* IntGesR Rn. 434 ff., 436. Für Beachtlichkeit sowohl als Tatbestandsausschluss als auch als Rechtfertigungsgrund *Forsthoff* in Hirte/Bücker Grenzüberschreitende Gesellschaften-HdB § 2 Rn. 48 ff.

[474] Vgl. *Balthasar* RIW 2009, 221 (227); *Brand* JR 2004, 89 (93 f.); *Drygala* EWiR 2003, 1029 (1030); *Drygala* ZEuP 2004, 337 (347); *v. Hase* BuW 2003, 944 (946); *Horn* NJW 2004, 893 (899); *G. H. Roth* NZG 2003, 1081 (1085); *Weller* IPRax 2003, 207 (209); *Weller* DStR 2003, 1800 (1803 f.); *Zimmer* NJW 2003, 3585 (3589); *Sandrock* BB 1999, 1337 (1343); *Sandrock* ZVglRWiss 102 (2003), 447 (463 f., 474); *Scholz/H. P. Westermann* GmbHG Anh. § 4a Rn. 65, 69; *H. P. Westermann* GmbHR 2005, 4 (10, 12 ff.); MüKoBGB/*Kindler* IntGesR Rn. 431 ff., 441, 618 ff.; *Kindler* NZG 2003, 1086 (1089).

[475] HCL/*Behrens/Hoffmann* GmbHG Einl. B Rn. 15, 44; *Eidenmüller* in Eidenmüller, Ausländische Kapitalgesellschaften im deutschen Recht, 2004, § 3 Rn. 102 ff., 119; *Bitter* WM 2004, 2190 (2194); *Eidenmüller* JZ 2004, 24 (26); *Eidenmüller/Rehm* ZGR 2004, 159 (179 f.); Forsthoff/Schulz in Hirte/Bücker Grenzüberschreitende Gesellschaften-HdB § 16 Rn. 73 ff., 75; *Fleischer* in Lutter Auslandsgesellschaften S. 49 (100 ff.); *Goette* ZIP 2006, 541 (542); *Hofmeister* FS Eisenhardt, 2007, 421 (436); *Jestädt* S. 280 f.; *Kieninger* ZEuP 2004, 685 (698 f.); *Knof/Mock* GmbHR 2007, 852 (854); *Köke* ZInsO 2005, 354 (358); *Krolop* NotBZ 2007, 265 (274); *Kuntz* NZI 2005, 424 (431); *Spindler/Berner* RIW 2004, 7 (9); *Ulmer* NJW 2004, 1201 (1203 f.).

c) **Verhältnismäßigkeit.** Nach stRspr steht es den Mitgliedstaaten zwar gem. Art. 49 **187**
Abs. 2 AEUV grundsätzlich frei, die Niederlassungsbedingungen in ihrem Hoheitsgebiet zu regeln, soweit es an sekundärrechtlichen Vorgaben fehlt.[476] Diskriminierende oder sonstige Beschränkungen der Niederlassungsfreiheit sind jedoch nur gerechtfertigt, wenn sie verhältnismäßig sind. Der EuGH verlangt insoweit, dass die beschränkende Maßnahme oder Regelung geeignet ist, um das verfolgte legitime Ziel (Schutz der öffentlichen Sicherheit, Ordnung oder Gesundheit oder eines sonstigen zwingenden Allgemeininteresses → Rn. 175 ff., → Rn. 180 ff.) zu erreichen, und nicht über das hinausgeht, was zur Erreichung dieses Zieles erforderlich ist.[477]

aa) **Geeignetheit.** Die Frage, ob eine mitgliedstaatliche Maßnahme geeignet ist, das **188**
verfolgte Ziel zu erreichen, prüft der EuGH nicht stets mit derselben Intensität. Häufig wird die Eignung lediglich festgestellt.[478] Grundsätzlich gesteht der Gerichtshof dem Aufnahmestaat jedenfalls einen gewissen **Beurteilungsspielraum** zu.[479] Auch genügt es, dass die Maßnahme den angestrebten Zweck fördert, ohne ihn bestmöglich zu erreichen.[480]

Zuweilen konstatiert der EuGH hingegen die fehlende Eignung, wenn er keine hinrei- **189**
chenden Gründe zu erkennen vermag, weshalb vergleichbare Sachverhalte unterschiedlich behandelt werden sollen, bzw. wenn eine Beschränkung überschüssige Tendenz aufweist, indem sie auch Fallgestaltungen betrifft, in denen das verfolgte Ziel nicht berührt ist. Eine derartige **Widersprüchlichkeit** oder **mangelnde Kohärenz** der betreffenden Regelung oder Maßnahme schließt ihre unionsrechtliche Rechtfertigung wegen fehlender Eignung aus.[481] Der Gerichtshof verlangt hierbei von den Mitgliedstaaten, nachvollziehbare Gründe für bestehende Ausnahmen oder Abweichungen von einer rechtfertigungsbedürftigen Regelung darzutun. Geschieht dies und ändern diese Ausnahmen und Abweichungen insgesamt nichts an den verfolgten Regelungszielen und der Systematik, dann stellen sie die Geeignetheit der Gesamtregelung nicht in Frage.[482] Auch in der Entscheidung „**Centros**" wurde die Weigerung, die Zweigniederlassung einer Scheinauslandsgesellschaft einzutragen, schon deshalb als ungeeignetes Gläubigerschutzinstrument qualifiziert, weil Zweigniederlas-

---

[476] EuGH Slg. 1974, 631 Rn. 15 f. – Reyners; EuGH Slg. 1984, 2971 Rn. 17 – Klopp; EuGH Slg. 1986, 1475 Rn. 10 – Kommission/Frankreich (Ärzte); EuGH Slg. 1987, 719 Rn. 9 – Kommission/Belgien (Laboratorien); EuGH Slg. 1988, 111 Rn. 28 – Gullung; EuGH Slg. 1990, I-3551 Rn. 12 – Bouchoucha; EuGH Slg. 1991, I-2357 Rn. 9 – Vlassopoulou; EuGH Slg. 1994, I-3453 Rn. 31 – Peralta. Die Regelungsbefugnis des Aufnahmestaates betonen grundsätzlich auch EuGH Slg. 1993, I-1663 Rn. 27 – Kraus; EuGH Slg. 1995, I-4165 Rn. 33, 36 – Gebhard; EuGH Slg. 2001, I-837 – Mac Quen.
[477] S. EuGH Slg. 1993, I-1663 Rn. 32 – Kraus; EuGH Slg. 1995, I-4165 Rn. 37 – Gebhard; EuGH Slg. 1997, I-2471 Rn. 26, 31 – Futura; EuGH Slg. 1999, I-1459 Rn. 34 = NJW 1999, 2027 – Centros; EuGH Slg. 2001, I-837 Rn. 26 – Mac Quen; EuGH Slg. 2002, I-8923 Rn. 26 – Payroll Data; EuGH Slg. 2003, I-10155 Rn. 133 = NJW 2003, 3331 – Inspire Art; EuGH Slg. 2004, I-9761 Rn. 17 – Kommission/Niederlande; EuGH EuZW 2004, 701 Rn. 17 – Caixa-Bank France; Streinz/*Müller-Graff* AEUV Art. 49 Rn. 81 ff.: „immanente Schranken".
[478] EuGH Slg. 2001, I-837 Rn. 30 – Mac Quen (Augenoptiker); EuGH Slg. 2002, I-6515 Rn. 43 – Gräbner (Heilpraktiker).
[479] Vgl. auch Streinz/*Müller-Graff* AEUV Art. 49 Rn. 94; *Jarass* EuR 2000, 705 (721 f.); Forsthoff in Hirte/Bücker Grenzüberschreitende Gesellschaften-HdB § 2 Rn. 68.
[480] Vgl. EuGH Slg. 1980, 833 Rn. 19 – Debauve; *Jarass* EuR 2000, 705 (722); MüKoBGB/*Kindler* IntGesR Rn. 450.
[481] Vgl. EuGH EuZW 2019, 660 Rn. 89 ff. – Kommission/Bundesrepublik Deutschland; EuGH NZBau 2012, 714 Rn. 42 – Duomo Gpa; EuGH EuZW 2009, 409 Rn. 42 – Doc Morris; EuGH EuZW 2009, 298 (301) Rn. 55 – Hartlauer; EuGH EuZW 2008, 505 Rn. 39 f. – Corporación Dermoestética SA/To Me Group Advertising Media; EuGH Slg. 2007, I-1891 Rn. 53, 58 – Placanica ua; EuGH NJW 2004, 139 Rn. 67 – Gambelli; EuGH Slg. 2002, I-8923 Rn. 34 f. – Payroll Data; EuGH Slg. 1991, I-4221 Rn. 18 – Säger; EuGH Slg. 1987, 1227 Rn. 49 – Kommission/Deutschland (Reinheitsgebot); EuGH Slg. 1986, 3879 Rn. 14 – Kommission/Deutschland (Schaumweinflaschen); EuGH Slg. 1989, 617 Rn. 21 – Schumacher; BVerwG Urt. v. 11.7.2011 – 8 C 12/10 Rn. 42 ff.; vgl. auch Streinz/*Müller-Graff* AEUV Art. 49 Rn. 94; krit. *Wagner* Konzern 2009, 235 ff.
[482] EuGH EuZW 2009, 409 Rn. 43 ff. – Neumann-Seiwert.

sungen „echter" Auslandsgesellschaften mit Sitz im Gründungsstaat eingetragen wurden (→ Rn. 340 ff.).[483] Ebenso sind nach Ansicht des Gerichtshofs staatliche Erwerbsbeschränkungen im Hinblick auf Beteiligungen an strategisch bedeutsamen Unternehmen nicht geeignet, die erstrebten Sicherungsinteressen zu erreichen. Gleiches gilt für nicht hinreichend konkrete, nachträgliche Kontrollbefugnisse bezüglich solcher Beteiligungen (→ Rn. 178). In der Rechtssache „**Inspire Art**" hat der EuGH es hingegen dahinstehen lassen, ob die niederländischen Mindestkapitalvorschriften, die auf EU-ausländische Kapitalgesellschaften erstreckt werden sollten, „als solche einen geeigneten Schutzmechanismus" darstellten.[484]

190 Auch diese Rspr. nährt die **Bedenken,** die gegen ein Verbot nicht diskriminierender Beschränkungen bestehen (→ Rn. 146 ff., → Rn. 155 ff.). Fehlt es an einer sekundärrechtlichen Regelung, ist es Sache der mitgliedstaatlichen Legislativ- und Rechtsprechungsorgane, die Zweckmäßigkeit der nationalen Regelungen oder Maßnahmen zu beurteilen.[485]

191 **bb) Erforderlichkeit. (1) Allgemeines.** Eine Beschränkung darf nicht über das hinausgehen, was zur Erreichung des verfolgten Zieles erforderlich ist. Die Erforderlichkeit ist zu bejahen, wenn **kein milderes Mittel** zur Verfügung steht, um das angestrebte Ziel zu erreichen.[486]

192 Auch hinsichtlich der Erforderlichkeit schwankt die **Prüfungsintensität** in der Rspr. des EuGH. Teilweise wird den nationalen Stellen ein weitgehender Spielraum zugestanden,[487] teils hingegen die Erforderlichkeit unter Hinweis auf weniger belastende Alternativen verneint.[488] Großes Gewicht misst der Gerichtshof jedoch dem Aspekt der **Rechtssicherheit und Transparenz** zu. Insbesondere der Anwendungsbereich von Beschränkungen muss für die betroffenen Marktteilnehmer klar erkennbar sein.[489] Namentlich verlangt der EuGH, dass die Voraussetzungen für beschränkende behördliche Ermessensentscheidungen objektiv hinreichend konkret bestimmt sein müssen. Ebenso muss die Ausübung der entsprechenden Befugnisse förmlich begründet werden und einer wirksamen gerichtlichen Kontrolle zugänglich sein (→ Rn. 178, → Rn. 764 zur Kapitalverkehrsfreiheit).[490] Ferner hat der Gerichtshof entschieden, dass die mangelnde Transparenz eines Verfahrens zur Vergabe von Vergünstigungen eine mittelbare Diskriminierung der von diesem Vergabeverfahren ausgeschlossenen Unternehmen aus anderen Mitgliedstaaten darstelle.[491] Besondere Bedeutung kommt darüber hinaus der Frage zu, in welchem Umfang der Aufnahmestaat frei darin ist, das maßgebliche Schutzniveau und die angewendete Schutzmethode zu bestimmen.

193 **(2) Bestimmung des Schutzniveaus und der Schutzmethode.** In der **Lit.** wird verbreitet behauptet, dass der EuGH den Aufnahmestaat für verpflichtet halte, das Schutzniveau und die Schutzmethoden anderer Mitgliedstaaten für sein Hoheitsgebiet zu akzeptieren.[492] Damit wird ein allgemeines **„Herkunftslandprinzip"** propagiert, das auch die Beurteilung der Erforderlichkeit beschränkender Niederlassungsbedingungen präjudizieren soll.

---

[483] EuGH Slg. 1999, I-1459 Rn. 35 = NJW 1999, 2027 – Centros. Die Eignung des Mindestkapitalerfordernisses wurde hingegen vom EuGH nicht angezweifelt.

[484] EuGH Slg. 2003, I-10155 Rn. 135 – Inspire Art.

[485] Vgl. auch *Everling* GS Knobbe-Keuk, 1997, 607 (621 f.); ferner MüKoBGB/*Kindler* IntGesR Rn. 450 f.

[486] *Streinz/Müller-Graff* AEUV Art. 49 Rn. 95; *Classen* EuR 2004, 416 (435); *Everling* GS Knobbe-Keuk, 1997, 607 (622 f.); *Jarass* EuR 1995, 202 (225 f.); *Jarass* EuR 2000, 705 (722).

[487] Vgl. EuGH EuZW 2009, 409 Rn. 19, 54 – Doc Morris; EuGH Slg. 2001, I-837 Rn. 24 ff., 33 ff. – Mac Quen (Augenoptiker); EuGH Slg. 2002, I-6515 Rn. 44 ff. – Gräbner (Heilpraktiker).

[488] Vgl. etwa, die Erforderlichkeit verneinend, EuGH Slg. 2002, I-8923 Rn. 36 f. – Payroll Data; EuGH EuZW 2004, 701 Rn. 21 ff. – Caixa-Bank France.

[489] S. zB EuGH EuZW 2012, 823 Rn. 57 – SLAT.

[490] EuGH EuZW 2013, 29 Rn. 74 ff., 81 ff. – Kommission/Griechenland.

[491] EuGH EWS 2013, 468 Rn. 37 – Belgacom.

[492] In diesem Sinne *Berner/Klöhn* ZIP 2007, 106 (113); *Spindler/Berner* RIW 2004, 7 (14) mit Fn. 82; *Eidenmüller* in Eidenmüller, Ausländische Kapitalgesellschaften im deutschen Recht, 2004, § 3 Rn. 49 ff.; *Eidenmüller* NJW 2005, 1618 (1619); der Sache nach auch *Fleischer* in Lutter Auslandsgesellschaften S. 49 (107 ff.); HCL/*Behrens/Hoffmann* GmbHG Einl. B Rn. 18 f.; letztlich auch Forsthoff in Hirte/Bücker Grenzüberschreitende Gesellschaften-HdB § 2 Rn. 61 ff., 77.

Diese Einschätzung ist **unhaltbar**. Das europäische Primärrecht kennt **kein „Her- 194 kunftslandprinzip"**.[493] Soweit keine sekundärrechtlichen Regelungen bestehen, ist es nach st. Rspr. des EuGH nicht nur Sache des Aufnahmestaates, die Schutzziele und Schutzgüter zu definieren (→ Rn. 181), vielmehr kann der Aufnahmestaat auch bestimmen, auf welchem Niveau er den Schutz gewährleisten will und wie dieses Schutzniveau erreicht werden soll. Insoweit ist den Mitgliedstaaten nach Ansicht des Gerichtshofs ein **weiter Beurteilungs- und Wertungsspielraum** zuzuerkennen.[494]

Der EuGH lehnt es ausdrücklich ab, die Verhältnismäßigkeit der Niederlassungsbedin- 195 gungen am Maßstab der Regelungen des jeweiligen Herkunftsstaates oder anderer Mitgliedstaaten zu messen.[495] Der Umstand, dass **andere Mitgliedstaaten** das Schutzziel mit **anderen Mitteln** und auf einem **geringeren Schutzniveau** verfolgen, sagt nichts darüber aus, ob die restriktiveren Regelungen des Niederlassungsstaates erforderlich und angemessen sind.[496] Insoweit ist für die Beurteilung der Verhältnismäßigkeit allein auf ihre Ziele und das durch sie verfolgte Schutzniveau abzustellen.[497] Der Aufnahmemitgliedstaat muss jedoch aufgrund des Äquivalenz- und Effektivitätsgrundsatzes niederlassungsrelevante Tatbestände, die ein Marktteilnehmer im Herkunftsstaat erfüllt hat, bei der Prüfung der eigenen Anforderungen angemessen berücksichtigen, um unverhältnismäßige (Doppel-)Belastungen bei der Ausübung der Niederlassungsfreiheit auszuschließen (s. insbesondere im Zusammenhang mit grenzüberschreitenden Formwechseln → Rn. 80, → Rn. 384; allgemein → Rn. 138 und die dort angeführte Rspr.).[498]

Dem Mitgliedstaat, der sich zur Rechtfertigung einer Beschränkung auf ein zwingendes 196 Erfordernis beruft, obliegt der **Nachweis,** dass seine Regelung angemessen und erforderlich

---

[493] Vgl. EuGH Slg. 1997, I-2405 Rn. 64 – Deutschland/Rat und Parlament; EuGH EuZW 2016, 463 Rn. 31 – Sparkasse Allgäu/Finanzamt Kempten; allg. mwN ferner MüKoBGB/*v. Hein* EGBGB Art. 3 Rn. 80 ff., 83, 92 ff., 147; dies einräumend auch *Eidenmüller/Rehberg* ZVglRWiss 105 (2006), 427 (439).

[494] EuGH EuZW 2011, 578 Rn. 44, 68, 106 – Blanco Pérez und Chao Gómez; EuGH EuZW 2009, 409 Rn. 19, 35, 40 – Doc Morris; EuGH EuZW 2009, 298 (299) Rn. 30 – Hartlauer; EuGH NJW 2008, 3693 (3696) Rn. 51 (mit 46) – Kommission/Bundesrepublik Deutschland; EuGH Slg. 2004, I-11375 Rn. 46, 51 – Kommission/Niederlande; EuGH Slg. 2004, I-6569 Rn. 24 – Kommission/Frankreich; EuGH Slg. 2003, I-14887 Rn. 103 – Deutscher Apothekerverband; EuGH Slg. 2007, I-4071 Rn. 39 – Rosengren ua; EuGH Slg. 2007, I-9623 Rn. 27 – Ludwigs-Apotheke. S. auch EuGH Slg. 2002, I-6515 Rn. 48 – Gräbner (Heilpraktiker): Jeder Mitgliedstaat kann „*entsprechend seiner Auffassung*" über den Schutz des betreffenden Schutzguts entscheiden. Zur Kapitalverkehrsfreiheit ebenso etwa EuGH Slg. 2006, I-9141 Rn. 33 – Kommission/Niederlande; EuGH Slg. 2007, I-8995 Rn. 73 – Kommission/Deutschland (VW-Gesetz); EuGH Slg. 2007, I-10419 Rn. 40 – Federconsumatori ua/Stadt Mailand; EuGH EuZW 2009, 458 Rn. 42 f. – Kommission/Italien. Ebenso BVerwG Urt. v. 11.3.2011 – 8 C 12/10 Rn. 40; BGH NJW 2014, 3245 Rn. 15.

[495] Vgl. nur EuGH EuZW 2010, 578 Rn. 68 f. – Blanco Pérez und Chao Gómez; ferner die Nachweise in der vorigen Fn. S. im Zusammenhang mit der Möglichkeit einer Ausdehnung der deutschen Mitbestimmung *Thüsing* ZIP 2004, 381 (386); *Bayer* AG 2004, 534 (537). Im Grundsatz auch, allerdings einschränkend, Forsthoff in Hirte/Bücker Grenzüberschreitende Gesellschaften-HdB § 2 Rn. 62 ff. unter Hinweis EuGH Slg. 1996, I-2691 Rn. 17 – Kommission/Italien.

[496] StRspr vgl. EuGH Slg. 1995, I-1141 Rn. 50 f. – Alpine Investments (zur Dienstleistungsfreiheit); zur Niederlassungsfreiheit EuGH Slg. 2001, I-837 Rn. 33 f. – Mac Queen; EuGH Slg. 2002, I-6515 Rn. 46 f. – Gräbner; EuGH Slg. 2002, I-1577 Rn. 108 – Wouters; EuGH Slg. 2004, I-9761 Rn. 18 – Kommission/Niederlande; EuGH Slg. 2007, I-1891 Rn. 48 – Placanica ua; EuGH Urt. v. 28.4.2009, Rs. C-518/06 Rn. 63, 83, 85 – Kommission/Italien; EuGH EuZW 2010, 578 Rn. 68 f. – Blanco Pérez und Chao Gómez; EuGH EuZW 2016, 463 Rn. 31 – Sparkasse Allgäu/Finanzamt Kempten; s. ferner ua EuGH Slg. 1996, I-6511 Rn. 42 – Reisebüro Broede (zu Art. 56 AEUV); EuGH Slg. 1999, I-6067 Rn. 36 – Läärä (zu Art. 34, 56 AEUV); EuGH Slg. 1999, I-7289 Rn. 34 – Zenatti (zu Art. 56 AEUV); EuGH Slg. 2003, I-8621 Rn. 80 – Anomar (zu Art. 34 AEUV); EuGH Slg. 2004, I-6569 Rn. 37 – Kommission/Frankreich (zu Art. 56 AEUV); EuGH Slg. 2004, I-7275 Rn. 48 – Schreiber (zu Art. 34 AEUV); EuGH Slg. 2004, I-9641 Rn. 38 – Omega Spielhallen- und Automatenaufstellungs GmbH/Oberbürgermeisterin Bonn (zu Art. 34, 56 AEUV); EuGH NJW 2008, 3693 (3696) Rn. 51 – Kommission/Bundesrepublik Deutschland (zu Art. 34 AEUV). Ebenso schon einschließlich der Frage, ob eine nationale Regelung eine Beschränkung darstellt, EuGH NJW 2011, 1575 Rn. 49 – Kommission/Italien.

[497] EuGH Slg. 1999, I-6067 Rn. 36 – Läärä; EuGH Slg. 1999, I-7289 Rn. 34 – Zenatti (zur Dienstleistungsfreiheit); bestätigt ua in EuGH Slg. 2001, I-837 Rn. 34 – Mac Queen; EuGH Slg. 2002, I-6515 Rn. 47 – Gräbner.

[498] EuGH NJW 2012, 2715 Rn. 48 ff. – VALE.

ist, um das angestrebte Ziel zu erreichen.[499] Eines positiven Nachweises, dass sich dieses Ziel mit keiner anderen vorstellbaren Maßnahme unter den gleichen Bedingungen erreichen lasse, bedarf es jedoch nicht.[500]

2. Kapitel. Internationales Gesellschaftsrecht im Europäischen Binnenmarkt

Schrifttum: vor → Rn. 1; *Altmeppen,* Anwendung deutschen Gläubigerschutzrechts auf die EU-Scheinauslandsgesellschaft, IWRZ 2017, 107; *v. Bar/Mankowski,* Internationales Privatrecht, 1. Band: Allgemeine Lehren, 2. Aufl. 2003; *Bartels,* Zuzug ausländischer Kapitalgesellschaften unter der Sitztheorie – Intertemporalprivatrechtliche Einwände gegen die modifizierte Sitztheorie („Wechselbalg-Theorie"), ZHR 176 (2012), 412; *Bartels,* (Übergangs-)Regeln der Sitzverlegung in Europa, IPRax 2013, 153; *Bayer/Schmidt,* Grenzüberschreitende Sitzverlegung und grenzüberschreitende Restrukturierungen nach MoMiG, Cartesio und Trabrennbahn, ZHR 173 (2009), 735; *Bechtel,* Umzug von Kapitalgesellschaften unter der Sitztheorie, 1998; *Behme,* Die Mitbestimmung der Arbeitnehmer bei der britischen Limited mit Verwaltungssitz in Deutschland ZIP 2008, 351; *Behrens,* Gemeinschaftsrechtliche Grenzen der Anwendung inländischen Gesellschaftsrechts auf Auslandsgesellschaften nach Inspire Art, IPRax 2004, 20; *Ebke,* Überseering: „Die wahre Liberalität ist Anerkennung", JZ 2003, 927; *Eidenmüller,* Gesellschaftsstatut und Insolvenzstatut, RabelsZ 70 (2006), 474; *Eidenmüller/Engert,* Rechtsökonomik des Mindestkapitals im GmbH-Recht, GmbHR 2005, 433; *Ekkenga,* Neue Pläne der Europäischen Kommission für ein Europäisches Konzernrecht: Erste Eindrücke, AG 2013, 181; *Fedke,* Verwaltungssitz und Rechtsfähigkeit inländischer Personengesellschaften bei Auslandsbezug, ZIP 2019, 799; *Fingerhuth/Rumpf,* MoMiG und die grenzüberschreitende Sitzverlegung – Die Sitztheorie ein (lebendes) Fossil?, IPRax 2008, 90; *Flesner,* Die GmbH-Reform (MoMiG) aus Sicht der Akquisitions- und Restrukturierungspraxis, NZG 2006, 641; *Forsthoff,* Internationales Gesellschaftsrecht im Umbruch, DB 2003, 979; *Freitag,* Zur Geltung der Gründungstheorie im Verhältnis der EU-Mitgliedstaaten zu Kanada nach dem CETA-Abkommen, NZG 2017, 615; *Gehrlein,* Die Existenzvernichtungshaftung im Wandel der Rechtsprechung, WM 2008, 761; *Goette,* Aktuelle Rechtsprechung des II. Zivilsenats zum Gesellschafts- und Insolvenzrecht, ZInsO 2007, 1177; *Goette,* Wo steht der BGH nach „Centros" und „Inspire Art"?, DStR 2005, 197; *Goette,* Einführung in das neue GmbH-Recht, 2008; *Goette/Habersack,* Das MoMiG in Wissenschaft und Praxis, 2009; *Grasmann,* System des internationalen Gesellschaftsrechts, Außen- und Innenstatut der Gesellschaften im internationalen Privatrecht, 1970; *Greulich/Bunnemann,* Geschäftsführerhaftung für zur Zahlungsunfähigkeit führende Zahlungen an die Gesellschafter nach § 64 II 3 GmbHG-RefE – Solvenztest im deutschen Recht?, NZG 2006, 681; *Greulich/Rau,* Zur Insolvenzverursachungshaftung des Geschäftsleiters einer Auslandsgesellschaft mit Inlandsverwaltungssitz, NZG 2008, 565; *Großerichter,* Ausländische Kapitalgesellschaften im deutschen Rechtsraum: Das deutsche Internationale Gesellschaftsrecht und seine Perspektiven nach der Entscheidung „Überseering", DStR 2003, 159; *Grothe,* Die ausländische Kapitalgesellschaft & Co., 1988; *Grundmann,* Ausbau des Informationsmodells im Europäischen Gesellschaftsrecht, DStR 2004, 232; *Habersack/Verse,* Wrongful Trading – Grundlage einer europäischen Insolvenzverschleppungshaftung?, ZHR 168 (2004), 174; *Halbhuber,* Das Ende der Sitztheorie als Kompetenztheorie – Das Urteil des Europäischen Gerichtshofs in der Rechtssache C-208/00 (Überseering), ZEuP 2003, 422; *v. Halen,* Das internationale Gesellschaftsrecht nach dem Überseering-Urteil des EuGH, WM 2003, 571; *v. Halen,* Das Gesellschaftsstatut nach der Centros-Entscheidung des EuGH, 2001; *Heckschen/Heidinger,* Die GmbH in der Beratungs- und Gestaltungspraxis, 2009; *Heitsch,* Zur Bedeutung des Urt. des BGH v. 16.7.2007 – II ZR 3/04 (Trihotel) für die Organhaftung unter Einbeziehung der englischen Ltd., ZInsO 2007, 961; *Henze,* Europäisches Gesellschaftsrecht in der Rechtsprechung des Bundesgerichtshofs, DB 2003, 2159; *Hess,* Methoden der Rechtsfindung im Europäischen Zivilprozessrecht, IPRax 2006, 348; *J. Hoffmann,* Die stille Bestattung der Sitztheorie durch den Gesetzgeber, ZIP 2007, 1581; *J. Hoffmann,* Das Anknüpfungsmoment der Gründungstheorie, ZVglRWiss 101 (2002), 283; *Höfling,* Das englische internationale Gesellschaftsrecht, 2002; *Hölzle,* Existenzvernichtungshaftung als Fallgruppe des § 826 BGB – Alte Haftung in neuem Gewand?, DZWiR 2007, 397; *U. Huber,* Inländische Insolvenzverfahren über Auslandsgesellschaften nach der EuInsVO, FS Gerhardt, 2004, 397; *Hübner,* Eine Rom-VO für das Internationale Gesellschaftsrecht – zugleich ein Beitrag zur Kohärenz im Internationalen Gesellschaftsrecht, ZGR 2018, 149; *Kallmeyer,* Vor- und Nachteile der englischen Limited im Vergleich zur GmbH oder GmbH & Co. KG, DB 2004, 636; *Kallmeyer,* Tragweite des Überseering-Urteils des EuGH vom 5.11.2002 zur grenzüberschreitenden Sitzverlegung, DB 2002, 2521; *Kaulen,* Zur Bestimmung des Anknüpfungsmoments unter der Gründungstheorie, IPRax 2008, 389; *Kegel/Schurig,* Internationales Privatrecht, 9. Aufl. 2004; *Kieninger,* Wettbewerb der Privatrechtsordnungen im Europäischen Binnenmarkt, 2002; *Kindler,* „Cadbury-Schweppes": Eine Nachlese zum internationalen Gesellschaftsrecht, IPRax 2010, 272; *Kindler,* Die „Aschenputtel"-Limited und andere Fälle der Mehrfachqualifikation im Schnittfeld des internationalen Gesellschafts-, Delikts- und Insolvenzrechts, FS Jayme, 2004, 409; *Kindler,* Anerkennung der Scheinauslandsgesellschaft und Niederlassungsfreiheit, IPRax 2003, 41; *Kindler,* Auf dem Weg zur Europäischen Briefkastengesellschaft?, NJW 2003, 1073; *Kindler,* „Inspire Art" – Aus Luxemburg nichts Neues zum internationalen Gesellschaftsrecht, NZG 2003, 1086; *Leible/J. Hoffmann,* Wie inspiriert ist „Inspire Art"?, EuZW 2003, 677; *Leible/J. Hoffmann,*

---

[499] EuGH EuZW 2019, 660 Rn. 64 – Kommission/Bundesrepublik Deutschland; EuGH EuZW 2018, 330 Rn. 85 – SEGRO mwN (zur Kapitalverkehrsfreiheit).

[500] EuGH EuZW 2019, 660 Rn. 64 – Kommission/Bundesrepublik Deutschland; EuGH EuZW 2011, 557 Rn. 75 – Kommission/Spanien; EuGH EuZW 2009, 173 Rn. 65 f. – Kommission/Italien; EuGH Urt. v. 28.4.2009, Rs. C-518/06 Rn. 84 – Kommission/Italien.

„Überseering" und das Deutsche Gesellschaftskollisionsrecht, ZIP 2003, 925; *Marsch-Barner*, Zur grenzüberschreitenden Mobilität deutscher Kapitalgesellschaften, FS Haarmann, 2015, 119; *H. F. Müller*, Insolvenz ausländischer Kapitalgesellschaften mit inländischem Verwaltungssitz, NZG 2003, 414; *Müller-Bonanni*, Unternehmensmitbestimmung nach „Überseering" und „Inspire Art", GmbHR 2003, 1235; *Osterloh-Konrad*, Abkehr vom Durchgriff – Die Existenzvernichtungshaftung des GmbH-Gesellschafters nach „Trihotel", ZHR 2008, 274; *Paefgen*, Existenzvernichtungshaftung nach Gesellschaftsdeliktsrecht, DB 2007, 1907; *Paefgen*, Auslandsgesellschaften und Durchsetzung deutscher Schutzinteressen nach „Überseering", DB 2003, 487; *Pannen*, Die „Scheinauslandsgesellschaft" im Spannungsfeld zwischen dem ausländischen Gesellschaftsstatut und dem inländischen Insolvenzstatut, FS G. Fischer, 2008, 403; *Paulus*, Zuständigkeitsfragen nach der Europäischen Insolvenzverordnung, ZIP 2003, 1725; *Preuß*, Die Wahl des Satzungssitzes im geltenden Gesellschaftsrecht und nach dem MoMiG-Entwurf, GmbHR 2007, 57; *Redeker*, Die Fortführung insolvenzreifer Gesellschaften nach Inspire Art, ZInsO 2005, 1035; *Rehberg*, Internationales Gesellschaftsrecht im Wandel: Das Überseering-Urteil des EuGH und seine Folgen (Tagungsbericht), IPRax 2003, 230; *Renner*, Kollisionsrecht und Konzernwirklichkeit in der transnationalen Unternehmensgruppe, ZGR 2014, 452; *Renner/Hesselbarth*, Unternehmensverträge und die Rom I-Verordnung, IPRax 2014, 117; *Riedemann*, Das Auseinanderfallen von Gesellschafts- und Insolvenzstatut, „Inspire Art" und die Insolvenz über das Vermögen einer englischen „limited" in Deutschland, GmbHR 2004, 345; *Riegger*, Centros – Überseering – Inspire Art: Folgen für die Praxis, ZGR 2004, 510; *Röhricht*, Insolvenzrechtliche Aspekte im Gesellschaftsrecht, ZIP 2005, 505; *G. H. Roth*, Gläubigerschutz durch Existenzschutz, NZG 2003, 1081; *G. H. Roth*, Die deutsche Initiative zur Kodifizierung der Gründungstheorie, FS Westermann, 2008, 1345; *G. H. Roth*, Die Bedeutung von Cadbury-Schweppes für die Centros-Judikatur des EuGH, EuZW 2010, 607; *W.-H. Roth*, Europäische Kollisionsrechtsvereinheitlichung, EWS 2011, 314; *Sandrock*, Sitzrecht contra Savigny?, BB 2004, 897; *Sandrock*, Deutschland als gelobtes Land des Kapitalgesellschaftsrechts?, BB 2003, 1601; *Schall*, Das Kornhaas-Urteil gibt grünes Licht für die Anwendung des § 64 GmbHG auf eine Limited mit Sitz in Deutschland – Alles klar dank EuGH!, ZIP 2016, 289; *Schanze*, Sanktionen bei Weglassen eines die Haftungsbeschränkung anzeigenden Rechtsformzusatzes im europäischen Rechtsverkehr, NZG 2007, 533; *Schanze/Jüttner*, Anerkennung und Kontrolle ausländischer Gesellschaften – Rechtslage und Perspektiven nach der Überseering-Entscheidung des EuGH, AG 2003, 30; *K. Schmidt*, Verlust der Mitte durch „Inspire Art"? – Verwerfungen im Unternehmensrecht durch Schreckreaktionen der Literatur, ZHR 168 (2004), 493; *Schön*, Zur „Existenzvernichtung" der juristischen Person, ZHR 168 (2004), 269; *Schopper/Strasser*, Zur Existenzvernichtungshaftung, KTS 2007, 505; *Schumann*, Die englische Limited mit Verwaltungssitz in Deutschland: Kapitalaufbringung, Kapitalerhaltung und Haftung bei Insolvenz, DB 2004, 743; *Schwark*, Globalisierung, Europarecht und Unternehmensmitbestimmung im Konflikt, AG 2004, 173; *Teichmann*, Europäisches Konzernrecht: Vom Schutzrecht zum Enabling Law, AG 2013, 184; *Tersteegen*, Kollisionsrechtliche Behandlung ausländischer Kapitalgesellschaften im Inland unter besonderer Berücksichtigung von Scheinauslandsgesellschaften, 2002; *Trautrims*, Geschichte und Bedeutung von Sitz- und Gründungstheorie im deutschen Recht, ZHR 176 (2012), 435; *Ulmer*, Insolvenzrechtlicher Gläubigerschutz gegenüber Scheinauslandsgesellschaften ohne hinreichende Kapitalausstattung, KTS 2004, 291; *Vallender*, Die Insolvenz von Scheinauslandsgesellschaften, ZGR 2006, 425; *Vallender/Fuchs*, Die Antragspflicht organschaftlicher Vertreter einer GmbH vor dem Hintergrund der europäischen Insolvenzverordnung, ZIP 2004, 829; *Virgos/Schmit*, Erläuternder Bericht zu dem EU-Übereinkommen über Insolvenzverfahren, Der Rat der Europäischen Union, Doc. 6500/1/96 REV 1 (abgedruckt bei Stoll, Vorschläge und Gutachten zur Umsetzung des EU-Übereinkommens über Insolvenzverfahren im deutschen Recht, 1997, 32 ff.); *Wachter*, Auswirkungen des EuGH-Urteils in Sachen Inspire Art Ltd. auf Beratungspraxis und Gesetzgebung – Deutsche GmbH vs. englische private limited company, GmbHR 2004, 88; *Wachter*, Errichtung, Publizität Haftung und Insolvenz von Zweigniederlassungen ausländischer Kapitalgesellschaften nach „Inspire Art" – Rechtspraktische Anleitung und Wegweisung, GmbHR 2003, 1254; *Wackerbarth* Grenzen der Leitungsmacht in der internationalen Unternehmensgruppe, 2001; *Wagner*, Existenzvernichtung als Deliktstatbestand – Einordnung, Ausgestaltung und Anknüpfung der Haftung wegen „existenzvernichtenden Eingriffs", FS Canaris, Band II, 2007, 473; *Weller*, Die „Wechselbalgtheorie", FS Goette, 2011, 583; *Weller*, Europäische Rechtsformwahlfreiheit und Gesellschafterhaftung, 2004; *Wernebruch*, Der Abschluss des „Überseering"-Verfahrens durch den BGH – Folgerungen, NZG 2003, 618; *Wetzler*, Nationales Gesellschaftsrecht im Wettbewerb: Anmerkung zu EuGH, Rs. C-167/01 vom 30.9.2003 – Inspire Art, GPR 2004, 83; *Wienberg/Sommer*, Anwendbarkeit von deutschem Eigenkapitalersatzrecht auf EU-Kapitalgesellschaften am Beispiel eines Partikularinsolvenzverfahrens im engeren Sinne nach Art. 3 II, IV EuInsVO, NZI 2005, 353; *Zimmer*, Grenzüberschreitende Rechtspersönlichkeit, ZHR 168 (2004), 355; *Zimmer*, Wie es Euch gefällt? Offene Fragen nach dem Überseering-Urteil des EuGH, BB 2003, 1; *Zimmer*, Internationales Gesellschaftsrecht – Das Kollisionsrecht der Gesellschaften und sein Verhältnis zum Internationalen Kapitalmarktrecht und zum Internationalen Unternehmensrecht, 1996.

Übersicht

	Rn.		Rn.
I. Deutsches Internationales Gesellschaftsrecht	197–233	c) Vermittelnde Lehren	215–217
1. Funktion des Internationalen Gesellschaftsrechts	197–199	3. Stand der Gesetzgebung zum Internationalen Gesellschaftsrecht	218–233
2. Herkömmliche Anknüpfungslehren	200–217	a) RefE zum deutschen Internationalen Gesellschaftsrecht	218, 219
a) Sitztheorie	201–210	b) Kollisionsrechtliche Implikationen des MoMiG	220–231
b) Gründungstheorie	211–214		

	Rn.		Rn.
c) Staatsvertragliche und supranationale Regelungen	232, 233	b) Statutenübergreifendes Herkunftslandprinzip	286–288
II. Anerkennung EU-ausländischer Gesellschaften	234–244	2. Stellungnahme	289–308
		a) Unionsrechtliche Relevanz der kollisionsrechtlichen Qualifikation	289–291
1. Gesellschaften aus Gründungstheoriestaaten („Überseering")	234–238	b) Relevanz der EuInsVO und der Rom II-VO für die Anknüpfung gesellschaftsrechtlicher Fragen	292–308
2. Gesellschaften aus Sitztheoriestaaten („Cartesio")	239–244	V. Stellungnahme zur Anknüpfung des Gesellschaftsrechts	309–348
III. Unionsrechtliche Pflicht zur umfassenden Gründungsanknüpfung des Gesellschaftsstatuts?	245–282	1. Ablehnung der einheitlichen Gründungstheorie für das nationale Kollisionsrecht	309–314
1. Entscheidungen des EuGH in den Rechtssachen „Inspire Art" und „Kornhaas/Dithmar"	245–247	2. Keine Beschränkung auf den ordre public (Art. 6 EGBGB), die Lehre von der Gesetzesumgehung oder die Lehre über Sonderanknüpfungen zwingender Eingriffsnormen	315–318
2. Lehre von der unionsrechtlichen Vorgabe der umfassenden Gründungsanknüpfung („europarechtliche Gründungstheorie")	248–254	3. Alternativanknüpfung der Außenverhältnisse	319–338
3. Stellungnahme	255–282	a) Überblick	319, 320
a) Beschränkungseignung des inländischen Gläubigerschutzrechts	256–276	b) Maßgebliche Anknüpfungspunkte	321–333
b) Rechtfertigung von Beschränkungen nach allgemeinen Regeln	277–282	c) Alternativanknüpfung nach dem Günstigkeitsprinzip	334–338
IV. Unionsrechtliche Pflicht zur statutenübergreifenden Gründungsanknüpfung?	283–308	4. Unionsrechtliche Beurteilung der Anknüpfungsregel für die Außenverhältnisse	339–348
1. Meinungsstand zur statutenübergreifenden Reichweite der „europarechtlichen Gründungstheorie"	283–288	a) Anknüpfung an den tatsächlichen Sitz	339–342
a) Beschränkung der „europarechtlichen Gründungstheorie" auf das Gesellschaftsstatut	283–285	b) Anknüpfung nach dem Günstigkeitsprinzip	343–348

I. Deutsches Internationales Gesellschaftsrecht

197 **1. Funktion des Internationalen Gesellschaftsrechts.** Das Internationale Gesellschaftsrecht bestimmt in Fällen mit Auslandsbezug (Art. 3 Abs. 1 S. 1 EGBGB) als Kollisionsrecht das anzuwendende Gesellschaftsrecht (**Gesellschaftsstatut**).[1] Das Kollisionsrecht spricht als reines Verweisungsrecht selbst keine materiellen Rechtsfolgen aus. Seine Aufgabe besteht vielmehr darin, bestimmte Rechtsfragen (Anknüpfungsgegenstände) mit Hilfe von Anknüpfungspunkten (zB die Hauptverwaltung; die Gründung nach dem Recht eines bestimmten Staates) derjenigen Rechtsordnung zuzuweisen, zu welcher der engste Bezug[2] besteht.

198 Die Reichweite der gesellschaftsrechtlichen Verweisung und damit der **Umfang des Gesellschaftsstatuts** ist im deutschen Recht bisher nicht gesetzlich geregelt (→ Rn. 219). Grundsätzlich beinhaltet das Gesellschaftsstatut sämtliche materiellrechtlichen Normen, welche die gesellschaftsrechtlichen Verhältnisse eines Verbandes, dh spezifisch gesellschaftsrechtliche Rechte und Pflichten und deren Ausgleich, zum Gegenstand haben.[3]

---

[1] Für Stiftungen gilt Gleiches, BGH NZG 2016, 1187 Rn. 11 ff.
[2] Zu diesem Grundprinzip der Anknüpfungsgerechtigkeit im IPR schon *v. Savigny* S. 28 (32, 108, 126, 128); *O. v. Gierke*, Deutsches Privatrecht, Bd. 1, 1895, 217 f.; *C. L. v. Bar*, Theorie und Praxis des Internationalen Privatrechts, Bd. 1, 1889, 106; *Beitzke* FS Smend, 1952, 19; *Neuhaus* RabelsZ 15 (1949/50), 364 (372); *Nussbaum* § 7 II (S. 41); zum Ganzen MüKoBGB/*v. Hein* EGBGB Einl. IPR Rn. 29 ff.; *Kegel/Schurig* IPR § 6 I 4 b (S. 305 ff.).
[3] S. auf der Grundlage der Lehre von der Einheitlichkeit des Gesellschaftsstatuts (→ Rn. 202, 216) ferner RGZ 83, 367; RGZ 153, 200; BGHZ 25, 134 (144) = NJW 1957, 1433; *Ebenroth/Sura* RabelsZ 43 (1979), 315 (317); Staudinger/*Großfeld* IntGesR Rn. 17; s. auch noch, wenngleich die einheitliche Anknüpfung bereits stark einschränkend, MüKoBGB/*Kindler* IntGesR Rn. 6, 321 ff., 524 ff. mwN.

Zu unterscheiden ist das Internationale Gesellschaftsrecht von dem sog. **Fremden- oder** 199
Ausländerrecht. Hierbei handelt es sich um Sondernormen des materiellen Rechts, die tatbestandlich die Eigenschaft als „Ausländer" voraussetzen (s. etwa §§ 13d ff. HGB, §§ 55, 110 ff. ZPO). Die vorgelagerte Frage, ob es sich um eine „ausländische" Gesellschaft handelt, ist hingegen mit Hilfe des Internationalen Gesellschaftsrechts zu klären (zum Fremdenrecht → Einl. Rn. 83 f., → AktG § 5 Rn. 22).

2. Herkömmliche Anknüpfungslehren. Die Anknüpfung des Gesellschaftsstatuts ist 200 Gegenstand eines **Theorienstreits,** der seit jeher durch die Sitz- und die Gründungstheorie sowie deren Spielarten bestimmt wird.[4] Ausländisches Kollisionsrecht ist auf seine konkrete Ausgestaltung zu überprüfen. Es gibt weder „die" Sitztheorie noch „die" Gründungstheorie.[5] Die im Jahr 2016 im Auftrag der EU-Kommission veröffentlichte LSE-Studie zum Internationalen Gesellschaftsrecht (→ Rn. 233) hat auch innerhalb der europäischen Mitgliedstaaten erhebliche Unterschiede identifiziert.[6] Solange keine ausdrückliche gesetzliche Regelung erfolgt (→ Rn. 218 f.), bleibt dieser Streit auch für das deutsche Recht weiterhin relevant.

a) Sitztheorie. Nach der Sitztheorie deutscher Prägung (→ Einl. Rn. 76 f., → AktG 201 § 5 Rn. 20 mwN)[7] ist Gesellschaftsstatut das Recht desjenigen Staates, in dem sich der **tatsächliche Sitz** der Gesellschaft befindet. Maßgeblich ist nach hM die effektive Hauptverwaltung, dh der Ort, an dem „die grundlegenden Entscheidungen der Unternehmensleitung effektiv in laufende Geschäftsführungsakte umgesetzt werden".[8] Hierbei ist auch im Fall einer beherrschten Konzerngesellschaft auf deren effektiven Verwaltungssitz abzustellen, nicht auf den Ort, an dem die Konzernleitung stattfindet.[9] Die in der Rspr. diesbezüglich gestellten Anforderungen sind gering. Dies verdient Zustimmung, da die Unternehmensleitung im Einzelfall durchaus ohne eine wesentliche Personal- und Sachausstattung auskommen mag.[10] Hat die Gesellschaft nur einen organschaftlichen Vertreter und unterhält sie an keinem anderen Ort Geschäftsräume, in denen dieser tätig ist, ist danach für ihren Verwaltungssitz der (regelmäßige) Aufenthaltsort dieses Organwalters maßgebend.[11]

Nach der Lehre von der **Einheitlichkeit des Gesellschaftsstatuts** soll über das Gesell- 202 schaftsstatut einheitlich anhand der Sitzanknüpfung entschieden werden, um den Funktionszusammenhang der gesellschaftsrechtlichen Regelung nicht zu stören.[12]

Da es sich um eine **bewegliche Anknüpfung** handelt, die auf den tatsächlichen Sitz 203 im jeweiligen Beurteilungszeitpunkt abstellt, sind **Gründungen** mit Auslandssitz und nachträgliche **Sitzverlegungen** bei Anwendung der Sitztheorie allenfalls nach den Regeln der

---

[4] Die historischen Wurzeln der Sitztheorie liegen in Frankreich und Belgien, diejenigen der Gründungstheorie in England (s. *Großfeld* FS Westermann, 1974, 199 ff.; MüKoBGB/*Kindler* IntGesR Rn. 362 f., 423).

[5] S. etwa zu den unterschiedlichen Anknüpfungspunkten der Gründungstheorie *Hoffmann* ZVglRWiss 101 (2002), 283; *Kaulen* IPRax 2008, 389.

[6] Study on the Law Applicable to Companies – Final report, 2016, p. 134 ff. (abrufbar unter: https://bookshop.europa.eu/en/study-on-the-law-applicable-to-companies-pbDS0216330/).

[7] S. schon RG JW 1904, 231 und RG JW 1934, 2845; MüKoBGB/*Kindler* IntGesR Rn. 5 Fn. 14, 423 ff.; Staudinger/*Großfeld* IntGesR Rn. 26 ff., 38 ff.

[8] BGHZ 97, 269 (272) = NJW 1986, 2194 (2195) in Anlehnung an *Sandrock* FS Beitzke, 1979, 669 (683); s. ferner BGH NJW-RR 2010, 250; BGH NZG 2016, 1156 Rn. 15; BGH NZG 2017, 1229 (1230); BFH RIW 1996, 85 (87); BayObLGZ 1985, 272 (279); OLG Düsseldorf IPRax 1996, 128 (129); OLG Hamm NJW 1964, 2355; OLG Hamm RIW 1997, 236 (237); OLG Hamm RIW 1995, 152 (153); OLG München RIW 1986, 820 (822). Ausf. Staudinger/*Großfeld* IntGesR Rn. 227 f.; MüKoBGB/*Kindler* IntGesR Rn. 459 ff. mwN.

[9] OLG Karlsruhe NZG 2018, 757 Rn. 35 (Rev. anh. unter Az. X ZR 52/18).

[10] OLG Karlsruhe NZG 2018, 757 Rn. 38 ff., auch zur Darlegungs- und Beweislast (Rev. anh. unter Az. X ZR 52/18).

[11] BGH NZG 2017, 1229 (1230).

[12] S. schon RG JW 1884, 271 f.; RGZ 83, 367; RGZ 153, 200; BGHZ 25, 134 (144) = NJW 1957, 1433; BGHZ 78, 318 (334) = NJW 1981, 522 (525); HCL/*Behrens/Hoffmann* GmbHG Einl. B Rn. 66 ff., 84 ff.; *Ebenroth/Sura* RabelsZ 43 (1979), 315 (330 ff.); *Eidenmüller/Rehm* in Eidenmüller, Ausländische Kapitalgesellschaften im deutschen Recht, 2004, § 4 Rn. 37; Staudinger/*Großfeld* IntGesR Rn. 16 f., 66, 249; MüKoBGB/*Kindler* IntGesR Rn. 6, 408, 423 (nunmehr stark einschränkend, ebenda Rn. 407 und passim); *Wiedemann* GesR Bd. 1 § 14 II 1 b (S. 788 ff.).

Weiter- und Rückverweisung (Art. 4 Abs. 1 EGBGB) möglich.[13] Im Ergebnis kann der tatsächliche Sitz nach der Sitztheorie allenfalls dann außerhalb des Gründungsstaates genommen werden, wenn der Sitzstaat einer Gründungsanknüpfung folgt.

204 Nach bisher herrschender, freilich gerichtlich nie bestätigter Lehre,[14] sollte die Sitztheorie als **allseitige Kollisionsnorm** des deutschen Internationalen Gesellschaftsrechts uneingeschränkt auch für **deutsche Gesellschaften** gelten.[15] Der Vorschlag, deutsche Gesellschaften von der Sitztheorie auszunehmen,[16] wurde in der Lehre überwiegend abgelehnt.[17] Deutsche Gesellschaften konnten auf dieser Grundlage ihren tatsächlichen Sitz weder bei der Gründung noch nachträglich in einem anderen **Sitztheoriestaat** nehmen, vielmehr wurde angenommen, dass die Gründung in diesem Fall fehlschlage und nicht eingetragen werden dürfe, während die nachträgliche Verlegung des tatsächlichen Verwaltungssitzes in einen Sitztheoriestaat einen zwingenden Grund zur Auflösung und Abwicklung darstelle (zur Sitzverlegung → AktG § 5 Rn. 54 f., → AktG § 45 Rn. 22 ff., → AktG § 262 Rn. 37).[18] Ein Gesellschafterbeschluss über die Sitzverlegung wurde als Auflösungsbeschluss[19] oder als nichtig[20] angesehen. Nach einer im Vordringen befindlichen Aussicht soll demgegenüber ein vom Gesellschafterwillen unabhängiger Auflösungstatbestand gem. § 262 Abs. 2 AktG vorliegen (→ AktG § 262 Rn. 37).[21] Die Möglichkeit, den tatsächlichen Sitz in **Gründungstheoriestaaten** zu nehmen, ergab sich demgegenüber kollisionsrechtlich schon immer aus der Rückverweisung auf deutsches Recht (vgl. Art. 4 Abs. 1 S. 2 EGBGB).[22]

---

[13] Vgl. für die Sitzverlegung OLG Frankfurt NJW 1990, 2204 f.; *Ebenroth/Eyles* DB 1988, Beilage 2, 1 (7); Staudinger/*Großfeld* IntGesR Rn. 648; MüKoBGB/*Kindler* IntGesR Rn. 510, 823 ff.; Soergel/*Lüderitz* EGBGB Anh. Art. 10 Rn. 76. Für die Gründung gilt Entspr., vgl. nur Staudinger/*Großfeld* IntGesR Rn. 97 ff., 107 ff.; MüKoBGB/*Kindler* IntGesR Rn. 423, 510, 518 ff. mwN.

[14] Die Rspr. der Obergerichte betraf stets die Frage, ob der Beschluss über die Verlegung des satzungsmäßigen Sitzes in das Ausland in das Handelsregister eingetragen werden könne. Dabei wurde jeweils angenommen, es sei zugleich die Verlegung des tatsächlichen Sitzes beschlossen worden (OLG Brandenburg BB 2005, 849; BayObLG BB 2004, 570; OLG Hamm NZG 2001, 562; OLG Düsseldorf BB 2001, 901; OLG Hamm WiB 1997, 1242; BayObLG NJW-RR 1993, 43). RG JW 1934, 2969 hat hingegen, worauf bereits *Knobbe-Keuk* ZHR 154 (1990), 325 (352) hingewiesen hat, nicht im Sinne der Sitztheorie entschieden; vgl. auch *W.-H. Roth* FS Heldrich, 2005, 973 (978 f.); *W.-H. Roth* in Lutter Auslandsgesellschaften S. 379 (381); eingehend zur Historie von Sitz- und Gründungstheorie im deutschen Recht *Trautrims* ZHR 176 (2012), 435.

[15] Die Sitztheorie soll als allseitige Kollisionsnorm ohne Rücksicht darauf gelten, ob die Gesellschaft ihren Verwaltungssitz im In- oder Ausland hat und ob sie nach deutschem oder einem ausländischen Recht gegründet ist (s. Staudinger/*Großfeld* IntGesR Rn. 103; MüKoBGB/*Kindler* IntGesR Rn. 423, 509, 516 ff., 826 ff.; *Deutscher Rat für Internationales Privatrecht* in Lauterbach S. 3, 20). Die aA – vgl. vor allem *Wiedemann* GesR Bd. 1 § 14 II 2 c cc; *Beitzke* Juristische Personen S. 86 ff. (104 ff.); *Beitzke* in Lauterbach S. 94 (112), 118; Soergel/*Lüderitz* EGBGB Anh. Art. 10 Rn. 10, 48; *Koppensteiner* Internationale Unternehmen S. 97 f., 128; *Sandrock* BerDtGesVR 18 (1978), 169 (188 Fn. 51, 214 f.) –, wonach die Sitztheorie allein zum Schutz des inländischen Rechtsverkehrs und damit insbes. nicht auf Gesellschaften deutscher Rechtsform mit Verwaltungssitz im Ausland anzuwenden sei, hat sich nicht durchgesetzt.

[16] S. etwa *Wiedemann* GesR Bd. 1 § 14 II 2 a (S. 792); *Knobbe-Keuk* ZHR 154 (1990), 325 (350 ff.); *Wenckstern* FS Drobnig, 1998, 465 ff.; *Berg* GmbHR 1997, 1136 (1138). S. auch Hachenburg/*Behrens* GmbHG, 8. Aufl. 1992–1997, Allg. Einl. B Rn. 135; *Koppensteiner* Internationale Unternehmen S. 97 f., 126 ff.

[17] Staudinger/*Großfeld* IntGesR Rn. 89 ff., 92; MüKoBGB/*Kindler* IntGesR Rn. 423, 509, 518 ff., 826 f.

[18] Staudinger/*Großfeld* IntGesR Rn. 87 ff. (Gründung), Rn. 608 ff., 657 ff., 664 ff., 677 (nachträgliche Sitzverlegung); MüKoBGB/*Kindler* IntGesR Rn. 520 (Gründung), Rn. 824, 826 f., 829 ff. (Sitzverlegung); *Ebenroth/Eyles* DB 1988, Beilage 2, 1 (6); *Ebenroth/Sura* RabelsZ 43 (1979), 315 (327 f.); *Kaligin* DB 1985, 1449 (1451); abw. Soergel/*Lüderitz* EGBGB Anh. Art. 10 Rn. 10, 48: Eine deutsche Gesellschaft mit Verwaltungssitz im Ausland dürfe nicht in das Handelsregister eingetragen werden. Erfolge die Eintragung dennoch, erstrecke sich die heilende Wirkung auch auf das Personalstatut. Die nachträgliche Verlegung des tatsächlichen Verwaltungssitzes sei unerheblich.

[19] *Beitzke* Juristische Personen S. 180 f.; Staudinger/*Großfeld* IntGesR Rn. 634 ff.; *Karl* AcP 159 (1960/61), 293 (306 f.); *Kuhn* WM 1956, 5; auch MüKoBGB/*Kindler* IntGesR Rn. 835. S. ferner *Schwarz* NZG 2001, 613.

[20] Erstmals *Nussbaum* § 31 (S. 204); *Eidenmüller* ZIP 2002, 2233 (2243 Fn. 69); *Kögel* GmbHR 1998, 1108 (1113); *Wiedemann* GesR Bd. 1 § 15 III 1 b (S. 870). Ferner wohl noch für den Wegzug in einen Sitztheoriestaat → AktG § 5 Rn. 55.

[21] Hüffer/*Koch*/*Koch* AktG § 5 Rn. 12, § 262 Rn. 10; MüKoBGB/*Kindler* IntGesR Rn. 835. Näher noch 2. Aufl. 2006, 2. Kap. Rn. 143 ff.

[22] Vgl. OLG Hamm NZG 2001, 563 (564); OLG Hamm WiB 1997, 1242; s. ferner BGH WM 1969, 671 (672) (OHG mit Auslandssitz); aus der Lit. Großkomm AktG/*Assmann*, 4. Aufl., Einl. Rn. 566 f.; *Ferid*

Die Einwände, die Vertreter der Sitztheorie gegen einen Wegzug deutscher Gesellschaften **205**
unter dem Gesichtspunkt des Gesellschafter-, Gläubiger- und Arbeitnehmerschutzes[23] erhoben haben, konnten nie überzeugen.[24] Spätestens seitdem der Gesetzgeber des MoMiG in
§ 4a GmbHG, § 5 AktG klargestellt hat, dass diese Kapitalgesellschaften ihren tatsächlichen
Sitz nicht im Inland haben müssen (→ Rn. 220 ff.),[25] sind schließlich auch sachrechtliche
Bedenken gegenstandslos.[26] Nachdem sich für Auslandsgesellschaften aus der EU und dem
EWR zumindest im Ansatz die Gründungstheorie durchgesetzt hat, lässt sich ein Festhalten
an der Sitztheorie für deutsche Gesellschaften keinesfalls mehr mit dem jahrzehntelang
bemühten Hinweis auf die angebliche „gewohnheitsrechtliche Geltung"[27] begründen. Auch
mit dem Postulat, dass das Gesellschaftskollisionsrecht aus Gründen der internationalprivatrechtlichen Gerechtigkeit allseitig sein müsse, ist spätestens aufgrund dieser Entwicklung
des Unionsrechts eine einheitliche Anknüpfung an den tatsächlichen Sitz für deutsche
Gesellschaften nicht mehr zu rechtfertigen.

Für **ausländische Kapitalgesellschaften** hat die Anwendung der Sitztheorie einen **206**
Statutenwechsel zur Folge, wenn diese ihren tatsächlichen Verwaltungssitz in das Inland
verlegen. Die einschneidende Konsequenz dieser kollisionsrechtlichen Betrachtungsweise
ist, dass die ausländische Kapitalgesellschaft als solche **nicht anerkannt** wird, sobald und
solange sie ihren tatsächlichen Sitz im Inland ansiedelt. Eine ausländische juristische Person,
die Träger von Rechten und Pflichten oder aktiv prozessfähig[28] sein könnte, ist aus Sicht
der Sitztheorie nicht mehr existent.[29] Der Status als inländische juristische Person ist nur
durch Neugründung zu erlangen.[30] Allenfalls kann das Gebilde nach der Lehre von der

---

FS Hueck, 1959, 343 (346); *Kaligin* DB 1985, 1449 (1450 f.); *Ebenroth/Auer* DNotZ 1993, 190 (193); *Ebenroth/Eyles* DB 1988, Beilage 2, 1 (6 f.); *Ebenroth/Eyles* DB 1989, 363 (368); *Ebenroth/Wilken* JZ 1991, 1014 (1019 f.); *Ebke* in Sandrock/Wetzler S. 101 (125); *v. Falkenhausen* RIW 1987, 818 (819); *Kieninger* NZG 2001, 610; *Kösters* NZG 1998, 241 (242 f.); MHLS/*Leible* GmbHG Syst. Darst. 2 Rn. 196; *Wenckstern* FS Drobnig, 1998, 465 (473 ff.); *Zimmer* IntGesR S. 306 f.; s. ferner MüKoBGB/*Kindler* IntGesR Rn. 509 f., 824, 828 (für die Sitzverlegung), Rn. 519 (für die Gründung). S. von der Warte der Gründungstheorie aus *Knobbe-Keuk* ZHR 154 (1990), 325 (351 f.); *Koppensteiner* Internationale Unternehmen S. 126 ff. und *Wiedemann* GesR Bd. 1 § 14 II 2 a (S. 792), der für deutsche Kapitalgesellschaften ebenfalls die Gründungstheorie anwenden will.

[23] Namentlich Staudinger/*Großfeld* IntGesR Rn. 617 ff., 629 (allg.), 664–677 (Sitzverlegung innerhalb der EU); *Hoffmann* ZHR 164 (2000), 43 (46). BayObLG NJW-RR 1993, 43 behandelt die Verlegung sowohl des Satzungs- als auch des Verwaltungssitzes in einen Gründungstheoriestaat und begründet die Unmöglichkeit des Wegzugs mit der Sitztheorie, ohne aber die Frage eines Rückverweises (die freilich wegen der beabsichtigten Verlegung auch des Satzungssitzes zu verneinen war) anzusprechen.

[24] S. ua Soergel/*Lüderitz* EGBGB Anh. Art. 10 Rn. 48 mit Fn. 45; *Knobbe-Keuk* ZHR 154 (1990), 325 (352); *Drygala* ZEuP 2004, 337 (352); *Ego*, Europäische Niederlassungsfreiheit der Kapitalgesellschaft und deutsches Gläubigerschutzrecht, 2006, 123 ff.

[25] S. auch Begr. RegE, BT-Drs. 16/6140, 29. Freilich verlangten auch §§ 4a Abs. 2 GmbHG, 5 AktG aF keinen inländischen Verwaltungssitz.

[26] Ebenso *Bayer/Schmidt* ZHR 173 (2009), 735 (746).

[27] S. etwa MüKoBGB/*Kindler* IntGesR Rn. 5.

[28] Bejaht wurde hingegen die passive Parteifähigkeit mit Rechtsscheinerwägungen (OLG Nürnberg IPRax 1985, 342; Staudinger/*Großfeld* IntGesR Rn. 446 ff.) oder auf Grund einer Analogie zu § 50 Abs. 2 ZPO (BGHZ 97, 269 (270) = NJW 1986, 2194: passive Parteifähigkeit für Ansprüche aus § 888 Abs. 1 BGB aus § 50 Abs. 2 ZPO iVm § 1148 BGB); s. auch *Buyer* DB 1990, 1682 (1691); *Kösters* NZG 1998, 241 (244 f.); *Rehbinder* IPRax 1985, 324; *Zimmer* IntGesR S. 302.

[29] S. LG Aurich IPRspr. 1968/69 Nr. 14; s. ferner BGH NZG 2000, 926 mwN (Vorlagebeschluss „Überseering"); BGHZ 97, 269 (272) = NJW 1986, 2194; BGHZ 53, 181 (183) = NJW 1970, 998; BFH GmbHR 1992, 315 (316); OLG Zweibrücken NJW-RR 2001, 341 (342); s. auch OLG Jena IPRax 1998, 364 (356); OLG Düsseldorf IPRax 1996, 128 (131); OLG München NJW-RR 1995, 703 (704); OLG Oldenburg NJW 1990, 1422 (1423); OLG Zweibrücken NJW 1990, 3092; KG NJW 1989, 3100 (3101); OLG Hamburg NJW 1986, 2199; OLG Nürnberg IPRax 1985, 342 (dazu *Rehbinder* IPRax 1985, 324); OLG Frankfurt NJW 1964, 2355; Großkomm AktG/*Assmann*, 4. Aufl., Einl. Rn. 566; Staudinger/*Großfeld* IntGesR Rn. 427 ff.; *Kaligin* DB 1985, 1449 (1455); MüKoBGB/*Kindler* IntGesR Rn. 490; *Kösters* NZG 1998, 241 (243); *Eppler* DB 1991, 1949; *Eyles*, Das Niederlassungsrecht der Kapitalgesellschaften in der Europäischen Gemeinschaft, 1990, 314; *Schuck* BB 1994, 1538 (1539).

[30] S. Staudinger/*Großfeld* IntGesR Rn. 641 ff.; *Großfeld/König* RIW 1992, 433 f. Von einer Notwendigkeit der Neugründung sprechen ebenfalls BGH NZG 2000, 926 (Vorlagebeschluss „Überseering"); BGHZ 97, 269 (272) = NJW 1986, 2194; BFH GmbHR 1992, 315 (316); OLG Zweibrücken NJW-RR 2001, 341

fehlerhaften Gesellschaft,[31] als Vorgesellschaft[32] oder – so die heute hM – als **Personengesellschaft deutschen Rechts**[33] mit der entsprechenden Haftungsfolge für die Gesellschafter entsprechend §§ 128, 129 HGB[34] und die Handelnden (analog § 11 Abs. 2 GmbHG, § 41 Abs. 1 S. 2 AktG)[35] behandelt werden. Im Falle einer Einmann-Gesellschaft kommt nur die unbeschränkte persönliche Haftung als Einzelperson in Betracht.[36] Kommt es erst nachträglich zu einem **Statutenwechsel,** soll die persönliche Gesellschafterhaftung entsprechend § 130 HGB auch vor dem Wechsel begründete **Altverbindlichkeiten** umfassen (zum Diskussionsstand in Bezug auf den Brexit → Rn. 20, → Rn. 22). Durch die Bestimmung des „richtigen" Gesellschaftsstatuts wird somit über die Anerkennung des ausländischen Verbandes mitentschieden, ohne dass es eines besonderen Rechtsakts bedarf.[37]

207 Die **konstruktiven Schwierigkeiten,** die im Falle der Nichtanerkennung mit der „Verdoppelung der Rechtssubjekte" bzw. der „Statutenverdoppelung"[38] verbunden sind, sind

---

(342); OLG Jena IPRax 1998, 364 (365); OLG Zweibrücken NJW 1990, 3092; KG NJW 1989, 3100 (3101); OLG Hamburg NJW 1986, 2199; OLG Nürnberg IPRax 1985, 342; OLG Frankfurt NJW 1964, 2355; s. auch Großkomm AktG/*Assmann,* 4. Aufl., Einl. Rn. 566; *Ebenroth/Eyles* DB 1988, Beilage 2, 1 (7); *Ebenroth/Eyles* DB 1989, 363 (365); *Kaligin* DB 1985, 1449 (1455); *Kösters* NZG 1998, 241 (243).

[31] S. nur – abl. – Staudinger/*Großfeld* IntGesR Rn. 431 ff.; MüKoBGB/*Kindler* IntGesR Rn. 492.

[32] Vgl. für den Fall, dass die Gesellschaft tatsächlich eine Anpassung an das deutsche Recht erstrebt, *Bechtel* Umzug S. 109 ff.: Behandlung als echte, wenn auch für die Zeit vor der Anpassung der Satzung fehlerhafte Vorgesellschaft, mit einem Vorbehalt für „zufällige" Sitzverlegungen (S. 127); ebenso *Bechtel* IPRax 1998, 348 (349 f.); *Bechtel* NZG 2001, 21 (22 f.); *Frowein* S. 80 f.; MHLS/*Leible* GmbHG Syst. Darst. 2 Rn. 203, s. aber auch Rn. 96; *K. Schmidt* FS Zöllner, 1999, 521 (536 f.); *K. Schmidt* ZGR 1999, 20 (28); *Walden,* Kollisionsrecht S. 200. Eine Einordnung als echte Vorgesellschaft scheidet aus, wenn und weil es an der erforderlichen Absicht fehlt, die Gesellschaft in einer der deutschen Rechtsformen in das Register einzutragen, vgl. *Eidenmüller/Rehm* ZGR 1997, 89 (91); *Kösters* NZG 1998, 241 (245); MHLS/*Leible* GmbHG Syst. Darst. 2 Rn. 96; *H. F. Müller* ZIP 1997, 1049 (1050); *Frowein* S. 80. Gänzlich abl. Staudinger/*Großfeld* IntGesR Rn. 434; MüKoBGB/*Kindler* IntGesR Rn. 491 mwN. S. zu einer Einordnung als Vorgründungsgesellschaft *Ebenroth/Auer* RIW 1992, 998 (1008); *Kösters* NZG 1998, 241 (245).

[33] S. ua BGH DStR 2017, 675 Rn. 22; BGH DStR 2009, 59 (61) – Trabrennbahn (schweizerische AG); BGHZ 151, 204 (206) = NJW 2002, 3539; BayObLG RIW 2003, 387 (388); OLG Oldenburg NZG 2020, 992 Rn. 8; OLG Frankfurt NZG 2002, 294 (295); LG Stuttgart NZG 2002, 240 (241); *Altmeppen* DStR 2000, 1061 (1063); *Bechtel* NZG 2001, 21 (22); *Behrens* IPRax 2000, 384 (388); *Bogler* DB 1991, 848 (850); *Borges* RIW 2000, 167 (169); *Ebenroth* Vermögenszuwendungen S. 372 ff.; *Ebenroth/Sura* RabelsZ 43 (1979), 315 (340 f.); *Eidenmüller/Rehm* ZGR 1997, 89 (91); *Forsthoff* DB 2000, 1109 f.; *Grothe* S. 118; *Großfeld* RabelsZ 31 (1967), 1 (33 f.); *Haas* DB 1997, 1501 (1506); *v. Halen* Centros-Entscheidung S. 155 ff.; MüKoBGB/*Kindler* IntGesR Rn. 490, 493 ff.; *Kindler* NJW 1999, 1993 (1994); *Kindler* VGR 2 (2000), 87 (94); *Kindler* RIW 2000, 649 (641); *Kindler* FS Lorenz, 2001, 343 ff.; *Kösters* NZG 1998, 241 (245, 247); *Leible/Hoffmann* DB 2002, 2203 (2204); *H. F. Müller* ZIP 1997, 1049 (1051); *W.-H. Roth* ZIP 2000, 1597 (1600 f.); *K. Schmidt* ZGR 1999, 20 (24, 25 ff.); *Schuck* BB 1994, 1538 (1539); *Sonnenberger/Großerichter* RIW 1999, 721 (726); *Walden* EWS 2000, 256 (259); *Wiedemann* FS Kegel, 1977, 187 (197); *Zimmer* RabelsZ S. 300; *Zimmer* BB 2000, 1361 (1363); *Zimmer* ZHR 164 (2000), 23 (25). Auch eine Behandlung als nicht rechtsfähiger Verein wurde bei körperschaftlicher Struktur in Betracht gezogen, vgl. RG JW 1904, 231 f.; *Großfeld* RabelsZ 31 (1967), 1 (33); Staudinger/*Großfeld* IntGesR Rn. 440; *G. Fischer* IPRax 1991, 100 (101); *Grothe* S. 118; *Heymann* JherJb 75 (1925), 408 (416); MüKoBGB/*Kindler* IntGesR Rn. 496 f. mwN (nur bei ideeller Zwecksetzung); *Kösters* NZG 1998, 241 (245); *Kruse* Sitzverlegung S. 39; dagegen generell ua *Wiedemann* GesR Bd. 1 § 14 II 1 (S. 787); *H. F. Müller* ZIP 1997, 1049 (1051).

[34] Insbesondere im Hinblick auf solche Gesellschafter der ausländischen Kapitalgesellschaft, die als bloße Kapitalanleger beteiligt sind, soll die Haftung nach verbreiteter Ansicht wie beim eingetragenen Kommanditisten auf die Höhe der Einlageverpflichtung beschränkt sein, vgl. *G. Fischer* IPRax 1991, 100 (101); *Eidenmüller/Rehm* ZGR 1997, 89 (103). Gegen eine Haftungsbeschränkung MüKoBGB/*Kindler* IntGesR Rn. 494, 497 unter Hinweis auf §§ 128 S. 2, 176 HGB.

[35] OLG Düsseldorf BeckRS 2013, 14730 (Singapur-Ltd.).

[36] Hat die ausländische Kapitalgesellschaft nur einen Gesellschafter, so haftet die Einzelperson unbeschränkt und persönlich, s. BGH DStR 2017, 675 Rn. 22; *Bogler* DB 1991, 848 (850); *Ebenroth/Sura* RabelsZ 43 (1979), 315 (341); *v. Falkenhausen* RIW 1987, 818 (820); Staudinger/*Großfeld* IntGesR Rn. 442; MüKoBGB/*Kindler* IntGesR Rn. 493; *Kösters* NZG 1998, 241 (246); *H. F. Müller* ZIP 1997, 1049 (1052 f.).

[37] RGZ 83, 367; ROHGE 22, 147 (148); RGZ 6, 134; RGZ 7, 68 (70); RGZ 92, 73 (76); RGZ 159, 33 (46). Aus neuerer Zeit *Behrens* ZGR 1978, 499 (509 ff.); HCL/*Behrens/Hoffmann* GmbHG Einl. B Rn. 145 f.; MüKoBGB/*Kindler* IntGesR Rn. 320 ff., 325, 545.

[38] Wenn und weil die Gesellschaft aus der Sicht des Gründungs- und Wegzugsstaates (sowie jedes Gründungstheoriestaates) trotz der Sitzverlegung weiterhin in ihrer ursprünglichen Rechtsform existiert, wird überwiegend vom Eintritt einer „Statutenverdoppelung" gesprochen; so *Behrens* IPRax 2003, 193 (200): Die

für das nationale Recht weitgehend ungelöst und für den grenzüberschreitenden Rechtsverkehr der betroffenen Gesellschaften mit dem herkömmlichen Instrumentarium der Sitztheorie auch kaum befriedigend lösbar (zum Brexit → Rn. 20 ff.).[39]

Die Anwendung der Sitztheorie auf europäische Auslandsgesellschaften mit der Folge **208** ihrer Nichtanerkennung ist mit dem **Unionsrecht unvereinbar,** wenn und solange sie aus der Sicht des Gründungsstaates noch als solche bestehen (→ Rn. 234 ff.).[40]

Soweit hingegen **keine Anerkennungspflichten** aufgrund des Unionsrechts, des EWR- **209** Vertrages oder aus Staatsverträgen bestehen, hält der **BGH** demgegenüber **unverändert** an der **Sitztheorie** fest.[41] Inwieweit dies nach der Änderung der § 4a GmbHG, § 5 AktG (→ Rn. 220 ff.) auch für deutsche Kapitalgesellschaften gilt, ist noch offen.

Dieses Festhalten an der Sitztheorie gilt nach hM auch für britische Gesellschaften, da **210** diese infolge des **Brexit**[42] seit dem 31.12.2020 keine Niederlassungsfreiheit mehr genießen (→ Rn. 18 ff.). Britische Gesellschaften können auf Grundlage dieser Auffassung nicht mehr mit Verwaltungssitz in Deutschland gegründet werden und ihren tatsächlichen Verwaltungssitz nicht mehr nachträglich nach Deutschland verlegen, ohne dem Schicksal der Statutenverdoppelung (→ Rn. 206 f.) anheim zu fallen. Ob und mit welchen Maßgaben die Sitztheorie hingegen auch auf solche britische „Altgesellschaften" zur Anwendung kommen kann, die bereits vor dem Ablauf der Übergangszeit gegründet wurden, wird sehr kontrovers diskutiert. Entgegen einer verbreiteten Lehrmeinung muss die Anwendung der Sitztheorie hier aus Gesichtspunkten des Vertrauens- und Verkehrsschutzes eingeschränkt werden (→ Rn. 22, → Rn. 24 ff.; zur zeitlichen Eingrenzung des Kreises der schutzwürdigen Altgesellschaften → Rn. 26). Allerdings bleibt abzuwarten, ob Rspr. und hL dem am 1.1.2021 in Kraft getretenen Handels- und Kooperationsabkommen kollisionsrechtliche Wirkungen im Sinne der Gründungstheorie beimessen werden (→ Rn. 17, → Rn. 19).

b) Gründungstheorie. Die Gründungstheorie gilt traditionell im **angloamerikani-** **211** **schen Rechtsraum**[43] und ist heute international weit verbreitet. Auch hierzulande hatte

---

Gesellschaft „lebt" nach der Sitzverlegung nach zwei verschiedenen Rechten, je nachdem, welcher Kollisionsnorm der jeweilige Staat folgt. S. ferner *Bartels* ZHR 176 (2012), 412 (415 f.); *Dubovizkaja* GmbHR 2003, 694 (695). In Bezug auf den Brexit ua *Jaschinski/Wentz* WM 2019, 438 (440 f.); *Zwirlein/Großerichter/Gätsch* NZG 2017, 1041 (1043).

[39] S. *Bayer/Schmidt* ZHR 173 (2009), 735 (741); *Binz/Mayer* BB 2005, 2361 (2362 ff.); *Hellgardt/Illmer* NZG 2009, 94 f.; *Kieninger* NJW 2009, 292 (293); *Lieder/Kliebisch* BB 2009, 338 (341) mwN; die Lösbarkeit dieser Fragen betonend hingegen *Goette* DStR 2009, 63 in der Anm. zu dem Urteil BGH DStR 2009, 59 – Trabrennbahn (schweizerische AG) und den dortigen Lösungsansätzen. S. zum Ganzen *Weller* FS Goette, 2011, 583 ff. (591 ff.); ferner *Bartels* ZHR 176 (2012), 412 (419 ff., 428 ff.) und *Bartels* IPRax 2013, 153 (156), der unter Rückgriff auf die intertemporalen Regelungen der Art. 163, 231 § 2 Abs. 1, 2 EGBGB einen Statutenwechsel unter Anerkennung der nach dem Gründungsstatut gegebenen Haftungsbeschränkung als solcher einschließlich einer Fortgeltung der dortigen Kapitalaufbringungs- und Kapitalerhaltungsregeln befürwortet.

[40] AA noch *Kindler* EuZW 2012, 888 (891 f.), der die Entscheidung „VALE" (EuGH EuZW 2012, 621 → Rn. 96) als „endgültige Abkehr von Centros, Überseering und Inspire Art" deutet und annimmt, dass sie die unionsrechtlichen Bedenken gegen die Verwaltungssitzanknüpfung beseitigt habe (dagegen → Rn. 45, 58). Zuvor bereits *Kindler* IPRax 2009, 189 (192); *Kindler* NJW 2003, 1073 (1076 ff.); *Kindler* NZG 2003, 1086 ff.; *Kindler* IPRax 2003, 41 ff.; für Personengesellschaften auch OLG Oldenburg NZG 2020, 992 Rn. 9; MHLS/*Leible* GmbHG Syst. Darst. 2 Rn. 28.

[41] S. BGH DStR 2017, 675 Rn. 21; BGH DStR 2009, 59 (61) – Trabrennbahn (schweizerische AG); BGH NZG 2010, 712 (713) (schweizerischer Verein); BGH GmbHR 2010, 211 (Singapur-Ltd.); BGHZ 190, 242 = NJW 2011, 3372 Rn. 16; OLG Düsseldorf BeckRS 2013, 14730 (Singapur-Ltd.); zust. *Kindler* IPRax 2009, 189 (190); allg. krit. zu einer teilweisen Aufrechterhaltung der Sitztheorie *Balthasar* RIW 2009, 221; *Hellgardt/Illmer* NZG 2009, 94 (96) (de lege ferenda); *Kieninger* NJW 2009, 292 f.; *Lieder/Kliebisch* BB 2009, 338. Verfassungsrechtliche Bedenken unter dem Aspekt der Ungleichbehandlung der Gesellschafter (*Balthasar* RIW 2009, 221 (224); *Lieder/Kliebisch* BB 2009, 338 (340); *Dubovitskaja* Konzern 2011, 205 (213)) oder der Auslandsgesellschaft (*Dubovitskaja* Konzern 2011, 205 (212 f.)) sowie des Verstoßes gegen Freiheitsgrundrechte (*Dubovitskaja* Konzern 2011, 205 (209 ff.)) haben sich bislang nicht durchgesetzt; zur Frage der Grundrechtsfähigkeit gemäß Art. 19 Abs. 3 GG BVerfG NVwZ 2008, 670 (671); v. Mangoldt/Klein/Starck/*Huber* GG Art. 19 Rn. 308 ff.; *Dubovitskaja* Konzern 2011, 205 (208 f.).

[42] Zum Ausscheiden auch aus dem EWR *Mäsch/Gausing/Peters* IPRax 2017, 49 (51); *Weller/Thomale/Benz* NJW 2016, 2378 (2380).

[43] MüKoBGB/*Kindler* IntGesR Rn. 362 f. Eingehend zur Rechtslage in England *Höfling* Englisches Int. GesR.

sie schon vor „Centros", „Überseering" und „Inspire Art"[44] zahlreiche Anhänger gefunden.[45]

212 Nach der Gründungstheorie untersteht eine Kapitalgesellschaft dem Gesellschaftsstatut desjenigen Staates, nach dessen Recht sie **wirksam gegründet** wurde.[46] Die vereinfachende Redeweise von einer Anknüpfung an den „Satzungssitz"[47] ist missverständlich, da das Ausland einen Satzungssitz kontinentaleuropäischer Prägung nicht durchweg kennt. Ähnliches gilt für die Gleichsetzung mit einer Anknüpfung an die Registrierung, da die Gründungstheorie auch für nicht registerpflichtige Gesellschaften gilt. Zur Anknüpfung nach der Gründungstheorie können die Organisation nach einem bestimmten Recht und die Registrierung (eines Satzungssitzes) jedoch im Sinne einer Anknüpfungsleiter nebeneinander verwendet werden.[48]

213 Die **statische Anknüpfung** an die Gründung hat für grenzüberschreitend tätige Unternehmen den **Vorzug,** dass die Schwierigkeiten vermieden werden, die mit einem Statutenwechsel verbunden sind (→ Rn. 203 ff.).[49]

214 Andererseits hat eine umfassende Gründungsanknüpfung den **Nachteil,** dass die Gründer ein Gesellschaftsrecht wählen können, das die Interessen der Gläubiger nicht hinreichend schützt.[50] Selbst wenn der Gläubigerschutz im Einzelfall vergleichbar ausgestaltet sein mag,[51] belastet der Umgang mit Scheinauslandsgesellschaften, die keine nennenswerte tatsächliche Verbindung zum Gründungsstaat haben, den Rechtsverkehr.

215 c) **Vermittelnde Lehren.** Um die Vor- und Nachteile der Gründungstheorie mit denjenigen einer Sitzanknüpfung in Einklang zu bringen, sind in der Lehre eine Reihe vermittelnder Ansätze[52] entwickelt worden, die hier nicht mehr im Einzelnen darzustellen

---

[44] EuGH Slg. 1999, I-1459 = NJW 1999, 2027 – Centros; EuGH Slg. 2002, I-9919 = NJW 2002, 3614 – Überseering; EuGH Slg. 2003, I-10155 = NJW 2003, 3331 – Inspire Art.

[45] *Frankenstein,* Internationales Privatrecht, 1926, 459 ff.; *Düringer/Hachenburg/Geiler* HGB, 3. Aufl. 1930, Allg. Einl. Anm. 17d; *F. A. Mann* FS M. Wolff, 1952, 271 (281 ff.); *Nussbaum* § 29 I, III (S. 185 ff.), § 30 II (S. 197 f.); *E. Wolff* FS M. Wolff, 1952, 375 (382); *Fikentscher* MDR 1957, 71 (72). Im Ausgangspunkt auch Hachenburg/*Behrens* GmbHG, 8. Aufl. 1992–1997, Allg. Einl. B Rn. 125; *Beitzke* in Lauterbach S. 94 (111); *Drobnig* ZHR 129 (1967), 93 (115); *Drobnig* in v. Bar S. 185, 195; *Knobbe-Keuk* ZHR 154 (1990), 325 (355); *Koppensteiner* Internationale Unternehmen S. 121 ff.; *Kötz* GmbHR 1965, 69 (70); *Neumayer* ZVglRWiss 83 (1984), 129 (139); *Schönle* NJW 1965, 1112 (1116). S. ferner OLG Frankfurt GmbHR 1999, 1254 mAnm *Borges:* Anwendung der Gründungstheorie bei Nichtfeststellbarkeit des tatsächlichen Verwaltungssitzes; krit. dazu *Borges* RIW 2000, 167; *Freitag* NZG 2000, 357. Für Gesellschaften aus EU-Staaten sowie mit nach deutschem Recht gegründete Gesellschaften mit zulässigem Satzungssitz in Deutschland vertritt auch *Wiedemann* die Gründungstheorie, vgl. *Wiedemann* GesR § 14 II 2 a (S. 791 ff.); *Wiedemann* FS Kegel, 1977, 187 (193 ff.).

[46] Darstellend MüKoBGB/*Kindler* IntGesR Rn. 362; Staudinger/*Großfeld* IntGesR Rn. 18; MHLS/*Leible* GmbHG Syst. Darst. 2 Rn. 7.

[47] Vgl. *Behrens* IPRax 1999, 323 (325); *Behrens* JBl. 2001, 341 (344); *Großfeld* RabelsZ 31 (1967), 1 (15) mwN; s. ferner *Zimmer* IntGesR S. 222.

[48] S. etwa Art. 154 Abs. 1 schweiz. IPRG; ferner Art. 10 Abs. 1 EGBGB-E des RefE zum Internationalen Gesellschaftsrecht (→ Rn. 218 f.).

[49] Vgl. *Grasmann* System Rn. 368 ff.; *Koppensteiner* Internationale Unternehmen S. 121 ff.; *Drobnig* ZHR 129 (1967), 93 (115); *Neumayer* ZVglRWiss 83 (1984), 129 (146).

[50] S. die eingehende Kritik bei MüKoBGB/*Kindler* IntGesR Rn. 371 ff., 378 ff.

[51] So *Koppensteiner* Internationale Unternehmen S. 131 mwN; krit. MüKoBGB/*Kindler* IntGesR Rn. 387 f.

[52] Für eine Differenzierung zwischen Innen- und Außenverhältnis (Differenzierungstheorie) *Grasmann* System Rn. 615 ff. Für eine Überlagerung des Gründungsstatuts durch Anknüpfungen an den tatsächlichen Sitz zugunsten der Minderheitsgesellschafter, der Gläubiger und der Arbeitnehmer, die sich auf die Überlagerung berufen (Überlagerungstheorie) *Sandrock* BerDtGesVR 18 (1978), 169 (191 ff.); *Sandrock* RabelsZ 42 (1978), 227 (246 ff.); *Sandrock* FS Beitzke, 1979, 669 ff.; *Sandrock* RIW 1989, 505 ff.; *Sandrock* BB 1999, 1337 ff.; stark einschr. nach „Überseering" (EuGH Slg. 2002, I-9919 = NJW 2002, 3614) und „Inspire Art" (EuGH Slg. 2003, I-10155 = NJW 2003, 3331) *Sandrock* ZVglRWiss 102 (2003), 447 ff.; *Sandrock* BB 2004, 897 (899 f.). Für eine Einschränkung des Gründungsstatuts durch das Recht des tatsächlichen Sitzstaates zugunsten der Gläubiger, sofern diese sich auf das Sitzrecht berufen (eingeschränkte Gründungstheorie), Hachenburg/*Behrens* GmbHG, 7. Aufl. 1975, Allg. Einl. B Rn. 87 sowie 8. Aufl. 1992–1997, Allg. Einl. B Rn. 127 f.; *Behrens* ZGR 1978, 499 (511); *Behrens* RabelsZ 42 (1988), 498 (515); stark einschr. nach „Überseering" (EuGH Slg. 2002, I-9919 = NJW 2002, 3614) *Behrens* IPRax 2003, 193 (206) sowie nach „Inspire Art" (EuGH Slg. 2003, I-10155 = NJW 2003, 3331) *Behrens* IPRax 2004, 20 (24 f.); HCL/*Behrens/Hoffmann* GmbHG Einl. B Rn. 7 ff., 54 ff., 63 ff., 67 ff. und passim.

sind.⁵³ Ausgehend von einer grundsätzlichen Anerkennung ausländischer Gesellschaften⁵⁴ ist ihnen das Bestreben gemeinsam, die **einheitliche Gründungsanknüpfung** über den Vorbehalt des ordre public oder die Lehre von der Gesetzesumgehung⁵⁵ hinaus **einzuschränken,** indem einzelne Rechtsfragen an den tatsächlichen Sitz angeknüpft werden sollen.

Unter dem Regime der Sitztheorie sind diese Vorschläge **sämtlich abgelehnt worden.**⁵⁶ Die Einwände richteten sich stets dagegen, das Gesellschaftsstatut aufzuspalten (Postulat der Einheitlichkeit des Gesellschaftsstatuts).⁵⁷ Auch in dem **RefE** zum Internationalen Gesellschaftsrecht (→ Rn. 218 f.) waren keine Einschränkungen der einheitlichen Gründungsanknüpfung vorgesehen (Art. 10 EGBGB-E).

In der **neueren Lehre** finden sich hingegen zunehmend Stimmen, die unter dem Eindruck der unionsrechtlichen Entwicklung mit Unterschieden im Einzelnen eine **Abkehr** von dem Dogma der **einheitlichen Anknüpfung des Gesellschaftsstatuts** befürworten (→ Rn. 234 ff., → Rn. 245 ff., → Rn. 283 ff., → Rn. 309 ff., → Rn. 385 ff.).⁵⁸

3. Stand der Gesetzgebung zum Internationalen Gesellschaftsrecht. a) RefE zum deutschen Internationalen Gesellschaftsrecht. Das deutsche Internationale Gesellschaftsrecht ist bisher nicht ausdrücklich gesetzlich geregelt. Das Ende 2007 mit dem **RefE zum Internationalen Gesellschaftsrecht**⁵⁹ begonnene Vorhaben, das deutsche Gesellschaftskollisionsrecht iSd Gründungstheorie (→ Rn. 211 ff.) zu kodifizieren, wurde – wohl mit Blick auf die hiergegen geäußerten Bedenken⁶⁰ – bisher noch nicht abgeschlossen und scheint nicht weiterverfolgt zu werden.

Selbst wenn die Gründungstheorie gesetzlich verankert werden sollte, werden die **Reichweite des Gesellschaftsstatuts** und seine Abgrenzung zum Insolvenz- und Deliktsstatut zweifelhaft bleiben (→ Rn. 283 ff., → Rn. 385 ff.). In Übereinstimmung mit anderen Kodifikationen⁶¹ und der herkömmlichen Sichtweise zählt der RefE zum Gesellschaftsstatut insbesondere die Rechtsnatur und die Rechts- und Handlungsfähigkeit, die Gründung und die Auflösung, den Namen und die Firma, die Organisations- und Finanzverfassung,⁶² die

---

⁵³ Eingehend 2. Aufl. 2006, 2. Kap. Rn. 54 ff.; ferner MüKoBGB/*Kindler* IntGesR Rn. 390 ff.

⁵⁴ Einschr. hingegen die „Kombinationstheorie", wonach in der Regel die Gründungstheorie gelten, die Grundsätze der Sitztheorie (Nichtanerkennung, Haftung der Gesellschafter und Handelnden etc.) aber auf Scheinauslandsgesellschaften ohne substanzielle Auslandsbeziehungen (nicht notwendig zum Gründungsstaat) anzuwenden sein sollen (*Zimmer* IntGesR S. 224 ff.).

⁵⁵ Zu diesen Korrektiven *Koppensteiner* Internationale Unternehmen S. 129 ff., 132 f. mwN; *Neumayer* ZVglRWiss 83 (1984), 129 (138 f., 141). Dagegen *Ebenroth* Vermögenszuwendungen S. 359 ff.

⁵⁶ S. BGH NZG 2000, 926 (927) (Vorlagebeschluss „Überseering"); Staudinger/*Großfeld* IntGesR Rn. 66 ff.; MüKoBGB/*Kindler* IntGesR Rn. 390 ff. mwN.

⁵⁷ S. nur Staudinger/*Großfeld* IntGesR Rn. 68; MüKoBGB/*Kindler* IntGesR Rn. 6, 408, 423 (aber einschr. ebenda Rn. 410); MHLS/*Leible* GmbHG Syst. Darst. 2 Rn. 13; *Wiedemann* GesR Bd. 1 § 14 II 1 b bb (S. 789 f.).

⁵⁸ S. insbes. *Altmeppen* NJW 2004, 97; *Altmeppen* IWRZ 2017, 107; *Altmeppen/Wilhelm* DB 2004, 1083; *Ego,* Europäische Niederlassungsfreiheit für Kapitalgesellschaft und deutsches Gläubigerschutzrecht, 2006, 153 ff.; *Ego* IWRZ 2019, 243 (247 ff.); weitgehend auch MüKoBGB/*Kindler* IntGesR Rn. 158 ff., 410, 430 ff., 524 ff.; im Ansatz auch *Schanze* FS Helge Thue, 2007, 423 ff.

⁵⁹ RefE eines Gesetzes zum Internationalen Privatrecht der Gesellschaften, Vereine und juristischen Personen vom 14.12.2007. Der RefE folgt einer Empfehlung des Deutschen Rates für Internationales Privatrecht (abgedruckt bei *Sonnenberger/Bauer* RIW 2006 Beil. 1 zu Heft 4). Der Gesetzgeber des Gesetzes zur Neuregelung des Internationalen Privatrechts vom 25.7.1986 (BGBl. I 1142) hatte von einer Regelung abgesehen, um der europäischen Rechtsentwicklung nicht vorzugreifen (BT-Drs. 10/504, 29).

⁶⁰ Im Vordergrund stand die Sorge der Gewerkschaften, Unternehmen mit tatsächlichem Sitz im Inland dürften sich nicht der Anwendung der unternehmerischen Mitbestimmung entziehen.

⁶¹ S. etwa Art. 155 SchwIPRG: Rechtsnatur der Gesellschaft; Entstehung und Untergang; Rechts- und Handlungsfähigkeit; Name und Firma; Organisation; interne Beziehungen; Haftung aus der Verletzung gesellschaftsrechtlicher Vorschriften; Haftung für die Schulden der Gesellschaft; organschaftliche Vertretung. Ähnlich Art. 3 lit. a–f des niederländischen Wet conflictenrecht corporates, Staatsblad 1997 Nr. 699; zum italienischen Internationalen Gesellschaftsrecht *Kindler* RabelsZ 61 (1997), 225 (281 ff.).

⁶² Zur Finanzverfassung zählen nach der Begr. des RefE (zu Art. 10 Abs. 2 Nr. 4 EGBGB-E) insbes. „Mindestkapitalerfordernisse sowie Erfordernisse der Kapitalaufbringung und Kapitalerhaltung, wie Ausschüttungssperren und Beitrags- und Nachschusspflichten der Gesellschafter, sowie Kapitalmaßnahmen". Gleiches

Vertretungsmacht der Organe, den Erwerb und Verlust der Mitgliedschaft und die mit dieser verbundenen Rechte und Pflichten, die Haftung der Gesellschaft, des Vereins oder der juristischen Person, die Haftung ihrer Mitglieder und Organmitglieder für Verbindlichkeiten der Gesellschaft, des Vereins oder der juristischen Person[63] sowie die Haftung wegen der Verletzung gesellschaftsrechtlicher Pflichten[64] (Art. 10 Abs. 2 EGBGB-E). Darüber hinaus stellt der RefE klar, dass das Gesellschaftsstatut auch die Rechtsfragen der Umwandlung (Art. 10a EGBGB-E) und eines identitätswahrenden Wechsels des anwendbaren Rechts (Art. 10b EGBGB-E) umfasst (→ Rn. 82).

220 **b) Kollisionsrechtliche Implikationen des MoMiG. aa) Gründungsanknüpfung für deutsche Gesellschaften.** In dem erklärten **Bestreben**, es der deutschen **GmbH** und **AG** zu ermöglichen, ihren **tatsächlichen Sitz im Ausland** anzusiedeln, hat der Gesetzgeber des MoMiG[65] die Bestimmungen über den Satzungssitz dieser Gesellschaften (§ 4a GmbHG, § 5 AktG) neu gefasst. Im Zuge der Neufassung wurden zum einen die für andere körperschaftliche Verbände sinngemäß herangezogenen[66] § 4a Abs. 2 GmbHG aF, § 5 Abs. 2 aF AktG gestrichen, wonach als Satzungssitz „in der Regel" ein Ort bestimmt werden musste, an dem die Gesellschaft „einen Betrieb hat, [...] an dem sich die Geschäftsleitung befindet oder die Verwaltung geführt wird". Zum anderen wurde klargestellt, dass der Ort des Satzungssitzes sich im Inland befinden muss (§ 4a GmbHG, § 5 AktG nF). Diese Änderung wurde durch Streichung der Sitzregelung in § 2 SEAG aF auch auf die SE deutschen Musters erstreckt.[67] **Keine Änderung** erfolgte demgegenüber im Recht der **Personengesellschaften,** aber auch im **GenG** und im **SCEAG**.[68] Für Personengesellschaften ist nun allerdings eine entsprechende Liberalisierung im Zuge der Reform des Personengesellschaftsrechts geplant (Stand: Februar 2021).[69]

221 Bei näherer Betrachtung ist freilich **nicht** recht **ersichtlich,** inwiefern diese Änderungen geeignet sein sollen, die **internationale Mobilität** der GmbH und AG zu vergrößern. Wie der Gesetzeswortlaut zeigte, verlangten die § 4a Abs. 2 GmbHG aF, § 5 Abs. 2 aF AktG schon **vor dem MoMiG** keineswegs, dass der Verwaltungssitz im Inland liegen oder auch nur mit dem Satzungssitz übereinstimmen müsse.[70]

222 Das **eigentliche Wegzugshindernis** bestand vielmehr auf der nicht kodifizierten kollisionsrechtlichen Ebene, da auch für deutsche Gesellschaften überwiegend die **Sitztheorie**

---

soll für die Einordnung eines Gesellschafterdarlehens als eigenkapitalersetzend gelten, dem Insolvenzstatut aber die Frage unterfallen, wie entsprechende Rückzahlungsansprüche in der Insolvenz zu behandeln sind.

[63] Dies betrifft nach der Begr. des RefE (zu Art. 10 Abs. 2 Nr. 7 EGBGB-E) die Anknüpfung der Durchgriffshaftung.

[64] Der Entwurf will demgegenüber die Frage, inwieweit eine Haftung aus anderen Rechtsgrundlagen, namentlich eine deliktische Haftung, abweichend anzuknüpfen sein kann, der Rechtsprechung überlassen (Begr. des RefE zu Art. 10 Abs. 2 Nr. 7 und Nr. 8 EGBGB-E). Nicht dem Gesellschaftsstatut iSv Art. 10 Abs. 2 Nr. 8 EGBGB-E, sondern dem Insolvenzstatut sollen aber die Insolvenzantragspflicht und die Insolvenzverschleppungshaftung unterfallen (Begr. des RefE zu Art. 10 Abs. 2 Nr. 8 EGBGB-E).

[65] Gesetz zur Modernisierung des GmbH-Rechts und zur Bekämpfung von Missbräuchen vom 23.10.2008 (BGBl. I 2026 ff.).

[66] S. zur Genossenschaft Pöhlmann/Fandrich/Bloehs/*Fandrich* GenG, 4. Aufl. 2012, § 6 Rn. 5.

[67] Im Gegenzug hat das MoMiG insbes. das Erfordernis einer inländischen Geschäftsanschrift (s. §§ 10 Abs. 1 GmbHG, 39 Abs. 1 S. 2 AktG, 13 Abs. 1 S. 1, Abs. 2 HGB) und eine zwingende Empfangsvertretung durch GmbH-Gesellschafter und den Aufsichtsrat einer AG im Falle der Führungslosigkeit (§§ 35 Abs. 1 S. 2 GmbHG, 78 Abs. 1 S. 2 AktG) sowie eine Erleichterung der öffentlichen Zustellung (§ 185 Nr. 2 ZPO) und des Zugangs von Willenserklärungen (§ 15a HGB) gebracht. Überblick über die Neuregelungen bei *Kindler* IPRax 2009, 189 (195) f.

[68] Unzutr. der Hinweis bei *Kindler* IPRax 2009, 189 (194 Fn. 93) (ebenso Goette/Habersack/*Kindler* S. 233, 236) auf die Streichung von § 24 SCEAG, der lediglich die Zeichnung durch geschäftsführende Direktoren einer monistisch ausgestalteten SCE zum Gegenstand hatte. Die Regelung über den Sitz der SCE in § 10 Abs. 1 SCEAG iVm Art. 6 SCE-VO (Rn. 7, 55, 65) wurde hingegen unverändert gelassen. Die Zulassung einer Realsitzverlegung in das Ausland scheitert auch an der zwingenden Regelung in Art. 6 Abs. 1 S. 1 SCE-VO.

[69] S. § 706 idF des RegE des Gesetzes zur Modernisierung des Personengesellschaftsrechts.

[70] Zutr. *Peters* GmbHR 2008, 245 (246 f.); unzutr. demgegenüber etwa *Kindler* IPRax 2009, 189 (194), dessen Rückschluss, weil der Satzungssitz sich im Inland befinden müsse, müsse Gleiches für sämtliche zur Wahl gestellten Anknüpfungspunkte gelten, weder in der früheren noch in der heutigen Regelung Anhaltspunkte findet; ferner *Brakalova/Barth* DB 2009, 213 (216); aA aber etwa *Nolting* NotBZ 2009, 109 (112) mit

vertreten wurde (→ Rn. 204 f.). Auch unter ihrer Geltung sind jedoch eine Gründung mit tatsächlichem Sitz im Ausland sowie ein statuswahrender Wegzug nach zutreffender Ansicht immerhin dann möglich, wenn der tatsächliche Sitzstaat nach den Regeln der Gründungstheorie auf das deutsche Recht zurückverweist (Art. 4 Abs. 1 S. 2 EGBGB, → Rn. 204). Eine statuswahrende Sitzverlegung scheidet diesfalls nur aus, wenn man – letztlich unter Rückgriff auf internationalprivatrechtliche Wertungen und damit in gewisser Weise zirkulär – sachrechtlich doch einen inländischen Verwaltungssitz für erforderlich hält oder – wofür kein Grund ersichtlich ist – einen Rückverweis gem. Art. 4 Abs. 1 S. 1 Hs. 2 EGBGB als nicht dem Sinn der Sitztheorie entsprechend ablehnt (eine Sitzverlegung in Gründungstheoriestaaten wird zutreffend bejaht in → AktG § 5 Rn. 54 f., → AktG § 45 Rn. 24, → AktG § 262 Rn. 36 f.).[71]

Auch heute ist noch immer heftig **umstritten,** ob und in welchem Umfang die Neufassung der § 4a GmbHG, § 5 AktG auch die kollisionsrechtliche Rechtslage geändert hat. Unklar ist bereits, ob die Neuregelungen eine **versteckte einseitige Kollisionsnorm** iSd Gründungstheorie (bejahend, aber inkonsequent → AktG § 45 Rn. 24, verneinend → AktG § 262 Rn. 36)[72] oder lediglich die **sachrechtliche Klarstellung** beinhalten, dass der tatsächliche Sitz im Ausland genommen werden kann, sofern und soweit dies auf der Grundlage der Sitztheorie einschließlich der Regeln über die Rückverweisung (→ Rn. 203 ff.) zulässig ist (so etwa → AktG § 5 Rn. 54).[73] Der **BGH** hat die Frage bisher **offen** gelassen.[74]

223

---

unzutreffendem Hinweis auf LG Memmingen NZG 2002, 95; ferner *Däubler/Heuschmid* NZG 2009, 493 (494). In der bei Goette/Habersack/*Kindler* S. 233, 235 f. angeführten Entscheidung BGH ZIP 2008, 1627 war die Sitzbestimmung infolge faktischer Veränderungen im Inland nachträglich unzulässig geworden.

[71] Ebenso MHLS/*Leible* GmbHG Syst. Darst. 2 Rn. 196; aA aber noch früher Vertreter der Sitztheorie, s. Staudinger/*Großfeld* IntGesR Rn. 617 ff.: Wegzug aus der EU heraus, Staudinger/*Großfeld* IntGesR Rn. 664 ff.: Wegzug in die EU.

[72] So wohl OLG Düsseldorf ZIP 2009, 1074 (obiter), wo die jederzeitige Einreisemöglichkeit als ungeschriebenes Bestellungserfordernis für einen GmbH-Geschäftsführer insbes. mit dem Hinweis abgelehnt wird, dass eine GmbH nach dem MoMiG ihren Verwaltungssitz „an jeden beliebigen Ort im Ausland verlegen, mithin ihre Geschäfte auch vollständig im Ausland tätigen" könne. Bejahend ferner *Bayer/Schmidt* ZHR 173 (2009), 735 (749 ff.); *Behme* BB 2008, 70 (72); *Behme/Nohlen* BB 2009, 13 (14); *Fingerhuth/Rumpf* IPRax 2008, 90 (92); *Frobenius* DStR 2009, 487 (491); *Herrler* DNotZ 2009, 484 (489); *Hoffmann* ZIP 2007, 1581 (1585 ff.); *Knof/Mock* GmbHR 2007, 852 (856); *Kobelt* GmbHR 2009, 808 (809 ff.); *Kußmaul/Richter/Ruiner* EWS 2009, 1 (8); *Leible/Hoffmann* GmbHR 2009, 58 (62); *Leitzen* NZG 2009, 728; *Marsch-Barner* FS Haarmann, 2015, 119 (121); *Mülsch/Nohlen* ZIP 2008, 1358 (1360 f.); *Otte* BB 2009, 344; *Paefgen* WM 2009, 529 (530 f.); *W.-H. Roth* ZGR 2014, 168 (187 ff.); *Tebben* RNotZ 2008, 441 (447); *Teichmann* ZIP 2009, 393 (401); *Verse* ZEuP 2013, 458 (466 f.); Großkomm AktG/*Ehricke* § 45 Rn. 51a; Lutter/Hommelhoff/*Bayer* GmbHG § 4a Rn. 14 f.; HCL/*Behrens/Hoffmann* GmbHG Einl. B Rn. 56 ff.; Baumbach/Hueck/*Servatius* GmbHG § 4a Rn. 10; MHLS/*Leible* GmbHG Syst. Darst. 2 Rn. 8, 193 ff.; Grundmann EuropGesR Rn. 170; zweifelnd *Heckschen* DStR 2009, 166 (168); *H. P. Westermann* DZWiR 2008, 485 (491). Unklar *Seibert/Decker* ZIP 2008, 1208 (1209): Die GmbH könne künftig ihren Verwaltungssitz in das Ausland verlegen; *Lieder/Kliebisch* BB 2009, 338 (343); Hüffer/*Koch*/Koch AktG § 1 Rn. 41, § 5 Rn. 3, 12 sowie *Wicke* GmbHG § 4a Rn. 13 und auch → AktG § 45 Rn. 24 (wo einerseits zwar § 5 AktG als versteckte Kollisionsnorm verstanden, andererseits aber die statuswahrende Sitzverlegung vom Kollisionsrecht des Zuzugsstaates abhängig gemacht wird).

[73] *Balthasar* RIW 2009, 221 (223); *Eidenmüller* ZGR 2007, 168 (210); *Flesner* NZG 2006, 641 f.; *Franz* BB 2009, 1250 (1251); *Franz/Laeger* BB 2008, 678 (681 f.); *Hirte* NZG 2008, 761 (766); *König/Bormann* DNotZ 2008, 652 (658 f.); *Nolting* NotBZ 2009, 109 (112 f.); *Peters* GmbHR 2008, 245 (248 f.); *Preuß* GmbHR 2007, 57 (60, 62 f.); *W.-H. Roth* FS Hoffmann-Becking, 2013, 965 (979); *Wachter* GmbHR 2009, 140 (142); *Weng* EWS 2008, 264 (267); *Werner* GmbHR 2009, 191 (194 ff.); Kölner Komm AktG/*Dauner-Lieb* § 5 Rn. 28; Großkomm HGB/*Koch* HGB § 13 Rn. 42, § 13h Rn. 28 f.; *Hausmann* in Reithmann/Martiny IntVertragR Rn. 7.57; Kallmeyer/*Marsch-Barner/Oppenhoff* UmwG § 1 Rn. 2; Kallmeyer/*Marsch-Barner/Wilk* UmwG Vor §§ 122a–122l Rn. 6, 18; MüKoGmbHG/*Weller* GmbH Einl. Rn. 384 ff.; wohl auch Palandt/*Thorn* EGBGB Anh. Art. 12 Rn. 2 (Übernahme der Gründungstheorie „auf sachrechtlicher Ebene"). Auch insoweit noch diff. *Kindler* IPRax 2009, 189 (192, 196 ff., 202); Goette/Habersack/*Kindler* S. 233, 246 ff.; Scholz/*Cziupka* GmbHG § 4a Rn. 24; iE ebenso *Brakalova/Barth* DB 2009, 213 (216) (mit unklarer Begründung), wonach nur eine nachträgliche Sitzverlegung in einen Gründungstheoriestaat möglich, eine Gründung mit Verwaltungssitz im Ausland hingegen ausgeschlossen sein soll. Ein Grund für diese unterschiedliche Beurteilung ist, namentlich in unionsrechtlichen Fällen, nicht erkennbar. Widersprüchlich *Däubler/Heuschmid* NZG 2009, 493 (494) mit Fn. 17.

[74] BGH NJW-RR 2018, 290 Rn. 15.

224 Auf der **Grundlage der letztgenannten Ansicht** schließen sich unmittelbar mehrere **kollisionsrechtliche Folgefragen** an. Zweifelhaft ist insbesondere, ob bei einem Wegzug in Mitgliedstaaten der EU oder des EWR ein kollisionsrechtlicher Rückverweis anzunehmen ist, weil diese Staaten zur Anerkennung deutscher Gesellschaften mit Sitz in ihrem Hoheitsgebiet verpflichtet wären (→ Rn. 242 f.).[75] Insoweit lässt die Gesetzesbegründung nicht erkennen, ob die Wegzugsmöglichkeit, abgesehen von einem Wegzug in Gründungstheoriestaaten, auf Zielstaaten mit unionsrechtlicher oder staatsvertraglicher Anerkennungspflicht beschränkt bleiben soll.[76] In diesem Zusammenhang wäre ferner die streitige Frage zu beantworten, ob die unionsrechtliche Anerkennungspflicht nur im Falle einer nachträglichen Sitzverlegung oder auch dann besteht, wenn die Gesellschaft bereits mit tatsächlichem Auslandssitz gegründet wird (→ Rn. 235). In der Lit. wird in der Tat die Ansicht vertreten, dass auch nach dem MoMiG eine Gründung deutscher Gesellschaften mit tatsächlichem Sitz im Ausland ausgeschlossen sei.[77] Schließlich ist fraglich, ob eine etwaige Wegzugsmöglichkeit tatsächlich auf die Rechtsformen der AG und der GmbH beschränkt bleiben soll.

225 Höchstrichterlich entschieden ist bislang lediglich, dass mit der Neufassung der § 4a GmbHG, § 5 AktG jedenfalls keine kollisionsrechtliche Aussage zur Beurteilung von **Auslandsgesellschaften** getroffen wurde.[78]

226 **Stellungnahme.** Trotz der bestehenden Unklarheiten ist der Gesetzesbegründung des MoMiG der Wille des Gesetzgebers zu entnehmen, die **Mobilität** der deutschen **AG und GmbH** über die bisher bestehenden Möglichkeiten einer Sitzverlegung hinaus zu erweitern. Gleiches gilt für die Gründung mit tatsächlichem Sitz im Ausland.[79] Dieses Ziel würde weitgehend verfehlt, wenn man annehmen wollte, dass die Wegzugsmöglichkeit weiterhin von der im Einzelnen streitigen und ungewissen Frage über das Vorliegen und die Beachtlichkeit eines Rückverweises abhängen solle.

227 Aus diesem Grund sollte auch der Umstand, dass die Gesetzesbegründung auf die Rechtsentwicklung in der europäischen Gemeinschaft Bezug nimmt, **nicht** dahingehend interpretiert werden, dass die Freiheit der Sitzwahl auf Staaten der **EU** und des **EWR beschränkt** sei. Im Gesetzeswortlaut der § 4a GmbHG, § 5 AktG nF findet eine räumliche Beschränkung der Wegzugsfreiheit keine Stütze. Der Regelung der Wegzugsbesteuerung in § 12 Abs. 3 KStG[80] können hingegen keine Rückschlüsse für den Umfang der gesellschafts- und kollisionsrechtlichen Wegzugsmöglichkeiten entnommen werden.

228 Schließlich sollte die (tatsächliche) Sitzwahlfreiheit richtigerweise auf **Personengesellschaften** deutschen Rechts erstreckt werden, so wie dies nun auch im Zuge der Reform des Personengesellschaftsrechts geplant ist (Stand: Februar 2021).[81] Gründe, Personengesellschaften

---

[75] So etwa *Franz* BB 2009, 1250 (1251); *Franz/Laeger* BB 2008, 678 (680); *Karsten* GewA 2008, 476 (480); *König/Bormann* DNotZ 2008, 652 (658); *Mansel/Thorn/Wagner* IPRax 2009, 1 (4); K. Schmidt/Lutter/*Ringe* AktG § 45 Rn. 36; wohl auch *Hein/Suchan/Geeb* DStR 2008, 2289 (2293); *Brakalova/Barth* DB 2009, 213 (216); Großkomm HGB/*Koch* HGB § 13h Rn. 29.

[76] In diesem Sinne *Paefgen* WM 2009, 529 (530 f., 535); *Peters* GmbHR 2008, 245 (248 f.); *Tebben* RNotZ 2008, 441 (447); aA etwa *Bayer/Schmidt* ZHR 173 (2009), 735 (751); *Kobelt* GmbHR 2009, 808 (809 ff.); Großkomm HGB/*Koch* HGB § 13 Rn. 38, § 13h Rn. 28.

[77] So auch bei Gründung mit Verwaltungssitz in einem Gründungstheoriestaat Goette/Habersack/*Kindler* S. 233, 244, 246 ff.; *Kindler* IPRax 2009, 189 (199, 202); nur hinsichtlich der Gründung mit Verwaltungssitz in einem Sitztheoriestaat *Franz* BB 2009, 1250 (1251); *Franz/Laeger* BB 2008, 678 (681 ff.); ohne Unterscheidung *Brakalova/Barth* DB 2009, 213 (216).

[78] Zutr. BGH DStR 2009, 59 (61) – Trabrennbahn (Zuzugsfall schweizerischer AG); ebenso *Paefgen* WM 2009, 529 (531); *Kindler* AG 2007, 721 (725 f.); *Kindler* IPRax 2009, 189 (193); aA *Knof/Mock* GmbHR 2007, 852 (856); erwägend auch *Hoffmann* ZIP 2007, 1581 (1586 f.).

[79] *Marsch-Barner* FS Haarmann, 2015, 119 (122).

[80] Hiernach tritt keine Wegzugsbesteuerung ein, wenn die Körperschaft nach der Verlegung in einen Staat der EU oder des EWR unbeschränkt körperschaftsteuerpflichtig bleibt (zutr. Blümich/*Pfirrmann* KStG § 12 Rn. 94; *Blumenberg/Lechner* BB-Special 8/2006, 25 (29 ff.); *Rödder/Schumacher* DStR 2006, 1481 (1489); *Dötsch/Pung* DB 2006, 2648 (2650); *Eickmann/Stein* DStZ 2007, 723).

[81] S. § 706 idF des RegE des Gesetzes zur Modernisierung des Personengesellschaftsrechts; s. zum diesbzgl. Vorschlag des Mauracher Entwurfs *Heckschen* NZG 2020, 761 (763). Eingehend zuvor *Koch* ZHR 173 (2009), 101 ff.; Großkomm HGB/*Koch* HGB § 13 Rn. 47, § 13h Rn. 37 f.; ferner *Fedke* ZIP 2019, 799 (802, 805); *Fingerhuth/Rumpf* IPRax 2008, 90 (93 ff.); *Mülsch/Nohlen* ZIP 2008, 1358 (1360 f.); Verhandlungen des

hinsichtlich der Sitzwahl schlechter zu behandeln als Kapitalgesellschaften, sind schon deshalb nicht ersichtlich, weil das Personengesellschaftsrecht den Gesellschaftern generell einen weiteren Gestaltungsfreiraum eröffnet. Auch mit Blick auf die Gestaltung einer Kommanditgesellschaft, deren einzige Komplementärin eine im Ausland ansässige GmbH oder AG ist, wäre es ersichtlich unschlüssig, die Wegzugsfreiheit auf Kapitalgesellschaften zu beschränken.

Im Ergebnis verdient daher die Ansicht den Vorzug, dass die § 4a GmbHG, § 5 AktG auch unabhängig von der Kodifikation des RefE zum Internationalen Gesellschaftsrecht einen **einseitigen Übergang zur Gründungsanknüpfung** für deutsche Gesellschaften herbeiführen oder einen solchen Übergang zumindest bewirken sollten. Das Anliegen des Gesetzgebers, deutsche Gesellschaften von den Fesseln der Sitztheorie zu befreien, kommt auch im RegE des Gesetzes zur Modernisierung des Personengesellschaftsrechts zum Ausdruck.[82] **229**

Im Übrigen sind die § 4a GmbHG, § 5 AktG mit Blick auf die Entscheidungen des EuGH in den Rechtssachen „Cartesio", „VALE" und „Sevic" dahingehend auszulegen, dass das Erfordernis eines Inlandssitzes der Durchführung einer **grenzüberschreitenden Umwandlung** (→ Rn. 80 ff.) **nicht entgegenstehen** darf (→ Rn. 241).[83] **230**

bb) Begrenzung des Gesellschaftsstatuts zugunsten des Insolvenzstatuts. Das MoMiG hat unter dem Eindruck der Rspr. des EuGH (→ Rn. 234 ff., → Rn. 239 ff., → Rn. 245 ff.) sowohl die **Insolvenzantragspflicht** als auch das **Recht der Gesellschafterdarlehen** rechtsformneutral neu gefasst und in die InsO verlagert. Gleiches ist durch das SanInsFoG mit Wirkung vom 1.1.2021 mit der Regelung der Massesicherungspflicht sowie der Massesicherungshaftung geschehen (§ 15b InsO). Erklärtes Ziel dieser Neuerungen ist es, die Anwendung beider Regelungsbereiche auf Auslandsgesellschaften sicherzustellen. Ob hiermit zugleich über die kollisionsrechtliche Qualifikation entschieden ist, ist umstritten und richtigerweise zu verneinen (→ Rn. 283 ff., → Rn. 289 ff., → Rn. 309 ff.).[84] **231**

c) Staatsvertragliche und supranationale Regelungen. In **Staatsverträgen** können Kollisionsnormen enthalten sein, die vorrangig zu beachten sind (Art. 3 Nr. 2 EGBGB).[85] Namentlich Art. XXV Abs. 5 S. 2 FrHSchV D-USA[86] schreibt nach der Rspr. des BGH eine Gründungsanknüpfung vor.[87] Gleiches gilt nach hM etwa für Art. 15 Abs. 2 deutsch-spanischer Niederlassungsvertrag vom 23.4.1970.[88] Des Weiteren wird aus neuerer Zeit auch das CETA-Abkommen[89] als Vereinbarung der Gründungstheorie im Verhältnis der EU-Mitgliedstaaten zu Kanada interpretiert.[90] **232**

Auch auf **europäischer und internationaler Ebene** ist bisher keine Regelung erfolgt. Das auf Art. 220 dritter Spiegelstrich EWGV (Art. 293 dritter Spiegelstrich EG aF) gestützte Brüs- **233**

---

71. Deutschen Juristentages Essen 2016, Band II/1, O 105, Empfehlung V.26; die Möglichkeit eines tatsächlichen Auslandssitzes befürwortend auch Röhricht/Graf von Westphalen/*Haas* HGB § 106 Rn. 11 f.; aA *Herrler* DNotZ 2009, 484 (490); *König/Bormann* DNotZ 2008, 652 (658 f.); *Leitzen* NZG 2009, 728; *Weng* EWS 2008, 264 (267); wohl auch *Frobenius* DStR 2009, 487 (492); ferner *W.-H. Roth* ZGR 2014, 168 (190), der aber dafür eintritt, im Wege der Rechtsfortbildung auch für Personengesellschaften generell zur Gründungstheorie überzugehen; nicht eindeutig und obiter KG NZG 2012, 1346 (1347).
82 § 706 BGB-E und RegE zum MoPeG, S. 143.
83 So auch *Otte/Rietschel* GmbHR 2009, 983 (985); *Wilhelmi* JZ 2009, 411 (413); *Zimmer/Naendrup* NJW 2009, 545 (549).
84 *Ego* IWRZ 2019, 243 (248 f.), unzutr. gegenteilig zit. bei BeckOK BGB/*Mäsch* EGBGB Art. 12 Rn. 60.
85 Überblick bei MüKoBGB/*Kindler* IntGesR Rn. 329, 331 ff.
86 Freundschafts-, Handels- und Schiffahrtsvertrag zwischen der Bundesrepublik Deutschland und den Vereinigten Staaten von Amerika vom 29.10.1954 (BGBl. 1956 II 487).
87 BGHZ 153, 353 = BB 2003, 810 (811) (VIII. Zivilsenat) mAnm *Kindler*; s. dazu auch *Paefgen* DWiR 2003, 441; *Merkt* RIW 2003, 458 (459). Danach BGH DStR 2004, 1868 (II. Zivilsenat); BGH DStR 2004, 2113 (I. Zivilsenat) mAnm *Goette*.
88 BGBl. 1972 II 1042, vgl. MüKoBGB/*Kindler* IntGesR Rn. 331; *Ebenroth/Bippus* RIW 1988, 336 (337); *Ebenroth/Bippus* DB 1988, 842 (843); *Knobbe-Keuk* ZHR 154 (1990), 325 (330); *Krupski* ZVglRWiss 96 (1997), 406 (423); Soergel/*Lüderitz* EGBGB Anh. Art. 10 Rn. 13.
89 ABl. EU 2017 L 11/23.
90 *Freitag* NZG 2017, 615 ff. Zust. HCL/*Behrens/Hoffmann* GmbHG Einl. B Rn. 2. Abl. Palandt/*Thorn* EGBGB Anh. Art. 12 Rn. 1 unter Hinweis auf Art. 1.1 des Abkommens.

seler EWG-Übereinkommen über die gegenseitige Anerkennung von Gesellschaften und juristischen Personen vom 29.2.1968[91] ist nicht in Kraft getreten und gilt heute als gescheitert.[92] Gleiches gilt für das Haager Abkommen über die Anerkennung der Rechtspersönlichkeit von ausländischen Gesellschaften, Personenverbindungen und Stiftungen vom 1.6.1956, an dessen Zustandekommen ua sämtliche Signatarstaaten des EWG-Vertrages beteiligt gewesen waren.[93] Spätestens seit Inkrafttreten des Vertrags von Lissabon verfügt auch der Rat der EU gem. Art. 81 Abs. 2 lit. c AEUV über die Kompetenz, auf dem Gebiet des Internationalen Privatrechts Regelungen zu erlassen, insbesondere soweit sie für das „reibungslose Funktionieren des Binnenmarktes erforderlich" sind.[94] Immerhin hat der Europäische Rat in seinem „Stockholmer Programm" vom Dezember 2009 die Auffassung bekundet, dass eine Angleichung des Gesellschaftskollisionsrechts erfolgen solle.[95] Vor dem Hintergrund einer ab dem Jahr 2012 für das Europäische Parlament erstellten Studie zum europäischen Rahmen des Internationalen Privatrechts[96] gab die EU-Kommission sodann Mitte 2015 eine Studie zum Internationalen Gesellschaftsrecht in Auftrag, deren Ergebnisse im Juni 2016 publiziert wurden.[97] Der von Mai bis August 2017 von der EU-Kommission durchgeführte Konsultationsprozess zur Kohärenz des Europäischen Gesellschaftsrechts[98] hat bislang nicht zu einer Regelung geführt. Vielmehr befindet sich das Vorhaben, das Internationale Gesellschaftsrecht in der Gemeinschaft zu harmonisieren, aktuell nicht auf der Prioritätenliste der EU-Kommission (Stand: Februar 2021). Auch das im Jahr 2019 verabschiedete **EU-Company Law Package** (→ Rn. 11, → Rn. 85) hat das Gesellschaftskollisionsrecht nicht harmonisiert. Hinzuweisen ist an dieser Stelle lediglich auf die Arbeiten der Groupe européen de droit international privé (GEDIP), die im Jahr 2016 einen Entwurf für eine weitere Rom-VO zum Internationalen Gesellschaftsrecht vorgelegt hat.[99] In der Lit. werden jedoch auch grundlegende Bedenken gegen eine unionale Handlungsermächtigung zur Vereinheitlichung des Gesellschaftskollisionsrechts, insbesondere unter dem Aspekt des Subsidiaritätsgrundsatzes (Art. 5 EUV), geltend gemacht.[100]

II. Anerkennung EU-ausländischer Gesellschaften

1. Gesellschaften aus Gründungstheoriestaaten („Überseering"). Spätestens seit dem Urteil des EuGH in der Rechtssache „Überseering"[101] steht fest, dass das Unionsrecht

---

[91] Text abgedruckt bei Staudinger/*Großfeld* IntGesR Rn. 138; BGBl. 1972 II 370.
[92] MüKoBGB/*Kindler* IntGesR Rn. 4, 99 f. mwN. Deutsches Zustimmungsgesetz vom 18.5.1972, BGBl. II 369. Aus Letzterem sind daher keine Rechtsfolgen abzuleiten, vgl. KG NJW 1989, 3100; Staudinger/*Großfeld* IntGesR Rn. 137; *Ebke* FS 50 Jahre BGH, Bd. 2, 2000, 799 (803); aA noch MüKoBGB/*Kindler* IntGesR, 3. Aufl. 1998, Rn. 40 ff. mwN.
[93] Konventionsentwurf vom 31.10.1951 (Abdruck in Revue Critique de droit international privé, 1951, 725 ff.; Art. 1–9 auch in RabelsZ 17 (1952), 270 ff.). S. zu dem Abkommen *Dölle* RabelsZ 17 (1952), 185 ff.; Staudinger/*Großfeld* IntGesR Rn. 141 mwN. Zu seinem Scheitern vgl. *Beitzke* AWD/RIW 1968, 91 (92).
[94] Vgl. zur Kollisionsrechtsvereinheitlichung *W.-H. Roth* EWB 2011, 314; speziell im Hinblick auf eine Vereinheitlichung des Gesellschaftskollisionsrechts (auf der Grundlage des Amsterdamer Vertrags) *Sonnenberger* ZVglRWiss 100 (2001), 107 (121).
[95] Rat der Europäischen Union, Dok. Nr. 17024/2/09, 24.
[96] *X. Kramer*, European Private International Law: The way forward, in: Workshop on Upcoming Issues of EU law. Compilation of in-depth analyses, 2014; zum Internationalen Gesellschaftsrecht ebenda, p. 77, 91, 99.
[97] Study on the Law Applicable to Companies – Final report, 2016, abrufbar unter: https://bookshop.europa.eu/en/study-on-the-law-applicable-to-companies-pbDS0216330/.
[98] EU Company law upgraded: Rules on digital solutions and efficient cross-border operations, abrufbar unter: https://ec.europa.eu/newsroom/just/item-detail.cfm?item_id=58190.
[99] Draft rules on the law applicable to companies and other bodies (abrufbar unter: http://www.gedip-egpil.eu/documents/Milan%202016/GEDIPs%20Proposal%20on%20Companies.pdf; zur Zusammensetzung der GEDIP-Gruppe http://www.gedip-egpil.eu/gedip_members.html.). Zu dem Entwurf *Hübner* ZGR 2018, 149 (170 ff.).
[100] MüKoBGB/*Kindler* IntGesR Rn. 102 ff., der zudem mit Blick auf den gestrichenen Art. 293 EG aF und die Erklärung von Laeken zur Zukunft der Europäischen Union (Bull. EU 12-2001 I.27 = SN 300/1/01 REV 1 (DE) S. 19 ff., 22, 23) eine einstimmige Entscheidung über die Angleichung des Gesellschaftskollisionsrechts für erforderlich hält.
[101] EuGH Slg. 2002, I-9919 = NJW 2002, 3614 – Überseering. Zur Vorgeschichte des Urteils und zum Diskussionsstand nach EuGH Slg. 1999, I-1459 = NJW 1999, 2027 – Centros; vgl. 2. Aufl. 2006, 2. Kap.

die **Anerkennung der Rechts- und Parteifähigkeit**[102] EU-ausländischer Gesellschaften nach dem Recht ihres Gründungsstaates verlangt, **wenn und solange** sie aus dessen Sicht **wirksam bestehen** (→ Einl. Rn. 80).[103] Dies gilt unter dem Aspekt der Niederlassungsfreiheit (Art. 49, 54 AEUV) auch dann, wenn Gesellschaften aus europäischen Mitgliedstaaten ihren tatsächlichen Sitz im Inland ansiedeln, wie dies namentlich Gesellschaften aus Gründungstheoriestaaten möglich ist. Ein besonderes Anerkennungsabkommen[104] hielt der EuGH noch unter Geltung des Vorbehalts in Art. 293 dritter Spiegelstrich EG aF ebenso wenig für erforderlich wie einen entsprechenden Sekundärrechtsakt (→ Rn. 68 f., → Rn. 74 ff., → Rn. 111 ff.).[105] Die Nichtanerkennung nach Maßgabe der Sitztheorie[106] ist mit dem Unionsrecht nicht vereinbar, solange die Gesellschaft aus Sicht ihres Gründungsstaates existiert.[107] Die Entscheidung in der Rechtssache „VALE" hat an dieser Rechtslage nichts geändert. Die These, diesem Urteil sei zu entnehmen, dass „anfängliche Scheinauslandsgesellschaften" (→ Rn. 36) zu keinem Zeitpunkt den Schutz der Niederlassungsfreiheit erlangten und eine wirksam gegründete Gesellschaft sich durch eine vom Gründungsstatut ermöglichte nachträgliche Sitztrennung ihrer Niederlassungsfreiheit beraube, eine kollisionsrechtliche Verwaltungssitzanknüpfung nach dem Muster der Sitztheorie mithin bedenkenlos zulässig sei,[108] ist verfehlt. Diese Annahme wäre selbst dann unschlüssig, wenn man die Aussagen des Urteils zum tatsächlichen Niederlassungsbegriff (→ Rn. 45) dahingehend verstehen wollte, dass die Niederlassungsfreiheit einer Gesellschaft von einer tatsächlichen Niederlassung im Gründungsstaat abhänge.[109] Träfe dies zu, so müsste es genügen, wenn im Gründungsstaat irgendeine – auch noch so unbedeutende – Niederlassung besteht und verbleibt. Einer schon anfänglichen Lokalisierung des tatsächlichen Sitzes in einem anderen Mitgliedstaat oder einer nachträglichen Sitzverlegung stünde ein solches Erfordernis nicht entgegen.

Keinem Zweifel unterliegt, dass diese Anerkennungspflicht ohne Rücksicht darauf **235** besteht, ob der effektive Verwaltungssitz einer EU-ausländischen Gesellschaft bereits **bei**

Rn. 16 ff. sowie *Ego,* Europäische Niederlassungsfreiheit der Kapitalgesellschaft und deutsches Gläubigerschutzrecht, 2006, 82 ff.

[102] Zur Parteifähigkeit BGH NZG 2017, 394 (dort auch zum Fall der Löschung und möglichen späteren Wiedereintragung einer Limited); OLG Karlsruhe NZG 2018, 757 Rn. 14 ff. S. aber zum Erfordernis, die Prozessfähigkeit darzulegen, OLG Stuttgart ZIP 2009, 2359. Eingehend auch LG Stuttgart WM 2018, 667 (671 ff.).

[103] Dies ist heute nahezu unstr., vgl. BGH NZG 2017, 546 (Grundbuchfähigkeit italienischer Personengesellschaft); BGH NJW-RR 2008, 551; BAG NJW 2008, 2797 (2798); BGH BB 2005, 1016; BGHZ 154, 185 = JZ 2003, 525; BGH NJW 2003, 2609; BayObLG NZG 2003, 290 (Grundbuchfähigkeit); OLG Celle IPRax 2003, 245; OLG Naumburg GmbHR 2003, 533; OLG Zweibrücken GmbHR 2003, 530; KG GmbHR 2004, 116; OLG Karlsruhe NZG 2018, 757 Rn. 14 ff.; OLG Oldenburg NZG 2020, 992 Rn. 9; LG Stuttgart WM 2018, 667 Rn. 31 ff.; *Altmeppen* NJW 2004, 97 (99); *Altmeppen/Wilhelm* DB 2004, 1083; *Lutter/Hommelhoff/Bayer* GmbHG § 4a Rn. 9.

[104] Das Brüsseler EWG-Übereinkommen v. 29.2.1968 ist ebenso gescheitert wie das Haager Abkommen v. 1.6.1956 (→ Rn. 233).

[105] EuGH Slg. 2002, I-9919 Rn. 60 = NJW 2002, 3614 – Überseering. Nunmehr hM, vgl. *Behrens* IPRax 2003, 193 (198); *Ebke* in Sandrock/Wetzler S. 101 (104); aA früher (das Internationale Gesellschaftsrecht sei von der Anwendung des EG-Vertrages durch Art. 293 aF ausgenommen) *Behrens* ZGR 1978, 499 (504); Hachenburg/*Behrens* GmbHG, 7. Aufl. 1975, Allg. Einl. B Rn. 96; *Ebenroth* JZ 1988, 18 (24); MüKoBGB/*Ebenroth,* 2. Aufl. 1990, EGBGB Nach Art. 10 Rn. 170; *Ebenroth/Eyles* DB 1988, Beilage 2, 1 (11 f.); *Ebke* ZGR 1987, 245 (250 f.); *Großfeld* IPRax 1986, 351 (352 f.); *Großfeld* AG 1987, 261 (263). Dagegen bereits mwN *Behrens* RabelsZ 52 (1988), 498 (506); *Grothe* S. 152 f., 172 ff.; *Timmerman* RabelsZ 48 (1984), 1 (38). Tendenziell für eine Auslegung des Art. 58 EWGV als implizite Anerkennungsregel schon Wohlfarth/Everling/Glaesner/Sprung/*Everling* EWGV Art. 58 Anm. 6; *Everling,* Niederlassungsrecht S. 35 f.; *Beitzke* ZHR 127 (1964), 1 (2); *Drobnig* ZHR 129 (1967), 93 (102, 117 f.).

[106] Gleiches gilt für die sog. Kombinationstheorie (zu ihr s. Fn. 475), vgl. nur *Behrens* IPRax 1999, 323 (325); *Sandrock* BB 1999, 1337 (1342); *Forsthoff* DB 2002, 2471 (2476); *Paefgen* DB 2003, 487; *Paefgen* DWiR 2003, 441 (443); *Zimmer* NJW 2003, 3585 ff.; *Zimmer* ZHR 168 (2004), 355 (359 ff., 366 f.).

[107] AA nur *Kindler* NJW 2003, 1073 (1076 ff.); *Kindler* NZG 2003, 1086 ff.; *Kindler* IPRax 2003, 41 ff.: Die Sitztheorie mit der Folge der Nichtanerkennung der ausländischen Kapitalgesellschaft bleibe unberührt. S. noch immer *Kindler* IPRax 2009, 189 (192); MüKoBGB/*Kindler* IntGesR Rn. 124 ff., 146 ff., aber auch Rn. 430 ff.

[108] In diesem Sinne *Kindler* EuZW 2012, 888 (891 f.).

[109] So *Kindler* EuZW 2012, 888 (892) unter Hinweis auf *G. H. Roth* ZIP 2012, 1744 (1745).

der Gründung oder erst **nachträglich**[110] im Inland genommen wird, sofern der Gründungsstaat dies zulässt.[111] Dem Wortlaut des Art. 54 AEUV folgend lässt der EuGH es für den Schutz der Niederlassungsfreiheit und die daraus abgeleitete Anerkennungspflicht genügen, dass die Gesellschaft im Einklang mit dem Recht des Gründungsstaates wirksam gegründet wurde, aus seiner Sicht noch fortbesteht und eines der in Art. 54 UAbs. 1 AEUV genannten Anerkennungsmerkmale, dh unter Umständen nur ihren Satzungssitz, im Gemeinschaftsgebiet angesiedelt hat (→ Rn. 33 ff., → Rn. 74 ff.). Selbst **nach einer Löschung** im Register des Gründungsmitgliedstaates soll nach einer in der deutschen Rspr. verbreiteten Ansicht die Rechts-, Partei- und Beteiligtenfähigkeit der gelöschten Auslandsgesellschaft nach dem Gründungsstatut anzuerkennen sein. Nach der Gegenauffassung besteht in derartigen Fällen hingegen eine Rest- oder Spaltgesellschaft deutschen Rechts. Ein Verweis auf das ursprüngliche Gründungsstatut scheidet nach dieser Ansicht hingegen aus, da er nach einer Löschung im Gründungsstaat nicht mehr durch die Niederlassungsfreiheit geboten werde. Ein anhängiger Rechtsstreit kann jedoch entsprechend §§ 239, 241 ZPO zu unterbrechen sein, wenn das Gründungsrecht die Möglichkeit vorsieht, auch nach der Löschung die Wiedereintragung zu betreiben (→ Rn. 37).

236 Eine **tatsächliche Ansässigkeit** im Gründungsstaat oder einem anderen Mitgliedstaat oder einen wie auch immer gearteten „genuine link" setzt der Schutz des Unionsrechts nicht voraus (→ Rn. 33 ff.; → Rn. 39 mwN).[112]

237 Ebenso wenig hängt die Anerkennungspflicht davon ab, ob die EU-ausländische Gesellschaft ihrer Pflicht nachgekommen ist, die Eintragung einer **Zweigniederlassung** zu beantragen.[113]

238 Gleichfalls anzuerkennen sind Gesellschaften aus Staaten des **EWR** (→ Rn. 30).[114] Für Gesellschaften aus **Drittstaaten** wie etwa der Schweiz gilt dies nach Ansicht des BGH und des EuGH hingegen nicht, da sie nicht dieselbe Niederlassungsfreiheit genießen.[115] Was seit dem 1.1.2021 in Bezug auf britische Gesellschaften gilt, ist derzeit noch unklar (Stand: Februar 2021; → Rn. 18 ff.). Zu beachten ist freilich, dass für solche Gesellschaften ein Schutz durch die **Kapitalverkehrsfreiheit** in Betracht kommt (→ Rn. 736).

239 **2. Gesellschaften aus Sitztheoriestaaten („Cartesio"). Nicht abschließend geklärt** ist bislang, mit welchen Maßgaben die Anerkennungspflicht im Verhältnis zu Gesell-

---

[110] Zum Fall einer anfänglichen Scheinauslandsgesellschaft (auch „Briefkastengesellschaft") EuGH Slg. 1999, I-1459 = NJW 1999, 2027 – „Centros" und EuGH Slg. 2003, I-10155 = NJW 2003, 3331 – Inspire Art; s. zuvor auch bereits EuGH Slg. 1986, 2375 = NJW 1987, 571 – Segers. Zur nachträglichen Scheinauslandsgesellschaft (Zuzugsfall) EuGH Slg. 2002, I-9919 = NJW 2002, 3614 – Überseering.

[111] BayObLG NZG 2003, 290 f.; OLG Zweibrücken NZG 2003, 537; OLG Naumburg GmbHR 2003, 533; OLG Celle GmbHR 2003, 532; OLG Frankfurt IPRax 2004, 56 (58); *Bayer/Schmidt* ZHR 173 (2009), 735 (748); *Behme/Nohlen* NZG 2008, 496 (498); *Behrens* IPRax 2003, 193 (201 f.); *Ebke* JZ 2003, 927 (929); *Ebke* in Sandrock/Wetzler S. 101 (104 f.); *Ebke* FS Thode, 2005, 593 (596); *Eidenmüller* ZIP 2002, 2233 (2242 f.); *Eidenmüller* JZ 2003, 526 (528); *Eidenmüller* JZ 2004, 24 (25); *Leible/Hoffmann* ZIP 2003, 925 (929); *G. H. Roth* FS Doralt, 2004, 479 (480 Fn. 5); HCL/*Behrens/Hoffmann* GmbHG Einl. B Rn. 7 ff., 147 ff.; *Hausmann* in Reithmann/Martiny IntVertragR Rn. 7.34 ff.; Lutter/Hommelhoff/*Bayer* GmbHG § 4a Rn. 9; Palandt/*Thorn* EGBGB Anh. Art. 12 Rn. 5; Spahlinger/Wegen/*Spahlinger* Kap. B Rn. 204; aA aber für die Gründung nach einem anderen Recht mit anfänglichem Verwaltungssitz im Inland (sog. „anfängliche Scheinauslandsgesellschaft") MüKoBGB/*Kindler* IntGesR Rn. 431, 51; *Kindler* NJW 2003, 1073 (1078); *Brakalova/Barth* DB 2009, 213 (216); *Franz* BB 2009, 1250 (1251). Offen lassend *Forsthoff* DB 2002, 2471 (2475); *Binz/Mayer* GmbHR 2003, 249 (256).

[112] Zutr. BGH NJW 2011, 3372 Rn. 19 f., wo auch richtigerweise ausgeführt wird, dass aus EuGH Slg. 2006 I-7995 – Cadbury Schweppes nichts anderes folgt; aA hingegen unter Hinweis auf „Cadbury Schweppes" *Kindler* IPRax 2010, 272 ff. mwN; *Kindler* EuZW 2012, 888 ff.; *G. H. Roth* EuZW 2010, 607 ff.

[113] Vgl. BGH BB 2005, 1016; ebenso *Lutter* in Lutter Auslandsgesellschaften S. 9 Fn. 41. Auch die Entscheidung „Überseering" stellt nicht darauf ab, ob eine solche Registrierung erfolgt ist.

[114] BGH NZG 2016, 1187 Rn. 13 (österreichische Stiftung); BGH NJW 2005, 3351; OLG Frankfurt IPRax 2004, 56 m. Besprechung *Baudenbacher/Buschle* IPRax 2004, 26 (29 ff.) (liechtensteinische Gesellschaft). Zur Nichtanerkennung einer liechtensteinischen Stiftung gemäß Art. 6 EGBGB, wenn diese hauptsächlich dem Zweck der Steuerhinterziehung dient, OLG Düsseldorf ZEV 2010, 528.

[115] BGH DStR 2009, 59 – Trabrennbahn (schweizerische AG); BGH NZG 2010, 712 (713) (schweizerischer Verein); BGH GmbHR 2010, 211 (Singapur-Ltd); s. auch BGH Urt. v. 12.7.2011 – II ZR 28/10 Rn. 16 f.; EuGH EWS 2009, 518 – Grimme.

schaften besteht, deren Gründungsstaat einen inländischen Verwaltungssitz verlangt. Vorbehaltlich eines kollisionsrechtlichen Rückverweises können namentlich Gesellschaften aus Sitztheoriestaaten ihren tatsächlichen Sitz nicht außerhalb des Gründungsstaates nehmen, ohne das Gesellschaftsstatut ihres Gründungsstaates zu verlieren (→ Rn. 203 f.).

Der EuGH hat in der Entscheidung „Cartesio"[116] klargestellt, dass die Niederlassungsfreiheit den Mitgliedstaaten nicht vorschreibt, für ihre eigenen Gesellschaften einer Gründungsanknüpfung zu folgen.[117] Die Mitgliedstaaten können die Erlangung und Beibehaltung des eigenen Gesellschaftsstatuts vielmehr davon abhängig machen, dass der tatsächliche Sitz sich im Inland befindet. Der Gründungsstaat soll aber verpflichtet sein, einen identitätswahrenden grenzüberschreitenden Formwechsel zu ermöglichen, falls der Zuzugsstaat die Möglichkeit des grenzüberschreitenden Formwechsels eröffnet. Hierzu ist der Zuzugsstaat nach der Entscheidung „VALE" unter dem Aspekt des Diskriminierungsverbots verpflichtet, wenn er einen entsprechenden innerstaatlichen Formwechsel zulässt (→ Rn. 95, → Rn. 105).[118]

Die Entscheidungen „Cartesio" und „VALE" werfen die Frage auf, ob und inwieweit eine **Anerkennung im Rahmen der „Umwandlungslösung"** geboten sein kann. Insoweit ist grundsätzlich Zurückhaltung angezeigt. Letztlich kann es nur darum gehen, der sitzverlegenden Gesellschaft einen reibungslosen Formwechsel zu ermöglichen, der nicht durch die Schwierigkeiten eines kurzzeitigen Statutenwechsels belastet ist. Eine Anerkennungspflicht des Zuzugsstaates ist daher allenfalls anzunehmen, wenn in unmittelbarem Zusammenhang mit der Sitzverlegung ein grenzüberschreitender Formwechsel angestrebt und durchgeführt wird. Umgekehrt sind aus Sicht des deutschen Rechts die **§ 4a GmbHG, § 5 AktG** so auszulegen, dass das Erfordernis eines Inlandssitzes einem **grenzüberschreitenden Formwechsel deutscher Gesellschaften** nicht entgegensteht.

Nach dem Grundgedanken der Entscheidung „Cartesio" ist ferner davon auszugehen, dass die **unterschiedliche Behandlung** des **Wegzugs in Gründungstheorie- und Sitztheoriestaaten** nach dem Muster der Sitztheorie (→ Rn. 203 f., → Rn. 349 ff.) mit der Niederlassungsfreiheit und dem unionsrechtlichen Diskriminierungsverbot vereinbar ist. Abgesehen davon, dass die Niederlassungsfreiheit die Probleme der grenzüberschreitenden Sitzverlegung nicht löst (→ Rn. 114 ff.),[119] sprechen für diese Differenzierung der Sitztheorie gute sachliche Gründe. Die Sitztheorie überlässt es als Ausdruck internationalprivatrechtlicher Rücksichtnahme dem tatsächlichen Sitzstaat, über die Anerkennung zu entscheiden, da seine Interessen am stärksten betroffen sind.[120]

Hält man entgegen der hL und der hier vertretenen Ansicht (→ Rn. 205, → Rn. 220 ff., → Rn. 226 ff.) für **deutsche Gesellschaften** an der Sitztheorie fest, dürfte es mit dieser Entscheidung nur schwerlich zu vereinbaren sein, einen **Wegzug in Mitgliedstaaten, die der Sitztheorie folgen,** für möglich zu halten. Dogmatisch würde dies die Annahme eines Rückverweises (Art. 4 Abs. 1 S. 2 EGBGB) voraussetzen, der bei einem Wegzug in einen Sitztheoriestaat allenfalls aus dem Unionsrecht resultieren könnte. Nach der Entscheidung „Cartesio" ist indes davon auszugehen, dass das Unionsrecht die differenzierte kollisionsrechtliche Betrachtung nach dem Muster der Sitztheorie nicht präjudiziert. Vor einem Übergang zur Gründungstheorie muss die Möglichkeit eines Wegzugs deutscher Gesellschaften in Sitztheoriestaaten inner- und außerhalb der EU und des EWR daher als unsicher betrachtet werden (→ Rn. 223 f.).

---

[116] EuGH NJW 2009, 569 Rn. 108 ff. – Cartesio.
[117] S. bereits *Ego*, Europäische Niederlassungsfreiheit der Kapitalgesellschaft und deutsches Gläubigerschutzrecht, 2006, 119 ff.
[118] EuGH NJW 2012, 2715 Rn. 32 f., 38 ff. – VALE; s. ferner EuGH Slg. 2005, I-10805 = NJW 2006, 425 – Sevic; EuGH NJW 2009, 569 Rn. 112 – Cartesio.
[119] EuGH NJW 2009, 569 Rn. 108 – Cartesio.
[120] Staudinger/*Großfeld* IntGesR Rn. 21, 41, 103; MüKoBGB/*Kindler* IntGesR Rn. 424, 426. Die Sitztheorie ist insofern häufig als „Schutztheorie" bezeichnet worden, vgl. BayObLG WM 1992, 1371 = DB 1992, 1400; Staudinger/*Großfeld* IntGesR Rn. 40; *K. Schmidt* ZGR 1999, 20 (23); MHLS/*Leible* GmbHG Syst. Darst. 2 Rn. 5; Soergel/*Lüderitz* EGBGB Anh. Art. 10 Rn. 4; *Wiedemann* GesR I § 14 II 1 a cc (S. 785).

244 Im Ergebnis bleibt es somit dabei, dass keine unionsrechtliche Pflicht besteht, EU-ausländische Gesellschaften anzuerkennen, die das Gesellschaftsstatut des Gründungsstaates nicht durch wirksame Gründung erlangt oder es nachträglich verloren haben, weil sie ihren tatsächlichen Sitz schon bei der Gründung oder nachträglich im Ausland angesiedelt haben.[121]

III. Unionsrechtliche Pflicht zur umfassenden Gründungsanknüpfung des Gesellschaftsstatuts?

245 **1. Entscheidungen des EuGH in den Rechtssachen „Inspire Art" und „Kornhaas/Dithmar".** In der Entscheidung „Inspire Art"[122] hat der EuGH die Vorgaben der Niederlassungsfreiheit für eine Anwendung des inländischen Kapitalgesellschaftsrechts auf EU-ausländische Kapitalgesellschaften weiter konkretisiert. Gegenstand des Urteils war ein niederländisches Gesetz,[123] das Scheinauslandsgesellschaften aus EU-Mitgliedstaaten den Mindestkapitalanforderungen für vergleichbare Kapitalgesellschaften niederländischen Musters unterwarf. Der Gerichtshof hat diese Kapitalisierungspflichten sowie ihre Sanktionierung mit einer gesamtschuldnerischen Haftung der Geschäftsführer als unzulässigen Eingriff in die Niederlassungsfreiheit qualifiziert.

246 Zur **Begründung** hat der Gerichtshof ausgeführt, dass die Niederlassungsfreiheit einer Gesellschaft auch dann zustehe, wenn von Anfang nicht beabsichtigt ist, im Gründungsstaat eine Geschäftstätigkeit aufzunehmen, diese vielmehr ausschließlich in einem anderen Mitgliedstaat entfaltet werden soll. Der Umstand, dass die Errichtung in dem gewählten Gründungsstaat nur dem Zweck dient, „in den Genuss vorteilhafter Rechtsvorschriften zu kommen", stelle **keinen Missbrauch der Niederlassungsfreiheit** dar.[124] Das Verlangen des Aufnahmestaates, dass EU-ausländische Kapitalgesellschaften die eigenen Mindestkapitalvorschriften einhalten müssen, hat der EuGH als **Beeinträchtigung** der Niederlassungsfreiheit qualifiziert und eine **Rechtfertigung** aus zwingenden Allgemeininteressen (→ Rn. 180 ff.) **verneint**.[125] Da die EU-ausländischen Gesellschaften im Rechtsverkehr als solche ihre Gründungsstaates aufträten, seien die Gläubiger hinreichend darüber unterrichtet, dass diese Gesellschaften nicht den inländischen Mindestkapitalvorschriften und der diesbezüglichen Geschäftsführerhaftung unterliegen. Ferner profitierten die Gläubiger von den Schutzregelungen der (damaligen) Jahresabschluss-RL und der Zweigniederlassungs-RL (→ Rn. 8; zur Ersetzung der Jahresabschluss-RL und der Zweigniederlassungs-RL → Rn. 8).[126] Auch eine Rechtfertigung unter dem Gesichtspunkt des Missbrauchs hat der Gerichtshof abgelehnt, da eine missbräuchliche Ausnutzung der Niederlassungs-

---

[121] Ebenso *Geyrhalter/Gänßler* NZG 2003, 409 (411); *Kindler* NJW 2003, 1073 (1077); *Leible/Hoffmann* RIW 2002, 925 (931); *Leible/Hoffmann* ZIP 2003, 925 (929); *Paefgen* WM 2003, 561 (566); *Schön* FS Lutter, 2000, 685 (702 f.); *Schurig*, Liber Amicorum Kegel, 2002, 199 (215); *Zimmer* ZHR 168 (2004), 355 (360).
[122] EuGH Slg. 2003, I-10155 = NJW 2003, 3331 – Inspire Art.
[123] Wet op de formeel buitenlandse vennootschappen, Staatsblad 1997, Nr. 697. Der Gesetzeswortlaut der Art. 1–5 WFBV ist wiedergegeben in den Schlussanträgen des GAs *Alber* Slg. 2003, I-10155 – Inspire Art.
[124] EuGH Slg. 2003, I-10155 Rn. 95 f. = NJW 2003, 3331 – Inspire Art unter Hinweis auf EuGH Slg. 1986, 2375 Rn. 16 = NJW 1987, 571 – Segers und EuGH Slg. 1999, I-1459 Rn. 18 = NJW 1999, 2027 – Centros. Demgegenüber hält der EuGH in anderen Entscheidungen einen Missbrauch der Niederlassungsfreiheit für gegeben, wenn eine Gesellschaft in einem Aufnahmemitgliedstaat gegründet wird, ohne dort eine wirkliche wirtschaftliche Tätigkeit zu entfalten (EuGH DStR 2006, 1686 Rn. 54 – Cadbury Schweppes). Sofern die gegründete Gesellschaft sich jedoch in anderen Staaten wirtschaftlich betätigt, soll die mangelnde Tätigkeit im Gründungsstaat offenbar nach den Grundsätzen der Entscheidungen „Centros" und „Inspire Art" keine Rolle mehr spielen.
[125] EuGH Slg. 2003, I-10155 Rn. 101, 104 f., 133 ff. = NJW 2003, 3331 – Inspire Art. Eine Rechtfertigung nach Art. 52 AEUV (→ Rn. 175 ff.) hat der EuGH bereits deshalb abgelehnt, weil die von der niederländischen Regierung vorgetragenen Gründe des Gläubigerschutzes, der Bekämpfung einer missbräuchlichen Ausnutzung der Niederlassungsfreiheit, der Herbeiführung wirksamer Steuerkontrolle und der Erhaltung der Lauterkeit des Handelsverkehrs insoweit irrelevant seien (EuGH Slg. 2003, I-10155 Rn. 131 = NJW 2003, 3331 – Inspire Art; s. zuvor EuGH Slg. 1999, 1459 Rn. 34 – Centros).
[126] EuGH Slg. 2003, I-10155 Rn. 135 = NJW 2003, 3331 – Inspire Art unter Hinweis auf EuGH Slg. 1999, I-1459 Rn. 36 = NJW 1999, 2027 – CentrosZweigniederlassungs-RL.

freiheit im konkreten Fall nachgewiesen werden müsse (zum Missbrauchsvorbehalt → Rn. 184 ff.).[127]

Keine Beschränkung der Niederlassungsfreiheit erkannte der EuGH demgegenüber in seiner Entscheidung **„Kornhaas/Dithmar"** in der Anwendung der **Massesicherungshaftung** deutschen Musters auf EU-Auslandsgesellschaften, über deren Vermögen in Deutschland das Insolvenzverfahren eröffnet wird.[128] Der Gerichtshof urteilte, dass es sich bei der Massesicherungshaftung um eine insolvenzrechtliche Bestimmung handle. Da diese erst nach der Gründung und unabhängig von einem dem Gründungsrecht fremden Mindestkapitalerfordernis an die Tätigkeit im Aufnahmestaat anknüpfe, könne es sich nicht um eine Beschränkung der Niederlassungsfreiheit handeln (→ Rn. 451 ff.). 247

2. Lehre von der unionsrechtlichen Vorgabe der umfassenden Gründungsanknüpfung („europarechtliche Gründungstheorie"). Die hM in der deutschen Lit., für die sich der schillernde Begriff der **„europarechtlichen Gründungstheorie"** etabliert hat, zieht aus der Rspr. des EuGH weit reichende kollisionsrechtliche Folgerungen. Spätestens seit „Inspire Art" (→ Rn. 245 ff.) hat sich die Auffassung durchgesetzt, dass auf europäische Auslandsgesellschaften grundsätzlich nur das „Recht des Gründungsstaates" angewendet werden dürfe. 248

Die Reichweite und dogmatische Begründung dieser „europarechtlichen Gründungstheorie" sind im Einzelnen umstritten (→ Rn. 250 ff., → Rn. 283 ff.). Im Ausgangspunkt stimmen ihre Vertreter jedoch darin überein, dass im Anwendungsbereich der europarechtlichen Gründungstheorie das **Recht des Gründungsstaates primär zu prüfen und anzuwenden** sei und die Prüfung und Anwendung eines „anderen Rechts" allenfalls subsidiär in Betracht komme, soweit dies nach Maßgabe der „Gebhard-Formel" (→ Rn. 136 f.) geeignet und erforderlich sei, um **unannehmbare Schutzlücken** hinsichtlich der Verfolgung zwingender Allgemeininteressen zu schließen.[129] 249

Nach ganz überwiegender Auffassung umfasst dieses Primat des „Rechts des Gründungsstaates" jedenfalls das **Gesellschaftsstatut**[130] und erzwingt insoweit einen kollisions- 250

---

[127] EuGH Slg. 2003, I-10155 Rn. 105, 136 ff. = NJW 2003, 3331 – Inspire Art unter Hinweis auf EuGH Slg. 1999, I-1459 Rn. 24, 26, 27 = NJW 1999, 2027 – Centros.
[128] EuGH NZG 2016, 115 – Kornhaas/Dithmar; nachgehend BGH NZI 2016, 461.
[129] So etwa *Bayer* BB 2003, 2357 (2364); *Bayer* BB 2004, 1 (4); *Lutter/Hommelhoff/Bayer* GmbHG § 4a Rn. 12 f.; *Behrens* IPRax 2003, 193 (206); *Behrens* IPRax 2004, 20 (25); *Drygala* ZEuP 2004, 337 (346); *Eidenmüller* in Eidenmüller, Ausländische Kapitalgesellschaften im deutschen Recht, 2004, § 3 Rn. 43 ff., 57 ff., 60 f., 70; *Eidenmüller* ZIP 2002, 2233 (2242); *Eidenmüller* JZ 2004, 24 (28); *Eidenmüller/Rehm* ZGR 2004, 159 173, 181 f.); *Forsthoff* DB 2002, 2471 (2477); *Gehrlein* WM 2008, 761 (769); *Greulich/Bunnemann* NZG 2006, 681 (683); *Greulich/Rau* NZG 2008, 565 (567); *Grothe* S. 194; *Hirsch/Britain* NZG 2003, 1100 (1102); *Hofmeister* FS Eisenhardt, 2007, 421 (434 ff., 437 ff.); *Horn* NJW 2004, 893 (898 f.); *Knobbe-Keuk* ZHR 154 (1990), 325 (347); *Koppensteiner* Internationale Unternehmen S. 146 ff.; *Krolop* NotBZ 2007, 265 (270, 272 f.); *Leible* ZGR 2004, 531 (534); MHLS/*Leible* GmbHG Syst. Darst. 2 Rn. 51 ff.; *Osterloh-Konrad* ZHR 172 (2008), 274 (302); *Paefgen* DB 2003, 487 (490); *Pannen* FS G. Fischer, 2008, 403 (410 ff.); *Riegger* ZGR 2004, 510 (523 f.); *W.-H. Roth* IPRax 2003, 117 (125) (die Schutzlücken seien durch eine „umfassende rechtsvergleichende Analyse" zu ermitteln); *Schall* NJW 2011, 3745 (3748); *Schulz* NJW 2003, 2705 (2707); *Schulz/Sester* EWS 2002, 545 (551); *Schumann* DB 2004, 743 (745); *Spindler/Berner* RIW 2004, 7 (10 ff., 14); *Staudinger* AnwBl 2008, 316 (318, 325); *Weller* ZIP 2007, 1681 (1688 f.); *Ziemons* ZIP 2003, 1913 (1917). Zweifelnd sogar an einer Zulässigkeit der Anwendung deutschen Kapitalgesellschaftsrechts zur Lückenschließung etwa *Mülbert* Konzern 2004, 151 (156 Fn. 37); mit Blick auf das „Informationsmodell" des EuGH (→ Rn. 247, 250) tendenziell auch *Eidenmüller* JZ 2004, 24 (28); *Spindler/Berner* RIW 2004, 7 (13 f.) (für vertragliche Gläubiger). Vgl. auch hiergegen *Ego*, Europäische Niederlassungsfreiheit der Kapitalgesellschaft und deutsches Gläubigerschutzrecht, 2006, 135 ff., 227 ff.
[130] S. ua *Baudenbacher/Buschle* IPRax 2004, 26 (28 f.); *Behrens* IPRax 2003, 193 (201, 203 ff.); *Behrens* IPRax 2004, 20 (25 f.); *Bayer* BB 2003, 2357 (2362, 2364 f.); *Lutter/Hommelhoff/Bayer* GmbHG § 4a Rn. 12; *Berner/Klöhn* ZIP 2007, 106 (112); *Binz/Mayer* GmbHR 2003, 249 (254 f.); *Deininger* IStR 2003, 214; *Drygala* ZEuP 2004, 337 (346 ff.); *Drygala* EWiR 2003, 1029 (1030); *Dubovizkaja* GmbHR 2003, 694 (695); *Ebke* JZ 2003, 927 (931 f.); *Eidenmüller* ZIP 2002, 2233 (2234, 2238 2241) f.); *Eidenmüller* JZ 2003, 526 (528 f.); *Eidenmüller* JZ 2004, 24 (25, 28); *Eidenmüller* in Eidenmüller, Ausländische Kapitalgesellschaften im deutschen Recht, 2004, § 3 Rn. 1 ff., 45 ff.; *Eidenmüller/Rehm* ZGR 2004, 159 (165, 173); *Elsing* JR 2003, 412 (413); *Fischer* ZIP 2004, 1477 (1479); *Fleischer* in Lutter Auslandsgesellschaften S. 49 (96, 106 ff.); *Forsthoff* DB 2002, 2471 (2476 f.); *Forsthoff* DB 2003, 979; Forsthoff in Hirte/Bücker Grenzüberschreitende Gesellschaften-HdB

rechtlichen Übergang zur **„reinen Gründungstheorie".**[131] Die Anwendung des inländischen Kapitalgesellschaftsrechts auf EU-ausländische Kapitalgesellschaften soll hiernach stets als **nicht diskriminierende Beschränkung**[132] des Marktzugangs zu betrachten sein, wenn und weil sie die Organisations- oder Haftungsverfassung betreffe.[133] Insbesondere sei davon auszugehen, dass der Gerichtshof Überlagerungen der Gründungsanknüpfung unter dem Aspekt des Gläubigerschutzes grundsätzlich nicht für erforderlich halte, da er in „Inspire Art" auf die Informationsmöglichkeiten der Gläubiger verwiesen und damit

§ 2 Rn. 37, 40 ff.; *Geyrhalter/Gänßler* NZG 2003, 409 (411 ff.); *Grundmann* EuropGesR Rn. 785; *Habersack/Verse* EuropGesR § 3 Rn. 24 ff.; *Halbhuber* ZEuP 2003, 422 (434); *v. Halen* WM 2003, 571 (575, 576 ff.); *Hirte* EWS 2003, 521 (522); *Hirte* FS Lüer, 2008, 386 (390 f.); *Hofmeister* FS Eisenhardt, 2007, 421 (434 ff., 437 ff.); *Horn* NJW 2004, 893 (896, 898 f.); *U. Huber* in Lutter Auslandsgesellschaften S. 131 (146 ff., 149 ff.) und S. 307 (310 f.); *Hüffer//Koch/Koch* AktG § 1 Rn. 35, 42 ff.; *Just* ZIP 2006, 1248 (1252 f.); *Kallmeyer* DB 2002, 2521 f.; *Kallmeyer* DB 2004, 636 ff.; *Kersting* NZG 2003, 9 (10); *Kieninger* ZEuP 2004, 685 (690 ff., 696 ff.); *Kleinert/Probst* DB 2003, 2217 (2218); *Kleinert/Probst* MDR 2003, 1265 (1267 f.); *Knapp* DNotZ 2003, 85 (88); *Leible* ZGR 2004, 531 (533 f.); *Knapp/Hoffmann* RIW 2002, 925 (930 f., 934 f.); *Knapp/Hoffmann* NZG 2003, 259 (260); *Knapp/Hoffmann* ZIP 2003, 925 (926); *Meilicke* GmbHR 2003, 793 (805 f.); *Meilicke* GmbHR 2003, 1271; *H. F. Müller* NZG 2003, 414 (416); *Müller-Bonanni* GmbHR 2003, 1235 (1236); *Paefgen* WM 2003, 561 (566 f.); *Paefgen* DB 2003, 487 ff.; *Paefgen* DWiR 2003, 441; *Paefgen* IPRax 2004, 132 (133); *Paefgen* ZIP 2004, 2253 ff.; *Palandt/Thorn* EGBGB Anh. Art. 12 Rn. 1, 5 ff., 14 ff.; *Pannen* FS G. Fischer, 2008, 403 (410 ff.); *Rehm* in Eidenmüller, Ausländische Kapitalgesellschaften im deutschen Recht, 2004, § 2 Rn. 66 ff.; *Riedemann* GmbHR 2004, 345 (346); *Rieger* ZGR 2004, 510 (522 ff.); iE auch *W.-H. Roth* IPRax 2003, 117 (125); *Sandrock* BB 2003, 2588 ff.; *Sandrock* ZVglRWiss 102 (2003), 447 (469 ff.); *Sandrock* BB 2004, 897 ff.; *Sandrock* in Sandrock/Wetzler S. 33 (37 f., 41) und passim; *Schanze/Jüttner* AG 2003, 30 (31 ff.); *Schanze/Jüttner* AG 2003, 661 (666 ff.); *Schulz* NJW 2003, 2705 (2707 f.); *Schulz/Sester* EWS 2002, 545 (549, 551); *Schumann* DB 2004, 743 ff.; *Sedemund* IStR 2002, 816; Spahlinger/Wegen/*Spahlinger* Kap. B Rn. 197 Fn. 328, Rn. 217 ff.; *Spindler/Berner* RIW 2003, 949 (953 ff.); *Spindler/Berner* RIW 2004, 7 (8, 10 ff.); *Staudinger* AnwBl 2008, 316 (318); *Wachter* GmbHR 2004, 88 (91); *Weller* DStR 2003, 1800 ff.; *Weller* IPRax 2003, 324 (325 ff.); *Weller* IPRax 2003, 520 (522 ff.); MüKoGmbHG/*Weller* GmbHG Einl. Rn. 355 ff.; *Wetzler* GPR 2004, 83 (84); *Wetzler* in Sandrock/Wetzler S. 129 (132 f.); *Ziemons* ZIP 2003, 1913 (1917); *Zöllner* GmbHR 2006, 1 (2); iE auch *Zimmer* NJW 2003, 3585 f.; *Zimmer* ZHR 168 (2004), 355 (360). Mit differenzierter Sicht, iE jedoch ebenso *Großerichter* DStR 2003, 159 (166 f.). Zweifelnd sogar an einer Zulässigkeit der Schließung von Schutzlücken *Mülbert* Konzern 2004, 151 Fn. 3 (156 Fn. 37). Tendenziell für eine weitergehende Zulässigkeit der Anwendung deutscher Gläubigerschutznormen *Balthasar* RIW 2009, 221 (225 ff.), *Binge/Thölke* DNotZ 2004, 21 (25 f.); *Borges* ZIP 2004, 733 (736 ff.); *Ulmer* NJW 2004, 1201 (1207 f.); vgl. auch *Ulmer* KTS 2004, 291 (298 ff.); ferner *Goette* GmbHR 2005, 197 ff. Nach der Entscheidung des EuGH iS „Kornhaas/Dithmar" nunmehr auch ua *Schall* ZIP 2016, 289 (292 ff.).

[131] S. zum Verständnis der Art. 49, 54 AEUV als versteckte Kollisionsnorm im Sinne der (reinen) Gründungstheorie insbes. *Behrens* IPRax 1999, 323 (324, 329) mwN; *Behrens* JBl. 2001, 341 (345 ff.); *Behrens* IPRax 2003, 193 (201); *Weller* DStR 2003, 1800 f.; *Weller* ZGR 2010, 679 (697 f.); MüKoGmbHG/*Weller* GmbHG Einl. Rn. 355 ff.; s. auch *Eidenmüller* RabelsZ 70 (2006), 474 (479 ff.); Palandt/*Thorn* EGBGB Anh. Art. 12 Rn. 1, 5 f., 14 ff.; ferner, wenngleich im Ansatz abl. zu der These von der kollisionsrechtlichen Wirkung der Niederlassungsfreiheit, Forsthoff in Hirte/Bücker Grenzüberschreitende Gesellschaften-HdB § 2 Rn. 36 ff., 40 ff.

[132] Abw. noch Grabitz/Hilf/*Randelzhofer/Forsthoff* EGV Art. 48 Rn. 46 ff., die annahmen, dass es sich um eine offene Diskriminierung handle, da EU-ausländische Gesellschaften im Umfang des Gesellschaftsstatuts anders als vergleichbare inländische Gesellschaften behandelt werden müssten. Daher soll im Hinblick auf Scheinauslandsgesellschaften der Rechtfertigungstatbestand des Art. 52 AEUV weit ausgelegt werden. Der EuGH lehnt eine Erweiterung des Art. 52 AEUV in stRspr ab (vgl. nur EuGH Slg. 1999, I-1459 Rn. 34 – Centros; EuGH Slg. 2003, I-10155 Rn. 131 – Inspire Art). Zwischenzeitlich ist dieser Ansatz von *Forsthoff* aufgegeben worden (s. Forsthoff in Hirte/Bücker Grenzüberschreitende Gesellschaften-HdB § 2 Rn. 54 mit Fn. 224; Grabitz/Hilf/Nettesheim/*Forsthoff* AEUV Art. 54 Rn. 38 ff., 70 ff.).

[133] Zur Einordnung als nicht diskriminierende Beschränkung etwa *Paefgen* ZIP 2004, 2253 (2254, 2256); *Hirte/Mock* ZIP 2005, 474 (476); MüKoBGB/*Kindler* IntGesR Rn. 447. Im Übrigen wird regelmäßig ohne Weiteres unterstellt, dass insoweit allein eine nicht diskriminierende Beschränkung in Betracht kommt, vgl. Forsthoff in Hirte/Bücker Grenzüberschreitende Gesellschaften-HdB § 2 Rn. 40 ff.; *Schanze/Jüttner* AG 2003, 661 (666, 667 f.): Bestimmungen, welche die Existenz der Gesellschaft samt ihren „Subjekteigenschaften" betreffen; *Eidenmüller* in Eidenmüller, Ausländische Kapitalgesellschaften im deutschen Recht, 2004, § 3 Rn. 6 f., 17; *Eidenmüller* JZ 2004, 24 (25): „Korporativ wirkende Normen", welche die Identität der Auslandsgesellschaft prägen; *Eidenmüller* NJW 2005, 1618. Ferner *Berner/Klöhn* ZIP 2007, 106 (112); *Fleischer* in Lutter Auslandsgesellschaften S. 49 (99 f.); *Brand* JR 2004, 89 (93); *Koch* JuS 2004, 755 (756); *Wiedemann* GesR II S. 61; *Jestädt* S. 164 ff. (180, 186 ff., 196 ff.); ebenso grundsätzlich auch *Spindler/Berner* RIW 2003, 949 (955); *Spindler/Berner* RIW 2004, 7 (10 ff.); *U. Huber* in Lutter Auslandsgesellschaften S. 131 (146 ff.); wohl auch *Goette* ZIP 2006, 541 ff.

aus unionsrechtlicher Sicht das „caveat creditor"-Prinzip zugrunde gelegt habe (sog. „**Informationsmodell**").[134]

Einschränkungen der Gründungsanknüpfung werden dogmatisch nahezu ausschließ- **251** lich unter dem Aspekt des ordre public (Art. 6 EGBGB)[135] oder der gesellschaftsrechtlichen „Sonderanknüpfung"[136] diskutiert. Ganz überwiegend werden solche Korrekturen jedoch abgelehnt, weil im Hinblick auf europäische Auslandsgesellschaften keine unannehmbaren Schutzlücken festzustellen seien[137] und ein „europäischer" Maßstab des ordre public angelegt werden müsse.[138] Die Möglichkeit, die „europarechtliche Gründungstheorie" nach der Lehre von der Gesetzesumgehung einzuschränken, wird heute nicht mehr ernstlich erwogen, weil der EuGH die Gründung europäischer Scheinauslandsgesellschaften gerade nicht als Missbrauch der Niederlassungsfreiheit betrachtet (→ Rn. 33 ff.).[139]

Einer Anwendung des **allgemeinen Verkehrsrechts**, insbesondere einer Haftung nach **252** Maßgabe des allgemeinen Vertrags-, Bereicherungs- und Deliktsrechts,[140] werden hingegen teilweise geringere Bedenken entgegengebracht, wenn und weil es sich um rein tätigkeitsbezogene Regelungen handle, durch die der Marktzugang nicht behindert werde

---

[134] HCL/*Behrens/Hoffmann* GmbHG Einl. B Rn. 19, 44, 82, 109 und passim; *Berner/Klöhn* ZIP 2007, 106 (113); *Brand* JR 2004, 89 (93 f.); *Eidenmüller* in Eidenmüller, Ausländische Kapitalgesellschaften im deutschen Recht, 2004, § 3 Rn. 33 ff.; *Eidenmüller* JZ 2004, 24 (27); *Eidenmüller/Rehm* ZGR 2004, 159 (171 ff., 181 ff.); *Fleischer* in Lutter Auslandsgesellschaften S. 49 (103 f.); *Forsthoff* in Hirte/Bücker Grenzüberschreitende Gesellschaften-HdB § 2 Rn. 81 ff.; *Grundmann* DStR 2004, 232 ff.; *Grundmann* EuropGesR Rn. 187, 228 ff.; *Hofmeister* FS Eisenhardt, 2007, 421 (437 ff.); *Jestädt* S. 284; *Kieninger* ZEuP 2004, 685 (700 f.); *Körber* S. 314 f.; *Leible/Hoffmann* EuZW 2003, 677 ff. (679 f., 682); MHLS/*Leible* GmbHG Syst. Darst. 2 Rn. 32; *Martin-Ehlers* in Sandrock/Wetzler S. 1 ff.; *Merkt* RIW 2004, 1 (6 f.); *Mülbert* Konzern 2004, 151 (156 Fn. 37); *Paefgen* DB 2003, 487 (490); *Paefgen* ZIP 2004, 2253 (2256 f.); *Schanze/Jüttner* AG 2003, 661 (663); *Spahlinger/ Wegen/Spahlinger* Kap. B Rn. 344, 394 und passim; *Spindler/Berner* RIW 2003, 949 (953 f.); *Spindler/Berner* RIW 2004, 7 (13 f.).

[135] So insbes. *Paefgen* WM 2003, 561 (570); *Paefgen* DB 2003, 487 (489 ff.); *Paefgen* ZIP 2004, 2253 ff. (2258 f.); *Riegger* ZGR 2004, 510 (518); *Sandrock* BB 2004, 897 (898); *Sandrock* in Sandrock/Wetzler S. 33 (37 f., 41) und passim („Subsidiaritätsprinzip"); *Schulz* NJW 2003, 2705 (2707 f.); *Schumann* DB 2004, 743 (745); vgl. ferner *Behrens* IPRax 1999, 323 (328, 331); Hachenburg/*Behrens* GmbHG, 8. Aufl. 1992–1997, Allg. Einl. B Rn. 154 f. (vgl. aber HCL/*Behrens/Hoffmann* GmbHG Einl. B Rn. 236 f.); *Ebke* JZ 2003, 927 (931); *Forsthoff* EuR 2000, 167 (194); zum Haftungsdurchgriff LG Stuttgart NJW-RR 2002, 463 (466); *Teipel* S. 24, 100 ff., 136. Den Rekurs auf Art. 6 EGBGB erwägend auch *Borges* ZIP 2004, 733 (741); *Eidenmüller* in Eidenmüller, Ausländische Kapitalgesellschaften im deutschen Recht, 2004, § 3 Rn. 121; *Schulz/Sester* EWS 2002, 545 (551); *Ulmer* JZ 1999, 662 (665); hilfsweise für die Existenzvernichtungshaftung auch *Weller* Rechtsformwahlfreiheit S. 287 ff., 295 f.; *Weller* IPRax 2003, 520 (523); *Weller* IPRax 2003, 207 (208, 210); *Weller* DStR 2003, 1800 (1804).

[136] Vgl. *Baudenbacher/Buschle* IPRax 2004, 26 (28 f.); *Behme* ZIP 2008, 351 (352); *Behrens* IPRax 1999, 325 (329); *Behrens* RIW 2000, 384 (388); *Behrens* RIW 2003, 193 (201, 203, 205 f.); *Behrens* IPRax 2004, 20 (24 ff.); HCL/*Behrens/Hoffmann* GmbHG Einl. B Rn. 67 ff.; *Binz/Mayer* GmbHR 2003, 249 (256); *Eidenmüller* ZIP 2002, 2233 (2242); *Eidenmüller* JZ 2003, 526 (529); *Eidenmüller* JZ 2004, 24 (28); *Eidenmüller* in Eidenmüller, Ausländische Kapitalgesellschaften im deutschen Recht, 2004, § 3 Rn. 121; *Fleischer* in Lutter Auslandsgesellschaften S. 49 (90 ff.); *Forsthoff* EuR 2000, 167 (177); *Forsthoff* DB 2002, 2471 (2473); *Geyrhalter/ Gänßler* NZG 2003, 409 (413); *Großerichter* DStR 2003, 159 (168); *Grothe* S. 182, 190; *v. Halen* Centros-Entscheidung S. 258 ff.; *v. Halen* EWS 2002, 107 (113); *v. Halen* WM 2003, 571 (573); *Höfling* DB 1999, 1206 ff.; *Kallmeyer* DB 2002, 2521; *Knobbe-Keuk* ZHR 154 (1990), 325 (345 ff.); *Körber* S. 553 ff.; *Leible/ Hoffmann* RIW 2002, 925 (929 f.); *Paefgen* WM 2003, 561 (569); *Sandrock* BB 1999, 1337 (1340 f.); *Schanze/ Jüttner* AG 2003, 30 (33, 36); *Tersteegen* S. 204 ff.; *Weller* DStR 2003, 1800 (1801); *Weller* Rechtsformwahlfreiheit S. 305 ff., 322 ff., allerdings mit europarechtlichen Bedenken; *Zimmer* BB 2003, 1 (5).

[137] Vgl. nur *Paefgen* DB 2003, 487 (489); *Paefgen* ZIP 2004, 2253 (2258); *Schall* NJW 2011, 3745 (3748); *Weller* DStR 2003, 1800 (1801).

[138] *Behme* ZIP 2008, 351 (352); *Hofmeister* FS Eisenhardt, 2007, 421 (432 f.); *Sandrock* BB 2004, 897 (898); *Sandrock* in Sandrock/Wetzler S. 33 (37 f.) („Subsidiaritätsprinzip"); *Paefgen* DB 2003, 487 (491); *Paefgen* ZIP 2004, 2253 (2258); *Schumann* DB 2004, 743 (745); vgl. auch *Ebke* JZ 2003, 927 (931); *Weller* IPRax 2003, 520 (523).

[139] Vgl. *Paefgen* DB 2003, 487 (488); *Weller* Rechtsformwahlfreiheit S. 285 f.; abw. Einschätzung unter Berufung auf das Urteil in der RS „Cadbury Schweppes" (EuGH Slg. 2006, I-7995) MüKoBGB/*Kindler* IntGesR Rn. 386.

[140] Ebenso für das inländische Gewerberecht *Eidenmüller* JZ 2004, 24 (26 f.); *Eidenmüller/Rehm* ZGR 2004, 159 (168); *Schanze/Jüttner* AG 2003, 661 (667) (allerdings mit einer Einschränkung für „gewerberechtliche Genehmigungsvorbehalte" und für Pflichtmitgliedschaften in bestimmten Kammern); *Spindler/Berner* RIW 2003, 949 (955).

(→ Rn. 146 ff.).[141] Dies gilt insbesondere für die Gesellschafterhaftung bei existenzvernichtender Einflussnahme, die in der neueren Rspr. des BGH auf § 826 BGB gestützt wird.[142] Nach verbreiteter Ansicht soll hingegen auch eine Haftung nach allgemeinem Verkehrsrecht ein unzulässiges Marktzugangshindernis bewirken, sofern an ein „gesellschaftsbezogenes" Verhalten angeknüpft oder eine gesellschaftsrechtliche Norm als Schutzgesetz herangezogen wird.[143] Auch insoweit soll daher letztlich das EU-ausländische „Herkunftsrecht" anzuwenden sein. Ob und in welchem Umfang diese Betrachtungsweise infolge der Leitentscheidung des EuGH in der Rs. „Kornhaas/Dithmar" wieder zugunsten der Regelungsbefugnisse des Aufnahmestaates relativiert werden wird, ist noch immer nicht abzusehen (→ Rn. 148, → Rn. 246, → Rn. 451 ff.).

253 Nur **wenige Autoren** hielten die Anwendung des inländischen Gläubigerschutzrechts auch nach „Inspire Art" noch in **weitergehendem Umfang** für zulässig,[144] wobei vereinzelt freilich bereits die Unionsrechtswidrigkeit der Nichtanerkennung bestritten wurde.[145]

254 Auch der **BGH** hat sich dem Standpunkt der hL jedenfalls im Grundsatz angeschlossen. So hat der II. Zivilsenat insbesondere entschieden, dass Geschäftsführer einer anzuerkennenden EU-Auslandsgesellschaft keiner Handelndenhaftung analog § 11 Abs. 2 GmbHG unter-

---

[141] Vgl. *Balthasar* RIW 2009, 221 (225 ff.); *Bitter* WM 2004, 2190 (2193); *Goette* DStR 2005, 197 (199 f. (stark einschr. *Goette* ZIP 2006, 541 (545)); *Ulmer* NJW 2004, 1201 (1204 f., 1207 f.); *Ulmer* KTS 2004, 291 (292); *Wiedemann* FS Lüer, 2008, 337 (341); *Forsthoff* in Hirte/Bücker Grenzüberschreitende Gesellschaften-HdB § 2 Rn. 37, 38 f.; vgl. auch *Borges* ZIP 2004, 733 (740 ff.); *Eidenmüller* JZ 2004, 24 (27); *Eidenmüller/Rehm* ZGR 2004, 159 (167 f.); MüKoBGB/*Kindler* IntGesR Rn. 116 ff., 144, 435 ff., 442 ff.; *Pannen* FS G. Fischer, 2008, 403 (408); *Spindler/Berner* RIW 2003, 949 (955); *Spindler/Berner* RIW 2004, 7 (10 f.); *Schanze* NZG 2007, 533 (536); *Schanze/Jüttner* AG 2003, 661 (666 ff.); *Weller* ZIP 2007, 1681 (1688); *Wiedemann* GesR II S. 61. Das LG Trier BB 2006, 1468 (1469) hat eine Anwendung der deutschen Insolvenzverschleppungshaftung auf EU-Scheinauslandsgesellschaften für unionsrechtskonform erachtet und dabei eine Vorlage an den EuGH mangels Entscheidungserheblichkeit der unionsrechtlichen Beurteilung abgelehnt, weil auch eine Haftung aus §§ 823 Abs. 2 BGB, 263 StGB gegeben sei. Die Frage der Vereinbarkeit einer solchen Haftung mit der Niederlassungsfreiheit hat das Gericht nicht gestellt. S. ferner OLG Jena NZI 2013, 807 (zu § 64 Abs. 2 GmbHG aF) unter Hinweis auf die insolvenzrechtliche Qualifikation der Haftung und ihre Einordnung als bloße Regelung über die Tätigkeitsausübung (→ Rn. 146 ff.).

[142] S. teils noch zu der – gesellschaftsrechtlich begründeten – Haftung wegen „existenzvernichtender Eingriffe" *Goette* DStR 2005, 197 (199 f.), der vorschlägt, insoweit den hinsichtlich der Niederlassungsfreiheit „unproblematischen Weg über § 826 BGB zu wählen" (stark einschr. aber *Goette* ZIP 2006, 541 (545)); *Meilicke* GmbHR 2003, 793 (806); *Meilicke* GmbHR 2003, 1271 (1272); *Paefgen* ZIP 2004, 2253 (2260); *Schumann* DB 2004, 743 (748 f.); *Schopper/Strasser* KTS 2007, 505 (507); *Ziemons* ZIP 2003, 1913 (1917). Vgl. auch *Schanze/Jüttner* AG 2003, 661 (669); *Körber* S. 558; *Fleischer* in Lutter Auslandsgesellschaften S. 49 (121, 123, 127) (s. aber auch S. 99 f.); *Zöllner* GmbHR 2006, 1 (8); aA etwa *Eidenmüller* in Eidenmüller, Ausländische Kapitalgesellschaft im deutschen Recht, 2004, § 4 Rn. 25 f., 31: Auch eine deliktische Haftung verstoße in diesen Fällen gegen die Niederlassungsfreiheit.

[143] Vgl. *Eidenmüller* JZ 2004, 24 (27); *Eidenmüller* in Eidenmüller, Ausländische Kapitalgesellschaften im deutschen Recht, 2004, § 3 Rn. 9 und § 4 Rn. 29 ff., 32; *Eidenmüller* NJW 2005, 1618 (1620); *Eidenmüller/Rehm* ZGR 2004, 159 (168); *Fleischer* in Lutter Auslandsgesellschaften S. 49 (99 f.) (aber auch S. 121); *Goette* ZIP 2006, 541 (545); *Jestädt* S. 202 ff.; *Lieder* DZWiR 2005, 399 (407 f.); *Sandrock* in Sandrock/Wetzler S. 41 ff. (57 f.); *Schanze/Jüttner* AG 2003, 661 (666 ff.; *Sester* RIW 2007, 787 (789); *Spindler/Berner* RIW 2003, 949 (955); *Spindler/Berner* RIW 2004, 7 (10 ff., 12); *Staudinger* AnwBl 2008, 316 (324 f.); *Ulmer* NJW 2004, 1201 (1207 f.); Lutter/Hommelhoff/*Bayer* GmbHG § 4a Rn. 12 f.; einschr. nach EuGH „Kornhaas/Dithmar" HCL/*Behrens/Hoffmann* GmbHG Einl. B Rn. 12 ff. Zu Recht krit. MüKoBGB/*Kindler* IntGesR Rn. 361, 401, 441 („Käseglocken-Theorie").

[144] *Altmeppen* NJW 2004, 97 ff.; *Altmeppen/Wilhelm* DB 2004, 1083 ff.; *Ego*, Europäische Niederlassungsfreiheit der Kapitalgesellschaft und deutsches Gläubigerschutzrecht, 2006, 135 ff., 153 ff., 234 ff.; *G. H. Roth* Vorgaben S. 39 ff.; *Schäfer* NZG 2004, 785 (786 f.); *Teichmann* DB 2012, 2085 (2086); *Teichmann* ZGR 2011, 639 (646 ff., 672 ff., 679 ff.); *Binge/Thölke* DNotZ 2004, 21 (25 f.); *Wilhelm* ZHR 167 (2003), 520 (535 ff.); *Walterscheid* DZWiR 2006, 95 (98); tendenziell auch *Balthasar* RIW 2009, 221 (225 ff.); *Bitter* WM 2004, 2190 ff.; *Borges* ZIP 2004, 733 (736 ff.); *Ulmer* NJW 2004, 1201 (1207 f.); *Ulmer* KTS 2004, 291 (298 ff.); *Wackerbarth* FS Horn, 2006, 605 (606 ff.); zumindest Zweifel an der These der zwingenden Subsidiarität anmeldend *Vallender* ZGR 2006, 425 (454); krit. zur umfassenden Gründungsanknüpfung auch *G. H. Roth* FS Westermann, 2008, 1345 (1347 ff., 1350 ff.); vgl. auch MüKoBGB/*Kindler* IntGesR Rn. 139, 433 ff., 455 f. und passim. Unter dem Eindruck der Entscheidung „Kornhaas/Dithmar" ua auch *Schall* ZIP 2016, 289 (292 ff.).

[145] So noch immer *Kindler* IPRax 2009, 189 (192); *Kindler* NJW 2003, 1073 (1076 ff.); *Kindler* NZG 2003, 1086 ff.; vgl. auch MüKoBGB/*Kindler* IntGesR 124 ff., 146 ff., aber auch 430 ff.

liegen[146] und auch das Bestehen, der Umfang und die Rechtsfolgen von Ausschüttungssperren sich nach dem Gründungsstatut solcher Gesellschaften richten.[147] Hinsichtlich zentraler Bestandteile des deutschen Gläubigerschutzrechts, namentlich des Rechts der Gesellschafterdarlehen und der Massesicherungshaftung, hat der BGH hingegen den Weg einer insolvenzrechtlichen Qualifikation beschritten und ist hierin bzgl. der letztgenannten Haftung durch die Entscheidung „Kornhaas/Dithmar" (→ Rn. 148, → Rn. 246, → Rn. 451 ff.) bestätigt worden.

3. Stellungnahme. Weder die Niederlassungsfreiheit noch die Rspr. des EuGH schreiben 255 vor, das Gesellschaftsstatut europäischer Gesellschaften umfassend nach der Gründungstheorie anzuknüpfen.[148] Der Gerichtshof hat diese hier schon seit jeher vertretene Betrachtungsweise in der Entscheidung „Kornhaas/Dithmar" eindrucksvoll bestätigt (→ Rn. 247). Auch von einer Pflicht, das Recht des Herkunftsstaates vorrangig zu prüfen und anzuwenden, kann keine Rede sein (→ Rn. 258 ff.). Selbst wenn im Einzelfall eine Beschränkung der Niederlassungsfreiheit in Betracht kommen sollte (→ Rn. 256 ff., → Rn. 272 ff.), bleibt die **kollisionsrechtliche Anknüpfung mit Ausnahme der Anerkennung** (→ Rn. 74 ff., → Rn. 111 f., → Rn. 116 ff., → Rn. 234 ff.) **unberührt.** Zu verdeutlichen ist dies anhand der Anwendung des inländischen Gläubigerschutzrechts (→ Rn. 256 ff., → Rn. 385 ff.), doch gilt Gleiches auch darüber hinaus.

a) Beschränkungseignung des inländischen Gläubigerschutzrechts. aa) Überblick. 256 Die pauschale Behauptung, die Anwendung des inländischen Gläubigerschutzrechts führe stets zu einer Beschränkung der Niederlassungsfreiheit (→ Rn. 248 ff.), blendet zahlreiche Aspekte der Problematik aus. Selbst auf der Grundlage eines weit verstandenen Beschränkungsverbots (→ Rn. 136 ff.) können **„Behinderungen" der Niederlassungsfreiheit** nur daraus resultieren, dass die Niederlassungsberechtigten **unterschiedlichen und konkurrierenden Regelungen** verschiedener Mitgliedstaaten unterworfen sind. Stimmen die Rechtsfolgen der Regelungen hingegen überein, kann der kollisionsrechtliche Verweis auf das inländische Recht und dessen Anwendung die Niederlassungsfreiheit nicht beschränken (→ Rn. 258 ff., → Rn. 261). Gleiches gilt, soweit es an einer Regelungskonkurrenz fehlt, weil der Gründungsstaat seine Normen im Falle einer Auslandsniederlassung kollisionsrechtlich für unanwendbar hält, ohne hierdurch selbst gegen die Niederlassungsfreiheit zu verstoßen (→ Rn. 264 ff.). Im Übrigen kann dem **Recht des Herkunftsstaates** vorbehaltlich des Diskriminierungsverbots das **Mindestmaß** der zulässigen Belastungen entnommen werden (→ Rn. 258 ff.).

Im Ergebnis kommt die Annahme, dass die Anwendung des inländischen Gläubiger- 257 schutzrechts die Niederlassungsfreiheit EU-ausländischer Gesellschaften, ihrer Gesellschafter und Organe beschränke, nur in Betracht, soweit die Normen des Gründungsstaates aus dessen Sicht anwendbar sind (Normenkonkurrenz) und das deutsche Recht zu Lasten der Gesellschafter oder Organe weitergehende Belastungen enthält.[149]

---

[146] BGH BB 2005, 1016 LS 1; abl. *Kindler* IPRax 2009, 189 (201); MüKoBGB/*Kindler* IntGesR Rn. 443, 533 f., 951 ff.; *Lutter* in Lutter Auslandsgesellschaften S. 1 (12 ff.), 14; *Paefgen* WM 2009, 529 (532); *Paefgen* GmbHR 2005, 957 (959 ff.); Forsthoff in Hirte/Bücker Grenzüberschreitende Gesellschaften-HdB § 2 Rn. 25 Fn. 77. Ebenso für die Frage einer „persönlichen Gesellschafterhaftung" bei US-amerikanischen Gesellschaften mit tatsächlichem Inlandssitz BGH DStR 2004, 1868 f. unter Hinweis auf BGH NJW-RR 2002, 1359 f. (auf beide Entscheidungen nimmt der BGH in BB 2005, 1016 Bezug). Der BGH beruft sich insoweit auf die Annahme, Art XXV Abs. 5 S. 2 des deutsch-amerikanischen Freundschafts-, Handels- und Schifffahrtsvertrages (→ Rn. 232) enthalte eine Kollisionsnorm im Sinne der Gründungstheorie. Vgl. ferner beiläufig OLG Düsseldorf DB 2004, 128 (130): Die Frage einer Durchgriffshaftung bei einer spanischen Kapitalgesellschaft sei „nach dem Recht des Gründungsstaates zu beantworten".

[147] BGH NZG 2011, 273.

[148] Vgl. zum Folgenden auch *Ego*, Europäische Niederlassungsfreiheit der Kapitalgesellschaft und deutsches Gläubigerschutzrecht, 2006, 135 ff.; s. iÜ auch *Teichmann* ZGR 2011, 639 (679 ff., 684 f.), der ganz im auch hier vertretenen Sinne eine differenzierende Diskussion um den weithin befürworteten Wechsel zu einer einheitlichen Gründungsanknüpfung anmahnt.

[149] S. *Ego*, Europäische Niederlassungsfreiheit der Kapitalgesellschaft und deutsches Gläubigerschutzrecht, 2006, 195 ff., 201 ff.

258 **bb) Recht des Gründungsstaates als Mindestmaß der zulässigen nichtdiskriminierenden Belastung.** Die Niederlassungsfreiheit wirkt lediglich **kassatorisch**.[150] Soweit die Belastungen, die sich aus dem Recht des Aufnahmestaates ergeben, im konkreten Fall nicht über diejenigen nach dem Recht des Gründungsstaates hinausgehen, ist eine Beschränkung der Niederlassungsfreiheit vorbehaltlich des Diskriminierungsverbots (→ Rn. 262 f.) ausgeschlossen.[151]

259 Das Recht des Aufnahmestaates auch insoweit am Maßstab eines allgemeinen Beschränkungsverbots zu überprüfen, als es mit demjenigen des Herkunftsstaates übereinstimmt, wäre schon deshalb unschlüssig, weil die **Niederlassungsfreiheit** auf Marktöffnung und Inländergleichbehandlung zielt, hingegen **keine grundrechtsähnliche Funktion** besitzt. Eine gegenteilige Annahme findet in Wortlaut, Historie oder Systematik der Niederlassungsfreiheit keine Stütze und wäre auch mit der Rspr. des EuGH nicht zu vereinbaren, wonach die Art. 49 ff. AEUV in Inlandssachverhalten keine Anwendung finden. Es liegt daher auf der Hand, dass die grenzüberschreitende Niederlassung nicht beschränkt wird, wenn die Niederlassungsberechtigten im Aufnahmestaat weder schlechter als in ihrem Herkunftsstaat behandelt noch gegenüber inländischen Unternehmen diskriminiert werden.

260 Bedeutung kommt dieser Feststellung insbesondere im Hinblick auf den **Gläubigerschutz** (→ Rn. 385 ff.) zu. Aus primärrechtlicher Sicht kann insoweit **offen bleiben,** ob es sich bei den anzuwendenden Bestimmungen – aus Sicht des Gründungsstaates oder aus derjenigen des Aufnahmestaates – im sach- oder kollisionsrechtlichen Sinne um **Gesellschafts-, Insolvenz- oder Deliktsrecht** (zum Gläubigerschutzrecht im Einzelnen → Rn. 385 ff.) oder gar um öffentliches Recht (zum Firmenrecht und zum Recht der Buchführung und Bilanzierung etwa → Rn. 529, → Rn. 536, → Rn. 573) handelt. Sofern ein Gesellschafter oder Geschäftsleiter im konkreten Fall – mit welcher sachrechtlichen Begründung auch immer – nach dem Recht des Gründungsstaates ebenfalls haften würde, kann diese Haftung daher ohne Weiteres auch in Anwendung des deutschen Rechts begründet werden. Dieser ebenso einfachen wie zwingenden Betrachtungsweise hat sich der **BGH** für die Frage der **Rechtsscheinhaftung bei Weglassen des Rechtsformzusatzes** bereits angenähert.[152]

261 Einen **kollisionsrechtlichen Verweis** auf das Recht des Gründungsstaates verlangt die Niederlassungsfreiheit – von der Frage der Anerkennung abgesehen (→ Rn. 234) – auch im Anwendungsbereich des Gesellschaftsstatuts **nicht**.[153] Weder die Niederlassungsfreiheit noch die sonstigen Grundfreiheiten verpflichten die Richter oder Behörden eines Mitgliedstaats, ihre Entscheidungen auf die Normen einer bestimmten Rechtsordnung zu stützen. Für die Marktteilnehmer ergibt sich daraus zwar die Notwendigkeit, sich ggf. mit der Rechtsordnung des Niederlassungsstaats einschließlich seines Kollisionsrechts auseinanderzusetzen zu müssen. Dies allein ist jedoch keine Beschränkung des Niederlassungsrechts, sondern die zwangsläufige Folge der rechtlichen Segmentierung des europäischen Binnenmarkts, die durch den AEUV nicht beseitigt werden soll (→ Rn. 161). Selbst Maßnahmen zur Sicherstellung der „Vereinbarkeit der in den Mitgliedstaaten geltenden Kollisionsnormen" sind nach Art. 81 Abs. 2 lit. c AEUV grundsätzlich nur vorgesehen, soweit dies für

---

[150] Insoweit zutr. *Eidenmüller* RabelsZ 70 (2006), 474 (479).

[151] Ebenso zu Recht MüKoBGB/*Kindler* IntGesR Rn. 126, 144, 147 ff.; dezidiert aA etwa *Schall* ZIP 2005, 965 (974).

[152] BGH NJW 2007, 1529 (1530) mit dem Hinweis, dass auch das Firmenrecht des Gründungsstaates – in casu dasjenige der Niederlande – einen Rechtsformzusatz zwingend vorschreibe. Krit. *Schanze* NZG 2007, 533 (535).

[153] Näher *Ego*, Europäische Niederlassungsfreiheit der Kapitalgesellschaft und deutsches Gläubigerschutzrecht, 2006, 135 ff.; wie im Folgenden auch EuGH NJW 2011, 1575 Rn. 50 – Kommission/Italien (Große Kammer): Der Umstand, dass der Niederlassungsberechtigte sich im Aufnahmestaat mit den dortigen Regelungen vertraut machen muss, ist keine Beschränkung seines Niederlassungsrechts; ebenso zu Recht MüKoBGB/ *Kindler* IntGesR Rn. 125, 141, 143 ff.; im Ansatz auch, iErg indes wie die hM, *Forsthoff* in Hirte/Bücker Grenzüberschreitende Gesellschaften-HdB § 2 Rn. 36 ff.; aA etwa aufgrund des Verständnisses der Niederlassungsfreiheit als (versteckte) Kollisionsnorm *Eidenmüller* in Eidenmüller, Ausländische Kapitalgesellschaften im deutschen Recht, 2004, § 3 Rn. 6 aE.

das Funktionieren des Binnenmarktes erforderlich ist. Auch im Anwendungsbereich des Gesellschaftsstatuts können daher nicht schon die kollisionsrechtliche Verweisung als solche und die Anwendung anderer Normen als derjenigen des Gründungsstaates, sondern allenfalls die Wirkung der konkreten Rechtsanwendung die Niederlassungsfreiheit beschränken.

Eine Frage des **Diskriminierungsverbots** ist es hingegen, ob der Aufnahmestaat überhaupt berechtigt ist, **Regelungen und Sanktionen des Gründungsstaates** auf eine im Inland niedergelassene Gesellschaft, ihre Gesellschafter und Geschäftsleiter zur Anwendung zu bringen, wenn deren belastende Wirkungen über die entsprechenden inländischen Bestimmungen hinausgehen sollten. Die Prämisse der „europarechtlichen Gründungstheorie", die Anwendung des Rechts des Gründungsstaates sei per se mit dem Unionsrecht vereinbar,[154] lässt außer Betracht, dass gerade das Herkunftslandprinzip gegen das Inländerbehandlungsgebot der Niederlassungsfreiheit (vgl. Art. 49 Abs. 2 AEUV) verstoßen kann.[155]

262

Im Ergebnis ist der Rückgriff auf das **Recht des Gründungsstaates nur unbedenklich**, soweit die entsprechenden Regelungen aus Sicht des Gründungsstaates aufgrund der Gründung des Verbandes anwendbar sind und im Falle der grenzüberschreitenden Niederlassung anwendbar bleiben (→ Rn. 265 ff.). Dies folgt zwingend daraus, dass die niederlassungsrechtlich verbürgte **Gründungsfreiheit** (Art. 49 Abs. 2 AEUV) nur nach dem Recht des jeweiligen Gründungsstaates ausgeübt werden kann. Macht sodann die Gesellschaft gem. Art. 54 AEUV von ihrer Niederlassungsfreiheit Gebrauch, bleiben sie selbst sowie ihre Gesellschafter und Geschäftsleiter hinsichtlich der auf diesen Verband bezogenen Rechtsfragen dem Recht des Gründungsstaates unterworfen, soweit der Gründungsstaat die Anwendbarkeit dieses Rechts bejaht.[156] Auch insoweit ist es aus unionsrechtlicher Sicht unerheblich, welchem kollisionsrechtlichen Statut die betreffenden Normen zuzuordnen sind.

263

cc) Unionsrechtliche Beurteilung bei Unanwendbarkeit des Rechts des Gründungsstaates. Die Frage, ob eine Regelung des Aufnahmestaates die Niederlassungsfreiheit EU-ausländischer Kapitalgesellschaften auch dann beschränken kann, wenn die entsprechende Regelung des Gründungsstaates aus dessen Sicht unanwendbar ist, ist von **erheblicher Bedeutung**. Im Zusammenhang mit der grenzüberschreitenden Betätigung von Gesellschaften wird sie namentlich dann praktisch virulent, wenn der **Gründungsstaat** eine Rechtsfrage, die nicht der autonom auszulegenden EuInsVO (→ Rn. 302 ff.) unterfällt, gleichwohl – zu Unrecht – **insolvenzrechtlich qualifiziert** und sie daher im Falle eines ausländischen Insolvenzverfahrens für unanwendbar hält. Gleiches gilt für sonstige Kollisionsnormen des Gründungsstaates, welche die Anwendung seines Verbandsrechts an das (Fort-)Bestehen einer inländischen (Haupt-)Niederlassung knüpfen.

264

(1) Befugnis des Gründungsstaates zur räumlichen Beschränkung seines verbandsbezogenen Rechts. Vorrangig zu klären ist bereits die Frage, ob der **Gründungsstaat berechtigt ist,** die **Anwendbarkeit** seiner verbandsbezogenen Regelungen (→ Rn. 260, → Rn. 263) auf inländische Niederlassungen zu **beschränken.** Nach der Rspr. des EuGH in den Rechtssachen „Centros" und „Inspire Art" gibt die Gründungsfreiheit den Niederlassungsberechtigten prima facie das Recht, eine Gesellschaft in demjenigen Mitgliedstaat zu gründen, dessen Gründungsregelungen ihnen am vorteilhaftesten erscheinen. Diesen Gesellschaften steht sodann als solchen ein eigenes Niederlassungsrecht zu

265

---

[154] Ausdrücklich etwa *Staudinger* AnwBl 2008, 316 (321): Die Anwendung des Gründungsrechts entbinde von einer Kontrolle des Anwendungsergebnisses mit dem Primärrecht und könne „zwangsläufig" nicht zu Friktionen mit der Niederlassungsfreiheit führen.
[155] Vgl. etwa auch EuGH GRUR Int. 2005, 816 Rn. 24 ff., 35 – Tod's: Verweisung auf das Ursprungsland eines Werks sei eine mittelbare Diskriminierung, soweit dadurch der Urheber der Schutz nach dem Recht des Bestimmungslands entzogen wird.
[156] Vgl. auch EuGH Slg. 1988, I-5483 Rn. 19 – Daily Mail und EuGH Slg. 2002, I-9919 Rn. 81 – Überseering. Der hier entwickelten Ansicht nahestehend *Behme* AG 2015, 841 (847 ff.), wonach „gesellschaftsrechtliche Qualifikationsstandards" des jeweiligen nationalen Rechts einer Überprüfung am Maßstab der Grundfreiheiten entzogen seien, sofern es sich nicht um diskriminierende oder protektionistische Maßnahmen handelt.

(Art. 54 AEUV). Schränkt der Gründungsstaat die Geltung seiner vorteilhaften Regelung im Falle einer grenzüberschreitenden Niederlassung ein, scheint dies prima facie zu den Art. 49 Abs. 2 AEUV, Art. 54 AEUV in Widerspruch zu stehen.

266 In der Rechtssache „**Cartesio**" (→ Rn. 67 ff., → Rn. 239 ff.) hat der EuGH jedoch klargestellt, dass der Gründungsstaat durch die Niederlassungsfreiheit der Gesellschaft und der Gesellschafter nicht gehindert wird, im Falle einer **tatsächlichen Sitzverlegung** einen **vollständigen Statutenwechsel** anzuordnen. Aus dieser Entscheidung ist zu schließen, dass der Gründungsstaat für den Fall der Sitzverlegung erst recht berechtigt sein muss, auch nur **Teilbereiche des Gesellschaftsstatuts** von der Gründungsanknüpfung auszunehmen.

267 Eine Freiheit, die räumliche Anwendbarkeit des **Gesellschaftsstatuts beliebig zu beschränken,** steht dem Gründungsstaat aber **nicht** zu. Die Feststellung des EuGH, dass die Anordnung eines vollständigen Statutenwechsels nicht gegen die Niederlassungsfreiheit verstößt, ist nur damit zu begründen, dass die Verlegung des tatsächlichen Sitzes nicht durch die Niederlassungsfreiheit geschützt wird (→ Rn. 114 ff.). Soweit die Niederlassungsfreiheit hingegen besteht, steht sie der Gesellschaft als solcher zu (Art. 54 AEUV). Insoweit steht außer Frage, dass der Gründungsstaat eine Gesellschaft, die in Ausübung ihrer Niederlassungsfreiheit eine „echte" Zweigniederlassung, Agentur oder Tochtergesellschaft in einem anderen Mitgliedstaat errichtet (Art. 49 Abs. 1 S. 2 AEUV), selbstverständlich nicht zu einem grenzüberschreitenden Formwechsel zwingen kann (→ Rn. 117).

268 **Im Ergebnis** ist gleichwohl davon auszugehen, dass der Gründungsstaat auch über den Fall der tatsächlichen Sitzverlegung hinaus weitgehend darin frei ist, die Reichweite des Gesellschaftsstatuts und seine Anknüpfung zu bestimmen. Die Gründungsfreiheit der Gesellschafter (Art. 49 Abs. 2 AEUV) und die Niederlassungsfreiheit der errichteten Gesellschaft (Art. 54 UAbs. 1 AEUV) dürften im Wesentlichen auf den **Fortbestand der Gesellschaft** sowie einen **Kernbestand typus- und mitgliedschaftsprägender Norminhalte** beschränkt sein, welche die Binnenorganisation der Gesellschaft, ihrer Gesellschafter und Organe betreffen. Ein derartiges Verständnis deutet sich auch in der Entscheidung des EuGH in der Rs. „Kornhaas/Dithmar" an (→ Rn. 247).[157] Die kollisionsrechtliche Beschränkung verbandsbezogener Bestimmungen (→ Rn. 260, → Rn. 263) des Gründungsstaates auf inländische Niederlassungen dürfte umgekehrt stets mit der Niederlassungsfreiheit vereinbar sein, soweit diese Regelungen die Außenbeziehungen, insbesondere das Verhalten im Rechtsverkehr und die Haftung gegenüber den Gläubigern, betreffen.

269 **(2) Beschränkungseignung des Rechts des Aufnahmestaates bei fehlender Konkurrenz mit dem Recht des Gründungsstaates.** Die Niederlassungsfreiheit gibt den Niederlassungsberechtigten zweifelsohne keinen Anspruch darauf, im Aufnahmestaat einen **Normenmangel** vorzufinden. Soweit der Gründungsstaat seine verbandsbezogenen Regelungen im Falle einer Auslandsniederlassung kollisionsrechtlich für unanwendbar erklärt, kann der Aufnahmestaat die Entstehung eines Normenmangels vorbehaltlich des Diskriminierungsverbots (→ Rn. 262 f., → Rn. 271) ohne Weiteres dadurch verhindern, dass er die **sachrechtliche Regelung des Gründungsstaates** gleichwohl anwendet. Da die Niederlassungsfreiheit gegenüber den Niederlassungsbedingungen im Herkunftsstaat nicht greift (→ Rn. 47), liegt es auf der Hand, dass die grenzüberschreitende Niederlassung nicht „unattraktiver" wird, wenn im Aufnahmestaat dieselben Bedingungen herrschen wie im Herkunftsstaat.

---

[157] EuGH NZG 2016, 115 Rn. 25, 28 – Kornhaas/Dithmar; nachgehend BGH NZI 2016, 461. Vgl. auch EuGH Slg. 2004, I-9761 Rn. 19 – Kommission/Niederlande: Eine Regelung, wonach Gesellschaften eine Tätigkeit nur dann ausüben dürfen, wenn ein Teil der Anteilseigner, die Geschäftsleiter und die mit der laufenden Geschäftsführung betrauten Personen der Staatsangehörigkeit eines Mitgliedstaates besitzen, beschränke die Niederlassungsfreiheit derjenigen Gesellschaften, die diese Voraussetzungen nicht erfüllen. Diese müssten die „Struktur ihres Gesellschaftskapitals oder ihrer Verwaltungsorgane entsprechend ändern; solche Änderungen können tief greifende Umwälzungen innerhalb einer Gesellschaft mit sich bringen und die Erfüllung zahlreicher Formalitäten erfordern, die nicht ohne finanzielle Folgen sind". Ferner müssten sie „ihre Einstellungspolitik so anpassen, dass sich unter den örtlichen Vertretern keine nicht aus der Gemeinschaft oder dem EWR stammenden Staatsangehörigen befinden".

Ist das Recht des Gründungsstaates unanwendbar, so ist aber auch die Anwendung des **270** nicht diskriminierenden **Rechts des Aufnahmestaates** unter dem Aspekt der Niederlassungsfreiheit unbedenklich. Dies gilt selbst dann, wenn es für die betroffenen Gesellschafter und Organe **ungünstiger** ist als die hypothetische Anwendung der Regelung des Herkunftsstaates.[158] In derartigen Fällen besteht keine Normenkonkurrenz, aus der eine Beschränkung der Niederlassungsfreiheit resultieren könnte. Die Anerkennung eines schutzwürdigen Vertrauens darauf, dass im Aufnahmestaat das Recht des Gründungsstaates gelte, ist insoweit schon im Ansatz ausgeschlossen. Die bloße Behauptung eines „Herkunftslandprinzips" kann nicht dazu führen, dass der Niederlassungsstaat das Sachrecht des Gründungsstaates anwenden müsste, das dieser selbst für unanwendbar hält, oder seine eigenen Regelungen auf das Schutzniveau jenes „Herkunftsrechts" zu beschränken hätte.

Umgekehrt würde schließlich gerade die Anwendung des „Herkunftsrechts" zu einer **271** Diskriminierung führen, wenn das **inländische Gläubigerschutzrecht** übertragbar und für die Gesellschafter und Organe **günstiger** ist. Entgegen der hM[159] ist es somit nicht nur kollisionsrechtlich verfehlt (→ Rn. 331 f.), sondern auch unionsrechtlich bedenklich, einen gläubigerschutzrechtlichen Normenmangel unter Berufung auf ein angebliches „Herkunftslandprinzip" durch Anwendung des Sachrechts des Gründungsstaates beheben zu wollen, das dieser selbst für unanwendbar erklärt. Nur wenn das inländische Recht nicht übertragbar sein sollte, kann wiederum auf das Recht des Gründungsstaates zurückgegriffen werden (→ Rn. 332).

dd) Unionsrechtliche Beurteilung bei Anwendbarkeit des Rechts des Grün- **272** **dungsstaates.** Nach dem Vorstehenden kommt die Annahme, dass die Anwendung des inländischen Gesellschaftsrechts die Niederlassungsfreiheit EU-ausländischer Gesellschaften, ihrer Gesellschafter oder Organe beschränke, überhaupt nur in Betracht, soweit die entsprechenden Regelungen des Gründungsstaates anwendbar sind und die Anwendung des inländischen Rechts im konkreten Fall zu **ungünstigeren Rechtsfolgen** führen würde.

Entgegen einer vereinzelt vertretenen Ansicht kann es sich dabei stets nur um eine **273** **nicht diskriminierende Beschränkung,** nicht aber um eine (offene) Diskriminierung[160] handeln. Zwar ist die Zugehörigkeit zu einem Mitgliedstaat, die durch die Gründung nach seinem Recht vermittelt wird, das maßgebliche Diskriminierungskriterium (→ Rn. 131 f.). Diese „Staatszugehörigkeit" begründet aber keinen Wesensunterschied zu inländischen Rechtsformen, der jede vom Gründungsrecht abweichende Beurteilung verbandsbezogener oder auch nur ieS „gesellschaftsrechtlicher" Fragen als offene Diskriminierung erscheinen ließe.

Spiegelbildlich zu der Frage, inwieweit eine räumliche Einschränkung des Gesellschafts- **274** statuts durch den Gründungsstaat die Niederlassungsfreiheit beschränken kann, dürfte eine nicht diskriminierende Beschränkung der Niederlassungsfreiheit insbesondere bei Eingriffen in die **Binnenorganisation**[161] zu bejahen sein.

---

[158] AA *Eidenmüller* in Eidenmüller, Ausländische Kapitalgesellschaften im deutschen Recht, 2004, § 3 Rn. 72; wie hier hingegen insoweit *Schall* ZIP 2005, 965 (975); tendenziell auch *Staudinger* AnwBl 2008, 316 (325).

[159] *Eidenmüller* in Eidenmüller, Ausländische Kapitalgesellschaften im deutschen Recht, 2004, § 3 Rn. 72; *Eidenmüller* NJW 2005, 1618 (1621); *Eidenmüller* RabelsZ 70 (2006), 474 (492 f.); *Jestädt* S. 213 ff., 219 ff.; tendenziell auch Forsthoff in Hirte/Bücker Grenzüberschreitende Gesellschaften-HdB § 2 Rn. 77 f. Abw. *Redeker* ZInsO 2005, 1035 (1036 f.), der insoweit eine Anwendung des inländischen Haftungsrechts befürwortet und dies als gerechtfertigte Beschränkung der Niederlassungsfreiheit betrachtet.

[160] So aber noch Grabitz/Hilf/*Randelzhofer*/*Forsthoff* EGV Art. 48 Rn. 46 ff. (von *Forsthoff* zwischenzeitlich aufgegeben, Forsthoff in Hirte/Bücker Grenzüberschreitende Gesellschaften-HdB § 2 Rn. 54; Grabitz/Hilf/ Nettesheim/*Forsthoff* AEUV Art. 54 Rn. 38 ff., 70 ff.); ferner *Körber* S. 539 Fn. 266, der „Übersering" (EuGH Slg. 2002, I-9919) eine Absage an eine Anwendung des Diskriminierungsverbots auf europäische Auslandsgesellschaften entnimmt, der Frage aber nur geringe Bedeutung zumessen will, weil versteckte Diskriminierungen und sonstige Beschränkungen im Hinblick auf die Rechtfertigung gleichbehandelt würden. Fraglich ist jedoch die Einordnung der Inländerbehandlung als *offene* Diskriminierung, für die eine Rechtfertigung nur nach Art. 52 AEUV in Betracht käme (→ Rn. 182).

[161] Vgl. EuGH Slg. 2004, I-9761 Rn. 19 – Kommission/Niederlande (s. Fn. 570); aA *Bartels* IPRax 2013, 153 (156), wonach es die Niederlassungsfreiheit nicht beeinträchtige, ua die „innere Verfassung" und die

275 Die Annahme einer Beschränkung der Niederlassungsfreiheit kann aber nicht auf sämtliche Rechtsfragen des „Gesellschaftsstatuts", namentlich **nicht** pauschal auf **gläubigerschützende Verhaltenspflichten** erstreckt werden.[162] Ob und inwieweit ein schutzwürdiges Vertrauen der Geschäftsleiter und Gesellschafter anzuerkennen ist, unabhängig von der tatsächlichen Ansässigkeit der Gesellschaft nur das Gläubigerschutzrecht des Gründungsstaates beachten zu müssen, ist gerade das thema probandum. Die kumulative Anwendung verhaltensleitender Gläubigerschutznormen und ihrer Sanktionen ist mit einer Doppelbelastung, wie sie bei einer Nichtberücksichtigung niederlassungsrelevanter Tatbestände oder der Nichtanerkennung einer EU-Auslandsgesellschaft eintreten würde (→ Rn. 138, → Rn. 160), nicht vergleichbar. Vielmehr besteht kein grundlegender Unterschied zu sonstigen verkehrsschützenden Verhaltensanforderungen, denen die Adressaten bei einer dauerhaften Niederlassung im Inland unterliegen. Insoweit ist der Entscheidung „Kornhaas/Dithmar" (→ Rn. 247, → Rn. 451 ff.) ungeachtet der fortbestehenden Zweifel hinsichtlich der kollisionsrechtlichen Aussagen uneingeschränkt zuzustimmen, soweit dort bereits das Vorliegen einer Niederlassungsbeschränkung durch Anwendung der deutschen Massesicherungshaftung verneint wurde.[163]

276 Erst recht ist es für die unionsrechtliche Beurteilung **irrelevant,** wie die **Haftung materiellrechtlich begründet** wird. Entgegen einer verbreiteten Meinung (→ Rn. 150, → Rn. 252, → Rn. 286) unterliegt es namentlich keinen unionsrechtlichen Bedenken, eine sittenwidrige Schädigung der Gesellschaft oder der Gläubiger nach § 826 BGB oder aber auf gesellschaftsrechtlicher Grundlage zu sanktionieren.

277 **b) Rechtfertigung von Beschränkungen nach allgemeinen Regeln.** Soweit die Anwendung des inländischen verbandsbezogenen Rechts nach dem Vorstehenden und namentlich unter Berücksichtigung der Rspr. des EuGH in der Rs. „Kornhaas/Dithmar" (→ Rn. 247) eine Beschränkung der Niederlassungsfreiheit darstellt, gelten für die Rechtfertigung die **allgemeinen Grundsätze.** Insoweit ist es nach der Rspr. des EuGH grundsätzlich Sache des Niederlassungsstaats, die Schutzziele und das angestrebte Schutzniveau zu definieren und die Schutzmethoden zu wählen (→ Rn. 181, → Rn. 188, → Rn. 194).

278 Die Äußerungen des EuGH in den Entscheidungen „Centros" und „Inspire Art" zu den Informations- und Selbstschutzmöglichkeiten der Gläubiger (**„Informationsmodell";** → Rn. 247, → Rn. 250) schließen diese allgemeinen Grundsätze nicht etwa aus, soweit die Anwendung des inländischen Gesellschaftsrechts auf EU-Auslandsgesellschaften in Rede steht.[164] Der Hinweis auf Selbstschutzmöglichkeiten vermag lediglich hinsichtlich des **Minderheitenschutzes** zu überzeugen. Für die Frage des **Gläubigerschutzes** verfängt er hingegen nicht.[165]

---

organschaftliche Vertretung ab dem Zuzug ex nunc dem Recht des Zuzugstaates zu unterwerfen; s. zuvor auch zu dem zugrundeliegenden internationalprivatrechtlichen Konzept, wonach die Sitztheorie in Anlehnung an intertemporalprivatrechtliche Grundsätze modifiziert werden soll, *Bartels* ZHR 176 (2012), 412.

[162] So aber die hM, wonach grundsätzlich auch rein verhaltensbezogene Pflichten die Niederlassungsfreiheit beschränken, s. *Hofmeister* FS Eisenhardt, 2007, 421 (435); die Zulässigkeit verhaltensbezogener Gläubigerschutzregelungen bejahend hingegen MüKoBGB/*Kindler* IntGesR Rn. 144, 435 f., 442 f., 621 ff. und passim, Art. 7 EuInsVO Rn. 84 ff. S. ferner die Nachweise in → Rn. 253.

[163] Über die Zuordnung der einzelnen Haftungstatbestände zu den herkömmlichen Kategorien der Marktzugangsschranken bzw. der nur tätigkeitsbezogenen oder allgemeinen verkehrsrechtlichen Regelungen herrscht iÜ keine Einigkeit. Hinsichtlich der Insolvenzverschleppungshaftung wird aufgrund einer insolvenzrechtlichen Qualifikation bereits ein Eingriff in die Niederlassungsfreiheit etwa verneint von *Borges* ZIP 2004, 733 (740) und *Eidenmüller* in Eidenmüller, Ausländische Kapitalgesellschaften im deutschen Recht, 2004, § 9 Rn. 33, während *Spindler/Berner* RIW 2004, 7 (12), *Ulmer* NJW 2004, 1201 (1207) und *Schumann* DB 2004, 743 (746) wegen der gesellschaftsrechtlichen Grundlagen dieser Haftung eine rechtfertigungsbedürftige Beschränkung annehmen.

[164] S. auch MüKoBGB/*Kindler* IntGesR Rn. 452 ff., Art. 7 EuInsVO Rn. 98 f.; vor einer Verallgemeinerung warnend auch *Schön* FS Canaris, 2007, 1191 (1199).

[165] Gleiches gilt hinsichtlich der inländischen Mitbestimmungsregelungen (vgl. auch *Drygala* ZEuP 2004, 337 (348); *Rehberg* in Eidenmüller, Ausländische Kapitalgesellschaften im deutschen Recht, 2004, § 6 Rn. 60; *Eidenmüller/Rehm* ZGR 2004, 159 (174 f.); aA *Kleinert/Probst* DB 2003, 2217 f.).

Die Firmierung einer Gesellschaft macht allenfalls die **ausländische Herkunft** der 279 Gesellschaft erkennbar (→ Rn. 586 ff.), informiert jedoch nicht über den Inhalt des ausländischen Gesellschaftsrechts selbst.[166] Auch die weiteren Publizitätsanforderungen helfen insoweit nur bedingt weiter.

Abgesehen davon, dass realistische Informations- und Selbstschutzmöglichkeiten allenfalls 280 für **vertragliche Großgläubiger**[167] bestehen, erscheint es unangemessen, die **Informationskosten und -risiken** einseitig dem Rechtsverkehr aufzubürden.[168] Dass Versicherungspflichten zum Schutze **gesetzlicher Gläubiger** ein „milderes Mittel" als die Anwendung des inländischen Gläubigerschutzrechts wären,[169] ist schon angesichts der fehlenden Vergleichbarkeit beider Ansätze zu bezweifeln. Richtigerweise dürfen sowohl vertragliche als auch gesetzliche Gläubiger davon ausgehen, dass ihren schutzwürdigen Befriedigungserwartungen durch gesellschaftsrechtliche Schutzmechanismen Rechnung getragen wird. Die diesbezügliche Interessenabwägung hat neben dem Gründungsstaat der Staat vorzunehmen, in dem die Gesellschaft ihren tatsächlichen Sitz hat (→ Rn. 321 ff., → Rn. 342).

Nicht ausgeschlossen ist es jedoch, bestehende **Selbstschutzmöglichkeiten im Rah-** 281 **men der Rechtfertigungsprüfung** mit in die Abwägung einzustellen und ihnen umso größeres **Gewicht** zuzumessen, je gravierender die Beschränkung sich zu Lasten der Betroffenen auswirkt und je weniger sie andererseits zu einem konkreten Gläubigerschutz beiträgt.

Von dieser Warte aus ist gegen die Entscheidung **„Centros"**[170] im Ergebnis nichts einzu- 282 wenden. Es liegt auf der Hand, dass die Nichteintragung einer Zweigniederlassung, welche die grenzüberschreitende Niederlassung schon im Ansatz vereitelt, nicht allein mit der allgemeinen Erwägung gerechtfertigt werden kann, eine Umgehung des inländischen Gesellschaftsrechts zu verhindern.[171] Auch mag mit der Entscheidung **„Inspire Art"**[172] bezweifelt werden, dass das Erfordernis der Aufbringung und Erhaltung eines gesetzlichen Mindestkapitals, dessen Bedeutung sich weitgehend in der Errichtung einer „Seriositätsschwelle" erschöpft,[173] bei EU-ausländischen Kapitalgesellschaften zu rechtfertigen ist, wenn der Gründungsstaat Derartiges nicht verlangt.[174] Eine ganz andere, durch Inspire Art nicht beantwortete Frage ist es

---

[166] Vgl. auch *W.-H. Roth* ICLQ 52 (2003), 177 (203); *W.-H. Roth* IPRax 2003, 117 (124 f.); *Teichmann* FS Scheuing, 2011, 735 (750 f.).

[167] S. auch *Bayer* BB 2003, 2357 (2364); *Brand* JR 2004, 89 (94); *Eidenmüller* in Eidenmüller, Ausländische Kapitalgesellschaften im deutschen Recht, 2004, § 3 Rn. 38 ff.; *Eidenmüller* ZIP 2002, 2233 (2236); *Eidenmüller* JZ 2003, 526 (529); *Eidenmüller* JZ 2004, 24 (27); *Eidenmüller/Rehm* ZGR 2004, 159 (171 ff., 181 ff.); *v. Hase* BuW 2003, 944 (948); *Hofmeister* FS Eisenhardt, 2007, 421 (438); MüKoBGB/*Kindler* IntGesR Rn. 388, 453; *Leible/Hoffmann* EuZW 2003, 677 ff. (682); *Mülbert* Konzern 2004, 151 (156 Fn. 37); *Schanze/Jüttner* AG 2003, 661 (663); *Spindler/Berner* RIW 2003, 949 (953 f.); *Spindler/Berner* RIW 2004, 7 (13 f.); *Teichmann* FS Scheuing, 2011, 735 (750 f.). Krit. auch *Koppensteiner* VGR 2 (2000), 151 (167); *Schön* FS Lutter, 2000, 685 (699). Zum Aspekt der mangelnden Selbstschutzmöglichkeiten der Arbeitnehmer *Eidenmüller* in Eidenmüller, Ausländische Kapitalgesellschaften im deutschen Recht, 2004, § 3 Rn. 41; *Eidenmüller* JZ 2004, 24 (27); *Spindler/Berner* RIW 2003, 949 (954).

[168] Dazu *W.-H. Roth* ICLQ 52 (2003), 177 (203); *Teichmann* FS Scheuing, 2011, 735 (750 f.); s. ferner *Schön* FS Canaris, 2007, 1191 (1207).

[169] Vgl. ua *Eidenmüller* in Eidenmüller, Ausländische Kapitalgesellschaften im deutschen Recht, 2004, § 3 Rn. 68; *Eidenmüller/Rehm* ZGR 2004, 159 (172); *Paefgen* ZIP 2004, 2253 (2258); *Schanze/Jüttner* AG 2003, 661 (663 f.); vgl. auch *Behrens* IPRax 2003, 193 (207); *Mülbert* Konzern 2004, 151 (157). Eine unterschiedliche Behandlung vertraglicher und gesetzlicher Gläubiger ablehnend *Sandrock* in Sandrock/Wetzler S. 33 (59 ff.). Umgekehrt gegen eine besondere Schutzwürdigkeit deliktischer Gläubiger *Paefgen* DB 2003, 487 (490).

[170] EuGH Slg. 1999, I-1459 = NJW 1999, 2027 – Centros.

[171] Zur Einordnung als offene Diskriminierung Rn. 105 und GA *La Pergola* Schlussanträge Slg. 1999, I-1459 Rn. 10, 16.

[172] EuGH Slg. 2003, I-10155 = NJW 2003, 3331 – Inspire Art; insoweit bestätigend EuGH NZG 2016, 115 Rn. 24 ff. – Kornhaas/Dithmar.

[173] Vgl. zur rechtspolitischen Kritik *F. Kübler* AG 1994, 141 (145) ff.; *F. Kübler*, Aktie, Unternehmensfinanzierung und Kapitalmarkt, 1989, 30 ff.; *Bauer*, Gläubigerschutz durch eine formelle Nennkapitalziffer, 1995, 331 ff.; *Mülbert* Konzern 2004, 151 ff.; *G. H. Roth* FS Doralt, 2004, 479 (482 ff.); *Schön* Konzern 2004, 162 ff.; *Merkt* ZGR 2004, 305 ff.; *Eidenmüller/Engert* GmbHR 2005, 433 ff.; *Eidenmüller/Engert* AG 2005, 217 ff.; *Grunewald/Noack* GmbHR 2005, 189 ff.; *High Level Group of Company Law Experts* COM(2003) 234, Abschnitt IV; GA *La Pergola*, Schlussanträge Slg. 1999, I-1459 Rn. 21 – Centros; GA *Alber*, Schlussanträge Slg. 2003, I-10155 Rn. 142 – Inspire Art; *Group of German Experts on Corporate Law* ZIP 2003, 863 (873 f.).

[174] Krit. demgegenüber *Teichmann* FS Scheuing, 2011, 735 (749 f.).

hingegen, ob und in welchem Umfang die Gläubiger erwarten dürfen, dass die Gesellschafter und Geschäftsleiter die Fähigkeit der Gesellschaften erhalten, ihre Verbindlichkeiten zu befriedigen (zum Gläubigerschutzrecht → Rn. 385 ff.). Insoweit hat der EuGH in der Rs. „Kornhaas/Dithmar" für den Fall einer Massesicherungshaftung deutschen Musters schon das Vorliegen einer rechtfertigungsbedürftigen Beschränkung der Niederlassungsfreiheit verneint und – freilich ausgehend von einer insolvenzrechtlichen Qualifikation – die Regelungsbefugnisse des Aufnahmestaates für tätigkeitsbezogene Pflichten auch über den entschiedenen Fall hinaus bestärkt (→ Rn. 247, → Rn. 451 ff.).

IV. Unionsrechtliche Pflicht zur statutenübergreifenden Gründungsanknüpfung?

283 1. **Meinungsstand zur statutenübergreifenden Reichweite der „europarechtlichen Gründungstheorie". a) Beschränkung der „europarechtlichen Gründungstheorie" auf das Gesellschaftsstatut.** Einer engen Spielart der „europarechtlichen Gründungstheorie" zufolge soll sich das Primat des „Gründungsrechts" grundsätzlich auf das Gesellschaftsrecht beschränken, die Anwendung des **Delikts- und Insolvenzrechts des Niederlassungsstaats** hingegen **unberührt** bleiben. Insoweit fehlte es schon lange in der Diskussion um das Phänomen der „Scheinauslandsgesellschaften" nicht an Stimmen, die dem deutschen Gläubigerschutzrecht insolvenz- oder deliktsrechtlichen Charakter oder gar beides bescheinigten.[175] Im Zentrum dieser Überlegungen, denen für wichtige Teilfragen auch die **Rspr.** bereits gefolgt ist, stehen insbesondere die Insolvenzantragspflicht (§ 15a InsO, → Rn. 434 ff.) und das Recht der Gesellschafterdarlehen (§ 39 Abs. 1 Nr. 5, Abs. 4 und 5 InsO, § 44a InsO, § 135 InsO, → Rn. 417 ff.), darüber hinaus aber auch die Existenzvernichtungshaftung (→ Rn. 458 ff.) sowie die Haftung für die Verletzung der Massesicherungspflicht und für die Verursachung der Zahlungsunfähigkeit (§ 15b InsO, → Rn. 451 ff.).

284 Insbesondere die **insolvenzrechtliche Qualifikation** gläubigerschützender Normen wird vom BGH und vielen Autoren befürwortet. Diese Anknüpfung führt nach den Art. 3 und 7 EuInsVO (früher Art. 3 und 4 EuInsVO 2000) prima facie zur Anwendung des Rechts des tatsächlichen Sitzes und scheint aufgrund ihres sekundärrechtlichen Charakters geringeren Bedenken unter dem Aspekt der Niederlassungsfreiheit ausgesetzt zu sein.[176] Auch der **Gesetzgeber des MoMiG** hat die Hoffnung bekundet, dass die insolvenzrechtliche Verortung der Insolvenzantragspflicht (→ Rn. 435, → Rn. 439) und des Rechts der Gesellschafterdarlehen (→ Rn. 417, → Rn. 423) es ermöglichen werde, diese Regelungen gem. Art. 7 EuInsVO (früher Art. 4 EuInsVO 2000) auf Auslandsgesellschaften anzuwenden.[177] Der

---

[175] S. Balthasar RIW 2009, 221 f. (225 f.); Bayer BB 2003, 2357 (2364 f.); Eisner ZInsO 2005, 20 (22 f.); M. Fischer ZIP 2004, 1477 (1479); Goette DStR 2005, 197 (199 ff.); Hausmann in Reithmann/Martiny IntVertragR Rn. 7.162 ff., 7.621 ff.; Horn NJW 2004, 893 (899); U. Huber FS Gerhardt, 2004, 397 (416 ff.); U. Huber in Lutter Auslandsgesellschaften S. 131 (165 ff.); Kuntz NZI 2005, 424 (426 ff.); H.-F. Müller NZG 2003, 414 ff.; Pannen FS G. Fischer, 2008, 403 (408, 413 ff.); Ulmer NJW 2004, 1201 (1207); Ulmer KTS 2004, 291 ff.; Wachter GmbHR 2003, 1254 (1257); Wachter GmbHR 2004, 88 (101); Weller DStR 2003, 1800 (1804); Weller Rechtsformwahlfreiheit S. 247 ff.; Wienberg/Sommer NZI 2005, 353 (356 f.); Zimmer NJW 2003, 3585 (3588 ff.); Zimmer ZHR 168 (2004), 355 (366 f.) (selbst für das Kapitalaufbringungs- und Kapitalerhaltungsrecht erwägend); Lutter/Hommelhoff/Bayer GmbHG § 4a Rn. 12, § 13 Rn. 45 (Existenzvernichtungs- und Insolvenzverschleppungshaftung). Für Mehrfachqualifikationen MüKoBGB/Kindler IntGesR Rn. 437 ff., 441, 597, 599, 615, 623 ff., Art. 7 EuInsVO Rn. 101, 111 f.; Kindler NZG 2003, 1086 (1090); Kindler FS Jayme, 2004, 409 (414, 416 ff.); nichtgesellschaftsrechtliche Qualifikationen in Betracht ziehend, letztlich aber abl. Drygala ZEuP 2004, 337 (361 ff.).

[176] Vgl. BGH NZG 2015, 101 (EuGH-Vorlage in der Rs. „Kornhaas/Dithmar" zur Massesicherungshaftung gem. § 64 Abs. 2 S. 1 GmbHG aF) und nachgehend BGH NZI 2016, 461; BGH NZG 2011, 1195 (1198) (zum kodifizierten Eigenkapitalersatzrecht); Geyrhalter/Gänßler NZG 2003, 409 (413); Hofmeister FS Eisenhardt, 2007, 421 (435 f.); U. Huber in Lutter Auslandsgesellschaften S. 131 (186) und implizit S. 307 (348 ff.); MüKoBGB/Kindler IntGesR Rn. 437 ff., 441, Vor Art. 1 EuInsVO Rn. 22, Art. 7 EuInsVO Rn. 84, 97; MüKoGmbHG/Weller GmbHG Einl. Rn. 408 ff.; Pannen FS G. Fischer, 2008, 403 (408, 413); Teichmann ZGR 2011, 639 (673); Ulmer NJW 2004, 1201 (1207); Ulmer KTS 2004, 291 (296).

[177] RegE BT-Drs. 16/6140, 47 (55) (zur Insolvenzantragspflicht), 56 f. (zum Recht der Gesellschafterdarlehen).

EuGH hat diesen Ansatz in der Entscheidung „Kornhaas/Dithmar" zur Massesicherungshaftung deutschen Musters (§ 64 Abs. 2 S. 1 GmbHG aF) bestätigt.

Eine erhöhte unionsrechtliche Legitimation kann prima facie auch die **deliktsrechtliche** 285 **Anknüpfung** beanspruchen, seitdem das Internationale Deliktsrecht mit der Rom II-VO (→ Rn. 298) auf eine unionsrechtliche Grundlage gestellt worden ist.

b) Statutenübergreifendes Herkunftslandprinzip. Über dieses enge Verständnis der 286 „europarechtlichen Gründungstheorie" hinaus wird demgegenüber zunehmend ein **allgemeines „Herkunftslandprinzip"** für verbandsbezogene Regelungen postuliert, in dessen Anwendungsbereich die kollisionsrechtliche Qualifikation unerheblich sein soll. Nach dieser Lehre erfordert die Niederlassungsfreiheit auch hinsichtlich des Delikts- und Insolvenzrechts einen vorrangigen Verweis auf das Recht des Gründungsstaates, sofern die betreffenden Normen insbesondere die „Identität" oder die Finanz- und Haftungsverfassung der Gesellschaft berühren.[178]

Selbst im Falle **kollisionsrechtlicher Normenmängel,** die sich insbesondere dann 287 ergeben können, wenn der Gründungsstaat eine Rechtsfrage insolvenzrechtlich, der Niederlassungsstaat sie hingegen gesellschaftsrechtlich qualifiziert, soll nach Meinung mancher Autoren das Recht des Gründungsstaates die Grenze der zulässigen Belastung vorgeben.[179]

Auch über **Art. 7 EuInsVO** (früher Art. 4 EuInsVO 2000) soll die Anwendung des 288 deutschen Gläubigerschutzrechts nach Ansicht zahlreicher Vertreter dieser Lehre nicht begründbar sein. Sofern nicht bereits die insolvenzrechtliche Qualifikation der fraglichen Normen bestritten wird, lautet der wesentliche Einwand auch insoweit, dass die kollisionsrechtliche Qualifikation nicht von der Prüfung am Maßstab der Niederlassungsfreiheit entbinde und die EuInsVO als sekundärrechtliche Norm einen Verstoß gegen die Niederlassungsfreiheit nicht rechtfertigen könne (→ Rn. 153).[180] Mit der Rspr. des EuGH, namentlich mit seiner Entscheidung „Kornhaas/Dithmar", nach welcher Haftungstatbestände nach dem Muster der Massesicherungshaftung deutschen Rechts insolvenzrechtlich zu qualifizieren sind und keine Beschränkung der Niederlassungsfreiheit darstellen (→ Rn. 247, → Rn. 452 ff.), ist diese Betrachtungsweise nicht vereinbar.

2. Stellungnahme. a) Unionsrechtliche Relevanz der kollisionsrechtlichen Qualifikation. Wie dargelegt (→ Rn. 155 ff., → Rn. 258 ff., → Rn. 269 ff.), beschränkt sich 289 die Fragestellung des **allgemeinen Beschränkungsverbots** letztlich darauf, wie die Geltungsansprüche mehrerer mitgliedstaatlicher Rechtsordnungen gegeneinander abzugrenzen sind. Gleichwohl ist unter dem Aspekt der Niederlassungsfreiheit auch im Hinblick auf verbandsbezogene Regelungen grundsätzlich nicht die Statutenabgrenzung im nationalen Kollisionsrecht, sondern die Wirkung der konkreten Rechtsanwendung entscheidend.

---

[178] S. statt aller *Eidenmüller* in Eidenmüller, Ausländische Kapitalgesellschaften im deutschen Recht, 2004, § 3 Rn. 1 f., 6 ff., 17, § 4 Rn. 9; *Eidenmüller* ZIP 2002, 2233 (2242 Fn. 63); *Eidenmüller* JZ 2004, 24 (25, 27); *Eidenmüller* RabelsZ 70 (2006), 474 (479 ff.); HCL/*Behrens/Hoffmann* GmbHG Einl. B Rn. 67 ff., 77; *Bittmann/Gruber* GmbHR 2008, 867 (869 ff.); *Drygala* ZEuP 2004, 337 (361 ff.); Forsthoff in Hirte/Bücker Grenzüberschreitende Gesellschaften-HdB § 2 Rn. 37, 40 ff., 44; *Fleischer* in Lutter Auslandsgesellschaften S. 49 (98); *Hirte/Mock* ZIP 2005, 474 (476); *Just* ZIP 2006, 1248 (1253); *Kieninger* ZEuP 2004, 685 (696); *Osterloh-Konrad* ZHR 172 (2008), 274 (299 f.); Sandrock in Sandrock/Wetzler S. 41 ff. (57 ff.); *Schanze/Jüttner* AG 2003, 661 (665 ff.); Spahlinger/Wegen/*Spahlinger* Kap. B Rn. 218; *Spindler/Berner* RIW 2004, 7 (9 f.). Krit. MüKoBGB/*Kindler* IntGesR Rn. 361, 401, 441 („Käseglocken-Theorie").

[179] Vgl. etwa *Eidenmüller* in Eidenmüller, Ausländische Kapitalgesellschaften im deutschen Recht, 2004, § 3 Rn. 71 f., § 9 Rn. 44; *Eidenmüller* RabelsZ 70 (2006), 474 (492 f.); *Eidenmüller* FS Canaris II, 2007, 49 (68); tendenziell auch Forsthoff in Hirte/Bücker Grenzüberschreitende Gesellschaften-HdB § 2 Rn. 77 f.: Das deutsche IPR habe durch eine „weite Qualifikation der ausländischen Rechtsinstitute […] dafür zu sorgen, dass die ausländischen Vorschriften durch das deutsche Recht zur Anwendung berufen werden und kein Fall des Normenmangels auftritt".

[180] In diesem Sinne mwN *Berner/Klöhn* ZIP 2007, 106 (111); *Bittmann/Gruber* GmbHR 2008, 867 (870 f.); *Hess* IPRax 2006, 348 (350 f.); *Fleischer* in Lutter Auslandsgesellschaften S. 49 (111 f.); *Meilicke* GmbHR 2007, 225 (232); *Schall* ZIP 2005, 965 (974); *Schall* NJW 2011, 3745 (3747); Haß/Huber/Gruber/Heiderhoff/*Haß/Herweg*, EU-Insolvenzverordnung (EuInsVO), 2005, EuInsVO Art. 4 Rn. 14; s. auch *Teichmann* BB 2012, 1418 (1419); *Mankowski* NZG 2016, 281 (284).

290 Der bedeutsame **Unterschied** zwischen dem **Internationalen Insolvenz- und Deliktsrecht** auf der einen und dem **Internationalen Gesellschaftsrecht** auf der anderen Seite besteht jedoch darin, dass die Kollisionsnormen der EuInsVO und der Rom II-VO auf einer **sekundärrechtlichen Grundlage** beruhen. Infolge dieser einheitlichen Abgrenzung zwischen den mitgliedstaatlichen Rechtsordnungen steht für sämtliche Marktteilnehmer fest, welches mitgliedstaatliche Insolvenz- und Deliktsrecht sie bei der Ausübung der Grundfreiheiten zu beachten haben. Die Reichweite der sekundärrechtlichen Kollisionsnormen ist indes nicht durch mitgliedstaatliche Rechtssetzung gestaltbar, sondern durch eine autonome unionsrechtsspezifische Auslegung zu bestimmen (→ Rn. 293).

291 Für die unionsrechtliche Beurteilung folgt daraus, dass das **mitgliedstaatliche Insolvenz- und Deliktsrecht nur** am Maßstab des **Diskriminierungsverbots**, nicht jedoch anhand des allgemeinen Beschränkungsverbots auf seine Rechtfertigung zu überprüfen ist.[181] Eine andere, richtigerweise zu verneinende Frage ist es, ob eine Anknüpfung gesellschaftsrechtlicher Rechtsfragen nach der EuInsVO oder der Rom II-VO in Betracht kommt (→ Rn. 297ff., → Rn. 302ff.).

292 **b) Relevanz der EuInsVO und der Rom II-VO für die Anknüpfung gesellschaftsrechtlicher Fragen. aa) Allgemeines zur kollisionsrechtlichen Qualifikation.** Gegenstand der kollisionsrechtlichen **Qualifikation** ist die Zuweisung einzelner Rechtsinhalte zu Kollisionsnormen, die ihre Anknüpfung in internationalen Sachverhalten bestimmen. Sowohl das Anknüpfungsmerkmal[182] als auch die Anknüpfungsmethode einer Kollisionsnorm sind Ausdruck einer **kollisionsrechtlichen Interessenbewertung**. Für die Qualifikation eines Rechtsinhalts ist dementsprechend entscheidend, ob die Anwendung der in Betracht gezogenen Kollisionsnorm zu interessengerechten Verweisungsergebnissen führt.[183]

293 Insoweit geht es auch im vorliegenden Zusammenhang ausschließlich darum, den Anwendungsbereich der EuInsVO und der Rom II-VO im Wege der Auslegung zu bestimmen. Diese **Auslegung** hat aus einer **autonomen unionsrechtlichen Perspektive** zu erfolgen. Die Beurteilung in den einzelnen Mitgliedstaaten kann insoweit lediglich Anhaltspunkte bieten.[184]

294 Die bisher **nahezu allgemeine Ansicht** ging davon aus, dass gesellschaftsrechtliche Rechtsfragen einheitlich an die **Gründung** oder den **tatsächlichen Sitz** anzuknüpfen seien (→ Rn. 202ff.). Mit Ausnahme der Differenzierungslehre[185] stimmten auch die vermittelnden Lehren (→ Rn. 215) dieser Bewertung zu und hielten allein eine Einschränkung der Gründungs- durch eine Sitzanknüpfung oder eine Kombination von einheitlicher Gründungs- und Sitzanknüpfung für gangbar. Hieran ist festzuhalten (→ Rn. 321ff.).

295 Vor diesem Hintergrund ist den namentlich seit „Inspire Art" vertretenen Ansichten, dass Haftungstatbestände, deren gesellschaftsrechtliche Qualifikation zuvor außer Frage

---

[181] AA hingegen etwa zur Rom II-VO im Hinblick auf die Existenzvernichtungshaftung gemäß § 826 BGB *Staudinger* AnwBl 2008, 316 (324), wonach auch die über die Rom II-VO angeknüpften Normen uneingeschränkt am Maßstab des Beschränkungsverbots geprüft werden müssten; in ähnlichem Sinne zu Art. 4 EuInsVO 2000 (jetzt Art. 7 EuInsVO) *Haß/Huber/Gruber/Heiderhoff/Haß/Herweg*, EU-Insolvenzverordnung (EuInsVO), 2005, EuInsVO Art. 4 Rn. 14; *Berner/Klöhn* ZIP 2007, 106 (111) (zur Insolvenzantragspflicht); *Hess* IPRax 2006, 348 (350f.); *Fleischer* in Lutter Auslandsgesellschaften S. 49 (111f.); *Meilicke* GmbHR 2007, 225 (232) (zum Kapitalersatzrecht); *Schall* ZIP 2005, 965 (974); *Schall* NJW 2011, 3745 (3747).
[182] Allgemein zu seiner Bedeutung für die Kollisionsnormbildung *Mankowski* in v. Bar/Mankowski IPR I § 7 Rn. 7ff.
[183] Vgl. allg. *Kegel/Schurig* IPR S. 327ff. (336).
[184] Zur autonomen Auslegung der EuInsVO s. etwa Erwägungsgrund 66 EuInsVO (früherErwägungsgrund 23 EuInsVO 2000); *Bittmann/Gruber* GmbHR 2008, 867 (869); *Spindler/Berner* RIW 2004, 7 (12); *Fleischer* in Lutter Auslandsgesellschaften S. 49 (112) und *U. Huber* in Lutter Auslandsgesellschaften S. 131 (166); *Eidenmüller* RabelsZ 70 (2006), 474 (482); *Baumbach/Hueck/Haas* GmbHG § 64 Rn. 49 f.
[185] S. *Grasmann* System Rn. 615ff. und dazu näher 2. Aufl. 2006, 2. Kap. Rn. 55ff.; ähnlich wie *Grasmann* auch *Moser* FS Bürgi, 1971, 283 (286ff.) und *Staehlin* S. 48 f., 52 f.; s. ferner *Großfeld*, Praxis S. 40 f., 50, 58: Trennung zwischen einem besonderen Rechtsfähigkeitsstatut, einem Innenstatut (jeweils nach dem Recht des Gründungsstaates zu beurteilen) und den Außenbeziehungen, für die das Wirkungsstatut gelte.

stand,[186] **delikts- oder insolvenzrechtlich** qualifiziert werden sollten (→ Rn. 297 ff., → Rn. 302 ff.; im Einzelnen → Rn. 349 ff.), **nicht zu folgen.** Weder die insolvenzrechtliche noch die deliktsrechtliche Anknüpfung führen für die in Rede stehenden Tatbestände zu interessengerechten, überzeugenden Verweisungsergebnissen (→ Rn. 300 f., → Rn. 304 ff.). Dies schließt die Annahme aus, dass der europäische Verordnungsgeber die Anknüpfungsfragen des Internationalen Gesellschaftsrechts präjudizieren wollte. Die **Lösung** kann daher richtigerweise nur auf der Ebene der **Kollisionsnormbildung** liegen.[187] In der Lit.[188] setzt sich diese Erkenntnis bisher indes nur langsam und vereinzelt durch (zum Meinungsstand eingehend → Rn. 436 ff.).

Der EuGH hat die insolvenzrechtliche Qualifikation indes für den wichtigen Teilbereich **296** der Massesicherungshaftung in seiner Entscheidung „Kornhaas/Dithmar" ausdrücklich befürwortet (→ Rn. 247, → Rn. 451 ff.).[189] Auf dieser Grundlage erscheint es auch darüber hinaus nicht unwahrscheinlich, dass die insolvenzrechtliche Einordnung weiterer Regelungskomplexe wie namentlich des Rechts der Gesellschafterdarlehen (→ Rn. 417 ff.), der Insolvenzverschleppungshaftung (→ Rn. 434 ff.) sowie der Insolvenzverursachungshaftung der Geschäftsleiter (→ Rn. 451 ff.) und der Existenzvernichtungshaftung der Gesellschafter (→ Rn. 461 ff.) die Zustimmung des Gerichtshofs finden wird.

bb) Deliktsrechtliche Qualifikation (Rom II-VO). Die Überlegungen, Haftungstat- **297** bestände wie die **Durchgriffshaftung** der Gesellschafter oder die **„Existenzvernichtungshaftung"** (→ Rn. 461 ff.) deliktsrechtlich zu qualifizieren, gehen fehl.

Die vormals geltenden mitgliedstaatlichen Kollisionsnormen des Internationalen Delikts- **298** rechts wurden durch das Inkrafttreten der **Rom II-VO**[190] am 11.1.2009 vereinheitlicht (→ Rn. 658 ff.). Die Anknüpfungsgrundsätze der VO gelten universell, dh auch im Verhältnis zu Drittstaaten (Art. 3 Rom II-VO). Grundsätzlich ist hiernach das Recht des Erfolgsorts anzuwenden (Art. 4 Abs. 1 Rom II-VO), sofern diese Anknüpfung nicht zugunsten des Rechts des gemeinsamen Aufenthalts[191] verdrängt wird (Art. 4 Abs. 2 Rom II-VO). Diese beiden Anknüpfungen treten wiederum zurück, falls sich aus den Gesamtumständen, namentlich aus einem zwischen Schädiger und Geschädigtem bestehenden Rechtsverhältnis, eine offensichtlich engere Verbindung mit einem anderen Staat ergibt (Art. 4 Abs. 3 Rom II-VO).

Unter der Geltung der Rom II-VO erscheint eine **deliktsrechtliche Qualifikation 299** gesellschaftsrechtlicher Haftungstatbestände schon deshalb **fragwürdig,** weil „außervertrag-

---

[186] S. auch *Kindler* FS Jayme, 2004, 409 (410).
[187] S. eingehend schon *Ego,* Europäische Niederlassungsfreiheit der Kapitalgesellschaft und deutsches Gläubigerschutzrecht, 2006, 149 ff., 153 ff., 171 ff. sowie 2. Aufl. 2006, 2. Kap. Rn. 70 ff. Der entscheidende Unterschied zu einer Mehrfachqualifikation besteht darin, dass bei dem Ansatz auf der Qualifikationsebene auf bereits bestehende Kollisionsnormen und deren Anknüpfungsgrundsätze zurückgegriffen wird. Eine Anknüpfung, die der spezifischen Interessenlage im Internationalen Gesellschaftsrecht Rechnung trägt, ist damit nicht zu gewährleisten. Undeutlich in der Abgrenzung *Kindler* NZG 2003, 1086 (1090); *U. Huber* in Lutter Auslandsgesellschaften S. 307, 339.
[188] S. zur Insolvenzverschleppungshaftung namentlich *U. Huber* FS Gerhardt, 2004, 397 (426 f.) und *U. Huber* in Lutter Auslandsgesellschaften S. 307 (319, 333 f., 339 ff.) (tendenziell zustimmend *Zöllner* GmbHR 2006, 1 (6 f.)), wonach die Insolvenzverschleppungshaftung nicht über Art. 4 EuInsVO 2000 (jetzt Art. 7 EuInsVO) zur Anwendung gebracht werden soll. Vielmehr wird für die Insolvenzantragspflicht eine das Gesellschaftsstatut des Gründungsstaates verdrängende allseitige „Sonderanknüpfung an den Ort befürwortet", an dem die Gesellschaft den Mittelpunkt ihrer hauptsächlichen Interessen hat". Nach *Eidenmüller* RabelsZ 70 (2006), 474 (495 ff.) sind Insolvenzantragspflicht und Insolvenzverschleppungshaftung zwar insolvenzrechtlich zu qualifizieren. Da aber Art. 4 EuInsVO 2000 (jetzt Art. 7 EuInsVO) nicht greife, soll eine „eigenständige Kollisionsnorm" zu entwickeln sein, die das Recht eines hypothetischen Hauptinsolvenzverfahrens zur Anwendung beruft. Dies soll wiederum nur unter dem Vorbehalt gelten, dass nicht später tatsächlich das Insolvenzverfahren in einem international unzuständigen Staat eröffnet wird. In einem solchen Fall soll ausschließlich das Recht dieses Staates zur Anwendung kommen.
[189] EuGH NZG 2016, 115 – Kornhaas/Dithmar; nachgehend BGH NZI 2016, 461.
[190] VO (EG) 846/2007 des Europäischen Parlaments und des Rates v. 11.7.2007 über das auf außervertragliche Schuldverhältnisse anzuwendende Recht („Rom II"), ABl. 2007 L 199, 40.
[191] Für Gesellschaften ist auch insoweit auf den Ort der Hauptverwaltung abzustellen (Art. 23 Abs. 1 S. 1 VO).

liche Schuldverhältnisse, die sich aus dem Gesellschaftsrecht, dem Vereinsrecht und dem Recht der juristischen Personen ergeben, wie [...] die persönliche Haftung der Gesellschafter und der Organe für die Verbindlichkeiten einer Gesellschaft, eines Vereins oder einer juristischen Person" ausdrücklich vom **Anwendungsbereich der VO ausgenommen** sind (Art. 1 Abs. 2 lit. d Rom II-VO).[192] Die Ausklammerung gesellschaftsrechtlicher Aspekte aus der Rom II-VO ist Ausdruck der Vorstellung, dass die entsprechenden Fragen nicht von dem für das Unternehmen geltenden Recht zu trennen sind.[193]

300 Selbst wenn man diese Ausnahme nur auf die Frage der Haftungsbeschränkung, nicht aber auf diejenige einer gläubigerschutzrechtlichen Innen- oder Außenhaftung bezöge,[194] würde eine deliktsrechtliche Qualifikation bei Auslandsgesellschaften im Übrigen nicht zum deutschen Recht führen, soweit es um **Innenhaftungstatbestände** wie namentlich die Existenzvernichtungshaftung nach den Grundsätzen der „Trihotel"-Entscheidung (→ Rn. 461 ff.) geht, mithin die Gesellschaft als das Opfer der deliktischen Schädigung betrachtet würde.[195] Die Mitgliedschaft bzw. die Organstellung haben als vorrangige Sonderverbindung ihre Grundlage im Recht des Gründungsstaates und würden daher die deliktsrechtliche Regelanknüpfung verdrängen (Art. 4 Abs. 3 Rom II-VO).[196]

301 Erst recht erwiese sich die deliktsrechtliche Anknüpfung als nicht sachgerecht, falls die verschiedenen **Gläubiger als Geschädigte** betrachtet würden.[197] Der maßgebliche Erfolgsort (Art. 4 Abs. 1 Rom II-VO) läge diesfalls jeweils dort, wo der einzelne Gesellschaftsgläubiger ansässig ist.[198] Es wäre aber ersichtlich ungereimt, auch die Gesellschafter und Geschäftsleiter einer „echten" Auslandsgesellschaft den Haftungstatbeständen des deutschen Gläubigerschutzrechts zu unterwerfen, nur wenn und weil die geschädigten Gläubiger ihren Wohn- oder Geschäftssitz im Inland haben.

302 **cc) Insolvenzrechtliche Qualifikation (EuInsVO).** Anders als die Rom I-VO und die Rom II-VO enthält die EuInsVO **keine ausdrückliche Bereichsausnahme** für Rechtsfragen des Internationalen Gesellschaftsrechts. Art. 7 EuInsVO (früher Art. 4 EuInsVO 2000) bezieht die lex concursus[199] in Übereinstimmung mit der herkömmlichen

---

[192] Zu außervertraglichen Schuldverhältnissen aus den Beziehungen iRe „Trusts" ferner Art. 1 Abs. 2 lit. e Rom II-VO. Auch die Rom I-VO zur Vereinheitlichung des Internationalen Schuldvertragsrechts (VO (EG) 593/2008 vom 17.6.2008 über das auf vertragliche Schuldverhältnisse anzuwendende Recht, ABl. 2008 L 177, 6) klammert die Anknüpfung des Internationalen Gesellschaftsrechts und des Trust aus (vgl. Art. 1 Abs. 2 lit. f, g, h Rom I-VO).

[193] COM(2003) 427 S. 10 endg.

[194] S. *G. Wagner* IPRax 2008, 1 (2 f.); Rauscher/*Cziupka/Unberath* Rom II-VO Art. 1 Rn. 55 ff.; zur Existenzvernichtungshaftung der Gesellschafter auch *Staudinger* AnwBl 2008, 316 (320); s. auch *Kindler* IPRax 2009, 189 (193); für einen umfassenden Ausschluss sämtlicher Fragen des Internationalen Gesellschaftsrechts hingegen Staudinger/*Magnus* Rom I-VO Art. 1 Rn. 82 ff.; Rauscher/*v. Hein* Rom I-VO Art. 1 Rn. 41 ff.; grds. auch BeckOK BGB/*Spickhoff* Rom II-VO Art. 1 Rn. 15 (aber anders für die Existenzvernichtungshaftung).

[195] Dafür zur Existenzvernichtungshaftung schon vor „Trihotel" *Weller* IPRax 2003, 207 (209) f.; ebenso nach Trihotel ua *Balthasar* RIW 2009, 221 f. (225 f.); *Staudinger* AnwBl 2008, 316 (321); wohl auch *Wagner* FS Canaris, 2007, 497 (483 f.), der aber trotz Qualifikation als Innenhaftung iRd kollisionsrechtlichen Ausführungen auf die Schädigung der einzelnen Gläubiger abhebt (*Wagner* FS Canaris, 2007, 499).

[196] S. schon zur Rechtslage vor der Rom II-VO *Ego*, Europäische Niederlassungsfreiheit der Kapitalgesellschaft und deutsches Gläubigerschutzrecht, 2006, 178 f.; 2. Aufl. 2006, 2. Kap. Rn. 86; zutr. ferner HCL/ *Behrens/Hoffmann* GmbHG Einl. B Rn. 118; letztlich wohl auch *Staudinger* AnwBl 2008, 316 (321, 324); aA – ohne Begr. – Rauscher/*Cziupka/Unberath* Rom II-VO Art. 1 Rn. 58 für den Fall der „Scheinauslandsgesellschaft". Anderes gilt, soweit es um eine deliktische Haftung gegenüber außenstehenden Dritten geht, etwa nach § 823 Abs. 2 BGB, § 263 StGB; nur insoweit zutr. *Hofmeister* FS Eisenhardt, 2007, 421 (431 f.).

[197] So *Kindler* FS Jayme, 2004, 409 (417) (anders MüKoBGB/*Kindler* IntGesR Rn. 648, 653); ebenso wohl *Zimmer* NJW 2003, 3585 (3589).

[198] *Kindler* FS Jayme, 2004, 409 (417). Unklar *Zimmer* NJW 2003, 3585 (3589), wonach der Erfolgsort jedenfalls dann im Inland liege, „wenn die Gesellschaft Beziehungen und Vermögenswerte nur im Inland hatte". Auf die Verhältnisse der Gesellschaft kann es aber nicht ankommen, wenn auf eine Schädigung der Gläubiger abgestellt wird.

[199] Es handelt sich um einen Sachnormverweis, vgl. Erwägungsgrund 66 EuInsVO; *Taupitz* ZZP 111 (1998), 315 (329); *Leible/Staudinger* KTS 2000, 533 (549). Gleiches gilt für Art. 35 EuInsVO (früher Art. 28 EuInsVO 2000).

Abgrenzung grundsätzlich auf solche Rechtsinhalte, die in spezifischer Weise das Insolvenzverfahren und seine Eröffnung sach- und funktionsgerechte Durchführung betreffen.[200] Art. 7 Abs. 2 S. 2 EuInsVO (früher Art. 4 Abs. 2 S. 2 EuInsVO 2000) konkretisiert die Kollisionsnorm durch eine nicht abschließende[201] Aufzählung erfasster Materien, während die Art. 8 ff. EuInsVO (früher Art. 5 ff. EuInsVO 2000) zahlreiche Sonderanknüpfungen vorsehen. Im Verhältnis zum Vereinigten Königreich wird die EuInsVO seit dem **Brexit** auf die in Art. 6 Abs. 1 EuInsVO genannten Insolvenzverfahren und -klagen lediglich noch zur Anwendung kommen, sofern das Hauptverfahren vor dem Ablauf der Übergangszeit 31.12.2020 eingeleitet wurde (Art. 67 Abs. 3 lit. c BrexitAbk). Im Übrigen hat das Vereinigte Königreich seither den Status eines Drittstaats. Bislang ist nicht abschließend geklärt, ob die EuInsVO aus der Sicht der Mitgliedstaaten im Verhältnis zu Drittstaaten anzuwenden ist und das autonome internationale Insolvenzrecht, dh vorliegend die §§ 335 ff. InsO, daher auch insoweit zurücktritt.[202] Soweit die einzelnen Regelungen der EuInsVO einen spezifischen Unionsbezug voraussetzen, dürfte ihre Anwendung nicht durch die bisherige Rechtsprechung des EuGH gedeckt sein.[203] Hält man die EuInsVO insoweit nicht für anwendbar, so würde die Anerkennung von Verfahren, die nach dem 31.12.2020 im Vereinigten Königreich eröffnet wurden und künftig eröffnet werden, sich nach dem Regime des § 343 InsO und nicht mehr nach Art. 19 EuInsVO richten.[204]

Letztlich ist auch der Anwendungsbereich des Art. 7 EuInsVO (früher Art. 4 EuInsVO 2000) durch eine **autonome Auslegung** zu ermitteln (→ Rn. 293) und kann nicht durch die einzelnen Mitgliedstaaten definiert werden, etwa indem diese – wie dies durch das MoMiG erfolgt ist[205] – Regelungen im nationalen Insolvenzrecht ansiedeln.[206] Richtiger, wenngleich nicht hM nach kann nicht unterstellt werden, dass die EuInsVO Haftungstatbestände des nationalen Gesellschaftsrechts erfassen soll, da die insolvenzrechtliche Qualifikation zu völlig **unsachgemäßen Verweisungsergebnissen** führen würde.[207] Zu konstatieren ist freilich, dass die insolvenzrechtliche Qualifikation sich für die Massesicherungshaftung bereits in der Rspr. des BGH und des EuGH durchgesetzt hat. Auch für andere zentrale Tatbestände wie das Recht der Gesellschafterdarlehen (→ Rn. 417 ff.), die Insolvenzverschleppungshaftung (→ Rn. 434 ff.) sowie die Insolvenzverursachungshaftung (→ Rn. 451 ff.) und die Existenzvernichtungshaftung (→ Rn. 461 ff.) ist eine entsprechende Entwicklung bereits zu verzeichnen oder wahrscheinlich. In der Lit. wird der Rspr. des EuGH eine Tendenz entnommen, jede Haftungsnorm als insolvenzrechtlich zu qualifizieren, die den Zweck der Massemehrung verfolgt.[208]

Die Überlegungen, gesellschaftsbezogene Haftungstatbestände insolvenzrechtlich zu qualifizieren, zielen offenkundig darauf ab, eine Anknüpfung an den „Mittelpunkt der hauptsächlichen Interessen" iSd Art. 3 Abs. 1 EuInsVO zu erreichen. Tatsächlich erfolgt die **insolvenzrechtliche Anknüpfung** jedoch nicht an den wirtschaftlichen Interessenschwer-

---

[200] Vgl. Duursma-Kepplinger/Duursma/Chalupsky/*Duursma-Kepplinger* EuInsVO Art. 4 Rn. 5 ff., 9; vgl. auch Erwägungsgrund 66 EuInsVO; *Virgos/Schmit* Erläuternder Bericht Nr. 88, 90 f. Zum autonomen deutschen Recht *Trunk* S. 5 ff.

[201] Statt aller *Leible/Staudinger* KTS 2000, 533 (550).

[202] Tendenziell bejahend, jedoch offenlassend, BGH NJW-RR 2020, 373 Rn. 12 ff. mwN zum Meinungsstand.

[203] S. die Einschränkung in EuGH NZI 2014, 134 Rn. 22 – Schmid.

[204] *Weller/Thomale/Zwirlein* ZEuP 2018, 892 (907 f.).

[205] RegE BT-Drs. 16/6140, 47 (55) (zur Insolvenzantragspflicht), 56 f. (zum Recht der Gesellschafterdarlehen).

[206] In diesem Sinne aber der Sache nach BGH NZG 2011, 1195 (1196) für das frühere kodifizierte Eigenkapitalersatzrecht; tendenziell ferner *Paulus* ZIP 2002, 729 (735); *Riedemann* GmbHR 2004, 345 (349); *Kuntz* NZI 2005, 424 (426); *Wienberg/Sommer* NZI 2005, 353 (356). Dagegen zutr. *Bittmann/Gruber* GmbHR 2008, 867 (869).

[207] Dazu schon *Ego*, Europäische Niederlassungsfreiheit der Kapitalgesellschaft und deutsches Gläubigerschutzrecht, 2006, 175 ff. und passim; 2. Aufl. 2006, 2. Kap. Rn. 90 f.; sodann auch *Berner/Klöhn* ZIP 2007, 106 (108) ff.; s. ferner, allerdings den hier vorgetragenen Bedenken nicht folgend, *Weller* ZIP 2009, 2029 (2030 ff.); *Weller* ZGR 2008, 835 (844 f.).

[208] *Hübner* ZGR 2018, 149 (160 f.).

punkt, sondern allein an den formalen Umstand einer **Verfahrenseröffnung**.[209] Die Lage des wirtschaftlichen Interessenschwerpunkts ist nur von mittelbarer Bedeutung, da sie die internationale Zuständigkeit des Insolvenzgerichts determiniert.[210] Die Entscheidung eines mitgliedstaatlichen Insolvenzgerichts, ein Insolvenzverfahren zu eröffnen, ist jedoch unter der EuInsVO 2000 in allen anderen Mitgliedstaaten auch dann ohne Nachprüfung anzuerkennen, wenn sie unter Verkennung der internationalen Unzuständigkeit getroffen wurde (Art. 16 Abs. 1 EuInsVO 2000).[211] Es ist daher keineswegs sichergestellt, dass im Einzelfall die mittelbare Anknüpfung an den wirtschaftlichen Interessenmittelpunkt bzw. Sitz der Hauptverwaltung (Art. 3 EuInsVO) tatsächlich zum Tragen kommt. Auch die 2015 im Zuge der Reform der EuInsVO in Art. 5 EuInsVO eingeführte Möglichkeit zur Anfechtung einer Eröffnungsentscheidung vermag diese Bedenken allenfalls zu mindern, nicht jedoch zur Gänze zu beseitigen.

305   Für **deutsche Kapitalgesellschaften,** die nach dem Willen des Gesetzgebers in der Lage sein sollen, ihren tatsächlichen Sitz im Ausland zu nehmen,[212] sind insolvenzrechtlich qualifizierte Gläubigerschutzregeln des deutschen Rechts daher in einem ausländischen Hauptinsolvenzverfahren nicht anwendbar. Wegen der formalen Anknüpfung an die Verfahrenseröffnung gilt dies selbst für deutsche Gesellschaften mit tatsächlichem Sitz in Deutschland, wenn und weil ein EU-ausländisches Insolvenzgericht fälschlicherweise das Insolvenzverfahren eröffnen würde (→ Rn. 304).

306   Darüber hinaus ist zu berücksichtigen, dass die formale verfahrensrechtliche Anknüpfung in gleicher Weise auch bei Eröffnung eines **Sekundär- und Partikularinsolvenzverfahrens** gilt.[213] Mittelbarer Anknüpfungspunkt für ihre Eröffnung ist der Umstand, dass der Gemeinschuldner irgendeine Niederlassung (Art. 2 Nr. 10 EuInsVO; früher Art. 2 lit. h EuInsVO 2000)[214] in dem betreffenden Mitgliedstaat unterhält (Art. 3 Abs. 2 S. 1 EuInsVO). Zu dem abzuwickelnden Vermögen solcher in ihrer Wirkung beschränkter Verfahren (vgl. Art. 3 Abs. 2 S. 2 EuInsVO) gehören ua Forderungen des Gemeinschuldners, deren Schuldner seinen Interessenmittelpunkt (Art. 3 Abs. 1 EuInsVO) in dem betreffenden Staat hat (Art. 2 Nr. 9 Ziff. viii EuInsVO; früher Art. 2 lit. g, 3. Spiegelstrich EuInsVO 2000). Im Falle einer insolvenzrechtlichen Qualifikation kommen zentrale Haftungstatbestände des deutschen Gläubigerschutzrechts daher bei EU-ausländischen Kapitalgesellschaften auch dann zur Anwendung, wenn diese selbst nur eine untergeordnete Zweigstelle, jedoch die haftenden Gesellschafter oder Geschäftsleiter ihren Interessenmittelpunkt im Inland hätten.

307   Die **insolvenzrechtliche Anknüpfung** nach der EuInsVO erweist sich somit als **ungeeignet,** das anwendbare Gläubigerschutzrecht im Einklang mit der vorherrschenden und auch

---

[209] Vgl. Erwägungsgrund 20 EuInsVO und Art. 1 EuInsVO. S. auch *U. Huber* FS Gerhardt, 2004, 397 (426); *Bitter* WM 2004, 2190 (2192).

[210] Insoweit ist der Zeitpunkt der Antragstellung maßgeblich (perpetuatio fori), s. EuGH Slg. 2006, I-2813 – Staubitz-Schreiber.

[211] EuGH Slg. 2006, I-3813 Rn. 39 ff. – Eurofood; vgl. auch Erwägungsgrund 22 der EuInsVO 2000; im deutschen Recht Art. 102 § 3 Abs. 1, § 4 EGInsO; ferner BGHZ 177, 12; OLG Köln NJW 2012, 862; OLG Köln NZI 2013, 506 (511); OLG Celle ZIP 2013, 945; *P. Huber* ZZP 114 (2001), 133 (144 ff.); *Herchen* ZInsO 2004, 61 (63 ff.); *Eidenmüller* NJW 2004, 3455 (3457 f.); *Paulus* ZIP 2003, 1725 (1726); *U. Huber* in Lutter Auslandsgesellschaften S. 131 (163 Fn. 91) und S. 307 (323); *U. Huber* FS Gerhardt, 2004, 397 (404 f., 411 f.); AG Köln NZI 2004, 151; AG Mönchengladbach NZI 2004, 383 (384); AG Düsseldorf NZI 2004, 269; Landesgericht Innsbruck ZIP 2004, 1721 f. Einschr. unter Berufung auf Art. 26 EuInsVO 2000 (ordre public) AG Göttingen NZI 2013, 206 f. (dagegen ua OLG Köln NJW 2012, 862 und OLG Köln NZI 2013, 506 (511) mwN).

[212] RegE BT Drs. 16/6140, Begr. zu Art. 1 Nr. 4.

[213] Zum Sekundärinsolvenzverfahren s. Art. 35 EuInsVO. Für Partikularverfahren ist umstritten, ob die Geltung der lex fori concursus aus Art. 35 EuInsVO (so Duursma-Kepplinger/Duursma/Chalupsky/*Duursma-Kepplinger* EuInsVO Art. 28 Rn. 2 oder aus Art. 7 EuInsVO (so MüKoInsO/*Reinhart* Art. 28 EuInsVO 2000 Rn. 13; Kübler/Prütting/Bork/*Kemper* EuInsVO Art. 4 2000 Rn. 7, Art. 28 EuInsVO 2000 Rn. 3 sowie Kübler/Prütting/Bork/*Madaus* EuInsVO Art. 7 Rn. 4) folgt.

[214] Zu diesem Niederlassungsbegriff, für den das bloße Vorhandensein einzelner Vermögenswerte oder von Bankkonten grundsätzlich nicht genügt, EuGH Slg. 2011, I-9939 Rn. 62 – Interedil; BGH NZI 2012, 377; AG Deggendorf NZI 2013, 112; sehr weitgehend daher LG Hildesheim NZI 2013, 110.

weiterhin vorzugswürdigen kollisionsrechtlichen Interessenbewertung zu bestimmen.²¹⁵ Aus diesem Grund liegt die Annahme fern, dass der europäische Verordnungsgeber wesentliche Bereiche des Gesellschaftskollisionsrechts unter dem Titel der EuInsVO erfassen wollte, zumal diese Vereinheitlichung auf Fälle beschränkt bliebe, in denen ein Insolvenzverfahren stattfindet. Vielmehr hat der Verordnungsgeber auch im Zusammenhang mit der Rom I-VO und der Rom II-VO (→ Rn. 298, → Rn. 658 ff.) bestätigt, dass es für die Anknüpfung gesellschaftsrechtlicher Rechtsfragen, insbesondere auch der diesbezüglichen Haftungsfragen, besonderer kollisionsrechtlicher Regelungen bedarf, über deren Grundzüge und Einzelheiten auch auf europäischer Ebene bislang keine Klarheit herrscht. Ein Umkehrschluss zu diesen Regelungen für die EuInsVO verbietet sich hingegen schon im Hinblick darauf, dass beim Erlass der EuInsVO im Jahre 2000 trotz der Entscheidung in der Rechtssache „Centros" noch keineswegs Klarheit herrschte, ob und mit welchen Maßgaben europäische Gesellschaften mit tatsächlichem Sitz in anderen Mitgliedstaaten überhaupt als solche anzuerkennen sind (→ Rn. 67 ff., → Rn. 234 ff.). Dies gilt umso mehr, als die Kollisionsnorm der EuInsVO auch im Zuge der grundlegenden Reform im Jahre 2015 nicht auf gesellschaftsrechtliche Anknüpfungsgegenstände erstreckt wurde. Im Gegenteil bringt Erwägungsgrund 16 EuInsVO zum Ausdruck, dass „Verfahren, die sich auf allgemeines Gesellschaftsrecht stützen, das nicht ausschließlich auf Insolvenzfälle ausgerichtet ist," nicht Gegenstand der EuInsVO sind.

Unionsrechtlich unterläge es hingegen, wie der EuGH hinsichtlich der Massesicherungshaftung zu Recht festgestellt hat, keinen Bedenken, wenn das anwendbare Gläubigerschutzrecht durch Art. 7 EuInsVO (früher Art. 4 EuInsVO 2000) bestimmt würde (→ Rn. 153, → Rn. 163 ff., → Rn. 290 f.).²¹⁶ Jenseits der absoluten Geltung des Diskriminierungsverbots geben das Sekundärrecht und im Übrigen die nationalen Rechtsordnungen den Rahmen vor, der bei grenzüberschreitenden Unternehmungen zu beachten ist.²¹⁷ **308**

V. Stellungnahme zur Anknüpfung des Gesellschaftsrechts²¹⁸

1. Ablehnung der einheitlichen Gründungstheorie für das nationale Kollisionsrecht. Da das Unionsrecht keinen Übergang zur reinen Gründungstheorie verlangt (→ Rn. 255 ff.), ist es eine **rechtspolitische Frage,** ob ein solcher Schritt vollzogen werden soll. Insoweit war das **Problem** schon bislang weder in der Gründungs- noch in der Sitzanknüpfung, sondern in dem Dogma der **Einheitlichkeit des Gesellschaftsstatuts**²¹⁹ zu sehen (→ Rn. 202 f., → Rn. 216 f.).²²⁰ **309**

Der rechtspolitische Vorzug der **Sitztheorie,** dem am stärksten betroffenen Staat die Entscheidung über das anzuwendende Recht und damit ein „Wächteramt" hinsichtlich des **310**

---

²¹⁵ Eingehend *Ego,* Europäische Niederlassungsfreiheit der Kapitalgesellschaft und deutsches Gläubigerschutzrecht, 2006, 175 ff., 234 ff. (passim), insbes. S. 294 ff. (zum Kapitalersatzrecht), 317 ff. (zu Insolvenzantragspflicht und Insolvenzverschleppungshaftung); 2. Aufl. 2006, 2. Kap. Rn. 91; *Ego* IWRZ 2019, 243 (248 f.); sodann auch *Berner/Klöhn* ZIP 2007, 106 (108 ff.); aA wohl *Weller* ZIP 2009, 2029 (2032 ff.).
²¹⁶ Im Ergebnis zutr. EuGH NZG 2016, 115 Rn. 23 ff. – Kornhaas/Dithmar (nachfolgend BGH NZI 2016, 461); NZG 2011, 1195 (1198); HCL/*Behrens/Hoffmann* GmbHG Einl. B Rn. 114 (zum Recht der Gesellschafterdarlehen) und seit der 3. Aufl. auch zu Insolvenzantragspflicht und Insolvenzverschleppungshaftung → 3. Aufl. 2019, Rn. 144; aA aber tendenziell *Bitter* WM 2004, 2190 (2192); *Hirte/Mock* ZIP 2005, 474 (476); s. auch *Teichmann* BB 2012, 1418 (1419); *Fleischer* in Lutter Auslandsgesellschaften S. 49 (112): jedenfalls die berufenen Sachnormen des inländischen Rechts müssten sich an der Niederlassungsfreiheit messen lassen; ähnlich *Schall* NJW 2011, 3745 (3747).
²¹⁷ Allg. zur Beschränkung des Prüfungsmaßstabs auf das harmonisierte Unionsrecht EuGH EuZW 2016, 104 Rn. 57 – RegioPost; EuGH BeckRS 2017, 123556 Rn. 15 – Eqiom und Enka; EuGH EuZW 2019, 288 Rn. 49 – TAP mwN. Ähnlich hinsichtlich einer insolvenzrechtlichen Qualifikation des kodifizierten Eigenkapitalersatzrechts in Anwendung von Art. 7 EuInsVO *U. Huber* in Lutter Auslandsgesellschaften S. 131 (185 ff., 188); s. ferner *Ulmer* NJW 2004, 1201 (1207); *Wienberg/Sommer* NZI 2005, 353 (356); MüKoBGB/*Kindler* IntGesR Rn. 434 ff., 598, Art. 7 EuInsVO Rn. 96 ff.
²¹⁸ S. zum Folgenden eingehend *Ego,* Europäische Niederlassungsfreiheit der Kapitalgesellschaft und deutsches Gläubigerschutzrecht, 2006, 138 ff., 153 ff.
²¹⁹ S. nur Staudinger/*Großfeld* IntGesR Rn. 68; MüKoBGB/*Kindler* IntGesR Rn. 5 f., 408, 423; MHLS/ *Leible* GmbHG Syst. Darst. 2 Rn. 13; *Wiedemann* GesR Bd. 1 § 14 II 1 b bb (S. 789 f.).
²²⁰ S. auch *Schanze* FS Helge Thue, 2007, 423 ff.

Interessenschutzes zuzugestehen,[221] muss aufgrund des Postulats der einheitlichen Anknüpfung mit der drastischen Konsequenz der Nichtanerkennung erkauft werden (→ Rn. 206). Gerade die Nichtanerkennung wird freilich herkömmlich als Vorteil der Sitztheorie angeführt und den Ansätzen zu einer differenzierenden Anknüpfung ihre „Sanktionsschwäche" vorgehalten.[222] Dieser Einwand ist für Gesellschaften aus Staaten der EU und des EWR spätestens hinfällig, seit der EuGH die Nichtanerkennung verworfen hat (→ Rn. 234 ff.).

311 Auch im Übrigen konnte jedoch schon immer bezweifelt werden, dass die Sitztheorie im Sinne einer „Nichtanerkennungstheorie" mit dem Leitgedanken des Internationalen Privatrechts, dem „Sitz" des Rechtsverhältnisses Rechnung zu tragen (→ Rn. 197),[223] vereinbar war.[224] Die **wirksame Gründung** eines Verbandes, dh die Hervorbringung des Rechtssubjekts, und die **gesellschaftsinternen Rechtsbeziehungen** wurzeln zweifellos im Rechts des **Gründungsstaates.** Insoweit, namentlich auch im Hinblick auf den **Schutz von Minderheitsgesellschaftern,**[225] besteht ersichtlich kein Anlass, von der Gründungsanknüpfung abzuweichen. Insoweit kommt die Gründungstheorie dem Kontinuitätsinteresse der Gesellschafter und Gesellschaftsorgane zu Recht entgegen.[226]

312 Auch die **Gründungstheorie** ist aber **als Einheitslehre abzulehnen.** Insbesondere die Rechtsfragen des Gläubigerschutzes weisen stets eine auch kollisionsrechtlich zu beachtende Beziehung zu dem Staat auf, in dem die Gesellschaft tatsächlich ansässig ist (→ Rn. 321 ff.).[227]

313 Für die **Außenbeziehungen** geht es kollisionsrechtlich nicht nur darum, eine Rechtsordnung mit einem hinreichenden materiellen **Schutzstandard** zu berufen.[228] Aus Sicht des tatsächlichen Sitzstaates ist vielmehr auch das kollisionsrechtliche Interesse an einer **sicheren, schnellen und kostengünstigen Entscheidung** zu berücksichtigen (zu den Gerichtsständen → Rn. 691 ff.). Die reine Gründungstheorie belastet den Rechtsverkehr im Falle eines tatsächlichen Inlandssitzes unangemessen, woran auch die Erkennbarkeit der ausländischen Herkunft nichts ändert.[229] Abgesehen davon, dass dieses Argument für

---

[221] Staudinger/*Großfeld* IntGesR Rn. 21, 41; MüKoBGB/*Kindler* IntGesR Rn. 424, 426. Die Sitztheorie ist insofern häufig als „Schutztheorie" bezeichnet worden, vgl. BayObLG WM 1992, 1371 = DB 1992, 1400; Staudinger/*Großfeld* IntGesR Rn. 40; *K. Schmidt* ZGR 1999, 20 (23); MHLS/*Leible* GmbHG Syst. Darst. 2 Rn. 5; Soergel/*Lüderitz* EGBGB Anh. Art. 10 Rn. 4; *Wiedemann* GesR Bd. 1 § 14 II 1 a cc (S. 785).

[222] Vgl. besonders Staudinger/*Großfeld* IntGesR Rn. 63: Es fehle „die so wichtige automatische Versagung der Rechtsfähigkeit" und die Gründer hätten bei einer Wahl des falschen Rechts „nichts zu fürchten".

[223] *v. Savigny* S. 28, 32, 108, 126, 128.

[224] S. *Altmeppen/Wilhelm* DB 2004, 1083 (1086).

[225] Nahezu unstr., s. statt aller *Altmeppen/Wilhelm* NJW 2004, 97 (99 f.); *Altmeppen/Wilhelm* DB 2004, 1083 (1086 f.); *Eidenmüller* JZ 2004, 24 (27); *Eidenmüller/Rehm* in Eidenmüller, Ausländische Kapitalgesellschaften im deutschen Recht, 2004, § 4 Rn. 45 ff.; *Eidenmüller/Rehm* ZGR 2004, 159 (182 f.); *Kieninger* ZGR 1999, 724; *Knobbe-Keuk* ZHR 154 (1990), 325 (346); *Paefgen* DB 2003, 487 (489); *Riegger* ZGR 2004, 510 (518); *Sandrock* BB 2003, 1601; *Sandrock* ZVglRWiss 102 (2003), 447 (481 f.) (mit einem Vorbehalt für seltene Ausnahmefälle); *Sandrock* BerDtGesVR 18 (1978), 169 (184 f.) (aber einschr. S. 202); *Schäfer* NZG 2004, 785 (788); *Schulz/Sester* EWS 2002, 545 (551); *Ulmer* NJW 2004, 1201 (1206); *Lutter/Hommelhoff/Bayer* GmbHG § 4a Rn. 12; HCL/*Behrens/Hoffmann* GmbHG Einl. B Rn. 76; MHLS/*Leible* GmbHG Syst. Darst. 2 Rn. 153; unsicher *Leible/Hoffmann* RIW 2002, 925 (929); aA für den konzernrechtlichen Gesellschafterschutz *Körber* S. 558 f.; Emmerich/Habersack/*Emmerich* § 291 AktG Rn. 33, 35; s. ferner *Bartels* IPRax 2013, 153 (156) (die „innere Verfassung" solle ebenso wie die organschaftliche Vertretung, die Haftung und die Auflösung im Zuzugsfall ex nunc dem Recht des Zuzugsstaates unterworfen werden).

[226] Vgl. *Koppensteiner* Internationale Unternehmen S. 121 ff.; *Neumayer* ZVglRWiss 83 (1984), 129 (146); *Drobnig* ZHR 129 (1967), 93 (115); *Teichmann* ZGR 2011, 639 (682 ff.).

[227] S. auch *Teichmann* ZGR 2011, 639 (679 ff.), der zu Recht darauf hinweist, dass auch in den USA die „Gründungstheorie" im Sinne einer „internal affairs doctrine" verstanden wird; *Teichmann* ZGR 2011, 639 (682 f.).

[228] Dies ist notwendig, wenn es sich um Gesellschaften aus sog. „Oasenstaaten" handelt, in denen ein äußerst laxes Gesellschaftsrecht gilt. Bei den EU-Mitgliedstaaten kann davon nicht allg. die Rede sein.

[229] Zutr. *Großfeld* RabelsZ 31 (1967), 1, 24 ff.; aus heutiger Sicht auch MüKoBGB/*Kindler* IntGesR Rn. 367, 388; ferner ausf. zur Anwendung der Gründungstheorie und den mit ihr verbundenen Schwierigkeiten aus prozessualer Sicht *Thole* ZHR 176 (2012), 15 ff.; aA mit dem Hinweis, bestehende Informationsdefizite könnten außer Betracht bleiben, *Eidenmüller* ZIP 2002, 2233 (2236 f.); *Eidenmüller* in Eidenmüller, Ausländische Kapitalgesellschaften im deutschen Recht, 2004, § 3 Rn. 37; *Spindler/Berner* RIW 2003, 949 (953 f.) mit

nichtvertragliche Gläubiger nicht trägt (→ Rn. 280), ist das fremde Kapitalgesellschaftsrecht dem inländischen Rechtsverkehr nicht hinreichend vertraut.[230] Im Einzelfall muss auch Kleingläubigern, Insolvenzverwaltern und nicht zuletzt den inländischen Gerichten eine umfassende, sichere und kostengünstige Rechtsermittlung möglich sein.[231] In Anbetracht der Sprachschwierigkeiten und der allenfalls beschränkten Tauglichkeit der Rechtsvergleichung als Erkenntnismittel für die tägliche Rechtsanwendung[232] ist dies letztlich nur zu gewährleisten, wenn die Rechtsdurchsetzung auf der Grundlage der inländischen Rechtsinstitute sichergestellt wird.

Die **Einwände,** die Anwendung ausländischen Rechts sei im Internationalen Privatrecht an der Tagesordnung[233] und ein „Heimwärtsstreben" durch Anknüpfung an den tatsächlichen Sitz daher unangebracht, liegen neben der Sache. Ausländisches Recht ist zur Anwendung zu bringen, wenn und weil der Sachverhalt die engste Verbindung zu einem anderen Staat aufweist. Wird dieser Maxime Rechnung getragen, entspricht die Anwendung fremden Rechts im Einzelfall der Natur der Sache, bleibt aufs Ganze gesehen jedoch die Ausnahme.[234] Dass die Dinge hinsichtlich des **Gläubigerschutzes** bei Scheinauslandsgesellschaften anders liegen und insoweit eine kollisionsrechtlich beachtliche Beziehung zum tatsächlichen Sitzstaat besteht, liegt demgegenüber auf der Hand. **314**

2. Keine Beschränkung auf den ordre public (Art. 6 EGBGB), die Lehre von der Gesetzesumgehung oder die Lehre über Sonderanknüpfungen zwingender Eingriffsnormen. Die Behauptung, die Anwendung deutschen Gesellschaftsrechts auf ausländische Gesellschaften sei kollisionsrechtlich auf den Bestand des ordre public (Art. 6 EGBGB) oder die Sonderanknüpfung zwingender Eingriffsnormen beschränkt (→ Rn. 249, → Rn. 251), ist bei genauer Betrachtung eine petitio principii. Diese Beschränkungen würden nur greifen, wenn und soweit das deutsche Kollisionsrecht für das Gesellschaftsstatut ausschließlich auf das Recht des Gründungsstaates verweisen würde. Die reine Gründungstheorie ist hierzulande aber (noch) nicht geltendes Recht (Anderes würde gelten, falls der RefE zum Internationalen Gesellschaftsrecht, vgl. → Rn. 218 f., doch noch umgesetzt werden sollte). Bis zu den Urteilen des EuGH „Überseering" und „Inspire Art" galt vielmehr – wenn auch nicht unangefochten – die einheitliche Anknüpfung an den effektiven Verwaltungssitz nach der Sitztheorie (→ Rn. 201 ff.). Auch die Niederlassungsfreiheit erfordert einen Übergang zur reinen Gründungstheorie nicht (→ Rn. 255 ff.).[235] **315**

Weder kollisions- noch unionsrechtlich zwingend ist auch die These, das deutsche Gläubigerschutzrecht dürfe nur dann subsidiär herangezogen werden, wenn aufgrund einer **316**

Fn. 65; *Riegger* ZGR 2004, 510 (529); schon früher *Dölle* RabelsZ 17 (1952), 161 (194); ferner *Koppensteiner* Internationale Unternehmen S. 130; *Neumayer* ZVglRWiss 83 (1984), 129 (142).

[230] Vgl. schon *Großfeld* RabelsZ 31 (1967), 1 (25); ferner *Fikentscher/Großfeld* CMLR 2 (1964/65), 259 (260).

[231] S. *Altmeppen* NJW 2004, 97 (98 f.); *Bitter* WM 2004, 2190 (2193 f.); *G. H. Roth* Vorgaben S. 35; vgl. auch *Ulmer* NJW 2004, 1201 (1202, 1209); MüKoBGB/*Kindler* IntGesR Rn. 367; *Borges* ZIP 2004, 733 (742); *Koch* JuS 2004, 755 (756); *Mäsch* EuZW 2004, 321; *Vallender* ZGR 2006, 425 (456). S. zum Aspekt der angemessenen Verteilung der Informationskosten und -risiken ferner *W.-H. Roth* RabelsZ 55 (1991), 623 (654 ff.); *W.-H. Roth* ZRG 2000, 311 (333 f.); *W.-H. Roth* IPRax 2003, 117 (124 f., 126); *W.-H. Roth* ICLQ 52 (2003), 177 (181 f., 202 ff.); *Forsthoff* DB 2003, 979 (981); *Bitter* WM 2004, 2190 (2193); *Borges* ZIP 2004, 733 (741 f.); *Geyrhalter/Gänßler* NZG 2003, 409 (412); *Weller* DStR 2003, 1800 (1802); *Schön* FS Lutter, 2000, 685 (699); zuvor schon *Beitzke* Juristische Personen S. 119; *Großfeld* RabelsZ 31 (1967), 1 (25).

[232] Auf ihren Ausbau verweisen hingegen etwa *Behrens* IPRax 2004, 20 (26) und *Kieninger* ZEuP 2004, 685 691 f.).

[233] *Sandrock* BB 2004, 897 (900); *Paefgen* ZIP 2004, 2253 (2257); *Kuntz* NZI 2005, 424 (432); *Jestädt* S. 216.

[234] Auch der Ausschluss der Revisibilität ausländischen Rechts – § 545 Abs. 1 ZPO, § 560 ZPO; s. BGH NJW 2013, 3656; 2014, 1244 (1245) – ist insoweit kaum akzeptabel; vgl. dazu im vorliegenden Zusammenhang *Mäsch* EuZW 2004, 321.

[235] Vgl. *Ego,* Europäische Niederlassungsfreiheit der Kapitalgesellschaft und deutsches Gläubigerschutzrecht, 2006, 135 ff., 227 ff.; *Ego* IWRZ 2019, 243 (247 f.); ferner *Altmeppen* NJW 2004, 97 (99); *Altmeppen/Wilhelm* DB 2004, 1083 (1086); *Bitter* WM 2004, 2190 (2192); *Borges* ZIP 2004, 733 (740); *Schanze/Jüttner* AG 2003, 661 (665); *Ulmer* NJW 2004, 1201 (1203, 1205).

umfassenden rechtsvergleichenden Analyse unerträgliche **Schutzlücken im Recht des Gründungsstaates** festzustellen seien (→ Rn. 249, → Rn. 251, → Rn. 255 ff.).²³⁶ In Bezug auf das Außenverhältnis hat die Anwendung inländischen Kapitalgesellschaftsrechts keinen Ausnahmecharakter.²³⁷ Für inlandsansässige Gesellschaften gilt insoweit vielmehr grundsätzlich (auch) das deutsche nicht disponible Außenrecht zum Schutze Dritter, weil bei einem inländischen Gesellschaftssitz die zu Grunde liegenden Interessenkonflikte einen kollisionsrechtlich beachtlichen Bezug zum deutschen Recht aufweisen (→ Rn. 321 ff.). Hinzu kommt, dass ein derartiger rechtsvergleichender Äquivalenzvergleich gänzlich unpraktikabel wäre.²³⁸

317 Auch ein Ansatz bei der **Lehre von der Gesetzesumgehung** (→ Rn. 251) ginge fehl. Ihre Anwendung würde voraussetzen, dass das deutsche Kollisionsrecht die Möglichkeit eröffnet, einer bestimmten Anknüpfung auszuweichen.²³⁹ An einer solchen Umgehungsmöglichkeit fehlt es aber gerade, wenn und weil das deutsche Gesellschaftskollisionsrecht bei der Anknüpfung der Außenverhältnisse die tatsächlichen Verhältnisse zu berücksichtigen hat.

318 Eine sachgerechte Anknüpfung ist daher weder durch Ausnahmen von einer einheitlichen Gründungsanknüpfung noch auf der Qualifikationsebene (→ Rn. 289 ff.), sondern nur durch eine zutreffende **gesellschaftsrechtliche Kollisionsnormbildung** zu gewährleisten.²⁴⁰

319 **3. Alternativanknüpfung der Außenverhältnisse. a) Überblick.** Soweit für das drittschützende Außenrecht eine Abweichung von der reinen Gründungsanknüpfung rechtspolitisch befürwortet wird, kommt als weiterer Anknüpfungspunkt der tatsächliche unternehmerische Schwerpunkt der Gesellschaft in Betracht (→ Rn. 321 ff.). Da die Anknüpfung an die Gründung nicht zurücktreten kann, führt dies zu einer **Alternativanknüpfung.** Ebenso wie im Rahmen der Sitztheorie handelt es sich bei der Anwendung des Sitzrechts grundsätzlich um eine **allseitige Anknüpfung** und sind **Weiter- und Rückverweise** zu beachten (→ Rn. 328 f., → Rn. 330 ff.). Die Anknüpfung nach dem **Günstigkeitsprinzip** ermöglicht es dem deutschen Richter insbesondere, gläubigerschutzrechtliche Ansprüche vorrangig nach deutschem Recht zu prüfen (→ Rn. 334 ff.).

320 Ist eine Haftung nach deutschem Recht gegeben, ist den in Anspruch Genommenen aus unionsrechtlichen Gründen in Anlehnung an Art. 16 EuInsVO (früher Art. 13 EuInsVO 2000) der **Nachweis** zu gestatten, dass nach dem **Recht des Gründungsstaates,** soweit dieses anwendbar ist (→ Rn. 255 ff.), keine oder nur eine geringere Haftung besteht. Gelingt dieser Nachweis, ist – ggf. unter Vorlage an den EuGH – zu klären, ob die (weitergehende) Haftung nach deutschem Recht gegen das Unionsrecht verstößt (→ Rn. 344 ff.). Im Übrigen ist zur Ermittlung des ausländischen Rechts nach § 293 ZPO zu verfahren. Im Ergebnis führt die hier vorgeschlagene Anknüpfungsregel daher für zahlreiche Fälle zu demselben Ergebnis wie die weithin favorisierte insolvenzrechtliche Qualifikation. Jene führt indes bei näherer Betrachtung in vielen Szenarien zu verfehlten Verweisungsergebnissen (→ Rn. 303 ff.).

321 **b) Maßgebliche Anknüpfungspunkte. aa) Anknüpfung an den tatsächlichen Sitz.** Die Wahl des zutreffenden Anknüpfungspunkts ist kollisionsrechtlich von entscheiden-

---

²³⁶ Zur Existenzvernichtungshaftung iErg auch *Heitsch* ZInsO 2007, 961 (964).
²³⁷ S. *Altmeppen* NJW 2004, 97 (99); *Altmeppen/Wilhelm* DB 2004, 1083 (1086); *Borges* ZIP 2004, 733 (740); *Ego,* Europäische Niederlassungsfreiheit der Kapitalgesellschaft und deutsches Gläubigerschutzrecht, 2006, 138 ff.; ähnlich auch *Bitter* WM 2004, 2190 (2192 ff.); *Ulmer* NJW 2004, 1201 (1203, 1205); offenlassend *Fischer* ZIP 2004, 1477 (1479); aA alle Autoren, die auf den ordre public rekurrieren, → Rn. 251.
²³⁸ *Altmeppen/Wilhelm* DB 2004, 1083 (1088); *Bitter* WM 2004, 2190 (2193 f.); *Borges* ZIP 2004 (733, 740, 741 f.); *Ego,* Europäische Niederlassungsfreiheit der Kapitalgesellschaft und deutsches Gläubigerschutzrecht, 2006, 141; *Riedemann* GmbHR 2004, 345 (349) (für das deutsche Insolvenzverschleppungshaftung). Auch *Ulmer* NJW 2004, 1201 (1202) und *Drygala* ZEuP 2004, 337 (356) äußern Bedenken hinsichtlich des Stands der Rechtsvergleichung auf dem Gebiet des Gesellschaftsrechts; s. dazu ferner krit. *W.-H. Roth* IPRax 2003, 117 (124 f.); *Altmeppen* NJW 2004, 97 f.; optimistisch hingegen *Eidenmüller* ZIP 2002, 2233 (2237); *Sandrock* BB 2004, 897 (900 f.).
²³⁹ Vgl. allg. *Kegel/Schurig* IPR S. 476, 480 ff.
²⁴⁰ Ähnlich im Hinblick auf die Begründung der Kombinationslehre (Rn. 185) *Zimmer* IntGesR S. 220.

der Bedeutung (→ Rn. 292 ff.). Richtigerweise ist für die Anknüpfung des Gläubigerschutzrechts neben einer Gründungsanknüpfung (→ Rn. 330 ff.) nur eine Anknüpfung an den **tatsächlichen Sitz** in Betracht zu ziehen.[241]

Die Identifizierung des tatsächlichen Sitzes iSd **unternehmerischen Schwerpunkts** der Gesellschaft kann im Einzelfall Schwierigkeiten bereiten. Da die Sitzanknüpfung auf den Schutz des Rechtsverkehrs abzielt, ist in Zweifelsfällen darauf abzustellen, wo in objektiv erkennbarer Weise die **Hauptverwaltung** geführt wird. 322

Das bloße Bestehen echter **Zweigniederlassungen** oder **relevanter Geschäftsbeziehungen** zum Gründungsstaat oder zum sonstigen Ausland schließt die Anknüpfung an den tatsächlichen Sitz nicht aus.[242] Wie die Rechtsprechung des BGH zeigt, ist es allerdings nicht auszuschließen, dass eine Gesellschaft mehrere tatsächliche Verwaltungssitze besitzen kann.[243] Ob es in derartigen Fällen bei der Gründungsanknüpfung verbleiben soll, ist offen, aufgrund des Schutzanliegens der Sitzanknüpfung jedoch wohl zu verneinen. 323

Die Anknüpfung an den effektiven Verwaltungssitz ist seit langem **international gebräuchlich**.[244] Auch nach Art. 4 und 5 EWG-Übereinkommen von 1968 (→ Rn. 233) sollte die Befugnis, die zwingenden inländischen Bestimmungen auf Gesellschaften aus anderen Signatarstaaten anzuwenden, von einem tatsächlichen Inlandssitzes abhängig gemacht werden.[245] 324

Auch im europäischen **Sekundärrecht**[246] ist der Ort der Hauptverwaltung als sachgerechtes Anknüpfungsmerkmal **anerkannt**.[247] Hervorzuheben sind insbesondere die Art. 3 und 7 EuInsVO (früher Art. 3 und 4 EuInsVO 2000), durch die zudem eine Verknüpfung zwischen der internationalen Zuständigkeit und der Bestimmung des anwendbaren Rechts hergestellt wird. Ein Hauptinsolvenzverfahren ist danach entgegen der widerleglichen Vermutung des Art. 3 Abs. 1 UAbs. 2 S. 1 EuInsVO (früher Art. 3 Abs. 1 S. 2 EuInsVO 2000) nicht im Staat des Satzungssitzes, sondern dort zu eröffnen, 325

---

[241] So auch die eingeschränkte Gründungs- sowie die Überlagerungstheorie hinsichtlich der von ihnen vertretenen Sonderanknüpfungen bzw. Überlagerungen (vgl. → Rn. 446); aA *Paefgen* DB 2003, 487 (491), der für die Anwendung der Existenzvernichtungshaftung bereits eine „ausreichende Inlandsbeziehung" der Auslandsgesellschaft, dh irgendeine (Zweig-)Niederlassung im Inland, genügen lassen will. S. ferner *Sandrock* BB 2004, 897 (899 f.), der Sonderanknüpfungen einerseits nur in sehr engen Grenzen, andererseits aber unter Anknüpfung an den Ort des vertraglichen oder deliktischen Handelns (Handlungsstatut, vgl. *Sandrock* BB 2004, 897 (900) Fn. 37) befürwortet; vgl. ferner *Sandrock* in Sandrock/Wetzler S. 33 (61 f.): Geltung des an den Vornahmeort anzuknüpfenden Geschäftsstatuts.

[242] Abw. die Kombinationstheorie von *Zimmer* IntGesR S. 219 ff., 224 ff., 239, wonach in Abweichung von der Gründungstheorie die Grundsätze der Sitztheorie greifen sollen, wenn die ausländische Gesellschaft im Zeitpunkt der Beurteilung keine substanziellen Auslandsbeziehungen (nicht notwendig zum Gründungsstaat) aufweist.

[243] S. BGH NJW 2009, 1610 (1611), wo angenommen wurde, dass die Klägerin, eine deutsche GbR, „jedenfalls auch einen inländischen Verwaltungssitz" habe. S. auch BGH NJW-RR 2010, 250: Es könne nicht ausgeschlossen werden, dass die Klägerin, eine walisische Limited, „jedenfalls auch einen inländischen Verwaltungssitz hatte".

[244] Vgl. die Definition in Art. 2 Abs. 3 des Haager Abkommens aus dem Jahr 1956, abgedruckt in RabelsZ 17 (1952), 270 f. S. ferner Art. 5 der Entschließung des „Institut de Droit International" von 1964, deutsche Übersetzung abgedruckt in RabelsZ 31 (1967), 549 (550); schließlich § A der Entschließung des „Deutschen Rats für Internationales Privatrecht" von 1972 in Lauterbach S. 3. Vgl. auch *Steindorff* EG-Vertrag S. 250; *W.-H. Roth* ZGR 2000, 311 (335).

[245] Vgl. Art. 5 des EWG-Übereinkommens aus dem Jahr 1968 (BGBl. II 1972 372).

[246] Vgl. insbes. Art. 4, 63 Brüssel Ia-VO (→ Rn. 679; → Rn. 691 ff.); Art. 3 EuInsVO; Art. 7 S. 1, 8, 64 Abs. 1 und 2 SE-VO; Art. 6 S. 1, 73 Abs. 2 ff. SCE-VO; Art. 12 S. 2 EWIV-VO; Art. 23 Abs. 1 S. 1 Rom II-VO; für Versicherungsunternehmen etwa Art. 6 Abs. 3 der EG-Lebensversicherungs-RL (RL 2002/83/EG, ABl. 2002 L 345, 1), Art. 8 Abs. 1a der EG-Direktversicherungs-RL (RL 73/239/EWG, ABl. 1973 L 228, 3), Art. 8 der EG-Rückversicherungs-RL (RL 2005/68/EG, ABl. 2005 L 323, 1); für Kreditinstitute etwa Art. 13 Abs. 2 der Kreditinstitute-RL (RL 2013/36/EU, ABl. 338, 388. Berl. ABl. 2013 L 208, 73); Art. 2 lit. b der Vorentwurfs der Sitzverlegungsrichtlinie aus dem Jahr 1999, der freilich in der Umwandlungsrichtlinie aus dem Jahr 2019 nicht umgesetzt wurde (→ Rn. 83). Vgl. ferner Art. 7 des gescheiterten Vorschlags einer SPE-VO (→ Rn. 10), wonach allerdings die Hauptverwaltung und der Satzungssitz international divergieren können sollten (aber → Rn. 72).

[247] Vgl. auch *Bitter* WM 2004, 2190 (2200 Fn. 175); *Kindler* NJW 2003, 1073 (1074); MüKoBGB/*Kindler* IntGesR Rn. 149, 425.

wo die insolvente Gesellschaft²⁴⁸ den von Amts wegen zu ermittelnden²⁴⁹ Mittelpunkt ihrer hauptsächlichen Interessen (sog. **COMI**) hat (Art. 3 Abs. 1 S. 1 EuInsVO). An die Widerlegung der genannten gesetzlichen Vermutung stellt die Rspr. strenge Anforderungen; der tatsächliche Interessenmittelpunkt ist nach objektiven, für Dritte erkennbaren Kriterien zu bestimmen (Art. 3 Abs. 1 S. 2 EuInsVO).²⁵⁰ Die hM geht insoweit zu Recht davon aus, dass das COMI letztlich mit dem tatsächlichen Sitz iSd Internationalen Gesellschaftsrechts, dh dem Ort der Hauptverwaltung, übereinstimmt.²⁵¹ Ist eine insolvente Auslandsgesellschaft aber im Inland abzuwickeln, sollten auch die typischerweise in der Insolvenz bedeutsamen Haftungsinstrumente des nationalen Gesellschaftsrechts zur Anwendung gebracht werden können.²⁵²

326   Im Staat des tatsächlichen Sitzes besteht schließlich auch das bereits hervorgehobene (→ Rn. 313) **Ordnungsinteresse**, im Streitfall durch Anwendung des inländischen Rechts zu einer **sicheren, schnellen und kostengünstigen Entscheidung** zu gelangen.²⁵³ Gläubigerschutzklagen werden typischerweise im Staat des unternehmerischen Schwerpunkts erhoben, in dem in der Regel die Mehrzahl der Gläubiger ansässig ist. Auch werden dort regelmäßig die beklagten Geschäftsleiter und Gesellschafter ihren allgemeinen **Gerichtsstand** haben (vgl. Art. 4 und 63 Brüssel Ia-VO; → Rn. 691 ff.) oder jedenfalls ein Gerichtsstand nach Art. 6 EuInsVO (früher Art. 3 EuInsVO 2000; → Rn. 681 ff.) oder nach Art. 7 Nr. 1 und 2 Brüssel Ia-VO eröffnet sein (→ Rn. 696 ff., → Rn. 714 ff.). Die Kapitalgesellschaft selbst ist ebenfalls sowohl am Ort ihres Satzungssitzes (Art. 63 Abs. 1 lit. a Brüssel Ia-VO) als auch am Ort der Hauptverwaltung oder Hauptniederlassung (Art. 63 Abs. 1 lit. b und c Brüssel Ia-VO) uneingeschränkt gerichtspflichtig. Auch aus diesem Grund müssen die Gesellschafter und Geschäftsleiter am Ort des Unternehmensschwerpunkts grundsätzlich mit der Anwendung des dort geltenden Rechts rechnen.

327   **Abzulehnen** ist demgegenüber die Anknüpfung der Außenverhältnisse an das **Wirkungs- oder Vornahmestatut.**²⁵⁴ Ein Interesse an der Anwendung des nationalen Gesellschaftsrechts ist nicht bereits dann anzuerkennen, wenn eine ausländische Gesellschaft nur im Rahmen einzelner Geschäftsabschlüsse oder über den Betrieb einer echten Zweigniederlassung im Inland aufgetreten ist. In diesen Fällen ist die Einhaltung des inländischen Gesellschaftsrechts nicht zu erwarten, da zum Inland nur punktuelle Verbindungen bestehen. Durch eine solche Anknüpfung würde die grenzüberschreitende Tätigkeit von Unternehmen daher in zu weit reichendem Maße beeinträchtigt.

---

²⁴⁸ S. zur Insolvenzfähigkeit ausländischer juristischer Personen in Deutschland AG Hamburg ZIP 2003, 1008 = NZI 2003, 442 mAnm *Mock/Schildt; Borges* ZIP 2004, 733 (737); *Hirsch/Britain* NZG 2003, 1100 (1101); *Hirte* ZInsO 2003, 833 (836); *U. Huber* in Lutter Auslandsgesellschaften Rn. 33 (36); *Lutter* BB 2003, 7 (9); *Mock/Schildt* ZInsO 2003, 396 (398 f.); *H. F. Müller* NZG 2003, 414 (415 f.); *Riedemann* GmbHR 2004, 345 (347); *Schanze/Jüttner* AG 2003, 30 (32); *Schulz* NJW 2003, 2705; *Ulmer* NJW 2004, 1201 (1204, 1207); *Weller* IPRax 2003, 520 (522).

²⁴⁹ S. § 5 Abs. 1 S. 1 InsO; vgl. *Drygala* ZEuP 2004, 337 (360); *Fischer* ZIP 2004, 1477 (1485); *P. Huber* ZZP 114 (2001), 133 (141); *P. Huber* EuZW 2002, 490 (492); *Mock/Schildt* NZI 2003, 444; *Smid* DWiR 2003, 397 (399); *Vallender/Fuchs* ZIP 2004, 829 (831); *Weller* IPRax 2003, 520 (521).

²⁵⁰ EuGH Slg. 2006, I-3813 Rn. 33 f. – Eurofood; Slg. 2011, I-9939 Rn. 49 ff. – Interedil mit einer Präzisierung der Voraussetzungen, unter denen die Vermutung als widerlegt zu betrachten ist (s. Erwägungsgründe 30, 31 EuInsVO und Art. 3 UAbs. 2 S. 2 EuInsVO). Ferner ua LG Berlin NZI 2018, 85 (87).

²⁵¹ EuGH Slg. 2011, I-9939 Rn. 48 – Interedil; EuGH Slg. 2011, I-13211 Rn. 34 – Rastelli; *P. Huber* EuZW 2002, 490 (492); Duursma-Kepplinger/Duursma/Chalupsky/*Duursma-Kepplinger* EuInsVO Art. 3 Rn. 14; *U. Huber* in Lutter Auslandsgesellschaften S. 307 (335); FK-InsO/*Wenner/Schuster* Art. 3 EuInsVO Rn. 8, 13; eingehend *Kübler* FS Gerhardt, 2004, 527 ff.

²⁵² Zu den Tatbeständen des „wrongful" und des „fraudulent trading" und der „action en comblement du passif" eingehend *Habersack/Verse* ZHR 168 (2004), 174–215.

²⁵³ S. *Ego*, Europäische Niederlassungsfreiheit der Kapitalgesellschaft und deutsches Gläubigerschutzrecht, 2006, 140 f., 158 f.

²⁵⁴ So die Differenzierungslehre nach *Grasmann* System Rn. 623, 636 ff., 745, 759 ff. Insoweit ähnlich wie die Differenzierungslehre *Grasmanns Sandrock* BB 2004, 897 (899 f.): Anknüpfung an den Ort des vertraglichen oder deliktischen Handelns („Handlungstatut", vgl. *Sandrock* BB 2004, 897 (900) Fn. 37); *Sandrock* in Sandrock/Wetzler S. 33 (61 f.): Geltung des an den Vornahmeort anzuknüpfenden Geschäftsstatuts. Dagegen *Ego*, Europäische Niederlassungsfreiheit der Kapitalgesellschaft und deutsches Gläubigerschutzrecht, 2006, 160 f.

Die Wertungen, die eine Anknüpfung des Gläubigerschutzrechts an den Unternehmensschwerpunkt rechtfertigen, gelten auch bei **deutschen Gesellschaften** mit tatsächlichem Sitz im Ausland.[255] Zum Wegzug → Rn. 67 ff.;[256] → Rn. 204 f., → Rn. 220 ff., → Rn. 349 ff. Ob man das Schutzniveau des deutschen Gläubigerschutzrechts für ausreichend hält, spielt dafür keine Rolle. Das Gesellschaftsrecht des Zuzugsstaates ist jedoch nur anzuwenden, wenn und soweit dieser an den tatsächlichen Sitz anknüpft. Es handelt sich somit wie bei der Sitztheorie (→ Rn. 203) um eine Gesamtverweisung. Soweit der Zuzugsstaat es bei der Gründungsanknüpfung belässt, erfolgt eine **Rückverweisung,** die nach Art. 4 Abs. 1 S. 1 und 2 EGBGB zu beachten ist. Soweit hiernach neben dem deutschen Gläubigerschutzrecht auch dasjenige eines ausländischen Sitzstaates anzuwenden ist, ermöglicht es die Anknüpfung nach dem Günstigkeitsprinzip, im Streitfall vorrangig das deutsche Recht heranzuziehen (→ Rn. 334 ff.). 328

Bei **ausländischen Gesellschaften** mit tatsächlichem Sitz in einem ausländischen **Drittstaat** sollte es hingegen abweichend von den vorstehenden Grundsätzen stets bei der Gründungsanknüpfung verbleiben. Während dies selbstverständlich ist, wenn der Sitzstaat selbst umfassend auf das Gründungsstatut verweist, sollten deutsche Gerichte auch dann, wenn der Sitzstaat das Gläubigerschutzrecht an den tatsächlichen Sitz anknüpft, nicht mit der Ermittlung und Anwendung zweier ausländischer Rechte belastet werden. Praktische Bedeutung kann diese Frage insbesondere in Fällen der grenzüberschreitenden Konzernierung mit einer deutschen Mutter zukommen, weil diese nach Art. 4 und 63 Brüssel Ia-VO stets einen allgemeinen Gerichtsstand an ihrem inländischen Satzungssitz hat. 329

bb) Anknüpfung an die Gründung. Ungeachtet der Anknüpfung an den Unternehmensschwerpunkt muss jedoch auch das **Gründungsstatut uneingeschränkt anwendbar** bleiben, soweit aus der Sicht des Gründungsstaates im Falle eines tatsächlichen Auslandssitzes kein Statutenwechsel eintritt.[257] Es ist kein Grund ersichtlich, weshalb den Gläubigern die Möglichkeit verwehrt werden sollte, im Sitzstaat einen weiterreichenden Gläubigerschutz nach dem Recht des Gründungsstaates einzufordern, zumal im Einzelfall nicht auszuschließen ist, dass im Gründungsstaat kein Gerichtsstand begründet ist (→ Rn. 354 ff.). Die Gesellschafter und Geschäftsleiter können sich hingegen schon unter dem Aspekt des Verbots widersprüchlichen Verhaltens nicht darauf berufen, dass das Gläubigerschutzrecht des Gründungsstaates unanwendbar sei, soweit dieser der Gründungsanknüpfung folgt. 330

Richtigerweise ist auch die Anknüpfung an die Gründung als **Gesamtverweisung** zu verstehen. Bedeutung kann dieser Feststellung allerdings nur in dem eher unwahrscheinlichen Fall zukommen, dass der Gründungsstaat zwar den statutenwahrenden Wegzug zulässt, jedoch ein gesellschaftsrechtlich qualifiziertes Gläubigerschutzinstitut bei tatsächlichem Sitz im Ausland für unanwendbar hält. In solchen Fällen käme die Nichtbeachtung eines Rückverweises allenfalls zur Verhinderung eines Normenmangels in Betracht, wenn die Anwendung des aufgrund der Sitzanknüpfung berufenen deutschen Rechts einmal an Anpassungsschwierigkeiten scheitern sollte. Hat eine EU-ausländische Gesellschaft ihren tatsächlichen Sitz in einem dritten Mitgliedstaat, ist ggf. dessen Gläubigerschutzrecht anzuwenden. Eine Belastung deutscher Gerichte mit der kumulativen Anwendung zweier ausländischer Sachrechte (→ Rn. 329) tritt in diesem Fall nicht ein. 331

Ein praktisch bedeutsames Problem ergibt sich hingegen im Falle einer **divergierenden Qualifikation,** etwa wenn der Gründungsstaat bestimmte Gläubigerschutzinstitute insol- 332

---

[255] *Ego,* Europäische Niederlassungsfreiheit der Kapitalgesellschaft und deutsches Gläubigerschutzrecht, 2006, 161 f.
[256] Dort insbes. zur Entscheidung EuGH NJW 2009, 569 – „Cartesio".
[257] S. näher *Ego,* Europäische Niederlassungsfreiheit der Kapitalgesellschaft und deutsches Gläubigerschutzrecht, 2006, 162 ff.; *v. Halen,* der davon ausgeht, dass das zwingende deutsche Schutzrecht ohne Günstigkeitsvergleich und ohne Berufung hierauf anzuwenden sei (*v. Halen* Centros-Entscheidung S. 233 f., 258), erörtert diese Frage nicht. Abw. noch die Überlagerungstheorie (→ Rn. 215 mwN Fn. 450), wonach eine „Verdrängung" des Gründungsstatuts stattfinden soll, soweit das Sitzrecht angewendet wird; zuletzt *Sandrock* ZVglRWiss 102 (2003), 447 (449); zuvor *Sandrock* BerDtGesVR 18 (1978), 169 (203).

venzrechtlich qualifizieren sollte, die das deutsche Kollisionsrecht gesellschaftsrechtlich einordnet.²⁵⁸ Verbreitet wird insoweit ein Normenmangel konstatiert, der unter vorrangiger Berücksichtigung des Rechts des Gründungsstaates geschlossen werden soll.²⁵⁹ Auf der Grundlage der hier befürworteten Anknüpfung tritt ein Normenmangel hingegen bereits nicht auf, vielmehr ist in derartigen Fällen bei tatsächlichem Inlandssitz das deutsche Gläubigerschutzrecht anwendbar und der Nichtanwendungswille des ausländischen Rechts zu akzeptieren. Ein Rückgriff auf das ausländische Recht ist allenfalls angebracht, wenn die Anwendung des deutschen Rechts an unüberwindlichen Anpassungsschwierigkeiten scheitern sollte. Die Rechtslage ist somit nicht anders, als hätte das Gründungsrecht die Rechtsfrage gesellschaftsrechtlich qualifiziert und auf deutsches Recht zurückverwiesen (→ Rn. 331 mit Fn. 668).

333   Auch für **deutsche Gesellschaften** werden diese Fragen praktisch relevant, soweit der statuswahrende Wegzug zugelassen und zugleich das deutsche Gläubigerschutzrecht insolvenzrechtlich qualifiziert werden sollte (→ Rn. 220 ff., → Rn. 305; im Einzelnen → Rn. 349 ff.). Nach der hier vorgeschlagenen Kollisionsregel kann es hingegen keinen Zweifel daran geben, dass das deutsche Kollisionsrecht nicht einerseits den Wegzug deutscher Gesellschaften gestatten, zugleich aber den Gläubigerschutz deutschen Musters einschränken kann.

334   c) **Alternativanknüpfung nach dem Günstigkeitsprinzip.** Die Alternativanknüpfung²⁶⁰ der Außenverhältnisse an die Gründung und den tatsächlichen Sitz erfolgt nach dem Günstigkeitsprinzip (zur heutigen Rechtslage nach der Rom II-VO → Rn. 298, → Rn. 658 ff.). Danach genügt es, wenn der geltend gemachte Anspruch nach einem der anzuwendenden Gläubigerschutzrechte begründet ist.²⁶¹

335   Praktisch bedeutet dies, dass einer gläubigerschutzrechtlichen **Haftungsklage** gegen die Gesellschafter oder Organmitglieder einer hierzulande ansässigen Auslandsgesellschaft vorbehaltlich der unionsrechtlichen Problematik (→ Rn. 344 ff.) in Anwendung des **deutschen Kapitalgesellschaftsrechts stattgegeben** werden kann. Soweit die Klage nach deutschem Recht begründet ist, besteht zu einer Prüfung des ausländischen Rechts zivilprozessual kein Anlass (ne ultra petita).²⁶²

336   Eine **Berufung** des Klägers auf das **tatsächliche Sitzrecht** ist entgegen der Überlagerungs- und der eingeschränkten Gründungstheorie (→ Rn. 215)²⁶³ nicht zu fordern, vielmehr ist die kollisionsrechtliche Verweisung von Amts wegen zu beachten.²⁶⁴ Selbst wenn eine Klage auf der Grundlage des ausländischen Rechts erhoben wird, ist der Richter daher

---

²⁵⁸ Paradigmen waren lange das „wrongful" und das „fraudulent trading" des britischen sowie die „action en comblement du passif" des französischen Rechts, die dort seit Langem insolvenzrechtlich qualifiziert werden; eingehend *Habersack/Verse* ZHR 168 (2004), 174; ferner *Rehm* in Eidenmüller, Ausländische Kapitalgesellschaften im deutschen Recht, 2004, § 10 Rn. 67 ff.; *Höfling* DB 1999, 1206 (1208). Freilich gilt diese Einordnung heute auch für die Insolvenzverschleppungs- und Massesicherungshaftung deutscher Prägung als herrschend → Rn. 434 ff., → Rn. 451 ff.

²⁵⁹ Vgl. etwa *Eidenmüller* in Eidenmüller, Ausländische Kapitalgesellschaften im deutschen Recht, 2004, § 3 Rn. 71 f., § 9 Rn. 44; *Eidenmüller* ZIP 2002, 2233 (2242); *Eidenmüller* JZ 2004, 24 (28); *Eidenmüller/Rehm* ZGR 2004, 159 (181 f.); vgl. auch Röhricht ZIP 2005, 505 (506 f.).

²⁶⁰ S. zur Alternativanknüpfung allg. *Mankowski* in v. Bar/Mankowski IPR § 7 I 9 d (S. 614 f.); Kegel/Schurig IPR § 6 IV (S. 319 ff.). Eine bekannte richterrechtliche Alternativanknüpfung wurde seit dem Urteil RGZ 23, 305 (306) (s. hierzu BGH NJW 1964, 2012; BGH NJW 1981, 1606 ff.) für das Deliktsstatut praktiziert (Anknüpfung an das Recht des Begehungs- oder Erfolgsorts). Eine Modifikation erfolgte durch das Gesetz zum IPR für außervertragliche Schuldverhältnisse und für Sachen vom 21.5.1999 (BGBl. I 1026), vgl. Art. 40 Abs. 1 S. 2, 3 EGBGB aF.

²⁶¹ S. *Mankowski* in v. Bar/Mankowski IPR § 7 I 9 d (S. 615).

²⁶² Vgl. *Mankowski* in v. Bar/Mankowski IPR § 7 I 9 d (S. 615).

²⁶³ Vgl. insoweit zur Überlagerungstheorie (→ Rn. 215 mwN Fn. 450) *Sandrock* BerDtGesVR 18 (1978), 169 (203); zur eingeschränkten Gründungstheorie (→ Rn. 215 mwN Fn. 450) Hachenburg/*Behrens* GmbHG, 8. Aufl. 1992–1997, Allg. Einl. B Rn. 128. Vgl. auch Art. 159 des schweizerischen IPRG.

²⁶⁴ Macht der Kläger Ausführungen, um den tatsächlichen Inlandssitz einer Auslandsgesellschaft darzulegen – wofür ihn die Beweislast trifft (MüKoBGB/*Kindler* IntGesR Rn. 472 ff.) – wird dies häufig dahingehend zu verstehen sein, dass er sich auf den Schutz des deutschen Gläubigerschutzrechts beruft. Die praktische Bedeutung der Frage, ob es einer Geltendmachung des Sitzrechts bedarf, ist dann gering.

bei inlandsansässigen Auslandsgesellschaften frei, deutsches Recht anzuwenden, wenn bereits nach diesem die Klage begründet ist.[265]

Praktische Bedeutung hat die Fortgeltung des **ausländischen Gründungsstatuts** daher 337 nur, wenn es dem Kläger weitergehende Ansprüche als das deutsche Gläubigerschutzrecht gewähren sollte. Auch insoweit verbleibt es aber bei dem Grundsatz, dass das ausländische Recht von Amts wegen zu ermitteln und anzuwenden ist, ohne dass der Gläubiger sich darauf berufen müsste.[266]

Die **Prüfung und Anwendung** eines ausländischen Gründungsstatuts erfolgt nach allge- 338 meinen Regeln, dh nach Maßgabe des **§ 293 ZPO**.[267] Diese Vorschrift lockert im Interesse der Prozessökonomie den Grundsatz „iura novit curia", um die richterliche Rechtskenntnis mit beweisrechtlichen Mitteln zu sichern. Das Gericht kann die Parteien zu Rechtsausführungen über das ausländische Recht auffordern, wenn sie ersichtlich einschlägige Kenntnisse besitzen müssten.[268] Der Kläger, der sich von einer Anwendung des ausländischen Rechts Vorteile gegenüber der lex fori verspricht, wird den Richter ohnehin bei der Ermittlung der ausländischen Rechtslage unterstützen. Bleibt die ausländische Rechtslage letztlich unklar, ist nach der Rspr. eine Entscheidung nach der lex fori zulässig.[269] Zu beachten ist schließlich das Europäische Übereinkommen betreffend Auskünfte über ausländisches Recht vom 7.6.1968,[270] wonach von ausländischen Behörden Auskunft über Inhalt und Anwendung des dortigen Rechts gefordert werden kann.

4. Unionsrechtliche Beurteilung der Anknüpfungsregel für die Außenverhält- 339 **nisse. a) Anknüpfung an den tatsächlichen Sitz.** Die kollisionsrechtliche Anknüpfung des Gläubigerschutzrechts an den tatsächlichen Sitz führt entgegen vereinzelter Stellungnahmen in der Lit.[271] **nicht** zu einer **Diskriminierung** EU-ausländischer Kapitalgesellschaften (→ Rn. 250). Dies gilt jedenfalls dann, wenn die Anknüpfung für deutsche Kapitalgesellschaften mit Auslandssitz, wie hier vorgeschlagen (→ Rn. 321 ff.), denselben Regeln folgt.

Auch die **Geeignetheit der Anknüpfung** an den tatsächlichen Sitz unterliegt keinen Zwei- 340 feln. Das Urteil „Centros" rechtfertigt keine andere Beurteilung. Zwar hat der EuGH dort ausgeführt, dass die Weigerung, eine Scheinauslandsgesellschaft in das Handelsregister einzutragen, zum Schutz der Gläubiger ungeeignet sei, weil das Maß der Gläubigergefährdung nicht vom Ort der tatsächlichen Geschäftstätigkeit abhänge.[272] Zur unionsrechtlichen Beurteilung einer kollisionsrechtlichen Anknüpfungsmethode ist diese Überlegung indes offenkundig unbrauchbar. Dies zeigt sich schon daran, dass der Gerichtshof selbstverständlich nicht anders geurteilt hätte, wenn EU-ausländischen Gesellschaften generell die Eintragung verweigert worden wäre. In der Entscheidung „Inspire Art" hat der EuGH es denn auch nicht beanstandet, dass die gläubigerschützende Regelung sich auf ausländische Kapitalgesellschaften mit ausschließlicher oder ganz überwiegender Tätigkeit im Inland beschränkte.[273]

---

[265] S. insoweit allg. *Mankowski* in v. Bar/Mankowski IPR § 7 I 9 d (S. 615).
[266] AA *Höfling* Englisches Int. GesR S. 286 f. (für den Haftungsdurchgriff).
[267] Zu den Anforderungen an die Ermittlungspflicht BGH MDR 2002, 900; NJW 2003, 2685 (2686); RIW 2013, 488 (491); NJW 2014, 1244.
[268] BGH NJW 1964, 2012; 1987, 1146; BGHZ 118, 151 (164) = NJW 1992, 2026: Die Partei, die „unschwer Zugang" zum ausländischen Recht hat, muss dieses „regelmäßig konkret darstellen". OLG Stuttgart FamRZ 2002, 1032 spricht von einer „Verpflichtung zur Darlegung der ausländischen Rechtsvorschriften"; OLG Hamm WM 1981, 882: Last zur substantiierten Darlegung des ausländischen Rechts bei derjenigen Partei, die sich auf dessen Geltung beruft. S. iÜ statt aller Musielak/Voit/*Huber* ZPO § 293 Rn. 6 ff.; MüKoZPO/*Prütting* ZPO § 293 Rn. 51 ff.
[269] BGHZ 69, 378 = NJW 1978, 496; BGH NJW 1982, 1215; zum Problem ferner MüKoZPO/*Prütting* ZPO § 293 Rn. 59 ff.
[270] BGBl. 1974 II 937; deutsches Ausführungsgesetz: Auslands-Rechtsauskunftsgesetz (AuRAG) vom 5.7.1974 BGBl. 1974 I 1433; Abdruck und Erläuterung bei MüKoZPO/*Prütting* ZPO § 293 Rn. 33 ff.
[271] *Forsthoff* EuR 2000, 167 (175).
[272] EuGH Slg. 1999, I-1459 Rn. 35 – Centros; vgl. dazu *W.-H. Roth* ZGR 2000, 311 (319 f.) und *Kieninger* ZGR 1999, 724 (741); aA aber mit Blick auf die Ausführungen des EuGH etwa *Berner/Klöhn* ZIP 2007, 106 (113); *v. Hase* BB 2006, 2141 (2148); *Ještädt* S. 283 f.; *Weller* Rechtsformwahlfreiheit S. 314 f.
[273] EuGH Slg. 2003, I-10155 Rn. 135 – Inspire Art. Die Regelung ist wiedergegeben in Rn. 22 der Entscheidung.

341 Dass **kollisionsrechtliche Differenzierungen unionsrechtlich zulässig** sein müssen, ergibt sich schon daraus, dass sie im europäischen Binnenmarkt schlechterdings unvermeidlich und dementsprechend nicht nur sekundärrechtlich (→ Rn. 297 ff., → Rn. 302 ff., → Rn. 658 ff.), sondern auch primärrechtlich anerkannt sind (Art. 81 Abs. 2 lit. c AEUV).[274] Aus diesem Grund kann auch die Geeignetheit einer sachrechtlichen Regelung nicht schon deshalb verneint werden, weil sie EU-Auslandsgesellschaften aus kollisionsrechtlichen Gründen nur unter bestimmten Voraussetzungen erfasst.

342 Nicht zuletzt lässt auch die unterschiedliche **Regelung der Niederlassungs- und der Dienstleistungsfreiheit** in Art. 49 Abs. 2 AEUV, Art. 57 Abs. 3 AEUV den zutreffenden Gedanken erkennen, dass die EU-Angehörigen bei ihrer grenzüberschreitenden Betätigung einer mitgliedstaatlichen Rechtsordnung umso eher unterworfen sein sollen, je stärker der räumliche Bezug zu dem jeweiligen Mitgliedstaat ausgeprägt ist. Die **Anwendung sachgerechter Anknüpfungspunkte** entspricht damit gerade dem **Gebot der Verhältnismäßigkeit**. Für gläubigerschützende Verhaltenspflichten der Gesellschafter und Geschäftsleiter erweist sich die Anknüpfung an den tatsächlichen Sitz auch unter diesem Aspekt nach wie vor als angemessen.[275] Zu Recht hat der EuGH in seinem Urteil „Kornhaas/Dithmar" den Grundsatz gestärkt, dass tätigkeitsbezogene Regelungen, die im Aufnahmestaat nach erfolgter Niederlassung gelten, keine Beschränkung der Niederlassungsfreiheit darstellen, wenn sie nicht diskriminierend wirken (→ Rn. 247).

343 **b) Anknüpfung nach dem Günstigkeitsprinzip.** Aus **kollisionsrechtlicher Sicht** muss das Gläubigerschutzrecht eines ausländischen Gründungsstaates bei inländischem Verwaltungssitz richtigerweise nur dann von Amts wegen ermittelt und angewendet werden, wenn die Inanspruchnahme der Gesellschafter oder Geschäftsleiter nach deutschem Recht erfolglos bliebe (→ Rn. 334 ff.).

344 Schon wegen der unsicheren Reichweite des allgemeinen Beschränkungsverbots kann jedoch nicht ausgeschlossen werden, dass die Anwendung des inländischen Haftungsrechts im Einzelfall als Beschränkung der Niederlassungsfreiheit anzusehen ist (→ Rn. 245 ff., → Rn. 256 ff., → Rn. 283 ff., → Rn. 289 ff.) und ggf. der EuGH zur Vorabentscheidung anzurufen ist (Art. 267 Abs. 1 und 3 AEUV).[276] Die alternative Anknüpfung nach dem Günstigkeitsprinzip darf insoweit nicht dazu führen, dass eine **Würdigung des EU-ausländischen Gläubigerschutzrechts** und der **unionsrechtlichen Problematik** unterbleibt.

345 Daraus folgt jedoch entgegen der hM (→ Rn. 248 ff.) **nicht**, dass das **Gläubigerschutzrecht des Gründungsstaates vorrangig geprüft** werden müsste und inländisches Recht nur subsidiär angewendet werden dürfte.[277] Nach der Rspr. des EuGH muss der Niederlas-

---

[274] Vgl. auch *W.-H. Roth* ZGR 2000, 311 (334 ff.) (zur Sitztheorie); nach „Überseering" *W.-H. Roth* ICLQ 52 (2003), 177 (204 f.) (krit. zur Anknüpfung an den tatsächlichen Sitz sodann *W.-H. Roth* FS Heldrich, 2005, 973 (989 f.)); *Eidenmüller* in Eidenmüller, Ausländische Kapitalgesellschaften im deutschen Recht, 2004, § 3 Rn. 24, 26; *Bitter* WM 2004, 2190 (2200 Fn. 175).

[275] AA zu Unrecht *Weller* Rechtsformwahlfreiheit S. 314 f., wonach der EuGH Sitzanknüpfungen generell „verworfen und implizit als inkompatibel mit der Niederlassungsfreiheit und dem gesellschaftsrechtlichen Herkunftslandprinzip angesehen" haben soll. Unschlüssig ist denn auch, dass die Existenzvernichtungshaftung alter Prägung anhand desselben Anknüpfungspunkts aufgrund einer gesellschaftsrechtlichen Sonderanknüpfung (vgl. *Weller* Rechtsformwahlfreiheit S. 324) zur Geltung gebracht werden soll und keine Bedenken erhoben werden, soweit eine insolvenzrechtliche Qualifikation dieser Haftung befürwortet wird (vgl. *Weller* Rechtsformwahlfreiheit S. 255 ff., 262 ff., 325). Gegen die Geeignetheit der Sitzanknüpfung ferner *Jestädt* S. 283 f. mwN.

[276] Die Gerichte müssen die volle Wirksamkeit des Unionsrechts und den unionsrechtlichen Individualschutz sicherstellen (vgl. EuGH Slg. 1978, 629 Rn. 14/16 – Simmenthal; EuGH Slg. 1991, I-5357 Rn. 32 – Francovich). Zwar entscheidet der EuGH nicht über die Auslegung des nationalen Rechts (Art. 19 EUV) und darf sich nicht zur Anwendung des Unionsrechts auf einen konkreten Fall äußern (Calliess/Ruffert/Wegener Art. 267 AEUV Rn. 4). Der EuGH gibt dem nationalen Gericht aber „alle Hinweise zur Auslegung des Gemeinschaftsrechts ..., die es diesem ermöglichen, die Frage der Vereinbarkeit für die Entscheidung des bei ihm anhängigen Rechtsstreits zu beurteilen" (EuGH Slg. 1995, I-4165 Rn. 19 – Gebhard). Einschr. zur Vorlagepflicht hingegen *U. Huber* in Lutter Auslandsgesellschaften S. 131 (189 f.).

[277] Gegen diese hM auch *Altmeppen* NJW 2004, 97 (101); *Altmeppen* NJW 2005, 1911 (1913); *Altmeppen/Wilhelm* DB 2004, 1083 (1088); *Borges* ZIP 2004, 733 (741 f.); *Heitsch* ZInsO 2007, 961 (963 f.); *Ulmer* NJW 2004, 1201 (1208 f.); MüKoBGB/*Kindler* IntGesR Rn. 143 f., 146 ff., 455 f.

sungsstaat EU-ausländischen Marktteilnehmern lediglich die Möglichkeit eröffnen geltend zu machen, dass und inwiefern sie in einem anderen Mitgliedstaat bereits Anforderungen erfüllt haben oder unterliegen, die denjenigen des Niederlassungsstaats hinsichtlich Schutzniveau und Schutzmethode gleichwertig sind. Der Niederlassungsstaat kann die Darlegung und den Nachweis dieser Gleichwertigkeit verlangen (→ Rn. 194 ff.).[278]

Gegen die Anknüpfung nach dem Günstigkeitsprinzip bestehen somit keine Bedenken, **346** falls den in Anspruch genommenen **Gesellschaftern** und **Organmitgliedern** EU-ausländischer Gesellschaften im konkreten Fall gestattet wird **darzulegen** und **nachzuweisen,** dass die Rechtslage nach dem Gründungsstatut für sie günstiger ist und die schutzwürdigen Interessen der Gläubiger gleichwohl hinreichend gewahrt sind. Auf der Grundlage dieser Darlegung hat das Gericht sodann zu prüfen, ob und inwieweit die Anwendung des weitergehenden deutschen Gläubigerschutzrechts verhältnismäßig ist. Verbleiben Zweifel, ist die Frage gem. Art. 267 AEUV dem EuGH vorzulegen.

Einem **ähnlichen Grundgedanken** folgt der kollisionsrechtliche **Anfechtungsschutz im** **347** **europäischen Insolvenzrecht.** Die Anfechtbarkeit richtet sich grundsätzlich nach dem Recht des Eröffnungsstaates. Der Anfechtungsgegner kann lediglich die Einrede[279] geltend machen, dass die anfechtbare Rechtshandlung dem Recht eines anderen Mitgliedstaates unterliegt[280] und nach diesem Wirkungsstatut unter Berücksichtigung aller Umstände des konkreten Falles in keiner Weise angreifbar[281] ist (Art. 16 EuInsVO; früher Art. 13 EuInsVO 2000).[282] Zwar ist die Rechtsfolge eines „Anfechtungsschutzes" auf die Anknüpfung des gesellschaftsrechtlichen Gläubigerschutzrechts grundsätzlich nicht zu übertragen (zur Frage der Anwendung von Art. 16 EuInsVO im Rahmen der Anfechtung einer Rückzahlung von Gesellschafterdarlehen → Rn. 424, → Rn. 430).[283] Die Bestimmung stützt jedoch die bereits primärrechtlich begründete These (→ Rn. 345), dass von einem Marktteilnehmer, der sich gegenüber der lex fori des meistbetroffenen Staates auf ein für ihn günstigeres Recht beruft, durchaus verlangt werden kann, den Inhalt dieses Rechts darzulegen und nachzuweisen.[284]

Der Amtsermittlungsgrundsatz gem. § 293 ZPO (→ Rn. 338) steht dieser Handhabung **348** **nicht entgegen.** Die vorstehenden Grundsätze betreffen gerade Fälle, in denen aufgrund

---

[278] S. EuGH Slg. 2004, I-2351 Rn. 74 f. – Kommission/Frankreich; EuGH Slg. 1996, I-2691 Rn. 22 – Kommission/Italien (Wertpapiermakler).
[279] Zur Darlegungs- und Beweislast des Anfechtungsgegners EuGH NZI 2015, 954 – Nike; NZI 2017, 633 – Vinyls Italia; zu § 339 InsO BGH NJW 2018, 2404 Rn. 41 ff., 44 ff. Zum Einredecharakter ferner *Virgos/Schmit* Erläuternder Bericht Nr. 136; Kübler/Prütting/Bork/*Bork* EuInsVO Art. 16 Rn. 3, 10, 12, 20; MüKoInsO/*Reinhart* Art. 13 EuInsVO 2000 Rn. 11; *Leible/Staudinger* KTS 2000, 533 (556).
[280] Maßgeblich ist die lex causae, EuGH NZI 2015, 954 – Nike. Teilweise wird die lex causae nach den allgemeinen Kollisionsregeln des Eröffnungsstaates bestimmt (vgl. Duursma-Kepplinger/Duursma/Chalupsky/ *Duursma-Kepplinger* EuInsVO Art. 13 Rn. 16; *Huber* ZZP 114 (2001), 165), teilweise hingegen nach dem Kollisionsrecht des jeweils angerufenen Gerichts (MüKoInsO/*Reinhart* Art. 13 EuInsVO 2000 Rn. 7); offenlassend BGH ZInsO 2013, 2266 (2267).
[281] Art. 16 EuInsVO nimmt nicht lediglich auf die Insolvenzanfechtungsregeln des Wirkungsstatuts Bezug. Vielmehr darf die Rechtshandlung nach dem Wirkungsstatut in keiner Weise, dh auch nicht nach allgemeinen Regeln (zB wegen Willensmängeln etc.), angreifbar sein (EuGH NZI 2015, 954 – Nike; BGH NJW-RR 2020, 373 Rn. 15 ff.; *Virgos/Schmit* Erläuternder Bericht Nr. 137; Kübler/Prütting/Bork/*Bork* EuInsVO Art. 16 Rn. 17; aA MüKoInsO/*Reinhart* Art. 13 EuInsVO 2000 Rn. 9). Art. 16 EuInsVO erstreckt sich auch auf Verjährungs-, Anfechtungs- und Ausschlussfristen des Wirkungsstatuts (EuGH NZI 2015, 478 – Lutz auf Vorlage des BGH NZI 2013, 1042).
[282] Zum Ganzen bereits *Ego,* Europäische Niederlassungsfreiheit der Kapitalgesellschaft und deutsches Gläubigerschutzrecht, 2006, 230 f.
[283] Zu erwägen ist eine Analogie allenfalls für die Haftung nach § 15b InsO (s. Baumbach/Hueck/*Haas* GmbHG § 64 Rn. 55; ferner *Schall* ZIP 2011, 2177 (2181)), nicht aber für andere Tatbestände wie etwa die Insolvenzverschleppungshaftung; so aber Baumbach/Hueck/*Haas* GmbHG § 64 Rn. 55, 206; allg. auch *Schall* ZIP 2011, 2177 (2181); *Schall* NJW 2011, 3745 (3749). Art. 16 EuInsVO (früher Art. 13 EuInsVO 2000) beruht auf der rechtspolitisch fragwürdigen Unterstellung, dass die kollisionsrechtliche Anwendbarkeit eines bestimmten Rechts ein schutzwürdiges Vertrauen auf die fehlende Anfechtbarkeit rechtfertigt; vgl. zur Kritik statt aller MüKoInsO/*Reinhart* EuInsVO 2000 Art. 13 Rn. 1.
[284] Art. 16 EuInsVO (früher Art. 13 EuInsVO 2000) soll die internationale Insolvenzanfechtung für die Praxis gegenüber der kumulativen Anwendung beider Rechtsordnungen vereinfachen, vgl. *Virgos/Schmit* Erläuternder Bericht Nr. 136.

Europ. Niederlassungsfreiheit 3. Kap. Rechtl. Rahmenbedingungen

einer Anknüpfung an den tatsächlichen Sitz nach deutschem Haftungsrecht entschieden werden kann und soll. Es geht somit bei genauer Betrachtung nicht um die Ermittlung des kollisionsrechtlich berufenen Rechts, sondern um ein einredeähnliches Verteidigungsmittel des Beklagten, mit dem unionsrechtliche Bedenken gegen die Anwendung des inländischen Haftungsrechts geltend gemacht werden können.

3. Kapitel. Rechtliche Rahmenbedingungen der grenzüberschreitenden Niederlassung von Kapitalgesellschaften

Schrifttum: Grenzüberschreitende Sitzverlegung und Umwandlung: vor → Rn. 1, → Rn. 197; *Bungert/de Raet,* Grenzüberschreitender Formwechsel in der EU – Zugleich Besprechung von OLG Nürnberg, Beschluss vom 19.6.2013 – 12 W 520/13, DB 2014, 761; *Schulte,* Grenzüberschreitende Umwandlungen und Spaltungen – Das Company Law Package in der möglichen registergerichtlichen Umsetzung bis zu einer Transformation in nationales Recht, GmbHR 2020, 139.

Gläubigerschutzrecht und Inhabilität: vor → Rn. 1, → Rn. 197; *Altmeppen,* Das neue Recht der Gesellschafterdarlehen in der Praxis, NJW 2008, 3601; *Bauschatz,* Internationale Beherrschungs- und Gewinnabführungsverträge, Konzern 2003, 805; *Belgorodski/Friske,* Über das Ziel hinaus geschossen – die neuen Handelsregisteranforderungen an ausländische Kapitalgesellschaften im Lichte des europäischen Gemeinschaftsrechts, WM 2011, 251; *Bicker,* Gläubigerschutz in der grenzüberschreitenden Konzerngesellschaft, Diss. Freiburg 2006; *Dauner-Lieb,* Die Existenzvernichtungshaftung als deliktische Innenhaftung gemäß § 826 BGB, ZGR 2008, 34; *de Cordt/Colard,* Group of Companies governance in Belgium, FS Hopt, 2010, 3043; *Drouven/Mödl,* US-Gesellschaften mit Hauptverwaltungssitz in Deutschland im deutschen Recht, NZG 2007, 7; *Eidenmüller,* Gesellschafterdarlehen in der Insolvenz, FS Canaris II, 2007, 49; *Eidenmüller,* Rechtsmissbrauch im Europäischen Insolvenzrecht, KTS 2009, 137; *Eidenmüller/Rehberg,* Umgehung von Gewerbeverboten mittels Auslandsgesellschaften, NJW 2008, 28; *Finkelmeier,* Die Sperrwirkung von Art. 16 EuInsVO bei Gesellschafterdarlehen – Weil nicht sein kann, was nicht sein darf?, EuZW 2020, 833; *Fleischer,* Europäisches Konzernrecht: Eine akteurzentrierte Annäherung, ZGR 2017, 1; *Habersack,* Verdeckte Sacheinlage und Hin- und Herzahlen nach dem ARUG – gemeinschaftsrechtlich betrachtet, AG 2009, 557; *Habersack,* Trihotel – Das Ende der Debatte?, ZGR 2008, 533; *Habersack,* Gesellschafterdarlehen nach dem MoMiG – Anwendungsbereich, Tatbestand und Rechtsfolgen der Neuregelung, ZIP 2007, 2145; *Harbarth,* Dual Headed Companies, AG 2004, 573; *Hirte,* Die Neuregelung des Rechts der (früher: kapitalersetzenden) Gesellschafterdarlehen durch das Gesetz zur Modernisierung des GmbH-Rechts und zur Bekämpfung von Missbräuchen (MoMiG), WM 2008, 1429; *Hopt,* Konzernrecht: Die europäische Perspektive, ZHR 171, 199 (2007); *Just,* Zur Anwendung deutscher Haftungsnormen auf eine ausschließlich in Deutschland tätige Limited, ZIP 2006, 1251; *Kalbfleisch,* Insolvenzanfechtung bei grenzüberschreitenden Gesellschafterdarlehen, WM 2020, 1619; *Kindler,* Insolvenzrecht als Tätigkeitsausübungsregel, Die sachliche Reichweite der Niederlassungsfreiheit nach dem Kornhaas-Urteil des EuGH, EuZW 2016, 136; *Kindler,* Grundzüge des neuen Kapitalgesellschaftsrechts, NJW 2008, 3249; *Mock,* Zur Qualifikation der insolvenzrechtlichen Gläubigerschutzinstrumente des Kapitalgesellschaftsrechts, IPRax 2016, 237; *Poertzgen,* Die Insolvenzantragspflicht (§ 15a InsO) bei (echten) Auslandsgesellschaften, ZInsO 2017, 1932; *Römermann,* Insolvenzrecht im MoMiG, NZI 2008, 641; *G. H. Roth,* Gläubigerschutz bei der GmbH: Was ist unverzichtbar?, FS Doralt, 2004, 479; *Schall,* Deutscher Gläubigerschutz und Europarecht – Lehren aus dem PIN-Fall des BGH, NJW 2011, 3745; *Schilling,* Existenzvernichtungshaftung und englische Limited – das BGH-Urteil vom 16.7.2007, ZVglRWiss 2007, 484; *J. Schmidt,* Europäisches Konzernrecht: Retrospektive und Perspektiven, Konzern 2017, 1; *Schön,* Organisationsfreiheit und Gruppeninteresse im Europäischen Konzernrecht, ZGR 2019, 343; *Servatius,* Insolvenznahe Geschäftsleiterhaftung bei EU-Auslandsgesellschaften, DB 2015, 1087; *Stelmaszczyk,* Unionsrechtskonformität der Geschäftsführerversicherung bei der Anmeldung von Zweigniederlassungen, Zugleich Besprechung von BGH, Beschl. v. 14.5.2019 – II ZB 25/17, EuZW 2019, 819; *Stiegler,* Vorgaben zur Anmeldung der Zweigniederlassung einer ausländischen GmbH, GmbHR 2019, 869; *Stöber,* Die Insolvenzverschleppungshaftung in Europa, ZHR 176 (2012), 326; *Stöber,* Kapitalverkehrsfreiheit und persönliche Gesellschafterhaftung im europäischen Kapitalgesellschaftsrecht, ZVglRWiss 113 (2014), 57; *Teichmann,* Konzernrecht und Niederlassungsfreiheit – Zugleich Rezension der Entscheidung EuGH, Rs. 186/12 (Impacto Azul), ZGR 2014, 45; *Wackerbarth,* Niederlassungsfreiheit und nationales Gläubigerschutzsystem, FS Horn, 2006, 605; *Wälzholz,* Die insolvenzrechtliche Behandlung haftungsbeschränkter Gesellschaften nach der Reform durch das MoMiG, DStR 2007, 1914; *H. P. Westermann,* Die GmbH in den nationalen und internationalen Konkurrenz der Rechtsformen, GmbHR 2005, 4; *Wimmer-Leonhardt,* Konzernhaftungsrecht, 2004.

Handelsrechtliche Rechnungslegung, Publizität und Firma: vor → Rn. 1, → Rn. 197; *Hennrichs,* Bilanz- und steuerrechtliche Behandlung der sog. Scheinauslandsgesellschaft, FS Horn, 2006, 387; *Just/Krämer,* Limited: Besonderheiten der Buchführung und Abschlusserstellung – im Unterschied zur Handelsbilanz, BC 2006, 29; *Merkt,* Internationaler Anwendungsbereich des deutschen Rechnungslegungsrechts (zugleich zur Frage, ob das Rechnungslegungsrecht zum Privatrecht gehört), ZGR 2017, 460; *J. Schmidt,* Innovation durch „Innoventif"?, NZG 2006, 899; *Süß,* Häufige Probleme mit Zweigniederlassungen englischer Limited Companies, DNotZ 2005, 180.

Arbeitnehmermitbestimmung: S. zunächst die Literaturhinweise zu Kapitel 1 und 2 und vorstehend. Im Übrigen *Bartsch,* Mitbestimmung und Niederlassungsfreiheit, Diss. Passau, 2006; *Bayer,* Die Rechtsprechung des Europäischen Gerichtshofs zur Niederlassungsfreiheit und die deutsche Unternehmensmitbestimmung, Rechtsgutachten im Auftrag der Hans-Böckler-Stiftung, 15.3.2004 (zit.: *Bayer* Rechtsgutachten); *Bayer,* Auswirkungen der Niederlassungsfreiheit nach den EuGH-Entscheidungen Inspire Art und Überseering auf die deutsche Unternehmensmitbestimmung, AG 2004, 534; *Behme,* Berücksichtigung ausländischer Arbeitnehmer für die Berechnung der Schwellenwerte im Recht der Unternehmensmitbestimmung, AG 2018, 1; *Bungert/Leyendecker-Langner,* Schwellenwertberechnung für die Arbeitnehmermitbestimmung im Aufsichtsrat eines internationalen Konzerns, DB 2014, 2031; *Conchon,* Die Mitsprache der Arbeitnehmer in der Corporate Governance. Eine europäische Perspektive, ETUI Bericht 135, 2015; *Dzida/Hohenstatt,* Errichtung und Zusammensetzung eines Konzernbetriebsrats bei ausländischer Konzernspitze, NZA 2007, 945; *Eberspächer,* Unternehmerische Mitbestimmung in zugezogenen Auslandsgesellschaften – Regelungsmöglichkeiten des deutschen Gesetzgebers?, ZIP 2008, 1951; *Habersack,* Reformbedarf im deutschen Mitbestimmungsrecht, ZIP 2009, Beil. zu Heft 48, 1; *Henssler,* Mitbestimmungsrechtliche Konsequenzen einer Sitzverlegung innerhalb der Europäischen Union, GS Heinze, 2005, 333; *Hellwig/Behme,* Gemeinschaftsrechtswidrigkeit und Anwendungsvorrang des Gemeinschaftsrechts in der deutschen Unternehmensmitbestimmung, ZIP 2010, 871; *Hellwig/Behme,* Zur grenzüberschreitenden Dimension der deutschen Konzernmitbestimmung und ihren rechtspraktischen Konsequenzen – Zugleich Besprechung von LG Frankfurt/M., Beschl. v. 16.2.2015 – 3-16 O 1/14, AG 2015, 371, AG 2015, 333; *Heuschmid/Ulber,* Unternehmensmitbestimmung auf dem Prüfstand des EuGH, NZG 2016, 102; *Kisker,* Unternehmensmitbestimmung bei Auslandsgesellschaften mit Verwaltungssitz in Deutschland, Diss. Köln, 2007; *Rehberg,* Die kollisionsrechtliche Behandlung „europäischer Betriebsvereinbarungen", NZA 2013, 73; *Sandrock,* Gehören die deutschen Regelungen über die Mitbestimmung auf Unternehmensebene wirklich zum deutschen ordre public?, AG 2004, 57; *Teichmann,* Europäisierung der deutschen Mitbestimmung durch Nichtanwendung des Gesetzes?, ZIP 2010, 874; *Teichmann,* Verhandelte Mitbestimmung für Auslandsgesellschaften, ZIP 2009, 1787; *Teichmann,* Europäisierung der deutschen Mitbestimmung, ZIP 2009, Beil. zu Heft 48, 10; *Thüsing,* Deutsche Unternehmensmitbestimmung und europäische Niederlassungsfreiheit, ZIP 2004, 381; *Veit/Wichert,* Unternehmerische Mitbestimmung bei europäischen Kapitalgesellschaften mit Verwaltungssitz in Deutschland nach „Überseering" und „Inspire Art", AG 2004, 14; *Wansleben,* Zur Europarechtswidrigkeit der unternehmerischen Mitbestimmung, NZG 2014, 213.

Allgemeines Verkehrsrecht: vor → Rn. 1, → Rn. 197; *Altenhain/Wietz,* Die Ausstrahlungswirkung des Referentenentwurfs zum Internationalen Gesellschaftsrecht auf das Wirtschaftsstrafrecht, NZG 2008, 569; *Bittmann,* Strafrechtliche Folgen des MoMiG, NStZ 2009, 113; *Gross/Schork,* Strafbarkeit des Directors einer Private Company Limited by Shares wegen verspäteter Insolvenzantragstellung, NZI 2006, 10; *Hefendehl,* Der Straftatbestand der Insolvenzverschleppung und die unstete Wirtschaft: Ausländische Gesellschaftsformen – faktische Organe – Führungslosigkeit, ZIP 2011, 601; *Magnus,* Die Rom I-Verordnung, IPRax 2010, 27; *Radtke/Hoffmann,* Die Anwendbarkeit von nationalem Insolvenzstrafrecht auf EU-Auslandsgesellschaften, EuZW 2009, 404; *Ransiek/Hüls,* Strafrecht zur Regulierung der Wirtschaft, ZGR 2009, 157; *Rönnau,* Haftung der Direktoren einer in Deutschland ansässigen englischen Private Company Limited by Shares nach deutschem Strafrecht – eine erste Annäherung, ZGR 2005, 832; *Schlösser,* Die Strafbarkeit des Geschäftsführers einer private company limited by shares in Deutschland, wistra 2006, 81; *Schumann,* Die englische Limited mit Verwaltungssitz in Deutschland: Buchführung, Rechnungslegung und Strafbarkeit wegen Bankrotts, ZIP 2007, 1189; *Schumann,* Zur Strafbarkeit wegen Bankrotts und Untreue bei einer ausländischen Kapitalgesellschaft, wistra 2008, 229.

Internationale Zuständigkeit für gesellschaftsrechtliche Streitigkeiten: *Bachmann,* Internationale Zuständigkeit bei Konzernsachverhalten, IPRax 2009, 140; *Baumert,* Offene Praxisfragen beim internationalen Gerichtsstand für Insolvenzanfechtungsklagen in Drittstaatenfällen – Art. 3 EuInsVO analog, NZI 2014, 106; *Bruhns,* Das Verfahrensrecht der internationalen Konzernhaftung, Diss. Bonn, 2006; *Freitag,* Internationale Zuständigkeit für Schadensersatzklagen aus Insolvenzverschleppungshaftung – Zugleich Besprechung EuGH v. 18.7.2013 – Rs C-147/12, ZIP 2013, 1932 – ÖFAB, ZIP 2014, 302; *Haas,* Die zuständigkeitsrechtliche Verortung gesellschaftsrechtlicher Gläubigerschutzansprüche – Anmerkung zu EuGH, NZG 2013, 1073 – ÖFAB gegen Koot und Evergreen Investments BV, NZG 2013, 1161; *Haas/Blank,* Die örtliche und internationale Zuständigkeit für Ansprüche des Insolvenzverwalters nach § 128 HGB i.V.m. § 93 InsO, ZInsO 2013, 706; *Haas/Keller,* Die örtliche und internationale Zuständigkeit für Ansprüche nach § 128 HGB, ZZP 2013, 335; *Haubold,* Europäisches Zivilverfahrensrecht und Ansprüche im Zusammenhang mit Insolvenzverfahren, IPRax 2002, 157; *Hübner,* Organhaftung, EuGVO und Rom I-VO, ZGR 2016, 897; *Jaspert,* EuGVÜ-Gerichtsstände und Anspruchsdurchsetzung gegen ausländische herrschende Unternehmen, 1995; *Kindler,* Gesellschafterinnenhaftung in der GmbH und internationale Zuständigkeit nach der Verordnung (EG) Nr. 44/2001, FS Ulmer, 2003, 305; *Lehmann/Zetzsche,* Die Auswirkungen des Brexit auf das Zivil- und Wirtschaftsrecht, JZ 2017, 62; *Mankowski,* Die Qualifikation der culpa in contrahendo – Nagelprobe für den Vertragsbegriff des europäischen IZPR und IPR, IPRax 2003, 127; *Mock,* Spruchverfahren im europäischen Zivilverfahrensrecht, IPRax 2009, 271; *Mörsdorf-Schulte,* Geschlossene europäische Zuständigkeitsordnung und die Frage der vis attractiva concursus, NZI 2008, 282; *Nießen,* Die internationale Zuständigkeit im Spruchverfahren, NZG 2006, 441; *Schilling,* Die ausschließliche internationale Zuständigkeit für gesellschaftsrechtliche Streitigkeiten vor dem Hintergrund der Niederlassungsfreiheit – Zur Anwendung des Art. 22 Nr. 2 Brüssel Ia-VO auf eine englische limited mit Verwaltungssitz in Deutschland, IPRax 2005, 217; *Schinkels,* Ansprüche auf Unterlassung nachteiliger Maßnahmen gegen beherrschende und beherrschte Aktiengesellschaft im europäisch-grenzüberschreitenden faktischen AG-Konzern, IPRax 2008, 412; *Schnichels/Lenzing/Stein,* Die Entwicklung des europäischen Zivilprozessrechts im Bereich der Brüssel Ia-VO im Jahr 2017, EuZW 2018, 877; *Schnichels/Stege,* Die Entwicklung des europäischen Zivilprozessrechts im Bereich der Brüssel Ia-VO im Jahr 2012, EuZW 2013, 809; *Thole,* Negative Feststellungsklagen, Insolvenztorpedos und EuInsVO, ZIP 2012, 605; *Vallender,* Europaparlament gibt den Weg frei für eine neue Europäische Insolvenzverordnung, ZIP 2015, 1513; *Wais,* Internationale Zuständigkeit bei gesellschaftsrechtlichen Ansprüchen aus Geschäftsführerhaftung gemäß § 64 Abs. 2 S. 1 GmbHG aF/§ 64 S. 1 GmbHG nF, IPRax 2011, 138; *Weber,* Die Geschäftsführerhaftung aus der Perspektive des Europäischen Zivilprozessrechts, IPRax 2013, 69; *Weppner,* Internationale Zuständigkeit für die spruchverfahrensrechtliche Durchsetzung von Zuzahlungs- und Barabfindungsansprüchen bei grenzüberschreitender Verschmelzung von Kapitalgesellschaften, RIW 2011, 144.

Übersicht

	Rn.		Rn.
I. Grenzüberschreitende Sitzverlegung und Umwandlung	349–384	c) Grenzüberschreitender Gleichordnungskonzern	510–512
1. Statuswahrende Verlegung des tatsächlichen Sitzes	349–356	**III. Inhabilität von Geschäftsleitern**	513–524
a) Wegzug	349–353	1. Geschäftsleiter einer deutschen GmbH oder AG	513–516
b) Zuzug	354–356	2. Geschäftsleiter von Auslandsgesellschaften	517–524
2. Statuswahrende Verlegung des Satzungssitzes	357, 358	**IV. Handelsrechtliche Rechnungslegung, Publizität und Firmierung**	525–608
3. Grenzüberschreitende Verschmelzungen und Spaltungen	359–373	1. Rechnungslegung	525–534
4. Grenzüberschreitender Formwechsel	374–384	a) Sekundärrechtliche Harmonisierung und Übernahme internationaler Rechnungslegungsstandards	525–528
II. Gläubigerschutzrecht	385–512	b) Rechnungslegung von EU-Auslandsgesellschaften	529–534
1. Allgemeines	385–390	2. Buchführung	535–537
2. Kapitalaufbringungsrecht	391–406	3. Publizität	538–571
a) Meinungsstand	391, 392	a) Registerpublizität von Zweigniederlassungen	538–561
b) Stellungnahme	393–406	b) Publizität der Rechnungslegung	562, 563
3. Kapitalerhaltungsrecht	407–416	c) Geschäftsbriefpublizität	564–571
a) Meinungsstand	407, 408	4. Firmenrecht	572–608
b) Stellungnahme	409–416	a) Allgemeines	572–580
4. Recht der Gesellschafterdarlehen (früher: Eigenkapitalersatzrecht)	417–433	b) Firmenzusätze	581–605
a) Einführung	417, 418	c) Haftung bei Firmenübernahme	606–608
b) Meinungsstand zur Anwendung auf Auslandsgesellschaften	419–425	**V. Arbeitnehmermitbestimmung**	609–657
c) Stellungnahme	426–433	1. Betriebliche Mitbestimmung	609–623
5. Insolvenzantragspflicht und Insolvenzverschleppungshaftung	434–450	a) Überblick	609–611
a) Einführung	434, 435	b) Internationaler Anwendungsbereich	612–621
b) Meinungsstand zur Anwendung auf Auslandsgesellschaften	436–443	c) Vereinbarkeit der betrieblichen Mitbestimmung mit der Niederlassungsfreiheit	622, 623
c) Stellungnahme	444–450	2. Unternehmerische Mitbestimmung	624–657
6. Haftung für die Verletzung der Massesicherungspflicht und die Verursachung der Zahlungsunfähigkeit	451–457	a) Einführung	624–627
7. Existenzvernichtungs- und Durchgriffshaftung der Gesellschafter	458–482	b) Anwendung der Unternehmensmitbestimmung auf Auslandsgesellschaften	628–647
a) Herkömmliche Lehre zur Anknüpfung der Durchgriffshaftung	458–460	c) Anwendung der Unternehmensmitbestimmung beim Wegzug deutscher Gesellschaften	648, 649
b) Meinungsstand aufgrund der Rspr. des EuGH	461–473	d) Unternehmerische Mitbestimmung im internationalen Konzern	650–653
c) Stellungnahme	474–482	e) Mitbestimmung bei grenzüberschreitenden Umwandlungen	654–657
8. Konzernrecht	483–512		
a) Einführung	483, 484		
b) Grenzüberschreitender Unterordnungskonzern	485–509		

	Rn.		Rn.
VI. Vertrags-, Delikts- und Strafrecht	658–670	b) Ausschließliche Gerichtsstände kraft Prorogation oder rügeloser Einlassung (Art. 25, 26 Brüssel Ia-VO)	690
1. Vertrags- und Deliktsrecht	658–663	4. Allgemeiner internationaler Gerichtsstand europäischer Kapitalgesellschaften	691–695
2. Strafrecht	664–670		
VII. EU-Auslandsgesellschaft & Co. KG	671–676	5. Besondere internationale Gerichtsstände für gesellschaftsrechtliche Haftungsklagen	696–727
VIII. Internationale Zuständigkeit für gesellschaftsrechtliche Streitigkeiten	677–727	a) Allgemeines	696
		b) Vertraglicher Gerichtsstand (Art. 7 Nr. 1 Brüssel Ia-VO)	697–713
1. Allgemeines	677–680	c) Gerichtsstand der unerlaubten Handlung (Art. 7 Nr. 2 Brüssel Ia-VO)	714–720
2. Zuständigkeit nach der EuInsVO und lex attractiva concursus	681–685		
3. Ausschließliche internationale Gerichtsstände	686–690	d) Gerichtsstand der Niederlassung (Art. 7 Nr. 5 Brüssel Ia-VO)	721–725
a) Ausschließlicher Gerichtsstand für bestimmte Grundlagenstreitigkeiten (Art. 24 Nr. 2 Brüssel Ia-VO)	686–689	e) Gerichtsstand der Streitgenossenschaft (Art. 8 Nr. 1 Brüssel Ia-VO)	726, 727

I. Grenzüberschreitende Sitzverlegung und Umwandlung

1. Statuswahrende Verlegung des tatsächlichen Sitzes. a) Wegzug. Auch Jahre 349 nach dem **MoMiG** ist **nicht abschließend geklärt,** ob und in welchem Umfang deutschen Gesellschaften ein statuswahrender Wegzug möglich ist (→ Rn. 220 ff.). Die Absicht des Gesetzgebers war es zwar, einen solchen Wegzug zu gestatten.[1] Eine ausdrückliche Kollisionsnorm iSd Gründungstheorie fehlt im deutschen Gesellschaftskollisionsrecht jedoch bis heute und sollte erst durch Art. 10 Abs. 1 EGBGB-E idF des RefE zum Internationalen Gesellschaftsrecht (→ Rn. 218 f.) eingeführt werden, für dessen Verabschiedung indes aktuell keine Anhaltspunkte bestehen (Stand: Februar 2021). Die **Niederlassungsfreiheit** gibt in jedem Fall **nicht** vor, einen statuswahrenden Wegzug zuzulassen.[2]

Als **gesichert** kann derzeit nur gelten, dass deutsche Gesellschaften in der Rechtsform 350 der **GmbH** und der **AG** ihren tatsächlichen Sitz nachträglich in Staaten ansiedeln können, die kollisionsrechtlich auf das deutsche Recht **zurückverweisen** (Art. 4 Abs. 1 S. 2 EGBGB; → Rn. 223 f.).

Dass auch eine **Gründung mit tatsächlichem Sitz im Ausland** möglich ist, wird 351 hingegen nach wie vor zu Unrecht bestritten (→ Rn. 224), obwohl die Gesetzesbegründung sich klar für diese Möglichkeit ausgesprochen hat.[3] Auch die Frage, ob die **niederlassungsrechtliche Anerkennungspflicht** der Mitgliedstaaten der EU und des EWR als beachtlicher **kollisionsrechtlicher Rückverweis** behandelt werden kann, muss bis auf weiteres als offen bezeichnet werden (→ Rn. 234 ff., → Rn. 243). Schließlich war auf Basis des MoMiG unklar, ob die etwaigen Erweiterungen der Wegzugsfreiheit auch auf deutsche **Personengesellschaften** zu erstrecken waren. Insoweit ist derzeit (Stand: Februar 2021) allerdings eine entsprechende Liberalisierung durch das Gesetz zur Modernisierung des Personengesellschaftsrechts zu erwarten.[4] Eine eindeutige kollisionsrechtliche Regelung ist indes bislang nicht in Sicht.

Diese Rechtsunsicherheiten lassen es als vorzugswürdig erscheinen, auch unabhängig 352 von einer gesetzlichen Kodifizierung der Gründungstheorie für **deutsche Gesellschaften**

---

[1] BT-Drs. 17/6140, 29.
[2] Missverständlich EBJS/*Wertenbruch* HGB § 105 Rn. 376.
[3] Die Gesetzesbegründung rechtfertigt die Notwendigkeit der Reform der § 4a GmbHG, § 5 AktG ausdrücklich mit dem Hinweis darauf, dass es ausländischen Unternehmen und deutschen Muttergesellschaften nicht möglich sei, „sich bei der Gründung eines Unternehmens für die Rechtsform der deutschen Aktiengesellschaft bzw. der GmbH zu entscheiden, wenn die Geschäftstätigkeit ganz oder überwiegend aus dem Ausland geführt werden soll", BT-Drs. 17/6140, 29.
[4] S. § 706 BGB idF des RegE des Gesetzes zur Modernisierung des Personengesellschaftsrechts (MoPeG) sowie RegE zum MoPeG, S. 142 f.

generell zu einer **Gründungsanknüpfung** überzugehen (zur zutreffenden Kollisionsnorm → Rn. 309 ff.).[5]

353 In **sachrechtlicher Hinsicht** handelt es sich bei der tatsächlichen Sitzverlegung zwar um einen Realakt, doch ist wegen ihrer Bedeutung für das tatsächliche und rechtliche Umfeld der Gesellschaft zu empfehlen, den Ort des tatsächlichen Verwaltungssitzes in der **Satzung** zu bestimmen.[6] Ferner spricht vieles für die Annahme, dass die tatsächliche Sitzverlegung im Innenverhältnis einer Ermächtigung in der Satzung oder, auch wenn die Satzung den Ort des Verwaltungssitzes nicht bestimmt, bei der GmbH eines entsprechenden **Gesellschafterbeschlusses** bedarf, der mit satzungsändernder Mehrheit zu fassen ist, und im Falle der AG dem Aufsichtsrat und der Hauptversammlung zur Zustimmung vorgelegt werden sollte.[7] Am Ort des inländischen, vom Satzungssitz abweichenden Verwaltungssitzes kann nach allgemeinen Regeln gem. §§ 13 ff. HGB eine Zweigniederlassung anzumelden sein.[8]

354 **b) Zuzug.** Ausländischen Gesellschaften ist ein **statuswahrender Zuzug** in das Inland nach derzeitiger Rechtslage nur möglich, wenn der **Gründungsstaat dies zulässt** und die Gesellschaft sich auf die **Niederlassungsfreiheit** des AEUV, des EWR-Abkommens oder eines bestehenden Staatsvertrags berufen kann (→ Rn. 206 ff.).

355 Nach richtiger Ansicht gilt Gleiches für den Fall, dass die Auslandsgesellschaft **mit inländischem Verwaltungssitz** gegründet wird. Die Rspr. des EuGH bietet keinen Anhaltspunkt für die Annahme, dass der Aufnahmestaat nicht auch in diesem Fall zur Anerkennung verpflichtet wäre, sofern der Gründungsstaat eine Gründung mit tatsächlichem Auslandssitz ermöglicht (→ Rn. 235 f.).

356 Ein allseitiger, von der Niederlassungsfreiheit unabhängiger Übergang zu einer Gründungsanknüpfung, die einen statuswahrenden Zuzug ermöglichen würde, ist hingegen bis auf Weiteres nicht zu erwarten. Wie der BGH in seiner „Trabrennbahn"-Entscheidung[9] klargestellt hat, verbleibt es in der Praxis insoweit vielmehr bei der Anwendung der **Sitztheorie** und der Nichtanerkennung zugezogener Gesellschaften als solcher (→ Rn. 208). Ob und mit welchen Maßgaben der Gesetzgeber sich dazu entschließen wird, die Gründungsanknüpfung zu kodifizieren, ist derzeit offen (Art. 10 Abs. 1 EGBGB-E idF des RefE zum Internationalen Gesellschaftsrecht; → Rn. 218 f.).

357 **2. Statuswahrende Verlegung des Satzungssitzes.** Das deutsche Sachrecht lässt es **de lege lata nicht** zu, dass deutsche Kapital- oder Personenhandelsgesellschaften ihren registrierten Satzungssitz im Ausland oder ausländische Gesellschaften ihren Satzungssitz im Inland nehmen (§ 4a GmbHG, § 5 AktG → Rn. 78 f.). Ein Beschluss der Gesellschafter über die grenzüberschreitende „Verlegung" des Satzungssitzes wird daher **Auflösungsbeschluss**[10]

---

[5] Die hier vertretene Ansicht wir zu Unrecht der Sitztheorie zugeordnet bei EBJS/*Wertenbruch* HGB § 105 Rn. 376.

[6] S. *Hecksehen* DStR 2007, 1442 (1447); *Hecksehen* DStR 2009, 166 (168); *Hecksehen* in Hecksehen/ *Heidinger* § 4 Rn. 80; zust. *Leitzen* NZG 2009, 728 (729); Lutter/Hommelhoff/*Bayer* GmbHG § 4a Rn. 4; *Wicke* GmbHG § 4a Rn. 5; s. auch *Katsinski/Rawert* ZIP 2008, 1993 (1998); Lips/ Randel/Werwigk DStR 2008, 2220 (2223); *Wachter* GmbHR-Sonderheft 2008, 80 (82).

[7] S. auch *Hecksehen* DStR 2007, 1442 (1447); *Hecksehen* DStR 2009, 166 (168) und *Hecksehen* in Heckschen/*Heidinger* § 4 Rn. 80, bei dem allerdings nicht klar wird, ob das Erfordernis einer satzungsändernden Mehrheit auch dann bestehen soll, wenn die Satzung den Ort des Verwaltungssitzes nicht festlegt. Vorbehaltlich anderweitiger Satzungsregelungen einen Gesellschafterbeschluss mit einfacher Mehrheit für ausreichend haltend Lips/Randel/Werwigk DStR 2008, 2220 (2223); *Wachter* GmbHR-Sonderheft 2008, 80 (82); wohl auch *Otte* BB 2009, 344; *Marsch-Barner* FS Haarmann, 2015, 119 (123). Widersprüchlich *Kindler* IPRax 2009, 189 (199), der einerseits feststellt, dass ein Beschluss über die Verwaltungssitzverlegung nunmehr wirksam gefasst werden könne und „als Satzungsänderung" einer satzungsändernden Mehrheit bedürfe, andererseits aber ausführt, dass die Verwaltungssitzverlegung als tatsächlicher Vorgang „keines Gesellschafterbeschlusses, erst recht nicht mit satzungsändernder Mehrheit" bedürfe.

[8] Ebenso *Hecksehen* DStR 2009, 166 (168); *Wicke* GmbHG § 4a Rn. 7; Baumbach/Hueck/*Servatius* GmbHG § 4a Rn. 4; aA *Otte* BB 2009, 344 (345); wohl auch Lips/Randel/Werwigk DStR 2008, 2220 (2223).

[9] BGH DStR 2009, 59 – Trabrennbahn (schweizerische AG).

[10] *Ebenroth/Auer* JZ 1993, 374 (375); Staudinger/*Großfeld* IntGesR Rn. 655 f.; *Michalski* NZG 1998, 762 (764). Aus der Rspr. ebenso hinsichtlich eines Beschlusses über die Verlegung sowohl des Satzungs- als auch des Verwaltungssitzes BayObLG NJW-RR 1993, 43 (44).

oder als **nichtig**[11] qualifiziert. Das BayObLG, das OLG Brandenburg und das OLG München haben die Rechtsfolge eines Sitzverlegungsbeschlusses in neueren Entscheidungen offen gelassen, im Ergebnis aber die Eintragungsfähigkeit abgelehnt.[12]

Der Forderung, es müsse deutsche Gesellschaften mit Satzungssitz im Ausland oder ausländische Gesellschaften mit Satzungssitz in Deutschland geben können (→ Rn. 79), ist auch **de lege ferenda** nicht zuzustimmen. Auch unabhängig von der Niederlassungsfreiheit, die eine grenzüberschreitende Ansiedlung des Satzungssitzes unter Wahrung des Gesellschaftsstatuts nicht umfasst, besteht ein legitimes Interesse daran, dass der Satzungssitz wegen seiner sachrechtlichen Bedeutung im Inland aufrechterhalten wird (→ Rn. 78 f.).[13] Befindet sich auch die Hauptverwaltung nicht im Gründungsstaat, wäre die Gesellschaft dort nicht einmal mehr uneingeschränkt gerichtspflichtig (vgl. Art. 4 und 63 Brüssel Ia-VO). Welches Interesse an derartigen Gestaltungen bestehen sollte, ist nicht ersichtlich,[14] zumal die nationalen Registergerichte wohl kaum in der Lage wären, die Angelegenheiten der registerpflichtigen Rechtsformen aller Mitgliedstaaten der EU und des EWR zu bewältigen. Die statuswahrende Verlegung des Satzungssitzes ist daher wenig überraschend auch nicht Gegenstand der Umwandlungsrichtlinie (→ Rn. 11, → Rn. 85 ff.). 358

3. Grenzüberschreitende Verschmelzungen und Spaltungen. Die **grenzüberschreitende Verschmelzung** ist im deutschen Recht auf der Grundlage der Kapitalgesellschaften-Verschmelzungs-RL (seit 2017: Art. 118 ff. GesR-RL, → Rn. 8) kodifiziert worden (§§ 122a–122l UmwG). Diese Regelungen beschränken sich indes auf die Verschmelzung von **Kapitalgesellschaften.** Hieran hat auch die Novellierung im Rahmen der Umwandlungsrichtlinie aus dem Jahr 2019 (→ Rn. 11, → Rn. 85 ff.) nichts geändert. Ausgenommen sind Personengesellschaften und OGAW, für Genossenschaften ermächtigt die Richtlinie die Mitgliedstaaten weiterhin zu einer Ausnahme (Art. 120 Abs. 2 GesR-RL). Weitere Sonderregelungen zum Anwendungsbereich gelten für Gesellschaften, die Gegenstand von Abwicklungsinstrumenten, -befugnissen und -mechanismen gem. Titel IV der RL 2014/59/EU (sog. EU-Bankenabwicklungsrichtlinie) sind, und für solche, die abgewickelt werden und bei denen die Verteilung des Vermögens an die Gesellschafter begonnen hat. Ferner können die Mitgliedstaaten Gesellschaften auszunehmen, die Gegenstand eines Insolvenzverfahrens oder präventiven Restrukturierungsrahmens, eines sonstigen Liquidationsverfahrens oder einer Krisenpräventionsmaßnahme iSd Art. 2 Abs. 1 Nr. 101 RL 2014/59/EU sind (→ Rn. 87). Mit Erlass der Umwandlungsrichtlinie wurde auch die vormalige Ermächtigung der Mitgliedstaaten gestrichen, die **zulässigen Verschmelzungsvarianten** entsprechend dem nationalen Recht zu bestimmen (Art. 4 Abs. 1 lit. a Kapitalgesellschaften-Verschmelzungs-RL bzw. Art. 121 Abs. 1 lit. a GesR-RL 2017). Seither sind die Mitgliedstaaten verpflichtet, grenzüberschreitende Verschmelzungen zwischen allen in Anh. II GesR-RL aufgeführten Rechtsformen zu ermöglichen. Die Richtlinie geht damit wohl auch über die Vorgaben der EuGH-Rspr. hinaus (→ Rn. 90, → Rn. 105). 359

Im Übrigen existieren bislang lediglich Regelungen zur Gründung einer **SE** oder **SCE** im Wege der Verschmelzung (Art. 17 ff. SE-VO, Art. 19 ff. SCE-VO). Wie den Entscheidungen des EuGH in den Rechtssachen „Sevic" und „VALE"[15] zu entnehmen ist, sind die 360

---

[11] Goette/Habersack/*Kindler* S. 233, 235; *Triebel/v. Hase* BB 2003, 2409 (2415); Lutter/Hommelhoff/*Bayer* GmbHG § 4a Rn. 21; Großkomm HGB/*Koch* HGB § 13h Rn. 31; MüKoBGB/*Kindler* IntGesR Rn. 839; MHLS/*Leible* GmbHG Syst. Darst. 2 Rn. 197; *Kieninger* Wettbewerb S. 149. Ferner wohl auch – aber jeweils wohl nur für Sitzverlegungen in Drittstaaten außerhalb von EU/EWR – → AktG § 5 Rn. 54 f.; → AktG § 262 Rn. 38 f.; Hüffer/*Koch/Koch* AktG § 5 Rn. 13.
[12] BayObLG BB 2004, 570 (571) mwN; OLG Brandenburg BB 2005, 849 (850); OLG München 2007, 2247 f.
[13] BayObLG BB 2004, 570 (572); ähnlich OLG Brandenburg BB 2005, 849 (850 ff.); zust. auch *Koppensteiner* FS Lutter, 2000, 141 (147); *Leible* ZGR 2004, 531 (553 f.); *Triebel/v. Hase* BB 2003, 2409 (2414); *Zimmer* BB 2000, 1361 (1362); Lutter/Hommelhoff/*Bayer* GmbHG § 4a Rn. 16; Schmitt/Hörtnagl/Stratz/*Hörtnagl* UmwG § 1 Rn. 38 f.; s. auch Staudinger/*Großfeld* IntGesR Rn. 679 f.
[14] Abl. auch *Leible* ZGR 2004, 531 (553 f.).
[15] EuGH Slg. 2005, I-10805 = NJW 2006, 425 – Sevic; EuGH NJW 2012, 2715 – VALE.

Mitgliedstaaten jedoch aufgrund der **Niederlassungsfreiheit** verpflichtet, auch **anderen Rechtsträgern** grenzüberschreitende Verschmelzungen zu ermöglichen, sofern sie entsprechende Verschmelzungsvorgänge in innerstaatlichen Sachverhalten gestatten (→ Rn. 95, → Rn. 105, → Rn. 108).[16] Die Umsetzung der Umwandlungsrichtlinie sollte daher Anlass für den deutschen Gesetzgeber sein, die grenzüberschreitende Verschmelzung umfassend zu kodifizieren. Bisher wurden aus Anlass des bevorstehenden Brexit lediglich Personenhandelsgesellschaften als übernehmende oder neue Gesellschaften einer grenzüberschreitenden Verschmelzung zugelassen, sofern sie in der Regel nicht mehr als 500 Arbeitnehmer haben (§ 122b Abs. 1 Nr. 2 UmwG, → Rn. 21, → Rn. 82).

361 Auch für die **grenzüberschreitende Spaltung von Kapitalgesellschaften zur Neugründung** existiert seit Inkrafttreten der Umwandlungsrichtlinie eine sekundärrechtliche Regelung in Kapitel IV (Art. 160a ff. GesR-RL). Der Anwendungsbereich beschränkt sich auf Kapitalgesellschaften und bleibt insoweit hinter Art. 119 Nr. 1 GesR-RL zurück, als eine Regelung entsprechend Art. 119 Nr. 1 lit. b GesR-RL fehlt. Die Ermächtigung der Mitgliedstaaten, Genossenschaften auszunehmen, erübrigte sich daher.[17] Im Übrigen entspricht die Regelung des Anwendungsbereichs jedoch derjenigen für die grenzüberschreitende Verschmelzung (Art. 160a, 160b Nr. 1 GesR-RL, → Rn. 87, → Rn. 359). Für die Spaltung von Kapitalgesellschaften zur Aufnahme und die Spaltung anderer Rechtsträger fehlt ein entsprechender Rechtsrahmen hingegen nach wie vor. Die allgemeine Feststellung in den Gründen der „Sevic"-Entscheidung des EuGH, dass „Gesellschaftsumwandlungen den Zusammenarbeits- und Umgestaltungsbedürfnissen von Gesellschaften mit Sitz in verschiedenen Mitgliedstaaten" entsprächen und „besondere, für das reibungslose Funktionieren des Binnenmarktes wichtige Modalitäten der Ausübung der Niederlassungsfreiheit" darstellten,[18] lässt jedoch den Schluss zu, dass auch grenzüberschreitende Spaltungen nach dieser Rspr. dem Schutz des Unionsrechts unterstehen. Soweit das deutsche UmwG innerstaatliche Spaltungen zulässt, dürfte ein pauschaler Ausschluss der grenzüberschreitenden Spaltung gegen das Verbot der Diskriminierung unionsrechtlicher Sachverhalte verstoßen (→ Rn. 104 f.). Dies gilt auch für die von der Umwandlungsrichtlinie nicht erfassten Gestaltungen. Insbesondere wird man auch kaum annehmen können, dass der Richtliniengeber mit der Ausklammerung von Spaltungen zur Aufnahme ein sekundärrechtliches Verbot derartiger Vorgänge verhängen wollte. Erwägungsgrund 8 der Umwandlungsrichtlinie allein rechtfertigt diese Annahme nicht.[19]

362 Einer **Mobilitätskomponente** in dem Sinne, dass der Vorgang stets mit der Errichtung oder Verlagerung einer tatsächlichen Niederlassung einhergehen müsste, bedarf es nach der **„Polbud"**-Entscheidung des EuGH für den Schutz der Niederlassungsfreiheit nicht. Ein solches Erfordernis kann sich allenfalls aus dem Recht des Zielrechtsträgers ergeben (→ Rn. 98). Auch sekundärrechtlich wurde in der Umwandlungsrichtlinie keine gegenteilige Regelung getroffen. Der dortige Vorbehalt einer Missbrauchskontrolle im Rahmen des Verfahrens zur Erteilung der Vorabbescheinigung (Art. 127 Abs. 8 ff. GesR-RL, Art. 160m Abs. 8 ff. GesR-RL) bietet keine Grundlage dafür, eine grenzüberschreitende Verschmelzung oder Spaltung nur im Zusammenhang mit einer tatsächlichen Ansiedlung im Zielstaat zuzulassen (→ Rn. 91).

363 Im Übrigen besteht der sekundärrechtliche **Rechtsrahmen** für grenzüberschreitende Verschmelzungen und Spaltungen von Kapitalgesellschaften im Wesentlichen aus den folgenden **verfahrensrechtlichen Elementen:** (1) Erstellung und Offenlegung eines Umwandlungsplans durch das (jeweilige) Leitungs- oder Verwaltungsorgan (Art. 122 f., 160d, 160g GesR-RL); (.) Bericht des (jeweiligen) Leitungs- oder des Verwaltungsorgans

---

[16] Zur grenzüberschreitenden Verschmelzung von Personengesellschaften insbes. *Bayer/Schmidt* ZHR 173 (2009), 735 (765 ff.); *Bungert/Schneider* GS Gruson, 2009, 37 ff.

[17] Zutr. *Stelmaszczyk* GmbHR 2020, 61 (62).

[18] EuGH Slg. 2005, I-10805 Rn. 19 = NJW 2006, 425 – Sevic; s. ferner EuGH NJW 2012, 2715 Rn. 24 – VALE.

[19] So tendenziell aber *Schulte* GmbHR 2020, 139 (143 f.).

für die Gesellschafter und die Arbeitnehmer (Art. 124, 160e GesR-RL);[20] (3) Prüfung und Berichterstattung durch einen unabhängigen Sachverständigen (Art. 125, 160f GesR-RL); (4) Beschluss der (jeweiligen) Gesellschafterversammlung (Art. 126, 160h GesR-RL); (5) Erteilung einer Vorabbescheinigung und Rechtmäßigkeitskontrolle (Art. 127 ff., 160m–160o GesR-RL); (6) Eintragung im (jeweiligen) Handelsregister (Art. 130, 160p GesR-RL). Im Einzelnen bestehen allerdings hinsichtlich der einzelnen Umwandlungsarten gewisse Unterschiede, deren Sinnhaftigkeit sich nicht durchweg erschließt.[21]

Das Schutzkonzept zugunsten der **Minderheitsgesellschafter** umfasst, außer im Fall **364** der grenzüberschreitenden Ausgliederung, ein Austrittsrecht gegen Barabfindung (Art. 126a Abs. 1–5-RL, Art. 160i Abs. 1–5 GesR-RL) und einen Anspruch auf Verbesserung des Umtauschverhältnisses (Art. 126a Abs. 6–7-RL, Art. 160i Abs. 6–7 GesR-RL). Eine Anfechtung des Umwandlungsbeschlusses wegen Bewertungsmängeln ist jedoch ausgeschlossen (Art. 126 Abs. 4 GesR-RL, Art. 160h Abs. 5 GesR-RL).

Harmonisiert ist des Weiteren auch der **Schutz der Gläubiger.** Die Mitgliedstaaten **365** müssen ein angemessenes Schutzsystem für die Gläubiger vorsehen, deren Forderungen vor Offenlegung des Plans entstanden und zu diesem Zeitpunkt noch nicht fällig waren (Art. 126b Abs. 1 UAbs. 1 GesR-RL, Art. 160j Abs. 1 UAbs. 1 GesR-RL). Hierbei müssen die Gläubiger das Recht erhalten, bei der zuständigen Verwaltungs- oder Justizbehörde angemessene Sicherheiten zu beantragen, sofern sie nachweisen, dass die grenzüberschreitende Umstrukturierung die Befriedigung ihrer Forderungen gefährdet, und sie von der Gesellschaft keine angemessenen Sicherheiten erhalten haben (Art. 126b Abs. 1 UAbs. 2 GesR-RL, Art. 160j Abs. 1 UAbs. 2 GesR-RL). Hierfür gilt eine Frist von drei Monaten. Welche Sicherheiten den Gläubigern angeboten werden, ist bereits im Plan anzugeben (vgl. Art. 122 S. 2 lit. n-RL, Art. 160d S. 2 lit. q GesR-RL). Zudem haben die Mitgliedstaaten die Möglichkeit, eine Solvenzerklärung des Verwaltungs- oder Leitungsorgans zu verlangen, die zusammen mit dem Plan offenzulegen ist (Art. 126b Abs. 2-RL, Art. 160j Abs. 3 GesR-RL). Die Frage einer etwaigen Haftung des Managements für die Richtigkeit dieser Erklärung sowie sonstige diesbezügliche Sanktionen sind ebenfalls dem nationalen Recht überlassen (Erwägungsgrund 25 RL (EU) 2019/2121). Im deutschen Recht ist eine solche Solvenzerklärung bislang nicht vorgesehen. Für grenzüberschreitende Spaltungen ist eine gesamtschuldnerische Ausfallhaftung der begünstigen Gesellschaften sowie im Falle der Abspaltung und Ausgliederung auch der sich spaltenden Gesellschaft angeordnet. Diese Haftung beschränkt sich auf den Wert des der jeweiligen Gesellschaft zugeteilten Nettoaktivvermögens am Tag des Wirksamwerdens der Spaltung (Art. 160j Abs. 2 GesR-RL).

In weiten Teilen einheitlich ausgestaltet ist des Weiteren auch die Regelung zum **Schutz** **366** **der Arbeitnehmerinteressen** und der **unternehmerischen Mitbestimmung,** obgleich im Einzelnen durchaus erhebliche Divergenzen bestehen.[22] Sowohl bei der grenzüberschreitenden Verschmelzung als auch bei der grenzüberschreitenden Spaltung sind die Arbeitnehmer über die Maßnahme zu unterrichten und hierzu anzuhören (Art. 126c, 160k GesR-RL). Bezüglich der Mitbestimmung wurden mit dem EU-Company Law Package bedeutsame Neuerungen zu der bereits zuvor für die SE und die grenzüberschreitende Verschmelzung eingeführten Kombination aus Verhandlungs- und Auffanglösung verabschiedet. Im Ausgangspunkt verbleibt es insoweit dabei, dass das Recht des Sitzstaats gilt, sofern kein Verhandlungstatbestand eingreift (Art. 133 Abs. 1 GesR-RL, Art. 160l Abs. 1 GesR-RL). Verhandlungen sind aufzunehmen, wenn das Niveau der Mitbestimmung durch die Maßnahme gemindert oder ausländische Arbeitnehmer der umgewandelten Gesellschaft in Bezug auf ihre Mitbestimmungsrechte benachteiligt würden (Art. 133 Abs. 2 GesR-RL, Art. 160l Abs. 2 GesR-RL – jeweils Var. 2 lit. a und b). Ein dritter Verhandlungstatbestand

---

[20] Bei der Ermächtigung der Mitgliedstaaten, Einpersonengesellschaften auch von der Berichtspflicht für die Arbeitnehmer auszunehmen (Art. 86e Abs. 4 S. 2 GesR-RL, Art. 124 Abs. 4 S. 2 GesR-RL, Art. 160e Abs. 4 S. 2 GesR-RL) handelt es sich um ein Redaktionsversehen; *Stelmaszczyk* GmbHR 2020, 61 (67 f.).
[21] *Bayer/Schmidt* BB 2019, 1922 (1927 ff.).
[22] Krit. *Bayer/Schmidt* BB 2019, 1922 (1933 f.).

greift dann, wenn mindestens vier Fünftel des im nationalen Recht des Mitgliedstaats vorgesehenen Schwellenwerts für die Mitbestimmung erreicht werden (Art. 133 Abs. 2 GesR-RL, Art. 160l Abs. 2 GesR-RL – jeweils Var. 1). Trotz dieser Ausweitung der Verhandlungspflicht auf Fälle der Umwandlung mitbestimmungsfreier Gesellschaften bleibt es dabei, dass bei Scheitern der Verhandlungen die Auffanglösung greift und zur Mitbestimmungsfreiheit führt (vgl. Art. 160l Abs. 3 lit. g GesR-RL iVm Anh. Teil 3 lit. a Beteiligungs-RL bzw. Art. 133 Abs. 3 lit. h GesR-RL iVm Anh. Teil 3 lit. b Beteiligungs-RL). Die Möglichkeit, dass die Organe der beteiligten Gesellschaften ohne jegliche Verhandlungen unmittelbar für die Auffanglösung optieren, besteht nur bei grenzüberschreitenden Verschmelzungen (Art. 133 Abs. 4 lit. a GesR-RL). Die unterbliebene Ausdehnung auf die anderen Umwandlungsvarianten erschwert deren zügige Durchführung. Für alle folgenden grenzüberschreitenden oder nationalen Umwandlungsmaßnahmen wird das infolge der ersten Maßnahme herbeigeführte Mitbestimmungsregime für einen Zeitraum von vier Jahren festgeschrieben (Art. 133 Abs. 7 GesR-RL, Art. 160l Abs. 7 GesR-RL). Bei grenzüberschreitenden Verschmelzungen ist schon im Vorfeld mitzuteilen, ob ohne Verhandlungen direkt die Auffangregelung angewendet werden soll (Art. 133 Abs. 8 GesR-RL). Werden Verhandlungen geführt, ist ihr Ergebnis den Arbeitnehmern ohne unangemessene Verzögerung mitzuteilen (Art. 133 Abs. 8 GesR-RL, Art. 160l Abs. 8 GesR-RL). Im Falle einer grenzüberschreitenden Spaltung ist sicherzustellen, dass eine vorherige Mitbestimmungsregelung bis zum Inkrafttreten der vereinbarten Regelung oder der Auffanglösung fortgilt (Art. 160l Abs. 4 lit. c GesR-RL).

367 Den **Wirksamkeitszeitpunkt** einer grenzüberschreitenden Verschmelzung bestimmt das Recht des Mitgliedstaates, dem die aus der Maßnahme hervorgehende Gesellschaft unterliegt (Art. 129 GesR-RL). Bei einer grenzüberschreitenden Spaltung liegt die entsprechende Regelungsbefugnis bei dem Mitgliedstaat, nach dessen Recht die sich spaltende Gesellschaft besteht (Art. 160q GesR-RL). Zwingend erforderlich ist jedoch jeweils, dass die Rechtmäßigkeitskontrolle abgeschlossen ist.

368 Die zentrale **Rechtsfolge** der erfolgreichen Verschmelzung oder Spaltung ist die vollständige bzw. teilweise **Universalsukzession** des übernehmenden Rechtsträgers (Art. 131 Abs. 1 lit. a, Abs. 2 lit. a GesR-RL, Art. 160r Abs. 1 lit. a, Abs. 2 lit. a GesR-RL). Ab dem Wirksamwerden gilt ein absoluter **Bestandschutz** für die grenzüberschreitende Umwandlungsmaßnahme (Art. 134 UAbs. 1 GesR-RL, Art. 160u UAbs. 1 GesR-RL).

369 Mit dem EU-Company Law Package wurde schließlich eine erhebliche Erleichterung für **konzerninterne grenzüberschreitende Verschmelzungen** in der Form des **sidestep-merger** eingeführt (Art. 119 Nr. 2 lit. d GesR-RL, Art. 132 Abs. 1 und 3 GesR-RL).[23] Klargestellt ist seither insbesondere, dass auch in solchen Konstellationen auf eine Anteilsgewährung verzichtet werden kann und ein Barabfindungsangebot an die Minderheitsgesellschafter sowie ein Verschmelzungsbericht entbehrlich sind. Für **grenzüberschreitende Ausgliederungen** gelten ebenfalls diverse Privilegierungen, insbesondere entfallen Spaltungsbericht und -prüfung, der Gesellschafterschutz gem. Art. 160i GesR-RL und bestimmte Angaben im Spaltungsplan (Art. 160s GesR-RL).

370 **Kollisionsrechtlich** entspricht die Regelung der Umwandlungsrichtlinie ebenso wie zuvor diejenige der Kapitalgesellschaften-Verschmelzungs-RL (→ Rn. 8) und der an ihre Stelle getretenen Art. 118 ff. GesR-RL im Ansatz der Vereinigungstheorie, die auch auf der Ebene des nationalen Rechts überwiegend zur Anknüpfung von Umwandlungsmaßnahmen, insbesondere von Verschmelzungen, vertreten wird.[24] Zum RefE zum Internationalen Gesellschaftsrecht → Rn. 82, → Rn. 219. Insoweit sind die einzelnen Verfahrensstufen des Umwandlungsvorgangs getrennt zu betrachten. Für die erste Stufe, an welche sich die Erteilung der Vorabbescheinigung anschließt, gilt das Recht des Mitgliedstaates, dem die

---

[23] Zum Redaktionsversehen bzgl. der nicht erfassten Konstellation einer Verschmelzung von Schwestergesellschaften, deren Anteile in demselben Verhältnis von denselben Inhabern gehalten werden, Stelmaszczyk GmbHR 2020, 61 (63).

[24] S. zu ihr und zu weiteren Theorien statt aller MüKoBGB/*Kindler* IntGesR Rn. 798 ff., 803 ff.

jeweilige sich umwandelnde Gesellschaft untersteht (Art. 121 Abs. 1 lit. b, Abs. 2 GesR-RL, Art. 127 Abs. 1 GesR-RL, Art. 160c GesR-RL). In der zweiten Stufe ist über die abschließende Wirksamkeit der Maßnahme zu entscheiden. Hierfür gilt das Recht der aus der Umwandlung hervorgehenden Gesellschaft oder Gesellschaften (Art. 128 Abs. 1 GesR-RL, Art. 160c GesR-RL). Dies umfasst auch die Frage, ob der Zielrechtsträger eine tatsächliche Verknüpfung mit dem inländischen Territorium des Zielstaates haben muss und welcher Art – zB tatsächlicher Sitz, genuine link – diese Verbindung ggf. zu sein hat. Die Richtlinie überlässt diese Frage den nationalen Gründungsvorschriften und macht hierzu keine Vorgaben. Gleiches gilt ferner für die Frage, nach welchem Anknüpfungskriterium das Recht der sich umwandelnden Gesellschaft oder Gesellschaften zu bestimmen ist.

Hinsichtlich der beteiligten **deutschen Rechtsträger** kommt **sachrechtlich** das – nach Maßgabe der Umwandlungsrichtlinie anzupassende – UmwG zur Anwendung. Wenn und weil § 1 Abs. 1 UmwG nach zutreffender Ansicht auf den Satzungssitz abstellt[25] und für deutsche Rechtsträger spätestens seit dem MoMiG richtigerweise eine Gründungsanknüpfung erfolgt (→ Rn. 220 ff.), gilt dies auch dann, wenn ihr tatsächlicher Sitz sich im Ausland befindet.[26] Für Rechtsträger ausländischen Rechts gilt demgegenüber ihr gem. der Umwandlungsrichtlinie auszugestaltendes Gesellschaftsstatut, das nach den dargestellten Regeln zu ermitteln ist (→ Rn. 234 ff., → Rn. 245 ff., → Rn. 309 ff.). **371**

Weitere Einzelheiten können im vorliegenden Rahmen nicht dargestellt werden. Soweit es **außerhalb des Anwendungsbereichs der Richtlinie** und der nationalen Umsetzungsregelungen an sachrechtlichen Regelungen fehlt oder es zu Normwidersprüchen kommt, können und müssen taugliche Lösungen in Anlehnung an die bestehenden Regelungen des Unionsrechts für grenzüberschreitende Umwandlungen und unter Anpassung des jeweiligen nationalen Rechts (→ Rn. 81 ff., → Rn. 359) gefunden werden. Die nationale Rspr. ist insoweit verpflichtet, das nationale Recht in unionsrechtskonformer Weise anzuwenden und ggf. auch fortzubilden (→ Rn. 7, → Rn. 80, → Rn. 125 f.). **372**

Hierbei sind nach den Entscheidungen „VALE" und „Polbud" der **Äquivalenz- und der Effektivitätsgrundsatz** (→ Rn. 102, → Rn. 126) zu beachten.[27] Dies bedeutet namentlich, dass die Behörden der beteiligten Mitgliedstaaten Rechtmäßigkeitsbescheinigungen oder sonstige Belege, die von Behörden anderer beteiligter Mitgliedstaaten ausgestellt wurden und zum Nachweis dafür eingereicht werden, dass die Voraussetzungen des dortigen Umwandlungsrechts erfüllt wurden, bei der Prüfung des Eintragungsantrags in angemessener Weise berücksichtigen müssen.[28] Insoweit haben die zuständigen Stellen des Aufnahmestaates des oder der Zielrechtsträger das Recht, die Wahrung von Formerfordernissen, Echtheitsnachweise und die Einreichung von Übersetzungen zu verlangen.[29] Darüber hinaus ist ihnen auch ein eigenes inhaltliches Prüfungsrecht zuzuerkennen, da es einen unionsrechtlichen Grundsatz der automatischen Anerkennung nicht gibt (→ Rn. 138).[30] Ferner dürfen die Mitgliedstaaten zB die Erstellung einer Bilanz und eines Vermögensverzeichnisses und ihre Prüfung durch die zuständige Registerbehörde vorschreiben. Auch darf verlangt werden, dass zwischen den beteiligten Rechtsträgern strikte Kontinuität gewahrt wird, die dann aber durch einen Rechtsnachfolgevermerk im Register des Zielrechtsträgers zum Ausdruck gebracht werden muss, **373**

---

[25] Semler/Stengel/*Drinhausen* UmwG Einl. C Rn. 20; *Engert* in Eidenmüller, Ausländische Kapitalgesellschaften im deutschen Recht, 2004, § 4 Rn. 76 f.; Schmitt/Hörtnagl/Stratz/*Hörtnagl* UmwG § 1 Rn. 43 und passim; Kallmeyer/*Marsch-Barner/Oppenhoff* UmwG § 1 Rn. 2; MüKoBGB/*Kindler* IntGesR Rn. 869 f.

[26] Ebenso Schmitt/Hörtnagl/Stratz/*Hörtnagl* UmwG § 1 Rn. 40 ff., jedenfalls für EU-/EWR-Staaten; Kallmeyer/*Marsch-Barner/Oppenhoff* UmwG § 1 Rn. 2; Lutter/*Drygala* UmwG § 1 Rn. 31, 32 ff.; s. auch *Bayer/Schmidt* ZHR 173 (2009), 735 (769).

[27] EuGH NJW 2012, 2715 Rn. 47 ff. – VALE; NZG 2017, 1308 Rn. 43 – Polbud.

[28] EuGH NJW 2012, 2715 Rn. 58 ff. – VALE: den im Herkunftsstaat ausgestellten Dokumenten sei „gebührend Rechnung zu tragen".

[29] Insoweit zutr. *Bayer/Schmidt* ZIP 2012, 1481 (1490).

[30] Ebenso iErg *Mörsdorf/Jopen* ZIP 2012, 1398 (1399, 1401); *Teichmann* DB 2012, 2085 (2091); einschr. Lutter/*Drygala* UmwG § 1 Rn. 42: bloße „Plausibilitätsprüfung" mit unbeschränkter formeller Prüfungsbefugnis, aber nur beschränktem inhaltlichem Prüfungsrecht bei bestehenden Richtigkeitszweifeln; aA *Bayer/Schmidt* ZIP 2012, 1481 (1490) (umfassende Bindungswirkung vorbehaltlich extrem gelagerter Ausnahmefälle).

wenn ein solcher auch bei innerstaatlichen Umwandlungsvorgängen eingetragen wird.[31] Im Übrigen ist eine enge Abstimmung mit den beteiligten Registern unabdingbar. Diese sind nicht zuletzt auch aufgrund ihrer unionsrechtlichen Förderpflicht (Art. 4 Abs. 3 EUV; → Rn. 126) gehalten, den Beteiligten erforderlichenfalls geeignete Hinweise zu geben, um eine sachgerechte Durchführung der Umwandlung zu gewährleisten.[32] Auch sonst muss das inländische Recht in einer Weise ausgelegt und im Rahmen der bestehenden methodischen Möglichkeiten (→ Rn. 7, → Rn. 126) ggf. angepasst werden, sodass es der Durchführung des Vorgangs nicht ohne sachliche Rechtfertigung entgegensteht. Erforderlichenfalls muss das nationale Recht wegen des Anwendungsvorrangs des Unionsrechts (→ Rn. 126) unangewendet bleiben. Für einen Rückgriff auf die – im Einzelnen durchaus vom nationalen Umwandlungsrecht divergierenden[33] – Bestimmungen zur Sitzverlegung der SE (Art. 8, 64, 66 SE-VO, §§ 12 ff. SEAG),[34] der SCE (Art. 7, 73, 76 SCE-VO) und der EWIV (Art. 13 f. EWIV-VO; s. ferner Art. 35 ff. des – überholten – Vorschlages der SPE-VO → Rn. 10) dürfte hiernach kaum noch Raum verbleiben. Insoweit ist daran zu erinnern, dass jedes zusätzliche Erschwernis einer grenzüberschreitenden Umwandlung gegenüber dem entsprechenden inländischen Vorgang der strengen unionsrechtlichen Rechtfertigungsprüfung genügen muss. Eine umfassende gesetzliche Regelung der zahlreichen Fragen des Gläubiger- und Minderheitenschutzes, der Arbeitnehmerbeteiligung im Rahmen des Umwandlungsverfahrens sowie der Kontinuität der Arbeitnehmermitbestimmung[35] ist dringend anzumahnen und sollte im Zuge der Umsetzung der Umwandlungsrichtlinie erfolgen.

374   **4. Grenzüberschreitender Formwechsel.** Ziel eines grenzüberschreitenden Formwechsels ist es, die Gesellschaft im Wege eines **geordneten Statutenwechsels unter Beibehaltung der „Identität"** dem Gesellschaftsrecht eines anderen Staates zu unterstellen. Damit die Identität trotz des Statutenwechsels gewahrt bleibt, darf einerseits der Gründungsstaat nicht die Auflösung und Abwicklung anordnen, andererseits der Zuzugsstaat keine Neugründung verlangen. Beide beteiligten Rechtsordnungen müssen somit zusammenwirken.[36]

375   Nach der **herkömmlichen Ansicht** in Rspr. und Lehre sollte eine formwechselnde, identitätswahrende Umwandlung **nicht möglich** sein. Zur Begründung wurde namentlich angeführt, dass eine Anwendung des UmwG 1994 ausscheide, weil dessen Anwendungsbereich nach dem Willen des Gesetzgebers auf innerstaatliche Umwandlungen beschränkt sei.[37] Ferner wurde darauf verwiesen, dass das deutsche Recht einen inländischen Satzungssitz verlange, weshalb ein auf die grenzüberschreitende „Verlegung" des Satzungssitzes gerichteter Beschluss nicht eingetragen werden könne (→ Rn. 78, → Rn. 357).

376   Der EuGH hat dieser Betrachtungsweise in seinen Entscheidungen **„Sevic"**, **„Cartesio"**, **„VALE"** und **„Polbud"**[38] eine eindeutige Absage erteilt (→ Rn. 95 ff.). Danach

---

[31] EuGH NJW 2012, 2715 Rn. 52 ff. – VALE.
[32] *W.-H. Roth* FS Hoffmann-Becking, 2013, 965 (987); *Teichmann* DB 2012, 2085 (2091).
[33] S. etwa *Brandi* BB 2018, 2626 (2628 ff.) zum Erfordernis eines Umwandlungsplans analog § 122c UmwG bzw. Art. 8 Abs. 2 SE-VO sowie zur Verzichtbarkeit eines Umwandlungsberichts analog § 192 Abs. 2 UmwG gegenüber der strengeren Regelung in § 122e S. 3 UmwG und Art. 8 SE-VO.
[34] S. aus praktischer Sicht die an Art. 8 SE-VO orientierte Checkliste des Amtsgerichts Charlottenburg (Handelsregister) GmbHR 2014, R311; hierauf referenzierend OLG Düsseldorf DStR 2017, 2345 (2346); s. demgegenüber abl. zur Heranziehung der SE-VO aber KG RNotZ 2016, 618. Zur unterschiedlichen registergerichtlichen Handhabung und obergerichtlichen Rechtsprechung *Brandi* BB 2018, 2626 (2627 f.).
[35] Teilweise wird eine Versicherung gefordert, dass durch den Formwechsel keine Arbeitnehmerbeteiligungsrechte gemindert werden; so *Hushahn* DNotZ 2014, 154 (157). Zu den Folgefragen im Hinblick auf den Gläubiger- und Minderheitenschutz sowie die Arbeitnehmermitbestimmung *Bungert/de Raet* DB 2014, 761 (763 ff.).
[36] AllgM, vgl. *Beitzke* ZHR 127 (1964), 1 (30, 43 ff.); *Behrens* RIW 1986, 590 (591); *Behrens* RIW 1989, 354; *Behrens* ZGR 1994, 1 (10); Staudinger/*Großfeld* IntGesR Rn. 606; MüKoBGB/*Kindler* IntGesR Rn. 824; Soergel/*Lüderitz* EGBGB Anh. Art. 10 Rn. 47. Vgl. aus der Rspr. ua BGHZ 97, 269, 271 f. = NJW 1986, 2194 (2195); BGH NZG 2000, 926 (Vorlagebeschluss Überseering); BayObLG NJW-RR 1993, 43 (44).
[37] S. BT-Drs. 12/6690, 80; s. auch die Entschließung des Bundestages, BT-Drs. 12/7945, 4, wo es heißt, grenzüberschreitende Fusionen und Spaltungen von Gesellschaften seien „gegenwärtig zivilrechtlich nicht durchführbar".
[38] EuGH Slg. 2005, I-10805 = NJW 2006, 425 – Sevic; EuGH NJW 2009, 569 Rn. 112 f. – Cartesio; EuGH NJW 2012, 2715 Rn. 24 ff., 38 ff. – VALE; EuGH NZG 2017, 1308 Rn. 32 ff. – Polbud.

verbietet es die **Niederlassungsfreiheit,** grenzüberschreitende Umwandlungsvorgänge gegenüber innerstaatlichen Umwandlungen zu diskriminieren (Sevic; VALE). Ferner darf ein Gründungsstaat einen identitätswahrenden Formwechsel seiner Gesellschaften in eine Rechtsform EU-ausländischen Rechts nur aus zwingenden Gründen des Allgemeininteresse beschränken, sofern das Recht des Zielstaates den Formwechsel ermöglicht (Cartesio; Polbud) – wozu dieser wiederum zur Vermeidung einer Diskriminierung verpflichtet ist, wenn er einen entsprechenden innerstaatlichen Formwechsel zulässt (Sevic; VALE).[39] Auch in der deutschen Rspr. ist infolge dieser Vorgaben des EuGH die Möglichkeit eines grenzüberschreitenden Hereinformwechsels mittlerweile anerkannt.[40] Eine tatsächliche Ansiedlung im Zuzugstaat oder gar eine Verlegung des Verwaltungssitzes dorthin ist nur erforderlich, wenn der Zuzugstaat dies kollisions- oder sachrechtlich verlangt. Die Niederlassungsfreiheit setzt eine solche Mobilitätskomponente hingegen nach Ansicht des EuGH nicht voraus (Polbud, → Rn. 98 f.).

Mit Erlass der **Umwandlungsrichtlinie** im Jahr 2019 (→ Rn. 11, → Rn. 85 ff.) wurde auch für grenzüberschreitende Formwechsel von **Kapitalgesellschaften** ein einheitlicher sekundärrechtlicher Rahmen geschaffen. Der Anwendungsbereich entspricht insoweit demjenigen der Regelung für die grenzüberschreitende Spaltung (Art. 86a, 86b Abs. 1 GesR-RL, → Rn. 361). Eine Ermächtigung der Mitgliedstaaten, Genossenschaften auszunehmen, erübrigte sich infolge der Beschränkung der Regelung auf Kapitalgesellschaften auch hier.[41] Die Regelung geht insoweit über die Rspr. des EuGH hinaus, als die Mitgliedstaaten danach nicht frei darin sind, die möglichen Varianten des Hereinformwechsels entsprechend dem nationalen Umwandlungsrecht zu bestimmen. Für die in Anh. II GesR-RL genannten Kapitalgesellschaften müssen grenzüberschreitende Formwechsel vielmehr unionsweit ermöglicht werden (→ Rn. 90, → Rn. 105). Insgesamt entsprechen die Regelungen zum Verfahren und zum Schutz der Minderheitsgesellschafter, der Arbeitnehmer und zur Mitbestimmung im Wesentlichen denjenigen zur grenzüberschreitenden Verschmelzung und Spaltung (→ Rn. 363 ff.).

Weitgehend gleich ausgestaltet ist zunächst der **verfahrensrechtliche Rahmen.** Nach der Erstellung und Offenlegung eines Umwandlungsplans durch das Leitungs- oder Verwaltungsorgan (Art. 86d, 86g GesR-RL) und seiner Berichterstattung für die Gesellschafter und die Arbeitnehmer (Art. 86e GesR-RL) erfolgen eine Prüfung und Berichterstattung durch einen unabhängigen Sachverständigen (Art. 86f GesR-RL). Sodann hat die Gesellschafterversammlung über den Formwechsel zu beschließen (Art. 86h GesR-RL). Auf dieser Grundlage wird eine Vorabbescheinigung erteilt und die abschließende Rechtmäßigkeitskontrolle durchgeführt (Art. 86m–86o GesR-RL). Die Eintragung im Handelsregister schließt das Umwandlungsverfahren ab (Art. 86p GesR-RL).

Der **Schutz der Minderheitsgesellschafter** erfolgt auch insoweit durch ein Austrittsrecht gegen Barabfindung (Art. 86i GesR-RL), während eine Anfechtung des Umwandlungsbeschlusses wegen Bewertungsmängeln ebenfalls ausgeschlossen ist (Art. 86h Abs. 5 GesR-RL).

Sodann entspricht auch die Ausgestaltung des **Gläubigerschutzes** bei einem grenzüberschreitenden Formwechsel weitgehend dem Konzept bei einer grenzüberschreitenden Verschmelzung und Spaltung (→ Rn. 365). Die Mitgliedstaaten müssen ein angemessenes Schutzsystem für die Gläubiger vorsehen, deren Forderungen vor Offenlegung des Plans

---

[39] Übereinstimmend bereits vor „VALE" *Frobenius* DStR 2009, 487 (490 f.); *Schmidt-Kessel* GPR 2009, 26 (29); wohl ebenso *Teichmann* ZIP 2009, 393 (402) (der grenzüberschreitende Formwechsel müsse zugelassen werden, wenn sich der ausländische Rechtsträger „in vollem Umfang an die inländischen Gründungsvorschriften hält"); aA wohl *Paefgen* WM 2009, 529 (532), wonach der EuGH in „Cartesio" die Zulassung von „Hereinumwandlungen" in das Ermessen der nationalen Gesetzgebers gestellt habe; *Frenzel* EWS 2009, 158 (163 f.): die formwechselnde Umwandlung liege „in den Händen des Zuzugsmitgliedstaates"; *Kußmaul/Richter/Ruiner* EWS 2009, 1 (7): der Aufnahmestaat müsse grenzüberschreitende Umstrukturierungen europarechtlich nicht gewährleisten; ferner *Richter* IStR 2009, 64 (66).
[40] OLG Nürnberg NZG 2014, 349 (Hereinformwechsel einer luxemburgischen S. à r.l. in eine deutsche GmbH); aA zuvor noch OLG Nürnberg NZG 2012, 468.
[41] *Stelmaszczyk* GmbHR 2020, 61 (62).

entstanden und zu diesem Zeitpunkt noch nicht fällig waren (Art. 86j Abs. 1 UAbs. 1 GesR-RL). Hierbei müssen die Gläubiger das Recht erhalten, innerhalb von drei Monaten bei der zuständigen Verwaltungs- oder Justizbehörde angemessene Sicherheiten zu beantragen, sofern sie nachweisen, dass die grenzüberschreitende Umstrukturierung die Befriedigung ihrer Forderungen gefährdet und sie von der Gesellschaft keine angemessenen Sicherheiten erhalten haben (Art. Abs. 1 86j UAbs. 2 GesR-RL). Welche Sicherheiten den Gläubigern angeboten werden, ist bereits im Plan anzugeben (vgl. Art. 86d S. 2 lit. f GesR-RL). Zudem haben die Mitgliedstaaten die Möglichkeit, eine – dem deutschen Recht bislang unbekannte – Solvenzerklärung des Verwaltungs- oder Leitungsorgans zu verlangen, die zusammen mit dem Plan offenzulegen ist (Art. 86j Abs. 2 GesR-RL). Die Frage einer etwaigen Haftung des Managements für die Richtigkeit dieser Erklärung sowie sonstige Sanktionen sind ebenfalls dem nationalen Recht überlassen (Erwägungsgrund 25 GesR-RL). Im deutschen Recht ist eine solche Solvenzerklärung bislang nicht vorgesehen. Eine Besonderheit stellt schließlich der in Art. 86j Abs. 4 GesR-RL eingeführte besondere internationale **Gerichtsstand** im Wegzugsmitgliedstaat dar. Er steht für die Dauer von zwei Jahren ab Wirksamwerden des Formwechsels für Klagen von Gläubigern zur Verfügung, deren Forderungen vor der Offenlegung des Plans entstanden sind. Nach Wortlaut sowie Sinn und Zweck der Regelung ist davon auszugehen, dass er auch durch andere, an sich ausschließliche Gerichtsstände nicht verdrängt wird. Für grenzüberschreitende Verschmelzungen und Spaltungen wurde keine entsprechende Regelung vorgesehen.

381 Zum **Schutz der Arbeitnehmer** sind diese über den grenzüberschreitenden Formwechsel zu unterrichten und anzuhören (Art. 86k GesR-RL). Die mitbestimmungsrechtliche Regelung kombiniert auch hier das Verhandlungsmodell mit einer Auffanglösung, wobei die Verhandlungstatbestände denjenigen bei der grenzüberschreitenden Verschmelzung und Spaltung entsprechen (Art. 86l Abs. 1 und 2 GesR-RL, → Rn. 366). Scheitern die Verhandlungen, greift die Auffanglösung und kann auch hier zur Mitbestimmungsfreiheit führen, wenn die Verhandlungen trotz bestehender Mitbestimmungsfreiheit nach der 4/5-Regelung aufzunehmen waren (vgl. Art. 86l Abs. 3 lit. g GesR-RL iVm Anh. Teil 3 lit. a Beteiligungs-RL). Das Verhandlungsergebnis ist den Arbeitnehmern ohne unangemessene Verzögerung mitzuteilen (Art. 86l Abs. 8 GesR-RL). Die Möglichkeit, unmittelbar die Auffanglösung zur Geltung zu bringen, besteht ebenso wenig wie bei der grenzüberschreitenden Spaltung. Nach dem Formwechsel bleibt das Mitbestimmungsregime für einen Zeitraum von vier Jahren bestehen (Art. 86l Abs. 7 GesR-RL). Entsprechend der Rechtslage bei der grenzüberschreitenden Spaltung ist auch im Falle eines Formwechsels sicherzustellen, dass die vorherige Mitbestimmungsregelung weiter gilt, bis die vereinbarte Mitbestimmung oder die Auffanglösung greift (Art. 86l Abs. 4 lit. c GesR-RL).

382 Der **Wirksamkeitszeitpunkt** eines grenzüberschreitenden Formwechsels bestimmt sich nach dem Recht des Zuzugsmitgliedstaats, wobei zwingend zunächst die Rechtmäßigkeitskontrolle abgeschlossen sein muss (Art. 86q GesR-RL). Das Wirksamwerden des Formwechsels hat insbesondere die **Kontinuität der Rechtsverhältnisse** des Rechtsträgers zur Folge (vgl. Art. 86r GesR-RL). Ein wirksam gewordener Formwechsel genießt absoluten **Bestandsschutz** (Art. 86t UAbs. 1 GesR-RL).

383 Aus **kollisionsrechtlicher** Perspektive betrachtet folgt die Umwandlungsrichtlinie hinsichtlich der Durchführung des Formwechsels ebenso wie hinsichtlich Verschmelzungen und Spaltungen (→ Rn. 370) im Ansatz der Vereinigungstheorie. Für die erste Stufe der Schritte zur Erlangung der Vorabbescheinigung gilt das Recht des Mitgliedstaates, dem die formwechselnde Gesellschaft untersteht (Art. 86c Hs. 1 GesR-RL). Das Recht des Zuzugsmitgliedstaats bestimmt sodann auf der zweiten Verfahrensstufe die Verfahrensschritte und Formalitäten, die nach Erhalt der Vorabbescheinigung zu erledigen sind, um die Maßnahme wirksam abzuschließen (Art. 86c Hs. 2 GesR-RL). Des Weiteren schließt die Regelungsbefugnis des Zuzugsstaats die Frage ein, ob und welche Verknüpfung der Zielrechtsträger mit seinem Territorium haben muss. Eine tatsächliche Ansiedlung im Zuzugsstaat oder gar eine Sitzeinheit schreibt die Richtlinie nicht vor (→ Rn. 86, → Rn. 91, → Rn. 362). Das Gesellschaftskollisionsrecht bleibt den nationalen Bestimmungen überlassen (auch insoweit sollte der RefE zum Internationalen Gesellschaftsrecht zumindest die kollisionsrechtliche Seite des grenzüberschreitenden Formwechsels regeln; → Rn. 218 f.). Ob für einen identitätswahrenden grenzüberschreitenden Formwechsel daher neben dem Satzungssitz auch der tatsächliche Verwaltungssitz der Gesellschaft in den Zuzugsstaat zu verlegen ist, hängt zunächst davon ab, ob der Zuzugsstaat (materiell- oder kollisionsrechtlich) einen inländischen Verwaltungssitz verlangt. Dies ist in der Regel dann nicht der Fall, wenn der Zuzugsstaat der Gründungstheorie (→ Rn. 211 ff.) folgt. Gilt hingegen im Zuzugsstaat für die eigenen Gesellschaften die Sitztheorie (→ Rn. 201 ff.), ist eine Verlegung des tatsächlichen Sitzes in den Zuzugsstaat schon aus dessen Sicht nur entbehrlich, wenn der ursprüngliche Gründungsstaat einer Gründungsanknüpfung folgt und daher auf das Recht des Zuzugsstaats (und künftigen „Gründungsstaats") verweist und Letzterer einen kollisionsrechtlichen Rückverweis anerkennt. Nur wenn der ursprüngliche Gründungsstaat einen solchen Rückverweis ausspricht, ist zudem gesichert, dass die Gesellschaft nach vollzogenem Formwechsel von ihm als ausländische anerkannt wird, wenn der tatsächliche Sitz dort verbleibt.

Außerhalb des Anwendungsbereichs der **Richtlinie** darf und muss nach den Entscheidungen „**VALE**" und „**Polbud**" für grenzüberschreitende Umwandlungen das nationale Recht über innerstaatliche Formwechsel unter Beachtung des Äquivalenz- und Effektivitätsgrundsatzes (→ Rn. 126) zur Anwendung gebracht werden.[42] Insoweit kann auf die Ausführungen zu grenzüberschreitenden Verschmelzungen und Spaltungen verwiesen werden (→ Rn. 372 f.). Aus **Sicht des deutschen Rechts** ist der Vorgang eines grenzüberschreitenden Formwechsels daher insoweit (auch) nach den Bestimmungen des UmwG (§§ 190 ff. UmwG) zu beurteilen, selbst wenn der formwechselnde deutsche Rechtsträger seinen tatsächlichen Sitz im Ausland haben sollte (→ Rn. 371).[43] Allerdings gilt dies nur für die „deutsche" Seite des Vorgangs, sodass etwa im Falle eines Hereinformwechsels Fragen des Umwandlungsbeschlusses und der Berichterstattung gegenüber den Gesellschaftern des Ausgangsrechtsträgers nach dem Recht des Herkunftsstaates zu beurteilen sind.[44] Kollisionsrechtlich entspricht dies der sog. „Vereinigungstheorie" (→ Rn. 370).[45] Erforderlichenfalls ist das inländische Recht so auszulegen und ggf. anzupassen oder unangewendet zu lassen, soweit dies erforderlich ist, um die Durchführung des Formwechsels in sachgerechter und angemessener Weise zu ermöglichen. In diesem Sinne ist etwa die Nichteinhaltung der im deutschen Recht vorgesehenen Eintragungsreihenfolge (§ 198 Abs. 2 S. 2–5 UmwG) als unschädlich zu betrachten.[46] Allerdings bedarf es zur Wahrung der Kontinuität des formwechselnden Rechtsträgers einer engen zeitlichen Verknüpfung der Löschung im Herkunftsregister und der Neueintragung im Register des Zielstaates.[47] Bis zur Umsetzung

384

---

[42] EuGH NJW 2012, 2715 Rn. 47 ff. – VALE; NZG 2017, 1308 Rn. 43 – Polbud.
[43] Ebenso OLG Nürnberg NZG 2014, 349 (350 f.) (Hereinformwechsel einer luxemburgischen S. à r. l. in eine deutsche GmbH); KG NZG 2016, 834 (Hereinformwechsel); OLG Frankfurt NZG 2017, 423 (Hinausformwechsel); OLG Saarbrücken NZG 2020, 390 (Hinausformwechsel); *Frenzel* NotBZ 2012, 349 (351); *Schmitt/Hörtnagl/Stratz/Hörtnagl* UmwG § 1 Rn. 40 ff., 60; *Kallmeyer/Marsch-Barner/Oppenhoff* UmwG § 1 Rn. 2; *Lutter/Drygala* UmwG § 1 Rn. 31, 32 ff.; *Verse* ZEuP 2014, 458 (484); *Weller/Rentsch* IPRax 2013, 530 (534). Nach *Hushahn* RNotZ 2014, 137 (140 ff.) ist hinsichtlich des Herausformwechsels im Grundsatz von einer Analogie zu Art. 8 SE-VO auszugehen und sollen die §§ 190 UmwG nur zur Schließung von Normlücken herangezogen werden; der Hereinformwechsel soll hingegen grds. den §§ 190 ff. UmwG und nur ergänzend den Art. 8 Abs. 8–13 SE-VO unterliegen. Nach *Bungert/de Raet* DB 2014, 761 (763 ff.) soll nur der Hereinformwechsel insgesamt den §§ 190 ff. UmwG folgen. Der Herausformwechsel soll hingegen hinsichtlich des Gläubigerschutzes den §§ 122a ff. UmwG unterliegen, während es bzgl. des Minderheitenschutzes bei § 207 UmwG verbleibe. Teilweise wird eine – zumindest punktuell ergänzende – Analogie zu den §§ 122a ff. UmwG befürwortet (*Bayer/Schmidt* ZIP 2012, 1481 (1488, 1491).
[44] Unzutr. insoweit OLG Nürnberg NZG 2014, 349 (350); wohl ebenso *Bungert/de Raet* DB 2014, 761 (763 ff.). Richtig demgegenüber *Stiegler* NZG 2014, 351 (352).
[45] *Schmitt/Hörtnagl/Stratz/Hörtnagl* UmwG § 1 Rn. 53, 58, 60; *Brandi* BB 2018, 2626 (2627); *Kindler* NZG 2018, 1 (4 f.).
[46] So zu Recht OLG Nürnberg NZG 2014, 349 (351).
[47] Insoweit bedenklich daher OLG Nürnberg NZG 2014, 349. Berechtigte Kritik bei *Bungert/de Raet* DB 2014, 761 (763); *Neye* EWiR 2014, 45 (46); *Stiegler* NZG 2014, 351 (352).

der Umwandlungsrichtlinie (→ Rn. 11, → Rn. 85 ff.) können auch insoweit taugliche Lösungen im Übrigen unter Rückgriff auf die vorhandenen unionsrechtlichen Regelungen für grenzüberschreitende Umwandlungen entwickelt werden.[48]

II. Gläubigerschutzrecht

385 **1. Allgemeines.** Der AEUV nennt als **Niederlassungsformen** die Gründung von (unverbundenen) Gesellschaften (Art. 49 Abs. 2 AEUV) und von Tochtergesellschaften, die jeweils nach dem Recht des Aufnahmestaates erfolgt, sowie die Errichtung von Zweigniederlassungen und sonstigen unselbständigen Zweigstellen eines in einem anderen Mitgliedstaat ansässigen Unternehmens (Art. 49 Abs. 1 S. 2 AEUV). Ferner hat der Gerichtshof grenzüberschreitende Umwandlungen dem Anwendungsbereich der Niederlassungsfreiheit zugeordnet (→ Rn. 92 ff., → Rn. 359 ff.).[49]

386 Auch sog. „**Scheinauslandsgesellschaften**", die ihre Geschäftstätigkeit überwiegend oder nahezu ausschließlich außerhalb des Gründungsstaats ausüben,[50] können sich nach der Rspr. des EuGH unter den Voraussetzungen des Art. 54 AEUV ohne Einschränkung auf die Niederlassungsfreiheit berufen, wenn und solange sie aus der Sicht des Gründungsstaates wirksam bestehen (→ Rn. 33 ff.). Obgleich diese Gesellschaften als solche anerkannt werden müssen (→ Rn. 234 ff.),[51] bringt die Bezeichnung zutreffend zum Ausdruck, dass die Scheinauslandsgesellschaften hinsichtlich der Außenverhältnisse, namentlich hinsichtlich des Gläubigerschutzes, einer anderen rechtlichen Behandlung unterliegen als „echte" Auslandsgesellschaften und deren Zweigniederlassungen.[52] Im Hinblick auf die Binnenorganisation ausländischer Gesellschaften kommt demgegenüber allenfalls eine Anwendung der inländischen Mitbestimmungsregeln in Betracht (→ Rn. 609 ff.), während insbesondere Minderheitsgesellschafter ausschließlich nach Maßgabe des Gründungsstatuts geschützt werden (→ Rn. 311).

387 Spätestens seit der Reform durch das MoMiG kommt auch dem umgekehrten Fall der „**Scheininlandsgesellschaft**" deutschen Rechts praktische Bedeutung zu, da auch die deutsche GmbH oder AG ihren tatsächlichen Sitz im Ausland ansiedeln kann (→ Rn. 220 ff., → Rn. 349 ff.).

388 Von erheblicher Bedeutung ist die Frage, wie **gläubigerschutzrechtliche Haftungsinstitute kollisionsrechtlich zu qualifizieren** sind. In der auf die Behandlung von Scheinauslandsgesellschaften fokussierten Diskussion sowie in der Rspr. wird seit langem für zahlreiche Tatbestände eine insolvenzrechtliche Qualifikation befürwortet (→ Rn. 302 ff.). Kaum beachtet wird dabei die Konsequenz, dass zentrale Bestandteile des deutschen Gläubigerschutzkonzepts wie etwa das Recht der Gesellschafterdarlehen (→ Rn. 417 ff.), die Insolvenzverschleppungshaftung (→ Rn. 434 ff.), die Haftung für die Verletzung der Massesicherungspflicht und die Verursachung der Zahlungsunfähigkeit (→ Rn. 451 ff.) oder die Existenzvernichtungshaftung (→ Rn. 461 ff.) dann jedenfalls in ausländischen Insolvenzver-

---

[48] OLG Saarbrücken NZG 2020, 390 (analoge Anwendung der §§ 122a ff. UmwG, in casu der §§ 122d und 122e UmwG, im Fall eines Herausformwechsels).

[49] EuGH Slg. 2005, I-10805 = NJW 2006, 425 – Sevic; NJW 2009, 569 – Cartesio; NJW 2012, 2715 – VALE.

[50] Dazu auch die – je nach kollisionsrechtlicher Ausgangsposition unterschiedlichen – Begriffsbestimmungen bei *Zimmer* IntGesR S. 218 f.; *Weller* IPRax 2003, 207 Fn. 4; *Kindler* NJW 1999, 1993 (1994); vgl. ferner die Definition in Art. 1 des niederländischen WFBV aus dem Verfahren Inspire Art (EuGH Slg. 2003, I-10155 = NJW 2003, 3331) und den Sachverhalt der Centros-Entscheidung (Schlussanträge GA *La Pergola* Slg. 1999, I-1459 Rn. 3 – Centros). Der Begriff „Briefkastengesellschaft" wird teilweise synonym, teils nur für die anfängliche Scheinauslandsgesellschaft verwendet, vgl. etwa *Kindler* NJW 2003, 1073 (1078); *Eidenmüller* JZ 2004, 24 (25). Die Bezeichnung als „pseudo-foreign-corporation" wurde aus der US-amerikanischen Diskussion übernommen, vgl. *Latty,* Pseudo-foreign Corporations, Y. L. J. 65 (1955/56), 137: „corporations essentially local in character but incorporated in a foreign state".

[51] Abl. zum Begriff der Scheinauslandsgesellschaft RegE zum MoMiG BT-Drs. 16/6140, 49.

[52] Echte Zweigniederlassungen unterliegen als unselbstständige Teile des Gesamtunternehmens nach heute allgM ausschließlich dem Gesellschaftsrecht des Unternehmensträgers, s. statt aller MüKoBGB/*Kindler* IntGesR Rn. 224 ff., 229.

fahren über deutsche Kapitalgesellschaften nicht zum Tragen kämen (→ Rn. 304 f.; ein Vorbehalt gilt nur im Hinblick auf mögliche inländische Sekundär- oder Partikularverfahren → Rn. 306).

Nach hier vertretener Ansicht ist das Gläubigerschutzrecht hingegen gesellschaftsrechtlich **389** zu qualifizieren und insoweit – vorbehaltlich eines Übergangs zur reinen Gründungstheorie – eine **Alternativanknüpfung** an die **Gründung** und den **tatsächlichen Sitz** nach dem **Günstigkeitsprinzip** in Betracht zu ziehen (→ Rn. 319 ff.). Kollisionsrechtlich ist die Anwendung des inländischen Rechts weder auf den ordre public noch auf zwingende Eingriffsnormen beschränkt (→ Rn. 315 ff.).

Eine **unionsrechtliche Prüfung** unter dem Aspekt des Beschränkungsverbots ist jedoch **390** veranlasst, wenn die Anwendung des deutschen Gläubigerschutzrechts zu Lasten der Gesellschafter oder Organmitglieder über das aus dessen Sicht anwendbare Recht des Gründungsstaates hinausginge (→ Rn. 255 ff., → Rn. 343 ff.), was die in Anspruch Genommenen ggf. darzulegen und nachzuweisen haben (→ Rn. 345 f.). Zweifel daran, ob die Anwendung des deutschen Gläubigerschutzrechts diesfalls mit der Niederlassungsfreiheit vereinbar ist, werden umso eher bestehen, je größer der rechtspolitische Spielraum im Hinblick auf den fraglichen Rechtsinhalt erscheint. Eine Vorlage an den EuGH (→ Rn. 126) wird namentlich dann nahe liegen, wenn die entsprechende Rechtsfrage auch im deutschen Recht für die verschiedenen Kapitalgesellschaften unterschiedlich beantwortet wird, wie dies etwa hinsichtlich der kapitalaufbringungs- und kapitalerhaltungsrechtlichen Haftung der Mitgesellschafter der Fall ist (→ Rn. 399, → Rn. 416). Mit einer kollisionsrechtlichen Beschränkung auf den inländischen ordre public oder auf zwingende Eingriffsnomen hat dies allerdings nichts zu tun. Überdies ist zu beachten, dass der EuGH die Regelungshoheit des Aufnahmestaates in seiner Entscheidung „Kornhaas/Dithmar" zur Anwendung der deutschen Massesicherungshaftung auf EU-Auslandsgesellschaften gegenüber der bisherigen Wahrnehmung erheblich gestärkt hat (→ Rn. 247, → Rn. 451 ff.). Der Gerichtshof hat dort namentlich über den entschiedenen Fall hinaus klargestellt, dass tätigkeitsbezogene Haftungstatbestände und sonstige Regelungen des Aufnahmestaates, die nach erfolgter Niederlassung eingreifen, vorbehaltlich des Diskriminierungsverbots keine Beschränkung der Niederlassungsfreiheit darstellen können und daher auch keiner unionsrechtlichen Rechtfertigung bedürfen. In welchem Umfang bereits dieses Urteil weitere Vorlagen zu anderen Tatbeständen des deutschen Gläubigerschutzrechts iSd acte-clair-Doktrin (→ Rn. 126) überflüssig macht, erscheint indes höchst zweifelhaft.

2. Kapitalaufbringungsrecht. a) Meinungsstand. Nach nunmehr stRspr des EuGH **391** kann durch die Errichtung von Scheinauslandsgesellschaften das Gründungsrecht des tatsächlichen Niederlassungsstaates „umgangen" werden (→ Rn. 355). In der Entscheidung „**Inspire Art**"[53] hat der EuGH zudem klargestellt, dass die Frage, ob und in welcher Höhe ein **gesetzliches Mindestkapital** aufzubringen ist, sich allein nach dem Recht des Gründungsstaates beurteilt und Mindestkapitalerfordernisse des inländischen Rechts nicht auf EU-Auslandsgesellschaften erstreckt werden können. In seinem Urteil „Kornhaas/Dithmar" hat der EuGH diese Rspr. obiter erneut bestätigt.[54]

Die **ganz hM** geht davon aus, dass das **Kapitalaufbringungsrecht** gesellschaftsrechtlich **392** zu qualifizieren ist[55] und aufgrund der Entscheidung „Inspire Art" einschließlich des richter-

---

[53] Vgl. EuGH Slg. 2003, I-10155 Rn. 98 (zur Zulässigkeit der Umgehung der strengeren Vorschriften „bezüglich des Mindestkapitals und der Einzahlung der Aktien" auf Grund der Niederlassungsfreiheit), Rn. 100 f., 104 f. (Vorliegen einer Behinderung der Niederlassungsfreiheit), Rn. 131–141 (mangelnde Rechtfertigung) = NJW 2003, 3331 – Inspire Art. Abw. noch *Grothe* S. 195, 317; *Knobbe-Keuk* ZHR 154 (1990), 325 (347); *v. Halen* Centros-Entscheidung S. 260 ff.; *v. Halen* EWS 2002, 107 (115); *v. Halen* WM 2003, 571 (577); ferner auch noch *Forsthoff* DB 2003, 979 (981) (zuvor *Forsthoff* DB 2002, 2471 (2477)); *Kindler* NJW 2003, 1073 (1078).
[54] EuGH NZG 2016, 115 Rn. 24 ff. – Kornhaas/Dithmar.
[55] Vgl. HCL/*Behrens/Hoffmann* GmbHG Einl. B Rn. 107; Staudinger/*Großfeld* IntGesR Rn. 249; MHLS/ *Leible* GmbHG Syst. Darst. 2 Rn. 97; Scholz/*H. P. Westermann* GmbHG Anh. § 4a Rn. 43, 45; *Zimmer* IntGesR S. 292; ebenso MüKoBGB/*Kindler* IntGesR Rn. 597, 633.

rechtlichen Umgehungsschutzes **insgesamt nicht** auf EU-Scheinauslandsgesellschaften **angewendet werden** kann.[56] Dies betrifft namentlich auch das Recht der verschleierten Sacheinlage,[57] das Erfordernis, die Einlagen zur freien Verfügung der Geschäftsleitung zu leisten,[58] den Umgehungsschutz der Aufrechnungsverbote[59] und die Kapitalaufbringungskontrolle bei Vorratsgründung und Mantelverwendung.[60] Nur vereinzelt wird erwogen, etwa die Einbringung unterbewerteter oder wertloser Sacheinlagen mit der Differenzhaftung oder mit einer deliktischen Haftung zu sanktionieren.[61]

393 **b) Stellungnahme.** Der hM ist darin zuzustimmen, dass das Kapitalaufbringungsrecht zweifellos **gesellschaftsrechtlich** zu **qualifizieren** ist. Neben der Gründungsanknüpfung kommt daher nur eine Anknüpfung an den tatsächlichen Sitz in Betracht (→ Rn. 319 ff.).

394 **aa) Grundsatz der effektiven und vollwertigen Kapitalaufbringung.** Zwar ist nicht zu leugnen, dass die Festsetzung, Prüfung und Aufbringung von Gesellschaftereinlagen in besonderer Weise auf das Gründungsrecht bezogen sind und die Übertragung des deutschen Kapitalaufbringungsrechts Anpassungsschwierigkeiten hervorrufen kann. Soweit die Gesellschafter einer EU-ausländischen Kapitalgesellschaft jedoch nach dem Recht des Gründungsstaates ein Mindestkapital aufzubringen oder freiwillig Kapital gezeichnet haben, kann jedenfalls die Anwendbarkeit der Grundprinzipien, die eine **vollwertige Kapitalaufbringung** sicherstellen, auch nach „Inspire Art" keinen unionsrechtlichen Zweifeln unterliegen.

---

[56] Vgl. nur *Bayer* BB 2003, 2357 (2364); *Behrens* IPRax 2004, 20 (24); *Drygala* ZEuP 2004, 337 (348); *Eidenmüller* in Eidenmüller, Ausländische Kapitalgesellschaften im deutschen Recht, 2004, § 4 Rn. 10; *Eidenmüller* JZ 2004, 24 (28); *Eidenmüller/Rehm* ZGR 2004, 159 (170 ff., 181); *Fischer* ZIP 2004, 1477 (1479); *Fleischer* in Lutter Auslandsgesellschaften S. 49 (115); *Forsthoff/Schulz* in Hirte/Bücker Grenzüberschreitende Gesellschaften-HdB § 16 Rn. 31 ff.; *Franz* BB 2009, 1250 (1252); *Habersack/Verse* EuropGesR § 3 Rn. 29; *Hirsch/Britain* NZG 2003, 1100 (1102); *U. Huber* in Lutter Auslandsgesellschaften S. 131 (151); *Körber* S. 557 f.; *Meilicke* GmbHR 2003, 793 (805); *Mülbert* Konzern 2004, 151; *Sandrock* ZVglRWiss 102 (2003), 447, 469 ff.; *Sandrock* BB 2004, 897 (898 f.); *Schön* ZHR 168 (2004), 268 (291); *Schumann* DB 2004, 743 f.; *Spahlinger/Wegen/Spahlinger* Kap. B Rn. 221, 312 ff., 317; *Wachter* GmbHR 2004, 88 (91); *Weller* IPRax 2003, 520 (523); *MüKoGmbHG/Weller* GmbHG Einl. Rn. 358; *H. P. Westermann* GmbHR 2005, 4 (12 f.); *Zimmer* ZHR 168 (2004), 355 (360); *Lutter/Hommelhoff/Bayer* GmbHG § 4a Rn. 12; *MüKoBGB/Kindler* IntGesR Rn. 597, 633; *MüKoInsO/Reinhart* Art. 4 EuInsVO 2000 Rn. 6; *HCL/Behrens/Hoffmann* GmbHG Einl. B Rn. 107 ff.; *MHLS/Leible* GmbHG Syst. Darst. 2 Rn. 97, 151; *EBJS/Pentz* HGB § 13d Rn. 21, 26; s. auch *Altmeppen* NJW 2004, 97 (99); *Altmeppen/Wilhelm* DB 2004, 1083 (1088). Nach „Centros" (EuGH Slg. 1999, I-1459 = NJW 1999, 2027) bereits ua *Kieninger* ZGR 1999, 724 (743 f.); aA noch *v. Halen* Centros-Entscheidung S. 260 ff.; *v. Halen* EWS 2002, 107 (115); *v. Halen* WM 2003, 571 (577); *Forsthoff* DB 2002, 2471 (2477) (für das Eigenkapitalersatzrecht); *Forsthoff* DB 2003, 979 (981); *Kindler* NJW 2003, 1073 (1078); zuvor auch noch *Grothe* S. 195, 317; *Knobbe-Keuk* ZHR 154 (1990), 325 (347); Vorbehalte auch bei *G. H. Roth* FS Doralt, 2004, 479 (486 ff.).

[57] *MHLS/Leible* GmbHG Syst. Darst. 2 Rn. 97; *Altmeppen* NJW 2004, 97 (103); *Altmeppen/Wilhelm* DB 2004, 1083 (1088) (implizit); *Drygala* ZEuP 2004, 337 (348); *Fischer* ZIP 2004, 1477 (1479); *Meilicke* GmbHR 2003, 793 (805); *Meilicke* GmbHR 2003, 1271 (1272); *Wachter* GmbHR 2004, 88 (91); grundsätzlich auch *G. H. Roth* FS Doralt, 2004, 479 (486 f., 488); *H. P. Westermann* GmbHR 2005, 4 (12 f.); *Scholz/H. P. Westermann* GmbHG Anh. § 4a Rn. 45 f.; aA noch *v. Halen* Centros-Entscheidung S. 241, 261. – Zur Vereinbarkeit des Verbots der verschleierten Sacheinlage mit der Kapital-RL bzw. der an dieser Stelle getretenen GesR-RL (→ Rn. 8) → Einl. Rn. 128; *Habersack/Verse* EuropGesR § 6 Rn. 40 f. (zwischen konkretem und abstraktem Umgehungsschutz differenzierend); *Kindler* FS Boujong, 1996, 299 ff.; *Lutter* FS Everling, 1995, 765 (779 f.); *Schwarz* EuropGesR Rn. 594; GA *Tesauro*, Schlussanträge Slg. 1992, I-4871 Rn. 17 ff. = ZIP 1992, 1036 (1042 f.). Pauschal für die Unanwendbarkeit der Regeln über die „Kapitalaufbringung und -erhaltung" *Bayer* BB 2003, 2357 (2364); *Bayer* BB 2004, 1 (4); *Behrens* IPRax 2004, 20 (24 f.); *Eidenmüller/Rehm* ZGR 2004, 159 (181 f.); *Lutter/Hommelhoff/Bayer* GmbHG § 4a Rn. 12; *Paefgen* DB 2003, 487 (490); *Schön* ZHR 168 (2004), 268 (291); *Schulz/Sester* EWS 2002, 545 (551).

[58] Gegen deren Anwendung auf EU-ausländische Gesellschaften auch *Sandrock* BB 2004, 897 (899); *Scholz/H. P. Westermann* GmbHG Anh. § 4a Rn. 46.

[59] S. *Fleischer* in Lutter Auslandsgesellschaften S. 49 (115); *Scholz/H. P. Westermann* GmbHG Anh. § 4a Rn. 46.

[60] S. *Altmeppen* NJW 2004, 97 (103); *Fischer* ZIP 2004, 1477 (1479); *Meilicke* GmbHR 2003, 793 (805); *Sandrock* BB 2004, 897 (899); *Schumacher* DStR 2003, 1884 (1887); *H. P. Westermann* GmbHR 2005, 4 (12 f.); vgl. ferner *Bohrer* DNotZ 2003, 888 (906), der eine „Vertrauenshaftung aus Geschäftsaufnahme" erwägt.

[61] S. *H. P. Westermann* GmbHR 2005, 4 (12 f., 15 f.); stark einschr. *Scholz/H. P. Westermann* GmbHG Anh. § 4a Rn. 45 f. Vgl. auch *G. H. Roth* FS Doralt, 2004, 479 (486 f.); ferner *Goette* DStR 2005, 197 (199).

Im Ausgangspunkt ist festzustellen, dass der **Bestand** und die **Erfüllung der Einlage-** 395 **pflicht** zum Schutz der Gläubiger nicht in das Belieben der Gesellschafter gestellt sein können. **Einlagen** auf das gezeichnete Kapital müssen daher zum Schutz unbefriedigter Gläubiger **spätestens in der Liquidation** erbracht werden. Dieser selbstverständliche Grundsatz der effektiven Kapitalaufbringung genießt im europäischen Sekundärrecht auch außerhalb der an die Stelle der Kapital-RL getretenen Bestimmungen der GesR-RL (→ Rn. 8) Anerkennung und Schutz, namentlich ist das gezeichnete Kapital nach der GesR-RL im Einklang mit den Vorgängerregelungen der Publizitäts- und der Zweigniederlassungs-RL (→ Rn. 8) offen zu legen.[62] Auch mit Blick auf diese Offenlegung dürfen außenstehende Dritte nicht über die Kapitalaufbringung getäuscht werden.[63] Die Bedeutung der Kapitalzeichnung kommt ferner darin zum Ausdruck, dass die Nichtangabe der Einlagen oder des Betrags des gezeichneten Kapitals in dem Errichtungsakt oder der Satzung sowie die Nichtbeachtung von Mindesteinzahlungsgeboten zu den Nichtigkeitsgründen zählt, die das nationale Recht vorsehen darf (Art. 10 Nr. 2 lit. c GesR-RL → Rn. 8).[64] Folgerichtig schreibt Art. 12 Abs. 5 GesR-RL zwingend vor, dass die Anteilsinhaber im Falle der Nichtigerklärung einer Kapitalgesellschaft, die zu deren Liquidation führt, zur Leistung noch ausstehender Einlagen verpflichtet bleiben, soweit dies zur Gläubigerbefriedigung erforderlich ist.

Aus dem Vorstehenden folgt unmittelbar, dass außer im Falle einer entsprechenden Kapi- 396 talherabsetzung eine **Befreiung von der Einlageschuld** im Interesse unbefriedigter Gläubiger auch unionsrechtlich nicht anerkannt werden kann.[65] Nichts anderes gilt für das **Vollwertigkeitsgebot**[66] und die aus ihm folgende **Differenzhaftung**. Soweit unbefriedigte Gläubiger betroffen sind, zählt der Grundsatz der tatsächlichen und vollwertigen Kapitalaufbringung zum inländischen ordre public. Regelungen, die mit diesem Prinzip unvereinbar sind, können daher selbst bei tatsächlichem Sitz im Ausland nicht anerkannt werden.[67] Anderes gilt hingegen hinsichtlich des Zeitpunkts, auf den die Differenzhaftung bezogen ist. Die Risikoverteilung deutschen Musters, die an die Anmeldung zum Handelsregister anknüpft, ist zulasten des Inferenten hingegen kollisionsrechtlich nur maßgeblich, wenn die Gesellschaft im maßgeblichen Zeitpunkt bereits im Inland ansässig war (zur unionsrechtlichen Prüfung insoweit → Rn. 390).

Ob die **Einlagemodalitäten** einschließlich der Beschränkungen hinsichtlich der **Einla-** 397 **gefähigkeit** (zur fehlenden Einlagefähigkeit von Dienstleistungen im Aktienrecht vgl. Art. 46 S. 2 GesR-RL → Rn. 8)[68] bei europäischen Auslandsgesellschaften mit Inlandssitz

---

[62] S. zur Registerpublizität des gezeichneten Kapitals Art. 14 Abs. 1 lit. a–c, e, f und Art. 28 lit. a GesR-RL, zur Offenlegung auf Geschäftsbriefen und Bestellscheinen sowie im Internet Art. 26 Abs. 2 und 3 der GesR-RL (s. auch § 35a Abs. 1 S. 2, Abs. 3, 4 GmbHG, § 80 Abs. 1 S. 3, Abs. 3, 4 AktG; zur Schutzrichtung zu Gunsten Dritter auch Erwägungsgründe 7 und 8 GesR-RL). Der Vorwurf, dass Zweigniederlassungsrecht (§§ 13e Abs. 5, 13f Abs. 2 ff., 13g Abs. 2 ff. HGB) sei wegen Verstößen gegen die Zweigniederlassungs-RL bzw. der die ersetzenden GesR-RL unwirksam, soweit dort Angaben über das Kapital verlangt werden (so *Rehberg* in Eidenmüller, Ausländische Kapitalgesellschaften im deutschen Recht, 2004, § 5 Rn. 85 mit Fn. 127), geht fehl (→ Rn. 549; iErg auch *Ulmer* NJW 2004, 1201 (1209) mit Fn. 84 unter Hinweis auf das „Informationsmodell" des EuGH → Rn. 247, → Rn. 250). Zur Geschäftsbriefpublizität Art. 26, 35 GesR-RL.

[63] S. auch *G. H. Roth* FS Doralt, 2004, 479 (486 f., 489 f.); *Schön* Konzern 2004, 162 (166 f.), der die Kapitalzeichnung im Sinne einer „kollektiven Haftungszusage gegenüber aktuellen und künftigen Gläubigern" deutet, die ein „Bonitätssignal" aussende.

[64] Die Aufzählung ist abschließend, s. EuGH Slg. 1990, I-4135 Rn. 9 – Marleasing.

[65] Tendenziell auch *G. H. Roth* FS Doralt, 2004, 479 (486 f., 489); aA wohl *Fleischer* in Lutter Auslandsgesellschaften S. 49 (115).

[66] Das englische Recht lässt offenbar gewisse Bewertungsspielräume zu (s. *Fleischer* DStR 2000, 1015 (1016); *Fleischer* in Lutter Auslandsgesellschaften S. 49 (58); *Rehberg* in Eidenmüller, Ausländische Kapitalgesellschaften im deutschen Recht, 2004, § 10 Rn. 35). Für das deutsche Recht ist dem jedenfalls nicht zu folgen; *K. Schmidt* GesR S. 585, 886; Roth/Altmeppen/*Altmeppen* GmbHG § 9 Rn. 6; HCL/*Ulmer/Habersack* GmbHG § 9 Rn. 13; zumindest missverständlich BGHZ 68, 191 (196).

[67] Tendenziell wie hier auch *G. H. Roth* FS Doralt, 2004, 479 (486 f., 489); aA auch insoweit *Fleischer* in Lutter Auslandsgesellschaften S. 49 (115): Unanwendbarkeit der „hiesigen Schutzvorkehrungen gegen Unterpariemissionen" und gegen „Überbewertungen von Sacheinlagen"; stark einschr. nunmehr auch Scholz/*H. P. Westermann* GmbHG Anh. § 4a Rn. 45 f.

[68] Zum englischen Recht der limited hingegen *Fleischer* DStR 2000, 1015 (1016); *Fleischer* in Lutter Auslandsgesellschaften S. 49 (58).

zur Anwendung kommen können, ist aus unionsrechtlichen Gründen ebenfalls zweifelhaft.[69] Insbesondere erscheint es nicht zwingend, Bewertungsschwierigkeiten durch eine strikte präventive Kapitalaufbringungskontrolle vorzubeugen. Zum Gläubigerschutz kann es vielmehr genügen, dem Inferenten den Nachweis der Vollwertigkeit seiner Einlage abzuverlangen.[70]

398 Diese Einschätzung wird nicht zuletzt durch die Neuregelung des Rechts der **verdeckten Sacheinlage** und des **Hin- und Herzahlens** gestützt. Auch insoweit sowie hinsichtlich der **Aufrechnungsbeschränkungen** kann das deutsche Recht bei Auslandsgesellschaften immerhin den Grundsatz der vollwertigen Kapitalaufbringung durchsetzen.[71] Zweifelhaft ist hingegen, ob die Tilgungswirkung „verbotener" Aufrechnungen gänzlich versagt werden kann, wenn das Gründungsstatut diese Konsequenz nicht zieht. Auch insoweit spricht vieles dafür, dass aus unionsrechtlicher Sicht – nicht anders als bei Einbringung einer unterwertigen Gesellschafterforderung als Sacheinlage – eine anteilige Tilgung in Höhe des tatsächlichen Werts anzuerkennen ist (zum Diskussionsstand hinsichtlich der Folgen einer Aufrechnung durch die Gesellschaft bei Fehlen der besonderen kapitalaufbringungsrechtlichen Aufrechnungsvoraussetzungen → AktG § 66 Rn. 62, → AktG § 66 Rn. 68).[72] Die Darlegungs- und Beweislast für die Vollwertigkeit hat aber richtigerweise jeweils der Gesellschafter zu tragen (vgl. hinsichtlich der Aufrechnung zum deutschen Recht zur AG → AktG § 66 Rn. 69 mwN).[73] Im Aktienrecht stellt sich freilich bereits die vorgelagerte Frage, ob die Regelungen zur verdeckten Sacheinlage und zum Hin- und Herzahlen den Anforderungen an eine wirksame Umsetzung der Vorgaben der GesR-RL (→ Rn. 8) genügen.[74]

399 Auch die inländischen Regelungen über die kapitalaufbringungsrechtliche **Haftung von Veräußerern und Erwerbern** oder von **Mitgesellschaftern** sind auf Auslandsgesellschaften kollisionsrechtlich übertragbar, rechtspolitisch indes nicht zwingend. Insoweit ist im Einzelfall unter Berücksichtigung des jeweiligen Gründungsrechts zu prüfen, ob eine weitergehende Haftung nach Maßgabe des deutschen Rechts auch aus unionsrechtlicher Perspektive zum Schutz der Gläubiger geeignet und erforderlich ist (→ Rn. 390).[75]

400 **bb) Haftung für Schädigungen und falsche Angaben.** Keine durchgreifenden Bedenken bestehen dagegen, die Haftung für vorsätzliche oder grob fahrlässige **Schädigungen der Gesellschaft durch Einlagen oder Gründungsaufwand** sowie für **falsche Angaben** zum Zwecke der Gründung oder Kapitalerhöhung auf EU-ausländische Kapitalgesellschaften mit tatsächlichem Inlandssitz anzuwenden, selbst wenn der Gründungsstaat eine derartige Haftung nicht kennen sollte. Angesichts der Haftungsvoraussetzungen und der Verantwortlichkeit der Gesellschafter, ihrer Hintermänner[76] und der Organe für die

---

[69] Abl. *Eidenmüller* in Eidenmüller, Ausländische Kapitalgesellschaften im deutschen Recht, 2004, § 4 Rn. 12; H. P. *Westermann* GmbHR 2005, 4 (12 f.); aA noch v. *Halen* Centros-Entscheidung S. 261.
[70] S. *Ego*, Europäische Niederlassungsfreiheit der Kapitalgesellschaft und deutsches Gläubigerschutzrecht, 2006, 271 f.; vgl. zur Beweislast des Inferenten bei der verdeckten Sacheinlage § 19 Abs. 4 S. 5 GmbHG, § 27 Abs. 3 S. 5 AktG. Zur Differenzhaftung werden ebenfalls Beweiserleichterungen zugunsten der Gesellschaft bejaht, wenn begründete Zweifel an der Vollwertigkeit bestehen, s. Baumbach/Hueck/*Servatius* GmbHG § 9 Rn. 10; HCL/*Ulmer/Habersack* GmbHG § 9 Rn. 14; aA Scholz/*Veil* GmbHG § 9 Rn. 18 (Beweiserleichterungen nur in besonderen Ausnahmefällen); einschr. auch Roth/Altmeppen/*Altmeppen* GmbHG § 9 Rn. 9.
[71] S. *Ego*, Europäische Niederlassungsfreiheit der Kapitalgesellschaft und deutsches Gläubigerschutzrecht, 2006, 273 ff.; aA wohl *Fleischer* in Lutter Auslandsgesellschaften S. 49 (115).
[72] Zur GmbH Baumbach/Hueck/*Fastrich* GmbHG § 19 Rn. 33a ff., 39; Roth/Altmeppen/*Altmeppen* GmbHG § 19 Rn. 48; HCL/*Casper* GmbHG § 19 Rn. 88 ff., 97; Scholz/*Veil* GmbHG § 19 Rn. 71 ff.; für nach deutschem Recht zulässige Aufrechnungen bereits *Priester* DB 1976, 1801 (1805). Zur KG BGHZ 95, 188 (195); zust. *K. Schmidt* GesR S. 1573 f.
[73] Zur GmbH ebenso BGH NJW 1992, 2229; Roth/Altmeppen/*Altmeppen* GmbHG § 19 Rn. 45; Baumbach/Hueck/*Fastrich* GmbHG § 19 Rn. 39; HCL/*Casper* GmbHG § 19 Rn. 101.
[74] Dazu *Habersack* AG 2009, 557 (559 ff.).
[75] Abl. etwa G. H. *Roth* FS Doralt, 2004, 479 (487).
[76] Für sie gilt dies jedenfalls dann, wenn die Haftung auf Personen mit mehr als nur unwesentlichem Einfluss beschränkt wird (s. Baumbach/Hueck/*Servatius* GmbHG § 9a Rn. 4; HCL/*Ulmer/Habersack* GmbHG § 9a Rn. 36; anders, gegen restriktive Auslegung, aber die wohl hM, s. Roth/Altmeppen/*Altmeppen* GmbHG § 9a Rn. 22; Scholz/*Veil* GmbHG § 9a Rn. 26).

ordnungsgemäße Kapitalaufbringung ist ein Verstoß gegen das unionsrechtliche Verhältnismäßigkeitsprinzip nicht ersichtlich. Hinsichtlich der Haftung für Falschangaben tritt das im Gründungsstaat durchgeführte Gründungs- oder Kapitalerhöhungsverfahren mit seinen jeweiligen Anforderungen an die Stelle des inländischen Verfahrens.

cc) Haftungsverfassung der Vorgesellschaft. Wird die Scheinauslandsgesellschaft 401 bereits mit tatsächlichem Sitz im Inland gegründet, stellt sich schließlich die Frage nach der Haftungsverfassung der Vorgesellschaft. Nach herkömmlicher Auffassung rechnet sie ebenfalls zum **Gesellschaftsstatut** und ist daher gesellschaftsrechtlich zu qualifizieren.[77]

Wird die **Gründung nicht abgeschlossen,** bestehen keine Bedenken, die Haftungs- 402 grundsätze des deutschen Rechts anzuwenden.[78] Führen die Gesellschafter keine Haftungsbeschränkung herbei, haften sie stets unbeschränkt.[79] Dieser Grundsatz hält einer Prüfung am Maßstab der Niederlassungsfreiheit ohne Weiteres Stand, selbst wenn der Gründungsstaat keine entsprechende Einstandspflicht der Gesellschafter kennen sollte. Die Handelnden müssen schon nach Art. 7 Abs. 2 GesR-RL (→ Rn. 8)[80] mit ihrer Inanspruchnahme rechnen.[81]

Auch wenn die **Gründung durchgeführt** wird, haften die Gesellschafter der Scheinaus- 403 landsgesellschaft auf Ausgleich, soweit Verbindlichkeiten auf diese übergehen, die aus einem Geschäftsbetrieb vor der Gründung resultieren. Vor der wirksamen Errichtung kommt mangels Haftungsbeschränkung nur die persönliche und unbeschränkte Haftung der Gesellschafter in Betracht. Ohne Ausgleichspflicht würden die Gesellschafter daher in Höhe der Schuldbefreiung zulasten des Gesellschaftsvermögens bereichert, was einer unzulässigen Befreiung von der Einlagepflicht (→ Rn. 396) gleichkäme. Das **Verbot der kompensationslosen Vorbelastung** aus einem **vorzeitigen Geschäftsbetrieb** gehört richtigerweise ebenfalls zum inländischen ordre public und findet daher auch bei „echten Auslandsgesellschaften" Anwendung.

Die Haftung für **Unterdeckungen,** die **nicht** auf der **Geschäftstätigkeit der Vorge-** 404 **sellschaft** beruhen, erlegt den Gesellschaftern darüber hinaus eine allgemeine Kapitalaufbringungsgarantie auf. Soweit diese Haftung sich auf den Entstehungszeitpunkt der juristischen Person bezieht, kann dies schon angesichts der abw. gesetzlichen Regelung (vgl. § 9 Abs. 1 GmbHG) nicht als Bestandteil des inländischen ordre public gewertet werden. Im Übrigen sprechen jedoch gute Gründe dafür, dass die Haftung für nicht operative Wertverluste bei Scheinauslandsgesellschaften im Interesse eines optimalen Gläubigerschutzes ebenfalls gerechtfertigt ist, auch soweit sie sich bis zum Entstehungszeitpunkt der juristischen Person erstreckt.[82] Bei Gründung mit tatsächlichem Sitz im Inland erscheint ein Vertrauen, den Geschäftsbetrieb mit einer Unterdeckung des gezeichneten Kapitals antreten zu können, nicht schutzwürdig (zur unionsrechtlichen Prüfung → Rn. 390).

dd) Haftung bei Vorratsgründung und Mantelverwendung. Eine Übertragung der 405 Haftungsgrundsätze zur Vorratsgründung und Mantelverwendung auf Scheinauslandsgesellschaften dürfte aus **unionsrechtlichen Gründen ausgeschlossen** sein, sofern der Gründungsstaat eine entsprechende Haftung nicht kennt. Die Abgabe der nach deutschem Recht erforderlichen Versicherungen zum deutschen Handelsregister kann schon deshalb nicht verlangt werden, weil die GesR-RL ebenso wie die frühere Zweigniederlassungs-RL (→ Rn. 8) Derartiges nicht vorsieht.

---

[77] S. HCL/*Behrens/Hoffmann* GmbHG Einl. B Rn. 92, 107 ff.; MHLS/*Leible* GmbHG Syst. Darst. 2 Rn. 101; MüKoBGB/*Kindler* IntGesR Rn. 531; Spahlinger/Wegen/*Spahlinger* Kap. B Rn. 130, Spahlinger/ Wegen/*Spahlinger/Wegen* Kap. C Rn. 266 ff.; Scholz/*H. P. Westermann* GmbHG Anh. § 4a Rn. 44; Staudinger/ *Großfeld* IntGesR Rn. 261.
[78] In diesem Sinne auch *G. H. Roth* FS Doralt, 2004, 479 (490); aA wohl etwa EBJS/*Pentz* HGB § 13d Rn. 21, 26; Scholz/*H. P. Westermann* GmbHG Anh. § 4a Rn. 44.
[79] BGHZ 134, 333, 335 mwN; *Flume* Personengesellschaft S. 328 f.; *Flume* JurPers S. 164.
[80] Vgl. auch Art. 16 Abs. 2 SE-VO.
[81] Nach Ansicht von MüKoBGB/*Kindler* IntGesR Rn. 443, 533 f. soll das Sitzrecht die Handelndenhaftung wohl nur bei Verletzung der Zweigniederlassungspublizität begründen.
[82] Tendenziell auch *G. H. Roth* FS Doralt, 2004, 479 (490).

406 Auch hiervon abgesehen ist es nicht zu beanstanden, wenn das Recht des Gründungsstaates die Mantelverwendung nicht als „wirtschaftliche Neugründung" qualifiziert und daher keine erneute Kapitalaufbringung verlangt. Die **Wiederholung der präventiven Kapitalaufbringungskontrolle** ist für einen effektiven Gläubigerschutz **nicht erforderlich**. Auch besteht kein nachvollziehbarer Zusammenhang zwischen diesem Erfordernis sowie der diesbezüglichen Haftung und dem Umstand, ob ein Gesellschafterwechsel erfolgt oder der Unternehmensgegenstand geändert wird. Die Gläubiger können daher nicht damit rechnen, dass in derartigen Fällen das bereits aufgebrachte Kapital wieder aufgefüllt wird. Ihr schutzwürdiges Interesse geht nur dahin, dass das Gesellschaftsvermögen nicht durch Bereicherungen oder Schädigungen der Geschäftsleiter und Gesellschafter geschmälert werden darf. Ist eine ordnungsgemäße Kapitalaufbringung erfolgt, so geht es auch im Falle der Mantelverwendung nur um die Haftung wegen des Betriebs eines materiell unterkapitalisierten Rechtsträgers.[83]

407 **3. Kapitalerhaltungsrecht. a) Meinungsstand.** Das Prinzip der Vermögensbindung ist für Aktiengesellschaften durch die später in die **GesR-RL** übernommene **Kapital-RL** (→ Rn. 8) harmonisiert worden (vgl. insbesondere Art. 56, 57, 59 ff. GesR-RL).[84] Der Frage, ob das Kapitalerhaltungsrecht deutschen Musters im Einklang mit der Niederlassungsfreiheit auf EU-ausländische Kapitalgesellschaften übertragen werden kann, kommt daher namentlich für die GmbH und vergleichbare Rechtsformen anderer Mitgliedstaaten Bedeutung zu.

408 Die **ganz hM** geht auf der Grundlage einer **gesellschaftsrechtlichen Qualifikation**[85] davon aus, dass die **Niederlassungsfreiheit** die Anwendung des deutschen Kapitalerhaltungsrechts auf EU-ausländische Gesellschaften verbiete.[86] Nur wenige Autoren halten die Übertragung der deutschen Kapitalerhaltungsregeln für zulässig.[87] Vereinzelt wird insoweit die Auffassung vertreten, dass die deutschen Kapitalerhaltungsregeln nur in der Zone der Unterdeckung greifen könnten[88] oder zumindest de lege ferenda rechtsformübergreifende Kapitalerhaltungsregeln geschaffen werden könnten.[89]

---

[83] S. *Heerma*, Mantelverwendung und Kapitalaufbringungspflichten, 1997, 147 ff.; *Altmeppen* NZG 2003, 145 (148 ff.); *Altmeppen* DB 2003, 2050 (2054).

[84] Dazu *Habersack/Verse* EuropGesR § 6 Rn. 42 ff.

[85] Ohne Konkretisierung eine nichtgesellschaftsrechtliche Qualifikation zur Diskussion stellend *Zimmer* ZHR 168 (2004), 355 (366 f.); eine insolvenzrechtliche Qualifikation erwägend FK-InsO/*Wenner/Schuster* Art. 7 EuInsVO Rn. 31 (allerdings unter Vermischung mit dem Meinungsstand zum Recht der Gesellschafterdarlehen); ebenso *Mankowski* NZG 2016, 281 (286).

[86] S. BGH NZG 2011, 273; *Bayer* BB 2003, 2357 (2364); *Bayer* BB 2004, 1 (4); *Behrens* IPRax 2004, 20 (24 f.); *Bicker* S. 221 ff.; *Drygala* ZEuP 2004, 337 (348); *Eidenmüller* in Eidenmüller, Ausländische Kapitalgesellschaften im deutschen Recht, 2004, § 4 Rn. 13; *Eidenmüller/Rehm* ZGR 2004, 159 (181 f.); *Fischer* ZIP 2004, 1477 (1479 f.); *Fleischer* in Lutter Auslandsgesellschaften S. 49 (117); *Franz* BB 2009, 1250 (1252 f.); *Gernoth* S. 328; *Grundmann* EuropGesR Rn. 323; *Habersack/Verse* EuropGesR § 3 Rn. 29; *U. Huber* in Lutter Auslandsgesellschaften S. 131, 146 ff. (152 ff.); *Jestädt* S. 168, 179; *Köke* ZInsO 2005, 354 (356); *Körber* S. 557 f.; *Paefgen* DB 2003, 487 (490); *Paefgen* ZIP 2004, 2253 (2259); *Meilicke* GmbHR 2003, 793 (805); *Meilicke* GmbHR 2003, 1271 (1272); *Mülbert* Konzern 2004, 151; *G. H. Roth* FS Doralt, 2004, 479 (490 f.); *Sandrock* ZVglRWiss 102 (2003), 447 (473 ff.); *Sandrock* BB 2004, 897 (898 f.); *Sandrock* in Sandrock/Wetzler S. 33 (48 ff.) (hinsichtlich der Kapitalerhaltungshaftung der Geschäftsleiter); *Schumann* DB 2004, 743 (745); *Schulz/Sester* EWS 2002, 545 (551); *Spahlinger/Wegen/Spahlinger* Kap. B Rn. 221, 312 ff., 317; *Wachter* GmbHR 2004, 88 (91); HCL/*Behrens/Hoffmann* GmbHG Einl. B Rn. 107 ff.; Lutter/Hommelhoff/*Bayer* GmbHG § 4a Rn. 12; Rauscher/*Mäsch* Art. 4 EuInsVO Rn. 9; K. Schmidt/*Brinkmann* EuInsVO Art. 4 Rn. 8; MHLS/*Leible* GmbHG Syst. Darst. 2 Rn. 151; MüKoGmbHG/*Weller* GmbHG Einl. Rn. 359; MüKoInsO/*Reinhart* Art. 4 EuInsVO 2000 Rn. 6; Uhlenbruck/*Knof* EuInsVO Art. 4 Rn. 117; mit einem Vorbehalt für „Missbrauchsfälle" auch *H. P. Westermann* GmbHR 2005, 4 (13, 14); zu US-amerikanischen Gesellschaften *Drouven/Mödl* NZG 2007, 7 (10).

[87] Nach dem Urteil EuGH NZG 2016, 115 – Kornhaas/Dithmar *Kindler* EuZW 2016, 136 (139), wohl auf der Grundlage einer gesellschaftsrechtlichen Qualifikation; wohl insolvenzrechtlich qualifizierend *Mankowski* NZG 2016, 281 (286); eine Anwendung nach der Entscheidung „Kornhaas/Dithmar" erwägt auch *Schall* ZIP 2016, 289 (292). Zuvor bereits *Altmeppen* NJW 2004, 97 (102 f.); *Altmeppen/Wilhelm* DB 2004, 1083 (1088) f.; *v. Halen* Centros-Entscheidung S. 261 f.; *v. Halen* WM 2003, 571 (577); *Ulmer* NJW 2004, 1201 (1209); *Wilhelm* ZHR 167 (2003), 520 (540 f.); MüKoBGB/*Kindler* IntGesR Rn. 598, 644 (mit Hinweis auf eine selbständige Anknüpfung konkurrierender Bereicherungsansprüche aus Eingriffskondiktion; zuvor bereits *Grothe* S. 195, 317; *Knobbe-Keuk* ZHR 154 (1990), 325 (347).

[88] So *Bitter* WM 2004, 2190 (2195).

[89] Vgl. *K. Schmidt* ZHR 168 (2004), 493 (501); ferner *Wackerbarth* FS Horn, 2006, 605 (611, 616).

b) Stellungnahme. Die Kapitalerhaltungsregeln sind zweifellos **gesellschaftsrechtlich** 409 **zu qualifizieren** und daher nach der hier vorgeschlagenen Anknüpfungsregel (→ Rn. 319 ff.) grundsätzlich auch auf ausländische Kapitalgesellschaften mit tatsächlichem Sitz im Inland anzuwenden. Aus unionsrechtlicher Sicht lassen sie sich als tätigkeitsbezogene Regelungen im Sinne des Urteils „Kornhaas/Dithmar" (→ Rn. 148 f.) einordnen.

Entgegen abw. Stimmen in der Lit.[90] ist das Prinzip der Vermögensbindung **unabhängig** 410 davon anwendbar, ob ein **gesetzliches Mindestkapital** aufzubringen ist oder die Gesellschafter freiwillig ein Kapital gezeichnet haben.[91] Das Vorhandensein und die Höhe eines gezeichneten Kapitals sind lediglich für den Umfang der Kapitalerhaltungshaftung von Bedeutung. Dem Grunde nach folgt der Kapitalerhaltungsgrundsatz mit Selbstverständlichkeit aus seinem Charakter als Bereicherungsverbot, das aufgrund der Vermögenstrennung zwischen der juristischen Person und ihren Gesellschaftern zum Schutz der Gläubiger zwingend ist. Die Mitgliedschaft rechtfertigt Bereicherungen der Gesellschafter aus dem Vermögen der juristischen Person nur insoweit, als die Befriedigungsinteressen der Gläubiger dies erlauben. Nur mit diesem Vorbehalt ist es legitim, dass die Gesellschafter sich auf die rechtliche Verselbständigung der juristischen Person und die mit ihr verbundene Haftungsbeschränkung berufen.

Zahlungen auf die Mitgliedschaft, die zu einer **Überschuldung** führen oder eine beste- 411 hende Überschuldung vertiefen, sind daher auch bei Scheinauslandsgesellschaften stets ungerechtfertigt.[92]

Besteht ein **gezeichnetes Kapital**, erweitert sich der Geltungsbereich des Kapitalerhal- 412 tungsrechts entsprechend.[93] Eine Beschränkung auf ein Verbot überschuldungsrelevanter Ausschüttungen[94] widerspräche dem Garantiecharakter der Kapitalfestsetzung, der auch den Publizitätsvorschriften des Sekundärrechts zugrunde liegt (→ Rn. 395). Nicht zuletzt aufgrund dieser Offenlegung darf der Rechtsverkehr erwarten, dass der Gesellschaft das gezeichnete Kapital zugeführt wird und Zugriffe der Gesellschafter auf das Gesellschaftsvermögen unterbleiben, soweit dies zur Unterdeckung führen würde.[95]

Zur Frage, ob entstandene **Erstattungsansprüche** durch Aufrechnung, Verzicht oder Erlass 413 zum **Erlöschen** gebracht werden können, gilt das zur Kapitalaufbringung Gesagte entsprechend, soweit der Erstattungsanspruch zur Kapitaldeckung erforderlich ist (→ Rn. 396 ff.). Ist das gebundene Vermögen nachhaltig wiederhergestellt, steht hingegen primär der Schutz der Mitgesellschafter in Rede. Insoweit erscheint eine über das Gründungsstatut hinausgehende Anwendung des inländischen Rechts weder kollisionsrechtlich geboten noch unionsrechtlich erforderlich.

Soweit der **Empfänger** nach dem Gründungsstatut ebenfalls zur Erstattung verpflichtet 414 ist, scheidet eine Beschränkung der **Niederlassungsfreiheit** durch die Anwendung des

---

[90] Vgl. ua *Jestädt* S. 168; *Körber* S. 547; *Schulz/Sester* EWS 2002, 545 (551); *Schumann* DB 2004, 743 (745); *Wachter* GmbHR 2004, 88 (91). S. auch *Franz* BB 2009, 1250 (1253), wonach der Kapitalerhaltungsgrundsatz bei Fehlen eines Stammkapitals „keinerlei gewinnbringenden Schutzeffekt" habe.

[91] *Altmeppen* NJW 2004, 97 (102 f.); *Altmeppen/Wilhelm* DB 2004, 1083 (1088 f.); *Bitter* WM 2004, 2190 (2195); *Ulmer* NJW 2004, 1201 (1209); *Wilhelm* ZHR 167 (2003), 520 (540 f.); insoweit zutr. *M. Fischer* ZIP 2004, 1477 (1479 f.); *Fleischer* in Lutter Auslandsgesellschaften S. 49 (116); MüKoBGB/*Kindler* IntGesR Rn. 367, 598.

[92] Vgl. auch *Altmeppen* NJW 2004, 97 (102 f.); *Altmeppen/Wilhelm* DB 2004, 1083 (1088 f.); *Ulmer* NJW 2004, 1201 (1209); *Wilhelm* ZHR 167 (2003), 520 (540 f.); s. ferner *Bitter* WM 2004, 2190 (2195), der zwar eine Anwendung der Kapitalerhaltungsregeln ab der Überschuldung befürwortet, eine Rückerstattung aber nur zum „Ausgleich der Überschuldung in der Insolvenz" für möglich hält. Gegen eine Ausschüttungssperre in der Zone der Überschuldung ausdrücklich *Paefgen* ZIP 2004, 2253 (2259).

[93] *Altmeppen* NJW 2004, 97 (103); *Altmeppen/Wilhelm* DB 2004, 1083 (1089); vgl. ferner *Ulmer* NJW 2004, 1201 (1209).

[94] *Bitter* WM 2004, 2190 (2195).

[95] S. auch *Schön* ZHR 168 (2004), 268 (294 f.). Vor diesem Hintergrund ist der Hinweis, die Kapitalziffer beeinflusse die Kreditentscheidung der Gläubiger regelmäßig nicht (vgl. etwa *Sandrock* ZVglRWiss 102 (2003), 447 (478) mwN; ähnlich *Bitter* WM 2004, 2190 (2195) Fn. 89), verfehlt. Zwar können die Gläubiger nicht darauf vertrauen, dass der verlautbarte Haftungsfonds unversehrt zur Verfügung steht. In jedem Fall geschützt ist aber die Erwartung, dass die Ausschüttungsinteressen der Gesellschafter zurücktreten, soweit das durch die Kapitalfestsetzung garantierte Vermögen betroffen ist.

deutschen Rechts schon im Ansatz aus (→ Rn. 256 ff.).[96] Im Übrigen sind die Ausschüttungsschranke und die verschuldensunabhängige Rückgewährpflicht zum Schutz der Gläubiger gerechtfertigt. Soweit der Kapitalerhaltungsgrundsatz Zugriffe auf das Gesellschaftsvermögen verbietet, kann das Insolvenzrisiko der Gesellschaft nicht auf die Gläubiger abgewälzt werden.

415 Neben dem Gesellschafter, der die Ausschüttung empfangen hat, haften ferner auch bei Scheinauslandsgesellschaften die **Geschäftsführer** für Verstöße gegen den Kapitalerhaltungsgrundsatz. Das organschaftliche Schädigungsverbot ist zum Schutz der Gläubiger unabdingbar. Gegen die damit verbundene verschuldensabhängige Haftung bestehen erst recht keine unionsrechtlichen Bedenken, zumal seit der „Kornhaas/Dithmar"-Entscheidung des EuGH (→ Rn. 148 f.).

416 Nicht eindeutig zu beantworten ist demgegenüber, ob eine verschuldensunabhängige **Ausfallhaftung der Mitgesellschafter** (vgl. § 31 Abs. 3 GmbHG) bei EU-ausländischen Kapitalgesellschaften unionsrechtlich Bestand hätte, sofern der Gründungsstaat eine derartige Haftung nicht kennt. Das Aktienrecht sieht keine vergleichbare Ausfallhaftung vor. Für das deutsche GmbH-Recht beruht diese Haftung auf der Erwägung, dass die gegenüber dem Aktienrecht geringeren Schutzmechanismen und Publizitätsanforderungen durch die subsidiäre Mithaftung aller Gesellschafter für die Kapitalaufbringung und -erhaltung kompensiert werden sollen.[97] Auch soweit diese Erwägungen bei Auslandsgesellschaften zutreffen sollten, erscheint es jedoch weniger noch als hinsichtlich der Kapitalaufbringung (→ Rn. 399) zwingend, dass das Ausfallrisiko im Falle verbotener Ausschüttungen den Mitgesellschaftern zufallen müsste. Soweit die Mitgesellschafter nach dem Gründungsstatut insoweit nicht haften, was von ihnen nachzuweisen ist (→ Rn. 345), wäre die unionsrechtliche Zulässigkeit einer solchen Haftung nach deutschem Recht daher ggf. durch den EuGH zu klären. Verfügt die Gesellschaft nicht über ein gezeichnetes Kapital, stellt sich die Frage einer Mithaftung hingegen nicht, sofern man der Ansicht folgt, dass die Ausfallhaftung auf den Betrag der Stammkapitalziffer beschränkt ist.[98]

417 **4. Recht der Gesellschafterdarlehen (früher: Eigenkapitalersatzrecht). a) Einführung.** Seit der Reform durch das **MoMiG** ist das „Recht der Gesellschafterdarlehen"[99] rechtsformübergreifend in der InsO sowie dem AnfG geregelt (vgl. § 39 Abs. 1 Nr. 5, Abs. 4 InsO, § 19 Abs. 2 InsO, §§ 44a, 135, 143 Abs. 3 InsO, §§ 6, 6a, 11 Abs. 3 AnfG).[100] Die wesentliche Neuerung besteht darin, dass es für die Sonderbehandlung der gesellschafterlichen Finanzierung auf die Feststellung eines eigenkapitalersetzenden Charakters nicht mehr ankommen soll. Vielmehr sind sämtliche Forderungen von Gesellschaftern auf Rückgewähr von Darlehen oder wirtschaftlich gleichstehende Forderungen in der Insolvenz nachrangig und können Leistungen auf solche Forderungen nach Maßgabe einer starren Fristenregelung angefochten werden. Außerdem soll die frühere Zweigleisigkeit der kodifizierten Kapitalersatzregeln und der in Analogie zum Kapitalerhaltungsrecht entwickelten Rechtsprechungsgrundsätze[101] beseitigt werden (§ 30 Abs. 1 S. 3 GmbHG, § 57 Abs. 1 S. 4 AktG).

418 Im **internationalen Vergleich** werden Finanzierungsleistungen der Gesellschafter nur teilweise und mit Unterschieden im Einzelnen einer Sonderbehandlung unterstellt.[102] Einzelheiten sind hier nicht darzustellen.

---

[96] So auch *Ulmer* NJW 2004, 1201 (1208); *Bitter* WM 2004, 2190 (2195).
[97] Zu dieser Begründung Entwurf GmbHG, Stenographische Berichte über die Verhandlungen des Reichstages, 8. Legislaturperiode – I. Session 1890/92, 5. Anlagenband, Aktenstück Nr. 660, S. 3730.
[98] S. BGH NJW 2003, 3629 (3632); zuvor BGHZ 150, 61.
[99] Die Bezeichnung ist angesichts des weiter gehenden Anwendungsbereichs ungenau, aber gebräuchlich. Zur Vereinbarkeit des früheren Kapitalersatzrechts mit der Kapital-RL (jetzt GesR-RL) *Habersack/Verse* EuropGesR § 6 Rn. 46 mwN.
[100] Eingehend zur Neuregelung *Altmeppen* NJW 2008, 3601.
[101] Dazu BGHZ 90, 370 = NJW 1984, 1891; BGHZ 95, 188 = NJW 1985, 2947.
[102] Dies gilt insbes. für Italien (vgl. *Haas* GmbHR 2004, 557; *U. Huber* in Lutter Auslandsgesellschaften S. 131 (184 Fn. 159); *Balp* ZInsO 2007, 1020; *Sangiovanni* ZInsO 2008, 298), Österreich (Bundesgesetz über Eigenkapital ersetzende Gesellschafterleistungen vom 28.10.2003, öBGBl. I 2003 1437; *Blöse* GmbHR 2004, 412; *K. Schmidt* GesRZ 2004, 75; *Karollus* FS Huber, 2006, 801), Griechenland (*Haas* GmbHR 2004,

b) Meinungsstand zur Anwendung auf Auslandsgesellschaften. Die Frage, ob das 419
deutsche Recht der Gesellschafterdarlehen auf Auslandsgesellschaften angewendet werden
kann, zählt zu den umstrittensten Themen im Rahmen der Diskussion nach „Centros",
„Überseering" und „Inspire Art".[103] Der Streit betrifft nicht nur die Vereinbarkeit mit
der **Niederlassungsfreiheit,** sondern bereits die **kollisionsrechtliche Qualifikation.**
Aufgrund der richtungsweisenden **Entscheidung des BGH vom 21.7.2011 („PIN
Group-AG"),** in welcher die Anwendung der durch das MoMiG beseitigten Novellenregeln in deutschen Insolvenzverfahren über EU-Auslandsgesellschaften ohne Vorlage an
den EuGH bejaht wurde (→ Rn. 421), dürfte sich diese Auseinandersetzung für die Praxis
indes erledigt haben. Dies gilt umso mehr vor dem Hintergrund des Urteils „Kornhaas/
Dithmar". Da der EuGH dort entschieden hat, dass die Massesicherungshaftung deutschen
Rechts insolvenzrechtlich zu qualifizieren sei und die Niederlassungsfreiheit EU-ausländischer Gesellschaften nicht beschränke (→ Rn. 451 ff.), dürfte mit einer Vorlage zur unionsrechtlichen Beurteilung des Rechts der Gesellschafterdarlehen nicht mehr zu rechnen
sein.

aa) Streitstand zum Eigenkapitalersatzrecht. Die Anwendung des früheren Eigen- 420
kapitalersatzrechts auf EU-ausländische Kapitalgesellschaften wurde lange Zeit von der wohl
überwiegenden Auffassung in der Lit. aufgrund kollisions- oder unionsrechtlicher
Bedenken **insgesamt abgelehnt.**[104]

Zahlreiche Autoren und die instanzgerichtliche Rspr. befürworten demgegenüber eine 421
insolvenzrechtliche Qualifikation des kodifizierten[105] oder auch des gesamten Kapitalersatzrechts einschließlich der Rechtsprechungsregeln,[106] um es im Falle eines inländischen
Insolvenzverfahrens insbesondere nach Art. 7 Abs. 2 S. 2 lit. g, i und m EuInsVO (früher
Art. 4 Abs. 2 S. 2 lit. g, i und m EuInsVO 2000) auf Auslandsgesellschaften zur Anwendung

---

557 (561)), Portugal (*Zahrte* ZInsO 2009, 223 (227)) und Spanien (*Irujo* RIW 2004, 760; *Zahrte* ZInsO 2009, 223 (227)) sowie Polen (*Kidbya/Soltysinski/Szumanski* in Lutter Kapital S. 701, 710).
[103] EuGH Slg. 2002, I-9919 = NJW 2002, 3614 – Überseering; Slg. 2003, I-10155 = NJW 2003, 3331 – Inspire Art.
[104] MüKoGmbHG/*Weller* GmbHG Einl. Rn. 359; *Reinhart* IPRax 2010, 230 f.; *Eidenmüller* in Eidenmüller, Ausländische Kapitalgesellschaften im deutschen Recht, 2004, § 4 Rn. 14, § 9 Rn. 41 ff.; *Mock/Schildt* in Hirte/Bücker Grenzüberschreitende Gesellschaften-HdB § 17 Rn. 111 ff., 115; *Spahlinger/Wegen/Spahlinger* Kap. B Rn. 221, 314 f., 317, *Spahlinger/Wegen/Spahlinger/Wegen* Kap. C Rn. 762; *Borges* ZIP 2004, 733 (743); *Drouven/Mödl* NZG 2007, 7 (10 f.) (zu US-amerikanischen Gesellschaften); *Drygala* ZEuP 2004, 337 (348); *Geyrhalter/Gänßler* NZG 2003, 409 (411); *Jestädt* S. 223; *Kallmeyer* DB 2002, 2521 (2522); *Kallmeyer* DB 2004, 636 (639); *Kleinert/Probst* DB 2003, 2217 (2218); *Köke* ZInsO 2005, 354 (356); *Meilicke* GmbHR 2003, 793 (805); *Meilicke* GmbHR 2003, 1271 (1272); *Müller* NZG 2003, 414 (417); *Paefgen* DB 2003, 487 (490); *Paefgen* ZIP 2004, 2253 (2261); *Riedemann* GmbHR 2004, 345 (349); *Risse* MDR 1999, 752 (752 f.); *Sandrock* BB 2004, 897; *Schulz/Sester* EWS 2002, 545 (551); *Schumann* DB 2004, 743 (748); *Wachter* GmbHR 2004, 88 (92); *H. P. Westermann* GmbHR 2005, 4 (15) (vorbehaltlich der missbräuchlichen Ausnutzung einer Schutzlücke im Einzelfall); *Zimmer* NJW 2003, 3585 (3589) (offenlassend *Zimmer* ZHR 168 (2004), 355 (366)). Im Ergebnis wohl auch *G. H. Roth* FS Doralt, 2004, 479 (491 f.). Abl. unter Hinweis auf die Rechtsformbezogenheit der §§ 32a, 32b GmbHG *Wackerbarth* FS Horn, 2006, 605 (616).
[105] So BGH NZG 2011, 1195; OLG Köln ZIP 2010, 2016 (Vorinstanz); *Hausmann* in Reithmann/Martiny IntVertragR, 6. Aufl. 2004, Rn. 2291c und 8. Aufl. 2015, Rn. 7.621; *Hirte* in Hirte/Bücker Grenzüberschreitende Gesellschaften-HdB § 1 Rn. 72, *Forsthoff/Schulz* in Hirte/Bücker Grenzüberschreitende Gesellschaften-HdB § 16 Rn. 41 ff.; *M. Fischer* ZIP 2004, 1477 (1480); *U. Huber* FS Gerhardt, 2004, 397 (416 ff.); näher *U. Huber* in Lutter Auslandsgesellschaften S. 131 (140 ff., 143 ff. (Rechtsprechungsregeln), 160 ff. (Novellenregeln)); *Pannen* FS G. Fischer, 2008, 403 (418); *Pannen/Riedemann* MDR 2005, 496 (498); *Paulus* ZIP 2002, 729 (734); *Ulmer* NJW 2004, 1201 (1207) (jedoch tendenziell für Vereinbarkeit auch der Rechtsprechungsgrundsätze mit der Niederlassungsfreiheit, *Ulmer* NJW 2004, 1201 (1208 f.)); *Ulmer* KTS 2004, 291 (299 f.); *Wedemann* IPRax 2012, 226 (230 ff.); *Zöllner* GmbHR 2006, 1 (6); *Bicker* S. 243 ff.; a.A. wohl auch *Goette* ZIP 2006, 541 (546); *Gernoth* S. 328 f.; *Mankowski* NZI 2010, 1004. Eine Mehrfachqualifikation in Betracht ziehend *Kindler* NZG 2003, 1086 (1090); *Kindler* FS Jayme, 2004, 409 (418). Zuvor bereits für eine insolvenzrechtliche Qualifikation der Novellenregeln *Schücking* ZIP 1994, 1156 (1158 f.); *Höfling* Englisches Int. GesR S. 301 ff.
[106] So *Haas* NZI 2001, 1 (10); *Haas* NZI 2002, 457 (466); *Haas* in v. Gerkan/Hommelhoff KapitalersatzR Rn. 15.8 ff.; *Wienberg/Sommer* NZI 2005, 353 (356); *Eisner* ZInsO 2005, 20 (22).

zu bringen. Ob Gleiches für die kapitalersatzrechtlichen **Regelungen des AnfG** gelten sollte, wurde nur vereinzelt erörtert.[107] Der **BGH** hat sich im Jahre 2011 in seiner Entscheidung zur Insolvenz der PIN Group-AG obiter der differenzierenden Ansicht angeschlossen und eine insolvenzrechtliche Qualifikation „jedenfalls" für das im Rahmen eines Insolvenzverfahrens anzuwendende kodifizierte Kapitalersatzrecht bejaht.[108] Bestätigt wurde diese Differenzierung sodann im Jahr 2019, als der BGH Ansprüche nach den Rechtsprechungsregeln gesellschaftsrechtlich qualifizierte.[109] Die im Schrifttum geäußerten gemeinschaftsrechtlichen Bedenken hat der BGH in seiner PIN Group-Entscheidung zurückgewiesen und unter Berufung auf die „acte clair"-Doktrin (→ Rn. 126) eine Vorlage an den EuGH abgelehnt. Seiner Ansicht nach waren jedenfalls die Novellenregeln über die Nachrangigkeit kapitalersetzender Gesellschafterdarlehen schon deshalb mit der Niederlassungsfreiheit vereinbar, weil sie aufgrund ihrer insolvenzrechtlichen Einordnung im Falle inländischer Insolvenzverfahren über Art. 7 EuInsVO anzuwenden seien.[110] Die Entscheidungsgründe lassen indes keinen Zweifel daran, dass der BGH auch auf Basis des nationalen Kollisionsrechts nicht anders entschieden hätte. Im Schrifttum wird die Vereinbarkeit einer Anwendung des deutschen Kapitalersatzrechts auf EU-Auslandsgesellschaften im Wesentlichen mit dem Hinweis begründet, dass die Marktteilnehmer die kollisionsrechtliche Wertentscheidung der EuInsVO und damit die Anwendung eines vom Gesellschaftsstatut abweichenden Insolvenzrechts grundsätzlich hinnehmen müssten. Eine relevante Erschwerung des Marktzugangs liege gerade nicht vor, wenn und weil die fraglichen Regelungen an die Insolvenz der Gesellschaft bzw. die Eröffnung eines Insolvenzverfahrens anknüpften. Da diese im Zeitpunkt des Markteintritts zum Zwecke der Niederlassung, dh der Ausübung einer werbenden unternehmerischen Tätigkeit, regelmäßig noch ganz ungewiss sei, könne in dem mitgliedstaatlichen Insolvenzrecht auch keine relevante „abschreckende" Marktzugangssperre erblickt werden.[111] Diese Argumentation hat durch die Entscheidung des EuGH „Kornhaas/Dithmar" zur Massesicherungshaftung (→ Rn. 451 ff.) eine eindeutige Bestätigung erfahren.

422 Zu demselben Ergebnis hätte der BGH indes auch gelangen können, wenn er einer **Mindermeinung** gefolgt wäre, die trotz gesellschaftsrechtlicher Qualifikation das gesamte deutsche Kapitalersatzrecht für anwendbar hielt, sofern die EU-ausländische Kapitalgesellschaft ihren tatsächlichen Sitz im Inland hat.[112]

423 **bb) Streitstand zum neuen Recht (MoMiG).** Nach der Vorstellung des **Gesetzgebers** des MoMiG soll die rechtsformneutrale Neufassung des Rechts der Gesellschafterdarle-

---

[107] Für analoge Heranziehung der Art. 7, 16 EuInsVO (früher Art. 4, 13 EuInsVO 2000) auch für das Kapitalersatzrecht des AnfG *Wedemann* IPRax 2012, 226 (232 f.); erwägend auch *Weber*, Gesellschaftsrecht und Gläubigerschutz im Internationalen Insolvenzverfahren, 2011, 119 f. Hingegen dezidiert für die Anwendung der §§ 1, 6, 19 AnfG aF *U. Huber* in Lutter Auslandsgesellschaften S. 131 (208 f.); pauschale Bezugnahme auf § 6 AnfG aF bei *Eisner* ZInsO 2005, 20 (22 f.); s. zuvor im Hinblick auf § 3b AnfG aF auch *Schücking* ZIP 1994, 1156 (1160). Unklar demgegenüber *M. Fischer* ZIP 2004, 1477 (1480); *Ulmer* NJW 2004, 1201 (1207); *Ulmer* KTS 2004, 291 (299 f.); *U. Huber* FS Gerhardt, 2004, 397 (416 ff.); *Paulus* ZIP 2002, 729 (734). S. zur Anknüpfung der Gläubigeranfechtung außerhalb eines Insolvenzverfahrens gemäß § 19 AnfG BGH NJW 2012, 1217 (1218); OLG Stuttgart IPRax 2008, 436 (437 f.) (mAnm *Koch* IPRax 2008, 417); OGH IPRax 2007, 457 (458 f.) (mAnm *Koch* IPRax 2007, 466).
[108] BGH NZG 2011, 1195.
[109] BGH NZI 2020, 383 Rn. 24 ff.
[110] BGH NZG 2011, 1195 (1198); krit. zur Nichtvorlage an den EuGH *Teichmann* BB 2012, 1418 (1419); *Schall* NJW 2011, 3745 (3747). Zur Vereinbarkeit von Art. 7 EuInsVO und des durch ihn berufenen nationalen Insolvenzrechts mit der Niederlassungsfreiheit → Rn. 153, 165.
[111] S. etwa *U. Huber* in Lutter Auslandsgesellschaften S. 131 (187 f.); *Wedemann* IPRax 2012, 226 (230 f.) mwN; ferner *Ego*, Europäische Niederlassungsfreiheit der Kapitalgesellschaft und deutsches Gläubigerschutzrecht, 2006, 305 f. (allerdings auf Basis einer gesellschaftsrechtlichen Qualifikation).
[112] Eingehend *Ego*, Europäische Niederlassungsfreiheit der Kapitalgesellschaft und deutsches Gläubigerschutzrecht, 2006, 292 ff., 298 ff.; *Altmeppen* NJW 2004, 97 (103); *Altmeppen/Wilhelm* DB 2004, 1083 (1088); für gesellschaftsrechtliche Einordnung der Rechtsprechungsregeln und tendenziell auch ihre Anwendbarkeit auf Scheinauslandsgesellschaften bejahend *Ulmer* NJW 2004, 1201 (1207 ff.); gegen die insolvenzrechtliche Einordnung und für die Entwicklung eines rechtsformunabhängigen Eigenkapitalersatzrechts *K. Schmidt* ZHR 168 (2004), 493 (501).

hen (vgl. § 35 Abs. 4 InsO, § 6 Abs. 1 S. 1 AnfG iVm § 39 Abs. 1 Nr. 5, Abs. 4 InsO, § 6a AnfG iVm § 39 Abs. 4 InsO) dazu führen, dass die Vorschriften über **Art. 7 EuInsVO** (früher Art. 4 EuInsVO 2000)[113] auch auf Auslandsgesellschaften zur Anwendung kommen, wenn deren Insolvenz nach deutschem Recht abgewickelt wird.[114]

In der **Lit.**[115] und schließlich auch der **Rspr.**[116] hat sich auf dieser Grundlage die Ansicht **424** durchgesetzt, dass die Anwendung der Neuregelung auf Auslandsgesellschaften aufgrund einer **insolvenzrechtlichen Qualifikation** zu bejahen ist. Abgesehen von dem Verweis auf die systematische Verortung und den Wortlaut des Art. 7 Abs. 2 S. 2 lit. g, i und m EuInsVO (früher Art. 4 Abs. 2 S. 2 lit. g, i und m EuInsVO 2000) wird diese Einordnung namentlich mit der Erwägung begründet, dass der Verzicht auf das Merkmal der „Krise" den insolvenzrechtlichen Charakter der Vorschriften in den Vordergrund treten lasse[117] und die Regelung aufgrund ihrer spezifischen Rechtsfolgen ausschließlich im Rahmen eines eröffneten Insolvenzverfahrens Bedeutung gewinne.[118] Auch innerhalb dieses Lagers wird freilich in der Lit. bezweifelt, dass die insolvenzrechtliche Einordnung mit dem Unionsrecht vereinbar sei.[119] Mit Blick auf die noch zu den Novellenregeln ergangene Entscheidung des BGH im Fall der PIN Group-AG ist nicht davon auszugehen, dass der BGH diese Bedenken teilt oder sie beim EuGH Gehör fänden (→ Rn. 421). Ferner wird die Ansicht vertreten, dass dem Anfechtungsgegner ein **Anfechtungsschutz nach Art. 16 EuInsVO** (früher Art. 13 EuInsVO 2000)[120] zugutekomme, wenn der Darlehensvertrag oder die gleichgestellte Gestaltung kollisionsrechtlich einem anderen Recht unterstehen und hiernach in keiner Weise anfechtbar sind.[121] Das OLG Naumburg hat dem zumindest im

---

[113] Zur Anwendung auch von Art. 5 EuInsVO 2000 im Fall der Nutzungsüberlassung *Wedemann* IPRax 2012, 226 (234).

[114] RegE BT-Drs. 16/6140, 57 f.

[115] *Balthasar* RIW 2009, 221 (226); *Bork* ZGR 2007, 250 (252 f.); *Flitsch* DZWiR 2006, 397 (401); *Franz* BB 2009, 1250 (1253); *Gehrlein* BB 2008, 846 (849); *Habersack* ZIP 2007, 2145 (2147); *Heckschen* DStR 2007, 1442 (1448); *Hirte* WM 2008, 1429 (1432); *Kindler* NJW 2008, 3249 (3253); *Kindler* AG 2007, 721 (727); *Kühnle/Otto* IPRax 2009, 117 (118); *Mankowski* NZI 2010, 1004; *Mankowski* NZG 2016, 281 (286); *Schall* ZIP 2016, 289 (293 f.) (grds. allerdings eine Qualifikation nach der EuInsVO wegen der Einordnung als selbstbegrenzte Sachnorm für entbehrlich haltend); *Seibert* ZIP 2006, 1157 (1162); *Wedemann* IPRax 2012, 226 (230 ff.); *Weller* ZIP 2009, 2029 (2032); *Weller* ZGR 2008, 835 (845); HCL/*Behrens/Hoffmann* GmbHG Einl. B Rn. 114; Braun/*Bäuerle* InsO § 39 Rn. 19 f.; Braun/*de Bra* InsO § 135 Rn. 7; Braun/*Tashiro* InsO § 335 Rn. 10; FK-InsO/*Bornemann* InsO § 39 Rn. 97; Gottwald/*Kolmann*/*Keller* InsR-HdB § 131 Rn. 127; Großkomm HGB/*Koch* HGB § 13d Rn. 41; *Habersack*/*Verse* EuropGesR § 3 Rn. 31; Kübler/Prütting/Bork/*Preuß* InsO § 39 Rn. 47; MüKoInsO/*Behme* § 39 Rn. 59 f.; Rauscher/*Mäsch* Art. 4 EuInsVO Rn. 9; K. Schmidt/K. Schmidt/*Herchen* InsO § 39 Rn. 35, K. Schmidt/*Brinkmann* EuInsVO Art. 4 Rn. 9; Palandt/*Thorn* EGBGB Anh. Art. 12 Rn. 6, 18; Uhlenbruck/*Hirte* InsO § 39 Rn. 60; Hausmann in Reithmann/Martiny IntVertragR Rn. 7.165, 7.621; vgl. auch die Ergänzende Stellungnahme des *DAV-Insolvenzrechtsausschusses* zum RefE, S. 10; Lutter/Hommelhoff/*Kleindiek* GmbHG Anh. § 64 Rn. 124; wohl nach *Hoffmann* ZIP 2007, 1581 (1587); *K. Schmidt* ZIP 2006, 1925 (1928); *Teichmann* ZGR 2011, 639 (673). Offen lassend FK-InsO/*Wenner*/*Schuster* Art. 7 EuInsVO Rn. 31, die die Nichtvorlage der Frage durch den BGH (NZG 2011, 818) kritisieren.

[116] S. BGH NZG 2011, 1195 (1197); OLG Köln ZIP 2010, 2016 (Vorinstanz); ferner AG Hamburg NZI 2009, 131 (132), wonach sich mit der Neuregelung der Streit um die Anwendbarkeit auf Scheinauslandsgesellschaften „erledigt" habe.

[117] AG Hamburg NZI 2009, 131 (132).

[118] S. – bereits bzgl. der Novellenregeln vor dem MoMiG – BGH NZG 2011, 1195 (1197 f.).

[119] S. *Schall* NZG 2011, 3745 (3747) (anders nun aber *Schall* ZIP 2016, 289 (293 f.)); auch nach „Kornhaas/Dithmar" *Mock* IPRax 2016, 237 (242). Demgegenüber die Vereinbarkeit mit der Niederlassungsfreiheit bejahend etwa *Wedemann* IPRax 2012, 226 (230 f.) mwN; *Teichmann* ZGR 2011, 639 (673) (→ Rn. 421).

[120] S. im deutschen Internationalen Insolvenzrecht § 339 InsO.

[121] *U. Huber* in Lutter Auslandsgesellschaften S. 131 (195 Fn. 185); *Kühnle/Otto* IPRax 2009, 117 (119); *Wedemann* IPRax 2012, 226 (232); *Finkelmeier* EuZW 2020, 833 (836 ff.); *Kalbfleisch* WM 2020, 1619; s. auch Hirte in Hirte/Bücker Grenzüberschreitende Gesellschaften-HdB § 1 Rn. 72 sowie Forsthoff/Schulz in Hirte/Bücker Grenzüberschreitende Gesellschaften-HdB § 16 Rn. 61 unter Aufgabe der zuvor vertretenen Ansicht, dass iRd Art. 16 EuInsVO (früher Art. 13 EuInsVO 2000) auf das Recht des Gründungsstaates abzustellen sei; *Behrens* IPRax 2010, 230 (232); *Thole*, Gläubigerschutz durch Insolvenzrecht, 2010, 837 ff. Abw. Spahlinger/Wegen/*Spahlinger* Kap. B Rn. 315 sowie *Meilicke* GmbHR 2007, 225 (231 Fn. 46), die unter Berufung auf die – zwischenzeitlich aufgegebene – Ansicht von Forsthoff/Schulz in Hirte/Bücker Grenzüberschreitende Gesellschaften-HdB, 1. Aufl. 2004, davon ausgehen, dass die Anfechtung gemäß § 135 InsO nur in Betracht

Hinblick auf Gesellschafterdarlehen, die hierzulande gegründeten und ansässigen deutschen Kapitalgesellschaften gewährt werden, eine Absage erteilt.[122] Eine höchstrichterliche Klärung steht insoweit bislang noch aus. Zur Frage, welche Anknüpfung für die entsprechenden **Regelungen des AnfG** gelten soll, finden sich unverändert nur wenige Stellungnahmen (→ Rn. 421).

425 Verbreitet wird die Anwendung des Rechts der Gesellschafterdarlehen auf Scheinauslandsgesellschaften demgegenüber aus den schon zum Kapitalersatzrecht vorgebrachten Gründen **abgelehnt**. Entspr. der These einer statutenübergreifenden „europarechtlichen Gründungstheorie" (→ Rn. 248 ff., → Rn. 286 ff.) soll entscheidend sein, dass die Sonderbehandlung der Gesellschafterfinanzierung die Finanzverfassung EU-ausländischer Gesellschaften berühre und das Unionsrecht daher die vorrangige Anwendung des „Herkunftsrechts" erfordere.[123] Deutsches Recht soll allenfalls dann zur Anwendung kommen, wenn das Gläubigerschutzrecht des Gründungsstaates insgesamt unannehmbare Schutzlücken aufweise oder der Gründungsstaat das Eigenkapitalersatzrecht insolvenzrechtlich qualifiziere, sodass ein kollisionsrechtlicher Normenmangel entstehe.[124] Auch für diese Fälle halten manche Autoren die weitere Einschränkung für erforderlich, dass das inländische Recht keinesfalls strenger als das „Herkunftsrecht" sein dürfe.[125] Aufgrund der Entscheidung des BGH in der Sache „PIN Group-AG" (→ Rn. 421) sowie der Leitentscheidung des EuGH „Kornhaas/Dithmar" zur Anwendbarkeit der Massesicherungshaftung (→ Rn. 247, → Rn. 451 ff.) dürften sich diese Einwände erledigt haben.

426 c) **Stellungnahme.** Die Diskussion zur Anwendung des Rechts der Gesellschafterdarlehen in Auslandsfällen ist zu Unrecht ganz durch die Fokussierung auf die insolvenzrechtliche Kollisionsnorm des Art. 7 EuInsVO (früher Art. 4 EuInsVO 2000) geprägt.[126] Zwar muss für die Praxis seit der Entscheidung des EuGH „Kornhaas/Dithmar" (→ Rn. 247, → Rn. 451 ff.) hingenommen werden, dass auch gesellschaftsrechtlich geprägte Gläubigerschutztatbestände dem unionrechtlich determinierten Insolvenzstatut unterfallen können. Richtigerweise erschiene es demgegenüber vorzugswürdig, das neue „Recht der Gesellschafterdarlehen" nicht anders als das frühere „Kapitalersatzrecht" **gesellschaftsrechtlich**

---

komme, wenn auch das Gründungsstatut die Anfechtung zulässt. *Schall* ZIP 2011, 2177 (2181) entnimmt Art. 13 EuInsVO 2000 (jetzt Art. 16 EuInsVO) in direkter bzw. analoger Anwendung eine allgemeine Sperre gegen insolvenzrechtliche Haftungstatbestände, die nach dem Heimatrecht des in Anspruch Genommenen nicht begründbar wären (s. auch → Rn. 347, → Rn. 430).

[122] OLG Naumburg ZIP 2011, 677 m. abl. Bespr. von *Schall* ZIP 2011, 2177.

[123] S. (teils noch zum RegE bzw. RefE) *Behrens* IPRax 2010, 230 (231); *Meilicke* GmbHR 2007, 225 (231 f.); *Krolop* ZIP 2007, 1738 (1745); *Mock* DStR 2008, 1645 (1646); *Römermann* GmbHR 2006, 673 (678); *Eidenmüller* FS Canaris II, 2007, 49 (68); *Schall* NJW 2011, 3745 (3748). Für Annahme einer selbständig gesellschaftsrechtlich anzuknüpfenden Vorfrage auch ausdrücklich MüKoInsO/*Reinhart* Art. 4 EuInsVO 2000 Rn. 7. Zum alten Recht bereits *Eidenmüller* RabelsZ 70 (2006), 474 (492 f.); *Borges* ZIP 2004, 733 (743) (hinreichender Gläubigerschutz sei durch die Geschäftsleiter- und Durchgriffshaftung zu bewirken); abl. im Hinblick auf Art. 49, 54 AEUV auch *Drygala* ZEuP 2004, 337 (348); *Kallmeyer* DB 2004, 636 (639) (undeutlich in der Begründung noch *Kallmeyer* DB 2002, 2521 (2522)); *Kleinert/Probst* DB 2003, 2217 (2218) (allerdings eine Beschränkung der Niederlassungsfreiheit zutr. abl., soweit der Gründungsstaat den Eigenkapitalersatz in entspr. Weise sanktioniert); *Meilicke* GmbHR 2003, 793 (805); *Meilicke* GmbHR 2003, 1271 (1272); *Paefgen* DB 2003, 487 (490); *Risse* MDR 1999, 752 (752 f.); *Sandrock* BB 2004, 897 (implizit); *Schulz/Sester* EWS 2002, 545 (551); *Wachter* GmbHR 2004, 88 (92); *Zimmer* NJW 2003, 3585 (35899.

[124] Zum neuen Recht *Eidenmüller* FS Canaris II, 2007, 49 (68); *Schall* NJW 2011, 3745 (3748); zum alten Recht ebenso *Eidenmüller* RabelsZ 70 (2006), 474 (492 f.); *Eidenmüller* in Eidenmüller, Ausländische Kapitalgesellschaften im deutschen Recht, 2004, § 4 Rn. 14, § 9 Rn. 41 ff. Vgl. ferner *Eidenmüller* ZIP 2002, 2233 (2242); *Eidenmüller* JZ 2004, 24 (28); *Eidenmüller/Rehm* ZGR 2004, 159 (181 f.); *Forsthoff* DB 2002, 2471 (2477); *Halbhuber* ZEuP 2003, 418 (433 f.) (auch eine insolvenzrechtliche Qualifikation erwägend); *W.-H. Roth* IPRax 2003, 117 (125 f.). Offen lassend für die §§ 32a, 32b GmbHG, aber an der Übertragbarkeit auf ausländische Gesellschaften zweifelnd *Weller* IPRax 2009, 520 (524).

[125] So namentlich *Eidenmüller* FS Canaris II, 2007, 49 (68); *Eidenmüller* RabelsZ 70 (2006), 474 (492 f.); *Eidenmüller* in Eidenmüller, Ausländische Kapitalgesellschaften im deutschen Recht, 2004, § 4 Rn. 14, § 9 Rn. 44.

[126] Eingehend *Ego*, Europäische Niederlassungsfreiheit der Kapitalgesellschaft und deutsches Gläubigerschutzrecht, 2006, 292 ff.; s. auch *Altmeppen* NJW 2008, 3601 (3602 Fn. 16).

zu qualifizieren und der sachgerechten Alternativanknüpfung für die Außenverhältnisse der Gesellschaft (→ Rn. 319 ff.) zu unterwerfen.[127] Aus Sicht des autonomen deutschen Rechts war schon keine tragfähige Begründung dafür ersichtlich, kollisionsrechtlich zwischen den Novellenregeln und den Rechtsprechungsgrundsätzen zu differenzieren, da es sich der Sache nach jeweils um denselben Tatbestand handelte.[128] Schon deshalb konnte die Qualifikationsfrage nicht sinnvoll unter Hinweis auf die unterschiedlichen Rechtsfolgen entschieden werden.[129] Erst recht kann die Entscheidung damals wie heute für Insolvenz- und Gläubigeranfechtung[130] nur einheitlich ausfallen.[131] Letztlich kann nicht zweifelhaft sein, dass der Grund für die Sonderbehandlung der Gesellschafterfinanzierung nur im Gesellschaftsrecht zu finden ist.

Art. 7 EuInsVO sollte schon deshalb nichts anderes entnommen werden, weil die **427** Grundsätze der **lex concursus** zur Anknüpfung gesellschaftsrechtlicher Fragen **gänzlich ungeeignet** sind. Dieser Befund schließt die Annahme aus, dass die Anknüpfung des gesellschaftsrechtlichen Gläubigerschutzrechts der **EuInsVO** unterfallen soll. Die Verweisungsergebnisse einer insolvenzrechtlichen Einordnung werden bislang nur unzureichend erörtert,[132] sind jedoch für die Auslegung des Art. 7 EuInsVO, dh für die kollisionsrechtliche Qualifikationsentscheidung, von entscheidender Bedeutung (→ Rn. 292 ff., → Rn. 302 ff.).

Die Unangemessenheit einer Anknüpfung nach der EuInsVO wird schon daraus ersicht- **428** lich, dass das deutsche Recht der Gesellschafterdarlehen auf dieser Grundlage bei **deutschen Kapitalgesellschaften** unanwendbar wäre, wenn und weil ein EU-ausländisches Insolvenzgericht das Insolvenzverfahren eröffnet.[133] Dies ist selbst dann der Fall, wenn diese Gesellschaften ihren Unternehmensschwerpunkt iSd Art. 3 EuInsVO tatsächlich nicht im Eröffnungsstaat hatten und die Verfahrenseröffnung im Ausland somit zu Unrecht erfolgte (→ Rn. 304 f.). Da Art. 16 EuInsVO (früher Art. 13 EuInsVO 2000) nur einen Anfechtungsschutz regelt, könnte auch auf diesem Wege die Anfechtbarkeit nach deutschem Recht nicht begründet werden.

---

[127] Insoweit zutreffend, aber mit gegenteiligem Ergebnis zum alten Recht ua UHW/*Behrens* GmbHG, 1. Aufl. 2005, Einl. B Rn. 86 (aA seit 2. Aufl., für Anwendbarkeit aufgrund insolvenzrechtlicher Qualifikation, HCL/*Behrens/Hoffmann* GmbHG Einl. B Rn. 114); *Eidenmüller* in Eidenmüller, Ausländische Kapitalgesellschaften im deutschen Recht, 2004, § 9 Rn. 43; *Zimmer* NJW 2003, 3585 (3589); *H.-F. Müller* NZG 2003, 414 (417).

[128] Dies wurde zuweilen auch von den Vertretern der differenzierenden Lösung (→ Rn. 421) eingestanden, vgl. etwa *U. Huber* FS Gerhardt, 2004, 397 (418); *U. Huber* in Lutter Auslandsgesellschaften S. 131 (137); *Ulmer* NJW 2004, 1201 (1207); insoweit zutr. auch *Haas* in v. Gerkan/Hommelhoff KapitalersatzR Rn. 15.12.

[129] So aber unter Hinweis darauf, dass die Anfechtbarkeit im Insolvenzverfahren dem Kapitalersatzrecht ein insolvenzrechtliches Gepräge verleihe *Ulmer* NJW 2004, 1201 (1207); *U. Huber* in Lutter Auslandsgesellschaften S. 131 (137 ff.) mit Fn. 17 f., 20 f., (169, 172 ff.).

[130] Die Gläubigeranfechtung richtet sich kollisionsrechtlich nach dem Recht, dem die Wirkungen der Rechtshandlung unterliegen (§ 19 AnfG). Maßgeblich ist die Rechtsordnung, nach der zu beurteilen ist, ob und welche Wirkungen auf Grund der anfechtbaren Handlung eintreten, im Falle der Anfechtung von Vermögensübertragungen mithin das für den Übertragungsakt maßgebliche Recht; s. OLG Stuttgart ZIP 2007, 1966 (1967 f.); BGH NJW 2012, 1217 (1218 f.).

[131] Dies einräumend *Wedemann* IPRax 2012, 226 (232 f.), die aber eine analoge Anwendung von Art. 4 EuInsVO 2000 (heute Art. 7 EuInsVO) befürwortet. Abw. demgegenüber jedenfalls für den Anwendungsbereich der EuInsVO *U. Huber* in Lutter Auslandsgesellschaften S. 131 (160 ff., 208 f.): Hinsichtlich der Insolvenzanfechtung erkläre Art. 4 EuInsVO 2000 (jetzt Art. 7 EuInsVO) im deutschen Insolvenzverfahren das deutsche Eigenkapitalersatzrecht (aF) für anwendbar, sodass die Qualifikationsfrage unerheblich sei (*U. Huber* in Lutter Auslandsgesellschaften S. 166 (168 f.) und passim). Für die Gläubigeranfechtung sei deutsches Recht hingegen unter den Voraussetzungen des § 19 AnfG anwendbar. Eine Behandlung des eigenkapitalersetzenden Charakters der Mittelhingabe als Vorfrage sei abzulehnen; *U. Huber* in Lutter Auslandsgesellschaften S. 182 (208 f.). Gegen die Annahme einer Vorfrage ua auch (implizit) BGH NZG 2011, 1195 (1196 ff.); ferner *Mankowski* NZI 2010, 1004; *Pannen* FS G. Fischer, 2008, 403 (418); *Wedemann* IPRax 2012, 226 (228) mwN.

[132] Eingehende Auseinandersetzung aber bei *U. Huber* FS Gerhardt, 2004, 397 (415 ff.) und *U. Huber* in Lutter Auslandsgesellschaften S. 131 (198 ff.); s. ferner *Wienberg/Sommer* NZI 2005, 353 ff.; *Weller* ZIP 2009, 2029 (2032 ff.); *Weller* ZGR 2008, 835 (847 ff.).

[133] So in der Tat ua Baumbach/Hueck/*Haas* GmbHG Anh. § 64 Rn. 21; Rowedder/Schmidt-Leithoff/*Görner* GmbHG Anh. § 30 Rn. 22. Tendenziell krit. auch Uhlenbruck/*Hirte* InsO § 39 Rn. 60; aA *Pannen* FS G. Fischer, 2008, 403 (423 Fn. 139).

429 Zwar kommt das deutsche Anfechtungsrecht im Falle einer insolvenzrechtlichen Qualifikation immerhin in inländischen **Partikular- und Sekundärinsolvenzverfahren** zur Anwendung (zum Partikularverfahren die Nachweise in → Rn. 306),[134] doch ergeben sich hieraus gerade zusätzliche Bedenken gegen eine insolvenzrechtliche Qualifikation.[135] Ein solches Verfahren kann nämlich schon dann eröffnet werden, wenn die Gemeinschuldnerin im Inland eine nur ganz untergeordnete Niederlassung hat (→ Rn. 168, → Rn. 306). Die Insolvenzanfechtung durch den Partikular- oder Sekundärinsolvenzverwalter (vgl. Art. 21 Abs. 2 S. 2 EuInsVO; früher Art. 18 Abs. 2 S. 2 EuInsVO 2000) setzt insoweit voraus, dass die anzufechtende Rechtshandlung die Partikularmasse geschmälert hat.[136] Der Sollumfang dieser Masse wird durch die Legaldefinition des Belegenheitsstaates in Art. 2 Nr. 9 EuInsVO (früher Art. 2 lit. g EuInsVO 2000) bestimmt. Die Anfechtbarkeit einer Darlehensrückgewähr gem. § 135 InsO hängt somit letztlich davon ab, ob hierzu im Inland belegene Mittel verwendet wurden. Der Sitz der Kapitalgesellschaft ist hingegen bedeutungslos.[137]

430 Auch ein sachgerechter **kollisionsrechtlicher Vertrauensschutz** ist nur bei Anwendung gesellschaftsrechtlicher Anknüpfungsgrundsätze gewährleistet. So kann die Anfechtbarkeit richtigerweise insbesondere nicht dadurch vereitelt werden, dass der Darlehensvertrag und seine Erfüllung[138] durch Rechtswahl einem Schuldstatut unterstellt werden,[139] das keine Regelungen kennt, die dem deutschen Recht der Gesellschafterdarlehen vergleichbar wären.[140] Die Lösung, die Rechtswahl unter dem Aspekt der **kollisionsrechtlichen Gesetzesumgehung**[141] sowie dann einzuschränken, wenn die angefochtene Rechtshandlung im

---

[134] S. für das Sekundärinsolvenzverfahren Art. 35 EuInsVO.
[135] AA *Weller* ZIP 2009, 2029 (2034 ff.).
[136] Zur EuInsVO eingehend *Oberhammer* KTS 2008, 271 ff. (280 ff.); ferner MüKoInsO/*Thole* Art. 18 EuInsVO 2000 Rn. 14 ff.; MüKoBGB/*Kindler* Art. 16 EuInsVO Rn. 5; Duursma-Kepplinger/Duursma/Chalupsky/*Duursma-Kepplinger* EuInsVO Art. 4 Rn. 28, Art. 13 Rn. 5, Art. 18 Rn. 26; *Hanisch* in Stoll S. 202, 217; *Kolmann*, Kooperationsmodelle im internationalen Insolvenzrecht, 2001, 340 ff.; implizit auch Kübler/Prütting/Bork/*Bork* Art. 16 EuInsVO Rn. 5 aE; vgl. ferner *Virgos/Schmit* Erläuternder Bericht Nr. 91, 135, 224. Für das autonome deutsche Internationale Insolvenzrecht *Trunk* S. 252 f.
[137] Nach der aA von *U. Huber* (Fn. 908) soll die Darlehensrückgewähr hingegen nach § 135 InsO anfechtbar sein, wenn der Gesellschafter als Anfechtungsgegner seinen Interessenmittelpunkt im Staat des Sekundär- bzw. Partikularinsolvenzverfahrens hat (Art. 2 Nr. 9 Ziff. viii EuInsVO; früher Art. 2 lit. g 3. Spiegelstrich EuInsVO 2000).
[138] Für alleinige Maßgeblichkeit des Schuldstatuts iRd Art. 13 EuInsVO 2000 (jetzt Art. 16 EuInsVO) auch bei abw. Erfüllungsstatut *U. Huber* in Lutter Auslandsgesellschaften S. 131 (193); *U. Huber* FS Heldrich, 2006, 695 ff.; *U. Huber* FS Gerhardt, 2004, 397 (420 f.); *Finkelmeier* EuZW 2020, 833 (837).
[139] Erfolgt keine Rechtswahl und hat der Gesellschafter seinen gewöhnlichen Aufenthalt im Inland, ist die Insolvenzanfechtung von vornherein nicht über Art. 16 EuInsVO angreifbar. Die Darlehensrückzahlung unterliegt in diesem Fall schon deshalb nicht dem Recht eines „anderen" Mitgliedstaats, weil vermutet wird, dass die engste Verbindung zu dem Staat besteht, in dem die Partei, welche die vertragscharakteristische Leistung erbringt, ihren gewöhnlichen Aufenthalt hat (Art. 4 Abs. 2 Rom I-VO). Im Falle eines Darlehens ist insoweit auf die Darlehenshingabe abzustellen (MüKoBGB/*Martiny* Art. 4 Rom I-VO Rn. 172, 213).
[140] S. *Ego*, Europäische Niederlassungsfreiheit der Kapitalgesellschaft und deutsches Gläubigerschutzrecht, 2006, 299 ff.; iErg ebenso ohne nähere Begründung *Gernoth* S. 329; vgl. auch die Andeutungen bei *K. Schmidt* FS Großfeld, 1999, 1031 (1042) und *Trunk* S. 192 f., dass die Kumulation internationalprivatrechtlicher Anfechtungsvoraussetzungen (vgl. BGHZ 134, 116 (123)) nicht sachgerecht erscheine, soweit der Anfechtungstatbestand die gesellschaftsrechtlichen Kapitalerhaltungsregeln sichern solle; aA namentlich *U. Huber*, der einen Anfechtungsschutz aufgrund einer Rechtswahl grundsätzlich für möglich hält (*U. Huber* FS Gerhardt, 2004, 397 (422 f.); *U. Huber* in Lutter Auslandsgesellschaften S. 131 (192 ff.)); ferner *Finkelmeier* EuZW 2020, 833; *Kalbfleisch* WM 2020, 1619; ebenso erweitert *Gottwald/Kalmann/Keller* InsR-HdB § 131 Rn. 97 ff. (anders nur zu den die Kapitalerhaltungsregeln flankierenden Anfechtungstatbeständen, Rn. 105). Spahlinger/Wegen/*Spahlinger* Kap. B Rn. 315 sowie *Meilicke* GmbHR 2007, 225 (231 Fn. 46), halten im Anschluss an die – zwischenzeitlich aufgegebene – Ansicht von *Forsthoff/Schulz* in Hirte/Bücker Grenzüberschreitende Gesellschaften-HdB, 1. Aufl. 2004, iRd Art. 13 EuInsVO 2000 (jetzt Art. 16 EuInsVO) die (Nicht-)Anfechtbarkeit nach dem Gründungsstatut für maßgeblich.
[141] In diese Richtung EuGH EuGH NZI 2017, 633 – Vinyls Italia (allg. Betrugs- und Missbrauchsvorbehalt); *Finkelmeier* EuZW 2020, 833; *Kalbfleisch* WM 2020, 1619 (1621, 1625) (bei fehlender Branchenüblichkeit der Rechtswahl). S. ferner *U. Huber* FS Gerhardt, 2004, 397 (422 Fn. 58) und *U. Huber* in Lutter Auslandsgesellschaften S. 131 (195 f.) mit Fn. 186 unter Hinweis auf BGHZ 78, 318 (325). Der BGH hatte dort zur Gläubigeranfechtung ausgeführt, die Maßgeblichkeit eines ausländischen Rechts für die anfechtbare Rechtshandlung dürfe nicht erschlichen werden, indem anfechtbare Vorgänge in Umgehungsabsicht ins Ausland

Übrigen einen „überwiegenden Bezug" zum Inland aufweist[142] oder der Gesellschafter und die Gesellschaft ihren gewöhnlichen Aufenthalt bzw. tatsächlichen Sitz im Inland haben (vgl. Art. 3 Abs. 3 Rom I-VO),[143] greift zu kurz. Das deutsche Recht der Gesellschafterdarlehen hat ordnungspolitischen Charakter. Soweit es aufgrund der Anknüpfung an die Gründung oder an den effektiven Sitz (→ Rn. 319 ff.) Anwendung findet, handelt es sich um **zwingendes Eingriffsrecht** iSd Art. 9 Abs. 1 und 2 Rom I-VO. Welchem Recht ein etwaiger Darlehensvertrag oder die gleichgestellte Gestaltung im Übrigen kollisionsrechtlich unterstehen, ist daher richtigerweise unerheblich und auch nicht gem. Art. 16 EuInsVO (früher Art. 13 EuInsVO 2000) zu berücksichtigen.[144]

Die Frage eines kollisionsrechtlichen Vertrauensschutzes für den Gesellschafter stellt sich hingegen im Zusammenhang mit einem gesellschaftsrechtlichen **Statutenwechsel**.[145] Für **deutsche Gesellschaften** scheidet eine Unanwendbarkeit des Rechts der Gesellschafterdarlehen auch bei tatsächlichem Sitz im Ausland aufgrund der statischen Anknüpfung an die Gründung (→ Rn. 330 ff.) aus (zum Wegzug → Rn. 220 ff., → Rn. 349 ff.).[146] **431**

Für **Auslandsgesellschaften** kann das Gesellschaftsstatut sich demgegenüber insoweit aufgrund der wandelbaren Anknüpfung an den tatsächlichen Sitz ändern. Anhaltspunkte zur Bewältigung des durch einen Zuzug ausgelösten **Eingangsstatutenwechsels** ergeben sich zunächst aus den intertemporalen Übergangsregelungen der Art. 103d S. 2 EGInsO, § 20 Abs. 3 AnfG.[147] Hiernach sind die Neuregelungen des MoMiG auf Rechtshandlungen vor ihrem Inkrafttreten nicht anzuwenden, soweit nach bisherigem Recht eine Anfechtung ausgeschlossen oder nur in geringerem Maße möglich war. Für die Annahme, dass das deutsche Recht der Gesellschafterdarlehen auf Rechtshandlungen vor der Sitzverlegung nicht anzuwenden ist, falls das „Herkunftsrecht" keine oder nur eine geringere Anfechtbarkeit vorsah, lassen sich ferner die Wertung der Art. 16 EuInsVO (früher Art. 13 EuInsVO 2000), § 339 InsO **432**

---

verlagert werden. Für eine Anwendung der lex fori im Falle fraudulöser Rechtswahl *Duursma-Kepplinger/Duursma/Chalupsky/Duursma-Kepplinger* EuInsVO Art. 13 Rn. 16. Im Hinblick auf Verlagerungen des COMI eine Sanktion wegen Rechtsmissbrauchs abl. statt aller *Weller* ZIP 2009, 2029 (2033); *Weller* ZGR 2008, 835 (849 ff.); s. aber auch *Eidenmüller* KTS 2009, 137 (145 ff.).

[142] *U. Huber* in Lutter Auslandsgesellschaften S. 131 (195 f.) unter Hinweis auf BGHZ 134, 116 (126), BGHZ 118, 151 (169) und BGH WM 1999, 226 (227) (zur Gläubigeranfechtung).

[143] *U. Huber* FS Gerhardt, 2004, 397 (422 f.); *U. Huber* in Lutter Auslandsgesellschaften S. 131 (195 ff.); abl. EuGH NZI 2017, 633 – Vinyls Italia: Art. 4, 13 EuInsVO 2000 seien leges speciales gegenüber der Rom I-VO.

[144] AA *U. Huber* in Lutter Auslandsgesellschaften S. 131 (195 Fn. 185): Die Anfechtungsregeln des Kapitalersatzrechts könnten wegen Art. 13 EuInsVO 2000 (heute Art. 16 EuInsVO), § 339 InsO nicht als international zwingende Bestimmungen qualifiziert werden. Eine derartige Wertung ist Art. 16 EuInsVO und § 339 InsO nicht zu entnehmen. Art. 16 EuInsVO überlässt die Bestimmung der Wirkungsstatute dem Kollisionsrecht der lex fori. Auch die Frage, in welchem Umfang der Anfechtungsgegner kollisionsrechtlichen Vertrauensschutz in Anspruch nehmen kann, ist somit durch dieses Recht zu bestimmen. Richtigerweise erkennt das deutsche Kollisionsrecht ein Vertrauen darauf, dass die Gesellschafterleistung auch hinsichtlich der Anfechtbarkeit der Rückgewähr einem ausländischen Recht unterstehe, nicht an, wenn die Fremdkapitalfinanzierung nach der gesellschaftsrechtlichen Anknüpfung dem deutschen Recht unterliegt. Ebenfalls Anfechtungsrecht nach dem Schuldstatut bejahend *Finkelmeier* EuZW 2020, 833 (837); *Kalbfleisch* WM 2020, 1619 (1621, 1625) (außer bei fehlender Branchenüblichkeit der Rechtswahl). Für eine allgemeine „Haftungssperre" gemäß bzw. analog Art. 16 EuInsVO gegenüber den durch Art. 7 2015 zur Anwendung berufenen insolvenzrechtlichen Haftungstatbeständen des Eröffnungsstaates, die nicht auch nach dem „Heimatrecht" des in Anspruch Genommenen begründbar sind, *Schall* ZIP 2011, 2177 (2181); *Schall* NJW 2011, 3745 (3749).

[145] S. bereits eingehend *Ego,* Europäische Niederlassungsfreiheit der Kapitalgesellschaft und deutsches Gläubigerschutzrecht, 2006, 302 ff.

[146] Im Ergebnis ebenfalls für ein Fortbestehen entstandener Anfechtungsansprüche *Weller* ZIP 2009, 2029 (2035 f.), dessen Begründung mit einer „hypothetischen lex fori concursus" auf der Grundlage einer insolvenzrechtlichen Anknüpfung aus den dargestellten Gründen nicht überzeugt. Zu Unrecht wird dort behauptet, dass die Problematik bisher nicht erörtert worden sei (s. schon *Ego,* Europäische Niederlassungsfreiheit der Kapitalgesellschaft und deutsches Gläubigerschutzrecht, 2006, 302 ff.).

[147] Zu der Übergangsregelung allg. *Haas* DStR 2009, 976. Zur Vergleichbarkeit von Eingangsstatutenwechsel und intertemporalem Inkrafttreten einer Neuregelung allg. auch *Mankowski* in v. Bar/Mankowski IPR I § 4 Rn. 171 ff., 173 mwN. Hierauf abstellend auch *Weller* ZIP 2009, 2029 (2036), aber ohne Auseinandersetzung mit den Ausführungen bei *Ego,* Europäische Niederlassungsfreiheit der Kapitalgesellschaft und deutsches Gläubigerschutzrecht, 2006, 302 ff.

sowie die Erwägung anführen, dass der Gesellschafter einer Auslandsgesellschaft keinen Anlass hat, das deutsche Recht in Rechnung zu stellen, wenn diese im Zeitpunkt der Darlehensgewährung ihren tatsächlichen Sitz nicht im Inland hat. Richtigerweise sind aber im Rahmen der intertemporalen Regelung und damit auch bei der Behandlung des Eingangsstatutenwechsels die bisherigen **Grundsätze des „Stehenlassens"** sinngemäß anzuwenden.[148] Wird der tatsächliche Sitz einer Auslandsgesellschaft sodann aus dem Inland wieder in einen anderen Staat verlegt, bleibt eine Anfechtbarkeit nach Maßgabe des deutschen Rechts gleichwohl erhalten.[149] Die nach diesen Grundsätzen maßgeblichen Anknüpfungstatsachen hat der Anfechtende darzulegen und zu beweisen.

433 Die Vereinbarkeit dieser Anknüpfungsgrundsätze mit dem **Unionsrecht** ist richtigerweise zu bejahen.[150] Dies gilt zumal vor dem Hintergrund der Entscheidung des EuGH zur Anwendbarkeit der deutschen Massesicherungshaftung auf insolvente Scheinauslandsgesellschaften in der Rs. „Kornhaas/Dithmar" (→ Rn. 247, → Rn. 451 ff.). Jedenfalls insolvenzrechtliche Haftungstatbestände, die sich als tätigkeitsbezogene Regelung darstellen, sind hiernach nicht als Beschränkung der Niederlassungsfreiheit anzusehen. Zur Begründung hat der EuGH auch hervorgehoben, dass die Massesicherungshaftung der Insolvenzanfechtung vergleichbar sei.[151] Das Recht der Gesellschafterdarlehen zählt zu den allgemeinen Anforderungen an eine ordnungsgemäße Unternehmensfinanzierung. Mit den dargestellten Maßgaben (→ Rn. 432) ist ihre Beachtung auch bei Auslandsgesellschaften möglich und im Interesse des Gläubigerschutzes zumutbar.[152] Die Behauptung, die Beschränkung der Fremdkapitalfinanzierung mache die Niederlassung im deutschen Hoheitsgebiet für Auslandsgesellschaften „weniger attraktiv", ist hingegen schon mit Blick auf Art. 7 EuInsVO (früher Art. 4 EuInsVO 2000) und das Urteil „Kornhaas/Dithmar" nicht stichhaltig. Erst recht lässt sich die „Erforderlichkeit" der Anwendung auf Auslandsgesellschaften nicht mit dem Argument in Frage stellen, dass ein hinreichender Gläubigerschutz sich bereits mittels einer Durchgriffshaftung sicherstellen lasse.[153] Der Haftungsbeitrag, den das Recht der Gesellschafterdarlehen dem finanzierenden Gesellschafter abverlangt, steht zu seiner konkreten Verantwortlichkeit auch unter Berücksichtigung andersartiger Regelungen des EU-Auslands nicht außer Verhältnis.

434 **5. Insolvenzantragspflicht und Insolvenzverschleppungshaftung. a) Einführung.** Die europäischen Mitgliedstaaten verfügen bis heute über **keine einheitlichen Regeln** hinsichtlich der Insolvenzeröffnungsgründe, einer Insolvenzantragspflicht oder einer Insolvenzverschleppungshaftung. Wie der EuGH in der Entscheidung **„Kornhaas/Dithmar"** zur Massesicherungshaftung deutschen Musters in einem obiter dictum klargestellt hat, ist die Regelung der Voraussetzungen eines Insolvenzverfahrens, der Antragspflichten und der Folgen eines Verstoßes gegen diese Pflichten durch Art. 7 Abs. 2 EuInsVO (Art. 4 Abs. 2 EuInsVO 2000) dem jeweils zuständigen Eröffnungsmitgliedstaat zugewiesen.[154] Der

---

[148] Auch zur Überleitung iRd GmbH-Novelle aus dem Jahr 1980 wurden die Novellenregeln trotz Art. 12 § 3 der GmbH-Novelle (BGBl. 1980 I 836 (850)) unter dem Aspekt des „Stehenlassens" auf Darlehen übertragen, die zwar vor dem 31.12.1980 gewährt, aber danach in der Krise stehen gelassen wurden.

[149] Vgl. auch *U. Huber* FS Gerhardt, 2004, 397 (422 Fn. 58) und *U. Huber* in Lutter Auslandsgesellschaften S. 131 (195 f.) mit Fn. 186 (unter Hinweis auf BGHZ 78, 318 (325)) sowie Duursma-Kepplinger/Duursma/Chalupsky/*Duursma-Kepplinger* EuInsVO Art. 13 Rn. 16, die in derartigen Fällen die inländischen Anfechtungstatbestände nach der Lehre von der Gesetzesumgehung anwenden wollen (→ Rn. 430); aA *Weller* ZIP 2009, 2029 (2032 f.) und *Weller* ZGR 2008, 835 (853), wonach das deutsche Insolvenzstatut gemäß Art. 6 EGBGB nur dann erhalten bleiben soll, wenn dem ausländischen Insolvenzgericht die Verlagerung des COMI nur vorgespiegelt wird.

[150] S. auch (auf Grundlage einer insolvenzrechtlichen Qualifikation) *Wedemann* IPRax 2012, 226 (230 f.) mwN; *Teichmann* ZGR 2011, 639 (673).

[151] EuGH NZG 2016, 115 Rn. 20 – Kornhaas/Dithmar.

[152] Vgl. auch *K. Schmidt* ZHR 168 (2004), 493 (500): „korporative Verhaltenspflichten, die den Zuzug von Gesellschaften nicht hindern, sondern Teil des für sie verbindlichen Verhaltensrechts sind".

[153] So *Borges* ZIP 2004, 733 (743); dagegen zu Recht *U. Huber* in Lutter Auslandsgesellschaften S. 131 (188); vgl. auch *Goette* DStR 2005, 197 (198); *Habersack/Verse* ZHR 168 (2004), 174 (210).

[154] EuGH NZG 2016, 115 Rn. 19 – Kornhaas/Dithmar; nachfolgend BGH NZI 2016, 461. Der Aktionsplan der Kommission vom 21.5.2003 (→ Rn. 12) ließ eine Tendenz erkennen, das Insolvenzverschleppungsrecht iSd *wrongful trading*-Haftung zu harmonisieren (s. dazu *Habersack/Verse* ZHR 168 (2004), 174 (206)),

Streit um die kollisionsrechtliche Einordnung von Insolvenzantragspflicht und -haftung (→ Rn. 436 ff.) kann damit als grds. entschieden betrachtet werden. Auch daran, dass ihre Anwendung auf EU-Auslandsgesellschaften keine Beschränkung der Niederlassungsfreiheit darstellt, besteht nach dem Urteil kein Zweifel mehr, wenngleich die kritischen Stimmen nicht verstummen.[155] Im Einzelnen verbleiben freilich noch ungeklärte Folgefragen, die namentlich die Sanktionsebene und Fälle zweifelhafter Eröffnungszuständigkeit und der Antragstellung im „falschen" Mitgliedstaat betreffen (→ Rn. 448 f., → Rn. 668).

Im deutschen Recht ist die Insolvenzantragspflicht seit dem **MoMiG** für alle juristischen **435** Personen und Gesellschaften, bei denen kein persönlich haftender Gesellschafter eine natürliche Person ist, einheitlich in § 15a InsO geregelt. Durch die systematische Verortung in der InsO soll wie für das Recht der Gesellschafterdarlehen (→ Rn. 417, → Rn. 423) klargestellt werden, dass die Insolvenzantragspflicht auch für Auslandsgesellschaften Geltung beansprucht, „die ihren Verwaltungssitz und Betrieb im Inland haben und deutschem Insolvenzrecht unterfallen".[156] Die Insolvenzantragspflicht trifft primär die Mitglieder des Vertretungsorgans[157] oder die Abwickler sowie im Falle der „Führungslosigkeit" (vgl. § 35 Abs. 1 S. 2 GmbHG, § 78 Abs. 1 S. 2 AktG, § 24 Abs. 1 S. 2 GenG) die Gesellschafter einer Gesellschaft mit beschränkter Haftung oder die Aufsichtsräte einer Aktiengesellschaft oder Genossenschaft (§ 15a Abs. 3 InsO). Die Haftung für Verletzungen der Antragspflicht ergibt sich entsprechend der bisherigen hM aus der Einordnung der Insolvenzantragspflicht als Schutzgesetz iSd § 823 Abs. 2 BGB (zur Haftung aus cic → Rn. 663).[158] Auch die **strafrechtliche Sanktion** ist nach dem Wortlaut der Neuregelung auf Auslandsgesellschaften anwendbar (§ 15a Abs. 4 und 5 InsO; → Rn. 664 ff., → Rn. 668).

b) Meinungsstand zur Anwendung auf Auslandsgesellschaften. aa) Einheitliche **436** **Gründungsanknüpfung von Antragspflicht und Haftung.** Auch nach dem Inkrafttreten der Neuregelung durch das MoMiG ist verbreitet die Ansicht vertreten worden, die **Insolvenzantragspflicht** deutschen Musters finde bei EU-ausländischen Kapitalgesellschaften keine Anwendung, selbst wenn sie ihren tatsächlichen Sitz im Inland haben.[159]

---

doch wird dieses Vorhaben ausweislich des Schweigens des Aktionsplans 2012 offenbar nicht weiterverfolgt. Rechtsvergleichend zur Rechtslage in Deutschland, Österreich, Großbritannien, Frankreich, Italien, Spanien und den Niederlanden *Stöber* ZHR 176 (2012), 326 (333 ff.).

[155] So etwa aus primärrechtlichen Gründen weiterhin für eine Beurteilung nach dem Gründungsrecht MüKoInsO/*Klöhn* § 15a InsO Rn. 54 ff.; ebenfalls kritisch weiterhin Uhlenbruck/*Hirte* InsO § 15a Rn. 3; abwartend Lutter/Hommelhoff/*Kleindiek* GmbHG Anh. § 64 Rn. 55. Gegenteilig, für Anwendung auch auf Auslandsgesellschaften auf Basis einer gesellschaftsrechtlichen Qualifikation, *Ego* IWRZ 2019, 243 (245, 248 ff.); *Altmeppen* IWRZ 2017, 107 (108 ff.).

[156] RegE BT-Drs. 16/6140, 55.

[157] S. zur SE auch § 22 Abs. 5 S. 2 SEAG, zur SCE § 18 Abs. 4 S. 2 SCEAG.

[158] Zum bisherigen Recht BGHZ 29, 100 (102) = NJW 1959, 623; BGHZ 138, 211, 214 = NJW 1998, 2667. Gegen die dogmatische Einordnung als Schutzgesetz *Altmeppen/Wilhelm* NJW 1999, 673 ff.; *Altmeppen* ZIP 2001, 2201 ff. Eingehend z. Ganzen auch Roth/Altmeppen/*Altmeppen* GmbHG Vor § 64 Rn. 121 ff., § 64 Rn. 41 ff.

[159] So zur Neuregelung durch das MoMiG (teils noch auf der Grundlage der Entwürfe) *Hirte* FS Lüer, 2008, 386 (388 ff., 390 ff.); *Stöber* ZHR 176 (2012), 326 (330 f.); tendenziell auch *Knof/Mock* GmbHR 2007, 852 ff.; Uhlenbruck/*Hirte* InsO § 15a Rn. 3; ebenso zu den Vorschlägen einer systematischen Verlagerung Hirte in Hirte/Bücker Grenzüberschreitende Gesellschaften-HdB § 1 Rn. 74a; ferner *Bittmann/Gruber* GmbHR 2008, 867 (869 ff.); krit. zur verbreiteten Tendenz, zur vermeintlichen Vermeidung eines Konflikts mit der Niederlassungsfreiheit insolvenzrechtlich zu qualifizieren, und tendenziell eine akzessorische Anknüpfung der Insolvenzverschleppungshaftung nach dem für die Insolvenzantragspflicht maßgeblichen Statut befürwortend FK-InsO/*Wenner/Schuster* Art. 7 EuInsVO Rn. 21, 25, 28. Zur Rechtslage vor dem MoMiG etwa AG Bad Segeberg ZInsO 2005, 558; Hirte in Hirte/Bücker Grenzüberschreitende Gesellschaften-HdB § 1 Rn. 74; *Mock/Schildt* in Hirte/Bücker Grenzüberschreitende Gesellschaften-HdB § 1 Rn. 66 ff.; *Bayer* BB 2003, 2357 (2365); *Berner/Klöhn* ZIP 2007, 106 ff.; *Brand* JR 2004, 89 (93); *Drygala* ZEuP 2004, 337 (361 f.); *Gross/Schork* NZI 2006, 10 (14); *Hirte* ZInsO 2003, 833 (837); *Hirte/Mock* ZIP 2005, 474 (475 ff.); *Jestädt* S. 222 f.; *Just* ZIP 2006, 1248 (1252 f.); *Köke* ZInsO 2005, 354 (358); *Krüger* ZInsO 2006, 861 (865 f.); *Mock/Schildt* ZInsO 2003, 396 (399); *Schumann* DB 2004, 743 (746); *Paefgen* ZIP 2004, 2253 (2260); *Redeker* ZInsO 2005, 1035 (1036 f.) (vorbehaltlich eines Normenmangels); *Sandrock* BB 2004, 897; *Sandrock* in Sandrock/Wetzler S. 33 (51 ff.); *J. Schmidt* ZInsO 2006, 737 (740); *Spindler/Berner* RIW 2004, 7 (11 f.); *Vallender/Fuchs* ZIP 2004, 829 (830); ferner *Schanze/Jüttner* AG 2003, 661 (670).

Die Antragspflicht war nach dieser Ansicht ungeachtet ihres systematischen Standorts gesellschaftsrechtlich zu qualifizieren und sollte daher nach der aus der Rspr. des EuGH – zu Unrecht (→ Rn. 288) – abgeleiteten statutenübergreifenden „europarechtlichen Gründungstheorie" (→ Rn. 248 ff., → Rn. 286 ff.) nach dem Recht des Gründungsstaates zu beurteilen sein. Auf dieser Grundlage wollten einige Autoren auch eine **Insolvenzverschleppungshaftung** ausschließlich der Regelung des Gründungsstaates entnehmen.[160] Umgekehrt unterlagen nach dieser Auffassung auch **deutsche Gesellschaften** mit tatsächlichem Sitz im Ausland der deutschen Insolvenzantragspflicht.

437 bb) **Gründungsanknüpfung der Antragspflicht und deliktische Qualifikation der Haftung.** Andere Autoren hielten zwar ebenfalls nur eine **Insolvenzantragspflicht des Gründungsstaates** für anwendbar, doch sollte eine solche Pflicht des Gründungsstatuts oder ein „Normzusammenhang" mit derselben Schutzrichtung als **Schutzgesetz** iSd § 823 Abs. 2 BGB zu behandeln sein und zu einer deliktisch zu qualifizierenden Haftung führen.[161] Teilweise wurde angenommen, dass eine so begründete Haftung als Bestandteil des „allgemeinen Verkehrsrechts" bereits keine rechtfertigungsbedürftige Beschränkung der Niederlassungsfreiheit darstelle.[162]

438 Umstr. war insoweit, ob ein subsidiärer **Rückgriff** auf die **deutsche Insolvenzantragspflicht** möglich sei, wenn das Recht des Gründungsstaates keine Insolvenzantragspflicht kennt,[163] und ob auch in diesem Falle von einer Beschränkung der Niederlassungsfreiheit auszugehen wäre.

439 cc) **Einheitliche insolvenzrechtliche Anknüpfung von Antragspflicht und Haftung.** Eine starke Auffassung befürwortet hingegen schon seit langem eine **einheitliche insolvenzrechtliche Qualifikation** der Insolvenzantragspflicht und der Insolvenzverschleppungshaftung, was im Falle eines inländischen Unternehmensschwerpunkts iSd Art. 3 EuInsVO über Art. 7 EuInsVO (früher Art. 4 EuInsVO 2000) zur Anwendung des deutschen Rechts führen soll.[164] Der Regelungszweck der Insolvenzantragspflicht sowie der

---

[160] *Berner/Klöhn* ZIP 2007, 106 ff. (112 ff.); *Brand* JR 2004, 89 (93); *Hirte* ZInsO 2003, 833 (837) (de lege ferenda für eine „isolierte Rückverweisung auf das nationale Insolvenzrecht des Gründungsstaates einer juristischen Person"); *Hirte* in Hirte/Bücker Grenzüberschreitende Gesellschaften-HdB § 1 Rn. 74; *Hirte/Mock* ZIP 2005, 474 (477); *Jestädt* S. 223; *Köke* ZInsO 2005, 354 (358); *Krüger* ZInsO 2006, 861 (865 f.); *Mock/Schildt* NZI 2003, 444; *Mock/Schildt* ZInsO 2003, 396 (400); *Mock/Schildt* in Hirte/Bücker Grenzüberschreitende Gesellschaften-HdB § 17 Rn. 80 ff.; *J. Schmidt* ZInsO 2006, 737 (740); *Spindler/Berner* RIW 7, 11 f. (die Insolvenzverschleppungshaftung dürfe nicht über die Haftung nach dem Gründungsrecht hinausgehen); wohl auch *Goette* ZIP 2006, 541 (545 f.); vgl. ferner AG Bad Segeberg ZInsO 2005, 558.

[161] Zur Rechtslage vor dem MoMiG *Schanze/Jüttner* AG 2003, 661 (670); *Paefgen* ZIP 2004, 2253 (2261); *Riegger* ZGR 2004, 510 (527); *Bayer* BB 2003, 2357 (2365); wohl auch *Meilicke* GmbHR 2007, 225 (232 ff.); ähnlich *Schumann* DB 2004, 743 (746, 748), der aber zudem auf die Haftung des ausländischen Gründungsstatuts zurückgreifen will.

[162] *Schanze/Jüttner* AG 2003, 661 (670); ebenso *Paefgen* ZIP 2004, 2253 (2261); aA *Spindler/Berner* RIW 2004 7 (12): Auch bei Bestehen einer Insolvenzantragspflicht nach dem ausländischen Recht stelle jede daran geknüpfte Haftung eine Beschränkung der Niederlassungsfreiheit dar, sofern sie über die Sanktionen des Gründungsstaates hinausgehe.

[163] *Schanze/Jüttner* AG 2003, 661 (670); ähnlich *Bayer* BB 2003, 2357 (2365); *Bayer* BB 2004, 1 (4). Abl. *Paefgen* ZIP 2004, 2253 (2261), der eine Kumulierung von Insolvenzverschleppungs- und Existenzvernichtungshaftung für unverhältnismäßig hält. Zurückhaltend gegenüber einem Rückgriff auf die deutsche Insolvenzantragspflicht auch *Spindler/Berner* RIW 2004, 7 (11 f.).

[164] S. zur Neuregelung des MoMiG (teils noch vor Inkrafttreten) *Balthasar* RIW 2009, 221 (226); *Bork* ZGR 2007, 25, (267); *Gehrlein* BB 2008, 846 (847); *Kindler* EuZW 2016, 136 (139); *Kühnle/Otto* IPRax 2009, 117 f.; *Leithaus/Riewe* NZI 2008, 598 (600 f.); *Mankowski* NZG 2016, 281 (282, 286); *Poertzgen* ZInsO 2007, 574 (575); *Poertzgen* ZInsO 2017, 1932 (1933 f.); *Radtke/Hoffmann* EuZW 2009, 404 (407 f.); *Schall* ZIP 2016, 289 (293) (grds. aber eine Qualifikation nach der EuInsVO aufgrund einer Einordnung als selbstbegrenzte Sachnorm für entbehrlich haltend); *Wälzholz* DStR 2007, 1914 (1916); *Weller* ZIP 2009, 2029 (2032); *Habersack/Verse* EuropGesR § 3 Rn. 31; MüKoGmbHG/*Weller* GmbHG Einl. Rn. 425; MüKoBGB/*Kindler* Art. 7 EuInsVO Rn. 58 f.; MüKoInsO/*Reinhardt* Art. 4 EuInsVO 2000 Rn. 8 f.; UHW/*Casper* GmbHG § 64 Rn. 34, 175; FK-InsO/*Schmerbach* § 15a InsO Rn. 55; *Gottwald/Kolmann/Keller* InsR-HdB § 131 Rn. 121, 124; Baumbach/Hueck/*Haas* GmbHG Anh. § 64 Rn. 21; Großkomm HGB/*Koch* HGB § 13d Rn. 41; Palandt/*Thorn* EGBGB Anh. Art. 12 Rn. 6, 18; Kübler/Prütting/Bork/*Paulus* InsO § 335 Rn. 8; *Paulus* EuInsVO Art. 7 Rn. 14; EBJS/*Pentz* HGB § 13d Rn. 21, 26; *K. Schmidt/Brinkmann* EuInsVO Art. 4

Insolvenzverschleppungshaftung ist nach dieser Ansicht spezifisch insolvenzrechtlicher Natur.[165] Auch die Gesetzesbegründung zu § 15a InsO hat sich diese Betrachtungsweise zu eigen gemacht.[166] Der **EuGH** hat diese Auffassung in seiner Entscheidung „Kornhaas/Dithmar" ausdrücklich, wenngleich nur in einem obiter dictum, bestätigt (→ Rn. 434). Der Umstand, dass Art. 7 EuInsVO das Recht des Eröffnungsstaats zur Anwendung beruft, die Antragspflicht aber gerade im Vorfeld der Verfahrenseröffnung liegt, lässt an der Richtigkeit dieser Verortung zweifeln.

In Teilen der Lit. wird die These von der insolvenzrechtlichen Qualifikation daher modifiziert und trotz insolvenzrechtlicher Einordnung die Anwendung einer **eigenständigen Kollisionsnorm** in Anlehnung an Art. 7 EuInsVO befürwortet. Nach dieser Ansicht soll das Recht des Staates maßgeblich sein, der nach der EuInsVO hypothetisch zur Eröffnung des Hauptinsolvenzverfahrens zuständig wäre.[167] In Fällen, in denen das Verfahren in einem international unzuständigen Staat eröffnet wird, soll diese Anknüpfung jedoch zugunsten des Rechts des tatsächlichen Verfahrensstaates verdrängt werden.[168] Zudem wird vereinzelt ein Vertrauensschutz analog Art. 16 EuInsVO (früher Art. 13 EuInsVO 2000) zugunsten

440

Rn. 11 f.; Rauscher/*Mäsch* Art. 4 EuInsVO Rn. 9; Uhlenbruck/*Knof* EuInsVO Art. 4 Rn. 115, 118; tendenziell auch *Römermann* NZI 2008, 641 (644); *Hefendehl* ZIP 2011, 601 (603); obiter auch OLG Jena NZI 2013, 807 (zu § 64 Abs. 1 GmbHG aF). Ebenfalls für eine insolvenzrechtliche Qualifikation, jedoch das Erfordernis einer Schutzlücke betonend, *Krolop* NotBZ 2007, 265 (271). Für eine insolvenzrechtliche Anknüpfung der Antragspflicht und deren unionsrechtliche Zulässigkeit, jedoch ohne definitive Aussage hinsichtlich der Insolvenzverschleppungshaftung MHLS/*Leible* GmbHG Syst. Darst. 2 Rn. 159 f.; Braun/*Bußhardt* InsO § 15a Rn. 10; Braun/*Tashiro* InsO § 335 Rn. 11; wohl auch K. Schmidt; *K. Schmidt/Herchen* InsO § 15a Rn. 7, 10; MüKoGmbHG/*H. F. Müller* GmbHG § 64 Rn. 58. Vor dem MoMiG für eine insolvenzrechtliche Qualifikation UHW/*Behrens* GmbHG, 1. Aufl. 2005, Einl. B Rn. 105 f. (akzessorische Anknüpfung der Haftungsfrage an das für die Antragspflicht geltende Insolvenzstatut; aA seit 2. Aufl., eine auch gesellschafts- und deliktsrechtliche Mehrfachqualifikation der Antragspflicht und der Haftung diskutierend, jedoch aus primärrechtlichen Gründen iErg abl. und mit Hinweis auf die Klärung durch EuGH „Kornhaas/Dithmar" HCL/*Behrens/Hoffmann* GmbHG Einl. B Rn. 133 ff.); *Eidenmüller* in Eidenmüller, Ausländische Kapitalgesellschaften im deutschen Recht, 2004, § 4 Rn. 28, § 9 Rn. 26 ff., 31 ff. (zur Vermeidung eines Normenmangels); *Hausmann* in Reithmann/Martiny IntVertragR Rn. 7.165, 7.626; Spahlinger/*Wegen/Spahlinger* Kap. B Rn. 346, Spahlinger/*Wegen/Spahlinger/Wegen* Kap. C Rn. 753 f., 756; *Bicker* S. 229 ff.; *Borges* RIW 2000, 167 (178); *Borges* ZIP 2004, 733 (739 f.); *Eidenmüller* NJW 2005, 1618 (1620 f.); *Eisner* ZInsO 2005, 20 (22); *Goette* DStR 2005, 197 (200); *Haas* NZI 2003, Heft 12 (NZI aktuell), V, VI; *Habersack/Verse* ZHR 168 (2004), 175 (207); *Heil*, Insolvenzantragspflicht und Insolvenzverschleppungshaftung bei der Scheinauslandsgesellschaft in Deutschland, 2008, 139 ff.; *Hofmeister* FS Eisenhardt, 2007, 421 (430); *Kuntz* NZI 2005, 424 (426 ff.); *Leutner/Langner* ZInsO 2005, 575 (576 f.); *H.-F. Müller* NZG 2003, 414 (416 f.); *Paulus* ZIP 2002, 729 (734); *G. H. Roth* NZG 2003, 1081 (1085); *G. H. Roth* FS Doralt, 2004, 479 (491); *Wachter* GmbHR 2003, 1254 (1257); *Wachter* GmbHR 2004, 88 (101); *Weller* IPRax 2003, 520 (522, 524); *Weller* DStR 2003, 1800 (1804); *Weller* IPRax 2004, 324 (328); *Weller* IPRax 2004, 412 (414); wohl auch in Schröder/*Heckschen* Internationale Zuständigkeit S. 85, 134 f. Zuvor bereits für eine insolvenzrechtliche Qualifikation der Insolvenzantragspflicht *Trunk* S. 103 f. – Zur französischen *action en comblement du passif* Staudinger/*Großfeld* IntGesR Rn. 352; *Wackerbarth* Grenzen der Leitungsmacht S. 107 ff. Aus sachrechtlicher Sicht den insolvenzrechtlichen Charakter betonend *Röhricht* ZIP 2005, 505 (507 f.).

[165] MüKoBGB/*Kindler* Art. 7 EuInsVO Rn. 63 ff.; *Eidenmüller* in Eidenmüller, Ausländische Kapitalgesellschaften im deutschen Recht, 2004, § 9 Rn. 26; *Borges* ZIP 2004, 733 (739); *H.-F. Müller* NZG 2003, 414 (416); vgl. auch *Zimmer* NJW 2003, 3585 (3589 f.).

[166] RegE BT-Drs. 16/6140, 55.

[167] So *Eidenmüller* RabelsZ 70 (2006), 474 (495 ff.); vgl. auch *Eidenmüller* NJW 2005, 1618 (1621) bei Fn. 30; *Weller* ZIP 2009, 2029 (2036); s. ferner LG Kiel BB 2006, 1468 f. (gegen AG Bad Segeberg ZInsO 2005, 558); MüKoBGB/*Kindler* IntGesR Rn. 667 („Hilfsanknüpfung"); *Schilling* EWiR 2006, 429 f.; *Vallender* ZGR 2006, 425 (441, 455, 457); *Leutner/Langner* GmbHR 2006, 713 (714); iErg auch *Servatius* DB 2015, 1087 (1089 ff.), der für den Quotenschaden (nicht aber für den Neugläubigerschaden) innerhalb eines Insolvenzverfahrens Art. 7 EuInsVO, außerhalb eines Insolvenzverfahrens hingegen Art. 335 EGInsO anwenden will; *Zerres* DZWiR 2006, 356 (359 ff.), sowie wohl auch Großkomm HGB/*Koch* HGB § 13d Rn. 40 f. – *U. Huber* FS Gerhardt, 2004, 397 (426 f.) und *U. Huber* in Lutter Auslandsgesellschaften S. 307 (319, 333 f., 339 ff.), befürwortet in Anlehnung an Art. 3 Abs. 1 S. 1 EuInsVO eine eigenständige, das Gesellschaftsstatut des Gründungsstaates verdrängende allseitige „Sonderanknüpfung an das Recht des Ortes, an dem die Gesellschaft den Mittelpunkt ihrer hauptsächlichen Interessen hat", unterstellt jedoch die Haftung dem Deliktsstatut. Hiermit wohl sympathisierend *Zöllner* GmbHR 2006, 1 (6) f.

[168] *Eidenmüller* RabelsZ 70 (2006), 474 (497 f.) mit Fn. 79, der zudem dem Haftenden den Einwand zubilligen will, dass die Insolvenzverschleppungshaftung den von ihm erwarteten Umfang nicht übersteigen dürfe.

des in Anspruch Genommenen befürwortet, sofern eine entsprechende Haftung nach dessen „Heimatrecht" nicht begründbar wäre.[169] Zur hier vertretenen Ansicht → Rn. 347 mwN.

441 Unter den Vertretern einer insolvenzrechtlichen Qualifikation wurde schon vor der Entscheidung „Kornhaas/Dithmar" (→ Rn. 434) überwiegend angenommen, dass entweder bereits eine Beschränkung der **Niederlassungsfreiheit** zu verneinen[170] oder jedenfalls eine Rechtfertigung aus zwingenden Gründen des Allgemeininteresses zu bejahen sei.[171] Auch insoweit fanden sich jedoch Stimmen, die selbst im Falle einer Anwendung über Art. 7 EuInsVO bezweifelten, dass die Pflicht zur Stellung eines Insolvenzantrags und eine Insolvenzverschleppungshaftung bei EU-Auslandsgesellschaften mit der Niederlassungsfreiheit vereinbar seien.[172] Diese Bedenken dürften mit den Ausführungen des EuGH in dem genannten Urteil erledigt sein. Die tragende Erwägung des EuGH, dass tätigkeitsbezogene Pflichten und Haftungstatbestände, die erst nach der Gründung Anwendung finden und namentlich erst bei Insolvenzreife eingreifen, die Niederlassungsfreiheit nicht beschränken, trifft nicht nur auf die Massesicherungshaftung, sondern auch im vorliegenden Zusammenhang zu.[173]

442 **dd) Insolvenzrechtliche Anknüpfung der Antragspflicht und deliktische Qualifikation der Haftung.** Nach einer weiteren Ansicht sollte zwar die Insolvenzantragspflicht insolvenzrechtlich, die Haftung für Insolvenzverschleppung gem. § 823 Abs. 2 BGB hingegen deliktsrechtlich zu qualifizieren sein.[174] Auch dieser Ansatz dürfte durch die Entscheidung „Kornhaas/Dithmar" und das dortige obiter dictum überholt sein (→ Rn. 434).

---

[169] Für einen Vertrauensschutz analog Art. 16 EuInsVO Baumbach/Hueck/*Haas* GmbHG § 64 Rn. 206; allg. auch *Schall* ZIP 2011, 2177 (2181); *Schall* NJW 2011, 3745 (3749).

[170] UHL/*Behrens/Hoffmann* GmbHG, 2. Aufl., Einl. B Rn. 137 f.: Im Falle einer gesellschaftsrechtlichen Qualifikation und Anwendung nur des Herkunftsrechts stelle sich die Frage einer Beschränkung der Niederlassungsfreiheit bereits nicht (hiergegen näher → Rn. 258 ff.; → Rn. 264 ff.). Im Falle einer – von ihnen ebenfalls für möglich gehaltenen – insolvenzrechtlichen Qualifikation sei mit Blick auf Art. 3, 7 EuInsVO ebenfalls nicht von einer beschränkenden Wirkung auszugehen. Für den Fall, dass eine Beschränkung hingegen bejaht werde, sei diese mangels des Bestehens einer Schutzlücke und damit mangels Erforderlichkeit der Anwendung des inländischen Rechts kaum zu rechtfertigen (ähnlich, jedoch mit Hinweis, dass die Frage durch EuGH „Kornhaas/Dithmar" entschieden sei, HCL/*Behrens/Hoffmann* GmbHG Einl. B Rn. 133 ff., 139 ff., 144). S. ferner *Kindler* EuZW 2016, 139 (139); *Borges* ZIP 2004, 733 (740); *Eidenmüller* in Eidenmüller, Ausländische Kapitalgesellschaften im deutschen Recht, 2004, § 9 Rn. 29, 33; *Bitter* WM 2004, 2190 (2199 f.); *Zerres* DZWiR 2006, 356 (361); Baumbach/Hueck/*Haas* GmbHG § 64 Rn. 56, 208; MüKoBGB/*Kindler* Art. 7 EuInsVO Rn. 84 ff.; MüKoInsO/*Reinhart* Art. 4 EuInsVO 2000 Rn. 9; Gottwald/*Kolmann/Keller* InsR-HdB § 131 Rn. 121, 124; ähnlich mit mehr oder minder pauschalem Hinweis auf die insolvenzrechtliche Qualifikation *Eisner* ZInsO 2005, 20 (22); *Hausmann* in Reithmann/Martiny IntVertragR Rn. 7.165; *Kuntz* NZI 2005, 424 (427, 429); *Spahlinger/Wegen/Spahlinger/Wegen* Kap. C Rn. 757; *Wachter* GmbHR 2003, 1254 (1257); *Wachter* GmbHR 2004, 88 (101); *Weller* IPRax 2003, 520 (522, 524); *Weller* DStR 2003, 1800 (1804); *Weller* IPRax 2003, 324 (328); vgl. auch *Vallender* ZGR 2006, 425 (441). Mit eingehender Begründung für ein allgemeines insolvenzrechtliches Betätigungsverbot *U. Huber* in Lutter Auslandsgesellschaften S. 307 (348 ff.).

[171] *H.-F. Müller* NZG 2003, 414 (416 f.); *Riedemann* GmbHR 2004, 345 (348); *Zimmer* NJW 2003, 3585 (3590); hilfsweise MüKoBGB/*Kindler* Art. 7 EuInsVO Rn. 85; *Zerres* DZWiR 2006, 356 (361 f.); vgl. ferner LG Kiel BB 2006, 1468 (1469) (obiter).

[172] *Bittmann/Gruber* GmbHR 2008, 867 (870 f.); *Krolop* NotBZ 2007, 265 (271); auch nach „Kornhaas/Dithmar" krit. *Mock* IPRax 2016, 237 (2); MüKoInsO/*Klöhn* § 15a InsO Rn. 54 ff.; Uhlenbruck/*Hirte* InsO § 15a Rn. 3; abwartend Lutter/Hommelhoff/*Kleindiek* GmbHG Anh. § 64 Rn. 55.

[173] Ebenso *Kindler* EuZW 2016, 136 (139); *Schall* ZIP 2016, 289 (293).

[174] So *Pannen* FS G. Fischer, 2008, 403 (415 ff.); *Pannen/Riedemann* MDR 2005, 496 (498); *Riedemann* GmbHR 2004, 345 (348); *Gernoth* S. 322 ff.; ähnlich *Höfling* Englisches Int. GesR S. 262 ff., 266 f. (allerdings für eine akzessorische Anknüpfung zugunsten des Insolvenzstatuts, falls Delikts- und Insolvenzstatut auseinander fallen); hilfsweise auch *Eisner* ZInsO 2005, 20 (22), der aber vorrangig eine insolvenzrechtliche Qualifikation annehmen will; für eine „alternative" deliktsrechtliche oder insolvenzrechtliche Anknüpfung der Haftung bei insolvenzrechtlicher Anknüpfung der Insolvenzantragspflicht *Franz* BB 2009, 1250 (1253). Zur Auffassung von *U. Huber* (in FS Gerhardt, 2004, 397 (426 f.) und in Lutter Auslandsgesellschaften S. 307 (319, 333 f., 339 ff.)), wonach die Insolvenzantragspflicht im Sinne einer eigenständigen Anknüpfung an das COMI anzuknüpfen, die Haftung jedoch deliktsrechtlich qualifiziert werden soll, Fn. 156 in Rn. 395 – *Zimmer* (NJW 2003, 3585 (3589 f.)) spricht sich für eine insolvenzrechtliche Qualifikation der Insolvenzantragspflicht aus, lässt aber die Einordnung der Haftung als deliktsrechtlich, insolvenzrechtlich oder gesellschaftsrechtlich (insoweit Anwendung der ausländischen Haftungstatbestände) offen; im Hinblick auf die französische *action en comblement du passif* hingegen noch für Maßgeblichkeit des Gesellschaftsstatuts *Zimmer* IntGesR S. 294.

ee) Einheitliche gesellschaftsrechtliche Anknüpfung an den tatsächlichen Sitz. 443
Schließlich wurde lange Zeit verbreitet die Auffassung vertreten, dass die Insolvenzantragspflicht und die Insolvenzverschleppungshaftung trotz einer gesellschaftsrechtlichen Einordnung im Falle eines inländischen Verwaltungssitzes auf europäische Scheinauslandsgesellschaften angewendet werden könnten.[175] Nach der Entscheidung des EuGH in der Rs. „Kornhaas/Dithmar" ist diese Ansicht aus praktischer Sicht nicht mehr haltbar (→ Rn. 434).[176]

c) Stellungnahme. Die kollisionsrechtliche Einordnung der Insolvenzantragspflicht und 444 der Insolvenzverschleppungshaftung bereitet insbesondere vor dem Hintergrund des Art. 7 EuInsVO (früher Art. 4 EuInsVO 2000) Schwierigkeiten. Entgegen der Rspr. des EuGH (→ Rn. 434) ist auch insoweit eine **einheitliche gesellschaftsrechtliche Qualifikation** mit der Maßgabe, dass die Anknüpfung alternativ an die Gründung und den tatsächlichen Sitz erfolgt, vorzugswürdig (→ Rn. 319 ff.). Für die Ansprüche der Neugläubiger erscheint demgegenüber schon mit Blick darauf, dass sie nach zutreffender Ansicht aus **cic (§ 280 Abs. 1 BGB, § 311 Abs. 2 und 3 BGB, § 241 Abs. 2 BGB)** resultieren, eine kollisionsrechtliche Anknüpfung nach den für diese Haftung geltenden Regeln (→ Rn. 603, → Rn. 663) diskutabel.[177]

Die Materialien zur EuInsVO enthalten keinen Hinweis für die Frage, wie die Insolvenz- 445 antragspflicht zu qualifizieren ist.[178] Ausschlaggebend sind auch hier die **unangemessenen Verweisungsergebnisse** einer **insolvenzrechtlichen Anknüpfung**.[179] Zwar erscheint zweifelhaft, ob die vom EuGH befürwortete insolvenzrechtliche Qualifikation dazu führt, dass die Insolvenzantragspflicht auch auf Sekundär- und Partikularverfahren erstreckt wird.[180] Hiervon abgesehen ist die insolvenzrechtliche Qualifikation aber namentlich deshalb nicht sachgerecht, weil Art. 7 EuInsVO allein an die Verfahrenseröffnung anknüpft. Aufgrund der weitgehenden Pflicht zur Anerkennung von Eröffnungsentscheidungen käme daher ggf. das Insolvenzverschleppungsrecht eines unzuständigen Mitgliedstaates zur Anwendung, während ein Rückgriff auf das Recht des jeweiligen Gründungsstaates ausgeschlossen wäre (→ Rn. 304 f.).[181] Die EuInsVO hält zur angemessenen Lösung dieser Prob-

---
[175] *Altmeppen* NJW 2004, 97 (100 f.); *Altmeppen/Wilhelm* DB 2004, 1083 (1088); *Roth/Altmeppen/Altmeppen* GmbHG Vor § 64 Rn. 13 ff.; tendenziell auch *Ulmer* NJW 2004, 1201 (1207 f.); zurückhaltender *Ulmer* KTS 2004, 291 (300 f., 304); auf den gesellschaftsrechtlichen Charakter hinweisend auch *K. Schmidt* ZHR 168 (2004), 493 (498, 501) (allerdings eine Übertragung auf Auslandsgesellschaften vor dem MoMiG nur de lege ferenda für möglich haltend). Unentschieden zwischen einer insolvenzrechtlichen Qualifikation und einer Sonderanknüpfung an den effektiven Verwaltungssitz *M. Fischer* ZIP 2004, 1477 (1481); die Entscheidung zwischen einer insolvenzrechtlichen, deliktsrechtlichen und gesellschaftsrechtlichen Sonderanknüpfung offenlassend *Bitter* WM 2004, 2190 (2199 f.); für eine gesellschaftsrechtliche Sonderanknüpfung bereits *Grothe* S. 318.
[176] Kritisch *Altmeppen* IWRZ 2017, 107 (108 f.).
[177] S. auch *Servatius* DB 2015, 1087 (1089 ff.), der nur für den Quotenschaden eine insolvenzrechtliche Anknüpfung gemäß Art. 7 EuInsVO (bzw. außerhalb eines Insolvenzverfahrens gemäß Art. 335 EGInsO) befürwortet.
[178] Dies gilt insbes. für *Virgos/Schmit* Erläuternder Bericht.
[179] S. *Ego*, Europäische Niederlassungsfreiheit der Kapitalgesellschaft und deutsches Gläubigerschutzrecht, 2006, 319 f.
[180] Bejahend aber *Wälzholz* DStR 2007, 1914 (1916 f.) (allerdings nur bei Insolvenzgrund bezüglich des Gesamtvermögens); *Poertzgen* ZInsO 2007, 574 (576); *Berner/Klöhn* ZIP 2007, 106 (109); *J. Schmidt* ZInsO 2006, 737 (742); im Grds. auch, wenngleich einschr. und für Verteidigungsmöglichkeit des Geschäftsführers analog Art. 16 EuInsVO, Baumbach/Hueck/*Haas* GmbHG § 64 Rn. 205; aA hingegen unter Hinweis auf das fehlende Antragsrecht der Geschäftsleiter und Gesellschafter in diesen Verfahren (vgl. § 354 Abs. 1 InsO, § 356 Abs. 2 InsO, Art. 37 lit. a und b EuInsVO) *Eidenmüller* in Eidenmüller, Ausländische Kapitalgesellschaften im deutschen Recht, 2004, § 9 Rn. 28; *Eidenmüller* RabelsZ 70 (2006), (474, 495 f.); mit abw. Begründung auch Gottwald/*Kolmann/Keller* InsR-HdB § 131 Rn. 121; Uhlenbruck/*Hirte* InsO § 15a Rn. 5; MüKoInsO/*Klöhn* § 15a InsO Rn. 61.
[181] So in der Tat – teils unter dem Vorbehalt einer Korrektur in Missbrauchsfällen – *Weller* ZIP 2009, 2029 (2032); *Eidenmüller* in Eidenmüller, Ausländische Kapitalgesellschaften im deutschen Recht, 2004, § 9 Rn. 32 bei Fn. 32; *Leitzen* NZG 2009, 728 (732); *Pannen* FS G. Fischer, 2008, 403 (423 Fn. 139); *Römermann* NZI 2008, 641 (644); *Wälzholz* DStR 2007, 1914 (1917); *Wachter* GmbHR 2004, 88 (101 Fn. 100); *H.-F. Müller* NZG 2003, 414 (416); Gottwald/*Kolmann/Keller* InsR-HdB § 131 Rn. 122, 124; ebenso *U. Huber* FS

lematik keine Instrumente bereit. Ebenso wie bei anderen Gläubigerschutzmechanismen ist aber kein Grund ersichtlich, weshalb das Insolvenzverschleppungsrecht des Gründungsstaates verdrängt werden sollte.[182] Dieser Gesichtspunkt kann bei der kollisionsrechtlichen Entscheidung nicht übergangen werden.[183] Er verdeutlicht vielmehr, dass der EuInsVO insoweit kein Regelungswille unterstellt werden kann, zumal es bislang an einer sachrechtlichen Harmonisierung fehlt. Derselbe Einwand gilt für die Vorschläge, die Insolvenzantragspflicht und die Insolvenzverschleppungshaftung anhand einer eigenständigen insolvenzrechtlichen Kollisionsnorm anzuknüpfen (→ Rn. 440), zumal dies mit Blick auf den abschließenden Charakter der Art. 7 und 35 EuInsVO (früher Art. 4 und 28 EuInsVO 2000) fragwürdig erscheint.[184]

446 Auch einer **deliktsrechtlichen Anknüpfung der Insolvenzverschleppungshaftung** ist **nicht** zu folgen, vielmehr ist eine akzessorische Anknüpfung an diejenige der Insolvenzantragspflicht nach den vorstehenden Grundsätzen zu befürworten.

447 Entgegen im Schrifttum geäußerter Zweifel[185] scheitert auch die Anwendbarkeit der Antragspflicht von **Gesellschaftern** und **Aufsichtsorganen** nicht daran, dass der Wortlaut des § 15a Abs. 3 InsO „Gesellschaften mit beschränkter Haftung", „Aktiengesellschaften" sowie „Genossenschaften" und mit dem Begriff der „Führungslosigkeit" die Legaldefinitionen in § 35 Abs. 1 S. 2 GmbHG, § 78 Abs. 1 S. 2 AktG, § 24 Abs. 1 S. 2 GenG in Bezug nimmt.[186] Im internationalprivatrechtlichen Kontext ist dies wegen der Möglichkeit einer Substitution unschädlich.[187] Eine gesetzgeberische Intention, § 15a Abs. 3 InsO auf deutsche Rechtsformen zu beschränken, ist nicht ersichtlich. Der EuGH hat dementsprechend zu Recht die Anwendbarkeit der Massesicherungshaftung nach § 64 Abs. 2 S. 1 GmbHG aF auf Auslandsgesellschaften nicht am systematischen Standort dieser Norm und ihrer Bezugnahme auf deutsche Gesellschaften scheitern lassen (→ Rn. 451 ff.).

448 Nicht zu leugnen ist freilich, dass die gesellschaftsrechtliche Qualifikation **Angleichungsfragen** mit sich bringen kann, die namentlich daraus resultieren, dass die **Insolvenzeröffnungsgründe**[188] und das **Insolvenzantragsrecht** nach dem Wortlaut des Art. 7 Abs. 2 S. 1 EuInsVO (früher Art. 4 Abs. 2 S. 1 2000) der insolvenzrechtlichen Anknüpfung unterliegen.[189] Aus Sicht der Geschäftsleiter sollte insoweit bis auf weiteres vorsorglich davon ausgegangen werden, dass die von § 15a InsO betroffenen Gesellschaften deutschen

---

Gerhardt, 2004 (397, 426 f.) aufgrund der These, die Insolvenzantragspflicht sei unter Verdrängung des jeweiligen Gründungsstatuts an den tatsächlichen Sitz anzuknüpfen.

[182] *Ego*, Europäische Niederlassungsfreiheit der Kapitalgesellschaft und deutsches Gläubigerschutzrecht, 2006, 319 f.; zu Recht ebenfalls krit. *Knof/Mock* GmbHR 2007, 852 (857) („geradezu ein tragisches Ergebnis"); *Uhlenbruck/Hirte* InsO § 15a Rn. 4.

[183] S. demgegenüber die knappe Gegenäußerung der BReg (BT-Drs. 16/6140, 74 (79)) zur Stellungnahme des BR zum RegE (BR-Drs. 354/07, 27), in welcher der BR die Befürchtung einer Flucht deutscher Gesellschaften aus der Insolvenzantragspflicht geäußert hatte.

[184] Nach der Ansicht von *Eidenmüller* (Rn. 395) soll immerhin ab dem Zeitpunkt der Verfahrenseröffnung ausschließlich das Recht des tatsächlichen Verfahrensstaates anzuwenden sein. Krit. zur Zulässigkeit einer „eigenständigen" insolvenzrechtlichen Kollisionsnorm auch *Bittmann/Gruber* GmbHR 2008, 867 (869) mit Fn. 34.

[185] FK-InsO/*Schmerbach* § 15a InsO Rn. 57; Kübler/Prütting/Bork/*Steffek* InsO § 15a Rn. 51; K. Schmidt/K. *Schmidt/Herchen* InsO § 15a Rn. 21; HamK-InsR/*Linker* § 15 InsO Rn. 12, § 15a InsO Rn. 26; *Wälzholz* DStR 2007, 1914 (1917); s. auch Uhlenbruck/*Hirte* InsO § 15a Rn. 61.

[186] Roth/Altmeppen/*Altmeppen* GmbHG Vor § 64 Rn. 58, 63; UHW/*Casper* GmbHG § 64 Rn. 175; Baumbach/Hueck/*Haas* GmbHG § 64 Rn. 207; *Poertzgen* ZInsO 2017, 1932 (1937); insoweit zutr. auch, wenngleich unter dem Aspekt der Niederlassungsfreiheit die Anwendbarkeit noch zu Unrecht verneinend, *Knof/Mock* GmbHR 2007, 852 (853 f.). Der Vorschlag bei *Wackerbarth* FS Horn, 2006, 605 (615), die Insolvenzantragspflicht zwar auf Auslandsgesellschaften zu erstrecken, es jedoch dem Gesellschaftsstatut zu überlassen, die verantwortlichen Personen zu bestimmen, zielt auf die Vermeidung etwaiger Anpassungsprobleme. Nach EuGH NZG 2016, 115 Rn. 19 – Kornhaas/Dithmar gilt für die Bestimmung der Antragspflichtigen demgegenüber das Insolvenzstatut.

[187] Abl. zu einer Substitution im Zusammenhang mit §§ 32a, 32b GmbHG aF *Wackerbarth* FS Horn, 2006, 605 (616); offenbar auch *Schall* NJW 2011, 3745 (3746 f.).

[188] Rechtsvergleichend zu den europäischen Insolvenzgründen *Steffek* KTS 2009, 317.

[189] S. etwa *Borges* ZIP 2004, 733 (749); *H.-F. Müller* NZG 2003, 414 (416); *Radtke/Hoffmann* EuZW 2009, 404 (407 f.); *Zerres* DZWiR 2006, 356 (359).

Rechts auch dann zur Antragstellung wegen Überschuldung und Zahlungsunfähigkeit verpflichtet sind, wenn sie ihr COMI im Ausland haben und der zur Verfahrenseröffnung zuständige Staat den entsprechenden Eröffnungsgrund nicht kennt. Des Weiteren muss sämtlichen Personen, die nach den anwendbaren gesellschaftsrechtlichen Regelungen zur Stellung des Insolvenzantrages verpflichtet sind, auch ein Antragsrecht zugebilligt werden.[190] Anderenfalls wäre das nur antragspflichtige Organ wenigstens verpflichtet, auf das antragsberechtigte Organ zur Stellung des Insolvenzantrages einzuwirken;[191] diese Pflicht wäre mit einer haftungsbewehrten Folgepflicht des antragsberechtigten Organs zu flankieren.

Der Insolvenzantrag ist bei dem **zuständigen Insolvenzgericht** iSd Art. 3 Abs. 1 S. 1 EuInsVO zu stellen.[192] Eine Antragstellung bei einem unzuständigen Gericht beendet die Insolvenzverschleppung nur, wenn sie tatsächlich zur Verfahrenseröffnung führt.[193] Weist das unzuständige Gericht den Antrag hingegen ab, muss die Antragstellung unverzüglich bei dem zuständigen Gericht nachgeholt werden.[194] Die hierdurch verursachte Verzögerung ist nur entschuldigt, wenn die internationale Unzuständigkeit des zunächst angerufenen Insolvenzgerichts unverschuldet verkannt wurde.[195] Dies dürfte freilich kaum je in Betracht kommen, da ein Geschäftsleiter nicht geltend machen kann, dass er den tatsächlichen Interessenmittelpunkt der Gesellschaft nicht kannte oder kennen musste. **449**

Bedenken unter dem Aspekt der **Niederlassungsfreiheit** dagegen, die deutsche Insolvenzantragspflicht und die Insolvenzverschleppungshaftung auf EU-Scheinauslandsgesellschaften anzuwenden, sind spätestens seit dem Urteil des EuGH in der Rs. „Kornhaas/Dithmar" (→ Rn. 434, → Rn. 441) unbegründet. Ist die Gesellschaft bei ihrem Markteintritt wirtschaftlich gesund, liegt die Erwägung, dass die Niederlassung durch die Geltung einer haftungsbewehrten Insolvenzantragspflicht „weniger attraktiv" werde, fern. Nichts anderes gilt im Ergebnis aber dann, wenn die Gesellschaft im Zeitpunkt der Niederlassung bereits insolvenzreif ist. Eine insolvenzreife Gesellschaft kann nicht erwarten, sich im Inland weiterhin betätigen zu dürfen, auch wenn dies in ihrem Herkunftsstaat anders sein mag. Schon die Existenz der EuInsVO verdeutlicht das anerkennenswerte Schutzbedürfnis der Gläubiger, dass ihre Befriedigungsinteressen in einem geordneten Verfahren gewahrt werden, sobald die Schuldnerin ihre Existenzberechtigung verloren hat. Ein Eingriff in die Niederlassungsfreiheit ist nicht zu erkennen, wäre aber jedenfalls zum Schutz der Gläubiger gerechtfertigt.[196] Gleiches gilt für die Insolvenzverschleppungshaftung, die zur Durchsetzung der Insolvenzantragspflicht geeignet und erforderlich ist. **450**

---

[190] S. hingegen zum faktischen Geschäftsleiter, dessen Antragspflicht allerdings nicht ausdrücklich geregelt ist, Braun/*Bußhardt* InsO § 15 Rn. 17 ff.; MüKoInsO/*Klöhn* § 15 InsO Rn. 11, § 15a InsO Rn. 75 ff.; UHW/*Casper* GmbHG § 64 Rn. 64.

[191] So die hM zur Insolvenzantragspflicht des faktischen Organs, vgl. die Nachweise in der vorstehenden Fn.

[192] *Ego*, Europäische Niederlassungsfreiheit der Kapitalgesellschaft und deutsches Gläubigerschutzrecht, 2006, 320; insoweit zutr. ferner *Leithaus/Riewe* NZI 2008, 598 (600 f.); *Vallender/Fuchs* ZIP 2004, 829 (830 ff., 835); *Eidenmüller* in Eidenmüller, Ausländische Kapitalgesellschaften im deutschen Recht, 2004, § 9 Rn. 25 Fn. 33; *Eidenmüller* RabelsZ 70 (2006), 474 (496); *U. Huber* in Lutter Auslandsgesellschaften S. 307 (340); *Poertzgen* ZInsO 2017, 1932 (1934); wohl auch *Liersch* NZI 2004, 271 (272) (es *genüge* der Insolvenzantrag bei dem zuständigen Insolvenzgericht; unklar AG Köln NZI 2005, 564, wonach der Antragspflicht durch einen Antrag in dem Staat, in dem das COMI sich befindet, Genüge getan wird; ähnlich *Mock* NZI 2006, 24 (25).

[193] *Ego*, Europäische Niederlassungsfreiheit der Kapitalgesellschaft und deutsches Gläubigerschutzrecht, 2006, 320; vgl. auch *Eidenmüller* RabelsZ 70 (2006), 474, 496. Allgemein zur Pflicht, einen zulässigen Insolvenzantrag zu stellen, *Haas* DStR 2003, 423 (426) mwN.

[194] Die Möglichkeit einer internationalen Verweisung an ein Insolvenzgericht eines anderen Mitgliedstaates wird mangels einer entsprechenden Regelung in der EuInsVO von der hM verneint (vgl. MüKoInsO/*Thole* Art. 3 EuInsVO 2000 Rn. 68 mwN; OLG Linz ZIK 2004, 178; *Leithaus/Riewe* NZI 2008, 598 (601); *Vallender* KTS 2000, 283 (298); aA AG Hamburg NZI 2006, 486; Pannen/*Pannen*, Europäische Insolvenzverordnung, 2007, Art. 3 EuInsVO Rn. 78 ff.

[195] *Ego*, Europäische Niederlassungsfreiheit der Kapitalgesellschaft und deutsches Gläubigerschutzrecht, 2006, 320; *Eidenmüller* RabelsZ 70 (2006), 474 (496); s. auch *Leithaus/Riewe* NZI 2008, 598 (601).

[196] Nach UHL/*Behrens/Hoffmann* GmbHG, 2. Aufl., Einl. B Rn. 137 ff. sollte sich im Falle einer gesellschaftsrechtlichen Qualifikation und einer Anwendung allein des Herkunftsrechts die Frage einer Beschränkung der Niederlassungsfreiheit bereits nicht stellen (hiergegen näher → Rn. 258 ff.; → Rn. 264 ff.). Auch

451 6. Haftung für die Verletzung der Massesicherungspflicht und die Verursachung der Zahlungsunfähigkeit. Auch die Innenhaftung der Geschäftsleiter für „Zahlungen", die nach Eintritt der Insolvenzreife erfolgen oder die Insolvenz verursachen, ist mit Wirkung zum 1.1.2021 in die InsO verlagert worden (§ 15b InsO). Für die Praxis hat der **EuGH** mit Urteil vom 10.12.2015 in Übereinstimmung mit der Vorlageentscheidung des BGH und der vorangegangenen instanzgerichtlichen Rspr.[197] noch zur Vorgängerregelung des § 64 Abs. 2 S. 1 GmbHG aF geklärt,[198] dass die **Massesicherungshaftung** deutschen Musters als **insolvenzrechtliche Regelung** dem Anwendungsbereich von Art. 7 EuInsVO (früher Art. 4 EuInsVO 2000) unterfällt und mit der **Niederlassungsfreiheit** EU-ausländischer Kapitalgesellschaften **vereinbar** ist, da es bereits an einer Beschränkung fehle.[199] Zuvor hatte der EuGH bereits kurz nach der Vorlage des BGH auf eine weitere Vorlage des LG Darmstadt hin entschieden, dass sich die **internationale Zuständigkeit** für Haftungsklagen wegen Verletzung der Massesicherungspflicht nach § 64 GmbHG aus Art. 3 EuInsVO 2000 (heute Art. 6 Abs. 1 EuInsVO) ergibt, falls diese vom Insolvenzverwalter im Zusammenhang mit dem eröffneten Insolvenzverfahren erhoben werden.[200]

452 Der Gerichtshof stützte seine Entscheidung hinsichtlich der **kollisionsrechtlichen** Qualifikation der Massesicherungshaftung maßgeblich auf die Erwägung, dass die Regelung über die Massesicherung aufgrund der tatbestandlich vorausgesetzten Zahlungsunfähigkeit der Gesellschaft von den allgemeinen Regeln des Zivil- und Handelsrechts abweiche und dem Ziel diene, im Interesse einer gleichmäßigen Gläubigerbefriedigung eine Masseverkürzung vor Eröffnung des Insolvenzverfahrens zu verhindern. Um die praktische Wirksamkeit der Kollisionsnorm der EuInsVO sicherzustellen, rechnet der EuGH ihrem Anwendungsbereich nicht nur die Voraussetzungen für die Eröffnung eines Insolvenzverfahrens und die Regeln für die Bestimmung der antragspflichtigen Personen zu, sondern allgemein ferner die Folgen eines Verstoßes gegen die Insolvenzantragspflicht, zu denen der Gerichtshof „der Sache nach" auch die Massesicherungshaftung zählt. Zudem hat der Gerichtshof hervorgehoben, dass die Massesicherungshaftung einer Regelung vergleichbar sei, nach welcher Rechtshandlungen iSv Art. 7 Abs. 2 S. 2 lit. m EuInsVO (früher Art. 4 Abs. 2 S. 2 lit. m EuInsVO 2000) relativ unwirksam sind, weil sie die Gesamtheit der Gläubiger benachteiligen.[201] **Nicht geäußert** hat sich der Gerichtshof in diesem Zusammenhang zu der **wichti-**

---

im Falle einer – von ihnen ebenfalls für möglich gehaltenen – insolvenzrechtlichen Qualifikation sollte es angesichts der Regelung in Art. 3, 7 EuInsVO zwar an einer Beschränkung fehlen. Anderseits aber sollte sich, wenn eine Beschränkung doch angenommen würde, eine „Rechtfertigung wohl kaum begründen" lassen, „weil auch andere Mitgliedstaaten die Gläubiger im Insolvenzfall vor Masseschmälerungen durch die Geschäftsführer schützen", sodass die Anwendung der inländischen Regelung nicht erforderlich und daher unverhältnismäßig sei. Diese Einschätzung verdeutlicht die Unstimmigkeit der herrschenden Grundkonzeption, wonach das Ergebnis der unionsrechtlichen Prüfung davon abhängen soll, ob das „Herkunftsrecht" unerträgliche Schutzlücken offen lässt. Abw. nun HCL/*Behrens/Hoffmann* GmbHG Einl. B Rn. 133 ff., 144 (insolvenzrechtliche Qualifikation infolge der Klärung durch EuGH „Kornhaas/Dithmar" mit primärrechtlicher Ablehnung von Mehrfachqualifikation aufgrund der dadurch hervorgerufenen Doppelbelastung).
[197] S. BGH ZIP 2015, 68 (noch zu § 64 Abs. 2 Satz 1 GmbHG aF); OLG Jena NZI 2013, 807 f. (Vorinstanz zur Vorlageentscheidung BGH ZIP 2015, 68), das die Vereinbarkeit mit der Niederlassungsfreiheit mit der insolvenzrechtlichen Qualifikation der Haftung und ihrer Einordnung als bloße Regelung über die Tätigkeitsausübung (s. → Rn. 146 ff.) begründete. Zuvor ferner KG ZIP 2009, 2156: Die Vereinbarkeit mit der Niederlassungsfreiheit sei ohne Weiteres zu bejahen, weil es iSd „Keck"-Rspr. (→ Rn. 147 ff.) bereits an einer Beschränkung der Niederlassungsfreiheit fehle. Jedenfalls aber sei die Anwendung des deutschen Rechts erforderlich und geboten, wenn und weil bei gleichzeitiger insolvenzrechtlicher Qualifikation des Rechts des Gründungsstaats ein Normenmangel entstehe und geschlossen werden müsse (→ Rn. 269 ff.; → Rn. 332).
[198] Kritisch *Altmeppen* IWRZ 2017, 107 (108 f.).
[199] EuGH NZG 2016, 115 – Kornhaas/Dithmar und nachgehend BGH NZI 2016, 461. Nur teilweise zust. *Kindler* EuZW 2016, 136 (139) (keine insolvenzrechtliche Qualifikation bei masseloser Insolvenz); wie er auch *Mankowski* NZG 2016, 281 (282), 284; abl. (für gesellschaftsrechtliche Qualifikation und Gründungsanknüpfung und auch mit Kritik an der unionsrechtlichen Argumentation des EuGH) *Mock* IPRax 2016, 237 ff.
[200] EuGH NZI 2015, 88 – H (bestätigend EuGH NZG 2016, 115 Rn. 15 – Kornhaas/Dithmar). Eine Vorentscheidung auch aus kollisionsrechtlicher Sicht sah darin bereits *Mankowski* EWiR 2015, 93 f.
[201] EuGH NZG 2016, 115 Rn. 18 f. – Kornhaas/Dithmar.

gen Folgefrage, ob und in welcher Weise der in Anspruch genommene Geschäftsleiter eine **Einrede entsprechend Art. 16 EuInsVO** (früher Art. 13 EuInsVO 2000) erheben kann.[202]

Überaus bemerkenswert und in ihrer Tragweite noch nicht abschließend bestimmbar sind die **primärrechtlichen Erwägungen** des Gerichtshofs in seiner Entscheidung vom 10.12.2015. Zur Begründung seines Ergebnisses, dass die Anwendung der deutschen Massesicherungshaftung auf EU-Auslandsgesellschaften mit der Niederlassungsfreiheit vereinbar sei, hat der EuGH lediglich darauf verwiesen, dass diese Haftung weder eine Nichtanerkennung der Rechtsfähigkeit der EU-ausländischen Gesellschaft iSd „Überseering"-Entscheidung (→ Rn. 74 ff., → Rn. 234 ff.) impliziere noch iSd Urteils „Inspire Art" (→ Rn. 245 ff.) an die Nichteinhaltung eines dem Gründungsrecht unbekannten inländischen Mindestkapitalgebots anknüpfe. Da die Massesicherungshaftung weder die Gründung einer Gesellschaft in einem bestimmten Mitgliedstaat noch ihre spätere Niederlassung in einem anderen Mitgliedstaat einschränke, sondern lediglich im Rahmen ihrer späteren Tätigkeit Anwendung finde, könne sie die Niederlassungsfreiheit nicht beeinträchtigen.[203] Prima facie führen diese Ausführungen den Schutzgehalt der gesellschaftsrechtlichen Niederlassungsfreiheit – außerhalb der hier nicht gegenständlichen Umwandlungsfreiheit (→ Rn. 92 ff.) – auf eine Gründungs- und Zuzugsfreiheit in der besonderen Ausprägung der Urteile „Überseering" und „Inspire Art" zurück und deuten an, dass der Gerichtshof im Übrigen zu einer Anwendung der aus der „Keck"-Rspr. bekannten Abgrenzung zwischen Marktzugangsbeschränkungen und tätigkeitsbezogenen Regelungen (→ Rn. 146 ff.) tendiert. Die gemeinschaftsrechtlichen Bedenken der Verfechter einer statutenübergreifenden „europarechtlichen Gründungstheorie" (→ Rn. 248 ff., → Rn. 286 ff.), dass die Massesicherungspflicht und die diesbezügliche Geschäftsleiterhaftung selbst bei insolvenzrechtlicher Qualifikation nicht auf EU-Auslandsgesellschaften angewendet werden könnten,[204] haben sich aufgrund des Urteils des EuGH erledigt. Auch darüber hinaus legt die Entscheidung den Schluss nahe, dass der EuGH die Niederlassungsfreiheit von Gesellschaften nicht im Sinne einer umfassenden gesellschaftsrechtlichen oder gar einer statutenwahrenden „europarechtlichen Gründungstheorie" (→ Rn. 283 ff.) versteht.

Im Ergebnis hat der EuGH mit seiner Entscheidung somit hinsichtlich der Massesicherungshaftung die in der **RegBegr. zum MoMiG** geäußerte Ansicht des deutschen Gesetzgebers bestätigt,[205] dass die seit dem 1.1.2021 in § 15b InsO verankerte Regelung der Zahlungsverbote und ihrer Sanktionierung (zuvor § 64 S. 1 GmbHG, § 92 Abs. 2 S. 1 AktG, § 93 Abs. 3 Nr. 6 AktG) insolvenzrechtlich zu qualifizieren sind und daher gem. Art. 7 EuInsVO (früher Art. 4 EuInsVO 2000) auch für Auslandsgesellschaften mit inländischem Unternehmensschwerpunkt (COMI) gelten. Auch in der Lit. konnte diese Auffassung spätestens seit dem MoMiG als **hL** bezeichnet werden.[206] Die zuvor im

---

[202] Bejahend Baumbach/Hueck/*Haas* GmbHG § 64 Rn. 55; s. ferner *Schall* ZIP 2011, 2177 (2181).
[203] EuGH NZG 2016, 115 Rn. 23 ff., 25 ff. – Kornhaas/Dithmar.
[204] S. trotz einer insolvenzrechtlichen Einordnung *Greulich/Rau* NZG 2008, 565 (567); *Greulich/Bunnemann* NZG 2006, 681 (683); *Schall* NJW 2011, 3745 (3748).
[205] Begr. RegE, BT-Drucks. 16/6140, 47.
[206] *Greulich/Bunnemann* NZG 2006, 681 (683); *Greulich/Rau* NZG 2008, 565 (566 f.); *H. F. Müller* EWiR 2015, 99 f.; MüKoGmbHG/*H. F. Müller* GmbHG § 64 Rn. 143, 181; Palandt/*Thorn* EGBGB Anh. Art. 12 Rn. 6, 18; UHW/*Casper* GmbHG § 64 Rn. 35; Baumbach/Hueck/*Haas* GmbHG § 64 Rn. 47 ff.; *Kindler* EuZW 2016, 136 (139) (aber nicht bei masseloser Insolvenz); MüKoBGB/*Kindler* IntGesR 633 f., Art. 7 EuInsVO Rn. 87 ff. (im Falle einer masselosen Insolvenz allerdings wohl für eine gesellschaftsrechtliche Sitzanknüpfung; wie *Kindler* auch *Mankowski* NZG 2016, 281 (282, 284)); MüKoInsO/*Reinhart* Art. 4 EuInsVO 2000 Rn. 8 f.; Gottwald/*Kolmann/Keller* InsR-HdB § 131 Rn. 123, 125; Rauscher/*Mäsch* Art. 4 EuInsVO 2000 Rn. 9; K. Schmidt/*Brinkmann* EuInsVO Art. 4 Rn. 13 f.; *Hausmann* in Reithmann/Martiny IntVertragR Rn. 7.165. Zum alten Recht vor dem MoMiG bereits für eine insolvenzrechtliche Qualifikation Spahlinger/Wegen/*Spahlinger* Kap. B Rn. 347, Spahlinger/Wegen/*Wegen* Kap. C Rn. 759; *Borges* ZIP 2004, 733 (737 ff.), 740; *Eisner* ZInsO 2005, 20 (22); *Goette* DStR 2005, 197 (200) (zuvor für eine sachrechtliche Zuordnung der Vorschrift zum Insolvenzrecht *Goette* ZInsO 2005, 1 (3 ff.)); *Höfling* Englisches Int. GesR S. 264; *Lieder* DZWiR 2005, 399 (406); *Riedemann* GmbHR 2004, 345 (349); *Schall* NJW 2011, 3745 (3747 f.); ferner *Paulus* ZIP 2002, 729 (734) (allg. zu § 64 GmbHG) und unter Hinweis auf ihn *Vallender*/

Schrifttum vertretenen abweichenden kollisionsrechtlichen Einordnungen sind aufgrund der Entscheidung des EuGH überholt. Dies gilt namentlich für die Ansicht, dass die Massesicherungshaftung aufgrund einer eigenständigen insolvenzrechtlichen Kollisionsnorm[207] oder auf Basis einer gesellschaftsrechtlichen Qualifikation anzuknüpfen sei.[208] Die Kritik an dieser Rspr. hält freilich an.[209]

455 Die **partielle Insolvenzverursachungshaftung** gem. § 15b Abs. 5 InsO (bis 1.1.2021: § 64 S. 3 GmbHG, § 92 Abs. 2 S. 3 AktG, § 93 Abs. 3 Nr. 6 AktG) war nicht Gegenstand der Entscheidung des EuGH vom 10.12.2015. Nach den vom EuGH herangezogenen Kriterien (→ Rn. 452) erscheint es nicht ausgeschlossen, dass auch diese Haftung aus Sicht des EuGH als insolvenzrechtlich iSd Art. 7 EuInsVO (früher Art. 4 EuInsVO 2000) zu qualifizieren ist.[210] Ungeachtet des Umstands, dass der Anwendungsbereich dieser Haftung gering ist und ihr Normzweck im Einzelnen kontrovers diskutiert wird,[211] verfolgt sie nach wohl hM eine „insolvenzrechtliche" Zielsetzung, indem sie bereits im Stadium vor der Insolvenzreife bestimmte „Zahlungen" an die Gesellschafter verhindern und hierdurch den Befriedigungsvorrang der Gläubigergesamtheit sichern soll.[212] Zudem setzen die genannten Normen tatbestandlich den späteren Eintritt der Zahlungsunfähigkeit voraus,[213] worin der EuGH möglicherweise eine die insolvenzrechtliche Qualifikation begründende Abweichung „von den allgemeinen Regeln des Zivil- und Handelsrechts" erkennen würde.

456 **Stellungnahme.** Entgegen der Rspr. des EuGH erscheint auch für die Innenhaftung gem. § 15b Abs. 5 InsO allein eine **alternative gesellschaftsrechtliche Anknüpfung** an den tatsächlichen Sitz und an die Gründung als sachgerecht.[214] Die Anknüpfung nach der EuInsVO führt, da sie letztlich allein vom Vorliegen einer anzuerkennenden (und nicht nach Art. 5 EuInsVO wirksam angefochtenen) Eröffnungsentscheidung abhängt, zu dem sachwidrigen Ergebnis, dass die Haftung deutschen Musters im Falle eines ausländischen Insolvenzverfahrens über eine **deutsche GmbH oder AG** nicht zum Tragen kommt

---

Fuchs ZIP 2004, 829 (830 Fn. 16), die die Haftung aus § 64 Abs. 2 GmbHG ebenfalls – Letztere entgegen ihrer Auffassung zu § 64 Abs. 1 GmbHG – als insolvenzrechtlich qualifizieren. Abw. wiederum die kollisionsrechtliche Einordnung bei *U. Huber* in Lutter Auslandsgesellschaften S. 307 (342), der auch insoweit eine allseitige Anknüpfung an den unternehmerischen Mittelpunkt befürwortet, welche die Anknüpfung an das Gründungsstatut verdrängen soll.

[207] Für Anwendung des Rechts des Staates eines hypothetischen Hauptinsolvenzverfahrens bzw. im Falle einer tatsächlichen Verfahrenseröffnung für Anwendung des Rechts dieses Staates *Eidenmüller* RabelsZ 70 (2006), 474 (498); nur für die Masseschmälerungshaftung, nicht hingegen für die Insolvenzverursachungshaftung iErg auch *Servatius* DB 2015, 1087 (1089 ff.) (innerhalb eines Insolvenzverfahrens Anknüpfung gem. Art. 7 EuInsVO, außerhalb eines Insolvenzverfahrens Art. 335 EGInsO). Für allseitige Anknüpfung an das Recht des tatsächlichen Sitzstaates unter Verdrängung des Gründungsstatuts *U. Huber* in Lutter Europäische Auslandsgesellschaften S. 307, 342; ebenso wohl *Zöllner* GmbHR 2006, 1 (7).

[208] Auf der Grundlage der „europarechtlichen Gründungstheorie" (s. → Rn. 248 ff.) die Zulässigkeit einer Anwendung auf EU-Auslandsgesellschaften verneinend *Mock/Schildt* in Hirte/Bücker Grenzüberschreitende Gesellschaften § 17 Rn. 89; ferner *Ringe/Willemer* NZG 2010, 56 (57 f.); iErg auch *K. Schmidt/K. Schmidt/Herchen* InsO § 15a Rn. 52, selbst auf der Grdl. einer etwaigen insolvenzrechtlichen Qualifikation, mit Hinweis darauf, dass die Regelungen des GmbHG und AktG auf die spezifischen deutschen Rechtsformen beschränkt seien. Diff. *Servatius* DB 2015, 1087 (1089 ff., 1092 f.), der nur die Masseschmälerungshaftung insolvenzrechtlich, die Insolvenzverursachungshaftung hingegen gesellschaftsrechtlich qualifizieren und Letztere daher – ebenso wie eine Haftung für Beihilfe zur Existenzvernichtung (§§ 826, 830 BGB) – auf Auslandsgesellschaften nicht anwenden will. Trotz gesellschaftsrechtlicher Qualifikation hingegen für Zulässigkeit einer Anwendung auf EU-Auslandsgesellschaften schon *Ego*, Europäische Niederlassungsfreiheit der Kapitalgesellschaft und deutsches Gläubigerschutzrecht, 2006, 321 f.

[209] S. etwa *Poertzgen* ZInsO 2017, 1932 (1937) mwN.

[210] *Mankowski* NZG 2016, 281 (286); *Schall* ZIP 2016, 289 (292 f.); Uhlenbruck/*Knof* EuInsVO Art. 4 Rn. 113 f.

[211] BGHZ 195, 42 = ZIP 2012, 2391; Roth/Altmeppen/*Altmeppen* GmbHG § 64 Rn. 71 ff., 82 ff.

[212] Baumbach/Hueck/*Haas* GmbHG § 64 Rn. 6 ff.; s. auch Hüffer/*Koch*/Koch AktG § 92 Rn. 1, 35.

[213] OLG Düsseldorf BeckRS 2011, 27539; Hüffer/*Koch*/Koch AktG § 92 Rn. 39; Grigoleit/*Grigoleit/Tomasic* AktG § 92 Rn. 49.

[214] *Ego*, Europäische Niederlassungsfreiheit der Kapitalgesellschaft und deutsches Gläubigerschutzrecht, 2006, 321 f.

(→ Rn. 304 f.). Andererseits ist sie jedoch im Falle einer insolvenzrechtlichen Qualifikation auch in **Partikular- oder Sekundärverfahren** nach dem Recht des Eröffnungsstaates zu beurteilen, sofern der Anspruch der Partikularmasse zuzurechnen ist (→ Rn. 306). Insoweit ist allenfalls fraglich, ob der Interessenmittelpunkt des Geschäftsleiters (vgl. Art. 2 Nr. 9 Ziff. viii EuInsVO; früher Art. 2 lit. g dritter Spiegelstrich EuInsVO 2000) oder entsprechend der Rechtslage bei der Insolvenzanfechtung (→ Rn. 429) die Masseschmälerung, dh die Minderung der Sollmasse des Partikular- oder Sekundärverfahrens,[215] den Ausschlag gibt.

Die Massesicherungshaftung und die partielle Insolvenzverursachungshaftung haben ihren Grund jedoch in der **organschaftlichen Pflichtenstellung.** Ihre Anwendung kann daher nicht von der Zufälligkeit abhängen, in welchen Staaten lediglich untergeordnete Niederlassungen bestehen, ob die Zahlung zu Lasten in- oder ausländischen Vermögens der insolventen Gesellschaft ging oder in welchem Staat sich der Interessenmittelpunkt des Geschäftsleiters befindet. Überdies ist nicht ersichtlich, weshalb die Geschäftsleiter der Haftung nach dem Recht des jeweiligen Gründungsstaates entgehen sollten, nur weil ein ausländisches Insolvenzgericht – ggf. zu Unrecht (!) – das Insolvenzverfahren eröffnet. Die hier vorgeschlagene gesellschaftsrechtliche Anknüpfung vermeidet derartige Verfälschungen. Daran, dass die Anwendung der deutschen Geschäftsleiterhaftung für Masseschmälerungen und Insolvenzverursachung auf EU-Auslandsgesellschaften mit der Niederlassungsfreiheit vereinbar ist, besteht nach der Entscheidung des EuGH vom 10.12.2015 kein vernünftiger Zweifel (vgl. die in → Rn. 452 f. Genannten).[216] **457**

7. Existenzvernichtungs- und Durchgriffshaftung der Gesellschafter. a) Herkömmliche Lehre zur Anknüpfung der Durchgriffshaftung. Bis zu dem Urteil des EuGH in der Rechtssache „Überseering"[217] wurde die Durchgriffshaftung[218] nach **herkömmlicher Lehre** dem Gesellschaftsstatut zugeordnet, das einheitlich nach der Sitztheorie bestimmt wurde.[219] Für ausländische Kapitalgesellschaften mit tatsächlichem Sitz im Inland führte schon diese Anknüpfung zur **Nichtanerkennung** und zur persönlichen Haftung der Gesellschafter (→ Rn. 206).[220] **458**

Seit aufgrund der Entscheidung „Überseering" feststeht, dass eine **Nichtanerkennung** von EU-Auslandsgesellschaften und die damit verbundenen haftungsrechtlichen Konsequenzen **unzulässig** sind (→ Rn. 234 ff.), wird mit großer Intensität diskutiert, ob und wie die Durchgriffstatbestände des deutschen Rechts (→ Rn. 466 ff.) sowie die vorübergehend ebenfalls als Durchgriff konzipierte Existenzvernichtungshaftung (→ Rn. 461 ff.) bei Auslandsgesellschaften zur Anwendung kommen können. **459**

Die bisherigen Entscheidungen des **BGH** nach „Überseering" deuten hingegen nicht darauf hin, dass für die Gesellschafterhaftung von der Gründungsanknüpfung abgewichen **460**

---
[215] So etwa Baumbach/Hueck/*Haas* GmbHG § 64 Rn. 54.
[216] *Ego,* Europäische Niederlassungsfreiheit der Kapitalgesellschaft und deutsches Gläubigerschutzrecht, 2006, 321 ff.; *Servatius* DB 2015, 1087 (1091).
[217] EuGH Slg. 2002, I-9919 = NJW 2002, 3614 – Überseering.
[218] S. zum sog. umgekehrten Durchgriff (auf die Gesellschaft) sowie zum sog. horizontalen Durchgriff (unter Schwestergesellschaften) MüKoBGB/*Kindler* IntGesR Rn. 617, 629 f., 761 mwN.
[219] S. BGH WM 1957, 1047 (1049); BGHZ 78, 318 (334). Ebenso die hL, s. Staudinger/*Großfeld* IntGesR Rn. 355 ff.; *Zimmer* IntGesR S. 345 ff.; 349 ff.; *Koppensteiner* Internationale Unternehmen S. 111 f.; *C. Schmidt,* Haftungsdurchgriff S. 149 ff.; *F. A. Mann* FS Barz, 1974, 219 (234 f.); *R. Müller,* Kollisionsrechtliche Probleme der Durchgriffslehre bei Kapitalgesellschaften, 1974, 70; aA (alternative Anknüpfung nach dem Gesellschaftsstatut, dem Wirkungsstatut, dh dem für die Beziehung zum jeweiligen Gläubiger maßgeblichen Recht, oder nach dem Vornahmestatut, dh dem Recht des Staates, in dem für die Gesellschaft gehandelt wurde) *Grasmann* System Rn. 928; ähnlich *Lüderitz,* Internationales Privatrecht, 1992, Rn. 243 (S. 110 f.); *Herbert Bernstein* FS Zweigert, 1981, 37. Abw. *Teipel* S. 97 ff., 118 f., 134 f.; *Teipel,* FG Sandrock, 1995, 125 ff.: lex fori statt Wirkungsstatut, im Wege der Hilfsanknüpfung Anwendung durchgriffsfreundlicherer Regelungen des Gesellschaftsstatuts. S. nach Centros (EuGH Slg. 1999, I-1459 = NJW 1999, 2027) ua auch *Görk* GmbHR 1999, 793 (798 f.): Zuordnung der Durchgriffs- und Handelndenhaftung zum Vertragsstatut.
[220] Die Sitztheorie wurde deshalb teilweise als „Durchgriff" außerhalb der anerkannten Durchgriffstatbestände charakterisiert, s. etwa *v. Falkenhausen* RIW 1987, 818 ff.; *Behrens* IPRax 2003, 193 (196).

werden soll.²²¹ Abzuwarten bleibt, ob und wie die Entscheidung des EuGH in der Rs. „Kornhaas/Dithmar" zur insolvenzrechtlichen Qualifikation der Massesicherungshaftung (→ Rn. 451 ff.) den Meinungsstand zur Anwendung der Existenzvernichtungshaftung auf EU-Auslandsgesellschaften beeinflussen wird.

461 **b) Meinungsstand aufgrund der Rspr. des EuGH. aa) Existenzvernichtungshaftung.** Die im vorliegenden Zusammenhang am meisten diskutierte Fallgruppe einer **Durchgriffshaftung wegen „Existenzvernichtung"**²²² hat der BGH ebenso wie die Vorgängerhaftung wegen „qualifizierter faktischer Konzernierung" analog §§ 302, 303 AktG²²³ **aufgegeben.**

462 An ihre Stelle ist eine auf Schadenersatz gerichtete **Innenhaftung gem. § 826 BGB** getreten.²²⁴ In dieser Form knüpft die Existenzvernichtungshaftung des Gesellschafters an die missbräuchliche Schädigung des im Gläubigerinteresse zweckgebundenen Gesellschaftsvermögens an und steht in gleichrangiger Konkurrenz zu etwaigen Ansprüchen wegen Verstoßes gegen den Kapitalerhaltungsgrundsatz.

463 Verbreitet wird in der Lit. eine **insolvenzrechtliche Qualifikation** vertreten, die über Art. 7 EuInsVO (früher Art. 4 EuInsVO 2000) zur Anwendung der Existenzvernichtungshaftung auf europäische Kapitalgesellschaften mit tatsächlichem Sitz bzw. Interessenmittelpunkt im Inland führen soll.²²⁵ Zur Begründung wird namentlich darauf verwiesen, dass

---

²²¹ Nach Inspire Art hat der II. Zivilsenat im Hinblick auf eine US-amerikanische Kapitalgesellschaft allg. formuliert, dass die Gesellschafterhaftung sich auch dann nach dem Gründungsstatut richte, wenn der effektive Verwaltungssitz sich in Deutschland befinde (BGH DStR 2004, 1868 f.). Der BGH stützt sich dabei auf die Annahme, Art XXV Abs. 5 S. 2 des deutsch-amerikanischen Freundschafts-, Handels- und Schifffahrtsvertrages (BGBl. 1956 II 487) beinhalte eine Kollisionsnorm iSd Gründungstheorie. Offen gelassen wurde, ob bei Briefkastengesellschaften, die in Umgehungsabsicht gegründet wurden, anderes gelten könne. Die Frage, ob ein Durchgriffstatbestand des deutschen oder des amerikanischen Rechts erfüllt sei, stellte sich indes nicht. Zu entscheiden war lediglich, ob in Anwendung der Sitztheorie die Anerkennung versagt werden und die Auslandsgesellschaft als OHG mit der Folge der persönlichen Haftung der Gesellschafter (§ 128 HGB) qualifiziert werden könne. Eine Durchgriffshaftung nach amerikanischem Recht war nicht vorgetragen worden, BGH DStR 2004, 1868 (1869); s. beiläufig auch OLG Düsseldorf DB 2004, 128 (130): Die Frage einer Durchgriffshaftung bei einer spanischen Kapitalgesellschaft sei „nach dem Recht des Gründungsstaates zu beantworten".

²²² BGHZ 149, 10 = NJW 2001, 3622 – Bremer Vulkan I; BGHZ 150, 61 = NJW 2002, 1803; BGHZ 151, 181 = NJW 2002, 3024 – KBV; BGH ZIP 2005, 117. S. zum Untreuevorwurf im Verfahren Bremer Vulkan BGH NJW 2004, 2248 – Bremer Vulkan II; ferner BAG NJW 2003, 1340; OLG Jena ZIP 2002, 631; OLG Rostock ZIP 2004, 118; LAG Köln ZIP 2003, 1883; ferner öOGH AG 2003, 700.

²²³ Diese Rspr. ist hier nicht iE darzustellen. Es handelte sich dabei insbes. um die Urteile BGHZ 95, 330 = NJW 1986, 188 – Autokran; BGHZ 107, 7 = NJW 1989, 1800 – Tiefbau; BGHZ 115, 187 = NJW 1991, 3142 – Video; BGHZ 122, 123 = NJW 1993, 1200 – TBB, bei dort allerdings unter nurmehr formaler Verankerung der Haftung in der analogen Anwendung des Aktienkonzernrechts. Vgl. insoweit Roth/Altmeppen/*Altmeppen* GmbHG Anh. § 13 Rn. 157 ff.; *K. Schmidt* GesR § 39 III 3. In der Lit. wurde sie teilweise bereits seit ihren Anfängen vehement kritisiert, vgl. nur mwN *Altmeppen*, Abschied vom „qualifiziert faktischen Konzern", 1991. Der II. Zivilsenat des BGH hat die Änderung seiner Rspr. sodann unter seinem Vorsitzenden *Röhricht* vollzogen, vgl. zuvor *Röhricht* FS 50 Jahre BGH, 2000, 83 ff. Allerdings ist die Aufgabe der Rechtsfigur des qualifizierten faktischen Konzerns nicht ganz unbestritten, vgl. (nach wie vor bejahend) *K. Schmidt* GesR § 9 IV 3 b, § 39 II 3 (seltene Extremfälle); *Wiedemann* ZGR 2003, 283 (296 f.).

²²⁴ BGHZ 173, 246 = NJW 2007, 2689 – Trihotel; BGH NJW 2008, 2437 – Gamma; BGH NZG 2008, 187; s. dazu *Altmeppen* NJW 2007, 2657; *Altmeppen* ZIP 2008, 1201.

²²⁵ S. nach „Trihotel" *Kindler* IPRax 2009, 189 (193); *Kühnle/Otto* IPRax 2009, 117 (120 f.); *Lieder* DZWiR 2008, 145 (148); *Habersack/Verse* EuropGesR § 3 Rn. 32; *UHW/Casper* GmbHG § 64 Rn. 35 (unentschieden zwischen delikts- und insolvenzrechtlicher Qualifikation); *Hausmann* in Reithmann/Martiny IntVertragR Rn. 7.166; Rauscher/*Mäsch* Art. 4 EuInsVO Rn. 9; erwägend auch *Mankowski* NZG 2016, 281 (286). Zur Existenzvernichtungshaftung alten Musters *M. Fischer* ZIP 2004, 1477 (1480); *Weller* IPRax 2003, 207 (210); *Horn* NJW 2004, 893 (899); *G. H. Roth* NZG 2003, 1081 (1085); *G. H. Roth* FS Doralt, 2004, 479 (492); *Wiedemann* GesR II S. 61; Uhlenbruck/*Knof* EuInsVO Art. 4 Rn. 123; s. ferner *Wackerbarth* Grenzen der Leitungsmacht S. 109 f.: Durchgriffshaftung nach dem Recht des Staates, in dem das Insolvenzverfahren durchgeführt werde, was der Überlagerungstheorie (→ Rn. 215 mwN) unter Anknüpfung an den unternehmerischen Schwerpunkt der Gesellschaft nahekomme. Eine insolvenzrechtliche Qualifikation in Betracht ziehend *Binge/Thölke* DNotZ 2004, 21 (25 f.); *Drygala* EWiR 2003, 1029 (1030); *Körber* S. 558 mit Fn. 379; *Schulz* NJW 2003, 2705 (2708); *Bitter* WM 2004, 2190 (2197, 2200) mit Fn. 175; tendenziell auch noch

diese Haftung die Verursachung der materiellen Insolvenz voraussetze, der vollständigen Befriedigung der Gläubiger diene, im Insolvenzverfahren vom Insolvenzverwalter geltend gemacht werde und Parallelen zur Insolvenzanfechtung aufweise.[226] Auch die Gesetzesbegründung zur Neufassung der § 64 S. 3 GmbHG, § 92 Abs. 2 S. 3 AktG, § 93 Abs. 3 Nr. 6 AktG aF durch das MoMiG wies bereits in diese Richtung und wurde in der Begründung zur rechtsformübergreifenden Übernahme in § 15b InsO erneut bestätigt.[227] Nicht zuletzt mit Blick auf die Entscheidung des EuGH in der Rs. „Kornhaas/Dithmar" zur insolvenzrechtlichen Qualifikation der Massesicherungshaftung des GmbH-Geschäftsführers (→ Rn. 451 f.) erscheint es nicht fernliegend, dass der Gerichtshof auch die Existenzvernichtungshaftung dem Insolvenzstatut zuordnen würde.

Insbesondere seit der dogmatischen Neuausrichtung der Existenzvernichtungshaftung **464** wird ferner eine **deliktsrechtliche Qualifikation** befürwortet, die zur Anwendung der Existenzvernichtungshaftung auf EU-Auslandsgesellschaften nach Maßgabe der Rom II-VO (→ Rn. 297 ff.) führen würde.[228] Andere Autoren gehen hingegen davon aus, dass die Existenzvernichtungshaftung **gesellschaftsrechtlich zu qualifizieren** sei, jedoch auch auf dieser Grundlage auf europäische Scheinauslandsgesellschaften mit tatsächlichem Inlandssitz angewendet werden könne.[229] Aus unionsrechtlicher Sicht soll nach diesen Ansätzen bereits

---

Goette DStR 2005, 197 (200 f.) (einschr. bereits *Goette* ZIP 2005, 1481 (1487); wohl gegen eine Anwendbarkeit der Existenzvernichtungshaftung *Goette* ZIP 2006, 541 (545)); ebenso, iE aber eine gesellschaftsrechtliche Sonderanknüpfung favorisierend *Borges* ZIP 2004, 733 (741); *J. Vetter* ZGR 2005, 788 (814 f.); *J. Vetter* BB 2007, 1965 (1968 f.). Noch anders MüKoBGB/*Kindler* IntGesR Rn. 437 ff., 441 599, 624 ff., 649, Art. 7 EuInsVO Rn. 101, 112; *Kindler* NZG 2003, 1086 (1090); *Kindler* FS Jayme, 2004, 409 (416 f.) und Gottwald/Kolmann/*Keller* InsR-HdB § 133 Rn. 119: Mehrfachqualifikation als gesellschafts-, delikts- und insolvenzrechtlich; für eine Mehrfachqualifikation als delikts- und insolvenzrechtlich K. Schmidt/Lutter/*Zimmer*, 2. Aufl. 2010, IntGesR Rn. 51 sowie K. Schmidt/Lutter/*Ringe* IntGesR Rn. 66; s. zuvor auch *Zimmer* NJW 2003, 3585 (3589). Gegen eine insolvenzrechtliche Qualifikation *Schön* ZHR 168 (2004), 268 (292).

[226] Vgl. dazu aus sachrechtlicher Sicht *Röhricht* ZIP 2005, 505 (514 f.).
[227] RegE BT-Drs. 16/6140, 46 f. und RegE BT-Drs. 19/24181, 193.
[228] S. nach „Trihotel" *Balthasar* RIW 2009, 221 f. (225 f.); *Burg/Müller-Seils* ZInsO 2007, 929 (931); *Franz* BB 2009, 1250 (1253); *Gloger/Goette/van Huet* DStR 2008, 1194 (1195 f.) (mit Blick auf die Niederlassungsfreiheit aber nur subsidiär); *Habersack* ZGR 2008, 533 (546); *Heitsch* ZInsO 2007, 961 (963); *Paefgen* DB 2007, 1907 (109 f., 1912) („allgemeines Verkehrsrecht"); *Paefgen* WM 2009, 529 (535); *Pannen* FS G. Fischer, 2008, 403 (423 f.); *Schopper/Strasser* KTS 2007, 505 (507); *Staudinger* AnwBl 2008, 316 (320); *Staudinger* AnwBl 2008, 316 (320 f.); *Teichmann* ZGR 2011, 639 (673); *Wiedemann* FS Lüer, 2008, 337 (341); Lutter/Hommelhoff/*Bayer* GmbHG § 13 Rn. 45; K. Schmidt/*Brinkmann* EuInsVO Art. 4 Rn. 10; *Wicke* GmbHG § 13 Rn. 13; tendenziell auch Großkomm HGB/*Koch* HGB § 13d Rn. 38 f.; MHLS/*Leible* GmbHG Syst. Darst. 2 Rn. 166; wohl auch *Römermann* in Römermann/Wachter GmbHR-Sonderheft 2006, 20 (23). Offen lassend EBJS/*Pentz* HGB § 13d Rn. 21, 26. Zur „Existenzvernichtungshaftung" nach den Grundsätzen der Urteile Bremer Vulkan und KBV (→ Rn. 461) eine deliktsrechtliche Anknüpfung befürwortend *Wagner* FS Canaris, 2007, 497 (500 ff.); *U. Huber* in Lutter Auslandsgesellschaften S. 307 (326 Fn. 69); tendenziell auch *Bayer* BB 2003, 2357 (2365); *Wachter* GmbHR 2003, 1254 (1257); erwägen auch *H. P. Westermann* GmbHR 2005, 4 (16); s. ferner *Schanze/Jüttner* AG 2003, 661 (669) (Existenzvernichtungshaftung als Anwendungsfall des § 826 BGB); für Anwendbarkeit einer deliktsrechtlich anzuknüpfenden Haftung nach § 826 BGB auch bei Auslandsgesellschaften, aber Unanwendbarkeit einer gesellschaftsrechtlichen Existenzvernichtungshaftung *Goette* DStR 2005, 197 (199 f.); *Paefgen* ZIP 2004, 2253 (2260); *Schumann* DB 2004, 743 (748 f.); *Ziemons* ZIP 2003, 1913 (1917); ähnlich *Vallender* ZGR 2006, 425 (453 f.); *Meilicke* GmbHR 2003, 793 (806); einschr. *Meilicke* GmbHR 2003, 1271 (1272). Eine deliktsrechtliche Qualifikation – an Stelle einer insolvenzrechtlichen oder gesellschaftsrechtlichen (Sonder-)Anknüpfung – zumindest erwägend *Bitter* WM 2004, 2190 (2197, 2200 mit Fn. 175); *Binge/Thölke* DNotZ 2004, 21 (25 f.); *Borges* ZIP 2004, 733 (741) (gesellschaftsrechtliche Sonderanknüpfung aber favorisierend); *Schulz* NJW 2003, 2705 (2708); *Zimmer* NJW 2003, 3585 (3589); *Körber* S. 558 mit Fn. 379. Für eine Mehrfachqualifikation als gesellschafts-, insolvenz- und deliktsrechtlich MüKoBGB/*Kindler* IntGesR Rn. 437 ff., 441, 599, 624 ff., 649, Art. 7 EuInsVO Rn. 101, 112; *Kindler* NZG 2003, 1086 (1090); *Kindler* FS Jayme, 2004, 409 (416 f.). Einschr. allg. für den Haftungsdurchgriff bei EU-ausländischen Kapitalgesellschaften *Risse* MDR 1999, 752 (753); *Schön* RabelsZ 64 (2000), 1 (19 ff.); *Schön* EWS 2000, 281 (287). Gegen eine deliktische Qualifikation der Existenzvernichtungshaftung ua *Schön* ZHR 168 (2004), 268 (292).
[229] *Altmeppen* NJW 2004, 97 (101 f.); Roth/Altmeppen/*Altmeppen* GmbHG § 13 Rn. 120; *Altmeppen/Wilhelm* DB 2004, 1083 (1088); *Borges* ZIP 2004, 733 (741); *Ulmer* NJW 2004, 1201 (1208 f.); *Ulmer* KTS 2004, 291 (302 ff.); *Bicker* S. 248 ff.; wohl auch *Leutner/Langner* ZInsO 2005, 575 (576); *Fleischer* in Lutter Auslandsgesellschaften S. 49 (125 ff., 128 f.) (zurückhaltend gegenüber einer insolvenzrechtlichen Qualifikation); vgl. ferner *Schön* ZHR 168 (2004), 268 (292 f.); *K. Schmidt* ZHR 168 (2004), 493 (498, 501); nach

eine Marktzugangsbeschränkung zu verneinen, jedenfalls aber aufgrund der Einordnung als „allgemeines Verkehrsrecht" (→ Rn. 146 ff.) eine Rechtfertigung aus Gründen des Gläubigerschutzes zu bejahen sein.[230]

465 Weithin wird die Anwendbarkeit der Existenzvernichtungshaftung auf Auslandsgesellschaften hingegen auf der Grundlage der **„europarechtlichen Gründungstheorie"** (→ Rn. 248 ff., → Rn. 283 ff.) aus unionsrechtlichen Gründen verneint, auch soweit eine nichtgesellschaftsrechtliche Qualifikation favorisiert wird.[231] Entscheidend soll nach dieser Ansicht sein, dass die Innenhaftung auch nach den Grundsätzen der „Trihotel"-Entscheidung auf einem verbandsbezogenen Verhalten beruhe, das nach der Rspr. des EuGH (→ Rn. 234 ff., → Rn. 245 ff.) grundsätzlich nur nach dem Recht des Gründungsstaates beurteilt werden dürfe. Eine Sonderanknüpfung zu Gunsten des inländischen Rechts scheide in aller Regel aus, weil alle europäischen Rechtsordnungen aufs Ganze gesehen ein akzeptables Gläubigerschutzniveau gewährleisteten, sodass keine unerträglichen Schutzlücken bestünden.[232] Nach dem Urteil des EuGH in der Rs. „Kornhaas/Dithmar" erscheinen diese Bedenken in einem neuen Licht und unbegründet.[233] Der EuGH hat in dieser Entscheidung seine bisherige Rspr. zu „Scheinauslandsgesellschaften" stark relativiert und allgemein judiziert, dass Haftungstatbestände, die an ein verbandsbezo-

---

Centros (EuGH Slg. 1999, I-1459) für eine weitgehende Durchgriffshaftung unter Berufung auf den ordre public *Ulmer* JZ 1999, 662 (664 f.); ihm zust. *Göttsche* DStR 1999, 1403 (1406); *Forsthoff* EuR 2000, 167 (192 f.) sowie (nach Überseering) *Lutter* BB 2003, 7 (10).

[230] S. statt aller *Teichmann* ZGR 2011, 639 (673); *Wagner* FS Canaris, 2007, 497 (502 ff.); Großkomm HGB/*Koch* HGB § 13d Rn. 39; MüKoBGB/*Kindler* IntGesR Rn. 434, 436, 444, 626; s. nach „Kornhaas/Dithmar" nunmehr auch *Schall* ZIP 2016, 289 (294). Vgl. ferner *Stöber* ZVglRWiss 113 (2014), 57 (61 ff., 64 f., 72 f.), der unter rechtsvergleichender Berücksichtigung der Kapitalgesellschaftsrechts verschiedener Mitgliedstaaten den Grundsatz ableitet, dass eine persönliche Gesellschafterhaftung für eigenes Fehlverhalten und schädigende Ausübung von Leitungsmacht keine Beschränkung der Kapitalverkehrsfreiheit darstelle. Überlagerungen des Gründungsstatuts durch das Gläubigerschutzrecht des jeweiligen tatsächlichen Sitzstaats sollen mit dieser Begründung aber wohl nicht gerechtfertigt werden.

[231] S. nach Trihotel auf Basis einer gesellschaftsrechtlichen Qualifikation *Just* ZIP 2006, 1248 (1253); *Osterloh-Konrad* ZHR 172 (2008), 274 (303); *Schanze* NZG 2007, 681 (685 f.); *Schillig* ZVglRWiss 106 (2007), 484 (489); *Servatius* DB 2015, 1087 (1093) (s. auch zur Insolvenzverursachungshaftung Fn. 892); BeckOK GmbHG/*Servatius* Konzern Rn. 498, 569.1; MüKoInsO/*Reinhart* Art. 4 EuInsVO 2000 Rn. 6; s. ferner *Greulich/Rau* NZG 2008, 565 (568 f.) (die Qualifikationsfrage offenlassend); auf der Grundlage deliktsrechtlicher Qualifikation auch *Gloger/Goette/van Huet* DStR 2008, 1194 (1195 f.); *Krüger* ZInsO 2007, 861 (869); *Vetter* BB 2007, 1965 (1968 f.); *Weller* ZIP 2007, 1681 (1688 f.); wohl auch MüKoGmbHG/*Weller* GmbHG Einl. Rn. 415 ff., 421, 469 ff., 473 (entscheidend sei die Insuffizienz des nach der Gründungstheorie bestimmten Gläubigerschutzkonzepts); zurückhaltend auch *Gehrlein* WM 2008, 761 (769); *Goette* ZInsO 2007, 1177 (1183); *Krolop* NotBZ 2007, 265 (266, 270, 272, 274) (s. aber auch *Krolop* NotBZ 2007, 275). Im Hinblick auf die „Existenzvernichtungshaftung" alten Musters (→ Rn. 461) AG Bad Segeberg ZInsO 2005, 558; *Behrens* IPRax 2003, 193 (203, 205 f.); *Behrens* IPRax 2004, 20 (25); HCL/*Behrens/Hoffmann* GmbHG Einl. B Rn. 116 ff. (auch nach EuGH „Kornhaas/Dithmar"); *Drygala* ZEuP 2004, 337 (346 f.); *Eidenmüller* in Eidenmüller, Ausländische Kapitalgesellschaften im deutschen Recht, 2004, § 4 Rn. 21 ff.; *Eidenmüller* ZIP 2002, 2233 (2242); *Eidenmüller* JZ 2004, 24 (26, 27 f.); *Eidenmüller* NJW 2005, 1618 (1620); *Eidenmüller* RabelsZ 70 (2006), 474 (487 ff.); *Eidenmüller/Rehm* ZGR 2004, 159 (182); *Hofmeister* FS Eisenhardt, 2007, 421 (428 f.); *Gernoth* S. 289 ff.; *Jestädt* S. 188 f., 223; *Köke* ZInsO 2005, 354 (356 f.); *Krüger* ZInsO 2007, 861 (869); *Kuntz* NZI 2005, 424 (431); *Pannen* FS G. Fischer, 2008, 403 (419 f.); *W.-H. Roth* IPRax 2003, 117 (125); *Schumann* DB 2004, 743 (748 f.); *H. P. Westermann* GmbHR 2005, 4 (15); *Ziemons* ZIP 2003, 1913 (1917); einschr. auch *Goette* ZIP 2006, 541 (545); Spahlinger/Wegen/*Spahlinger* Kap. B Rn. 343 f., Spahlinger/Wegen/*Spahlinger/Wegen* Kap. C Rn. 762; *Paefgen* DB 2003, 487 (491); *Paefgen* ZIP 2004, 2253 (2260); Spindler/*Berner* RIW 2004, 7 (11), 13 f. (nur zu Gunsten deliktischer Gläubiger und vertraglicher Kleingläubiger einschließlich der Arbeitnehmer); *Sandrock* ZVglRWiss 102 (2003), 447 (485 f.); *Sandrock* in Sandrock/Wetzler S. 33 (55 f.); allg. einschr. auch *Risse* MDR 1999, 752 (753). Zu US-amerikanischen Gesellschaften *Drouven/Mödl* NZG 2007, 7 (10).

[232] *Eidenmüller* in Eidenmüller, Ausländische Kapitalgesellschaften im deutschen Recht, 2004, § 4 Rn. 25 f.; *Eidenmüller* NJW 2005, 1618 (1619); HCL/*Behrens/Hoffmann* GmbHG Einl. B Rn. 116 ff., 121 (auch nach EuGH „Kornhaas/Dithmar"); Spahlinger/Wegen/*Spahlinger* Kap. B Rn. 344; s. auf der Grundlage einer deliktsrechtlichen Qualifikation auch *Vetter* BB 2007, 1965 (1968 f.); *Weller* ZIP 2007, 1681 (1688 f.). Ferner *Schall* NJW 2011, 3745 (3748), der die Möglichkeit einer Erstreckung auf Auslandsgesellschaften schon aus sachrechtlichen Gründen bezweifelt; anders nun nach „Kornhaas/Dithmar" *Schall* ZIP 2016, 289 (294).

[233] Exemplarisch die Neubewertung bei Lutter/Hommelhoff/*Bayer* GmbHG § 13 Rn. 45; aA hingegen ausdrücklich HCL/*Behrens/Hoffmann* GmbHG Einl. B Rn. 116 ff., 120 f.

genes Verhalten nach der Gründung anknüpfen, die Niederlassungsfreiheit nicht beschränken (→ Rn. 451 ff.).

bb) Materielle Unterkapitalisierung. Nach verbreiteter Ansicht in der **Lit.** sollen die 466 Gesellschafter einer juristischen Person bei „qualifizierter materieller Unterkapitalisierung" analog §§ 128 f. HGB haften, wenn die Eigenkapitalausstattung der juristischen Person derart unzureichend ist, dass bei normalem Geschäftsverlauf ein Misserfolg zu Lasten der Gläubiger mit hoher, das gewöhnliche Geschäftsrisiko deutlich übersteigender Wahrscheinlichkeit zu erwarten ist.[234]

In der **Rspr.**[235] hat sich ein derartiger Haftungstatbestand nicht durchgesetzt. Seit BGHZ 467 54, 222 hat der BGH eine Haftung bei qualifizierter materieller Unterkapitalisierung nur bejaht, wenn der Tatbestand des § 826 BGB nachgewiesen werden konnte, und diese Linie in der **„Gamma"**-Entscheidung nochmals deutlich bestätigt.[236]

Die Möglichkeit, die Gesellschafter EU-ausländischer Kapitalgesellschaften in Fällen materi- 468 eller Unterkapitalisierung in Anspruch zu nehmen, wird **nur von wenigen Autoren bejaht,** wobei nicht nur die kollisionsrechtlichen Begründungen variieren, sondern zuweilen auch die sachrechtliche Einordnung nicht eindeutig erkennbar wird.[237] Aus unionsrechtlicher Sicht wird dabei entweder der Betrieb einer materiell unterkapitalisierten Gesellschaft als missbräuchliches Verhalten zu Lasten der Gläubiger qualifiziert oder angenommen, dass die Haftung in den relevanten Fällen als Regelung der allgemeinen Tätigkeitsausübung die Niederlassungsfreiheit nicht beschränke oder jedenfalls zum Schutz der Gläubiger gerechtfertigt sei.

Wohl **überwiegend** wird hingegen auf der Basis der **„europarechtlichen Gründungs-** 469 **theorie"** (→ Rn. 248 ff., → Rn. 283 ff.) angenommen, dass die Gesellschafter EU-ausländischer Kapitalgesellschaften in Fällen materieller Unterkapitalisierung keiner Haftung nach Maßgabe des deutschen Rechts ausgesetzt werden dürften.[238] Nach dieser Ansicht ist es grundsätzlich ausschließlich Sache des Gründungstaats, den Betrieb materiell unterkapitali-

---

[234] Vgl. *Ulmer* GmbHR 1984, 256 (262); *Bitter,* Konzernrechtliche Durchgriffshaftung bei Personengesellschaften, 2000, 111; *Lutter/Banerjea* ZGR 2003, 403 (419 f.); *Raiser* FS Lutter, 2000, 637 (647 ff.). Tendenziell weitergehend *Wiedemann* ZGR 2003, 283 (292 ff.). S. zum Ganzen auch Scholz/*Bitter* GmbHG § 13 Rn. 138 ff. mwN.

[235] Eingehende Analyse bei *Eckhold,* Materielle Unterkapitalisierung, 2002. Vgl. zuvor bereits BGHZ 31, 258 (270 f.). Danach BGHZ 68, 312 (317 f.) („Typenhaus" oder „Fertighaus"-Urteil, wo das Gericht auf die beschränkte Kapitalaufbringungspflicht des § 5 GmbHG und auf den Kapitalerhaltungsschutz aus §§ 30, 31 GmbHG verweist. BGH NJW-RR 1988, 1181 (1182) gelangt zu einer Haftung auf der Grundlage von § 826 BGB bei subjektiv vorwerfbarer, vorsätzlich-sittenwidriger Gläubigerschädigung. S. ferner BAG ZIP 1999, 24 (27). Zumindest in die Nähe einer objektiven Durchgriffshaftung rücken die Urteile BSG NJW 1994, 2117; NJW-RR 1995, 730; NJW-RR 1997, 94 (95) und OLG Naumburg OLGRep 2000, 467.

[236] BGHZ 176, 204 Rn. 16 ff. = NJW 2008, 2437 – Gamma.

[237] Für eine deliktsrechtliche Qualifikation K. Schmidt/Lutter/*Zimmer,* 2. Aufl. 2010, IntGesR Rn. 50 sowie K. Schmidt/Lutter/*Ringe* IntGesR Rn. 65; *Franz* BB 2009, 1250 (1253); *U. Huber* in Lutter Auslandsgesellschaften S. 307 (326 Fn. 69); *Schall* ZIP 2016, 289 (294); *Zimmer* NJW 2003, 3585 (3588); *Hausmann* in Reithmann/Martiny IntVertragR Rn. 7.164 (anders noch 6. Aufl. 2004, Rn. 2291c); tendenziell auch *Bayer* BB 2003, 2357 (2364 f.); für eine Doppelqualifikation als deliktsrechtlich und gesellschaftsrechtlich unter Anknüpfung nach den Grundsätzen der Sitztheorie unter dem Aspekt des Missbrauchs der Niederlassungsfreiheit MüKoBGB/*Kindler* IntGesR Rn. 435 ff., 623, Art. 7 EuInsVO Rn. 111; *Kindler* FS Jayme, 2004, 409 (414). Eine gesellschaftsrechtliche Sonderanknüpfung in Betracht ziehend *Ulmer* NJW 2004, 1201 (1208) (vgl. auch *Ulmer* KTS 2004, 291 (298, 302 ff.), dort eintretend für die Durchgriffshaftung zur Existenzvernichtungshaftung); nur für extreme Ausnahmefälle *Sandrock* ZVglRWiss 102 (2003), 447 (474). Die unionsrechtliche Zulässigkeit der Durchgriffshaftung wegen materieller Unterkapitalisierung bejahend, die kollisionsrechtliche Anknüpfung aber offenlassend *Borges* ZIP 2004, 733 (741, 742 f.); *Kadel* MittBayNot 2006, 102 (110); *Leutner/Langner* ZInsO 2005, 575 (576); wie sie, aber differenzierend *Bitter* WM 2004, 2190 (2197): Anwendung nur zu Gunsten unfreiwilliger Gläubiger und vertraglicher Gläubiger ohne effiziente Selbstschutzmöglichkeiten. Vgl. ferner LG Stuttgart NJW-RR 2002, 463 (466); AG Hamburg DB 2003, 1618 (1619).

[238] OLG Hamm NZG 2006, 826 (827); AG Bad Segeberg ZInsO 2005, 558; *Bicker* S. 261 ff.; *Drygala* ZEuP 2004, 337 (347 Fn. 59); *Eidenmüller* in Eidenmüller, Ausländische Kapitalgesellschaften im deutschen Recht, 2004, § 3 Rn. 102, 104, § 4 Rn. 27; *Eidenmüller* JZ 2004, 24 (26); *Eidenmüller* JZ 2003, 526 (527 f.); *Eidenmüller/Rehm* ZGR 2004, 159 (179 f.); *Fleischer* in Lutter Auslandsgesellschaften S. 49 (118 ff.); *Gernoth* S. 280 ff.; *Just* ZIP 2006, 1248 (1253); *Krolop* NotBZ 2007, 265 (275); *Krüger* ZInsO 2007, 861 (867); *Meilicke* GmbHR 2003, 793 (805 f.); *Redeker* ZInsO 2005, 1035 (1036 f.); *Schanze/Jüttner* AG 2003, 661 (669); *Wachter*

sierter Gesellschaften zu sanktionieren.²³⁹ Gesellschaften dürften insbesondere nicht als unterkapitalisiert betrachtet werden, wenn der Gründungsstaat ihren Betrieb ohne nennenswerte Kapitalausstattung erlaube.²⁴⁰

470 Eine **deliktsrechtlich anzuknüpfende Haftung** nach § 826 BGB bei materieller Unterkapitalisierung halten hingegen auch zahlreiche derjenigen Autoren für zulässig, die eine gesellschaftsrechtliche Haftung in derartigen Fällen wegen Verstoßes gegen die Niederlassungsfreiheit ablehnen.²⁴¹

471 **cc) Vermögensvermischung.** Der Tatbestand der Vermögensvermischung wird im **deutschen Sachrecht** bejaht, wenn die Vermögensmassen der Gesellschaft und des Gesellschafters nicht hinreichend deutlich voneinander getrennt werden, sodass, insbesondere infolge undurchsichtiger Buchführung, die Einhaltung der Kapitalschutzgrundsätze unkontrollierbar wird.²⁴² Die Durchgriffshaftung (analog §§ 128 f. HGB)²⁴³ trifft jedoch nur Gesellschafter, die aufgrund ihrer tatsächlichen Einflussnahme als Allein- oder Mehrheitsgesellschafter für die Vermögensvermischung verantwortlich sind.²⁴⁴ Ferner setzt die Haftung voraus, dass von der Gesellschaft selbst keine Befriedigung zu erlangen ist.²⁴⁵

472 Soweit die Anwendbarkeit dieser Durchgriffshaftung auf Scheinauslandsgesellschaften **bejaht** wird, geschieht dies vereinzelt aufgrund einer **deliktsrechtlichen Qualifika-**

GmbHR 2004, 88 (91); *Weller* IPRax 2003, 520 (523 f.); *Weller* DStR 2003, 1800 (1804 Fn. 43); *Weller* Rechtsformwahlfreiheit S. 91 ff.; MüKoGmbHG/*Weller* GmbHG Einl. Rn. 360; HCL/*Behrens/Hoffmann* GmbHG Einl. B Rn. 116 ff., 121; Palandt/*Thorn* EGBGB Anh. Art. 12 Rn. 6, 18; MHLS/*Leible* GmbHG Syst. Darst. 2 Rn. 164. Grundsätzlich auch, aber mit einem Vorbehalt für eine Haftung gemäß § 826 BGB (→ Rn. 470) *M. Fischer* ZIP 2004, 1477 (1481); Großkomm HGB/*Koch* HGB § 13d Rn. 37 mwN; vgl. ferner Spahlinger/Wegen/*Spahlinger* Kap. B Rn. 332, 336 f.; bereits nach „Centros" abl. *Teersteegen* S. 2002, 219 ff. Allg. abl. zur Durchgriffshaftung auch *Kleinert/Probst* MDR 2003, 1265 (1268); *Ziemons* ZIP 2003, 1913 (1917); zurückhaltend *Spindler/Berner* RIW 2004, 7 (11).

²³⁹ Vgl. *Eidenmüller* JZ 2004, 24 (26); *Eidenmüller/Rehm* ZGR 2004, 159 (179 f.), mit einem Vorbehalt für ein „betrügerisches Geschäftsmodell". Die Annahme eines Missbrauchs generell abl. nunmehr *Eidenmüller* in Eidenmüller, Ausländische Kapitalgesellschaften im deutschen Recht, 2004, § 3 Rn. 102, 104: Es fehle der „Rechtswidrigkeitszusammenhang" zwischen der Gläubigerschädigung und dem Umstand, dass es sich gerade um eine Auslandsgesellschaft handle. Ebenso für den Vorbehalt des „Betrugs" *Eidenmüller* in Eidenmüller, Ausländische Kapitalgesellschaften im deutschen Recht, 2004, § 3 Rn. 119. Vgl. auch *Redeker* ZInsO 2005, 1035 (1036 f.); MHLS/*Leible* GmbHG Syst. Darst. 2 Rn. 167.

²⁴⁰ Vgl. OLG Hamm NZG 2006, 826 (827); *Drygala* ZEuP 2004, 337 (348 Fn. 59); *Schanze/Jüttner* AG 2003, 661 (669); *Wachter* GmbHR 2004, 88 (91); *Weller* IPRax 2003, 324 (328); *Weller* IPRax 2003, 520 (523 f.); *Weller* DStR 2003, 1800 (1804 Fn. 43); HCL/*Behrens/Hoffmann* GmbHG Einl. B Rn. 121; MHLS/ *Leible* GmbHG Syst. Darst. 2 Rn. 164; insoweit auch *Zimmer* NJW 2003, 3585 (3588); s. auch *Körber* S. 558 (eine Durchgriffshaftung nach gesellschaftsrechtlichen Grundsätzen oder eine Haftung aus § 826 BGB sei zulässig, die Voraussetzungen einer Unterkapitalisierung aber dem Recht des jeweiligen Gründungsstaates zu entnehmen).

²⁴¹ Vgl. *Balthasar* RIW 2009, 221 f. (225 f.); *Bayer* BB 2003, 2357 (2364 f.); *Borges* ZIP 2004, 733 (740 f.); *M. Fischer* ZIP 2004, 1477 (1481); *Goette* DStR 2005, 197 (200); *Krolop* NotBZ 2007, 265 (275); *Spindler/Berner* RIW 2003, 949 (955) (abw. wohl *Spindler/Berner* RIW 2004, 7 (11, 13 f.)); Großkomm HGB/*Koch* HGB § 13d Rn. 37; tendenziell auch *Leible/Hoffmann* RIW 2002, 925 (930); *Fleischer* in Lutter Auslandsgesellschaften S. 49 (121) und *U. Huber* in Lutter Auslandsgesellschaften S. 307 (326 Fn. 69) (der aber eine deliktsrechtliche Qualifikation der Haftung wegen materieller Unterkapitalisierung als solcher befürwortet); *Zöllner* GmbHR 2006, 1 (7 f.); *Körber* S. 558; *Gernoth* S. 307 ff. Abl. aber *Eidenmüller* in Eidenmüller, Ausländische Kapitalgesellschaften im deutschen Recht, 2004, § 4 Rn. 31; *Eidenmüller* RabelsZ 70 (2006), 474 (489 f.); *Drygala* ZEuP 2004, 337 (347) Fn. 59.

²⁴² Vgl. BGHZ 165, 85 = NJW 2006, 1344; BGH BB 1985, 77; BGHZ 95, 330 = NJW 1986, 188 – Autokran; BGHZ 125, 366 = NJW 1994, 1810; *Altmeppen* ZIP 2002, 1553; Roth/Altmeppen/*Altmeppen* GmbHG § 13 Rn. 136 ff.; Lutter/Hommelhoff/*Bayer* GmbHG § 13 Rn. 19; Röhricht FS 50 Jahre BGH, 2000, 83 (89); *K. Schmidt* GesR § 9 IV 2; s. auch *Flume* JurPers S. 86 (Gesellschafterhaftung kraft zurechenbaren Verhaltens). Krit. zur Tauglichkeit dieser Rechtsfigur zur Begründung einer Durchgriffshaftung insbes. *Wilhelm*, Rechtsform und Haftung bei der juristischen Person, 1981, 319 f.

²⁴³ BGHZ 95, 330 = NJW 1986, 188 – Autokran; BGHZ 165, 85 = NJW 2006, 1344.

²⁴⁴ Klarstellend BGHZ 165, 85 = NJW 2006, 1344 zu BGHZ 125, 366 = NJW 1994, 1801; vgl. dazu Roth/Altmeppen/*Altmeppen* GmbHG § 13 Rn. 138; *Altmeppen* ZIP 2002, 1553 (1557 f.); *K. Schmidt* GesR § 9 IV 2 a.

²⁴⁵ BGHZ 125, 366 (368) = NJW 1994, 1801; *Altmeppen* ZIP 2002, 1553 (1557 Fn. 60); s. auch Lutter/ Banerjea ZGR 2003, 402 (417).

tion,[246] überwiegend hingegen auf der Grundlage einer **gesellschaftsrechtlichen Sonderanknüpfung** an den tatsächlichen Sitz.[247] Sofern aus unionsrechtlicher Sicht nicht bereits eine Beschränkung der Niederlassungsfreiheit verneint wird, weil es sich um allgemeines Verkehrsrecht (→ Rn. 146 ff.) handle, wird die Vereinbarkeit mit dem Unionsrecht teils nach den allgemeinen Rechtfertigungsanforderungen (→ Rn. 180 ff.), teils unter Hinweis auf den Missbrauchsvorbehalt (→ Rn. 184 ff.) bejaht.

Zahlreiche Autoren halten hingegen auch die Durchgriffshaftung für Vermögensvermischung bei EU-Auslandsgesellschaften aus **unionsrechtlichen Gründen** für **unzulässig**.[248] Ein Missbrauch iSd Rspr. des EuGH wird mit der Begründung verneint, dass zwischen der Vermögensvermischung und der Eigenschaft als Auslandsgesellschaft kein spezifischer „Rechtswidrigkeitszusammenhang" bestehe.[249] Einer Rechtfertigung zum Schutz der Gläubiger soll wiederum nach der Lehre der „europarechtlichen Gründungstheorie" entgegenstehen, dass das vorrangige Gläubigerschutzkonzept des jeweiligen europäischen Gründungsmitgliedstaates in aller Regel ein akzeptables Schutzniveau gewährleiste.[250] Auch insoweit dürfte ein Umdenken unter dem Eindruck der Entscheidung „Kornhaas/Dithmar" (→ Rn. 451 ff.) zu erwarten sein.

c) Stellungnahme. Richtigerweise sind die Haftungen wegen Existenzvernichtung und Vermögensvermischung nicht anders als die anderen Haftungstatbestände des deutschen Gläubigerschutzrechts **gesellschaftsrechtlich** zu qualifizieren und alternativ an die Gründung und den tatsächlichen Sitz (→ Rn. 319 ff.) anzuknüpfen.[251] Gleiches wäre für eine etwaige Innenhaftung in Fällen qualifizierter materieller Unterkapitalisierung anzunehmen, wie sie andernorts dargelegt wurde.[252] Die diese Haftungen tragenden Wertungen sind gesellschaftsrechtlicher Natur,[253] da es sich richtigerweise um Ausprägungen des gesellschafterlichen Schädigungsverbots handelt. Für die Haftung wegen Vermögensvermischung scheidet jede andere Betrachtungsweise ersichtlich aus.

---

[246] So *Balthasar* RIW 2009, 221 f., 225 f.; K. Schmidt/Lutter/*Zimmer*, 2. Aufl. 2010, IntGesR Rn. 50; K. Schmidt/Lutter/*Ringe* IntGesR Rn. 65; *Ringe* NJW 2003, 3585 (3588); *Hausmann* in Reithmann/Martiny IntVertragR Rn. 7.163 (Art. 4 Abs. 1 Rom II-VO); Uhlenbruck/*Knof* EuInsVO Art. 4 Rn. 125; auch *U. Huber* in Lutter Auslandsgesellschaften S. 307 (326 Fn. 69).
[247] *Ulmer* NJW 2004, 1201 (1208) („Vier-Kriterien-Test"); *Schall* ZIP 2016, 289 (294 f.); vgl. auch *Ulmer* KTS 2004, 291 (298, 302 ff.); *Weller* DStR 2003, 1800 (1804) (Missbrauchsvorbehalt); MüKoBGB/*Kindler* IntGesR Rn. 622 f. (Verwaltungssitzanknüpfung auf der Grundlage des unionsrechtlichen Missbrauchsvorbehalts bzw. bloße Tätigkeitsausübungsregelung); *Bicker* S. 261 ff.; ferner *Bitter* WM 2004, 2190 (2196) und *Kadel* MittBayNot 2006, 102 (110), die aber die kollisionsrechtliche Einordnung offen lassen. Nach Centros (EuGH Slg. 1999, I-1459) ebenso schon *v. Halen* Centros-Entscheidung S. 243, 264 f.; *Höfling* Englisches Int. GesR S. 286 f.
[248] So noch *Hausmann* in Reithmann/Martiny IntVertragR, 6. Aufl. 2004, Rn. 2291c: Die Durchgriffshaftung laufe auf eine Nichtanerkennung der juristischen Person hinaus und sei daher mit den Grundsätzen der EuGH-Rechtsprechung nicht vereinbar (anders nun 8. Aufl. 2015, Rn. 7.163: deliktrechtliche Anknüpfung des deutschen Sitzrechts gemäß Art. 4 Abs. 1 Rom II-VO); *Eidenmüller* in Eidenmüller, Ausländische Kapitalgesellschaften im deutschen Recht, 2004, § 3 Rn. 103, § 4 Rn. 27; HCL/*Behrens/Hoffmann* GmbHG Einl. B Rn. 116, 119 ff.; MHLS/*Leible* GmbHG Syst. Darst. 2 Rn. 164; allg. für die Zulässigkeit der Durchgriffshaftung nur unter den Voraussetzungen des ordre public und nur dann, wenn das Auslandsrecht unerträgliche Schutzlücken offen lasse *Paefgen* DB 2003, 487 (491); *Paefgen* ZIP 2004, 2253 (2260); vgl. ferner Spahlinger/Wegen/*Spahlinger* Kap. B Rn. 332, 338; *Schanze/Jüttner* AG 2003, 661 (669): Haftung nur nach allgemeinen deliktsrechtlichen Grundsätzen; ähnlich *Krolop* NotBZ 2007, 265 (275): nur bei bewusster, gläubigerschädigender Missachtung der Vermögenstrennung.
[249] *Eidenmüller* in Eidenmüller, Ausländische Kapitalgesellschaften im deutschen Recht, 2004, § 3 Rn. 103; vgl. auch UHL/*Behrens/Hoffmann* GmbHG, 2. Aufl., Einl. B Rn. 116. Dagegen Forsthoff in Hirte/Bücker Grenzüberschreitende Gesellschaften-HdB § 2 Rn. 48g.
[250] *Eidenmüller* in Eidenmüller, Ausländische Kapitalgesellschaften im deutschen Recht, 2004, § 4 Rn. 27; iErg ebenso *Krolop* NotBZ 2007, 265 (275); *Paefgen* DB 2003, 487 (491); *Paefgen* ZIP 2004, 2253 (2260).
[251] Eingehend *Ego*, Europäische Niederlassungsfreiheit der Kapitalgesellschaft und deutsches Gläubigerschutzrecht, 2006, 339 ff.
[252] S. näher zum Haftungsgrund bei materieller Unterkapitalisierung *Altmeppen* ZIP 2001, 1837 (1846); *Altmeppen* NZG 2003, 145 (149); Roth/Altmeppen/*Altmeppen* GmbHG § 13 Rn. 142 ff., 145 ff. mwN.
[253] S. nach Trihotel (BGHZ 173, 246 = NJW 2007, 2689) *Dauner-Lieb* ZGR 2008, 34 (42 f.); K. Schmidt GmbHR 2008, 449 (458); s. auch *J. Vetter* BB 2007, 1965 f. (1968 f.).

475 Einer **deliktsrechtlichen Qualifikation** steht hingegen bereits entgegen, dass eine Gesellschafterhaftung für gesellschaftsbezogene Verhaltensweisen nach der zutreffenden Vorstellung des europäischen Gesetzgebers nicht den deliktsrechtlichen Anknüpfungsregeln folgen soll (Art. 1 Abs. 2 lit. d Rom II-VO; → Rn. 299).

476 Wenn und weil die Haftung wegen Existenzvernichtung und diejenige wegen materieller Unterkapitalisierung (→ Rn. 474) zutreffend als **Innenhaftung** konzipiert werden, würde eine deliktsrechtliche Qualifikation daher bei Auslandsgesellschaften wegen der akzessorischen Anknüpfung an die gesellschaftsrechtliche Sonderverbindung (Art. 4 Abs. 3 Rom II-VO) gar nicht zum deutschen Recht führen, wenn mit der hM eine einheitliche Gründungsanknüpfung zugrunde gelegt würde (→ Rn. 300).

477 Als **sachgerecht** erweist sich eine **Anknüpfung nach deliktsrechtlichen Grundsätzen** lediglich, soweit die sittenwidrige, vorsätzliche Gläubigerschädigung als Haftungsgrund herangezogen wird. Nur dann ist eine deliktsrechtliche, von der Lage des tatsächlichen Sitzes völlig unabhängige Anknüpfung (Art. 4 Abs. 1 und 2 Rom II-VO) unbedenklich (→ Rn. 301).

478 Mit Blick auf die verweisungsrechtlichen Ergebnisse ist auch eine **insolvenzrechtliche Anknüpfung** der Haftungen wegen Existenzvernichtung und materieller Unterkapitalisierung ausgeschlossen. Sie ginge auch insoweit fehl, weil die Anknüpfung nach der EuInsVO allein vom Erlass einer anzuerkennenden (und nicht nach Art. 5 EuInsVO wirksam angefochtenen) Eröffnungsentscheidung abhinge, auch in Partikular- und Sekundärinsolvenzverfahren greifen[254] und ggf. zur Unanwendbarkeit der Regelungen des Gründungsstatuts führen würde (→ Rn. 304 f.). Namentlich mit Blick auf die Entscheidung des EuGH in der Rs. „Kornhaas/Dithmar" lässt sich freilich nicht ausschließen, dass sich die insolvenzrechtliche Qualifikation insbesondere der Existenzvernichtungshaftung durchsetzen wird (→ Rn. 451 ff., → Rn. 465).

479 **Unionsrechtlich** bestehen **keine Bedenken** dagegen, die deutsche Haftung für existenzvernichtende Eingriffe und Vermögensvermischungen auf EU-Auslandsgesellschaften anzuwenden, auch wenn der Gründungsstaat keine entsprechende Regelung kennen sollte (→ Rn. 255 ff., → Rn. 272 ff.). Soweit diese Sanktionen dann überhaupt als Beschränkungen der Niederlassungsfreiheit zu betrachten sein sollten, wären sie jedenfalls gerechtfertigt. Diese Einschätzung ist durch die Rspr. des EuGH in der Rs. „Kornhaas/Dithmar" (→ Rn. 465) bestätigt worden, wonach tätigkeits-, nicht gründungsbezogene Haftungstatbestände die Niederlassungsfreiheit nicht beschränken.

480 Der Einwand, die Haftung wegen **Vermögensvermischung** „negiere" die Eigenständigkeit der juristischen Person,[255] stellt die Dinge geradezu auf den Kopf. Die Haftung beruht gerade darauf, dass der Gesellschafter das grundlegende Prinzip der Vermögenstrennung (zur unionsrechtlichen Anerkennung dieses Prinzips → Rn. 412) missachtet hat und außer Stande ist, den Nachweis einer nur begrenzten Bereicherung oder Schädigung zu führen.[256] Es ist es kaum vorstellbar, dass ein Mitgliedstaat eine derartige Vermögensvermischung zulässt. Jedenfalls aber liegt die Annahme fern, dass diese Haftung die Ausübung des Niederlassungsrechts für die Kapitalgesellschaft „weniger attraktiv" mache.

481 Nichts anderes gilt für die Haftung wegen **Existenzvernichtung.** Dem Gesellschafter muss es zum Schutz der Gläubiger jedenfalls untersagt sein, die Gesellschaft durch existenzgefährdende oder existenzvernichtende Einflussnahmen zu schädigen. Das durch dieses

---

[254] Dies verkennt etwa UHW/*Casper* GmbHG § 64 Rn. 35.

[255] So *Hausmann* in Reithmann/Martiny IntVertragR, 6. Aufl. 2004, Rn. 2291c. (anders aber nunmehr 8. Aufl. 2015, Rn. 7.163). Vgl. demgegenüber auch EuGH EuZW 2011, 149 Rn. 40 ff. – Idryma Typou AE, wonach es aus Sicht des Gemeinschaftsrechts keinen allgemeinen Grundsatz des Gesellschaftsrechts gibt, dass eine persönliche Haftung der Gesellschafter von Kapitalgesellschaften stets ausgeschlossen sein muss. Dazu unter dem Aspekt der Kapitalverkehrsfreiheit mit rechtsvergleichenden Hinweisen zur persönlichen Gesellschafterhaftung im Kapitalgesellschaftsrecht Deutschlands, Großbritanniens, Frankreichs, Italiens, Spaniens und der Niederlande *Stöber* ZVglRWiss 113 (2014), 57.

[256] Vgl. *Altmeppen* ZIP 2002, 1553 (1558 ff.); *Ego*, Europäische Niederlassungsfreiheit der Kapitalgesellschaft und deutsches Gläubigerschutzrecht, 2006, 339 f.; ähnlich *Wimmer-Leonhardt* S. 378 ff.

Schädigungsverbot verwirklichte Mindestmaß an Gläubigerschutz steht zur Niederlassungsfreiheit in keinem erkennbaren Widerspruch.

Auch einer **Haftung für vorsätzliche, sittenwidrige Gläubigerschädigungen**, wie sie in Fällen einer qualifizierten materiellen Unterkapitalisierung bejaht wird, steht die Niederlassungsfreiheit nicht entgegen. Die Begründung liegt dabei weniger in der nur schwer abgrenzbaren Einordnung als allgemeines Verkehrsrecht (→ Rn. 146 ff.) als vielmehr darin, dass ein Konflikt mit der Niederlassungsfreiheit ausgeschlossen ist, wenn und weil diese Haftung nach der Rom II-VO anzuknüpfen ist (→ Rn. 163 ff., → Rn. 290 f.). 482

8. Konzernrecht. a) Einführung. Die Errichtung grenzüberschreitender Konzerne zählt als wesentliches Gestaltungsinstrument zu den unionsrechtlich verbürgten Niederlassungsformen, wie schon die ausdrückliche Nennung der Gründung von Tochtergesellschaften in Art. 49 Abs. 1 S. 3 AEUV beweist.[257] Obgleich die praktische Bedeutung des grenzüberschreitenden Konzernrechts aufgrund der zunehmenden internationalen Verflechtung stetig steigt, gibt es ein **europäisches Konzernrecht** sowohl sach- als auch kollisionsrechtlich bisher nur in Ansätzen.[258] So hat der Konzernabschluss durch die Konzernabschluss-RL 1983, die heute in der Bilanz-RL aufgegangen ist (→ Rn. 8), eine Harmonisierung erfahren (vgl. §§ 290 ff. HGB). Im Jahre 2004 ist zudem die SE-VO (→ Rn. 10) in Kraft getreten, die im Wesentlichen auf das nationale Konzernrecht am Sitz der Gesellschaft verweist. Eine Einigung auf eine noch in früheren Entwürfen enthaltene Konzernrechtskodifikation für die SE kam letztlich nicht zustande. Zum Konzernrecht der europäischen Aktiengesellschaft eingehend → SE-VO Anh. Art. 9 Rn. 1 ff. Ferner ist auf die steuerrechtliche Mutter-Tochter-RL zu verweisen, deren vorrangiges Ziel es ist, die Abwicklung der laufenden Beziehungen zwischen Mutter- und Tochtergesellschaften – insbesondere Gewinnausschüttungen – (nahezu) steuerneutral zu ermöglichen.[259] Zu nennen sind überdies die Richtlinie über *related party transactions* aus dem Jahr 2017 und Art. 9c Aktionärsrechte-RL, die verhindern sollen, dass zwischen nahestehenden Personen Vermögensverschiebungen ohne wertmäßigen Ausgleich erfolgen.[260] Weitere sekundärrechtliche Rechtsakte betreffen etwa konzernrelevante Fragen im Bereich von Meldepflichten sowie Unternehmensübernahmen und Unternehmenszusammenschlüsse. Das Anliegen, eine **gesellschaftsrechtliche Konzernrechts-RL** zu schaffen, muss hingegen als gescheitert betrachtet werden (vorgesehen war eine Neunte EG-Richtlinie über die Verbindungen zwischen Unternehmen, insbesondere über Konzerne, deren Erlass allerdings zwischenzeitlich aufgegeben wurde, vgl. → AktG Vor § 291 Rn. 47, → Einl. Rn. 99, → Einl. Rn. 109).[261] In dem Aktionsplan vom Dezember 2012 (→ Rn. 12) hat die EU-Kommission lediglich eine Regulierung von Verträgen mit Geschäftsleitern und kontrollierenden Aktionären sowie Maßnahmen zur Verbesserung der Information über Gruppenstrukturen und zur Anerkennung eines Gruppeninteresses angekündigt. Des Weiteren hatte die Kommission im April 2014 auf Basis eines Vorschlags der *Reflection Group on the Future of EU Company Law*[262] einen Richtlinienvorschlag zu Kapitalgesellschaften mit einem Gesellschafter vorgelegt, der indes im Jahr 2018 scheiterte (→ Rn. 10). Insbesondere eine unionsrechtliche Regelung konzernrechtlicher 483

---

[257] S. *Schön* ZGR 2019, 343 (349 ff.); *Schön* FS Hommelhoff, 2012, 1037 ff.; *Schön* EWS 2000, 281 ff. (283); *Teichmann* ZGR 2014, 45 (65 ff., 69 f.).
[258] Überblick über den Stand der Entwicklung bei *Fleischer* ZGR 2017, 1 ff.; *Schön* ZGR 2019, 343 (346 f.); *Hopt* ZHR 171 (2007), 199 ff.; ferner die Beiträge von *Ekkenga* AG 2013, 181 ff., *Teichmann* AG 2013, 18 ff. und *Drygala* AG 2013, 198 ff. sowie den Report of the Reflection Group on the Future of EU Company Law vom 5.4.2011, S. 59 ff.; aA aus kollisionsrechtlicher Sicht *Renner* ZGR 2014, 452 (475 ff.) und *Renner/Hesselbarth* IPRax 2014, 117, nach deren Ansicht das Konzernstatut gespalten werden soll (teilweise Rom I-VO, Gesellschaftsstatut und Deliktsstatut, s. näher bei → Rn. 486).
[259] RL 2011/96/EU, ABl. 2011 L 345, 8.
[260] RL (EU) 2017/828 v. 17.5.2017 zur Änderung der RL 2007/36/EG im Hinblick auf die Förderung der langfristigen Mitwirkung der Aktionäre, ABl. L 132/1 v. 20.5.2017. Dazu *Schön* ZGR 2019, 343 (356 f.).
[261] *Habersack/Verse* EuropGesR § 4 Rn. 15 f.; *Grundmann* EuropGesR Rn. 1004 ff.; *Schön* ZGR 2019, 343 (346 f.).
[262] S. den Report of the Reflection Group on the Future of EU Company Law vom 5.4.2011, S. 66 ff.

Haftungsfragen ist bislang nicht vorhanden und obliegt daher den einzelnen Mitgliedstaaten.[263] Hinzuweisen ist im Übrigen auf die Arbeiten verschiedener Arbeitsgruppen,[264] welche ein neu angeregte wissenschaftliche Diskussion auch auf europäischer Ebene beleben. Im **EU-Ausland** existieren konzernrechtliche Kodifikationen nur vereinzelt und zumeist nur in Ansätzen.[265]

484 Auch im **deutschen Recht** sind die Rechtsfragen der grenzüberschreitenden Unternehmensverbindung bislang nur in Teilen geklärt und nach dem (teilweisen) Ende der Sitztheorie (→ Rn. 208, → Rn. 234 ff.) neu zu diskutieren. Dies gilt namentlich im Hinblick darauf, dass der Gesetzgeber des **MoMiG** der deutschen AG und GmbH nicht zuletzt deshalb die Möglichkeit eines tatsächlichen Auslandssitzes eröffnen wollte, damit diese Rechtsformen zur Errichtung von Tochtergesellschaften mit tatsächlichem Sitz im Ausland zur Verfügung stehen (§ 4a GmbHG, § 5 AktG → Rn. 220 ff.).[266] Der **RefE zum Internationalen Gesellschaftsrecht** (→ Rn. 218 f.) griff die Fragen des Internationalen Konzernrechts hingegen nicht gesondert auf, sondern beließ es bei der allgemeinen Regelung, wonach insbesondere die mitgliedschaftlichen Rechte und Pflichten, die Haftung der Gesellschafter und Organmitglieder für Verbindlichkeiten der Gesellschaft und die Haftung wegen der Verletzung gesellschaftsrechtlicher Pflichten nach der Gründungstheorie bestimmt werden sollten (Art. 10 Abs. 2 Nr. 6–8 RefE). Auch die Probleme der **betrieblichen und unternehmerischen Mitbestimmung** in grenzüberschreitenden Konzernen sind nicht abschließend geklärt (→ Rn. 615 ff., → Rn. 650 ff.).

485 **b) Grenzüberschreitender Unterordnungskonzern. aa) Allgemeines.** Im Unterordnungskonzern stehen namentlich der Schutz der abhängigen Gesellschaft, ihrer Gesellschafter und Gläubiger im Vordergrund, doch wirft die Konzernierung auch auf der Ebene der herrschenden Gesellschaft besondere Rechtsfragen auf. Schließlich umfasst das Recht des Unterordnungskonzerns organisationsrechtliche Aspekte. Die Frage der kollisionsrechtlichen Anknüpfung dieser Regelungskomplexe ist differenziert zu beantworten. Richtiger Ansicht gibt es **kein einheitliches Konzernstatut**.[267]

486 Die ganz hM geht zu Recht davon aus, dass das Konzernrecht zum **Schutz der abhängigen Gesellschaft, ihrer Minderheitsgesellschafter und Gläubiger** gesellschaftsrechtlich zu qualifizieren, dh nach gesellschaftskollisionsrechtlichen Regeln anzuknüpfen ist (→ AktG Vor § 291 Rn. 51).[268] Die herkömmliche und auch heute noch

---

[263] S. EuGH EuZW 2013, 664 Rn. 35 – Impacto Azul LdA; s. ferner den Konzernvorbehalt in Art. 2 Abs. 2 RL 2009/102/EG (→ Rn. 8).

[264] S. die Vorschläge des Forum Europaeum on Company Groups (ZGR 2015, 507) und der Informal Company Law Expert Group (Report on the recognition of the interest of the group). Zum Ganzen im Überblick *Fleischer* ZGR 2017, 1; *J. Schmidt* Konzern 2017, 1; *Schüßler* NZG 2017, 1046.

[265] Ein kodifiziertes Konzernrecht gibt es namentlich in Portugal, Kroatien und Slowenien (s. *Forum Europaeum Konzernrecht* ZGR 1998, 672 (678 f.)), Italien (vgl. dazu *Stein* FS Hommelhoff, 2012, 1149; *Strnad* RIW 2004, 255 ff.; *Lorenzetti/Strnad* GmbHR 2004, 731 (733); *Steinhauer* EuZW 2004, 364 (367)), der Tschechischen Republik und Ungarn (s. „Report of the Reflection Group on the Future of EU Company Law" vom 5.4.2011, S. 59 f.) sowie – teilweise – in Belgien (*de Cordt/Colard* FS Hopt, 2010, 3043 ff.; vgl. *Blaurock* ZEuP 1998, 460 (479)). Zu Portugal, Slowenien, Ungarn und Italien im Überblick *Teichmann* ZGR 2014, 45 (49 ff.). S. ferner die Beiträge in Hommelhoff/Lutter/Teichmann, Corporate Governance im grenzüberschreitenden Konzern, 2017, Teil II. Weitere rechtsvergleichende Hinweise bei Großkomm AktG/*Windbichler* Vor § 15 Rn. 76 ff.

[266] Begr. RegE, BT-Drs. 16/6140, 29.

[267] OLG Stuttgart AG 2013, 724 (725); MHLS/*Leible* GmbHG Syst. Darst. 2 Rn. 239; Spahlinger/Wegen/*Spahlinger/Wegen* Kap. C Rn. 366; *Bauschatz* Konzern 2003, 805; s. auch *Keck,* Nationale und internationale Gleichordnungskonzerne im deutschen Konzern- und Kollisionsrecht, 1998, 221 ff.

[268] Emmerich/Habersack/*Emmerich* § 291 AktG Rn. 33 ff.; MHLS/*Leible* GmbHG Syst. Darst. 2 Rn. 239; MüKoBGB/*Kindler* IntGesR Rn. 685 ff.; aA *Renner* ZGR 2014, 452 (475 ff.) und *Renner/Hesselbarth* IPRax 2014, 117, die für eine gespaltene Bestimmung des Konzernstatuts plädieren: vertragsrechtliche Qualifikation nach der Rom I-VO für sämtliche „vertraglichen Rechtsverhältnisse im Konzernverbund" (insbes. §§ 302, 308 AktG) unter Anwendung international zwingender Eingriffsnormen über Art. 9 Rom I-VO (insbes. §§ 294–299, 303–305 AktG); Gesellschaftsstatut (vgl. Art. 1 Abs. 2 lit. f Rom I-VO) für konzernrechtliche Rechte und Pflichten, die unmittelbar Gesellschaftern und Gesellschaftsorganen zustehen oder obliegen, namentlich hinsichtlich der Regelungsgegenstände der §§ 293, 293a ff., 300 AktG, §§ 311–316 AktG; deliktsrechtliche Qualifikation für die §§ 317 f. AktG.

anzutreffende Formulierung, dass das Recht des „Sitzstaates" der abhängigen Gesellschaft anzuwenden sei,[269] ist augenscheinlich von der Sitztheorie geprägt und heute jedenfalls für EU-Auslandsgesellschaften überholt (→ Rn. 206 f., → Rn. 220 ff.). Als herrschend kann vielmehr die Ansicht gelten, dass auf das Recht abzustellen ist, dem die abhängige Gesellschaft infolge ihrer Gründung untersteht **(Gründungsanknüpfung)**.[270] Abweichende Anknüpfungen, namentlich solche an den tatsächlichen Sitz, werden ganz überwiegend abgelehnt.[271] Nur **vereinzelt** wird, insbesondere im Hinblick auf abhängige Auslandsgesellschaften mit Sitz im Inland, eine Anwendung des deutschen Konzernrechts, dh eine (zumindest einseitige) **Sitzanknüpfung** befürwortet.[272] Für auch und gerade in Konzernsachverhalten bedeutsame Gläubigerschutztatbestände wie das Kapitalerhaltungsrecht, das Recht der Gesellschafterdarlehen oder die Haftung wegen Existenzvernichtung oder materieller Unterkapitalisierung werden freilich im Einzelnen differenzierende Anknüpfungen diskutiert (→ Rn. 407 ff., → Rn. 417 ff., → Rn. 458 ff.).

Soweit konzernrechtliche Rechtsfragen ausschließlich die **Belange des herrschenden** **487** **Unternehmens** betreffen, ist hingegen nach ganz hM dessen Gesellschaftsstatut maßgeblich, das für europäische Auslandsgesellschaften grundsätzlich unter Anknüpfung an die Gründung bestimmt werden soll (→ Rn. 234 ff., → Rn. 245 ff.).[273] Paradigma ist das Erfordernis einer Zustimmung der Hauptversammlung der herrschenden Gesellschaft zu einem Unternehmensvertrag gem. oder analog § 293 Abs. 2 AktG (→ AktG § 293 Rn. 124, → AktG § 293 Rn. 126). Für deutsche Obergesellschaften in anderer Rechtsform als der AG/KGaA erledigt sich diese Frage, wenn man § 293 Abs. 2 AktG seinem Wortlaut entsprechend auf die AG/KGaA beschränkt (→ AktG § 293 Rn. 103 ff.).

Stellungnahme. Der kollisionsrechtlichen Beurteilung der hM ist zu folgen, soweit **488** lediglich die Belange des herrschenden Unternehmens, der Binnenorganisation und der Minderheitsgesellschafter betroffen sind. Insoweit bewendet es bei den jeweiligen Gesellschaftsstatuten der beteiligten Unternehmen, wie sie sich aufgrund der Gründungsanknüpfung ergeben (→ Rn. 311).[274] Die Gläubiger der abhängigen Gesellschaft sind hingegen alternativ auch nach Maßgabe des tatsächlichen Sitzrechts zu schützen, sofern dieses nicht auf das Gründungsstatut zurückverweist (→ Rn. 319 ff.).

Im Ergebnis bedeutet dies, dass das gläubigerschützende deutsche Konzernrecht für **489** deutsche Tochtergesellschaften stets in vollem Umfang gilt, auch wenn ihr Sitz sich – wie

---

[269] So etwa noch OLG Stuttgart ZIP 2007, 1210 (1213); *Bachmann* IPRax 2009, 140 (141); *Wicke* GmbHG Anh. § 13 Rn. 15.

[270] BGH NZG 2005, 214 (215); HCL/*Behrens/Hoffmann* GmbHG Einl. Rn. B 124; *Eidenmüller* in Eidenmüller, Ausländische Kapitalgesellschaften im deutschen Recht, 2004, § 4 Rn. 33 ff.; Emmerich/Habersack/ *Habersack* § 311 AktG Rn. 21; Hirte in Hirte/Bücker Grenzüberschreitende Gesellschaften-HdB § 1 Rn. 81; BeckOGK/*Schall* AktG § 15 Rn. 37 ff. (allerdings diff.), BeckOGK/*Veil/Walla* AktG § 291 Rn. 49; Spahlinger/Wegen/*Spahlinger/Wegen* Kap. C Rn. 365, 370 ff., 388, 390; *Selzner/Sustmann* Konzern 2003, 85 (88 ff.). S. demgegenüber mit einem wohl der hier vertretenen Ansicht nahestehenden, differenzierenden Ansatz MüKoBGB/*Kindler* IntGesR Rn. 685 ff., 717 mit Rn. 395, 410, 431, 433 ff. („Personalstatut" der abhängigen Gesellschaft, wobei dieses nach der Ansicht von *Kindler* insbes. im Hinblick auf bestimmte Gläubigerschutztatbestände auch durch das Recht des tatsächlichen Sitzstaates bestimmt wird).

[271] *Eidenmüller* in Eidenmüller, Ausländische Kapitalgesellschaften im deutschen Recht, 2004, § 4 Rn. 35; Emmerich/Habersack/*Habersack* § 311 AktG Rn. 21; Hirte in Hirte/Bücker Grenzüberschreitende Gesellschaften-HdB § 1 Rn. 82; Spahlinger/Wegen/*Spahlinger/Wegen* Kap. C Rn. 394; s. auch *Bauschatz* Konzern 2003, 805 (809); *Eidenmüller* JZ 2004, 24 (30); *Eidenmüller/Rehm* ZGR 2004, 159 (182); *Hahn* IPRax 2002, 107 (110); *Paefgen* DB 2003, 487 (491); *Sandrock* ZVglRWiss 102 (2003), 447 (483 ff.); *Sandrock* in Sandrock/ Wetzler S. 33 (58); *Risse* MDR 1999, 752 (753); wohl auch *Maul/Schmidt* BB 2003, 2297 (2300).

[272] Emmerich/Habersack/*Emmerich* § 291 AktG Rn. 33, 35 (widersprüchlich aber Emmerich/Habersack/ *Emmerich* § 291 AktG Rn. 34). S. ferner wohl auch MüKoBGB/*Kindler* IntGesR Rn. 685 ff., 717 mit Rn. 395, 410, 431, 433 ff.

[273] OLG Stuttgart AG 2013, 724 (725); *Brandi* NZG 2003, 889 (891); Emmerich/Habersack/*Emmerich* § 291 AktG Rn. 34, 36; MüKoBGB/*Kindler* IntGesR Rn. 685, 714; Roth/Altmeppen/*Altmeppen* GmbHG Anh. § 13 Rn. 183; Staudinger/*Großfeld* IntGesR Rn. 503; MHLS/*Leible* GmbHG Syst. Darst. 2 Rn. 239; BeckOK GmbHG/*Servatius* Konzern Rn. 564; Spahlinger/Wegen/*Spahlinger/Wegen* Kap. C Rn. 366.

[274] Insoweit weitergehend für Schutz der Minderheitsgesellschafter abhängiger Auslandsgesellschaften mit Sitz im Inland nach deutschem Konzernrecht Emmerich/Habersack/*Emmerich* § 291 AktG Rn. 33, 35; *Körber* S. 558 f.

dies heute möglich ist (→ Rn. 220 ff., → Rn. 349 ff.) – im Ausland befindet. Für ausländische Tochtergesellschaften tritt das deutsche Konzernrecht hingegen allein zum Gläubigerschutz und nur dann neben das Gesellschaftsstatut des Gründungsstaates, wenn die Tochter ihren tatsächlichen Sitz im Inland hat.

490 **bb) Vertragskonzern. (1) Beherrschungs- und Gewinnabführungsverträge mit deutschen Tochtergesellschaften.** Für deutsche Tochtergesellschaften ist die **Zulässigkeit** grenzüberschreitender Unternehmensverträge iSd §§ 291, 292 AktG heute allgemein **anerkannt** (→ AktG Vor § 291 Rn. 62 ff., → AktG § 291 Rn. 26)[275] und lässt sich schon mit Blick auf die in § 305 Abs. 2 AktG geregelten Tatbestände eines herrschenden Unternehmens mit Sitz im Ausland[276] nicht bestreiten.

491 Dies gilt insbesondere **auch** für **grenzüberschreitende Beherrschungsverträge.** Etwas anderes kann nicht etwa daraus abgeleitet werden, dass die deutsche **Unternehmensmitbestimmung** nach hM auf ausländische Muttergesellschaften unanwendbar ist (→ Rn. 633 ff., → Rn. 652). Schon § 5 Abs. 3 MitbestG zeigt nämlich, dass der Gesetzgeber eine Schwächung der Mitbestimmung aufgrund mitbestimmungsfreier Konzernspitzen hinnimmt.[277] Auch die Annahme, ein Zustimmungsvorbehalt auf der Ebene der abhängigen Gesellschaft (§ 111 Abs. 4 S. 2 AktG) könne im Falle einer ausländischen Konzernspitze entgegen § 308 Abs. 3 S. 2 Hs. 1 AktG nicht durch Wiederholung der Weisung überspielt werden, geht nach richtiger Ansicht fehl (→ AktG § 308 Rn. 164 f.).[278] Im Falle einer EU-ausländischen Muttergesellschaft folgt dies schon aus dem unionsrechtlichen Diskriminierungsverbot. Ein Ausschluss EU-ausländischer Mutterunternehmen von der Errichtung eines grenzüberschreitenden Konzerns mit deutschen Tochtergesellschaften wäre hiernach schlechterdings unzulässig.[279]

492 Auch der Hinweis darauf, dass die **Durchsetzbarkeit** der konzernrechtlichen Pflichten gegen ausländische Muttergesellschaften, insbesondere die Vollstreckbarkeit inländischer Titel im Ausland, unsicher sei,[280] ist jedenfalls im Anwendungsbereich der Zuständigkeits-, Anerkennungs- und Vollstreckungsregelungen der Brüssel Ia-VO, des EuGVÜ 1972 und des LugÜ 1988/LugÜ nF (→ Rn. 677 ff.) gegenstandslos. Auch die **Vereinbarung eines deutschen Gerichtsstands** ist daher zwar zu empfehlen, zur Wirksamkeit des Unternehmensvertrages mit einer EU-ausländischen Muttergesellschaft aber nicht erforderlich.[281]

---

[275] BAG NZA 2007, 999 (1003); BGHZ 138, 136 = NJW 1998, 1866; BGHZ 119, 1 = NJW 1992, 2760; OLG Schleswig NZG 2008, 868; OLG Düsseldorf NJW-RR 2007, 330 (331); BayObLG RIW 1997, 596; Emmerich/Habersack/*Emmerich* § 291 AktG Rn. 37; Hüffer/*Koch*/*Koch* AktG § 291 Rn. 8; Kölner Komm AktG/*Koppensteiner* Vor § 291 Rn. 194 f.; MüKoBGB/*Kindler* IntGesR Rn. 705 ff., 713; MHdB AG/*Krieger* § 71 Rn. 9; K. Schmidt/Lutter/*Langenbucher* AktG § 291 Rn. 22; MHLS/*Leible* GmbHG Syst. Darst. 2 Rn. 243; BeckOGK/*Veil*/*Walla* AktG § 291 Rn. 51; Selzner/Sustmann Konzern 2003, 85 (90) ff.; Jaecks/Schönborn RIW 2003, 254 (264).

[276] Die ursprüngliche Beschränkung des § 305 Abs. 2 Nr. 1 und 2 auf herrschende Aktiengesellschaften und KGaA mit Sitz im Inland wurde erst 2005 durch das UMAG (BGBl. 2005 I 2802) geändert, nachdem die Europäische Kommission die Regelung als diskriminierenden Verstoß gegen die Niederlassungsfreiheit herrschender Unternehmen aus anderen Mitgliedstaaten der EU (Art. 18, 49, 54 AEUV) beanstandet hatte (vgl. auch Begr. RegE, BT-Drs. 15/5092, 31; ferner Emmerich/Habersack/*Emmerich* AktG § 305 Rn. 3).

[277] Kölner Komm AktG/*Koppensteiner* Vor § 291 Rn. 194; MHLS/*Leible* GmbHG Syst. Darst. 2 Rn. 243; HH/*Habersack* § 5 MitbestG Rn. 56; *Habersack* AG 2007, 641 (646); *Henssler* ZfA 2005, 289 (303 ff.); aA noch unter dem Aspekt der Mitbestimmung *Duden* ZHR 141 (1977), 145 (188 f.); *Bernstein*/*Koch* ZHR 143 (1979), 522 (532); s. auch *Däubler* RabelsZ 39 (1975), 444 (473).

[278] Hüffer/*Koch*/*Koch* AktG § 308 Rn. 24; Emmerich/Habersack/*Emmerich* § 308 AktG Rn. 72; HH/*Habersack* § 5 MitbestG Rn. 56; aA *Martens* ZHR 138 (1974), 179 (194 f.); ErfK/*Oetker* § 5 MitbestG Rn. 14.

[279] *Habersack* AG 2007, 641 (646); *Schwark* AG 2004, 173 (175). Zutr. zur unionsrechtlichen Notwendigkeit, das inländische Konzernrecht auch für Mutterunternehmen aus anderen Mitgliedstaaten zu öffnen, *Teichmann* ZGR 2014, 45 (62 ff.) (auch mit Hinweisen zu einigen EU-ausländischen Kodifikationen).

[280] S. *Beitzke* ZHR 138 (1974), 533 (537); *Meilicke* FS Hirsch, 1968, 99 (118 f.); dagegen mwN auch MüKoBGB/*Kindler* IntGesR Rn. 711.

[281] *Selzner*/*Sustmann* Konzern 2003, 85 (95); Roth/Altmeppen/*Altmeppen* GmbHG Anh. § 13 Rn. 180 ff.; Spahlinger/Wegen/*Spahlinger*/*Wegen* Kap. C Rn. 375; wohl auch Emmerich/Habersack/*Emmerich* § 291 AktG Rn. 37; für Annahme einer Wirksamkeitsvoraussetzung hingegen wohl Staudinger/*Großfeld* IntGesR Rn. 575.

Soweit ferner im älteren Schrifttum die Unzulässigkeit einer **grenzüberschreitenden** **493**
steuerlichen Organschaft iSd § 14 KStG eingewendet wurde, ist auch dieses Argument zumindest hinsichtlich der gesetzlichen Regelung heute überholt,[282] auch wenn die deutsche Steuerverwaltung mit der Nichtanerkennung EU-ausländischer Gewinn- und Verlustübernahmeverträge gegen die Niederlassungsfreiheit verstoßen dürfte.[283] Auch im Übrigen gilt jedoch, dass Unternehmensverträge zu ihrer Wirksamkeit nicht der steuerlichen Legitimation bedürfen und daher aus der steuerlichen Beurteilung keine Rückschlüsse auf die Zulässigkeit grenzüberschreitender Unternehmensverträge zu ziehen sind.[284]

Schließlich ist auch eine **„Loyalitätsklausel"**, mit der ein Beherrschungs- und Gewinn- **494**
abführungsvertrag zugunsten der deutschen Tochtergesellschaft ausdrücklich deutschem Recht unterstellt wird, allenfalls als Klarstellung wünschenswert.[285] Hinsichtlich der Gültigkeitsvoraussetzungen auf Seiten der inländischen Tochtergesellschaft und der weiteren Schutzregelungen zu ihren Gunsten und zu Gunsten ihrer Minderheitsgesellschafter und Gläubiger unterliegen grenzüberschreitende Beherrschungs- und Gewinnabführungsverträge hingegen **kollisionsrechtlich zwingend** dem **deutschen Konzernrecht**; eine abw. Rechtswahl ist unzulässig und unwirksam.[286] Beherrschungs- und Gewinnabführungsverträge sind als Organisationsverträge mit ihren weit reichenden Wirkungen für die abhängige Gesellschaft allgemeinen Schuldverträgen nicht vergleichbar.[287]

Wirksamkeitserfordernisse, die sich aus dem **Gesellschaftsstatut des ausländischen** **495**
Mutterunternehmens ergeben, wie etwa ein Zustimmungserfordernis iSv § 293 Abs. 2 AktG, sind zu respektieren (→ Rn. 487 f., → AktG Vor § 291 Rn. 65, → AktG § 293 Rn. 124).[288]

Im Ergebnis sind grenzüberschreitende Beherrschungs- und Gewinnabführungsver- **496**
träge deutscher Tochtergesellschaften mit EU-ausländischen Muttergesellschaften **uneingeschränkt zulässig**. Eine Nichtanerkennung solcher Verträge käme als diskriminierender Verstoß gegen die **Niederlassungsfreiheit** auch nicht in Betracht.[289] Anderseits

---

[282] S. zur Beseitigung des „doppelten Inlandsbezugs" in § 14 KStG im Jahr 2013 Blümich/*Krumm* § 14 KStG Rn. 60, 62, 71 ff. S. zuvor zu der zwischen der Rspr. des BFH und der Finanzverwaltung strittigen Frage eines Verstoßes des doppelten Inlandsbezugs gegen die Diskriminierungsverbote des Unionsrechts bzw. einschlägiger Doppelbesteuerungsabkommen sowie des OECD-Musterabkommens: einerseits (einen Verstoß bejahend) BFH NZG 2003, 646 und BFH DStR 2011, 762, und anderseits BMF-Schreiben vom 8.12.2004 (IV B 4 – S 1301 USA-12/04), DStR 2005, 25 und vom 27.12.2011 (IV C 2 – S 2770/11/10002), DStR 2012, 36.

[283] S. zu dem am 25.7.2019 von der EU-Kommission eingeleiteten Vertragsverletzungsverfahren *Bartelt/Geberth* DB 2019, 1990.

[284] Roth/Altmeppen/*Altmeppen* GmbHG Anh. § 13 Rn. 18, 178, 179, 180; Staudinger/*Großfeld* IntGesR Rn. 571; *Einsele* ZGR 1996, 40 (46 f.).

[285] *Bauschatz* Konzern 2003, 805 (806); Hüffer/*Koch*/*Koch* AktG § 291 Rn. 13; Kölner Komm AktG/*Koppensteiner* Vor § 291 Rn. 195; MHdB AG/*Krieger* § 71 Rn. 9; Roth/Altmeppen/*Altmeppen* GmbHG Anh. § 13 Rn. 181 f.; Spahlinger/Wegen/*Spahlinger/Wegen* Kap. C Rn. 374; *Wimmer-Leonhardt* S. 698; s. ferner Emmerich/Habersack/*Emmerich* § 291 AktG Rn. 17, 33, 35; aA *Selzner/Sustmann* Konzern 2003, 85 (95 f.); Staudinger/*Großfeld* IntGesR Rn. 575; MHLS/*Leible* GmbHG Syst. Darst. 2 Rn. 243.

[286] *Bauschatz* Konzern 2003, 805 (806); *Bärwaldt/Schabacker* AG 1998, 182 (186); *Selzner/Sustmann* Konzern 2003, 85 (95 f.); *Bayer* Beherrschungsvertrag S. 64; Emmerich/Habersack/*Emmerich* § 291 AktG Rn. 17, 33, 35; MüKoBGB/*Kindler* IntGesR Rn. 703; BeckOK GmbHG/*Servatius* Konzern Rn. 560; Spahlinger/Wegen/*Spahlinger/Wegen* Kap. C Rn. 370; Staudinger/*Großfeld* IntGesR Rn. 575. Abw. *Hahn* IPRax 2002, 107 (112) (Rechtswahlfreiheit der Parteien mit Anwendung der zwingenden Normen beider Rechtsordnungen); *Renner* ZGR 2014, 452 (475 ff.) und *Renner/Hesselbarth* IPRax 2014, 117 (gespaltene Bestimmung des Konzernstatuts mit teils vertragsrechtlicher, teils gesellschaftsrechtlicher und teils deliktsrechtlicher Qualifikation; s. bei → Rn. 486).

[287] *Selzner/Sustmann* Konzern 2003, 85 (88); *Ulrich* GmbHR 2004, 1000 (1003); Spahlinger/Wegen/*Spahlinger/Wegen* Kap. C Rn. 370.

[288] *Bauschatz* Konzern 2003, 805 (806); MüKoBGB/*Kindler* IntGesR Rn. 714; BeckOGK/*Schall* AktG § 15 Rn. 40; BeckOGK/*Veil/Walla* AktG § 291 Rn. 51; Spahlinger/Wegen/*Spahlinger/Wegen* Kap. C Rn. 371; Staudinger/*Großfeld* IntGesR Rn. 576.

[289] AllgM, s. eingehend *Teichmann* ZGR 2014, 45 (62 ff.); ferner *Selzner/Sustmann* Konzern 2003, 85 (96); *Bayer* Beherrschungsvertrag S. 96 ff.; *Bayer* ZGR 1993, 599 (612 f.); *Bärwaldt/Schabacker* AG 1998, 182 (184 ff.); *Einsele* ZGR 1996, 40 (47 ff.); *Wackerbarth* Grenzen der Leitungsmacht S. 435 ff.; Emmerich/Habersack/*Emmerich* § 291 AktG Rn. 37; BeckOGK/*Schall* AktG § 15 Rn. 39; Kölner Komm AktG/*Koppensteiner* Vor § 291 Rn. 194.

steht die Geltung des deutschen Konzernrechts für deutsche Tochtergesellschaften mit der Niederlassungsfreiheit der EU-ausländischen Muttergesellschaft ohne Weiteres im Einklang.[290] Da die Freiheit zum Abschluss von Organisationsverträgen mit Tochtergesellschaften ebenso wie deren Gründung nach Maßgabe des Rechts des Aufnahmestaates, dh des Gründungsstaates der Tochter, ausgeübt werden muss (Art. 49 Abs. 1 S. 2, Abs. 2 AEUV), fehlt es bereits an einer rechtfertigungsbedürftigen Beschränkung.[291] Auch die in der Entscheidung „Kornhaas/Dithmar" vom EuGH ausdrücklich bestätigte Herausnahme tätigkeitsbezogener Gläubigerschutzregelungen vom Schutz der Niederlassungsfreiheit (→ Rn. 148 ff., → Rn. 247, → Rn. 451 ff.) stützt diese Einschätzung. Würde der deutsche Gesetzgeber demgegenüber Muttergesellschaften mit Sitz im EU-Ausland von der Konzernhaftung ausnehmen, wäre auch dies (selbstverständlich) mit der Niederlassungsfreiheit vereinbar.[292]

497 Für die **Durchführung** der Beherrschungs- und Gewinnabführungsverträge gelten ebenfalls keine Besonderheiten. Der teilweise erhobenen Forderung, eine deutsche Tochtergesellschaft dürfe nachteilige Weisungen eines ausländischen Mutterunternehmens nur befolgen, wenn das im Inland belegene Vermögen der Muttergesellschaft zum Ausgleich der Nachteile ausreiche oder diese sich insoweit der Zwangsvollstreckung unterworfen habe,[293] ist jedenfalls für die hier interessierenden EU-ausländischen Muttergesellschaften nicht zu folgen (→ Rn. 492). Selbstverständlich gilt aber allgemein, dass Weisungen der Muttergesellschaft unbeachtlich und von der Geschäftsleitung der abhängigen Gesellschaft zur Meidung der eigenen Haftung nicht zu befolgen sind, wenn sich herausstellt, dass das herrschende Unternehmen seinen Verpflichtungen nicht nachkommt.[294]

498 **(2) Beherrschungs- und Gewinnabführungsverträge mit EU-ausländischen Tochtergesellschaften.** Im Falle einer EU-ausländischen Tochtergesellschaft gelten für das Konzernverhältnis **kollisionsrechtlich** die Regelungen ihres nach Maßgabe der Gründungsanknüpfung zu bestimmenden Gesellschaftsstatuts, doch tritt bei tatsächlichem Inlandssitz nach hier vertretener Ansicht das deutsche Konzernrecht hinzu, soweit es den **Schutz der Gläubiger** betrifft (→ Rn. 319 ff.).[295] Dies gilt namentlich für die Pflichten gem. §§ 302, 303 AktG.[296] Zu Gunsten der Gläubiger anwendbar sind ferner die Haftungstatbestände der §§ 309, 310 AktG wegen sorgfaltswidriger Geschäftsleitung zu Lasten der abhängigen Konzerntochter. Auch sie dienen dem Gläubigerschutz, wie nicht zuletzt das Gläubigerverfolgungsrecht bestätigt (§ 309 Abs. 4 AktG, § 310 Abs. 4 AktG).

499 Aus diesem Grund kann auch ein **Zustimmungsbeschluss** in der deutschen Obergesellschaft analog § 293 Abs. 2 AktG (→ Rn. 487) immer dann erforderlich sein, wenn entweder schon das ausländische Recht den §§ 302 ff. AktG vergleichbare Pflichten kennt (vgl. auch

---

[290] Ebenso iErg *Eidenmüller* in Eidenmüller, Ausländische Kapitalgesellschaften im deutschen Recht, 2004, § 4 Rn. 34; BeckOGK/*Schall* AktG § 15 Rn. 39; BeckOK GmbHG/*Servatius* Konzern Rn. 561 (ohne Begr.).
[291] Anders wohl *Eidenmüller* in Eidenmüller, Ausländische Kapitalgesellschaften im deutschen Recht, 2004, § 4 Rn. 34, der aber jedenfalls die Rechtfertigung eines etwaigen Eingriffs bejaht.
[292] EuGH EuZW 2013, 664 Rn. 35 f. – Impacto Azul LdA.
[293] Staudinger/*Großfeld* IntGesR Rn. 577; MüKoBGB/*Kindler* IntGesR Rn. 715; s. auch BeckOGK/*Veil*/*Walla* AktG § 291 Rn. 53: Berechtigung und Verpflichtung zur Ausführung nachteiliger Weisungen nur dann, wenn sich das herrschende Unternehmen verpflichtet, die Vollstreckung aus einem rechtskräftigen Urteil zu dulden.
[294] Roth/Altmeppen/*Altmeppen* GmbHG Anh. § 13 Rn. 182; Kölner Komm AktG/*Koppensteiner* Vor § 291 Rn. 195 (mit Hinweis auf die §§ 320 ff. BGB); *Bayer* Beherrschungsvertrag S. 133 ff. verweist zu Recht auch auf das Kündigungsrecht nach § 297 Abs. 1 AktG; *Einsele* ZGR 1996, 40 (47 f.).
[295] Ebenso und noch weitergehend auch für Anwendung des Konzerninnenrechts, insbes. der §§ 304, 305 AktG, BeckOGK/*Schall* AktG § 15 Rn. 41. Anders auch die ganz hM, s. bei → Rn. 486. Nach Hirte in Hirte/Bücker Grenzüberschreitende Gesellschaften-HdB § 1 Rn. 86 f. finden die §§ 302, 303 AktG Anwendung, sofern dies zwischen dem herrschenden Unternehmen und der abhängigen EU-Auslandsgesellschaft ausdrücklich vereinbart werde. Auf der Grundlage der gesellschaftskollisionsrechtlichen Anknüpfung setzt dies voraus, dass das Recht des Gründungsstaates eine Rechtswahl für Unternehmensverträge zulässt (zum deutschen Recht insoweit → Rn. 494).
[296] S. zur entsprechenden Anwendung auf die deutsche GmbH BGHZ 95, 330 (345 f.); BGHZ 116, 37 (39).

→ AktG § 293 Rn. 126 mwN)²⁹⁷ oder die ausländische Tochter ihren tatsächlichen Sitz im Inland hat. Darüber hinaus kommen namentlich auch die Zustimmungserfordernisse nach dem Muster der sog. „Holzmüller"- und „Gelatine"-Grundsätze²⁹⁸ zur Anwendung (→ Rn. 487 f., → AktG Vor § 291 Rn. 56 f., → AktG § 293 Rn. 127).²⁹⁹

Die Bedenken, die unter dem Aspekt der **Niederlassungsfreiheit** gegen die Anwendung **500** des konzernrechtlichen Gläubigerschutzes deutschen Musters auf EU-ausländische Tochtergesellschaften geltend gemacht werden (→ Rn. 486 mwN), überzeugen nicht, selbst wenn die Rechtsfolgen des deutschen Rechts im Einzelfall über diejenigen des ausländischen Gründungsstatuts hinausgehen sollten (→ Rn. 255 ff., → Rn. 272 ff., → Rn. 277 ff.).³⁰⁰ Dies gilt umso mehr, seitdem der EuGH in der Entscheidung „Kornhaas/Dithmar" tätigkeitsbezogene Gläubigerschutztatbestände vom Beschränkungsverbot der Niederlassungsfreiheit ausgenommen hat (→ Rn. 148 ff., → Rn. 247, → Rn. 451 ff.).

(3) Andere Unternehmensverträge. Im Hinblick auf die **kollisionsrechtliche** **501** **Behandlung** anderer Unternehmensverträge iSd § 292 AktG hält eine verbreitete Lehrmeinung das Vertragsstatut (Art. 3 ff. Rom I-VO) und damit eine grundsätzlich freie Rechtswahl für maßgeblich, weil es sich nach der gesetzgeberischen Vorstellung³⁰¹ um schuldrechtliche Austauschverträge handle.³⁰² Mit der **hM** ist dem – nicht anders als bei Beherrschungs- und Gewinnabführungsverträgen (→ Rn. 494) – nicht zu folgen, auch soweit kein Abhängigkeitsverhältnis bestehen sollte. Richtigerweise gelten vielmehr die **gesellschaftskollisionsrechtlichen Anknüpfungsregeln** (→ Rn. 485 ff., → AktG Vor § 291 Rn. 69 f.).³⁰³

cc) Faktischer Konzern. (1) Faktisch abhängige deutsche Gesellschaften. Auch **502** für die faktische Konzernierung gilt nach **ganz hM** grundsätzlich das **Gesellschaftsstatut der abhängigen Gesellschaft** (→ AktG Vor § 291 Rn. 51 ff., → AktG Vor § 291 Rn. 71, → AktG § 317 Rn. 110 ff.).³⁰⁴

Infolgedessen erfolgt der Schutz einer faktisch konzernierten **deutschen AG** im interna- **503** tionalen Unternehmensverbund nach den §§ 311 ff. AktG, und zwar unabhängig von der Lage ihres tatsächlichen Sitzes.³⁰⁵ Bei der bis vor Kurzem zuweilen noch anzutreffenden Formulierung, dass die §§ 311 ff. AktG auf Aktiengesellschaften mit Sitz im Inland

---

²⁹⁷ Emmerich/Habersack/*Emmerich* § 293 AktG Rn. 6a; Hüffer/*Koch*/*Koch* AktG § 293 Rn. 18; Spahlinger/Wegen/*Spahlinger/Wegen* Kap. C Rn. 372.
²⁹⁸ BGHZ 83, 122 = NJW 1982, 1703; BGHZ 159, 30 = NZG 2004, 571.
²⁹⁹ MüKoBGB/*Kindler* IntGesR Rn. 685; Staudinger/*Großfeld* IntGesR Rn. 582; Spahlinger/Wegen/*Spahlinger/Wegen* Kap. C Rn. 366; BeckOGK/*Veil/Walla* AktG § 291 Rn. 54; *Bungert* AG 1995, 489 (507); s. auch Emmerich/Habersack/*Emmerich* § 291 AktG Rn. 34; einschr. *Bauschatz* Konzern 2003, 805 (806): Nicht im Falle einer Beherrschung inländischer Enkelgesellschaften über eine ausländische Tochter durch ein deutsches Mutterunternehmen.
³⁰⁰ Im Ergebnis wohl auch Emmerich/Habersack/*Emmerich* § 291 AktG Rn. 33, 35 (widersprüchlich aber Emmerich/Habersack/*Emmerich* § 291 AktG Rn. 34). Vgl. auch *Stöber* ZVglRWiss 113 (2014), 57 (61 ff., 64 ff., 72 ff.): Eine persönliche Gesellschafterhaftung für eigenes Fehlverhalten und schädigende Ausübung von Leitungsmacht stelle keine Beschränkung der Kapitalverkehrsfreiheit dar. Überlagerungen des Gründungsstatuts durch das Gläubigerschutzrecht des jeweiligen Sitzstaats sollen hiermit aber wohl nicht legitimiert werden.
³⁰¹ RegBegr zu § 291 AktG, *Kropff* S. 378; s. dazu auch *Koppensteiner* Internationale Unternehmen S. 155 f.; *Ebenroth* Vermögenszuwendungen S. 384; *Einsele* ZGR 1996, 40 (50 f.); *Neumayer* ZVglRWiss. 83 (1984), 129 (160 f.).
³⁰² *Neumayer* ZVglRWiss. 83 (1984), 129 (160 ff.); einschr. *Ebenroth/Offenloch* RIW/AWD 1997, 1 (6 f.); *Einsele* ZGR 1996, 40 (52).
³⁰³ Spahlinger/Wegen/*Spahlinger/Wegen* Kap. C Rn. 388; Kölner Komm AktG/*Koppensteiner* Vor § 291 Rn. 190; BeckOK GmbHG/*Servatius* Konzern Rn. 566; BeckOGK/*Veil/Walla* AktG § 291 Rn. 56; Staudinger/*Großfeld* IntGesR Rn. 579; *Koppensteiner* Internationale Unternehmen S. 165, 273.
³⁰⁴ Emmerich/Habersack/*Habersack* § 311 AktG Rn. 21; MüKoBGB/*Kindler* IntGesR Rn. 685 ff., 717 ff.; K. Schmidt/Lutter/*Vetter* AktG § 311 Rn. 10 f.; Kölner Komm AktG/*Koppensteiner* Vor § 291 Rn. 184; Soergel/*Lüderitz* EGBGB Anh. Art. 10 Rn. 58; BeckOGK/*Veil/Walla* AktG § 291 Rn. 49; Staudinger/*Großfeld* IntGesR Rn. 557, 580; BeckOK GmbHG/*Servatius* Konzern Rn. 567 ff.; *Einsele* ZGR 1996, 40 (41 ff.); *Wiedemann* FS Kegel, 1977, 187 (208 ff.).
³⁰⁵ Emmerich/Habersack/*Habersack* § 311 AktG Rn. 21; Spahlinger/Wegen/*Spahlinger/Wegen* Kap. C Rn. 395; *Bauschatz*, Konzern 2003, 805 (809).

beschränkt seien,³⁰⁶ handelte es sich hingegen um eine heute überkommene Nachwirkung der Sitztheorie, nach der es ausländische Kapitalgesellschaften mit Inlandssitz aufgrund der Nichtanerkennung nicht geben konnte und deutsche Kapitalgesellschaften mit Auslandssitz zumindest in der Praxis keine Rolle spielten (→ Rn. 203 ff.). Da nunmehr aber zumindest die Möglichkeit eines Wegzugs deutscher Aktiengesellschaften in Gründungstheoriestaaten außer Frage steht (→ Rn. 220 ff., → Rn. 349 ff.), kann von einer Beschränkung des deutschen Konzernrechts auf Aktiengesellschaften mit Inlandssitz keine Rede mehr sein, da ihr Gesellschaftsstatut von der Sitzverlegung keinesfalls berührt wird.

504 Bei der faktisch abhängigen **deutschen GmbH** folgt die Anknüpfung denselben Regeln. Sachrechtlich gelten jedoch nach hM nicht die §§ 311 ff. AktG, vielmehr erfolgt der konzernrechtliche Schutz über das Kapitalerhaltungsrecht (→ Rn. 407 ff.), die Treuepflicht des herrschenden Gesellschafters und die Grundsätze der Durchgriffs- sowie der Existenzvernichtungshaftung (→ Rn. 461 ff.).

505 **(2) Faktisch abhängige EU-ausländische Gesellschaften.** Ein konzernrechtlicher **Schutz** faktisch abhängiger EU-Auslandsgesellschaften **nach deutschem Konzernrecht** wird – unabhängig von der Rechtsform – **nahezu allgemein abgelehnt,** auch wenn sie tatsächlich im Inland ansässig sind.³⁰⁷ Das anwendbare Konzernrecht soll sich vielmehr ausschließlich aus dem Recht des Gründungsstaates ergeben.

506 Dem ist **nicht zu folgen.** Nach der hier zur Anknüpfung gläubigerschützender Bestimmungen vertretenen Ansicht (→ Rn. 319 ff.) gelten vielmehr bei tatsächlichem Inlandssitz für Aktiengesellschaften und vergleichbare Rechtsformen die §§ 311 ff. AktG, für Gesellschaften in der Rechtsform der GmbH hingegen die diesbezüglichen Gläubigerschutzregeln (→ Rn. 504). Das deutsche Recht des faktischen Konzerns ist im Wesentlichen nicht disponibles Gläubigerschutzrecht, das an pflichtwidrige Schädigungen der Tochtergesellschaft im „Konzerninteresse" anknüpft (→ AktG Vor § 311 Rn. 1 f. mwN). Insoweit ist es unerheblich, ob die Konzerntochter eine deutsche Kapitalgesellschaft oder eine Scheinauslandsgesellschaft mit tatsächlichem Sitz in Deutschland ist. Letzterenfalls ist wertungsmäßig allein die Einsicht maßgebend, dass die Muttergesellschaft ihre hierzulande ansässige Tochter nicht zu Lasten unbefriedigter Gläubiger schädigen oder vernichten darf, ohne die Haftungsfolgen des deutschen Gläubigerschutzrechts zu tragen.³⁰⁸ Derartige tätigkeitsbezogene Gläubigerschutzregeln stehen nach der Entscheidung „Kornhaas/Dithmar" nicht im Konflikt mit der Niederlassungsfreiheit und bedürfen daher über das allgemein Diskriminierungsverbot hinaus keiner weitergehenden Rechtfertigung (→ Rn. 148 ff., → Rn. 247, → Rn. 451 ff.).

507 **dd) Grenzüberschreitende Eingliederung.** Die Möglichkeit einer Eingliederung war nach lange hM auf **Aktiengesellschaften**³⁰⁹ **deutschen Rechts mit tatsächlichem Sitz im Inland beschränkt.**³¹⁰ Für die **Hauptgesellschaft** ergibt sich das Sitzerfordernis als solches ausdrücklich aus dem Gesetz (§ 319 Abs. 1 S. 1 AktG, § 327 Abs. 1 S. 2 AktG),

---

³⁰⁶ *Hüffer* AktG, 10. Aufl. 2012, § 311 Rn. 12 mit § 291 Rn. 5 (abw. *Hüffer/Koch/Koch* AktG § 311 Rn. 9: maßgeblich sei die Geltung des deutschen Gesellschaftsstatuts für die abhängige Gesellschaft); MHdB AG/*Krieger*, 3. Aufl. 2007, § 69 Rn. 68 (zutr. heute MHdB AG/*Krieger* § 70 Rn. 70); vgl. zum Vertragskonzern auch noch K. Schmidt/Lutter/*Langenbucher*, 2. Aufl. 2010, § 291 Rn. 21 (klarstellend heute K. Schmidt/Lutter/*Langenbucher* § 291 Rn. 21).

³⁰⁷ *Eidenmüller* in Eidenmüller, Ausländische Kapitalgesellschaften im deutschen Recht, 2004, § 4 Rn. 35; Emmerich/Habersack/*Habersack* § 311 AktG Rn. 21; Hüffer/Koch/*Koch* AktG § 311 Rn. 9; MHLS/*Leible* GmbHG Syst. Darst. 2 Rn. 239; BeckOK GmbHG/*Servatius* Konzern Rn. 498, 569 f. (auch keine Existenzvernichtungshaftung nach deutschem Recht); K. Schmidt/Lutter/*Vetter* AktG § 311 Rn. 11; Spahlinger/Wegen/*Spahlinger/Wegen* Kap. C Rn. 390, 394 (mit Vorbehalt eines Normenmangels); ebenso BeckOGK/*Schall* AktG § 15 Rn. 42, nach dessen Ansicht die ausländische Untergesellschaft aber immerhin die Möglichkeit haben sollte, ihre Konzernierung nach dem Heimatrecht oder nach deutschem Recht, insbes. den §§ 311 ff. AktG, zu legitimieren.

³⁰⁸ Vgl. auch *Stöber* ZVglRWiss 113 (2014), 57 (61 ff., 64 ff., 72 ff.) (s. dazu bei → Rn. 500).

³⁰⁹ Zum Ausschluss einer Eingliederung unter Beteiligung einer GmbH statt aller mwN Emmerich/Habersack/*Habersack* Anh. § 318 AktG Rn. 2 mwN.

³¹⁰ So ausdrücklich Emmerich/Habersack/*Habersack*, 5. Aufl. 2008, § 319 AktG Rn. 7; aA (wie hier → Rn. 508) nunmehr Emmerich/Habersack/*Habersack* § 319 AktG Rn. 7; → AktG § 319 Rn. 4 ff.

nicht aber, dass es sich dabei um den tatsächlichen Sitz handeln müsse. Gerechtfertigt wird diese Beschränkung mit der Erwägung, dass den Gläubigern der eingegliederten Gesellschaft die Eingliederung nur dann zuzumuten sei, wenn diese ihre Ansprüche aus § 322 AktG gegen eine im Inland ansässige, der aktienrechtlichen Vermögensbindung unterliegende AG verfolgen können (→ AktG § 327 Rn. 4).[311] Für die **einzugliedernde Gesellschaft** wurde das Erfordernis eines Inlandssitzes hingegen herkömmlich mit dem Hinweis begründet, dass die Ansiedlung des tatsächlichen Sitzes im Ausland nach der Sitztheorie zur Auflösung führe, welche, nicht anders als die Auflösung der Hauptgesellschaft (vgl. § 327 Abs. 1 Nr. 4 AktG), die Eingliederung beendet.[312]

Kollisionsrechtlich gelten auch für die grenzüberschreitende Eingliederung die Anknüpfungsregeln über internationale Unterordnungskonzerne. Daraus folgt, dass deutsche Aktiengesellschaften auch dann eingegliedert werden können, wenn sie ihren tatsächlichen Sitz in zulässiger Weise im Ausland nehmen (→ Rn. 220 ff., → Rn. 349 ff.). Auch die für die Hauptgesellschaft geltende Beschränkung lässt sich aus Sicht des deutschen Rechts kaum halten, wenn und weil sie auch im Falle eines tatsächlichen Auslandssitzes ihr Gesellschaftsstatut beibehält und aufgrund des deutschen Satzungssitzes stets zwingend einen allgemeinen Gerichtsstand im Inland hat (→ Rn. 691). **508**

Aus **unionsrechtlicher Sicht** ist es zwar unbedenklich, wenn der deutsche Gesetzgeber die Eingliederungsmöglichkeit nur für Aktiengesellschaften vorsieht, andere Rechtsformen deutschen Rechts hingegen ausschließt. Nach der ratio der Entscheidungen „Sevic" und „VALE" (→ Rn. 95, → Rn. 105) dürfte die pauschale Diskriminierung grenzüberschreitender Eingliederungen unter Beteiligung europäischer Aktiengesellschaften hingegen nicht mit dem Unionsrecht vereinbar sein (→ AktG § 319 Rn. 7; zur Mittelstellung der Eingliederung zwischen bloßer Beherrschung und Verschmelzung → AktG Vor § 319 Rn. 3).[313] **509**

c) Grenzüberschreitender Gleichordnungskonzern. Grenzüberschreitende Gleichordnungskonzerne sind **in der Praxis selten**, auch wenn sich durchaus namhafte Beispiele finden.[314] Kennzeichnend ist auch insoweit die einheitliche Leitung rechtlich selbständiger Unternehmen aus unterschiedlichen Rechtsordnungen, ohne dass ein Abhängigkeitsverhältnis entsteht (§ 18 Abs. 2 AktG). Die einheitliche Leitung kann durch Vertrag oder faktisch begründet werden. Inwieweit die Vorteile solcher „dual headed structures" deren Nachteile überwiegen, insbesondere hinsichtlich der Auswirkungen auf den Kapitalmärkten und der Unternehmensführung, lässt sich nur im Einzelfall beurteilen.[315] **510**

Für die vielfältigen Strukturen grenzüberschreitender Gleichordnungskonzerne[316] gibt es **keine einheitliche Kollisionsregel**. Handelt es sich um eine vertraglich vereinbarte, reine Binnenorganisation, unterliegt diese grundsätzlich der Rechtswahl der beteiligten Gesellschaften (Art. 3 f. Rom I-VO).[317] Einschränkungen dieser Rechtswahl können sich **511**

---

[311] Emmerich/Habersack/*Habersack* § 327 AktG Rn. 5.
[312] S. Emmerich/Habersack/*Habersack* § 319 AktG Rn. 7 und zur Beendigung der Eingliederung durch Auflösung der eingegliederten Gesellschaft Emmerich/Habersack/*Habersack* § 327 AktG Rn. 3, 5, 11.
[313] Unionsrechtliche Bedenken auch bei Emmerich/Habersack/*Habersack* § 319 AktG Rn. 7.
[314] Zu nennen sind insbes. die Royal Dutch/Shell und Unilever; zum Ganzen mit weiteren Beispielen *Harbarth* AG 2004, 573 ff.
[315] Näher Spahlinger/Wegen/*Spahlinger/Wegen* Kap. C Rn. 397.
[316] Vorstellbar sind etwa Gleichordnungsverträge mit Regelungen über die Errichtung gemeinsamer Leitungsgremien und die Gewinnverteilung, die Auslagerung der operativen Geschäftsbetriebe in neu zu gründende Tochtergesellschaften mit wechselseitiger Beteiligung der Muttergesellschaften oder in eine gemeinsame Tochtergesellschaft (sog. Zentralgesellschaft). Dazu mit Beispielen aus der Praxis Spahlinger/Wegen/*Spahlinger/Wegen* Kap. C Rn. 400 ff.
[317] S. etwa BAGE 110, 100 = ZIP 2004, 1468 – Bofrost; BGH RIW 2004, 935 (938). Nach der hM zum deutschen Kollisionsrecht ist die Anwendung des Vertragsstatuts in diesen Fällen nicht ausgeschlossen (Staudinger/*Großfeld* IntGesR Rn. 772 und 777; Soergel/*Hoffmann* EGBGB Art. 37 Rn. 48; MüKoBGB/*Kindler* IntGesR Rn. 287, 722). Für die Rom I-VO, insbes. die Art. 3 f. Rom I-VO, dürfte mit Blick auf die Begrenzung der Ausnahme des Art. 1 Abs. 2 lit. f Rom I-VO Gleiches gelten (s. MüKoBGB/*Martiny* Art. 1 Rom I-VO Rn. 71; Staudinger/*Magnus* Rom I-VO Art. 1 Rn. 87).

jedoch aus den Gesellschaftsstatuten der gleichgeordneten Gesellschaften einschließlich der jeweiligen konzernrechtlichen Regelungen ergeben. Diese sind insoweit gleichberechtigt und daher kumulativ anzuwenden (→ AktG Vor § 291 Rn. 58).[318] Wird der vertragliche Gleichordnungskonzern über eine gemeinsame Außengesellschaft durchgeführt, gilt für die korporationsrechtlichen Beziehungen deren Gesellschaftsstatut (→ AktG Vor § 291 Rn. 58).[319] Für ergänzende Gesellschaftervereinbarungen kann das anwendbare Recht hingegen wiederum frei gewählt werden, soweit sich nicht Einschränkungen aus den Gesellschaftsstatuten der beteiligten Gesellschaften oder aus sonstigen zwingenden Regelungen ergeben. Beispielhaft ist insoweit die Nichtigkeit von Abreden über die Besetzung der Leitungsorgane zu nennen (→ AktG § 291 Rn. 226).[320] Im faktischen Gleichordnungskonzern finden grundsätzlich die Personalstatuten der einzelnen Gesellschaften Anwendung (→ AktG Vor § 291 Rn. 58),[321] deren Bestimmung indes gerade in Bezug auf die Außenverhältnisse bis heute im Einzelnen strittig ist.

512 Unter dem Aspekt der **Niederlassungsfreiheit** wirft der grenzüberschreitende Gleichordnungskonzern gegenüber den bereits behandelten Gestaltungen keine besonderen Schwierigkeiten auf. Insbesondere gelten für eine selbständige Leitungsgesellschaft deutschen oder ausländischen Rechts die in diesem Kap. dargestellten Grundsätze.

III. Inhabilität von Geschäftsleitern

513 **1. Geschäftsleiter einer deutschen GmbH oder AG.** Die **Bestellungsverbote** des **deutschen materiellen Kapitalgesellschaftsrechts** sollen ua verhindern, dass Personen, die wegen bestimmter wirtschaftsstrafrechtlicher Straftaten verurteilt wurden (§ 6 Abs. 2 S. 2 Nr. 3 GmbHG, § 76 Abs. 3 S. 2 Nr. 3 AktG) oder gegen die ein gerichtliches oder behördliches Berufs- oder Gewerbeverbot verhängt wurde (§ 6 Abs. 2 S. 2 Nr. 2 GmbHG, § 76 Abs. 3 S. 2 Nr. 2 AktG), zum Geschäftsführer einer GmbH oder zum Mitglied des Vorstands einer AG bestellt werden.

514 Seit der Neufassung durch das MoMiG beziehen die Inhabilitätsvorschriften auch **strafrechtliche Verurteilungen im Ausland** ausdrücklich[322] mit ein (§ 6 Abs. 2 S. 3 GmbHG, § 76 Abs. 3 S. 3 AktG).[323] Die Forderung des BR, auch **Berufs- oder Gewerbeverbote ausländischer Gerichte und Behörden** ausdrücklich einzubeziehen, wurde hingegen als „zu weitgehend" abgelehnt.[324] Die Möglichkeit, ausländische Behördenentscheidungen bei der Anwendung der § 6 Abs. 2 S. 2 Nr. 2 GmbHG, § 76 Abs. 3 S. 2 Nr. 2 AktG nach den Regeln der Substitution zu berücksichtigen, bleibt aber unberührt. Im Rahmen des ersten Teilpakets des **EU-Company Law Package** (→ Rn. 11) wurde im Jahr 2019 auch eine europäische Regelung eingeführt (Art. 13i GesR-RL). Sie verpflichtet die Mitgliedstaaten, Inhabilitätsvorschriften vorzusehen, in deren Rahmen auch Disqualifikationen in anderen Mitgliedstaaten bzw. insoweit relevante Informationen zu berücksichtigen sind. Zudem kann von einem potenziellen „Geschäftsführer" eine Erklärung über etwaige Disqualifikationsgründe verlangt und die Ernennung abgelehnt werden, wenn er in einem anderen Mitgliedstaat disqualifiziert ist.[325] Eine Harmonisierung der Disqualifikationstatbestände als solcher fehlt hingegen weiterhin.[326] Ebenso ist keine Regelung dazu erfolgt, ob Mitgliedstaaten, in denen eine EU-Auslandsgesellschaft sich

---

[318] MüKoBGB/*Kindler* IntGesR Rn. 724 ff.; Spahlinger/Wegen/*Spahlinger/Wegen* Kap. C Rn. 403 f.; Staudinger/*Großfeld* IntGesR Rn. 560; *Großfeld/Kötter* IPRax 1983, 60 (61).
[319] Spahlinger/Wegen/*Spahlinger/Wegen* Kap. C Rn. 404; BeckOGK/*Veil/Walla* AktG § 291 Rn. 55.
[320] *Harbarth* AG 2004, 573 (575).
[321] BeckOGK/*Veil/Walla* AktG § 291 Rn. 50.
[322] Entsprechendes war bereits zuvor zu Recht anerkannt, s. OLG Naumburg ZIP 2000, 622 (624).
[323] Erfasst sind nur Vorsatztaten, s. OLG München GmbHR 2014, 869.
[324] S. einerseits die Stellungnahme des BR BT-Drs. 16/6140, 64, andererseits die Gegenäußerung der BReg BT-Drs. 16/6140, 75.
[325] S. zur geplanten Umsetzung den RegE des Gesetzes zur Umsetzung der Digitalisierungsrichtlinie (DiRUG) v. 10.2.2021, insbes. § 9c HGB-E, § 76 Abs. 3 S. 3 AktG-E sowie § 6 Abs. 3 S. 3 GmbHG-E.
[326] *Bayer/Schmidt* BB 2019, 1922 (1924 f.).

niederlässt, ihre Inhabilitätsvorschriften zur Anwendung bringen und entsprechende Maßnahmen ergreifen können (→ Rn. 517 ff.).

Besteht ein Ausschlussgrund, ist die **Organbestellung** nach § 134 BGB **nichtig**. Zum 515 Schutz des Rechtsverkehrs greifen die § 15 Abs. 1 und 3 HGB und die allgemeinen Grundsätze der **Rechtsscheinhaftung**.[327] Im Falle einer GmbH haften darüber hinaus die Gesellschafter, die vorsätzlich oder grob fahrlässig einer inhabilen Person die Geschäftsführung überlassen haben, der Gesellschaft solidarisch für den Schaden, der durch Obliegenheitsverletzungen dieser Person entstehen (§ 6 Abs. 5 GmbHG). Allgemein gilt jedoch, dass die Bestellung eines inhabilen Geschäftsführers oder Vorstandsmitglieds eine Pflichtverletzung des jeweils zuständigen Bestellungsorgans darstellt, sodass in derartigen Fällen auch bei der AG eine Innenhaftung denkbar und bei der GmbH eine abweichende Haftung möglich ist.[328]

Diese Regelungen sind mit der **Niederlassungsfreiheit** auch dann vereinbar, wenn der 516 Geschäftsleiter einem anderen Mitgliedstaat angehört. Die Frage, welche Personen Geschäftsleiter einer deutschen GmbH oder AG werden können, ist allein nach deutschem Recht zu beurteilen, dem insoweit lediglich eine Diskriminierung nach der Staatsangehörigkeit untersagt ist. Dies folgt unmittelbar bereits aus Art. 49 Abs. 2 AEUV, liegt zum anderen aber auch auf der Linie des Urteils „Cartesio",[329] in dem der EuGH zu Recht die Hoheit der Mitgliedstaaten über das nationale Gesellschaftsrecht betont hat.

2. Geschäftsleiter von Auslandsgesellschaften. Aufgrund der Entscheidungen „Cen- 517 tros", „Überseering" und „Inspire Art"[330] stellte sich **vor dem MoMiG** mit aller Schärfe die Frage, ob die Übernahme der Geschäftsleitung von Auslandsgesellschaften mit Sitz im Inland ein taugliches Mittel sein konnte, um die **deutschen Inhabilitätsvorschriften zu umgehen**. Insoweit war im Schrifttum verbreitet die Ansicht vertreten worden, die deutschen Bestellungsverbote seien auch auf die Geschäftsleiter solcher Auslandsgesellschaften anzuwenden, was kollisionsrechtlich mit einer Sonderanknüpfung begründet und unionsrechtlich unter dem Aspekt der Bekämpfung eines „Missbrauchs der Niederlassungsfreiheit" (→ Rn. 184 ff.) gerechtfertigt wurde.[331]

Tauglicher Ansatzpunkt einer Sanktion kann insbesondere die **Anmeldung inländi-** 518 **scher Zweigniederlassungen** betroffener Auslandsgesellschaften sein. **Zweifel** an der Zulässigkeit entsprechender Maßnahmen resultierten vor dem MoMiG daraus, dass die zur Umsetzung der später in der GesR-RL aufgegangenen Zweigniederlassungs-RL (→ Rn. 8) eingeführten Vorschriften über die Anmeldung von Zweigniederlassungen ausländischer Kapitalgesellschaften (§§ 13f, 13g HGB aF) nicht auf diejenigen Bestimmungen verwiesen, nach denen die Geschäftsleiter das Nichtvorliegen von Inhabilitätsgründen zu versichern hatten (§ 8 Abs. 3 GmbHG, § 37 Abs. 2 AktG aF). Mit dieser Gesetzesfassung hatte der Gesetzgeber sich bewusst gegen die zuvor in der Rspr. vertretene Ansicht[332] entschieden, dass eine entsprechende Versicherung bei der Anmeldung erforderlich sei.[333]

---

[327] S. Hüffer/Koch/*Koch* AktG § 76 Rn. 62.
[328] S. auch Begr. RegE, BT-Drs. 16/6140, 33.
[329] EuGH NJW 2009, 569 – Cartesio.
[330] EuGH Slg. 1999, I-1459 = NJW 1999, 2027 – Centros; Slg. 2002, I-9919 = NJW 2002, 3614 – Überseering; Slg. 2003, I-10155 = NJW 2003, 3331 – Inspire Art.
[331] S. *Brand* JR 2004, 89 (92); *Eidenmüller* in Eidenmüller, Ausländische Kapitalgesellschaften im deutschen Recht, 2004, § 3 Rn. 100 f.; *Eidenmüller* JZ 2004, 24 (26); *Eidenmüller/Rehm* ZGR 2004, 159 (179); *Hirte* EWS 2003, 521 (522); *Hirte* ZInsO 2003, 833 (836); *Höfling* Englisches Int. GesR S. 275 f.; *Knapp* DNotZ 2003, 85 (89); *Schanze/Jüttner* AG 2003, 661 (669) (allg. zur „Umgehung" von Verboten); s. ferner *Lanzius* ZInsO 2004, 296 ff. (für eine an dem englischen Companies and Directors Disqualification Act 1986 orientierte Neuregelung); *Westhoff* ZInsO 2004, 289 (290).
[332] Vgl. BayObLG DB 1986, 2530.
[333] Nach der amtl. Begr. des RegE war der Gesetzgeber der Auffassung, dass die § 8 Abs. 3 GmbHG, § 37 Abs. 2 AktG nicht für Geschäftsleiter ausländischer Gesellschaften passten, da ihre Bestellung sich nach dem jeweiligen ausländischen Recht richte. Deshalb könne von ihnen nicht verlangt werden zu versichern, dass keine Umstände vorlägen, die ihrer Bestellung nach den deutschen Bestellungsverboten entgegenstünden; BT-Drs. 12/3908, 17 f.; vgl. ferner *Kindler* NJW 1993, 3301 (3305); *Seibert* DB 1993, 1705 (1706).

519 Nach zutreffender Ansicht der **deutschen Rspr.** konnte dem Gesetzgeber indes nicht der Wille unterstellt werden, die Durchsetzung der Bestellungsverbote mit den gegebenen Mitteln auszuschließen, weshalb in derartigen Fällen namentlich **Gewerbeuntersagungen** gem. § 35 GewO als rechtmäßig gebilligt wurden.[334] Darüber hinaus hatte der **BGH** im Jahr 2007 entschieden, dass die Eintragung der Zweigniederlassung einer EU-Auslandsgesellschaft in das Handelsregister (→ Rn. 538 ff.) ohne Verstoß gegen die Zweigniederlassungs-RL oder die Niederlassungsfreiheit abgelehnt werden dürfe, wenn gegen ihren Geschäftsleiter im Inland ein vollziehbares behördliches Gewerbeverbot verfügt worden sei (§ 6 Abs. 2 S. 4 GmbHG aF).[335]

520 Der deutsche Gesetzgeber griff diese Rspr. im Zuge des **MoMiG** auf, um Versuchen zur Umgehung der deutschen Inhabilitätsvorschriften ebenfalls im Zusammenhang mit der Anmeldung von Zweigniederlassungen ausländischer Kapitalgesellschaften zu begegnen. Seither gelten die **Bestellungsverbote** der § 76 Abs. 2 S. 2 und 3 AktG und § 6 Abs. 2 S. 2 und 3 GmbHG „in Bezug auf die Zweigniederlassung" auch für die gesetzlichen Vertreter[336] von Auslandsgesellschaften (§ 13e Abs. 3 S. 2 HGB). Ferner müssen die Geschäftsleiter bei der Anmeldung inländischer Zweigniederlassungen versichern, selbst keinen Bestellungshindernissen nach den genannten Bestimmungen zu unterliegen (§ 13f Abs. 2 S. 2 HGB, § 37 Abs. 2 S. 1 AktG, § 13g Abs. 2 S. 2 HGB iVm § 8 Abs. 3 S. 1 GmbHG). Die Pflicht zur richtigen Abgabe dieser Versicherung ist strafbewehrt (§ 82 Abs. 1 Nr. 5 GmbHG, § 399 Abs. 1 Nr. 6 AktG; → Rn. 669).

521 Die **Anmeldung** inländischer Zweigniederlassungen kann durch gesetzliche Vertreter in **vertretungsberechtigter Zahl** erfolgen (→ Rn. 540).[337] Entgegen einer teilweise vertretenen Ansicht kann daraus indes nicht geschlossen werden, dass inhabile Geschäftsleiter sich bei geeigneter Vertretungsregelung der Pflicht zur Abgabe der geforderten Versicherung entziehen könnten.[338] Das deutsche GmbH- und Aktienrecht stellt nämlich sicher, dass sämtliche Geschäftsleiter bereits bei der Gründung (§ 7 Abs. 1 GmbHG, § 8 Abs. 3 GmbHG, § 78 GmbHG; § 36 Abs. 1 AktG, § 37 Abs. 2 AktG) oder bei der Anmeldung ihrer nachträglichen Bestellung (§ 39 Abs. 3 GmbHG; § 81 Abs. 3 S. 1 AktG) selbst versichern, dass in ihrer Person keine Bestellungshindernisse vorliegen und sie über ihre unbeschränkte Auskunftspflicht belehrt wurden. In letzterem Fall kann die höchstpersönliche Versicherung auch in gesonderter Erklärung erfolgen, die der Anmeldung beizufügen ist.[339] Eine Versicherung der belehrenden Person, dass die Belehrung erfolgt sei, ersetzt die eigene Versicherung des Geschäftsleiters nicht.[340] Die Verpflichtung von nach der Gründung neu bestellten Geschäftsleitern, eine solche Versicherung abzugeben, gilt ausdrücklich auch für die Anmeldung von Zweigniederlassungen ausländischer Kapitalgesellschaften (§ 13f Abs. 5 HGB, § 13g Abs. 5 HGB).

522 Zweifelhaft ist, ob und in welchem Umfang die Erstreckung der inländischen Bestellungsverbote auch **zivilrechtliche Konsequenzen** hat. Die Gesetzesbegründung enthält hierzu keine klare Aussage, deutet aber in die verneinende Richtung.[341] Die angesprochene Ent-

---

[334] OVG Münster BB 2005, 2259 (2260); OLG Dresden DNotZ 2005, 635 (Gewerbeuntersagung nach § 35 GewO); VG Köln BeckRS 2008, 32082; VG Sigmaringen BeckRS 2006, 23847 (Gewerbeuntersagung nach § 35 GewO); VG Arnsberg BeckRS 2005, 25012 (Gewerbeuntersagung nach § 35 GewO); vgl. auch OLG Zweibrücken NZG 2003, 537 (538); aA aber OLG Jena NZG 2006, 434 (Vorinstanz zu BGHZ 172, 200 = NJW 2007, 2328). S. hierzu Großkomm HGB/*Koch* HGB § 13d Rn. 44.

[335] BGHZ 172, 200 = NJW 2007, 2328; abl. *Mankowski* BB 2006, 1173 (für eine rein gewerberechtliche Sanktionsmöglichkeit).

[336] Die ständigen Vertreter der Zweigniederlassung iSd § 13e Abs. 2 S. 5 Nr. 3 HGB sind als Bevollmächtigte (s. OLG München NZG 2006, 512 (513)) nicht umfasst; s. auch Begr. RegE, BT-Drs. 16/6140, 49.

[337] KG NZG 2004, 49 (50); Lutter/Hommelhoff/*Bayer* GmbHG Anh. § 4a Rn. 21.

[338] So aber *Franz* BB 2009, 1250 (1254); vgl. auch *Kindler* IPRax 2009, 189 (201); *Kindler* AG 2007, 721 (730); MüKoBGB/*Kindler* IntGesR Rn. 909 ff.

[339] Statt aller Baumbach/Hueck/*Servatius* GmbHG § 8 Rn. 11.

[340] BGH NZG 2019, 775 Rn. 40.

[341] Begr. RegE, BT-Drs. 16/6140, 50: „Klarzustellen ist, dass die Regelung nicht bedeutet, dass an den deutschen Inhabilitätsvorschriften die Fähigkeit von Personen, Organ einer Auslandsgesellschaft zu sein, gemessen wird. Dies ist allein Aufgabe des Rechts, dem die ausländische Gesellschaft unterliegt. Es geht bei

scheidung des BGH (→ Rn. 519) lässt hingegen das Verständnis zu, dass der Geschäftsführerbestellung für den inländischen Geschäftsbetrieb der Auslandsgesellschaft keine Wirkung beizumessen ist.³⁴² Hiervon ausgehend wäre das Handeln eines inhabilen Geschäftsführers ggf. als Vertretung ohne Vertretungsmacht zu betrachten.³⁴³ Eine derartige Auslegung ließe sich auch mit dem Wortlaut des § 13e Abs. 3 S. 2 HGB vereinbaren. Folgt man dem, sollte Gleiches allerdings über den Wortlaut dieser Regelung hinaus nicht nur bei Vorhandensein einer inländischen Zweigniederlassung, sondern für das rechtsgeschäftliche Handeln des inhabilen Geschäftsführers allgemein gelten.³⁴⁴ Da die Grundsätze der materiellen Registerpublizität in diesen Fällen nach deutschem Recht zu beurteilen sind (→ Rn. 560)³⁴⁵ und eine etwaige ausländische Eintragung des inhabilen Geschäftsleiters mit Blick auf § 13e Abs. 3 S. 2 HGB als unrichtig zu behandeln ist, kann im Ergebnis wahlweise eine Haftung des Geschäftsleiters (§ 179 BGB) oder der Gesellschaft (§ 15 Abs. 3 HGB) geltend gemacht werden.³⁴⁶

Bedenken unter dem Aspekt des **Unionsrechts** hat der Gesetzgeber des MoMiG zutreffend verneint.³⁴⁷ Ein Konflikt mit der Zweigniederlassungs-RL (→ Rn. 8) bzw. der an ihre Stelle getretenen GesR-RL scheidet schon deshalb aus, weil sie die Eignung von gesetzlichen Vertretern einer Gesellschaft nicht regelt.³⁴⁸ Diese Einschätzung kann man durch den Umstand bestätigt sehen, dass erst im Zuge des EU-Company Law Package mit Art. 13i GesR-RL eine Regelung zu dieser Frage erfolgte (→ Rn. 514).³⁴⁹ Andererseits ist nicht erkennbar, dass der Richtliniengeber nationale Schutzregelungen ausschließen wollte, indem er es unterlassen hat, flankierende Regelungen aus der Perspektive der Aufnahme- bzw. Zweigniederlassungsstaaten einzuführen.³⁵⁰ Was sodann die Frage anbelangt, ob die deutsche Regelung mit der Niederlassungsfreiheit vereinbar ist, kann zunächst mit guten Gründen bezweifelt werden, dass es sich um eine Beschränkung handelt, die mit denjenigen der Urteile „Centros", „Überseering" und „Inspire Art" vergleichbar wäre. Namentlich wird anders als in „Centros" nicht pauschal eine Umgehung des inländischen Gesellschaftsrechts geltend gemacht, sondern die Eintragung einer inländischen Niederlassung spezifisch mit dem legitimen Anliegen reguliert, den Rechtsverkehr vor inhabilen Geschäftsleitern zu schützen. Versteht man die „Kornhaas"-Entscheidung aus dem Jahr 2015³⁵¹ in einem sehr 523

---

dieser Regelung allein darum, zu verhindern, dass Personen, die nach deutschem Recht inhabil wären, also zB nicht Geschäftsführer einer GmbH werden könnten, als Organe einer Auslandsgesellschaft hier in Deutschland eine Zweigniederlassung eintragen lassen".

³⁴² BGHZ 172, 200 = NJW 2007, 2328 (2329) Rn. 12: „Dabei ist zwar hinzunehmen, dass eine Person, der die Leitung einer inländischen Kapitalgesellschaft untersagt wäre, als director die Geschäfte einer englischen Limited führt. Dies findet seine Grenze jedoch dann, wenn die mit einem inländischen Bestellungsverbot belegte Person durch Eintragung einer Zweigniederlassung als Geschäftsführungsorgan im Handelsregister ausgewiesen werden soll. Hinsichtlich der Zweigniederlassung mangelt es nämlich bereits an einer wirksamen Geschäftsführerbestellung, da die zwingenden Ausschlussgründe des § 6 II 3 und 4 GmbHG eine solche verhindern". Für eine zivilrechtliche Folge auch *Eidenmüller/Rehberg* NJW 2008, 28 (29 f.).

³⁴³ So ausdrücklich – noch vor der Neufassung – *Eidenmüller/Rehberg* NJW 2008, 28 (30 f.). Zur umstrittenen kollisionsrechtlichen Anknüpfung in Fällen der Vertretung ohne Vertretungsmacht statt aller BeckOK BGB/*Mäsch* EGBGB Art. 8 Rn. 26 f. Die Rom I-VO klammert die diesbezüglichen Fragen aus (→ Rn. 603).

³⁴⁴ S. auch – noch vor der Neufassung – *Eidenmüller/Rehberg* NJW 2008, 28 (30).

³⁴⁵ MüKoBGB/*Kindler* IntGesR Rn. 948; *Rehberg* in Eidenmüller, Ausländische Kapitalgesellschaften im deutschen Recht, 2004, § 5 Rn. 87 ff.

³⁴⁶ Zutr. *Eidenmüller/Rehberg* NJW 2008, 28 (31). Zur wahlweisen Geltendmachung der materiellen Registerpublizität BGHZ 55, 267 (273); NJW 1971, 1268.

³⁴⁷ Begr. RegE, BT-Drs. 16/6140, 50; eingehend auch BGHZ 172, 200 = NJW 2007, 2328 (2329 ff.); zust. auch Lutter/Hommelhoff/*Bayer* GmbHG Anh. § 4a Rn. 28; MHLS/*Leible* GmbH Syst. Darst. 2 Rn. 142.

³⁴⁸ Ebenso *Bayer/Schmidt* BB 2019, 2178 (2191 f.); *Stelmaszczyk* EuZW 2019, 819 (823); *Stiegler* GmbHR 2019, 869 (872 f.); aA *Eidenmüller/Rehberg* NJW 2008, 28 (29), wonach die RL eine Versicherung hinsichtlich der Inhabilität ausschließt, unter unzutr. Hinweis auf BGHZ 172, 200 = NJW 2007, 2328 Rn. 10; zweifelnd auch *Wachter* GmbHR 2006, 793 (798 f.); Großkomm HGB/*Koch* HGB § 13f Rn. 7, § 13g Rn. 4.

³⁴⁹ *Stelmaszczyk* EuZW 2019, 819 (823).

³⁵⁰ *Stelmaszczyk* EuZW 2019, 819 (823 f.).

³⁵¹ EuGH NJW 2016, 223 Rn. 23 ff. – Kornhaas in Abgrenzung zu EuGH NJW 2002, 3614 Rn. 82 – Überseering und EuGH NJW 2003, 3331 Rn. 141 – Inspire Art.

restriktiven Sinne dahingehend, dass das niederlassungsrechtliche Beschränkungsverbot auf Hindernisse im engeren Sinne der genannten Entscheidungstrias reduziert wurde, könnte es bereits an einer rechtfertigungsbedürftigen Beschränkung fehlen (zum zutreffenden Verständnis der Niederlassungsfreiheit → Rn. 124 ff., → Rn. 155 ff.). Interpretiert man die Niederlassungsfreiheit hingegen nach „Kornhaas" immerhin als Beschränkungsverbot für sämtliche den Marktzugang betreffenden Regelungen und Maßnahmen, so mag man eine Legitimation nach dem Vier-Kriterien-Test der „Gebhard-Formel" für (nicht diskriminierende) Behinderungen (→ Rn. 136 ff.) für erforderlich halten. Auch dann wäre die deutsche Inhabilitätsregelung indes **jedenfalls** aus zwingenden Gründen des Allgemeininteresses **gerechtfertigt** (→ Rn. 180 ff.).[352] Die Inhabilitätsvorschriften sollen sicherstellen, dass die Geschäftsleiter die persönliche Eignung besitzen, um die Geschäfte einer Kapitalgesellschaft ohne Gefährdung des Rechtsverkehrs ordnungsgemäß zu führen, und verfolgen damit ein legitimes Ziel.[353] An der Geeignetheit und Verhältnismäßigkeit ist im Übrigen nicht zu zweifeln, insbesondere ist kein milderes Mittel ersichtlich, um zu verhindern, dass inhabile Personen im Inland als gesetzliche Vertreter einer Kapitalgesellschaft tätig werden. Diese Beurteilung gilt nicht nur für die Nichteintragung der Zweigniederlassung, sondern auch für die Pflicht zur Abgabe einer entsprechenden Versicherung, die Strafbarkeit unrichtiger Versicherungen sowie die zivilrechtlichen Konsequenzen[354] eines rechtsgeschäftlichen Handelns inhabiler Geschäftsleiter. Nicht zuletzt entspricht die deutsche Regelung konzeptionell auch derjenigen in Art. 13i GesR-RL und damit dem Ansatz des Unionsgesetzgebers.[355]

524 Der **BGH** hat die Frage, ob die Verpflichtungen zur Abgabe der genannten Versicherungen mit Art. 30 GesR-RL und der Niederlassungsfreiheit (Art. 49, 54 AEUV) vereinbar sind, indes dem **EuGH zur Vorabentscheidung vorgelegt.**[356] Nach seiner Ansicht bestehen Zweifel, ob die erforderlichen Versicherungen tatsächlich nicht dem Anwendungsbereich der – abschließenden – sekundärrechtlichen Regelung unterfallen und bereits aus diesem Grund richtlinienwidrig sind. Auch für den Fall, dass die Angabepflichten nicht von der Richtlinie erfasst würden, hält der BGH es zumindest für zweifelhaft, ob von einer gerechtfertigten Beschränkung der Niederlassungsfreiheit ausgegangen werden kann.[357] Die Regelung könne über das erforderliche Maß hinausgehen, weil die Geschäftsführer von Auslandsgesellschaft einer sogar strafbewehrten Erklärungspflicht unterworfen würden, deren Erfüllung ihnen nur erschwert möglich sei. Auch der Umstand, dass die Regelung rein vorbeugend eingreife, selbst wenn keine konkreten Anhaltspunkte für ein Bestellungshindernis vorliegen, spreche nach den Maßstäben der „Centros"-Rspr. des EuGH dagegen, dass die Erklärungspflichten unter dem Aspekt der Missbrauchs- und Betrugsbekämpfung gerechtfertigt werden könnten.[358] In der Sache überzeugen diese Bedenken aus den genannten Gründen nicht. Die Anwendung der deutschen Inhabilitätsregeln scheitert weder an der GesR-RL, die insoweit nicht einschlägig ist (→ Rn. 523), noch an der Niederlassungsfreiheit. Den Geschäftsleitern einer grenzüberschreitend tätigen Gesellschaft, die eine Eintragung im deutschen Handelsregister beantragt, kann zugemutet werden, nach entsprechender Belehrung eine zutreffende Versicherung abzugeben und sich erforderlichenfalls ergänzend über die Rechtslage zu vergewissern. Auch Art. 13i Abs. 2 UAbs. 1 GesR-RL geht hiervon aus, da er die Mitgliedstaaten dazu ermächtigt, eine Erklärung über Bestellungshindernisse zu verlangen. Dass es sich im dortigen Fall um den Gründungsmitgliedstaat handelt, während in den hier fraglichen Fällen lediglich eine Zweigniederlassung in Rede steht, rechtfertigt keine abweichende Beurteilung, zumal es sich seit „Cen-

---

[352] So auch *Bayer/Schmidt* BB 2019, 2178 (2192); aA *Belgorodski/Friske* WM 2011, 251 (253 ff.) (Beschränkung auf ständige Vertreter inländischer Niederlassungen erforderlich); *Meilicke* GmbHR 2019, 829 f.; *Stiegler* GmbHR 2019, 869 (873 f.).
[353] S. etwa EuGH Slg. 1995, I-4165 Rn. 35 – Gebhard; Slg. 2002, I-3129 Rn. 38 – Kommission/Italien.
[354] S. insoweit auch *Eidenmüller/Rehberg* NJW 2008, 28 (30 f.).
[355] *Stelmaszczyk* EuZW 2019, 819 (825).
[356] BGH NZG 2019, 775 Rn. 35 ff.
[357] BGH NZG 2019, 775 Rn. 41 ff., 55 ff., 63 ff.
[358] BGH NZG 2019, 775 Rn. 66 unter Hinweis auf EuGH NZG 1999, 298 Rn. 38 – Centros.

tros" bei der Zweigniederlassung durchaus auch um die einzige Niederlassung der Gesellschaft handeln kann (→ Rn. 34 ff.).[359] Ebenso wenig ist dem Unionsrecht ein Grundsatz zu entnehmen, dass stets nur konkrete Fälle missbräuchlichen, betrügerischen oder sonst rechtswidrigen Verhaltens sanktioniert werden dürften. Eine vorbeugende, ordnende Rechtspflege, wie sie auch in der Anforderung von Auskünften, Erklärungen und Nachweisen zur Ermittlung etwaiger Rechtsverstöße liegt, bleibt selbstverständlich zulässig.[360]

IV. Handelsrechtliche Rechnungslegung, Publizität und Firmierung

1. Rechnungslegung. a) Sekundärrechtliche Harmonisierung und Übernahme internationaler Rechnungslegungsstandards. Die Anforderungen an die Rechnungslegung und ihre Publizität sind für den Rechtsverkehr von **großer Bedeutung**. Dies gilt auch und in besonderem Maße im Hinblick auf Unternehmensträger ausländischen Rechts. Der EuGH hat denn auch in seinen Urteilen zu Scheinauslandsgesellschaften wiederholt das Informationsinteresse der Gläubiger betont und auf die sekundärrechtliche Harmonisierung im Bereich der Publizität hingewiesen (sog. **„Informationsmodell"** → Rn. 247).

Die **Erstellung und Prüfung der Jahres- und Konzernabschlüsse** sind durch verschiedene sekundärrechtliche Rechtsakte, insbesondere durch die Bilanz-RL und die Abschlussprüfer-RL (→ Rn. 8), weitgehend harmonisiert worden.[361] Im Einklang mit Art. 50 Abs. 2 lit. g AEUV ist es das erklärte **Ziel** dieser RL, das Recht der Rechnungslegung in den Mitgliedstaaten **gleichwertig** zu gestalten, doch werden den Mitgliedstaaten bei der Umsetzung umfangreiche **Wahlrechte** eingeräumt. Dies kann die Erkenntnismöglichkeiten eines mit der ausländischen Praxis nicht vertrauten Bilanzlesers im Einzelfall durchaus beeinträchtigen, zumal die eingereichten Abschlüsse nicht in deutscher Sprache verfasst sein müssen (§ 325a Abs. 1 S. 3 HGB).[362] Mit Blick auf den bereits erreichten Harmonisierungsstand ist im Jahr 2012 die Befreiungsmöglichkeit des § 264 Abs. 3 HGB auf Fälle ausgedehnt worden, in denen die rechnungslegungspflichtige Kapitalgesellschaft in den Konzernabschluss eines Mutterunternehmens mit Sitz in einem Mitgliedstaat der EU oder einem Vertragsstaat des EWR einbezogen ist.[363]

Ferner ist durch die IAS-VO[364] eine bedeutsame Annäherung an die **internationalen Rechnungslegungsstandards,** die sog. IFRS (International Financial Reporting Standards),[365] erfolgt. Diese VO schreibt zum einen zwingend vor, dass kapitalmarktorientierte Gesellschaften ihre Konzernabschlüsse nach den von der Kommission übernommenen (Art. 6 IAS-VO) IFRS erstellen müssen (Art. 4 IAS-VO). Darüber hinaus überlässt es die VO den Mitgliedstaaten, Gleiches auch für die Jahresabschlüsse kapitalmarktorientierter Gesellschaften und für die Jahres- und/oder Konzernabschlüsse anderer Gesellschaften zu gestatten oder vorzuschreiben (Art. 5 IAS-VO). Das **deutsche Bilanzrecht** erlaubt bisher lediglich eine befreiende Erstellung des Konzernabschlusses nach den IFRS (§ 315a Abs. 3 HGB). Daneben ist es unter bestimmten Voraussetzungen möglich, anstelle eines Jahresabschlusses nach HGB einen IFRS-Einzelabschluss mit befreiender Wirkung offen zu legen

---

[359] *Stelmaszczyk* EuZW 2019, 819 (825).
[360] Ebenso *Stelmaszczyk* EuZW 2019, 819 (825).
[361] Für Banken und Versicherungsunternehmen gelten besondere Regelungen, s. RL 86/635/EWG v. 8.12.1986 über den Jahresabschluss und den konsolidierten Abschluss von Banken und anderen Finanzinstituten, ABl. 1986 L 372, 1; RL 91/674/EWG v. 19.12.1991 über den Jahresabschluss und den konsolidierten Abschluss von Versicherungsunternehmen, ABl. 1991 L 374, 7.
[362] Vgl. *Riegger* ZGR 2004, 510 (517).
[363] S. zur Unvereinbarkeit der auf inländische Muttergesellschaften beschränkten Vorgängerregelung mit der RL 78/660/EWG EuGH DStR 2014, 436 – Mömax Logistik GmbH, wo die Frage der Unvereinbarkeit mit der Niederlassungsfreiheit offen gelassen werden konnte; s. ferner die Vorlage des LG Bonn NZG 2013, 141 sowie die Entscheidung des BVerfG NZG 2013, 464.
[364] VO (EG) 1606/2002 des Europäischen Parlaments und des Rates vom 19.7.2002 betreffend die Anwendung internationaler Rechnungslegungsstandards (ABl. 2002 L 243, 1).
[365] Vor dem 1.4.2001: International Accounting Standards (IAS).

(§ 325 Abs. 2a und 2b HGB). Dieses Recht betrifft lediglich die Offenlegung, entbindet hingegen nicht von der Erstellung eines Jahresabschlusses nach dem HGB.

528 Auch die Bilanzrechtsreform durch das **BilMoG**[366] hat das deutsche Bilanzrecht weiter an die IFRS angenähert, dies allerdings insbesondere mit Blick auf den Gläubigerschutz in weitaus geringerem Umfang als ursprünglich vorgesehen.

529 **b) Rechnungslegung von EU-Auslandsgesellschaften.** Kollisionsrechtlich wird verbreitet eine gesellschaftsrechtliche Anknüpfung der handelsrechtlichen Rechnungslegung, für EU-Auslandsgesellschaften mithin eine solche an die Gründung (→ Rn. 245 ff.), befürwortet,[367] teilweise aber auch eine gesellschaftsrechtliche Sonderanknüpfung oder eine öffentlich-rechtliche Anknüpfung an die jeweilige Niederlassung in Betracht gezogen.[368] Zu im Wesentlichen gleichen Ergebnissen wie die letztgenannte Ansicht gelangt eine weitere Auffassung in der Lit., die eine handelsrechtliche Qualifikation befürwortet und insoweit ebenfalls eine Anknüpfung an den Ort der Haupt- oder Zweigniederlassung vorschlägt.[369] Zur Anknüpfung der Abschlussprüfung findet sich ein paralleler Meinungsstand.[370] Während für eine gesellschaftsrechtliche Einordnung der Rechnungslegung namentlich ihr enger Bezug zum Gesellschaftsrecht angeführt wird, verweisen die Vertreter einer öffentlich-rechtlichen Qualifikation darauf, dass die Rechnungslegung maßgeblich dem öffentlichen Informationsinteresse diene und unabhängig von der Rechtsform gelte. Eine niederlassungsbezogene Anknüpfung der Rechnungslegung würde jedoch nur für diejenigen Geschäftsvorfälle und Vermögensgegenstände gelten, welche die Niederlassung betreffen.[371] Eine **Konzernrechnungslegung** nach deutschem Recht setzt voraus, dass das Mutterunternehmen seinen „Sitz" im Inland hat (§ 290 Abs. 1 HGB), wobei die Erstellung mehrerer Teilkonzernabschlüsse durch § 291 HGB erspart wird.

530 Bei **europäischen Kapitalgesellschaften** jedenfalls hält es die nahezu allgemeine Ansicht für ausgeschlossen, für inländische Niederlassungen eine Rechnungslegung nach deutschem Recht zu verlangen.[372] Sowohl das Sekundärrecht (→ Rn. 526 ff.) als auch § 325a HGB beruhen auf der Vorstellung, dass die Jahresabschlüsse europäischer Gesellschaften nach dem **Recht des jeweiligen Gründungsstaates** zu erstellen und dann in den anderen Mitgliedstaaten, in denen sich Zweigniederlassungen befinden, offen zu legen

---

[366] Gesetz zur Modernisierung des Bilanzrechts v. 25.5.2009, BGBl. I 1102.
[367] *Eidenmüller/Rehberg* ZVglRWiss 105 (2006), 427 (432 f., 442); *Graf/Bisle* IStR 2004, 873; *Müller* DB 2006, 824 (825 f.); *Hennrichs* FS Horn, 2006, 387 (391 ff.); HCL/*Behrens/Hoffmann* GmbHG Einl. B Rn. 122; *Rehberg* in Eidenmüller, Ausländische Kapitalgesellschaften im deutschen Recht, 2004, § 5 Rn. 107 ff., 109; Westhoff in Hirte/Bücker Grenzüberschreitende Gesellschaften-HdB § 18 Rn. 26, 75 ff. Für gesellschaftsrechtliche Anknüpfung auf dem Boden der Sitztheorie noch Staudinger/*Großfeld* IntGesR Rn. 366.
[368] HCL/*Behrens/Hoffmann* GmbHG Einl. B Rn. 123 (als Zusatzanknüpfung zur Gründungsanknüpfung); *Ekkenga* in Gropp/Lipp/Steiger, Rechtswissenschaft im Wandel, 2007, 395 (400 ff.); *Just/Krämer* BC 2006, 29 (32); *Schumann* ZIP 2007, 1189 (1190) (aber einschr. für EU-Gesellschaften); Röhricht/Graf v. Westphalen/*Röhricht* HGB Einl. Rn. 50; MüKoBGB/*Kindler* IntGesR Rn. 232 ff., 276 ff., 280, 886, 939 f.; EBJS/*Pentz* HGB § 13d Rn. 21; *Ebert/Levedag* GmbHR 2003, 1137 (1139 f.); wohl auch *Riegger* ZGR 2004, 510 (515); mit unionsrechtlichen Einschränkungen ferner *Radtke/Hoffmann* EuZW 2009, 404 (406 f.).
[369] *Merkt* ZGR 2017, 460 (464 ff.).
[370] S. MüKoBGB/*Kindler* IntGesR Rn. 281 (öffentliche-rechtliche Anknüpfung an die Niederlassung); *Merkt* ZGR 2017, 460 (472) (handelsrechtliche Anknüpfung an die „Niederlassung des Unternehmens"); Staudinger/*Großfeld* IntGesR Rn. 366 (gesellschaftsrechtliche Anknüpfung nach der Sitztheorie); MHLS/*Leible* GmbHG Syst. Darst. 2 Rn. 177 (gesellschaftsrechtliche Anknüpfung nach der Gründungstheorie).
[371] HCL/*Behrens/Hoffmann* GmbHG Einl. B Rn. 123; EBJS/*Pentz* HGB § 13d Rn. 21.
[372] *Eidenmüller/Rehberg* ZVglRWiss 105 (2006), 427 (437 ff.); *Hennrichs* FS Horn, 2006, 387 (393 ff.); Binge/*Thölke* DNotZ 2004, 21 (31); *Happ/Holler* DStR 2004, 730 (735); *Hirsch/Britain* NZG 2003, 1100 (1102); *Maul/Schmidt* BB 2003, 2297 (2299); *Riegger* ZGR 2004, 510 (516); *Schumann* ZIP 2007, 1189 (1191 ff.); MHLS/*Leible* GmbHG Syst. Darst. 2 Rn. 175; *Rehberg* in Eidenmüller, Ausländische Kapitalgesellschaften im deutschen Recht, 2004, § 5 Rn. 110 f., 114; Westhoff in Hirte/Bücker Grenzüberschreitende Gesellschaften-HdB § 18 Rn. 46 ff., 48; aA etwa MüKoBGB/*Kindler* IntGesR Rn. 232 f., 276 ff., 280; *Ebert/Levedag* GmbHR 2003, 1337 (1339 f.): Das Recht der Rechnungslegung einschließlich der Rechnungslegungspublizität sei als öffentlich-rechtlich zu qualifizieren; deshalb sei zumindest *auch* eine Rechnungslegung nach deutschem Recht zu erstellen. Im Ergebnis ebenso auf Basis einer handelsrechtlichen Qualifikation mit einer niederlassungsbezogenen Anknüpfung *Merkt* ZGR 2017, 460 (464 ff.).

sind. Für die Bilanz-RL (→ Rn. 8) folgt dies schon aus der Bestimmung über ihren Anwendungsbereich, in der die erfassten Rechtsformen der einzelnen Mitgliedstaaten aufgeführt werden (Art. 1 Abs. 1 Bilanz-RL iVm Anh. I und II Bilanz-RL). Nach Art. 19 Abs. 2 lit. d Bilanz-RL soll im Lagebericht der Hauptniederlassung, der zumindest von großen Kapitalgesellschaften zwingend zu erstellen ist (Umkehrschluss aus Art. 19 Abs. 3 Bilanz-RL) und im Zweigniederlassungsstaat offen gelegt werden muss,[373] auf bestehende Zweigniederlassungen eingegangen werden (s. für deutsche Hauptniederlassungen § 289 Abs. 2 Nr. 4 HGB).

Die **GesR-RL** (→ Rn. 8) schreibt in Art. 31 GesR-RL zwingend vor, dass Gesellschaften an ihren Zweigniederlassungen in anderen Mitgliedstaaten lediglich diejenigen Rechnungslegungsunterlagen offenzulegen haben, die „nach dem Recht des Mitgliedstaats, dem die Gesellschaft unterliegt,"[374] im Einklang ua mit der Bilanz-RL (→ Rn. 8) erstellt wurden. Diese Regelung beruht auf der Erwägung, die Offenlegung einer niederlassungsbezogenen Rechnungslegung und die entsprechenden einzelstaatlichen Bestimmungen hätten „ihre Berechtigung verloren, nachdem die einzelstaatlichen Vorschriften über die Erstellung, Prüfung und Offenlegung von Unterlagen der Rechnungslegung der Gesellschaft angeglichen worden sind".[375] Selbst von Gesellschaften aus Drittstaaten darf die Erstellung und Offenlegung einer niederlassungsbezogenen Rechnungslegung nur verlangt werden, wenn die Rechnungslegung nach dem Recht des Staates, dem die Gesellschaft unterliegt, nicht den Bestimmungen der Bilanz-RL oder gleichwertigen Anforderungen entspricht (Art. 9 Abs. 1 S. 2 Bilanz-RL).[376] 531

Soweit **§ 325a HGB** auf die Rechnungslegung nach dem „für die Hauptniederlassung maßgeblichen Recht" abhebt, stammt dieser Wortlaut hingegen aus einer Zeit, als der deutsche Gesetzgeber noch annahm, EU-ausländische Kapitalgesellschaften mit Hauptniederlassung im Inland müssten nicht als solche anerkannt werden (zur Sitztheorie → Rn. 206). Letztlich dient § 325a HGB jedoch der Umsetzung der zwingenden Vorgabe in Art. 31 GesR-RL bzw. der Vorgängerregelung in Art. 3 Zweigniederlassungs-RL (→ Rn. 8). § 325a HGB ist daher nach hM heute so zu lesen, dass nur die „nach dem im Gründungsstaat maßgeblichen Recht" erstellte Rechnungslegung in Deutschland offen zu legen ist.[377] 532

Auch unter dem Aspekt der **Niederlassungsfreiheit** ist zweifelhaft, ob die Niederlassungsstaaten eine zusätzliche handelsrechtliche Jahresrechnungslegung nach ihrem Recht verlangen könnten.[378] So hat der **EuGH** es als Beschränkung der Niederlassungsfreiheit betrachtet, wenn Unternehmen aus anderen Mitgliedstaaten in dem Niederlassungsstaat eine separate Buchführung für ihre inländischen Betriebsstätten erstellen müssen, um steuerliche Nachteile zu vermeiden.[379] Der Niederlassungsstaat dürfe zur Wahrung seiner Besteuerungsinteressen lediglich verlangen, dass der Steuerpflichtige die steuerrelevanten Daten, 533

---

[373] MüKoHGB/*Fehrenbacher* HGB § 325a Rn. 12, 14.
[374] Dass die Zweigniederlassungs-RL sich – nicht anders als die an ihre Stelle getretenen Regelungen der GesR-RL – insoweit auf das Recht des Gründungsstaates bezog, legte schon ihr Titel nahe („Elfte RL 89/666/EWG über die Offenlegung von Zweigniederlassungen, die in einem Mitgliedstaat von Gesellschaften bestimmter Rechtsformen errichtet wurden, die dem Recht eines *anderen* Staates unterliegen (Zweigniederlassungs-RL)").
[375] S. Erwägungsgrund 19 GesR-RL.
[376] Der Gesetzgeber hat diese Vorgabe für Zweigniederlassungen von Gesellschaften aus Drittstaaten unter Verstoß gegen die Zweigniederlassungs-RL (heute GesR-RL) nicht umgesetzt. Zu Recht abl. hierzu *Eidenmüller/Rehberg* ZVglRWiss 105 (2006), 427 (448); Großkomm HGB/*Zimmer* § 325a Rn. 5.
[377] Vgl. *Eidenmüller/Rehberg* ZVglRWiss 105 (2006), 427 (436); *Riegger* ZGR 2004, 510 (516); MüKoHGB/*Fehrenbacher* HGB § 325a Rn. 11 f.; *Westhoff* in Hirte/Bücker Grenzüberschreitende Gesellschaften-HdB § 18 Rn. 62 ff., 67; s. auch Großkomm HGB/*Zimmer* § 325a Rn. 6 ff., 10. Zur möglichen Sanktionierung einer Verletzung von § 325a HGB durch Festsetzung eines Ordnungsgeldes nach § 335a HGB aF (heute § 335 HGB) *Rehberg* in Eidenmüller, Ausländische Kapitalgesellschaften im deutschen Recht, 2004, § 5 Rn. 101, ferner → Rn. 563.
[378] AA MüKoBGB/*Kindler* IntGesR Rn. 280; *Merkt* ZGR 2017, 460 (471).
[379] EuGH Slg. 1997, I-2471 Rn. 24 f. – Futura.

insbesondere das Betriebsstättenergebnis, klar und eindeutig belegt.[380] Dieser Rspr. entspricht es, dass EU-ausländische Kapitalgesellschaften zum Zwecke der Besteuerung im Inland ggf. eine **steuerliche Überleitungsrechnung** zu erstellen haben.[381] Auch ist es durchaus denkbar, dass der Gründungsstaat in bestimmten Fällen, insbesondere im Falle einer ausschließlichen oder überwiegenden Betätigung in einem anderen Mitgliedstaat, auf eine Rechnungslegung nach seinem Recht verzichtet, um eine Doppelbelastung zu vermeiden.[382]

534 Der Umstand, dass die Bilanz-RL den Mitgliedstaaten bei der Umsetzung Wahlrechte einräumt und auch eine ausschließliche Rechnungslegung nach den IFRS denkbar ist (→ Rn. 527), stellt namentlich auch die praktische Wirksamkeit der inländischen **Kapitalerhaltungsregeln** in Frage, sofern man ihre Anwendung auf EU-Auslandsgesellschaften mit Sitz im Inland in Betracht zieht (→ Rn. 407 ff.).[383] Auslandsgesellschaften mit Inlandssitz haben allerdings auch zur Feststellung einer Überschuldung iSd § 19 InsO[384] eine Sonderbilanz nach Maßgabe des deutschen Rechts aufzustellen. Dies gilt insbesondere auch für die Bilanzierung zu Fortführungswerten. Ebenso muss für steuerliche Zwecke zumindest eine Überleitungsrechnung erstellt werden, um die ausländische Rechnungslegung dem deutschen Steuerbilanzrecht anzupassen (→ Rn. 533). Hält man eine Übertragung der Kapitalerhaltung deutschen Musters zum Schutz der Gläubiger für gerechtfertigt, erscheint es vor diesem Hintergrund nicht ausgeschlossen zu verlangen, dass die Einhaltung dieser Regeln auch durch die Erstellung einer geeigneten Ausschüttungsbilanz sichergestellt wird. Der damit verbundene Anpassungsaufwand erscheint im Interesse des Gläubigerschutzes nicht unverhältnismäßig.

535 **2. Buchführung.** Im Gegensatz zu den Vorschriften über die Erstellung des Jahres- und Konzernabschlusses sind die Regelungen über die Buchführung bisher **unionsrechtlich nicht harmonisiert** (s. zum deutschen Recht insbesondere §§ 238 ff. HGB, §§ 140 ff. AO).[385] Eine Buchführungspflicht iSv § 140 AO kann sich auch aus ausländischem Recht ergeben.[386] Die Buchführungspflicht kann auch im Ausland erfüllt werden, sofern etwas anderes nicht gesetzlich vorgeschrieben ist (s. etwa § 146 Abs. 2 AO).[387]

536 **Kollisionsrechtlich** sprechen sich zahlreiche Autoren auch insoweit dafür aus, die Grundsätze der ordnungsgemäßen Buchführung als Grundlage des Jahresabschlusses dem Gesellschaftsstatut zuzuordnen.[388] Im Hinblick auf EU-Auslandsgesellschaften wird darüber

---

[380] EuGH Slg. 1997, I-2471 Rn. 31 ff. – Futura.
[381] *Hennrichs* FS Horn, 2006, 387 (401); MüKoBGB/*Kindler* IntGesR Rn. 235 (Pflicht zur Erstellung einer deutschen Steuerbilanz); *Rehberg* in Eidenmüller, Ausländische Kapitalgesellschaften im deutschen Recht, 2004, § 5 Rn. 112; *Eidenmüller/Rehberg* ZVglRWiss 105 (2006), 427 (439, 444).
[382] S. *Eidenmüller/Rehberg* ZVglRWiss 105 (2006), 427 (432, 439).
[383] S. namentlich *Schön* FS Heldrich, 2005, 391 (399 ff.).
[384] Zur Geltung der inländischen Insolvenzgründe und ihrer Beurteilung nach inländischen Regeln MüKoBGB/*Kindler* Art. 7 EuInsVO Rn. 57; *Eidenmüller* in Eidenmüller, Ausländische Kapitalgesellschaften im deutschen Recht, 2004, § 9 Rn. 20; *U. Huber* in Lutter Auslandsgesellschaften S. 131 (165) und S. 307 (325); *U. Huber* FS Gerhardt, 2004, 397 (408); *Borges* ZIP 2004, 733 (737); *Kemper* ZIP 2001, 1609 (1612); *Köke* ZInsO 2005, 354 (357); *Leible/Staudinger* KTS 2000, 533 (549); *H.-F. Müller* NZG 2003, 414 (415); *Paulus* NZI 2001, 505 (509); *Riedemann* GmbHR 2004, 345 (348); Spahlinger/Wegen/*Spahlinger/Wegen* Kap. C Rn. 751; aA (für Maßgeblichkeit des Gründungsrechts) *Eidenmüller* RabelsZ 70 (2006), 474 (494); *Eidenmüller/Rehberg* ZVglRWiss 105 (2006), 427 (445); s. auch *Schanze/Jüttner* AG 2003, 661 (670): Die Antragspflichten, Insolvenzgründe und der Zeitpunkt der Antragstellung richteten sich als „Subjekteigenschaften" nach dem Recht des Gründungsstaates; ferner *Mock/Schildt* ZInsO 2003, 396 (399 f.): Deutsches Recht regle die Eröffnungsgründe nur hinsichtlich des Insolvenzantragsrechts, hinsichtlich der Insolvenzantragspflicht sei insoweit das Gründungsstatut maßgebend.
[385] S. für inländische Zweigniederlassungen ausländischer Kredit- und Versicherungsunternehmen § 53 Abs. 2 Nr. 2 KWG; § 106 Abs. 2 S. 1 und 3, § 110d Abs. 2 S. 1 Nr. 3 VAG. Zu weiteren Rechtsgrundlagen statt aller Baumbach/Hopt/*Merkt* HGB § 238 Rn. 4 ff.
[386] BFH DStR 2019, 876.
[387] Baumbach/Hopt/*Merkt* HGB § 239 Rn. 4; EBJS/*Böcking/Gros* HGB § 239 Rn. 4.
[388] *Eidenmüller/Rehberg* ZVglRWiss 105 (2006), 427 (443 f.); *Hennrichs* FS Horn, 2006, 387 (394 f.); *Rehberg* in Eidenmüller, Ausländische Kapitalgesellschaften im deutschen Recht, 2004, § 5 Rn. 106 ff.; Großkomm HGB/*Koch* HGB § 13d Rn. 45.

hinaus betont, dass die Forderung einer ordnungsgemäßen Buchführung nach inländischem Recht eine nicht zu rechtfertigende Belastung bewirke.[389] Nach wohl überwiegender Meinung ist das Recht der Buchführung hingegen mit Blick auf das öffentliche Interesse an einer geordneten Dokumentation des Geschäftsbetriebs öffentlich-rechtlich zu qualifizieren und an den Ort der Niederlassung anzuknüpfen.[390]

Die **Niederlassungsfreiheit** steht einer Anwendung des deutschen Buchführungsrechts **537** für inländische Niederlassungen nicht entgegen.[391] Soweit allerdings in die Buchführung nach dem Recht der Hauptniederlassung inländische Niederlassungen einbezogen sind, kann es geboten sein, dies im Falle der Gleichwertigkeit im Hinblick auf die Erfüllung der Buchführungspflichten anzuerkennen (→ Rn. 533; allgemein → Rn. 138, → Rn. 160).

3. Publizität. a) Registerpublizität von Zweigniederlassungen. aa) Allgemeines. **538**
Die Publizität der hier interessierenden Kapitalgesellschaften und ihrer Zweigniederlassungen ist durch die GesR-RL harmonisiert, in der 2017 auch die **Publizitäts- und die Zweigniederlassungs-RL** (→ Rn. 8) aufgegangen sind. Die Regelungen der an die Stelle der Zweigniederlassungs-RL getretenen GesR-RL sind **abschließend** (vgl. auch → Rn. 172).[392] Die in Umsetzung dieser RL ergangenen Bestimmungen (§§ 13d–13g HGB) tragen den Unterschieden zwischen Zweigniederlassungen ausländischer und inländischer Unternehmensträger Rechnung.[393] Im Ergebnis wird eine unterschiedliche Behandlung der Zweigniederlassungen weitgehend vermieden. Durch das erste Teilpaket des im Jahr 2019 verabschiedeten **EU-Company Law Package** (→ Rn. 11) wurden auch die **Registerpublizität** und die **Publizitätswirkungen** neu gestaltet. Das Register ist hiernach aus sekundärrechtlicher Sicht künftig das primäre und obligatorische Publizitätsinstrument, die zusätzliche Bekanntmachung ist nur noch eine Mitgliedstaatenoption (vgl. Art. 16 Abs. 3 GesR-RL). Zudem wird die Online-Kommunikation mit dem Register geregelt. Die entsprechenden Regelungen, die auch auf die Zweigniederlassungspublizität erstreckt wurden (Art. 28a–28c, 30a GesR-RL), sind bis zum 1.8.2021 umzusetzen (Art. 2 Abs. 1 RL (EU) 2019/1151).[394]

In „Centros"[395] und „Inspire Art"[395] hat der EuGH klargestellt, dass sich auch die Publizität **539** bei **Scheinauslandsgesellschaften** ohne Geschäftstätigkeit im Gründungsstaat nach der Zweigniederlassungs-RL richtet, sodass die §§ 13d–13g HGB Anwendung finden.[396] Insoweit steht außer Frage, dass europäische Kapitalgesellschaften ihre Auslandsniederlassungen als Zweigniederlassung, nicht aber als „Hauptniederlassung"[397] (etwa gem. § 33 HGB),

---

[389] *Eidenmüller/Rehberg* ZVglRWiss 105 (2006), 427 (443 f.); vgl. auch *Schön* FS Heldrich, 2005, 391 (395).
[390] *Schumann* ZIP 2007, 1189 (1190); Baumbach/Hopt/*Merkt* HGB § 238 Rn. 10; EBJS/*Böcking/Gros* HGB § 238 Rn. 10; MüKoHGB/*Krafka* HGB § 13d Rn. 18.
[391] Zutr. *Schumann* ZIP 2007, 1189 (1193).
[392] So die Rspr. des EuGH, s. EuGH Slg. 2003, I-10155 Rn. 69 = NJW 2003, 3331 – Inspire Art.
[393] Auf Grund der Kompliziertheit und Unübersichtlichkeit dieser Regelungen haben ausländische Kapitalgesellschaften bislang vielfach eine eigenständige Tochtergesellschaft errichtet, da dies regelmäßig schneller und einfacher zu verwirklichen ist als die Gründung einer Zweigniederlassung (näher *Wachter* GmbHR 2004, 88 (93); *Wachter* ZNotP 2005, 122; s. auch *Seibert* GmbHR 1992, 738 (739); *Kindler* NJW 1993, 3301 (3302); *Schack* GS Sonnenschein, 2003, 705 (706); *Leible* IPRax 1997, 133).
[394] Dazu *Bayer/Schmidt* BB 2019, 1922 (1924 f.). Zur Frage der Vorwirkung von Richtlinien allg. Streinz/*Schroeder* AEUV Art. 288 Rn. 68 f.
[395] Vgl. EuGH Slg. 1999, I-1459 Rn. 36 = NJW 1999, 2027 – Centros; Slg. 2003, I-10155 Rn. 135 = NJW 2003, 3331 – Inspire Art. Maßgeblich für die Ausfüllung der Tatbestandsmerkmals „Sitz im (EU-)Ausland" muss dann der Satzungssitz sein. S. zur Anwendbarkeit der Vorschriften auch *Behrens* IPRax 2004, 20 (24); *Leible/Hoffmann* EuZW 2003, 677 (679 f.); *Binge/Thölke* DNotZ 2004, 21 (24); *Wachter* GmbHR 2004, 88 (93); *Wachter* ZNotP 2005, 122 (124); *K. Schmidt* ZHR 168 (2004), 493 (500) mwN; aA zur Geschäftsbriefpublizität *Rehberg* in Eidenmüller, Ausländische Kapitalgesellschaften im deutschen Recht, 2004, § 5 Rn. 91 ff.: Anwendung von § 37a HGB. Näher → Rn. 564 ff.
[396] *Rehberg* in Eidenmüller, Ausländische Kapitalgesellschaften im deutschen Recht, 2004, § 5 Rn. 16; *Lutter* in Lutter Auslandsgesellschaften S. 1, 4; vgl. auch die Begründung in OLG Zweibrücken NZG 2003, 537 (538).
[397] Soweit ersichtlich ist diese Frage auch noch nie praktisch geworden. In der publizierten Rspr. wurde stets nur die Errichtung einer „Zweigniederlassung" behauptet und deren Eintragung begehrt, s. KG GmbHR 2003, 116 (118 f.); OLG Naumburg GmbHR 2003, 533; OLG Celle GmbHR 2003, 532 f.; OLG Zweibrücken NZG 2003, 537 ff.

einzutragen haben.[398] Diese Einordnung kann insbesondere bei der Auslegung von Rechtsvorschriften, die an den „Sitz" einer Gesellschaft anknüpfen, Bedeutung gewinnen.[399] Im EU-Ausland bestehende Zweigniederlassungen sind hingegen nicht in das deutsche Handelsregister einzutragen.[400]

540 Die Anmeldung einer inländischen Zweigniederlassung hat elektronisch in öffentlich beglaubigter Form (§ 12 Abs. 1 S. 1 HGB) zu erfolgen und ist durch **gesetzliche Vertreter** der Auslandsgesellschaft (§ 13e Abs. 2 S. 1 HGB) **in vertretungsberechtigter Zahl** vorzunehmen.[401] Das MoMiG hat hieran nichts geändert.[402] Zwar haben sämtliche gesetzliche Vertreter der Auslandsgesellschaft das **Nichtvorliegen von Bestellungshindernissen** iSd § 76 Abs. 2 S. 2 und 3 AktG, § 6 Abs. 2 S. 2 und 3 GmbHG und ihre **Belehrung über die unbeschränkte Auskunftspflicht** zu **versichern,** doch kann diese Versicherung in der Anmeldung oder ggf. in einer beizufügenden, höchstpersönlichen Erklärung der an der Anmeldung nicht beteiligten Geschäftsleiter[403] erfolgen (§ 13f Abs. 2 S. 2 HGB, § 13g Abs. 2 S. 2 HGB; näher → Rn. 521).

541 Für das inländische Registerverfahren gilt deutsches Registerrecht als **lex fori**.[404] Das Registergericht hat eine **unbeschränkte Prüfungskompetenz,** es gilt der Amtsermittlungsgrundsatz (§ 26 FamFG).[405] Die unbeschränkte Prüfungskompetenz bezieht sich auch auf die Anwendung des ausländischen Rechts.[406] Das Registergericht ist nicht an die Entscheidungen ausländischer Gerichte und Behörden oder an Eintragungen in ausländischen Registern gebunden.[407] Die **Gerichtssprache** ist auch im Eintragungsverfahren deutsch (§ 2 EGGVG, §§ 13, 184 GVG),[408] doch ist zusätzlich eine Übermittlung in einer Amtssprache eines EU-Staates zulässig (§ 11 HGB). Insgesamt ist die Anmeldung gem. §§ 13d–13g HGB im Wesentlichen wie die einer inländischen Hauptniederlassung vorzunehmen und zu prüfen.[409] Kann die ausländische Gesellschaft eine hierzulande gebotene Eintragung aus

---

[398] Lutter/Hommelhoff/*Bayer* GmbHG Anh. § 4a Rn. 14; KKRD/*Roth* HGB § 33 Rn. 2; *Rehberg* in Eidenmüller, Ausländische Kapitalgesellschaften im deutschen Recht, 2004, § 5 Rn. 18; *Behrens* IPRax 2004, 20 (24); *Leible/Hoffmann* EuZW 2003, 677 (679); *Kindler* NJW 2003, 1073 (1078); *Teichmann* ZGR 2011, 639 (670 f.); *Ziemons* ZIP 2003, 1913 (1914); *Riegger* ZGR 2004, 510 (512 ff.); *Lutter* in Lutter Auslandsgesellschaften S. 1 (2 ff.); *K. Schmidt* in Lutter Auslandsgesellschaften S. 15 (18); wohl auch *Paefgen* DB 2003, 487 (490); offenlassend *Lutter* in Lutter Auslandsgesellschaften S. 1 (6); *K. Schmidt* in Lutter Auslandsgesellschaften S. 15 (19). Nach *Kieninger* ZEuP 2004, 685 (700) soll die Zweigniederlassungspublizität unanwendbar sein, wenn der tatsächliche Sitz in das Inland verlegt wird.
[399] S. beispielhaft LSG Berlin-Brandenburg BeckRS 2015, 68870 zu § 130 Abs. 2 SGB VII (zweifelhaft).
[400] OLG Düsseldorf GmbHR 2010, 40.
[401] KG NZG 2004, 49 (50). Zum formgerechten Nachweis der Vertretungsbefugnis durch eine notarielle Bescheinigung gemäß § 21 BNotO im Falle einer britischen Ltd. mit einer inländischen Zweigniederlassung KG ZIP 2013, 973; dazu, dass die Notarbescheinigung zum Nachweis der Vertretungsbefugnis die Einsichtnahme in die beim Register aufbewahrten Unterlagen umfassen muss OLG Düsseldorf NZG 2019, 1423 und OLG Düsseldorf NZG 2019, 1385; s. ferner zum Nachweis gemäß § 29 GBO durch Bescheinigung eines ausländischen Notars OLG Nürnberg DNotZ 2014, 626 sowie OLG Naumburg NZG 2014, 1237; zur Untauglichkeit eines Nachweises durch Bescheinigung eines deutschen Notars aufgrund Einsichtnahme in ein ausländisches Register, wenn dieses wegen seiner beschränkten Funktion und Aussagekraft dem deutschen Register nicht gleichwertig ist, OLG Düsseldorf NZG 2015, 199, OLG Nürnberg RNotZ 2015, 240, KG DNotZ 2012, 604 (605) sowie OLG Brandenburg MittBayNot 2011, 222 (223). Zu den bestehenden Anforderungen und der Obliegenheit, alle bestehenden Möglichkeiten des Heimatrechts zur Nachweisbeschaffung auszuschöpfen, OLG Jena NZG 2018, 908.
[402] AA *Mödl* RNotZ 2008, 1 (3); Großkomm HGB/*Koch* HGB § 13d Rn. 58, § 13e Rn. 16.
[403] Nicht durch Erklärung der belehrenden Person, s. BGH NZG 2019, 775 Rn. 40.
[404] BGHZ 172, 200 = NJW 2007, 2328 (2329); KG NZG 2004, 49 (50); MüKoHGB/*Krafka* HGB § 13d Rn. 2, 25 mwN; Großkomm HGB/*Koch* HGB § 13d Rn. 47; EBJS/*Pentz* HGB § 13d Rn. 16.
[405] Staudinger/*Großfeld* IntGesR Rn. 1016; MüKoBGB/*Kindler* IntGesR Rn. 901, 944.
[406] So beispielsweise für die Frage, ob die handelnden Organe wirksam bestellt wurden; s. KG DB 2003, 2695.
[407] BayObLGZ 1985, 272; Großkomm HGB/*Koch* HGB § 13d Rn. 65; EBJS/*Pentz* HGB § 13d Rn. 18; Staudinger/*Großfeld* IntGesR Rn. 990.
[408] Zutr. die unionsrechtliche Zulässigkeit bejahend Großkomm HGB/*Koch* HGB § 13d Rn. 53 (Großkomm HGB/*Koch* HGB § 13d Rn. 55 auch zur Einreichung zusätzlicher Dokumente); *Mankowski/Knöfel* in Hirte/Bücker Grenzüberschreitende Gesellschaften-HdB § 13 Rn. 15.
[409] BayObLGZ 1985, 272 (278); MüKoHGB/*Krafka* HGB § 13d Rn. 20, 25; EBJS/*Pentz* HGB § 13d Rn. 18; Großkomm HGB/*Koch* HGB § 13d Rn. 49.

Rechtsgründen nicht erfüllen, die im Herkunftsstaat wurzeln, ist darauf Rücksicht zu nehmen (§ 13d Abs. 3 letzter Hs. HGB).[410]

Anzumelden sind insbesondere das Register und die Nummer einer etwaigen Registereintragung, die Rechtsform der ausländischen Kapitalgesellschaft, die ständigen Vertreter für die Tätigkeit der Zweigniederlassung und ihre Befugnisse (§ 13e Abs. 2 S. 5 Nr. 1– 3 HGB). Die Benennung des Staates, dessen Recht die Gesellschaft unterliegt, verlangt der Gesetzgeber für Gesellschaften aus der EU und dem EWR in Einklang mit Art. 30 Abs. 1 lit. d GesR-RL, Art. 37 lit. c GesR-RL (→ Rn. 8) ausdrücklich nicht (§ 13e Abs. 2 S. 5 Nr. 4 HGB). Die Streitfrage, ob nicht nur die Tätigkeit der Zweigniederlassung offen zu legen ist (vgl. Art. 30 Abs. 1 lit. b GesR-RL, § 13e Abs. 2 S. 3 HGB), sondern auch die Eintragung des vollständigen Unternehmensgegenstands verlangt werden kann,[411] wie es § 13f Abs. 3 HGB unter Verweis auf § 39 Abs. 1 AktG und § 13g Abs. 3 HGB unter Verweis auf § 10 Abs. 1 GmbHG schon lange fordern, hat der EuGH in der Rechtssache **„Innoventif"** im letztgenannten Sinne entschieden.[412] 542

Nicht nur für Auslandsgesellschaften bedeutsam ist ferner das Erfordernis, eine **inländische Geschäftsanschrift**[413] anzumelden und eintragen zu lassen (§ 13 Abs. 1 S. 1, Abs. 2 HGB, § 13d Abs. 2 HGB, § 13e Abs. 2 S. 3 HGB, § 13f Abs. 3 HGB, § 13g Abs. 3 HGB). Diese Regelung bezweckt iVm § 15a HGB eine Zustellungserleichterung zugunsten der Gläubiger und steht nach zutreffender Einschätzung des Gesetzgebers im Einklang mit der Zweigniederlassungs-RL, insbesondere mit Art. 2 Abs. 1 lit. a Zweigniederlassungs-RL, wonach die Anschrift der Zweigniederlassung angegeben werden muss (heute Art. 30 Abs. 1 lit. a GesR-RL).[414] 543

Auch die Anmeldung **ständiger Vertreter** der Zweigniederlassung beruht auf der GesR-RL (Art. 30 Abs. 1 lit. e, Abs. 2 lit. a GesR-RL). Bei ihnen handelt es sich um Personen, die auf Grund einer rechtsgeschäftlichen Bevollmächtigung nicht nur vorübergehend zur generellen Vertretung der Zweigniederlassung berechtigt sind.[415] Nach zutreffender hM statuieren weder die GesR-RL noch § 13e HGB eine Pflicht, ständige Vertreter zu bestellen, sondern verlangen nur eine **Offenlegung,** falls ständige Vertreter **tatsächlich vorhanden** sind.[416] Da sich die Vertretungsmacht aus einer rechtsgeschäftlichen Bevollmächtigung ableitet, gilt das **Vollmachts-,** dh das **Wirkungsstatut,**[417] nicht das Gesellschaftsstatut.[418] 544

Ob auch ein **gesetzlicher Vertreter als ständiger Vertreter** für die Zweigniederlassung bestellt und eingetragen werden kann, ergibt sich weder aus der GesR-RL noch aus § 13e HGB oder den diesbezüglichen Materialien mit Gewissheit.[419] Das hiergegen vorgebrachte 545

---

[410] OLG Düsseldorf RIW 1992, 845; Großkomm HGB/*Koch* HGB § 13d Rn. 51; MüKoHGB/*Krafka* HGB § 13d Rn. 26.

[411] Bejahend LG Berlin GmbHR 2005, 686; LG Hechingen RPfleger 2005, 318; *Melchior* GmbHR 2005, 689. Verneinend OLG Frankfurt NZG 2006, 515 (516) mwN; OLG Schleswig FGPrax 2008, 217 (218); s. auch OLG Hamm NZG 2005, 930; OLG Jena DNotZ 2006, 153; OLG Düsseldorf NZG 2006, 317.

[412] EuGH Slg. 2006, I-4931 = NJW 2006, 3195 – Innoventif; s. dazu *J. Schmidt* NZG 2006, 899; *Wachter* GmbHR 2006, 709.

[413] S. zur Zulässigkeit einer Eintragung mit dem Zusatz „c/o" OLG Naumburg NZG 2009, 956.

[414] Begr. RegE, BT-Drs. 16/6140, 49.

[415] OLG München NZG 2006, 512 (513); *Heidinger* MittBayNot 1998, 72 (73).

[416] Lutter/Hommelhoff/*Bayer* GmbHG Anh. § 4a Rn. 25; Hüffer/Koch/*Koch* AktG Anh. § 45 § 13e Rn. 7; EBJS/*Pentz* HGB § 13e Rn. 31; *Heidinger* MittBayNot 1998, 72 (73 f.); *Seibert* GmbHR 1992, 728 (740); s. auch RegBegr BT-Drs. 12/3908, 16.

[417] Zur Geltung des „Wirkungslandprinzips" für das Vollmachtstatut. BGHZ 43, 21, 26 = NJW 1965, 487; OLG München NZG 2006, 512 (513). Die Rom I-VO enthält keine Regelung des Vollmachtstatuts, vielmehr sind nach Art. 1 Abs. 2 lit. g der VO Fragen der rechtsgeschäftlichen und organschaftlichen Vertretung vom Anwendungsbereich ausgenommen. Die noch in Art. 7 Abs. 2 und 3 des Entwurfs v. 15.12.2005 (COM(2005) 650 endg.) vorgesehene Regelung ist ersatzlos gestrichen worden (→ Rn. 603).

[418] OLG München NZG 2006, 512 (513). Allerdings sind Einschränkungen, die sich aus dem Gesellschaftsstatut für die Bestellung solcher Vertreter ergeben, zu beachten.

[419] Offen lassend OLG München NZG 2006, 512 (513); verneinend die hM, vgl. *Seibert* GmbHR 1992, 738 (740); *Heidinger* MittBayNot 1998, 72 (75); *Wachter* NZG 2005, 338 (340); diff. *Klose-Mokroß* DStR 2005, 1013 (1016): zulässig bei abweichender Ausgestaltung der rechtsgeschäftlichen gegenüber der organ-

Argument, dass eine „Verwirrung" des Rechtsverkehrs vermieden werden müsse, dürfte den generellen Ausschluss einer solchen Bevollmächtigung kaum tragen,[420] zumal es auch im deutschen Recht jedenfalls bei Gesamtvertretung nicht schlechterdings ausgeschlossen ist, organschaftlichen Vertretern eine abweichend ausgestaltete rechtsgeschäftliche Vollmacht zu erteilen.[421] Allerdings kann der Zweck des Handelsregisters, die tatsächlichen und rechtlichen Verhältnisse klar, zuverlässig und vollständig darzustellen, es ausschließen, dass eine Befreiung des ständigen Vertreters von den Beschränkungen des § 181 BGB eingetragen wird, wenn er zugleich Geschäftsführer der Auslandsgesellschaft ist und ihm in dieser Eigenschaft nach dem Gesellschaftsstatut keine derartige Befreiung erteilt werden kann.[422]

546 Soweit das ausländische Recht **dem deutschen Recht unbekannte rechtliche Erscheinungen** kennt, die nach ausländischem Recht eintragungsfähig und -pflichtig sind,[423] sind am Ort der Zweigniederlassung entsprechende Eintragungen möglich und geboten.[424] Dies gilt etwa für die auf die Zweigniederlassung einer englischen Limited beschränkte konkrete Einzelvertretungsmacht eines im Übrigen gesamtvertretungsberechtigten directors.[425]

547 Der Anmeldung der Zweigniederlassung sind ein **Existenznachweis** (§ 13e Abs. 2 S. 2 HGB)[426] und eine öffentlich beglaubigte **Übersetzung des Gesellschaftsvertrages** bzw. der Satzung in deutscher Sprache beizufügen (§ 13f Abs. 2 S. 1 Hs. 2 HGB, § 13g Abs. 2 S. 1 Hs. 2 HGB),[427] was durch Art. 32 GesR-RL gedeckt ist.

548 Nicht zu fordern ist hingegen die Vorlage eines **Gesellschafterbeschlusses** über die **Gründung der Zweigniederlassung**.[428] Seitdem das MoMiG § 13e Abs. 2 S. 2 HGB aF gestrichen hat, ist die Eintragung der Zweigniederlassung zudem nicht mehr von der Vorlage einer erforderlichen **Tätigkeitsgenehmigung** abhängig.

---

schaftlichen Vertretungsmacht; bejahend hingegen *Schall* NZG 2006, 54 (55); Großkomm HGB/*Koch* HGB § 13e Rn. 33 mwN.

[420] S. auch Großkomm HGB/*Koch* HGB § 13e Rn. 33.
[421] S. Roth/Altmeppen/*Altmeppen* GmbHG § 35 Rn. 14.
[422] OLG München NZG 2006, 512 (513).
[423] In der Praxis ging es hierbei vor allem um außergewöhnliche, dem deutschen Recht unbekannte Vertretungsverhältnisse; s. beispielsweise KG IPRspr. 1929 Nr. 21 (Bindung mehrerer Vorstandsmitglieder einer niederländischen AG an Gesamtvertretung in Schriftform); OLG Frankfurt IPRspr. 1976 Nr. 18 (Eintragung einer dem deutschen Recht fremden Gesamtprokura, die OLG verweigerte die Eintragung jedoch). Für die Eintragungsfähigkeit auch abweichender Bestimmungen zu Rechtsfähigkeit und Haftung *Grasmann* System Rn. 591 mwN. Umgekehrt ist zweifelhaft, inwieweit rechtliche Erscheinungen, die im Recht des Herkunftsstaates nicht bekannt sind, eintragungsfähig sind. So gibt es beispielsweise im englischen Recht kein allgemeines gesetzliches Verbot von In-sich-Geschäften und es ist umstritten, ob bei der inländischen Zweigniederlassung einer englischen plc eingetragen werden kann, dass der Geschäftsführer von den Beschränkungen des § 181 BGB befreit sei (dafür LG Chemnitz NZG 2005, 760; LG Ravensburg GmbHR 2005, 489; LG Freiburg NZG 2004, 1170 = GmbHR 2005, 168 mAnm *Wachter*; iErg auch LG Augsburg NZG 2005, 356: lediglich deklaratorische Klarstellung; differenzierend *Süß* DNotZ 2005, 180 (185); dagegen OLG München NZG 2005, 850; LG Leipzig NZG 2005, 759; *Klose-Mokroß* DStR 2005, 1013 (1015): Gefahr der Irreführung, weil der unzutreffende Anschein erweckt wird, die gesetzliche Vertretung richte sich nach deutschem Recht).
[424] *Rabel* RabelsZ 3 (1929) 807 (810); *Wolff*, Das Internationale Privatrecht Deutschlands, 1954, 118; MüKoBGB/*Kindler* IntGesR Rn. 945ff.; Staudinger/*Großfeld* IntGesR Rn. 1021ff., jeweils mwN auch zur Gegenmeinung, die entweder die Eintragungsfähigkeit wegen des „Grundsatzes der festen (gesetzlichen) Begrenzung der einzutragenden Tatsachen" ablehnt (OLG Frankfurt IPRspr. 1976 Nr. 18; gegen die Eintragungsfähigkeit bei rein innerdeutschen Sachverhalten RGZ 132, 138 f.; OLG Hamm MDR 1952, 849; OLG Karlsruhe GmbHR 1964, 78) oder eine Anpassung der unbekannten Bestimmung an das deutsche Recht fordert; so *Nussbaum* IPR § 33 III b (S. 212). Selbstverständlich gilt der Vorbehalt des ordre public (Art. 6 EGBGB), vgl. MüKoBGB/*Kindler* IntGesR Rn. 947; Staudinger/*Großfeld* IntGesR Rn. 1027.
[425] OLG Frankfurt ZIP 2015, 1068.
[426] Dazu OLG Köln NZG 2013, 754 für US-amerikanische Gesellschaft; Lutter/Hommelhoff/*Bayer* GmbHG Anh. § 4a Rn. 31. Zum Nachweis von Existenz und Vertretungsbefugnis ausländischer juristischer Personen gegenüber dem Grundbuchamt OLG München NZG 2021, 74; OLG Düsseldorf NZG 2015, 199, OLG Brandenburg MittBayNot 2011, 222 und OLG Jena NZG 2018, 908 sowie zum Nachweis der Vertretungsbefugnis auch KG DNotZ 2012, 604 (605); KG ZIP 2013, 973; OLG Düsseldorf NZG 2019, 1423; 2019, 1385. Zum Nachweis der Existenz einer ausländischen juristischen Person bei einer Eigentumsumschreibung KG FGPrax 2012, 236.
[427] OLG Hamm GmbHR 2008, 545; LG Chemnitz NZG 2006, 517.
[428] OLG Düsseldorf ZIP 2006, 806; Lutter/Hommelhoff/*Bayer* GmbHG Anh. § 4a Rn. 34.

Dass das deutsche Recht (§ 13f Abs. 3 HGB iVm § 39 Abs. 1 AktG; § 13g Abs. 3 HGB **549** iVm § 10 Abs. 1 GmbHG) die Offenlegung des **gezeichneten Kapitals** und von **Kapitalmaßnahmen** im Rahmen der Zweigniederlassungspublizität fordern könne,[429] wurde in der Lit. lange Zeit bestritten (→ Rn. 395).[430] An der Berechtigung dieser Einwände bestanden mit Blick auf die einschlägigen Sekundärrechtsakte indes Zweifel. Verlangt wird dort die Offenlegung des Errichtungsakts oder der Satzung und ihrer Änderungen (Art. 2 lit. a–c und 2a Publizitäts-RL, heute Art. 14 lit. a–c und 15 GesR-RL). Für Aktiengesellschaften sind die Kapitalverhältnisse und Kapitalmaßnahmen in die Satzung oder den Errichtungsakt aufzunehmen und offenzulegen (Art. 3, 4, 68 Abs. 1 GesR-RL, Art. 73 Abs. 1 GesR-RL; früher Art. 2, 3, 29 Abs. 1, 34 Abs. 1 Kapital-RL). Bei anderen Kapitalgesellschaften muss zumindest jährlich der Betrag des gezeichneten Kapitals offen gelegt werden, „falls der Errichtungsakt oder die Satzung ein genehmigtes Kapital erwähnt und falls die Erhöhung des gezeichneten Kapitals keiner Satzungsänderung bedarf" (Art. 14 lit. e GesR-RL, früher Art. 2 lit. e Publizitäts-RL). Diese Bestimmung beruht offensichtlich auf der Vorstellung, dass auch außerhalb des Aktienrechts im Rahmen der Gründung das gezeichnete Kapital in dem Gesellschaftsvertrag oder dem Errichtungsakt anzugeben ist, deren Änderungen sodann nach Art. 2 lit. b und c Publizitäts-RL bzw. heute nach Art. 14 lit. b und c GesR-RL offen zu legen sind.[431] Für die Zweigniederlassungspublizität schreibt das deutsche Recht im Einklang mit dem Richtlinienrecht (Art. 2 Abs. 2 lit. b Publizitäts-RL, heute Art. 30 Abs. 2 lit. b GesR-RL, → Rn. 8) die Offenlegung der Satzung vor, aus der sich somit jedenfalls das gezeichnete Kapital im Zeitpunkt der Gründung ergibt. Ohne die Offenlegung späterer Kapitalmaßnahmen bestünde aber die Gefahr einer Irreführung des Rechtsverkehrs. Im Übrigen ist die Offenlegung des Jahresabschlusses erforderlich (Art. 2 Abs. 1 lit. g, 3 Zweigniederlassungs-RL, heute Art. 30 Abs. 1 lit. g GesR-RL, Art. 31 GesR-RL), der den jeweiligen Stand der Kapitalverhältnisse ebenfalls enthält (vgl. insbesondere die Anhänge III und IV der Bilanz-RL → Rn. 8). **Im Ergebnis** entspricht die Forderung, das gezeichnete Kapital einschließlich etwaiger Kapitaländerungen offen zu legen, dem Schutz des Rechtsverkehrs als dem zentralen Anliegen der Publizitäts-RL (Erwägungsgründe 2 und 3 Publizitäts-RL bzw. Erwägungsgründe 7 und 8 GesR-RL; → Rn. 8) sowie der Zweigniederlassungs-RL bzw. der jeweils an ihre Stelle getretenen Regelungen der GesR-RL.[432]

Der **BGH** hat die verbleibenden Zweifel indes im Jahr 2019 zum Anlass genommen, um **550** eine Klärung durch den EuGH herbeizuführen. Zur Vorabentscheidung vorgelegt wurde die Frage, ob für die Registereintragung der Zweigniederlassung einer Gesellschaft mit beschränkter Haftung mit Sitz in einem anderen Mitgliedstaat die Angabe der Höhe des Stammkapitals oder eines vergleichbaren Kapitalwerts im Einklang mit Art. 30 GesR-RL gefordert werden kann.[433] Der BGH selbst neigt unter Hinweis auf die Innoventif-Entscheidung des EuGH (→ Rn. 542)[434] der auch hier schon in den Vorauflagen vertretenen Ansicht zu, dass die deutsche Regelung jedenfalls dann mit den sekundärrechtlichen Vorgaben vereinbar ist, wenn die Kapitalangabe Bestandteil des zu publizierenden Errichtungsakts ist.[435]

---

[429] Zur Frage, ob das deutsche Sachrecht nur die Offenlegung des Gründungkapitals oder des aktuellen Kapitals im letztgenannten Sinne *Stiegler* GmbHR 2019, 869 (870 f.) mwN.
[430] So *Rehberg* in Eidenmüller, Ausländische Kapitalgesellschaften im deutschen Recht, 2004, § 5 Rn. 27, 85 mit Fn. 127; ferner *Meilicke* GmbHR 2019, 829; tendenziell auch *Stiegler* GmbHR 2019, 869 (871 f., 874).
[431] Vgl. dazu auch *Schwarz* EuropGesR Rn. 308, der die in Art. 2 Abs. 1 lit. e Publizitäts-RL (heute Art. 14 Abs. 1 lit. e GesR-RL) getroffene Einschränkung damit erklärt, dass „die Satzung und Satzungsänderungen nach Art. 2 Abs. 1 lit. a–c Erste RL und damit auch die Höhe des gezeichneten Kapitals offen zu legen sind".
[432] So iErg auch *Ulmer* NJW 2004, 1201 (1209) mit Fn. 84 mit der Erwägung, dass die Angabe zwar in der Zweigniederlassungs-RL nicht vorgesehen sei, aber wegen ihres Informationsgehalts dem „Informationsmodell" des EuGH (→ Rn. 65, 69) entspreche.
[433] BGH NZG 2019, 775.
[434] EuGH NZG 2006, 33 ff. – Innoventif.
[435] BGH NZG 2019, 775 Rn. 23 ff.

551 Wenn und weil die §§ 13d–13g HGB lediglich die Vorgaben der GesR-RL (früher Zweigniederlassungs-RL) umsetzen, sind sie bereits nicht als Beschränkung der **Niederlassungsfreiheit** zu qualifizieren (→ Rn. 151 ff., → Rn. 163 ff., → Rn. 172).[436] Auch die Anforderung eines **Kostenvorschusses** beschränkt die Niederlassungsfreiheit nicht,[437] doch muss die verlangte Gebühr sich auf den tatsächlichen Sach- und Personalaufwand beschränken.[438]

552 Als Folge des **Brexit** wäre bei inländischen Zweigniederlassungen britischer Gesellschaften eine Registerberichtigung erforderlich, sobald diese nicht mehr als solche anerkannt werden sollten (→ Rn. 18 ff., → Rn. 210).[439] Diese von allen Gesellschaftern bzw. dem verbleibenden Alleingesellschafter zu erfüllende Pflicht kann ggf. mit Zwangsgeld (§ 14 HGB) durchgesetzt werden.

553 **bb) Eintragungspflicht und Sanktionen.** Die **Pflicht** zur Anmeldung und Eintragung und zur Erfüllung der weiteren Publizitätsvorschriften ist an das Bestehen einer **Zweigniederlassung** geknüpft. Die Annahme einer Zweigniederlassung erfordert neben der räumlichen Trennung vom (Satzungs-)Sitz eine gewisse äußere und organisatorische Selbständigkeit.[440] Die Eintragungspflicht entfällt selbstverständlich auch nicht etwa deshalb, weil gegen den Geschäftsführer ein Gewerbeverbot besteht (→ Rn. 528 ff.).[441]

554 Im **Grundsatz** ist davon auszugehen, dass auch ausländische Kapitalgesellschaften in gleicher Weise wie inländische Gesellschaften im Inland tätig werden dürfen, ohne Niederlassungen zu errichten. Zweifelhaft und **umstritten** ist hingegen, ob **Scheinauslandsgesellschaften,** die ihre tatsächliche Geschäftstätigkeit ausschließlich im Inland entfalten, **stets** zur Anmeldung und Eintragung einer Zweigniederlassung **verpflichtet** sind. In Rspr. und Lit. wird dies namentlich für den Fall verneint, dass die Auslandsgesellschaft ausschließlich die Rolle als **Komplementärin** einer deutschen KG übernimmt, da dies nicht notwendig mit der Begründung einer eigenen, auf gewisse Dauer angelegten Organisationsstruktur verknüpft sei. Erst recht kann die Übernahme der Komplementärstellung nicht davon abhängig gemacht werden, dass die EU-ausländische Kapitalgesellschaft vor dem Beteiligungserwerb eine Zweigniederlassung zum deutschen Handelsregister anmeldet und eintragen lässt (→ Rn. 123). Gravierende Publizitätslücken sind jedenfalls für europäische Kapitalgesellschaften nicht zu befürchten, da sie immerhin im Gründungsstaat publizitätspflichtig sind.[442]

555 Die Mitgliedstaaten sind gem. Art. 40 GesR-RL (→ Rn. 8) verpflichtet, Verstöße gegen die Publizitätsbestimmungen durch geeignete Maßregeln zu **sanktionieren.** In der Praxis scheint die ordnungsgemäße Erfüllung bestehender Registerpflichten tatsächlich weithin zu unterbleiben.[443]

556 Ein registergerichtliches Verfahren zur **Erzwingung von Eintragungen** (§ 14 HGB, §§ 388 ff. FamFG) ist wegen der territorialen Begrenzung hoheitlicher Gewalt nur im Inland durchsetzbar.[444] Eine Auslandsvollstreckung wird durch die Brüssel Ia-VO insoweit nicht ermöglicht (Art. 1 Abs. 1 S. 2 Brüssel Ia-VO). Dass die Geschäftsleiter sich im Inland aufhal-

---

[436] Allg. zu dieser Beschränkung des Prüfungsmaßstabs EuGH EuZW 2016, 104 Rn. 57 – RegioPost; BeckRS 2017, 123556 Rn. 15 – Eqiom und Enka; EuZW 2019, 288 Rn. 49 – TAP mwN.
[437] EuGH NJW 2006, 3195 – Innoventif.
[438] EuGH ZIP 1998, 206 – Fantesk.
[439] Zur Formulierung näher *Luy* DNotZ 2019, 484 (490 ff.).
[440] Die Anforderungen sind iE umstritten, s. etwa zum Erfordernis eines gesonderten Geschäftsvermögens verneinend MüKoHGB/*Krafka* HGB § 13d Rn. 12; nach OLG Frankfurt NZG 2011, 158 kann eine Zweigniederlassung einer EU-Auslandsgesellschaft nicht gemäß § 394 FamFG wegen Vermögenslosigkeit gelöscht werden. Zum Ganzen auch Großkomm HGB/*Koch* HGB § 13 Rn. 19 f.
[441] *Eidenmüller/Rehberg* NJW 2008, 28 (29).
[442] So *Schanze/Jüttner* AG 2003, 661 (663); *Kieninger* ZEuP 2004, 685 (700).
[443] S. *Eidenmüller/Rehberg* ZVglRWiss 105 (2006), 427 (430); *Westhoff* GmbHR 2006, 525 (527 f.).
[444] MüKoBGB/*Kindler* IntGesR Rn. 949; *Rehberg* in Eidenmüller, Ausländische Kapitalgesellschaften im deutschen Recht, 2004, § 5 Rn. 82; Staudinger/*Großfeld* IntGesR Rn. 1018; *Lutter* in Lutter Auslandsgesellschaften S. 1 (9); *Kettler* S. 127 mwN in Fn. 556; *Wachter* GmbHR 2004, 88 (99).

ten, ist zwar auch bei deutschen Kapitalgesellschaften nicht mehr selbstverständlich,[445] wird aber gerade bei Scheinauslandsgesellschaften den Regelfall darstellen.[446] Die Festsetzung eines Zwangsgeldes wird durch den Aufenthalt im Ausland indes keineswegs ausgeschlossen (zutreffend Anh. AktG § 45 → HGB § 13e Rn. 50).[447] Eine zwangsweise Inanspruchnahme der ständigen Vertreter nach § 13e Abs. 2 S. 5 Nr. 3 HGB ist hingegen nur insoweit zulässig, als diese Personen gem. § 13e Abs. 3 und 4 HGB eine gesetzliche Pflicht zur Anmeldung trifft (Anh. AktG § 45 → HGB § 13e Rn. 50).[448]

Des Weiteren wird als Sanktion eine **Gewerbeuntersagung analog § 15 Abs. 2 S. 2 GewO** befürwortet.[449] Danach kann die zuständige Behörde die Fortsetzung des Betriebs der Zweigniederlassung bei Fehlen der Zulassungsvoraussetzungen verhindern. Die analoge Anwendung dieser Vorschrift ist gerechtfertigt, denn der Betrieb einer Zweigniederlassung im Inland kann nicht geduldet werden, wenn der ausländische Unternehmensträger seine Publizitätspflichten nicht erfüllt. Voraussetzung ist allerdings, dass auch Verstöße inländischer Rechtsträger gegen die Zweigniederlassungspublizität entsprechend geahndet werden.[450]

557

Zu Recht nicht aufgegriffen hat der Gesetzgeber Überlegungen, die Verletzung der Pflicht zur Eintragung einer Zweigniederlassung mit einer **Handelndenhaftung** entsprechend § 11 Abs. 2 GmbHG, § 41 Abs. 1 S. 2 AktG zu sanktionieren.[451] Eine Handelndenhaftung erscheint nicht nur als Diskriminierung ausländischer Rechtsträger, sondern auch als unverhältnismäßiges Mittel, um die Registrierungspflicht durchzusetzen.[452] De lege lata scheidet eine derartige Haftung jedenfalls aus.[453]

558

cc) Wirkungen der Handelsregistereintragung. Die Eintragung der Zweigniederlassung hat neben dem tatsächlichen Vorgang ihrer Errichtung nur **deklaratorische Wirkung**.[454]

559

Im Übrigen gelten für die Wirkungen der Handelsregistereintragung im Hinblick auf Inlandsniederlassungen von Auslandsgesellschaften die Bestimmungen des deutschen Rechts.[455] Anwendung finden insbesondere **§ 5 HGB**[456] sowie **§ 15 HGB**.[457] Für die Publizitätswirkungen des § 15 HGB sind die Eintragungen und Bekanntmachungen des **Gerichts der Zweigniederlassung** entscheidend (§ 15 Abs. 4 HGB). Im Hinblick auf

560

---

[445] Auch ist nicht erforderlich, dass der Geschäftsführer zur jederzeitigen Einreise befugt ist (s. OLG Düsseldorf NZG 2007, 678 unter Hinweis auf die Möglichkeit eines ausländischen Verwaltungssitzes aufgrund der Neufassung des § 4a GmbHG durch das MoMiG); aA noch OLG Celle NZG 2007, 633.
[446] Für Zulässigkeit des Zwangsverfahrens Lutter/Hommelhoff/*Bayer* GmbHG Anh. § 4a Rn. 15; *Happ/Holler* DStR 2004, 730 (734); wohl auch *Binge/Thölke* DNotZ 2004, 21 (24).
[447] Großkomm HGB/*Koch* HGB § 13d Rn. 60 f.; Hüffer/*Koch*/*Koch* AktG § 45 Anh. § 13e HGB Rn. 12.
[448] Hüffer/*Koch*/*Koch* AktG § 45 Anh. § 13e HGB Rn. 12.
[449] Staudinger/*Großfeld* IntGesR Rn. 1020; *Kettler* S. 128; dagegen *Rehberg* in Eidenmüller, Ausländische Kapitalgesellschaften im deutschen Recht, 2004, § 5 Rn. 82, § 7 Rn. 34: verbotene Diskriminierung.
[450] Insoweit zutr. die Bedenken bei *Rehberg* in Eidenmüller, Ausländische Kapitalgesellschaften im deutschen Recht, 2004, § 7 Rn. 34.
[451] Eine solche Haftung befürwortend v. *Halen* Centros-Entscheidung S. 260; *Forsthoff* in Hirte/Bücker Grenzüberschreitende Gesellschaften-HdB § 2 Rn. 25 Fn. 77; *Lutter* in Lutter Auslandsgesellschaften S. 1 (12 ff., 14); *Kindler* IPRax 2009, 189 (201); MüKoBGB/*Kindler* IntGesR Rn. 443, 531 f., 951 ff.; s. auch *Borges* ZIP 2004, 733 (736); *Leible/Hoffmann* EuZW 2003, 677 (679); *Paefgen* ZIP 2004, 2253 (2257); *Paefgen* GmbHR 2005, 957 (959 ff.).
[452] *Eidenmüller* NJW 2005, 1618 (1619 f.); *Eidenmüller/Rehberg* ZVglRWiss 105 (2006), 427 (435); *Hofmeister* FS Eisenhardt, 2007, 421 (427); *Krüger* ZInsO 2007, 861 (867); *Lehmann* NZG 2005, 580 ff.; Großkomm HGB/*Koch* HGB § 13d Rn. 37; *Rehberg* in Eidenmüller, Ausländische Kapitalgesellschaften im deutschen Recht, 2004, § 5 Rn. 82.
[453] BGH BB 2005, 1016; OLG Hamm NZG 2006, 826; *Lutter* in Lutter Auslandsgesellschaften S. 1 (9 ff.); *Binge/Thölke* DNotZ 2004, 21 (24); Lutter/Hommelhoff/*Bayer* GmbHG Anh. § 4a Rn. 15; Großkomm HGB/*Koch* HGB § 13d Rn. 37.
[454] KG NZG 2004, 49 (50); OLG Düsseldorf Rpfleger 1999, 100 (101); MüKoBGB/*Kindler* IntGesR Rn. 948; MüKoHGB/*Krafka* HGB § 13d Rn. 12, 29; *Rehberg* in Eidenmüller, Ausländische Kapitalgesellschaften im deutschen Recht § 5 Rn. 18, Fn. 22; *Lutter* in Lutter Auslandsgesellschaften S. 1 (6).
[455] MüKoBGB/*Kindler* IntGesR Rn. 948; Staudinger/*Großfeld* IntGesR Rn. 1029.
[456] Staudinger/*Großfeld* IntGesR Rn. 1029; *Kettler* S. 134; *Bumeder* Rn. 108.
[457] Staudinger/*Großfeld* IntGesR Rn. 1030 ff.; MüKoBGB/*Kindler* IntGesR Rn. 948; *Kettler* S. 135, 138; *Rehberg* in Eidenmüller, Ausländische Kapitalgesellschaften im deutschen Recht, 2004, § 5 Rn. 88 ff.

§ 15 Abs. 1 HGB ist unerheblich, ob sich die Eintragungspflicht aus dem ausländischen Recht der Hauptniederlassung (→ Rn. 546) oder aus deutschem Recht ergibt. Der Rechtsverkehr muss sich grundsätzlich darauf verlassen können, dass beide Rechtsordnungen beachtet werden.[458] Andererseits muss schon wegen des Diskriminierungsverbots auch die Publizitätswirkung nach **§ 15 Abs. 2 HGB** zugunsten von EU-Auslandsgesellschaften greifen.[459] Die Publizitätswirkungen wurden im Rahmen des ersten Teilpakets des **EU-Company Law Package** (→ Rn. 11) an die dort erfolgte Neugestaltung der **Registerpublizität** angepasst (→ Rn. 538).[460]

561 Bedenken unter dem Aspekt der **Niederlassungsfreiheit** bestehen gegen diese Publizitätswirkungen nicht, vielmehr stehen die Vorschriften des § 15 HGB mit Art. 16 Abs. 6 und 7 GesR-RL und Art. 29 Abs. 2 GesR-RL (→ Rn. 8) in Einklang. Schon aus diesem Grund scheidet eine Behinderung der Niederlassungsfreiheit aus (→ Rn. 151 ff., → Rn. 163 ff., → Rn. 172).[461] Im Übrigen handelt es sich um nicht diskriminierende, tätigkeitsbezogene Regelungen, die zum Verkehrsschutz erforderlich sind und keine Beeinträchtigung der grenzüberschreitenden Niederlassung bewirken.[462] Nach der Entscheidung des EuGH „Kornhaas/Dithmar" unterfallen tätigkeitsbezogene Tatbestände nicht dem Anwendungsbereich des Beschränkungsverbots der Niederlassungsfreiheit (→ Rn. 148 ff., → Rn. 247).

562 **b) Publizität der Rechnungslegung.** Wie ausgeführt (→ Rn. 530), haben Zweigniederlassungen EU-ausländischer Kapitalgesellschaften[463] nach der GesR-RL und gem. § 325a HGB lediglich die nach dem **Recht ihres Gründungsstaates erstellten und geprüften Abschlüsse** offen zu legen.[464]

563 Werden die **Publizitätspflichten verletzt**, ist vom Bundesamt für Justiz ein **Ordnungsgeldverfahren** gegen die Mitglieder des Vertretungsorgans durchzuführen (§ 335 Abs. 1 S. 1 HGB). Sind gem. § 13e Abs. 2 S. 4 Nr. 3 HGB ständige Vertreter der inländischen Zweigniederlassung angemeldet, sind sie in Anspruch zu nehmen (§ 335 Abs. 1 S. 1 Hs. 2 HGB). Das Ordnungsgeldverfahren kann auch gegen die Kapitalgesellschaft durchgeführt werden (§ 335 Abs. 1 S. 1 Hs. 2 HGB).

564 **c) Geschäftsbriefpublizität.** Auch die Publizität für Geschäftsbriefe und Bestellscheine (Geschäftsbriefpublizität) ist ein **wichtiges Element des sekundärrechtlichen Informationsmodells** (→ Rn. 247). Sie soll gewährleisten, dass der Rechtsverkehr über wichtige Verhältnisse europäischer Kapitalgesellschaften zutreffend unterrichtet wird. Die Vorschriften über die Geschäftsbriefpublizität beruhen auf Art. 26, 35 GesR-RL (früher Art. 5 Publizitäts-RL und Art. 6 Zweigniederlassungs-RL; → Rn. 8).[465]

565 Die Geschäftsbriefpublizität im Inland gilt auch für nicht eingetragene Zweigniederlassungen und Betriebsstätten[466] und richtet sich im Falle einer ausländischen **AG** und **KGaA**

---

[458] *Rehberg* in Eidenmüller, Ausländische Kapitalgesellschaften im deutschen Recht, 2004, § 5 Rn. 89; Staudinger/*Großfeld* IntGesR Rn. 1030; *Kettler* S. 135.
[459] *Rehberg* in Eidenmüller, Ausländische Kapitalgesellschaften im deutschen Recht, 2004, § 5 Rn. 90; s. auch *Kettler* S. 136 ff. mwN in Fn. 595; aA noch Staudinger/*Großfeld* IntGesR Rn. 1032.
[460] Dazu *Bayer/Schmidt* BB 2019, 1922 (1924 f.).
[461] Allg. zu dieser Beschränkung des Prüfungsmaßstabs EuGH EuZW 2016, 104 Rn. 57 – RegioPost; BeckRS 2017, 123556 Rn. 15 – Eqiom und Enka; EuZW 2019, 288 Rn. 49 – TAP mwN.
[462] Im Ergebnis auch *Rehberg* in Eidenmüller, Ausländische Kapitalgesellschaften im deutschen Recht, 2004, § 5 Rn. 88, der aber zu Unrecht davon ausgeht, dass die § 15 Abs. 1 und 2 HGB von der Publizitäts-RL, heute Teil der GesR-RL, nicht gedeckt seien.
[463] Für Zweigniederlassungen von Kreditinstituten iSv § 340 HGB und Versicherungsunternehmen iSv § 341 HGB gelten hier nicht darzustellende Besonderheiten (für Kreditinstitute §§ 340 Abs. 1, 340l Abs. 2 HGB; für Versicherungsunternehmen § 341 Abs. 1 und 2 HGB).
[464] Zur Frage, ob und unter welchen Voraussetzungen die Eintragung einer Zweigniederlassung verweigert werden kann, weil die Unterlagen der Rechnungslegung (noch) nicht vorgelegt wurden, LG Göttingen NotBZ 2006, 34.
[465] Zu Inhalt und Auslegung der Normen auf der Grundlage der aF *K. Schmidt* in Lutter Auslandsgesellschaften S. 15 (40 ff.).
[466] UHL/*Paefgen* GmbHG § 35a Rn. 7; Scholz/*Schneider/Schneider* GmbHG § 35a Rn. 26; Roth/Altmeppen/*Altmeppen* GmbHG § 35a Rn. 6; MüKoGmbHG/*Stephan/Thieves* GmbHG § 35a Rn. 42, 44 f.). Zu

nach § 80 Abs. 4 AktG, im Falle einer ausländischen **GmbH** nach § 35a Abs. 4 GmbHG. Für ausländische **Personenhandelsgesellschaften** gelten §§ 125a, 177a HGB; soweit kein persönlich haftender Gesellschafter eine natürliche Person ist, finden ferner § 35a Abs. 4 GmbHG, § 80 Abs. 4 AktG Anwendung (§ 125a Abs. 1 S. 2 HGB, § 177a S. 2 HGB). Eine allgemeine Regelung für kaufmännische Geschäftsbriefe enthält ferner § 37a HGB.[467] Die genannten Bestimmungen gelten ohne Besonderheiten auch für **Scheinauslandsgesellschaften** mit tatsächlichem Sitz im Inland.[468] Umgekehrt gilt die Geschäftsbriefpublizität auch für deutsche „**Scheininlandsgesellschaften**" mit tatsächlichem Sitz im Ausland.[469]

Für die Einordnung der ausländischen Gesellschaft als GmbH oder AG/KGaA ist ein **566 Typenvergleich** nach den Regeln der Substitution vorzunehmen.[470] Die Abgrenzung, ob es sich um eine Aktiengesellschaft oder GmbH handelt, kann wegen der inhaltsgleichen Regelung in der Praxis offen bleiben.[471] Für die hier interessierenden Kapitalgesellschaften ist ferner Anh. II GesR-RL (→ Rn. 8) heranzuziehen.

Seit der Reform durch das **MoMiG** erstreckt sich die **Angabepflicht** sowohl auf die **567 ausländische Haupt-** als auch auf die **inländische Zweigniederlassung**. Auch inländische Zweigniederlassungen ausländischer Gesellschaften müssen die Angaben nach § 35a Abs. 1–3 GmbHG, § 80 Abs. 1–3 AktG auf ihren Geschäftsbriefen und Bestellscheinen jeglicher Form[472] machen.

Anzugeben (zu Einzelheiten → AktG § 80 Rn. 1 ff.) sind insbesondere Rechtsform, **568** Sitz, Registergericht und Nummer des Registereintrages der Gesellschaft sowie Registergericht und Nummer des Registereintrages der Zweigniederlassung, ferner alle Geschäftsleiter und der Vorsitzende eines vorhandenen Aufsichtsrats (§ 35a Abs. 1 S. 1, Abs. 4 S. 1 GmbHG, § 80 Abs. 1 S. 1, Abs. 4 S. 1 AktG), bei der AG und KGaA ferner der Vorstandsvorsitzende (§ 80 Abs. 1 S. 2 AktG). Werden Angaben über das Kapital der Gesellschaft gemacht, so müssen in jedem Falle der Gesamtbetrag des Stamm- oder Grundkapitals sowie der Gesamtbetrag ausstehender Einlagen angegeben werden. Für Geschäftsbriefe in bestehenden Geschäftsverbindungen, nicht aber für Bestellscheine, gelten unter Umständen Ausnahmen (§ 35a Abs. 2 und 3 S. 2 GmbHG, § 80 Abs. 2 und 3 S. 2 AktG). Nach Beginn einer Abwicklung der ausländischen Gesellschaft sind auch diese Tatsache sowie alle Abwickler anzugeben (§ 35a Abs. 4 S. 2 GmbHG, § 80 Abs. 4 S. 2 AktG). Darüber hinaus verlangt Art. 26 GesR-RL, dass auch vorhandene „Webseiten der Gesellschaft" Angaben zur Identifizierung des Registers und die Eintragungsnummer enthalten müssen.

Entgegen der Ansicht des Gesetzgebers[473] ist **nicht unzweifelhaft**, ob die deutsche Regelung in vollem Umfang mit dem **europäischen Sekundärrecht** vereinbar ist. Die Art. 26 **569**

---

verlangen ist jedoch, dass eine Eintragungspflicht iSd GesR-RL besteht. Ein bloßer inländischer Geschäftsbetrieb unterhalb dieser Schwelle genügt nicht (wohl aA → AktG § 80 Rn. 26).

[467] Die §§ 15a, 15b GewO wurden durch Art. 9 Nr. 3 des Dritten Mittelstandsentlastungsgesetzes v. 17.3.2009 (BGBl. I 550) aufgehoben, da sie nicht mehr zeitgemäß seien (s. dazu BR-Drs. 558/08, 34). Zu ihnen im vorliegenden Zusammenhang noch *Rehberg* in Eidenmüller, Ausländische Kapitalgesellschaften im deutschen Recht, 2004, § 5 Rn. 97 f.

[468] Vgl. EuGH Slg. 1999, I-1459 Rn. 36 = NJW 1999, 2027 – Centros; Slg. 2003, I-10155 Rn. 135 = NJW 2003, 3331 – Inspire Art. Maßgeblich für die Ausfüllung des Tatbestandsmerkmals „Sitz im (EU-)Ausland" muss dann der Satzungssitz sein. S. zur Anwendbarkeit der Vorschriften auf Scheinauslandsgesellschaften auch *Behrens* IPRax 2004, 20 (24); *Leible/Hoffmann* EuZW 2003, 677 (679 f.); *Binge/Thölke* DNotZ 2004, 21 (24); *Wachter* GmbHR 2004, 88 (93); *Wachter* ZNotP 2005, 122 (124); *K. Schmidt* ZHR 168 (2004), 493 (500); UHL/*Paefgen* GmbHG § 35a Rn. 4 ff., 51; aA zur Geschäftsbriefpublizität wohl *Rehberg* in Eidenmüller, Ausländische Kapitalgesellschaften im deutschen Recht, 2004, § 5 Rn. 91 ff., der nur auf § 37a HGB abhebt.

[469] S. auch Scholz/*Schneider/Schneider* GmbHG § 35a Rn. 27 unter Hinweis auf § 35a Abs. 4 GmbHG; auf Abs. 1 abhebend demgegenüber MüKoGmbHG/*Stephan/Thieves* GmbHG § 35a Rn. 43.

[470] *Kindler* NJW 1993, 3301 (3303); UHL/*Paefgen* GmbHG § 35a Rn. 49; Scholz/*Schneider/Schneider* GmbHG § 35a Rn. 26.

[471] Roth/Altmeppen/*Altmeppen* GmbHG § 35a Rn. 6; MüKoGmbHG/*Stephan/Thieves* GmbHG § 35a Rn. 43.

[472] In Art. 26 GesR-RL ist von Briefen und Bestellscheinen die Rede, die „auf Papier oder in sonstiger Weise erstellt werden".

[473] Begr. RegE, BT-Drs. 16/6140, 43.

und 35 GesR-RL (→ Rn. 8) verlangen nicht die Angabe der Geschäftsleiter, des Aufsichtsratsvorsitzenden und der Liquidatoren[474] und sehen keine Ausnahme für bestehende Geschäftsverbindungen vor. Eine Angabe der Firma und des Orts der Handelsniederlassung (§ 37a Abs. 1 HGB) wird ebenfalls nicht ausdrücklich gefordert. Ein Hinweis auf das Gründungsrecht, dem die Gesellschaft unterliegt, kann entsprechend der Rechtslage im Rahmen der Registerpublizität nur bei Gesellschaften aus Nicht-EU/EWR-Staaten verlangt werden (vgl. Art. 37 lit. c GesR-RL).[475] Auch soweit Angaben in das inländische Register einzutragen sind, kann sich die zusätzliche Angabe auf den Geschäftsbriefen immerhin deshalb belastend auswirken, weil bereits vorhandene Briefvorlagen im Falle tatsächlicher Änderungen unrichtig und unverwendbar werden. Wie ein Vergleich der unterschiedlichen Wortlaute zeigt, ist jedoch nicht eindeutig, dass die Art. 26 und 35 GesR-RL ebenso wie Art. 30 Abs. 1 GesR-RL[476] abschließend sind, sodass eine Auslegung als Mindestnorm nicht schlechterdings ausgeschlossen erscheint.[477] Dass auf Geschäftsbriefen die korrekte Firma angegeben werden muss, dürfte der Gesetzgeber der GesR-RL (früher Publizitäts-RL und Zweigniederlassungs-RL) hingegen wohl als selbstverständlich vorausgesetzt haben.[478]

570 Soweit die Angaben hingegen im Übrigen bereits von der GesR-RL gefordert werden, scheidet ein Verstoß gegen die **Niederlassungsfreiheit** bereits im Ansatz aus (→ Rn. 151 ff., → Rn. 163 ff., → Rn. 172).[479]

571 Bei einem Verstoß gegen die erforderliche Geschäftsbriefpublizität kann ein **Zwangsgeld** festgesetzt werden (§ 79 GmbHG, § 407 Abs. 1 AktG, §§ 388 ff. FamFG). Eine praktisch bedeutsame **zivilrechtliche Sanktion** ist ferner die Rechtsscheinhaftung in Fällen, in denen der die Haftungsbeschränkung kennzeichnende Rechtsformzusatz fortgelassen wird (→ Rn. 601 ff.). Ferner handelt es sich bei den Anforderungen der Geschäftsbriefpublizität um Schutzgesetze iSd § 823 Abs. 2 BGB und kommt eine Haftung nach den Grundsätzen der culpa in contrahendo (§ 311 Abs. 2 Nr. 1 BGB, § 241 Abs. 2 BGB, § 280 Abs. 1 BGB) in Betracht (→ AktG § 80 Rn. 29).[480] Auch diese Sanktionen stehen mit Art. 28 und 40 GesR-RL, welche die Mitgliedstaaten zur Androhung geeigneter Maßregeln verpflichten, und daher zugleich mit der Niederlassungsfreiheit in Einklang.[481]

572 **4. Firmenrecht. a) Allgemeines.** Das materielle Firmenrecht ist bisher **nicht unionsrechtlich harmonisiert.** Die GesR-RL enthält ebenso wenig wie die früheren Publizitäts- und Zweigniederlassungs-RL (→ Rn. 8) diesbezügliche Regelungen.

573 **Kollisionsrechtlich** geht die wohl überwiegende Ansicht davon aus, dass das Firmenrecht des Rechtsträgers selbst, insbesondere die Firmenbildung, grundsätzlich dem **Gesellschaftsstatut** zuzuordnen sei.[482] Diese Qualifikation lag auch dem RefE zum

---

[474] Insoweit einen Verstoß gegen die Zweigniederlassungs-RL bzw. der an ihre Stelle getretenen Regelungen der GesR-RL bejahend UHL/*Paefgen* GmbHG § 35a Rn. 56; *K. Schmidt* in Lutter Auslandsgesellschaften S. 15, 44 f.; MüKoGmbHG/*Stephan/Tieves* GmbHG § 35a Rn. 48.
[475] UHL/*Paefgen* GmbHG § 35a Rn. 54; heute auch Großkomm AktG/*Habersack/Foerster* § 80 Rn. 9.
[476] Dazu EuGH Slg. 2003, I-10155 Rn. 65 ff. – NJW 2003, 3331 – Inspire Art.
[477] Für abschließenden Charakter hingegen *Rehberg* in Eidenmüller, Ausländische Kapitalgesellschaften im deutschen Recht, 2004, § 5 Rn. 94; MüKoGmbHG/*Stephan/Thieves* GmbHG § 35a Rn. 48.
[478] AA (Verstoß gegen die Zweigniederlassungs-RL, heute Teil der GesR-RL, → Rn. 8) *Rehberg* in Eidenmüller, Ausländische Kapitalgesellschaften im deutschen Recht, 2004, § 5 Rn. 94.
[479] Allg. zu dieser Beschränkung des Prüfungsmaßstabs EuGH EuZW 2016, 104 Rn. 57 – RegioPost; BeckRS 2017, 123556 Rn. 15 – Eqiom und Enka; EuZW 2019, 288 Rn. 49 – TAP mwN.
[480] MüKoGmbHG/*Stephan/Thieves* GmbHG § 35a Rn. 53 ff.
[481] Vgl. auch *Rehberg* in Eidenmüller, Ausländische Kapitalgesellschaften im deutschen Recht, 2004, § 5 Rn. 82, 95.
[482] S. OLG München NZG 2007, 824 (825); OLG Frankfurt DB 2008, 1488 (1490); *Eidenmüller/Rehm* ZGR 2004, 159 (183); *Geyrhalter/Gänssler* NZG 2003, 409 (412); *Leible/Hoffmann* EuZW 2003, 677 (680); *Michalski* NZG 1998, 762 (763 f.); *Wachter* GmbHR 2007, 980 (981); Lutter/Hommelhoff/*Bayer* GmbHG Anh. § 4a Rn. 23; Großkomm HGB/*Koch* HGB § 13d Rn. 22 und Großkomm HGB/*Burgard* HGB HGB Vor § 17 Rn. 52 f.; *Mankowski/Knöfel* in Hirte/Bücker Grenzüberschreitende Gesellschaften-HdB § 13 Rn. 48 ff.; EBJS/*Pentz* HGB § 13d Rn. 21 und EBJS/*Reuschle* Anh. § 17 Rn. 4; MüKoHGB/*Krafka* HGB § 13d Rn. 19, 20 sowie MüKoHGB/*Heidinger* HGB Vor § 17 Rn. 32 ff., 42 ff.; Baumbach/Hopt/*Merkt* HGB § 17 Rn. 48 f.; Palandt/*Thorn* EGBGB Art. 10 Rn. 5; Palandt/*Thorn* EGBGB Anh. Art. 12 Rn. 16; *Rehberg* in Eidenmüller,

Internationalen Gesellschaftsrecht (→ Rn. 218 f.) zugrunde (Art. 10 Abs. 2 Nr. 3 EGBGB-E). Hinsichtlich der Verwendung und Eintragung der Firma im Inland[483] wird auf dieser Grundlage mit Unterschieden im Einzelnen ein Rückgriff auf deutsches Firmenordnungsrecht befürwortet und methodologisch über den Vorbehalt des ordre public (Art. 6 EGBGB) oder Sonderanknüpfungen (an den Ort der gewerblichen Niederlassung)[484] begründet.[485] Eine verbreitete Gegenansicht befürwortet demgegenüber unter Hinweis auf die Ordnungsfunktion des Firmenrechts eine **öffentlich-rechtliche, gebietsbezogene Anknüpfung** an den Ort der Niederlassung.[486]

Aus unionsrechtlicher Sicht entspricht es – weitgehend unabhängig von dem jeweiligen **574** kollisionsrechtlichen Ausgangspunkt – der ganz überwiegenden Ansicht, dass die **Niederlassungsfreiheit** für **EU-ausländische Gesellschaften** zu einer großzügigeren Betrachtung zwingt, namentlich im Hinblick auf die Kennzeichnungseignung und Unterscheidungskraft iSd § 18 Abs. 1 HGB.[487] Auch ein registergerichtliches Vorgehen gegen Firmen, die nach dem Recht des Gründungsstaates zulässig sind, jedoch nach inländischem Recht gegen das Irreführungsverbot (Firmenwahrheit, § 18 Abs. 2 HGB) verstoßen, soll nach verbreiteter Ansicht ausgeschlossen sein.[488] Das Gebot der konkreten Unterscheidbarkeit nach § 30 HGB soll hingegen auch nach den Vertretern dieser liberalen Auffassung an den Gebrauchsort bzw. den Ort der Niederlassung anzuknüpfen und von europäischen Auslandsfirmen im Inland zu beachten sein.[489] Darüber hinaus wird auf die Anwendbarkeit sonstiger Firmenschutzregelungen (→ Rn. 576) verwiesen.[490]

Ausländische Kapitalgesellschaften im deutschen Recht, 2004, § 5 Rn. 28; KKRD/*Roth* HGB § 13d Rn. 7 und § 17 Rn. 26; Staudinger/*Großfeld* IntGesR Rn. 319.

[483] Zur Transkription von Schriftzeichen einer ausländischen Firma, die die Öffentlichkeit nicht versteht, in die lateinische Schrift, Großkomm HGB/*Koch* HGB § 13d Rn. 26; MüKoHGB/*Krafka* HGB § 13d Rn. 20; s. auch *Rehberg* in Eidenmüller, Ausländische Kapitalgesellschaften im deutschen Recht, 2004, § 5 Rn. 37.

[484] S. *Rehberg* in Eidenmüller, Ausländische Kapitalgesellschaften im deutschen Recht, 2004, § 5 Rn. 31, 36.

[485] Vgl. OLG München NZG 2007, 824 (825); OLG Frankfurt DB 2008, 1488 (1490); *K. Schmidt* in Lutter Auslandsgesellschaften S. 17 (28 ff.); *Römermann* GmbHR 2006, 262 (263); *Wachter* ZNotP 2005, 122 (138); Baumbach/Hopt/*Merkt* HGB § 17 Rn. 48 f.; Großkomm HGB/*Koch* HGB § 13d Rn. 22 ff., 72 und Großkomm HGB/*Burgard* HGB Vor § 17 Rn. 57; EBJS/*Pentz* HGB § 13d Rn. 21; *Rehberg* in Eidenmüller, Ausländische Kapitalgesellschaften im deutschen Recht, 2004, § 5 Rn. 30 ff.; Lutter/Hommelhoff/*Bayer* GmbHG Anh. § 4a Rn. 23; s. auch, allerdings für EU-Gesellschaften restriktiv, EBJS/*Reuschle* HGB Anh. § 17 Rn. 6, 10, 11 ff., 14 ff., 30 (unmittelbare Geltung des Firmenrechts der jeweiligen Zweigniederlassung); stark einschr. auch MüKoHGB/*Krafka* HGB § 13d Rn. 20 ff. und MüKoHGB/*Heidinger* HGB Vor § 17 Rn. 36, 42 ff. Für die Reduzierung des Prüfungsumfangs des Registergerichts auf offensichtliche Verstöße *Wachter* GmbHR 2004, 88 (98).

[486] In diesem Sinne aus der Rspr. KG NJW-RR 2004, 976 (977); NZG 2008, 80; LG Aachen NZG 2007, 600; wohl auch OLG München NZG 2011, 157; offenlassend OLG Frankfurt NZG 2006, 515; in der Lit. MüKoBGB/*Kindler* IntGesR Rn. 238 ff.; Soergel/*Kegel* EGBGB Anh. Art. 12 Rn. 12; Spahlinger/Wegen/*Spahlinger/Wegen* Kap. C Rn. 554; *Kindler* NJW 2003, 1073 (1079); *Klose-Mokroß* DStR 2005, 971 (973); ähnlich *Borges* ZIP 2004, 733 (736); *Ebert/Levedag* GmbHR 2003, 1337 (1338); *Kegel/Schurig* IPR § 17 IV 3 (S. 608); wN zum Meinungsstand bei *Kettler* S. 61 Fn. 238 f.; vgl. auch, für EU-Gesellschaften aber stark einschränkend, EBJS/*Reuschle* HGB Anh. § 17 Rn. 6, 10, 30 (Firmierung der Zweigniederlassung nach dem jeweiligen Ortsrecht).

[487] S. zur europarechtskonformen Auslegung des § 18 Abs. 1 HGB exemplarisch OLG München NZG 2007, 824 (825); OLG Frankfurt DB 2008, 1488 (1490); LG Aachen NZG 2007, 600; stark einschr. ferner Großkomm HGB/*Koch* HGB § 13d Rn. 23 ff., 25 und Großkomm HGB/*Burgard* HGB Vor § 17 Rn. 59 ff.; MüKoHGB/*Heidinger* HGB Vor § 17 Rn. 43 ff.; Baumbach/Hopt/*Merkt* HGB § 17 Rn. 48 f., § 18 Rn. 36; MHLS/*Leible* GmbHG Syst. Darst. 2 Rn. 147, 250; Oetker/*Preuß* HGB § 13d Rn. 35, Oetker/*Schlingloff* § 17 Rn. 36; KKRD/*Roth* HGB § 13d Rn. 7a, § 17 Rn. 26; EBJS/*Reuschle* HGB Anh. § 17 Rn. 11 ff., 14 ff. Abw. etwa *Klose-Mokroß* DStR 2005, 971 (974); ohne Anlegung eines großzügigeren Maßstabes auch OLG München NZG 2011, 157 (zu § 18 Abs. 1 und Abs. 2 S. 1 HGB).

[488] MüKoHGB/*Krafka* HGB § 13d Rn. 20 f. und MüKoHGB/*Heidinger* HGB Vor § 17 Rn. 44; wohl nur tendenziell weitergehend Baumbach/Hopt/*Merkt* HGB § 17 Rn. 48 f., § 18 Rn. 36, § 19 Rn. 42 (nur bei besonderer Irreführungsgefahr); KKRD/*Roth* HGB § 17 Rn. 26 („in groben Fällen"); Großkomm HGB § 13d Rn. 23 und Großkomm HGB/*Burgard* HGB Vor § 17 Rn. 60; aA EBJS/*Pentz* HGB § 13d Rn. 21.

[489] MüKoHGB/*Heidinger* HGB Vor § 17 Rn. 45; Großkomm HGB/*Koch* HGB § 13d Rn. 23, 72 und Großkomm HGB/*Burgard* HGB Vor § 17 Rn. 61, 64; Baumbach/Hopt/*Merkt* HGB § 17 Rn. 48 f.; KKRD/*Roth* HGB § 17 Rn. 26.

[490] *Hirsch/Britain* NZG 2003, 1100 (1102 f.); *K. Schmidt* in Lutter Auslandsgesellschaften S. 15 (32); MüKoHGB/*Heidinger* HGB Vor § 17 Rn. 44 f.; *Rehberg* in Eidenmüller, Ausländische Kapitalgesellschaften im deutschen Recht, 2004, § 5 Rn. 33 ff.

575 Schließlich wird die Ansicht vertreten, dass das deutsche Firmenrecht auch bei **Tochtergesellschaften deutschen Rechts** nicht uneingeschränkt zur Anwendung kommen könne. Vielmehr soll das deutsche Recht unter dem Aspekt der Niederlassungsfreiheit insbesondere insoweit einzuschränken sein, als dies durch das Interesse der EU-ausländischen Muttergesellschaft an einer einheitlichen Firmierung geboten ist.[491]

576 Ein unbefugter Firmengebrauch wird zum einen ordnungsrechtlich durch Festsetzung eines **Ordnungsgeldes** durch das Registergericht (§ 37 Abs. 1 HGB, §§ 388 ff., 392 FamFG), zum anderen **haftungsrechtlich** (§ 37 Abs. 2 HGB, ferner § 12 BGB, § 823 Abs. 1 und 2 BGB, § 826 BGB, §§ 3 und 9 UWG, §§ 5, 14, 15, 128 und 135 MarkenG)[492] **sanktioniert**.

577 **Stellungnahme. Kollisionsrechtlich** ist mit der hM davon auszugehen, dass die Firmenbildung von Personenhandels- und Kapitalgesellschaften grundsätzlich ihrem Gesellschaftsstatut unterliegt, das insoweit aufgrund der Gründungsanknüpfung zu bestimmen ist. Soweit im Ausland Niederlassungen errichtet werden, wird diese Anknüpfung jedoch durch die öffentlich-rechtliche Anknüpfung an den jeweiligen Niederlassungsort überlagert, sodass die lokalen firmenordnungsrechtlichen Vorgaben zu beachten sind (zur Bildung eigenständiger Zweigniederlassungsfirmen → Rn. 596 ff.).[493]

578 Entgegen einer teilweise vertretenen Ansicht[494] dürfte nach der Rspr. des EuGH jedoch davon auszugehen sein, dass EU-ausländische Rechtsträger in ihrer **Niederlassungsfreiheit** beschränkt werden, wenn sie ihre nach dem „Herkunftsrecht" zulässige Firma für ihre inländischen Niederlassungen nach deutschem Recht modifizieren müssen. Nach Ansicht des EuGH[495] schützt die Niederlassungsfreiheit das Interesse der Unternehmen, Geschäftsbezeichnungen, die sie in ihrem „Herkunftsstaat" rechtmäßig verwenden, auch in anderen Mitgliedstaat zu benutzen. Bestimmungen anderer Mitgliedstaaten, die dazu zwingen, das einheitliche Erscheinungsbild, zu dem auch und gerade die Firmierung zählt, zu ändern, müssen aus zwingenden Gründen des Allgemeininteresses, etwa zum Schutz der Lauterkeit des Handelsverkehrs (→ Rn. 182), gerechtfertigt sein. Es kann daher nicht angenommen werden, dass firmenrechtliche Regelungen dem Bereich der Tätigkeitsausübung im Aufnahmestaat zuzuordnen sind, den der EuGH in der Entscheidung „Kornhaas/Dithmar" vom Beschränkungsverbot der Niederlassungsfreiheit ausgenommen hat (→ Rn. 148 ff.).

579 Das deutsche **Firmenordnungsrecht** ist somit zwar auf inländische Niederlassungen EU-ausländischer Kapitalgesellschaften anzuwenden, muss jedoch im Einzelfall unter **Berücksichtigung der besonderen Interessenlage grenzüberschreitend agierender Unternehmen** („europarechtskonform") ausgelegt werden, wobei durchaus auch ein höheres Schutzniveau als im „Herkunftsstaat" gerechtfertigt werden kann (→ Rn. 194 ff.). Gleiches muss hinsichtlich der Firmierung deutscher Tochtergesellschaften angenommen werden, wenn ihre Firma unter Übernahme derjenigen ihres EU-ausländischen Mutterunternehmens gebildet werden soll. Jedoch spricht auch im vorliegenden Zusammenhang vieles für die Annahme, dass anfängliche Scheinauslandsgesellschaften, die von ihrer Gründung an ausschließlich oder überwiegend im Inland tätig werden (→ Rn. 235), ihre Firma unter Beachtung des deutschen Firmenrechts zu bilden haben.[496]

---

[491] MüKoHGB/*Heidinger* HGB Vor § 17 Rn. 54 ff.; KKRD/*Roth* HGB § 17 Rn. 26.

[492] Der immaterialgüterrechtliche Firmenschutz richtet sich kollisionsrechtlich weitgehend nach der „Pariser Verbandsübereinkunft zum Schutz des gewerblichen Eigentums" (PVÜ) vom 20.3.1883, dem alle wichtigen Industrienationen beigetreten sind (Bek. der „Stockholmer Fassung" v. 14.7.1967 in BGBl. 1970 II 391; geändert gemäß Bek. vom 20.8.1984, BGBl. 1984 II 799). Hiernach wird iErg das immaterialgüterrechtliche Schutzlandprinzip (Schutz nach dem Recht des Staates unterstellt, für dessen Gebiet er beansprucht wird) mit dem Inländerbehandlungsgrundsatz kombiniert (s. Art. 2 Abs. 1, Art. 8 PVÜ). Näher zum Firmenschutz Baumbach/Hopt/*Merkt* HGB § 17 Rn. 32 ff., 48, 49.

[493] Im Ergebnis weitestgehend übereinstimmend *Rehberg* in Eidenmüller, Ausländische Kapitalgesellschaften im deutschen Recht, 2004, § 5 Rn. 28 ff.

[494] MüKoBGB/*Kindler* IntGesR Rn. 240.

[495] Vgl. jeweils zu wettbewerbsrechtlichen Beschränkungen EuGH Slg. 1999, I-2835 Rn. 15, 19 f. – Pfeiffer/Löwa; Slg. 1994, I-317 Rn. 22 f. – Clinique.

[496] Zutr. insoweit *Rehberg* in Eidenmüller, Ausländische Kapitalgesellschaften im deutschen Recht, 2004, § 5 Rn. 41.

Soweit ein EU-ausländischer Rechtsträger eine **unzulässige Firma** führt, ist ein **Einschreiten des deutschen Registergerichts** hiergegen nach § 37 Abs. 1 HGB zulässig.[497] Auch steht die Niederlassungsfreiheit einem **Firmenschutz** nach den kollisionsrechtlich anwendbaren Bestimmungen nicht entgegen (→ Rn. 574). Soweit im Verhältnis der EU-Mitgliedstaaten zueinander internationale Abkommen[498] das anwendbare Recht bestimmen,[499] kommt die Annahme einer Beschränkung von vornherein nicht in Betracht, sofern eine Diskriminierung unterbleibt (→ Rn. 156, → Rn. 255 ff., → Rn. 269 ff.). Im Übrigen ist auch nicht erkennbar, dass EU-ausländischen Unternehmensträgern der Zutritt zum inländischen Markt in relevanter Weise erschwert wird, wenn sie das deutsche Firmenschutzrecht beachten müssen. Jedenfalls aber wäre eine Rechtfertigung aus zwingenden Allgemeininteressen gerechtfertigt. 580

b) Firmenzusätze. aa) Allgemeiner Rechtsformzusatz. Nach deutschem Firmenrecht müssen Zweigniederlassungen deutscher Kapitalgesellschaften unabhängig davon, ob eine von der Hauptniederlassung abgeleitete oder eine eigenständige Firma gebildet wurde (→ Rn. 596 ff.), stets den **Rechtsformzusatz** des jeweiligen Unternehmensträgers **in der Firma** führen (→ AktG § 4 Rn. 57).[500] Diese Regelung ist, jedenfalls bei Kapitalgesellschaften, nach dem hierzulande bestehenden Grundverständnis eine nicht disponible Maßnahme des Gläubigerschutzes. 581

Nach zutreffender hM hat auch die Firma inländischer Zweigniederlassungen EU-ausländischer Kapitalgesellschaften stets deren (ausländischen) **Rechtsformzusatz** zu enthalten, was sich schon mit Blick auf Art. 30 Abs. 1 lit. d GesR-RL (→ Rn. 8) nicht bestreiten lässt.[501] Die **Abkürzung** dieses Zusatzes ist ebenso zulässig wie bei Gesellschaften deutschen Rechts (zur Frage einer Verwechslungsgefahr → Rn. 590, → Rn. 594).[502] Unter dem Aspekt der Verständlichkeit ist lediglich zu verlangen, dass die Abkürzung unter Berücksichtigung der gesetzlichen Bestimmungen oder Usancen des Gründungsstatuts einen **eindeutigen Schluss auf die Rechtsform** erlaubt. Auch Einschränkungen unter dem Aspekt des **Irreführungsverbots** sind zulässig.[503] Welche Hinweise zu geben sind, wenn das ausländi- 582

---

[497] S. MüKoHGB/*Heidinger* HGB Vor § 17 Rn. 50; Röhricht/Graf von Westphalen/*Ries* HGB § 17 Rn. 51.
[498] Die Rom II-VO nimmt außervertragliche Schuldverhältnisse aus der Verletzung von Persönlichkeitsrechten (Art. 1 Abs. 2 lit. g) ebenso wie solche aus dem Gesellschaftsrecht (Art. 1 Abs. 2 lit. d) aus, bestätigt hingegen für den Schutz „geistigen Eigentums" (zum Begriff s. Erwägungsgrund 26) das Schutzlandprinzip (Art. 8, 13 Rom II-VO). Bestehende Übereinkommen mit Kollisionsnormen für außervertragliche Schuldverhältnisse bleiben iÜ iRd Art. 28 Rom II-VO unberührt.
[499] So sind etwa die EU-Mitgliedstaaten zugleich Mitgliedstaaten des PVÜ und außer dem Vereinigten Königreich auch Mitgliedstaaten des Madrider Markenabkommens (BGBl. 1970 II 293, 418; geändert gemäß Bek. vom 20.8.1984, BGBl. 1984 II 799), s. *Fezer,* Markenrecht, 4. Aufl. 2009, Vor IntMarkenR A Rn. 46.
[500] Hüffer/Koch/*Koch* AktG § 4 Rn. 20 f.
[501] *Leible/Hoffmann* EuZW 2003, 677 (680 f.); *Ulmer* JZ 1999, 662 (663); *Wachter* GmbHR 2004, 88 (98); *Weller* DStR 2003, 1800 (1802); Lutter/Hommelhoff/*Bayer* GmbHG § 4a Rn. 11, Anh. § 4a Rn. 23; Großkomm HGB/*Koch* HGB § 13d Rn. 27 und Großkomm HGB/*Burgard* HGB Vor § 17 Rn. 57, 61; Baumbach/Hopt/*Merkt* HGB § 17 Rn. 49; Oetker/*Preuß* HGB § 13d Rn. 36; KKRD/*Roth* HGB § 13d Rn. 7, 7b, § 17 Rn. 7, 26, § 19 Rn. 1; MüKoHGB/*Krafka* HGB § 13d Rn. 22 ff. und MüKoHGB/*Heidinger* HGB Vor § 17 Rn. 46, 65; MüKoBGB/*Kindler* IntGesR Rn. 245 ff.; *Rehberg* in Eidenmüller, Ausländische Kapitalgesellschaften im deutschen Recht, 2004, § 5 Rn. 52; *K. Schmidt* in Lutter Auslandsgesellschaften S. 15 (33 ff.); EBJS/*Reuschle* HGB Anh. § 17 Rn. 14 ff., 29 f.
[502] Baumbach/Hopt/*Merkt* HGB § 17 Rn. 48 f., § 19 Rn. 42; MüKoHGB/*Krafka* HGB § 13d Rn. 22 ff. und MüKoHGB/*Heidinger* HGB Vor § 17 Rn. 46; Oetker/*Preuß* HGB § 13d Rn. 36; *Rehberg* in Eidenmüller, Ausländische Kapitalgesellschaften im deutschen Recht, 2004, § 5 Rn. 54; MHLS/*Leible* GmbHG Syst. Darst. 2 Rn. 250; iErg auch Großkomm HGB/*Koch* HGB § 13d Rn. 28; aA LG Göttingen NotBZ 2005, 34: solange sich die Abkürzung im Verkehr nicht durchgesetzt hat (sogar zur „Ltd."); *Ulmer* JZ 1999, 662 (663); *Kindler* NJW 2003, 1073 (1079); MüKoBGB/*Kindler* IntGesR Rn. 246 f.; einschr. auch *Wachter* GmbHR 2004, 88 (98); *Wachter* NotBZ 2004, 41 (46); Großkomm HGB/*Burgard* HGB Vor § 17 Rn. 61 (grundsätzlich ausgeschrieben).
[503] So etwa, wenn die Anfangsbuchstaben der Wörter, aus denen die Firma gebildet wird, mit dem Rechtsformzusatz übereinstimmen, sodass dieser seine Warnfunktion einzubüßen droht, vgl. *Kögel* DB 2004, 1763 (1765); *K. Schmidt* in Lutter Auslandsgesellschaften S. 17 (38 f.); Großkomm HGB/*Koch* HGB § 13d Rn. 28. Gleiches gilt bei Verwendung eines deutschen Rechtsformzusatzes in der ausländischen Firma.

sche Gründungsstatut keinen Rechtsformzusatz kennen sollte, ist bislang nicht abschließend geklärt und umstritten.[504] Vorzugswürdig erscheint es, in diesem Fall (ausnahmsweise) analog § 19 HGB unter Beachtung der Grundsätze der Substitution die Angabe eines Rechtsformzusatzes zu verlangen, der zumindest die Haftungsbeschränkung und die ausländische Herkunft erkennen lässt.[505]

583 Eine **Übersetzung** des Rechtsformzusatzes in die Landessprache der Zweigniederlassung ist schon deswegen **nicht** zu verlangen, weil der fremdsprachige Rechtsformzusatz dem Publikum die ausländische Herkunft der Gesellschaft anzeigt.[506] Umgekehrt ist der Eindruck zu vermeiden, dass es sich um die Niederlassung eines inländischen Rechtsträgers handle.[507]

584 Erwirbt eine EU-ausländische Kapitalgesellschaft ein inländisches Handelsunternehmen, so ist sie verpflichtet, im **Falle der Firmenübernahme** den **ausländischen Rechtsformzusatz** anzufügen und einen etwaigen deutschen Zusatz zu streichen oder durch einen Nachfolgezusatz zu berichtigen (zur Haftung nach § 25 HGB → Rn. 606 ff.).[508]

585 Unter dem Gesichtspunkt der **Niederlassungsfreiheit** (Art. 49, 54 AEUV) ist die Forderung, den Rechtsformzusatz in der Firma der inländischen Zweigniederlassung zu führen, unproblematisch (zur Haftung → Rn. 601 ff.; vgl. ferner die Nachweise in → Rn. 582). Zwar schreibt die GesR-RL ebenso wie die frühere Zweigniederlassungs-RL (→ Rn. 8) nicht zwingend vor, dass die Rechtsform bereits in der Firma enthalten sein müsse, vielmehr bleibt dies eine Frage des nationalen Firmenrechts. Immerhin verlangt die RL die Angabe der Rechtsform aber nicht nur für die Anmeldung und Registereintragung von Zweigniederlassungen (Art. 30 Abs. 1 lit. d GesR-RL, § 13e Abs. 2 S. 5 Nr. 2 HGB, § 13f Abs. 3 HGB, § 13g Abs. 3 HGB), sondern unter dem Aspekt der Geschäftsbriefpublizität auch auf allen Geschäftsbriefen und Bestellscheinen jeglicher Art sowie auf etwaigen Webseiten der Gesellschaft (Art. 26, 35 GesR-RL). Vor diesem Hintergrund kann das Gebot, den Rechtsformzusatz in der Firma der Kapitalgesellschaft zu führen, schwerlich als relevante Beschränkung der Niederlassungsfreiheit ausländischer Kapitalgesellschaften qualifiziert werden, selbst wenn der Herkunftsstaat dieses Gebot nicht kennen sollte.

586 **bb) Erläuternder Hinweis auf die Nationalität und die Haftungsbeschränkung.** In seiner Entscheidung „Inspire Art" hat der **EuGH** es den Mitgliedstaaten unter Hinweis auf Art. 6 Zweigniederlassungs-RL (heute **Art. 35 GesR-RL**), der Entsprechendes nicht vorsieht, und die Niederlassungsfreiheit untersagt, einem ausländischen Unternehmensträger eine Firmierung als „formal ausländische Gesellschaft" anzusinnen.[509] Zugleich hat der EuGH allerdings hervorgehoben, dass die Gesellschaft im inländischen Rechtsverkehr als ausländischer Rechtsträger auftrete (**„Informationsmodell"**, → Rn. 217).[510]

587 Nach einer vielfach vertretenen Auffassung im **Schrifttum** liegt es auf der Linie dieses Informationsmodells zu verlangen, dass sich der **konkrete Herkunftsstaat** irgendwie aus

---

[504] S. Oetker/*Preuß* HGB § 13d Rn. 37 aE mwN: Offenlegung des ausländischen Gründungsrechts oder des Sitzorts; MüKoHGB/*Krafka* HGB § 13d Rn. 23; MüKoHGB/*Heidinger* HGB Vor § 17 Rn. 47.
[505] So wohl auch KKRD/*Roth* HGB § 13d Rn. 7b, § 19 Rn. 1.
[506] S. EuGH Slg. 2003, I-10155 Rn. 135 = NJW 2003, 3331 – Inspire Art; Großkomm HGB/*Koch* HGB § 13d Rn. 27 und Großkomm HGB/*Burgard* HGB Vor § 17 Rn. 57, 61; MHLS/*Leible* GmbHG Syst. Darst. 2 Rn. 250; MüKoHGB/*Krafka* HGB § 13d Rn. 20, 23 f.; MüKoHGB/*Heidinger* HGB Vor § 17 Rn. 42; Oetker/*Preuß* HGB § 13d Rn. 36; *Rehberg* in Eidenmüller, Ausländische Kapitalgesellschaften im deutschen Recht, 2004, § 5 Rn. 37, 52; MüKoBGB/*Kindler* IntGesR Rn. 246; aA Staudinger/*Großfeld* IntGesR Rn. 321: Die wesentlichen Angaben müssen in deutscher Sprache enthalten sein.
[507] Vgl. dazu BGH ZIP 2002, 1771: Persönliche Haftung aus cic (heute §§ 280 Abs. 1, 311 Abs. 2 u. 3, 241 Abs. 2 BGB), wenn der Gesellschafter-Geschäftsführer den Eindruck erweckt, es handle sich um eine deutsche Gesellschaft; ebenso LG Stuttgart IPRax 1991, 118: Rechtsscheinhaftung analog § 179 BGB; *Klose-Mokroß* DStR 2005, 971 (974).
[508] S. allg. EBJS/*Reuschle* HGB § 22 Rn. 77.
[509] EuGH Slg. 2003, I-10155 Rn. 65 = NJW 2003, 3331 – Inspire Art.
[510] EuGH Slg. 2003, I-10155 Rn. 135 = NJW 2003, 3331 – Inspire Art; s. auch bereits EuGH Slg. 1999 I-1459 Rn. 36 = NJW 1999, 2027 – Centros.

der Firma ergeben müsse.⁵¹¹ Auch die GesR-RL lasse eine solche Klarstellung zu. Denn die nach Art. 30 Abs. 1 lit. d GesR-RL erforderliche Angabe der Rechtsform der Gesellschaft bei der Anmeldung zum Handelsregister sei unvollständig, wenn nicht erkennbar werde, welchem Gründungsrecht die Gesellschaft unterliege.⁵¹²

In dieselbe Richtung zielte es, wenn (früher) über den Rechtsformzusatz hinaus teilweise **588** ein **deutschsprachiger Hinweis auf die Haftungsbeschränkung** gefordert wurde.⁵¹³

Die **Gegenansicht** hält es demgegenüber, namentlich aufgrund eines Umkehrschlusses **589** aus Art. 37 lit. c GesR-RL (→ Rn. 8), für einen Verstoß gegen Art. 30 Abs. 1 lit. d GesR-RL bzw. gegen die Niederlassungsfreiheit, einen firmenmäßigen Hinweis auf das konkrete Herkunftsland der Zweigniederlassung zu verlangen.⁵¹⁴ Nach dem Informationsmodell des EuGH sei es in jedem Fall ausreichend, wenn klar zum Ausdruck komme, dass es sich überhaupt um eine ausländische Gesellschaft und nicht um einen inländischen Rechtsträger handle.⁵¹⁵ Auch ein besonderer Hinweis auf die Haftungsbeschränkung begegne insoweit Bedenken.⁵¹⁶

Ob ein die Herkunft konkretisierender Zusatz zumindest unter dem Aspekt der **Ver- 590 wechslungsgefahr** gerechtfertigt werden kann, wenn der **ausländische Rechtsformzusatz** mit einem inländischen Zusatz identisch ist, wird indes auch innerhalb der letztgenannten Ansicht nicht einheitlich beurteilt.⁵¹⁷

Stellungnahme. Wie zunächst klarzustellen ist, ist die vorstehende Diskussion um die **591** Frage eines Nationalitätshinweises **de lege lata bedeutungslos.** Da nämlich das deutsche

---

⁵¹¹ Vgl. *Borges* ZIP 2004, 733 (736); *Paefgen* DB 2003, 487 (490) (einschr. *Paefgen* ZIP 2004, 2253 (2256 Fn. 37)); *Ulmer* JZ 1999, 662 (663); *Kindler* NJW 2003, 1073 (1079); MüKoBGB/*Kindler* IntGesR Rn. 248; *v. Halen* Centros-Entscheidung S. 259; s. auch *Rehberg* in Eidenmüller, Ausländische Kapitalgesellschaften im deutschen Recht, 2004, § 5 Rn. 59 ff. (allerdings nur de lege ferenda und unter dem Vorbehalt des Diskriminierungsverbots); einschr. MüKoHGB/*Krafka* HGB § 13d Rn. 22 ff. Für eine Ergänzung des Rechtsformzusatzes auf freiwilliger Basis durch ein internationales Erkennungszeichen (zB „dGmbH" oder „GmbH-D") sowie eine Einschränkung der Zulässigkeit abgekürzter Rechtsformzusätze *Wachter* GmbHR 2004, 88 (98); *Wachter* NotBZ 2004, 41 (46).
⁵¹² *Borges* ZIP 2004, 733 (736); MüKoBGB/*Kindler* IntGesR Rn. 249 f.; s. insoweit auch *Rehberg* in Eidenmüller, Ausländische Kapitalgesellschaften im deutschen Recht, 2004, § 5 Rn. 64.
⁵¹³ Vgl. MüKoHGB/*Bokelmann*, 1. Aufl. 1996, HGB § 13d Rn. 19; *Kögel* Rpfleger 1993, 8 ff.; *Wessel/Zwernemann/Kögel*, Die Firmengründung, 2001, Rn. 436 (S. 347): „S. A. R. L., beschränkt haftende Gesellschaft französischen Rechts"; s. ferner Baumbach/Hopt/*Merkt* HGB § 17 Rn. 49, § 19 Rn. 42, der hierfür den ausländischen Rechtsformzusatz genügen lässt.
⁵¹⁴ LG Göttingen NotBZ 2006, 34; *Brand* JR 2004, 89 (94); Eidenmüller/*Rehm* ZGR 2004, 159 (183); *Heckschen* NotBZ 2006, 346 (348); *Klose-Mokroß* DStR 2005, 971 (974); Leible/*Hoffmann* EuZW 2003, 677 (680 f.); *Römermann* GmbHR 2006, 262 (263); *Schanze/Jüttner* AG 2003, 661 (663); *K. Schmidt* in Lutter Auslandsgesellschaften S. 17 (39 f.); *Süß* DNotZ 2005, 180 (187); *Wachter* NotBZ 2004, 41 (46); Lutter/Hommelhoff/*Bayer* GmbHG § 4a Rn. 11, Anh. § 4a Rn. 23; Großkomm HGB/*Koch* HGB § 13d Rn. 29; MHLS/*Leible* GmbHG Syst. Darst. 2 Rn. 250; MüKoHGB/*Heidinger* HGB Vor § 17 Rn. 46 ff.; Baumbach/Hopt/*Hopt* HGB § 17 Rn. 48 (einschr. aber Baumbach/Hopt/*Merkt* § 19 Rn. 42 bei „besonderer Irreführungsgefahr"); Mankowski/*Knöfel* in Hirte/Bücker Grenzüberschreitende Gesellschaften-HdB § 13 Rn. 69; EBJS/*Reuschle* HGB Anh. § 17 Rn. 29 (auch unter Hinweis auf § 13e Abs. 2 S. 4 Nr. 4 HGB, der sonst nicht verständlich wäre).
⁵¹⁵ S. Eidenmüller/*Rehm* ZGR 2004, 159 (183); *Klose-Mokroß* DStR 2005, 971 (974); Leible/*Hoffmann* EuZW 2003, 677 (680 f.); MHLS/*Leible* GmbHG Syst. Darst. 2 Rn. 147.
⁵¹⁶ Vgl. Großkomm HGB/*Burgard* HGB Vor § 17 Rn. 57; MüKoHGB/*Heidinger* HGB Vor § 17 Rn. 49 (vgl. aber auch MüKoHGB/*Heidinger* HGB Vor § 17 Rn. 46).
⁵¹⁷ Bejahend Leible/*Hoffmann* EuZW 2003, 677 (680) f.; MHLS/*Leible* GmbHG Syst. Darst. 2 Rn. 147; Eidenmüller/*Rehm* ZGR 2004, 159 (183); *Paefgen* ZIP 2004, 2253 (2256 Fn. 37); Großkomm HGB/*Koch* HGB § 13d Rn. 27, 29; MüKoHGB/*Krafka* HGB § 13d Rn. 22; Mankowski/*Knöfel* in Hirte/Bücker Grenzüberschreitende Gesellschaften-HdB § 13 Rn. 69; *Oetker/Preuß* HGB § 13d Rn. 37; Röhricht/Graf von Westphalen/*Ries* HGB § 13d Rn. 14; wohl auch *Süß* DNotZ 2005, 180 (187); *Klose-Mokroß* DStR 2005, 971 (974); einschr. MüKoHGB/*Heidinger* HGB Vor § 17 Rn. 47, 65: Nur wenn zwischen den verwechslungsfähigen Rechtsformen entscheidende Unterschiede zB bezüglich der Haftung oder Kapitalausstattung bestehen (Gebot der Erforderlichkeit); ähnlich Großkomm HGB/*Burgard* HGB Vor § 17 Rn. 61: grundlegender Unterschied in der Frage der Haftungsbeschränkung, nicht nur der Kapitalausstattung (abw. aber für nichteuropäische Rechtsträger MüKoHGB/*Heidinger* HGB Vor § 17 Rn. 47). Verneinend Baumbach/Hopt/*Merkt* HGB § 17 Rn. 48 (einschr. aber Baumbach/Hopt/*Merkt* § 19 Rn. 42 bei „besonderer Irreführungsgefahr"); wohl auch KKRD/*Roth* HGB § 13d Rn. 7a.

Registerrecht die Anmeldung und Eintragung des Gründungsstaates von Kapitalgesellschaften aus Staaten der EU oder des EWR ausdrücklich nicht verlangt (§ 13e Abs. 2 S. 5 Nr. 4 HGB), kann kein Zweifel bestehen, dass eine solche Klarstellung des Gründungsstaates auch firmenrechtlich nicht erforderlich ist.[518]

592 Für entsprechende Überlegungen **de lege ferenda** lassen sich weder der GesR-RL (→ Rn. 587, → Rn. 589) noch der Rspr. des EuGH eindeutige Hinweise entnehmen. Der EuGH hat zwar in seiner Entscheidung **„Inspire Art"** darauf verwiesen, dass die dortige Klägerin „als Gesellschaft englischen Rechts" auftrat,[519] doch standen ein firmenmäßiger Nationalitätshinweis und seine Zulässigkeit gar nicht in Rede.

593 Aus der **GesR-RL** ergibt sich mit Gewissheit nur, dass bei Kapitalgesellschaften aus Drittstaaten der Gründungsstaat explizit angegeben werden soll (Art. 37 lit. c GesR-RL). Das argumentum e contrario steht jedoch schon deshalb auf schwachen Füßen, weil bei nichteuropäischen Gründungsstaaten die Existenz eines Registers, auf das verwiesen werden kann (Art. 37 lit. d GesR-RL), nicht als selbstverständlich vorausgesetzt werden konnte.[520] Da europäische Kapitalgesellschaften demgegenüber zwingend in ihrem Gründungsstaat registriert werden müssen (Art. 16 Abs. 1 GesR-RL), kann sich das interessierte Publikum schon anhand der Angabe des Registers und des Satzungssitzes im Rahmen der **Register- und Geschäftsbriefpublizität** (→ Rn. 542, → Rn. 568) Klarheit über die Herkunft der Gesellschaft verschaffen. Auch wenn ein firmenmäßiger Nationalitätshinweis somit zwar mit der GesR-RL vereinbar wäre,[521] ist mangels relevanter Informationsdefizite letztlich kein überzeugender Grund für die Einführung eines derartigen Erfordernisses erkennbar, zumal es dem Diskriminierungsverbot genügen müsste.[522]

594 Vor diesem Hintergrund ist selbst in Fällen, in denen der **ausländische Rechtsformzusatz mit einem inländischen identisch** ist, bei genauer Betrachtung keine relevante Verwechslungsgefahr zu erkennen. Ob die GesR-RL und die Niederlassungsfreiheit auch hier einer Klarstellung in der Firma entgegenstehen, kann freilich mit guten Gründen bezweifelt werden (→ Rn. 587).

595 Auch eine über den Rechtsformzusatz hinausgehende, **besondere Kennzeichnung der Haftungsbeschränkung** ist **nicht erforderlich**.[523] Die These, die ausländische Kapitalgesellschaft müsse den Rechtsformzusatz irgendwie erläutern, stellt sich als diskriminierende Behandlung EU-ausländischer Kapitalgesellschaften dar, die mit der Niederlassungsfreiheit nicht zu vereinbaren ist.[524] Vielfach wird offenbar auch der Rechtsformzusatz deutscher Kapitalgesellschaften missverstanden, ohne dass von inländischen Kapitalgesellschaften deshalb weitere Aufklärung verlangt werden dürfte. Wer die Bedeutung des Rechtsformzusatzes nicht versteht, mag sich erkundigen.

596 cc) **Zweigniederlassungshinweis.** Nach deutschem Recht kann die **Zweigniederlassung** eine **von der Hauptniederlassung verschiedene Firma** haben (§ 50 Abs. 3 HGB, § 126 Abs. 3 HGB), wovon auch Art. 30 Abs. 1 lit. d Hs. 2 GesR-RL (→ Rn. 8) ausgeht.[525] Nach hM muss dann die Zugehörigkeit der Zweigniederlassung zur Hauptniederlassung durch Übernahme des Firmenkerns der Hauptniederlassung oder durch einen

---

[518] AA MüKoBGB/*Kindler* IntGesR Rn. 248.
[519] S. EuGH Slg. 2003, I-10155 Rn. 135 = NJW 2003, 3331 – Inspire Art.
[520] Zutr. *Rehberg* in Eidenmüller, Ausländische Kapitalgesellschaften im deutschen Recht, 2004, § 5 Rn. 64.
[521] So iErg *Rehberg* in Eidenmüller, Ausländische Kapitalgesellschaften im deutschen Recht, 2004, § 5 Rn. 62 ff.
[522] Vgl. dazu auch *Rehberg* in Eidenmüller, Ausländische Kapitalgesellschaften im deutschen Recht, 2004, § 5 Rn. 66.
[523] *Altmeppen* ZIP 2007, 889 (891, 892 f.).
[524] Wohl ebenso *Rehberg* in Eidenmüller, Ausländische Kapitalgesellschaften im deutschen Recht, 2004, § 5 Rn. 66.
[525] Ein ausländisches Unternehmen kann mit der Firma ihrer deutschen Zweigniederlassung insbes. auch als Kommanditistin einer deutschen KG eingetragen werden (OLG Bremen DNotZ 2013, 472; zust. *Wachter* EWiR 2013, 151; aA OLG Celle NZG 2000, 248). Ebenfalls möglich ist die Eintragung im Grundbuch (OLG München DNotZ 2013, 474).

entsprechenden Firmenzusatz klargestellt werden, der zugleich die Firma der Hauptniederlassung erkennen lässt (→ AktG § 4 Rn. 54).[526]

Während somit die Zweigniederlassung eines inländischen Unternehmensträgers nicht zwingend einen die Zweigniederlassungseigenschaft verdeutlichenden Firmenzusatz haben muss, wenn der Firmenkern der Zweigniederlassung nicht von demjenigen der Hauptniederlassung abweicht, wird ein solcher Firmenzusatz von **ausländischen Unternehmensträgern** hinsichtlich ihrer inländischen Zweigniederlassungen **teilweise generell verlangt.**[527] Eine dahingehende Vorstellung kommt auch in der Begr. des Gesetzes zur Umsetzung der Zweigniederlassungs-RL zum Ausdruck.[528] 597

Der ein solches Erfordernis abl. **Gegenauffassung**[529] ist insoweit **zuzustimmen**, als ein Zweigniederlassungszusatz nicht zu fordern ist, wenn die Zugehörigkeit der Zweigniederlassung zu ihrem Rechtsträger sich schon aus der Übernahme des **Firmenkerns** ergibt. Schon § 13d Abs. 2 Hs. 2 HGB macht deutlich, dass nicht jede inländische Zweigniederlassung ausländischer Unternehmensträger eine Firma mit Zweigniederlassungszusatz führen muss. 598

Weicht der Firmenkern der Zweigniederlassung hingegen von demjenigen der Hauptniederlassung **ab**, muss der Zusammenhang mit ihr nicht anders als bei deutschen Gesellschaften (→ Rn. 596) in der Firma zum Ausdruck gebracht werden.[530] Auch im Übrigen unterliegt die Bildung einer solchen **eigenständigen Zweigniederlassungsfirma** dem **deutschen Firmenrecht.**[531] Von einer „Irreführung" des Rechtsverkehrs durch den Zweigniederlassungszusatz[532] kann auch im Fall der Scheinauslandsgesellschaft schon deshalb keine Rede sein, weil die Einordnung als Zweigniederlassung der Rspr. des EuGH und der GesR-RL entspricht. 599

Ein **Verstoß gegen** die **GesR-RL** oder die **Niederlassungsfreiheit** ist in dieser Behandlung **nicht zu erkennen.** Die GesR-RL steht einem Zweigniederlassungszusatz nicht entgegen,[533] sondern lässt in Art. 2 Abs. 1 lit. d ₁GesR-RL offen, wie die Firma der Zweigniederlassung zu bilden ist. Auch die Annahme einer (gar diskriminierenden)[534] Einschränkung der Niederlassungsfreiheit liegt fern, da EU-ausländische Zweigniederlassungen, um die es sich auch bei der Scheinauslandsgesellschaft handelt (→ Rn. 554), nicht schlechter als deutsche Zweigniederlassungen behandelt werden. Im Übrigen ist nicht ersichtlich, welches schutzwürdige Interesse daran bestehen sollte, die Zugehörigkeit zu dem ausländischen Rechtsträger in der Firma zu verheimlichen, die ohnehin auch über die Register- und Geschäftsbriefpublizität (→ Rn. 542, → Rn. 568) offen zu legen ist. 600

---

[526] RGZ 113, 213 (217 ff.); BayObLG BB 1990, 1364; Baumbach/Hopt/*Merkt* HGB § 13 Rn. 7; Baumbach/Hopt/*Merkt* HGB § 13d Rn. 4; MüKoHGB/*Krafka* HGB § 13 Rn. 23 ff.; MüKoHGB/*Krafka* HGB § 13d Rn. 21; EBJS/*Reuschle* HGB § 17 Rn. 13; EBJS/*Reuschle* HGB Anh. § 17 Rn. 27.
[527] So *Ebert/Levedag* GmbH 2003, 1337 (1338); MüKoBGB/*Kindler* IntGesR Rn. 255.
[528] S. BT-Drs. 12/3908, 15.
[529] OLG Düsseldorf NZG 2017, 624 f.; LG Frankfurt BB 2005, 1297; *Klose-Mokroß* DStR 2005, 971 (973 f.); *Wachter* BB 2005, 1289 (1290); Lutter/Hommelhoff/*Bayer* GmbHG Anh. § 4a Rn. 23; MHLS/*Leible* GmbHG Syst. Darst. 2 Rn. 250; ebenfalls abl. für den Fall, dass die Scheinauslandsgesellschaft nur eine inländische Niederlassung hat, *Rehberg* in Eidenmüller, Ausländische Kapitalgesellschaften im deutschen Recht, 2004, § 5 Rn. 68 ff.; die Missverständlichkeit des Zusatzes in solchen Fällen hervorhebend auch Großkomm HGB/*Koch* HGB § 13d Rn. 30; unklar MüKoHGB/*Krafka* HGB § 13d Rn. 21. Allg. schon für nationale Sachverhalte gegen die Notwendigkeit eines Zweigniederlassungszusatzes KKRD/*Roth* HGB § 13 Rn. 8, § 13d Rn. 7, § 17 Rn. 12 mwN.
[530] Wie *Klose-Mokroß* DStR 2005, 971 (974); MüKoHGB/*Heidinger* HGB Vor § 17 Rn. 60 ff.; Großkomm HGB/*Koch* HGB § 13d Rn. 24, 30; Oetker/*Schlingloff* § 17 Rn. 37; Röhricht/Graf von Westphalen/*Ries* HGB § 13d Rn. 14; EBJS/*Reuschle* HGB § 17 Rn. 13, Anh. § 17 Rn. 27 ff. AA, einen Zusatz bei Zweigniederlassungen EU-ausländischer Gesellschaften stets abl., *Mödl* RNotZ 2008, 1 (9); *Wachter* BB 2005, 1289 (1290); *Rehberg* in Eidenmüller, Ausländische Kapitalgesellschaften im deutschen Recht, 2004, § 5 Rn. 68 f.; allg. auch KKRD/*Roth* HGB § 13 Rn. 8; KKRD/*Roth* HGB § 17 Rn. 12.
[531] Zutr. EBJS/*Reuschle* HGB Anh. § 17 Rn. 27, 30; wohl auch MüKoHGB/*Krafka* HGB § 13d Rn. 21 ff. AA, auch die selbständige Zweigniederlassungsfirma unterliege ausschließlich dem ausländischen Recht, MüKoHGB/*Heidinger* HGB Vor § 17 Rn. 62.
[532] *Rehberg* in Eidenmüller, Ausländische Kapitalgesellschaften im deutschen Recht, 2004, § 5 Rn. 69.
[533] So aber etwa *Wachter* BB 2005, 1289 (1290).
[534] So *Rehberg* in Eidenmüller, Ausländische Kapitalgesellschaften im deutschen Recht, 2004, § 5 Rn. 69.

601 **dd) Haftung bei Fortlassen des Rechtsformzusatzes und bei Vorspiegelung einer inländischen Rechtsform.** Abgesehen von den ordnungsrechtlichen Sanktionen bei unzulässigem Firmengebrauch (→ Rn. 576) gerät der handelnde Vertreter einer Kapitalgesellschaft nach hierzulande hM in eine **Rechtsscheinhaftung** entsprechend § 179 BGB, wenn er im geschäftlichen Verkehr den **Rechtsformzusatz der Kapitalgesellschaft** nicht angibt.[535] Diese Haftung findet nach Ansicht des **BGH** auch zu Lasten der Repräsentanten EU-ausländischer Kapitalgesellschaften Anwendung.[536] Richtigerweise ist bei entsprechendem „Vertrauen" auf eine unbeschränkte Haftung ein Schadensersatzanspruch auf das negative Interesse nach dem Rechtsgedanken der cic (§ 280 Abs. 1 BGB, § 311 Abs. 2 BGB, § 241 Abs. 2 BGB) gegen die verantwortlichen Personen begründet.[537] Des Weiteren kommen eine Anfechtung aus §§ 119, 123 BGB sowie ausnahmsweise ein Anspruch nach § 826 BGB in Betracht.[538] Eine Haftung aus § 823 Abs. 2 BGB würde voraussetzen, dass das Gebot des Rechtsformzusatzes als Schutzgesetz qualifiziert werden könnte.[539]

602 Ferner hat der BGH unter breiter Zustimmung in der Lit. eine Haftung des Verhandlungsführers einer EU-ausländischen Kapitalgesellschaft unter dem Aspekt des **Verschuldens bei Vertragsverhandlungen** befürwortet, der dem Vertragspartner vorspiegelte, dass er mit einer **inländischen Kapitalgesellschaft** kontrahiere.[540]

603 **Kollisionsrechtlich** unterliegt die Rechtsscheinhaftung analog § 179 BGB nach Ansicht des BGH dem Recht des Ortes, an dem der „Rechtsschein entstanden ist und sich ausgewirkt hat",[541] während andere die Haftung des falsus procurator und die weiteren Fragen des vollmachtlosen Handelns dem Geschäftsstatut, wieder andere dem Vollmachtsstatut unterstellen wollen.[542] Ob es hierbei verbleiben kann, muss derzeit als offen betrachtet werden. Die Rom I-VO (→ Rn. 658) enthält insoweit keine Regelung, insbesondere sind Fragen der rechtsgeschäftlichen und organschaftlichen Vertretung vom Anwendungsbereich ausgenommen (Art. 1 Abs. 2 lit. g Rom I-VO).[543] Gleiches gilt für Schuldverhältnisse aus Verhandlungen vor Abschluss eines Vertrags (Art. 1 Abs. 2 lit. i Rom I-VO). Insoweit ist jedoch in **Art. 12 Rom II-VO** (→ Rn. 658) eine Regelung erfolgt, die wiederum primär auf das nach der Rom I-VO zu bestimmende (hypothetische) Vertragsstatut abstellt. Der Begriff des Verschuldens bei Vertragsverhandlungen ist für die Zwecke der Rom II-VO autonom auszulegen und soll insbesondere den Abbruch von Vertragsverhandlungen, aber

---

[535] Dazu BGH NJW 2007, 1529; NJW 1991, 2627 f.; ZIP 1996, 1511 (1512); wN bei Roth/Altmeppen/*Altmeppen* GmbHG § 35 Rn. 34 ff.; s. dazu *Altmeppen* ZIP 2007, 889 (894 f.); abl. *Schanze* NZG 2007, 533 (535 f.).

[536] BGH NJW 2007, 1529; ebenso OLG Rostock GmbHR 2010, 1349; OLG Schleswig OLGR 2009, 309; OLG Karlsruhe GmbHR 2004, 1016; *Leible/Hoffmann* EuZW 2003, 677 (682); *Paefgen* ZIP 2004, 2253 (2255); Lutter/Hommelhoff/*Bayer* GmbHG § 4a Rn. 11, § 4 Rn. 27; *Rehberg* in Eidenmüller, Ausländische Kapitalgesellschaften im deutschen Recht, 2004, § 5 Rn. 102 ff.; Roth/Altmeppen/*Altmeppen* GmbHG § 35 Rn. 37; s. auch *Borges* ZIP 2004, 733 (736); *Ulmer* NJW 2004, 1201 (1204, 1207) („allgemeines Verkehrsrecht").

[537] *Altmeppen* ZIP 2007, 889 (893 f.); s. auch Lutter/Hommelhoff/*Bayer* GmbHG § 4a Rn. 11, § 4 Rn. 27; aA *Haas* NJW 1997, 2854 (2857).

[538] S. Roth/Altmeppen/*Altmeppen* GmbHG § 35 Rn. 38 ff.

[539] Dagegen *Altmeppen* ZIP 2007, 889 (894); *Altmeppen* NJW 2012, 2833 (2836); aA (für Einordnung als Schutzgesetz) *Haas* NJW 1997, 2854 (2857); UHL/*Paefgen* GmbHG § 35a Rn. 65; tendenziell wohl auch HCL/*Heinrich* GmbHG § 4 Rn. 40.

[540] S. BGH NJW-RR 2002, 1309 (1310) (Auftreten einer ungarischen Gesellschaft als „GmbH"); *Bayer* BB 2003, 2357 (2364 f.); *Borges* ZIP 2004, 733 (736); *Paefgen* ZIP 2004, 2253 (2255); *Ulmer* NJW 2004, 1201 (1204).

[541] BGH NJW 2007, 1529 (1530) unter Hinweis auf BGHZ 43, 21, 27 = NJW 1965, 487; *Eidenmüller* in Eidenmüller, Ausländische Kapitalgesellschaften im deutschen Recht, 2004, § 4 Rn. 29 ff., *Rehberg* in Eidenmüller, Ausländische Kapitalgesellschaften im deutschen Recht, 2004, § 5 Rn. 102 ff.; s. ferner BGH WM 2012, 1631 (1634) zur Rechtsscheinhaftung der Gesellschaft für das Handeln eines Organs unter Überschreitung der organschaftlichen Vertretungsmacht, wonach bei Distanzgeschäften insoweit jedenfalls dann an den Ort der Abgabe der Willenserklärung anzuknüpfen ist, wenn das an diesem Handlungsort geltende Recht zugleich über dessen Vertretungsbefugnis entscheidet.

[542] S. zum Meinungsstand BeckOK BGB/*Mäsch* EGBGB Art. 8 Rn. 26 mwN.

[543] Die noch in Art. 7 Abs. 2 und 3 des Entwurfs v. 15.12.2005 (COM(2005) 650 endg.) vorgesehene Regelung wurde ersatzlos gestrichen.

auch die **Verletzung einer Offenlegungspflicht** einschließen (Erwägungsgrund 30 Rom II-VO).

Im Hinblick auf die **Niederlassungsfreiheit** sind die Sanktionen für das Weglassen eines Rechtsformzusatzes[544] und für die Verschleierung der ausländischen Herkunft[545] unproblematisch, zumal wenn sie zutreffend eingeordnet und begrenzt werden.[546] Die unionsrechtliche Begründung ergibt sich freilich ebenso wenig daraus, dass diese Haftungen kollisionsrechtlich nicht dem „Gesellschaftsstatut" unterstehen,[547] wie umgekehrt die Zuordnung zum Gesellschaftsstatut allein keineswegs eine Anwendung auf EU-ausländische Gesellschaften ausschließt (→ Rn. 255 ff.). Entscheidend ist im vorliegenden Zusammenhang vielmehr, dass die GesR-RL (→ Rn. 8) zwingend vorschreibt, dass die Rechtsform im Rahmen der Geschäftsbriefpublizität und auf den Webseiten der Gesellschaft zutreffend angegeben werden muss und die Mitgliedstaaten geeignete Sanktionen anzudrohen haben (Art. 26, 28, 35 und 40 GesR-RL, → Rn. 542, → Rn. 555, → Rn. 568, → Rn. 571). Von alledem abgesehen ist aber davon auszugehen, dass das zugrunde liegende Gebot der Firmenwahrheit als tätigkeitsbezogene Schutzregelung im Sinne der Entscheidung Kornhaas/Dithmar (→ Rn. 148 ff., → Rn. 247) bereits nicht als „Behinderung" der Niederlassungsfreiheit zu betrachten, jedenfalls aber seine effektive, haftungsrechtliche Durchsetzung auch gegenüber EU-ausländischen Kapitalgesellschaften aus zwingenden Gründen des Verkehrsschutzes gerechtfertigt wäre. 604

Soweit die Haftung über die **Rom II-VO** zur Anwendung kommen sollte (→ Rn. 603), ist schließlich richtigerweise anzunehmen, dass das **berufene Sachrecht lediglich dem Diskriminierungsverbot**, nicht aber einem weitergehenden Beschränkungsverbot genügen muss (→ Rn. 180 ff.). 605

c) Haftung bei Firmenübernahme. Erwirbt eine EU-ausländische Gesellschaft in Deutschland ein Handelsgeschäft mit Firma, trifft sie nach offenbar einhelliger Ansicht die **Haftung nach § 25 HGB wegen Firmenübernahme**.[548] Nichts anderes gilt, wenn die EU-ausländische Kapitalgesellschaft das erworbene inländische Handelsgeschäft bei Übernahme wesentlicher Firmenbestandteile als Zweigniederlassung betreibt. 606

Aus kollisionsrechtlicher Sicht ist die Kontinuitätserwartung des Verkehrs entscheidend, die in einen angemessenen Ausgleich mit den Interessen des Erwerbers zu bringen ist. Letzterer muss vor übermäßigen und nicht überschaubaren Haftungsrisiken geschützt werden. Nach zutreffender, wenngleich umstrittener Ansicht hat die **kollisionsrechtliche Anknüpfung** daher an den **Ort der übernommenen und fortgeführten gewerblichen Niederlassung** zu erfolgen.[549] Mit dem Gesellschaftsstatut hat die Haftung nach § 25 HGB schon deshalb nichts zu tun, weil sie unabhängig von der Rechtsform des Unternehmensträgers greift. Die Rom I-VO (→ Rn. 658) hat an dieser bisherigen Anknüpfung nichts geändert.[550] 607

Auch die Haftung nach § 25 HGB steht mit der **Niederlassungsfreiheit** in Einklang. In den Kategorien der hM (→ Rn. 146 ff.), insbesondere der Entscheidung „Kornhaas/ 608

---

[544] S. insoweit zutr. BGH NJW 2007, 1529 (1530); MüKoBGB/*Kindler* IntGesR Rn. 247, 443, 663; *Kindler* NJW 2007, 1785 (1786 f.); *Kindler* IPRax 2009, 189 (192); *Rehberg* in Eidenmüller, Ausländische Kapitalgesellschaften im deutschen Recht, 2004, § 5 Rn. 103; Roth/Altmeppen/*Altmeppen* § 35 Rn. 37; aA *Schanze* NZG 2007, 533 (536).
[545] S. hierzu auch MüKoBGB/*Kindler* IntGesR Rn. 655; *Rehberg* in Eidenmüller, Ausländische Kapitalgesellschaften im deutschen Recht, 2004, § 5 Rn. 104.
[546] *Altmeppen* ZIP 2007, 889 (893 ff.); Roth/Altmeppen/*Altmeppen* GmbHG § 35 Rn. 37 ff.
[547] So aber BGH NJW 2007, 1529 (1530).
[548] OLG Düsseldorf NJW-RR 1995, 1184 (1185 f.); MüKoBGB/*Kindler* IntGesR Rn. 262 ff.; MüKoBGB/*Martiny* Art. 15 Rom I-VO Rn. 36 mwN; *Rehberg* in Eidenmüller, Ausländische Kapitalgesellschaften im deutschen Recht, 2004, § 5 Rn. 50 f.
[549] S. BGH NZI 2014, 81 (83); MüKoBGB/*Kindler* IntGesR Rn. 262; Oetker/*Vossler* HGB § 25 Rn. 61; wohl ebenso zu verstehen MüKoBGB/*Martiny* Art. 15 Rom I-VO Rn. 36: Recht am „tatsächlichen Sitz des übernommenen und fortgeführten Unternehmens"; aA *Rehberg* in Eidenmüller, Ausländische Kapitalgesellschaften im deutschen Recht, 2004, § 5 Rn. 50 f.: Gesellschaftsstatut der übernommenen Gesellschaft; zumindest missverständlich auch Busch/Müller ZVglRWiss. 94 (1995), 157 (179): die Anknüpfung werde regelmäßig zum Gesellschaftsstatut der veräußernden Gesellschaft führen; noch anders OLG Koblenz RIW 1989, 61: Forderungsstatute der einzelnen betroffenen Gläubiger.
[550] Oetker/*Vossler* HGB § 25 Rn. 61; aA *Freitag* ZHR 174 (2010), 429 (432 ff.).

Dithmar" des EuGH (→ Rn. 148), handelt es sich um nicht diskriminierendes, allgemeines Verkehrsrecht, das bereits keine relevante Beschränkung der Niederlassungsfreiheit bewirkt und daher auch nicht der Notwendigkeit einer unionsrechtlichen Rechtfertigung unterliegt. Im Übrigen wäre die Haftung im Falle der Firmenübernahme aber – wie immer man sie dogmatisch begründet – aus Gründen des Verkehrs- und Gläubigerschutzes gerechtfertigt, zumal die Möglichkeiten zur Haftungsvermeidung jedenfalls nicht unverhältnismäßig sind.

V. Arbeitnehmermitbestimmung

609 **1. Betriebliche Mitbestimmung. a) Überblick.** Zweck der betrieblichen Mitbestimmung nach dem Betriebsverfassungsgesetz (BetrVG), dem Sprecherausschussgesetz (SprAuG) und dem Gesetz über Europäische Betriebsräte (EBRG)[551] ist die Beteiligung der Arbeitnehmer an der **betrieblichen Willensbildung und Entscheidungsfindung** des Arbeitgebers durch besondere **Belegschaftsorgane.**[552]

610 Die betriebliche Mitbestimmung ist damit Teil des kollektiven Arbeitsrechts. Ihr Bezugspunkt ist der **Betrieb**, dh die arbeitstechnisch-organisatorische Einheit, deren Leitungsapparat die verfügbaren Betriebsmittel zusammenfasst, ordnet und gezielt einsetzt und die wesentlichen personellen und sozialen Entscheidungen trifft.[553] Die betriebliche Mitbestimmung gilt in allen Betrieben der Privatwirtschaft **unabhängig von der Rechtsform** des Betriebsinhabers[554] und umfasst die **drei Ebenen** des Einzelbetriebs, des Unternehmens und des Konzerns.

611 Der **Schwerpunkt der Beteiligungsrechte,** die zugunsten der Beschäftigten zwingend sind,[555] liegt bei der Einflussnahme auf die Organisation des Betriebs und der dortigen Arbeitsabläufe sowie auf unternehmerische Entscheidungen mit sozialen, technisch-organisatorischen oder personellen Folgewirkungen für die Belegschaft.

612 **b) Internationaler Anwendungsbereich.** Kollisionsrechtlich zählt die betriebliche Mitbestimmung zu dem nicht kodifizierten **Internationalen Kollektivarbeitsrecht.**[556] Nach ganz hM gilt sie für alle inländischen privatwirtschaftlichen Betriebe,[557] wobei die herkömmliche Begründung mit dem Territorialitätsprinzip[558] zunehmend in Zweifel gezogen wird.[559] Nicht durchgesetzt hat sich die vereinzelt vertretene Ansicht,[560] dass an das Arbeitsvertragsstatut anzuknüpfen sei. Auch eine Abbedingung des deutschen Betriebsver-

---

[551] Das Recht des EBR ist durch die Europäischer Betriebsrat-RL 2009/38/EG v. 6.5.2009 über die Einsetzung eines Europäischen Betriebsrats oder die Schaffung eines Verfahrens zur Unterrichtung und Anhörung der Arbeitnehmer in gemeinschaftsweit operierenden Unternehmen und Unternehmensgruppen (ABl. 2009 L 122, 28) reformiert worden. S. zu der Neuregelung *Funke* DB 2009, 564; *Thüsing/Forst* NZA 2009, 408; *Beauregard/Buchmann* BB 2009, 1417; zum vorherigen Rechtsstand etwa *Weiss* NZA 2003, 177 (179 f.); *Stoffels* GS Heinze, 2005, 885 (889). Zu von Europäischen Betriebsräten abgeschlossenen „europäischen Betriebsvereinbarungen" und ihrer kollisionsrechtlichen Behandlung *Rehberg* NZA 2013, 73.
[552] ErfK/*Koch* § 1 BetrVG Rn. 3.
[553] S. zum Betriebsbegriff des BetrVG statt aller ErfK/*Koch* § 1 BetrVG Rn. 7 ff.
[554] Richardi/*Richardi* BetrVG Einl. Rn. 2.
[555] S. Richardi/*Richardi* BetrVG Einl. Rn. 138 ff.
[556] Art. 8 Rom I-VO gilt nur für das Individualarbeitsrecht.
[557] Vgl. *Leitzen* NZG 2009, 728 (729); *Müller-Bonanni* in Hirte/Bücker Grenzüberschreitende Gesellschaften-HdB § 14 Rn. 45 ff.; *Spahlinger/Wegen*/*Spahlinger*/*Wegen* Kap. C Rn. 299; *Eidenmüller* ZIP 2002, 2233 (2237); *Franz* BB 2009, 1250 (1254); *Geyrhalter/Gänßler* NZG 2003, 409 (412); *Hirsch/Britain* NZG 2003, 1100 (1103); *Wachter* GmbHR 2004, 88 (92); *Binz/Mayer* GmbHR 2003, 249 (257); MüKoBGB/*Martiny* Rom I-VO Art. 8 Rn. 146, 151, 153; MHdB ArbR/*Oetker* § 13 Rn. 163 f. und MHdB ArbR/*Boemke* § 284 Rn. 25; Richardi/*Richardi* BetrVG Einl. Rn. 66 ff.; Staudinger/*Großfeld* IntGesR Rn. 509.
[558] BAG NJW 2008, 3731 (3736); NJW 1978, 1124; NZA 1990, 658; ErfK/*Koch* § 1 BetrVG Rn. 5; MHdB ArbR/*Oetker* § 13 Rn. 163; Wlotzke/Preis/Kreft/*Preis* BetrVG § 1 Rn. 9.
[559] Berufung auf das Prinzip der lex rei sitae (Belegenheit des Betriebs) bei *Junker* Internationales Arbeitsrecht S. 374 ff.; MHdB ArbR/*Boemke* § 284 Rn. 25; MüKoBGB/*Martiny* Rom I-VO Art. 8 Rn. 146; s. ferner Richardi/*Richardi* BetrVG Einl. Rn. 67 f. (lex loci laboris); *Buchner* FS Birk, 2008, 11 ff. (17).
[560] S. *Fischer* RdA 2002, 160 ff.; *Gamillscheg,* Internationales Arbeitsrecht, 1959, 370; dagegen MHdB ArbR/*Oetker* § 13 Rn. 163 und MHdB ArbR/*Boemke* § 284 Rn. 25 f.; MüKoBGB/*Martiny* Rom I-VO Art. 8 Rn. 146, 151. Eine Sonderanknüpfung nach dem Schwerpunkt der Betriebsverfassung befürwortend *Agel-Pahlke* S. 192 ff.

fassungsrechts durch Betriebsvereinbarung oder Tarifvertrag ist ausgeschlossen,[561] wohingegen die Vereinbarung seiner Geltung für ausländische Betriebe[562] in Betracht kommen kann, sofern das ausländische Betriebsverfassungsstatut sich dem öffnet.[563]

Da die betriebliche Mitbestimmung **unabhängig von der Rechtsform** des Betriebsinhabers gilt, findet sie – ganz unabhängig von der Lage des tatsächlichen Verwaltungssitzes – auch auf alle inländischen Einzelbetriebe ausländischer Unternehmensträger Anwendung.[564]   613

Gleiches gilt für die Bildung eines **Gesamtbetriebsrats** (§ 47 Abs. 1 BetrVG) und der weiteren Gremien der betrieblichen Mitbestimmung,[565] falls der Unternehmensträger – selbst bei effektivem Auslandssitz – hierzulande mindestens zwei Betriebe mit Betriebsrat unterhält.[566] An der Errichtung des Gesamtbetriebsrats sind nur die inländischen Betriebe zu beteiligen.[567] Ebenso ist ein **Wirtschaftsausschuss** (§§ 106–110 BetrVG) auch in Unternehmen mit effektivem Verwaltungssitz im Ausland zu bilden, falls diese in der Regel mehr als 100 ständige Arbeitnehmer in inländischen Betrieben beschäftigen und diese Betriebe organisatorisch zusammengefasst sind.[568] Auch insoweit partizipieren ausländische Betriebe an der Bildung nicht.[569] Die Aufgaben und Befugnisse der genannten Organe, etwa die Unterrichtungspflicht nach § 110 BetrVG oder die Vorschriften über Interessenausgleich und Sozialplan bei Betriebsänderungen, beschränken sich nach hM jeweils auf die inländischen Betriebe.[570]   614

---

[561] Richardi/*Richardi* BetrVG Einl. Rn. 140 ff.; MHdB ArbR/*Boemke* § 284 Rn. 256; aA *Agel-Pahlke* S. 136 ff.; *Junker* Internationales Arbeitsrecht S. 380.

[562] Zur Unanwendbarkeit des deutschen Betriebsverfassungsrechts BAG SAE 1979, 221 (222); MHdB ArbR/*Oetker* § 13 Rn. 163 und MHdB ArbR/*Boemke* § 284 Rn. 29 mwN. S. aber zur Einbeziehung von Arbeitnehmern im Falle einer Auslandstätigkeit nach der Lehre von der Ausstrahlung MHdB ArbR/*Oetker* § 13 Rn. 165 ff. und MHdB ArbR/*Boemke* § 284 Rn. 30 ff.; MüKoBGB/*Martiny* Rom I-VO Art. 8 Rn. 147 ff., 153.

[563] *Junker* Internationales Arbeitsrecht S. 378; MHdB ArbR/*Boemke* § 284 Rn. 26.

[564] Nahezu unstr., s. BAG NJW 1978, 1124; ErfK/*Koch* § 1 BetrVG Rn. 5; MHdB ArbR/*Oetker* § 13 Rn. 163 und MHdB ArbR/*Boemke* § 284 Rn. 25, 27; MHLS/*Leible* GmbHG Syst. Darst. 2 Rn. 173; MüKoBGB/*Martiny* Rom I-VO Art. 8 Rn. 146, 151; Wlotzke/Preis/Kreft/*Preis* BetrVG § 1 Rn. 9 f.; *Rehberg* in Eidenmüller, Ausländische Kapitalgesellschaften im deutschen Recht, 2004, § 6 Rn. 184; Spahlinger/Wegen/*Spahlinger/Wegen* Kap. C Rn. 299; Staudinger/*Großfeld* IntGesR Rn. 509; aA ohne Begr. *Heckschen* in Heckschen/*Heidinger* § 2 Rn. 51: Gesellschaftsstatut.

[565] Gesamtsprecherausschuss (§§ 16–19 SprAuG), Unternehmenssprecherausschuss (§ 20 SprAuG), Gesamt-Jugend- und Auszubildendenvertretung (§§ 72, 73 BetrVG).

[566] Ganz hM, vgl. nur *Auffarth* FS Hilger/Stumpf, 1983, 31 (33 f.); *Birk* FS Schnorr v. Carolsfeld, 1972, 61 (83); *Buchner* FS Birk, 2008, 11 (13, 18 f.); *Junker* SAE 2008, 41 (43); ErfK/*Koch* § 47 BetrVG Rn. 5; MHdB ArbR/*Oetker* § 13 Rn. 164, MHdB ArbR/*Boemke* § 284 Rn. 15; MüKoBGB/*Martiny* Rom I-VO Art. 8 Rn. 152; Wlotzke/Preis/Kreft/*Preis* BetrVG § 1 Rn. 10, Wlotzke/Preis/Kreft/*Roloff* § 47 Rn. 5; Richardi/*Richardi* BetrVG Einl. Rn. 71; *Däubler* Betriebsverfassung S. 66. Einschr. (Existenz einer überbetrieblichen Organisation im Inland erforderlich) Gaul ADW 1974, 471 (473 ff.); Richardi/*Annuß* BetrVG § 47 Rn. 21; *Röder/Powietzka* DB 2004, 542 (544); insoweit offenlassend, bei inländischem Verwaltungssitz jedenfalls die Möglichkeit zur Bildung eines Gesamtbetriebsrats bejahend Müller-Bonanni in Hirte/Bücker Grenzüberschreitende Gesellschaften-HdB § 14 Rn. 47. AA, falls die Unternehmensspitze sich im Ausland befindet, *Lipperheide* S. 87 ff., 90 ff. (mangelnde Durchsetzungsmöglichkeiten).

[567] Ganz hM, vgl. *Junker* Internationales Arbeitsrecht S. 393; *Schlüpers-Oehmen*, Betriebsverfassung bei Auslandstätigkeit, 1984, 100; *Auffarth* FS Hilger/Stumpf, 1983, 31 (33); *Buchner* FS Birk, 2008, 11 (19); *Simitis* FS Kegel, 1977, 153 (179); ErfK/*Koch* § 47 BetrVG Rn. 5; MHdB ArbR/*Oetker* § 13 Rn. 164 f., MHdB ArbR/*Boemke* § 284 Rn. 28 f.; Richardi/*Richardi* BetrVG Einl. Rn. 71 und Richardi/*Annuß* § 47 Rn. 19, 21; aA *Birk* FS Schnorr v. Carolsfeld, 1972, 61 (83); MüKoBGB/*Martiny* Rom I-VO Art. 8 Rn. 152.

[568] BAGE 26, 286, 291 f. = NJW 1975, 1091 (1092); BAG AP BetrVG 1972 § 106 Nr. 2; *Buchner* FS Birk, 2008, 11 (18); ErfK/*Kania* § 106 BetrVG Rn. 5; MHdB ArbR/*Boemke* § 284 Rn. 28; MüKoBGB/*Martiny* Rom I-VO Art. 8 Rn. 152; Wlotzke/Preis/Kreft/*Preis* § 106 Rn. 3; Richardi/BetrVG Einl. Rn. 71, Richardi/*Annuß* § 106 Rn. 13 f. Weitergehend, das Erfordernis einer einheitlichen Leitung der inländischen Betriebe abl., MHdB ArbR/*Stamer* § 307 Rn. 9; aA nur *Behme* ZIP 2008, 351 (353): Sämtliche Betriebe müssten im Inland liegen.

[569] MHdB ArbR/*Stamer* § 307 Rn. 10; Richardi/*Annuß* § 106 Rn. 13.

[570] Vgl. BAGE 26, 286 (292) = NJW 1975, 1091 (1092); *Diller/Powietzka* DB 2001, 1034 (1035 f.); *Buchner* FS Birk, 2008, 11 (21) (zum Konzernbetriebsrat); *Simitis* FS Kegel, 1977, 153 (178); *Junker* Internationales Arbeitsrecht S. 393; ErfK/*Koch* § 47 BetrVG Rn. 5; MHdB ArbR/*Oetker* § 13 Rn. 164; Richardi/*Annuß* § 47 BetrVG Rn. 19, § 106 Rn. 14; Wlotzke/Preis/Kreft/*Roloff* BetrVG § 47 Rn. 5, Wlotzke/Preis/Kreft/*Preis* § 106 Rn. 3; *Agel-Pahlke* S. 224; aA *Birk* FS Schnorr v. Carolsfeld, 1972, 61 (82 f.); *Däubler* Betriebsverfassung S. 60 f.; ferner MüKoBGB/*Martiny* Rom I-VO Art. 8 Rn. 152: Der Gesamtbetriebsrat könne auch im

615 Im Hinblick auf die betriebliche Mitbestimmung auf **Konzernebene** hat das BAG für die Praxis geklärt, dass ein Konzernbetriebsrat (§§ 54 ff. BetrVG)[571] nicht bei **ausländischen Konzernspitzen** mit „Sitz" im Ausland errichtet werden kann.[572] Die entsprechenden Beteiligungsrechte werden in diesem Fall von den Gesamtbetriebsräten und Betriebsräten der konzernangehörigen Unternehmen wahrgenommen.[573] Zweifelhaft ist freilich schon die Prämisse dieser Judikatur, dass nach § 18 Abs. 1 AktG, auf den in § 54 Abs. 1 S. 1 BetrVG verwiesen wird, sämtliche Unternehmen des Konzernverbunds, insbesondere auch das herrschende Unternehmen, ihren „Sitz" im Inland haben müssten (→ Rn. 483 ff., → Rn. 489, → Rn. 503).[574]

616 Im entschiedenen Fall hatte die herrschende Auslandsgesellschaft allerdings neben dem Satzungs- wohl auch ihren tatsächlichen Sitz im Ausland. Befindet sich der **tatsächliche Verwaltungssitz der Konzernobergesellschaft ausländischen Rechts** hingegen **im Inland,** kommt die Bildung eines Konzernbetriebsrats bei ihr in Betracht.[575] Die Erwägung des BAG, dass im Falle einer im Ausland ansässigen Konzernspitze die unternehmerische Leitungsmacht nicht im Inland ausgeübt werde, was unter dem Aspekt des Territorialitätsprinzips (→ Rn. 612) aber erforderlich sei,[576] lässt es zumindest nicht ausgeschlossen erscheinen, dass der Fall einer Konzernspitze mit tatsächlichem Inlandssitz anders beurteilt würde.

617 Auch im Falle einer auslandsansässigen Konzernspitze kommt hingegen nach der Lehre vom „**Konzern im Konzern**" die Errichtung eines Konzernbetriebsrats für einen inländischen Unterkonzern in Betracht. Voraussetzung ist jedoch, dass in Deutschland eine Unterkonzernspitze existiert, die in einem wesentlichen Bereich tatsächlich eigene Leitungsmacht besitzt.[577]

618 Scheidet auch diese Variante aus, verbleibt es bei der Möglichkeit, die unternehmensübergreifende Zusammenarbeit von Arbeitnehmervertretungen durch tarifvertraglich eingesetzte **Arbeitsgemeinschaften** auszugestalten (§ 3 Abs. 1 Nr. 4 BetrVG).[578]

619 Im Übrigen gilt nach hM, dass grundsätzlich nur **abhängige Unternehmen** mit „Sitz" im Inland in die Konzernbetriebsverfassung einbezogen sind.[579] Besteht jedoch im Inland

---

Ausland tätig werden und nach ausländischem Recht gebildete Betriebsräte der ausländischen Betriebe könnten am inländischen Gesamtbetriebsrat mitwirken.

[571] Gleiches gilt für Konzern-Jugend- und Auszubildendenvertretung (§§ 73a f. BetrVG) und den Konzernsprecherausschuss (§§ 21 ff. SprAuG).

[572] BAG NZA 2007, 999 (1004 f.), auch unter Ablehnung einer Analogie zu § 5 Abs. 3 MitbestG, § 11 Abs. 3 PublG; bestätigt durch BAG NJOZ 2008, 726 (731 ff.); BAG AG 2018, Rn. 23 ff.; zuvor bereits ArbG Stuttgart NZA-RR 2004, 138; zust. *Dzida/Hohenstatt* NZA 2007, 945 (947); *Junker* SAE 2008, 41 ff.; *Ullrich* DB 2007, 2710 (2711 f.); ErfK/*Koch* § 54 BetrVG Rn. 7; MHdB ArbR/*Nebendahl* § 302 Rn. 28; Wlotzke/Preis/Kreft/*Preis* BetrVG § 1 Rn. 10, Wlotzke/Preis/Kreft/*Roloff* § 54 Rn. 11; ebenso zuvor *Henssler* ZfA 2005, 289 (310 ff.); *Junker* Internationales Arbeitsrecht S. 397; Spahlinger/Wegen/*Spahlinger/Wegen* Kap. C Rn. 416; abl. (Bildung eines Konzernbetriebsrats stets dann, wenn mindestens zwei abhängige Unternehmen ihren Sitz im Inland haben) *Buchner* FS Birk, 2008, 11 ff. (17 ff.); s. ferner *Trittin/Gilles* AiB 2007, 253 (254); krit. zur Begründung des BAG auch *Bachmann* RdA 2008, 107 (110 ff.).

[573] BAG NZA 2007, 999 (1005 f.).

[574] Dazu auch *Bachmann* RdA 2008, 107 (110); *Junker* SAE 2008, 41 (42); auch *Buchner* FS Birk, 2008, 11 (12), der allerdings annimmt, das deutsche Konzernrecht sei auf abhängige Unternehmen mit „Sitz" im Inland beschränkt (→ Rn. 648).

[575] *Röder/Powietzka* DB 2004, 542 (544 f.); Müller-Bonanni in Hirte/Bücker Grenzüberschreitende Gesellschaften-HdB § 14 Rn. 49 f. (auch unter dem Aspekt der Niederlassungsfreiheit bejahend); MHdB ArbR/*Oetker* § 13 Rn. 164 (unklar aber MHdB ArbR/*Nebendahl* § 302 Rn. 28 ff., der nur den „Sitz" abhebt); wohl auch ErfK/*Koch* § 54 BetrVG Rn. 7.

[576] BAG NZA 2007, 999 (1006).

[577] Vgl. BAG NZA 2007, 999 (1003 f.); BAG AG 2018, 847 Rn. 21; *Junker* SAE 2008, 41 (44); *Müller-Bonanni/Schell* ArbRB 2007, 331 (332); *Röder/Powietzka* DB 2004, 542 (545 f.); *Junker* Internationales Arbeitsrecht S. 399 ff.; ErfK/*Koch* § 54 BetrVG Rn. 7; MHdB ArbR/*Nebendahl* § 302 Rn. 31; *Richardi/Annuß* BetrVG § 54 Rn. 35; Wlotzke/Preis/Kreft/*Roloff* BetrVG § 54 Rn. 10. Krit. *Hergenröder* ZfA 1999, 1 (36 f.).

[578] S. *Henssler* ZfA 2005, 289 (311); *Röder/Powietzka* DB 2004, 542 (546).

[579] BAG NZA 2007, 999 (1004); *Müller-Bonanni/Schell* ArbRB 2007, 331 (332); *Röder/Powietzka* DB 2004, 542 (544); ErfK/*Koch* BetrVG § 54 Rn. 7; MHdB ArbR/*Oetker* § 13 Rn. 164, MHdB ArbR/*Nebendahl* § 302 Rn. 32; *Richardi/Richardi* BetrVG Einl. Rn. 72, *Richardi/Annuß* § 54 Rn. 34; Wlotzke/Preis/Kreft/*Roloff* § 54 BetrVG Rn. 11. Für die Konzern-Jugend- und Auszubildendenvertretung *Richardi/Annuß* BetrVG § 73a Rn. 6. Für den Konzernsprecherausschuss MHdB ArbR/*Francke*§ 310 Rn. 19, § 311 Rn. 146; aA *Grasmann* ZGR 1973, 317 (325); *Fuchs* S. 183; *Agel-Pahlke* S. 220; einschr. *Birk* RIW 1975, 589 (593).

zumindest ein **Betriebsrat**, kann dieser nach der **Wertung des § 54 Abs. 2 BetrVG** an der Bildung des Konzernbetriebsrats beteiligt werden.[580] In jedem Fall sind auch die Kompetenzen eines Konzernbetriebsrats auf inländische Betriebe beschränkt.[581]

Auf der Grundlage des EBRG und der Europäischer Betriebsrat-RL (→ Rn. 609) ist schließlich in gemeinschaftsweit operierenden Unternehmen und Unternehmensgruppen zum Zweck der Unterrichtung und Anhörung der Arbeitnehmer auf Initiative der zentralen Leitung des Unternehmens oder der Unternehmensgruppe (zum Begriff Art. 2 Abs. 1 lit. e Europäischer Betriebsrat-RL) oder auf Initiative der Arbeitnehmer ein **Europäischer Betriebsrat** einzusetzen oder ein Verfahren zur Unterrichtung und Anhörung der Arbeitnehmer zu schaffen (vgl. Art. 5 Abs. 1 Europäischer Betriebsrat-RL). Die Zuständigkeiten des Europäischen Betriebsrats und der Geltungsbereich des Verfahrens zur Unterrichtung und Anhörung der Arbeitnehmer gem. der Europäischer Betriebsrat-RL beschränken sich zum einen auf länderübergreifende Angelegenheiten (Art. 1 Abs. 3 S. 2, Abs. 4 Europäischer Betriebsrat-RL) und zum anderen, vorbehaltlich der Vereinbarung eines größeren Geltungsbereichs, auf alle in den Mitgliedstaaten ansässigen Betriebe des Unternehmens bzw. auf alle in den Mitgliedstaaten ansässigen Unternehmen der Unternehmensgruppe. 620

Die Europäischer Betriebsrat-RL geht ähnlich wie die Regelungen zur Arbeitnehmermitbestimmung in der SE und nach einer internationalen Verschmelzung (→ Rn. 654 ff.) von einem **Verhandlungsmodell** aus, wonach die Modalitäten der Unterrichtung und Anhörung der Arbeitnehmer zwischen der zentralen Leitung und dem besonderen Verhandlungsgremium verhandelt werden sollen (vgl. Art. 5 ff. Europäischer Betriebsrat-RL). Subsidiär kommen ggf. die Rechtsvorschriften desjenigen Mitgliedstaats zur Anwendung, in dem die zentrale Leitung des Unternehmens oder der Unternehmensgruppe ihren Sitz hat (Art. 7 Abs. 1 und 2 Europäischer Betriebsrat-RL iVm Anh. I Europäischer Betriebsrat-RL). 621

c) Vereinbarkeit der betrieblichen Mitbestimmung mit der Niederlassungsfreiheit. Die ganz hM geht zu Recht davon aus, dass die Geltung des deutschen Betriebsverfassungsrechts EU-ausländische Unternehmensträger, die in Deutschland Betriebe eröffnen wollen, **nicht** unzulässig in ihrer **Niederlassungsfreiheit beeinträchtigt**.[582] Eine Behinderung des Marktzugangs (→ Rn. 136 ff., → Rn. 141 ff.) ist bereits nicht zu erkennen, vielmehr zählt das Betriebsverfassungsrecht zu den allgemeinen Arbeits- und Wirtschaftsbedingungen, die jeder Unternehmer in Deutschland vorfindet und nach der Rspr. des EuGH in der Rs. „Kornhaas/Dithmar" (→ Rn. 148 ff., → Rn. 247) zu befolgen hat. Selbst wenn man eine Beschränkung der Niederlassungsfreiheit bejahen wollte, wäre diese nach der **„Gebhard-Formel"** (→ Rn. 136 f.) zum Schutz der Arbeitnehmerinteressen gerechtfertigt.[583] 622

Die Mitbestimmung über den **Europäischen Betriebsrat** kann schließlich nach allgemeinen Grundsätzen (→ Rn. 151 ff., → Rn. 163 ff., → Rn. 172) nicht als Beschränkung der Niederlassungsfreiheit qualifiziert werden, soweit sie im Einklang mit der Europäischer Betriebsrat-RL erfolgt. 623

---

[580] Zutr. MHdB ArbR/*Nebendahl* § 302 Rn. 33.
[581] Vgl. *Buchner* FS Birk, 2008, 11 (21); MHdB ArbR/*Oetker* § 13 Rn. 164 und MHdB ArbR/*Nebendahl* § 302 Rn. 34; aA MüKoBGB/*Martiny* Rom I-VO Art. 8 Rn. 152.
[582] *Eidenmüller* ZIP 2002, 2233 (2242); *Eidenmüller* JZ 2004, 24 (28); *Eidenmüller/Rehm* ZGR 2004, 159 (185); *Forsthoff* DB 2002, 2471 (2477); *Franz* BB 2009, 1250 (1254); *Geyrhalter/Gänßler* NZG 2003, 409 (412); *Götz* Konzern 2004, 449 (454); *v. Hase* BuW 2003, 944 (949); *Hirsch/Britain* NZG 2003, 1100 (1103); *Müller-Bonanni* GmbHR 2003, 1235 (1238); Müller-Bonanni in Hirte/Bücker Grenzüberschreitende Gesellschaften-HdB § 14 Rn. 45 ff.; *Röder/Powietzka* DB 2003, 542 (544 f.); *Schanze/Jüttner* AG 2003, 661 (668); *Veit/Wichert* AG 2004, 14 (17); *Wachter* GmbHR 2004, 88 (92); Großkomm HGB/*Koch* HGB § 13d Rn. 33; MHLS/*Leible* GmbHG Syst. Darst. 2 Rn. 173; iErg auch Rehberg in Eidenmüller, Ausländische Kapitalgesellschaften im deutschen Recht, 2004, § 6 Rn. 185 ff., der zwar eine Beschränkung annimmt, jedoch eine Rechtfertigung bejaht.
[583] Im Ergebnis *Schanze/Jüttner* AG 2003, 661 (668) mit Fn. 82; Rehberg in Eidenmüller, Ausländische Kapitalgesellschaften im deutschen Recht, 2004, § 6 Rn. 186 ff., 190.

624 2. Unternehmerische Mitbestimmung. a) Einführung. Im Rahmen der unternehmerischen Mitbestimmung erhalten die Arbeitnehmer Einfluss auf die **Unternehmensleitung** und die **Unternehmenspolitik**. Nach ihrem Wortlaut gelten die Mitbestimmungsgesetze[584] nur für **bestimmte Rechtsformen**.

625 Die Unternehmensmitbestimmung erfolgt durch die **Entsendung von Arbeitnehmervertretern in den Aufsichtsrat** und führt somit im Unterschied zu der betrieblichen Mitbestimmung zu einer strukturellen Änderung des Unternehmensträgers selbst.[585] Die Arbeitnehmervertreter werden entweder unmittelbar von den Arbeitnehmern oder durch Delegierte gewählt (§§ 9 ff. MitbestG). Nach hA dürfen ausschließlich Arbeitnehmer inländischer Betriebe **aktiv und passiv an der Wahl** der Arbeitnehmervertreter partizipieren,[586] sodass das Amt eines Arbeitnehmervertreters endet, wenn er in das Ausland wechselt und deshalb die Wählbarkeit verliert (§ 24 Abs. 1 MitbestG, vgl. auch § 4 Abs. 2 DrittelbG). Auch bei der Ermittlung der **Schwellenwerte** für die Anwendung der Mitbestimmungsgesetze werden Arbeitnehmer in ausländischen Betrieben und Arbeitnehmer ausländischer Tochtergesellschaften nicht berücksichtigt.[587]

626 Diese **territoriale Begrenzung** der Mitbestimmungskodifikationen stellt die **unionsrechtliche Legitimation** der Unternehmensmitbestimmung ganz unabhängig von der Niederlassungsfreiheit in Frage.[588] In diesem Sinne hatte das Landgericht Frankfurt im Jahr 2015 – entgegen der herkömmlichen hM und anders als etwa die Landgerichte Landau, Berlin und München I – im Rahmen eines Statusverfahrens erstmals entschieden, dass im Ausland beschäftigte Arbeitnehmer sowie die Arbeitnehmer ausländischer Konzernunternehmen an der Wahl der Arbeitnehmervertreter zum Aufsichtsrat zu beteiligen und im Hinblick auf die Erreichung der maßgeblichen Schwellenwerte für die Anwendung des DrittelbG bzw. des MitbestG zu berücksichtigen sind.[589] Zur Begründung verwies das Landgericht Frankfurt freilich im Kern lediglich darauf, dass dem Wortlaut des MitbestG und des DrittelbG ein Ausschluss von im Ausland beschäftigten Arbeitnehmern nicht zu entnehmen sei. Nur am Rande äußerte das Gericht darüber hinaus Bedenken, dass ein solcher Ausschluss zu einer gegen Art. 18 AEUV verstoßenden Diskriminierung EU-ausländischer Unternehmen führen würde. Darüber hinausgehend legte sodann das KG schließlich durch Beschluss vom 16.10.2015 in einem Statusverfahren betreffend die TUI AG dem EuGH die Frage zur Vorabentscheidung vor, ob die Beschränkung des aktiven und passiven Wahlrechts auf die Arbeitnehmer inländischer Betriebe und Konzernunternehmen nach

---

[584] Die Rechtsquellen finden sich im Mitbestimmungsgesetz (MitbestG), Montan-Mitbestimmungsgesetz (Montan-MitbestG), Montan-Mitbestimmungsergänzungsgesetz (Montan-MitbestErgG) sowie im Drittelbeteiligungsgesetz (DrittelbG), deren Anwendbarkeit namentlich von der Überschreitung der gesetzlichen Schwellenwerte beschäftigter Arbeitnehmer abhängt. Die Einzelheiten sind hier nicht darzustellen, verwiesen sei auf das Schrifttum zum Mitbestimmungsrecht.
[585] Eingehend zu dieser Unterscheidung *Windbichler* AG 2004 (190 ff.).
[586] Bericht des Ausschusses für Arbeits- und Sozialordnung, BT-Drs. 7/4845, 4; LG Düsseldorf DB 1979, 1451; ErfK/*Oetker* Vor DrittelbG Rn. 3, Vor MitbestG Rn. 6, § 1 MitbestG Rn. 11 f.; MüKoBGB/*Kindler* IntGesR Rn. 580 f.
[587] OLG Frankfurt BeckRS 2018, 9729; LG Frankfurt NZG 2018, 587 (Vorinstanz); LG Stuttgart BeckRS 2018, 5145; LG Hamburg BeckRS 2018, 1655 und LG Hamburg NZA-RR 2018, 249; LG Dortmund BeckRS 2018, 2622 und 2623; ErfK/*Oetker* § 1 MitbestG Rn. 11 f., Vor DrittelbG Rn. 3; MüKoBGB/*Kindler* IntGesR Rn. 580 f.; insoweit gegen die Annahme einer Unionsrechtswidrigkeit ua auch *Hellwig/Behme* AG 2015, 333 (339 f.); *Krause* ZIP 2015, 636. Teils wird dieser Grundsatz allerdings dahingehend eingeschränkt, dass zumindest die Arbeitnehmer von inlandsansässigen Auslandsgesellschaften zuzurechnen seien; HH/*Habersack* § 5 MitbestG Rn. 55a; *Habersack* AG 2007, 641 (645); *Götz* Konzern 2004, 449 (454). Für Unionsrechtswidrigkeit hingegen LG Frankfurt DStR 2015, 1065; *Behme* AG 2018, 1 (19).
[588] S. auch, wenngleich unter Verneinung einer Rechtspflicht zur Reform im Sinne des Unionsrechts, die *Kommission zur Modernisierung der deutschen Unternehmensmitbestimmung*, Bericht der wissenschaftlichen Mitglieder der Kommission mit Stellungnahmen der Vertreter der Unternehmen und der Vertreter der Arbeitnehmer, 2006, 20 ff. (35 ff.).
[589] LG Frankfurt DStR 2015, 1065; s. auch OLG Zweibrücken NZG 2014, 740; aA aber sodann OLG Frankfurt BeckRS 2018, 9729 und LG Frankfurt NZG 2018, 587 (Vorinstanz); für den Ausschluss vom aktiven und passiven Wahlrecht gegen Unionrechtswidrigkeit LG Landau NZG 2014, 229; LG Berlin DB 2015, 1588 (1589 ff.); LG München I ZIP 2015, 1929.

Maßgabe des MitbestG gegen die Art. 18, 45 AEUV verstoße.[590] Die Möglichkeit eines solchen Verstoßes gründete das KG namentlich darauf, dass das Wahlrecht den im EU-Ausland beschäftigten Arbeitnehmern vorenthalten werde. Dies könne eine versteckte Diskriminierung darstellen, die ferner zu einer einseitigen Interessenvertretung der im Inland beschäftigten Arbeitnehmer führe. Zudem hielt es das KG für nicht ausgeschlossen, dass auch die Freizügigkeit inländischer Arbeitnehmer beeinträchtigt werde. Namentlich unter Berücksichtigung der gegenteiligen Regelungen für die Errichtung einer SE und die grenzüberschreitende Verschmelzung[591] sprach sich auch eine in der Lit. verbreitete Ansicht[592] dafür aus, dass die Beschränkung des Wahlrechts die im EU-Ausland beschäftigten Arbeitnehmer in nicht zu rechtfertigender Weise (versteckt) diskriminiere[593] und das Erlöschen des Amtes des Arbeitnehmervertreters im Falle seines Wegzugs gegen die Arbeitnehmerfreizügigkeit verstoße (Art. 18, 45 Abs. 1 AEUV).[594] Der **EuGH** hat diesen Bedenken indes eine Absage erteilt.[595] Damit dürften sich auch Überlegungen, die deutsche Mitbestimmungsregelung im Lichte der unionsrechtlichen Freizügigkeiten zu reformieren,[596] erledigt haben. Auch ist es weder aus unionsrechtlichen noch aus verfassungsrechtlichen Gründen erforderlich, Arbeitnehmer im EU-Ausland einschließlich derjenigen, die bei Auslandstochtergesellschaften beschäftigt sind, bei der Bemessung der Arbeitnehmerschwellenzahlen der Mitbestimmungsregelungen zu berücksichtigen.[597]

---

[590] KG NZG 2015, 1311. Abl. dazu *Heuschmid/Ulber* NZG 2016, 102 f.

[591] S. zur SE Art. 4 Abs. 2 lit. g Beteiligungs-RL mit Anh. 3, § 36 SEBG (zur Mitbestimmung in der SE eingehend → SEBG Vor § 1 Rn. 12 ff.; → SEBG Vor § 1 Rn. 32 ff.), zur grenzüberschreitenden Verschmelzung Art. 133 Abs. 2 lit. b, Abs. 3 GesR-RL iVm Art. 4 Abs. 2 lit. g Beteiligungs-RL und Anh. Teil 3, § 25 MgVG.

[592] *Hellwig/Behme* AG 2009, 261 (263) ff.; *Hellwig/Behme* ZIP 2010, 871 ff.; *Hellwig/Behme* AG 2015, 333 (336 ff.); *Habersack* AG 2007, 641 (648); *Habersack* AG 2009, 1 (2); *Habersack* ZIP 2009, Beil. zu Heft 48, 1 (3 f.); *Henssler* RdA 2005, 330 (331); *Henssler* GS Heinze, 2005, 333 (342); *Müller-Graff* EWS 2009, 489 (497); *Rieble/Latzel* EuZA 2011, 144 (166 ff.); *Roth* ZGR 2012, 343 (375); s. auch Report of the Reflection Group on the Future of EU Company Law vom 5.4.2011, S. 53 f.; *Sandrock* AG 2004, 57 (66); *Schwark* AG 2004, 173 (174); *Wansleben* NZG 2014, 213; aA LG München I ZIP 2015, 1929; LG Berlin DB 2015, 1588 (1589 ff.); *Landau* NZG 2014, 209; *Heuschmid/Ulber* NZG 2016, 102 (103 ff.); *Krause* AG 2012, 485 (489 f., 492 ff.); *Seibt* DB 2015, 912 (914); *Teichmann* ZIP 2009, Beil. zu Heft 48, 10 (11 f.), der jedoch konzediert, dass die deutsche Regelung des passiven Wahlrechts aus unionsrechtlichen Gründen der Korrektur bedarf (*Teichmann* ZIP 2009, Beil. zu Heft 48, 12 Fn. 25); gegen die Folgerung einer Unanwendbarkeit des geltenden deutschen Mitbestimmungsrecht (so namentlich *Hellwig/Behme* AG 2009, 261 (270 f.); *Hellwig/Behme* ZIP 2010, 871 (872 f.); *Hellwig/Behme* FS Hommelhoff, 2012, 343 (355); *Hellwig/Behme* AG 2015, 333 (337)); *Teichmann* ZIP 2010, 874 ff.; *Heuschmid/Ulber* NZG 2016, 102 (104 f.). Das OLG Zweibrücken (NZG 2014, 740 mAnm *Fischer* NZG 2014, 737) hat die Frage der Unionswidrigkeit einer Beschränkung des Wahlrechts auf inländische Arbeitnehmer aus verfahrensrechtlichen Gründen offen gelassen, jedoch anders als das KG in seiner Vorlage an den EuGH (NZG 2015, 1311) obiter die Möglichkeit einer unionsrechtskonformen Auslegung von § 7 MitbestG bejaht.

[593] Die Diskriminierung von Arbeitnehmern in anderen Mitgliedstaaten ist auch in EU-ausländischen Mitbestimmungsgesetzen festzustellen, worauf nicht zuletzt die Regelungen in Art. 133 Abs. 2 lit. b, Abs. 5 GesR-RL (s. auch § 5 Nr. 3 MgVG) beruhen (vgl. *Brandes* ZIP 2008, 2193 (2195) f.).

[594] Zu verneinen ist ein Verstoß gegen die VO (EWG) 1612/68 betr. Kollektivvertretungen, deren Art. 8 Abs. 1 nicht die Unternehmensmitbestimmung betrifft (s. *Hellwig/Behme* AG 2009, 261 (264); aA *Birk* RIW 1989, 6 (12)). Auch Bedenken aus dem Aspekt der Kapitalverkehrsfreiheit (so *Meilicke* GmbHR 2003, 793 (805); *Hirte* in *Hirte/Bücker* Grenzüberschreitende Gesellschaften-HdB § 1 Rn. 51) sind unbegründet; näher *Hellwig/Behme* AG 2009, 261 (270); *Krause* AG 2012, 485 (496). Gleiches gilt für den Einwand, die ausschließliche Repräsentation inländischer Arbeitnehmer beschränke die Niederlassungsfreiheit der mitbestimmten Gesellschaft, wenn und weil die Standortverlagerung in das EU-Ausland – insbes. bei qualifizierten Zustimmungserfordernissen – an dem Widerstand der Arbeitnehmervertreter scheitern könne; zutr. *Krause* AG 2012, 485 (496); *Krause* ZIP 2015, 636 (637); insoweit aA *Hellwig/Behme* AG 2009, 261 (270); *Wansleben* NZG 2014, 213 (215). Dass eine mitbestimmte deutsche Gesellschaft sich aufgrund der Mitbestimmungsregelungen im Einzelfall nicht zu einem Standortwechsel zu entschließen vermag, kann nicht als „Behinderung" der Wegzugsfreiheit qualifiziert werden.

[595] EuGH (Große Kammer) NJW 2017, 2603 – TUI/Erzberger in Übereinstimmung mit den Schlussanträgen des GAs *Saugmandsgaard Øe* NZG 2017, 703; nachgehend KG NZG 2018, 458; OLG München FGPrax 2018, 119; ferner LG München BeckRS 2018, 6967; LG Hamburg BeckRS 2018, 1650.

[596] S. den Entwurf des Arbeitskreises „Unternehmerische Mitbestimmung" (*Bachmann/Baums/Habersack/Henssler/Lutter/Oetker/Ulmer*) ZIP 2009, 885; weitere Ansätze bei *Hellwig/Behme* AG 2009, 261 (266 ff.); *Habersack* ZIP 2009, Beil. zu Heft 48, 1 (3 f.); s. auch *Raiser* Gutachten B für den 66. DJT 2006, 67 ff. (93 ff.).

[597] S. mwN OLG Frankfurt BeckRS 2018, 9729 und LG Frankfurt NZG 2018, 587 (Vorinstanz); LG Stuttgart BeckRS 2018, 5145; LG Hamburg BeckRS 2018, 1655 und LG Hamburg NZA-RR 2018

627 Hierzulande ist die unternehmerische Mitbestimmung der Arbeitnehmer Gegenstand einer fortwährenden **rechtspolitischen Kontroverse**.[598] Innerhalb der EU gibt es kein einheitliches Verständnis von Umfang und Inhalt einer derartigen Arbeitnehmerbeteiligung.[599] Alle Bemühungen zu einer Angleichung des Mitbestimmungsrechts sind bisher gescheitert. Namentlich die paritätische Mitbestimmung ist eine deutsche Besonderheit,[600] die sich im europäischen Ausland nicht durchsetzen konnte.[601] So ist eine unternehmerische Mitbestimmung etwa in Belgien, Griechenland, Großbritannien, Irland, Italien, Portugal und Spanien unbekannt. Die unterschiedlichen Mitbestimmungsstrukturen stellen sich seit jeher als erhebliches Hindernis auf dem Weg zu einer Harmonisierung des Gesellschaftsrechts im Binnenmarkt dar.[602]

628 **b) Anwendung der Unternehmensmitbestimmung auf Auslandsgesellschaften. aa) Herkömmliche Betrachtungsweise („Sitztheorie")**. Da das deutsche Recht der Unternehmensmitbestimmung in die Organisationsverfassung der betroffenen Kapitalgesellschaften eingreift, gehört es nach einhelliger Ansicht kollisionsrechtlich zum **Gesellschaftsstatut**,[603] das nach der **herkömmlichen Ansicht einheitlich** nach der **Sitztheorie** (→ Rn. 201 ff.) bestimmt werden sollte. Darüber hinaus wird seit jeher geltend gemacht, dass die unternehmerische Mitbestimmung als Teil der deutschen Sozialordnung **territorial auf das Inland beschränkt** bleiben müsse.[604]

629 Da Auslandsgesellschaften mit tatsächlichem Inlandssitz bei Anwendung der Sitztheorie bereits nicht anerkannt werden (→ Rn. 206), drohte die unternehmerische Mitbestimmung auf dieser Grundlage allenfalls dann leer zu laufen, wenn eine ausländische Kapitalgesellschaft trotz ihres tatsächlichen Auslandssitzes eine die relevanten Schwellenwerte überschreitende Zahl von Arbeitnehmern in unselbständigen und daher mitbestimmungsfreien inländischen Zweigniederlassungen beschäftigte.[605] Für diesen Fall wurde zur Sicherung der Mitbestim-

---

Rn. 22 ff.; LG Dortmund NZG 2018, 468 und LG Dortmund BeckRS 2018, 2623. Ferner *Hellwig/Behme* AG 2009, 261 (276 f.), auch unter Hinweis auf Art. 16 Abs. 5 Kapitalgesellschaften-Verschmelzungs-RL (heute Art. 133 Abs. 5 GesR-RL, → Rn. 8); *Hellwig/Behme* AG 2015, 333 (339 f.); *Bungert/Leyendecker-Langner* DB 2014, 2031; *Krause* ZIP 2015, 636; *Wansleben* EWiR 2015, 105 (106); *Wansleben* EWiR 2015, 245 (246)); aA *Behme* AG 2018, 1 (19).

[598] Dazu etwa *Ulmer* ZHR 166 (2002), 271; *Schiessl* AG 2002, 593 (595 ff.); *Schiessl* ZHR 167 (2003), 235; *Sandrock* BB 2002, 1601 (1602); *Sandrock* ZVglRWiss 102 (2003), 447 (490 ff.); *Sandrock* AG 2004, 57 (60 ff.); *Veit/Wichert* AG 2004, 14 (17 f.); *v. Hase* BuW 2003, 944 (948); *Paefgen* DB 2003, 487 (492); *Kübler* FS Döser, 1999, 237; *Raiser* FS Kübler, 1997, 477 (487 ff.); *Hopt* FS Everling, 1995, 475.

[599] S. den Überblick über die „Mitbestimmung in Europa" auf der Internetseite der Hans Böckler Stiftung (www.boeckler.de); ferner die Untersuchung von *Cauchon*, Die Mitsprache der Arbeitnehmer in der Corporate Governance, ETUI Bericht 135, 2015. Ferner *Ebke* JZ 2003, 927 (931); *Ulmer* JZ 1999, 662 (663); vgl. auch *Hammen* WM 1999, 2487 (2495).

[600] Rechtsvergleichender Überblick in dem Bericht der Kommission Mitbestimmung von BDA und BDI, Nov. 2004, S. 10 ff. und im Bericht der von der BReg eingesetzten Kommission zur Modernisierung der deutschen Unternehmensmitbestimmung, Dez. 2006, S. 28 ff.; s. ferner *Schwark* AG 2004, 173 (174); *Ulmer* ZHR 166 (2002), 271 (272); *Schiessl* ZHR 167 (2003), 235 (237, 254).

[601] Vgl. auch LG Stuttgart BB 1993, 1541 (1543); *Rehberg* in Eidenmüller, Ausländische Kapitalgesellschaften im deutschen Recht, 2004, § 6 Rn. 175; *Kersting/Schindler* RdW 2003, 621 (624); *Sigle* FS Peltzer, 2001, 539 (552).

[602] Vgl. *Hanau* S. 28 f.; *Hopt* FS Everling, 1995, 475 (485); *Kübler* FS Döser, 1999, 237 (243 f.); *Horn* NJW 2004, 893 (899 f.); *Schwark* AG 2004, 173 (174, 176); *Sigle* FS Peltzer, 2001, 539 (552); *Raiser* FS Kübler, 1997, 477 (490); *Rehberg* in Eidenmüller, Ausländische Kapitalgesellschaften im deutschen Recht, 2004, § 6 Rn. 8, 17. S. auch die Begr. zum Vorschlag einer Fünften RL idF der Ersten Änderung, ABl. 1983 C 240, 4; ferner LG Stuttgart BB 1993, 1541 (1543).

[603] S. statt aller BGH NJW 1982, 933 (934); LG Düsseldorf DB 1979, 1451; *Bayer* BB 2004, 1 (4); *Bayer* AG 2004, 534 (535); *Eberspächer* ZIP 2008, 1951; *Franzen* RdA 2004, 257 (258 ff., 262 ff.); *Horn* NJW 2004, 893 (900); MüKoBGB/*Kindler* IntGesR Rn. 578; *Rehberg* in Eidenmüller, Ausländische Kapitalgesellschaften im deutschen Recht, 2004, § 6 Rn. 4; Staudinger/*Großfeld* IntGesR Rn. 510; MHdB ArbR/*Oetker* § 13 Rn. 168 und MHdB ArbR/*Uffmann* § 368 Rn. 10; aA – soweit ersichtlich – *Zimmer* IntGesR S. 146 ff., 150: Anknüpfung an die Betriebsstätte; s. aber danach *Zimmer* NJW 2003, 3585 (3589) (Gesellschaftsstatut).

[604] Vgl. LG Düsseldorf DB 1979, 1451 (1451 f.); LG Stuttgart BB 1993, 1541 (1542).

[605] Die von der Bundesregierung eingesetzte *Kommission zur Modernisierung der deutschen Unternehmensmitbestimmung* (→ Rn. 639) berichtete im Dezember 2006 von sechs Auslandskapitalgesellschaften, die inländische Zweigniederlassungen mit mehr als 500 Arbeitnehmern unterhielten, sowie von neun Fällen, in denen eine

mung verbreitet ein **Umwandlungszwang** befürwortet und angenommen, dass die inländischen Zweigniederlassungen in eine mitbestimmungspflichtige Tochtergesellschaft deutschen Rechts umzuwandeln seien.[606] Aus demselben Grund sollte es ausländischen Konzernmüttern umgekehrt untersagt sein, eine mitbestimmungspflichtige Tochtergesellschaft in eine Zweigniederlassung zu überführen (→ Rn. 646).[607]

bb) Meinungsstand nach (Teil-)Aufgabe der Sitztheorie. Seitdem aufgrund der "Überseering"-Entscheidung des EuGH[608] feststeht, dass die Nichterkennung EU-ausländischer Gesellschaften mit tatsächlichem Sitz im Inland gegen die Niederlassungsfreiheit verstößt (→ Rn. 234 ff.), ist umstritten, ob und mit welchen Maßgaben die unternehmerische Mitbestimmung auf **Auslandsgesellschaften** angewendet werden kann. Im Wesentlichen lassen sich in der aktuellen Diskussion **drei große Strömungen** ausmachen.

(1) Anwendung der Unternehmensmitbestimmung de lege lata. Manche Autoren halten bereits de lege lata die Anwendung des deutschen Mitbestimmungsrechts in seiner gegenwärtigen Gestalt für möglich. Dogmatisch wird die Anwendung der deutschen Unternehmensmitbestimmung vereinzelt unter Berufung auf den ordre public-Vorbehalt (Art. 6 EGBGB),[609] überwiegend hingegen damit begründet, dass die mitbestimmungsrechtlichen Vorschriften grundlegende sozialpolitische Ordnungsvorstellungen der Bundesrepublik verwirklichten und daher einer **Sonderanknüpfung als international zwingendes Eingriffsrecht** zugänglich seien.[610] Als Beleg für die Möglichkeit, die Mitbestimmung an ausländische Organisationsverfassungen anzupassen, wird namentlich das Beispiel der mitbestimmten GmbH angeführt.[611]

Auch die Vertreter dieser Lehre leugnen freilich nicht, dass eine Sonderanknüpfung des deutschen Mitbestimmungsrechts die **Niederlassungsfreiheit** europäischer Auslandsgesellschaften beschränkt. Nach ihrer Ansicht ist das Mitbestimmungsinteresse der inländischen Arbeitnehmer jedoch als zwingendes Allgemeininteresse anzuerkennen und die Erstreckung des Mitbestimmungsrechts auf Auslandsgesellschaften mit tatsächlichem Inlandssitz zum Schutz dieses Interesses geeignet und erforderlich.[612]

(2) Unanwendbarkeit der Unternehmensmitbestimmung de lege lata. Nach ganz hM scheidet eine Anwendung der geltenden unternehmerischen Mitbestimmung auf

---

Auslandskapitalgesellschaft als persönlich haftende Gesellschafterin einer deutschen Personenhandelsgesellschaft mit mehr als 2000 Mitarbeitern fungierte (s. Bericht der Kommission S. 36, abrufbar unter www.bundesregierung.de).

[606] Vgl. *Beitzke* DB 1958, 224 (225); *Däubler* RabelsZ 39 (1975), 444 (475); Staudinger/*Großfeld* IntGesR Rn. 518 ff.; *Großfeld/Erlinghagen* JZ 1993, 217 (222 f.); vgl. auch *Vischer* FS Mann, 1977, 639 (649 f.); ferner *Großfeld*, Internationales und Europäisches Unternehmensrecht, 1995, 130. S. auch noch *W.-H. Roth* IPRax 2003, 117 (125); *W.-H. Roth* GS Heinze, 2005, 709 (727 f.).

[607] So *Großfeld/Erlinghagen* JZ 1993, 217 (223); Staudinger/*Großfeld* IntGesR Rn. 522.

[608] EuGH Slg. 2002, I-9919 = NJW 2002, 3614 – Überseering.

[609] S. noch Staudinger/*Großfeld* IntGesR Rn. 222, 510, der allerdings zugleich auf eine Anknüpfung als zwingendes Eingriffsrecht rekurriert; s. zuvor auch *Birk* RabelsZ 46 (1982), 384 (388 f.); *Großfeld/Erlinghagen* JZ 1993, 217 (222); wN bei *Sandrock* AG 2004, 57 (58).

[610] *Franzen* RdA 2004, 257 (259 ff., 262 ff.) (vorbehaltlich eines gleichwertigen oder vergleichbaren Mitbestimmungsrechts des Gründungsstaates oder aufgrund einer Mitbestimmungsvereinbarung); *Großerichter* DStR 2003, 159 (168 f.); *v. Halen* WM 2003, 571 (577); *v. Halen* Centros-Entscheidung S. 250 ff.; MüKoBGB/*Kindler* IntGesR Rn. 568 ff., 575 (Verwaltungssitzanknüpfung bzw. Sonderanknüpfung als Eingriffsrecht); MüKoGmbHG/*Weller* GmbHG Einl. Rn. 475 ff.; wohl auch *Forsthoff* DB 2000, 1109 (1114); *Hirsch/Britain* NZG 2003, 1100 (1103) (zudem für eine Anwendung unter dem Aspekt des Umgehungs- und Missbrauchsverbots). Für eine Einordnung als zwingendes Eingriffsrecht grundsätzlich auch *Rehberg* in Eidenmüller, Ausländische Kapitalgesellschaften im deutschen Recht, 2004, § 6 Rn. 111 ff., der aber in Rn. 117 ff. iErg den internationalen Geltungswillen des deutschen Mitbestimmungsrechts verneint. Vgl. auch bereits *Knobbe-Keuk* ZHR 154 (1990), 325 (348 f.).

[611] S. *Franzen* RdA 2004, 257 (261); MüKoBGB/*Kindler* IntGesR Rn. 576; s. auch, wenngleich eine Anwendung de lege lata verneinend, *Zimmer* BB 2000, 1361 (1366); *Rehberg* in Eidenmüller, Ausländische Kapitalgesellschaften im deutschen Recht, 2004, § 6 Rn. 86.

[612] *Franzen* RdA 2004, 257 (262 ff.); MüKoBGB/*Kindler* IntGesR Rn. 574 ff.; MüKoGmbHG/*Weller* GmbHG Einl. Rn. 476 ff.

Scheinauslandsgesellschaften aus (→ MitbestG § 1 Rn. 7).[613] **Kollisionsrechtlich** wird unter Hinweis auf die rechtspolitische Kontroverse über die Unternehmensmitbestimmung und das unionsrechtliche Gebot, EU-ausländische Modelle der Arbeitnehmerbeteiligung als gleichwertig zu achten,[614] bereits bestritten, dass die deutsche Mitbestimmung im Aufsichtsrat zum inländischen ordre public oder zu den international zwingenden Eingriffsnormen gehöre.[615] Aus diesen Gründen soll auch für eine **Auslandsgesellschaft & Co. KG** die deutsche Unternehmensmitbestimmung keine Anwendung finden, auch wenn die Komplementärin ihren tatsächlichen Sitz im Inland hat (→ MitbestG § 1 Rn. 7).[616]

634 Letztlich stehen jedoch auch hinsichtlich der Unternehmensmitbestimmung die **unionsrechtlichen Bedenken** im Vordergrund. Die Unternehmensmitbestimmung ist nach hM nicht lediglich eine tätigkeitsbezogene Standortbedingung, sondern ein schwerwiegender, wenngleich nicht diskriminierender[617] **Eingriff** in die innere Organisation und damit in die Niederlassungsfreiheit EU-ausländischer Gesellschaften (vgl. die Nachweise in → Rn. 633).

635 Die Möglichkeit einer **Rechtfertigung** wird auf jeder Ebene der Rechtfertigungsprüfung **abgelehnt**. Zunächst wird verbreitet bereits in Abrede gestellt, dass die **Mitbestimmungsinteressen als Rechtfertigungsgrund** in Betracht kämen, da die Unternehmensmitbestimmung rechtspolitisch heftig umstritten sei.[618] Ferner wird geltend gemacht, dass die Mitbestimmungsregelung die Mitbestimmungsinteressen schon nach geltendem Recht nicht konsequent verfolge[619] und keinen konkreten Interessenschutz

---

[613] *Bayer* AG 2004, 534 (535); *Behme* ZIP 2008, 351 (354 ff.); *Binz/Mayer* GmbHR 2003, 249 (257); *Eberspächer* ZIP 2008, 1951; *Ebke* JZ 2003, 927 (931); *Eidenmüller* ZIP 2002, 2233 (2242); *Eidenmüller* JZ 2004, 24 (29); *Eidenmüller/Rehm* ZGR 2004, 159 (185); *Forsthoff* DB 2002, 2471 (2477); *Geyrhalter/Gänßler* NZG 2003, 409 (412); *Götz* Konzern 2004, 449 (453 f.); *Götze/Winzer/Arnold* ZIP 2009, 245 (248); *Habersack* AG 2007, 641 (644 f.); *Hammen* WM 1999, 2487 (2494 f.); *Horn* NJW 2004, 893 (900); *Henssler* RdA 2005, 330 (331 ff.); *Junker* NJW 2004, 728 (729 f.); *Kersting/Schindler* RdW 2003, 621 (624); *Müller-Bonanni* GmbHR 2003, 1235 (1237 f.); *Müller-Bonanni* in Hirte/Bücker Grenzüberschreitende Gesellschaften-HdB § 14 Rn. 17 ff.; *Paefgen* DB 2003, 487 (491 f.); *Riegger* ZGR 2004, 510 (518 f.); *Sandrock* BB 2003, 2588 (2589); *Sandrock* ZVglRWiss 102 (2003), 447 (495 f.); *Sandrock* AG 2004, 57 (62 f., 66); *Schanze/Jüttner* AG 2003, 661 (668); *Schießl* ZHR 167 (2003), 235 (256); *Schwark* AG 2004, 173 (178); *Thüsing* ZIP 2004, 381 (382); *Veit/Wichert* AG 2004, 14 (17); *Wachter* GmbHR 2004, 88 (92); *Weiss/Seifert* ZGR 2009, 542 (546); *Wisskirchen/Bissels/Dannhorn* DB 2007, 2258 (2260 f.); *Ziemons* ZIP 2003, 1913 (1917 f.); *Zimmer* NJW 2003, 3585 (3590); *Zimmer* in Lutter, Europäische Auslandsgesellschaften S. 365, 369 ff.; *Bartsch* S. 136 ff.; *Kisker* S. 155 ff.; ErfK/*Oetker* § 1 MitbestG Rn. 2, 5, Vor DrittelbG Rn. 3; *Habersack/Verse* EuropGesR § 3 Rn. 29; Hüffer/*Koch/Koch* AktG § 1 Rn. 48; Großkomm HGB/*Koch* HGB § 13d Rn. 33; MHLS/*Leible* GmbHG Syst. Darst. 2 Rn. 170; MHdB ArbR/*Oetker* § 13 Rn. 168 und MHdB ArbR/*Uffmann* § 368 Rn. 10, § 370 Rn. 1; Palandt/*Thorn* EGBGB Anh. Art. 12 Rn. 6, 16; *Spahlinger/Wegen/Spahlinger/Wegen* Kap. Rn. 301 ff.; HH/*Habersack* Einl. MitbestG Rn. 35, 42 f., § 1 MitbestG Rn. 6 ff., 8a, § 1 DrittelbG Rn. 5; vgl. auch *Windbichler* AG 2004, 190 (191); *Windbichler/Bachmann* FS Bezzenberger, 2000, 799 (803 ff.).

[614] S. insbes. *Sandrock* AG 2004, 57 (62 f.); *Schwark* AG 2004, 173 (175, 178).

[615] S. etwa *Behme* ZIP 2008, 351 (354 f.); *Riegger* ZGR 2004, 510 (518 ff.); *Sandrock* AG 2004, 57 (62 ff.); *Müller-Bonanni* in Hirte/Bücker Grenzüberschreitende Gesellschaften-HdB § 14 Rn. 18.

[616] *Rehberg* in Eidenmüller, Ausländische Kapitalgesellschaften im deutschen Recht, 2004, § 6 Rn. 145 f.; *Binz/Mayer* GmbHR 2003, 249 (249 f., 257); *Götze/Winzer/Arnold* ZIP 2009, 245 (250); *Habersack* AG 2007, 641 (644); HH/*Habersack* § 4 MitbestG Rn. 11; s. ferner schon *Sigle* FS Peltzer, 2001, 539 (552).

[617] Die besonderen Schwierigkeiten einer Übertragung der Mitbestimmung auf Auslandsgesellschaften, insbes. auf solche mit monistischer Struktur, betonen unter dem Aspekt des Diskriminierungsverbots aber *Eberspächer* ZIP 2008, 1951 (1953 f.); *Hammen* WM 1999, 2487 (2494); *Kersting/Schindler* RdW 2003, 621 (624); *Thüsing* ZIP 2004, 381 (384); *Zimmer* GS Heinze, 2005, 1123 (1130 f.); *Zimmer* in Lutter Auslandsgesellschaften S. 365 (372 ff.). Die hM geht hingegen davon aus, dass sich auch in monistisch strukturierten Gesellschaften zumindest eine Diskriminierung vermeiden lasse, wenn diesen die Bildung eines Aufsichtsrats auferlegt werde, s. statt aller *Franzen* RdA 2004, 257 (262); *Weiss/Seifert* ZGR 2009, 542 (558 ff.); s. auch *Bayer* Rechtsgutachten 10 ff., 30 f.; *Bayer* AG 534, 535 ff. (538); ferner *Rehberg* in Eidenmüller, Ausländische Kapitalgesellschaften im deutschen Recht, 2004, § 6 Rn. 33 ff.

[618] *Drygala* EWiR 2003, 1029 (1030); *Götz* Konzern 2004, 449 (453); *Kersting/Schindler* RdW 2003, 621 (624); *Paefgen* DB 2003, 487 (492); *Veit/Wichert* AG 2004, 14 (17 f.); *Sandrock* BB 2003, 2588 (2589); *Sandrock* ZVglRWiss 102 (2003), 447 (490); *Sandrock* AG 2004, 57 (59 ff.); Hüffer/*Koch/Koch* AktG § 1 Rn. 48.

[619] So unter Hinweis auf die Rechtsformbezogenheit *Forsthoff* DB 2002, 2471 (2477); *Schwark* AG 2004, 173 (178) (Diskriminierung); *Müller-Bonanni* in Hirte/Bücker Grenzüberschreitende Gesellschaften-HdB § 14 Rn. 22; mit Blick auf die Schwellenwerte *Ziemons* ZIP 2003, 1913 (1917 f.); zu beiden Aspekten auch

bewirke,⁶²⁰ sodass es auch an der **Geeignetheit** des Eingriffs fehle. Schließlich wird die **Erforderlichkeit** einer unternehmerischen Mitbestimmung unter Hinweis darauf verneint, dass schon die betriebliche Mitbestimmung den Arbeitnehmern hinreichende Beteiligungsrechte gewähre.⁶²¹ Insbesondere bei Unternehmen mit monistischer Struktur führe eine Übertragung der Unternehmensmitbestimmung zu unverhältnismäßigen rechtspraktischen Schwierigkeiten.⁶²² An der Erforderlichkeit fehle es schließlich immer dann, wenn schon das EU-ausländische Recht den Mitbestimmungsinteressen, wenn auch auf andere Weise und mit geringerer Intensität, Rechnung trage.⁶²³

(3) Anwendung der Unternehmensmitbestimmung de lege ferenda. Eine verbreitete Ansicht geht davon aus, dass zumindest de lege ferenda eine unionsrechtskonforme Einbeziehung von Auslandsgesellschaften in die Regelung der unternehmerischen Mitbestimmung möglich sei. Die Vorstellungen, wie eine derartige Lösung auszusehen habe, gehen indes weit auseinander. Einige Autoren halten es mit Unterschieden im Einzelnen für möglich, die **geltende Mitbestimmungsregelung** deutschen Rechts auf vergleichbare Auslandsgesellschaften zu **erweitern.**⁶²⁴ Eine gleichwertige oder zumindest annähernd vergleichbare Mitbestimmungsregelung des Gründungsstaates soll jedoch Vorrang genießen.⁶²⁵ Darüber hinaus halten zahlreiche Autoren es schließlich unter dem unionsrechtlichen Aspekt der Erforderlichkeit für zulässig, aber auch geboten, das Mitbestimmungsregime in Anlehnung an die für die SE (SEBG), die SCE (SCEBG) und die

636

Eidenmüller ZIP 2002, 2233 (2242); *Riegger* ZGR 2004, 510 (519 ff.); *Veit/Wichert* AG 2004, 14 (17); *Hüffer/Koch/Koch* AktG § 1 Rn. 48; Großkomm HGB/*Koch* HGB § 13d Rn. 33; ferner MHLS/*Leible* GmbHG Syst. Darst. 2 Rn. 170.

⁶²⁰ *Behme* ZIP 2008, 351 (356); *Eidenmüller* ZIP 2002, 2233 (2242); *Hellwig/Behme* AG 2009, 261 (269); *Veit/Wichert* AG 2004, 14 (17); *Binz/Mayer* GmbHR 2003, 249 (257); *Kersting/Schindler* RdW 2003, 621 (624); ferner *Sandrock* AG 2004, 57 (66) unter Hinweis auf den diskriminierenden Ausschluss der Arbeitnehmer in anderen Mitgliedstaaten von dem aktiven und passiven Wahlrecht. Die Geeignetheit einer Mitbestimmungserstreckung bejahend etwa *Eidenmüller/Rehm* ZGR 2004, 159 (185); *Weiss/Seifert* ZGR 2009, 542 (562).

⁶²¹ *Behme* ZIP 2008, 351 (356); *Eberspächer* ZIP 2008, 1951 (1955); *Eidenmüller* ZIP 2002, 2233 (2242); *Eidenmüller* JZ 2004, 24 (29); *Eidenmüller/Rehm* ZGR 2004, 159 (185); *Forsthoff* DB 2002, 2471 (2477); *Götz* Konzern 2004, 449 (454); *Lieder/Kliebisch* BB 2009, 338 (342); *Meilicke* GmbHR 2000, 693; *Müller-Bonanni* GmbHR 2003, 1235 (1238); Müller-Bonanni in Hirte/Bücker Grenzüberschreitende Gesellschaften-HdB § 14 Rn. 22; *Paefgen* DB 2003, 487 (492); *Veit/Wichert* AG 2004, 14 (17).

⁶²² *Eidenmüller* ZIP 2002, 2233 (2242); *Horn* NJW 2004, 893 (900); *Kamp* BB 2004, 1496 (1499); *Lieder/Kliebisch* BB 2009, 338 (342); *Müller-Bonanni* GmbHR 2003, 1235 (1237 f.); Müller-Bonanni in Hirte/Bücker Grenzüberschreitende Gesellschaften-HdB § 14 Rn. 22; *Paefgen* DB 2003, 487 (491); *Sandrock* AG 2004, 57 (62 f., 66); *Veit/Wichert* AG 2004, 14 (18); ErfK/*Oetker* § 1 MitbestG Rn. 5; s. insoweit *Zimmer* in Lutter Auslandsgesellschaften S. 365 (371 ff.); *Zimmer* GS Heinze, 2005, 1123 (1129); diff. hingegen *Thüsing* ZIP 2004, 381 (383, 402 f.).

⁶²³ *Eberspächer* ZIP 2008, 1951 (1954 ff.); *Eidenmüller* JZ 2004, 24 (29); *Eidenmüller/Rehm* ZGR 2004, 159 (185); *Riegger* ZGR 2004, 510 (519); MHLS/*Leible* GmbHG Syst. Darst. 2 Rn. 170; s. auch *Franzen* RdA 2004, 257 (263), der aber verlangt, dass die Regelungen im Wesentlichen (autonome Bestimmung und Gleichberechtigung der Arbeitnehmervertreter im Aufsichtsorgan und zumindest Vertretung in angemessener, nicht unbedingt paritätischer Zahl) gleichwertig sind; eingehend in diesem Sinne auch *Weiss/Seifert* ZGR 2009, 542 (569 ff., 579).

⁶²⁴ Vgl. *Bayer* Rechtsgutachten S. 10 ff., 29 ff. und *Bayer* AG 2004, 534 (535 ff., 538) (der dafür plädiert, die Anwendbarkeit eines zu schaffenden Mitbestimmungsregimes von der Anknüpfung an den inländischen Verwaltungssitz zu lösen); *Seyboth* AuR 2008, 132 (135 f.); *Thüsing* ZIP 2004, 381 (382 ff., 387 f.); *Weiss/Seifert* ZGR 2009, 542 (569 ff.); Müller-Bonanni in Hirte/Bücker Grenzüberschreitende Gesellschaften-HdB § 14 Rn. 24 f.; *Rehberg* in Eidenmüller, Ausländische Kapitalgesellschaften im deutschen Recht, 2004, § 6 Rn. 14 ff., 31 ff., 65, 99 ff., 104 ff. Ohne nähere Konkretisierung auch *Kamp* BB 2004, 1496 (1499 f.); *Kieninger* ZGR 1999, 724 (744 f.); *Kindler* NJW 2003, 1073 (1079) (für Anwendung de lege lata MüKoBGB/*Kindler* IntGesR Rn. 569 ff., 575); *Müller-Graff* EWS 2009, 489 (497); s. auch *Altmeppen/Wilhelm* DB 2004, 1083 (1089); HH/*Habersack* § 1 MitbestG Rn. 8a.

⁶²⁵ In diesem Sinne *Seyboth* AuR 2008, 132 (135 f.); *Thüsing* ZIP 2004, 381 (382 ff., 387 f.); *Weiss/Seifert* ZGR 2009, 542 (569 ff., 571 f., 579); bereits de lege lata ebenso *Franzen* RdA 2004, 257 (259 ff., 263); ferner, allerdings nicht eindeutig für eine Vorrangigkeit ausländischer Mitbestimmungsregelungen, *Bayer* Rechtsgutachten S. 10 ff., 31 ff.; *Bayer* AG 534, (535 ff., 538). Für eine generelle Vorrangigkeit einer ausländischen Mitbestimmungsregelung auch, allerdings wohl nur im Falle echter Zweigniederlassungen, MüKoBGB/*Kindler* IntGesR Rn. 583.

grenzüberschreitende Verschmelzung (MgVG)[626] entwickelten **Verhandlungslösungen**[627] dispositiv auszugestalten.[628]

637 Eine starke Auffassung hält demgegenüber aus den genannten Gründen (→ Rn. 633 ff.) auch eine derartige **Mitbestimmungserstreckung,** insbesondere die unilaterale Einführung einer Verhandlungslösung nach dem Vorbild des europäischen Sekundärrechts, für **ausgeschlossen.**[629]

638 Schließlich finden sich Überlegungen, die Arbeitnehmerpartizipation vollständig von der bisherigen gesellschaftsrechtlichen Verankerung abzukoppeln und ein **gesondertes Verhandlungs- und Beratungsgremium** zu implementieren.[630]

639 Bisher hat der **Gesetzgeber** die ihm unterbreiteten **Vorschläge nicht aufgegriffen.** Die von der Bundesregierung im Juli 2005 eingesetzte Kommission zur Modernisierung der deutschen Unternehmensmitbestimmung hat in ihrem im Dezember 2006 veröffentlichten Bericht davon abgesehen, eine Empfehlung zur Frage der Mitbestimmungserstreckung auszusprechen.[631] Der **RefE zum Internationalen Gesellschaftsrecht** (→ Rn. 218 f.) wies zwar Fragen der Organisationsverfassung dem Gesellschaftsstatut zu, das mittels der Gründungsanknüpfung bestimmt werden soll (Art. 10 Abs. 2 Nr. 4 EGBGB-E). Nach der Begr. sollten die Fragen der Arbeitnehmermitbestimmung hierdurch aber nicht präjudiziert werden (→ Rn. 218).[632] Gegenwärtig ist eine Reform der Unternehmensmitbestimmung zur Einbeziehung ausländischer Rechtsformen (noch) nicht in Sicht.[633]

640 cc) **Stellungnahme. De lege lata** ist der ganz hM im Ergebnis darin zuzustimmen, dass eine Anwendung der deutschen Unternehmensmitbestimmung auf Auslandsgesellschaften mit tatsächlichem Inlandssitz ausscheidet. **Kollisionsrechtlich** könnte die Anwendung des deutschen Mitbestimmungsrechts auf Auslandsgesellschaften nur mit einer **gesell-**

---

[626] Eine wesentliche Einschränkung erfährt die Verhandlungslösung im Zusammenhang mit der grenzüberschreitenden Verschmelzung aber dadurch, dass die beteiligten Unternehmen einseitig für die sofortige Anwendung der gesetzlichen Auffanglösung optieren können (§ 23 Abs. 1 S. 1 Nr. 3 MgVG); vgl. dazu *Habersack* ZHR 171 (2007), 613.
[627] S. etwa den Gesetzesentwurf des Arbeitskreises „Unternehmerische Mitbestimmung" *(Bachmann/Baums/Habersack/Henssler/Lutter/Oetker/Ulmer)* ZIP 2009, 885; dazu *Teichmann* ZIP 2009, 1787; *Hommelhoff* ZGR 2010, 48 ff.; krit. hinsichtlich der Einbeziehung ausländischer Belegschaften unter dem Aspekt des Territorialitätsprinzips *Hellwig/Behme* ZIP 2009, 1791.
[628] Vgl. *Gentz,* Verhandlungen des 66. DJT, 2006, M 42 f.; *Henssler* GS Heinze, 2005, 333 (347, 353 ff.); *Raiser,* Gutachten B für den 66. DJT, 2006, 109 ff.; *Schanze/Jüttner* AG 2003, 30 (35 f.) und *Schanze/Jüttner* AG 2003, 661 (668); *Teichmann* AG 2008, 797 (798); *Teichmann* ZGR 2011, 639 (673 f.); *Kisker* S. 170 ff., 224 ff., 240 ff.; *Müller-Bonanni* in Hirte/Bücker Grenzüberschreitende Gesellschaften-HdB § 14 Rn. 25; ebenso auf der Grundlage der Annahme, dass das deutsche Mitbestimmungsrecht sich schon de lege lata übertragen lasse, *Franzen* RdA 2004, 257 (263); s. auch *Bayer* BB 2003, 2357 (2365); *Bayer* AG 2004, 534 (538); *Bayer* Rechtsgutachten S. 30 f.; *Thüsing* ZIP 2004, 381 (387 f.); tendenziell ferner HH/*Habersack* § 1 MitbestG Rn. 8a; *Habersack/Verse* EuropGesR § 3 Rn. 29; *Sandrock* AG 2004, 57 (63, 66). Abl. hierzu *Weiss/Seifert* ZGR 2009, 542 (573 f., 579), die aber konzedieren, dass gleichwertige Mitbestimmungsvereinbarungen vorrangig zu beachten seien.
[629] *Behme* ZIP 2008, 351 (355 f.); *Binz/Mayer* GmbHR 2003, 249 (257); *Eberspächer* ZIP 2008, 1951 ff. (1953 ff.); *Franz* BB 2009, 1250 (1256); *Köster* ZRP 2008, 214 (215 f.), *Götz* Konzern 2004, 449 (453 f.); *Götze/Winzer/Arnold* ZIP 2009, 245 (248); *Habersack/Verse* EuropGesR § 3 Rn. 29; *Junker* ZfA 2005, 1 (8 ff., 16); *Müller-Bonanni* GmbHR 2003, 1235 (1238) (anders aber sodann Müller-Bonanni in Hirte/Bücker Grenzüberschreitende Gesellschaften-HdB § 14 Rn. 25); *Riegger* ZGR 2004, 510 (520 f.); *Veit/Wichert* AG 2004, 14 (18 f.); jedenfalls de lege lata eine Übertragung der Verhandlungslösung abl., de lege ferenda aber unklar *Schwark* AG 2004, 173 (178).
[630] S. *Kirchner* AG 2004, 197 (200 f.); *Roth* ZfA 2004, 431 (456 ff.); *Säcker* AG 2004, 180 (185 f.); *v. Werder* AG 2004, 166 (172); *Zimmer* GS Heinze, 2005, 1123 (1130 ff.); *Zimmer* in Lutter Auslandsgesellschaften S. 365 (373 ff.); s. auch bereits *Zimmer* IntGesR S. 164 ff.; ferner *Bartsch* S. 172 f.; erwägt auch *Bayer* AG 2004, 534 (538); *Bayer* Rechtsgutachten S. 31. Auch dies iErg abl., da letztlich kein relevanter Schutzgewinn erzielt werde, *Eberspächer* ZIP 2008, 1951 (1952 ff., 1956, 1958).
[631] S. Bericht der Kommission S. 35 (abrufbar unter https://www.boeckler.de/pdf/mbf_biedenkopfkommission.pdf).
[632] S. Begr. RegE, zum Internationalen Gesellschaftsrecht, 8 f.
[633] S. zur politischen Diskussion in der 17. Legislaturperiode die Anträge der SPD-Fraktion v. 15.6.2010, BT-Drs. 17/2122 und der Fraktion DIE LINKE v. 20.4.2010, BT-Drs. 17/1413 sowie die Sachverständigenanhörung im Bundestagsausschuss für Arbeit und Soziales v. 9.5.2011, BT-Ausschussdrs. 17(11)201.

schaftsrechtlichen Sonderanknüpfung, nicht aber über den Vorbehalt des ordre public[634] begründet werden. Der international zwingende Geltungsanspruch des deutschen Mitbestimmungsrechts kann nicht schon mit dem Hinweis auf die diesbezügliche rechtspolitische Kontroverse verneint werden, zumal ein Festhalten an der Mitbestimmung derzeit nicht zweifelhaft erscheint. In jedem Fall ist der Schutzzweck der Mitbestimmungsregelungen offensichtlich einschlägig, sofern die gesetzlichen Schwellenwerte im Inland überschritten werden.

Auch der Hinweis darauf, dass die deutschen Mitbestimmungskodifikationen nur deutsche Rechtsformen erfassen, wäre nur stichhaltig, wenn ein gesetzgeberischer Wille festzustellen wäre, eine kollisionsrechtliche **Substitution** auszuschließen. Dies erscheint indes schon deshalb fragwürdig, weil es Auslandsgesellschaften mit tatsächlichem Sitz im Inland nach der früher herrschenden Sitztheorie gar nicht geben konnte und die Unternehmensmitbestimmung daher allenfalls in Ausnahmefällen leer lief (→ Rn. 629). **641**

Letztlich geben aber nicht zuletzt der Umstand, dass der Gesetzgeber weder im Rahmen der Kodifikation des DrittelbG noch danach einen Versuch unternommen hat, Auslandsgesellschaften in den Anwendungsbereich der Unternehmensmitbestimmung einzubeziehen, sowie die rechtspraktischen Schwierigkeiten, die eine Übertragung des Mitbestimmungsrechts deutschen Musters mit sich brächte, **de lege lata** zu **äußerster Zurückhaltung** Anlass. Auch wenn die Bewältigung dieser Probleme nicht ausgeschlossen erscheint,[635] verdient das Interesse der Auslandsgesellschaft und ihrer Gesellschafter und Geschäftsleiter an einer rechtssicheren Gestaltung ihrer Binnenorganisation und Unternehmensleitung den Vorzug, solange es an einer transparenten Normierung der Mitbestimmung bei Auslandsgesellschaften fehlt. **642**

Im Ergebnis sprechen die besseren Gründe daher dafür, dass eine Erstreckung der Mitbestimmungsgesetze auf Auslandsgesellschaften allenfalls **de lege ferenda** erfolgen könnte. Für die Mitbestimmung bei der **Auslandsgesellschaft & Co. KG** gilt dies in gleicher Weise. **643**

Aus unionsrechtlicher Sicht[636] besteht kein Zweifel, dass jeder Eingriff in die Organisationsstruktur einer EU-Auslandsgesellschaft als Behinderung der **Niederlassungsfreiheit** betrachtet werden muss.[637] Es handelt sich, anders als bei der betrieblichen Mitbestimmung (→ Rn. 613), ersichtlich nicht um eine rein tätigkeitsbezogene Regelung im Sinne der „Kornhaas/Dithmar"-Entscheidung des EuGH (→ Rn. 148 f.). Die Rspr. des EuGH zum Schutz von Arbeitnehmerinteressen[638] und nicht zuletzt auch die primär- und sekundärrechtlichen **644**

---

[634] Der Vorbehalt des ordre public hat nach hM eine rein „negative Funktion" und führt allenfalls dann zur Anwendung des inländischen Rechts, wenn eine Anpassung des ausländischen Rechts ausgeschlossen ist; s. *Basedow* FS Sonnenberger, 2004, 291 (296 ff.); Palandt/*Thorn* EGBGB Art. 6 Rn. 3, 13.

[635] Vgl. *Franzen* RdA 2004, 257 (260 ff.); *Thüsing* ZIP 2004, 381 (383 ff.); *Rehberg* in Eidenmüller, Ausländische Kapitalgesellschaften im deutschen Recht, 2004, § 6 Rn. 85 ff.

[636] Die vereinzelt erhobenen völkerrechtlichen Bedenken gegen eine Anwendung deutschen Mitbestimmungsrechts auf Auslandsgesellschaften (*Meilicke/Meilicke* MitbestG § 1 Rn. 3; *Bellstedt* BB 1977, 1326 (1327); vgl. auch *Lutter* FS Zweigert, 1981, 251 (256)) sind unbegründet. Die mit Rücksicht auf den ausländischen Satzungssitz zu bejahende extraterritoriale Rechtsanwendung (aA *Thüsing* ZIP 2004, 381 (383)) ist angesichts der tatsächlichen Inlandsverbindung, die namentlich bei einem tatsächlichen Inlandssitz außer Frage steht, völkerrechtlich zulässig (vgl. *Großfeld/Erlinghagen* JZ 1993, 217 (220); *Ebenroth/Sura* ZHR 144 (1980), 610 (615); *Knobbe-Keuk* ZHR 154 (1990), 325 (349); *Rehberg* in Eidenmüller, Ausländische Kapitalgesellschaften im deutschen Recht, 2004, § 6 Rn. 17; *Zimmer* IntGesR S. 153).

[637] S. EuGH Slg. 2004, I-9761 Rn. 19 – Kommission/Niederlande: Eine nicht diskriminierende Regelung, wonach Gesellschaften eine Tätigkeit nur dann ausüben dürfen, wenn ein Teil der Anteilseigner, die Geschäftsleiter und die mit der laufenden Geschäftsführung betrauten Personen die Staatsangehörigkeit eines Mitgliedstaates besitzen, beschränkt die Niederlassungsfreiheit derjenigen Gesellschaften, die diese Voraussetzungen nicht erfüllen. Diese müssten die „Struktur ihres Gesellschaftskapitals oder ihrer Verwaltungsorgane entsprechend ändern; solche Änderungen können tief greifende Umwälzungen innerhalb einer Gesellschaft mit sich bringen und die Erfüllung zahlreicher Formalitäten erfordern, die nicht ohne finanzielle Folgen sind".

[638] EuGH EuZW 2008, 246 Rn. 77 – Viking; EuZW 2005, 90 Rn. 29 – Kommission/Luxemburg; Slg. 2003, I-5659 Rn. 74 – Schmidberger; Slg. 2002, I-9919 Rn. 92 – Überseering; ferner EuGH Slg. 2002, I-8923 Rn. 31 – Payroll Data; Slg. 2002, I-787 Rn. 20 – Portugaia Construções; Slg. 2001, I-7831 Rn. 33 – Finalarte; Slg. 2001, I-2189 Rn. 27 – Mazzoleni und ISA; Slg. 1999, I-8453 Rn. 36 – Arblade; Slg. 1990, I-1417 Rn. 18 – Rush Portuguesa; Slg. 1982, 223 Rn. 14 – Seco; Slg. 1981, 3305 Rn. 19 – Webb.

Regelungen zur Unternehmensmitbestimmung[639] lassen jedoch erwarten, dass auch das Mitbestimmungsinteresse der Arbeitnehmer als zwingender Grund des Allgemeinwohls anerkannt würde, der eine Beschränkung rechtfertigen könnte.

645 Die Geltung des Betriebsverfassungsrechts für Auslandsgesellschaften steht der **Erforderlichkeit** einer Regelung zur unternehmerischen Mitbestimmung schon wegen des unterschiedlichen Ansatzes beider Systeme nicht entgegen.[640] Da eine Übertragung der Unternehmensmitbestimmung deutschen Musters in die Binnenorganisation eingriffe, ist jedoch der Ansicht zuzustimmen, dass eine Überlagerung des „Herkunftsrechts" unterbleiben sollte, sofern dieses überhaupt eine unternehmerische Mitbestimmung durch Arbeitnehmervertreter kennt und – anders als das deutsche Recht (→ Rn. 625 f.) – auch die inländische Belegschaft in deren Wahl mit einbezieht. Unter diesen Voraussetzungen wird man es ferner genügen lassen müssen, wenn ein solches Mitbestimmungsstatut durch eine entsprechend durchsetzbare Mitbestimmungsvereinbarung gewährleistet ist.[641] Sollte sich der Gesetzgeber tatsächlich entschließen, ein Mitbestimmungsregime für Auslandsgesellschaften zu kodifizieren, sollten daher jedenfalls eine hinreichend flexible Handhabung ermöglicht und zwingende Vorschriften auf das unbedingt notwendige Maß beschränkt werden.[642] Den Einzelheiten einer derartigen Regelung, insbesondere hinsichtlich monistisch strukturierter Gesellschaften, ist hier nicht nachzugehen.

646 Ein **Umwandlungszwang** bei Überschreitung der mitbestimmungsrechtlichen Schwellenzahlen oder umgekehrt eine **Auflösungssperre** für mitbestimmte Tochtergesellschaften (→ Rn. 629) wären hingegen schon deshalb ausgeschlossen, weil sie die sekundäre Niederlassungsfreiheit (Art. 49 Abs. 1 S. 2 AEUV) und die Pflicht zur Anerkennung EU-ausländischer Gesellschaften (→ Rn. 234 ff.) negieren würde.[643]

647 Abschließend ist jedenfalls der Einschätzung zuzustimmen, dass nur eine **europäische Regelung** in der Lage sein wird, die Mitbestimmungsproblematik in befriedigender Weise zu lösen.[644] Das sekundärrechtliche Konzept, das Verhandlungslösungen Priorität einräumt,[645] kann dabei richtungsweisend sein, sofern die Auffangregelung für beide Seiten hinreichende Anreize schafft, eine einvernehmliche Lösung zu suchen.[646]

648 **c) Anwendung der Unternehmensmitbestimmung beim Wegzug deutscher Gesellschaften.** Auch wenn der Wegzug nach der „Cartesio"-Entscheidung des EuGH[647] nicht von der Niederlassungsfreiheit geschützt wird (→ Rn. 67 ff.), spricht bereits de lege

---

[639] Vgl. Art. 153 Abs. 1 lit. f AEUV; Art. 15 Abs. 1 lit. b, Abs. 2 FusionsRL 2009/133/EG; Art. 86l, 133, 160l GesR-RL (→ Rn. 8); Art. 14 der Übernahmerichtlinie 2004/25/EG vom 21.4.2004 (ABl. L 142, 12); s. ferner die Mitbestimmungsregelungen zu den supranationalen Rechtsformen der SE und der SCE in der RL 2001/86/EG (ABl. L 294, 22) und der RL 2003/72/EG (ABl. L 207, 25).

[640] S. etwa *Bayer* AG 2004, 534 (538); *Franzen* RdA 2004, 257 (262 f.); *Kamp* BB 2004, 1496 (1500); *Thüsing* ZIP 2004, 381 (387 f.); *Weiss/Seifert* ZGR 2009, 542 (564 ff.); *Bartsch* S. 184 f.; *Braun*, Die Sicherung der Unternehmensmitbestimmung im Lichte des europäischen Rechts, 2005, 188 ff.; *Kisker* S. 195 f.; *von der Linden*, Umstrukturierung von mitbestimmten Unternehmen nach deutschem Umwandlungsrecht und durch grenzüberschreitende Sitzverlegung, 2007, 598 f.; *Rehberg* in Eidenmüller, Ausländische Kapitalgesellschaften im deutschen Recht, 2004, § 6 Rn. 70 ff.; aA etwa *Eidenmüller/Rehm* ZGR 2004, 159 (185).

[641] Ebenso etwa *Weiss/Seifert* ZGR 2009, 542 (569 ff.).

[642] *Bayer* AG 2004, 534 (538).

[643] Zutr. *Bayer* AG 2004, 534 (535); *Eberspächer* ZIP 2008, 1951 (1952); *Junker* ZfA 2005, 1 (15); *Junker* NJW 2004, 728 (729); *Paefgen* DB 2003, 487 (491 f.); *Veit/Wichert* AG 2004, 14 (18); MüKoBGB/*Kindler* IntGesR Rn. 583.

[644] Vgl. *Thüsing* ZIP 2004, 381 (387 f.); *Veit/Wichert* AG 2004, 14 (20); *Bayer* AG 2004, 534 (538); ferner *Junker* NJW 2004, 728 (730).

[645] S. zur Mitbestimmung bei der SE als Grundlage des SEBG die RL 2001/86/EG v. 8.10.2001 zur Ergänzung des Statuts der Europäischen Gesellschaft hinsichtlich der Beteiligung der Arbeitnehmer, ABl. 2001 L 294, 22; zur Mitbestimmung bei der SCE als Grundlage des SCEBG die RL 2003/72/EG v. 22.7.2003 zur Ergänzung des Statuts der Europäischen Genossenschaft hinsichtlich der Beteiligung der Arbeitnehmer, ABl. 2003 L 207, 25; zur Mitbestimmung bei der grenzüberschreitenden Verschmelzung als Grundlage des MgVG Art. 133 der GesR-RL, zur Mitbestimmung bei grenzüberschreitenden Formwechseln und Spaltungen Art. 86l und 160n GesR-RL.

[646] *Thüsing* ZIP 2004, 381 (387 f.).

[647] S. EuGH NJW 2009, 569 – Cartesio.

lata alles für die Annahme, dass zumindest eine deutsche GmbH oder AG ihren effektiven Verwaltungssitz in das Ausland verlegen kann. Selbst wenn die Sitztheorie für deutsche Gesellschaften beibehalten werden sollte, besteht die **Wegzugsmöglichkeit** jedenfalls dann, wenn der Zuzugsstaat der Gründungstheorie folgt (→ Rn. 220 ff.).

Soweit das deutsche Recht einen statuswahrenden Wegzug zulässt, **bleibt** die deutsche 649 Unternehmensmitbestimmung aufgrund der gesellschaftskollisionsrechtlichen Anknüpfung nach zutreffender **hM anwendbar** (→ MitbestG § 1 Rn. 7).[648] Sofern die Schwellenzahlen der Mitbestimmungsgesetze überschritten werden, ist der Schutzzweck des Mitbestimmungsrechts einschlägig. Werden die Schwellenwerte hingegen unterschritten, entfällt die Unternehmensmitbestimmung, ohne dass die Sitzverlegung deshalb als missbräuchliche Umgehung der Mitbestimmungsgesetze qualifiziert werden könnte.

d) Unternehmerische Mitbestimmung im internationalen Konzern. Im Falle des 650 grenzüberschreitenden Konzerns findet das deutsche Mitbestimmungsrecht ohne Weiteres für **deutsche Tochtergesellschaften** Anwendung.[649] Dies gilt nach dem Vorstehenden insbesondere auch dann, wenn sie ihren tatsächlichen Sitz im Ausland haben sollten (→ Rn. 648 f.).

Im Falle einer **deutschen Muttergesellschaft** kommt eine Konzernzurechnung der 651 inländischen (zu dieser Beschränkung → Rn. 625 f.) Arbeitnehmer einer abhängigen Auslandsgesellschaft zumindest dann in Betracht, wenn diese ihren tatsächlichen Sitz im Inland hat, da die Mitbestimmungsgesetze für das abhängige Unternehmen keine bestimmte Rechtsform vorschreiben (§ 5 Abs. 1 MitbestG, § 2 DrittelbG).[650]

Die **ausländische Muttergesellschaft** ist nach zutreffender hM de lege lata mitbestim- 652 mungsfrei (→ Rn. 633 ff.).[651] Im Anwendungsbereich des **MitbestG** ist auf den inländischen Teilkonzern § 5 Abs. 3 MitbestG anzuwenden.[652] Gerade diese Vorschrift belegt, dass der Gesetzgeber eine Schwächung der Mitbestimmung durchaus hinnimmt, wenn die Konzernleitungsmacht von einer Obergesellschaft ausgeübt wird, die selbst nicht dem Mitbestimmungsregime unterliegt.[653] Darauf, ob die Zwischengesellschaft über eigene Konzernleitungsmöglichkeiten verfügt, kommt es nach der obergerichtlichen Rspr. nicht

---

[648] *Ego*, Europäische Niederlassungsfreiheit der Kapitalgesellschaft und deutsches Gläubigerschutzrecht, 2006, 127 f.; *Götze/Winzer/Arnold* ZIP 2009, 245 (250); *Habersack* AG 2007, 641 (644, 647 f.); *v. Hase* BuW 2003, 944 (948); *Schmidt-Parzefall* ZESAR 2003, 113 (115 f.); *Drygala* ZEuP 2004, 337 (352); *W.-H. Roth* GS Heinze, 2005, 709 (712 f.) (vgl. auch *W.-H. Roth* FS Heldrich, 2005, 973 (980, 990 f.) und *W.-H. Roth* in Lutter Auslandsgesellschaften S. 379 (393, 398)); *Wisskirchen/Bissels/Dannhorn* DB 2007, 2258 (2261); MHLS/*Leible* GmbHG Syst. Darst. 2 Rn. 170; MüKoBGB/*Kindler* IntGesR Rn. 578; ErfK/*Oetker* § 1 MitbestG Rn. 2, Vor DrittelbG Rn. 3 (widersprüchlich aber ErfK/*Oetker* § 1 MitbestG Rn. 11); HH/*Habersack* § 1 MitbestG Rn. 6, § 1 DrittelbG Rn. 5; *Wicke* GmbHG § 4a Rn. 12; iErg auch *Rehberg* in Eidenmüller, Ausländische Kapitalgesellschaften im deutschen Recht, 2004, § 6 Rn. 178 Fn. 233; ferner bereits *Lutter* FS Zweigert, 1981, 251 (255); aA *Rieble* BB 2006, 2018 (2019) (unter Hinweis auf das Territorialitätsprinzip).

[649] Vgl. nur *Rehberg* in Eidenmüller, Ausländische Kapitalgesellschaften im deutschen Recht, 2004, § 6 Rn. 129; Staudinger/*Großfeld* IntGesR Rn. 514.

[650] So *Götz* Konzern 2004, 449 (454); *Habersack* AG 2007, 641 (645, 648); ErfK/*Oetker* § 5 MitbestG Rn. 5, § 2 DrittelbG Rn. 4; HH/*Habersack* § 5 MitbestG Rn. 55 f., § 2 DrittelbG Rn. 7. Weitergehend für Berücksichtigung der inländischen Belegschaften von Auslandsunternehmen auch bei tatsächlichem Auslandssitz → § 5 MitbestG Rn. 4, 8 (*Annnuß*); Ebenroth/*Sura* ZHR 144 (1980), 610 (619); aA MHLS/*Leible* GmbHG Syst. Darst. 2 Rn. 172.

[651] ErfK/*Oetker* § 1 MitbestG Rn. 2, 5, § 5 MitbestG Rn. 3, 14, § 2 DrittelbG Rn. 6; MHdB ArbR/*Oetker* § 13 Rn. 168, 171 und MHdB ArbR/*Uffmann* § 368 Rn. 9 f.; *Rehberg* in Eidenmüller, Ausländische Kapitalgesellschaften im deutschen Recht, 2004, § 6 Rn. 129; Spahlinger/Wegen/*Spahlinger/Wegen* Kap. C Rn. 310.

[652] S. nur OLG Düsseldorf NZA 2007, 707; OLG Frankfurt ZIP 2008, 878 (879); LG Hamburg BeckRS 2016, 20967; *Götze/Winzer/Arnold* ZIP 2009, 245 (247); *Schwark* AG 2004, 173 (175); ErfK/*Oetker* § 5 MitbestG Rn. 14, 18 ff.; MHdB ArbR/*Oetker* § 13 Rn. 171 f.; MüKoBGB/*Kindler* IntGesR Rn. 586; *Rehberg* in Eidenmüller, Ausländische Kapitalgesellschaften im deutschen Recht, 2004, § 6 Rn. 133; Spahlinger/Wegen/*Spahlinger/Wegen* Kap. C Rn. 310 f.; HH/*Habersack* § 5 MitbestG Rn. 66; Großkomm AktG/*Oetker* § 5 MitbestG Rn. 56 ff.

[653] *Bayer* Beherrschungsvertrag S. 112 f.; vgl. auch *Rehberg* in Eidenmüller, Ausländische Kapitalgesellschaften im deutschen Recht, 2004, § 6 Rn. 130; *Martens* ZHR 138 (1974), 179 (193); *Bayer* ZGR 1977, 173 (181 f.); Staudinger/*Großfeld* IntGesR Rn. 573.

653 an.[654] Alle Versuche, die Leitungsmacht ausländischer Muttergesellschaften aus Gründen der Mitbestimmung in weiter gehendem Umfang zu beschränken, haben sich nicht durchgesetzt (→ Rn. 491).

653 Soweit lediglich das **DrittelbG** anwendbar ist, kann trotz des Fehlens einer § 5 Abs. 3 MitbestG entsprechenden Bestimmung ein „Konzern im Konzern"[655] (→ Rn. 617) existieren, in dem Arbeitnehmer der Tochterunternehmen mitbestimmungsrechtlich der Unterkonzernspitze zugerechnet werden.[656] Eine derartige Zurechnung bleibt aber entsprechend der hM zum Mitbestimmungsstatut unverbundener Auslandsgesellschaften (→ Rn. 633 ff.) de lege lata auf Unterkonzernspitzen deutscher Rechtsform beschränkt.

654 **e) Mitbestimmung bei grenzüberschreitenden Umwandlungen.** Die im Jahr 2005 verabschiedete **Kapitalgesellschaften-Verschmelzungs-RL** (→ Rn. 8) ist seit 2017 in der GesR-RL aufgegangen.[657] Welches Mitbestimmungsrecht nach der grenzüberschreitenden Verschmelzung anzuwenden ist, bestimmt Art. 133 GesR-RL. Dabei lehnt sich die Regelung an das für die SE vorgesehene Mitbestimmungsmodell (zur Mitbestimmung in der SE eingehend → SEBG Vor § 1 Rn. 12 ff., → SEBG Vor § 1 Rn. 32 ff.) einer Verhandlungslösung mit subsidiärem Eingreifen einer Auffanglösung an, ohne dieses vollständig zu übernehmen. Auch die Regelung des **MgVG**, das am 20.12.2006 in Kraft getreten ist, übernimmt dementsprechend in weiten Teilen die Vorschriften des SEBG. Einzelheiten sind hier nicht darzustellen.[658]

655 Auch für den **grenzüberschreitenden Formwechsel** existiert seit dem Jahr 2019 mit Art. 86a ff. GesR-RL eine europäische Regelung (→ Rn. 83). Schon den Entscheidungen „Sevic", „Cartesio" und „VALE" war zuvor zu entnehmen, dass die Mitgliedstaaten einen grenzüberschreitenden Formwechsel **auch ohne sekundärrechtliche Regelung** jedenfalls dann ermöglichen müssen, wenn sie einen entsprechenden Formwechsel innerstaatlich zulassen (→ Rn. 95 ff., → Rn. 105). Die Mitbestimmungsinteressen der Arbeitnehmer werden insoweit durch Art. 86l GesR-RL gewahrt.

656 Eine vergleichbare Schutzregelung wurde des Weiteren auch für die **grenzüberschreitende Spaltung** von Kapitalgesellschaften zur Neugründung eingeführt (Art. 160l GesR-RL).

657 Außerhalb des Anwendungsbereichs dieser sekundärrechtlichen Bestimmungen bleibt den Mitgliedstaaten die Möglichkeit unbenommen, grenzüberschreitende Umwandlungen aus **zwingenden Gründen des Allgemeininteresses,** zu denen auch die Mitbestimmungsinteressen der Arbeitnehmer zählen (vgl. die Nachweise in → Rn. 632), zu **beschränken** (→ Rn. 80).[659] Nahe liegt es insoweit, die in der GesR-RL eingeführte Lösung heranzuziehen, um grenzüberschreitende Umwandlungen auch außerhalb ihres Anwendungsbereichs im Einklang mit den Mitbestimmungsinteressen der Arbeitnehmer in dem unionsrechtlich gebotenen Umfang zu ermöglichen. Ohne eine gesetzliche Regelung dürfte aber auch hier kaum auszukommen sein.

VI. Vertrags-, Delikts- und Strafrecht

658 **1. Vertrags- und Deliktsrecht.** Das anwendbare Recht der vertraglichen und außervertraglichen Schuldverhältnisse wird in allen europäischen Mitgliedstaaten mit Aus-

---

[654] OLG Düsseldorf NZG 2007, 77; KG NZG 2016, 349, allerdings offenlassend, ob anderes gilt, wenn die Konzernleitung ebenfalls keine Leitungsmacht ausübt.
[655] Für die Anerkennung des „Konzerns im Konzern" im Mitbestimmungsrecht BAGE 34, 230 = NJW 1982, 1303; BAG NZA 2007, 999 (1003 f.); OLG Düsseldorf DB 1979, 699; LG Frankfurt aM WM 1986, 885 (886); OLG Frankfurt DB 1986, 2658; OLG Zweibrücken ZIP 1984, 316 (318 f.); ErfK/*Oetker* § 5 MitbestG Rn. 8 f., § 2 DrittelbG Rn. 9.
[656] MHdB ArbR/*Oetker* § 13 Rn. 172.
[657] S. zur Entstehungsgeschichte *Neye* ZIP 2005, 1893 f.
[658] S. *Habersack* ZHR 171 (2007), 613; *Kisker* RdA 2006, 206 (209 ff.).
[659] S. auch *Bayer/Schmidt* ZHR 173 (2009), 735 (758 f.).

nahme Dänemarks⁶⁶⁰ durch die **Rom I-VO** und die **Rom II-VO** (→ Rn. 297 ff.) bestimmt.

Ob es im Verhältnis zu **Dänemark** für die Ermittlung des anwendbaren Vertragsrechts bei der Geltung des Römischen Übereinkommens über das auf vertragliche Schuldverhältnisse anzuwendende Recht vom 19.6.1980 (EVÜ)⁶⁶¹ verbleibt oder ebenfalls die Rom I-VO anzuwenden und nur aus dänischer Sicht das EVÜ maßgeblich ist, ist fraglich.⁶⁶² Für das Recht der außervertraglichen Schuldverhältnisse ist demgegenüber der Universalitätsgrundsatz des Art. 3 Rom II-VO zu beachten, wonach die VO allseitig, also auch gegenüber Nicht-Mitgliedstaaten, anzuwenden ist. Aus deutscher Sicht folgt daraus, dass die Rom II-VO von deutschen Gerichten auch im Verhältnis zu Dänemark anzuwenden ist. Insoweit erfolgt jedoch nach Art. 24 Rom II-VO lediglich ein Sachnormverweis, während dänisches internationales Privatrecht von der Verweisung ausgenommen ist. 659

Die Konsequenzen des **Brexit** sind in dem Austrittsabkommen mit dem Vereinigten Königreich geregelt (→ Rn. 16). Die Anwendbarkeit der Rom-Verordnungen ist hiernach auf Verträge, die vor dem Ablauf der Übergangszeit abgeschlossen wurden, bzw. auf vor diesem Zeitpunkt eingetretene schadensbegründende Ereignisse begrenzt (Art. 66 Brexit-Abk). Aus mitgliedstaatlicher Sicht sind die Verordnungen weiterhin für Sachverhalte mit britischem Bezug maßgeblich, da sie universale Wirkung auch gegenüber Drittstaaten entfalten (Art. 2 Rom I-VO bzw. Art. 3 Rom II-VO). Aus der Perspektive des Vereinigten Königreichs ist insoweit die nationale Gesetzgebung bestimmend, welche auch die Rom-Verordnungen in nationales britisches Recht inkorporiert hat.⁶⁶³ 660

Das durch die autonom auszulegenden (vgl. etwa Erwägungsgründe 11 und 30 Rom II-VO zur autonomen Auslegung der Begriffe des „außervertraglichen Schuldverhältnisses" und des „Verschuldens bei Vertragsverhandlungen"; ferner → Rn. 293) Bestimmungen der Rom I-VO, der Rom II-VO oder des EVÜ **berufene Sachrecht** muss richtigerweise **lediglich** dem (weit zu verstehenden) **Diskriminierungsverbot, nicht** aber einem allgemeinen unionsrechtlichen **Beschränkungsverbot** genügen (→ Rn. 148 ff., → Rn. 163 ff., → Rn. 172, → Rn. 290 f.). Für die Anknüpfung gesellschaftsrechtlicher Rechtsfragen, insbesondere des Gläubigerschutzrechts, sind diese Kollisionsnormen hingegen richtiger Ansicht nach grundsätzlich ohne Bedeutung (→ Rn. 292 ff., → Rn. 385 ff.; vgl. Art. 1 Abs. 2 lit. f–h Rom I-VO, Art. 1 Abs. 2 lit. e–g EVÜ, Art. 1 Abs. 2 lit. d und e Rom II-VO; näher → Rn. 292 ff.). 661

Abgesehen von dem Schutz des deutschen Kapitalgesellschaftsrechts können die Gläubiger einer Scheinauslandsgesellschaft daher gegen die Gesellschafter und Geschäftsleiter Ansprüche nach Maßgabe des **allgemeinen Zivilrechts** geltend machen.⁶⁶⁴ Zu nennen sind insbesondere Ansprüche aus **Delikt** (§ 823 Abs. 1 BGB, § 826 BGB, § 823 Abs. 2 BGB 662

---

⁶⁶⁰ S. Erwägungsgrund 46 Rom I-VO und Erwägungsgrund 40 Rom II-VO. Dänemark beteiligt sich ua nicht an Maßnahmen zur justiziellen Zusammenarbeit in Zivilsachen nach Art. 61 lit. c EG iVm Art. 65 EG bzw. Art. 81 AEUV (s. Art. 69 EG iVm dem Protokoll über die Position Dänemarks zum Amsterdamer Vertrag, ABl. 1997 C 340, 101 sowie das Protokoll Nr. 22 zum Vertrag von Lissabon, ABl. EU 2008 C 115, 299). Das Vereinigte Königreich und Irland hatten sich nach Art. 69 EG iVm dem Protokoll über die Position des Vereinigten Königreichs und Irlands zum Amsterdamer Vertrag (ABl. 1997 C 340, 99) sowie in dem Protokoll Nr. 21 zum Vertrag von Lissabon (ABl. 2008 C 115, 295) das Recht ausbedungen, bei jedem Rechtsakt gesondert darüber entscheiden zu können, ob sie sich an dem Rechtsakt beteiligen (sog. „opt in"). Irland hat schon zu Beginn der Verhandlungen über die Rom I-VO von seiner opt in-Möglichkeit Gebrauch gemacht. Das Vereinigte Königreich hatte hingegen erst nach Annahme der Rom I-VO für die Anwendung der Rom I-VO optiert (s. zum Einverständnis der Kommission durch Entscheidung nach Art. 11, 11a EG v. 22.12.2008, COM(2008) 8554 endg.). Auch hinsichtlich der Rom II-VO war ein opt-in erfolgt, s. Erwägungsgrund 21 f. Geänderter Vorschlag vom 21.2.2006, COM(2006) 83 endg. Seit dem Vertrag von Lissabon hat Dänemark die Möglichkeit, sich für eine entsprechende opt-in Regelung zu entscheiden (Art. 7 des Protokolls Nr. 22 iVm dem Anhang zu diesem Protokoll).
⁶⁶¹ ABl. 1998 C 27, 34 (konsolidierte Fassung).
⁶⁶² Zum Meinungsstand *Magnus* IPRax 2010, 27 (30 f.).
⁶⁶³ Secs. 3, 20 (1) European Union (Withdrawal) Act 2018.
⁶⁶⁴ S. auch *Eidenmüller* in Eidenmüller, Ausländische Kapitalgesellschaften im deutschen Recht, 2004, § 4 Rn. 29 ff.

iVm Schutzgesetzen wie etwa § 263 StGB, § 266a StGB⁶⁶⁵ etc). Auch die Deliktsfähigkeit einschließlich der Frage, ob eine Gesellschaft für deliktische Handlungen natürlicher Personen einzustehen hat, richtet sich nach dem Deliktsstatut iSd Rom II-VO (Art. 15 lit. a und g Rom II-VO).⁶⁶⁶ Nach deutschem Recht kann insoweit auch das Handeln anderer Personen als der Organe zur Haftung des Verbands führen, sofern diese als verfassungsmäßig berufene Vertreter iSd § 31 BGB anzusehen sind. Bei dem Leiter einer Zweigniederlassung wird dies regelmäßig der Fall sein.⁶⁶⁷ Eine Begrenzung durch das Gesellschaftsstatut ist insoweit nicht anzuerkennen.⁶⁶⁸

663 Von praktischem Interesse sind ferner etwa Ansprüche gegen die handelnden Repräsentanten ausländischer Kapitalgesellschaften unter dem Aspekt der **cic (§ 280 Abs. 1 BGB, § 311 Abs. 2 und 3 BGB, § 241 Abs. 2 BGB)**.⁶⁶⁹ Die seit jeher höchst umstrittene Frage, wie die Haftung aus cic internationalprivatrechtlich zu behandeln ist,⁶⁷⁰ ist durch Art. 12 Rom II-VO geklärt worden (→ Rn. 603). Insoweit wird etwa der zutreffende Ansatz, die Haftung der Geschäftsleiter bei Insolvenzverschleppung gegenüber Neugläubigern nach diesen Regeln zu begründen,⁶⁷¹ nicht zuletzt mit Blick auf im Inland agierende Auslandsgesellschaften in der Lit. neu belebt.⁶⁷² Bedeutung kommt dieser Haftung ferner im Falle einer Verschleierung der Haftungsbeschränkung oder der Eigenschaft als Auslandsgesellschaft zu (→ Rn. 601 ff.). Auf der Grundlage der „Kornhaas"-Entscheidung des EuGH⁶⁷³ stehen dem keine unionsrechtlichen Bedenken entgegen.

664 **2. Strafrecht.** Das deutsche Internationale Strafrecht geht vom **Territorialitätsprinzip** aus. Deutsches Strafrecht gilt danach für alle Straftaten, die im Inland begangen werden (§ 3 StGB, zum Tatort § 9 StGB). Im Übrigen gilt das StGB nur, wenn eine der Ausnahmen nach §§ 4–7 StGB eingreift.

665 Juristische Personen und andere Personenmehrheiten als solche besitzen keine **Handlungsfähigkeit im strafrechtlichen Sinne.** Auch eine strafrechtliche Verantwortlichkeit für Handlungen ihrer Organe und sonstiger Vertreter scheidet aus.⁶⁷⁴ Als Täter und Teilnehmer einer Straftat kommen somit namentlich die Organmitglieder und Gesellschafter ausländischer Kapitalgesellschaften in Betracht. Soweit der Straftatbestand an besondere persönliche Eigenschaften, Verhältnisse oder Umstände (besondere persönliche Merkmale) anknüpft, folgt die strafrechtliche Verantwortlichkeit von gesetzlichen Vertretern und Beauftragten aus § 14 StGB, sofern diese Merkmale nur bei dem Vertretenen oder Betriebsinhaber vorliegen.

666 Für die Anwendung des deutschen Strafrechts gelten unter dem Aspekt der **Niederlassungsfreiheit** im Grundsatz **keine Besonderheiten.** Ob eine bestimmte Pflicht und ihre Sanktion sich jenseits der Grenzen des Diskriminierungsverbots (→ Rn. 127 ff.) als Beschränkung der Niederlassungsfreiheit darstellt, soll sich nach hM danach richten, ob ein

---

⁶⁶⁵ S. zur Anwendung von § 266a StGB im Falle von (Schein-)Auslandsgesellschaften BGH NJW 2013, 3303 (deliktische Schadensersatzhaftung des Geschäftsleiters einer schweizerischen AG); ferner etwa *Goette* DStR 2005, 197 (199).

⁶⁶⁶ Vgl. BGH IPRax 1992, 45; BGH RIW 1992, 435; OLG Köln NJW-RR 1998, 756; OLG Schleswig IPRspr. 1970 Nr. 19; *Rohe* S. 212 ff.; *Schohe* S. 77 ff.; BeckOK BGB/*Mäsch* EGBGB Art. 12 Rn. 54; MüKoBGB/*Kindler* IntGesR Rn. 645 f.

⁶⁶⁷ BGHZ 49, 19 = NJW 1968, 391.

⁶⁶⁸ Unklar BeckOK BGB/*Mäsch* EGBGB Art. 12 Rn. 54; MüKoBGB/*Kindler* IntGesR Rn. 645 f.

⁶⁶⁹ Lutter/Hommelhoff/*Bayer* GmbHG § 4a Rn. 11, § 4 Rn. 27.

⁶⁷⁰ Dazu eingehend *Mankowski* IPRax 2003, 127.

⁶⁷¹ Dazu *Altmeppen/Wilhelm* NJW 1999, 673 (680 f.); *Altmeppen* ZIP 2001, 2201 (2210); Roth/Altmeppen/*Altmeppen* GmbHG § 64 Rn. 56 f.; *Flume* ZIP 1994, 337 ff.; zur ebenfalls eingreifenden Haftung nach §§ 823 Abs. 2 BGB, 263 StGB und § 826 BGB *Altmeppen* ZIP 2001, 2201 (2210); Roth/Altmeppen/*Altmeppen* GmbHG § 64 Rn. 57; *Schulze-Osterloh* FS Lutter, 2000, 707 (712 ff.).

⁶⁷² S. *Balthasar* RIW 2009, 221 (226); *Meilicke* GmbHR 2007, 225 (235); *Schall* ZIP 2005, 965 (975) (der allerdings zur Konkretisierung der Aufklärungspflicht wiederum auf das Recht des Gründungsstaates zurückgreifen will); Hirte in Hirte/Bücker Grenzüberschreitende Gesellschaften-HdB § 1 Rn. 70 und Forsthoff/Schulz in Hirte/Bücker Grenzüberschreitende Gesellschaften-HdB § 16 Rn. 112 ff.

⁶⁷³ EuGH NZG 2016, 115 – Kornhaas/Dithmar.

⁶⁷⁴ Zur Möglichkeit, gegen juristische Personen oder Personenvereinigungen eine Geldbuße zu verhängen, § 30 OWiG.

relevantes Marktzugangshindernis errichtet wird (→ Rn. 136 ff., → Rn. 141 ff.). Hiernach scheidet die Annahme, dass das deutsche Strafrecht die Niederlassungsfreiheit beschränke, in aller Regel aus. Die Einordnung als nicht beschränkendes „allgemeines Verkehrsrecht" wird jedoch von zahlreichen Vertretern der „europarechtlichen Gründungstheorie" überall dort in Frage gestellt, wo an „spezifisch korporative Pflichten" angeknüpft wird (→ Rn. 248 ff., → Rn. 283 ff.).[675] Nach der Entscheidung des EuGH in der Rs. „Kornhaas/Dithmar" erscheinen diese Bedenken unbegründet, soweit die Sanktionierung tätigkeitsbezogener Regelungen in Rede steht, da diese nach Ansicht des EuGH die Niederlassungsfreiheit bereits nicht beschränken (→ Rn. 148 ff., → Rn. 247). Sollte im Einzelfall eine Beschränkung der Niederlassungsfreiheit zu bejahen sein, kann diese aus den in Art. 52 AEUV genannten Gründen oder zur Verfolgung sonstiger zwingender Gründe des Allgemeininteresses gerechtfertigt werden (→ Rn. 175 ff.). Insoweit kann sich im Einzelfall die Frage stellen, ob die Anwendung der strafrechtlichen Sanktion als unverhältnismäßig erscheint.[676]

Schon das verfassungsrechtliche **Bestimmtheitsgebot** (Art. 103 Abs. 2 GG) verpflichtet **667** den Gesetzgeber jedoch, Straftatbestände so zu fassen, dass die Adressaten das verbotene Verhalten und die Sanktionsandrohung eindeutig erkennen können.[677] Insoweit stellt sich auch die Frage, inwieweit im Rahmen der Anwendung des nationalen Strafrechts auf ausländisches Recht zurückgegriffen werden darf. Die verfassungsrechtlichen Grenzen einer derartigen **Fremdrechtsanwendung im Strafrecht** sind in den Einzelheiten umstritten.[678] Flankiert wird das Bestimmtheitsgebot durch das **Analogieverbot,** das es ausschließt, Straftatbestände in Überschreitung des Wortlauts auf gleichgelagerte Fälle auszudehnen. Diese Grundsätze gelten ohne Einschränkung auch für die Anwendung des deutschen Strafrechts auf Auslandsgesellschaften und ihre Gesellschafter und Organe. Verbleibende Strafbarkeitslücken können insoweit nur durch den Gesetzgeber geschlossen werden.

Die verfassungsrechtlichen Bedenken dagegen, die Strafbarkeit wegen **Insolvenzver- 668 schleppung** auf die **Geschäftsleiter** von Auslandsgesellschaften zu erstrecken,[679] sind entfallen, seit die Insolvenzantragspflicht und ihre strafrechtliche Sanktion einen rechtsformneutralen Standort in der InsO erhalten haben und ihrem Wortlaut nach auch Geschäftsleiter und Abwickler juristischer Personen und gleichgestellter Gesellschaften ausländischen Rechts erfassen (§ 15a Abs. 1, 4 und 5 InsO). Zur unionsrechtlichen Beurteilung gilt insoweit nichts anderes als hinsichtlich der zivilrechtlichen Haftung (→ Rn. 450).[680]

---

[675] Zum Strafrecht insbes. *Hoffmann* in Sandrock/Wetzler S. 227 ff. (245 ff., 252 ff.); s. auch *Ransiek/Hüls* ZGR 2009, 157 (174 ff.).
[676] Vgl. EuGH Slg. 2007, I-1891 Rn. 68 ff. – Placanica ua; Slg. 2003, I-13031 Rn. 72 ff. – Gambelli; Slg. 1999, I-11 Rn. 17 – Calfa; Slg. 1996, I-929 Rn. 36 ff. – Skanavi.
[677] StRspr, vgl. BVerfG wistra 2002, 175 (177) mwN. Zu den umstr. Anforderungen näher MüKoStGB/ *Schmitz* § 1 Rn. 40 ff.
[678] S. etwa zur Frage, ob Pflichten, die ihre Grundlage in einem „case law" angloamerikanischen Musters haben, strafrechtlich sanktioniert werden können, verneinend *Rönnau* ZGR 2005, 832 (856 f.); iE auch *Schlösser* wistra 2006, 81 (87); aA *Radtke* GmbHR 2008, 729 (735 f.); *Radtke/Hoffmann* EuZW 2009, 404 f.; *Ransiek/Hüls* ZGR 2009, 157 (177 f.).
[679] S. bereits BGH NJW 1997, 533 (534) zur Unanwendbarkeit von § 404 AktG auf eine schweizerische AG mwN. S. ferner (teils vor dem MoMiG) LG Gera wistra 2004, 435; *Eidenmüller* in Eidenmüller, Ausländische Kapitalgesellschaften im deutschen Recht, 2004, § 9 Rn. 34; *Eisner* ZInsO 2005, 20 (22); *Fischer* ZIP 2004, 1477 (1482); *Hoffmann* in Sandrock/Wetzler S. 251; *Horn* NJW 2004, 893 (899); *U. Huber* in Lutter Auslandsgesellschaften S. 307 (343); *Radtke/Hoffmann* EuZW 2009, 404 (408); *Riedemann* GmbHR 2004, 345 (348 Fn. 39); *Rönnau* ZGR 2005, 832 (833); *Schlösser* wistra 2006, 81 (84); *Spindler/Berner* RIW 2004, 7 (15); *Wachter* GmbHR 2004, 88 (101); *Wachter* GmbHR 2003, 1254 (1257); *Weller* IPRax 2003, 207 (208 f.); *Zimmer* NJW 2003, 3585 (3590); *Schlösser* wistra 2006, 81; UHW/*Ransiek* GmbHG Vor § 82 Rn. 68 ff.; aA unter Berufung auf die internationalprivatrechtliche Substitution Großkomm AktG/*Klug*, 3. Aufl. 1975, Vor § 399 Anm. 6 und ihm folgend Großkomm AktG/*Otto*, 4. Aufl. 1997, Vor § 399 Rn. 9 f.; MüKoBGB/*Kindler* IntGesR Rn. 671; *Weiß* Strafbare Insolvenzverschleppung durch den director einer Limited, 2009, 157 ff., 212 ff.; ferner *Gross/Schork* NZI 2006, 10 (12 ff.) (iE jedoch eine Anwendung der deutschen Insolvenzantragspflicht und daher eine entsprechende Strafbarkeit aus unionsrechtlichen Gründen abl.).
[680] Die Anwendbarkeit auf EU-Auslandsgesellschaften bejahend auch *Bittmann* NStZ 2009, 113 (114); *Hefendehl* ZIP 2011, 601 (603); *Radtke/Hoffmann* EuZW 2009, 404 (407 f.); *Richter* FS Tiedemann, 2008, 1023 (1032); Kübler/Prütting/Bork/*Steffek* InsO § 15a Rn. 6 ff., 24, 71; FK-InsO/*Schmerbach* § 15a InsO Rn. 56.

Ob eine Strafbarkeit von **Gesellschaftern und Aufsichtsorganen** für Insolvenzverschleppungen im Falle der Führungslosigkeit sich hingegen innerhalb der verfassungsrechtlichen Grenzen hielte, ist zweifelhaft. Da § 15a Abs. 3 InsO im Gegensatz zu § 15a Abs. 1 InsO begrifflich auf die Rechtsformen der GmbH, der AG und der Genossenschaft abstellt, wird die Möglichkeit einer strafrechtlichen Verfolgung insoweit bestritten.[681] Diesen Bedenken wird man nicht zuletzt auch mit Blick auf die Fassung der § 82 Abs. 1 Nr. 5 GmbHG, § 399 Abs. 1 Nr. 6 AktG zustimmen müssen, in denen „ausländische juristische Personen" ausdrücklich neben der (deutschen) „Gesellschaft mit beschränkter Haftung" bzw. „Aktiengesellschaft" genannt werden. Eine Einbeziehung anderer, nicht genannter Rechtsformen (KGaA, SE, SCE, juristische Person & Co. KG/OHG) scheidet in jedem Fall aus.[682]

669 Die Strafbarkeit der **Abgabe falscher Versicherungen hinsichtlich des Vorliegens von Inhabilitätsgründen** ist seit dem MoMiG ebenfalls ausdrücklich auf Geschäftsleiter ausländischer juristischer Personen erstreckt (§ 82 Abs. 1 Nr. 5 GmbHG, § 399 Abs. 1 Nr. 6 AktG).[683] Hinsichtlich der Vereinbarkeit mit dem Unionsrecht ist auf die Ausführungen zur Erweiterung der Inhabilitätsvorschriften zu verweisen (→ Rn. 523). Die systematische Verortung in den rechtsformspezifischen Regelungen des GmbHG und des AktG ist zwar zu kritisieren, dürfte jedoch nicht zur Verfassungs- oder Unionsrechtswidrigkeit der Regelung führen.[684]

670 Auch eine Strafbarkeit wegen **Bankrott (§§ 283, 283a StGB)** oder **Verletzung von Buchführungspflichten (§ 283b StGB)** ist bei EU-Auslandsgesellschaften nicht anders als bei Rechtsträgern deutschen Rechts zu bejahen.[685] Schwierigkeiten bereitet insoweit allenfalls die Frage, welchen Buchführungspflichten eine Auslandsgesellschaft unterliegt (→ Rn. 535 ff.).[686] Hinsichtlich der insolvenzrechtlichen Merkmale dieser Tatbestände (§ 283 Abs. 1, 2, 4–6 StGB, § 283b Abs. 3 StGB) wird die kollisionsrechtliche Anknüpfung nach hM durch Art. 7 EuInsVO (früher Art. 4 EuInsVO 2000) vorgegeben (→ Rn. 302 ff., → Rn. 439 ff., → Rn. 448).[687] Auch für die Strafbarkeit nach **§ 266 StGB** wird die Frage virulent, an welche zivil- und handelsrechtlichen Pflichten die strafrechtliche Sanktion zu knüpfen ist. Die Rspr. legt heute für EU-Auslandsgesellschaften auch insoweit die Gründungstheorie zugrunde.[688] Entschieden hat der BGH ferner, dass der strafrechtliche Tatbestand der **Nichtabführung von Sozialversicherungsbeiträgen (§ 266a StGB)** und eine daran anknüpfende Deliktshaftung nach § 823 Abs. 2 BGB auch auf Auslandsgesellschaften anzuwenden sind, ohne dass es insoweit auf deren tatsächlichen Sitz ankäme.[689]

---

[681] Eine Strafbarkeit abl. *Bittmann* NStZ 2009, 113 (115); *Hefendehl* ZIP 2011, 601 (606); *Wälzholz* DStR 2007, 1914 (1917); Uhlenbruck/*Hirte* InsO § 15a Rn. 61; tendenziell bejahend hingegen, allerdings mit undifferenziertem Verweis auf die Gesamtnorm des § 15a InsO und aufgrund bestehender kollisions- und unionsrechtlicher Zweifel letztlich offenlassend Scholz/*Tiedemann/Rönnau* GmbHG Vor § 82 Rn. 75. Der Begriff der „Führungslosigkeit" ist demgegenüber nicht nur in den rechtsformspezifischen § 35 Abs. 1 S. 2 GmbHG, § 78 Abs. 1 S. 2 AktG und § 24 Abs. 1 S. 2 GenG, sondern auch rechtsformneutral in § 10 Abs. 2 S. 2 InsO definiert.
[682] Zu Recht krit. *Wälzholz* DStR 2007, 1914 (1917).
[683] S. Begr. RegE, BT-Drs. 16/6140, 47.
[684] S. auch Scholz/*Tiedemann/Rönnau* GmbHG § 82 Rn. 1.
[685] AG Stuttgart wistra 2008, 226; zust. *Schumann* wistra 2008, 229.
[686] Dazu *Radtke/Hoffmann* EuZW 2009, 404 (407): Strafbarkeit nur, wenn weder die deutschen noch die gründungsstaatlichen Bilanzierungs- und Buchführungspflichten erfüllt wurden; iErg ebenso *Schumann* ZIP 2007, 1189 (1190, 1194); krit. zur Strafbarkeit nach deutschem Recht unter Rückgriff auf Pflichten aufgrund des ausländischen Gesellschaftsstatuts ferner Scholz/*Tiedemann/Rönnau* GmbHG Vor § 82 Rn. 76 ff.; offenlassend AG Stuttgart wistra 2008, 226.
[687] S. im vorliegenden Zusammenhang *Radtke/Hoffmann* EuZW 2009, 404 (407); *Schumann* ZIP 2007, 1189 (1195).
[688] BGH NStZ 2010, 632, dort insbes. auch zur Verfassungsmäßigkeit der Strafbarkeit gemäß Art. 103 Abs. 2 GG sowie unter dem Aspekt der Vorhersehbarkeit des Strafbarkeitsrisikos; näher ferner *Ransiek/Hüls* ZGR 2009, 157 (174 ff.); *Altenhain/Wietz* NZG 2008, 569 (570 ff.); krit. Scholz/*Tiedemann/Rönnau* GmbHG Vor § 82 Rn. 78.
[689] BGH NJW 2013, 3303 (Geschäftsleiter einer schweizerischen AG).

VII. EU-Auslandsgesellschaft & Co. KG

Der Einsatz einer EU-ausländischen Kapitalgesellschaft als Komplementärin einer deut- 671
schen KG erscheint prima facie als attraktiv, weil nach hM auf diese Weise für die **Komplementärin** das inländische Kapitalgesellschaftsrecht durch ein **permissiveres EU-ausländisches Gesellschaftsstatut** substituiert und namentlich die **Unternehmensmitbestimmung** deutschen Musters umgangen werden kann (näher → Rn. 633 ff.).[690] Hinsichtlich der Frage, ob und mit welchen Maßgaben das inländische Recht auf die ausländische Komplementärin Anwendung findet, ist auf die vorstehenden Ausführungen zu verweisen (→ Rn. 245 ff., → Rn. 385 ff.).

Auf die **KG** finden hingegen im Grundsatz unzweifelhaft die Vorschriften des deutschen 672
Rechts, insbesondere das deutsche **Gläubigerschutzrecht,** Anwendung, da es sich um eine Gesellschaft deutschen Rechts handelt.[691] Für die Insolvenzverschleppung bei der KG kann sich eine Haftung daher nach den § 15a Abs. 1 S. 2 InsO iVm § 823 Abs. 2 BGB ergeben, für das Recht der Gesellschafterdarlehen gilt insoweit § 39 Abs. 4 S. 1 InsO. Auch insoweit wird freilich der Streit um die kollisionsrechtliche Qualifikation dieser Bestimmungen relevant, falls die KG ihren tatsächlichen Schwerpunkt iSd Art. 3 EuInsVO im Ausland haben sollte (→ Rn. 283 ff., → Rn. 419 ff.; zum Wegzug → Rn. 220 ff., → Rn. 349 ff.). Besondere Schwierigkeiten können sich überdies aufgrund der grenzüberschreitenden Typenvermischung hinsichtlich des Kapitalschutzes ergeben.[692]

Im Hinblick auf die **registerrechtliche Behandlung** ist insbesondere umstritten, ob 673
neben der Komplementärin auch ihre **vertretungsberechtigten Organe** in das **Handelsregister der KG** einzutragen sind.[693] Nach einer verbreiteten Ansicht soll es insoweit an einer planwidrigen Regelungslücke fehlen und die Eintragungspflicht gegen das unionsrechtliche Diskriminierungsverbot (→ Rn. 127 ff.) verstoßen.[694] Die Frage ist namentlich von Bedeutung, soweit keine Zweigniederlassung eingetragen wird und damit die registerrechtlichen Vorschriften der §§ 13 d ff. HGB und der GesR-RL (→ Rn. 8) nicht greifen. Ferner stellt sie sich dann mit besonderer Schärfe, wenn die ausländische Gesellschaft in ihrem Heimatstaat nicht registerpflichtig ist[695] oder die Vertretungsmacht ihrer Organe sich aus dem Register ihres Gründungsstaates nicht ergibt.[696] Letztlich ist dem schutzwürdigen Interesse, die Vertretungsverhältnisse einer deutschen KG im deutschen Handelsregister klar zu publizieren, Rechnung zu tragen. Hat die Komplementärin eine eingetragene Zweigniederlassung, genügt im Register der Kommanditgesellschaft ein Hinweis auf diese Eintragung.[697] Ist hingegen keine Zweigniederlassung eingetragen, sind die Vertretungsverhältnisse analog § 33 Abs. 2 HGB im Register der KG offen zu legen. Eine unzulässige

---

[690] *Teichmann* ZGR 2014, 220 (221 ff.); *Binz/Sorg* GmbH & Co. KG § 24 Rn. 1, 5, 41; *Binz/Mayer* GmbHR 2003, 249 (250) mwN; *Reichert/Liebscher* GmbH & Co. KG § 3 Rn. 46, *Reichert/Reichert/Ullrich* § 19 Rn. 5. Empirische Daten hierzu in der Studie der Hans Böckler Stiftung: *Sick*, Mitbestimmungsrelevante Unternehmen mit ausländischen/kombiniert ausländischen Rechtsformen, 2010, 2 ff.; ferner *Kommission zur Modernisierung der deutschen Unternehmensmitbestimmung*, Bericht der wissenschaftlichen Mitglieder („Biedenkopf II"), 2006, Anhang S. 91 f.; *Weiss/Seifert* ZGR 2009, 542 (544 f.).
[691] *Klöhn/Schaper* ZIP 2013, 49 (50 ff.).
[692] S. *Teichmann* ZGR 2014, 220 (247 ff.).
[693] So BayObLG NJW 1986, 3029 (3031) (analog § 33 Abs. 2 HGB); LG Stade GmbHR 2007, 1160; LG Chemnitz ZIP 2007, 1013; ebenso *Wachter* GmbHR 2006, 79 (82); *Wachter* GmbHR 2007, 1158 (1159); mit anderer Begründung auch *Grothe* S. 260 ff.; noch weiter gehend MüKoHGB/*Langhein* HGB § 106 Rn. 21: Eintragung aller nach § 13 e ff. HGB für inländische Zweigniederlassungen einzutragenden Umstände; aA LG Berlin GmbHR 2008, 432 (433); zust. *Melchior/Rudolph* GmbHR 2008, 433 (434).
[694] *Teichmann* ZGR 2014, 220 (235); *Rehberg* in Eidenmüller, Ausländische Kapitalgesellschaften im deutschen Recht, 2004, § 5 Rn. 86, MüKoHGB/*Krafka* HGB § 8 Rn. 61, § 33 Rn. 7; offenlassend MüKoHGB/*Grunewald* HGB § 161 Rn. 110.
[695] Der Fall liegt dann nicht anders als bei der GbR deutschen Rechts; vgl. insoweit zur Eintragung der Vertretungsverhältnisse Röhricht/Graf von Westphalen/*Haas* HGB § 106 Rn. 15.
[696] S. insoweit zum englischen Recht LG Stade GmbHR 2007, 1160; LG Chemnitz ZIP 2007, 1013; *Wachter* GmbHR 2007, 265; *Wachter* GmbHR 2007, 1158 (1159).
[697] S. MüKoHGB/*Krafka* HGB § 33 Rn. 7.

Diskriminierung liegt in der Eintragungspflicht nicht. Auch Komplementärinnen deutscher Rechtsform müssen ihre Vertretungsverhältnisse in einem deutschen Register offen legen, wenn sie sich an einer deutschen KG beteiligen wollen.

674 Handelt es sich bei der EU-ausländischen Kapitalgesellschaft um die einzige Komplementärin, erscheint es geboten, durch Verwendung des **ausländischen Rechtsformzusatzes in der Firma der KG** auf den Umstand hinzuweisen, dass die persönlich haftende Gesellschafterin eine ausländische Kapitalgesellschaft ist.[698] Unter dem Aspekt des Kollisions- und Unionsrechts ist dies unproblematisch, weil es insofern nicht um die Firmierung der EU-ausländischen Kapitalgesellschaft, sondern allein um die der deutschen KG geht, sodass deutsches Firmenrecht (namentlich § 19 Abs. 2 HGB) unmittelbar gilt. Für die **Geschäftsbriefpublizität** der KG sind §§ 125a, 177a HGB anwendbar (→ Rn. 565). Beteiligt sich das ausländische Unternehmen über ihre deutsche Zweigniederlassung an der deutschen KG, kann sie insoweit mit der Zweigniederlassungsfirma eingetragen werden.[699]

675 Schließlich unterliegt auch die ausländische Kapitalgesellschaft & Co. KG den **Rechnungslegungs-, Prüfungs- und Publizitätspflichten** nach §§ 264 ff., 290 ff., 316 ff., 325 ff. HGB (s. § 264a HGB). Unter den Voraussetzungen des § 264b HGB können jedoch auch diese Gesellschaften insbesondere die Befreiung von der Pflicht, einen Jahresabschluss nach den für Kapitalgesellschaften geltenden Sondervorschriften aufzustellen, prüfen zu lassen und zu veröffentlichen, erlangen, wenn sie in den Konzernabschluss eines ausländischen Mutterunternehmens einbezogen sind.[700]

676 Für den jahrzehntelang vorherrschenden, praktischen Hauptanwendungsfall, die britische Limited & Co. KG, ergeben sich aus dem **Brexit** vorbehaltlich möglicher Gestaltungsmaßnahmen potentiell dramatische Folgen (→ Rn. 18 ff.), nämlich der Wegfall der Haftungsbegrenzung, die unbeschränkte persönliche Haftung der Kommanditisten für die Altverbindlichkeiten und die Amtslöschung der Limited & Co. KG im Handelsregister.[701] Ob diese Konsequenzen durch das Handels- und Kooperationsabkommen vermieden wurden, wird davon abhängen, ob Rspr. und hL ihm einen kollisionsrechtlichen Gehalt im Sinne der Gründungstheorie beimessen werden (→ Rn. 17, → Rn. 19). Indes ist aus heutiger Sicht wahrscheinlich, dass die Reform des Personengesellschaftsrechts die Möglichkeit für deutsche Personengesellschaften bestätigen wird, künftig ihren tatsächlichen Sitz im Ausland zu nehmen (→ Rn. 220, → Rn. 228 f., → Rn. 351).

VIII. Internationale Zuständigkeit für gesellschaftsrechtliche Streitigkeiten

677 **1. Allgemeines. Gegenstand des internationalen Zivilverfahrensrechts** sind insbesondere die Bestimmung der internationalen Zuständigkeit in grenzüberschreitenden Sachverhalten sowie die Anerkennung und Vollstreckung ausländischer Titel. Hinzu treten weitere Aspekte grenzüberschreitender Verfahren, wie etwa Fragen der internationalen Zustellung und der internationalen Rechtshilfe. Das internationale Zivilverfahrensrecht im europäischen Binnenmarkt ist heute auf der Grundlage von Art. 81 AEUV **weitgehend**

---

[698] Vgl. MüKoHGB/*Heidinger* HGB Vor § 17 Rn. 57; MüKoHGB/*Heidinger* HGB § 19 Rn. 19, 30 ff.; Röhricht/Graf von Westphalen/*Ries* HGB § 19 Rn. 68 (zumindest bei weniger gebräuchlichen Rechtsformen als der Limited); Oetker/*Schlingloff* HGB § 17 Rn. 37, § 19 Rn. 10; *Rehberg* in Eidenmüller, Ausländische Kapitalgesellschaften im deutschen Recht, 2004, § 5 Rn. 53; EBJS/*Reuschle* HGB Anh. § 17 Rn. 24, 26, § 19 Rn. 21; *Zimmer* NJW 2003, 3585 (3587 f.); Binz/*Mayer* GmbHR 2003, 249 (250) mwN; s. auch *Teichmann* ZGR 2014, 220 (237 ff.), der zur Vermeidung einer unionsrechtswidrigen Diskriminierung eine allg. geltende Kennzeichnung als „beschränkt haftende Kommanditgesellschaft" fordert (erwägend auch MüKoHGB/*Heidinger* HGB § 19 Rn. 31). Dies erscheint indes schon deshalb irreführend, weil die KG als solche selbstverständlich unbeschränkt haftet.

[699] OLG Bremen DNotZ 2013, 472; zust. *Wachter* EWiR 2013, 151; aA OLG Celle NZG 2000, 248.

[700] Dazu etwa BeckOK HGB/*Ruppelt* § 264b Rn. 21 ff., dort auch krit. zur vom LG Bonn (NJW-RR 2011, 194) bejahten Frage der Vereinbarkeit der Bestimmung mit den Anforderungen der Art. 57, 57a der Jahresabschlussrichtlinie, heute Art. 37, 38 Bilanz-RL (→ Rn. 8).

[701] *Bauerfeind/Tamcke* GmbHR 2019, 11 (15 ff.), auch zu Gestaltungsmöglichkeiten.

harmonisiert (zum internationalen Anwendungsbereich → Rn. 679, → Rn. 683). Unter den einschlägigen europäischen Rechtsakten sind im vorliegenden Zusammenhang insbesondere die **Brüssel Ia-VO** (bis 9.1.2015: Brüssel I-VO) und die **EuInsVO**[702] von Interesse. Die durch diese Regelungen herbeigeführte Harmonisierung gilt namentlich für Fälle, **678** die Berührungspunkte zu **mehreren Mitgliedstaaten** aufweisen. In solchen mit **Drittstaatenbezug** existiert demgegenüber kein allgemeiner Universalitätsgrundsatz, vielmehr gilt die Brüssel Ia-VO – von gewissen Ausnahmen (Art. 18 Abs. 1 Brüssel Ia-VO, Art. 21 Abs. 2 Brüssel Ia-VO, Art. 24, 25 Abs. 1 Brüssel Ia-VO) abgesehen – insbesondere dann nicht, wenn der Beklagte seinen (Wohn-) Sitz außerhalb der EU hat (Art. 6 Brüssel Ia-VO; zur EuInsVO → Rn. 683).[703] Das autonome internationale Verfahrensrecht[704] – insbesondere die Bestimmung der internationalen Zuständigkeit nach den doppelfunktionalen örtlichen Zuständigkeitsregeln[705] – hat dementsprechend erheblich an Bedeutung eingebüßt und bleibt im Folgenden außer Betracht.

Die Brüssel Ia-VO und EuInsVO beanspruchen als europäische Verordnungen in ihrem **679** Anwendungsbereich (vgl. Art. 68 Brüssel Ia-VO, Art. 355 AEUV) unmittelbare Geltung und verdrängen insoweit die deutschen Regelungen der ZPO und der InsO.[706] Während das Vereinigte Königreich und Irland den Verordnungen jeweils beigetreten sind,[707] gelten beide Regelungen nicht unmittelbar für Dänemark.[708] Allerdings ist auch im Verhältnis zu Dänemark die Anwendung der Brüssel Ia-VO völkerrechtlich vereinbart worden,[709] sodass das **EuGVÜ 1972**[710] als weitgehend mit der Brüssel Ia-VO übereinstimmende Vorgängerregelung seine Bedeutung auch insoweit verloren hat. Ferner besteht mit dem sog. Lugano-Übereinkommen (LugÜ 1988)[711] seit langem ein nahezu inhaltsgleiches Parallelabkommen zum EuGVÜ 1972 im Verhältnis zwischen den EFTA-Staaten Island, Norwegen und Schweiz (nicht jedoch Liechtenstein) untereinander sowie im Verhältnis zwischen den EU-Staaten (einschließlich Dänemark) und diesen EFTA-Staaten (Art. 54b LugÜ 1988). Am 30.10.2007 wurde von der Europäischen Gemeinschaft, der Schweiz, Island, Norwegen und Dänemark eine revidierte Fassung unterzeichnet **(LugÜ)**.[712] Mit diesem am 1.1.2010 (im Verhältnis zu Norwegen) in Kraft getretenen Übereinkommen ist eine weitgehende Angleichung an die Brüssel Ia-VO erfolgt, wobei die Änderung der Brüssel Ia-VO im Dezember 2012 eine erneute Überarbeitung erforderlich gemacht hat. Die folgende Darstel-

---

[702] VO (EU) 2015/848 des Rates und des Europäischen Parlaments vom 20.5.2015 über Insolvenzverfahren, ABl. 2015 L 141, 19 (anwendbar für nach dem 26.6.2017 eröffnete Insolvenzverfahren); früher VO (EG) 1346/2000 des Rates vom 29.5.2000 über Insolvenzverfahren, ABl. 2000 L 160, 1.
[703] Der Vorschlag der Kommission zur universellen Ausdehnung der Brüssel Ia-VO in Fällen mit Drittstaatenbezug (s. COM(2010) 748 endg.) ist damit nur teilweise übernommen worden (s. Art. 6 Abs. 1 Brüssel Ia-VO nF und Erwägungsgrund 14 Brüssel Ia-VO; *Schnichels/Stege* EuZW 2013, 809; *Grohmann* ZIP 2015, 16 (18)). Insoweit bleibt es bei der Anwendung der nationalen Vorschriften.
[704] Überblick bei *Leible* in Hirte/Bücker Grenzüberschreitende Gesellschaften-HdB § 12 Rn. 1b.
[705] S. etwa BGHZ (GS) 44, 46 (47); BGH NJW 2003, 2916 (2917); OLG Köln NZG 2004, 1009 (1010). Zu ausnahmsweise nicht der EuInsVO unterfallenden Insolvenzanfechtungsklagen eingehend OLG Frankfurt ZIP 2013, 277 (278 f.) mwN – Lehman.
[706] Die Brüssel Ia-VO gilt ihrem Wesen nach in allen Mitgliedstaaten unmittelbar und mit Anwendungsvorrang vor entgegenstehendem nationalem Recht, vgl. Art. 81 Brüssel Ia-VO, Art. 288 Abs. 2 AEUV.
[707] S. zu ihrem opt-in Recht Fn. 1324.
[708] S. Art. 1 Abs. 3 und Erwägungsgrund 88 EuInsVO und Erwägungsgrund 41 Brüssel Ia-VO.
[709] S. das Abkommen zwischen der Europäischen Gemeinschaft und dem Königreich Dänemark über die gerichtliche Zuständigkeit und die Anerkennung und Vollstreckung von Entscheidungen in Zivil- und Handelssachen v. 19.10.2005 (ABl. 2005 L 299, 62) und die Bekanntmachung im ABl. 2013 L 79, 4.
[710] Übereinkommen über die gerichtliche Zuständigkeit und die Vollstreckung gerichtlicher Entscheidungen in Zivil- und Handelssachen v. 27.9.1968, BGBl. 1972 II 774.
[711] Luganer Übereinkommen über die gerichtliche Zuständigkeit und die Vollstreckung gerichtlicher Entscheidungen in Zivil- und Handelssachen vom 16.9.1988, BGBl. 1994 II 2660.
[712] Luganer Übereinkommen über die gerichtliche Zuständigkeit und die Anerkennung und Vollstreckung von Entscheidungen in Zivil- und Handelssachen vom 30.10.2007, ABl. 2007 L 339, 3; s. dazu den Erläuternden Bericht von *Pocar* (ABl. 2009 C 319, 1), dem auch Anhaltspunkte für die Auslegung der weitgehend übereinstimmenden Brüssel Ia-VO entnommen werden können. Näher zu dem Abkommen *Wagner/Janzen* IPRax 2010, 298.

lung beschränkt sich im Grundsatz auf die Brüssel Ia-VO und die EuInsVO und auch insoweit auf grundlegende Fragestellungen, die im Zusammenhang mit gesellschaftsrechtlichen Streitigkeiten zu beachten sind.

680 Zu beachten ist, dass die **EuInsVO** infolge des **Brexit** nach dem Brexit-Abkommen (→ Rn. 16) im Verhältnis zum Vereinigten Königreich auf die in Art. 6 Abs. 1 EuInsVO genannten Insolvenzverfahren und -klagen noch zur Anwendung kommen wird, sofern das Hauptverfahren vor dem Ablauf der Übergangszeit, dh bis zum 31.12.2020 eingeleitet wurde (Art. 67 Abs. 3 lit. c BrexitAbk). Seither hat das Vereinigte Königreich den Status eines Drittstaats. Bislang ist nicht abschließend geklärt, ob die EuInsVO aus der Sicht der Mitgliedstaaten im Verhältnis zu Drittstaaten anzuwenden ist und das autonome internationale Insolvenzrecht, dh vorliegend die §§ 335 ff. InsO, daher auch insoweit zurücktritt.[713] Soweit die einzelnen Regelungen der EuInsVO einen spezifischen Unionsbezug voraussetzen, dürfte dies nicht durch die bisherige Rechtsprechung des EuGH gedeckt sein.[714] Des Weiteren gilt auch die **Brüssel Ia-VO** nach dem Austrittsabkommen nur noch für alle vor dem Ende der Übergangszeit eingeleiteten Verfahren und die bis zu diesem Zeitpunkt geschlossenen Gerichtsstandsvereinbarungen (Art. 67 Abs. 1 lit. a BrexitAbk für Zuständigkeitsbestimmungen; Art. 67 Abs. 2 lit. a BrexitAbk für die Anerkennung und Vollstreckung von Urteilen; Art. 69 Abs. 2 BrexitAbk für die im Verhältnis zum Königreich Dänemark anwendbaren Regelungen). Seit dem 1.1.2021 gelten aus Sicht der Mitgliedstaaten die bereits zu Drittstaatenfällen angesprochenen Grundsätze (→ Rn. 678). Aus Sicht des Vereinigten Königreichs kommt nach überwiegender Ansicht das nationale Internationale Prozessrecht zur Anwendung,[715] während nach der Gegenauffassung das Europäische Gerichtsstands- und Vollstreckungsübereinkommen (EuGVÜ 1972) wieder aufleben soll.[716]

681 **2. Zuständigkeit nach der EuInsVO und lex attractiva concursus.** Die **Abgrenzung zwischen Brüssel Ia-VO und EuInsVO** war für sog. **Annexverfahren**, die unmittelbar aufgrund des Insolvenzverfahrens eröffnet werden und in engem Zusammenhang mit diesem stehen, lange Zeit streitig.[717]

682 Auf Vorlage des BGH[718] entschied der **EuGH** schließlich im Jahr 2009 zur EuInsVO (2000), dass die Brüssel Ia-VO solche Einzelverfahren nicht erfasst, die unmittelbar aus dem eröffneten Insolvenzverfahren hervorgehen und sich eng innerhalb des Rahmens dieses Gesamtverfahrens halten.[719] Derartige Verfahren, namentlich vom Insolvenzverwalter erhobene **Insolvenzanfechtungsklagen** sowie eine vorbeugende negative Feststellungsklage des prospektiven Anfechtungsgegners[720] (nicht aber von einem Zessionar des Anfechtungsrechts erhobene Insolvenzanfechtungsklagen[721] und Gläubigeranfechtungsklagen nach dem AnfG[722]), unterfallen auf Grundlage dieser Judikatur im Sinne einer **vis attractiva concursus** der **ausschließlichen internationalen Zuständigkeit**[723] gem. Art. 3 EuInsVO

---

[713] Tendenziell bejahend, jedoch offenlassend, BGH NJW-RR 2020, 373 Rn. 12 ff. mwN zum Meinungsstand.
[714] S. die Einschränkung in EuGH NZI 2014, 134 Rn. 22 – Schmid.
[715] *Weller/Thomale/Zwirlein* ZEuP 2018, 892 (906 f.).
[716] *Lehmann/Zetzsche* JZ 2017, 62 (70).
[717] Näher noch 2. Aufl. 2006, Rn. 632.
[718] BGH NZI 2007, 538; dazu *Mörsdorf-Schulte* NZI 2008, 282; offenlassend noch BGH NZI 2003, 545 (546).
[719] EuGH NJW 2009, 2189 – Christopher Seagon/Deko Marty Belgium NV; s. dazu *Mankowski/Willemer* RIW 2009, 669; *Mock* ZInsO 2009, 470; *Mörsdorf-Schulte* ZIP 2009, 1458. S. zur Auslegung von Art. 1 Abs. 2 lit. b Brüssel Ia-VO ferner im gleichen Sinne EuGH NZI 2009, 570 – SCT Industri AB i likvidation/Alpenblume AB; ZIP 2013, 1932 Rn. 25 – ÖFAB/Koot und Evergreen; zum LugÜ EuGH NZI 2015, 88 Rn. 17 – H; ebenso OLG Frankfurt ZIP 2013, 277 (278).
[720] LG Innsbruck NZI 2014, 286 mAnm *Mäsch*. Eingehend zur Frage der Erstreckung der vis attractiva concursus auf negative Feststellungsklagen *Thole* ZIP 2012, 605 (606 ff.).
[721] EuGH ZIP 2012, 1049 – F-Tex.
[722] S. OLG Stuttgart IPRax 2008, 436 (438); s. ferner EuGH NZI 2019, 134 Rn. 30 ff. – Azteca/Feniks mit Zuordnung einer Klage auf Basis des polnischen Gläubigeranfechtungsrechts zu Art. 7 Nr. 1 lit. a Brüssel Ia-VO bei Zugrundeliegen einer vertraglich übernommenen, freiwilligen Verpflichtung.
[723] Zum Verständnis als ausschließliche Zuständigkeit und nicht als Wahlgerichtsstand EuGH NZI 2018, 994 Rn. 27 ff. – Wiemer & Trachte; ebenso K. Schmidt/*Brinkmann* InsO Art. 3 EuInsVO Rn. 39; *Mankowski/*

2000.⁷²⁴ Ebenso hatte der Gerichtshof zuvor schon zu Art. 1 Abs. 2 Nr. 2 EuGVÜ 1972⁷²⁵ entschieden. Der erforderliche **enge Zusammenhang mit dem Insolvenzverfahren** wurde insbesondere unter Hinweis darauf bejaht, dass das nationale Recht die Zuständigkeit zur Geltendmachung des fraglichen Anspruchs im Interesse der Gläubigergesamtheit ausschließlich dem Insolvenzverwalter zuwies und das Ziel darin bestand, die Haftungsmasse zur gleichrangigen Befriedigung der Insolvenzgläubiger zu vermehren.⁷²⁶ Auch in seiner Entscheidung zur Zuständigkeit für Klagen wegen Verletzung der Massesicherungspflicht nach § 64 GmbHG hat der EuGH erneut herausgestellt, dass diese Haftung zumindest die materielle Zahlungsunfähigkeit voraussetze und im konkreten Fall auch tatsächlich vom Insolvenzverwalter im Zusammenhang mit dem eröffneten Insolvenzverfahren geltend gemacht wurde.⁷²⁷ Allein der Umstand, dass eine bestimmte Haftung auch außerhalb eines Insolvenzverfahrens geltend gemacht werden kann, hindert die Anwendung von Art. 3 Abs. 1 EuInsVO 2000 nicht. Umgekehrt gilt jedoch Gleiches; die Geltendmachungsbefugnis des Insolvenzverwalters im Interesse der Gläubiger macht eine Klage nicht zu einer insolvenzrechtlichen.⁷²⁸ Ausschlaggebendes Kriterium ist letztlich nicht der prozessuale Kontext, in dem die Klage erhoben wird. Entscheidend ist vielmehr, dass ihre Rechtsgrundlage als insolvenzrechtliche, vom allgemeinen Zivil- und Handelsrecht abweichende Regelung zu qualifizieren ist.⁷²⁹ Insoweit wird vom Gerichtshof auf die Enge des Zusammenhangs abgestellt, die zwischen der gerichtlichen Klage und dem Insolvenzverfahren besteht.⁷³⁰ Diese Rspr. des EuGH ist im Zuge der Reform der EuInsVO im Jahr 2015 (→ Rn. 677) in Art. 6 EuInsVO kodifiziert worden, wobei dort eine Erhebung von Annexklagen auch im Wohnsitzstaat eines Beklagten zugelassen wird, wenn diese im Zusammenhang mit dort erhobenen zivil- oder handelsrechtlichen Klagen stehen und für jene eine Zuständigkeit nach der Brüssel Ia-VO besteht.

Der Umstand, dass nach dem nationalen Recht nicht das Insolvenzgericht, sondern ein anderes Gericht sachlich und örtlich zuständig ist, hindert die Einordnung als insolvenzrechtliches Verfahren iSd Art. 6 EuInsVO (früher Art. 3 EuInsVO 2000) nicht.⁷³¹ Die **sachliche** und die **örtliche Zuständigkeit** ergeben sich vielmehr aus dem nationalen Recht. In Ermangelung eines einschlägigen Gerichtsstands ist analog § 19a ZPO iVm § 3 InsO, Art. 102 § 1 EGInsO das sachlich zuständige Gericht am Sitz des Insolvenzgerichts örtlich zuständig.⁷³² Hinsichtlich des **internationalen Anwendungsbereichs** hat der EuGH auf Vorlage des BGH geklärt, dass die EuInsVO nicht auf Fälle mit Bezug zu zwei Mitgliedstaaten (sog. qualifizierter Binnenmarktbezug) beschränkt ist. Die Zuständigkeit für Insolvenzanfechtungsklagen, die im Rahmen eines in einem Mitgliedstaat eröffneten Insolvenzverfahrens gegen einen Anfechtungsgegner mit Wohnsitz oder Sitz in einem Drittstaat erhoben werden, ergibt sich daher ebenfalls aus der EuInsVO.⁷³³

683

Willemer RIW 2009, 669 (674 f.); s. auch *Baumert* NZI 2014, 106 f. („naheliegend"); zweifelnd *Mörsdorf/Schulte* ZIP 2009, 1456 (1461).
⁷²⁴ S. zuvor zum Nichtvorliegen einer Zivil- oder Handelssache iSv Art. 1 Abs. 1 EuGVÜ 1972 BGH NJW 1990, 990 (991); OLG Hamm RIW 2000, 305; ferner zum LugÜ 1988 OLG München ZIP 2006, 2402; OLG Köln ZIP 1998, 74. Zust. *Haas* NZG 1999, 1150 ff.
⁷²⁵ EuGH Slg. 1979, 733 = RIW 1979, 273 – Gourdain Nadler.
⁷²⁶ EuGH Slg. 1979, 733 Rn. 5 = RIW 1979, 273 – Gourdain Nadler; s. auch EuGH ZIP 2013, 1932 Rn. 25 – ÖFAB/Koot und Evergreen.
⁷²⁷ EuGH NZI 2015, 88 Rn. 19 ff. – H.
⁷²⁸ EuGH NZI 2014, 919 Rn. 24 ff., 29 – Nickel & Goeldner.
⁷²⁹ EuGH NZI 2014, 919 Rn. 24 ff., 27 – Nickel & Goeldner; NZI 2015, 88 Rn. 22 – H; NJW 2019, 1791 Rn. 28 ff. – NK/BNP Paribas Fortis.
⁷³⁰ EuGH NZI 2018, 45 Rn. 22 – Tünkers France ua; NJW 2019, 1791 Rn. 30 – NK/BNP Paribas Fortis.
⁷³¹ EuGH NJW 2009, 2189 Rn. 27 – Christopher Seagon/Deko Marty Belgium NV. In der Rechtssache „Gourdain Nadler" war hingegen auch darauf abgestellt worden, dass für die streitgegenständliche Haftungsklage des französischen Rechts das Insolvenzgericht zuständig war (s. EuGH Slg. 1979, 733 Rn. 5).
⁷³² S. – jeweils zur Insolvenzanfechtung – BGH ZIP 2009, 1287 (1288 ff.) – Christopher Seagon/Deko Marty Belgium NV; OLG Frankfurt ZInsO 2013, 350.
⁷³³ EuGH NZG 2014, 313 – Schmid; BGH WM 2014, 1094; vorgehend GA *Sharpston* ZIP 2013, 2066 (Schlussanträge); BGH WM 2012, 1449 (Vorlage); bestätigend BGH NZI 2014, 881; NZG 2014, 1111. Zu

Gleiches gilt für andere Gläubigerschutzklagen, soweit diese der vis attractiva concursus – heute Art. 6 EuInsVO – unterfallen.[734]

684 **Welche Haftungsklagen** des deutschen Gesellschaftsrechts aufgrund dieser Abgrenzung der vis attractiva concursus unterfallen, ist noch nicht abschließend geklärt.[735] In der Entscheidung „**ÖFAB/Koot und Evergreen**" hat der EuGH eine insolvenzverschleppungsähnliche Haftung von Geschäftsleitern einer schwedischen AG gegenüber Neugläubigern und eine Durchgriffshaftung der Anteilseigner für die Fortführung der insolvenzreifen („unterkapitalisierten") Gesellschaft dem Gerichtsstand der unerlaubten Handlung gem. Art. 7 Nr. 2 Brüssel Ia-VO zugeordnet (→ Rn. 717). Hierbei wurde erneut entscheidend darauf abgehoben, dass die fraglichen Ansprüche nicht **im Rahmen eines Insolvenzverfahrens durch den Insolvenzverwalter** geltend zu machen waren.[736] Für Klagen des Insolvenzverwalters, mit denen eine Haftung wegen Verletzung der **Massesicherungspflicht** geltend gemacht wird (→ Rn. 451 ff.), ist hingegen der insolvenzrechtliche Gerichtsstand eröffnet.[737] Nach den vom EuGH herangezogenen Kriterien dürfte die Einbeziehung in den Anwendungsbereich der EuInsVO außer für **Insolvenzanfechtungsklagen** nach dem Recht der Gesellschafterdarlehen (→ Rn. 417 ff.)[738] insbesondere für die nach § 80 InsO vom Insolvenzverwalter geltend zu machende **Existenzvernichtungshaftung** (→ Rn. 461 ff.)[739] gelten. Selbst für **kapitalaufbringungs- und kapitalerhaltungsrechtliche Klagen**,[740] für die ebenfalls § 80 InsO gilt, kann dies ebenso wenig ausgeschlossen werden wie für die **Haftung auf den Quotenschaden** im Rahmen der Insolvenzverschleppungshaftung (§ 823 Abs. 2 BGB, § 15a InsO), die nach § 92 InsO vom Insolvenzverwalter geltend gemacht wird.[741] Für Ansprüche der Gesellschaft gegen die Gesellschafter aus der **Unterbilanz- oder Vorbelastungshaftung** wird eine Zuständigkeit gem. Art. 6 EuInsVO (früher Art. 3 EuInsVO 2000) indes in der Rspr. verneint.[742] Soweit

---

praxisrelevanten Folgefragen, insbes. im Verhältnis zur Schweiz, *Baumert* NZI 2014, 106. Zur Anwendung der EuInsVO auf Insolvenzanfechtungsklagen gegen Anfechtungsgegner mit Sitz oder Wohnsitz auf den Kanalinseln (Jersey), aber Hauptbetätigungsfeld innerhalb der Europäischen Union, OLG Frankfurt ZInsO 2013, 350.

[734] EuGH NZI 2015, 88 Rn. 31 ff. – H (auf Vorlage des LG Darmstadt NZI 2013, 712 mAnm *Mankowski*) zur Zuständigkeit nach der EuInsVO für Klagen nach § 64 GmbHG gegen einen Geschäftsleiter mit Wohnsitz in der Schweiz; s. ferner BGH NZI 2014, 881 zu Ansprüchen gemäß § 64 S. 1 und § 43 Abs. 3 GmbHG, letztlich aber offenlassend.

[735] Für Anwendung der Brüssel Ia-VO auf gesellschaftsrechtliche Haftungsklagen *Pannen* FS G. Fischer, 2008, 403 (407).

[736] EuGH ZIP 2013, 1932 Rn. 25 – ÖFAB/Koot und Evergreen. Zur Charakterisierung der Haftung näher *Haas* NZG 2013, 1161.

[737] EuGH NZI 2015, 88 – H (auf Vorlage des LG Darmstadt NZI 2013, 712 mAnm *Mankowski*) zur Klage eines Insolvenzverwalters nach § 64 GmbHG gegen einen Geschäftsleiter mit Wohnsitz in der Schweiz; K. Schmidt/*Brinkmann* InsO Art. 3 EuInsVO Rn. 50. Eine Zuständigkeit nach der EuInsVO bejahend auch Baumbach/Hueck/*Haas* GmbHG § 64 Rn. 33 f.; *Haas* NZG 2010, 495 (496); *Wais* IPRax 2011, 138 (139) f. Offen lassend noch OLG Köln NZI 2012, 52 (53); aA hingegen für die Haftung gemäß § 64 Abs. 2 GmbHG aF OLG Düsseldorf GmbHR 2010, 591 (zum LugÜ 1988), das den Gerichtsstand des Erfüllungsorts für maßgeblich hielt; obiter auch OLG Rostock ZInsO 2014, 1498 (1500).

[738] OLG Naumburg ZIP 2011, 677; K. Schmidt/*Brinkmann* InsO Art. 3 EuInsVO Rn. 46 f.; s. auch *Weller* ZIP 2009, 2029 (2032).

[739] *Weller* ZIP 2009, 2029 (2032); aA K. Schmidt/*Brinkmann* InsO Art. 3 EuInsVO Rn. 58.

[740] Verneinend K. Schmidt/*Brinkmann* InsO Art. 3 EuInsVO Rn. 57; *Mankowski/Willemer* RIW 2009, 669 (679). Die EuGH-Vorlage des LG Essen ZIP 2011, 875 zu der Frage, ob sich die Zuständigkeit für kapitalersatzrechtliche Klagen nach den früheren sog. Rechtsprechungsregeln analog §§ 30, 31 GmbHG aus Art. 3 EuInsVO 2000 ergebe, ist mit Blick auf das Urteil BGH NJW 2011, 3784 erledigt worden (EuGH BeckRS 2012, 80987).

[741] So K. Schmidt/*Brinkmann* InsO Art. 3 EuInsVO Rn. 48; ferner FK-InsO/*Wenner/Schuster* Art. 6 EuInsVO Rn. 15 unter Berufung auf das – allerdings zur Massesicherungshaftung ergangene Urteil EuGH NZI 2015, 88 – H; s. auch *Vallender* ZIP 2015, 1513 (1517); aA zur Insolvenzverschleppungshaftung *Freitag* ZIP 2014, 302 unter eingehender und krit. Auseinandersetzung mit der Rspr. des EuGH, insbes. dem Urteil in der Rs. ÖFAB/Koot und Evergreen. S. allg. zu Klagen nach §§ 92, 93 InsO auch *Haas* NZG 1999, 1148 (1152 f.); *Haas/Blank* ZInsO 2013, 706 (710 f.); *Haas/Keller* ZZP 2013, 335 (344 ff.); abw. aber *Haubold* IPRax 2002, 157 (163 Fn. 100); *Bruhns* S. 139 f.

[742] OLG Rostock ZInsO 2014, 1498 (1499 f.): Art. 7 Nr. 1 lit. a Brüssel Ia-VO.

das Klagerecht **außerhalb eines Insolvenzverfahrens** bei den einzelnen Gläubigern verbleibt, unterfallen die entsprechenden Haftungsklagen den Gerichtsständen der Brüssel Ia-VO, insbesondere den besonderen Gerichtsständen der Art. 7 Nr. 1 und 2 Brüssel Ia-VO (→ Rn. 699 ff., → Rn. 717 ff.).[743] Hingegen regelt Art. 6 Abs. 2 EuInsVO in Abweichung von den allgemeinen Bestimmungen des europäischen Zuständigkeitsrechts eine **Gerichtsstandserweiterung kraft Sachzusammenhangs für konkurrierende Ansprüche**.[744]

Ob und in welchem Umfang sich aus den genannten Entscheidungen des EuGH Hinweise für die Auslegung des Art. 7 EuInsVO (früher Art. 4 EuInsVO 2000) und mithin **kollisionsrechtliche Folgerungen** ergeben, ist noch nicht abschließend geklärt.[745] Die kollisionsrechtliche und die zuständigkeitsrechtliche Einordnung können auf unterschiedlichen Erwägungen beruhen, sodass ein Gleichlauf zwischen internationaler Zuständigkeit und anwendbarem Recht weder notwendig noch regelmäßig gegeben ist. Hinsichtlich der Massesicherungshaftung gem. § 64 Abs. 2 S. 1 GmbHG aF (§ 64 S. 1 GmbHG nF) hat der EuGH seine Überlegungen zur insolvenzrechtlichen Qualifikation, die er zunächst in der Entscheidung „H" zur Zuständigkeitsfrage angestellt hatte (→ Rn. 684), wenig später in dem Urteil „Kornhaas/Dithmar" auch auf die kollisionsrechtliche Anknüpfung übertragen (→ Rn. 451 ff.).[746]

3. Ausschließliche internationale Gerichtsstände. a) Ausschließlicher Gerichtsstand für bestimmte Grundlagenstreitigkeiten (Art. 24 Nr. 2 Brüssel Ia-VO). Für Klagen über die **Gültigkeit, die Nichtigkeit oder die Auflösung** einer Gesellschaft oder über die **Gültigkeit der Beschlüsse ihrer Organe** begründet Art. 24 Nr. 2 Brüssel Ia-VO eine ausschließliche Zuständigkeit der Gerichte desjenigen Mitgliedstaates, in dessen Hoheitsgebiet die Gesellschaft ihren Sitz hat. Diese Regelung dient dem Zweck, die Zuständigkeit für diese Rechtsstreitigkeiten an einem Ort zu konzentrieren, um widersprüchliche Entscheidungen zu verhindern. Auch soll durch Herstellung eines Gleichlaufs der internationalen Zuständigkeit und des anwendbaren Rechts dem Umstand Rechnung getragen werden, dass die Gerichte des Sitzstaates am besten zur Entscheidung derartiger Streitigkeiten in der Lage sind. Ob der Beklagte seinen (Wohn-)Sitz in einem Mitgliedstaat hat, ist im Rahmen der Art. 22 Brüssel Ia-VO generell ohne Bedeutung.

Nach Ansicht des EuGH und der hL ist Art. 24 Nr. 2 Brüssel Ia-VO aufgrund seiner Ausgestaltung als ausschließliche Zuständigkeitsnorm eng auszulegen und **nicht** im Sinne eines generellen **Gerichtsstands der Mitgliedschaft** zu interpretieren.[747] Die Vorschrift erfasst danach weder sämtliche internen Angelegenheiten der Gesellschaft und ihrer Organisationsverfassung[748] noch gar gesellschaftsrechtliche Haftungsklagen gegen Gesellschafter und Geschäftsleiter.[749] Die Zuständigkeit der **Spruchgerichte** im Zusammenhang mit einem Squeeze-out richtet sich allerdings nach Art. 24 Nr. 2 Brüssel Ia-VO und damit nach dem Sitz der Gesellschaft, wie der EuGH festgestellt hat.[750] Für vergleichbare Bewertungs- und

---

[743] EuGH NZI 2015, 88 Rn. 25 – H.
[744] S. Erwägungsgrund 35 EuInsVO. Zur fehlenden Kognitionsbefugnis des Gerichts des Gerichtsstands der unerlaubten Handlung für nichtdeliktische Ansprüche EuGH Slg. 1988, 5565 – Kalfelis/Schröder (→ Rn. 697).
[745] Verneinend *Berner/Klöhn* ZIP 2007, 106 (110); bejahend aber etwa *Servatius* DB 2015, 1087 (1089 ff.).
[746] S. EuGH NZI 2015, 88 – H; NZG 2016, 115 – Kornhaas/Dithmar und nachgehend BGH NZI 2016, 461.
[747] EuGH NZG 2009, 28 – Hasset/South Eastern Health Board; NZG 2011, 674 Rn. 30 – BVG/JP Morgan; OLG Köln NZG 2004, 1009 (1010); OLG Naumburg NZG 2000, 1218 (1219); *Bachmann* IPRax 2009, 140 (142); MüKoZPO/*Gottwald* Brüssel Ia-VO Art. 24 Rn. 23, 28; *Kropholler/v. Hein* Brüssel I-VO Art. 22 Rn. 34, 40; *Leible* in Hirte/Bücker Grenzüberschreitende Gesellschaften-HdB § 12 Rn. 13; Rauscher/*Mankowski* Brüssel Ia-VO Art. 24 Rn. 148 f., 136 ff.; vgl. zum Umfang der Zuständigkeit nach Art. 24 Nr. 2 Brüssel Ia-VO auch *Wagner* in Lutter Auslandsgesellschaften S. 223, 262 ff.
[748] Dazu krit. *Altmeppen/Wilhelm* DB 2004, 1083 (1086 f.); zust. *Leible* in Hirte/Bücker Grenzüberschreitende Gesellschaften-HdB § 12 Rn. 13.
[749] S. OLGReport Celle 2006, 748 (Binnenhaftung des Geschäftsführers); LG Mainz WM 2005, 2319 (2322) (Eigenkapitalersatzrecht und Ansprüche aus Beherrschungsvertrag, obiter).
[750] EuGH EuZW 2018, 811 – E.ON Czech Holding. Bereits zuvor bejahend OLG Wien AG 2010, 49; *Meilicke/Lochner* AG 2010, 23; Zöller/*Geimer* Brüssel Ia-VO Art. 24 Rn. 22. Nach aA (*Mock* IPRax 2009,

Abfindungsverfahren bei anderen Strukturmaßnahmen kann nichts anderes gelten. Für die Durchsetzung von **Minderheitsrechten** im Rahmen **grenzüberschreitender Umwandlungen** von Kapitalgesellschaften sieht die GesR-RL seit dem EU-Company Law Package aus dem Jahr 2019 (→ Rn. 11) eine ausschließliche Zuständigkeit im Wegzugsmitgliedstaat des formwechselnden Rechtsträgers bzw. im jeweiligen Herkunftsstaat der sich verschmelzenden oder spaltenden Gesellschaft vor (Art. 86i Abs. 5 GesR-RL, Art. 126a Abs. 5 GesR-RL, Art. 160i Abs. 5 GesR-RL). Klargestellt hat der EuGH ferner, dass die Regelung nur dann einen ausschließlichen Gerichtsstand begründet, wenn der Rechtsstreit die dort aufgeführten Gegenstände „in erster Linie" und nicht lediglich inzident als Vorfrage betrifft.[751]

688 Die **Entscheidung** darüber, wo sich der „**Sitz**" befindet, hat jedes Gericht nach seinem **internationalen Privatrecht** zu treffen (Art. 24 Nr. 2 S. 2 Brüssel Ia-VO). Diese Regelung beruht ersichtlich auf der Vorstellung, dass die Mitgliedstaaten das Gesellschaftsstatut auch unter Anknüpfung an den tatsächlichen Sitz bestimmen können. Ihr Sinn liegt jedoch darin, Streitigkeiten über grundlegende Organisationsaspekte einer europäischen Gesellschaft im Gründungsstaat entscheiden zu lassen, der ihr ihre Existenz verliehen hat. Seit der EuGH in der Entscheidung „Überseering" eine primärrechtliche Anerkennungspflicht statuiert hat (→ Rn. 234 ff.), kann die Vorschrift für Gesellschaften aus Gründungstheoriestaaten daher nur dahin gehend ausgelegt werden, dass die ausschließliche Zuständigkeit sich aus dem (Satzungs-)**Sitz im Gründungsstaat** ergibt. Eines zusätzlichen realwirtschaftlichen Bezugs bedarf es nicht.[752] Deutsche Gerichte sind somit für die betroffenen Rechtsangelegenheiten einer Auslandsgesellschaft nicht zuständig, auch wenn diese überwiegend oder ausschließlich im Inland tätig ist. Umgekehrt verbleibt es bei deutschen Kapitalgesellschaften mit tatsächlichem Sitz im Ausland bei der internationalen deutschen Zuständigkeit.

689 Ist eine internationale Zuständigkeit deutscher Gerichte zu bejahen, folgt die **örtliche Zuständigkeit** nach deutschem Prozessrecht aus § 22 ZPO.[753]

690 **b) Ausschließliche Gerichtsstände kraft Prorogation oder rügeloser Einlassung (Art. 25, 26 Brüssel Ia-VO).** Eine ausschließliche internationale Zuständigkeit kann darüber hinaus nach allgemeinen Grundsätzen durch Prorogation, insbesondere auch in der Satzung einer Kapitalgesellschaft,[754] oder durch rügelose Einlassung[755] begründet werden (Art. 25, 26 Brüssel Ia-VO). Die Wirkung einer Gerichtsstandsvereinbarung oder -klausel beschränkt sich auf die Vertragsparteien. Insoweit gilt auch für Organpersonen der Vertragspartner nichts anderes.[756] Die Zuständigkeit beurteilte sich jedoch nach der bis zum 1.1.2015

271; *Nießen* NZG 2006, 441 (442 f.)) folgt die Zuständigkeit abgesehen von der allgemeinen Zuständigkeit gemäß Art. 4 Brüssel Ia-VO am (Wohn-)Sitz des Mehrheitsaktionärs aus Art. 7 Nr. 1 Brüssel Ia-VO, während wieder andere (*Maul* AG 1998, 404 (409 f.)) Art. 7 Nr. 2 Brüssel Ia-VO für maßgeblich halten. Eingehend zum Meinungsstand mwN *Meilicke/Lochner* AG 2010, 23 (27 ff.); *Mock* IPRax 2009, 271 ff.; *Nießen* NZG 2006, 441 ff.

[751] EuGH NZG 2011, 674 – BVG/JP Morgan; s. dazu *Wedemann* NZG 2011, 733.

[752] BGHZ 190, 242 = NJW 2011, 3372 Rn. 19 ff.; bestätigend BGH NJW-RR 2018, 290 Rn. 26; ferner OLG Frankfurt NZG 2010, 581; *Altmeppen/Wilhelm* DB 2004, 1083 (1087); *Kindler* NZG 2010, 576 (577 f.) (aber mit einem Vorbehalt bei ausnahmsweise zulässige Nichtanerkennung auch europäischer Auslandsgesellschaften); *Leible* in Hirte/Bücker Grenzüberschreitende Gesellschaften-HdB § 12 Rn. 8 f.; *Lehmann* GmbHR 2005, 978 (979); *Schillig* IPRax 2005, 217 f.; *Wagner* in Lutter Auslandsgesellschaften S. 223 (264 ff.); *Zöllner* GmbHR 2006, 1 (9); *Zöller/Geimer* Brüssel Ia-VO Art. 24 Rn. 23; iErg wohl auch Geimer/Schütze/Geimer Brüssel I-VO Art. 24 Rn. 213; aA – für ein Wahlrecht des Klägers im Falle einer Divergenz von Satzungssitz und tatsächlichem Sitz, sofern der Staat des letzteren beide angeblich anknüpft – *Kropholler/v. Hein* Brüssel I-VO Art. 22 Rn. 41; s. auch *Zimmer* ZHR 168 (2004), 355 (361 f.), wonach der Mitgliedstaat, in dessen Gebiet eine EU-ausländische Kapitalgesellschaft ihren tatsächlichen Sitz hat, die ausschließliche Zuständigkeit nach Art. 24 Nr. 2 Brüssel Ia-VO ohne Verstoß gegen die Niederlassungsfreiheit für sich in Anspruch nehmen könne, sodass im Bereich der EU uU zwei ausschließliche Gerichtsstände nebeneinander bestehen könnten.

[753] *Leible* in Hirte/Bücker Grenzüberschreitende Gesellschaften-HdB § 12 Rn. 7.

[754] EuGH NJW 1992, 1671 – Powell Duffryn/Petereit (AG); vgl. auch BGH DStR 2004, 1930 (Innengesellschaft).

[755] BGH BB 2015, 1748 (rügelose Einlassung in der Klageerwiderung). EuGH GRUR 2017, 1129 – BMW/Acacia (auch hilfsweise Rüge im ersten Verteidigungsschriftsatz ausreichend).

[756] EuGH NZG 2018, 226 – Leventis u. Vafeias.

noch geltenden Rechtslage in beiden Fällen nur dann nach der Brüssel Ia-VO, wenn mindestens eine der Parteien[757] ihren (Wohn-)Sitz in einem Mitgliedstaat hat. Hinsichtlich Art. 23 Brüssel Ia-VO folgt dies bereits aus dem Wortlaut der Vorschrift, im Falle des Art. 24 Brüssel Ia-VO hingegen aus dem Sachzusammenhang mit Art. 23 Brüssel Ia-VO. Seit dem 1.1.2015 richtet sich die zuständigkeitsbegründende Wirkung einer Gerichtsstandsvereinbarung hingegen auch dann nach der Brüssel Ia-VO, wenn der (Wohn-)Sitz sämtlicher Parteien in Drittstaaten liegt, sie jedoch die Zuständigkeit eines mitgliedstaatlichen Gerichts vereinbart haben (Art. 25 Abs. 1 Brüssel Ia-VO nF). Weitere Einzelheiten sind hier nicht darzustellen.

4. Allgemeiner internationaler Gerichtsstand europäischer Kapitalgesellschaften. Auch die Brüssel Ia-VO folgt im Grundsatz der anerkannten Regel, dass der Kläger den Beklagten an seinem allgemeinen Gerichtsstand in Anspruch zu nehmen hat. Insoweit sieht die VO als Grundanknüpfung der internationalen Zuständigkeit vor, dass Personen mit Wohnsitz im Hoheitsgebiet eines Mitgliedstaats ohne Rücksicht auf ihre Staatsangehörigkeit vor den Gerichten dieses Mitgliedstaats zu verklagen sind (Art. 4 Abs. 1 Brüssel Ia-VO). Hat der Beklagte nicht die Staatsangehörigkeit des Wohnsitzstaates, gelten die für Inländer maßgeblichen Zuständigkeitsvorschriften (Art. 4 Abs. 2 Brüssel Ia-VO). Befindet sich der Wohnsitz des Beklagten in einem Mitgliedstaat, so steht es der Anwendbarkeit der Brüssel Ia-VO auch nicht entgegen, wenn der Sachverhalt im Übrigen nur Beziehungen zu einem Drittstaat aufweist und es an einem „qualifizierten Binnenmarktbezug" im Sinne einer Beziehung zu einem anderen Mitgliedstaat fehlt.[758] Hat der Beklagte umgekehrt seinen Wohnsitz nicht in einem Mitgliedstaat, so findet vorbehaltlich gewisser Ausnahmen das nationale Zuständigkeitsrecht Anwendung (vgl. Art. 6 Abs. 1 Brüssel Ia-VO)[759] mit dem Vorbehalt einer Zuständigkeit nach Art. 22, 23 Brüssel Ia-VO (→ Rn. 686 ff., → Rn. 690). Während bei natürlichen Personen der Wohnsitz für die Begründung des allgemeinen Gerichtsstands den Ausschlag gibt (Art. 4 Abs. 1 Brüssel Ia-VO, Art. 62 Brüssel Ia-VO), ist die allgemeine internationale Gerichtspflichtigkeit europäischer Kapitalgesellschaften **alternativ**[760] an ihren **satzungsmäßigen Sitz**,[761] ihre **Hauptverwaltung**[762] oder ihre **Hauptniederlassung**[763] geknüpft (Art. 4, 63 Brüssel Ia-VO). Einen über den Registertatbestand bzw. die Satzungsbestimmung hinausgehenden realwirtschaftlichen Bezug im Sinne einer wie auch immer gearteten Verwaltungs- oder Geschäftstätigkeit setzt die Gerichtspflicht am Ort des Satzungssitzes nicht voraus.[764] Bei Gesellschaften aus dem Vereinigten Königreich und aus Irland ist unter dem Satzungssitz primär das „registered office" zu verstehen. Subsidiär sind der Ort der Erlangung der Rechtsfähigkeit (place of incorporation) oder hilfsweise der Gründungsort maßgeblich (Art. 63 Brüssel Ia-VO).[765] Diese Häufung allgemeiner

---

[757] Auch iRd Art. 24 Brüssel Ia-VO muss dies nicht der (Wohn-)Sitz des Beklagten sein, s. EuGH Slg. 2000, I-5925 Rn. 43 f. – Group Josi.
[758] S. zu Art. 2 EuGVÜ 1972 EuGH Slg. 2005, I-1383 Rn. 26, 33 f. – Owusu. Zur EuInsVO EuGH EuZW 2014, 262 – Schmid (→ Rn. 683).
[759] Art. 6 Abs. 1 der neuen Brüssel Ia-VO erweitert den Vorbehalt zusätzlich ausdrücklich auf Zuständigkeiten nach Art. 18 Abs. 1 Brüssel Ia-VO und Art. 21 Abs. 2 Brüssel Ia-VO für Klagen von Verbrauchern und Arbeitnehmern.
[760] BGH NJW-RR 2018, 290 Rn. 11; Kropholler/v. Hein Brüssel I-VO Art. 60 Rn. 2. Ebenso Art. 60 Abs. 1 LugÜ.
[761] Der satzungsmäßige Sitz ist der sich aus dem Gesellschaftsvertrag ergebende.
[762] Die Hauptverwaltung ist der Ort, an dem die Willensbildung und die eigentliche unternehmerische Leitung der Gesellschaft erfolgen, also meist der Sitz der Organe; BAG NJW 2008, 2797 (2798); BGH NJW-RR 2008, 551. Maßgeblich ist der Ort, an dem die grundlegenden unternehmerischen Entscheidungen getroffen werden. Die zuständigkeitsbegründende Wirkung der Hauptverwaltung ist davon unabhängig, dass die juristische Person an diesem Ort die Eintragung einer Haupt- oder Zweigniederlassung beantragt oder in diesem Mitgliedstaat unter bloßer Beibehaltung des satzungsmäßigen Sitzes im Gründungsstaat die gesamte Geschäftstätigkeit ausübt; zum Ganzen BAG NJW 2008, 2797 (2798).
[763] Die Hauptniederlassung ist der Ort, an dem sich der tatsächliche Geschäftsschwerpunkt der Gesellschaft befindet; bei einer Fabrik ist dies die zentrale Produktionsstätte oder sonst ein Ort, an dem sich die wesentlichen Personal- und Sachmittel konzentrieren.
[764] BGH NJW-RR 2018, 290 Rn. 16 ff.
[765] Kropholler/v. Hein Brüssel I-VO Art. 60 Rn. 3.

Gerichtsstände ist beabsichtigt und sachgerecht. Der Vorschlag, die Anknüpfungspunkte in ein Stufenverhältnis zu stellen,[766] ist nicht in die Brüssel Ia-VO übernommen worden. Die **örtliche Zuständigkeit** ergibt sich aus dem nationalen Zuständigkeitsrecht, dh im Falle einer inländischen Hauptverwaltung aus § 17 Abs. 1 S. 2 ZPO.[767] Befindet sich nur die Hauptniederlassung im Inland, ist § 21 ZPO anzuwenden.[768]

692 In **Konzernverhältnissen** ist der allgemeine internationale Gerichtsstand für Tochter- und Muttergesellschaft jeweils gesondert nach Art. 4, 63 Brüssel Ia-VO zu bestimmen, da es sich um rechtlich selbstständige Gesellschaften handelt.

693 **Zweigniederlassungen** sind mangels rechtlicher Eigenständigkeit weder partei- noch rechtsfähig[769] und haben daher als solche keinen allgemeinen internationalen Gerichtsstand. Dies steht freilich nicht der Annahme entgegen, dass die **Scheinauslandsgesellschaft** auch einen allgemeinen Gerichtsstand im Zuzugsstaat besitzt, wenngleich ihre dortige Niederlassung nach Ansicht des EuGH[770] als Zweigniederlassung iSd GesR-RL (→ Rn. 8) zu behandeln ist (→ Rn. 539).[771]

694 Ist eine Gesellschaft selbst Gesellschafterin oder – was nach dem Gesellschaftsrecht anderer Mitgliedstaaten durchaus in Betracht kommt – Geschäftsleiterin einer anderen Gesellschaft, steht ihr allgemeiner internationaler Gerichtsstand außerhalb eines Insolvenzverfahrens der Beteiligungsgesellschaft (→ Rn. 681 ff.) auch für **gesellschaftsrechtliche Haftungsklagen** uneingeschränkt zur Verfügung. Handelt es sich bei den Gesellschaftern und Geschäftsleitern um natürliche Personen, ist deren allgemeiner Gerichtsstand jeweils gesondert nach ihrem Wohnsitz zu bestimmen (Art. 4, 62 Brüssel Ia-VO iVm § 7 BGB). Der allgemeine internationale Gerichtsstand von Gesellschaftern und Geschäftsleitern einer **Scheinauslandsgesellschaft** wird somit ebenso wie bei deutschen Kapitalgesellschaften häufig im Inland liegen, wenngleich dies – wie insbesondere der Fall einer Muttergesellschaft mit Satzungs- und Verwaltungssitz im Ausland zeigt – nicht zwingend ist. Auch ist es nach neuerer Rspr. mit Blick auf die Neufassung der § 4a GmbHG, § 5 AktG nicht mehr erforderlich, dass der Geschäftsleiter einer deutschen Kapitalgesellschaft zur jederzeitigen Einreise in die Bundesrepublik Deutschland befugt ist.[772]

695 Das **EuGVÜ** 1972 und das **LugÜ** 1988 stellen zwar ebenfalls auf den „Sitz" ab (Art. 53 Abs. 1 S. 1 EuGVÜ 1972/LugÜ 1988), enthalten aber anders als die Brüssel Ia-VO keine autonome Definition des Sitzes, sondern überlassen dessen Bestimmung ebenso wie Art. 24 Nr. 2 Brüssel Ia-VO (→ Rn. 688) dem mitgliedstaatlichen Kollisionsrecht (Art. 53 Abs. 1 S. 2 EuGVÜ 1972/LugÜ 1988). Anders als bei Art. 22 Nr. 2 Brüssel Ia-VO sprechen insoweit aber die besseren Gründe dagegen, mit Blick auf die Rspr. des EuGH zur Anerkennung europäischer Scheinauslandsgesellschaften (→ Rn. 234 ff.) auf den „Sitz" im Gründungsstaat abzustellen. Entspr. der hier vertretenen alternativen gesellschaftskollisionsrechtlichen Anknüpfung an die Gründung, bei Kapitalgesellschaften mithin an den Satzungssitz, und an den tatsächlichen Sitz (→ Rn. 319 ff.) ist vielmehr auch für das EuGVÜ 1972 und das LugÜ 1988 eine allgemeine Gerichtspflichtigkeit „doppelansässiger" Gesellschaften an beiden Sitzen zu befürworten.[773] Im Übrigen ist zu beachten, dass die Rechtslage insoweit sowohl durch das

---

[766] Art. 2 Abs. 2 des Vorschlags der Kommission zur Reform des EuGVÜ 1972, COM(1997), 609 endg., ABl. 1998 C 33, 20 f.
[767] OLG Köln IPRax 2007, 935; *Leible* in Hirte/Bücker Grenzüberschreitende Gesellschaften-HdB § 12 Rn. 5; *Wagner* in Lutter Auslandsgesellschaften S. 223 (250).
[768] *Leible* in Hirte/Bücker Grenzüberschreitende Gesellschaften-HdB § 12 Rn. 5.
[769] BGHZ 4, 62; BGHZ 53, 383 (385); BGH RIW 1987, 790; Großkomm HGB/*Koch* HGB § 13d Rn. 42; MüKoBGB/*Kindler* IntGesR Rn. 230; Staudinger/*Großfeld* IntGesR Rn. 976.
[770] S. EuGH Slg. 2003, I-10155 Rn. 55 ff. = NJW 2003, 3331 – Inspire Art.
[771] BGH NZG 2007, 752 (753); *Altmeppen/Wilhelm* DB 2004, 1083 (1087); zust. *Leible* in Hirte/Bücker Grenzüberschreitende Gesellschaften-HdB § 12 Rn. 3.
[772] S. OLG Düsseldorf NZG 2009, 678; OLG München ZIP 2010, 126; zum Ganzen Lutter/Hommelhoff/*Kleindiek* GmbHG § 6 Rn. 14 f.
[773] AA – für allgemeinen Gerichtsstand nur im Gründungsstaat – *Leible* in Hirte/Bücker Grenzüberschreitende Gesellschaften-HdB § 12 Rn. 6, der aber eine alternative Anknüpfung in Anlehnung an Art. 63 Brüssel Ia-VO zumindest hilfsweise in Betracht zieht; noch anders – für Anknüpfung an den tatsächlichen Sitz analog

LugÜ (vgl. Art. 60 LugÜ) als auch – im Verhältnis zu Dänemark (→ Rn. 658 mwN) – hinsichtlich des EuGVÜ 1972 an die Brüssel Ia-VO angeglichen wurde.

5. Besondere internationale Gerichtsstände für gesellschaftsrechtliche Haf- 696
tungsklagen. a) Allgemeines. Die besonderen Zuständigkeiten gem. Art. 7, 8 Brüssel Ia-VO[774] stehen neben derjenigen nach Art. 4 Abs. 1 Brüssel Ia-VO zur **Wahl des Klägers,** sofern keine vorrangige ausschließliche Zuständigkeit begründet ist (zur lex attractiva concursus → Rn. 682 ff.). Es handelt sich jeweils um Fallgestaltungen, in denen nach Ansicht des Verordnungsgebers eine besonders enge Beziehung vorliegt, die im Interesse einer geordneten Rechtspflege und einer sachgerechten Prozessgestaltung eine Abweichung von dem Grundsatz des Beklagtengerichtsstands rechtfertigt.[775] Dem entspricht es, dass die besonderen Zuständigkeitsbestimmungen nach Ansicht des EuGH **eng auszulegen** sind.[776] Letztlich soll hierdurch die hohe Vorhersehbarkeit der internationalen Gerichtsstände gewährleistet werden.[777] In der Regel bestimmen die besonderen Gerichtsstände der Brüssel Ia-VO zugleich mit der internationalen auch die **örtliche Zuständigkeit.**[778] Ebenso wie der allgemeine Gerichtsstand des Art. 2 Brüssel Ia-VO (→ Rn. 691) setzen auch die besonderen Gerichtsstände der Art. 5 und 6 Brüssel Ia-VO voraus, dass der Beklagte seinen Wohnsitz in einem Mitgliedstaat hat.

b) Vertraglicher Gerichtsstand (Art. 7 Nr. 1 Brüssel Ia-VO). aa) Anwendung auf 697
gesellschaftsrechtliche Streitigkeiten. Da der EuGH **Gesellschaftsverhältnisse** als „vertraglich" iSd Art. 7 Nr. 1 Brüssel Ia-VO einordnet,[779] kommt der besondere Gerichtsstand des Erfüllungsorts auch für gesellschaftsrechtliche Haftungsklagen gegen Gesellschafter in Betracht, wenn und weil die zugrunde liegenden Ansprüche sich als Folge einer vertraglichen, freiwillig begründeten Beziehung[780] einordnen lassen. Insoweit ist zu beachten, dass auch Sekundäransprüche gesetzlicher Natur, die an die Verletzung vertraglicher Primärpflichten anknüpfen, Ansprüche iSd Art. 7 Nr. 1 Brüssel Ia-VO sind.[781] Besteht zwischen den Parteien ein Vertrag, so ist zur Abgrenzung einer Deliktshaftung darauf abzustellen, ob das behauptete Fehlverhalten als Verstoß gegen vertragliche Verpflichtungen angesehen werden kann. Dies ist anzunehmen, wenn die Widerrechtlichkeit des Verhaltens nur unter Berücksichtigung des Vertrags beurteilt werden kann.[782] Selbstverständlich hat das angerufene Gericht nicht nur schriftliche, sondern ebenso mündliche oder auch nur konkludent abgeschlossene Verträge zu berücksichtigen.[783] Das Fehlen eines umfassenden Gerichtsstands der Mitgliedschaft entsprechend § 22 ZPO und der Ausschluss des Vermögensgerichtsstands gem. § 23 ZPO durch Art. 5 Abs. 2 Brüssel Ia-VO (iVm einer Notifizierung nach Art. 76 Abs. 1 lit. a Brüssel Ia-VO)[784] werden im europäischen Zivilprozessrecht

---

§ 17 Abs. 1 S. 2 ZPO – *Schlosser*, EuGVÜ 1972: Europäisches Gerichtsstands- und Vollstreckungsübereinkommen, 1999, Art. 53 Rn. 2.
[774] Einen weiteren, hier nicht behandelten besonderen Gerichtsstand des Reeders enthält Art. 9 Brüssel Ia-VO.
[775] Vgl. EuGH Slg. 2004, I-6009 Rn. 12 ff., 15 – Kronhofer; NJW 2007, 1799 Rn. 22 – Colar Drack.
[776] EuGH Slg. 2004, I-6009 Rn. 14 – Kronhofer.
[777] Dazu Erwägungsgrund 15 Brüssel Ia-VO; EuGH Slg. 2006, I-6827 Rn. 24 f. – Reisch Montage.
[778] Vgl. EuGH NJW 2007, 1799 Rn. 30 – Colar Drack, zu Art. 7 Nr. 1 lit. b Brüssel Ia-VO; ferner Musielak/Voit/*Stadler* Brüssel Ia-VO Vor Art. 7–9 Rn. 1 ff.
[779] Dazu EuGH Slg. 1983, 987 Rn. 13 f. – Peters/ZNAV (Verein); Slg. 1992, I-1769 Rn. 16 – Powell Duffryn/Petereit (AG).
[780] Vgl. EuGH Slg. 2002, I-7357 Rn. 23 – Tacconi; Slg. 1998, I-6511 Rn. 17 – Réunion européenne; Slg. 1992, I-3967 Rn. 15 – Handte/TMCS; Slg. 2002, I-5367 Rn. 19 – Rudolf Gabriel; Geimer/Schütze/*Geimer* Brüssel I-VO Art. 7 Rn. 30.
[781] S. EuGH Slg. 1987, 239 Rn. 9 – Shenavai/Kreischer; BGHZ 132, 205; BGH NJW 2001, 1937; RIW 1979, 711; *Kropholler/v. Hein* Brüssel I-VO Art. 5 Rn. 14; *Leible* in Hirte/Bücker Grenzüberschreitende Gesellschaften-HdB § 12 Rn. 18; *Schlosser/Hess* Brüssel Ia-VO Art. 5 Rn. 7.
[782] EuGH EuZW 2014, 383 Rn. 24 f. – Brogsitter.
[783] EuGH EuZW 2016, 747 – Granarolo.
[784] Zur Heranziehung dieser Gerichtsstände für grenzüberschreitende Konzernklagen MüKoBGB/*Kindler* IntGesR Rn. 772; *Maul* NZG 1999, 741 (742 f.).

daher in weitem Umfang durch Art. 7 Nr. 1 Brüssel Ia-VO kompensiert (zum Erfüllungsort → Rn. 707 ff.). Einer generellen Unterscheidung zwischen Fällen einer (vertraglich einzuordnenden) Innen- und einer (nicht vertraglich zu qualifizierenden) Außenhaftung steht der EuGH indes zurückhaltend gegenüber.[785] Auch ist für die zuständigkeitsrechtliche Behandlung von Außenhaftungsansprüchen gegen Gesellschafter oder Organmitglieder einer Kapitalgesellschaft – anders als hinsichtlich der Haftung gem. oder analog § 128 HGB[786] – nicht entscheidend, ob der Anspruch des klagenden Gläubigers gegen die Gesellschaft vertraglicher oder außervertraglicher Natur ist. Hierin läge eine zufällige Ungleichbehandlung gleichgelagerter Zuständigkeitsfragen, bei der das Interesse der betroffenen Gesellschafter bzw. Geschäftsleiter an einer vorhersehbaren Gerichtsverantwortlichkeit vernachlässigt würde.[787] Maßgebend ist vielmehr, ob die streitigen Ansprüche ihre Grundlage in der Verletzung einer freiwillig eingegangenen Pflicht oder drittschützender Normen haben.[788] Ob dem Gericht des *forum contractus* eine **Kognitionsbefugnis für konkurrierende nichtvertragliche Ansprüche** zusteht, ist umstritten.[789] Aufgrund der Rspr. des EuGH, der dem Gericht des Gerichtsstands der unerlaubten Handlung (→ Rn. 714 ff.) eine solche Befugnis für nichtdeliktische Ansprüche abgesprochen hat,[790] ist dies zu bezweifeln.

698 Die vertragliche Einordnung gem. Art. 7 Nr. 1 Brüssel Ia-VO gilt in gleicher Weise auch für das **organschaftliche Verhältnis** zwischen Organmitgliedern und Kapitalgesellschaften.[791] **Vorrangig** ist jedoch stets zu klären, ob der Geschäftsleiter – wie dies namentlich bei einem nicht mehrheitlich gesellschafterlich beteiligten Geschäftsführer einer GmbH der Fall ist – im konkreten Fall weisungsabhängig in einem Unterordnungsverhältnis und daher als **Arbeitnehmer** zu qualifizieren ist. Sollte dies der Fall sein, sind Haftungsklagen wegen Verletzung seiner Pflichten ausschließlich im Wohnsitzstaat des Geschäftsleiters zu erheben (Art. 22 Abs. 1 Brüssel Ia-VO; Art. 20 Abs. 1 Brüssel Ia-VO aF).[792] In der Rspr. ist eine vertragsrechtliche Zuständigkeit nach Art. 7 Nr. 1 Brüssel Ia-VO im Übrigen auch im Hinblick auf Klagen der Gesellschaft gegen ein faktisches Organ erwogen worden.[793] Nehmen hingegen Vertragsgläubiger der Gesellschaft deren Geschäftsleiter wegen Verletzung ihrer Pflichten in Anspruch, steht der Gerichtsstand des Vertrags nicht zur Verfügung. In Betracht kommt jedoch eine Klage am deliktischen Gerichtsstand nach Art. 7 Nr. 2 Brüssel Ia-VO.[794] Auch die Vertragsgläubiger einer Tochtergesellschaft können die **Muttergesell-**

---

[785] Vgl. EuGH ZIP 2013, 1932 Rn. 38 – ÖFAB/Koot und Evergreen.
[786] Entgegen *Haas* NZG 2013, 1161 (1164); ferner *Haas/Blank* ZInsO 2013, 706 (708) und *Haas/Keller* ZZP 2013, 335 (338). Wohl ebenso zu verstehen BGH BeckRS 2008, 21694, wo die Gesellschafterhaftung analog § 128 HGB für Vertragspflichten einer GbR nicht allein deshalb als vertraglich iSv Art. 7 Nr. 1 Brüssel Ia-VO qualifiziert wurde, weil der Gesellschaftsbeitritt freiwillig erfolgt war; hierauf abstellend aber *Haas* NZG 2013, 1161 (1164). Die vertragliche Einordnung wurde vielmehr insbes. damit begründet, dass es sich um eine vertragliche Verbindlichkeit der Gesellschaft handelte, für die der Gesellschafter in Anspruch genommen werden konnte. S. ferner, ohne nähere Begr., LG Saarbrücken ZInsO 2013, 741 (Art. 5 Nr. 1 LugÜ bei Haftung analog § 128 HGB für vertragliche Verbindlichkeiten der GbR); wohl auch Rauscher/*Leible* Brüssel Ia-VO Art. 7 Rn. 26c; aA - stets der *Haas* NZG 2013, 1161 (1164); *Haas/Blank* ZInsO 2013, 706 (708); *Haas/Keller* ZZP 2013, 335 (338) mwN; ferner *Mankowski* NZI 1999, 56 (57).
[787] EuGH ZIP 2013, 1932 Rn. 39 ff. – ÖFAB/Koot und Evergreen; ebenfalls gegen eine derartige akzessorische Anknüpfung BGH ZIP 2014, 1997.
[788] S. EuGH ZIP 2013, 1932 Rn. 36 – ÖFAB/Koot und Evergreen; *Haas* NZG 2013, 1161 (1164).
[789] Bejahend *Spickhoff* IPRax 2009, 128 (132); *Martiny* FS Geimer, 2002, 641 (656); *Weber* IPRax 2013, 69 (73). Verneinend MüKoZPO/*Gottwald* Brüssel Ia-VO Art. 7 Rn. 14.
[790] EuGH Slg. 1988, 5565 Rn. 19 – Kalfelis/Schröder.
[791] Vgl. EuGH NZG 2015, 1199 Rn. 53 f. – Holterman; OLG München NZG 1999, 1170 (1171); OLG Celle NZG 2000, 595; LG Bonn IPRax 2013, 80 (82 f.); Geimer/Schütze/*Geimer* Brüssel I-VO Art. 7 Rn. 32b, 41; Zöller/*Geimer* Brüssel Ia-VO Art. 7 Rn. 31, 37; Kropholler/v. Hein Brüssel I-VO Art. 5 Rn. 13; Rauscher/*Leible* Brüssel Ia-VO Art. 7 Rn. 26a; *Rauscher* in Hirte/Bücker Grenzüberschreitende Gesellschaften-HdB § 12 Rn. 18; Schlosser/*Hess* EuZPR Brüssel Ia-VO Art. 5 Rn. 13; *Weber* IPRax 2013, 69 (71).
[792] EuGH NZG 2015, 1199 Rn. 33 ff. – Holterman; BeckRS 2019, 5512 Rn. 25 ff. – Bosworth und Hurley; eingehend *Hübner* ZGR 2016, 897.
[793] Letztlich offenlassend OLG Köln NZI 2012, 52; zust. zumindest für Fälle, in denen das faktische Organ Leitungsfunktionen im Einverständnis mit den Anteilseignern wahrnimmt, *Haas* NZG 2013, 1161 (1163).
[794] BGH ZIP 2014, 1997 (1998 f.).

schaft nicht schon aufgrund ihrer vertraglichen Beziehung mit der Tochter am Gerichtsstand des Vertrags in Anspruch nehmen.[795] **Umwandlungsrechtliche Ansprüche** gem. § 15 Abs. 1 UmwG, § 29 Abs. 1 UmwG unterfallen ebenfalls Art. 7 Nr. 1 Brüssel Ia-VO.[796]

bb) Erfasste gesellschaftsrechtliche Haftungsklagen. Ohne Weiteres zu bejahen ist **699** die Anwendung von Art. 7 Nr. 1 Brüssel Ia-VO zunächst für Klagen gegen die Gesellschafter einer Gesellschaft, die auf dem Recht der **Kapitalaufbringung** einschließlich der Ausfall- und Differenzhaftung[797] sowie der Unterbilanz- oder Vorbelastungshaftung[798] und dem Recht der **Kapitalerhaltung**[799] beruhen. Den entsprechenden Ansprüchen der Kapitalgesellschaft liegt jeweils die privatautonome Entscheidung des Gesellschafters zu Grunde, der Gesellschaft Haftkapital dauerhaft und unter Beachtung der gesetzlichen Vermögensbindung zur Verfügung zu stellen.

Eine eventuelle **Innenhaftung des Geschäftsleiters** gegenüber der Gesellschaft hat **700** ihren Grund in dem von ihm ebenfalls freiwillig begründeten Organschaftsverhältnis (→ Rn. 698 mwN). Vorbehaltlich seiner Qualifikation als Arbeitnehmer (→ Rn. 698) ergibt sich die Zuständigkeit für Haftungsklagen der Gesellschaft daher aus Art. 7 Nr. 1 Brüssel Ia-VO. Dies gilt nach zutreffender, wenngleich in der instanzgerichtlichen Rspr. nicht einheitlich vertretener Auffassung (→ Rn. 717) insbesondere auch für eine Haftung wegen **Verletzung der Massesicherungspflicht** (→ Rn. 717 mwN).[800] Im Rahmen eines Insolvenzverfahrens folgt die Zuständigkeit aufgrund der insolvenzrechtlichen Qualifikation dieser Haftung durch den EuGH indes aus der vis attractiva concursus analog Art. 6 EuInsVO (früher Art. 3 Abs. 1 EuInsVO 2000, → Rn. 451 ff., → Rn. 682, → Rn. 684).

Für Anfechtungsklagen aufgrund des **Rechts der Gesellschafterdarlehen** ergibt sich **701** die Zuständigkeit innerhalb eines Insolvenzverfahrens aus Art. 6 EuInsVO (früher Art. 3 EuInsVO 2000; vgl. → Rn. 682 ff.). Eigenkapitalersatzklagen aufgrund der durch das MoMiG beseitigten Rechtsprechungsregeln analog §§ 30, 31 GmbHG konnten hingegen am Gerichtsstand nach Art. 7 Nr. 1 Brüssel Ia-VO bzw. Art. 5 Nr. 1 EuGVÜ 1972/ LugÜ 1988 geltend gemacht werden.[801]

Konzernrechtliche Ansprüche sind ebenfalls weitgehend von Art. 7 Nr. 1 Brüssel **702** Ia-VO umfasst, soweit sie auf einem Unternehmensvertrag oder dem Mitgliedschafts-

---

[795] EuGH BeckRS 2013, 82083 – OTB Bank/Hochtief Solution AG.
[796] Rauscher/*Leible* Brüssel Ia-VO Art. 7 Rn. 26c mwN.
[797] Das Urteil EuGH Slg. 1983, 987 Rn. 13 f. – Peters/ZNAV betraf Zahlungsansprüche eines Vereins gegen ein Vereinsmitglied (eine deutsche GmbH), die ihre Grundlage in einer für die Vereinsmitglieder bindenden, durch die Vereinsorgane erlassenen Regelung hatten. Das Urteil EuGH Slg. 1992, I-1745 – Powell Duffryn/Petereit hatte Binnenbeziehungen in einer AG zum Gegenstand. S. ferner BGH NJW 2003, 2609 (Kommanditeinlage); auch Geimer/Schütze/*Geimer* Brüssel I-VO Art. 7 Rn. 38; Zöller/*Geimer* Brüssel Ia-VO Art. 7 Rn. 31, 37; *Kropholler/v. Hein* Brüssel I-VO Art. 5 Rn. 13 (anders noch 8. Aufl. 2005); Rauscher/ *Leible* Brüssel Ia-VO Art. 7 Rn. 26; *Rauscher* in Hirte/Bücker Grenzüberschreitende Gesellschaften-HdB § 12 Rn. 16 f., 18; aA für die Hafteinlageschuld gemäß § 171 HGB OLG Naumburg NZG 2000, 1218 (1219); *Haas* NZG 2013, 1161 (1163); *Lehmann* IPRax 2005, 109 (110).
[798] OLG Rostock ZInsO 2014, 1498 (1500).
[799] S. Rauscher/*Leible* Brüssel Ia-VO Art. 7 Rn. 26; *Rauscher* in Hirte/Bücker Grenzüberschreitende Gesellschaften-HdB § 12 Rn. 18; *Brödermann* EWiR 1998, 126; *Bruhns* S. 236; *Haas* NZG 2013, 1161 (1163); *G. Chr. Schwarz* NZI 2002, 290 (297); *Wagner* in Lutter Auslandsgesellschaften S. 223 (271 ff.); für Eigenkapitalersatzklagen nach den sog. Rechtsprechungsregeln analog §§ 30, 31 GmbHG ferner OLG Koblenz NZG 2001, 759.
[800] So OLG Düsseldorf GmbHR 2010, 591; Baumbach/Hueck/*Haas* GmbHG § 64 Rn. 38. Für Anwendung von Art. 7 Nr. 2 Brüssel Ia-VO hingegen OLG Karlsruhe NZG 2010, 509; Zöller/*Geimer* Brüssel Ia-VO Art. 7 Rn. 55; für den Fall masseloser Insolvenz auch *Haas* NZG 2010, 495 (497); Rauscher/*Leible* Brüssel Ia-VO Art. 7 Rn. 26b, 110; ebenso wohl *Wais* IPRax 2011, 138 (141 f.); offenlassend OLG Köln NZI 2012, 52.
[801] S. noch obiter OLG Rostock ZInsO 2014, 1498 (1500); zum EuGVÜ 1972 OLG Koblenz NZG 2001, 759; OLG Jena NZG 1999, 34 (35); zum LugÜ 1988 OLG München ZIP 2006, 2402 (2403); ebenso OLG Bremen NZG 1998, 386 zu einer auf §§ 32 a/b GmbHG gestützten Klage. S. ferner Geimer/Schütze/ *Geimer* Brüssel I-VO Art. 7 Rn. 40; Zöller/*Geimer* Brüssel Ia-VO Art. 7 Rn. 31, 41; Rauscher/*Leible* Brüssel Ia-VO Art. 7 Rn. 26; zum Ganzen nach altem Recht auch *G. Chr. Schwarz* FS 600 Jahre Würzburger Juristenfakultät, 2002, 503; *G. Chr. Schwarz* NZI 2002, 290 (295 ff.).

oder Organverhältnis beruhen. Anwendbar ist Art. 7 Nr. 1 Brüssel Ia-VO bei Bestehen eines **Vertragskonzerns** auf den Verlustausgleichsanspruch nach § 302 AktG,[802] auf die Haftung des herrschenden Unternehmens für rechtswidrige Weisungen (zur dogmatischen Einordnung dieser Haftung → AktG § 309 Rn. 139 ff.)[803] sowie auf die Haftung der nicht als Arbeitnehmer zu qualifizierenden (→ Rn. 698) Geschäftsleiter der abhängigen Gesellschaft gem. § 310 AktG.[804] Auch Ansprüche der Aktionäre der beherrschten Gesellschaft gegen das herrschende Unternehmen lassen sich als vertraglich iSd Art. 7 Nr. 1 Brüssel Ia-VO qualifizieren.[805] Dies gilt in erster Linie für die Ausgleichs- und Abfindungsansprüche nach Maßgabe der §§ 304 f. AktG.[806] Die vertragliche Einordnung wird man bei Bestehen eines Unternehmensvertrages schließlich sinnvollerweise selbst auf den Anspruch der Gläubiger auf Sicherheitsleistung nach § 303 AktG und auf eine etwaige Ausfallhaftung bei Vermögenslosigkeit analog § 322 AktG (vgl. → AktG § 303 Rn. 41 ff., → AktG § 303 Rn. 45 ff.)[807] erstrecken müssen.[808]

703 Gleiches gilt entgegen der obergerichtlichen Rspr. für Ansprüche der abhängigen Gesellschaft aus § 317 Abs. 1 S. 1 AktG[809] und aus § 318 AktG[810] bei **faktischer Konzernierung** sowie für die **Innenhaftung** des Gesellschafters wegen **existenzvernichtender Eingriffe**, auch wenn der BGH Letztere heute bei § 826 BGB verortet (→ Rn. 462).[811]

704 Entspr. ist auch anzunehmen, soweit Aktionären die **actio pro socio** (§ 309 Abs. 4 AktG, § 310 Abs. 4 AktG, § 317 Abs. 4 AktG, § 318 Abs. 4 AktG) oder Gläubigern das **Gläubigerverfolgungsrecht** (§ 62 Abs. 2 AktG, § 93 Abs. 5 AktG, § 117 Abs. 5 AktG, § 309 Abs. 4 AktG, § 310 Abs. 4 AktG, § 317 Abs. 4 AktG, § 318 Abs. 4 AktG) eingeräumt ist.[812] Denn diese Durchsetzungsrechte ändern nichts daran, dass die Ansprüche selbst ihren Grund in der mitgliedschaftlichen Beziehung des Schädigers zu der juristischen Person haben.

---

[802] *Bruhns* S. 149 ff., 153 ff.; Geimer/Schütze/*Geimer* Brüssel I-VO Art. 7 Rn. 41; MüKoZPO/*Gottwald* Brüssel Ia-VO Art. 7 Rn. 8; MüKoBGB/*Kindler* IntGesR Rn. 772; *Leible* in Hirte/Bücker Grenzüberschreitende Gesellschaften-HdB § 12 Rn. 18; wohl auch *Kropholler/v. Hein* Brüssel I-VO Art. 5 Rn. 13; aA *Maul* AG 1998, 404 (408) f. (deliktische Einordnung nach Art. 5 Nr. 3 EuGVÜ 1972). Tendenziell so Schlosser/*Hess* EuZPR Brüssel Ia-VO Art. 5 Rn. 6; Rauscher/*Leible* Brüssel Ia-VO Art. 7 Rn. 26; *Martiny* FS Geimer, 2002, 641 (659); zurückhaltend *Zimmer* IPRax 1998, 187 (190): „offene Frage".

[803] Zur Anwendung von Art. 7 Nr. 1 Brüssel Ia-VO auch *Bruhns* S. 171 ff., 178; aA *Jaspert* S. 151 (Art. 5 Nr. 3 EuGVÜ 1972).

[804] Ebenso *Bruhns* S. 180 f.

[805] AA OLG Stuttgart ZIP 2007, 1210 (1211 f.) für konzernrechtliche Unterlassungsansprüche eines Minderheits- gegen einen Mehrheitsaktionär; abl. hierzu *Schinkels* IPRax 2008, 412 (415 f.).

[806] *Weppner* RIW 2011, 144 (149); *Bruhns* S. 182 ff.; MüKoZPO/*Gottwald* Brüssel Ia-VO Art. 7 Rn. 8; Rauscher/*Leible* Brüssel Ia-VO Art. 7 Rn. 26c; aA *Maul* AG 1998, 404 (409).

[807] Emmerich/Habersack/*Emmerich* § 303 AktG Rn. 24 f.

[808] Ebenso *Kulms* IPRax 2000, 488 (492 f.); aA hingegen nunmehr wohl EuGH BeckRS 2013, 82083 – OTP Bank; ferner MüKoBGB/*Kindler* IntGesR Rn. 775 f. (die dort angeführten Urteile OLG Düsseldorf IPRax 1998, 210 und OLG Frankfurt IPRax 2000, 525 betrafen indes Fälle qualifiziert faktischer Konzernierung); *Zimmer* IPRax 1998, 187 (189); *Bruhns* S. 193 ff., 297 ff. (Art. 7 Nr. 1 Brüssel Ia-VO).

[809] Ebenso MüKoBGB/*Kindler* IntGesR Rn. 772; *Bruhns* S. 207 ff., 230 ff.; *Martiny* FS Geimer, 2002, 641 (664 f.); *Möllers* S. 86; wohl auch Schlosser/*Hess* Brüssel Ia-VO Art. 5 Rn. 6; zur Haftung im qualifizierten Konzern obiter auch OLG München NZG 1999, 1170 (1171) zu Art. 5 Nr. 1 LugÜ 1988; ferner *Kindler* FS Ulmer, 2003, 305 (313 f.); *Haubold* IPRax 2000, 375 (379 ff.); *Bruhns* S. 236 ff.; aA – für deliktische Einordnung – OLG Stuttgart ZIP 2007, 1210 (1211 f.); OLG Frankfurt IPRax 2000, 525; OLG Düsseldorf IPRax 1998, 210 (Nichtannahmebeschluss BGH DStR 1997, 503 m. zust. Anm. *Goette* DStR 1997, 503 (505)); LG Kiel NZG 2008, 346 (347 f.); *Bachmann* IPRax 2009, 140 (143); *Maul* AG 2008, 406 (406 f., 409); *Jaspert* S. 191 f., 208 f.; Rauscher/*Leible* Brüssel Ia-VO Art. 7 Rn. 26c, 110; wohl auch Zöller/*Geimer* Brüssel Ia-VO Art. 7 Rn. 39, 54; MüKoZPO/*Gottwald* Brüssel Ia-VO Art. 7 Rn. 48 (s. aber MüKoZPO/*Gottwald* Brüssel Ia-VO Art. 7 Rn. 8, wo „Konzerninnenansprüche" allg. dem Vertragsgerichtsstand zugeordnet werden).

[810] *Bruhns* S. 226 ff.; aA *Jaspert* S. 194.

[811] S. auch Geimer/Schütze/*Geimer* Brüssel I-VO Art. 7 Rn. 41; aA (deliktsrechtliche Zuständigkeit) – konsequent – OLG Stuttgart ZIP 2007, 1210 (1212); OLG München ZIP 2006, 2402 (2404) (zum LugÜ 1988); LG Kiel NZG 2008, 346 (348); *Dutta* IPRax 2007, 195 (200); MüKoZPO/*Gottwald* Brüssel Ia-VO Art. 7 Rn. 48; Rauscher/*Leible* Brüssel Ia-VO Art. 7 Rn. 26c, 110; vgl. auch OLG Schleswig NZG 2008, 868 (874 f.); ferner MüKoBGB/*Kindler* IntGesR Rn. 611, 773; *Schinkels* IPRax 2008, 412 (416) (vorbehaltlich von Ansprüchen aus der Verletzung der Treuepflicht); *Kropholler/v. Hein* Brüssel I-VO Art. 5 Rn. 74.

[812] Zum Gläubigerverfolgungsrecht ebenso *Bruhns* S. 206 f., 228 f.

Nicht um „vertragliche" Streitigkeiten handelt es sich nach überwiegender Meinung bei einer **Durchgriffshaftung**[813] gegenüber den Gläubigern wegen materieller Unterkapitalisierung oder Vermögensvermischung (→ Rn. 466 ff., → Rn. 471 ff., → Rn. 717).[814] Zweifel hieran sind im Hinblick auf die Haftung bei materieller Unterkapitalisierung berechtigt, wenn man sie als solche gegenüber der juristischen Person für gröblich sorgfaltswidrige Geschäftsführung einordnet (→ Rn. 474). **705**

Nicht als vertraglich einzuordnen ist auch die **Insolvenzverschleppungshaftung** der Geschäftsleiter (selbst soweit diese nicht Arbeitnehmer sind, → Rn. 698) und ggf. der Gesellschafter (selbst soweit diese nicht Arbeitnehmer sind, → Rn. 698) und Aufsichtsratsmitglieder, soweit es um den Quotenschaden der Altgläubiger und die Haftung gegenüber gesetzlichen Neugläubigern geht (→ Rn. 717). Zwar obliegt die Insolvenzantragspflicht den genannten Personen aufgrund ihrer Organstellung bzw. aufgrund ihrer gesellschafterlichen Verantwortlichkeit im Falle der Führungslosigkeit. Ihre Haftung ist jedoch nach hM aufgrund der Einordnung der Insolvenzantragspflicht als Schutzgesetz als Außenhaftung gegenüber den Gläubigern konzipiert, mit denen die zur Insolvenzantragstellung Verpflichteten keine freiwillig begründete Beziehung unterhalten (s. aber zur gesellschaftsrechtlichen Qualifikation → Rn. 444 ff.). Zugunsten vertraglicher Neugläubiger mag demgegenüber eine Klage am Gerichtsstand des Vertrages unter dem Aspekt der cic in Betracht kommen (zur str. Abgrenzung aber → Rn. 716 und zur Entscheidung des EuGH in der Rechtssache „ÖFAB/Koot und Evergreen" → Rn. 684; zur kollisionsrechtlichen Qualifikation → Rn. 603, → Rn. 663). **706**

cc) **Erfüllungsort**. Art. 7 Nr. 1 Brüssel Ia-VO hat den internationalen Gerichtsstand für Vertragsklagen gegenüber der umstrittenen Vorgängerregelung in Art. 5 Nr. 1 EuGVÜ 1972 **neu gefasst**. Zweifel waren insbesondere mit der Frage verbunden, wie jeweils der Erfüllungsort der vertraglichen Verpflichtung zu bestimmen ist. **707**

Für die hier interessierenden **gesellschaftsrechtlichen Haftungsklagen** enthält Art. 7 Nr. 1 Brüssel Ia-VO auch heute noch **keine autonome Bestimmung des Erfüllungsorts**. Maßgeblich ist vielmehr die allgemeine Regelung, wonach das Gericht des Ortes zuständig ist, „an dem die Verpflichtung erfüllt worden ist oder zu erfüllen wäre" (Art. 7 Nr. 1 lit. a Brüssel Ia-VO).[815] **708**

Dieser Erfüllungsort ist wie unter der Geltung des EuGVÜ 1972 für jeden Anspruch anhand der **lex causae** zu bestimmen, dh nach dem materiellen Recht, das nach dem Kollisionsrecht des angegangenen Gerichts auf die streitige Verpflichtung[816] Anwendung findet.[817] Diese Rechtslage entspricht dem Willen des Verordnungsgebers. Dieser war sich der Probleme bewusst, die sich aus einem Rückgriff auf das nationale Recht im **709**

---

[813] Gleiches wurde für die Außenhaftung analog § 303 AktG gegenüber den Gläubigern im qualifizierten faktischen Konzern angenommen, s. OLG Frankfurt IPRax 2000, 525; OLG Düsseldorf IPRax 1998, 210 (Nichtannahmebeschluss BGH DStR 1997, 503 m. zust. Anm. *Goette* DStR 1997, 503 (505)); MüKoBGB/ *Kindler* IntGesR Rn. 769 ff.; MüKoZPO/*Gottwald* Brüssel Ia-VO Art. 7 Rn. 48 f.; *Goette* DStR 1997, 503 (505); *Haubold* IPRax 2000, 375 (381); *Bruhns* S. 242 f. Im Hinblick auf Vertragsgläubiger aA *Kulms* IPRax 2000, 488 (492 f.); insoweit offenlassend *Zimmer* IPRax 1998, 187 (189 f.).

[814] OLG Köln NZG 2004, 1009 (1010); insoweit auch MüKoBGB/*Kindler* IntGesR Rn. 611, 631; diff. *Möllers* S. 83 ff., wonach der Haftungsgrund im Verhältnis zwischen der abhängigen Gesellschaft und dem jeweiligen Gläubiger auch die Durchgriffszuständigkeit bestimme, sodass Gläubiger vertraglicher Ansprüche die Durchgriffshaftung am Gerichtsstand des Art. 7 Nr. 1 Brüssel Ia-VO, Gläubiger deliktischer Ansprüche die Durchgriffshaftung am Gerichtsstand des Art. 7 Nr. 2 Brüssel Ia-VO geltend machen könnten; dagegen *Goette* DStR 1997, 503 (505); zweifelnd auch MüKoZPO/*Gottwald* Brüssel Ia-VO Art. 7 Rn. 8; → Rn. 697.

[815] *Leible* in Hirte/Bücker Grenzüberschreitende Gesellschaften-HdB § 12 Rn. 19.

[816] S. EuGH Slg. 1976, 1497 Rn. 9/12 – de Bloos; Slg. 1987, 239 Rn. 20 – Shenavai/Kreischer; Slg. 1994, I-2913 Rn. 23 ff. – Custom made commercial; Slg. 1999, I-6307 Rn. 32 – GIE Groupe Concorde; Slg. 2002 I-1699 Rn. 17 – Besix/Kretzschmar; BGHZ 74, 139; BGH NJW 1994, 2699; 2001, 1936; RIW 2003, 221. S. zur Gegenauffassung (vertragscharakteristische Leistung) eingehend mwN *Rauscher*/*Leible* Brüssel Ia-VO Art. 7 Rn. 43 f.; s. ferner *Hau* IPRax 2000, 360.

[817] EuGH Slg. 1976, 1473 Rn. 13 ff., 15 – Tessili; Slg. 1987, 239 Rn. 7, 20 – Shenavai/Kreischer; Slg. 1994, I-2913 Rn. 26 f. – Custom Made Commercial; Slg. 1999, I-6307 Rn. 13, 32 – Groupe Concorde; Slg. 2002 I-1699 Rn. 33 – Besix/Kretzschmar; ua auch BGHZ 134, 205 f.; BGH NJW 2001, 1936; NJW-RR 2003, 1582. Krit. dazu *Rauscher*/*Leible* Brüssel Ia-VO Art. 7 Rn. 49 f. mwN.

Hinblick auf die dadurch gefährdete einheitliche Bestimmung der Gerichtsstände in Europa ergeben.[818] Abzustellen ist stets auf den Erfüllungsort der relevanten **vertraglichen Primärpflicht,** auch soweit es um die Durchsetzung eines Sekundäranspruchs geht.[819]

710 **Erfüllungsortvereinbarungen** sind auch im Rahmen des Art. 7 Nr. 1 Brüssel Ia-VO zulässig und vorrangig zu beachten.[820] Ihre Wirksamkeit ist grundsätzlich allein nach der lex causae zu beurteilen.[821] Die für Gerichtsstandsvereinbarungen geltenden Formerfordernisse des Art. 25 Brüssel Ia-VO finden keine Anwendung.[822] Anderes gilt unter dem Aspekt des Umgehungsschutzes für abstrakte Erfüllungsortvereinbarungen, mit denen ein Gerichtsstand ohne Zusammenhang mit der Vertragswirklichkeit stipuliert werden soll.[823]

711 Der Erfüllungsort von Verpflichtungen aus Gesellschafts- und Organverhältnissen liegt nach hM zum **deutschen Zivil- und Zivilprozessrecht** nicht am Wohnsitz des Schuldners (§ 269 BGB), sondern am **„Sitz" der Gesellschaft.**[824] Soweit dies in der bisherigen Rspr. auch für grenzüberschreitende Haftungsklagen so gesehen wurde, stand freilich zumeist keine Divergenz von tatsächlichem und satzungsmäßigem Sitz in Rede.[825] Ungereimt erscheint es demgegenüber, soweit in der Lit. zuweilen angenommen wird, dass zwar für Haftungsklagen der Gläubiger einer Gesellschaft gegen deren Gesellschafter der Gerichtsstand des Vertrags zur Verfügung stehe, wenn und weil auch die Außenhaftung ihre Grundlage in der freiwillig begründeten Mitgliedschaft habe, dann aber hinsichtlich der Bestimmung des Erfüllungsorts nicht auf das Gesellschaftsverhältnis, sondern auf die Forderung des jeweiligen Gläubigers abgestellt werden soll.[826] Im Anwendungsbereich der Brüssel Ia-VO ist für **Organverhältnisse,** die keine Arbeitsverhältnisse sind (→ Rn. 698), Art. 7 Nr. 1 lit. b Brüssel Ia-VO zu beachten. Auch danach ist jedoch in aller Regel – vorbehaltlich einer ausdrücklichen abweichenden Bestimmung – der Sitz der Gesellschaft maßgebend, wenn und weil dort die Organpflichten zu erfüllen sind.[827]

712 Soweit nach dem Vorstehenden der Erfüllungsort mit dem Gesellschaftssitz übereinstimmt, ist mit Blick auf die Pflicht zur Anerkennung von EU-Auslandsgesellschaften (→ Rn. 234 ff.) auch insoweit fraglich, auf **welchen Sitz** bei **Scheinauslandsgesellschaften** abzustellen ist. Eine Divergenz von Gründungs- bzw. Satzungssitz wird typischerweise von Gründungstheoriestaaten gestattet, ist allerdings auch auf der Grundlage der Sitztheorie nicht ausgeschlossen (→ Rn. 203 ff., → Rn. 220 ff., → Rn. 349 ff.). Während teilweise – entsprechend der Hinwendung zur Gründungstheorie (→ Rn. 218 ff., → Rn. 234 ff., → Rn. 248 ff.) – stets allein auf den Satzungssitz im Gründungsstaat abgestellt wird,[828]

---

[818] S. Begr. Kommissionsentwurf, COM(1999) 348 endg. zu Art. 5 Brüssel Ia-VO.
[819] BGH NJW 2016, 409; *Leible* in Hirte/Bücker Grenzüberschreitende Gesellschaften-HdB § 12 Rn. 19.
[820] Vgl. auch Art. 7 Nr. 1b Brüssel Ia-VO; Geimer/Schütze/*Geimer* Brüssel I-VO Art. 7 Rn. 140 f., 173 ff.; MüKoZPO/*Gottwald* Brüssel Ia-VO Art. 7 Rn. 31 f., 42 f.
[821] BGH NJW-RR 2005, 1518.
[822] EuGH Slg. 1980, 89 Rn. 6 – Zelger; BGH NJW 1996, 1819.
[823] EuGH Slg. 1997, I-911 Rn. 35 – Mainschifffahrts-Genossenschaft; BGH NJW-RR 1998, 755.
[824] S. nur OLG Düsseldorf GmbHR 2010, 591 (593); OLG München NZG 1999, 1170 (1171); OLG Koblenz NZG 2001, 759 (760); Palandt/*Grüneberg* BGB § 269 Rn. 15 f.; MüKoBGB/*Krüger* § 269 Rn. 32 und MüKoBGB/*Kindler* IntGesR Rn. 772, jeweils mwN; aA *Maul* AG 1998, 404 (408) (zum Konzernrecht): Sitz bzw. Wohnsitz des Gesellschafters als Schuldner.
[825] OLG Koblenz NZG 2001, 759 (760): „Sitz" im Sinne der Sitztheorie als einheitlicher Erfüllungsort, in concreto betr. Eigenkapitalersatzklage; OLG München NZG 1999, 1170 (1171): „Sitz" iSd Sitztheorie als Erfüllungsort für Organverpflichtungen eines GmbH-Geschäftsführers. S. aber LG Bonn IPRax 2013, 80 (83), das jedoch iErg trotz eines ausländischen Wohnsitzes des Alleingeschäftsführers auch den Verwaltungssitz im Inland sah.
[826] So *Haas/Blank* ZInsO 2013, 706 (709) sowie *Haas/Keller* ZZP 2013, 335 (339) (bzgl. der Gesellschafterhaftung gemäß oder analog § 128 HGB).
[827] S. EuGH NZG 2015, 1199 Rn. 60 ff. – Holterman: Ableitung des Erfüllungsorts aus dem Dienstvertrag sowie der Satzung und anderer relevanter Dokumente über die Bestimmung der Geschäftsleiterpflichten, iÜ Feststellung anhand des örtlichen und sachlichen Schwerpunktes der vertragsgemäßen Tätigkeit. S. ferner LG Bonn IPRax 2013, 80 (83); *Weber* IPRax 2013, 69 (71 f.) mwN; iErg auch *Wais* IPRax 2011, 138 (142); aA ohne Begr. OGH ZfRV 2004, 238 (240) (Art. 5 Nr. 1 lit. a Brüssel Ia-VO aF).
[828] *Wagner* in Lutter Auslandsgesellschaften S. 223 (275 f.); wohl auch *Leible* in Hirte/Bücker Grenzüberschreitende Gesellschaften-HdB § 12 Rn. 16, 19.

soll nach Ansicht anderer Autoren der Kläger die Wahl zwischen mehreren Sitzen einer Scheinauslandsgesellschaft haben, wenn der Gründungsstaat einen Mehrfachsitz zulässt.[829] Vereinzelt wird schließlich die Auffassung vertreten, dass Art. 63 Brüssel Ia-VO im gesamten Anwendungsbereich der Brüssel Ia-VO einen Rückgriff auf die lex causae ausschließe. Hiernach hätte der Kläger auch im Rahmen des Art. 7 Nr. 1 Brüssel Ia-VO die Wahl zwischen dem Satzungssitz, der Hauptniederlassung und der Hauptverwaltung.[830] Indes ist zweifelhaft, dass Art. 63 Brüssel Ia-VO an der bisherigen Handhabung des Art. 7 Brüssel Ia-VO, dh an der Bestimmung des Erfüllungsorts nach der lex causae, für gesellschaftsrechtliche Klagen etwas ändern soll.[831]

Auch insoweit führt die hier vorgeschlagene **alternative Anknüpfung** für gläubiger- 713 schutzrechtliche Haftungstatbestände (→ Rn. 319 ff.) zu dem vorzugswürdigen Ergebnis, dass die gesellschaftsrechtliche Haftung der Gesellschafter und Organe gegenüber der Gesellschaft, soweit sie sich als vertraglich qualifizieren lässt (→ Rn. 699 ff.), sowohl am tatsächlichen Sitz als auch am Satzungs- oder Gründungssitz geltend gemacht werden kann. Umgekehrt verbleibt es auf dieser Grundlage für die das Innenverhältnis betreffenden Ansprüche außenstehender Aktionäre nach den §§ 304 f. AktG bei der Anknüpfung an den Gründungs- bzw. Satzungssitz, der insoweit als Erfüllungsort anzusehen ist.[832]

c) **Gerichtsstand der unerlaubten Handlung (Art. 7 Nr. 2 Brüssel Ia-VO).** Im 714 Falle einer unerlaubten Handlung besteht ein besonderer internationaler und örtlicher Gerichtsstand an dem Ort, an dem das schädigende Ereignis eingetreten ist oder einzutreten droht (Art. 7 Nr. 2 Brüssel Ia-VO). Nach der Rspr. des EuGH hat der Kläger insoweit die **Wahl** zwischen dem **Handlungsort** als dem Ort des ursächlichen Geschehens[833] und dem **Erfolgsort** („Ubiquitätsprinzip").[834] Soweit der deliktische Gerichtsstand in Fällen der Organhaftung überhaupt in Betracht kommt (→ Rn. 698, → Rn. 715), ist Handlungsort derjenige, an dem der Geschäftsleiter seine Aufgaben erfüllte.[835] Im Übrigen können – je nach Delikt – auch mehrere Handlungsorte existieren, wie etwa auf Grundlage der wohl hM bei Ansprüchen nach § 317 AktG.[836] Die Bestimmung des Erfolgsorts ist häufig diffizil. Nach der Rspr. des EuGH ist er nicht ohne Weiteres am Ort der „Vermögenszentrale" des Geschädigten, namentlich dessen (Wohn-)Sitz, zu lokalisieren.[837] In Betracht kommt je nach Lage der Dinge insbesondere eine Anknüpfung an den Lageort der geschädigten Vermögensbestandteile[838] oder an den Ort einer schadensursächlichen Vermögensverfügung oder des nachteiligen Vermögensabflusses.[839] Allerdings hat der Gerichtshof auch entschieden, dass eine juristische Person Ansprüche aus der Verletzung ihr zustehender Persönlichkeitsrechte, die im Internet begangen werden, hinsichtlich des gesamten Schadens am Ort des Schwerpunkts ihrer wirtschaftlichen Tätigkeit geltend machen kann. Dies gilt jedoch

---

[829] S. *Bruhns* S. 163 ff., 170 f.; *Weber* IPRax 2013, 69 (73); vgl. auch *Kropholler/v. Hein* Brüssel I-VO Art. 5 Rn. 12; *Kropholler/v. Hein* Brüssel I-VO Art. 22 Rn. 41.
[830] So *G. Chr. Schwarz* NZI 2002, 290 (297) (anders noch *G. Chr. Schwarz* NZG 2001, 760 (762): „Sitz" iSd Sitztheorie).
[831] Gegen ein Verständnis des Art. 63 Brüssel Ia-VO als allg. Definition des Sitzes auch LG Kiel NZG 2008, 346 (347) (zu Art. 7 Nr. 2 Brüssel Ia-VO).
[832] Ebenso iErg *Bruhns* S. 186 f.
[833] EuGH Slg. 1995, I-415 Rn. 24 – Shevill ua/Presse Alliance.
[834] EuGH Slg. 1976, 1735 – Bier/Mines de Potasse d'Alsace.
[835] EuGH NZG 2015, 1199 Rn. 76 – Holterman.
[836] S. *Rauscher/Leible* Brüssel Ia-VO Art. 7 Rn. 135.
[837] EuGH Slg. 2004, I-6009 Rn. 21 – Kronhofer. S. auch EuGH NZG 2015, 1199 Rn. 77 ff. – Holterman: Die Auslegung dürfe nicht so weit gehen, dass jeder Ort erfasst werde, an dem ein andernorts verursachter Schaden spürbar werde. Aufgrund der tatsächlichen Umstände sei der „engste Anknüpfungspunkt" mit dem Handlungs- und Erfolgsort zu ermitteln.
[838] Sympathisierend EuGH Slg. 2004, I-6009 Rn. 19 – Kronhofer.
[839] S. etwa einerseits EuGH EuZW 2015, 218 – Kolassa (Belegenheit eines Kontos, von dem ein Kaufpreis für eine schadensträchtige Wertpapiertransaktion abfloss); andererseits EuGH EuZW 2016, 583 – Universal (Ort des Abschlusses eines Schiedsvergleichs, nicht des Kontos, von dem die Tilgungszahlung geleistet wird); ferner BGH BeckRS 2016, 114216 Rn. 12 ff. Näher *Thole* AG 2013, 73 (75); *MüKoZPO/Gottwald* Brüssel Ia-VO Art. 7 Rn. 57 ff.

nur, wenn ein solcher Interessenmittelpunkt auch ermittelt werden kann. Dem satzungsmäßigen Sitz kommt insoweit nur eine untergeordnete Rolle zu.[840] Ob sich diese Rspr. auch auf andere Fälle erweitern lässt, in denen sich Schädigungen juristischer Personen in mehreren Mitgliedstaaten auswirken, ist bislang nicht abschließend geklärt. Für Rechtsverletzungen durch Printmedien hatte der Gerichtshof.[841] Eine **Kognitionsbefugnis** des *forum delicti* für konkurrierende nichtdeliktische Ansprüche hat der EuGH verneint.[842]

715 Der Begriff der unerlaubten Handlung ist **autonom auszulegen.**[843] Erfasst werden sollen alle Klagen, mit denen eine **Schadenshaftung** geltend gemacht wird, die **nicht** an eine **freiwillige vertragliche Verpflichtung** iSv Art. 7 Nr. 1 Brüssel Ia-VO anknüpft.[844] Neben Schädigungen iSv § 823 Abs. 1 BGB und § 826 BGB[845] rechnen auch Schäden aus Verstößen gegen Schutzgesetze[846] hierher. Auch negative Feststellungsklagen können am Gerichtsstand der unerlaubten Handlung erhoben werden.[847] Nicht möglich ist es, einen Gerichtsstand nach Art. 7 Nr. 2 Brüssel Ia-VO für eine Klage gegen einen mehrerer Deliktsbeteiligter nach den Grundsätzen der **Handlungsortzurechnung,** dh durch Zurechnung des Handlungsorts eines anderen Deliktsbeteiligten, zu begründen.[848] In Betracht kommt in den relevanten Fällen jedoch eine deliktische Zuständigkeit am Erfolgsort. Die Kognitionsbefugnis des Gerichts ist dann allerdings auf denjenigen Schaden beschränkt, der in dem betreffenden Mitgliedstaat entstanden ist.[849] Ferner wird häufig der Gerichtsstand der Streitgenossenschaft (→ Rn. 726 f.) zur Verfügung stehen.

716 Nach dem Kriterium einer freiwilligen vertraglichen Verpflichtung differenziert der EuGH auch hinsichtlich der **cic (§ 280 Abs. 1 BGB, § 311 Abs. 2 und 3 BGB, § 241 Abs. 2 BGB)** und hat auf dieser Grundlage insoweit den Gerichtsstand der unerlaubten Handlung bejaht, wenn die Klage auf einen treuwidrigen Abbruch von Vertragsverhandlungen gestützt wird (zur kollisionsrechtlichen Einordnung s. Art. 12 Rom II-VO, → Rn. 603, → Rn. 663).[850]

717 Der Gerichtsstand der unerlaubten Handlung kommt außerhalb des Anwendungsbereichs des Art. 6 EuInsVO (früher Art. 3 EuInsVO 2000, → Rn. 682, → Rn. 684) für solche **gesellschaftsrechtlichen Haftungstatbestände** in Betracht, die nicht im Verhältnis zu der geschädigten Gesellschaft, sondern – wie insbesondere eine **Durchgriffshaf-**

---

[840] EuGH ZIP 2018, 146 Rn. 31 ff., 41 ff. – Bolagsupplysningen u. Ilsjan; zuvor gleichsinnig zu natürlichen Personen EuGH NJW 2012, 137 41 ff. – eDate Advertising.
[841] S. *Schnichels/Lenzing/Stein* EuZW 2018, 877 (882).
[842] EuGH Slg. 1988, 5565 Rn. 19 – Kalfelis/Schröder.
[843] EuGH Slg. 1988, 5565 Rn. 16, 18 – Kalfelis/Schröder; ZIP 2013, 1932 Rn. 27 – ÖFAB/Koot und Evergreen; *Kropholler/v. Hein* Brüssel I-VO Art. 5 Rn. 72; *Geimer/Schütze/Geimer* Brüssel I-VO Art. 7 Rn. 204 f.
[844] EuGH Slg. 1988, 5565 Rn. 18 – Kalfelis/Schröder; Slg. 1998, I-6511 Rn. 17, 22 – Réunion européenne; ZIP 2013, 1932 Rn. 33 – ÖFAB/Koot und Evergreen; ebenso OLG Bremen RIW 1992, 231 (233); *Kiethe* NJW 1994, 222 (223); *M. Schwarz,* Der Gerichtsstand der unerlaubten Handlung nach deutschem und europäischem Zivilprozeßrecht, 1991, 112 ff.
[845] *Kropholler/v. Hein* Brüssel I-VO Art. 5 Rn. 74; *Geimer/Schütze/Geimer* Brüssel I-VO Art. 7 Rn. 214.
[846] Vgl. BGHZ 98, 263 = NJW 1987, 592.
[847] EuGH EuZW 2012, 950 – Folien Fischer.
[848] EuGH WM 2013, 1257 Rn. 40 f. – Melzer/MF Global (auf Vorlage des LG Düsseldorf RIW 2011, 810); EuGH EuZW 2014, 431 Rn. 31 f.; s. ferner EuGH GRUR 2014, 806 Rn. 50 ff. – Coty Prestige Lancaster Group GmbH und EuGH NJW 2014, 1793 – Hi Hotel HCF/Spoering.
[849] Vgl. EuGH NJW 2014, 1793 Rn. 35 ff. – Hi Hotel HCF/Spoering; NJW 2013, 3627 Rn. 43 ff. – Pinckney.
[850] EuGH Slg. 2002, I-7357 Rn. 21 ff. – Tacconi m. abl. Anm. *Mankowski* IPRax 2003, 127; wohl generell für eine Zuordnung der cic zum Gerichtsstand des Delikts OLG Stuttgart GmbHR 2014, 94 (95); *Kropholler/ v. Hein* Brüssel I-VO Art. 5 Rn. 18, 75 (Bestätigung der Tacconi-Rspr. durch die Rom II-VO). Eine differenzierte Betrachtung erwägend hingegen BGH NJW 2016, 409 Rn. 11, wonach der Vertragsgerichtsstand dann für die Geltendmachung der Verletzung vorvertraglicher Aufklärungspflichten einschlägige sein soll, wenn es tatsächlich zum Vertragsschluss kommt. In der Lit. wird überwiegend für eine Differenzierung zwischen deliktsähnlichen Erhaltungs- und Obhutspflichten (Art. 7 Nr. 2 Brüssel Ia-VO) und der Verletzung vorvertraglicher Aufklärungspflichten (Art. 7 Nr. 1, 5 Brüssel Ia-VO) plädiert, vgl. mwN *Mankowski* IPRax 2003, 127 (134 f.); Musielak/Voit/*Stadler* Brüssel Ia-VO Art. 7 Rn. 3; MüKoZPO/*Gottwald* Brüssel Ia-VO Art. 7 Rn. 50. S. ferner EuGH NZG 2015, 356 Rn. 39 ff. – Kolassa.

der grenzüberschreitenden Niederlassung 718, 719 Europ. Niederlassungsfreiheit

tung bei Vermögensvermischung[851] (→ Rn. 471 ff.) oder materieller Unterkapitalisierung (→ Rn. 466 ff.)[852] – unmittelbar gegenüber den Gesellschaftsgläubigern bestehen. Gleiches gilt – wie der EuGH der Sache nach bestätigt hat – jedenfalls für die deliktisch konzipierte **Insolvenzverschleppungshaftung** gegenüber den Altgläubigern und gesetzlichen Neugläubigern (→ Rn. 706), nach der Rspr. des EuGH zur Einordnung der cic (→ Rn. 716) aber wohl auch für diejenige gegenüber vertraglichen Neugläubigern.[853] Ob Art. 7 Nr. 2 Brüssel Ia-VO außerhalb eines Insolvenzverfahrens (→ Rn. 682, → Rn. 684, → Rn. 700) auch Ansprüche wegen Verletzung der **Massesicherungspflicht (§ 64 GmbHG)** umfasst, ist in der instanzgerichtlichen Rspr. umstritten.[854] Der Anspruch nach **§ 117 AktG** ist ebenfalls am Gerichtsstand des Delikts geltend zu machen.[855] Bei Klagen zur Geltendmachung einer Insolvenzverschleppungs- bzw. Durchgriffshaftung gegen Geschäftsleiter bzw. Anteilseigner, die eine insolvenzreife Gesellschaft nicht liquidieren, liegt der Handlungsort nach der Rspr. des EuGH dort, wo der Geschäftsbetrieb der Gesellschaft geführt wurde, mithin am Ort ihres (tatsächlichen) Sitzes.[856] Gleiches ist richtigerweise auch hinsichtlich des Erfolgsorts anzunehmen, und zwar auch in den anderen genannten Fällen einer außervertraglichen Haftung.[857]

Im **Vertragskonzern** dürfte Art. 7 Nr. 2 Brüssel Ia-VO auf Ansprüche gegen die **718** Geschäftsleiter des herrschenden Unternehmens nach § 309 Abs. 2 AktG anzuwenden sein. Eine Einordnung bei Art. 7 Nr. 1 Brüssel Ia-VO[858] käme nur in Betracht, wenn man es genügen ließe, dass die vertraglich einzuordnenden (→ Rn. 698) organschaftlichen Pflichten bei Bestehen eines Unternehmensvertrages zugunsten des abhängigen Unternehmens erweitert sind. Folgt man dem, sollte auch insoweit ein Erfüllungsort sowohl am Gründungs- und Satzungssitz als auch am tatsächlichen Sitz angenommen werden (→ Rn. 712 f.), sodass beide Einordnungen weitgehend zu denselben Ergebnissen führen würden. In der Praxis dürfte insoweit der Gerichtsstand der Streitgenossenschaft nach Art. 8 Nr. 1 Brüssel Ia-VO am Sitz (Art. 63 Brüssel Ia-VO) des herrschenden Unternehmens im Vordergrund stehen (→ Rn. 726 f.), das gesamtschuldnerisch mit dem Geschäftsleiter haftet. Vgl. zu dieser gesamtschuldnerischen Haftung → AktG § 309 Rn. 139 ff., → AktG § 309 Rn. 155.

Auch Ansprüche der abhängigen Gesellschaft im **faktischen Konzern** sind nach über- **719** wiegender Ansicht am Gerichtsstand der unerlaubten Handlung geltend zu machen.[859]

---

[851] *Lehmann* GmbHR 2005, 978 (981); *Leible* in Hirte/Bücker Grenzüberschreitende Gesellschaften-HdB § 12 Rn. 22; aA *Jaspert* S. 297.
[852] S. EuGH ZIP 2013, 1932 – ÖFAB/Koot und Evergreen: Haftung der Anteilseigner einer „unterkapitalisierten" Kapitalgesellschaft unter dem Aspekt einer Durchgriffshaftung; OLG Köln NZG 2004, 1009 (1010); *Kropholler/v. Hein* Brüssel I-VO Art. 5 Rn. 19, 74a; Rauscher/*Leible* Brüssel Ia-VO Art. 7 Rn. 110; ferner *Wagner* in Lutter Auslandsgesellschaften S. 223 (279 ff.); aA *Jaspert* S. 297.
[853] S. EuGH ZIP 2013, 1932 – ÖFAB/Koot und Evergreen auch zu einer insolvenzverschleppungsähnlichen Haftung eines Verwaltungsratsmitglieds für Neugläubigerschäden, die durch die Fortführung der Gesellschaft unter Verletzung bestimmter Krisenpflichten (Erstellung einer Kontrollbilanz, Einberufung der Hauptversammlung, Antrag auf Eröffnung eines Liquidationsverfahrens) entstanden sind. Zust. *Haas* NZG 2013, 1161 (1165); *Freitag* ZIP 2014, 302 (306 ff.); Rauscher/*Leible* Brüssel Ia-VO Art. 7 Rn. 26b, 110; K. Schmidt/*Brinkmann* InsO Art. 3 Rn. 48. Vgl. auch *Kropholler/v. Hein* Brüssel I-VO Art. 5 Rn. 18, 74, 75.
[854] Bejahend OLG Karlsruhe NZG 2010, 509; zust. *Haas* NZG 2010, 495 (497); MüKoZPO/*Gottwald* Brüssel Ia-VO Art. 7 Rn. 48; Musielak/Voit/*Stadler* Brüssel Ia-VO Art. 7 Rn. 17; Rauscher/*Leible* Brüssel Ia-VO Art. 7 Rn. 26b, 100; aA (Art. 7 Nr. 1 Brüssel Ia-VO) OLG Düsseldorf GmbHR 2010, 591; nun auch Baumbach/Hueck/*Haas* GmbHG § 64 Rn. 38; → Rn. 698, 700 mwN.
[855] S. OLG München IPRax 2000, 416 (417); zust. *Haubold* IPRax 2000, 375 (378); *Bruhns* S. 220.
[856] Vgl. EuGH ZIP 2013, 1932 Rn. 48 ff., 54 – ÖFAB/Koot und Evergreen. Gleiche Deutung der Entscheidung insoweit bei *Haas* NZG 2013, 1161 (1165); krit. zur Begr. der Entscheidung *Freitag* ZIP 2014, 302 (307 ff.), der maßgeblich auf das COMI als den Ort abstellt, an dem die Insolvenzantragspflicht zu erfüllen war.
[857] Zur Massesicherungshaftung ferner ebenso *Mankowski* EuZW 2012, 53 (54); zur Insolvenzverschleppungshaftung *Freitag* ZIP 2014, 302 (308 f.): COMI.
[858] So iErg – allerdings ohne nähere Begründung – *Bruhns* S. 178 ff.
[859] S. – jeweils zu Klagen von Minderheitsaktionären – OLG Schleswig NZG 2008, 868 (874) (zu § 305 AktG sowie obiter zu § 317 AktG, § 826 BGB); OLG Stuttgart ZIP 2007, 1210; zu § 317 AktG LG Kiel NZG 2008, 346 (347); *Bachmann* IPRax 2009, 140 (143 f.); *Haubold* IPRax 2000, 375 (381 f.); *Maul* AG 1998, 404 ff. (auch für die Verlustausgleichspflicht iSv § 302 AktG); *Maul* NZG 1999, 741 f. (744); *Schinkels*

Soweit man freilich eine vertragliche Einordnung gem. Art. 7 Nr. 1 Brüssel Ia-VO befürwortet (→ Rn. 703 f.), scheidet eine Geltendmachung am Gerichtsstand der unerlaubten Handlung zwangsläufig aus. In jedem Fall sollte Art. 7 Nr. 2 Brüssel Ia-VO im faktischen Konzern für eigene Ansprüche der Gläubiger gegenüber dem herrschenden Unternehmen[860] und dessen Organen[861] bejaht werden, da die Bestimmung nicht auf Fälle einer culpa-Haftung beschränkt ist.[862] Gleiches gilt, soweit Aktionäre einen Schaden geltend machen, der über den Reflexschaden hinausgeht (§ 317 Abs. 1 S. 2 AktG).[863] Für die gesellschafterliche **Innenhaftung wegen existenzvernichtender Eingriffe** ist nach der Rspr. ebenfalls der Gerichtsstand der unerlaubten Handlung eröffnet (→ Rn. 703).

720 In Fällen einer konzernrechtlichen Außenhaftung liegt der **Handlungsort** am Sitz des herrschenden Unternehmens,[864] der **Erfolgsort** nach richtiger Ansicht am Sitz der abhängigen Gesellschaft zur Zeit des schädigenden Ereignisses.[865] Bei Zugriffen auf das Gesellschaftsvermögen wird demgegenüber verbreitet ein einheitlicher Erfolgsort am Sitz der geschädigten Gesellschaft verneint.[866]

721 **d) Gerichtsstand der Niederlassung (Art. 7 Nr. 5 Brüssel Ia-VO).** Auch für Passivprozesse[867] gegen europäische Kapitalgesellschaften gilt schließlich die Regel, dass ein besonderer Gerichtsstand stets am Ort der Zweigniederlassung, Agentur oder sonstigen Niederlassung begründet ist, aus deren Betrieb der Rechtsstreit resultiert (Art. 7 Nr. 5 Brüssel Ia-VO).[868] Der **Begriff der Niederlassung** ist durch das Vorhandensein einer nach außen hervortretenden, auf gewisse Dauer angelegten organisatorischen Einheit mit eigener Geschäftsführung gekennzeichnet. Vom Anwendungsbereich ausgenommen sind jedoch solche Erscheinungsformen, deren Selbstständigkeit so weit geht, dass von einer Kontrolle des Stammhauses nicht gesprochen werden kann.[869] **Entscheidend** ist somit, dass die „Niederlassung" unter der Aufsicht und Leitung eines Stammhauses steht und nach außen als dessen Außenstelle hervortritt.[870]

722 Nach der Rspr. des EuGH ist der Gerichtsstand des Art. 7 Nr. 5 Brüssel Ia-VO aber auch dann begründet, wenn nur der **Rechtsschein einer Zweigniederlassung** erweckt wird, tatsächlich aber etwa eine selbständige **Tochtergesellschaft** besteht. Für das Publikum ist nämlich oftmals nur schwer zu durchschauen, wie die interne Organisation zwischen

---

[IPRax 2008, 412 (416) (soweit keine Ansprüche aus der Verletzung der Treuepflicht in Betracht kommen); *Zimmer* IPRax 1998, 187 f.; *Kropholler/v. Hein* Brüssel I-VO Art. 5 Rn. 74a; MüKoZPO/*Gottwald* Brüssel Ia-VO Art. 7 Rn. 48; hilfsweise – falls man den Gerichtsstand des Erfüllungsortes ablehnt – wohl auch *Kulms* IPRax 2000, 488 (490); nur für die Konzerninnenhaftung MüKoBGB/*Kindler* IntGesR Rn. 773 und *Kindler* FS Ulmer, 2003, 305 (317 ff.): Die Schädigung des Gesellschaftsvermögens im faktischen Konzern sei „zugleich" als unerlaubte Handlung zu qualifizieren.

[860] *Bruhns* S. 303 ff.; aA MüKoBGB/*Kindler* IntGesR Rn. 776 (sofern nicht zugleich ein Deliktstatbestand im Verhältnis zum Gläubiger verwirklicht ist); *Goette* DStR 1997, 503 (505) (die Konzernhaftung setze kein Verschulden voraus; dagegen statt aller *Kindler* FS Ulmer, 2003, 317 f.; *Schinkels* IPRax 2008, 412 (416)); generell gegen die Anwendung von Art. 7 Nr. 2 Brüssel Ia-VO im Hinblick auf Klagen der Gläubiger der Tochtergesellschaft wegen schädigender Einflussnahmen der Muttergesellschaft ferner *Wagner* in Lutter Auslandsgesellschaften S. 223 (258 f.).

[861] Insoweit auch MüKoBGB/*Kindler* IntGesR Rn. 781.
[862] So *Goette* DStR 1997, 503 (505); dagegen auch *Kindler* FS Ulmer, 2003, 305 (317 f.); *Bruhns* S. 303 f.
[863] AA *Bruhns* S. 224 f., 228 (Art. 7 Nr. 1 Brüssel Ia-VO).
[864] *Haubold* IPRax 2000, 375 (382); *Maul* AG 1998, 404 (406).
[865] OLG Schleswig NZG 2008, 868 (874); OLG Stuttgart ZIP 2007, 1210 (1211 f.); *Bruhns* S. 298 f., 306 f.; *Haubold* IPRax 2000, 375 (382).
[866] S. *Dutta* IPRax 2007, 195 (200); *Weber* IPRax 2013, 69 (73).
[867] Aktivprozesse fallen nicht unter die Bestimmung, s. Musielak/Voit/*Stadler* Brüssel Ia-VO Art. 7 Rn. 26; Zöller/*Geimer* Brüssel Ia-VO Art. 7 Rn. 118.
[868] Vgl. dazu *Schröder*, Internationale Zuständigkeit S. 339; *Geimer* WM 1976, 146; *Kronke* IPRax 1989, 81 (82); *Kropholler/v. Hein* Brüssel I-VO Art. 5 Rn. 99; *Geimer/Schütze/Geimer* Brüssel I-VO Art. 7 Rn. 357.
[869] Vgl. EuGH Slg. 1976, 1497 Rn. 20/22 – de Bloos (Alleinvertriebshändler); Slg. 1981, 819 Rn. 8 – Blanckaert & Willems/Trost (Handelsvertreter); LG Hamburg IPRspr. 1974 Nr. 154, 407 (selbständiger Handelsmakler); *Kropholler/v. Hein* Brüssel I-VO Art. 5 Rn. 103 ff.
[870] EuGH Slg. 1978, 2183 Rn. 12 – Somafer/Saar Ferngas; BAG NZA-RR 2014, 46 Rn. 23.

inländischem und ausländischem Unternehmensteil beschaffen ist.[871] Zu einer Gerichtspflichtigkeit des Stammhauses führt ein solcher Rechtsschein aber nur, wenn es ihn in zurechenbarer Weise mitveranlasst hat.[872]

Hinsichtlich der Frage, ob die Streitigkeit **„aus dem Betrieb"** der Niederlassung resultiert, ist darauf abzustellen, ob das zugrunde liegende Rechtsverhältnis von der Niederlassung im Namen des Stammhauses eingegangen wurde oder sonst in hinreichendem Zusammenhang mit dem Geschäftsbetrieb der Filiale und ihren Einrichtungen steht. Der EuGH definiert insoweit wie folgt: „Unter den Begriff ‚aus dem Betrieb' fallen zum einen die Rechtsstreitigkeiten, in denen es um vertragliche oder außervertragliche Rechte und Pflichten in Bezug auf die eigentliche Führung der Agentur, der Zweigniederlassung oder der sonstigen Niederlassung selbst geht, wie etwa die Rechte und Pflichten im Zusammenhang mit der Vermietung des Grundstücks, auf dem die genannten Einheiten errichtet sind, oder mit der am Ort vorgenommenen Einstellung des dort beschäftigten Personals. Zum anderen fallen unter den Begriff diejenigen Rechtsstreitigkeiten, die sich auf Verbindlichkeiten beziehen, welche der vorstehend beschriebene Mittelpunkt geschäftlicher Tätigkeit im Namen des Stammhauses eingegangen ist und die in dem Vertragsstaat zu erfüllen sind, in dem dieser Mittelpunkt besteht, sowie die Rechtsstreitigkeiten über außervertragliche Verpflichtungen, die aus der Tätigkeit entstehen, welche die Zweigniederlassung, die Agentur oder sonstige Niederlassung im oben angegebenen Sinn an dem Ort für Rechnung des Stammhauses ausgeübt hat, an dem sie errichtet ist".[873]

Der Gerichtsstand gem. Art. 7 Nr. 5 Brüssel Ia-VO wird in der Lit. namentlich für die **Konzernaußenhaftung** (§ 303 AktG, § 322 AktG analog) bejaht.[874] Vorausgesetzt wird aber auch dann, dass die Tochtergesellschaft auf Veranlassung des herrschenden Unternehmens als dessen „Zweigniederlassung" aufgetreten ist (→ Rn. 722). Anderes muss dann konsequenterweise für solche Gläubiger gelten, die über die Konzernbeziehung unterrichtet sind und deswegen den Schutz nicht benötigen, der mit der Zuständigkeit am Ort unselbständiger Niederlassungen gewährt werden soll.[875]

Der letztgenannte Aspekt schließt es zugleich aus, den Gerichtsstand nach Art. 7 Nr. 5 Brüssel Ia-VO für die Geltendmachung von **Konzerninnenhaftungsansprüchen** oder Ansprüchen der **Minderheitsaktionäre** zu eröffnen.[876]

e) Gerichtsstand der Streitgenossenschaft (Art. 8 Nr. 1 Brüssel Ia-VO). Sollen mehrere Personen zusammen verklagt werden, besteht ferner am Wohnsitz oder Sitz jedes Beklagten (Art. 4, 63 Brüssel Ia-VO) der besondere Gerichtsstand der Streitgenossenschaft, falls dieser (Wohn-)Sitz sich in einem Mitgliedstaat befindet[877] und zwischen den Klagen eine so **enge Beziehung** gegeben ist, dass eine gemeinsame Verhandlung und Entscheidung geboten erscheint, um einander widersprechende Entscheidungen zu vermeiden (Art. 8 Nr. 1 Brüssel Ia-VO).[878]

---

[871] EuGH Slg. 1987, 4905 Rn. 16 – SAR Schotte/Parfums Rothschild; BAG NZA-RR 2014, 46 Rn. 23; dazu *Kulms* IPRax 2000, 488 (490); Geimer/Schütze/*Geimer* Brüssel I-VO Art. 7 Rn. 372 mwN. S. auch die Vorlage des OLG Düsseldorf NZG 2016, 145 zur Auslegung von Art. 97 Abs. 1 VO (EG) Nr. 207/2009 des Rates vom 26.2.2009 über die Gemeinschaftsmarke (ABl. EG Nr. L 78, 1).
[872] Zutr. OLG Koblenz WM 2006, 484; zust. Musielak/Voit/*Stadler* Brüssel Ia-VO Art. 7 Rn. 25.
[873] EuGH Slg. 1978, 2183 Rn. 13 – Somafer/Saar Ferngas; s. auch EuGH Slg. 1995, I-961 – Lloyd's Register of Shipping/Campenon Bernard; NZA 2012, 935 Rn. 48 – Mahamdia; BeckRS 2018, 14029 Rn. 59 – flyLAL-Lithuanian Airlines; EuZW 2019, 431 Rn. 33 – ZX/Ryanair.
[874] MüKoBGB/*Kindler* IntGesR Rn. 777; *Kindler* FS Ulmer, 2003, 305 (321) mit Fn. 113; *Bruhns* S. 323 ff.; tendenziell auch *Zimmer* IPRax 1998, 187 (190 f.); einschr. *Maul* AG 1998, 404 (408 f.); *Kronke* IPRax 1989, 81 (83 f.); *Kulms* IPRax 2000, 488 (490).
[875] Vgl. *Goette* DStR 1997, 503 (504).
[876] *Haubold* IPRax 2000, 375 (381); *Kindler* FS Ulmer, 2003, 305 (321); *Linke* IPRax 1982, 46 (48 f.); *Bruhns* S. 328 ff.
[877] Zur Unanwendbarkeit von Art. 6 Nr. 1 Brüssel Ia-VO im Verhältnis zu Mitbeklagten mit (Wohn-)Sitz in einem Drittstaat EuGH RIW 2013, 288 – Rn. 52 ff. – Land Berlin/Sapir ua.
[878] Näher zur Auslegung dieses Tatbestands in der Rspr. des EuGH *Harms* EuZW 2014, 129, insbes. im Hinblick auf kartellrechtliche Schadensersatzklagen.

727 Bedeutung kann der Gerichtsstand der Streitgenossenschaft (Art. 8 Nr. 1 Brüssel Ia-VO) zum einen für die **Konzernaußenhaftung des herrschenden Unternehmens** erlangen, das von einem Gläubiger am Sitz (Art. 63 Brüssel Ia-VO) der abhängigen Gesellschaft in Anspruch genommen werden kann.[879] Zum anderen kommt der Gerichtsstand der Streitgenossenschaft für die **konzernrechtliche Organhaftung** (§§ 117, 309 Abs. 2, 310, 317 Abs. 3, 318 AktG) in Betracht.[880]

4. Kapitel. Überblick über die Kapitalverkehrsfreiheit

Schrifttum: *Behme,* Überprüfbarkeit von nationalem Gesellschaftsrecht am Maßstab der Grundfreiheiten – Zugleich ein Beitrag zur Vereinbarkeit des Volkswagen-Gesetzes mit dem Unionsrecht, AG 2015, 841; *Clostermeyer,* Staatliche Übernahmeabwehr und die Kapitalverkehrsfreiheit zu Drittstaaten, Diss. Heidelberg, 2011; *Grundmann/Möslein,* Die Goldene Aktie und der Markt für Unternehmenskontrolle im Rechtsvergleich – insbesondere Staatskontrollrechte, Höchst- und Mehrfachstimmrechte sowie Übernahmeabwehrmaßnahmen, ZVglRWiss 102 (2003), 289; *Haferkamp,* Die Kapitalverkehrsfreiheit im System der Grundfreiheiten des EG-Vertrags, Diss. Bonn, 2002; *Hindelang/Hagemeyer,* Enemy at the Gates? Die aktuellen Änderungen der Investitionsprüfvorschriften in der Außenwirtschaftsverordnung im Lichte des Unionsrechts, EuZW 2017, 882; *Holle,* Der „Fall VW" – ein gemeinschaftsrechtlicher Dauerbrenner, AG 2010, 14; *Kimms,* Kapitalverkehrsfreiheit im Recht der europäischen Union, 1996; *Link/Becker,* Ausländische Direktinvestitionen in Europa, RIW 2019, 415; *Martini,* Zu Gast bei Freunden?: Staatsfonds als Herausforderung an das europäische und internationale Recht, DÖV 2008, 314; *Mohamed,* European Community law on free movement of capital and the EMU, 1999; *Mörwald/Nreka,* Reichweite der Kapitalverkehrsfreiheit in Drittstaatenfällen, EWS 2014, 76; *Möslein,* Inhaltskontrolle aktienrechtlicher Entsendungsrechts: Europäische Anforderungen und Ausgestaltung von nationalem Aktienrecht, AG 2007, 770; *Müller-Graff,* Einflussregulierungen in Gesellschaften zwischen Binnenmarktrecht und Eigentumsordnung, FS Ulmer, 2003, 929; *Müller/Hempel,* Änderungen des Außenwirtschaftsrechts zur Kontrolle ausländischer Investoren, NJW 2009, 1638; *Ohler,* Europäische Kapital- und Zahlungsverkehrsfreiheit, 2002; *Pießkalla,* Goldene Aktien aus EG-rechtlicher Sicht : eine Untersuchung staatlicher und privater Sonderrechte in Wirtschaftsgesellschaften unter besonderer Berücksichtigung der Kapitalverkehrsfreiheit, Diss. Osnabrück 2005; *Pläster,* Nach VW und Golden Shares VII: Eine Krake namens Kapitalverkehrsfreiheit?, EWS 2008, 173; *W.-H. Roth,* Gutachterliche Stellungnahme aus Anlass der öffentlichen Anhörung des Ausschusses für Wirtschaft und Technologie am 26.1.2009 zum Gesetzesentwurf der Bundesregierung, BT-Drs. 16/10730 (zitiert: *Roth* Gutachterliche Stellungnahme); *Sander,* Höchststimmrechte und Kapitalverkehrsfreiheit nach der VW-Gesetz-Entscheidung – Psychologisiert der EuGH den Schutzbereich des Art. 56 EG?, EuZW 2008, 33; *Schön,* Kapitalverkehrsfreiheit und Niederlassungsfreiheit, FS W.-H. Roth, 2015, 551; *Seibt/Wollenschläger,* Unternehmenstransaktionen mit Auslandsbezug nach der Reform des Außenwirtschaftsrechts, ZIP 2009, 833; *Stiller,* Auswirkungen des Brexit auf das Sanktionsrecht – was ändert sich für deutsche Unternehmen?, EuZW 2019, 18; *Traugott/Strümpel,* Die Novelle des Außenwirtschaftsgesetzes: Neue Regeln für den Erwerb deutscher Unternehmen durch ausländische Investoren, AG 2009, 186; *Verse,* Aktienrechtliche Entsendungsrechte am Maßstab des Gleichbehandlungsgrundsatzes und der Kapitalverkehrsfreiheit, ZIP 2008, 1754; *Verse,* Kapitalverkehrsfreiheit, VW-Gesetz und VW-Satzung – eine unendliche Geschichte?, FS E. Klein, 2013, 701; *Walter,* Neuerungen bei Überprüfung von Unternehmenserwerben und der Kontrolle ausländischer Direktinvestitionen, RIW 2019, 473; *Weber,* Kapitalverkehr und Kapitalmärkte im Vertrag über die Europäische Union, EuZW 1992, 561.

Übersicht

	Rn.		Rn.
I. Historie	728–732	1. Überblick	755–764
II. Räumlicher und persönlicher Anwendungsbereich	733–737	a) Diskriminierende und nicht diskriminierende Beschränkungen	755–757
1. Allgemeines	733, 734	b) Rechtfertigung	758–764
2. Geltung im Verhältnis zu Drittstaaten	735–737	2. Beschränkung der Kapitalverkehrsfreiheit durch nationales Gesellschaftsrecht	765–769
III. Sachlicher Anwendungsbereich	738–754		
1. Allgemeines	738–744		
2. Abgrenzung zur Niederlassungsfreiheit	745–754	3. Beschränkung der Kapitalverkehrsfreiheit durch deutsches Außenwirtschaftsrecht im Bereich von Unternehmensübernahmen	770–781
IV. Diskriminierungs- und Beschränkungsverbot	755–781		

---

[879] MüKoBGB/*Kindler* IntGesR Rn. 778; offenlassend OLG Stuttgart ZIP 2007, 1210 (1211), das diesen Gerichtsstand für konzernrechtliche Unterlassungsansprüche eines Minderheits- gegen einen Mehrheitsaktionär verneint hat; abl. hierzu *Schinkels* IPRax 2008, 412 (413 ff.).

[880] MüKoBGB/*Kindler* IntGesR Rn. 781.

I. Historie

Der **Vertrag zur Gründung der Europäischen Wirtschaftsgemeinschaft** vom 25.3.1957 sah in Art. 67 ff. EWGV vor, dass die Mitgliedstaaten untereinander schrittweise die Beschränkungen des Kapitalverkehrs in Bezug auf „Berechtigte, die in den Mitgliedstaaten ansässig sind" (Art. 67 Abs. 1 EWGV, sog. „Residenzprinzip"), beseitigen sollten, soweit dies für das Funktionieren des Gemeinsamen Marktes notwendig sei. Für eine unmittelbar anwendbare Kapitalverkehrsfreiheit, die den einzelnen Gemeinschaftsbürgern und den mitgliedstaatlichen Gesellschaften individuelle Rechte verlieh, enthielt der EWG-Vertrag hingegen noch keine Grundlage.[1] Daneben existierte eine Sondervorschrift für den Zahlungsverkehr in Art. 106 EWGV.

In Umsetzung der Art. 69 und 70 EWGV erließ die Kommission im Jahre 1988 die **Kapitalverkehrs-RL** (RL 88/361/EG), die zum 1.7.1990 in Kraft trat. Nach Art. 1 Kapitalverkehrs-RL beseitigen die Mitgliedstaaten die Beschränkungen des Kapitalverkehrs zwischen den Gebietsansässigen in den Mitgliedstaaten. Der EuGH hat diese Bestimmung für unmittelbar anwendbar erklärt[2] und es den Bürgern damit ermöglicht, sich auch vor nationalen Gerichten und Behörden auf die Kapitalverkehrsfreiheit zu berufen. Mit der Kapitalverkehrs-RL wurde die Kapitalverkehrsfreiheit somit sekundärrechtlich verwirklicht und zwischen den Mitgliedstaaten garantiert.[3]

Mit dem **Vertrag von Maastricht** wurden sodann die Art. 67–73 EWGV zum 1.1.1994 durch die Art. 73b–73g EGV ersetzt. Erst hierdurch wurde die unmittelbar anwendbare Kapitalverkehrsfreiheit des Sekundärrechts im EG-Vertrag verankert und auch **primärrechtlich** eine **vollwertige Liberalisierung des Kapitalverkehrs** herbeigeführt.[4] Materielle Änderungen gingen mit diesem Schritt nicht einher.[5] Die Kapitalverkehrs-RL wurde auch nicht aufgehoben, vielmehr wird die Kapitalverkehrsfreiheit, insbesondere der Begriff des Kapitalverkehrs, im Lichte der Kapitalverkehrs-RL interpretiert.[6] Ferner wurde in dem Vertrag von Maastricht der Zahlungsverkehr in Art. 73b Abs. 2 EGV systematisch zusammen mit der Kapitalverkehrsfreiheit eingeordnet.

Mit Inkrafttreten des **Vertrages von Amsterdam** wurden die Art. 67–73 EGV aF aus dem Vertrag entfernt und die Art. 73b ff. EG neu als Art. 56 ff. EG nummeriert, ohne dass damit eine inhaltliche Änderung verbunden war. Auch der **Vertrag von Nizza** brachte insoweit keine Neuerungen.[7] Seit dem **Vertrag von Lissabon** findet sich die Regelung des freien Kapital- und Zahlungsverkehrs in Art. 63–66 AEUV.

Die nachfolgende Kommentierung beschränkt sich auf die **Kapitalverkehrsfreiheit**. Die Freiheit des Zahlungsverkehrs bleibt hingegen außer Betracht.

II. Räumlicher und persönlicher Anwendungsbereich

1. Allgemeines. Der räumliche Anwendungsbereich der Kapital- und Zahlungsverkehrsfreiheit umfasst im Grundsatz die europäischen **Hoheitsgebiete der Mitgliedstaaten** und die **überseeischen Departements** Frankreichs, die durch Ratsbeschluss vom 11.5.1960[8] einbe-

---

[1] EuGH Slg. 1981, 2595 – Casati; Slg. 1984, 377 – Luisi u. Carbone; *Ohler* WM 1996, 1801; *Mössner/Kellersmann* DStZ 1999, 505 (506).
[2] EuGH Slg. 1995, I-361 Rn. 33 ff. – Bordessa.
[3] *Schön* GS Knobbe-Keuk, 1997, 743 (763); *Glöckner* EuR 2000, 592 (604); *Dautzenberg* RIW 1998, 537 (537 f.).
[4] Calliess/Ruffert/*Bröhmer* AEUV Art. 63 Rn. 3; Streinz/*Sedlaczek/Züger* AEUV Art. 63 Rn. 7.
[5] *Mössner/Kellersmann* DStZ 1999, 505 (506).
[6] EuGH Slg. 1999, I-1661 Rn. 21 – Trummer u. Mayer; Slg. 2001, I-173 Rn. 5 – Stefan; Slg. 2002, I-2157 Rn. 30 – Reisch ua; Slg. 2002, I-4731 Rn. 37 f. – Kommission/Portugal; Slg. 2002, I-4781 Rn. 36 – Kommission/Frankreich; Slg. 2003, I-4809 Rn. 37 – Kommission/Belgien; Slg. 2003, I-4581 Rn. 52 – Kommission/Spanien; Slg. 2003, I-4641 Rn. 39 – Kommission/Vereinigtes Königreich; *Fischer* ZEuS 2000, 391 (393); *Mohamed* S. 113; *Ohler* WM 1996, 1801.
[7] Calliess/Ruffert/*Bröhmer* AEUV Art. 63 Rn. 2; Streinz/*Sedlaczek/Züger* AEUV Art. 63 Rn. 8.
[8] ABl. 1960 Nr. 43, 919.

zogen wurden (heute Art. 349, 355 Abs. 1 AEUV).⁹ Des Weiteren findet die Kapitalverkehrsfreiheit ebenso wie die Niederlassungsfreiheit über Art. 31, 40 EWR-Abkommen auch im Verhältnis zu den EFTA-Staaten Island, Liechtenstein und Norwegen Anwendung.

734 Gemäß Art. 355 AEUV und der „Erklärung zur Vertretung der Interessen der überseeischen Länder und Hoheitsgebiete nach Artikel 227 Absatz 3 und Absatz 5 Buchstaben a und b des Vertrags zur Gründung der Europäischen Gemeinschaft",¹⁰ die Teil der Schlussakte zum EU-Vertrag ist, gelten für bestimmte Gebiete unterschiedliche **Sonder- und Ausnahmeregelungen,** insbesondere für die Färöer Inseln und die Ålandinseln.¹¹ In Bezug auf den **Brexit** ist insoweit auf Art. 3 BrexitAbk (→ Rn. 16) sowie das Protokoll zu den Hoheitszonen des Vereinigten Königreichs auf Zypern zu verweisen. Auch im Verhältnis zu den **Beitrittsstaaten** Estland, Lettland, Litauen, Malta, Polen, die Slowakische Republik, Slowenien, die Tschechische Republik, Ungarn, Zypern, Bulgarien, Rumänien und Kroatien gelten Besonderheiten, die hier nicht im Einzelheiten darzustellen sind.¹² Schließlich ist Dänemark aufgrund des Protokolls betreffend den Erwerb von Immobilien in Dänemark, welches gem. Art. 51 EUV Teil des AEUV ist, berechtigt, seine einschränkenden Rechtsvorschriften für den Erwerb von Zweitwohnungen beizubehalten.¹³

735 **2. Geltung im Verhältnis zu Drittstaaten.** Seit dem 1.1.1994 sind Beschränkungen des Kapitalverkehrs nach Art. 63 AEUV nicht nur zwischen den Mitgliedstaaten, sondern auch im Verhältnis zu Drittstaaten verboten. Der AEUV öffnet sich damit im Bereich des Kapitalverkehrs mit einer **„erga omnes"-Konzeption** für die Globalisierung der Märkte.¹⁴ Die Kapital- und Zahlungsverkehrsfreiheit tritt insoweit neben die bestehenden Kooperations- und Assoziationsabkommen, die mit zahlreichen Staaten und Staatengruppen geschlossen wurden.¹⁵ Zu den Drittstaaten zählen auch die überseeischen Länder und Hoheitsgebiete iSd Anh. II AEUV (zum Brexit → Rn. 734).¹⁶

736 Nach ganz überwiegender Ansicht, die sich auf den Wortlaut des Art. 63 AEUV und die abweichende Formulierung in Art. 7 Abs. 1 Kapitalverkehrs-RL (→ Rn. 729) berufen kann, hängt der Schutz der Kapitalverkehrsfreiheit weder von der **Staatsangehörigkeit** noch von der **Ansässigkeit** im Gebiet der EU oder im Falle von Gesellschaften von der Erfüllung der Voraussetzungen des Art. 54 AEUV ab.¹⁷ Die Liberalisierung ist damit grundsätzlich auf das Kapital bezogen, ohne dass es auf seine Herkunft und diejenige seines Eigentümers ankäme.

737 **Bedenken** hiergegen resultieren insbesondere daraus, dass die **Niederlassungsfreiheit** auf Angehörige der Mitgliedstaaten und hinsichtlich der sekundären Niederlassungsfreiheit zusätzlich durch das Erfordernis der Ansässigkeit im Gemeinschaftsgebiet beschränkt ist. Diese Divergenz verschärft die Notwendigkeit, beide Grundfreiheiten sinnvoll voneinander abzugrenzen (→ Rn. 745 ff.).

III. Sachlicher Anwendungsbereich

738 **1. Allgemeines.** Die Kapitalverkehrsfreiheit tritt als **weitere Grundfreiheit des AEUV** neben die Freiheit des Warenverkehrs, des Personenverkehrs (Arbeitnehmerfreizügigkeit und Niederlassungsfreiheit) und der Dienstleistungen und verbietet alle Beschränkungen des Kapitalverkehrs zwischen den Mitgliedstaaten sowie zwischen den Mitgliedstaaten und

---

⁹ Für Algerien gilt dies seit seiner Unabhängigkeit (1962) nicht mehr.
¹⁰ BGBl. 1992 II 1253.
¹¹ Näher Grabitz/Hilf/Nettesheim/*Ress/Ukrow* AEUV Art. 63 Rn. 103 ff.
¹² Grabitz/Hilf/Nettesheim/*Ress/Ukrow* AEUV Art. 63 Rn. 107 f.
¹³ Grabitz/Hilf/Nettesheim/*Ress/Ukrow* AEUV Art. 63 Rn. 105.
¹⁴ Vgl. Grabitz/Hilf/Nettesheim/*Ress/Ukrow* AEUV Art. 63 Rn. 19, 120 f., 134 ff.; von der Groeben/Schwarze/Hatje/*Wojcik* AEUV Art. 63 Rn. 4, 8.
¹⁵ Eingehend zum völkerrechtlichen Rahmen Grabitz/Hilf/Nettesheim/*Ress/Ukrow* AEUV Art. 63 Rn. 47 ff.
¹⁶ EuGH Slg. 2011, I-3319 Rn. 20, 28 ff. – Prunus u. Polonium.
¹⁷ Grabitz/Hilf/Nettesheim/*Ress/Ukrow* AEUV Art. 63 Rn. 120 f.; zurückhaltend Calliess/Ruffert/*Bröhmer* AEUV Art. 63 Rn. 7 f.

dritten Ländern (Art. 63 Abs. 1 AEUV). Ebenso wie die Niederlassungsfreiheit wird auch die Kapitalverkehrsfreiheit durch Art. 345 AEUV nicht eingeschränkt. Diese Bestimmung bringt lediglich die Neutralität des Primärrechts gegenüber den Eigentumsordnungen in den Mitgliedstaaten zum Ausdruck. Der Umstand, dass eine mitgliedstaatliche Regelung die Eigentumsordnung berührt, wie dies etwa bei Privatisierungsverboten der Fall ist, sperrt daher die Anwendung der beiden Grundfreiheiten nicht.[18]

739 Der **Begriff des Kapitalverkehrs** ist primärrechtlich **nicht definiert**. Dem AEUV lässt sich lediglich in systematischer Abgrenzung entnehmen, dass es sich bei der Kapitalverkehrsfreiheit um ein **Beschränkungsverbot für grenzüberschreitende Übertragungen von Geld- oder Sachkapital** handelt, die sich nicht in einem einmaligen Leistungsaustausch von Waren oder Dienstleistungen erschöpfen.[19]

740 Wichtige Anhaltspunkte zur Bestimmung des Anwendungsbereichs der Kapitalverkehrsfreiheit enthält **Anh. I Kapitalverkehrs-RL** (→ Rn. 729). Der EuGH misst der dortigen, nicht abschließenden Aufzählung der Transaktionen, die unter die Kapitalverkehrsfreiheit fallen, in stRspr „Hinweischarakter" für die Interpretation der Kapital- und Zahlungsverkehrsfreiheit zu.[20] Die Aufzählung (sog. **Nomenklatur**) umfasst Direktinvestitionen (→ Rn. 741 ff.), Immobilieninvestitionen, Geschäfte mit Wertpapieren, die normalerweise am Kapitalmarkt gehandelt werden, Geschäfte mit Anteilscheinen von Organismen für gemeinsame Anlagen, Geschäfte mit Wertpapieren und anderen Instrumenten, die normalerweise am Geldmarkt gehandelt werden, Kontokorrent- und Termingeschäfte mit Finanzinstitutionen, Kredite im Zusammenhang mit Handelsgeschäften oder Dienstleistungen, an denen ein Gebietsansässiger beteiligt ist, Darlehen und Finanzkredite, Bürgschaften, andere Garantien und Pfandrechte, Transferzahlungen in Erfüllung von Versicherungsverträgen, Kapitalverkehr mit persönlichem Charakter, Ein- und Ausfuhr von Vermögenswerten sowie den sonstigen Kapitalverkehr. Im vorliegenden Zusammenhang sind insbesondere der Schutz von Direktinvestitionen (Nr. I der Nomenklatur der Kapitalverkehrs-RL) und von Immobilieninvestitionen (Nr. II der Nomenklatur der Kapitalverkehrs-RL) hervorzuheben.

741 Der Begriff der **Direktinvestition** ist nach der Kapitalverkehrs-RL im weitesten Sinne zu verstehen und umfasst Investitionen jeder Art durch natürliche Personen, Handels-, Industrie- oder Finanzunternehmen zur Schaffung oder Aufrechterhaltung dauerhafter und direkter Beziehungen zwischen denjenigen, die die Mittel bereitstellen, und den Unternehmern oder Unternehmen, für die die Mittel zum Zwecke einer wirtschaftlichen Tätigkeit bestimmt sind. Um Direktinvestitionen handelt es sich danach auch, wenn Unternehmen im Ausland Zweigniederlassungen oder neue Unternehmen (Tochtergesellschaften) gründen oder erweitern oder bestehende Unternehmen vollständig übernehmen. Zudem liegt eine Direktinvestition im Falle der bloßen Beteiligung an neuen oder bereits bestehenden Unternehmen vor, ebenso bei der Gewährung langfristiger Darlehen zur Schaffung oder Aufrechterhaltung dauerhafter Wirtschaftsbeziehungen.

742 Investitionen, die einen sicheren Einfluss auf die Verwaltung und Kontrolle einer Gesellschaft verleihen, werden in der Rspr. des EuGH als **Kontrollbeteiligungen** definiert.[21]

---

[18] EuGH BeckRS 2012, 80084 Rn. 44 – Kommission/Polen; EuZW 2013, 29 Rn. 15 ff. – Kommission/Griechenland; EuZW 2014, 61 Rn. 30 ff., 36 – Niederlande/Essent NV ua; EuZW 2019, 288 Rn. 45 f. – TAP.

[19] Vgl. *Fischer* ZEuS 2000, 391 (398); *Schön* GS Knobbe-Keuk, 1997, 743 (747); von der Groeben/Schwarze/Hatje/*Wojcik* AEUV Art. 63 Rn. 1 ff., 4; Grabitz/Hilf/Nettesheim/*Ress/Ukrow* AEUV Art. 63 Rn. 122 ff.; *Honrath* S. 50.

[20] EuGH Slg. 1999, I-1661 Rn. 21 – Trummer u. Mayer; Slg. 1999, I-3099 Rn. 22 – Konle; Slg. 1999, I-7041 Rn. 7 – Sandoz; Slg. 2001, I-173 Rn. 5 – Stefan; Slg. 2002, I-2157 Rn. 30 – Reisch ua; Slg. 2002, I-4731 Rn. 37 – Kommission/Portugal; Slg. 2002, I-4781 Rn. 36 – Kommission/Frankreich; Slg. 2003, I-4809 Rn. 37 – Kommission/Belgien; Slg. 2003, I-4581 Rn. 52 – Kommission/Spanien; Slg. 2003, I-4641 Rn. 39 – Kommission/Vereinigtes Königreich; Slg. 2006, I-9141 Rn. 19 – Kommission/Niederlande; Slg. 2007, I-8995 Rn. 18 – Kommission/Deutschland; Slg. 2007, I-10419 Rn. 20 – Federconsumatori ua/Stadt Mailand; NZG 2010, 983 Rn. 49 – Kommission/Portugal; NZG 2010, 1382 Rn. 46 – Kommission/Portugal; EWS 2013, 472 Rn. 20 – K; Grabitz/Hilf/Nettesheim/*Ress/Ukrow* AEUV Art. 63 Rn. 128 ff.; *Fischer* ZEuS 2000, 391 (393); *Mohamed* S. 113; *Ohler* WM 1996, 1801; *Bayer* BB 2002, 2289.

[21] EuGH Slg. 2006, I-9141 Rn. 42 – Kommission/Niederlande.

Ob ein derartiger Einfluss im Einzelfall möglich ist, ist nach den tatsächlichen Umständen des Einzelfalls und nach Maßgabe des jeweils einschlägigen Gesellschaftsrechts zu beurteilen.[22] Die Frage, ob aus Sicht des deutschen Gesellschaftsrechts insoweit eine Sperrminorität von 25% ausreichend und erforderlich ist, ist umstritten.[23] Der Rspr. des EuGH (und des EFTA-Gerichtshofs) lässt sich nicht entnehmen, dass eine Beteiligung in dieser Größenordnung notwendig wäre.[24] Der früheren Ansicht des BFH,[25] wonach bereits eine Beteiligung in Höhe von 10% als derartige „Kontrollbeteiligung" bzw. „unternehmerische Beteiligung" anzusehen sei, sodass die Kapitalverkehrsfreiheit von der Niederlassungsfreiheit verdrängt werde (→ Rn. 745 ff.), hat der EuGH eine klare Absage erteilt.[26] Auch eine Kapitalbeteiligung von 15% ist nach Auffassung des Gerichtshofs nicht zwangsläufig ausreichend.[27] Im Einzelfall bleibt die Abgrenzung anhand des Kriteriums des sicheren Einflusses auf die Verwaltung und Kontrolle eines Unternehmens mit erheblichen Unsicherheiten behaftet.

743 Der Erwerb von Wertpapieren auf dem Kapitalmarkt, der allein in der Absicht einer Geldanlage erfolgt, ohne dass auf die Verwaltung und Kontrolle des Unternehmens Einfluss genommen werden soll, wird als sog. **Portfolioinvestition** bezeichnet.[28]

744 **Immobilieninvestitionen** (Nr. II der Nomenklatur der Kapitalverkehrs-RL) werden in der RL als Kauf von bebauten und unbebauten Grundstücken sowie Bau von Gebäuden zu Erwerbszwecken definiert.

745 **2. Abgrenzung zur Niederlassungsfreiheit.** Die Frage einer Abgrenzung von Niederlassungs- und Kapitalverkehrsfreiheit stellt sich vor allem bei Direkt- und Immobilieninvestitionen (→ Rn. 741 ff.). Nach der Kapitalverkehrs-RL soll eine **Direktinvestition** ua auch dann vorliegen, wenn ein Beteiligungserwerb in Rede steht, der dem Erwerber die Möglichkeit gibt, sich „tatsächlich an der Verwaltung dieser Gesellschaft oder an deren Kontrolle zu beteiligen" (zur Begriffsbestimmung von Direktinvestitionen → Rn. 729).[29] Gleiches gilt für die Errichtung von Zweigniederlassungen oder Tochtergesellschaften. In allen diesen Fällen ist unzweifelhaft der Anwendungsbereich der Niederlassungsfreiheit eröffnet.[30] Ferner sind der Erwerb und die Nutzung von Grundbesitz häufig Voraussetzung

---

[22] S. etwa EuGH Urt. v. 17.7.2008, Rs. C-207/07 – Kommission/Spanien; Slg. 2007, I-10451 Rn. 31 – Columbus Container Services; EuZW 2009, 458 Rn. 37 ff. – Kommission/Italien; Streinz/*Müller-Graff* AEUV Art. 49 Rn. 15.

[23] Bejahend *Bayer/Ohler* ZG 2008, 12 (23); *Germelmann* EuZW 2008, 596 (597); *Geurts* IStR 2000, 572 (573); *Köhler/Tippelhofer* IStR 2007, 645 (647); aA (Mehrheitsbeteiligung erforderlich) *Weller* ZIP 2008, 857 (862); *Martini* DÖV 2008, 314 (318). Dies ist mit der Rspr. des EuGH nicht vereinbar, wonach jedenfalls eine Beteiligung von 45 % am Stimmrecht und Kapital für die Annahme einer Kontrollbeteiligung genügt; EuGH ECLI:EU:C:2010:26 = IStR 2010, 144 Rn. 35 – SGI; ECLI:EU:C:2015:375 = EuZW 2015, 846 Rn. 24 – X.

[24] Vgl. etwa EuGH EuZW 2009, 458 Rn. 38 – Kommission/Italien: Bei Gesellschaften in breitem Streubesitz sei es nicht ausgeschlossen, dass auch die Inhaber von Anteilen mit einer nur geringen Beteiligung (5%) die Macht haben, die Verwaltung in bestimmter Weise zu beeinflussen und ihre Tätigkeiten zu bestimmen, was unter Art. 49 AEUV falle. Ferner EuGH EuZW 2013, 29 Rn. 23 ff. – Kommission/Griechenland: Beschränkung, die allein Stimmrechtsbeteiligungen von mehr als 20% betrifft, unterliegt nur der Niederlassungsfreiheit; Slg. 2007, I-3775 Rn. 21 ff. – Lasertec: Beteiligung von weniger als 25%, die jedoch einen beherrschenden Einfluss auf die Beteiligungsgesellschaft verschafft. Nicht anders zu verstehen auch EuGH AG 2011, 81 (83) Rn. 51 – Idryma Typou AE, wonach je nach Streuung des Anteilsbesitzes im Einzelfall 25% ausreichen könnten, um einen sicheren Einfluss auf die Gesellschaft auszuüben. Abw. hingegen der EFTA-Gerichtshof, Urt. v. 16.7.2012 – E-9/11, EFTA-Aufsichtsbehörde/Norwegen, wonach eine Erwerbsbeschränkung für Beteiligungen von 20% an beiden Freiheiten zu messen sei.

[25] BFH RIW 2013, 174 (176). Aufgegeben durch BFH DStR 2019, 214.

[26] S. EuGH IStR 2014, 724 Rn. 33 ff. – Kronos; ECLI:EU:C:2015:375 = EuZW 2015, 846 Rn. 21 – X; zuvor auch EuGH IStR 2013, 871 Rn. 22 – Itelcar. Zutr. auch *Glahe* IStR 2013, 874 (876); *Verse/Wiersch* EuZW 2014, 375 (376).

[27] EuGH NZG 2018, 794 Rn. 79 f. – Deister Holding; NZG 2018, 1271 Rn. 40 – EV.

[28] Vgl. EuGH Slg. 2006, I-9141 Rn. 19 – Kommission/Niederlande.

[29] Bestätigt ua in EuGH Slg. 2003, I-4581 – Kommission/Spanien; Slg. 2003, I-4641 – Kommission/Vereinigtes Königreich; Slg. 2007, I-10419 Rn. 20 – Federconsumatori ua/Stadt Mailand.

[30] Vgl. *Spindler* RIW 2003, 850 (852); *Ohler* WM 1996, 1801 (1804).

oder Begleiterscheinung für die Ausübung der Niederlassungsfreiheit (s. auch Art. 50 Abs. 2 lit. e AEUV), stellen sich aber zugleich als kapitalverkehrsrechtliche **Immobilieninvestition** dar.[31]

Dem **Wortlaut des AEUV** lassen sich keine zwingenden Anhaltspunkte für die Klärung des Verhältnisses von Niederlassungs- und Kapitalverkehrsfreiheit entnehmen. Nach Art. 49 Abs. 2 AEUV wird die Niederlassungsfreiheit „vorbehaltlich des Kapitels über den Kapitalverkehr" gewährt. Zur Kapitalverkehrsfreiheit heißt es in Art. 65 Abs. 2 AEUV, die Art. 63 ff. AEUV berührten „nicht die Anwendbarkeit von Beschränkungen des Niederlassungsrechts, die mit diesem Vertrag vereinbar sind". Dieser Kreuzverweis der beiden Grundfreiheiten[32] indiziert immerhin die Möglichkeit einer **parallelen Anwendbarkeit von Niederlassungs- und Kapitalverkehrsfreiheit.**[33] Eines Querverweises auf die jeweils andere Grundfreiheit hätte es nicht bedurft, wenn die Anwendung der einen Grundfreiheit die Anwendung der anderen Grundfreiheit ausschlösse.[34] 746

Eine gleichberechtigte, überlappende Anwendung von Niederlassungs- und Kapitalverkehrsfreiheit erscheint jedoch insbesondere deshalb **ungereimt,** weil Letztere auch im Verhältnis zu **Drittstaaten** und ohne Rücksicht auf die Staatsangehörigkeit und die Ansässigkeit des Investors im Gemeinschaftsgebiet Anwendung findet (→ Rn. 735 ff.).[35] 747

In der **Lit.** ist die Abgrenzung von Niederlassungsfreiheit und Kapitalverkehrsfreiheit umstritten. Vertreten werden sowohl eine Exklusivität beider Freiheiten[36] als auch ein Vorrang der Kapitalverkehrsfreiheit[37] oder der Niederlassungsfreiheit[38] sowie schließlich in Anlehnung an die jüngere Rspr. des EuGH (→ Rn. 750 ff.) eine differenzierende Betrachtungsweise, nach der je nach Sachlage von einer parallelen Anwendbarkeit beider Grundfreiheiten auszugehen oder einer der beiden Freiheiten der Vorrang einzuräumen ist.[39] Eine parallele Anwendung soll hiernach nur dann zu bejahen sein, wenn der Sachverhalt auch unmittelbar[40] beide Freiheiten betrifft. Allein die Niederlassungsfreiheit soll hingegen als einschlägig betrachtet werden, wenn eine „unternehmerische Aktivität" behindert wird, während die Kapitalverkehrsfreiheit für anwendbar gehalten wird, wenn die Tätigkeit lediglich allgemein die Investition von Kapital mit dem Ziel, eine Rendite zu erwirtschaften, bezweckt.[41] Die Abgrenzung mit Hilfe des Kriteriums der unterneh- 748

---

[31] S. EuGH Slg. 1999, I-3099 Rn. 22 – Konle; Slg. 1989, 1461 Rn. 22 – Kommission/Griechenland.
[32] Vgl. dazu ausf. *Freitag* EWS 1997, 186 (190); Streinz/*Sedlaczek*/*Züger* AEUV Art. 63 Rn. 32.
[33] Vgl. EuGH Slg. 2002, I-4765 – Kommission/Portugal; Slg. 2002, I-4785 Rn. 55 f. – Kommission/Frankreich; Slg. 1999, I-3099 – Konle; *Spindler* RIW 2003, 850 (852); Grabitz/Hilf/Nettesheim/*Ress*/*Ukrow* AEUV Art. 63 Rn. 303; *Schön* GS Knobbe-Keuk, 1997, 743 (749); *Freitag* EWS 1997, 186 (190); *Weber* EuZW 1992, 561 (564); *Bayer* BB 2002, 2289 (2290); aA *Ohler* WM 1996, 1801 (1804); *Brinkmann* S. 59 ff. Offen lassend *Fischer* ZEuS 2000, 391 (400).
[34] Grabitz/Hilf/Nettesheim/*Ress*/*Ukrow* AEUV Art. 63 Rn. 303; *Schön* FS W.-H. Roth, 2015, 551 (560).
[35] Allg. für ein Zurücktreten der Kapitalverkehrsfreiheit in Drittstaatenfällen, sofern zugleich ein Niederlassungsvorgang vorliegt, etwa *Ohler,* Europäische Kapital- und Zahlungsverkehrsfreiheit Art. 56 Rn. 130; aA *Haferkamp* S. 208 ff.; *Hindelang* JZ 2009, 829 mwN; *Clostermeyer* S. 238 ff.
[36] Streinz/*Sedlaczek*/*Züger* AEUV Art. 63 Rn. 33; *Ohler* WM 1996, 1801 (1802 f., 1804); einschr. *Freitag* EWS 1997, 186 (191).
[37] *Fischer* ZEuS 2000, 391 (401); *Kimms* S. 140 f.; *Weber* EuZW 1992, 561 (564); *Weiss* EWS 2008, 13 (18).
[38] *Bachlechner* ZEuS 1998, 519 (531); *Freitag* EWS 1997, 186 (189 ff.); *Germelmann* EuZW 2008, 596 (600).
[39] *Bayer* BB 2002, 2289 (2290); *Käseberg/Kuhn* AG 2007, 65 (67); *Martini* DÖV 2008, 314 (318); *Schön* GS Knobbe-Keuk, 1997, 743 (749); *Schön* FS Wassermeyer, 2005, 489 (498 f.) (zur Dienstleistungsfreiheit); *Clostermeyer* S. 213 ff.; *Honrath* S. 109; *Pießkalla,* Goldene Aktien S. 61; *Jung* in Schulze/Zuleeg, Europarecht, 2006, § 20 Rn. 12 (zur Dienstleistungsfreiheit); Streinz/*Sedlaczek*/*Züger* AEUV Art. 63 Rn. 35. Im Grundsatz auch *Ohler,* Europäische Kapital- und Zahlungsverkehrsfreiheit Art. 56 EG Rn. 114 ff.; krit. und Lösungen auf der Rechtfertigungsebene favorisierend von der Groeben/Schwarze/Hatje/*Wojcik* AEUV Art. 63 Rn. 60 ff.
[40] Grabitz/Hilf/Nettesheim/*Ress*/*Ukrow* AEUV Art. 63 Rn. 318; *Müller-Graff* FS Ulmer, 2003, 929 (934); ähnlich *Honrath* S. 68 f.
[41] Vgl. Schlussanträge GA *Albers* EuGH Slg. 2000, I-2787 Rn. 26, 30, 32 – Baars; ähnlich *Freitag* EWS 1997, 186 (190); *Schön* FS W.-H. Roth, 2015, 551 (560 ff.); s. ferner *Grundmann/Möslein* ZGR 2003, 317 (327); *Wackerbarth* WM 2001, 1741 (1749); *Schön* RabelsZ 64 (2000), 1 (11 f.); *Müller-Graff* FS Ulmer, 2003, 929 (934 f.).

merischen Kontrolle wird insbesondere in Fällen des Erwerbs oder des Haltens einer bloßen Beteiligung virulent.[42]

749 Die **Rspr. des EuGH** erhält zunehmend schärfere Konturen. Rechtssachen, die Berührungspunkte zu mehreren Grundfreiheiten aufweisen, prüfte der EuGH lange Zeit häufig im Sinne einer Schwerpunktbetrachtung nur am Maßstab einer Grundfreiheit und ließ, sofern ein Verstoß gegen sie festgestellt oder umgekehrt eine Rechtfertigung der Beschränkung bejaht wurde, die Prüfung der anderen Grundfreiheit und damit auch die Abgrenzungsfrage offen.[43] Im Übrigen stellte der Gerichtshof darauf ab, welche der in Betracht kommenden Grundfreiheiten im konkreten Fall vorrangig betroffen war.[44] So wurden etwa in den Urteilen zu sog. **„Goldenen Aktien"**, dh gesellschaftlichen Sonderrechten der öffentlichen Hand, lediglich die Aspekte der Kapitalverkehrsfreiheit im Einzelnen geprüft, ohne dass aber die Anwendbarkeit der Niederlassungsfreiheit ausdrücklich ausgeschlossen worden wäre.[45] Die Rechtssache „TAP" zu Bedingungen für das Reprivatisierungsverfahren dieses portugiesischen Luftfahrtunternehmens wurde demgegenüber im Jahr 2019 auf Basis der Niederlassungsfreiheit entschieden.[46]

750 Heute geht der Gerichtshof in stRspr davon aus, dass die **Niederlassungs- und die Kapitalverkehrsfreiheit** je nach Lage des Falles **parallel anwendbar** sein können. Der EuGH unterscheidet danach, ob nach dem **Gegenstand der angegriffenen Regelung** ausschließlich eine Beeinträchtigung von Kontrollbeteiligungen oder auch eine solche sonstiger Kapitaltransfers in Rede steht.[47] Im Einzelnen gilt danach Folgendes:

---

[42] Vgl. dazu, insbes. zur Frage der Abgrenzung nach Maßgabe einer bestimmten Beteiligungsquote sowie ergänzenden Kriterien, ausf. *Schön* GS Knobbe-Keuk, 1997, 743 (749 ff.); *Schön* FS W.-H. Roth, 2015, 551 (563 ff.); *Müller-Graff* FS Ulmer, 2003, 929 (935 f.). Für Maßgeblichkeit des Innehabens einer Sperrminorität bei Grundlagenentscheidungen *Behme* AG 2015, 841 (844) mwN. Auf den (hypothetischen) Willen des Investors – bloße Kapitalanlage oder Erweiterung des unternehmerischen Tätigkeitsbereichs – abstellend *Fischer* ZEuS 2000, 391 (402).

[43] EuGH Slg. 1999, 3099 Rn. 22 ff., 55 – Konle (Prüfung anhand der Kapitalverkehrsfreiheit); Slg. 2006, I-10633 Rn. 12 ff., 45 – Kommission/Portugal (Prüfung anhand der Art. 21, 45, 49 AEUV); Slg. 2007, I-1163 Rn. 34 ff., 76 – Kommission/Dänemark (Prüfung anhand der Art. 21, 45, 49 AEUV); Slg. 2007, I-2647 Rn. 21 ff., 71 – Rewe Zentralfinanz (Prüfung anhand der Niederlassungsfreiheit); Slg. 2006, I-2107 Rn. 28 ff., 51 – Keller Holding (Prüfung anhand der Niederlassungsfreiheit); IStR 2008, 108 Rn. 17 ff. – Lammers & Van Cleeff (Prüfung anhand der Niederlassungsfreiheit); EuzW 2013, 507 Rn. – 62 – Eric Libert ua; ferner EuGH Slg. 2002, I-4809 Rn. 36 ff., 59 – Kommission/Belgien (Prüfung anhand der Kapitalverkehrsfreiheit); Slg. 2002, I-4781 Rn. 35 ff. – Kommission/Frankreich (Prüfung anhand der Kapitalverkehrsfreiheit); Slg. 2002, I-4731 Rn. 36 ff. – Kommission/Portugal (Prüfung anhand der Kapitalverkehrsfreiheit); Slg. 2003, I-4581 Rn. 51 ff., 86 – Kommission/Spanien (Prüfung anhand der Kapitalverkehrsfreiheit); Slg. 2003, I-4641 Rn. 38 ff., 52 – Kommission/Vereinigtes Königreich; Slg. 2006, I-9141 Rn. 18 ff., 43 – Kommission/Niederlande.

[44] S. EuGH IStR 2009, 499 Rn. 30 ff. – Aberdeen Property Fininvest Alpha Oy; Slg. 2007, I-6373 Rn. 23 f. – Oy AA; Slg. 2007, I-2107 Rn. 26 ff., 34 – Test Claimants in the Thin Cap Group Litigation; Slg. 2006, I-7995 Rn. 29 ff., 33 – Cadbury Schweppes. Ebenso zur Abgrenzung von Warenverkehrs- und Dienstleistungsfreiheit Slg. 2004, I-9609 Rn. 26 – Omega; Slg. 2004, I-3025 Rn. 46 – Karner; Slg. 2002, I-607 Rn. 31 – Canal Satélite Digital.

[45] Keine Prüfung der Niederlassungsfreiheit aufgrund der Annahme, dass auch eine diesbezügliche Beschränkung gerechtfertigt wäre: EuGH Slg. 2002, I-4809 Rn. 36 ff., 38, 59 – Kommission/Belgien. Umgekehrt keine Prüfung der Niederlassungsfreiheit aufgrund der Feststellung, dass bereits ein Verstoß gegen die Kapitalverkehrsfreiheit vorliege: Slg. 2002, I-4781 Rn. 35 ff., 37, 56 – Kommission/Frankreich; Slg. 2002, I-4731 Rn. 36 ff., 38, 56 – Kommission/Portugal; Slg. 2003, I-4581 Rn. 51 ff., 53, 86 – Kommission/Spanien; Slg. 2003, I-4641 Rn. 38 ff., 40, 52 ff., 66 – Kommission/Vereinigtes Königreich; NZG 2010, 983 Rn. 80 – Kommission/Portugal; NZG 2010, 1382 Rn. 99 – Kommission/Portugal. Abweisung der Klage zur Niederlassungsfreiheit mangels substantiierten Vortrages der Kommission und Feststellung eines Verstoßes gegen die Kapitalverkehrsfreiheit: EuGH Slg. 2007, I-8995 Rn. 13 ff., 18, 52 – Kommission/Deutschland (VW-Gesetz). Ohne jegliche Bezugnahme auf die Niederlassungsfreiheit ferner EuGH Slg. 2007, I-10419 Rn. 18 ff. – Federconsumatori ua/Stadt Mailand.

[46] EuGH EuZW 2019, 288 Rn. 42 ff. – TAP.

[47] EuGH RIW 2013, 88 Rn. 90 – Test Claimants in the FII Group Litigation mwN; EuGH EWS 2014, 98 Rn. 21 – Hervis; EuGH IStR 2014, 334 Rn. 25 ff. – Emerging Markets Series of DFA Investment Trust Company; EuGH IStR 2014, 724 Rn. 30 ff. – Kronos; EuGH ECLI:EU:C:2015:375 = EuZW 2015, 846 Rn. 18 f. – X; EuGH NZG 2017, 196 Rn. 32 f. – SECIL; EuGH EuZW 2018, 330 Rn. 53 – SEGRO; EuGH NZG 2018, 1271 Rn. 33 ff. – EV. Ausf. *Schön* FS W.-H. Roth, 2015, 551 ff., der die subjektive Zwecksetzung der mitgliedstaatlichen Maßnahme für ausschlaggebend hält.

Betrifft eine Regelung oder Maßnahme nach ihrem Gegenstand allein Kapitalbeteili- **751** gungen, die es dem Anteilsinhaber ermöglichen, einen sicheren Einfluss auf die Entscheidungen des Unternehmensträgers auszuüben und dessen Tätigkeiten zu bestimmen (sog. **Kontrollbeteiligung** → Rn. 742), ist **ausschließlich die Niederlassungsfreiheit** heranzuziehen.[48] Auch die Rechtssache „Überseering" wurde auf der Grundlage der Niederlassungsfreiheit entschieden (→ Rn. 234 ff.).[49] Insbesondere findet allein die Niederlassungsfreiheit Anwendung, wenn eine Regelung oder Maßnahme auf die **Rechtsbeziehungen innerhalb einer Unternehmensgruppe** beschränkt ist.[50]

Diese Rspr. hat der Gerichtshof gerade im Hinblick auf **Fälle mit Drittstaatenbezug** **752** bestätigt. Da die Niederlassungsfreiheit sich nicht auf Drittländer erstreckt, muss vermieden werden, dass Marktteilnehmer, denen diese Freiheit nicht zusteht, durch eine Berufung auf die Kapitalverkehrsfreiheit ein Niederlassungsrecht in Anspruch nehmen.[51] Unternehmen aus Drittstaaten können sich daher gegenüber Beschränkungen, die ihrem Gegenstand nach ausschließlich **Kontrollbeteiligungen** betreffen, im Ergebnis **weder** auf die **Niederlassungs- noch** auf die **Kapitalverkehrsfreiheit** berufen.[52] Auch der umgekehrte Vorgang einer Kontrollbeteiligung durch mitgliedstaatliche Unternehmen in Drittstaaten steht gegenüber derartigen Beschränkungen nicht unter dem Schutz der Grundfreiheiten. Entspr. gilt für die Errichtung von **Zweigniederlassungen,** dh sowohl für Zweigniederlassungen drittstaatlicher Unternehmen im Gemeinschaftsgebiet als auch für Zweigniederlassungen mitgliedstaatlicher Unternehmen in Drittstaaten.[53] Schließlich wird auch die Möglichkeit **grenzüberschreitender Umwandlungen** nicht über die Kapitalverkehrsfreiheit im Verhältnis zu Drittstaaten gewährleistet, wenngleich Erwägungsgrund 3 Kapitalgesellschaften-Verschmelzungs-RL bzw. Erwägungsgrund 56 GesR-RL anderes andeuten.[54]

---

[48] EuGH Slg. 2000, I-2787 Rn. 22 – Baars; EuGH Slg. 2002, I-10829 Rn. 37 – X und Y; EuGH Slg. 2006, I-7995 Rn. 31 – Cadbury Schweppes; EuGH Slg. 2006, I-11673 Rn. 39 – Test Claimants in Class IV of the ACT Group Litigation; EuGH Slg. 2006, I-11753 Rn. 37, 81, 143 – Test Claimants in the FII Group Litigation; EuGH Slg. 2007, I-2107 Rn. 27 – Test Claimants in the Thin Cap Group Litigation; EuGH Slg. 2007, I-6373 Rn. 20 – Oy AA; EuGH Slg. 2007, I-8995 Rn. 13 – Kommission/Deutschland (VW-Gesetz); EuGH Slg. 2007, I-10451 Rn. 29 – Columbus Container Services; EuGH Slg. 2008, I-2875 Rn. 45 f. – Test Claimants in the CFC and Dividend Group Litigation; EuGH Slg. 2008, I-4571 Rn. 69, 72 ff. – Burda; EuGH IStR 2009, 499 Rn. 34 – Aberdeen Property Fininvest Alpha Oy; EuGH EuZW 2009, 458 Rn. 34, 39, 56, 58 ff. – Kommission/Italien; EuGH RIW 2013, 88 Rn. 91 – Test Claimants in the FII Group Litigation; BFH RIW 2013, 174 (176); EuGH EWS 2014, 98 Rn. 22 – Hervis; EuGH IStR 2014, 334 Rn. 26 – Emerging Markets Series of DFA Investment Trust Company; EuGH IStR 2014, 724 Rn. 31 – Kronos; EuGH NZG 2017, 196 Rn. 32 – SECIL; EuGH IStR 2018, 1221 Rn. 28 – Hornbach; EuGH NZG 2018, 1271 Rn. 34 – EV; EuGH EuZW 2019, 288 Rn. 42 ff. – TAP; aA gleichwohl zum Verbot von Mehrheitsbeteiligungen an Fußball-Kapitalgesellschaften nach den Satzungen des Ligaverbands und des DFB (sog. „50+1"-Regel) *Stöber* BB 2015, 962 (964).

[49] EuGH Slg. 2002, I-9919 Rn. 77 – Überseering mit Verweis auf EuGH Slg. 2000, I-2787 Rn. 21 f. – Baars; s. ferner EuGH Slg. 2007, I-10451 Rn. 30 – Columbus Container Services.

[50] EuGH Slg. 2006, I-7995 Rn. 32 – Cadbury Schweppes; EuGH Slg. 2006, I-11753 Rn. 118 – Test Claimants in the FII Group Litigation; EuGH Slg. 2007, I-2107 Rn. 33 – Test Claimants in the Thin Cap Group Litigation; EuGH Slg. 2007, I-6373 Rn. 23 f., 28 – Oy AA; EuGH Slg. 2008, I-4571 Rn. 68 – Burda; EuGH EWS 2014, 98 Rn. 23 f. – Hervis.

[51] EuGH RIW 2013, 88 Rn. 100 – Test Claimants in the FII Group Litigation; EuGH IStR 2013, 871 Rn. 24 – Itelcar; EuGH IStR 2014, 334 Rn. 31 – Emerging Markets Series of DFA Investment Trust Company.

[52] Vgl. EuGH Slg. 2007, I-2107 Rn. 28 ff., 32 – Test Claimants in the Thin Cap Group Litigation; EuGH Slg. 2007, I-3775 Rn. 20 ff., 27 – Lasertec; EuGH RIW 2013, 88 Rn. 98 – Test Claimants in the FII Group Litigation; EuGH IStR 2013, 871 Rn. 17, 19 – Itelcar; EuGH IStR 2014, 334 Rn. 27 – Emerging Markets Series of DFA Investment Trust Company.

[53] EuGH Slg. 2007, I-3871 Rn. 22 ff., 26 ff. – Skatteverket/A und B (Errichtung von Zweigniederlassungen in Drittstaaten weder durch Art. 49 AEUV noch durch Art. 63 AEUV geschützt); s. auch EuGH Slg. 2007, I-151 Rn. 14 ff. – Stahlwerk Ergste Westig (steuerliche Beurteilung von Betriebsstätten in Drittstaaten); ebenso ferner EuGH Slg. 2008, I-3601 Rn. 15 ff. – Lidl Belgium (Errichtung und Beherrschung von Betriebsstätten in anderen Mitgliedstaaten allein anhand der Niederlassungsfreiheit zu beurteilen).

[54] Ebenso *Günes* IStR 2013, 213 (216 ff.) (auch zur Frage einer Verschmelzung auf Basis der Diskriminierungsverbote in Art. 24 OECD-MA; *Leible/Hoffmann* RIW 2006, 161 (166 ff.). Für Gewährleistung auch durch die Kapitalverkehrsfreiheit *Paefgen* GmbHR 2004, 463 (472 ff.); *Kloster*, Grenzüberschreitende Unter-

Europ. Niederlassungsfreiheit 753–755   4. Kap. Überblick

753 Umgekehrt hält der Gerichtshof nur die **Kapitalverkehrsfreiheit** für einschlägig, soweit die nationale Regelung nach ihrem Gegenstand ausschließlich die Behinderung von **Portfolioinvestitionen** oder anderer Kapitalinvestitionen, etwa Immobilientransaktionen, betrifft, die keinen unternehmerischen Einfluss in dem beschriebenen Sinne vermitteln (→ Rn. 743).[55]

754 Nationale Regelungen, zB Regelungen zur Dividendenbesteuerung,[56] die **unabhängig vom Umfang der Beteiligung** eines Gesellschafters Anwendung finden, können hingegen zugleich der **Niederlassungs- und der Kapitalverkehrsfreiheit** unterfallen.[57] In sog. **Inbound-Fällen,** in denen Marktteilnehmer aus Drittstaaten sich an Gesellschaften mit Sitz in einem Mitgliedstaat beteiligen, berücksichtigt der Gerichtshof zusätzlich die Gegebenheiten des konkreten Falles, insbesondere das Bestehen einer Kontrollbeteiligung in der streitgegenständlichen Situation, um zu bestimmen, anhand welcher Grundfreiheit der Sachverhalt zu beurteilen ist.[58] Hierdurch soll erreicht werden, dass Behinderungen des Marktzugangs drittstaatsangehöriger Marktteilnehmer ausschließlich an der Niederlassungsfreiheit gemessen werden, um zu vermeiden, dass die territoriale Beschränkung der Niederlassungsfreiheit (→ Rn. 752) umgangen wird.[59] Ebenso verfährt der Gerichtshof aber ferner in Fällen, in denen kein Drittstaatenbezug in Rede steht.[60] Soweit demgegenüber Investitionen unionsansässiger Marktteilnehmer in Drittstaaten in Rede stehen (sog. **Outbound-Fälle**), ist die Kapitalverkehrsfreiheit auch dann anwendbar, wenn im konkreten Fall eine Kontrollbeteiligung besteht.[61]

IV. Diskriminierungs- und Beschränkungsverbot

755 **1. Überblick. a) Diskriminierende und nicht diskriminierende Beschränkungen.** Art. 63 AEUV verbietet schon seinem Wortlaut nach allgemein „Beschränkungen" des grenzüberschreitenden Kapital- und Zahlungsverkehrs. Zweifellos verboten sind damit **Diskriminierungen,** dh Schlechterstellungen grenzüberschreitender[62] Kapitaltransfers, die offen oder versteckt (→ Rn. 130 ff., → Rn. 134 ff.) an die Staatsangehörigkeit der Anleger oder des Kapitalempfängers anknüpfen.[63] Als Paradigma ist etwa eine Limitierung des Anteilserwerbs an inländischen Unternehmen für Ausländer zu nen-

---

nehmenszusammenschlüsse, 2004, 172; *Wenig* Zulässigkeit und Durchführung grenzüberschreitender Verschmelzungen, 2008, 131 ff.

[55] EuGH Slg. 2008, I-2875 Rn. 47 ff., 52 ff. – Test Claimants in the CFC and Dividend Group Litigation; EuGH RIW 2013, 88 Rn. 92 – Test Claimants in the FII Group Litigation; EuGH IStR 2014, 724 Rn. 32 – Kronos; EuGH NZG 2017, 196 Rn. 33 – SECIL; EuGH NZG 2018, 1271 Rn. 35 – EV.

[56] EuGH NZG 2017, 196 Rn. 34 – SECIL; EuGH NZG 2018, 1271 Rn. 36 f. – EV.

[57] EuGH Slg. 2006, I-11753 Rn. 36, 38 ff. – Test Claimants in the FII Group Litigation; Slg. 2007, I-4051 Rn. 23 f. – Holböck; Slg. 2008, I-4571 Rn. 71 – Burda; Urt. v. 17.7.2008, Rs. C-207/07, Rn. 36 f. – Kommission/Spanien; EuZW 2009, 458 Rn. 36, 38 – Kommission/Italien; EuGH IStR 2009, 499 (500) Rn. 30 f. – Oy; AG 2011, 81 (83) Rn. 49 – Idryma Typou AE; RIW 2013, 88 Rn. 89 – Test Claimants in the FII Group Litigation; EuZW 2013, 631 Rn. 23 ff. – Beker ua.

[58] S. die Abgrenzung in EuGH IStR 2014, 724 Rn. 37 – Kronos; zuvor bereits EuGH Slg. 2008, I-4571 Rn. 72 f. – Burda; bestätigt in EuGH IStR 2009, 499 (500) Rn. 33 ff. – Oy; s. auch EuGH RIW 2013, 88 Rn. 93 f. – Test Claimants in the FII Group Litigation; EuZW 2013, 631 Rn. 27 ff. – Beker ua.

[59] Zum Vorstehenden EuGH RIW 2013, 88 Rn. 89 ff., 100 ff. – Test Claimants in the FII Group Litigation (Besteuerung von Dividenden einer in einem Drittstaat ansässigen Tochtergesellschaft); IStR 2014, 334 Rn. 31 ff. – Emerging Markets Series of DFA Investment Trust Company. S. ferner *Henze* ISR 2013, 18 (21); *Mörwald/Nreka* EWS 2014, 76 (80 ff.) mwN.

[60] EuGH ECLI:EU:C:2015:375 = EuZW 2015, 846 Rn. 23 f. – X.

[61] EuGH IStR 2014, 724 Rn. 38 – Kronos; IStR 2014, 334 Rn. 31 ff., 33 – Emerging Markets Series of DFA Investment Trust Company; RIW 2013, 88 Rn. 96 ff., 99 f. – Test Claimants in the FII Group Litigation.

[62] Nicht erfasst sind jedoch die sog. Inländerdiskriminierungen (→ Rn. 47), da die Kapitalverkehrsfreiheit ebenso wie die anderen Grundfreiheiten nur grenzüberschreitende Vorgänge schützt, vgl. Grabitz/Hilf/Nettesheim/*Ress/Ukrow* AEUV Art. 63 Rn. 133.

[63] S. etwa EuGH Slg. 1999, I-3099 Rn. 24 – Konle; Slg. 2002, I-4731 Rn. 40 – Kommission/Portugal; *Grundmann/Möslein* ZGR 2003, 317 (328); *Schön* GS Knobbe-Keuk, 1997, 743 (755); von der Groeben/Schwarze/Hatje/*Wojcik* AEUV Art. 63 Rn. 14 ff.; Grabitz/Hilf/Nettesheim/*Ress/Ukrow* AEUV Art. 63 Rn. 187.

Ego

nen.[64] Nicht selten ist auch steuerrechtlichen Regelungen ein diskriminierender Charakter zu bescheinigen.[65]

Darüber hinaus unterfallen auch alle unterschiedslos anwendbaren, **sonstigen Beschränkungen** des grenzüberschreitenden Kapitalverkehrs dem Beschränkungsverbot des Art. 63 AEUV.[66] Wie bei der Niederlassungsfreiheit (→ Rn. 136 ff.) soll es dabei allgemein um Regelungen oder andere Maßnahmen gehen, die den grenzüberschreitenden Kapitaltransfer verhindern, behindern oder auch nur potenziell oder mittelbar beeinträchtigen. So werden nach Ansicht des Gerichtshofs etwa Investitionen in Gestalt eines Anteilserwerbs durch alle Maßnahmen „beschränkt", die geeignet sind, Investoren davon abzuhalten, grenzüberschreitend in das Kapital von Unternehmen zu investieren.[67] Dies gilt namentlich für quantitative oder qualitative Beschränkungen grenzüberschreitender Investitionen wie etwa Privatisierungs- oder Konzernverbote.[68]

Ebenso wie für die Niederlassungsfreiheit (→ Rn. 147 ff.) ist auch für die Kapitalverkehrsfreiheit bislang ungeklärt, ob in Anlehnung an die **„Keck"**-Rspr.[69] solche „Behinderungen" vom Anwendungsbereich des Beschränkungsverbots ausgenommen sind, die lediglich Handels- oder sonstige Investitionsmodalitäten festlegen, unterschiedslos für alle Kapitaltransfers gelten und grenzüberschreitende Kapitaltransfers auch nicht faktisch benachteiligen.[70] Der EuGH hat eine sinngemäße Übertragung dieser zur Warenverkehrsfreiheit entwickelten Grundsätze bislang in keinem Fall befürwortet, sie allerdings auch nicht generell abgelehnt.[71] Gleiches gilt für seine Rspr., dass nicht diskriminierende Nachteile, die nur mittelbar und ganz ungewiss wirken, nicht der Rechtfertigung bedürfen (→ Rn. 143).[72]

b) Rechtfertigung. Schon nach Art. 63 Abs. 1 AEUV besteht das allgemeine Beschränkungsverbot nur im Rahmen der Bestimmungen des 4. Kapitels. Insoweit finden sich in den Art. 63 ff. AEUV verschiedene **geschriebene Rechtfertigungstatbestände,** die Beschränkungen im Verhältnis zu Drittstaaten oder auch zu anderen Mitgliedstaaten gestatten (Art. 64–66, 75 AEUV).

Herauszustellen sind hier im Wesentlichen die Regelungen des **Art. 65 AEUV.** Hiernach ist es den Mitgliedstaaten erlaubt, die einschlägigen Vorschriften ihres Steuerrechts anzuwenden, welche Steuerpflichtige nach dem Wohn- oder Kapitalanlageort unterschiedlich behandeln. Ferner dürfen sie die unerlässlichen Maßnahmen treffen, um Zuwiderhandlungen

---

[64] EuGH Slg. 2002, I-4731 Rn. 40 – Kommission/Portugal.
[65] S. BFHE 224, 50 = DStR 2009, 632 (zu § 8b Abs. 5 KStG 2002) m. reichen Nachweisen (der allerdings trotz der im konkreten Fall eindeutig gegebenen Kontrollbeteiligung und des Drittstaatsbezugs auch die Kapitalverkehrsfreiheit für einschlägig hielt); ferner etwa EuGH EuZW 2014, 110 – K.
[66] EuGH Slg. 1999, I-1661 Rn. 3 – Trummer u. Mayer; Slg. 2002, I-4781 Rn. 40 ff. – Kommission/ Frankreich; Slg. 2002, I-4731 Rn. 44 ff. – Kommission/Portugal; Slg. 2003, I-4581 Rn. 56 f. – Kommission/ Spanien; Slg. 2003, I-4641 Rn. 43 f. – Kommission/Vereinigtes Königreich; Slg. 2007, I-10419 Rn. 19 – Federconsumatori ua/Stadt Mailand; *Grundmann/Möslein* ZGR 2003, 317 (328); *Ohler* WM 1996, 1801 (1806); *Schön* GS Knobbe-Keuk, 1997, 743 (755 f.); *Spindler* RIW 2003, 850 (853); Grabitz/Hilf/Nettesheim/ *Ress/Ukrow* AEUV Art. 63 Rn. 158 ff.; Calliess/Ruffert/*Bröhmer* AEUV Art. 63 Rn. 48 ff.
[67] EuGH Slg. 2002, I-4731 Rn. 45 – Kommission/Portugal; Slg. 2002, I-4781 Rn. 41 – Kommission/ Frankreich; Slg. 2003, I-4581 Rn. 61 – Kommission/Spanien; Slg. 2003, I-4641 Rn. 47 – Kommission/ Vereinigtes Königreich; Slg. 2005, I-4933 Rn. 30 f. – Kommission/Italien; Slg. 2006, I-9141 Rn. 20 – Kommission/Niederlande.
[68] EuGH BeckRS 2012, 80084 Rn. 51 f. – Kommission/Polen; EuZW 2014, 61 Rn. 41 ff. – Niederlande/ Essent NV ua.
[69] EuGH Slg. 1993, I-6097 – Keck.
[70] Bejahend GA *Colomer*, Schlussanträge Slg. 2003, I-4581 Fn. 10 – Kommission/Spanien; *Habersack/Verse* EuropGesR § 3 Rn. 48; Calliess/Ruffert/*Bröhmer* AEUV Art. 63 Rn. 75; Grabitz/Hilf/Nettesheim/*Ress/ Ukrow* AEUV Art. 63 Rn. 161 ff.; Streinz/Sedlaczek/Züger AEUV Art. 65 Rn. 19 f.; *Honrath* S. 76 f.; *Ohler* WM 1996, 1801 (1806); *Glöckner* EuR 2000, 592 (614 ff.). Verneinend *Kimms* S. 183. Einschr. *Fischer* ZEuS 2000, 391 (393).
[71] EuGH Slg. 2003, I-4581 Rn. 59 ff. – Kommission/Spanien; Slg. 2003, I-4641 Rn. 45 ff. – Kommission/ Vereinigtes Königreich; offenlassend auch EuGH NZG 2010, 983 Rn. 65 ff. – Kommission/Portugal; NZG 2010, 1382 Rn. 65 ff. – Kommission/Portugal. Dazu ausf. *Spindler* RIW 2003, 850 (853). Zu weitgehend daher die Einschätzung bei *Schön* FS W.-H. Roth, 2015, 551 (555 f.) mit Fn. 28.
[72] EuGH Slg. 2006, I-9141 Rn. 29 – Kommission/Niederlande.

gegen innerstaatliche Rechts- und Verwaltungsvorschriften zu verhindern, zwecks administrativer oder statistischer Information Meldeverfahren für den Kapitalverkehr vorsehen und schließlich Maßnahmen ergreifen, die aus Gründen der öffentlichen Ordnung oder Sicherheit (→ Rn. 176 ff.) gerechtfertigt sind. Art. 65 Abs. 3 AEUV stellt aber klar, dass derartige Beschränkungen weder Mittel zur willkürlichen Diskriminierung noch verschleierte Beschränkungen des freien Kapitalverkehrs darstellen dürfen.

760 Neben diesen geschriebenen Ausnahmen vom Beschränkungsverbot der Kapitalverkehrsfreiheit erkennt der EuGH wie bei den anderen Grundfreiheiten **ungeschriebene Rechtfertigungsgründe** an. Im Zusammenhang mit der Niederlassungsfreiheit hat sich dazu unter der Bezeichnung „Gebhard-Formel" ein „Vier-Kriterien-Test" etabliert (→ Rn. 136 f., → Rn. 180 ff., → Rn. 187 ff.), der im Rahmen des Art. 63 AEUV entsprechend erfolgt.[73]

761 Für die Kapitalverkehrsfreiheit ist insbesondere **anerkannt,** dass die Sicherstellung einer wirksamen Steueraufsicht, einer ausgewogenen Aufteilung der Besteuerungsbefugnis zwischen den Mitgliedstaaten, der Kohärenz des Besteuerungssystems und die Bekämpfung der Steuerhinterziehung,[74] der Geldwäsche, des Drogenhandels oder des Terrorismus,[75] die Gewährleistung der Lauterkeit des Kapitalverkehrs sowie die Funktionstüchtigkeit des Kapitalmarktes selbst als zwingende Erfordernisse angesehen werden können, um Beschränkungen des freien Kapitalverkehrs zu rechtfertigen.[76] Auch die Möglichkeit, dass die Mitgliedstaaten oder sonstige staatliche Gesellschafter nach einer Privatisierung Einfluss auf ehemals staatliche Unternehmen behalten, wenn diese Dienstleistungen von allgemeinem Interesse oder strategischer Bedeutung erbringen, hat der EuGH in seinen Urteilen zu **Goldenen Aktien** grundsätzlich bejaht.[77]

762 **Keine zwingenden Gründe des Allgemeinwohls** sind jedoch bloße wirtschaftliche oder finanzielle Interessen eines Mitgliedstaates[78] sowie wirtschaftspolitische Ziele.[79]

763 Für die **Verhältnismäßigkeit** einer Beschränkung der Kapitalverkehrsfreiheit gelten im Grundsatz dieselben Anforderungen wie für Beschränkungen der Niederlassungsfreiheit. Insbesondere gilt auch hier, dass die Bestimmung des Schutzniveaus und der Schutzmethode in Ermangelung einer Harmonisierung grundsätzlich Sache des jeweiligen Mitgliedstaates ist (→ Rn. 188 ff.).[80]

764 Das Kriterium der Geeignetheit erfüllt eine beschränkende Regelung nur dann, wenn sie das Ziel in systematischer und kohärenter Weise zu erreichen sucht.[81] Im Übrigen hat der Gerichtshof zu staatlichen Einflussrechten in privaten Unternehmen, Genehmigungsvorbehalten und ähnlichen Beschränkungen klargestellt, dass sie durch **klare, objektive**

---

[73] Vgl. EuGH Slg. 1995, I-4821 Rn. 23 – Sanz de Lera ua; Slg. 2000, I-1335 Rn. 18 – Eglise de scientologie; Slg. 2002, I-4731 Rn. 49 – Kommission/Portugal; Slg. 2002, I-4781 Rn. 45 – Kommission/Frankreich; Slg. 2003, I-4581 Rn. 68 – Kommission/Spanien; Slg. 2003, I-4809 Rn. 45 – Kommission/Belgien; Slg. 2006, I-9141 Rn. 32 – Kommission/Niederlande; Slg. 2007, I-8995 Rn. 72 – Kommission/Deutschland (VW-Gesetz); Slg. 2007, I-10419 Rn. 39 – Federconsumatori ua/Stadt Mailand; EuGH EuZW 2018, 330 Rn. 76 – SEGRO. *Kimms* S. 184; *Weber* EuZW 1992, 564; *Bayer* BB 2002, 2289.

[74] Zu den steuerbezogenen Rechtfertigungsgründen etwa EuGH EWS 2013, 472 Rn. 49 ff. – K mwN.

[75] EuGH Slg. 1995, I-361 Rn. 21 – Bordessa.

[76] Grabitz/Hilf/Nettesheim/*Ress/Ukrow* AEUV Art. 63 Rn. 225 ff.; *Kimms* S. 185; *Weber* EuZW 1992, 563.

[77] EuGH Slg. 2002, I-4731 Rn. 47 – Kommission/Portugal; Slg. 2002, I-4781 Rn. 43 – Kommission/Frankreich; Slg. 2003, I-4809 Rn. 43 – Kommission/Belgien; Slg. 2003, I-4581 Rn. 66 – Kommission/Spanien; Slg. 2006, I-9141 Rn. 38 – Kommission/Niederlande; Slg. 2007, I-10419 Rn. 41 – Federconsumatori ua/Stadt Mailand; EuGH EuZW 2009, 458 Rn. 45, 69 – Kommission/Italien. Dazu ausf. *Spindler* RIW 2003, 850 (855 f.).

[78] EuGH Slg. 1997, I-3091 Rn. 23 – SETTG (Dienstleistungsfreiheit); EuGH Slg. 1997, I-6959 Rn. 62 – Kommission/Frankreich (Warenverkehrsfreiheit).

[79] StRspr seit EuGH Slg. 1961, 693 – Kommission/Italien; EuGH Slg. 2002 I-4731 Rn. 52 – Kommission/Portugal; EuGH Slg. 2007, I-8995 Rn. 71 – Kommission/Deutschland (VW-Gesetz).

[80] S. EuGH Slg. 2006, I-9141 Rn. 33 – Kommission/Niederlande; EuGH Slg. 2007, I-8995 Rn. 73 – Kommission/Deutschland (VW-Gesetz); EuGH Slg. 2007, I-10419 Rn. 40 – Federconsumatori ua/Stadt Mailand; EuGH EuZW 2009, 458 Rn. 42 f. – Kommission/Italien.

[81] EuGH EuZW 2018, 330 Rn. 78 – SEGRO.

und **vorhersehbare Kriterien** begrenzt sein müssen und den betroffenen Investoren der **Rechtsweg** offen stehen muss.[82] Ein allgemeiner Vorbehalt, dass von beschränkenden Befugnissen nur im Einklang mit dem Unionsrecht Gebrauch gemacht werden dürfe, genügt den unionsrechtlichen Anforderungen an die Rechtssicherheit und Rechtsklarheit nicht.[83] Vor diesem Hintergrund wurde auch die bis zur Änderung der AWV im Jahre 2017 nicht näher konkretisierte Bezugnahme auf die Art. 36, 52 Abs. 1 AEUV, Art. 65 Abs. 1 AEUV sowie die Schutzgüter der öffentlichen Ordnung oder Sicherheit der Bundesrepublik Deutschland in § 4 Abs. 1 Nr. 4 AWG, § 5 Abs. 2 AWG, § 55 Abs. 1 AWV, § 58 Abs. 1 AWV, § 59 Abs. 1 AWV verbreitet krit. beurteilt (→ Rn. 779 f.).

2. Beschränkung der Kapitalverkehrsfreiheit durch nationales Gesellschaftsrecht. Regelungen des **allgemeinen Gesellschaftsrechts** der Mitgliedstaaten sind im Gegensatz zu staatlichen Sonderbefugnissen in privaten Unternehmen **nicht als Beschränkung des freien Kapitalverkehrs** zu qualifizieren.[84] Allein die systematische Stellung der Regelung in einer allgemeinen gesellschaftsrechtlichen Kodifikation ist freilich nicht entscheidend.[85] Maßgeblich ist vielmehr, ob staatlichen Stellen durch Sonderrechte ein Einfluss auf die Verwaltung und Kontrolle des Unternehmens eingeräumt wird, welcher über den Einfluss hinausgeht, der ihnen nach den für jeden sonstigen Investor geltenden Bestimmungen zustünde.[86]

765

Eine Beschränkung der Kapitalverkehrsfreiheit scheidet ferner bereits tatbestandlich aus, soweit gesellschaftsrechtliche Regelungen lediglich die **Rechtsbeziehungen innerhalb einer Unternehmensgruppe** betreffen (→ Rn. 751), wie dies namentlich beim Konzernrecht deutschen Musters in weitem Umfang zutrifft.

766

Auch allgemeine gesellschaftsrechtliche **Entsenderechte** zur Besetzung von Gesellschaftsorganen nach dem Muster von § 101 Abs. 2 AktG bedürfen über das Diskriminierungsverbot hinaus keiner unionsrechtlichen Rechtfertigung unter dem Aspekt der Kapitalverkehrsfreiheit.[87] Gleiches gilt für **Höchst- und Mehrfachstimmrechte,** soweit diese nach dem allgemeinen Gesellschaftsrecht zulässig sind und jedem beliebigen Investor zustehen können,[88] sowie für **(qualifizierte) Mehrheitserfordernisse,** jedenfalls soweit diese nicht speziell staatliche Gesellschafter abweichend vom allgemeinen Gesellschaftsrecht begünstigen sollen.[89] Nichts anderes gilt für **Vinkulierungsregelungen** und ihre gesellschaftsrechtliche Zulassung.

767

---

[82] EuGH Slg. 2002, I-4731 Rn. 41, 50 – Kommission/Portugal; Slg. 2002, I-4781 Rn. 46 – Kommission/Frankreich; Slg. 2003, I-4809 Rn. 50 f. – Kommission/Belgien; Slg. 2003, I-4581 Rn. 74 ff. – Kommission/Spanien; Slg. 2006, I-9141 Rn. 40 – Kommission/Niederlande; Slg. 2007, I-10419 Rn. 42 – Federconsumatori ua/Stadt Mailand; EuZW 2009, 458 Rn. 51 ff., 63 ff., 71 ff. – Kommission/Italien; EuGH EuZW 2009, 829 Rn. 35 – Minister voor Wonen, Wijken en Integratie/Woningstichting Sint Servatius; NZG 2010, 983 Rn. 75 ff.; NZG 2010, 1382 Rn. 90 ff. – jeweils Kommission/Portugal; NZG 2012, 877 Rn. 57 ff. – SIAT; IStR 2013, 871 Rn. 44 – Itelcar.

[83] EuGH EuZW 2009, 458 Rn. 53, 72 – Kommission/Italien.

[84] EuGH Slg. 2007, I-8995 Rn. 46, 50 f., 60 ff., 80 – Kommission/Deutschland (VW-Gesetz); Slg. 2007, I-10419 Rn. 17, 23 ff. – Federconsumatori ua/Stadt Mailand; s. auch EuGH NZG 2010, 983 Rn. 55, 60 – Kommission/Portugal; NZG 2010, 1382 Rn. 52, 56, 62 – Kommission/Portugal; vgl. zuvor schon EuGH Slg. 2003, I-4641 Rn. 48 – Kommission/Vereinigtes Königreich. Aus der Lit. *Spindler* RIW 2003, 850 (853); aA *Grundmann/Möslein* ZVglRWiss 102 (2003), 289 (315 ff.); *Kainer* ZHR 168 (2004), 542 (557 ff.).

[85] EuGH Slg. 2007, I-10419 Rn. 32 – Federconsumatori ua/Stadt Mailand.

[86] S. EuGH Slg. 2007, I-8995 Rn. 46, 50 f., 60 ff., 80 – Kommission/Deutschland (VW-Gesetz); Slg. 2007, I-10419 Rn. 17, 23 ff. – Federconsumatori ua/Stadt Mailand; s. auch EuGH NZG 2010, 983 Rn. 55, 60 – Kommission/Portugal; NZG 2010, 1382 Rn. 52, 56, 62 – Kommission/Portugal; vgl. zuvor schon EuGH Slg. 2003, I-4641 Rn. 48 – Kommission/Vereinigtes Königreich. Aus der Lit. *Spindler* RIW 2003, 850 (853); aA *Grundmann/Möslein* ZVglRWiss 102 (2003), 289 (315 ff.); *Kainer* ZHR 168 (2004), 542 (557 ff.).

[87] So zu Recht OLG Hamm NZG 2008, 914; bestätigt durch BGH ZIP 2009, 1566 (Nichtzulassungsbeschwerde); aA *Möslein* AG 2007, 770 (776 f.); tendenziell auch *Verse* ZIP 2008, 1754 (1759 ff.).

[88] Dies folgt aus EuGH Slg. 2007, I-8995 Rn. 38 ff. – Kommission/Deutschland (VW-Gesetz). Ebenso *Sander* EuZW 2008, 33.

[89] Vgl. auch insoweit EuGH Slg. 2007, I-8995 Rn. 38 ff. – Kommission/Deutschland (VW-Gesetz). IRd nachfolgenden Vollstreckungsverfahrens (EuGH EuZW 2013, 946 – VW-Gesetz) wurde die im VW-Gesetz beibehaltene, gegenüber dem AktG auf 20% herabgesetzte Sperrminorität für Grundlagenentscheidungen nicht als selbständige Vertragsverletzung eingeordnet. Allerdings war diese Frage als solche nicht Gegenstand

768 Allgemein lässt sich schließlich sagen, dass **privatautonome Vereinbarungen** oder Maßnahmen der Gesellschafter wie etwa Satzungsregelungen oder Gesellschafterbeschlüsse im Grds. keine Beschränkung des freien Kapitalverkehrs bewirken können.[90] Eine Besonderheit gilt nach der Rspr. des EuGH wiederum nur in dem Fall, dass diese Regelungen staatlichen Gesellschaftern Sonderbefugnisse einräumen und auf einer vom allgemeinen Gesellschaftsrecht abweichenden gesetzlichen Regelung beruhen.[91] Auch kollektivrechtliche Regelungen privater Verbände können nach Ansicht des Gerichtshofs an den Grundfreiheiten zu messen sein.[92]

769 Eine andere Frage ist es, inwieweit eine **Anwendung inländischen Gesellschaftsrechts,** namentlich des Gläubigerschutz- und Mitbestimmungsrechts, **auf Auslandsgesellschaften** auch die Kapitalverkehrsfreiheit beeinträchtigen kann. Da eine Anwendung inländischen Gesellschaftsrechts auf Auslandsgesellschaften richtigerweise nur in Betracht kommt, wenn und weil sich ihr tatsächlicher Sitz im Inland befindet, dürfte aufgrund der anzustellenden Schwerpunktbetrachtung (→ Rn. 749 ff.) davon auszugehen sein, dass vorrangig die **Niederlassungsfreiheit** betroffen und der unionsrechtliche Maßstab daher allein den Art. 49 ff. AEUV zu entnehmen ist. Von der Drittstaatenproblematik (→ Rn. 735 ff., → Rn. 752) abgesehen, dürfte die praktische Relevanz der Frage im Übrigen gering sein, da die Beschränkungsmöglichkeiten weitgehend übereinstimmen (→ Rn. 755 ff.).

770 **3. Beschränkung der Kapitalverkehrsfreiheit durch deutsches Außenwirtschaftsrecht im Bereich von Unternehmensübernahmen.** Als besonderes Instrument der staatlichen Übernahmekontrolle gibt das wiederholt, zuletzt in den Jahren 2017, 2018 sowie 2020 weitreichend geänderte[93] **Außenwirtschaftsrecht** (Außenwirtschaftsgesetz – AWG, Außenwirtschaftsverordnung – AWV) dem BMWi in Ausnahmefällen Prüfungs- und Eingriffsbefugnisse im Hinblick auf Transaktionen, aufgrund derer außereuropäische Investoren einen bestimmenden Einfluss auf im Inland ansässige Unternehmen erlangen. Ob es sich bei den Investoren um Staatsfonds oder private Unternehmen handelt, ist ebenso irrelevant wie ihre Rechtsform.[94] Im Grundsatz sind die Befugnisse des BMWi nicht auf bestimmte Branchen oder Sektoren beschränkt. Auch **sektorenübergreifend** ist das BMWi zu Eingriffsmaßnahmen berechtigt, wenn die öffentliche Ordnung oder Sicherheit dadurch

---

dieses Verfahrens, sondern lediglich die zutr. Umsetzung des Urteils EuGH Slg. 2007, I-8995 (zur Interpretation des Urteils im Lichte des beschränkten Prüfungsrahmens des Vollstreckungsverfahrens *Kalss* EuZW 2013, 948; *Verse* FS E. Klein, 2013, 701 (705 f.); *Verse/Wiersch* EuZW 2014, 375).

[90] Zutr. *Pläster* EWS 2008, 173 ff.; s. auch EuGH EuZW 2013, 946 Rn. 25 – VW-Gesetz, wo bzgl. der Rüge eines Verstoßes der VW-Satzung gegen die Kapitalverkehrsfreiheit auch darauf hingewiesen wurde, der Gerichtshof habe in seinem Urteil EuGH Slg. I-8995 nicht festgestellt, dass es sich um eine „nationale Maßnahme" handle; aA etwa *Müller-Graff* EWS 2009, 489 (495 ff.), wonach „Satzungsgestaltungen jedenfalls börsennotierter Gesellschaften" an den Beschränkungsverboten des AEUV zu messen seien; s. auch *Verse* FS E. Klein, 2013, 701 (715 ff.): Eine an der Kapitalverkehrsfreiheit zu messende staatliche Maßnahme sei unabhängig von der privatrechtlichen Handlungsform stets dann gegeben, wenn der betreffende Satzungsbeschluss nur aufgrund der Stimmen des Staates gefasst werden konnte oder der Staat außerhalb der Hauptversammlung durch Androhung erheblicher Nachteile auf die Beschlussfassung anderer Aktionäre Einfluss genommen habe, was im Falle einer Satzungsregelung zugunsten des Staates widerleglich zu vermuten sei; ähnlich *Holle* AG 2010, 14 (21 ff.). Zum Urteil des EuGH in der Rechtssache „Angonese" (Slg. 2000, I-4139) → Rn. 125.

[91] EuGH Slg. 2007, I-10419 Rn. 30 ff., 34 – Federconsumatori ua/Stadt Mailand; NZG 2010, 983 Rn. 52 ff. – Kommission/Portugal.

[92] Zum Verbot von Mehrheitsbeteiligungen an Fußball-Kapitalgesellschaften nach den Satzungen des Ligaverbands und des DFB (sog. „50+1"-Regel) *Stöber* BB 2015, 962.

[93] Erstes Gesetz zur Änderung des Außenwirtschaftsgesetzes und anderer Gesetze vom 10.7.2020, BGBl. 2020 I 1637 (1. AWG-Novelle); 16. Änderungsverordnung zur AWV, BAnz AT 28.10.2020, V1; BAnz AT 17.7.2017, V1; 12. Änderungsverordnung zur AWV, BAnz AT 28.12.2018, V1 sowie dazu den Runderlass Nr. 3/2018 des BMWi, BAnz AT, 28.12.2018, B1. Zur Reform als Ganzes (BGBl. 2013 I 1482 (AWG) sowie BGBl. 2013 I 2865 (AWV)) näher *Hensel/Pohl* AG 2013, 849; *Niestedt/Trennt* BB 2013, 2115; *Voland* GWR 2013, 264; *Walter* RIW 2013, 847. Zuvor war das Außenwirtschaftsrecht erst im Jahr 2009 grundlegend geändert worden durch das 13. Gesetz zur Änderung des Außenwirtschaftsgesetzes (AWG) und der Außenwirtschaftsverordnung (AWV) v. 13.2.2009 (s. dazu *Krause* BB 2009, 1082; *Seibt/Wollenschläger* ZIP 2009, 833).

[94] *Seibt/Wollenschläger* ZIP 2009, 833 (836).

gefährdet werden, dass ein Unionsfremder ein inländisches Unternehmen oder eine (unmittelbare oder mittelbare) Beteiligung an einem inländischen Unternehmen erwirbt (s. insbesondere §§ 55–59 AWV, § 4 Abs. 1 Nr. 4 AWG, § 5 Abs. 2 AWG). Innerhalb des Bereichs der sektorübergreifenden Prüfung wurde durch die Reform im Jahr 2017 in § 55 Abs. 1 S. 2 Nr. 1–5 AWV ein Katalog „kritischer Industrien" definiert, um den Tatbestand einer Gefährdung der öffentlichen Ordnung oder Sicherheit beispielhaft zu konkretisieren. Dieser Katalog wurde in den Jahren 2018 und 2020 um weitere Tatbestände in den Bereichen der Medien, der öffentlichen Meinungsbildung sowie des Gesundheitssektors erweitert und soll demnächst auf weitere „kritische Technologien" erstreckt werden (→ Rn. 772). Für Unternehmensübernahmen und maßgebliche Anteilserwerbe im Bereich der Waffen- und Rüstungsindustrie sowie der IT-Sicherheitsbranche (sog. **Sektorenbereich,** s. § 60 Abs. 1 AWV) gelten weitergehende, spezielle Regelungen (§§ 60–62 AWV, § 4 Abs. 1 Nr. 1 AWG, § 5 Abs. 3 AWG). Hiernach ist das BMWi berechtigt, den Erwerb eines sektorenangehörigen inländischen Unternehmens oder einer Beteiligung an einem solchen Unternehmen durch einen Ausländer daraufhin zu prüfen, ob wesentliche Sicherheitsinteressen der Bundesrepublik Deutschland gefährdet werden. Während von der sektorenübergreifenden Regelung somit grundsätzlich nur unionsfremde Investoren betroffen sind, greifen die sektorenspezifischen Befugnisse generell bei Erwerben durch Ausländer. Ausnahmsweise unterliegen auch Erwerbe durch Unionsansässige (§ 55 Abs. 2 S. 1 und 2 AWV) bzw. durch Inländer (§ 60 Abs. 1 S. 2 AWV) der Prüfung, wenn Anzeichen für eine missbräuchliche Gestaltung oder ein Umgehungsgeschäft bestehen.[95]

Für Direktinvestitionen ausländischer Investoren aus Drittstaaten in europäische Unternehmen mit Schlüsseltechnologien wurde im Jahr 2019 auf Initiative Deutschlands, Frankreichs und Italiens ferner die **VO (EU) 2019/452 (Screening-VO)** beschlossen, die ab dem 11.10.2020 gilt (vgl. Art. 17 Screening-VO).[96] Sie soll Rechtssicherheit für die Überprüfungsmechanismen der Mitgliedstaaten aus Gründen der Sicherheit und der öffentlichen Ordnung schaffen und eine unionsweite Koordinierung und Zusammenarbeit bei der Überprüfung ausländischer Direktinvestitionen sicherstellen, die voraussichtlich die Sicherheit oder die öffentliche Ordnung beeinträchtigen (Erwägungsgrund 7 und Art. 1 Abs. 1 Screening-VO). Hierzu wird ein grundlegender Rahmen für die mitgliedstaatlichen Überprüfungsmechanismen in Art. 3 Screening-VO festgelegt, denen das deutsche Recht bereits entspricht. Ergänzt wird die Regelung durch einen Rechtsrahmen für den Informationsaustausch und die Kooperation zwischen den Mitgliedstaaten untereinander und mit der EU-Kommission (Art. 6 ff. Screening-VO).[97] Erfasst sind nicht nur Kontrollerwerbe von Stimmrechten, sondern Investitionen „jeder Art", etwa auch andere Beteiligungsformen wie stille Beteiligungen oder der Erwerb stimmloser Anteile. Portfolioinvestitionen sollen jedoch nicht unter die Verordnung fallen (Erwägungsgrund 8 Screening-VO). Die Verordnung lässt die alleinige Verantwortung der Mitgliedstaaten für den Schutz ihrer nationalen Sicherheit (Art. 4 Abs. 2 EUV) und ihr Recht, ihre wesentlichen Sicherheitsinteressen (Art. 346 AEUV) zu wahren, unberührt (Art. 1 Abs. 2 Screening-VO). Die Entscheidung darüber, ob ein Überprüfungsmechanismus eingerichtet oder eine bestimmte ausländische Direktinvestition überprüft wird, ist allein Sache des betreffenden Mitgliedstaats (Erwägungsgrund 8 Screening-VO). Es werden durch die Verordnung somit keine neuen Überprüfungsmechanismen oder Überprüfungstatbestände für ausländische Investitionen in europäische Unternehmen begründet. Die Überprüfung der Direktinvestitionen erfolgt unverändert gem. den Regelungen des AWG sowie der AWV und bestehender Sondervorschriften (etwa Art. 22 ff.

---

[95] Näher *Hindelang/Hagemeyer* EuZW 2017, 882 (883 f.). Der RegE der Reform aus dem Jahre 2009 sah noch vor, dass die Kontrollbefugnisse für jeden Erwerb durch ein gemeinschaftsansässiges Unternehmen bestehen sollten, an dem ein Gemeinschaftsfremder mindestens 25% der Stimmrechte hält. Mit Blick auf unionsrechtliche Bedenken (s. *Roth* Gutachterliche Stellungnahme S. 27) wurde auf Anregung des Ausschusses des Deutschen Bundestages für Wirtschaft und Technologie die weitere Tatbestandsvoraussetzung eingefügt, dass tatsächliche Anzeichen für eine missbräuchliche Umgehung vorliegen müssen.
[96] Überblick hierzu bei *Link/Becker* RIW 2019, 415; *Walter* RIW 2019, 473.
[97] Tabellarische Übersicht bei *Link/Becker* RIW 2019, 415 (416).

CRD IV, Art. 57 ff. Solvency II, Art. 11 ff. MiFID II, FKVO und Dual-Use-VO, vgl. Erwägungsgründe 37 und 38 Screening-VO). Sämtliche ausländischen Direktinvestitionen sind der Kommission und den übrigen Mitgliedstaaten gem. Art. 6 ff. Screening-VO mitzuteilen. Hierdurch wird den Mitgliedstaaten und der Kommission die Möglichkeit gegeben, dem entscheidenden Mitgliedstaat ihre Bedenken im Hinblick auf die öffentliche Sicherheit und Ordnung in einem förmlichen Verfahren mitzuteilen, auch wenn dieser keine Überprüfung durchführt (Art. 6, 7 Screening-VO). Diese Stellungnahmen sind von dem Mitgliedstaat angemessen zu berücksichtigen (Art. 6 Abs. 9 Screening-VO). Sind nach Auffassung der EU-Kommission voraussichtlich Unionsprojekte oder -programme von einer ausländischen Direktinvestition betroffen, gelten Sonderregelungen (Art. 8 Screening-VO), insbesondere bestehen dann erweiterte Anforderungen an den Umgang mit Stellungnahmen der EU-Kommission (Art. 8 Abs. 2 lit. c Screening-VO). Die relevanten Projekte und Programme werden in einem Anhang zu Art. 8 Abs. 3 Screening-VO konkretisiert, die von der Kommission durch delegierte Rechtsakte geändert werden kann (Art. 8 Abs. 4, Art. 16 Screening-VO).

772 Mit der 1. AWG-Novelle wurde im Jahr 2020 das Außenwirtschaftsrecht noch weitergehend verschärft und zugleich an die Vorgaben der Screening-VO angepasst. Der Prüfungsgegenstand wurde auf eine „voraussichtliche Beeinträchtigung" der öffentlichen Ordnung oder Sicherheit erweitert, wobei auch die „öffentliche Ordnung oder Sicherheit eines anderen Mitgliedstaates" und die Auswirkungen auf „Projekte oder Programme von Unionsinteresse" zum Gegenstand der Investitionsprüfung gemacht wurden (§§ 4 Abs. 1 Nr. 4, 4a, 5 Abs. 2 AWG, §§ 55 Abs. 1, 1b Nr. 2, 60 Abs. 1b Nr. 2 AWV). Ferner wurde insbesondere die schwebende Unwirksamkeit der Erwerbsgeschäfte bis zum Abschluss des Prüfungsverfahrens (§ 15 Abs. 3 AWG) auf alle meldepflichtigen Erwerbe erweitert, dh auch auf solche im Bereich der sektorenübergreifenden Prüfung (→ Rn. 779). Die „Nationale Kontaktstelle" für die von der Screening-VO geforderte Kooperation wurde im BMWi angesiedelt. Die anschließende Änderung der AWV im Oktober 2020 beschränkte sich darauf, die VO an die durch die 1. AWG-Novelle geänderten gesetzlichen Vorschriften anzugleichen, soweit dies für die Teilnahme der BRD an dem neuen EU-weiten Kooperationsmechanismus (Art. 6 ff. Screening-VO) erforderlich war. Am 22.1.2021 hat das BMWi sodann einen weiteren Referentenentwurf für eine 17. VO zur Änderung der AWV vorgelegt, mit der die AWV noch weiter auf Grundlage der übrigen durch die 1. AWG-Novelle geänderten Vorschriften sowie zur Umsetzung der Screening-VO angepasst werden soll. Insbesondere soll in diesem zweiten Schritt die Investitionsprüfung für bestimmte katalogisierte „kritische Technologien" (ua Künstliche Intelligenz, Robotik, Halbleiter, Biotechnologie, Quantentechnologie) näher konkretisiert werden. Die Aufgriffsschwelle für Erwerbe in diesem Bereich soll ebenfalls 10% betragen. Einzelheiten sind hier nicht darzustellen.

773 Das Vereinigte Königreich hat mit Blick auf den **Brexit** mit dem Sanctions and Anti-Money Laundering Act 2018 ein eigenes Sanktionsregime erlassen.[98]

774 Aus Sicht des deutschen Außenwirtschaftsrechts sind **Zielunternehmen** in der Rechtsform der juristischen Person oder der Personenhandelsgesellschaft dann **inländisch,** wenn ihr Sitz oder ihr Leitungsort im Staatsgebiet der Bundesrepublik Deutschland[99] liegt (§ 2 Abs. 15 Nr. 2 AWG).[100] Als inländisch gelten auch Zweigniederlassungen ausländischer juristischer Personen oder Personengesellschaften, wenn sie ihre Leitung im Inland haben und für sie eine gesonderte Buchführung besteht, sowie Betriebsstätten solcher Gesellschaften im Inland, wenn sie hier ihre Verwaltung haben (s. § 2 Abs. 15 Nr. 3 und 4 AWG).

775 **Investoren,** bei denen es sich um natürliche Personen handelt, sind **unionsfremd,** wenn sie weder ihren Wohnsitz noch ihren gewöhnlichen Aufenthalt in der EU, dh im

---

[98] Hierzu und zu weiteren Auswirkungen des Brexit auf das Sanktionsrecht *Stiller* EuZW 2019, 18.
[99] S. Begr. RegE, BT-Drs. 17/11127, 20.
[100] Einschr. zu der vor der Reform 2013 geltenden Regelung *Reinhardt/Pelster* NZG 2009, 441 (442) (unter Hinweis auf *Widder/Ziervogel* RIW 2005, 260), wonach für die Frage der Gebietsansässigkeit entgegen dem Wortlaut von § 4 Abs. 1 Nr. 5 AWG aF allein die Leitung entscheidend sein soll, wenn Sitz und Ort der Leitung auseinander fallen.

Hoheitsgebiet eines Mitgliedstaates,[101] haben (§ 2 Abs. 19 AWG iVm § 2 Abs. 18 Nr. 1 AWG). Investoren in der Rechtsform der juristischen Person oder einer Personengesellschaft sind unionsfremd, wenn sich weder ihr satzungsmäßiger Sitz noch ihre Leitung in der EU befinden (§ 2 Abs. 19 AWG iVm § 2 Abs. 18 Nr. 2 AWG). Zweigniederlassungen und Betriebsstätten eines unionsfremden Investors gelten dabei nicht als unionsansässig iSd sektorenübergreifenden Regelung (§ 55 Abs. 2 S. 2 AWV, entgegen § 2 Abs. 19 AWG iVm § 2 Abs. 18 Nr. 3 und 4 AWG). Ebenso gelten Zweigniederlassungen und Betriebsstätten eines ausländischen Erwerbers für Zwecke der sektorenspezifischen Regelung nicht als inländisch (§ 60 Abs. 2 AWV). Erwerber aus Mitgliedstaaten der Europäischen Freihandelsassoziation stehen Unionsansässigen gleich (§ 55 Abs. 2 S. 3 AWV). Gesellschaften aus außereuropäischen Staaten kommen somit zwar als inländisches Zielunternehmen in Betracht, wenn sie im deutschen Hoheitsgebiet eine Zweigniederlassung oder Betriebsstätte unterhalten (→ Rn. 774). Treten außereuropäische Gesellschaften hingegen als Investoren auf, ändert das Vorhandensein einer solchen Niederlassung nichts daran, dass sie als unionsfremd bzw. ausländisch zu qualifizieren sind.[102]

Die Regelung räumt dem BMWi ein **Prüfungsrecht** für Transaktionen ein, aufgrund derer ein betroffener Investor (→ Rn. 770 ff.) unmittelbar oder mittelbar Stimmrechtsanteile an einem inländischen Unternehmen jenseits eines als kritisch betrachteten Schwellenwerts innehaben würde.[103] Um die Prüfung zu ermöglichen, ist der Erwerb eines **sektorangehörigen** Unternehmens dem BMWi durch den unmittelbaren Erwerber schriftlich zu melden (§ 60 Abs. 3 S. 1 AWV), woran sich zunächst ein dreimonatiges Vorprüfungsverfahren und ggf. ein weiteres, ebenfalls dreimonatiges formelles Prüfverfahren anschließen (§§ 61 f. AWV). 776

Innerhalb der **sektorübergreifenden** Überprüfung besteht sodann auch für Erwerbe maßgeblicher Beteiligungen im Bereich der „kritischen Industrien" gem. § 55 Abs. 4 AWV nach Abschluss des schuldrechtlichen Vertrages eine Meldepflicht gegenüber dem BMWi. Auch hier beträgt die Frist, innerhalb derer das BMWi ein formelles Prüfverfahren eröffnen kann, drei Monate ab dem Erlangen der Kenntnis vom Abschluss des schuldrechtlichen Erwerbsvertrags (§ 55 Abs. 3 S. 1 AWV). Wird sodann nicht in ein solches formelles Prüfverfahren eingetreten, ist eine Überprüfung der Transaktion nicht mehr möglich. Bei Eröffnung eines formellen Verfahrens läuft hingegen ab vollständiger Einreichung der erforderlichen Unterlagen eine weitere Frist von vier Monaten, innerhalb derer das BMWi Maßnahmen treffen kann. Um dieses Verfahren abzukürzen, können die Parteien eine **Unbedenklichkeitsbescheinigung** beantragen (§ 58 AWV). Dieser Antrag hat zur Folge, dass das BMWi innerhalb von zwei Monaten entscheiden muss, ob ein formelles Prüfverfahren eröffnet wird. Tritt das BMWi bis zum Ablauf dieser Frist nicht in eine formelle Prüfung ein, gilt die Unbedenklichkeitsbescheinigung als erteilt. Im Übrigen ist die Eröffnung eines Prüfverfahrens durch das BMWi erst fünf Jahre nach Abschluss des schuldrechtlichen Vertrags ausgeschlossen (§ 55 Abs. 3 S. 6 AWV). 777

Durch die Änderung der AWV im Jahr 2018 wurde der **Schwellenwert** im Rahmen der sektorübergreifenden Prüfung für die kritischen Unternehmen nach § 55 Abs. 1 S. 2 AWV sowie allgemein für die sektorspezifische Überprüfung von Unternehmenserwerben 778

---

[101] Nach zutr. Ansicht ist bezüglich der Neuregelung davon auszugehen, dass es für die Unionsangehörigkeit nicht auf das Zollgebiet der Europäischen Union, sondern auf die Hoheitsgebiete der Mitgliedstaaten ankommt; näher *Hensel/Pohl* AG 2013, 849 (852 ff.); *Voland* GWR 2013, 264 (265); aA hinsichtlich der früheren Regelung *Seibt/Wollenschläger* ZIP 2009, 833 (835); *Traugott/Strümpel* AG 2009, 186 (190). Relevanz hatte dies vor dem Brexit für die Kanalinseln (Jersey, Sark, Guernsey, Alderney, Herm) und die Insel Man, die nicht zum britischen Hoheitsgebiet zählen. Die Cayman Islands, die British Virgin Islands, Bermuda und die anderen überseeischen Länder und Hoheitsgebiete nach Anh. II AEUV gehörten hingegen auch vor dem Brexit weder zur Europäischen Union noch zu ihrem Zollgebiet. Der EUV und der AEUV fanden insoweit keine Anwendung (Art. 355 Abs. 2 UAbs. 1 AEUV).
[102] Vgl. auch *Seibt/Wollenschläger* ZIP 2009, 833 (835); *Hensel/Pohl* AG 2013, 849 (852).
[103] Zu den einzureichenden Unterlagen die Allgemeinverfügungen des BMWi BAnz AT, 11.4.2019, B1 (§ 61 AWV, sektorspezifische Prüfung) und BAnz AT, 11.4.2019, B2 (§ 57 AWV, sektorübergreifende Prüfung).

(§ 60a AWV) von 25% auf **10%** gesenkt (zur beabsichtigten Erweiterung der reduzierten Aufgriffsschwelle in Bezug auf weitere „kritische Technologien" → Rn. 772). Für alle übrigen Unternehmens- und Beteiligungserwerbe besteht bisher keine Meldepflicht und verbleibt es bei der Schwelle von **25 %** der Stimmrechtsanteile (§ 56 Abs. 1 Nr. 2 AWV). Auch Stimmrechte Dritter können dem Erwerber insoweit zuzurechnen sein (§ 55 Abs. 1 AWV, § 56 AWV sowie § 60 Abs. 1 AWV, § 56 AWV). Da das Prüfungsrecht allein an die Überschreitung des Schwellenwerts anknüpft, besteht es ggf. auch bei nur geringfügigen Akquisitionen. Ob Aufstockungserwerbe nach Erreichen oder Überschreiten der Stimmrechtsschwelle ebenfalls der Regelung unterfallen, ist auch nach der Reform im Jahre 2013 nicht eindeutig geklärt und streitig.[104] Die Art und Weise des Stimmrechtserwerbs – etwa Anteilserwerb oder Stimmbindungsverträge – ist irrelevant (§ 56 Abs. 2 Nr. 2 AWV).[105]

779 Das BMWi kann den **Erwerb** der Stimmrechtsanteile **im Sektorenbereich** (→ Rn. 770) in Übereinstimmung mit Art. 346 Abs. 1 lit. b AEUV **untersagen** oder **andere Anordnungen** treffen, wenn infolge des Erwerbs wesentliche Sicherheitsinteressen oder auswärtige Interessen der Bundesrepublik Deutschland gefährdet sind (§ 4 Abs. 1 AWG, § 5 AWG, § 60 AWV, § 62 AWV). Aufgrund der **sektorenübergreifenden** Regelung können derartige Maßnahmen nach Zustimmung der Bundesregierung getroffen werden, wenn dies erforderlich ist, „um die öffentliche Ordnung oder Sicherheit der Bundesrepublik Deutschland zu gewährleisten" (§ 55 Abs. 1 AWV, § 59 Abs. 1 AWV). Insoweit wird seit der 1. AWG-Novelle im Jahr 2020 nicht mehr ausdrücklich auf die unionsrechtlichen Vorbehalte der Art. 36, 52 Abs. 1, 65 Abs. 1 AEUV und deren Auslegung durch den EuGH (→ Rn. 176 ff.) Bezug genommen (§§ 4 Abs. 1 Nr. 4, 5 Abs. 2 AWG).[106] Des Weiteren wurde die in Anlehnung an die in der Rspr. des EuGH geprägte Formulierung gestrichen, nach welcher eine Beschränkung aus Gründen der öffentlichen Ordnung oder Sicherheit nur unter der Voraussetzung in Betracht kommen sollte, „dass eine tatsächliche oder hinreichend schwere Gefährdung vorliegt, die ein Grundinteresse der Gesellschaft berührt" (§ 5 Abs. 2 S. 2 AWG aF). Diese Fassung des Eingriffsvorbehalts, die der Gesetzgeber gerade zur Vermeidung eines Konflikts mit dem Gemeinschaftsrecht gewählt hat, wurde vor dem Hintergrund der unionsrechtlichen **Transparenzanforderungen** (→ Rn. 764) lange Zeit verbreitet krit. beurteilt.[107] Dies hat der Verordnungsgeber zum Anlass genommen, den Tatbestand einer Gefährdung der öffentlichen Ordnung oder Sicherheit in § 55 Abs. 1 S. 2 Nr. 1–6 AWV beispielhaft zu konkretisieren, und diesen Katalog fortan mehrfach ausgeweitet (→ Rn. 770). Mit der 1. AWG-Novelle im Jahr 2020 wurde sodann die mit der EU-Screening-VO vorgezeichnete Erweiterung des Prüfungsmaßstabs auf eine „voraussichtliche Beeinträchtigung" der Sicherheit oder öffentlichen Ordnung auch im deutschen Recht umgesetzt, um die Eingriffsschwelle herabzusetzen (→ Rn. 772). Auch wurde das Regime der schwebenden Unwirksamkeit auf meldepflichtige Erwerbe im Bereich der sektorübergreifenden Prüfung ausgedehnt (→ Rn. 772).

780 Bis zur Herabsetzung der Aufgriffsschwelle im Jahr 2018 (→ Rn. 778) war schon zu bezweifeln, dass das deutsche Außenwirtschaftsrecht den **Anwendungsbereich der Kapitalverkehrsfreiheit** überhaupt berührte. Da die Eingriffsbefugnisse bis zu diesem Zeitpunkt allgemein voraussetzten, dass der Erwerber nach Durchführung der Transaktion über Stimmrechtsanteile von mindestens 25% verfügen kann, war nach der dargestellten Rspr. des EuGH allein die Niederlassungsfreiheit anzuwenden (→ Rn. 751 ff.).[108] Unionsfremde

---

[104] Bejahend etwa *Hensel/Pohl* AG 2013, 849 (854); *Besen/Slobodenjuk* BB 2012, 2390 (noch zur früheren Regelung der AWV); aA *Walter* RIW 2013, 847 (849); ebenso zur AWV 2009 *Traugott/Strümpel* AG 2009, 186 (191); *Seibt/Wollenschläger* ZIP 2009, 833 (836) mit Fn. 39.
[105] Näher zu den erfassten Erwerbsfällen mit berechtigter Kritik *Hensel/Pohl* AG 2013, 849 (853 ff.).
[106] Zur Vorgängerregelung Begr. RegE, BT-Drs. 16/10730, 11; BT-Drs. 17/11127, 19.
[107] *Seibt/Wollenschläger* ZIP 2009, 833 (840); *Krolop* ZRP 2008, 40 (43 f.); *Weller* ZIP 2008, 857 (861 ff.); s. auch *Reinhardt/Pelster* NZG 2009, 441 (445).
[108] Ebenso iErg *Habersack/Verse* EuropGesR § 3 Rn. 51; *W. H. Roth* ZBB 2009, 257 (262 ff.); *Nettesheim* ZHR 172 (2008), 729 (740 ff., 752 ff., 755). Ausdrücklich aA, wenngleich das hier vertretene Verständnis der EuGH-Rechtsprechung einräumend, *Hindelang/Hagemeyer* EuZW 2017, 882 (885 ff.); ferner schon früher

Erwerbergesellschaften können sich aber nicht auf die Niederlassungsfreiheit berufen. Da die „Unionsfremdheit" voraussetzt, dass weder der Satzungssitz noch der Ort der Leitung sich in der EU oder einem Mitgliedstaat der Europäischen Freihandelsassoziation befinden (→ Rn. 775), waren die Voraussetzungen des Art. 54 AEUV gerade generell nicht erfüllt. Seit der Reform im Jahr 2018 besteht die Schwelle von 25% indes nur noch für den Teilbereich der sektorübergreifenden Prüfung außerhalb der in § 55 Abs. 1 S. 2 AWV aufgeführten kritischen Industrien (§ 56 Abs. 1 S. 2 AWV) (zur geplanten Konkretisierung → Rn. 772). Da die Schwelle von 10% gerade noch nicht allgemein dazu führt, eine Kontrollbeteiligung anzunehmen (→ Rn. 742), ist für diesen Bereich des deutschen Außenwirtschaftsrechts von einer parallelen Anwendbarkeit der Niederlassungs- und der Kapitalverkehrsfreiheit auszugehen (→ Rn. 750 ff.).

Die Formulierung der **Eingriffsbefugnisse** dürfte jedoch spätestens seit der Änderung der AWV im Jahr 2017 auch **hinreichend bestimmt** sein.[109] Die Verwendung auslegungsbedürftiger Begriffe ist schlechterdings unvermeidbar. Mehr als die Übernahme der vom Gerichtshof selbst entwickelten Definition wird man von einem nationalen Gesetzgeber kaum verlangen können, um die Begriffe der öffentlichen Ordnung und Sicherheit zu konkretisieren. Erst recht gilt dies, wenn eine weitere Konturierung durch Regelbeispiele erfolgt, wie dies in der AWV geschehen und noch weiter beabsichtigt ist.[110] Zudem hat das Außenwirtschaftsrecht mit der Screening-VO auch ein sekundärrechtliches Fundament erhalten. Die sektorspezifischen Eingriffsbefugnisse sind darüber hinaus durch Art. 346 Abs. 1 lit. b AEUV besonders legitimiert.[111]

781

Weller ZIP 2008, 857 (862) aufgrund der unzutr. These, dass von einer Kontrollbeteiligung iSd Rechtsprechung des EuGH erst ab einer Beteiligung von 50% auszugehen sei.
[109] Ebenso schon zur früheren Rechtslage *Reinhardt/Pelster* NZG 2009, 441 (445).
[110] Krit., iErg aber (noch) für Vereinbarkeit der Regelung mit Niederlassungs- und Kapitalverkehrsfreiheit *Hindelang/Hagemeyer* EuZW 2017, 882 (887).
[111] S. auch *Hensel/Pohl* AG 2013, 849 (856).

Sachverzeichnis

von Dr. Frank Wamser, LL.M., Vizepräsident des Landgerichts Gießen
fette Zahl = Paragraph, magere Zahl = Randnummer

Abberufung Art. 39 SE-VO 34 ff.;
Art. 40 SE-VO 57 ff.; **Art. 46 SE-VO** 13
Abfindung Art. 8 SE-VO 4
Abfindungsangebot Art. 32 SE-VO 19
Abschlussprüfer Art. 43 SE-VO 103
Abspaltung Art. 3 SE-VO 9
Abwicklung Art. 63 SE-VO 1 ff.;
Art. 65 SE-VO 1 ff.
acte-clair-Doktrin Europ. Niederlassungsfreiheit 126
ADR Art. 5 SE-VO 46
AG
  Umwandlung
  – SE **Art. 37 SE-VO** 1 ff.
Agentur Europ. Niederlassungsfreiheit 51
  Niederlassungsfreiheit **Europ. Niederlassungsfreiheit** 51
Aktie Art. 5 SE-VO 43 ff.
  Teilbarkeit **Art. 5 SE-VO** 44
  Übertragbarkeit **Art. 5 SE-VO** 44
  Verbriefung **Art. 5 SE-VO** 44
  Vinkulierung **Art. 5 SE-VO** 44
Aktienoptionsprogramme Art. 5 SE-VO 20
Aktienrecht Art. 10 SE-VO 1 ff.
aktienrechtliches Statusverfahren Art. 16 SE-VO 14
Aktionäre
  Anmeldung **Art. 53 SE-VO** 13
Aktionärsklage Art. 51 SE-VO 41
Aktionärsschutz
  Ermächtigung an nationalen Gesetzgeber **Art. 34 SE-VO** 1 ff.
Allgemeininteresse Europ. Niederlassungsfreiheit 180 ff.
Alternativanknüpfung Europ. Niederlassungsfreiheit 319 ff.
Amtsauflösung Art. 12 SE-VO 6
Amtsniederlegung Art. 39 SE-VO 38; **Art. 40 SE-VO** 64
Analogie Art. 9 SE-VO 12 ff.
Änderung Art. 40 SE-VO 65
Anerkennung Europ. Niederlassungsfreiheit 234 ff.
Anknüpfung Europ. Niederlassungsfreiheit 200 ff.
Anknüpfungspunkte Europ. Niederlassungsfreiheit 321 ff.
Anmeldung Art. 11 SE-VO 1 ff.
Anmeldung der Aktionäre Art. 53 SE-VO 13
Anpassungspflicht Europ. Niederlassungsfreiheit 126

Ansässigkeitserfordernis Europ. Niederlassungsfreiheit 56
Anstellung Art. 39 SE-VO 14 ff., 41 f.
Anteilseignervertreter Art. 40 SE-VO 26 ff.
anwendbares Recht Art. 9 SE-VO 1 ff.
Anwendungsvorrang Europ. Niederlassungsfreiheit 126
Äquivalenzgrundsatz Europ. Niederlassungsfreiheit 126
Arbeitnehmerbeteiligung Art. 1 SE-VO 10; **Art. 12 SE-VO** 6 ff.; **Vor § 1 SEBG** 1 ff.; **§ 21 SEBG** 42 ff.; **§ 35 SEBG** 3 ff.
  Anhörung **§ 2 SEBG** 25
Arbeitnehmer § 2 SEBG 2 ff.
  arbeitnehmerähnliche Personen **§ 2 SEBG** 8
  arbeitnehmerlose SE **§ 3 SEBG** 5 ff
Arbeitnehmervertreter § 36 SEBG 1 ff.
  – Abberufung **§ 37 SEBG** 1 ff.
  – Anfechtung **§ 37 SEBG** 6 ff.
  – Begünstigungsverbot **§ 44 SEBG** 6
  – Benachteiligungsverbot **§ 44 SEBG** 6
  – Entgeltfortzahlung **§ 42 SEBG** 8 f.
  – Errichtungsschutz **§ 44 SEBG** 4
  – Kündigungsschutz **§ 42 SEBG** 6
  – Nichtigkeit **§ 37 SEBG** 10 ff.
  – Pflichten **§ 38 SEBG** 1 ff.
  – Rechte **§ 38 SEBG** 1 ff.
  – Rechtsstellung **§ 38 SEBG** 1 ff.
  – Schutz **§ 42 SEBG** 1 ff.
  – Sitzungsteilnahme **§ 42 SEBG** 7
  – Tätigkeitsschutz **§ 44 SEBG** 5
  – Wahl **§ 37 SEBG** 10 ff.
Arbeitnehmervertretung § 2 SEBG 20
Arbeitsdirektor § 38 SEBG 3
Aufsichtsorgan § 35 SEBG 3 ff.
  – Arbeitnehmervertreter **§ 36 SEBG** 1 ff.
  – Sitzverteilung **§ 36 SEBG** 1 ff.
Auszubildende § 2 SEBG 4
Bedrohung § 44 SEBG 1 ff.
Beeinflussung § 44 SEBG 1 ff.
Begriffsbestimmungen § 2 SEBG 1 ff.
Begünstigungsverbot § 44 SEBG 6
Behinderung § 44 SEBG 1 ff.
Benachteiligungsverbot § 44 SEBG 6
besonderes Verhandlungsgremium
  – Auskunft **§ 13 SEBG** 4 f.
  – Begünstigungsverbot **§ 44 SEBG** 6
  – Benachteiligungsverbot **§ 44 SEBG** 6
  – Beschlussfassung **§ 15 SEBG** 1 ff.
  – Bildung **§ 4 SEBG** 1 ff.; **§ 11 SEBG** 1 ff.
  – Dolmetscher **§ 19 SEBG** 3

Sachverzeichnis

fette Zahlen = §§

- Errichtungsschutz **§ 44 SEBG** 4
- Externe **§ 14 SEBG** 2 ff.
- Geschäftsordnung **§ 12 SEBG** 5
- Gewerkschaften **§ 14 SEBG** 2 ff.
- Gewerkschaftsvertreter **§ 6 SEBG** 3 ff.; **§ 8 SEBG** 4 ff.
- konstituierende Sitzung **§ 12 SEBG** 2 ff.
- Kosten **§ 19 SEBG** 1 ff.
- Leitungsorgan **§ 13 SEBG** 2
- Mitglieder **§ 6 SEBG** 1 ff.; **§ 8 SEBG** 1 ff.; **§ 10 SEBG** 1 ff.
- Neubesetzung **§ 5 SEBG** 1 ff.
- Neuverhandlungen **§ 18 SEBG** 1 ff.
- Niederschrift **§ 17 SEBG** 1 ff.
- Räume **§ 19 SEBG** 3
- Repräsentation **§ 15 SEBG** 2
- Sachaufwand **§ 19 SEBG** 1 ff.
- Sachverständige **§ 14 SEBG** 2 ff.; **§ 19 SEBG** 4
- Sitzung **§ 12 SEBG** 2 ff.
- Sitzverteilung **§ 7 SEBG** 1 ff.
- Sparsamkeit **§ 19 SEBG** 2
- Streitigkeiten **§ 4 SEBG** 28; **§ 8 SEBG** 17 ff.
- Tätigkeitsschutz **§ 44 SEBG** 5
- Verhandlungen (Abbruch) **§ 16 SEBG** 2 ff.; **§ 18 SEBG** 2 ff.
- Verhandlungen (Dauer) **§ 20 SEBG** 1 ff.
- Verhandlungen (Nichtaufnahme) **§ 16 SEBG** 2 ff.; **§ 18 SEBG** 2 ff.
- Verhandlungen (Wiederaufnahme) **§ 18 SEBG** 1 ff.
- Verhandlungsverfahren **§ 11 SEBG** 1 ff.
- Verschmelzung **§ 5 SEBG** 4
- vertrauensvolle Zusammenarbeit **§ 13 SEBG** 3
- Vorsitz **§ 12 SEBG** 5
- Wahl **§ 8 SEBG** 1 ff.; **§ 10 SEBG** 1 ff.; **§ 11 SEBG** 1 ff.
- Wahlgremium **§ 8 SEBG** 1 ff.; **§ 9 SEBG** 1 ff.
- Wahlgrundsätze **§ 10 SEBG** 1
- Wahlvorschriften **§ 10 SEBG** 2 ff.
- Willensbildung **§ 15 SEBG** 1 ff.
- Zusammenarbeit **§ 13 SEBG** 1 ff.
- Zusammensetzung **§ 5 SEBG** 1 ff.; **§ 8 SEBG** 1 ff.

Beteiligte Gesellschaften **§ 2 SEBG** 10 f.
Beteiligung der Arbeitnehmer **§ 2 SEBG** 22
Beteiligungsrechte **§ 2 SEBG** 23
Beteiligungsvereinbarung **§ 4 SEBG** 3
Betrieb **§ 2 SEBG** 31
Betriebe
- betroffene **§ 2 SEBG** 16 ff.
Betriebsgeheimnis **§ 41 SEBG** 3 f.
Betriebsrat **§ 2 SEBG** 21
betroffene Betriebe **§ 2 SEBG** 16 ff.
betroffene Tochtergesellschaften **§ 2 SEBG** 16 ff.
Bußgeldvorschriften **§ 46 SEBG** 1 ff
COVID-19-Pandemie **§ 48 SEBG** 1 ff
Enkelgesellschaften **§ 2 SEBG** 17
Entgeltfortzahlung **§ 42 SEBG** 8 f.
Errichtungsschutz **§ 44 SEBG** 1 ff.
Frauenquote **Vor § 1 SEBG** 40 ff.
Geheimhaltung **§ 41 SEBG** 1 ff.
Geheimhaltungspflicht **§ 41 SEBG** 5 ff.
Gemeinschaftsunternehmen **§ 2 SEBG** 15
geringfügig Beschäftigte **§ 2 SEBG** 4
Geschäftsgeheimnis **§ 41 SEBG** 3 f.
Geschlechterquote **Vor § 1 SEBG** 40 ff.
Gesetzgebungsgeschichte **Vor § 1 SEBG** 31 ff.
Gewerkschaften **Vor § 1 SEBG** 37 f.
Gewerkschaftsvertreter **§ 6 SEBG** 3 ff.
Gleichordnungskonzern **§ 2 SEBG** 15
Grundprinzipien **Vor § 1 SEBG** 15
Gründungsgesellschaft **§ 3 SEBG** 5
historische Entwicklung **Vor § 1 SEBG** 2 ff.
Holding-SE **§ 34 SEBG** 19
Information **§ 4 SEBG** 4 ff., 12 ff.
Kooptationsmodell **§ 2 SEBG** 26
Kündigungsschutz **§ 42 SEBG** 6
Leiharbeitnehmer **§ 2 SEBG** 5 ff.
Leitender Angestellter **§ 2 SEBG** 9
Leitung **§ 2 SEBG** 19
Leitungsorgan und Besonderes Verhandlungsgremium **§ 13 SEBG** 2
MgVG **Vor § 1 SEBG** 53 ff.
Minderung von Mitbestimmungsrechten **§ 15 SEBG** 6 ff.
Missbrauchsverbot **§ 43 SEBG** 1 ff.
Mitbestimmung **§ 2 SEBG** 26
Mitbestimmung kraft Gesetzes **§ 34 SEBG** 1 ff.
Mitbestimmungsrechte
- Minderung **§ 15 SEBG** 6 ff.
nationale Grundlagen **Vor § 1 SEBG** 31 ff.
nationales Recht **§ 47 SEBG** 1 ff
Niederschrift **§ 17 SEBG** 1 ff.
Organ **§ 2 SEBG** 19
paritätische Mitbestimmung **§ 35 SEBG** 14 ff.
Praxis **Vor § 1 SEBG** 44
Primärgründung **§ 3 SEBG** 2
Rechtsgrundlage **Vor § 1 SEBG** 14
Rechtsschutz **Vor § 1 SEBG** 43
Rechtstatsachen **Vor § 1 SEBG** 44
Repräsentation **§ 15 SEBG** 2
Repräsentationsmodell **§ 2 SEBG** 26
SCEBG **Vor § 1 SEBG** 52
Schwellenwerte **§ 34 SEBG** 14 ff., 17 ff.
SEAG **Vor § 1 SEBG** 34
SE-Betriebsrat **§ 2 SEBG** 21; **§ 22 SEBG** 1 ff.
- Anhörung **Vor §§ 23–33 SEBG** 12 f.; **§ 28 SEBG**; **§ 29 SEBG**

1178

magere Zahlen = Randnummern

Sachverzeichnis

- Arbeitnehmervertreter § 36 **SEBG** 1 ff.
- Aufgaben **Vor §§ 23–33 SEBG** 10 ff.
- Begünstigungsverbot § 44 **SEBG** 6
- Benachteiligungsverbot § 44 **SEBG** 6
- Beschlüsse § 24 **SEBG**
- Bildung **Vor §§ 23–33 SEBG** 3 ff.
- Bildungsveranstaltungen **Vor §§ 23–33 SEBG** 8
- Errichtung **Vor §§ 23–33 SEBG** 3 ff.; § 23 **SEBG**
- Errichtungsschutz § 44 **SEBG** 4
- Fortbildung § 31 **SEBG**
- Geschäftsführung **Vor §§ 23–33 SEBG** 6
- Gewerkschaftsvertreter **Vor §§ 23–33 SEBG** 4
- Information § 30 **SEBG**
- Kosten § 33 **SEBG**
- Rechte **Vor §§ 23–33 SEBG** 10 ff.
- Sachaufwand § 33 **SEBG**
- Sachverständige § 32 **SEBG**
- Schulungsveranstaltungen **Vor §§ 23–33 SEBG** 8
- Sitzungen § 24 **SEBG**
- Sitzverteilung § 36 **SEBG** 1 ff.
- Streitigkeiten **Vor §§ 23–33 SEBG** 14
- Tätigkeitsschutz **Vor §§ 23–33 SEBG** 9; § 44 **SEBG** 5
- Unterrichtung **Vor §§ 23–33 SEBG** 12 f.; § 28 **SEBG**; § 29 **SEBG**
- Zusammensetzung § 25 **SEBG**
- Zuständigkeiten § 27 **SEBG**

SEBG **Vor § 1 SEBG** 35 ff.
Sekundärgründung **Vor § 1 SEBG** 10 ff.; § 3 **SEBG** 2
Sitzungsteilnahme § 42 **SEBG** 7
Sitzverlegung **Vor § 1 SEBG** 63
Strafvorschriften § 45 **SEBG** 1 ff
Streitigkeiten § 3 **SEBG** 17
Strukturänderungen **Vor § 1 SEBG** 29; § 1 **SEBG** 6; § 18 **SEBG** 6 ff.; § 21 **SEBG** 69 f.
Tätigkeitsschutz § 44 **SEBG** 1 ff.
Teilzeitbeschäftigte § 2 **SEBG** 4
Telefonkonferenz § 48 **SEBG** 1 ff
Tendenzunternehmen § 39 **SEBG** 1 ff.
Tochtergesellschaften **Vor § 1 SEBG** 10 ff.; § 2 **SEBG** 12 ff.
- betroffene § 2 **SEBG** 16 ff.
Tochter-SE § 34 **SEBG** 19
Umfang § 35 **SEBG** 1 ff.
- Aufsichtsorgan § 35 **SEBG** 3 ff.
- paritätische Mitbestimmung § 35 **SEBG** 14 ff.
- Verwaltungsorgan § 35 **SEBG** 3 ff.
Umwandlung **Vor § 1 SEBG** 24; § 15 **SEBG** 19; § 34 **SEBG** 7 ff.; § 35 **SEBG** 8 ff.
Unternehmen § 2 **SEBG** 29

Unternehmensgruppe § 2 **SEBG** 30
Unterrichtung § 2 **SEBG** 24
unterschiedliche Formen § 34 **SEBG** 20 ff.
Veränderungsfestigkeit § 35 **SEBG** 16 ff.
Vereinbarung über die Beteiligung § 4 **SEBG** 3; § 21 **SEBG** 1 ff.
- Anhörung § 21 **SEBG** 38 ff.
- Auffangregelungen § 21 **SEBG** 21
- Auslegung § 21 **SEBG** 14
- Beendigung § 21 **SEBG** 33 ff.
- Befristung § 21 **SEBG** 33 ff.
- fehlerhafte § 21 **SEBG** 15 ff.
- Gegenstände § 21 **SEBG** 29 ff.
- Gestaltungsfreiheit § 21 **SEBG** 25 ff.
- Grenzen § 21 **SEBG** 25 ff.
- Inhalt § 21 **SEBG** 20 ff.
- Lückenfüllung § 21 **SEBG** 14
- mangelhafte § 21 **SEBG** 15 ff.
- Nachwirkung § 21 **SEBG** 33 ff.
- Parteiautonomie § 21 **SEBG** 20 ff.
- Rechtsnatur § 21 **SEBG** 12 f.
- Rechtswirkungen § 21 **SEBG** 12 f.
- Regelungsgegenstände § 21 **SEBG** 29 ff.
- Schranken § 21 **SEBG** 25 ff.
- Sprache § 21 **SEBG** 8
- über Aufsichtsorgan § 21 **SEBG** 42 ff.
- über Verwaltungsorgan § 21 **SEBG** 42 ff.
- Umwandlung § 21 **SEBG** 60 ff.
- Unterrichtung § 21 **SEBG** 38 ff.
- Vertragsparteien § 21 **SEBG** 5 ff.
- Zustandekommen § 21 **SEBG** 5 ff.
verfassungskonforme Auslegung § 35 **SEBG** 22 ff.
Verfassungswidrigkeit § 35 **SEBG** 16 ff.
Verhandlungsprinzip § 1 **SEBG** 4
Verhandlungsverfahren § 11 **SEBG** 1 ff.
Verschmelzung § 34 **SEBG** 11 ff.; § 35 **SEBG** 10 ff.
Verschwiegenheitspflicht § 41 **SEBG** 5 ff.
vertrauensvolle Zusammenarbeit § 13 **SEBG** 3; § 40 **SEBG** 1 ff.
Vertraulichkeit § 41 **SEBG** 1 ff.
Verwaltungsorgan § 35 **SEBG** 3 ff.
- Arbeitnehmervertreter § 36 **SEBG** 1 ff.
- Sitzverteilung § 36 **SEBG** 1 ff.
Videokonferenz § 48 **SEBG** 1 ff
Vorher-Nachher-Prinzip § 1 **SEBG** 5
Vorrats-SE § 3 **SEBG** 5 ff
Wahlgremium § 8 **SEBG** 1 ff.; § 9 **SEBG** 1 ff.
Ziel § 1 **SEBG** 3 ff.

Arbeitnehmerinteressen Art. 38 **SE-VO** 31 ff.
arbeitnehmerlose SE § 3 **SEBG** 5 ff
Arbeitnehmermitbestimmung Art. 12 **SE-VO** 6 ff.; **Europ. Niederlassungsfreiheit** 609 ff.
Arbeitnehmerschutz
Ermächtigung an nationalen Gesetzgeber Art. 34 **SE-VO** 1 ff.

Sachverzeichnis

fette Zahlen = §§

Arbeitnehmervertreter Art. 40 SE-VO 59 ff., 69, 72 ff.; **§ 36 SEBG** 1 ff.
Abberufung **§ 37 SEBG** 1 ff.
Anfechtung **§ 37 SEBG** 6 ff.
Begünstigungsverbot **§ 44 SEBG** 6
Benachteiligungsverbot **§ 44 SEBG** 6
Entgeltfortzahlung **§ 42 SEBG** 8 f.
Errichtungsschutz **§ 44 SEBG** 4
Kündigungsschutz **§ 42 SEBG** 6
Nichtigkeit **§ 37 SEBG** 10 ff.
Pflichten **§ 38 SEBG** 1 ff.
Rechte **§ 38 SEBG** 1 ff.
Rechtsstellung **§ 38 SEBG** 1 ff.
Schutz **§ 42 SEBG** 1 ff.
Sitzungsteilnahme **§ 42 SEBG** 7
Tätigkeitsschutz **§ 44 SEBG** 5
Wahl **§ 37 SEBG** 10 ff.
Arbeitnehmervertretung § 2 SEBG 20
Arbeitsdirektor Art. 39 SE-VO 28; **Art. 43 SE-VO** 135; **§ 38 SEBG** 3
articles of association Art. 6 SE-VO 1
Aufbau Art. 38 SE-VO 1 ff.
Aufgaben Art. 40 SE-VO 11 ff.
Auflösung Art. 1 SE-VO 7; **Art. 63 SE-VO** 3 ff.; **Art. 65 SE-VO** 1 ff.
Auflösungsgrund Art. 30 SE-VO 6
Aufsichtsorgan Art. 40 SE-VO 21, 25; **Art. 41 SE-VO** 6 ff.; **§ 35 SEBG** 3 ff.
Abberufung **Art. 40 SE-VO** 57 ff.; **Art. 46 SE-VO** 13
Amtsniederlegung **Art. 40 SE-VO** 64
Änderung **Art. 40 SE-VO** 65
Arbeitnehmerbeteiligung **§ 21 SEBG** 42 ff.; **§ 35 SEBG** 3 ff.
Arbeitnehmervertreter **§ 36 SEBG** 1 ff.; **Art. 40 SE-VO** 26 ff., 59 ff., 69, 72 ff.
– Abberufung **§ 37 SEBG** 1 ff.
– Anfechtung **§ 37 SEBG** 6 ff.
– Nichtigkeit **§ 37 SEBG** 10 ff.
– Pflichten **§ 38 SEBG** 1 ff.
– Rechte **§ 38 SEBG** 1 ff.
– Rechtsstellung **§ 38 SEBG** 1 ff.
– Wahl **§ 37 SEBG** 10 ff.
Aufgaben **Art. 40 SE-VO** 11 ff.
Auskunftsrecht **Art. 41 SE-VO** 1 ff.
Beendigung **Art. 40 SE-VO** 56 ff.
Bekanntmachung **Art. 40 SE-VO** 65
Berichtspflicht **Art. 40 SE-VO** 17
Bestellung **Art. 40 SE-VO** 26 ff.; **Art. 46 SE-VO** 9 ff.; **Art. 47 SE-VO** 11 ff.
Bestellung, erstmalige **Art. 40 SE-VO** 43 ff.
Bestellung, gerichtliche **Art. 40 SE-VO** 39 ff.
Bestellungsverbote **Art. 47 SE-VO** 21 ff.
entsandte Mitglieder **Art. 46 SE-VO** 14
Entsendung **Art. 40 SE-VO** 35

Ergebnisverwendung **Art. 40 SE-VO** 22 f.
Ersatzmitglieder **Art. 40 SE-VO** 36 ff.; **Art. 46 SE-VO** 15 ff.
Executive Member **Art. 47 SE-VO** 16
Frauenquote **Art. 40 SE-VO** 76 ff.
Funktionstrennung **Art. 47 SE-VO** 19
gerichtliche Bestellung **Art. 40 SE-VO** 39 ff.
Geschlechterquote **Art. 40 SE-VO** 76 ff.
Größe **Art. 40 SE-VO** 66 ff.
Haftung **Art. 51 SE-VO** 1 ff.
Handelsregister **Art. 42 SE-VO** 21
Hauptversammlung **Art. 40 SE-VO** 9, 24
Informationsrecht **Art. 41 SE-VO** 1 ff.
Informationsverlangen **Art. 41 SE-VO** 11 ff., 29 ff.
Jahresabschluss **Art. 40 SE-VO** 22 f.
Konzern **Art. 40 SE-VO** 15 f
Konzernabschluss **Art. 40 SE-VO** 23
Konzernlagebericht **Art. 40 SE-VO** 23
Leitungsorgan **Art. 40 SE-VO** 10, 21; **Art. 41 SE-VO** 1 ff.
Mitbestimmung **Art. 40 SE-VO** 5
Mitgliedschaft **Art. 47 SE-VO** 11 ff.
Non-Executive Member **Art. 47 SE-VO** 16
Personalkompetenz **Art. 40 SE-VO** 20
persönliche Voraussetzungen **Art. 40 SE-VO** 62
Prüfungsrecht **Art. 41 SE-VO** 20 ff.
Satzungsänderung **Art. 40 SE-VO** 25
Sitzverteilung **§ 36 SEBG** 1 ff.
starre Quote **Art. 40 SE-VO** 76 ff.
Statusverfahren **Art. 40 SE-VO** 6
Überkreuzverflechtung **Art. 47 SE-VO** 17
Überwachungsgegenstand **Art. 40 SE-VO** 13 ff.
Überwachungstätigkeit **Art. 40 SE-VO** 13 ff.
Verzicht **Art. 40 SE-VO** 64
Vorsitzender **Art. 42 SE-VO** 1 ff.
– Amtszeit **Art. 42 SE-VO** 17
– Anmeldung zum Handelsregister **Art. 42 SE-VO** 21
– Aufgaben **Art. 42 SE-VO** 18
– Befugnisse **Art. 42 SE-VO** 18
– Bestellung **Art. 42 SE-VO** 3 ff.
– Bestellung, gerichtliche **Art. 42 SE-VO** 16
– Ersatzbestellung **Art. 42 SE-VO** 16
– gerichtliche Bestellung **Art. 42 SE-VO** 16
– Rechtsstellung **Art. 42 SE-VO** 17 f.
– Stellvertreter **Art. 42 SE-VO** 19 f.
– Wahl **Art. 42 SE-VO** 3 ff.
Wahl **Art. 40 SE-VO** 29 ff.
weiche Quote **Art. 40 SE-VO** 82
Wettbewerber **Art. 47 SE-VO** 20

magere Zahlen = Randnummern

Sachverzeichnis

Wiederwahl **Art. 46 SE-VO** 12
Zusammensetzung **Art. 40 SE-VO** 72 ff.
Zustimmungsvorbehalt **Art. 40 SE-VO** 18 f.
Aufsichtsrat **Art. 39 SE-VO** 12 f., 49 ff.
Aufsichtsrats-Modell **Art. 38 SE-VO** 9 ff.
Aufspaltung **Art. 3 SE-VO** 9
Ausführungsgesetze **Art. 9 SE-VO** 27
Ausgliederung **Art. 3 SE-VO** 8
Ausgliederung zur Neugründung **Art. 3 SE-VO** 8
Ausgründung **Art. 2 SE-VO** 39; **Art. 3 SE-VO** 5
Auskunftsrecht **Art. 41 SE-VO** 1 ff.
Ausländerrecht Europ. Niederlassungsfreiheit 199
ausländische Gesellschaften Europ. Niederlassungsfreiheit 119 ff.
ausländische Partner **Art. 2 SE-VO** 51 f.
Auslandsgesellschaft Europ. Niederlassungsfreiheit 671 ff.
Auslegung **Art. 6 SE-VO** 3; **Art. 9 SE-VO** 18 f., 25
Ausschüttungsbeschränkungen **Art. 5 SE-VO** 9 f.
Außenhaftung **Art. 1 SE-VO** 8
Außenwirtschaftsrecht Europ. Niederlassungsfreiheit 770 ff.
Auswanderung Europ. Niederlassungsfreiheit 49
Auszubildende **§ 2 SEBG** 4
Aventis **Vor Art. 1 SE-VO** 12

Bankrott Europ. Niederlassungsfreiheit 670
Bedrohung **§ 44 SEBG** 1 ff.
Beeinflussung **§ 44 SEBG** 1 ff.
Beendigung **Art. 39 SE-VO** 34 ff.; **Art. 40 SE-VO** 56 ff.
Begriffsbestimmungen **§ 2 SEBG** 1 ff.
Begünstigungsverbot **§ 44 SEBG** 6
beherrschende SE **Art. 9 Anhang SE-VO** 40 ff.
Beherrschungsvertrag **Art. 9 Anhang SE-VO** 27 ff.; Europ. Niederlassungsfreiheit 490 ff.
Behinderung **§ 44 SEBG** 1 ff.
Beirat **Art. 38 SE-VO** 28 ff.
Bekanntmachung **Art. 14 SE-VO** 3; **Art. 40 SE-VO** 65
Benachteiligungsverbot **§ 44 SEBG** 6
Beratungsgremien **Art. 38 SE-VO** 27 ff.
Berichtspflicht **Art. 40 SE-VO** 17; **Art. 41 SE-VO** 6 ff., 18 f.
Beschluss
 Arbeitsdirektor **Art. 50 SE-VO** 32
 fehlerhafter **Art. 50 SE-VO** 55 f.
 Interessenkollision **Art. 50 SE-VO** 36
 Patt-Situation **Art. 50 SE-VO** 28

Vetorecht **Art. 50 SE-VO** 30
Beschlussfähigkeit **Art. 50 SE-VO** 5 ff.
Beschlussfassung **Art. 50 SE-VO** 1 ff.
Beschlussfassung ohne Sitzung **Art. 50 SE-VO** 51 ff.
Beschlussmehrheit **Art. 50 SE-VO** 9 ff.
Beschränkungen Europ. Niederlassungsfreiheit 124 ff.
 Rechtfertigung Europ. Niederlassungsfreiheit 171 ff., 277 ff.
Beschränkungsverbot Europ. Niederlassungsfreiheit 124 ff., 755 ff.
besonderes Verhandlungsgremium **§ 4 SEBG** 1 ff.
 Auskunft **§ 13 SEBG** 4 f.
 Begünstigungsverbot **§ 44 SEBG** 6
 Benachteiligungsverbot **§ 44 SEBG** 6
 Beschlussfassung **§ 15 SEBG** 1 ff.
 Bildung **§ 4 SEBG** 1 ff.; **§ 11 SEBG** 1 ff.
 Dolmetscher **§ 19 SEBG** 3
 Errichtungsschutz **§ 44 SEBG** 4
 Externe **§ 14 SEBG** 2 ff.
 Geschäftsordnung **§ 12 SEBG** 5
 Gewerkschaften **§ 14 SEBG** 2 ff.
 Gewerkschaftsvertreter **§ 6 SEBG** 3 ff.; **§ 8 SEBG** 4 ff.
 konstituierende Sitzung **§ 12 SEBG** 2 ff.
 Kosten **§ 19 SEBG** 1 ff.
 Leitungsorgan **§ 13 SEBG** 2
 Mitglieder **§ 6 SEBG** 1 ff.; **§ 8 SEBG** 1 ff.; **§ 10 SEBG** 1 ff.
 Neubesetzung **§ 5 SEBG** 1 ff.
 Neuverhandlungen **§ 18 SEBG** 1 ff.
 Niederschrift **§ 17 SEBG** 1 ff.
 Räume **§ 19 SEBG** 3
 Repräsentation **§ 15 SEBG** 2
 Sachaufwand **§ 19 SEBG** 1 ff.
 Sachverständige **§ 14 SEBG** 2 ff.; **§ 19 SEBG** 4
 Sitzung **§ 12 SEBG** 2 ff.
 Sitzverteilung **§ 7 SEBG** 1 ff.
 Sparsamkeit **§ 19 SEBG** 2
 Streitigkeiten **§ 4 SEBG** 28; **§ 8 SEBG** 17 ff.
 Tätigkeitsschutz **§ 44 SEBG** 5
 Verhandlungen (Abbruch) **§ 16 SEBG** 2 ff.; **§ 18 SEBG** 2 ff.
 Verhandlungen (Dauer) **§ 20 SEBG** 1 ff.
 Verhandlungen (Nichtaufnahme) **§ 16 SEBG** 2 ff.; **§ 18 SEBG** 2 ff.
 Verhandlungen (Wiederaufnahme) **§ 18 SEBG** 1 ff.
 Verhandlungsverfahren **§ 11 SEBG** 1 ff.
 Verschmelzung **§ 5 SEBG** 4
 vertrauensvolle Zusammenarbeit **§ 13 SEBG** 3
 Vorsitz **§ 12 SEBG** 5
 Wahl **§ 10 SEBG** 1 ff.; **§ 11 SEBG** 1 ff.; **§ 8 SEBG** 1 ff.

1181

Sachverzeichnis

fette Zahlen = §§

Wahlgremium § 8 SEBG 1 ff.; § 9 SEBG 1 ff.
Wahlgrundsätze § 10 SEBG 1
Wahlvorschriften § 10 SEBG 2 ff.
Willensbildung § 15 SEBG 1 ff.
Zusammenarbeit § 13 SEBG 1 ff.
Zusammensetzung § 5 SEBG 1 ff.; § 8 SEBG 1 ff.
Bestellung Art. 39 SE-VO 14 ff.; Art. 40 SE-VO 26 ff.; Art. 46 SE-VO 1 ff., 9 ff.; Art. 47 SE-VO 1 ff., 5 ff., 11 ff.
  Aufsichtsorgan Art. 46 SE-VO 9 ff.
  Leitungsorgan Art. 46 SE-VO 4 ff.
  Verwaltungsorgan Art. 46 SE-VO 9 ff.
Bestellung, erstmalige Art. 40 SE-VO 43 ff.
Bestellung, gerichtliche Art. 40 SE-VO 39 ff.
Bestellungsverbote Art. 47 SE-VO 21 ff.
Besteuerung SteuerR 1 ff.
  country shopping SteuerR 2
  Entstrickungskonzept SteuerR 1
  grenzüberschreitende Sitzverlegung SteuerR 86 ff.
  Gründung SteuerR 10 ff.
  Hinausverschmelzung SteuerR 15 ff.
  Hineinverschmelzung SteuerR 34 ff.
  Holding-SE SteuerR 43 ff.
  laufende SteuerR 101 ff.
  Organschaft SteuerR 103
  Sitzverlegung SteuerR 86 ff.
  Steuerneutralität SteuerR 2
  Tochter-SE SteuerR 62 ff.
  Übertragungsgewinn SteuerR 19
  Verschmelzung SteuerR 13 ff.
beteiligte Gesellschaften § 2 SEBG 10 f.
Beteiligung der Arbeitnehmer § 2 SEBG 22
Beteiligungserwerb § 18 SEBG 17
Beteiligungsfähigkeit Europ. Niederlassungsfreiheit 119 ff.
Beteiligungsrechte § 2 SEBG 23
Beteiligungsvereinbarung § 4 SEBG 3
Betrieb § 2 SEBG 16 ff., 31
betriebliche Mitbestimmung Europ. Niederlassungsfreiheit 609 ff.
Betriebsgeheimnis § 41 SEBG 3 f.
  Arbeitnehmerbeteiligung § 41 SEBG 3 f.
Betriebsrat § 2 SEBG 21; Europ. Niederlassungsfreiheit 620
betroffene Betriebe § 2 SEBG 16 ff.
betroffene Tochtergesellschaften § 2 SEBG 16 ff.
Betrug Europ. Niederlassungsfreiheit 184 ff.
Bezugsrechte Art. 5 SE-VO 40
Bilanzrecht Art. 61 SE-VO 1 ff.
Board of Directors Art. 43 SE-VO 1 ff.

Board-Modell Art. 38 SE-VO 4 ff.
Börsenfähigkeit Art. 1 SE-VO 7
Brexit Europ. Niederlassungsfreiheit 15 ff., 210, 680, 773
Brüssel Ia-VO Europ. Niederlassungsfreiheit 681 ff.
Buchführung Europ. Niederlassungsfreiheit 535 ff.
Buchführungspflichten Europ. Niederlassungsfreiheit 670
Bußgeldvorschriften § 46 SEBG 1 ff

Cartesio Europ. Niederlassungsfreiheit 38, 239 ff.
CEO Art. 45 SE-VO 18 ff.
Corporate Governance Art. 38 SE-VO 35 ff.
Corporate Governance Kodex Art. 40 SE-VO 7
country shopping SteuerR 2
COVID-19-Pandemie § 48 SEBG 1 ff
  Arbeitnehmerbeteiligung § 48 SEBG 1 ff

Dauer Art. 53 SE-VO 9
Deliktsrecht Europ. Niederlassungsfreiheit 658 ff.
Derivat Art. 5 SE-VO 46
Deutscher Corporate Governance Kodex Art. 40 SE-VO 7
Direktinvestition Europ. Niederlassungsfreiheit 741 ff.
Direktoren Art. 43 SE-VO 83, 109 ff.
  Abberufung Art. 43 SE-VO 136 ff.
  Amtszeit Art. 43 SE-VO 118 ff.
  Anmeldung Art. 43 SE-VO 147 ff.
  Anstellung Art. 43 SE-VO 150 ff.
  Anstellungsvertrag Art. 43 SE-VO 159 f.
  Anzahl Art. 43 SE-VO 122
  Arbeitsdirektor Art. 43 SE-VO 135
  Beendigung Art. 43 SE-VO 145 ff., 167 ff.
  Berichtspflicht Art. 43 SE-VO 184 f.
  Bestellung Art. 43 SE-VO 121 ff.
  erste Art. 43 SE-VO 134 f.
  Geschäftsordnung Art. 43 SE-VO 131 ff.
  Handelsregister Art. 43 SE-VO 147 ff.
  Handelsregisterpflicht Art. 43 SE-VO 187
  Jahresabschluss Art. 43 SE-VO 188 ff.
  Konzernanstellungsvertrag Art. 43 SE-VO 156
  Pflichten Art. 43 SE-VO 171 ff.
  Schweigepflicht Art. 43 SE-VO 186
  Sozialversicherungspflicht Art. 43 SE-VO 166
  Stellvertreter Art. 43 SE-VO 130
  Treuepflicht Art. 43 SE-VO 181 ff.
  Vergütung Art. 43 SE-VO 161 ff.
  Vertretung Art. 43 SE-VO 191 ff.
  Verwaltungsrat Art. 43 SE-VO 117
  Vorsitzender Art. 43 SE-VO 128 f.

magere Zahlen = Randnummern

Sachverzeichnis

Diskriminierungen Europ. Niederlassungsfreiheit 127 ff.
Niederlassungsfreiheit **Europ. Niederlassungsfreiheit** 127 ff.
offene **Europ. Niederlassungsfreiheit** 130 ff.
Rechtfertigung **Europ. Niederlassungsfreiheit** 171 f., 277 ff.
versteckte **Europ. Niederlassungsfreiheit** 134 f.
Diskriminierungsverbot Europ. Niederlassungsfreiheit 124 ff., 755 ff.
Niederlassungsfreiheit **Europ. Niederlassungsfreiheit** 124 ff.
Doppelsitz Art. 7 SE-VO 7
Drei-Bänke-Modell Vor Art. 1 SE-VO 1
Drittstaaten Europ. Niederlassungsfreiheit 735 ff.
Drittstaatsbezug Europ. Niederlassungsfreiheit 59
dualistische Unternehmensverfassung Art. 39 SE-VO 1 ff.
dualistisches System Art. 39 SE-VO 1 ff.
Durchgriffshaftung Art. 1 SE-VO 9; **Europ. Niederlassungsfreiheit** 458 ff.

Effektivitätsgrundsatz Europ. Niederlassungsfreiheit 126
Eigenkapitalersatzrecht Europ. Niederlassungsfreiheit 417 ff.
Eignungsvoraussetzung Art. 47 SE-VO 5 ff.
Einberufung Art. 53 SE-VO 3 ff.
Einführung Europ. Niederlassungsfreiheit 1 ff.
Eingliederung Europ. Niederlassungsfreiheit 507 ff.
Einlagenrückgewähr Art. 5 SE-VO 9 f.
Einmann-SE Art. 52 SE-VO 4
Einpersonengründung Art. 3 SE-VO 5
Eintragung Art. 12 SE-VO 2 ff.; **Art. 15 SE-VO** 11; **Art. 16 SE-VO** 1 ff.; **Europ. Niederlassungsfreiheit** 559 ff.
Eintragungsverfahren Art. 12 SE-VO 1 ff.
Emissionsvertrag Art. 5 SE-VO 45
Enkelgesellschaften § 2 SEBG 17
Arbeitnehmerbeteiligung **§ 2 SEBG** 17
Entgeltfortzahlung § 42 SEBG 8 f.
entsandte Mitglieder Art. 46 SE-VO 14
Entsendung Art. 40 SE-VO 35
Entstehung Art. 16 SE-VO 1 ff.
Entstehungsgeschichte Vor Art. 1 SE-VO 1 ff.
Entstrickungskonzept SteuerR 1
Entwicklung Europ. Niederlassungsfreiheit 1 ff.
Entwicklungsstand Europ. Niederlassungsfreiheit 8 ff.

Erfüllungsort Europ. Niederlassungsfreiheit 707 ff.
Ergebnisverwendung Art. 40 SE-VO 22 f.
Aufsichtsorgan **Art. 40 SE-VO** 22 f.
Erleichterungen Art. 59 SE-VO 7 ff.
Ermächtigungsnormen Art. 9 SE-VO 9 ff.
Errichtungsschutz § 44 SEBG 1 ff.
Ersatzmitglieder Art. 40 SE-VO 36 ff.; **Art. 46 SE-VO** 15 ff.
Erwerbstätigkeit Europ. Niederlassungsfreiheit 44
EU-ausländische Gesellschaften Europ. Niederlassungsfreiheit 119 ff.
EU-Auslandsgesellschaft Europ. Niederlassungsfreiheit 671 ff.
EU-Company-Law-Package Europ. Niederlassungsfreiheit 9
EuInsVO Europ. Niederlassungsfreiheit 302 ff., 681 ff.
europafreundliche Auslegung Art. 9 SE-VO 18 f.
Europäische Privatgesellschaft Vor § 1 SEBG 60 f.
Europäische Stiftung Vor § 1 SEBG 62
Europäischer Betriebsrat Europ. Niederlassungsfreiheit 620
Europäischer Wirtschaftsraum Europ. Niederlassungsfreiheit 30 ff.
Niederlassungsfreiheit **Europ. Niederlassungsfreiheit** 30 ff.
Executive Member Art. 47 SE-VO 16
Exekutivausschuss Art. 44 SE-VO 50 ff., 54 ff.
existenzvernichtender Eingriff Art. 5 SE-VO 31
Existenzvernichtungshaftung Europ. Niederlassungsfreiheit 458 ff.

faktischer Konzern Art. 9 Anhang SE-VO 35 ff.; **Europ. Niederlassungsfreiheit** 502 ff.
FE Vor § 1 SEBG 62
fehlerhafter Beschluss Art. 50 SE-VO 55 f.
Finanzinstitut
Jahresabschluss **Art. 62 SE-VO** 3 ff.
Firma Art. 1 SE-VO 2; **Art. 11 SE-VO** 1 ff.; **Europ. Niederlassungsfreiheit** 572 ff.
Bestandsschutz **Art. 11 SE-VO** 1
Rechtsformzusatz **Art. 11 SE-VO** 1
Firmenübernahme Europ. Niederlassungsfreiheit 606 ff.
Firmenwahrheit Art. 1 SE-VO 2; **Art. 2 SE-VO** 6
Firmenzusätze Europ. Niederlassungsfreiheit 581 ff.
formale Satzungsstrenge Art. 6 SE-VO 5

1183

Sachverzeichnis

fette Zahlen = §§

Formkaufmann **Art. 1 SE-VO** 1, 5
Formwechsel **Art. 37 SE-VO** 1 ff.; **Europ. Niederlassungsfreiheit** 374 ff.
AG Art. 66 SE-VO 1 ff.
Frankreich **Art. 38 SE-VO** 21
Frauenquote **Art. 40 SE-VO** 76 ff.; **Vor § 1 SEBG** 40 ff.
Fremdenrecht **Europ. Niederlassungsfreiheit** 199
Funktionstrennung **Art. 39 SE-VO** 45 ff.; **Art. 47 SE-VO** 19
Geheimhaltung **§ 41 SEBG** 1 ff.
Arbeitnehmerbeteiligung **§ 41 SEBG** 1 ff.
Geheimhaltungspflicht **§ 41 SEBG** 5 ff.
Gemeinschaftsunternehmen **Art. 2 SE-VO** 29, 44; **§ 2 SEBG** 15
Arbeitnehmerbeteiligung **§ 2 SEBG** 15
Genehmigtes Kapital **Art. 5 SE-VO** 41
Generalverweisung **Art. 9 SE-VO** 15 ff.
Genussschein **Art. 5 SE-VO** 46
gerichtliche Bestellung **Art. 40 SE-VO** 39 ff.
Gerichtsstand **Europ. Niederlassungsfreiheit** 677 ff., 696 ff.
geringfügig Beschäftigte **§ 2 SEBG** 4
Gesamtbetriebsrat **Europ. Niederlassungsfreiheit** 614
Geschäftsführungsmaßnahme
Hauptversammlung **Art. 52 SE-VO** 20, 22
Geschäftsgeheimnis **§ 41 SEBG** 3 f.
Arbeitnehmerbeteiligung **§ 41 SEBG** 3 f.
Geschäftsleiter **Europ. Niederlassungsfreiheit** 513 ff.
Geschlechterquote **Art. 40 SE-VO** 76 ff.; **Vor § 1 SEBG** 40 ff.
Gesellschafterdarlehen **Europ. Niederlassungsfreiheit** 417 ff.
Gesellschafterverantwortlichkeit **Art. 5 SE-VO** 30 ff.
gesellschaftsrechtliche Streitigkeit **Europ. Niederlassungsfreiheit** 677 ff.
Gesellschaftstypus **Art. 1 SE-VO** 2
Gesetzesumgehung **Europ. Niederlassungsfreiheit** 315 ff.
Gesetzgebungsgeschichte **Vor § 1 SEBG** 31 ff.
Gestaltungsspielräume **Art. 6 SE-VO** 5
gewerblicher Rechtsschutz **Vor Art. 1 SE-VO** 20
Gewerkschaften **Vor § 1 SEBG** 37 f.
Gewerkschaftsvertreter **§ 6 SEBG** 3 ff.
Gewinnabführungsvertrag **Art. 9 Anhang SE-VO** 27 ff.; **Europ. Niederlassungsfreiheit** 490 ff.
gezeichnetes Kapital **Art. 4 SE-VO** 2
Gläubigerschutz **Art. 24 SE-VO** 1 ff; **Art. 8 SE-VO** 4; **Europ. Niederlassungsfreiheit** 385 ff.
Ermächtigung an nationalen Gesetzgeber **Art. 34 SE-VO** 1 ff.

Gleichbehandlung mit AG **Art. 10 SE-VO** 1 ff.
Gleichbehandlungsgebot **Art. 10 SE-VO** 2; **Art. 5 SE-VO** 18; **Art. 6 SE-VO** 10
Holding-Gründung **Art. 5 SE-VO** 15
Sitzverlegung **Art. 5 SE-VO** 18
Gleichlaufgebot **Art. 12 SE-VO** 12 f.
Gleichordnungskonzern **Art. 9 Anhang SE-VO** 45; **Europ. Niederlassungsfreiheit** 510 ff.; **§ 2 SEBG** 15
Arbeitnehmerbeteiligung **§ 2 SEBG** 15
grenzüberschreitende Sitzverlegung **SteuerR** 86 ff.
Besteuerung **SteuerR** 86 ff.
Grenzüberschreitung **Europ. Niederlassungsfreiheit** 47 ff.
Niederlassungsfreiheit **Europ. Niederlassungsfreiheit** 47 ff.
Großbritannien **Art. 38 SE-VO** 20
Größe **Art. 40 SE-VO** 66 ff.
Gründerhaftung **Art. 16 SE-VO** 8, 20
Grundprinzipien **Vor § 1 SEBG** 15
Gründung **Art. 2 SE-VO** 25 ff.; **SteuerR** 10 ff.; **Art. 15 SE-VO** 1 ff.
Besteuerung **SteuerR** 10 ff.
Formwechsel **Art. 37 SE-VO** 1 ff.
Gründerhaftung **Art. 16 SE-VO** 20
Handelndenhaftung **Art. 16 SE-VO** 15 ff.
Gründungsanknüpfung **Europ. Niederlassungsfreiheit** 245 ff., 283 ff.
Gründungsbeteiligung **Art. 3 SE-VO** 1 ff.
Gründungsform **Art. 2 SE-VO** 1 ff., 25 ff.
Gründungsgesellschaft **§ 3 SEBG** 5
Gründungsstaat **Europ. Niederlassungsfreiheit** 54
Gründungsstadium **Art. 16 SE-VO** 1 ff.
Gründungstheorie **Europ. Niederlassungsfreiheit** 70, 211 ff., 234 ff., 248 ff., 309 ff.
Gründungsvoraussetzungen **Art. 2 SE-VO** 24
Günstigkeitsprinzip **Europ. Niederlassungsfreiheit** 334 ff., 343 ff.

Haftung **Art. 51 SE-VO** 1 ff.
Haftungsbeschränkung **Art. 1 SE-VO** 8 f.
Haftungsklage **Europ. Niederlassungsfreiheit** 696 ff.
Handelndenhaftung **Art. 16 SE-VO** 15 ff.
Handelsregister **Art. 12 SE-VO** 1 ff.; **Art. 42 SE-VO** 21
Handelsregistereintragung **Europ. Niederlassungsfreiheit** 559 ff.
Handelsregisterpflicht
Direktoren **Art. 43 SE-VO** 187
Harmonisierung **Europ. Niederlassungsfreiheit** 5
Hauptversammlung **Art. 38 SE-VO** 13 ff.; **Art. 39 SE-VO** 9 f.; **Art. 40 SE-VO** 9,

magere Zahlen = Randnummern

Sachverzeichnis

24; **Art. 52 SE-VO** 1 ff.; **Art. 53 SE-VO** 1 ff.; **Art. 59 SE-VO** 3
Ablauf **Art. 53 SE-VO** 1 ff., 14 ff.
Abstimmung **Art. 53 SE-VO** 21; **Artt. 57, 58 SE-VO** 1 ff.
– Sonderbeschluss **Art. 60 SE-VO** 1 ff.
Aktiengattungen **Art. 60 SE-VO** 3
Aktionäre
– Anmeldung **Art. 53 SE-VO** 13
Anmeldung der Aktionäre **Art. 53 SE-VO** 13
Aufsichtsorgan **Art. 40 SE-VO** 9, 24
Auskunftsrecht **Art. 53 SE-VO** 16
außerordentliche **Art. 52 SE-VO** 2
Begriff **Art. 52 SE-VO** 1
Beschlussfassung **Artt. 57, 58 SE-VO** 1 ff.
Beschlusskontrolle **Art. 53 SE-VO** 22
Dauer **Art. 53 SE-VO** 9
Delegation **Art. 52 SE-VO** 8
Dokumentation **Art. 53 SE-VO** 20
Einberufung **Art. 53 SE-VO** 3 ff.; **Art. 54 SE-VO** 1 ff.
– Aktionärsminderheit **Artt. 55, 56 SE-VO** 1 ff.
– angeordnete **Artt. 55, 56 SE-VO** 16 f.
– Antrag **Artt. 55, 56 SE-VO** 4 ff.
– Einberufungsantrag **Artt. 55, 56 SE-VO** 4 ff.
– Einberufungsberechtigte **Art. 54 SE-VO** 8 f.
– Einberufungsgrund **Art. 54 SE-VO** 10
– Einberufungsmodalitäten **Art. 54 SE-VO** 11
– Einberufungsrecht **Art. 54 SE-VO** 8 ff.
– Einberufungsverfahren **Artt. 55, 56 SE-VO** 12
– Einberufungsverpflichtete **Art. 54 SE-VO** 6
– Ergänzungsantrag **Artt. 55, 56 SE-VO** 18 ff.
– Fristenregelung **Art. 54 SE-VO** 5
– gerichtliche **Artt. 55, 56 SE-VO** 16 f.
– Quorum **Artt. 55, 56 SE-VO** 5 f.
– staatliche **Artt. 55, 56 SE-VO** 13 ff.
– staatliches Einberufungsverfahren **Artt. 55, 56 SE-VO** 13 ff.
– Tagungsfrequenz **Art. 54 SE-VO** 3 f.
– Verfahren **Artt. 55, 56 SE-VO** 12
Einberufungsverlangen **Artt. 55, 56 SE-VO** 1 ff.
Einmann-SE **Art. 52 SE-VO** 4
Ergänzungsantrag **Artt. 55, 56 SE-VO** 18 ff.
Ergänzungsverlangen **Artt. 55, 56 SE-VO** 1 ff., 18 ff.
Erscheinungsformen **Art. 52 SE-VO** 2 ff.
Geschäftsführungsmaßnahme **Art. 52 SE-VO** 20, 22

Jahresabschluss **Art. 52 SE-VO** 19
Kapitalmaßnahme **Art. 52 SE-VO** 17
Kontrolle **Art. 53 SE-VO** 22
Kreditinstitute
– Vorbereitungspflichten **Art. 53 SE-VO** 12
leere Stimmzettel **Artt. 57, 58 SE-VO** 11
Leiter **Art. 45 SE-VO** 16
Leitung **Art. 53 SE-VO** 18 f.
Mitgliedschaftsrecht **Art. 53 SE-VO** 17
Mitteilungspflichten **Art. 53 SE-VO** 11
Mitteilungsrechte **Art. 53 SE-VO** 11
nicht börsennotierte SE **Art. 52 SE-VO** 5
Nichtteilnahme **Artt. 57, 58 SE-VO** 9
Online-Teilnahme **Art. 53 SE-VO** 14
ordentliche **Art. 52 SE-VO** 2
Organ **Art. 52 SE-VO** 6 ff.
Organisation **Art. 53 SE-VO** 3 ff.
Ort **Art. 53 SE-VO** 10
Rechtsmissbrauch **Artt. 55, 56 SE-VO** 21
Rederecht **Art. 53 SE-VO** 15
Selbstorganisation **Art. 53 SE-VO** 24
Sonderbeschluss **Art. 60 SE-VO** 1 ff.
– Aktiengattungen **Art. 60 SE-VO** 3
– gruppenspezifischer **Art. 60 SE-VO** 5
– Mehrheitserfordernisse **Art. 60 SE-VO** 6 f.
Stimmabgabe **Artt. 57, 58 SE-VO** 5
Stimmberechtigung **Artt. 57, 58 SE-VO** 4
Stimmenauszählung **Artt. 57, 58 SE-VO** 1 ff.
Stimmenmehrheit **Artt. 57, 58 SE-VO** 4 ff.
Stimmenthaltung **Artt. 57, 58 SE-VO** 10
Stimmrechtsbeschränkung **Artt. 57, 58 SE-VO** 4
Stimmrechtsverbot **Artt. 57, 58 SE-VO** 4
Tagesordnung **Art. 53 SE-VO** 8
Teilnahmepflicht **Art. 53 SE-VO** 14
Teilnahmerecht **Art. 53 SE-VO** 14
umwandlungsrechtliche Maßnahme **Art. 52 SE-VO** 18
ungültige Stimmzettel **Artt. 57, 58 SE-VO** 11
Versammlungsleitung **Art. 53 SE-VO** 18 f.
Verwaltungsorgan **Art. 43 SE-VO** 94 ff.
Vollversammlung **Art. 52 SE-VO** 3; **Art. 53 SE-VO** 23
Vorbereitungspflichten der Kreditinstitute **Art. 53 SE-VO** 12
Zeit **Art. 53 SE-VO** 9
Zuständigkeit **Art. 52 SE-VO** 10 ff.
Hauptverwaltung Art. 3 SE-VO 7; **Art. 64 SE-VO** 1 ff.; **Art. 7 SE-VO** 1 ff.
Sitz (Auseinanderfallen) **Art. 64 SE-VO** 1 ff.
Herkunftslandprinzip Europ. Niederlassungsfreiheit 286 ff.

Sachverzeichnis

fette Zahlen = §§

Hinausverschmelzung **SteuerR** 15 ff.
Hineinverschmelzung **SteuerR** 34 ff.
historische Entwicklung **Vor § 1 SEBG** 2 ff.
Holding **Art. 2 SE-VO** 29 ff.
Holding-Gründung **Art. 5 SE-VO** 21
 Gleichbehandlungsgebot **Art. 5 SE-VO** 18
Holding-SE **Art. 16 SE-VO** 7; **SteuerR** 43 ff.; **§ 34 SEBG** 19
 Abfindungsangebot **Art. 32 SE-VO** 19
 Anfechtung **Art. 33 SE-VO** 28 f.
 Anteilseinbringung **Art. 33 SE-VO** 1 ff.
 anwendbares Recht **Art. 32 SE-VO** 1 ff.
 Arbeitnehmerbeteiligung **§ 34 SEBG** 19
 Ausgleichsleistung **Art. 32 SE-VO** 12
 Begriff **Art. 32 SE-VO** 1 ff.
 Besteuerung **SteuerR** 43 ff.
 Einbringung der Anteile **Art. 33 SE-VO** 7 ff.
 Einbringungswahlrecht **Art. 33 SE-VO** 3 ff.
 Eintragung **Art. 33 SE-VO** 25 ff., 31 ff.
 Freigabeverfahren **Art. 33 SE-VO** 30
 Gründung **Art. 32 SE-VO** 1 ff.
 – Abfindungsangebot **Art. 32 SE-VO** 19
 – Anfechtung **Art. 33 SE-VO** 28 f.
 – Anteilseinbringung **Art. 33 SE-VO** 1 ff.
 – anwendbares Recht **Art. 32 SE-VO** 1 ff.
 – Ausgleichsleitung **Art. 32 SE-VO** 12
 – Begriff **Art. 32 SE-VO** 1 ff.
 – Einbringung der Anteile **Art. 33 SE-VO** 7 ff.
 – Einbringungswahlrecht **Art. 33 SE-VO** 3 ff.
 – Eintragung **Art. 33 SE-VO** 25 ff., 31 ff.
 – Freigabeverfahren **Art. 33 SE-VO** 30
 – Gründungsbericht **Art. 32 SE-VO** 17 ff.
 – Gründungskontrolle **Art. 33 SE-VO** 25
 – Gründungsplan **Art. 32 SE-VO** 9 ff.
 – Handelsregister **Art. 33 SE-VO** 25 ff.
 – Hauptversammlung **Art. 32 SE-VO** 32 ff.
 – Kapitalaufbringung **Art. 32 SE-VO** 38
 – Kontrolle **Art. 33 SE-VO** 25
 – Konzerneingangsschutz **Art. 32 SE-VO** 5
 – Mindesteinbringungsquote **Art. 33 SE-VO** 16
 – Nachfrist **Art. 33 SE-VO** 19 ff.
 – Negativattest **Art. 33 SE-VO** 27
 – Offenlegung **Art. 32 SE-VO** 24 ff.; **Art. 33 SE-VO** 16 ff.
 – Prüfung **Art. 32 SE-VO** 27 ff.
 – Prüfungsbericht **Art. 32 SE-VO** 29
 – Sachgründung **Art. 32 SE-VO** 1
 – Steuern **Art. 32 SE-VO** 7
 – Stufengründung **Art. 32 SE-VO** 14
 – Umtauschfrist **Art. 33 SE-VO** 4 f.

 – Unbedenklichkeitsverfahren **Art. 33 SE-VO** 30
 – Verfahren **Art. 32 SE-VO** 4, 9 ff.
 – Voraussetzungen **Art. 32 SE-VO** 8, 36 ff.
 – WpÜG **Art. 32 SE-VO** 6
 – Zustimmung **Art. 32 SE-VO** 32 ff.
 – Zustimmungsvorbehalt **Art. 32 SE-VO** 35
 Gründungsbericht **Art. 32 SE-VO** 17 ff.
 Gründungskontrolle **Art. 33 SE-VO** 25
 Gründungsplan **Art. 32 SE-VO** 9 ff.
 Handelsregister **Art. 33 SE-VO** 25 ff.
 Hauptversammlung **Art. 32 SE-VO** 32 ff.
 Kapitalaufbringung **Art. 32 SE-VO** 38
 Kontrolle **Art. 33 SE-VO** 25
 Konzerneingangsschutz **Art. 32 SE-VO** 5
 Mindesteinbringungsquote **Art. 33 SE-VO** 16
 Nachfrist **Art. 33 SE-VO** 19 ff.
 Negativattest **Art. 33 SE-VO** 27
 Offenlegung **Art. 32 SE-VO** 24 ff.; **Art. 33 SE-VO** 16 ff.
 Prüfung **Art. 32 SE-VO** 27 ff.
 Prüfungsbericht **Art. 32 SE-VO** 29
 Sachgründung **Art. 32 SE-VO** 1
 Steuern **Art. 32 SE-VO** 7
 Stufengründung **Art. 32 SE-VO** 14
 Umtauschfrist **Art. 33 SE-VO** 4 f.
 Unbedenklichkeitsverfahren **Art. 33 SE-VO** 30
 Verfahren **Art. 32 SE-VO** 4, 9 ff.
 Voraussetzungen **Art. 32 SE-VO** 8, 36 ff.
 WpÜG **Art. 32 SE-VO** 6
 Zustimmung **Art. 32 SE-VO** 32 ff.
 Zustimmungsvorbehalt **Art. 32 SE-VO** 35

Identitätswahrung **Art. 8 SE-VO** 4
Individualschutz
 Ermächtigung an nationalen Gesetzgeber **Art. 34 SE-VO** 3 ff.
Information **§ 4 SEBG** 4 ff., 12 ff.
Informationsrecht **Art. 41 SE-VO** 1 ff.
Informationsverlangen **Art. 41 SE-VO** 11 ff., 29 ff.
Inhabilität **Europ. Niederlassungsfreiheit** 513 ff.
Inkompatibilität **Art. 39 SE-VO** 46 ff.
Inländerbehandlungsgebot **Europ. Niederlassungsfreiheit** 127 ff.
Inländergleichbehandlung **Europ. Niederlassungsfreiheit** 3
Inlands-SE **Art. 12 SE-VO** 8
innere Ordnung **Art. 44 SE-VO** 1 ff.
Insolvenz **Art. 43 SE-VO** 104; **Art. 63 SE-VO** 1 ff.; **Art. 65 SE-VO** 1 ff.
 Sitzverlegung **Art. 8 SE-VO** 35
Insolvenzantragspflicht **Art. 5 SE-VO** 29; **Europ. Niederlassungsfreiheit** 434 ff.
Insolvenzrecht **Vor Art. 1 SE-VO** 20

magere Zahlen = Randnummern

Sachverzeichnis

Insolvenzverfahren Europ. Niederlassungsfreiheit 681 ff.
Insolvenzverschleppung Art. 5 SE-VO 29; **Europ. Niederlassungsfreiheit** 668
Insolvenzverschleppungshaftung Europ. Niederlassungsfreiheit 434 ff.
Inspire Art Europ. Niederlassungsfreiheit 245 ff.
Interessenkollision Art. 50 SE-VO 36
internationale Zuständigkeit Europ. Niederlassungsfreiheit 677 ff.
internationaler Gerichtsstand Europ. Niederlassungsfreiheit 677 ff.
Internationales Gesellschaftsrecht Europ. Niederlassungsfreiheit 197 ff.
  Alternativanknüpfung **Europ. Niederlassungsfreiheit** 319 ff.
  Anerkennung **Europ. Niederlassungsfreiheit** 234 ff.
  Anknüpfung **Europ. Niederlassungsfreiheit** 200 ff.
  Anknüpfungspunkte **Europ. Niederlassungsfreiheit** 321 ff.
  Brexit **Europ. Niederlassungsfreiheit** 210
  Cartesio **Europ. Niederlassungsfreiheit** 239 ff.
  deutsches **Europ. Niederlassungsfreiheit** 197 ff.
  EuInsVO **Europ. Niederlassungsfreiheit** 302 ff.
  Funktionen **Europ. Niederlassungsfreiheit** 197 ff.
  Gesetzesumgehung **Europ. Niederlassungsfreiheit** 315 ff.
  Gründungsanknüpfung **Europ. Niederlassungsfreiheit** 245 ff., 283 ff.
  Gründungstheorie **Europ. Niederlassungsfreiheit** 211 ff., 234 ff., 248 ff., 309 ff.
  Günstigkeitsprinzip **Europ. Niederlassungsfreiheit** 334 ff., 343 ff.
  Herkunftslandprinzip **Europ. Niederlassungsfreiheit** 286 ff.
  Inspire Art **Europ. Niederlassungsfreiheit** 245 ff.
  Kornhaas/Dithmar **Europ. Niederlassungsfreiheit** 245 ff.
  MoMiG **Europ. Niederlassungsfreiheit** 220 ff.
  ordre public **Europ. Niederlassungsfreiheit** 315 ff.
  Rom II-VO **Europ. Niederlassungsfreiheit** 297 ff.
  Sitztheorie **Europ. Niederlassungsfreiheit** 201 ff., 239 ff.
  Sonderanknüpfung **Europ. Niederlassungsfreiheit** 315 ff.
  Staatsverträge **Europ. Niederlassungsfreiheit** 232 ff.
  supranationale Regelungen **Europ. Niederlassungsfreiheit** 232 ff.
  Überseering **Europ. Niederlassungsfreiheit** 234 ff.
Investition Europ. Niederlassungsfreiheit 741 ff.
Jahresabschluss Art. 40 SE-VO 22 f.; **Art. 61 SE-VO** 1 ff.; **Art. 67 SE-VO** 1 ff.
  Aufsichtsorgan **Art. 40 SE-VO** 22 f.
  Aufstellung **Art. 61 SE-VO** 23 ff.
  Direktoren **Art. 43 SE-VO** 188 ff.
  Feststellung **Art. 61 SE-VO** 23 ff.
  Finanzinstitut **Art. 62 SE-VO** 3 ff.
  Hauptversammlung **Art. 52 SE-VO** 19
  Kreditinstitut **Art. 62 SE-VO** 3 ff.
  Offenlegung **Art. 61 SE-VO** 28 ff.
  Prüfung **Art. 61 SE-VO** 28 ff.
  Versicherungsunternehmen **Art. 62 SE-VO** 6 f.
Kaduzierungsverfahren Art. 5 SE-VO 8
Kapital Art. 4 SE-VO 1 ff.; **Art. 5 SE-VO** 6 ff.
  Kapitaländerung **Art. 5 SE-VO** 34 ff.
  Vorgesellschaft **Art. 5 SE-VO** 7
Kapitaländerung Art. 5 SE-VO 34 ff.
  Beschlussanmeldung **Art. 5 SE-VO** 37
  Bezugsrechte **Art. 5 SE-VO** 40
  Durchführung **Art. 5 SE-VO** 38
  Kapitalschnitt **Art. 5 SE-VO** 42
  Mehrheitserfordernis **Art. 5 SE-VO** 35 f.
Kapitalaufbringung Art. 4 SE-VO 3; **Art. 5 SE-VO** 7 f.; **Europ. Niederlassungsfreiheit** 391 ff.
Kapitalerhaltung Art. 5 SE-VO 1 ff., 9 ff.; **Europ. Niederlassungsfreiheit** 407 ff.
  Aktienoptionsprogramme **Art. 5 SE-VO** 20
  Ausschüttungsbeschränkungen **Art. 5 SE-VO** 9 f.
  Einlagenrückgewähr **Art. 5 SE-VO** 9 f.
  existenzvernichtender Eingriff **Art. 5 SE-VO** 31
  Gesellschafterverantwortlichkeit **Art. 5 SE-VO** 30 ff.
  Kapitalersatz **Art. 5 SE-VO** 33
  Konzern **Art. 5 SE-VO** 25
  materielle Unterkapitalisierung **Art. 5 SE-VO** 32
  Rückerwerb eigener Aktien **Art. 5 SE-VO** 11 ff.
  Verwaltungsverantwortlichkeit **Art. 5 SE-VO** 26 ff.
Kapitalersatz Art. 5 SE-VO 33
Kapitalmarkt Europ. Niederlassungsfreiheit 9
  Niederlassungsfreiheit **Europ. Niederlassungsfreiheit** 9

1187

Sachverzeichnis

fette Zahlen = §§

Kapitalmaßnahmen **Art. 5 SE-VO** 1 ff.
Hauptversammlung **Art. 52 SE-VO** 17
Kapitalschnitt Art. 5 SE-VO 42
Kapitalverkehrsfreiheit Europ. Niederlassungsfreiheit 728 ff.
Anwendungsbereich **Europ. Niederlassungsfreiheit** 733 ff.
– persönlicher **Europ. Niederlassungsfreiheit** 733 ff.
– räumlicher **Europ. Niederlassungsfreiheit** 733 ff.
Außenwirtschaftsrecht **Europ. Niederlassungsfreiheit** 770 ff.
Beschränkungsverbot **Europ. Niederlassungsfreiheit** 755 ff.
Brexit **Europ. Niederlassungsfreiheit** 773
Direktinvestition **Europ. Niederlassungsfreiheit** 741 ff.
Diskriminierungsverbot **Europ. Niederlassungsfreiheit** 755 ff.
Drittstaaten **Europ. Niederlassungsfreiheit** 735 ff.
Investition **Europ. Niederlassungsfreiheit** 741 ff.
Keck **Europ. Niederlassungsfreiheit** 757
Niederlassungsfreiheit **Europ. Niederlassungsfreiheit** 745 ff.
sachlicher **Europ. Niederlassungsfreiheit** 738 ff.
Unternehmensübernahmen **Europ. Niederlassungsfreiheit** 770 ff.
Kapitalziffer Art. 67 SE-VO 1 ff.
Kartellrecht Vor Art. 1 SE-VO 19
Keck **Europ. Niederlassungsfreiheit** 757
Kollisionsrecht Art. 9 Anhang SE-VO 24
Kombination von Typen Art. 2 SE-VO 8 ff.
Konzern Art. 5 SE-VO 25; **Art. 9 Anhang SE-VO** 1 ff.; **Art. 39 SE-VO** 11; **Art. 40 SE-VO** 15 f.
Aufsichtsorgan **Art. 40 SE-VO** 15 f
Konzern im Konzern Europ. Niederlassungsfreiheit 614
Konzernabschluss Art. 61 SE-VO 18 ff.
Aufsichtsorgan **Art. 40 SE-VO** 23
Konzernanstellung Art. 39 SE-VO 41
Konzernaußenhaftung Europ. Niederlassungsfreiheit 724
Konzernbildungskontrolle Art. 2 SE-VO 18 ff.
Konzerneingangsschutz Art. 32 SE-VO 5
Konzernlagebericht Art. 40 SE-VO 23
Aufsichtsorgan **Art. 40 SE-VO** 23
Konzernrecht Vor Art. 1 SE-VO 16; **Art. 9 Anhang SE-VO** 1 ff.; **Europ. Niederlassungsfreiheit** 483 ff.
anwendbares **Art. 9 Anhang SE-VO** 9 ff., 23 ff.

beherrschende SE **Art. 9 Anhang SE-VO** 40 ff.
Beherrschungsvertrag **Art. 9 Anhang SE-VO** 27 ff.
deutsches **Art. 9 Anhang SE-VO** 14 ff.
faktischer Konzern **Art. 9 Anhang SE-VO** 35 ff.
Gewinnabführungsvertrag **Art. 9 Anhang SE-VO** 27 ff.
Gleichordnungskonzern **Art. 9 Anhang SE-VO** 45
Kollisionsrecht **Art. 9 Anhang SE-VO** 24
Unternehmensverträge **Art. 9 Anhang SE-VO** 44
Konzernrechtsneutralität Art. 2 SE-VO 18 ff.
Konzernverschmelzung Art. 31 SE-VO 1 ff.
Kooptationsmodell § 2 SEBG 26
Kornhaas/Dithmar Europ. Niederlassungsfreiheit 245 ff.
Kreditgewährung Art. 39 SE-VO 43
Kreditinstitut
Jahresabschluss **Art. 62 SE-VO** 3 ff.
Kreditinstitute
Vorbereitungspflichten **Art. 53 SE-VO** 12
Kündigungsschutz § 42 SEBG 6

Leiharbeitnehmer § 2 SEBG 5 ff.
Leitender Angestellter § 2 SEBG 9
Leitung § 2 SEBG 19
Leitungsorgan Art. 39 SE-VO 1 ff.; **Art. 40 SE-VO** 10, 21; **Art. 41 SE-VO** 1 ff.
Abberufung **Art. 39 SE-VO** 34 ff.
Amtsniederlegung **Art. 39 SE-VO** 38
Anstellung **Art. 39 SE-VO** 14 ff., 41 f.
Aufsichtsorgan **Art. 40 SE-VO** 21; **Art. 41 SE-VO** 6 ff.
Aufsichtsrat **Art. 39 SE-VO** 12 f., 49 ff.
Beendigung **Art. 39 SE-VO** 34 ff.
Berichtspflicht **Art. 40 SE-VO** 17; **Art. 41 SE-VO** 6 ff., 18 f.
Bestellung **Art. 39 SE-VO** 14 ff.; **Art. 46 SE-VO** 4 ff.
Eignungsvoraussetzung **Art. 47 SE-VO** 5 ff.
Funktionstrennung **Art. 39 SE-VO** 45 ff.
Haftung **Art. 51 SE-VO** 1 ff.
Hauptversammlung **Art. 39 SE-VO** 9 f.
Inkompatibilität **Art. 39 SE-VO** 46 ff.
Konzern **Art. 39 SE-VO** 11
Konzernanstellung **Art. 39 SE-VO** 41
Kreditgewährung **Art. 39 SE-VO** 43
Mitgliedstaat **Art. 47 SE-VO** 1 ff.
Unvereinbarkeit **Art. 39 SE-VO** 46 ff.
Vorsitzender **Art. 39 SE-VO** 30 ff.
Wettbewerbsverbot **Art. 39 SE-VO** 44

magere Zahlen = Randnummern

Sachverzeichnis

Widerruf der Bestellung **Art. 39 SE-VO** 34 ff.
Wiederwahl **Art. 46 SE-VO** 7 f.
Leitungsorgan und Besonderes Verhandlungsgremium § 13 SEBG 2
Leitungssystem Art. 38 SE-VO 35 ff.
lex attractiva concursus Europ. Niederlassungsfreiheit 681 ff.
Liquidation Art. 63 SE-VO 3 ff.; **Art. 65 SE-VO** 1 ff.
Lückenfüllung Art. 9 SE-VO 12 ff.

Mängel Art. 6 SE-VO 12
Mantelverwendung Europ. Niederlassungsfreiheit 405 f.
Marktzugang Europ. Niederlassungsfreiheit 141 ff.
Massesicherungspflicht Europ. Niederlassungsfreiheit 451 ff.
materielle Unterkapitalisierung Art. 5 SE-VO 32; **Europ.** Niederlassungsfreiheit 466 ff.
Mehrheit Art. 59 SE-VO 3 ff.
Mehrheitsentscheidung Art. 50 SE-VO 9 ff.
Mehrstaatlichkeit Art. 2 SE-VO 5 f.
memorandum of association Art. 6 SE-VO 1
Merkmale Art. 1 SE-VO 1 ff.
MgVG Vor § 1 SEBG 53 ff.
Minderheitsschutz Art. 24 SE-VO 6 f.
  Ermächtigung an nationalen Gesetzgeber **Art. 34 SE-VO** 1 ff.
Minderheitsaktionäre Art. 17 SE-VO 6
Minderung von Mitbestimmungsrechten § 15 SEBG 6 ff.
Mindestinhalt Art. 6 SE-VO 3
Mindestkapital Art. 4 SE-VO 3
Missbrauch Europ. Niederlassungsfreiheit 184 ff.
Missbrauchsverbot § 43 SEBG 1 ff.
Mitarbeiterbeteiligung Art. 12 SE-VO 6 ff.
Mitbestimmung Vor Art. 1 SE-VO 13; **Art. 9 SE-VO** 5; **Art. 12 SE-VO** 6 ff.; **Art. 38 SE-VO** 16 f.; **Art. 40 SE-VO** 5; **Art. 50 SE-VO** 24, 47 ff.; **§ 2 SEBG** 26; **Europ.** Niederlassungsfreiheit 609 ff.
  siehe auch: SE, Arbeitnehmerbeteiligung betriebliche
  – betriebliche **Europ.** Niederlassungsfreiheit 609 ff.
  Flucht aus der – **Art. 2 SE-VO** 2, 6 unternehmerische
  – unternehmerische **Europ.** Niederlassungsfreiheit 624 ff.
Mitbestimmung kraft Gesetzes § 34 SEBG 1 ff.

Mitbestimmungsrechte
  Minderung **§ 15 SEBG** 6 ff.
Mitgliedschaft Art. 47 SE-VO 11 ff.
Mitgliedstaat Art. 47 SE-VO 1 ff., 5 ff.
Mitteilungspflichten Art. 53 SE-VO 11
Mitteilungsrechte Art. 53 SE-VO 11
Mittelstand Vor Art. 1 SE-VO 18
MoMiG Europ. Niederlassungsfreiheit 220 ff.
monistische Unternehmensverfassung Art. 43 SE-VO 1 ff.

Nachgründung Art. 23 SE-VO 8
Nachtragsabwicklung Art. 63 SE-VO 1 ff.; **Art. 65 SE-VO** 1 ff.
nationale Grundlagen Vor § 1 SEBG 31 ff.
nationales Recht Art. 1 SE-VO 4; **§ 47 SEBG** 1 ff
  Arbeitnehmerbeteiligung **§ 47 SEBG** 1 ff
Neugründung Art. 3 SE-VO 8
Niederlassungsfreiheit Europ. Niederlassungsfreiheit 745 ff.
Niederlassung Europ. Niederlassungsfreiheit 721 ff.
Niederlassung (Begriff) Europ. Niederlassungsfreiheit 43 ff.
Niederlassungsfreiheit Art. 7 SE-VO 3; **Art. 8 SE-VO** 5
  acte-clair-Doktrin **Europ.** Niederlassungsfreiheit 126
  Agentur **Europ.** Niederlassungsfreiheit 51
  Allgemeininteresse **Europ.** Niederlassungsfreiheit 180 ff.
  Anpassungspflicht **Europ.** Niederlassungsfreiheit 126
  Ansässigkeitserfordernis **Europ.** Niederlassungsfreiheit 56
  Anwendungsbereich
  – persönlicher **Europ.** Niederlassungsfreiheit 33 ff.
  – räumlicher **Europ.** Niederlassungsfreiheit 14 ff.
  – sachlicher **Europ.** Niederlassungsfreiheit 43 ff.
  Anwendungsvorrang **Europ.** Niederlassungsfreiheit 126
  Äquivalenzgrundsatz **Europ.** Niederlassungsfreiheit 126
  Arbeitnehmermitbestimmung **Europ.** Niederlassungsfreiheit 609 ff.
  ausländische Gesellschaften **Europ.** Niederlassungsfreiheit 119 ff.
  Auslandsgesellschaft **Europ.** Niederlassungsfreiheit 671 ff.
  Auswanderung **Europ.** Niederlassungsfreiheit 49
  Bankrott **Europ.** Niederlassungsfreiheit 670

1189

Sachverzeichnis

fette Zahlen = §§

Beherrschungsvertrag **Europ. Niederlassungsfreiheit** 490 ff.
Beschränkungen **Europ. Niederlassungsfreiheit** 124 ff.
– Rechtfertigung **Europ. Niederlassungsfreiheit** 277 ff.
– Rechtfertigungen **Europ. Niederlassungsfreiheit** 171 ff.
Beschränkungsverbot **Europ. Niederlassungsfreiheit** 124 ff.
Beteiligungsfähigkeit **Europ. Niederlassungsfreiheit** 119 ff.
betriebliche Mitbestimmung **Europ. Niederlassungsfreiheit** 609 ff.
Betriebsrat **Europ. Niederlassungsfreiheit** 620
Betrug **Europ. Niederlassungsfreiheit** 184 ff.
Brexit **Europ. Niederlassungsfreiheit** 15 ff., 680
Brüssel Ia-VO **Europ. Niederlassungsfreiheit** 681 ff.
Buchführung **Europ. Niederlassungsfreiheit** 535 ff.
Buchführungspflichten **Europ. Niederlassungsfreiheit** 670
Cartesio **Europ. Niederlassungsfreiheit** 38
Deliktsrecht **Europ. Niederlassungsfreiheit** 658 ff.
Diskriminierungen **Europ. Niederlassungsfreiheit** 127 ff.
– offene **Europ. Niederlassungsfreiheit** 130 ff.
– Rechtfertigung **Europ. Niederlassungsfreiheit** 171 f., 277 ff.
– versteckte **Europ. Niederlassungsfreiheit** 134 f.
Diskriminierungsverbot **Europ. Niederlassungsfreiheit** 124 ff.
Drittstaatsbezug **Europ. Niederlassungsfreiheit** 59
Durchgriffshaftung **Europ. Niederlassungsfreiheit** 458 ff.
Effektivitätsgrundsatz **Europ. Niederlassungsfreiheit** 126
Eigenkapitalersatzrecht **Europ. Niederlassungsfreiheit** 417 ff.
Einführung **Europ. Niederlassungsfreiheit** 1 ff.
Eingliederung **Europ. Niederlassungsfreiheit** 507 ff.
Eintragung **Europ. Niederlassungsfreiheit** 559 ff.
Entwicklung **Europ. Niederlassungsfreiheit** 1 ff.
Entwicklungsstand **Europ. Niederlassungsfreiheit** 8 ff.

Erfüllungsort **Europ. Niederlassungsfreiheit** 707 ff.
Erwerbstätigkeit **Europ. Niederlassungsfreiheit** 44
EU-ausländische Gesellschaften **Europ. Niederlassungsfreiheit** 119 ff.
EU-Auslandsgesellschaft **Europ. Niederlassungsfreiheit** 671 ff.
EU-Company-Law-Package **Europ. Niederlassungsfreiheit** 9
EuInsVO **Europ. Niederlassungsfreiheit** 681 ff.
Europäischer Betriebsrat **Europ. Niederlassungsfreiheit** 620
Europäischer Wirtschaftsraum **Europ. Niederlassungsfreiheit** 30 ff.
Existenzvernichtungshaftung **Europ. Niederlassungsfreiheit** 458 ff.
faktischer Konzern **Europ. Niederlassungsfreiheit** 502 ff.
Firma **Europ. Niederlassungsfreiheit** 572 ff.
Firmenübernahme **Europ. Niederlassungsfreiheit** 606 ff.
Firmenzusätze **Europ. Niederlassungsfreiheit** 581 ff.
Formwechsel **Europ. Niederlassungsfreiheit** 374 ff.
Gerichtsstand **Europ. Niederlassungsfreiheit** 677 ff., 696 ff.
Gesamtbetriebsrat **Europ. Niederlassungsfreiheit** 614
Geschäftsleiter **Europ. Niederlassungsfreiheit** 513 ff.
Gesellschafterdarlehen **Europ. Niederlassungsfreiheit** 417 ff.
gesellschaftsrechtliche Streitigkeit **Europ. Niederlassungsfreiheit** 677 ff.
Gewinnabführungsvertrag **Europ. Niederlassungsfreiheit** 490 ff.
Gläubigerschutz **Europ. Niederlassungsfreiheit** 385 ff.
Gleichordnungskonzern **Europ. Niederlassungsfreiheit** 510 ff.
Grenzüberschreitung **Europ. Niederlassungsfreiheit** 47 ff.
Gründungsstaat **Europ. Niederlassungsfreiheit** 54
Gründungstheorie **Europ. Niederlassungsfreiheit** 70
Haftungsklage **Europ. Niederlassungsfreiheit** 696 ff.
Handelsregistereintragung **Europ. Niederlassungsfreiheit** 559 ff.
Harmonisierung **Europ. Niederlassungsfreiheit** 5
Inhabilität **Europ. Niederlassungsfreiheit** 513 ff.

magere Zahlen = Randnummern **Sachverzeichnis**

Inländerbehandlungsgebot **Europ. Niederlassungsfreiheit** 127 ff.
Inländergleichbehandlung **Europ. Niederlassungsfreiheit** 3
Insolvenzantragspflicht **Europ. Niederlassungsfreiheit** 434 ff.
Insolvenzverfahren **Europ. Niederlassungsfreiheit** 681 ff.
Insolvenzverschleppung **Europ. Niederlassungsfreiheit** 668
Insolvenzverschleppungshaftung **Europ. Niederlassungsfreiheit** 434 ff.
internationale Zuständigkeit **Europ. Niederlassungsfreiheit** 677 ff.
internationaler Gerichtsstand **Europ. Niederlassungsfreiheit** 677 ff.
Kapitalaufbringung **Europ. Niederlassungsfreiheit** 391 ff.
Kapitalerhaltung **Europ. Niederlassungsfreiheit** 407 ff.
Kapitalmarkt **Europ. Niederlassungsfreiheit** 9
Konzern im Konzern **Europ. Niederlassungsfreiheit** 614
Konzernaußenhaftung **Europ. Niederlassungsfreiheit** 724
Konzernrecht **Europ. Niederlassungsfreiheit** 483 ff.
lex attractiva concursus **Europ. Niederlassungsfreiheit** 681 ff.
Mantelverwendung **Europ. Niederlassungsfreiheit** 405 f.
Marktzugang **Europ. Niederlassungsfreiheit** 141 ff.
Massesicherungspflicht **Europ. Niederlassungsfreiheit** 451 ff.
materielle Unterkapitalisierung **Europ. Niederlassungsfreiheit** 466 ff.
Mißbrauch **Europ. Niederlassungsfreiheit** 184 ff.
Mitbestimmung **Europ. Niederlassungsfreiheit** 609 ff.
– betriebliche **Europ. Niederlassungsfreiheit** 609 ff.
– unternehmerische **Europ. Niederlassungsfreiheit** 624 ff.
Niederlassung **Europ. Niederlassungsfreiheit** 721 ff.
Niederlassung (Begriff) **Europ. Niederlassungsfreiheit** 43 ff.
primäre **Europ. Niederlassungsfreiheit** 50 ff., 61
Prorogation **Europ. Niederlassungsfreiheit** 690
Publizität **Europ. Niederlassungsfreiheit** 538 ff.
Rechnungslegung **Europ. Niederlassungsfreiheit** 525 ff.

Rechtsformzusatz **Europ. Niederlassungsfreiheit** 601 ff.
Rechtsscheinshaftung **Europ. Niederlassungsfreiheit** 515
Registereintragung **Europ. Niederlassungsfreiheit** 559 ff.
Rückwanderung **Europ. Niederlassungsfreiheit** 49
rügelose Einlassung **Europ. Niederlassungsfreiheit** 690
Scheinauslandsgesellschaft **Europ. Niederlassungsfreiheit** 36, 48, 58
Scheininlandsgesellschaft **Europ. Niederlassungsfreiheit** 35
Schutzmethode **Europ. Niederlassungsfreiheit** 184 ff.
Schutzniveau **Europ. Niederlassungsfreiheit** 184 ff.
Schweiz **Europ. Niederlassungsfreiheit** 31
sekundäre **Europ. Niederlassungsfreiheit** 50 ff.
Sitztheorie **Europ. Niederlassungsfreiheit** 70
Sitzverlegung **Europ. Niederlassungsfreiheit** 61 ff., 349 ff.
– Cartesio **Europ. Niederlassungsfreiheit** 38
– statuswahrende **Europ. Niederlassungsfreiheit** 38
Spaltung **Europ. Niederlassungsfreiheit** 359 ff.
Staatsangehörigkeit **Europ. Niederlassungsfreiheit** 43 ff.
Staatshaftung **Europ. Niederlassungsfreiheit** 126
statuswahrende Sitzverlegung **Europ. Niederlassungsfreiheit** 38
Strafrecht **Europ. Niederlassungsfreiheit** 664 ff.
Streitgenossenschaft **Europ. Niederlassungsfreiheit** 726 f.
Streitigkeit **Europ. Niederlassungsfreiheit** 677 ff.
Tätigkeitsausübung **Europ. Niederlassungsfreiheit** 146
Tochtergesellschaft **Europ. Niederlassungsfreiheit** 52
Umwandlung **Europ. Niederlassungsfreiheit** 61 ff., 80 ff., 359 ff.
Unterkapitalisierung **Europ. Niederlassungsfreiheit** 466 ff.
Unternehmensmitbestimmung **Europ. Niederlassungsfreiheit** 624 ff.
Unternehmensvertrag **Europ. Niederlassungsfreiheit** 501
unternehmerische Mitbestimmung **Europ. Niederlassungsfreiheit** 624 ff.

Sachverzeichnis

fette Zahlen = §§

Unterordnungskonzern **Europ. Niederlassungsfreiheit** 485 ff.
Vermögensvermischung **Europ. Niederlassungsfreiheit** 466 ff.
Verschmelzung **Europ. Niederlassungsfreiheit** 359 ff.
Vertragskonzern **Europ. Niederlassungsfreiheit** 490 ff.
Vertragsrecht **Europ. Niederlassungsfreiheit** 658 ff.
Vorabentscheidungsverfahren **Europ. Niederlassungsfreiheit** 126
Vorratsgründung **Europ. Niederlassungsfreiheit** 405 f.
Warenverkehrsfreiheit **Europ. Niederlassungsfreiheit** 147
Wegzug **Europ. Niederlassungsfreiheit** 349 ff.
Wirtschaftsausschuss **Europ. Niederlassungsfreiheit** 614
Zahlungsunfähigkeit **Europ. Niederlassungsfreiheit** 451 ff.
Zuständigkeit **Europ. Niederlassungsfreiheit** 677 ff.
Zuzug **Europ. Niederlassungsfreiheit** 354 ff.
Zweigniederlassung **Europ. Niederlassungsfreiheit** 51 ff.
Zweigniederlassungshinweis **Europ. Niederlassungsfreiheit** 596 ff.
Niederschrift § 17 SEBG 1 ff.
Non-Executive Member Art. 47 SE-VO 16

Offenlegung Art. 13, 14 SE-VO 1 ff.; **Art. 15 SE-VO** 11
One-Tier-System Art. 38 SE-VO 4 ff.
Online-Teilnahme Art. 53 SE-VO 14
ordre public Europ. Niederlassungsfreiheit 315 ff.
Organ § 2 SEBG 19
Organe Art. 38 SE-VO 1 ff.
  Abberufung **Art. 46 SE-VO** 13
  Aufsichtsorgan
  – Abberufung **Art. 46 SE-VO** 13
  – Bestellung **Art. 46 SE-VO** 9 ff.
  – entsandte Mitglieder **Art. 46 SE-VO** 14
  – Ersatzmitglieder **Art. 46 SE-VO** 15 ff.
  – Wiederwahl **Art. 46 SE-VO** 12
  Beschluss
  – Arbeitsdirektor **Art. 50 SE-VO** 32
  – fehlerhafter **Art. 50 SE-VO** 55 f.
  – Interessenkollision **Art. 50 SE-VO** 36
  – Patt-Situation **Art. 50 SE-VO** 28
  – Vetorecht **Art. 50 SE-VO** 30
  Beschlussfähigkeit **Art. 50 SE-VO** 5 ff.
  Beschlussfassung **Art. 50 SE-VO** 1 ff.
  Beschlussfassung ohne Sitzung **Art. 50 SE-VO** 51 ff.
  Beschlussmehrheit **Art. 50 SE-VO** 9 ff.
  Bestellung **Art. 46 SE-VO** 1 ff., 9 ff.; **Art. 47 SE-VO** 1 ff., 5 ff.
  – Aufsichtsorgan **Art. 46 SE-VO** 9 ff.
  – Leitungsorgan **Art. 46 SE-VO** 4 ff.
  – Verwaltungsorgan **Art. 46 SE-VO** 9 ff.
  entsandte Mitglieder **Art. 46 SE-VO** 14
  Ersatzmitglieder **Art. 46 SE-VO** 15 ff.
  fehlerhafter Beschluss **Art. 50 SE-VO** 55 f.
  Haftung **Art. 51 SE-VO** 1 ff.
  innere Ordnung **Art. 44 SE-VO** 1 ff.
  Interessenkollision **Art. 50 SE-VO** 36
  Leitungsorgan
  – Bestellung **Art. 46 SE-VO** 4 ff.
  – Wiederwahl **Art. 46 SE-VO** 7 f.
  Mehrheitsentscheidung **Art. 50 SE-VO** 9 ff.
  Mitgliedstaat **Art. 47 SE-VO** 5 ff.
  Schweigepflicht **Art. 49 SE-VO** 1 ff.
  Sorgfaltspflicht **Art. 51 SE-VO** 12 ff.
  Stimmrecht **Art. 50 SE-VO** 35 ff.
  Stimmverbote **Art. 50 SE-VO** 36 ff.
  Umlaufverfahren **Art. 50 SE-VO** 51 ff.
  Verschwiegenheitspflicht **Art. 49 SE-VO** 1 ff.
  Vertraulichkeit **Art. 49 SE-VO** 1 ff.
  Verwaltungsorgan
  – Abberufung **Art. 46 SE-VO** 13
  – Bestellung **Art. 46 SE-VO** 9 ff.
  – entsandte Mitglieder **Art. 46 SE-VO** 14
  – Ersatzmitglieder **Art. 46 SE-VO** 15 ff.
  – Wiederwahl **Art. 46 SE-VO** 12
  Voraussetzungen **Art. 47 SE-VO** 1 ff.
  Wiederwahl **Art. 46 SE-VO** 12
Organhaftung Art. 51 SE-VO 1 ff.
Organisation Art. 38 SE-VO 1 ff.; **Art. 53 SE-VO** 3 ff.
Organschaft SteuerR 103
Ort Art. 53 SE-VO 10
Österreich Die SE in Österreich 1 ff.
  Arbeitnehmerbeteiligung **Die SE in Österreich** 62 ff.
  Dualistisches System **Die SE in Österreich** 59 ff.
  Finanzverfassung **Die SE in Österreich** 22 ff.
  Gründung **Die SE in Österreich** 12 ff.
  Holding-SE **Die SE in Österreich** 17
  Monistisches System **Die SE in Österreich** 30 ff.
  Organistaionsverfassung **Die SE in Österreich** 27 ff.
  Sitzverlegung **Die SE in Österreich** 20
  Tochter-SE **Die SE in Österreich** 18
  Umgründung **Die SE in Österreich** 12 ff.
  Umwandlung **Die SE in Österreich** 21
  Verschmelzung **Die SE in Österreich** 15 ff.

magere Zahlen = Randnummern

paritätische Mitbestimmung § 35 SEBG 14 ff.
Arbeitnehmerbeteiligung § 35 SEBG 14 ff.
Personalausschuss Art. 44 SE-VO 50 ff., 65 ff.
Personalkompetenz Art. 40 SE-VO 20
persönliche Voraussetzungen Art. 40 SE-VO 62
Phantom Stock Art. 5 SE-VO 46
praktische Bedeutung der SE Vor Art. 1 SE-VO 12 ff.
Primärgründung § 3 SEBG 2
Prorogation Europ. Niederlassungsfreiheit 690
Prozessrecht Vor Art. 1 SE-VO 20
Prüfungsauftrag Art. 43 SE-VO 103
Prüfungsausschuss Art. 44 SE-VO 50 ff., 73 ff.
Prüfungsrecht Art. 41 SE-VO 20 ff.
Publizität Art. 59 SE-VO 10; Europ. Niederlassungsfreiheit 538 ff.

Rechnungslegung Vor Art. 1 SE-VO 28; Europ. Niederlassungsfreiheit 525 ff.
Rechtsfähigkeit Art. 1 SE-VO 1, 6
Rechtsformfiktion Art. 3 SE-VO 1
Rechtsformzusatz Art. 11 SE-VO 1; Europ. Niederlassungsfreiheit 601 ff.
Rechtsgrundlage Vor § 1 SEBG 14
Rechtspersönlichkeit Art. 16 SE-VO 1 ff.
Rechtsquellen Art. 9 SE-VO 20 ff.
Rechtsscheinshaftung Europ. Niederlassungsfreiheit 515
Rechtsschutz Vor § 1 SEBG 43
Rechtstatsachen Vor § 1 SEBG 44
Rechtswahl Vor § 1 SEBG 45
Reformbedarf Vor § 1 SEBG 49 ff.
Reformbestrebungen Vor § 1 SEBG 49 ff.
Regelungslücke Art. 9 SE-VO 10 ff.
Registereintragung Europ. Niederlassungsfreiheit 559 ff.
Registergericht Art. 12 SE-VO 7
Repräsentation § 15 SEBG 2
Repräsentationsmodell § 2 SEBG 26
Reservebildung Art. 5 SE-VO 24
Rom II-VO Europ. Niederlassungsfreiheit 297 ff.
Rückerwerb Art. 5 SE-VO 11 ff.
Rückerwerb eigener Aktien Art. 5 SE-VO 11 ff.
Rückwanderung Europ. Niederlassungsfreiheit 49
rügelose Einlassung Europ. Niederlassungsfreiheit 690

Satzung Art. 6 SE-VO 1 ff.
Auslegung Art. 6 SE-VO 3; Art. 9 SE-VO 25
formale Satzungsstrenge Art. 6 SE-VO 5
Gestaltungsspielräume Art. 6 SE-VO 5

Sachverzeichnis

Gleichbehandlungsgebot Art. 6 SE-VO 10
Mängel Art. 6 SE-VO 12
Mindestinhalt Art. 6 SE-VO 3
Satzungsstrenge Art. 6 SE-VO 5
Satzungsänderung Art. 40 SE-VO 25; Art. 59 SE-VO 1 ff.
Aufsichtsorgan Art. 40 SE-VO 25
Erleichterungen Art. 59 SE-VO 7 ff.
Hauptversammlung Art. 59 SE-VO 3
Mehrheit Art. 59 SE-VO 3 ff.
Publizität Art. 59 SE-VO 10
Stimmenmehrheit Art. 59 SE-VO 3 ff.
Zwei-Drittel-Mehrheit Art. 59 SE-VO 3 ff.
Satzungsautonomie Art. 9 SE-VO 25
Satzungsmängel Art. 6 SE-VO 12
Satzungspublizität Art. 59 SE-VO 10
Satzungssitz Art. 3 SE-VO 7
Satzungsstrenge Art. 6 SE-VO 5; Art. 9 SE-VO 25
SCEBG Vor § 1 SEBG 52
Scheinauslandsgesellschaft Europ. Niederlassungsfreiheit 36, 48, 58
Niederlassungsfreiheit Europ. Niederlassungsfreiheit 36, 48
Scheininlandsgesellschaft Europ. Niederlassungsfreiheit 35
Niederlassungsfreiheit Europ. Niederlassungsfreiheit 35
Schuldübernahme Art. 16 SE-VO 21
Schuldverschreibung Art. 5 SE-VO 43 ff.
Schutzmethode Europ. Niederlassungsfreiheit 184 ff.
Schutzniveau Europ. Niederlassungsfreiheit 184 ff.
Schweigepflicht Art. 49 SE-VO 1 ff.
Schweiz Art. 38 SE-VO 21; Europ. Niederlassungsfreiheit 31
Schwellenwerte § 34 SEBG 14 ff., 17 ff.
Schwester-SE Art. 3 SE-VO 9
SE
Abfindungsangebot Art. 32 SE-VO 19
Abschlussprüfer Art. 43 SE-VO 103
Abspaltung Art. 3 SE-VO 9
Abwicklung Art. 65 SE-VO 1 ff.
ADR Art. 5 SE-VO 46
AG Art. 10 SE-VO 1 ff.
Aktie Art. 5 SE-VO 43 ff.
– Teilbarkeit Art. 5 SE-VO 44
– Übertragbarkeit Art. 5 SE-VO 44
– Verbriefung Art. 5 SE-VO 44
– Vinkulierung Art. 5 SE-VO 44
Aktienoptionsprogramme Art. 5 SE-VO 20
Aktienrecht Art. 10 SE-VO 1 ff.
aktienrechtliches Statusverfahren Art. 16 SE-VO 14
Aktionärsklage Art. 51 SE-VO 41

1193

Sachverzeichnis

fette Zahlen = §§

Aktionärsschutz
- Ermächtigung an nationalen Gesetzgeber **Art. 34 SE-VO** 1 ff.
Amtsauflösung **Art. 12 SE-VO** 6
Analogie **Art. 9 SE-VO** 12 ff.
Anmeldung **Art. 11 SE-VO** 1 ff.
anwendbares Recht **Art. 9 SE-VO** 1 ff.
Arbeitnehmerbeteiligung **Art. 1 SE-VO** 10; **Art. 12 SE-VO** 6 ff.; **Vor § 1 SEBG** 1 ff.
- Anhörung **§ 2 SEBG** 25
- Arbeitnehmer **§ 2 SEBG** 2 ff.
- arbeitnehmerähnliche Personen **§ 2 SEBG** 8
- arbeitnehmerlose SE **§ 3 SEBG** 5 ff
- Arbeitnehmervertreter **§ 36 SEBG** 1 ff.
- – Abberufung **§ 37 SEBG** 1 ff.
- – Anfechtung **§ 37 SEBG** 6 ff.
- – Begünstigungsverbot **§ 44 SEBG** 6
- – Benachteiligungsverbot **§ 44 SEBG** 6
- – Entgeltfortzahlung **§ 42 SEBG** 8 f.
- – Errichtungsschutz **§ 44 SEBG** 4
- – Kündigungsschutz **§ 42 SEBG** 6
- – Nichtigkeit **§ 37 SEBG** 10 ff.
- – Pflichten **§ 38 SEBG** 1 ff.
- – Rechte **§ 38 SEBG** 1 ff.
- – Rechtsstellung **§ 38 SEBG** 1 ff.
- – Schutz **§ 42 SEBG** 1 ff.
- – Sitzungsteilnahme **§ 42 SEBG** 7
- – Tätigkeitsschutz **§ 44 SEBG** 5
- – Wahl **§ 37 SEBG** 10 ff.
- Arbeitnehmervertretung **§ 2 SEBG** 20
- Arbeitsdirektor **§ 38 SEBG** 3
- Aufsichtsorgan **§ 35 SEBG** 3 ff.
- – Arbeitnehmervertreter **§ 36 SEBG** 1 ff.
- – Sitzverteilung **§ 36 SEBG** 1 ff.
- Auszubildende **§ 2 SEBG** 4
- Bedrohung **§ 44 SEBG** 1 ff.
- Beeinflussung **§ 44 SEBG** 1 ff.
- Begriffsbestimmungen **§ 2 SEBG** 1 ff.
- Begünstigungsverbot **§ 44 SEBG** 6
- Behinderung **§ 44 SEBG** 1 ff.
- Benachteiligungsverbot **§ 44 SEBG** 6
- besonderes Verhandlungsgremium
- – Auskunft **§ 13 SEBG** 4 f.
- – Begünstigungsverbot **§ 44 SEBG** 6
- – Benachteiligungsverbot **§ 44 SEBG** 6
- – Beschlussfassung **§ 15 SEBG** 1 ff.
- – Bildung **§ 4 SEBG** 1 ff.; **§ 11 SEBG** 1 ff.
- – Dolmetscher **§ 19 SEBG** 3
- – Errichtungsschutz **§ 44 SEBG** 4
- – Externe **§ 14 SEBG** 2 ff.
- – Geschäftsordnung **§ 12 SEBG** 5
- – Gewerkschaften **§ 14 SEBG** 2 ff.
- – Gewerkschaftsvertreter **§ 6 SEBG** 3 ff.; **§ 8 SEBG** 4 ff.
- – konstituierende Sitzung **§ 12 SEBG** 2 ff.

- – Kosten **§ 19 SEBG** 1 ff.
- – Leitungsorgan **§ 13 SEBG** 2
- – Mitglieder **§ 6 SEBG** 1 ff.; **§ 8 SEBG** 1 ff.; **§ 10 SEBG** 1 ff.
- – Neubesetzung **§ 5 SEBG** 1 ff.
- – Neuverhandlungen **§ 18 SEBG** 1 ff.
- – Niederschrift **§ 17 SEBG** 1 ff.
- – Räume **§ 19 SEBG** 3
- – Repräsentation **§ 15 SEBG** 2
- – Sachaufwand **§ 19 SEBG** 1 ff.
- – Sachverständige **§ 14 SEBG** 2 ff.; **§ 19 SEBG** 4
- – Sitzung **§ 12 SEBG** 2 ff.
- – Sitzverteilung **§ 7 SEBG** 1 ff.
- – Sparsamkeit **§ 19 SEBG** 2
- – Streitigkeiten **§ 4 SEBG** 28; **§ 8 SEBG** 17 ff.
- – Tätigkeitsschutz **§ 44 SEBG** 5
- – Verhandlungen (Abbruch) **§ 16 SEBG** 2 ff.; **§ 18 SEBG** 2 ff.
- – Verhandlungen (Dauer) **§ 20 SEBG** 1 ff.
- – Verhandlungen (Nichtaufnahme) **§ 16 SEBG** 2 ff.; **§ 18 SEBG** 2 ff.
- – Verhandlungen (Wiederaufnahme) **§ 18 SEBG** 1 ff.
- – Verhandlungsverfahren **§ 11 SEBG** 1 ff.
- – Verschmelzung **§ 5 SEBG** 4
- – vertrauensvolle Zusammenarbeit **§ 13 SEBG** 3
- – Vorsitz **§ 12 SEBG** 5
- – Wahl **§ 8 SEBG** 1 ff.; **§ 10 SEBG** 1 ff.; **§ 11 SEBG** 1 ff.
- – Wahlgremium **§ 8 SEBG** 1 ff.; **§ 9 SEBG** 1 ff.
- – Wahlgrundsätze **§ 10 SEBG** 1
- – Wahlvorschriften **§ 10 SEBG** 2 ff.
- – Willensbildung **§ 15 SEBG** 1 ff.
- – Zusammenarbeit **§ 13 SEBG** 1 ff.
- – Zusammensetzung **§ 5 SEBG** 1 ff.; **§ 8 SEBG** 1 ff.
- beteiligte Gesellschaften **§ 2 SEBG** 10 f.
- Beteiligung der Arbeitnehmer **§ 2 SEBG** 22
- Beteiligungsrechte **§ 2 SEBG** 23
- Beteiligungsvereinbarung **§ 4 SEBG** 3
- Betrieb **§ 2 SEBG** 31
- Betriebe
- – betroffene **§ 2 SEBG** 16 ff.
- Betriebsgeheimnis **§ 41 SEBG** 3 f.
- Betriebsrat **§ 2 SEBG** 21
- betroffene Betriebe **§ 2 SEBG** 16 ff.
- betroffene Tochtergesellschaften **§ 2 SEBG** 16 ff.
- Bußgeldvorschriften **§ 46 SEBG** 1 ff
- COVID-19-Pandemie **§ 48 SEBG** 1 ff
- Enkelgesellschaften **§ 2 SEBG** 17
- Entgeltfortzahlung **§ 42 SEBG** 8 f.

1194

magere Zahlen = Randnummern

Sachverzeichnis

- Errichtungsschutz § 44 SEBG 1 ff.
- Frauenquote Vor § 1 SEBG 40 ff.
- Geheimhaltung § 41 SEBG 1 ff.
- Geheimhaltungspflicht § 41 SEBG 5 ff.
- Gemeinschaftsunternehmen § 2 SEBG 15
- geringfügig Beschäftigte § 2 SEBG 4
- Geschäftsgeheimnis § 41 SEBG 3 f.
- Geschlechterquote Vor § 1 SEBG 40 ff.
- Gesetzgebungsgeschichte Vor § 1 SEBG 31 ff.
- Gewerkschaften Vor § 1 SEBG 37 f.
- Gewerkschaftsvertreter § 6 SEBG 3 ff.
- Gleichordnungskonzern § 2 SEBG 15
- Grundprinzipien Vor § 1 SEBG 15
- Gründungsgesellschaft § 3 SEBG 5
- historische Entwicklung Vor § 1 SEBG 2 ff.
- Holding-SE § 34 SEBG 19
- Information § 4 SEBG 4 ff., 12 ff.
- Kooptationsmodell § 2 SEBG 26
- Kündigungsschutz § 42 SEBG 6
- Leiharbeitnehmer § 2 SEBG 5 ff.
- Leitender Angestellter § 2 SEBG 9
- Leitung § 2 SEBG 19
- Leitungsorgan und Besonderes Verhandlungsgremium § 13 SEBG 2
- MgVG Vor § 1 SEBG 53 ff.
- Minderung von Mitbestimmungsrechten § 15 SEBG 6 ff.
- Missbrauchsverbot § 43 SEBG 1 ff.
- Mitbestimmung § 2 SEBG 26
- Mitbestimmung kraft Gesetzes § 34 SEBG 1 ff.
- Mitbestimmungsrechte
-- Minderung § 15 SEBG 6 ff.
- nationale Grundlagen Vor § 1 SEBG 31 ff.
- nationales Recht § 47 SEBG 1 ff
- Niederschrift § 17 SEBG 1 ff.
- Organ § 2 SEBG 19
- paritätische Mitbestimmung § 35 SEBG 14 ff.
- Praxis Vor § 1 SEBG 44
- Primärgründung § 3 SEBG 2
- Rechtsgrundlage Vor § 1 SEBG 14
- Rechtsschutz Vor § 1 SEBG 43
- Rechtstatsachen Vor § 1 SEBG 44
- Repräsentation § 15 SEBG 2
- Repräsentationsmodell § 2 SEBG 26
- SCEBG Vor § 1 SEBG 52
- Schwellenwerte § 34 SEBG 14 ff., 17 ff.
- SEAG Vor § 1 SEBG 34
- SE-Betriebsrat § 2 SEBG 21; § 22 SEBG 1 ff.
-- Anhörung Vor §§ 23–33 SEBG 12 f.; § 28 SEBG; § 29 SEBG
-- Arbeitnehmervertreter § 36 SEBG 1 ff.
-- Aufgaben Vor §§ 23–33 SEBG 10 ff.
-- Begünstigungsverbot § 44 SEBG 6
-- Benachteiligungsverbot § 44 SEBG 6
-- Beschlüsse § 24 SEBG
-- Bildung Vor §§ 23–33 SEBG 3 ff.
-- Bildungsveranstaltungen Vor §§ 23–33 SEBG 8
-- Errichtung Vor §§ 23–33 SEBG 3 ff.; § 23 SEBG
-- Errichtungsschutz § 44 SEBG 4
-- Fortbildung § 31 SEBG
-- Geschäftsführung Vor §§ 23–33 SEBG 6
-- Gewerkschaftsvertreter Vor §§ 23–33 SEBG 4
-- Information § 30 SEBG
-- Kosten § 33 SEBG
-- Rechte Vor §§ 23–33 SEBG 10 ff.
-- Sachaufwand § 33 SEBG
-- Sachverständige § 32 SEBG
-- Schulungsveranstaltungen Vor §§ 23–33 SEBG 8
-- Sitzungen § 24 SEBG
-- Sitzverteilung § 36 SEBG 1 ff.
-- Streitigkeiten Vor §§ 23–33 SEBG 14
-- Tätigkeitsschutz Vor §§ 23–33 SEBG 9; § 44 SEBG 5
-- Unterrichtung Vor §§ 23–33 SEBG 12 f.; § 28 SEBG; § 29 SEBG
-- Zusammensetzung § 25 SEBG
-- Zuständigkeiten § 27 SEBG
- SEBG Vor § 1 SEBG 35 ff.
- Sekundärgründung Vor § 1 SEBG 10 ff.; § 3 SEBG 2
- Sitzungsteilnahme § 42 SEBG 7
- Sitzverlegung Vor § 1 SEBG 63
- Strafvorschriften § 45 SEBG 1 ff
- Streitigkeiten § 3 SEBG 17
- Strukturänderungen Vor § 1 SEBG 29; § 1 SEBG 6; § 18 SEBG 6 ff.; § 21 SEBG 69 f.
- Tätigkeitsschutz § 44 SEBG 1 ff.
- Teilzeitbeschäftigte § 2 SEBG 4
- Telefonkonferenz § 48 SEBG 1 ff
- Tendenzunternehmen § 39 SEBG 1 ff.
- Tochtergesellschaften Vor § 1 SEBG 10 ff.; § 2 SEBG 12 ff.
-- betroffene § 2 SEBG 16 ff.
- Tochter-SE § 34 SEBG 19
- Umfang § 35 SEBG 1 ff.
-- Aufsichtsorgan § 35 SEBG 3 ff.
-- paritätische Mitbestimmung § 35 SEBG 14 ff.
-- Verwaltungsorgan § 35 SEBG 3 ff.
- Umwandlung Vor § 1 SEBG 24; § 15 SEBG 19; § 34 SEBG 7 ff.; § 35 SEBG 8 ff.
- Unternehmen § 2 SEBG 29

Sachverzeichnis

fette Zahlen = §§

- Unternehmensgruppe **§ 2 SEBG** 30
- Unterrichtung **§ 2 SEBG** 24
- unterschiedliche Formen **§ 34 SEBG** 20 ff.
- Veränderungsfestigkeit **§ 35 SEBG** 16 ff.
- Vereinbarung über die Beteiligung **§ 4 SEBG** 3; **§ 21 SEBG** 1 ff.
- – Aufsichtsorgan **§ 21 SEBG** 42 ff.
- – Anhörung **§ 21 SEBG** 38 ff.
- – Auffangregelungen **§ 21 SEBG** 21
- – Auslegung **§ 21 SEBG** 14
- – Beendigung **§ 21 SEBG** 33 ff.
- – Befristung **§ 21 SEBG** 33 ff.
- – fehlerhafte **§ 21 SEBG** 15 ff.
- – Gegenstände **§ 21 SEBG** 29 ff.
- – Gestaltungsfreiheit **§ 21 SEBG** 25 ff.
- – Grenzen **§ 21 SEBG** 25 ff.
- – Inhalt **§ 21 SEBG** 20 ff.
- – Lückenfüllung **§ 21 SEBG** 14
- – mangelhafte **§ 21 SEBG** 15 ff.
- – Nachwirkung **§ 21 SEBG** 33 ff.
- – Parteiautonomie **§ 21 SEBG** 20 ff.
- – Rechtsnatur **§ 21 SEBG** 12 f.
- – Rechtswirkungen **§ 21 SEBG** 12 f.
- – Regelungsgegenstände **§ 21 SEBG** 29 ff.
- – Schranken **§ 21 SEBG** 25 ff.
- – Sprache **§ 21 SEBG** 8
- – Umwandlung **§ 21 SEBG** 60 ff.
- – Unterrichtung **§ 21 SEBG** 38 ff.
- – Vertragsparteien **§ 21 SEBG** 5 ff.
- – Verwaltungsorgan **§ 21 SEBG** 42 ff.
- – Zustandekommen **§ 21 SEBG** 5 ff.
- verfassungskonforme Auslegung **§ 35 SEBG** 22 ff.
- Verfassungswidrigkeit **§ 35 SEBG** 16 ff.
- Verhandlungsprinzip **§ 1 SEBG** 4
- Verhandlungsverfahren **§ 11 SEBG** 1 ff.
- Verschmelzung **§ 34 SEBG** 11 ff.; **§ 35 SEBG** 10 ff.
- Verschwiegenheitspflicht **§ 41 SEBG** 5 ff.
- vertrauensvolle Zusammenarbeit **§ 13 SEBG** 3; **§ 40 SEBG** 1 ff.
- Vertraulichkeit **§ 41 SEBG** 1 ff.
- Verwaltungsorgan **§ 35 SEBG** 3 ff.
- – Arbeitnehmervertreter **§ 36 SEBG** 1 ff.
- – Sitzverteilung **§ 36 SEBG** 1 ff.
- Videokonferenz **§ 48 SEBG** 1 ff
- Vorher-Nachher-Prinzip **§ 1 SEBG** 5
- Vorrats-SE **§ 3 SEBG** 5 ff
- Wahlgremium **§ 8 SEBG** 1 ff.; **§ 9 SEBG** 1 ff.
- Ziel **§ 1 SEBG** 3 ff.

Arbeitnehmerinteressen **Art. 38 SE-VO** 31 ff.
Arbeitnehmermitbestimmung **Art. 12 SE-VO** 6 ff.
Arbeitnehmerschutz
- Ermächtigung an nationalen Gesetzgeber **Art. 34 SE-VO** 1 ff.

Arbeitnehmervertreter **§ 36 SEBG** 1 ff.
Arbeitnehmervertretung **§ 2 SEBG** 20
Arbeitsdirektor **§ 38 SEBG** 3; **Art. 39 SE-VO** 28
articles of association **Art. 6 SE-VO** 1
Aufbau **Art. 38 SE-VO** 1 ff.
Auflösung **Art. 1 SE-VO** 7; **Art. 63 SE-VO** 3 ff.; **Art. 65 SE-VO** 1 ff.
Auflösungsgrund **Art. 30 SE-VO** 6
Aufsichtsorgan **Art. 40 SE-VO** 1 ff.
- Abberufung **Art. 40 SE-VO** 57 ff.
- Amtsniederlegung **Art. 40 SE-VO** 64
- Änderung **Art. 40 SE-VO** 65
- Anteilseignervertreter **Art. 40 SE-VO** 26 ff.
- Arbeitnehmerbeteiligung **§ 21 SEBG** 42 ff.; **§ 35 SEBG** 3 ff.
- Arbeitnehmervertreter **Art. 40 SE-VO** 26 ff., 59 ff., 69, 72 ff.; **§ 36 SEBG** 1 ff.
- – Abberufung **§ 37 SEBG** 1 ff.
- – Anfechtung **§ 37 SEBG** 6 ff.
- – Nichtigkeit **§ 37 SEBG** 10 ff.
- – Pflichten **§ 38 SEBG** 1 ff.
- – Rechte **§ 38 SEBG** 1 ff.
- – Rechtsstellung **§ 38 SEBG** 1 ff.
- – Wahl **§ 37 SEBG** 10 ff.
- Aufgaben **Art. 40 SE-VO** 11 ff.
- Auskunftsrecht **Art. 41 SE-VO** 1 ff.
- Beendigung **Art. 40 SE-VO** 56 ff.
- Bekanntmachung **Art. 40 SE-VO** 65
- Berichtspflicht **Art. 40 SE-VO** 17
- Bestellung **Art. 40 SE-VO** 26 ff.; **Art. 47 SE-VO** 11 ff.
- Bestellung, erstmalige **Art. 40 SE-VO** 43 ff.
- Bestellung, gerichtliche **Art. 40 SE-VO** 39 ff.
- Bestellungsverbote **Art. 47 SE-VO** 21 ff.
- Entsendung **Art. 40 SE-VO** 35
- Ergebnisverwendung **Art. 40 SE-VO** 22 f.
- Ersatzmitglieder **Art. 40 SE-VO** 36 ff.
- Executive Member **Art. 47 SE-VO** 16
- Frauenquote **Art. 40 SE-VO** 76 ff.
- Funktionstrennung **Art. 47 SE-VO** 19
- gerichtliche Bestellung **Art. 40 SE-VO** 39 ff.
- Geschlechterquote **Art. 40 SE-VO** 76 ff.
- Größe **Art. 40 SE-VO** 66 ff.
- Haftung **Art. 51 SE-VO** 1 ff.
- Handelsregister **Art. 42 SE-VO** 21
- Hauptversammlung **Art. 40 SE-VO** 9, 24
- Informationsrecht **Art. 41 SE-VO** 1 ff.
- Informationsverlangen **Art. 41 SE-VO** 11 ff., 29 ff.
- Jahresabschluss **Art. 40 SE-VO** 22 f.
- Konzern **Art. 40 SE-VO** 15 f

magere Zahlen = Randnummern

- Konzernabschluss **Art. 40 SE-VO** 23
- Konzernlagebericht **Art. 40 SE-VO** 23
- Leitungsorgan **Art. 40 SE-VO** 10, 21; **Art. 41 SE-VO** 1 ff.
- Mitbestimmung **Art. 40 SE-VO** 5
- Mitgliedschaft **Art. 47 SE-VO** 11 ff.
- Non-Executive Member **Art. 47 SE-VO** 16
- Personalkompetenz **Art. 40 SE-VO** 20
- persönliche Voraussetzungen **Art. 40 SE-VO** 62
- Prüfungsrecht **Art. 41 SE-VO** 20 ff.
- Satzungsänderung **Art. 40 SE-VO** 25
- starre Quote **Art. 40 SE-VO** 76 ff.
- Statusverfahren **Art. 40 SE-VO** 6
- Überkreuzverflechtung **Art. 47 SE-VO** 17
- Überwachungsgegenstand **Art. 40 SE-VO** 13 ff.
- Überwachungstätigkeit **Art. 40 SE-VO** 13 ff.
- Verzicht **Art. 40 SE-VO** 64
- Vorsitzender **Art. 42 SE-VO** 1 ff.
- – Amtszeit **Art. 42 SE-VO** 17
- – Anmeldung zum Handelsregister **Art. 42 SE-VO** 21
- – Aufgaben **Art. 42 SE-VO** 18
- – Befugnisse **Art. 42 SE-VO** 18
- – Bestellung **Art. 42 SE-VO** 3 ff.
- – Bestellung, gerichtliche **Art. 42 SE-VO** 16
- – Ersatzbestellung **Art. 42 SE-VO** 16
- – gerichtliche Bestellung **Art. 42 SE-VO** 16
- – Rechtsstellung **Art. 42 SE-VO** 17 f.
- – Stellvertreter **Art. 42 SE-VO** 19 f.
- – Wahl **Art. 42 SE-VO** 3 ff.
- Wahl **Art. 40 SE-VO** 29 ff.
- weiche Quote **Art. 40 SE-VO** 82
- Wettbewerber **Art. 47 SE-VO** 20
- Zusammensetzung **Art. 40 SE-VO** 72 ff.
- Zustimmungsvorbehalt **Art. 40 SE-VO** 18 f.

Aufsichtsrats-Modell **Art. 38 SE-VO** 9 ff.
Aufspaltung **Art. 3 SE-VO** 9
Ausführungsgesetze **Art. 9 SE-VO** 27
Ausgliederung **Art. 3 SE-VO** 8
Ausgliederung zur Neugründung **Art. 3 SE-VO** 8
Ausgründung **Art. 2 SE-VO** 39; **Art. 3 SE-VO** 5
ausländische Partner **Art. 2 SE-VO** 51 f.
Auslegung **Art. 9 SE-VO** 18 f.
Ausschüttungsbeschränkungen **Art. 5 SE-VO** 9 f.
Außenhaftung **Art. 1 SE-VO** 8
Aventis **Vor Art. 1 SE-VO** 12
Bedeutung **Vor Art. 1 SE-VO** 12 ff.

Sachverzeichnis

Beherrschungsvertrag **Art. 9 Anhang SE-VO** 27 ff.
Beirat **Art. 38 SE-VO** 28 ff.
Bekanntmachung **Art. 14 SE-VO** 3
Beratungsgremien **Art. 38 SE-VO** 27 ff.
Beschluss
- fehlerhafter **Art. 50 SE-VO** 55 f.
besonderes Verhandlungsgremium **§ 4 SEBG** 1 ff.
Besteuerung **SteuerR** 1 ff.
- country shopping **SteuerR** 2
- Entstrickungskonzept **SteuerR** 1
- grenzüberschreitende Sitzverlegung **SteuerR** 86 ff.
- Gründung **SteuerR** 10 ff.
- Hinausverschmelzung **SteuerR** 15 ff.
- Hineinverschmelzung **SteuerR** 34 ff.
- Holding-SE **SteuerR** 43 ff.
- laufende **SteuerR** 101 ff.
- Organschaft **SteuerR** 103
- Sitzverlegung **SteuerR** 86 ff.
- Steuerneutralität **SteuerR** 2
- Tochter-SE **SteuerR** 62 ff.
- Übertragungsgewinn **SteuerR** 19
- Verschmelzung **SteuerR** 13 ff.

Beteiligungserwerb **§ 18 SEBG** 17
Betriebsgeheimnis
- Arbeitnehmerbeteiligung **§ 41 SEBG** 3 f.
Betriebsrat **§ 2 SEBG** 21
Bezugsrechte **Art. 5 SE-VO** 40
Bilanzrecht **Art. 61 SE-VO** 1 ff.
Board of Directors **Art. 43 SE-VO** 1 ff.
Board-Modell **Art. 38 SE-VO** 4 ff.
Börsenfähigkeit **Art. 1 SE-VO** 7
Bußgeldvorschriften **§ 46 SEBG** 1 ff
CEO **Art. 45 SE-VO** 18 ff.
Corporate Governance **Art. 38 SE-VO** 35 ff.
Corporate Governance Kodex **Art. 40 SE-VO** 7
COVID-19-Pandemie
- Arbeitnehmerbeteiligung **§ 48 SEBG** 1 ff
Derivat **Art. 5 SE-VO** 46
Deutscher Corporate Governance Kodex **Art. 40 SE-VO** 7
Direktoren **Art. 43 SE-VO** 83, 109 ff.
- Abberufung **Art. 43 SE-VO** 136 ff.
- Amtszeit **Art. 43 SE-VO** 118 ff.
- Anmeldung **Art. 43 SE-VO** 147 ff.
- Anstellung **Art. 43 SE-VO** 150 ff.
- Anstellungsvertrag **Art. 43 SE-VO** 159 f.
- Anzahl **Art. 43 SE-VO** 122
- Arbeitsdirektor **Art. 43 SE-VO** 135
- Beendigung **Art. 43 SE-VO** 145 ff., 167 ff.
- Berichtspflicht **Art. 43 SE-VO** 184 f.
- Bestellung **Art. 43 SE-VO** 121 ff.
- erste **Art. 43 SE-VO** 134 f.

1197

Sachverzeichnis   fette Zahlen = §§

– Geschäftsordnung **Art. 43 SE-VO** 131 ff.
– Handelsregister **Art. 43 SE-VO** 147 ff.
– Handelsregisterpflicht **Art. 43 SE-VO** 187
– Jahresabschluss **Art. 43 SE-VO** 188 ff.
– Konzernanstellungsvertrag **Art. 43 SE-VO** 156
– Pflichten **Art. 43 SE-VO** 171 ff.
– Schweigepflicht **Art. 43 SE-VO** 186
– Sozialversicherungspflicht **Art. 43 SE-VO** 166
– Stellvertreter **Art. 43 SE-VO** 130
– Treuepflicht **Art. 43 SE-VO** 181 ff.
– Vergütung **Art. 43 SE-VO** 161 ff.
– Vertretung **Art. 43 SE-VO** 191 ff.
– Verwaltungsrat **Art. 43 SE-VO** 117
– Vorsitzender **Art. 43 SE-VO** 128 f.
Doppelsitz **Art. 7 SE-VO** 7
Drei-Bänke-Modell **Vor Art. 1 SE-VO** 1
dualistische Unternehmensverfassung **Art. 39 SE-VO** 1 ff.
dualistisches System **Art. 39 SE-VO** 1 ff.
Durchgriffshaftung **Art. 1 SE-VO** 9
Einlagenrückgewähr **Art. 5 SE-VO** 9 f.
Einmann-SE **Art. 52 SE-VO** 4
Einpersonengründung **Art. 3 SE-VO** 5
Eintragung **Art. 12 SE-VO** 2 ff.;
    Art. 15 SE-VO 11; **Art. 16 SE-VO** 1 ff.
Eintragungsverfahren **Art. 12 SE-VO** 1 ff.
Emissionsvertrag **Art. 5 SE-VO** 45
Enkelgesellschaften
– Arbeitnehmerbeteiligung **§ 2 SEBG** 17
Entstehung **Art. 16 SE-VO** 1 ff.
Entstehungsgeschichte **Vor Art. 1 SE-VO** 1 ff.
Ergebnisverwendung
– Aufsichtsorgan **Art. 40 SE-VO** 22 f.
Ermächtigungsnormen **Art. 9 SE-VO** 9 ff.
europafreundliche Auslegung **Art. 9 SE-VO** 18 f.
Europäische Privatgesellschaft **Vor § 1 SEBG** 60 f.
Europäische Stiftung **Vor § 1 SEBG** 62
Executive Member **Art. 47 SE-VO** 16
Exekutivausschuss **Art. 44 SE-VO** 50 ff., 54 ff.
faktischer Konzern **Art. 9 Anhang SE-VO** 35 ff.
FE **Vor § 1 SEBG** 62
fehlerhafter Beschluss **Art. 50 SE-VO** 55 f.
Finanzinstitut
– Jahresabschluss **Art. 62 SE-VO** 3 ff.
Firma **Art. 1 SE-VO** 2; **Art. 11 SE-VO** 1 ff.
– Bestandsschutz **Art. 11 SE-VO** 1
– Rechtsformzusatz **Art. 11 SE-VO** 1
Firmenwahrheit **Art. 1 SE-VO** 2; **Art. 2 SE-VO** 6

Formkaufmann **Art. 1 SE-VO** 1, 5
Formwechsel **Art. 37 SE-VO** 1 ff.
– AG **Art. 66 SE-VO** 1 ff.
Frankreich **Art. 38 SE-VO** 21
Geheimhaltung
– Arbeitnehmerbeteiligung **§ 41 SEBG** 1 ff.
Geheimhaltungspflicht **§ 41 SEBG** 5 ff.
Gemeinschaftsunternehmen **Art. 2 SE-VO** 29, 44
– Arbeitnehmerbeteiligung **§ 2 SEBG** 15
Genehmigtes Kapital **Art. 5 SE-VO** 41
Generalverweisung **Art. 9 SE-VO** 15 ff.
Genussschein **Art. 5 SE-VO** 46
Geschäftsführungsmaßnahme
– Hauptversammlung **Art. 52 SE-VO** 20, 22
Geschäftsgeheimnis
– Arbeitnehmerbeteiligung **§ 41 SEBG** 3 f.
Gesellschaftstypus **Art. 1 SE-VO** 2
gewerblicher Rechtsschutz **Vor Art. 1 SE-VO** 20
Gewinnabführungsvertrag **Art. 9 Anhang SE-VO** 27 ff.
gezeichnetes Kapital **Art. 4 SE-VO** 2
Gläubigerschutz **Art. 24 SE-VO** 1 ff
– Ermächtigung an nationalen Gesetzgeber **Art. 34 SE-VO** 1 ff.
Gleichbehandlung mit AG **Art. 10 SE-VO** 1 ff.
Gleichbehandlungsgebot **Art. 5 SE-VO** 18; **Art. 10 SE-VO** 2
– Holding-Gründung **Art. 5 SE-VO** 15
– Sitzverlegung **Art. 5 SE-VO** 18
Gleichlaufgebot **Art. 12 SE-VO** 12 f.
Gleichordnungskonzern **Art. 9 Anhang SE-VO** 45
– Arbeitnehmerbeteiligung **§ 2 SEBG** 15
grenzüberschreitende Sitzverlegung
– Besteuerung **SteuerR** 86 ff.
Großbritannien **Art. 38 SE-VO** 20
Gründerhaftung **Art. 16 SE-VO** 8, 20
Gründung **Art. 2 SE-VO** 25 ff.;
    Art. 15 SE-VO 1 ff.
– Besteuerung **SteuerR** 10 ff.
– Formwechsel **Art. 37 SE-VO** 1 ff.
– Gründerhaftung **Art. 16 SE-VO** 20
– Handelndenhaftung **Art. 16 SE-VO** 15 ff.
Gründungsbeteiligung **Art. 3 SE-VO** 1 ff.
Gründungsform **Art. 2 SE-VO** 1 ff.
Gründungsformen **Art. 2 SE-VO** 25 ff.
Gründungsstadium **Art. 16 SE-VO** 1 ff.
Gründungsvoraussetzungen **Art. 2 SE-VO** 24
Haftung **Art. 51 SE-VO** 1 ff.
Haftungsbeschränkung **Art. 1 SE-VO** 8 f.
Handelndenhaftung **Art. 16 SE-VO** 15 ff.

magere Zahlen = Randnummern

Sachverzeichnis

Handelsregister **Art. 12 SE-VO** 1 ff., 2
Handelsregisterpflicht
– Direktoren **Art. 43 SE-VO** 187
Hauptversammlung
– Ablauf **Art. 53 SE-VO** 1 ff., 14 ff.
– Abstimmung **Art. 53 SE-VO** 21; **Artt. 57, 58 SE-VO** 1 ff.
– – Sonderbeschluss **Art. 60 SE-VO** 1 ff.
– Aktiengattungen **Art. 60 SE-VO** 3
– Aktionäre
– – Anmeldung **Art. 53 SE-VO** 13
– Anmeldung der Aktionäre **Art. 53 SE-VO** 13
– Aufsichtsorgan **Art. 40 SE-VO** 9, 24
– Auskunftsrecht **Art. 53 SE-VO** 16
– außerordentliche **Art. 52 SE-VO** 2
– Begriff **Art. 52 SE-VO** 1
– Beschlussfassung **Artt. 57, 58 SE-VO** 1 ff.
– Beschlusskontrolle **Art. 53 SE-VO** 22
– Dauer **Art. 53 SE-VO** 9
– Delegation **Art. 52 SE-VO** 8
– Dokumentation **Art. 53 SE-VO** 20
– Einberufung
– – Aktionärsminderheit **Artt. 55, 56 SE-VO** 1 ff.
– – angeordnete **Artt. 55, 56 SE-VO** 16 f.
– – Antrag **Artt. 55, 56 SE-VO** 4 ff.
– – Einberufungsantrag **Artt. 55, 56 SE-VO** 4 ff.
– – Einberufungsberechtigte **Art. 54 SE-VO** 8 f.
– – Einberufungsgrund **Art. 54 SE-VO** 10
– – Einberufungsmodalitäten **Art. 54 SE-VO** 11
– – Einberufungsrecht **Art. 54 SE-VO** 8 ff.
– – Einberufungsverfahren **Artt. 55, 56 SE-VO** 12
– – Einberufungsverpflichtete **Art. 54 SE-VO** 6
– – Ergänzungsantrag **Artt. 55, 56 SE-VO** 18 ff.
– – Fristenregelung **Art. 54 SE-VO** 5
– Organ **Art. 52 SE-VO** 6 ff.
Hauptverwaltung **Art. 3 SE-VO** 7; **Art. 7 SE-VO** 1 ff.; **Art. 64 SE-VO** 1 ff.
– Sitz (Auseinanderfallen) **Art. 64 SE-VO** 1 ff.
Holding **Art. 2 SE-VO** 29 ff.
Holding-Gründung **Art. 5 SE-VO** 21
– Gleichbehandlungsgebot **Art. 5 SE-VO** 18
Holding-SE **Art. 16 SE-VO** 7
– Arbeitnehmerbeteiligung **§ 34 SEBG** 19
– Besteuerung **SteuerR** 43 ff.
– Gründung **Art. 32 SE-VO** 1 ff.
– – Abfindungsangebot **Art. 32 SE-VO** 19
– – Anfechtung **Art. 33 SE-VO** 28 f.

– – Anteilseinbringung **Art. 33 SE-VO** 1 ff.
– – anwendbares Recht **Art. 32 SE-VO** 1 ff.
– – Ausgleichsleitung **Art. 32 SE-VO** 12
– – Begriff **Art. 32 SE-VO** 1 ff.
– – Einbringung der Anteile **Art. 33 SE-VO** 7 ff.
– – Einbringungswahlrecht **Art. 33 SE-VO** 3 ff.
– – Eintragung **Art. 33 SE-VO** 25 ff., 31 ff.
– – Freigabeverfahren **Art. 33 SE-VO** 30
– – Gründungsbericht **Art. 32 SE-VO** 17 ff.
– – Gründungskontrolle **Art. 33 SE-VO** 25
– – Gründungsplan **Art. 32 SE-VO** 9 ff.
– – Handelsregister **Art. 33 SE-VO** 25 ff.
– – Hauptversammlung **Art. 32 SE-VO** 32 ff.
– – Kapitalaufbringung **Art. 32 SE-VO** 38
– – Kontrolle **Art. 33 SE-VO** 25
– – Konzerneingangsschutz **Art. 32 SE-VO** 5
– – Mindesteinbringungsquote **Art. 33 SE-VO** 16
– – Nachfrist **Art. 33 SE-VO** 19 ff.
– – Negativattest **Art. 33 SE-VO** 27
– – Offenlegung **Art. 32 SE-VO** 24 ff.; **Art. 33 SE-VO** 16 ff.
– – Prüfung **Art. 32 SE-VO** 27 ff.
– – Prüfungsbericht **Art. 32 SE-VO** 29
– – Sachgründung **Art. 32 SE-VO** 1
– – Steuern **Art. 32 SE-VO** 7
– – Stufengründung **Art. 32 SE-VO** 14
– – Umtauschfrist **Art. 33 SE-VO** 4 f.
– – Unbedenklichkeitsverfahren **Art. 33 SE-VO** 30
– – Verfahren **Art. 32 SE-VO** 4, 9 ff.
– – Voraussetzungen **Art. 32 SE-VO** 8, 36 ff
– – WpÜG **Art. 32 SE-VO** 6
– – Zustimmung **Art. 32 SE-VO** 32 ff.
– – Zustimmungsvorbehalt **Art. 32 SE-VO** 35
– Gründungsplan **Art. 32 SE-VO** 9 ff.
Individualschutz
– Ermächtigung an nationalen Gesetzgeber **Art. 34 SE-VO** 3 ff.
Inlands-SE **Art. 12 SE-VO** 8
Insolvenz **Art. 43 SE-VO** 104; **Art. 63 SE-VO** 1 ff.; **Art. 65 SE-VO** 1 ff.
– Sitzverlegung **Art. 8 SE-VO** 35
Insolvenzantragspflicht **Art. 5 SE-VO** 29
Insolvenzrecht **Vor Art. 1 SE-VO** 20
Insolvenzverschleppung **Art. 5 SE-VO** 29

1199

Sachverzeichnis

fette Zahlen = §§

Jahresabschluss **Art. 61 SE-VO** 1 ff.;
Art. 67 SE-VO 1 ff.
– Aufsichtsorgan **Art. 40 SE-VO** 22 f.
– Aufstellung **Art. 61 SE-VO** 23 ff.
– Direktoren **Art. 43 SE-VO** 188 ff.
– Feststellung **Art. 61 SE-VO** 23 ff.
– Finanzinstitut **Art. 62 SE-VO** 3 ff.
– Hauptversammlung **Art. 52 SE-VO** 19
– Kreditinstitut **Art. 62 SE-VO** 3 ff.
– Offenlegung **Art. 61 SE-VO** 28 ff.
– Prüfung **Art. 61 SE-VO** 28 ff.
– Versicherungsunternehmen **Art. 62 SE-VO** 6 f.
Kaduzierungsverfahren **Art. 5 SE-VO** 8
Kapital **Art. 4 SE-VO** 1 ff.; **Art. 5 SE-VO** 6 ff.
– Kapitaländerung **Art. 5 SE-VO** 34 ff.
– Vorgesellschaft **Art. 5 SE-VO** 7
Kapitaländerung **Art. 5 SE-VO** 34 ff.
– Beschlussanmeldung **Art. 5 SE-VO** 37
– Bezugsrechte **Art. 5 SE-VO** 40
– Durchführung **Art. 5 SE-VO** 38
– Kapitalschnitt **Art. 5 SE-VO** 42
– Mehrheitserfordernis **Art. 5 SE-VO** 35 f.
Kapitalaufbringung **Art. 4 SE-VO** 3; **Art. 5 SE-VO** 7 f.
Kapitalerhaltung **Art. 5 SE-VO** 1 ff., 9 ff.
– Aktienoptionsprogramme **Art. 5 SE-VO** 20
– Ausschüttungsbeschränkungen **Art. 5 SE-VO** 9 f.
– Einlagenrückgewähr **Art. 5 SE-VO** 9 f.
– existenzvernichtender Eingriff **Art. 5 SE-VO** 31
– Gesellschafterverantwortlichkeit **Art. 5 SE-VO** 30 ff.
– Kapitalersatz **Art. 5 SE-VO** 33
– Konzern **Art. 5 SE-VO** 25
– materielle Unterkapitalisierung **Art. 5 SE-VO** 32
– Rückerwerb eigener Aktien **Art. 5 SE-VO** 11 ff.
– Verwaltungsverantwortlichkeit **Art. 5 SE-VO** 26 ff.
Kapitalmaßnahmen **Art. 5 SE-VO** 1 ff.
– Hauptversammlung **Art. 52 SE-VO** 17
Kapitalschnitt **Art. 5 SE-VO** 42
Kapitalziffer **Art. 67 SE-VO** 1 ff.
Kartellrecht **Vor Art. 1 SE-VO** 19
Kombination von Typen **Art. 2 SE-VO** 8 ff.
Konzern **Art. 9 Anhang SE-VO** 1 ff.
– Aufsichtsorgan **Art. 40 SE-VO** 15 f
Konzernabschluss **Art. 61 SE-VO** 18 ff.
– Aufsichtsorgan **Art. 40 SE-VO** 23
Konzernbildungskontrolle **Art. 2 SE-VO** 18 ff.
Konzerneingangsschutz **Art. 32 SE-VO** 5

Konzernlagebericht
– Aufsichtsorgan **Art. 40 SE-VO** 23
Konzernrecht **Vor Art. 1 SE-VO** 16; **Art. 9 Anhang SE-VO** 1 ff.
– anwendbares **Art. 9 Anhang SE-VO** 9 ff., 23 ff.
– beherrschende SE **Art. 9 Anhang SE-VO** 40 ff.
– Beherrschungsvertrag **Art. 9 Anhang SE-VO** 27 ff.
– deutsches **Art. 9 Anhang SE-VO** 14 ff.
– faktischer Konzern **Art. 9 Anhang SE-VO** 35 ff.
– Gewinnabführungsvertrag **Art. 9 Anhang SE-VO** 27 ff.
– Gleichordnungskonzern **Art. 9 Anhang SE-VO** 45
– Kollisionsrecht **Art. 9 Anhang SE-VO** 24
– Unternehmensverträge **Art. 9 Anhang SE-VO** 44
Konzernrechtsneutralität **Art. 2 SE-VO** 18 ff.
Konzernverschmelzung **Art. 31 SE-VO** 1 ff.
Kooptationsmodell **§ 2 SEBG** 26
Kreditinstitut
– Jahresabschluss **Art. 62 SE-VO** 3 ff.
Kritik **Vor Art. 1 SE-VO** 16 f.
Kündigungsschutz **§ 42 SEBG** 6
Leitungsorgan **Art. 39 SE-VO** 1 ff.
– Abberufung **Art. 39 SE-VO** 34 ff.
– Amtsniederlegung **Art. 39 SE-VO** 38
– Anstellung **Art. 39 SE-VO** 14 ff., 41 f.
– Aufsichtsorgan **Art. 40 SE-VO** 21; **Art. 41 SE-VO** 6 ff.
– Aufsichtsrat **Art. 39 SE-VO** 49 ff.
– Beendigung **Art. 39 SE-VO** 34 ff.
– Berichtspflicht **Art. 40 SE-VO** 17; **Art. 41 SE-VO** 6 ff., 18 f.
– Bestellung **Art. 39 SE-VO** 14 ff.
– Eignungsvoraussetzung **Art. 47 SE-VO** 5 ff.
– Funktionstrennung **Art. 39 SE-VO** 45 ff.
– Haftung **Art. 51 SE-VO** 1 ff.
– Hauptversammlung **Art. 39 SE-VO** 9 f.
– Inkompatibilität **Art. 39 SE-VO** 46 ff.
– Konzern **Art. 39 SE-VO** 11
– Konzernanstellung **Art. 39 SE-VO** 41
– Kreditgewährung **Art. 39 SE-VO** 43
– Mitgliedstaat **Art. 47 SE-VO** 1 ff.
– und Aufsichtsrat **Art. 39 SE-VO** 12 f.
– Unvereinbarkeit **Art. 39 SE-VO** 46 ff.
– Vorsitzender **Art. 39 SE-VO** 30 ff.
– Wettbewerbsverbot **Art. 39 SE-VO** 44
– Widerruf der Bestellung **Art. 39 SE-VO** 34 ff.
Leitungssystem **Art. 38 SE-VO** 35 ff.

magere Zahlen = Randnummern

Sachverzeichnis

Liquidation **Art. 63 SE-VO** 3 ff.;
  Art. 65 SE-VO 1 ff.
Lückenfüllung **Art. 9 SE-VO** 12 ff.
Mehrstaatlichkeit **Art. 2 SE-VO** 5 f.
memorandum of association **Art. 6 SE-VO** 1
Merkmale **Art. 1 SE-VO** 1 ff.
MgVG **Vor § 1 SEBG** 53 ff.
Minderheitenschutz **Art. 24 SE-VO** 6 f.
– Ermächtigung an nationalen Gesetzgeber **Art. 34 SE-VO** 1 ff.
Minderheitsaktionäre **Art. 17 SE-VO** 6
Mindestkapital **Art. 4 SE-VO** 3
Missbrauchsverbot **§ 43 SEBG** 1 ff.
Mitarbeiterbeteiligung **Art. 12 SE-VO** 6 ff.
Mitbestimmung **Vor Art. 1 SE-VO** 13;
  Art. 9 SE-VO 5; **Art. 12 SE-VO** 6 ff.;
  Art. 38 SE-VO 16 f.; **Art. 50 SE-VO** 24, 47 ff.; *siehe auch: SE, Arbeitnehmerbeteiligung*
– Flucht aus der – **Art. 2 SE-VO** 2, 6
Mittelstand **Vor Art. 1 SE-VO** 18
monistische Unternehmensverfassung **Art. 43 SE-VO** 1 ff.
Nachgründung **Art. 23 SE-VO** 8
Nachtragsabwicklung **Art. 63 SE-VO** 1 ff.;
  Art. 65 SE-VO 1 ff.
nationales Recht **Art. 1 SE-VO** 4
– Arbeitnehmerbeteiligung **§ 47 SEBG** 1 ff
Neugründung **Art. 3 SE-VO** 8
Niederlassungsfreiheit **Art. 7 SE-VO** 3;
  Art. 8 SE-VO 5
Non-Executive Member **Art. 47 SE-VO** 16
Offenlegung **Art. 13, 14 SE-VO** 1 ff.;
  Art. 15 SE-VO 11
One-Tier-System **Art. 38 SE-VO** 4 ff.
Organe **Art. 38 SE-VO** 1 ff.
– Abberufung **Art. 46 SE-VO** 13
– Aufsichtsorgan
– – Abberufung **Art. 46 SE-VO** 13
– – Bestellung **Art. 46 SE-VO** 9 ff.
– – entsandte Mitglieder **Art. 46 SE-VO** 14
– – Ersatzmitglieder **Art. 46 SE-VO** 15 ff.
– – Wiederwahl **Art. 46 SE-VO** 12
– Beschluss
– – Arbeitsdirektor **Art. 50 SE-VO** 32
– – fehlerhafter **Art. 50 SE-VO** 55 f.
– – Interessenkollision **Art. 50 SE-VO** 36
– – Patt-Situation **Art. 50 SE-VO** 28
– – Vetorecht **Art. 50 SE-VO** 30
– – Beschlussfähigkeit **Art. 50 SE-VO** 5 ff.
– – Beschlussfassung **Art. 50 SE-VO** 1 ff.
– – Beschlussfassung ohne Sitzung **Art. 50 SE-VO** 51 ff.
– – Beschlussmehrheit **Art. 50 SE-VO** 9 ff.
– – Bestellung **Art. 46 SE-VO** 1 ff., 9 ff.;
  Art. 47 SE-VO 1 ff., 5 ff.
– – Aufsichtsorgan **Art. 46 SE-VO** 9 ff.

– – Leitungsorgan **Art. 46 SE-VO** 4 ff.
– – Verwaltungsorgan **Art. 46 SE-VO** 9 ff.
– entsandte Mitglieder **Art. 46 SE-VO** 14
– Ersatzmitglieder **Art. 46 SE-VO** 15 ff.
– fehlerhafter Beschluss **Art. 50 SE-VO** 55 f.
– Haftung **Art. 51 SE-VO** 1 ff.
– innere Ordnung **Art. 44 SE-VO** 1 ff.
– Interessenkollision **Art. 50 SE-VO** 36
– Leitungsorgan
– – Bestellung **Art. 46 SE-VO** 4 ff.
– – Wiederwahl **Art. 46 SE-VO** 7 f.
– Mehrheitsentscheidung **Art. 50 SE-VO** 9 ff.
– Mitgliedstaat **Art. 47 SE-VO** 5 ff.
– Schweigepflicht **Art. 49 SE-VO** 1 ff.
– Sorgfaltspflicht **Art. 51 SE-VO** 12 ff.
– Stimmrecht **Art. 50 SE-VO** 35 ff.
– Stimmverbote **Art. 50 SE-VO** 36 ff.
– Umlaufverfahren **Art. 50 SE-VO** 51 ff.
– Verschwiegenheitspflicht **Art. 49 SE-VO** 1 ff.
– Vertraulichkeit **Art. 49 SE-VO** 1 ff.
– Verwaltungsorgan
– – Abberufung **Art. 46 SE-VO** 13
– – Bestellung **Art. 46 SE-VO** 9 ff.
– – entsandte Mitglieder **Art. 46 SE-VO** 14
– – Ersatzmitglieder **Art. 46 SE-VO** 15 ff.
– – Wiederwahl **Art. 46 SE-VO** 12
– – Voraussetzungen **Art. 47 SE-VO** 1 ff.
– Wiederwahl **Art. 46 SE-VO** 12
Organhaftung **Art. 51 SE-VO** 1 ff.
Organisation **Art. 38 SE-VO** 1 ff.
Österreich **Die SE in Österreich** 1 ff.
– Arbeitnehmerbeteiligung **Die SE in Österreich** 62 ff.
– Dualistisches System **Die SE in Österreich** 59 ff.
– Finanzverfassung **Die SE in Österreich** 22 ff.
– Gründung **Die SE in Österreich** 12 ff.
– Holding-SE **Die SE in Österreich** 17
– Monistisches System **Die SE in Österreich** 30 ff.
– Organisationsverfassung **Die SE in Österreich** 27 ff.
– Sitzverlegung **Die SE in Österreich** 20
– Tochter-SE **Die SE in Österreich** 18
– Umgründung **Die SE in Österreich** 12 ff.
– Umwandlung **Die SE in Österreich** 21
– Verschmelzung **Die SE in Österreich** 15 ff.
paritätische Mitbestimmung
– Arbeitnehmerbeteiligung **§ 35 SEBG** 14 ff.
Personalausschuss **Art. 44 SE-VO** 50 ff., 65 ff.

Sachverzeichnis fette Zahlen = §§

Phantom Stock **Art. 5 SE-VO** 46
praktische Bedeutung der SE
  Vor Art. 1 SE-VO 12 ff.
Praxis **Vor § 1 SEBG** 44
Prozessrecht **Vor Art. 1 SE-VO** 20
Prüfungsauftrag **Art. 43 SE-VO** 103
Prüfungsausschuss **Art. 44 SE-VO** 50 ff., 73 ff.
Rechnungslegung **Vor Art. 1 SE-VO** 28
Rechtsfähigkeit **Art. 1 SE-VO** 1, 6
Rechtsformfiktion **Art. 3 SE-VO** 1
Rechtsformzusatz **Art. 11 SE-VO** 1
Rechtspersönlichkeit **Art. 16 SE-VO** 1 ff.
Rechtsquellen **Art. 9 SE-VO** 20 ff.
Rechtstatsachen **Vor § 1 SEBG** 44
Rechtswahl **Vor § 1 SEBG** 45
Reformbedarf **Vor § 1 SEBG** 49 ff.
Reformbestrebungen **Vor § 1 SEBG** 49 ff.
Regelungslücke **Art. 9 SE-VO** 10 ff.
Registergericht **Art. 12 SE-VO** 7
Repräsentationsmodell **§ 2 SEBG** 26
Reservebildung **Art. 5 SE-VO** 24
Rückerwerb **Art. 5 SE-VO** 11 ff.
Satzung **Art. 6 SE-VO** 1 ff.
– Auslegung **Art. 6 SE-VO** 3; **Art. 9 SE-VO** 25
– formale Satzungsstrenge **Art. 6 SE-VO** 5
– Gestaltungsspielräume **Art. 6 SE-VO** 5
– Gleichbehandlungsgebot **Art. 6 SE-VO** 10
– Mängel **Art. 6 SE-VO** 12
– Mindestinhalt **Art. 6 SE-VO** 3
– Satzungsstrenge **Art. 6 SE-VO** 5
Satzungsänderung **Art. 59 SE-VO** 1 ff.
– Aufsichtsorgan **Art. 40 SE-VO** 25
– Erleichterungen **Art. 59 SE-VO** 7 ff.
– Hauptversammlung **Art. 59 SE-VO** 3
– Mehrheit **Art. 59 SE-VO** 3 ff.
– Publizität **Art. 59 SE-VO** 10
– Stimmenmehrheit **Art. 59 SE-VO** 3 ff.
– Zwei-Drittel-Mehrheit **Art. 59 SE-VO** 3 ff.
Satzungsautonomie **Art. 9 SE-VO** 25
Satzungsmängel **Art. 6 SE-VO** 12
Satzungspublizität **Art. 59 SE-VO** 10
Satzungssitz **Art. 3 SE-VO** 7
Satzungsstrenge **Art. 9 SE-VO** 25
SCEBG **Vor § 1 SEBG** 52
Schuldübernahme **Art. 16 SE-VO** 21
Schuldverschreibung **Art. 5 SE-VO** 43 ff.
Schweiz **Art. 38 SE-VO** 21
Schwester-SE **Art. 3 SE-VO** 9
SEAG **Vor § 1 SEBG** 34
SE-Betriebsrat **§ 2 SEBG** 21
SEBG **Vor § 1 SEBG** 35 ff.
SEEG **Vor Art. 1 SE-VO** 6; **Art. 68 SE-VO** 2
Sekundärgründung
– Arbeitnehmerbeteiligung **Vor § 1 SEBG** 10 ff.

SE-Tochter **Art. 12 SE-VO** 8
Sitz **Art. 3 SE-VO** 7; **Art. 7 SE-VO** 1 ff.; **Art. 64 SE-VO** 1 ff.
– Hauptverwaltung (Auseinanderfallen) **Art. 64 SE-VO** 1 ff.
– Konzentrationsgebot **Art. 64 SE-VO** 1
Sitzstaat **Art. 15 SE-VO** 10
Sitzverlegung **Art. 5 SE-VO** 14; **Art. 8 SE-VO** 1 ff.; **Art. 17 SE-VO** 1
– Abfindung **Art. 8 SE-VO** 4, 19 f., 72 ff.
– Altfälle **Art. 8 SE-VO** 7
– Altforderungen **Art. 8 SE-VO** 77 ff.
– Anfechtung **Art. 8 SE-VO** 39 f.
– Arbeitnehmer **Art. 8 SE-VO** 11 ff.
– Arbeitnehmerbeteiligung **Vor § 1 SEBG** 63; **Art. 8 SE-VO** 15 ff.
– Außenverhältnis **Art. 8 SE-VO** 68
– außerhalb EWR **Art. 8 SE-VO** 86
– behördliches Einspruchsrecht **Art. 8 SE-VO** 38
– Bescheinigung **Art. 8 SE-VO** 54 ff.
– Besicherung der Gläubiger **Art. 8 SE-VO** 21
– Besteuerung **SteuerR** 86 ff.
– Einspruchsrecht der Behörden **Art. 8 SE-VO** 38
– Eintragung **Art. 8 SE-VO** 61 ff., 64
– Erpressung **Art. 8 SE-VO** 53
– Firma **Art. 8 SE-VO** 12
– Geschöpftheorie **Art. 8 SE-VO** 66
– Gläubigerschutz **Art. 8 SE-VO** 4, 21, 41 ff.
– Gleichbehandlungsgebot **Art. 5 SE-VO** 18
– grenzüberschreitende **Art. 8 SE-VO** 1 ff.
– Gründungsprüfung **Art. 8 SE-VO** 62
– Hauptverwaltung **Art. 8 SE-VO** 65
– Identitätswahrung **Art. 8 SE-VO** 4
– Innenverhältnis **Art. 8 SE-VO** 67
– Kapitalschutz **Art. 8 SE-VO** 42
– Löschung **Art. 8 SE-VO** 64
– materielle Voraussetzungen **Art. 8 SE-VO** 34 ff.
– Minderheitsaktionäre **Art. 8 SE-VO** 19 f., 72 ff.
– Mitteilungspflicht **Art. 8 SE-VO** 63
– neuer Sitz **Art. 8 SE-VO** 12
– Nichtigkeit **Art. 8 SE-VO** 39 f.
– Niederlassungsfreiheit **Art. 8 SE-VO** 5
– Polbud **Art. 8 SE-VO** 66
– räuberische Aktionäre **Art. 8 SE-VO** 53
– Rechtfertigung **Art. 8 SE-VO** 34 ff.
– Rechtsschutz **Art. 8 SE-VO** 75
– sachliche Rechtfertigung **Art. 8 SE-VO** 34 ff.
– Satzungsänderung **Art. 8 SE-VO** 12
– Satzungssitz **Art. 8 SE-VO** 5
– Sicherungsansprüche der Gläubiger **Art. 8 SE-VO** 41 ff.

magere Zahlen = Randnummern

Sachverzeichnis

– Sitzfiktion **Art. 8 SE-VO** 77 ff.
– Spruchverfahren **Art. 8 SE-VO** 19 f.
– Statuswechsel **Art. 8 SE-VO** 4
– Steuerrecht **Art. 8 SE-VO** 10
– Umwandlung **Art. 2 SE-VO** 9; **Art. 8 SE-VO** 6
– Vale **Art. 8 SE-VO** 8
– Verfahren
– – Arbeitnehmer **Art. 8 SE-VO** 11 ff.
– – Verlegungsplan **Art. 8 SE-VO** 9 ff.
– Verlegungsbericht **Art. 8 SE-VO** 22 ff.
– Verlegungsbeschluss **Art. 8 SE-VO** 29 ff.
– Verlegungsplan **Art. 8 SE-VO** 27 f.
– Vorabbescheinigung **Art. 8 SE-VO** 54 ff.
– Voraussetzungen **Art. 8 SE-VO** 34 ff.
– Zeitplan
– – Insolvenz **Art. 8 SE-VO** 18
Societas Privata Europaea (SPE) **Vor Art. 1 SE-VO** 9
Sonderbeschluss **Art. 60 SE-VO** 1 ff.
Sondergremien **Art. 38 SE-VO** 31 ff.
Sonderrechtsinhaber
– Schutz **Art. 24 SE-VO** 8 ff.
Spaltung **Vor Art. 1 SE-VO** 24
SPE **Vor Art. 1 SE-VO** 9; **Vor § 1 SEBG** 60 f.
Spruchverfahren **Art. 20 SE-VO** 33 ff.
Statusverfahren **Art. 16 SE-VO** 14
Steuern
– Holding-SE **Art. 32 SE-VO** 7
Steuerrecht **Vor Art. 1 SE-VO** 5, 20 *siehe auch: SE, Besteuerung*
– Sitzverlegung **Art. 8 SE-VO** 10
– Verschmelzungsgründung **Art. 17 SE-VO** 7
Strafvorschriften **§ 45 SEBG** 1 ff.
Strukturänderung **Art. 38 SE-VO** 35 ff.
– Arbeitnehmerbeteiligung **Vor § 1 SEBG** 29; **§ 1 SEBG** 6; **§ 18 SEBG** 6 ff.; **§ 21 SEBG** 69 f.
Tendenzunternehmen **§ 39 SEBG** 1 ff.
Tochtergesellschaft **Art. 2 SE-VO** 33 ff., 39 ff.
Tochtergesellschaften
– Arbeitnehmerbeteiligung **Vor § 1 SEBG** 10 ff.; **§ 2 SEBG** 12 ff.
Tochter-SE **Art. 2 SE-VO** 33 ff., 39 ff.; **Art. 16 SE-VO** 7
– Arbeitnehmerbeteiligung **§ 34 SEBG** 19
– Besteuerung **SteuerR** 62 ff.
– Gründung **Artt. 35, 36 SE-VO** 1 ff.
Typenkombination **Art. 2 SE-VO** 8 ff.
typusprägende Merkmale **Art. 1 SE-VO** 1 ff.
Überprüfungsvorbehalt **Art. 68 SE-VO** 1 ff.
Umgehung **Art. 2 SE-VO** 8 ff.
Umsetzungspflichten **Art. 68 SE-VO** 1 ff.

Umwandlung **Art. 2 SE-VO** 46 ff.; **Art. 3 SE-VO** 10; **Art. 16 SE-VO** 6
– AG **Art. 37 SE-VO** 1 ff.; **Art. 66 SE-VO** 1 ff.
– Arbeitnehmerbeteiligung **Vor § 1 SEBG** 24; **§ 15 SEBG** 19; **§ 21 SEBG** 60 ff.; **§ 34 SEBG** 7 ff.; **§ 35 SEBG** 8 ff.
– Sitzverlegung **Art. 2 SE-VO** 9
Umwandlungsgesetz **Art. 2 SE-VO** 56
Umwandlungsmöglichkeiten **Art. 66 SE-VO** 14
Umwandlungsrecht **Vor Art. 1 SE-VO** 22 ff.
umwandlungsrechtliche Maßnahme
– Hauptversammlung **Art. 52 SE-VO** 18
Umwandlungsverfahren **Art. 66 SE-VO** 5 ff.
Unternehmensgegenstand **Art. 1 SE-VO** 5
Unternehmensverträge **Art. 9 Anhang SE-VO** 44
Verfassung **Art. 38 SE-VO** 1 ff.
Verlegungsverfahren
– Zeitplan **Art. 8 SE-VO** 11
Vermögensübertragung **Vor Art. 1 SE-VO** 24
Veröffentlichung **Art. 14 SE-VO** 3
Verpflichtungsnormen **Art. 9 SE-VO** 9 ff.
Verschmelzung **Vor Art. 1 SE-VO** 24; **Art. 2 SE-VO** 25 ff.; **Art. 5 SE-VO** 13; **Art. 16 SE-VO** 7; **Art. 17 SE-VO** 1 ff.; **Art. 18 SE-VO** 1 ff.
– Aktienerwerb **Art. 29 SE-VO** 3 ff.
– Aktionäre **Art. 23 SE-VO** 1
– Aktionärsschutz **Art. 24 SE-VO** 12 ff.; **Art. 25 SE-VO** 11 f.
– Anfechtungsausschluss **Art. 24 SE-VO** 14 f.
– Anmeldepflicht **Art. 26 SE-VO** 5 ff.
– anwendbares Recht **Art. 18 SE-VO** 1 ff.
– Arbeitnehmerbeteiligung **Art. 23 SE-VO** 9 ff.; **§ 34 SEBG** 11 ff.; **§ 35 SEBG** 10 ff.
– Arbeitsrecht **Art. 29 SE-VO** 10 f.
– Aufnahme **Art. 17 SE-VO** 4, 10
– Barabfindungsangebot **Art. 20 SE-VO** 22 ff.
– Barabfindungsgebot **Art. 24 SE-VO** 24
– bare Zuzahlung **Art. 24 SE-VO** 14 f.
– behördlicher Einspruch **Art. 19 SE-VO** 1 ff.
– Beschlusserfordernis **Art. 23 SE-VO** 4
– Beschlussmängel **Art. 30 SE-VO** 8 f.
– Besteuerung **SteuerR** 13 ff.
– Betriebsrat **Art. 20 SE-VO** 10 f.
– Betriebsübergang **Art. 29 SE-VO** 10 f.
– Drittwirkung **Art. 29 SE-VO** 9
– Einspruch **Art. 19 SE-VO** 1 ff.
– Eintragung **Art. 27 SE-VO** 1 ff.

Sachverzeichnis

fette Zahlen = §§

- Eintragungsverfahren **Art. 25 SE-VO** 1
- Erlöschen **Art. 29 SE-VO** 6
- fehlerhafte **Art. 30 SE-VO** 1 ff.
- – Heilung **Art. 30 SE-VO** 3 ff.
- – Schadensersatzansprüche **Art. 30 SE-VO** 4
- Formwechsel **Art. 29 SE-VO** 7
- Gesamtrechtsnachfolge **Art. 29 SE-VO** 2
- Gläubigerschutz **Art. 24 SE-VO** 1 ff.
- grenzüberschreitende **Vor Art. 1 SE-VO** 26
- Hauptversammlung **Art. 23 SE-VO** 4 ff.
- internationale Zuständigkeit **Art. 24 SE-VO** 16
- KA Finanz **Art. 24 SE-VO** 5
- Konzernverschmelzung **Art. 31 SE-VO** 1 ff.
- mangelhafte **Art. 30 SE-VO** 8 f.
- Minderheitsschutz **Art. 23 SE-VO** 1; **Art. 24 SE-VO** 6 f.
- Mitarbeiterbeteiligung **Art. 23 SE-VO** 9 ff.
- Nachgründungsbericht **Art. 23 SE-VO** 8
- Nachgründungsprüfung **Art. 23 SE-VO** 8
- nationales Recht **Art. 18 SE-VO** 1 ff.
- Neugründung **Art. 17 SE-VO** 5, 11; **Art. 29 SE-VO** 8
- Nichtigkeit **Art. 30 SE-VO** 3 ff.
- nichtparitätische **Art. 31 SE-VO** 1 ff.
- Offenlegung **Art. 28 SE-VO** 1 ff.
- Prüfer **Art. 22 SE-VO** 4 ff.
- Prüfung **Art. 22 SE-VO** 1 ff.; **Art. 25 SE-VO** 1 ff.; **Art. 26 SE-VO** 1 ff.
- Prüfungsbericht **Art. 22 SE-VO** 9 f.
- Prüfungspflicht **Art. 25 SE-VO** 4; **Art. 26 SE-VO** 3
- Prüfungsumfang **Art. 25 SE-VO** 4; **Art. 26 SE-VO** 10 ff.
- Prüfungszuständigkeit **Art. 26 SE-VO** 4
- Rechtmäßigkeitsattest **Art. 25 SE-VO** 5 ff.
- Rechtmäßigkeitsbescheinigung **Art. 26 SE-VO** 1
- Rechtmäßigkeitskontrolle **Art. 25 SE-VO** 1 ff.; **Art. 26 SE-VO** 1 ff.
- – fehlende **Art. 30 SE-VO** 6 f.
- Sachverständige **Art. 22 SE-VO** 1 ff.
- Spruchverfahren **Art. 24 SE-VO** 14 f.
- Tochter (100%) **Art. 31 SE-VO** 2 ff.
- Tochter (90%) **Art. 31 SE-VO** 8 f.
- Umtauschverhältnis **Art. 24 SE-VO** 14 f.
- unabhängige Sachverständige **Art. 22 SE-VO** 1 ff.
- Verschmelzungsbericht **Art. 22 SE-VO** 13 ff.
- Verschmelzungsbeschluss
- – Beschlussmängel **Art. 30 SE-VO** 8 f.
- – fehlerhaft **Art. 30 SE-VO** 8 f.
- Verschmelzungsplan **Art. 20 SE-VO** 1 ff.
- – Abschlusskompetenz **Art. 20 SE-VO** 4
- – Aktienübertragung **Art. 20 SE-VO** 16
- – Amtsblatt **Art. 21 SE-VO** 1 ff.
- – Arbeitnehmerbeteiligung **Art. 20 SE-VO** 21
- – Aufstellungskompetenz **Art. 20 SE-VO** 4
- – Ausgleichsleistung **Art. 20 SE-VO** 14 f.
- – Barabfindungsangebot **Art. 20 SE-VO** 22 ff.
- – Bekanntmachung **Art. 21 SE-VO** 1 ff.
- – Betriebsrat **Art. 20 SE-VO** 10 f.
- – Beurkundung **Art. 20 SE-VO** 6 f.
- – Firma **Art. 20 SE-VO** 13
- – Form **Art. 20 SE-VO** 6 f.
- – Gewinnberechtigung **Art. 20 SE-VO** 17
- – Inhalt **Art. 20 SE-VO** 12 ff.
- – Mitarbeiterbeteiligung **Art. 20 SE-VO** 21
- – Satzung **Art. 20 SE-VO** 20
- – Sitz **Art. 20 SE-VO** 13
- – Sonderrechte **Art. 20 SE-VO** 18
- – Sondervorteile **Art. 20 SE-VO** 19
- – Sprache **Art. 20 SE-VO** 5
- – Spruchverfahren **Art. 20 SE-VO** 33 ff.
- – Stichtag **Art. 20 SE-VO** 17
- – Übertragung der Aktien **Art. 20 SE-VO** 16
- – Umtauschverhältnis **Art. 20 SE-VO** 14 f.
- – Verschmelzungsstichtag **Art. 20 SE-VO** 17
- – Verschmelzungsvertrag **Art. 20 SE-VO** 8 f.
- – Zuständigkeit **Art. 20 SE-VO** 4
- Verschmelzungsprüfung **Art. 22 SE-VO** 1 ff.
- – Auskunft **Art. 22 SE-VO** 11
- – Bericht **Art. 22 SE-VO** 13 ff.
- – gemeinsame Prüfung **Art. 22 SE-VO** 7 f.
- – getrennte Prüfung **Art. 22 SE-VO** 6
- – Informationsrecht **Art. 22 SE-VO** 11
- – Prüfer **Art. 22 SE-VO** 4 ff.
- – Prüfungsbericht **Art. 22 SE-VO** 9 f.
- – Verantwortlichkeit **Art. 22 SE-VO** 12
- Verschmelzungsvertrag **Art. 20 SE-VO** 8 f.
- Vorlagepflicht **Art. 26 SE-VO** 5 ff.
- Vorwirkung **Art. 27 SE-VO** 4
- Wirkung **Art. 27 SE-VO** 4; **Art. 29 SE-VO** 1 ff.
- – Aktienerwerb **Art. 29 SE-VO** 3 ff.

magere Zahlen = Randnummern

– – Arbeitsrecht **Art. 29 SE-VO** 10 f.
– – bei übernehmender Gesellschaft **Art. 29 SE-VO** 7
– – bei übertragender Gesellschaft **Art. 29 SE-VO** 6
– – Betriebsübergang **Art. 29 SE-VO** 10 f.
– – Drittwirkung **Art. 29 SE-VO** 9
– – Erlöschen **Art. 29 SE-VO** 6
– – Formwechsel **Art. 29 SE-VO** 7
– – Gesamtrechtsnachfolge **Art. 29 SE-VO** 2
– WpÜG **Art. 24 SE-VO** 25
– Zustimmung **Art. 23 SE-VO** 4 ff.
Verschmelzungsgründung **Art. 15 SE-VO** 7 ff.; **Art. 17 SE-VO** 1 ff. *siehe auch: Verschmelzung*
– Ablauf **Art. 17 SE-VO** 3 ff.
– Minderheitsaktionäre **Art. 17 SE-VO** 6
– Sitzverlegung **Art. 17 SE-VO** 1
– Steuerrecht **Art. 17 SE-VO** 7
– Verschmelzung durch Aufnahme **Art. 17 SE-VO** 4, 10
– Verschmelzung durch Neugründung **Art. 17 SE-VO** 5, 11
Verschmelzungsrichtlinie **Vor Art. 1 SE-VO** 13
Verschwiegenheitspflicht **§ 41 SEBG** 5 ff.
Versicherungsunternehmen
– Jahresabschluss **Art. 62 SE-VO** 6 f.
vertrauensvolle Zusammenarbeit **§ 13 SEBG** 3; **§ 40 SEBG** 1 ff.
Vertraulichkeit
– Arbeitnehmerbeteiligung **§ 41 SEBG** 1 ff.
Verwaltungsorgan
– Abberufung **Art. 43 SE-VO** 47 ff.
– Abschlussprüfer **Art. 43 SE-VO** 103
– Amtsniederlegung **Art. 43 SE-VO** 53 f.
– Arbeitnehmerbeteiligung **§ 21 SEBG** 42 ff.; **§ 35 SEBG** 3 ff.
– Arbeitnehmervertreter **§ 36 SEBG** 1 ff.
– – Abberufung **§ 37 SEBG** 1 ff.
– – Anfechtung **§ 37 SEBG** 6 ff.
– – Nichtigkeit **§ 37 SEBG** 10 ff.
– – Pflichten **§ 38 SEBG** 1 ff.
– – Rechte **§ 38 SEBG** 1 ff.
– – Rechtsstellung **§ 38 SEBG** 1 ff.
– – Wahl **§ 37 SEBG** 10 ff.
– Aufgabe **Art. 43 SE-VO** 76 ff.
– Beendigung **Art. 43 SE-VO** 46 ff.
– Berichtsverantwortung **Art. 43 SE-VO** 84 ff.
– Bestellung **Art. 43 SE-VO** 26 ff.; **Art. 47 SE-VO** 25 ff.
– Bestellung, gerichtliche **Art. 43 SE-VO** 43 f.
– CEO **Art. 45 SE-VO** 18 ff.
– Direktoren **Art. 43 SE-VO** 1 ff, 83, 109 ff.
– – Zuständigkeit **Art. 43 SE-VO** 109 ff.

– Ehrenvorsitzender **Art. 45 SE-VO** 30
– Entsendung **Art. 43 SE-VO** 38 f.
– Ersatzmitglieder **Art. 43 SE-VO** 40 ff.
– erstmalige Bestellung **Art. 43 SE-VO** 45 f.
– Finanzverantwortung **Art. 43 SE-VO** 84 ff.
– gerichtliche Bestellung **Art. 43 SE-VO** 43 f.
– Geschäftsführung **Art. 43 SE-VO** 77 ff.
– Geschäftsordnungskompetenz **Art. 43 SE-VO** 83
– Geschlechterquote **Art. 43 SE-VO** 67 ff.
– gesetzliche Bestellungsvoraussetzungen **Art. 47 SE-VO** 25 ff.
– Größe **Art. 43 SE-VO** 58 ff.
– Haftung **Art. 51 SE-VO** 1 ff.
– Hauptversammlung **Art. 43 SE-VO** 94 ff.
– Insolvenz **Art. 43 SE-VO** 104
– Leitung **Art. 43 SE-VO** 78 ff.
– Loyalitätspflicht **Art. 51 SE-VO** 30 ff.
– Mitbestimmung **Art. 43 SE-VO** 64
– Organisationsverantwortung **Art. 43 SE-VO** 80 ff.
– organschaftliche Vertretung **Art. 43 SE-VO** 16 ff.
– persönliche Voraussetzungen **Art. 43 SE-VO** 51 f.
– Planungsverantwortung **Art. 43 SE-VO** 79
– Prüfungsauftrag **Art. 43 SE-VO** 103
– Sorgfaltspflicht **Art. 51 SE-VO** 19 ff.
– Statusverfahren **Art. 43 SE-VO** 70 ff.
– Steuerungsverantwortung **Art. 43 SE-VO** 79
– Tagesgeschäft **Art. 43 SE-VO** 87
– Treuepflicht **Art. 51 SE-VO** 30 ff.
– Überwachung **Art. 43 SE-VO** 88 ff.
– Überwachungspflicht **Art. 51 SE-VO** 23 ff.
– Unternehmensleitung **Art. 43 SE-VO** 78 ff.
– Unternehmenspolitik **Art. 43 SE-VO** 78 ff.
– Vertretung **Art. 43 SE-VO** 16 ff.
– Verwaltungsrat
– – Stellvertreter **Art. 45 SE-VO** 28 f
– Verzicht **Art. 43 SE-VO** 53 f.
– Vorsitzender **Art. 45 SE-VO** 1 ff.
– – Amtszeit **Art. 45 SE-VO** 9 ff.
– – Aufgaben **Art. 45 SE-VO** 12 ff.
– – Befugnisse **Art. 45 SE-VO** 12 ff.
– – Bestellung **Art. 45 SE-VO** 3 ff.
– – Bestellung, gerichtliche **Art. 45 SE-VO** 6 ff.
– – CEO **Art. 45 SE-VO** 18 ff.
– – Ehrenvorsitzender **Art. 45 SE-VO** 30

Sachverzeichnis

fette Zahlen = §§

– – Ersatzbestellung **Art. 45 SE-VO** 6 ff.
– – gerichtliche Bestellung **Art. 45 SE-VO** 6 ff.
– – Geschäftsbriefe **Art. 45 SE-VO** 32
– – Handelsregister **Art. 45 SE-VO** 31
– – Hauptversammlung **Art. 45 SE-VO** 16
– – Kompetenzen **Art. 45 SE-VO** 12 ff.
– – Mitbestimmung **Art. 45 SE-VO** 4
– – Publizität **Art. 45 SE-VO** 31 f.
– – Stellvertreter **Art. 45 SE-VO** 28 f
– – Wahl **Art. 45 SE-VO** 3 ff.
– Wahl **Art. 43 SE-VO** 29 ff.
– Wegfall der persönlichen Voraussetzungen **Art. 43 SE-VO** 51 f.
– Zusammensetzung **Art. 43 SE-VO** 62 ff.
Verwaltungsorgane **Art. 38 SE-VO** 1 ff.
Verwaltungsrat **Art. 38 SE-VO** 28 ff.; **Art. 43 SE-VO** 8 ff.
– Aufsichtsrat **Art. 47 SE-VO** 30 ff.
– Ausschüsse **Art. 44 SE-VO** 47 ff.
– Beschluss
– – ohne Sitzung **Art. 44 SE-VO** 32 f.
– Bestellungshindernisse **Art. 47 SE-VO** 41 ff.
– Bestellungsverbote **Art. 47 SE-VO** 25 ff., 41 ff.
– Bestellungsvoraussetzungen **Art. 47 SE-VO** 25 ff.
– CEO **Art. 45 SE-VO** 18 ff.
– D&O-Versicherung **Art. 51 SE-VO** 34
– Direktoren **Art. 43 SE-VO** 117
– Ehrenvorsitzender **Art. 45 SE-VO** 30
– Einberufungsverlangen
– – Sitzungen **Art. 44 SE-VO** 16 f.
– Entsendungsrechte **Art. 47 SE-VO** 40
– Exekutivausschuss **Art. 44 SE-VO** 50 ff., 54 ff.
– Geschäftsordnung **Art. 44 SE-VO** 36
– Haftung **Art. 51 SE-VO** 1 ff.
– Handlungsbevollmächtigte **Art. 47 SE-VO** 36
– Informationsfluss **Art. 44 SE-VO** 37 ff.
– Informationsweiterleitung **Art. 44 SE-VO** 42 ff.
– Kreditgewährung **Art. 44 SE-VO** 94
– Legalitätspflicht **Art. 51 SE-VO** 29
– Loyalitätspflicht **Art. 51 SE-VO** 30 ff.
– Personalausschuss **Art. 44 SE-VO** 50 ff., 65 ff.
– Prokuristen **Art. 47 SE-VO** 36
– Prüfungsausschuss **Art. 44 SE-VO** 50 ff., 73 ff.
– Schadensersatzansprüche gegen – **Art. 51 SE-VO** 32 ff.
– Selbsteinberufungsrecht
– – Sitzungen **Art. 44 SE-VO** 16 f.
– Sitzungen **Art. 44 SE-VO** 6 ff.
– – Anzahl **Art. 44 SE-VO** 7 f.

– – Aufhebung **Art. 44 SE-VO** 18 ff.
– – Auskunftsperson **Art. 44 SE-VO** 22
– – Beschlüsse **Art. 44 SE-VO** 22 ff.
– – Einberufung **Art. 44 SE-VO** 6 ff.
– – Einberufungsverlangen **Art. 44 SE-VO** 16 f.
– – fehlerhafte Beschlüsse **Art. 44 SE-VO** 35
– – keine **Art. 44 SE-VO** 32 f.
– – Nichtmitglied **Art. 44 SE-VO** 22
– – Niederschrift **Art. 44 SE-VO** 34
– – Protokoll **Art. 44 SE-VO** 34
– – schriftliche Stimmabgabe **Art. 44 SE-VO** 25 ff.
– – Selbsteinberufungsrecht **Art. 44 SE-VO** 16 f.
– – Sitzungsleitung **Art. 44 SE-VO** 22 ff.
– – Stimmbote **Art. 44 SE-VO** 28
– – Stimmvertreter **Art. 44 SE-VO** 28
– – Tagesordnung **Art. 44 SE-VO** 11 ff.
– – Verlegung **Art. 44 SE-VO** 18 ff.
– – Zahl **Art. 44 SE-VO** 7 f.
– Sorgfaltspflicht **Art. 51 SE-VO** 19 ff.
– Stellvertreter **Art. 45 SE-VO** 28 f
– Treuepflicht **Art. 51 SE-VO** 30 ff.
– Überwachungspflicht **Art. 51 SE-VO** 23 ff.
– Vergütung **Art. 44 SE-VO** 77 ff.
– Vertrag mit Direktor **Art. 44 SE-VO** 91 ff.
– Vorsitzender **Art. 45 SE-VO** 1 ff.
– – Amtszeit **Art. 45 SE-VO** 9 ff.
– – Aufgaben **Art. 45 SE-VO** 12 ff.
– – Befugnisse **Art. 45 SE-VO** 12 ff.
– – Bestellung **Art. 45 SE-VO** 3 ff.
– – Bestellung, gerichtliche **Art. 45 SE-VO** 6 ff.
– – CEO **Art. 45 SE-VO** 18 ff.
– – Ehrenvorsitzender **Art. 45 SE-VO** 30
– – Ersatzbestellung **Art. 45 SE-VO** 6 ff.
– – gerichtliche Bestellung **Art. 45 SE-VO** 6 ff.
– – Geschäftsbriefe **Art. 45 SE-VO** 32
– – Handelsregister **Art. 45 SE-VO** 31
– – Hauptversammlung **Art. 45 SE-VO** 16
– – Kompetenzen **Art. 45 SE-VO** 12 ff.
– – Mitbestimmung **Art. 45 SE-VO** 4
– – Publizität **Art. 45 SE-VO** 31 f.
– – Stellvertreter **Art. 45 SE-VO** 28 f
– – Wahl **Art. 45 SE-VO** 3 ff.
– Vorstand **Art. 47 SE-VO** 30
– Wettbewerber **Art. 47 SE-VO** 35
Verwaltungssitz **Art. 3 SE-VO** 7
Vollversammlung **Art. 52 SE-VO** 3
Vorgesellschaft **Art. 5 SE-VO** 7, 21
Vorlagepflicht **Vor Art. 1 SE-VO** 29
Vorratsgesellschaft **Art. 2 SE-VO** 44
Vorratsgründung **Art. 16 SE-VO** 9 ff.

magere Zahlen = Randnummern

Sachverzeichnis

Vorrats-SE **Art. 2 SE-VO** 53 ff.;
Art. 12 SE-VO 8
– Arbeitnehmerbeteiligung **§ 3 SEBG** 5 ff.
Vor-SE **Art. 1 SE-VO** 6; **Art. 16 SE-VO** 4 f.
Vorzüge **Vor Art. 1 SE-VO** 14 f.
Wettbewerbsrecht **Vor Art. 1 SE-VO** 19
wirtschaftliche Grundlagen **Vor Art. 1 SE-VO** 12 ff.
wirtschaftliche Neugründung **Art. 2 SE-VO** 53
WpÜG **Vor Art. 1 SE-VO** 21; **Art. 2 SE-VO** 18 ff.
– Holding-SE **Art. 32 SE-VO** 6
Zahlungseinstellung **Art. 63 SE-VO** 1 ff.; **Art. 65 SE-VO** 1 ff.
Zahlungsunfähigkeit **Art. 63 SE-VO** 1 ff.; **Art. 65 SE-VO** 1 ff.
zustimmungsbedürftige Geschäfte **Art. 48 SE-VO** 1 ff.
Zustimmungsvorbehalt **Art. 48 SE-VO** 1 ff.
Zweigniederlassung **Art. 2 SE-VO** 35 f., 51; **Art. 7 SE-VO** 6
Zwischenschein **Art. 5 SE-VO** 47
SEAG Vor § 1 SEBG 34
SE-Betriebsrat § 2 SEBG 21; **§ 22 SEBG** 1 ff.
Anhörung **Vor §§ 23–33 SEBG** 12 f.; **§ 28 SEBG**; **§ 29 SEBG**
Arbeitnehmervertreter **§ 36 SEBG** 1 ff.
Aufgaben **Vor §§ 23–33 SEBG** 10 ff.
Begünstigungsverbot **§ 44 SEBG** 6
Benachteiligungsverbot **§ 44 SEBG** 6
Beschlüsse **§ 24 SEBG**
Bildung **Vor §§ 23–33 SEBG** 3 ff.
Bildungsveranstaltungen **Vor §§ 23–33 SEBG** 8
Errichtung **Vor §§ 23–33 SEBG** 3 ff.; **§ 23 SEBG**
Errichtungsschutz **§ 44 SEBG** 4
Fortbildung **§ 31 SEBG**
Geschäftsführung **Vor §§ 23–33 SEBG** 6
Gewerkschaftsvertreter **Vor §§ 23–33 SEBG** 4
Information **§ 30 SEBG**
Kosten **§ 33 SEBG**
Rechte **Vor §§ 23–33 SEBG** 10 ff.
Sachaufwand **§ 33 SEBG**
Sachverständige **§ 32 SEBG**
Schulungsveranstaltungen **Vor §§ 23–33 SEBG** 8
Sitzungen **§ 24 SEBG**
Sitzverteilung **§ 36 SEBG** 1 ff.
Streitigkeiten **Vor §§ 23–33 SEBG** 14
Tätigkeitsschutz **Vor §§ 23–33 SEBG** 9; **§ 44 SEBG** 5
Unterrichtung **Vor §§ 23–33 SEBG** 12 f.; **§ 28 SEBG**; **§ 29 SEBG**

Zusammensetzung **§ 25 SEBG**
Zuständigkeiten **§ 27 SEBG**
SEBG Vor § 1 SEBG 35 ff.
Geltungsbereich **§ 3 SEBG** 1 ff.
– persönlicher **§ 3 SEBG** 12
– räumlicher **§ 3 SEBG** 14 ff.
– sachlicher **§ 3 SEBG** 2 ff.
Gewerkschaft **§ 2 SEBG** 33
SEEG Vor Art. 1 SE-VO 6; **Art. 68 SE-VO** 2
sekundäre Europ. Niederlassungsfreiheit 50 ff.
Sekundärgründung **Vor § 1 SEBG** 10 ff.; **§ 3 SEBG** 2
Arbeitnehmerbeteiligung **Vor § 1 SEBG** 10 ff.
SE-Tochter **Art. 12 SE-VO** 8
SE-VO
Anwendungsbereich **Art. 9 SE-VO** 4 f.
Sitz **Art. 3 SE-VO** 7; **Art. 7 SE-VO** 1 ff.; **Art. 64 SE-VO** 1 ff.
Hauptverwaltung (Auseinanderfallen) **Art. 64 SE-VO** 1 ff.
Konzentrationsgebot **Art. 64 SE-VO** 1
Sitzstaat **Art. 15 SE-VO** 10
Sitztheorie **Europ. Niederlassungsfreiheit** 70, 201 ff., 239 ff.
Sitzungsteilnahme **§ 42 SEBG** 7
Sitzverlegung **Art. 5 SE-VO** 14; **Art. 8 SE-VO** 1 ff.; **Art. 17 SE-VO** 1; **Vor § 1 SEBG** 63; **Europ. Niederlassungsfreiheit** 61 ff., 349 ff.; **SteuerR** 86 ff.
Abfindung **Art. 8 SE-VO** 4, 19 f., 72 ff.
Altfälle **Art. 8 SE-VO** 7
Altforderungen **Art. 8 SE-VO** 77 ff.
Anfechtung **Art. 8 SE-VO** 39 f.
Arbeitnehmer **Art. 8 SE-VO** 11 ff., 13 ff.
Arbeitnehmerbeteiligung **Art. 8 SE-VO** 15 ff.; **Vor § 1 SEBG** 63
Außenverhältnis **Art. 8 SE-VO** 68
außerhalb EWR **Art. 8 SE-VO** 86
behördliches Einspruchsrecht **Art. 8 SE-VO** 38
Bescheinigung **Art. 8 SE-VO** 54 ff.
Besicherung der Gläubiger **Art. 8 SE-VO** 21
Besteuerung **SteuerR** 86 ff.
Cartesio **Europ. Niederlassungsfreiheit** 38
Einspruchsrecht der Behörden **Art. 8 SE-VO** 38
Eintragung **Art. 8 SE-VO** 61 ff., 64
Erpressung **Art. 8 SE-VO** 53
Firma **Art. 8 SE-VO** 12
Geschöpftheorie **Art. 8 SE-VO** 66
Gläubigerschutz **Art. 8 SE-VO** 4, 21, 41 ff.
Gleichbehandlungsgebot **Art. 5 SE-VO** 18

1207

Sachverzeichnis

fette Zahlen = §§

grenzüberschreitende **Art. 8 SE-VO** 1 ff.
Gründungsprüfung **Art. 8 SE-VO** 62
Hauptverwaltung **Art. 8 SE-VO** 65
Identitätswahrung **Art. 8 SE-VO** 4
Innenverhältnis **Art. 8 SE-VO** 67
Kapitalschutz **Art. 8 SE-VO** 42
Löschung **Art. 8 SE-VO** 64
materielle Voraussetzungen **Art. 8 SE-VO** 34 ff.
Minderheitsaktionäre **Art. 8 SE-VO** 19 f., 72 ff.
Mitteilungspflicht **Art. 8 SE-VO** 63
neuer Sitz **Art. 8 SE-VO** 12
Nichtigkeit **Art. 8 SE-VO** 39 f.
Niederlassungsfreiheit **Art. 8 SE-VO** 5; **Europ. Niederlassungsfreiheit** 38, 61 f., 78 f.
Polbud **Art. 8 SE-VO** 66
räuberische Aktionäre **Art. 8 SE-VO** 53
Rechtfertigung **Art. 8 SE-VO** 34 ff.
Rechtsschutz **Art. 8 SE-VO** 75
sachliche Rechtfertigung **Art. 8 SE-VO** 34 ff.
Satzungsänderung **Art. 8 SE-VO** 12
Satzungssitz **Art. 8 SE-VO** 5
Sicherungsansprüche der Gläubiger **Art. 8 SE-VO** 41 ff.
Sitzfiktion **Art. 8 SE-VO** 77 ff.
Spruchverfahren **Art. 8 SE-VO** 19 f.
statuswahrende **Europ. Niederlassungsfreiheit** 38
Statuswechsel **Art. 8 SE-VO** 4
Steuerrecht **Art. 8 SE-VO** 10
Umwandlung **Art. 2 SE-VO** 9; **Art. 8 SE-VO** 6
Vale **Art. 8 SE-VO** 8
Verfahren
– Arbeitnehmer **Art. 8 SE-VO** 11 ff.
– Verlegungsplan **Art. 8 SE-VO** 9 ff.
Verlegungsbericht **Art. 8 SE-VO** 22 ff.
Verlegungsbeschluss **Art. 8 SE-VO** 29 ff.
Verlegungsplan **Art. 8 SE-VO** 27 f.
Vorabbescheinigung **Art. 8 SE-VO** 54 ff.
Voraussetzungen **Art. 8 SE-VO** 34 ff.
Zeitplan
– Insolvenz **Art. 8 SE-VO** 18
Societas Privata Europaea (SPE) Vor Art. 1 SE-VO 9
Sonderanknüpfung **Europ. Niederlassungsfreiheit** 315 ff.
Sonderbeschluss **Art. 60 SE-VO** 1 ff.
Sondergremien **Art. 38 SE-VO** 31 ff.
Sonderrechtsinhaber
Schutz **Art. 24 SE-VO** 8 ff.
Sorgfaltspflicht **Art. 51 SE-VO** 12 ff.
SPAC Vor Art. 1 SE-VO 14
Spaltung **Vor Art. 1 SE-VO** 24; **Europ. Niederlassungsfreiheit** 359 ff.

SPE **Vor Art. 1 SE-VO** 9; **Vor § 1 SEBG** 60 f.
Spruchverfahren **Art. 20 SE-VO** 33 ff.
Staatsangehörigkeit **Europ. Niederlassungsfreiheit** 43 ff.
Staatshaftung **Europ. Niederlassungsfreiheit** 126
Staatsverträge **Europ. Niederlassungsfreiheit** 232 ff.
starre Quote **Art. 40 SE-VO** 76 ff.
Statusverfahren **Art. 16 SE-VO** 14; **Art. 40 SE-VO** 6
statuswahrende Sitzverlegung **Europ. Niederlassungsfreiheit** 38
Niederlassungsfreiheit **Europ. Niederlassungsfreiheit** 38
Statuswechsel **Art. 8 SE-VO** 4
Steuern
Holding-SE **Art. 32 SE-VO** 7
Steuerneutralität **SteuerR** 2
Steuerrecht **Vor Art. 1 SE-VO** 5, 20 *siehe auch: SE, Besteuerung*
Sitzverlegung **Art. 8 SE-VO** 10
Verschmelzungsgründung **Art. 17 SE-VO** 7
Stimmenmehrheit **Art. 59 SE-VO** 3 ff.
Stimmrecht **Art. 50 SE-VO** 35 ff.
Stimmverbote **Art. 50 SE-VO** 36 ff.
Strafrecht **Europ. Niederlassungsfreiheit** 664 ff.
Strafvorschriften **§ 45 SEBG** 1 ff.
Streitgenossenschaft **Europ. Niederlassungsfreiheit** 726 f.
Streitigkeit **Europ. Niederlassungsfreiheit** 677 ff.
Streitigkeiten **§ 3 SEBG** 17
Strukturänderung **Vor § 1 SEBG** 29; **§ 1 SEBG** 6; **§ 18 SEBG** 6 ff.; **§ 21 SEBG** 69 f.; **Art. 38 SE-VO** 35 ff.
Arbeitnehmerbeteiligung **Vor § 1 SEBG** 29; **§ 1 SEBG** 6; **§ 18 SEBG** 6 ff.; **§ 21 SEBG** 69 f.
supranationale Regelungen **Europ. Niederlassungsfreiheit** 232 ff.

Tagesordnung **Art. 53 SE-VO** 8
Tätigkeitsausübung **Europ. Niederlassungsfreiheit** 146
Tätigkeitsschutz **§ 44 SEBG** 1 ff.
Teilnahmepflicht **Art. 53 SE-VO** 14
Teilnahmerecht **Art. 53 SE-VO** 14
Teilzeitbeschäftigte **§ 2 SEBG** 4
Telefonkonferenz **§ 48 SEBG** 1 ff
Tendenzunternehmen **§ 39 SEBG** 1 ff.
Tochtergesellschaft **Art. 2 SE-VO** 33 ff., 39 ff.; **Europ. Niederlassungsfreiheit** 52
Niederlassungsfreiheit **Europ. Niederlassungsfreiheit** 52

magere Zahlen = Randnummern

Sachverzeichnis

Tochtergesellschaften Vor § 1 SEBG 10 ff.; **§ 2 SEBG** 12 ff.
  Arbeitnehmerbeteiligung **Vor § 1 SEBG** 10 ff.; **§ 2 SEBG** 12 ff.
  betroffene **§ 2 SEBG** 16 ff.
Tochter-SE Art. 16 SE-VO 7; **Art. 2 SE-VO** 33 ff., 39 ff.; **§ 34 SEBG** 19; **SteuerR** 62 ff.
  Arbeitnehmerbeteiligung **§ 34 SEBG** 19
  Besteuerung **SteuerR** 62 ff.
  Gründung **Artt. 35, 36 SE-VO** 1 ff.
Typenkombination Art. 2 SE-VO 8 ff.
typusprägende Merkmale Art. 1 SE-VO 1 ff.
Überkreuzverflechtung Art. 47 SE-VO 17
Überprüfungsvorbehalt Art. 68 SE-VO 1 ff.
Überseering Europ. Niederlassungsfreiheit 234 ff.
Übertragungsgewinn SteuerR 19
Überwachungsgegenstand Art. 40 SE-VO 13 ff.
Überwachungstätigkeit Art. 40 SE-VO 13 ff.
Umfang § 35 SEBG 1 ff.
  Aufsichtsorgan **§ 35 SEBG** 3 ff.
  paritätische Mitbestimmung **§ 35 SEBG** 14 ff.
  Verwaltungsorgan **§ 35 SEBG** 3 ff.
Umgehung Art. 2 SE-VO 8 ff.
Umlaufverfahren Art. 50 SE-VO 51 ff.
Umsetzungspflichten Art. 68 SE-VO 1 ff.
Umwandlung Art. 2 SE-VO 46 ff.; **Art. 3 SE-VO** 10; **Art. 16 SE-VO** 6; **Vor § 1 SEBG** 24; **§ 15 SEBG** 19; **§ 34 SEBG** 7 ff.; **§ 35 SEBG** 8 ff.; **Europ. Niederlassungsfreiheit** 61 ff., 80 ff., 359 ff.
  AG Art. 37 SE-VO 1 ff.; **Art. 66 SE-VO** 1 ff.
  – SE **Art. 37 SE-VO** 1 ff.
  Arbeitnehmerbeteiligung **Vor § 1 SEBG** 24; **§ 15 SEBG** 19; **§ 21 SEBG** 60 ff.; **§ 34 SEBG** 7 ff.; **§ 35 SEBG** 8 ff.
  Niederlassungsfreiheit **Europ. Niederlassungsfreiheit** 61 ff.
  Sitzverlegung **Art. 2 SE-VO** 9
Umwandlungsgesetz Art. 2 SE-VO 56
Umwandlungsmöglichkeiten Art. 66 SE-VO 14
Umwandlungsrecht Vor Art. 1 SE-VO 22 ff.
umwandlungsrechtliche Maßnahme
  Hauptversammlung **Art. 52 SE-VO** 18
Umwandlungsverfahren Art. 66 SE-VO 5 ff.
Unterkapitalisierung Europ. Niederlassungsfreiheit 466 ff.

Unternehmen § 2 SEBG 29
Unternehmensgegenstand Art. 1 SE-VO 5
Unternehmensgruppe § 2 SEBG 30
Unternehmensmitbestimmung Europ. Niederlassungsfreiheit 624 ff.
Unternehmensübernahmen Europ. Niederlassungsfreiheit 770 ff.
Unternehmensvertrag Art. 9 Anhang SE-VO 44; **Europ. Niederlassungsfreiheit** 501
unternehmerische Mitbestimmung Europ. Niederlassungsfreiheit 624 ff.
Unterordnungskonzern Europ. Niederlassungsfreiheit 485 ff.
Unterrichtung § 2 SEBG 24
unterschiedliche Formen § 34 SEBG 20 ff.
Unvereinbarkeit Art. 39 SE-VO 46 ff.
Veränderungsfestigkeit § 35 SEBG 16 ff.
Vereinbarung über die Beteiligung § 4 SEBG 3; **§ 21 SEBG** 1 ff.
  Anhörung **§ 21 SEBG** 38 ff.
  Auffangregelungen **§ 21 SEBG** 21
  Auslegung **§ 21 SEBG** 14
  Beendigung **§ 21 SEBG** 33 ff.
  Befristung **§ 21 SEBG** 33 ff.
  fehlerhafte **§ 21 SEBG** 15 ff.
  Gegenstände **§ 21 SEBG** 29 ff.
  Gestaltungsfreiheit **§ 21 SEBG** 25 ff.
  Grenzen **§ 21 SEBG** 25 ff.
  Inhalt **§ 21 SEBG** 20 ff.
  Lückenfüllung **§ 21 SEBG** 14
  mangelhafte **§ 21 SEBG** 15 ff.
  Nachwirkung **§ 21 SEBG** 33 ff.
  Parteiautonomie **§ 21 SEBG** 20 ff.
  Rechtsnatur **§ 21 SEBG** 12 f.
  Rechtswirkungen **§ 21 SEBG** 12 f.
  Regelungsgegenstände **§ 21 SEBG** 29 ff.
  Schranken **§ 21 SEBG** 25 ff.
  Sprache **§ 21 SEBG** 8
  über Aufsichtsorgan **§ 21 SEBG** 42 ff.
  über Verwaltungsorgan **§ 21 SEBG** 42 ff.
  Umwandlung **§ 21 SEBG** 60 ff.
  Unterrichtung **§ 21 SEBG** 38 ff.
  Vertragsparteien **§ 21 SEBG** 5 ff.
  Zustandekommen **§ 21 SEBG** 5 ff.
Verfassung Art. 38 SE-VO 1 ff.
verfassungskonforme Auslegung § 35 SEBG 22 ff.
Verfassungswidrigkeit § 35 SEBG 16 ff.
Verhandlungsprinzip § 1 SEBG 4
Verhandlungsverfahren § 11 SEBG 1 ff.
Verlegungsverfahren
  Zeitplan **Art. 8 SE-VO** 11
Vermögensübertragung Vor Art. 1 SE-VO 24

1209

Sachverzeichnis

fette Zahlen = §§

Vermögensvermischung Europ. Niederlassungsfreiheit 466 ff.
Veröffentlichung Art. 14 SE-VO 3
Verpflichtungsnormen Art. 9 SE-VO 9 ff.
Verschmelzung Art. 2 SE-VO 25 ff.;
    Art. 5 SE-VO 13; **Vor Art. 1 SE-VO** 24;
    Art. 16 SE-VO 7; **Art. 17 SE-VO** 1 ff.;
    Art. 18 SE-VO 1 ff.; **§ 34 SEBG** 11 ff.;
    § 35 SEBG 10 ff.; **Europ. Niederlassungsfreiheit** 359 ff.; **SteuerR** 13 ff.
Aktienerwerb **Art. 29 SE-VO** 3 ff.
Aktionäre **Art. 23 SE-VO** 1
Aktionärsschutz **Art. 24 SE-VO** 12 ff.;
    Art. 25 SE-VO 11 f.
Anfechtungsausschluss **Art. 24 SE-VO** 14 f.
Anmeldepflicht **Art. 26 SE-VO** 5 ff.
anwendbares Recht **Art. 18 SE-VO** 1 ff.
Arbeitnehmerbeteiligung **Art. 23 SE-VO** 9 ff.; **§ 34 SEBG** 11 ff.; **§ 35 SEBG** 10 ff.
Arbeitsrecht **Art. 29 SE-VO** 10 f.
Aufnahme **Art. 17 SE-VO** 4, 10
Barabfindungsangebot **Art. 20 SE-VO** 22 ff.
Barabfindungsgebot **Art. 24 SE-VO** 24
bare Zuzahlung **Art. 24 SE-VO** 14 f.
behördlicher Einspruch **Art. 19 SE-VO** 1 ff.
Beschlusserfordernis **Art. 23 SE-VO** 4
Beschlussmängel **Art. 30 SE-VO** 8 f.
Besteuerung **SteuerR** 13 ff.
Betriebsrat **Art. 20 SE-VO** 10 f.
Betriebsübergang **Art. 29 SE-VO** 10 f.
Drittwirkung **Art. 29 SE-VO** 9
Einspruch **Art. 19 SE-VO** 1 ff.
Eintragung **Art. 27 SE-VO** 1 ff.
Eintragungsverfahren **Art. 25 SE-VO** 1
Erlöschen **Art. 29 SE-VO** 6
fehlerhafte **Art. 30 SE-VO** 1 ff.
– Heilung **Art. 30 SE-VO** 3 ff.
– Schadensersatzansprüche **Art. 30 SE-VO** 4
Formwechsel **Art. 29 SE-VO** 7
Gesamtrechtsnachfolge **Art. 29 SE-VO** 2
Gläubigerschutz **Art. 24 SE-VO** 1 ff.
grenzüberschreitende **Vor Art. 1 SE-VO** 26
Hauptversammlung **Art. 23 SE-VO** 4 ff.
internationale Zuständigkeit **Art. 24 SE-VO** 16
KA Finanz **Art. 24 SE-VO** 5
Konzernverschmelzung **Art. 31 SE-VO** 1 ff.
mangelhafte **Art. 30 SE-VO** 8 f.
Minderheitsschutz **Art. 23 SE-VO** 1; **Art. 24 SE-VO** 6 f.
Mitarbeiterbeteiligung **Art. 23 SE-VO** 9 ff.
Nachgründungsbericht **Art. 23 SE-VO** 8

nationales Recht **Art. 18 SE-VO** 1 ff.
Neugründung **Art. 17 SE-VO** 5, 11; **Art. 29 SE-VO** 8
Nichtigkeit (Ausschluss der –) **Art. 30 SE-VO** 3 ff.
nichtparitätische **Art. 31 SE-VO** 1 ff.
Offenlegung **Art. 28 SE-VO** 1 ff.
Prüfer **Art. 22 SE-VO** 4 ff.
Prüfung **Art. 22 SE-VO** 1 ff.; **Art. 25 SE-VO** 1 ff.; **Art. 26 SE-VO** 1 ff.
Prüfungsbericht **Art. 22 SE-VO** 9 f.
Prüfungspflicht **Art. 25 SE-VO** 4; **Art. 26 SE-VO** 3
Prüfungsumfang **Art. 25 SE-VO** 4; **Art. 26 SE-VO** 10 ff.
Prüfungszuständigkeit **Art. 26 SE-VO** 4
Rechtmäßigkeitsattest **Art. 25 SE-VO** 5 ff.
Rechtmäßigkeitsbescheinigung **Art. 26 SE-VO** 1
Rechtmäßigkeitskontrolle **Art. 25 SE-VO** 1 ff.; **Art. 26 SE-VO** 1 ff.
– fehlende **Art. 30 SE-VO** 6 f.
Sachverständige **Art. 22 SE-VO** 1 ff.
Spruchverfahren **Art. 24 SE-VO** 14 f.
Tochter (100%) **Art. 31 SE-VO** 2 ff.
Tochter (90%) **Art. 31 SE-VO** 8 f.
Umtauschverhältnis **Art. 24 SE-VO** 14 f.
unabhängige Sachverständige **Art. 22 SE-VO** 1 ff.
Verschmelzungsbericht **Art. 22 SE-VO** 13 ff.
Verschmelzungsbeschluss
– Beschlussmängel **Art. 30 SE-VO** 8 f.
– fehlerhaft **Art. 30 SE-VO** 8 f.
Verschmelzungsplan **Art. 20 SE-VO** 1 ff.
– Abschlusskompetenz **Art. 20 SE-VO** 4
– Aktienübertragung **Art. 20 SE-VO** 16
– Amtsblatt **Art. 21 SE-VO** 1 ff.
– Arbeitnehmerbeteiligung **Art. 20 SE-VO** 21
– Aufstellungskompetenz **Art. 20 SE-VO** 4
– Ausgleichsleistung **Art. 20 SE-VO** 14 f.
– Barabfindungsangebot **Art. 20 SE-VO** 22 ff.
– Bekanntmachung **Art. 21 SE-VO** 1 ff.
– Betriebsrat **Art. 20 SE-VO** 10 f.
– Beurkundung **Art. 20 SE-VO** 6 f.
– Firma **Art. 20 SE-VO** 13
– Form **Art. 20 SE-VO** 6 f.
– Gewinnberechtigung **Art. 20 SE-VO** 17
– Inhalt **Art. 20 SE-VO** 12 ff.
– Mitarbeiterbeteiligung **Art. 20 SE-VO** 21
– Satzung **Art. 20 SE-VO** 20
– Sitz **Art. 20 SE-VO** 13
– Sonderrechte **Art. 20 SE-VO** 18
– Sondervorteile **Art. 20 SE-VO** 19

magere Zahlen = Randnummern

Sachverzeichnis

- Sprache **Art. 20 SE-VO** 5
- Spruchverfahren **Art. 20 SE-VO** 33 ff.
- Stichtag **Art. 20 SE-VO** 17
- Übertragung der Aktien **Art. 20 SE-VO** 16
- Umtauschverhältnis **Art. 20 SE-VO** 14 f.
- Verschmelzungsstichtag **Art. 20 SE-VO** 17
- Verschmelzungsvertrag **Art. 20 SE-VO** 8 f.
- Zuständigkeit **Art. 20 SE-VO** 4

Verschmelzungsprüfung **Art. 22 SE-VO** 1 ff.
- Auskunft **Art. 22 SE-VO** 11
- Bericht **Art. 22 SE-VO** 13 ff.
- gemeinsame Prüfung **Art. 22 SE-VO** 7 f.
- getrennte Prüfung **Art. 22 SE-VO** 6
- Informationsrecht **Art. 22 SE-VO** 11
- Prüfer **Art. 22 SE-VO** 4 ff.
- Prüfungsbericht **Art. 22 SE-VO** 9 f.
- Verantwortlichkeit **Art. 22 SE-VO** 12

Verschmelzungsvertrag **Art. 20 SE-VO** 8 f.
Vorlagepflicht **Art. 26 SE-VO** 5 ff.
Vorwirkung **Art. 27 SE-VO** 4
Wirkung **Art. 27 SE-VO** 4; **Art. 29 SE-VO** 1 ff.
- Aktienerwerb **Art. 29 SE-VO** 3 ff.
- Arbeitsrecht **Art. 29 SE-VO** 10 f.
- Betriebsübergang **Art. 29 SE-VO** 10 f.
- Drittwirkung **Art. 29 SE-VO** 9
- Erlöschen **Art. 29 SE-VO** 6
- Formwechsel **Art. 29 SE-VO** 7
- Gesamtrechtsnachfolge **Art. 29 SE-VO** 2
- bei übernehmender Gesellschaft **Art. 29 SE-VO** 7
- bei übertragender Gesellschaft **Art. 29 SE-VO** 6

WpÜG **Art. 24 SE-VO** 25
Zustimmung **Art. 23 SE-VO** 4 ff.

Verschmelzungsgründung Art. 15 SE-VO 7 ff.; **Art. 17 SE-VO** 1 ff. *siehe auch:* Verschmelzung
Ablauf **Art. 17 SE-VO** 3 ff.
Minderheitsaktionäre **Art. 17 SE-VO** 6
Sitzverlegung **Art. 17 SE-VO** 1
Steuerrecht **Art. 17 SE-VO** 7
Verschmelzung durch Aufnahme **Art. 17 SE-VO** 4, 10
Verschmelzung durch Neugründung **Art. 17 SE-VO** 5, 11

Verschmelzungsrichtlinie Vor Art. 1 SE-VO 13

Verschwiegenheitspflicht Art. 49 SE-VO 1 ff.; **§ 41 SEBG** 5 ff.

Versicherungsunternehmen
Jahresabschluss **Art. 62 SE-VO** 6 f.

Vertragskonzern Europ. Niederlassungsfreiheit 490 ff.

Vertragsrecht Europ. Niederlassungsfreiheit 658 ff.

vertrauensvolle Zusammenarbeit § 13 SEBG 3; **§ 40 SEBG** 1 ff.

Vertraulichkeit Art. 49 SE-VO 1 ff.; **§ 41 SEBG** 1 ff.
Arbeitnehmerbeteiligung **§ 41 SEBG** 1 ff.

Verwaltungsorgan Art. 38 SE-VO 1 ff.; **§ 35 SEBG** 3 ff.
Abberufung **Art. 43 SE-VO** 47 ff.; **Art. 46 SE-VO** 13
Abschlussprüfer **Art. 43 SE-VO** 103
Amtsniederlegung **Art. 43 SE-VO** 53 f.
Arbeitnehmerbeteiligung **§ 21 SEBG** 42 ff.; **§ 35 SEBG** 3 ff.
Arbeitnehmervertreter **§ 36 SEBG** 1 ff.
- Abberufung **§ 37 SEBG** 1 ff.
- Anfechtung **§ 37 SEBG** 6 ff.
- Nichtigkeit **§ 37 SEBG** 10 ff.
- Pflichten **§ 38 SEBG** 1 ff.
- Rechte **§ 38 SEBG** 1 ff.
- Rechtsstellung **§ 38 SEBG** 1 ff.
- Wahl **§ 37 SEBG** 10 ff.
Aufgabe **Art. 43 SE-VO** 76 ff.
Beendigung **Art. 43 SE-VO** 46 ff.
Berichtsverantwortung **Art. 43 SE-VO** 84 ff.
Bestellung **Art. 43 SE-VO** 26 ff.; **Art. 46 SE-VO** 9 ff.; **Art. 47 SE-VO** 25 ff.
Bestellung, gerichtliche **Art. 43 SE-VO** 43 f.
CEO **Art. 45 SE-VO** 18 ff.
Direktoren **Art. 43 SE-VO** 1 f., 83, 109 ff.
- Zuständigkeit **Art. 43 SE-VO** 109 ff.
Ehrenvorsitzender **Art. 45 SE-VO** 30
entsandte Mitglieder **Art. 46 SE-VO** 14
Entsendung **Art. 43 SE-VO** 38 f.
Ersatzmitglieder **Art. 43 SE-VO** 40 ff.; **Art. 46 SE-VO** 15 ff.
erstmalige Bestellung **Art. 43 SE-VO** 45 f.
Finanzverantwortung **Art. 43 SE-VO** 84 ff.
gerichtliche Bestellung **Art. 43 SE-VO** 43 f.
Geschäftsführung **Art. 43 SE-VO** 77 ff.
Geschäftsordnungskompetenz **Art. 43 SE-VO** 83
Geschlechterquote **Art. 43 SE-VO** 67 ff.
gesetzliche Bestellungsvoraussetzungen **Art. 47 SE-VO** 25 ff.
Größe **Art. 43 SE-VO** 58 ff.
Haftung **Art. 51 SE-VO** 1 ff.
Hauptversammlung **Art. 43 SE-VO** 94 ff.
Insolvenz **Art. 43 SE-VO** 104
Leitung **Art. 43 SE-VO** 78 ff.
Loyalitätspflicht **Art. 51 SE-VO** 30 ff.
Mitbestimmung **Art. 43 SE-VO** 64
Organisationsverantwortung **Art. 43 SE-VO** 80 ff.

1211

Sachverzeichnis

fette Zahlen = §§

organschaftliche Vertretung **Art. 43 SE-VO** 16 ff.
persönliche Voraussetzungen **Art. 43 SE-VO** 51 f.
Planungsverantwortung **Art. 43 SE-VO** 79
Prüfungsauftrag **Art. 43 SE-VO** 103
Sitzverteilung **§ 36 SEBG** 1 ff.
Sorgfaltspflicht **Art. 51 SE-VO** 19 ff.
Statusverfahren **Art. 43 SE-VO** 70 ff.
Steuerungsverantwortung **Art. 43 SE-VO** 79
Tagesgeschäft **Art. 43 SE-VO** 87
Treuepflicht **Art. 51 SE-VO** 30 ff.
Überwachung **Art. 43 SE-VO** 88 ff.
Überwachungspflicht **Art. 51 SE-VO** 23 ff.
Unternehmensleitung **Art. 43 SE-VO** 78 ff.
Unternehmenspolitik **Art. 43 SE-VO** 78 ff.
Vertretung **Art. 43 SE-VO** 16 ff.
Verwaltungsrat
– Stellvertreter **Art. 45 SE-VO** 28 f
Verzicht **Art. 43 SE-VO** 53 f.
Vorsitzender **Art. 45 SE-VO** 1 ff.
– Amtszeit **Art. 45 SE-VO** 9 ff.
– Aufgaben **Art. 45 SE-VO** 12 ff.
– Befugnisse **Art. 45 SE-VO** 12 ff.
– Bestellung **Art. 45 SE-VO** 3 ff.
– Bestellung, gerichtliche **Art. 45 SE-VO** 6 ff.
– CEO **Art. 45 SE-VO** 18 ff.
– Ehrenvorsitzender **Art. 45 SE-VO** 30
– Ersatzbestellung **Art. 45 SE-VO** 6 ff.
– gerichtliche Bestellung **Art. 45 SE-VO** 6 ff.
– Geschäftsbriefe **Art. 45 SE-VO** 32
– Handelsregister **Art. 45 SE-VO** 31
– Hauptversammlung **Art. 45 SE-VO** 16
– Kompetenzen **Art. 45 SE-VO** 12 ff.
– Mitbestimmung **Art. 45 SE-VO** 4
– Publizität **Art. 45 SE-VO** 31 f.
– Stellvertreter **Art. 45 SE-VO** 28 f
– Wahl **Art. 45 SE-VO** 3 ff.
Wahl **Art. 43 SE-VO** 29 ff.
Wegfall der persönlichen Voraussetzungen **Art. 43 SE-VO** 51 f.
Wiederwahl **Art. 46 SE-VO** 12
Zusammensetzung **Art. 43 SE-VO** 62 ff.
Verwaltungsrat Art. 38 SE-VO 28 ff.; **Art. 43 SE-VO** 8 ff.
Aufsichtsrat **Art. 47 SE-VO** 30 ff.
Ausschüsse **Art. 44 SE-VO** 47 ff.
Beschluss
– ohne Sitzung **Art. 44 SE-VO** 32 f.
Bestellungshindernisse **Art. 47 SE-VO** 41 ff.
Bestellungsverbote **Art. 47 SE-VO** 25 ff., 41 ff.

Bestellungsvoraussetzungen **Art. 47 SE-VO** 25 ff.
CEO **Art. 45 SE-VO** 18 ff.
D&O-Versicherung **Art. 51 SE-VO** 34
Direktoren **Art. 43 SE-VO** 117
Ehrenvorsitzender **Art. 45 SE-VO** 30
Einberufungsverlangen
– Sitzungen **Art. 44 SE-VO** 16 f.
Entsendungsrechte **Art. 47 SE-VO** 40
Exekutivausschuss **Art. 44 SE-VO** 50 ff., 54 ff.
Geschäftsordnung **Art. 44 SE-VO** 36
Haftung **Art. 51 SE-VO** 1 ff.
Handlungsbevollmächtigte **Art. 47 SE-VO** 36
Informationsfluss **Art. 44 SE-VO** 37 ff.
Informationsweiterleitung **Art. 44 SE-VO** 42 ff.
Kreditgewährung **Art. 44 SE-VO** 94
Legalitätspflicht **Art. 51 SE-VO** 29
Loyalitätspflicht **Art. 51 SE-VO** 30 ff.
Personalausschuss **Art. 44 SE-VO** 50 ff., 65 ff.
Prokuristen **Art. 47 SE-VO** 36
Prüfungsausschuss **Art. 44 SE-VO** 50 ff., 73 ff.
Schadensersatzansprüche gegen –
Art. 51 SE-VO 32 ff.
Selbsteinberufungsrecht
– Sitzungen **Art. 44 SE-VO** 16 f.
Sitzungen **Art. 44 SE-VO** 6 ff.
– Anzahl **Art. 44 SE-VO** 7 f.
– Aufhebung **Art. 44 SE-VO** 18 ff.
– Auskunftsperson **Art. 44 SE-VO** 22
– Beschlüsse **Art. 44 SE-VO** 22 ff.
– Einberufung **Art. 44 SE-VO** 6 ff.
– Einberufungsverlangen **Art. 44 SE-VO** 16 f.
– fehlerhafte Beschlüsse **Art. 44 SE-VO** 35
– keine **Art. 44 SE-VO** 32 f.
– Nichtmitglied **Art. 44 SE-VO** 22
– Niederschrift **Art. 44 SE-VO** 34
– Protokoll **Art. 44 SE-VO** 34
– schriftliche Stimmabgabe **Art. 44 SE-VO** 25 ff.
– Selbsteinberufungsrecht **Art. 44 SE-VO** 16 f.
– Sitzungsleitung **Art. 44 SE-VO** 22 ff.
– Stimmbote **Art. 44 SE-VO** 28
– Stimmvertreter **Art. 44 SE-VO** 28
– Tagesordnung **Art. 44 SE-VO** 11 ff.
– Verlegung **Art. 44 SE-VO** 18 ff.
– Zahl **Art. 44 SE-VO** 7 f.
Sorgfaltspflicht **Art. 51 SE-VO** 19 ff.
Stellvertreter **Art. 45 SE-VO** 28 f
Treuepflicht **Art. 51 SE-VO** 30 ff.
Überwachungspflicht **Art. 51 SE-VO** 23 ff.
Vergütung **Art. 44 SE-VO** 77 ff.

magere Zahlen = Randnummern

Sachverzeichnis

Vertrag mit Direktor **Art. 44 SE-VO** 91 ff.
Vorsitzender **Art. 45 SE-VO** 1 ff.
- Amtszeit **Art. 45 SE-VO** 9 ff.
- Aufgaben **Art. 45 SE-VO** 12 ff.
- Befugnisse **Art. 45 SE-VO** 12 ff.
- Bestellung **Art. 45 SE-VO** 3 ff.
- Bestellung, gerichtliche **Art. 45 SE-VO** 6 ff.
- CEO **Art. 45 SE-VO** 18 ff.
- Ehrenvorsitzender **Art. 45 SE-VO** 30
- Ersatzbestellung **Art. 45 SE-VO** 6 ff.
- gerichtliche Bestellung **Art. 45 SE-VO** 6 ff.
- Geschäftsbriefe **Art. 45 SE-VO** 32
- Handelsregister **Art. 45 SE-VO** 31
- Hauptversammlung **Art. 45 SE-VO** 16
- Kompetenzen **Art. 45 SE-VO** 12 ff.
- Mitbestimmung **Art. 45 SE-VO** 4
- Publizität **Art. 45 SE-VO** 31 f.
- Stellvertreter **Art. 45 SE-VO** 28 f
- Wahl **Art. 45 SE-VO** 3 ff.
Vorstand **Art. 47 SE-VO** 30
Wettbewerber **Art. 47 SE-VO** 35
Verwaltungssitz Art. 3 SE-VO 7
Verwaltungsverantwortlichkeit Art. 5 SE-VO 26 ff.
Verzicht Art. 40 SE-VO 64
Videokonferenz § 48 SEBG 1 ff
Vollversammlung Art. 52 SE-VO 3
Vorabentscheidungsverfahren Europ. Niederlassungsfreiheit 126
Vorbereitungspflichten der Kreditinstitute Art. 53 SE-VO 12
Vorgesellschaft Art. 5 SE-VO 7, 21
Vorher-Nachher-Prinzip § 1 SEBG 5
Vorlagepflicht Vor Art. 1 SE-VO 29
SE **Vor Art. 1 SE-VO** 29
Vorratsgesellschaft Art. 2 SE-VO 44
Vorratsgründung Europ. Niederlassungsfreiheit 405 f.
SE **Art. 16 SE-VO** 9 ff.
Vorrats-SE Art. 2 SE-VO 53 ff.; **Art. 12 SE-VO** 8; **§ 3 SEBG** 5 ff.
Arbeitnehmerbeteiligung **§ 3 SEBG** 5 ff.
Vor-SE Art. 1 SE-VO 6; **Art. 16 SE-VO** 4 ff.
Vorsitzender Art. 39 SE-VO 30 ff.; **Art. 42 SE-VO** 1 ff.
Amtszeit **Art. 42 SE-VO** 17
Anmeldung zum Handelsregister **Art. 42 SE-VO** 21
Aufgaben **Art. 42 SE-VO** 18
Befugnisse **Art. 42 SE-VO** 18
Bestellung **Art. 42 SE-VO** 3 ff.
Bestellung, gerichtliche **Art. 42 SE-VO** 16

Ersatzbestellung **Art. 42 SE-VO** 16
gerichtliche Bestellung **Art. 42 SE-VO** 16
Rechtsstellung **Art. 42 SE-VO** 17 f.
Stellvertreter **Art. 42 SE-VO** 19 f.
Wahl **Art. 42 SE-VO** 3 ff.
Wahl Art. 40 SE-VO 29 ff.
Wahlgremium § 8 SEBG 1 ff.; **§ 9 SEBG** 1 ff.
Warenverkehrsfreiheit Europ. Niederlassungsfreiheit 147
Wegzug Europ. Niederlassungsfreiheit 349 ff.
Niederlassungsfreiheit **Europ. Niederlassungsfreiheit** 67 ff.
weiche Quote **Art. 40 SE-VO** 82
Wettbewerber Art. 47 SE-VO 20
Wettbewerbsrecht Vor Art. 1 SE-VO 19
Wettbewerbsverbot Art. 39 SE-VO 44
Widerruf der Bestellung Art. 39 SE-VO 34 ff.
Wiederwahl Art. 46 SE-VO 12
wirtschaftliche Grundlagen
Vor **Art. 1 SE-VO** 12 ff.
wirtschaftliche Neugründung Art. 2 SE-VO 53
Wirtschaftsausschuss Europ. Niederlassungsfreiheit 614
WpÜG Vor Art. 1 SE-VO 21; **Art. 2 SE-VO** 18 ff.
Holding-SE **Art. 32 SE-VO** 6

Zahlungseinstellung Art. 63 SE-VO 1 ff.; **Art. 65 SE-VO** 1 ff.
Zahlungsunfähigkeit Art. 63 SE-VO 1 ff.; **Art. 65 SE-VO** 1 ff.; Europ. Niederlassungsfreiheit 451 ff.
Zeit Art. 53 SE-VO 9
zustimmungsbedürftige Geschäfte Art. 48 SE-VO 1 ff.
Zustimmungsvorbehalt Art. 40 SE-VO 18 f.; **Art. 48 SE-VO** 1 ff.
Zuzug Europ. Niederlassungsfreiheit 354 ff.
Niederlassungsfreiheit **Europ. Niederlassungsfreiheit** 74 ff.
Zwei-Drittel-Mehrheit Art. 59 SE-VO 3 ff.
Zweigniederlassung Art. 2 SE-VO 35 f., 51; **Art. 7 SE-VO** 6; Europ. Niederlassungsfreiheit 51 ff.
Niederlassungsfreiheit **Europ. Niederlassungsfreiheit** 51 ff.
Zweigniederlassungshinweis Europ. Niederlassungsfreiheit 596 ff.
Zwischenschein Art. 5 SE-VO 47

findentity®